三

代數總部

冪級數總部

圓錐曲綫總部

微積分總部

引用書目

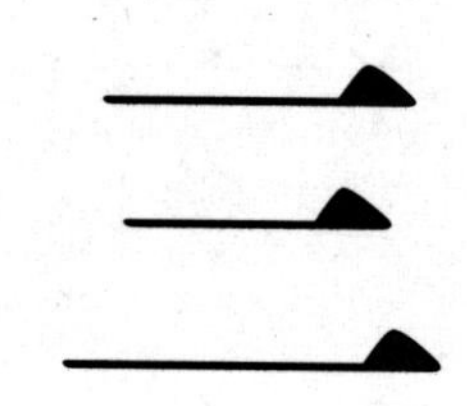
三

代數總部

主編　趙栓林

方程部

題解

清・《數理精蘊》下編卷三一　借根方比例

借根方者，假借根數方數以求實數之法也。凡法必借根借方，加減乘除，令與未知之數比例齊等，而本數以出，大意與借衰疊借略同。然借衰疊借之法止可以御本部，而此法則線面體諸部皆可御之。其中有借根借方之不同，蓋因根者方之邊數，即所謂線。以根自乘得平方，以根自乘再乘得立方，以根累次乘即得累次多乘方。故以線類爲問者，則借根數以比之。以面類爲問者，則借平方長方以比之。以體類爲問者，則借立方或累次多乘方以比之。至於借數，又有一定之位與降位之法。定位降位法俱詳後。要之此法設立虛數，依所問之比例乘除加減，務令根方之數與真數相當適等，而所求之數以出，此亦借數之巧也。

定位法

衆數之經緯，盡歸乘除。而乘除之條理，又取準於定位。況借數一法，又用根方諸名。一經乘除，俱變爲幾根幾方之號。而本數之比例，由此而生。其定位與常法稍異，故變從簡易設表如左。

定位表

前	真數	根	平方	立方	三乘方	四乘方	五乘方	六乘方	七乘方	八乘方	九乘方
後	○	一	二	三	四	五	六	七	八	九	一○

右表前行所列者借數之名，後行所列者定數之位，其借數者即比例也。根與方數俱爲相連比例率。如根爲二，則平方爲四，立方爲八。以立方與平方之比同於平方與根數之比，即爲八與四之比同於四與二之比也。然必借方借根者，何也？蓋以已知未知之數，權約爲幾根幾方以統御之，加減後餘幾根幾方，即知真數若干矣。如根爲二數，其平方即爲四。若餘二平方，即知其真數有八或餘二根，即知其真數有四也。其定位者即視根方所對之位也。乘法定位，以兩數所對之位數相加，其加數所對之方，即乘出之方也。除法定位，以兩數所對之位數相減，其減餘數所對之方，即餘出之方也。乘法以真數乘根仍得根。蓋根對一而真數對○，無可加也。如以根乘根即得平方，蓋根對一。一與一相加得二，二所對之表爲平方，故定乘得之數爲平方也。如以根乘平方即得立方，蓋根對一，平方對二，一二相加得三，而三所對之表爲立方，故定乘得之數爲立方也。又如以平方乘平方，則二與二相加爲四，察所對之表得三乘方。以平方乘立方，則二與三相加爲五，察所對之表得四乘方。以立方乘立方，則三與三相加爲六，察所對之表得五乘方。餘皆倣此。除法以真數除根仍得根，蓋根對一而真數對○，無可減也。如以根除根即得真數，蓋根對一，一與一相減得○，而○所對之表爲真數，故定除得之數爲真數也。如以根除平方即得根，蓋根對一，平方對二。二一相減餘一。而一所對之表爲根，故定除得之數爲根數也。又如以平方除平方，則二與二減盡爲○，察所對之表得真數。以平方除立方，則二與三相減餘一，察所對之表得根數。以立方除立方，則三與三相減得○，察所對之表亦得真數也。餘皆倣此。

定多少與相同號式

一平方⊥二根　凡數有多者用此號⊥，如一平方多二根，則如此列之。

一立方一二平方　凡數有少者用此號一，如一立方少二平方，則如此列之。

二立方＝[一]六　凡數有相等者用此號＝，如二立方與十六相等，則如此列之。

至於數之多少不齊，用號各異。加減乘除之後，有不變者，有以多變少以少變多者，俱詳於本法。

清・羅士琳《比例匯通》卷三　借根方發凡

借根方者，蓋假借根數方數以求實數之法，即元學士李冶所立天元一是也，原名東來法，西人謂之爲阿爾熱八達。今名乃譯書者就其法而質言之耳。根者，綫也，面之界也。借根而並言方者，根爲方之邊。若根乘根則成平方，根乘平方則成立方。以至屢乘及多乘方，俱所必用，故名之曰借根方。凡布算者，先借一根爲所求之物，因之以加減乘除，務令與未知之數比例齊等，而所求之數乃出，大致與設色比例相似。然設色比例止可以御本類，此則一切算法無不可以御之，是誠比例之大全數學之極妙者矣。茲僅就諸比例之所設各法，用借根方法一一推演之，以明九章即比例之故，其全法容俟。另撰借根方解，庶幾由淺及深引人入勝爾。

凡法中用號有三種，如⊥爲多號，一爲少號，＝爲相等號。辨明用號，則多少之數不淆矣。

凡法中多與多加，得數仍爲多，少與少加，得數仍爲少。多與少加，少與多

加，則相減，多數大爲多，少數大爲少。

凡法中多與多減，原數大於減數，則減餘仍爲多。少與少減，原數大於減數，則減餘仍爲少。若多與多減，原數小於減數，則反減之，而減餘即爲少。少與少減，原數小於減數，則反減之，而減餘即爲多。至於多與少減，少與多減，則相加，原數爲多亦爲多，原數爲少亦爲少。

凡法中多與多乘，少與少乘，得數皆爲多。若少與多乘，多與少乘，得數皆爲少。

凡法中除兼乘減，其得數之多與少，皆視每次實之首位多少爲定。

凡法中乘法定位，如真數乘真數則仍爲真數，真數乘根則仍爲根，真數乘平方則仍爲平方，故真數皆在本位。如根乘根則爲平方，根乘平方則爲立方，根乘立方則爲三乘方，故根皆進一位。平方乘平方則爲三乘方，平方乘立方則爲四乘方，平方乘三乘方則爲五乘方，故平方皆進二位。立方乘立方則爲五乘方，立方乘三乘方則爲六乘方，立方乘四乘方則爲七乘方，故立方皆進三位。等而上之，三乘方皆進四位，四乘方皆進五位，餘類推之。

凡法中除法定位，亦同於乘法定位。惟乘用進位，除用降位之別耳。

定位表

真數	根	平方	立方	三乘方	四乘方	五乘方	六乘方	七乘方	八乘方
○	一	二	三	四	五	六	七	八	九

右表前行所列者借數之名，後行所列者定數之位。其借數者，即比例也，根與方數俱爲相連比例率。

清・劉衡《借根方法淺説》

用號説

凡用號有三，如丄爲多號，一爲少號，＝爲相等號。辨明用號，則多少之數不淆矣。

加法説

凡法中多與多加，得數仍爲多。少與少加，得數仍爲少。若多與少加，少與多加，則相減，多數大爲多，少數大爲少。

減法説

凡法中多與多減，原數大于減數，則減餘仍爲多。少與少減，原數大于減數，則減餘仍爲少。若多與多減，原數小于減數，則以減數反減原數，而減餘即爲少。又若少與少減，原數小于減數，則以減數反減原數，而減餘即爲多。至于多與少減，少與多減，則相加爲減餘數。原數爲多則減餘數亦爲多，原數爲少則減餘數亦爲少。

乘法説

凡法中多與多乘，少與少乘，得數皆爲多。若少與多乘，多與少乘，得數皆爲少。

除法説

凡法中除兼乘減，其得數之多與少，皆視每次實之多少爲定。

乘法定位説

乘法定位，如真數乘真數則仍爲真數，乘根則仍爲根，乘平方則仍爲平方，此真數乘各數也，故真數皆在本位。如根乘根則爲平方，乘平方則爲立方，乘立方則爲三乘方，此根乘各數也，故根皆進一位。如平方乘平方則爲三乘方，乘立方則爲四乘方，乘三乘方則爲五乘方，此平方乘各數也，故平方皆進二位。如立方乘立方則爲五乘方，乘三乘方則爲六乘方，乘四乘方則爲七乘方，此立方乘各數也，故立方皆進三位。等而上之，三乘方皆進四位，四乘方皆進五位，餘悉例推。

除法定位説

凡除法定位與乘法定位相反，乘法用進位，除法用降位。

定位表

右	真數	根	平方	立方	三乘	四乘	五乘	六乘	七乘
左	○	一	二	三	四	五	六	七	八

表中右行所列者借數之名，左行所列者定位之數。定位者，視根方所對之位也，乘以所進之位，與所對之位之數相加，其加數所對之位即乘出之數也。除以所降之位，與所對之位之數相減，其減餘數所對之位，即除得之數也。

籌位説

凡籌位皆自左而右，如籌盤式，蓋本泰西原法也。

清・華蘅芳《學算筆談》卷八　代數釋號

西法之代數，猶中法之天元、四元也。惟天元、四元之所重者在行列位次，而代數則不論行列位次，一切皆以記號明之。凡學代數者，必先熟記其各種記號及名目。

天元、四元，其未知之數以一代之，已知之數即用其本數入算。代數之法，恒以天、地、人、物等字代未知之數，甲、乙、丙、丁等字代已知之數，又可用周字代周率，訥字代訥氏對數之底，所以無論何數皆可以其本字代之。其所代之字亦謂之某元。

⊥者，正也，加也。如　甲⊥乙　言以乙與甲相加也。其甲字之左不作⊥號亦與有⊥號者無異。

丅者，負也，減也。如　甲丅乙　言于甲數内減去乙數也。

∽者，相減也。凡言相減者必以小數減其大數。如　三∽二　則當以二減三得一。如　二∽三　亦當以二減三得一。

×者，左右兩數相乘也。如　二×三　則爲六。

若以兩元相乘者，可將兩元並書之而中間不必作×。如甲乙相乘則作　甲乙　其意與　甲×乙　無異。

÷者，以右約左也。如　乙÷甲　言以甲爲法而約其乙也。

一者，以上約下也，猶言分之也。如$\frac{甲}{乙}$，言甲爲分母乙爲分子也，即甲分之乙也。

()者，括弧也，所以包括其内之各數，使之自成一數而與其外之他數相加減乘除也。如　(甲丅乙)⊥丙　言以甲乙之較與丙相加也。如　(甲⊥乙)丅丙　言其甲乙之和以丙減之也。如　(甲丅乙)丙　言以甲乙之較與丙相乘也。如　(甲⊥乙)(甲丅乙)　言以甲乙之和與甲乙之較相乘也。如　$\frac{(甲⊥乙)丙}{(甲丅乙)(⊥)丙}$　言以甲乙之和與丙相乘爲法，甲乙之較與丙相加爲實。實如法而一也。

又有重重包括者，則異其括弧之式以别之，如作［］或作｛｝其意並同。如　［甲丅(乙⊥丙)⊥丁］天　言于甲内減去乙丙之和，而以丁加之，乃與天相乘也。

元之左邊有數目之字者，謂之倍數，亦謂之係數，所以省同元相加之繁也。如　甲⊥甲　可作　二甲　甲⊥甲⊥甲　可作　三甲

元之右角上有小字者，謂之方指數，所以省並書多字之繁也。如　甲甲　可作　$甲^{二}$　即甲之平方也。如　甲甲甲　可作　$甲^{三}$　即甲之立方也。如　$甲^{乙}$　爲甲之乙方也。如　$(甲⊥乙)^{二}$　言以甲乙之和自乘也。

$\sqrt{\ }$　者，開方也，言其内之數當開方也，亦謂之根號。于根號之左角作小字謂之根指數。如　$\sqrt[三]{甲}$　爲甲之立方根，如　$\sqrt[二]{甲}$　爲甲之平方根。每有不作　$\sqrt[二]{\ }$　而但作　$\sqrt{\ }$　者，其意與　$\sqrt[二]{\ }$　無異。方指數及根指數亦有爲分數者，如　$甲^{\frac{乙}{丙}}$　爲甲之乙分之丙方也，如　$\sqrt[\frac{丙}{乙}]{甲}$　爲甲之丙分之乙根也，如　$甲^{\frac{二}{三}}$　爲甲之二分之三方，即以甲之立方開其平方也。

＝者，等于也，謂其左右兩數相等也。如　甲＝乙　言甲等于乙也。如　甲⊥乙＝丙⊥丁　言甲乙之和等于丙丁之和也。

<者，小于也，謂左數小于右數也。如　甲丅乙<丙⊥丁　言甲乙之較小于丙丁之和也。

>者，大于也，謂左數大于右數也。如　甲⊥乙>丙⊥丁　言甲乙之和大于丙丁之和也。

∝者，變于也，言左數因右數而變也。如　甲∝乙　言甲變于乙也。如　乙∝丙　言乙變于丙也。

・者，乘也，與用×號同意。如　一×二×三　可作　一・二・三　是也。

∶者，與也，言其左數(之)與右數[之比]也。

∷者，若也，如也，所以明比例之理也。如　甲∶乙∷丙∶丁　言甲與乙之比若丙與丁之比也。

∵者，因也，承上文而言之也。

∴者，故也，發明其所以然也。如　∵甲＝二、乙＝一　∴甲⊥乙＝三　言惟因甲等于二乙等于一，所以甲乙之和等于三也。

…者，不盡也，等等也，于直行中則作⋮如　一⊥二⊥三⊥…　言自一以至無窮也。如　一⊥二⊥三⊥…⊥九　言自一至九各數相加也。

○者，無也，零也，空位也，適盡也。如　甲丅乙⊥丙＝○　言甲丙之和以

乙減之，則等于無也。

∞者，其大無窮也。如 $\frac{〇}{一}=\infty$ 言以〇除一，則其所得之數等于無窮也。

⅃者，至此而止也，所以省連書各數之繁也。如 一・二・三・四 可作 四⅃。

項者，式中之自成一數者也。如 甲、甲²、(甲⊥乙)²、(甲丅乙) 皆爲獨項之式。如 甲⊥乙、甲丅乙、甲²⊥乙²、甲²丅(甲⊥乙)、甲²⊥(甲丅乙) 皆爲兩項之式。如 甲⊥乙⊥丙⊥丁 則甲爲第一項，乙爲第二項，丙爲第三項，丁爲第四項。

函數者，式中之各項均函此元者也。如式之各項以天之各方明之，則謂之(天)函。

某次式者，猶言某乘方也，惟次數與方數卻有不同。如一次式即法實之式也，二次式即平方之式也，三次式即立方之式也，四次式即三乘方式也，五次式即四乘方式也，其餘依此類推。

解者，開也。凡言解其某次之式者，猶言開某乘方也。

以上各種記號及名目，爲代數式中所常有者，學者既熟記之，則可習代數之各種算法。

清・董毓琦《天代蒙泉》 代數釋例

⊥者，加也。丅者，減也。甲²、乙² 諸數角上加二者，自乘也。加三者，再乘也。＝者，同也，左比右同數也。$\sqrt[2]{\ }$ 者，開平方也。$\sqrt[3]{\ }$ 者，開立方也。×者，左右相乘也。( )者，括諸數爲一數也。<右大於左，>左大於右。∷者四率比例也。

天元之例左右相消後，得式二層爲除式，得式三層爲開方式，四層爲立方、五層爲三乘方、六層爲四乘方。

清・鄧建章《中西算學入門匯通》卷上 釋名

加　累也，數相疊也。

減　消也，數相分也。

乘　猶加也，兩數相因而生也，一作因。一位爲因，多位爲乘，總而言之曰乘也。

除　猶減也，兩數相較而分也，一作約。一位爲歸，多位爲除，總而言之曰除也。

點　數度始於一點，雖不入於數，而爲衆數之本。

線　點引長之也，邊也，數之根也。

面　兩數自乘相乘所得之數也。譬如圍棋盤，每邊一十九路，自乘得三百六十一着，一作積，或作冪，省作幂。

體　一數再乘也，三數連乘也，餘皆爲體。

法實　乘法，此數爲法彼數爲實，或彼數爲法此數爲實，皆可除，則不可倒置，設如有數三十二，欲二分之，必以三十二爲實，以二爲法，否則誤。

和　數與數相加，得數爲和。

較　數與數相減，餘數爲較。

開方　猶除也，但除則有法在先，此則以意商之。

如圖，每邊六積三十六，此三十六欲求其何數所生？以意商之，是六所生，商六，一作商除。

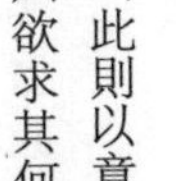

六
積三十六

平方　面也。一數自乘爲正平方，如前圖。兩數相乘爲長方，一作帶縱平方。

立方　體也。有帶一縱，帶兩縱相同，帶兩縱不同立方。

方　大方也。一乘爲平方，再乘爲立方，三乘爲三乘方，以下類推。

廉　倍也。

隅　小方也，與大方同狀。平方隅，一曰廉。

如圖，一十二自乘，大方一百爲十自乘之數。兩廉各二十，爲兩次二與十相乘之數，隅四爲二自乘之數，併之爲一百四十四，所謂平方是也。

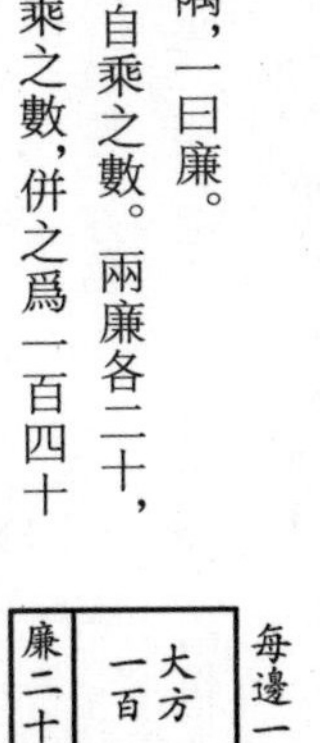

每邊一十二

大方一百	廉二十
廉二十	隅四

如圖，一十二再乘，大立方一千爲十再乘之數。三方廉六百爲三次十自乘相加，又以二乘之之數。三長廉一百二十爲三次十與二相乘相加，又以二乘之之數。隅八爲二再乘之數。併之爲一千七百二十八，所謂立方是也。

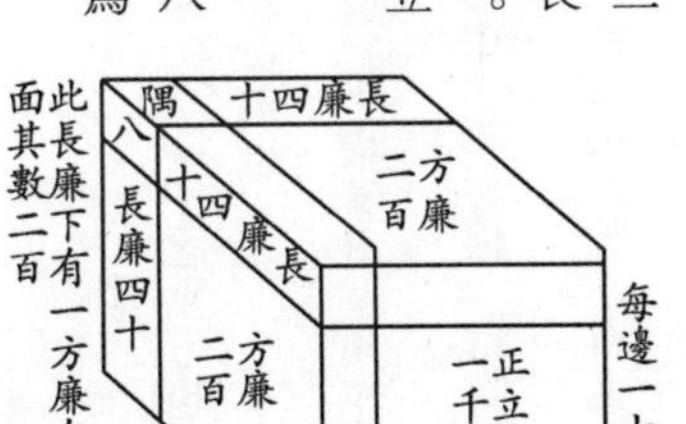

每邊一十二
正立方一千
方廉二百
方廉二百
長廉四十
長廉四十
長廉四十
隅八
此長廉下有一方廉在背面其數二百

率　法也，數以此爲準也。

三率比例　有兩數二與八，求第三數。以中率八自乘，以首率二除之，得三十二。此二與八與三十二爲三率比例，一名連比例。

四率比例　有三數二與四與八，求第四數。以二率四與三率八相乘，以一率二除之，得一十六，此二與四與八與十六爲四率比例。

自之　以本數乘本數也。

等數　一名總等，一名最大公度數，一名公約數。如有兩數三百六十與一百一十二，輾轉相減，餘八，此八即爲等數。

公乘數　一名最小公倍數，即求一術之衍母。設有兩數一十四與二十一，先求公度數爲七，以約一十四得二，以二乘二十一得四十二，即爲最小公倍數。設有三數，五與一十六與二十四，五與一十六公乘數爲八十，十與二十四公度數爲八，以八約八十得一十，以一十乘二十四得二百四十，爲三數之最小公倍數。

有等之數　即三百六十與一百一十二等類是也。

無等之數　即五與一十六等類是也。以相乘之，積爲最小公倍數。

又　卷下　代數各種記號

加式　甲⊥乙　左右相加。⊥者正也，即借根方之多也。如　二⊥六　謂六與二相加，其總數八也。

減式　甲丅乙　右減左。丅者負也，減也，即借根方之少也。如　八丅四　，即指八內減去四，則其數爲四也。

正式　⊥甲　甲左無⊥號者，亦爲正數。

負式　丅甲

乘式　甲×乙　×或作一或作　甲乙　俱同。　甲(丙⊥丁)(戊丅己)　甲爲一數，丙⊥丁　爲一數，戊丅己　爲一數，以此三數連乘也。

約式　甲|乙　上法下實，如乙作一十二，甲作三，即一十二以三約之，謂其約得之四也，亦名分數式。

÷以右約左也。如　乙÷甲　言以甲爲法而約其乙也。

四率式　丁∶丙∷乙∶甲（四率三率二率一率）　或右行亦同。

相等式　甲＝乙　左右相等。如　四⊥一＝八丅三　謂四與一相併，等於八減去三也。

方程式　甲＝乙　同上，二數爲等號所連，爲方程式。

括弧式　(甲乙)　括諸數爲一數。

整指數式　$\sqrt[二]{甲}$　$\sqrt[二]{\ }$亦作$\sqrt{\ }$，謂之根號。左角上作小字，謂之根指數。$\sqrt[二]{甲}$平方，$\sqrt[三]{甲}$立方，$\sqrt[四]{甲}$三乘方，餘類推。

$(甲⊥乙)^{二}$　言以甲乙之和自乘也。右角上作小字謂之方指數。

分指數式　$甲^{二|一}$甲平方根，$甲^{三|一}$甲立方根，$甲^{四|一}$甲三乘方根，餘類推。　$甲^{二|三}$與$\sqrt[二]{甲^{三}}$　同。餘類推。

負整指數式　$甲^{丅一}$　甲約一，　$甲^{丅二}$　甲自乘方約一，　$甲^{丅三}$　甲再乘方約一。餘類推。

負分指數式　$甲^{丅二|一}$　甲平方根約一，　$甲^{丅三|一}$　甲立方根約一，　$甲^{丅四|一}$　甲三乘方約一。餘類推。

係數式　如　甲⊥甲　可作　二甲　，甲⊥甲⊥甲　可作　三甲　。

某次式　如一次式即法實之式也，二次式即天元平方也，三次式即天元立方也，四次式即天元三乘方也。餘類推。

＜　右大於左式。

＞　左大於右式。

o.　無數。

∞　無盡數，亦作∶橫，⋮直。

∽　相減也。

∾　變于也，言左數因右數而變也。

∵　因也，承上文而言之也。

∴　故也，發明其所以然也。如　甲＝二，乙＝一　∴甲⊥乙＝三　言惟因甲等於二乙等於一，所以甲乙之和等於三也。

」　至此而止也，所以省連書之繁也。如　一·二·三·四」　可作四」。

元字　所代之字俱謂之元。

天地人杉　代未知之數及微分、積分之變數，同類之元及圖中同類之點，皆同用一字，而以　′、″、‴　別之。

干支五行　代已知之數及微分、積分之常數。

某切　某角正切。

某刀　某角餘切。
某弦　某角正弦。
某弓　某角餘弦。
凵　函數式中之各項均函此元者也。如式之各項以天之各方明之，則謂之(天)函
用　周率。
寸　對數。
艮　對數根。
广　對數底。
彳　微分，彳天謂天之微分。
禾　積分，禾彳天謂彳天微分之積分。
項　式中之自成一數者也。如　五甲　爲一項，　四甲丄五甲乙　爲二項。
解　開也。凡言解其某次之式者，猶言開某乘方也。

章按：中國譒譯西國算書，計有明迄今共有三次：一爲崇禎時，西士利瑪竇、湯若望入中國，與徐、李諸公譒譯新法算書。一爲咸豐間，西士偉烈亞力在上海墨海書館與李壬叔譒譯《幾何》後九卷，及《代微積拾級》、《談天》等書。一爲同光間，西士傅蘭雅等在江南製造局與華若汀若溪譒譯《代數術》、《微積溯源》等書，各以天地人物及干支列宿之名等字代字母，其算式中之記號亦畧爲改更。此書中所代之字及各種記號仍仿照原譯之式。

清·周毓英《代數引蒙》　釋例

一　西國之算學，各數均以〇、一、二、三、四等十箇數目字爲本，無論何數均可以此記之。用此十箇數目字，雖無論何數皆可算。惟于數理之深者，則演算甚繁，用代數乃其簡法也。

一　代數之法，無論何數，皆可任以何記號代之。今西國所常用者，每以二十六箇字母代各種幾何。因題中之幾何，有已知之數亦有未知之數。其代之例，恒以起首之字母代已知之數，以最後之字母代未知之數。今譯之中國，則甲、乙、子、丑等元代已知數，以天、地、人等元代未知數。

一　凡丄號在某元之左，則指其數與某數相加。如　甲丄乙　謂乙與甲相加也。如　二丄四　，謂四與二相加，其總數六也。

一　凡丅號在某元之左，則指其數與某數相減。如　子丅丑　謂子內減去丑也。如　七丅二　即指七內減去二，則其數爲五也。

一　凡數之左邊有丄號者，謂之正數。有丅號者，謂之負數。

一　凡數有不與元相連而其左亦有丄與丅之記號者，即算者心中以爲可加減若干也。因小於〇之數，人心中每計想不到，故單用一負數，人每不易明，故以下説解之。

譬如，人之産業，可算其是一箇正數，則其本人所虧欠之錢，可算一箇負數。又如，自左向右引長作一線，則心中可算此線爲正數。再自右向左退作一線，則心中可算此線當爲負數。

一　凡數之左邊無正負之記號者，亦爲正數。

一　凡幾箇代數式俱有丄號或俱有丅號者，謂之同號數，亦謂之同名數。

一　凡幾箇代數式或有丄號或有丅號者，謂之不同號之數，亦謂之異名數。

一　凡代數之式有只一項者，謂之獨項式。其有數項而每項或有丄號或有丅號者，謂之多項式。

如　丄子　或　丅丑　俱爲獨項式。如　甲丄丙　或　甲丄丙丅乙　俱爲多項式。

一　凡將數元相乘，記其乘得之式，其法或並書其元或其間作(㐅)[乂]號俱可。

如　甲乙　謂甲與乙相乘之數也，　甲×乙　亦然。

如　壬癸甲　謂壬與癸與甲三者連乘也，若作　壬×癸×甲　亦同。

一　若以真數一、十、百、千、萬等數也。相乘者，則記其相乘之式兩數之間必作×以間之。

如三與六相乘，必作　三×六　若不用×號，而並書之爲　三六　則與三十六無別矣。是不可不知。

一　若所乘之式有多項者，則其多項之上必作一横線以牽連之。

如甲以　丙丄丁　乘之，再以　戊丅巳　乘之，則其　丙丄丁　及　戊丅巳　之上必各作一線，則其式爲　甲×丙丄丁×戊丅巳　其意謂甲自爲一數，丙丄丁　自爲一數，　戊丅巳　亦自爲一數，而以此三數連乘也。近來算學家每不用一號而用括弧，如(　)以包括之。則上式應作　甲×(丙丄丁)×(戊丅巳)　或不用×號而作　甲(丙丄丁)(戊丅巳)　亦同。

一　凡元之左邊有係之以真數者，此數名曰倍數，謂其所代之數爲元之若干倍也。

如　四乙　謂四倍其(巳)[乙]也。

一　凡元之左邊不係之以真數者，其元之倍數。

如甲即　一甲　如　甲乙　即　一甲乙

一　凡幾何以他幾何分之記其約得之數，其法作一線以界其法實。線之上爲法，線之下爲實。

如　四/一六　謂十六以四約之也，即謂其約得之四也。

如　丑/子　謂置子以丑約之，得丑分之子也。此種之式，名之曰分數式。

一　凡兩式之間有＝者，意謂兩邊之數相等也。

如　子丄丑＝壬丅甲　謂子與丑相并等於壬内減去甲也。

一　凡幾箇獨項式或幾箇多項式，其各元之字有無多少相同者謂之同類之式，不相同者謂之不同類之式。

如　丄子丑　與　丅子丑　爲同類之式。如　丄子丑　與　丄子丑丑　爲不同類之式。

一　代數中尚有别種記號，於以下各式中臨用之處再解之，兹不具論。

清・劉其偉《絜矩齋代數勾股草》　代數釋例

一款　論元字

代幾何之字，無論已知未知者，皆名爲元字。天干地支等字爲已知，天地人物及五行等字爲未知。

二款　論同數

元字所代之數，爲此元字之同數。

三款　論諸號

此書所用之乘×、除÷、等＝、開方√‾諸號皆與代數所用者同，惟加十、減一二號不同。因本書俱用中國數目字，恐此二號與十字、一字相混，故改加爲丄、改減爲丅。

四款　論括弓號

括弓即（），寫於幾何之前後，以明所函之數幾何作一幾何用之。如（甲丄乙）即明甲與乙相合而用也。故於括號以前，無論有加號減號，必闗括號内所有之幾何。如括弓前有負號，欲去其括弓，則必改弓内諸項之號。如括弓前有正號，欲去其括弓，則弓内諸項之號俱不改。

五款　論係數

元字前寫數目字，以明元字之倍數，名曰係數。如　三甲一　其三即爲係數。倘元字前未有係數即一爲其係數。

六款　推廣加減之理

代數之加減較數目之加減，其用尤廣。蓋數目者，加之其數即大，減之其數即小，而代數則不然。如　丄甲　減　丅乙　得　甲丄乙　是餘數反大於原數。按代數之例，(如)[加]法依其號而加之，減法改其號而加之，故得以下三條。

一，加一正幾何與減一負幾何同，如　丄甲　加　丄甲　得正　二甲　丄甲　減　丅甲　亦得正　二甲　且加一負幾何與減一正幾何亦同，如　丄二甲　加　丅甲　得正甲，　丄二甲　減　丄甲　亦得正甲。

二，若於某幾何加一正幾何，所得者必大於原幾何，如　丄二甲　加　丄甲　得正　三甲　即大於正　二甲　若加一負幾何，所得者反小於原幾何，如　丄二甲　加　丅甲　得正甲，即小於正　二甲

三，若自某幾何減一正幾何，所得者必小於原幾何，如　丄二甲　減　丄甲　等正甲，即小於正　二甲　若減一負幾何，所得者反大於原幾何，如　丄二甲　減　丅甲　等正　三甲　即大於正　二甲

七款　棄公生

諸項中有公用之生數者，可棄則棄之，如　四天丄八地＝二〇　棄去公生四，得　天丄二地＝一五　不可棄則約爲命分存之，如　四天丄六地＝一八　以四約之，得　天丄三/二地＝九/二　爲棄公生。

八款　論用元字之法

若問中能用一元算出者，即不要用二元。一元寔不能求出，即用二元或三四元皆可，總算出所求之數爲要。用二元或三四元，必須化爲一元方得數。用一元求之，即免其煩。

九款　論借根方

式中有不成方者，若借根方，則用和縱較縱、開方諸法算之。初學者尚苦不

便。代數則以天之平係數方加於兩端，開之即得所求之數。代數之勝借根方者在此。

十款　論遷項

代數有上下端之分，等號左者爲上端，右者爲下端。上者遷下，其號正負相反。下者遷上亦然。如　天⊥三＝八　將三遷下爲　天＝八丅三　將八遷上爲　天丅八＝丅三　此爲遷項。

十一款　論兩端相等

代數之求等，猶天元之如積相消。

十二款　論乘

式中凡言自乘者，皆是下端乘方。

十三款　論直角三角形

凡直角三角形，其弦上之方等於餘兩邊方之和，或言句股形之弦方，等於句股兩方之和。

清·徐虎臣《溥通新代數》卷一　第一篇　定義

第一款　開端

代數學者，論諸數關係之學科也。在數學用數目字以顯數，於代數學用數目字顯數外，又有用文字以代數目字者。但代字之例，凡已知之數皆以天干地支諸字代之，凡未知之數皆以天地人物諸字代之。因任何算題必有已知數而求未知數也。夫代數學用各字以代任意之數者雖爲通例，然於演算之後亦必依原代之數而求其總值。所以用字代者，欲廣其算術而簡其式焉。

第二款　釋號

凡數學所用之號代數學亦用之，然其中有種種特別之號爲數學所未用者，可逐次詳之於左。

第三款　加號

夫加號亦如數學所用之⊥與＋，然用於漢文當從⊥。而＋雖不便於用，習者亦不可不知，以爲汎覽諸書之地步。如　三⊥五　與　三＋五　皆爲三加五之意，又如　甲⊥乙　與　甲＋乙　皆甲加乙之意也。故凡任何數之左與任何字之左有⊥或＋者，皆示與左數或左式相加之意也。

第四款　減號

夫減號仍如數學所用之丅與一，故　甲丅乙　與　甲一乙　皆爲甲減乙之意。但一用於兩數之間如　五一四　雖與　五丅四　同意，而　五一四　卻與五百十四相混，故本書悉從丅。然則任何數之左或任何字之左有丅者，皆示於左數或左式相減之意也。

第五款　乘號

夫乘號亦如數學所用之×與·，故　五×四　與　五·四　皆爲四乘五之意，又如　甲×乙　與　甲·乙　皆爲乙乘甲之意。故凡任何數之左或任何字之左作×或·者，皆示與左數或左式相乘之意。然諸字相乘時有不作號而連書者，如　甲乙　與　甲×乙　相等，又如有　甲乙丙　即與　甲×乙×丙　或甲·乙·丙　相同。但[有]兩數目字相乘則不能不作號而連書之，如有　三×五　原爲十五，若作　三五　當與三十五等也。

第六款　除號

凡除號亦如數學所用之÷與一，如有　五÷三　與　$\frac{三}{五}$　皆爲三除五之意，又如　甲÷乙　與　$\frac{乙}{甲}$　皆乙除甲之意也。故凡兩數或兩字之間作÷，皆右除左之意。又凡兩數或兩字上下之間作一者，皆云上除下之意也。

第七款　因數

凡二數相乘或多數連乘，其乘得之數爲積，而所乘之各數爲因數。或云生數。如　三·四·五　得　六〇　而三與四與五皆爲　六〇　之因數，又如二·甲·乙　則二與甲與乙皆爲　二甲乙　之因數也。

第八款　係數或云倍數。

將積之因數分開看時，則左數爲右數之係數。如　三甲乙　若分作三與甲乙，則三爲　甲乙　之係數。若分作　三甲　與乙，則　三甲　爲乙之係數。

第九款　乘冪亦曰乘方，古書云甲^{四}爲甲之三乘方，甲^{五}爲四乘方，甲^{卯}爲卯減一乘方。

凡積爲相同之諸因數而成者，不拘其因數有幾，將積爲因數之乘冪，或略而謂之冪。例如　甲甲　爲甲之二乘冪，　甲甲甲　爲甲之三乘冪，　甲甲甲甲　爲甲之四乘冪。然有時將甲亦可云甲之一乘冪者，但又　甲甲　與　甲甲甲　或有特別之名，云　甲甲　爲甲之二方或平方，　甲甲甲　爲甲之三方或立方。又可將　甲甲　書甲^{二}而　甲甲甲　書甲^{三}及　甲甲甲甲　書甲^{四}。於是甲之因數任乘至卯次者故可作甲^{卯}，此甲之右肩所書之數字乃爲甲之指數。因指定爲幾箇甲連乘之意也。甲其右肩之卯爲不定數，若任指爲何數當無不可。設卯爲八即

得甲^{八}，若令卯爲一即得甲^{一}。但甲^{一}仍爲甲也。又如有 甲^{三}乙^{二} 即甲三方與乙二方連乘之式，而 三甲^{五} 即三倍甲之五方。

第一〇款　方根

或數之平方數爲甲時，而或數即甲之平方根，因自乘爲甲，故開平方得其根。若以號誌之爲 $\sqrt[二]{甲}$，或不作二於左爲 $\sqrt{甲}$ 亦可。例如甲爲四者，則 $\sqrt{甲}$ 即爲二也。準此理，則甲之三方根作 $\sqrt[三]{甲}$，四方根作 $\sqrt[四]{甲}$。若設卯任爲何數，則 $\sqrt[卯]{甲}$ 爲甲之卯方根也。然有時方根不能求得精密之數，但作根號以誌之，即爲無理之根。例如 $\sqrt{八}$ 與 $\sqrt[三]{\frac{三}{一}}$ 等皆不能求得密數，皆云無理之根也。

第一一款　等號與不等號之分

凡兩數或兩式之間作 ＝，皆云左右相等。例如 三⊥五＝八 及 甲⊤乙＝丙 第一式爲 三⊥五 等於八，第二式爲 甲⊤乙 等於丙也。若於兩數或兩式之間作 ∧ 或 ∨，皆左右不相等之意。如 一二＞八 與 丙＜甲⊥乙 第一式爲一二大於八，第二式爲 甲⊥乙 大於丙。故凡對於 ∧ 尖之數必小於彼邊之數也。

第一二款　獨項式與多項式之別

凡代數式中有⊥號或⊤號書於式之左者，謂之項。故全式中有幾箇⊥⊤號，即爲幾項。然有時第一項爲⊥號每不書⊥，例如 甲⊥二乙⊤丙 此爲三項。但項有同類項異類項之別，如 三甲^{二}乙^{三}丙 與 八甲^{二}乙^{三}丙 爲同類項，又如 二甲^{二}乙丙 與 三甲乙^{二}丙^{二} 爲不同類項，因上兩式字同而指數亦同，故云同類。下兩式字雖同而指數不同，故云異類。故凡只一項者爲獨項式，如 ⊥甲^{二}乙^{二} 與 ⊤三甲^{二}乙^{五} 皆爲獨項式。又如 甲⊥乙 與 甲⊤乙 爲二項式，又如 三甲⊥乙⊤丙 與 五乙⊥丙⊤甲 爲三項式。但二項以上皆可云多項式。所謂式者，乃一項獨立，或多項相合而成一式，故式有獨項多項之別云。

第一三款　括弧

凡括弧之號爲 ( ) { } [ ] 之三種。所以用括弧之號者，必先將括弧內之諸式依加減乘除[之法]化清，始能與括弧外之式相併。例如 丙(甲⊥乙) 此式是 (甲⊥乙) 之和以丙乘之爲 丙甲⊥丙乙 若不加括弧爲 丙甲⊥乙 豈不大誤。又如 (甲⊥乙)^{三} 此非甲三方又非乙三方，乃 (甲⊥乙) 之和之三方。如以數目論之，三(二⊥五) 須將括弧內之 (二⊥五) 加爲七，再以三乘之得 三×七 其積爲二一方合。又如 (四⊤一)^{三} 須將 (四⊤一) 變爲三，再乘至三方而爲二七。但代數式有 $\overline{二甲⊤乙}$ 者，其式上之——亦如括弧之意，而 甲⊤(乙⊤丙) 亦可作 甲⊤$\overline{乙⊤丙}$ 故凡根號作 $\sqrt[卯]{\ }$。如 $\sqrt{甲^{二}⊥乙^{二}}$ 其橫線即代括弧而用者，則與 $\sqrt{(甲^{二}⊥乙^{二})}$ 等。所以凡分數式 $\frac{八}{二}$(甲⊥乙) 與 $\frac{八}{甲⊥乙}$ 等也。例如 (甲⊥乙)^{三}(二乙⊤三丙)^{二} 與 $\sqrt[三]{\{七甲^{三}⊥(乙⊥丙)^{三}⊥丁^{三}\}}$ 若令 甲＝四、乙＝三、丙＝一、丁＝〇 則第一式化爲 七^{三}×三^{二} 即 三四三×九 得 三〇八七 而第二式化爲 $\sqrt[三]{(七×四^{三}⊥四^{三}⊥〇^{三})}$ 但〇任乘至何方恒爲〇。故得 $\sqrt[三]{(八×六四)}$ 各開立方得 二×四＝八 因八開立方得二，六十四開立方得四，故以二乘四得八。或將 八×六四 乘之而得 五一二 開立方亦得八也。凡兩括弧併列者，即兩式相乘之意，故可不作×。

又　卷二　第九篇　一次方程式

第五二款　論方程式

凡二代數式相等，以代數之記號書者，云方程式，必將相等之二代數式書於左右兩邊，作＝於中，以示兩邊相等之意。例如 甲⊥甲＝二甲 及 甲⊤甲＝〇 當讀作甲加甲等於二甲與甲減甲等於〇之類。又如有 甲×二甲＝二甲^{二} 與 二甲÷甲＝二 當讀作甲乘二甲等於二甲二方與甲除二甲等於二。凡此類之式皆云方程式。

綜論

清·梅㲄成《赤水遺珍》

天元一即借根方解

嘗讀授時曆草求弦矢之法，先立天元一爲矢，而元學士李冶所著《測圓海

鏡》亦用天元一立算，傳寫魯魚，算式訛舛，殊不易讀。前明唐荆川、顧箬溪兩公，互相推重，自謂得此中三昧。荆川之説曰：藝士著書，往往以秘其機爲奇。所謂立天元一云爾，如積求之云爾，漫不省其爲何語。而箬溪則言細考《測圓海鏡》如求城徑即以二百四十爲天元，半徑即以一百二十爲天元，既知其數，何用算爲，似不必立可也。二公之言如此，余於顧説頗不謂然，而無以解也。後供奉内廷，蒙聖祖仁皇帝授以借根方法，且諭曰：西洋人名此書爲阿爾熱八達，譯言東來法也。敬受而讀之，其法神妙，誠算法之指南。而竊疑天元一之術頗與相似。復取授時歷草觀之，乃涣如冰釋，殆名異而實同，非徒曰似之已也。夫元時學士著書，壹官治歷，莫非此物，不知何故遂失其傳。猶幸遠人慕化，復得故物。東來之名，彼尚不能忘所自，而明人獨視爲贅疣而欲棄之。噫！好學深思如唐顧二公，猶不能知其意。而淺見寡聞者，又何足道哉，何足道哉！

先解借根方法全書入《數理精蘊》中，玆略具數則，以見大意，不過大官一臠耳。

借根方法，原名東來法，今名乃譯書者就其法而質言之也。根者，綫也，面之界也，體之楞也。凡布算，先借一根爲所求之物，與借衰略相似。借根而并言方者，初入算雖只借根，但根乘根則成平方，根乘平方則成立方，以及屢乘至多乘方，俱所必用，故名之曰借根方法也。

設丁、乙二人出本經商，獲利均分。丁用過七百兩，乙用過一百兩，則乙之餘銀三倍於丁。問原分銀若干。

原分銀一根

丁餘一根 — 七〇〇 乙餘一根 — 一〇〇

三根 — 二一〇〇 ═ 一根 — 一〇〇

三根 ═ 一根 ⊥ 二〇〇〇

二根 ═ 二〇〇〇

一根 ═ 一〇〇〇

答曰：原各分銀一千兩。

法借一根爲原分銀之數，則丁之餘銀爲一根少七百兩，乙之餘銀爲一根少一百兩。乙之餘銀既三倍於丁，則將丁之餘銀一根少七百兩三倍之，爲三根少二千一百兩，則與乙之餘銀一根少一百兩相等矣。乃加減之使歸於簡約，兩邊各加二千一百兩，則三根與一根多二千兩爲相等。丁三根少二千一百兩，今加二千一百兩，則補足三根之數。乙一根少一百兩，今亦加二千(二)[一]百兩。以一百兩補足原少之數，仍多二千兩。兩邊各減去一根，則二根與二千兩相等，而一根必爲一千兩，爲原分銀數也。丁分銀一千兩，用去七百兩則仍餘三百兩。乙分銀一千兩，用去一百兩則仍餘九百兩，爲丁之三倍也。

圖中用號有三種，如⊥爲多號，一爲少號，═爲相等號，後倣此。

設有一長方，其長闊和七尺。又有大小二正方，大方等長方之長，小方等長方之闊。三方面積共三十七尺。問長與闊各幾何。

闊一根 長七 — 一根

小方一平方 大方四九 — 一四根 ⊥ 一平方

長方七根 — 一平方

一平方 ⊥ 四九 — 七根 ═ 三七

一平方 ⊥ 四九 ═ 七根 ⊥ 三七

一平方 ⊥ 一二 ═ 七根

答曰：長四尺，闊三尺。

法借一根爲長方之闊，則長方之長爲七尺少一根。以一根自乘得一平方，爲小方面積。以七尺少一根自乘得四十九尺少十四根多一平方，凡少與少乘、多與多乘，得數皆爲多。若少與多乘、多與少乘，得數皆爲少。後倣此。爲大方面積。以一根與七尺少一根相乘得七根少一平方，爲長方面積。三面積相加得一平方多四十九尺少七根，與三十七尺相等。兩邊各加七根得一平方多四十九尺，與七根多三十七尺相等。兩邊各減三十七尺得一平方多十二尺，與七根相等。乃以十二尺爲實，七根作七尺爲長闊和，用和縱平方開之得闊三尺，闊減和餘四尺爲長。合問。

授時歷立天元一求矢術以借根方法解之。

設黄道出入赤道二十四度，求矢。

草曰：立天元一爲矢，即如借一根爲矢也。自之，二因爲二矢冪。|| 即如根乘根爲平方。二因得二平方也。以圓徑一百二十一度七十五分除之爲弦背差，原注今不除。有圓徑母蓋矢冪不滿法故不除也。有圓徑母者用圓徑爲分子也。母減背，應作母乘背。四十八度爲弦。≡|||≡|||| || 是爲五千八百四十四少二平方也。背弦差爲一百二十一度七十五分平方之二，以減弧背四十八度，則爲四十八度少一百二十一度七十五分平方之二爲弦。今皆以母乘之，以母乘背。得五千八百四十四，以母乘分子之二得二平方。即爲五千八百四十四少二平方爲弦。故不曰差減背而曰母乘背也。自之爲弦冪式。||≡|||≡||≡T ||≡|||⊥T ||| 是爲三四一五二三三六少平方二三三七六少三乘方四也。有圓徑母自之在内，原本落在内二字。又爲徑冪乘弦冪寄左。背内減差自乘爲弦冪。今以徑乘背而自乘之，即如以弦自乘而復以徑冪乘之，故曰有圓徑母自之在内。又爲

徑冪乘弦冪也。又以矢減徑即爲一百二十一度七十五分少一根。以矢乘之，以一根乘之也。四因爲弦冪式。

≡Ⅲ⊥
||||

是爲四百八十七根少四平方也。以徑冪 ≡≟‖三 T‖≡ 亦同。

乘之，得

T二|≟Ⅲ三|≡‖⊥≡
≡≟‖≢‖二||||

是爲七百二十一萬八千八百三十一根四三七五少平方五萬九千二百九十二二五亦爲徑冪乘弦冪。與左相消，原本落相消二字。得

‖三|≡|三‖T
T二|≟Ⅲ三|≡‖⊥≡
‖≡≟⊥‖≡
‖ ‖

是爲三千四百一十五萬二千三百三十六，與七百二十一萬八千八百三十一根四三七五少平方三萬五千九百一十六二五少三乘方四爲相等。三乘方開之，宜云帶縱三乘方開之。得四度八十四分八十二秒即一根之數。爲矢度。以上並依歷草原文而加注也。

附開帶縱三乘方簡法

以三四一五二三三六爲實，以根方數爲縱，約四度爲初商。與根數相乘，得二八八七五三二五七五爲根數。又以四自乘得十六，以平方數乘之，得五七四六六〇爲平方共積。又以四再自乘得二百五十六，以四因之得一〇二四爲三乘方共積。與平方共積相併得五七五六八四，與根積相減餘二八二九九六四一七五爲初商應減數。以減原實，餘五八五二六九四二五爲次商實。

次商八十分，合初商爲四八，以乘根數得三四六五〇三九〇九。又以四八自乘以乘平方數，得八二七五一〇四〇爲平方共積。又以四八再自乘而四之，三乘方數。得二一二三三六六四爲三乘方共積。與平方共積相加得八二九六三三七六六四。與根積相減，餘三三八二〇七五七一三三六爲初次兩商應減數。以減原實，餘三三一五七八八六六四爲三商實。三商以後，皆倣此開之。

論曰：此以背乘徑又自乘之爲實，四因徑以乘徑冪爲縱，置四因徑冪，四因徑以減之。餘爲負廉，四爲負隅，用減積三乘方開之也。若以商數自乘以乘負廉，又以商數再自乘以乘負隅，併負廉負隅以益實，乃以商數乘縱而除實，所得

餘句餘股，求容圓徑用借根方解《測圓海鏡》立天元一之法。

或間出西門南行四百八十步有樹，出北門東行二百步見之，問城徑幾步。

答曰：城徑二百四十步。

法曰：以二行步相乘爲實，二行步相併爲從二步，常法得半徑。

草曰：立天元一爲半徑。置南行步天西。在地，內減天元半徑坤西。得遠 ||≟ 爲股圓差。天坤即餘股也。又置東行步在地，北地。內減天元北艮。得下式遠 |〇〇 爲句圓差。艮地即餘句也。以句圓差乘股圓差，得 | T≢〇 Ⅲ⊥〇〇〇 蓋乘得一天元冪少六百八十天元又九萬六千步。爲半段黄方冪，即城徑冪之半也。寄左。又置天元冪倍之得 || 元〇，亦爲半段黄方冪。與左相消，得 ⅄ T≢〇 ⅢT〇〇〇 蓋左右各消去一天元冪，則右餘一天元冪與左餘九萬六千少六百八十根相等也。如法開之，得城半徑。倍之得城徑。合問。

天
巽 南 坤
東 西
地 艮 北 乾

右《測圓海鏡》中一則也。原書算式訛舛，今爲改正。略加註釋，稍覺明白。其所謂減天元半徑及天元相乘皆虛數，並非先知半徑實數用以乘減。如顧箬溪之所云者，試以借根方法求之，其理更明。

借一根爲半徑，於南行步內減去半徑得四百八十步少一根爲餘股，於東行步內減去半徑得二百步少一根爲餘句。兩數相乘，得九萬六千步少六百八十根多一平方爲城徑冪之半。存之。又置一根自乘，倍之得二平方，亦爲城徑冪之半。乃加減之，兩邊各減一平方各加六百八十根得一平方多六百八十根，與九萬六千步爲相等。乃以九萬六千爲實，六百八十爲縱，用帶縱平方開之，得一百二十步爲一根之數，即城之半徑也。

徑半一根　　餘股四八〇 — 　一根

徑冪之半二平方　　餘句二〇〇 — ［一］根

徑冪之半二平方 ＝ 九六〇〇〇 — 六八〇根 ⊥ 平方

一平方 ⊥ 六八〇根 ＝ 九六〇〇〇

三角形用弦較句總求中垂綫用借根方解《四元玉鑑》立天元一如積求之之法。

今有方池一所，每面丈四方停。葭生西岸長其形，出水三十寸整。東岸蒲生一種水上一尺無零。葭蒲梢接水齊平，借問三般怎定。

答曰：水深十二尺，葭長十五尺，蒲長十三尺。

術曰：立天元一爲水深，如積求之得二千一百六十爲正實，一百九十二爲益方，一爲正隅，平方開之。合問。

又立天元一爲蒲長，如積求之得二千三百五十三爲正實，一百九十四爲益方，一爲正隅，平方開之。合問。

又立天元一爲葭長，如積求之得二千七百四十五爲正實，一百九十八爲益方，一爲從隅，平方開之。合問。

右《四元玉鑑》中一則也。藏匿根數微露端倪，所謂秘其機以爲奇，惟恐緘縢之不密，或泄其金針。誠有如荊川之所云者，今以借根方攻之，其堅立破。倘荊川復生，定當擊碎唾壺也。

此法葭蒲兩梢相接，成三角形。池寬爲底，蒲爲小腰，葭爲大腰，水深爲中長綫，分爲大小兩句股，用借根方法求之。

法借一根爲水深，如股。自乘得一平方爲股冪。葭出水三尺，即爲一根多三尺，如大弦。自乘得一平方多六根多九尺，爲大弦冪。內減去股冪一平方，餘六根多九尺爲大句冪。蒲出水一尺，即爲一根多一尺，如小弦。自乘得一平方多二根多一尺，爲小弦冪。內減去股冪一平方，餘二根多一尺爲小句冪。大小兩句冪相乘，得十二平方多二十四根多九尺。存之。又以池寬一十四尺如句總。自乘，得一百九十六尺，內減去大小兩句冪，餘一百八十六尺少八根，半之得九十三尺少四根，爲小句乘大句面冪。自乘得十六平方少七百四十四根多八千六百四十九尺，此數與前存之之數即兩句冪相乘數。爲相等。乃加減之，兩邊各減十二平方及九尺，又各加七百四十四根，則爲四平方多八千六百四十，與七百六十八根爲相等。各取四之一則一平方多二千一百六十尺，與一百九十二根爲相等。乃以二千一百六十爲實，以一百九十二爲長闊和，用減縱捷法算之，以一百九十二折半，得九十六爲半和。自乘得九千二百一十六，與二千一百六十相減，餘七千零五十六，平方開之，得八十四尺爲半較。與九十六尺相減，餘十二尺爲一根之數即水深也。加一尺得十三尺爲蒲長，再加二尺得十五尺爲葭長。

試先求葭，則借一根爲葭長。自乘得一平方爲大弦冪。葭出水三尺即水深爲一根少三尺，自乘得一平方少六根多九尺爲股冪。以減大弦冪餘六根少九尺爲大句冪。蒲比葭短二尺，則爲一根少二尺，自乘得一平方少四根多四尺爲小弦冪。內減股冪，餘二根少五尺爲小句冪。大小兩句冪相乘得十二平方少四十八根多四十五尺。存之。又以池寬十四尺自乘，得一百九十六尺，內減去大小兩句冪，餘二百一十尺少八根，半之得一百○五尺少四根。自之得十六平方少八百四十根多一萬一千○二十五尺。此數與前存之之數爲相等。乃加減之，兩邊各減去十二平方及四十五尺，又各加八百四十根，則爲四平方多一萬零九百八十尺，與七百九十二根爲相等。各取四之一則爲一平方多二千七百四十五尺，與一百九十八根相等。乃以二千七百四十五爲實，以一百九十八爲長闊和，用減縱法開之，得十五尺爲一根之數即葭長也。

按：先求葭長與先求水深，其法無二。而《四元玉鑑》於前法則云一爲正隅，後法則云一爲從隅，故異其詞，殆亦欲秘其機之意耳。

又按：《測圓海鏡》一書，前立圖解，條分縷晰，觀其自序，不計人之憫笑，而惟求自得于心，似非有意秘惜者。但其細草不將加減乘除之數寫出，而惟以號式代之，在當下非不明顯。無如傳寫失真，竟至不可思議，然著書時初未計及於此也。荊川乃等諸《四元玉鑑》之秘其機緘與藝士同譏，過矣。

有弦與積求句股用借根方解《四元玉鑑》法。

今有直田一畝足，正向中間生竿竹，四角至竹各十三，借問四事原數目。

答曰：闊十步，長二十四步。

術曰：立天元一爲闊，如積求之得五萬七千六百爲益實，六百七十六爲縱上廉，一爲益隅，三乘方開之得闊。

又立天元一爲長，如積求之得五萬七千六百爲正實，六百七十六爲益上廉，一爲正隅，三乘方開之得長。

又立天元一爲和，如積求之得一千一百五十六爲益實，一爲正隅，平方開之得和。

又立天元一爲較，如積求之得一百九十六爲正實，一爲負隅，平方開之得較。

論曰：以自角至竹十三步倍之，得二十六步爲直田對角斜綫，剖直田爲二

句股形。以斜綫爲弦，田闊爲句，田長爲股，以一畝化二百四十步爲句股倍積，用借根方法求之。

法借一根爲句，自乘得一平方爲句實。以弦自乘得六百七十六爲弦實。弦實内減句實一平方，餘六百七十六少一平方爲股實。以句實乘股實得六百七十六平方少一三乘方。存之。又以倍積二百四十步自乘得五萬七千六百，與存之之數爲相等。乃以五萬七千六百爲正實，六百七十六平方爲從廉，一三乘方爲負隅，用負隅益積三乘方開之，得十步爲一根之數。自乘得一百步爲一平方實，以乘平方數得六萬七千六百，大於原實。又以平方實自乘，得一萬爲三乘方，以益實共六萬七千六百與平方數相當減盡，得句十步。合問。

解曰：此以倍積自乘成長立方形，以句自乘數爲底，以股自乘數爲長。今不知股數，而以弦自乘數爲長，實比股自乘數多一百，則比原積倍積自乘數。多一百平方。夫一百平方者即一三乘方也。故以三乘方爲負隅，以益積而相減恰盡也。

若借一根爲股，則先得股。其法與求句無異。其倍積自乘之形亦成長立方，但以股自乘得五百七十六爲底，而以句自乘之一百爲長。今不知句數，而以弦自乘之六百七十六爲長，則比原積多五百七十六平方，夫五百七十六平方者即一三乘方積也。故以三乘方爲負隅以益積，而減積必盡也。

按：求句求股法，與數俱無異。而《四元玉鑑》于求句，則云爲益實爲從上廉爲益隅。於求股，則云爲正實爲益上廉爲正隅。其詞迥異，豈求闊求長，其開之之法果有别乎？雖然，同一積實同一廉隅，而或先得闊或先得長，其法雖巧而商數不易，固不如先求和較之爲簡捷也。

又按：求和較之法，以倍倍積與弦實相加得一千一百五十六，開方得和。以倍倍積與弦實相減得一百九十六，開方得較。此了不異人意，然於求和則云爲益實爲正隅，于求較則云爲正實爲負隅。何以參差如此乎？殆將故異其詞以自秘乎？抑傳寫之失其真耶？觀於此，則求闊求長之異其詞，大抵類此，可不必深求矣。

清・羅士琳《比例匯通・序》 數之所恃者加減乘除耳。奇偶對待則加減之而巨細立成，奇偶縱横則乘除之而綱目不紊。推其原，不過以小比大、以寡比多、以虚比實、以假比真、以彼比此、以舊比新而已，此西人比例法之所以爲最上乘也。苟能明乎比例之率，無論一十百千萬以至無量數紛紜錯亂，皆可不旋踵而徹底澄清，又何尚乎《九章》哉！惟是《九章》之名最古，後人不解《九章》乃備數而設，遂譁《九章》爲牢不可破之格，膠柱鼓瑟，其謬甚矣。殊不知九章即度與數之二端分而言之。度，量法也。最淺者爲方田，稍進而爲少廣，爲商功，以極於勾股；數，算術也。最淺者爲粟布，稍進而爲衰分，爲均輸，爲盈朒，以極於方程。合而言之，其名雖九章，其實則比例也。歲乙亥，讀禮家門，日以課子爲事，舉業之外旁及六藝。因亨幅每有所問，輒觸於心。竊思勾股、少廣相表裏，而方田與商功無異，差分與均輸何殊。自九章之名立，而滋人之惑甚夥。與其因比例之不同分作九章而其法轉淆，不若判九章之各别統歸比例而致用畫一。爰不揣譾陋，按類相從，謹摘《九章》中之切於日用所必需者若干條匯爲比例十二種，以各定率比例冠諸首，以借根方比例載諸後，以諸乘方開法附諸末，共成四卷，帙曰《比例匯通》。庶學士大夫以及賈人胥吏當權衡度量時可恍然。數之一道，無非比例以生，蓋亦聖人所謂一以貫之云爾。論成於乙亥之冬，謀食謀衣終朝弗輟，遂致束之高閣。今檢敝笥偶得是編，用加推演録而成卷。追憶草稿之初，不覺忽忽兩載矣。

清・劉衡《借根方法淺説・自序》 宣城梅文穆公悟借根方即天元一法，原名東來表，泰西謂之爲阿爾熱八達，今名乃譯書者質言之也。伏讀御製《數理精藴》，反復探索，乃知借根方者，蓋假借根數方數以求所求之數之法。根者，綫也，面之界也。借根而兼言方者，根爲方之邊，方爲根之積。若根乘根則成平方，根乘平方則成立方，以至屢乘及多乘方，俱所必用，故名之曰借根方。其大致與衰分之立衰相似。特衰分之立衰僅御本數，此法則一切筭法無不可御，是誠筭家之極妙者也。凡布筭者，先借一根爲所求之數，因之以加減乘除，務令與未知之數比例齊等，而所求之數乃出。惟是加減乘除必須視多少之號以定同異，而借數又有一定之位，爲進爲降不容或紊未易猝曉，稍一混淆毫釐千里。衡少喜泰西學，因梅氏弟解此法與天元一名異實同，究未嘗疏其例，輒以鄙意取加減乘除四端，冠以用號，綴以定位表，縷析條分，各撮其要，歸於淺顯，説取易明，庶學者不致眯目，或亦啟蒙之一助也夫。

[英] 偉烈亞力《代數學・原序》 近代西國，凡天文、火器、航海、築城、光學、重學等事，其推算一皆以代數馭之。代數術略與中土天元之理同，而法則異。其原始即借根方，西國名阿爾熱巴拉，係天方語，言補足相消也，昔人譯作東來法者非。此法自始至今屢有更改，愈改愈精，故今之代數非昔可比，雖謂今之新學也可。今略述其源流。其創自何國何人莫可攷已。當中國六朝時，希臘

有丟番都者傳其法，但用數不用記號。而天竺已先有之，且精於丟氏，能推一次二次式，並有求一法，甚賅備幾，與秦九韶大衍術相埒。波斯天方皆傳其法，而精不逮焉。及元時，以大利薄那洗學自天方，以傳於其國歷三百年，習者寥寥。至明嘉靖萬歷間，思鐵法利以其法傳於日爾曼，白勒得利傳於法蘭西，立可傳於英國，由是其學漸盛。初天竺代未知數用五色名，波斯天方則各用方言之物字。其傳入歐羅巴也，以大利、英國，仍用物字，故即名物術云。是時惟未知數用字代，已知數皆用本數。至肥乙大始盡以字代，是爲今代數術之始。厥後學者精益求精，創爲方程式，即借根方之相等法也。既而佳但造三次式，佛拉利造四次式，代加德造指數，而用益便。至奈端造合名法而登峯造極矣。當借根方入中國時，西國於此術尚未深焉，殆不及天元四元。而今能如此精絶者，豈非好學之效哉？借根方記號殊簡略。其加號用⊥，與今代數同，昔名多，今改名正。減號用一，今用丅，昔名少，今改名負。相等號用＝，與今同。其右數昔名等數，今改名同數。而諸自乘方之指數，開諸方之根數，皆昔所未有之號也。又借根方之根，今改名元。今所謂根數，非元也。凡此諸名之改，皆從天元四元，而天元四元之位次，則皆易以記號，於布算時更便捷焉。嗚呼！自以對數代真數而省算十倍，今更以代數代數學而省算百倍矣。雖然欲習代數者當先熟加減乘除通分小數諸法，循序漸進。若躐等求益，我恐徒勞而無功也。

清·華蘅芳《代數術·序》【略】數之名始於一而終於九，故至十則進其位，而仍以自一至九之數名之。至百則又進其位，而仍以自一至九之數名之。如是以至千萬億兆，其例一也。夫古人造數之時所以必以十紀之者，誠以數之多可至無窮。若每數各與一名，則吾之名必有窮時，且紛而無序將不可記憶，不如極之於九而以十進其位，則舉手而示屈指而記。雖愚魯者皆能之故，可便於民生日用，傳之數千百年至今不變也。觀夫市廛貿易之區，百貨羅列精粗，美惡貴賤之不同，則其數殊焉。多寡長短大小之不同，則其數又殊焉。凡欲以其所有易其所無者，必握算而計之。其所斤斤計較者，莫非數也。設有人言吾可用他法以代其數，夫誰能信之？良以其乘除加減不過舉手之勞，頃刻而得，無有奧邃難明之理，在其間本無藉乎代也。惟是數理幽深最耐探索，疇人演算務闡精微，於是乎設題愈難布算愈繁，甚至經旬累月不能畢一數，且其所求之數往往雜糅隱匿於各數之内，而其理亦紆遠而不易明。若每事必設一題每題必立一術，枝枝節節而爲之，術之多將不可勝紀，而仍不足以窮數理之變。則不如任數理之萬變而我立一通法以馭之，此中法之天元西法之代數所由作也。代數之術，其已知未知之數皆代之以字，而乘除加減各有記號以爲區別，可如題之曲折以相赴。迨夫層累已明，階級已見，乃以所代之數入之，而所求之數出焉。故可以省算學之工而心亦較逸，以其可不藉思索而得也。雖然代數之術誠簡矣，誠便矣，試問工此術者遂能不病其繁乎？則又不能也。夫人之用心日進而不已，苟不至昏眊迷亂必不肯中輟。故始則因繁而求簡，及其既簡也必更進焉。而復遇其繁，雖迭代數十次其能免哉！由是知代數之意乃爲數學中鈎深索隱之用，非爲淺近之算法而設也。若米鹽零雜之事而概欲以代數施之，未有不爲市儈所笑者也。

又華蘅芳《學算筆談》卷五　論學算之法

算學中門徑甚多，歧途百出，非備嘗此中之艱苦者不能洞悉其曲折，所以學算亦不可無法也。【略】

幾何之學從條段以明題理，故條段明而題理亦明。天元之學，從題理以明條段，故題理明而條段亦明。惟幾何之條段必藉夫圖，天元之條段則無籍乎圖也。所以天元所明之理能比幾何更深。

然天元但能將未知之數明其條段，而其已知之數則渾和於太極之中，不能一望而知其條段如何。惟代數之術，則無論已知之數未知之數，其條段之理莫不一一分明，故代數所明之理又能廣於天元。

學者既明代數之術，則於數理之奥賾者固無不能明矣。然猶有言之或甚繁求之或甚難而不得簡易之法以賅之者，何哉？因代數但能推一切常數而不能推其變數也。惟微分積分之術，則能推一切變數。故有微分積分之術而代數之用愈廣矣。

或有問者曰：如子之説，天元勝於幾何，代數勝於天元，微分積分又勝於代數，則學者何不徑習微積而必從幾何元代以及微積耶？

答之曰：不習幾何則於如積之理不能盡明，故不可徑習天元。不習天元則於正負開方之理不能盡明，雖從代數得其相等之式，亦不易求其同數。微分積分，其算式仍籍代數爲用，不習代數烏能徑習微積？所以幾何元代微積其學，必循序而及，不可躐等而進也。

或又問曰：微積之必由代數而出，固無疑矣。若謂習代數者必先知天元，習天元者必先明幾何，此乃欺人之論也。夫天元中法也，幾何代數皆西法也。

中西各創其法，曾未彼此相謀，則創天元者固不知有幾何也，創代數者亦不知有天元也。不知者尚且能創而謂反不能學者，天下有是理乎？

答之曰：余之所謂循序而及者，言如此學之則易於入手耳，非謂舍此即不能學也。創天元者固未見幾何之書，而天元之理則無非幾何之理也。創代數者雖未見天元之書，而代數之理則猶之天元之理也。然則幾何元代其明理之法雖異，而其所明之理則同。惟幾何爲初學所最易明，故必從幾何入手。天元之書難於幾何而易於代數，以其有數可核也。代數之法繁於天元，而其用則廣於天元，故既明天元方可學代數。

又　卷七　論天元四元不便之處

用演元之式以馭各種算題，固比尋常數學之法明白簡易，然其中尚有不便之處，時或遇之。

未知之數既能代以各元，則其各方之正負雜糅可明未知之數之條段。此固甚便之事，惜其已知之各數則混和于太極之中，而條段不得分明。其不便者一也。

演元式中，其已知之數但能用整數而不能用分數。故遇分數必另寄其分母以不除此而乘彼之法入之。若所設之題其中分數多或比例多者，屢次寄母頗覺費事。其不便者二也。

已知之數必用本數入算而無他法以代之，則遇多位之數或奇零不盡之數如方斜、周徑、八線、對數相比互求之事，俱覺繁重難勝。其不便者三也。

此三種不便之處爲天元四元所同，而四元中更有一不便之事爲演元者所深畏。因天地人物四元環抱太極，其地人兩元、天物兩元均在對面，故其各元各方互乘之數無可位置而寄之于夾縫之中。其不便者四也。

海甯李氏著《四元解》，其各元各方之位置均與羅氏異，則可免夾縫中寄數之弊，然用之亦覺不便。

總而言之，天元之法便于加減乘而不便于除，四元之法但便于加減而不便于乘除。其不便于除者，因除不真除而必乘彼以代其除也。其不便于乘者，因乘必真乘而不能用他法以明其乘也。此天元四元所以不如代數之便也。

近人有取《玉鑑》中三元四元諸題但立天元地元以求之者，雖布算較省，然須多一識別，且非朱氏著書之意也。

清・董毓琦《天代蒙泉細草》【略】天元代數借根各術，無非使真假混淆之數互較使清。天元則曰與左相消，借根方則曰兩邊加減，代數則曰兩邊去天，同此一理。蓋天元勝於代數借根者，以相消後，得數兩層知爲除式，得數三層知爲開方，四層知爲立方，五層知爲三乘方，六層知爲四乘方，立算自有把握。而代數頭緒紛繁，眉目不清，初學諸生迷於曉霧。余故照天元式衍之，使消去後橫列若干層。如前題得式二排 ≐一T‖⊥（元、太）爲除式，後題有句股和、股弦和求句，代數得式三排 天二⊥≐一T8×（方、元、太）知爲開方，四排五排知爲立方三乘方，立此公式使學者有路可尋。

如句股和較無論一數俱無，只尋出假句股幂，照句幂加股幂求弦、句幂減弦幂求股一律步之，胸中自有成竹，且句股和較一題一法，記憶維艱，立此一貫之通，得一法即知諸法。愚而自用，有識者笑我否耶？天元有功於句股和較開方帶縱，故演此爲初學津梁。

清・李鏐《天代蒙泉細草跋》【略】天元之學，集算法之大成。西人借根方，得天元如積之法而未得其式。蓋不知天元法中有式也，故曰借根方僅學天元之半。近出代數，則又學天元之式，而故爲變易名色，多爲標識，反亂天元之式。蓋未知天元之式中有法也。故又曰代數僅學天元步法之一法，精於元學者一見洞然，如沸湯沃雪，自不爲代數所惑。惟學無根底語好新奇輩不免矜爲一得，不得不亟爲正之。子珊與余生既並地，學有同道。易曰二人同心，孟子曰用夏變夷，其在斯乎？其在斯也。

清・張鼎祐《種竹書齋算草》　不習幾何不易明天元如積，不明正負開方之理不易求代數相等式之同數説　今世譚算學者多矣。游藝子涉獵百家，頗會通厥旨，意欲闡明諸術，廣質諸海内同好。苦一人識不足以達，乃就九九先生而正焉，曰：先生神明算學，舉凡扞格拘泥之弊一空。是不難何者不習，何者不易明，何者不明，何者不易求，開後學之茅塞，樹先正之典型，願先生直論之無隱。先生曰：唯唯。人第知天元如積當明，不知幾何不可不習也。人第知代數相等式之同數當求，不知正負開方之理不可不明也。窮其流，溯其源，吾試爲子一一以説之。夫幾何之爲算也，徹乎立法之原，明乎條段之理，以此幾何求彼幾何，彼幾何不能遁。以彼幾何求此幾何，此幾何不能遁。故雖爲未知之幾何，可逕設一未知之幾何。即不啻已知之幾何，可逕得一已知之幾何。不必言數，數自

了然。不必言法，法自昭然。本相度之精，寓相消之理。夫固萬算之所祖，亦即天元如積之所祖也。《幾何》凡十五卷，其十三卷，泰西歐几里得撰，其二卷則後人續也。前六卷徐光啓繹，泰西利瑪竇氏受之。後九卷李善蘭譯，泰西偉烈亞力受之。前後數百年，卒成於中西二三有志之士，不甚偉歟！蓋我中國算書，往往畢生習算，知其然不知其所以然。遂有苦爲繁而視若絶學者，求法不求理耳。若幾何則不言法而言理，括一切有形，概之曰點線面體。點線面體者，象也。點相引成線，線相遇成面，面相疊成體。而線與線，面與面，體與體，其形有相兼，有相似。其數有和有較，有有等，有無等，有有比例，有無比例。洞悉點線面體，而御以加減乘除，所謂閉門造車，出門合轍也。奚事逐物求之哉！故其書規摹次第，迥乎不同。題論之首，先標界説，次設公論。題論所據，次乃具題。題有本解，有作法，有推論，先之所徵，必後之所恃。十三卷中，五百餘題一脉貫通。卷與卷題與題相結倚，一先不可後，一後不可先，纍纍交承，至終不絶也。初言實理，至易至明，漸次積累，終竟乃發奥微之義。若暫觀後來一二題者，即其所言，人所難測，亦所難信。及以前題爲據，層層印記，重重開發，則朗若懸鏡，眉髮無遺矣。是幾何專明所以然，舉天下繁頤雜冗之數，一設算不啻瞭如指掌，所以西士謂獨實理者。明理者，剖散心疑，能使人不得不是之，不復有理以疵之。其所致之知，且深且固，則無有若幾何一家者矣。學者誠能習此，條段既無所不明，又何患區區天元如積哉！天元之術，不必處處言條段，而一切條段之理無不包括於其中，此益古演段之所由名也。蓋至如積相消而條段之理終不肯紊亂，世未有理明而法不立者。今試設一術於此，以求其積數。又試設一術於彼，以求其積數。此之積數與彼之積數，其天元太極之等不同，而其爲積數則同，故曰如積也。天元一之所由立，不知之數。未知幾何，而必爲一數則可知，已知之數見數也。未知之數，雖知其必爲一數，究藉算也。見數與藉數不同類，故別太極於天元外也。蓋太極可減天元，天元亦可減太極，故如積之數在太極也。又數與寄數相齊，謂之同數，亦謂之如積。如積之例，當其較則舍所盈，故加於盈而數合也。當其和則包所朒，故減其朒而數合也。如積相消，則同減而異加。無論同名異名，消餘必是異名。三層以上，雖有同名必有異名也。如積相比，則均輸之趨也。均輸者，於無比例之中，求爲比例如積者，亦於無比例之中，求爲比例也。惟均輸所求者相同之率，天元一所求者相同之數。相同之率，由似以得其真，故異乘而除之。相同之數，緣分以得其合，故相消而除之。此天元如積之所由立也。而謂熟習幾何條段之理，猶不足洞達一切哉，甚矣，學算之難也。不習幾何，幾固無如天元何。不習天元，則又無如正負開方何矣。數學中惟開方爲最難。古今論正負開方者，其書不下數十種。迄今中西兩家，尚無通法。按開方之用正負，其始見於宋秦道古九韶《數書九章》。蓋其時天元初出，因天元相乘而有正負。又因其以乘代除，層累益增，而有翻法益積。較與較爲同名，較與和爲異名。同異之分，正負之所以立也。加中較於下較，謂之益實。減上較於中較，謂之減從。於中和減下較，而以其餘爲上較之實。於上和減下較，而以其餘爲中較之實，謂之翻法。三者之法不同，皆準正負以爲加減也。秦道古術云：商常爲正，實常爲負。從常爲正，益常爲負。有時實或爲正，商或爲負從或爲負，益或爲正者，則又開方術之變式也。古池推原一術，稱方爲益方，隅爲從隅。查此術和在中，較在上下。以實爲負，則方正隅負矣。今稱方爲益，隅爲從，是稱正爲益，負爲從矣。若以方爲負，隅爲正，則實宜爲正，又與實常爲負之例不符。可知秦氏如此亦不拘拘也。按秦道古九章述開方法，至精極簡，實與天元四元相輔而行。其中投胎換骨二法，尤非後來諸家所及。其式如益古演段之列位。置商於實上，以商生隅，上達於實。遇同名則相加，遇異名則相減。加則正仍爲正，負仍爲負。減則減餘在正則正，在負則負。自一乘以至百乘千乘，不假別術。可見理無異者，雖萬變不離其宗也。故貴推詳闡發，施之本術，毫無遺憾。然後施之別術，立見會通，矧其爲求代數相等式之同數哉！西國之代數，即中國之天元也。代數之論解法，有獨元一次式，有多元一次式，以及二次式，三次式，四次式，多次式。惟五次式以上無人能思得一通用之法，可徑解之求代數相等式。則有等職各次式，等根各次式，未定之相等式，大要互乘相求，以御雜糅正負，用意皆出於方程而已。攷代數之由來，乃欲從已知之名數，求其未知之數也。惟未知之數，本與已知之數不相等，不得已將已知未知之各元，雜糅分合之作一式，令兩邊所代之數相等，此之謂方程式。故其求同數，則於某方程式内，求未知元字所頂之數。爲求同數，要求其未知元字之同數，其法有二：一去分數，一還項也。求同數爲無定方程式，如一式内有二未知元字。如某數設天爲一，則地爲五，以此二同數代於原式内，則爲某數。由此可知，無論設天爲何數，則必有相當之數使方程式之二端相等。故無定方程式之元字，能求如許同數。求同數爲定方程式，則兩式内各有二未知元字，求一同數可與兩方程式相當，則此同數爲已定。但此同數不可止於一式求之，須就兩式求之。於兩式而

求一同數，必設法先消一元字。求一元字之同數，論消元字之法有三：一，加減而消；一，相比而消；一，相替而消也。求同數爲多元方程式，則一方程式。與各方程式相較，而使所消之元字皆同。如是相較而得之餘式，即少一元字。又取一餘方程式與各餘方程式相較，而使所消去之元字皆同，則所得之式又少一元字。如此屢次相較，直至在一方程式内只有一未知元字，即可求其同數。既得一元字之同數，即替於二未知元字之式内，又得一元字之同數。如是屢次替之，自能得各元字之同數。此求代數相等式之同數大綱也。人果素明正負開方之理，又何難於一以貫之。況夫代數通用於幾何，而正負開方即猶是立天元一哉。若是者循序而進，有相聯之勢，無或格之虞，非謂舍此即不能學彼也，亦聊以見由此即可以通彼耳。縱使隸首復生，商高再出，當不能稍易吾言也。彼世之守方隅見者，其亦有動於中耶。不然，幾何代數創自西人，天元開方原於中土，勢必有不相通之病矣。何以古今數千年，華夷數萬里，卒能引而伸之，觸類而長之哉！蓋創天元者，何嘗見幾何之書，而天元之理則無非幾何之理也。創代數者，何嘗見天元之書，而代數之理則無非天元之理也。無他，幾何天元代數，其明理之法雖異，而其所明之理則同耳。習幾何即易明天元，明天元即易求代數，斯誠算學家千金不易之捷訣也。子歸而細索之，夫復何疑。游藝子曰：諾。

又　代數數理多於天元，微積數理多於代數考　曩者天元術出，算家驚爲創獲，以爲於理實多。寖假而有代數，則習天元者歉甚。寖假而有微積，則習代數者歉甚。無他，中國之天元，即西人代數之理，但不及代數之變化，代數又不及微積之盡變。所謂積世積人積智，愈出而愈妙者也。立天元一，猶云藉此算也。所求數尚未可知，姑藉此算以當之，而用之如其數。蓋立一算在此，而後加減乘除有所憑依，可藉之以求同數也。其求同數相消者，蓋執其兩端，則其數雖藏而不得遯也。至於虚數不可與實數相消，則位以别之。至於加無可加，減無可減，則命之爲負以存之。至於除之有不受除者，則有寄分法以通之。至於相消後得式，有不盡三層者，則有開各乘方以御之，亦可謂理精而法密矣，獨不可以及代數者曷故。夫任數理之萬變，我立一法以馭之者，天元之所以比於代數也。如題之曲折以相赴，所代之數入之，所求之數出焉者，代數之所以勝於天元也。代數以字求數。題中將求之數，設字代之。題中已有之數，録而用之。有時已有數太大，不便全録，亦設字代之，於是通盤皆字，並不見數。而某字與某字加減乘除處，俱按法作用，終得一式。乃數代已知數字，與一代將求數字相等，復將原有數代回，即得將求數。初猶疑所得數未必即所求也，及代於題中，乃知此數别無與題相配者，代數之妙如此。論代數之用，須詳審題中之意，宜以某字代某數。又參詳題中之理，以便成規式。更須明悉設求消化四法，便能變通簡捷，神明矩矱，無格格不通之弊，以視天元一翻積益積寄分之繁，十百千萬紀數之複，其理多不大彰明較著歟！然而微積則猶有進。代數無數求數，所推不過常數。微積則能推一切變數，且能推一切函數。是微積雖藉徑於代數，其理實發千古未有之奇。攷微積之理，凡線面體皆設爲由小漸大，一刹那中，所增之積即微分也。其全積，即積分也。若將積分逐次分之，可得無數微分。即得一積分，此微分積分之攸判而相關也。微分術，立縱横二綫，横綫以天代之，縱綫以地代之，以⿰彳天⿰彳地代縱横二綫之微分。積分術，已有微分式，而令其還原得積。其中之最神妙者，即同類諸題可用一公式求之。法將本題之式，求得天⿰彳天之同數或地⿰彳地之同數，代於公式中，求其積分，即得本題全積。自有微積二學，一切曲綫，曲綫所函之面，曲面，曲面所函之體，向所爲窒礙難求者，今皆有法覈準。數理至此蔑以加矣。彼代數顧何能相與頡頏耶？識者曰：算理一切從條段生，由來尚矣。天元條段，未知已知，不能一律使人明白焉。豈非猶抱餘憾哉！惟代數已知未知，其條段無不分明，較天元術實爲推廣矣。然或言之甚繁，或求之甚難，終不得一簡易之理者，則又微積之所以敻然莫尚也。故曰代數數理多於天元，微積數理多於代數。

清・方愷《代數通藝録》卷六《方程法》　中國方程爲九章之一，蓋以物數物價和較相比而得。其法在中國以梅氏新立法爲最善，《精藴》用之。其致有四端，以各物相和之價爲比者爲和數方程，以各物相較之價爲比者爲較數方程，題内有和有較者爲和較兼用方程，其和較參互者爲和較交變方程，此其四端也。此外尚有纓絡方程、斷續方程及帶分方程等名，蓋中法因題理一變即生一法便立一名，其名多即法亦繁。代數則統以正負決之，如尋常移項推算。惟其元總在兩元以上，用獨元則列式較繁矣。

代數至方程章始用加減法，必須如法加減作正負方合。無論和較錯變，只在審明正負，決不誤也。

方程章齊號之法與帶分齊母法相同，先約作簡數，再互乘齊之則其數不繁。其能先加或先減得齊者，亦可省互乘，此皆與齊母法同也。并有上層以他數約

之，下層又另用一數約之，所得簡數再互乘齊號，亦俱能合數。總之，方程之命名，蓋以「方者比也，程者式也。取式可相比則無不可得數」，此皆方程總訣。如至四色以上，或有再加法式，則當隨題録示。

梅氏叢書嘗論算法凡題之隱互難辨者，悉可以方程法御之，故專作方程論一書，取各種題闡發方程變體，合之代數，理法最近方程章。在代數本無定法，惟其正負相消及加減成數有定理可推，今録其通例於左。

凡方程自兩項始，以上可加至多項。用代數法先以一項爲一元加幾項即加幾元，凡多一元必多一層，視題有幾項即爲幾色方程。如題内項數多而層數少，或層數多而項數少，皆爲不全之題，須歸無定之式。此方程首段列元之理也。

凡列元既定，則須立式。視題内或和或較通以正負式辨之，正負已定然後移項，令真數歸右虚數歸左，此次段列式之理也。

凡各式列定後，則指一元項用諸分齊母法齊之，或用加減法齊之，或用乘除法齊之，俱隨數核定，總令得簡數爲貴。此三段齊項之理也。

凡項數既齊，則消去一元以所餘連層相減，準用代數減法核定正負。其分辨本數減數之法總以得真數成正爲定，不問上下層。既經減定，則項數消去一元，層數亦消去一層，仍然方程符合。此四段減層之理也。

設如四色方程消元減層之後，即成三色方程。然後再照前法齊項減層，必成二色方程。以下如常法求之可得。如四色以上亦照此類推。

清・劉光蕡《時務齋課稿叢鈔・算術・序》 古之格致合理數而一之，今之格致分理數而二之，理外於數，則理遁於虚。虚元之説，清談之習，皆將雜焉。而理之益身心家國者特僅此儒術，所以有積弱之勢也。今朝野上下力求自振而推本於學校，整飭學校不得不先小學。蓋明理以訓詁推數以算術。古者士通六藝九數，固與六書並重，而朱子小學則爲大學誠正修齊，導其先非小學語也。近數十年識微之士固已致力於算，而吾陝獨匙今中丞張學憲趙奏爲陝人立崇實書院，先設時務齋於味經，則合理數以爲格致周髀之説，必不後於爾雅説文之用已。夫算術至今日融會中西，御製《數理精蘊》詳載借根方術，已開其端。由此而天元四元代數微分積分皆較古術精簡宏奥，學者不能淺嘗止也。而邢生廷莢等或以天元演借根，或以借根演天元，或以代數演借根，或合元代悉取其公式，於布算尤便。理本寓深于淺，術即由淺得深，演尋常之數即能得深奥之理。格致之學固貴，近求之實迹而不必遠索諸虚空也，諸生已以算爲之端矣。因彙而刻之，以爲時務齋留心時務者之一助云。

又《時務齋算稿叢鈔・勾股互求公式跋》 代數有公式寫於寸楮，苟識其號，雖極深奥之數一覽而晰，不煩布算也。夫西法有代數，其代未知之數，固即中法之立元，其代已知之數，亦即四元之寄分合以爲式，能顯立術之理，使人曉然於所以。加減乘除則並天元之所謂術者，亦代入式中矣。近人譯《算式集要》一書，有益演算者甚鉅。然西術括以點線面體數之可爲公式者，必有法之形也。故公式自三角始算，三角必分爲句股或補成句股。西術無句股公式，李壬叔演《代微積拾級》，乃自句股始，則句股公式不可闕也。天元代數之兩式相消，即方程之兩行相減。盈朒者，方程之端也。西算之巧巧於求較，盈朒固審兩線之和較，而中法句股之精亦在和較。然則秉樞此册亦可謂善於融會中西者矣。其式以代數演並存天元之式，習九章者至盈朒句股，此册已導以天元代數之路。蓋合天元已知未知之數悉代以字，近人已多爲之，亦以見二術之本無不同也。

清・蕭鍾秀《時務齋算稿叢鈔・逕求和較術跋》 【略】夫句股術求得句股弦加減即得和較，不必逕求也。然可以逕求則必有逕求之數與理，猝而思之，竟不能得以天元。逐段演之，其數自出。數出而條段明，條段明而理自著，術以立焉。前人謂通天元可以自創算術，此其證矣，甚矣，學算者不可不深究天元也。逕求和較《四元玉鑑》中有之，然以直積求，非以句股弦數求也。故鴻山又取《數理精蘊》直積九術演之，而和較易爲句股或股弦，竟非立方不能馭。鴻山又以借根體類二術補之，即四元明積演段法也，亦可知借根之出于天元矣。

清・陳崧《借根代數會通・敍》 借根方者，蓋聖祖仁皇帝得之歐羅巴人以授梅文穆公者也。其術本爲中國天元一法，當宋末元初時歐羅巴人傳之而去，故名之爲東來法。迨其習之已久，乃變天元一之名爲借根方，又變寄左相消之式爲兩邊加減。第其名可變，式可變，而其理終不可變也。近數十年來，西人又變借根方爲代數。其式迥别，其理不異。李壬叔譯之於前，華若汀譯之於後，傳之中土，習者漸多。然人但知借根之本於天元，而不知代數又本於借根也。暇日因取御製《數理精蘊》中借根方全題以代數法演爲細草，俾學者知代數與借根式雖不同，而理則一貫。彼此互勘，庶可知其若合符節也。

清・徐虎臣《溥通新代數・序》 【略】《數理精蘊》云，數者理之證也，實千古之卓見。夫欲明自然之理，不可不知一切之數學。欲知一切之數學，不能不先窮代數之理。代數爲一切數學之基礎。欲明一切之數學，固不能不藉徑於代

數。代數學者，西名阿爾熱巴拉，譯亞剌伯語，謂補足相消之意。始從方程式，而得厥後屢屢更變，愈改愈精。故今之代數學異於往古之術也。當我朝康熙年間，西人始傳阿爾熱巴拉之法於我國，譯名曰借根方。其法與中國之天元不謀而合，且不若天元之簡捷易明。自嘉道以來，天元之學日精，江都焦氏、甘泉羅氏、海甯李氏相繼發明天元四元之奧理，此時西人之代數亦日進於精深。故咸豐年間李海甯與偉烈亞力合譯《代數學》，同治年間華金匱與傅蘭雅合譯《代數術》、《代數難題》等，而所譯之書皆改十、一爲丄、丅，又易其分數之母子。考其更改之意，西書之加減號因與數字之十與一相混。倒其分數之母子者，因既命爲分母分子，則母不能不居於子上之意。考代數之源流創自何國何人，雖不能詳。然當埃及國最盛時代，有丟都番氏著書十三卷，爲最古之代數書。今所存者纔六卷耳，其書載算術之題唯知用數而未詳用號之理。但當時天竺已有此法且精於丟氏，波斯亞剌伯皆傳其法而不精當。晉隆安四年，西厤四百年時。有亞力山太之女士配把麝其人者，博學多能，著作頗富。後回民燒亞力山太之圖書館，其書大概歸於烏有，今所傳者有丟氏算法之解釋。明萬厤年間西厤一千六百年間。於羅馬之撥根圖書館見丟氏之著作而爲希臘之文，於是代數學者初從天竺而傳於亞剌伯。唐元和八年西厤八百十三年。亞剌伯之數學家便麼西著代數學之書，今猶在於英國阿克斯福德之麥獵養圖書館，至道光十一年時西厤一千八百三十一年。英國之羅先始譯英文。然意大利之薄那洗已從天竺傳於本國，當薄氏之壯年在巴巴利用九數字已作算數之善法。自薄氏從天竺傳代數學之後，凡三百年間，學者尚稀。至明弘治七年，西厤一千四百九十四年。而意大利之羅卡司代保兒始印代數書而發行，此爲西國印代數書之始，而其書題以算術幾何比例之合篇，故歐洲之代數學以意大利爲最早。厥後弗里耶斯、大太里耶、迦但、佛拉利等之諸士接踵而起，故此學大進。明弘治十八年，西厤一千五百五年間。弗里耶斯造三次方程式之解法，後大太里耶更訂正其法。嘉靖二十四年，西厤一千五百四十五年。迦但印三次方程式之解法。佛拉利者出於迦但之門，於萬厤七年西厤一千五百七十九年。創四次方程式之解法。隆慶六年，西厤一千五百七十二年磨倍留著《代數論》。由是，此學稱意大利爲最盛。然嘉靖二十三年，西厤一千五百四十四年。日耳曼之思鐵法利曾著整數四術創十、一、√之諸號，二十九年，西厤一千五百五十年。英國之立可、法國之白勤得利各傳其學於本國。此時立可又創＝號爲適等，然未知數雖悉用號而已知數則仍用數也。至肥乙太始創已知數之諸號，爲今之代數學之濫觴。肥乙太者，法國人，善數學，於方程式之性情發明處頗多。崇禎四年，西厤一千六百三十一年。英國之奉利屋德、荷蘭之紀若爾獨皆修肥乙太之法而更進，由是此學盛於歐洲。然天竺初創此法時用五色之名，至波斯亞剌伯亦各用方言之物名。其傳入歐洲意大利、英國時而仍用物名，故有物術之稱。萬厤二十一年，西厤一千五百九十三年。蘇格蘭之納白爾始造對數，四十二年西厤一千六百十四年。著録《對數用法》，凡西土之厤算家無不心服。雖然此書猶有三項之缺：一，對數之正負不明；二，真數增加時對數反減少；三，對數底以無窮級數立數不易。同時有英國之巴理知氏明數學理，訂正納白爾之法，以十爲底而創新對數。此種之對數皆爲正數，其真數增加時對數亦偕之增加，最適於用造自一至二萬及自九萬至十萬之十四位之對數。至崇禎元年，西厤一千六百二十八年。荷蘭之巴拉哥亦著對數書，從一至十萬之對數各載十位，爲今之通行者。但至萬厤二十八年以後，西厤一千六百年後。新法之發明尤多。愛倫之布郎開爾造連分數，法國之代加德造指數，英國之奈端造合名法，忽拏造求方程式實商略近數之法，瑞西之斯士莫造方程式實商界限之法，其他蘇格蘭之馬格老臨、戴老，英人之棣麼甘鮑國可，法人之本丁封留爾，瑞西之尤拉，日耳曼之戈士，那威之阿拜爾等之諸大家興起，此學益進。憶薄氏從天竺傳此學時，能至今日之程度，亦思想所不及。所以得如此之精者，賴先輩好學之效，惟希後之學者懷先輩之功勞，益求精密而更進此學，於高深之域庶不負前人之心力也。

清·鄒尊顯《分類演代·序》 算數者技藝之末流，而亦聖教之所莫能外也。論語云：行有餘力，則以學文。可見爲弟子者，宜以孝弟謹信親愛葆其天真，亦必以餘力學文擴其才智也。攷朱子註云，文謂詩書六藝之文。夫六藝者，禮樂射御書數也。數即今之算數，雖居六藝之末，而亦弟子所不容不學者耳。獨念中西算書日出不窮，浩如淵海，焉能畢學而況於弟子乎。余之以算學課弟子也有年矣，其於初學中法爲主西法副之，先加減乘除，次分數比例借衰盈朒方程開方句股三角，次各面各體測量弧角等法，而後及天元代數，亦謂循序漸進，有條不紊。無何近日風氣趨重西法，童冠負笈者略通文理，往往急於應試，勢不能不爲速成之計。顧欲其速成也，豈易言哉！將先西法而後中法乎？則其層累曲折如故。抑弁髦中法而專事西法乎？則又於中法之理茫然莫窺其蘊。方寸中有法無理，亦終不免有滯礙難通之慮。烏乎！可。於是取《數理精蘊》及《數學啟蒙》之題，揀其與代數題相近者，先示以本法，隨演代數式以誘掖之，積久成帙，分門別類，其不合類者刪

之。至若方程算法，儼然開代數之先路，無庸更爲演算，其所演凡九類。一曰互換加減，即《數理精蘊》之疊借互徵題也；二曰按分遞折，三曰遞加遞減，皆《數學啓蒙》兩種比例原題也；四曰超位加減，前俱《數學啓蒙》比例題，末一題則疊借互徵第一題也；五曰和較互徵，六曰無定方程，則《數學啓蒙》之和較比例題所區而別之者也；七曰盈朒，八曰句股，九曰三角，則全係《數理精蘊》原題也。

清・鄒尊顯《元代開方通義・序》 大易有言曰：窮則變，變則通，通之爲用大矣哉。中國算術之有天元，固已巧不可階矣。其後又有《四元玉鑑》之書出，而天元之推廣愈宏。逮至泰西算學家創代數，流傳中土，中人譯之，以天地人物等元代未知之數，以甲乙丙丁等元代已知之數，蓋即中國之《四元玉鑑》也。惟其式俱横列，眉目清楚，較《四元玉鑑》之上下左右分列易至混淆者，尤爲盡美盡善。獨於開方一術，則自二次雜方外，其三次雜方已覺不勝繁難。雖立有撿表開方一法，亦不甚簡易。至於四次以上更多滯礙難通，從無名家能創一通術以御之。此其術亦窮矣，而何不思義計耶。夫代數雜方以天代未知之數，奚啻天元雜方以一代未知之數也。其立法之初意本同，立法之初意同則其佈算宜無不可通之理。間嘗取代數三次雜方式以天元之義通之，按式推演，其得數若合符，節從可知代數四次以上之雜方無不可以天元之義通之也。用是設立方三乘方四乘方五乘方方根和較等題，先演天元如積相消之式，而開其方，而後演代數之三次方四次方五次方六次方諸式，各聚其已知之數於左，變通開法與天元得數毫釐不爽，則即七次以上雜方各式，其變通開法亦何以異？是算學家之習代數開方者，其亦三復太易，窮則變，變則通之言可也。

算法

清・《數理精蘊》下編卷三一 借根方比例

加法

凡多與多加，得數仍爲多。少與少加，得數仍爲少。多與少加，少與多加，則反相減爲所得數，而多數大則得數亦爲多，少數大則得數亦爲少。其故何也？蓋因多數大，少數小，以其所多補其所少，而其所多者尚有餘也。少數大，多數小，以其所多補其所少，而其所少者仍不足也。多少之號定，而加法不淆矣。

設如有三平方多四根，與二平方多三根相加，問得幾何。

三平方	⊥	四根
二平方	⊥	三根
五平方	⊥	七根

一二	⊥	八
八	⊥	六
二〇	⊥	一四

法以三平方與二平方相加得五平方，四根與三根相加得七根，是爲五平方多七根，即所求之數也。此多與多加得數仍爲多也。如以數明之，以根爲二，則一平方爲四，上數三平方得十二，多四根得多八，是十二多八，共二十。下數二平方得八，多三根得多六，是八多六，共十四。上十二與下八相加得二十，即五平方之數。上多八與下多六相加得十四，即多七根之數。蓋上數共二十，下數共十四，兩數相加得三十四，即二十多十四也。

設如有四立方少一平方，與三立方少二平方相加，問得幾何。

四立方	—	一平方
三立方	—	二平方
七立方	—	三平方

一〇八	—	九
八一	—	一八
一八九	—	二七

法以四立方與三立方相加得七立方。一平方與二平方相加得三平方。是爲七立方少三平方，即所求之數也。此少與少加得數仍爲少也。如以數明之，以平方爲九，則一立方爲二十七。上數四立方得一百零八，少一平方得少九，是一百零八少九，爲九十九。下數三立方得八十一，少二平方得少十八，是八十一少十八，爲六十三。上一百零八與下八十一相加得一百八十九，即七立方之數。上少九與下少十八相加得二十七，即少三平方之數。蓋上數九十九，下數六十三，兩數相加得一百六十二，即一百八十九少二十七也。

設如有四平方多四根，與二平方少三根相加，問得幾何。

四平方	⊥	四根
二平方	—	三根
六平方	⊥	一根

一六	⊥	八
八	—	六
二四	⊥	二

法以四平方與二平方相加得六平方，四根與三根相加應得七根。今多少兩數不同，故於多四根内，反減去少三根，餘一根。因多數大，故得數爲多。是爲六平方多一根，即所求之數也。此多少兩數不同相加，所多數大，以其所多補足所少，而所多仍有餘。蓋以上數多四根，補足下數少三根，仍多一根也。如以數明之，以根爲二，則一平方爲四。上數四平方得十六，多四根得多八，是十

六多八，共二十四。下數二平方得八，少三根得少六，是八少六爲二。上十六與下八相加得二十四，即六平方之數。上多八補足下少六仍餘二，即多一根之數。蓋上數二十四，下數二，兩數相加得二十六，即二十四多二也。

設如有二立方少三平方，與一立方多二平方相加，問得幾何。

二立方	—	三平方
一立方	⊥	二平方
三立方	—	一平方

五四	—	二七
二七	⊥	一八
八一	—	九

法以二立方與一立方相加得三立方，三平方與二平方相加應得五平方。今多少兩數不同，故於少三平方內，反減去多二平方，餘一平方。因少數大，故得數爲少，是爲三立方少一平方，即所求之數也。此多少兩數不同相加，所少數大，以其所多補其所少，而所少仍不足。蓋於上數少三平方內，增入下數多二平方，仍少一平方也。如以數明之，以平方爲九，則一立方爲二十七。上數二立方得五十四，少三平方得少二十七，是五十四少二十七，爲二十七。下數一立方得二十七，多二平方得多十八，是二十七多十八，共四十五。上五十四與下二十七相加得八十一，即三立方之數。上少二十七內增入下多十八仍少九，即少一平方之數。蓋上數二十七，下數四十五，兩數相加得七十二，即八十一少九也。

設如有二立方多三平方少四根，與一立方多二平方少三根相加，問得幾何。

二立方	⊥	三平方	—	四根
一立方	⊥	二平方	—	三根
三立方	⊥	五平方	—	七根

一六	⊥	一二	—	八
八	⊥	八	—	六
二四	⊥	二〇	—	一四

法以二立方與一立方相加得三立方，三平方與二平方相加得五平方，四根與三根相加得七根，是爲三立方多五平方少七根，即所求之數也。此三位相加，多少各自相同，故多與多加仍爲多，少與少加仍爲少也。如以數明之，以根爲二，則一平方爲四，一立方爲八。上數二立方得十六，多三平方得多十二，少四根得少八，是十六多十二又少八，爲二十。下數一立方得八，多二平方得多八，少三根得少六，是八多八又少六，爲十。上十六與下八相加，得二十四，即三立方之數。上多十二與下多八相加得二十，即多五平方之數。上少八與下少六相加得十四，即少七根之數。蓋上數二十，下數十，兩數相加得三十，即二十四多二十又少十四也。

設如有四立方多三平方少二根多五真數，與五立方少一平方多三根少二真數相加，問得幾何。

四立方	⊥	三平方	—	二根	⊥	五真數
五立方	—	一平方	⊥	三根	—	二真數
九立方	⊥	二平方	⊥	一根	⊥	三真數

三二	⊥	一二	—	四	⊥	五
四〇	—	四	⊥	六	—	二
七二	⊥	八	⊥	二	⊥	三

法以四立方與五立方相加得九立方，多三平方與少一平方相減餘二平方，多數大，故爲多。少二根與多三根相減餘一根，多數大，故爲多。多五真數與少二真數相減餘三真數，多數大，故爲多。是爲九立方多二平方多一根多三真數，即所求之數也。此四位相加而多少各自不同，須各以所多補足所少，故相減所餘爲所得數也。如以數明之，以根爲二，則一平方爲四，一立方爲八。上數四立方得三十二，多三平方得多十二，少二根得少四，又多真數五，是三十二多十二少四又多五，爲四十五。下數五立方得四十，少一平方得少四，多三根得多六，又少真數二，是四十少四多六又少二，爲四十。上三十二與下四十相加得七十二，即九立方之數。上多十二補足下少四仍餘八，即多二平方之數。上少四增八下多六反多二，即多一根之數。上多五補足下少二仍餘三，即多三真數。蓋上數四十五，下數四十，兩數相加得八十五，即七十二多八又多二又多三也。

設如有一立方多三根，與一平方少一根相加，問得幾何。

一立方		〇平方	⊥	三根
		一平方	—	一根
一立方	⊥	一平方	⊥	二根

二七		〇	⊥	九
		九	—	三
二七	⊥	九	⊥	六

法以一立方與一平方相加得一立方多一平方，多三根與少一根相減餘二根，多數大故爲多，是爲一立方多一平方多二根，即所求之數也。此相加兩數位分不同，須各按位列號，補足位分，始不相淆。今上層無平方位，而下層却有平方位，故上層列一空平方位以補之，凡法皆當如此也。如以數明之，以根爲三，則一平方爲九，一立方爲二十七。上數一立方得二十七，多三根得多九，是二十七多九，共三十六。下數一平方得九，少一根得少三，是九少三爲六。上二十七與下無可加，仍得二十七，即一立方之數。下九與上空位亦無可加，仍得九，即一平方之數。上多九補足下少三仍餘六，即多二根之數。蓋上數三十六，下數六，兩數相加得四十二，即二十七多九又多六也。

減法

凡多與多減，原數大於減數，則減餘仍爲多。少與少減，原數大於減數，則

減餘仍爲少。若多與多減，減數大於原數，則反減，而減餘即變爲少。蓋減數之所多既大於原數之所多，則原數之所多內減盡與原數之所多相等之數，仍須於原數之整分內多減去所大之幾何，則所餘之整分內即少幾何矣。若少與少減，減數大於原數，則反減，而減餘即變爲多。蓋減數之所少既大於原數之所少，則原數之所少內減盡與原數之所少相等之數，仍須於原數之整分內少減所大之幾何，故所餘之整分內即多幾何矣。至於多與少減，少與多減，則反相加爲減餘數，而原數多則減餘仍爲多，原數少則減餘仍爲少。其故何也？蓋因原數多減數少，則原數已多在彼，而減數又少於此，是所餘益多也。原數少減數多，則原數已少在彼，而減數又多於此，是所餘益少也。多少之號明，而減法不淆矣。

設如有四平方多五根，內減二平方多二根，問所餘幾何。

四平方 ⊥ 五根
二平方 ⊥ 二根
二平方 ⊥ 三根

三六 ⊥ 一五
一八 ⊥ 六
一八 ⊥ 九

法以四平方減二平方餘二平方，五根減二根餘三根，是爲二平方多三根，即所求之數也。此多與多減，原數大於減數，故減餘仍爲多也。如以數明之，以根爲三，則一平方爲九。上數四平方得三十六，多五根得多十五。是三十六多十五，共五十一。下數二平方得十八，多二根得多六。是十八多六，共二十四。上三十六內減下十八餘十八，即二平方之數。上十五內減下六餘九，即三根之數。蓋上數共五十一，下數共二十四，兩數相減餘二十七，即十八多九也。

設如有四立方少三平方，內減三立方少二平方，問所餘幾何。

四立方 — 三平方
三立方 — 二平方
一立方 — 一平方

一〇八 — 二七
八一 — 一八
二七 — 九

法以四立方減三立方餘一立方，三平方減二平方餘一平方，是爲一立方少一平方，即所求之數也。此少與少減，原數大於減數，故減餘仍爲少也。如以數明之，以平方爲九，則一立方爲二十七，上數四立方得一百零八，少三平方得少二十七。是一百零八少二十七，爲八十一。下數三立方得八十一，少二平方得少十八。是八十一少十八，爲六十三。上一百零八內減下八十一餘二十七，即一立方之數。上二十七內減下十八餘九，即少一平方之數。蓋上數八十一，下數六十三，兩數相減餘十八，即二十七少九也。

設如有七平方多三根，內減四平方多五根，問所餘幾何。

七平方 ⊥ 三根
四平方 ⊥ 五根
三平方 — 二根

六三 ⊥ 九
三六 ⊥ 一五
二七 — 六

法以七平方減四平方餘三平方，三根內不能減五根，乃於下數多五根內反減上數多三根，餘二根即變爲少。是爲三平方少二根，即所求之數也。此多與多減，減數大於原數，故反減，而減餘即變爲少。蓋原數多三根，減數多五根，是減數比原數大二根。如於原數三根內減去減數(三)[五]根，則減數仍餘二根。此二根必須於原數平方內減之。原數既多減二根，則餘數即少二根也。如以數明之，以根爲三，則一平方爲九，上數七平方得六十三，多三根得多九。是六十三多九，共七十二。下數四平方得三十六，多五根得多十五。是三十六多十五，共五十一。上六十三內減下三十六餘二十七，即三平方之數。下十五內反減上九餘六，即少二根之數。蓋上數共七十二，下數共五十一，兩數相減餘二十一，即二十七少六也。

設如有六平方少三根，內減二平方少四根，問所餘幾何。

六平方 — 三根
二平方 — 四根
四平方 ⊥ 一根

九六 — 一二
三二 — 一六
六四 ⊥ 四

法以六平方減二平方餘四平方。三根內不能減四根，乃於下數少四根內反減上數少三根，餘一根即變爲多。是爲四平方多一根，即所求之數也。此少與少減，減數大於原數，故反減，而減餘即變爲多。蓋原數少三根，減數少四根，是減數比原數大一根。如於原數三根內減去減數三根，則減數仍餘一根，此一根係原數平方內所少減之一根。原數既少減一根，則餘數即多一根也。如以數明之，以根爲四，則一平方爲十六。上數六平方得九十六，少三根得少十二。是九十六少十二，爲八十四。下數二平方得三十二，少四根得少十六。是三十二少十六，爲十六。上九十六內減下三十二餘六十四，即四平方之數。下十六反減上十二餘四，即多一根之數。蓋上數八十四，下數十六，兩數相減餘六十八，即六十四多四也。

設如有三平方多四根，內減二平方少一根，問所餘幾何。

三平方 ⊥ 四根
二平方 — 一根
一平方 ⊥ 五根

四八 ⊥ 一六
三二 — 四
一六 ⊥ 二〇

法以三平方減二平方餘一平方，四根減一根應餘三根。今多少兩數不同，故反相加得五根。因原數多，故得數仍爲多。是爲一平方多五根，即所求之數也。此多少兩數不同相減，原數多，減數少，原數

已多，而減數又少，則所餘者愈多。蓋原數多四根，減數少一根，是原數比減數已多五根，故減餘即爲多五根也。如以數明之，以根爲四，則一平方爲十六。上數三平方得四十八，多四根得多十六，共六十四。下數二平方得三十二，少一根得少四。是三十二少四，爲二十八。上四十八內減下三十二餘十六，即一平方之數。上多十六加下少四得二十，即多五根之數。蓋上數六十四，下數二十八，兩數相減餘三十六，即十六多二十也。

設如有五平方少二根，內減三平方多三根，問所餘幾何。

五平方 — 二根
三平方 ⊥ 三根
二平方 — 五根

一二五 — 一〇
七五 ⊥ 一五
五〇 — 二五

法以五平方減三平方餘二平方。二根不能減三根，且多少兩數不同，故反相加得五根。因原數少，故得數仍爲少。是爲二平方少五根，即所求之數也。此多少兩數不同相減，原數少，減數多，原數已少，減數又多，則所餘者愈少。蓋原數少二根，減數多三根，是原數比減數已少五根，故減餘即爲少五根也。如以數明之，以根爲五，則一平方爲二十五。上數五平方得一百二十五，少二根得少十。是一百二十五少十，爲一百一十五。下數三平方得七十五，多三根得多十五。是七十五多十五，共九十。上一百二十五內減下七十五餘五十，即二平方之數。上少十加下多十五得二十五，即少五根之數。蓋上數一百一十五，下數九十，兩數相減餘二十五，即五十少二十五也。

設如有四立方多六平方，內減二立方多三平方多三根，問所餘幾何。

四立方 ⊥ 六平方 〇
二立方 ⊥ 三平方 ⊥ 三根
二立方 ⊥ 三平方 — 三根

三二 ⊥ 二四 — 〇
一六 ⊥ 一二 ⊥ 六
一六 ⊥ 一二 — 六

法以四立方減二立方餘二立方，六平方減三平方再減三根餘三平方少三根。是爲二立方多三平方少三根，即所求之數也。此相減兩數位分不同，須各按位列號補足位分，始不相淆。今上層無根位，而下層却有根位，故上層作一空根位以補之。是原根位無數，而減數多三根，故所餘即少三根也。如以數明之，以根爲二，則一平方爲四，一立方爲八。上數四立方得三十二，多六平方得多二十四，是三十二多二十四，共五十六。下數二立方得十六，多三平方得多十二，多三根得多六，是十六多十二又多六爲三十四。上三十二內減下十六餘十六，即二立方之數。上二十四內減下十二餘十二，即三平方之數。下六無可減仍爲六，即少三根之數。蓋上數五十六，下數三十四，兩數相減餘二十二，即十六多十二又少六也。

設如有五立方多四平方多三根少八真數，內減四立方多二平方多二根少九真數，問所餘幾何。

五立方 ⊥ 四平方 ⊥ 三根 — 八真數
四立方 ⊥ 二平方 ⊥ 二根 — 九真數
一立方 ⊥ 二平方 ⊥ 一根 ⊥ 一真數

一三五 ⊥ 三六 ⊥ 九 — 八
一〇八 ⊥ 一八 ⊥ 六 — 九
二七 ⊥ 一八 ⊥ 三 ⊥ 一

法以五立方減四立方餘一立方，四平方減二平方餘二平方，多與多減，原數大故爲多。多三根減二根餘一根，多與多減，原數大故爲多。八真數不能減九真數，乃於下數少九內反減上數少八，餘一即變爲多。是爲一立方多二平方多一根多一真數，即所求之數也。如以數明之，以根爲三，則一平方爲九，一立方爲二十七。上數五立方得一百三十五，多四平方得多三十六，多三根得多九，又少真數八，是一百三十五多三十六又多九又少八，爲一百七十二。下數四立方得一百零八，多二平方得多十八，多二根得多六，又少真數九，是一百零八多十八又多六又少九，爲一百二十三。上一百三十五內減下一百零八餘二十七，即一立方之數。上三十六內減下十八餘十八，即多二平方之數。上九內減下六餘三，即多一根之數。下九反減上八餘一，即多一真數。蓋上數百七十二，下數一百二十三，兩數相減餘四十九，即二十七多十八又多三又多一也。

設如有二立方多三根，內減一平方少一根，問所餘幾何。

二立方 〇平方 ⊥ 三根
一平方 — 一根
二立方 — 一平方 ⊥ 四根

五四 〇 ⊥ 九
九 — 三
五四 — 九 ⊥ 一二

法以二立方減一平方餘二立方少一平方，三根減一根應餘二根。今多少兩數不同，故反相加得四根，因原數多，故得數仍爲多。是爲二立方少一平方多四根，即所求之數也。如以數明之，以根爲三，則一平方爲九，一立方爲二十七。上數二立方得五十四，多三根得多九，是五十四多九，共六十三。下數一平方得九，少一根得少三，是九少三，爲六。上五十四無可減仍爲五十四，即二立方之數。下九無可減仍爲九，即少一平方之數。上多九與下少三相加得十二，即多四根之數。蓋

上數六十三，下數六，兩數相減餘五十七，即五十四少九又多十二也。

乘法

凡乘法，各按位分上下横列，自末位起，逐位遍乘與常法同。其書乘出之數，以類相從。如乘出之數爲根，俱書於根之下，乘出之數爲平方，俱書於平方之下，皆依定位表例。其定多少之號，則臨期互有轉移。蓋法實俱止一位者，其乘出之數爲多，不必言矣。法實不止一位俱係多者，如幾平方多幾根或幾根多幾真數，又或幾平方多幾根又多幾真數之類。其乘出之數亦俱爲多。蓋以多乘多，則多者益多也。法實兩數俱係少者，其爲首一位已係整數爲多，如幾平方少幾根，或幾根少幾真數，或幾平方少幾根又少幾真數之類。故乘出之數，則有多少之分。如爲首一位相乘係多與多乘，其乘出之數爲多。而次位爲少者與首位乘，是爲少與多乘，或首位與次位爲少者乘，是爲多與少乘，則其乘出之數俱爲少。蓋少與多乘，多與少乘，則少者益少，而得數固少也。如幾平方少幾根與幾真數相乘，以真數乘平方，即爲多與多乘，以真數乘根，即爲多與少乘也。至於少與少乘，其乘出之數反變爲多。如幾立方少幾平方，與幾根少幾真數相乘，以真數乘平方，即爲少與(小)[少]乘也。其故何也？蓋法實首位爲多，次位以後爲少，則乘出之數，首位内少次位之數，必多(未)[末]位之數。須於乘出首位數中，減去次位之數，加入末位之數，始與實數相合。除首位上下兩整數相乘以後，次位皆係少與少乘爲多，而次位對首位乘，必爲少與多乘或多與少乘，則此兩數俱爲少，合之爲首位數内少次位之數而多末位之數。蓋因次位所少數内，有兩分末位之數。首位數内減去次位之全數，即如多減去一末位之數，倘能於次位數中先減去末位數，然後再於首位數中減之，始與實數相合。今次位數中既不能先減去末位數，故轉於首位數中減去次位數，反加入一末位數也。所謂減者即少數。所謂加者即多數。多少之分既定，則依加法相加，即爲所得之數也。

設如有三根多二真數，以三真數乘之，問得幾何。

三根	⊥	二真數
		三真數
九根	⊥	六真數

一二	⊥	二
		三
三六	—	六

法以三真數乘二真數得多六真數。以多與多乘故爲多也。又凡以真數乘根方之數，其位皆不變。如以真數乘真數仍得真數，以真數乘根仍得根。蓋定位表中真數之位爲○，於根方之位無所加也。以三真數乘三根得多九根。是爲九根多六真數，即所求之數也。如以數明之，以根爲四，則上數三根得十二多二真數，共得十四。以下真數三乘之，所得三十六，即九根之數。所得多六，即多六真數。蓋以下數三與上數十四相乘，得四十二，即三十六多六也。

設如有四根多二真數，以二根多三真數乘之，問得幾何。

		四根	⊥	二真數
		二根	⊥	三真數
	⊥	一二根	⊥	六真數
八平方	⊥	四根		
八平方	⊥	一六根	⊥	六真數

法以多三真數乘多二真數得多六真數，以多三真數乘四根得多十二根，又以二根乘多二真數得多四根，以二根乘四根得八平方，以根與根乘，即得平方。蓋根所對之位爲一，以一加一爲二，即平方所對之位，故得數定爲平方。相加得八平方多一十六根又多六真數，即所求之數也。如圖，甲乙爲四根，乙丙爲多二真數，甲丁爲二根，丁戊爲多三真數。以甲丙四根多二真數與甲戊二根多三真數相乘，成甲戊己丙長方形。其甲丁庚乙長方形，即八平方。其乙庚辛丙與丁戊壬庚二長方形，即所多十六根。其庚壬己辛長方形，即所多六真數也。如以數明之，以根爲四，則一平方爲十六。上數四根得十六，多二真數，共得十八。下數二根得八，多三真數，共得十一。相乘所得一百二十八，即八平方之數。

		一六	⊥	二
		八	⊥	三
	⊥	四八	⊥	六
一二八	⊥	一六		
一二八	⊥	六四	⊥	六

所得多六十四，即多十六根之數。所得多六，即多六真數。蓋以下數十一與上數十八相乘，得一百九十八，即一百二十八多六十四又多六也。

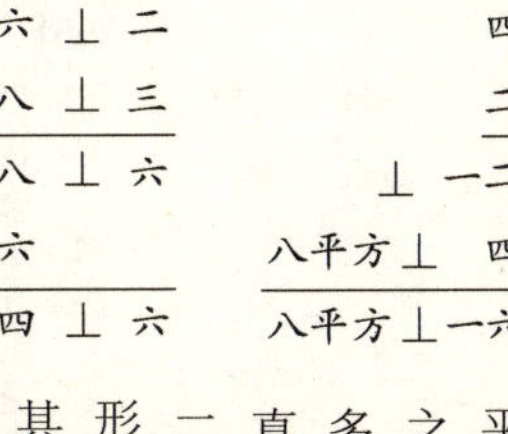

設如有二平方多三根，以二根多四真數乘之，問得幾何。

		二平方	⊥	三根		○真數
				二根	⊥	四真數
	⊥	八平方	⊥	一二根		○真數
四立方	⊥	六平方		○根		
四立方	⊥	一四平方	⊥	一二根		○真數

法因上層無真數位，故列一空位以補之。以多四真數乘空真數仍爲空，以多四真數乘多三根得多十二根，以多四真數乘二平方得多八平方。以二根乘空真數仍爲空，以二根乘多三根得多六平方，以二根乘二平方得四立方，以根乘平方即得立方。蓋根所對之位爲一，平方所對之位爲二。以一加二得三，即立方所對之位也。相加得四立方多十四平方又多十二根，即所求之數也。此相乘兩數位分不同，須各按位列號補足位分，始不相淆。凡法皆當如此。如圖，甲乙丙丁爲二平方，丁丙戊己爲多三根，庚辛爲二根，

戊庚爲多四真數。以甲乙戊己二平方多三根與戊辛二根多四真數相乘，成乙己辛癸扁方體。其丙己庚子十二根，即四真數乘三根之數。其甲乙丙丁子丑八平方，即四真數乘二平方之數。其子寅庚辛壬卯六平方，即二根乘三根之數。其丑子卯癸四立方，即二根乘二平方之數也。如以數明之，以根爲五，則一平方爲二十五，一立方爲一百二十五。上數二平方得五十，多三根得多十五，共得六十五。下數二根得一十，多四真數，共得十四。相乘所得五百，即四立方之數。所得多三百五十，即多十四平方之數。所得多六十，即多十二根之數。蓋以下數十四與上數六十五相乘得九百一十，即五百多三百五十又多六十也。

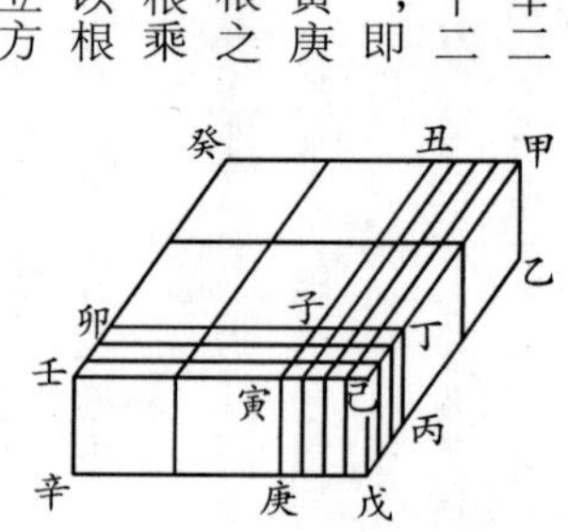

五〇 ⊥ 一五　〇
一〇 ⊥ 四
⊥ 二〇〇 ⊥ 六〇　〇
五〇〇 ⊥ 一五〇　〇
五〇〇 ⊥ 三五〇 ⊥ 六〇　〇

設如有二根少四真數，以一根多三真數乘之，問得幾何。

法以多三真數乘少四真數得少十二真數。多與少乘故爲少。以多三真數乘二根得多六根。凡爲首一位皆爲多，而數前無號者亦即爲多。今以多三真數與多二根相乘，故其得數仍爲多。又以一根乘少四真數得少四根。以多與少乘故爲少。以一根乘二根得二平方。相加得二平方多二根少十二真數，即所求之數也。如圖，甲乙爲二根，丙乙爲少四真數，甲丁爲一根，丁戊爲多三真數。以甲乙二根少四真數與甲戊一根多三真數相乘，成甲戊己乙長方形。其庚壬己辛長方形，即多三真數乘少四真數之十二真數。丁戊己辛長方形，即多三真數乘二根之六根。丙庚辛乙長方形，即一根乘少四真數之四根。甲丁辛乙長方形，即一根乘二根之二平方。合之爲甲丁辛乙二平方而少丙庚辛乙之四根又多丁戊己辛之六根而少庚壬己辛之十二真數。今以丁戊己辛之多

二根 — 四真數
一根 ⊥ 三真數
⊥ 六根 — 一二真數
二平方 — 四根
二平方 ⊥ 二根 — 一二真數

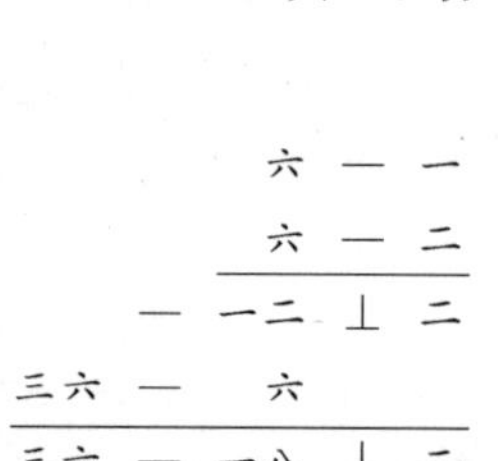

一二 — 四
六 ⊥ 三
⊥ 三六 — 一二
七二 — 二四
七二 ⊥ 一二 — 一二

六根少十二真數，補丙庚辛乙之少四根，仍多二根而少十二真數也。如以數明之，以根爲六，則一平方爲三十六。上數二根得十二，少四真數，則餘八。下數一根得六，多三真數，共得九。相乘所得七十二，即二平方之數。所得多十二，即多二根之數。所得少十二，即少十二真數之數。蓋以下數九與上數八相乘，得七十二，即七十二多十二又少十二也。

設如有一根少一真數，以一根少二真數乘之，問得幾何。

法以少二真數乘少一真數得多二真數，少與少乘故爲多。以少二真數乘一根得少二根。一根爲首且無號故爲多。今以少二真數與多一根相乘，故其得數亦爲少也。又以一根乘少一真數得少一根，多與少乘故爲少。以一根乘一根得一平方。相加得一平方少三根多二真數，即所求之數也。如圖，甲乙爲一根，丙乙爲少一真數，甲丁亦爲一根，戊丁爲少二真數。以甲乙一根少一真數與甲丁一根少二真數相乘，成甲乙己丁正方形。其庚壬己辛小長方形，即少二真數乘少一真數之二真數。其戊壬己丁，即二真數乘一根之二根。其丙乙己辛，即一根乘少一真數之一根。其甲乙己丁，爲一根乘一根之一平方。合之爲甲乙己丁一平方而少丙乙己辛之一根又少戊壬己丁之二根而多庚壬己辛之二真數，實得甲丙庚戊之一長方形。蓋甲乙己丁之一正方內，減戊壬己丁之二根，又減丙乙己辛之一根，是重減去庚壬己辛之二真數，則甲丙庚戊長方內必缺二真數。故將少二真數乘少一真數所得之二真數，即預定爲多號，以補重減之分。然後得甲丙庚戊之一長方，爲所得之實數也。是則少與少乘之爲多者，非於整數之外有盈分而爲多，實因所少之數有過分而爲多也。如以數明之，以根爲六，則一平方爲三十六。上數一根爲六，少一真數則餘五。下數一根爲六，少二真數則餘四。相乘所得三十六，即一平方之數。所得少十八，即少三根之數。所得多二，即多二真數之數。蓋以下數四與上數五相乘得二十，即三十六少十八多二也。

一根 — 一真數
一根 — 二真數
— 二根 ⊥ 二真數
一平方 — 一根
一平方 — 三根 ⊥ 二真數

六 — 一
六 — 二
— 一二 ⊥ 二
三六 — 六
三六 — 一八 ⊥ 二

二立方 — 二平方 — 一根 ○真數

二平方 — 二根 ○真數

○立方 ○平方 ○根 ○真數

— 四三乘 ⊥ 四立方 ⊥ 二平方 ○根

四四乘 — 四三乘 — 二立方 ○平方

四四乘 — 八三乘 ⊥ 二立方 ⊥ 二平方 ○根 ○真數

五四 — 一八 — 三

一八 — 六

— 三二四 ⊥ 一○八 ⊥ 一八

九七二 — 三二四 — 五四

九七二 — 六四八 ⊥ 五四 ⊥ 八

設如有二立方少二平方少一根，以二平方少二根乘之，問得幾何。

法因上下兩層皆無真數位，故各列一空位以補之。以空真數乘上層各位，仍得各空位。以少二根乘空真數仍得空根。以少二根乘少一根，得多二平方。以少二根乘少二平方，得多四立方。以少二根乘二立方，得少四三乘方。又以二平方乘空真數，仍得空平方。以二平方乘少一根，得少二立方。以二平方乘少二平方，得少四三乘方。以二平方乘二立方，得四四乘方。相加共得四四乘方少八三乘方多二立方又多二平方，即所求之數也。如以數明之，以根爲三，則一平方爲九，一立方爲二十七，一三乘方爲八十一，一四乘方爲二百四十三。上數二立方得五十四，少二平方得少十八，少一根得少三，是五十四少十八又少三，爲三十三。下數二平方得十八，少二根得少六，是十八少六，爲十二。相乘所得九百七十二即四四乘方之數。所得少六百四十八，即少八三乘方之數。所得多五十四，即多二立方之數。所得多十八，即多二平方之數。蓋以下數十二與上數三十三相乘，得三百九十六，即九百七十二內少六百四十八又多五十四復多十八也。

設如有三平方少二根多二真數，與一平方多二根少三真數相乘，問得幾何。

法以少三真數乘多二真數得少六真數。以少三真數乘少二根得多六根。以少三真數乘三平方得少九平方。又以多二根乘多二真數得多四根。以多二根乘少二根得少四平方，以多二根乘三平方得多六立方。又以一平方乘多二真數得多二平方，以一平方乘少二根得少二立方，以一平方乘三平方得三三乘方。

三平方 — 二根 ⊥ 二真數

一平方 ⊥ 二根 — 三真數

— 九平方 ⊥ 六根 — 六真數

⊥ 六立方 — 四平方 ⊥ 四根

三三乘 — 二立方 ⊥ 二平方

三三乘 ⊥ 四立方 — 一一平方 ⊥ ○根 — 六真數

四八 — 八 ⊥ 二

一六 ⊥ 八 — 三

— 一四四 ⊥ 二四 — 六

⊥ 三八四 — 六四 ⊥ 一六

七六八 — 一二八 ⊥ 三二

七六八 ⊥ 二五六 — 一七六 ⊥ 四○ — 六

相加得三三乘方多四立方少十一平方多十根少六真數，即所求之數也。如以數明之，以根爲四，則一平方爲十六，一立方爲六十四，一三乘方爲二百五十六。上數三平方得四十八，少二根得少八，多二真數，共得四十二。下數一平方得十六，多二根得多八，少三真數，共得二十一。相乘所得七百六十八，即三三乘方之數。所得多二百五十六，即多四立方之數。所得少一百七十六，即少十一平方之數。所得多四十，即多十根之數。所得少六，即少六真數之數。蓋以下數二十一與上數四十二相乘，得八百八十二，即七百六十八多二百五十六又少一百七十六仍多四十復少六也。

除法

凡除法按位列數，必以真數爲單位，法尾未至真數者，須補○以存其位。如法尾爲根，則補一○以存真數位。法尾爲平方，則補二○以存真數位。法尾爲立方，則補三○以存真數位。將得數首位紀於真數之上，如真數之位爲○者，則紀於○位之上。真數所對實中之位，即得數首位之數。如真數對實中根位，即定得數首位爲根。如真數對實中平方位，即定得數首位爲平方。如真數對實中立方位，即定得數首位爲立方。餘俱做此。其歸除遞減，皆與常法同。至於定號亦與乘法同。俱詳設如於左。

設如有十二立方多九平方多六根，以三真數除之，問得幾何。

法以三真數除十二立方得四立方，以四立方乘三真數得十二立方，與實相減恰盡。餘多九平方多六根，復以三真數除多九平方得多三平方，以多三平方乘三真數得多九平方，與實相減恰盡。餘多六根，又以三真數除多六根得多二根，以多二根乘三真數得多六根，與實相減恰盡無餘。是爲四立方多三平方多二根，即所求之數也。此法蓋因真數除立方多平方與多根，故得數之位仍從實

數之位，且真數之位下對實中立方之位，故定得數首位亦爲立方。又因實數皆爲多，故得數亦皆爲多也。如以數明之，以根爲三，則一平方爲九，一立方爲二十七。實數十二立方得三百二十四，多九平方得多八十一，多六根得多十八，是三百二十四多八十一又多十八，共爲四百二十三。以真數三除之，所得一百零八，即四立方之數。所得多二十七，即多三平方之數。所得多六，即多二根之數。蓋以四百二十三，以三除之得一百四十一，即一百零八多二十七又多六也。

得數　四立方 ⊥ 三平方 ⊥ 二根
法　三真數
實一二立方 ⊥ 九平方 ⊥ 六根
一二立方
○○ ⊥ 九平方
⊥ 九平方
○ ⊥ 六根
⊥ 六根
○

得數　一○八 ⊥ 二七 ⊥ 六
法　三
實三二四 ⊥ 八一 ⊥ 一八
三二四
○○○ ⊥ 八一
⊥ 八一
○○ ⊥ 一八
⊥ 一八
○○

設如有十二立方多八平方多六根，以二根除之，問得幾何。

法因法尾未至真數位，故設一空真數位以補之。以二根除十二立方得六平方，以六平方乘二根得十二立方，與實相減恰盡。餘多八平方多六根，復以二根

得數六平方 ⊥ 四根 ⊥ 三真數
法　二根　○真數
實一二立方 ⊥ 八平方 ⊥ 六根　○真數
一二立方　○平方
○○ ⊥ 八平方 ⊥ 六根
⊥ 八平方　○根
○ ⊥ 六根　○真數
⊥ 六根　○真數
○　○

得數二四 ⊥ 八 ⊥ 三
法　四　○
實九六 ⊥ 三二 ⊥ 一二　○
九六　○
○○ ⊥ 三二 ⊥ 一二
⊥ 三二　○
○○ ⊥ 一二　○
⊥ 一二　○
○○　○

除多八平方得多四根，以多四根乘二根得多八平方，與實相減恰盡。餘多六根，復以二根除多六根得多三真數，以多三真數乘二根得多六根，與實相減恰盡無餘。是爲六平方多四根多三真數，即所求之數也。此法蓋因根數除立方多平方與多根，故根除立方得平方，根除多平方得多根，根除多根而得多真數，且真數之位下對實中平方之位，故定得數首位亦爲平方。又因實數皆爲多，故得數亦皆爲多也。如以數明之，以根爲二，則一平方爲四，一立方爲八。實數十二立方得九十六，多八平方得多三十二，多六根得多十二，是九十六多三十二又多十二，共爲一百四十。法數二根爲四除之，所得二十四，即六平方之數。所得多八，即多四根之數。所得多三，即多三真數之數。蓋一百四十以四除之，得三十五即二十四多八又多三也。

設如有四三乘方多八立方又多八平方，以四平方除之，問得幾何。

法以四平方除四三乘方得一平方，以一平方乘四平方得四三乘方，與實相減恰盡。餘多八立方，以四平方除多八立方得多二根，以多二根乘四平方得多八立方，與實相減恰盡。餘多八平方，又以四平方除多八平方得多二真數，以多二真數乘四平方得多八平方，與實相減恰盡無餘。是爲一平方多二根又多二真數，即所求之數也。此法蓋因平方除三乘方多立方與多平方，故

得數一平方 ⊥ 二根 ⊥ 二真數
法四平方　○根　○真數
實四三乘 ⊥ 八立方 ⊥ 八平方　○根　○真數
四三乘　○立方　○平方
○ ⊥ 八立方 ⊥ 八平方　○根
⊥ 八立方　○平方　○根
○ ⊥ 八平方　○根　○真數
⊥ 八平方　○根　○真數
○　○　○

得數九 ⊥ 六 ⊥ 二
法　三六　○　○
實三二四 ⊥ 二一六 ⊥ 七二　○　○
三二四　○　○
○○○ ⊥ 二一六 ⊥ 七二　○
⊥ 二一六　○　○
○○○ ⊥ 七二　○　○
⊥ 七二　○　○
○○　○　○

平方除三乘方得平方，平方除多立方得多根，平方除多平方得多真數，且真數之位下對實中平方之位，故定得數首位亦爲平方。又因實數皆爲多，故得數亦皆爲多也。如以數明之，以根爲三，則一平方爲九，一立方爲二十七，一三乘方爲八十一。實數四三乘方得三百二十四，多八立方得多二百一十六，多八平方得多七十二，是三百二十四多二百一十六又多七十二，共爲六百一十二。法數四平方爲三十六除之，所得之九，即一平方之數。所得多六，即多二根之數。所得多二，即多二真數之數。蓋六百一十二以三十六除之得十七，即九多六又多二也。

設如有四立方多八平方多七根多二真數，以二平方多三根多二真數除之，問得幾何。

得數				二根	⊥	一真數	
法	二平方	⊥	三根	⊥	二真數		
實	四立方	⊥	八平方	⊥	七根	⊥	二真數
	四立方	⊥	六平方	⊥	四根		
	○	⊥	二平方	⊥	三根	⊥	二真數
		⊥	二平方	⊥	三根	⊥	二真數
			○		○		○

得數					六	⊥	一
法	一八	⊥	九	⊥	二		
實	一○八	⊥	七二	⊥	二一	⊥	二
	一○八	⊥	五四	⊥	一二		
	○○○	⊥	一八	⊥	○九	⊥	二
		⊥	一八	⊥	九	⊥	二
			○○		○		○

法以二平方多三根多二真數除四立方多八平方多七根，得二根。以二根乘多二真數得多四根，以二根乘多三根得多六平方，以二根乘二平方得四立方，與實相減，餘多二平方多三根多二真數。復以二平方多三根多二真數除二平方多三根多二真數，得多一真數。以多一真數乘多二真數得多二真數，以多一真數乘多三根得多三根，以多一真數乘二平方得多二平方，與實相減恰盡無餘。是爲二根多一真數，即所求之數也。此法蓋因平方多根多真數除立方多平方多根多真數，故以平方除立方得根，以平方除多平方得多真數，且真數之位下對實中根位，故定得數首位爲根。又因實數皆爲多，故得數亦皆爲多也。如以數明之，以根爲三，則一平方爲九，一立方爲二十七。實數四立方得一百零八，多八平方得多七十二。多七根得多二十一，多二真數即多二，是爲一百零八多七十二又多二十一又多二，共爲二百零三。法數二平方得十八，多三根得多九，多二真數即多二，是爲十八多九又多二，共爲二十九。除之，所得之六，即二根之數。所得多一，即多一真數。蓋二百零三以二十九除之得七，即六多一也。

設如有六平方少一根少十五真數，以三根少五真數除之，問得幾何。

得數			二根	⊥	三真數
法	三根	—	五真數		
實	六平方	—	一根	—	一五真數
	六平方	—	一○根		
	○	⊥	九根	—	一五真數
		⊥	九根	—	一五真數
					○○

得數			一○	⊥	三
法	一五	—	五		
實	一五○	—	五	—	一五
	一五○	—	五○		
	○○○	⊥	四五	—	一五
		⊥	四五	—	一五
			○○		○○

法以三根少五真數除六平方少一根，得二根。以二根乘少五真數得少十根，以二根乘三根得六平方，與實相減，平方恰盡。根之減數大於原數，轉減之，餘多九根少十五真數。復以三根少五真數除多九根少十五真數，得多三真數。減餘之九根爲多，故除得之三真數亦爲多也。以多三真數與少五真數相乘得少十五真數，以多三真數與三根相乘得多九根，與實相減恰盡無餘。是爲二根多三真數，即所求之數也。此法蓋因根少真數除平方少根少真數，故以根除平方得根，以根除多根根原爲少，而減餘數變爲多。得多真數，且真數之位下對實中根位，故定得數首位爲根。又因實數原爲少，而次位餘實之數變爲多，故定得數次位爲多也。如以數明之，以根爲五，則一平方爲二十五。實數六平方得一百五十，少一根得少五，少十五真數即少十五，是爲一百五十少五又少十五，共爲一百三十。法數三根得十五，少五真數即少五，是爲十五少五，共爲一十。除之，所得之二十，即二根之數。所得之多三，即多三真數之數。蓋一百三十以十除之得十三，即十多三也。

設如有九立方少十二平方少五根多六真數，以三平方少二根少三真數除之，問得幾何。

得數					三根	—	二真數
法	三平方	—	二根	—	三真數		
實	九立方	—	一二平方	—	五根	⊥	六真數
	九立方	—	六平方	—	九根		
	○	—	六平方	⊥	四根	⊥	六真數
		—	六平方	⊥	四根	⊥	六真數
			○		○		○

得數					二一	—	二
法	一四七	—	一四	—	三		
實	三○八七	—	五八八	—	三五	⊥	六
	三○八七	—	二九四	—	六三		
	○○○○	—	二九四	⊥	二八	⊥	六
		—	二九四	⊥	二八	⊥	六
			○○○		○○		○

法以三平方少二根少三真數除九立方少十二平方少五根，得三根。

以三根乘少三真數得少九根，以三根乘少二根得少六平方，以三根乘三平方得九立方。與實相減，立方恰盡。原少十二平方，減少六平方，餘少六平方。原少五根，不能減九根，轉減之，餘多四根。又多六真數。復以三平方少二根少三真數除少六平方多四根多六真數，得少二真數。以少二真數乘少三真數得多六真數，以少二真數乘少二根得多四根，以少二真數乘三平方得少六平方，與實相減恰盡無餘。是爲三根少二真數，即所求之數也。此法蓋因平方少根少真數除立方少平方少根與多真數，故以平方除立方得根，以平方除少平方得少真數，且真數之位下對實中根位，故定得數首位爲根。又實數之號雖有少有多不同，而次位餘實之首數爲少，故定得數次位爲少也。如以數明之，以根爲七，則一平方爲四十九，一立方爲三百四十三。實數九立方得三千零八十七，少十二平方得少五百八十八，少五根得少三十五，多六真數即多六，是爲三千零八十七少五百八十八又少三十五仍多六，共爲二千四百七十。法數三平方得一百四十七，少二根得少十四，少三真數即少三，是爲一百四十七少十四又少三，共爲一百三十。除之，所得之二十一，即三根之數。所得之少二，即少二真數之數。蓋二千四百七十以一百三十除之得十九，即二十一少二也。

設如有八立方多八平方多二根少四真數，以二平方多三根多二真數除之，問得幾何。

法以二平方多三根多二真數除八立方多八平方多二根，得四根。以四根乘多二真數得多八根，以四根乘多三根得多十二平方，以四根乘二平方得八立方。與實相減，立方恰盡。平方與根之減數俱大於原數，故皆轉減之，餘少四平方少六根又少四真數。復以二平方多三根多二真數除少四平方少六根少四真數，得少二真數。以少二真數乘多二真數得少四真數，以少二真數乘多三根得少六根，以少二真數乘二平方得少四平方，與實相減恰盡無餘。是爲四根少二真數，即所求之數也。此法蓋因平方多根多真數除立方多平方多根與少真數，故以平方除立方得根，以平方除少平方平方原爲多，而減餘數變爲少。得少真數，且真數之位下對實中根位，故定得數首位爲根。又實數之號雖有多有少不同，而次位餘實皆變爲少，故定得數次位爲少也。如以數明之，以根爲三，則一平方爲九，一立方爲二十七。實數八立方得二百一十六，多八平方得多七十二，多二根得多六，少四真數即少四，是二百一十六多七十二又多六仍少四，共爲二百九十。法數二平方得十八，多三根得多九，多二真數即多二，是十八多九又多二，共爲二十九。除之，所得十二，即四根之數。所得少二，即少二真數之數。蓋二百九十以二十九除之得十，即十二少二也。

得數四根 — 二真數
法二平方 ⊥ 三根 ⊥ 二真數
實八立方 ⊥ 八平方 ⊥ 二根 — 四真數
八立方 ⊥ 一二平方 ⊥ 八根
○ — 四平方 — 六根 — 四真數
— 四平方 — 六根 — 四真數
○ ○ ○

得數一二 — 二
法 一八 ⊥ 九 ⊥ 二
實二一六 ⊥ 七二 ⊥ 一六 — 四
二一六 ⊥ 一〇八 ⊥ 二四
〇〇〇 — 三六 — 一八 — 四
— 三六 — 一八 — 四
〇〇 〇〇 〇

設如有四三乘方少二立方少四平方多五根少二真數，以二平方少二根多一真數除之，問得幾何。

法以二平方少二根多一真數除四三乘方少二立方少四平方，得二平方。以二平方乘多一真數得多二平方，以二平方乘少二根得少四立方，以二平方乘二

得數二平方 ⊥ 一根 — 二真數
法二平方 — 二根 ⊥ 一真數
實四三乘 — 二立方 — 四平方 ⊥ 五根 — 二真數
四三乘 — 四立方 ⊥ 二平方
○ ⊥ 二立方 — 六平方 ⊥ 五根
⊥ 二立方 — 二平方 ⊥ 一根
○ — 四平方 ⊥ 四根 — 二真數
— 四平方 ⊥ 四根 — 二真數
○ ○ ○

得數七二 ⊥ 六 — 二
法 七二 — 一二 ⊥ 一
實五一八四 — 四三二 — 一四四 ⊥ 三〇 — 二
五一八四 — 八六四 ⊥ 七二
〇〇〇〇 ⊥ 四三二 — 二一六 ⊥ 三〇
⊥ 四三二 — 七二 ⊥ 六
〇〇〇 — 一四四 ⊥ 二四 — 二
— 一四四 ⊥ 二四 — 二
〇〇〇 〇〇 〇

平方得四三乘方，與實相減，三乘方恰盡。原少二立方不能減少四立方，轉減之，餘多二立方。原少四平方減多二平方，故相加爲少六平方，仍多五根。復以二平方少二根多一真數除多二立方少六平方多五根，得多一根。以多一根乘多一真數得多一根，以多一根乘少二根得少二平方，以多一根乘二平方得多二立方。與實相減，立方恰盡。原少六平方減少二平方，餘少四平方。原多五根減多一根，餘多四根，仍少二真數。又以二平方少二根多一真數除少四平方多四根少二真數，得少二真數。以少二真數乘多一真數得少二真數，以少二真數乘少二根得多四根，以少二真數乘二平方得少四平方，與實相減恰盡無餘。是爲二平方多一根少二真數，即所求之數也。此法蓋因平方少根多真數除三乘方少立方又少平方仍多根與少真數，故以平方除三乘方得平方，以平方除多立方立方原爲少，而減餘數變爲多。得多根，以平方除少平方得少真數，且真數之位下對實中平方之位，故定得數首位爲平方。又實數之號雖有多有少不同，而次位餘實之首數變爲多，三位餘實之首數仍爲少，故定得數之次位爲多三位爲少也。如以數明之，以根爲六，則一平方爲三十六，一立方爲二百一十六，一三乘方爲一千二百九十六。實數四三乘方得五千一百八十四，少二立方得少四百三十二，少四平方得少一百四十四，多五根得多三十，少二真數即少二，是五千一百八十四少四百三十二又少一百四十四仍多三十復少二，共爲四千六百三十六。法數二平方得七十二，少二根得少十二，多一真數即多一，是七十二少十二又多一，共爲六十一。除之，所得七十六，即二平方之數。所得多六，即多一根之數。所得少二，即少二真數之數。蓋四千六百三十六以六十一除之得七十六，即七十二多六少二也。

又　下編卷三二　借根方比例

開諸乘方法

借根方比例法中，開各乘方爲最要。其算線部借根，算面部借平方，算體部借立方以及多乘方，雖各按其類，然有法屬線類而仍須諸乘方算者，故諸乘方之法宜審也。蓋諸乘方之形體不同，開法之難易迥別，總以廉法之多少而分。平方之廉最少，故最易。立方之廉較多，故較難。自三乘以至多乘，其廉愈多則其法愈難。今自平方以至九乘方俱專立一法，在平方立方所省不多，而三乘方以後則甚爲簡捷。至於諸乘方中，亦有可以用平方立方之法代開者。如三乘方與平方自乘之數等，故可以平方兩次開之。五乘方與平方自乘再乘之數等，亦與立方自乘之數等，故可以平方開之，繼以立方開之。七乘方與平方兩次自乘之數等，故可以平方三次開之。八乘方與立方自乘再乘之數等，故可以立方兩次開之。九乘方與四乘方自乘之數等，故可以平方開之，繼以四乘方開之。惟四乘方及六乘方與平方立方之數皆不相合，故不可以平方立方之法代開也。又諸乘方次商之數最難定，今自立方至九乘方，俱爲立根數兩位之表。若根數兩位者，以積數撿表即得，更爲便捷。至於十乘方以後，並可以此法御之，但其數繁衍而無所用，兹故不載焉。

平方

設如有平方積一萬五千一百二十九尺，問每一根之數幾何。

法列方積一萬五千一百二十九尺，自末位起算，每方積二位定方根一位，故隔一位作記。乃於九尺上定單位，一百尺上定十位，一萬尺上定百位。其一萬尺爲初商積，與一百自乘之數相合，即定初商爲一百尺，書於方積一萬尺之上，而以初商一百尺自乘之一萬尺，書於初商積之下，相減恰盡。爰以方根第二位積五千一百尺續書於後，爲次商廉隅之共積，而以初商之一百尺倍之，得二百尺，爲次商廉法，以除次商積，足二十倍，即定次商爲二十尺，書於方積一百尺之上，合初商共一百二十尺，自乘得一萬四千四百尺，與原積相減，餘七百尺。爰以方根第三位積二十九尺續書於後，共七百二十九尺，爲三商廉隅之共積，而以初商次商之一百二十尺倍之，得二百四十尺，爲三商廉法，以除三商積，足三倍，即定三商爲三尺，書於方積九尺之上，合初商次商共一百二十三尺，自乘得一萬五千一百二十九尺，與原積相減恰盡。是開得一百二十三尺，爲平方每一根之數也。此法止用廉法除餘積，得次商即併初商數自乘得數，復與原積相減，與常法不同。然自三乘方以至多乘方，則廉法條例甚繁，難於布算，用此法甚爲省便。在平方立方不覺其省，平方止省小隅一層，立方止省長廉小隅二層。而在多乘方所省實多。蓋各設一例以備體也。

```
一　二　三
一五一二九
一
○五一
一四四
───
○○七二九
一五一二九
─────
○○○○○
```

立方

設如有立方積四千一百零六萬三千六百二十五尺，問每一根之數幾何。

法列方積四千一百零六萬三千六百二十五尺，自末位起算，每方積三位，定

三)　四)　五)
四一〇六三六二五
二七
一四〇六三
三九三〇四
〇一七五九六二五
四一〇六三六二五
〇〇〇〇〇〇〇〇〇

方根一位，故隔二位作記。乃於五尺上定單位，三千尺上定十位，一百萬尺上定百位。其四千一百萬尺爲初商積，與三百自乘再乘之數相準，即定初商爲三百尺，書於方積一百萬尺之上，而以三百尺自乘再乘之二千七百萬尺，書於初商積之下，相減餘一千四百萬尺。爰以方根第二位餘積六萬三千尺續書於後，共一千四百零六萬三千尺，爲次商廉隅之共積。而以初商之三百尺自乘得九萬尺，三因之得二十七萬尺，爲次商廉法，以除次商積，足四十倍，即定次商爲四十尺，書於方積三千尺之上，合初商共三百四十尺。自乘再乘得三千九百三十萬四千尺，與原積相減，餘一百七十五萬九千尺。爰以方邊第三位餘積六百二十五尺續書於後，共一百七十五萬九千六百二十五尺，爲三商廉隅之共積。而以初商次商之三百四十尺自乘，得一十一萬五千六百尺，三因之得三十四萬六千八百尺，爲三商廉法，以除三商積，足五倍，即定三商爲五尺，書於方積五尺之上。合初商次商共三百四十五尺，自乘再乘得四千一百零六萬三千六百二十五尺，與原積相減恰盡。是開得三百四十五尺爲立方每一根之數也。

三)　四)　五)
四一〇六三六二五
三九三〇四
〇一七五九
四一〇六三六二五
〇〇〇〇〇〇〇〇〇

又用表開法。列積四千一百零六萬三千六百二十五尺，自末位起算，隔二位作記，定位同前。乃截方根第二位以前積四一〇六三爲初商次商之積，於表中取比此數相近略小之數，爲三九三〇四。即初商次商自乘再乘之數。其所對初商根爲三，次商根爲四，即將三四書於初商次商之位，而以三九三〇四書於初商次商積之下，相減餘一七五九。乃以三九三〇四格內三商廉法三四六除餘積一七五九，足五倍，即定三商爲五，書於三商之位。合初商次商，共三百四十五，自乘再乘得四千一百零六萬三千六百二十五尺，與原積相減恰盡，即定位方根爲三百四十五尺也。

三乘方

設如有三乘方積一千零三十三億五千五百一十七萬七千一百二十一尺開三乘方，問每一根之數幾何。

法列方積一千零三十三億五千五百一十七萬七千一百二十一尺，自末位起

五)　六)　七)
一〇三三五五一七七一二一
六二五
〇四〇八五五一七
九八三四四九六
〇〇五〇一〇二一七一二一
一〇三三五五一七七一二一
〇〇〇〇〇〇〇〇〇〇〇〇

算，每方積四位定方根一位，故隔三位作記。乃於一尺上定單位，七萬尺上定十位，三億尺上定百位。其一千零三十三億尺爲初商積，與五百乘三次之數相準，即定初商爲五百尺，書於方積三億尺之上，而以五百尺乘三次之六百二十五億尺，書於初商積之下，相減餘四百零八億尺。爰以方根第二位積五千五百一十七萬尺續書於後，共四百零八億五千五百一十七萬尺，爲次商廉隅之共積。而以初商之五百尺乘二次得一億二千五百萬尺，四因之得五億尺，爲次商廉法，以除次商積，足八十倍，因定次商爲八十尺。合初商共五百八十尺，乘三次得一千一百三十一億六千四百九十六萬尺，大於原積，是次商不可商八也。乃改商七爲七十尺，合初商共五百七十尺，乘三次得一千零五十五億六千零一萬尺，仍大於原積，是次商不可商七也。又改商六爲六十尺，合初商共五百六十尺，乘三次得九百八十三億四千四百九十六萬尺，小於原積可減也，乃定次商爲六十尺，書於方積七萬尺之上。而以五百六十尺乘三次之九百八十三億四千四百九十六萬尺，與原積相減，餘五十億一千零二十一萬尺。爰以方根第三位積七千一百二十一尺續書於後，共五十億一千零二十一萬七千一百二十一尺，爲三商廉隅之共積。而以初商次商之五百六十尺，乘二次得一億七千五百六十一萬六千尺，四因之得七億零二百四十六萬四千尺，爲三商廉法，以除三商積，足七倍，即定三商爲七尺，書於方積一尺之上。合初商次商共五百六十七尺，乘三次得一千零三十三億五千五百一十七萬七千一百二十一尺，與原積相減恰盡。是開得五百六十七尺爲三乘方每一根之數也。蓋三乘方之本法，有四自乘再乘廉，六自乘廉，四長廉，一小隅。既得初商，乃以初商自乘再乘，四因之得四自乘再乘廉爲法，除餘積得次商。以初商自乘與次商相乘，六因之爲六自乘廉。以次商自乘與初商相乘，四因之爲四長廉。以次商自乘再乘爲一小隅。合四自乘再乘廉，六自乘廉，四長廉，一小隅，以次商乘之爲次商廉隅之共積。今此法得次商之後，合初商乘三次，即得應減之積也。

三)　二)　一)　四)　八)　九)
一〇三三五五一七七一二一
五)　六)　七)
三二一四八九

又法用開平方法兩次開之。初以原積一千零三十三億五千五百一十七萬七千一百二十一尺開平方，得三十二萬一千四百八十九尺。次以三十二萬一千四百八十九尺復開平方，得五百六十七尺，即三乘方每一根之數也。

又用表開法。列積一千零三十三億五千五百一十七萬七千一百二十一尺，自末位起算，隔三位作記，定位同前。乃截方根第二位以前積一〇三三五五一七爲初商次商之積，於表中取比此數相近略小之數爲九八三四四九六，即初商次商乘三次之數。其所對初商根爲五，次商根爲六。即將五、六書於初商、次商之位，而以九八三四四九六書於初商次商積之下，相減餘五〇一〇二一。乃以九八三四四九六格内三商廉法七〇二四六，除餘積五〇一〇二一，足七倍，即定三商爲七，書於三商之位。合初商次商共五百六十七，乘三次得一千零三十三億五千五百一十七萬七千一百二十一尺，與原積相減恰盡，即定三乘方根爲五百六十七尺也。

五)　六)　七)
一〇三三五五一七七一二一
九八三四四九六
〇〇五〇一〇二一
一〇三三五五一七七一二一
〇〇〇〇〇〇〇〇〇〇〇〇

四乘方

設如有四乘方積二百六十二兆零三十五億四千九百九十七萬八千一百二十五尺開四乘方，問每一根之數幾何。

法列方積二百六十二兆零三十五億四千九百九十七萬八千一百二十五尺，自末位起算，每方積五位定方根一位，故隔四位作記。乃於五尺上定單位，九十萬尺上定十位，空百億尺上定百位。其二百六十二兆尺爲初商積，與七百乘四次之數相準，即定初商爲七百尺，書於方積空百億尺之上。而以七百尺乘四次之一百六十八兆零七百億尺，書於初商積之下，相減餘九十三兆九千三百億尺。爰以方根第二位餘積三十五億四千九百九十萬尺續書於後，共九十三兆九千三百三十五億四千九百九十萬尺，爲次商廉隅之共積。而以初商之七百尺乘三次得二千四百零一億尺，五因之得一兆二千零五億尺，爲次商廉法，以除次商積，足七十倍。因定次商爲七十尺，合初商共七百七十尺，乘四次得二百七十兆六千七百八十四億一千五百七十萬尺，大於原積，是次商不可商七也。乃改商六爲六十尺，合初商共七百六十尺，乘四次得二百五十三兆五千五百二十五億三千七百六十萬尺，小於原積可減也。乃定次商爲六十尺，書於方積九十萬尺之上。而以七百六十尺乘四次之二百五十三兆五千五百二十五億三千七百六十萬尺，與原積相減，餘八兆四千五百一十億一千二百三十萬尺。爰以方根第三位餘積七萬八千一百二十五尺續書於後，共八兆四千五百一十億一千二百三十七萬八千一百二十五尺，爲三商廉隅之共積。而以初商次商之七百六十尺乘三次得三千三百三十六億二千一百七十六萬尺，五因之得一兆六千六百八十一億零八百八十萬尺，爲三商廉法，以除三商積，足五倍。即定三商爲五尺，書於方積五尺之上，合初商次商共七百六十五尺，乘四次得二百六十二兆零三十五億四千九百九十七萬八千一百二十五尺，與原積相減恰盡。是開得七百六十五尺，爲四乘方每一根之數也。蓋四乘方之本法，有五三乘廉，十自乘再乘廉，十自乘廉，五長廉，一小隅。既得初商，乃以初商乘三次，五因之得五三乘廉爲法，除餘積得次商。以初商自乘再乘與次商相乘，十因之爲十自乘再乘廉。以初商自乘次商自乘兩數相乘，十因之爲十自乘廉。以次商自乘再乘與初商相乘，五因之爲五長廉。以次商數乘三次爲一小隅。合五三乘廉，十自乘再乘廉，十自乘廉，五長廉，一小隅，以次商乘之爲次商廉隅之共積。今此法得次商之後，合初商乘四次，即得應減之積也。

七)　六)　五)
二六二〇〇三五四九九七八一二五
一六八〇七
〇九三九三三五四九九
二五三五五二五三七六
〇〇八四五一〇一二三七八一二五
二六二〇〇三五四九九七八一二五
〇〇〇〇〇〇〇〇〇〇〇〇〇〇〇

又用表開法。列積二百六十二兆零三十五億四千九百九十七萬八千一百二十五尺，自末位起算，隔四位作記，定位同前。乃截方根第二位以前積二六二〇〇三五四九九爲初商次商之積，於表中取比此數相近略小之數，爲二五三五五二五三七六。即初商次商乘四次之數。其所對初商根爲七，次商根爲六。即將七、六書於初商、次商之位，而以二五三五五二五三七六，書於初商次商積之下，相減餘八四五一〇一二三。乃以二五三五五二五三七六格内三商廉法一六六八一〇八八，除

七)　六)　五)
二六二〇〇三五四九九七八一二五
二五三五五二五三七六
〇〇八四五一〇一二三
二六二〇〇三五四九九七八一二五
〇〇〇〇〇〇〇〇〇〇〇〇〇〇〇

餘積八四五一〇一二三，足五倍，即定三商爲五，書於三商之位。合初商次商共七百六十五，乘四次得二百六十二兆零三十五億四千九百九十七萬八千一百二十五尺，與原積相減恰盡，即定四乘方根爲七百六十五尺也。

五乘方

設如有五乘方積八十五京九千零六十八兆三千零一十億二千五百三十九萬零六百二十五尺開五乘方，問每一根之數幾何。

九）　七）　五）
八五九〇六八三〇一〇二五三九〇六二五
五三一四四一
三二七六二七三〇一〇二五
八三二九七二〇〇四九二九
〇二六〇九六二九六〇九六三九〇六二五
八五九〇六八三〇一〇二五三九〇六二五
〇〇〇〇〇〇〇〇〇〇〇〇〇〇〇〇〇〇

法列方積八十五京九千零六十八兆三千零一十億二千五百三十九萬零六百二十五尺，自末位起算，每方積六位定方根一位，故隔五位作記。乃於五尺上定單位，五百萬尺上定十位，八兆尺上定百位。其八十五京九千零六十八兆尺爲初商積，與九百乘五次之數相準，即定初商爲九百尺，書於方積兆尺之上，而以九百尺乘五次之五十三京一千四百四十一尺，書於初商積之下，相減餘三十二京七千六百二十七兆尺。爰以方根第二位積三千零一十億二千五百萬尺續書於後，共三十二京七千六百二十七兆三千零一十億二千五百萬尺，爲次商廉隅之共積。而以初商之九百尺，乘四次得五百九十兆四千九百億尺，六因之得三千五百四十二兆九千四百億尺，爲次商廉法，以除次商積，足八十倍，因定次商爲八十尺。按法相乘，大於原積，乃改商七十尺，書於方積五百萬尺之上，合初商共九百七十尺，乘五次得八十三京二千九百七十二兆零四十九億二千九百萬尺，與原積相減，餘二京六千零九十六兆二千九百六十億九千六百萬尺。爰以方根第三位積三十九萬零六百二十五尺續書於後，共二京六千零九十六兆二千九百六十億九千六百三十九萬零六百二十五尺，爲三商廉隅之共積。而以初商次商之九百七十尺，乘四次得八百五十八兆七千三百四十億二千五百七十萬尺，六因之得五千一百五十二兆四千零四十一億五千四百二十萬尺，爲三商廉法，以除三商積，足五倍，即定三商爲五尺，書於方積五尺之上。合初商次商共九百七十五尺，乘五次得八十五京九千零六十八兆三千零一十億二千五百三十九萬零六百二十五尺，與原積相減恰盡，是開得九百七十五尺爲五乘方每一根之數也。蓋五乘方之本法，有六四乘廉，十五三乘廉，二十自乘再乘廉，十五自乘廉，六長廉，一小隅。既得初商，乃以初商乘四次，六因之得六四乘廉爲法，除餘積得次商。以初商乘三次與次商相乘，十五乘之，爲十五三乘廉。以初商自乘再乘次商自乘兩數相乘，二十乘之，爲二十自乘再乘廉。以初商自乘次商自乘再乘兩數相乘，十五乘之爲十五自乘廉。以次商乘三次與初商相乘，六因之爲六長廉。

九）　二）　六）　八）　五）　九）　三）　七）　五）
八五九〇六八三〇一〇二五三九〇六二五

九）　七）　五）
九二六八五九三七五

以次商乘四次爲一小隅。合六四乘廉，十五三乘廉，二十自乘再乘廉，十五自乘廉，六長廉，一小隅，以次商乘之，爲次商廉隅之共積。今此法得次商之後，合初商乘五次，即得應減之積也。

又法用開平方開立方法開之。初以原積八十五京九千零六十八兆三千零一十億二千五百三十九萬零六百二十五尺開平方，得九億二千六百八十五萬九千三百七十五尺。又以九億二千六百八十五萬九千三百七十五尺開立方得九百七十五尺，即五乘方每一根之數也。

九）　七）　五）
八五九〇六八二〇一〇二五三九〇六二五
八三二九七二〇〇四九二九
〇二六〇九六二九六〇九六
八五九〇六八三〇一〇二五三九〇六二五
〇〇〇〇〇〇〇〇〇〇〇〇〇〇〇〇〇〇

又用表開法。列積八十五京九千零六十八兆三千零一十億二千五百三十九萬零六百二十五尺，自末位起算，隔五位作記，定位同前。乃截方根第二位以前積八五九〇六八三〇一〇二五爲初商次商之積，於表中取比此數相近略小之數爲八三二九七二〇〇四九二九，即初商次商乘五次之數。其所對初商根爲九，次商根爲七。即將九、七書於初商、次商之位，而以八三二九七二〇〇四九二九，書於初商次商積之下，相減餘二六〇九六二九六〇九六。乃以八三二九七二〇〇四九二九格內三商廉法五一五二四〇四一五四，除餘積二六〇九六二九六〇九六，足五倍，即定三商爲五，書於三商之位。合初商次商共九百七十五，乘五次得八十五京九千零六十八兆三千零一十億二千五百三十九萬零

六百二十五尺，與原積相減恰盡，即定五乘方根爲九百七十五尺也。

六乘方

設如有六乘方積三垓二千五百八十九京四千五百九十九兆二千五百二十三億九千五百九十萬零九百二十八尺開六乘方，問每一根之數幾何。

八)　　　　五)　　　　二)
三二五八九四五九九二五二三九五九〇〇九二八
二〇九七一五二
一一六一七九三九九二五二三九
三二〇五七七〇八八二八一二五
〇〇五三一七五一〇九七一一四五九〇〇九二八
三二五八九四五九九二五二三九五九〇〇九二八
〇〇〇〇〇〇〇〇〇〇〇〇〇〇〇〇〇〇〇〇〇

法列方積三垓二千五百八十九京四千五百九十九兆二千五百二十三億九千五百九十萬零九百二十八尺，自末位起算，每方積七位定方根一位，故隔六位作記。乃於八尺上定單位，九千萬尺上定十位，五百兆尺上定百位。其三垓二千五百八十九京四千五百兆尺爲初商積，與八百乘六次之數相準，即定初商爲八百尺，書於方積五百兆尺之上。而以八百尺乘六次之二垓零九百七十一京五千二百兆尺，書於初商積之下，相減餘一垓一千六百一十七京九千三百兆尺。爰以方根第二位積九十九兆二千五百二十三億九千萬尺續書於後，共一垓一千六百一十七京九千三百九十九兆二千五百二十三億九千萬尺，爲次商廉隅之共積。而以初商之八百尺乘五次得二十六京二千一百四十四兆尺，七因之得一百八十三京五千零八兆尺，爲次商廉法，以除次商積，足六十倍，因定次商爲六十尺。按法相乘，大於原積，乃改商五十尺，書於方積九千萬尺之上。合初商共八百五十尺，乘六次得三垓二千零五十七京七千零八十八兆二千八百一十二億五千萬尺，與原積相減，餘五百三十一京七千五百一十兆九千七百一十一億四千萬尺。爰以方根第三位積五百九十萬零九百二十八尺續書於後，共五百三十一京七千五百一十兆九千七百一十一億四千五百九十萬零九百二十八尺，爲三商廉隅之共積。而以初商次商之八百五十尺乘五次得三十七京七千一百四十九兆五千一百五十六億二千五百萬尺，七因之得二百六十四京零四十六兆六千零九十三億七千五百萬尺，爲三商廉法，以除三商積，足二倍，即定三商爲二尺，書於方積八尺之上。合初商次商共八百五十二尺，乘六次得三垓二千五百八十九京四千五百九十九兆二千五百二十三億九千五百九十萬零九百二十八尺，與原積相減恰盡，是開得八百五十二尺，爲六乘方每一根之數也。蓋六乘方之本法，有七五乘廉，二十一四乘廉，三十五三乘廉，三十五自乘再乘廉，二十一自乘廉，七長廉，一小隅。既得初商，即以初商乘五次，七因之得七五乘廉爲法，除餘積得次商。以初商乘四次與次商相乘，二十一乘之，爲二十一四乘廉。以初商乘三次次商自乘兩數相乘，三十五乘之，爲三十五三乘廉。以初商自乘再乘次商自乘再乘兩數相乘，三十五乘之，爲三十五自乘再乘廉。以初商自乘次商乘二次兩數相乘，二十一乘之，爲二十一自乘廉。以次商乘四次與初商相乘，七因之爲七長廉。以次商乘五次爲一小隅。合七五乘廉，二十一四乘廉，三十五三乘廉，三十五自乘再乘廉，二十一自乘廉，七長廉，一小隅，以次商乘之爲次商廉隅之共積。今得次商之後，合初商乘六次即得應減之積也。

八)　　　　五)　　　　二)
三二五八九四五九九二五二三九五九〇〇九二八
三二〇五七七〇八八二八一二五
〇〇五三一七五一〇九七一一四
三二五八九四五九九二五二三九五九〇〇九二八
〇〇〇〇〇〇〇〇〇〇〇〇〇〇〇〇〇〇〇〇〇

又用表開法。列積三垓二千五百八十九京四千五百九十九兆二千五百二十三億九千五百九十萬零九百二十八尺，自末位起算，隔六位作記，定位同前。乃截方根第二位以前積三二五八九四五九九二五二三九爲初商次商之積，於表中取比此數相近略小之數，爲三二〇五七七〇八八二八一二五，即初商次商乘六次之數。其所對初商根爲八，次商根爲五。即將八、五書於初商、次商之位，而以三二〇五七七〇八八二八一二五，書於初商次商積之下，相減餘五三一七五一〇九七一一四。乃以三二〇五七七〇八八二八一二五格內三商廉法二六四〇〇四六六〇九三七，除餘積五三一七五一〇九七一一四，足二倍，即定三商爲二，書於三商之位。合初商次商共八百五十二尺，乘六次得三垓二千五百八十九京四千五百九十九兆二千五百二十三億九千五百九十萬零九百二十八尺，與原積相減恰盡，即定六乘方根爲八百五十二尺也。

七乘方

設如有七乘方積六百三十八垓五千一百三十二京零二百三十三兆九千三百八十三億九千零一十九萬三千一百二十一尺開七乘方，問每一根之數幾何。

法列方積六百三十八垓五千一百三十二京零二百三十三兆九千三百八十三億九千零一十九萬三千一百二十一尺，自末位起算，每方積八位定方根一位，

七)　　　　　〇)　　　　　九)

六三八五一三二〇二三三九三八三九〇一九三一二一

五七六四八〇一

〇六二〇三三一〇二三三九三八三

六三八五一三二〇二三三九三八三九〇一九三一二一

〇〇〇〇〇〇〇〇〇〇〇〇〇〇〇〇〇〇〇〇〇〇〇

故隔七位作記。乃於一尺上定單位，三億尺上定十位，二京尺上定百位。其六百三十八垓五千一百三十二京尺爲初商積，與七百乘七次之數相準，即定初商爲七百尺，書於方積二京尺之上，而以七百尺乘七次之五百七十六垓四千八百零一京尺，書於初商積之下，相減餘六十二垓零三百三十一京尺。爰以方根第二位積二百三十三兆九千三百八十三億尺續書於後，共六十二垓零三百三十一京零二百三十三兆九千三百八十三億尺，爲次商廉隅之共積。而以初商之七百尺乘六次得八千二百三十五京四千三百兆尺，八因之得六垓五千八百八十三京四千四百兆尺，爲次商廉法，以除次商積，足九倍，止可商九尺。是次商爲空位也。乃書一空於方積三億尺之上，而以九尺書於方積一尺之上。合初商次商共七百零九尺，乘七次得六百三十八垓五千一百三十二京零二百三十三兆九千三百八十三億九千零一十九萬三千一百二十一尺，與原積相減恰盡，是開得七百零九尺爲七乘方每一根之數也。蓋七乘方之本法，有八六乘廉，二十八五乘廉，五十六四乘廉，七十三乘廉，五十六自乘再乘廉，二十八自乘廉，八長廉，一小隅。既得初商，乃以初商乘六次，八因之得八六乘廉爲法，除餘積得次商。以初商乘五次與次商相乘，二十八乘之，爲二十八五乘廉。以初商乘四次次商自乘兩數相乘，五十六乘之，爲五十六四乘廉。以初商乘三次次商自乘再乘兩數相乘，七十乘之，爲七十三乘廉。以初商自乘再乘次商乘三次兩數相乘，五十六乘之，爲五十六自乘再乘廉。以初商自乘次商乘四次兩數相乘，二十八乘之，爲二十八自乘廉。以次商乘五次與初商相乘，八因之爲八長廉。以次商乘六次爲一小隅。合八六乘廉，二十八五乘廉，五十六四乘廉，七十三乘廉，五十六自乘再乘廉，二十八自乘廉，八長廉，一小隅，以次商乘之爲次商廉隅之共積。今此法得次商之後，合初商乘七次，即得應減之積也。

又法用開平方法三次開之。初以原積六百三十八垓五千一百三十二京零二百三十三兆九千三百八十三億九千零一十九萬三千一百二十一尺，開平方得二千五百二十六億八千八百一十八萬七千七百六十一尺。次以二千五百二十六億八千八百一十八萬七千七百六十一尺復開平方，得五十萬二千六百八十一尺。又以五十萬二千六百八十一尺復開平方，得七百零九尺，即七乘方每一根之數也。

二)　五)　二)　六)　八)　八)　一)　八)　七)　七)　六)　一)

六三八五一三二〇二三三九三八三九〇一九三一二一

五)　〇)　二)　六)　八)　一)

二五二六八八一八七七六一

七)　〇)　九)

五〇二六八一

七)　　　　　〇)　　　　　九)

六三八五一三二〇二三三九三八三九〇一九三一二一

五七六四八〇一〇〇〇〇〇〇〇〇

〇六二〇三三一〇二三三九三八三

六三八五一三二〇二三三九三八三九〇一九三一二一

〇〇〇〇〇〇〇〇〇〇〇〇〇〇〇〇〇〇〇〇〇〇〇

又用表開法。列積六百三十八垓五千一百三十二京零二百三十三兆九千三百八十三億九千零一十九萬三千一百二十一尺，自末位起算，隔七位作記，定位同前。乃截方根第二位以前積六三八五一三二〇二三三九三八三爲初商次商之積，於表中取比此數相近略小之數爲五七六四八〇一〇〇〇〇〇〇〇〇，即初商次商乘七次之數。其所對初商根爲七，次商根爲〇。即將七、〇書於初商、次商之位，而以五七六四八〇一〇〇〇〇〇〇〇〇，書於初商次商積之下，相減餘六二〇三三一〇二三三九三八三。乃以五七六四八〇一〇〇〇〇〇〇〇〇格內三商廉法六五八八三四四〇〇〇〇〇〇〇，除餘積六二〇三三一〇二三三九三八三，足九倍，即定三商爲九，書於三商之位。合初商次商共七百零九尺，乘七次得六百三十八垓五千一百三十二京零二百三十三兆九千三百八十三億九千零一十九萬三千一百二十一尺，與原積相減恰盡，即定七乘方根爲七百零九尺也。

八乘方

設如有八乘方積四千二百四十四垓三千五百八十四京九千一百八十五兆四千四百四十九億五千二百八十二萬七千三百九十二尺開八乘方，問每一根之數幾何。

四)　二)　二)
四二四四三五八四九一八五四四四四九五二八二七三九二
二六二一四四
一六二二九一八四九一八五四四四
四〇六六七一三八三八四九四七二
〇一七七六四四六五三三三五九七二九五二八二七三九二
四二四四三五八四九一八五四四四四九五二八二七三九二
〇〇〇〇〇〇〇〇〇〇〇〇〇〇〇〇〇〇〇〇〇〇〇〇

法列方積四千二百四十四垓三千五百八十四京九千一百八十五兆四千四百四十九億五千二百八十二萬七千三百九十二尺，自末位起算，每方積九位定方根一位，故隔八位作記。乃於二尺上定單位，四十億尺上定十位，五百京尺上定百位。其四千二百四十四垓三千五百京尺爲初商積，與四百乘八次之數相準，即定初商爲四百尺，書於方積五百京尺之上。而以四百尺乘八次之二千六百二十一垓四千四百京尺，書於初商積之下，相減餘一千六百二十二垓九千一百京尺。爰以方根第二位積八十四京九千一百八十五兆四千四百四十億尺續書於後，共一千六百二十二垓九千一百八十四京九千一百八十五兆四千四百四十億尺，爲次商廉隅之共積。而以初商之四百尺乘七次得六垓五千五百三十六京尺，九因之得五十八垓九千八百二十四京尺，爲次商廉法，以除次商積，足二十倍，即定次商爲二十尺，書於方積四十億尺之上。合初商共四百二十尺，乘八次得四千零六十六垓七千一百三十八京三千八百四十九兆四千七百二十億尺，與原積相減，餘一百七十七垓六千四百四十六京五千三百三十五兆九千七百二十億尺。爰以方根第三位積九億五千二百八十二萬七千三百九十二尺續書於後，共一百七十七垓六千四百四十六京五千三百三十五兆九千七百二十九億五千二百八十二萬七千三百九十二尺，爲三商廉隅之共積。而以初商次商之四百二十尺，乘七次得九垓六千八百二十六京五千一百九十九兆六千四百一十六億尺，九因之得八十七垓一千四百三十八京六千七百九十六兆七千七百四十四億尺，爲三商廉法，以除三商積，足二倍，即定三商爲二尺，書於方積二尺之上。合初商次商共四百二十二尺，乘八次得四千二百四十四垓三千五百八十四京九千一百八十五兆四千四百四十九億五千二百八十三萬七千三百九十二尺，與原積相減恰盡，是開得四百二十二尺爲八乘方每一根之數也。

七)　五)　一)　五)　一)　四)　四)　八)
四二四四三五八四九一八五四四四四九五二八二七三九二
四)　二)　二)
七五一五一四四八

四)　二)　二)
四二四四三五八四九一八五四四四四九五二八二七三九二
四〇六六七一三八三八四九四七二
〇一七七六四四六五三三三五九七二
四二四四三五八四九一八五四四四四九五二八二七三九二
〇〇〇〇〇〇〇〇〇〇〇〇〇〇〇〇〇〇〇〇〇〇〇〇

蓋八乘方之本法，有九七乘廉，三十六六乘廉，八十四五乘廉，一百二十六四乘廉，一百二十六三乘廉，八十四自乘再乘廉，三十六自乘廉，九長廉，一小隅。既得初商，乃以初商乘七次，九因之得九七乘廉爲法，除餘積得次商。以初商乘六次與次商相乘，三十六乘之，爲三十六六乘廉。以初商乘五次次商自乘兩數相乘，八十四乘之，爲八十四五乘廉。以初商乘四次次商自乘再乘兩數相乘，一百二十六乘之，爲一百二十六四乘廉。以初商乘三次次商乘三次兩數相乘，一百二十六乘之，爲一百二十六三乘廉。以初商自乘再乘次商乘四次兩數相乘，八十四乘之，爲八十四自乘再乘廉。以初商自乘次商乘五次兩數相乘，三十六乘之，爲三十六自乘廉。以次商乘六次與初商相乘，九因之爲九長廉。以次商乘七次爲一小隅。合九七乘廉，三十六六乘廉，八十四五乘廉，一百二十六四乘廉，一百二十六三乘廉，八十四自乘再乘廉，三十六自乘廉，九長廉，一小隅，以次商乘之爲次商廉隅之共積。今此法得次商之後，合初商乘八次，即得應減之積也。

又法用開立方法兩次開之。初以原積四千二百四十四垓三千五百八十四京九千一百八十五兆四千四百四十九億五千二百八十二萬七千三百九十二尺開立方，得七千五百一十五萬一千四百四十八尺。次以七千五百一十五萬一千四百四十八尺復開立方，得四百二十二尺，即八乘方每一根之數也。

又用表開法。列積四千二百四十四垓三千五百八十四京九千一百八十五兆四千四百四十九億五千二百八十二萬七千三百九十二尺，自末位起算，隔八位作記，定位同前。乃截方根第二位以前積四二四四

三五八四九一八五四四四爲初商次商之積，於表中取比此數相近畧小之數爲四〇六六七一三八三八四九四七二。即初商次商乘八次之數。其所對初商根爲四，次商根爲二。即將四、二書於初商、次商之位。而以四〇六六七一三八三八四九四七二，書於初商次商積之下，相減餘一七七六四四六五三三五九七二。乃以四〇六六七一三八三八四九四七二格內三商廉法八七一四三八六七九六七七四，除餘積一七七六四四六五三三五九七二，足二倍，即定三商爲二，書於三商之位。合初商次商共四百二十二尺，乘八次得四千二百四十四垓三千五百八十四京九千一百八十五兆四千四百四十九億五千一百八十二萬七千三百九十二尺，與原積相減恰盡，即定八乘方根爲四百二十二尺也。

九乘方

設如有九乘方積八穰七千四百零六垓九千四百四十七京八千零一十四兆三千二百九十億四千七百二十二萬零二百二十四尺開九乘方，問每一根之數幾何。

三)　　　　　　　　一)　　　　　　　　二)

八七四〇六九四四七八〇一四三二九〇四七二二〇二二四

五九〇四九

二八三五七九四四七八〇一四三二

八一九六二八二八六九八〇八〇一

〇五四四四一一六〇八二〇六三一九〇四七二二〇二二四

八七四〇六九四四七八〇一四三二九〇四七二二〇二二四

〇〇〇〇〇〇〇〇〇〇〇〇〇〇〇〇〇〇〇〇〇〇〇〇〇

法列方積八穰七千四百零六垓九千四百四十七京八千零一十四兆三千二百九十億四千七百二十二萬零二百二十四尺，自末位起算，每方積十位定方根一位，故隔九位作記。乃於四尺上定單位，二百億尺上定十位，六垓尺上定百位。其八穰七千四百零六垓尺爲初商積，與三百乘九次之數相準，即定初商爲三百尺，書於方積六垓尺之上。而以三百尺乘九次之五穰九千零四十九垓尺，書於初商積之下，相減餘二穰八千三百五十七垓尺。爰以方根第二位積九千四百四十七京八千零一十四兆三千二百億尺續書於後，共二穰八千三百五十七垓九千四百四十七京八千零一十四兆三千二百億尺，爲次商廉隅之共積。而以初商之三百尺乘八次得一百九十六垓八千三百京尺，又以十因之得一千九百六十八垓三千京尺，爲次商廉法，以除次商積，足十倍，即定次商爲一十尺，書於方積二百億尺之上。合初商共三百一十尺，乘九次得八穰一千九百六十二垓八千二百八十六京九千八百零八兆零一百億尺。與原積相減，餘五千四百四十四垓一千一百六十京八千二百零六兆三千一百億尺。爰以方根第三位積九十億四千七百二十二萬零二百二十四尺續書於後，共五千四百四十四垓一千一百六十京八千二百零六兆三千一百九十億四千七百二十二萬零二百二十四尺，爲三商廉隅之共積。而以初商次商之三百一十尺乘八次得二百六十四垓三千九百六十二京二千一百六十兆六千七百一十億尺，十因之得二千六百四十三垓九千六百二十二京一千六百零六兆七千一百億尺，爲三商廉法，以除三商積，足二倍，即定三商爲二尺，書於方積四尺之上。合初商次商共三百一十二尺，乘九次得八穰七千四百零六垓九千四百四十七京八千零一十四兆三千二百九十億四千七百二十二萬零二百二十四尺，與原積相減恰盡，是開得三百一十二尺爲九乘方每一根之數也。蓋九乘方之本法，有十八乘廉，四十五七乘廉，一百二十六乘廉，二百一十五乘廉，二百五十二四乘廉，二百一十三乘廉，一百二十自乘再乘廉，四十五自乘廉，十長廉，一小隅。既得初商，乃以初商乘八次，十因之得十八乘廉爲法，除餘積得次商。以初商乘七次與次商相乘，四十五乘之，爲四十五七乘廉。以初商乘六次次商自乘兩數相乘，一百二十乘之，爲一百二十六乘廉。以初商乘五次次商自乘再乘兩數相乘，二百一十乘之，爲二百一十五乘廉。以初商乘四次次商乘三次兩數相乘，二百五十二乘之，爲二百五十二四乘廉。以初商乘三次次商乘四次兩數相乘，二百一十乘之，爲二百一十三乘廉。以初商自乘再乘次商乘五次兩數相乘，一百二十乘之，爲一百二十自乘再乘廉。以初商自乘次商乘六次兩數相乘，四十五乘之，爲四十五自乘廉。以次商乘七次與初商相乘，十因之爲十長廉。以次商乘八次爲一小隅。合十八乘廉，四十五七乘廉，一百二十六乘廉，二百一十五乘廉，二百五十二四乘廉，二百一十三乘廉，一百二十自乘再乘廉，四十五自乘廉，十長廉，一小隅，以次商乘之爲次商廉隅之共積。今此法得次商之後，合初商乘九次，即得應減之積也。

又法用開平方開四乘方法開之。初以原積八穰七千四百零六垓九千四百四十七京八千零一十四兆三千二百九十億四千七百二十二萬零二百二十四尺開平方，得二兆九千五百六十四億六千六百五十五萬二千八百三十二尺。又以二兆九千五百六十四億六千六百五十五萬二千八百三十二尺開四乘方，得三百

一十二尺，即九乘方每一根之數也。

又用表開法。列積八穰七千四百零六垓九千四百四十七京八千零一十四兆三千二百九十億四千七百二十二萬零二百二十四尺，自末位起算，隔九位作記，定位同前。乃截方根第二位以前積八七四〇六九四四七八〇一四三二爲初商次商之積，於表中取比此數相近畧小之數爲八一九六二八二八六九八〇八〇一。即初商次商乘九次之數。其所對初商根爲三，次商根爲一。即將三、一書於初商、次商之位。而以八一九六二八二八六九八〇八〇一，書於初商次商積之下，相減餘五四四四一一六〇八二〇六三一。乃以八一九六二八二八六九八〇八〇一格内三商廉法二六四三九六二二一一六〇六七一，除餘積五四四四一一六〇八二〇六三一，足二倍，即定三商爲二，書於三商之位。合初商次商共三百一十二尺，乘九次得八穰七千四百零六垓九千四百四十七京八千零一十四兆三千二百九十億四千七百二十二萬零二百二十四尺，與原積相減恰盡，即定九乘方根爲三百一十二尺也。

二) 九) 五) 六) 四) 六) 六) 五) 五) 二) 八) 三) 二)
八七四〇六九四四七八〇一四三二九〇四七二二〇二二四

三) 一) 二)
二九五六四六六五五二八三二

三) 一) 二)
八七四〇六九四四七八〇一四三二九〇四七二二〇二二四
八一九六二八二八六九八〇八〇一
〇五四四四一一六〇八二〇六三一
八七四〇六九四四七八〇一四三二九〇四七二二〇二二四
〇〇〇〇〇〇〇〇〇〇〇〇〇〇〇〇〇〇〇〇〇〇〇〇〇

諸乘方表

凡表上横行所列自一至九之數，爲初商根。右直行所列自〇至九之數，爲次商根。其中每格所列細數二層，上層爲初商次商積，如立方表第一行第三格上層一七二八，即方根一二自乘再乘之數，餘倣此。下層爲三商廉法。如立方表第一行第三格下層四三二，即三商廉法。乃以初商次商兩根一二自乘三因，截去末一位之數。蓋方根既有三位，則初商爲百，次商爲十，以一百二十自乘三因，得四三二〇〇爲廉法除實，至三商本位止。今捷法止用次商餘積求三商，不加三商本位之積，其初商仍作十用。以十二自乘三因得四三二，仍比次商餘積多一位。故截去末一位，止用四三爲廉法除實，則法實尾位均齊，定位始無誤，餘倣此。用表之法，具見設如。

立方表

	一	二	三	四	五	六	七
〇	一〇〇〇 三〇	八〇〇〇 二二〇	二七〇〇〇 二七〇	六四〇〇〇 四八〇	二五〇〇〇 七五〇	二一六〇〇〇 一〇八〇	三四三〇〇〇 一四七〇
一	一三三一 三六	九二六一 一三二	二九七九一 二八八	六八九二一 五〇四	一三二六五一 七八〇	二二六九八一 一一一六	三五七九一一 一五一二
二	一七二八 四三	一〇六四八 一四五	三二七六八 三〇七	七四〇八八 五二九	一四〇六〇八 八一一	二三八三二八 一一五三	三七三二四八 一五五五
三	二一九七 五〇	一二一六七 一五八	三五九三七 三二六	七九五〇七 五五四	一四八八七七 八四二	二五〇〇四七 一一九〇	三八九〇一七 一五九八
四	二七四四 五八	一三八二四 一七二	三九三〇四 三四六	八五一八四 五八〇	一五七四六四 八七四	二六二一四四 一二二八	四〇五二二四 一六四二
五	三三七五 六七	一五六二五 一八七	四二八七五 三六七	九一一二五 六〇七	一六六三七五 九〇七	二七四六二五 一二六七	四二一八七五 一六八七
六	四〇九六 七六	一七五七六 二〇二	四六六五六 三八八	九七三三六 六三四	一七五六一六 九四〇	二八七四九六 一三〇六	四三八九七六 一七三二
七	四九一三 八六	一九六八三 二一八	五〇六五三 四一〇	一〇三八二三 六六二	一八五一九三 九七四	三〇〇七六三 一三四六	四五六五三三 一七七八
八	五八三二 九七	二一九五二 二三五	五四八七二 四三三	一一〇五九二 六九一	一九五一一二 一〇〇九	三一四四三二 一三八七	四七四五五二 一八二五
九	六八五九 一〇八	二四三八九 二五二	五九三一九 四五六	一一七六四九 七二〇	二〇五三七九 一〇四四	三二八五〇九 一四二八	四九三〇三九 一八七二

續表

九	八	
七二九〇〇〇 二四三〇	五一二〇〇〇 一九二〇	〇
七五三五七一 二四八四	五三一四四一 一九六八	一
七七八六八八 二五三九	五五一三六八 二〇一七	二
八〇四三五七 二五九四	五七一七八七 二〇六六	三
八三〇五八四 二六五〇	五九二七〇四 二一一六	四
八五七三七五 二七〇七	六一四一二五 二一六七	五
八八四七三六 二七六四	六三六〇五六 二二一八	六
九一二六七三 二八二二	六五八五〇三 二二七〇	七
九四一一九二 二八八一	六八一四七二 二三二三	八
九七〇二九九 二九四〇	七〇四九六九 二三七六	九

三乘方表

四	三	二	一	
二五六〇〇〇〇 二五六〇〇	八一〇〇〇〇 一〇八〇〇	一六〇〇〇〇 三二〇〇	一〇〇〇〇 四〇〇	〇
二八二五七六一 二七五六八	九二三五二一 一一九一六	一九四四八一 三七〇四	一四六四一 五三二	一
三一一一六九六 二九六三五	一〇四八五七六 一三一〇七	二三四二五六 四二五九	二〇七三六 六九一	二
三四一八八〇一 三一八〇二	一一八五九二一 一四三七四	二七九八四一 四八六六	二八五六一 八七八	三
三七四八〇九六 三四〇七三	一三三六三三六 一五七二一	三三一七七六 五五二九	三八四一六 一〇九七	四
四一〇〇六二五 三六四五〇	一五〇〇六二五 一七一五〇	三九〇六二五 六二五〇	五〇六二五 一三五〇	五
四四七七四五六 三八九三四	一六七九六一六 一八六六二	四五六九七六 七〇三〇	六五五三六 一六三八	六
四八七九六八一 四一五二九	一八七四一六一 二〇二六一	五三一四四一 七八七三	八三五二一 一九六五	七
五三〇八四一六 四四二三六	二〇八五一三六 二一九四八	六一四六五六 八七八〇	一〇四九七六 二三三二	八
五七六四八〇一 四七〇五九	二三一三四四一 二三七二七	七〇七二八一 九七五五	一三〇三二一 二七四三	九

續表

九	八	七	六	五	
六五六一〇〇〇〇 二九一六〇〇	四〇九六〇〇〇〇 二〇四八〇〇	二四〇一〇〇〇〇 一三七二〇〇	一二九六〇〇〇〇 八六四〇〇	六二五〇〇〇〇 五〇〇〇〇	〇
六八五七四九六一 三〇一四二八	四三〇四六七二一 二一二五七六	二五四一一六八一 一四三一六四	一三八四五八四一 九〇七九一	六七六五二〇一 五三〇六〇	一
七一六三九二九六 三一一四七五	四五二一二一七六 二二〇五四七	二六八七三八五六 一四九二九九	一四七七六三三六 九五三三一	七三一一六一六 五六二四三	二
七四八〇五二〇一 三二一七四二	四七四五八三二一 二二八七一四	二八三九八二四一 一五五六〇六	一五七五二九六一 一〇〇〇一八	七八九〇四八一 五九五五〇	三
七八〇七四八九六 三三二二三三	四九七八七一三六 二三七〇八一	二九九八六五七六 一六二〇八九	一六七七七二一六 一〇四八五七	八五〇三〇五六 六二九八五	四
八一四五〇六二五 三四二九五〇	五二二〇〇六二五 二四五六五〇	三一六四〇六二五 一六八七五〇	一七八五〇六二五 一〇九八五〇	九一五〇六二五 六六五五〇	五
八四九三四六五六 三五三八九四	五四七〇〇八一六 二五四四二二	三三三六二一七六 一七四五九〇	一八九七四七三六 一一四九九八	九八三四四九六 七〇二四六	六
八八五二九二八一 三六五〇六九	五七二八九七六一 二六三四〇一	三五一五三〇四一 一八二六一三	二〇一五一一二一 一二〇三〇五	一〇五五六〇〇一 七四〇七七	七
九二二三六八一六 三七六四七六	五九九六九五三六 二七二五八八	三七〇一五〇五六 一八九八二〇	二一三八一三七六 一二五七七二	一一三一六四九六 七八〇四四	八
九六〇五九六〇一 三八八一一九	六二七四二二四一 二八一九八七	一八九五〇〇八一 一九七二一五	二二六六七一二一 一三一四〇三	一二一一七三六一 八二一五一	九

四乘方表

五	四	三	二	一	
三一二五○○○○○ 三一二五○○○	一○二四○○○○○ 一二八○○○○	二四三○○○○○ 四○五○○○	三二○○○○○ 八○○○○	一○○○○○ 五○○○	○
三四五○二五二五一 三三八二六○○	一一五八五六二○一 一四一二八八○	二八六二九一五一 四六一七六○	四○八四一○一 九七二四○	一六一○五一 七三二○	一
三八○二○四○三二 三六五五八○八	一三○六九一二三二 一五五五八四八	三三五五四四三二 五二四二八八	五一五三六三二 一一七一二八	二四八八三二 一○三六八	二
四一八一九五四九三 三九四五二四○	一四七○○八四四三 一七○九四○○	二九一三五三九三 五九二九六○	六四三六三四三 一三九九二○	三七一二九三 一四二八○	三
四五九一六五○二四 四二五一五二八	一六四九一六二二四 一八七四○四八	四五四三五四二四 六六八一六八	七九六二六二四 一六五八八八	五三七八二四 一九二○八	四
五○三二八四三七五 四五七五三一二	一八四五二八一二五 二○五○三一二	五二五二一八七五 七五○三一二	九七六五六二五 一九五三一二	七五九三七五 二五三一二	五
五五○七三一七七六 四九一七二四八	二○五九六二九七六 二二三八七二八	六○四六六一七六 八三九八○八	一一八八一三七六 二二八四八八	一○四八五七六 三二七六八	六
六○一六九二○五七 五二七八○○○	二二九三四五○○七 二四三九八四○	六九三四三九五七 九三七○八○	一四三四八九○七 二六五七二○	一四一九八五七 四一七六○	七
六五六三五六七六八 五六五八二四八	二五四八○三九六八 二六五四二○八	七九二三五一六八 一○四二五六八	一七二一○三六八 三○七三二八	一八八九五六八 五二四八八	八
七一四九二四二九九 六○八八六八○	二八二四七五二四九 二八八二四○○	九○二二四一九九 一一五六七二○	二○五一一一四九 三五三六四○	二四七六○九九 六五一六○	九

九	八	七	六	
五九○四九○○○○○ 三二八○五○○○	三二七六八○○○○○ 二○四八○○○○	一六八○七○○○○○ 一二○○五○○○	七七七六○○○○○ 六四八○○○○	○
六二四○三二一四五一 三四二八七四八○	三四八六七八四四○一 二一五二三三六○	一八○四二二九三五一 一二七○五八四○	八四四五九六三○一 六九二二九二○	一
六五九○八一五二三二 三五八一九六四八	三七○七三九八四三二 二二六○六○八八	一九三四九一七六三二 一三四三六九二八	九一六一三二八三二 七三八八一六八	二
六九五六八八三六九三 三七四○二六○○	三九三九○四○六四三 二三七二九一六○	二○七三○七一五九三 一四一九九一二○	九九二四三六五四三 七八七六四八○	三
七三三九○四○二二四 三九○三七四四八	四一八二一一九四二四 二四八九三五六八	二二一九○○六六二四 一四九九三二八八	一○七三七四一八二四 八三八八六○八	四
七七三七八○九三七五 四○七二五三一二	四四三七○五三一二五 二六一○○三一二	二三七三○四六八七五 一五八二○三一二	一一六○二九○六二五 八九二五三一二	五
八一五三七二六九七六 四二四六七三二八	四七○四二七○一七六 二七三五○四○八	二五三五五二五三七六 一六六八一○八八	一二五二三三二五七六 九四八七三六八	六
八五八七三四○二五七 四四二六四六四○	四九八四二○九二○七 二八六四四八八○	二七○六七八四一五七 一七五七六五二○	一三五○一二五一○七 一○○七五五六○	七
九○三九二○七九六八 四六一一八四○八	五二七七三一九一六八 二九九八四七六八	二八八七一七四三六八 一八五○七五二八	一四五三九三三五六八 一○六九○六八八	八
九五○九九○○四九九 四八○二九八○○	五五八四○五九四四九 三一三七一一二○	三○七七○五六三九九 一九四七五○四○	一五六四○三一三四九 一一三三三五六○	九

續表

五乘方表

四	三	二	一	
四〇九六〇〇〇〇〇 六一四四〇〇〇〇	七二九〇〇〇〇〇〇 一四五八〇〇〇〇	六四〇〇〇〇〇〇 一九二〇〇〇〇〇	一〇〇〇〇〇〇 六〇〇〇〇	〇
四七五〇一〇四二四一 六九五一三七二〇	八八七五〇三六八一 一七一七七四九〇	八五七六六一二一 二四五〇四六〇	一七七一五六一 九六六三〇	一
五四八九〇三一七四四 七八四一四七三九	一〇七三七四一八二四 二〇一三二六五九	一一三三七九九〇四 三〇九二一七九	二九八五九八四 一四九二九九	二
六三二一三六三〇四九 八八二〇五〇六五	一二九一四六七九六九 二三四八一二三五	一四八〇三五八八九 三八六一八〇五	四八二六八〇九 二二二七七五	三
七二五六三一三八五六 九八九四九七三四	一五四四八〇四四一六 二七二六一二五四	一九一一〇二九七六 四七七七五七四	七五二九五三六 三二二六九四	四
八三〇三七六五六二五 一一〇七一六八七五	一八三八二六五六二五 三一五一三一二五	二四四一四〇六二五 五八五九三七五	一一三九〇六二五 四五五六二五	五
九四七四二九六八九六 一二三五七七七八五	二一七六七八二三三六 三六二七九七〇五	三〇八九一五七七六 七一二八八二五	一六七七七二一六 六二九一四五	六
一〇七七九二一五三二九 一三七六〇七〇〇四	二五六五七二六四〇九 四一六〇六三七四	三八七四二〇四八九 八六〇九三四	二四一三七五六九 八五一九一四	七
一二二三〇五九〇四六四 一五二八八二三八〇	三〇一〇九三六三八四 四七五四一一〇〇	四八一八九〇三〇四 一〇三二六二二〇	三四〇一二二二四 一三三七四〇	八
一三八四一二八七二〇一 一六九四八五一四九	三五一八七四三七六一 五四一三四五一九	五九四八二三三二一 一二三〇六六八九	四七〇四五八八一 一四八五六五九	九

續表

七	六	五	
一一七六四九〇〇〇〇〇〇 一〇〇八四二〇〇〇〇	四六六五六〇〇〇〇〇〇 四六六五六〇〇〇〇	一五六二五〇〇〇〇〇〇 八七五〇〇〇〇〇	〇
一二八一〇〇二八三九二一 一〇八二五三七六一〇	五一五二〇三七四三六一 五〇六七五七七八〇	一七五九六二八七八〇一 二〇七〇一五一五〇	一
一三九三一四〇六九五〇四 一一六〇九五〇五七九	五六八〇〇二三五五八四 五四九六七九六九九	一九七七〇六〇九六六四 二二八一二二四一九	二
一五一三三四二二六二八九 一二四三八四二九五五	六二五二三五〇二二〇九 五九五四六一九二五	二二一六四三六一一二九 二五〇九一七二九五	三
一六四二〇六四九〇一七六 一三三一四〇三九七四	六八七一九四七六七三六 六四四二四五〇九四	二四七九四九一一二九六 二七五四九九〇一四	四
一七七九七八五一五六二五 一四二三八二八一二五	七五四一八八九〇六二五 六九六一七四三七五	二七六八〇六四〇六二五 三〇一九七〇六二五	五
一九二六九九九二八五七六 一五二一三一五二二五	八二六五三九五〇〇一六 七五一三九九五四五	三〇八四〇九七九四五六 三三〇四三九〇六五	六
二〇八四二二三八〇〇八九 一六二四〇七〇四九四	九〇四五八三八二一六九 八一〇〇七五〇六四	三四二九六四四七二四九 三六一〇一五二三四	七
二二五一九九六〇〇七〇四 一七三二三〇四六二〇	九八八六七四八二六二四 八七二三六〇一四〇	三八〇六八六九二五四四 三九三八一四〇六〇	八
二四三〇八七四五五五二一 一八四六二三三八三九	一〇七九一八一六三〇八一 九三八四一八八〇九	四二一八〇五三三六四一 四二八九五四五七九	九

續表

	八	九
○	二六二一四四○○○○○○○ 一九六六○八○○○○○	五三一四四一○○○○○○○ 三五四二九四○○○○○
一	二八二四二九五三六四八一 二○九二○七○六四○	五六七八六九二五二○四一 三七四四一九二八七○
二	三○四○○六六七一四二四 二二二四四三九○五九	六○六三五五○○一三四四 三九五四四八九一三九
三	三二六九四○三七三三六九 二三六三四二四三八五	六四六九九○一八三四四九 四一七四一三○二一五
四	三五一二九八○三一六一六 二五○九二七一六五四	六八九八六九七八一○五六 四四○三四二四一三四
五	三七七一四九五一五六二五 二六六二二三一八七五	七三五○九一八九○六二五 四六四二六八五六二五
六	四○四五六七二三五一三六 二八二二五六二一○五	七八二七五七七八九六九六 四八九二二三六一八五
七	四三三六二六二○一○○九 二九九○五二五五二四	八三二九七二○○四九二九 五一五二四○四一五四
八	四六四四○四○八六七八四 三一六六三九一五○○	八八五八四二三八○八六四 五四二三五二四七八○
九	四九六九八一二九○九六一 三三五○四三五六六九	九四一四八○一四九四○一 五七○五九四○二九九

六乘方表

	一
○	一○○○○○○○ 七○○○○○
一	一九四八七一七一 一二四○○九二
二	三五八三一八○八 二○九○一八八
三	六二七四八五一七 二三七八七六六
四	一○五四一三五○四 五二七○六七五
五	一七○八五九三七五 七九七三四三七
六	二六八四三五四五六 一一七四四○五一
七	四一○三三八六七三 一六八九六二九八
八	六一二二二○○三二 二三八○八五五六
九	八九三八七一七三九 三二九三二一一六

續表

	二	三	四
○	一二八○○○○○○○ 四四八○○○○○	二一八七○○○○○○○ 五一○二○○○○○○	一六三八四○○○○○○○ 二八六七二○○○○○○
一	一八○一○八八五四一 六○○三六二八四	二七五一二六一四一一一 六二一二五二七六	一九四七五四二七三八八一 三三二五○七二九六八
二	二四九四三五七八八八 七九三六五九三二	三五三五九七三八三六八 七五一六一九二七六	二三○五三九三三三二四八 三八四二三二二二二○
三	三四○四八二五四四七 一○三六二五一二二	四二六一八四四二九七七 九○四○二七五七八	二七一八一六一一一○七 四四二四九五四一三四
四	四五八六四七一四二四 一三三七七二○八三	五二五二三三五○一四四 一○八一三六三○九一	三一九二七八○九六六四 五○七九四一九六九九
五	六一○三五一五六二五 一七○八九八四三七	六四三三九二九六八七五 一二八七六八五九三七	三七三六六九四五三一二五 五八一二六三五九三七
六	八○三一八一○一七六 二一六二四一○四三	七八三六四一六四○九六 一五二三七四七六三五	四三五八一七六五七二一六 六六三二○○七八二七
七	一○四六○三五三二○三 二七一一九四三四二	九四九三一八七七一三三 一七九六○○八四八六	五○六六二三一二○四六三 七五四五四五○七三○
八	一三四九二九二八五一二 三三七三二二三一二	一四四一五五八二五九二 二一○七六五五四六八	五八七○六八三四二二七二 八五六一四一三三二四
九	一七一四九八七六三○九 四一六三七六三二四	一三七二三一○○六六七九 二四六三一二○六三二	六七八二二三○七二八四九 九六八八九○一○四○

續表

七	六	五	
八二三五四三○○○○○○○ 八二三五四三○○○○○	二七九九三六○○○○○○○ 三二六五九二○○○○○	七八一二五○○○○○○○ 一○九三七五○○○○○	○
九○九五一二○一五八三九一 八九六七○一九八七四四	三一四二七四二八三六○二一 三六○六四二六二○五二	八九七四一○六七七八五一 一二三一七四○一四六○	一
一○○三○六一三○○四二八八 九七五一九八四八六五二	三五二一六一四六○六二○八 三九七六○一六四九○八	一○二八○七一七○二五二八 一三八三九四二六七六四	二
一一○四七三九八五一九○九七 一○五九三三九五八四○二	三九三八九八○六三九一六七 四三七六六四五一五四六	一一七四七一一一三九八三七 一五五一五○五二七九○	三
一二一五一二八○二七三○二四 一一四九四四五四三一二三	四三九八○四六五一一一○四 四八一○三六三三七一五	一三三八九二五二○九九八四 一七三五六四三七九○七	四
一三三四八三八八六七一八七五 一二四五八四九六○九三七	四九○二二二七八九○六二五 五二七九三二二三四三七	一五二二四三五二三四三七五 一九三七六四四八四三七	五
一四六四五一九四五七一七七六 一三四八八九九五○○○三	五四五五一六○七○一○五六 五七八五七七六五○一一	一七二七○九四八四九五三六 二一五八八六八五六一九	六
一六○四八五二二二六六八五三 一四五八九五六六六○六二	六○六○七一一六○五三二三 六三三二○八六七五一八	一九五四八九七四九三一九三 二四○○七五一三○七四	七
一七五六五五六八八五四九一二 一五七六三九七二○四九二	六七二二九八八八一八四三二 六九二○七二三七八三六	二二○七九八四一六七五五二 二六六四八○八四七八○	八
一九二○三九○八九八六一五九 一七○一六一二一八八六四	七四四六三五三二五二五八九 七五五四二七一四一五六	二四八八六五一四八四八一九 二九五二六三七三五四八	九

七乘方表

一	
一○○○○○○○○ 八○○○○○○	○
二一四三五八八八一 一五五八九七三六	一
四二九九八一六九六 二八六六五四四六	二
八一五七三○七二一 五○一九八八一三	三
一四七五七八九○五六 八四三三○八○三	四
二五六二八九○六二五 一三六六八七五○○	五
四二九四九六七二九六 二一四七四八三六四	六
六九七五七五七四四一 三二八二七○九三八	七
一一○一九九六○五七六 四八九七七六○二五	八
一六九八三五六三○四一 七一五○九七三九一	九

續表

九	八	
四七八二九六九○○○○○○○ 三七二○○八七○○○○○	二○九七一五二○○○○○○○ 一八三五○○八○○○○○	○
五一六七六一○一九三五七三一 三九七五○八四七六四二八	二二八七六七九二四五四九六一 一九七七○○六七五五三六	一
五五七八四六六○一二三六四八 四二四四四八五○○九四○	二四九二八五四七○五六七六八 二一二八○四六六九九九六	二
六○一七○○八七○六○七五七 四五二八九三一二八四一四	二七一三六○五○九八九六二七 二二八八五八二六一三五八	三
六四八四七七五九四一九二六四 四八二九○八八四六七三九	二九五○九○三四六五五七四四 二四五九○八六二二一三一	四
六九八三三七二九六○九三七五 五一四五六四三二三四三七	三二○五七七○八八二八一二五 二六四○○四六六○九三七	五
七五一四四七四八一○八一六 五四七九三○四五二七八七	三四七九二七八二二二一六九六 二八三一九七○六四五九五	六
八○七九八二八四四七八一一三 五八三○八○四○三四五○	三七七二五四七九四八七七八三 三○三五三八三四○七○六	七
八六八一二五五三三二四六七二 六二○○八九六六六六○四	四○八六七五五九六三六九九二 三二五○八二八六○七四八	八
九三二○六五三四七九○六九九 六五九○三六一○四五八○	四四二三一三三四八九五五二九 三四七八八六九○三六七二	九

續表

四	三	二	
六五五三六○○○○○○○○○ 一三一○七二○○○○○○○	六五六一○○○○○○○○○ 一七四九六○○○○○○○	二五六○○○○○○○○○ 一○二四○○○○○○○	○
七九八四九二五二二九一二一 一五五八○三四一九一○四	八五二八九一○三七四四一 二二○一○○九一二八八	三七八二二八五九三六一 一四四○八七○八三二	一
九六八二六五一九九六四一六 一八四四三一四六六五九八	一○九九五一一六二七七七六 二七四八七七九○六九四	五四八七五八七三五三六 一九九五四八六三一○	二
一一六八八二○○二七七六○一 二一七四五四八八八八八五	一四○六四○八六一八二四一 三四○九四七五四三八一	七八三一○九八五二八一 二七二三八六○三五七	三
一四○四八二二三六二五二一六 二五五四二二二四七七三一	一七八五七九三九○四八九六 四二○一八六八○一一五	一一○○七五三一四一七六 三六六九一七七一三九	四
一六八一五一二五三九○六二五 二九八九三五五六二五○○	二二五一八七五三九○六二五 五一四七一四三七五○○	一五二五八七八九○六二五 四八八二八一二五○○	五
二○○四七六一二二三一九三六 三四八六五四一二五七七二	二八二一一○九九○七四五六 六二六九一三三一二七六	二○八八二七○六四五七六 六四二五四四八一四○	六
二三八一一二八六六六一七六一 四○五二九八四九六三七○	三五一二四七九四五三九二一 七五九四五五○一七○六	二八二四二九五三六四八一 八三六八二八二五六二	七
二八一七九二八○四二九○五六 四六九六五四六七三八一七	四三四七七九二一三八四九六 九一五三二四六六○七三	三七七八○一九九八三三六 一○七九四三四二八○九	八
三三二三二九三○五六九六○一 五四二五七八四五八二七九	五三五二○○九二六○四八一 一○九七八四八○五三四三	五○○二四六四一二九六一 一三七九九九○一○四七	九

續表

七	六	五	
五七六四八○一○○○○○○○○○ 六五八八三四四○○○○○○○	一六七九六一六○○○○○○○○○ 二二三九四八八○○○○○○○	三九○六二五○○○○○○○○○ 六二五○○○○○○○○○○	○
六四五七五三五三一二四五七六一 七二七六○九六一二六七一二	一九一七○七三一二九九七二八一 二五一四一九四二六八八一六	四五七六七九四四五七○四○一 七一七九二八五四二二八○	一
七二二二○四一三六三○八七三六 八○二四四九○四○三四三○	二一八三四○一○五五八四八九六 二八一七二九一六八四九六六	五三四五九七二八五三一四五六 八二二四五七三六二○二二	二
八○六四六○○九一八九四○八一 八八三七九一八八一五二七七	二四八一五五七八○二六七五二一 三一五一一八四五一一三三三	六二二五九六九○四一一三六一 九三九七六八九一一八六九	三
八九九一九四七四○二○三七七六 九七二一○二四二一八四一九	二八一四七四九七六七一○六五六 三五一八四三七二○八八八三	七二三○一九六一三三九一三六 一○七一一四○一六七九八七	四
一○○一一二九一五○三九○六二五 一○六七八七一○九三七五○○	三一八六四四八一二八九○六二五 三九二一七八二三一二五○○	八三七三三九三七八九○六二五 一二一七九四八一八七五○○	五
一一一三○三四七八七四五四九七六 一一七一六一五五六五七四二○	三六○○四○六○六二六九六九六 四三六四一二八五六○八四四	九六七一七三一一五七四○一六 一三八一六七五八七九六二八	六
一二三五七三六二九一五四七六八一 一二八三八八一八六一三四八二	四○六○六七六七七五五六六四一 四八四八五六九二二八四二五八	一一一四二九一五七一一二○○一 一五六三九一七九九四五五四	七
一三七○一一四三七○六八三一三六 一四○五二四五五○八三九二九	四五七一六三二三九六五三三七六 五三七八三九一○五四七四五	一二八○六三○八一七一八○一六 一七六六三八七三三四○四一	八
一五一七一○八八○九九○六五六一 一五三六三一二七一八八九二七	五一三七九八三七四四二八六四一 五九五七○八二六○二○七一	一四六八三○四三七六○四三二一 一九九○九二一一八七八五五	九

續表

	八	九
○	一六七七七二一六○○○○○○○○ 一六七七七二一六○○○○○○	四三○四六七二一○○○○○○○○ 三八二六三七五二○○○○○○
一	一八五三○二○一八八八五一八四一 一八三○一四三三九六三九六八	四七○二五二五二七六一五一五二一 四一三四○八八一五四八五八四
二	二○四四一四○八五八六五四九七六 一九九四二八三七六四五四一四	五一三二一八八七三一三七五六一六 四四六二七七二八○九八九一八
三	二二五二二九二二三二一三九○四一 二一七○八八四○七九一七○一	五五九五八一八○九六六五○四○一 四八一三六○六九六四八六○五
四	二四七八七五八九一一○八二四九六 二三六○七二二七七二四五九五	六○九五六八九三八五四一○八一六 五一八七八二○七五三五四一一
五	二七二四九○五二五○三九○六二五 二五六四六一六七○六二五○○	六六三四二○四三一二八九○六二五 五五八六六九八三六八七五○○
六	二九九二一七九二七一○六五八五六 二七八三四二二五七七七三五六	七二一三八九五七八九八三八三三六 六○一一五七九八二四八六五二
七	三二八二一一六七一五四三七一二一 三○一八○三八三五九○二二六	七八三七四三三五九四二七六九六一 六四六三八六二七五八二四九○
八	三五九六三四五二四八○五五二九六 三三六九四○四七七○九五九三	八五○七六三○二二五八一七八五六 六九四五○○四二六五九七三七
九	三九三六五八八八○五七○二○八一 三五三八五○六七九一六四二三	九二二七四四六九四四二七九二○一 七四五六五二二七八三二五五九

八乘方表

	一
○	一○○○○○○○○○ 九○○○○○○○○
一	二三五七九四七六九一 一九二九二二九九二
二	五一五九七八○三五二 三八六九八三五二六
三	一○六○四四九九三七三 七三四一五七六四八
四	二○六六一○四六七八四 一三二八二一○一五○
五	三八四四三三五九三七五 二三○六六○一五六二
六	六八七一九四七六七三六 三八六五四七○五六六
七	一一八五八七八七六四九七 六二七八二八一六九六
八	一九八三五九二九○三六八 九九一七九六四五一八
九	三二二六八七六九七七九九 一五二八五二○六七三六

續表

	二	三	四
○	五一二○○○○○○○○○ 二三○四○○○○○○○○	一九六八三○○○○○○○○○○ 五九○四九○○○○○○○○	二六二一四四○○○○○○○○○ 五八九八二四○○○○○○○
一	七九四二八○○四六五八一 三四○四○五七三四二四	二六四三九六二二一六○六七一 七六七六○一九三三六九六	三二七三八一九三四三九三九六一 七一八六四三二七○六二○八
二	一二○七二六九二一七七九二 四九三八八二八六一八二	三五一八四三七二○八八八三二 九八九五六○四六四九九八	四○六六七一三八三八四九四七二 八七一四三八六七九六七七四
三	一八○一一五二六六一四六三 七○四七九八八六七五二	四六四一一四八四四○一九五三 一二六五七六七七五六四一六	三○二五九二六一一九三六八四三 一○五一九三八○二四九八四○
四	二六四一八○七五四○二二四 九九○六七七八○七五八	六○七一六九九二七六六四六四 一六○七二一四五一四四○六	六一八一二一八三九五○九五○四 一二六四三四○一二六二六九四
五	三八一四六九七二六五六二五 一三七三二九一○一五六二	七八八一五六三八六七一八七五 二○二六六八七八五一五六二	七五六六八○六四二五七八一二五 一五一三三六一二八五一五六二
六	五四二九五○三六七八九七六 一八七九四四三五八一一八	一○一五五九九五六六六八四一六 二五三八九九八九一六七一○	九二二一九○一六二六六九○五六 一八○四二八五一○○八七四二
七	七六二五五九七四八四九八七 二五四一八六五八二八三二	一二九九六一七三九七九五○七七 三一六一二二一五○八五二八	一一一九一三○四七三一○二七六七 二一四三○一五七九九五五八四
八	一○五七八四五五九五三四○八 三四○○二一七九八五○二	一六五二一六一○一二六二八四八 三九一三○一二九二四六四六	一三五二六○五四六○五九四六八八 二五三六一三五二三八六一五○
九	一四五○七一四五九七五八六九 四五○二二一七七一六六四	一○八七二八三六一一五八七五九 四八二六八○八三三四四三二	一六二八四一三五九七九一○四四九 二九九○九六三七五一二六四○

續表

六	五	
一〇〇七七六九六〇〇〇〇〇〇〇〇〇〇 一五一一六五四四〇〇〇〇〇〇〇〇	一九五三一二五〇〇〇〇〇〇〇〇〇〇 三五一五六二五〇〇〇〇〇〇〇〇	〇
一一六九四一四六〇九二八三四一四一 一七二五三六五八一六九七五五二	二三三四一六五一七三〇九〇四五一 四一一九一一五〇一一三三六〇	一
一三五三七〇八六五四六二六三五五二 一九六五〇六〇九五〇二六四〇六	二七七九九〇五八八二六三五七一二 四八一一三七五五六七八三一〇	二
一五六三三八一四一五六八五三八二三 二二三三四〇二〇二二四〇七六八	三二九九七六三五九一八〇二一三三 五六〇三三七二一三七〇二二四	三
一八〇一四三九八五〇九四八一九八四 二五三三二七四七九〇三九五九〇	三九〇四三〇五九一二三一三三四四 六五〇七一七六五二〇五二二二	四
二〇七一一九一二八三七八九〇六二五 二八六七八〇三三一六〇一五六二	四六〇五三六六五八三九八四三七五 七五三六〇五四四一〇一五六二	五
二三七六二六八〇〇一三七九九九三六 三二四〇三六五四五六四二七二六	五四一六一六九四四八一四四八九六 八七〇四五五八〇四一六六一四	六
二七二〇六五三四三九六二九四九四七 三六五四六〇九〇九八〇〇九七六	六七五一四六一九五五三八四〇五七 一〇〇二八六二四一四〇〇八〇〇	七
三一〇八七一〇〇二九六四二九五六八 四一一四四六九一五六八八〇三八	七四二七六五八七三九六四四九二八 一一五二五六七七三五四六二一四	八
三五四五二〇八七八三五五七六二二九 四六二四一八五三六九八五七七六	八六六二九九五八一八六五四九三九 一三二一四七三九三八四三八八八	九

續表

八	七	
一三四二一七七二八〇〇〇〇〇〇〇〇〇〇 一五〇九九四九四四〇〇〇〇〇〇〇〇	四〇三五三六〇七〇〇〇〇〇〇〇〇〇 五一八八三二〇九〇〇〇〇〇〇〇〇	〇
一五〇〇九四六三五二九六九九九一二一 一六六七七一八一六九九六六六五六	四五八四八五〇〇七一八四四九〇三一 五八一一七八一七八一二一一八四	一
一六七六一九五五〇四〇九七〇八〇三二 一八三九七二六七七二七八九四七八	五一九九八六九七八一四二二八九九二 六四九九八三七二二六七七八六二	二
一八六九四〇二五五二六七五四〇四〇三 二〇二七〇六三〇〇八九二五一三六	五八八七一五八六七〇八二六七九一三 七二五八一四〇八二七〇四六七二	三
二〇八二一五七四八五三〇九二九六六四 二二三〇八八三〇一九九七四二四六	六六五四〇四一〇七七五〇七九四二四 八〇九二七五二六六一八三三九八	四
二三一六一六九四六二八三二〇三一二五 二四五二四一四七二五三五一五六二	七五〇八四六八六二七九二九六八七五 九〇一〇一六二三五三五一五六二	五
二五七三二七四一七三一一六六三六一六 二六九二九六一三四三九五九二七〇	八四五九〇六四三八四六五七八一七六 一〇〇一七三一三〇八七〇九四七八	六
二八五五四四一五四二四三〇二九五二七 二九五三九〇五〇四三八九三四〇八	九五一五一六九四四四九一七一四三七 一一一二一六二六六二三九二九一二	七
三一六四七八三八一八二八八六六〇四八 三二三六七一〇七二三二四九七六六	一〇六八六八九二〇九一三二八四六〇八 一二三三一〇二九三三六一四八二二	八
三五〇三五六四〇三七〇七四八五二〇九 三五四二九二九九二五一三一八七二	一一九八五一五九五九八二六一八三一九 一三六五三九七九二八九一五九〇四	九

	九
○	三八七四二○四八九○○○○○○○○○○ 三八七四二○四八九○○○○○○○
一	四二七九二九八○○一二九七八八四一一 四二三二二七二七四八五三六三六八
二	四七二一六一三六三二八六五五六六七二 四六一八九六九八五八二三八○五四
三	五二○四一一○八二九八八四八七二九三 五○三六二三六二八六九八五三六○
四	五七二九九四八○二二二八六一六七○四 五四八六一二○四四六八六九七三四
五	六三○二四九四○九七二四六○九三七五 五九七○七八三八一六○一五六二
六	六九二五三三九九五八二四四八○二五六 六四九二五○六二一○八五四五○二
七	七六○二三一○五八六五四五六五二一七 七○五三六九○二三四九三九二六四
八	八三三七四七七六二一三○一四九八八八 七六五六八六七二○三二三六○七○
九	九一三五一七二四七四八三六四○八九九 八三○四七○二二四九八五一二八○

續表

九乘方表

	一
○	一○○○○○○○○○○○ 一○○○○○○○○○○
一	二五九三七四二四六○一 二三五七九四七六○一
二	六一九一七三六四二二四 五一五九七八○三五二
三	一三七八五八四九一八四九 一○六○四四九九三七三
四	二八九二五四六五四九七六 二○六六一○四六七八四
五	五七六六五○三九○六二五 三八四四三三五九三七五
六	一○九九五一一六一七七七六 六八七一九四七六七三六
七	二○一五九九三九○○四四九 一一八五八七八七六四九七
八	三五二○四六七二二六六二四 一九八三五九二九○三六八
九	六一三一○六六二五七八○一 三二二六八七六九七七七九

	二	三	四
○	一○二四○○○○○○○○○○ 五一二○○○○○○○○○	五九○四九○○○○○○○○○○ 一九六八三○○○○○○○○○	一○四八五七六○○○○○○○○○○ 二六二一四四○○○○○○○○○
一	一六六七九八八○九七八二○一 七九四二八○○四六五八一	八一九六二八三八六九八○八○一 二六四三九六二二一六○六七一	一三四二二六五九三一○一五二四○一 三二七三八一九三四三九三九六一
二	二六五五九九二二七九一四二四 一二○七二六九二一七七九二	一一二五八九九九○六八四二六二四 三五一八四三七二○八八八三二	一七○八○一九八一二一六七七八二四 四○六六七一三八三八四九四七二
三	四一四二六五一一二一三六四九 一八○一一五二六六一四六三	一五三一五七八九八五二六四四四九 四六四一一四八四四○一四五三	二一六一一四八二三一三二八四二四九 五○二五九二六一一九三六八四三
四	六三四○三三八○九六五三七六 二六四一八○七五四○二二四	二○六四三七七七五四○三九七七六 六○七一六九九二七六六四六四	二七一九七三六○九三八四一八一七六 六一八一二一八三九五○九五○四
五	九五三六七四三一六四○六二五 三八一四六九七二六五六二五	二七五八五四七三五三五一五六二五 七八八一五六三八六七一八七五	三四○五○六二八九一六○一五六二五 七五六六八○六四二五七八一二五
六	一四一一六七○九五六五三三七六 五四二九五○三六七八九七六	三六五六一五八四四○○六二九七六 一○一五五九九五六六六八四一六	四二四二○七四七四八二七七六五七六 九二二一九○一六二六六九○五六
七	二○五八九一一三二○九四六四九 七六二五五九七四八四九八七	四八○八五八四三七二四一七八四九 一二九九六一七三九七九五○七七	五二五九九一三二二三五八三○○四九 一一一九一三○四七三一○二七六七
八	二九六一九六七六六六九五四二四 一○五七八四五五九五二四○八	六二七八二一一八四七九八八二二四 一六五二一六一○一二六二八四八	六四九二五○六二一○八五四五○二四 一三五二六○五四六○五九四六八八
九	四二○七○七二三三三○○二○一 一四五○七一四五九七五八六九	八一四○四○六○八五一九一六○一 二○八七二八三六一一五八七五九	七九七九二二六六二九七六一二○○一 一六二八四一三五九七九一○四四九

續表

續表

六	五	
六〇四六六一七六〇〇〇〇〇〇〇〇〇〇 一〇〇七七六九六〇〇〇〇〇〇〇〇〇	九七六五六二五〇〇〇〇〇〇〇〇〇〇 一九五三一二五〇〇〇〇〇〇〇〇〇	〇
七一三三四二九一一六六二八八二六〇一 一一六九四一四六〇九二八三四一四一	一一九〇四二四二三八二七六一三〇〇一 二三三四一六五一七三〇九〇四五一	一
八三九二九九三六五八六八三四〇二二四 一三五三七〇八六五四六二六三五五二	一四四五五五一〇五九四九〇五七〇二四 二七七九九〇五八八三六三五七一二	二
九八四九三〇二九一八八一七九〇八四九 一五六三三八一四一五六八五三八二三	一七四八八七四七〇三六五五一三〇四九 三二九九七六三五九一八〇二一三三	三
一一五二九二一五〇四六〇六八四六九七六 一八〇一四三九八五〇九四八一九八四	二一〇八三二五一九二六四九二〇五七六 三九〇四三〇五九一二三一三三四四	四
一三四六二七四三三四四六二八九〇六二五 二〇七一一九一二八二七八九〇六二五	二五三二九五一六二一一九一四〇六二五 四六〇五三六六五八三九八四三七五	五
一五六八三三六八八〇九一〇七九五七七六 二三七六二六八〇〇一三七九九九三六	三〇三三〇五四八九〇九六一一四一七六 五四一六一六九四四八一四四八九六	六
一八二二八三七八〇四五五一七六一四四九 二七二〇六五三四三九六二九四九四七	三六二〇三三三三一四五六八九一二四九 六三五一四六一九五五三八四〇五七	七
二一一三九二二八二〇一五七二一〇六二四 三一〇八七一〇〇二九六四二九五六八	四三〇八〇四二〇六八九九四〇五八二四 七四二七六五八七三九六四四九二八	八
二四四六一九四〇六〇六五四七五九八〇一 三五四五二〇八七八三五五七六二二九	五一一一一六七五三三〇〇六四一四〇一 八六六二九九五八一八六五四九三九	九

續表

八	七	
一〇七三七四一八二四〇〇〇〇〇〇〇〇〇〇 一三四二一七七二八〇〇〇〇〇〇〇〇〇	二八二四七五二四九〇〇〇〇〇〇〇〇〇〇 四〇三五三六〇七〇〇〇〇〇〇〇〇〇	〇
一二一五七六六五四五九〇五六九二八八〇一 一五〇〇九四六三五二九六九九九一二一	三二五五二四三五五一〇〇九八八一二〇一 四五八四八五〇〇七一八四四九〇三一	一
一三七四四八〇三一三三五九六〇五八六二四 一六七六一九五五〇四〇九七〇八〇三二	三七四三九〇六二四二六二四四八七四二四 五一九九八六九七八一四二二八九九二	二
一五五一六〇四一一八七二〇五八五三四四九 一八六九四〇二五五二六七五四〇四〇三	四二九七六二五八二九七〇三五五七六四九 五八八七一五八六七〇八二六七九一三	三
一七四九〇一二二八七六五九八〇九一七七六 二〇八二一五七四八五三〇九二九六六四	四九二三九九〇三九七三五五八七七三七六 六六五四〇四一〇七七五〇七九四二四	四
一九六八七四四〇四三四〇七二二六五六二五 二三一六一六九四六二八三二〇三一二五	五六三一三五一四七〇九四七二六五六二五 七五〇八四六八六二七九二九六八七五	五
二二一三〇一五七八八八八〇三〇七〇九七六 二五七三二七四一七三一一六六三六一六	六四二八八八八九三二三三九九四一三七六 八四五九〇六四三八四六五七八一七六	六
二四八四二三四一四一九一四三五六八八四九 二八五五四四一五四二四三〇二九五二七	七三二六六八〇四七二五八六二〇〇六四九 九五一五一六九四四四九一七一四三七	七
二七八五〇〇九七六〇〇九四〇二一二二二四 三一六四七八三八一八二八八六六〇四八	八三三五七七五八三一二三六一九九四二四 一〇六八六八九二〇九一三二八四六〇八	八
三一一八一七一九九二九九六六一八三六〇一 三五〇三五六四〇三七〇七四八五二〇九	九四六八二七六〇八二六二六八四七二〇一 一一九八五一五九五九八二六一八三一九	九

續表

	九
○	三四八六七八四四○一○○○○○○○○○○○ 三八七四二○四八九○○○○○○○○○○○
一	三八九四一六一一八一一八一○七四五四○一 四二七九二九八○○一二九七八八四一一
二	四三四三八八四五四二二三六三二一三八二四 四七二一六一三六三二八六五五六六七二
三	四八三九八二三○七一七九二九三一八二四九 五二○四一一○八二九八八四八七二九三
四	五三八六一五一一四○九四八九九六○一七六 五七二九九四八○二二二八六一六七○四
五	五九八七三六九三九二三八三七八九○六二五 六三○二四九四○九七二四六○九三七五
六	六六四八三二六三五九九一五○一○四五七六 六九二五三三九九五八二四四八○二五六
七	七三七四二四一二六八九四九二八二六○四九 七六○二三一○五八六五四五六五二一七
八	八一七○七二八○六八八七五四六八九○二四 八三三七四七七六二一三○一四九八八八
九	九○四三八二○七五○○八八○四四九○○一 九一三五一七二四七四八三六四○八九九

清·羅士琳《比例匯通》卷三

借根方加法

設有三平方多四根與二平方多三根相加,問該若干。

答曰:五平方多七根。

法以三平方與二平方相加,得五平方。以四根與三根相加,得七根。是爲五平方多七根。合問。

三平方 ⊥ 四根
二平方 ⊥ 三根
五平方 ⊥ 七根

解曰:此多與多加,得數仍爲多之法也。

設有四立方少一平方與三立方少二平方相加,問該若干。

答曰:七立方少三平方。

法以四立方與三立方相加,得七立方。以一平方與二平方相加,得三平方。是爲七立方少三平方。合問。

四立方 — 一平方
三立方 — 二平方
七立方 — 三平方

解曰:此少與少加,得數仍爲少之法也。

設有四平方多四根與二平方少三根相加,問該若干。

答曰:六平方多一根。

四平方 ⊥ 四根
二平方 — 三根
六平方 ⊥ 一根

法以四平方與二平方相加,得六平方。以四根與三根相加,應該七根。今多少兩數不同,故相減餘一根,因多數爲四根,比少數三根大,故爲多。是爲六平方多一根。合問。

解曰:此多與少加,多數大爲多之法也。

設有二平方少三根與一平方多二根相加,問該若干。

答曰:三平方少一根。

二平方 — 三根
一平方 ⊥ 二根
三平方 — 一根

法以二平方與一平方相加,得三平方。以三根與二根相加,應該五根。今多少兩數不同,故相減餘一根,因少數爲三根,比多數二根大,故爲少。是爲三平方少一根。合問。

解曰:此少與多加,少數大爲少之法也。

設有二立方多三平方少四根與一立方多二平方少三根相加,問該若干。

答曰:三立方多五平方少七根。

法以二立方與一立方相加,得三立方。以三平方與二平方相加,得五平方。以四根與三根相加,得七根。是爲三立方多五平方少七根。合問。

解曰:此三位相加,多少號同之法也。

二立方 ⊥ 三平方 — 四根
一立方 ⊥ 二平方 — 三根
三立方 ⊥ 五平方 — 七根

設有四立方多三平方少二根多一真數與二立方少一平方多三根少三真數相加,問該若干。

答曰:六立方多二平方多一根少二真數。

法以四立方與二立方相加,得六立方。以多三平方與少一平方相減,餘二平方,因多數大,故爲多。以少二根與多三根相減,餘一根,多數大,故爲多。以多一真數與少三真數相減,餘二真數,少數大,故爲少。是爲六立方多二平方多一根少二真數合問。

解曰:此四位相加,多少號各不同之法也。

四立方 ⊥ 三平方 — 二根 ⊥ 一真數
二立方 — 一平方 ⊥ 三根 — 三真數
六立方 ⊥ 二平方 ⊥ 一根 — 二真數

設有一立方多三根與一平方少一根相加,問該若干。

答曰:一立方多一平方多二根。

法以一立方與一平方相加,得一立方多一平方。

一立方 ○平方 ⊥ 三根
一平方 — 一根
一立方 ⊥ 一平方 ⊥ 二根

以多三根與少一根相減，餘二根，因多數大，故爲多。是爲一立方多一平方多二根。合問。

解曰：此相加位分不同之法也。凡相加兩數位分不同，須各按位列號，中設空圈補足位分，始不相淆。

借根方減法

設有四平方多五根内減二平方多二根，問所餘若干。

答曰：二平方多三根。

四平方 ⊥ 五根
二平方 ⊥ 二根
二平方 ⊥ 三根

法以四平方内減二平方，餘二平方。以五根内減二根，餘三根。是爲二平方多三根。合問。

解曰：此多與多減，原數大於減數，減餘爲多之法也。

設有四立方少三平方内減三立方少二平方，問所餘若干。

答曰：一立方少一平方。

四立方 — 三平方
三立方 — 二平方
一立方 — 一平方

法以四立方内減三立方，餘一立方。以三平方内減二平方，餘一平方。是爲一立方少一平方。合問。

解曰：此少與少減，原數大於減數，減餘爲少之法也。

設有七平方多三根内減四平方多五根，問所餘若干。

答曰：三平方少二根。

七平方 ⊥ 三根
四平方 ⊥ 五根
三平方 — 二根

法以七平方内減四平方，餘三平方。原三根内不能減五根，乃於減數五根内反減三根，餘二根，即變爲少。是爲三平方少二根。合問。

解曰：此多與多減，原數小於減數，反減原數，而減餘變爲少之法也。

設有六平方少三根内減五平方少四根，問所餘若干。

答曰：一平方多一根。

六平方 — 三根
五平方 — 四根
一平方 ⊥ 一根

法以六平方内減五平方，餘一平方。原三根内不能減四根，乃於減數四根内反減三根，餘一根，即變爲多。是爲一平方多一根。合問。

解曰：此少與少減，原數小於減數，反減原數，而減餘變爲多之法也。

設有三平方多四根内減二平方少一根，問所餘若干。

答曰：一平方多五根。

三平方 ⊥ 四根
二平方 — 一根
一平方 ⊥ 五根

法以三平方内減二平方，餘一平方。以四根減一根，應餘三根，今多少兩數不同，故相加，得五根，因原數爲多，故得數亦爲多。是爲一平方多五根。合問。

解曰：此多與少減，原數多亦爲多之法也。

設有五平方少三根内減三平方多二根，問所餘若干。

答曰：二平方少五根。

五平方 — 三根
三平方 ⊥ 二根
二平方 — 五根

法以五平方内減三平方，餘二平方。以三根減二根，應餘一根，今多少兩數不同，故相加，得五根，因原數爲少，故得數亦爲少。是爲二平方少五根。合問。

解曰：此少與多減，原數少亦爲少之法也。

設有四立方多六平方内減二立方多三平方多三根，問所餘若干。

答曰：二立方多三平方少三根。

四立方 ⊥ 六平方 ○根
二立方 ⊥ 三平方 ⊥ 三根
二立方 ⊥ 三平方 — 三根

法以四立方内減二立方，餘二立方。以六平方内減三平方多三根，餘三平方少三根。蓋根位既空，故平方内減多三根，是爲平方内少三根。若平方少三根，則爲平方内多三根也。是爲二立方多三平方少三根。合問。

解曰：此相減位分不同之法也。凡相減，兩數位分不同，須各按位列號，中設空圈補足位分，始不相淆。

借根方乘法

設有三根多二真數以三真數乘之，問得若干。

答曰：九根多六真數。

三根 ⊥ 二真數
三真數
九根 ⊥ 六真數

法以三真數乘二真數，得多六真數。以三真數乘三根，得九根。是爲九根多六真數。合問。

解曰：此多與多乘，得數皆爲多之法也。

設有四根多二真數以二根多三真數乘之，問得若干。

答曰：八平方多十六根多六真數。

四根 ⊥ 二真數
二根 ⊥ 三真數
———
⊥ 一二根 ⊥ 六真數
八平方 ⊥ 一四根
———
八平方 ⊥ 一六根 ⊥ 六真數

法以多三真數乘多二真數，得多六真數。以多三真數乘四根，得多十二根。又以二根乘多二真數，得多四根。以二根乘四根，得八平方。相併，是爲八平方多十六根多六真數。合問。

解曰：此亦多與多乘，得數皆爲多之法也。凡以根乘根爲平方，以根乘平方爲立方，以根乘立方爲三乘方，上而至於三乘方、四乘方、五乘方，悉皆遞升一位。其故何也？蓋定位表中根數之位爲一。故凡與所乘之位皆進一位算。如根與真數乘，則進一位爲根。根自乘，則進一位爲平方。根與平方乘，則進一位爲立方。根與立方乘，進一位爲三乘方。根與三乘方乘，則進一位爲四乘方是也。若平方之位爲二，則凡與所乘之位皆進二位算。如平方與平方乘，則進二位爲三乘方是也。他若立方多乘方，皆視表中之數爲進位。倣此。

設有二根少四真數以一根多三真數乘之，問得若干。

二根 — 四真數
一根 ⊥ 三真數
———
六根 — 一二真數
二平方 — 四根
———
二平方 ⊥ 二根 — 一二真數

答曰：二平方多二根少十二真數。

法以多三真數乘少四真數，得少十二真數。多與少乘。以多三真數乘二根，得多六根。多與多乘。又以一根乘少四真數，得少四根。多與少乘。以一根乘二根，得二平方。相併，是爲二平方多二根少十二真數。合問。

解曰：此多與少乘，得數爲少之法也。凡爲首一位，雖無多少之號，悉作多論。如是，法中多三真數乘少四真數，是多與少乘，故爲少。又多三真數乘爲首之二根，是多與多乘，故爲多。又爲首之一根乘少四真數，是多與少乘，故爲少。又爲首之一根乘爲首之二根，是多與多乘，故乘出爲首二平方亦作多論也。

設有一根少一真數以一根少二真數乘之，問所得若干。

一根 — 一真數
一根 — 二真數
———
— 二根 ⊥ 二真數
一平方 — 一根
———
一平方 — 三根 ⊥ 二真數

答曰：一平方少三根多二真數。

法以少二真數乘少一真數，得多二真數。少與少乘。以少二真數乘一根，得少二根。少與多乘。又以一根乘少一真數，得少一根。多與少乘。以一根乘一根，得一平方。相併，是爲一平方少三根多二真數。合問。

解曰：此少與少乘，得數爲多之法也。如是，法中少二真數乘少一真數，是少與少乘，故爲多。又少二真數乘爲首之一根，是少與多乘，故爲少。又爲首之一根乘少一真數，是多與少乘，故爲少。又爲首之一根乘爲首之一根，是多與多乘，故乘出爲首一平方，亦作多論也。

四立方 ○平方 — 二根 — 一真數
二平方 ○根 — 二真數
———
— 八立方 ○平方 ⊥ 四根 ⊥ 二真數
○三乘 ○立方 ○平方 ○根
八四乘 ○三乘 — 四立方 — 二平方
———
八四乘 ○三乘 — 一二立方 — 二平方 ⊥ 四根 ⊥ 二真數

設有四立方少二根少一真數以二平方少二真數乘之，問所得若干。

答曰：八四乘方少十二立方少二平方多四根多二真數。

法以少二真數乘少一真數，得多二真數。以少二真數乘少二根，得多四根。以少二真數乘空平方，仍得平方，空位。以少二真數乘四立方，得少八立方。又以空根數乘少一真數，得空根。以空根數乘少二根，得空平方。以空根數乘空平方，得空立方。以空根數乘四立方，得空三乘方。又以二平方乘少一真數，得少二平方。以二平方乘少二根，得少四立方。以二平方乘空平方，得空三乘方。以二平方乘四立方，得八四乘方。相併，是爲八四乘方少十二立方少二平方多四根多二真數是也。合問。

解曰：此相乘位分不同之法也。凡相乘兩數位分不同，須各按位列號，中設空圈補足位分，始不相淆。

借根方除法

設有十二立方多九平方多六根以三根除之，問所得若干。

答曰：四平方多三根多二真數。

法以三根除十二立方得四平方，以四平方乘三根得十二立方，與實相減恰盡，餘

得數 四平方 ⊥ 三根 ⊥ 二真數
法三根 ⊥ ○真數
實 一二立方 ⊥ 九平方 ⊥ 六根 ○真數
除數 一二立方
———
實 ○○立方 ⊥ 九平方 ⊥ 六根 ○真數
除數 九平方
———
實 ○平方 ⊥ 六根 ○真數
除數 六根
———
○根 ○真數

多九平方多六根爲第二次實。復以三根除多九平方得多三根，以多三根乘三根得多九平方，與實相減恰盡，餘多六根爲第三次實。復以三根除多六根得多二真數，以多二真數乘多三根得多六根，與實相減恰盡無餘，是爲四平方多三根多二真數。合問。

解曰：此因實數皆爲多，故得數亦皆爲多之法也。

設有四立方多八平方多七根多二真數以二平方多三根多二真數除之，問所得若干。

得數					二根	⊥	一真數
法			二平方	⊥	三根	⊥	二真數
實	四立方	⊥	八平方	⊥	七根	⊥	二真數
除數	四立方	⊥	六平方	⊥	四根		
實	○立方	⊥	二平方	⊥	三根	⊥	二真數
除數			二平方	⊥	三根	⊥	二真數
			○平方		○根		○真數

答曰：二根多一真數。

法以二平方多三根多二真數除四立方多八平方多七根，得二根。以二根乘多二真數得多四根，以二根乘多三根得多六平方，以二根乘二平方得四立方，是第一次除數共爲四立方多六平方多四根。與原實相減，餘多二平方多三根多二真數爲第二次實。復以二平方多三根多二真數除多二平方多三根多二真數，得多一真數。以多一真數乘多二真數得多二真數，以多一真數乘多三根得多三根，以多一真數乘二平方得二平方，是第二次除數共爲多二平方多三根多二真數。與第二次實相減，恰盡無餘，是爲二根多一真數。合問。

解曰：此亦實數皆爲多，而得數亦爲多之法也。凡除法皆先置實，以法約之，可商幾何除，即定幾何爲得數。乃以得數之幾何乘法爲所除之數，此除兼乘法也。以所除之數與原實相減，此除兼減法也。餘多少幾何爲第二次實，再如前法除之。

設有六平方少一根少十五真數以三根少五真數除之，問所得若干。

得數			二根	⊥	三真數
法			三根	—	五真數
實	六平方	—	一根	—	一五真數
除數	六平方	—	一○根		
實	○平方	⊥	九根	—	一五真數
除數			九根	—	一五真數
			○根		○真數

答曰：二根多三真數。

法以三根少五真數除六平方少一根少十五真數，得二根。以二根乘少五真數得少十根，以二根乘三根得六平方，是第一次除數共爲六平方少十根。與實相減，原實少一根，今除數少十根，是原數小於減數，乃以減數之十根反減原數之一根，餘九根應變爲多也。餘多九根少十五真數爲第二次實。復以三根少五真數除多九根少十五真數，得(少)[多]三真數。以少三真數乘少五真數得少十五真數，以少三真數乘三根得多九根，是第二次除數共爲多九根少十五真數。與第二次之實相減，恰盡無餘，是爲二根多三真數也。合問。

解曰：此法原實雖爲少，然第二次實之首位已變少爲多矣，故定第二次得數亦爲多也。

設有八立方多八平方多二根少四真數以二平方多三根多二真數除之，問所得若干。

得數					四根	—	二真數
法			二平方	⊥	三根	⊥	二真數
實	八立方	⊥	八平方	⊥	二根	—	四真數
除數	八立方	⊥	一二平方	⊥	八根		
實	○立方	—	四平方	—	六根	—	四真數
除數		—	四平方	—	六根	—	四真數
			○平方		○根		○真數

答曰：四根少二真數。

法以二平方多三根多二真數除八立方多八平方多二根，得四根。以四根乘多二真數得多八根，以四根乘多三根得多十二平方，以四根乘二平方得八立方，是第一次除數共爲八立方多十二平方多八根。與實相減，原實多八平方，今除數多十二平方。原實多二根，今除數多八根。是原數皆小於減數，乃以減數之十二平方反減原數之八平方，餘四平方變爲少，以減數之八根反減原數之二根，餘六根亦變爲少也。餘少四平方少六根少四真數爲第二次實。復以二平方多三根多二真數除少四平方少六根少四真數，得少二真數。以少二真數乘多二真數得少四真數，以少二真數乘多三根得少六根，以少二真數乘二平方得少四平方，是第二次除數共爲少四平方少六根少四真數。與實相減恰盡，是爲四根少二真數。合問。

解曰：此原實雖爲多，然第二次實之首位已變多爲少矣，故第二次得數亦爲少也。

設有九立方少十二平方少五根多六真數以三平方少二根少三真數除之，問所得若干。

得數					三根	—	二真數
法			三平方	—	二根	—	三真數
實	九立方	—	一二平方	—	五根	⊥	六真數
除數	九立方	—	六平方	—	九根		
實	○立方	—	六平方	⊥	四根	⊥	六真數
除數		—	六平方	⊥	四根	⊥	六真數
			○平方		○根		○真數

答曰：三根少二真數。

法以三平[方]少二根少三真數除九立方少十

二平方方少五根，得三根。以三根乘少三真數得少九根，以三根乘少二根得少六平方，以三根乘三平方得九立方，是第一次除數共爲九立方少六平方少九根。與實相減，餘少六平方多四根多六真數爲第二次實。復以三平方少二根少三真數除少六平方多四根多六真數，得少二真數。以少二真數乘少三真數得多六真數，以少二真數乘少二根得多四根，以少二真數乘三平方得少六平方，是第二次除數共爲少六平方多四根多六真數。與實相減恰盡，是爲三根少二真數。合問。

解曰：此法實數雖有多有少，然第二次實之首位爲少，故定第二次得數爲少也。

清·劉衡《借根方法淺説》

加法

假如二平方與一平方多四根相加，問該若干。

答曰：三平方多四根。

法以二平方與一平方相加得三平方。是爲三平方多四根。

此單位相加之法也。

二平方		
一平方	⊥	四根
三平方	⊥	四根

假如三平方多四根與二平方多三根相加，問該若干。

答曰：五平方多七根。

法以三平方與二平方相加得五平方，以四根與三根相加得七根。是爲五平方多七根。合問。

此多與多加，得數仍爲多之法也。

二平方		
一平方	⊥	四根
三平方	⊥	四根

假如四立方少一平方與三立方少二平方相加，問該若干。

答曰：七立方少三平方。

法以四立方與三立方相加得七立方，以一平方與二平方相加得三平方。是爲七立方少三平方。合問。

此少與少加，得數仍爲少之法也。

四立方	—	一平方
三立方	—	二平方
七立方	—	三平方

假如四平方多四根與二平方少三根相加，問該若干。

答曰：六平方多一根。

法以四平方與二平方相加得六平方，以四根與三根相加應該七根。今多少兩數不同，故相減餘一根。因多數爲四根比少數三根大，故爲多。是爲六平方多一根。合問。

四平方	⊥	四根
二平方	—	三根
六平方	⊥	一根

此多與少加，多數大爲多之法也。

假如二平方少三根與一平方多二根相加，問該若干。

答曰：三平方少一根。

法以二平方與一平方相加得三平方，以三根與二根相加應該五根。今多少兩數不同，故相減餘一根。因少數爲三根比多數二根大，故爲少。是爲三平方少一根。合問。

此少與多加，少數大爲少之法也。

二平方	—	三根
一平方	⊥	二根
三平方	—	一根

假如一立方多三根與一平方少一根相加，問該若干。

答曰：一立方多一平方多二根。

法以一立方與一平方相加，得一立方多一平方。以多三根與少一根相減，餘二根。因多數大，故爲多。是爲一立方多一平方多二根。合問。

此相加位分不同之法也。凡相加兩數位分不同，須各按位列號，中設空〇補足位分，始不相淆。

一立方		〇平方	⊥	三根
〇立方		一平方	—	一根
一立方	⊥	一平方	⊥	二根

減法

假如四平方多五根內減二平方多二根，問餘若干。

答曰：二平方多三根。

法以四平方內減二平方餘二平方，以五根內減二根餘三根。是爲二平方多三根。合問。

此多與多減，原數大于減數，減餘爲多之法也。

四平方	⊥	五根
二平方	⊥	二根
二平方	⊥	三根

假如四平方少三根內減三平方少二根，問餘若干。

答曰：一平方少一根。

法以四平方內減三平方餘一平方，以三根內減二根餘一根。是爲一平方少一根。合問。

此少與少減，原數大于減數，減餘爲少之法也。

四平方	—	三根
三平方	—	二根
一平方	—	一根

假如七平方多三根內減四平方多五根，問餘若干。

答曰：三平方少二根。

法以七平方內減四平方餘三平方。原三根內不能減五根，乃于減數五根內反減三根，餘二根即變爲少。是爲三平方少二根。合問。

七平方	⊥	三根
四平方	⊥	五根
三平方	—	二根

此多與多減，原數小于減數，反減原數而減餘變爲少之法也。

假如六平方少三根内減五平方少四根，問餘若干。

六平方 — 三根
五平方 — 四根
一平方 ⊥ 一根

答曰：一平方多一根。

法以六平方内減五平方餘一平方。原三根内不能減四根，乃于減數四根内反減三根餘一根，即變爲多。是爲一平方多一根。合問。

此少與少減，原數小于減數，反減原數而減餘變爲多之法也。

假如三立方多四平方内減二立方少一平方，問餘若干。

三立方 ⊥ 四平方
二立方 — 一平方
一立方 ⊥ 五平方

答曰：一立方多五平方。

法以三立方内減二立方餘一立方，以四平方減一平方應餘三平方。今多少兩數不同，故相加得五平方。因原數爲多，故得數亦爲多。是爲一立方多五平方。合問。

此多與少減，應相加，而原數爲多，故相加後亦爲多之法也。

假如五立方少三平方内減三立方多二平方，問餘若干。

五立方 — 三平方
三立方 ⊥ 二平方
二立方 — 五平方

答曰：二立方少五平方。

法以五立方内減三立方餘二立方，以三平方減二平方應餘一平方。今多少兩數不同，故相加得五平方。因原數爲少，故得數亦爲少。是爲二立方少五平方。合問。

此少與多減應相加，而原數爲少，故相加亦爲少之法也。

假如四立方多六平方内減二立方多三平方多三根，問餘若干。

四立方 ⊥ 六平方 〇根
二立方 ⊥ 三平方 ⊥ 三根
二立方 ⊥ 三平方 — 三根

答曰：二立方多三平方少三根。

法以四立方内減二立方餘二立方，以六平方内減三平方多三根餘三平方少三根。蓋根位既空，故平方内減多三根，是爲平方内少三根。若平方内減少三根，則爲平方内多三根也。是爲二立方多三平方少三根。合問。

此相減位分不同之法也。凡相減兩數位分不同，須各按位列號，中設空〇補足位分，始不相淆。

乘法

假如三根多二真數以三真數乘之，問得若干。

三根 ⊥ 二真數
三真數
九根 ⊥ 六真數

答曰：九根多六真數。

法以三真數乘二真數得多六真數，以三真數乘三根得九根。是爲九根多六真數。合問。

此多與多乘，得數皆爲多之法也。

假如四根多二真數以二根多三真數乘之，問得若干。

四根 ⊥ 二真數
二根 ⊥ 三真數
一二根 ⊥ 六真數
八平方 ⊥ 四根
八平方 ⊥ 一六根 ⊥ 六真數

答曰：八平方多十六根多六真數。

法以多三真數乘多二真數得多六真數，以多三真數乘四根得多十二根。又以二根乘多二真數得多四根，以二根乘四根得八平方。相併，是爲八平方多十六根多六真數。合問。

此亦多與多乘，得數皆爲多之法也。凡以根乘根爲平方，以根乘平方爲立方，以根乘立方爲三乘方，上而至于四乘方五乘方，悉皆遞升一位。其故何也？蓋定位表中根數之位爲一，故凡與所乘之位皆進一位算。如根與真數乘，則進一位爲根。根自乘，則進一位爲平方。根與平方乘，則進一位爲立方。根與立方乘，則進一位爲三乘方。根與三乘方乘，則進一位爲四乘方是也。若平方之位爲二，則凡與所乘之位皆進二位算。如平方與平方乘，則進二位爲三乘方是也。他若立方多乘方，皆視表中之數爲進位倣此。

假如二根少四真數以一根多三真數乘之，問得若干。

二根 — 四真數
一根 ⊥ 三真數
六根 — 一二真數
二平方 — 四根
二平方 ⊥ 二根 — 一二真數

答曰：二平方多二根少十二真數。

法以多三真數乘少四真數得少十二真數，以多三真數乘二根得多六根。多與多乘。又以一根乘少四真數得少四根，多與少乘。以一根乘二根得二平方。相併，是爲二平方多二根少十二真數。合問。

此多與少乘，得數爲少之法也。凡爲首一位雖無多號，悉作多論。即如是法中，多三真數乘少四真數，是多與少乘，故爲少。又多三真數乘爲首之二根，是多與多乘，故爲多。又爲首之一根乘少四真數，是多與少乘，故爲少。又爲首之一根乘爲首之二根，是多與多乘，故乘出爲首之二平方，亦作多論也。

假如一根少一真數以一根少二真數乘之，問得若干。

	一根	— 一真數
	一根	— 二真數
	— 二根	⊥ 二真數
一平方	— 一根	
一平方	— 三根	⊥ 二真數

答曰：一平方少三根多二真數。

法以少二真數乘少一真數得多二真數，以少二真數乘一根得少二根。少與多乘。又以一根乘少一真數得少一根，多與少乘。以一根乘一根得一平方。相併，是爲一平方少三根多二真數。合問。

此末位少與少乘，而首位恒爲多，故首位則多與多乘，首末又多少相乘之法也。詳上。

假如四立方少二根少一真數以二平方少二真數乘之，問得若干。

		四立方	〇平方	— 二根	— 一真數
			二平方	〇根	— 二真數
		— 八立方	〇平方	⊥ 四根	⊥ 二真數
	〇三乘	〇立方	〇平方	〇根	
八四乘	〇三乘	— 四立方	— 二平方		
八四乘	〇三乘	— 一二立方	— 二平方	⊥ 四根	⊥ 二真數

答曰：八四乘方少十二立方少二平方多四根多二真數。

法以少二真數乘少一真數得多二真數，以少二真數乘少二根得多四根，以少二真數乘空平方仍得平方空位，以少二真數乘四立方得少八立方。又以空根數乘少一真數得空根數，以空根數乘少二根得空平方，以空根數乘空平方得空立方，以空根數乘四立方，得空三乘方。又以二平方乘少一真數得少二平方，以二平方乘少二根得少四立方，以二平方乘空平方得空三乘方，以二平方乘四立方得八四乘方。相併，是爲八四乘方少十二立方少二平方多四根多二真數是也。合問。

此相乘位分不同之法也。凡相乘兩數位分不同，須各按位列號，中設空〇補足位分，始不相淆。

除法

凡除法皆先置實，以法約之，可商幾何除，即定幾何爲得數。乃以得數之幾何乘法爲所除之數，此除兼乘法之説也。又以所除之幾何數與原實相減，此除兼減法之説也。然後視餘多少幾何爲第二次實。再如前法除之，此蓋指除得盡而言。設遇有除不盡者，即所謂不受除，是已不受除則不除此而乘彼，故借根方法有乘而無除，所謂除者惟以借根除諸數降位而已。今姑設數法以備例。

假如十二立方多九平方以三根除之，問得若干。

得數		四平方	⊥ 三根
法			三根
實	一二立方	⊥ 九平方	〇根
除數	一二立方		
實	〇〇立方	⊥ 九平方	〇根
除數		九平方	
		〇平方	〇根

答曰：四平方多三根。

法以三根除十二立方多九平方得四平方，以四平方乘三根得十二立方，與實相減恰盡，餘多九平方爲第二次實。復以三根除多九平方得多三根，以多三根乘三根得多九平方，與實相減恰盡。是爲四平方多三根。合問。

正法以一根爲除數，今變用三根者取淺顯耳。

假如八立方多八平方多二根少四真數，以二平方多三根多二真數除之，問得若干。

		得數	四根	— 二真數
法		二平方	⊥ 一三根	⊥ 二真數
實	八立方	⊥ 八平方	⊥ 二根	— 四真數
除數	八立方	⊥ 一二平方	⊥ 八根	
實	〇立方	— 四平方	— 六根	— 四真數
除數		— 四平方	— 六根	— 四真數
		〇平方	〇根	〇真數

答曰：四根少二真數。

法以二平方多三根多二真數除八立方多八平方多二根少四真數，得四根。以四根乘多二真數得多八根，以四根乘多三根得多十二平方，以四根乘二平方得八立方，是第一次除數共爲八立方多十二平方多八根。與實相減，原實多八平方，今除數多十二平方。原實多二根，今除數多八根。是原數皆小于減數。乃以減數之十二平方反減原數之八平方，餘四平方變爲少。以減數之八根反減原數之二根，餘六根亦變爲少也。餘少四平方少六根少四真數爲第二次實。復以二平方多三根多二真數除少四平方少六根少四真數，得少二真數。以少二真數乘多二真數得少四真數，以少二真數乘多三根得少六根，以少二真數乘二平方得少四平方，是第二次除數共爲少四平方少六根少四真數。與實相減恰盡。是爲四根少二真數。合問。

此原實雖爲多，然第二次實之首位已變多爲少矣。故第二次得數亦爲少也。

假如九立方少十二平方少五根多六真數以三平方少二根少三真數除之，問得若干。

得數　三根 — 二真數

法　三平方 — 二根 — 三真數

實　九立方 — 一二平方 — 五根 丄 六真數

除數　九立方 — 六平方 — 九根

實　〇立方 — 六平方 丄 四根 丄 六真數

除數 — 六平方 丄 四根 丄 六真數

〇平方　〇根　〇真數

答曰：三根少二真數。

法以三平方少二根少三真數除九立方少十二平方少五根多六真數，得三根。以三根乘少三真數得少九根，以三根乘少二根得少六平方，以三根乘三平方得九立方，是第一次除數共爲九立方少六平方少九根。與實相減，餘少六平方多四根多六真數爲第二次實。復以三平方少二根少三真數除少六平方多四根多六真數，得少二真數。以少二真數乘少三真數得多六真數，以少二真數乘少二根得多四根，以少二真數乘三平方得少六平方，是第二次除數共爲少六平方多四根多六真數。與實相減，恰盡。是爲三根少二真數。合問。

此法實數雖有多有少，然第二次實之首位爲少，故定第二次得數爲少也。

清·華蘅芳《學算筆談》卷八　代數加減乘除之法

代數之算法，亦當從加減乘除學起。惟因式中之各項，或爲整數或爲分數或有方指數或有根指數，故其加減乘除之法，各有不同。此猶數學中之加減乘除，有整數分數小數之別也。

代數之加法，須識別其式號之異同，而分爲三種。

一，將同式同號之代數相加，則併其各元之倍數爲加得之倍數，而式與號不變。如

甲
二甲
三甲
四甲
——
一〇甲

如

丅甲天
丅二甲天
丅三甲天
丅四甲天
——
丅一〇甲天

二，將同式異號之代數相加，則將其各元之倍數正與正併負與負併，又以併得之正負兩數以小減大，而將減得之數爲加得之倍數。其定號之法，恒以大數爲主而其元不變。如

甲天
丅二甲天
丅三甲天
——
丅四甲天

如

甲天
丅二甲天
三甲天
——
二甲天

三，將式號俱異之代數相加，則將諸式任意連書之，其式與號俱不變。如

二甲
丅三乙
四丙
丅五丁
——
二甲丅三乙丄四丙丅五丁

如

甲天丄二甲地
乙天丅三乙人
——
甲天丄二甲地丄乙天丅三乙人

然此三種之式，恒兼有于欲相加之式中，故必須一一識別而各以本法加之。

如

二甲
甲天
丅三甲
四甲
——
三甲丄甲天

如

丅甲天
丅天
二天
——
天丅甲天

代數之減法，祇須反其減式之號而加之，即爲減得之式。

如五甲丅六乙以二甲丅三乙減之，則作

五甲丅六乙
丅二甲丄三乙
——
三甲丅三乙

如六天丅八地丄三以二天丄九地丅二減之，則作

六天丅八地丄三
丅二天丅九地丄二
——
四天丅一七地丄五

欲明代數之乘法，須先熟記丄、丅二號相乘之式，即同名相乘爲正異名相乘爲負是也。

如　丄×丄＝丄、丅×丅＝丄、丄×丅＝丅、丅×丄＝丅

代數之乘法，須觀其項數之多少而分爲二種：一爲獨項與獨項相乘，一爲獨項與多項相乘或多項與多項相乘。

獨項之兩式相乘，先以兩式之號相乘，乃以兩式中之倍數相乘，又以兩式中之元並書之，即爲乘得之式。

二甲
二丙
——
四甲丙

如將二甲與二丙相乘者，則因其號俱爲正，故乘得之號亦爲正。又因倍數二與二相乘，故乘得之倍數爲四，又將甲

四甲丅二乙丄丙
三甲
一二甲甲丅六甲乙丄三甲丙

丙並書之爲乘得之元。如

五甲
丅四乙
丅二〇甲乙

如

丅五甲
四乙
丅二〇甲乙

如

丅五甲
丅四乙
二〇甲乙

將多項之代數式相乘，以法之每項各與實之每項如獨項相乘之法一一偏乘之，乘訖併之即得。

如 四甲丅二乙丄丙 以 三甲 乘之，則先以 三甲、四甲 之號相乘得正，乃以三四相乘得 一二 又以甲甲相乘得 甲甲 爲乘訖第一項。又以丄與丅相乘得丅，二與三相乘得六，甲與乙相乘得 甲乙 爲乘訖第二項。又以丄與丄乘得丄，三與一乘得三，甲與丙乘得 甲丙 爲乘訖第三項，故其橫線下所書者即乘得之式也。

如

二天丄地
天丅二地
二天天丄天地
丅四天地丅二地地
二天天丅三天地丅二地地

如

甲丅乙丄丙
甲丄乙丅丙
甲甲丅甲乙丄甲丙
丄甲乙丅乙乙丄乙丙
丅甲丙丄乙丙丅丙丙
甲甲丅乙乙丄二乙丙丅丙丙

欲明代數之除法，須先熟記丄、丅二號相除之式，即同名相除得正異名相除得負是也。

如 丄÷丄＝丄、丅÷丅＝丄、丄÷丅＝丅、丅÷丄＝丅

代數之除法須分爲三種。

一，其法爲獨項之式，而實之諸項均爲法所可約者，則每項皆先以法之號約其實之號，次以法之倍數約其實之倍數，又于實中去其與法相同之元，即得。

如 四甲丄二甲天 以 丅二甲 約之，則因法之號爲丅，實之第一項同于 丄四甲，以丅約丄當得丅，以二約四當得二，以甲約甲當去其甲，故其約得之第一項爲 丅二 又實之第二項之號爲丄，以丅約之得丅，以二約二得一，以甲約 甲天 當去其甲，故其約得之第二項爲 丅天 即共約得 丅二丅天

二，其法爲獨項式而實之諸項均非法所可約者，則書其法于實之上，而中作橫線以界之，此即命分之意也。

如 甲丄乙丄丙 以天約之，則作 $\frac{天}{甲丄乙丄丙}$

三，其法爲多項之式者，則將法之第一項約其實之第一項爲約得之第一項，以此與全法相乘以減原實爲餘實，又以法之第一項約餘實之第一項爲約得之第二項，以此與全法相乘以減餘實爲第二餘實，順是以下俱如是求。若遇減之適盡，則併其累次約得之項即爲約得之多項式。

如 甲^{三}丄乙^{三} 以 甲丄乙 約之得 甲^{二}丅甲乙丄乙^{二} 其算草如左。

甲丄乙)甲^{三}丄乙^{三}(甲^{二}丅甲乙丄乙^{二}
甲^{三}丄甲^{二}乙
丅甲^{二}乙丄乙^{三}
丅甲^{二}乙丅甲乙^{二}
丄甲乙^{二}丄乙^{三}
丄甲乙^{二}丄乙^{三}
〇

若除至多項終不能盡，則有二法以記之。一可于其右作…之號以明其不能除盡之意，一可將餘實爲分子而以法爲分母。

如以 一丅天 約一，既得 一丄天丄天^{二} 而餘實爲 天^{三} 則其約得之式可作 一丄天丄天^{二}丄… 亦可作 一丄天丄天^{二}丄$\frac{一丅天}{天^{三}}$ 是也。

惟因不能約之式及不能約盡之式，皆可命之爲分數，所以代數中又有分數加減乘除之法。

分數之加減乘除，其理與尋常之數學同，可作公式明之。

$\frac{甲}{乙}丄\frac{丙}{丁}=\frac{甲丙}{乙丙丄甲丁}$、$\frac{甲}{乙}丅\frac{丙}{丁}=\frac{甲丙}{乙丙丅甲丁}$、

$\frac{甲}{乙}\times\frac{丙}{丁}=\frac{甲丙}{乙丁}$、$\frac{甲}{乙}\div\frac{丙}{丁}=\frac{甲丁}{乙丙}$

自乘再乘以至多乘之式，既可作方指數以省其繁。則凡遇有方指數之代數式，其加減乘除之法又與尋常之式有別。

方指數之代數式，惟同元同方者可相加減。

其公式爲　$甲天^{卯}丄乙天^{卯}=(甲丄乙)天^{卯}$　、$甲天^{卯}丅乙天^{卯}=(甲丅乙)天^{卯}$

若其同元異方之式，衹能作加減之號以明之。

如　$甲天^{寅}$　以　$乙天^{卯}$　加減之，則作　$甲天^{寅}丄乙天^{卯}$　、$甲天^{寅}丅乙天^{卯}$　不能合爲一項也。

同元之諸方式，其相乘之法，并其兩式之方指數爲所得之方指數。

其公式爲　$甲天^{寅}\times乙天^{卯}=甲乙天^{寅丄卯}$

其相約之法，以法之方指數減其實之方指數爲所得之方指數。

其公式爲　$\frac{乙天^{卯}}{甲天^{寅}}=\frac{乙}{甲}天^{寅丅卯}$

所以用除法之時，若遇法實之方指數相等，則能令所得之方指數爲〇。若其法之方指數大于實之方指數，又能令所得之方指數爲負。

如　$\frac{天^{二}}{天^{二}}=天^{二丅二}=天^{〇}$、$\frac{天^{四}}{天^{二}}=天^{二丅四}=天^{丅二}$

凡元之方指數爲〇者，其意謂等于一也。

如　$\frac{天^{二}}{天^{二}}=天^{二丅二}=天^{〇}$　其　$天^{〇}=一$　因　$\frac{天^{二}}{天^{二}}=一$　也。

凡元之方指數爲負者，其意謂變其負爲正，而以其式約一也。

如　$\frac{天^{八}}{天^{二}}=天^{二丅八}=天^{丅六}$　其　$天^{丅六}=\frac{天^{六}}{一}$　因　$\frac{天^{八}}{天^{二}}=\frac{天^{二}天^{六}}{天^{二}}=\frac{天^{六}}{一}$　也。

學者勿忘元之不作方指數者，其方指數當爲一而不可爲〇。

如　$天^{二}\times天=天^{三}$　此因　$天^{二}\times天=(天^{二}\times天=)天^{二丄一}$　之故也。若作　$天=天^{〇}$　則　$天^{一}\times天^{〇}=天^{二}\times一=天^{二}$　矣。安得不誤耶！

方指數亦能爲分數，其加減之法與數學之理同。

其公式爲　$天^{\frac{甲}{乙}}\times天^{\frac{丙}{丁}}=天^{\frac{甲}{乙}丄\frac{丙}{丁}}=天^{\frac{甲丙}{乙丙丄甲丁}}$　$\frac{天^{\frac{丙}{丁}}}{天^{\frac{甲}{乙}}}=天^{\frac{甲}{乙}丅\frac{丙}{丁}}=天^{\frac{甲丙}{乙丙丅甲丁}}$

方指數之分子，所以記其乘方也；方指數之分母，所以記其開方也。

如　$天^{\frac{二}{三}}$　言以天之平方開其立方之根也。如　$天^{\frac{三}{二}}$　言以天之立方開其平方之根也。如　$天^{\frac{甲}{乙}}$　言以天之乙方開其甲方之根也。

所以方指數之分母即爲根指數之分子，根指數之分母即爲方指數之分子。

如 $\sqrt{甲}$ 可作　$甲^{\frac{一}{二}}$　如　$\sqrt[三]{乙^{二}}$　可作　$乙^{\frac{二}{三}}$　如　$\sqrt[\frac{一}{三}]{甲^{二}}=甲^{六}$

欲求方數之方數，以二方數之指數相乘即得。

如　$(天^{四})^{三}=天^{四\times三}=天^{一二}$　如　$(天^{甲丄乙})^{甲丅乙}=天^{甲^{二}丅乙^{二}}$　如　$(天^{寅})^{卯}=(天^{卯})^{寅}=天^{寅卯}$

總數之方數，爲同方之諸元相乘所得。

如　$甲^{三}乙^{三}丙^{三}$　可作　$(甲乙丙)^{三}$

求根數之根數，以二根指數相乘即得。

如　$\sqrt[四]{\sqrt[三]{天}}=地$　則　$\sqrt[三]{天}=地^{四}$　而　$天=(地^{四})^{三}=地^{一二}$　所以 $地=\sqrt[一二]{天}$　即　$\sqrt[四]{\sqrt[三]{天}}=\sqrt[一二]{天}=地$

總數之根數，爲同根之諸元相乘所得。

如　$\sqrt[三]{甲}\sqrt[三]{乙}\sqrt[三]{丙}$　可作　$\sqrt[三]{甲乙丙}$　如　$\frac{\sqrt[三]{乙}}{\sqrt[三]{甲}}$　可作　$\sqrt[三]{\frac{乙}{甲}}$

用以上各種加減乘除之法，無論何種算學之題，必可求得相等之式。

論相等之式

代數之有相等式，猶天元四元之有如積也。惟其如積之式，不以之相消而但作相等之號以明其如積之意，故謂之相等之式。

凡題中只有一箇未知之元者，只須求一箇相等式。若有兩箇未知之元者，須求兩箇相等式。其未知之元每多一箇，則其相等之式亦必多求一箇，所以又謂之方程式。

變化相等之式

相等式之左右兩邊，其各項中或有分母或有根號或有括弧，必須一一化去之。此猶四元術中齊同相消之意也。惟因＝號之左右，其所代之數必相等，則左右同加某數亦相等，同減某數亦相等，同以某數乘之亦相等，同以某數除之亦相等。所以有移項之法，可以移減作加，移加作減，移乘作除，移除作乘。

如　甲丅乙＝丙　可移作　甲＝丙丄乙　此猶兩邊以乙加之也。

如　甲丄乙＝丙　可移作　甲＝丙丅乙　此猶兩邊以乙減之也。

如　$\frac{甲}{乙}$＝丙　可移作　乙＝甲丙　此猶兩邊以甲乘之也。

如　甲乙＝丙　可移作　乙＝$\frac{甲}{丙}$　此猶兩邊以甲除之也。

惟因左右兩邊其所代之數必相等，則左右各自乘亦相等，各再乘亦相等，各以某方開之亦相等，所以有兩邊乘方法兩邊開方法。

如　甲丄乙＝丙　可各自乘作　$(甲丄乙)^{二}=丙^{二}$　各再乘作　$(甲丄乙)^{三}=丙^{三}$　其公式爲　$(甲丄乙)^{卯}=丙^{卯}$

如　$甲^{二}丄二甲乙丄乙^{二}=丙^{二}$，可以兩邊各開平方得　甲丄乙＝丙

從以上之理，可化去相等式中之根號及分母。

欲化去相等式中之根號，可先用移項之法使其有根號者獨居一邊，又用兩邊乘方之法，依其根指數乘至若干次，則根號可去。

如　$\sqrt{甲}$丄乙＝丙　先移作　$\sqrt{甲}$＝丙丅乙　兩邊各自乘得　$甲=(丙丅乙)^{二}$　則根號去矣。

其根號若有多項者，可用此法次第去之。

如　$\sqrt{甲}丄\sqrt{乙}=丙$　先移作　$\sqrt{甲}=丙丅\sqrt{乙}$　兩邊各自乘得　$甲=丙^{二}丅二丙\sqrt{乙}丄乙$　又移作　$二丙\sqrt{乙}=丙^{二}丄乙丅甲$　兩邊各自乘得　$四丙^{二}乙=(丙^{二}丄乙丅甲)^{二}$　則根號去矣。

如　$\sqrt{甲}丄\sqrt{乙}=\sqrt{丙}$　兩邊各自乘得　$甲丄二\sqrt{甲}\sqrt{乙}丄乙=丙$　移之作　$二\sqrt{甲}\sqrt{乙}=丙丅甲丅乙$　兩邊各自乘得　$四甲乙=(丙丅甲丅乙)^{二}$　則根號去矣。

欲化去相等式中之各分母，可將各母之最小公倍數徧乘各項，而每項各以母約子，則變爲整數。

如　$\frac{甲}{乙}丅\frac{丙}{丁}=\frac{戊}{己}$　以分母之公倍數遍乘各項得　$\frac{甲}{甲丙戊乙}丅\frac{丙}{甲丙戊丁}=\frac{戊}{甲丙戊己}$　每項各以母約之得　乙丙戊丅甲丁戊＝甲丙己　則分母去矣。

去括弧之法。先須辨其作此括弧之意，或因相乘或因自乘或因加減，而各以其法去之。

括弧若專爲加減而作者，則其外無指數，而其左有加減之號。

括弧外若爲加號者，可竟去其括弧而其中之各項不變也。

如　甲丄(乙丅丙)＝丁　可竟去其括弧而作　甲丄乙丅丙＝丁

括弧外若爲減號，則去其括弧，必將其中之各項反其正負。

如　甲丅(乙丅丙)＝丁　則去其括弧，必作　甲丅乙丄丙＝丁

其括弧若有數重者，自外而内每次皆以此法去之。

如　甲丅(乙丅[丙丄天])丄(乙丅[天丅二乙])＝丁　則先去其外層，得　甲丅乙丄(丙丄天)丄乙丅(天丅二乙)＝丁　又去其内層，得　甲丅乙丄丙丄天丄乙丅天丄二乙＝丁　即　甲丄丙丄二乙＝丁

括弧之外有方指數者，可將其中之諸項依方指數自乘若干次，先去其方數，乃依前法去其括弧。

如　$(甲丅乙)^{二}=丙$，則將　甲丅乙　自乘得　$甲^{二}丅二甲乙丄乙^{二}$　故去其括弧，得　$甲^{二}丅二甲乙丄乙^{二}=丙$

如　$丁(甲丅乙)^{二}=丙$　則先化去其指數得　$丁(甲^{二}丅二甲乙丄乙^{二})=丙$　乃去其括弧，作　$丁甲^{二}丄二甲乙丅乙^{二}=丙$

若其括弧爲相乘而作者，可將弧外之數遍乘弧内之各項而去其括弧。若有兩箇或多箇括弧相乘連乘者，則將各弧内之項相乘連乘而去其

括弧。

如　二(甲丅乙)＝丙　，則去其括弧作　二甲丅二乙＝丙　如　(甲⊥乙)(甲丅乙)＝丙　則去其括弧作　甲^{二}丅乙^{二}＝丙

所以其作括弧之時若兼有各意者，須兼用以上之各法以去之。

如　丅(甲⊥乙)(甲丅乙)^{二}＝丙　則先詳其　(甲丅乙)　而式變爲　丅(甲⊥乙)(甲^{二}丅二甲乙⊥乙^{二})＝丙　又將兩括弧内之項相乘而式變爲　丅(甲^{三}丅甲^{二}乙丅甲乙^{二}⊥乙^{三})＝丙　然後變爲　丅甲^{三}⊥甲^{二}乙⊥甲乙^{二}丅乙^{三}＝丙

凡有一箇未知之元之相等式，用以上各種變化之法，必可化之爲某次之式。

若所得之式多于一次者，則其未知之同數必用開方之法始能得之。代數之開方其法不止一種，均見于新譯之《代數術》中。

清・鄧建章《中西算學入門匯通》卷下　借根方算法與天元、代數名異而理同。

號式

⊥，多式，即代數之⊥也。丅，少式，即天元之＼，代數之丅也。＝，相等式，代數同。

借根方加法

設如有四平方多三根，與二平方多四根相加。

法以四平方與二平方相加得六平方，三根與四根相加得七根，是爲六平方多七根，即得數也。

四平方　⊥　三根
二平方　⊥　四根
六平方　⊥　七根

天元式

〇　〣　〤
〇　〤　〢
〇　〧　〦

代數式

四天^{二}⊥三天
二天^{二}⊥四天
六天^{二}⊥七天

以數明之，根爲六，一平方爲三十六。四平方爲一百四十四，多三根爲多十八，是一百四十四多十八共一百六十二。二平方爲七十二，多四根爲多二十四，是七十二多二十四共九十六。六平方爲二百一十六，多七根爲多四十二，是二百一十六多四十二也。

設如有三立方少二平方，與五立方少三平方相加。

三立方　丅　二平方
五立方　丅　三平方
八立方　丅　五平方

天元式

〇　〇　〢̸　〣
〇　〇　〣̸　〥
〇　〇　〥̸　〨

代數式

三天^{三}丅二天^{二}
五天^{三}丅三天^{二}
八天^{三}丅五天^{二}

法以三立方與五立方相加得八立方，二平方與三平方相加得五平方。是爲八立方少五平方即得數也。

以數明之，平方爲四，立方爲八。三立方爲二十四，少二平方爲少八，是二十四少八爲一十六。五立方爲四十，少三平方爲少一十二，是四十少一十二爲二十八。八立方爲六十四，少五平方爲少二十，是爲六十四少二十，即得數也。

設如有三平方多五根，與四平方少(三)[二]根相加。

法以三平方與四平方相加得七平方，多五根與少二根相加得多三根，是爲七平方多三根，即得數也。

三平方　⊥　五根
四平方　丅　二根
七平方　⊥　三根

天元式

〇　〥　〣
〇　〢̸　〤
〇　〣　〧

代數式

三天^{二}⊥五天
四天^{二}丅二天
七天^{二}⊥三天

設如有四立方少二平方，與三立方多一平方相加。

法以四立方與三立方相加得七立方，少二平方與多一平方相加得少一平方，是爲七立方少一平方，即得數也。

四立方　丅　二平方
三立方　⊥　一平方
七立方　丅　一平方

天元式

〇　〇　〢̸　〤
〇　〇　〡　〣
〇　〇　〡̸　〧

代數式

四天^{三}丅二天^{二}
三天^{三}⊥天^{二}
七天^{三}丅天^{二}

設如有三立方多二平方少三根，與四立方多三平方少五根相加。

三立方	⊥ 二平方	⊤ 三根
四立方	⊥ 三平方	⊤ 五根
七立方	⊥ 五平方	⊤ 八根

天元式

代數式
三天³ ⊥ 二天² ⊤ 三天
四天³ ⊥ 三天² ⊤ 五天
七天³ ⊥ 五天² ⊤ 八天

法以三立方與四立方相加得七立方，多二平方與多三平方相加得多五平方，少三根與少五根相加得少八根，是爲七立方多五平方少八根，即得數也。

設如有二立方多四平方少三根多四真數，與六立方少二平方多五根少一真數相加。

二立方	⊥ 四平方	⊤ 三根	⊥ 四真數
六立方	⊤ 二平方	⊥ 五根	⊤ 一真數
八立方	⊥ 二平方	⊥ 二根	⊥ 三真數

天元式

代數式
二天³ ⊥ 四天² ⊤ 三天 ⊥ 四
六天³ ⊤ 二天² ⊥ 五天 ⊤ 一
八天³ ⊥ 二天² ⊥ 二天 ⊥ 三

法以二立方與六立方相加得八立方，多四平方與少二平方相加得多二平方，少三根與多五根相加得多二根，多四真數與少一真數相加得多三真數。是爲八立方多二平方多二根多三真數，即得數也。

設如有三立方多五根，與二平方少三根相加。

三立方	⊤ 〇平方	⊥ 五根
	二平方	⊤ 三根
三立方	⊥ 二平方	⊥ 二根

天元式

代數式
三天³ ⊥ 五天
二天² ⊤ 三天
三天³ ⊥ 二天² ⊥ 二天

法以三立方與二平方相加得三立方多二平方，多五根與少三根相加得多二根，是爲三立方多二平方多二根，即得數也。

借根方減法

設如有五平方多四根，內減一平方多一根。

五平方	⊥ 四根
一平方	⊥ 一根
四平方	⊥ 三根

天元式

代數式
五天² ⊥ 四天
天² ⊥ 天
四天² ⊥ 三天

法以五平方減一平方餘四平方，四根減一根餘三根，是爲四平方多三根，即得數也。

以數明之，以根爲二，一平方爲四。五平方爲二十，多四根爲多八，是二十多八共二十八。一平方爲四，多一根爲多二，是四多二共六。上二十內減下四餘一十六，即四平方之數。上八內減下二餘六，即三根之數。兩數相減，餘二十二，即一十六多六也。

設如有五立方少二平方，內減四立方少一平方。

五立方	⊤ 二平方
四立方	⊤ 一平方
一立方	⊤ 一平方

天元式

代數式
五天³ ⊤ 二天²
四天³ ⊤ 天²
天³ ⊤ 天²

法以五立方減四立方餘一立方，二平方減一平方餘一平方，是爲一立方少一平方，即得數也。

設如有五平方多二根，內減三平方多六根。

五平方 ⊥ 二根
三平方 ⊥ 六根
————
二平方 ⊤ 四根

天元式
○ || |||||
○ ⊥ |||
○ ||||̸ ||

代數式
五天^{二}⊥二天
三天^{二}⊥六天
二天^{二}⊤四天

法以五平方減三平方餘二平方，多二根減多六根餘少四根，是爲二平方少四根，即得數也。

設如有四平方少二根，內減一平方少三根。

四平方 ⊤ 二根
一平方 ⊤ 三根
————
三平方 ⊥ 一根

天元式
○ ||̸ ||||
○ |||̸ |
○ | |||

代數式
四天^{二}⊤二天
天^{一}⊤三天
三天^{二}⊥天

法以四平方減一平方餘三平方，少二根減少三根餘多一根，是爲三平方多一根，即得數也。

設如有四平方多三根，內減二平方少二根。

四平方 ⊥ 三根
二平方 ⊤ 二根
————
二平方 ⊥ 五根

天元式
○ ||| ||||
○ ||̸ ||
○ ||||| ||

代數式
四天^{二}⊥三天
二天^{二}⊤二天
二天^{二}⊥五天

法以四平方減二平方餘二平方，多三根減少二根餘多五根，是爲二平方多五根，即得數也。

設如有三平方少一根，內減一平方多二根。

三平方 ⊤ 一根
一平方 ⊥ 二根
————
二平方 ⊤ 三根

天元式
○ |̸ |||
○ || |
○ |||̸ ||

代數式
三天^{二}⊤天
天^{二}⊥二天
二天^{二}⊤三天

法以三平方減一平方餘二平方，少一根減多二根餘少三根，是爲二平方少三根，即得數也。

設如有五立方多四平方，內減三立方多二平方多四根。

五立方 ⊥ 四平方 ○
三立方 ⊥ 二平方 ⊥ 四根
————
二立方 ⊥ 二平方 ⊤ 四根

天元式
○ ○ |||| |||||
○ |||| || |||
○ ||||̸ || ||

代數式
五天^{三}⊥四天^{二}
三天^{三}⊥二天^{二}⊥四天
二天^{三}⊥二天^{二}⊤四天

法以五立方減三立方餘二立方，多四平方減多二平方再減多四根餘多二平方少四根。是爲二立方多二平方少四根，即得數也。

設如有三立方多二平方多四根少五真數，內減一立方多一平方多三根少六真數。

三立方 ⊥ 二平方 ⊥ 四根 ⊤ 五真數
一立方 ⊥ 一平方 ⊥ 三根 ⊤ 六真數
————
二立方 ⊥ 一平方 ⊥ 一根 ⊥ 一真數

天元式
|||||̸ |||| || |||
⊥̸ ||| | |
| | | ||

代數式
三天^{三}⊥二天^{二}⊥四天⊤五
天^{三}⊥天^{二}⊥三天⊤六
二天^{三}⊥天^{二}⊥天⊥一

法以三立方減一立方餘二立方，多二平方減多一平方餘多一平方，多四根減多三根餘多一根，少五真數減少六真數餘多一真數。是爲二立方多一平方多一根多一真數即得數也。

設如有三立方多二根，內減一平方少二根。

三立方　〇平方 ⊥ 二根
　　　　一平方 ⊤ 二根
———————————
三立方 ⊤ 一平方 ⊥ 四根

〇 ‖ 〇 Ⅲ　三天三⊥二天
天元式 〇 ⊀ 丨 〇 代數式 天二⊤二天
〇 Ⅲ ⊀ Ⅲ　三天三⊤天二⊥四天

法以三立方減一平方餘三立方少一平方，多二根減少二根餘多四根。是爲三立方少一平方多四根，即得數也。

借根方、天元定位表

前	真數 太	元根	平方	立方	三乘	四乘	五乘	六乘	七乘	八乘	九乘
後	〇	一	二	三	四	五	六	七	八	九	一〇

乘法，以真數乘根仍得根，蓋以〇乘一無可加也。以根乘根，即一與一相加得二，二爲平方。以根乘平方，即一與二相加得三，三爲立方。餘皆仿此。天元同。

除法，以真數除根仍得根，蓋以〇除一無可減也。以根除根，即一與一相減得〇，〇爲真數。以根除平方，即一與二相減得一，一爲根數。餘皆仿此。天元同。

借根方乘法

設如有四根多三真數，以二真數乘。

四根 ⊥ 三真數
　　　二真數
———————————
八根 ⊥ 六真數

法以二乘三得多六真數，以二乘四根得多八根。是爲八根多六真數，即得數也。

設如有二根多一真數，以一根多二真數乘。

二根 ⊥ 一真數
一根 ⊥ 二真數
———————————
四根 ⊥ 二真數
二平方 ⊥ 一根
———————————
二平方 ⊥ 五根 ⊥ 二真數

一十三

方	方	根
根	根	一
根	根	一

八

法以多二真數乘多一真數得多二真數，多與多乘爲多，凡首位皆爲多，數前無號者亦爲多。以多二真數乘二根得多四根。又以一根乘多一真數得多一根，以一根乘二根得二平方。併之爲二平方多五根多二真數，即得數也。

以數明之，以根爲六，則一平方爲三十六。上數二根爲一十二，多一真數共得一十三。下數一根爲六，多二真數共得八。相乘，所得七十二即二平方之數，所得三十即多五根之數，所得多二即二真數。蓋兩數相乘得一百〇四，即七十二多三十又多二也。

三平方 ⊥ 四根 〇真數
　　　三根 ⊥ 三真數
———————————
九平方 ⊥ 一二根 〇真數
九立方 ⊥ 一二平方 〇根
———————————
九立方 ⊥ 二一平方 ⊥ 一二根 〇真數

設如有三平方多四根，以三根多三真數乘。

法以多三真數乘空位仍爲空，以多三真數乘多四根得多一十二根，以多三真數乘三平方得多九平方。又以三根乘空位仍得空，以三根乘多四根得多一十二平方，以三根乘三平方得九立方。併之爲九立方多二十一平方多一十二根，即得數也。

九立方
九立方
一十二根
一十二平方

設如有三根少二真數，以二根多二真數乘。

法以多二真數乘少二真數得少四真數，多與少乘爲少。以多二真數乘三根得多六根。又以二根乘少二真數得少四根，以二根乘三根得六平方。併之爲六平方多二根少四真數，即得數也。

設如有一立方少三平方少二根，以二平方少三根乘。

法因真數位空補〇。以〇乘上層各位俱得〇。以少三根乘空真數仍得〇，以少三根乘少二根得多六平方，以少三根乘少三平方得多九立方，以少三根乘一立方得少三三乘方。又以二平方乘少二根得少四立方，以二平方乘少三平方得少六三乘方，以二平方乘一立方得二四乘方。併之爲二四乘方少九三乘方多五立方多六平方，即得數也。

三根 丅 二真數
二根 ⊥ 二真數
六根 丅 四真數
六平方 丅 四根
六平方 ⊥ 二根 丅 四真數

一立方 丅 三平方 丅 二根〇真數
二平方 丅 三根〇真數
〇 〇 〇 〇
丅 三三乘 ⊥ 九立方 ⊥ 六平方 ⊥ 〇
二四乘 丅 六三乘 丅 四立方 〇
二四乘 丅 九三乘 ⊥ 五立方 ⊥ 六平方 〇 〇

設如有二平方少三根多三真數，以三平方多三根少二真數乘。

二平方 丅 三根 ⊥ 三真數
三平方 ⊥ 三根 丅 二真數
丅 四平方 ⊥ 六根 丅 六真數
⊥ 六立方 丅 九平方 ⊥ 九根
六三乘 丅 九立方 ⊥ 九平方
六三乘 丅 三立方 丅 四平方 ⊥ 一五根 丅 六真數

三二 丅 一二 ⊥ 三
四八 ⊥ 一二 丅 二
丅 六四 ⊥ 二四 丅 六
⊥ 三八四 丅 一四四 ⊥ 三六
五三六 丅 五七六 ⊥ 一四四
五三六 丅 一九二 丅 六四 ⊥ 六〇 丅 六

法以少二真數乘多三真數得少六真數，以少二真數乘少三根得多六根，以少二真數乘二平方得少四平方。又以多三根乘多三真數得多九根，以多三根乘少三根得少九平方，以多三根乘二平方得多六立方。又以三平方乘多三真數得多九平方，以三平方乘少三根得少九立方，以三平方乘二平方得六三乘方。併之爲六三乘方少三立方少四平方多一十五根少六真數，即得數也。

以根爲四如上數。

借根方除法

設如有八立方多四平方多四根，以二真數除。

得 四立方 ⊥ 二平方 ⊥ 二根
法 二真數
實 八立方 ⊥ 四平方 ⊥ 四根
八立方
〇 ⊥ 四平方
⊥ 四立方
〇 ⊥ 四根
⊥ 四根
〇

得 二五六 ⊥ 三二 ⊥ 八
法 二
實 五一二 ⊥ 六四 ⊥ 一六
五一二
〇〇〇 ⊥ 六四
⊥ 六四
〇〇 ⊥ 一六
⊥ 一六
〇〇

法以二真數除八立方得四立方，以四立方乘二真數得八立方，減實恰盡，餘多四平方多四根。復以二真數除多四平方得多二平方，以多二平方乘二真數得多四平方，減實恰盡，餘多四根。又以二真數除多四根得多二根，以多二根乘二真數得多四根，減實恰盡無餘。是爲四立方多二平方多二根，即得數也。

以數明之，以根爲四，則一平方爲一十六，一立方爲六十四。實數八立方爲五百一十二，多四平方爲多六十四，多四根爲多一十六，共五百九十二。以二除之，所得二百五十六即四立方之數，所得多三十二即多二平方之數，所得多八即多二根之數。蓋五百九十二以二除之即二百五十六多三十二多八也。

設如有八立方多六平方多八根，以二根除。

法因真數位無數補〇。以二根除八立方得四平方，以四平方乘二根得八立方，減實恰盡，餘多六平方多八根。以二根除多六平方得多三根，以多三根乘二根得多六平方，減實恰盡，餘多八根。復以二根除多八根得多四真數，以多四真數乘二根得多八根，減實恰盡無餘。是爲四平方多三根多四真數，即得數也。

得			四平方	⊥	三根	⊥	四真數
法	二根		○真數				
實	八立方	⊥	六平方	⊥	八根		○真數
	八立方						
	○	⊥	六平方				
		⊥	六平方				
			○	⊥	八根		
				⊥	八根		
					○		

得					一平方	⊥	二根	⊥	三真數
法	二平方		○根		○真數				
實	二三乘	⊥	四立方	⊥	六平方		○根		○真數
	二三乘								
	○	⊥	四立方						
		⊥	四立方						
			○	⊥	六平方				
				⊥	六平方				
					○				

設如有二三乘方多四立方多六平方，以二平方除。

法以二平方除二三乘方得一平方，以一平方乘二三乘方得二三乘方，減實恰盡，餘多四立方多六平方。復以二平方除多四立方得多二根，以多二根乘二平方得多四立方，減實恰盡，餘多六平方。又以二平方除多六平方得多三真數，以多三真數乘二平方得多六平方，減實恰盡無餘。是爲一平方多二根多三真數，即得數也。

設如有四立方多一十四平方多一十二根，以二平方多三根除。

法以二平方多三根除四立方多一十四平方多一十二根得二根。以二根乘多三根得多六平方，以二根乘二平方得四立方，減實，立方適盡，餘多八平方多一十二根。復以二平方多三根除多八平方多一十二根，得多四真數。以多四真數乘多三根得多一十二根，以多四真數乘二平方得多八平方，減實適盡無餘。是爲二根多四真數，即得數也。

設如有九立方多一十八平方多一十七根多六真數，以三平方多四根多三真數除。

得					二根	⊥	四真數
法	二平方	⊥	三根		○真數		
實	四立方	⊥	一四平方	⊥	一二根		
	四立方	⊥	六平方				
	○	⊥	八平方	⊥	一二根		
		⊥	八平方	⊥	一二根		
			○		○		

得					三根	⊥	二真數
法	三平方	⊥	四根	⊥	三真數		
實	九立方	⊥	一八平方	⊥	一七根	⊥	六真數
	九立方	⊥	一二平方	⊥	九根		
	○	⊥	六平方	⊥	八根	⊥	六真數
		⊥	六平方	⊥	八根	⊥	六真數
			○		○		○

法以三平方多四根多三真數除九立方多一十八平方多一十七根，得三根。以三根乘多三真數得多九根，以三根乘多四根得多一十二平方，以三根乘三平方得九立方，減實，立方適盡，餘多六平方多八根多六真數。復以三平方多四根多三真數除之，得多二真數。以多二真數乘多三真數得多六真數，以多二真數乘多四根得多八根，以多二真數乘三平方得多六平方，減實適盡無餘。是爲三根多二真數，即得數也。

得					二根	⊤	二真數
法	二平方	⊤	四根	⊥	二真數		
實	四立方	⊤	一二平方	⊥	一二根	⊤	四真數
	四立方	⊤	八平方	⊥	四根		
	○	⊤	四平方	⊥	八根	⊤	四真數
		⊤	四平方	⊥	八根	⊤	四真數
			○		○		○

設如有四立方少一十二平方多一十二根少四真數，以二平方少四根多二真數除。

法以二平方少四根多二真數，除四立方少一十二平方多一十二根得二根。以二根乘多二真數得多四根，以二根乘少四根得少八平方，以二根乘二平方得四立方，減實，立方適盡，餘少四平方多八根少四真數。復以二平方少四根多二真數除之，得少二真數。以少二真數乘多二真數得少四真數，以少二真數乘少四根得多八根，以少二真數乘二平方得少四平方，減實適盡無餘。是爲二根少二真數，即得數也。

設如有六平方少五根少六真數，以二根少三真數除。

法以二根少三真數除六平方少五根，得三根。以三根乘少三真數得少九根，又以三根乘二根得六平方，減實，平方適盡，根之減數大於原數，轉減之，餘多四根少六真數。復以二根少三真數除之，得多二真數。以多二真數乘二根得多四根，以多二真數乘少三真數得少六真數，減實適盡無餘。是爲三根多二真數，即得數也。

得			三根	⊥	二真數
法	二根	⊤	三真數		
實	六平方	⊤	五根	⊤	六真數
	六平方	⊤	九根		
	○	⊥	四根	⊤	六真數
		⊥	四根	⊤	六真數
			○		○

設如有一十二三乘方少二十二立方多七平方多八根少六真數，以三平方少四根多二真數除。

得				四平方	⊤	二根	⊤	三真數
法	三平方	⊤	四根	⊥	二真數			
實	一二三乘	⊤	二二立方	⊥	七平方	⊥	八根	⊤	六真數
	一二三乘	⊤	一七立方	⊥	八平方			
	○	⊤	六立方	⊤	一平方	⊥	八根	
		⊤	六立方	⊥	八平方	⊤	四根	
		○	○	⊤	九平方	⊥	一二根	⊤	六真數
				⊤	九平方	⊥	一二根	⊤	六真數
				○		○		○

法以三平方少四根多二真數除一十二三乘方少二十二立方多七平方，得四平方。以四平方乘多二真數得多六平方，以四平方乘少四根得少一十六立方，以四平方乘三平方得一十二三乘方。減實，三乘方適盡，餘少六立方。原多七平方不能減八平方，轉減之，餘少一平方。復以三平方少四根多二真數除少六立方少一平方多八根，得少二根，以少二根乘多二真數得少四根，以少二根乘少四根得多八平方，以少二根乘三平方得少六立方。減實，立方適盡。原少一平方減多八平方，多少兩數不同，故反相加，得少九平方。因原數少，得數仍爲少。原多八根減少四根，多少兩數不同，故反相加，得多一十二根。因原數多，故得數仍爲多。仍少六真數。復以三平方少四根多二真數除少九平方多一十二根少六真數，以少三真數乘多二真數得少六真數，以少三真數乘少四根得多一十二根，以少三真數乘三平方得九平方，減實適盡無餘。是爲四平方少二根少三真數，即得數也。

天元算式元者，即借根方之根也。真數曰太極，省作太。虛數曰天元，省作元。元與太上下毘連，紀以太者，下則元也。紀以元者，上則太也。元之下爲平方，再下立方也，式如左。

○太　｜元　‖平方　|||立方　||||三乘　。餘類推，定位表見前。

天元正負

天元爲正，借根方爲多。天元爲負，省作、，借根方爲少。

天元加法

各齊其等，同名相加，正負仍之。異名相減，從其數大者之名。不同等者，或作無對，亦作無入。亦相加，正負仍之。

原	卌̸	⊥
加	卌̸	‖
得	⊥̸	⊥̳

同名相加，正負仍之。即借根方多與多加仍爲多，少與少加仍爲少，是也。

原	卌̸	⦵
加	≟	⊠̸
得	⊥	卌̸

異名相減，從其數大者之名。即借根方少與多加，多與少加，反相減爲所得數，少數大得數爲少，多數大得數爲多，是也。

原	⊤̸	○
加	○	｜
得	⊤̸	｜

不同等者，或作無對亦作無入。亦相加，正負仍之。

天元減法反其減式之正負而加之，即得。借根方代數俱同。

各齊其等，同名相減，原數大者正負仍之，減數大者正負反之。異名相加，正加負所得爲負，負加正所得爲正。無對者亦相加，原數之名仍之，減數之名反之。

原	⊤̸	⊥	卌̸	川
減	⊥̸	≡	卌̸	‖
餘	川	⊤̸	卌̸	‖

同名相減，原減數大者，正負仍反之。即借根方多與多減，少與少減，原數大於減數，減餘之多少仍之。減數大於原數，減餘之多少反之，是也。

丄〤〣　異名相加，負加正所得爲正，正加負所得爲負。

〦〣〥　即借根方少與多減，多與少減，反相加爲減餘數。原

原　減　餘　數多減餘爲多，原數少減餘爲少，是也。

〢〇〢

〥〇〥

〇〣〥　無對者亦相加，原數之名仍之，減數之名反之。

〇〸〡

原　減　餘

天元乘法

太乘太、太乘元、元乘太，其位仍之，太乘太，仍得太，太乘元、元乘太，仍得元。

元乘元〇，其位更之。

同名相乘，所得爲正。異名相乘，所得爲負。

設如以 太〤〡 自之。式如左。

即借根方一根少二真數自乘。

太太

〤〤〣

〡〡

〤〤

〡

〣

〦

借根方式　一平方丅四根丄四真數

同名相乘，所得爲正。異名相乘，所得爲負。乘畢，同加異減，併之。

設如以 元〦〤〡 與 元〤丄〡 相乘，式如左。

即借根方一平方少六根少三真數，以一平方多六根少二真數乘之。

借根方式　〇立方丅四一平方丅六根丄六真數

設如以 元〣〢 與 元〣〸 相乘。式如左。

即借根方一十二平方多二十四根，以少一根多一十三真數乘之。

〇〣〢

〣〸

〇〢〦

〇〤〣

借根方式　丅一二立方丄二三二平方丄三一二根〇

真數

天元除法

以太除者寄其分，以元除者升其位。同名相除，所得爲正。異名相除，所得爲負。

以太除者寄其分

如應以 〣 除 〤〡〇 得式與 〣〤〡 相加爲某數。若以 〣 除 〤〡〇 得 〤〡〇 必致寄零不盡，乃不除 〤〡〇 反以 〣 乘 〣〤〡 得 〢〤〣 與 〤〡〇 相加，得 〇〦〣 爲寄 〣 爲母之某數也。

以元除者升其位

如以天元除直積太爲句若股，升其位得直積太〇，是也。

若以 元〢 除 太〣〤 爲某數者，兼用二法得 太〣〤 爲寄 〢 爲母之某數也。

再申明之除法，惟以天元除者爲可除。設一天元式 太元〇〡 以除 〣〢 其式爲 太〣〢〇 猶之珠算一歸訣云，逢九進九、逢二進二之類是也。加再以天元除之則再升一位，其式爲 〣〢〇〇太 餘皆不受除。不受除者，不除此而乘彼也，即通分之法也。

凡相消，即方程直除也。求得一如積，又有一真積或同數，則以二行上下依次横列，改直爲横正負易辨。以下行如減法消爲一行，得商除式或開方式。

天元用法倣朱松庭先生法。

今有直田八畝五分五釐，只云長闊和得九十二步，問長闊各得幾何。

術曰：立天元一爲濶，〇丨 以除畝積通步以二百四十步乘八畝五分五釐，得二千〇五十二步，爲畝積通步。爲長，‖〇≡太 長濶相加爲和，‖〇丨 寄左。列長濶和九十二步，與寄左相消，得 ‖〇≡〤≡丨 爲開方式，平方開之得三十八步爲濶，以減和步餘爲長。合問。

相消式

‖〇≡	‖〇≡	‖〇≡	‖〇≡
〇太≡‖	〤≡	‖≡〇太	〤≡
丨〇	丨	〇丨	〤

無對者亦相加，原數之名仍之，減數之名反之。

正負開方法，此書未載。

四元　四元圖

　　人
丨太丨　即　物太天　在太下者爲天元，左者爲地元，右者爲人元，上者爲物元。
　丨　　　　　地

四元自乘爲冪之圖

丨　　　　二人
‖〇‖　人物人　天人
丨〇太〇丨　即　二地人　物物太天　二天
‖〇‖　地物地　天地
丨　　二地

天元自乘累而下，物元自乘累而上，地元自乘累而左，人元自乘累而右，兩元相乘居於橫直相當之所。惟天物相乘、地人相乘無位可居，寄在夾縫中。圖中小點謂之指數，二點者指平方也，設有三點即指立方。

四元之加減除三法，悉同天元。惟相乘自乘法，較天元則加繁。

四元自乘法

如 丨太丨 自乘。先以中行丨太丨乘之，得 丨〇太〇丨 次以左行乘之，得 〇太〇 丨〇丨 次以右行乘之，得 丨〇丨 〇太〇 三次相併爲乘得數。

丨
‖〇‖
丨〇太〇丨
‖〇‖
丨

凡三元相乘則有一夾縫，四元相乘則有兩夾縫。要皆以太極爲進退之主宰，餘仿此。

相乘法凡乘每行之數，其法一如天元。

設甲式 太‖〤 丨〤 ‖ 設乙式 太〤〤 ‖‖〤 〤丨 先以甲式右行 太‖〤 乘乙式，得(右)式 太〇〤〇⊥ 〇≡〤〤‖ 〇〤≡〤 次以甲式中行 丨〤 乘乙式得(左)式 〇〤〤 ≡〤≡〤 〤‖ 再次以甲式左行‖乘乙式得(左)式 ≡≡〤 〤‖ 以所乘之三次相併爲乘得數。

〇〤≡⊤ ≡〤〤‖ 〤≡〤
太〇〤〇⊤ 〇≡〤〇‖ ≡〤〤 ⊤⊤〤 〤‖

此太在右，則遞進一行，皆自右而左。如太在左，則遞退一行，又皆自左而右。

自乘法

設甲式 太‖〤 丨〤 ‖ 自乘。先以甲式右行 太‖〤 乘甲式，得(左)式 〇‖〤≡ 丨〤≡ ‖〤 次以甲式中行 丨〤 乘甲式，得(左)式

太〇≡〤≡
〇‖〤≡
〇≡〤

再次以甲式左行 〢 乘甲式，得(左)式 〇〣〨 〢〨 〣 以所乘之三次相併，爲

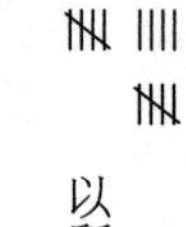

太〇〣〧〣
〇〣〤〣
〡〣〨
〣〧
〣

乘得之數，如(左)式

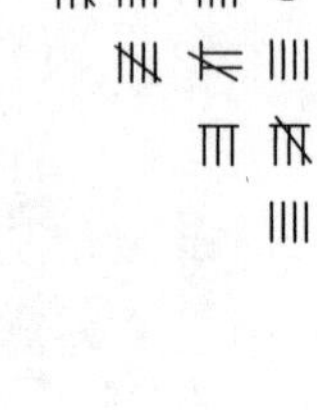

消法

同數相消。此法先齊太位，挨次用減法消之，即得。

齊同相消。此法不齊太位，只齊欲消去之行，或齊欲消去之位，亦挨次消之。其兩式中欲消去之數，同減異加。

剔消。此法截一式爲二式，各自之齊其太位，相減得式再與他式相消。

消夾縫。此式有夾縫數，彼式無夾縫數，視其夾縫數。如爲天物相乘，或用天元或用物元，乘彼式而消此式，或除此式而消彼式，其或乘或除而有兩夾縫者，則一消再消之，地人相乘者仿此。

設甲式 〢〤〤〣太〇 〇〇〢 〧 〇〢 設乙式 〦〇〇太〣 〤 〣 以倍人元太〢乘

乙式得 〨〇〇〇 太〇 〦 消甲式得 〣〇〇〇〨 〢〤〤〣太〇 〇〢 〧

此因甲式之夾縫六正在左上，乃地人相乘所得，故以人元乘乙式，使乙式亦有地人相乘之夾縫數。又因一爲六正一爲三正，其數不同，故倍人元以齊同相消，則消得之式無夾縫矣。餘可類推。

易位

常以求天元爲主，取其勢便而得開方式爲直下式也。若求他元，則令其元居天之位，而以天元居其元之位，爲易法也。

左右兩行對列相乘

以左右二式爲左右行，以左之右、右之左爲内兩行，以左之左、右之右爲外兩行。内兩行相乘得式，外兩行相乘得式，二得式相消爲開方式。

代數加法

同式同號。將各元之係數相加，而號及元字不變。即天元同名相加，正負仍之，是也。

如 二甲丙、五甲丙、八甲丙、甲丙 相加，得 一六甲丙 如 丅乙天、丅四乙天、丅二乙天、丅五乙天 相加，得 丅一二乙天

同式異號。將各元之係數正負各自相併爲二式，復以二式相減，如正式大所得之式爲正，負式大所得之式爲負，元字不變，即天元異名相減從其數大者之名，是也。

如 丄丙地、丅二丙地、丅三丙地、丄八丙地 正式相加爲 丄九丙地 負式相加爲 丅五丙地 二式相減，爲 四丙地

式號俱異。將各式以加號連之，式號俱不變。

如 二甲、三乙、丅四丙 相加，得 二甲丄三乙丅四丙 如 甲天丄二甲地、乙乙丅三乙人 相加，得 甲天丄二甲地丄乙乙丅三乙人

代數減法

有一公法，其法曰：反其減式之正負而加之，即得。

如 五甲丅一二乙 以 二甲丅五乙 減之，得 三甲丅七乙 即天元同名相減，原數大者正負仍之，是也。

如 六天丅八地丄三 以 二天丄九地丅二 減之，得 四天丅一七地丄五 即天元異名相加，正加負所得爲負，負加正所得爲正，是也。

如 五天地丅二丄八天丅地 以 三天地丅八丅八天丅二地 減之，得 二天地丄六丄一 丅六天丄地

如 甲甲丅甲天丅地地 以 乙乙丅乙地丄天天 減之，得 甲甲 丅甲天丅地地丅乙乙丄乙地丅天天

代數乘法

同名相乘，所得爲正。異名相乘，所得爲負。

同天元乘法，亦即借根方多與多乘、少與少乘所得爲多，多與少乘、少與多乘所得爲少，是也。

如 丄×丄=丄、丅×丅=丄、丄×丅=丅、丅×丄=丅

獨項與獨項相乘。先以兩式之號相乘，定其正負。乃以兩式中之倍數相乘，記於正負號之右。又以兩式中之元，並書於其右，即得。

如 丄甲
丄丙
丄甲丙 ，如 丄五甲
丅四乙
丅二〇甲乙 ，如 丅三甲天
丄七甲乙
丅二一甲甲乙天 ，如 丅二甲乙
丅三丙人
丄六甲乙丙人 。

獨項乘多項。以法數遍乘實數之各項。

如 甲丄二乙丄天
丙
甲丙丄二乙丙丄丙天 即 丙(甲丄二乙丄天) 如 甲丄三乙丅二丙
丅三甲乙
丅三甲^{二}乙丅九甲乙^{二}丄六甲乙丙 即 丅三甲乙(甲丄三乙丅二丙)

多項乘多項。以法數之各項乘實數之各項，後將各項所得之合數依加法併之，即得。

如 二甲丄三乙
甲丄乙
二甲^{二}丄三甲乙
二甲乙丄三乙^{二}
二甲^{二}丄五甲乙丄三乙^{二} 如 二甲丄五丙
甲丅丙
二甲^{二}丄五甲丙
丅二甲丙丅五丙^{二}
二甲^{二}丄三甲丙丅五丙^{二}

若有式 (甲丄乙)(甲丄乙) 自乘之意也。按例乘之得 甲^{二}丄二甲乙丄乙^{二}

以數明之，如甲作一十，乙作二，自乘得一百四十四。其甲^{二}爲一百，其二甲乙爲四十，其乙^{二}爲四。

此等正項式要自乘，不必挨位遞乘，只記數語，即第一項之方，加第一與第二相乘之二倍，加第二項之方。

若有負項式，如 (甲丅乙)^{二} 按例乘之，得合數 甲^{二}丅二甲乙丄乙^{二}

此等負項式，亦有數語，即第一項之方，減第一與第二相乘之二倍，加第二項之方。

代數除法

號之改變與乘法同，同名相除所得爲正，異名相除所得爲負。

如 丄÷丄=丄、丅÷丅=丄、丄÷丅=丅、丅÷丄=丅

獨項相除。實之每項均爲法所可約者，先以法之號約其實之號，定其正負。次以法之倍數約其實中之每項之倍數，又去其與法相同之元，即爲約得之式。

如 一二甲乙丙 以 三甲丙 約之，則作 三甲丙
一二甲乙丙 以法之倍數三，約其實之倍數 一二 爲四，而又可去法實相同之元 甲丙 則式中僅有乙元，故其約得之式爲 四乙

獨項除多項。如 一六甲^{三}天地丅二八甲^{二}天人^{二}丄四甲^{二}天^{三} 以 四甲^{二}天 約之，則作 四甲^{二}天
一六甲^{三}天地丅二八甲^{二}天人^{二}丄四甲^{二}天^{三} 約得之式爲 四甲地丅七人^{二}丄天^{二}

同類乘方式相除。以法之指數減實之指數，即得。

如甲^{五}，以甲^{三}約之，得 甲^{五丅三} 即甲^{二}。

多項相除。將實數元字指數之大者依次排列，次將法數書於實數之左，以) 隔之，右邊亦作 (爲書得數之處。觀實數之首項能包括法數幾倍，即書爲得數之首項。以此項乘法數之各項，所得書於實數下，減去。復將餘數續書於下，又除如此，直除至盡。

如 甲丄天)甲^{二}丄二甲天丄天^{二}(甲丄天
甲^{二}丄甲天
甲天丄天^{二}
甲天丄天^{二}
〇 〇 解曰：甲除甲得甲，將甲書爲得數之首項，以甲乘全法得 甲^{二}丄甲天 書於實數之下，相減餘 甲天丄天^{二} 又以甲除 甲天 得天，將天書爲得數之二項，以天乘全法，得 甲天丄天^{二} 書於實數之下，相減適盡，得 甲丄天 爲約得之多項式。

若法爲獨項式，而與實之式不同類者，則書其法於實之上，中作橫線以界

之，以法爲分母，實爲分子。

如　三甲乙^{三}　以　二寅乙丙　約之，則作　$\frac{二寅乙丙}{三甲乙^{三}}$

若遇以法除實任求至多項終不能盡，則有二法以記之。

一，可於其右作…之號，以明其後之各項，可類推而知。

一，命其不盡之式爲分子，以原法爲分母，作約得式之末項。

一丅天）一（一丄天丄天^{二}丄天^{三}…

如　
一丅天
丄天
丄天丅天^{二}
丄天^{二}
丄天^{二}丅天^{三}
丄天^{三}
　既得　一丄天丄天^{二}　而餘實爲　天^{三}

則其約得之式可作　一丄天丄天^{二}丄…　亦可作　一丄天丄天^{二}丄$\frac{一丅天}{天^{三}}$

筆算、代數通分納子舉此以見諸術同理，其餘可推。

有整數而帶零分者，則必通之以從其類，此即化整爲零之法也。法將帶分中之整數以分數之母乘之，與其分子相加代數有加有減。爲所得之分子，以其分母爲公分母，即得。

設如有整數二丈又五分丈之四，通爲零分。

法以整數二丈用分母五乘之，通爲一十分，加入分子四得一十四，即定爲五分丈之一十四。

如　天丄$\frac{甲}{天^{二}}$　化之爲全分數式，則依法得　$\frac{甲}{甲天丄天^{二}}$

如　一丄甲丄$\frac{乙}{甲^{二}}$　化之爲全分數式，則依法得　$\frac{乙}{乙丄甲乙丄甲^{二}}$

如　天丅$\frac{天}{甲^{二}丅天^{二}}$　化之爲全分數式，則依法得　$\frac{天}{天^{二}丅甲^{二}丄天^{二}}$　即　$\frac{天}{二天^{二}丅甲^{二}}$

如　甲丅天丄$\frac{甲丄天}{天^{二}}$　化之爲全分數式，則依法得

$\frac{甲丄天}{(甲丄天)(甲丅天)丄天^{二}}$　即　$\frac{甲丄天}{甲^{二}}$

筆算、代數收零作整

以分母約其分子得整數，如有餘則爲所帶之分子，而以原分母爲其所帶之分母。

設如有四分之一十，則滿法數收零作整，得二又四分之二。

如　$\frac{甲}{甲^{二}丄乙天}$　化爲整數或帶分式，則依法得　甲丄$\frac{甲}{乙天}$

如　$\frac{地}{五甲地丄甲乙丄地}$　化爲整數或帶分式，則依法得　五甲丄一丄$\frac{地}{甲乙}$

如　$\frac{天丅地}{天^{二}丅地^{二}}$　依法化之，得　天丄地　此爲整數式。

筆算、代數齊同通分

以各分母連乘爲公分母，以各分子與他分母連乘爲各分子。

設如有二分之一與三分之二與五分之三，化爲三箇同母之分數。

法以分母二與三與五連乘，得三十爲公分母。以本分子一與他分母三與五連乘得一十五，以本分子二連乘他分母二與五得二十，以本分子三連乘他分母二與三得一十八，即得所求之三箇分數，爲三十分之一十五，爲三十分之二十，爲三十分之一十八。

如　$\frac{乙}{甲}$、$\frac{丁}{丙}$、$\frac{己}{戊}$　化此三項爲同母之分數，則依法得

乙×丁×己＝乙丁己＝公分母

甲×丁×己＝甲丁己、丙×乙×己＝丙乙己、戊×乙×丁＝戊乙丁各分子

由此可見　$\frac{乙}{甲}=\frac{乙丁己}{甲丁己}$、$\frac{丁}{丙}=\frac{乙丁己}{丙乙己}$、$\frac{己}{戊}=\frac{乙丁己}{戊乙丁}$

其各項新分數俱爲同母，而其值仍與原值相當。值者，原式所代之數也，亦各相當數。

如　$\frac{甲丅天}{甲天}$、$\frac{甲丄天}{甲^{二}丅天^{二}}$　化之使同母，則依法　（甲丅天）（甲丄天）＝

$甲^{二}丅天^{二}＝母$　$甲天(甲\perp天)＝甲^{二}天\perp甲天^{二}＝子$、$甲^{二}丅天^{二}(甲丅天)＝甲^{三}丅甲^{二}天丅甲天^{二}\perp天^{三}＝子$　由此得 $\frac{甲丅天}{甲天}=\frac{甲^{二}丅天^{二}}{甲^{二}天\perp甲天^{二}}$、$\frac{甲\perp天}{甲^{二}丅天^{二}}=\frac{甲^{二}丅天^{二}}{甲^{三}丅甲^{二}天丅甲天^{二}\perp天^{三}}$

筆算、代數各分數相加減

分母同者，將其分子相加減爲分子，以原分母爲分母。

設如有七分之二，與七分之三相加減。

法以二與三相加得五，即爲七分之五，以二與三相減得一，即爲七分之一。

分母不同者，將各分數同前法化爲同母之新分母，將其數如所欲加欲減之常法加減之，而以新分母爲分母，即得。

設如有三分之二，以二分之一加減之。

法用互乘法，化爲六分之三與六分之四，則三與四相加得七，爲六分之七，即一又六分之一。以三與四相減得一，即爲六分之一。

子母數有數種相加相減者，其分母分子俱不同，用互乘法三種者，以第一數與第二數互乘，相加相減。又與第三數互乘，相加相減，餘類推。

代數用齊同通分法，然後將分子相加相減。

如 $\frac{乙}{甲}$、$\frac{丁}{丙}$、$\frac{己}{戊}$，以此三項分數相加，則依法得 $\frac{乙}{甲}=\frac{乙丁己}{甲丁己}$、$\frac{丁}{丙}=\frac{乙丁己}{乙丙己}$、$\frac{己}{戊}=\frac{乙丁己}{乙丁戊}$　由此得 $\frac{乙}{甲}\perp\frac{丁}{丙}\perp\frac{己}{戊}=\frac{乙丁己}{甲丁己\perp乙丙己\perp乙丁戊}$　即所求之式也。

如 $\frac{三}{天\perp二}$、$\frac{四}{天}$、$\frac{二}{天丅五}$　以此三項相加，則依法得 $\frac{三}{天\perp二}\perp\frac{四}{天}\perp\frac{二}{天丅五}=\frac{二四}{八天\perp一六\perp六天\perp一二天丅六〇}=\frac{一二}{一三天丅二二}$ 即所求之式也。

如 $\frac{甲}{甲\perp天}$ 以 $\frac{甲\perp天}{甲}$ 減之，則依法得 $\frac{甲}{甲\perp天}=\frac{甲^{二}\perp甲天}{甲^{二}\perp二甲天\perp天^{二}}$ 及 $\frac{甲\perp天}{甲}=\frac{甲^{二}\perp甲天}{甲^{二}}$　由此得 $\frac{甲}{甲\perp天}丅\frac{甲\perp天}{甲}=\frac{甲^{二}\perp甲天}{二甲天\perp天^{二}}$ 即所求之式也。

筆算、代數各分數相乘

兩分母兩分子各相乘，所得之數即乘出之分也。

設如有三分之二與五分之四相乘。

法以兩分母三與五相乘得一十五，又以兩分子二與四相乘得八，即定爲一十五分之八。

如 $\frac{甲}{乙}$ 與 $\frac{丙}{丁}$ 相乘，則依法，$甲\times丙$ 得 甲丙爲所求之分母，$乙\times丁$ 得 乙丁 爲所求之分子，得式爲 $\frac{甲丙}{乙丁}$

如 $\frac{丙}{甲\perp乙}$ 與 $\frac{丁}{甲丅乙}$ 相乘，則依法，$丙\times丁$ 得 丙丁 爲所求之分母，$(甲\perp乙)(甲丅乙)$ 得 $甲^{二}丅乙^{二}$ 爲所求之分子，得式爲 $\frac{丙丁}{甲^{二}丅乙^{二}}$

若以分數與整數相乘者，分子乘整數而以分母除之，或以整數作分子而以一爲分母，如分數相乘之法乘之。

設如有五人，每人得銀四分兩之二，總數幾何。

法以分子二乘五得一十，以分母四除之，得二兩五錢，即乘出之數也。或以五作分子，以一爲分母，四與一相乘仍得四，二與五相乘得一十，即定爲四分之一十，滿母數收零作整，得二又四分之二。

如甲⊥天 與 $\frac{丙}{三丁}$ 相乘，即作 $\frac{一}{甲\perp天}\times\frac{丙}{三丁}$ 得 $\frac{丙}{三甲丁\perp三丁天}$

整數帶分數與分數相乘而分母相同者，先將整數通爲零分相乘得數，以分母自乘之數除之，即得。

代數則用通分納子法，化作全爲分數式，而後如本法乘之。

設如有整數二丈又五分丈之四，與零分五分丈之三相乘。

法以整數二丈用分母五，通爲一十，加入分子四得一十四，與零分分子三相

乘得四十二，以分母五自乘之，二十五除之，得一百六十八尺。

分母不同者，則用互乘法齊其數，以新分母化整爲零，加入分子，相乘得數以新分母自乘之數除之，即得。

設如有二丈又三分丈之二，與二分丈之一相乘。

法以分母三與二相乘得六爲新分母，以前分母三乘後分子一得三爲新後分子，以後分母二乘前分子二得四爲新前分子。乃以新分母六通二丈得一十二，加入新前分子四得一十六，以一十六與新後分子三相乘得四十八，以新分母六自乘之，三十六除之，得一百三十三尺又三十六分尺之一十二，約爲三分尺之一。

如 $乙\perp\frac{甲}{乙天}$ 與 $\frac{天}{甲}$ 相乘，則 $\frac{甲}{甲乙\perp乙天}\times\frac{天}{甲}$
$=\frac{甲天}{甲^{二}乙\perp甲乙天}=\frac{天}{甲乙\perp乙天}$

以數明之，甲作二，乙作四，天作八。

如 $四\perp\frac{二}{四\times八}$ 與 $\frac{八}{二}$ 相乘，則 $\frac{二}{二\times四\perp四\times八}\times\frac{八}{二}=$
$\frac{二\times八}{四\times四\perp二\times四\times八}=\frac{八}{二\times四\perp四\times八}$

筆算，代數各分數相除

以法之分母與實之分子相乘爲所求之分子，以法之分子與實之分母相乘爲所求之分母，或將其法之母子上下倒置，而如乘法乘之，亦可此互乘代除法也。如無奇零不盡，則將兩分母兩分子各自除之，亦同。

設如有九分丈之二，以三分丈之一除之。

法以法分母三乘實分子二得六爲所求之分子，以法分子一乘實分母九得九爲所求之分母，即定爲九分丈之六，約爲三分丈之二。

或以法分母三除實分母九，得三爲所求之分母，以法分子一除實分子二，仍得二爲所求之分子，即定爲三分丈之二。

如 $\frac{乙}{甲}$ 以 $\frac{丁}{丙}$ 除之，則依法作 $\frac{丁}{丙})\frac{乙}{甲}(\frac{乙丙}{甲丁}$ 即 $\frac{乙}{甲}\times\frac{丙}{丁}=\frac{乙丙}{甲丁}$ 。

如 $\frac{二天}{甲^{二}\perp甲乙}$ 以 $\frac{甲丅乙}{三甲^{二}}$ 約之，則依法作 $\frac{甲丅乙}{三甲^{二}})\frac{二天}{甲^{二}\perp甲乙}$

$(\frac{六甲^{二}天}{甲^{三}丅甲乙^{二}}$ 得 $\frac{六甲天}{甲^{二}丅乙^{二}}$ 爲所求式。

若法與實有一數爲整數者，則變之。以整數作分子，而以一爲其分母，然後如本法入之。

若法與實或爲帶分者，可如化整爲零之法化之，則其法實均爲分數之式，即依本法求其約得之數。

清・周毓英《代數引蒙》

代數加法

凡代數之加法，有式有號，且可分爲同式同號、同式異號及式號俱異三種。

一，如同式同號之代數，法將各元之倍數相加，而式及號不變。即天元之同名相加，正負仍之也。

如 ⊥二甲、⊥七甲、⊥甲、⊥一三甲 諸式相加得 ⊥二三甲

如 ⊥四乙、⊥乙、⊥三乙、⊥七乙 諸式相加得 ⊥一五乙

如 ⊥二甲天、⊥三甲天、⊥五甲天、⊥甲天 諸式相加得 ⊥一一甲天

此即同名相加，正者正之也。

如 丅一三甲乙、丅三甲乙、丅五甲乙、丅八甲乙 諸式相加得 丅二九甲乙

如 丅三丙丁、丅三丙丁、丅四丙丁、丅五丙丁 諸式相加得 丅一五丙丁

如 丅二辰地、丅辰地、丅七辰地、丅六辰地 諸式相加得 丅一六辰地

此即同名相加，負者負之也。

二，如同式異號之代數，法將其各元之倍數正負各自相併，復以併得之正負數相減，餘列位。如正數大則記其號爲正，如負數大則記其號爲負。即天元之異名相減，從其數大者之名也。而其元不變。

如 ⊥七甲乙丙丁、丅一二甲乙丙丁、丅g甲乙丙丁、⊥一八甲乙丙丁 諸式相加，則先以各正式相併，得 ⊥二五甲乙丙丁 又以各負式相併，得 丅一三甲乙丙丁 再以所得之兩式相較，得 一二甲乙丙丁 緣正數大於負數，故其加得之式爲 ⊥一二甲乙丙丁

如　丄三甲天丄四乙地丄一六四、丅三甲天丄六乙地丄三六一、丄八甲天丅一四乙地丅四四一、丄甲天丅二乙地丅一四四　諸式相加，則先以各正項相併，得　丄一二甲天丄一〇乙地丄五二五　又以各負項相併，得　丅三甲天丅一六乙地丅五八五　乃以併得式相較，得　丄七甲天丅六乙地丅六〇

如　丄二甲甲丅五甲天丄二天天、丄甲甲丅二甲天丄天天、丅五甲甲丄六甲天丅六天天、丄六甲甲丄甲天丅一六天天　諸式相加，則先以各正項相併，得　丄九甲甲丄七甲天丄三天天　又以各負項相併，得　丅五甲甲丅七甲天丅二二天天　乃以併得式相較，得　丄四甲甲丅一九天天　即　四甲^{二}丅一九天^{二}

如　丄甲甲丄二甲天丄一甲人丄天天丄二人、丅甲甲丄六甲天丄三甲人丅天天丅二人、丅二甲甲丅甲天丅二甲人丅二天天丅人、丄甲甲丅二甲天丅二甲人丄天天丅二人　諸式相加，得　丅甲甲丄五甲天丄甲人丅天天丅三人　即　丅甲^{二}丄五甲天丄甲人丅天^{二}丄三人

如　丄二辰物丅辰辰丅四、丅六辰物丅三辰辰丅五、丄七辰物丅二辰辰丄七、丅三辰物丄四辰辰丄二　諸式相加，得　丅二辰辰　即　丅二辰^{二}

如　丄丑丑丄二丑人丄三丑丑人丄二人、丄二丑丑丅丑人丄二丑丑人丄二人、丅三丑丑丄二丑人丅五丑丑人丅三人　諸式相加，得　三丑人(丅)[丄]人

如　丅四甲乙丙丁、丄甲乙丙丁、丅三甲乙丙丁、丄六甲乙丙丁　諸式相加，得〇。

三，如式號俱異之代數，法以諸式任意連書之，其式號俱不變。即天元之無對亦加正負仍之之意。

如　丄二戊、丄三己、丄四辛、丅五庚　相加得　二戊丄三己丄四辛丅五庚　如　戊天丄己地、二庚人丅辛物　相加得　戊天丄己地(丅)[丄]二庚人丅辛物

如　丄六子、丅七丑、丄八寅、丄九卯　相加得　六子丅七丑丅八寅丄九卯　如　丅二子天、天天丅二子子天　相加得　丅二子天丄天天丅二子子天

如　二甲乙、三、丅四丙、丄五丁　相加得　二甲丄三乙丅四丙丄五丁　如　甲天丄二甲地、乙乙丅三乙人　相加得　甲天丄二甲地丄乙乙丅三乙人

代數減法

凡代數之減法，大旨與天元同，亦即同減異加之意。但在代數式中尤加簡捷，祇須反其減式之正負而加之，即得。

如　五甲丅一二天　以　三甲丅五天　減之，得　二甲丅七天　如　六人丅八物丄三三七　以　二人丄九物丅二九二　減之，得　四人丅一七物丄六二九

如　五天地丅二丄八天丅二地　以　三天地丅八丅八天丅五地　減之，得　二天地丄六丄一六天丄三地　如　甲甲丅甲天　以　乙乙丅乙地　減之，得　甲甲丅甲天丅乙乙丄乙地

減法反號之理，試以說明之。

設有　甲丄乙　欲於其中減去　二戊丅三己　假如先以　二戊　減之，則其式爲　甲丄乙丅二戊　然若既減去　二戊　再減去　三己　則所得之數必比僅減去　二戊　之數小。而今所欲得之數應比僅減去　二戊　之數大，其所大之數必等於　三己　可見，其應得之數其式必爲　甲丄乙丅二戊丄三己　則反號相加之理自易明矣。

代數乘法

凡代數之乘法，有一定號之公法。其法曰：同號之數相乘，其乘得之數爲正；異號之數相乘，其乘得之數爲負。

凡代數之乘法，可分爲二種：一，獨項與獨項相乘；一，獨項與多項相乘或多項與多項相乘。

一，乘獨項式之法，先以定號公法定其正負，乃以兩式中之倍數相乘爲所得之倍數，記於正負號之右，再以兩獨項式所有之元並書於其右，即得。

設如　丄甲　以　丄丙　乘之，式如下：

實丄甲　法丄丙
丄甲丙
得丄甲丙

定號法視法實二位均係正數，則所得之式仍係正數。此即同號之數相乘也，故其所得式爲正。

設如　丅壬　以　丅癸　乘之，式如下：

實丅壬　法丅癸
丄壬癸
得丄壬癸

定號法視法實二位均係負數，此亦同號之數相乘也，故其所得之式亦係正數。

設如 丅二二甲天地 以 丄二乙人物 乘之，式如下：

實 丅二二甲天地　　法 丄二乙人物

丅四四甲乙天地人物

得 丅四四甲乙天地人物

定號法視法實二位係一負一正，此即異號之數相乘，其乘得之數爲負。

設如 丄五戊 以 丅四己 乘之，式如下：

實 丄五戊　　法 丅四己

丅二〇戊己

得 丅二〇戊己

定號法視法實二位係一正一負，亦屬異號之數相乘，故其乘得之式仍係負數。

二，乘多項之式，法以法之每項各與實之每項，如獨項相乘之法一一徧乘之，定號法亦依獨項式類推，下不贅及。乘訖併之，即得。

設如 四子丅二丑丄丙 以 三子 乘之，式如下：

實 四子丅二丑丄丙　　法 三子

丄一二子子	丅六子丑	丄三子丙

得 丄一二子子丅六子丑丄三子丙

設如 二天丄二地 以 天丅二地 乘之之式如下：

實 二天丄二地　　法 天丅二地

二天天	丄二天地
丅四天地	丅四地地

得 二天天丅二天地丅四地地

凡乘訖後併之之法有一要訣，惟準加法之理：同名相併，異名相消，正負一從其數之大者。凡代數相乘之式，另有各種記號。而茲及上數條單用鋪地錦乘者，取其有方格，以便定同加異減也。總之，某數與某數相乘，祗須認定正負及同加異減之義，無論何式皆得所求之數。

如前式 二天丄二地 以 天丅二地 乘之，或先以天乘 二天丄二地 得 二天天丄二天地 再以 丅二地 乘 二天丄二地 得 丅四天地丅四地地 相併得 二天天丅二天地丅四地地 亦得所求之式。 二天天 及 丅四地地 仍之， 丄二天地 與 丅四天地 ，即異名相減，得 丅二天地 三式，相併即成此數。

如 子子丅子丑丄丑丑 以 子丄丑 乘之，則先以子乘之，得 子子子丅子子丑丄子丑丑 後以丑乘之，得 子子丑丅子丑丑丄丑丑丑 併之，得 子子子丄丑丑丑 爲所求之式。

如 甲丅乙丄丙 以 甲丄乙丅丙 乘之，則得 甲甲丅甲乙丄甲丙 及 丄甲乙丅乙乙丄乙丙 及 丅甲丙丄乙丙丅丙丙 乃以此三式相併，得 甲甲丅乙乙丄二乙丙丅丙丙 爲所求之相乘式。

多項相乘之理以說明之。

設有 辛丅壬 欲以 癸丅甲 乘之，因乘法之意恒爲倍其數至若干次，所以若用 癸丅甲 乘 辛丅壬 必倍其 辛丅壬 至 癸丅甲 之次數，即爲乘得之數。然若以 辛丅壬 倍至癸次，則所得之數必太多，其所多之數必爲 辛丅壬 倍至甲次之數。惟準加法之理：倍其 辛丅壬 至癸次，則爲 辛癸丅壬癸 若倍其 辛丅壬 至甲次，則爲 辛甲丅壬甲 所以必以 辛甲丅壬甲 與 辛癸丅壬癸 相較，乃可得其相乘之數。而準減法之理：其較數之式，必爲 辛癸丅壬癸丅辛甲丄壬甲 所以 辛丅壬 與 癸丅甲 相乘之式，亦必爲 辛癸丅壬癸丅辛甲丄壬甲 則乘法定號之理自易明矣。

凡將幾何之式相乘，則其乘得之式必合其各幾何之元數。

如甲、乙、丙三式，俱爲 甲乙丙 式之乘數。

如 甲丄天 及 乙丅天 俱爲 (甲丄天)(乙丅天) 之乘數。

若任以一式自相乘至任何次，則其乘得之式爲原式之若干乘方，而其原式爲方根。

如 甲甲 甲甲甲 甲甲甲甲 甲甲甲甲甲 ，俱爲甲元之乘方式。惟有時因並寫多字殊覺不便，故用省字之法但書其一，而記其字數於本元之右角上，此數謂之指數，亦謂之方指數。

如甲爲方根，則 甲甲 可作甲^{二}， 甲甲甲 可作甲^{三}， 甲甲甲甲 可作甲^{四}， 甲甲甲甲甲 可作甲^{五}，餘依此類推。

凡兩箇本式相乘之式，謂之平方式。三箇本式相乘之式，謂之立方式。任幾箇本式相乘之式，謂之幾方式。

凡平方之指數二，立方之指數三，至三乘方指數四，其四乘方之指數五，以後多一乘方則加一指數。

如甲^{二}爲甲之平方式，亦謂之甲之二方式。

如甲^{三}爲甲之立方式，亦謂之甲之三方式。

推之，甲^{四}爲甲之四方式，即三乘方。甲^{五}爲甲之五方式，即四乘方。甲^{卯}爲甲之卯方式。

準指數及乘法之理，知凡以同根異方之式相乘，只須以兩式之指數相併即得。

如　天×天^{三}　即天^{四}，如　天^{三}×天^{四}　即天^{七}，如　甲^{二}×甲^{三}　即甲^{五}，如　乙^{二}×乙　即乙^{三}，如　甲^{寅}×甲^{卯}　即　甲^{寅上卯}　其公式爲　天×天^{三}＝天^{四}、天^{三}×天^{四}＝天^{七}、甲^{二}×甲^{三}＝甲^{五}、乙^{二}×乙＝乙^{三}、甲^{寅}×甲^{卯}＝甲^{寅上卯}

代數除法

凡代數之除法，有一變號之公法。其法曰：同號之數相除，其除得之數爲正。異號之數相除，其除得之數爲負。

欲明除法變號之理，以乘法之定號互觀之，其理易明。蓋不過欲其所得之數與法相乘，仍與原實之正負相同也。

凡記代數除約之式，每書其法於實之上，而法實之間作一橫線以界之，但此不過渾言以此式約彼式耳。若欲詳其約得之式，則有三例以明之。

一，若法爲獨項式，而實之每項均爲法所可約者，則以法之倍數各約其實中每項之倍數，又去其與法相同之元，即爲約得之式。

如　一六甲壬辛癸　以　四辛壬甲　約之，則依分數之公法當書之爲　$\frac{四辛壬甲}{一六甲壬辛癸}$　惟此式可以法之倍數四約其實之倍數　一六　爲四，而又可去其法實相同之元　辛壬甲　則式中僅有癸元，故其約得之式爲　四癸

如有多項式　一六甲^{三}天地丅二八甲^{二}天人^{二}丄四甲^{二}天^{三}　以　四甲^{二}天　約之，則其約得之式爲　四甲地丅七人^{二}丄天^{二}

若法與實爲同類之乘方式，則以法之指數減實之指數，即得。

如丑^{五}以丑^{三}約之，得　丑^{五丅三}　即丑^{二}。

二，若法爲獨項式而與實之式不同類者，則書其法於實之上，而中作橫線以界之，故法爲分母實爲分子。

如　三己午^{二}　以　二子丑未　約之，則其約得之式爲　$\frac{二子丑未}{三己午^{二}}$　有時遇此種式更可約之使爲簡式者，詳見約分中。

三，若法爲多項之式者，則其除法有三步功夫。

一，先將其法實之各項任以一箇元數爲主，按其方指數之大小而挨次序列之。二，將法之首項約其實之首項爲商得之式，並定其正負之號如公法，再將商得式乘其全法以減原實，如適能減盡，則其商得之式即爲約得之全式，而第三步功夫可省。如減實不能適盡，則必以餘實再爲新實，用第三步功夫求之。三，將法之首項約新實之首項，爲第二次商得式，並定其正負亦如第二步法，乃以此次商得之式記於前次商得式之右，再將此次商得式乘其全法以減新實，若仍有餘實，則仍爲新實。如法求之至減實適盡而止，則所得之各商式即爲約得之全式。若求至數次覺實數終不能減盡，此之謂無窮級數式，可依下第四式法書之。

如有式　八甲^{二}丄二甲丙丅一五丙^{二}　以　二甲丄三丙　約之，準上三步例得　四甲丅五丙　爲約得式。

```
 法          實               得
二甲丄三丙)八甲二丄二甲丙丅一五丙二(四甲丅五丙
           八甲二丄一二甲丙
           ――――――――――――――
           丅一〇甲丙丅一五丙二
           丅一〇甲丙丅一五丙二
           ――――――――――――――
```

其布算之草如

解曰：前草中之法實各項均以甲之方數自大而小排列之，先將法之首項　二甲　約實之首項　八甲^{二}　得　四甲　爲商得之首項式，乃以此式乘其法得　八甲^{二}丄一二甲丙　以減實，得餘式　丅一〇甲丙丅一五丙^{二}　爲新實。再以法之首項　二甲　約新實之首項　丅一〇甲丙　得　丅五丙　爲商得之次項式，乃以此式乘其原法得　丅一〇甲丙丅一五丙^{二}　以減新實適盡，故併一二兩次之商得式，得　四甲丅五丙　爲約得式之全式。

茲更設四草於後以明多項式之除法。

一式：設有　三子^{三}丅一二子^{二}丅子^{二}丑丄一〇子丑丅二丑^{二}　以　三子丅丑　約之，得　子^{二}丅四子丄二丑　其算草如左：

```
 法              實                         得
三子丅丑)三子三丅一二子二丅子二丑丄一〇子丑丅二丑二(子二丅四子丄二丑
         三子三       丅子二丑
         ――――――――――――――――――――――
              丅一二子二丄一〇子丑丅二丑二
              丅一二子二丄四子丑
              ――――――――――――――――
                      丄六子丑丅二丑二
                      丄六子丑丅二丑二
                      ――――――――――
```

二式：設有　子^{三}丄丑^{三}　以　子丄丑　約之，得　子^{二}丅子丑丄丑^{二}　其算草如左：

法　　　實　　　　得

子丄丑)子^{三}丄丑^{三}(子^{二}丅子丑丄丑^{二}

子^{三}丄子^{二}丑

丅子^{二}丑丄丑^{三}

丅子^{二}丑丅子丑^{二}

丄子丑^{二}丄丑^{三}

丄子丑^{二}丄丑^{三}

三式：設有　甲^{六}丅癸^{六}　以　甲^{三}丅癸^{三}　約之，得　甲^{三}(丅)[丄]癸^{三}　其算草如式：

法　　　實　　　　得

甲^{三}丅癸^{三})甲^{六}丅癸^{六}(甲^{三}丄癸^{三}

甲^{六}丅甲^{三}癸^{三}

丄甲^{三}癸^{三}丅癸^{六}

丄甲^{三}癸^{三}丅癸^{六}

四式：設有　一丅天　以約一，得　一丄天丄天^{二}丄…

法　　　實　　　　得

一丅天)一(一丄天丄天^{二}丄…

一丅天

丄天

丄天丅天^{二}

丄天^{二}

丄天^{二}丅天^{三}

丄天^{三}

有時以法除實任求至多項終不能盡，則記其約得之式有二法。一法，可以無窮之級數式書之，因觀其數項，而其後之各項可類推而知之故也。

如前第四式，其約得之式書之爲　一丄天丄天^{二}丄…　是以無窮之級數式記之也。

二法，可以照算學之理，命其不盡之式爲分子而以原法爲分母，作約得式之末項。

如前第四式，其約得之式可作　一丄天丄天^{二}丄 $\frac{一丅天}{天^{三}}$　是也。

除法之理不必細解，可以數語明之。

試以約得之式與法之各項一一相乘，乃從原實之式中一一減去其乘得之各項，必適盡無餘，則所得之式必爲法，約實之式可以了無疑義矣。

清・陳崧《借根代數會通》卷一

借根方加法

原書云：凡多與多加，得數仍爲多。少與少加，得數仍爲少。多與少加，少與多加，則反相減爲所得數。而多數大則得數亦爲多，少數大則得數亦爲少。

會通曰：多者即代數式中之丄號也，正數也。少者即代數式中之丅號也，負數也。凡正數與正數相加，加後仍書正號。負數與負數相加，加後仍書負號。若正數與負數相加，或負數與正數相加，則反爲相減矣。故正負兩數大小相同，則減盡無餘，加後兩數皆滅。倘遇正數大，則減後所得數仍書正號。負數大，則減後所得數仍書負號也。

既曰加法，又反爲相減，何也？以相加之兩數不同號故也。蓋丄號既爲正，如人之存數也。丅號既爲負，如人之欠數也。今以數明之，如存數二十，欠數二十，相加則恰好相抵，非減盡無餘乎？如存數三十，欠數二十，相加則相抵，亦即相減，但存數大，減餘一十，仍爲存數也。如欠數三十，存數二十，相加則相抵，亦即相減，但欠數大，減餘一十仍爲欠數也。此相加而反爲減之理也。借根此理，代數亦此理也。

借根方加法原題

設如有三平方多四根與二平方多三根相加，問得幾何。

原答曰：五平方多七根。

代數式㈠　三天^{二}丄四天　與㈡　二天^{二}丄三天　相加，得㈢　五天^{二}丄七天

會通曰：根者即代數式中所命之天也。平方者即代數式中之天^{二}也。借根

以根自乘爲平方，代數以天自乘則爲天^{二}也。今以有數三平方多四根變爲一式，加數二平方多三根變爲二式，答數五平方多七根變爲三式。凡式中左邊無⊥丅號者，皆正數也。故一式之三天^{二}，二式之二天^{二}，同爲正數，併之爲五天^{二}。一式之四天、二式之三天，同爲⊥號，亦併爲七天。故得三式。正數與正數相加，故⊥號不變也。

設如有四立方少一平方與三立方少二平方相加，問得幾何。

原答曰：七立方少三平方。

代數式㈠　四天^{三}丅天^{二}　與㈡　三天^{三}丅二天^{二}　相加，得㈢　七天^{三}丅三天^{二}

會通曰：立方者即代數之天^{三}也。借根以根自乘再乘爲立方，代數以天自乘再乘則爲天^{三}也。今以有數四立方少一平方爲一式，加數三立方少二平方爲二式，答數七立方少三平方爲三式。以一、二式左邊之天^{三}皆正數，併爲七天^{三}。右邊同丅號者亦併爲三天^{二}，故得三式。負數與負數相加，故丅號不變也。

設如有四平方多四根與二平方少三根相加，問得幾何。

原答曰：六平方多一根。

代數式㈠　四天^{二}⊥四天　與㈡　二天^{二}丅三天　相加，得㈢　六天^{二}⊥天

會通曰：以有數爲一式，加數爲二式，答數爲三式。以一、二式左邊之天^{二}皆正數，併爲六天^{二}。右邊之號有正負，故相減餘一天，得三式。然正數大，所餘者仍爲正數，故書⊥號也。

設如有二立方少三平方與一立方多二平方相加，問得幾何。

原答曰：三立方少一平方。

代數式㈠　二天^{三}丅三天^{二}　與㈡　天^{三}⊥二天^{二}　相加，得㈢　三天^{三}丅天^{二}

會通曰：以有數、加數、答數爲一、二、三式。以一、二式左邊之天^{三}併爲三天^{三}，右邊之號有正負，故相減餘一天^{二}，得三式。然負數大，所餘者仍爲負數，故書丅號也。

設如有二立方多三平方少四根與一立方多二平方少三根相加，問得幾何。

原答曰：三立方多五平方少七根。

代數式㈠　二天^{三}⊥三天^{二}丅四天　與㈡　天^{三}⊥二天^{二}丅三天　相加，得㈢　三天^{三}⊥五天^{二}丅七天

會通曰：以有數、加數、答數爲一、二、三式，一、二式之天^{三}與天^{二}俱爲正數，故併之。一、二式之天俱爲負數，亦併之，得三式。此又正與正加，負與負加，其號各不變也。

設如有四立方多三平方少二根多五真數與五立方少一平方多三根少二真數相加，問得幾何。

原答曰：九立方多二平方多一根多三真數。

代數式㈠　四天^{三}⊥三天^{二}丅二天⊥五　與㈡　五天^{三}丅天^{二}⊥三天丅二　相加，得㈢　九天^{三}⊥二天^{二}⊥天⊥三

會通曰：借根之根與代數之天，皆是所欲求之數。因不知其數，姑以此爲真數也。故借根言幾根幾平方幾立方，亦如代數之幾天幾天^{二}幾天^{三}，皆不得謂之真數。何也？以算時尚未能知，必俟算出所求數之相等者，或用歸除或用開方，而後能知之。所以題中帶有單十百千顯然可知之數者，借根別之爲真數也。借根如是，代數亦如是。今以有數、加數、答數爲一、二、三式。一、二式中之天^{三}皆爲正數，故併之。天^{二}與天數並有正負，故相減。然正數大，減餘仍書⊥號。五與二爲真數，亦有正負，故相減。然正數大，減餘亦仍書⊥號，所以得三式也。

設如有一立方多三根與一平方少一根相加，問得幾何。

原答曰：一立方多一平方多二根。

代數式㈠　天^{三}⊥三天　與㈡　天^{二}丅天　相加，得㈢　天^{三}⊥天^{二}⊥二天

會通曰：以有數、加數、答數爲一、二、三式。一、二式左邊之天^{三}與天^{二}，雖俱爲正數，而一爲立方，一爲平方，不能合之爲一。故平加之，而別書⊥號。右邊之天有正負，故相減，正數大，減餘仍書⊥號也。○代數法，凡天自乘者於天右角上書二字記之，再乘者書三字，三乘者書四字，四乘者書五字，更乘更增一數書之。故天右角之字謂之指數，亦謂之方指數。指數同者爲同方，可合之。指數不同者爲不同方，不可合也。○凡代數式，首項左邊無號者皆正數。茲三式中之天^{三}與天^{二}皆正數，而天^{二}左邊又更書⊥號。何也？蓋代數中有此數又加彼數者，亦用⊥號，謂天^{三}加天^{二}也。

借根方減法

原書云：凡多與多減，原數大於減數，則減餘仍爲多。少與少減，原數大於減數，則減餘仍爲少。若多與多減，減數大於原數，則反減，而減餘即變爲少。若少與少減，減數大於原數，則反減，而減餘即變爲多。至於多與少減，少與多減，則反相加爲減餘數，而原數多，則減餘仍爲多。原數少，則減餘仍爲少。

會通曰：多者正數也，代數用丄號。少者負數也，代數用丅號。正號與正號相減，原數大而減數小者，減餘仍書正號。負號與負號相減，原數大而減數小者，減餘亦仍書負號。若正號與正號相減，減數大而原數小者，則以原數倒減減數，故曰反減。減後所存者爲減數之有餘，即爲原數之不足，故變爲負號也。若負號與負號相減，減數大而原數小者，亦用反減，減後所存者爲減數所當出，即爲原數所當入，故變爲正號也。至正號與負號減，負號與正號減，既非同號，則減無所減，因反爲相加。故原數爲正號，減數爲負號者，則以減數加原數，而減數之負號亦從原數而變爲正矣。原數爲負號減數爲正號者，亦以減數加原數，而減數之正號又從原數而變爲負矣。相加之數，即爲相減後之數也，故曰反相加爲減餘數也。

既曰減法，又反爲相加，何也？以相減之兩數不同號故也。盖原數正號者，如己所存之數也。減數正號者，如人應支之數也。原數負號者，如己欠人之數也。減數負號者，如人欠己之數也。若原數正號減數負號者，如人欠己數欲於己欠人數中抵之而已。實無欠人之數，只有存數，則抵無可抵，無可抵即無可減，則是人欠己之數，當併爲己之存數，非反相加乎？非當變爲正號乎？若原數負號減數正號者，如人有應支之數。欲於己之存數中支之，而已實無存數，只有欠人之數，則支無可支。無可支即無可減，則是人應支之數，當併爲己欠人之數，非反相加乎？非當變爲負號乎？此減法中減反爲加且改從原數之號之故也。又正數與正數減，減數大減餘變爲負者，何也？以數明之，如人應支之數三十，己之存數僅二十，欲於存數中支之，則以二十反減三十，仍餘一十。此一十爲己存數中所不足，非反爲己欠人之數乎？故減餘者變爲負號也。又負數與負數減，減數大減餘變爲正者，何也？如人欠己之數三十，己欠人之數僅二十，欲於己欠人數中抵之，亦以二十反減三十，仍餘一十。此一十爲人尚欠己之數，非反爲我之存數乎？故減餘者變爲正號也。此又減法中正變爲負負變爲正之故也。凡此皆陰陽消長之妙理，借根如是，代數亦如是也。

借根方減法原題

設如有四平方多五根內減二平方多二根，問所餘幾何。

原答曰：二平方多三根。

代數式㊀　四天^{二}丄五天　內減㊁　二天^{二}丄二天　餘㊂　二天^{二}丄三天

會通曰：以有數、減數、答數爲一、二、三式。一式左邊四天^{二}以二式二天^{二}減之，餘二天^{二}。右邊五天以二式二天減之，餘三天。故得三式。此正與正減，原數大而減數小者，減餘仍書丄號也。

設如有四立方少三平方內減三立方少二平方，問所餘幾何。

原答曰：一立方少一平方。

代數式㊀　四天^{三}丅三天^{二}　內減㊁　三天^{三}丅二天^{二}　餘㊂　天^{三}丅天^{二}

會通曰：以有數、減數、答數各爲式，以二式減一式，所餘者爲三式。此右邊之數負與負減，原數大而減數小者，減餘仍書丅號也。

設如有七平方多三根內減四平方多五根，問所餘幾何。

原答曰：三平方少二根。

代數式㊀　七天^{二}丄三天　內減㊁　四天^{二}丄五天　餘㊂　三天^{二}丅二天

會通曰：依題各列爲式。以二式減一式，而右邊之天不足減，餘二天，故三式變其號。此是正與正減，但減數大而原數小，故反減，減餘而丄號遂變爲丅號也。

設如有六平方少三根內減二平方少四根，問所餘幾何。

原答曰：四平方多一根。

代數式㊀　六天^{二}丅三天　內減㊁　二天^{二}丅四天　餘㊂　四天^{二}丄天

會通曰：依題各列爲式。以二式減一式，而右邊之天不足減，餘一天，故三式變其號。此是負與負減，但減數大而原數小，故反減，減餘而丅號遂變爲丄號也。

設如有三平方多四根內減二平方少一根，問所餘幾何。

原答曰：一平方多五根。

代數式㊀　三天^{二}丄四天　內減㊁　二天^{二}丅天　餘㊂　天^{二}丄五天

會通曰：依題各列爲式。以二式減一式，左邊之天^{二}皆正數，故可相減。右邊之天正負不同，則無可減，故以二式負號一天加一式正號四天共五天，因一式爲原數，其號亦從原式爲丄號也。此謂之以加爲減也。

設如有五平方少二根內減三平方多三根，問所餘幾何。

原答曰：二平方少五根。

代數式㊀　五天^{二}丅二天　內減㊁　三天^{二}丄三天　餘㊂　二天^{二}丅五天

會通曰：依題各列爲式，以二式減一式，左邊之天^{二}皆正數，則相減。右邊之天正負不同，亦無可減，故以二式正號三天加一式負號二天共五天。因一式爲原數，其號亦從原式爲丅號也。

設如有四立方多六平方內減二立方多三平方多三根，問所餘幾何。

原答曰：二立方多三平方少三根。

代數式㊀　四天^{三}丄六三^{二}　內減㊁　二天^{三}丄三天^{二}丄三天　餘㊂　二天^{三}丄三天^{二}丅三天

會通曰：依題各列爲式，以二式減一式，首項次項皆正數，又同指數，則相減。惟一式右邊無天，二式右邊有三天，亦無同數可減，故以三天加於減餘數內，變其正號爲負號也。此方如減數大原數小，減餘變號之理也。

設如有五立方多四平方多三根少八真數內減四立方多二平方多二根少九真數，問所餘幾何。

原答曰：立方多二平方多一根多一真數。

代數式㊀　五天^{三}丄四天^{二}丄三天丅八　內減㊁　四天^{三}丄二天^{二}丄二天丅九　餘㊂　天^{三}丄二天^{二}丄天丄一

會通曰：依題各列爲式，以二式減一式，俱同號相減。惟右邊真數減數大於原數，故減後餘一真數，其負號變爲正號也。

設如有二立方多三根內減一平方少一根，問所餘幾何。

原答曰：二立方少一平方多四根。

代數式㊀　二天^{三}丄三天　內減㊁　天^{二}丅天　餘㊂　二天^{三}丅天^{二}丄四天

會通曰：依題各列爲式，以二式減一式，惟二式左邊之天^{二}，一式無同指數者，則無可減，故加於減餘數內，變正爲負。二式右邊之天，一式雖有同數而正負不同，又無可減，則亦加之，其號亦即變負爲正，以從原數之號也。

借根方乘法

原書曰：凡乘法各按位分橫列，逐位遍乘。其書乘出之數以類相從，其定多少之號則臨期互有轉移。蓋多與多乘，其乘出之數爲多。少與多乘，多與少乘，則其乘出之數俱爲少。至於少與少乘，其乘出之數反變爲多。

會通曰：以類相從者，謂乘後根與根爲一類，平方與平方爲一類，即如代數乘後天^{二}與天^{二}併，天与天併，各爲一類書之也。多少之號有轉移者，謂乘後有多變爲少，少變爲多者也。蓋借根以多少爲正負號，代數以丄丅爲正負號。凡兩數相乘，乘後之號有變有不變者，皆認兩原數之正負以爲分別也。故兩數皆正者謂之正與正乘，乘後仍爲正，其號不變。至一位正數自乘者，亦如正與正乘，其號亦不變也。若兩數一正一負者，無論正與負乘，負與正乘，乘後之號俱變爲負。若兩數皆負者，謂之負與負乘，乘後之號又變爲正。至一位負數自乘者，亦如負與負乘，其號亦變爲正也。夫正與正乘，不變其號，其理固易明矣。惟正負相乘皆變爲負，兩負相乘皆變爲正，此何理也？蓋凡算式中首項多是正數，次三項方有負號，須先知此式，方能言其變不變之理。兹設兩式真數相乘以明之。如　四丅二　與　七丅三　相乘，試思四少二實則爲二矣，七少三實則爲四矣，二四相乘得八，則此二式乘出之數爲八可知矣。然此二式尚正負相雜，故必依其正負次第乘之，方能核其所得之數。今試以上式四乘下式七，此爲正與正乘，乘後仍爲正，得正數二十八。又以上式四乘下式三，此爲正與負乘，乘後變爲負，得負數一十二。又以上式二乘下式七，此爲負與正乘，乘後亦變爲負，得負數一十四。又以上式二乘下式三，此爲負與負乘，乘後變爲正，得正數六。併之爲正二十八、負一十二、負一十四、正六。蓋負者減數也，正者加數也。乃置正二十八以負十二減之，餘十六。又以負十四減之，餘二。以正六加之得八爲乘出之數，恰與二四相乘之數等也。設次三項爲正負相乘者不變爲負，則加之首項，其數益大，有是理乎？今已變爲負以減之，則首項僅餘二數矣。設末項負與負乘者又不變爲正，則以六減二仍少四，更無是理矣。故以次三項正負相乘者變負以減之，末項負與負乘者變正以加之，恰得八數，此皆自然之理，變則合，不變則不合也。觀于此，便知其變負變正之所以然矣。今定爲公法曰：同號相乘，乘後爲正。異號相乘，乘後爲負。學者記之。

借根方乘法原題

設如有三根多二真數以三真數乘之，問得幾何。

原答曰：九根多六真數。

代數式㊀ 三天上二 以三乘之得㊁ 九天上六

會通曰：以三乘一式三天得九天，又以三乘二得六。此爲正與正乘，乘後之號仍爲正也得二式。

設如有四根多二真數以二根多三真數乘之，問得幾何。

原答曰：八平方多一十六根又多六真數。

代數式㊀ 四天上二 ㊁ 二天上三 ㊂ 八天^{二}上四天 ㊃ 一二天上六 ㊄ 八天^{二}上一六天上六

會通曰：以有數爲一式，乘數爲二式。乃以二式中二天遍乘一式得三式，又以二式中三遍乘一式得四式，以三四式相加得五式。此亦正與正乘，乘後之號仍爲正也。借根方根與根乘爲平方，代數則天與天乘爲天^{二}，即平方也，如三式之天^{二}是也。

設如有二平方多三根以二根多四真數乘之，問得幾何。

原答曰：四立方多十四平方又多十二根。

代數式㊀ 二天^{二}上三天 ㊁ 二天上四 ㊂ 四天^{三}上六天^{二} ㊃ 八天^{二}上一二天 ㊄ 四天^{三}上一四天^{二}上一二天

會通曰：以有數爲一式，乘數爲二式。乃以二式中二天遍乘一式得三式，又以二式中四遍乘一式得四式，以三四式相加得五式。此亦正與正乘，乘後之號仍爲正也。借根方根與平方乘爲立方，代數則天與天^{二}乘爲天^{三}，即立方也。如三式之天^{三}是也。

設如有二根少四真數以一根多三真數乘之，問得幾何。

原答曰：二平方多二根少十二真數。

代數式㊀ 二天丅四 ㊁ 天上三 ㊂ 二天^{二}丅四天 ㊃ 六天丅一二 ㊄ 二天^{二}上二天丅一二

會通曰：以有數爲一式，乘數爲二式。乃以二式中之天遍乘一式，其天乘四是正與負乘，乘後爲負號得三式。又以二式中之三遍乘一式，其三乘四亦正與負乘，乘後爲負號得四式。以三四式相加，因六天四天正負不同，故相減。正數大，減餘仍書正號，得五式。

設如有一根少一真數以一根少二真數乘之，問得幾何。

原答曰：一平方少三根多二真數。

代數式㊀ 天丅一 ㊁ 天丅二 ㊂ 天^{二}丅天 ㊃ 丅二天上二 ㊄ 天^{二}丅三天上二

會通曰：以有數、乘數爲一、二式。乃以二式中之天遍乘一式，其天與一乘爲一天即天也，故省一字。又正與負乘亦爲負號，得三式。又以二式中之二遍乘一式，其二與天乘爲負與正乘，亦爲負號。二與一乘爲負與負乘，故爲正號，得四式。凡算式中首項正數者，其數左皆不書丄號。惟有時遇首項負數者，則必書明丅號別之。以三四式相加，得五式。

設如有二立方少二平方少一根以二平方少二根乘之，問得幾何。

原答曰：四四乘方少八三乘方多二立方又多二平方。

代數式㊀ 二天^{三}丅二天^{二}丅天 ㊁ 二天^{二}丅二天 ㊂ 四天^{五}丅四天^{四}丅二天^{三} ㊃ 丅四天^{四}上四天^{三}上二天^{二} ㊄ 四天^{五}丅八天^{四}上二天^{三}上二天^{二}

會通曰：以有數、乘數爲一、二式。以二式中之二天^{二}遍乘一式，次三項爲正與負乘，俱變爲負，得三式。又以二式中二天遍乘一式，首項爲負與正乘，亦變爲負。次三項爲負與負乘俱變爲正，得四式。以三四式相加，四天^{三}與二天^{三}正負不同，故相減，正數大，減餘仍書正號也。得五式。借根方平方與平方乘爲三乘方，平方與立方乘爲四乘方。代數則天^{二}與天^{二}乘爲天^{四}，以兩乘數指數之二與二併爲四書於天右角上，即三乘方也。天^{二}與天^{三}乘爲天^{五}，以兩乘數指數之二與三併爲五，書於天右角上，即四乘方也。如三式四式中之天^{四}天^{五}是也。凡方與方乘者皆倣此。

設如有三平方少二根多二真數與一平方多二根少三真數相乘，問得幾何。

原答曰：三三乘方多四立方少十一平方多十根少六真數。

代數式㊀ 三天^{二}丅二天上二 ㊁ 天^{二}上二天丅三 ㊂ 三天^{四}丅二天^{三}上二天^{二} ㊃ 六天^{三}丅四天^{二}上四天 ㊄ 丅九天^{二}上六天丅六 ㊅ 三天^{四}上四天^{三}丅一一天^{二}上一〇天丅六

會通曰：以有數、乘數爲一、二式。以二式之天^{二}遍乘一式得三式，以二式之二天遍乘一式得四式，以二式之三遍乘一式得五式，俱各依乘法變號。以三四五式相加，亦各依加法變號，得六式。

借根方除法

原書云：凡除法按位列數，其歸除遞減皆與常法同。至於定號，亦與乘法同。

會通曰：借根方之除法，其法實皆有諸乘方相雜，與真數除真數者有別。其謂與常法同者，何也？蓋其所謂常法者非珠算也，乃筆算也。夫筆算之除法，

以法首對實首度其有幾倍，商得一數。即轉以此商數乘其法數，乘後得數以減原實。倘實仍有餘，又以法首對餘實之首，度其有幾倍，再商一數，亦以此數乘法數，得數以減原實，實盡則止，實不盡再商之。筆算之歸除遞減，固如此也。今借根方雖有諸乘方相雜，不盡真數，然其除之以法首對實首，商數以乘其法，得數以減其實者，固與筆算無異也。故曰同也。其謂定號與乘法同者，亦是同號相除，除後爲正；異號相除，除後爲負。其法與乘後定號無異也。茲依借根原題，以代數法演除式於後參觀之，其理尤爲明顯也。

借根方除法原題

設如有十二立方多九平方多六根以三真數除之，問得幾何。

原答曰：四立方多三平方多二根。

代數式㊀ 法 三)四天^{三}丄三天^{二}丄二天　㊁實 一二天^{三}丄九天^{二}丄六天

㊂餘實 九天^{二}丄六天
　　　 九天^{二}　　㊃餘實 六天
　　　　　　　　　　　　　 六天

會通曰：列法數爲一式，右以弧綫界之，綫外書除得之數。列原實爲二式，以法約實首項，得四天^{三}爲初商數，書於一式綫外。以初商數轉乘法得一十二天^{三}，書於原實下減之，以減餘者爲餘實，得三式。又以法約餘實之首得三天^{二}，爲次商數，書於初商數右。轉乘法得九天^{二}，書於三式餘實下減之，又以減餘者爲餘實，得四式。又以法約餘實之首，得二天爲三商數，書於次商數右。轉乘法得六天，書於四式餘實下，減之恰盡。此爲同號相除除後俱爲正號也。一式弧綫右邊所得即除出之數。與原答比而觀之，其數並同也。他倣此。

設如有十二立方多八平方多六根以二根除之，問得幾何。

原答曰：六平方多四根多三真數。

代數式㊀ 法 二天)六天^{二}丄四天丄三　㊁實 一二天^{三}丄八天^{二}丄六天
　　　　　　　　　　　　　　　　　　　 一二天^{三}

㊂餘實 八天^{二}丄六天　㊃餘實 六天
　　　 八天^{二}　　　　　　　 六天

會通曰：列法實爲一二式。以法二天約實首項得六天^{二}，借根以根除立方，即爲平方。代數以天除天^{三}即爲天^{二}也。爲初商數，書於弧綫外。轉乘法得十二天^{三}，書於實下減之，又書其餘實爲三式。以法二天約三式首項得四天，借根以根除平方即爲根，代數以天除天^{二}即爲天也。爲次商數，書於初商數右。轉乘法得八天^{二}，書於三式下減之，又書其餘實爲四式。以法二天約四式六天得三，借根以根除根爲一，代數以天除天亦爲一。此法數二天是二與天乘者，實數六天亦是六與天乘者。今以二除六爲三，以天除天爲一，一與三乘仍爲三，故得三也。爲三商數，書於次商數右。轉乘法得六天，書於四式下，減之恰盡。此亦同號相除，除後俱爲正也。

設如有四三乘方多八立方又多八平方以四平方除之，問得幾何。

原答曰：一平方多二根又多二真數。

代數式㊀ 法 四天^{二})天^{二}丄二天丄二　㊁實 四天^{四}丄八天^{三}丄八天^{二}
　　　　　　　　　　　　　　　　　　　 四天^{四}

㊂餘實 八天^{三}丄八天^{二}　餘實 八天^{二}
　　　 八天^{三}　　　　　　　　 八天^{二}

會通曰：列法實爲一二式。以法四天^{二}約四天^{四}得天^{二}，借根以平方除三乘方，則爲平方。代數以天^{二}除天^{四}，則爲天^{二}。蓋以法之指數二減實之指數四，餘二，書於天右角上，亦即爲平方也。凡以方除方者皆倣此。爲初商。轉乘法得四天^{四}，書二式下減之，餘爲三式。又以法約三式首項得二天，爲次商。轉乘法得八天^{三}，書三式下減之，餘爲四式。又以法約四式首項得二，借根以平方除平方得一，代數以天^{二}除天^{二}者亦得一。今此法實數皆是相乘數，故以四除八得二，以天^{二}除天^{二}得一。一與二乘仍得二，故爲二。下倣此。爲三商。轉乘法得八天^{二}，書四式下，減之恰盡。此亦同號相除，除後俱爲正也。

設如有四立方多八平方多七根多二真數以二平方多三根多二真數除之，問得幾何。

原答曰：二根多一真數。

代數式㊀ 法 二天^{二}丄三天丄二)二天丄一　㊁實 四天^{三}丄八天^{二}丄七天丄二
　　　　　　　　　　　　　　　　　　　　　　 四天^{三}丄六天^{二}丄四天

㊂餘實 二天^{二}丄三天丄二
　　　 二天^{二}丄三天丄二

會通曰：列法實爲一二式。此法雖是多項，亦惟以法首項約實首項得二天，借根以平方除立方即爲根，代數以天^{二}除天^{三}即爲天也。爲初商。即以初商二天遍乘法數，書於二式下減之，餘爲三式。又以法首約三式實首得一，爲次商。遍乘法數，書於三式下，減之恰盡。一可省乘即以法數減之尤便。他倣此。

設如有六平方少一根少十五真數以三根少五真數除之，問得幾何。

原答曰：二根多三真數。

代數式㊀ 法 三天丅五）二天丄三 ㊁實 六天二丅天丅一五 六天二丅一〇天 ㊂餘實 九天丅一五 九天丅一五

會通曰：列法實爲一二式。以法首約實首得二天，爲初商。遍乘法減二式，餘爲三式。又以法首約實首得三爲次商，遍乘法，減三式恰盡。

設如有九立方少十二平方少五根多六真數以三平方少二根少三真數除之，問得幾何。

原答曰：三根少二真數。

代數式㊀ 法 三天二丅二天丅三）三天丅二 ㊁實 九天三丅一二天二丅五天丄六 九天三丅六天二丅九天

㊂餘實 丅六天二丄四天丄六 丅六天二丄四天丄六

會通曰：列法實爲一二式。以法首約實首得三天爲初商，遍乘法減二式餘爲三式。又以法首約實首得負二，法首爲正，實首爲負，此爲異號相除，除後爲負，故得負二也。下倣此。爲次商，遍乘法減三式恰盡。

設如有八立方多八平方多二根少四真數以二平方多三根多二真數除之，問得幾何。

原答曰：四根少二真數。

代數式㊀ 法 二天二丄三天丄二）四天丅二 ㊁實 八天三丄八天二丄二天丅四 八天三丄一二天二丄八天

㊂餘實 丅四天二丅六天丅四 丅四天二丅六天丅四

會通曰：列法實爲一二式。以法首約實首得四天爲初商，遍乘法減二式，餘爲三式。又以法首約實首得負二爲次商，遍乘法減三式恰盡。

設如有四三乘方少二立方少四平方多五根少二真數以二平方少二根多一真數除之，問得幾何。

原答曰：二平方多一根少二真數。

代數式㊀ 法 二天二丅二天丄一）二天二丄天丅二 ㊁實 四天四丅二天三丅四天二丄五天丅二 四天四丅四天三丄二天二 ㊂餘實 二天三丅六天二丄五天丅二 二天三丅二天二丄天

㊃餘實 丅四天二丄四天丅二 丅四天二丄四天丅二

會通曰：列法實爲一二式。以法首除實首得二天二爲初商，遍乘法減二式，餘爲三式。又以法首約實首得天爲次商，遍乘法減三式，餘爲四式。又以法首約實首得負二爲三商，遍乘法減四式恰盡。

借根方之加減乘除，實與常法有別，何也？蓋常法之加減乘除者皆是正數，而借根方之加減乘除者有正負數之相雜也。故其加法有反用減者，其減法有反用加者，其乘法又兼用加減，其除法又兼用乘與加減者，皆以有正負之故也。借根如是，代數亦如是也。

有理方程分部

一次方程

算法

清・《數理精蘊》下編卷三四 借根方比例

線類

設如有一竹竿長一丈，欲分爲大小兩分，大分比小分多四尺，問大小分各幾何。

小一根
大一根 一 四
二根 丄 四 ＝ 一〇
二根 ＝ 六
一根 ＝ 三

法借一根爲小分，則大分即爲一根多四尺。兩數相加得二根多四尺，與一丈相等。二根既多四尺，乃減去所多四尺，餘二根。又於一丈內亦減去四尺，餘六尺，是爲二根與六尺相等。二根既與六尺相等，則一根必與三尺相等。前既借一根爲小分，則三尺即小分。再加四尺得七尺，即大分也。此減法也，於一丈內減去大分所多之四尺，餘

六尺，折半得三尺，即小分之數，此法甚易。蓋因借根比例之首，先設此以明其理，使人由淺以入深也。

設如有銀三百四十三兩，分給衆匠。其爲首一人所得之銀，與衆匠人數相等。衆匠每人得銀六兩，問其人數幾何。

法借一根爲爲首一人所得之銀數，亦即爲衆匠之人數。以衆匠之人數一根與六兩相乘，得六根，爲衆匠之銀數。相加得七根，與三百四十三兩相等。七根既與三百四十三兩相等，則一根必與四十九兩相等，即爲首一人所得之銀數，亦即衆匠之人數。以四十九人與六兩相乘，得二百九十四兩，即衆匠所得共銀數。再加爲首一人所得銀數四十九兩，得三百四十三兩，以合原數也。此歸除法也。以每匠得銀六兩，加一兩得七兩，以除共銀三百四十三兩，即得四十九兩，爲爲首一人所得銀數，亦即衆匠之人數。蓋爲首一人之銀既與衆匠人數等，若以爲首一人之銀分給衆匠，每人必多得一兩。故於每人之銀數外加一兩，以除其銀即得也。

一根
六根
七根 ＝ 三四三
一根 ＝ 四九

設如有繩二條，不言丈數，但知其長短之比例同於九與五。其相差之較，與短繩除長繩所得之數相等。問二繩各長若干。

法借九根爲長繩之數，五根爲短繩之數。兩數相減，餘四根。以五根除九根，得一八，即一丈八尺。是爲四根與一丈八尺相等。四根既與一丈八尺相等，則一根必與四尺五寸相等。九因之，得四丈零五寸，即長繩數。五因之得二丈二尺五寸，即短繩數。以二丈二尺五寸與四丈零五寸相減，餘一丈八尺。以二丈二尺五寸除四丈零五寸，亦得一丈八尺也。此歸除法。

長九根
短五根
四根 ＝ 八〇
一根 ＝ 四五

設如甲、乙、丙三人有銀不言數，但知甲乙共銀九十兩，乙丙共銀四十五兩，甲丙共銀七十三兩。問三人各銀幾何。

法借一根爲三人之總銀數。以甲乙共銀九十兩計之，則丙爲一根少九十兩。以乙丙共銀四十五兩計之，則甲爲一根少四十五兩。以甲丙共銀七十三兩計之，則乙爲一根少七十三兩。三數相加，得三根少二百零八兩，而與所借之一根相等。三根少二百零八兩與一根各加二百零八兩，得三根與一根多二百零八兩相等。三根少二百零八兩內加二百零八兩而補足三根整數。一根上再加二百零八兩，則爲一根多二百零八兩矣。三根與一根再各減一根，則餘二根與二百零八兩相等。二根既與二百零八兩相等，則一根必與一百零四兩相等，即三人之總銀數。總銀一百零四兩內減甲乙共銀九十兩，餘一十四兩爲丙根數。減乙丙共銀四十五兩，餘五十九兩爲甲銀數。減甲丙共銀七十三兩，餘三十一兩爲乙銀數也。此加減法也。如以三數相加得二百零八兩，折半得一百零四兩，即總銀數。總銀數內減甲乙共銀數，餘爲丙銀數。總銀數內減甲丙共銀數，餘爲乙銀數。總銀數內減乙丙共銀數，餘爲甲銀數也。

丙一根 — 九〇
甲一根 — 四五
乙一根 — 七三
三根 — 二〇八 ＝ 一根
三根 ＝ 一根 ⊥ 二〇八
二根 ＝ 二〇八
一根 ＝ 一〇四

設如甲、乙、丙三人有銀不言數，但知甲乙共銀數比丙銀多六十八兩，乙丙共銀數比甲銀多一百兩，丙甲共銀數比乙銀多一百二十四兩。問三人各銀幾何。

法借二根爲三人之總銀數。以甲乙共銀數比丙銀多六十八兩計之，則甲乙共銀爲一根多三十四兩，丙銀爲一根少三十四兩。二根既爲三人之總銀數，平分之，則甲乙應得一根，丙應得一根。甲乙共銀比丙所多六十八兩，平分之，則甲乙應得三十四兩，丙應得三十四兩。甲乙所得爲多，丙所得爲少，故甲乙爲一根多三十四兩，丙爲一根少三十四兩，共相差爲六十八兩，下倣此。以乙丙共銀數比甲銀多一百兩計之，則乙丙共銀爲一根多五十兩，甲銀爲一根少五十兩。以丙甲共銀數比乙銀多一百二十四兩計之，則丙甲共銀爲一根多六十二兩，乙銀爲一根少六十二兩。乃以丙銀一根少三十四兩、甲銀一根少五十兩、乙銀一根少六十二兩，三數相加得三根少一百四十六兩，而與所借之二根相等。三根少一百四十六兩與二根各加一百四十六兩，得三根與二根多一百四十六兩相等。三根與二根再各減二根，則餘一根與一百四十六兩相等。一根既與一百四十六兩相等，則二根必與二百九十二兩相等，即三人之總銀數。前既以丙銀爲一根少三十四兩，乃於一百四十六兩內減三十四兩，餘一百一十二兩，即丙銀數。甲爲一根少五十兩，乃於一百四十六兩內減五十兩餘九十六兩，即甲銀數。乙爲一根少六十二兩，乃於一百四十六兩內減六十二兩，餘八十四兩，即乙銀數也。此加減法也。如以甲乙比丙

丙一根 — 三四
甲一根 — 五〇
乙一根 — 六二
三根 — 一四六 ＝ 二根
三根 ＝ 二根 ⊥ 一四六
一根 ＝ 一四六
二根 ＝ 二九二

所多之六十八兩，與乙丙比甲所多之一百兩相加，得一百六十八兩。折半，得八十四兩，即乙銀數。又以乙丙比甲所多之一百兩，與甲丙比乙所多之一百二十四兩相加，得二百二十四兩，折半，得一百一十二兩，即丙銀數。再以乙丙數相加，得一百九十六兩，內減去乙丙比甲所多之一百兩，餘九十六兩，即甲銀數也。

設如有銀分賞衆人，不言銀數，亦不言人數，但知第一人得銀一兩又得餘銀之十分之一，第二人得銀二兩又得餘銀之十分之一，第三人得銀三兩又得餘銀之十分之一，以下分賞之數，皆準此例。所得之銀皆相等。問人數及銀數各幾何。

法借一根爲第一人所得餘銀之數，則一兩多一根爲第一人所得總銀數。又第一人得餘銀十分之一，則餘銀必爲十根減去一根仍餘九根，再於九根內減去第二人所得之二兩爲九根少二兩，以九根少二兩取其十分之一得十分根之九少二錢，與第二人之二兩相加，得二兩作二十錢。多十分根之九少二錢，爲與第一人所得之一兩作一十錢。多一根相等。一兩多一根與二兩多十分根之九少二錢各加二錢，得一兩二錢多一根與二兩多十分根之九相等。多一根與多十分根之九各減十分根之九，餘一兩二錢多十分根之一與二兩相等。一兩二錢與二兩又各減一兩二錢，則餘十分根之一與八錢相等。十分根之一既與八錢相等，則一根必與八兩相等，即第一人所得餘銀之數。乃以十因之得八十兩，又加第一人所得之一兩，共八十一兩，即原共銀數。第一人得一兩又加餘銀八十兩之十分之一八兩共爲九兩。第二人得二兩又加餘銀七十兩之十分之一七兩亦共爲九兩。第三人得三兩又加餘銀六十兩之十分之一六兩亦共爲九兩。第四人得銀四兩又加餘銀五十兩之十分之一五兩，亦共爲九兩。第五人得銀五兩又加餘銀四十兩之十分之一四兩，亦共爲九兩。第六人得銀六兩又加餘銀三十兩之十分之一三兩，亦共爲九兩。第七人得銀七兩又加餘銀二十兩之十分之一二兩，亦共爲九兩。第八人得銀八兩又加餘銀十兩之十分之一一兩，亦共爲九兩。第九人得銀九兩，銀盡無餘，是共九人每人得銀九兩，皆相等也。此加減法也。以分母十與分子一相減，餘九，即人數。以人數九自乘，得八十一，即總銀數也。蓋惟人數與每人所得銀數相等者，每人遞加一兩又各加餘銀十分之一，所得始能相等，故以人數自乘，即得銀數也。

第一人一根

總銀一〇 ⊥ 一根 ＝ 二〇 ⊥ 根十之九 — 二

一二 ⊥ 一根 ＝ 二〇 ⊥ 根十之九

一二 ⊥ 根十之一 ＝ 二〇

根十之一 ＝ 八

一根 ＝ 八〇

設如有人行路共二千八百里，步行則日行七十里，坐船則日行九十里，乘馬則日行一百里。但知步行之日數倍於坐船，坐船之日數倍於乘馬。問步行及坐船、乘馬之日數各若干。

法借一根爲乘馬之日數，則坐船之日數爲二根，步行之日數爲四根。以一根與一百里相乘，得一百根，爲乘馬所行之里數。以二根與九十里相乘，得一百八十根，爲坐船所行之里數。以四根與七十里相乘，得二百八十根，爲步行所行之里數。三數相加，得五百六十根，是爲五百六十根與二千八百里相等。五百六十根既與二千八百里相等，則一百根必與五百里相等。前既以一百根爲乘馬所行之里數，則與一百根相等之五百里，即乘馬所行之里數。以乘馬每日行一百里除之，得五日與一根相等，即乘馬所行之日數。倍之得十日，即坐船所行之日數。以坐船每日行九十里乘之，得九百里，爲坐船所行之里數。再以坐船所行之十日倍之，得二十日，即步行之日數。以步行每日行七十里乘之，得一千四百里，爲步行之里數。以乘馬所行之五百里與坐船所行之九百里及步行之一千四百里相併共得二千八百里，以合原數也。此遞加比例法，用借衰互徵法算之亦可。

馬一根　一〇〇根

船二根　一八〇根

步四根　二八〇根

五六〇根 ＝ 二八〇〇

一〇〇根 ＝ 五〇〇

一根 ＝ 五

設如一驢一馬一車，共馱載一千五百二十斤。馬所馱之數倍於驢仍多四十斤。車所載之數倍於馬驢共馱之數却少四十斤。問驢馬車各馱載幾何。

法借一根爲驢所馱之數，則馬爲二根多四十斤，車爲六根多四十斤。驢馬數相併，得三根多四十斤，倍之爲六根多八十斤，內減去少四十斤，則爲六根多四十斤。三數相加，得九根多八十斤。是爲九根多八十斤與一千五百二十斤相等。多八十斤與一千五百二十斤，各減去八十斤，則餘九根與一千四百四十斤相等。九根既與一千四百四十斤相等，則一根必與一百六十斤相等，即驢所馱之數。倍之得三百二十斤，再加四十斤得三百六十斤，爲馬所馱之數。

驢一根

馬二根 ⊥ 四〇

車六根 ⊥ 四〇

共九根 ⊥ 八〇 ＝ 一五二〇

九根 ＝ 一四四〇

一根 ＝ 一六〇

將馬驢所馱之數相加，得五百二十斤，倍之得一千零四十斤，再減去四十斤，得一千斤，即車所載之數。驢馱一百六十斤，馬馱三百六十斤，車載一千斤，三數相加，共一千五百二十斤，以合原數也。此按數加減比例法，用借衰互徵法算之亦可。

設如有銀三百八十五兩，令十一人挨次遞加三兩分之，問每人各得若干。

法借一根爲第一人所得銀數，以十一乘之，得十一根。

一根

一一根 ⊥ 一六五 ＝ 三八五

一一根 ＝ 二二〇

一根 ＝ 二〇

又以第一人至第十一人遞加三兩計之，共得多一百六十五兩與三百八十五兩相等。十一根多一百六十五兩與三百八十五兩，各減一百六十五兩，則餘十一根與二百二十兩相等。十一根既與二百二十兩相等，則一根必與二十兩相等，即第一人所得銀數。遞加三兩，則知第二人得二十三兩，第三人得二十六兩，第四人得二十九兩，第五人得三十二兩，第六人得三十五兩，第七人得三十八兩，第八人得四十一兩，第九人得四十四兩，第十人得四十七兩，第十一人得五十兩。各數相加，共得三百八十五兩，以合原數也。此按數加減比例法。

設如有銀四百七十四兩，令十二人挨次遞加分之，但知第一人得銀一十二兩，問每人各得若干。

法借一根爲每人遞加之數，以第一人至第十二人遞加一根計之，則得六十六根。再以十二兩與十二人相乘，得一百四十四兩，是爲六十六根多一百四十四兩，與四百七十四兩相等。六十六根多一百四十四兩與四百七十四兩各減去一百四十四兩，則餘六十六根與三百三十兩相等。六十六根既與三百三十兩相等，則一根必與五兩相等，即每人遞加之數。以第一人所得十二兩，加五兩，即第二人所得十七兩。依此遞加，則知第三人得二十二兩，第四人得二十七兩，第五人得三十二兩，第六人得三十七兩，第七人得四十二兩，第八人得四十七兩，第九人得五十二兩，第十人得五十七兩，第十一人得六十二兩，第十二人得六十七兩，各數相加，共得四百七十四兩，以合原數也。此按數加減比例法。

一根

六六根 ⊥ 一四四 ＝ 四七四

六六根 ＝ 三三〇

一根 ＝ 五

設如一人借銀營利三次，每次得利之後，則還銀二百四十兩。復以餘銀作本，其每次所得利銀皆與每次本銀相等。至第三次還銀後，則銀盡無餘。問原借銀若干。

法借一根爲原借本銀數，則第一次利銀亦爲一根，是本利共二根。除還銀二百四十兩，則初次餘銀即爲二根少二百四十兩。再以二根少二百四十兩爲第二次本銀數，加第二次利銀，則爲四根少四百八十兩。除還銀二百四十兩，則第二次餘銀即爲四根少七百二十兩。再以四根少七百二十兩爲第三次本銀數，加第三次利銀，則爲八根少一千四百四十兩。除還銀二百四十兩，則第三次餘銀當爲八根少一千六百八十兩而銀盡無餘，即八根與一千六百八十兩相等也。八根既與一千六百八十兩相等，則一根必與二百一十兩相等，即原借本銀之數。因每次所得利銀皆與本銀相等，故以原借本銀之數倍之，得四百二十兩，除還二百四十兩，餘一百八十兩爲第二次本銀之數。又倍之得三百六十兩，又除還二百四十兩，餘一百二十兩爲第三次本銀之數。又倍之得二百四十兩，再還二百四十兩，則銀恰盡無餘也。此按分遞折比例法，用疊借互徵法算之亦可。

原銀一根

一次二根 — 二四〇

二次四根 — 七二〇

三次八根 — 一六八〇

八根 ＝ 一六八〇

一根 ＝ 二一〇

設如甲、乙、丙三人各作一器，則甲六日可完，乙八日可完，丙二十四日可完。今命三人同作，問得日幾何。

法借一千一百五十二根三分母連乘之數。爲三人同作完之日數，以甲六日計之，則甲每日得一百九十二根。以乙八日計之，則乙每日得一百四十四根。以丙二十四日計之，則丙每日得四十八根。三數相加，共得三百八十四根與一日相等。三百八十四根既與一日相等，則一千一百五十二根必與三日相等，即三人同作完之日數也。此和數比例法。

共一一五二根

甲　一九二根

乙　一四四根

丙　四八根

三八四根 ＝ 一

一一五二根 ＝ 三

設如甲、丙二商，不言本銀若干，但知甲之本銀四倍於丙，而甲本銀内減去七十二兩，則兩人之銀適等。問二人本銀各幾何。

法借一根爲丙本銀數，則甲本銀爲四根。以甲本銀減七十二兩與丙銀相等計之，則於甲本銀四根内減七十二兩，是爲甲四根少七十二兩與丙一根相

甲四根　　丙一根
四根 — 七二 ＝ 一根
四根 ＝ 一根 ⊥ 七二
三根 ＝ 七二
一根 ＝ 二四

等。四根少七十二兩與一根各加七十二兩，得四根與一根多七十二兩相等。四根與一根各減去一根，則餘三根與七十二兩相等。三根既與七十二兩相等，則一根必與二十四兩相等，即丙本銀數。再加七十二兩，得九十六兩即甲本銀數也。此較數比例法。

設如甲、乙二人分銀，其數相等。甲用過一百兩，乙用過三十兩，則乙之餘銀三倍於甲。問二人原各分銀幾何。

原分銀一根
甲餘一根 — 一〇〇　乙餘一根 — 三〇
三根 — 三〇〇 ＝ 一根 — 三〇
三根 ＝ 一根 ⊥ 二七〇
二根 ＝ 二七〇
一根 ＝ 一三五

法借一根爲原分銀之數，則甲之餘銀爲一根少一百兩，乙之餘銀爲一根少三十兩。乙之餘銀既三倍於甲，則將甲餘銀一根少一百兩三倍之，爲三根少三百兩，即與乙之餘銀一根少三十兩相等矣。三根少三百兩與一根少三十兩各加三百兩，則得三根與一根多二百七十兩相等。甲三根少三百兩，今加三百兩，則補足三根整數。乙一根少三十兩，今加三百兩，以三十兩補原少之數，則止多二百七十兩。三根與一根各減去一根，則餘二根與二百七十兩相等。二根既與二百七十兩相等，則一根必與一百三十五兩相等。前既借一根爲原分銀之數，則此一百三十五兩即原分銀之數矣。甲用過一百兩，餘三十五兩。乙用過三十兩，餘一百零五兩，故乙之餘銀三倍於甲也。此較數比例法，用疊借互徵法算之亦可。

設如甲、乙二人行路，兩日行到，初日乙所行之路四倍於甲，次日甲所行之路三倍於乙。但知初日乙行二百四十里，甲行六十里。問次日二人各行若干。

乙一根　　甲三根
一根 ⊥ 二四〇 ＝ 三根 ⊥ 六〇
一八〇 ＝ 二根
九〇 ＝ 一根

法借一根爲次日乙所行之路，則甲次日所行之路爲三根。以初日乙行二百四十里與一根相加，得一根多二百四十里爲乙兩日所行之路。以初日甲行六十里與三根相加，得三根多六十里爲甲兩日所行之路。是爲乙一根多二百四十里與甲三根多六十里相等。一根與三根各減一根，多二百四十里與多六十里各減六十里，則餘一百八十里與二根相等。一百八十里既與二根相等，則九十里必與一根相等，即次日乙所行之路。三因之，得二百七十里，即次日甲所行之路。以乙次日所行九十里與初日所行二百四十里相加，得三百三十里。以甲次日所行二百七十里與初日所行六十里相加，亦得三百三十里，是兩人同行俱到也。此較數比例法。

設如有甲、乙二商各有本銀生理，但知乙本銀比甲本銀多六兩，數年得利之後，甲本利共銀比原銀爲十一倍，乙本利共銀比原銀爲七倍，而兩人之銀適等。問二人原有本銀各幾何。

甲一根　乙一根 ⊥ 六
一一根 ＝ 七根 ⊥ 四二
四根 ＝ 四二
一根 ＝ 一〇五

法借一根爲甲本銀數，則乙本銀爲一根多六兩，甲本利共銀既比原銀爲十一倍，則以十一乘一根，得十一根爲甲本利共銀數。乙本利共銀既比原銀爲七倍，則以七乘一根多六兩，得七根多四十二兩，爲乙本利共銀數。是爲甲十一根與乙七根多四十二兩相等。十一根與七根各減七根，餘四根與四十二兩相等。四根既與四十二兩相等，則一根必與十兩零五錢相等，即甲原銀之數，十一乘之得一百一十五兩五錢，即甲本利共銀之數。以六兩與十兩零五錢相加，得一十六兩五錢，即乙原銀之數，七因之，亦得一百一十五兩五錢，爲乙本利共銀之數也。此較數比例法，用疊借互徵法算之亦可。

設如甲、乙二人分銀，其數相等，甲銀外加三百兩，乙銀外加六十五兩，則甲之共銀三倍於乙。問二人原各分銀若干。

原分銀一根
乙共一根 ⊥ 六五　甲共一根 ⊥ 三〇〇
三根 ⊥ 一九五 ＝ 一根 ⊥ 三〇〇
三根 ＝ 一根 ⊥ 一〇五
二根 ＝ 一〇五
一根 ＝ 五二五

法借一根爲原分銀之數，則乙之共銀爲一根多六十五兩，甲之共銀爲一根多三百兩。甲之共銀既三倍於乙，則將乙之共銀一根多六十五兩，三倍之，爲三根多一百九十五兩，即與甲之共銀一根多三百兩相等矣。三根多一百九十五兩與一根多三百兩各減一百九十五兩，則餘三根與一根多一百零五兩相等。三根與一根再各減去一根，則餘二根與一百零五兩相等。二根既與一百零五兩相等，則一根必與五十二兩五錢相等。前既借一根爲原分銀之數，則此五十二兩五錢即原分銀之數矣。以五十二兩五錢與六十五兩相加，得一百一十七兩五錢，爲乙之共銀數。以五十二兩五

錢與三百兩相加，得三百五十二兩五錢，爲甲之共銀數，即乙之共銀之三倍也。此較數比例法，用疊借互徵法算之亦可。

設如金球十二，銀球十八，其輕重適等。若將銀球七，換金球七，則銀球邊多三百二十二兩。問金球銀球各重幾何。

法借一根爲金球換銀球之差數，以七乘之得七根，爲七金球換七銀球之差數，是爲七根與三百二十二兩相等。七根既與三百二十二兩相等，則一根必與四十六兩相等，即一金球一銀球相換之差數。一金球一銀球相換之差數既爲四十六兩，則一金球比一銀球之重必差二十三兩。一金球比一銀球既重二十三兩，則十二金球比十二銀球必重二百七十六兩。如以銀球再加六個，十八個即與十二金球等，是銀球六個與二百七十六兩相等也。乃以六歸之，得四十六兩，即一銀球之重數。加二十三兩，得六十九兩，即一金球之重數。以四十六兩與十八銀球相乘，得八百二十八兩。以六十九兩與十二金球相乘，亦得八百二十八兩也。此較數比例法。

一根

七根 ＝ 三二二

一根 ＝ 四六

設如一人買緞十二疋，一人買紬三十二疋，用銀適等。但知緞每疋價比紬每疋價多六兩，問紬緞價銀各若干。

法借一根爲紬價，則緞價爲一根多六兩。各以總數乘之，則紬總價得三十二根，緞總價得十二根多七十二兩，是爲紬價三十二根與緞價十二根多七十二兩相等。三十二根與十二根各減去十二根，則餘二十根與七十二兩相等。二十根既與七十二兩相等，則一根必與三兩六錢相等，即紬每疋之價。以九知緞每疋比紬每疋多六兩，得九兩六錢即緞每疋之價。以九兩六錢乘十二疋得一百一十五兩二錢，爲緞總價。以三兩六錢乘三十二疋，亦得一百一十五兩二錢，爲紬總價。兩數適等也。此較數比例法。

紬一根　緞一根 ⊥ 六

三二根 ＝ 一二根 ⊥ 七二

二〇根 ＝ 七二

一根 ＝ 三六

設如甲、乙二人共買緞一百疋，甲買三十八疋止與銀三百一十二兩，乙買六十二疋止與銀六百兩，而兩人所欠之銀適等。問緞價及欠銀各若干。

法借一根爲緞每疋價銀數，則甲三十八疋總銀數爲三十八根。又甲止與銀三百一十二兩，則甲所欠之銀即爲三十八根少三百一十二兩。乙六十二疋總銀數爲六十二根，又乙止與銀六百兩，則乙所欠之銀即爲六十二根少六百兩。是爲甲三十八根少三百一十二兩與乙六十二根少六百兩相等。少三百一十二兩與少六百兩各加六百兩，得三十八根多二百八十八兩與六十二根相等。乙爲六十二根少六百兩，今加六百兩，則補足六十二根整數。甲爲三十八根少三百一十二兩，今加六百兩以三百一十二兩補原少之數，則止多二百八十八兩也。又三十八根與六十二根各減去三十八根，則餘二十四根與二百八十八兩相等。二十四根既與二百八十八兩相等，則一根必與十二兩相等，即緞每疋之價銀數。再以十二兩乘三十八疋，得四百五十六兩，即甲所買緞之總銀數。內減甲與銀三百一十二兩，餘一百四十四兩，爲甲所欠銀數。又以十二兩乘六十二疋，得七百四十四兩，爲乙所買緞之總銀數。內減乙與銀六百兩，亦餘一百四十四兩，爲乙所欠銀數也。此較數比例法。

緞　一根

甲三八根　　乙六二根

三八根 ― 三一二 ＝ 六二根 ― 六〇〇

三八根 ⊥ 二八八 ＝ 六二根

二八八 ＝ 二四根

一二 ＝ 一根

設如有米分給大小二等工人，但知小工人數比大工人數爲七倍。大工人給米一升二合，小工人給米八合，共給過米五石四斗四升。問人數米數各幾何。

法借一根爲大工人之數，則七根爲小工人之數。以一根與一升二合相乘，作一十二合。得一十二根爲大工人米數。以七根與八合相乘，得五十六根爲小工人米數。兩米數相加，得六十八根與五石四斗四升相等。六十八根既與五石四斗四升相等，則十二根必與九斗六升相等。前既以十二根爲大工人米數，則與十二根相等之九斗六升，即大工人之米數。爰以大工人每人所得一升二合除之，得八十人與一根相等，即大工人之數。七因之，得五百六十，即小工人之數。以八合乘之，得四石四斗八升，即小工人之米數也。此和較比例法，用疊借互徵法算之亦可。

大一二根

小五六根

六八根 ＝ 五四四〇

一二根 ＝ 九六〇

一根 ＝ 八〇

設如有銀一百兩，分給大小二等匠人共一百名。大匠人每人給銀一兩五錢，小匠人每人給銀五錢，問大小匠人各若干。

法借一根爲大匠人數，則小匠人爲一百少一根。以一兩五錢與一根相乘，得十五根爲大匠人共銀數。又以五錢與一百少一根相乘，得五十兩作五百錢少五根爲小匠人共銀數。兩銀數相加，得五十兩作五百錢多十根，原少五根，加十五

大 一根 小 一〇〇 — 一根
銀一五根 銀 五〇〇 — 五根
五〇〇 ⊥ 一〇根 ＝ 一〇〇〇
一〇根 ＝ 五〇〇
一五根 ＝ 七五〇
一根 ＝ 五〇

根，則反多十根也。與銀一百兩作一千錢相等。五十兩與一百兩各減去五十兩，則餘十根與五十兩相等。十根既與五十兩相等，則十五根必與七十五兩即七百五十錢相等。前既以十五根爲大匠人共銀數，則與十五根相等之七十五兩（既）〔即〕大匠人之共銀數。爰以大匠人每人所得一兩五錢除之，得五十人與一根相等，即大匠人之數。於共一百人内減大匠人五十人，餘五十人即小匠人之數。以五錢乘之，得二十五兩，即小匠人之共銀數也。此和較比例法，用方程法算之亦可。

設如有銀一百兩，分賞馬步兵共一百名。馬兵一人賞三兩，步兵三人賞一兩。問馬步兵各若干。

法借一根爲步兵所得銀數，則馬兵所得銀數即爲三根，相加得四根，爲馬步兵共得銀數，是爲四根與一百兩相等。四根既與一百兩相等，則一根必與二十五兩相等，即步兵所得銀數。於一百兩内減之，餘七十五兩爲馬兵所得銀數。以每人三兩歸之，得二十五即馬兵人數。於一百名内減之，餘七十五即步兵人數也。此和較比例法。

步銀一根
馬銀三根
四根 ＝ 一〇〇
一根 ＝ 二五

設如雞兔同籠，但知共頭三十六，共足一百。問雞兔各若干。

法借一根爲兔數，則雞爲三十六少一根。以兔四足乘兔一根，得四根爲兔之共足數。以雞二足乘雞三十六少一根，得七十二少二根爲雞之共足數。兩數相加，得七十二多二根與一百相等。七十二與一百各減七十二，則餘二根與二十八相等。二根既與二十八相等，則一根必與十四相等，即兔數。於共三十六内減兔十四，餘二十二即雞數。兔十四以四足乘之，得五十六爲兔共足數。雞二十二以二足乘之，得四十四爲雞共足數。相加得一百，以合原數也。此和較比例法。

兔 一根 足四根
雞三六 — 一根 足七二 — 二根
七二 ⊥ 二根 ＝ 一〇〇
二根 ＝ 二八
一根 ＝ 一四

設如有人行路，乘馬乘船共六十三日。乘馬日行一百六十里，乘船日行一百四十四里。乘船所行之里數比乘馬所行之里數爲十八倍。問乘馬乘船之日數各若干。

法借一根爲乘馬之日數，則乘船之日數爲六十三日少一根。以一根與一百六十里相乘，得一百六十根爲乘馬所行之里數。以六十三日少一根與一百四十四里相乘，得九千零七十二里少一百四十四根爲乘船所行之里數。乘船所行里數既爲乘馬所行里數之十八倍，則以十八乘乘馬所行之里數一百六十根，得二千八百八十根與九千零七十二里少一百四十四根相等。二千八百八十根與少一百四十四根各加一百四十四根，得三千零二十四根與九千零七十二里相等。三千零二十四根既與九千零七十二里相等，則一百六十根必與四百八十里相等。前既以一百六十根爲乘馬所行之里數，則與一百六十根相等之四百八十里，即乘馬所行之里數。以乘馬每日所行一百六十里除之，得三日與一根相等，即乘馬所行之日數。以三日與六十三日相減，餘六十日，爲乘船所行之日數。以乘船每日行一百四十四里乘之，得八千六百四十里，即乘船所行之里數，爲乘馬所行之里數之十八倍也。此和較比例法，用疊借互徵法算之亦可。

馬一根 船六三 — 一根
一六〇根 九〇七二 — 一四四根
二八八〇根 ＝ 九〇七二 — 一四四根
三〇二四根 ＝ 九〇七二
一六〇根 ＝ 四八〇
一根 ＝ 三

設如有青緞、藍緞二色共七十疋，青緞每疋長四十七尺，藍緞每疋長六十尺，其藍緞總尺數比青緞總尺數多二十七尺。問青緞藍緞二色各若干。

法借一根爲青緞疋數，則藍緞爲七十疋少一根。各以尺數乘之，則青緞之總尺數得四十七根，藍緞之總尺數得四千二百尺少六十根。於藍緞總尺數内減去比青緞所多之二十七尺，得四千一百七十三尺少六十根，是爲青緞四十七根與藍緞四千一百七十三尺少六十根相等。四十七根與少六十根各加六十根，得一百零七根與四千一百七十三尺相等。一百零七根既與四千一百七十三尺相等，則四十七根必與一千八百三十三尺相等。前既以四十七根爲青緞之總尺數，則與四十七根相等之一千八百三十三尺，即青緞之總尺數。以每疋長四十七尺除之，得三十九疋與一根相等，即青緞之疋數。以三十九疋與七十疋相減餘三十一疋，即藍緞之疋數。以三十一疋與六十尺相乘得一

青一根 藍七〇疋 — 一根
四七根 四二〇〇尺 — 六〇根
四七根 ＝ 四一七三尺 — 六〇根
一〇七根 ＝ 四一七三尺
四七根 ＝ 一八三三尺
一根 ＝ 三九疋

千八百六十尺，即藍緞之總尺數，比青緞多二十七尺也。此和較比例法。

設如有人買絹、紬二色共價銀一百二十七兩四錢，絹一尺價銀七分，紬一尺價銀一錢四分，其絹之尺數比紬之尺數爲五倍。問絹紬尺數各若干。

紬一四根

絹三五根

四九根 ＝ 一二七四〇

一四根 ＝ 三六四〇

一根 ＝ 二六〇

法借一根爲紬之尺數，則絹之尺數爲五根。以紬價一錢四分作一十四分。乘一根得一十四根，爲紬共價。以絹價七分乘五根得三十五根，爲絹共價。兩數相加共得四十九根，是爲四十九根與一百二十七兩四錢相等。四十九根既與一百二十七兩四錢相等，則十四根必與三十六兩四錢相等。前既以十四根爲紬共價，則與十四根相等之三十六兩四錢，即紬之共價。以紬每尺價一錢四分除之，得二百六十尺與一根相等，即紬之尺數。五因之得一千三百尺，即絹之尺數也。此和較比例法。

設如甲有十成銀一百二十四兩，丙有三成銀不知數。但知將二色銀鎔於一處，則俱爲五成銀。問三成銀幾何。

二根 ＝ 六二〇

一根 ＝ 三一〇

法借一根爲丙銀數，因二色銀鎔於一處俱爲五成，故以五成與丙銀三成相減餘二成，爲每兩所少之數。以五成與甲銀十成相減，餘五成爲每兩所多之數。乃以每兩所少二成乘丙銀一根，得二根。以每兩所多五成乘甲銀一百二十四兩，得六百二十成。是爲二根與六百二十成相等。丙之所少即甲之所多其數相等也。以丙銀每兩少二成除之，則得一根與三百一十兩相等。前既借一根爲丙銀數，則與一根相等之三百一十兩，即丙之銀數也。此和較比例法。

設如有銀大小共九百二十四錠，重二百七十六兩，大錠重三分兩之一，小錠重七分兩之二。問大小錠各若干。

大一根

小九二四 — 一根

七根

五五四四 — 六根

五五四四 ⊥ 一根 ＝ 五七九六

一根 ＝ 二五二

法借一根爲大錠數，則小錠爲九百二十四錠少一根。因大錠重三分兩之一，小錠重七分兩之二，其分母不同，乃以兩分母三與七相乘，得二十一爲共母數。又以小錠分母七互乘大錠分子一得七，即變三分之一爲二十一分之七，爲大錠之重數。又以大錠分母三互乘小錠分子二得六，即變七分之二爲二十一分之六，爲小錠之重數。乃以一根與大錠分子七相乘，得七根爲大錠之重數。以九百二十四錠少一根與小錠分子六相乘，得五千五百四十四少六根，爲小錠之重數。兩數相加，得五千五百四十四多一根爲共重數。又各重數既皆通爲二十一分，則共重二百七十六兩，亦以分母二十一通之，得五千七百九十六，是爲五千五百四十四多一根與五千七百九十六相等。五千五百四十四與五千七百九十六各減五千五百四十四，則餘一根與二百五十二相等，即大錠之共數。與共九百二十四錠相減，餘六百七十二，爲小錠之共數。以大錠重三分兩之一與大錠共數相乘，得八十四兩爲大錠之共重數。以小錠重七分兩之二與小錠共數相乘，得一百九十二兩爲小錠之共重數。相加得二百七十六兩，以合原數也。此和較比例法。

設如衆人雇船，每人出銀一兩二錢則少四兩四錢，每人出銀一兩五錢則多八兩二錢，問人數及船價銀各若干。

一根

一五根 — 八二 ＝ 一二根 ⊥ 四四

一五根 ＝ 一二根 ⊥ 一二六

三根 ＝ 一二六

一根 ＝ 四二

法借一根爲人數，以一根與一兩五錢相乘，得十五根，則船價銀爲十五根少八兩二錢。又以一根與一兩二錢相乘，得十二根，則船價銀又爲十二根多四兩四錢。此二數爲相等。兩邊各加八兩二錢，得十五根與十二根多十二兩六錢相等。兩邊再各減十二根，則餘三根與十二兩六錢相等。三根既與十二兩六錢相等，則一根必與四兩二錢相等。前既借一根爲人數，則此四兩二錢即爲四十二人，爲雇船之人數。以每人出一兩二錢乘之，得五十兩零四錢，再加四兩四錢，得五十四兩八錢爲船價。以每人出一兩五錢乘之，得六十三兩，減去八兩二錢，亦爲五十四兩八錢，兩數相同也。此盈朒法。

設如有銀買緞二色，下號緞每疋價銀八兩，上號緞每疋價銀十一兩。若俱買下號者則銀多二百九十六兩，若俱買上號者則銀多三十二兩。問緞數及銀數各若干。

一根

一一根 ⊥ 三二 ＝ 八根 ⊥ 二九六

一一根 ＝ 八根 ⊥ 二六四

三根 ＝ 二六四

一根 ＝ 八八

法借一根爲緞數，以一根與十一兩相乘，得十一根爲上號緞共價，則共銀爲十一根多三十二兩。又以一根與八兩相乘，得八根爲下號緞共價，則共銀爲八根多二百九十二兩。此二數爲相等。兩邊各減三十二兩，得十一根與八根多二百六十四兩相等。兩邊再各減八根，則餘三

根與二百六十四兩相等。三根既與二百六十四兩相等，則一根必與八十八兩相等。前既借一根爲緞數，則此八十八兩，即爲八十八疋，爲緞之總數。以每疋八兩乘之，得七百零四兩爲下號緞共價數。加多二百九十六兩，得一千兩爲共有銀數。以每疋十一兩乘之，得九百六十八兩爲上號緞共價數。加多三十二兩，亦得一千兩，兩數相同也。此盈朒法。

設如有井一口不知其深，有繩一條不知其長。但知取繩六分之一，比井深少三尺四寸。取繩四分之一，比井深適等。問井深及繩長各若干。

繩二四根

六根 ＝ 四根 ⊥ 三四

二根 ＝ 三四

一根 ＝ 一七

法借二十四根爲繩長數，兩分母相乘之數。取其四分之一得六根，則井深即爲六根。又取其六分之一得四根，則井深又爲四根多三尺四寸。此二數爲相等。兩邊各減四根，得二根與三尺四寸相等。二根既與三尺四寸相等，則一根必與一尺七寸相等。而二十四根必與四丈零八寸相等，即繩之長數也。取其六分之一，得六尺八寸，再加三尺四寸，共得一丈零二寸爲井深。或取其四分之一，亦得一丈零二寸，兩數相同也。此盈朒法。

設如有人買房，用本銀三分之二，則比房價多五十九兩。用本銀五分之二，則比房價少四十九兩八錢。問本銀房價各若干。

一五根

一〇根 — 五九〇 ＝ 六根 ⊥ 四九八

一〇根 ＝ 六根 ⊥ 一〇八八

四根 ＝ 一〇八八

一根 ＝ 二七二

法借十五根爲本銀數，兩分母相乘之數。以用本銀三分之二比房價多五十九兩計之，則房價爲十根少五十九兩。以用本銀五分之二比房價少四十九兩八錢計之，則房價又爲六根多四十九兩八錢。此二數爲相等。兩邊各加五十九兩，得十根與六根多一百零八兩八錢相等。兩邊再各減去六根，則餘四根與一百零八兩八錢相等。四根既與一百零八兩八錢相等，則一根必與二十七兩二錢相等，而十五根必與四百零八兩相等，即本銀數取其三分之二得二百七十二兩。減多五十九兩，得二百一十三兩，爲房價數。又將本銀取其五分之二得一百六十三兩二錢，加少四十九兩八錢，亦得二百一十三兩。兩數相同也。此盈朒法。

設如有銀分給二等人，其上等人比下等人多一倍，上等人比下等人每人多得四兩。今欲與下等人每人三兩則銀多七十三兩，每人四兩則銀少二十兩。問人數及銀數各若干。

下等 四根　　下等 三根

上等一六根　　上等一四根

二〇根 — 二〇 ＝ 一七根 ⊥ 七三

二〇根 ＝ 一七根 ⊥ 九三

三根 ＝ 九三

一根 ＝ 三一

法借一根爲下等人數，則上等人數爲二根。以一根與四兩相乘得四根，爲下等人所得共銀數。以二根與八兩下等每人四兩，上等多四兩，故每人八兩。相乘得十六根，爲上等人所得共銀數。兩數相加得二十根，爲上下二等人所得共銀數，則原銀數即爲二十根少二十兩。又以一根與三兩相乘得三根，爲下等人所得共銀數。以二根與七兩相乘得十四根，爲上等人所得共銀數。兩數相加得十七根，爲上下二等人所得共銀數，則原銀數即爲十七根多七十三兩。此兩數爲相等。兩邊各加二十兩得二十根，與十七根多九十三兩相等，兩邊再各減十七根，則餘三根與九十三兩相等。三根既與九十三兩相等，則一根必與三十一兩相等。前既借一根爲下等人數，則此三十一兩即爲三十一人爲下等人數。倍之得六十二人，即上等人數。以下等三十一人用三兩乘之得九十三兩，以上等六十二人用七兩乘之得四百三十四兩，兩數相加，共得五百二十七兩。再加所多七十三兩得六百兩爲原銀數。若以下等三十一人用四兩乘之得一百二十四兩，以上等六十二人用八兩乘之得四百九十六兩，兩數相加共得六百二十兩。減去所少二十兩，亦得六百兩，兩數相同也。此盈朒法。

設如有人分銀不言人數亦不言銀數，但知每四人分銀十八兩則銀少八兩，每三人分銀十一兩則銀多十二兩。問人數及銀數各若干。

五四根 — 八 ＝ 四四根 ⊥ 一二

五四根 ＝ 四四根 ⊥ 二〇

一〇根 ＝ 二〇

一二根 ＝ 二四

法借十二根爲人數。以四人分銀十八兩計之，則每人應得四兩五錢。爰以四兩五錢乘十二根，得五十四根爲共分銀之數，而原銀即爲五十四根少八兩。以三人分銀十一兩計之，則每人應得三兩又三分兩之二。爰以三兩又三分兩之二乘十二根，得四十四根爲共分銀之數，而原銀又爲四十四根多十二兩。此兩數爲相等。兩邊各加八兩，得五十四根與四十四根多二十兩相等。兩邊各減四十四根，得十根與二十兩相等。十根既與二十兩相等，即十二根必與二十四兩相等。前既借十二根爲人數，則此二十四兩即爲二十四人爲共人數也。以三人爲一率，十一兩爲二率，二十四人爲三率，求得四率八十八兩。加多十二兩，

共一百兩，爲原銀數。或以四人爲一率，十八兩爲二率，二十四人爲三率，求得四率一百零八兩。減少八兩，亦得一百兩，兩數相同也。此雙套盈朒法。

設如有一商人販緞，不言每疋價銀之數，亦不言每疋稅銀之數，但知販緞八十疋，納稅用緞四疋，則多銀二兩，販緞三百一十疋，納稅用緞十四疋，則少銀六兩五錢。問每疋價銀及稅銀幾何。

一二四〇根 — 六二〇 ＝ 一一二〇根 ⊥ 五二〇
一二四〇根 ＝ 一一二〇根 ⊥ 一一四〇
一二〇根 ＝ 一一四〇
一根 ＝ 九五

法借一根爲緞一疋之價銀數，以納稅用緞四疋多銀二兩計之，則緞八十疋之稅銀數爲四根少銀二兩。以納稅用緞十四疋少銀六兩五錢計之，則緞三百一十疋之稅銀數爲十四根多銀六兩五錢。此兩緞數不相等，故難用比例，須用互乘法。以八十疋與三百一十疋相乘，得二萬四千八百疋爲共緞數。乃以三百一十疋乘四根少銀二兩，得一千二百四十根少銀六百二十兩，爲二萬四千八百疋之稅銀數。又以八十疋乘十四根多銀六兩五錢，得一千一百二十根多五百二十兩，亦爲二萬四千八百疋之稅銀數。此兩緞數既爲相等，故乘出之稅銀數，亦爲相等。兩邊各加六百二十兩，得一千二百四十根與一千一百二十根多一千一百四十兩相等。兩邊再各減一千一百二十根，則餘一百二十根與一千一百四十兩相等。一百二十根既與一千一百四十兩相等，則一根必與九兩五錢相等，即緞一疋之價銀數。以緞四疋與銀九兩五錢相乘得三十八兩，減去多二兩餘三十六兩，即緞八十疋之稅銀數。以八十疋除三十六兩，得四錢五分，即緞一疋之稅銀數。以四錢五分與緞三百一十疋相乘，得一百三十九兩五錢，即緞三百一十疋之稅銀數。又以緞十四疋與九兩五錢相乘，得一百三十三兩，再加少六兩五錢，亦得一百三十九兩五錢，兩數相同也。此雙套盈朒法。

設如有銀一千二百零九兩，令甲乙二人分之，取甲四分之一，與乙三分之一相加，即與甲銀等。問二人各得幾何。

甲一二根　乙一二〇九 — 一二根
一二根 ＝ 四〇三 — 一根
一三根 ＝ 四〇三
一二根 ＝ 三七二

法借十二根兩分母相乘數。爲甲銀數，則乙銀爲一千二百零九兩少十二根。取甲銀四分之一爲三根，取乙銀三分之一爲四百零三兩少四根，相加得四百零三兩少一根，是爲十二根與四百零三兩少一根相等。十二根與少一根各加一根，得十三根與四百零三兩相等。十三根既與四百零三兩相等，則十二根必與三百七十二兩相等，即甲銀數。於總銀內減甲銀數，餘八百三十七兩，即乙銀數。取甲銀四分之一得九十三兩，取乙銀三分之一得二百七十九兩，相加得三百七十二兩，與甲銀等也。此借衰互徵法。用方程法算之亦可。

設如有銀一千兩，令甲、乙、丙三人分之。乙所得之數倍於甲仍多三十兩，丙所得之數倍於乙。問每人各得若干。

甲一根
乙二根 ⊥ 三〇
丙四根 ⊥ 六〇
共七根 ⊥ 九〇 ＝ 一〇〇〇
七根 ＝ 九一〇
一根 ＝ 一三〇

法借一根爲甲銀數，則乙爲二根多三十兩，丙爲四根多六十兩。三數相併，共得七根多九十兩，而與一千兩相等。九十兩與一千兩各減九十兩，餘七根與九百一十兩相等。七根既與九百一十兩相等，則一根必與一百三十兩相等，即甲所得銀數。倍之再加三十兩，得二百九十兩，爲乙所得銀數。又倍之得五百八十兩，爲丙所得銀數也。此借衰互徵法。用方程法算之亦可。

設如甲、乙、丙三人，分銀六千兩，乙得甲三分之一，丙得乙二分之一。問三人各得幾何。

甲 一 根
乙三之一
丙六之一
六之九 ＝ 六〇〇〇
九根 ＝ 三六〇〇〇
一根 ＝ 四〇〇〇

法借一根爲甲銀數，則乙銀爲三分根之一，丙銀爲六分根之一。三數相加，得六分根之九，以甲一根爲六分，則乙爲六分根之二，丙爲六分根之一。共得六分根之九，即一根半。與六千兩相等。各以六乘之，得九根與三萬六千兩相等。九根既與三萬六千兩相等，則一根必與四千兩相等，即甲銀數。三分之得一千三百三十三兩又三分兩之一，爲乙銀數。又二分之得六百六十六兩又三分兩之二，爲丙銀數也。

丙一根
乙二根
甲六根
九根 ＝ 六〇〇〇
一根 ＝ 六六六三之二

又法借一根爲丙銀數，則乙銀爲二根，甲銀爲六根，相加得九根，與六千兩相等。九根既與六千兩相等，則一根必與六百六十六兩又三分兩之二相等，即丙銀數。倍之得一千三百三十三兩又三分兩之一，爲乙銀數。三因之得四千兩，即甲銀數也。此借衰互徵法。

設如有金、銀、錫、銅四色，不言重數，但知共數五分之二爲銅數，金銀共數七分之四爲錫數，金銀共數八分

之五爲銀數，金重三千零二十四兩，問四色各重若干。

法借二百八十根爲共數，用三分母連乘之數取其可以度盡也。取其五分之二，得一百一十二根爲銅數。與二百八十根相減，餘一百六十八根，爲金銀錫之共數。與取其七分之四，得九十六根，爲錫數。與一百六十八根相減，餘七十二根，爲金銀之共數。又取其八分之五，得四十五根爲銀數。與七十二根相減，餘二十七根爲金數。是爲二十七根與三千零二十四兩相等。二十七根既與三千零二十四兩相等，則一根必與一百一十二兩相等，四十五根必與五千零四十兩相等，即銀數。九十六根必與一萬零七百五十二兩相等，即錫數。一百一十二根必與一萬二千五百四十四兩相等，即銅數。四數相加，共得三萬一千三百六十兩，以所借共重二百八十根，與每一根之一百一十二兩相乘，亦得三萬一千三百六十兩，爲四色之共數也。此借衰互徵法。

共二八〇根
銅一一二根
錫　九六根
銀　四五根
金　二七根 ＝ 三〇二四
一根 ＝ 一一二

設如有銀三百五十六兩，分與三等人。一等五人，二等四人，三等三人。一等所得倍於二等，內少二兩。二等所得倍於三等，又多四兩。問三等人每人各得幾何。

法借一根爲三等一人所得銀數，則二等一人所得銀數爲二根多四兩，一等一人所得銀數爲四根多六兩。以各等共人數因之，則三等所得共銀數爲三根，二等所得共銀數爲八根多十六兩，一等所得共銀數爲二十根多三十兩。三數相加，共得三十一根多四十六兩，爲與三百五十六兩相等。三十一根多四十六兩與三百五十六兩各減去四十六兩，則餘三十一根，與三百一十兩相等。三十一根既與三百一十兩相等，則一根必與十兩相等，即三等一人所得銀數。倍之加四兩得二十四兩，即二等一人所得銀數。又倍之減二兩得四十六兩，即一等一人所得銀數。三等三人共得三十兩，二等四人共得九十六兩，一等五人共得二百三十兩，三數相加，共得三百五十六兩，以合原數也。此借衰互徵法。

三等　三根
二等　八根 ⊥ 一六
一等二〇根 ⊥ 三〇
三一根 ⊥ 四六 ＝ 三五六
三一根 ＝ 三一〇
一根 ＝ 一〇

設如甲、丙二人，共有米三百八十四石。甲納官八分之一，丙納官六分之一，共納五十四石。問二人原米及納官米各若干。

法借一根爲甲納米數，則丙納米爲五十四石少一根。將甲納米一根八因之，得八根，爲甲原米數。丙納米五十四石少一根六因之，得三百二十四石少六根，爲丙原米數。相加得三百二十四石多二根，爲甲丙共米數。是爲三百二十四石多二根與三百八十四石相等。三百二十四石與三百八十四石各減去三百二十四石，餘二根與六十石相等。二根既與六十石相等，則一根必與三十石相等，即甲所納米數。八因之得二百四十石，爲甲原米數。以甲原米數與三百八十四石相減，餘一百四十四石，爲丙原米數。六歸之得二十四石，即丙所納米數也。此疊借互徵法，用方程法算之亦可。

甲八根
丙三二四 — 六根
三二四 ⊥ 二根 ＝ 三八四
二根 ＝ 六〇
一根 ＝ 三〇

設如甲、乙二人，不言本銀若干，但知以乙本銀三分之一與甲本銀相加，再加六十兩，共得一千兩。以甲本銀五分之一與乙本銀相加，亦得一千兩。問二人本銀各幾何。

法借十五根兩分母相乘數。爲乙本銀數，以乙三分之一與甲本銀相加又加六十兩共得一千兩計之，則甲本銀應得九百四十兩少五根，取其五分之一則爲一百八十八兩少一根。以甲本銀五分之一一百八十八兩少一根，與乙本銀十五根相加，得一百八十八兩多十四根與一千兩相等。一邊一百八十八兩，一邊一千兩，各減去一百八十八兩，則得十四根，與八百一十二兩相等。十四根既與八百一十二兩相等，則一根必與五十八兩相等。前既借十五根爲乙本銀數，乃以十五乘之，得八百七十兩，即乙本銀數。取其三分之一，得二百九十兩與一千兩相減，又減六十兩，餘六百五十兩，即甲本銀數也。此疊借互徵法，用方程法算之亦可。

乙一五根
甲九四〇 — 五根
一八八 ⊥ 一四根 ＝ 一〇〇〇
一四根 ＝ 八一二
一根 ＝ 五八

設如甲、乙二商，不言本銀若干，但知各得利銀九十兩。其甲之本利共銀三倍於乙之本銀，乙之本利共銀二倍於甲之本銀。問每人本銀幾何。

法借三根爲甲之本銀數，加利銀九十兩，得三根多九十兩，爲甲之本利共銀數。甲之本利共銀既三倍於乙之本銀，則

甲三根　乙一根 ⊥ 三〇
甲六根 ＝ 乙一根 ⊥ 一二〇
五根 ＝ 一二〇
三根 ＝ 七二

乙之本銀數即爲一根多三十兩，再加利銀九十兩，得一根多一百二十兩，爲乙之本利共銀數，亦爲甲之本銀之二倍也。乃以甲之本銀三根倍之，得六根與乙之一根多一百二十兩相等。六根與一根各減去一根，則餘五根與一百二十兩相等。五根既與一百二十兩相等，則三根必與七十二兩相等，即甲之本銀數，加利銀九十兩，得一百六十二兩。三歸之得五十四兩，爲乙之本銀數。以乙本銀五十四兩，加利銀九十兩，共一百四十四兩，爲甲之本銀之二倍也。此疊借互徵法，用方程法算之亦可。

設如甲、丙二人有銀，不言其數。但知甲銀加九兩爲丙銀之三倍。丙銀加七兩爲甲銀之二倍。問二人各銀若干。

甲六根　丙二根 ⊥ 三

甲六根 ＝ 甲一根 ⊥ 五

五根 ＝ 五

六根 ＝ 六

法借六根三倍二倍相乘數。爲甲銀數，加九兩爲六根多九兩。甲銀加九兩既爲丙銀之三倍，則以三歸之，得二根多三兩，爲丙銀數。加七兩爲二根多十兩。丙銀加七兩既爲甲銀之二倍，則以二歸之，得一根多五兩，仍爲甲銀數。先借六根與今所得一根多五兩，既同爲甲銀數，則其數必等。六根與一根各減一根，餘五根與五兩相等。五根既與五兩相等，則六根必與六兩相等，即甲銀數加九兩，得一十五兩。三歸之得五兩，即丙銀數。加七兩得一十二兩，即甲銀六兩之二倍也。此疊借互徵法，用方程法算之亦可。

設如甲、丙二人有銀，不言其數，但知將丙銀與甲二兩，則甲銀爲丙銀之二倍。若將甲銀與丙三兩，則丙銀爲甲銀之三倍。問二人各銀若干。

丙餘三根 ⊥ 一

原三根 ⊥ 三

三根 ⊥ 六

甲原六根

六根 ⊥ 二

餘一根 ⊥ 二

原六根 ＝ 一根 ⊥ 五

五根 ＝ 五

六根 ＝ 六

法借六根二倍三倍相乘數。爲甲原銀數，加丙與甲二兩得六根多二兩。以丙銀與甲二兩則甲銀爲丙銀之二倍，計之，則以六根多二兩半之，得三根多一兩，爲丙餘銀數。丙先以二兩與甲，則丙之原銀必爲三根多三兩，加甲與丙三兩，得三根多六兩。以甲銀與丙三兩，則丙銀爲甲銀之三倍，計之。則以三根多六兩三歸之，得一根多二兩，爲甲餘銀數。甲先以三兩與丙，則甲之原銀必爲一根多五兩。夫先借六根與今所得一根多五兩，既同爲甲原銀數，則其數必等。六根與一根各減一根，餘五根與五兩相等。五根既與五兩相等，則六根必與六兩相等，即甲原銀之數。加丙與甲二兩得八兩，半之得四兩，爲丙餘銀之數。丙餘銀既爲四兩，則原銀必爲六兩，加甲與丙三兩，得九兩。三歸之得三兩，即甲餘銀之數也。此疊借互徵法，用方程法算之亦可。

設如甲、乙二人，共銀一千二百四十兩。於甲銀內加乙銀四分之一，乙銀內加甲銀五分之一，其數相等。問二人原銀各幾何。

甲原二〇根　乙原一二四〇 — 二〇根

四根　三一〇 — 五根

一二四〇 — 一六根 ＝ 三一〇 ⊥ 一五根

一二四〇 ＝ 三一〇 ⊥ 三一根

九三〇 ＝ 三一根

六〇〇 ＝ 二〇根

法借二十根兩分母相乘數。爲甲原銀數，則一千二百四十兩少二十根爲乙原銀數。甲原銀五分之一爲四根，乙原銀四分之一爲三百一十兩少五根。將甲原銀五分之一四根與乙原銀一千二百四十兩少二十根相加，得一千二百四十兩少十六根。原少二十根加入四根止少十六根。將乙原銀四分之一三百一十兩少五根與甲原銀二十根相加，得三百一十兩多十五根。原二十根，補乙少五根，餘十五根。此二數爲相等。少十六根與多十五根各加十六根，則得一千二百四十兩與三百一十兩多三十一根相等。再一千二百四十兩與三百一十兩各減三百一十兩，則餘九百三十兩與三十一根相等。九百三十兩既與三十一根相等，則六百兩必與二十根相等。前既借二十根爲甲原銀數，則此六百兩即甲原銀之數。以六百兩與一千二百四十兩相減，餘六百四十兩即乙原銀之數。若甲銀內加乙原銀四分之一一百六十兩，乙銀內加甲原銀五分之一一百二十兩，則俱爲七百六十兩也。此疊借互徵法，用方程法算之亦可。

設如甲原有銀五十兩，乙原有銀八十兩。乙用過之銀比甲用過之銀爲三分之一。甲所餘之銀比乙所餘之銀亦爲三分之一。問二人用銀及餘銀各若干。

乙用一根　甲用三根

乙餘八〇 — 一根　甲餘五〇 — 三根

八〇 — 一根 ＝ 一五〇 — 九根

八〇 ⊥ 八根 ＝ 一五〇

八根 ＝ 七〇

一根 ＝ 八七五

法借一根爲乙用過銀數，則甲用過之銀爲三根，而乙所餘之銀爲八十兩少一根，甲所餘之銀爲五十兩少三根。甲餘銀既比乙餘銀爲三分之一，則以甲餘銀五十兩少三根三因之，爲一百五十兩少九根。是爲乙餘銀八十兩少一根與甲餘銀一百五十兩少九根相等。

少一根與少九根各加九根，得八十兩多八根，與一百五十兩相等。再八十兩與一百五十兩各減八十兩，餘八根與七十兩相等。八根既與七十兩相等，則一根必與八兩七錢五分相等，即乙用過銀數。三因之得二十六兩二錢五分，即甲用過銀數。以甲用過銀數與甲原有銀數相減，餘二十三兩七錢五分爲甲所餘銀數，三因之得七十一兩二錢五分，即乙所餘銀數也。此疊借互徵法，用方程法算之亦可。

設如甲、乙、丙三人有銀不言數，但知甲銀比乙銀所多之數，與丙銀四分之一相等。乙銀比丙銀所多之數，與甲銀五分之一相等。若以乙銀五分之二與丙銀相較，則丙銀多一百一十四兩。問三人各銀幾何。

乙五根　　甲一五根 — 五七〇
丙二根 ⊥ 一一四 ＝ 四〇根 — 二二八〇
二根 ⊥ 二三九四 ＝ 四〇根
二三九四 ＝ 三八根
六三 ＝ 一根
三一五 ＝ 五根

法借五根爲乙銀數，則丙銀數爲二根多一百一十四兩。於乙銀數五根內減去丙銀數二根多一百一十四兩，餘三根少一百一十四兩，爲乙銀比丙銀所多之數，與甲銀五分之一相等。五因之，得一十五根少五百七十兩，爲甲銀數。又於甲銀數一十五根少五百七十兩內減去乙銀數五根，餘十根少五百七十兩，爲甲銀比乙銀所多之數，與丙銀四分之一相等。四因之，得四十根少二千二百八十兩，亦爲丙銀數。此四十根少二千二百八十兩與二根多一百一十四兩既同爲丙銀數，是爲相等。乃於二根多一百一十四兩與四十根少二千二百八十兩各加二千二百八十兩，得二根多二千三百九十四兩與四十根相等。二根與四十根再各減二根，則餘三十八根與二千三百九十四兩相等。三十八根既與二千三百九十四兩相等，則一根必與六十三兩相等，而五根必與三百一十五兩相等，即乙銀數。丙銀數既爲二根多一百一十四兩，乃以六十三兩倍之，得一百二十六兩，即二根之數，亦即乙五分之二之數。加一百一十四兩，共得二百四十兩，即丙銀數。甲銀比乙銀所多之數既爲丙銀四分之一，乃以丙銀數四歸之，得六十兩。與乙銀三百一十五兩相加，得三百七十五兩，即甲銀數也。此疊借互徵法，用方程法算之亦可。

設如甲、乙、丙三人有銀，但知甲銀七十兩，乙銀三十四兩，而丙銀不知數。如以丙銀與甲銀相減，又以丙銀與乙銀相減，其甲銀之餘則三倍於乙。問丙銀若干。

丙一根
甲七〇 — 一根　　乙三四 — 一根
七〇 — 一根 — 一〇二 — 三根
七〇 ⊥ 二根 ＝ 一〇二
二根 ＝ 三二
一根 ＝ 一六

法借一根爲丙銀數，則甲丙相減之餘爲七十兩少一根，乙丙相減之餘爲三十四兩少一根。甲之餘銀既三倍於乙，則以乙丙相減之餘三十四兩少一根三因之，得一百零二兩少三根，是爲七十兩少一根與一百零二兩少三根相等。少一根與少三根各加三根，得七十兩多二根與一百零二兩相等。七十兩與一百零二兩各減七十兩，則餘二根與三十二兩相等。二根既與三十二兩相等，則一根必與十六兩相等，即丙銀數。與甲銀七十兩相減，餘五十四兩。與乙銀三十四兩相減，餘十八兩。是甲餘銀爲乙餘銀之三倍也。此疊借互徵法，用方程法算之亦可。

設如甲、乙、丙三人各有銀不言數，但知將乙銀十兩與甲，則甲乙二人之銀相等。若將丙銀十四兩與乙，則乙丙二人之銀相等。若將甲銀十八兩與丙，則丙銀比甲銀爲五倍。問三人各銀若干。

甲一根
乙一根 ⊥ 二〇　丙一根 ⊥ 四八
甲餘一根 — 一八　一八
五根 — 九〇 ＝ 一根 ⊥ 六六
五根 ＝ 一根 ⊥ 一五六
四根 ＝ 一五六
一根 ＝ 三九

法借一根爲甲原銀數，則乙之原銀必爲一根多二十兩，以十兩與甲，則皆爲一根多十兩，其數相等。丙之原銀必爲一根多四十八兩，乙之原銀既爲一根多二十兩，再加十四兩，俱爲一根多三十四兩，其數相等。又甲之原銀既爲一根，以十八兩與丙計之，則爲一根少十八兩。丙之原銀既爲一根多四十八兩，今再加十八兩，則爲一根多六十六兩。此丙之一根多六十六兩比甲之一根少十八兩既爲五倍，則以甲之一根少十八兩五因之，得五根少九十兩，而與丙之一根多六十六兩爲相等。少九十兩與多六十六兩各加九十兩，得五根與一根多一百五十六兩相等。五根與一根各減一根，則餘四根與一百五十六兩相等。四根既與一百五十六兩相等，則一根必與三十九兩相等，即甲原銀之數。甲原銀既爲三十九兩，則乙原銀必爲五十九兩。以十兩與甲，則皆得四十九兩。乙原銀既爲五十九兩，則丙原銀必爲八十七兩。以十四兩與乙，則皆得七十三兩。丙原銀既爲八十七兩，甲原銀既爲三十九兩，甲以十八兩與丙，則丙爲一百零五兩，而甲爲二十一兩，是丙銀比甲銀爲五倍也。此疊借互徵法，用方程法算之亦可。

設如甲、乙、丙三人有銀，但知甲銀二萬五千兩，乙得甲丙共銀二分之一，丙得甲乙共銀八分之一。問乙、丙二人各銀幾何。

法借二根爲丙銀數，則甲乙共銀數爲十六根。乙銀數爲十六根少二萬五千兩，甲丙共銀數爲二根多二萬五千兩，半之又得乙銀數爲一根多一萬二千五百兩。十六根少二萬五千兩與一根多一萬二千五百兩，既同爲乙銀數，則爲相等。十六根少二萬五千兩與一根多一萬二千五百兩各加二萬五千兩，得十六根與一根多三萬七千五百兩相等。十六根與一根各減一根，則餘十五根與三萬七千五百兩相等。十五根既與三萬七千五百兩相等，則二根必與五千兩相等，即丙銀數。與甲銀二萬五千兩相加，得三萬兩。半之得一萬五千兩，即乙銀數也。此疊借互徵法，用方程法算之亦可。

甲丙二根 ⊥ 二五○○○　　丙　二根

甲乙一六根

乙一六根 — 二五○○○ ＝ 乙一根 ⊥ 一二五○○

一六根 ＝ 一根 ⊥ 三七五○○

一五根 ＝ 三七五○○

二根 ＝ 五○○○

設如一商貿易，不言本銀若干，但知第一次所得利銀比本銀爲四分之一，用去銀二十兩。第二次所得利銀比第二次本銀爲五分之二，用去銀十四兩。第三次所得利銀比第三次本銀爲三分之一，用去銀十五兩。合計所餘利銀共八十兩。問原本銀及每次所得利銀各幾何。

法借十二根爲原本銀數，則第一次利銀爲三根，本利相加得十五根。內減用去銀二十兩，得十五根少二十兩爲第二次本銀數。取其五分之二，得六根少八兩，爲第二次利銀數。本利相加，得二十一根少二十八兩，又減用去銀十四兩，得二十一根少四十二兩，爲第三次本銀數。取其三分之一，得七根少十四兩，爲第三次利銀數。以第三次本利相加，得二十八根少五十六兩。又減用去銀十五兩，則爲二十八根少七十一兩。而原借十二根與所餘利銀八十兩遂爲十二根多八十兩，是爲二十八根少七十一兩與十二根多八十兩相等。少七十一兩與多八十兩各加七十一兩，得二十八根與十二根多一百五十一兩相等。二十八根與十二根各減十二根，得十六根與一百五十一兩相等。十六根既與一百五十一兩相等，則十二根必與一百一十三兩二錢五分相等，即原本銀數。四歸之得二十八兩三錢一分二釐五毫，即第一次所得利銀數。本利相加，減用去二十兩，得一百二十一兩五錢六分二釐五毫，即第二次本銀數。取其五分之二，得四十八兩六錢二分五釐，即第二次所得利銀數。本利相加，又減用去十四兩，得一百五十六兩一錢八分七釐五毫，即第三次本銀數。三歸之得五十二兩零六分二釐五毫，即第三次所得利銀數。本利相加，又減用去十五兩，得一百九十三兩二錢五分，即原本銀與三次所餘共利銀相加之數。蓋原本銀一百一十三兩二錢五分，又加所餘共利銀八十兩，即一百九十三兩二錢五分，兩數相等也。此疊借互徵法。

一次本一二根　利　三根

二次本一五根 — 二○　利　六根 — 八

三次本　二一根 — 四二　利　七根 — 一四

二八根 — 五六

二八根 — 七一 ＝ 一二根 ⊥ 八○

二八根 ＝ 一二根 ⊥ 一五一

一六根 ＝ 一五一

一二根 ＝ 一一三二五

設如有人貿易四次，第一次所得利銀比原本銀爲九分之一，用去銀比原本銀爲十二分之一。第二次所得利銀比原本銀爲六分之一，用去銀比原本銀爲九分之四。第三次所得利銀比原本銀爲四分之一，用去銀比原本銀爲二分之一。第四次所得利銀比原本銀爲三分之一，用去銀比原本銀爲三分之二。合四次利銀已用盡，仍用本銀六百兩。問本利銀各若干。

法借三十六根爲本銀數，借三十六者，以九與十二與六皆係用三可以度盡之數。獨四與九不能度盡，故借四九相乘之數，則各分母皆可以度盡也。則第一次利銀爲四根，第二次利銀爲六根，第三次利銀爲九根，第四次利銀爲十二根。四數相加，共得三十一根，爲四次利銀之共數。第一次用去爲三根，第二次用去爲十六根，第三次用去爲十八根，第四次用去爲二十四根。四數相加，共得六十一根，爲四次用去銀之共數。以四次利銀皆用盡仍用本銀六百兩計之，則四次利銀之共數三十一根，仍加本銀六百兩，乃與四次用去銀之共數六十一根相等也。三十一根與六十一根各減去三十一根，則餘三十根與六百兩相等。三十根既與六百兩相等，則一根必與二十兩相等，而三

本三六根

一次利　四根　　一次用　三根

二次利　六根　　二次用一六根

三次利　九根　　三次用一八根

四次利一二根　　四次用二四根

三一根 ⊥ 六○○ ＝ 六一根

六○○ ＝ 三○根

二○ ＝ 一根

十六根必與七百二十兩相等，即本銀數。三十一根又與六百二十兩相等，即利銀數。六十一根又與一千二百二十兩相等，即用去銀數也。此疊借互徵法。

設如甲、乙、丙、丁四人，同出銀作生理。內甲丙丁三人所出銀不言數，但知乙出銀五兩。若將甲所出銀二分之一與乙，又將乙所出銀五分之一與丙，又將丙所出銀七分之一與丁，又將丁所出銀九分之一與甲，則四人所出之銀皆相等。問四人各出銀若干。

甲原二根　　乙原五　　丙原七根 — 一九六　　丁原三六

甲一根 ⊥ 四　　乙一根 ⊥ 四　　丙六根 — 一六七 ＝ 丁一根 ⊥ 四

六根 ＝ 一根 ⊥ 一七一

五根 ＝ 一七一

一根 ＝ 三四二

法借二根爲甲出銀數，則甲將一根二分之一與乙，乙將一兩五分之一與丙，是甲爲一根，乙爲一根多四兩。今以甲與乙相較則數不相等，蓋因甲尚當得丁銀九分之一也。甲因未得丁銀九分之一，故比乙銀少四兩，是四兩即丁銀之九分之一也。九分之一既爲四兩，則三十六兩即爲丁原銀數。丁既以四兩與甲，則丁所餘止三十二兩。以丁三十二兩與乙一根多四兩相較，其數又不相等，蓋因丁尚當得丙銀七分之一也。丁因未得丙銀七分之一，故比乙銀差一根少二十八兩，於乙一根多四兩內減去三十二兩，即餘一根少二十八兩也。是一根少二十八兩，即丙銀之七分之一也。七分之一既爲一根少二十八兩，則七根少一百九十六兩，即爲丙原銀數。丙既以一根少二十八兩與丁，則丙所餘爲六根少一百六十八兩，再加乙所與之一兩，則丙得六根少一百六十七兩矣。夫四人既按分各與之，則乙爲一根多四兩。甲餘一根，又得丁四兩，亦爲一根多四兩。丁餘三十二兩，又得丙一根少二十八兩，亦爲一根多四兩。其數皆相等，則丙之六根少一百六十七兩，亦必與一根多四兩爲相等矣。少一百六十七兩與多四兩各加一百六十七兩，得六根與一根多一百七十一兩相等。六根與一根各減一根，則餘五根與一百七十一兩相等。五根既與一百七十一兩相等，則一根必與三十四兩二錢相等，而二根必與六十八兩四錢相等，即甲所出銀數。又七根必與二百三十九兩四錢相等，內減去一百九十六兩，丙原爲七根少一百九十六兩。餘四十三兩四錢，爲丙所出銀數。乃於丁所出銀內減九分之一，餘三十二兩。加丙銀之七分之一，六兩二錢。得三十八兩二錢。於丙所出銀內減七分之一，餘三十七兩二錢。加乙銀之五分之一，一兩亦得銀三十八兩二錢。於乙所出銀內減五分之一，餘四兩。加甲銀之二分之一，三十四兩二錢。亦得銀三十八兩二錢。於甲所出銀內減二分之一，餘三十四兩二錢。加丁銀之九分之一，四兩。亦得銀三十八兩二錢也。此疊借互徵法，用方程法算之亦可。

設如甲乙丙丁戊五人，各出銀不言數。但知甲乙共銀二百四十兩，丙銀爲甲銀三分之一，丁銀爲乙銀四分之一，戊銀七十二兩，與丙丁共數相等。問五人各銀若干。

甲一二根　　丙四根

乙二四〇 — 二根　　丁六〇 — 三根

戊 七二 ＝ 丙丁六〇 ⊥ 一根

一二 ＝ 一根

法借十二根爲甲銀數，則乙銀爲二百四十兩少十二根，丙銀爲四根，丁銀爲六十兩少三根。以丙丁二數相加，得六十兩多一根，而與戊銀七十二兩相等。七十二兩與六十兩各減六十兩，得十二兩與一根相等。十二兩既與一根相等，則十二根必與一百四十四兩相等，即甲銀數。甲乙共銀二百四十兩，內減甲銀數，餘九十六兩，即乙銀數。將甲銀數三歸之，得四十八兩，即丙銀數。將乙銀數四歸之，得二十四兩，即丁銀數也。此疊借互徵法，用方程法算之亦可。

設如有銀六百兩，令甲乙丙丁戊己六人分之。甲乙共得二百兩，丙丁共得二百兩，戊己共得二百兩。丙所得銀比甲所得銀爲四分之一，戊所得銀比丁所得銀爲三分之一，乙所得銀比己所得銀爲二分之一。問六人各分銀幾何。

法借十二根爲甲所得銀數，則乙所得銀爲二百兩少十二根，丙所得銀爲三根，丁所得銀爲二百兩少三根，戊所得銀爲六十六兩又三分兩之二少一根，戊比丁爲三分之一，以三除丁數即是。己所得銀爲四百兩少二十四根。乙比己爲三分之一，以二乘乙數即是。以戊己兩數相加，得四百六十六兩又三分兩之二少二十五根，是爲二百兩與四百六十六兩又三分兩之二少二十五根相等。二百兩與四百六十六兩又三分兩之二少二十五根各加二十五根，得二百兩多二十五根，與四百六十六兩又三分兩之二相等。二百兩與四百六十六兩又三分兩之二各減二百兩則餘二十五根，與二百六十六兩又三分兩之二相等。二十五根既與二百六十六兩又三分兩之二相等，則一根必與十兩又三分兩之二相等。三根必與二十

甲一二根　乙二〇〇 — 一二根

丙　三根　丁二〇〇 — 三根

戊　六六三之二 — 一根

己四〇〇 — 二四根

二〇〇 ＝ 戊己四六六三之二 — 二五根

二〇〇 ⊥ 二五根 ＝ 四六六三之二

二五根 ＝ 二六六三之二

一根 ＝ 一〇三之二

二兩相等，即丙所得銀數。四因之得一百二十八兩，爲甲所得銀數。甲乙共得二百兩内減甲所得銀數，餘七十二兩爲乙所得銀數。丙丁共得二百兩内減丙所得銀數，餘一百六十八兩爲丁所得銀數。乙所得銀七十二兩，二因之得一百四十四兩，爲己所得銀數。丁所得銀一百六十八兩，三歸之得五十六兩，爲戊所得銀數也。此疊借互徵法，用方程法算之亦可。

設如有駝一羣七十二個，馬一羣不知數，牛一羣與駝馬相併之數等。羊一羣與駝馬相乘之數等，又爲牛數之六十倍。問馬牛羊各幾何。

法借一根爲馬數，則一根多七十二爲牛數。以駝數七十二與馬數一根相乘，得七十二根爲羊數。再以牛數一根多七十二與六十相

馬　一根

牛　一根 ⊥ 七二

羊七二根 ＝ 六〇根 ⊥ 四三二〇

一二根 ＝ 四三二〇

一根 ＝ 三六〇

乘，得六十根多四千三百二十亦爲羊數。此兩數既同爲羊數，則爲相等。七十二根與六十根各減六十根，則餘十二根與四千三百二十相等。十二根既與四千三百二十相等，則一根必與三百六十相等，即馬一羣之數。與駝數相加得四百三十二，即牛一羣之數。再與六十相乘得二萬五千九百二十，即羊一羣之數。以駝七十二與馬三百六十相乘，亦得二萬五千九百二十爲相等也。此疊借互徵法，用方程法算之亦可。

設如有大小二石，不知重數。有銅條一根重十二兩，均分十二分，以繩繫於第五分之上，一頭五分一頭七分。將大石掛於銅條之端，離提繫五分，而以小石作砣稱之，離提繫六分始平。又將小石掛於銅條之端，離提繫五分，而以大石作砣稱之，離提繫四分始平。問二石各重若干。

法先以五分加一倍，與十二分相減，餘二分。折半得一分，與五分相加，爲六分。乃以五分爲一率，六分爲二率，餘二分之重二兩爲三率，求得四率二兩四

一率　五分

二率　六分

三率　二兩

四率　二兩四錢

錢，即五分之端加二兩四錢始與七分相平也。今大石離提繫五分，小石離提繫六分而平，是大石重六分，小石重五分。而大石多二兩四錢，則小石爲大石六分之五而少二兩也。銅條五分之端應加二兩四錢而平。今大石在五分之一頭，是大石多二兩四錢也。將二兩四錢以大石之六分除之，每分得四錢。是大石比小石每分多四錢。以小石五分計之，則大石比小石多二兩，故小石爲大石之六分之五而少二兩也。又小石離提繫五分，大石離提繫四分而平，是小石重四分，大石重五分，而小石多二兩四錢，則小石爲大石五分之四而多二兩四錢也。銅條五分之端應加二兩四錢而平。今小石在五分之一頭，是小石多二兩四錢也。將二兩四錢以小石之四分除之，每分得六錢。是小石比大石每分多六錢。以小石四分計之，則小石比大石多二兩四錢，故小石爲大石之五分之四而多二兩四錢也。乃借三十根六分五分相乘之

大三〇根

小二五根 — 二〇 ＝ 二四根 ⊥ 二四

二五根 ＝ 二四根 ⊥ 四四

一根 ＝ 四四

三〇根 ＝ 一三二〇

數。爲大石之重數，以小石爲大石六分之五而少二兩計之，則小石之重爲二十五根少二兩。以小石爲大石五分之四而多二兩四錢計之，則小石之重又爲二十四根多二兩四錢，此兩數爲相等。兩邊各加二兩，得二十五根與二十四根多四兩四錢相等。兩邊再各減去二十四根，餘一根與四兩四錢相等。一根既與四兩四錢相等，則三十根必與一百三十二兩相等，即大石之重數。六歸之得二十二兩，五因之得一百一十兩，減去二兩得一百零八兩，即小石之重數。或以大石之重數五歸之，得二十六兩四錢，四因之得一百零五兩六錢，加二兩四錢，亦得一百零八兩，爲小石之重數也。此疊借互徵法，用方程法算之亦可。

設如有銀買馬、牛二色，馬四匹牛八頭共價五十六兩，又馬三匹牛五頭共價三十八兩，問馬牛各價若干。

法借一根爲牛一頭之價，則前牛八頭之共價爲八根，前馬四匹之共價爲五十六兩少八根，而後牛五頭之共價爲五根。乃以前馬四匹爲一率，共價五十六兩少八根爲二率，後馬三匹爲三率，求得四率四十二兩少六根，爲後馬三匹之共價。内加後牛五頭之共價五根，得四十二兩少一根，爲後馬三匹牛五頭之共價，與後共價三十八兩相等。四十二兩少一根與三十八兩各加一根，得四十二兩與三十八兩多一根相等。四十二兩與三十八兩多一根再各減去三十八兩，則餘四

牛一根

後牛五根　前牛八根

後馬四二 — 六根　前馬五六 — 八根

四二 — 一根 ＝ 三八

四二 ＝ 三八 ⊥ 一根

四 ＝ 根

兩與一根相等,即牛一頭之價。八因之得三十二兩,爲前牛八頭之共價。於前共價五十六兩内減之,餘二十四兩爲前馬四匹之共價。四歸之得六兩,爲馬一匹之價。又以後馬三匹因之,得十八兩,爲後馬三匹之共價。於後共價三十八兩内減之,餘二十兩,爲後牛五頭之共價。五歸之亦得四兩,爲牛一頭之價也。此二色和數方程法。

設如有錢買桃、梨二色,桃四個比梨八個少錢十二文,桃九個比梨六個多錢二十一文。問桃梨各價若干。

桃一根

後桃九根　前桃四根

後梨九 — 二根　前梨一二 ⊥ 四根

後桃三〇 ⊥ 三根 ＝ 九根

三〇 ＝ 六根

五 ＝ 一根

法借一根爲桃一個之價,則前桃四個之共價爲四根。前梨八個之共價爲十二文多四根,而後桃九個之共價爲九根。乃以前梨八個爲一率,共價十二文多四根爲二率,後梨六個爲三率,求得四率九文多三根,爲後梨六個之共價。加後桃比梨多錢二十一文,得三十文多三根,與後桃九個之共價九根相等。九桃比六梨多二十一文,故以二十一文與六梨之價相加,即與九桃之價等也。三十文多三根與九根各減去三根,則餘三十文與六根相等。三十文既與六根相等,則五文必與一根相等,即桃一個之價。四因之得二十文,爲前桃四個之共價。加入桃比梨少錢十二文,得三十二文,爲前梨八個之共價。八歸之得四文,爲梨一個之價。又以後梨六個因之,得二十四文,爲後梨六個之共價。加入桃比梨多錢二十一文,得四十五文,爲後桃九個之共價。九歸之亦得五文,爲桃一個之價也。此二色較數方程法。

設如有銀買緞紗紬三色,初次買緞二疋紗六疋紬八疋共價八十四兩,二次買緞一疋紗四疋紬七疋共價六十兩,三次買緞三疋紗五疋紬九疋共價九十兩。問緞紗紬每疋各價若干。

法借一根爲紬每疋之價,則初次紬之共價爲八根,二次紬之共價爲七根,三次紬之共價爲九根,而初次緞之共價爲八十四兩少八根仍少紗六疋。乃以初次緞二疋爲一率,緞價八十四兩少八根仍少紗六疋爲二率,二次緞一疋爲三率,求得四率四十二兩少四根仍少紗三疋,爲二次緞價。加入二次紬價七根紗四疋,得四十二兩多三根仍多紗一疋爲二次緞一疋紗四疋紬七疋之共價,與二次共價六十兩相等。四十二兩多三根多紗一疋與六十兩各減去四十二兩,餘三根多紗一疋與十八兩相等。三根多紗一疋與十八兩再各減去三根,餘紗一疋與十八兩少三根相等,即紗一疋之價爲十八兩少三根也。又以二次緞一疋爲一率,緞價四十二兩少四根仍少紗三疋爲二率,三次緞三疋爲三率,求得四率一百二十六兩少十二根仍少紗九疋,爲三次緞價。加入三次紬價九根紗五疋,得一百二十六兩少三根仍少紗四疋,爲三次緞三疋紗五疋紬九疋之共價,與三次共價九十兩相等。一百二十六兩少三根少紗四疋與九十兩各加紗四疋,得一百二十六兩少三根與九十兩多紗四疋相等,一百二十六兩少三根與九十兩多紗四疋再各減去九十兩,餘三十六兩少三根與紗四疋相等,即紗四疋之價爲三十六兩少三根也。前所得紗一疋之價爲十八兩少三根,今又得紗四疋之價爲三十六兩少三根,此二分雖同而疋數不一。故又以紗一疋爲一率,前所得之紗一疋之價十八

紬一根

二次紬七根　初次紬八根

二次緞四二 — 四根 — 三紗　初次緞八四 — 八根 — 六紗

七根 ⊥ 四紗

四二 ⊥ 三根 ⊥ 一紗 ＝ 六〇

三根 ⊥ 一紗 ＝ 一八

一紗 ＝ 一八 — 三根

三次紬九根　二次紬七根

三次緞一二六 — 一二根 — 九紗　二次緞四二 — 四根 — 三紗

九根 ⊥ 五紗

一二六 — 三根 — 四紗 ＝ 九〇

一二六 — 三根 ＝ 九〇 ⊥ 四紗

三六 — 三根 ＝ 四紗

後紗　前紗

三六 — 三根 ＝ 七二 — 一二根

三六 ⊥ 九根 ＝ 七二

九根 ＝ 三六

一根 ＝ 四

兩少三根爲二率，今紗四疋爲三率，求得四率七十二兩少十二根爲紗四疋之價，乃與後所得紗四疋之價三十六兩少三根相等。三十六兩少三根與七十二兩少十二根各加十二根，得三十六兩多九根與七十二兩相等。三十六兩多九根與七十二兩再各減去三十六兩，餘九根與三十六兩相等。九根既與三十六兩相等，則一根必與四兩相等，即紬一疋之價也。紗一疋之價既爲十八兩少三根，則於十八兩內減去三根之共數十二兩，餘六兩即紗一疋之價。初次紗六疋以紗價六兩乘之，得三十六兩。初次紬八疋以紬價四兩乘之，得三十二兩。兩數相加得六十八兩，與初次共銀八十四兩相減，餘十六兩，爲緞二疋之價。二歸之得八兩，即緞一疋之價也。其二次緞之共價爲八兩，紗之共價爲二十四兩，紬之共價爲二十八兩，相加共得六十兩。三次緞之共價爲二十四兩，紗之共價爲三十兩，紬之共價爲三十六兩，相加共得九十兩，皆合原數也。此三色和數方程法。

設如甲、乙、丙三人，各有銀買銅鐵錫三色。甲買銅二斤鐵二斤錫一斤共銀九錢，乙買銅三斤比鐵六斤錫二斤之價多二錢，丙買銅二斤鐵四斤與錫四斤之價相等。問銅鐵錫每斤各價若干。

甲錫一根
甲銅九〇 — 一根 — 二鐵

乙錫二根
乙銅一三五 — 一根半 — 三鐵
二〇

一一五 — 一根半 — 三鐵 ＝ 二根 ⊥ 六鐵
一一五 — 一根半 ＝ 二根 ⊥ 九鐵
一一五 — 三根半 ＝ 九鐵

乙錫二根
乙銅一三五 — 一根半 — 三鐵

丙錫四根
丙銅九〇 — 一根 — 二鐵
四鐵

九〇 — 一根 ⊥ 二鐵 ＝ 四根
九〇 ⊥ 二鐵 ＝ 五根
二鐵 ＝ 五根 — 九〇

法借一根爲錫每斤之價，則甲錫之價即爲一根，乙錫之價爲二根，丙錫之價爲四根，而甲銅之共價爲九錢少一根仍少鐵二斤。乃以甲銅二斤爲一率，銅價九錢少一根仍少鐵二斤爲二率，乙銅三斤爲三率，求得四率一兩三錢五分少一根半仍少鐵三斤，爲乙銅三斤之價。內減比錫二斤鐵六斤所多之二錢，餘一兩一錢五分少一根半仍少鐵三斤，與乙錫二斤之共價二根多鐵六斤相等。一兩一錢五分少一根半少鐵三斤與二根多鐵六斤各加鐵三斤，得一兩一鐵五分少一根半與二根多鐵九斤相等。一兩一錢五分少一根半與二根多鐵九斤再各減去二根，餘一兩一錢五分少三根半與鐵九斤相等，即鐵九斤之價爲一兩一錢五分少三根半也。又以甲銅二斤之共價九錢少一根仍少鐵二斤，即爲丙銅二斤之共價。丙銅與甲銅俱爲二斤，故其共價相等，省一四率也。加鐵四斤，得九錢少一根多鐵二斤與丙錫四斤之共價四根相等。九錢少一根多鐵二斤與四根各加一根，得九錢多鐵二斤與五根相等。九錢多鐵二斤與五根再各減去九錢，餘鐵二斤與五根少九錢相等，即鐵二斤之價爲五根少九錢也。前所得鐵九斤之價爲一兩一錢五分少三根半，今又得鐵二斤之價爲五根少九錢，此二分雖同，而斤數不一。故又以鐵二斤爲一率，今所得之鐵二斤之價五根少九錢爲二率，前所得之鐵九斤爲三率，求得四率二十二根半少四兩零五分，爲鐵九斤之價。乃與前所得鐵九斤之價一兩一錢五分少三根半相等。二十二根半少四兩零五分與一兩一錢五分少三根半各加四兩零五分，得二十二根半與五兩二錢少三根半相等。二十二根半與五兩二錢少三根半再各加三根半，得二十六根與五兩二錢相等。二十六根既與五兩二錢相等，則一根必與二錢相等，即錫每斤之價也。

後鐵 前鐵

二二根半 — 四〇五 ＝ 一一五 — 三根半
二二根半 ＝ 五二〇 — 三根半
二六根 ＝ 五二〇
一根 ＝ 二〇

鐵二斤之價既爲五根少九錢，則以五根之共數一兩內減去九錢，餘一錢爲鐵二斤之共價。半之得五分，即鐵每斤之價。於甲共銀九錢內減去鐵二斤之價一錢，又減去錫一斤之價二錢，餘六錢爲銅二斤之共價。半之得三錢，爲銅每斤之價也。其乙銅三斤之共價爲九錢，乙鐵六斤之共價爲三錢，乙錫二斤之共價爲四錢，是銅三斤比錫二斤鐵六斤之價多二錢也。丙銅二斤之共價爲六錢，丙鐵四斤之共價爲二錢，丙錫四斤之共價爲八錢，是銅二斤鐵四斤與錫四斤之價等也。此三色和較兼用方程法。

清·羅士琳《比例匯通》卷三

借根方御諸比例法上

設有銀十兩，欲分爲大小二分，大分比小分多四兩。問大小各分若干。

答曰：大分七兩，小分三兩。

法借一根爲小分，則大分即爲一根多四兩。兩數相併，得二根多四兩，與十兩相等。乃各減四兩，得二根，與六兩相等。二根既與六兩相等，

小一根

大一根 ⊥ 四

二根 ⊥ 四 ＝ 一〇

二根 ＝ 六

一根 ＝ 三

則一根必與三兩相等。前既借一根爲小分則三兩即小分，加四兩得七兩，即大分也。

解曰：此減法也。依原法以十兩減去四兩，餘六兩，折半爲小分，其法甚易，故首列之俾由淺而深也。

設有銀買米，每銀一兩買米一石三斗。今有銀三百二十兩，問買米若干。

答曰：買米四百十六石。

銀數 一根

一根 ＝ 一三

三二〇根 ＝ 四一六

法借一根爲銀數，則一根既與一石三斗相等，三百二十根必與四百十六石相等，即今買之米也。

解曰：此正比例也。按借根方算，正比例轉比例，皆不見新奇，今各列一法以備其體。

設有田一畝，原闊八步長三十步。今闊要十二步，問長若干。

答曰：長二十步。

闊 一根

一二根 ＝ 三〇

八根 ＝ 二〇

法借一根爲闊數，用乘今闊十二步，得十二根。是十二根既與三十步相等，則八根必與二十步相等，即今長也。

解曰：此轉比例之法也。

設有夏布換綿布，但知夏布每三丈價二錢，綿布每七丈價七錢五分。今有夏布四十五丈，問換綿布若干。

答曰：換綿布二十八丈。

法以夏布三丈除四十五丈，得十五根，爲今夏布總數。則一根既與七丈少五錢五分相等，十五根必與一百零五丈少八兩二錢五分相等，是夏布四十五丈換綿布一百零五丈少八兩二錢五分。以此八兩二錢五分與綿布價計之，可得七十七丈，於一百零五丈內減之，餘二十八丈是也。

總夏布 一五根

一根 ＝ 七 — 五五

一五根 ＝ 一〇五 — 八二五

綿布 七七 ＝ 八二五

解曰：此即前合率比例之第一法也。

設有芝麻換黃米，但知每芝麻三石換菉豆五石，每菉豆四石換黃米三石。今有芝麻五十四石，問換黃米若干。

答曰：換黃米六十七石五斗。

法以芝麻三石除五十四石，得十八根，爲今芝麻總數。則一根多菉豆一石既與黃米三石相等，十八根多菉豆十八石必與黃米五十四石相等。是芝麻五十四石，換黃米五十四石多菉豆十八石，則此十八石菉豆仍可換黃豆十三石五斗，兩數相併，共得六十七石五斗是也。

總芝麻 一八根

一根 ⊥ 一 ＝ 三

一八根 ⊥ 一八 ＝ 五四

豆 一八 ＝ 一三五

解曰：此即前合率比例之第二法也。

設原有菽三斗換黍二斗，又黍四斗換稷三斗，又稷五斗換稻四斗，又稻六斗換麥五斗。今麥七斗，問換菽若干。

答曰：換菽二石一斗。

法以麥五斗除七斗，得十四根爲今總麥數，則十根多稻二斗多稷二斗既與菽六斗相等，本當又多黍二斗與菽三斗相等，因黍二斗既換菽三斗，故以菽加作六斗減去多黍二斗也。十四根多稻二斗八升多稷二斗八升必與菽八斗四升相等是麥七斗換菽八斗四升多稻二斗八升多稷二斗八升也，夫稻二斗八升多稷一斗四升仍可換菽四斗二升。以稷一斗四升稷二斗八升，相併共四斗二升，又可換菽八斗四升。以三菽數相併，共得二石一斗是也。

總麥一四根

一〇根 ⊥ 稻 二 ⊥ 稷 二 ＝ 菽 六

一四根 ⊥ 稻二八 ⊥ 稷二八 ＝ 菽八四

稻二八 ⊥ 稷一四 ＝ 菽四二

稷四二 ＝ 菽八四

解曰：此即前合率比例之第三法也。

設原雇人抄書，每篇六百字，八人抄二十日，得一百二十篇。今抄書，每篇四百五十字，十二人抄三十日，問得若干篇。

答曰：共得三百六十篇。

今篇 三根

今 三根 ⊥ 人二四 ⊥ 字四八〇 ⊥ 一根又十之二

原 四根 ⊥ 人四八 ⊥ 字一四四

一根又十之二 ＝ 一四四

一根 ＝ 一二〇

三根 ＝ 三六〇

法借三根爲今書篇數，則今書每篇四百五十字亦爲三根，原書每篇六百字即爲四根，以六百字用三因之得一千八百根四百五十歸之，故得四根。以今書三根與原八人計之，則爲多二十四人。以多二十四人與原二十日計之，則爲多四百八十字。以多四百八十字用一百二十篇除之，得多一根又十分根之二，爲今書之數。又以原書四根與今十二人計之，則爲多四十八人。以多四十八人與今三十日計之，則爲多一百四十四字，是今書一根又十分根之二與原書一百四十四字爲相等。一根又十分根之二既與一百四十四字爲相等，則一根必與一百一十字爲相等，而三根亦必與三百六十字爲相等。前既借三根爲今書篇數，則今書必爲三百六十篇也。

解曰：此即前合率比例之第四法也。

設原有麥一萬二千石，車十二輛，每車三石日行八十里，四十日運完。今有麥三萬石，車十六輛，每車四石日行六十里，問幾日運完。

答曰：七十五日運完。

法借一根爲今運日數，則今麥三萬石亦爲一根，原麥一萬二千石即爲十分根之四。以一萬二千石用一因之得一萬二千根，三萬歸之，故得十分根之四也。以今麥一根與原車十二輛計之則爲多車十二輛，以多車十二輛與原三石計之則爲多三十六石，以多三十六石與原八十里計之則爲多二千八百八十里。又以原麥十分根之四與今車十六輛計之則爲多車六輛又十分輛之四，以多車六輛又十分輛之四與今四石計之則爲多二十五石又十分石之六，以多二十五石又十分石之六與今六十里計之則爲多一千五百三十六里，以多一千五百三十六里用四十日除之，得多三十八根又十分根之四爲今之運數。是今運三十八根又十分根之四與原車二千八百八十里爲相等，三十八根又十分根之四既與二千八百八十里爲相等，則一根必與七十五里爲相等，前既借一根爲今運日數，則今麥必爲七十五日運完也。

今日一根

今　一根　⊥　車一二　⊥　石三六　⊥　里二八八〇

原　〇根十之四　⊥　車六十之四　⊥　石二五十之六　⊥　里一五三六　＝　三八根十之四

三八根十之四　＝　二八八〇

一根　＝　七五

解曰：此即前合率比例之第五法也。

設有銀三千兩，令上下二等人户二八納之。問各得若干。

答曰：上等二千四百兩，下等六百兩。

法借一根爲下等所納之數，則上等必爲四根，以一根八因二歸之，故爲四根。併之得五根。是五根既與三千兩相等，則四根必與二千四百兩相等，即上等數一根必與六百兩相等，即下等數也。

下　一根

上　四根

五根　＝　三〇〇〇

四根　＝　二四〇〇

一根　＝　六〇〇

解曰：此即前設色比例之第一法也。

設有米共五百八十八石，令甲、乙、丙三人二八分之，問每人各分若干。

答曰：甲二十八石，乙一百十二石，丙四百四十八石。

法借一根爲甲米數，則乙必爲四根，以一根八因二歸也。丙必爲十六根，以四根八因二歸也。併之得二十一根。是二十一根與五百八十八石相等。二十一根既與五百八十八石相等，則一根必與二十八石相等，即甲數四根必與一百十二石相等，即乙數十六根必與四百四十八石相等，即丙數也。

甲　一根

乙　四根

丙　一六根

二一根　＝　五八八

一根　＝　二八

四根　＝　一一二

一六根　＝　四四八

解曰：此即前設色比例之第二法也。

設種樹一千一百六十株，按松、栢、桃、柳四色三七遞次分種，問各種若干。

答曰：松六百八十六株，栢二百九十四株，桃一百二十六株，柳五十四株。

法借九根爲柳數，則桃必爲二十一根，以九根七因三歸也。栢必爲四十九根，以二十一根七因三歸也。松必爲一百十四根又三分根之一，以四十九根七因三歸也。併之得一百九十三根又三分根之一。是一百九十三根又三分根之一與一千一百六十株相等。一百九十三根又三分根之一既與一千一百六十株相等，則九根必與五十四株相等，即柳數也。

柳　九根

桃　二一根

栢　四九根

松　一一四根又三之一

一九三根又三之一　＝　一一六〇

九根　＝　五四

解曰：此即前設色比例之第三法也。

設有金三百五十兩，欲作四珠，依次遞加二十五兩。問每球重若干。

答曰：第一球重五十兩，二球重七十五兩，三球重一百兩，四球重一百二十五兩。

法借一根爲第一球之重，以四球計之，得四根。又以第一球至第四球遞加二十五兩計之，共得多一百五十兩，是四根多一百五十兩與三百五十兩相等。兩邊各減一百五十兩，餘四根與二百兩相等。四根既與二百兩相等，則一根必與五十兩相等。前既借一根爲第一球重，則五十兩即第一球之重，依次遞加二十五兩，即各球重也。

一根

四根 ⊥ 一五〇 ＝ 三五〇

四根 ＝ 二〇〇

一根 ＝ 五〇

解曰：此即前設色比例之第四法也。

設一人有九子，不明說各人歲數，但云共二百零七歲，自長至少皆遞差三歲。問各歲若干。

答曰：長子三十五歲，次子三十二歲，三子二十九歲，四子二十六歲，五子二十三歲，六子二十歲，七子十七歲，八子十四歲，九子十一歲。

法借一根爲第九子之歲數，以九子乘之，得九根。又以第一子至第九子遞差三歲計之，共得多一百零八歲。是九根多一百零八歲與二百零七歲相等，各減一百零八歲，餘九根與九十九歲相等。九根既與九十九歲相等，則一根必與十一歲相等，前既借一根爲第九子之歲數，則十一歲即第九子也，依次遞加三歲，即各子之歲數也。

一根

九根

九根 ⊥ 一〇八 ＝ 二〇七

九根 ＝ 九九

一根 ＝ 一一

解曰：此即前設色比例之第五法也。

設有人行路共二千八百里，步行則日行七十里，坐船則日行九十里，乘馬則日行一百里，但知步行之日數倍於坐船，坐船之日數倍於乘馬。問步行坐船乘馬各數若干。

答曰：步行二十日，坐船十日，乘馬五日。

法借一根爲乘馬之日數，則坐船之日數必二根，步行之日數必四根。以一根與一百里計之，得乘馬之里數爲一百根。以二根與九十里計之，得坐船之里數爲一百八十根。以四根與七十里計之，得步行之里數爲二百八十根。三數相併得五百六十根。與二千八百里相等。五百六十根既與二千八百里相等，則一百根必與五百里相等，一根必與五里相等，前既借一根爲乘馬之日數，是乘馬既爲五日也。

馬一根 一〇〇根

船二根 一八〇根

步四根 二八〇根

五六〇根 ＝ 二八〇〇

一〇〇根 ＝ 五〇〇

一根 ＝ 五

解曰：此即前設色比例之第六法也。

設一驢一車一馬共駄載一千五百二十斤，馬所駄之數倍於驢仍多四十斤，車所載之數倍於驢馬共駄之數却少四十斤。問驢馬車各駄載若干。

答曰：馬所駄三百六十斤，驢所駄一百六十斤，車所載一千斤。

法借一根爲驢所駄之數，則馬必爲二根多四十斤，車必爲六根多四十斤，倍驢馬共駄之數爲六根多八十斤，內減去少四十斤餘六根多四十斤。三數相併，得九根多八十斤。是爲九根多八十斤與一千五百二十斤相等，各減八十斤，餘九根與一千四百四十斤相等。九根既與一千四百四十斤相等，則一根必與一百六十斤相等。前既借一根爲驢所駄之斤重，是驢駄即一百六十斤也。

驢 一根

馬 二根 ⊥ 四〇

車 六根 ⊥ 四〇

九根 ⊥ 八〇 ＝ 一五二〇

九根 ＝ 一四四〇

一根 ＝ 一六〇

解曰：此即前設色比例之第七法也。

設有銅缸、磁缸二面，若於銅缸內添水五十斤，則比磁缸內水多二倍。若於磁缸內添水五十斤，則與銅缸內水相等。問二缸各貯水若干。

答曰：銅缸貯水一百斤，磁缸貯水五十斤。

法借三根爲銅缸水數，則磁缸必爲一根多十六斤又三分斤之二，以銅缸之三根加水五十斤爲三根多五十斤，三歸之，故爲一根多十六斤又三分斤之二也。加五十斤，得一根多六十六斤又三分斤之二，是銅缸三根與磁缸一根多六十六斤又三分斤之二相等。各減一根，餘二根，與六十六斤又三分斤之二相等。二根既與六十六斤又三分斤之二相等，則三根必與一百斤相等。前既借三根爲銅缸水數，是一百斤即銅缸所貯之水也。

銅三根 磁一根 ⊥ 一六又三之二

三根 ＝ 一根 ⊥ 六六又三之二

二根 ＝ 一六又三之二

三根 ＝ 一〇〇

解曰：此即前雙套比例之第一法也。

設有一人貿易，第一次所得利銀比本銀爲四分之一用去二十兩，第二次所得利銀比第二次本銀爲五分之二用去十四兩，第三次所得利銀比第三次本銀爲三分之一用去十五兩，合計所餘利銀共八十兩。問原本銀及每次利銀各若干。

答曰：原本銀一百十三兩二錢五分，第一次利二十八兩三錢一分二釐五毫，第二次利四十八兩六錢二分五釐，第三次利五十二兩零六分二釐五毫。

法借十二根爲原本銀，因五分母可以度盡，故以三四兩分母相乘，得十二根也。則第一次利銀爲三根，本利相加得十五根，內減用去二十兩，是第二次本爲十五根少二十兩，取五分之二，得第二次利六根少八兩，本利相加得二十一根少二十八兩，又減用去十四兩，是第三次本爲二十一根少四十二兩，取三分之一，得第三次利七根少十四兩，以第三次本利相加得二十八根少五十六兩，又減用去十五兩，餘爲二十八根少七十一兩，而原借十二根與所餘利八十兩相加，是爲十二根多八十兩，則是二十八根少七十一兩與十二根多八十兩相等，各加七十一兩，得二十八根與十二根多一百五十一兩相等，各減十二根，餘十六根與一百五十一兩相等。十六根既與一百五十一兩相等，十二根必與一百十三兩二錢五分相等。前既借十二根爲原本，則此一百十三兩二錢五分即原本也。又三根必與二十八兩三錢一分二釐五毫相等，即第一次利也。六根必與五十六兩六錢二分五釐相等，內減去少八兩，餘四十八兩六錢二分五釐，即第二次利也。七根必與六十六兩零六分二釐五毫相等，內減去少十四兩，餘五十二兩零六分二釐五毫，即第三次利也。

三次本 二一根 — 四二　二次本一五根 — 二〇　一次本一二根
三次利　七根 — 一四　二次利　六根 — 八　一次利　三根
二八根 — 五六
―――――――
二八根 — 七一 ＝ 一二根 ⊥ 八〇
二八根 ＝ 一二根 ⊥ 一五一
一六根 ＝ 一五一
一二根 ＝ 一一三二五

解曰：此即前雙套比例之第二法也。

設有人貿易四次，第一次所得利銀比原本爲九分之一，用去銀比原本爲十二分之一。第二次所得利銀比原本爲六分之一，用去銀比原本爲九分之四。第三次所得利銀比原本爲四分之一，用去銀比原本爲二分之一。第四次所得利銀比原本爲三分之一，用去銀比原本銀爲三分之二。合四次利銀已用盡，仍用本銀六百兩。問本利銀各若干。

答曰：本銀七百二十兩，利銀六百二十兩。

法借三十六根爲本銀數，九分十二分六分三分，不拘三六皆可度盡，獨四分與九分則必須三十六也。則第一次利銀爲四根，第二次利銀爲六根，第三次利銀爲九根，第四次利銀爲十二根，四數相併，得共利三十一根。又第一次用去銀爲三根，第二次用去銀爲十六根，第三次用去銀爲十八根，第四次用去銀爲二十四根，四數相加，共得六十一根，爲四次用去之共數。以四次利銀皆用盡，仍用本銀六百兩計之，則四次利銀之共數內加六百兩，得三十一根多六百兩，乃與四次用去之共數六十一根相等，各減三十一根，餘六百兩與三十根相等。六百兩既與三十根相等，則七百二十兩必與三十六根相等。前既借三十六根爲本銀，是七百二十兩，即本銀也。又六百二十兩必與三十一根相等，即共利銀，爲六百二十兩也。

本三六根
一次利　四根　　一次用　三根
二次利　六根　　二次用一六根
三次利　九根　　三次用一八根
四次利一二根　　四次用二四根
共利三一根　　共用六一根
―――――――
三一根 ⊥ 六〇〇 ＝ 六一根
六〇〇 ＝ 三〇根
七二〇 ＝ 三六根
六二〇 ＝ 三一根

解曰：此節前雙套比例之第三法也。

設有甲、丙兩園，不知畝數，將甲園擴出五十畝，則比丙園大二倍，若將丙園擴出五十畝，則比甲園大一倍。問兩園原畝若干。

答曰：甲園四十畝，丙園三十畝。

法借六根爲甲園畝數，二倍三倍相乘之數也。則丙園必爲二根多十六畝又三分畝之二，加五十畝得二根多六十六畝又三分畝之二爲丙園，大甲園之一倍，折半得一根多三十三畝又三分畝之一，則是甲園六根必與此一根多三十三畝又三分畝之一相等，各減一根，餘五根與三十三畝又三分畝之一相等。五根既與三十三畝又三分畝之一相等，則六根必與四十畝相等。前既借一根爲甲園畝數，則此四十畝即甲園也。加五十畝，三歸之，得三十畝，即丙園也。

甲 六根　丙 二根 ⊥ 一六又三之二
丙 二根 ⊥ 六六又三之二
六根 ＝ 一根 ⊥ 三三又三之一
五根 ＝ 三三又三之一
六根 ＝ 四〇

解曰：此即前雙套比例之第四法也。

設有一人借銀營運三次，每次得利之後則還銀二百四十兩，復以餘銀作本，其每次所得之利皆與每次本銀

等，至第三次還銀後，則銀盡無餘。問原借銀若干。

答曰：原借銀二百十兩。

原銀　一根

一次　二根　一　　二四〇

二次　四根　一　　七二〇

三次　八根　一　一六八〇

八根　＝　一六八〇

一根　＝　二一〇

法借一根爲原借銀，則第一次得利亦爲一根，是本利共二根，除還二百四十兩，則初次餘銀即爲二根少二百四十兩。再以二根少二百四十兩爲二次本銀，加二次利銀則爲四根少四百八十兩，除又還二百四十兩，則二次餘銀即爲四根少七百二十兩。再以四根少七百二十兩加第三次利銀，則爲八根少一千四百四十兩，除又還二百四十兩，則三次餘銀爲八根少一千六百八十兩，而銀盡無餘，即八根與一千六百八十兩相等。八根既與一千六百八十兩相等，則一根必與二百十兩相等，即原銀數也。

解曰：此即前雙套比例之第五法也。

設有甲、乙、丙三商，共出本銀一千五百二十兩，甲得利一百二十兩，乙得利四十兩，丙得利三十兩。問各人原本銀若干。

答曰：甲九百六十兩，乙三百二十兩，丙二百四十兩。

原本　一根

甲　一二〇根

乙　　四〇根

丙　　三〇根

一九〇根＝一五二〇

一根＝　　八

一二〇根＝　九六〇

法借一根爲原本根，則甲必爲一百二十根，乙必爲四十根，丙必爲三十根，三數相加得一百九十根。是一百九十根與本銀一千五百二十兩相等。一百九十根既與一千五百二十兩相等，一根必與八兩相等，甲既爲一百二十根，則甲本必九百六十兩也。既得甲本，乙丙之本亦得矣。

解曰：此即前和數比例之第一法也。

設有二人南北相隔一千四百里，同日起身，甲日行八十里，乙日行六十里。問途中幾日相會。

答曰：十日相會。

日數　一根

甲　八〇根

乙　六〇根

一四〇根＝一四〇〇

一根＝　　一〇

法借一根爲相會之日數，以乘甲八十里得八十根，乘乙六十里得六十根，兩數相加，得一百四十根。是一百四十根與一千四百里相等。一百四十根既與一千四百里相等，則一根必與十里相等，前既借一根爲日數，則十里即十日也。

解曰：此即前和數比例之第二法也。

設有銀三百三十六兩，買羅八十疋絹一百二十疋，羅每疋比絹每疋價多一倍。問羅絹各價若干。

答曰：羅價二兩四錢，絹價一兩二錢。

羅　八根

絹　六根

一四根＝　三三六

八根＝　一九二

法借八根爲羅價，則絹價必爲六根，八十疋既借作八根，則一百二十疋自應借作十二根，因羅比絹價多一倍，故折半爲六根也。兩數相加得十四根，與三百三十六兩相等。十四根既與三百三十六兩相等，則八根必與一百九十二兩相等。以八十疋歸之，得二兩四錢，即羅價也。

解曰：此即前和數比例之第三法也。

設有甲、丙、戊三人合本貿易，共得利三千二百八十兩。甲本銀三千六百兩，丙本銀六百兩，戊本銀不知數，但知得利四百八十兩。問戊本銀若干。

答曰：戊本銀七百二十兩。

戊本　　一根

甲　三六〇〇根

丙　　六〇〇根

四二〇〇根　丄　四八＝三二八〇

四二〇〇根　　＝　二八〇〇

一根　　＝　　三之二

法借一根爲戊本銀，則甲必爲三千六百根，丙必爲六百根，兩數相併得四千二百根，則是四千二百根内多戊利四百八十兩與共利三千二百八十兩相等，各減四百八十兩，餘四千二百根與二千八百兩相等。四千二百根既與二千八百兩相等，則一根必與三分兩之二相等。用除戊利四百八十兩，得七百二十兩，即戊本也。

解曰：此即前和數比例之第四法也。

設甲、丙二商不言本銀若干，但知甲之本銀四倍於丙，而甲本銀内減去七十二兩，則兩人之銀適等。問兩人本銀若干。

答曰：甲本銀九十六兩，丙本銀二十四兩。

甲四根　　一根

四根　＝　一根

四根　＝　一根　丄　七二

三根　　＝　　七二

一根　　＝　　二四

法借一根爲丙銀數，則甲本銀爲四根。以甲本銀減七十二兩與丙本銀相等計之，則於甲本銀四根内減七十二兩，是爲甲四根少七十二兩，與丙一根相等，各加七十二兩，得四根與一根多七十二兩相等，各減一根，餘三根

與七十二兩相等。三根既與七十二兩相等，則一根必與二十四兩相等。前既借一根爲丙本銀數，是二十四兩即丙本銀，加七十二兩得九十六兩，即甲本銀也。

解曰：此即前較數比例之第一法也。

設有甲、乙二人分銀，其數相等，甲用過一百兩，乙用過三十兩，其乙之餘銀三倍於甲。問二人原各分銀若干。

答曰：原各分銀一百三十五兩。

法借一根爲原分銀數，則甲餘銀爲一根少一百兩，乙餘銀爲一根少三十兩。乙餘銀既三倍於甲，則將甲餘銀一根少一百兩三倍之，爲三根少三百兩，即與乙餘銀一根少三十兩相等。各加三百兩，得三根與一根多二百七十兩相等，各減一根，餘二根與二百七十兩相等。二根既與二百七十兩相等，則一根必與一百三十五兩相等，即原分銀數也。

原分銀 一根

甲餘 一根 — 一〇〇　乙餘一根 — 三〇

三根 — 三〇〇 ＝ 一根 — 三〇

三根 ＝ 一根 ⊥ 二七〇

二根 ＝ 二七〇

一根 ＝ 一三五

解曰：此即前較數比例之第二法也。

設有甲、乙二人行路，兩日行到，初日乙所行之路四倍於甲，次日甲所行之路三倍於乙。但知初日乙行二百四十里，甲行六十里。問次日二人各行若干。

答曰：次日甲行二百七十里，乙行九十里。

法借一根爲次日乙所行之路，則甲次日所行之路爲三根。以初日乙行二百四十里與一根相加，得一根多二百四十里爲乙次日所行之路。以初日甲行六十里與三根相加，得三根多六十里爲甲次日所行之路。是乙一根多二百四十里與甲三根多六十里相等，各減六十里，得一根多一百八十里與三根相等。各減一根，餘一百八十里與二根相等。一百八十里既與二根相等，則一根必與九十里相等，即乙次日所行之路爲九十里也。

乙 一根　甲 三根

一根 ⊥ 二四〇 ＝ 三根 ⊥ 六〇

一根 ⊥ 一八〇 ＝ 三根

一八〇 ＝ 二根

九〇 ＝ 一根

解曰：此即前較數比例之第三法也。

設有金球十二、銀球十八，輕重相等。若將七金球與七銀球互相更换，則銀球邊多三百二十二兩。問金球銀球各重若干。

答曰：金球每重六十九兩，銀球每重四十六兩，各重八百二十八兩。

法借一根爲金球换銀球之差數，以七計之，得七根爲七金球换七銀球之差數，是爲七根與三百二十二兩相等。七根既與三百二十二兩相等，則一根必與四十六兩相等，即一金球比一銀球相換之差數。一金球一銀球相換之差數既爲四十六兩，則一金球比一銀球之重必差二十三兩。一金球比一銀球既重二十三兩，則十二金球比十二銀球必重二百七十六兩。如以銀球再加六個，十八個即與十二金球等。是六銀球與二百七十六兩相等，乃以六歸之，得四十六兩即一銀球之重，加二十三兩得六十九兩，即一金球之重也。

一根

七根 ＝ 三二二

一根 ＝ 四六

解曰：此即前較數比例之第四法也。

設有緞十二疋、紬三十二疋，其價相等，但知緞每疋比紬每疋多六兩。問紬緞每疋價若干。

答曰：緞每疋九兩六錢，紬每疋三兩六錢。

法借一根爲紬價，則緞價爲一根多六兩。各以總數乘之，則紬爲三十二根，緞爲十二根多七十二兩，是紬價三十二根與緞價十二根多七十二兩相等。各減十二根，餘二十根與七十二兩相等。二十根既與七十二兩相等，則一根必與三兩六錢相等。前既借一根爲紬價，則三兩六錢即紬每疋價，加六兩得九兩六錢，即緞價也。

紬一根　緞一根 ⊥ 六

三二根 ＝ 一二根 ⊥ 七二

二〇根 ＝ 七二

一根 ＝ 三六

解曰：此即前較數比例之第五法也。

設甲、乙二人共買緞一百疋，甲買三十八疋付過銀三百十二兩，乙買六十二疋付過銀六百兩，而兩人所欠之銀相等。問緞價及欠銀若干。

答曰：緞每疋十二兩，各欠銀二百四十四兩。

法借一根爲緞每疋價，則甲三十八疋爲三十八根，乙六十二疋爲六十二根。又甲止與銀三百十二兩，則甲所欠之銀即爲三十八根少三百十二兩，乙止與銀六百兩，則乙所欠之銀即爲六十二根少六百兩。是爲甲三十八根少三百十二兩與乙六十二根少六百兩相等，各加六百兩，得三十八根多二百八十八兩，與

價 一根

甲三八根　乙六二根

三八根 — 三一二 ＝ 六二根 — 六〇〇

三八根 ⊥ 二八八 ＝ 六二根

二八八 ＝ 二四根

一二 ＝ 一根

六十二根相等。各減三十八根，餘二百八十八兩與二十四根相等。二百八十八兩既與二十四根相等，則一根必與十二兩相等，即緞每疋價。以乘甲三十八疋，共得四百五十六兩，減去付過三百十二兩，餘一百四十四兩，即所欠之銀數也。

解曰：此即前較數比例之第六法也。

設有米五石四斗四升，分給大小工人，大工人每名給一升二合，小工人每名給八合，但知小工人比大工人爲七倍。問大小工人人數、米數各若干。

答曰：大工人八十名，給米九斗六升；小工人五百六十名，給米四石四斗八升。

大　一根　小七根
大一二根
小五六根
六八根 ＝ 五四四〇
一二根 ＝ 九六〇
一根 ＝ 八〇

法借一根爲大工人數，則七根爲小工人數，以一根與一升二合相乘，得十二根爲大工人米數。以七根與八合相乘，得五十六根爲小工人米數。兩米數相加得六十八根，與五石四斗四升相等。六十八根既與五石四斗四升相等，則十二根必與九斗六升相等。前既借十二根爲大工人米數，是九斗六升即大工人之米數。乃以十二合除之，得八十人，即大工人之數也。

解曰：此即前和較比例之第一法也。

設有銀一百二十七兩四錢，買絹紬二色，絹每尺價七分，紬每尺價一錢四分，但知絹之尺數比紬之尺數爲五倍。問絹與紬尺數各若干。

答曰：絹一千三百尺，紬二百六十尺。

紬　一根　絹五根
紬一四根
絹三五根
四九根 ＝ 一二七四〇
一四根 ＝ 三六四〇
一根 ＝ 二六〇

法借一根爲紬之尺數，則絹之尺數爲五根。以紬價一錢四分乘一根，得十四根爲紬共價。以絹價七分乘五根，得三十五根爲絹共價。兩共價相加得四十九根，是爲四十九根與一百二十七兩四錢相等。四十九根既與一百二十七兩四錢相等，則十四根必與三十六兩四錢相等。前既借十四根爲紬共價，是三十六兩四錢即紬共價。乃以一錢四分除之，得二百六十尺，即紬尺數也。

解曰：此即前和較比例之第二法也。

設有銀一百兩，分給大小二等匠人共一百名，大匠每人一兩五錢，小匠每人五錢。問大小匠人各若干。

大　一根　小一〇〇 — 一根
銀一五根　五〇〇 — 五根
五〇〇 ⊥ 一〇根 ＝ 一〇〇〇
一〇根 ＝ 五〇〇
一五根 ＝ 七五〇
一根 ＝ 五〇

答曰：大匠五十人，得銀七十五兩；小匠五十人，得銀二十五兩。

法借一根爲大匠人數，則小匠爲一百少一根。以一兩五錢與一根相乘，得十五根爲大匠銀數。又以五錢與一百少一根相乘，得五百錢少五根爲小匠銀數。兩銀數相加，得五十兩即五百錢多十根與一百兩相等。各減五十兩，餘十根與五十兩相等。十根既與五十兩相等，則十五根必與七十五兩相等。前既借十五根爲大匠銀數，是七十五兩即大匠共銀數，乃以大匠一兩五錢除之，得五十人，即大匠人數也。

解曰：此即前和較比例之第三法也。

設有雞兔同籠，但知頭共三十六，足共一百。問雞兔各若干。

答曰：雞二十二隻，兔十四隻。

兔　一根　足四根
雞三六 — 一根　足七二 — 二根
七二 ⊥ 二根 ＝ 一〇〇
二根 ＝ 二八
一根 ＝ 一四

法借一根爲兔數，則雞爲三十六少一根。以兔四足乘兔一根，得四根爲兔共足數。以雞二足乘雞三十六少一根，得七十二少二根爲雞共足數。兩足數相加，得七十二多二根與一百相等，各減七十二，餘二根與二十八相等。二根既與二十八相等，則一根必與十四相等。前既借一根爲兔數，是十四即兔數也。於三十六內減之，餘二十二即雞數也。

解曰：此即前和較比例之第四法也。

設有銀一百兩，分賞馬步兵一百名，馬兵一人賞三兩，步兵三人賞一兩。問馬兵步兵數及各得銀若干。

答曰：馬兵二十五人，賞銀七十五兩；步兵七十五人，賞銀二十五兩。

步銀 一根
馬銀 三根
四根 ＝ 一〇〇
一根 ＝ 二五

法借一根爲步兵所得銀數，則馬兵得銀數必爲三根，相加得四根爲馬步兵共銀數，與一百兩相等。四根既與一百兩相等，則一根必與二十五兩相等，即步兵所得銀數也。

解曰：此即前和較比例之第五法也。

設有銀大小共九百二十四錠，大錠重三分兩之一，小錠重七分兩之二，但知共重二百七十六兩。問大小錠各若干。

答曰：大錠二百五十二錠，小錠六百七十二錠。

法借一根爲大錠數，則小錠爲九百二十四錠少一根。因大錠重三分之一，小錠重七分之二，其分母不同，乃以兩分母三與七相乘，得二十一爲共母數。又以小錠分母七乘大錠分子一得七，變大錠三分之一爲二十一分之七。又以大錠分母三乘小錠分子二得六，變小錠七分之二爲二十一分之六。乃以一根與大錠分子七相乘，得七根爲大錠重數。以九百二十四錠少一根與小錠分子六相乘，得五千五百四十四少一根爲小錠重數。兩數相加，得五千五百四十四多一根爲共重數。然各重數既皆通爲二十一分，則共重二百七十六兩亦當以二十一通之，得五千七百九十六。是爲五千五百四十四多一根與五千七百九十六相等，各減五千五百四十四，餘一根與二百五十二相等。前既借一根爲大錠數，是二百五十二即大錠數，於共錠九百二十四內減之，餘六百七十二即小錠數也。

火 一根
小九二四 — 一根
七根
五五四四 — 六根
————————
五五四四 — 一根 ＝ 五七九六
一根 ＝ 二五二

解曰：此即前和較比例之第六法也。

設有衆人雇船，每人出一兩二錢則少四兩四錢，每人出一兩五錢則多八兩二錢。問人數及船價銀各若干。

答曰：共四十二人，船價銀五十四兩八錢。

法借一根爲人數，以一根與一兩五錢計之得十五根，則船價銀爲十五根少八兩二錢。又以一根與一兩二錢計之得十二根，則船價銀又爲十二根多四兩四錢。此二數爲相等，各加八兩二錢，得十五根與十二根多十二兩六錢相等，各減十二根，餘三根與十二兩六錢相等。三根既與十二兩六錢相等，則一根必與四兩二錢相等，前既借一根爲人數，則此四兩二錢即四十二人也。

人數一根
一五根 — 八二 ＝ 一二根 ⊥ 四四
一五根 ＝ 一二根 ⊥ 一二六
三根 ＝ 一二六
一根 ＝ 四二

解曰：此即前二色比例之第一法也。

設有銀買緞二色，下號緞每疋八兩，上號緞每疋十一兩，若俱買下號則銀多二百九十六兩，若俱買上號則銀多三十二兩。問緞數及銀數各若干。

答曰：緞八十八疋，銀一千兩。

法借一根爲緞數，以一根與十一兩計之，得十一根爲上號緞共價，則共銀爲十一根多三十二兩。又以一根與八兩計之，得八根爲下號緞共價，則共銀爲八根多二百九十六兩。此二數爲相等，各減三十二兩，得十一根與八根多二百六十四兩相等，又各減八根，餘三根與二百六十四兩相等。三根既與二百六十四兩相等，則一根必與八十八兩相等，前既借一根爲緞數，則此八十八兩即八十八疋也。

緞數一根
一一根 ⊥ 三二 ＝ 八根 ⊥ 二九六
一一根 ＝ 八根 ⊥ 二六四
三根 ＝ 二六四
一根 ＝ 八八

解曰：此即前二色比例之第二法也。

設有井一口不知其深，用繩一條取六分之一，比井深少三尺四寸；若取四分之一，比井深適等。問井深及繩長若干。

答曰：井深一丈零二寸，繩長四丈零八寸。

法借二十四根爲繩長數，兩分母相乘數。取其四分之一得六根，則井深即爲六根。又取其六分之一得四根，則井深又爲四根多三尺四寸。此二數爲相等，各減四根，餘二根與三尺四寸相等。二根既與三尺四寸相等，則一根必與一尺七寸相等，而二十四根必與四丈零八寸相等，即繩長也。

繩 二四根
六根 ＝ 四根 ⊥ 三四
二根 ＝ 三四
一根 ＝ 一七
二四根 ＝ 四〇八

解曰：此即前二色比例之第三法也。

設有人買屋，取本銀三分之二比房價多五十九兩，取本銀五分之二則比房價又少四十九兩八錢。問本銀及房價各若干。

答曰：本銀四百零八兩，房價二百十三兩。

法借十五根爲本銀數，兩分母相乘數。以本銀三分之二比房價多五十九兩計之，則房價爲十根少五十九兩。以本銀五分之二比房價少四十九兩八錢計之，則房價爲六根多四十九兩八錢。此二數爲相等，各加五十九兩，得十根與六根多一百零八兩八錢，各減六根，

本銀一五根
一〇根 — 五九〇 ＝ 六根 ⊥ 四九八
一〇根 ＝ 六根 ⊥ 一〇八八
四根 ＝ 一〇八八
一根 ＝ 四七二
五根 ＝ 四〇八〇

餘四根與一百零八兩八錢相等。四根既與一百零八兩八錢相等，則一根必與二十七兩三錢相等，十五根必與四百零八兩相等，即本銀也。

解曰：此即前二色比例之第四法也。

設有人分銀，但知每四人分銀十八兩則少銀八兩，每三人分銀十一兩則多銀十二兩。問人數及銀數各若干。

答曰：二十四人，銀一百兩。

法借十二根爲人數，以四人分銀十八兩計之，則每人應得四兩五錢，爰以四兩五錢乘十二根，得五十四根爲共分銀數，而原銀即爲五十四根少八兩。以三人分銀十一兩計之，則每人應得三兩又三分兩之二，爰以三兩又三分兩之二乘十二根，得四十四根爲共分銀數，而原銀又爲四十四根多十二兩。此二數爲相等，各加八兩，得五十四根與四十四根多二十兩相等，各減四十四根，餘十根與二十兩相等。十根既與二十兩相等，則十二根必與二十四兩相等。前既借十二根爲人數，則此二十四兩即爲二十四人也。

一二根

五四根 — 八 ＝ 四四根 ⊥ 一二

五四根 ＝ 四四根 ⊥ 二〇

一〇根 ＝ 二〇

一二根 ＝ 二四

解曰：此即前二色比例之第五法也。

設有一商販緞八十疋，納稅用緞四疋則多銀二兩；販緞三百十疋，納稅用緞十四疋則少銀六兩五錢。問緞價及稅價若干。

答曰：緞每疋九兩五錢，每疋稅銀四錢五分。

法借一根爲緞一疋之價銀，以納稅用緞四疋多銀二兩計之，則緞八十疋之稅銀爲四根少二兩。以納稅用緞十四疋少銀六兩八錢計之，則緞三百十疋之稅銀爲十四根多六兩八錢。然兩緞之數不相等，難於比例，須用互乘法。以八十疋與三百十疋相乘，得二萬四千八百疋爲共緞數，乃以三百十疋乘四根少二兩，得一千二百四十根少六百二十兩爲二萬四千八百疋之稅銀數。又以八十疋乘十四根多六兩五錢，得一千一百二十根多五百二十兩，亦爲二萬四千八百疋之稅銀數。此兩緞數既相等，故稅銀數亦相等，各加六百二十兩得一千二百四十根，與一千一百二十根多一千一百四十兩相等，各減一千一百二十根，餘一百二十根與一千一百四十兩相等。一百二十根既與一千一百四十兩相等，則一根必與九兩五錢相等，即緞每疋價。以緞四疋乘之，得三十八兩，減多二兩，餘三十六兩即緞八十疋之稅銀。以八十除之，得四錢五分，即緞每疋稅銀也。

一根

一二四〇根 — 六二〇 ＝ 一一二〇根 ⊥ 五二〇

一二四〇根 ＝ 一一二〇根 ⊥ 一一四〇

一二〇根 ＝ 一一四〇

一根 ＝ 九五

解曰：此即前二色比例之第六法也。

又 **卷四** 借根方御諸比例法下

設甲、丙二商共有米三百八十四石，但知甲納官八分之一，丙納官六分之一，共納官米五十四石。問二人原米數及納官米數各若干。

答曰：甲原米二百四十石，納官米三十石；丙原米一百四十四石，納官米二十四石。

甲 一根

丙五四 — 一根

八根

三二四 — 六根

三二四 ⊥ 二根 ＝ 三八四

二根 ＝ 六〇

一根 ＝ 三〇

法借一根爲甲納米數，則丙納米爲五十四石少一根。將甲納米一根八因之，得八根爲甲原米數。丙納米五十四石少一根六因之，得三百二十四石少六根爲丙原米數。兩原米數相加，得三百二十四石多二根爲甲丙共米數，是爲三百二十四石多二根與三百八十四石相等。各減三百二十四石，餘二根與六十石相等。二根既與六十石相等，則一根必與三十石相等，即甲納官米數，八因之得二百四十石，即甲原米數也。

解曰：此即前三色比例之第一法也。

設甲、乙二商不言本銀若干，但知各得利九十兩，其甲之本利共銀三倍於乙之本銀，乙本利共銀二倍於甲之本銀。問每人本銀若干。

答曰：甲本銀七十二兩，乙本銀五十四兩。

甲三根 乙一根 ⊥ 三〇

甲六根 ＝ 乙一根 ⊥ 一二〇

五根 ＝ 一二〇

三根 ＝ 七二

法借三根爲甲之本銀，加利九十兩，得三根多九十兩爲甲之本利共銀。既三倍於乙之本銀，則乙本銀必爲一根多三十兩，加利九十兩，得一根多一百二十兩爲乙之本利共銀。既二倍於甲之本銀，乃以甲本銀三根倍之，得六根與乙之一根多一百二十兩相等。各減一根，餘五根與一百二十兩相等。五根既與一百二十兩相等，則三根必與七十二兩相等，即甲本銀加九十兩，三歸之，得五十四兩即乙本銀也。

解曰：此即前三色比例之第二法也。

設有銀買牛、馬二色，馬四頭牛八頭共銀五十六兩，馬三頭牛五頭共銀三十八兩。問馬牛二色各價若干。

答曰：馬每頭六兩，牛每頭四兩。

牛一根
後牛五根　前牛八根
後馬四二 — 六根　前馬五六 — 八根
五根
四二 — 一根 ＝ 三八
四二 ＝ 三八 ⊥ 一根
四 ＝ 一根

法借一根爲牛每頭之價，則前牛八頭之共價爲八根，前馬四頭之共價爲五十六兩少八根，而後牛五頭之共價爲五根。乃以前馬四頭爲一率，前馬五十六兩少八根爲二率，後馬三頭爲三率，求得四率四十二兩少六根爲後馬共價。内加後牛五頭之共價五根，得四十二兩少一根與後共價三十八兩相等。各加一根，得四十二兩與三十八兩多一根相等。各減三十八兩，餘四兩與一根相等。四兩既與一根相等，則四兩即牛每頭之價也。八因之，得三十二兩爲前牛八頭之共價。於前共價五十六兩内減之，餘二十四兩爲前馬四匹之共價，四歸之，得六兩，即馬每匹之價也。

解曰：此即前三色比例之第三法也。

設有石二塊，不知其重，但有銅條一根重十二兩，均分爲十二分，以繩繫於第五分上，一頭五分，一頭七分，將大石掛於銅條一頭，離提繫五分，而以小石作砣稱之，離提繫六分始平。又將小石掛在銅條一頭，離提繫五分，而以大石作砣稱之，離提繫四分始平。問大小二石各重若干。

答曰：大石計重一百三十二兩，小石計重一百零八兩。

大三〇根
小二五根 — 二〇 ＝ 二四根 ⊥ 二四
二五根 ＝ 二四根 ⊥ 四四
一根 ＝ 四四
三〇根 — 一三二〇

一率　五分
二率　六分
三率　二兩
四率　二兩四錢

法先以五分加一倍，與十二分相減餘二分，折半得一分，與五分相加爲六分。乃以五分爲一率，六分爲二率，餘二分之重二兩爲三率，求得四率二兩四錢，即五分之端加二兩四錢，始與七分相平也。今大石離提繫五分，小石離提繫六分而平，是大石重六分，小石重五分，而大石多二兩四錢，則小石爲大石六分之五而少二兩也。銅條五分之端應加二兩四錢而平，今大石在五分之一頭，是大石多二兩四錢，以大石之六分計之，是大石比小石每分多四錢。以小石五分計之，則大石比小石共多二兩，故小石爲大石之六分之五而少二兩也。又小石離提繫五分，大石離提繫四分而平，是小石重四分，大石重五分，而小石多二兩四錢，則小石爲大石五分之四而多二兩四錢也。銅條五分之端應加二兩四錢而平。今小石在五分之一端，是小石多二兩四錢也。將二兩四錢以小石之四分計之，是小石比大石每分多六錢。以小石五分計之，則小石比大石多二兩四錢，故小石爲大石五分之四而多二兩四錢也。乃借三十根五分六分相乘之數。爲大石之重數，以小石爲大石六分之五而少二兩計之，則小石之重爲二十五根少二兩。以小石爲大石五分之四而多二兩四錢計之，則小石之重又爲二十四根多二兩四錢。此兩數爲相等，各加二兩，得二十五根與二十四根多四兩四錢相等，各減二十四根，餘一根與四兩四錢相等。一根既與四兩四錢相等，則三十根必與一百三十二兩相等，即大石之重數，六歸之得二十二兩，五因之得一百十兩，減去二兩餘一百零八兩，即小石之重數。如以大石之重數五歸之，得二十六兩四錢，又四因之，得一百零五兩六錢，加二兩四錢，亦得小石之重一百零八兩也。

解曰：此即前三色比例之第四法也。

設有錢買桃、梨二色，但知桃四枚比梨八枚少錢十二文，桃九枚比梨六枚多錢二十一文。問桃梨各價若干。

答曰：桃每個五文，梨每個四文。

桃一根
後桃九根　前桃四根
後梨 九 ⊥ 三根　前梨一二 ⊥ 四根
二一
三〇 ⊥ 三根 ＝ 九根
三〇 ＝ 六根
五 ＝ 一根

法借一根爲桃每個價，則前桃四個之共價爲十二文多四根，而後桃九個之共價爲九根。乃以前梨八個爲一率，前梨十二文多四根爲二率，後梨六個爲三率，求得四率九文多三根，爲後梨六個之共價。加後桃比梨多錢二十一文，得三十文多三根，與後桃九個之共價九根相等。各減三根，餘三十文與六根相等。三十文既與六根相等，則五文必與一根相等，即桃每個之價，四因之得二十文，爲前桃四個之共價。加桃比梨少錢十二文，得三十二文，爲前梨八個之共價，八歸之得四文，即梨每個之價也。

解曰：此即前三色比例之第五法也。

設有硯七方比筆三枝價多四百八十文，又硯三方比筆九枝價少一百八十

文。問筆硯價各若干。

答曰：硯每方九十文，筆每枝五十文。

法借一根爲硯每方之價，則前硯七方之共價爲七根，前筆三枝之共價爲七根少四百八十文，而後硯三方之共價爲三根。乃以前筆三枝爲一率，前筆七根少四百八十文爲二率，後筆九枝爲三率，求得四率二十一根少一千四百四十文爲後筆九枝之共價。此二十一根少一千四百四十文與三根多一百八十文爲相等。因後硯三方比筆九枝少一百八十文，故以筆九枝之共價與三根多一百八十文爲相等也。各加一千四百四十文，得二十一根與三根多一千六百二十文相等。各減三根，餘十八根與一千六百二十文相等。十八根既與一千六百二十文相等，則一根必與九十文相等，即硯每方價。七因之，得六百三十文爲硯七方之共價。減多四百八十文，餘一百五十文爲筆三枝之共價。三歸之得五十文，即筆每枝價也。

硯一根

後硯　三根　　　　　　前硯七根

後筆二一根 — 一四四〇 前筆七根 — 四八〇

二一根 — 一四四〇 ＝ 三根 ⊥ 一八〇

二一根 ＝ 三根 ⊥ 一六二〇

一八根 ＝ 一六二〇

一根 ＝ 九〇

解曰：此即前三色比例之第六法也。

設有甲、丙二羣馬各不知數，但知甲三羣比丙二羣多一千五百三十四，甲二羣與丙七羣相等。問甲丙每羣馬數若干。

答曰：甲每羣六百三十四，丙每羣一百八十四。

法借一根爲丙，每羣之馬則前丙二羣之共馬爲二根，前甲三羣之共馬爲一千五百三十四多二根，而後丙七羣之共馬爲七根。乃以前甲三羣爲一率，前甲一千五百三十四多二根爲二率，後甲二羣爲三率，求得四率一千零二十四多一根又三分根之一，爲後甲二羣之共馬。此一千零二十四多一根又三分根之一與後丙七根相等，各減一根又三分根之一，餘一千零二十四與五根又三分根之二相等。一千零二十四既與五根又三分根之二相等，則一根必與一百八十四相等，即丙每羣馬數。七因之，得一千二百六十四爲甲二羣之共馬數，折半得六百三十四，即甲每羣之馬數。如以丙每羣一百八十四用二因之，得三百六十八，加多一千五百三十四得一千八百九十四爲甲三羣之共馬數。三歸之，亦得甲每羣六百三十四也。

丙一根

後丙七根　　　　　　前丙二根

後甲一〇二〇 ⊥ 一根又三之一 前甲一五三〇 ⊥ 二根

一〇二〇 ⊥ 一根又三之一 ＝ 七根

一〇二〇 ＝ 五根又三之二

一八〇 ＝ 一根

解曰：此即前三色比例之第七法也。

設有人初次買緞二疋紗六疋紬八疋共價八十四兩，二次買緞一疋紗四疋紬七疋共價六十兩，三次買緞三疋紗五疋紬九疋共價九十兩。問緞紗紬每疋價若干。

答曰：緞每疋八兩，紗每疋六兩，紬每疋四兩。

紬一根

二紬七根　　　　　　初紬八根

二緞四二 — 四根 — 紗三　初緞八四 — 八根 — 紗六

七根　紗四

四二 ⊥ 三根 ⊥ 紗一 ＝ 六〇

三根 ⊥ 紗一 ＝ 一八

紗一 ＝ 一八 — 三根

三紬九根　　　　　　二紬七根

三緞一二六 — 一二根 — 紗九　二緞四二 — 四根 — 紗三

九根　紗五

一二六 — 三根 — 紗四 ＝ 九〇

一二六 — 三根 ＝ 九〇 ⊥ 紗四

三六 — 三根 ＝ 紗四

後得三六 — 三根＝前得七二 — 一二根

三六 ⊥ 九根 ＝ 七二

九根 ＝ 三六

一根 ＝ 四

法借一根爲紬每疋之價，則初次紬之共價爲八根，二次紬之共價爲七根，三次紬之共價爲九根，而初次緞之共價爲八十四兩少八根仍少紗六疋。乃以初緞二疋爲一率，初緞八十四兩少八根仍少紗六疋爲二率，二緞一疋爲三率，求得四率四十二兩少四根仍少紗三疋爲二次緞價。加二次紬價七根紗四疋，得四十二兩多三根仍多紗一疋爲二次緞一紗四紬七之共價，與二次共價六十兩相等。各減四十二兩，餘三根多紗一疋與十八兩相等。又各減三根，餘紗一疋與十八兩少三根相等，即爲紗一疋之價也。又以二緞一疋爲一率，二緞四十二兩少四根

仍少紗三疋爲二率，三緞三疋爲三率，求得四率一百二十六兩少十二根仍少紗九疋爲三次緞價，加三次紬價九根紗五疋，得一百二十六兩少三根仍少紗四疋爲三次緞三紗五紬九之共價，與三次共價九十兩相等。各加紗四疋得一百二十六兩少三根，與九十兩多紗四疋相等。各減九十兩，餘三十六兩少三根與紗四疋相等，即爲紗四疋之價也。前所得紗一疋之價爲十八兩少三根，今又得紗四疋之價爲三十六兩少三根。此二分雖同而疋數不一，故又以紗一疋爲一率，前所得之十八兩少三根爲二率，今紗四疋爲三率，求得四率七十二兩少十二根爲紗四疋之價，與後所得之紗四疋之價三十六兩少三根爲相等。各加十二根得三十六兩多九根，與七十二兩相等。各減三十六兩餘九根，與三十六兩相等。九根既與三十六兩相等，則一根必與四兩相等。前既借一根爲紬每疋價，則此四兩即紬每疋之價也。紗一疋之價既爲十八兩少三根，則於十八兩内減去三根之共數十二兩，餘六兩即紗每疋價也。初次紗六疋以紗價六兩乘之得三十六兩，初次紬八疋以紬價四兩乘之得三十二兩，兩數相併得六十八兩，於初次共銀八十四兩内減之，餘十六兩爲緞二疋之共價。二歸之得八兩即緞每疋價也。

解曰：此即前四色比例之第一法也。

設有上等八户、中等十二户、下等四户，共納糧一石六斗四升。上等四户、中等八户、下等四户，共納糧九斗六升。又上等十户、中等十户、下等二户，共納糧一石七斗四升。問上中下各户納糧若干。

答曰：上户一斗二升，中户五升，下户二升。

法借一根爲下等每户之糧，則初次下户共糧爲四根，二次爲四根，三次爲二根。而初次上户共糧爲一石六斗四升少四根仍少中十二户。乃以初上八户爲一率，初上一石六斗四升少四根仍少中十二户爲二率，次上四户爲三率，求得四率八斗二升少二根仍少中六户爲次上共糧，加次下共糧四根中八户，得八斗二升多二根多中二户，與二次共糧九斗六升相等。各減八斗二升，餘二根多中二户與一斗四升相等。又各減二根，餘中二户與一斗四升少二根相等，即爲中二户之共糧一斗四升少二根也。又以次上四户爲一率，次上八斗二升少二根少中六户爲二率，三上十户爲三率，求得四率二石零五升少五根仍少中十五户爲三上共糧，加三下共糧二根中十户，得二石零五升少三根仍少中五户，與三次共糧一石七斗四升相等。各加中五户，得二石零五升少三根與一石七斗四升多中五户相等，各減一石七斗四升，餘三斗一升少三根與中五户相等，即爲中五户之共糧

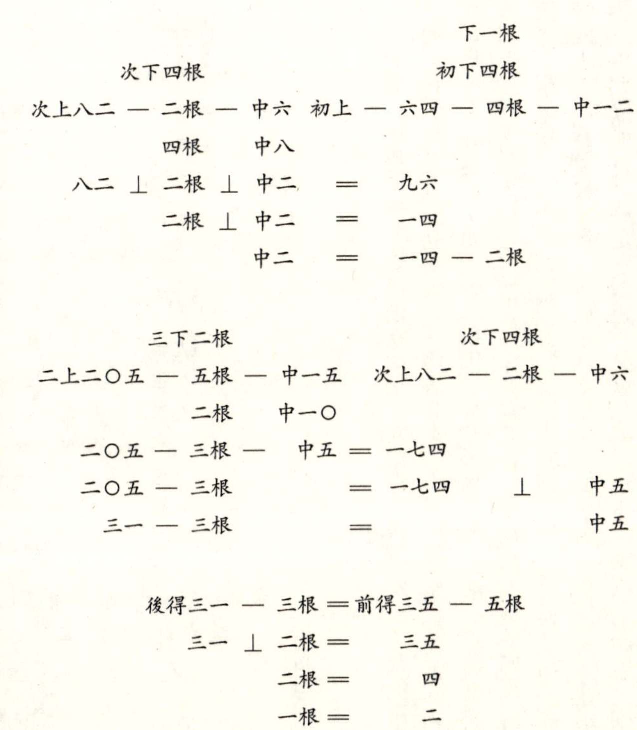

三斗一升少三根也。前所得之中二户之共糧爲一斗四升少二根，今所得之中五户之共糧爲三斗一升少三根。此二分雖同，而户數不一，故又以中二户爲一率，前所得之一斗四升少二根爲二率，今中五户爲三率，求得四率三斗五升少五根爲中五户之糧，與後所得之中五户之糧三斗一升少三根爲相等。各加五根，得三斗一升多二根與三斗五升相等。各減三斗一升，餘二根與四升相等。二根既與四升相等，則一根必與二升相等，即下等每户之糧。中二户之糧既爲一斗四升少二根，則於一斗四升内減去二根之共數四升，餘一斗爲中二户之糧，折半得五升，即中每户糧也。既得中下每户之糧，則上等每户糧亦得矣。

解曰：此即前四色比例之第二法也。

設銀不知數，但知甲與丙四分之一，乙與甲二分之一，丙與乙三分之一，則均爲七十兩。問三人原銀各若干。

答曰：甲四十兩，乙八十兩，丙九十兩。

法借二十四根三分母相乘之數。爲甲，原銀以甲四分之一計之，則甲餘十八

甲原銀二四根　　甲餘一八根
丙原銀一〇五 — 九根　　丙餘七〇 — 六根
乙原銀七〇 ⊥ 六根　　乙餘三五 ⊥ 三根
甲三五 ⊥ 二一根 ＝ 七〇
二一根 ＝ 三五
二四根 ＝ 四〇

根。甲與丙六根，丙爲七十兩少六根。以丙三分之一計之，則丙原銀爲一百零五兩少九根。丙與乙三十五兩少三根，乙爲三十五兩多三根。以乙二分之一計之，則乙原銀爲七十兩多六根。乙與甲三十五兩多三根，以乙與甲之三十五兩多三根與甲餘十八根相加，得三十五兩多二十一根爲甲銀，加減成七十兩之數。是此三十五兩多二十一根與七十兩相等，各減三十五兩，餘二十一根與三十五兩相等。二十一根既與三十五兩相等，則二十四根必與四十兩相等，即甲銀數。丙原銀一百零五兩少九根，於一百零五兩內減去九根共數十五兩，餘九十兩即丙銀數也。

解曰：此即前四色比例之第三法也。

設甲買桃三個，比蘋果二個，梨二個價多二十四文。乙買桃二個、梨三個，比蘋果五個價少十二文。丙買桃四個、蘋果三個，比梨八個價多一百零八文。問桃、蘋果、梨各價若干。

答曰：桃四十八文，果三十六文，梨二十四文。

法借一根爲梨每個之價，則甲梨二個爲二根，乙梨三個爲三根，丙梨八個爲八根，而丙桃共價爲一百零八文多八根少果三個。仍以丙桃四個爲一率，丙桃一百零八文多八根少果三個爲二率，乙桃二個爲三率，求得四率五十四文多四根少果一個半爲乙桃共價。加乙梨三根乙桃價少十二文得六十六文多七根少果一個半，是爲乙果五個之共價與乙果五個相等。各加果一個半，得六十六文多七根與果六個半相等，即果六個半之價爲六十六文多七根也。又以乙桃二個爲一率，乙桃五十四文多四根少果一個半爲二率，甲桃三個爲三率，求得四率八十一文多六根少果二個又四分果之一爲甲桃共價。減甲桃價多二十四文，餘五十四文多六根少果二個又四分果之一，是爲甲果梨之共價，與二根多二果爲相等。各加果二個又四分果之一，得五十七文多六根與二根多果四個又四分果之一相等。又各減二根餘五十七文多四根，與果四個又四分果之一相等，即爲果四個又四分果之一之價爲五十七文多四根也。前所得之果六個半之價爲六十六文多七根，今又得果四個又四分果之一之價爲五十七文多四根，此二分雖同而個數不一，故又以果六個半爲一率，前所得之六十六文多七根爲二率，今果四個

梨一根
乙梨三根　　丙梨八根
乙桃五四 ⊥ 四根 — 果一半　　丙桃一〇八 ⊥ 八根 — 果三
一三　三根
六六 ⊥ 七根 — 果一半 ＝ 果五
六六 ⊥ 七根 ＝ 果六半

甲梨二根　　乙梨三根
甲桃八一 ⊥ 六根 — 果二又四之一　　乙桃五四 ⊥ 四根 — 果一半
二四
五七 ⊥ 六根 — 果二又四之一 ＝ 二根 ⊥ 果二
五七 ⊥ 六根 ＝ 二根 ⊥ 果四又四之一
五七 ⊥ 四根 ＝ 果四又四之一

後得五七 ⊥ 四根 ＝ 前得四三又六十五之十 ⊥ 四根又一百三十之七十五
一三又六十五之五十五 ⊥ 四根 ＝ 四根又一百三十之七十五
一三又六十五之五十五 ＝ 〇根又一百三十之七十五
二四 ＝ 一根

又四分果之一爲三率，求得四率四十三文又六十五分文之十多四根又一百三十分根之七十五爲果四個又四分果之一之價，與後所得之五十七文多四根爲相等。各減四十三文又六十五分文之十，餘十三文又六十五分文之五十五多四根，與四根又一百三十分根之七十五相等。又各減四根，餘十三文又六十五分文之五十五與一百三十分根之七十五相等。十三文又六十五分文之五十五既與一百三十分根之七十五相等，則一根必與二十四文相等，即梨每個價。果六個半之價既爲六十六文多七根，於六十六文內加七根共數一百六十八文，得二

百三十四文，六五歸之得三十六文，即果每個價也。

解曰：此即前四色比例之第四法也。

設甲買琴一張、瑟三張、箏三張共價九十兩，乙買琴一張、瑟二張、箏五張共價八十八兩，丙買琴三張、瑟八張、箏五張共價二百二十兩。問琴瑟箏每張價若干。

答曰：琴十二兩，瑟十八兩，箏八兩。

箏一根

乙箏五根　　甲箏三根

乙琴九〇 — 三根 — 瑟三　甲琴九〇 — 三根 — 瑟三

五根　瑟二

九〇 ⊥ 二根 — 瑟一 ＝ 八八

九〇 ⊥ 二根 ＝ 八八 ⊥ 瑟一

二 ⊥ 二根 ＝ 瑟一

丙箏五根　　乙箏五根

丙琴二七〇 — 九根 — 瑟九　乙琴九〇 — 三根 — 瑟三

五根　瑟八

二七〇 — 四根 — 瑟一 ＝ 二二〇

二七〇 — 四根 ＝ 二二〇 ⊥ 瑟一

五〇 — 四根 ＝ 瑟一

五〇 — 四根 ＝ 二 ⊥ 二根

四八 — 四根 ＝ 二根

四八 ＝ 六根

八 ＝ 一根

法借一根爲箏每張價，則甲箏共價爲三根，乙箏共價爲五根，丙箏共價爲五根，而甲琴共價爲九十兩少三根少三瑟，乙琴亦爲九十兩少三根少三瑟，因甲乙皆爲□琴故也。加乙箏五根瑟二張得九十兩多二根少一瑟，與乙共價八十八兩相等。各加一瑟得九十兩多二根，與八十八兩多一瑟相等。各減八十八兩，餘二兩多二根與一瑟相等，是爲瑟一張之價二兩多二根也。又以乙琴一張爲一率，乙琴九十兩少三根仍少三瑟爲二率，丙琴三張爲三率，求得四率二百七十兩少九根仍少九瑟爲丙琴共價，加丙箏五根瑟八張得二百七十兩少四根仍少一瑟，與丙共價二百二十兩相等。各加一瑟，得二百七十兩少四根與二百二十兩多一瑟相等。又各減二百二十兩，餘五十兩少四根與一瑟相等，是又爲瑟一張之價五十兩少四根也。前所得之瑟一張之價二兩多二根，今所得之瑟一張之價五十兩少四根。此二分既同，張數亦同，即爲五十兩少四根與二兩多二根相等。各減二兩，餘四十八兩少四根與二根相等。又各加四根，得四十八兩與六根相等。四十八兩既與六根相等，則一根必與八兩相等。前既借一根爲箏每張之價，則此八兩即箏一張價也。瑟一張既爲五十兩少四根，於五十兩内減去四根之共數三十二兩，餘十八兩即瑟一張之價也。於共價九十兩内減去瑟三張之共價五十四兩，箏三張之共價二十四兩，餘十二兩即琴一張之價也。

解曰：此即前四色比例之第五法也。

設甲買銅二斤、鐵三斤、錫四斤共銀八錢。乙買鐵三斤、錫三斤，與銅三斤之價等。丙買銅四斤、鐵一斤，比錫八斤之價多三錢。問銅鐵錫每斤價各若干。

答曰：錫每斤五分，鐵每斤一錢，銅每斤一錢五分。

錫一根

乙錫三根　　甲錫四根

乙銅一二 — 六根 — 鐵四半　甲銅八 — 四根 — 鐵三

一二 — 六根 — 鐵四半 ＝ 三根 ⊥ 鐵三

一二 — 六根 ＝ 三根 ⊥ 鐵七半

一二 — 九根 ＝ 鐵七半

丙錫八根　　乙錫三根

丙銅一六 — 八根 — 鐵六　乙銅一二 — 六根 — 鐵四半

三　鐵一

一三 — 八根 — 鐵五 ＝ 八根

一三 — 八根 ＝ 八根 ⊥ 鐵五

一三 — 六根 ＝ 鐵五

後得一三 — 一六根 ＝ 前得八 — 六根

一三 ＝ 八 — 一〇根

五 ＝ 一〇根

〇五 ＝ 一根

法借一根爲錫每斤之價，甲錫共價則爲四根，乙錫則爲三根，丙錫則爲八根，而甲銅共價則爲八錢少四根仍少三鐵。乃以甲銅二斤爲一率，甲銅八錢少四根仍少三鐵爲二率，乙銅三斤爲三率，求得四率一兩二錢少六根仍少四鐵半爲乙銅三斤之共價，與乙錫三根多鐵三斤之價相等。各加鐵四斤半，得一兩二

錢少六根與三根多七鐵半相等。各減三根，餘一兩二錢少九根與七鐵半相等，即爲鐵七斤半之共價爲一兩二錢少九根也。又以乙銅三斤爲一率，乙銅一兩二錢少六根仍少四鐵半爲二率，丙銅四斤爲三率，求得四率一兩六錢少八根仍少六鐵爲丙銅四斤之共價。内減多三鐵加鐵一斤得一兩三錢少八根仍少鐵五斤，與丙錫八根相等。各加鐵五斤，得一兩三錢少八根與八根多鐵五斤相等。各減八根，餘一兩三錢少十六根與鐵五斤相等，即爲鐵五斤之共價一兩三鐵少十六根也。前所得鐵七斤半之價爲一兩二錢少九根，今所得鐵五斤之價爲一兩三錢少十六根。此二分雖同，而斤數不一，乃以鐵七斤半爲一率，一兩二錢少九根爲二率，今鐵五斤爲三率，求得四率八錢少六根爲鐵五斤之價，與後所得之鐵五斤之價一兩三錢少十六根爲相等。各加十六根，得一兩三錢與八錢多十根相等。各減八錢，餘五錢與十根相等。五錢既與十根相等，則五分必與一根相等，即錫每斤價。鐵五斤既爲一兩三錢少十六根，則於一兩三錢内減去十六根共數八錢，餘五錢爲鐵五斤之價，五歸之，即鐵每斤價一錢也。

解曰：此即前四色比例之第六法也。

清・劉衡《借根方法淺說》 相等法

假如有銀十兩欲分爲大小二分，大分比小分多四兩。問大小二分各若干。

答曰：大分七兩，小分三兩。

法借一根爲小分，則大分即爲一根多四兩，兩數相併，得二根多四兩與十兩相等。乃各減四兩，得二根與六兩相等。二根既與六兩相等，則一根必與三兩相等。前既借一根爲小分，則三兩即小分。加四兩，得七兩即大分也。

小一根

大一根 ⊥ 四

二根 ⊥ 四 ＝ 一〇

二根 ＝ 六

一根 ＝ 三

正法以十兩減去四兩，餘六兩，折半爲小。分其法甚易，故首列之俾由淺入深。

假如有井一口不知其深，用繩一條取六分之一比井深少三尺四寸，若取四分之一比井深適等。問井深及繩長若干。

答曰：井深一丈零二寸，繩長四丈〇八寸。

法借二十四根爲繩長數，兩分母相乘數。取其四分之一得六根，則井深即爲六根。又取其六分之一得四根，則井深又爲四根多三尺四寸。此二數爲相等，各減四根，餘二根與三尺四寸相等。二根既與三尺四寸相等，則一根必與一尺七寸相等，而二十四根必與四丈〇八寸相等，即繩長也。

繩二四根

六根 ＝ 四根 ⊥ 三四

二根 ＝ 三四

一根 ＝ 一七

二四根 ＝ 四〇八

相等即用法也，其用甚廣，今舉二則以例餘。

清・鄧建章《中西算學入門匯通》卷下 諸術用法

設如有銀買馬牛二色，馬二匹牛一頭共價六十四兩，馬三匹牛四頭共價一百三十六兩。求馬每匹價。

以借根方法入之。法借一根爲一馬之價，則前馬爲二根，以減六十四兩，得六十四兩少二根爲前一牛之價，而後馬爲三根。乃以前牛一頭爲一率，價六十四兩少二根爲二率，後牛四頭爲三率，求得四率二百五十六兩少八根爲後牛四頭之共價。内加後馬之三根，得二百五十六兩少五根爲後馬三匹牛四頭之共價，與後共價一百三十六兩相等。二百五十六兩少五根與一百三十六兩各加五根，得二百五十六兩與一百三十六兩多五根相等。二百五十六兩多五根再各減一百三十六兩，則餘一百二十兩與五根相等。一百二十兩以五歸之，則一根得二十四兩，即馬一匹之價。二因之，得四十八兩爲前馬二匹之共價。於前共價六十四兩内減之，餘一十六兩爲前牛一頭之價。又以後牛四頭因之，得六十四兩爲後牛四頭之共價。於後共價一百三十六兩内減之，餘七十二兩爲後馬三匹之共價，三歸之，亦得二十四兩，爲後馬一匹之價也。四率法，二率三率相乘，以一率除之，得數爲四率。

若欲先得一牛之價，法以一根爲一牛之價，則前牛爲一根，以減六十四兩，得六十四兩少一根爲前二馬之價，而後牛爲四根。乃以前馬二匹爲一率，六十四兩少一根爲二率，後馬三匹爲三率，求得四率九十六兩少一根半爲後馬三匹之共價。内加後牛四頭之四根，得九十六兩多二根半爲後馬三匹牛四頭之共價，與後共價一百三十六兩相等。九十六兩多二根半與一百三十六兩各減九十六兩，得二根半與四十兩相等。四十兩以二五歸之，得一十六兩，即牛一頭之價。既得牛價，而馬可知矣。

以天元术入之。

術曰：立天元〇丨爲馬價，則〇‖爲二馬價，以減六十四兩，得⊥||||𝍣爲一牛價，四因之，得⊫𝍤爲四牛價，寄左。又以〇|||減共價一百三十六兩，得|||𝍣亦爲四牛價，與左爲同數，相消得|〇||||上實下法，得二十四兩。合問。

以代數術入之，用加減消去。

術曰：命馬價爲天，牛價爲地，則得二方程式： 二天丄地＝六四、三天丄四地＝一三六 以四乘一式，得 八天丄四地＝二五六 以二式減之，得 五天＝一二〇 移乘作除，得 天＝天＝$\frac{五}{一二〇}$ 即 天＝二四

又用比消去。

由題得 二天丄地＝六四、三天丄四地＝一三六 遷項 二天＝六四丅地、三天＝一三六丅四地 移乘作除， 天＝$\frac{二}{六四丅地}$、天＝$\frac{三}{一三六丅四地}$ 以天之同數相比， $\frac{二}{六四丅地}$＝$\frac{三}{一三六丅四地}$ 去分母 一九二丅三地＝二七二丅八地 兩邊各加八地，得 一九二丄五地＝二七二 兩邊各減一百九十二，得 五地＝八〇 移乘作除 地＝$\frac{五}{八〇}$ 即 地＝一六 以地之同數代於第一式中，爲 二天丄一六＝六四 兩邊各減一十六，得 二天＝四八 即 天＝二四 。

又用替消法。

如 二天丄地＝六四、三天丄四地＝一三六 於第一式求地之同數爲 地＝六四丅二天 代於第二方程式內， 三天丄四(六四丅二天)＝一三六 即 三天丄二五六丅八天＝一三六 即 五天＝一二〇 移乘作除，得 天＝$\frac{五}{一二〇}$ 即 天＝二四 ，代於地之同數內， 地＝二六四丅四八 得 地＝一六

設如有長方形，但知其長平相乘爲六，長平之較爲一。求長平各幾何。

立天元 (|)一 爲長，地元 |() 爲平，則長平之較爲 (〢)一 ，與一相消，得 (〢)一 爲甲式。長與平相乘，得 ()〇 與六相消，得 (〢)〇 爲乙式。

將甲乙兩式相加，以消去地元，得 〢〤一 開平方，得三爲長。

將乙式減甲式，而消去其天元，得 (〢)〢 易位，爲 〡〤〤 開平方得二爲平。

太極之位向記太字，今改作括弧。

設如有大小兩數，其大數之三倍以小數之四倍減之則餘一，其小數之七倍以大數之四倍減之則餘二。求大小兩數各幾何。

立天元 ()一 爲大數，地元 |() 爲小數，則 ()〣 爲三倍大數，內減去四倍小數，與一相消，得 (〤)〣 爲甲式。又其七倍小數，內減去四倍大數，爲 ()〧 與二相消，得 (〤)〧 爲乙式。

列甲式於右，乙式於左，如 (〤)〣 (〤)〧 內二行相乘，得 〣〡 外二行相乘，得 〤〢 相減，得 〤〤 上實下法，得三爲大數。若將甲乙二式易位，得 (〤)〣 爲右式， (〤)〧 爲左式，左右並列，如 (〤)〣 (〤)〧 內二行相乘，得 〤〢 外二行相乘，得 〣〡 相減，得 〥〣 上實下法，得二爲小數。

以代數術入之。

術曰：命大數爲天，小數爲地，由題得兩方程式： 三天丅四地＝一、七地丅四天＝二 先求天之同數，將第一式反其正負，得 四地丅三天＝丅一 將兩式變之，得 四地＝丅一丄三天、七地＝二丄四天 移乘作除，將地之同數相比，得 $\frac{四}{丅一丄三天}$＝$\frac{七}{二丄四天}$ 去分數，得 丅七丄二一天＝八丄一六天 兩邊各減一十六天，各加七，得 五天＝一五 移乘作除， 天＝$\frac{五}{一五}$ 即 天＝三 爲大數。

若先求地之同數。

如 三天丅四地＝一、七地丅四天＝二 反第二式之正負，得 四天丅七

地=丅二 將兩式變之,得 三天=一丄四地、四天=丅二丄七地 移乘作除,將天之同數相比,得 $\frac{三}{一丄四地}=\frac{四}{丅二丄七地}$ 去分數 四丄一六地=丅六丄二一地 即 五地=一〇 即 地=二 爲小數。

設如有大中小三數,其大小兩數之和以中數減之則餘二。其中數小數之和以大數減之則適盡。其大數中數之和以小數之二倍減之則餘三。求三數各幾何。

立天元 ( )丨 爲大,數地元 丨( ) 爲中數,人元 ( )丨 爲小數,則以中數減大小兩數之和,其式爲 丨( )丨 與二相消,得 丨(ㄨ)丨 爲甲式。以大數減中數小數之和,其式爲 丨( )丨 與〇相消,得 丨( )丨 爲乙式。以小數之二倍減大數中數之和,其式爲 丨( )ㄨ 與三相消,得 丨(Ⅲ)ㄨ 爲丙式。

甲、乙兩式相加,得 (ㄨ)Ⅱ 爲右式,以乙式減丙式,得 (Ⅲ)ㄨ 爲左式,左右式並列,如 ㄨ Ⅱ ㄨ Ⅱ 內二行相乘得丅,外二行相乘得 丅Ⅲ 相減得 一Ⅲ 上實下法得三爲大數。以乙式減甲式,得 (ㄨ)Ⅱ 爲㊀式。二倍乙式爲 Ⅱ( )Ⅱ 以加丙式,得 Ⅲ(Ⅲ)ㄨ 爲㊁式。二除㊀式,得 ㄨ(ㄨ)丨 以加㊁式,得 Ⅱ(Ⅲ)Ⅱ 易位爲 ㄨⅡ 上實下法,得二爲中數。

以甲式加丙式,得 (Ⅲ)Ⅱ 爲㊂式。以乙式減丙式,得 (Ⅲ)Ⅱ 爲㊃式。㊀㊁兩式相減,得 (ㄨ)Ⅱ 易位爲 ㄨⅡ 上實下法,得一爲小數。

清·方愷《代數通藝録》卷一五 天元借根代數合解

李王叔先生著《重學》於分款天元草後附説云:某按此書立術,俱用代數法,向未繙入中土,恐讀之卒難明晰,故間入天元一二條,欲學者因此而通彼也。李先生之説如此,可見當時學者多習天元,罕通代數。先生欲令學者藉天元以明代數,實先生之苦心也。今余以代數教諸生,概能通解法式,而天元及借根行世之法反未遑述及,殊不足以貫通中國算術。故仿先生遺意,設淺題五則分前後兩欵,前欵每題並列代數及天元兩式,後欵每題並列代數及借根兩式,轉欲學者藉代數以明天元與借根也。其有立説宜詳者,并附於左。

第一題 買物三十件共用錢一千二百文。問每件價若干。

代數 天=每件價 三〇天=一二〇〇 天=$\frac{一二〇〇}{三〇}$ 天=四〇

立天元草曰:立天元一爲物價,與代數第一層同。以共價三十乘之得太 Ⅲ〇 爲共價寄左。與代數第二層左項 天〇三 同。乃以一千二百文爲同數,與代數第二層等式相同。相消得 丨=〇〇 Ⅲ〇 爲除式,與代數第三層理同。上實下法得四十。與代數第四層同。合問。

第二題 有雞兔同籠,上有三十頭下有八十足。問雞兔各若干。

代數 天=雞 三〇丅天=兔 八〇丅四(三〇丅天)=二天 八〇丅(一二〇丅四天)=二天 四天丅四〇=二天 二天=四〇 天=$\frac{四〇}{二}$ 天=二〇 三〇丅二〇=一〇=兔

立天元草曰:立天元一爲雞數,同代數第一層。即爲雞頭數。以減共頭得 太 Ⅲ〇 ㄨ 爲兔頭。同代數第二層。四因之得 太 丨=〇 ㄨ 爲兔足。以減共足八十得 太 ㄨ〇 三 爲雞足,寄左。同代數第三四五左項式。乃倍天元得太Ⅱ,亦爲雞足同數,同代數第三、四、五層右項式與左項等。與左相消,得 〇 Ⅲ Ⅱ 爲除式。同代數第七層。上實下法,得二十爲雞數,同代數第八層。亦即雞頭數。以減總頭餘十爲兔

頭數，即爲兔數。同代數末層。合問。

按：右二題以代數與天元兩式相比可知，天元術凡遇負數必加以別之，又凡遇除式則得數兩重，平方式則得數三重，立方式則得數四重，從此多一乘方必多一重以爲識別，猶代數之指號也。惟其開方法另有釋例，與代數不同，其法具詳《白芙堂算書》後欵二題。

又 第一題 甲乙丙三人有銀不知數，但知甲乙共銀九十兩，乙丙共銀四十五兩，甲丙共銀七十三兩。問三人各銀幾何。

代數 天=三人總銀數 天丅九〇=丙銀 天丅四五=甲銀 天丅七三=乙銀 天丅九〇丄天丅四五丄天丅七三=天 三天丅二〇八=天 三天丅天=二〇八 二天=二〇八 天=一〇四 一〇四丅九〇=一四=丙 一〇四丅四五=五九=甲 一〇四丅七三=三一=乙

借根 借一根爲三人之總數

丙一根 一 九〇
甲一根 一 四五
乙一根 一 七三
三根一二〇八=一根
三根=一根丄二〇八
二根=　二〇八
一根=　一〇四

第二題 雞兔同籠但知共頭三十六，足一百。問雞兔各若干。

代數 天=兔 三六丅天=雞 四天丄七二丅二天=一〇〇 二天=二八 天=一四 三六丅一四=二二=雞

借根 借一根爲兔數

兔一根 兔足四根
雞三六一根 雞足七二一二根
七二丄二根=一〇〇
二根=二八
一根=一四

清・陳崧《借根代數會通》卷二 線部

設如有一竹竿長一丈，欲分爲大小兩分。大分比小分多四尺，問大小分各幾何。

答曰：小分三尺，大分七尺。

㈠天=小分 ㈡天丄四=大分 ㈢二天丄四=一丈 ㈣二天=六尺 ㈤天=三尺

法命竹竿小分爲天，得一式。依題以天加四尺，必與大分相等，得二式。以兩式相併，必與一丈相等，得三式。消之得四式。右實左法，得五式，知小分爲三尺也。加四尺得七尺，即爲大分也。

釋曰：兩邊同類同號相減爲消，同類異號相加亦爲消也。

設如有銀三百四十三兩分給衆匠。其爲首一人所得之銀與衆匠人數相等，衆匠每人得銀六兩。問共人數幾何。

答曰：衆匠四十九人，合首一人共五十人。

㈠天=首銀數=衆匠數 ㈡六天=衆匠銀 ㈢七天=三四三 ㈣天=四九

法命首一人所得之銀數爲天，亦即爲衆匠人數，得一式。以六兩乘一式，即爲衆匠所得之銀，得二式。以一二式併之，與三百四十三兩相等，得三式。右實左法，得四式。知首一人得銀爲四十九兩，亦知衆匠爲四十九人。加首一人爲共五十人也。

設如有繩二條不言丈數，但知其長短之比例同於九與五，其相差之較與短繩除長繩所得之數相等。問二繩各長若干。

答曰：短繩二丈二尺五寸，長繩四丈〇五寸。

㈠五天=短繩 ㈡九天=長繩 ㈢四天=繩較 ㈣ $\frac{\text{五天}}{\text{九天}}$=四天 ㈤一八=四天 ㈥四五=天

法命五天爲短繩，九天爲長繩，得一式二式。以一二式相減爲兩繩較，得三式。依題以一式除二式即與三式相等，得四式。以四式左邊除之，得五式。左實右法，得六式，知短繩爲四尺五寸也。既知天數，依一式以五乘之，得二丈二尺五寸爲短繩。依二式以九乘之，得四丈〇五寸爲長繩也。

釋曰：四式左邊除得一八者，何也？蓋天雖不知其數，然以天除天，母天必化爲無，子天必變爲一。以一乘九仍爲九，是直以五除九矣。故得一八也。六式中四五而知爲四尺五寸者，又何也？蓋以題中有丈字，則知其繩必不止數尺。若以四五爲四寸五分，則依一式以五乘之，得二尺二寸五分爲短繩。依二式以九乘之，得四尺〇五分爲長繩，則不合題之丈字矣，故知之也。

前題新術。

㈠ 天＝短繩　㈡ $\frac{五}{九天}$＝長繩　㈢ $\frac{五}{九天}$丅天＝繩較　㈣ $\frac{五}{四天}$＝繩較

㈤ $\frac{五天}{九天}=\frac{五}{四天}$　㈥ 四五天＝二〇天^{二}　㈦ 四五＝二〇天　㈧ 二二五＝天

法命短繩爲天得一式。依題理以九乘一式，以五除之必爲長繩，得二式。以一式減二式爲兩繩較，得三式，即四式。又依題以一式除二式，即與四式相等，得五式。化之得六式。以天除之得七式。左實右法，得八式。知短繩爲二丈二尺五寸也。既知天數，依二式以九乘之，得二十〇丈二尺五寸，以五除之，得四丈〇五寸，即長繩也。

釋曰：三式即四式者，何也？蓋三式正數之天爲子數，減數之天爲整數，不能相減，故以五通減數爲五天，以減正數九天，餘四天爲四式。其式與三式異而數實同，故曰即也。五式化爲六式者，何也？蓋五式兩邊皆有法實，即如母子，故亦如通分法互乘之，而去其母，故得六式也。六式變爲七式者，何也？蓋凡代數兩邊皆無真數者，則必以天除之。如六式左有天，右有天，以天爲法則左可變爲真數，右可去其指數，故得七式也。

釋曰：代數一邊有兩母以互乘其子者，則亦乘其母爲同母。而不去母或一邊有母子有整數，亦以母通其整數，併爲同母而不去母。若兩邊皆有母子，則互乘後即可去母。若一邊有母子，一邊爲整數，則以此邊母乘彼邊整數，乘後亦可去母，何也？以兩邊相等故也。以後凡言化者皆類此。

前題又新術。

㈠ 天＝長繩　㈡ $\frac{九}{五天}$＝短繩　㈢ 天丅$\frac{九}{五天}$＝繩較　㈣ $\frac{九}{四天}$＝繩較

㈤ $\left(\frac{九}{\frac{五天}{天}}\right)=\frac{九}{四天}$　㈥ $\frac{九}{四天}=\frac{五天}{九天}$　㈦ 二〇天^{二}＝八一天　㈧ 二〇天＝八一　㈨ 天＝四〇五

法命長繩爲天得一式，以一式五乘之九除之爲短繩，得二式。以二式減一式爲繩較，得三式，即四式。依題以二式除一式必與四式相等，得五式。變之得六式，化之得七式，以天除之得八式，右實左法得九式，知長繩爲四丈零五寸也。既知天數，依二式以五乘之，以九除之，得二丈二尺五寸，即短繩也。

釋曰：五式變爲六式者，何也？蓋五式左邊之實爲天，其法則爲九除五天，是法之中又有法實矣。此式當以法中之法九乘實之天得九天，則是爲五天除九天，其數亦相等也。此五式之左邊所以變爲六式右邊也。

設如甲乙丙三人有銀不言數，但知甲乙共銀九十兩，乙丙共銀四十五兩，甲丙共銀七十三兩。問三人各銀幾何。

答曰：甲銀五十九兩，乙銀三十一兩，丙銀一十四兩。

㈠ 天＝甲丄乙丄丙　㈡ 天丅九〇＝丙銀　㈢ 天丅四五＝甲銀　㈣ 天丅七三＝乙銀　㈤ 三天丅二〇八＝天　㈥ 二天＝二〇八　㈦ 天＝一〇四

法命三人共銀數爲天，得一式。依題云數，以九十兩減一式爲丙銀，得二式。以四十五兩減一式爲甲銀，得三式。以七十三兩減一式爲乙銀得四式。以二三四式併之，必與一式相等，得五式。消而移之得六式，右實左法得七式，知共銀爲一百〇四兩也。依二三四式以九十減之，餘一十四兩爲丙銀。以四十五減之，餘五十九兩爲甲銀，以七十三減之，餘三十一兩爲乙銀也。

釋曰：消而移之者，何也？蓋五式兩邊相減，則左邊存二天，右邊一天減盡無餘。惟左邊二〇八無同數可減，又爲負數，故移於右邊爲正數，與二天亦相等，所以爲六式也。

前題新術。

㈠ 天＝甲銀　㈡ 九〇丅天＝乙銀　㈢ 七三丅天＝丙銀　㈣ 一六三丅二天＝四五　㈤ 一一八＝二天　㈥ 五九＝天

法命甲銀爲天得一式，依題以一式減九十兩爲乙銀，得二式。以一式減七十三兩爲丙銀，得三式。以二三兩式併之，必與四十五兩相等，得四式。消而移之得五式，左實右法得六式。知甲銀爲五十九兩，依二三式減之，亦得乙丙各人銀數也。

設如甲乙丙三人有銀不言數，但知甲乙共銀數比丙銀多六十八兩，乙丙共銀數比甲銀多一百兩，丙甲共銀數比乙銀多一百二十四兩。問三人各銀幾何。

答曰：甲銀九十六兩，乙銀八十四兩，丙銀一百一十二兩。

㈠ 二天＝甲丄乙丄丙　㈡ 天丅三四＝丙銀　㈢ 天丅五〇＝甲銀　㈣ 天丅六二＝乙銀　㈤ 三天丅一四六＝二天　㈥ 天＝一四六

法命三人之總銀數爲二天，得一式。依題理以一天減三十四兩必爲丙銀，得二式。以一天減五十兩必爲甲銀得三式。以一天減六十二兩必爲乙銀，得四式。乃以二三四式相加必與一式相等，得五式。消而移之得六式，知一天爲一

百四十六兩也。乃依三式減五十兩，餘九十六兩爲甲銀。依四式減六十二兩，餘八十四兩爲乙銀。依二式減三十四兩，餘一百一十二兩爲丙銀也。

前題新術。

㊀ 天＝甲銀 ㊁ 天丄一〇〇＝乙丄丙 ㊂ 天丄二九二＝二天丄乙丄丙 ㊃ 天丄二九二＝三天丄一〇〇 ㊄ 二天＝一九二 ㊅ 天＝九六

法命甲銀爲天，得一式。依題理以一式加一百兩必與乙丙共銀相等，得二式。以二式加甲乙比丙所多之銀又加丙甲比乙所多之銀，亦必與二天加丙加乙相等，得三式。以三式右數中乙丙以二式左數代之得四式。消之得五式，右實左法得六式，知甲銀爲九十六兩也。乃以九十六兩倍之得一百九十二兩，又加乙丙比甲所多之一百兩，得二百九十二兩，必爲總銀，折半得一百四十六兩爲半總。置半總以丙甲多乙一百二十四兩折半減之，餘八十四兩，即乙銀也。又置半總以甲乙多丙六十八兩折半減之，餘一百一十二兩即丙銀也。

前題又新術。此術更簡捷。

㊀ 甲丄一〇〇＝乙丄丙 ㊁ 乙丄一二四＝甲丄丙 ㊂ 丙丄六八＝甲丄乙 ㊃ 一九二＝二甲 ㊄ 一六八＝二乙 ㊅ 二二四＝二丙 ㊆ 九六＝甲 ㊇ 八四＝乙 ㊈ 一一二＝丙

法以甲乙丙三人銀數，依題理得一二三式。以二三式併而消之得四式，以一三式併而消之得五式，以一二式併而消之得六式。以四式折半得七式，知甲銀爲九十六兩也。以五式折半得八式，知乙銀爲八十四兩也。以六式折半得九式，知丙銀爲一百一十二兩也。

設如有銀分賞衆人，不言銀數亦不言人數，但知第一人得銀一兩又得餘銀之十分之一，第二人得銀二兩又得餘銀之十分之一，第三人得銀三兩又得餘銀之十分之一，以下分賞之數皆準此例，所得之銀皆相等。問人數及銀數各幾何。

答曰：九人，每人得銀九兩。

㊀ 天＝十分之一 ㊁ 一丄天＝一人銀 ㊂ $\frac{一〇}{(九天丅二)}$丄二＝二人銀

㊃ 一丄天＝$\frac{一〇}{(九天丅二)}$丄二 ㊄ 天＝八

法命餘銀十分之一爲天得一式，以一兩加天爲第一人所得數，得二式。以九天減二兩，以十除之，又加二兩爲第二人所得數，得三式。據題云所得數皆相等，則知三式必等于二式矣，得四式。化而消之得五式。知十分之一，其銀爲八兩也。以十乘之得八十兩，又加第一人先取一兩，共八十一兩爲總銀。又第一人先取一兩，又以餘銀八十兩取十分之一爲八兩，合之爲九兩即第一人所得數。依題則第二第三以下皆得九兩可知。乃以總銀八十一兩爲實以九兩爲法除之，得九，知所賞爲九人也。

前題新術。

㊀ 天＝一次餘銀 ㊁ 一丄$\frac{一〇}{天}$＝一人銀 ㊂ 二丄$\frac{一〇}{天丅\frac{一〇}{天}丅二}$＝二人銀

㊃ 一丄$\frac{一〇}{天}$＝二丄$\frac{一〇}{天丅\frac{一〇}{天}丅二}$ ㊄ $\frac{一〇}{一〇丄天}$＝$\frac{一〇}{二〇丄天丅\frac{二}{天}丅一}$ ㊅ 一二丄天丄$\frac{一〇}{天}$＝二〇丄天 ㊆ 天＝八〇

法命第一次餘銀爲天得一式。以一兩加十分天之一爲第一人所得數，得二式。以二兩加二次餘銀十分之一爲第二人所得數，得三式。依題云二三兩式必等，得四式。化之得五式。因兩邊母數皆同，即可去母。又以右邊之減數移爲左邊之加數，得六式。化而消之得七式，知初次餘銀爲八十兩也。加一兩得八十一兩爲總銀。又據二式知一人所得爲九兩，乃以九除總銀亦得九，則知所賞者共九人也。

設如有人行路共二千八百里，步行則日行七十里，坐船則日行九十里，乘馬則日行一百里。但知步行之日數倍於坐船，坐船之日數倍於乘馬。問步行及坐船乘馬之日數各若干。

答曰：步行二十日，坐船十日，乘馬五日。

㊀ 一天＝乘馬日數 ㊁ 二天＝坐船日數 ㊂ 四天＝步行日數 ㊃ 一〇〇天＝馬行里數 ㊄ 一八〇天＝船行里數 ㊅ 二八〇天＝步行里數 ㊆ 五六〇天＝二八〇〇 ㊇ 天＝五

法命乘馬日數爲天得一式。依題倍之爲坐船日數，得二式。再倍之爲步行

日數，得三式。以一百里乘一式爲馬行里數，得四式。以九十里乘二式爲船行里數，得五式。以七十里乘三式爲步行里數，得六式。以四五六式併之，必與二千八百里相等，得七式。右實左法得八式，知乘馬爲五日也。倍之得十日爲坐船日數。又倍之得二十日爲步行日數也。

設如一驢一馬一車共馱載一千五百二十觔。馬所馱之數倍於驢仍多四十觔，車所載之數倍於馬驢共馱之數却少四十觔。問驢馬車各馱載幾何。

答曰：驢馱一百六十觔，馬馱三百六十觔，車載一千觔。

㈠天＝驢所馱　㈡二天丄四〇＝馬所馱　㈢六天丄四〇＝車所載　㈣九天丄八〇＝一五二〇　㈤[九]天＝一四四〇　㈥天＝一六〇

法命驢所馱之數爲天得一式。依題以二天加四十觔爲馬所馱，得二式。以六天加四十觔爲車所載，得三式。以一二三式併之，必與一千五百二十觔相等，得四式。消之得五式，右實左法得六式，知驢所馱爲一百六十觔也。以驢所馱倍之加四十觔，共三百六十觔，即爲馬所馱。合驢馬所馱又倍之減四十觔，餘一千觔，即爲車所載也。

前題新術。

㈠天＝車所載　㈡一五二〇丅天＝馬驢共馱　㈢天丄四〇＝三〇四〇丅二天　㈣三天＝三〇〇〇　㈤天＝一〇〇〇

法命車載數爲天，得一式。以共馱載一千五百二十觔減天，必爲馬驢共馱數，得二式。依題云車所載倍於馬驢少四十觔，則以一式加四十觔必與倍二式相等，得三式。消之得四式，右實左法得五式，知車所載爲一千觔也。依二式減一千觔，餘五百二十觔必爲馬驢共馱。又依題理以五百二十觔減四十觔以三除之，得一百六十觔即爲驢所馱也。以驢所馱倍之加四十觔，共三百六十觔即爲馬所馱也。

設如有銀三百八十五兩，令十一人挨次遞加三兩分之，問每人各得若干。

答曰：第一人得銀二十兩，以下遞加三兩，即爲第二至十一人得銀數。

㈠天＝第一人銀　㈡一一天丄一六五＝三八五　㈢一一天＝二二〇　㈣天＝二〇

法命第一人所得銀數爲天，得一式。依題理以十一人乘天得一十一天。又以十一人自乘得一百二十一，以十一減之餘一百一十，折半得五十五，以較數三兩乘之，得一百六十五兩，加之必與三百八十五兩相等，得二式。消之得三式，右實左法得四式，知第一人得銀爲二十兩也。以下每人遞加三兩，即得各人銀數。

前題新術。

㈠天＝第一人銀　㈡$\frac{一一}{七七〇}$丅三〇＝二天　㈢七七〇＝二二天丄三三〇　㈣二二天＝四四〇　㈤天＝二〇

法命第一人銀爲天得一式。以總銀倍之，以十一人除之，又以十人乘三兩減之，必與二天相等，得二式。化之得三式，消之得四式，右實左法得五式，知第一人銀數爲二十兩也。遞加三兩，即爲各人銀數。

設如有銀四百七十四兩，令十二人挨次遞加分之，但知第一人得銀一十二兩。問每人各得若干。

答曰：第一人得銀十二兩，以下遞加五兩即爲第二至十二人得銀數。

㈠天＝遞加數　㈡六六天丄一四四＝四七四　㈢六六天＝三三〇　㈣天＝五

法命每人遞加之數爲天得一式。依題理以十二人自乘得一百四十四，以十二減之餘一百三十二，折半得六十六以乘天。又以十二人與十二兩相乘，得一百四十四兩，加之必與四百七十四兩相等，得二式。消之得三式，右實左法得四式，知遞加數爲五兩也。乃以第一人十二兩加五兩爲十七兩，即第二人銀數，以下遞加五兩，即得各人銀數也。

前題新術。

㈠天＝遞加數　㈡$\frac{一二}{九四八}$一二四＝一一天　㈢九四八＝一三二天丅二八八　㈣一三二天＝六六〇　㈤天＝五

法命遞加數爲天得一式。以總銀倍之，以十二人除之，又以第一人銀數倍而減之，必與一十一天相等，得二式。化之得三式，消之得四式，右實左法得五式。知遞加數爲五兩，以第一人銀數加五兩，即爲第二人銀數。以下遞加五兩即得各人銀數也。

設如一人借銀營利三次，每次得利之後則還銀二百四十兩。復以餘銀作本，其每次所得利銀皆與每次本銀相等，至第三次還銀後則銀盡無餘。問原借銀若干。

答曰：原借銀二百一十兩。

㊀天＝原借銀　㊁二天丅二四〇＝二次本　㊂四天丅七二〇＝三次本

法命原借銀數爲天得一式。依題以一式倍之，減銀二百四十兩爲二次本，得二式。以二式倍之，又減銀二百四十兩爲三次本，得三式。以三式倍之，必與第三次還銀二百四十兩相等，得四式。消之得五式，右實左法得六式，知借銀爲二百一十兩也。

㊃六天丅一四四〇＝二四〇　㊄八天＝一六八〇　㊅天＝二一〇

設如甲乙丙三人各作一器則甲六日可完，乙八日可完，丙二十四日可完。今命三人同作，問得日幾何。

答曰：三日。

㊀天＝作完日　㊁三八四：一∷一五三：天　㊂三八四天＝一一五二

㊃天＝三

法命三人同作完之日數爲天得一式。以六八二十四連乘之，得一千一百五十二爲完一器之全分數。原書謂此爲三人同作完之日數，即借之爲根似欠分明。以甲六日除之，則甲每日作器爲一百九十二分。以乙八日除之，則乙每日作器爲一百四十四分。以丙二十四日除之，則丙每日作器爲四十八分。若合三人一日所作，必共得三百八十四分可知矣。以三百八十四分與一日之比，必如一千一百五十二分與天之比，得二式。二三率相乘，必與一四率相乘等，得三式。右實左法得四式，知作完爲三日也。

前題新術。

㊀天＝作完日　㊁$\frac{\text{六}}{\text{天}}$丄$\frac{\text{八}}{\text{天}}$丄$\frac{\text{二四}}{\text{天}}$＝一　㊂三八四天＝一一五二

㊃天＝三

法命完器日數爲天得一式。夫天既爲三人同作一器完工之日，則以甲六日完一器推之，天必不及于六日可知。既知天少於六日，則甲乙丙三人在天之時合作之而一器固完。如分言之，則每人在天之時所成者亦僅爲器之分體，而非器之全體也。若以甲乙丙六日八日二十四日與全體之比，必如天與分體之比，故以六除天、八除天、二十四除天合之，而必與一器相等，得二式。化之得三式，右實左法得四式，知作完亦必爲三日也。余姪寶訓，字迪予。幼穎異，從余受業。余教之數屢有妙悟。其十六歲時，即以算學受知于葉學使，弱冠後遂食廩餼，其解此題算理，謂連乘數一千一百五十二爲三人作器之公日數。以甲六日完二器比之，則一千一百五十二日必完一百九十二器。以乙八日完一器比之，則一千一百五十二日必完一百四十四器。以丙二十四日完一器比之，則一千一百五十二日必完四十八器。乃以三數併之，則是三人同作三百八十四器爲一千一百五十二日。今三人同作一器，必爲三日可知矣。如此比例，雖與余前說不同，而各有至理也，故附誌于此。

設如甲丙二商不言本銀若干，但知甲之本銀四倍於丙，而甲本銀丙減去七十二兩，則兩人之銀適等。問二人本銀各幾何。

答曰：甲本銀九十六兩，丙本銀二十四兩。

㊀天＝丙本銀　㊁四天＝甲本銀　㊂四天丅七二＝天　㊃三天＝七二

㊄天＝二四

法命丙本銀爲天得一式。以一式四因之必與甲本銀等，得二式。以二式減七十二兩必與一式相等，得三式。消之得四式，右實左法得五式，知丙本銀爲二十四兩。四因之得九十六兩，即爲甲本銀也。

設如甲乙二人分銀，其數相等。甲用過一百兩，乙用過三十兩，則乙之餘銀三倍於甲。問二人原各分銀幾何。

答曰：二人原分銀各一百三十五兩。

㊀天＝甲銀＝乙銀　㊁天丅一〇〇＝甲餘銀　㊂天丅三〇＝乙餘銀

㊃三天丅三〇〇＝天丅三〇　㊄二天＝二七〇　㊅天＝一三五

命甲乙各分銀數爲天得一式，以一式減一百兩爲甲餘銀得二式。又以一式減三十兩爲乙餘銀，得三式。依題理以二式三倍之，必與三式相等，得四式。消之得五式，右實左法得六式，知甲乙各分銀爲一百三十五兩也。

設如甲乙二人行路，兩日行到。初日乙所行之路四倍於甲，次日甲所行之路三倍於乙。但知初日乙行二百四十里，甲行六十里，問次日二人各行若干。按題意，謂甲乙初日同起行，次日亦同到，但初日甲行少而乙行多，次日甲行多而乙行少耳。

答曰：次日甲行二百七十里，乙行九十里。

㊀天＝乙次日行　㊁三天＝甲次日行　㊂天丄二四〇＝乙兩日行

㊃三天丄六〇＝甲兩日行　㊄三天丄六〇＝天丄二四〇　㊅二天＝一八〇

㊆天＝九〇

法命次日乙所行之路爲天得一式。以一式三因之爲甲次日所行，得二式。以初日乙行二百四十里加一式爲乙兩日所行，得三式。以初日甲行六十里加二

式爲甲兩日所行，得四式。三四兩式必等，得五式。消之得六式，右實左法得七式，知乙次日所行爲九十里也。以三因之得二百七十里，即爲甲次日所行也。

前題新術。

㊀天＝路　㊁天丅六〇＝甲次日行　㊂天丅二四〇＝乙次日行　㊃三天丅七二〇＝天丅六〇　㊄二天＝六六〇　㊅天＝三三〇

法命二人同到之路爲天得一式。以六十減一式爲甲次日所行，得二式。以二百四十減一式爲乙次日所行，得三式。以三式三因之必與二式相等，得四式。消之得五式，右實左法得六式，知其路爲三百三十里也。以六十里減之，餘二百七十里即爲甲次日所行。以二百四十里減之，餘九十里即爲乙次日所行也。

設如有甲乙二商各有本銀生理。但知乙本銀比甲本銀多六兩，數年得利之後，甲本利共銀比原銀爲十一倍，乙本利共銀比原銀爲七倍，而兩人之銀適等。問二人原有本銀各幾何。

答曰：甲本銀十兩零五錢，乙本銀十六兩五錢。

㊀天＝甲本銀　㊁天丄六＝乙本銀　㊂一一天＝甲本利　㊃七天丄四二＝乙本利　㊄一一天＝七天丄四二　㊅四天＝四二　㊆天＝一〇五

法命甲本銀爲天得一式。以一式加六兩爲乙本銀，得二式。以十一乘一式爲甲本利共銀，得三式。以七乘二式爲乙本利共銀，得四式。三四兩式必等，得五式。消之得六式，右實左法得七式，知甲本銀爲十兩〇五錢也。加六兩得一十六兩五錢，即爲乙本銀也。

設如甲乙二人分銀，其數相等。甲銀外加三百兩，乙銀外加六十五兩，則甲之共銀三倍於乙。問二人原各分銀若干。

答曰：二人原分銀各五十二兩五錢。

㊀天＝甲銀＝乙銀　㊁天丄三〇〇＝甲共銀　㊂天丄六五＝乙共銀　㊃三天丄一九五＝天丄三〇〇　㊄二天＝一〇五　㊅天＝五二五

法命原分銀之數爲天得一式。以一式加三百兩爲甲共銀，得二式。以一式加六十五兩爲乙共銀，得三式。以三式三因之必與二式相等，得四式。消之得五式，右實左法得六式，知甲乙各分銀爲五十二兩五錢也。

設如金球十二銀球十八，其輕重適等。若將銀球七換金球七，則銀球邊多三百二十二兩。問金球銀球各重幾何。

答曰：金球每箇重六十九兩，銀球每箇重四十六兩。

㊀天＝換差　㊁七天＝三二二　㊂天＝四六

法命金球換銀球之差數爲天得一式。以七乘一式必與三百二十二兩相等，得二式。右實左法得三式，知金球銀球相換一箇，其差爲四十六兩。折半得二十三兩，即金球比銀球每箇所多之重數。乃置二十三兩，以金球十二乘之得二百七十六兩爲實，以金球銀球數相較餘六爲法除之，得四十六兩，即爲銀球每箇之重也。加二十三兩得六十九兩，即爲金球每箇之重也。

前題新術。

㊀天＝金球一重　㊁天丅二三＝銀球一重　㊂一二天＝金球共重　㊃一八天丅四一四＝銀球共重　㊄一二天＝一八天丅四一四　㊅六天＝四一四　㊆天＝六九

法命金球一個重數爲天得一式。以三百二十二兩折半得一百六十一兩，以七除之得二十三兩，減一式爲銀球一箇之重數，得二式。以十二乘一式爲金球共重，得三式。以十八乘二式爲銀球共重，得四式。依題三四兩式必等，得五式。消而移之得六式，右實左法得七式，知金球一箇爲六十九兩也。依二式算之，亦可得銀球重數。

設如一人買緞十二疋，一人買紬三十二疋，用銀適等。但知緞每疋價比紬每疋價多六兩，問紬緞價銀各若干。

答曰：紬每疋價三兩六錢，緞每疋價九兩六錢。

㊀天＝紬匹價　㊁天丄六＝緞匹價　㊂三二天＝紬共價　㊃一二天丄七二＝緞共價　㊄三二天＝一二天丄七二　㊅二〇天＝七二　㊆天＝三六

法命每疋紬價爲天得一式。以一式加六兩必爲緞每疋價，得二式。以三十二疋乘一式爲紬共價，得三式。以十二疋乘二式爲緞共價，得四式。依題三四兩式必等得五式，消之得六式，右實左法得七式，知紬疋價爲三兩六錢也。加六兩得九兩六錢，即爲緞疋價也。以三十二疋乘三兩六錢得一百一十五兩二錢，以一十二疋乘九兩六錢亦得一百一十五兩二錢，其價果相等也。

前題新術。

㊀天＝緞疋價　㊁天丅六＝紬疋價　㊂一二天＝緞共價　㊃三二天丅一九二＝紬共價　㊄一二天＝三二天丅一九二　㊅二〇天＝一九二　㊆天＝九六

法命緞每疋價爲天得一式。以一式減六兩必爲紬每疋價，得二式。以十二疋乘一式爲緞共價，得三式。以三十二疋乘二式爲紬共價，得四式。依題三四兩式必等，得五式，消而移之得六式，右實左法得七式，知緞疋價爲九兩六錢也。減六兩得三兩六錢，即爲紬疋價也。依上法以各疋乘各價，得數相等。

設如甲乙二人共買緞一百疋，甲買三十八疋止與銀三百一十二兩，乙買六十二疋止與銀六百兩，而兩人所欠之銀適等。問緞價及欠銀各若干。

答曰：緞每疋價銀一十二兩，甲乙欠銀各一百四十四兩。

㊀天＝緞疋價　㊁三八天丅三一二＝甲欠銀　㊂六二天丅六〇〇＝乙欠銀　㊃六二天丅六〇〇＝三八天丅三一二　㊄二四天＝二八八　㊅天＝一二

法命緞每疋價爲天得一式。以三十八疋乘一式，以三百一十二兩減之，必爲甲所欠銀，得二式。又以六十二疋乘一式，以六百兩減之，亦必爲乙所欠銀，得三式。依題二三兩式必等，得四式。消之得五式，右實左法得六式，知緞每疋價爲一十二兩也。依二式以三十八乘之得四百五十六兩，減三百一十二兩，餘一百四十四兩爲甲所欠銀，亦即爲乙所欠銀也。

前題新術。

㊀天＝甲欠＝乙欠　㊁$\frac{\text{三八}}{\text{天丄三一二}}$＝緞疋價　㊂$\frac{\text{六二}}{\text{天丄六〇〇}}$＝緞疋價　㊃$\frac{\text{六二}}{\text{天丄六〇〇}}$＝$\frac{\text{三八}}{\text{天丄三一二}}$　㊄二四天＝三四五六　㊅天＝一四四

法命甲乙各欠銀數爲天得一式。以三百一十二兩加一式，以三十八疋除之必爲緞疋價，得二式。以六百兩加一式以六十二疋除之，亦必爲緞疋價，得三式。二三兩式必等，得四式，化而消之得五式，右實左法得六式，知甲乙各欠銀爲一百四十四兩也。依二式以三百一十二兩加之，共四百五十六兩，以三十八疋除之得一十二兩，即爲緞每疋價也。

設如有米分給大小二等工人。但知小工人數比大工人數爲七倍，大工人給米一升二合，小工人給米八合，共給過米五石四斗四升。問人數米數各幾何。

答曰：大工八十人，小工五百六十人，大工共米九斗六升，小工共米四石四斗八升。

㊀天＝大工人數　㊁七天＝小工人數　㊂一二天＝大工共米　㊃五六天＝小工共米　㊄六八天＝五四四　㊅天＝八〇

法命大工人之數爲天得一式。以一式七因之爲小工人數，得二式。以一升二合乘一式爲大工共米，得三式。以八合乘二式爲小工共米，得四式。以三四式併之，必與五石四斗四升相等，得五式。右實左法得六式，知大工爲八十人也。以七因之得五百六十，即爲小工人數也。以八十人乘一升二合得九斗六升，爲大工共米。以五百六十人乘八合得四石四斗八升，爲小工共米。

設如有銀一百兩分給大小二等匠人共一百名，大匠人每人給銀一兩五錢，小匠人每人給銀五錢。問大小匠人各若干。

答曰：大匠五十人，小匠五十人。

㊀天＝大匠人數　㊁一〇〇丅天＝小匠人數　㊂一五天＝大匠共銀　㊃五〇〇丅五天＝小匠共銀　㊄一五天丄五〇〇丅五天＝一〇〇〇　㊅一〇天＝五〇〇　㊆天＝五〇

法命大匠人數爲天得一式。以一式減一百名爲小匠人數，得二式。以一兩五錢與一式相乘爲大匠共銀，得三式。以五錢與二式相乘爲小匠共銀，得四式。以三四兩式併之必與一百兩相等，得五式。左邊五百是錢數，右邊一百是兩數，故補加一〇亦變爲錢數。消之得六式，右實左法得七式，知大匠爲五十人也。以減一百名餘五十，爲小匠人數也。

設如有銀一百兩分賞馬步兵共一百名，馬兵一人賞三兩，步兵三人賞一兩。問馬步兵各若干。

答曰：馬兵二十五人，步兵七十五人。

㊀天＝步兵共銀　㊁三天＝馬兵共銀　㊂四天＝一〇〇　㊃天＝二五

法命步兵共銀爲天得一式。以三乘一式必爲馬兵共銀，得二式。以一二式併之必與一百兩等，得三式。右實左法得四式，知步兵共銀爲二十五兩也。以三乘之得七十五，即爲步兵數也。以減一百餘二十五，即爲馬兵數也。

前題新術。

㊀天＝馬兵數　㊁一〇〇丅天＝步兵數　㊂三天＝馬兵銀數

㈣ $\frac{\text{三}}{\text{一〇〇T天}}$=步兵銀數　㈤ 三天⊥$\frac{\text{三}}{\text{一〇〇T天}}$=一〇〇　㈥ 八天=二〇〇　㈦ 天=二五

法命馬兵數爲天得一式。以一式減一百名爲步兵數，得二式。以三乘一式必爲馬兵銀數，得三式。以三除二式亦必爲步兵銀數，得四式。以三四兩式併之，必與一百兩等，得五式。化而消之得六式，右實左法得七式，知馬兵爲二十五人也。以減一百名，餘七十五名，即爲步兵數也。

設如雞兔同籠，但知共頭三十六，共足一百。問雞兔各若干。

答曰：兔十四，雞二十二。

㈠ 天=兔數　㈡ 三六T天=雞數　㈢ 四天=兔足數　㈣ 七二T二天=雞足數　㈤ 四天⊥七二T二天=一〇〇　㈥ 二天=二八　㈦ 天=一四

法命兔數爲天得一式。以一式減三十六頭爲雞數，得二式。以四乘一式必爲兔足數，得三式。以二乘二式必爲雞足數，得四式。以三四兩式併之，必與共足一百相等，得五式。消之得六式，右實左法得七式，知兔數爲十四也。以減三十六頭，餘二十二，即雞數也。

設如有人行路，乘馬乘船共六十三日。乘馬日行一百六十里，乘船日行一百四十四里，乘船所行之里數比乘馬所行之里數爲十八倍。問乘馬乘船之日數各若干。

答曰：乘馬三日，乘船六十日。

㈠ 天=乘馬日數　㈡ 六三T天=乘船日數　㈢ 一六〇天=馬行里數　㈣ 九〇七二T一四四天=船行里數　㈤ 二八八〇天=六〇七一T一四四天　㈥ 三〇二四天=九〇七二　㈦ 天=三

法命乘馬之日數爲天得一式。以一式減六十三爲乘船日數，得二式。以一百六十乘一式必爲馬行里數，得三式。以一百四十四乘二式必爲船行里數，得四式。依題以十八乘三式必與四式相等，得五式。消之得六式，右實左法得七式，知乘馬爲三日也。以減六十三日餘六十，即爲乘船日數也。

設如有青緞藍緞二色共七十疋，青緞每疋長四十七尺，藍緞每疋長六十尺，其藍緞總尺數比青緞總尺數多二十七尺，問青緞藍緞二色各若干。

答曰：青緞三十九疋，藍緞三十一疋。

㈠ 天=青緞疋數　㈡ 七〇T天=藍緞疋數　㈢ 四七天=青緞尺數　㈣ 四二〇〇T六〇天=藍緞尺數　㈤ 四七天⊥二七=四二〇〇T六〇天　㈥ 一〇七天=四一七三　㈦ 天=三九

法命青緞疋數爲天得一式。以一式減七十疋爲藍緞疋數，得二式。以四十七尺乘一式爲青緞尺數，得三式。以六十尺乘二式爲藍緞尺數，得四式。依題以二十七尺加三式，必與四式相等，得五式。消之得六式，右實左法得七式，知青緞爲三十九疋也。以減七十疋，餘三十一疋，即爲藍緞疋數也。

設如有人買絹紬二色，共價銀一百二十七兩四錢。絹一尺價銀七分，紬一尺價銀一錢四分，其絹之尺數比紬之尺數爲五倍。問絹紬尺數各若干。

答曰：絹一千三百尺，紬二百六十尺。

㈠ 天=紬尺數　㈡ 五天=絹尺數　㈢ 一四天=紬總銀　㈣ 三五天=絹總銀　㈤ 四九天=一二七四〇　㈥ 天=二六〇

法命紬尺數爲天得一式。以一式五倍之爲絹尺數，得二式。以紬尺價乘一式爲紬總銀，得三式。以絹尺價乘二式爲絹總銀，得四式。以三四式併之，必與一百二十七兩四錢相等，得五式。右實左法得六式，知紬爲二百六十尺也。五倍之爲一千三百，即絹尺數也。紬尺價一錢四分，故五式右邊加〇爲分位。

設如甲有十成銀一百二十四兩，丙有三成銀不知數。但知將二色銀鎔於一處，則俱爲五成銀，問三成銀幾何。

答曰：三成銀三百一十兩。

㈠ 天=丙銀數　㈡ 二天=丙少數　㈢ 六二〇=甲多數　㈣ 二天=六二〇　㈤ 天=三一〇

法命丙銀數爲天得一式。依理以五成與丙銀三成相減餘二成，以乘一式爲丙銀所少之數，得二式。又以五成與甲銀十成相減餘五成，以乘一百二十四兩爲甲銀所多之數，得三式。丙之所少即甲之所多，其數不異，故二式與三式相等，得四式。右實左法得五式，知三成銀爲三百一十兩也。

前題新術。

㈠ 天=三成銀　㈡ 二：五：：一二四：天　㈢ 二天=六二〇　㈣ 天=三一〇

法命三成銀數爲天得一式。依理，以二兩十成銀配五兩三成，恰得七兩五成銀，故有比例，得二式。一三率相乘與二四率相乘等，得三式。右實左法得四式，知丙之三成銀三百一十兩也。

前題又新術。

㊀ 天＝三成銀　㊁ $\frac{\text{一〇}}{\text{三天}}=\text{丙十成銀}$　㊂ $\frac{\text{一〇}}{\text{七天}}=\text{丙之非銀}$

㊃ $\frac{\text{一〇}}{\text{七天}}=\text{一二四丄}\frac{\text{一〇}}{\text{三天}}$　㊄ 四天＝一二四〇　㊅ 天＝三一〇

法命三成銀數爲天，得一式。以一式三乘之十除之爲丙之十成銀，得二式。又以一式七乘之十除之爲丙之非銀，得三式。依理以一百二十四兩加二式必與三式相等，得四式。化而消之得五式，右實左法得六式，知三成銀爲三百一十兩也。

設如有銀大小共九百二十四錠，重二百七十六兩。大錠重三分兩之一，小錠重七分兩之二。問大小錠各若干。

答曰：大錠二百五十二箇，小錠六百七十二箇。

㊀ 天＝大錠數　㊁ 九二四丅天＝小錠數　㊂ $\frac{\text{二}}{\text{七天}}=\text{大錠重}$

㊃ $\frac{\text{二}}{\text{五五四四丅六天}}=\text{小錠重}$　㊄ $\frac{\text{二}}{\text{七天丄五五四四丅六天}}=\text{二七六}$

㊅ 天＝二五二

法命大錠數爲天得一式。以一式減九百二十四爲小錠數，得三式。因大錠小錠重數分母不同，故用通分互乘法，變大錠重爲二十一分兩之七，小錠重爲二十一分兩之六，乃以七乘一式以二十一除之爲大錠共重，得三式。以六乘二式以二十一除之爲小錠共重，得四式。以三四兩式併之，必與二百七十六兩相等，得五式。變除爲乘而消之得六式，知大錠爲二百五十二箇也。以減共錠九百二十四，餘六百七十二箇即爲小錠數也。

前題新術。

㊀ 天＝小錠數　㊁ 九二四丅天＝大錠數　㊂ $\frac{\text{七}}{\text{二天}}=\text{小錠重}$

㊃ $\frac{\text{三}}{\text{九二四丅天}}=\text{大錠重}$　㊄ $\frac{\text{七}}{\text{二天}}\text{丄}\frac{\text{三}}{\text{九二四丅天}}=\text{二七六}$　㊅ 六七二＝天

法命小錠數爲天得一式。以一式減九百二十四爲大錠數，得二式。以一式二乘之七除之必爲小錠共重，得三式。以二式三除之亦必爲大錠共重，得四式。以三四兩式併之必與二百七十六兩相等，得五式。化而消之得六式，知小錠爲六百七十二箇也。以減共錠九百二十四，餘二百五十二箇即爲大錠數也。

設如有人雇船，每人出銀一兩二錢則少四兩四錢，每人出銀一兩五錢則多八兩二錢。問人數及船價銀各若干。

答曰：四十二人，船價五十四兩八錢。

㊀ 天＝人數　㊁ 一五天丅八二＝船價　㊂ 一二天丄四四＝船價　㊃ 一五天丅八二＝一二天丄四四　㊄ 三天＝一二六　㊅ 天＝四二

法命人數爲天，得一式。以一式乘一兩五錢減八兩二錢必爲船價，得二式。以一式乘一兩二錢加四兩四錢亦必爲船價，得三式。二三式必等，得四式。消之得五式，右實左法得六式，知爲四十二人也。以一兩五錢乘之得六十三兩，以八兩二錢減之，得五十四兩八錢，即爲船價也。

設如有銀買緞二色，下號緞每疋價銀八兩，上號緞每疋價銀十一兩。若俱買下號者，則銀多二百九十六兩。若俱買上號者，則銀多三十二兩。問緞數及銀數各若干。

答曰：兩號緞各八十八疋，銀一千兩。

㊀ 天＝上疋數＝下疋數　㊁ 一一天丄三二＝銀數　㊂ 八天丄二九六＝銀數　㊃ 一一天丄三二＝八天丄二九六　㊄ 三天＝二六四　㊅ 天＝八八

法命上下緞疋數爲天得一式。以一式與十一兩相乘，加三十二兩必爲共銀數，得二式。以一式與八兩相乘，加二百九十六兩亦必爲共銀數，得三式。二三式必等，得四式。消之得五式，右實左法得六式，知上下緞各爲八十八疋也。置八十八疋，以八兩乘之得七百〇四兩，加二百九十六兩得一千兩，即爲共銀數也。

設如有井一口不知其深，有繩一條不知其長，但知取繩六分之一比井深少三尺四寸，取繩四分之一比井深適等。問井深及繩長各若干。

答曰：井深一丈〇二寸，繩長四丈〇八寸。

㊀ 天＝繩長　㊁ $\frac{\text{四}}{\text{天}}=\text{井深}$　㊂ $\frac{\text{六}}{\text{天}}\text{丄三四}=\text{井深}$

㊃ $\frac{\text{四}}{\text{天}}=\frac{\text{六}}{\text{天}}\text{丄三四}$　㊄ 六天＝四天丄八一六　㊅ 二天＝八一六　㊆ 天＝四〇八

法命繩長爲天得一式。借根法凡有二分母者，必先相乘而後借之爲根，如此題借二

十四根爲繩長是也。但得一根後，又當以二十四乘之，乃得真數，頗爲迂曲。今用代數法，即命繩長爲天，然後用乘除，較爲直捷。其實一理也。他皆倣此。以一式四除之，必爲井深，得二式。又以一式六除之加三尺四寸，亦必爲井深，得三式。二三式必等，得四式。化之得五式，消之得六式，右實左法得七式，知繩長爲四丈〇八寸也。乃置四丈〇八寸以四除之，得一丈〇二寸，即井深也。

前題新術。

㈠ 天＝井深 ㈡ 四天＝繩長 ㈢ 六天丅二〇四＝繩長 ㈣ 六天丅二〇四＝四天 ㈤ 二天＝二〇四 ㈥ 天＝一〇二

法命井深爲天得一式。以一式四乘之必爲繩長，得二式。又以一式減三尺四寸，以六乘之，亦必爲繩長，得三式。二三式必等，得四式。消而移之得五式，右實左法得六式，知井深爲一丈〇二寸也。以四乘之得四丈〇八寸，即爲繩長也。

設如有人買房，用本銀三分之二則比房價多五十九兩，用本銀五分之二則比房價少四十九兩八錢。問本銀房價各若干。

答曰：本銀四百〇八兩，房價二百一十三兩。

㈠ 天＝本銀 ㈡ $\frac{\text{二天}}{\text{三}}$ 丅五九＝房價 ㈢ $\frac{\text{二天}}{\text{五}}$ 丄四九八＝房價

㈣ $\frac{\text{二天}}{\text{三}}$ 丅五九＝$\frac{\text{二天}}{\text{五}}$ 丄四九八 ㈤ 一〇天丅八八五＝六天丄七四七

㈥ 四天＝一六三二 ㈦ 天＝四〇八

法命本銀數爲天得一式。以一式二乘之三除之減五十九兩，必爲房價，得二式。以一式二乘之五除之加四十九兩八錢，亦必爲房價，得三式。二三式必等，得四式。化之得五式，消之得六式，右實左法得七式，知本銀爲四百〇八兩也。依二式以本銀二因三歸，得二百七十二兩，減五十九兩，餘二百一十三兩即房價也。

前題新術。

㈠ 天＝房價 ㈡ $\frac{\text{三天丄一七七}}{\text{二}}$＝本銀 ㈢ $\frac{\text{五天丅二四九}}{\text{二}}$＝本銀

㈣ $\frac{\text{三天丄一七七}}{\text{二}}$＝$\frac{\text{五天丅二四九}}{\text{二}}$ ㈤ 二天＝四二六 ㈥ 天＝二一三

法命房價爲天得一式。以一式加五十九兩，以三乘之二除之必爲本銀，得二式。以一式減四十九兩八錢，以五乘之二除之亦必爲本銀，得三式。二三式必等，得四式。觀四式兩邊母同，可省互乘，即去其母而消之，得五式。右實左法得六式，知房價爲二百一十三兩也。依二式，以房價三乘之，加一百七十七兩，以二除之得四百〇八兩，即本銀也。

設如有銀分給二等人，其上等人比下等人多一倍，上等人比下等人每人多得四兩。今欲與下等人每人三兩則銀多七十三兩，每人四兩則銀少二十兩。問人數及銀數各若干。

答曰：上等六十二人，下等三十一人，銀六百兩。

㈠ 天＝下等人數 ㈡ 二天＝上等人數 ㈢ 二〇天丅二〇＝銀數 ㈣ 一七天丄七三＝銀數 ㈤ 二〇天丅二〇＝一七天丄七三 ㈥ 三天＝九三 ㈦ 天＝三一

法命下等人數爲天得一式。倍之爲上等人數，得二式。題云上等比下等每人多四兩，若給下等每人四兩，則上等每人必爲八兩可知，故以四乘一式八乘二式併之，減二十兩必爲銀數，得三式。若給下等每人三兩，則上等每人必爲七兩可知，故以三乘一式七乘二式併之，加七十三兩亦必爲銀數，得四式。三四式必等，得五式。消之得六式，右實左法得七式，知下等爲三十一人也。倍之得六十二人爲上等人數。依三式以三十一代天，以二十乘之得六百二十兩，減二十兩餘六百兩，即爲銀數也。

前題新術。

㈠ 天＝銀數 ㈡ 地＝下等人數 ㈢ 二地＝上等人數

㈣ $\frac{\text{天丅一四地丅七三}}{\text{三}}$＝地 ㈤ $\frac{\text{天丅一六地丄二〇}}{\text{四}}$＝地 ㈥ $\frac{\text{天丅七三}}{\text{一七}}$＝地

㈦ $\frac{\text{天丄二〇}}{\text{二〇}}$＝地 ㈧ $\frac{\text{天丅七三}}{\text{一七}}$＝$\frac{\text{天丄二〇}}{\text{二〇}}$ ㈨ 三天＝一八〇〇 ㈩ 天＝六〇〇

法命銀數爲天得一式，下等人數爲地得二式。倍二式爲上等人數，得三式。又置一式，以七乘三式減之，再減七十三兩，以三除之必等于二式，得四式。又置一式，以八乘三式減之，再加二十兩，以四除之亦必等于二式，得五式。以四五兩式變之，得六式七式。六七兩式必等，得八式。化而消之得九式，右實左法得十式，知銀數爲六百兩也。依四式以六百代天算之，得三十一爲下等人數。倍

之得六十二爲上等人數。

設如有人分銀，不言人數亦不言銀數，但知每四人分銀十八兩則銀少八兩，每三人分銀十一兩則銀多十二兩。問人數及銀數各若干。

答曰：二十四人，銀一百兩。

㈠ 天＝人數　㈡ $\frac{\text{四}}{\text{一八天}}$丅八＝銀㨦　㈢ $\frac{\text{三}}{\text{一一天}}$丄一二＝銀㨦

㈣ $\frac{\text{四}}{\text{一八天}}$丅八＝$\frac{\text{三}}{\text{一一天}}$丄一二　㈤ 五四天丅九六＝四四天丄一四四

㈥ 一〇天＝二四〇　㈦ 天＝二四

法命人數爲天得一式。置一式以十八乘之四除之，減八兩必爲銀數，得二式。又置一式，以十一乘之三除之，加一十二兩亦必爲銀數，得三式。二三式必等，得四式。化之得五式，消之得六式，右實左法得七式，知人數爲二十四也。依二式以二十四代天，以十八乘之四除之得一百〇八兩，減八兩餘一百兩即爲銀數也。

前題新術。

㈠ 天＝銀數　㈡ $\frac{\text{一八}}{\text{四天丄三二}}$＝人數　㈢ $\frac{\text{一一}}{\text{三天丅三六}}$＝人數

㈣ $\frac{\text{一一}}{\text{三天丅三六}}$＝$\frac{\text{一八}}{\text{四天丄三二}}$　㈤ 一〇天＝一〇〇〇　㈥ 天＝一〇〇

法命銀數爲天得一式。以一式加八兩，四乘之十八除之必爲人數，得二式。又以一式減十二兩，三乘之十一除之亦必爲人數，得三式。二三式必等，得四式。化而消之得五式，右實左法得六式，知銀數爲一百兩也。依二式以一百代天算之，得二十四，即爲人數也。

設如有一商人販緞，不言每疋價銀之數亦不言每疋稅銀之數，但知販緞八十疋納稅用緞四疋則多銀二兩，販緞三百一十疋納稅用緞十四疋則少銀六兩五錢。問每疋價銀及稅銀幾何。

答曰：緞每疋價銀九兩五錢，每疋稅銀四錢五分。

㈠ 天＝疋價　㈡ $\frac{\text{八〇}}{\text{四天丅二}}$＝疋稅　㈢ $\frac{\text{三一〇}}{\text{一四天丄六·五}}$＝疋稅

㈣ $\frac{\text{八〇}}{\text{四天丅二}}$＝$\frac{\text{三一〇}}{\text{一四天丄六·五}}$　㈤ 一二四〇天丅六二〇＝一二〇天丄五二〇　㈥ 一一二〇天＝一一四〇　㈦ 天＝九·五

法命每疋價銀數爲天得一式。置一式以四疋乘之，減銀二兩，以八十疋除之必爲每疋稅銀，得二式。又置一式以十四疋乘之，加銀六兩五錢，以三百一十疋除之亦必爲每疋稅銀，得三式。二三式必等，得四式。化之得五式，消之得六式，右實左法得七式，知疋價爲九兩五錢也。既知疋價，則依二式算之，即得每疋稅銀爲四錢五分也。

前題新術。

㈠ 天＝疋稅　㈡ $\frac{\text{四}}{\text{八〇天丄二}}$＝疋價　㈢ $\frac{\text{一四}}{\text{三一〇天丅六·五}}$＝疋價

㈣ $\frac{\text{一四}}{\text{三一〇天丅六·五}}$＝$\frac{\text{四}}{\text{八〇天丄二}}$　㈤ 一二〇天＝五四　㈥ 天＝·四五

法命每疋稅銀數爲天得一式。置一式以八十乘之，加銀二兩，以四除之必爲每疋價銀，得二式。又置一式以三百一十乘之，減六兩五錢，以十四除之亦必爲疋價，得三式。二三式必等，得四式。化而消之得五式，右實左法得六式，知每疋稅銀爲四錢五分也。依二式以四錢五分代天算之，得九兩五錢即爲緞每疋之價。

設如有銀一千二百〇九兩，令甲乙二人分之。取甲四分之一與乙三分之一相加即與甲銀等。問二人各得幾何。

答曰：甲得銀三百七十二兩，乙得銀八百三十七兩。

㈠ 天＝甲銀　㈡ $\frac{\text{四}}{\text{九天}}$＝乙銀　㈢ 天丄$\frac{\text{四}}{\text{九天}}$＝一二〇九　㈣ 一三天＝四八三六　㈤ 天＝三七二

原法迂曲不可從，故以新法算之。

法命甲銀數爲天，得一式。依題甲銀爲四分，取其一分則尚餘三分。今取乙三分之一與甲一分相加即爲甲銀，則是乙一分即可抵甲三分矣。故以一式三乘之四除之爲甲三分，即爲乙一分，以三乘之必爲乙銀，得二式。以一二式併之，必與一千二百〇九兩等，得三式。化之得四式，右實左法得五式，知甲銀爲三百七十二兩也。以減一千二百〇九兩，餘八百三十七兩即爲乙銀數也。

前題又新術。

㈠ 天＝乙銀　㈡ 一二〇九丅天＝甲銀　㈢ $\frac{\text{四}}{\text{一二〇九丅天}}$丄$\frac{\text{三}}{\text{天}}$＝甲銀

㊃ $\frac{四}{一二〇九丅天}$丄$\frac{三}{天}$=一二〇九丅天　㊄ 一三天=一〇八八一　㊅ 天=八三七

法命乙銀數爲天得一式。以一千二百〇九兩減一式即爲甲銀，得二式。以二式四分之一與一式三分之一相加亦爲甲銀，得三式。二三式必等，得四式。化而消之得五式，右實左法得六式，知乙銀爲八百三十七兩也。以減一千二百〇九兩，餘三百七十二兩即爲甲數。

設如有銀一千兩，令甲乙丙三人分之。乙所得之數倍於甲仍多三十兩，丙所得之數倍於乙。問每人各得若干。

答曰：甲得銀一百三十兩，乙得銀二百九十兩，丙得銀五百八十兩。

㊀ 天=甲銀數　㊁ 二天丄三〇=乙銀數　㊂ 四天丄六〇=丙銀數　㊃ 七天丄九〇=一〇〇〇　㊄ 七天=九一〇　㊅ 天=一三〇

法命甲銀數爲天得一式。以一式倍之，又加三十兩必爲乙銀數，得二式。又以二式倍之必爲丙銀數，得三式。以一二三式併之，必與一千兩相等，得四式。消之得五式，右實左法得六式，知甲銀爲一百三十兩也。以甲銀倍之，加三十兩，得二百九十兩爲乙銀。以乙銀倍之，得五百八十兩爲丙銀也。

設如甲乙丙三人分銀六千兩，乙得甲三分之一，丙得乙二分之一，問三人各得幾何。

答曰：甲銀四千兩，乙銀一千三百三十三兩又三分兩之一，丙銀六百六十六兩又三分兩之二。

㊀ 天=甲銀數　㊁ $\frac{三}{天}$=乙銀數　㊂ $\frac{二}{\frac{三}{天}}$=丙銀數　㊃ $\frac{六}{天}$=丙銀數

㊄ 天丄$\frac{三}{天}$丄$\frac{六}{天}$=六〇〇〇　㊅ $\frac{一八}{二七天}$=六〇〇〇　㊆ 二七天=一〇八〇〇〇　㊇ 天=四〇〇〇

法命甲銀數爲天得一式。以一式三除之必爲乙銀數，得二式。又以二式二除之必爲丙銀數，得三式，即四式。以一二四式併之，必與六千兩相等，得五式。化之得六式，《精蘊》云：三數相加得六分根之九者，蓋以六式左邊母子三除之也。又云以六乘六千者，即以除得之六分乘之也。其實不必用除，即以一八乘之，更爲簡捷。變除爲乘得七式，右實左法得八式，知甲銀爲四千兩也。以四千兩三分之，得一千三百三十三兩又三分兩之一爲乙銀。又以乙銀二分之得六百六十六兩又三分兩之二爲丙銀也。

又術。

㊀ 天=丙銀數　㊁ 二天=乙銀數　㊂ 六天=甲銀數　㊃ 九天=六〇〇〇　㊄ 天=六六六丄$\frac{九}{六}$=$\frac{三}{二}$

法命丙銀數爲天得一式。以一式二因之必爲乙銀數，得二式。又以二式三因之必爲甲銀數，得三式。以一二三式併之，必與六千兩相等，得四式。右實左法得五式，知丙銀爲六百六十六兩又三分兩之二也。以丙銀二因之得乙銀，以乙銀三因之得甲銀。

前題新術。

㊀ 天=乙銀數　㊁ 三天=甲銀數　㊂ $\frac{三}{天}$=丙銀數　㊃ 四天丄$\frac{二}{天}$=六〇〇〇　㊄ 九天=一二〇〇〇　㊅ 天二一三三三丄$\frac{九}{三}$=$\frac{三}{一}$

法命乙銀數爲天得一式。以一式三因之必爲甲銀數，得二式。又以一式二除之必爲丙銀數，得三式。以一二三式併之，必與六千兩相等，得四式。化之得五式，右實左法得六式，知乙銀爲一千三百三十三兩又三分兩之一也。以乙銀三乘之即甲銀，以乙銀二除之即丙銀也。

設如有金銀錫銅四色不言重數，但知其數五分之二爲銅數，金銀錫共數七分之四爲錫數，金銀共數八分之五爲銀數，金重三千零二十四兩。問銀錫銅三色各重若干。

答曰：銀五千〇四十兩，錫一萬〇七百五十二兩，銅一萬二千五百四十四兩。

㊀ 天=四色共數　㊁ $\frac{五}{二天}$=銅數　㊂ 天丅$\frac{五}{二天}$=金銀錫共數

㊃ $\frac{五}{三天}$=金銀錫共數　㊄ $\frac{三五}{一二天}$=錫數　㊅ $\frac{五}{三天}$丅$\frac{三五}{一二天}$=金銀數

㊆ $\frac{一七五}{四五天}$=金銀數　㊇ $\frac{一四〇〇}{二二五天}$=銀數　㊈ $\frac{一七五}{四五天}$丅$\frac{一四〇〇}{二二五天}$=三〇二四　㊉ 二三六二五天=七四〇八八〇〇〇〇　⑪ 天=三一三六〇

法命四色共數爲天得一式。二因五歸之爲銅數，得二式。以二式減一式爲

金銀錫共數，得三式，即四式。以四式四因七歸之爲錫數，得五式。置四式以五式減之爲金銀共數，得六式，即七式。以七式五因八歸之爲銀數，得八式。置七式以八式減之，必與金三千〇二十四兩相等，得九式。化而消之得十式，左法右實得十一式，知四色共重爲三萬一千三百六十兩也。既知天數，依八式算之得五千〇四十兩爲銀數，依五式算之得一萬〇七百五十二兩爲錫數，依二式算之得一萬二千五百四十四兩爲銅數也。

設如有銀三百五十六兩分與三等人，一等五人，二等四人，三等三人，一等所得倍於二等[丙]少二兩，二等所得倍於三等又多四兩。問三等人每人各得幾何。

答曰：一等每人得銀四十六兩，二等每人得銀二十四兩，三等每人得銀十兩。

㊀天＝三等一人銀 ㊁二天丄四＝二等一人銀 ㊂四天丄六＝一等一人銀 ㊃三天＝三等共銀 ㊄八天丄一六＝二等共銀 ㊅二〇天丄三〇＝一等共銀 ㊆三一天丄四六＝三五六 ㊇三一天＝三一〇 ㊈天＝一〇

法命三等一人所得銀數爲天得一式。以一式倍之加四兩爲二等一人銀數，得二式。以二式倍之減二兩爲一等一人銀數，得三式。以一式三乘之爲三等共銀，得四式。以二式四乘之爲二等共銀，得五式。以三式五乘之爲一等共銀，得六式。以四五六式併之，必與三百五十六兩相等，得七式。消之得八式，右實左法得九式，知三等一人之銀爲十兩也。知天爲十兩，依二式算之，得二十四兩爲二等一人銀。依三式算之得四十六兩爲一等一人銀也。

前題新術。

㊀天＝一等一人銀 ㊁ $\frac{二}{天丄二}$ ＝二等一人銀 ㊂ $\frac{二}{\frac{二}{天丄二}丅四}$ ＝三等一人銀 ㊃ $\frac{四}{天丅六}$ ＝三等一人銀 ㊄五天＝一等共銀 ㊅ $\frac{二}{四天丄八}$ ＝二等共銀 ㊆ $\frac{四}{三天丅一八}$ ＝三等共銀 ㊇五天丄 $\frac{二}{四天丄八}$ 丄 $\frac{四}{三天丅一八}$ ＝三五六 ㊈六二天＝二八五二 ㊉天＝四六

法命一等一人所得銀數爲天得一式。以一式加二兩以二除之爲二等一人銀數，得二式。又以二式減四兩以二除之爲三等一人銀數，得三式，即四式。以五乘一式爲一等共銀，得五式。以四乘二式爲二等共銀，得六式。以三乘四式爲三等共銀，得七式。以五六七式併之，必與三百五十六兩相等，得八式。化而消之得九式，右實左法得十式，知一等每人銀爲四十六兩也。既知天數，依二式算之得二等每人銀，依四式算之得三等每人銀也。

設如甲丙二人共有米三百八十四石，甲納官八分之一，丙納官六分之一，共納五十四石。問二人原米及納官米各若干。

答曰：甲原米二百四十石，納官米三十石。丙原米一百四十四石，納官米二十四石。

㊀天＝甲納米 ㊁五四丅天＝丙納米 ㊂八天＝甲原米 ㊃三二四丅六天＝丙原米 ㊄三二四丄二天＝三八四 ㊅二天＝六〇 ㊆天＝三〇

法命甲納米數爲天得一式。以五十四石減一式爲丙納米，得二式。以一式八因之爲甲原米，得三式。以二式六因之爲丙原米，得四式。以三四式併之，必與三百八十四石相等，得五式。消之得六式，右實左法得七式，知甲納米爲三十石也。既知天數，依二式算之得二十四石爲丙納米，依三式算之得二百四十石爲甲原米，依四式算之得一百四十四石爲丙原米也。

前題新術。

㊀天＝丙原米 ㊁ $\frac{六}{天}$ ＝丙納米 ㊂五四丅 $\frac{六}{天}$ ＝甲納米 ㊃四三二丅 $\frac{六}{八天}$ ＝甲原米 ㊄天丄四三二丅 $\frac{六}{八天}$ ＝三八四 ㊅二天＝二八八 ㊆天＝一四四

法命丙原米數爲天得一式。以一式六除之爲丙納米，得二式。置五十四石，以二式減之爲甲納米，得三式。以三式八因之爲甲原米，得四式。以一四式併之，必與三百八十四石相等，得五式。化而消之得六式，右實左法得七式，知丙原米爲一百四十四石也。既知天數，依二式算之得丙納米，依三式算之得甲納米，依四式算之得甲原米。

設如甲乙二人不言本銀若干，但知以乙本銀三分之一與甲本銀相加再加六十兩，共得一千兩。以甲本銀五分之一與乙本銀相加，亦得一千兩。問二人本銀各幾何。

答曰：甲本銀六百五十兩，乙本銀八百七十兩。

㈠ 天＝乙本銀 ㈡ 九四〇丅$\frac{三}{天}$＝甲本銀 ㈢ $\frac{三}{二八二〇丅天}$＝甲本銀

㈣ $\frac{一五}{二八二〇丅天}$丄天＝一〇〇〇 ㈤ 一四天＝一二一八〇 ㈥ 天＝八七〇

法命乙本銀數爲天得一式。以一千兩減六十餘九百四十兩，又以三除一式減之必爲甲本銀，得二式，即三式。以三式五除之，加一式必與一千兩相等，得四式。化而消之得五式，右實左法得六式，知乙本銀爲八百七十兩也。既知天數，依三式算之，得六百五十兩爲甲本銀也。

前題新術。

㈠ 天＝甲本銀 ㈡ 一〇〇〇丅$\frac{五}{天}$＝乙本銀 ㈢ $\frac{五}{五〇〇〇丅天}$＝乙本銀

㈣ $\frac{一五}{五〇〇〇丅天}$丄天丄六〇＝一〇〇〇 ㈤ 一四天＝九一〇〇 ㈥ 天＝六五〇

法命甲本銀數爲天得一式。以一式五除之，與一千兩相減必爲乙本銀，得二式，即三式。以三式三除之，與一式相加又加六十兩，必與一千兩相等，得四式。化而消之得五式，右實左法得六式，知甲本銀爲六百五十兩也。依三式算之，即得乙本銀。

設如甲乙二商不言本銀若干，但知各得利銀九十兩，其甲之本利共銀三倍於乙之本銀，乙之本利共銀二倍於甲之本銀。問每人本銀幾何。

答曰：甲本銀七十二兩，乙本銀五十四兩。

㈠ 天＝甲本銀 ㈡ 天丄九〇＝甲本利共 ㈢ $\frac{三}{天丄九〇}$丄九〇＝乙本利共

㈣ 二天＝$\frac{三}{天丄九〇}$丄九〇 ㈤ 五天＝三六〇 ㈥ 天＝七二

法命甲本銀數爲天得一式。以一式加九十兩爲甲本利共銀，得二式。以二式三除之，加九十兩爲乙本利共銀，得三式。以一式二倍之必與三式相等，得四式。化而消之得五式，右實左法得六式，知甲本銀爲七十二兩也。加九十兩得一百六十二兩，以三除之得五十四兩，即爲乙本銀也。

前題新術。

㈠ 天＝甲本銀 ㈡ 二天丅九〇＝乙本銀 ㈢ 六天丅二七〇＝天丅九〇

㈣ 五天＝三六〇 ㈤ 天＝七二

法命甲本銀數爲天得一式。以一式倍之減九十兩必爲乙本銀，得二式。以二式三倍之必與一式加九十相等，得三式。消之得四式，右實左法得五式，知甲本銀爲七十二兩也。既知天數，依二式算之，即得乙本銀數。

前題又新術。

㈠ 天＝乙本銀 ㈡ 三天丅九〇＝甲本銀 ㈢ 六天丅一八＝天丄九〇

㈣ 五天＝二七〇 ㈤ 天＝五四

法命乙本銀數爲天得一式。以一式三倍之減九十兩必爲甲本銀，得二式。以二式倍之必與一式加九十兩相等，得三式。消之得四式，右實左法得五式，知乙本銀爲五十四兩也。既知天數，依二式算之，即得甲本銀。

設如甲丙二人有銀不言其數，但知甲銀加九兩爲丙銀之三倍，丙銀加七兩爲甲銀之二倍。問二人各銀若干。

答曰：甲銀六兩，丙銀五兩。

㈠ 天＝甲銀數 ㈡ $\frac{三}{天丄九}$＝丙銀數 ㈢ $\frac{三}{天丄九}$丄七＝二天 ㈣ 五天＝三〇 ㈤ 天＝六

法命甲銀數爲天得一式。以一式加九兩以三除之爲丙銀，得二式。以二式加七兩，必與倍一式相等，得三式。化而消之得四式，右實左法得五式，知甲銀爲六兩也。既知天數，依二式算之，得五兩爲丙銀。

前題新術。

㈠ 天＝丙銀 ㈡ 三天丅九＝甲銀 ㈢ 六天丅一八＝天丄七 ㈣ 五天＝二五 ㈤ 天＝五

法命丙銀數爲天得一式。以一式三倍之減九兩爲甲銀，得二式。以二式倍之，必與一式加七兩相等，得三式。消之得四式，右實左法得五式，知丙銀爲五兩也。既知天數，依二式算之，即得甲銀。

設如甲丙二人有銀不言其數，但知將丙銀與甲二兩則甲銀爲丙銀之二倍，若將甲銀與丙三兩則丙銀爲甲銀之三倍。問二人各銀若干。

答曰：甲原銀六兩，丙原銀六兩。

㈠ 天＝甲原銀 ㈡ $\frac{二}{天丄二}$＝丙餘銀 ㈢ $\frac{二}{天丄二}$丄二＝丙原銀

㊃$\frac{\text{二}}{\text{天丄六}}$=丙原銀　㊄三天丅九=$\frac{\text{三}}{\text{天丄六}}$丄三　㊅五天=三〇　㊆天=六

法命甲原銀數爲天得一式。以一式加二兩以二除之必爲丙餘銀，得二式。又以二式加與甲二兩必爲丙原銀，得三式，即四式。若以一式減三兩以三乘之，必與四式再加三兩相等，得五式。化而消之得六式，右實左法得七式，知甲原銀爲六兩也。既知天數，依四式算之得六兩，亦即丙原銀也。

前題新術。

㊀天=丙原銀　㊁$\frac{\text{三}}{\text{天丄三}}$丄三=甲原銀　㊂二天丅四=$\frac{\text{三}}{\text{天丄三}}$丄五

㊃五天=三〇　㊄天=六

法命丙原銀爲天得一式。以一式加三兩以三除之，又加三兩必爲甲原銀，得二式。以一式減二兩以二乘之，與二式再加二兩相等，得三式。化而消之得四式，右實左法得五式，知丙原銀爲六兩也。既知天數，依二式算之，即得甲原銀。

設如甲乙二人共銀一千二百四十兩，於甲銀內加乙銀四分之一，乙銀內加甲銀五分之一，其數相等。問二人原銀各幾何。

答曰：甲原銀六百兩，乙原銀六百四十兩。

㊀天=甲原銀　㊁一二四〇丅天=乙原銀　㊂$\frac{\text{五}}{\text{天}}$丄一二四〇丅天=$\frac{\text{四}}{\text{一二四〇丅天}}$丄天　㊃$\frac{\text{五}}{\text{天丄六二〇〇丅五天}}$=$\frac{\text{四}}{\text{一二四〇丅天丄四天}}$

㊄三一天=一八六〇〇　㊅天=六〇〇

法命甲原銀數爲天得一式。以一千二百四十兩減一式爲乙銀，得二式。以五除一式與二式相加，必與四除二式與一式相加等，得三式。化之得四式，互乘消之得五式，右實左法得六式，知甲原銀爲六百兩也。以減一千二百四十兩，餘六百四十兩即乙原銀也。

設如甲原有銀五十兩，乙原有銀八十兩。乙用過之銀比甲用過之銀爲三分之一，甲所餘之銀比乙所餘之銀亦爲三分之一。問二人用銀及餘銀各若干。

答曰：甲用過銀二十六兩二錢五分，餘銀二十三兩七錢五分。乙用過銀八兩七錢五分，乙餘銀七十一兩二錢五分。

㊀天=乙用過銀數　㊁三天=甲用過銀數　㊂八〇丅天=乙餘銀

㊃五〇丅三天=甲餘銀　㊄一五〇丅九天=八〇丅天　㊅八天=七〇

㊆天=八・七五

法命乙用過銀數爲天得一式。以一式三因之爲甲用過之銀，得二式。以一式減八十兩爲乙餘銀，得三式。以二式減五十兩爲甲餘銀，得四式。以四式三因之，必與三式相等，得五式。消之得六式，右實左法得七式，知乙用過銀爲八兩七錢五分也。既知天數，依二式算之，得二十六兩二錢五分爲甲用過銀。依三式算之，得七十一兩二錢五分爲乙餘銀。依四式算之，得二十三兩七錢五分爲甲餘銀也。

前題新術。

㊀天=甲用過銀數　㊁$\frac{\text{三}}{\text{天}}$=乙用過銀數　㊂五〇丅天=甲餘銀

㊃八〇丅$\frac{\text{三}}{\text{天}}$=乙餘銀　㊄一五〇丅三天=八〇丅$\frac{\text{三}}{\text{天}}$　㊅八天=二一〇

㊆天=二六・二五

法命甲用過銀數爲天得一式。以一式三除之爲乙用過之銀，得二式。以一式減五十兩爲甲餘銀，得三式。以二式減八十兩爲乙餘銀，得四式。以三式三因之，必與四式相等，得五式。化而消之得六式，右實左法得七式，知甲用過銀爲二十六兩二錢五分也。既知天數，依二式算之，得乙用過銀。依三式算之，得甲餘銀。依四式算之，得乙餘銀也。

設如甲乙丙三人有銀不言數。但知甲銀比乙銀所多之數與丙銀四分之一相等，乙銀比丙銀所多之數與甲銀五分之一相等。若以乙銀五分之二與丙銀相較，則丙銀多一百一十四兩。問三人各銀幾何。

答曰：甲銀三百七十五兩，乙銀三百一十五兩，丙銀二百四十兩。

㊀天=乙銀　㊁$\frac{\text{五}}{\text{二天}}$丄一一四=丙銀　㊂$\frac{\text{五}}{\text{二天丄五六〇}}$=丙銀

㊃五天丅$\frac{\text{五}}{\text{一〇天丅二八五〇}}$=甲銀　㊄二〇天丅$\frac{\text{五}}{\text{四〇天丅一四〇〇丅四天}}$=丙銀　㊅$\frac{\text{五}}{\text{四〇天丅一四〇〇}}$=丙銀　㊆三八天=一一九七〇　㊇天=三一五

法命乙銀數爲天得一式。以一式二因五歸之加一百一十四兩必爲丙銀，得二式，即三式。以三式減一式又以五乘之必爲甲銀，得四式。又以一式減四式以四乘之亦必爲丙銀，得五式，即六式。以三六兩式消之得七式，右實左法得八式，知乙銀爲三百一十五兩也。既知天數，依三式算之得二百四十兩爲丙銀，依四式算之得三百七十五兩爲甲銀也。

前題新術。

㊀ 天＝丙銀 ㊁ $\frac{二}{五天丅五七〇}$＝乙銀 ㊂ $\frac{二}{五天丅五七〇}$丄$\frac{四}{天}$＝甲銀

㊃ $\frac{八}{二三天丅二八〇}$＝甲銀 ㊄ $\frac{四〇}{二三天丅二八〇}$丄天＝$\frac{二}{五天丅五七〇}$

㊅ 一二四天丅四五六〇＝二〇〇天丅二八〇〇 ㊆ 七六天＝一八二四〇

㊇ 天＝二四〇

法命丙銀數爲天得一式。以一式減一百一十四兩，五因二歸之必爲乙銀，得二式。以一式四除之加二式必爲甲銀，得三式，即四式。以四式五除之加一式必與二式相等，得五式。化之得六式，消之得七式，右實左法得八式，知丙銀爲二百四十兩也。既知天數，依二式算之得乙銀，依三式算之得甲銀也。

設如甲乙丙三人有銀，但知甲銀七十兩乙銀三十四兩而丙銀不知數。如以丙銀與甲銀相減又以丙銀與乙銀相減，其甲銀之餘則三倍於乙。問丙銀若干。

答曰：丙銀一十六兩。

㊀ 天＝丙銀 ㊁ 七〇丅天＝甲銀餘 ㊂ 三四丅天＝乙銀餘 ㊃ 一〇二丅三天＝七〇丅天 ㊄ 二天＝三二 ㊅ 天＝一六

法命丙銀數爲天得一式。以一式減七十兩爲甲銀之餘，得二式。以一式減三十四兩爲乙銀之餘，得三式。以三式三因之必與二式相等，得四式。消之得五式，右實左法得六式，知丙銀爲一十六兩也。

設如甲乙丙三人各有銀不言數，但知將乙銀十兩與甲，則甲乙二人之銀相等。若將丙銀十四兩與乙，則乙丙二人之銀相等。若將甲銀十八兩與丙，則丙銀比甲銀爲五倍。問三人各銀若干。

答曰：甲銀三十九兩，乙銀五十九兩，丙銀八十七兩。

㊀ 天＝甲銀 ㊁ 天丄二〇＝乙銀 ㊂ 天丄四八＝丙銀 ㊃ 五天丅九〇＝天丄六六 ㊄ 四天＝一五六 ㊅ 天＝三九

法命甲銀數爲天得一式。以一式加二十兩必爲乙銀，得二式。以二式再加二十八兩必爲丙銀，得三式。以一式減十八兩以五乘之，必與三式加十八兩相等，得四式。消之得五式，右實左法得六式，知甲銀爲三十九兩也。以甲銀加二十兩得五十九兩爲乙銀，以甲銀加四十八兩得八十七兩爲丙銀也。

前題新術。

㊀ 天＝乙銀 ㊁ 天丅二〇＝甲銀 ㊂ 天丄二八＝丙銀 ㊃ 五天丅一九〇＝天丄四六 ㊄ 四天＝二三六 ㊅ 天＝五九

法命乙銀數爲天得一式。以一式減二十兩必爲甲銀，得二式。以一式加二十八兩必爲丙銀，得三式。以二式減十八兩又五乘之，必與三式加十八兩相等，得四式。消之得五式，左法右實得六式，知乙銀爲五十九兩也。既知天數，依二式算之得甲銀，依三式算之得丙銀也。

設如甲乙丙三人有銀，但知甲銀二萬五千兩，乙得甲丙共銀二分之一，丙得甲乙共銀八分之一。問乙丙二人各銀幾何。

答曰：乙銀一萬五千兩，丙銀五千兩。

㊀ 天＝丙銀 ㊁ $\frac{二}{天丄二五〇〇〇}$＝乙銀

㊂ $\frac{八}{二五〇〇〇丄\frac{二}{天丄二五〇〇〇}}$＝天 ㊃ 一五天＝七五〇〇〇 ㊄ 天＝五〇〇〇

法命丙銀數爲天得一式。以一式加二萬五千兩以二除之必爲乙銀，得二式。以甲銀二萬五千兩加二式以八除之必與一式相等，得三式。化而消之得四式，右實左法得五式，知丙銀爲五千兩也。既知天數，依二式算之得一萬五千兩，即爲乙銀也。

設如一商貿易不言本銀若干，但知第一次所得利銀比本銀爲四分之一，用去銀二十兩。第二次所得利銀比第二次本銀爲五分之二，用去銀十四兩。第三次所得利銀比第三次本銀爲三分之二，用去銀十五兩。合計所餘利銀共八十兩。問原本銀及每次所得利銀各幾何。

答曰：原本銀一百一十三兩二錢五分，第一次得利二十八兩三錢一分二釐五毫，第二次得利四十八兩六錢二分五釐，第三次得利五十二兩零六分二釐

五毫。

㊀天＝本銀 ㊁ $\frac{四}{天}$＝一次利 ㊂ 天丄$\frac{四}{天}$丅二〇＝二次本 ㊃ $\frac{二〇}{一〇天丅一六〇}$＝二次利 ㊄ $\frac{二〇}{一〇天丅一六〇}$丄天丄$\frac{四}{天}$丅二〇丅一四＝三次本 ㊅ $\frac{二四〇}{一四〇天丅三三六〇}$＝三次利 ㊆ $\frac{四}{天}$丄$\frac{二〇}{一〇天丅一六〇}$丄$\frac{二四〇}{一四〇天丅三三六〇}$丅四九＝八〇 ㊇ $\frac{一九二〇〇}{二五六〇〇天丅一三六三二〇〇}$＝八〇 ㊈ 二五六〇〇天＝二八九九二〇〇 ㊉ 天＝一一三・二五

法命本銀數爲天得一式。以一式四除之爲一次利銀，得二式。以一式加二式減二十兩爲二次本銀，得三式。以三式化之二因五歸爲二次利銀，得四式。又以四式加三式減一十四兩爲三次本銀，得五式。又以五式化之三歸之爲三次利銀，得六式。乃以二式減二十兩、四式減一十四兩、六式減一十五兩併之，必與八十兩相等，得七式。化而消之得八式，變除爲乘而消之得九式，右實左法得十式，知本銀爲一百一十三兩二錢五分也。既知天數，依二式算之得二十八兩三錢一分二釐五毫即一次利，依四式算之得四十八兩六錢二分五釐即二次利，依六式算之得五十二兩零六分二釐五毫即三次利也。

設如有人貿易四次，第一次所得利銀比原本銀爲九分之一，用去銀比原本銀爲十二分之一。第二次所得利銀比原本銀爲六分之一，用去銀比原本銀爲九分之四。第三次所得利銀比原本銀爲三分之一，用去銀比原本銀爲二分之一。第四次所得利銀比原本銀爲三分之二。合四次利銀已用盡，仍用本銀六百兩。問本利銀各若干。

答曰：本銀七百二十兩，利銀六百二十兩。

㊀天＝本銀 ㊁ $\frac{九}{天}$＝一次利 ㊂ $\frac{一二}{天}$＝一次用 ㊃ $\frac{六}{天}$＝二次利 ㊄ $\frac{九}{四天}$＝二次用 ㊅ $\frac{四}{天}$＝三次利 ㊆ $\frac{二}{天}$＝三次用 ㊇ $\frac{三}{天}$＝四次利 ㊈ $\frac{三}{二天}$＝四次用 ㊉ $\frac{九}{天}$丄$\frac{六}{天}$丄$\frac{四}{天}$丄$\frac{三}{天}$丄六〇〇＝$\frac{一二}{天}$丄$\frac{九}{四天}$丄$\frac{二}{天}$丄$\frac{三}{天}$ ⑪ 五四〇天＝三八八〇〇 ⑫ 天＝七二〇

法命：本銀爲天得一式。以一式九除之爲一次利銀，得二式。以一式十二除之爲一次用去銀，得三式。以一式六除之爲二次利銀，得四式。以一式四乘之九除之爲二次用去銀，得五式。以一式四除之爲三次利銀，得六式。以一式二除之爲三次用去銀，得七式。以一式三除之爲四次利銀，得八式。以一式二乘之三除之爲四次用去銀，得九式。以二四六八式併之，加六百兩，與三五七九式併之相等，得十式。化而消之得十一式，右實左法得十二式，知本銀爲七百二十兩也。既知天數，依二四六八式算之，共得銀六百二十兩即利銀也。

設如甲乙丙丁四人同出銀作生理，内甲丙丁三人所出銀不言數，但知乙出銀五兩。若將甲所出銀二分之一與乙，又將乙所出銀五分之一與丙，又將丙所出銀七分之一與丁，又將丁所出銀九分之一與甲，則四人所出之銀皆相等。問四人各出銀若干。

答曰：甲出銀六十八兩四錢，丙出銀四十三兩四錢，丁出銀三十六兩。

㊀天＝甲出銀 ㊁ $\frac{二}{天}$丄四＝乙與人相等 ㊂ $\frac{二}{天}$丄四＝$\frac{二}{天}$丄$\frac{九}{丁}$ ㊃四＝$\frac{九}{丁}$ ㊄三六＝丁 ㊅三二丄$\frac{七}{丙}$＝$\frac{二}{天}$丄四 ㊆$\frac{七}{丙}$＝$\frac{二}{天}$丅二八 ㊇丙＝$\frac{二}{七天}$丅一九六 ㊈ $\frac{二}{六天}$丅六八丄一＝$\frac{二}{天}$丄四 ㊉五天＝三四二 ⑪天＝六八・四

法命甲出銀數爲天得一式。題云以甲二分之一與乙，乙又以五分之一與丙，則以一式二除之加四兩，必爲乙與三人相等之數，得二式。若以甲所存二分之一與丁銀九分之一相加，必與二式等，得三式。消之得四式，變除爲乘得五式，知丁銀爲三十六兩也。若以三十六兩九分之一與甲，則尚存三十二兩。若得丙銀七分之一，亦必與二式相等，得六式。以六式移項消之，得七式。變除爲乘必爲丙出銀得八式。以七八兩式右邊相減，則爲丙七分之六；又加乙之一兩亦必與二式相等，得九式。化而消之得十式，右實左法得十一式，知甲出銀爲六十八兩四錢也。既知天數，依八式算之，得四十三兩四錢，即丙銀也。

設如甲乙丙丁戊五人各出銀不言數，但知甲乙共銀二百四十兩，丙銀爲甲銀三分之一，丁銀爲乙銀四分之一，戊銀七十二兩，與丙丁共數相等。問甲乙丙丁四人各銀若干。

答曰：甲銀一百四十四兩，乙銀九十六兩，丙銀四十八兩，丁銀二十四兩。

㊀ 天＝甲銀　㊁ 二四〇丅天＝乙銀　㊂ $\frac{三}{天}$＝丙銀

㊃ $\frac{四}{二四〇丅天}$＝丁銀　㊄ $\frac{三}{天}$⊥$\frac{四}{二四〇丅天}$＝七二　㊅ 天＝一四四

法命甲銀數爲天得一式。以二百四十兩減一式爲乙銀，得二式。以一式三除之爲丙銀，得三式。以二式四除之爲丁銀，得四式。以三四式併之，與七十二兩等，得五式。化而消之得六式，知甲銀爲一百四十四兩也。既知天數，依二式算之得九十六兩爲乙銀，依三式算之得四十八兩爲丙銀，依四式算之得二十四兩爲丁銀也。

設如有銀六百兩，令甲乙丙丁戊己六人分之，甲乙共得二百兩，丙丁共得二百兩，戊己共得二百兩。丙所得銀比甲所得銀爲四分之一，戊所得銀比丁所得銀爲三分之一，乙所得銀比己所得銀爲二分之一。問六人各分銀幾何。

答曰：甲銀一百二十八兩，乙銀七十二兩，丙銀三十二兩，丁銀一百六十八兩，戊銀五十六兩，己銀一百四十四兩。

㊀ 天＝甲銀　㊁ 二〇〇丅天＝乙銀　㊂ $\frac{四}{天}$＝丙銀

㊃ 二〇〇丅$\frac{四}{天}$＝丁銀　㊄ $\frac{三}{二〇〇丅\frac{四}{天}}$＝戊銀　㊅ $\frac{一二}{八〇〇丅天}$＝戊銀

㊆ 四〇〇丅二天＝己銀　㊇ $\frac{一二}{八〇〇丅天}$⊥四〇〇丅二天＝二〇〇　㊈ 二五天＝三二〇〇　㊉ 天＝一二八

法命甲銀數爲天得一式。以一式減二百兩爲乙銀，得二式。以一式四除之爲丙銀，得三式。以三式減二百兩爲丁銀，得四式。以四式三除之爲戊銀，得五式，即六式。以二式二因之爲己銀，得七式。以六七兩式併之，必與二百兩相等，得八式。化而消之得九式，右實左法得十式，知甲銀爲一百二十八兩也。既知天數，依二式算之得七十二兩爲乙銀，依三式算之得三十二兩爲丙銀，依四式算之得一百六十八兩爲丁銀，依六式算之得五十六兩爲戊銀，依七式算之得一百四十四兩爲己銀也。

設如有駝一羣七十二個，馬一羣不知數，牛一羣與駝馬相併之數等，羊一羣與駝馬相乘之數等，又爲牛數之六十倍。問馬牛羊各幾何。

答曰：馬三百六十頭，牛四百三十二頭，羊二萬五千九百二十頭。

㊀ 天＝馬數　㊁ 天⊥七二＝牛數　㊂ 七二天＝羊數　㊃ 七二天＝四三二〇⊥六〇天　㊄ 一二天＝四三二〇　㊅ 天＝三六〇

法命馬數爲天得一式。以一式加七十二爲牛數，得二式。以一式乘七十二爲羊數，得三式。以六十乘二式，必與三式相等，得四式。消之得五式，右實左法得六式，知馬數爲三百六十也。既知天數，依二式算之得四百三十二爲牛數，依三式算之得二萬五千九百二十爲羊數也。

設如有大小二石不知重數，有銅條一根重十二兩，均分十二分，以繩繫於第五分之上，一頭五分一頭七分。將大石掛於銅條之端，離提繫五分，而以小石作砣稱之離提繫六分始平。又將小石掛於銅條之端離提繫五分，而以大石作砣稱之，離提繫四分始平。問二石各重若干。

答曰：大石重一百三十二兩，小石重一百〇八兩。

㊀ 天＝大石重　㊁ 地＝小石重　㊂ 六地⊥一二＝五天　㊃ 五地＝四天⊥一二　㊄ 地＝$\frac{六}{五天丅一二}$　㊅ 地＝$\frac{五}{四天丅一二}$　㊆ $\frac{六}{五天丅一二}$＝$\frac{五}{四天⊥一二}$　㊇ 天＝一三二

法命大石重數爲天，小石重數爲地，得一式二式。以一式與五分相乘爲五天，以二式與六分相乘爲六地，又以銅條十二分折半爲六，以五分七分相減餘二爲二兩，以六乘之得十二兩，加於六地必與五天相等，得三式。又以二式與五分相乘爲五地，以一式與四分相乘爲四天，加十二兩，亦必與五地相等，得四式。移項得五式六式，此兩式必等，得七式。化而消之得八式，知大石重爲一百三十二兩也。既知天數，依五式算之得一百〇八兩，即小石重也。

設如有銀買馬牛二色，馬四匹牛八頭，共價五十六兩。又馬三匹牛五頭，共價三十八兩。問馬牛各價若干。

答曰：馬一匹價六兩，牛一頭價四兩。

㊀ 天＝牛一頭價　㊁ $\frac{四}{五六丅八天}$＝馬每匹價　㊂ $\frac{三}{三八丅五天}$＝馬每匹價　㊃ $\frac{四}{五六丅八天}$＝$\frac{三}{三八丅五天}$　㊄ 四天＝一六　㊅ 天＝四

法命牛一頭之價爲天得一式。置五十六兩，以八乘一式減之，以四除之爲馬一匹之價，得二式。又置三十八兩，以五乘一式減之，以三除之，亦爲馬一匹之價，得三式。二三式必等，得四式。化而消之得五式，右實左法得六式，知牛一頭價爲四兩也。既知天數，依三式算之，得六兩即馬一匹之價也。

設如有錢買桃梨二色，桃四箇比梨八箇少錢十二文，桃九箇比梨六箇多錢二十一文，問桃梨各價若干。

答曰：桃每箇價錢五文，梨每箇價錢四文。

㈠ 天＝桃一箇價 ㈡ $\frac{八}{四天丄一二}$＝梨一箇價 ㈢ $\frac{六}{九天丅二一}$＝梨一箇價 ㈣ $\frac{六}{九天丅二一}=\frac{八}{四天丄一二}$ ㈤ 四八天＝二四〇 ㈥ 天＝五

法命桃一箇之價爲天得一式。以一式四乘之，加一十二文，以八除之，必爲梨一箇之價，得二式。以一式九乘之，減二十一文，以六除之，亦必爲梨一箇之價，得三式。二三式必等，得四式。化而消之得五式，右實左法得六式，知桃一箇之價爲五文也。既知天數，依二式算之，得四文即爲梨一箇之價也。

設如有銀買緞紗紬三色，初次買緞二疋紗六疋紬八疋，共價八十四兩。二次買緞一疋紗四疋紬七疋，共價六十兩。三次買緞二疋紗五疋紬九疋，共價九十兩。問緞紗紬每疋各價若干。

答曰：緞每疋價八兩，紗每疋價六兩，紬每疋價四兩。

㈠ 二人丄六地丄八天＝八四 ㈡ 人丄四地丄七天＝六〇 ㈢ 二人丄五地丄九天＝九〇 ㈣ 人＝$\frac{八四丅六地丅八天}{二}$ ㈤ 人＝六〇丅四地丅七天 ㈥ 人＝$\frac{九〇丅五地丅九天}{二}$ ㈦ 地＝$\frac{三六丅六天}{二}$ ㈧ 地＝$\frac{九〇丅一二天}{七}$ ㈨ $\frac{三六丅六天}{二}=\frac{九〇丅一二天}{七}$ ㈩ 一八天＝七二 ⑪ 天＝四

法命紬每疋價爲天，紗疋價爲地，緞疋價爲人。依題得一二三式，移項得四五六式。以四五式相消得七式。以五六式相消得八式，七八式必等，得九式，化而消之得十式，右實左法得十一式，知紬每疋價爲四兩。既知天數，依七式算之得六兩即紗每疋價。既知天地二數，依四式算之得八兩，即緞每疋價也。

設如甲乙丙三人各有銀，買銅鐵錫三色。甲買銅二斤鐵二斤錫一斤共銀九錢，乙買銅三斤比鐵六斤錫二斤之價多二錢，丙買銅二斤鐵四斤與錫四斤之價相等。問銅鐵錫每斤各價若干。

答曰：銅三錢，鐵五分，錫二錢。

㈠ 二人丄二地丄天＝九 ㈡ 三人＝六地丄二天丄二 ㈢ 二人丄四地＝四天 ㈣ 人＝$\frac{九丅二地丅天}{二}$ ㈤ 人＝$\frac{六地丄二天丄二}{三}$ ㈥ 人＝$\frac{四天丅四地}{二}$ ㈦ 地＝$\frac{一八}{二三丅七天}$ ㈧ 地＝$\frac{二}{五天丅九}$ ㈨ $\frac{二}{五天丅九}=\frac{一八}{二三丅七天}$ ㈩ 一〇四天＝二〇八 ⑪ 天＝二

法命錫每斤價爲天，鐵每斤價爲地，銅每斤價爲人，得一二三式，移項得四五六式，以四五式相消得七式，以四六式相消得八式，七八式必等得九式，化而消之得十式，右實左法得十一式，知錫每斤價爲二錢也。既知天數，依七式算之得五分，即鐵每斤價。既知天地二數，依四式算之得三錢，即銅每斤價也。

清・徐虎臣《溥通新代數》卷二　第九篇　一次方程式

第五三款　一次方程式

凡已知之數皆以甲、乙、丙、丁等天干地支諸字代之，其未知之數皆以天、地、人、物諸字代之。但方程式中之天不含乘羃者，謂一次方程式，略而云一次式。例如　天丄甲＝乙　及　天丅甲＝丙　或　天甲＝丁　及　天÷甲＝戊　此類之式天之指數皆爲一，而未知元只有天，故云獨元一次式。如　天丄地丅人＝甲　及　天地丅甲人＝乙　此類之式謂多元一次式。因未知元不止一箇，而各元之指數皆爲一，故凡多元一次式，元雖多而指數唯一。倘代數式中有$天^{二}$者爲二次式，有$天^{三}$者爲三次式，如有$天^{卯}$爲卯次式，或云多次式也。因此篇只詳一次式，其二次以上之方程式俟解二次式詳之。

第五四款　方程式公例

凡方程式已證明兩邊相等，但兩邊各加相同之式或各減相同之式或以相同之式乘之或以相同之式除之，其和其較其積其商則皆相等。如　甲＝天　則　甲丄乙＝天丄乙　甲丅乙＝天丅乙　甲・乙＝天・乙　甲÷乙＝天÷乙　而五式之左右兩邊皆相等。設甲爲三乙爲二，則天必等於三而　甲丄乙　與　天丄乙　皆等於五　甲丅乙　與　天丅乙　皆等於一　甲・乙　與　天・乙

皆等於六　甲÷乙　與　天÷乙　皆等於 $\frac{一}{三}$　以此觀之，右五式之兩邊皆相等也。故本款云方程式之兩邊同任以何式加之減之乘之除之，則仍相等。

第五五款　移項變號之理

凡方程式之兩邊任有幾項，若從此邊移至彼邊，則必易其號。例如　甲丄天=二天丅乙　移之得　天丅二天=丅甲丅乙　但不移項兩邊可各易其號得　二天丅天=甲丄乙　即爲　天=甲丄乙　又如有　天丅七=三天丅一五　移之得　天丅三天=七丅一五　變號得　三天丅天=丅七丄一五　即　二天=八　兩邊各以二除之得　天=四　故凡方程式中天之倍數須爲一，若本非一者，即以所有之倍數除兩邊。若　三天=六　則　天=二　故方程式必先將未知之元與已知之元各聚於一邊，而必令未知元之倍數爲一者，始可求得未知元之數也。如上兩式若不如此化之，焉知大之真同數爲四與二也。

第五六款　去分母法

凡方程式中有整數式與分數式夾雜者，必將全式依齊分法無論整數分數皆齊爲同母之分數，即可去其分母爲整數式也。例如　$\frac{二}{天}$丄二=$\frac{四}{天}$丄$\frac{二}{五}$　移之　$\frac{二}{天}$丄二丅$\frac{四}{天}$丅$\frac{二}{五}$=〇　依齊分法得　$\frac{四}{二天丄八丅天丅一〇}$=〇　兩邊各以四乘之右仍爲〇，故　二天丄八丅天丅一〇=〇　即　天丅二=〇　而天=二　又法將有分母之諸項移於一邊，無分母之諸項移於一邊，得　$\frac{二}{天}$丅$\frac{四}{天}$丅$\frac{二}{五}$=丅二　齊其分母得　$\frac{四}{二天丅天丅一〇}$=丅二　兩邊各以四乘之得　二天丅天丅一〇=丅八　即　天丅一〇=丅八　移之　天=一〇丅八　即　天=二　又如　$\frac{四}{(天丄一)}$丅$\frac{三}{(天丅一)}$=一　依齊分法得

$\frac{一二}{三(天丄一)丅四(天丅一)}$=一　去(　)式乘之得　$\frac{一二}{三天丄三丅四天丄四}$=一

以左分母乘右式而將左邊之分子相加得　丅天丄七=一二　移此於右而減之得　丅天=五　變其號　天=丅五　故凡天不能爲　丅　號，若方程式中有天爲　丅　者，必全變其式之正負。準上二理任何分數方程式皆倣之。

第五七款　解一次式之公例

凡方程式必依五六款前法去其分母，次將未知之元悉移於一邊，令不與已知之數夾雜，再將未知之元悉合爲一項，又將未知元之倍數除兩邊，總令未知之元不含倍數。若未知之元爲負號者，悉變其全式之正負，使未知之元爲正。準以上五法施之，則未知元之根數得矣。因未知之元必有一定之數，但命題者隱之，待化清時則其數顯矣。故云其數曰根數。依法設例題如左。

例一　如有　(天丅一)(天丅二)丄五=(天丄一)^{二}　求天之同數。法將兩邊乘得　天^{二}丅三天丄二丄五=天^{二}丄二天丄一　移項得　天^{二}丅三天丅天^{二}丅二天=一丅二丅五　兩邊各加之得　丅五天=丅六　各以天之倍數五除之　丅天=丅$\frac{五}{六}$　變其號　天=$\left(一丄\frac{五}{一}\right)$

例二　如有　三(天丅一)丅{三天丅(二丅天)}=五　求天之同數。各去其(　)爲　三天丅三丅三天丄二丅天=五　移項而加之　天=丅六　又法令　三(天丅一)=三天丅三　再令　{三天丅(二丅天)}=四天丅二　故　(三天丅三)丅(四天丅二)=丅天丅一　而　丅天丅一=五　即　丅天=六　變號得天=丅六

例三　如　$\frac{五}{天丅一}$丅$\frac{八}{三天丅一}$=$\frac{六}{四三丅五天}$　求天之同數者。法先將諸分母依小公倍法求得同分母爲　一二〇　故原式齊爲

$\frac{一二〇}{二四(天丅一)丅一五(三天丅一)}$=$\frac{一二〇}{二〇(四三丅五天)}$　各去分母而乘之

(二四天丅二四)丅(四五天丅一五)=八六〇丅一〇〇天　去(　)，移而加之七九天=八六九　各以　七九　除之得　天=一一

例四　$\frac{天丅三}{一}$丄$\frac{天丄三}{二}$=$\frac{天丄五}{三}$　求天之同數者。先求得公分母爲　(天丅三)(天丄三)(天丄五)　即將原分數式變爲同母之分數得

$\frac{(天丅三)(天丄三)(天丄五)}{(天丄三)(天丄五)丄二(天丅三)(天丄五)}$=$\frac{(天丅三)(天丄三)(天丄五)}{三(天丅三)(天丄三)}$

去其分母而乘其分子得　$\left\{\begin{matrix}天^{二}丄八天丄一五\\丄二天^{二}丄四天丅三〇\end{matrix}\right\}$={三天^{二}丅二七}　移項而加減之，即得　一二天=丅一二　各以　一二　除之，則　天=丅一

準以上四例，凡一次方程式解法，當不能出此範圍矣。

第五八款　一次式各題之解釋

凡代數式解問題時，將既知數與未知數之關係從代數之記號解明，求得方程式之根即未知數之值也。於本篇唯含一未知數而既知數之關係乎一次式者，特設數則解明以示。

例一　有某數其二倍比其半多二十七，求原數爲幾何。立法如左。

命　天＝原數　則　二天＝原數之二倍　叵　$\frac{二}{天}$＝原數之半　依題理　二天丅$\frac{二}{天}$＝二七　通之　四天丅天＝五四　即　三天＝五四　兩邊各以三除之　天＝一八　故求得某數者爲十八也。不信將　一八　倍之爲　三六　半之爲九，兩數相減即等於二十七也。故凡用代數演題，須審明題中之理，再命天爲未知數，依題理而列成方程式，復依解方程法解之，即得所求之數。

例二　有甲、乙二人，甲有銀四兩，乙有銀七錢五分。然則從甲銀内與乙若干，甲之所有爲乙之四倍。立法如左。

命　天＝甲與乙數　則　四丅天＝甲現有數　叵　．七五丄天＝乙現有數　依題理　四(．七五丄天)＝四丅天　即　三丄四天＝四丅天　移之　五天＝一　各以五除之得　天＝$\frac{五}{一}$＝．二　故從甲内取二錢與乙，則甲爲三兩八錢乙爲九錢五分，所以甲得乙之四倍也。

例三　有線長二十寸，使截爲二分。其大分等於小分之二倍。問二分之長若干。立法如左。

命　天＝小分　則　二天＝大分　依題理大分加小分與全長等，故　三天＝二〇　兩邊各以三除之，得　天＝$\frac{三}{二〇}$　除之得　六丄$\frac{三}{二}$　故求得小分爲六寸又三分寸之二，倍之得大分爲十三寸又三分寸之一也。

例四　或人有十二個貨幣共值二十八圓，但所有者爲值五圓之金幣與值一圓之銀幣，求兩種各幾枚。立法如左。

命　天＝金幣數　則　一二丅天＝銀幣數　但金幣每值五圓，故　五天＝金幣之共值　銀幣每值一圓，依題理　五天丄(一二丅天)＝二八　去(　)叵移之　五天丅天＝二八丅一二　減得　四天＝一六　即　天＝四　叵　一二丅天＝八　故求得金幣四枚銀幣八枚却合二十八圓之數。

例五　譬如父之年爲子之年六倍，若再閱四年父之年則爲子之年四倍。問父子之現年幾何。立法如左。

命　天＝子之年　則　六天＝父之年　叵　天丄四＝四年後子之年　即　六天丄四＝四年後父之年　依題理得　四(天丄四)＝六天丄四　乘左得　四天丄一六＝六天丄四　移項叵加之　丅二天＝丅一二　易其號叵各以二除之，得　天＝六　則　六天＝三六

故求得子年六歲父年三十六歲則爲子之六倍。若再閱四年，子年十歲父年四十歲，能不爲子之四倍乎？

例六　有甲乙二人做一種工程。甲獨做之十二點鐘成就，乙獨做之四點鐘成就。今甲做若干時經乙代之，從始至成就時共做六點鐘。然則甲乙二人各做若干時。其立法如左。

命　天＝甲作之時　則　六丅天＝乙作之時　因甲獨做須十二點鐘成就，則每點鐘必能做　$\frac{一二}{一}$　以天乘之得　$\frac{一二}{天}$　爲共做之工。又因乙獨做須四點鐘成就，則每點鐘必能做　$\frac{四}{一}$　以　六丅天　乘得　$\frac{四}{六丅天}$　爲乙共作之工。又命全工爲一，則　$\frac{一二}{天}$丄$\frac{四}{六丅天}$＝一　齊其分母爲　$\frac{一二}{天丄三(六丅天)}$＝一　以左分母乘右　天丄三(六丅天)＝一二　去(　)得　天丄一八丅三天＝一二　移而加之得　丅二天＝丅六　易號叵除之　天＝三　故求得甲做三點鐘而乙亦作三點鐘也。後凡此類之題皆如是求。

例七　有對時表之兩針，在三點鐘與四點鐘之間而相重，問爲何時。但三點鐘到四點鐘之距爲六十分鐘。立法如左。

命　天＝時針三點後之分數　依鐘表理，凡正交幾點鐘之時則分針必在十二點鐘之地位。因分針行至三點鐘時已歷十五分，故　天丄一五　爲三點後分針所行之分數。然分針之速度爲時針速度之十二倍，故　一二天＝天丄一五　移而加之　一一天＝一五　即　天＝$\frac{一一}{一五}$　除之得　天＝一丄$\frac{一一}{四}$　爲時針所行，加十五分得　一六丄$\frac{一一}{四}$　爲分針所行。故求得三點十六分又十一分之四爲所求之時。

例八　狐爲獵犬所追，狐在犬前六十步。然狐行三步犬只行二步，而犬三

步之距等狐七步之距。問犬幾步能捕狐？

命 天＝犬追之步 因犬行二步狐能行三步，以三乘二除得 $\frac{二}{三天}$＝狐行之步 但狐已行六十步，故 $\frac{二}{三天}$丄六〇＝狐共行之步 因犬三步當狐七步，依比例理，以三乘狐共行之步七乘犬共行之步必相等，由是即得 三$\left(\frac{二}{三天}丄六〇\right)$＝七天 通而乘之得 $\frac{二}{九天丄三六〇}$＝七天 化去分母 九天丄三六〇＝一四天 移而加之 五天＝三六〇 各以五除之，則 天＝七二 故求得犬行七十二步可捕狐。然犬行七十二步狐已行一百零八步，加前行之六十步共一百六十八步。因犬之三步如狐之七步，故以三乘狐共行七乘犬共行皆爲五百零四步而相等。行步相等，故追及也。

準此八例，凡一次式之各題，當不難解矣。

第一〇篇 多元一次式

第五九款 釋義

凡方程式不止一箇未知之數而各元之指數皆爲一者，謂多元一次式。欲解此種方程式，凡有二未知數必有二方程式，三未知數必有三方程式，於是有卯箇未知數必有卯箇方程式，始能求得方程式之各根。若有二未知數而只有一箇方程式者，此爲未定之方程式。然根數不能定之方程式。例如有 天丅三地＝二四 若 地＝〇 則 天＝二四 若 地＝一 則 天＝二七 若 地＝二 則 天＝三〇 若令 地＝卯 則 天＝二四丄三卯 但卯爲任何正整數及負數分數皆無不可，則天之數必隨卯而變，故云此種方程式爲未定之方程式也。

第六〇款 多元一次式之解法

凡二元方程式必有二式。如 三天丄五地＝二二 （一） 七天丅四地＝二〇 （二） 有此二式方爲完全之題。欲解此種之題，必先將二式中二元任令一元在於一邊，而兩邊又以元之係數除之，得 天＝$\frac{三}{丅五地丄二二}$ （三） 天＝$\frac{七}{四地丄二〇}$ （四） 將（三）（四）兩式對列，得 $\frac{三}{丅五地丄二二}$＝$\frac{七}{四地丄二〇}$ 爲新方程式，以左分母乘右分子右分母乘左分子，後凡兩邊皆有分母者，準此。得 丅三五地丄一五四＝一二地丄六〇 移項加之 四七地＝九四 兩邊各以 四七 除之，得 地＝$\frac{四七}{九四}$ 除得 地＝二 將（一）式中之地以二代之得 三天＝一二 各以三除之 天＝四 於是求得 地＝二 天＝四 却與題合。後凡二元之整數式，準此。

例二 如有 $\frac{三}{五天}$丅$\frac{四}{地}$＝九 （一） 六天丅$\frac{四}{七地}$＝二九 （二） 欲解此種分數之題，必先化去分母，故 $\frac{一二}{二〇天丅三地}$＝九 （三） $\frac{四}{二四天丅七地}$＝二九 （四） 化去分母得 二〇天丅三地＝一〇八 （五） 二四天丅七地＝一一六 （六） 依整數方程式之理變之 天＝$\frac{二〇}{一〇八丄三地}$ （七） 天＝$\frac{二四}{一一六丄七地}$ （八） 將（七）（八）兩式之右邊對列 $\frac{二〇}{一〇八丄三地}$＝$\frac{二四}{一一六丄七地}$ 用齊分法令左右兩式爲同母之分數 $\frac{一二〇}{六(一〇八丄三地)}$＝$\frac{一二〇}{五(一一六丄七地)}$ 去分母而乘之 六四八丄一八地＝五八〇丄三五地 移項而加之得 一七地＝六八 各以十七除之 地＝四 乃以四代（五）式中之地得 二〇天＝一二〇 各以二十除之 天＝六 再以四代（六）式之地，六代（式）式之天却等於〇，故求得地等於四，天等於六。後凡求得天地等同數，必將所求得之同數代原式中之天地等，如全式等於〇則是，否則誤矣。

第六一款 代入之消法

消者，即代數加法例，同號相加異號相減之理云。

凡二元方程式有不照五九款之消法者，將兩式中之任一式先求一元之同數，再將此同數代入他一式中，則他式變爲獨元式矣。例如 三天丅五地＝二 （一） 五天丅二地＝一六 （二） 移（一）式爲 天＝$\frac{三}{五地丄二}$ 將此式之 $\frac{三}{五地丄二}$ 代（二）式中之天，即易爲 五$\left(\frac{三}{五地丄二}\right)$丅二地＝一六 乘之 $\frac{三}{二五地丄一〇}$丅二地＝一六 化分母得 二五地丄一〇丅六地＝四八 移而

加之　一九地＝三八　各以一九除之　地＝二　以二代　$\frac{三}{五地丄二}$　式中之地，即得　天＝四　若以四代(二)式中之天，二代其地，則等於〇。故知　地＝二　天＝四

例二　如有　(天丅一)(地丅二)丅(天丅二)(地丅一)＝丅二　(一)　(天丄二)(地丄二)丅(天丅二)(地丅二)＝三二　(二)　乘(一)式

$\left\{\begin{matrix}(天地丅二天丅地丄二)\\丅(天地丅天丅二地丄二)\end{matrix}\right\}$＝丅二　去括弧而加之　丅天丄地＝丅二

(三)　乘(二)式　$\left\{\begin{matrix}(天地丄二天丄二地丄四)\\丅(天地丅二\cdot天丅二地丄四)\end{matrix}\right\}$＝三二　去括弧而加之

四天丄四地＝三二　各以四除之　天丄地＝八　(四)　移之　天＝八丅地　以　八丅地　代(三)式中之天，則　丅天　爲　地丅八　而三式變爲　二地＝六　即　地＝三　以三代　八丅地　式中之地，則　天＝五　故求得地等於三，天等於五。却合題旨。

例三　如有　甲天丄乙地＝二甲乙　(一)　乙天丅甲地＝$乙^{二}$丅$甲^{二}$　(二)　以(一)式中天之倍數甲遍乘(二)式，(二)式中天之倍數乙乘(一)式　甲乙天丅$甲^{二}$地＝$乙^{二}$甲丅$甲^{三}$　(三)　甲乙天丄$乙^{二}$地＝二甲$乙^{二}$　(四)　相減得　($乙^{二}$丄$甲^{二}$)地＝甲($乙^{二}$丄$甲^{二}$)　各以　($乙^{二}$丄$甲^{二}$)　除之　地＝甲　以甲代(一)式之地而移之，得　甲天＝甲乙　則　天＝乙　却合。

第六二款　三未知數以上之一次式

凡方程式中有三未知數者，必有三式方爲完全之題。前已敘明，但須先將三式令一箇元獨在一邊，亦須令其倍數爲一。例如　二天丄四地丄人＝七　(一)　三天丄二地丄二人＝八　(二)　五天丅四地丄四人＝九　(三)　移之

天＝$\frac{二}{七丅四地丅人}$　(四)　天＝$\frac{三}{八丅二地丅二人}$　(五)　天＝$\frac{五}{九丄四地丅四人}$

(六)。以(四)(五)兩式、(五)(六)兩式對列　$\frac{二}{七丅四地丅人}$＝$\frac{三}{八丅二地丅二人}$

與　$\frac{三}{八丅二地丅二人}$＝$\frac{五}{九丄四地丅四人}$　各以左分母乘右分子、右母乘左子

二一丅一二地丅三人＝一六丅四地丅四人　(甲)　四〇丅一〇地丅一〇人＝二七丄一二地丅一二人　(乙)　移而消之　八地丅人＝五　(丙)　二二地丅二人＝一三　(丁)　再移之　人＝八地丅五　(戊)　人＝$\frac{二}{二二地丅一三}$

(己)。以(戊)(己)兩式對列　八地丅五＝$\frac{二}{二二地丅一三}$　化去分母得　一六地丅一〇＝二二地丅一三　移而消之　六地＝三　則　地＝$\frac{二}{一}$　以　$\frac{二}{一}$　代

(戊)式中之地得　人＝丅一　再以　丅一　代(一)式中之人　$\frac{二}{一}$　代地，則天＝三　再以所求得天地人之同數代(二)(三)兩式，却皆等於〇，故合。若有一式不能等於〇者，則所求之數必有誤矣。

例二　如有　$\frac{地}{一}$丄$\frac{人}{一}$丅$\frac{天}{一}$＝五　(一)　$\frac{人}{一}$丄$\frac{天}{一}$丅$\frac{地}{一}$＝三　(二)

$\frac{天}{一}$丄$\frac{地}{一}$丅$\frac{人}{一}$＝一　(三)　乃將(一)(二)兩式相加，得　$\frac{人}{二}$＝八　即　二＝八人　而　人＝$\frac{四}{一}$　再以(一)(三)兩式相加　$\frac{地}{二}$＝六　即　二＝六地　而

地＝$\frac{三}{一}$　又以(二)(三)兩式相加　$\frac{天}{二}$＝四　即　二＝四天　而　天＝$\frac{二}{一}$

例三　如有　物丄天丄地丄人＝一〇　(一)　物丄二天丄三地丄四人＝三〇　(二)　五物丅四天丄三地丅二人＝丅二　(三)　二物丄三天丅五地丅人＝一一　(四)　以(一)與(二)相減　天丄二地丄三人＝二〇　(五)　五乘(二)減(三)　一四天丄一二地丄二二人＝一五二　(六)　二乘(一)減(四)得　丅天丄七地丄三人＝九　(七)　將(五)(六)(七)三式準本款第一例求之，即可得天地人物之四數。

第六三款　多元一次式之解題

凡任何算題有兩箇未知之數，或三未知數、四未知數，皆須令天地人物以代之。既代之後，則題中無未知之數。準題理施之成各種方程式，再依解方程例解之即得。設例如左。

例一　有大小二數，其大數之二倍比小數多二十七，又知大數比小數之二倍多三，求二數之式。列左。

命　天＝大數　　地＝小數　依題理　二天丅地＝二七　及　天丅二地＝三　依六〇款例，則　天＝$\frac{二}{二七丄地}$　天＝三丄二地　即

$\frac{二七丄地}{二}$=三丄二地　化去分母，得　二七丄地=六丄四地　移而消之，即得　三地=二一　而　地=七　則　天=一七

例二　從二數目字而成數，其數等於二數字和之七倍，但十位之數字比箇位之數字多四。求爲何數。列式如左。

命　天=十位之數字　地=箇位之數字　則　一〇天丄地　爲所成數。準題之上半所云，則　七天丄七地=一〇天丄地　移而消之　六地=三天　即天=二地　準題之下半云，則　天=地丄四　故　二地=地丄四　移而消之得地=四　依題理　天=八　而所成之數爲　八四　也。

例三　或分數，分子增一爲二分之一，分母增一爲三分之一，求此分數如何。列式如左。

命　天=分母　地=分子　則　$\frac{地}{天}$=原分數　準題之上半云

$\frac{地丄一}{天}=\frac{一}{二}$　化去分母得　二地丄二=天　從題之下半所云

$\frac{地}{天丄一}=\frac{一}{三}$　化去分母　三地=天丄一　移之　三地丅一=天　故　三地丅一=二地丄二　移而消之　地=三　則　天=八　故原分數爲　$\frac{三}{八}$　也。

例四　有男子一人與童子一人做工，十五日能成一種工程。今將此工程令男子七人童子九人做，則二日可成。問男子一人獨做童子一人獨做各須幾日。列式如左。

命　天=男子獨做日　地=童子獨做日　則　$\frac{一}{天}$=男子一日所做　$\frac{一}{地}$=童子一日所做　準題之上半所云，則　$\frac{一}{天}丄\frac{一}{地}=\frac{一}{一五}$　（一）　準題下半云　$\frac{七}{天}丄\frac{九}{地}=\frac{一}{二}$　（二）　以九乘（一）式得　$\frac{九}{天}丄\frac{九}{地}=\frac{九}{一五}$　與（二）式相減，得　$\frac{二}{天}=\frac{九}{一五}丅\frac{一}{二}$　齊而相減　$\frac{二}{天}=\frac{三}{三〇}$　即　六〇=三天　而天=二〇　再從（一）式得　地=六〇　故男子獨做二十日可成，童子獨做六十日可成。後凡遇演算題時，須先審明題理，其未知之數設元以代之。既代之後，又須按照題理列成方程式，再準各種方程式之解法解之。

又　卷六　第四二篇　定準數

第一八一款　定準數之性情

凡多元方程式，其所列之式必與所有之元等，始能求各元之數值。解法雖已詳於第二卷中，然所列之式至於任何多數亦頗難解，欲思一簡捷之法，不得不借徑於定準數。欲明定準數之用，又不得不先論定準數之性情。如左

（第一列）	（第二列）	（第三列）	
$甲_{三}$	$乙_{三}$	$丙_{三}$	（第三行）
$甲_{二}$	$乙_{二}$	$丙_{二}$	（第二行）
$甲_{一}$	$乙_{一}$	$丙_{一}$	（第一行）

之正方形云定準數之排列定位法。

其$甲_{一}$　$乙_{一}$　$丙_{一}$爲一方程式各項之倍數，而$甲_{二}$　$乙_{二}$　$丙_{二}$與$甲_{三}$　$乙_{三}$　$丙_{三}$爲餘二方程式中各項之倍數。若於右之九數中舍同行同列不計外，每取三而相乘，其乘得之積爲　$甲_{一}乙_{二}丙_{三}$、$甲_{一}乙_{三}丙_{二}$、$甲_{二}乙_{三}丙_{一}$、$甲_{二}乙_{一}丙_{三}$、$甲_{三}乙_{一}丙_{二}$、$甲_{三}乙_{二}丙_{一}$　之六種。所以同行同列不乘者，因凡方程式以一式首項之倍數乘二式之首項，二式首項之倍數乘一式之首項，相減爲〇。故解方程式時，其同行同列相乘之數皆消盡。於此六積之諸元下所標之數有次序順逆之不同，從逆次序之奇耦可定積之正負。故凡逆次序之數爲耦者，則所乘積正。若逆次序之數爲奇，則所乘積負。如　$甲_{一}乙_{二}丙_{三}$　其數字之次序皆順，因爲正方之對角，故可云原對角線乃爲正。如　$甲_{一}乙_{三}丙_{二}$　因　$乙_{三}丙_{二}$　爲逆次序，而只一次爲奇，故爲負。如　$甲_{二}乙_{三}丙_{一}$　有　$甲_{二}丙_{一}$　與　$乙_{三}丙_{一}$　爲逆次序二，故爲正。從　$甲_{二}乙_{一}丙_{三}$　則　$甲_{二}乙_{一}$　爲逆次序，即爲負。從　$甲_{三}乙_{一}丙_{二}$　有　$甲_{三}乙_{一}$　與　$甲_{三}丙_{二}$　之逆次序二，故爲正。從　$甲_{三}乙_{二}丙_{一}$　爲反對角線，有逆次序之數三，故爲負。由是，其乘積諸項之和爲

$$\left\{\begin{matrix}甲_{一}乙_{二}丙_{三}丅甲_{一}乙_{三}丙_{二}丄甲_{二}乙_{三}丙_{一}\\丅甲_{二}乙_{一}丙_{三}丄甲_{三}乙_{一}丙_{二}丅甲_{三}乙_{二}丙_{一}\end{matrix}\right\}$$

其項數必從正方形之方邊而生。如右式，方邊三項數六即　$\boxed{三}$　由是方邊卯其項數即爲　$\boxed{卯}$　所謂方邊者，即方程式之數。前云凡方程式之未知數有幾必有幾箇方程式。故將方程式之各項與各方程式縱

横列之，即成正方形也。又凡定準數，如互易其行列，其值仍同。故 $\begin{vmatrix}甲_{一}&乙_{一}&丙_{一}\\甲_{二}&乙_{二}&丙_{二}\\甲_{三}&乙_{三}&丙_{三}\end{vmatrix}=\begin{vmatrix}甲_{一}&甲_{二}&甲_{三}\\乙_{一}&乙_{二}&乙_{三}\\丙_{一}&丙_{二}&丙_{三}\end{vmatrix}$ 此因交互相乘之積同而正負亦同，故兩式等也。

第一八二款　互換次序與正負之關係

凡任何定準數之任一項，如互換其所標之兩字，可得又一項之式。而此項與原項必易其正負。

例如 $甲_{一}乙_{二}$ 設互換其所標之兩數，則爲 $丅甲_{二}乙_{一}$ 此不但兩元相乘者如此，凡任多元相乘任互易其元之標者亦然。如 $甲_{一}乙_{三}丙_{二}丁_{五}戊_{四}$ 第一易 $丅甲_{一}乙_{二}丙_{三}丁_{五}戊_{四}$ 第二易 $甲_{一}乙_{二}丙_{五}丁_{三}戊_{四}$ 第三易 $丅甲_{一}乙_{二}丙_{五}丁_{四}戊_{三}$ 第四易 $甲_{一}乙_{二}丙_{四}丁_{五}戊_{三}$ 第五易 $丅甲_{一}乙_{四}丙_{二}丁_{五}戊_{三}$ 準此五種互換之理，則每易一次必易其正負者明矣。

例二　凡定準數之任二行或任二列彼此交換時，亦必易其全式之正負，而其值仍同。故 $\begin{vmatrix}甲_{一}&甲_{二}&甲_{三}\\乙_{一}&乙_{二}&乙_{三}\\丙_{一}&丙_{二}&丙_{三}\end{vmatrix}=丅\begin{vmatrix}甲_{一}&甲_{三}&甲_{二}\\乙_{一}&乙_{三}&乙_{二}\\丙_{一}&丙_{三}&丙_{二}\end{vmatrix}=\begin{vmatrix}甲_{一}&甲_{三}&甲_{二}\\丙_{一}&丙_{三}&丙_{二}\\乙_{一}&乙_{三}&乙_{二}\end{vmatrix}$ 欲證此理，從 $\begin{vmatrix}甲&乙&丙\\丁&戊&己\\庚&辛&壬\end{vmatrix}=\left\{\begin{matrix}甲戊壬丅甲己辛丄乙己庚\\丅乙丁壬丄丙丁辛丅丙戊庚\end{matrix}\right\}$ 若 甲＝$甲_{一}$　乙＝$甲_{二}$　丙＝$甲_{三}$　丁＝$乙_{一}$　戊＝$乙_{二}$　己＝$乙_{三}$　庚＝$丙_{一}$　辛＝$丙_{二}$　壬＝$丙_{三}$ 則 $\begin{vmatrix}甲_{一}&甲_{二}&甲_{三}\\乙_{一}&乙_{二}&乙_{三}\\丙_{一}&丙_{二}&丙_{三}\end{vmatrix}=\left\{\begin{matrix}甲_{一}乙_{二}丙_{三}丅甲_{一}乙_{三}丙_{二}丄甲_{二}乙_{三}丙_{一}\\丅甲_{二}乙_{一}丙_{三}丄甲_{三}乙_{一}丙_{二}丅甲_{三}乙_{二}丙_{一}\end{matrix}\right\}$ 此式中若乙與丙所標之字互換，則全易正負。故任二行或任二列彼此交換時，必易其全式之正負。

例三　凡任何定準數之任二行或二列等者，則其值爲〇。故 $\begin{vmatrix}甲_{一}&甲_{二}&甲_{一}\\乙_{一}&乙_{二}&乙_{一}\\丙_{一}&丙_{二}&丙_{一}\end{vmatrix}=〇$ 及 $\begin{vmatrix}五&一&八\\七&五&三\\七&五&三\end{vmatrix}=〇$ 惟 $\begin{vmatrix}甲_{一}&甲_{二}&甲_{一}\\乙_{一}&乙_{二}&乙_{一}\\丙_{一}&丙_{二}&丙_{一}\end{vmatrix}=\left\{\begin{matrix}甲_{一}乙_{二}丙_{一}丅甲_{一}乙_{一}丙_{二}丄甲_{二}乙_{一}丙_{一}\\丅甲_{二}乙_{一}丙_{一}丄甲_{一}乙_{一}丙_{二}丅甲_{一}乙_{二}丙_{一}\end{matrix}\right\}$ $\begin{vmatrix}五&一&八\\七&五&三\\七&五&三\end{vmatrix}=\left\{\begin{matrix}五·五·三丅五·五·三丄一·三·七\\丅一·七·三丄八·七·五丅八·五·七\end{matrix}\right\}$ 右兩式之{　}{　}内皆正負相抵而爲〇，故兩式皆等於〇也。

例四　如有 $\begin{vmatrix}一&甲&甲^{二}\\一&乙&乙^{二}\\一&丙&丙^{二}\end{vmatrix}$ 欲求其值者。若令 甲＝乙 則變爲 $\begin{vmatrix}一&甲&甲^{二}\\一&甲&甲^{二}\\一&丙&丙^{二}\end{vmatrix}$ 準例三理 $\begin{vmatrix}一&甲&甲^{二}\\一&甲&甲^{二}\\一&丙&丙^{二}\end{vmatrix}=〇$ 再令 乙＝丙 及 丙＝甲 變之則全式皆等於〇。若令 $\begin{vmatrix}一&甲&甲^{二}\\一&乙&乙^{二}\\一&丙&丙^{二}\end{vmatrix}=酉$ 則 酉＝卯(甲丅乙)(乙丅丙)(丙丅甲)　惟 乙$丙^{二}$ 之係數一，故 卯＝一 而 酉＝(甲丅乙)(乙丅丙)(丙丅甲)

例五　如 $\begin{vmatrix}一&甲&甲^{二}&甲^{三}\\一&乙&乙^{二}&乙^{三}\\一&丙&丙^{二}&丙^{三}\\一&丁&丁^{二}&丁^{三}\end{vmatrix}$ 欲求值者，準前法，令 甲＝乙 則 酉＝〇 依同理，得 酉＝卯(甲丅乙)(乙丅丙)(丙丅甲)(甲丅丁)(乙丅丁)(丙丅丁)　惟 乙$丙^{二}丁^{三}$ 之係數爲 丅一 故 酉＝丅(甲丅乙)(乙丅丙)(丙丅甲)(甲丅丁)(乙丅丁)(丙丅丁)

準右例，凡定準數求值之法，皆能藉劈生法以馭之。

第一八三款　論定準數乘法之理

凡定準數欲以何數乘之者，將乘數任乘其一行或乘一列。如以一數或多數

連乘者，將乘數之諸因子各乘其一行或各乘其一列即爲乘得之式

$$\begin{vmatrix}甲_一&甲_二&甲_三\\乙_一&乙_二&乙_三\\丙_一&丙_二&丙_三\end{vmatrix}\times寅=\begin{vmatrix}甲_一&寅甲_二&甲_三\\乙_一&寅乙_二&乙_三\\丙_一&寅丙_二&丙_三\end{vmatrix}=\begin{vmatrix}寅甲_一&寅甲_二&寅甲_三\\乙_一&乙_二&乙_三\\丙_一&丙_二&丙_三\end{vmatrix}$$

如上式，原定準數以寅乘之，故乘得之式如右，或乘第二行或乘第一列，而乘得之積則皆相等。

例二　如有 $\begin{vmatrix}寅甲_一&寅乙_一&寅丙_一\\卯甲_二&卯乙_二&卯丙_二\\辰甲_三&辰乙_三&辰丙_三\end{vmatrix}=寅卯辰\times\begin{vmatrix}甲_一&乙_一&丙_一\\甲_二&乙_二&丙_二\\甲_三&乙_三&丙_三\end{vmatrix}=$

$$\begin{vmatrix}寅甲_一&卯乙_一&辰丙_一\\寅甲_二&卯乙_二&辰丙_二\\寅甲_三&卯乙_三&辰丙_三\end{vmatrix}$$

例三　如 $\begin{vmatrix}寅甲&卯甲&一\\寅乙&卯乙&一\\寅丙&卯丙&一\end{vmatrix}=寅卯\times\begin{vmatrix}甲&甲&一\\乙&乙&一\\丙&丙&一\end{vmatrix}=寅卯\times〇=〇$

此因定準數之同行同列有相同者，故等於〇，以 寅卯 乘之仍爲〇也。

第一八四款　定準數之展開式

凡定準數爲 $\begin{vmatrix}甲_一&甲_二&甲_三&甲_四\\乙_一&乙_二&乙_三&乙_四\\丙_一&丙_二&丙_三&丙_四\\丁_一&丁_二&丁_三&丁_四\end{vmatrix}$ 如欲求第一列中 $甲_一$、$甲_二$、$甲_三$、$甲_四$ 之各係數者，即令 $酉=甲_一角_一丄甲_二角_二丄甲_三角_三丄甲_四角_四$ （一） 云定準數之展開式。

例如 $\begin{vmatrix}甲_一&甲_二&甲_三\\乙_一&乙_二&乙_三\\丙_一&丙_二&丙_三\end{vmatrix}=甲_一\begin{vmatrix}乙_二&乙_三\\丙_二&丙_三\end{vmatrix}丅甲_二\begin{vmatrix}乙_一&乙_三\\丙_一&丙_三\end{vmatrix}丄$

$甲_三\begin{vmatrix}乙_一&乙_二\\丙_一&丙_二\end{vmatrix}=甲_一(乙_二丙_三丅乙_三丙_二)丅甲_二(乙_一丙_三丅乙_三丙_一)丄$

$甲_三(乙_一丙_二丅乙_二丙_一)$　由是 $\begin{vmatrix}甲_一&甲_二&甲_三&甲_四\\乙_一&乙_二&乙_三&乙_四\\丙_一&丙_二&丙_三&丙_四\\丁_一&丁_二&丁_三&丁_四\end{vmatrix}=甲_一$

$$\begin{vmatrix}乙_二&乙_三&乙_四\\丙_二&丙_三&丙_四\\丁_二&丁_三&丁_四\end{vmatrix}丅甲_二\begin{vmatrix}乙_一&乙_三&乙_四\\丙_一&丙_三&丙_四\\丁_一&丁_三&丁_四\end{vmatrix}丄甲_三\begin{vmatrix}乙_一&乙_二&乙_四\\丙_一&丙_二&丙_四\\丁_一&丁_二&丁_四\end{vmatrix}丅甲_四$$

$$\begin{vmatrix}乙_一&乙_二&乙_三\\丙_一&丙_二&丙_三\\丁_一&丁_二&丁_三\end{vmatrix}=\left\{\begin{array}{l}甲_一(乙_二丙_三丁_四丅乙_二丙_四丁_三丄\\\quad 乙_三丙_四丁_二丅乙_三丙_二丁_四丄\\\quad 乙_四丙_二丁_三丅乙_四丙_三丁_二)\\丅甲_二(乙_一丙_三丁_四丅乙_一丙_四丁_三丄\\\quad 乙_三丙_四丁_一丅乙_三丙_一丁_四丄\\\quad 乙_四丙_一丁_三丅乙_四丙_三丁_一)\\丄甲_三(乙_一丙_二丁_四丅乙_一丙_四丁_二丄\\\quad 乙_二丙_四丁_一丅乙_二丙_一丁_四丄\\\quad 乙_四丙_一丁_二丅乙_四丙_二丁_一)\\丅甲_四(乙_一丙_二丁_三丅乙_一丙_三丁_二丄\\\quad 乙_二丙_三丁_一丅乙_二丙_一丁_三丄\\\quad 乙_三丙_一丁_二丅乙_三丙_二丁_一)\end{array}\right\}（二）$$

略之爲 $酉=甲_一角_一丄甲_二角_二丄甲_三角_三丄甲_四角_四$　從（一）、（二）兩式之理即可證以下之例題。

例一　$\begin{vmatrix}一&一&二\\二&一&一\\一&二&一\end{vmatrix}=四$　求證者。惟 $酉=一\begin{vmatrix}一&一\\二&一\end{vmatrix}丅一$

$\begin{vmatrix}二&一\\一&一\end{vmatrix}丄二\begin{vmatrix}二&一\\一&二\end{vmatrix}=一(一丅二)丅一(二丅一)丄二(四丅一)=四$

例二　如有 $\begin{vmatrix}甲&〇&丙\\甲&乙&〇\\〇&乙&丙\end{vmatrix}=二\ 甲\ 乙\ 丙$　求證者。惟 $酉=甲$

$\begin{vmatrix}乙&〇\\乙&丙\end{vmatrix}丅〇\begin{vmatrix}甲&〇\\〇&丙\end{vmatrix}丄丙\begin{vmatrix}甲&乙\\〇&乙\end{vmatrix}=甲\times乙丙丅〇\times甲丙丄丙\times甲乙$

故酉等於 二甲乙丙　餘倣之。

第一八五款　定準數之要理

一、凡定準數任一行之元與他行相應之元之係數相乘，積之和等於〇。例如

$$\begin{vmatrix} 甲_{一} & 甲_{二} & 甲_{三} \\ 乙_{一} & 乙_{二} & 乙_{三} \\ 丙_{一} & 丙_{二} & 丙_{三} \end{vmatrix} = 甲_{一}\begin{vmatrix} 乙_{二} & 乙_{三} \\ 丙_{二} & 丙_{三} \end{vmatrix} 丅 甲_{二}\begin{vmatrix} 乙_{一} & 乙_{三} \\ 丙_{一} & 丙_{三} \end{vmatrix} 丄 甲_{三}\begin{vmatrix} 乙_{一} & 乙_{二} \\ 丙_{一} & 丙_{二} \end{vmatrix}$$

設令 $甲_{一}$、$甲_{二}$、$甲_{三}$ 之各係數爲 $角_{一}$、$角_{二}$、$角_{三}$ 而 $乙_{一}$、$乙_{二}$、$乙_{三}$ 之係數爲 $亢_{一}$、$亢_{二}$、$亢_{三}$ 及 $丙_{一}$、$丙_{二}$、$丙_{三}$ 之各係數爲 $氐_{一}$、$氐_{二}$、$氐_{三}$ 如本款所云，則 $甲_{一}角_{二}丄乙_{一}亢_{二}丄丙_{一}氐_{二}=〇$ 以

$$\begin{vmatrix} 甲_{一} & 甲_{二} & 甲_{三} \\ 乙_{一} & 乙_{二} & 乙_{三} \\ 丙_{一} & 丙_{二} & 丙_{三} \end{vmatrix} \begin{aligned} &=甲_{一}(乙_{二}丙_{三}丅乙_{三}丙_{二})丅甲_{二}(乙_{一}丙_{三}丅乙_{三}丙_{一})丄 \\ &\quad 甲_{三}(乙_{一}丙_{二}丅乙_{二}丙_{一}) \\ &=乙_{一}(甲_{二}丙_{三}丅甲_{三}丙_{二})丅乙_{二}(甲_{一}丙_{三}丅甲_{三}丙_{一})丄 \\ &\quad 乙_{三}(甲_{一}丙_{二}丅甲_{二}丙_{一}) \\ &=丙_{一}(甲_{二}乙_{三}丅甲_{三}乙_{二})丅丙_{二}(甲_{一}乙_{三}丅甲_{三}乙_{一})丄 \\ &\quad 丙_{三}(甲_{一}乙_{二}丅甲_{二}乙_{一}) \end{aligned}$$

證之，則 $丅(甲_{一}乙_{一}丙_{三}丅甲_{一}乙_{三}丙_{一})丄(甲_{一}乙_{一}丙_{三}丅甲_{三}乙_{一}丙_{一})丄(甲_{三}乙_{一}丙_{一}丅甲_{一}乙_{三}丙_{一})=〇$ 故 $甲_{卯}角_{寅}丄乙_{卯}亢_{寅}丄丙_{卯}氐_{寅}丄\cdots\cdots=〇$ 依同理 $乙_{一}角_{一}丄乙_{二}角_{二}丄乙_{三}角_{三}=〇$

例二　凡定準數之任一行或任一列各元爲兩數之和時，可分爲同次之兩定準數。如

$$\begin{vmatrix} 甲_{一}丄甲'_{一} & 乙_{一} & 丙_{一} \\ 甲_{二}丄甲'_{二} & 乙_{二} & 丙_{二} \\ 甲_{三}丄甲'_{三} & 乙_{三} & 丙_{三} \end{vmatrix}$$

其第一行之係數爲 $角_{一}$、$角_{二}$、$角_{三}$ 等，則 $酉=(甲_{一}丄甲'_{一})角_{一}丄(甲_{二}丄甲'_{二})角_{二}丄(甲_{三}丄甲'_{三})角_{三}=(甲_{一}角_{一}丄甲_{二}角_{二}丄甲_{三}角_{三})丄(甲'_{一}角_{一}丄甲'_{二}角_{二}丄甲'_{三}角_{三})=$

$$\begin{vmatrix} 甲_{一} & 乙_{一} & 丙_{一} \\ 甲_{二} & 乙_{二} & 丙_{二} \\ 甲_{三} & 乙_{三} & 丙_{三} \end{vmatrix} 丄 \begin{vmatrix} 甲'_{一} & 乙_{一} & 丙_{一} \\ 甲'_{二} & 乙_{二} & 丙_{二} \\ 甲'_{三} & 乙_{三} & 丙_{三} \end{vmatrix}$$

依同理

$$\begin{vmatrix} 甲_{一}丄甲'_{一} & 乙_{一}丅乙'_{一} & 丙_{一} \\ 甲_{二}丄甲'_{二} & 乙_{二}丅乙'_{二} & 丙_{二} \\ 甲_{三}丄甲'_{三} & 乙_{三}丅乙'_{三} & 丙_{三} \end{vmatrix} = \begin{vmatrix} 甲_{一} & 乙_{一} & 丙_{一} \\ 甲_{二} & 乙_{二} & 丙_{二} \\ 甲_{三} & 乙_{三} & 丙_{三} \end{vmatrix} 丄$$

$$\begin{vmatrix} 甲'_{一} & 乙_{一} & 丙_{一} \\ 甲'_{二} & 乙_{二} & 丙_{二} \\ 甲'_{三} & 乙_{三} & 丙_{三} \end{vmatrix} 丅 \begin{vmatrix} 甲_{一} & 乙'_{一} & 丙_{一} \\ 甲_{二} & 乙'_{二} & 丙_{二} \\ 甲_{三} & 乙'_{三} & 丙_{三} \end{vmatrix} 丅 \begin{vmatrix} 甲'_{一} & 乙'_{一} & 丙_{一} \\ 甲'_{二} & 乙'_{二} & 丙_{二} \\ 甲'_{三} & 乙'_{三} & 丙_{三} \end{vmatrix}$$

例三　凡定準數之任一行或任一列之諸元加他之任一行或一列相應諸元之同數倍者，其值不變。特證之於左。如

$$\begin{vmatrix} 甲_{一} & 乙_{一} & 丙_{一} \\ 甲_{二} & 乙_{二} & 丙_{二} \\ 甲_{三} & 乙_{三} & 丙_{三} \end{vmatrix} = \begin{vmatrix} 甲_{一}丄寅 & 乙_{一}丄卯 & 丙_{一} \\ 甲_{二}丄寅 & 乙_{二}丄卯 & 丙_{二} \\ 甲_{三}丄寅 & 乙_{三}丄卯 & 丙_{三} \end{vmatrix}$$

準例二變右爲

$$\begin{vmatrix} 甲_{一} & 乙_{一} & 丙_{一} \\ 甲_{二} & 乙_{二} & 丙_{二} \\ 甲_{三} & 乙_{三} & 丙_{三} \end{vmatrix} 丄 \begin{vmatrix} 寅乙_{一} & 乙_{一} & 丙_{一} \\ 寅乙_{二} & 乙_{二} & 丙_{二} \\ 寅乙_{三} & 乙_{三} & 丙_{三} \end{vmatrix} 丄 \begin{vmatrix} 卯丙_{一} & 乙_{一} & 丙_{一} \\ 卯丙_{二} & 乙_{二} & 丙_{二} \\ 卯丙_{三} & 乙_{三} & 丙_{三} \end{vmatrix}$$

以此式爲例即可證左之諸題。

一、求證 $\begin{vmatrix} 一 & 甲 & 乙丄丙 \\ 一 & 乙 & 乙丄丙 \\ 一 & 丙 & 乙丄丙 \end{vmatrix}=〇$ 以第三行各加第二行得 酉=

$$\begin{vmatrix} 一 & 甲 & 甲丄乙丄丙 \\ 一 & 乙 & 甲丄乙丄丙 \\ 一 & 丙 & 甲丄乙丄丙 \end{vmatrix}=(甲丄乙丄丙)\begin{vmatrix} 一 & 甲 & 一 \\ 一 & 乙 & 一 \\ 一 & 丙 & 一 \end{vmatrix}=〇$$

二、求證

$$\begin{vmatrix} 甲丄二乙 & 甲丄四乙 & 甲丄六乙 \\ 甲丄三乙 & 甲丄五乙 & 甲丄七乙 \\ 甲丄四乙 & 甲丄六乙 & 甲丄八乙 \end{vmatrix}=〇$$

由同行相減得 酉=

$$\begin{vmatrix} 甲丄二乙 & 二乙 & 甲丄六乙 \\ 甲丄三乙 & 二乙 & 甲丄七乙 \\ 甲丄四乙 & 二乙 & 甲丄八乙 \end{vmatrix}=\begin{vmatrix} 甲丄二乙 & 二乙 & 四乙 \\ 甲丄三乙 & 二乙 & 四乙 \\ 甲丄四乙 & 二乙 & 四乙 \end{vmatrix}=〇$$

三、求證

$\begin{vmatrix} 乙丄丙 & 甲丅丙 & 甲丅乙 \\ 乙丅丙 & 丙丄甲 & 乙丅甲 \\ 丙丅乙 & 丙丅甲 & 甲丄乙 \end{vmatrix}$ =八甲乙丙　若令　甲=〇　則酉=

$\begin{vmatrix} 乙丄丙 & 丅丙 & 丅乙 \\ 乙丅丙 & 丙 & 乙 \\ 丙丅乙 & 丙 & 乙 \end{vmatrix}$ 依同理　乙=〇、丙=〇　則　酉=〇　故酉=卯

甲乙丙　惟　甲乙丙　之倍數爲八，故　酉=八甲乙丙　四、求

$\begin{vmatrix} 一 & 一五 & 一四 & 四 \\ 一二 & 六 & 七 & 九 \\ 八 & 一〇 & 一一 & 五 \\ 一三 & 三 & 二 & 一六 \end{vmatrix}$ 之值。法以二三列相減，一四列相減，得　酉=

$\begin{vmatrix} 一 & 一五 & 一四 & 四 \\ 一二 & 六 & 七 & 九 \\ 丅四 & 四 & 四 & 丅四 \\ 一二 & 丅一二 & 丅一二 & 一二 \end{vmatrix}$ 惟三列中有公生四，而四列中有公生　一二

故以四約三列、丅一二　約四列之後，再將三列與四列相減，由是得　酉=丅四八 $\begin{vmatrix} 一 & 一五 & 一四 & 四 \\ 一二 & 六 & 七 & 九 \\ 丅一 & 一 & 一 & 丅一 \\ 〇 & 〇 & 〇 & 〇 \end{vmatrix}$ =丅四八×〇=〇　第一八六款　論定準數乘法之原則

凡定準數，如 $\begin{vmatrix} 甲_{一} & 乙_{一} & 丙_{一} & 子 & 卯 & 午 \\ 甲_{二} & 乙_{二} & 丙_{二} & 丑 & 辰 & 未 \\ 甲_{三} & 乙_{三} & 丙_{三} & 寅 & 巳 & 申 \\ 〇 & 〇 & 〇 & 甲'_{一} & 乙'_{一} & 丙'_{一} \\ 〇 & 〇 & 〇 & 甲'_{二} & 乙'_{二} & 丙'_{二} \\ 〇 & 〇 & 〇 & 甲'_{三} & 乙'_{三} & 丙'_{三} \end{vmatrix}$ =

$\begin{vmatrix} 甲_{一} & 乙_{一} & 丙_{一} \\ 甲_{二} & 乙_{二} & 丙_{二} \\ 甲_{三} & 乙_{三} & 丙_{三} \end{vmatrix} \times \begin{vmatrix} 甲'_{一} & 乙'_{一} & 丙'_{一} \\ 甲'_{二} & 乙'_{二} & 丙'_{二} \\ 甲'_{三} & 乙'_{三} & 丙'_{三} \end{vmatrix}$ 觀上式中乘得之積無子丑寅卯……等，似不合理。準求積例不能有同行同列相乘者之理，故凡子丑寅卯……等九字必皆與〇，相乘而皆爲〇。所以乘得之積，其各項中決不含子丑寅卯……諸元，故右式之兩邊相等。若令 $\begin{vmatrix} 甲_{一} & 乙_{一} & 丙_{一} \\ 甲_{二} & 乙_{二} & 丙_{二} \\ 甲_{三} & 乙_{三} & 丙_{三} \end{vmatrix}$ =〔$甲_{一}$　$乙_{二}$　$丙_{三}$〕 及 $\begin{vmatrix} 甲'_{一} & 乙'_{一} & 丙'_{一} \\ 甲'_{二} & 乙'_{二} & 丙'_{二} \\ 甲'_{三} & 乙'_{三} & 丙'_{三} \end{vmatrix}$ =〔$甲'_{一}$　$乙'_{二}$　$丙'_{三}$〕 則　酉=〔$甲_{一}$　$乙_{二}$　$丙_{三}$〕〔$甲'_{一}$　$乙'_{二}$　$丙'_{三}$〕 準此理，如有 $\begin{vmatrix} 天 & 地 & 人 \\ 人 & 天 & 地 \\ 地 & 人 & 天 \end{vmatrix} \times \begin{vmatrix} 甲 & 丙 & 乙 \\ 乙 & 甲 & 丙 \\ 丙 & 乙 & 甲 \end{vmatrix}$ 求積者。惟 $\begin{vmatrix} 天 & 地 & 人 \\ 人 & 天 & 地 \\ 地 & 人 & 天 \end{vmatrix} = \left\{ \begin{matrix} 天^{三}丄地^{三}丄人^{三} \\ 丅三天地人 \end{matrix} \right\}$ 及

$\begin{vmatrix} 甲 & 丙 & 乙 \\ 乙 & 甲 & 丙 \\ 丙 & 乙 & 甲 \end{vmatrix} = \left\{ \begin{matrix} 甲^{三}丄乙^{三}丄丙^{三} \\ 丅三甲乙丙 \end{matrix} \right\}$ 故 $\left\{ \begin{matrix} 天^{三}丄地^{三}丄人^{三} \\ 丅三天地人 \end{matrix} \right\}$

$\left\{ \begin{matrix} 甲^{三}丄乙^{三}丄丙^{三} \\ 丅三甲乙丙 \end{matrix} \right\}$ 爲所乘之積。

例二　求證 $\begin{vmatrix} 二乙丙丅甲^{二} & 丙^{二} & 乙^{二} \\ 丙^{二} & 二甲丙丅乙^{二} & 甲^{二} \\ 乙^{二} & 甲^{二} & 二甲乙丅丙^{二} \end{vmatrix}$ =

$(甲^{三}丄乙^{三}丄丙^{三}丅三甲乙丙)^{二}$ 視積之公式得　酉= $\begin{vmatrix} 甲 & 丅乙 & 丙 \\ 丙 & 丅甲 & 乙 \\ 乙 & 丅丙 & 甲 \end{vmatrix} \times$

$\begin{vmatrix} 丅甲 & 乙 & 丙 \\ 丅丙 & 甲 & 乙 \\ 丅乙 & 丙 & 甲 \end{vmatrix}$ 故　酉=$(甲^{三}丄乙^{三}丄丙^{三}丅三甲乙丙)^{二}$　爲本題之證。

又 第一八七款 通同一次方程式

於本篇之首論及定準數爲解方程式而設，其定準數之性情既詳論於前之諸款，故本款專論定準數解方程式之用。例如 $甲_一天丄乙_一地丄丙_一人=丁_一$ $甲_二天丄乙_二地丄丙_二人=丁_二$ $甲_三天丄乙_三地丄丙_三人=丁_三$

於此方程式順次乘 $角_一$、$角_二$、$角_三$ 而相加，得 $(甲_一角_一丄甲_二角_二丄甲_三角_三)天丄(乙_一角_一丄乙_二角_二丄乙_三角_三)地丄(丙_一角_一丄丙_二角_二丄丙_三角_三)人=丁_一角_一丄丁_二角_二丄丁_三角_三$ 惟 $甲_一角_一丄甲_二角_二丄甲_三角_三=〔甲_一乙_二丙_三〕$ 準一八五款（定準數之要理） $乙_一角_一丄乙_二角_二丄乙_三角_三=〇$ 故 $丙_一角_一丄丙_二角_二丄丙_三角_三=〇$ 依 $甲_一角_一丄甲_二角_二丄甲_三角_三=〔甲_一乙_二丙_三〕$ 之理，則 $丁_一角_一丄丁_二角_二丄丁_三角_三=〔丁_一乙_二丙_三〕$ 由是 $天〔甲_一乙_二丙_三〕=〔丁_一乙_二丙_三〕$ 依同理 $地〔甲_一乙_二丙_三〕=〔甲_一丁_二丙_三〕$ 及 $人〔甲_一乙_二丙_三〕=〔甲_一乙_二丁_三〕$ 故

$$天=\frac{〔甲_一乙_二丙_三〕}{〔丁_一乙_二丙_三〕}\quad 地=\frac{〔甲_一乙_二丙_三〕}{〔甲_一丁_二丙_三〕}\quad 人=\frac{〔甲_一乙_二丙_三〕}{〔甲_一乙_二丁_三〕}$$

例二 如 天丄二地丄三人=六 二天丄四地丄人=七 三天丄二地丄九人=一四 欲解此式，準上理則

$$天=\frac{\begin{vmatrix}一&二&三\\二&四&一\\三&二&九\end{vmatrix}}{\begin{vmatrix}六&二&三\\七&四&一\\一四&二&九\end{vmatrix}}=一\quad 地=\frac{\begin{vmatrix}一&二&三\\二&四&一\\三&二&九\end{vmatrix}}{\begin{vmatrix}一&六&三\\二&七&一\\三&一四&九\end{vmatrix}}=一\quad 人=\frac{\begin{vmatrix}一&二&三\\二&四&一\\三&二&九\end{vmatrix}}{\begin{vmatrix}一&二&六\\二&四&七\\三&二&一四\end{vmatrix}}=一$$

准此二例之公理，無論方程式中未知之數有幾，皆可如是求之，誠極簡之法也。

清・鄒尊顯《分類演代》卷一 互換加減類

設如有香鑪二座不言重數。但知鑪蓋一個重一百五十斤，如以蓋加甲鑪則重於乙鑪二倍，以蓋加乙鑪乃與甲鑪相等。問甲乙二鑪各重幾何。

命 天=甲鑪重 地=乙鑪重 則 天丄一五〇=二地 ㊀ 地丄一五〇=天 ㊁ 先遷㊀式得 天丅二地=丅一五〇 ㊂ 次遷㊁式得 天丅地=一五〇 ㊃ 以㊂式減㊃式，得 二地=三〇〇 則 地=一五〇 代入得 天=三〇〇

設如有銅、磁二缸，若於銅缸內添水五十斤，則比磁缸內水多二倍。若於磁缸內添水五十斤，則與銅缸內水數相等。問二缸原有水數若干。

命 天=銅缸原水 地=磁缸原水 則 天丄五〇=三地 ㊀ 地丄五〇=天 ㊁ 先遷㊀式得 天丅三地=丅五〇 ㊂ 次遷㊁式得 天丅地=五〇 ㊃ 以㊂式減㊃式，得 二地=一〇〇 則 地=五〇 代入得 天=一〇〇

設如甲、丙二人入山採礦，皆不知所得。但云甲與丙二十四兩則所餘得丙四分之一，若丙與甲三十兩則所餘得甲六分之一。問兩人各得若干。

命 天=甲所得數 地=丙所得數 則 $天丅二四=\frac{四}{地丄二四}$ ㊀ $地丅三〇=\frac{六}{天丄三〇}$ ㊁ 先去㊀式之分數，得 四天丅九六=地丄二四 遷之得 四天丅地=一二〇 ㊂ 次去㊁式之分數，得 六地丅一八〇=天丄三〇 遷之得 天丅六地=丅二一〇 ㊃ 如以六乘㊂式，得 二四天丅六地=七二〇 與四式相減則得 二三天=九三〇 得 天=四〇・四三四七…… 如以四乘㊃式，得 四天丅二四地=丅八四〇 以減㊂式則得 二三地=九六〇 得 地=四一・七三九一……

設如有田一百畝，令甲乙二人分耕。若以甲田三分之一與乙，以乙田五分之一與甲，則各得五十畝。問甲乙原田畝數各若干。

命 天=甲耕田數 地=乙耕田數 則 $天丅\frac{三}{天}丄\frac{五}{地}=五〇$ ㊀ $地丅\frac{五}{地}丄\frac{三}{天}=五〇$ ㊁ 先去㊀式之分數，得 一五天丅五天丄三地=七五〇 簡之得 一〇天丄三地=七五〇 ㊂ 次去㊁式之分數，得 一五地丅三地丄五天=七五〇 簡之得 五天丄一二地=七五〇 ㊃ 以四乘㊂式得 四〇天丄一二地=三〇〇〇 以㊃式減之得 三五天=二二五〇 則 天=六四・二八…… 於一百畝內減之得 地=三五・七一…… 如以二乘㊃式得 一〇天丄二四地=一五〇〇 以㊂式減之得 二一地=七五〇 則 地=三五・七一…… 於一百畝內減之亦得 天=六四・二八……

設如甲、丙兩果園不知畝數，將甲園擴出五十畝則比丙園大二倍。若將丙園擴出五十畝則比甲園大一倍。問兩園原有之畝數若干。

命　天＝甲園原有畝數　地＝丙園原有畝數　則　天丄五〇＝三地　㊀　地丄五〇＝二天　㊁　先遷㊀式得　天丅三地＝丅五〇　㊂　次遷㊁式得　二天丅地＝五〇　㊃　以二乘㊂式得　二天丅六地＝丅一〇〇　以減㊃式得　五地＝一五〇　則　地＝三〇　代入得　天＝四〇　如以三乘㊃式得　六天丅三地＝一五〇　以㊂式減之得　五天＝二〇〇　則　天＝四〇　代入亦得　地＝三〇

又　卷五　和較互征類

設如有銀一百兩，共買紬、絹一百疋。紬每疋價銀一兩六錢，絹每疋價銀八錢。問紬、絹各若干。

命　天＝紬疋數　則　一〇〇丅天＝絹疋數　故　一·六天丄·八(一〇〇丅天)＝一〇〇　即　一·六天丄八〇丅·八天＝一〇〇　即　·八天＝二〇　得　天＝二五　則　一〇〇丅天＝七五

命　天＝絹疋數　則　一〇〇丅天＝紬疋數　故　·八天丄一·六(一〇〇丅天)＝一〇〇　即　·八天丄一六〇丅一·六天＝一〇〇　即　丆·八天＝丆六〇　得　天＝七五　則　一〇〇丅天＝二五

設如有銀四百零五兩七錢共買米麥五百石，米每石價銀八錢六分，麥每石價銀七錢二分五釐。問米麥各幾何。

按：此題總銀數但至錢位，而米則每石價銀至分位，而麥則每石價銀且至釐位，如以錢位爲單，則當於錢位之右作點爲誌。今演二式於左。

命　天＝米數　則　五〇〇丅天＝麥數　故　八·六天丄七·二五(五〇〇丅天)＝四〇五七　即　八·六天丄三六二五丅七·二五天＝四〇五七　即　一·三五天＝四三二　得　天＝三二〇　則　五〇〇丅天＝一八〇

命　天＝麥數　則　五〇〇丅天＝米數　故　七·二五天丄八·六(五〇〇丅天)＝四〇五七　即　七·二五天丄四三〇〇丅八·六天＝四〇五七　即　丆一·三五天＝丆二四三　得　天＝一八〇　則　五〇〇丅天＝三二〇

設如賞人茶酒飯共用碗一千三百三十八，但知三人共茶二碗，五人共酒三碗，七人共飯六碗。問共人數及三項各用碗若干。

命　天＝人數　則　$\frac{三}{二天}$＝茶碗數　$\frac{五}{三天}$＝酒碗數　$\frac{七}{六天}$＝飯碗數　併之得　$\frac{三}{二天}$丄$\frac{五}{三天}$丄$\frac{七}{六天}$＝一三三八　化之得　七〇天丄六三天丄九〇天＝一四〇四九〇　即　二二三天＝一四〇四九〇　得　天＝六三〇　故知　$\frac{三}{二天}$＝四二〇　$\frac{五}{三天}$＝三七八　$\frac{七}{六天}$＝五四〇

設如送書與人共一萬五千四百二十八冊，每二人聖經一冊，每三人問答二冊，每五人地志三冊，每七人通書六冊。問每色人數若干。

命　天＝每色人數　則併各書冊數之等式得　$\frac{二}{天}$丄$\frac{三}{二天}$丄$\frac{五}{三天}$丄$\frac{七}{六天}$＝一五四二八　化之得　一〇五天丄一四〇天丄一二六天丄一八〇天＝三二三九八八〇　即　五五一天＝三二三九八八〇　得　天＝五八八〇

設如以飯米錢三項給貧民，每七人給飯九碗，每五人給米三斗，每十人給錢三吊，碗、斗、吊三件之共數七百六十五。問人數及每項數各若干。

命　天＝人數　則　$\frac{七}{九天}$＝碗數　$\frac{五}{三天}$＝斗數　$\frac{一〇}{三天}$＝吊數　併之得　$\frac{七}{九天}$丄$\frac{五}{三天}$丄$\frac{一〇}{三天}$＝七六五　化之得　九〇天丄四二天丄二一天＝五三五五〇　即　一五三天＝五三五五〇　得　天＝三五〇　故知　$\frac{七}{九天}$＝四五〇　$\frac{五}{三天}$＝二一〇　$\frac{一〇}{三天}$＝一〇五

設如有僧一百人給饅首一百個，大僧一人給三個，小僧三人給一個。問大小僧及各得饅首若干。

命　天＝大僧　則　一〇〇丅天＝小僧　故三天＝大僧饅首　$\frac{三}{一〇〇丅天}$＝小僧饅首　併之得　三天丄$\frac{三}{一〇〇丅天}$＝一〇〇　化之得　九天丄一〇〇丅天＝三〇〇　即　八天＝二〇〇　得　天＝二五　則　一〇〇丅天＝七五　故　三天＝七五　$\frac{三}{一〇〇丅天}$＝二五

命　天=小僧　則　一〇〇丅天=大僧　故　$\frac{三}{天}$=小僧饅首　三(一〇〇丅天)=大僧饅首　即　三〇〇丅三天=大僧饅首　併之得　$\frac{三}{天}$丄三〇〇丅三天=一〇〇　化之得　天丄九〇〇丅九天=三〇〇　即　ㄒ八天=ㄒ六〇〇　得　天=七五　則　一〇〇丅天=二五　故　$\frac{三}{天}$=二五　三〇〇丅三天=七五

設如有米、豆、麥四百七十三斗給馬料，九馬米七斗，五馬豆三斗，四馬麥五斗。問馬若干匹。

命　天=馬數　則併各色斗數之等式，得　$\frac{九}{七天}$丄$\frac{五}{三天}$丄$\frac{四}{五天}$=四七三　化之得　一四〇天丄一〇八天丄二二五天=八五一四〇　即　四七三天=八五一四〇　得　天=一八〇

設如有豆三十三石共換黃米、京米十九石，止云每黃米三石值豆一石，每京米一石值豆三石。問二色米各得幾何。

命　天=京米數　則　一九丅天=黃米數　併之得　三天丄$\frac{三}{一九丅天}$=三三　化之得　九天丄一九丅天=九九　即　八天=八〇　得　天=一〇　則　一九丅天=九

命　天=黃米數　則　一九丅天=京米數　併之得　$\frac{三}{天}$丄三(一九丅天)=三三　即　$\frac{三}{天}$丄五七丅三天=三三　化之得　天丄一七一丅九天=九九　即　ㄒ八天=ㄒ七二　得　天=九　則　一九丅天=一〇

設如有船桅共五十七、槳共二百零四，但知大船每隻三桅六槳，小船每隻一桅八槳。問大小船隻各若干。

命　天=大船數　地=小船數　則　三天丄地=五七　㊀　六天丄八地=二〇四　㊁　以二乘㊀式得　六天丄二地=一一四　以減㊁式得　六地=九〇　則　地=一五　代入　三天丄地=五七　式中，得　三天=四二　則　天=一四

又　卷七　盈朒類

設如有人分銀，每人分七兩餘四兩，每人分九兩少十二兩。問人數銀數各若干。

命　天=人數　地=銀數　則　七天=地丅四　㊀　九天=地丄一二　㊁　以㊀式減㊁式得　二天=一六　則　天=八　代入得　地=六〇

設如衆人乘船渡河，每一船載十三人則餘十二人，每一船載十八人則餘一船，問人數船數各若干。

命　天=人數　地=船數　則　一三地=天丅一二　㊀　一八地=天丄一八　㊁　以㊀式減㊁式得　五地=三〇　則　地=六　代入得　天=九〇

設有人分果，云每人十二枚盈十二枚，每人十三枚盈六枚。問人數果數各若干。

命　天=人數　地=果數　則　一二天=地丅一二　㊀　一三天=地丅六　㊁　以㊀式減㊁式得　天=六　代入得　地=八四

設有緞一疋欲作新帳一架，先摺作六幅每幅比舊制長一尺二寸，後摺作七幅每幅比舊制長二寸。問緞長及舊帳長各若干。

命　天=緞長　地=舊帳長　則　$\frac{六}{天}$=地丄一二　㊀　$\frac{七}{天}$=地丄二　㊁　先去㊀式之分數得　天=六地丄七二　㊂　次去㊁式之分數得　天=七地丄一四　㊃　由㊂㊃兩式得　七地丄一四=六地丄七二　則　地=五八　代入得　天=四二〇

設如有銀買馬，云每一馬十五兩不足八十兩，每一馬十三兩仍不足十六兩。問馬數銀數各若干。

命　天=銀數　地=馬數　則　一五地=天丄八〇　㊀　一三地=天丄一六　㊁　以㊁式減㊀式得　二地=六四　則　地=三二　代入得　天=四〇〇

設有米易布，云易布二十四少米一石，易布十六疋仍少米二斗。問米數布數各若干。

命　天=易布一疋米數　地=易布之總米數　則　$\frac{天}{地}$=布數　二〇天=地丄一〇　㊀　一六天=地丄二　㊁　以㊁式減㊀式得　四天=八　則　天=二　代入得　地=三〇　所以　$\frac{天}{地}$=$\frac{二}{三〇}$=一五

設如按户納糧，云每户三升盈六石，每户二升五合適足。問户數糧數各若干。

命　天＝户數　地＝糧數　則　三〇天＝地丄六〇〇〇　㊀　二五天＝地　㊁　以㊀式減㊁式得　五天＝六〇〇〇　則　天＝一二〇〇　代入得　地＝三〇〇〇〇

設有井不知其深，有繩不知其長，只云將繩作三摺入井長八尺，將繩作五摺入井適足。問井深繩長各若干。

命　天＝井深　地＝繩長　則　$\frac{三}{地}$＝天丄八　㊀　$\frac{五}{地}$＝天　㊁　從㊀式變得　地＝三天丄二四　從㊁式變得　地＝五天　所以　五天＝三天丄二四　即　二天＝二四　得　天＝一二　代入得　地＝六〇

設如計日登程，云每日行五十五里離所欲至之地共差六十里，每日行六十里適足。問日數、路程各若干。

命　天＝日數　地＝路程　則　五五天＝地丅六〇　㊀　六〇天＝地　㊁　以㊀式減㊁式得　五天＝六〇　則　天＝一二　代入得　天＝七二〇

設有直田一段，欲截一頭作圜衹。云截長十步不足三十二步，截長十二步適足。問截積及原闊各若干。

命　天＝截積　地＝原闊　則　一〇地＝天丅三二　㊀　一二地＝天　㊁　以㊀式減㊁式得　二地＝三二　則　地＝一六　代入得　天＝一九二

設有人分銀，只云每四人分銀三兩盈六兩，每六人分銀九兩朒三兩。問人數、銀數各若干。

命　天＝人數　地＝銀數　則　$\frac{四}{三天}$＝地丅六　㊀　$\frac{六}{九天}$＝地丄三　㊁　化㊀式得　三天＝四地丅二四　即　三天丅四地＝丅二四　㊂　化㊁式得　九天＝六地丄一八　即　九天丅六地＝一八　㊃　以三乘㊂式得　九天丅一二地＝丅七二　以減㊃式得　六地＝九〇　則　地＝一五　代入㊂式得　三天＝六〇丅二四　即　三天＝三六　則　天＝一二

設如衆人輪班值日，只云每四人值五日盈二十日，每八人值九日仍盈八日。問人數、日數各若干。

命　天＝日數　地＝人數　則　$\frac{四}{五地}$＝天丄二〇　㊀　$\frac{八}{九地}$＝天丄八　㊁　化㊀式得　五地＝四天丄八〇　即　五地丅四天＝八〇　㊂　化㊁式得　九地＝八天丄六四　即　九地丅八天＝六四　㊃　以二乘㊂式得　一〇地丅八天＝一六〇　以㊃式減之，得　地＝九六　代入㊂式得　四天＝四八〇丅八〇　即　四天＝四〇〇　則　天＝一〇〇

設有人分絹，只云每三人五疋少二十疋，每六人九疋仍少十疋。問人數絹數各若干。

命　天＝人數　地＝絹數　則　$\frac{三}{五天}$＝地丄二〇　㊀　$\frac{六}{九天}$＝地丄一〇　㊁　化㊀式得　五天＝三地丄六〇　即　五天丅三地＝六〇　㊂　化㊁式得　九天＝六地丄六〇　即　九天丅六地＝六〇　㊃　以二乘㊂式得　一〇天丅六地＝一二〇　以㊃式減之得　天＝六〇　代入㊂式得　三地＝三〇〇丅六〇　即　三地＝二四〇　則　地＝八〇

設如衆人支糧，每三人支九石盈五十四石，每四人支十四石適足。問人數、糧數各若干。

命　天＝人數　地＝糧數　則　$\frac{三}{九天}$＝地丅五四　㊀　$\frac{四}{一四天}$＝地　㊁　化㊀式得　九天＝三地丅一六二　即　九天丅三地＝丅一六二　㊂　化㊁式得　一四天＝四地　即　一四天丅四地＝〇　㊃　以地之係數互乘，得　四二天丅一二地＝〇　三六天丅一二地＝丅六四八　相減得　六天＝六四八　則　天＝一〇八　代入㊂式得　三地＝九七二丄一六二　即　三地＝一一三四　則　地＝三七八

設如以車運米，每四車載六十石米少六十石，每三車載四十石米適足。問車數、米數各若干。

命　天＝車數　地＝米數　則　$\frac{四}{六〇天}$＝地丄六〇　㊀　$\frac{三}{四〇天}$＝地　㊁　化㊀式得　六〇天＝四地丄二四〇　即　六〇天丅四地＝二四〇　㊂　化㊁式得　四〇天＝三地　即　四〇天丅三地＝〇　㊃　以地之係數互乘，得　一八〇天丅一二地＝七二〇　一六〇天丅一二地＝〇　相減得　二〇天＝七二〇　則　天＝三六　代入㊂式得　四地＝二一六〇丅二四〇　即　四地＝一九二〇　則　地＝四八〇

二次方程

算法

清·《數理精蘊》下編卷三三　借根方比例

帶縱平方

借根方比例開帶縱平方，其以長方之積用長闊之較或和而求長闊之數，皆與常法同，但不立和縱較縱之名，惟有多根少根之號。而每根之數或爲長方之闊或爲長方之長，錯綜其名有十二種。推究其實，總不出和較之兩端。如云一平方多幾根與幾真數等，或幾根多一平方與幾真數等，或一平方與幾真數少幾根等，或幾根與幾真數少一平方等，此四者根皆較縱，而其每根之數皆長方之闊也。如云一平方少幾根與幾真數等，或一平方少幾真數與幾根等，或一平方與幾真數多幾根等，或一平方與幾根多幾真數等，此四者根亦皆較縱，而其每根之數則皆長方之長也。如云一平方多幾真數與幾根等，或幾真數多一平方與幾根等，或幾真數與幾根少一平方等，或一平方與幾根少幾真數等，此四者根皆和縱，而其每根之數或爲長方之長或爲長方之闊也。要之所謂一平方者，即一正方。而多幾根少幾根，即變正方而爲長方。其真數比平方多根者，其每根爲闊。真數比平方少根者，其每根爲長。二者皆較縱。惟真數比根少平方者則爲和縱也。至於開之之法，皆以真數爲長方積，以根數爲縱，即以根數作真數用，如三根即作三真數，五根即作五真數之類。解見設如。依面部帶縱平方法開之，有較縱者先求和，有和縱者先求較。其根爲長方之闊者，以和較相減，折半而得每根之數。用半和半較立法者，則相減即得根數，不用折半。其根爲長方之長者，以和較相加，折半而得每根之數也。用半和半較立法者，則相加即得根數，不用折半。俱詳設如。

設如有一平方多二根與二十四尺相等，問每一根之數幾何。

法以二十四尺爲長方積，二根爲縱多二尺。用帶縱較數開平方法算之，將積數四因，加縱多自乘之數，得一百尺，開平方得十尺爲和。減較二尺餘八尺，折半得四尺爲一根之數，即長方之闊。加較二尺，得六尺即長方之長也。如圖中

一平方 — 二根 ＝ 二四

一根 ＝ 四

乙丙丁長方形，共積二十四尺。甲乙四尺爲一根爲闊，甲丁六尺爲長，戊丁二尺爲縱多。甲乙己戊爲一平方，戊己丙丁爲二根。是甲乙丙丁二十四尺內有甲乙己戊之一平方，又有戊己丙丁之二根，故云一平方多二根與二十四尺相等也。若以積計之，則積之多於平方者爲戊己丙丁之二根。若以邊計之，則長多於闊者爲戊丁之二尺。故以二根即作二尺爲縱多也。此法錯綜，其名則爲四種，一平方多二根與二十四尺相等，一也。如二根多一平方亦必與二十四尺相等，又一也。若於一平方多二根與二十四尺各減去二根，則爲一平方與二十四尺少二根相等，此又其一也。甲乙丙丁二十四尺，內減去戊己丙丁二根，餘甲乙己戊一平方，故爲一平方與二十四尺少二根相等也。又如一平方多二根與二十四尺各減去一平方，則爲二根與二十四尺少一平方相等，此又其一也。甲乙丙丁二十四尺內減去甲乙己戊一平方，餘戊己丙丁二根，故爲二根與二十四尺少一平方相等也。此四者名雖不同，合而觀之，總爲真數比一正方多根數。故知其爲較縱，而每根之數爲闊也。

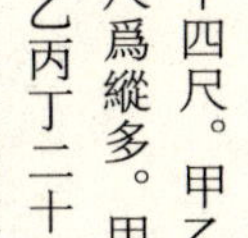

一平方 ⊥ 二根 ＝ 二四

二根 ⊥ 一平方 ＝ 二四

一平方 ＝ 二四 — 二根

二根 ＝ 二四 — 一平方

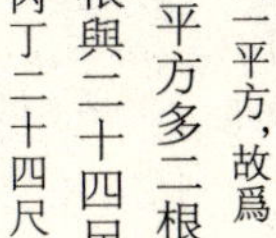

設如有一平方少四根與四十五尺相等，問每一根之數幾何。

法以四十五尺爲長方積，四根爲縱多四尺，用帶縱較數開平方法算之。將積數四因，加縱多自乘之數，得一百九十六尺，開平方得十四尺爲和，加較四尺得十八尺，折半得九尺爲一根之數，即長方之長。減較四尺得五尺，即長方之闊也。如圖甲乙丙丁長方形，共積四十五尺，甲乙九尺爲一根爲長，甲丁五尺爲闊，甲戊與甲乙等。丁戊四尺爲縱，甲乙己戊爲一平方，丁丙己戊爲四根。於甲乙己戊平方內減去丁丙己戊之四根，則餘甲乙丙丁四十五尺，故云一平方少四根與四十五尺相等也。若以積計之，則積之少

一平方 — 四根＝四五

一根＝ 九

一平方 — 四根 ＝ 四五

一平方 — 四五 ＝ 四根

一平方 ＝ 四五 ⊥ 四根

一平方 ＝ 四根 ⊥ 四五

一平方 — 四根 ＝ 四五

一平方 — 四五 ＝ 四根

一平方 ＝ 四五 — 四根

一平方 ＝ 四根 — 四五

於平方者爲丁丙己戊之四尺。若以邊計之，則闊少於長者爲丁戊之四尺。故以四根作四尺爲縱多也。此法錯綜，其名亦爲四種：一平方少四根與四十五尺相等，一也。如一平方少四十五尺亦必與四根相等，又一也。若於一平方少四根與四十五尺各加四根，則爲一平方與四十五尺多四根相等，此又其一也。甲乙丙丁四十五尺加丁丙己戊四根，成甲乙己戊一平方，故爲一平方與四十五尺多四根相等也。如一平方亦必與四根多四十五尺相等，此又其一也。此四者名雖不同，合而觀之，總爲真數比一正方少根數，故知其爲較縱，而其每根之數爲長也。

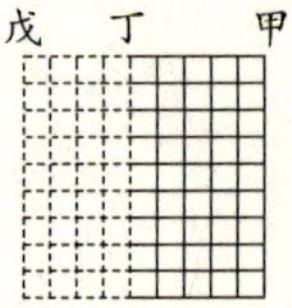

戊　丁　甲
己　丙　乙

設如有一(十)[平]方多三十六尺與十三根相等，問第一根之數幾何。

法以三十六尺與十三根爲長方積，十三根爲和十三尺，用帶縱和數開平方法算之。將積數四因，與和自乘數相減，餘二十五尺，開平方得五尺爲較，與和十三尺相減餘八尺，折半得四尺爲一根之數，即長方之闊。加較五尺得九尺，即長方之長也。

一平方 ⊥ 三六 ＝ 一三根

四 ＝ 一根

一平方 ⊥ 三六 ＝ 一三根

三六 ⊥ 一平方 ＝ 一三根

一平方 ＝ 一三根 — 三六

三六 ＝ 一三根 — 一平方

戊　丁　甲
己　丙　乙

如圖甲乙丙丁長方形，共積三十六尺，甲乙四尺爲一根爲闊，甲丁九尺爲長，甲戊十三尺爲和，甲乙己戊爲十三根，丁丙己戊爲一平方。是甲乙己戊十三根內有甲乙丙丁三十六尺又有丁丙己戊一平方，故云一平方多三十六尺與十三根相等也。若以積計之，則積三十六尺與一平方相加共得甲乙己戊之十三根。若以邊計之，則長九尺與闊四尺相加得甲戊之十三尺，故將十三根作十三尺爲和也。此法錯綜，其名亦爲四種：一平方多三十六尺與十三根相等，一也。如三十六尺多一平方亦必與十三根相等，又一也。若於一平方多三十六尺與十三根各減去三十六尺，則爲一平方與十三根少三十六尺相等，此又其一也。甲乙己戊十三根內減去甲乙丙丁三十六尺，餘丁丙己戊一平方，故云一平方與十三根少三十六尺相等也。又如一平方多三十六尺與十三根各減去一平方，則爲三十六尺與十三根少一平方相等，此又其一也。甲乙己戊十三根內減去丁丙己戊一平方，餘甲乙丙丁三十六尺，故爲三十六尺與十三根少一平方相等也。此四者名雖不同，合而觀之，總爲真數比根數少一正方，故知其爲和，而其每根之數爲闊也。

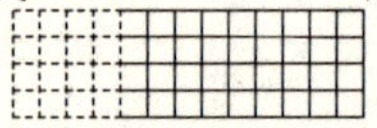

設如有一平方多三十二尺與十二根相等，問每一根之數幾何。

法以三十二尺爲長方積，十二根爲和十二尺，用帶縱和數開平方法算之。將積數四因，與和自乘數相減，餘十六尺，開平方得四尺爲較，加和十二尺，得十六尺，折半得八尺爲一根之數，即長方之長。減較四尺，餘四尺即長方之闊也。

一平方 ⊥ 三二 ＝ 一二根

八 ＝ 一根

如圖甲乙丙丁長方形，共積三十二尺，甲乙八尺爲一根爲長，甲丁四尺爲闊，甲戊十二尺爲和，甲乙己戊爲十二根，丁丙己戊爲一平方。是甲乙己戊十二根內有甲乙丙丁三十二尺又有丁丙己戊一平方，故云一平方多三十二尺與十二根相等也。若以積計之，則積三十二尺與一平方相加共得甲乙己戊十二根。若以邊計之，則長八尺與闊四尺相加得甲戊之十二尺，故以十二根作十二尺爲和也。此法亦真數比根數少一正方，故知其爲和，而其每根之數爲長也。

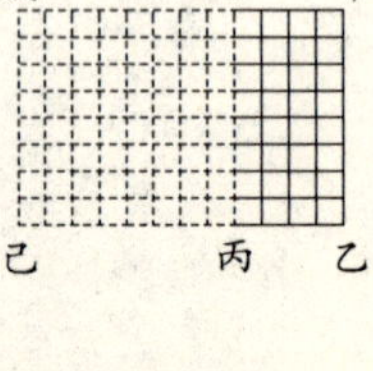

戊　丁　甲
己　丙　乙

又　下編卷三五　借根方比例

面類

設如大小兩正方面積共二百一十八尺。其大方面積比小方面積多一百二十尺。問大小方面積各幾何。

法借一根爲小方面每邊之數，自乘得一平方爲小方面積，則大方面積爲一平方多一百二十尺。兩數相加得二平方多一百二十尺與共積二百一十八尺相等。一百二十尺與二百一十八尺，各減去一百二十尺，餘二平方與九十八尺相等。二平方既與九十八尺相等，則一平方必與四十九尺相等，即小方面積。加一百二十尺得一百六十九尺，即大方面積也。此即減法，因面積之首，故設此最易者焉。

小方一平方

大方一平方 ⊥ 一二〇

二平方 ⊥ 一二〇 ＝ 二一八

二平方 ＝ 九八

一平方 ＝ 四九

設如甲、乙二長方面積共三百尺，甲長八尺乙長一丈四尺，其甲闊比乙闊爲二倍。問二長方闊數積數各幾何。

法借一根爲乙之闊數，則甲之闊爲二根。以一根與一丈四尺相乘，得十四根爲乙之面積。以二根與八尺相乘，得十六根爲甲之面積。相加得三十根與三

乙闊一根　乙積一四根

甲闊二根　甲積一六根

三〇根 ＝ 三〇〇

一根 ＝ 一〇

百尺相等。三十根既與三百尺相等，則一根必與十尺相等，即乙之闊數。與長一丈四尺相乘，得一百四十尺爲乙之面積。於共積三百尺内減之，餘一百六十尺爲甲之面積。或倍乙之闊十尺，得二十尺爲甲之闊。與長八尺相乘亦得一百六十尺，爲甲之面積也。此歸除法。

設如有甲、乙、丙三長方，甲方闊十尺不知長；乙方闊十六尺，長與甲等；丙方闊四尺，面積與甲之長相等。又甲乙二方之共面積與丙方之長數相併爲三千一百五十尺。問三方各長若干。

甲積一〇根　甲長一根

乙積一六根　乙長一根

丙長　根四之一 ＝ 丙積一根

二六根四之一 ＝ 三一五〇

一根 ＝ 一二〇

法借一根爲甲方之長數，以闊十尺乘之，得十根爲甲方之面積。乙方之長與甲等，亦爲一根，以闊十六尺乘之，得十六根爲乙方之面積。丙方之面積與甲之長相等，亦爲一根，以闊四尺除之，得四分根之一爲丙方之長數。以甲方之面積十根乙方之面積十六根丙方之長數四分根之一相併，共得二十六根又四分根之一，與三千一百五十尺相等。二十六根又四分根之一既與三千一百五十尺相等，則一根必與一百二十尺相等，即甲方之長數，亦即乙方之長數，亦即丙方之面積。以甲方闊十尺與長一百二十尺相乘得一千二百尺，即甲方之面積。以乙方闊十六尺與長一百二十尺相乘得一千九百二十尺，即乙方之面積。以丙方闊四尺除面積一百二十尺得三十尺，即丙方之長數也。此歸除法。

闊一根

長五〇四丈 — 一根

七平方 ＝ 五〇四根 — 一平方

八平方 ＝ 五〇四根

八根 ＝ 五〇四丈

一根 ＝ 六三丈

設如有長方形，其長闊和五百零四丈，面積爲闊自乘之七倍。問長闊各幾何。

法借一根爲闊數，則長數爲五百零四丈少一根。以一根與五百零四丈少一根相乘，得五百零四根少一平方爲長方面積。又以一根自乘得一平方，七因之得七平方，亦爲長方面積。而與五百零四根少一平方相等。兩邊各加一平方得八平方，與五百零四根相等。八平方與五百零四根各降一位，則爲八根與五百零四丈相等。八根既與五百零四丈相等，則一根必與六十三丈相等，即長方之闊數。與五百零四丈相減，餘四百四十一丈即長數也。以闊六十三丈自乘，得三千九百六十九丈。以闊六十三丈與長四百四十一丈相乘，得二萬七千七百八十三丈爲闊自乘之七倍也。此比例法。

設如有樓一座不知高數，正方池一面不知邊數。但云以六丈與樓之高數相乘與池之邊數等，以一百零八丈與樓之高數相乘與池之面積等。問樓高及池邊數各幾何。

樓高　一根

池邊　六根

池面三六平方 ＝ 一〇八根

三六根 ＝ 一〇八丈

一根 ＝ 三丈

法借一根爲樓之高數，以一根與六丈相乘，得六根爲池之邊數，自乘得三十六平方爲池之面積。又以一根與一百零八丈相乘，得一百零八根亦爲池之面積。是爲三十六平方與一百零八根相等。三十六平方與一百零八根各降一位，則爲三十六根與一百零八丈相等。三十六根既與一百零八丈相等，則一根必與三丈相等，即樓之高數。以六丈乘之，得一十八丈爲池之邊數。自乘得三百二十四丈爲池之面積。又以一百零八丈與樓高三丈相乘，亦得三百二十四丈，與池之面積相等也。此面積相除法。

設如甲乙二人有銀不言兩數，但知其銀之比例同於八與五。若以二人銀相併，則與二人銀相乘之數等。問二人銀各若干。

甲八根

乙五根

四〇平方 ＝ 一三根

四〇根 ＝ 一三

八根 ＝ 二六

五根 ＝ 一六二五

法借八根爲甲銀數，五根爲乙銀數。相乘得四十平方。又以八根與五根相加得一十三根，是爲四十平方與十三根相等。四十平方與十三根各降一位，則爲四十根與十三兩相等。四十根既與十三兩相等，則八根必與二兩六錢相等，即甲銀數。五根必與一兩六錢二分五釐相等，即乙銀數。兩數相加得四兩二錢二分五釐，若以兩數相乘，亦得四兩二錢二分五釐也。此比例法。

小　一根　小　一平方

大　三根　大　九平方

共　四根　共一〇平方

二〇〇根 ＝ 一〇平方

二〇〇丈 ＝ 一〇根

二〇丈 ＝ 一根

設如有大小二正方池，小池每邊爲大池每邊之三分之一，二池共邊數爲二池共面積之五十分之一。問二池邊數而積各幾何。

法借一根爲小池每邊之數，則大池每池之數爲三根。兩邊數相加得四根。又以一根自乘得一平方爲

小池面積。以三根自乘得九平方爲大池面積。兩面積相加得十平方，爲二池其邊之五十倍。乃以其邊四根以五十乘之得二百根，是爲十平方與二百根相等。十平方與二百根各降一位，則爲十根與二百丈相等。十根既與二百丈相等，則一根必與二十丈相等，即小池每邊之數。三因之得六十丈，即大池每邊之數也。兩邊數相加得八十丈。又以小池每邊二十丈自乘，得四百丈爲小池面積。以大池每邊六十丈自乘，得三千六百丈爲大池面積。兩面積相加，得四千丈爲共邊之五十倍也。此二正方邊線面積比例法。

設如有甲、乙、丙三正方，乙方每邊爲甲方每邊之四分之一，丙方每邊爲甲方每邊之八分之一，而乙丙兩方之共面積爲甲方每邊之十倍。問三方邊數面積各幾何。

甲八根　乙二根　丙一根
　　　　四平方　一平方
八〇根　＝　五平方
八〇尺　＝　五根
一六尺　＝　一根

法借八根爲甲方每邊之數，則乙方每邊之數爲二根，丙方每邊之數爲一根。以二根自乘，得四平方爲乙方面積。以一根自乘，得一平方爲丙方面積。兩面積相加，得五平方爲甲方每邊之十倍。乃以甲方每邊八根十因之得八十根，是爲五平方與八十根相等。五平方與八十根各降一位，則爲五根與八十尺相等。五根既與八十尺相等，則一根必與十六尺相等，即丙方每邊之數。倍之得三十二尺，即乙方每邊之數。八因之得一百二十八尺，即甲方每邊之數也。以乙方每邊三十二尺自乘，得一千零二十四尺爲乙方面積。以丙方每邊十六尺自乘，得二百五十六尺爲丙方面積。兩面積相加，得一千二百八十尺爲甲方每邊之十倍也。此三正方邊線面積比例法。

設如有甲乙二正方，甲方爲乙方每邊之三倍。以甲方邊四分之一與乙方面積相乘，則與甲方面積等。問二方邊數面積各幾何。

甲邊　一二根　　乙邊　四根
積一四四平方　　積一六平方
一四四平方　＝　四八立方
一四四尺　＝　四八根
三六尺　＝　一二根

法借十二根爲甲方每邊之數，則乙方每邊之數爲四根。以十二根自乘，得一百四十四平方爲甲方面積。以四根自乘，得一十六平方爲乙方面積。取甲方邊四分之一三根與乙方面積一十六平方相乘得四十八立方，是爲四十八立方與一百四十四平方相等。四十八立方與一百四十四平方各降二位，則爲四十八根與一百四十四尺相等。四十八根既與一百四十四尺相等，則十二根必與三十六尺相等，即甲方每邊之數。三歸之得十二尺，即乙方每邊之數也。以三十六尺自乘得一千二百九十六尺，即甲方之面積。以十二尺自乘得一百四十四尺，即乙方之面積。以甲方每邊四分之一九尺與乙方面積相乘，得一千二百九十六尺與甲方面積相等也。此二正方邊線面積比例法。

設如有大小二正方，大方邊與小方邊之比例同於五與三，大方面積比小方面積多二千三百零四丈，問大小二方邊各幾何？

小邊三根　積　九平方
大邊五根　積二五平方
一六平方　＝　二三〇四
一平方　＝　一四四
一根　＝　一二

法借三根爲小方每邊之數，則大方每邊之數爲五根。以三根自乘得九平方爲小方之面積。以五根自乘得二十五平方爲大方之面積。二面積相減，餘一十六平方與二千三百零四丈相等。一十六平方既與二千三百零四丈相等，則一平方必與一百四十四丈相等，開平方得一十二丈爲一根之數。三因之得三十六丈，即小方每邊之數。五因之得六十丈，即大方每邊之數。以三十六丈自乘，得一千二百九十六丈爲小方面積。以六十丈自乘，得三千六百丈爲大方面積。兩面積相減，餘二千三百零四丈以合原數也。此二正方比例開平方法。

設如有甲、乙二正方，甲方每邊爲乙方每邊之三倍。又有丙一長方，其長與甲方之每邊等，其闊與乙方之每邊等，三方面積共二萬零八百丈。問三方邊數面積各若干。

乙邊一根　積一平方
甲邊三根　積九平方
四積三平方
一三平方　＝　二〇八〇〇
一平方　＝　一六〇〇
一根　＝　四〇

法借一根爲乙方每邊之數，則甲方每邊之數爲三根。以一根自乘得一平方爲乙方之面積。以三根自乘得九平方爲甲方之面積。以一根與三根相乘，得三平方爲丙方之面積。三面積相加得一十三平方，與二萬零八百丈相等。十三平方既與二萬零八百丈相等，則一平方必與一千六百丈相等，即乙方之面積。開平方得四十丈爲一根之數，即乙方每邊之數。三因之得一百二十丈，即甲方每邊之數。以一百二十丈自乘得一萬四千四百丈，即甲方之面積。以四十丈與一百二十丈相等得四千八百丈，即丙方之面積。三面積相併共得二萬零八百丈，以合原數也。此二正方比例開平方法。

設如有兵二萬九千四百八十四名，欲排作三軍爲正方，第二軍每邊比第一軍每邊爲三倍，第三軍每邊比第二軍每邊亦爲三倍。問三軍兵數各若干。

法借一根爲第一軍每邊之數，則第二軍每邊之數爲三根，第三軍每邊之數爲九根。以一根自乘得一平方爲第一軍之總數。以三根自乘得九平方爲第二軍之總數。以九根自乘得八十一平方爲第三軍之總數。三總數相加得九十一平方，與二萬九千四百八十四相等。九十一平方既與二萬九千四百八十四相等，則一平方必與三百二十四相等，即第一軍之總數。開平方得十八爲一根之數，即第一軍每邊之數也。以第一軍每邊之數用三乘之得五十四，即第二軍每邊之數。以第一軍之總數用九乘之得二千九百一十六，即第二軍之總數。又以第一軍每邊之數用九乘之得一百六十二，即第三軍每邊之數。以第一軍之總數用八十一乘之，得二萬六千二百四十四即第三軍之總數。三總數相加，共二萬九千四百八十四以合原數也。此三正方比例開平方法。

一根　一平方
三根　九平方
九根　八一平方
九一平方 ＝ 二九四八四
一平方 ＝ 三二四
一根 ＝ 一八

設如一正方一長方俱不知其邊數，但知長方之面積爲八萬一千尺，其長爲正方邊之十五分之二，其闊爲正方邊之二十五分之三，問二方邊各若干？

法借一根爲正方每邊之數，則長方之長爲十五分根之二，長方之闊爲二十五分根之三。以正方邊一根自乘得一平方爲正方之面積。以長方之長闊相乘，得三百七十五分平方之六，以兩分母十五與二十五相乘得三百七十五，以兩分子二與三相乘得六，故爲三百七十五之六。爲長方面積，是爲三百七十五分平方之六與八萬一千尺相等。乃以六分爲一率，八萬一千尺爲二率，三百七十五分爲三率，求得四率五百零六萬二千五百尺，與一平方相等。蓋三百七十五分平方之六者，將一平方分爲三百七十五分而得其六分也。六分既爲八萬一千尺，則三百七十五分必爲五百零六萬二千五百尺也。開平方得二千二百五十尺爲一根之數，即正方每邊之數。其十五分之二爲三百尺，即長方之長。其二十五分之三爲二百七十尺，即長方之闊。相乘得八萬一千尺，以合原數也。此帶分比例開平方法。

正邊　一根
正積一平方
長長　一五分根之二
長闊　二五分根之三
長積三七五分平方之六 ＝ 八一〇〇〇
一平方 ＝ 五〇六二五〇〇
一根 ＝ 二二五〇

設如有大小二正方，大方比小方每邊多六尺，面積多一千七百一十六尺。問二方邊數面積各幾何。

法借一根爲小方每邊之數，則大方每邊之數爲一根多六尺。以一根自乘，得一平方爲小方之面積。以一根多六尺自乘，得一平方多十二根多三十六尺爲大方之面積。大方既比小方面積多一千七百一十六尺，則以小方之面積一平方加一千七百一十六尺與大方之面積一平方多十二根多三十六尺相等。兩邊各減去一平方，又各減三十六尺，得十二根與一千六百八十尺相等。十二根既與一千六百八十尺相等，則一根必與一百四十尺相等，即小方每邊之數。加六尺得一百四十六尺，即大方每邊之數。以一百四十尺自乘得一萬九千六百尺，即小方之面積。以一百四十六尺自乘得二萬一千三百一十六尺，即大方之面積。兩面積相減，餘一千七百一十六尺，以合原數也。此二正方有邊較積較求邊法。

小邊一根　大邊一根 ⊥ 六
小積一平方　大積一平方 ⊥ 一二根 ⊥ 三六
一平方 ⊥ 一七一六 ＝ 一平方 ⊥ 一二根 ⊥ 三六
一六八〇 ＝ 一二根
一四〇 ＝ 一根

設如有大小二正方，大方比小方每邊多二十四尺，面積共七千二百五十尺，問二方邊數面積各幾何？

法借一根爲小方每邊之數，則大方每邊之數爲一根多二十四尺。以一根自乘得一平方爲小方之面積。以一根多二十四尺自乘，得一平方多四十八根又多五百七十六尺爲大方之面積。兩面積相加，得二平方多四十八根又多五百七十六尺，與七千二百五十尺相等。兩邊各減五百七十六尺，得二平方多四十八根與六千六百七十四尺相等。二平方多四十八根既與六千六百七十四尺相等，則一平方多二十四根必與三千三百三十七尺相等。乃以三千三百三十七尺爲長方積，以

小邊一根　大邊一根 ⊥ 二四
小積一平方
大積一平方 ⊥ 四八根 ⊥ 五七六
二平方 ⊥ 四八根 ⊥ 五七六 ＝ 七二五〇
二平方 ⊥ 四八根 ＝ 六六七四
一平方 ⊥ 二四根 ＝ 三三三七
一根 ＝ 四七

二十四根作二十四尺爲長闊較，用帶縱較數開平方法算之，得闊四十七尺爲一根之數，即小方每邊之數。加二十四尺得七十一尺，即大方每邊之數。以四十七尺自乘得二千二百零九尺，即小方之面積。以七十一尺自乘得五千零四十一尺，即大方之面積。兩面積相加，共七千二百五十尺，以合原數也。此二正方有邊較積和求邊法。

設如有大小二正方，邊數共三十六尺，面積共六百六十六尺。問二方邊數面積各幾何？

法借一根爲小方每邊之數，則大方每邊之數爲三十六尺少一根。以一根自乘得一平方爲小方之面積。以三十六尺少一根自乘，得一千二百九十六尺少七十二根多一平方爲大方之面積。兩面積相加得一千二百九十六尺少七十二根多二平方，與六百六十六尺相等。兩邊各加七十二根，得一千二百九十六尺多二平方與六百六十六尺多七十二根相等。兩邊各減六百六十六尺，得六百三十尺多二平方與七十二根相等。六百三十尺多二平方既與七十二根相等，則三百一十五尺多一平方必與三十六根相等。乃以三百一十五尺爲長方積，以三十六根作三十六尺爲長闊和，用帶縱和數開平方法算之，得闊一十五尺爲一根之數，即小方每邊之數。與共邊三十六尺相減，餘二十一尺即大方每邊之數。以小方每邊一十五尺自乘，得二百二十五尺即小方之面積。以大方每邊二十一尺自乘，得四百四十一尺即大方之面積。兩面積相加，共六百六十六尺，以合原數也。此二正方有邊和積和求邊法。

小邊一根
大邊　三六 — 一根　小積一平方
大積一二九六 — 七二根 ⊥ 一平方

一二九六 — 七二根 ⊥ 二平方 ＝ 六六六
一二九六 ⊥ 二平方 ＝ 六六六 ⊥ 七二根
六三〇 ⊥ 二平方 ＝ 七二根
三一五 ⊥ 一平方 ＝ 三六根
一五 ＝ 一根

設如有大小二正方，邊數共一百一十尺。大方比小方面積爲五倍少四尺。問二方邊數面積各幾何。

法借一根爲小方每邊之數，則大方每邊之數爲一百一十尺少一根。以一根自乘得一平方爲小方之面積。以一百一十尺少一根自乘，得一萬二千一百尺少二百二十根多一平方爲大方之面積。大方既比小方面積爲五倍少四尺，則將小方加五倍，將大方加四尺，是爲五平方與一萬二千一百零四尺少二百二十根多一平方相等。兩邊各減一平方，得四平方與一萬二千一百零四尺少二百二十根相等。四平方既與一萬二千一百零四尺少二百二十根相等，則一平方必與三千零二十六尺少五十五根相等。乃以三千零二十六尺爲長方積，以五十五根作五十五尺爲長闊較，用帶縱較數開平方法算之，得闊三十四尺爲一根之數，即小方每邊之數。與共邊一百一十尺相減，餘七十六尺即大方每邊之數。以二十四尺自乘，得一千一百五十六尺即小方之面積。以七十六尺自乘，得五千七百七十六尺即大方之面積。再加四尺得五千七百八十尺爲小方面積一千一百五十六尺之五倍也。此亦二正方有邊和積較法但積較有倍分耳。

小邊一根　大邊　一一〇 — 一根
小積一平方　大積一二一〇〇 — 二二〇根 ⊥ 一平方
五平方 ＝ 一二一〇四 — 二二〇根 ⊥ 一平方
四平方 ＝ 一二一〇四 — 二二〇根
一平方 ＝ 三〇二六 — 五五根
一根 ＝ 三四

設如有一長方，又有大小二正方，三面積共四百四十一丈。大正方邊與長方之長等，小正方邊與長方之闊等，但知小正方邊爲九丈。問大正方邊若干。

法借一根爲大方每邊之數，自乘得一平方爲大方之面積。以九丈自乘，得八十一丈爲小方之面積。以九丈與一根相乘，得九根爲長方之面積。三面積相加，得一平方多九根又多八十一丈與四百四十一丈相等。兩邊各減八十一丈，得一平方多九根與三百六十丈相等。乃以三百六十丈爲長方積，以九根作九丈爲長闊較，用帶縱較數開平方法算之，得闊十五丈爲一根之數，即大方每邊之數。以十五丈自乘，得二百二十五丈即大方之面積。以十五丈與九丈相乘，得一百三十五丈即長方之面積。三面積相併，共得四百四十一丈，以合原數也。此帶縱較數開平方法。

大方一平方　長方九根　小方八一

一平方 ⊥ 九根 ⊥ 八一 ＝ 四四一
一平方 ⊥ 九根 ＝ 三六〇
一根 ＝ 一五

設如有一長方，又有大小二正方，三面積共四百五十七丈。長方之長與大正方邊等，長方之闊與小正方邊等，長闊共二十四丈。問長闊各幾何。

闊　一根　　長　二四 — 一根
小積一平方　大積五七六 — 四八根 ⊥ 一平方
長積二四根 — 平方
一平方 ⊥ 五七六 — 二四根 ═ 四五七
一平方 ⊥ 五七六 ═ 二四根 ⊥ 四五七
一平方 ⊥ 一一九 ═ 二四根
一根 ═ 七

法借一根爲長方之闊，則長方之長爲二十四丈少一根。以一根自乘得一平方爲小正方之面積。以二十四丈少一根自乘，得五百七十六丈少四十八根多一平方爲大正方之面積。以一根與二十四丈少一根相乘，得二十四根少一平方爲長方之面積。三面積相加，得一平方多五百七十六丈少二十四根，與四百五十七丈相等。兩邊各加二十四根，得一平方多五百七十六丈與二十四根多四百五十七丈相等。兩邊各減四百五十七丈，得一平方多一百一十九丈與二十四根相等。乃以一百一十九丈爲長方積，以二十四根作二十四丈爲長闊和，用帶縱和數開平方法算之，得闊七丈爲一根之數，即長方之闊。與二十四丈相減，餘一十七丈即長方之長。以七丈自乘得四十九丈，即小正方之面積。以一十七丈自乘，得二百八十九丈即大正方之面積。以七丈與一十七丈相乘，得一百一十九丈即長方之面積。三面積相併，共得四百五十七丈，以合原數也。此帶縱和數開平方法。

設如有一長方，其面積八萬三千二百三十二丈。又有一正方，其每邊與長方之闊等。若以正方面積自乘，則與兩方之共面積等。問二方邊數各若干。

一根
一平方 ═ 一根 ⊥ 八三二三二
一根 ═ 二八九

法借一根爲正方之面積，自乘得一平方爲正方面積自乘之數。又以一根與八萬三千二百三十二丈相加，得一根多八萬三千二百三十二丈與一平方相等。乃以八萬三千二百三十二丈爲長方積，以一根作一丈爲長闊較，用帶縱較數開平方法算之，得長二百八十九丈爲一根之數，即正方之面積，亦即長方之長。開平方得一十七丈即正方之邊，亦即長方之闊。以正方面積二百八十九丈與長方面積八萬三千二百三十二丈相併，共得八萬三千五百二十一丈。又以正方面積二百八十九丈自乘，亦得八萬三千五百二十一丈，是與兩方之共面積相等也。此帶縱較數開平方法。

設如有銀買駝馬共六十一匹，駝每匹之價與共駝數等，馬每匹之價與共馬數等。今賣馬一匹之價與共駝數等，賣駝一匹之價爲共馬數之二倍，共得利銀七百一十九兩。問駝數馬數及每匹價各若干。

賣馬　六一根 — 一平方　　馬價一平方
賣駝一二二根 — 二平方　　駝價三七二一 — 一二二根 ⊥ 一平方
一八三根 — 三平方　　三七二一 — 一二二根 ⊥ 二平方
三〇五根 — 五平方 — 三七二一 ═ 七一九
三〇五根 — 五平方 ═ 四四四〇
六一根 — 一平方 ═ 八八八
一根 ═ 二四

法借一根爲共馬數，則六十一匹少一根爲共駝數。以共馬數一根自乘，得一平方爲買馬之共價。以共駝數六十一匹少一根自乘，得三千七百二十一兩少一百二十二根多一平方爲買駝之共價。兩共價相加，得三千七百二十一兩少一百二十二根多二平方爲買駝馬之總銀數。又以共馬數一根與共駝數六十一匹少一根相乘，得六十一根少一平方爲賣馬之共銀數。以共駝數六十一匹少一根與二倍共馬數二根相乘，得一百二十二根少二平方爲賣駝之共銀數。兩共銀數相加，得一百八十三根少三平方爲賣駝馬之總銀數。內減買駝馬總銀數三千七百二十一兩少一百二十二根多一平方，餘三百零五根少五平方又少三千七百二十一兩與利銀七百一十九兩相等。兩邊各加三千七百二十一兩，得三百零五根少五平方與四千四百四十兩相等。三百零五根少五平方既與四千四百四十兩相等，則六十一根少一平方必與八百八十八兩相等。乃以八百八十八兩爲長方積，以六十一根作六十一爲長闊和，用帶縱和數開平方法算之，得闊二十四爲一根之數，即共馬數，亦即馬每匹之價爲二十四兩也。以二十四匹與六十一匹相減，餘三十七匹即共駝數，亦即駝每匹之價爲三十七兩也。以二十四匹與二十四兩相乘，得五百七十六兩爲買馬之共銀數。以三十七匹與三十七兩相乘，得一千三百六十九兩爲買駝之共銀數。相加得一千九百四十五兩即買駝馬之總銀數。以二十四匹與三十七兩相乘，得八百八十八兩爲賣馬之共銀數。以三十七匹與四十八兩相乘，得一千七百七十六兩爲賣駝之共銀數。相加得二千六百六十四兩即賣駝馬之總銀數，比買駝馬之總銀數多七百一十九兩，爲利銀數也。此帶縱和數開平方法。

設如有木匠瓦匠共三十名，又有匠頭不知名數，但知每匠頭一人得銀三十六兩，其木匠一人之銀數與瓦匠之人數等，瓦匠一人之銀數與木匠之人數等，而匠頭之人數與木匠瓦匠相差之數等，匠頭之共銀數與木匠之共銀數等。問匠頭

與木匠瓦匠之人數及每人所得之銀數各幾何。

木匠一根　　匠頭三〇 — 二根

瓦匠三〇名 — 一根

三〇根 — 一平方 ＝ 一〇八〇 — 七二根

一〇二根 — 一平方 ＝ 一〇八〇

一根 ＝ 一二

法借一根爲木匠之人數，則瓦匠之人數爲三十少一根。以一根與三十少一根相乘，得三十根少一平方爲木匠之共銀數，亦爲瓦匠之共銀數。又以木匠之人數一根與瓦匠之人數三十少一根相減，得三十少二根爲匠頭之人數。與每人三十六兩相乘，得一千零八十兩少七十二根爲匠頭之總銀數，與木匠之共銀數三十根少一平方相等。兩邊各加七十二根，得一百零二根少一平方與一千零八十兩相等。乃以一千零八十兩爲長方積，以一百零二根作一百零二爲長闊和，用帶縱和數開平方法算之，得闊一十二爲一根之數，即木匠之人數。以一十二人與三十人相減，餘一十八人即瓦匠之人數。以十二與十八相乘，得二百一十六兩即木匠之共銀數，亦即瓦匠之共銀數。以十二與十八相減，餘六即匠頭之人數。與三十六兩相乘，亦得二(十)[百]一十六兩，即匠頭之共銀數，與木匠之共銀數等也。此帶縱和數開平方法。

設如有馬騾駄物，不言馬騾共數，亦不言馬騾各數，但知馬比騾多十四，馬共駄一萬二千斤，騾亦共駄一萬二千斤。而騾一匹所駄之數比馬一匹所駄之數多四十斤。問馬騾數及所駄數各若干。

法借一根爲騾數，則馬數爲一根多十四。以一根除一萬二千斤，得一根之一萬二千斤爲騾一匹所駄之數。以一根多十四除一萬二千斤，得一根多十四之一萬二千斤爲馬一匹所駄之數。因兩分母不同，乃用互乘法以齊其分。將馬分母一根多十四與騾分子一萬二千斤相乘，得一萬二千根多一十二萬斤。以騾分母一根與馬分子一萬二千斤相乘，得一萬二千根。以互乘所得兩分子相減，餘一十二萬斤爲騾比馬多駄之數。又以馬分母一根多十四與騾分母一根相乘，得一平方多十根。又以四十斤乘之，得四十平方多四百根亦爲騾比馬多駄之數。是爲四十平方多四百根與一十二萬斤相等。四十平方多四百根既與一十二萬斤相等，則一平方多十根必與三千斤相等。乃以三千爲長方積，以十根作一十爲長闊較，用帶縱較數開平方法算之，得闊五十爲一根之數，即騾數。加十四得六十匹，即馬數。以五十匹除一萬二千斤，得二百四十斤即騾一匹所駄之數。以六十匹除一萬二千斤，得二百斤即馬一匹所駄之數也。此帶縱較數開平方法。

騾一根　　馬一根 ⊥ 一〇

一根之一二〇〇〇　一根 ⊥ 一〇之一二〇〇〇

四〇平方 ⊥ 四〇〇根 ＝ 一二〇〇〇〇

一平方 ⊥ 一〇根 ＝ 三〇〇〇

一根 ＝ 五〇

設如有數一十萬，欲分爲大小兩分，與全分爲相連比例三率，問大小兩分各幾何。

法借一根爲大分，則小分爲十萬少一根。是全分十萬爲首率，而一根爲中率，十萬少一根爲末率矣。乃以首率十萬與末率十萬少一根相乘，得一百億少十萬根而與中率一根自乘之一平方相等。乃以一百億爲長方積，十萬根作十萬爲長闊較，用帶縱較數開平方法算之，得闊六萬一千八百零三爲一根之數，即大分。與全分十萬相減，餘三萬八千一百九十七即小分也。蓋十萬與六萬一千八百零三之比，即同於六萬一千八百零三與三萬八千一百九十七之比，而爲相連比例之三率也。此即求圓內容十邊法。

全分一〇〇〇〇〇　　大分一根

小分一〇〇〇〇〇 — 一根

一〇〇〇〇〇〇〇〇〇〇〇 — 一〇〇〇〇〇根 ＝ 一平方

六一八〇二 ＝ 一根

設如有股二十尺，勾弦較十尺，問勾弦各幾何。

法借一根爲勾數，則一根多一十尺爲弦數。以一根自乘得一平方爲勾自乘之數。以一根多一十尺自乘，得一平方多二十根又多一百尺爲弦自乘之數。兩自乘之數相減，得二十根多一百尺爲股自乘之數，而與股二十尺自乘之四百尺爲相等。兩邊各減一百尺，得二十根與三百尺相等，則一根必與一十五尺相等，即勾數。加勾弦較十尺，得二十五尺即弦數也。如圖甲乙爲弦，甲丙爲勾，乙丁同。丙乙爲勾弦較，甲丁爲勾弦和，甲己戊乙爲弦自乘方，庚己

勾一平方

弦一平方 ⊥ 二〇根 ⊥ 一〇〇　股四〇〇

二〇根 ⊥ 一〇〇 ＝ 四〇〇

二〇根 ＝ 三〇〇

一根 ＝ 一五

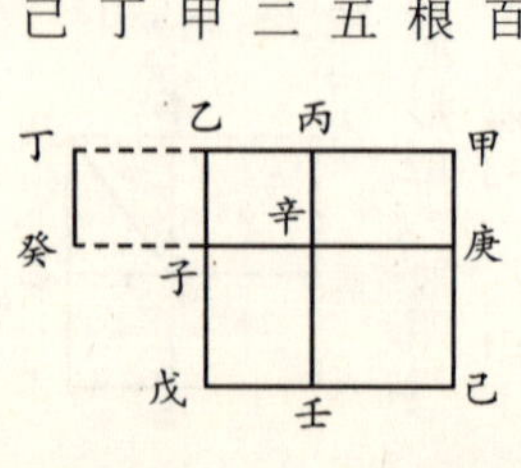

壬辛爲勾自乘方，甲乙戊壬辛庚磬折形爲股自乘數，與甲庚勾弦較甲庚與丙乙等。乘甲丁勾弦和之甲庚癸丁長方積等。借一根爲勾數者，即庚己或庚辛也。庚己庚辛皆與甲丙等。一根多十尺爲弦數者，即庚己加庚甲也。一根自乘得一平方爲勾自乘方者，即庚己壬辛之正方也。一根多十尺自乘得一平方多二十根多一百尺爲弦自乘方者，即庚己壬辛一平方多甲庚辛丙及辛壬戊子之二十根甲庚較十尺乘甲丙一根得十根爲甲庚辛丙長方，辛子較十尺乘子戊一根得十根爲辛壬戊子長方，是共爲二十根。又多丙辛子乙之一百尺，共爲甲己戊乙之正方也。於甲己戊乙弦自乘方內減去庚己壬辛勾自乘之一平方，餘二十根多一百尺即甲乙戊壬辛庚之磬折形，亦即甲庚癸丁之長方形，而與股自乘之四百尺相等也。又甲庚癸丁長方內減去丙辛子乙一百尺，餘甲庚辛丙及乙子癸丁，即二十根之數爲三百尺也。二十根之數爲三百尺，則一根之數必爲十五尺也。此勾股弦和較相求法。

設如有股二十四尺，勾弦和三十二尺，問勾弦各幾何。

法借一根爲勾數，則三十二尺少一根爲弦數。以一根自乘，得一平方爲勾自乘之數。以三十二尺少一根自乘，得一千零二十四尺少六十四根多一平方爲弦自乘之數。兩自乘之數相減，得一千零二十四尺少六十四根爲股自乘之數，而與股二十四尺自乘之五百七十六尺爲相等。兩邊各加六十四根，得一千零二十四尺與五百七十六尺多六十四根相等。兩邊各減五百七十六尺，得四百四十八尺與六十四根相等。四百四十八尺既與六十四根相等，勾七尺必與一根相等，即勾數。以勾七尺與勾弦和三十二尺相減，餘二十五尺即弦數也。此勾股弦和較相求法。

勾一平方
弦一〇二四 — 六四根 ⊥ 一平方
股一〇二四 — 六四根 ＝ 五七六
一〇二四 ＝ 五七六 ⊥ 六四根
四四八 ＝ 六四根
七 ＝ 一根

設如有弦五尺，勾股和七尺，問勾股各幾何。

法借一根爲股數，則七尺少一根爲勾數。以一根自乘，得一平方爲股自乘之數。以七尺少一根自乘，得四十九尺少一十四根多一平方爲勾自乘之數。兩自乘數相加，得四十九尺少一十四根多二平方爲弦自乘之數，而與弦五尺自乘之二十五尺爲相等。兩邊各加一十四根，得四十九尺多二平方與二十五尺多一十四根相等。兩邊各減四十九尺，得二平方與一十四根少二十四尺相等。二平方既與十四根少二十四尺相等，則一平方必與七根少十二尺相等。乃以十二尺爲長方積，七根作七尺爲長闊和，用帶縱和數開平方法算之，得長四尺爲一根之數，即股數。以股四尺與勾股和七尺相減，餘三尺即勾數也。

股一平方
勾四九 — 一四根 ⊥ 一平方　弦二五
四九 — 一四根 ⊥ 二平方 ＝ 二五
四九 ⊥ 二平方 ＝ 二五 ⊥ 一四根
二平方 ＝ 一四根 — 二四
一平方 ＝ 七根 — 一二
一根 ＝ 四

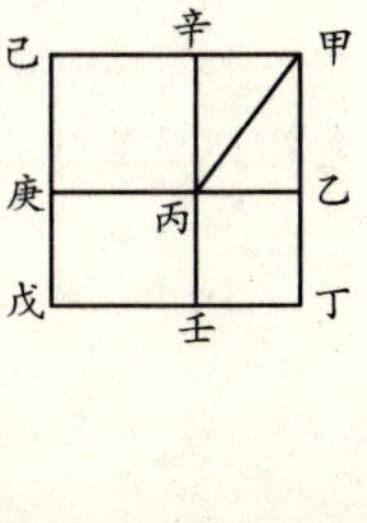

如圖甲乙丙勾股形，甲乙股四尺，乙丙勾三尺，甲丙弦五尺，甲丁勾股和七尺，甲丁戊己爲勾股和自乘方，辛丙庚己爲股自乘方，乙丁壬丙爲勾自乘方。壬戊、己辛皆與甲乙等，爲一根數。借一根爲股數者，即甲乙也。一根自乘得一平方爲股自乘方者，即辛丙庚己也。七尺少一根自乘得四十九尺少十四根多一平方爲勾自乘方者，即甲丁戊己勾股和自乘方內減去甲乙庚己之七根及辛壬戊己之七根共爲十四根，甲乙一根乘甲己和七尺得七根爲甲乙庚己長方，辛己一根乘己戊和得七根爲辛壬戊己長方，共十四根。又加辛丙庚己一平方，始得乙丁壬丙勾自乘方也。於甲丁戊己勾股和自乘方內減去甲乙丙壬戊己一磬折形，餘乙丁壬丙爲勾自乘數。今減去十四根乃減去甲乙庚己一長方又減去辛壬戊己一長方，是此磬折形多減去辛丙庚己一平方，故又加一平方以補多減之數，始爲乙丁壬丙勾自乘方也。辛丙庚己股自乘數乙丁壬丙勾自乘數相加，與弦自乘之數相等。兩邊各加各減得一平方與七根少十二尺相等者，即辛丙庚己一平方與甲乙庚己七根數相較而少甲乙丙辛之長方十二尺也。今不知七根之數，又不知一平方之數，但知一平方與七根相較之甲乙丙辛長方爲十二尺。故即以十二尺爲長方積，以甲己爲長闊和，用帶縱和數開平方法算之，得甲乙長而爲股數也。此勾股弦和較相求法。

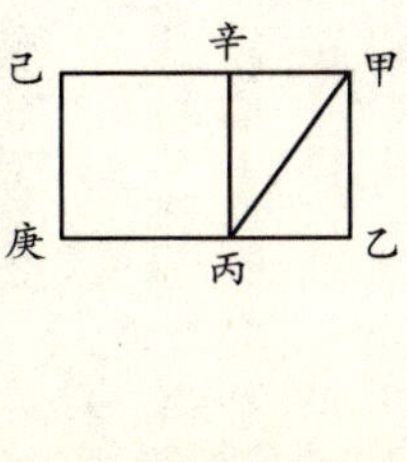

設如有勾弦和五十尺，股弦和八十一尺，問勾股弦各幾何。

法借一根爲勾數，則五十尺少一根爲弦數，一根多三十一尺爲股數，以五十尺與八十一尺相減，餘三十一尺爲勾股較，故一根多三十一尺爲股也。以一根自乘，得一平方爲勾自乘之數。以五十尺少一根自乘，得二千五百尺少一百根多一平方爲弦自乘之數。以一根多三十一尺自乘，得一平方多六十二根又多九百六十一尺

勾一平方
弦二五〇〇 — 一〇〇根 ⊥ 一平方
股一平方 ⊥ 六二根 ⊥ 九六一
勾一五三九 — 一六二根 ＝ 一平方
九 ＝ 一根

爲股自乘之數。以股自乘之數與弦自乘之數相減，得一千五百三十九尺少一百六十二根亦爲勾自乘之數，而與勾數一根自乘之一平方爲相等。乃以一千五百三十九尺爲長方積，以一百六十二根作一百六十二尺爲長闊較，用帶縱較數開平方法算之，得闊九尺爲一根之數，即勾數。以勾九尺與勾弦和五十尺相減，餘四十一尺即弦數。以勾九尺與勾股較三十一尺相加，得四十尺即股數也。此勾股弦和較相求法。

勾一平方
股五二九 — 四六根 ⊥ 一平方
弦六二五 — 五〇根 ⊥ 一平方
勾 九六 — 四根 ＝ 一平方
八 ＝ 一根

設如有勾股和二十三尺，勾弦和二十五尺，問勾股弦各幾何。

法借一根爲勾數，則二十三尺少一根爲股數，二十五尺少一根爲弦數。以一根自乘，得一平方爲勾自乘之數。以二十三尺少一根自乘，得五百二十九尺少四十六根多一平方爲股自乘之數。以二十五尺少一根自乘，得六百二十五尺少五十根多一平方爲弦自乘之數。以股自乘之數與弦自乘之數相減，得九十六尺少四根亦爲勾自乘之數，而與勾數一根自乘之一平方爲相等。乃以九十六尺爲長方積，四根作四尺爲長闊較，用帶縱較數開平方法算之，得闊八尺爲一根之數，即勾數。以勾八尺與勾股和二十三尺相減，餘十五尺即股數。以勾八尺與勾弦和二十五尺相減，餘十七尺即弦數也。此勾股弦和較相求法。

設如有股弦和二十五尺，勾弦較八尺，問勾股弦各幾何。

法借一根爲股數，則二十五尺少一根爲弦數，十七尺少一根爲勾數。勾弦和二十五尺內減勾弦較八尺得一十七尺爲勾股和，故勾爲十七尺少一根。以一根自乘得一平方爲股自乘之數。以一十七尺少一根自乘，得一百八十九尺少三十四根多一平方爲勾自乘之數。以二十五尺少一根自乘，得六百二十五尺少五十根多一平方爲弦自乘之數。

股一平方
勾二八九 — 三四根 ⊥ 一平方
弦六二五 — 五〇根 ⊥ 一平方
股三三六 — 一六根 ＝ 一平方
一二 ＝ 一根

以勾自乘之數與弦自乘之數相減，得三百三十六尺少一十六根亦爲股自乘之數，而與股數一根自乘之一平方爲相等。乃以三百三十六尺爲長方積，十六根作十六尺爲長闊較，用帶縱較數開平方法算之，得闊十二尺爲一根之數，即股數。以股十二尺與股弦和二十五尺相減，餘一十三尺即弦數。內減勾弦較八尺，餘五尺即勾數也。此勾股弦和較相求法。

設如有股弦較一尺，勾弦較三十二尺，問勾股弦各幾何。

法借一根爲勾數，則一根多三十二尺爲弦數，一根多三十一尺爲股數。股弦較與勾弦較相減，餘三十一尺爲勾股較。故股爲一根多三十一尺也。以一根自乘得一平方爲勾自乘之數。以一根多三十二尺自乘，得一平方多六十四根又多一千零二十四尺爲弦自乘之數。以一根多三十一尺自乘，得一平方多六十二根又多九百六十一尺爲股自乘之數。以股自乘之數與弦自乘之數相減，得二根多六十三尺亦爲勾自乘之數，而與勾數一根自乘之一平方爲相等。乃以六十三尺爲長方積，以二根作二尺爲長闊較，用帶縱較數開平方法算之，得長九尺爲一根之數，即勾數。以勾九尺與勾弦較三十二尺相加，得四十一尺即弦數。內減股弦較一尺，餘四十尺即股數也。此勾股弦和較相求法。

勾一平方
弦一平方 ⊥ 六四根 ⊥ 一〇二四
股一平方 ⊥ 六二根 ⊥ 九六一
勾一平方 ＝ 二根 ⊥ 六三
一根 ＝ 九

設如有勾股和七十三尺，勾弦較與股弦較之和三十三尺，問勾股弦各幾何。

法借一根爲勾數，則七十三尺少一根爲股數，五十三尺爲弦數。以勾股和七十三尺加勾弦較與股弦較之和三十三尺得一百零六尺，即二弦數。故半之得五十三尺爲弦數也。以一根自乘得一平方爲勾自乘之數。以七十三尺少一根自乘，得五千三百二十九尺少一百四十六根多一平方爲股自乘之數。以五十三尺自乘，得二千八百零九尺爲弦自乘之數。以股自乘之數與弦自乘之數相減，得一百四十六根少二千五百二十尺又少一平方亦爲勾自乘之數，而與勾數一根自乘之一平方爲相等。兩邊各加一平方，得一百四十六根少二千五百二十尺與二

勾一平方
弦二八〇九
股五三二九 — 一四六根 ⊥ 一平方
一四六根 — 二五二〇 — 一平方 ＝ 一平方
一四六根 — 二五二〇 ＝ 二平方
七三根 — 一二六〇 ＝ 一平方
二八 ＝ 一根

平方相等。一百四十六根少二千五百二十尺既與二平方相等，則七十三根少一千二百六十尺必與一平方相等。乃以一千二百六十尺爲長方積，七十二根作七十三尺爲長闊和，用帶縱和數開平方法算之，得闊二十八尺爲一根之數，即勾數。以勾二十八尺與勾股和七十三尺相減，餘四十五尺即股數也。此勾股弦和較相求法。

設如有勾股弦總和一百五十尺，勾股較股弦較勾弦較共八十尺，問勾股弦各幾何。

法借一根爲勾數，則一根多四十尺爲弦數，將三較共八十尺折半得四十尺即勾弦較。一百一十尺少二根爲股數。總和一百五十尺內減去勾數一根又減去弦數一根多四十尺，得一百一十尺少二根爲股數。以一根自乘得一平方爲勾自乘之數。以一根多四十尺自乘，得一平方多八十根又多一千六百尺爲弦自乘之數。以一百一十尺少二根自乘，得一萬二千一百尺少四百四十根多四平方爲股自乘之數。以股自乘之數與弦自乘之數相減，得五百二十根少三平方又少一萬零五百尺亦爲勾自乘之數，而與勾數一根自乘之一平方爲相等。兩邊各加三平方，得五百二十根少一萬零五百尺與四平方相等。五百二十根少一萬零五百尺既與四平方相等，則一百三十根少二千六百二十五尺必與一平方相等。乃以二千六百二十五尺爲長方積，以一百三十尺爲長闊和，用帶縱和數開平方法算之，得闊二十五尺爲一根之數，即勾數。以勾二十五尺與勾弦較四十尺相加，得六十五尺即弦數。以勾弦和九十尺與勾股弦總和一百五十尺相減，餘六十尺即股數也。此勾股弦和較相求法。

勾一平方

弦一平方 ⊥ 八〇根 ⊥ 六〇〇

股一二一〇〇 — 四四〇根 ⊥ 四平方

五二〇根 — 三平方 — 一〇五〇〇 ＝ 一平方

五二〇根 — 一〇五〇〇 ＝ 四平方

一三〇根 — 二六二五 ＝ 一平方

一根 ＝ 二五

設如有勾股和二十三尺，弦與勾股較之較十尺，問勾股弦各幾何。

法借一根爲勾股較數，則一根多十尺爲弦數。以一根自乘得一平方爲勾股較自乘之數。以一根多十尺自乘，得一平方多二十根又多一百尺爲弦自乘之數。倍之得二平方多四十根又多二百尺，內減去勾股較自乘之一平方，餘一平方多四十根多二百尺爲勾股和自乘之數，而與勾股和二十三尺自乘之五百二十九尺爲相等。兩邊各減去二百尺，得一平方多四十根與三百二十九尺相等。乃以三百二十九尺爲長方積，以多四十根作四十尺爲長闊較，用帶縱較數開平方法算之，得闊七尺爲一根之數，即勾股較。與勾股和二十三尺相加，得三十尺，折半得十五尺爲股。內減較七尺，餘八尺爲勾。又以勾股較七尺與弦與勾股較之較十尺相加，得十七尺爲弦也。此勾股弦和較相求法。

較積一平方　較一根

弦一根 ⊥ 一〇

弦積一平方 ⊥ 二〇根 ⊥ 一〇〇

二平方 ⊥ 四〇根 ⊥ 二〇〇

一平方 ⊥ 四〇根 ⊥ 二〇〇 ＝ 五二九

一平方 ⊥ 四〇根 ＝ 三二九

一根 ＝ 七

設如有勾股積一千零八十尺，勾股弦總和一百八十尺，問勾股弦各幾何。

法借一根爲弦數，則一百八十尺少一根爲勾股和數。以一根自乘，得一平方爲弦自乘之數。以一百八十尺少一根自乘，得三萬二千四百尺少三百六十根多一平方爲勾股和自乘之數。又以勾股積一千零八十尺四因之，得四千三百二十尺。與弦自乘之一平方相加，得一平方多四千三百二十尺亦爲勾股和自乘之數，而與勾股和自乘之三萬二千四百尺少三百六十根多一平方爲相等。勾股和自乘數內有一弦自乘方有四勾股積，故四因勾股積與弦自乘之數相加，即與勾股和自乘之數相等也。兩邊各減四千三百二十尺，得二萬八千零八十尺少三百六十根多一平方與一平方相等。兩邊各加三百六十根，得二萬八千零八十尺多一平方與一平方多三百六十根相等。兩邊再各減一平方，得三百六十根與二萬八千零八十尺相等。三百六十根既與二萬八千零八十尺相等，則一根必與七十八尺相等，即弦數。以弦七十八尺與一百八十尺相減，餘一百零二尺即勾股和。又以弦自乘得六千零八十四尺，與四勾股積四千三百二十尺相減餘一千七百六十四尺，平方開之得四十二尺，即勾股較。與勾股和一百零二尺相減餘六十尺，折半得三十尺，即勾數。加勾

勾股和三二四〇〇 — 三六〇根 ⊥ 一平方　弦一平方

三二四〇〇 — 三六〇根 ⊥ 一平方 ＝ 一平方 ⊥ 四三二〇

二八〇八〇 — 三六〇根 ⊥ 一平方 ＝ 一平方

二八〇八〇 ⊥ 一平方 ＝ 一平方 ⊥ 三六〇根

二八〇八〇 ＝ 三六〇根

七八 ＝ 一根

弦一根　　弦積一平方　積　六〇

和一根 ⊥ 六　　四因二四〇

和積一平方 ⊥ 一二根 ⊥ 三六 ＝ 一平方 ⊥ 二四〇

一二根 ⊥ 三六 ＝ 二四〇

一二根 ＝ 二〇四

一根 ＝ 一七

股較四十二尺得七十二尺，即股數也。此勾股積與勾股弦和較相求法。

設如有勾股積六十尺，弦與勾股和之較六尺，問勾股弦各幾何。

法借一根爲弦數，則一根多六尺爲勾股和數。以一根自乘，得一平方爲弦自乘之數。以一根多六尺自乘，得一平方多十二根多三十六尺爲勾股和自乘之數。又以勾股積六十尺四因之得二百四十尺，與弦自乘之一平方相加，得一平方多二百四十尺亦爲勾股和自乘之數，而與勾股和自乘之一平方多十二根多三十六尺爲相等。兩邊各減去一平方，得十二根多三十六尺與二百四十尺相等。兩邊又各減去三十六尺，得十二根與二百零四尺相等。十二根既與二百零四尺相等，則一根必與十七尺相等，即弦數加弦與勾股和之較六尺，得二十三尺爲勾股和。用有弦有勾股和求勾股法算之，得股十五尺，勾八尺也。此勾股積與勾股弦和較相求法。

垂線一根

小 一〇〇 — 一根　　小乘大二六 ⊥ 一根

大二八九 — 一根

二八九〇〇 — 三八九根 ⊥ 一平方 ＝ 六七六 ⊥ 五二根 ⊥ 一平方

二八九〇〇 ⊥ 一平方 ＝ 六七六 ⊥ 四四一根 ⊥ 一平方

二八九〇〇 ＝ 六七六 ⊥ 四四一根

二八二二四 ＝ 四四一根

六四 ＝ 一根

設如有三角形，大腰十七尺，小腰十尺，底二十一尺，求中垂線幾何。

法借一根爲中垂線之面積。以小腰十尺自乘得一百尺，內減去一根得一百尺少一根爲小分底之面積。中垂線爲股，小腰爲弦，小分底爲勾，於弦積內減去股積，餘爲勾積也。又以大腰十七尺自乘得二百八十九尺，內減去一根，餘二百八十九尺少一根爲大分底之面積。中垂爲股，大腰爲弦，大分底爲勾，弦積內減去股積，除爲勾積也。又以底二十一尺自乘得四百四十一尺，內減大小兩分底之共面積三百八十九尺少二根，餘五十二尺多二根，折半得二十六尺多一根爲小分底乘大分底之面積。底邊自乘，內有大分底自乘之一正方、小分底自乘之一正方、小分底乘大分底之二長方，故減去二正方，餘數折半即爲小分底乘大分底之一長方也。此數與小分底之面積及大分底之面積爲相連比例三率。蓋大分底之面積爲首率，而小分底乘大分底之面積爲中率，小分底之面積爲末率也。乃以首率大分底之面積二百八十九尺少一根與末率小分底之面積一百尺少一根相乘，得二萬八千九百尺少三百八十九根多一平方。又以中率小分底乘大分底之面積二十六尺多一根自乘，得六百七十六尺多五十二根多一平方。此二數爲相等。兩邊各加三百八十九根，得二萬八千九百尺多一平方與六百七十六尺多四百四十一根多一平方相等。兩邊各減一平方，得二萬八千九百尺與六百七十六尺多四百四十一根相等。兩邊再各減去六百七十六尺，得二萬八千二百二十四尺與四百四十一根相等。二萬八千二百二十四尺既與四百四十一根相等，則六十四尺必與一根相等，即中垂線之面積。開平方得八尺，即中垂線也。此三角形求中垂線法。

設如有三角形，底十四尺，大腰與中垂線之較三尺，小腰與中垂線之較一尺，求中垂線及兩腰各幾何。

法借一根爲中垂線，則大腰爲一根多三尺，小腰爲一根多一尺。以一根自乘得一平方爲中垂線之面積。以一根多三尺自乘得一平方多六根多九尺爲大腰之面積，內減去中垂線之面積一平方，餘六根多九尺爲大分底之面積。以一根多一尺自乘得一平方多二根多一尺爲小腰之面積，內減去中垂線之面積一平方，餘二根多一尺爲小分底之面積。又以底十四尺自乘得一百九十六尺，內減去大小兩分底之共面積八根多十尺，餘一百八十六尺少八根，折半得九十三尺少四根爲小分底乘大分底之面積。此數與大分底之面積及小分底之面積爲相連比例三率。蓋大分底之面積爲首率，而小分底乘大分底之面積爲中率，小分

垂線一平方

大　六根 ⊥ 九　　小乘大九三 — 四根

小　二根 ⊥ 一

一二平方 ⊥ 二四根 ⊥ 九 ＝ 八六四九 — 七四四根 ⊥ 一六平方

一二平方 ⊥ 七六八根 ⊥ 九 ＝ 八六四九 ⊥ 一六平方

七六八根 ⊥ 九 ＝ 八六四九 ⊥ 四平方

七六八根 — 八六四〇 ＝ 四平方

一九二根 — 二一六〇 ＝ 一平方

一二 ＝ 一根

底之面積爲末率也。乃以首率大分底之面積六根多九尺與末率小分底之面積二根多一尺相乘，得十二平方多二十四根多九尺。又以中率之小分底乘大分底之面積九十三尺少四根自乘，得八千六百四十九尺少七百四十四根多十六平方。此二數爲相等。兩邊各加七百四十四根，得十二平方多七百六十八根多九尺與八千六百四十九尺多十六平方相等。兩邊各減十二平方，得七百六十八根多九尺與八千六百四十九尺多四平方相等。兩邊再各減八千六百四十九尺，得七百六十八根少八千六百四十尺與四平方相等。七百六十八根少八千六百四十尺既與四平方相等，則一百九十二根少二千一百六十尺必與一平方相等。乃以二千一百六十尺爲長方積，以一百九十二根爲長闊和，用帶縱和數開平方法算之，得闊十二尺爲一根之數，即中垂線。加三尺得十五尺，即大腰。加一尺得十三尺，即小腰也。此三角形和較相求法。

清・羅士琳《比例匯通》卷四　借根方禦諸比例法下

設有大小二正方，大方比小方每邊多七尺，面積多三百四十三尺，問大小兩正方邊各若干。

答曰：大方邊二十八尺，小方邊二十一尺。

法借一根爲小方邊，則大方邊必爲一根多七尺。以小方邊一根自乘之，得一平方爲小方之面積，以大方邊一根多七尺自乘之，得一平方多十四根多四十九尺爲大方之面積。今原問大方既比小方面積多三百四十三尺，則以小方之面積一平方加多三百四十三尺必與大方面積一平方多十四根多四十九尺爲相等。以小方之面積一平方加大方多小方之面積三百四十三尺亦是大方之面積，故與大方邊自乘之面積爲相等。各減四十九尺，餘一平方多二百九十四尺與一平方多十四根相等，又各減一平方，餘二百九十四尺，與十四根相等。十四根既與二百九十四尺相等，則一根必與二十一尺相等。前既借一根爲小方邊尺數，則此二十一尺即小方邊也。以小方邊加七尺得二十八尺，即大方邊也。

小邊一根　　大邊一根 ⊥ 七
小積一平方　　大積一平方 ⊥ 一四根 ⊥ 四九
一平方 ⊥ 三四三 ＝ 一平方 ⊥ 一四根 ⊥ 四九
一平方 ⊥ 二九四 ＝ 一平方 ⊥ 一四根
二九四 ＝ 一四根
二一 ＝ 一根

解曰：此即前三角比例之第一法也。

設有大小二正方共積四百十尺，大方比小方每邊多六尺。問大小二正方邊各若干。

答曰：大方邊十七尺，小方邊十一尺。

法借一根爲小方邊，則大方邊必爲一根多六尺。以小方邊一根自乘之，得一平方爲小方之面積。以大方邊一根多六尺自乘之，得一平方多十二根多三十六尺爲大方之面積。以大方之面積一平方多十二根多三十六尺與小方之面積一平方相併，得共積二平方多十二根多三十六尺，與四百十尺之共積爲相等。各減三十六尺，餘二平方多十二(尺)[根]與三百七十四尺相等。二平方多十二(尺)[根]既與三百七十四尺相等，則一平方多六(尺)[根]必與一百八十七尺相等。乃以一百八十七尺爲長方積，以六根作六尺爲長闊較，用帶縱平方法開之，得闊十一尺爲一根之數，即小方邊。以小方邊加六尺，得十七尺即大方邊也。

小邊一根
小積一平方
大積一平方 ⊥ 一二根 ⊥ 三六
二平方 ⊥ 一二根 ⊥ 三六 ＝ 四一〇
二平方 ⊥ 一二根 ＝ 三七四
一平方 ⊥ 六根 ＝ 一八七
一根 ＝ 一一

解曰：此即前三角比例之第二法也。

設有一長田，又有大小二方田共積四百四十一丈，大方田邊與長田之長等，小方田之邊與長田之闊等，但知小方田邊爲九丈。問大田邊若干。

答曰：大邊十五丈。

法借一根爲大邊，自乘得一平方爲大積。以九丈自乘得八十一丈爲小積。以九丈與一根相乘，得九根爲長積。三積相併，得一平方多九根多八十一丈，與共積四百四十一丈相等。各減八十一丈，餘一平方多九根與三百六十丈相等。乃以三百六十丈爲長方積，以九根作九尺爲長闊較，用開平方，得闊十五丈爲一根之數，即大方邊也。

大一平方　長九根　小八一
一平方 ⊥ 九根 ⊥ 八一 ＝ 四四一
一平方 ⊥ 九根 ＝ 三六〇
一根 ＝ 一五

解曰：此即前三角比例之第三法也。

設有一長田，又有大小二方田共積三十七丈，大邊等長田之長，小邊等長田之闊，其長闊和七丈。問長與闊各若干。

答曰：長四丈，闊三丈。

法借一根爲闊，則長必爲七丈少一根。以一根自乘，得

長七 — 一根
大積四九 — 一四根 ⊥ 一平方
長積七根 — 一平方

闊一根
小積一平方
一平方 ⊥ 四九 — 七根 ＝ 三七
一平方 ⊥ 四九 ＝ 三七 ⊥ 七根
一平方 ⊥ 一二 ＝ 七根
三 ＝ 一根

一平方爲小田積，以七丈少一根自乘得四十九丈少十四根多一平方爲大田積。以闊一根與長七丈少一根自乘，得七根少一平方爲長田積。三積相併，得一平方多四十九丈少七根，與三十七丈相等。各加七根，得一平方多四十九丈與三十七丈多七根相等。各減三十七丈，餘一平方多十二丈與七根相等。乃以十二丈爲長方積，七根作七尺爲長闊和，用開平方，得闊三丈爲一根之數，即闊也。

解曰：此即前三角比例之第四法也。

設有竹高一丈，爲風所折，仆地稍尖去根三尺。問折處高若干。

答曰：高四尺五寸五分。

法借一根爲折處之高，則所折之枝爲一丈少一根。以一根自乘得一平方爲勾自乘之數，以一丈少一根自乘，得一百尺少二十根多一平方爲弦自乘之數。兩自乘數相減，餘一百尺少二十根爲股自乘之數，而與稍尖去根三尺自乘之九尺爲相等。各加二十根，得一百尺與二十根多九尺相等，各減九尺，餘九十一尺與二十根相等。九十一尺既與二十根相等，則一根必與四尺五寸五分相等，即折處高也。

高一平方
折枝一〇〇 — 二〇根 ⊥ 一平方　去根九
一〇〇 — 二〇根 ＝ 九
一〇〇 ＝ 二〇根 ⊥ 九
九一 ＝ 二〇根
四五五 ＝ 一根

解曰：此即前三角比例之第五法也。

設門懸一簾與地適平，簾離門六尺則離地二尺。問門高若干。

答曰：門高八尺。

法借一根爲門之高如股，則簾必爲一根多二尺如弦。以一根自乘得一平方爲股自乘之數，以一根多二尺自乘得一平方多四根多四尺爲弦自乘之數。兩自乘數相減，餘四根多四尺爲勾自乘之數，與離門六尺自乘之三十六尺爲相等。各減四尺，餘四根與三十二尺相等。四根既與三十二尺相等，則一根必與八尺相等，即門之高也。

門一平方
簾一平方 ⊥ 四根 ⊥ 四　離門三六
四根 ⊥ 四 ＝ 三六
四根 ＝ 三二
一根 ＝ 八

解曰：此即前三角比例之第六法也。

設新開一門不知其高與闊，試以繩量之，併門之高與闊則與繩等。若引繩斜量門之兩隅，則不及繩者七分繩之二，而繩之原長十四尺。問門之高闊若干。

答曰：門高八尺，闊六尺。

法借一根爲門之闊，如勾，自乘得一平方爲勾自乘之數，則門之長爲十四尺少一根，如股，自乘得一百九十六尺少二十八根多一平方爲股自乘之數。兩自乘數相加，得一百九十六尺少二十八根多二平方爲兩隅斜長之積冪如弦自乘之數，存之。另以原長十四尺二因七歸之得四尺，減原長餘十尺爲兩隅斜長。如弦自乘之，得一百尺亦爲弦自乘之數，與前存之之數爲相等。各加二十八根，得一百九十六尺多二平方與一百尺多二十八根相等。各減一百尺，餘九十六尺多二平方與二十八根相等。九十六尺多二平方既與二十八根相等，則四十八尺多一平方必與十四根相等。乃以四十八尺爲長方積，十四根作十四尺爲長闊和，用開平方，得闊六尺爲一根之數，即門之闊也。繩長既與門之高闊相併適等，則於繩長十四尺內減去門之闊六尺，餘八尺即門之高也。

門闊一平方
門高一九六 — 二八根 ⊥ 一平方
一九六 — 二八根 ⊥ 二平方 ＝ 一〇〇
一九六 ⊥ 二平方 ＝ 一〇〇 ⊥ 二八根
九六 ⊥ 二平方 ＝ 二八根
四八 ⊥ 一平方 ＝ 一四根
六 ＝ 一根

解曰：此即前三角比例之第七法也。

今有門廳一座，不知門廣高低，長竿橫進不能歸，祇爲門差四尺。隨即竪竿進去亦差二尺無遺，兩隅斜去恰方齊。請問三般各幾。

答曰：門高八尺，廣六尺，竿長一丈。

法借一根爲門之廣如勾，則竿長必爲一根多四尺如弦，門高必爲一根多二尺如股。二尺與四尺相減爲門之高廣較二尺，亦即勾股較，故股爲一根多二尺。以一根

廣一平方
竿一平方 ⊥ 八根 ⊥ 一六
高一平方 ⊥ 四根 ⊥ 四
四根 ⊥ 一二 ＝ 一平方
一根 ＝ 六

自乘得一平方爲勾自乘之數，以一根多四尺自乘得一平方多八根仍多十六尺爲弦自乘之數，以一根多二尺自乘得一平方多四根多四尺爲股自乘之數。以弦自乘之數與股自乘之數相減，餘四根多十二尺亦爲勾自乘之數，而與勾數一根自乘之一平方爲相等。乃以十二尺爲長方積，四根作四尺爲長闊較，用開平方，得長六尺爲一根之數，即門之廣也。横竿既與門廣差四尺，則以門廣之六尺加差四尺，得一丈即竿之長也。門高既與竪竿差二尺，則以竿長之一丈減差二尺，餘八尺即門之高也。

解曰：此即前三角比例之第八法也。

設有方池一所，每邊丈四方停。葭生西岸，長其形出水三十寸整。東岸蒲生，一種水上一尺無零，葭蒲稍接水齊平。借問三般怎定。

答曰：水深十二尺，葭長十五尺，蒲長十三尺。

法借一根爲葭長如大弦，則水深爲一根少三尺如股，蒲爲一根少二尺蒲比葭短二尺如小弦。以一根自乘得一平方爲大弦自乘之數，以一根少三尺自乘得一平方少六根多九尺爲股自乘之數，以一根少二尺自乘得一平方少四根多四尺爲小弦自乘之數。以大弦自乘數内減股自乘之數，餘六根少九尺爲大勾自乘之數，以小弦自乘數内減股自乘之數，餘二根少五尺爲小勾自乘之數。以小勾自乘數與大勾自乘數相乘，得十二平方少四十八根多四十五尺。又以池寬十四尺自乘得一百九十六尺，内減小勾大勾兩自乘之數八根少十四尺，餘二百十尺少八根，半之，得一百零五尺少四根，自乘之得一萬一千零二十五尺少八百四十根多十六平方，與前大小勾積自乘之十二平方少四十八根多四十五尺爲相等。各加八百四十根，得一萬一千零二十五尺多十六平方與十二平方多七百九十二根多四十五尺相等。各減十二平方，餘一萬一千零二十五尺多四平方與七百九十二根多四十五尺相等。又各減一萬一千零二十五尺，餘四平方與七百九十二根少一萬零九百八十尺相等。四平方既與七百九十二根少一萬零九百八十尺相等，則一平方必與一百九十八根少二千七百四十五尺相等。乃以二千七百四十五尺爲長方積，一百九十八根作一百九十八尺爲長闊和，用開平方，得闊十五尺爲一根之數，即葭長。以葭長減葭出水三尺，餘十二尺即水深。以水深加蒲出水一尺，得十三尺即蒲長也。

葭一平方　大六根 一 九
小二根 一 五
一一〇二五 一 八四〇根 ⊥ 一六平方 ＝ 一二平方 一 四八根 ⊥ 四五
一一〇二五 ⊥ 一六平方 ＝ 一二平方 ⊥ 七九二根 ⊥ 四五
一一〇二五 ⊥ 四平方 ＝ 七九二根 一 四五
四平方 ＝ 七九二根 一 一〇九八〇
一平方 ＝ 一九八根 一 二七四五
一根 ＝ 一五
蒲乘水一〇五 一 四根

解曰：此即前三角比例之第九法也。

設有直田一畝足，正向中間生竿竹，四角至竹各十三。借問每邊原數目。

答曰：闊十步，長二十四步。

法借一根爲闊如勾，則斜爲二十六步倍十三步也如弦。以一根自乘得一平方爲勾積，以二十六步自乘得六百七十六步爲弦積，内減勾積一平方，餘六百七十六步少一平方爲長自乘如股積。以股積乘勾積得六百七十六平方少一三乘方。又以每田積步二百四十步爲勾股倍積，自乘之得五萬七千六百步，與勾股積相乘之數六百七十六平方少一三乘方爲相等。乃以五萬七千六百步爲正實，六百七十六平方爲從廉，用開三乘方，得十步爲一根之數，即田之闊。以除積二百四十步，得二十四步即田之長也。

闊一平方
斜六七六
長六七六 一 一平方
六七六平方 一 一三乘 ＝ 五七六〇〇

解曰：此即前三角比例之第十法也。

借根方開方法

設一平方多二根與二十四尺相等，問每根之數若干。

答曰：四尺。

法以二十四尺爲積，以二根作縱多二尺，開平方得闊四尺，即每一根之數也。

設一平方少四根與四十五尺相等，問每根之數若干。

答曰：九尺。

法以四十五尺爲積，以四根作縱多四尺，開平方得長九尺，即每一根之數也。

設一平方多三十六尺與十三根相等，問每根之數若干。

答曰：四尺。

法以三十六尺爲積，以十三根作長闊和十三尺，開平方得闊四尺，即每一根之數也。

清・華蘅芳《學算筆談》卷八 求平方式所能有之各根

凡平方式可分爲四種，其各種之式及解法如下。

第一種 平方式爲 $天^{二}丅巳天丅午＝〇$ 令 $\frac{巳}{\sqrt{午}}＝正切人$ 則其二根爲 $天＝\frac{二}{巳}×正切人×餘切\frac{二}{一}人$ $天＝丅\frac{二}{巳}×正切人×正切\frac{二}{一}人$

第二種 平方式爲 $天^{二}丄巳天丅午＝〇$ 令 $\frac{巳}{\sqrt{午}}＝正切人$ 則其二根爲 $天＝丅\frac{二}{巳}×正切人×餘切\frac{二}{一}人$ $天＝\frac{二}{巳}×正切人×正切\frac{二}{一}人$

第三種 平方式爲 $天^{二}丅巳天丄午＝〇$ 令 $\frac{巳}{\sqrt{午}}＝正弦人$ 則其二根爲 $天＝\frac{二}{巳}×正弦人×餘切\frac{二}{一}人$ $天＝\frac{二}{巳}×正弦人×正切\frac{二}{一}人$

第四種 平方式爲 $天^{二}丄巳天丄午＝〇$ 令 $\frac{巳}{\sqrt{午}}＝正弦人$ 則其二根爲 $天＝丅\frac{二}{巳}×正弦人×餘切\frac{二}{一}人$ $天＝丅\frac{二}{巳}×正弦人×正切\frac{二}{一}人$

以上四種平方式，其一二兩種之式，其根恒能有之。其三四兩種之式，惟 $\frac{巳}{\sqrt{午}}$ 不大于一者，則其二根能有，否則不能有也。

又有用對數求平方式之根，其法如下。

第一種 平方式 $天^{二}丅巳天丅午＝〇$ 可令 $對二丄\frac{二}{一}對午丄一〇丅對巳＝對正切人$ 則其正號之根天之對數等于 $對\frac{二}{巳}丄對正切人丄對餘切\frac{二}{一}人丅二〇$ 其負號之根天之對數等于 $對\frac{二}{巳}丄對正切人丄對正切\frac{二}{一}人丅二〇$

第二種 平方式 $天^{二}丄巳天丅午＝〇$ 可令 $對二丄\frac{二}{一}對午丄一〇丅對巳＝對正切人$ 則其負號之根天之對數等于 $對\frac{二}{巳}丄對正切人丄對餘切\frac{二}{一}人丅二〇$ 其正號之根天之對數等于 $對\frac{二}{巳}丄對正切人丄對正切\frac{二}{一}人丅二〇$

第三種 平方式 $天^{二}丅巳天丄午＝〇$ 可令 $對二丄\frac{二}{一}對午丄一〇丅對巳＝對正弦人$ 則其第一正號之根天之對數等于 $對\frac{二}{巳}丄對正弦人丄對餘切\frac{二}{一}人丅二〇$ 其第二正號之根天之對數等于 $對\frac{二}{巳}丄對正弦人丄對正切\frac{二}{一}人丅二〇$

第四種 平方式 $天^{二}丄巳天丄午＝〇$ 可令 $對二丄\frac{二}{一}對午丄一〇丅對巳＝對正弦人$ 則其第一負號之根天之對數等于 $對\frac{二}{巳}丄對正弦人丄對餘切\frac{二}{一}人丅二〇$ 其第二負號之根天之對數等于 $對\frac{二}{巳}丄對正弦人丄對正切\frac{二}{一}人丅二〇$

又 卷九 論代數中虛代之法

代數中又有一種代法，乃用泛倍數以代所求之各數，謂之虛代之法，亦助變數之類也。其立法之理實與代數之理相同。惟代數則以一元或多元各代一未知之數，此法則可虛設一各元所成之式以代其未知之式，故可變化其式以與已知之式相比，而所求之各數即從此出焉，是于代數之中再用代數也。

此種代法，深代數中常用之，而積分術中尤以此爲必不可少之法，故不得不于此詳論之。

茲于算學書中摘取各種泛倍數之用法以明虛代之例。

一題 有 $七天^{二}丅六天丅一$ 式，欲化之爲兩箇乘數。難題第六卷求乘數之法。

因所有之式其末項爲　丅一　只能從　丄一丅一　相乘而得，故可虛設　呷天丄一　㊀　叱天丅一　㊁以代其所求之兩箇乘數。將此兩數相乘得　呷叱天^{二}丅(呷丅叱)天丅一　則與題式　七天^{二}丅六天丅一　爲同式相等，所以知

呷叱＝七 }
呷丅叱＝六 }　既得此二式，即可從此兩式以求呷叱之同數。

惟因　呷^{二}丅二呷叱丄叱^{二}＝三六 }
四呷叱＝二八 }　所以知　呷丄叱＝八　從

呷丄叱＝八 }
呷丅叱＝六 }　得　呷＝七　叱＝一　所以得所求之兩箇乘數爲　七天丄一　與　天丅一

二題　有　二天^{二}丅二一天地丅一一地^{二}丅天丄三四地丅三　式，求化之爲兩箇乘數。難題第六卷。

因其第一項之數　二天^{二}　只能從　二天　與天相乘而得，故可設　二天丄呷地丄叱(甲)　天丄甲地丄乙(甲)　相乘得　二天^{二}丄(二甲丄呷)天地丄呷甲地^{二}丄(二乙丄叱)天丄(叱甲丄呷乙)地丄叱乙　則此式與題式　二天^{二}丅二一天地丅一一地^{二}丅天丄三四地丅三　爲同式相等，所以得　二甲丄呷＝丅二一　㊀　呷甲＝丅一一　㊁　二乙丄叱＝丅一　㊂　叱乙＝丅三　㊃　叱甲丄呷乙＝三四　㊄　從㊀式得　二甲^{二}丄呷甲＝丅二一甲　以此從㊁式得　二甲^{二}丄二一甲＝一一　此式配成正方爲　甲^{二}丄$\frac{二一}{二}$甲丄$\left(\frac{二一}{四}\right)^{二}$＝$\frac{一一}{二}$丄$\frac{四四一}{一六}$＝$\frac{五二九}{一六}$　開平方得　甲＝$\frac{丅二一\pm二三}{四}$　所以知甲之二同數爲　甲＝丅一一　甲＝丅$\frac{一}{二}$　如令　甲＝丅一一　則從㊁式得　呷＝$\frac{丅一一}{甲}$＝一　又從㊂㊃兩式得　乙＝一　叱＝丅三　則得所求之乘數爲　二天丄地丅三　與　天丅一一地丄一

三題　有　天^{四}丄巳天^{三}丄午天^{二}丄未天丄申　爲正平方式，求其巳午未申四數之相關。難題第二卷第五題。

設　(天^{二}丄甲天丄乙)^{二}　爲虛借之式，則　天^{四}丄二甲天^{三}丄(甲^{二}丄二乙)天^{二}丄二甲乙天丄乙^{二}　與題式必同式相等，所以其　巳＝二甲　午＝甲^{二}丄二乙　未＝二甲乙　申＝乙^{二}　而　巳申＝四甲^{二}乙^{二}＝未^{二}　午＝甲^{二}丄二乙＝$\frac{巳^{二}}{四}$丄二$\sqrt{申}$

四題　有　甲天^{三}丄乙天^{二}丄丙天丄丁　爲正立方式，求甲乙丙丁之相關。難題第二卷。

設以　(寅天丄卯)^{三}　明之，則題式與　寅^{三}天^{三}丄三寅^{二}卯天^{二}丄三寅卯^{二}天丄卯^{三}　必爲同式相等，所以其　甲＝寅^{三}　乙＝三寅^{二}卯　丙＝三寅卯^{二}　丁＝卯^{三}　而　$\frac{丙^{三}}{乙^{三}}$＝$\frac{二七寅^{三}卯^{六}}{二七寅^{六}卯^{三}}$＝$\frac{卯^{三}}{寅^{三}}$＝$\frac{丁}{甲}$　即　甲丙^{三}＝丁乙^{三}　又　乙^{二}＝九寅^{四}卯^{二}＝三寅^{三}丙＝三甲丙

清・董毓琦《天元晰理衍草》　欲知天代蒙泉，先明天元晰理。今將弧矢、方田、開方帶縱剖晰毫芒，以明天元之理。如左。

如弧矢細草，有矢二十五步，弦一百五十步，求圓徑。

舊術：矢自乘，加半弦自乘，以矢除之得圓徑。其所以得圓徑之理，終古無人道，及琦補圖詳晰以明之，即《中西算法》、《數理精蘊》等書只明勾股比例，以矢爲首率，半弦爲中率，截徑爲末率，以中率自乘，以首率矢除之得末率，截徑加矢得全徑，尚未詳明其理，觀圖自明。

如圖，酉戌爲弦，寅仵爲矢，寅亥爲全徑，仵亥爲截徑，酉仵爲半弦。今以寅仵矢自乘如甲小方積，酉仵半弦自乘如子卯乙丁大方積。此大方内有與甲相等之小方九，合甲爲十小方，則每小方之邊皆二

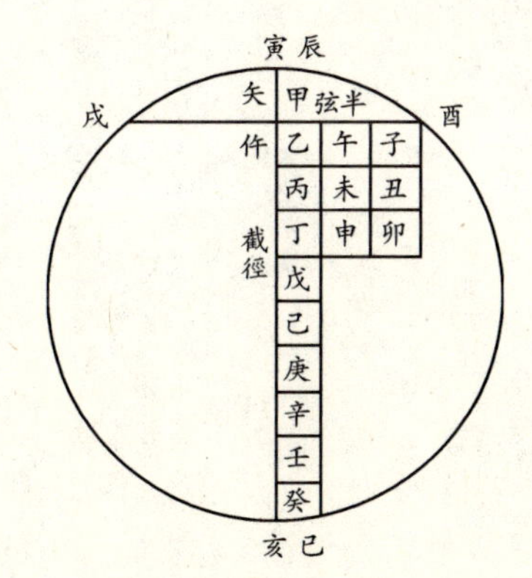

琦衍新圖

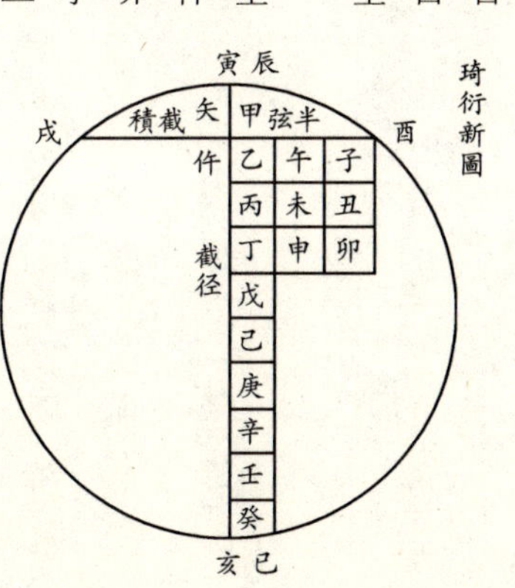

十五步，每積皆六百二十五步，合十小方爲六千二百五十步，合小方十邊爲二百五十步，即全徑。試移半弦自乘之九小方内子丑卯於戊己庚，移午未申於辛壬癸，則成甲乙丙丁戊己庚辛壬癸長方形，其積六千二百五十步與矢自乘之甲小方加半弦自乘九小方等。辰寅及己亥之長方短邊皆二十五步，與矢步等，故以矢自乘加半弦自乘，其積步同於甲癸長方積六千二百五十步。以矢步辰寅短邊二十五步除長方積，得長方之長方邊二百五十步，即圓徑也。若以圓徑爲長方邊，以除長方積，得短邊二十五步爲矢也。截徑之件亥九小方與半弦自乘九小方等，故圓徑截去矢，其截徑之積即半弦自乘方，以此開方，得半弦。所以《數理精蘊》以矢爲首率，半弦爲中率，截徑爲末率，首末率相乘，得數開方爲中率即半弦，以半弦中率自乘，以末率截徑除之得首率矢步。以半弦中率自乘，以首率矢步除之得末率截徑，加矢得全徑。試玩新圖，其理曉暢。舊圖只有句股比例，舊術求矢半弦自乘爲長方積，以圓徑爲長闊和，用帶縱和數開方得闊爲矢，何等週折，不如此法直捷了當。今將弦矢求徑，立天元以明算理。如(左)[右]。

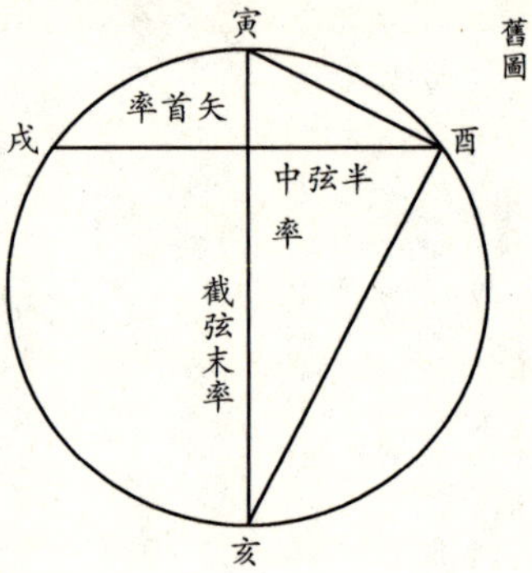

舊圖

寅
矢首率
戊
酉
半弦中
率
截弦末率
亥

立天元爲截徑，得假徑 | 以矢二十五步加之，得 ‖𝍸 爲全徑。此題有弦矢所不知者截徑耳，先以不知之截徑借空立算，以真矢加之，又乘之得假徑冪，可憑立算。以矢乘之，得 丄‖𝍸 ‖𝍸 爲假徑冪，即矢冪。并半弦冪寄左。冪即積。乃以矢與半弦兩真冪并，得 丄‖𝍸〇 爲同數，與左相消前之假冪無數，此之真冪有數，其數皆同。真假相較，其數自露端倪。此天元之妙。得 𝍸丄‖𝍸 ‖𝍸 上實下法得截徑 ‖𝍸 加矢得全徑二百五十步。此以截徑立天元，故所得爲截徑數。李四香以全徑立天元，故田設積寄左，乃以外田真積三千二百八十八步爲同數，與左相消得 |丄𝍫〣 𝍫〇 〇‖= 得式三層爲開方式，初商二，以乘隅得四步四，以加廉得八十四步四，因廉隅同名，故相加。商乘之得一千六百八十八步，減實恰盡。商得池徑二十步，加左右至邊共四十步，得方田邊六十步。

按：《數理精蘊》方形内不切邊容一圓形，但知方邊離圓界尺數及方内圓外積數，求方邊圓徑若干。立法以方邊離圓界自乘，四因之，與方内圓外積相減餘爲一率，方積爲二率，今減餘積爲三率，得四率爲長方積。又以方圓積定率減餘爲一率，方積爲二率，方邊離圓界四因之爲三率，得四率爲長闊之較。用帶縱較數開平方算之，得闊即内池徑。依此立算，週折萬分，何如天元快捷簡便，條理井然，不啻上下床之别。

天元有功於句股和較，而帶縱開方和較諸題尤爲簡妙。常法開方間點作識，以次商倍初商。和較尚須加減，而帶縱和數更須，益積翻積甚爲棘手。琦以天元馭之，無論開幾乘方，一體用下商上，同加異減，一律商除。且算理合長方高扁，層層剖晰，一如九轉解環，彈丸脱手。天元之理如騁康莊，快何如之。試演帶縱和較諸題，自平方以至四乘方以見例，則開和較數十乘方不難矣。

今有帶縱長形平方積九十六尺，長闊和二十尺，問長闊各幾何。

答曰：闊八尺，長十二尺。

立天元 | 爲闊，於和 ‖〇 減天元得 ‖〇𝍸 爲長。謂二十和内少天元之闊數。長闊相乘得 〇‖〇𝍸 爲長形平方假積，寄左。多一乘則多一層，以天元 | 乘 ‖〇𝍸 其數不變，惟加一層。乃以真積 𝍸丄尺 爲同數，與左相消得實廉隅 𝍸丄尺 ‖〇 𝍸 得式三層爲開平方式，寄左之上層爲無數，以真積九十六消之，所謂無對者亦相加，正者負之。初商八，以乘隅得八，以減廉得十二，異號故相減。商乘之得九十六尺，減實恰盡。商得八尺爲闊。於和二十尺内減闊得十二尺爲長。

今有帶縱長形平方積九十六尺，長較闊多四尺，問長闊幾何。

答曰：闊八尺，長十二尺。

立天元 | 爲闊，於多四尺加天元得 ✕| 爲長，即四尺加一天元。長闊相乘得 〇✕| 爲長方虚積，寄左。多一乘則加一 〇 乃以長平方真積 𝍸丄尺 爲同數，與左相消，得實廉隅 𝍸丄 ✕| 𝍸丄 消左 〇 爲無對，相加爲負，故加 ㇏ 爲開平方，初商八，以加廉得十二 ✕| 皆正爲同號，故相加。商乘之得九十

六，減實恰盡。商得八尺爲闊，加較多尺得十二尺爲長。觀前兩題加減乘除，天元之理昭然若揭。

今有帶兩縱不同立方積長扁形五百七十六尺，長與闊和二十尺，高與闊和十四尺。問高闊長各幾何。

答曰：闊八尺，長十二尺，高六尺。

立天元 丨 爲闊，於長闊和 〢〇 減天元，得 〢〇 ⊁ 爲長。(∷)〔長〕闊相乘，得 〇〢〇 ⊁ 爲長形平方積。再以高闊和減天元，得 丨╳ ⊁ 爲高。乃以高再乘長平方，得 〇╳丨 多一乘則加一層爲扁長立方虛積，寄左。乃以扁長立方真積 ⊥〣〤 爲同數，與左相消，得實上廉下廉隅 〤⊥〣 得式四層爲立方。初商八，以乘隅得八，以減廉得二十六。商乘之得 〢〇〨 以減上廉得七十二，商乘之得五百七十六，減實恰盡。所商之八爲闊，以減長闊和得十二尺爲長，以減高闊和得六尺爲高。

今有帶兩縱不同立方扁長形積五百七十六尺，長比闊多四尺，闊比高多二尺。問長闊高各幾何。

答：同前。

立天元 丨 爲闊，以較多四尺加天元得 ╳丨 爲長 (∷)〔長〕闊相乘，得 〇╳丨 爲長方積。再以高闊較多二尺減天元，得 〤丨 爲高。以高再乘長方，得 〇〨〢丨 爲扁長立方虛積，寄左。乃以扁長立方真積 ⊥〣〤 爲同數，與左相消，得四層 〤⊥〣〤 爲立方式。初商八，以乘隅得八，以加廉得 丨〇 商乘之得 〨〇 以減上廉得 ⊥〢 商乘之得 〤⊥〣 減實恰盡。所商之八爲闊，加較四尺得十二尺爲長，以較二尺減闊得六尺爲高。

今有帶縱三乘方積六百二十五尺，長立方形高與闊等，長與闊和三十尺。問高闊長各若干。

答曰：高闊皆五尺，長二十五尺。

立天元 丨 爲闊，於和 〣〇 減天元，得 〣〇 ⊁ 爲長。以闊自乘，得 〇〇丨 爲平方。再以高與闊等之天元 丨 乘之爲立方，凡天元無數可乘，故加二〇爲平方，再乘天元則加三〇，得 〇〇〇丨 爲立方，且天元 丨 數即乘有數之件，其數皆不變。故多一乘只加一層〇。得 〇〇〇丨 又以和 〣〇 減天元，得 〣〇 ⊁ 爲長。再乘之，得 〇〇〇〣〇 ⊁ 爲三乘方虛積，寄左。以上所乘皆天元假數，故如法自乘再乘三乘得假積，以真三乘積較之，得數。乃以三乘真積 〣〤 爲同數，與左相消，得實三廉上廉下廉隅 ⊥〢〤 〇 〇 〣〇 ⊁ 得式五層爲開三乘方式，左數首位爲〇 以真數 〣〤 消而補之，即無對者相加，正者負之 ㇏ 者負也，少也，如負債之負。左首位無數，以此 ⊥〢〤 補之，是伊欠我 〣〤 之數。故加 ㇏ 爲負如負債。初商五，以乘隅得 〤 以減廉得 〣〤 商乘之得一百二十五，以加上廉得 ⊢〤 商乘之得六百二十五，以加三廉仍 〣〤 減實恰盡。所商之五爲闊，高與闊等亦五尺。以減和 〣〇 得二十五尺爲長。

今有帶縱三乘方積六百二十五尺，高與闊等，長較闊多二十尺。問高闊長各若干。

答：同前。

立天元 丨 爲闊，於較多 〢〇 加天元得 〢〇丨 爲長。以闊自乘，得 〇〇丨 爲平方。再以高與闊等之天元 丨 乘之，得 〇〇〇丨 爲立方。又以較多 〢〇 加天元，得 〇〇〇〢〇丨 爲長。再以長乘之，得 〇〇〇〢〇丨 爲三乘方虛積，寄左。乃以三乘方真積 〣〤 爲同數，與左相消，得積三廉上廉下廉隅 ⊥〣〤 〇〇〢〇丨 爲三乘方式。初商五，以乘隅得 〤 以加廉得 〣〤 同號故相加。商乘之得 ⊢〤 以加上廉得一百二十五。商乘之得 ⊥〣〤 以加三廉得 〣〤 減實恰盡。所商之五爲闊，高與闊等亦五尺。以加較 〢〇 得二十五尺爲長。

今有帶縱四乘方扁方形積三千一百二十五尺，長與闊等，高與闊和三十尺，問高闊長各若干。

答曰：長與闊皆二十五尺，高五尺。

立天元 丨 爲高，自乘得 〇〇丨 爲平方，再乘得 〇〇〇丨 爲立方。於和 〣〇 減天元，得 〣〇 ⊁ 爲長。以乘高得 〇〇〇〣〇 ⊁ 爲三乘長方積。

再以高乘之，得 〇〇〇〇|||〇ㄨ 爲四乘扁方虚積，寄左。乃以四乘真積 |||一||ㄨ 爲同數，與左相消，得實四廉三廉上廉下廉隅 |||一||ㄨ〇〇〇〇|||〇ㄨ 得六層爲四乘方式。初商五，以乘隅得 ㄨ 以減廉得 ||ㄨ 商乘之得 ⊥ㄨ 以加上廉得 ⊥ㄨ 商乘之得 ||ㄨ 以加三廉得 ||ㄨ 商乘之得 |||一||ㄨ 以加四廉仍 |||一||ㄨ 減實恰盡。所商之五爲高，以減和 |||〇 得二十五尺爲長。（=）〔長〕與闊等，則闊亦二十五尺。

第一次以五自乘得二十五尺爲平方，兩邊皆五尺積二十五尺。

第二次以五尺再乘平方疊五平方成立方，每邊皆五尺，每方二十五尺，共積一百二十五尺。

第三次再以五乘前立方，則排五塊立方成一長立方，故長二十五尺，高則仍五尺，每方一百二十五尺，共積六百二十五尺。

第四次再以五乘前長方，則排五塊長方成一扁立方，故長闊皆二十五尺，與長方之長等，高仍五尺，與長方之高等。每方一百二十五尺，合二十五方塊共積三千一百二十五尺。若五乘方則疊五箇扁方爲立方矣，各乘方以此類推。

又《天代蒙泉細草》 有句三有股四，求弦。此題本不用天元，然由淺入深演此以見例。

立天元爲弦，自乘得 太〇一 爲假弦冪。以句三自乘得 文 股四自乘得 ||⊥ 相加得 ||ㄨ 爲真弦冪，寄左。乃以假弦冪 太〇一 爲同數，與左相消，得實廉隅 ||ㄨ〇一 得式三層爲開平方。初商五，以乘隅得五，以加廉得五，商乘之得二十五，減實恰盡。商得五爲弦，下仿此。

有句有句股和求股弦者，以句減和得股。

有句有句股較求股弦者，以較加句得股。

有股有句股和求句弦者，以股減和得句。

有股有句股較求句弦者，以股減較得句。

以上四題俱與前題同術。

四乘方自第一乘至第四乘每次乘出樣式圖

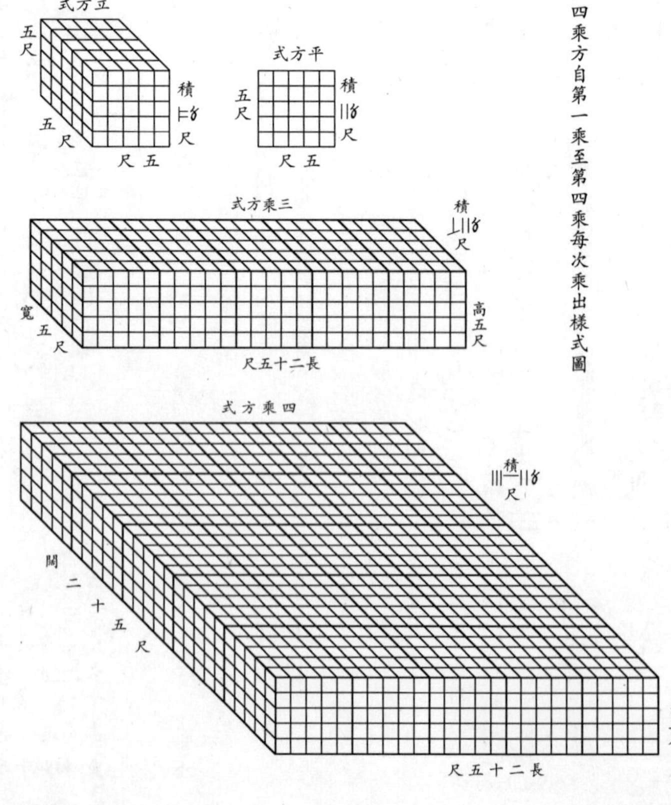

代數命句爲甲，命股爲乙，命弦爲天 甲=⊥乙=天= =√天

有句三有弦五，求股。

立天元爲股，自乘得 太〇一 以句三自乘得 文 弦五自乘得 ||ㄨ 相減得 ||⊥ 爲真股冪，寄左。乃以假冪 太〇一 爲同數，與左相消，得 ⊥〇一 開平方得四爲股。商法同前。

有句有句弦和求股弦者，以句減句弦和得弦。

有句有句弦較求股弦者，以句弦較加句得弦。

有弦有句弦和求句股者，以弦減句弦和得句。

有弦有句弦較求句股者，以句弦較減弦得句。

以上四題俱與前題同術。

代數命句爲甲，命弦爲丙，命股爲天 甲=丁丙=天= =√天

有句三有股弦和九，求股。

立天元爲股，自乘得　太〇丨　爲股冪。冪即積爲方面。以和九減股元得

文𝍸丿　者，少也，即九數内少　丨　元。爲弦，自乘得　𝍫𝍢𝍸丨　爲弦冪。以句

三自乘得句冪九。與弦冪減，得　𝍫𝍢𝍸丨　爲設股冪，寄左。乃以天元假股

冪　太〇丨　爲同數，與左相消，得　𝍫𝍢𝍸丨　因相消後得式二層　𝍫𝍢𝍸丨

爲除式，上實下法得四爲股。下倣此。

有句有弦與句股和之和求股弦者，以句減弦和(∙∙)［和］得股弦和。

有句有弦與句股較之和求股弦者，以句加弦較和得股弦和。

有股弦和有弦與句股和之和求股弦者，以股弦和減弦和(∙∙)［和］得句。

有股弦和有弦與句股較之和求股弦者，以弦較和減股弦和得句。

以上四題俱與前題同術。

以代數衍前題，命句爲乙，命股爲天，弦爲丙，和爲申。

命股爲天，則弦丙必爲　申丅天　(申丅天)^{二}＝申^{二}丅二申天丄天^{二}　即天

元。弦丙　文𝍸　自乘　𝍬太丅一𝍬丄天^{二}　爲弦冪，與句乙冪減，得

乙^{二}丅申^{二}丅二申天丄天^{二}＝文丅𝍬丅一𝍬丄天^{二}

𝍬丅一𝍬丄天^{二}　爲設股冪，即兩邊各去天^{二}得　𝍬丅一𝍬　得式二排爲
太　元　方　　　　　　　　　　　　　　　　　　　　　　　太　元

即得

除式，以　𝍫𝍢　爲實　𝍬　爲法　$\frac{𝍬}{𝍬}$＝$\frac{申^{二}丅天^{二}}{二申}$　上實下法，得四爲股。

解曰：股弦和既是　文　故減去股即弦。此第一層　申丅天　言申和數九

減去股天四即弦五也　(申丅天^{二})　爲括弧，括諸數爲一數，上加二點爲自乘。

蓋言申數内少天數括爲一數使自乘，即天元　文𝍸　自乘。＝者左右相同也，

故第二層申少天自乘同於申　文　自乘　𝍫丨　丅　者少也　丅＝申天　謂少

二申數之天元　𝍫𝍢　丄　者加也　天^{二}　者天自乘也，謂加天自乘　丨丄　爲

弦冪。故用第三層　太𝍫丨　少　天𝍫丨　加股天自乘平方爲　𝍬𝍸　即弦冪，乃減去乙

句冪即得股冪。故用第四層乙自乘九以減申九自乘八十一只餘七十二　丅

者少也。二申數之天元爲七十二。蓋申爲九，二申乃十八。數股之天元爲四，

少二申數之天元即少去七十二。是八十一既減去乙自乘九，又減去二申天七十

二，已減盡　丄　者加也，末加天自乘爲十六。＝者同也，同於九減八十一少七

十二，加天自乘仍是十六。

有句八有股弦和三十二，求股。再衍前題以見例。

立天元爲股，自乘得　太〇丨　爲股冪。於和三十二減股元，得　𝍫𝍸

爲弦，自乘得　𝍠〇𝍫𝍸丨　爲弦冪。以句八尺自乘得　丄𝍸　減弦冪得

〇×丄𝍸 文　爲設股冪，寄左。乃以股天假冪　太〇丨　爲同數，與左相消，得

〇×丄𝍸 文　得式二層爲除式，以上　文丄〇　爲實，下　𝍸×　爲法，得十五爲股。

有股四，有句弦和八，求句。附句元　𝍫𝍸　自乘式：

𝍫𝍸　𝍸
𝍫　| 𝍬 | 丨 |
| 丄× | 𝍬 |
丨
得　丄×𝍸

上負𝍬右與右一負相乘得　𝍬　爲異名得一正，左上　𝍬　上右下　𝍸　乘得負　𝍬　兩　𝍬　皆負，相加十六負。

立天元爲句，自乘得　太〇丨　爲句冪。

於和八減句元，得　𝍫𝍸　爲弦，自乘

得　丄×𝍸丨　爲弦冪。以股四自乘，

得　丄丨　以減弦冪，得　𝍫×𝍸丨　爲

設句冪，寄左。乃以假句冪　太〇丨　爲同數，與左相消，得　𝍫×𝍸　上實下

法，得三爲句。以下四題俱與此題同術。

有股有弦與句股和之和求句弦者，以股減弦和(∙∙)［和］得句弦和。

有股有弦與句股較之較求句弦者，以弦較(∙∙)［較］加股得句弦和。

有句弦和有弦與句股和之和求句股弦者，以句弦和減弦和(∙∙)［和］得股。

有句弦和有弦與句股較之較求句股弦者，以弦較(∙∙)［較］減句弦和得股。

以代數衍前題，命股四爲乙，命句三爲天，和八爲申，弦五爲丙。

命句爲天，則弦必爲　申丅天　(申丅天)^{二}＝申^{二}丅二申天丄天^{二}　即天元和

𝍫𝍸　自乘得　丄×丅一丄天丄天^{二}　即天元　丨丄丅丄×丅一丄天丄天^{二}　爲弦冪，與股冪減得

乙^{二}丅申^{二}丅二申天丄天^{二}　得

×𝍬丅一丄天^{二}　爲設句冪。乃以假句冪天^{二}消之，得　×𝍬丅一丄　得式
太　　天　方　　　　　　　　　　　　　　　　　　　　　　太　　天

二排爲除式，代作　$\frac{乙^{二}丅申^{二}}{二申}$　上實下法即　$\frac{×𝍬}{丨丄}$　約之得三爲句。

有股四，有句弦較二，求句。

立天元爲句，自乘得 太〇丨 爲句冪。以較二加句元，得 〢丨 爲弦，自乘得 〤〤丨 爲弦冪。以股冪十六減之，得 〣〤 ×丨 爲設句冪，寄左。乃以假句冪 太〇丨 爲同數，與左相消得 〣〤 × 上實下法得句三。

有股有弦與句股較之和求句股者，以股減弦較和得句弦較。

有股有弦與句股和之較求句弦者，以弦和較減股得句弦較。

有句弦較有弦與句股較之和求句弦者，以句弦較減弦較和得股。

有句弦較有弦與句股和之較求句股者，以句弦較加弦和較得股。

以上四題俱與前題同術。

以代數衍前題，命股爲乙，命較二爲庚，句爲天，弦爲丙。

命句爲天，則弦必爲 庚丄天 (庚丄天)^{二}＝庚^{二}丄二庚天丄天^{二} 即天元較 〢丨 自乘得 ㄨ丄ㄨ天丄天^{二} 爲弦冪。以乙股冪 〣丄 減之，得

乙^{二}丅庚^{二}丄二庚天丄天^{二}＝丅丨‖丄×天丄天^{二} 爲設句冪。乃以假句冪天^{二}消之，得 乙^{二}丅庚^{二}丄二庚天＝〣丄×天 得式二排爲除式

$\frac{乙^{二}丅庚^{二}}{二庚}$＝$\frac{〣}{ㄨ}$ 上實下法，得三爲句。

有弦五有句股和七，求句。上諸題所求句股，以設句股冪用假句股冪消之，乃捷變之法。此後仍舊法先設弦冪以真假弦冪消。

立天元爲句，自乘得 太〇丨 乃以和七減天元，得 丄〤 爲股，自乘得 ×〤〤丨 爲股冪，與句冪 太〇丨 相加，得 ×〤〤〢 爲設弦冪，寄左。乃以弦自乘 〢〥 爲真弦冪爲同數，與左相消，得實廉隅 〢×〤〢 得式三層爲開方，初商三，以乘隅 〢 得 丄 以減廉 〤 得 〤 因廉負隅正，一正一負爲異名相減。商三乘之得 〤 減實恰盡。商得句三。凡立天之式爲 丨自乘則爲平方，故得式爲 太〇丨 蓋平方乃三層也。太爲太極 〇 爲元丨 爲平方，此天元自乘三層之式。此題若用舊法，和數開方，益實商除甚爲費事。天元何等簡捷。

有弦有弦與句股和之和求句股者，以弦減弦和(••)[和]得句股和。

有弦有弦與句股和之較求句股者，以弦和較加弦得句股和。

有句股和有弦與句股和之和求句股弦者，以句股和減弦和和得弦。

有句股和有弦與句股和之較求句股弦者，以弦和較減句股和得弦。

以上四題俱與前題同術。

以代數衍前題，命弦五爲乙，句三爲天，和七爲申，股四爲丙。

命句爲天，則股必爲 申丅天 (申丅天)^{二}＝申^{二}丅二申天丄天^{二}＝×〤丅丨×天丄天^{二} 爲股冪。與句冪加，得 申^{二}丅二申天丄二天^{二}＝×〤丅丨×天丄二天^{二} 爲設弦冪。乃以乙真弦冪 〢〥 消之，得 乙^{二}丅申^{二}丅丨×天丄二天^{二} 此式乙自乘少申自乘，即乙冪 〢〥 減申冪 ×〤 爲 〢× 得三排爲開方式 乙^{二}丅申^{二}丅丨×天丄二天^{二}＝‖×丅丨×天丄二天^{二} 即實廉隅 〢×〤〢 同前題開法，商得三爲句。

補句三股弦較一求股。

立天元 丨 爲股，自乘得 太〇丨 於較一加天元，得 丨丨 爲弦，自乘得 丨〢丨 爲弦冪。以句冪 〤 減之，得 〤〢丨 爲股冪，寄左。乃以股冪 太〇丨 爲同數，與左相消，得 〤〢 爲除式。上實下法，得四爲股。

有句有弦與句股和之較求股弦者，以弦和較減句得股弦較。

有句有弦與句股較之較求股弦者，以句減弦較較得股弦較。

有句弦較有弦與句股和之較求股弦者，以股弦較加弦和較得句。

有股弦較有弦與句股較之較求股弦者，以股弦較減弦較較得句。

以上四題，俱與前題同術。

有弦五有句股較一求句。附句元 丨 丨 自乘式：

丨太	丨元	
丨	丨	丨太
丨	丨	丨元
得丨太	〢元	丨平方

立天元爲句，自乘得 太〇丨 爲句冪。於較一加句元，得 丨太 丨元 爲股，自乘得 太丨 元〢 平方丨 爲股冪。太 丨 加二句元爲六得七，再加句方九得十六爲假股冪。與句冪加得 丨太 〢元 〢平方 爲設弦虛冪，寄左。太 丨 加二句元六爲七，加二句冪十八共二十五。乃以弦真冪 〢〥 爲同數，與左相消，得 〤 〢 〢 實廉隅。廿五減一得廿四，減數大，正變負 〤 得式三層爲開方，初商三，以乘隅得六，以加廉得 〦 〢 〢 皆正爲同名，故相加。商乘之得 〢× 減實恰盡。商

右上 丨 與左下 丨 皆正爲同名，相加得 〢 元。

得句三。

有弦有弦與句股較之和求句股者，以弦減弦較和得句股較。

有弦有弦與句股較之較求句股者，以弦較(••)[較]減弦得句股較。

有句股較有弦與句股較之和求句股弦者，以句股較減弦較和得弦。

有句股較有弦與句股較之較求句股弦者，以句股較加弦較較得弦。

以上四題，俱與前題同術。

以代數衍前題，命弦五爲乙，句三爲天，較一爲庚，股四爲丙。

命句爲天，則股必爲　庚丄天　(庚丄天)^{二}＝庚^{二}丄二庚天丄天^{二}　即天元　〡　〡　自乘得　〡太丄二元丄天^{二}　爲股冪。與句天冪加，得　庚^{二}丄二庚天丄二天^{二}＝〡太丄二元丄二天^{二}　爲設弦冪。乃以乙真冪　〢〥　消之，得　乙^{二}丅庚^{二}丄二庚天丄二天^{二}　得式三排爲開方　乙^{二}丅庚^{二}丄二庚天丄二天^{二}＝〢〤̸丄二元丄二天^{二}　即實廉隅　〢〤̸　〢　〢　初商三，以乘隅得　〦　以加廉得　〨　商乘之得　〢〤　減實恰盡。

有句股和七、有股弦和九，求句。兩和相減得二爲句弦較，用有句股和句弦較求之。

立天元　〡　爲句，自乘得　太〇〡　爲句冪。於和七減句元得　〧〡̸　爲股，自乘得　〤〩　〡〤̸　〡　爲股冪。與句冪加得　〤〩　〡〤̸　〢　爲設弦冪，寄左。乃以和七減和九得二爲句弦較。以較　〢　加句元得　〢〡　爲弦，即和九減股　〧〡̸　之數。以弦　〢〡　自乘得　〤〤〡　爲假弦冪爲同數，與左相消得　〤〥　〡〨̸　〡　左設弦冪　〤〩　減右假弦冪　〤　爲同名相減，減數大者本正，反負得　〤〥　以　〡〤̸　減　〤̸，異名相加，減數大者本負反正得　〡〨　以　〢　減　〡　同名相減，本正反負得　〡̸　凡左右相消之減，俱以寄左之數減右。設此以見例，所得實廉隅　〤〥　〡〨　〡̸　乃三層爲開方式，初商三，以乘隅得　〣　以減廉得　〡〥　即異名相減，減數小本正仍正。以商三乘　〡〥　得　〤〥　減實恰盡。商得句三。

有句股和有句弦較求句股弦者，以句弦較加句股和得股弦和。

有股弦和有句弦較求句股弦者，以句弦較減股弦和得句股和。

以上二題，俱與前題同術。此二題以較二加句　〡　爲弦亦得。

代數命句爲天，股爲乙，句股和爲申，股弦和爲酉，弦爲丙。兩和之較二爲未。

命句爲天，則股必爲　申丅天　(申丅天)^{二}＝申^{二}丅二申天丄天^{二}　即天元和七減句天　〧〡̸　自乘得　〤〩太丅〡〤元丄天^{二}方　爲股冪，與句冪加得　申^{二}丅二申天丄二天^{二}＝〤〩太丅〡〤元丄二天^{二}元　爲設弦冪。乃以兩和之較二加句天　〢　〡　爲弦　申丅酉＝未　未丄天＝丙　(未丄天)^{二}＝〤太(丅)[丄]〤元丄天^{二}方　爲假弦冪，以消之得實廉隅　〤〥太丅〡〨元丄天^{二}方　開方得句三　(未丄天)^{二}丅申^{二}丅二申天丄二天^{二}　$\sqrt[二]{天}$　此代數開平方也。

有句股和七，有股弦較一，求句。

立天元爲句，自乘得　太〇〡　爲句冪。於和七減句天得　〧〡̸　爲股，自乘得　〤〩　〡〤̸　〡　爲股冪。與句天冪加，得　〤〩　〡〤̸　〢　爲設弦冪，寄左。乃以較一加虛股，得　〨〡̸　爲弦，自乘得　〦〤　〡〦̸　〡　爲假弦冪爲同數，與左相消，得　〡〥̸　〢　〡　爲開方式。初商三，乘隅得　〣　以加廉得　〥　商乘之得　〡〥　減實恰盡。商得三爲句。

有句股和有句弦和求句股弦者，以句股和減句弦和得股弦較。

有股弦較有句弦和求句股弦者，以股弦較減句弦和得句股和。

以上二題俱與前題同術。

以代數衍前題，命句爲天，股爲乙，句股和爲申，股弦較爲未，弦爲丙。

命句爲天，則股必爲　申丅天　(申丅天)^{二}＝申^{二}丅二申天丄天^{二}　即天元和　〧　減句天得　〧〡̸　自乘得　〤〩太丅〡〤元丄天^{二}方　爲股冪。與句天冪加，得　申^{二}丅二申天丄二天^{二}＝〤〩太丅〡〤元丄二天^{二}方　爲設弦冪。乃以較一加虛股爲弦，得　〨〡̸　自乘得　(未丄乙)^{二}＝丙^{二}＝(〨丅一)^{二}　丄〦〤太丅〡〦元丄天^{二}方　爲假弦冪，消設弦冪得實廉隅　〡〥太丅二元丅天^{二}方　開方得句三，同於代數　(未丄天)^{二}丅申^{二}丅二申天丄二天^{二}　$\sqrt[二]{天}$

有句股和七，有弦與句股較之較四，求句。

立天元 〡 爲句，自乘得 太〇〡 爲句冪。於和七減句元得 [rods] 爲股，自乘得 [rods] 爲股冪，與句冪加，得 [rods] 爲設弦冪，寄左。乃以和較并得 [rods] 爲二句一弦之共數，則 [rods] 句天爲弦，自乘得 [rods] 爲假弦冪爲同數，與左相消，得實廉隅 [rods] 爲開方式。初商三，以乘隅得 [rods] 以減廉得 [rods] 商乘之得 [rods] 減實恰盡，商得句三。減和爲股四。如法求弦。

此題按《數理精蘊》舊法，以句股和七尺自乘得四十九。又以句股和與弦與句股較之較四相加，得十一爲兩句一弦之共數，自乘得一百二十一。兩數相減餘七十二，折半得三十六爲長方積。乃以弦與句股較之較四與兩句一弦之共數十一相加得十五爲長闊之和，用帶縱和數開平方算之，得闊三爲句。於句股和内減之，得四爲股。又於股内減句餘一爲句股較。與弦與句股較之較相加，得五爲弦。即中西各法非如此週折，不能得數，且帶縱和數開方用益實減實之法商數，幾費躊躇，琦以天元簡法馭之，倚馬可待，竊喜新創爲後學破其天荒，高明當笑我否耶？

中西於此題費如許苦心，得數詳繪。用帶縱和數開之，立術未始不精。蓋以股冪減弦冪以求句，而和較數内無句股弦可乘，不得已用如此週折。琦以天元假股弦冪乘之，温嶠燃犀，得此鏡花水月，快慰奚如。但前人圖説刻角鬥心，不可磨滅，試明其圖如下。

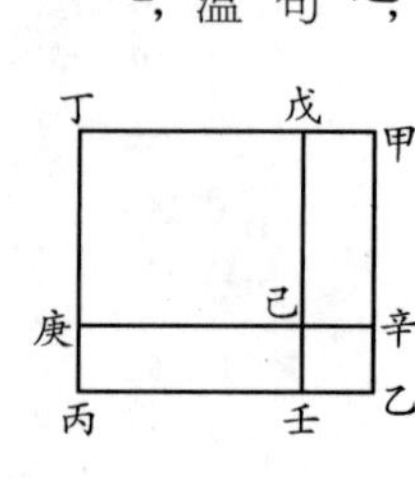

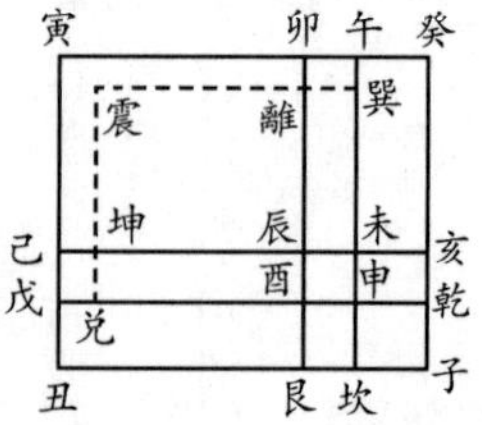

如圖，甲乙丙丁爲句股和自乘方，癸子寅丑爲兩句一弦自乘方，相減，餘癸午乾子申坎戊丑大罄折形，又餘卯離震坤寅己小罄折形與句自乘方等，又餘午巽卯離、坤兑己戊二小長方爲股弦較與句相乘之數。若補於句自乘方内，即成句與弦與句股較之較相乘。二長方合計之，則餘句自乘、二正方句弦相乘、二長方句與弦與句股較之較相乘。二長方折半，則成金木水火一長方，其闊即句，其長爲一句、一弦、一弦與句股較之較，其長闊和爲兩句一弦，一弦與句股較之較。故以弦與句股較之較與兩句一弦之共數相加，用和數開方法算之。

以代數衍前諸題，味如嚼蠟。同此一題一術，天元則明如觀火，代數則霧裏看花，奚取焉？此後衍題不附代數。

有句股和七，有弦與句股較之和六，求句。

立天元 〡 爲句自乘，得 太〇〡 爲句冪。於和七減句元，得 [rods] 爲股，自乘得 [rods] 爲股冪。與句冪加得 [rods] 爲設弦冪，寄左。乃以 〢 加句元爲弦，得 [rods] 自乘得 [rods] 爲假弦冪爲同數。與左相消，得 [rods] 爲開方。初商三，以乘隅得 [rods] 以減廉得 [rods] 商乘之得 [rods] 減實恰盡。

有句股較一，有股弦和九，求句。

立天元爲句自乘，得 太〇〡 爲句冪。於較一加天元，得 [rods] 爲股，自乘得 [rods] 爲股冪。與句冪加得 [rods] 爲設弦冪，寄左。乃以和九減虛股爲弦得 [rods] 自乘得 [rods] 爲假弦冪，爲同數，與左相消，得 [rods] 爲開方。初商三，以乘隅得三，以加廉得 [rods] 商乘之得 [rods] 減實恰盡，商得句三。

以上二題俱與前題同術。

有句股較有句弦和求句股弦者，以句股較加句弦和得股弦和。

有股弦和有句弦和求句股弦者，以句弦和減股弦和得句股較。

以上二題俱與前題同術。

有句弦較二，有股弦較一，求句股弦。

立天元爲句，自乘得 太〇〡 爲句冪。於較二加天元，得 [rods] 爲弦，自乘得 [rods] 爲弦冪。與句冪減得 [rods] 爲股設冪，寄左。乃以較一減虛弦得 [rods] 爲股，自乘得 [rods] 爲假股冪爲同數，與左相消，得 [rods] 爲開方。初商三，以乘隅得三，以減廉得 [rods] 商乘之得 [rods] 減實恰盡。

有句股較有句弦較求句股弦者，以句股較減句弦較得股弦較。

有股弦較有句弦較求句股弦者，以股弦較減句弦較得句股較。

以上二題俱與前題同術。

有句股較一，有弦與句股和之較二，求句。

立天元爲句，自乘得 太〇一 爲句冪。於較一加天元，得 一一 爲股，自乘得 一〢一 爲股冪。以加天句冪得 一〢〢 爲設弦冪，寄左。乃以較二加句元得 〢一 爲弦，自乘得 乂乂一 爲弦假冪爲同數，與左相消，得 乂乂一 爲開方。初商三，以乘隅得 〣 以減廉得 一 商乘之得 〣 減實恰盡。所商之三爲句，加較一爲股，如法開之得弦。

有句股較一，有弦與句股和之和十二，求句。

立天元爲句，自乘得 太〇一 爲句冪。以較加句元得 一一 爲股，自乘得 一〢一 爲股冪。與句冪加，得 一〢〢 爲設弦冪，寄左。乃以和較相減，得 丄 爲兩句一弦之共數。於 丄乂 爲弦，自乘得 〣乂乂 爲假弦冪，同數消左得 〇丅〢乂〢 開方，初商三，以乘隅得 丄 以減廉得 乂〇 商乘之得 〇〢 減實恰盡。

補盛世參荅二十六頁，剪出銅球一段求圓徑捷法。前用邊角相求，此用勾股遞求，尤爲簡便。如下。

如圖，甲亥乙丙爲剪出銅球一段，設申酉爲球段之厚一寸，上徑甲亥八寸，下徑乙丙九寸一分六厘四毫零。兩徑之寬與申酉之厚爲已知數，甲午乙午爲球半徑未知之數。有甲申之股而申午之勾未全，僅知申酉，須得酉午爲勾股，求弦得半徑矣。勾股本法，乙午弦自乘同於酉午勾自乘加酉乙股自乘。如勾三股四，以申酉截勾爲一，設酉午截勾爲二，申甲股四，則用申甲自乘十六，加申酉自乘一，又加午酉二乘、酉申一以二乘之得四，共爲二十五弦冪，與酉乙股自乘加酉午勾自乘同數。而酉午乘酉申再乘二爲四，同於酉乙自乘廿一減甲申自乘十六又減酉申自乘一，餘四即同酉午乘二之數，亦如天元暗得酉午未知之數矣。故以酉乙自乘減甲申自乘再減酉申自乘爲實，以二乘酉申爲法，得二爲酉午勾矣。自乘得四，加酉乙股四五八二零自乘爲二十一。乘得二〇九九四七二四尚餘五厘二毫七絲九忽爲尾零，乘得數加之得廿一十。兩冪相加得二十五弦冪。既知酉午二加申酉一爲三，自乘得九，加甲申四自乘，亦得二十五弦冪。開方得乙午甲午兩弦各五爲球半徑。雖剪段不等，勾股割裂稍有奇零，而所差尾數微杪耳。觀此則半徑五，球全徑爲十，試以弧矢求之。如半徑爲五，申午爲三，日(甲)[申]矢必爲二。以日申矢自乘四加甲申半弦自乘十六爲二十，以矢二除之，亦得十即全徑。亦同。試以代數明之。

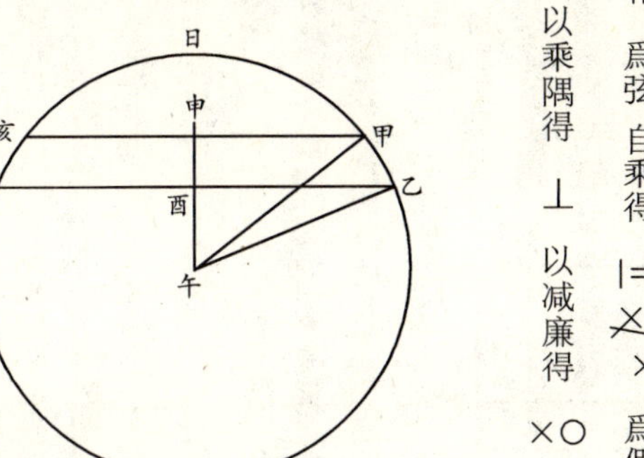

前圖

$午乙^{二}=午酉^{二}丄酉乙^{二}$　$午甲^{二}=午申^{二}丄申甲^{二}=申甲^{二}丄(午酉丄酉申)^{二}=甲申^{二}丄申酉^{二}丄午酉^{二}丄午酉\times酉申\times二=酉乙^{二}丄酉午^{二}$　$午酉\times酉申\times二=酉乙^{二}丅甲申^{二}丅酉申^{二}=酉午\times二$　$乙酉^{二}=甲申^{二}丄申酉^{二}丄(午酉\times申酉\times二)$　$申酉^{二}丄(午酉\times申酉\times二)=乙酉^{二}丅甲申^{二}$

$酉午=\frac{酉乙^{二}丅甲申^{二}丅酉申^{二}}{二\times酉申}$　$午申=酉午丄酉申$　$甲午=\sqrt[二]{午申^{二}丄申甲^{二}}$

$乙午=\sqrt[二]{酉午^{二}丄酉乙^{二}}$

前圖　$乙酉^{二}>甲申^{二}丄申酉^{二}$　故　$酉午=\frac{乙酉^{二}丅甲申^{二}丅申酉^{二}}{二\times申酉}$　後圖　$乙酉^{二}<甲申^{二}丄申酉^{二}$　故　$酉午=\frac{甲申^{二}丄申酉^{二}丅乙酉^{二}}{二\times申酉}$

前圖截銅段在圓心之上，後圖截段在圓心之間，而心近於下徑乙丙，而遠於上徑申亥。前圖乙酉自乘大於甲申自乘加申酉自乘，故用$乙酉^{二}$減$甲申^{二}$，減$申酉^{二}$爲上實，以二乘申酉爲法，除得酉午。後圖乙酉自乘少於甲申自乘加申酉自乘，故用甲申自乘加申酉自乘減乙酉自乘爲上實，以二乘申酉爲下法，除得乙酉，其餘皆與前圖同法。惟以乙酉比甲申加申酉大小不同，故除得酉午其上實加減不同，觀此則銅球無論若何，截段俱可立算。

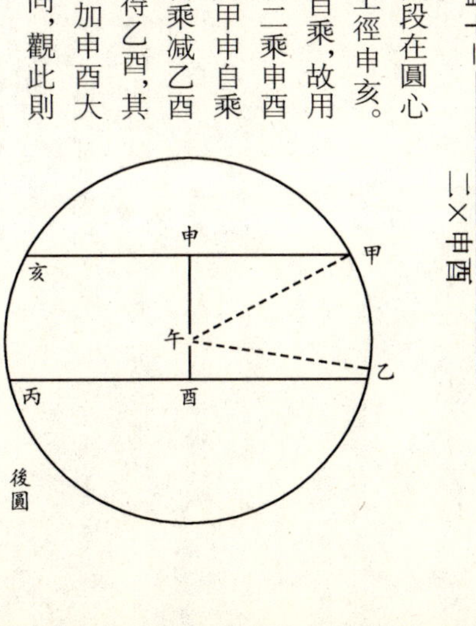

後圖

重差夕桀

《周禮・保氏》註九章，外有重差、夕桀。蓋以雙測互乘四率比例，夕桀即互乘也。李淳風、劉徽《海島算經》，詳釋重差雙測之法，惟海島測高第一題互乘有

別，疑而補之。如左。

琦補圖中甲壬爲表上，島高丁壬爲表外，島遠庚丁同於己丙爲表間。辛癸爲前後表却行步之較，辛庚癸三角形與庚甲丁爲同式形，故可比例。若求高，以辛癸比庚己若庚丁與甲壬。求遠，以辛癸比癸戊若庚丁與丁壬。法以二三率互乘與首末率互乘同數齊消。如首率二，二率四，三率四，四率八，二三率互乘爲十六，首末率互乘亦十六，此天元法，取其齊消。若除法以中率互乘十六，首率二除之得八。試立天元 丨 爲末率未知之數，以首率二乘之，得 〇 太 ‖ 寄左。以中率互乘，得十六爲同數，相消得 丄‖ 上實下法，得末率八。

海島求高

首率辛癸表較四步，即廿四尺。

二率丁丙表高三丈，即三十尺，庚己同。（二三率）

三率庚丁表間，同於己丙一千步爲六千尺。互乘得一萬八千尺。

末率甲壬表上島高七千五百尺，即四里五十步。

中率互乘一萬八千，首末率互乘亦一萬八千，故爲同數相消。

島經第一題，測高原消鑿枘似近於除，有失重差夕桀之旨。琦補草如左。

立天元 丨 爲表上島高，以首率表較 ‖ⅹ 乘之得 〇太ⅹ 寄左。乃以二三率互乘得 丨≐〇〇〇 爲同數，與左相消得 丨≠〇〇〇 ‖ⅹ 上實下法，得表上島高七千五百尺，即四里五十步，加表高共四里五十五步。

若求遠

首率癸辛表較二十四尺。

二率丙戊前表却行 ‖三 步，即七百三十八尺，癸己同。

三率庚丁表間一千步，即六千尺。

末率即前表外丁壬島遠十八萬四千五百尺。

二三率互乘 ××‖≐〇〇〇 首末率互乘亦 ××‖≐〇〇〇 故爲同數相消，否則爲除法。乃知重差夕桀爲天元之妙諦，《黃帝九章方程》《周禮保氏》重差已有天元之法，其細草不傳，想厄於秦火。至宋元始明其法，《海鏡》《玉鑑》各

書瞭如指掌矣。

清・鄧建章《中西算學入門匯通》卷下 四元

設如有句三股四，求句弦和。

立天元 ( )丨 爲句，地元 丨( ) 爲股，人元 ( )丨 爲弦，物元 丨( ) 爲句弦和。以句 ( )丨 與三相消得 (≢)丨 爲甲式，以股 丨( ) 與四相消得 丨(≢) 爲乙式。以句平方 ( )〇丨 與股平方 丨〇( ) 相加得 丨〇( )〇丨 與弦平方 ( )〇丨 相消得 丨〇( )〇ⅹ 〇丨 爲丙式。以句弦和 ( )丨 與物元 丨( ) 相消，得 ⅹ( )丨 ( )丨 爲丁式。

剔分甲式爲 (≢) 與 ( )丨 各自乘得 (Ⅲ) 與 ( )〇丨 相消得 (Ⅲ) 〇 ⅹ 爲㊀式。剔分乙式爲 (≢) 與 丨( ) 各自乘得 (一丅) 與 丨〇( ) 相消得 ⅹ〇(一丅) 爲㊁式。㊀㊁兩式相加得 ⅹ〇(≡Ⅲ) 〇 ⅹ 以加丙式，得 (≡Ⅲ)〇ⅹ 爲㊂式。以甲式減丁式，得 ⅹ (Ⅲ)丨 易其位爲 (Ⅲ)丨 ⅹ 爲㊃式。剔分㊃式，爲 ( )丨 與 (Ⅲ) ⅹ 各自乘得 ( )〇丨 與 (Ⅲ) ⅹ 丨 相消得 (Ⅲ)〇丨 丅 ⅹ 以加㊂式得 一丅 一丅 ⅹ 開平方得八爲句弦和。

附句股圖

橫濶之甲乙爲句，直長之乙丙爲股，兩隅斜去之甲丙爲弦，正句股句三股四弦五。

清・方愷《代數通藝録》卷一五 天元借根代數合解

第三題 有平方積一百四十四尺，問方邊若干。

代数　天＝方边　天^{二}＝一四四

天＝$\sqrt{一四四}$　天＝一二

立天元草曰：立天元一爲方邊，同代數第一層。自之得 太 〇丨 爲方

積，寄左。同代數第二層左項式。乃以積一四四爲同數，同代數第二層等式。相消得 |||| ≡| 〇 | ，開方。合問。

第四題　有長方積一百二十尺，衹云長闊較二尺，求其開方式若何。

代数　天＝闊　天丄二＝長　天(天丄二)＝一二〇　天二丄二天＝一二〇

立天元草曰：立天元一爲闊，同代數一層。以長闊較加之，得 太|| | 爲長。同代數二層。長闊相乘，得太 || | 爲長方積，寄左。同代數三四層左項式。乃以一百二十爲同數，消左得 〇 || 丄 || | 同代數末層式。合問。

第三題　有弦五尺，句股和七尺。問句股各幾何。

代数　天＝股　七丅天＝句　天二丄(七丅天)二＝二五　天二丄四九丅一四天丄天二＝二五　二天二丅一四天＝丅二四　天二丅七天＝丅一二　開带纵方得　天＝四

借根　借一根爲股數，一平方股冪

句冪四九	一	一四根	丄	一平方		弦冪二五
四九	一	一四根	丄	二平方	＝	二五
四九	丄	二平方	＝	二五	丄	一四根
二平方	＝	一四根	一	二四		
一平方	＝	七根	一	一二		

，開帶縱方得　根＝四

清・劉光蕡《借根演元》　用李錫蕃借根句股題演坿三草。

設如有句八尺，股十五尺，求弦幾何。一

草曰：立天元 | 爲弦，即借一根爲弦。自之得 〇元 | 爲弦冪。即以一根自乘得一平方爲弦自乘數。寄左。副以句自之得 |||| 丄 爲句冪，即以句八尺自乘得六十四尺爲句自乘數。股自之得 |||| = || 爲股冪，即以股十五尺自乘得二百二十五尺爲股自乘數。二冪相加得 Ⅲ ≟ || 爲同數。即句股自乘數相併得二百八十九尺亦爲弦自乘數，而與弦自乘之一平方相等。消左，李鋭曰借根方出於立天元術，其加減乘除並同。惟此相消法與兩邊加減則有異。蓋相消只用減兩邊，加減則兼用加。二法相課，雖得數同而正負互異。英案：兩邊加減所得之式若爲多乘方，則識别正負頗難，固不若天元識號之簡捷也。得下式 Ⅲ ≟ || 〇 | 平方開之得十七尺爲弦。得式方爲空位，即原草所云以二百八十九尺爲正方也。原草方積不云少而此以實爲負者，即李云正負互異也。

設如有句八尺，弦十七尺，求股幾何。二

草曰：立天元 | 爲股，即借一根爲股。自之得 〇元 | 爲股冪。即以一根自乘得一平方爲股自乘數。寄左。副以句自之得 |||| 丄 爲句冪，即以句八尺自乘得六十四尺爲句自乘數。弦自之得 Ⅲ ≟ || 爲弦冪，即以弦十七尺自乘得二百八十九尺爲弦自乘數。以句冪減之，得 |||| = || 爲同數。即以句自乘數減弦自乘數得二百二十五尺亦爲股自乘數，而與股自乘之一平方相等。消左，得 ≢ || 〇 | 爲平方式，平方開之得十五尺爲股。原草後不細注。

設如有句八尺，股弦和三十二尺，求股弦各幾何。三

草曰：立天元 | 爲股，以減和得 ≡|| ⊀ 爲弦。原草不云以股減和，從省也。今悉拈出以圖醒目，後不重注。乃以股自之得 〇元 | 爲股冪，寄左。副以弦自之得 |||| = 〇 | ≢ 丄 | 爲弦冪，句自之得 |||| 丄 爲句冪。以減弦冪得 Ⅲ 丄 〇 ≢ 丄 | 爲同數，消左得 〇 ⊀ Ⅲ |||| 丄 爲除式，上實下法而一，得十五尺爲股，照式得弦。英案：原草求得股弦後，反爲句求相等數，今改爲所立之元求同數，以剔清寄左之式也。得數正同，後不重注。

又立天元 | 爲弦，以減和得 ≡|| ⊀ 爲股。天元自之得 太 〇 | 爲弦冪。寄左。副以股自之得 |||| = 〇 | ≢ 丄 | 爲股冪，句自之得 |||| 丄 爲句冪，二冪相加，得 Ⅲ ≟ 〇 | ≢ 丄 | 爲同數。消左得 〇 ≟ ⊀ |||| 丄 | 上實下法而一，得十七尺

爲弦，照式得股。

設如有句八尺，股弦較二尺，求股弦各幾何。四

草曰：立天元 丨 爲股，以較加之得 ‖丨 爲弦。乃以天元自之得 ⊥‖‖ 太〇丨 爲股冪。寄左。副以弦自之得 ‖‖‖丨 爲弦冪，句自之得 ⊥‖‖ 爲句冪，以減弦冪得 ⊥〇‖‖丨 爲同數。消左得 ⊥〇≢ 上實下法而一，得十五尺爲股，照式得弦。

又立天元 丨 爲弦，以較減之得 ≠丨 爲股。乃以天元自之得 ⊥‖‖ 太〇丨 爲弦冪。寄左。副以股自之得 ‖≢丨 爲股冪，句自之得 ⊥‖‖ 爲句冪，二冪相加得 ⊥Ⅲ≢丨 爲同數。消左得 ⊥Ⅲ‖‖，上實下法而一，得十七尺爲弦。照式得股。

設如有股十五尺，弦十七尺，求句幾何。五

草曰：立天元 丨 爲句，自之得 太〇丨 爲句冪。寄左。副以弦自之得 ‖≐Ⅲ 爲弦冪，股自之得 ‖=‖‖ 爲股冪，以減弦冪得 ⊥‖‖ 爲同數。消左得 ≢⊥〇丨 平方開之得八尺爲句。

設如有股十五尺，句弦和二十五尺，求句弦各幾何。六

草曰：立天元 丨 爲句，以減和得 =‖‖≠ 爲弦。乃以天元自之得 太〇丨 爲句冪。寄左。副以弦自之得 ⊤=‖‖≣〇丨 爲弦冪，股自之得 ‖=‖‖ 爲股冪，以減弦冪得 ≡∘∘≣〇丨 爲同數。消左得 Ⅲ〇≣〇 上實下法而一，得八尺爲句。照式得弦。

又立天元 丨 爲弦，以減和得 =‖‖≠ 爲句。乃以天元自之得 〇元丨 爲弦冪。寄左。副以股自之得 ‖=‖‖ 爲股冪，句自之得 ⊤=‖‖≣〇丨 爲句冪，二冪相加得 Ⅲ≡〇≣〇丨 爲同數。消左得 ‖≢〇≣〇 上實下法而一，得十七尺爲弦。照式得句。

設如有股十五尺，句弦較九尺，求句弦各幾何。七

草曰：立天元 丨 爲句，以較加之得 Ⅲ丨 爲弦。乃以天元自之得 太〇丨 爲句冪。寄左。副以弦自之得 ≐丨Ⅲ丨 爲弦冪，股自之得 ‖=‖‖ 爲股冪，以減弦冪得 ‖≡≢Ⅲ丨 爲同數。消左得 ‖≡Ⅲ丨Ⅲ 上實下法而一，得八尺爲句。照式得弦。

又立天元 丨 爲弦，以較減之得 丨Ⅲ丨 爲句。乃以天元自之得 〇元丨爲弦冪。寄左。副以句自之得 ≐丨Ⅲ丨 爲句冪，股自之得 ‖=‖‖ 爲股冪。二冪相加得 Ⅲ〇⊤丨Ⅲ丨 爲同數，消左得 Ⅲ〇⊤丨Ⅲ 上實下法而一，得十七尺爲弦。照式得句。

設如有弦十七尺，句股和二十三尺，求句股各幾何。八

草曰：立天元 丨 爲句，以減和得 ‖≡≠ 爲股。乃以天元自之得 太〇丨 爲句冪。寄左。副以股自之得 ‖‖=Ⅲ≣⊤丨 爲股冪，弦自之得 ‖≐Ⅲ 爲弦冪，以股冪減之得 ‖≣〇≣⊤≠ 爲同數。消左得 ‖≣〇≣⊤‖ 約之得 丨=〇=≠丨 平方開之，得八尺爲句。照式得股。求股所得式同用翻法開之即股，原草有今節之。

設如有弦十七尺，句股較七尺，求句股各幾何。九

草曰：立天元 丨 爲句，以較加之得 ⊤丨 爲股。乃以天元自之得 太〇丨 爲句冪。寄左。副以股自之得 ≡Ⅲ丨‖‖丨 爲股冪，弦自之得 ‖≐Ⅲ 爲弦冪，以股冪減之得 ‖≡〇丨≢≠ 爲同數。消左得 ‖≡〇丨‖‖ 半之得 丨=〇⊤丨 平方開之，得八尺爲句。照式得股。求股式同但方實同名，故益方開之得

股，原草有今節之。

設如有句股和二十三尺，股弦和三十二尺，求句股弦各幾何。十

草曰：立天元 𝍠 爲句，以減句股和得 𝍪𝍢 𝍠̸ 爲股，以股減股弦和得 𝍨 𝍠 爲弦。乃以天元自之得 太〇 𝍠 爲句冪。寄左。副以股自之得 𝍤𝍪𝍨 𝍬𝍥̸ 𝍠 爲股冪，弦自之得 𝍰𝍠 𝍩𝍧 𝍠 爲弦冪，以股冪減之得 𝍣𝍬𝍧̸ 𝍮𝍣 爲同數。消左得 𝍣𝍬𝍧 𝍮𝍣̸ 𝍠 平方開之，得八尺爲句。照式得股弦。

又立天元 𝍠 爲股，以減句股和得 𝍪𝍢 𝍠̸ 爲句，以減股弦和得 𝍫𝍡 𝍠̸ 爲弦。乃以天元自之得 太〇 𝍠 爲股冪。寄左。副以句自之得 𝍤𝍪𝍨 𝍬𝍥̸ 𝍠 爲句冪，弦自之得 𝍩〇𝍪𝍣 𝍮𝍣̸ 𝍠 爲弦冪，以句冪減之得 𝍣𝍱𝍤 𝍩𝍧̸ 爲同數。消左得 𝍣𝍱𝍤̸ 𝍩𝍧 𝍠 平方開之得十五尺爲股。照式得句弦。

又立天元 𝍠 爲弦，以減股弦和得 𝍫𝍡 𝍠̸ 爲股，以股減句股和得 𝍨̸ 𝍠 爲句。乃以天元自之得 太〇 𝍠 爲弦冪。寄左。副以股自之得 𝍩〇𝍪𝍣 𝍮𝍣̸ 𝍠 爲股冪，句自之得 𝍰𝍠 𝍩𝍧̸ 𝍠 爲句冪，二冪相加得 𝍩𝍠〇𝍤 𝍰𝍡̸ 𝍡 爲同數。消左得 𝍩𝍠〇𝍤 𝍰𝍡̸ 𝍠 平方開之得十七尺爲弦。照式得句股。

設如有句股和二十三尺，股弦較二尺，求句股弦各幾何。十一

草曰：立天元 𝍠 爲句，以減和得 𝍪𝍢 𝍠̸ 爲股，以較加股得 𝍪𝍤 𝍠̸ 爲弦。乃以天元自之得 〇 元 𝍠 爲句冪。寄左。副以股自之得 𝍤𝍪𝍨 𝍬𝍥̸ 𝍠 爲股冪，弦自之得 𝍥𝍪𝍤 𝍭〇̸ 𝍠 爲弦冪，以股冪減之得 𝍱𝍥 𝍣̸ 爲同數。消左得 𝍱𝍥̸ 𝍣 𝍠 平方開之得八尺爲句。照式得股弦。

又立天元 𝍠 爲股，以減和得 𝍪𝍢 𝍠̸ 爲句，以較加股得 𝍡 𝍠 爲弦。乃以天元自之得 太〇 𝍠 爲股冪。寄左。副以句自之得 𝍤𝍪𝍨 𝍬𝍥̸ 𝍠 爲句冪，弦自之得 𝍣 𝍣 𝍠 爲弦冪，以句冪減之得 𝍤𝍪𝍤̸ 𝍭〇 爲同數。消左得 𝍤𝍪𝍤 𝍭〇̸ 𝍠 平方開之得十五尺爲股。照式得句弦。

又立天元 𝍠 爲弦，以較減之得 𝍡̸ 𝍠 爲股，以股減和得 𝍪𝍤 𝍠̸ 爲句。乃以天元自之得 太〇 𝍠 爲弦冪。寄左。副以股自之得 𝍣 𝍣̸ 𝍠 爲股冪，句自之得 𝍥𝍪𝍤 𝍭〇̸ 𝍠 爲句冪，二冪相加得 𝍥𝍪𝍨 𝍭𝍣̸ 𝍡 爲同數。消左得 𝍥𝍪𝍨 𝍭𝍣̸ 𝍠 平方開之得十七尺爲弦。照式得句股。

設如有句股和二十三尺，弦與句股較之較十尺，求句股弦各幾何。十二

草曰：立天元 𝍠 爲句，以減和得 𝍪𝍢 𝍠̸ 爲股，以句減股得 𝍪𝍢 𝍡̸ 爲句股較，以弦較較加之得 𝍫𝍢 𝍡̸ 爲弦。乃以天元自之得 太〇 𝍠 爲句冪。寄左。副以股自之得 𝍤𝍪𝍨 𝍬𝍥̸ 𝍠 爲股冪，弦自之得 𝍩〇𝍰𝍨 𝍠𝍫𝍡̸ 𝍣 爲弦冪，以股冪減之得 𝍤𝍮〇 𝍰𝍥̸ 𝍢 爲同數。消左得 𝍤𝍮〇 𝍰𝍥̸ 𝍡 約之得 𝍡𝍰〇 𝍬𝍢̸ 𝍠 平方開之得八尺爲句。照式得股弦。

又立天元 𝍠 爲股，以減和得 𝍪𝍢 𝍠̸ 爲句，以句減天元得 𝍪𝍢̸ 𝍡 爲句股較，以弦較較加之得 𝍩𝍢̸ 𝍡 爲弦。乃以天元自之得 太〇 𝍠 爲股冪。

寄左。副以句自之得 𝍤𝍪𝍨 𝍬𝍥̸ 𝍠 爲句冪，弦自之得 𝍠𝍮𝍨 𝍭𝍡̸ 𝍣 爲弦冪，以句冪減之得 𝍢𝍮〇̸ 𝍥̸ 𝍢 爲同數。消左得 𝍢𝍮〇 𝍥 𝍡̸ 約之得 𝍠𝍰〇 𝍢 𝍠̸，平方開之得十五尺爲股。照式得句弦。

又立天元 𝍠 爲弦，以弦較較加句股和得 𝍫𝍢 爲二句一弦之和，以天元減之得 𝍫𝍢 𝍠̸ 爲倍句，以弦較較減句股和得 𝍩𝍢 爲二股一弦之較，以天元加之得 𝍩𝍢 𝍠 爲倍股。乃倍天元，句股皆倍，故倍弦以求相等，即不除此而乘彼也。後不重注。自之得 太〇 𝍣 爲四段弦冪。寄左。副以倍句自之得 𝍩〇𝍰𝍨 𝍮𝍥̸ 𝍠 爲四段句冪，倍股自之得 𝍠𝍮𝍨 𝍪𝍥 𝍠 爲四段股冪。二冪相加得 𝍩𝍡𝍭𝍧 𝍬〇̸ 𝍡 爲同數。消左得 𝍩𝍡𝍭𝍧̸ 𝍬〇 𝍡 約之得 𝍥𝍪𝍨̸ 𝍪〇 𝍠 平方開之得十七尺爲弦。照式得句股。

設如有句股和二十三尺，弦與句股較之和二十四尺，求句股弦各幾何。十三

草曰：立天元 𝍠 爲句，以減和得 𝍪𝍢 𝍠̸ 爲股，以句減股得 𝍪𝍢 𝍡̸ 爲句股較，以減弦較和得 𝍠 𝍡 爲弦。又法：以句股和減弦較和得數爲二句一弦之較，倍句加之亦得弦。乃以天元自之得 太〇 𝍠 爲句冪。寄左。副以弦自之得 𝍠 𝍣 𝍣 爲弦冪，股自之得 𝍤𝍪𝍨 𝍬𝍥̸ 𝍠 爲股冪，以減弦冪得 𝍤𝍪𝍧̸ 𝍭〇 𝍢 爲同數。消左得 𝍤𝍪𝍧 𝍭〇̸ 𝍡̸ 約之得 𝍡𝍮𝍣 𝍪𝍤̸ 𝍠̸ 平方開之得八尺爲句。照式得股弦。

又立天元 𝍠 爲股，以減和得 𝍪𝍢 𝍠̸ 爲句，以句減股得 𝍪𝍢̸ 𝍡 爲句股較，以減弦較和得 𝍬𝍦 𝍡̸ 爲弦。乃以天元自之得 太〇 𝍠 爲股冪。寄左。副以句自之得 𝍤𝍪𝍨 𝍬𝍥̸ 𝍠 爲句冪，弦自之得 𝍪𝍡〇𝍨 𝍠𝍰𝍧̸ 𝍣 爲弦冪，以句冪減之得 𝍩𝍥𝍰〇 𝍠𝍬𝍡̸ 𝍢 爲同數。消左得 𝍩𝍥𝍰〇̸ 𝍠𝍬𝍡 𝍡̸ 約之得 𝍧𝍬〇̸ 𝍯𝍠 𝍠̸ 平方開之得十五尺爲股。照式得句弦。

又立天元 𝍠 爲弦，以減弦較和得 𝍪𝍣 𝍠̸ 爲句股較，以較減弦較和得 𝍠̸ 𝍠 爲倍句，以較加弦較和得 𝍬𝍦 𝍠̸ 爲倍股，倍句十六尺，故視弦少一尺。倍股三十尺，今四十七尺，故少一弦而數合。乃倍天元自之得 太〇 𝍣 爲四段弦冪。寄左。副以倍句自之得 𝍠 𝍡̸ 𝍠 爲四段句冪，倍股自之得 𝍪𝍡〇𝍨 𝍱𝍣̸ 𝍠 爲四段股冪，二冪相加得 𝍪𝍡𝍩〇 𝍱𝍥̸ 𝍡 爲同數。消左得 𝍪𝍡𝍩〇̸ 𝍱𝍥 𝍡 約之得 𝍩𝍠〇𝍤̸ 𝍬𝍧 𝍠 平方開之得十七尺爲弦。照式得句股。

設如有句股較七尺，股弦和三十二尺，求句股弦各幾何。十四

草曰：立天元 𝍠 爲句，以加較得 𝍦 𝍠 爲股，以股減和得 𝍪𝍤 𝍠̸ 爲弦。乃以天元自之得 太〇 𝍠 爲句冪。寄左。副以弦自之得 𝍥𝍪𝍤 𝍭〇̸ 𝍠 爲弦冪，股自之得 𝍬𝍨 𝍩𝍣 𝍠 爲股冪，以減弦冪得 𝍤𝍯𝍥 𝍮𝍣̸ 爲同數。消左得 𝍤𝍯𝍥̸ 𝍮𝍣 𝍠 平方開之得八尺爲句。照式得股弦。

又立天元 𝍠 爲股，以較減之得 𝍦̸ 𝍠 爲句，以股減和得 𝍫𝍡 𝍡̸ 爲

弦。乃以天元自之得 太 〇 𝍠 爲股冪。寄左。副以弦自之得 𝍩〇𝍪𝍣 𝍮𝍣̸ 𝍠 爲弦冪，句自之得 𝍬𝍨 𝍩𝍣̸ 𝍠 爲句冪，以減弦冪得 𝍨𝍯𝍤 𝍭〇̸ 爲同數。消左得 𝍨𝍯𝍤̸ 𝍭〇 𝍠 平方開之得十五尺爲股。照式得句弦。

又立天元 𝍠 爲弦，以減和得 𝍫𝍡 𝍠̸ 爲股，以句股較減之得 𝍪𝍤 𝍠̸ 爲句。乃以天元自之得 太 〇 𝍠 爲弦冪。寄左。副以股自之得 𝍩〇𝍪𝍣 𝍮𝍣̸ 𝍠 爲股冪，句自之得 𝍥𝍪𝍤 𝍭〇̸ 𝍠 爲句冪，二冪相加得 𝍩𝍥𝍬𝍨 𝍠𝍩𝍣̸ 𝍡 爲同數。消左得 𝍩𝍥𝍬𝍨 𝍠𝍩𝍣̸ 𝍠 平方開之得十七尺爲弦。照式得句股。

設如有句股較七尺，股弦較二尺，求句股弦各幾何。十五

草曰：立天元 𝍠 爲句，以句股較加之得 𝍦 𝍠 爲股，以股弦較加股得 𝍨 𝍠 爲弦。乃以天元自之得 太 〇 𝍠 爲句冪。寄左。副以弦自之得 𝍰𝍠 𝍩𝍧 𝍠 爲弦冪，股自之得 𝍬𝍨 𝍩𝍣 𝍠 爲股冪，以減弦冪得 𝍫𝍡 𝍣 爲同數。消左得 𝍫𝍡̸ 𝍣̸ 𝍠 平方開之得八尺爲句。照式得股弦。

又立天元 𝍠 爲股，以句股較減之得 𝍦̸ 𝍠 爲句，以股弦較加股得 𝍡 𝍠 爲弦。乃以天元自之得 太 〇 𝍠 爲股冪。寄左。副以弦自之得 𝍣 𝍣 𝍠 爲弦冪，句自之得 𝍬𝍨 𝍩𝍣̸ 𝍠 爲句冪，以減弦冪得 𝍬𝍤̸ 𝍩𝍧 爲同數。消左得 𝍬𝍤 𝍩𝍧̸ 𝍠 平方開之得十五尺爲股。照式得句弦。

又立天元 𝍠 爲弦，以股弦較減之得 𝍡̸ 𝍠 爲股，以句股較減股得 𝍨̸ 𝍠 爲句。乃以天元自之得 太 〇 𝍠 爲弦冪。寄左。副以股自之得 𝍣 𝍣̸ 𝍠 爲股冪，句自之得 𝍰𝍠 𝍩𝍧̸ 𝍠 爲句冪，二冪相加得 𝍰𝍤 𝍪𝍡̸ 𝍡 爲同數。消左得 𝍰𝍤 𝍪𝍡̸ 𝍠 平方開之得十七尺爲弦。照式得句股。

設如有句股較七尺，弦與句股和之較六尺，求句股弦各幾何。十六

草曰：立天元 𝍠 爲句，以加較得 𝍦 𝍠 爲股，句股相加得 𝍦 𝍡 爲句股和，以弦和較減之得 𝍠 𝍡 爲弦。乃以天元自之得 太 〇 𝍠 爲句冪。寄左。副以股自之得 𝍬𝍨 𝍩𝍣 𝍠 爲股冪，弦自之得 𝍠 𝍣 𝍣 爲弦冪，以股冪減之得 𝍬𝍧̸ 𝍩〇̸ 𝍢 爲同數。消左得 𝍬𝍧 𝍩〇 𝍡̸ 約之得 𝍪𝍣 𝍤 𝍠̸ 平方開之得八尺爲句。照式得股弦。

又立天元 𝍠 爲股，以較減之得 𝍦̸ 𝍠 爲句，句股相加得 𝍦̸ 𝍡 爲句股和，以弦和較減之得 𝍩𝍢̸ 𝍡 爲弦。乃以天元自之得 太 〇 𝍠 爲股冪。寄左。副以弦自之得 𝍠𝍮𝍨 𝍭𝍡̸ 𝍣 爲弦冪，句自之得 𝍬𝍨 𝍩𝍣̸ 𝍠 爲句冪，以減弦冪得 𝍠𝍪〇 𝍫𝍧̸ 𝍢 爲同數。消左得 𝍠𝍪〇̸ 𝍫𝍧 𝍡̸，約之得 𝍮〇̸ 𝍩𝍨 𝍠̸ 平方開之得十五尺爲股。照式得句弦。

又立天元 𝍠 爲弦，加弦和較得 𝍥 𝍠 爲句股和，以句股較減之得 𝍠̸ 𝍠 爲倍句，以句股較加之得 𝍩𝍢 𝍠 爲倍股。乃倍天元自之得 太 〇 𝍣 爲四段弦冪。寄左。副以倍句自之得 𝍠 𝍡̸ 𝍠 爲四段句冪，倍股自之得 𝍠𝍮𝍨 𝍪𝍥 𝍠 爲四段股冪。二冪相加得 𝍠𝍯〇 𝍪𝍣 𝍡 爲同數。消左得 𝍠𝍯〇̸ 𝍪𝍣̸ 𝍡 約之得 𝍰𝍤̸ 𝍩𝍡̸ 𝍠 平方開之得十七尺爲弦。照式得句股。

設如有句股較七尺，弦與句股和之和四十尺，求句股弦各幾何。十七

草曰：立天元 𝍠 爲句，以加較得 𝍦 𝍠 爲股，句股相加得 𝍦 𝍡

爲句股和，以減弦和和得 ≡||| ⊬ 爲弦。乃以天元自之得 太〇| 爲句冪。寄左。副以弦自之得 一〇≟Ⅲ |≡⊬ Ⅲ 爲弦冪，股自之得 ≡Ⅲ 一||| | 爲股冪，以減弦冪得 一〇≡〇 |≡ㄒ || 爲同數。消左得 一〇≡⊘ |≡ㄒ ⊬ 約之得 ||||=⊘ ㄒ≡ ⊬ 平方開之得八尺爲句。照式得股弦。

又立天元 | 爲股，以較減之得 ㄒ| 爲句，句股相加得 ㄒ|| 爲句股和，以減弦和和得 ≡ㄒ ⊬ 爲弦。乃以天元自之得 〇元| 爲股冪。寄左。副以弦自之得 =||〇Ⅲ |≟ㄒ |||| 爲弦冪，句自之得 ≡Ⅲ 一ㄒ | 爲句冪，以減弦冪得 =|⊥〇 |≟ㄒ || 爲同數。消左得 =|⊥⊘ |≟|||| ⊬ 約之得 |〇≟⊘ ≟ㄒ ⊬ 平方開之得十五尺爲股。照式得句弦。

又立天元 | 爲弦，以減弦和和得 ≡〇 ⊬ 爲句股和，以句股較加之得 ≡ㄒ ⊬ 爲倍股，以句股較減之得 ≡||| ⊬ 爲倍句。乃倍天元自之得 太〇 ||| 爲四段弦冪。寄左。副以倍句自之得 一〇≟Ⅲ ㄒ⊥ | 爲四段句冪，倍股自之得 =||〇Ⅲ ≟ㄒ | 爲四段股冪，二冪相加得 ≡||≟Ⅲ |⊥⊘ || 爲同數。消左得 ≡||≟ㄒ |⊥〇 || 約之得 一ㄒ≡ㄒ ≟〇 | 平方開之得十七爲弦。照式得句股。

設如有股弦和三十二尺，弦與句股較之較十八尺，求句股弦各幾何。

草曰：立天元 | 爲句，以減弦較較得 |〇 ⊬ 爲股弦較，以股弦較借根草股弦較誤爲弦較較，下同。加股弦和得 ≡|| ⊬ 爲倍弦，以股弦較減股弦和得 =|| | 爲倍股。乃倍天元自之得 太〇||| 爲四段句冪。寄左。副以倍弦自之得 一||⊥||| ≟ㄒ | 爲四段弦冪，倍股自之得 ||||≟|||| ≡|||| | 爲四段股冪，以減弦冪得 一||≟〇 |=ㄒ 爲同數。消左得 一||≟⊘ |=Ⅲ ||| 約之得 |||=⊘ ≡|| | 平方開之得八尺爲句。照式得股弦。

又立天元 | 爲股，以減和得 ≡|| ⊬ 爲弦，以弦較較減之得 =|| ⊬ 爲句股較，以減股得 =⊬ || 爲句。乃以天元自之得 太〇| 爲股冪。寄左。副以弦自之得 一〇=||| ⊥ㄒ | 爲弦冪，句自之得 ||||≟||| ≟ㄒ ||| 爲句冪，以減弦冪得 ||||≡〇 =ㄒ ㄒ 爲同數。消左得 ||||≡⊘ =|||| ||| 約之得 |≡ㄒ ㄒ| 平方開之得十五尺爲股。照式得句弦。

又立天元 | 爲弦，以減和得 ≡|| ⊬ 爲股，以弦較較減弦得 一⊘ | 爲句股較，以減股得 ≡|| ⊬ 爲句。乃以天元自之得 太〇| 爲弦冪。寄左。副以股自之得 一〇=||| ⊥ㄒ | 爲股冪，句自之得 一||⊥||| |⊥ㄒ ||| 爲句冪，二冪相加得 =ㄒ≟Ⅲ ||≡⊬ |||| 爲同數。消左得 =ㄒ≟ㄒ ||≡|| ㄒ 約之得 ㄒ≟ㄒ ≡Ⅲ ⊬ 平方開之得十七尺爲弦。照式得句股。

設如有股弦和三十二尺，弦與句股和之較六尺，求句股弦各幾何。十九

草曰：立天元 一 爲句，以弦和較減之得 ⊤一 爲股弦較，以加股弦和得 ＝⊤ 一 爲倍弦，以減股弦和得 ＝Ⅲ ㄨ 爲倍股。乃倍天元自之得 太〇 Ⅲ 爲四段句冪。寄左。副以倍弦自之得 ⊤≟⊤ 𝍫‖ 一 爲四段弦冪，倍股自之得 一Ⅲ𝍫Ⅲ ≟⊤ 一 爲四段股冪，以減弦冪得 ⊤⊥𝍬 丨＝Ⅲ 爲同數。消左得 Ⅲ⊥Ⅲ 丨＝𝍬 Ⅲ 約之得 丨≡‖ ≡ㄨ 一 平方開之得八尺爲句。照式得股弦。

又立天元 一 爲股，以減和得 ≡‖ ㄨ 爲弦，以弦和較加弦得 ≡Ⅲ ㄨ 爲句股和，以股減之得 ≡Ⅲ ㄨ 爲句。乃以天元自之得 太〇一 爲股冪。寄左。副以弦自之得 一〇＝Ⅲ ⊥𝍫 一 爲弦冪，句自之得 一Ⅲ𝍫Ⅲ 𝍫ㄨ Ⅲ 爲句冪，以減弦冪得 Ⅲ＝〇 ≟Ⅲ ㄨ 爲同數。消左得 ≡‖〇 ≟𝍬 Ⅲ 約之得 〇Ⅲ ＝ㄨ 一 平方開之得十五尺爲股。照式得句弦。

又立天元 一 爲弦，以減和得 ≡‖ ㄨ 爲股，以弦加弦較和得 ⊤ 一 爲句股和，以股減之得 ＝⊤ ‖ 爲句。乃以天元自之得 太〇一 爲弦冪。寄左。副以股自之得 一〇＝Ⅲ ⊥𝍫 一 爲股冪，句自之得 ⊤≟⊤ 〇𝍫 Ⅲ 爲句冪，二冪相加得 一Ⅲ〇〇 丨⊥Ⅲ Ⅲ 爲同數。消左得 一Ⅲ〇〇 丨⊥Ⅲ 𝍫 約之得 Ⅲ＝𝍫 ≡‖ ㄨ 平方開之得十七尺爲弦。照式得句股。

設如有股弦較二尺，弦與句股較之和二十四尺，求句股弦各幾何。二十

草曰：立天元 一 爲句，以加弦較和得 ＝Ⅲ 一 爲股弦和，以股弦較加之得 ＝⊤ 一 爲倍弦，以股弦較減之得 ＝‖ 一 爲倍股。乃倍天元自之得 Ⅲ 爲四段句冪。寄左。副以倍弦自之得 ⊤≟⊤ 𝍫‖ 一 爲四段弦冪，倍股自之得 Ⅲ≟Ⅲ 𝍫Ⅲ 一 爲四段股冪，以減弦冪得 丨≟‖ Ⅲ 爲同數。消左得 丨≟ㄨ 𝍬Ⅲ 約之得 ≡𝍬 ㄨ 一 ，平方開之得八尺爲句。照式得股弦。

又立天元 一 爲股，以加較得 ‖一 爲弦，以股減弦較和得 ＝Ⅲ ㄨ 爲句弦較，以減弦得 ＝ㄨ ‖ 爲句。乃以天元自之得 太〇一 爲股冪。寄左。副以弦自之得 Ⅲ Ⅲ 一 爲弦冪，句自之得 Ⅲ≟Ⅲ ≟𝍬 Ⅲ 爲句冪，以減弦冪得 Ⅲ≟〇 ≟‖ ㄨ 爲同數。消左得 Ⅲ≟〇 ≟ㄨ Ⅲ 約之得 丨＝〇 ＝ㄨ 一 平方開之得十五尺爲股。照式得句弦。

又立天元 一 爲弦，以較減之得 ㄨ一 爲股，以弦減弦較和得 ＝Ⅲ ㄨ 爲句股較，以減股得 ＝⊤ ‖ 爲句。乃以天元自之得 太〇一 爲弦冪。寄左。副以股自之得 Ⅲ 𝍫 一 爲股冪，句自之得 ⊤≟⊤ 〇𝍫 Ⅲ 爲句冪，二冪相加得 ⊤≟〇 〇𝍬 Ⅲ 爲同數。消左得 ⊤≟ㄨ 〇Ⅲ 𝍫 約之得 丨≟ㄨ ＝Ⅲ 一 平方開之得十七尺爲弦。照式得句股。

設如有股弦較二尺，弦與句股和之和四十尺，求句股弦各幾何。二十一

草曰：立天元 一 爲句，以減弦和得 ≡〇 ㄨ 爲股弦和，以股弦較加之得 ≡‖ ㄨ 爲倍弦，以股弦較減之得 ≡Ⅲ ㄨ 爲倍股。乃倍天元自之得

太〇 |||| 爲四段句冪。寄左。副以倍弦自之得 —Π⊥|||| ≟|||̸ | 爲四段弦冪，倍股自之得 —||||≡|||| ≟⊤̸ | 爲四段股冪，以減弦冪得 |||=〇 ≡Ⅲ̸ 爲同數。消左得 |||=⊘ Ⅲ |||| 約之得 ≟⊘ || | 平方開之得八尺爲句。照式得股弦。

又立天元 | 爲股，以加較得 || | 爲弦，以股減弦和和得 ≡〇 |̸ 爲句弦和，以弦減之得 ≡Ⅲ ||̸ 爲句。乃以天元自之得 太〇| 爲股冪。寄左。副以弦自之得 |||| |||| | 爲弦冪，句自之得 —||||≡|||| |≡||̸ |||| 爲句冪，以減弦冪得 —||||≡⊘ |≡⊤ ||̸ 爲同數。消左得 —||||≡〇 |≡⊤ |||| 約之得 |||⊥〇 ≡Ⅲ̸ | 平方開之得十五尺爲股。照式得句弦。

又立天元 | 爲弦，以較減之得 ||̸ | 爲股，以弦減弦和和得 ≡〇 |̸ 爲句股和，以股減之得 ≡|| ||̸ 爲句。乃以天自之得 太〇| 爲弦冪。寄左。副以股自之得 ||| ||||̸ | 爲股冪，句自之得 —Π⊥|||| |⊥Ⅲ̸ |||| 爲句冪，二冪相加得 —Π⊥Ⅲ |≟||̸ |||| 爲同數。消左得 —Π⊥Ⅲ̸— |≟|| ||||̸ 約之得 ||||≡||̸ ≡||| |̸ 平方開之得十七尺爲弦。照式得句股。

設如有句弦和二十五尺，弦與句股較之和二十四尺，求句股弦各幾何。二十二

草曰：立天元 | 爲句，以減和得 =|||| |̸ 爲弦，以句加弦較和得 =|||| | 爲股弦和，以弦減之得 |̸ || 爲股。乃以天元自之得 太〇| 爲句冪。寄左。副以弦自之得 ⊤=|||| ≡⊘ | 爲弦冪，股自之得 | ||||̸ |||| 爲股冪，以減弦冪得 ⊤=|||| ≡⊤̸ ||̸ 爲同數。消左得 ⊤=||||̸ ≡⊤ |||| 半之得 |||—||̸ =||| || 平方開之得八尺爲句。照式得股弦。

又立天元 | 爲股，以減弦較和得 =|||| |̸ 爲句弦較，以加句弦和得 ≡Ⅲ |̸ 爲倍弦，以減句弦和得 | | 爲倍句。乃倍天元自之得 太〇 |||| 爲四段股冪。寄左。副以倍弦自之得 =||||〇| ≟Ⅲ̸ | 爲四段弦冪，倍句自之得 | || | 爲四段句冪，以減弦冪得 =||||〇〇 |〇⊘ 爲同數。消左得 =||||〇⊘ |〇〇 |||| 約之得 ⊤〇⊘ =|||| | 平方開之得十五尺爲股。照式得句弦。

又立天元 | 爲弦，以減和得 =|||| |̸ 爲句，以弦減弦較和得 =|||| |̸ 爲句股較，以加句得 ≡Ⅲ ||̸ 爲股。乃以天元自之得 太〇| 爲弦冪。寄左。副以句自之得 ⊤=|||| ≡⊘ | 爲句冪，股自之得 =||||〇| |≟⊤̸ |||| 爲股冪，二冪相加得 ≡〇=⊤ ||≡⊤̸ |||| 爲同數。消左得 ≡〇=⊤̸ ||≡⊤ ||||̸ 半之得 —||||—|||̸ |=||| ||̸ 平方開之得十七尺爲弦。照式得句股。

設如有句弦和二十五尺，弦與句股和之較六尺，求句股弦各幾何。二十三

草曰：立天元 𝍠 爲句，以減和得 𝍪𝍤 𝍠̸ 爲弦，以弦加弦和較得 𝍫𝍠 𝍡̸ 爲句股和，以句減之得 𝍫𝍠 𝍢̸ 爲股。乃以天元自之得 太〇𝍠 爲句冪。寄左。副以弦自之得 𝍥𝍪𝍤 𝍭〇̸ 𝍠 爲弦冪，股自之得 𝍨𝍮𝍠 𝍠𝍪𝍣̸ 𝍣 爲股冪，以減弦冪得 𝍢𝍫𝍥̸ 𝍯𝍣 𝍢̸ 爲同數。消左得 𝍢𝍫𝍥 𝍯𝍣̸ 𝍣 半之得 𝍠𝍮𝍧 𝍫𝍦̸ 𝍡 平方開之得八尺爲句。照式得股弦。

又立天元 𝍠 爲股，以弦和較減之得 𝍥̸ 𝍠 爲句弦較，以加句弦和得 𝍩𝍨 𝍠 爲二弦，以減句弦和得 𝍫𝍠 𝍠̸ 爲二句。乃倍天元自之得 太〇 𝍣 爲股冪。寄左。副以弦自之得 𝍢𝍮𝍠 𝍫𝍧 𝍠 爲弦冪，句自之得 𝍨𝍮𝍠 𝍮𝍡̸ 𝍠 爲句冪，以減弦冪得 𝍥〇〇̸ 𝍠〇〇 爲同數。消左得 𝍥〇〇 𝍠〇〇̸ 𝍣 約之得 𝍠𝍭〇 𝍪𝍤̸ 𝍠 平方開之得十五尺爲股。照式得句弦。

又立天元 𝍠 爲弦，以減和得 𝍪𝍤 𝍠̸ 爲句，以弦加弦和較得 𝍥 𝍠 爲句股和，以句減之得 𝍩𝍨̸ 𝍡 爲股。乃以天元自之得 太〇 𝍠 爲弦冪。寄左。副以句自之得 𝍥𝍪𝍤 𝍭〇̸ 𝍠 爲句冪，股自之得 𝍢𝍮𝍠 𝍯𝍥̸ 𝍣 爲股冪，二冪相加得 𝍨𝍰𝍥 𝍠𝍪𝍥̸ 𝍤 爲同數。消左得 𝍨𝍰𝍥 𝍠𝍪𝍥̸ 𝍣 半之得 𝍣𝍱𝍢 𝍮𝍢̸ 𝍡 平方開之得十七尺爲弦。照式得句股。

設如有句弦較九尺，弦與句股較之較十尺，求句股弦各幾何。二十四

草曰：立天元 𝍠 爲句，以加較得 𝍨 𝍠 爲弦，以弦較較減弦得 𝍠̸ 𝍠 爲句股較，以句加之得 𝍠̸ 𝍡 爲股。乃以天元自之得 太〇𝍠 爲句冪。寄左。副以弦自之得 𝍰𝍠 𝍩𝍧 𝍠 爲弦冪，股自之得 𝍠 𝍣̸ 𝍣 爲股冪，以減弦冪得 𝍰〇 𝍪𝍡 𝍢̸ 爲同數。消左得 𝍰〇̸ 𝍪𝍡̸ 𝍣 半之得 𝍬〇̸ 𝍩𝍠̸ 𝍡 平方開之得八尺爲句。照式得股弦。

又立天元 𝍠 爲股，以弦較較加之得 𝍩〇 𝍠 爲句弦和，以句弦較減之得 𝍠 𝍠 爲倍句，以句弦較加之得 𝍩𝍨 𝍠 爲倍弦。乃倍天元自之得 太〇 𝍣 爲四段股冪。寄左。副以倍弦自之得 𝍢𝍮𝍠 𝍫𝍧 𝍠 爲四段弦冪，倍句自之得 𝍠 𝍡 𝍠 爲四段句冪，以減弦冪得 𝍢𝍮〇 𝍫𝍥 爲同數。消左得 𝍢𝍮〇̸ 𝍫𝍥̸ 𝍣 約之得 𝍱〇̸ 𝍨̸ 𝍠 平方開之得十五尺爲股。照式得句弦。

又立天元 𝍠 爲弦，以較減之得 𝍨̸ 𝍠 爲句，以弦較較減弦得 𝍩〇̸ 𝍠 爲句股較，以加句得 𝍩𝍨̸ 𝍡 爲股。乃以天元自之得 〇元𝍠 爲弦冪。寄左。副以句自之得 𝍰𝍠 𝍩𝍧̸ 𝍠 爲句冪，股自之得 𝍢𝍮𝍠 𝍯𝍥̸ 𝍣 爲股冪，二冪相加得 𝍣𝍬𝍡 𝍱𝍣̸ 𝍤 爲同數。消左得 𝍣𝍬𝍡 𝍱𝍣̸ 𝍣 半之得 𝍡𝍪𝍠 𝍬𝍦̸ 𝍡 平方開之得十七尺爲弦。照式得句股。

設如有句弦較九尺，弦與句股和之和四十尺，求句股弦各幾何。二十五

草曰：立天元 𝍠 爲句，以加較得 𝍨 𝍠 爲弦，以句減弦和和得 𝍬〇 𝍠̸ 爲股弦和，以弦減之得 𝍫𝍠 𝍡̸ 爲股。乃以天元自之得 太〇𝍠 爲句冪。寄左。副以弦自之得 𝍰𝍠 𝍩𝍧 𝍠 爲弦冪，股自之得 𝍨𝍮𝍠 𝍠𝍪𝍣̸ 𝍣 爲股冪，以減弦冪得 𝍧𝍰〇̸ 𝍠𝍬𝍡 𝍢̸ 爲同數。消左得 𝍧𝍰〇 𝍠𝍬𝍡̸ 𝍣 半之得

‖‖≡〇 ⊥ⅹ‖ 平方開之得八尺爲句。照式得股弦。

又立天元 ｜ 爲股，以減弦和得 ≡〇ⅹ 爲句弦和，以句弦較加之得 ≡Ⅲ ⅹ 爲倍弦，以句弦較減之得 ≡｜ⅹ 爲倍句。乃倍天元自之得 太〇 Ⅲ 爲四段股冪。寄左。副以倍弦自之得 ‖‖‖〇｜ ≐Ⅲ ｜ 爲四段弦冪，倍句自之得 Ⅲ⊥｜ ⊥ⅹ ｜ 爲四段句冪，以減弦冪得 ｜‖‖≡〇 ≡Ⅲ 爲同數。消左得 ｜‖‖≡⊘ ≡T Ⅲ 半之得 ∏‖⊘ ｜Ⅲ ‖ 平方開之得十五尺爲股。照式得句弦。

又立天元 ｜ 爲弦，以較減之得 Ⅲ｜ 爲句，以弦減弦和和得 ≡〇 ⅹ 爲句股和，以句減之得 ≡Ⅲ ⅹ 爲股。乃以天元自之得 太〇｜ 寄左。副以句自之得 ≐｜ ｜Ⅲ ｜ 爲句冪，股自之得 ‖‖‖〇｜ ≐Ⅲ Ⅲ 爲股冪，二冪相併得 ‖‖‖≐ ‖｜Ⅲ 爲同數。消左得 ‖‖‖≐ⅹ ‖｜Ⅲ ⅹ 半之得下式 ｜‖≡ⅹ ｜〇T ⅹ 平方開之得十七尺爲弦。照式得句股。

埘三草

設如有弦十七尺，句股和二十三尺，求句股各幾何。八　用兩元演。

草曰：立天元 ｜ 爲句，地元 ｜ 爲股，天地元相加得 太｜ ｜ 爲句股和，與二十三尺相消，即一元之同數相消。得 太 ‖ⅹ ｜ ｜ 爲今式。天地元各自乘，相加得 太〇｜ ｜〇 以弦自之得 ‖Ⅲ≐ 相消得 太 ‖≐Ⅲ 〇｜ ｜〇 爲云式。剔分今式爲 ｜太 與 太 ‖≑ ｜ 直截地元。各自乘得 太〇 ｜ 與 太 Ⅲ‖Ⅲ ≡T ｜ 相消得 ⅹ〇 太 ‖‖‖Ⅲ ≡T ｜ 剔分無他意，以欲消去地元，而云式之地元係自乘數。若以今式自乘，則又有各數居地元之位，是消去一地元之平方而又增多數地元也。故直截地元乘之而太位之數與天元又同，經乘過一次而數仍相當，亦齊同相消之意也。以加云式，以加爲減。得 ‖≡〇 ≡T ‖ 約之得 ｜‖〇 ‖ⅹ ｜ 平方開之得八尺爲句。照式得股。

若欲先得股，則剔分今式爲 太 ｜ 與 太 ‖ⅹ 各自乘得 太〇 ｜ 與 太 Ⅲ‖‖‖ ≡T 相消得 太 ‖‖‖〇 ⅹ 以加云式得 ‖≡T Ⅲ ∞ 易位得 ‖≡〇 ≡T ‖ 約之得 ｜‖〇 ‖ⅹ ｜ 與求句式同，平方開大數得十五尺爲股。照式亦得句。

設如有句股和二十三尺，股弦較二尺，求句股弦各幾何。十一　用三元演。

草曰：立天元 ｜ 爲句，地元 ｜ 爲股，人元 ｜ 爲弦。天地元相加得 ｜太 ｜ 爲句股和，與二十三尺相消得 太 ‖ⅹ ｜ ｜ 爲今式。以地元減人元得 ⅹ太 ｜ 爲股弦較，與二尺相消得 太 ⅹ ｜ ⅹ 爲云式。句自乘加股自乘得 太〇 ｜ ｜〇 與弦自乘相消得 〇ⅹ 太〇 ｜〇 ｜ 爲三元之式。以今式加云式即方程之直減也。得 太 ‖≑ ｜ 爲初消式。剔分今式爲 ｜太 與 太 ‖≑ ｜ 各自

乘得 太〇〡 與 太〣〢〣〡 〣丅〣〡 相消得 太〇〡〇〆 〣〢〣〡〣丅〣〡 爲次消式。剔分初消式爲 太〡 與 太〢〣〡 各自乘得 太〇〡 與 丅〢〣〡〣〇〡 相消得 〇〡〇 太〣〢〣〆丅 爲三消式。以加二消式得 太〣〡〇〆 〣丅〣 以加三元之式得 〣丅〣〡 平方開之得八尺爲句。照式得股弦。欲先得股則求消去天人兩元，欲先得弦則求消去天地兩元。

用前題求句弦較。用四元演。

草曰：立天元一爲句，地元一爲股，人元一爲弦，物元一爲句弦較。以天元加地元得 太〡〡 爲句股和，與二十三尺相消得 〣〢〡元 爲今式。以地元減人元得 〆太〡 爲股弦較，與二尺相消得 〆太〆〡 爲云式。句平方加股平方與弦平方相消得 〆〇太〇〡〇〡 爲三元式。以天元減人元得 〡太〆 爲句弦較，與物元相消得 〆太〆〡 爲物元式。以今式加云式得 〣〢〡元 爲初消式。以初消式減物元式得下式 〆〣〢太〆〢 爲次消式。剔分今式爲 太〡 與 〣〡元 各自之得 太〇〡 與 〣〢〣丅〡 相消得 〣〢〣丅〆 爲三消式。剔分初消爲 太〡 與 〣〡〢 各自之得 太〇〡 與 〇元

丅〢〣〇〡 相消得 丅〢〣元〆〣〇〡 爲四消式。加三消式得 〇〣丅〇〆〣 以減三元之式得 〣丅〣〡 爲五消式。二乘次消式得 〆〇〣太〣 以加五消式得 〆〣丅〇元〡 爲六消式。剔分次消式爲 太〆 與 〆〣太〢 各自之得 太〇〣 與 〡〣〇丅〢〣太 相消得 〆〣〇丅〢〣元〇〣 爲七消式。四倍六消式得 元〣〇〣 以減七消式得 〆〣〣〆 物易天位得式 〆〣〣 平方開之得九尺爲句弦較。

清・劉其偉《代數釋例》

第一題

今有句股形，其句八尺股十五尺，求弦幾何。

設　弦＝天　自乘得　天二　股＝一五　自乘得　二二五　又　句＝八　自乘得　六四　句、股兩方之和與弦方等，式　天二＝二八九　兩端開方，得　天＝一七　即弦。

第二題

今有句股形，其句八尺弦十七尺，求股幾何。

設　股＝天　自乘得　天二　句＝八　自乘得　六四　又　弦＝一七　自乘得　二八九　句、弦兩方之較與股方等，式　天二＝二二五　兩端開方，得　天＝一五　即股。

第三題

今有句股形，其句八尺股弦和三十二尺，求股弦各幾何。

設　股＝天　自乘得　天二　弦＝三二丅天　自乘得　一〇二四丅六四

$天丄天^{二}$ 又 句＝八 自乘得 六四 股、弦兩方之較與句方等，式 一〇二四丅六四天＝六四 遷項得 六四天＝九六〇 以 六四 除兩端，得 天＝一五 即股 三二丅一五＝一七 即弦。

第四題

今有句股形，其句八尺股弦較二尺，求股弦各幾何。

設 股＝天 自乘得 $天^{二}$ 弦＝二丄天 自乘得 $四丄四天丄天^{二}$ 又 句＝八 自乘得 六四 股、弦兩方之較與句方等，式 四丄四天＝六四 遷項得 四天＝六〇 以四除兩端，得 天＝一五 即股， 一五丄二＝一七 即弦。

第五題

今有句股形，其股十五尺弦十七尺，求句幾何。

設 句＝天 自乘得 $天^{二}$ 股＝一五 自乘得 二二五 又 弦＝一七 自乘得 二八九 股、弦兩方之較與句方等，式 $天^{二}$＝六四 兩端開方，得 天＝八 即句。

第六題

今有句股形，其股十五尺句弦和二十五尺，求句弦各幾何。

設 句＝天 自乘得 $天^{二}$ 弦＝二五丅天 自乘得 $六二五丅五〇天丄天^{二}$ 。又 股＝一五 自乘得 二二五 句、弦兩方之較與股方等，式 六二五丅五〇天＝二二五 遷項得 五〇天＝四〇〇 以 五〇 除兩端，得 天＝八 即句 二五丅八＝一七 即弦。

第七題

今有句股形，其股十五尺句弦較九尺，求句弦各幾何。

設 句＝天 自乘得 $天^{二}$ 弦＝九丄天 自乘得 $八一丄一八天丄天^{二}$ 又 股＝一五 自乘得 二二五 句、弦兩方之較與股方等，式 八一丄一八天＝二二五 遷項得 一八天＝一四四 以 一八 除兩端，得 天＝八 即句， 九丄八＝一七 即弦。

第八題

今有句股形，其弦十七尺句股和二十三尺，求句股各幾何。

設 句＝天 自乘得 $天^{二}$ 股＝二三丅天 自乘得 $五二九丅四六天丄天^{二}$ 又 弦＝一七 自乘得 二八九 句、股兩方之和與弦方等，式 $五二九丅四六天丄二天^{二}$＝二八九 遷項得 $二天^{二}丅四六天$＝丅二四〇 以二除兩端，得 $天^{二}丅二三天$＝丅一二〇 兩端各加天之半係數方

$$天^{二}丅二三天丄\left(\frac{二三}{二}\right)^{二}＝丅一二〇丄\left(\frac{二三}{二}\right)^{二}＝\frac{五二九}{四}丅\frac{四八〇}{四}＝\frac{四九}{四}$$

兩端開方 $天丅\frac{二三}{二}＝\pm\frac{七}{二}$ 遷項 $天＝\pm\frac{七}{二}丄\frac{二三}{二}＝\frac{一六}{二}＝八$ 即句， 二三丅八＝一五 即股。

第九題

今有句股形，其弦十七尺句股較七尺，求句股各幾何。

設 句＝天 自乘得 $天^{二}$ 股＝七丄天 自乘得 $四九丄一四天丄天^{二}$ 又 弦＝一七 自乘得 二八九 句、股兩方之和與弦方等，式 $四九丄一四天丄二天^{二}$＝二八九 遷項得 $二天^{二}丄一四天$＝二四〇 以二除兩端，得 $天^{二}丄七天$＝一二〇 兩端各加天之半係數方

$$天^{二}丄七天丄\left(\frac{七}{二}\right)^{二}＝一二〇丄\left(\frac{七}{二}\right)^{二}＝\frac{四八〇}{四}丄\frac{四九}{四}＝\frac{五二九}{四}$$

兩端開方 $天丄\frac{七}{二}＝\pm\frac{二三}{二}$ 遷項 $天＝\pm\frac{二三}{二}丅\frac{七}{二}＝\frac{一六}{二}＝八$ 即句， 七丄八＝一五 即股。

第十題

今有句股形，其句股和二十三尺股弦和三十二尺，求句股弦各幾何。

設 股＝天 自乘得 $天^{二}$ 句＝二三丅天 自乘得 $五二九丅四六天丄天^{二}$ 又 弦＝三二丅天 自乘得 $一〇二四丅六四天丄天^{二}$ 句、股兩方之和與弦方等，式 $一〇二四丅六四天丄天^{二}＝五二九丅四六天丄天^{二}丄天^{二}$ 遷項相消，得 $天^{二}丄一八天$＝四九五 兩端各加天之半係數方，得 $天^{二}丄一八天丄八一$＝四九五丄八一＝五七六 兩端開方，得 $天丄九＝\pm二四$ 遷項得 $天＝\pm二四丅九$＝一五 即股 二三丅一五＝八 即句 三二丅一五＝一七 即弦。

第十一題

今有句股形，其句股和二十三尺股弦較二尺，求句股弦各幾何。

設 股＝天 自乘得 $天^{二}$ 句＝二三丅天 自乘得 五二九丅四六

天丄天^{二}　又　弦＝二丄天　自乘得　四丄四天丄天^{二}　句、股兩方之和與弦方等，式　四丄四天丄天^{二}＝五二九丅四六天丄天^{二}丄天^{二}　遷項相消，得　天^{二}丅五〇天＝丅五二五　兩端各加天之半係數方，得　天^{二}丅五〇天丄(二五)^{二}＝丅五二五丄(二五)^{二}＝一〇〇　兩端開方，得　天丅二五＝±一〇　遷項得　天＝±一〇丄二五＝一五　即股　二三丅一五＝八　即句　二丄一五＝一七　即弦。

第十二題

今有句股形，其句股和二十三尺弦與句股較之較十尺，求句股弦各幾何。

設　句＝天　自乘得　天^{二}　股＝二三丅天　自乘得　五二九丅四六天丄天^{二}　股句較＝二三丅天丅天＝二三丅二天　又　弦＝一〇丄二三丅二天＝三三丅二天　自乘得　一〇八九丅一三二天丄四天^{二}　句、股兩方之和與弦方等，式　一〇八九丅一三二天丄四天^{二}＝五二九丅四六天丄天^{二}丄天^{二}　遷項相消，得　二天^{二}丅八六天＝丅五六〇　以二除兩端，得　天^{二}丅四三天＝丅二八〇　兩端各加天之半係數方，得　天^{二}丅四三天丄$\left(\frac{四三}{二}\right)^{二}$＝丅二八〇丄$\left(\frac{四三}{二}\right)^{二}$＝丅$\frac{一一二〇}{四}$丄$\frac{一八四九}{四}$＝$\frac{七二九}{四}$　兩端開方，得　天丅$\frac{四三}{二}$＝±$\frac{二七}{二}$　遷項　天＝±$\frac{二七}{二}$丄$\frac{四三}{二}$＝$\frac{一六}{二}$＝八　即句，二三丅八＝一五　即股。將天之同數代入弦式，得　三三丅一六＝一七　即弦。

第十三題

今有句股形，其句股和二十三尺弦與句股較之和二十四尺，求句股弦各幾何。

設　句＝天　自乘得　天^{二}　股＝二三丅天　自乘得　五二九丅四六天丄天^{二}　句股較＝二三丅天丅天　＝二三丅二天　又　弦＝二四丅(二三丅二天)＝一丄二天　自乘得　一丄四天丄四天^{二}　句、股兩方之和與弦方等，式　一丄四天丄四天^{二}＝五二九丅四六天丄天^{二}丄天^{二}　遷項相消　二天^{二}丄五〇天＝五二八　以二除兩端，得　天^{二}丄二五天＝二六四　兩端各加天之半係數方，得　天^{二}丄二五天丄$\left(\frac{二五}{二}\right)^{二}$＝二六四丄$\left(\frac{二五}{二}\right)^{二}$＝$\frac{一〇五六}{四}$丄$\frac{六二五}{四}$＝$\frac{一六八一}{四}$　兩端開方，得　天丄$\frac{二五}{二}$＝±$\frac{四一}{二}$　遷項　天＝±$\frac{四一}{二}$丅$\frac{二五}{二}$＝$\frac{一六}{二}$＝八　即句　二三丅八＝一五　即股。將天之同數代入弦式，得　一丄一六＝一七　即弦。

第十四題

今有句股形，其句股較七尺股弦和三十二尺，求句股弦各幾何。

設　股＝天　自乘得　天^{二}　句＝天丅七　自乘得　天^{二}丅一四天丄四九　又　弦＝三二丅天　自乘得　一〇二四丅六四天丄天^{二}　句、股兩方之和與弦方等，式　一〇二四丅六四天丄天^{二}＝天^{二}丅一四天丄四九丄天^{二}　遷項相消，得　天^{二}丄五〇天＝九七五　兩端各加天之半係數方，得　天^{二}丄五〇天丄(二五)^{二}＝九七五丄(二五)^{二}＝一六〇〇　兩端開方，得　天丄二五＝±四〇　遷項，得　天＝±四〇丅二五＝一五　即股　一五丅七＝八　即句　三二丅一五＝一七　即弦。

第十五題

今有句股形，其句股較七尺股弦較二尺，求句股弦各幾何。

設　股＝天　自乘得　天^{二}　句＝天丅七　自乘得　天^{二}丅一四天丄四九　又　弦＝天丄二　自乘得　天^{二}丄四天丄四　句、股兩方之和與弦方等式　天^{二}丄四天丄四＝天^{二}丅一四天丄四九丄天^{二}　遷項相消　天^{二}丅一八天＝丅四五　兩端各加天之半係數方，得　天^{二}丅一八天丄八一＝丅四五丄八一＝三六　兩端開方，得　天丅九＝±六　遷項，得　天＝±六丄九＝一五　即股　一五丅七＝八　即句　一五丄二＝一七　即弦。

第十六題

今有句股形，其句股較七尺，弦與句股和之較六尺，求句股弦各幾何。

設　句＝天　自乘得　天^{二}　股＝天丄七　自乘得　天^{二}丄一四天丄四九　句股和＝天丄天丄七＝二天丄七　又　弦＝二天丄七丅六＝二天丄一　自乘得　四天^{二}丄四天丄一＝

天^{二}⊥一四天⊥四九⊥天^{二} 遷項相消 二天^{二}丅一〇天=四八 以二除兩端，得 天^{二}丅五天=二四 兩端各加天之半係數方，得 天^{二}丅五天⊥(五/二)^{二}=二四⊥(五/二)^{二}=一二一/四 兩端開方，得 天丅五/二=±一一/二 遷項，得 天=±一一/二⊥五/二=一六/二=八 即句 七⊥八=一五 即股。將天之同數代入弦式，得 一⊥一六=一七 即弦。

第十七題

今有句股形，其句股較七尺，弦與句股和之和四十尺，求句股弦各幾何。

設 句=天 自乘得 天^{二} 股=天⊥七 自乘得 天^{二}⊥一四天⊥四九 句股和=天⊥七⊥天=二天⊥七 又 弦=四〇丅(二天⊥七)=三三丅二天 自乘得 一〇八九丅一三二天⊥四天^{二} 句、股兩方之和與弦方等，式 一〇八九丅一三二天⊥四天^{二}=天^{二}⊥一四天⊥四九⊥天^{二} 遷項相消 二天^{二}丅一四六天=丅一〇四〇 以二除兩端，得 天^{二}丅七三天=丅五二〇 兩端各加天之半係數方，得 天^{二}丅七三天⊥(七三/二)^{二}=丅五二〇⊥(七三/二)^{二}=三二四九/四 兩端開方，得 天丅七三/二=±五七/二 遷項，得 天=±五七/二⊥七三/二=一六/二=八 即句 八⊥七=一五 即股。將天之同數代入弦式，得 三三丅一六=一七 即弦。

第十八題

今有句股形，其股弦和三十二尺，弦與句股較之較十尺，求句股弦各幾何。

此題用代數之二元三元之法均可算出。

設 句=天 股=地 弦=人 股弦和式 地⊥人=三二 甲 弦與句股較之較式 人丅(地丅天)=一〇 去弓遷項 人丅地=一〇丅天 乙 將甲乙兩式相加，得 二人=四二丅天 丙 爲倍弦式。相減得 二地=二二⊥天 丁 爲倍股式，將丙丁兩式各自乘，得 一七六四丅八四天⊥天^{二} 四八四⊥四四天⊥天^{二} 兩式相減，得 一二八〇丅一二八天 與倍句方等，式 一二八〇丅一二八天=四天^{二} 遷項 四天^{二}⊥一二八天=一二八〇 以四除兩端，得 天^{二}⊥三二天=三二〇 兩端各加天之半係數方，得 天^{二}⊥三二天⊥二五六=三二〇⊥二五六=五七六 兩端開方，得 天⊥一六=±二四 遷項 天=±二四丅一六=八 即句。將天之同數代入丙式，得 二人=四二丅八 以二除兩端 人=二一丅四=一七 即弦。將人之同數代入甲式，得 一七⊥地=三二 遷項，得 地=一五 即股。

前題以代數之二元法算之如下。

設 股=天 自乘得 天^{二} 弦=三二丅天 自乘得 一〇二四丅六四天⊥天^{二} 又 句=地 弦與句股較之較式 三二丅天丅(天丅地)=一〇 去弓遷項，得 地=二天丅二二 甲 自乘得 四天^{二}丅八八天⊥四八四 句、股兩方之和與弦方等，式 一〇二四丅六四天⊥天^{二}=天^{二}⊥四天^{二}丅八八天⊥四八四 遷項相消 四天^{二}丅二四天=五四〇 以四除兩端 天^{二}丅六天=一三五 兩端各加天之半係數方，得 天^{二}丅六天⊥九=一三五⊥九=一四四 兩端開之，得 天丅三=±一二 遷項，得 天=±一二⊥三=一五 即股， 三二丅一五=一七 即弦。將天之同數代入甲式，得 地=三〇丅二二=八 即句。

前題以代數一元之法亦可算出如下。

設 股=天 自乘得天^{二} 弦=三二丅天 自乘得 一〇二四丅六四天⊥天^{二} 自弦方減股方等句方，式 一〇二四丅六四天⊥天^{二}丅天^{二}=句^{二} 相消開方，得 句=√(一〇二四丅六四天) 弦與句股較之較 式 三二丅天丅(天丅√(一〇二四丅六四天))=一〇 去弓遷項 √(一〇二四丅六四天)=二天丅二二 兩端各自乘，得 一〇二四丅六四天=四天^{二}丅八八天⊥四八四 遷項相消，得 四天^{二}丅二四天=五四〇 以四除兩端，得 天^{二}丅六天=一三五 兩端各加天之半係數方，得 天^{二}丅六天⊥九=一三五⊥九=一四四 兩端開方，得 天丅三=±一二 遷項，得 天=±一二⊥三=一五 即股。將天之同數代入弦式，得 弦=三二丅一五=一七 將天之同數代入句式，得 句=√(一〇二四丅九六〇)=八

第十九題

設如股弦和三十二尺，弦與句股和之較六尺，求句股弦各幾何。

設 句=天 股=地 弦=人 股弦和式 人⊥地=三二 甲 弦與句

股和之較式　地丄天丅人=六　遷項得　地丅人=六丅天　乙　將甲乙　兩式相加，得　二地=三八丅天　丙　爲倍股式。相減得　二人=二六丄天　丁　爲倍弦式。將丙丁兩式各自乘，得　六七六丄五二天丄天^{二}　一四四四丅七六天丄天^{二}　兩式相減，得　丅七六八丄一二八天　與倍句方等，式　丅七六八丄一二八天=四天^{二}　遷項　四天^{二}丅一二八天=丅七六八　以四除兩端，得　天^{二}丅三二天=丅一九二　兩端各加天之半係數方，得　天^{二}丅三二天丄二五六=丅一九二丄二五六=六四　兩端開方，得　天丅一六=±八　遷項　天=±八丄一六=八　即句。將天之同數代入丙式，得　二地=三八丅八　以二除兩端　地=一九丅四=一五　即股。將地之同數代入甲式，得　人丄一五=三二　遷項，得　人=一七　即弦。

前題以代數一元之法算之如下。

設　股=天　自乘得　天^{二}　弦=三二丅天　自乘得　一〇二四丅六四天丄天^{二}　自弦方減股方等句方式　一〇二四丅六四天丄天^{二}丅天^{二}=句^{二}　相消開方，得　句=$\sqrt{一〇二四丅六四天}$　弦與句股和之較式　天丄$\sqrt{一〇二四丅六四天}$丅(三二丅天)=六　去弧遷項，得　$\sqrt{一〇二四丅六四天}$=三八丅二天　兩端各自乘，得　一〇二四丅六四天=一四四四丅一五二天丄四天^{二}　遷項相消，得　四天^{二}丅八八天=丅四二〇　以四除兩端，得　天^{二}丅二二天=丅一〇五　兩端各加天之半係數方，得　天^{二}丅二二天丄一二一=丅一〇五丄一二一=一六　兩端開方，得　天丅一一=±四　遷項，得　天=±四丄一一=一五　即股。將天之同數代入弦式，得　弦=三二丅一五=一七　將天之同數代入句式，得　句=$\sqrt{一〇二四丅九六〇}$=$\sqrt{六四}$=八

第二十題

設如股弦較二尺，弦與句股較之和二十四尺，求句股弦各幾何。

設　股=天　自乘得　天^{二}　弦=二丄天　自乘得　四丄四天丄天^{二}　自弦方減股方等句方式　四丄四天丄天^{二}丅天^{二}=句^{二}　相消開方，得　句=$\sqrt{四丄四天}$　。弦與句股較之和式　二丄天丄天丅$\sqrt{四丄四天}$=二四　遷項，得　二天丅二二=$\sqrt{四丄四天}$　兩端各自乘，得　四天^{二}丅八八天丄四八四=四丄四天　遷項得　四天^{二}丅九二天=丅四八〇　以四除兩端，得　天^{二}丅二三天=丅一二〇　兩端各加天之半係數方，得　天^{二}丅二三天丄($\frac{二三}{二}$)^{二}=丅一二〇丄($\frac{二三}{二}$)^{二}=$\frac{四九}{四}$　兩端開方，得　天丅$\frac{二三}{二}$=±$\frac{七}{二}$　遷項，得　天=±$\frac{七}{二}$丄$\frac{二三}{二}$=$\frac{三〇}{二}$=一五　即股。將天之同數代入弦式，得　弦=二丄一五=一七　將天之同數代入句式，得　句=$\sqrt{四丄四×一五}$=$\sqrt{六四}$=八

第二十一題

設如有股弦較二尺，弦與句股和之和四十尺，求句股弦各幾何。

設　股=天　自乘得　天^{二}　弦=二丄天　自乘得　四丄四天丄天^{二}　又　句=四〇丅(二丄天丄天)=三八丅二天　自乘得　一四四四丅一五二天丄四天^{二}　股弦兩方之較與句方等，式　四丄四天丄天^{二}丅天^{二}=一四四四丅一五二天丄四天^{二}　遷項相消，得　四天^{二}丅一五六天=丅一四四〇　以四除兩端得　天^{二}丅三九天=丅三六〇　兩端各加天之半係數方，得　天^{二}丅三九天丄($\frac{三九}{二}$)^{二}=丅三六〇丄($\frac{三九}{二}$)^{二}=$\frac{八一}{四}$　兩端開方得　天丅$\frac{三九}{二}$=±$\frac{九}{二}$　遷項，得　天=±$\frac{九}{二}$丄$\frac{三九}{二}$=$\frac{三〇}{二}$=一五　即股。將天之同數代入弦式，得　弦=二丄一五=一七　將天之同數代入句式，得　句=三八丅三〇=八

第二十二題

設如有句弦和二十五尺，弦與句股較之和二十四尺，求句股弦各幾何。

設　句=天　自乘得　天^{二}　弦=二五丅天　自乘得　六二五丅五〇天丄天^{二}　自弦方減句方等股方，式　六二五丅五〇天丄天^{二}丅天^{二}=股^{二}　相消開方，得　股=$\sqrt{六二五丅五〇天}$　弦與句股較之和式　二五丅天丄$\sqrt{六二五丅五〇天}$丅天=二四　遷項得　$\sqrt{六二五丅五〇天}$=二天丅一　兩端各自乘得　六二五丅五〇天=四天^{二}丅四天丄一　遷項相消得　四天^{二}丄四六天=六二四　以四除兩端得　天^{二}丄$\frac{四六}{四}$天=一五六　兩端各加天之

半係數方，得　$天^{二}丄\frac{四六}{四}天丄\left(\frac{二三}{四}\right)^{二}=一五六丄\left(\frac{二三}{四}\right)^{二}=\frac{三〇二五}{一六}$　兩端開方得　$天丄\frac{二三}{四}=\pm\frac{五五}{四}$　遷項，得　$天=\pm\frac{五五}{四}丅\frac{二三}{四}=\frac{三二}{四}=八$　即句。將天之同數代入弦式，得　弦＝二五丅八＝一七　將天之同數代入股式，得　$股=\sqrt{六二五丅五〇×八}=\sqrt{二二五}=一五$

第二十三題

設如有句弦和二十五尺，弦與句股和之較六尺，求句股弦各幾何。

設　句＝天　自乘得　$天^{二}$、弦＝二五丅天　自乘得　$六二五丅五〇天丄天^{二}$　自弦方減句方等股方，式　$六二五丅五〇天丄天^{二}丅天^{二}=股^{二}$　消開方得　$股=\sqrt{六二五丅五〇天}$　弦與句股和之較式　$天丄\sqrt{六二五丅五〇天}丅(二五丅天)=六$　去弓遷項，得　$\sqrt{六二五丅五〇天}=三一丅二天$　兩端各自乘得式　$六二五丅五〇天=九六一丅一二四天丄四天^{二}$　遷項相消，得　$四天^{二}丅七四天=丅三三六$　以四除兩端，得　$天^{二}丅\frac{三七}{二}天=丅八四$　兩端各加天之半係數方，得　$天^{二}丅\frac{三七}{二}天丄\left(\frac{三七}{四}\right)^{二}=丅八四丄\left(\frac{三七}{四}\right)^{二}=\frac{二五}{一六}$　兩端開方，得　$天丅\frac{三七}{四}=\pm\frac{五}{四}$　遷項，得　$天=\pm\frac{五}{四}丄\frac{三七}{四}=\frac{三二}{四}=八$　即句。將天之同數代入弦式，得　弦＝二五丅八＝一七　將天之同數代入股式，得　$股=\sqrt{六二五丅五〇×八}=\ =\sqrt{二二五}=一五$

第二十四題

設如有句弦較九尺，弦與句股較之較十尺，求句股弦各幾何。

設　句＝天　自乘得　$天^{二}$　弦＝九丄天　自乘得　$八一丄一八天丄天^{二}$　自弦方減句方等股方，式　$八一丄一八天丄天^{二}丅天^{二}=股^{二}$　相消開方，得　$股=\sqrt{八一丄一八天}$　弦與句股較之較式　$九丄天丅(\sqrt{八一丄一八天}丅天)=一〇$　去弓遷項，得　$二天丅一=\sqrt{八一丄一八天}$　兩端各自乘，得　$四天^{二}丅四天丄一=八一丄一八天$　遷項相消，得　$四天^{二}丅二二天=八〇$　以四除兩端得　$天^{二}丅\frac{一一}{二}天=二〇$　兩端各加天之半係數方，得　$天^{二}丅\frac{一一}{二}天丄\left(\frac{一一}{四}\right)^{二}=二〇丄\left(\frac{一一}{四}\right)^{二}=\frac{四四一}{一六}$　兩端開方得　$天丅\frac{一一}{四}=\pm\frac{二一}{四}$　遷項，得　$天=\pm\frac{二一}{四}丄\frac{一一}{四}=\frac{三二}{四}=八$　即句。將天之同數代入弦式，得　弦＝九丄八＝一七　將天之同數代入股式，得　$股=\sqrt{八一丄一八×八}=\sqrt{二二五}=一五$

第二十五題

設如有句弦較九尺，弦與句股和之和四十尺，求句股弦各幾何。

設　句＝天　自乘得　$天^{二}$　弦＝九丄天　自乘得　$八一丄一八天丄天^{二}$　又　股＝四〇丅(九丄天丄天)＝三一丅二天　自乘得　$九六一丅一二四天丄四天^{二}$　句、弦兩方之較與股方等，式　$八一丄一八天丄天^{二}丅天^{二}=九六一丅一二四天丄四天^{二}$　遷項相消，得　$四天^{二}丅一四二天=丅八八〇$　以四除兩端得　$天^{二}丅\frac{七一}{二}天=丅二二〇$　兩端各加天之半係數方，得　$天^{二}丅\frac{七一}{二}天丄\left(\frac{七一}{四}\right)^{二}=丅二二〇丄\left(\frac{七一}{四}\right)^{二}=\frac{一五二一}{一六}$　兩端開方得　$天丅\frac{七一}{四}=\pm\frac{三九}{四}$　遷項得　$天=\pm\frac{三九}{四}丄\frac{七一}{四}=\frac{三二}{四}=八$　即句。將天之同數代入弦式，得　弦＝九丄八＝一七　將天之同數代入股式，得　股＝三一丅一六＝一五

清·陳崧《借根代數會通》卷三　面部

設如大小兩正方面積共二百一十八尺，其大方面積比小方面積多一百二十尺，問大小方面積各幾何。

答曰：小方面積四十九尺，大方面積一百六十九尺。

㊀ $天^{二}=小積$　㊁ $天^{二}丄一二〇=大積$　㊂ $二天^{二}丄一二〇=二一八$

㊃ $二天^{二}=九八$　㊄ $天^{二}=四九$

法命小方每邊之數爲天，自之爲小方面積，得一式。以一式加一百二十尺爲大方面積，得二式。以一二兩式併之，與二百一十八尺相等，得三式。消之得四式，右實左法得五式，知小方面積爲四十九尺也。加一百二十尺得一百六十九尺，即爲大方面積也。

前題新術。

㈠ 天＝大積 ㈡ 天丅一二〇＝小積 ㈢ 二天丅一二〇＝二一八 ㈣ 二天＝三三八 ㈤ 天＝一六九

法命大方面積爲天，得一式。以一式減一百二十尺爲小方面積，得二式。以一二兩式併之，與二百一十八尺相等，得三式。消之得四式，右實左法得五式，知大方面積爲一百六十九尺也。減一百二十尺餘四十九尺，即爲小方面積也。

設如甲乙二長方面積共三百尺，甲長八尺乙長一丈四尺，其甲闊比乙闊爲二倍。問二長方闊數積數各幾何。

答曰：甲闊二十尺，乙闊十尺，甲面積一百六十尺，乙面積一百四十尺。

㈠ 天＝乙闊 ㈡ 二天＝甲闊 ㈢ 一四天＝乙積 ㈣ 一六天＝甲積 ㈤ 三〇天＝三〇〇 ㈥ 天＝一〇

法命乙闊爲天，得一式。以一式倍之爲甲闊，得二式。以乙長一丈四尺乘一式爲乙積，得三式。以甲長八尺乘二式爲甲積，得四式。以三四式併之與三百尺相等，得五式。右實左法得六式，知乙闊爲十尺也。倍之得二十尺爲甲闊，以十尺與一丈四尺相乘得一百四十尺爲乙積，以二十尺與八尺相乘得一百六十尺爲甲積也。

前題新術。

㈠ 天＝甲闊 ㈡ $\frac{二}{天}$＝乙闊 ㈢ 八天＝甲積 ㈣ $\frac{二}{一四天}$＝乙積 ㈤ 八天⊥$\frac{二}{一四天}$＝三〇〇 ㈥ 三〇天＝六〇〇 ㈦ 天＝二〇

法命甲闊爲天得一式。以一式二除之爲乙闊，得二式。以甲長八尺乘一式爲甲積，得三式。以乙長一丈四尺乘二式爲乙積，得四式。以三四式併之與三百尺相等，得五式。化之得六式，右實左法得七式，知甲闊爲二十尺也。即以二十尺代天，依二三四式算之，亦得乙闊及甲乙積也。

設如有甲、乙、丙三長方。甲方闊十尺不知長，乙方闊十六尺，長與甲等。丙方闊四尺，面積與甲之長相等。又甲乙二方之共面積與丙方之長數相併爲三千一百五十尺。問三方各長若干。

答曰：甲乙俱長一百二十尺，丙長三十尺。

㈠ 天＝甲長＝乙長＝丙積 ㈡ 一〇天＝甲積 ㈢ 一六天＝乙積 ㈣ $\frac{四}{天}$＝丙長 ㈤ 二六天⊥$\frac{四}{天}$＝三一五〇 ㈥ 一〇五天＝一二六〇〇 ㈦ 天＝一二〇

法命天爲甲長數，亦即爲乙長數丙積數，得一式。以甲闊十尺乘一式爲甲面積，得二式。以乙闊十六尺乘一式爲乙面積，得三式。以丙闊四尺除一式爲丙長，得四式。以二三四式併之，與三千一百五十尺相等，得五式。化之得六式，右實左法得七式，知甲長乙長及丙積俱爲一百二十尺也。又置一百二十尺以四除之，得三十尺即爲丙長。

前題新術。

㈠ 天＝丙長 ㈡ 四天＝甲長＝乙長 ㈢ 四〇天＝甲積 ㈣ 六四天＝乙積 ㈤ 一〇五天＝三一五〇 ㈥ 天＝三〇

法命丙長爲天得一式。依題理以四乘一式爲甲長，即爲乙長，得二式。以甲闊十尺乘二式爲甲面積，得三式。以乙闊十六尺乘二式爲乙面積，得四式。以一三四式併之與三千一百五十尺相等，得五式。右實左法得六式，知丙長爲三十尺也。以三十尺代天，依三式算之得甲面積，依四式算之得乙面積。

設如有長方形，其長闊和五百零四丈，面積爲闊自乘之七倍。問長闊各幾何。

答曰：長四百四十一丈，闊六十三丈。

㈠ 天＝闊 ㈡ 五〇四一天＝長 ㈢ 五〇四天丅$天^{二}$＝七$天^{二}$ ㈣ 八天＝五〇四 ㈤ 天＝六三

法命闊爲天得一式。以五百零四丈減一式爲長，得二式。以一二式相乘必與天自乘七因之相等，得三式。消之以天除之，得四式。右實左法得五式，知其闊爲六十三丈也。以減五百零四丈，餘四百四十一丈爲長。

釋曰：以天除三式，即原書所謂各降一位者也。

設如有樓一座不知高數，正方池一面不知邊數，但云以六丈與樓之高數相乘與池之邊數等，以一百零八丈與樓之高數相乘與池之面積等。問樓高及池邊數積數各幾何。

答曰：樓高三丈，池邊一十八丈，池積三百二十四丈。

㈠ 天＝樓高 ㈡ 六天＝池邊 ㈢ 三六$天^{二}$＝一〇八天 ㈣ 三六天＝一〇八 ㈤ 天＝三

法命樓之高數爲天得一式。以六丈乘一式爲池邊，得二式。以二式自乘與一百〇八丈乘一式相等，得三式。以天除之得四式，右實左法得五式，知樓高爲

三丈也。以六乘之，得一十八丈爲池邊。又以一百〇八乘三丈，得三百二十四丈爲池積。

前題新術。

㊀ 天＝池邊 ㊁ $\frac{六}{天}$＝樓高 ㊂ $\frac{一〇八}{天^{二}}$＝樓高 ㊃ $\frac{一〇八}{天^{二}}$＝$\frac{六}{天}$ ㊄ 六天^{二}＝一〇八天 ㊅ 六天＝一〇八 ㊆ 天＝一八

法命池邊數爲天得一式。以六丈除一式爲樓高，得二式。以一式自乘，以一百〇八丈除之亦爲樓高，得三式。二三式必等，得四式。化之得五式，以天除之得六式，右實左法得七式，知池邊爲一十八丈也。自乘得池積，以六除十八亦得樓高。

設如甲乙二人有銀不言兩數，但知其銀之比例同於八與五。若以二人銀相併，則與二人銀相乘之數等。問二人銀各若干。

答曰：甲銀二兩六錢，乙銀一兩六錢二分五釐。

㊀ 八天＝甲銀 ㊁ 五天＝乙銀 ㊂ 四〇天^{二}＝一三天 ㊃ 四〇天^{二}＝一三 ㊄ 天＝三二五

法命甲銀數爲八天得一式，乙銀數爲五天得二式。依題以一二式相併與一二式相乘之數等，得三式。以天除之得四式，右實左法得五式，知一天爲三錢二分五釐也。以八乘之，得二兩六錢爲甲銀。以五乘之，得一兩六錢二分五釐爲乙銀。以二數相併得四二二五，以二數相乘亦得四二二五。果相等也。

設如有大小二正方池，小池每邊爲大池每邊之三分之一，二池共邊數爲二池共面積之五十分之一。問二池邊數面積各幾何。

答曰：小池邊二十尺，原書作丈則非小池矣，似未合。大池邊六十尺，小池面積四百尺，大池面積三千六百尺。

㊀ 天＝小池邊 ㊁ 三天＝大池邊 ㊂ 天^{二}＝小池積 ㊃ 九天^{二}＝大池積 ㊄ 一〇天^{二}＝二〇〇天 ㊅ 一〇天＝二〇〇 ㊆ 天＝二〇

法命小池邊爲天得一式。以三乘一式爲大池邊，得二式。以一式自乘爲小池積，得三式。以二式自乘爲大池積，得四式。以一二式併之，以五十乘之，與三四式併之相等，得五式。以天除之得六式，右實左法得七式，知小池邊爲二十尺也。以三乘之得六十尺爲大池邊。以二十自乘得四百尺爲小池積，以六十自乘得三千六百尺爲大池積。

設如有甲、乙、丙三正方，乙方每邊爲甲方每邊之四分之一，丙方每邊爲甲方每邊之八分之一，而乙丙二方之共面積爲甲方每邊之十倍。問三方邊數及面積各幾何。

答曰：甲方邊一百二十八尺，乙方邊三十二尺，丙方邊十六尺，甲面積一萬六千三百八十四尺，乙面積一千零二十四尺，丙面積二百五十六尺。

㊀ 天＝丙方邊 ㊁ 二天＝乙方邊 ㊂ 八天＝甲方邊 ㊃ 天^{二}＝丙面積 ㊄ 四天^{二}＝乙面積 ㊅ 五天^{二}＝八〇天 ㊆ 五天＝八〇 ㊇ 天＝一六

法命丙方邊爲天得一式。以一式二因之爲乙方邊，得二式。以一式八因之爲甲方邊，得三式。以一式自乘爲丙面積，得四式。以二式自乘爲乙面積，得五式。以四五兩式併之與十倍三式相等，得六式。以天除之得七式，右實左法得八式，知丙方邊爲十六尺也。二因之得三十二尺爲乙方邊。八因之得一百二十八尺爲甲方邊。各以方邊自乘，得各面積。

前題新術。

㊀ 天＝乙方邊 ㊁ 四天＝甲方邊 ㊂ $\frac{八}{四天}$＝丙方邊 ㊃ 天^{二}上 $\frac{六四}{一六天^{二}}$＝四〇天 ㊄ 八〇天^{二}＝二五六〇天 ㊅ 八〇天＝二五六〇 ㊆ 天＝三二

法命乙方邊爲天得一式。以一式四因之爲甲方邊，得二式。以二式八除之爲丙方邊，得三式。以一三式各自乘併之，與十乘二式等，得四式。化之得五式，以天除之得六式，右實左法得七式，知乙方邊爲三十二尺也。四因之得一百二十八尺爲甲方邊，以甲方邊八除之得十六尺爲丙方邊。以各方邊自乘，亦得各面積。

設如有甲乙二正方，甲方爲乙方每邊之三倍。以甲方邊四分之一與乙方面積相乘，則與甲方面積等。問二方邊數面積各幾何。

答曰：甲方邊三十六尺，乙方邊十二尺，甲面積一千二百九十六尺，乙面積一百四十四尺。

㊀ 天＝甲方邊 ㊁ $\frac{三}{天}$＝乙方邊 ㊂ 天^{二}＝甲面積 ㊃ $\frac{九}{天^{二}}$＝乙面積 ㊄ $\frac{四}{天}\times\frac{九}{天^{二}}$＝天^{二} ㊅ 天＝三六

法命甲方邊爲天得一式。以一式三除之爲乙方邊，得二式。以一式自乘爲甲面積，得三式。以二式自乘爲乙面積，得四式。乃以一式四除之，與四式相乘，必與三式相等，得五式。化之以　天^{二}　除之，得六式，知甲方邊爲三十六尺也。以三除之得十二尺爲乙方邊。各以方邊自乘，即得各面積。

前題新術。

㈠ 天=乙方邊　㈡ 三天=甲方邊　㈢ 天^{二}=乙面積　㈣ 九天^{二}=甲面積　㈤ $\frac{四}{三天^{二}}$=九天^{二}　㈥ 三天=三六　㈦ 天=一二

法命乙方邊爲天得一式。以一式三因之爲甲方邊，得二式。以一式自乘爲乙面積，得三式。以二式自乘爲甲面積，得四式。以二式四分之一乘三式與四式等，得五式。化之以　天^{二}　除之得六式，右實左法得七式，知乙方邊爲十二尺也。三因之得三十六尺爲甲方邊。各以方邊自乘，亦得各面積。

設如有大小二正方，大方邊與小方邊之比例同於五與三，大方面積比小方面積多二千三百〇四丈。問大小二方邊各幾何。

答曰：大方邊六十丈，小方邊三十六丈。

法命小方邊爲三天得一式。大方邊爲五天，得二式。以一式自乘爲小方積，得三式。以二式自乘爲大方積，得四式。以三四式相減，與二千三百〇四丈相等，得五式。右實左法得六式，平方開之得七式，知十二丈爲一天。以三乘之得三十六丈爲小方邊，以五乘之得六十丈爲大方邊。

前題新術。

㈠ 三天=小方邊　㈡ 五天=大方邊　㈢ 九天^{二}=小方積　㈣ 二五天^{二}=大方積　㈤ 一六天^{二}=二三〇四　㈥ 天^{二}=一四四　㈦ 天=一二

前題新術。

㈠ 天=小方邊　㈡ $\frac{三}{五天}$=大方邊　㈢ 天^{二}=小方積　㈣ $\frac{九}{二五天^{二}}$=大方積　㈤ 天^{二}⊥二三〇四=$\frac{九}{二五天^{二}}$　㈥ 一六天^{二}=二〇七三六　㈦ 天^{二}=一二九六　㈧ 天=三六

法命小方邊爲天得一式。以一式五乘之三除之爲大方邊，得二式。以一式自乘爲小方積，得三式。以二式自乘爲大方積，得四式。以三式加二千三百〇四丈，必與四式相等，得五式。化而消之得六式，右實左法得七式，平方開之得八式，知小方邊爲三十六丈也。依二式以五乘之以三除之，得六十丈爲大方邊。

設如有甲、乙二正方，甲方每邊爲乙方每邊之三倍。又有丙乙長方，其長與甲方之每邊等，其闊與乙方之每邊等。三方面積共二萬零八百丈。問三方邊數面積各若干。

答曰：甲方邊及丙長各一百二十丈，乙方邊及丙闊各四十丈，甲面積一萬四千四百丈，乙面積一千六百丈，丙面積四千八百丈。

㈠ 天=乙邊=丙闊　㈡ 三天=甲邊=丙長　㈢ 天^{二}=乙面積　㈣ 九天^{二}=甲面積　㈤ 三天^{二}=丙面積　㈥ 一三天^{二}=二〇八〇〇　㈦ 天^{二}=一六〇〇　㈧ 天=四〇

法命乙方邊爲天，即爲丙闊，得一式。以一式三乘之爲甲方邊，即爲丙長，得二式。以一式自乘爲乙面積，得三式。以二式自乘爲甲面積，得四式。以一二式相乘爲丙面積，得五式。以三四五式併之，必與二萬零八百丈相等，得六式。右實左法得七式，平方開之得八式，知乙邊丙闊爲四十丈也。三倍之得一百二十丈，即爲甲邊與丙長。以甲乙邊各自乘及丙長闊相乘，即得各面積也。

設如有兵二萬九千四百八十四名，欲排作三軍俱爲正方，第二軍每邊比第一軍每邊爲三倍，第三軍每邊比第二軍每邊亦爲三倍。問三軍兵數各若干。

答曰：第一軍三百二十四人，第二軍二千九百一十六人，第三軍二萬六千二百四十四人。

㈠ 天=一軍邊　㈡ 三天=二軍邊　㈢ 九天=三軍邊　㈣ 天^{二}=一軍兵　㈤ 九天^{二}=二軍兵　㈥ 八一天^{二}=三軍兵　㈦ 九一天^{二}=二九四八四　㈧ 天^{二}=三二四　㈨ 天=一八

法命第一軍每邊數爲天得一式。以一式三因之爲第二軍邊數，得二式。以二式三因之爲第三軍邊數，得三式。以一式自乘爲第一軍兵數，得四式。以二式自乘爲第二軍兵數，得五式。以三式自乘爲第三軍兵數，得六式。以四五六式併之，與二萬九千四百八十四等，得七式。右實左法，知三百二十四人爲第一軍也，得八式。平方開之得九式，知第一軍邊數爲十八也。三因之得五十四爲第二軍邊數，自乘得二千九百一十六人爲第二軍也。又以五十四三因之，得一百六十二爲第三軍邊數，自乘得二萬六千二百四十四人爲第三軍也。

設如一正方一長方俱不知其邊數，但知長方之面積爲八萬一千尺，其長爲正方邊之十五分之二，其闊爲正方邊之二十五分之三。問二方邊各若干。

答曰：正方邊二千二百五十尺，長方長三百尺，闊二百七十尺。

㊀ 天＝正方邊 ㊁ $\frac{一五}{二天}$＝長方長 ㊂ $\frac{二五}{三天}$＝長方闊 ㊃ $\frac{三七五}{六天^{二}}$＝八一〇〇〇 ㊄ 六天^{二}＝三〇三七五〇〇〇 ㊅ 天^{二}＝五〇六二五〇〇 ㊆ 天＝二二五〇

法命正方邊數爲天得一式。以一式二乘之十五除之爲長方之長，得二式。又以一式三乘之二十五除之爲長方之闊，得三式。以二三式相乘，必與八萬一千尺相等，得四式。變除爲乘得五式，右實左法得六式，平方開之得七式，知正方邊爲二千二百五十尺也。乃依二式算之得三百尺爲長方之長。依三式算之得二百七十尺爲長方之闊也。

設如有大小二正方，大方比小方每邊多六尺，面積多一千七百一十六尺。問二方邊數面積各幾何。

答曰：大方邊一百四十六尺，小方邊一百四十尺，大方積二萬一千三百一十六尺，小方積一萬九千六百尺。

㊀ 天＝小方邊 ㊁ 天丄六＝大方邊 ㊂ 天^{二}＝小面積 ㊃ 天^{二}丄一二天丄三六＝大面積 ㊄ 天^{二}丄一七一六＝天^{二}丄一二天丄三六 ㊅ 一二天＝一六八〇 ㊆ 天＝一四〇

法命小方邊爲天得一式。以一式加六尺爲大方邊，得二式。以一式自乘爲小方面積，得三式。以二式自乘爲大方面積，得四式。以三式加一千七百一十六尺必與四式相等，得五式。消之得六式，右實左法得七式，知小方邊爲一百四十尺也。加六尺得一百四十六尺爲大方邊。以大小方邊各自乘，即得大小各面積。

設如有大小二正方，大方比小方每邊多二十四尺，面積共七千二百五十尺。問二方邊數面積各幾何。

答曰：大方邊七十一尺，小方邊四十七尺，大方積五千零四十一尺，小方積二千二百零九尺。

㊀ 天＝小方邊 ㊁ 天丄二四＝大方邊 ㊂ 天^{二}＝小方積 ㊃ 天^{二}丄四八天丄五七六＝大方積 ㊄ 二天^{二}丄四八天丄五七六＝七二五〇 ㊅ 天^{二}丄二四天＝三三三七 ㊆ 天＝四七

法命小方邊爲天得一式。以一式加二十四尺爲大方邊，得二式。以一式自乘爲小面積，得三式。以二式自乘爲大面積，得四式。以三四式併之與七千二百五十尺相等，得五式。消之以二約之得六式，平方開之得七式，知小方邊爲四十七尺也。加二十四尺得七十一尺爲大方邊。各以方邊自乘，即得大小面積。

設如有大小二正方，邊數共三十六尺，面積共六百六十六尺。問二方邊數面積各幾何。

答曰：大方邊二十一尺，小方邊一十五尺，大方積四百四十一尺，小方積二百二十五尺。

㊀ 天＝小方邊 ㊁ 三六丅天＝大方邊 ㊂ 天^{二}＝小面積 ㊃ 一二九六丅七二天丄天^{二}＝大面積 ㊄ 一二九六丅七二天丄二天^{二}＝六六六 ㊅ 天^{二}丅三六天＝丅三一五 ㊆ 天＝一五

法命小方邊爲天得一式。以一式減三十六尺爲大方邊，得二式。以一式自乘爲小面積，得三式。以二式自乘爲大面積，得四式。以三四式併之與六百六十六尺相等，得五式。消之以二約之得六式，平方開之得七式，知小方邊爲一十五尺也。以減三十六尺，餘二十一尺爲大方邊。各以方邊自乘，即得大小面積。

設如有大小二正方邊數共一百一十尺，大方比小方面積爲五倍少四尺，問二方邊數面積各幾何。

答曰：大方邊七十六尺，小方邊三十四尺，大方積五千七百七十六尺，小方積一千一百五十六尺。

㊀ 天＝小方邊 ㊁ 一一〇丅天＝大方邊 ㊂ 天^{二}＝小方積 ㊃ 一二一〇〇丅二二〇天丄天^{二}＝大方積 ㊄ 五天^{二}丅四＝一二一〇〇丅二二〇天丄天^{二} ㊅ 四天^{二}丄二二〇天＝一二一〇四 ㊆ 天^{二}丄五五天＝三〇二六 ㊇ 天＝三四

法命小方邊爲天得一式。以一式減一百一十尺爲大方邊，得二式。以一式自乘爲小方積，得三式。以二式自乘爲大方積，得四式。乃以三式五倍之減四尺，必與四式相等，得五式。消之得六式，以四約之得七式，平方開之得八式，知小方邊爲三十四尺也。以減一百一十尺，餘七十六尺爲大方邊。各以方邊自乘，即得大小面積。

設如有一長方又有大小二正方，三面積共四百四十一丈。大正方邊與長方之長等，小正方邊與長方之闊等。但知小正方邊爲九丈。問大正方邊若干。

答曰：大方邊十五丈。

㊀ 天＝大方邊＝長 ㊁ 天^{二}＝大方積 ㊂ 九天＝長方積 ㊃ 天^{二}丄九天丄八一＝四四一 ㊄ 天^{二}丄九天＝三六〇 ㊅ 天＝一五

法命天爲大方邊，亦即爲長方之長，得一式。以一式自乘爲大方面積，得二式。以九丈乘一式爲長方面積，得三式。以二三式併之，又以九丈自乘加之，與四百四十一丈相等，得四式。消之得五式，平方開之得六式，知大方邊爲一十五丈也。

設如有一長方，又有大小二正方，三面積共四百五十七丈。長方之長與大正方邊等，長方之闊與小正方邊等，長闊共二十四丈。問長闊各幾何。

答曰：長一十七丈，闊七丈。

㊀ 天＝闊＝小方邊 ㊁ 二四丅天＝長＝大方邊 ㊂ 天^{二}＝小方積 ㊃ 五七六丅四八天丄天^{二}＝大方積 ㊄ 二四天丅天^{二}＝長方積 ㊅ 天^{二}丅二四天丄五七六＝四五七 ㊆ 天^{二}丅二四天＝丅一一九 ㊇ 天＝七

法命天爲長方之闊，即爲小正方邊，得一式。以一式減二十四丈爲長方之長，即爲大正方邊，得二式。以一式自乘爲小方面積，得三式。以二式自乘爲大方面積，得四式。以一二式相乘爲長方面積，得五式。以三四五式併之，與四百五十七丈相等，得六式。消之得七式，平方開之得八式，知長方之闊爲七丈也。以減二十四丈，餘一十七丈爲長方之長。

設如有一長方，其面積八萬三千二百三十二丈。又有一正方，其每邊與長方之闊等。若以正方面積自乘，則與兩方之共面積等。問二方邊數各若干。

答曰：方邊及長方之闊各一十七丈，長方之長四千八百九十六丈。原書以正方面積二百八十九丈爲即長方之長者，誤也。

㊀ 天＝正方積 ㊁ 天^{二}＝方積自乘 ㊂ 天丄八三二三二＝天^{二} ㊃ 天＝二八九

法命正方面積爲天得一式。以一式自乘爲正方面積自乘之數，得二式。依題以一式加八萬三千二百三十二丈，必與二式相等，得三式。平方開之得四式，知正方積爲二百八十九丈也。又以平方開之得一十七丈爲正方邊，亦即長方之闊。乃以長方積八萬三千二百三十二丈爲實以闊十七丈爲法除之，得四千八百九十六丈即長方之長也。

設如有銀買駝馬共六十一匹，駝每匹之價與共駝數等，馬每匹之價與共馬數等。今賣馬一匹之價與共駝數等，賣駝一匹之價爲共馬數之二倍，共得利銀七百一十九兩。問駝數馬數及每匹價各若干。

答曰：駝三十七匹，每匹價銀三十七兩。馬二十四匹，每匹價銀二十四兩。

㊀ 天＝共馬數＝馬疋價 ㊁ 六一丅天＝共駝數＝駝疋價 ㊂ 天^{二}＝買馬共價 ㊃ 三七二一丅一二二天丄天^{二}＝買駝共價 ㊄ 六一天丅天^{二}＝賣馬共價 ㊅ 一二二天丅二天^{二}＝賣駝共價 ㊆ 三〇五天丅五天^{二}丅三七二一＝七一九 ㊇ 天^{二}丅六一天＝丅八八八 ㊈ 天＝二四

法命天爲共馬數即爲馬每匹之原價，得一式。以一式減駝馬共六十一匹爲共駝數，亦即爲駝每匹之原價，得二式。以一式自乘爲買馬共價，得三式。以二式自乘爲買駝共價，得四式。以一二式相乘爲賣馬共價，得五式。又以一式倍之與二式相乘爲賣駝共價，得六式。合五六兩式賣價以三四兩式買價減之，必與利銀七百一十九兩相等，得七式。移之以五約之，得八式。平方開之得九式，知共馬爲二十四匹，每匹價銀爲二十四兩也。以二十四減六十一，餘三十七爲共駝數，亦即爲駝每匹價也。

設如有木匠瓦匠共三十名，又有匠頭不知名數。但知每匠頭一人得銀三十六兩，其木匠一人之銀數與瓦匠之人數等，瓦匠一人之銀數與木匠之人數等，而匠頭之人數與木匠瓦匠相差之數等，此句宜云與瓦匠多於木匠之數等。若僅言相差則無定限，即作木匠多於瓦匠算之亦未嘗不可也。須知之。匠頭之共銀數與木匠之共銀數等。問匠頭與木匠瓦匠之人數及每人所得之銀數各幾何。

答曰：匠頭六人，木匠十二人，瓦匠十八人，木匠每人得銀一十八兩，瓦匠每人得銀一十二兩。

㊀ 天＝木匠數 ㊁ 三〇丅天＝瓦匠數 ㊂ 三〇天丅天^{二}＝木匠共銀＝瓦匠共銀 ㊃ 三〇丅二天＝匠頭數 ㊄ 一〇八〇丅七二天＝三〇天丅天^{二} ㊅ 天^{二}丅一〇二天＝丅一〇八〇 ㊆ 天＝一二

法命木匠之人數爲天得一式。以一式減三十爲瓦匠人數，得二式。以一二式相乘爲木匠共銀，即爲瓦匠共銀，得三式。又置二式以一式減之爲匠頭人數，得四式。以三十六乘四式爲匠頭共銀，必與三式相等，得五式。移之得六式，平方開之得七式，知木匠爲十二人也。以減三十餘十八，即爲瓦匠人數。依四式算之得六爲匠頭人數。依三式算之得二百一十六兩爲實，以木匠十二人爲法除之，得十八兩爲木匠一人銀。以瓦匠十八人爲法除之，得十二兩爲瓦匠一人銀也。

設如有馬騾馱物，不言馬騾共數，亦不言馬騾各數，但知馬比騾多十四，馬共馱一萬二千觔，騾亦共馱一萬二千觔。而騾一匹所馱之數比馬一匹所馱之數多四十觔。問馬騾數及所馱數各若干。

答曰：馬六十四，騾五十四，每馬馱二百觔，每騾馱二百四十觔。

㊀ 天＝騾數 ㊁ 天丄一〇＝馬數 ㊂ $\frac{\text{天}}{\text{一二〇〇〇}}$＝一騾馱

㊃ $\frac{\text{天丄一〇}}{\text{一二〇〇〇}}$＝一馬馱 ㊄ $\frac{\text{天丄一〇}}{\text{一二〇〇〇}}$丄四〇＝$\frac{\text{天}}{\text{一二〇〇〇}}$ ㊅ 四〇

天^{二}丄四〇〇天＝一二〇〇〇〇 ㊆ 天^{二}丄一〇天＝三〇〇〇 ㊇ 天＝五〇

法命騾數爲天得一式。以一式加十四爲馬數，得二式。以一式除一萬二千觔爲一騾馱數，得三式。以二式除一萬二千觔爲一馬馱數，得四式。依題以四式加四十觔與三式相等，得五式。化而消之得六式，以四十約之得七式，平方開之得八式，知騾爲五十四也，加十四爲六十即爲馬之匹數也。以五十除一萬二千觔得二百四十觔，即騾一匹所馱之數也。以六十除一萬二千觔得二百觔，即馬一匹所馱之數也。

設如有數一十萬欲分爲大小兩分，與全分爲相連比例三率。問大小兩分各幾何。

答曰：大分六萬一千八百〇三，小分三萬八千一百九十七。

㊀ 天＝大分 ㊁ 一〇〇〇〇〇丅天＝小分 ㊂ 一〇〇〇〇〇∶天∶∶天∶一〇〇〇〇〇丅天 ㊃ 天^{二}丄一〇〇〇〇〇天＝一〇〇〇〇〇〇〇〇〇〇] ㊄ 天＝六一八〇三

法命大分爲天得一式。以一式減十萬爲小分，得二式。依連比例法，以十萬爲一率，一式爲二率三率，二式爲四率，得三式。二三率相乘與一四率相乘等，得四式。平方開之得五式，知大分爲六萬一千八百〇三也。以減十萬，餘三萬八千一百九十七，即小分也。

設如有股二十尺，句弦較十尺。問句弦各幾何。

答曰：句十五尺，弦二十五尺。

㊀ 天＝句 ㊁ 天丄一〇＝弦 ㊂ 天^{二}丄二〇天丄一〇〇＝弦積 ㊃ 二〇天丄一〇〇＝股積 ㊄ 二〇天丄一〇〇＝四〇〇 ㊅ 二〇天＝三〇〇 ㊆ 天＝一五

法命句數爲天得一式。以一式加十尺爲弦，得二式。自之爲弦積，得三式。以一式自乘減三式爲股積，得四式。又以股二十尺自乘得四百尺，必與四式等，得五式。消之得六式，右實左法得七式，知句爲一十五尺也。加較十尺得二十五尺即爲弦也。

設如有股二十四尺，句弦和三十二尺。問句弦各幾何。

答曰：句七尺，弦二十五尺。

㊀ 天＝句 ㊁ 三二丅天＝弦 ㊂ 一〇二四丅六四天丄天^{二}＝弦積 ㊃ 一〇二四丅六四天＝股積 ㊄ 一〇二四丅六四天＝五七六 ㊅ 六四天＝四四八 ㊆ 天＝七

法命句數爲天得一式。以一式減三十二尺爲弦，得二式。自之爲弦積，得三式。以一式自乘減三式爲股積，得四式。以股二十四尺自乘，必與四式等，得五式。消之得六式，右實左法得七式，知句爲七尺也。以七尺減三十二尺，餘二十五尺即弦也。

設如有弦五尺，句股和七尺。問句股各幾何。

答曰：句三尺，股四尺。

㊀ 天＝股 ㊁ 七丅天＝句 ㊂ 天^{二}＝股積 ㊃ 四九丅一四天丄天^{二}＝句積 ㊄ 二天^{二}丅一四天丄四九＝二五 ㊅ 天^{二}丅七天＝丅一二 ㊆ 天＝四

法命股數爲天得一式。以一式減七尺爲句，得二式。以一式自乘爲股積，得三式。以二式自乘爲句積，得四式。以三四兩式併之，與弦五尺自乘之數等，得五式。消之以二約之，得六式。平方開之得七式，知股爲四尺也。以四尺減七尺，餘三尺即爲句也。

設如有句弦和五十尺，股弦和八十一尺，問句股弦各幾何。

答曰：句九尺，股四十尺，弦四十一尺。

㊀ 天＝句 ㊁ 五〇丅天＝弦 ㊂ 天丄三一＝股 ㊃ 天^{二}＝句積 ㊄ 二五〇〇丅一〇〇天丄天^{二}＝弦積 ㊅ 天^{二}丄六二天丄九六一＝股積 ㊆ 天^{二}丄一六二天＝一五三九 ㊇ 天＝九

法命句數爲天得一式。以一式減五十尺爲弦，得二式。以兩和相減餘三十一尺爲句股較，以一式加之爲股，得三式。以一式自乘爲句積，得四式。以二式自乘爲弦積，得五式。以三式自乘爲股積，得六式。置五式以六式減之，與四式等，得七式。平方開之得八式，知句爲九尺也，減五十尺，餘四十一尺爲弦，加三

十一尺得四十尺爲股。

前題新術。

㊀天=弦 ㊁五〇丅天=句 ㊂八一丅天=股 ㊃天^{二}=弦積 ㊄二五〇〇丅一〇〇天丄天^{二}=句積 ㊅六五六一丅一六二天丄天^{二}=股積 ㊆九〇六一丅二六二天丄二天^{二}=天^{二} ㊇天^{二}丅二六二天=丅九〇六一 ㊈天=四一

法命弦數爲天得一式。以一式減五十尺爲句，得二式。以一式減八十一尺爲股，得三式。以一式自乘爲弦積，得四式。以二式自乘爲句積，得五式。以三式自乘爲股積，得六式。以五六兩式相加與四式等，得七式。消而移之得八式，平方開之得九式，知弦爲四十一尺也。以減句弦和五十尺，餘九尺爲句。以減股弦和八十一尺，餘四十尺爲股。

設如有句股和二十三尺，句弦和二十五尺。問句股弦各幾何。

答曰：句八尺，股十五尺，弦十七尺。

㊀天=句 ㊁二三丅天=股 ㊂二五丅天=弦 ㊃天^{二}=句積 ㊄五二九丅四六天丄天^{二}=股積 ㊅六二五丅五〇天丄天^{二}=弦積 ㊆天^{二}丄四天=九六 ㊇天=八

法命句數爲天得一式。以一式減二十三尺爲股，得二式。以一式減二十五尺爲弦，得三式。以一式自乘爲句積，得四式。以二式自乘爲股積，得五式。以三式自乘爲弦積，得六式。以四五式併之，與六式等而消之，得七式。平方開之得八式，知句爲八尺也。以減二十三尺餘十五尺爲股，以減二十五尺餘十七尺爲弦。

設如有股弦和二十五尺，句弦較八尺。問句股弦各幾何。

答曰：句五尺，股十二尺，弦十三尺。

㊀天=股 ㊁二五丅天=弦 ㊂一七丅天=句 ㊃二八九丅三四天丄天^{二}=句積 ㊄六二五丅五〇天丄天^{二}=弦積 ㊅三三六丅一六天=天^{二} ㊆天^{二}丄一六天=三三六 ㊇天=一二

法命股數爲天得一式。以一式減二十五尺爲弦，得二式。以句弦較八尺減股弦和二十五尺，餘十七尺爲句股和，以一式減之爲句，得三式。以三式自乘爲句積，得四式。以二式自乘爲弦積，得五式。置五式以四式減之，與一式自乘相等，得六式。移之得七式，平方開之得八式，知股爲十二尺也。以減二十五尺，餘十三尺爲弦。又以較八尺減十三尺，餘五尺爲句。

前題新術。

㊀天=弦 ㊁二五丅天=股 ㊂天丅八=句 ㊃天^{二}丅一六天丄六四=句積 ㊄六二五丅五〇天丄天^{二}=股積 ㊅天^{二}丅一六天丄六四丄六二五丅五〇天丄天^{二}=天^{二} ㊆天^{二}丅六六天=丅六八九 ㊇天=一三

法命弦數爲天得一式。以一式減二十五尺爲股，得二式。又以八尺減一式爲句，得三式。以三式自乘爲句積，得四式。以二式自乘爲股積，得五式。以四五式併之，與一式自乘相等，得六式。消而移之得七式，平方開之得八式，知弦爲十三尺也。以減二十五尺餘十二尺爲股，又以較八尺減弦爲句。

設如有股弦較一尺，句弦較三十二尺。問句股弦各幾何。

答曰：句九尺，股四十尺，弦四十一尺。

㊀天=句 ㊁天丄三二=弦 ㊂天丄三一=股 ㊃天^{二}=句積 ㊄天^{二}丄六四天丄一〇二四=弦積 ㊅天^{二}丄六二天丄九六一=股積 ㊆二天丄六三=天^{二} ㊇天^{二}丅二天=六三 ㊈天=九

法命句數爲天得一式。以一式加三十二尺爲弦，得二式。以股弦較減句弦較餘三十一尺爲句股較，以一式加之爲股，得三式。以一式自乘爲句積，得四式。以二式自乘爲弦積，得五式。以三式自乘爲股積，得六式。置五式以六式減之，與一式自乘相等，得七式。移之得八式，平方開之得九式，知句爲九尺也。依二式加之，得四十一尺爲弦。依三式加之，得四十尺爲股。

前題新術。

㊀天=弦 ㊁天丅一=股 ㊂天丅三二=句 ㊃天^{二}=弦積 ㊄天^{二}丅二天丄一=股積 ㊅天^{二}丅六四天丄一〇二四=句積 ㊆二天^{二}丅六六天丄一〇二五=天^{二} ㊇天^{二}丅六六天=一〇二五 ㊈天=四一

法命弦數爲天得一式。以一式減一尺爲股，得二式。以一式減三十二尺爲句，得三式。以一式自乘爲弦積，得四式。以二式自乘爲股積，得五式。以三式自乘爲句積，得六式。以五六兩式併之，與一式自乘相等，得七式。消而移之得八式，平方開之得九式，知弦爲四十一尺也。以一尺減之，餘四十尺爲股。以三十二尺減之，餘九尺爲句。

設如有句股和七十三尺，句弦較與股弦較之和三十三尺。問句股弦各幾何。

答曰：句二十八尺，股四十五尺，弦五十三尺。

㊀天=句 ㊁七三丅天=股 ㊂二八〇九=弦積 ㊃五三二九丅一四

六天丄天^{二}＝股積　㊄ 一四六天丅天^{二}丅二五二〇＝天^{二}　㊅ 天^{二}丅七三天＝丅一二六〇　㊆ 天＝二八

法命句數爲天得一式。以一式減七十三尺爲股，得二式。依幾何理，以句股和加句弦較與股弦較之和爲二弦，故以七十三尺加三十三尺爲一百〇六尺，折半得五十三尺爲弦，自乘爲弦積，得三式。以二式自乘爲股積，得四式。置三式以四式減之，與一式自乘相等，得五式。移之以二約之，得六式。平方開之得七式，知句爲二十八尺也。以減七十三尺餘四十五尺，即爲股也。

設如有句股弦總和一百五十尺，句股較股弦較句弦較共八十尺。問句股弦各幾何。

答曰：句二十五尺，股六十尺，弦六十五尺。

㊀ 天＝句　㊁ 天丄四〇＝弦　㊂ 一一〇丅二天＝股　㊃ 天^{二}＝句積　㊄ 天^{二}丄八〇天丄一六〇〇＝弦積　㊅ 一二一〇〇丅四四〇天丄四天^{二}＝股積　㊆ 五二〇天丅三天^{二}丅一〇五〇〇＝天^{二}　㊇ 天^{二}丅一三〇天＝丅二六二五　㊈ 天＝二五

法命句數爲天，得一式。依幾何理，以三較相加折半爲句弦較，故以八十尺折半以加一式爲弦。又置總和一百五十尺，以一二式減之爲股，得三式。以一式自乘爲句積，得四式。以二式自乘爲弦積，得五式。以三式自乘爲股積，得六式。置五式以六式減之，與四式等，得七式。移之以四約之，得八式。平方開之得九式，知句爲二十五尺也。以二十五尺代天，依二式解之得六十五尺爲弦，依三式解之得六十尺爲股。

設如有句股和二十三尺，弦與句股較之較十尺，問句股弦各幾何。

答曰：句八尺，股十五尺，弦十七尺。

㊀ 天＝句股較　㊁ 天丄一〇＝弦　㊂ 天^{二}＝較積　㊃ 天^{二}丄二〇天丄一〇〇＝弦積　㊄ 二天^{二}丄四〇天丄二〇〇丅天^{二}＝五二九　㊅ 天^{二}丄四〇天＝三二九　㊆ 天＝七

法命句股較數爲天，得一式。以一式加十尺爲弦，得二式。以一式自乘爲較積，得三式。以二式自乘爲弦積，得四式。乃以四式倍之，又以三式減之，與句股和二十三尺自乘之數相等，得五式。消之得六式，平方開之得七式，知句股較爲七尺也。以七尺與和二十三尺相加，折半得十五尺爲股，相減折半得八尺爲句。以七尺代天，依二式解之得一十七尺爲弦也。

前題新術。

㊀ 天＝弦　㊁ 天丅一〇＝句股較　㊂ $\frac{二}{天丄一三}$＝股　㊃ $\frac{二}{三三丅天}$＝句　㊄ 天^{二}＝弦積　㊅ $\frac{四}{天^{二}丄二六天丄一六九}$＝股積　㊆ $\frac{四}{一〇八九丅六六天丄天^{二}}$＝句積　㊇ $\frac{四}{二天^{二}丅四〇天丄一二五八}$＝天^{二}　㊈ 天^{二}丄二〇天＝六二九　㊉ 天＝一七

法命弦數爲天，得一式。以一式減十尺爲句股較，得二式。以二式與二十三尺相加折半爲股，得三式。相減折半爲句，得四式。以一式自乘爲弦積，得五式。以三式自乘爲股積，得六式。以四式自乘爲句積，得七式。以六七式併之與五式相等，得八式。變而消之，以二約之得九式。平方開之得十式，知弦爲一十七尺也。乃以十七尺代天，依三式解之得股，依四式解之得句。

設如有句股積一千零八十尺，句股弦總和一百八十尺。問句股弦各幾何。

答曰：句三十尺，股七十二尺，弦七十八尺。

㊀ 天＝弦　㊁ 一八〇丅天＝句股和　㊂ 天^{二}＝弦積　㊃ 三二四〇〇丅三六〇天丄天^{二}＝句股和積　㊄ 天^{二}丅三六〇天丄三二四〇〇＝天^{二}丄四三二〇　㊅ 三六〇天＝二八〇八〇　㊆ 天＝七八

法命弦數爲天，得一式。以一式減一百八十尺爲句股和，得二式。以一式自乘爲弦積，得三式。以二式自乘爲和積，得四式。以句股積四因之得四千三百二十尺，加三式即與四式相等，得五式。消之得六式，右實左法得七式，知弦爲七十八尺也。以七十八尺減一百八十尺，餘一百〇二尺爲句股和。又以弦七十八尺自乘得六千〇八十四尺，與四因句股積四千三百二十尺相減，餘一千七百六十四尺。平方開之得四十二尺爲句股較，與句股和一百〇二尺相加折半得七十二尺爲股，相減折半得三十尺即爲句也。

釋曰：句股和自乘內有弦積一句股積四，故以句股積四因之加一弦積，即與句股和自乘等也。

設如有句股積六十尺，弦與句股和之較六尺。問句股弦各幾何。

答曰：句八尺，股十五尺，弦十七尺。

㊀ 天＝弦　㊁ 天丄六＝句股和　㊂ 天^{二}＝弦積　㊃ 天^{二}丄一二天丄三六＝和積　㊄ 天^{二}丄二四〇＝和積　㊅ 一二天＝二〇四　㊆ 天＝一七

法命弦數爲天，得一式。以一式加六尺爲句股和，得二式。以一式自乘爲弦積，得三式。以二式自乘爲和積，得四式。又以句股積四因之得二百四十尺，加三式亦爲和積，得五式。五式與四式相等，消之得六式，右實左法得七式，知弦爲一十七尺也。加六尺得二十三尺爲句股和，再求之。

㈠ 天＝句　㈡ 二三丅天＝股　㈢ 天^{二}＝句積　㈣ 五二九丅四六天丄天^{二}＝股積　㈤ 二天^{二}丅四六天丄五二九＝二八九　㈥ 天^{二}丅二三天＝丅一二〇　㈦ 天＝八

法命句數爲天，得一式。以一式減二十三尺爲股，得二式。以一式自乘爲句積，得三式。以二式自乘爲股積，得四式。以三四式併之，與弦十七尺自乘之數相等，得五式。消之以二約之，得六式。平方開之得七式，知句爲八尺也。以減二十三尺，餘十五尺爲股。

設如有三角形，大腰十七尺，小腰十尺，底二十一天，求中垂线幾何。

答曰：中垂綫八尺。

㈠ 天＝中垂綫　㈡ 天^{二}＝中垂積　㈢ 一〇〇丅天^{二}＝小底積　㈣ 二八九丅天^{二}＝大底積　㈤ 二六丄天^{二}＝大乘小積　㈥ 二八九〇〇丅三八九天^{二}丄天^{四}＝六七六丄五二天^{二}丄天^{四}　㈦ 四四一天^{二}＝二八二二四　㈧ 天^{二}＝六四　㈨ 天＝八

法命中垂綫爲天，得一式。自之爲中垂積，得二式。以小腰十尺自乘，以二式減之爲小分底積，得三式。以大腰十七尺自乘，以二式減之爲大分底積，得四式。又以底二十一尺自乘得四百四十一尺，以三四兩式減之，折半爲小底乘大底之積，得五式。乃以四式爲首率，五式爲中率，三式爲末率，故以四三式相乘與五式自乘之數等，得六式。消之得七式。以四百四十一約之，得八式。平方開之得九式，知中垂綫爲八尺也。

設如有三角形，底十四尺，大腰與中垂綫之較三尺，小腰與中垂綫之較一尺。求中垂綫及兩腰各幾何。

答曰：中垂綫十二尺，小腰十三尺，大腰十五尺。

㈠ 天＝中垂綫　㈡ 天丄三＝大腰　㈢ 天丄一＝小腰　㈣ 天^{二}＝中垂積　㈤ 六天丄九＝大底積　㈥ 二天丄一＝小底積　㈦ 九三丅四天＝小乘大積　㈧ 一二天^{二}丄二四天丄九＝八六四九丅七四四天丄一六天^{二}　㈨ 四天^{二}丅七六八天＝丅八六四〇　㈩ 天^{二}一九二天＝丅二一六〇　⑪ 天＝一二

法命中垂綫爲天，得一式。以一式加三尺爲大腰，得二式。以一式加一尺爲小腰，得三式。以一式自乘爲中垂積，得四式。以二式自乘，以四式減之爲大分底積，得五式。以三式自乘，以四式減之爲小分底積，得六式。又以底十四尺自乘得一百九十六尺，以五六兩式減之，折半爲小底乘大底之積，得七式。乃以五式爲首率，六式爲末率，七式爲中率，故以五六式相乘與七式自乘之數等，得八式。消之得九式，以四約之得十式，平方開之得十一式，知中垂綫爲十二尺也。加三尺得十五尺爲大腰，加一尺得十三尺爲小腰。

又　卷五　開方篇

開方之法，有正方、有雜方。正方自平方、立方、三乘方以至九乘，《數理精蘊》具詳其法，又立有諸乘方表，開之較易，故不再述。若雜方則有帶縱，自天元借根之術出，則又有負縱，開之尤爲不易。故近日算學家如李尚之、鄒特夫、夏紫笙諸人力求捷術，然亦必枝枝節節以爲之，並未有簡便之法。考西人代數術，惟解二次之式即平方。稍覺平易，至解三次式、即立方。四次式、即三乘方。以及多次者亦極繁難。故此書惟帶縱平方則用代數法開之，其餘帶縱立方以下則取秦道古投胎换骨之法以開之，盖此法較代數術更爲簡妙。近日李壬叔、華若汀皆深於算學者，亦以此法爲甚便也，余故採而用之。

設如有一平方多二根與二十四尺相等，問每一根之數幾何。

答曰：四尺。

㈠ 天^{二}丄二天＝二四　㈡（天丄一）^{二}＝二四丄一　㈢ 天丄一＝五

㈣ 天＝±五丅一　㈤ 天＝丄四　㈥ 天＝丅六

此題即中法所謂帶縱較數開平方也。兹依代數法得一式，以一式二天變爲二尺，折半得一尺，自乘亦爲一尺。以加右邊積爲二十五尺，得二式。以二式兩邊開方，得三式。以三式右邊開數加一正負號，以爲可加可減之數。又以左邊加一移於右邊爲減一，得四式。相減得五式，相加得六式。六式爲負數不可用，當用五式，則知天等於四尺，即一根之數也。

設如有一平方少四根與四十五尺相等，問每一根之數幾何。答曰：九尺。

㈠ 天^{二}丅四天＝四五　㈡ 天^{二}丅四天丄四＝四五丄四　㈢ 天丅二＝七

㈣ 天＝±七丄二　㈤ 天＝丄九　㈥ 天＝丅五

此題天元術謂之翻法，《同文算指》謂之負縱益積開平方也。依代數得一

式，以一式四天變爲四尺，折半得二尺，自乘仍得四尺，以加右邊積爲四十九尺，得二式。以二式兩邊開方，得三式。以三式開數作正負號，又以左邊減二移於右邊爲加，得四式。相加得五式，相減得六式。六式爲負數不可用，當用五式，則知天等於九尺即一根之數也。

設如有一平方多三十六尺與十三根相等，問每一根之數幾何。

答曰：此爲長方形，長九尺，闊四尺。

㊀ 天^{二}丅一三天=丅三六　㊁[(天丅六.五)^{二}]=四二.二五丅三六　㊂[(天丅六.五)^{二}]=六.二五　㊃ 天丅六.五=二.五　㊄ 天=六.五±二.五　㊅ 天=丄九　㊆ 天=丄四

此題即中法所謂帶縱和數開平方也。依代數得一式，以一式十三天變爲十三尺，折半得六尺五寸，自乘得四十二尺二十五寸。於尺位作點記之。餘倣此。以加右邊積，得二式。二式右邊積原爲負號，今加之爲正數，故相減餘六尺二十五寸，得三式。以三式兩邊開方，得四式。以四式左邊減六尺五寸移於右邊加之，又作正負號得五式。相加得六式，相減得七式。兩式皆爲正數，則知天等於九尺，又必等於四尺也。

設如有一平方多三十二尺與十二根相等，問每一根之數幾何。

答曰：此亦長方形，長八尺，闊四尺。

㊀ 天^{二}丅一二天=丅三二　㊁[(天丅六)^{二}]=三六丅三二　㊂[(天丅六)^{二}]=四　㊃ 天丅六=二　㊄ 天=六±二　㊅ 天=丄八　㊆ 天=丄四

此題亦爲帶縱和數開平方。依代數得一式，以一式十二天變爲十二尺，折半得六尺，自乘得三十六尺，以加右邊積，得二式。二式右邊正負不同，故相減餘四尺，得三式。以三式兩邊開方，得四式。以四式左邊減六移爲右邊加六，又作正負號，得五式。相加得六式，相減得七式。兩式皆爲正數，則知天等於八尺，又必等於四尺也。

釋曰：開平方必有二根，但二根有實有虛，亦有二根皆實者，如上二題是也。若開立方則有三根，開三乘方則有四根，每增一乘則多一根，然亦有虛有實也。

清・徐虎臣《溥通新代數》卷二　第二篇　二次方程式

第六九款　二次式與因數之關係

凡積之因數有等於〇者，其積必等於〇。若積之諸因數無等於〇者，其積必不能等於〇。例如　甲乙，設甲等於〇，則甲乙亦必等於〇。此因〇乘任何數則皆爲〇。如甲爲任何數而乙等於〇，則甲乙亦爲〇也。例二　甲乙丙，設甲、乙、丙三數中任有一數爲〇者，則　甲乙丙　必等於〇也。例三　(天丅二)(天丅四)　若　(天丅二)=〇　或　(天丅四)=〇　則　(天丅二)(天丅四)　必等於〇。但　(天丅二)=〇　則　天=二　或　(天丅四)=〇　則　天=四　若　(天丅二)　與　(天丅四)　皆等於〇時，則　(天丅二)(天丅四)　之二根必爲二與四。例四　(天丅三)(天丅四)(天丅五)=〇　則　(天丅三)　(天丅四)　(天丅五)　皆可爲〇。故此種方程式之三根必爲三與四與五。例五　(天丅甲)(天丅乙)(天丅丙)=〇　依上理，則　天=甲　或　天=乙　或　天=丙　例六　(天丅一)(天丄一)=〇　則　天=一　或　天=丅一　例七　天(天丅一)(天丄二)=〇　則　天=〇　或　天=一　或　天=丅二　例八　天(二天丅一)(三天丄三)=〇　則　天=〇　或　二天=一　即　天=$\frac{一}{二}$　或　三天=丅三　即　天=丅$\frac{三}{三}$　但本款所設之諸例無一不關乎求因數之各款，故於論因數時不厭精詳而開本款之先路。然二次方程式最大之指數不得過於二。

第七〇款　移項而求因數

凡任何次數之方程式，必將所有之式移於一邊而令彼邊爲〇。其移項之法準一次式之公理，悉反其所移之號，再將全式之諸因數劈出，令諸因數各等於〇，即可得所求之根。例如　天^{二}=三天　移之　天^{二}丅三天=〇　則　天(天丅三)=〇　故　天=〇　或　天=三

例二　天^{二}=九　移之　天^{二}丅九=〇　則　(天丄三)(天丅三)=〇　故　天=丅三　或　天=三

例三　天^{三}丅四天=〇　則　天(天^{二}丅四)=〇　即　天(天丄二)(天丅二)=〇　故　天=〇　或　天=丅二　或　天=二

例四　九天^{三}丅四天=〇　即劈爲　天(三天丄二)(三天丅二)=〇　故　天=〇　或　三天=丅二　叵　天=丅$\frac{二}{三}$　或　三天=二　叵　天=$\frac{二}{三}$

例五　天^{二}丅五天丄六=〇　即　(天丅二)(天丅三)=〇　故　天=二　或　天=三

例六　如　$六天^{二}丅一九天丄一〇=〇$　即　$(二天丅五)(三天丅二)=〇$　故　$二天=五$　而　$天=\frac{二}{五}$　或　$三天=二$　而　$天=\frac{三}{二}$　準以上六例，凡二次式之根可易解矣。

第七一款　二次式之解法

凡二次式之不易求因數者，當另設解法而求其根。例如　$三天^{二}丅一〇天丄三=〇$　此方程式若不照求因數法而另設解法者，先須令首項之倍數爲一，故以首項之倍數三除各項，得　$天^{二}丅\frac{三}{一〇天}丄一=〇$　再令有天之項居左，而將無天之項悉移於右，得　$天^{二}丅\frac{三}{一〇天}=丅一$　即　$天^{二}丅\frac{三}{一〇}天=丅一$　兩邊各加第二項半倍之平方數　$天^{二}丅\frac{三}{一〇}天丄\frac{九}{二五}=\frac{九}{二五}丅一$　即　$天^{二}丅\frac{三}{一〇}天丄\frac{九}{二五}=\frac{九}{一六}$　因　$天^{二}丅\frac{三}{一〇}天丄\frac{九}{二五}=\left(天丅\frac{三}{五}\right)^{二}$　故　$\left(天丅\frac{三}{五}\right)^{二}=\frac{九}{一六}$　兩邊各開平方　$天丅\frac{三}{五}=\pm\frac{三}{四}$　移之　$天=\frac{三}{五\pm四}$　故　$天=三$　或　$天=\frac{三}{一}$　所以兩邊能加二項半倍之平方者，因任何代數式兩邊各加相同之數則仍相等。既加之後則成完全之平方，故可將兩邊各開正平方而得原式之二根。但自加二項半倍之平方，以下可云配成平方式。後準此。

例二　$二天^{二}丄天丅四五=〇$　移之　$二天^{二}丄天=四五$　以首項之倍數二除各項，得　$天^{二}丄\frac{二}{天}=\frac{二}{四五}$　即　$天^{二}丄\frac{二}{一}天=\frac{二}{四五}$　配成平方式　$天^{二}丄\frac{二}{天}丄\frac{一六}{一}=\frac{一六}{一}丄\frac{二}{四五}$　即　$\left(天丄\frac{四}{一}\right)^{二}=\frac{一六}{三六一}$　兩邊各開正平方　$天丄\frac{四}{一}=\pm\frac{四}{一九}$　移之得　$天=\frac{四}{\pm一九丅一}$　則　$天=丅五$　或　$天=\frac{二}{九}$

例三如　$四天丅天^{二}丅二=〇$　變號得　$天^{二}丅四天丄二=〇$　再變之得　$(天丅二)^{二}丅二=〇$　可劈爲　$\{(天丅二)丄\sqrt{二}\}\{(天丅二)丅\sqrt{二}\}=〇$　故　$天丅二=\pm\sqrt{二}$　則　$天=二\pm\sqrt{二}$　後凡解二次式之任何虛根，以此法爲最捷。所以另設配方法者，欲使讀代數書者知有此一法云耳。

第七二款　公倍數化分母法

如有式　$\frac{天丅一}{二天}丅\frac{天^{二}丅一}{一〇}=\frac{天丄一}{七}$　欲解此方程式，必先化去分母。準小公倍理，可將各分母求得最小之公倍數，即得　$\frac{天^{二}丅一}{(天丄一)二天}丅\frac{天^{二}丅一}{一〇}=\frac{天^{二}丅一}{(天丅一)七}$　方程式之諸項既同分母，故可去其分母，乘之　$二天^{二}丄二天丅一〇=七天丅七$　消之得　$二天^{二}丅五天丅三=〇$　依劈生法得　$(二天丄一)(天丅三)=〇$　故　$天=三$　或　$天=丅\frac{二}{一}$　例二　$\frac{天^{二}丅一}{天^{二}丅三天}丄二丄\frac{天丅一}{一}\ 一=〇$　依求公倍數理，求得同母之分數方程式　$\frac{天^{二}丅一}{二(天^{二}丅一)}丄\frac{天^{二}丅一}{天丄一}=〇$　去分母而消之，得　$三天^{二}丅二天丅一=〇$　可劈爲　$(三天丄一)(天丅一)=〇$　故　$天=一$　或　$天=丅\frac{三}{一}$　但此種方程式，若令　$\left(\frac{天^{二}丅一}{天^{二}丅三天}丄\frac{天丅一}{一}\right)=\left(\frac{天^{二}丅一}{天^{二}丅三天丄天丄一}\right)=\left(\frac{天^{二}丅一}{天^{二}丅二天丄一}\right)$　因　$天^{二}丅二天丄一$　劈爲　$(天丅一)(天丅一)$　故　$\frac{天^{二}丅一}{天^{二}丅二天丄一}=\frac{天丄一}{天丅一}$　所以　$\frac{天丄一}{天丅一}=丅二$　即　$天丅一=丅(二天丄二)$　移項而消之　$三天=丅一$　則　$天=丅\frac{三}{一}$　故凡二次式能依劈生法化爲一次式者，準此，多次式亦可化爲簡次式解矣。理詳三次式以上各題。

又　第七四款　根與係數之關係係數即倍數。

凡二次方程式皆從　$\left(天丅\frac{甲}{乙}\right)\left(天丅\frac{丙}{丁}\right)=〇$　(丁)而成。因其泛式爲　$甲'天^{二}丅乙'天丄丙'=〇$　變(丁)式　$(甲天丅乙)(丙天丅丁)$　乘之得　$甲丙天^{二}丅(丁甲丄乙丙)天丄乙丁$　與泛式比較，則　$甲'=甲丙$　$乙'=(丁甲丄乙丙)$　$丙'=乙丁$　茲將泛式解，得天之二根數爲　$\pm\sqrt{\left(\frac{四甲'}{乙'^{二}}\right.}丅$

$\frac{甲'}{丙'}$)⊥($\frac{二甲'}{乙'}$) 再以甲′乙′丙′之同數代之，得 ±√($\frac{四甲^{二}丙^{二}}{甲丁⊥乙丙}$丅$\frac{甲丙}{乙丁}$)⊥($\frac{二甲丙}{甲丁⊥乙丙}$) 準是理，凡根之分母全關係於第一項之係數。另設真數以明之。如有 三天^{二}⊥二天丅八五＝〇 求天之二根者，先以首項之係數除各項 天^{二}⊥$\frac{三}{二}$天＝$\frac{三}{八五}$ 配成平方式得 (天⊥$\frac{六}{二}$)^{二}＝$\frac{三}{八五}$⊥$\frac{三六}{四}$ 即 (天⊥$\frac{六}{二}$)^{二}＝$\frac{三六}{一〇二四}$ 兩邊各開方 天⊥$\frac{六}{二}$＝±$\frac{六}{三二}$ 移之 天＝±$\frac{六}{三二}$丅$\frac{六}{二}$ 觀此式天之二根之分母，不皆關係於原方程式首項之係數乎？所以 天＝五 或 天＝丅$\frac{三}{一七}$，而第二根之分母仍首項之係數也。

又 第一四篇 二元二次方程式

第七七款 二元二次式之解法

凡題中含兩箇未知之數立一元不能馭者，必再立一元以馭之。既立二元，必有二方程式方爲完全之題。如只有一方程式，則不能求得題之實數，而爲無定之式。已解明於五九款。但二元二次式之解法略與五九款相似，然另有種種特別之解法，故逐款詳之。例如 天⊥二地＝五 ㈠ 天^{二}⊥二地^{二}＝九 ㈡ 從㈠式 天＝五丅二地 即以 五丅二地 代㈡式中之天，得 (五丅二地)^{二}⊥二地^{二}＝九 即 六地^{二}丅二〇地⊥一六＝〇 各以二除之 三地^{二}丅一〇地⊥八＝〇 可劈爲 (三地丅四)(地丅二)＝〇 故 地＝二 或 地＝$\frac{三}{四}$ 因 天＝五丅二地 若 地＝二 則 天＝一 若 地＝$\frac{三}{四}$ 則 天＝$\frac{三}{七}$ 例二 三天⊥四地＝五 ㈠ 二天^{二}丅天地⊥地^{二}＝二二 ㈡ 從㈠式 天＝$\frac{三}{五丅四地}$ 以 $\frac{三}{五丅四地}$ 代㈡式中之天得 二($\frac{三}{五丅四地}$)^{二}丅地($\frac{三}{五丅四地}$)⊥地^{二}＝二二 化之 五三地^{二}丅九五地丅一四八＝〇 劈爲 (地⊥一)(五三地丅一四八)＝〇 故 地＝丅一 或 地＝$\frac{五三}{一四八}$ 若 地＝丅一 則 天＝三 若 地＝$\frac{五三}{一四八}$ 則 天＝丅$\frac{五三}{一〇九}$ 例三 天地⊥天＝二五 ㈠ 二天地丅三地＝二八 ㈡ 以二乘第一方程式與第二方程式相減，得 (二天⊥三地)＝二二 由是 地＝($\frac{三}{二二丅二天}$) 以 ($\frac{三}{二二丅二天}$) 代㈠式中之地，得 天($\frac{三}{二二丅二天}$)⊥天＝二五 即 二天^{二}丅二五天⊥七五＝〇 劈爲 (天丅五)(二天丅一五)＝〇 故 天＝五 或 天＝$\frac{二}{一五}$ 由是 地＝四 或 地＝$\frac{三}{七}$ 例四 二天^{二}丅三天丅四地＝四七 ㈠ 三天^{二}⊥四天⊥二地＝八九 ㈡ 以二乘㈡式加㈠式，得 八天^{二}⊥五天＝二二五 依劈生法求得 天＝五 或 天＝丅$\frac{八}{四五}$ 由是 地＝丅三 或 地＝$\frac{一二八}{一〇六一}$ 準上三例，倣此之二元式倣之。

第七八款 解二元二次式之續

例如 天^{二}⊥三天地＝二八 ㈠ 天地⊥四地^{二}＝八 ㈡ 以㈡式除㈠式，得 $\frac{天地⊥四地^{二}}{天^{二}⊥三天地}$＝$\frac{二}{七}$ 化之即得 二天^{二}丅天地丅二八地^{二}＝〇 劈爲 (二天⊥七地)(天丅四地)＝〇 故 天＝四地 或 天＝丅$\frac{二}{七地}$ 若 天＝四地 從㈡式 地^{二}＝一 而 地＝±一 則 天＝±四 若 天＝丅$\frac{二}{七地}$ 從㈡式得 地＝±四 則 天＝∓一四

例二 天^{二}丅三天地＝〇 ㈠ 五天^{二}⊥三地^{二}＝四八 ㈡ 從㈠式 天(天丅三地)＝〇 則 天＝〇 或 天＝三地 若 天＝〇 從㈡式得 三地^{二}＝四八 即 地＝±四 若 天＝三地 從㈡式得 四五地^{二}⊥三地^{二}＝四八 即 地＝±一 然 天＝三地 即 天＝±三

例三 天^{二}⊥地^{二}＝七四 ㈠ 二天地＝七〇 ㈡ 兩式相加而變之，得 (天⊥地)^{二}＝一四四，兩邊開平方 天⊥地＝±一二 ㈠式減㈡式而變之，得 (天丅地)^{二}＝四 兩邊各開方 天丅地＝±二 既知和爲 ±一二 較爲

$\frac{一}{十二}$ 乃將和較相加而半之得 $\frac{一}{十七}$ 爲天之二根。和較相減而半之得 $\frac{一}{十五}$ 爲地之二根。但此題天與地之各根可互易。因加減所得式，若置地於首項，則天與地之同數即互易。

本款一題 天^{二}丄三天地＝二八 (一) 天地丄四地^{二}＝八 (二)另有解法，若將兩式相加，得 天^{二}丄四天地丄四地^{二}＝三六 劈爲 (天丄二地)^{二}＝六^{二} 即 天丄二地＝$\frac{一}{十六}$ 則 天＝丅二地$\frac{一}{十六}$ 以此天之同數代入(一)式或(二)式，皆能與前所解得之根相同。故凡解方程式，本無一定之規則也。

又卷三 第一五篇 二次以上方程式之問題

第八〇款 解二次式之設題

本篇專論方程式之問題。但既知數與未知數之關係，以二次式之例爲可解者，夫解問題之法，將既知數與未知數代數自理之關係，悉依解方程式之諸例而求其根。然求得各題之根，有爲正整數者，有爲負數或分數者。但有時負數與分數，皆不能合題理，必求得正整數始合例。如求人數之問題，此數則不可不從正整數也。夫解問題之階級有三，始須將題中既知數與未知數之關係準代數自理而求方程式，次將此等方程式可求得未知數適當之數值，終須將求得之各數值悉代於問題，審所求得之數值與原題之制限相背與否。茲特設解二次式諸題之例以示。例如問或人內之童子之數，但云其數之十一倍比其數平方之二倍多五，求童子幾人。

命 天＝童子數 依題理 一一天＝二天^{二}丄五 即 二天^{二}丅一一天丄五＝〇 劈爲 (二天丅一)(天丅五)＝〇 故 天＝五 或 天＝$\frac{一}{二}$ 但人數不能等於 $\frac{一}{二}$ 所以童子之數必爲五。以五代第一方程式之天，其兩邊皆爲五五而相等，故所求之根五，不背於題理也。

例二 或棒之長之尺數十一倍比其平方之二倍多五，求棒長幾尺。此題之方程式與一題同，但求得之根亦爲五與 $\frac{一}{二}$ 因此題之 $\frac{一}{二}$ 爲五寸，所以求得棒長爲五尺或五寸，皆不背於題之制限也。

例三 從二數字成數，其數等於數字相乘積之二倍，其十位之數字比箇位之數字少三，問此數爲何。

命 天＝十位數 則 天丄三＝箇位數 依題理 二天(天丄三)＝一〇天丄(天丄三) 乘之 二天^{二}丄六天＝一一天丄三 移之 二天^{二}丅五天丅三＝〇 即 (二天丄一)(天丅三)＝〇 故 天＝三 或 天＝丅$\frac{一}{二}$ 但天等於 丅$\frac{一}{二}$ 不合於題理，故天之同數爲三，而其數爲三十六。

例四 或人所有銀圓數之平方比其數之三十倍多一千，問原有若干圓。命 天＝原數 依題理 天^{二}丅三〇天＝一〇〇〇 即 天^{二}丅三〇天丅一〇〇〇＝〇 劈爲 (天丅五〇)(天丄二〇)＝〇 故 天＝五〇 或 天＝丅二〇。所以原有數爲五十圓，或負債二十圓。故正負之負亦可作負債之負也。

例五 有一數不知幾何，但云若將原數與其數之平方根之和爲四十二，求原數。

命 天＝原數 依題理 天丄√天＝四二 即 天丄√天丅四二＝〇 劈爲 (√天丄七)(√天丅六)＝〇 故 √天＝六 或 √天＝丅七 所以 天＝三六 或 天＝四九

例六 有父子二人，其歲數之和爲一百，若取二數之積之十分之一比父年多一百八十，求父子二人之各年幾何。命 天＝父年 則 一〇〇丅天＝子年 依題理 $\frac{一}{一〇}${天(一〇〇丅天)}丅天＝一八〇 乘而化之 天^{二}丅九〇天丄一八〇〇＝〇 劈爲 (天丅六〇)(天丅三〇)＝〇 故 天＝六〇 或 天＝三〇 但父年等於 三〇 不合於理，故父年 六〇 而子年爲 四〇 卻合題旨。旨前所解之六題，亦不過略示解法之一斑，後設諸題務必逐款推解而求得數。

清・陳修齡《公式演算》卷一 二次雜方公式

設有積有長闊和，求長或闊。

命 午＝積 巳＝和 若 天＝長 則 巳丅天＝闊 若 天＝闊 則 巳丅天＝長 依理 (巳丅天)天＝午 即 天^{二}丅巳天＝丅午 配成正方 天^{二}丅巳天丄$\frac{巳^{二}}{四}$＝丅午丄$\frac{巳^{二}}{四}$ 開正方 天丅$\frac{巳}{二}$＝$\frac{一}{十}$$\sqrt{丅午丄\frac{巳^{二}}{四}}$ 移項得

天=$\frac{二}{巳}\pm\sqrt{丅午\perp\frac{四}{巳^{二}}}$ 若 天=長 則公式㊀ 天=$\frac{二}{巳}\perp\sqrt{丅午\perp\frac{四}{巳^{二}}}$ 且 $\frac{二}{巳}丅\sqrt{丅午\perp\frac{四}{巳^{二}}}$=闊 若 天=闊 則公式㊁ 天=$\frac{二}{巳}丅\sqrt{丅午\perp\frac{四}{巳^{二}}}$ 且 $\frac{二}{巳}\perp\sqrt{丅午\perp\frac{四}{巳^{二}}}$=長 設有積有長闊較，求長。命 午=積 巳=較 天=長 則 天丅巳=闊 依理 (天丅巳)天=午 即 天^{二}丅巳天=午 照前法得 天=$\frac{二}{巳}\pm\sqrt{午\perp\frac{四}{巳^{二}}}$ 其公式㊂ 天=$\frac{二}{巳}\perp\sqrt{午\perp\frac{四}{巳^{二}}}$ 設有積有長闊較，求闊。命 午=積 巳=較 天=闊 則 天⊥巳=長 依理 (天⊥巳)天=午 即 天^{二}⊥巳天=午 照前法得 天=丅$\frac{二}{巳}\pm\sqrt{午\perp\frac{四}{巳^{二}}}$ 其公式㊃ 天=丅$\frac{二}{巳}\perp\sqrt{午\perp\frac{四}{巳^{二}}}$

演算

設如有直田積一千九百二十方步，長闊共九十二步，問長與闊各若干。

命 天=長 則 九二丅天=闊 依理 (九二丅天)天=一九二〇 即 天^{二}丅九二天=丅一九二〇 照公式㊀ 天=$\frac{二}{九六}\perp\sqrt{丅一九二〇\perp\frac{四}{(九六)^{二}}}$ 即 天=四六⊥$\sqrt{一九六}$ 即 天=四六⊥一四 故 天=六〇 巨 九二丅天=三二 且因 $\frac{二}{九六}丅\sqrt{丅一九二〇\perp\frac{四}{(九六)^{二}}}$=闊 即 四六丅一四=闊 所以又得 三二=闊

設如有長方地一段，積一千五百一十二方丈，長闊共七十八丈，問闊與長各若干。

命 天=闊 則 七八丅天=長。依理 (七八丅天)天=丅一五一二 即 天^{二}丅七八天=丅一五一二 照公式㊁ 天=$\frac{二}{七八}丅\sqrt{丅一五一二\perp\frac{四}{(七八)^{二}}}$ 即 天=三九丅$\sqrt{九}$ 即 天=三九丅三 故 天=三三 巨 七八丅天=四二 且因 $\frac{二}{七八}\perp\sqrt{丅一五一二\perp\frac{四}{(七八)^{二}}}$=闊 即 三九⊥三=闊 所以又得 四二=闊

設如月臺一座，共用方磚一千九百二十塊。其長邊比闊邊多用磚八塊。問長邊用磚若干。

命 天=長 則 天丅八=闊 依理 (天丅八)天=一九二〇 即 天^{二}丅八天=一九二〇 照公式㊂ 天=$\frac{二}{八}\perp\sqrt{一九二〇\perp\frac{四}{八^{二}}}$ 即 天=四⊥$\sqrt{一九三六}$ 即 天=四⊥四四 故 天=四八

設如長方積二百六十四，闊差長十，問闊若干。

命 天=闊 則 天⊥一〇=長 依理 (天⊥一〇)天=二六四 即 天^{二}⊥一〇天=二六四 照公式㊃ 天=丅$\frac{二}{一〇}\perp\sqrt{二六四\perp\frac{四}{(一〇)^{二}}}$ 即 天=丅五⊥$\sqrt{二八九}$ 即 天=丅五⊥一七 故 天=一二

三次方程

算法

清・《數理精蘊》下編卷三三　借根方比例

帶縱立方三乘方、四乘方、五乘方附。

借根方比例開帶縱立方，與常法不同。常法先知各邊之和或較，既開得一邊之數，以和較加減之，即得各邊之數。此法止有根方多少之號，而無和較縱之名，惟求每根之數而不問餘邊。其立法之本意，蓋欲借根方以求他數。既得一根之數，則所求之數已得，而方之形體有所不計。且其與根方相等之積數，或爲長方體扁方體形，或非長方體扁方體形，或於長方扁方之內少幾數，或於長方扁方之外多幾數，則不能成長方扁方體形也。皆不可知，故不可以帶縱之常法求也。其積數或原爲幾根幾方之總數，而非一長方或一扁方之全數，則止可以逐方逐根計之。若作一長方或一扁方算，則其各邊必有奇零不盡。而轉與所設之根數不合矣。今類其法，分爲九種：如一立方多幾根與幾真數等，一也。一立方少幾根與幾真數等，二也。一

立方多幾平方與幾真數等，三也。一立方少幾平方與幾真數等，四也。一立方多幾平方多幾根與幾真數等，五也。一立方少幾平方少幾根與幾真數等，六也。一立方多幾平方少幾根與幾真數等，七也。一立方少幾平方多幾根與幾真數等，八也。又幾平方少一立方與幾真數等，九也。其開之之法，除第九種外，餘俱依立方法定初商。復視所帶根方爲多號者，其商數須取略小於應得之數。所帶根方數爲少號者，其商數須取略大於應得之數。俱以初商數自乘再乘爲立方積，以初商自乘數與幾平方相乘爲所帶平方之共積，以初商數與幾根相乘爲所帶根數之共積。多號者與立方積相加，少號者與立方積相減，然後與原積相減，不盡者爲次商積。次商之法：以初商自乘數三因之爲立方廉，以初商數倍之與幾平方相乘爲所帶平方之共廉。多號者與立方廉相加，少號者與立方廉相減，又加減所帶之根數多根者加，少根者減。爲次商廉法。以廉法除次商積得次商。即合初商自乘再乘爲立方積，仍如所帶幾根幾平方加減之，而後減原積並與初商同。至於第九種之法，則將立方與真數俱用平方數除之，得一平方少幾分立方之一與幾真數等。依平方法定初商，其商數須取略大於應得之數。乃以初商數自乘爲平方積。又以初商數再乘爲立方積。以平方數除之，得數爲少幾分立方之一，以減平方積，而後與原積相減，不盡者爲次商積。次商之法：以初商數倍之爲平方廉。又以初商自乘數三因之爲立方廉，以平方數除之，得數以減平方廉，餘爲次商廉法。以廉法除次商積得次商。其減積之法與初商同。以上九種，如法開之，即得每根之數也。要之所謂一立方者，即一正方體。而多平方多根，少平方少根，即變正方體而爲長方體扁方體，或爲磬折長方體扁方體。其積數中有立方，則用再乘；有平方，則用自乘；有根則用商數。多則相加，少則相減。九種之中，無異術也。即推之多乘方，莫不皆然。總以其累乘之數爲主，而以所帶根方之積數加減之，與立方無二理也。爰將立方九種之法，各設一例以明其理。而三乘四乘五乘之法，亦各設二例以附其後焉。

設如有一立方多八根，與一千八百二十四尺相等，問每一根之數幾何。

法列原積一千八百二十四尺，按立方法作記。於四尺上定單位，一千尺上定十位。其一千尺爲初商積，與十尺自乘再乘之數相合，即定初商爲十尺，書於原積一千尺之上。而以初商十尺自乘再乘之一千尺爲一立方積。又以初商十尺八因之，得八十尺爲多八根之共積。與一立方積相加得一千零八十尺，書於原積之下，相減餘七百四十四尺爲次商積。而以初商之十尺自乘之一百尺三因之，得三百尺爲一立方廉。加根數八，共三百零八尺爲次商廉法。以除次商積，足二倍，即定次商爲二尺，書於原積四尺之上。合初商共一十二尺，自乘再乘，得一千七百二十八尺爲一立方積。又以十二尺八因之，得九十六尺爲八根之共積。與立方積相加，共得一千八百二十四尺，書於原積之下，相減恰盡，是開得一十二尺爲每一根之數也。此法以積計之爲一正方體及八根之共數。以邊計之，則所得每根之數即正方體之每一邊。因正方體之外多八根，故成一磬折體，而非正方體，亦非長方體也。

一立方 ⊥ 八根 ＝ 一八二四
一根 ＝ 一二

```
一)     二)
一八二四
一〇八〇
────────
〇七四四
一八二四
────────
〇〇〇〇
```

設如有一立方少九根與一千六百二十尺相等，問每一根之數幾何。

法列原積一千六百二十尺，按立方法作記，於空尺上定單位，一千尺上定十位。其一千尺爲初商積，與十尺自乘再乘之數相合，即定初商爲十尺，書於原積一千尺之上。而以初商十尺自乘再乘之一千尺爲一立方積。又以初商十尺九因之，得九十尺爲少九根之共積。與立方積相減，餘九百一十尺書於原積之下。相減餘七百一十尺爲次商積。而以初商之十尺自乘之一百尺三因之，得三百尺爲一立方廉。內減去根數九，餘二百九十一尺爲次商廉法。以除次商積，足二倍，即定次商爲二尺，書於原積空尺之上。合初商共十二尺，自乘再乘，得一千七百二十八尺爲一立方積。又以十二尺九因之，得一百零八尺爲少九根之共積。與立方積相減餘一千六百二十尺，書於原積之下，相減恰盡，是開得一十二尺爲每一根之數也。此法以積計之爲一正方體少九根之數。以邊計之，則所得每根之數即正方體之每一邊。因正方體內少九根之數，故成磬折體，而非正方體，亦非扁方體也。

一立方 一 九根 ＝ 一六二〇
一根 ＝ 一二

```
一)     二)
一六二〇
  九一〇
────────
〇七一〇
一六二〇
────────
〇〇〇〇
```

設如有一立方多四平方與二千三百零四尺相等，問每一根之數幾何。

法列原積二千三百零四尺，按立方法作記，於四尺上定單位，二千尺上定十位。其二千尺爲初商積，與十尺自乘再乘之數相準，即

一立方 ⊥ 四平方 ＝ 二三〇四
一根 ＝ 一二

```
一)     二)
二三〇四
一四〇〇
────────
〇九〇四
二三〇四
────────
〇〇〇〇
```

定初商爲十尺，書於原積二千尺之上。而以初商十尺自乘再乘之一千尺爲一立方積。又以初商十尺自乘之一百尺四因之，得四百尺爲多四平方之共積。與立方積相加，得一千四百尺，書於原積之下。相減餘九百零四尺爲次商積。而以初商之十尺自乘三因之，得三百尺爲一立方廉。又以初商之十尺倍之得二十尺，四因之得八十尺爲四平方廉。與一立方廉相加，得三百八十尺爲次商廉法。以除次商積，足二倍，即定次商爲二尺，書於原積四尺之上。合初商共十二尺，自乘再乘得一千七百二十八尺爲一立方積。又以十二尺自乘之一百四十四尺四因之，得五百七十六尺爲多四平方之共積。與立方積相加，共得二千三百零四尺，書於原積之下，相減恰盡，是開得一十二尺爲每一根之數也。此法以積計之爲一正方體及四平方之共數。以邊計之，則所得每根之數即正方體之每一邊，亦即平方之每一邊。因正方體之外多四平方，故成長方體而非正方體也。

設如有一立方少八平方與七千九百三十五尺相等，問每一根之數幾何。

一立方 — 八平方 ＝ 七九三五

一根 ＝ 二三

二）　三）

七九三五

四八〇〇

———

三一三五

七九三五

———

〇〇〇〇

法列原積七千九百三十五尺，按立方法作記，於五尺上定單位，七千尺上定十位。其七千尺爲初商積，與十尺自乘再乘之數相準，應商十尺。而所帶平方爲少號，故取略大之數爲二十尺，書於原積七千尺之上。而以初商二十尺自乘再乘之八千尺爲一立方積。又以初商二十尺自乘之四百尺八因之，得三千二百尺爲少八平方之共積。與立方積相減餘四千八百尺，書於原積之下。相減餘三千一百三十五尺爲次商積。而以初商之二十尺自乘三因之，得一千二百尺爲一立方廉。又以初商之二十尺倍之得四十尺，八因之得三百二十尺爲八平方廉。與一立方廉相減，餘八百八十尺爲次商廉法。以除次商積，足三倍，即定次商爲三尺，書於原積五尺之上。合初商共二十三尺，自乘再乘，得一萬二千一百六十七尺爲一立方積。又以二十三尺自乘之五百二十九尺八因之，得四千二百三十二尺爲少八平方之共積。與一立方積相減，餘七千九百三十五尺書於原積之下，相減恰盡，是開得二十三尺爲每一根之數也。此法以積計之爲一正方體少八平方之數。以邊計之，則所得每根之數即正方體之每一邊，亦即平方之每一邊。因正方體之內少八平方，故成扁方體而非正方體也。

設如有一立方多十三平方多三十根與二萬七千一百四十四尺相等，問每一根之數幾何。

一立方 ⊥ 一三平方 ⊥ 三〇根 ＝ 二七一四四

一根 ＝ 二六

二）　六）

二七一四四

一三八〇〇

———

一三三四四

二七一四四

———

〇〇〇〇〇

法列原積二萬七千一百四十四尺，按立方法作記，於四尺上定單位，七千尺上定十位。其二萬七千尺爲初商積，與三十自乘再乘之數相合，應商三十尺。而所帶平方與根皆爲多號，故取略小之數爲二十尺，書於原積七千尺之上。而以初商二十尺自乘再乘之八千尺爲一立方積。又以初商二十尺自乘之四百尺十三乘之，得五千二百尺爲多十三平方之共積。又以初商之二十尺三十乘之，得六百尺爲多三十根之共積。三積立方平方與根之三數相加得一萬三千八百尺，書於原積之下。相減餘一萬三千三百四十四尺爲次商積。而以初商之二十尺自乘，三因之得一千二百尺爲一立方廉。又以初商之二十尺倍之得四十尺，以十三乘之得五百二十尺爲十三平方廉。與立方廉相加得一千七百二十尺，又加根數三十共一千七百五十尺爲次商廉法。以除次商積，足七倍，因取略小之數爲六尺，書於原積四尺之上。合初商共二十六尺自乘再乘，得一萬七千五百七十六尺爲一立方積。又以二十六尺自乘之六百七十六尺十三乘之，得八千七百八十八尺爲多十三平方之共積。又以二十六尺三十乘之，得七百八十尺爲多三十根之共積。三積相加共二萬七千一百四十四尺，書於原積之下。相減恰盡，是開得二十六尺爲每一根之數也。此法以積計之爲一正方體及十三平方與三十根之共數。以邊計之，則所得每根之數即正方體之每一邊，亦即平方之每一邊。因正方體之外多十三平方又多三十根恰成長方體，而非正方體亦非磬折體也。將所多之十三平方內十平方附於正方體之一面，又以三平方加於正方體之又一面，即成磬折體而缺三十根之數。如以三十根補其缺，即成長方體，其寬即一根爲二十六尺，其長即一根多十尺爲三十六尺，其高即一根多三尺爲二十九尺也。此因所多之平方及根數，適足長方體形，故爲長方體。若平方與根數不能補足者，仍爲磬折體也。

設如有一立方少七平方少八根與七千零八十四尺相等，問每一根之數幾何。

一立方 — 七平方 — 八根 ＝ 七〇八四

一根 ＝ 二二

二）　二）

七〇八四

五〇四〇

———

二〇四四

七〇八四

———

〇〇〇〇

法列原積七千零八十四尺，按立方法作記，於四尺上定單位，七千尺上定十位。其七千尺爲初商積，與十尺自乘再乘之數相準。

而所帶平方與根皆爲少號，故取略大之數爲二十尺，書於原積七千尺之上。而以初商二十尺自乘再乘之八千尺爲一立方積。又以初商二十尺自乘之四百尺七因之，得二千八百尺爲少七平方之共積。又以初商二十尺八因之，得一百六十尺爲少八根之共積。與少七平方共積相加，得二千九百六十尺，以減立方積，餘五千零四十尺書於原積之下。相減餘二千零四十尺爲次商積。而以初商之二十尺自乘三因之，得一千二百尺爲一立方廉。又以初商之二十尺倍之得四十尺，七因之得二百八十尺爲七平方廉。與立方廉相減餘九百二十尺，又減去根數八餘九百一十二尺爲次商廉法。以除次商積，足二倍，即定次商爲二尺，書於原積四尺之上。合初商共二十二尺，自乘再乘，得一萬零六百四十八尺爲一立方積。又以二十二尺自乘之四百八十四尺七因之，得三千三百八十八尺爲少七平方之共積。又以二十二尺八因之，得一百七十六尺爲少八根之共積。與少七平方共積相加，得三千五百六十四尺，以減立方積，餘七千零八十四尺書於原積之下。相減恰盡，是開得二十二尺爲每一根之數也。此法以積計之爲一正方體少七平方又少八根之數。以邊計之，則所得每根之數即正方體之每一邊，亦即平方之每一邊。因正方體之内少七平方又少八根，故成磬折體，而非正方體也。

設如有一立方多一平方少二十根與三萬三千一百五十二尺相等。問每一根之數幾何。

一立方 ⊥ 一平方 — 二〇根 — 三三一五二

一根 ＝ 三二

三）　二）
三三一五二
二七三〇〇
———————
〇五八五二
三三一五二
———————
〇〇〇〇〇

法列原積三萬三千一百五十二尺，按立方法作記，於二尺上定單位，三千尺上定十位。其三萬三千尺爲初商積，與三十自乘再乘之數相準，即定初商爲三十尺，書於原積三千尺之上。而以初商三十尺自乘再乘之二萬七千尺爲一立方積。又以初商三十尺自乘之九百尺爲多一平方積。又以初商之三十尺二十乘之得六百尺爲少二十根之共積。於立方積内加多一平方積得二萬七千九百尺，又減去少二十根之共積，餘二萬七千三百尺，書於原積之下。相減餘五千八百五十二尺爲次商積，而以初商之三十尺自乘三因之，得二千七百尺爲一立方廉。又以初商之三十尺倍之得六十尺爲一平方廉。與立方廉相加得二千七百六十尺，又減去根數二十，餘二千七百四十尺爲次商廉法。以除次商積，足二倍，即定次商爲二尺，書於原積二尺之上。合初商共三十二尺，自乘再乘，得三萬二千七百六十八尺爲一立方積。又以三十二尺自乘之一千零二十四尺爲多一平方積。又以三十二尺二十乘之得六百四十尺爲少二十根之共積。於一立方積内加多一平方積得三萬三千七百九十二尺，又減去少二十根之共積，得三萬三千一百五十二尺，書於原積之下。相減恰盡，是開得三十二尺爲每一根之數也。此法以積計之爲一正方體多一平方復少二十根之數。以邊計之，則所得每根之數即正方體之每一邊，亦即平方之每一邊。因正方體之外多一平方又少二十根，故成磬折體，而非正方體也。

設如有一立方少三平方多二根與一萬二千一百四十四尺相等。問每一根之數幾何。

一立方 — 三平方 ⊥ 二根 ＝ 一二一四四

一根 ＝ 二四

二）　四）
一二一四四
六八四〇
———————
〇五三〇四
一二一四四
———————
〇〇〇〇〇

法列原積一萬二千一百四十四尺，按立方法作記，於四尺上定單位，二千尺上定十位。其一萬二千尺爲初商積，與二十自乘再乘之數相準，即定初商爲二十尺，書於原積二千尺之上。而以初商二十尺自乘再乘之八千尺爲一立方積。又以初商二十尺自乘之四百尺三因之，得一千二百尺爲少三平方之共積。又以初商之二十尺二因之，得四十尺爲多二根之共積。於立方積内減去少三平方之共積餘六千八百尺，又加入多二根之共積，得六千八百四十尺，書於原積之下，相減餘五千三百零四尺爲次商積。而以初商之二十尺自乘三因之，得一千二百尺爲一立方廉。又以初商之二十尺倍之得四十尺，三因之得一百二十尺爲三平方廉。與立方廉相減餘一千零八十尺，又加入根數二，得一千零八十二尺爲次商廉法。以除次商積，足四倍，即定次商爲四尺，書於原積四尺之上。合初商共二十四尺，自乘再乘得一萬三千八百二十四尺爲一立方積。又以二十四尺自乘之五百七十六尺三因之，得一千七百二十八尺爲少三平方之共積。又以二十四尺二因之，得四十八尺爲多二根之共積。於立方積内減去三平方之共積餘一萬二千零九十六尺，又加入多二根之共積得一萬二千一百四十四尺，書於原積之下。相減恰盡，是開得二千四百尺爲每一根之數也。此法以積計之爲一正方體少三平方復多二根之數。以邊計之，則所得每根之數即正方體之每一邊，亦即平方之每一邊。因正方體之内少三平方又多二根，故成磬折體而非正方體也。

設如有四十平方少一立方與五千六百二十五尺相等。問每一根之數幾何。

四〇平方 — 一立方 ＝ 五六二五

一平方 — 四〇立方之一 ＝ 一四〇.六二五

一根 ＝ 一五

一）　五）

一四〇.六二五

七五

〇六五.六二五

一四〇.六三五

〇〇〇 〇〇〇

法以四十平方少一立方與五千六百二十五尺俱以四十除之，得一平方少四十分立方之一與一百四十尺六十二寸五十分相等。乃列一百四十尺六十二寸五十分爲歸除所得之積，按平方法作記，於空尺上定單位，一百尺上定十位。其一百尺爲初商積，與十尺自乘之數相合，即定初商爲十尺，書於所得積一百尺之上。而以初商十尺自乘之一百尺爲一平方積，再乘得一千尺爲一立方積，以四十除之，得二十五尺爲少四十分立方之一之積。與一平方積相減餘七十五尺，書於所得積之下。相減餘六十五尺六十二寸五十分爲次商積。而以初商之一十尺倍之，得二十尺爲一平方廉。又以初商之十尺自乘三因之，得三百尺爲一立方廉。以四十除之，得七尺五寸爲四十分立方之一之廉。與平方廉相減，餘十二尺五寸爲次商廉法。以除次商積，足五倍，即定次商爲五尺，書於所得積空尺之上。合初商共十五尺自乘得二百二十五尺爲一平方積，再乘得三千三百七十五尺爲一立方積。以四十除之，得八十四尺三十七寸五十分爲四十分立方之一之積。與一平方積相減，餘一百四十尺六十二寸五十分，書於所得積之下。相減恰盡。乃以一平方積與四十相乘，得九千尺爲四十平方積。內減去一立方積，餘五千六百二十五尺與原積相合。是開得一十五尺爲每一根之數也。此法以積計之爲四十平方少一正方體之數。以邊計之，則所得每根之數即平方之每一邊，亦即正方體之每一邊。因四十平方內少十五平方之一正方體，每邊爲十五尺，故十五平方爲一正方體也。餘二十五平方爲長方體，其寬即一根爲十五尺，其高亦十五尺，其長爲二十五尺也。而非正方體也。

設如有五百平方少一立方，與二十七萬四千一百七十六尺相等。問每一根之數幾何。

法以五百平方少一立方與二十七萬四千一百七十六尺俱以五百除之，得一平方少五百分立方之一與五百四十八尺三十五寸二十八分相等。乃列五百四十八尺三十五寸二十八分爲歸除所得之積，按平方法作記，於八尺上定單位，五百尺上定十位。其五百尺爲初商積，與二十自乘之數相準，即定初商爲二十尺，書於所得積五百尺之上。而以初商二十尺自乘之四百尺爲一平方積，再乘得八千尺爲一立方積，以五百除之，得十六尺爲少五百分立方之一之積。與平方積相減餘三百八十四尺，書於所得積之下。相減餘一百六十四尺三十五寸二十八分爲次商積。而以初商之二十尺倍之，得四十尺爲一平方廉。又以初商之二十尺自乘三因之，得一千二百尺爲一立方廉。以五百除之，得二尺四寸爲五百分立方之一之廉。與平方廉相減，得三十七尺六寸爲次商廉法。以除次商積，足四倍，即定次商爲四尺，書於所得積八尺之上。合初商共二十四尺，自乘得五百七十六尺爲一平方積。再乘得一萬三千八百二十四尺爲一立方積。以五百除之，得二十七尺六十四寸八十分爲少五百分立方之一之積。與平方積相減餘五百四十八尺三十五寸二十八分，書於所得積之下，相減恰盡。乃以一平方積與五百相乘，得二十八萬八千尺爲五百平方積。內減去一立方積，餘二十七萬四千一百七十六尺，與原積相合。是開得二十四尺爲每一根之數也。此法以積計之爲五百平方少一正方體。以邊計之，則所得每根之數即平方之每一邊，亦即正方體之每一邊。因五百平方內少二十四平方之一正方體，每邊爲二十四尺，故二十四平方即一正方體也。餘四百七十六平方爲長方體其寬即一根爲二十四尺，其高亦爲二十四尺，其長爲四百七十六尺也。而非正方體也。

五〇〇平方 — 一立方 ＝ 二七四一七六

一平方 — 五〇〇立方之一 ＝ 五四八三五二

一根 ＝ 二四

二）　四）

五四八三五二

三八四

一六四三五二

五四八三五二

〇〇〇〇〇〇

設如有一三乘方多二平方與二萬一千零二十四尺相等。問每一根之數幾何。

一三乘 ⊥ 二平方 ＝ 二一〇二四

一根 ＝ 一二

一）　二）

二一〇二四

一〇二〇〇

一〇八二四

二一〇二四

〇〇〇〇〇

法列原積二萬一千零二十四尺，按三乘方法作記，於四尺上定單位，二萬尺上定十位。其二萬尺爲初商積，與十尺乘三次之數相準，即定初商爲十尺，書於原積二萬尺之上。而以初商十尺乘三次之一萬尺爲一三乘方積。又以初商十尺自乘之一百尺二因之，得二百尺爲多二平方之共積。與三乘方積相加得一萬零二百尺，書於原積之下。相減餘一萬零八百二十四尺爲次商積。而以初商之十尺再乘四因之得四千尺

爲三乘方廉。又以初商之十尺倍之，得二十尺，二因之得四十尺爲多二平方之廉。與三乘方廉相加，得四千零四十尺爲次商廉法。以除次商積，足二倍，即定次商爲二尺，書於原積四尺之上。合初商共十二尺，乘三次得二萬零七百三十六尺爲一三乘方積。又以十二尺自乘之一百四十四尺二因之，得二百八十八尺爲多二平方之共積。與三乘方積相加得二萬一千零二十四尺，書於原積之下，相減恰盡。是開得一十二尺爲每一根之數也。

五）五　二）四
四）〇二　一）一四
一）二一

又法用帶縱平方及平方兩次開之。將原積二萬一千零二十四尺爲長方積，以多二平方作二尺爲縱多，折半得一尺爲半較。自乘仍得一尺，與積相加得二萬一千零二十五尺，開平方得一百四十五尺爲半和。內減半較一尺，凡多平方者即減半較，如少平方者則加半較。餘一百四十四尺爲正方積。復開平方，得十二尺即每一根之數也。蓋三乘方多平方與方根自乘爲闊加多平方數爲長所作之長方積等。故用帶縱較數開平方法開之，得數復開平方，即得每一根之數也。

設如有一千平方少一三乘方，與一十二萬三千二百六十四尺相等。問每一根之數幾何。

一〇〇〇平方 — 三乘 ＝ 一二三二六四
一平方 — 一〇〇〇三乘之一 ＝ 一二三.二六四
一根 ＝ 一二

一）　二）
一二三.二六四
九〇
〇三三.二六四
一二三.二六四
〇〇〇 〇〇〇

法以一千平方少一三乘方與一十二萬三千二百六十四尺俱以一千除之，得一平方少一千分三乘方之一與一百二十三尺二十六寸四十分相等。乃列一百二十三尺二十六寸四十分爲歸除所得之積，按平方法作記，於三尺上定單位，一百尺上定十位。其一百尺爲初商積，與十尺自乘之數相合，即定初商爲十尺，書於所得積一百尺之上。而以初商十尺自乘之一百尺爲一平方積。又以初商之十尺乘三次得一萬尺爲一三乘方積。以一千除之，得一十尺爲千分三乘方之一之積，與一平方積相減餘九十尺，書於所得積之下。相減餘三十三尺二十六寸四十分爲次商積。而以初商之十尺倍之，得二十尺爲一平方廉。又以初商之十尺自乘再乘四因之，得四千尺爲一三乘方廉。以一千除之，得四尺爲千分三乘方之一之廉。與平方廉相減，餘一十六尺爲次商廉法。以除次商積，足二倍，即定次商爲二尺，書於所得積三尺之上。合初商共十二尺，自乘得一百四十四尺爲一平方積。又以十二尺乘三次，得二萬零七百三十六尺爲一三乘方積。以一千除之，得二十尺零七十三寸六十分，與一平方積相減餘一百二十三尺二十六寸四十分，書於所得積之下，相減恰盡。乃以一平方積與一千相乘，得一十四萬四千尺爲一千平方積。內減去一三乘方積，餘一十二萬三千二百六十四尺，與原積相合。是開得一十二尺爲每一根之數也。

六）六　二）四
五）七三　一）一四
三）一二六

又法用帶縱平方及平方兩次開之。將原積一十二萬三千二百六十四尺爲長方積，以一千平方作一千尺爲和，折半得五百尺爲半和。自乘得二十五萬尺，與積相減，餘十二萬六千七百三十六尺，開平方得三百五十六尺爲半較。與半和相減，餘一百四十四尺爲正方積。復開平方得一十二尺，即每一根之數也。蓋平方少三乘方，與方根自乘爲闊與平方數相減爲長所作之長方積等。故用帶縱和數開平方法開之，得數復開平方即得每一根之數也。

設如有一四乘方多二立方，與七百九十九萬零二百七十二尺相等，問每一根之數幾何。

一四乘 ⊥ 二立方 ＝ 七九九〇二七二
一根 ＝ 二四

四）　二）
七九九〇二七二
三二一六〇〇〇
四七七四二七二
七九九〇二七二
〇〇〇〇〇〇〇

法列原積七百九十九萬零二百七十二尺，按四乘方法作記，於二尺上定單位，九十萬尺上定十位。其七百九十萬尺爲初商積，與二十乘四次之數相準，即定初商爲二十尺，書於原積九十萬尺之上。而以初商二十尺乘四次之三百二十萬尺爲一四乘方積。又以初商二十尺自乘再乘之八千尺二因之，得一萬六千尺爲多二立方之共積。與四乘方積相加，得三百二十一萬六千尺，書於原積之下。相減餘四百七十七萬四千二百七十二尺爲次商積。而以初商之二十尺乘三次，五因之得八十萬尺爲一四乘方廉。又以初商之二十尺自乘三因之得一千二百尺，又二因之得二千四百尺爲多二立方之廉。與四乘方廉相加，得八十萬零二千四百尺爲次商廉法。以除次商積，足五倍，因取略小之數爲四尺，書於原積二尺之上。合初商共二十四尺，乘四次得七百九十六萬二千六百二十四尺爲一四乘方積。又以二十四

尺自乘再乘之一萬三千八百二十四尺二因之，得二萬七千六百四十八尺爲多二立方之共積。與四乘方積相加，得七百九十九萬零二百七十二尺，書於原積之下，相減恰盡。是開得二十四尺爲每一根之數也。蓋四乘方多立方之數，不與平方立方之數相合，故不能以平方立方之法開也。

設如有二千立方少一四乘方，與一千九百六十八萬五千三百七十六尺相等。問每一根之數幾何。

二〇〇〇立方 — 一四乘 = 一九六八五三七六

一立方 — 二〇〇〇四乘之一 = 九八四二六八八

一根 = 二四

二）　四）
九八四二六八八
六四〇〇
三四四二六八八
九八四二六八八
〇〇〇〇〇〇〇

法以二千立方少一四乘方與一千九百六十八萬五千三百七十六尺俱以二千除之，得一立方少二千分四乘方之一與九千八百四十二尺六百八十八寸相等。乃列九千八百四十二尺六百八十八寸爲歸除所得之積，按立方法作記，於二尺上定單位，九千尺上定十位。其九千尺爲初商積，與二十自乘再乘之數相準，即定初商爲二十尺，書於所得積九千尺之上。而以初商二十尺自乘再乘之八千尺爲一立方積。又以初商之二十尺乘四次，得三百二十萬尺爲一四乘方積，以二千除之，得一千六百尺爲二千分四乘方之一之積。與一立方積相減餘六千四百尺，書於所得積之下，相減餘三千四百四十二尺六百八十八寸爲次商積。而以初商之二十尺自乘三因之，得一千二百尺爲一立方廉。又以初商之二十尺乘三次五因之，得八十萬尺爲一四乘方廉。以二千除之，得四百尺爲二千分四乘方之一之廉。與立方廉相減，餘八百尺爲次商廉法。以除次商積，足四倍，即定次商爲四尺，書於所得積二尺之上。合初商共二十四尺，自乘再乘得一萬三千八百二十四尺爲一立方積。又以二十四尺乘四次，得七百九十六萬二千六百二十四尺爲一四乘方積。以二千除之，得三千九百八十一尺三百一十二寸，與一立方積相減，餘九千八百四十二尺六百八十八寸，書於所得積之下，相減恰盡。乃以一立方積與二千相乘得二千七百六十四萬八千尺爲二千立方積，內減去一四乘方積，餘一千九百六十八萬五千三百七十六尺，與原積相合。是開得二十四尺爲每一根之數也。蓋立方少四乘方之數，亦不與平方立方之數相合，故不能以平方立方之法開也。

設如有一五乘方多四立方，與一億一千三百四十二萬二千四百九十六尺相等。問每一根之數幾何。

一五乘 ⊥ 四立方 = 一一三四二二四九六

一根 = 二二

二）　二）
一一三四二二四九六
六四〇三二〇〇〇
〇四九三九〇四九六
一一三四二二四九六
〇〇〇〇〇〇〇〇〇

法列原積一億一千三百四十二萬二千四百九十六尺，按五乘方法作記，於六尺上定單位，三百萬尺上定十位。其一億一千三百萬尺爲初商積，與二十乘五次之數相準，即定初商爲二十尺，書於原積三百萬尺之上。而以初商二十尺乘五次之六千四百萬尺爲一五乘方積。又以初商二十尺自乘再乘之八千尺四因之，得三萬二千尺爲多四立方之共積。與五乘方積相加，得六千四百零三萬二千尺，書於原積之下，相減餘四千九百三十九萬零四百九十六尺爲次商積。而以初商之二十尺乘四次六因之得一千九百二十萬尺爲一五乘方廉。又以初商之二十尺自乘二因之得一千二百尺，又四因之得四千八百尺爲四立方之廉。與五乘方廉相加，得一千九百二十萬零四千八百尺爲次商廉法。以除次商積，足二倍，即定次商爲二尺，書於原積六尺之上。合初商共二十二尺，乘五次得一億一千三百三十七萬九千九百零四尺爲一五乘方積。又以二十二尺自乘再乘之一萬零六百四十八尺四因之，得四萬二千五百九十二尺爲多四立方之共積。與五乘方積相加，得一億一千三百四十二萬二千四百九十六尺，書於原積之下，相減恰盡。是開得二十二尺爲每一根之數也。

一）　〇）　六）　五）　〇）
一一三四二二五〇〇

二）　二）
一〇六四八

又法用帶縱平方及立方開之。將原積一億一千三百四十二萬二千四百九十六尺爲長方積，以多四立方作四尺爲縱多，折半得二尺，自乘得四尺，與積相加得一億一千三百四十二萬二千五百尺，開平方得一萬零六百五十尺爲半和。內減半較二尺，因立方爲多號，故減半較。若立方爲少號，即加半較。得一萬零六百四十八尺爲立方積，開立方得二十二尺，即每一根之數也。蓋五乘方多立方，與方根自乘再乘爲闊加多立方數爲長所作之長方積等，故用帶縱較數開平方法開之。得數復開立方，即得每

一根之數也。

設如有一萬立方少一五乘方，與一千一百五十三萬八千四百三十九尺相等。問每一根之數幾何。

一〇〇〇〇立方 — 一五乘 ＝ 一一五三八四三九

立方 — 一〇〇〇〇五乘之一 ＝ 一一五三八四三九

一根 ＝ 一一

︶　︶
一一五三八四三九
九〇〇
〇二五三八四三九
一一五三八四三九
〇〇〇〇〇〇〇〇

法以一萬立方少一五乘方與一千一百五十三萬八千四百三十九尺俱以一萬除之，得一立方少一萬分五乘方之一與一千一百五十三尺八百四十三寸九百分相等。乃列一千一百五十三尺八百四十三寸九百分爲歸除所得之積，按立方法作記，於三尺上定單位，一千尺上定十位。其一千尺爲初商積，與十尺自乘再乘之數相合，即定初商爲十尺，書於所得積一千尺之上。而以初商十尺自乘再乘之一千尺爲一立方積。又以初商十尺乘五次得一百萬尺爲一五乘方積。以一萬除之，得一百尺爲一萬分五乘方之一之積。與立方積相減，餘九百尺，書於所得積之下。相減餘二百五十三尺八百四十三寸九百分爲次商積。而以初商之十尺自乘三因之得三百尺爲一立方廉。又以初商之十尺乘四次六因之得六十萬尺爲一五乘方廉。以一萬除之，得六十尺爲一萬分五乘方之一之廉。與立方廉相減，餘二百四十尺爲次商廉法。以除次商積，足一倍，即定次商爲一尺，書於所得積三尺之上。合初商共十一尺，自乘再乘得一千三百三十一尺爲一立方積。又以十一尺乘五次得一百七十七萬一千五百六十一尺爲一五乘方積。以一萬除之，得一百七十七尺一百五十六寸一百分爲一萬分五乘方之一之積。與立方積相減，餘一千一百五十三尺八百四十三寸九百分，書於所得積之下。相減恰盡。乃以一立方積與一萬相乘得一千三百三十一萬尺爲一萬立方積。內減去一五乘方積，餘一千一百五十三萬八千四百三十九尺，與原積相合。是開得一十一尺爲每一根之數也。

三　六　六　九
）　）　）　）
一三四六一五六一
　　︶　　︶
　　一三三一

又法用帶縱平方及立方開之。將原積一千一百五十三萬八千四百三十九尺爲長方積。以一萬立方作一萬尺爲和，折半得五千尺爲半和。自乘得二千五百萬尺，與積相減，餘一千三百四十六萬一千五百六十一尺，開平方得三千六百六十九尺爲半較。與半和相減，餘一千三百三十一尺爲立方積。開立方得一十一尺即每一根之數也。蓋立方少五乘方，與方根自乘再乘爲闊與立方數相減爲長所作之長方積等，故用帶縱和數開平方法開之。得數復開立方，即得每一根之數也。

又　下編卷三六　借根方比例

體類

設如有扁方體高十八尺。若將體積加六倍，則高與長闊皆相等。問長闊之各一邊及體積幾何。

邊一根

面一平方　　體一八平方

一立方 ＝ 一〇八平方

一根 ＝ 一〇八

法借一根爲長闊之各一邊數。以一根自乘，得一平方爲扁方體之面積。再以高十八尺乘之，得十八平方爲扁方體之體積。又以一根與一平方相乘，得一立方爲扁方體積之六倍。乃以扁方體之體積十八平方六因之得一百零八平方，是爲一立方與一百零八平方相等。兩邊各降二位，得一根與一百零八尺相等，即扁方體之長闊各一邊數也。以一百零八尺自乘，得一萬一千六百六十四尺。再以十八尺乘之，得二十萬零九千九百五十二尺爲扁方體積。六因之得一百二十五萬九千七百一十二尺，與每邊一百零八尺自乘再乘之立方積相等。此偏方體邊線比例法也。蓋兩體之底面積既同，則其體積之比例同於其高之比例。今扁方體之長闊各一邊既與正方體之每一邊等。而正方體積爲扁方體積之六倍，則其高亦必爲六倍。故以扁方體之高數六因之，即得長闊之各一邊數也。

設如有一長方體高三尺五寸。又有一正方體，其每一面積與長方體之底面積等，而長方體積爲正方體積之五倍。此一長方體一正方體同底比例法也。問正方體之一邊及體積各幾何。

邊一根

面一平方

體一立方

五立方 ＝ 三五平方

五根 ＝ 三五

一根 ＝ 七

法借一根爲正方體每邊之數。以一根自乘得一平方爲正方體之面積，亦即長方體之底面積。以一平方與高三十五寸相乘得三十五平方爲長方體之體積。又以一根自乘再乘得一立方爲正方體之體積。長方體積既爲正方體之五倍，乃以一立方五因之得五立方，而與三十五平方爲相等。兩邊各降二位，得五根

與三十五寸相等。五根既與三十五寸相等，則一根必與七寸相等，即正方體之每一邊之數也。以七寸自乘再乘得三百四十三寸，即正方體之體積。又以七寸自乘得四十九寸，再以三十五寸乘之得一千七百一十五寸，即長方體之體積爲正方體積之五倍。此一長方体一正方体同底比例法也蓋兩體之底面積既同，則其體積之比例同於其高之比例。今正方體之每一面積既與長方體之底面積等，而長方體積爲正方體積之五倍，則其高亦必爲五倍。故長方體之高之五分之一，即正方體之每一邊之數也。

設如有一正方面形，又有一正方體形，但知正方面每邊爲正方體每邊之八倍，而正方面積與正方體積相等。問邊線積數各若干。

體邊一根　　面邊　八根

體積一立方 ＝ 面積六四平方

一根 ＝ 六四

法借一根爲正方體每邊之數，則正方面每邊之數爲八根。以一根自乘再乘得一立方爲正方體積。以八根自乘得六十四平方爲正方面積。是爲一立方與六十四平方相等。兩邊各降二位，得一根與六十四尺相等，即正方體每邊之數。八因之得五百一十二尺，即正方面每邊之數。以五百一十二尺自乘，得二十六萬二千一百四十四尺爲正方面積。以六十四尺自乘再乘，亦得二十六萬二千一百四十四尺爲正方體積。兩數相等也。此一平方一立方邊數積數比例法。

設如有帶兩縱不同立方體，其高與闊之比例同於四與六。闊與長之比例同於六與九。其高與闊相乘之數爲長數之四倍。問高闊長各幾何。

長九根

高四根
闊六根

二四平方 ＝ 三六根

二四根 ＝ 三六

四根 ＝ 六

六根 ＝ 九

九根 ＝ 一三五

法借四根爲高數，六根爲闊數，九根爲長數。以高四根與闊六根相乘，得二十四平方爲長數之四倍。乃以長數九根四因之得三十六根。是爲二十四平方與三十六根相等。兩邊各降一位，得二十四根與三十六尺相等。二十四根既與三十六尺相等，則四根必與六尺相等，即高數。六根必與九尺相等，即闊數。九根必與一十三尺五寸相等，即長數。以高六尺與闊九尺相乘得五十四尺，四歸之得一十三尺五寸，與長數相等也。此帶兩縱不同立方邊線面積比例法。

設如有帶兩縱不同立方體，長二十四尺，高與闊和五十二尺。其高與闊相乘之積與長自乘之積等。問高闊各若干。

高一根

闊五二 — 一根　　長二四

五二根 — 一平方 ＝ 五七六

一根 ＝ 一六

法借一根爲高數，則闊數爲五十二尺少一根。以高一根與闊五十二尺少一根相乘得五十二根少一平方。又以長二十四尺自乘得五百七十六尺。此二數爲相等。乃以五百七十六尺爲長方積，以五十二根作五十二尺爲長闊和，用帶縱和數開平方法算之，得闊十六尺爲一根之數，即立方之高數。與高闊和五十二尺相減，餘三十六尺即立方之闊數。以高十六尺與闊三十六尺相乘得五百七十六尺，與長二十四尺自乘之數相等也。此帶兩縱不同立方邊線與面積比例法。

設如有帶兩縱不同立方體，高十二寸，長比闊多十寸。其長與闊相乘之積與高自乘之積等。問長闊各若干。

闊一根

長一根 ⊥ 一〇　　高一二

一平方 ⊥ 一〇根 ＝ 一四四

一根 ＝ 八

法借一根爲闊數，則長數爲一根多十寸。以闊一根與長一根多十寸相乘得一平方多十根。以高十二寸自乘得一百四十四寸。此二數爲相等。乃以一百四十四寸爲長方積，以十根作十寸爲長闊較，用帶縱較數開平方法算之，得闊八寸爲一根之數，即立方之闊數。加長比闊多十寸，得十八寸即立方之長數。以闊八寸與長十八寸相乘得一百四十四寸，與高十二寸自乘之數相等也。此帶兩縱不同立方邊較與面積比例法。

設如有帶兩縱不同立方體，長比闊多四寸，闊比高多二寸。其體積比高自乘再乘之正方體多一百七十六寸。問長闊高各幾何。

高一根

闊一根 ⊥ 二

長一根 ⊥ 六

一立方 ⊥ 八平方 ⊥ 一二根

八平方 ⊥ 一二根 ＝ 一七六

一平方 ⊥ 一根半 ＝ 二二

一根 ＝ 四

法借一根爲高數，則闊數爲一根多二寸，長數爲一根多六寸。以高一根與闊一根多二寸相乘得一平方多二根。再以長一根多六寸乘之，得一立方多八平方多十二根。內減高數一根自乘再乘之一立方，餘八平方多十二根與一百七十六寸相等。八平方多十二根既與一百七十六寸相等，則一平方多一根半必與二十二寸相等。乃以二十二寸爲長方積，以一根半作一寸五分爲長闊較，用帶縱較數開平方法算之，得闊四寸爲一根之數，即立方之

高數。加闊比高多二寸得六寸，即立方之闊數。再加長比闊多四寸得十寸，即立方之長數。以長闊相乘以高再乘，得二百四十寸爲立方體積。内減高四寸自乘再乘之六十四寸，餘一百七十六寸以合原數也。此帶兩縱不同立方邊較與積較比例法。

設如一長方池，深二十尺，長闊和六十尺，其體積一萬七千二百八十尺。問長闊各若干。

法借一根爲闊數，則長數爲六十尺少一根。以闊一根與長六十尺少一根相乘得六十根少一平方。以深二十尺再乘得一千二百根少二十平方，與一萬七千二百八十尺相等。一千二百根少二十平方既與一萬七千二百八十尺相等，則六十根少一平方必與八百六十四尺相等。乃以八百六十四尺爲長方積，以六十根作六十尺爲長闊和，用帶縱和數開平方法算之，得闊二十四尺爲一根之數，即池之闊數。與長闊和六十尺相減，餘三十六尺即池之長數。以長闊相乘以深再乘，得一萬七千二百八十尺，以合原數也。此帶兩縱不同立方知一邊與兩邊和相求法。

闊一根
長六〇 — 一根
一二〇〇根 — 二〇平方 ＝ 一七二八〇
六〇根 — 一平方 ＝ 八六四
一根 ＝ 二四

設如一長方池，深三十尺，長比闊多十尺，其體積七萬一千二百八十尺。問長闊各若干。

法借一根爲闊數，則長數爲一根多十尺。以闊一根與長一根多十尺相乘得一平方多十根。再以深三十尺乘之，得三十平方多三百根，與七萬一千二百八十尺相等。三十平方多三百根既與七萬一千二百八十尺相等，則一平方多十根必與二千三百七十六尺相等。乃以二千三百七十六尺爲長方積，以十根作十尺爲長闊較，用帶縱較數開平方法算之，得闊四十四尺爲一根之數，即池之闊數。加長比闊多十尺，得五十四尺即池之長數也。以長闊相乘以深再乘，得七萬一千二百八十尺，以合原數也。此帶兩縱不同立方知一邊與兩邊較相求法。

闊一根
長一根 ⊥ 一〇
三〇平方 ⊥ 三〇〇根 ＝ 七一二八〇
一平方 ⊥ 一〇根 ＝ 二三七六
一根 ＝ 四四

設如有帶兩縱不同立方體，長闊高共五十八尺，長比闊多六尺。其對角斜線自乘之數爲一千一百五十六尺。問長闊高各幾何。

法借一根爲闊數，則長數爲一根多六尺。與長闊高共五十八尺相減，餘五十二尺少二根爲高數。以長闊兩數相加得二根多六尺。以長一根多六尺自乘，得一平方多十二根多三十六尺爲長自乘之數。以闊一根自乘，得一平方爲闊自乘之數。以高五十二尺少二根自乘，得二千七百零四尺少二百零八根多四平方爲高自乘之數。三自乘數相加，得二千七百四十尺少一百九十六根多六平方，與對角線自乘之一千一百五十六尺相等。兩邊各加一百九十六根，得二千七百四十尺多六平方與一千一百五十六尺多一百九十六根相等。兩邊各減一千一百五十六尺，得一千五百八十四尺多六平方與一百九十六根相等。一千五百八十四尺多六平方既與一百九十六根相等，則二百六十四尺多一平方必與三十二根又六分根之四相等。乃以二百六十四尺爲長方積，以三十二根六分根之四作三十二尺又六分尺之四爲長闊和，用帶縱和數開平方法算之，得長十八尺爲一根之數，即立方之闊。加長比闊多六尺，得二十四尺即立方之長。長闊相加得四十二尺，與長闊高共五十八尺相減，餘十六尺即立方之高也。以高十六尺自乘得二百五十六尺。以闊十八尺自乘得三百二十四尺。以長二十四尺自乘得五百七十六尺。三自乘數相加得一千一百五十六尺，與對角斜線自乘之數相等也。此帶兩縱不同立方邊線面積和較相求法。

闊一平方
長一平方 ⊥ 一二根 ⊥ 三六
高二七〇四 — 二〇八根 ⊥ 四平方
二七四〇 — 一九六根 ⊥ 六平方 ＝ 一一五六
二七四〇 ⊥ 六平方 ＝ 一一五六 ⊥ 一九六根
一五八四 ⊥ 六平方 ＝ 一九六根
二六四 ⊥ 一平方 ＝ 三二根六分四
一八 ＝ 一根

設如有帶兩縱不同立方體，其長闊高爲相連比例三率，長爲首率，闊爲中率，高爲末率，共五十七寸。其六面積共二千零五十二寸。問長闊高各幾何。

法借一根爲長數，則闊高之共數爲五十七寸少一根。又以六面積共二千零五十二寸，折半得一千零二十六寸爲三面積共數，以長闊高共五十七寸除之，得一十八寸爲闊數。因長爲首率，闊爲中率，高爲末率，故其三面積一爲首率乘中率，一爲末

長一根
高三九 — 一根　闊一八
三九根 — 一平方 ＝ 三二四
一根 ＝ 二七

率乘中率，一爲首率乘末率，而首率乘末率之數與中率自乘之數等。則此三面積相合，即爲首率中率末率之共數乘中率之數矣。故以長闊高之共數除之，即得中率爲闊也。以闊一十八尺與闊高之共數五十七寸少一根相減，餘三十九寸少一根爲高數。乃以首率長一根與末率高三十九寸少一根相乘，得三十九根少一平方，與中率闊十八寸自乘之三百二十四寸相等。乃以三百二十四寸爲長方積，以三十九根作三十九寸爲長闊和，用帶縱和數開平方法算之，得長二十七寸爲一根之數，即立方之長數。與高長和三十九寸相減，餘一十二寸即立方之高數。以長二十七寸與闊十八寸之比同於闊十八寸與高十二寸之比，爲相連比例三率也。此帶兩縱不同立方邊線面積相和比例法。

設如有帶兩縱不同立方體，其高與闊之比例同於一與二，闊與長之比例同於二與三。以高自乘再乘之數與闊自乘再乘之數相加，比原體積多一千零二十九寸。問長闊高各幾何。

積六立方
高一立方
闊八立方
三立方 ＝ 一〇二九
一立方 ＝ 三四三
一根 ＝ 七

法借一根爲高數，則闊數爲二根，長數爲三根。以闊二根與長三根相乘得六平方，再以高一根乘之，得六立方爲原體積。又以高一根自乘再乘得一立方。以闊二根自乘再乘得八立方。相併得九立方。內減原體積六立方，餘三立方與一千零二十九寸相等。三立方既與一千零二十九寸相等，則一立方必與三百四十三寸相等。乃以三百四十三寸開立方得七寸爲一根之數，即立方之高數。倍之得十四寸，即立方之闊數。三因之得二十一寸，即立方之長數。以長二十一寸與闊十四寸相乘得二百九十四寸，再以高七寸乘之，得二千零五十八寸爲原體積。又以高七寸自乘再乘得三百四十三寸。闊十四寸自乘再乘，得二千七百四十四寸。相併得三千零八十七寸。與原體積相減，餘一千零二十九寸以合原數也。此帶兩縱不同立方邊線體積比例法。

設始有甲乙丙三正方體，甲方邊與乙方邊之比例同於二與三，乙方積比甲方積多一百五十二寸，丙方積比乙方積多七百八十四寸。問三正方體之邊數各若干。

甲　八立方
乙二七立方
一九立方 ＝ 一五二
一立方 ＝ 八
一根 ＝ 二

法借二根爲甲方每邊之數，則乙方每邊之數爲三根。以二根自乘再乘得八立方爲甲方之體積。以三根自乘再乘得二十七立方爲乙方之體積。兩體積相減，餘一十九立方與一百五十二寸相等。十九立方既與一百五十二寸相等，則一立方必與八寸相等。乃以八寸開立方，得二寸爲一根之數。倍之得四寸，即甲方每邊之數。三因之得六寸，即乙方每邊之數。自乘再乘得二百一十六寸，加七百八十四寸得一千寸，開立方得十寸，即丙方每邊之數也。此三正方體邊線體積比例法。

設如有帶兩縱不同立方體，高比闊爲五分之一，闊比長亦爲五分之一，體積六十一萬四千一百二十五尺。問高闊長各幾何。

高　一根
闊　五根
長　二五根
一二五立方 ＝ 六一四一二五
一立方 ＝ 四九一三
一根 ＝ 一七

法借一根爲高數，則闊數爲五根，長數爲二十五根。以闊五根與長二十五根相乘得一百二十五平方，再以高一根乘之得一百二十五立方，與六十一萬四千一百二十五尺相等。一百二十五立方既與六十一萬四千一百二十五尺相等，則一立方必與四千九百一十三尺相等。乃以四千九百一十三尺開立方得十七尺爲一根之數，即立方之高。以五乘之得八十五尺，即立方之闊。以二十五乘之得四百二十五尺，即立方之長也。乃以長闊相乘，得三萬六千一百二十五尺。再以高乘之，得六十一萬四千一百二十五尺，以合原數也。此帶分比例開立方法。

設如有一大長方體，其闊三倍於高，其長三倍於闊。又有一小長方體，比大長方體高爲二分之一，闊爲三分之二，長爲九分之七。小長方體積二萬三千六百二十五寸，問大小二長方體之長闊高各幾何。

大高一根　小高半根
闊三根　闊二根
長九根　長七根
小積七立方 ＝ 二三六二五
一立方 ＝ 三三七五
一根 ＝ 一五

法借一根爲大長方體之高，則大長方體之闊爲三根，大長方體之長爲九根。小長方體之高爲半根，小長方體之闊爲二根，小長方體之長爲七根。乃以長七根與闊二根相乘得一十四平方，再以高半根乘之，得七立方爲小長方體積，與二萬三千六百二十五寸相等。七立方既與二萬三千六百二十五寸相等，則

一立方必與三千三百七十五寸相等。乃以三千三百七十五寸開立方，得十五寸爲一根之數，即大長方體之高。三因之得四十五寸，即大長方體之闊。又以三因之得一百三十五寸，即大長方體之長。以大長方體之高折半得七寸五分，即小長方體之高。以大長方體之闊三歸二因得三十寸，即小長方體之闊。以大長方體之長九歸七因得一百零五寸，即小長方體之長。以小長方體之長闊相乘，再以高乘之，得二萬三千六百二十五寸，以合原數也。此帶分比例開立方法。

設如有人買馬三次，第二次比第一次多一倍，第三次比第二次多一倍。以第三次馬數四分之一與第二次馬數之一半相乘，又與第一次馬數三分之一相乘，得六千五百六十一匹。問三次所買馬數各若干。

三根

六根

一二根

九立方 ＝ 六五六一

一立方 ＝ 七二九

一根 ＝ 九

法借三根爲第一次買馬之數，第一次分母數則第二次買馬之數爲六根，第三次買馬之數爲十二根。以第三次四分之一三根與第二次之一半三根相乘得九平方，又與第一次三分之一一根相乘得九立方，與六千五百六十一匹相等。九立方既與六千五百六十一匹相等，則一立方必與七百二十九匹相等。乃以七百二十九匹開立方，得九匹爲一根之數。三因之得二十七匹爲第一次買馬之數。倍之得五十四匹爲第二次買馬之數。又倍之得一百零八匹爲第三次買馬之數。以第三次四分之一二十七匹與第二次一半二十七匹相乘，得七百二十九匹。再以第一次三分之一九匹乘之，得六千五百六十一匹以合原數也。此帶分比例開立方法。

設如有馬牛羊各不知數，但知牛數比馬數多四，羊數與馬牛相乘之數等，馬每匹之價與牛數等，牛每頭之價與馬數等，羊每隻之價比馬每匹價少十兩，而羊之共價爲一百九十二兩。問馬牛羊及價銀各若干。

馬一根

牛一根 ⊥ 四

羊一平方 ⊥ 四根

羊價一根 — 六

羊共價一立方 — 二平方 — 二四根 ＝ 一九二

一根 ＝ 八

法借一根爲馬數，則牛數爲一根多四。以馬數一根與牛數一根多四相乘，得一平方多四根爲羊數。馬價與牛數等爲一根多四兩，則羊價爲一根少六兩。以羊數一平方多四根與羊價一根少六兩相乘，得一立方少二平方少二十四根爲羊之共價，與一百九十二兩相等。乃以一百九十二兩爲磬折扁方體積，用帶縱開立方法算之，得八爲一根之數，即馬數，亦即牛每頭之價爲八兩也。加牛比馬多四，得十二爲牛數，亦即馬每匹之價爲十二兩也。以馬數八與牛數十二相乘，得九十六爲羊數。以羊數九十六歸除羊共價一百九十二兩，得二兩爲羊每隻價，比馬一匹之價少十兩也。此磬折扁方體求邊法。

設如有馬騾運重，其共馬數比馬每匹所馱之數多二十，騾每匹所馱之數比共馬數多三十，其共騾數與馬所馱之共數等。但知騾共馱一千一百萬斤，問馬數騾數及所馱之斤數各若干。

馬一根

馬馱一根 — 二〇

馬共馱一平方 — 二〇根

騾馱一根 ⊥ 三〇

騾共馱一立方 ⊥ 一〇平方 — 六〇〇根 ＝ 一一〇〇〇〇〇〇

一根 ＝ 二二〇

法借一根爲共馬數，則馬每匹所馱之斤數爲一根少二十斤，騾每匹所馱之數爲一根多三十斤。以共馬數一根與馬每匹馱一根少二十斤相乘，得一平方少二十根爲馬所馱之共數，亦即共騾數。再以騾每匹馱一根多三十斤乘之，得一立方多十平方少六百根爲騾所馱之共數，與一千一百萬斤相等。乃以一千一百萬斤爲磬折長方體積，用帶縱開立方法算之，得二百二十爲一根之數，即共馬數。減二十，餘二百斤爲馬每匹所馱之數。以共馬二百二十匹與馬每匹所馱之二百斤相乘，得四萬四千斤爲馬所馱之共數，亦即共騾數。以共騾四萬四千匹歸除一千一百萬斤，得二百五十斤爲騾每匹所馱之數。比共馬數二百二十多三十也。此磬折長方體求邊法。

設如有大小二正方體，邊數共二尺六寸，體積共五千零九十六寸。問二正方體邊數體積各幾何。

法借一根爲小方每邊之數，則大方每邊之數爲二十六寸少一根。以一根自乘再乘得一立方爲小方之體積。以二十六寸少一根自乘再乘，得一萬七千五百七十六寸少二千零二十八根多七十八平方少一立方爲大方之體積。兩體積相加得一萬七千五百七十六寸少二千零二十八根多七十八平方與五千零九十六寸相等。兩邊各加二千零二十八根，得一萬七千五百七十六寸多七十八平方與

小積一立方
大積一七五七六 — 二〇二八根 ⊥ 七八平方 — 一立方
一七五七六 — 二〇二八根 ⊥ 七八平方 = 五〇九六
一七五七六 ⊥ 七八平方 = 五〇九六 ⊥ 二〇二八根
一二四八〇 ⊥ 七八平方 = 二〇二八根
一六〇 ⊥ 一平方 = 二六根
一〇 = 一根

五千零九十六寸多二千零二十八根相等。兩邊各減五千零九十六寸，得一萬二千四百八十寸多七十八平方與二千零二十八根相等。一萬二千四百八十寸多七十八平方既與二千零二十八根相等，則一百六十寸多一平方必與二十六根相等。乃以一百六十寸爲長方積，以二十六根作二十六寸爲長闊和，用帶縱和數開平方法算之，得闊十寸爲一根之數，即小方每邊之數。與共邊二十六寸相減，餘一十六寸即大方每邊之數。以十寸自乘再乘得一千寸，即小方之體積。以十六寸自乘再乘得四千零九十六寸，即大方之體積。兩體積相加，共五千零九十六寸，以合原數也。此二正方體有邊和積和求邊法。

設如有大小二正方體，大方邊比小方邊多四尺，大方積比小方積多一千二百一十六尺。問二正方體邊數體積各幾何。

法借一根爲小方每邊之數，則大方每邊之數爲一根多四尺。以一根自乘再乘得一立方爲小方之體積。以一根多四尺自乘再乘，得一立方多十二平方多四十八根多六十四尺爲大方之體積。兩體積相減，得十二平方多四十八根多六十四尺，與一千二百一十六尺相等。兩邊各減六十四尺，得十二平方多四十八根與一千一百五十二尺相等。十二平方多四十八根既與一千一百五十二尺相等，則一平方多四根必與九十六尺相等。乃以九十六尺爲長方積，以四根作四尺爲長闊較，用帶縱較數開平方法算之，得闊八尺爲一根之數，即小方每邊之數。加

小積一立方
大積一立方 ⊥ 一二平方 ⊥ 四八根 ⊥ 六四
一二平方 ⊥ 四八根 ⊥ 六四 = 一二一六
一二平方 ⊥ 四八根 = 一一五二
一平方 ⊥ 四根 = 九六
一根 = 八

四尺得一十二尺，即大方每邊之數。以八尺自乘再乘得五百一十二尺，即小方之體積。以一十二尺自乘再乘得一千七百二十八尺，即大方之體積。兩體積相減餘一千二百一十六尺，以合原數也。此二正方體有邊較積較求邊法。

設如有大小二正方體，大方邊比小方邊多二尺，體積共一千零七十二尺。問二正方體邊數體積各幾何？

法借一根爲小方每邊之數，則大方每邊之數爲一根多二尺。以一根自乘再乘得一立方爲小方之體積。以一根多二尺自乘再乘得一立方多六平方多十二根多八尺爲大方之體積。兩體積相加得二立方多六平方多十二根多八尺，與一千零七十二尺相等。兩邊各減去八尺，得二立方多六平方多十二根與一千零六十四尺相等。二立方多六平方多十二根既與一千零六十四尺相等，則一立方多三平方多六根必與五百三十二尺相等。乃以五百三十二尺爲磬折長方體積，用帶縱開立方法算之，得七尺爲一根之數，即小方每邊之數。加二尺得九尺，即大方每邊之數。以七尺自乘再乘得三百四十三尺，即小方之體積。以九尺自乘再乘得七百二十九尺，即大方之體積。兩體積相加得一千零七十二尺，以合原數也。此二正方體有邊較積和求邊法。

小積一立方
大積 立方 ⊥ 六平方 ⊥ 一二根 ⊥ 八
二立方 ⊥ 六平方 ⊥ 一二根 ⊥ 八 = 一〇七二
二立方 ⊥ 六平方 ⊥ 一二根 = 一〇六四
一立方 ⊥ 三平方 ⊥ 六根 = 五三二
一根 = 七

設如有大小二正方體，邊數共十四尺，大方積比小方積多二百九十六尺。問二正方體之邊數體積各幾何。

法借一根爲小方每邊之數，則大方每邊之數爲十四尺少一根。以一根自乘再乘得一立方爲小方之體積。以十四尺少一根自乘再乘得二千七百四十四尺少五百八十八根多四十二平方少一立方爲大方之體積。兩體積相減得二千七百四十四尺少五百八十八根多四十二平方少二立方，與二百九十六尺相等。兩邊各加二立方又加五百八十八根，得二立方多五百八十八根多二百九十六尺與二千七百四十四尺多四十二平方相等。兩邊各減去二百九十六尺，又各減去四十二平方，得二立方少四十二平方多五百八十八根與二千四百四十八尺相等。二立方少四十二平方多五百八十八根既與二千四百四十八尺相等，則一立方少

小積一立方

大積二七四四 — 五八八根 ⊥ 四二平方 — 一立方

二九六 ＝ 二七四四 — 五八八根 ⊥ 四二平方 — 二立方

二立方 ⊥ 五八八根 ⊥ 二九六 ＝ 二七四四 ⊥ 四二平方

二立方 — 四二平方 ⊥ 五八八根 ＝ 二四四八

一立方 — 二一平方 ⊥ 二九四根 ＝ 一二二四

一根 ＝ 六

二十一平方多二百九十四根必與一千二百二十四尺相等。乃以一千二百二十四尺爲磬折扁方體積，用帶縱開立方法算之，得六尺爲一根之數，即小方每邊之數。與共邊數十四尺相減，餘八尺即大方每邊之數。以六尺自乘再乘得二百一十六尺爲小方之體積。以八尺自乘再乘得五百一十二尺爲大方之體積。兩體積相減，餘二百九十六尺，以合原數也。此二正方體有邊和積較求邊法。

設如勾股積二百四十尺，股弦較四尺，問勾股弦各幾何。

股一平方

弦一平方 ⊥ 八根 ⊥ 一六

勾八根 ⊥ 一六

八立方 ⊥ 一六平方 ＝ 二三〇四〇〇

一立方 ⊥ 二平方 ＝ 二八八〇〇

一根 ＝ 三〇

法借一根爲股數，則弦爲一根多四尺。以一根自乘得一平方爲股自乘之數。以一根多四尺自乘，得一平方多八根多十六尺爲弦自乘之數。內減去股自乘之一平方，餘八根多十六尺爲勾自乘之數。凡勾自乘之數與勾股相乘之數及股自乘之數爲相連比例三率。乃以首率勾自乘之八根多十六尺與末率股自乘之一平方相乘，得八立方多十六平方。又以勾股積二百四十尺倍之得四百八十尺爲中率。自乘得二十三萬零四百尺，是爲八立方多十六平方與二十三萬零四百尺相等。八立方多十六平方既與二十三萬零四百尺相等，則一立方多二平方必與二萬八千八百尺相等。乃以二萬八千八百尺爲長方體積，用帶縱開立方法算之，得三十尺爲一根之數，即股數。加股弦較四尺得三十四尺，即弦數。又以股三十尺除倍積四百八十尺，得十六尺即勾數也。此有勾股積有股弦較求勾股弦法。

設如勾股積二百四十尺，勾弦和五十尺，問勾股弦各幾何。

勾一平方

弦二五〇〇 — 一〇〇根 ⊥ 一平方

股二五〇〇 — 一〇〇根

二五〇〇平方 — 一〇〇立方 ＝ 二三〇四〇〇

一平方 — 二五立方之一 ＝ 九二一六

一根 ＝ 一六

法借一根爲勾數，則弦爲五十尺少一根。以一根自乘得一平方爲勾自乘之數。以五十尺少一根自乘得二千五百尺少一百根多一平方爲弦自乘之數。內減去勾自乘之一平方，餘二千五百尺少一百根爲股自乘之數。凡勾自乘之數與勾股相乘之數及股自乘之數爲相連比例三率，則以首率勾自乘之一平方與末率股自乘之二千五百尺少一百根相乘，得二千五百平方少一百立方。又以勾股積二百四十尺倍之得四百八十尺爲中率，自乘得二十三萬零四百尺。是爲二千五百平方少一百立方與二十三萬零四百尺相等。二千五百平方少一百立方既與二十三萬零四百尺相等，則一平方少二十五分立方之一必與九十三尺一十六寸相等。乃以九十二尺一十六寸爲扁方體積，用帶縱開立方法算之，得一十六尺爲一根之數，即勾數。與勾弦和五十尺相減，餘三十四尺即弦數。又以勾十六尺除倍積四百八十尺，得三十尺即股數也。此有勾股積有勾弦和求勾股弦法。

設如有數十萬爲一率，作相連比例四率，使一率與四率相加與二率三倍等。問二率三率四率各幾何。

法借一根爲二率，以二率一根自乘得一平方。以一率十萬除之，得十萬分平方之一爲三率。又以二率一根與三率十萬分平方之一相乘，得十萬分立方之一。以一率十萬除之，得一百億分立方之一爲四率。將四率俱以百億乘之，則一率爲一千兆，二率爲一百億根，三率爲一十萬平方，四率爲一立方。因四率爲百億分立方之一，以百億乘之則得一整立方。故將餘三率俱以百億乘之，其比例始相當也。乃以一率與四率相加得一千兆多一立方。又以二率三倍之得三百億根。是爲三百億根與一千兆多一立方相等。兩邊各減去一立方，得三百億根少一立方與一千兆相等。乃以一千兆爲實，以三百億根爲法，用割圜內新增益實歸除法算之，得三萬四千七百二十九爲一根之數，即相連比例之第二率也。以二率自乘一率除之，得一萬二千零六十一爲相連比例之第三率。又以二率與三率相乘一

一率一○○○○○　　　　一率一○○○○○○○○○○○○○○○

二率一根　　　　二率一○○○○○○○○○○根

三率一○○○○○平方之一　　　　三率一○○○○○平方

四率一○○○○○○○○○○立方之一　　　　四率一立方

三○○○○○○○○○○根　＝　一○○○○○○○○○○○○○○○ ⊥ 立方

三○○○○○○○○○○根 — 一立方 ＝ 一○○○○○○○○○○○○○○○

一根　＝　三四七二九

率除

一率一○○○○○　　　　一率一○○○○○○○○○○○○○○○

二率一根　　　　二率一○○○○○○○○○○根

三率一○○○○○平方之一　　　　三率一○○○○○平方

四率一○○○○○○○○○○立方之一　　　　四率一立方

二○○○○○○○○○○○根 ⊥ 一○○○○○平方　＝　一○○○○○○○○○○○○○○○ ⊥ 一立方

二○○○○○○○○○○○根 ⊥ 一○○○○○平方 — 一立方 ＝ 一○○○○○○○○○○○○○○○

一根　＝　四四五○四

之，得四千一百八十七爲相連比例之第四率。乃以一率與四率相加得一十萬零四千一百八十七，與二率之三倍相等也。此即求圜内容十八邊法。

設如有數十萬爲一率，作相連比例四率，使一率與四率相加與二率兩倍再加一三率之數等。問二率三率四率各幾何。

法借一根爲二率，以二率一根自乘，得一平方。以一率十萬除之，得十萬分平方之一爲三率。以二率一根與三率十萬分平方之一相乘，得十萬分立方之一。以一率十萬除之，得一百億分立方之一爲四率。將四率俱以百億乘之，則一率爲一千兆，二率爲一百億根，三率爲一十萬平方，四率爲一立方。乃以一率與四率相加得一千兆多一立方。又以二率倍之得二百億根，加一三率得二百億根多十萬平方。是爲二百億根多十萬平方少一立方與一千兆多一立方相等。兩邊各減去一立方，得二百億根多十萬平方少一立方與一千兆相等。乃以一千兆爲實，以二百億根爲法，用割圜内益實兼減實歸除法算之，得四萬四千五百零四爲一根之數，即相連比例之第二率也。又以二率自乘一率除之得一萬九千八百零六爲相連比例之第三率。又以二率與三率相乘一率除之，得八千八百一十四爲相連比例之第四率。乃以一率與四率相加得一十萬零八千八百一十四，與二率兩倍加一三率之數相等也。此即求圜内容十四邊法。

清·羅士琳《比例匯通》卷四　借根方御諸比例法下

設一立方多四平方與二千三百零四尺相等，問每根之數若干。答曰：十二尺。

法以二千三百零四尺爲積，以四平方作高，[高]比濶長多四尺，開立方得濶長皆十二尺，即每一根之數也。

設一立方少八平方與七千九百三十五尺相等，問每根之數若干。

答曰：二十三尺。

法以七千九百三十五尺爲積，以八平方作濶，長比高多八尺，開立方得濶長皆二十三尺，即每一根之數也。

設四十平方少一立方與五千六百二十五尺相等，問每根之數若干。

答曰：十五尺。

法以五千六百二十五尺爲積，以四十平方作長，[長]與高闊和四十尺，而高與闊等，開立方得高闊皆十五尺，即每一根之數也。

清·華蘅芳《學算筆談》卷八　求立方式所能有之各根

此法合于第二項爲空之立方式，如遇式之第二項本非空位者，必用代數之常法化之，使其第二項爲空而後能解。其化之之法見于《代數術》第十一卷内，學者自取閱之，兹不備述。

立方式之第二項爲空者，共有四種。依西人迦但之法，可求其各根如下。

第一種　立方式爲　$天^{三}⊥巳天⊤午=○$　則其根爲

$$天=\sqrt[三]{\frac{二}{午}⊥\sqrt{\frac{四}{午^{二}}⊥\frac{二七}{巳^{三}}}}⊤\sqrt[三]{⊤\frac{二}{午}⊥\sqrt{\frac{四}{午^{二}}⊥\frac{二七}{巳^{三}}}}$$

第二種　立方式爲　$天^{三}⊥巳天⊥午=○$　則其根爲

$天=\sqrt[三]{丅\frac{午}{二}\perp\sqrt{\frac{午^{二}}{四}\perp\frac{巳^{三}}{二七}}}\;丅\sqrt[三]{\frac{午}{二}\perp\sqrt{\frac{午^{二}}{四}\perp\frac{巳^{三}}{二七}}}$

第三種　立方式爲　天³丅巳天丅午=〇　則其根爲

$天=\sqrt[三]{\frac{午}{二}\perp\sqrt{\frac{午^{二}}{四}丅\frac{巳^{三}}{二七}}}\;\perp\sqrt[三]{\frac{午}{二}丅\sqrt{\frac{午^{二}}{四}丅\frac{巳^{三}}{二七}}}$

第四種　立方式爲　天³丅巳天⊥午=〇　則其根爲

$天=丅\sqrt[三]{\frac{午}{二}丅\sqrt{\frac{午^{二}}{四}丅\frac{巳^{三}}{二七}}}\;丅\sqrt[三]{\frac{午}{二}\perp\sqrt{\frac{午^{二}}{四}丅\frac{巳^{三}}{二七}}}$

以上四種立方式，其一二兩式之根彼此反號，三四兩式之根亦彼此反號。其一二兩式各只有一根，三四兩式若其 $\sqrt{\frac{午^{二}}{四}丅\frac{巳^{三}}{二七}}$ 爲能有之數，則各只有一根。若其 $\sqrt{\frac{午^{二}}{四}丅\frac{巳^{三}}{二七}}$ 爲不能有之數，則各有三根。玆述其推算之法如下。

第一二兩種式，先令 $\frac{二}{午}\left(\frac{巳}{三}\right)^{\frac{三}{二}}$=正切人　又令 $\sqrt[三]{正切\left(四五^{\circ}丅\frac{人}{二}\right)}$=正切戌　則　$天=\frac{\perp}{丅}\sqrt{\frac{四巳}{三}}$×餘切二戌　⊥屬一式，丅屬二式。第三四兩種式，若 $\frac{午}{二}\left(\frac{三}{巳}\right)^{\frac{三}{二}}$ 小于一，則令 $\frac{午}{二}\left(\frac{三}{巳}\right)^{\frac{三}{二}}$=餘弦人　若 $\frac{午}{二}\left(\frac{三}{巳}\right)^{\frac{三}{二}}$ 大于一，則令 $\frac{二}{午}\left(\frac{巳}{三}\right)^{\frac{三}{二}}$=餘弦人　故又分爲二類。

第一類　$\frac{午}{二}\left(\frac{三}{巳}\right)^{\frac{三}{二}}<一$　令 $\sqrt[三]{正切\left(四五^{\circ}丅\frac{人}{二}\right)}$=正切戌　則其 $天=\frac{\perp}{丅}\sqrt{\frac{四巳}{三}}$×餘割二戌　⊥號屬第三式，丅號屬第四式。

第二類　$\frac{午}{二}\left(\frac{三}{巳}\right)^{\frac{三}{二}}>一$　則在三四兩式内其天各有三箇同數，即 $天=\frac{\perp}{丅}\sqrt{\frac{四巳}{三}}\times餘弦\frac{人}{三}$　⊥號屬第三式，丅號屬第四式　$天=\frac{丅}{\perp}\sqrt{\frac{四巳}{三}}\times餘弦\left(六〇^{\circ}丅\frac{人}{三}\right)$　丅號屬第三式，⊥號屬第四式　$天=\frac{丅}{\perp}\sqrt{\frac{四巳}{三}}\times餘弦\left(六〇^{\circ}\perp\frac{人}{三}\right)$　丅號屬第三式，⊥號屬第四式。

又有用對數求立方根之法如下。

其　天³⊥巳天丅午=〇　㈠　天³⊥巳天⊥午=〇　㈡　可令 $對\frac{二}{午}\perp一〇丅\frac{三}{二}\times對\frac{三}{巳}$=對正切人　又 $\frac{對正切\left(四五^{\circ}丅\frac{人}{二}\right)}{三}\perp二〇$=對正切戌　則　$對天=\frac{一}{二}對\frac{四巳}{三}\perp對餘切二戌丅一〇$　其天之同數在㈠式内爲正，㈡式内爲負。

其　天³丅巳天丅午=〇　㈢　天³丅巳天⊥午=〇　㈣　因 $\frac{三}{二}對\frac{三}{巳}\perp一〇丅對\frac{二}{午}<一〇$　即第一類或 $對\frac{二}{午}\perp一〇丅\frac{三}{二}\times對\frac{三}{巳}<一〇$　即第二類。故皆可令等于對餘弦人。其第一類，令 $\frac{對正切\left(四五^{\circ}丅\frac{人}{二}\right)}{三}\perp二〇$=對正切戌　則　$對天=\frac{一}{二}對\frac{四巳}{三}\perp一〇丅對正弦二戌$。其天在㈢式内爲正，㈣式内爲負。其第二類，令 $\frac{對正切\left(四五^{\circ}丅\frac{人}{二}\right)}{三}\perp二〇$=對正切戌　則其天有三箇同數，即　$對\frac{\perp}{丅}天=\frac{一}{二}對\frac{四巳}{三}\perp對餘弦\frac{人}{三}丅一〇$　⊥號屬㈢式，丅號屬㈣式　$對\frac{丅}{\perp}天=\frac{一}{二}對\frac{四巳}{三}\perp對餘弦\left(六〇^{\circ}丅\frac{人}{三}\right)丅一〇$　丅號屬㈢式，⊥號屬㈣式　$對\frac{丅}{\perp}天=\frac{一}{二}對\frac{四巳}{三}\perp對餘弦\left(六〇^{\circ}\perp\frac{人}{三}\right)丅一〇$　丅號屬㈢式，⊥號屬㈣式。即天在㈢式中第一同數爲正，第二第三同數爲負。天在㈣式中第一同數爲負，第二第三同數爲正。

西法以半徑爲一，故正弦餘弦及四十五度以内正切之數俱小於一。《數理

精蘊》之八線表則以爲半徑一千萬，故以上所得 $\frac{巳}{\sqrt[三]{午}}$　$\frac{二}{午}\left(\frac{巳}{三}\right)^{\frac{四}{三}}$　$\frac{午}{二}\left(\frac{三}{巳}\right)^{\frac{二}{三}}$ 等數，必以半徑乘之，而後檢表方合。而既得天之同數，必以半徑或半徑冪除之，而後定位不誤。

又　卷九　論代數中助變之數

十題　有　$天^{三}＝未$　求其天之同數。《代數術》第一百十三款。

以$丙^{三}$代其未，則式變爲　$天^{三}＝丙^{三}$　而　$天^{三}\top丙^{三}＝〇$　化之爲 $(天^{二}\perp丙天\perp丙^{二})(天\top丙)＝〇$　則其兩箇乘數，一爲　$天\top丙$　一爲 $天^{二}\perp丙天\perp丙^{二}$　必有一數爲〇，然後其乘得之積能等于〇。如令　$天\top丙＝〇$　則可得天之一箇同數爲　$天＝丙$　㊀ 如令　$天^{二}\perp丙天\perp丙^{二}＝〇$

則　$天^{二}\perp丙天＝\top丙^{二}$　配成正方爲　$天^{二}\perp丙天\perp\frac{四}{丙^{二}}＝\top丙^{二}\perp\frac{四}{丙^{二}}$　兩邊各開平方則得　$天\perp\frac{二}{丙}＝\sqrt{\top丙^{二}\perp\frac{四}{丙^{二}}}$　而　$天＝\top\frac{二}{丙}\pm\sqrt{\top丙^{二}\perp\frac{四}{丙^{二}}}$

即　$天＝\top\frac{二}{丙}\pm\sqrt{\frac{四}{\top三丙^{二}}}$　即　$天＝\top\frac{二}{丙}\pm\frac{二}{\sqrt{\top三丙^{二}}}$　即

$天＝\frac{二}{\top丙\pm\sqrt{\top三丙^{二}}}$　即　$天＝\frac{二}{\top一\pm\sqrt{\top三}}丙$　所以又得天之兩箇同數爲

$天＝\frac{二}{\top一\perp\sqrt{\top三}}丙$　㊁　$天＝\frac{二}{\top一\top\sqrt{\top三}}丙$ ㊂

十一題　有　$天^{三}\perp甲天^{二}\perp乙天\perp丙＝〇$　式，求其天之同數。《代數術》第一百十四款、一百十五款。

以　$地\top\frac{三}{甲}$　代其天，則　$天^{三}＝地^{三}\top甲地^{二}\perp\frac{三}{甲^{二}地}\top\frac{二七}{甲^{三}}$　$甲天^{二}＝甲地^{二}\top\frac{三}{二甲^{二}地}\perp\frac{九}{甲^{三}}$　$乙天＝乙地\top\frac{三}{甲乙}$　$丙＝丙$　而式變爲　$地^{三}\perp\left(\frac{三}{三乙\top甲^{二}}\right)地\perp\left(丙\top\frac{三}{甲乙}\perp\frac{二七}{二甲^{三}}\right)＝〇$

以午代其　$\frac{三}{三乙\top甲^{二}}$　以未代其　$丙\top\frac{三}{甲乙}\perp\frac{二七}{二甲^{三}}$　則式變爲 $地^{三}\perp午地\perp未＝〇$　如于此式中以　$亥\perp人$　代其地，則式變爲

$$\left.\begin{array}{r}亥^{三}\perp三亥^{二}人\perp三亥人^{二}\perp人^{三}\\ \perp午亥\perp午人\\ \perp未\end{array}\right\}＝〇$$

此式中有兩箇未知之數，一爲亥一爲人，如能將此式分之爲兩式，則亥人兩數便易求得。

惟前式只有一法能分之，即分之爲　$三亥^{二}人\perp三亥人^{二}\perp午亥\perp午人＝〇$　㊀　$亥^{三}\perp人^{三}\perp未＝〇$　㊁是也。其㊀式可化之爲　$(三亥人\perp午)(亥\perp人)＝〇$　則其　$亥\perp人$　與　$三亥人\perp午$　兩式必有一能等于〇，然後其乘得之積方等于〇。惟若令　$亥\perp人＝〇$　則地亦爲〇，而與　$地^{三}\perp午地\perp未＝〇$　之理不合，所以只能令　$三亥人\perp午＝〇$　甲　則可從此得 $亥人＝\top\frac{三}{午}$　而　$亥^{三}人^{三}＝\top\frac{二七}{午^{三}}$　㊂。又因㊁式可移項作　$亥^{三}\perp人^{三}＝\top未$　㊃　則可從㊂㊃兩式以求其亥人二同數。

求其亥之同數，可從㊂式得　$人^{三}＝\top\frac{亥^{三}}{\frac{二七}{午^{三}}}$　以此式右邊之數代入㊃式，則爲　$亥^{三}\top\frac{亥^{三}}{\frac{二七}{午^{三}}}＝\top未$　即　$亥^{六}\perp未亥^{三}＝\frac{二七}{午^{三}}$　以亥′代其　$亥^{三}$，則式變爲 $亥'^{二}\perp未亥'＝\frac{二七}{午^{三}}$　配成正方爲　$亥'^{二}\perp未亥'\perp\frac{四}{未^{二}}＝\frac{二七}{午^{三}}\perp\frac{四}{未^{二}}$　兩邊各開平方得　$亥'\perp\frac{二}{未}＝\sqrt{\frac{二七}{午^{三}}\perp\frac{四}{未^{二}}}$　所以得　$亥^{三}＝\top\frac{二}{未}\perp\sqrt{\frac{二七}{午^{三}}\perp\frac{四}{未^{二}}}$　又依同理得　$人^{三}＝\top\frac{二}{未}\top\sqrt{\frac{二七}{午^{三}}\perp\frac{四}{未^{二}}}$　所以知其　$亥＝\sqrt[三]{\top\frac{二}{未}\perp\sqrt{\frac{二七}{午^{三}}\perp\frac{四}{未^{二}}}}$ $人＝\sqrt[三]{\top\frac{二}{未}\top\sqrt{\frac{二七}{午^{三}}\perp\frac{四}{未^{二}}}}$　而　$地＝\sqrt[三]{\top\frac{二}{未}\perp\sqrt{\frac{二七}{午^{三}}\perp\frac{四}{未^{二}}}}\perp\sqrt[三]{\top\frac{二}{未}\top\sqrt{\frac{二七}{午^{三}}\perp\frac{四}{未^{二}}}}$　用此法所求得者，僅爲地所能有之三箇同數中之一數耳。

如欲並求得地之三箇同數，則可將　$亥^{三}＝\top\frac{二}{未}\perp\sqrt{\frac{二七}{午^{三}}\perp\frac{四}{未^{二}}}$　以甲代

其　丅$\frac{二}{未}$丄$\sqrt{\frac{二七}{午^{三}丄未^{二}}}$四　則式變爲　亥^{三}＝呷　此式中之亥猶十題中之天，此式中之呷猶十題中之未，則　$\sqrt[三]{呷}$　猶十題之丙也。所以依十題之解法而以角代其　$\frac{二}{丅一丄\sqrt{丅三}}$　以亢代其　$\frac{二}{丅一丅\sqrt{丅三}}$　則可得亥之三箇同數爲

亥＝$\sqrt[三]{呷}$　亥＝角$\sqrt[三]{呷}$　亥＝亢$\sqrt[三]{呷}$

又依同理，以叱代其　丅$\frac{二}{未}$丅$\sqrt{\frac{二七}{午^{三}丄未^{二}}}$四　則可得人之三箇同數爲

人＝$\sqrt[三]{叱}$　人＝角$\sqrt[三]{叱}$　人＝亢$\sqrt[三]{叱}$

惟因　亥人＝丅$\frac{三}{午}$＝$\sqrt[三]{呷叱}$　而　角亢＝一　所以其　地＝亥丄人＝$\sqrt[三]{呷}$丄$\sqrt[三]{叱}$　地＝亥丄人＝角$\sqrt[三]{呷}$丄亢$\sqrt[三]{叱}$　地＝亥丄人＝亢$\sqrt[三]{呷}$丄角$\sqrt[三]{叱}$

從此得天之三箇同數爲　天＝地丅$\frac{三}{甲}$＝$\sqrt[三]{呷}$丄$\sqrt[三]{叱}$丅$\frac{三}{甲}$　天＝地丅$\frac{三}{甲}$＝角$\sqrt[三]{呷}$丄亢$\sqrt[三]{叱}$丅$\frac{三}{甲}$　天＝地丅$\frac{三}{甲}$＝亢$\sqrt[三]{呷}$丄角$\sqrt[三]{叱}$丅$\frac{三}{甲}$

或有問者曰：觀借代之法至第十一題，其助變之數可謂窮極奇巧矣。惟余所不解者，何以能將　亥丄人　代得之式忽分爲㊀㊁兩式，且全式既可分之爲二，則當任如何皆可分，何以云只有一箇分法也？此事余蓄疑已久不能自解，尚乞明以示我。

答之曰：其代得之式全式既等于〇，則欲分之爲兩式，必使其所分之兩式皆能等于〇方合于理，此即所謂〇與〇相加必等于〇也。惟分之爲㊀㊁兩式，則兩式皆能等于〇，故可如此分之。舍此以外，其全式之各項，無論如何分法皆不能使所分之兩式皆等于〇，所以云只有一箇分法也。

或又問曰：十題十一題之解法內，均能將相加之各項化之爲兩數相乘之式，此用何法以得之乎？

答之曰：子于泛倍數之代法尚未明，故不解此術耳。

清・方愷《代數通藝録》卷一五　天元借根代數合解

第五題　有立方積一百零五尺，祗云高闊較四尺，長闊和八尺。求開方式若何。

代數　天＝闊　天丄四＝高　八丅天＝長　(天(天丄四))(八丅天)＝一〇五　丅天^{三}丄四天^{二}丄三二天＝一〇五　天^{三}丅四天^{二}丅三二天丄一〇五＝〇

立天元草曰：立天元一爲闊，同代數一層。加高闊較四得 太|||| 一 爲高，同代數二層。別以天元減長闊和八得 太╧ 乄 爲長，同代數三層。以高乘之得 太‖||| |||| 乄 又以闊乘之得 太‖||| |||| 乄 爲立方積，寄左。同代數四五六各層左項式。乃以一〇五爲同數，消左得 ≡|〇 ‖||| |||| 乄 同代數末層數。

按，右五題以代數與天元兩式相比，可知天元術凡遇負數必加以別之，又凡遇除式則得數兩重，平方式則得數三重，立方式則得數四重，從此多一乘方必多一重以爲識別，猶代數之指號也。惟其開方法另有釋例，與代數不同，其法具詳《白芙堂算書》。

第四題　有一長方體高三尺五寸，又有一正方體，其每一面積與長方體之底面積等，而長方體爲正方體積之五倍。問正方體之一邊及體積各幾何。

代數　天＝正方邊　天^{二}＝正方面積　天^{三}＝正方體積　五天^{三}＝長方體積　$\frac{五天^{三}}{三五}$＝$\frac{天^{三}}{七}$＝長底方面積　$\frac{天^{三}}{七}$＝天^{二}　天^{三}＝七天^{二}　$\frac{天^{三}}{天^{二}}$＝七

天＝七　天^{三}＝三四三

借根　借一根爲正方體每邊之數　邊——根　面——平方　體——立方　五立方＝三五平方　兩邊各降二位　五根＝三五　一根＝七

第五題　句股積二百四十尺，股弦較四尺。問勾股弦各幾何。

代數　天＝股　天丄四＝弦　$\frac{二(二四〇)}{天}$＝句　天^{二}丄$\left(\frac{四八〇}{天}\right)^{二}$＝(天丄四)^{二}

天^{二}丄$\frac{二三〇四〇〇}{天^{二}}$＝天^{二}丄八天丄一六　天^{四}丄二三〇四〇〇＝天^{四}丄八天^{三}丄一六天^{二}　八天^{三}丄一六天^{二}＝二三〇四〇〇　天^{三}丄二天^{二}＝二八八〇〇　開帶縱立方　天＝三〇

借根　借一根爲股　股冪一平方　弦冪一平方丄八根丄一六　句冪八根丄

一六 八立方 ⊥ 一六平方 ＝ 二三〇四〇〇 一立方 ⊥ 二平方 ＝ 二八八〇〇

開帶縱立方 根＝三〇

按：右五題，以代數與借根兩式相比，可知借根術之正負式作⊥爲正，一爲負，與今西式相同也。今中國代數式正作⊥，負作丅，始於壬叔先生所創，因西文負式與中國一數相類，恐列式易混故也。

借根中所以變式之理，另須立說，具詳《數理精蘊》。其開方法亦載《精蘊》末部。

清·陳崧《借根代數會通》卷四 體部

設如有扁方體高十八尺。若將體積加六倍，則高與長闊皆相等。問長闊之各一邊及體積幾何。

答曰：長闊各一百零八尺，體積二十萬零九千九百五十二尺。

㊀ 天＝長＝闊 ㊁ 天^{三}＝正方體 ㊂ 一八天^{二}＝扁方體 ㊃ 一〇八天^{二}＝天^{三} ㊄ 一〇八＝天

法命長爲天，即爲闊，得一式。以一式自乘再乘爲高長闊相等之正方體，得二式。又以一式自乘，再以高十八尺乘之爲扁方體，得三式。以三式六因之與二式相等，得四式。以天^{二}除之得五式，知長闊各爲一百〇八尺也。乃以一百〇八尺自乘之得一萬一千六百六十四尺，又以高十八尺再乘之得二十萬零九千九百五十二尺，即扁方體之積也。

設如有一長方體，高三尺五寸。又有一正方體，其每一面積與長方體之底面積等。而長方體積爲正方體積之五倍。問正方體之一邊及體積各幾何。

答曰：正方每邊七寸，正方體積三百四十三寸。

㊀ 天＝正方體邊 ㊁ 天^{二}＝長體底面積 ㊂ 三五天^{二}＝長方體積 ㊃ 五天^{三}＝三五天^{二} ㊄ 五天＝三五 ㊅ 天＝七

法命天爲正方體每邊之數，得一式。以一式自乘爲正方之面積，亦即爲長方體底面積，得二式。以三尺五寸乘二式爲長方體積，得三式。乃以一式自乘再乘爲正方體積，五因之必與三式相等，得四式。以天^{二}除之得五式，右實左法得六式，知正方每邊爲七寸也。以七寸自乘再乘得三百四十三寸，即正方體積也。

設如有一正方面形，又有一正方體形。但知正方面每邊爲正方體每邊之八倍，而正方面積與正方體積相等，問邊綫積數各若干。

答曰：正方體每邊六十四尺，正方面每邊五百一十二尺，面積體積各二十六萬二千一百四十四尺。

㊀ 天＝正體邊 ㊁ 八天＝正面邊 ㊂ 天^{三}＝正體積 ㊃ 六四天^{二}＝正面積 ㊄ 天^{三}＝六四天^{二} ㊅ 天＝六四

法命天爲正方體每邊之數，得一式。以一式八因之爲正方面每邊之數，得二式。以一式自乘再乘爲正方體積，得三式。以二式自乘爲正方面積，得四式。依題，三式與四式等，得五式。以天^{二}除之得六式，知正方體邊爲六十四尺也。以六十四尺八因之得五百一十二尺爲正方面邊。以六十四尺自乘再乘得二十六萬二千一百四十四尺。以五百一十二尺自乘亦得二十六萬二千一百四十四尺，果相等也。

設如有帶兩縱不同立方體，其高與闊之比例同於四與六，闊與長之比例同於六與九。其高與闊相乘之數爲長數之四倍。問高闊長各幾何。

答曰：高六尺，闊九尺，長一十三尺五寸。

㊀ 四天＝高數 ㊁ 六天＝闊數 ㊂ 九天＝長數 ㊃ 二四天^{二}＝三六天 ㊄ 二四天＝三六 ㊅ 天＝一五

法依題中比例，命四天爲高數，得一式。六天爲闊數，得二式。九天爲長數，得三式。以一二式相乘，與四因三式等，得四式。以天除之得五式，右實左法得六式，知一天爲一尺五寸也。以四因之得六尺爲高，以六因之得九尺爲闊，以九因之得一十三尺五寸爲長。

設如有帶兩縱不同立方體，長二十四尺，高與闊和五十二尺。其高與闊相乘之積與長自乘之積等。問高闊各若干。

答曰：高十六尺，闊三十六尺。

㊀ 天＝高 ㊁ 五二丅天＝闊 ㊂ 五二天丅天^{二}＝五七六 ㊃ 天^{二}丅五二天＝丅五七六 ㊄ 天＝一六

法命高數爲天，得一式。以一式減五十二尺爲闊，得二式。依題以一二式相乘，與長二十四尺自乘等，得三式。移之得四式，平方開之得五式，知高爲一十六尺也。以減五十二尺，餘三十六尺即爲闊也。

設如有帶兩縱不同立方體，高十二寸，長比闊多十寸。其長與闊相乘之積與高自乘之積等。問長闊各若干。

答曰：闊八寸，長十八寸。

㈠ 天=闊 ㈡ 天丄一〇=長 ㈢ 天^{二}丄一〇天=一四四 ㈣ 天=八

法命闊數爲天得一式。以一式加十尺爲長，得二式。依題以一二式相乘與高十二寸自乘等，得三式。平方開之得四式，知闊爲八寸也。加十寸得十八寸，即爲長也。

設如有帶兩縱不同立方體，長比闊多四寸，闊比高多二寸。其體積比高自乘再乘之正方體多一百七十六寸。問長闊高各幾何。

答曰：長十寸，闊六寸，高四寸。

㈠ 天=高 ㈡ 天丄二=闊 ㈢ 天丄六=長 ㈣ 天^{三}丄八天^{二}丄一二天=體積 ㈤ 八天^{二}丄一二天=一七六 ㈥ 二天^{二}丄三天=四四 ㈦ 天=四

法命高數爲天，得一式。以一式加二寸爲闊，得二式。以二式再加四寸爲長，得三式。以一二三式相乘爲體積，得四式。乃置四式以一式自乘再乘減之，與一百七十六寸相等，得五式。以四約之得六式，平方開之得七式，知高爲四寸也。加二寸得六寸爲闊，又以闊加四寸得十寸爲長。

設如一長方池，深二十尺，長闊和六十尺。其體積一萬七千二百八十尺。問長闊各若干。

答曰：闊二十四尺，長三十六尺。

㈠ 天=闊 ㈡ 六〇丅天=長 ㈢ 一二〇〇天丅二〇天^{二}=一七二八〇 ㈣ 天^{二}丅六〇天=丅八六四 ㈤ 天=二四

法命池之闊數爲天，得一式。以一式減六十尺爲池長，得二式。以一二式相乘又以深二十尺乘之，與一萬七千二百八十尺相等，得三式。以二十約之，又移之，得四式。平方開之得五式，知池闊爲二十四尺也。以減六十尺餘三十六尺，即爲池長也。

設如一長方池，深三十尺，長比闊多十尺。其體積七萬一千二百八十尺，問長闊各若干。

答曰：長五十四尺，闊四十四尺。

㈠ 天=闊 ㈡ 天丄一〇=長 ㈢ 三〇天^{二}丄三〇〇天=七一二八〇 ㈣ 天^{二}丄一〇天=二三七六 ㈤ 天=四四

法命池之闊數爲天，得一式。以一式加十尺爲池長，得二式。以一二式相乘，又以深三十尺乘之，與七萬一千二百八十尺相等，得三式。以三十約之，得四式。平方開之得五式，知池闊爲四十四尺也。加十尺得五千四尺爲池長也。

設如有帶兩縱不同立方體，長闊高共五十八尺。長比闊多六尺，其對角斜綫自乘之數爲一千一百五十六尺。問長闊高各幾何。

答曰：長二十四尺，闊十八尺，高十六尺。

㈠ 天=闊 ㈡ 天丄六=長 ㈢ 五二丅二天=高 ㈣ 天^{二}=闊冪 ㈤ 天^{二}丄一二天丄三六=長冪 ㈥ 二七〇四丅二〇八天丄四天^{二}=高冪 ㈦ 六天^{二}丅一九六天丄二七四〇=一一五六 ㈧ 六天^{二}丅一九六天=丅一五八四 ㈨ 天=一八

法命闊數爲天，得一式。以一式加六尺爲長數，得二式。置五十八尺以一二式減之爲高數，得三式。以一式自之爲闊冪，得四式。以二式自之爲長冪，得五式。以三式自之爲高冪，得六式。以四五六式併之，與一千一百五十六尺相等，得七式。消之得八式，平方開之得九式，知闊爲十八尺也。加六尺得二十四尺爲長，合長闊四十二尺，以減五十八尺，餘十六尺爲高也。

釋曰：高長闊各自乘併之，與對角斜綫自乘之數相等者，何也？蓋高長闊不同之立方。欲求其對角斜綫，必先以長爲股以闊爲句，用句股求弦法求得長闊面斜綫。又以此斜綫爲股以高爲句，再用句股求弦法求得弦數，即爲對角斜綫。夫以長闊面斜綫爲股自乘之積，即長闊各自乘之積也。以高自乘之積加之，開方得對角斜綫，則是對角斜綫自乘之數，即爲高長闊各自乘併之之積矣。此其所以相等也。

設如有帶兩縱不同立方體，其長闊高爲相連比例三率。長爲首率，闊爲中率，高爲末率，共五十七寸。其六面積共二千零五十二寸。問長闊高各幾何。

答曰：長二十七寸，闊十八寸，高十二寸。

㈠ 天=長 ㈡ 五七丅天=闊高 ㈢ 一八=闊 ㈣ 三九丅天=高 ㈤ 三九天丅天^{二}=三二四 ㈥ 天=二七

法命長數爲天，得一式。以五十七寸減一式爲高闊共數，得二式。又以六面積共二千〇五十二寸折半得一千〇二十六寸爲實，以長闊高共五十七寸爲法除之，得十八寸爲闊數，得三式。以十八寸減二式爲高，得四式。乃以一式爲首率，三式爲中率，四式爲末率，以一四式相乘，與三式自乘等，得五式。平方開之得六式，知長爲二十七寸也。既知長數，依四式減之，餘一十二寸即高數也。

釋曰：以六面積折半爲實，以長闊高總數爲法除之，即得三式闊數者，何也？［《數理》精蘊》原注曰，因長爲首率，闊爲中率，高爲末率。故其三面積一爲

首率乘中率，一爲末率乘中率，一爲首率乘末率。而首率乘末率之數與中率自乘之數等，則此三面積相合，即爲首率中率末率之共數乘中率之數矣。故以長闊高之共數除之，即得中率爲闊也。

前題新術。

㊀ 天＝高 ㊁ 一八＝闊 ㊂ $\frac{\text{天}}{\text{三二四}}$＝長 ㊃ 一八天＝高×闊

㊄ $\frac{\text{天}}{\text{五八三二}}$＝長×闊 ㊅ $\frac{\text{天}}{\text{三二四天}}$＝高×長 ㊆ 一八天⊥$\frac{\text{天}}{\text{五八三二}}$⊥$\frac{\text{天}}{\text{三二四天}}$＝一〇二六 ㊇ 一八天^{二}⊥五八三二＝七〇二天 ㊈ 天^{二}丅三九天＝丅三二四 ㊉ 天＝一二

法命高數爲天，得一式。以六面積爲實，倍五十七寸得一百一十四爲法除之，得一十八寸爲闊，得二式。以二式自乘以一式除之爲長，得三式。以一式乘二式爲高闊相乘面積，得四式。以二式乘三式爲長闊相乘面積，得五式。以一式乘三式爲高長相乘面積，得六式。以四五六式併之，與六面積折半一千〇二十六寸相等，得七式。化而消降得八式，以十八約之得九式，平方開之得十式，知高爲一十二寸也。依三式算之，得二十七寸爲長。

設如有帶兩縱不同立方體，其高與闊之比例同於一與二，闊與長之比例同於二與三。以高自乘再乘之數與闊自乘再乘之數相加，比原體積多一千零二十九寸。問長闊高各幾何。

答曰：長二十一寸，闊一十四寸，高七寸。

㊀ 天＝高 ㊁ 二天＝闊 ㊂ 三天＝長 ㊃ 六天^{三}＝原體積 ㊄ 三天^{三}＝一〇二九 ㊅ 天^{三}＝三四三 ㊆ 天＝七

法命高數爲天，得一式。以一式二因之爲闊數，三因之爲長數，得二式三式。以一二式相乘，又以三式乘之爲原體積，得四式。依題，以一式自乘再乘與二式自乘再乘相加，以四式減之，與一千〇二十九寸相等，得五式。以三約之得六式，立方開之得七式，知高爲七寸也。二因之得一十四寸爲闊，三因之得二十一寸爲長。

設如有甲乙丙三正方體，甲方邊與乙方邊之比例同於二與三，乙方積比甲方積多一百五十二寸，丙方積比乙方積多七百八十四寸。問三正方體之邊數各若干。

答曰：甲方邊四寸，乙方邊六寸，丙方邊十寸。

㊀ 二天＝甲邊 ㊁ 三天＝乙邊 ㊂ 八天^{三}＝甲積 ㊃ 二七天^{三}＝乙積 ㊄ 一九天^{三}＝一五二 ㊅ 天^{三}＝八 ㊆ 天＝二

法命甲方每邊之數爲二天，得一式。依二與三之比例爲乙方邊，得二式。以一式自乘再乘爲甲體積，得三式。以二式自乘再乘爲乙體積，得四式。置四式以三式減之，必與一百五十二寸相等，得五式。以十九約之得六式，立方開之得七式，知一天爲二寸也。倍之得四寸爲甲方邊，又以二寸三因之得六寸爲乙方邊。又以六寸自乘再乘得二百一十六寸，加七百八十四寸得一千寸，開立方得十寸即丙方邊也。

設如有帶兩縱不同立方體，高比闊爲五分之一，闊比長亦爲五分之一，體積六十一萬四千一百二十五尺。問高闊長各幾何。

答曰：高十七尺，闊八十五尺，長四百二十五尺。

㊀ 天＝高 ㊁ 五天＝闊 ㊂ 二五天＝長 ㊃ 一二五天^{三}＝六一四一二五 ㊄ 天^{三}＝四九一三 ㊅ 天＝一七

法命高數爲天，得一式。依題，以一式五乘之爲闊數，得二式。又以二式五乘之爲長數，得三式。以一二式相乘，又以三式乘之，與六十一萬四千一百二十五尺相等，得四式。以一百二十五約之，得五式。立方開之得六式，知高爲一十七尺也。以五乘之得八十五尺爲闊，又以闊五乘之得四百二十五尺爲長。

前題新術。

㊀ 天＝長 ㊁ $\frac{\text{五}}{\text{天}}$＝闊 ㊂ $\frac{\text{二五}}{\text{天}}$＝高 ㊃ $\frac{\text{一二五}}{\text{天}^{\text{三}}}$＝六一四一二五 ㊄ 天^{三}＝七六七六五六二五 ㊅ 天＝四二五

法命長數爲天，得一式。以一式五降之爲闊數，得二式。又以二式五除之爲高數，得三式。以一二式相乘又以三式乘之，與六十一萬四千一百二十五尺相等，得四式。變除爲乘得五式，立方開之得六式，知長爲四百二十五尺也。依二式以五除之，得八十五尺爲闊。依三式以二十五除之，得一十七尺爲高也。

設如有一大長方體，其闊三倍於高，其長三倍於闊。又有一小長方體比大長方體高爲二分之一，闊爲三分之二，長爲九分之七。小長方體積二萬三千六百二十五寸。問大小二長方體之長闊高各幾何。

答曰：大體長一百三十五寸，闊四十五寸，高一十五寸，小體長一百〇五寸，闊三十寸，高七寸五分。

㈠ 天＝大高 ㈡ 三天＝大闊 ㈢ 九天＝大長 ㈣ $\frac{二}{天}$＝小高 ㈤ 二天＝小闊 ㈥ 七天＝小長 ㈦ $\frac{二}{一四天^{三}}$＝小積 ㈧ 七天^{三}＝二三六二五 ㈨ 天^{三}＝三三七五 ㈩ 天＝一五

法命大長方體之高爲天，得一式。以一式三因之爲大長方體之闊，得二式。又以二式三因之爲大長方體之長得三式。以一式二除之爲小長方體之高，得四式。以二式二因之三除之爲小長方體之闊，得五式。以三式七因之九除之爲小長方體之長，得六式。以四五式相乘，又以六式乘之爲小長方體積，得七式。以七式除之與二萬三千六百二十五寸相等，得八式。以七約之得九式，立方開之得十式，知大長方體之高爲十五寸也。三因之得四十五寸爲大長方體之闊。又以四十五寸三因之得一百三十五寸爲大長方體之長。既知天等於十五寸，則依四式算之，得七寸五分爲小體之高。依五式算之，得三十寸爲小體之闊。依六式算之，得一百〇五寸爲小體之長。

設如有人買馬三次，第二次比第一次多一倍，第三次比第二次多一倍。以第三次馬數四分之一與第二次馬數之一半相乘，又與第一次馬數三分之一相乘，得六千五百六十一匹。問三次所買馬數各若干。

答曰：一次買馬二十七匹，二次買馬五十四匹，三次買馬一百〇八匹。

㈠ 三天＝一次買 ㈡ 六天＝二次買 ㈢ 一二天＝三次買 ㈣ 九天^{三}＝六五六一 ㈤ 天^{三}＝七二九 ㈥ 天＝九

法命一次買馬數爲三天，得一式。以一式倍之爲二次買數，得二式。又以二式倍之爲三次買數，得三式。乃取三式四分之一與二式一半相乘，又以一式三分之一乘之，與六千五百六十一匹相等，得四式。以九約之得五式，立方開之得六式，知一天爲九匹也。依一式三因之得二十七匹，即第一次所買馬。依二式六因之得五十四匹，即第二次所買馬數。依三式十二因之得一百〇八匹，即第三次所買馬數也。

設如有馬牛羊各不知數，但知牛數比馬數多四，羊數與馬牛相乘之數等。馬每匹之價與牛數等，牛每頭之價與馬數等，羊每隻之價比馬每匹價少十兩。而羊之共價爲一百九十二兩。問馬牛羊及價銀各若干。

答曰：馬八匹，每匹價銀十二兩，牛十二頭，每頭價銀八兩。羊九十六隻，每隻價銀二兩。

㈠ 天＝馬數＝一牛價 ㈡ 天丄四＝牛數＝一马價 ㈢ 天^{二}丄四天＝羊數 ㈣ 天丅六＝一羊價 ㈤ 天^{三}丅二天^{二}丅二四天＝一九二 ㈥ 天＝八

法命天爲馬數，亦即一牛之價，得一式。以一式加四爲牛數，亦即一馬之價，得二式。以一二式相乘爲羊數，得三式。題云羊每隻價比馬每匹價少十兩，則以二式減十兩爲一羊之價，得四式。以三四式相乘與羊共價一百九十二兩相等，得五式。立方開之得六式，知馬爲八匹，牛一頭價爲八兩也。以八加四得十二爲牛數，亦即知馬一匹價爲十二兩也。以馬數八與牛數十二相乘得九十六，即羊數。以九十六除共價一百九十二兩得二兩，即一羊價也。

前題新術。

㈠ 天＝牛數＝一馬價 ㈡ 天丅四＝馬數＝一牛價 ㈢ 天^{二}丅四天＝羊數 ㈣ 天丅一〇＝一羊價 ㈤ 天^{三}丅一四天^{二}丄四〇天＝一九二 ㈥ 天＝一二

法命天爲牛數，亦即爲一馬價，得一式。以一式減四爲馬數，亦即爲一牛價，得二式。以一二式相乘爲羊數，得三式。以一馬價減十兩爲一羊價，得四式。以三四式相乘與一百九十二兩相等，得五式。立方開之得六式，知牛爲十二頭，一馬價爲十二兩也。既知天爲十二，依二式算之即知馬數與一牛價，依三式算之知羊數，依四式算之亦知羊價也。

設如有馬騾運重，其共馬數比馬每匹所馱之數多二十，騾每匹所馱之數比共馬數多三十，其共騾數與馬所馱之共數等。但知騾共馱一千一百萬觔。問馬數騾數及所馱之觔數各若干。

答曰：馬二百二十匹，馬每匹馱二百觔。騾四萬四千匹騾，每匹馱二百五十觔。

㈠ 天＝马數 ㈡ 天丅二〇＝一馬馱 ㈢ 天丄三〇＝一騾馱 ㈣ 天^{二}丅二〇天＝騾數 ㈤ 天^{三}丄一〇天^{二}丅六〇〇天＝一一〇〇〇〇〇〇 ㈥ 天＝二二〇

法命共馬數爲天，得一式。以一式減二十爲一馬所馱觔數，得二式。以一式加三十爲一騾所馱觔數，得三式。以一二式相乘爲共騾數，得四式。以三四式相乘，與騾共馱一千一百萬觔相等，得五式。立方開之得六式，知馬爲二百二

十四也。依二式算之得二百觔爲馬每匹所馱，依四式算之得四萬四千四爲騾數，依三式算之得二百五十觔爲騾每匹所馱也。

設如有大小二正方體，邊數共二尺六寸，體積共五千零九十六寸。問二正方體邊數體積各幾何。

答曰：小方每邊十寸，體積一千寸。大方每邊一十六寸，體積四千零九十六寸。

㈠天＝小邊　㈡二六丅天＝大邊　㈢天^{三}＝小積　㈣一七五七六丅二〇二八天丄七八天^{二}丅天^{三}＝大積　㈤一七五七六丅二〇二八天丄七八天^{二}＝五〇九六　㈥天^{二}丅二六天＝丅一六〇　㈦天＝一〇

法命小方每邊之數爲天，得一式。以一式減二尺六寸爲大方邊，得二式。以一式自乘再乘爲小立方積，得三式。以二式自乘再乘爲大立方積，得四式。以三四式併之，與共積五千〇九十六寸相等，得五式。消之以七十八約之，得六式。平方開之得七式，知小方邊爲十寸也。以減共邊二十六寸，餘一十六寸即大方邊也。以十寸自乘再乘得一千寸爲小方體積，以一十六寸自乘再乘得四千〇九十六寸爲大方體積也。

設如有大小二正方體，大方邊比小方邊多四尺，大方積比小方積多一千二百一十六尺。問二正方體邊數體積各幾何。

答曰：大方邊一十二尺，體積一千七百二十八尺。小方邊八尺，體積五百一十二尺。

㈠天＝小邊　㈡天丄四＝大邊　㈢天^{三}＝小積　㈣天^{三}丄一二天^{二}丄四八天丄六四＝大積　㈤一二天^{二}丄四八天丄六四＝一二一六　㈥天^{二}丄四天＝九六　㈦天＝八

法命小方每邊之數爲天，得一式。以一式加四尺爲大方邊，得二式。以一式自乘再乘爲小方體積，得三式。以二式自乘再乘爲大方體積，得四式。以三四兩式相減，與一千二百一十六尺相等，得五式。消之以十二約之，得六式。平方開之得七式，知小方邊爲八尺也。加四尺得十二尺爲大方邊。以八尺自乘再乘，得五百一十二尺爲小方體積。以十二尺自乘再乘，得一千七百二十八尺爲大方體積也。

設如有大小二正方體，大方邊比小方邊多二尺，體積共一千零七十二尺。問二正方體邊數體積各幾何。

答曰：大方邊九尺，體積七百二十九尺。小方邊七尺，體積三百四十三尺。

㈠天＝小邊　㈡天丄二＝大邊　㈢天^{三}＝小積　㈣天^{三}丄六天^{二}丄一二天丄八＝大積　㈤二天^{三}丄六天^{二}丄一二天丄八＝一〇七二　㈥天^{三}丄三天^{二}丄六天＝五三二　㈦天＝七

法命小方每邊之數爲天，得一式。以一式加二尺爲大方邊，得二式。以一式自乘再乘爲小方體積，得三式。以二式自乘再乘爲大方體積，得四式。以三四式併之，與共積一千零七十二尺相等，得五式。消之以二約之，得六式。立方開之得七式，知小方邊爲七尺也。加二尺得九尺爲大方邊。以七尺自乘再乘得三百四十三尺爲小方體積。以九尺自乘再乘得七百二十九尺爲大方體積也。

設如有大小二正方體，邊數共十四尺，大方積比小方積多二百九十六尺。問二正方體之邊數體積各幾何。

答曰：小方邊六尺，體積二百一十六尺。大方邊八尺，體積五百一十二尺。

㈠天＝小邊　㈡一四丅天＝大邊　㈢天^{三}＝小積　㈣二七四四丅五八八天丄四二天^{二}丅天^{三}＝大積　㈤二七四四丅五八八天丅二天^{三}丄四二天^{二}＝二九六　㈥天^{三}丅二一天^{二}丄二九四天＝一二二四　㈦天＝六

法命小方每邊之數爲天，得一式。以一式減十四尺爲大方邊，得二式。以一式自乘再乘爲小方體積，得三式。以二式自乘再乘爲大方體積，得四式。以三四式相減，與二百九十六尺相等，得五式。消之以二約之，得六式。立方開之得七式，知小方邊爲六尺也。以六尺減十四尺，餘八尺爲大方邊。以六尺自乘再乘，得二百一十六尺爲小方體積。以八尺自乘再乘，得五百一十二尺爲大方體積也。

設如句股積二百四十尺，股弦較四尺。問句股弦各幾何。

答曰：句十六尺，股三十尺，弦三十四尺。

㈠天＝股　㈡天丄四＝弦　㈢天^{二}＝股積　㈣天^{二}丄八天丄一六＝弦積　㈤八天丄一六＝句積　㈥八天^{三}丄一六天^{二}＝二三〇四〇〇　㈦天^{三}丄二天^{二}＝二八八〇〇　㈧天＝三〇

法命股數爲天，得一式。以一式加四尺爲弦數，得二式。以一式自乘爲股積，得三式。以二式自乘爲弦積，得四式。以三四式相減爲句積，得五式。依幾何理，凡句自乘之數與句股相乘之數及股自乘之數爲相連比例三率，故以三五式相乘，與倍句股積自乘相等，得六式。以八約之得七式，立方開之得八式，知

股爲三十尺也。加四尺得三十四尺爲弦。依五式，以八乘三十尺得二百四十尺，加一十六尺共二百五十六尺，平方開之得十六尺爲句也。

前題新術。

㊀ 天＝股 ㊁ $\frac{四八〇}{天}$＝句 ㊂ 天⊥四＝弦 ㊃ $天^{二}$＝股積 ㊄ $\frac{二三〇四〇〇}{天^{二}}$＝句積 ㊅ $天^{二}$⊥八天⊥一六＝弦積 ㊆ $\frac{二三〇四〇〇}{天^{二}}$⊥$天^{二}$＝$天^{二}$⊥八天⊥一六 ㊇ $天^{三}$⊥二$天^{二}$＝二八八〇 ㊈ 天＝三〇

法命股數爲天得一式。倍句股積，以一式除之爲句，得二式。以一式加四尺爲弦，得三式。以一式自乘爲股積，得四式。以二式自乘爲句積，得五式。以三式自乘爲弦積，得六式。以四五式併之，與六式等，得七式。化而消之，又以八約之，得八式。立方開之得九式，知股爲三十尺也。依二三式算之，亦得句數弦數。

設如句股積二百四十尺，句弦和五十尺。問句股弦各幾何。

答曰：句十六尺，股三十尺，弦三十四尺。

㊀ 天＝句 ㊁ 五〇T天＝弦 ㊂ $天^{二}$＝句積 ㊃ 二五〇〇T一〇〇天⊥$天^{二}$＝弦積 ㊄ 二五〇〇T一〇〇天＝股積 ㊅ 二五〇〇$天^{二}$T一〇〇$天^{三}$＝二二〇四〇〇 ㊆ $天^{三}$T二五$天^{二}$＝T二三〇四 ㊇ 天＝一六

法命句數爲天得一式。以一式減和五十尺爲弦數，得二式。以一式自乘爲句積，得三式。以二式自乘爲弦積，得四式。以三四式相減爲股積，得五式。乃用連比例三率，以三五式相乘，與倍句股積自乘相等，得六式。以一百約之得七式。天元借根代數，凡可約者皆以多乘方爲法。茲觀六式二千五百平方一百立方，自宜以立方一百爲法約之。而[《數理]精蘊》乃以二千五百約之，謂得一平方少二十五分立方之一，必與九十二尺一十六寸相等，則誤矣。立方開之得八式，知句爲一十六尺也。依二式算之得三十四尺爲弦，依五式算之得三十尺爲股也。

前題新術

㊀ 天＝句 ㊁ $\frac{四八〇}{天}$＝股 ㊂ 五〇T天＝弦 ㊃ $天^{二}$＝句積 ㊄ $\frac{二三〇四〇〇}{天^{二}}$＝股積 ㊅ 二五〇〇T一〇〇天⊥$天^{二}$＝弦積 ㊆ $\frac{二三〇四〇〇}{天^{二}}$⊥$天^{二}$＝二五〇〇T一〇〇天⊥$天^{二}$ ㊇ $天^{三}$T二五$天^{二}$＝T二三〇四 ㊈ 天＝一六

法命句數爲天得一式。倍句股積以一式除之爲股，得二式。以一式減五十尺爲弦，得三式。以一式自乘爲句積，得四式。以二式自乘爲股積，得五式。以三式自乘爲弦積，得六式。以四五式併之，與六式等，得七式。化而消之，又以一百約之，得八式。立方開之得九式，知句爲一十六尺也。依二式算之得股，依三式算之得弦。

設如有數十萬爲一率，作相連比例四率，使一率與四率相加與二率三倍等。問二率三率四率各幾何。

答曰：二率三萬四千七百二十九，三率一萬二千零六十一，四率四千一百八十七。

㊀ 天＝二率 ㊁ $\frac{天^{二}}{十萬}$＝三率 ㊂ $\frac{天^{三}}{十萬^{二}}$＝四率 ㊃ 十萬⊥$\frac{天^{三}}{十萬^{二}}$＝三天 ㊄ $天^{三}$⊥三百億天＝一千兆 ㊅ 天＝三四七二九

法命二率爲天，得一式。以一式自乘，以一率十萬除之爲三率，得二式。以一二式相乘，又以一率十萬除之爲四率，得三式。依題以十萬加三式與三因一式相等，得四式。化之得五式，立方開之得六式，知二率爲三萬四千七百二十九也。乃以二率自乘一率除之，得一萬二千〇六十一爲三率。又以二率與三率相乘一率除之，得四千一百八十七爲四率。此爲相連比例四率，求圓內容十八邊即用此率也。

設如有數十萬爲一率，作相連比例四率，使一率與四率相加與二率兩倍再加一三率數等。問二率三率四率各幾何。

答曰：二率四萬四千五百〇四，三率一萬九千八百〇六，四率八千八百一十四。

㊀ 天＝二率 ㊁ $\frac{天^{二}}{十萬}$＝三率 ㊂ $\frac{天^{三}}{十萬^{二}}$＝四率 ㊃ 十萬⊥$\frac{天^{三}}{十萬^{二}}$＝二天⊥$\frac{天^{二}}{十萬}$ ㊄ $天^{三}$T十萬$天^{二}$T二百億天＝T一千兆 ㊅ 天＝四四五〇四

法命二率爲天，得一式。以一式自乘，以一率十萬除之爲三率，得二式。以一二式相乘，又以一率十萬除之爲四率，得三式。依題以十萬加三式，與倍一式加二式相等，得四式。化之得五式，立方開之得六式，知二率爲四萬四千五百〇

四也。乃以二率自乘一率除之，得一萬九千八百〇六爲三率。又以二率與三率相乘一率除之，得八千八百一十四爲四率。此亦爲相連比例四率，求圓内容十四邊即用此率也。

又 卷五 開方篇

立方商法表

一商一　八商二　二七商三　六四商四　一二五商五　二一六商六　三四三商七　五一二商八　七二九商九

此立方無帶縱者初商之定法也，然有帶縱者亦可用之以得其大概。故所帶之方廉皆正號者，其商數須取畧小於表中所應得之數。所帶之方廉皆負號者，其商數須取畧大於表中所應得之數。所帶之方廉有正有負者，則辨正負之大小。凡正大負小者商數亦畧小，正小負大者商數亦畧大也。三乘以下皆依此理辨之。

設如有一立方多八根與一千八百二十四尺相等。問每根之數幾何。

答曰：十二尺。

天三⊥八天　⊤　一八二四＝〇

⊥一八二四		⊤一八二四	實
⊥一二×一五二 一四四	⊥	八	方
⊥一二×一二		〇	廉
商數一二×一	⊥	一	隅

依題變代數式於上，然後列實方廉隅于下。爰商十二尺，以乘隅一仍爲十二，進於廉之位。又以十二乘之得一百四十四，又進于方之位。與八相加爲一百五十二，又以十二乘之得一千八百二十四，又進于實之位。與實相減恰盡，知其根爲十二尺也。

釋曰：凡商乘之數與方廉同號則相加，謂之投胎。與方廉異號則相減，謂之換骨。此秦氏法也。舊法開方，其根有二位者必作二次商之，有三位者必作三次商之，甚爲繁難。今此術無論根有幾位，俱作一次商之，最爲簡便。如前題實爲一八二四，隔二位作點得二點，知由十起。觀初商積爲一，知爲一十。觀次商積爲八二四，又知不止一十，乃姑商十四，與隅一相乘仍十四，進廉位。又以十四乘之得一百九十六，進方位，與八相加爲二百〇四。又以十四乘之得二千八百五十六，與原實相較，實不足，知所商爲多也。乃改商十二，依法乘之恰合。故用此法開之，實不足則減商，實有餘則增商，不過頃刻便可知其真數，此其所以爲妙也。

設如有一立方少九根與一千六百二十尺相等。問每一根之數幾何。

答曰：十二尺。

天三⊤九天⊤一六二〇　＝　〇

⊥一六二〇		⊤一六二〇	實
⊥一二×一三五 一四四	⊤	九	方
⊥一二×一二		〇	廉
商數一二×一	⊥	一	隅

依題列代數開方式于上，然後列實方廉隅于下。爰商十二尺，以乘隅一仍爲十二，進廉位。又以十二乘之得一百四十四，進方位。與九相減餘一百三十五。又以十二乘之得一千六百二十，進實位。與實相減恰盡，知其根爲十二尺也。

設如有一立方多四平方與二千三百零四尺相等。問每一根之數幾何。

答曰：十二尺。

天三⊥四天二⊤二三〇四　＝　〇

⊥二三〇四		⊤二三〇四	實
⊥一二×一九二		〇	方
⊥一二×一六 一二	⊥	四	廉
商數一二×一	⊥	一	隅

依題列開方式於上，列實方廉隅于下。爰商十二尺，以乘隅一仍爲十二，進廉位。與四相加爲十六，又以十二乘之得一百九十二，進方位。又以十二乘之得二千三百〇四，進實位。與實相減恰盡，知其根爲十二尺也。

釋曰：凡言平方皆是有面積而無厚者。至立方帶縱之平方，則又是有面積而兼厚者，實則扁方體積也。其立方積爲若干尺者，則帶縱之平方爲厚一尺。立方積爲若干寸者，則帶縱之平方爲厚一寸。如前圖立方每邊爲十二尺，自乘再乘得一千七百二十八尺。帶縱平方四個每邊亦爲十二尺，而其厚皆爲一尺，以邊十二自乘得一百四十四尺，以四因之得五百七十六尺。合前立方積，恰爲二千三百〇四尺也。

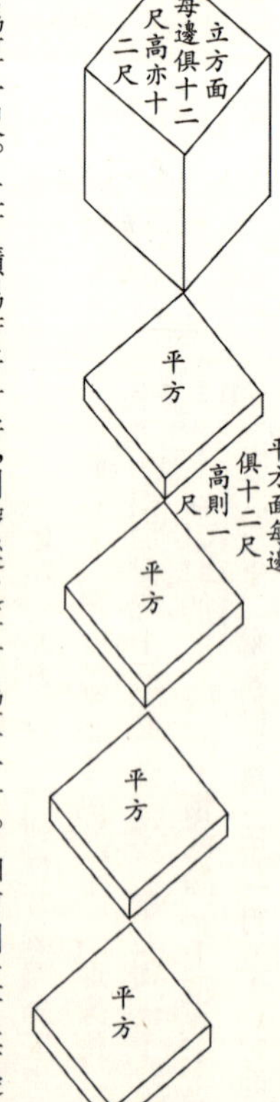

設如有一立方少八平方與七千九百三十五尺相等。問每一根之數幾何。

天^{三}丅八天^{二}丅七九三五　＝　〇

⊥七九三五	丅七九三五		實
⊥二三×三四五		〇	方
⊥二三×一五 二三	丅	八	廉
商數二三×一	⊥	一	隅

答曰：二十三尺。

依題列開方式於上，列實方廉隅于下。爰商二十三尺，以乘隅一仍爲二十三，進廉位。與八相減餘十五，又以二十三乘之，得三百四十五，進方位。又以二十三乘之得七千九百三十五，進實位。與實相減恰盡，知其根爲二十三尺也。

設如有一立方多十三平方多三十根與二萬七千一百四十四尺相等。問每一根之數幾何。

天^{三}⊥一三天^{二}⊥三〇天丅二七一四四＝〇

⊥二七一四四	丅	二七一四四	實
⊥二六×一〇四四 一〇一四	⊥	三〇	方
⊥二六×三九 二六	⊥	一三	廉
商數二六×一	⊥	一	隅

答曰：二十六尺。

按：立方積係隔二位作點。今此積有二點，知由十起。觀其實首是二七，據立方表云二七商三，是可商三十矣。而茲僅商二十六尺者，何也？以所帶之方三十廉十三皆正號故也。所謂方廉正號，商數畧小，方廉負號，商數畧大也。

依題列開方式於上，列實方廉隅於下。爰商二十六尺，以乘隅一仍二十六，進廉位。與十三相加得三十九，又以二十六乘之得一千〇一十四，進方位。與三十相加得一千〇四十四，又以二十六乘之得二萬七千一百四十四，進實位。與實相減恰盡，知其根爲二十六尺也。

天^{三}丅七天^{二}丅八天　丅七〇八四＝〇

⊥七〇八四	丅七〇八四		實
⊥二二×三二二 三三〇	丅	八	方
⊥二二×一五 二二	丅	七	廉
商數二二×一	⊥	一	隅

設如有一立方少七平方少八根與七千零八十四尺相等。問每一根之數幾何。

答曰：二十二尺。

依題列開方式於上，列實方廉隅於下。爰商二十二尺，以乘隅一仍二十二，進廉位。與七相減餘十五，又以二十二乘之得三百三十，進方位。與八相減餘三百二十二，又以二十二乘之得七千〇八十四，進實位。與實相減恰盡，知其根爲二十二尺也。

設如有一立方多一平方少二十根與三萬三千一百五十二尺相等。問每一根之數幾何。

天^{三}⊥天^{二}丅二〇天　丅三三一五二＝〇

⊥三三一五二	丅三三一五二		實
⊥三二×一〇三六 一〇五六	丅	二〇	方
⊥三二×三三 三二	⊥	一	廉
商數三二×一	⊥	一	隅

答曰：三十二尺。

依題列開方式於上，列實方廉隅於下。爰商三十二尺，以乘隅一仍三十二，進廉位。與一相加得三十三，又以三十二乘之得一千〇五十六，進方位。與二十相減餘一千〇三十六，又以三十二乘之得三萬三千一百五十二，進實位。與實相減恰盡，知其根爲三十二尺也。

設如有一立方少三平方多二根與一萬二千一百四十四尺相等。問每一根之數幾何。

天^{三}丅三天^{二}⊥二天丅一二一四四＝〇

⊥一二一四四	丅一二一四四		實
⊥二四×五〇六 五〇四	⊥	二	方
⊥二四×二一 二四	丅	三	廉
商數二四×一	⊥	一	隅

答曰：二十四尺。

依題列開方式於上，列實方廉隅於下。爰商二十四尺，以乘隅一仍二十四，進廉位。與三相減餘二十一，又以二十四乘之得五百〇四，進方位。與二相加得五百〇六，又以二十四乘之得一萬二千一百四十四，進實位。與實相減恰盡，知其根爲二十四尺也。

設如有四十平方少一立方與五千六百二十五尺相等。

天^{三}丅四〇天^{二}　⊥五六二五＝〇

丅五六二五	⊥五六二五		實
丅一五×三七五		〇	方
⊥一五×二五 一五	丅	四〇	廉
商數一五×一	⊥	一	隅

問每一根之數幾何。

答曰：一十五尺。

按：以乘數十五進廉位，減四十，不足減。乃以十五反減四十，餘二十五爲負數，故乘後加方即改爲負號也。後倣此。

依題列開方式於上，列實方廉隅於下。爰商十五尺，以乘隅一仍十五，進廉位。與四十相減餘二十五，又以十五乘之得三百七十五，進方位。又以

十五乘之得五千六百二十五，進實位。與實相減恰盡，知其根爲十五尺也。

設如有五百平方少一立方與二十七萬四千一百七十六尺相等。問每一根之數幾何。

答曰：二十四尺。

天^{三}丅五〇〇天^{二}丄二七四一七六＝〇

實	丄二七四一七六		丅二七四一七六
方	〇		丅二四×一一四二四
廉	五〇〇	丅	丄二四×四七六 二四
隅	一	丄	商數二四×一

依題列開方式於上，列實方廉隅於下。爰商二十四尺，以乘隅一仍二十四，進廉位。與五百相減餘四百七十六，又以二十四乘之得一萬一千四百二十四，進方位。又以二十四乘之得二十七萬四千一百七十六，進實位。與實相減恰盡，知其根爲二十四尺也。

崧按：用此法者，當先辨方根之限，不然則泛濫無屬，不知從何數商起矣。如上式實爲二七四一七六，依法得二點，知由十起。又據立方表云，二一六商六，三四三商七。今初商實爲二七四，則知其根當在六十以上，必不能至七十上矣。此一辨也。又觀有負廉五百，若商六十，依法算之得一百五十八萬四千，與實相減，實之不足者多，知所商爲大多也。乃改商三十算之，而實仍不足，再改商二十算之而實又有餘，則知其根定在二十以上，必不能至三十矣。此再辨也。既辨定根限，則由二十一商起，畧試幾次便可以得真根矣。

又李壬叔云，由下乘上，不如由上除下。乘上者必求至最上一層方能知之，除下者不必求至最下一層已可知之。蓋以商數之不合元數者，求至數層必不能得整數也。華若汀亦甚稱壬叔之法，而不知試商必先試其大數。如上二七四一七六之積，若用除法，以三十試之不能爲整數，以二十試之又不能爲整數，爲問何以能知根數之大畧乎？使必以零數一一試之，則又不勝其繁矣。若用乘法，以三十試之而實不足，以二十試之而實有餘，便知方根在二十三十之間矣。況以乘比除，而除法較難，余謂不如用乘法之爲便也。

清・徐虎臣《溥通新代數》卷二

第一三篇　三次式以上之方程式

第七六款　劈生法解三次式

凡解三次式之根，皆可依三五款求因數之法，將方程式之三箇因數劈出，則三根自得矣。例如 天^{三}丅七天丄六＝〇 觀末項之數丄六 必爲 丅一×丅二×三 或 丅三×丅二×一 或 丅三×二×丅一 而成，故原式之因數必有（天±三）與（天±二） 若有（天丅二） 即以二代原式中之天，而全式却等於〇。故可劈原式爲（天丅二）(天丄三)(天丅一)＝〇 此因凡三次式第二項之倍數爲三根之和，既求得一根爲 丄二 。而原式二項之倍數爲〇，則餘二根必爲 丅三 與 丄一 而 丄二 與 丅三 與 丄一 三根之和却等於〇也。後凡三次式之解法皆倣之。例二 如有 天^{三}丅一＝〇 準劈生法得（天丅一）(天^{二}丄天丄一)＝〇 由是天之同數必有一根爲 丄一 再將 天^{二}丄天丄一＝〇 依配方法解之，其二根爲 $\pm\sqrt{\frac{三}{四}}丅\frac{一}{二}$ 即 $\frac{丅一\pm\sqrt{三}}{二}$ 但 天^{三}＝一 若不依劈生法求根，皆易誤爲三根皆一。殊不知舍一爲實根外，仍有 $\frac{丅一丄\sqrt{三}}{二}$ 與 $\frac{丅一丅\sqrt{三}}{二}$ 之二虛根。故凡三次式必有三箇根也。例三 如有 天^{三}丅三天^{二}丅七天＝丅二一 其真數 二一 爲 三×丅七×丅一 或 丅三×丅七×一 或 三×七×一 之三種，故因數必有 天±三 與 天±七 與 天±一 之三種。若有 天丅三 之一因數，即令 丄三 代原式中之天，則原式却等於〇。故可劈爲（天丅三）(天^{二}丅七)＝〇 所以 天＝三 或 天＝±√七 之三種。準以上三例，凡三次式，皆可依劈生法而求其根也。

第一八篇　立方根

第八九款　求立方根之解法

本款專論完全之立方式如 (甲丄乙)^{三} 欲詳之，必有四項。其首項爲原首項之立方數，而末項爲原次項之立方數，第二項爲首項平方乘次項之三倍，第三項爲首項乘次項平方之三倍，則 (甲丄乙)^{三}＝甲^{三}丄三甲^{二}乙丄三甲乙^{二}丄乙^{三} 所以 (甲丅乙)^{三}＝甲^{三}丅三甲^{二}乙丄三甲乙^{二}丅乙^{三} 而 (三甲±乙)^{三} 之詳式爲 二七甲^{三}±二七甲^{二}乙丄九甲乙^{二}±乙^{三} 而 (甲丄乙丄三丙)^{三} 之詳式可作 {(甲丄乙)丄三丙}^{三} 而列之得

$\left\{\begin{matrix}(甲⊥乙)^{三}⊥九(甲⊥乙)^{二}丙\\⊥二七(甲⊥乙)丙^{二}⊥二七丙^{三}\end{matrix}\right\}$ 準此例，如

$\left\{\begin{matrix}甲^{三}⊥乙^{三}⊥丙^{三}⊥三甲^{二}乙⊥三甲^{二}丙\\⊥三甲乙^{二}⊥三甲丙^{二}⊥三乙^{二}丙\\⊥三乙丙^{二}⊥六甲乙丙\end{matrix}\right\}$ 可變爲

$\left\{\begin{matrix}甲^{三}⊥三(乙⊥丙)甲^{二}⊥三甲(乙⊥丙)^{二}\\⊥(乙^{三}⊥三乙^{二}丙⊥三乙丙^{二}⊥丙^{三})\end{matrix}\right\}$ 故可求得根爲 $甲⊥乙⊥丙$ 由是，凡完全之立方根皆可從審視之閒而求之。但 $(甲⊥乙)^{三}$ 若減去 $甲^{三}$ 其餘式爲 $(三甲^{二}⊥三甲乙⊥乙^{二})乙$ 從此例，凡立方式之第二項必爲根之第一項平方之三倍乘根之第二項。從此可得開立方求次商之法，乃以初商自乘，三乘之，除餘實之首項即得。故 $天^{六}丅六天^{五}地⊥二一天^{四}地^{二}丅四四天^{三}地^{三}⊥六三天^{二}地^{四}丅五四天地^{五}⊥二七地^{六}$ $(天^{二})^{三}＝天^{六}$ $(天^{二}丅二天地)^{三}＝天^{六}丅六天^{五}地⊥一二天^{四}地^{二}丅八天^{三}地^{三}$ $(天^{二}丅二天地⊥三地^{二})^{三}＝天^{六}丅六天^{五}地⊥二一天^{四}地^{二}丅四四天^{三}地^{三}⊥六三天^{二}地^{四}丅五四天地^{五}⊥二七地^{六}$ 如上式，因首項爲 $(天^{二})^{三}$ 即 $天^{六}$ 相減餘實之首項爲 $丅六天^{五}地$ 以初商 $天^{二}$ 自乘得 $天^{四}$ 三乘之爲 $三天^{四}$ 以約 $丅六天^{五}地$ 得 $丅二天地$ 爲次商。加入初商而乘至三方得右式，與原式相減而餘實之首項爲 $九天^{四}地^{二}$ 以初商自乘之三倍 $三天^{四}$ 約之得 $三地^{二}$ 爲三商。乃以三次所商之和再乘至三方，卻與原式相等，故三次商得之和爲立方根。後凡任何式求立方根之法，準此。如有式欲開四方者，可開平方，復將開得根再開平方即得。求六方根者，先開立方，將其根再開平方即得。此理可作公式以解之。如 $\sqrt[八]{甲}$ 可將指數劈作 $二\times二\times二$ 故得 $二\times二\times\sqrt[二]{甲}$ 所以求八方根能作三次平方開之。依同理 $\sqrt[十二]{甲}$ 可作 $二\times二\times\sqrt[三]{甲}$ 故求十二方根，可開二次平方一次立方。但根指數若爲素數不能劈者，如 $\sqrt[七]{甲}$ 則仍須作七方開之。其開法求初商尚易，求次商必以初商乘至六方七乘之，以約餘實而得。餘可類推。

又 卷六

第四三篇　多次方程式

第一九七款　迦但三次式解法

凡任何空二項之三次式求根，可依迦但所立之法，命原方程式中 $天＝地⊥人$ 而變之。例如 $天^{三}⊥午天⊥未＝〇$ 命 $天＝地⊥人$ 則 $天^{三}＝地^{三}⊥三地^{二}人⊥三地人^{二}⊥人^{三}$ 即 $天^{三}＝地^{三}⊥三地人(地⊥人)⊥人^{三}$ 惟 $天＝地⊥人$ 則 $天^{三}＝地^{三}⊥三天地人⊥人^{三}$ 故 $天^{三}丅地^{三}丅人^{三}丅三天地人＝〇$ 即 $天^{三}丅三地人天丅(地^{三}⊥人^{三})＝〇$ 與原式之係數相比，則 $午＝丅三地人$ $未＝丅(地^{三}⊥人^{三})$ 即 $地^{三}人^{三}＝丅\frac{午^{三}}{二七}$ 依有積與和求根法，得 $地^{三}＝丅\frac{未}{二}⊥\sqrt{\frac{未^{二}}{四}⊥\frac{午^{三}}{二七}}$ $人^{三}＝丅\frac{未}{二}丅\sqrt{\frac{未^{二}}{四}⊥\frac{午^{三}}{二七}}$ 惟 $天＝地⊥人$ 故求得上二式各立方根之和等於 天 然任何正立方根有三種之變化，如 $天'^{三}丅丙^{三}＝〇$ 則 $(天'丅丙)(天'^{二}⊥丙天'⊥丙^{二})＝〇$ 故 $天'＝丙$ 或 $天'＝丙\left\{\frac{丅一±\sqrt{丅三}}{二}\right\}$ 由是 $天＝\left\{丅\frac{未}{二}⊥\sqrt{\frac{未^{二}}{四}⊥\frac{午^{三}}{二七}}\right\}^{\frac{一}{三}}⊥\left\{丅\frac{未}{二}丅\sqrt{\frac{未^{二}}{四}⊥\frac{午^{三}}{二七}}\right\}^{\frac{一}{三}}$ 即 $天＝\left\{丅\frac{未}{二}⊥\sqrt{\frac{未^{二}}{四}⊥\frac{午^{三}}{二七}}\right\}^{\frac{一}{三}}\left\{\frac{丅一⊥\sqrt{丅三}}{二}\right\}⊥\left\{丅\frac{未}{二}丅\sqrt{\frac{未^{二}}{四}⊥\frac{午^{三}}{二七}}\right\}^{\frac{一}{三}}\left\{\frac{丅一丅\sqrt{丅三}}{二}\right\}$ $天＝\left\{丅\frac{未}{二}⊥\sqrt{\frac{未^{二}}{四}⊥\frac{午^{三}}{二七}}\right\}^{\frac{一}{三}}\left\{\frac{丅一丅\sqrt{丅三}}{二}\right\}⊥\left\{丅\frac{未}{二}丅\sqrt{\frac{未^{二}}{四}⊥\frac{午^{三}}{二七}}\right\}^{\frac{一}{三}}\left\{\frac{丅一⊥\sqrt{丅三}}{二}\right\}$ 又法，如有 $天^{三}⊥午天⊥未＝〇$ 可令 $天＝地丅\frac{午}{三地}$ 則 $天^{三}⊥午天⊥未＝地^{三}丅\frac{午^{三}}{二七地^{三}}⊥未＝〇$ 從此式可得 $地^{三}$ 之數值，再如法代之，亦能得 天 之各根。準以上二例，凡任何三次方程式，必先令第二項爲空，然後任依何法解之皆能得 天 之各根。雖然用第二法似比用第一法較爲簡捷，特設例題，各解一法以示例。如 $天^{三}⊥六天丅二〇＝〇$ 從第一法 $午＝六$ $未＝丅二〇$ 則 $天＝\sqrt[三]{一〇⊥\sqrt{一〇八}}⊥\sqrt[三]{一〇丅\sqrt{一〇八}}$ 惟 $一〇±\sqrt{一〇八}$

不能求立方根之實數，故可令 $一〇\pm\sqrt{一〇八}=一〇\pm六\sqrt{三}=一\pm三\sqrt{三}丄九\pm三\sqrt{三}=(一\pm\sqrt{三})^{三}$

故 天$=(一丄\sqrt{三})丄(一丅\sqrt{三})=二$ 爲原式之一根。準第二法，令

天$=地丅\frac{三地}{六}=地丅\frac{地}{二}$ 則 $(地丅\frac{地}{二})^{三}丄六(地丅\frac{地}{二})丅二〇=〇$ 而

地^{六}丅二〇地^{三}丅八=〇 即 地$^{三}=一〇\pm\sqrt{一〇八}=(一\pm\sqrt{三})^{三}$ 則

地$=(一\pm\sqrt{三})$ 由是 天$=(一\pm\sqrt{三})丅\frac{(一\pm\sqrt{三})}{二}=二$ 既得天之一根，餘二根準以上諸款求之即得。

清・陳修齡《公式演算》卷三

三次雜方公式

凡三次雜方，其形每爲 甲天^{三}丄乙天^{二}丄丙天丄丁=〇 除首項爲正外，其餘各項或正或負，依題而定。先令 甲丄乙丄丙丄丁=丁′ 三甲丄二乙丄丙=丙′ 三甲丄乙=乙′ 甲=甲′ 爲試一次，再令 甲′丄乙′丄丙′丄丁′=丁″ 三甲′丄二乙′丄丙′=丙″ 三甲′丄乙′=乙″ 甲′=甲″ 爲試二次，再令 甲″丄乙″丄丙″丄丁″=丁‴ 三甲″丄二乙″丄丙″=丙‴ 三甲″丄乙″=乙‴ 甲″=甲‴ 爲試三次。照此屢次試之，試至卯次，而首層之等數爲〇，則定開得之根爲卯。如方根非單位數而爲多位之根者，則須用進位退位之法定之，然後以上法試之，觀下演算自明。

演算

設如長方臺一座，用立方磚一百九十二塊。其闊比高多二塊，其長比闊又多二塊。問高闊長各幾何。

命 天=高 依題 天丄二=闊 天丄二丄二=長 所以 天(天丄二)(天丄二丄二)=一九二 化之 天^{三}丄六天^{二}丄八天=一九二 移項 天^{三}丄六天^{二}丄八天丅一九二=〇 照公式，先令 一丄六丄八丅一九二=丅一七七 三×一丄二×六丄八=二三 三×一丄六=九 一=一 爲試單位數一次，再令 一丄九丄二三丅一七七=丅一四四 三×一丄二×九丄二三=四四 三×一丄九=一二 一=一 爲試單數二次，再令 一丄一二丄四四丅一四四=丅八七 三×一丄二×一二丄四四=七一 三×一丄一二=一五 一=一 爲試單位數三次，依法再令 一丄一五丄七一丅八七=〇 三×一丄二×一五丄七一=一〇四 三×一丄一五=一八 一=一 爲試單位數四次，而首層之等數已爲〇，即定方根爲四，故 天=四 而 天丄二=六 天丄二丄二=八

設如挑河一段，但知挑出一尺土方八千零六十四塊。其深與寬和三十六尺，其深與長和四十尺。問深長寬各幾何。

命 天=深 依題 三六丅天=寬 四〇丅天=長 所以 天(三六丅天)(四〇丅天)=八〇六四 化之 天^{三}丅七六天^{二}丄一四四〇天=八〇六四 移項 天^{三}丅七六天^{二}丄一四四〇天丅八〇六四=〇 照公式，先令 一丅七六丄一四四〇丅八〇六四=丅六六九九 因右邊負數太大，可於左邊進位，而令所試爲十位數。如 一〇〇〇丅七六〇〇丄一四四〇〇丅八〇六四=丅二六四 三×一〇〇〇丅二×七六〇〇丄一四四〇〇=二二〇〇 三×一〇〇〇丅七六〇〇=丅四六〇〇 一〇〇〇=一〇〇〇 爲試十位數一次，再令 一〇〇〇丅四六〇〇丄二二〇〇丅二六四=丅一六六四 因右邊負數反大於前，則知須將左邊退位而令所試爲單位數，如 一丅四六丄二二〇丅二六四=丅八九 三×一丅二×四六丄二二〇=一三一 三×一丅四六=丅四三 一=一 爲試單位數一次，再令 一丅四三丄一三一丅八九=〇 三×一丅二×四三丄一三一=四八 三×一丅四三=丅四〇 一=一 爲試單位數二次，而首層之等數已爲〇，共計試十位數一次，試單位數二次，即定方根 一二 故 天=一二 而 三六丅天=二四 四〇丅天=二八

設如有一尺立方磚一千三百二十四萬九千五百四十五塊，築成隄岸一段。其闊比高多一十尺，其長比闊多二十二尺。問高闊長各幾何。

命 天=高 依題 天丄一〇=闊 天丄一〇丄二二=長 所以 天(天丄一〇)(天丄一〇丄二二)=一三二四九五四五 化之 天^{三}丄四二天^{二}丄三二〇天=一三二四九五四五 移項 天^{三}丄四二天^{二}丄三二〇天丅一三二四九五四五=〇 照公式，先令 一丄四二丄三二〇丅一三二四九五四五=丅三二四九一八二 因右邊負數太大，可於左邊進位而令所試爲十位數，如 一〇〇〇丄四二〇〇丄三二〇〇丅一三二四九五四五=丅一三二四一一四五 因右邊負數仍太大，可於左邊再進位而令所試爲百位數，如 一〇〇〇〇〇〇丄四二

〇〇〇〇⊥三二〇〇〇T一三一四九五四五＝T一一七九七五四五　三×一〇〇〇〇〇〇⊥二×四二〇〇〇〇⊥三二〇〇〇＝三八七二〇〇〇　三×一〇〇〇〇〇〇⊥四二〇〇〇〇＝三四二〇〇〇〇　一〇〇〇〇〇〇＝一〇〇〇〇〇〇　爲試百位數一次，再令　一〇〇〇〇〇〇⊥三四二〇〇〇〇⊥三八七二〇〇〇T一一七九七五四五＝T三五〇五五四五　三×一〇〇〇〇〇〇⊥二×三四二〇〇〇〇⊥三八七二〇〇〇＝一三七一二〇〇〇　三×一〇〇〇〇〇〇⊥三四二〇〇〇〇＝六四二〇〇〇〇　一〇〇〇〇〇〇＝一〇〇〇〇〇〇　爲試百位數二次，再令　一〇〇〇〇〇〇⊥六四二〇〇〇〇⊥一三七一二〇〇〇T三五〇五五四五＝一五六二六四五五　因右邊負數忽變爲正，則知須將左邊退位而令所試爲十位數。如　一〇〇〇⊥六四二〇〇⊥一三七一二〇〇T三五〇五五四五＝T二〇六九一〇五　三×一〇〇〇⊥二×六四二〇〇⊥一三七一二〇〇＝一五〇二六〇〇　三×一〇〇〇⊥六四二〇〇＝六七二〇〇　一〇〇〇＝一〇〇〇　爲試十位數一次，再令　一〇〇〇⊥六七二〇〇⊥一五〇二六〇〇T二〇六九一四五＝T四九八三四五　三×一〇〇〇⊥二×六七二〇〇⊥一五〇二六〇〇＝一六四〇〇〇〇　三×一〇〇〇⊥六七二〇〇＝七〇二〇〇　一〇〇〇＝一〇〇〇　爲試十位數二次。依法再令　一〇〇〇⊥七〇二〇〇⊥一六四〇〇〇〇T四九八三四五＝一二一二八五五　因右邊負數忽變爲正，則知須將左邊再退位而令所試爲單位數，如　一⊥七〇二⊥一六四〇〇〇T四九八三四五＝T三三三六四二　三×一⊥二×七〇二⊥一六四〇〇〇＝一六五四〇七　三×一⊥七〇二＝七〇五　一＝一　爲試單位數一次，再令　一⊥七〇五⊥一六五四〇七T三三三六四二＝T一六七五二九　三×一⊥二×七〇五⊥一六五四〇七＝一六六八二〇　三×一⊥七〇五＝七〇八　一＝一　爲試單位數二次，再令　一⊥七〇八⊥一六六八二〇T一六七五二九＝〇　三×一⊥二×七〇八⊥一六六八二〇＝一六八二三九　三×一⊥七〇八＝七一一　一＝一　爲試單位數三次，而首層之等式已爲〇。共計試百位數二次，試十位數二次，試單位數三次，即定方根爲　二二三　故天＝二二三　而　天⊥一〇＝二三三　天⊥一〇⊥二二＝二五五

進位之法：將等式左邊首項進三位，第二項進二位，第三項進一位，末項仍之。若須再進，則將每項之進位數倍之。退位之法：將等式左邊首項退三位，第二項退二位，第三項退三位，末項仍之。若須再退，則將每項之退位數倍之。餘可類推。

清・鄒尊顯《元代開方通義》

設如大小兩立方共積一百五十二尺，祇云兩方根之較二尺。問大小兩方根各幾何。

立天元一爲小立方根，自乘再乘得　太〇〇丨　爲小立方積。又以兩方根之較二尺加於天元得　‖丨　爲大立方根，自乘再乘得　太‖T丨Ⅲ一　爲大立方積。兩方積相併得　太‖T‖Ⅲ一　寄左。乃以共積尺數一百五十二爲同數，與左相消得　‖T‖Ⅲ一　開立方得三尺，即小立方根。加兩方根之較二尺得五尺，即大立方根也。

開立方式列左。

商	三
實	一四四
減實	一四四
實	〇〇〇
方	一二
加方	三六
方	四八
廉	六
加廉	六
廉	一二
隅	二

列代數三次方式與天元立方式互證。

命　天＝小三次方根　天⊥二＝大三次方根　各乘至三次方，相併得　二天^{三}⊥六天^{二}⊥一二天⊥八＝一五二　即　二天^{三}⊥六天^{二}⊥一二天＝一四四　將已知數俱聚左邊，則得式爲　二天^{三}⊥六天^{二}⊥一二天T一四四＝〇　與天元先求小立方根如積相消之式無異。至此即可以天元之義通之如下：

⊥二天^{三}⊥六天^{二}⊥一二天T一四四(三
　⊥六⊥三六⊥一四四
⊥一二天^{二}⊥四八天⊥〇〇〇

立天元一爲大立方根，自乘再乘得　太〇〇丨　爲大立方積。又以兩方根之較二尺減於天元，得　‖丨　爲小立方根，自乘再乘得　太‖T丨Ⅲ一　爲小立方積。兩方積相併得　太‖T‖Ⅲ一　寄左。乃以共積尺數一百五十

二爲同數，與左相消得 ⊘ ＝ ⊬ ＝ 丄丨 開立方得五尺，即大立方根。於五尺內減兩方根之較二尺，餘三尺即小立方根也。

開立方式列左。

商 五
實 ⊘六一
減實 〇六一
方 二〇一
加方 二二三
廉 六
減廉 〇一
廉 四
隅 二

列代數三次方式與天元立方式互證。

命 天＝大三次方根 天丅二＝小三次方根 各乘至三次方，相併得 二天三丅六天二丄一二天丅八＝一五二 即 二天三丅六天二丄一二天＝一六〇 將已知數俱聚左邊，則得式爲 二天三丅六天二丄一二天丅一六〇＝〇 與天元先求大立方根如積相消之式無異。至此即可以天元之義通之如下：

丄二天三丅六天二丄一二天丅一六〇(五

丄一〇丄二〇丄一六〇丄四天二

丄三二天╪〇〇〇

設如大小兩立方共積一百五十二尺，衹云兩方根之和八尺。問大小兩方根各幾何。

立天元一爲小立方根或爲大立方根，自乘再乘得 太〇〇丨 爲小立方積或爲大立方積。又置兩方根之和八尺，以天元減之得 Ⅲ ⊬ 爲大立方根或爲小立方根，自乘再乘得 太Ⅲ丄Ⅲ ≠ Ⅲ ⊬ 爲大立方積或爲小立方積。兩方積相併，得 太Ⅲ丄Ⅲ ≠ Ⅲ ＝ 爲本乘方少一乘方式，寄左。乃以共積尺數一百五十二爲同數，與左相消得 〇六Ⅲ ≠ Ⅲ ＝ 開平方得二數，一爲三尺即小立方根，一爲五尺即大立方根也。

開平方二式列左。

商 三
實 〇六三
減實 ⊘六三
實 〇〇〇
方 ⊥九一
減方 二七
方 ⊘二一
隅 四二

商 五
實 〇六三
減實 ⊘六三
實 〇〇〇
方 ⊥九一
減方 〇二一
方 ⊥七
隅 四二

列代數三次方變二次方式，與天元立方變平方式互證。

命 天＝小三次方根 或 天＝大三次方根 又 八丅天＝大三次方根 或 八丅天＝小三次方根 各乘至三次方，相併得 五一二丅一九二天丄二四天二＝一五二 即 二四天二丅一九二天＝丅三六〇 將已知數俱聚左邊，則得式爲 二四天二丅一九二天丄三六〇＝〇 與天元求大小兩立方根如積相消得平方式無異，至此可以即天之義通之如左。

一 式 二 式

丄二四天二丅一九二天丄三六〇(三

丄七二丅三六〇丅一二〇╪〇〇〇

丄二四天二丅一九二天丄三六〇(五

丄一二〇丅三六〇丅七二天╪〇〇〇

多次方程

算法

清·《數理精蘊》下編卷三六 借根方比例

體類

設如有大小二正方面，大方每邊爲小方每邊之二倍。若以兩面積相乘，得五萬八千五百六十四尺。問二方邊面積各幾何。

小一根 一平方
大二根 四平方
四三乘 ＝ 五八五六四
一三乘 ＝ 一四六四一
一根 ＝ 一一

法借一根爲小方每邊之數，則大方每邊數爲二根。以一根自乘，得一平方爲小方之面積。以二根自乘，得四平方爲大方之面積。以一平方與四平方相乘，得四三乘方爲兩方面積相乘之數，與五萬八千五百六十四尺相等。四三乘方既與五萬八千五百六十四尺相等，則一三乘方必與一萬四千六百四十一尺相等。乃以一萬四千六百四十一尺爲三乘方積，用開三乘方法算之，得十一尺爲一根之數，即小方每邊之數。倍之得二十二尺，即大方每邊之數。以十

一尺自乘得一百二十一尺即小方之面積。以二十二尺自乘得四百八十四尺即大方之面積。兩面積相乘得五萬八千五百六十四尺，以合原數也。此開三乘方法。

設如有解錢糧船不言數。但知每船所載銀鞘之數比船數加一倍，每鞘内銀數與共鞘數等。其共銀數爲五百三十四萬五千三百四十四兩。問船數鞘數各若干。

船　一根

鞘　二根

共鞘二平方

共銀四三乘　＝　五三四五三四四

一三平方　＝　一三三六三三六

一根　＝　三四

法借一根爲船數，則每船所載鞘數爲二根。以一根與二根相乘，得二平方爲共鞘數，亦爲每鞘内銀數。自乘得四三乘方，與五百三十四萬五千三百四十四兩相等。四三乘方既與五百三十四萬五千三百四十四兩相等，則一三乘方必與一百三十三萬六千三百三十六兩相等。乃以一百三十三萬六千三百三十六兩爲三乘方積，用開三乘方法算之，得三十四爲一根之數，即船數。倍之得六十八，即每船之鞘數。以船數三十四與每船所載鞘數六十八相乘，得二千三百一十二爲共鞘數，亦即每鞘内之銀數。自乘得五百三十四萬五千三百四十四兩，以合原數也。此開三乘方法。

設如有一正方又有一長方，二方面積共二十三萬六千一百九十六尺。長方之長比正方面積多二十四尺，長方之闊比正方面積少二十尺。問二方邊面積各幾何。

正方邊一根　正方積一平方

長一平方　⊥　二四

闊一平方　—　二〇

長方積一三乘　⊥　四平方　—　四八〇

一三乘　⊥　五平方　—　四八〇　＝　二三六一九六

一三乘　⊥　五平方　＝　二三六六七六

一根　＝　二二

法借一根爲正方每邊之數，自乘得一平方爲正方之面積。則長方之長爲一平方多二十四尺，長方之闊爲一平方少二十尺。長闊相乘，得一三乘方多四平方少四百八十尺爲長方面積。加正方面積之一平方，得一三乘方多五平方少四百八十尺爲二方之共面積，與二十三萬六千一百九十六尺相等。兩邊各加四百八十尺，得一三乘方多五平方與二十三萬六千六百七十六尺相等。乃以二十三萬六千六百七十六尺爲帶縱三乘方積，用帶縱開三乘方法算之，得二十二爲一根之數，即正方每邊之數。自乘得四百八十四尺爲正方面積。加二十四尺得五百零八尺爲長方之長。減二十尺得四百六十四尺爲長方之闊。長闊相乘，得二十三萬五千七百一十二尺爲長方面積。兩面積相加，得二十三萬六千一百九十六尺，以合原數也。此帶縱開三乘方法。

設如有一長方，其面積五百二十七丈。又有大小二正方，其面積共一千二百五十丈。大正方邊與長方之長等，小正方邊與長方之闊等。問長方之長闊各幾何。

大方一平方

小方一二五〇　—　一平方　　長方五二七

一二五〇平方　—　一三乘　＝　二七七二九

一根　＝　三一

法借一根爲大方每邊之數，自乘得一平方爲大方之面積，則小方之面積爲一千二百五十丈少一平方。此大方面積與長方面積及小方面積爲相連比例三率。乃以首率大方面積一平方與末率小方面積一千二百五十丈少一平方相乘，得一千二百五十平方少一三乘方。又以長方面積五百二十七丈爲中率，自乘得二十七萬七千七百二十九丈，此兩數爲相等。乃以二十七萬七千七百二十九丈爲帶縱三乘方積，用帶縱開三乘方法算之，得三十一爲一根之數，即大方每邊之數，亦即長方之長。以長三十一丈除長方面積五百二十七丈，得十七丈即長方之闊，亦即小正方每邊之數。乃以三十一丈自乘，得九百六十一丈爲大方面積。以十七丈自乘，得二百八十九丈爲小方面積。兩面積相加，得一千二百五十丈，以合原數也。此帶縱開三乘方法。

設如有一方臺，俱係正方石砌成，共用石之塊數與每一石之面積等。其共石之體積爲五十三萬七千八百二十四寸，問用石之塊數及每一石之邊數若干。

邊　一根

面一平方

積一立方

共積一四乘　＝　五三七八二四

一根　＝　一四

法借一根爲每一石之邊數，自乘得一平方爲每一石之面積，亦即所用石之塊數。再乘得一立方爲每一石之體積。與所用石之塊數一平方相乘，得一四乘方爲共石之體積，與五十三萬七千八百二十四寸相等。乃以五十三萬七千八百二十四寸爲四乘方積，用開四乘方法算之，得一十四寸爲一根之數，即每一石之邊數。自乘得一百九十六寸爲每一石之面積，亦即所用石之塊數。再乘得二千七百四十四寸爲每一石之體積，與所用石之塊數相

乘，得五十三萬七千八百二十四寸，以合原數也。此開四乘方法。

設如有二十四正方體，又有一扁方體，共積八百二十九萬四千四百寸。扁方體之高與正方體之邊數等，扁方體之長與闊俱與正方體之面積等。問正方體扁方體之邊數各若干。

正　一根

正　一立方

共正二四立方

扁一四乘

一四乘 ⊥ 二四立方 ＝ 八二九四四〇〇

一根 ＝ 二四

法借一根爲正方體每邊之數，亦即扁方體之高數。以一根自乘得一平方爲正方體之面積，亦即扁方體之長與闊。再乘得一立方爲正方體之積。以二十四乘之，得二十四立方爲二十四正方體之共積。又以扁方體之長闊一平方自乘得一三乘方，再以高一根乘之，得一四乘方爲扁方體之積。兩積數相加，得一四乘方多二十四立方，與共體積八百二十九萬四千四百寸相等。乃以八百二十九萬四千四百寸爲帶縱四乘方積，用帶縱開四乘方法算之，得二十四寸爲一根之數，即正方體之每邊，亦即扁方體之高。自乘得五百七十六寸爲正方體之面積，亦即扁亦體之長與闊。再乘得一萬三千八百二十四寸爲一正方體之積。以二十四乘之，得三十三萬一千七百七十六寸爲二十四正方體之共積。又以扁方體之長闊五百七十六寸自乘，再以高二十四寸乘之，得七百九十六萬二千六百二十四寸爲一扁方體積。兩積相加，得八百二十九萬四千四百寸，以合原數也。此帶縱開四乘方法。

設如有商人貿易，第一次之銀數比原本銀加一倍，第二次之銀數與第一次銀自乘再乘之數等，第三次之銀數與第一次銀自乘又乘第二次銀之數等。將第三次之銀數與第二次之銀數相加，得三萬三千二百八十兩。問原本銀數及每次銀數各若干。

本　一根

一次　二根

二次　八立方

三次三二四乘

三二四乘 ⊥ 八立方 ＝ 三三二八〇

一四乘 ⊥ 四立方之一 ＝ 一〇四〇

一根 ＝ 四

法借一根爲原本銀數，則第一次之銀數爲二根。自乘再乘得八立方爲第二次之銀數。以第一次自乘之四平方與第二次之八立方相乘，得三十二四乘方爲第三次之銀數。與第二次之銀數八立方相加，得三十二四乘方多八立方，與三萬三千二百八十兩相等。三十二四乘方多八立方既與三萬三千二百八十兩相等，則一四乘方多四分立方之一必與一千零四十百相等。乃以一千零四十兩爲帶縱四乘方積，用帶縱開四乘方法算之，得四兩爲一根之數，即原本銀數也。倍之得八兩爲第一次之銀數。自乘再乘得五百一十二兩爲第二次之銀數。又以第一次銀數八兩自乘之六十四兩，與第二次之銀數五百一十二兩相乘，得三萬二千七百六十八兩爲第三次之銀數。與第二次之銀數相加，得三萬三千二百八十兩，以合原數也。此帶縱開四乘方法。

設如有一小長方體，闊爲高之二倍，長爲高之三倍。又有一大長方體，其每邊之比例與小長方體同，其高數與小長方體長闊相乘之數等，體積八萬二千九百四十四尺。問二長方體長闊高各幾何？

法借一根爲小長方體之高，則闊爲二根，長爲三根。長闊相乘得六平方爲大長方體之高。倍之得十二平方爲大長方體之闊。三因之得十八平方爲大長方體之長。長闊相乘，再以高乘之，得一千二百九十六五乘方爲大長方體積，與八萬二千九百四十四尺相等。一千二百九十六五乘方既與八萬二千九百四十四尺相等，則一五乘方必與六十四尺相等。乃以六十四尺爲五乘方積，用開五乘方法算之，得二尺爲一根之數，即小長方體之高。

小高　一根

大高六平方

闊一二平方

長一八平方

積一二九六五乘 ＝ 八二九四四

一五乘 ＝ 六四

一根 ＝ 二

倍之得四尺，即小長方體之闊。三因之得六尺，即小長方體之長。長闊相乘得二十四尺，即大長方體之高。倍之得四十八尺，即大長方體之闊。三因之得七十二尺，即大長方體之長。長闊相乘，再以高乘之，得八萬二千九百四十四尺，以合原數也。此開五乘方法。

設如有大小二正方體，大方體積比小方體積多一千七百四十四寸。以小方邊與大方邊相乘，得一百四十寸。問二正方體之邊數體積各幾何？

法借一根爲小方體每邊之數。以一根除一百四十寸，得一根之一百四十寸爲大方體每邊之數。以一根自乘再乘，得一立方爲小方體積數。以一根之一百四十寸自乘再乘，得一立方之二百七十四萬四千寸爲大方體積。內減小方體積一立方，餘一立方之二百七十四萬四千寸少一立方與一千七百四十四寸相等。兩邊各以立方乘之，得一千七百四十四立方與二百七十四萬四千寸少一五乘方

相等。兩邊各加一五乘方，得一五乘方多一千七百四十四立方與二百七十四萬四千寸相等。乃以二百七十四萬四千寸爲帶縱五乘方積，用帶縱開五乘方法算之，得十寸爲一根之數，即小方體每邊之數。以十寸除一百四十寸得一十四寸，即大方體每邊之數。以小方體每邊十寸自乘再乘，得一千寸爲小方體積。以大方體每邊十四寸自乘再乘，得二千七百四十四寸爲大方體積。兩體積相減，餘一千七百四十四寸，以合原數也。此帶縱開五乘方法。

小邊一根　大邊一根之一四〇

小積一立方　大積一立方之二七四四〇〇〇

一七四四 ＝ 一立方之二七四四〇〇〇 — 一立方

一七四四立方 ＝ 二七四四〇〇〇 — 一五乘

一五乘 ⊥ 一七四四立方 ＝ 二七四四〇〇〇

一根 ＝ 一〇

設如有大小二正方體，共積四千一百二十三寸。以小方邊與大方邊相乘得四十八寸。問二正方體之邊數體積各幾何。

小邊一根　大邊一根之四八

小積一立方　大積一立方之一一〇五九二

四一二三 ＝ 一立方 ⊥ 一立方之一一〇五九二

四一二三立方 ＝ 一五乘 ⊥ 一一〇五九二

四一二三立方 — 一五乘 ＝ 一一〇五九二

一根 ＝ 三

法借一根爲小方體每邊之數。以一根除四十八寸，得一根之四十八寸爲大方體每邊之數。以一根自乘再乘得一立方爲小方體積。以一根之四十八寸自乘再乘，得一立方之一十一萬零五百九十二寸爲大方體積。兩體積相加，得一立方多一立方之一十一萬零五百九十二寸，與四千一百二十三寸相等。兩邊各以立方乘之，得四千一百二十三立方與一五乘方多一十一萬零五百九十二寸相等。兩邊各減一五乘方，得四千一百二十三立方少一五乘方與一十一萬零五百九十二寸相等。乃以一十一萬零五百九十二寸爲帶縱五乘方積，用帶縱開五乘方法算之，得三寸爲一根之數，即小方體每邊之數。以三寸除四十八寸，得十六寸爲大方體每邊之數。以小方體每邊三寸自乘再乘，得二十七寸爲小方體積數。以大方體每邊十六寸自乘再乘，得四千零九十六寸爲大方體積數。兩體積相加，得四千一百二十三寸，以合原數也。此帶縱開五乘方法。

設如有一長方體積二千一百八十七尺，其高數自乘與闊等，闊數自乘與長數等，問高闊長各若干。

高　一根

闊一平方

長一三乘

積一六乘 ＝ 二一八七

一根 ＝ 三

法借一根爲高，自乘得一平方爲闊。以闊自乘得一三乘方爲長。長闊相乘得一五乘方。再以高乘之，得一六乘方爲長方體積，與二千一百八十七尺相等。乃以二千一百八十七尺爲六乘方積，用開六乘方法算之，得三尺爲一根之數，即長方之高。自乘得九尺，即長方之闊。以闊自乘，得八十一尺爲長方之長。乃以長闊相乘，再以高乘之，得二千一百八十七尺，以合原數也。此開六乘方法。

設如甲丙正方花園二所，園中各有正方水池一面，甲池每邊爲丙池每邊之三倍，甲園每邊與甲池之面積等，丙園每邊與丙池之面積等。若以兩園之面積相乘，得五百三十萬八千四百一十六尺。問園池每邊各若干。

丙池一根 圓邊一平方 圓積 一七乘

甲池三根 圓邊九平方 圓積八一七乘

八一七乘 ＝ 五三〇八四一六

一七乘 ＝ 六五五三六

一根 ＝ 四

法借一根爲丙池每邊之數，則甲池每邊之數爲三根。以一根自乘，得一平方爲丙池之面積，即丙園每邊之數。自乘得一三乘方爲丙園之面積。以三根自乘得九平方爲甲池之面積，即甲園每邊之數。自乘得八十一三乘方爲甲園之面積。兩園之面積相乘，得八十一七乘方，與五百三十萬八千四百一十六尺相等。八十一七乘方既與五百三十萬八千四百一十六尺相等，則一七乘方必與六萬五千五百三十六尺相等。乃以六萬五千五百三十六尺爲七乘方積，用開七乘方法算之，得四尺爲一根之數，即丙池每邊之數。三因之得十二尺，即甲池每邊之數。以甲池每邊十二尺自乘，得一百四十四尺爲甲池之面積，即甲園每邊之數。以丙池每邊四尺自乘，得一十六尺爲丙池之面積，即丙園每邊之數。以甲園每邊一百四十四尺自乘，得二萬零七百三十六尺即甲園之面積。以丙園每邊十六尺自乘，得二百五十六尺即丙園之面積。乃以兩園面積相乘，得五百三十萬八千四百一十六尺，以合原數也。此開七乘方法。

設如有甲乙丙三長方體，甲方之高爲闊二分之一，乙方之高與闊爲甲方之二倍，丙方之高與闊爲甲方之三倍，俱不知長。甲方體積與面積自乘之數等，乙

方之體積與高闊相併乘甲方面積之數等，丙方之體積與乙方體積自乘再乘之數等。今但知丙方體積八十八萬四千七百三十六丈，問三方高闊長各若干。

甲高一根　闊二根　　二平方
乙高二根　闊四根　一二立方
丙高三根　闊六根　一七二八八乘　＝　八八四七三六
一八乘　＝　五一二
一根　＝　二

法借一根爲甲方之高，則甲方之闊爲二根，乙方之高亦爲二根，乙方之闊爲四根，丙方之高爲三根，丙方之闊爲六根。以甲方高一根與闊二根相乘，得二平方即甲方之面積。自乘得四三乘方，即甲方之體積。乙方高二根與闊四根相併得六根，與甲方面積二平方相乘得十二立方，即乙方之體積。自乘再乘，得一千七百二十八八乘方即丙方之體積，與八十八萬四千七百三十六丈相等。一千七百二十八八乘方既與八十八萬四千七百三十六丈相等，則一八乘方必與五百一十二丈相等。乃以五百一十二丈爲八乘方積，用開八乘方法算之，得二丈爲一根之數，即甲方之高。倍之得四丈，即甲方之闊。高闊相乘得八丈，即甲方之面積。自乘得六十四丈，即甲方之體積。又將甲方高二丈倍之得四丈，即乙方之高。將甲方闊四丈倍之得八丈，即乙方之闊。高闊相併得一十二丈，與甲方面積八丈相乘得九十六丈，即乙方之體積。又以高四丈闊八丈相乘得三十二丈，以除體積九十六丈，得三丈即乙方之長。又將甲方高二丈三因之得六丈，即丙方之高。將甲方闊四丈三因之得一十二丈，即丙方之闊。以乙方體積九十六丈自乘再乘，得八十八萬四千七百三十六丈，即丙方之體積。又高六丈闊十二丈相乘得七十二丈，以除體積八十八萬四千七百三十六丈，得一萬二千二百八十八丈即丙方之長也。此開八乘方法。

船一根
共人一平方
銀一立方
共銀一四乘
一九乘　＝　六〇四六六一七六
一根　＝　六

設如有客船不言數，但云每船之人數與船數等，每人之本銀數與船數自乘再乘之數等。其共銀自乘之數爲六千零四十六萬六千一百七十六兩，問船數人數各若干。

法借一根爲船數，亦爲每船之人數。以一根自乘，得一平方爲共人數。再乘得一立方爲每人本銀數。與一平方相乘，得一四乘方爲共銀數。以一四乘方自乘，得一九乘方爲本銀自乘之數，與六千零四十六萬六千一百七十六兩相等。乃以六千零四十六萬六千一百七十六爲九乘方積，用開九乘方法算之，得六爲一根之數，即船數，亦即每船之人數。自乘得三十六爲共人數。再乘得二百一十六爲每人之銀數。以三十六人乘之，得七千七百七十六兩爲共銀數。自乘得六千零四十六萬六千一百七十六兩，以合原數也。此開九乘方法。

清·羅士琳《比例匯通》卷四　借根方御諸比例法下

設一三乘方少二平方與二萬一千零二十四尺相等，問每根之數若干。

答曰：十二尺。

法以二萬一千零二十四尺爲積，以二平方作縱多二尺，開平方得闊一百四十四尺仍爲正方積，復開平方，得十二尺即每一根之數也。

設一千平方少一三乘方與十二萬三千二百六十四尺相等，問每根之數若干。

答曰：十二尺。

法以十二萬三千二百六十四尺爲積，以一千平方作長闊和一千尺，開平方，得闊一百四十四尺仍爲正方積，復開平方，得十二尺即一根之數也。

清·華蘅芳《學算筆談》卷九　論代數中虛代之法

三題　有 $\left(一丅\frac{天丅乙}{甲丅乙}\right)^{三}=一丅\frac{一⊥\frac{天丅乙}{甲丅乙}}{三\frac{天丅乙}{甲丅乙}}$ 式，求其天之同數。見難題二卷第二十八頁。

借地以代其 $\frac{天丅乙}{甲丅乙}$ 則變形爲 $(一丅地)^{三}=一丅\frac{一⊥地}{三地}$ 而

$一丅三地⊥三地^{二}丅地^{三}=一丅\frac{一⊥地}{三地}$　$丅三⊥三地丅地^{二}=丅\frac{一⊥地}{三}$

$丅三⊥三地丅地^{二}丅三地⊥三地^{二}丅地^{三}=丅三$　$二地^{二}=地^{三}$　所以

$地=二$　即 $\frac{天丅乙}{甲丅乙}=二$　則 $天=\frac{一}{二}(甲⊥乙)$

四題　有 $天^{三}⊥三天=甲^{三}丅\frac{甲^{三}}{一}$ 式，求天之同數。難題十卷第一頁。

令 $甲丅\frac{甲}{一}=巳$　則 $甲^{三}丅\frac{甲^{三}}{一}丅三\left(甲丅\frac{甲}{一}\right)=巳^{三}$　所以變題式爲

天^{三}丄三天=巳^{三}丄三巳　亘　天^{三}丅巳^{三}丄三(天丅巳)=〇　用開方之法可得　天=巳　㊀　天=$\frac{一}{二}\left\{丅巳\pm\sqrt{丅三}\cdot\sqrt{巳^{二}丄四}\right\}$　㊁　還其所代之數，則得 天=甲丅$\frac{甲}{二}$　又　天=$\frac{一}{二}\left\{丅\left(甲丅\frac{甲}{二}\right)\pm\sqrt{丅三}\left(甲丄\frac{甲}{二}\right)\right\}$

五題　有　(天^{二}丅九天丄一八)(天^{二}丅九天丄二〇)=二四　式，求其天之同數。難題十卷第二頁。

借地代其　天^{二}丅九天　則變形爲　(地丄一八)(地丄二〇)=二四　即　地^{二}丄三八地=丅三三六　從此可得地之二同數爲　地=丅一四　地=丅二四　即　天^{二}丅九天=丅一四　天^{二}丅九天=丅二四　所以可得　天=七　天=二　天=$\frac{一}{二}\left(九\pm\sqrt{丅一五}\right)$

清・陳崧《借根代數會通》卷四　體部

設如有大小二正方面，大方每邊爲小方每邊之二倍。若以兩面積相乘，得五萬八千五百六十四尺。問二方邊面積各幾何。

答曰：小方邊十一尺，面積一百二十一尺。大方邊二十二尺，面積四百八十四尺。

㊀天=小邊　㊁二天=大邊　㊂天^{二}=小積　㊃四天^{二}=大積　㊄四天^{四}=五八五六四　㊅天^{四}=一四六四一　㊆天=一一

法命小方每邊之數爲天，得一式。以一式倍之爲大方邊，得二式。以一式自乘爲小方面積，得三式。以二式自乘爲大面積，得四式。依題以三四式相乘，與五萬八千五百六十四尺相等，得五式。以四約之得六式，三乘方開之得七式，知小方邊爲十一尺也。倍之得二十二尺爲大方邊也。以大小邊各自乘，即得大小各面積。

設如有解錢糧船不言數，但知每船所載銀艄之數比船數加一倍，每艄内銀數與共艄數等，其共銀數爲五百三十四萬五千三百四十四兩。問船數艄數各若干。

答曰：船數三十四，每船艄數六十八。

㊀天=船數　㊁二天=艄數　㊂二天^{二}=共艄數　㊃四天^{四}=五三四五三四四　㊄天^{四}=一三三六三三六　㊅天=三四

法命船數爲天，得一式。以一式倍之爲每船艄數，得二式。以一二式相乘爲共艄數，得三式。以三式自乘爲共銀，與五百三十四萬五千三百四十四兩相等，得四式。以四約之得五式，三乘方開之得六式，知船數爲三十四也。倍之得六十八爲每船艄數。

設如有一正方，又有一長方，二方面積共二十三萬六千一百九十六尺。長方之長比正方面積多二十四尺，長方之闊比正方面積少二十尺，問二方邊面積各幾何。

答曰：正方邊二十二尺，長方長五百〇八尺，闊四百六十四尺。

㊀天=正方邊　㊁天^{二}=正方積　㊂天^{二}丄二四=長方長　㊃天^{二}丅二〇=長方闊　㊄天^{四}丄四天^{二}丅四八〇=長方積　㊅天^{四}丄五天^{二}丅四八〇=二三六一九六　㊆天^{四}丄五天^{二}=二三六六七六　㊇天=二二

法命正方每邊之數爲天，得一式。以一式自乘爲正方積，得二式。依題，以二式加二十四尺爲長方之長，得三式。以二式減二十尺爲長方之闊，得四式。以三四式相乘爲長方積，得五式。以二五式併之，與共面積二十三萬六千一百九十六尺相等，得六式。消之得七式，三乘方開之得八式，知正方邊爲二十二尺也。以二十二尺自乘得四百八十四尺爲正方面積。加二十四尺得五百〇八尺爲長方之長，減二十尺得四百六十四尺爲長方之闊。

設如有一長方，其面積五百二十七丈。又有大小二正方，其面積共一千二百五十丈。大正方邊與長方之長等，小正方邊與長方之闊等。問長方之長闊各幾何。

答曰：長方長三十一丈闊十七丈。

㊀天=大邊　㊁天^{二}=大積　㊂一二五〇丅天^{二}=小積　㊃一二五〇天^{二}丅天^{四}=二七七七二九　㊄天=三一

法命大正方邊爲天，得一式。以一式自之爲大方面積，得二式。以二式減一千二百五十丈爲小方面積，得三式。乃用相連比例，以大積爲首率，以長方面積爲中率，小積爲末率，故以二三式相乘與長方面積五百二十七丈自乘相等，得四式。三乘方開之得五式，知大方邊爲三十一丈，即爲長方之長也。以三十一丈自乘得九百六十一丈，以減二正方共積一千二百五十丈，餘二百八十九丈。開平方得一十七丈爲小方邊，即爲長方之門也。

前題新術。

㊀天＝小邊　㊁天^{2}＝小積　㊂一二五〇丅天^{2}＝大積　㊃$\frac{天}{五二七}$＝大邊　㊄$\frac{天^{2}}{二七七二九}$＝大積　㊅一二五〇丅天^{2}＝$\frac{天^{2}}{二七七二九}$

㊆一二五〇天^{2}丅天^{4}＝二七七二九　㊇天＝一七

法命小正方邊爲天，得一式。以一式自之爲小正方面積，得二式。以二式減一千二百五十丈爲大方面積，得三式。又以一式除長方面積五百二十七丈爲大方邊，得四式。以四式自之爲大方面積，得五式。三式與五式等得六式，變除爲乘得七式，三乘方開之得八式，知小正方邊爲一十七丈，即長方之闊也。以小邊自乘減共積，餘開方亦得大邊，即長方之長。

設如有一方臺俱係正方石砌成，其用石之塊數與每一石之面積等，其共石之體積爲五十三萬七千八百二十四寸。問用石之塊數及每一石之邊數若干。

答曰：用石一百九十六塊，石每邊一十四寸。

㊀天＝石邊　㊁天^{2}＝石面積＝石數　㊂天^{3}＝石體積　㊃天^{5}＝五三七八二四　㊄天＝一四

法命每石邊數爲天，得一式。以一式自乘爲每石面積，亦即用石塊數，得二式。以一二式相乘爲每石體積，得三式。又以二三式相乘爲共石體積，與五十三萬七千八百二十四寸相等，得四式。四乘方開之得五式，知石每邊爲一十四寸也。以十四寸自乘，得一百九十六寸爲每石面積，亦即知用石爲一百九十六塊也。

設如有二十四正方體，又有一扁方體，共積八百二十九萬四千四百寸。扁方體之高與正方體之邊數等，扁方體之長與闊俱與正方體之面積等。問正方體扁方體之邊數各若干。

答曰：正方邊與扁方高俱二十四寸，扁方長與闊俱五百七十六寸。

㊀天＝正方邊＝扁方高　㊁天^{2}＝正方面積＝扁方長與闊　㊂天^{3}＝正方體積　㊃二四天^{3}＝正體共積　㊄天^{5}＝扁方體積　㊅天^{5}丄二四天^{3}＝八二九四四〇〇　㊆天＝二四

法命天爲正方每邊之數，亦即爲扁方之高，得一式。以一式自乘爲正方面積，亦即爲扁方之長與闊，得二式。以一二式相乘爲正方體積，得三式。以二十四乘三式爲正方體之共積，得四式。以二式自乘又以一式乘之爲扁方體積，得五式。以四五式併之，與八百二十九萬四千四百寸等，得六式。四乘方開之得七式，知正方邊與扁方高爲二十四寸也。以二十四寸自乘，得五百七十六寸爲正方面積，亦即爲扁方之長與闊也。

設如有商人貿易，第一次之銀數比原本銀加一倍，第二次之銀數與第一次銀自乘再乘之數等，第三次之銀數與第一次銀自乘又乘第二次銀之數等。將第三次之銀數與第二次之銀數相加得三萬三千二百八十兩。問原本銀數及每次銀數各若干。

答曰：原本銀四兩，第一次銀八兩，第二次銀五百一十二兩，第三次銀三萬二千七百六十八兩。

㊀天＝本銀　㊁二天＝一次銀　㊂八天^{3}＝二次銀　㊃三二天^{5}＝三次銀　㊄三二天^{5}丄八天^{3}＝三三二八〇　㊅四天^{5}丄天^{3}＝四一六〇

㊆天＝四

法命原本銀數爲天，得一式。以一式倍之爲第一次銀，得二式。以二式自乘再乘爲第二次銀，得三式。以二式自乘又以三式乘之爲第三次銀，得四式。以三四式併之，與三萬三千二百八十兩相等，得五式。以八約之得六式，四乘方開之得七式，知原本銀爲四兩也。依二式算之得一次銀數，依三式算之得二次銀數，依四式算之得三次銀數。

設如有一小長方體，闊爲高之二倍，長爲高之三倍。又有一大長方體，其每邊之比例與小長方體同，其高數與小長方體長闊相乘之數等，體積八萬二千九百四十四尺。問二長方體長闊高各幾何。

答曰：小方長六尺，闊四尺，高二尺，大方長七十二尺，闊四十八尺，高二十四尺。

㊀天＝小方高　㊁二天＝小方闊　㊂三天＝小方長　㊃六天^{2}＝大方高　㊄一二天^{2}＝大方闊　㊅一八天^{2}＝大方長　㊆一二九六天^{6}＝八二九四四　㊇天＝六四　㊈天＝二

法命小長方高數爲天，得一式。以一式倍之爲小長方闊數，得二式。以一式三因之爲小長方長數，得三式。以二三式相乘爲大長方高數，得四式。以四式倍之爲大長方闊，得五式。以四式三因之爲大長方長數，得六式。以五六式相乘又以四式再乘之，與八萬二千九百四十四尺相等，得七式。以一千二百九十六約之，得八式。五乘方開之得九式，知小長方之高爲二尺也。倍之得四尺

爲小長方之闊，三因之得六尺爲小長方之長。又以長闊相乘得二十四尺爲大長方之高，倍之得四十八尺爲大長方之闊，三因之得七十二尺爲大長方之長。

設如有大小二正方體，大方體積比小方體積多一千七百四十四寸，以小方邊與大方邊相乘得一百四十寸。問二正方體之邊數體積各幾何。

答曰：小方邊十寸，體積一千寸。大方邊十四寸，體積二千七百四十四寸。

㊀ 天＝小邊 ㊁ $\frac{天}{一四〇}$＝大邊 ㊂ 天^{三}＝小體積 ㊃ $\frac{天^{三}}{二七四四〇〇〇}$丅天^{三}＝一七四四 ㊄ 天^{六}丄一七四四天^{三}＝七四四〇〇〇 ㊅ 天＝一〇

法命小正方每邊之數爲天，得一式。以一式除一百四十寸爲大方邊，得二式。以二式自乘再乘以三式減之，與一千七百四十四寸相等，得四式。化之得五式，五乘方開之得六式，知小方邊爲十寸也。以十寸除一百四十寸，得十四寸爲大方邊。以大小方邊各自乘再乘即得大小各體積。

設如有大小二正方體，共積四千一百二十三寸。以小方邊與大方邊相乘得四十八寸，問二正方體之邊數體積各幾何。

答曰：小方邊三寸，體積二十七寸。大方邊十六寸，體積四千〇九十六寸。

㊀ 天＝小邊 ㊁ $\frac{天}{四八}$＝大邊 ㊂ 天^{三}＝小體積 ㊃ $\frac{天^{三}}{一一〇五九二}$丄天^{三}＝四一二三 ㊄ 天^{六}丅四一二三天^{三}＝一一〇五九二 ㊅ 天＝三

法命小方邊爲天，得一式。以一式除四十八寸爲大方邊，得二式。以二式自乘再乘以三式加之，與四千一百二十三寸相等，得四式。化之得五式，五乘方開之得六式，知小方邊爲三寸也。以三寸除四十八寸，得一十六寸爲大方邊。以大小方邊各自乘再乘即得大小各體積。

設如有一長方體積二千一百八十七尺，其高數自乘與闊等，闊數自乘與長數等，問高闊長各若干。

答曰：高三尺，闊九尺，長八十一尺。

㊀ 天＝高 ㊁ 天^{二}＝闊 ㊂ 天^{四}＝長 ㊃ 天^{七}＝二一八七 ㊄ 天＝三

法命長方高數爲天，得一式。以一式自乘爲闊，得二式。又以二式自乘爲長，得三式。乃以一二三式相乘，又以三式再乘之，與二千一百八十七尺相等，得四式。六乘方開之得五式，知高爲三尺也。以三尺自乘得九尺爲闊，又以九尺自乘得八十一尺爲長。

設如甲丙正方花園二所，園中各有正方水池一面。甲池每邊爲丙池每邊之三倍，甲園每邊與甲池之面積等。丙園每邊與丙池之面積等。若以兩園之面積相乘得五百三十〇萬八千四百一十六尺，問園池每邊各若干。

答曰：甲園邊一百四十四尺，甲池邊一十二尺。丙園邊一十六尺，丙池邊四尺。

㊀ 天＝丙池邊 ㊁ 三天＝甲池邊 ㊂ 天^{二}＝丙池積＝丙園邊 ㊃ 天^{四}＝丙園積 ㊄ 九天^{二}＝甲池積＝甲園邊 ㊅ 八一天^{四}＝甲園積 ㊆ 八一天^{八}＝五三〇八四一六 ㊇ 天^{八}＝六五五三六 ㊈ 天＝四

法命丙池每邊之數爲天，得一式。以一式三因之爲甲池邊，得二式。以一式自乘爲丙池面積，即爲丙園之邊，得三式。以三式自乘爲丙園面積，得四式。以二式自乘爲甲池面積，即爲甲園之邊，得五式。以五式自乘爲甲園面積，得六式。乃以四式與六式相乘，與五百三十〇萬八千四百一十六尺相等，得七式。以八十一約之得八式，七乘方開之得九式，知丙池邊爲四尺也。以三乘之得十二尺爲甲池邊。以四尺自乘得一十六尺爲丙池積，即爲丙園邊。以十二尺自乘得一百四十四尺爲甲池積，即爲甲園邊也。

設如有甲乙丙三長方體，甲方之高爲闊二分之一，乙方之高與闊爲甲方之二倍，丙方之高與闊爲甲方之三倍。俱不知長。甲方體積與面積自乘之數等，乙方之體積與高闊相併乘甲方面積之數等，丙方之體積與乙方體積自乘再乘之數等。今但知丙方體積八十八萬四千七百三十六丈。問三方高闊長各若干。

答曰：甲方高二丈，闊四丈，長八丈。乙方高四丈，闊八丈，長三丈。丙方高六丈，闊一十二丈，長一萬二千二百八十八丈。

㊀ 天＝甲方高 ㊁ 二天＝甲方闊＝乙方高 ㊂ 四天＝乙方闊 ㊃ 三天＝丙方高 ㊄ 六天＝丙方闊 ㊅ 四天^{四}＝甲體積 ㊆ 一二天^{三}＝乙體積 ㊇ 一七二八天^{九}＝八八四七三六 ㊈ 天^{九}＝五一二 ㊉ 天＝二

法命甲方高數爲天，得一式。以一式倍之爲甲方闊，即爲乙方高，得二式。以二式倍之爲乙方闊，得三式。以一式三倍之爲丙方高，得四式。以二式三倍

之爲丙方闊，得五式。以一二式相乘又自乘之爲甲體積，得六式。以一二式相乘，又以二三兩式併而再乘之爲乙體積，得七式。以七式自乘再乘之，必與八十八萬四千七百三十六丈相等，得八式。以一千七百二十八約之得九式，八乘方開之得十式，知甲方高爲二丈也。既知天數，依二式算之得甲闊四丈，依六式算之得甲體積六十四丈。以甲高除之，又以甲闊除之得八丈爲甲長，又依二式算之得乙高四丈，依三式算之得乙闊八丈，依七式算之得乙體積九十六丈。以乙高除之，又以乙闊除之得三丈爲乙長。依四式算之得丙高六丈，依五式算之得丙闊十二丈。置丙積八十八萬四千七百三十六以丙高除之，又以丙闊除之，得一萬二千二百八十八丈爲丙長。

設如有客船不言數，但云每船之人數與船數等，每人之本銀數與船數自乘再乘之數等，其共銀自乘之數爲六千〇四十六萬六千一百七十六兩，問船數人數各若干。

答曰：船六隻，人三十六。

㈠ 天＝船數＝每船人數 ㈡ 天^{二}＝共人數 ㈢ 天^{三}＝每人銀 ㈣ 天^{五}＝共銀 ㈤ 天^{一〇}＝六〇四六六一七六 ㈥ 天＝六

法命天爲船數，亦即爲每船人數，得一式。以一式自乘爲共人數，得二式。以一式自乘再乘爲每人本銀，得三式。以二三式相乘爲共銀，得四式。以四式自乘，與六千〇四十六萬六千一百七十六兩相等，得五式。九乘方開之得六式，知船數爲六也。以六自乘得三十六爲共人數。

又 卷五 開方篇

三乘方商法表

一商一 一六商二 八一商三 二五六商四 六二五商五 一二九六商六 二四〇一商七 四〇九六商八 六五六一商九

四乘方商法表

一商一 三二商二 二四三商三 一〇二四商四 三一二五商五 七七七六商六 一六八〇七商七 三二七六八商八 五九〇四九商九

五乘方商法表

一商一 六四商二 七二九商三 四〇九六商四 一五六二五商五 四六六五六商六 一一七六四九商七 二六二一四四商八 五三一四四一商九

以上三表，蓋三乘四乘五乘諸方無帶縱者初商之定法也。然有帶縱者亦可用之以知其大畧焉。

〇	＝		天^{四}⊥二天^{三}丅二一〇二四
實	丅二一〇二四		⊥二一〇二四
方	〇		⊥一二×一七五二
上廉	二	丅	⊥一二×一四六 一四四
下廉	〇		⊥一二×一二
隅	一	⊥	商數一二×一

設如有一三乘方多二平方與二萬一千〇二十四尺相等，問每一根之數幾何。

答曰：十二尺。

依題列開方式於上，列實方廉隅於下。爰商十二尺，以乘隅一仍十二，進下廉位。又以十二乘之得一百四十四，進上廉位。與二相加得一百四十六，又以十二乘之得一千七百五十二，進方位。又以十二乘之得二萬一千〇二十四，進實位。與實相減恰盡，知其根爲十二尺也。

〇	＝		天^{四}丅一〇〇〇天^{二}⊥一二三二六四
實	一二三二六四	⊥	丅一二三二六四
方	〇		⊥一二×一〇二七二
上廉		丅一〇〇〇	⊥一二×八五六 一四四
下廉	〇		一二×一二
隅	一	⊥	商數一二×一

設如有一千平方少一三乘方與一十二萬三千二百六十四尺相等，問每一根之數幾何。

答曰：十二尺。

依題列開方式於上，列實方廉隅於下。爰商十二尺，以乘隅一仍十二，進下廉位。又以十二乘之得一百四十四，進上廉位。與一千相減餘八百五十六，又以十二乘之得一萬〇二百七十二，進方位。又以十二乘之得一十二萬三千二百六十四，進實位。與實相減恰盡，知其根爲十二尺也。

〇	＝		天^{五}⊥二天^{三}丅七九九〇二七二
實	丅七九九〇二七二		⊥七九九〇二七二
方	〇		⊥二四×三三二九二八
上廉	〇		⊥二四×一三八七二
二廉	二	⊥	⊥二四×五七八 五七六
下廉	〇		⊥二四×二四
隅	一	一	商數二四×一

設如有一四乘方多二立方與七百九十九萬零二百七十二尺相等，問每一根之數幾何。

答曰：二十四尺。

依題列開方式於上，列實方廉隅於下。爰商二十四尺，以乘隅一仍二十四，進下廉位。又以二十四乘之得五百七十六，進二

廉位。與二相加得五百七十八,又以二十四乘之得一萬三千八百七十二,進上廉位。又以二十四乘之得三十三萬二千九百二十八,又以二十四乘之得七百九十九萬〇二百七十二,進實位。與實相減恰盡,知其根爲二十四尺也。

設如有二千立方少一四乘方與一千九百六十八萬五千三百七十六尺相等,問每一根之數幾何。

答曰:二十四尺。

$天^{五}$丅二〇〇〇$天^{三}$⊥一九六八五三七六＝〇

丅一九六八五三七六		⊥一九六八五三七六	實
丅二四×八二〇二二四		〇	方
丅二四×三四一七六		〇	上廉
⊥二四×一四二四 五七六	丅	二〇〇〇	二廉
⊥二四×二四		〇	下廉
商數二四×一	⊥	一	隅

依題列開方式於上,列實方廉隅於下。爰商二十四尺,以乘隅一仍二十四,進下廉位。又以二十四乘之得五百七十六,進二廉位。與二千相減餘一千四百二十四,又以二十四乘之得三萬四千一百七十六,進上廉位。又以二十四乘之得八十二萬〇二百二十四,進方位。又以二十四乘之得一千九百六十八萬五千三百七十六尺,進實位。與實相減恰盡,知其根爲二十四尺也。

設如有一五乘方多四立方與一億一千三百四十二萬二千四百九十六尺相等,問每一根之數幾何。

答曰:二十二尺。

$天^{六}$⊥四$天^{三}$丅一一三四二二四九六　＝　〇

⊥一三四二四九六		⊥一一三四二二四九六	實
⊥二二×五一五五五六八		〇	方
⊥一二×二三四三四四		〇	上廉
⊥二二×一〇五六二 一〇六四八	⊥	四	二廉
⊥二二×四八四		〇	三廉
⊥二二×二二		〇	下廉
商數二二×一	⊥	一	隅

依題列開方式於上,列實方廉隅於下。爰商二十二尺,以乘隅一仍二十二,進下廉位。又以二十二乘之得四百八十四,進三廉位。又以二十二乘之得一〇六四八,進二廉位。與四相加得一〇六五二,又以二二乘之得二三四三四四,進上廉位。又以二二乘之得五一五五五六八,進方位。又以二二乘之得一一三四二二四九六,進實位。與實相減恰盡,知其根爲二十二尺也。

設如有一萬立方少一五乘方,與一千一百五十三萬八千四百三十九尺相等,問每一根之數幾何。

答曰:一十一尺。

$天^{六}$丅一〇〇〇〇$天^{三}$⊥一一五三八四三九＝〇

丅一一五三八四三九		⊥一一五三八四三九	實
丅一一×一〇四八九四九		〇	方
丅一一×九五三五九		〇	上廉
⊥一一×八六六九 一三三一	丅	一〇〇〇〇	二廉
⊥一一×一二一		〇	三廉
⊥一一×一一		〇	下廉
⊥一一×一	⊥	一	隅

依題列開方式於上,列實方廉隅於下。爰商十一尺,以乘隅一仍十一,進下廉位。又以十一乘之得一二一,進三廉位。又以十一乘之得一三三一,進二廉位。與一〇〇〇〇相減餘八六六九,又以十一乘之得九五三五九,進上廉位。又以十一乘之得一〇四八九四九,進方位。又以十一乘之得一一五三八四三九,進實位。與實相減恰盡,知其根爲十一尺也。

清·徐虎臣《溥通新代數》卷二　第一三篇　三次式以上之方程式

第七五款　三次以上諸式之解法

三次式以上方程式之解法,本款未詳。但能化爲二次式解者,悉詳論之。

例如　$天^{四}$丅六$天^{二}$⊥八=〇　欲解此式,可劈爲　($天^{二}$丅二)($天^{二}$丅四)=〇　故　$天^{二}$丅四=〇　或　$天^{二}$丅二=〇　則　天=±二　或　天=±√二　故凡四次式之根必有四箇。準此,凡幾次式,其根數必與次數同。若依配平方法,則　$天^{四}$丅六$天^{二}$⊥九=一　即　($天^{二}$丅三)^{二}=一　兩邊各開方　$天^{二}$丅三=±一　故　$天^{二}$=三±一　所以　$天^{二}$=四　或　$天^{二}$=二　而　天=±二　或　天=±√二　故凡解二次式時,兩術俱可。例二　($天^{二}$⊥天)^{二}⊥四($天^{二}$⊥天)丅一二=〇　可劈爲　{($天^{二}$⊥天)⊥六}{($天^{二}$⊥天)丅二}=〇　故　$天^{二}$⊥天⊥六=〇　(一)　或　$天^{二}$⊥天丅二=〇　(二)　從(一)式求得根數爲　$\pm\frac{二}{\sqrt{丅二三}}丅\frac{二}{一}$　從(二)式求得根數爲一與　丅二　例三

$\frac{天⊥二}{天^{二}}⊥\frac{天^{二}}{天⊥二}=\frac{六}{三七}$　法令　$\frac{天⊥二}{天^{二}}$=地　則原式變爲

$地丄\frac{一}{地}=\frac{六}{三七}$ 即 六地^{二}丅三七地丄六=〇 可劈爲 (六地丅一)(地丅六)=〇 故 地=六 或 地=$\frac{六}{一}$ 由是 $\frac{天^{二}}{天丄二}=\frac{六}{一}$ (一)或 $\frac{天^{二}}{天丄二}$=六 (二) 從(一)式 六天^{二}丅天丅二=〇 (三) 從(二)式 天^{二}丅六天丅一二=〇 (四) 劈(三)式爲 (三天丅二)(二天丄一)=〇 故 天=$\frac{三}{二}$ 或 天=丅$\frac{二}{一}$。但(四)式可準七一款變爲 (天丅三)^{二}丅二一=〇 則 {(天丅三)丄$\sqrt{二一}$}{(天丅三)丅$\sqrt{二一}$}=〇 故 (天丅三)=$\sqrt{二一}$ 或 (天丅三)=丅$\sqrt{二一}$ 由是 天=三$\frac{丄}{丅}\sqrt{二一}$ 故求得原方程式之各根爲 $\frac{三}{二}$ 與 丅$\frac{二}{一}$ 及 三丄$\sqrt{二一}$ 與 三丅$\sqrt{二一}$ 之四種。後凡任何方程式,若能變爲二次式者,皆能依劈生法而求根也。例四 四天^{二}丅六天丄三$\sqrt{}$(二天^{二}丅三天丄七)=三〇 解此式可先變爲 二天^{二}丅三天丄$\frac{二}{三}\sqrt{}$(二天^{二}丅三天丄七)=一五 再易爲 (二天^{二}丅三天丄七)丄$\frac{二}{三}\sqrt{}$(二天^{二}丅三天丄七)=二二 若令 (二天^{二}丅三天丄七)=地^{二} 則原式爲 地^{二}丄$\frac{二}{三}$地=二二 即 二地^{二}丄三地=四四 而 二地^{二}丄三地丅四四=〇 劈爲 (地丅四)(二地丄一一)=〇 所以 地=四 或 地=丅$\frac{二}{一一}$ 而 地^{二}=一六 或 地^{二}=$\frac{四}{一二一}$ 因 地^{二}=(二天^{二}丅三天丄七) 故 二天^{二}丅三天丅九=〇 劈爲 (二天丄三)(天丅三)=〇 所以 天=三 或 天=丅$\frac{二}{三}$ 又因 二天^{二}丅三天丄七=$\frac{四}{一二一}$ 通而消之 八天^{二}丅一二天丅九三=〇 乃依配方法求得二根爲 $\frac{四}{三}\frac{丄}{丅}\frac{四}{(一九五)}$ 但解此題所以變而又變者,因欲令根號内之各項與無根號各項相同,方能令無根號諸項之和爲地^{二},而有根號諸項之和爲地。本題若依常法化之,必不能如此之捷。但演代數解法本無一定之規則,故於每種解法各設例題以示。然尚恐不能悉舉,惟願後之讀代數書者神而明之。

又 第七九款 二元多次式之解法

凡解二元多次式之各題,全藉助變劈生二法以馭之。例如 天丅地=二 (一) 天^{三}丅地^{三}=三八六 (二) 從(一)式 天=地丄二 乃以 地丄二代(二)式之天,得 地^{二}丄二地丅六三=〇 劈爲 (地丅七)(地丄九)=〇 故 地=七 或 地=丅九 由是 天=九 或 天=丅七 若另設解法,以(一)式除(二)式,即得 天^{二}丄天地丄地^{二}=一九三 (三) 以(一)式自乘得 天^{二}丅二天地丄地^{二}=四 (四) (三)(四)兩式相減,得 三天地=一八九 即 天地=六三 (五) 以(三)(五)兩式相加,得 (天丄地)^{二}=(一六)^{二} 故 天丄地=$\frac{丄}{丅}$一六 (六) 以(六)式與(一)式加減 天=$\frac{丄}{丅}$九 地=$\frac{丄}{丅}$七 例二 天丅三地=二 (一) 天^{二}丅九地^{二}=八 (二) 以(一)式除(二)式得 天丄三地=四 (三) 從(一)與(二),則 天=三 地=$\frac{三}{一}$ 例三 $\frac{天}{一}$丄$\frac{地}{一}$=七 (一) $\frac{天^{二}}{一}$丄$\frac{地^{二}}{一}$=二五 (二) 將(一)式之兩邊自乘減(二)式,得 $\frac{天地}{一}$=二四 (三) 從(二)式與(三)式得 $\left(\frac{天}{一}丅\frac{地}{一}\right)^{二}$=一 即 $\frac{天}{一}$丅$\frac{地}{一}$=$\frac{丄}{丅}$一 (四) 以(一)式與(四)式由加減法,得 天=$\frac{四}{一}$ 或 天=$\frac{三}{一}$ 所以 地=$\frac{三}{一}$ 或 地=$\frac{四}{一}$ 例四 天^{二}丅天地丄地^{二}=六一 (一) 天^{四}丄天^{二}地^{二}丄地^{四}=一二八一 (二) 以(一)式除(二)式,得 天^{二}丄天地丄地^{二}=二一 (三) 與(一)式相減得 二天地=丅四〇 即 丅天地=二〇 (四) 與(一)式相加得 (天丅地)^{二}=八一 故 天丅地=$\frac{丄}{丅}$九 (五) 以三乘(四)式與(一)式相減,得 (天丄地)^{二}=一 故 天丄地=$\frac{丄}{丅}$一 (六) 從(五)(六)兩式 天=$\frac{丄}{丅}$五 地=$\frac{丅}{丄}$四 天=$\frac{丄}{丅}$四 地=$\frac{丅}{丄}$五 例五 天^{二}丅二天地=三地 (一) 二天^{二}丅九地^{二}=九地 (二) 以三乘(一)式 三天^{二}丅六天地=九地 故 三天^{二}丅六天地=二天^{二}丅九地^{二} 即 天^{二}丅六天地丄九地^{二}=〇 所以 (天丅三地)^{二}=〇 則 天=三地 以 三地 代(二)式之天,得 九地^{二}=九地 即 地(地丅一)=〇 故 地=〇 或得 地=一 則 天=〇 或

天=三　例六　天丅地=二　（一）　天^{五}丅地^{五}=二四二　（二）　設令天=人丄一　地=人丅一　則　天^{五}丅地^{五}=(人丄一)^{五}丅(人丅一)^{五}　乘而減之　天^{五}丅地^{五}=一〇人^{四}丄二〇人^{二}丄二　由是　一〇人^{四}丄二〇人^{二}丅二=二四二　即　人^{四}丄二人^{二}=二四　則　(人^{二}丅四)(人^{二}丄六)=〇　故　人=±二　或　人=±√丅六　若　人=±二　則　天=三　或　天=丅一　叵　地=一　或　地=丅三　若　人=±√丅六　則　天=一±√丅六　叵　地=丅一±√丅六　例七　天地丄天人=二七　（一）　天地丄地人=三二　（二）　天人丄地人=三五　（三）　將三式相加得　天地丄天人丄地人=四七　減(三)得　天地=一二　（四）　減(二)得　天人=一五　（五）　減(一)得　地人=二〇　（六）　將(四)(五)(六)連乘得　天^{二}地^{二}人^{二}=一二・一五・二〇　即　天^{二}地^{二}人^{二}=三^{二}・四^{二}・五^{二}　各開方得　天地人=±三・四・五　（七）　各以(四)(五)(六)諸式除之，得天=±三　地=±四　人=±五　此題似乎一次式可解，若將天地人之各同數化清，又非二次式不可。但任何解法皆不能如是之簡捷也。

又　卷六　第四三篇　多次方程式

第八八款　多次式之定理

凡任何多次方程式使合於公式之理者，云多次式之定理。例如　天^{寅}丄甲天^{寅丅一}丄乙天^{寅丅二}丄…丄午天丄未=〇　於此方程式中，其寅之數值必爲正整數，而天之最大指數之係數必爲一。如　天^{寅}　之係數本非一者，必以天^{寅}　之係數遍除各項始合此公式之理。故方程式各項之係數不能定，因有正數、負數、整數、分數、常數、根數、實數、虛數等之分。但右式中不含天之一項，云方程式之實，亦可作天之項，因天之值恒爲一也。又凡方程式中未知元從天之寅方順是以下至於天之〇方各乘冪無缺漏者，云完全之方程式。苟有缺時，必於所缺之項令係數爲　±〇　以補之，使成完全之形狀。前於因數款中論及，凡二次式必爲兩箇二項式相乘之積，三次式爲三箇二項式相乘之積，故寅次式必爲寅箇二項式相乘之積。其二項式之首項爲天次項，隨方程式之形狀有或整數或分數或實數或虛數之區別。若次項皆爲或正或負之整數者，則乘得之方程式各項皆整。如有整數及虛數者，其有虛數之數爲耦，亦可皆整。如有虛數之數爲奇，則各項之係數必不能整。如所云，特設三例於左。

一　(天丅二)(天丄三)(天丅五)=天^{三}丅四天^{二}丅一一天丄三〇　二　(天丅二丄√丅三)(天丅二丅√丅三)(天丄$\frac{四}{七}$)=天^{三}丅$\frac{四}{九}$天^{二}丄$\frac{四}{四九}$　三　(天丄一丅√丅三)(天丄一丄√丅三)(天丅二)=天^{三}丅八　從一式　天=二或=丅三或=五　從二式　天=(二丄√丅三)或=(二丅√丅三)或=丅$\frac{四}{七}$　從三式　天=丅(一丅√丅三)或=丅(一丄√丅三)或=二　從此三式之形勢，準三五款論，凡多次方程式，其首項之係數皆爲一，而二項之係數爲各根反號之和，三項之係數爲各根兩兩相乘之和，四項之係數爲各根中三數反號連乘之和，故　卯丄一　項之係數爲各根中卯數反號連乘之和，而實數皆各根反號連乘之積。故凡方程式空第二項者，則各根之和必等於〇。但實數既爲各根之連乘積，故任求得之一根必能約實數而得整。由是，凡方程式如任求得一根爲甲，乃以　(天丅甲)　約原方程式而得減一次之方程式。又凡奇次式如各項之係數皆整，極少必有一根爲整。若耦次式各項之係數皆整，其整根之數必爲耦。準以上諸例，知各根，即可得方程式之形狀，苟能明晰乎？此知方程式，欲求各根之數值，亦非難事。然本款諸理實爲解多次方程式之基礎，故云多次式之定理。

又　第一八九款　去分母法

前款論凡方程式中未知元最大指數之係數非一者，必以此係數遍除諸項，則各項有整數者亦有分數者，其有分母之項不得不立法以消去之。例如　天^{寅}丄甲天^{寅丅一}丄乙天^{寅丅二}丄…丄午天丄未=〇　此式中之各項，其甲乙丙等或間有分數或全爲分數者，若令　$\frac{甲}{地}$　代上式中之天，如法變爲$\frac{甲'^{寅}}{地^{寅}}$丄甲$\frac{甲'^{寅丅一}}{地^{寅丅一}}$丄乙$\frac{甲'^{寅丅二}}{地^{寅丅二}}$丄……丄午$\frac{甲'}{地}$丄未=〇　各項皆以　甲$'^{寅}$　乘之，即得　地^{寅}丄甲甲′地^{寅丅一}丄乙甲′地^{寅丅二}丄…丄午甲$'^{寅丅一}$地丄未甲$'^{寅}$=〇　（角）　因甲′　爲任何數，故可令其值爲各項分母之小公倍或爲各分母中不同數素因子之積。準此例，如有　天^{三}丄$\frac{寅}{甲}$天^{二}丄$\frac{卯}{乙}$天丄$\frac{辰}{丙}$=〇　因小公倍爲　寅卯辰　故　天=$\frac{寅卯辰}{地}$　則　$\frac{寅^{三}卯^{三}辰^{三}}{地^{三}}$丄$\frac{寅^{三}卯^{二}辰^{二}}{甲地^{二}}$丄

$\frac{寅卯^{二}辰}{乙地}$丄$\frac{辰}{丙}$=〇　各項以　寅^{三}卯^{三}辰^{三}　乘之，得　地^{三}丄甲卯辰地^{二}丄乙寅^{二}卯辰^{二}地丄丙寅^{三}卯^{三}辰^{二}=〇　此式從本款之第一例消去分母。又如　天^{三}丅$\frac{三五}{三}$天^{二}丄$\frac{二四五〇}{一三}$天丅$\frac{六八六〇〇}{一七}$=〇　從本款第二例，惟　三五=五·七　二四五〇=七^{二}·五^{二}·二　六八六〇〇=七^{三}·五^{二}·二^{三}　故可令　天=$\frac{二·五·七}{地}$　則　甲′=二·五·七　從(角)式變之，則

地^{三}丅$\frac{七·五}{三·七·五·二}$地^{二}丄$\frac{七^{二}·五^{二}·二}{一三·七^{二}·五^{二}·二^{二}}$地丅$\frac{七^{三}·五^{二}·二^{三}}{一七·七^{三}·五^{三}·二^{三}}$=〇　約之得　地^{三}丅六地^{二}丄二六地丅八五=〇

此種消分母之法誠最簡最確之術也，然亦須先明乎數之性情者始可與言。

第一九〇款　可度商之根

凡方程式中各項之係數皆爲整數而實數非素數者爲可度商之方程式。而所求之根極少必有一根爲整，可從實之因數而得。例如　天^{四}丅二七天^{三}丄四二天丄八=〇　惟實之因子爲　±八、±一、±二、±四　而方程式之根極少必有此八數內之一。因前論凡耦次式必有二整根。但原式之根不能爲　±一　所以亦不能爲　±八　因　±一　乘　±八　爲八，既不能爲　±一，則亦不能爲　±八　也。乃以　丄二　代原式中之天，則原式之左等於〇。故必有　丄二　爲一根，丄四　爲一根。此因實數八既求得一根　丄二　則餘一整數必爲　丄四　惟二與四相乘而得八。既求得二整根爲二與四，準前論第二項之係數爲各根之和，據原方程式，則餘二根之和必爲　丅六　而餘積爲一。乃以半和加或正或負、半和冪減餘積之平方根爲所求之二根，得　丅三±$\sqrt{八}$　即　丅三±二$\sqrt{二}$　例二如　天^{三}丅$\frac{三}{二三}$天^{二}丄二四天丅$\frac{三}{七〇}$=〇　從實數之因子，其實根必爲　±二、±五、±七、±一〇、±一四、±三五、±$\frac{三}{三五}$、±$\frac{三}{一四}$、±$\frac{三}{一〇}$、±$\frac{三}{七}$、±$\frac{三}{五}$、±$\frac{三}{二}$　等二十四種之一。準求因數法度之，得　$\frac{三}{五}$　爲一根，則餘二根反號之和爲　丅$\frac{三}{一八}$　即　丅六　而餘積爲　丅一四　準例一理，餘二根爲　三±一、丅五　。如不依例一理求，乃以天減第一根除原式成二次式，準解二次式法求之亦可。例三　如　天^{三}丅七九天丄二一〇=〇　從實之因子，其整根必爲　±三、±七、±一〇、±二、±五　諸數中之一。因第二項爲空，則三根必爲　±三、±七、丅一〇　惟實數爲正，又必爲兩負一正之相乘積，故所求之三根爲　丄三、丄七、丅一〇　餘倣之。

又第一九四款　反商法

凡方程式中求得任一根而又有此根之倒數者，云反商方程式。例如　二天^{二}丅五天丄二=〇　之二根爲　二　與　$\frac{二}{一}$　欲求反商之關係，必證明反商之性情。如　角$_{〇}$天^{寅}丄角$_{一}$天^{寅丅一}丄角$_{二}$天^{寅丅二}丄……丄角$_{寅}$=〇　其反商之方程式爲　角$_{〇}\left(\frac{天}{一}\right)^{寅}$丄角$_{一}\left(\frac{天}{一}\right)^{寅丅一}$丄角$_{二}\left(\frac{天}{一}\right)^{寅丅二}$丄……丄角$_{寅}$=〇　各項以　天^{寅}　乘之　角$_{〇}$丄角$_{一}$天丄角$_{二}$天^{二}丄……丄角$_{寅}$天^{寅}=〇　與原方程式各項相比，則　角$_{〇}$=±角$_{寅}$、角$_{一}$=±角$_{寅丅一}$、角$_{二}$=±角$_{寅丅二}$　……　因各項爲正負不同之等數，故方程式有種種之性情。其一，如　二天^{三}丄五天^{二}丄五天丄二=〇　此式必含　丄一　之一根。其二，如　二天^{三}丅五天^{二}丄五天丅二=〇　此式必含　丅一　之一根。其三，如　二天^{四}丅五天^{三}丄五天丅二=〇　此式必有　±一　之二根，又可作　二天^{四}丅五天^{三}丄甲天^{二}丅甲天^{二}丄五天丅二=〇　解之。其四，如　六天^{六}丅二五天^{五}丄三一天^{四}丅三一天^{二}丄二五天丅六=〇　此式同於其三，必含　±一　之二根。乃以　天^{二}丅一　除之，得　六天^{四}丅二五天^{三}丄三七天^{二}丅二五天丄六=〇　再以天除之，得　六$\left(天^{二}丄\frac{天^{二}}{一}\right)$丅二五$\left(天丄\frac{天}{一}\right)$丄三七=〇　若再令　天丄$\frac{天}{一}$=地　故求得　天^{二}丄$\frac{天^{二}}{一}$=地^{二}丅二　則　六(地^{二}丅二)丅二五地=丅三七　即　六地^{二}丅二五地=丅二五　故　地=$\frac{二}{五}$　或　地=$\frac{三}{五}$　由是　天=二或=$\frac{二}{一}$　及

六(五±√二)　故原式之各根爲　±一、二、三、六(五±√二)　之六種。除以上四例外，又有應用之例數則。例一　如甲、乙、丙爲方程式之三根，則　天三⊥角一天二⊥角二天⊥角三＝〇　若三根爲甲乙、乙丙、丙甲，求所得之式者，惟　甲⊥乙⊥丙＝丅角一　甲乙⊥乙丙⊥丙甲＝角二　甲乙丙＝丅角三　而所求之方程式爲　（地丅甲乙）（地丅乙丙）（地丅甲丙）＝〇　即

{地三丅(甲乙⊥乙丙⊥甲丙)地二
⊥甲乙丙(甲⊥乙⊥丙)地丅甲二乙二丙二}＝〇

由是得　地三丅角二地二⊥角一角三地丅角三二＝〇　例二　如　天三⊥角一天二⊥角二天⊥角三＝〇　以各根之平方爲各根者，從原方程式變之，得　天(天二⊥角二)＝丅(角一天二⊥角三)　故　天二(天二⊥角二)二＝(角一天二⊥角三)二　若令　地＝天二　則　地(地⊥角二)二＝(角一地⊥角三)二　詳之　地三⊥(二角二丅角一二)地二⊥(角二二丅二角一角三)地⊥角三二＝〇　爲所求。例三　如　天三⊥角一天二⊥角二天⊥角三＝〇　原三根爲甲、乙、丙，若變三根爲　甲(乙⊥丙)、乙(丙⊥甲)、丙(甲⊥乙)　惟　甲⊥乙⊥丙＝丅角一　故　甲(乙⊥丙)＝甲(丅角一丅甲)　乙(丙⊥甲)＝乙(丅角一丅乙)　丙(甲⊥乙)＝丙(丅角一丅丙)　由是　地＝天(丅角一丅天)　即　天二⊥角一天⊥地＝〇　從原方程式變之，得　天(天二⊥角一天)⊥角二天⊥角三＝〇　即　天(丅地)⊥角二天⊥角三＝〇　故　天＝$\frac{地丅角二}{角三}$　所以　$(\frac{地丅角二}{角三})$二⊥角一$(\frac{地丅角二}{角三})$⊥地＝〇　即　角三二⊥角一角三(地丅角二)⊥地(地丅角二)二＝〇　乘之得　地三丅二角二地二⊥(角一角三⊥角二二)地⊥(角三二丅角一角二角三)＝〇　爲所求。

第一九五款　係數乘除法

凡任何完全方程式以任何完全式乘之約之，皆可不書各項之元，只書其各項之係數，即可得所乘之積與所約之商。苟爲不完全式，必補以　±〇　爲所缺之項。此法用於多次方程式乘除最便，其乘除之法皆如數學理施之。例如，有　（甲二⊥二甲天⊥天二）(甲⊥天)　書實之各係數於上，法之各係數於下，乘之得

一⊥二⊥一
　　一⊥一
一⊥二⊥一
一⊥二⊥一
一⊥三⊥三⊥一

故乘得之積爲　甲三⊥三甲二天⊥三甲天二⊥天三　例二　如有　三天二丅二天丅一　以　三天⊥二　乘之者，即得

三丅二丅一
　　三⊥二
六丅四丅二
九丅六丅三
九±〇丅七丅二

故乘得之積爲　九天三丅七天丅二　例三　如有　天三⊥二天二丅一　以　天⊥二　乘之者，列式如下：

一⊥二±〇丅一
　　一±〇⊥二
二⊥四±〇丅二
一⊥二±〇丅一
一⊥二⊥二⊥三±〇丅二

故乘得之積爲　天五⊥二天四⊥二天三⊥三天二丅二　例四　如有　天三丅三甲天二⊥三甲二天丅甲三　以　天丅甲　除之者，爲

一丅一)一丅三⊥三丅一(一丅二⊥一
　　　一丅一
　　　　丅二⊥三
　　　　丅二⊥二
　　　　　一丅一
　　　　　一丅一
　　　　　　〇

故

除得之商爲　天^{二}丅二甲天丄甲^{二}　例五　如有　甲^{五}丅五甲^{三}乙^{二}丄甲^{二}乙^{三}丄六甲乙^{四}丅二乙^{五}　以　甲^{三}丅三甲乙^{二}丄乙^{三}　除之者，則

一╪〇丅三丄一)一╪〇丅五丄一丄六丅二(一╪〇丅二
一╪〇丅三丄一
丅二╪〇丄六丅二
丅二╪〇丄六丅二
〇

故除得之商爲　甲^{二}丅二乙^{二}　準以上五例，凡任何方程式乘除之理，皆可如是而求之。惟代數乘除爲演題時所必用之事，若項數過多亦甚苦事。明乎此款之用，則任何方程式乘除之法無難事矣。

又　第一九八款　四次式之解法

凡解四次方程式欲得其最簡之法者，無過於弗拉利氏之解。例如　天^{四}丄甲天^{三}丄乙天^{二}丄丙天丄丁=〇　兩邊各加　(角天丄亢)^{二}　，則　天^{四}丄甲天^{三}丄(乙丄角^{二})天^{二}丄(丙丄二角亢)天丄丁丄亢^{二}=(角天丄亢)^{二}　(一)　變左邊爲完全之平方，得　(天^{二}丄$\frac{二}{甲}$天丄氐)^{二}　(二)。以(一)(二)式中天之各方之係數比較，則　二氐丄$\frac{四}{甲^{二}}$=乙丄角^{二}　甲氐=丙丄二角亢　氐^{二}=丁丄亢^{二}　從此三式可消去角、亢二元，得　四(氐^{二}丅丁)(二氐丄$\frac{四}{甲^{二}}$丅乙)丅(甲氐丅丙)^{二}=〇　從(二)式得　(天^{二}丄$\frac{二}{甲}$天丄氐)^{二}=(角天丄亢)^{二}　即

天^{二}丄$\frac{二}{甲}$天丄氐╪(角天丄亢)=〇　惟角、亢、氐之數值可求，故天之各根亦可由是而得焉。以真數明之，如　天^{四}丄六天^{三}丄一四天^{二}丄二二天丄五=〇　兩邊各加　(角天丄亢)^{二}　則　天^{四}丄六天^{三}丄(一四丄角^{二})天^{二}丄(二二丄二角亢)天丄五丄亢^{二}=(角天丄亢)^{二}　(甲)　若令(甲)式之左邊爲　(天^{二}丄三天丄氐)^{二}　(乙)，從(甲)(乙)之各係數得　九丄二氐=(一四丄角^{二})　六氐=(二二丄二角亢)　氐^{二}=(五丄亢^{二})　由此三式得　氐^{三}丅七氐^{二}丄二八氐丅四八=〇　惟此式之實根爲三，所以　氐=三　角^{二}=一　二角亢=丅四　亢^{二}=四　因　(天^{二}丄三天丄氐)^{二}=(角天丄亢)^{二}　故　天^{二}丄三天丄三=╪(天丅二)　則天之四根爲　丅二╪√三　與　丅一╪二√丅一　又法如　函(天)=天^{四}丄甲天^{二}丄乙天丄丙=〇　若令　函(天)=(天^{二}丄角)^{二}丅(亢天丄氐)^{二}=(天^{二}丄角丄亢天丄氐)(天丄角丅亢天丅氐)　即　天^{四}丄(二角丅亢^{二})天^{二}丅二亢氐天丄(角^{二}丅氐^{二})=(天^{二}丄角丄亢天丄氐)(天^{二}丄角丅亢天丅氐)　以此式與原式各係數比較，則　二角丅亢^{二}=甲、丅二亢氐=乙、角^{二}丅氐^{二}=丙　從右之三方程式消之，得　二角^{三}丅甲角^{二}丅二丙角丄(甲丙丅$\frac{四}{乙^{二}}$)=〇　惟　天^{二}丄亢天丄角丄氐=〇　(丙)　及　天^{二}丅亢天丄角丅氐=〇　(丁)　因角、亢、氐之數值能求，則天之四根亦可從(丙)(丁)二式而得矣。凡任何四次方程式之解法，藉右二法以求之，誠極簡之術也。如爲可度商之方程式，則不必如此曲折，準度商之理則更簡捷矣。

第一九九款　求實根之界限

求實根界限之法，雖創於斯土莫氏，然亦須藉代加德變正負之規則，始能定方程式中正負各實商之界限。例如　天^{四}丅四一天^{二}丄四〇天丄一二六=〇　準代加德之定理，凡方程式之各項從正變爲負，謂之一變。再變爲正，謂之二變。如是有幾變時，則正實商數不能多於所變之數。故上式正實商不能多於二箇。若變天爲　丅天　，則　天^{四}丅四一天^{二}丅四〇天丄一二六=〇　(二)　若(二)式仍如上法變之，其正負之變化亦只二次，故負實商之數亦不能多於二。明乎此，則實商之界限可求。準斯土莫之定理，任令一、二、三、四、五、六……代原式中之天，只記其原方程式之值之正負，再依代加德法視代天所得之諸號於

正負變化之處，則實根之界限必在此二數之間。如 $天^{四}$丅四一$天^{二}$丄四〇天丄一二六＝〇 若 天＝一 丄，天＝二 丄，天＝三 丅，天＝四 丅，天＝五 丅，天＝六 丄 惟代天之數從二增至三時，則所得之值已變其正負。再自五至六之時，又變其正負。故 二<天<三 及 五<天<六 因原式只有二正根，故不必再令大於六之數代天。若再令 天＝〇 丄 天＝丅一 丄 天＝丅二 丅 天＝丅三 丅 天＝丅四 丅 天＝丅五 丅 天＝丅六 丅 天＝丅七 丄 準前理則 丅二<天<丅一 及 丅七<天<丅六 由是原方程式之二正根必在二與三之間及五與六之間，其二負根亦必在 丅一 與 丅二 之間及 丅六 與 丅七 之間。準本款例，無論任何方程式，皆能求得天之正負各根之界限。

第二〇〇款 求略近之根

求略近之根法爲忽拏氏由斯土莫之定理而推及者，故欲求略近之根，必先明乎實商界限之法而始可求。例如，有 $天^{三}$丅二$天^{二}$丅二〇天丅四〇＝〇 準上款理，求得 六<天<七 故天之首位數爲六。乃令 天丅六＝地 則天＝地丄六 即變原式得 $地^{三}$丄一六$地^{二}$丄六四地丅一六＝〇 爲一次變式。惟此式 地<一 而 $地^{三}$丄一六$地^{二}$<一 故可令 六四地＝一六 即地＝$\frac{六四}{一六}$＝.二丄地′ 再易一次變式，得 $地'^{三}$丄一六.六$地'^{二}$丄七〇.五二地′丄二.五五二＝〇 爲二次變式。若令 七〇.五二地′＝二.五五二 則 地′＝.〇三丄地″ 而 地＝.二三丄地″ 故 天＝六.二三丄地″ 欲再求精密者，仍如上法逐次求得 地″地‴… 之略數而加之。由是準本款例，任求方程式之如何密數皆倣之。

無理方程分部

算法

清・華蘅芳《代數術》卷四

論無理之根式案此論分指數之加減乘除法也。

第四十款 前于第三十五款中已言，凡欲開得若干方之根，法將根指數約其方指數即得，曾設數式以明其理。惟前所設者，其所得之式根指數俱爲正，亦俱爲整數。而代數中往往有所得之式爲分指數者。

如有 $甲^{二}$ 欲求得其立方根，則準三十五款記根之法當作 $\sqrt[三]{甲^{二}}$ 或作 $甲^{\frac{三}{二}}$ 亦可

凡式之指數爲分數者，謂之無理之根式。若指數爲整數，正數者，亦可謂之有理之式。

無理之根式可用根號記之，或用分指數記之則最便。今設數式兼用此兩法書之以爲則，如

$\sqrt[三]{甲}=甲^{\frac{三}{一}}$　$\sqrt{四甲乙^{二}}=二乙甲^{\frac{二}{一}}$　$\sqrt[四]{甲^{三}乙^{二}}=甲^{\frac{四}{三}}乙^{\frac{四}{二}}$　$\frac{\sqrt{甲乙}}{\sqrt{甲丄乙}}=$

$\sqrt{甲^{二}丄乙^{二}}=(甲^{二}丄乙^{二})^{\frac{二}{一}}$　$\sqrt[五]{(甲丅乙)^{二}}=(甲丅乙)^{\frac{五}{二}}$

$(甲丄乙)^{\frac{二}{一}}=甲^{丅\frac{二}{一}}乙^{丅\frac{二}{一}}$

凡推無理之根式，其例如下。

例 凡分指數之式，設任以何數偏乘其指數之子母，其值不變。謂所代之數仍同也。

如有式 $甲^{\frac{卯}{寅}}$ 設以丙乘其分指數之母子 $\frac{卯}{寅}$ 則其式變爲 $甲^{\frac{丙卯}{丙寅}}$ 而 $甲^{\frac{卯}{寅}}=甲^{\frac{丙卯}{丙寅}}$ 試求其證，令 $甲^{\frac{卯}{寅}}=乙$ 以兩邊之式各自乘至卯方，即得 $甲^{寅}=乙^{卯}$ 再各自乘至丙次，則得 $甲^{丙寅}=乙^{丙卯}$ 從此式之理可開 丙卯 方之根，即得 $甲^{\frac{丙卯}{丙寅}}=乙$ 惟 $甲^{\frac{卯}{寅}}$ 原等于乙，今所得之 $甲^{\frac{丙卯}{丙寅}}$ 亦等于乙，所以知 $甲^{\frac{卯}{寅}}=甲^{\frac{丙卯}{丙寅}}$

任化一有理之式爲無理之式此爲第一題。

第四十一款 任以一有理之式欲化之爲無理之式，使其指數之分母爲某數。法將其式之指數任以某數乘之，即以所用之某數爲其分母即得。

一式 有 $甲^{二}$ 欲化爲立方根之式，依法必以三爲指數之分母，又以三乘其原指數爲指數之分子，即得所求之分指數爲 $\frac{三}{六}$ 所以 $甲^{二}=甲^{\frac{三}{六}}=\sqrt[三]{甲^{六}}$

二式　如欲化五爲立方根之式，則依法得　$五＝五^{\frac{三}{三}}＝\sqrt[三]{五×五×五}＝\sqrt[三]{一二五}$

三式　如化　$三甲乙^{二}$　爲平方根之式，則得　$三甲乙^{二}＝三^{\frac{二}{二}}甲^{\frac{二}{二}}乙^{\frac{二}{四}}$　即　$(三^{二}甲^{二}乙^{四})^{\frac{二}{一}}＝\sqrt{九甲^{二}乙^{四}}$

化根號不同之兩無理式爲同根號之無理式此爲第二題。

第四十二款　凡根號不同之兩無理式欲化之爲同根號之無理式，而其值不變。法將兩式之分指數齊同通分之即得。

一式　有　$\sqrt{甲}$　即　$甲^{\frac{二}{一}}$，又有　$\sqrt[三]{乙^{二}}$　即　$乙^{\frac{三}{二}}$　欲化此兩式使其指數爲同分母之數，而所代之數仍與原式同。則依法將兩式之分指數　$\frac{二}{一}$　與　$\frac{三}{二}$　齊同通分之得　$\frac{六}{三}$　與　$\frac{六}{四}$　即得所求之式爲　$甲^{\frac{六}{三}}$　及　$乙^{\frac{六}{四}}$　即　$\sqrt[六]{甲^{三}}$　與　$\sqrt[六]{乙^{四}}$

二式　有　$三^{\frac{二}{一}}$　及　$二^{\frac{三}{一}}$　欲化之爲同根號之分指數，而其值仍各與原式相同。則依法以兩式之分指數齊同通分之得　$\frac{六}{三}$　與　$\frac{六}{二}$　所以得　$三^{\frac{二}{一}}＝三^{\frac{六}{三}}＝\sqrt[六]{三^{三}}＝\sqrt[六]{二七}$　及　$二^{\frac{三}{一}}＝二^{\frac{六}{二}}＝\sqrt[六]{二^{二}}＝\sqrt[六]{四}$

又如，有　$甲^{\frac{寅}{一}}$　及　$乙^{\frac{卯}{一}}$　可化爲　$\sqrt[卯寅]{甲^{卯}}$　及　$\sqrt[卯寅]{乙^{寅}}$

化無理根式爲最簡之式此爲第三題。

第四十三款　凡欲化無理之根式爲最簡之式，法以其式化爲兩箇相乘數，令一數適可開根指數之方。取其開得之方根爲又一數之乘數，則項中衹一數有根號而其數亦簡。

一式　有　$\sqrt{四八}$　欲化之使其開方號所函之數最小，則準本款之理，四八　可化爲兩箇整數相乘之數即　一六×三　其　一六　爲四之平方數，所以　$\sqrt{四八}$　可作　$(四^{二}×三)^{\frac{二}{一}}$，即　$四×三^{\frac{二}{一}}$　即　$四\sqrt{三}$

二式　有　$\sqrt{九八甲^{四}天}$　欲化爲最簡之式，則依法化之得　$(七^{二}甲^{四}×二天)^{\frac{二}{一}}$，即　$七甲^{二}(二天)^{\frac{二}{一}}$，故即　$七甲^{二}\sqrt{二天}$

三式　有　$\sqrt[三]{二四甲^{三}天丄四〇甲^{三}天^{二}}$　欲化爲最簡之式，則依法化之得　$(二^{三}甲^{三}(三天丄五天^{二}))^{\frac{三}{一}}$　即　$二甲\sqrt[三]{三天丄五天^{二}}$

加減無理之根式此爲第四題。

第四十四款　凡以無理之根式相加減，法曰：若兩式之根指數不同者，必先用四十二款之法化之使同，又用前款之法各化爲最簡之式。次觀兩式中若有根號相同之元，則可書其一，而以其係數相加減爲其係數。若兩式中所有之元其根號不同，則祇能于兩式之間作加減之號以記之。

一式　有　$\sqrt{二七}$　欲與　$\sqrt{四八}$　相加，則依前款法　$\sqrt{二七}＝三\sqrt{三}$　又　$\sqrt{四八}＝四\sqrt{三}$　則　$\sqrt{二七}丄\sqrt{四八}＝三\sqrt{三}丄四\sqrt{三}＝七\sqrt{三}$

二式　以　$三\sqrt[三]{\frac{四}{一}}$　與　$五\sqrt[三]{\frac{三二}{一}}$　相加，則依前款法　$三\sqrt[三]{\frac{四}{一}}＝三\sqrt[三]{\frac{八}{二}}＝\frac{二}{三}\sqrt[三]{二}$　又　$五\sqrt[三]{\frac{三二}{一}}＝五\sqrt[三]{\frac{六四}{二}}＝\frac{四}{五}\sqrt[三]{二}$　故　$三\sqrt[三]{\frac{四}{一}}丄五\sqrt[三]{\frac{三二}{一}}＝\frac{二}{三}\sqrt[三]{二}丄\frac{四}{五}\sqrt[三]{二}$　即　$\frac{四}{一一}\sqrt[三]{二}$

三式　有　$\sqrt{八〇甲^{四}天}$　以　$\sqrt{二〇甲^{二}天^{三}}$　減之，則　$\sqrt{八〇甲^{四}天}＝(四^{二}甲^{四}×五天)^{\frac{二}{一}}＝四甲^{二}\sqrt{五天}$　又　$\sqrt{二〇甲^{二}天^{三}}＝(二^{二}甲^{二}天^{二}×五天)^{\frac{二}{一}}＝二甲天\sqrt{五天}$　所以　$\sqrt{八〇甲^{四}天}丅\sqrt{二〇甲^{二}天^{三}}$　等于　$(四甲^{二}丅二甲天)\sqrt{五天}$

乘約無理之根式此爲第五題。

第四十五款　凡以無理之根式相乘相約，法曰：若兩式爲同類之式，則可逕以兩式之分指數相加減乘加除減而得。若兩式之指數不同者，必先用四十二款之法化其兩原式，使兩式之根指數相同，而後以兩式乘約之，所得書于公根號之中。惟其無理之根式中若有函有理之倍數者，則其乘約所得之倍數必書之于公根號之外。

一式　有　$\sqrt[三]{甲^{二}}$　以　$\sqrt[五]{甲^{三}}$　乘之，則　$\sqrt[三]{甲^{二}}×\sqrt[五]{甲^{三}}$　等于　$甲^{\frac{三}{二}}×甲^{\frac{五}{三}}$　即　$甲^{\frac{一五}{一〇丄九}}$　即　$甲^{\frac{一五}{一九}}$　即　$\sqrt[一五]{甲^{一九}}$

二式　有　$\sqrt{甲^{二}丅乙^{二}}$　以　$\sqrt[三]{甲丄乙}$　約之，則必先齊同其根指數，得　$(甲^{二}丅乙^{二})^{\frac{六}{三}}$　及　$(甲丄乙)^{\frac{六}{二}}$　由此二式得　$\frac{\sqrt[三]{甲丄乙}}{\sqrt{甲^{二}丅乙^{二}}}$　等于　$\left[\frac{(甲丄乙)^{二}}{(甲^{二}丅乙^{二})^{三}}\right]^{\frac{六}{一}}$　即　$\left[\frac{(甲丄乙)^{二}}{(甲丄乙)^{三}(甲丅乙)^{三}}\right]^{\frac{六}{一}}$　即　$[(甲丄乙)(甲丅乙)^{三}]^{\frac{六}{一}}$　即　$\sqrt[六]{(甲丄乙)(甲丅乙)^{三}}$

三式　有　$五\sqrt{八}$　以　$三\sqrt{五}$　乘之，則　$五\sqrt{八}×三\sqrt{五}$　即

$五\times三\times\sqrt{八}\times\sqrt{五}$　即　$一五\times\sqrt{四〇}$　即　$一五\times\sqrt{四\times一〇}$　即　$三〇\sqrt{一〇}$

四式　有　$八\sqrt[三]{五六}$　以　$四\sqrt[三]{二}$　約之，則　$\frac{四\sqrt[三]{二}}{八\sqrt[三]{五六}}=\frac{二\sqrt[三]{二}}{\sqrt[三]{五六}}$　即　$二\sqrt[三]{二八}$

五式　有　$天^{\frac{卯}{一}}$　以　$天^{\frac{寅}{一}}$　乘之，則　$天^{\frac{卯}{一}}\times天^{\frac{寅}{一}}$　等于　$天^{\frac{卯}{一}\perp\frac{寅}{一}}$　即　$天^{\frac{卯寅}{卯\perp寅}}$　即　$\sqrt[卯寅]{天^{卯\perp寅}}$

六式　有　$甲^{\frac{寅}{一}}$　以　$乙^{\frac{卯}{一}}$　約之，則　$\frac{乙^{\frac{卯}{一}}}{甲^{\frac{寅}{一}}}$　等于　$\left(\frac{乙^{寅}}{甲^{卯}}\right)^{\frac{卯寅}{一}}$

即　$\sqrt[卯寅]{\frac{乙^{寅}}{甲^{卯}}}$

求無理根式之乘方及方根此爲第六題。

第四十六款　凡以無理之根式自乘及開方，其法與代數之常法同，亦以所欲求之某根某方之指數乘約其原指數即得。

如　$三\sqrt[三]{三}$　之平方式爲　$三\times三(三)^{\frac{三}{二}}$　即　$九\sqrt[三]{九}$　如　$天^{\frac{寅}{一}}$　之卯方爲　$天^{\frac{寅}{卯}}$　如　$\frac{八}{二\sqrt{二}}$　之立方根爲　$\frac{一}{二}(二)^{\frac{六}{一}}$　即　$\frac{二}{\sqrt[六]{二}}$　如　$天^{\frac{寅}{一}}$　之卯方根爲　$天^{\frac{寅卯}{一}}$

第四十七款　凡多項式中有一項或數項爲無理之根式者，其乘方之式可以常法乘得之。

如有式　$三\perp\sqrt{五}$　欲求其平方式，則以此式如常法相乘之，

$$\begin{array}{r}三\perp\sqrt{五}\\ 三\perp\sqrt{五}\\ \hline 九\perp三\sqrt{五}\qquad\\ \perp三\sqrt{五}\perp五\\ \hline 九\perp六\sqrt{五}\perp五\end{array}$$

得　$九\perp六\sqrt{五}\perp五$　即　$一四\perp六\sqrt{五}$

第四十八款　凡有一項或二項之無理根式而帶零分者，其平方之根可求。

若有式如　$甲\perp乙$　或　$甲\top乙$　者，則其平方根可求。法取一數丁，令　$丁=\sqrt{甲^{二}\top乙^{二}}$　則其　$\sqrt{甲\perp乙}$　必等于　$\sqrt{\frac{二}{甲\perp丁}}\perp\sqrt{\frac{二}{甲\top丁}}$　而　$\sqrt{甲\top乙}$　必等于　$\sqrt{\frac{二}{甲\perp丁}}\top\sqrt{\frac{二}{甲\top丁}}$　如　$八\perp二\sqrt{七}$　之平方根爲　$一\perp\sqrt{七}$　如　$三\top\sqrt{八}$　之平方根爲　$\sqrt{二}\top一$

凡求二項無理根式之立方以上之根無公法。

又華蘅芳《學算筆談》卷九　論代數中助變之數

前卷所論各種變化之法，乃淺代數中尋常所用也。惟至代數最深之處，則算式極繁，而但用前卷各法尚覺不易變化，故必更立一種巧法以助其變化之事，此助變之數所由名也。

助變之數，其立法之理即從代數推廣而得，並無甚深之意也。惟因代數中已知未知之數既可代以各元，則各元所成之式，亦可更用他元或他式以代其式中之任幾項或任幾數而變其形，則不易變化之式可以易于變化，而不易明之理不易得之數不致束手無策矣。

助變之數，尋常之淺代數中不多見，惟于代數最深之處則必用之。而微分積分之中，尤以此法爲最要之事。學者不明此法，則于微積之法亦難通曉。故必于此先論之。

助變之數，亦可名之曰借代之法，因其所用之式非本題應有之數而從題外借來也。其所以必借之故，因本題之式極難變化，故借他元或他式他數，以代其式中之若干項而變其形，是于無可如何之時勉强挪移以濟其窮也。惟既名之曰借，則終無不還之理，故至變化既訖，必仍以原代之式還之，則與不借而徑從本式求得者無異。

兹特于算學書中略引各種借代之式以明助變之例。

一題　有　$\frac{一\perp二甲\sqrt{天^{二}\top一}}{一\perp\sqrt{天^{二}\top一}}=\frac{天^{二}\top二}{\sqrt{天^{二}\top一}\top一}$　式，求其天之同數。

見《代數難題解法》卷二第二十六頁。

借地以代其　$\sqrt{天^{二}\top一}$　則其式中之　$天^{二}\top二$　可以　$地^{二}\top一$　代之，而題式變形爲　$\frac{一\perp二甲地}{一\perp地}=\frac{地^{二}\top一}{地\top一}=\frac{地\perp一}{一}$　用常法化之爲

地^{二}丄二地丄一＝一丄二甲地　地丄二＝二甲　而　地＝二(甲丅一)　此式中之地以原代之數　$\sqrt{天^{二}丅一}$　代還之爲　$\sqrt{天^{二}丅一}$＝二(甲丅一)　天^{二}丅一＝四(甲丅一)^{二}　則可得　天＝$\sqrt{一丄四(甲丅一)^{二}}$

二題　有　$\sqrt{一丄甲}\left(\frac{一丅天}{一丄天}\right)^{\frac{四}{一}}丄\sqrt{一丅甲}\left(\frac{一丄天}{一丅天}\right)^{\frac{四}{一}}＝二\sqrt[四]{一丅甲^{二}}$　式，求其天之同數。見難題卷二第二十七頁。

借地以代其　$\left(\frac{一丅天}{一丄天}\right)^{\frac{四}{一}}$，則其　$\left(\frac{一丄天}{一丅天}\right)^{\frac{四}{一}}$　可以　$\frac{地}{一}$　代之。而題式變形爲　$\sqrt{一丄甲}\cdot地丄\sqrt{一丅甲}\cdot\frac{地}{一}＝二\sqrt[四]{一丅甲^{二}}$　用常法化去分母而移其項爲　$\sqrt{一丄甲}\cdot地^{二}丅二\sqrt[四]{一丅甲^{二}}\cdot地丄\sqrt{一丅甲}＝〇$　開平方得　$\sqrt[四]{一丄甲}\cdot地丅\sqrt[四]{一丅甲}＝〇$　則　地＝$\sqrt[四]{\frac{一丄甲}{一丅甲}}$　而地^{四}＝$\frac{一丄甲}{一丅甲}$　即　$\frac{一丅天}{一丄天}＝\frac{一丄甲}{一丅甲}$　所以得　天＝丅甲

又　六題　有　天丅$\sqrt{六天}$＝一　式，求其天之同數。難題十一卷第一頁。

以　$\frac{\sqrt[三]{人}}{一}$　代其天，則　一丅$\sqrt[三]{六人^{二}}$＝人　而　六人^{二}＝一丅三人丄三人^{二}丅人^{三}　人^{三}丄三人^{二}丄三人丄一＝二　所以　人丄一＝$\sqrt[三]{二}$　而　天＝$\sqrt[三]{\frac{\sqrt[三]{二}丅一}{一}}$

七題　有　八天$^{\frac{四}{三}}$丄八一＝一八天$^{\frac{四}{二}}$丄四五天$^{\frac{四}{一}}$　式，求其天之同數。難題十三卷第二次考題。

令　地^{四}　代天，則式變爲　八地^{三}丄八一＝一八地^{二}丄四五地　從此得

地＝丅$\frac{四}{九}$　　天＝$\left(丅\frac{四}{九}\right)^{四}$

地＝三　而　天＝三^{四}

地＝$\frac{二}{三}$　　天＝$\left(\frac{二}{三}\right)^{四}$

八題　有　$\sqrt{\frac{天^{二}丄二天丄四}{天^{二}丅二天丄三}}丄\sqrt{\frac{天^{二}丅二天丄三}{天^{二}丄二天丄四}}＝二丄\frac{二}{一}$　式，求其天之同數。難題十五卷第八次考題。

令　地^{二}　代其　$\frac{天^{二}丄二天丄四}{天^{二}丅二天丄三}$　則式變爲　地丄$\frac{地}{一}$＝二丄$\frac{二}{一}$　從此得　地＝$\frac{二}{一}$　㊀　地＝二　㊁　從㊀式得　天＝$\frac{三}{一}\left(丅五\frac{丄}{丅}\sqrt{丅一四}\right)$　從㊁式得　天＝二　又　天＝$\frac{三}{四}$

九題　有　天$^{\frac{三}{二}}$丄$\frac{天^{\frac{三}{二}}}{一}$＝$\sqrt{\frac{三}{一}\left(天丅一丄\frac{天}{一}\right)}$　式，求其天之同數。難題十五卷第八次考題。

令地代　天$^{\frac{三}{一}}$丄$\frac{天^{\frac{三}{一}}}{一}$　則式變爲　天丄$\frac{天}{一}$＝地^{三}丅三地　從此可得　地＝$\frac{\sqrt[三]{二}丅一}{一}$　則地爲已知之數，可以甲代其　$\frac{\sqrt[三]{二}丅一}{一}$　所以　天丄$\frac{天}{一}$＝甲^{三}丅三甲　而　天＝$\frac{二}{甲^{三}丅三甲}\left\{一\frac{丄}{丅}\sqrt{一丅\frac{(甲^{三}丅三甲)^{三}}{四}}\right\}$

清・徐虎臣《溥通新代數》卷二　第二篇　二次方程式

第七二款　無理之方程式

凡方程式中之未知數含有根號者，謂無理之方程式。欲將無理之項改爲有理之方程式者，必將無理之項悉移於一邊。如無理之項有任何根，即將彼邊有理之項乘至任何方。如乘過仍有根號者，再移而乘之，悉將式中之根號化盡爲止。例如　$\sqrt{(天^{二}丅九)}$丄天＝九　移之　$\sqrt{(天^{二}丅九)}$＝九丅天　兩邊各自乘得　天^{二}丅九＝(九丅天)^{二}　乘右邊得　天^{二}丅九＝八一丅一八天丄天^{二}　移項而消之　一八天＝九〇　所以　天＝五

例二　$\sqrt{(二天丄八)}$丅二$\sqrt{(天丄五)}$＝二　兩邊各自乘得　(二天丄八)丄四(天丄五)丅四$\sqrt{(二天丄八)}\sqrt{(天丄五)}$＝四　再將無根號之項悉移於右而消之，得式各以二除之，即得　二$\sqrt{(二天丄八)}\sqrt{(天丄五)}$＝三天丄一二　再將兩邊各自乘，得　四(二天丄八)(天丄五)＝(三天丄一二)^{二}＝(九天^{二}丄七二天丄一四四)　惟因　[四(二天丄八)(天丄五)]＝(八天^{二}丄七二天丄一六〇)　故　(九天^{二}丄七二天丄一四四)＝(八天^{二}丄七二天丄一六〇)　移項而消之得　天^{二}＝一六　故　天＝四　或　天＝丅四　如是，已求得天之二同數

爲四與 丅四 但若令四代原式中之天，則爲 $\sqrt{一六}丅二\sqrt{九}＝二$ 即 四丅六＝二 而 丅二＝二 有是理乎？若令 丅四 代原式中之天，即爲 $\sqrt{〇}丅二\sqrt{一}＝二$ 則 丅二＝二 亦不合理。然此種錯誤之處，因凡平方根之左必作 $\pm$ 之號，則根數四所設之式爲 $\sqrt{一六}丅二\sqrt{九}＝二$ 即爲 $\pm四丅\pm六＝二$ 因四與六皆爲或正或負。若四爲正，六爲正，即等於負二。若四爲負，六爲負，即等於正二也。故 天＝四 依同理，或 天＝丅四 凡任何方程式，既求得根數，必以根數代原式中之天。若夫原式等於〇，方合。

例三 $\sqrt{(二天丄七)}丄\sqrt{(三天丅一八)}丅\sqrt{(七天丄一)}＝〇$ 任移一項於右，得 $\sqrt{(二天丄七)}丄\sqrt{(三天丅一八)}＝\sqrt{(七天丄一)}$ 兩邊各自乘 $(二天丄七)丄(三天丅一八)丄二\sqrt{(二天丄七)}\sqrt{(三天丅一八)}＝七天丄一$ 移無根號之項於右，得 $二\sqrt{(二天丄七)}\sqrt{(三天丅一八)}＝二天丄一二$ 各以二除之，得 $\sqrt{(二天丄七)}\sqrt{(三天丅一八)}＝天丄六$ 兩邊再自乘之 $(二天丄七)(三天丅一八)＝(天丄六)^{二}$ 兩邊各乘而消之，即 $五天^{二}丅二七天丅一六二＝〇$ 可劈爲 $(五天丄一八)(天丅九)＝〇$ 故 天＝九 或 天＝丅$\frac{五}{一八}$ 餘仿此而解之。

又 卷三 第六篇 根數

第八五款 化無理之根爲同次之解法

凡不能求得正整數之根，爲無理之根。如 $\sqrt{二}$ 及 $\sqrt[三]{四}$ 與 $\sqrt{甲}$ 等，皆不能求得根之實數，故云無理之根。有時將不同次之根化而爲同次之根者，曰根數之化法。例如 $\sqrt{二}$ 與 $六^{\frac{二}{一}}$ 同爲二次之根，而 $\sqrt[三]{四}$ 與 $五^{\frac{三}{一}}$ 同爲三次之根，故 $\sqrt[卯]{甲}$ 與 $五^{\frac{卯}{一}}$ 同爲卯次之根也。設欲化不同次之根爲同次之根者，如 $\sqrt{八}$ 與 $\sqrt[三]{四}$ 可令 $\sqrt{八}＝八^{\frac{二}{一}}$ 而 $\sqrt[三]{四}＝四^{\frac{三}{二}}$ 將兩指數依齊分理化而爲同母之分數，故 $八^{\frac{二}{一}}＝八^{\frac{六}{三}}$ 而 $四^{\frac{三}{二}}＝四^{\frac{六}{四}}$ 則原式爲 $\sqrt{八}＝\sqrt[六]{八^{三}}$ 而 $\sqrt[三]{四}＝\sqrt[六]{四^{二}}$ 即 $\sqrt{八}＝\sqrt[六]{五一二}$ $\sqrt[三]{四}＝\sqrt[六]{一六}$ 此兩式已化爲同次之根。準是理，故 $甲＝\sqrt{甲^{二}}＝\sqrt[卯]{甲^{卯}}$ 及 $二＝\sqrt{二^{二}}＝\sqrt[三]{二^{三}}＝\sqrt[卯]{二^{卯}}$ 而 $\sqrt[三]{二}＝\sqrt[三]{(\sqrt{二^{二}})}＝\sqrt[六]{二^{二}}$ 則 觀以上四式之變化，因乘方指數爲分子，方根指數爲分母，準分數理，分母分子任以相同數乘之，其值不變。準此四式之例，故 $\sqrt[卯]{甲}$ 與 $\sqrt[寅]{乙}$ 可化爲同次之根，因 $\sqrt[卯]{甲}＝甲^{\frac{卯}{一}}$ $\sqrt[寅]{乙}＝乙^{\frac{寅}{一}}$ 將 $\frac{卯}{一}$ 與 $\frac{寅}{一}$ 齊之爲 $\frac{卯寅}{寅}$ 與 $\frac{卯寅}{卯}$ 故 $\sqrt[卯]{甲}＝\sqrt[卯寅]{甲^{寅}}$ 而 $\sqrt[寅]{乙}＝\sqrt[卯寅]{乙^{卯}}$ 如有 $\sqrt[四]{三}$ 與 $\sqrt[六]{五}$ 欲化爲同次之根者，將 $\frac{四}{一}$ 與 $\frac{六}{一}$ 依求公分母法，得 $三^{\frac{四}{一}}＝三^{\frac{一二}{三}}＝\sqrt[一二]{二七}$ $五^{\frac{六}{一}}＝五^{\frac{一二}{二}}＝\sqrt[一二]{二五}$ 若將 $\sqrt[四]{三}$ 與 $\sqrt[六]{五}$ 比較其孰大孰小，因 $\sqrt[一二]{二七}>\sqrt[一二]{二五}$，故 $\sqrt[四]{三}>\sqrt[六]{五}$ 準以上諸例，凡化根數爲同次者，準此。

第八六款 無理根加減乘除之解法

凡不同之兩無理之根相加減者，必先化爲相似之根而加減之得簡式，否則將兩原式作 丄 於中即得。例如 $\sqrt{八}$ 與 $\sqrt{一八}$ 相加者，因 $\sqrt{八}＝\sqrt{四}\cdot\sqrt{二}$ $\sqrt{一八}＝\sqrt{九}\cdot\sqrt{二}$ 但 $\sqrt{四}＝二$ $\sqrt{九}＝三$ 故 $\sqrt{八}＝二\sqrt{二}$ $\sqrt{一八}＝三\sqrt{二}$ 其兩根數已同化爲 $\sqrt{二}$ 所以 $\sqrt{八}丄\sqrt{一八}＝五\sqrt{二}$ 若以兩式相減，則 $\sqrt{一八}丅\sqrt{八}＝\sqrt{二}$ 又如有 $\sqrt[三]{一九二}\pm\sqrt[三]{二四}$，必先將兩式化爲 $\sqrt[三]{一九二}＝\sqrt[三]{六四}\cdot\sqrt[三]{三}$ 及 $\sqrt[三]{二四}＝\sqrt[三]{八}\cdot\sqrt[三]{三}$ 因 $\sqrt[三]{六四}＝四$ $\sqrt[三]{八}＝二$ 故 $\sqrt[三]{一九二}丄\sqrt[三]{二四}＝六\sqrt[三]{三}$ 而 $\sqrt[三]{一九二}丅\sqrt[三]{二四}＝二\sqrt[三]{三}$ 又如有 $\sqrt{甲^{三}}\pm\sqrt{甲乙^{二}}$，準上法，可令 $\sqrt{甲^{三}}＝甲\sqrt{甲}$ $\sqrt{甲乙^{二}}＝乙\sqrt{甲}$ 由是原式即變爲 $(甲\pm乙)\sqrt{甲}$ 故凡根號內能劈爲可開方之元乘不可開方之元者，乃將可開方者求得根而書於根號之外。又如有 $\sqrt[三]{三}$ 與 $\sqrt{二}$ 相加減時，因不能化爲相似之根，作 $\sqrt[三]{三}\pm\sqrt{二}$ 故凡加減無理之根不能化爲同根者，即連書之。如無理之根乘無理之根或乘整數者，若相乘無理之根爲同次者，即將兩根號內之數相乘。設爲不同次者，必化爲同次而乘之。如與整數相乘，亦必將整數化爲同次之根而乘之，除法亦然。例如 $\sqrt[卯]{甲}$ 與 $\sqrt[卯]{乙}$ 相乘者，即將根號內之甲與乙相乘，故 $\sqrt[卯]{甲}\cdot\sqrt[卯]{乙}＝\sqrt[卯]{甲乙}$ 此因根之次數相同，故將根號內之甲與乙相乘，而仍其根號即得。例二 $\sqrt{二〇}\times\sqrt{五}$ 因根之次數

同，而 $\sqrt{一〇〇}$ 爲乘得之式，但 $\sqrt{一〇〇}=一〇$ 所以 $\sqrt{二〇}\times\sqrt{五}=一〇$ 例三 $\sqrt{二}\times\sqrt[三]{三}$ 可令 $\sqrt[三]{三}=\sqrt[六]{九}$ $\sqrt{二}=\sqrt[六]{八}$ 故 $\sqrt{二}\times\sqrt[三]{三}=\sqrt[六]{七二}$ 例四 $\sqrt[三]{二}\div\sqrt{六}$ 法先將 $\sqrt[三]{二}$ 與 $\sqrt{六}$ 化爲同次之根 $\sqrt[六]{四}$ 與 $\sqrt[六]{二一六}$ 兩式相約得

$$\sqrt[六]{\left(\frac{二一六}{四}\right)}$$

因分母分子有公生數四，故可約爲

$$\sqrt[六]{\left(\frac{五四}{一}\right)}$$

例五 $四\sqrt{三}\bot四\sqrt{二}$ 與 $二\sqrt{三}\top二\sqrt{二}$ 相乘者，演草於（右）。

$$\begin{array}{r} 四\sqrt{三}\bot四\sqrt{二} \\ 二\sqrt{三}\top二\sqrt{二} \\ \hline \top八\sqrt{六}\top八\times二 \\ 八\times三\bot八\sqrt{六} \\ \hline 二四\top一六=八 \end{array}$$

法以 $\top二\sqrt{二}$ 乘 $四\sqrt{二}$ 得 $\top八\times二$ 此因 $\sqrt{二}$ 乘 $\sqrt{二}$ 得二 $\top二$ 乘四得 $\top八$ 之故。再以 $\top二\sqrt{二}$ 乘 $四\sqrt{三}$ 得 $\top八\sqrt{六}$，此因 $\sqrt{二}$ 乘 $\sqrt{三}$ 得 $\sqrt{六}$ $\top二$ 乘四得 $\top八$ 而得。又以 $二\sqrt{三}$ 乘 $四\sqrt{二}$ 得 $八\sqrt{六}$ 理與第二乘法同。再以 $二\sqrt{三}$ 乘 $四\sqrt{三}$ 得 $八\times三$ 理與第一乘法相似。依加法 $\top八\sqrt{六}$ 與 $八\sqrt{六}$ 相抵，故乘得之二項爲 二四 與 $\top一六$ 正負相抵而得八爲乘得之式也。凡乘除無理之根，皆當依以上諸例而求之。

第八七款　分數無理根之解法

凡分數之分母有無理之根時，須化爲有理之根而去之。

例如 有 $\frac{\sqrt{五}}{三}=\frac{\sqrt{五}\cdot\sqrt{五}}{三\sqrt{五}}=\frac{五}{三}\sqrt{五}$ （一） $\frac{\sqrt{七}}{三\sqrt{二}}=\frac{\sqrt{七}\cdot\sqrt{七}}{三\sqrt{二}\cdot\sqrt{七}}=\frac{七}{三\sqrt{一四}}$ （二）

$$\frac{\sqrt{五}\bot一}{二\bot\sqrt{五}}=\frac{(\sqrt{五}\bot一)(\sqrt{五}\top一)}{(二\bot\sqrt{五})(\sqrt{五}\top一)}$$

$$=\frac{五\top一}{二\sqrt{五}\bot五\top二\top\sqrt{五}} \quad （三）$$

$$=\frac{四}{一}(三\bot\sqrt{五})$$

$$\frac{甲\bot\sqrt{乙}}{甲\top\sqrt{乙}}=\frac{(甲\bot\sqrt{乙})(甲\top\sqrt{乙})}{(甲\top\sqrt{乙})(甲\top\sqrt{乙})}$$

$$=\frac{甲^{二}\top乙}{甲^{二}\top二甲\sqrt{乙}\bot乙} \quad （四）$$

準此四式之化法，則無理根之分母易化爲有理根之分母也。然有種方程式 $甲\bot\sqrt{乙}=甲\bot\sqrt{丙}$ （五） 但 $甲=甲$ 則 $\sqrt{乙}=\sqrt{丙}$ 即 $乙=丙$ 若變原式爲 $(甲\top甲)\bot\sqrt{乙}=\sqrt{丙}$ 兩邊自乘得 $(甲\top甲)^{二}\bot二(甲\top甲)\sqrt{乙}\bot乙=丙$ 移項得 $二(甲\top甲)\sqrt{乙}=丙\top乙\top(甲\top甲)^{二}$ 由是 $\sqrt{乙}$ 之倍數爲〇，$(甲\top甲)^{二}$ 亦爲〇，故 $丙=乙$ 準（五）式例，則兩邊有理之項相等，而兩邊無理之項亦必相等也。又如有 $\sqrt{乙}$ 爲根數時，求 $\sqrt{(甲\bot\sqrt{乙})}$ 之根。設令原式爲 $\sqrt{甲'}\bot\sqrt{乙'}$ 則 $\sqrt{(甲\bot\sqrt{乙})}=\sqrt{甲'}\bot\sqrt{乙'}$ （六） 兩邊自乘得 $甲\bot\sqrt{乙}=甲'\bot乙'\bot二\sqrt{甲'乙'}$ 準（五）式理，則 $甲=甲'\bot乙'$ 及 $乙=四甲'乙'$ 而 $\frac{四}{乙}=甲'乙'$ 依有和有積列成方程式理，得 $天^{二}\top甲天\bot\frac{四}{乙}=〇$ 準解二次式例，得 $\frac{二}{甲\pm\sqrt{(甲\top乙)}}$ 爲所求之二根，故

$$\sqrt{(甲\bot\sqrt{乙})}=\sqrt{\left(\frac{二}{甲\bot\sqrt{(甲^{二}\top乙)}}\right)}\bot\sqrt{\left(\frac{二}{甲\top\sqrt{(甲^{二}\top乙)}}\right)}$$

如以（六）式之解法爲例，可解左之例題。例一 求 $\sqrt{(一五\bot二\sqrt{五六})}$ 之根。準（六）式，令 $\sqrt{(一五\bot二\sqrt{五六})}=\sqrt{甲'}\bot\sqrt{乙'}$ 兩邊各自乘 $一五\bot二\sqrt{五六}=甲'\bot乙'\bot二\sqrt{甲'乙'}$ 令兩邊有理之項及無理之項各相等，則 $甲'\bot乙'=一五$ 而 $甲'乙'=五六$ 因和爲 一五 積爲 五六 故求得二根爲七與八，所以原式之平方根爲 $\sqrt{七}\bot\sqrt{八}$ 也。例二 求 $\sqrt{(六\top\sqrt{三五})}$ 之根。令 $\sqrt{(六\top\sqrt{三五})}=\sqrt{甲'}\top\sqrt{乙'}$ 兩邊自乘得 $六\top\sqrt{三五}=甲'\bot乙'\top二\sqrt{甲'乙'}$ 則 $甲'\bot乙'=六$ 及 $四甲'乙'=三五$ 而 $甲'乙'=\frac{四}{三五}$ 故 $甲'=\frac{二}{七}$ $乙'=\frac{二}{五}$ 由是 $\sqrt{(六\top\sqrt{三五})}=\sqrt{\frac{二}{七}}\top\sqrt{\frac{二}{五}}$ 然此種求根之化法極巧，讀是書者慎毋忽視之。

第八八款　幻根

凡任何負數開耦次之根者，謂之幻根。如 $\sqrt{丅甲}$（因任正負兩根相乘不能成負式之方。）然此種之式代數中之功用頗大，不得不立法以解之。例如 $\sqrt{丅甲}$ 可劈爲 $\sqrt{甲}\sqrt{丅一}$ 又如 $\sqrt{丅九}$ 可劈爲 $\sqrt{九}\sqrt{丅一}$ 即爲 $三\sqrt{丅一}$ 又如有 $\sqrt{丅天^{二}丅地^{二}⊥二天地}$ 可易爲 $\sqrt{(天丅地)^{二}×丅一}$ 故得 $(天丅地)·\sqrt{丅一}$ 由是，幻根皆能化爲整根乘幻生數之 $\sqrt{丅一}$ 故幻根乘除之法，須先劈得幻生而乘其係數。但幻生乘方公式，如 $(\sqrt{丅一})^{一}=\sqrt{丅一}$ （一） $(\sqrt{丅一})^{二}=丅一$ （二） $(\sqrt{丅一})^{三}=丅\sqrt{丅一}$ （三） $(\sqrt{丅一})^{四}=一$ （四） $(\sqrt{丅一})^{五}=\sqrt{丅一}$ （五） $(\sqrt{丅一})^{六}=丅一$ （六） $(\sqrt{丅一})^{七}=丅\sqrt{丅一}$ （七） $(\sqrt{丅一})^{八}=一$ （八） 由以上八式可得幻根乘法之例。如有 $\sqrt{丅甲}\sqrt{丅乙}$ 可劈爲 $\sqrt{甲}\sqrt{丅一}\sqrt{乙}\sqrt{丅一}$ 乘之得 $\sqrt{甲乙}×丅一$ 即爲 $丅\sqrt{甲乙}$ 又如 $\sqrt{丅甲}×丅\sqrt{丅乙}$ 可劈爲 $(\sqrt{甲}\sqrt{丅一})(丅\sqrt{乙}\sqrt{丅一})$ 乘之得 $丅\sqrt{甲乙}×丅一$ 但兩負相乘爲正，故得 $\sqrt{甲乙}$ 由是兩幻根相乘時，同號者乘得之式爲負，異號者乘得之式反爲正也。若以任幻根除他之幻根者，理同乘法。例如 有 $\frac{\sqrt{丅甲}}{\sqrt{丅甲乙}}$ 可劈爲 $\frac{\sqrt{甲}\sqrt{丅一}}{\sqrt{甲乙}\sqrt{丅一}}$ 故除得之式爲 $\sqrt{乙}$ 又如有 $\frac{\sqrt{丅甲}}{丅\sqrt{丅甲乙}}$ 可劈爲 $\frac{\sqrt{甲}\sqrt{丅一}}{丅\sqrt{甲乙}\sqrt{丅一}}$ 而除得之式爲 $丅\sqrt{乙}$ 由是兩幻根相除時，同號爲正異號爲負，而與常法同。又凡幻根之方程式，如有 $甲⊥乙\sqrt{丅一}=甲'⊥乙'\sqrt{丅一}$ 移項得 $甲丅甲'=(乙'丅乙)\sqrt{丅一}$ 若 $甲=甲'$ 則 $乙=乙'$ 而 $(乙'丅乙)\sqrt{丅一}=〇$ 又如 $甲⊥地⊥天\sqrt{丅丙}=丙⊥天⊥地\sqrt{丅甲}$ 移之 $(甲⊥地)丅(丙⊥天)=(地\sqrt{丅甲}丅天\sqrt{丅丙})$ 若 $甲⊥地=丙⊥天$ （一） $地\sqrt{丅甲}=天\sqrt{丅丙}$ （二） 從（一）式 $地=丙⊥天丅甲$ 從（二）式 $地=天\sqrt{\frac{甲}{丙}}$ 故 $天\sqrt{\frac{甲}{丙}}=丙⊥天丅甲$ 即 $天=\frac{\sqrt{\frac{甲}{丙}}丅一}{丙丅甲}$ 所以 $天=\frac{\left(\frac{甲^{\frac{二}{一}}}{丙^{\frac{二}{一}}丅甲^{\frac{二}{一}}}\right)}{丙丅甲}=\frac{丙^{\frac{二}{一}}丅甲^{\frac{二}{一}}}{甲^{\frac{二}{一}}(丙丅甲)}$ 因 $\frac{丙^{\frac{二}{一}}丅甲^{\frac{二}{一}}}{甲^{\frac{二}{一}}(丙丅甲)}=甲^{\frac{二}{一}}(丙^{\frac{二}{一}}⊥甲^{\frac{二}{一}})$ 故 $天=甲⊥\sqrt{甲丙}$ 依同理得 $地=乙⊥\sqrt{甲丙}$ 後凡類此之方程式，皆倣之。

又　第一九六款　虛根及根之關係

虛根，即負號之根也，或云幻根。凡方程式之係數皆爲整數時，此方程式所含之虛根必爲耦數。例如 方程式之一根爲 $甲⊥乙\sqrt{丅一}$ 者，則 $甲丅乙\sqrt{丅一}$ 亦必爲方程式之一根，則 $天丅(甲⊥乙\sqrt{丅一})$ 必爲方程式之一因子。而 $天丅(甲丅乙\sqrt{丅一})$ 亦爲一因子。故方程式之二虛根爲 $甲±乙\sqrt{丅一}$ 由是 $(天丅甲⊥乙\sqrt{丅一})(天丅甲丅乙\sqrt{丅一})$ 乘得 $(天丅甲)^{二}⊥乙^{二}$ 即 $天^{二}丅二甲天⊥(甲^{二}⊥乙^{二})=〇$ 而各項之係數皆整。若虛根之數爲奇，則乘得之方程式各項必不能皆爲整數。又凡方程式知二根之關係即能求其根。例如 $天^{三}丅三天^{二}丅一〇天⊥二四=〇$ 已知一根爲他之一根之二倍時，若所知之二根爲 甲 乙，則 甲 必與 二乙 相等。因 甲 爲原方程式之一根，故 $甲^{三}丅三甲^{二}丅一〇甲⊥二四=〇$ （角） 惟 $乙=\frac{二}{甲}$ 故 $\left(\frac{二}{甲}\right)^{三}丅三\left(\frac{二}{甲}\right)^{二}丅一〇\left(\frac{二}{甲}\right)⊥二四=〇$ 即 $甲^{三}丅六甲^{二}丅四〇甲⊥一九二=〇$ （亢） 因（角）（亢）二式之公生數爲 $甲丅四$ 故 $甲=四$ $乙=二$ 由是求得餘一根爲 丅三 。例二 如有 $二天^{三}丅一五天^{二}⊥三七天丅三〇=〇$ 知三根之和爲任一根甲之三倍時，即可求各根之值。惟 $三甲=\frac{二}{一五}$ 則 $甲=\frac{二}{五}$ 即 $二甲=五$ 乃以 $二天丅五$ 約原方程式，得 $天^{二}丅五天⊥六=〇$ 故求得天之各根爲 $\frac{二}{五}$ 及 二 與 三 之三數。準此例，凡寅次式寅箇根之和如等於任一根之寅倍者，皆倣之。

函數部

題解

清·李善蘭《代微積拾級》凡例

一，書中諸記號爲古算書所未有，今詳釋之。丄者，正也加也。丅者，負也減也，右減左也。×者，相乘也。又並列亦爲相乘，如 甲乙 即甲、乙二元相乘也。÷者，約也，右約左也，或作 —— 法居上實居下，如 $\frac{甲}{乙}$ 即以甲約乙也。∷者，指四率比例也。（ ）者，括諸數爲一數也，名曰括弧。√ 者，開方根也。如 $\sqrt{甲}$ 謂甲之平方根，$\sqrt[三]{甲}$ 謂甲之立方根，$\sqrt[四]{甲}$ 謂甲之三乘方根，餘類推。元右上角之小字名指數，有整指數，如 $甲^{二}$ 謂甲之自乘方也，$甲^{三}$ 謂甲之再乘方也，$甲^{四}$ 謂甲之三乘方也。有分指數，如 $甲^{\frac{一}{二}}$ 謂甲之平方根，$甲^{\frac{一}{三}}$ 謂甲之立方根，$甲^{\frac{一}{四}}$ 謂甲之三乘方根也。有負整指數，如 $甲^{丅一}$ 謂以甲約一也，$甲^{丅二}$ 謂以甲自乘方約一也，$甲^{丅\frac{一}{二}}$ 謂以甲之平方根約一也，$甲^{丅\frac{一}{三}}$ 謂以甲之立方根約一也，餘類推。＝者，左右二數相等也，如 甲＝乙 謂甲等于乙也。＜者，右大于左也。＞者，左大于右也。彳者，微分也，如 彳天 言天之微分也。禾者，積分也，如 禾彳天 言天微分之積分也。○ 者，無也。∝ 者，無窮也。

一，凡同類之元及圖中同類之點，皆同用一字而以′、″別之，如 天′、天″、甲′、甲″ 之類，欲令讀者便記憶也。又或于元之右下角記 一、二、三、四 等小字，如 $天_{一}$、$天_{二}$、$天_{三}$ 之類，亦係同類之元而其理則異。

一，有簡式，有詳式。如天地和自乘，其簡式爲 $(天丄地)^{二}$ 其詳式爲 $天^{二}丄二天地丄地^{二}$ 凡書中言詳之者，謂依簡式用代數乘除開方法改爲詳式也。

一，凡代數式推定後，天元之同數或僅有一數或有二三四數以至多數，皆謂之滅數，言其數代天元能令式中正負恰消盡也。

一，舊法八線表之半徑或爲十萬或爲百萬千萬不等，今以半徑爲一，以一乘除位無升降，故凡以半徑乘除者皆不言。

一，式中諸字有代數者，如甲、乙、子、丑、天、地等字。又如周代周率，根代對數根，訥代對數底之類，是也。有指實者，如弦指某角度之正弦，切指某角度之正切，對指某數之對數，是也。

一，諸數字之旨各異。函數者，言其數中函元之加減乘約、開方、自乘諸數也。長數者，言幾何漸增漸減之微數也。變數者，言其數或漸變大或漸變小非一定之數也。常數者，言其數一定不變也。

一，凡代數字皆横書，幾何字皆直書。而弦切諸字，配代數字亦横書，如 甲弦、乙切 之類是也。配幾何字亦直書，如 甲乙丙弦、丁戊己切 之類是也。

又 卷一〇 微分一

微分之數有二，一曰常數，一曰變數。變數以天、地、人物等字代之，常數以甲、乙、子、丑等字代之。

凡式中常數之同數俱不變，如直線之式爲 地＝甲天丄乙 則線之甲與乙俱僅有一同數，任在何點永不變，而天與地之同數則每點皆變也。

凡此變數中函彼變數，則此爲彼之函數。如直線之式爲 地＝甲天丄乙，則地爲天之函數。又平圜之式爲 $地＝\sqrt{味^{二}丅天^{二}}$ 味爲半徑，天爲正弦，地爲餘弦。擴圜之式爲 $地＝\frac{呷}{叱}\sqrt{二呷天丅天^{二}}$ 皆地爲天之函數也。

設不明顯天之函數，但指地爲天之因變數，則如下式 天＝函(地) 地＝函(天) 此天爲地之函數，亦地爲天之函數。

凡函數中有兩變數，則天地外作括弧，亦如上記函字于左。如 戌＝甲地丄乙天 作 戌＝函(天地) 此式戌爲天、地之函數，而但指戌爲天地之因變數。

凡變數與常數成一定同數之函數，謂之陽函數。如 $地＝甲丄天^{三}丄乙$ 之類是也。

凡變數與常數成雜糅未明之函數，謂之陰函數。如 $地^{三}丅三甲地天丄天^{三}＝○$ 此地爲天之函數，須相消而得。

有增函數，變數增函數亦增，變數損函數亦損。如直線式　$地=甲天\bot乙$　此式天增地亦增，天損地亦損。

有損函數，變數增函數反損，變數損函數反增。如平圜式　$地=\sqrt{呆^{二}\top天^{二}}$　此式天愈小地愈大，天愈大地愈小。二者皆天爲自變數，地爲因變數，蓋天一如有一定之同數，地因之而得同數也。

又李善蘭《代數學》卷七　論代數式之諸類並約法

先以式之諸類次第列之，凡式必以一元爲主，今列表以天元爲主如左。

- 函數
  - 代數常式
    - 有比例式
      - 整式
        - 一項式
        - 二項式
        - 三項式
        - 四項式
        - 諸項式
      - 分式
    - 無比例式
      - 整式
        - 一項式
        - 二項式
        - 三項式
        - 四項式
        - 諸項式
      - 分式
  - 越式
    - 指數式
    - 對數式
    - 圜式
    - 反圜式
    - 餘諸式

凡式中函　天　爲　天　之函數，如　$甲\bot天$　$甲\bot乙天^{二}$　諸式是也。此兩式亦爲　甲　及　乙　之函數，但主　天　而言，甲乙　不論。凡式函前所論諸式而式數非無窮，又　天　非爲指數，則命爲常式函數。如　$\sqrt{甲\bot天^{二}}$　$甲天^{三}\bot乙$　諸式是也，而　$甲^{天}$　不預焉。又如　$一\bot天\bot天^{二}\bot\cdots$　同于　$一\div(一\top天)$　，凡此類之式亦爲　天　之常式函數也。六卷十二頁。此外俱命爲越函數。如　$甲^{天}$　及函　$甲^{天}$　之諸式，又如　天　之對數及三角法中　天　之正弦餘弦之類是也。函　$甲^{天}$　之式命爲指函數，函對數命爲對函數，餘倣此。常函數分爲二種，一、但函　天　之整方數命爲有比例函數，如　$甲\bot天^{二}$、$甲天^{\top二}\bot乙$　諸式是也。一、函　天　之分方數命爲無比例函數，如　$甲天^{\frac{二}{三}}\bot乙$　與　$\sqrt{甲^{二}\bot天^{二}}$　之類是也。

凡　天　之有比例函數及無比例函數，又皆分爲二種，一、僅子數函　天　命爲整函數，如　$天\bot\frac{甲}{天^{二}}$　$\frac{甲\bot乙}{甲\bot\sqrt{天}}$　之類是也。一、母數亦有　天　命爲分函數，如　$\frac{乙天\bot天^{二}}{甲\bot天}$　$\frac{丙\bot\sqrt[三]{天}}{\sqrt{天}\top\sqrt{地}}$　之類是也。整函數分爲數種，一、僅函　天　一個方式命爲一項函數，如　$天^{三}$　$甲天^{二}$　$\sqrt{乙天}$　$(甲\bot乙)天^{四}$　之類是也。一、函　天　之兩個方式命爲二項函數，其中$天^{〇}$　亦作一方論，如　$甲\bot乙天$　即　$甲天^{〇}\bot乙天$　又　$丙天^{三}\bot\sqrt{天}$　及　$寅天^{二}\bot卯天^{三}$　之類是也。一、函　天　之三個方命爲三項函數。一、函　天　之四個方命爲四項函數。餘倣此。概而言之，一個方之外謂之諸項函數。有比例整函數依其最大指數分爲幾種，如一次、二次、三次是也。如　$甲\bot乙天$　爲　天　一次有比例整函數，$甲\bot乙天\bot丙天^{二}$　爲二次有比例整函數，餘倣此。甲　若以　$甲天^{〇}$　代之，依　天　元爲無次。設　$\frac{寅\bot\sqrt{卯}}{甲\bot\sqrt{乙}丙對\bot甲^{二}丙^{天}}$　此式依　甲　元爲三項有比例整函數，依　寅　元爲有比例分函數，依　乙　元爲無比例整函數，依　卯　元爲無比例分函數，依　天　元爲指函數，依　丙　元爲對函數。

有比例整函數，以　天　之諸方自左至右次第列之，如　$甲天\bot乙\top丙天^{二}$　此式列法如下，或　$\top丙天^{二}\bot甲天\bot乙$　或　$乙\bot甲天\top丙天^{二}$　此上一式謂之遞降式，下一式謂之遞升式。又如　$甲\top乙天^{三}\bot丙天\top天^{五}\top天^{三}$　當作　$甲\bot丙天\top(乙\bot一)天^{三}\top天^{五}$　或作　$\top天^{五}\top(乙\bot一)天^{三}\bot丙天\bot甲$　也。函數之理最要者爲有比例整函數中函似有比例整函數而不能定其爲常式爲越式，因其項無窮故也。如　$甲\bot乙天\bot丙天^{二}\bot\cdots\bot巳天^{卯\top一}\bot午天^{卯}$　此式　甲、乙、丙　皆非　天　之函數，卯　爲整數。　$甲\bot乙天\bot丙天^{二}\bot戊天^{三}\bot\cdots$　此二式乃諸要理之一，上一式命爲諸項式，下一式命爲無窮級式。

清・華蘅芳《微積溯源》卷一　論變數與函數之變比例

第一款　用代數以解任何曲線，其中每有幾種數，其大小恒有定率者，如橢圓之長短徑、抛物線之通徑、雙曲線之屬徑之類是也。

又每有幾種數，可有任若干相配之同數，其大小恒不能有定率者，如曲線任一點之縱橫線是也。

數既有此兩種分別，則每種須有一總名以賅之，故名其有定之數曰常數，無定之數曰變數。

凡常數之同數，不能增亦不能損。

凡變數之同數，能變爲大，亦能變爲小，故其從此同數變至彼同數之時，必

歷彼此二數間最小最微之各分數。

如平圓之半徑爲常數，而其任一段之弧或弧之弦矢切割各線，及各線與弧所成之面，皆謂之變數。

橢圓之長徑、短徑皆爲常數，而其曲線之任一段或曲線上任一點之縱横線，並其形内形外所能作之任何線或面或角皆謂之變數。

抛物線之通徑爲常數，而其曲線之任一段或任一點之縱横線，或弧與縱横線所成之面皆謂之變數。他種曲線亦然。

凡常數恒以甲、乙、丙、丁等字代之，凡變數恒以天、地、人等字代之。

第二款　若有彼此二數皆爲變數，此數變而彼數因此數之變而亦變者，則彼數爲此數之函數。

如平圓之八線皆爲弧之函數。若反求之，亦可以弧爲八線之函數。

又如重學中令物體前行之力與其物所行之路，皆爲時刻之函數。

如有式　$地=\frac{甲\top天}{甲\perp天}$　此式中甲爲常數，天爲自主之變數，地爲天之函數，故地之同數能以天與甲明之。

如有式　$天=\frac{地\perp一}{甲(地\top一)}$　此式中甲與一皆爲常數，地爲自主之變數，天爲地之函數，故天之同數可以地與甲及一明之。

如有式　$戊=甲\perp乙天\perp丙天^{二}$　或　$戊=\sqrt{(甲^{二}\perp乙天\perp天^{二})}$　或

$戊=\frac{丙\perp天^{二}}{甲\perp\sqrt{乙天}}$　其甲乙丙爲常數，天爲自變之數，而戊皆爲天之函數。

凡函數之中，可以有數箇自主之變數。

如有式　$戊=甲天^{二}\perp乙天地\perp丙地^{二}$　則天與地皆爲自主之變數，戊爲天地兩變數之函數。

凡變數之函數，其形雖有多種，然每可化之使不外乎以下數類：　$天^{卯}$、$甲^{天}$、對天、正弦天、餘弦天　等類是也。

凡函數爲　$天^{卯}$　之類，其指數爲常數，則可從天之卯方用代數之常法化之，而以有窮之項明其函數之同數，故謂之代數函數，亦謂之常函數。

如有式　$戊=甲天^{三}\perp\frac{\sqrt{甲^{二}\perp天^{三}}}{乙天^{三}\top丙^{二}天}$　此種函數，其戊之同數可用加減乘除開方等法而得之。

凡函數爲　$甲^{天}$、對天　之類，則其函數之同數不能以有窮之項明之，故謂之越函數。越者，超越於尋常之意也。

凡函數爲　正弦天、餘弦天　及　正切天、正割天　之類，則其函數之同數皆可以平圓之各線明之，故謂之圓函數，亦謂之角函數。

以上三種函數，常函數、越函數、圓函數也。若已知天之同數，則其函數之同數即可求得，故名此三種函數爲陽函數。因其顯而易明，故謂之陽函數。

更有他種函數，必先解其方程式，令函數中之各變數分開，然後能求其同數者。

如有式　$天=\frac{戊\top天}{戊\perp天}$　其戊爲天之函數。如欲求其戊與天相配之同數，必先解其二次方程式始能通。

此種之式名曰天之陰函數。因其雜糅未明，故謂之陰函數。反之亦可云天爲戊之陰函數。

如解其方程式爲　$戊=\frac{一}{二}\left[天\perp\frac{天}{二}\perp\frac{天}{\sqrt{天^{四}\perp六天^{二}\perp一}}\right]$　則戊變爲天之陰函數。

昔代數之家凡遇須用開平方之處，每于其式之左旁作一根字以記之。如　根天　爲天之平方根，後又變通其法而以根號記之，如　$\sqrt{天}$　爲天之平方根，此代數之例也。

茲可仿照此例，凡遇某變數之函數亦用一號以記之。所以，凡有任何變數之函數，皆可書一函字于其變數之旁，以爲識別。

如天之函數，則作　函天　或作　函(天)，皆言天之函數也。

所以，凡見變數之左旁有一函字者，其函字並非代天之倍數，其意謂是某變數之函數也。

用此法，則可將　$戊=天^{卯}$、$戊=甲^{天}$、戊＝對天、戊＝正弦天、戊＝餘弦天　各種之式以一語賅之，謂之　戊＝函天　或　戊＝函(天)。

若函數從兩箇變數而成，其天與地皆爲自主之變數。其式如　$戊=甲天^{二}\perp乙天地\perp丙地^{二}$　者，則可以　戊＝函(天地)　别之。函數爲多箇變數所成者，仿此推之。

惟函數只指其變數言之，若其甲、乙、丙、丁各常數，雖多不論。

綜論

清·李善蘭《代微積拾級·序》 中法之四元即西法之代數也。諸元諸乘方諸互乘積，四元别以位次代數别以記號，法雖殊理無異也。我朝康熙時，西國來本之奈端二家又創立微分積分二術，其法亦借徑於代數，其理實發千古未有之奇秘。代數以甲、乙、丙、丁諸元代已知數，以天、地、人、物諸元代未知數。微分積分以甲、乙、丙、丁諸元代常數，以天、地、人、物諸元代變數。其理之大要，凡線面體皆設爲由小漸大一剎那中所增之積，即微分也，其全積即積分也。故積分逐層分之爲無數，微分合無數微分仍爲積分。其法之大要，恒設縱横二線以天代横線，以地代縱線，以彳天代横線之微分，以彳地代縱線之微分。凡代數式皆以法求其微係數係於彳天或彳地之左，爲一切線面體之微分。故一切線面體之微分與縱横線之微分皆有比例，而疊求微係數可得線面體之級數、曲線之諸異點，是謂微分術。既有線面體之微分，可反求其積分。而最神妙者，凡同類諸題皆有一公式，而每題又各有一本式。公式中恒兼有天地或兼有彳天彳地，但求得本式中天與彳天之同數或地與彳地之同數以代之，乃求其積分即得本題之全積，是謂積分術。由是一切曲線，曲線所函面，曲面，曲面所函體，昔之所謂無法者今皆有法。一切八線求弧背、弧背求八線、真數求對數、對數求真數，昔之視爲至難者，今皆至易。嗚呼！算術至此觀止矣。

算法

清·李善蘭《代微積拾級》卷一〇 微分一

凡變數有限。限者，其數爲變數所漸近而永不能或必不能過，故謂之限。如圜內作一多等邊形，于此形外倍其邊再作一多邊形，如此遞倍遞作則其積漸近平圜積，然兩積之較可至甚微而終不能等于〇，則圜積爲多邊形積之限。又如平圜之式爲

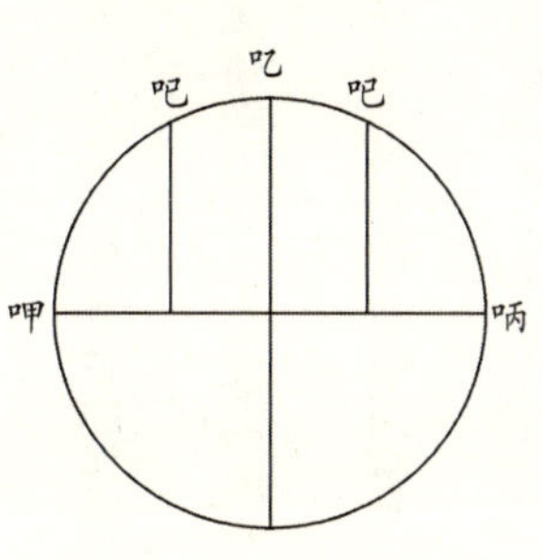

$天^{二}$丄$地^{二}$＝$昧^{二}$ 準圖，吧漸離呷而近叱，則地漸大至叱而與半徑等，吧漸離叱而近呐則地漸小至呐而等于〇，故半徑爲地之限，必不能過，又爲天之限，亦不能過也。又如以 $\frac{九}{一}$ 變爲小數，得 ．丨丨丨丨…… 即 $\frac{一〇}{一}$丄$\frac{一〇〇}{一}$丄$\frac{一〇〇〇}{一}$丄$\frac{一〇〇〇〇}{一}$丄 順是以下至無窮漸近 $\frac{九}{一}$ 而永不能到，則 $\frac{九}{一}$ 爲諸分數和之限。又如 一丄$\frac{二}{一}$丄$\frac{四}{一}$丄$\frac{八}{一}$丄$\frac{一六}{一}$∴ 順是以下至無窮漸近二而永不能到，則二爲諸分數之限。

凡兩數相與漸小，則或向相等之限或向别比例之限。如圖，吧點向定點呷行，則呷吧弧與呷吧通弦同時漸小，追吧點至呷則所得弧與通弦必俱小于最小可名之數，通弦與弧恒向相等之限。然吧未至呷，兩數任漸小必不相等也。又如 $\frac{一}{一}$ $\frac{三}{一}$ $\frac{六}{一}$ $\frac{一〇}{一}$ $\frac{一五}{一}$ $\frac{二一}{一}$ $\frac{二八}{一}$ …… $\frac{一}{一}$ $\frac{四}{一}$ $\frac{九}{一}$ $\frac{一六}{一}$ $\frac{二五}{一}$ $\frac{三六}{一}$ $\frac{四九}{一}$ …… 此二級數之比例如下式

$\frac{一}{一}$ $\frac{三}{四}$ $\frac{六}{九}$ $\frac{一〇}{一六}$ $\frac{一五}{二五}$ $\frac{二一}{三六}$ $\frac{二八}{四九}$ …… 此比例逐級增大，然不能至於二，故上二級數所向比例之限爲二。

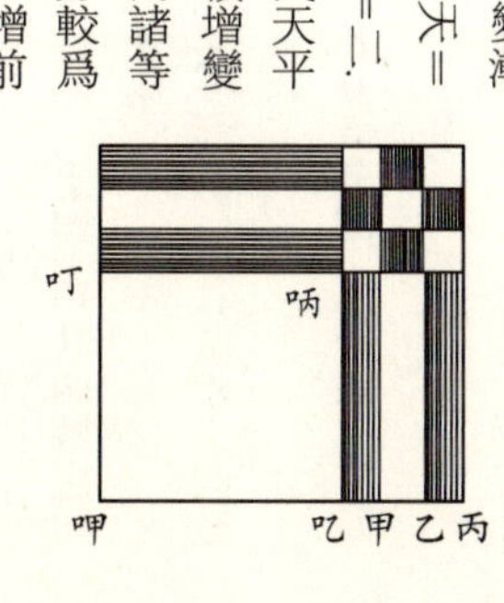

此變數以平變漸大，他變數因此變數及常數而變，或爲平變或爲增損變。如直線之式爲 地＝二天丄三 假令 天＝一 天＝二 天＝三 則 地＝五 地＝七 地＝九 此式天平變漸大，地亦平變漸大。又如拋物線式 地＝$\sqrt{四天}$ 設 天＝一 天＝二 天＝三 天＝四 則 地＝二 地＝二.八二八 地＝三.四六四 地＝四.〇〇〇 此式天平變漸大，地損變漸大。以圖明之，呷叱爲正方邊，用叱甲、甲乙、乙丙諸等分漸變大，于每分界作正方，則呷甲、呷叱之二正方較爲倍呷叱叱甲之矩形加叱甲之正方，而呷乙之正方又增前之二矩形、三個叱甲之正方，呷丙之正方又增前之二矩形、五個叱甲之正方，故云

平方邊平變大，其面積增變大也。以數明之，如平方邊一尺每刻變大一寸，則邊自十寸至十一寸，面自一百寸至一百二十一寸，增多二十一寸。邊自十一寸至十二寸，面自一百二十一至一百四十四寸，增多二十三寸。邊自十二至十三寸，面自一百四十四至一百六十九寸，增多二十五寸。餘仿此。所以邊十一寸時，面漸大之比例速于邊十寸時面漸大之比例也，餘皆然。

本數之增與增之比例不同。增之比例以最小時分中所增若干爲率，正如平方之邊自十一增至十二，其面積自一百二十一增至一百四十四，其增積爲二十三。然自邊十一至邊十二之中間，其面之增率必以漸而大，故其比例若恒同于十一時，則所得必小于二十三。若恒同于十二時，則所得必大于二十三。蓋其比例必漸大漸變方恰得此二十三焉。所以平方之邊爲平變大，其面爲增變大也。

論函數微分

以戊爲天之函數，天變爲 $天丄辛$，則所得函數必爲三者所合：一，原函數戊。二，原函數之微係數乘辛。三，天、辛二元之函數乘辛平方。

準前款，本卷四款。戊爲天之函數，若天變爲 $天丄辛$，則變函數之同數爲級數，依辛之諸乘方詳之，得 $戊'＝呷丄叱辛丄哂辛^{二}丄吅辛^{三}丄\cdots\cdots$ 若辛爲〇，則同數變爲呷，而左數爲戊。故 $呷＝戊$ 相代得式 $戊'＝戊丄叱辛丄哂辛^{二}丄吅辛^{三}丄\cdots\cdots$ 化之得 $戊'＝戊丄叱辛丄辛^{二}（哂丄吅辛丄\cdots\cdots）$ 以 $哂'$ 爲天與辛之函數代 $哂丄吅辛丄\cdots\cdots$ 得 $戊'＝戊丄叱辛丄哂'辛^{二}$ 移戊而以辛約之，得 $\frac{辛}{戊'丅戊}＝叱丄哂'辛$ 若辛等于〇，則得 $\frac{彳天}{彳戊}＝叱$ 是叱爲函數之微係數也。故變函數 $戊'$ 之同數爲原函數戊、及函數之微係數乘辛、及天辛二元之函數乘 $辛^{二}$ 三數之和。

後凡論變函數之同數式如下： $戊'＝戊丄呷辛丄叱辛^{二}$

諸自變數之函數

設戊爲天地兩自變數之函數。夫曰自變，則此元非因彼元而變，彼元亦非因此元而變，故當詳辨二微係。此因天變彼因地變，因天變者視地一若常數，因地變者視天一若常數。視地一若常數則其微係數爲 $\frac{彳天}{彳戊}$ 視天一若常數則其微係數爲 $\frac{彳地}{彳戊}$ 此二微係數名曰偏微係，一爲天之偏微係，一爲地之偏微係。

以兩偏微係與彳天彳地依類各相乘，得兩偏微分式如下 $\frac{彳天}{彳戊}彳天$ $\frac{彳地}{彳戊}彳地$ 上爲天之偏微分，下爲地之偏微分，兩偏微分之和爲函數之全微分，如下式

$$彳戊＝\frac{彳天}{彳戊}彳天丄\frac{彳地}{彳戊}彳地$$

設有天、地、人三變數之函數，則有三偏微分，其和爲函數之全微分，如式

$$彳戊＝\frac{彳天}{彳戊}彳天丄\frac{彳地}{彳戊}彳地丄\frac{彳人}{彳戊}彳人$$

依各變數求函數之微分，視餘變數一若常數，如此盡求得諸變數之微分，并之即函數之全微分。

論函數極大極小

獨變數之函數有極大時極小時。設變數漸大，過限而復漸小，則恰當限之時爲極大。

如圖：吧味直線，依呷叱方向漸移，恒與呷叱成直角，其線漸大。過吧味而復漸小，正當吧味時爲極大。

設變數漸小，過限而復漸大，則恰當限之時爲極小。如圖，吧味漸移自(甲)[呷]向(乙)[叱]，恒與呷叱成直角，其線漸小，過吧味而復漸大，正當吧味時爲極小。

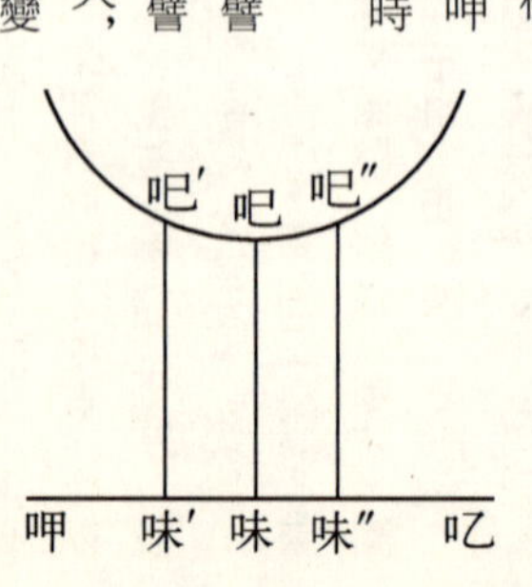

設戊爲天之函數，而天變小其變之微至不可譬喻，命函數爲 $戊'$ 又天變大其變之微至不可譬喻，命函數爲 $戊''$。若戊大于 $戊'$ 或 $戊''$ 則戊爲極大，小于 $戊'$ 或 $戊''$ 則戊爲極小。故函數極大必大于變數略前略後之函數，極小必小于略前略後之函數也。準前，命曲線之縱線爲地，橫線爲天，則切線與橫軸交角之正切等于 $\frac{彳天}{彳地}$ 本卷一款。若吧味爲極大，則晒吧

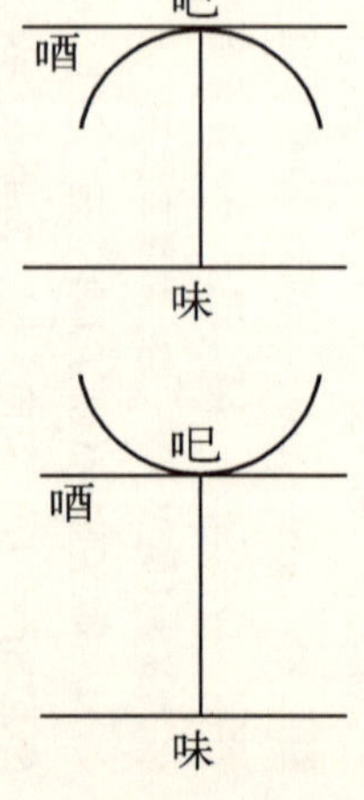

切線與橫軸平行而不能成角，所以得 $\frac{彳天}{彳地}=〇$ 若吧味爲極小，則哂吧切線亦與橫軸平行而不能成角，故亦得 $\frac{彳天}{彳地}=〇$ 故凡得 $\frac{彳天}{彳地}=〇$ 乃顯吧點之切線與橫軸平行，吧不爲曲線之極大點，必爲極小點。

求天之諸同數，以攷函數極大極小之數。

法先求函數之第一次微係數令等于〇，而求得天之諸同數。以諸同數迭代第二次微係數中之天，若得負則函數爲極大，若得正則函數爲極小。若所得同數或令第二次微係數等于〇，則代第三次微係數中之天，若仍等于〇，則代第四次微係數中之天。如此遞代，至遇不等于〇而止。所遇之次數若爲奇，則函數非極大極小。若爲偶，則所得負者函數極大，正者函數極小。

又李善蘭《代數學》卷一〇 論紀函數法 前已明函數之理，七卷一頁。今明紀函數之法，或爲簡式或用一定之記號指未知之函數。如有式 天^{二}丄甲天 以 天 爲主，則論本式中 天 元關係及同數之理，而 甲 元關係及同數俱不論，即命爲 天 之函數。天 之左加一字如係數表之。但須分別此字非係數，所以有一定之字，爲 函、函、函、函 分爲四類，如 函天、函天、函天、函天 四式，俱表 天 之函數，或已知或未知。函函天 爲 函天 之函數，若 函天 爲 天 之函數也。設 函天＝天丄天^{二} 則 函函天 爲 函天丄(函天)^{二}。再列式明之，如 函天＝一丄天^{二} 函天＝一丅天^{二} 則 函函天＝一丅(一丄天^{二})^{二}＝丅二天^{二}丅天^{四} 函函天＝一丄(一丅天^{二})^{二}＝二丅二天^{二}丄天^{四} 又如 函天＝天^{甲} 則 函(一丄天)＝(一丄天)^{甲} 函(二天)＝(二天)^{甲} 又如 函(甲)＝甲^{甲} 則 函乙＝乙^{乙} 餘倣此。凡函數方程式，其元無論爲何同數，其諸函數無不合理。如 函天＝甲天 則 函(乙天)＝甲乙天＝乙×函天 即 函(乙天)＝乙函天 此式凡 函天＝甲天 無不合理。更列數式明之。設 函天＝天^{甲} 則 函天×函地＝函(天地) 又設 函天＝甲^{天} 則 函天×函地＝函(天丄地) 又設 函天＝甲天丄乙 則 $\frac{函天丅函人}{函天丅函地}=\frac{天丅人}{天丅地}$ 又設 函天＝甲天 則 函天丄函地＝函(天丄地) 有時函數之式顯所合之代數詳式，如已知 函(天地)＝天×函地 此式若恒合於理，則 地＝一 亦必合理，所以得 函(天)＝天×函(一) 夫 函(一) 爲 函(天) 中以 一 代 天 之變式，今命爲 丙 任以 丙 之何同數代此式而攷其合理與否。設 函天＝丙天 則 函(天地)＝丙天地 又 天×函地＝天×丙地＝丙天地 故 丙 無論何同數，如 函(天地)＝天函地 夫 函天 即 丙天 則 函(一) 即 丙×一 即 丙 與所設合。又若 函(天地)＝(函天)^{地} 天＝一 則得 函地＝(函(一))^{地}＝丙^{地} 又 函天＝丙^{天} 則 函(天地)＝丙^{天地}＝(丙^{天})^{地}＝(函天)^{地} 而 函(一)＝丙^{一}＝丙 與所設合。觀上所論並下款，足明此書之用。上論若 函天＝丙^{天} 則必 函天×函地＝函(天丄地) 但設 天 有別函數，未知有同得之理否。今以證。攷之 丙^{天} 之類外天 無他函數，可得 函天×函地＝函(天丄地) 設 函天 爲函數，而 天 與 地 無論何同數，則 函天×函地＝函(天丄地) 甲必合理。如以 甲丄乙 代 地 即得 函天×函(甲丄乙)＝函(天丄甲丄乙) 蓋準甲式例得 函(甲丄乙)＝函甲×函乙 所以 函天×函甲×函乙 等于 函(天丄甲丄乙) 其式中任取一元如 甲 以 丙丄戊 代之，則得 函天×函(丙丄戊)×函乙＝函(天丄丙丄戊丄乙) 蓋 函(丙丄戊)＝函丙×函戊 所以 函天×函丙×函戊×函乙＝函(天丄丙丄戊丄乙) 餘倣此。設有 卯 幾何無論何同數，如 甲$_{一}$ 甲$_{二}$ 甲$_{三}$ 至於 甲$_{卯丅一}$ 甲$_{卯}$ 則必 (函甲$_{一}$×函甲$_{二}$…×函甲$_{卯丅一}$×函甲$_{卯}$) 等于 函(甲$_{一}$丄甲$_{二}$丄…丄甲$_{卯丅一}$丄甲$_{卯}$) 此 卯 幾何數俱相等，亦俱等于 甲 則得 (函甲×函甲×…×函甲×函甲) 等于 函(甲丄甲丄…丄甲丄甲) 此式之二邊必各有 卯 項，即 (函甲)^{卯}＝函(卯甲) 而式中之 卯 必爲整數。又設有 寅 幾何皆等于 乙 則必 (函乙)^{寅}＝函(寅乙) 寅卯 既皆爲整數，設 寅乙＝卯甲 則 函(寅乙)＝函(卯甲) 即 (函乙)^{寅}＝(函甲)^{卯} 即 函乙＝(函甲)$^{\frac{寅}{卯}}$ 然惟 乙＝$\frac{寅}{卯}$甲 所以 函$\left(\frac{寅}{卯}甲\right)$＝(函甲)$^{\frac{寅}{卯}}$ 故設 巳 或爲整數或爲有等之分數，則 函(巳甲)＝(函甲)^{巳} 必合理。四卷二十四頁。前甲式中設 天＝〇 地＝〇 則 天丄地＝〇 設 函(〇) 命爲 丙 則 丙×丙＝丙 即 丙＝一 又設 地＝丅天 即 天丄地＝〇 所以得 函天×函(丅天)＝函(〇)＝一 即 函(丅天)＝$\frac{一}{函天}$ 此式無論 天 有何同數，無不合於理。

試以 巳甲 代 天 巳 或爲整數或爲有等之分數，必皆合於理，所以得 揺(丅巳甲)$=\frac{揺(巳甲)}{一}$ 等于 $\frac{(揺甲)^{巳}}{一}=(揺甲)^{丅巳}$ 即 揺(巳甲)$=(揺甲)^{巳}$ 此 巳 或爲負整數或爲有等之分數，其式亦必合理。設如上甲＝一 本卷三頁。若 巳 爲有等之分數，則 丙 無論何同數，可定 揺(巳)$=丙^{巳}$ 亦有時 巳 爲無等之分數，如 $\sqrt{三}$、$\sqrt[三]{四}$ 之類，後別用法推之，無須證而知其合理也。列式令學者用心習之。設 揺(天丄地)丄揺(天丅地)＝二揺天×揺地 今取 甲 無論何同數，表明 揺天$=\frac{一}{二}\left\{甲^{天}丄甲^{丅天}\right\}$ 與上式相合。又明 揺(天丄地)＝揺天丄揺地 此式於 揺天＝甲天 之外無他式可解之。

又 卷一二 指數對數之級數

例 設 函(天) 爲 天 之函數，則 函(天丄地) 可詳爲級數。如 $甲_{○}丄甲_{一}地丄甲_{二}地^{二}丄$…… 此 $甲_{○}$、$甲_{一}$ 諸數皆僅爲 天 之函數，則 函(甲丄乙$\sqrt{丅一}$)丄函(甲丅乙$\sqrt{丅一}$) 依常法推之，其得數必或正或負，則其號數俱減帘而得 函(甲丄乙$\sqrt{丅一}$)丅函(甲丅乙$\sqrt{丅一}$) 其變式爲 能數×$\sqrt{丅一}$ 。置 函(天丄地) 再置 函(天丅地) 即易 地 號之式，則 函(天丄地) 等于 $甲_{○}丄甲_{一}地丄甲_{二}地^{二}丄甲_{三}地^{三}丄$…… 函(天丅地) 等于 $甲_{○}丅甲_{一}地丄甲_{二}地^{二}丅甲_{三}地^{三}丄$…… 故得 函(天丄地)丄函(天丅地) 等于 $二甲_{○}丄二甲_{二}地^{二}丄二甲_{四}地^{四}丄$…… 函(天丄地)丅函(天丅地) 等于 $二甲_{一}地丄二甲_{三}地^{三}丄二甲_{五}地^{五}丄$…… 。此式以 甲 代 天 所以 $甲_{○}$、$甲_{一}$ 諸數皆僅爲 甲 之函數。以 乙$\sqrt{丅一}$ 代 地 則得 地＝乙$\sqrt{丅一}$ $地^{二}=乙^{二}×丅一=丅乙^{二}$ $地^{三}=丅乙^{二}×$乙$\sqrt{丅一}=丅乙^{三}\sqrt{丅一}$ $地^{四}=丅乙^{三}\sqrt{丅一}×乙\sqrt{丅一}=丅乙^{四}×丅一=乙^{四}$ $地^{五}=乙^{五}\sqrt{丅一}$ $地^{六}=丅乙^{六}$ $地^{七}=丅乙^{七}\sqrt{丅一}$ $地^{八}=乙^{八}$ 餘倣此。所以 函(甲丄乙$\sqrt{丅一}$)丄函(甲丅乙$\sqrt{丅一}$)$=乙^{二}丄二甲_{四}乙^{四}丄$…… 即爲能數，又 函(甲丄乙$\sqrt{丅一}$)丅函(甲丅乙$\sqrt{丅一}$)$=二甲_{一}乙\sqrt{丅一}丅二甲_{三}乙^{三}\sqrt{丅一}丄$…… 等于 $(二甲_{一}乙丅二甲_{三}乙^{三}丄$……$)\sqrt{丅一}$ 即爲能數。以 $\sqrt{丅一}$ 乘之，列式攷之，

$$\frac{甲丄乙\sqrt{丅一}}{一}丄\frac{甲丅乙\sqrt{丅一}}{一}=\frac{甲^{二}丄乙^{二}}{二甲}$$ 又 $$\frac{甲丄乙\sqrt{丅一}}{一}丅\frac{甲丅乙\sqrt{丅一}}{一}=丅\frac{甲^{二}丄乙^{二}}{二乙}\sqrt{丅一}$$ 又 $(甲丄乙\sqrt{丅一})^{卯}丄(甲丅乙\sqrt{丅一})^{卯}=二甲^{卯}丅二卯\frac{二}{卯丅一}甲^{卯丅二}乙^{二}丄$…… 又 $(甲丄乙\sqrt{丅一})^{卯}丅(甲丅乙\sqrt{丅一})^{卯}=(二卯甲^{卯丅一}乙丅)二卯\frac{二}{卯丅一}×\frac{三}{卯丅二}甲^{卯丅三}乙^{三}丄$……$)\sqrt{丅一}$ 上法 甲 無論何同數，既皆合于理。則若 甲＝○ 亦合於理，即 函(乙$\sqrt{丅一}$)丄函(丅乙$\sqrt{丅一}$) 又 函(乙$\sqrt{丅一}$)丅函(丅乙$\sqrt{丅一}$) 列式。設 卯 爲正整數，則

$$(乙\sqrt{丅一})^{卯}丄(丅乙\sqrt{丅一})^{卯}=\begin{cases}丄二乙^{卯} & 卯爲偶之偶數\\ ○ & 卯爲奇數\\ 丅二乙^{卯} & 卯爲奇之偶數\end{cases}$$

$$(乙\sqrt{丅一})^{卯}丅(丅乙\sqrt{丅一})^{卯}=\begin{cases}○ & 卯爲偶數\\ 二乙^{卯}\sqrt{丅一} & 卯爲一、五、九諸數之一數\\ 丅二乙^{卯}\sqrt{丅一} & 卯爲三、七、十一諸數之一數\end{cases},$$

設以同法推 $訥^{天\sqrt{丅一}}$ 及 $訥^{丅天\sqrt{丅一}}$ 則得 $訥^{天\sqrt{丅一}}$ 等于 $一丄天\sqrt{丅一}丅\frac{二}{天^{二}}丅\frac{二×三}{天^{三}}\sqrt{丅一}丄\frac{二×三×四}{天^{四}}丄$……

$訥^{丅天\sqrt{丅一}}$ 等于 $一丅天\sqrt{丅一}丅\frac{二}{天^{二}}丄\frac{二×三}{天^{三}}\sqrt{丅一}丄\frac{二×三×四}{天^{四}}丅$……

$$\frac{二}{訥^{天\sqrt{丅一}}丄訥^{丅天\sqrt{丅一}}}=一丅\frac{二}{天^{三}}丄\frac{二×三×四}{天^{四}}丅\frac{二×三×四×五×六}{天^{六}}丄……$$ 甲 $$\frac{二\sqrt{丅一}}{訥^{天\sqrt{丅一}}丅訥^{丅天\sqrt{丅一}}}=天丅\frac{二×三}{天^{三}}丄\frac{二×三×四×五}{天^{五}}$$

丁……　乙

按：前卷 $\sqrt{丅一}$ 初無解，言俟有式，方解明之。四卷四十五頁。今式中已有恒用之，可攷論矣。上諸式分左右，中間有相等之號。不知諸式各左邊相連屬之理與各右邊相連屬之理同否。設 $\frac{二}{訥^{天\sqrt{丅一}}丄訥^{丅天\sqrt{丅一}}}$ 命爲 𢘑天 又 $\frac{二\sqrt{丅一}}{訥^{天\sqrt{丅一}}丅訥^{丅天\sqrt{丅一}}}$ 命爲 涵天 則有

$$(𢘑天)^{二}=\frac{四}{訥^{二天\sqrt{丅一}}丄二訥^{天\sqrt{丅一}}訥^{丅天\sqrt{丅一}}丄訥^{丅二天\sqrt{丅一}}}$$

$$(涵天)^{二}=\frac{丅四}{訥^{二天\sqrt{丅一}}丅二訥^{天\sqrt{丅一}}訥^{丅天\sqrt{丅一}}丄訥^{丅二天\sqrt{丅一}}}$$

$$(𢘑天)^{二}丄(涵天)^{二}=\frac{四}{四訥^{天\sqrt{丅一}丅天\sqrt{丅一}}}=訥^{〇}=一$$

$$(𢘑天)^{二}丅(涵天)^{二}=\frac{二}{訥^{二天\sqrt{丅一}}丄訥^{丅二天\sqrt{丅一}}}=𢘑(二天)$$

$$𢘑天\times涵天=\frac{四\sqrt{丅一}}{訥^{二天\sqrt{丅一}}丅訥^{丅二天\sqrt{丅一}}}=\frac{二}{一}涵(二天)$$

此諸式聯屬之理。

清・華蘅芳《微積溯源》卷一　論變數與函數之變比例

第三款　凡觀此書者，必先明變數與函數變比例之限。如《幾何原本》中證明平圓之面積必比其外切多等邊形之面積微小。若其外切多等邊形之邊愈多，則其面積愈近于平圓之面積。所以可設平圓之面積爲任何小而切其圓外爲多等邊形，可使多等邊形之面積與平圓之面積較其數甚小于所設之圓面積。再設其多等邊形之面積爲級數，而其邊之變率可每變多若干倍，則其多等邊形之面積必漸與平圓之面積相近，而以平圓爲其限。雖切于圓外之多等邊形其邊任變至若何多，其面積總不能等于平圓之面積，然其級數之總數可比平圓之面積所差甚微，其較數之小可小至莫可名言。

若用此法于圓内容多等邊形，則其多等邊形之面積亦以平圓之面積爲限。

總言之，凡平圓之周爲其内容外切多等邊形之限。

如《代數術》第二百六十六款言，如令甲代平圓之任何弧，則 $\frac{正弦甲}{甲}$ 恒大于半徑而 $\frac{正切甲}{甲}$ 恒小于半徑。然令其弧爲任何小，則其式之同數必甚近于半徑，而其所差之數可小至不能以言語形容，所以此兩數中間之數爲一，即半徑也。故其公限亦爲一。

由此可見，凡弧與弦切，三者之中任取其二以相較，其比例之限必相等。

如《代數術》中，亦曾證甲弧爲 卯正切$\frac{卯}{甲}$ 與 卯正弦$\frac{卯}{甲}$ 兩式之限，惟其卯必爲任何大。

依《代數術》第五十六款之例 $一丄天丄天^{二}丄天^{三}丄\cdots丄天^{卯丅一}$ 即 $\frac{一丅天}{一丅天^{卯}}$ 若天變至小于一，而卯大至無窮，則 $天^{卯}=〇$ 而式變爲 $\frac{一丅天}{一}$ 所以任取其級數若干項之和，必小于 $\frac{一丅天}{一}$ 惟其項愈多，則與 $\frac{一丅天}{一}$ 愈相近，而其所差之數可小至莫可名言，則可見 $\frac{一丅天}{一}$ 必爲其諸級總數之限。

若依二項例之式 $\left(一丄\frac{卯}{天}\right)^{卯}=一丄\frac{一}{天}丄\frac{一·二}{天^{二}}\left(一丅\frac{卯}{一}\right)丄\frac{一·二·三}{天^{三}}\left(一丅\frac{卯}{一}\right)\left(一丅\frac{卯}{二}\right)丄\cdots\cdots$ 其卯之同數無論如何，必合于理。

惟卯若爲大數，則其各項之乘數 $一丅\frac{卯}{一}$、$一丅\frac{卯}{二}$ 之類與一相較之差甚小。若卯愈大，則其差愈微。若令卯爲任何大，則各乘數可略等于一，所以得

$$\left(一丄\frac{卯}{天}\right)^{卯}=一丄\frac{一}{天}丄\frac{一·二}{天^{二}}丄\frac{一·二·三}{天^{三}}丄\cdots\cdots\quad 甲$$

曾在《代數術》第一百七十七款中證甲式之右邊爲由函數 $戊^{天}$ 而成，其戊之同數爲 二.七一八二八一八，即訥白爾對數之根也。所以卯若愈大，則 $\left(一丄\frac{卯}{天}\right)^{卯}$ 必愈與 $戊^{天}$ 相近，而其限爲 $戊^{天}$

如令 $天=一$ 則 $\left(一丄\frac{卯}{一}\right)^{卯}$ 之限爲戊，即 $\left(一丄\frac{卯}{一}\right)^{卯}=戊=二.七一八二八一八$ 故其函數爲常數。

第四款　惟因函數之同數本從變數而生，故變數之同數變，則函數之同數亦必因之而變。

設天爲自變之數，戊爲函數，而 $戊=天^{二}$ 若令天之變大之數爲辛，則天變至 $天\perp辛$ 之時，其函數戊亦必因此變大。若以 $戊'$ 代其函數之新同數，則 $戊'=(天\perp辛)^{二}=天^{二}\perp二天辛\perp辛^{二}$ 即 $戊'=戊\perp二天辛\perp辛^{二}$ 而 $戊'丅戊=二天辛\perp辛^{二}$ 故可見天之長數若爲辛，則戊之長數必爲 $戊'丅戊$ 即 $二天辛\perp辛^{二}$ 若以天之長數與函數之長數比，則爲 $\frac{辛}{戊'丅戊}=二天\perp辛$

設函數之式爲 $戊=天^{三}$ 令天之長數爲辛，而以函數之新同數爲戊′

則 $戊'=(天\perp辛)^{三}\begin{cases}=天^{三}\perp三天^{二}辛\perp三天辛^{二}\perp辛^{三}\\=戊\perp三天^{二}辛\perp三天辛^{二}\perp辛^{三}\end{cases}$ 而

$\frac{辛}{戊'丅戊}=三天^{二}\perp三天辛\perp辛^{二}$ 可見天變爲 $天\perp辛$ 之時，其函數 戊必變爲 $戊\perp三天^{二}辛\perp三天辛^{二}\perp辛^{三}$ 其所長之數爲 $三天^{二}辛\perp三天辛^{二}\perp辛^{三}$ 此式中之各項皆爲辛之整方與他數相乘所成。又可見變數與函數之變比例，其式爲 $三天^{二}\perp三天辛\perp辛^{二}$ 其初項 $三天^{二}$ 與天之長數辛無相關。

設函數之式爲 $戊=天^{四}$ 令天之長數爲辛，而以 $戊'$ 爲函數之新同數，則 $戊'=戊\perp四天^{三}辛\perp六天^{二}辛^{二}\perp四天辛^{三}\perp辛^{四}$

而 $\frac{辛}{戊'丅戊}=四天^{三}\perp六天^{二}辛\perp四天辛^{二}\perp辛^{三}$

由此可見，天若變爲 $天\perp辛$ 則其各函數之新同數如左。

如 $戊=天^{二}$ 則 $戊'=戊\perp二天辛\perp辛^{二}$ 如 $戊=天^{三}$ 則 $戊'=戊\perp三天^{二}辛\perp三天辛^{二}\perp辛^{三}$ 如 $戊=天^{四}$ 則 $戊'=戊\perp四天^{三}辛\perp六天^{二}辛^{二}\perp四天辛^{三}\perp辛^{四}$ 其餘類推。

總言之，若以卯爲天之任何整指數，而令天之長數爲辛。又以巳午未申等字挨次而代辛之各方之倍數，則函數 $戊=天^{卯}$ 之新同數必爲 $戊'=戊\perp巳辛\perp午辛^{二}\perp未辛^{三}\perp申辛^{四}\perp\cdots\cdots$ 由是知函數之新同數必爲級數。其初項戊爲函數之原同數，其餘各項爲天之長數辛之各整方，以巳午未申之類爲各倍數，其各倍數皆爲天之別種函數。其式亦從本函數而生。

由以上各式，又可見函數爲 $戊=天^{二}$、$戊=天^{三}$、$戊=天^{四}$ 之類，則其變數與函數之變比例必爲 $\frac{辛}{戊'丅戊}=二天\perp辛$、$\frac{辛}{戊'丅戊}=三天^{二}\perp三天辛\perp辛^{二}$、$\frac{辛}{戊'丅戊}=四天^{三}\perp六天^{二}辛\perp四天辛^{二}\perp辛^{三}$ 之類。總之，若以卯爲天之整指數，則 $戊=天^{卯}$ 之變比例必爲 $\frac{辛}{戊'丅戊}=巳\perp午辛\perp未辛^{二}\perp申辛^{三}\cdots\cdots$

由此可見，變數天之長數與函數 $天^{卯}$ 之長數，其變比例 $\frac{辛}{戊'丅戊}$ 之同數 $巳\perp午辛\perp未辛^{二}\perp申辛^{三}\perp\cdots\cdots$ 可分之爲兩式：其一式爲 巳 此式與天之長數辛無相關。又一式爲 $午辛\perp未辛^{二}\perp申辛^{三}\perp\cdots\cdots$ 即 $辛(午\perp未辛\perp申辛^{二}\perp\cdots\cdots)$ 此式因以辛爲乘數，故辛若變小其數亦必隨辛而變小。如令辛爲任何小，則此式之數可小至甚近于〇。故此數可以不計，而以巳爲變比例之限。

設有繁函數之式 $戊=甲\perp乙天\perp丙天^{二}$ 令天之長數爲辛，則天變爲 $天\perp辛$ 之時，其函數之同數必變爲

$戊'\begin{cases}=甲\perp乙(天\perp辛)\perp丙(天\perp辛)^{二}\\=甲\perp乙天\perp丙天^{二}\perp(乙\perp二丙天)辛\perp丙辛^{二}\end{cases}$ 故 $戊'丅戊=(乙\perp二丙天)辛\perp丙辛^{二}$ 而 $\frac{辛}{戊'丅戊}=乙\perp二丙天\perp丙辛$ 其 $乙\perp二丙天$ 爲本函數變比例之限。

以此法徧試各種特設之函數，見其皆有相類之性情，所以設例如左。

例曰：命任何自主之變數爲天，而令天之任何函數等于戊，則天變爲 $天\perp辛$ 之時，函數之新同數爲 $戊'=戊\perp巳辛\perp午辛^{二}\perp未辛^{三}\perp\cdots\cdots$ 其變數與函數之變比例爲 $\frac{辛}{戊'丅戊}=巳\perp午辛\perp未辛^{二}\perp申辛^{三}\perp\cdots\cdots$ 此式中之初項 巳 爲變比例之限。無論何種函數，其限皆可依此例求之。

由以上所論變數之長數與函數之長數相關之理，可于算學中開出兩種極廣

大極精微之法。

其第一種爲，有任何變數之任何函數而求其變數與函數變比例之限。

其第二種爲，有任何變數與函數變比例之限而求其函數之原式。

此兩種法若細攷其根源，即奈端所謂正流數、反流數也，亦即來本之所謂微分算術、積分算術也，又即拉果闌諸所謂函數變例也。

清・徐虎臣《溥通新代數》卷三　第二〇篇　變數

第九五款　消長之理

變數者，爲兩數互相關係時，(而)此數消長彼數亦以同比例而消長，云此數從彼數而消長或云此數從彼數而變。

設令三角形之高不變時，其積隨底邊而消長。其故因凡三角形求積，皆以高乘底而半之得數。若高不變，其積必隨底之比例而消長。如以代數式顯之，令同高兩三角形爲　甲、甲′　底爲　乙、乙′　則　$\frac{甲'}{甲}=\frac{乙'}{乙}$　即　$\frac{乙}{甲}=\frac{乙'}{甲'}$　由是，同高兩三角形，其積與底之比爲　$\frac{乙'}{甲'}$　若令　$\frac{乙'}{甲'}=卯$　則　$\frac{乙}{甲}=卯$　而　$甲=乙卯$　因甲乃同高諸三角形中任一形之積，乙乃相對之底邊，卯爲一定不易之數。但乙如何變時，則甲必隨乙而消長。故凡云甲從乙而變者，其式皆爲　$甲=乙卯$　準前式　$\frac{甲'}{甲}=\frac{乙'}{乙}$　則　$甲=\frac{乙'}{甲'}乙$　因　$\frac{乙'}{甲'}=卯$　所以　$甲=卯乙$　由是卯爲一定不易之數。而兩數同變時又可作　∽　以誌之，所以　甲∽乙　即甲從乙而消長，或云甲從乙而變也。

第九六款　論變數之各例

例一　若有一數從他兩數相乘積而變者，即　$甲=乙丙卯$　因卯爲一定不易之數，則甲必從　$乙\times丙$　而變。例二　如第一數從第二與第三之倒數而變，即第一數從第二數除第三數而變，故可云反消長也，即　$甲=\frac{乙}{丙卯}$　所謂反消長者，因卯爲不易之數，若丙變大時，則甲亦變大。若乙變大時，則甲必變小之故。例三　如　甲∽乙　及　乙∽丙　則　甲∽丙　此因　$甲=乙卯$　$乙=丙寅$　但卯與寅皆爲一定不易之數，所以　$甲=丙卯寅$　故　甲∽丙　例四　如　甲∽乙　及　乙∽丙　則　甲±乙∽丙　或　√(甲乙)∽丙　此因　$甲=乙卯$　$乙=丙寅$　從三例　甲∽丙　由是　$甲=卯丙$　所以　$甲\pm乙=(卯\pm寅)丙$　故　甲±乙∽丙　準上理　$\sqrt{(甲乙)}=\sqrt{卯寅丙^{二}}=\sqrt{(卯寅)}丙$　所以得　√(甲乙)∽丙

例五　若　甲∽乙丙　則　乙∽$\frac{丙}{甲}$　或　丙∽$\frac{乙}{甲}$　此因　$甲=乙丙卯$　即　$乙=\frac{丙}{甲}\times\frac{卯}{一}$　故　乙∽$\frac{丙}{甲}$　依同理　丙∽$\frac{乙}{甲}$　例六　若　甲∽乙　及　丙∽丁　則　甲丙∽乙丁　此因　$甲=乙卯$　$丙=丁寅$　所以　$甲丙=乙丁卯寅$　故　甲丙∽乙丁　依同理，如　戊∽己　則　甲丙戊∽乙丁己　例七　若　甲∽乙　則　$甲^{卯}$∽$乙^{卯}$　依同理，則　甲午∽乙午　此午字或爲定數或爲變數，皆合於　甲∽乙　之理。例八　如　$甲=乙丙$　若丙爲定數，則　甲∽乙　若乙爲定數，則　甲∽丙　設乙丙皆爲變數，則　甲∽乙丙　此理若以三角形證之，高爲定數時，積必隨底而變。底爲定數時，積必隨高而變。高與底皆爲變數時，積必隨兩數相乘而變也。

又　第一〇八款　方程別說

凡二元之方程式只一式者，其未知數雖不能定，然於未知數有限制時則不然。例如　$三天丄四地=一〇$　若天與地限爲正整數時，則　$天=二$　$地=一$　爲適當。又如　$(天丅甲)^{二}丄(地丅乙)^{二}=〇$　若二未知數限於實數時，則　$天=甲$　$地=乙$　故二項相加其各項不爲〇者，則所加之和不能等於〇。準此例，如有甲、乙、丙、丁皆爲實數，而且甲、乙、丙、丁皆相等，則　$(甲丄乙)^{二}丄(乙丄丙)^{二}丄(丙丄丁)^{二}=四(甲乙丄乙丙丄丙丁)$　因　$甲=乙=丙=丁$　故　$(甲丅乙)^{二}丄(乙丅丙)^{二}丄(丙丅丁)^{二}=〇$　但第一式依移項法卻與第三式等，故依第一方程式得甲、乙、丙、丁皆相等也。例二　有二正數之和爲　二甲　而　甲丄天　必爲二數之一，其他之一是　甲丅天　故積爲　$甲^{二}丅天^{二}$　若甲爲一定之數，則　$甲^{二}丅天^{二}$　爲最大之積。設天等於〇，則二數互相等時，其積最大。例三　如有二正數之積，可求和之最小值。因　$(天丄地)^{二}=\left\{\begin{matrix}(天丅地)^{二}\\ 丄四天地\end{matrix}\right\}$　則　$(天丄地)^{二}$　必不比　四天地　小。而　$天=地$　時，則　$(天丄地)^{二}$　必等於　四天地　由是，任二正數之積，其二數

相等時，則和爲最小也。

又 卷六 第四三篇

第一九一款 變函數 多次方程式

函數之述，始創於戴勞之微分學，乃令原方程式爲 函(天) 云原函數，而各次變函數作 函′(天)、函″(天)、函‴(天) 等。已譯之微分學易 函(天) 爲戌，故各次之變函數可作 戌′、戌″、戌‴ 其與方程之關係惟 函(天)$=角_○天^{寅}丄角_一天^{寅丅一}丄角_二天^{寅丅二}丄\cdots丄角_{寅}$ 令 天=(天丄地) 則 $函(天丄地)=角_○(天丄地)^{寅}丄角_一(天丄地)^{寅丅一}丄\cdots丄角_{寅}$ 準二項例

$$角_○(天丄地)^{寅}=角_○\left[天^{寅}丄寅天^{寅丅一}地丄\frac{〡〢}{寅(寅丅一)}天^{寅丅二}地^{二}丄\cdots\right]$$

$$角_一(天丄地)^{寅丅一}=角_一\left[天^{寅丅一}丄(寅丅一)天^{寅丅二}地丄\frac{〡〢}{(寅丅一)(寅丅二)}天^{寅丅三}地^{二}丄\cdots\right]$$

$$角_二(天丄地)^{寅丅二}=角_二\left[天^{寅丅二}丄(寅丅二)天^{寅丅三}地丄\frac{〡〢}{(寅丅二)(寅丅三)}天^{寅丅四}地^{二}丄\cdots\right]\cdots\cdots$$

諸式相加，得 $函(天丄地)=[角_○天^{寅}丄角_一天^{寅丅一}丄角_二天^{寅丅二}丄\cdots丄角_{寅}]丄地[寅角天^{寅丅一}丄(寅丅一)角_一天^{寅丅二}丄(寅丅二)角_二天^{寅丅三}丄\cdots丄角_{寅丅一}]丄\frac{〡〢}{地}[寅(寅丅一)角_○天^{寅丅二}丄(寅丅一)(寅丅二)角_一天^{寅丅三}丄\cdots丄角_{寅丅二}]\cdots\cdots$ 可變爲

$$函(天丄地)=函(天)丄地函'(天)丄\frac{〡〢}{地}函''(天)丄\frac{〡〢〣}{地^{三}}函'''(天)丄\cdots\cdots$$

(乾) 從此二式推求，則 函′(天) 之各項與 函(天) 之關係爲各項之指數乘元而易其指數爲減一次之冪，故 函′(天) 與 函″(天) 之關係、函‴(天) 與 函″(天) 之關係亦皆如是。若 $函(天)=角_○天^{四}丄角_一天^{三}丄角_二天^{二}角_三天丄角$ 則 $函'(天)=四角_○天^{三}丄三角_一天^{二}丄二角_二天丄角_三$ $函''(天)=一二角_○天^{二}丄六角_一天丄二角_二$ ……惟 函(天)=〇 如各根爲 $甲_一、甲_二、甲_三、甲_四\cdots\cdots$ 則 $函(天)=角_○(天丅甲_一)(天丅甲_二)(天丅甲_三)(天丅甲_四)\cdots(天丅甲_{寅})$ (坤) 但(乾)式爲地之各方自小至大之順排列，其第二項之係數必爲寅箇根內 (寅丅一) 之連乘積。順是以下，其各項之係數遞爲 (寅丅二)(寅丅三) ……之連乘積。因 函(天) 爲諸項之連乘積而又不含地，故令爲實，則(乾)式第二項之係數 函′(天) 必爲諸乘子遞除實數之和。準(坤)式理 $函(天丄地)=角_○[地丄(天丅甲_一)][地丄(天丅甲_二)]\cdots[地丄(天丅甲_{寅})]$ 從此式地之各根得

$$函'(天)=\frac{(天丅甲_一)}{函(天)}丄\frac{(天丅甲_二)}{函(天)}丄\cdots丄\frac{(天丅甲_{寅})}{函(天)}\quad(離)$$

則

$$\frac{〡〢}{函''(天)}=\frac{(天丅甲_一)}{函'(天)}丄\frac{(天丅甲_二)}{函'(天)}丄\cdots丄\frac{(天丅甲_{寅})}{函'(天)}\quad(坎)$$

餘倣之。

第一九二款 解等根方程式

於前款(離)式中之各項除得之數皆整，而(坎)式中之各項則未必皆整，故變函數之根未必能與原函數之根同。苟有同者，則原方程式必有相等之根。故解等根之式可藉變函數以馭之。例如 $函(天)=天^{四}丅二天^{三}丅七天^{二}丄二〇天丅一二$ 則 $函'(天)=四天^{三}丅六天^{二}丅一四天丄二〇$ 此二式有大公生 (天丅二) 則原方程式必有相等之根二。由是 函(天) 與 函′(天) 皆能以 (天丅二) 約之得整，故云 函′(天) 能以 函(天) 之任一因子約之得整者，則原方程式必有相等之根。於是乃以 $(天丅二)^{二}$ 之詳式 $天^{二}丅四天丄四$ 約原方程式，得 $天^{二}丄二天丅三=〇$ 從此式 天=一 或 天=丅三 故所求之四根有兩根二及一與 丅三 例二 如 $函(天)=天^{四}丅五天^{三}丅九天^{二}丄八一天丅一〇八$ 則 $函'(天)=四天^{三}丅一五天^{二}丅一八天丄八一$ 兩式之大公生爲 $天^{二}丅六天丄九$ 即 $(天丅三)^{二}$ 而 $(天丅三)^{二}$ 亦必爲 函′(天) 之一因子，故可以 $(天丅三)^{三}$ 之詳式約 函(天) 得 (天丄四) 故所求之四根爲三根皆三，而一根爲 丅四 例三 如有式 $函(天)=天^{五}丄二天^{四}丅一一天^{三}丅八天^{二}丄二〇天丄一六$ 則 $函'(天)=五天^{四}丄八天^{三}丅三三天^{二}丅一六天丄二〇$ 如法求得此二式之大公生爲 (天丅二) 乃以 $(天丅二)^{二}$ 之詳式約 函(天) 得 $天^{三}丄六天^{二}丄$

九天丄四=〇（角）則 函′(天)=三天^{二}丄一二天丄九 再求得此二式之大公生（天丄一）乃以（天丄一）^{二} 約(角)式得（天丄四） 故所求之五根爲兩根皆 丄二、兩根皆 丅一、而餘一根爲 丅四 若求得各次變函數無公生者，則原方程式之各根必不相等。故本款專爲解等根而設也。

第一九三款 方程式之變換法

凡方程式變換之法有二：其一，已知方程式之各根與反號之各根，能求方程式。如已知之方程式爲 函(天)=〇 所求之式爲 函(丅地)=〇 設甲爲 函(天) 之一根，則 丅甲 爲 函(丅地) 之一根。如知 天^{寅}丄角$_{一}$天^{寅丅一}丄角$_{二}$天^{寅丅二}丄角$_{三}$天^{寅丅三}丄…丄角$_{寅}$=〇 則所求之式爲 (丅地)^{寅}丄角$_{一}$(丅地)^{寅丅一}丄角$_{二}$(丅地)^{寅丅二}丄…丄角$_{寅}$=〇 以（丅一）^{寅} 乘之，即得 地^{寅}丅角$_{一}$地^{寅丅一}丄角$_{二}$地^{寅丅二}丅…丄(丅一)^{寅}角$_{寅}$=〇 由是，如變其原方程式各根之號，即變其方程式中隔項之號，故(三六款)云（甲丄乙）與（甲丅乙）任何方之詳式其各項皆同，唯（甲丄乙）之各項皆正，(甲丅乙）之各項爲正負相間之所異耳。以真數明之。如有 天^{三}丄二天^{二}丅二九天丅四二=〇 之各根爲 二 三 丅七 則 天^{三}丅二天^{二}丅二九天丄四二=〇 之各根爲 丅二 丅三 七 其二，從已知方程式之各根內任減何數而能求所變之方程式。如已知之方程式爲 函(天)=〇 從一根減甲得 地=天丅甲 即 天=地丄甲 而所求之方程式爲 函(地丄甲)=〇 若 函(天)=天^{寅}丄角$_{一}$天^{寅丅一}丄角$_{二}$天^{寅丅二}丄…丄角$_{寅}$ 則 函(地丄甲)=(地丄甲)^{寅}丄角$_{一}$(地丄甲)^{寅丅一}丄…丄角$_{寅}$ 設令 寅=三 則 天^{三}丄角$_{一}$天^{二}丄角$_{二}$天丄角$_{三}$=〇 及 (地丄甲)^{三}丄角$_{一}$(地丄甲)^{二}丄角$_{二}$(地丄甲)丄角$_{三}$=〇 即 地^{三}丄(三甲丄角$_{一}$)地^{二}丄(三甲^{二}丄二角$_{一}$甲丄角$_{二}$)地丄甲^{三}丄角$_{一}$甲^{二}丄角$_{二}$甲丄角$_{三}$=〇 如欲空第二項令 三甲丄角$_{一}$=〇 則 $甲=\frac{丅角_{一}}{三}$（艮） 欲空第三項令 三甲^{二}丄二角$_{一}$甲丄角$_{二}$=〇 則

$$甲=\frac{丅角_{一}\pm\sqrt{角_{一}^{二}丅三角_{二}}}{三}$$（震）

故凡求任何多次方程式欲空第二項者，皆可依(艮)式變之。設例如左。

例如 天^{三}丅三天^{二}丅九天=五 欲空第二項者，準(艮)式變之，則 天=地丄一 易原式爲 地^{三}丅一二地=一六 由變式與原式比較，則地之數值比天少一，卻合。此法爲解三次式之要理，故不得不詳論之。

冪級數總部

主編　特古斯

三角函數與反三角函數部

杜氏三術與三分弧法分部

綜論

清·梅瑴成《赤水遺珍》

求周徑密率捷法

割圓舊術屢求句股，至精至密。但開數十位之方，非旬日不能辨。今以圓內六等邊別立乘除之數以求之，得之頃刻，與屢求句股者無異，故稱捷法焉。

先將一、三、五、七、九等數，各自乘，爲屢次乘數。

如一自乘，仍得一，爲第一乘數。三自乘，得九，爲第二乘數。以至二十三自乘，得五百二十九，爲第十二乘數。

	〡	〢	〣	〤	〥	〦
乘數	一	三	五	七	九	一一
乘數	一	三	五	七	九	一一
得	一	九	二五	四九	八一	一二一

	〧	〨	〩	〡〇	〡一	〡二
乘數	一三	一五	一七	一九	二一	二三
乘數	一三	一五	一七	一九	二一	二三
得	一六九	二二五	二八九	三六一	四四一	五二九

又將二、三、四、五、六、七、八、九等數，以挨次兩位相乘，又以四乘之，爲屢次除數。

如二、三相乘得六，以四乘之，得二十四，爲第一除數。四、五相乘得二十，以四乘之得八十，爲第二除數。以至二十四與二十五相乘，得六百，以四乘之，得二千四百，爲第十二除數。

論曰：乘除俱至單位止。今設十位之徑，須乘除十二次，始至單位。若位數多，則所用乘除之數，必須按位增加也。

	〡	〢	〣	〤
相乘	二	四	六	八
相乘	三	五	七	九
得	六	二十	四二	七二
乘	四	四	四	四
得	二四	八〇	一六八	二八八

	〥	〦	〧	〨
相乘	一〇	一二	一四	一六
相乘	一一	一三	一五	一七
得	一一〇	一五六	二一〇	二七二
乘	四	四	四	四
得	四四〇	六二四	八四〇	一〇八八

	〩	〡〇	〡一	〡二
相乘	一八	二〇	二二	二四
相乘	一九	二一	二三	二五
得	三四二	四二〇	五〇六	六〇〇
乘	四	四	四	四
得	一三六八	一六八〇	二〇二四	二四〇〇

弧綫表

度	一	二	三	四	五	六	七	八	九	十	分	一	二	三
〡														
〢						一	一	一	一	一				
〣	一	三	五	六	八	〇	二	三	五	七				
〤	七	四	二	九	七	四	二	九	七	四				
〥	四	九	三	八	二	七	一	六	〇	五		二	五	八
〦	五	〇	五	一	六	一	七	二	七	三		九	八	七
〧	三	六	九	三	六	九	三	六	九	二		〇	一	二
〨	二	五	八	一	四	七	〇	三	六	九		八	七	六
〩	九	八	七	七	六	五	四	四	三	二		八	七	六
〡〇	二	五	七	〇	二	五	七	〇	三	五		八	六	四
〡一	五	〇	五	〇	五	一	六	一	六	一		二	四	六
〡二	一	三	五	七	九	一	三	五	七	九		〇	一	二
〡〣	九	九	九	九	九	九	九	九	九	九		八	七	五
〡〤	九	八	八	七	七	六	六	五	七	四		六	三	九
〡〥	四	八	二	七	一	五	〇	五	八	三		六	二	九
〡〦	三	六	九	三	六	九	三	六	九	二		五	〇	五

續表

度	四	五	六	七	八	九	十	秒	一	二	三	四	五	六	七	八	九	十	九十度
〡																			一
〢																			五
〣																			七
〤	一	一	一	二	二	二	二												〇
〥	一	四	七	〇	三	六	九												七
〦	六	五	四	三	二	一	〇				一	一	二	二	三	三	四	四	九
〧	三	四	五	六	七	七	八		四	九	四	九	四	九	三	八	三	八	六
〨	五	四	三	二	一	九	八		八	六	五	三	二	〇	九	七	六	四	三
〩	五	四	二	一	〇	九	八		四	九	四	九	四	八	三	八	三	八	二
〡〇	二	一	九	七	五	三	二		八	六	四	二	〇	八	六	五	三	一	六
〡一	八	〇	二	四	六	八	〇		一	二	四	五	六	八	九	〇	二	三	七
〡二	三	四	五	六	六	七	八		三	七	一	四	八	二	五	九	三	六	九
〡三	四	三	一	〇	九	七	六		六	三	〇	七	四	〇	七	四	一	八	四
〡〤	六	三	九	六	三	九	六		八	六	四	二	〇	八	六	四	二	一	八
〡〥	六	二	九	五	二	八	五		一	二	三	四	五	六	七	八	九	一	九
〡〦	一	六	一	七	二	七	三		一	二	三	四	五	六	七	八	九	一	六

設弧十六度二十七分四十三秒，半徑九位。求其正弦。

法取設弧度分秒之弧綫而併之，得二八七三一五一三二，因半徑九位，故弧綫亦用九位。爲設弧之共分。自乘，得八二五四九九八五〇，爲屢乘數。又用二、三相乘之六，爲第一除數。四、五相乘之二十，爲第二除數。六、七相乘之四十二，爲第三除數。

即用設弧共分爲第一得數，複爲實。以屢乘數乘之，第一除數六除之，得三九五二九七六，爲第二得數，又爲實。以屢乘數乘之，第二除數十二除之，得一六三一五，爲第三得數，又爲實。以屢乘數乘之，第三除數四十二除之，得三二，爲第四得數。乃以第一得數與第三得數，相併。又以第二得數與第四得數，相併。複以後併數，減先併數，餘二八三三七八四三九。截去末一位，即所求之正弦也。

一 一七四五三二九二五一九
度六 一〇四七一九七五五一一
二 五八一七七六四一七
分七 二〇三六二一七四六
四 一九三九二五四七
秒三 一四五四四四一
〡 〢 〡 〢〣〢〡〣

二八七三一五一三一八一

二八七三一五一三二 〡

八二五四九九八五〇
二
三

六

八二五四九九八五〇
四
五

二〇

八二五四九九八五〇
六
七

四二

三九五二九七六 〢

一六三一五 〣

三二 〤

二八七三一五一三二 〡
一六三一五 〣

二八七三三一四四七

三九五二九七六 〢
三二 〤

三九五三〇〇八

二八七三三一四四七
三九五三〇〇八

二八三三七八四三九

設徑二十億，求周。徑位愈多，尾數愈密，玆以十位爲例。

法以徑二十億三因之，得六十億，即圓內六邊形。爲第一數，爲實。以第一乘數乘之，一乘，其數不變。第一除數二十四除之，得二五〇〇〇〇〇〇〇〇，爲第二數，又爲實。以第二乘數九乘之，第

二〇〇〇〇〇〇〇〇〇
三

六〇〇〇〇〇〇〇〇〇
二五〇〇〇〇〇〇〇〇
二八一二五〇〇〇
四一八五二六七
七一二〇七六
一三一〇八六
三五四一八
五一一三
一〇五七
二二三
四七
一〇
二

六二八三一八五二九九

二除數十八除之，得二八一二五〇〇，爲第三數。累次乘除，至所得數祇一位爲止。去單位以下之零數不用。乃併之，得六二八三一八五二九九，即所求徑二十億之周率也。

立表之法

置全周密率爲實，以三百六十度除之，得每度之弧綫，屢加之至十度。又置一度之弧綫爲實，以六十分除之，得一分之弧綫，屢加之至十分。又置一分之弧綫爲實，以六十秒除之，得一秒之弧綫，屢加之至十秒。表而列之，爲求弦矢之用。

求弦矢捷法

弧矢割圓之術，有弧背，即可求弦、矢，然非密率。《大測》割圓之法，理精數密，然不能隨度以求弦矢。今任設畸零之弧分，度不必符乎六宗，法不必依乎三要，而弦、矢可得，且與密率無殊焉，斯誠術之奇而捷者也。

設弧二十一度十九分五十一秒，半徑八位。求其正弦。

二度	三四九〇六五八五
一	一七四五三二九
一分	二九〇八八八
九	二六一七九九
五	二四二四〇
秒一	四八四
	‖‖丨‖‖Ⅹ‖‖
	三七二二九三二五

法於弧綫表内，取二十一度十九分五十一秒之弧綫而併之，得三七二二九三二五，因半徑八位，故弧綫亦只用八位。爲設弧之共分。自乘，得一三八六〇二二六，亦只用八位。爲屢乘數。又以二三四五六七之六數，相挨兩兩相乘，爲除數。如二、三相乘得六，爲第一除數。四、五相乘得二十，爲第二除數。六、七相乘得四十二，爲第三除數。

```
三七二二九三二五丨    一三八六〇二二六
                      二
                      三
                      六
八六〇〇一一‖        一三八六〇二二六
                      四
                      五
                      二〇
五九五九‖‖          一三八六〇二二六
                      六
                      七
                      四二
一九Ⅹ

三七二二九三二五丨    八六〇〇一一‖
五九五九‖‖          一九Ⅹ
三七二三五二八四      八六〇〇三〇
八六〇〇三〇
三六三七五二五四
```

即用設弧共分爲第一得數，複爲實。以屢乘數乘之，凡乘出之數，截去末八位，後仿此。第一除數六除之，得八六〇〇一一，爲第二得數，又爲實。以屢乘數乘之，第二除數十二除之，得五九五九，爲第三得數，又爲實。以屢乘數乘之，第三除數四十二除之，得一九，爲第四得數。乃以第一得數，與第三得數，相併。又以第二得數，與第四得數，相併。末以後併數，減先併數，餘三六三七五二五四。截去末一位，即所求之正弦也。凡正弦俱小於半徑，入算時多用一位以齊尾數，故得數後亦截去一位也。後倣此。

如求正矢。

法以設弧共分自乘之八二五四九九八五〇，爲屢乘數。又以三四相乘之十二爲第一除數，五、六相乘之三十爲第二除數，七、八相乘之五十六爲第三除數。

乃以屢乘數折半，爲第一得數，爲實。以屢乘數乘之，第一除數十二除之，得二八三九三八六，爲第二得數，又爲實。以屢乘數乘之，第二除數三十除之，得七八一三，爲第三得數，又爲實。以屢乘數乘之，第三除數五十六除之，得一一，爲第四得數。於是，以第一得數與第三得數相併，第二與第四相併。複以兩併數相減，得四〇九九一八三四一。截去末二位，即所求之正矢也。以正矢減半徑，得九五九〇〇八一七，即設弧之余弦，亦即餘弧七十三度三十二分十七秒之正弦。

如設弧過四十五度以上者，先求得餘弧之正矢，以減半徑，即得設弧之正弦也。

```
四一二七四九九二五丨    八二五四九九八五〇
                          三
                          四
                          一二
二八三九三八六‖        八二五四九九八五〇
                          五
                          六
                          三〇
七八一三‖‖              八二五四九九八五〇
                          七
                          八
                          五六
一一Ⅹ

四一二七四九九二五丨    二八三九三八六‖
七八一三‖‖              一一Ⅹ
四一二七五七七三八      二八三九三九七
二八三九三九七
四〇九九一八三四一
```

清・《數理精蘊》下編卷一六　三要

新增有本弧之正弦，求其三分之一弧之正弦。

設如三十六度之正弦五萬八千七百七十八小餘五二五二二九二。求其三分之一，十二度之正弦幾何。

法用連比例四率，有一率求二率，使一率與四率相加，與二率三倍等之法。以三十六度之正弦五萬八千七百七十八，小餘五二五二二九二。倍之，得一十一萬七千五百五十七，小餘〇五〇四五八四。爲七十二度之通弦。乃以半徑十萬自乘，得一百億，用七十二度之通弦再乘，得一千一百七十五兆五千七百零五億零四百五十八萬四千，爲實。又以半徑十萬自乘，三因之，得三百億，爲法。按益實歸除之法，除實得四萬一千五百八十二，小餘三三八一六三四。爲二十四度之通弦。折半，得二萬零七百九十一，小餘一六九〇八一七。即十二度之正弦也。

如甲乙丙九十度之一象限，其甲乙弧三十六度，甲丁爲其正弦。倍之，得甲己，即甲乙己七十二度弧之通弦。

試以七十二度，取其三分之一，二十四度爲甲庚弧，其通弦甲庚，與甲戊、庚戊兩半徑，成一戊甲庚三角形。又庚戊半徑，截甲己通弦於辛，成一庚甲辛三角形。又依庚辛度，向辛甲邊作庚壬綫，成一庚辛壬三角形。此兩三角形，俱與戊甲庚三角形爲同式形，其相當各邊，俱成相連比例。故戊甲爲一率，甲庚爲二率，庚辛爲三率，辛壬爲四率也。今甲己七十二度之通弦，内有甲庚二率之三倍，而少一辛壬四率。蓋己癸、癸壬辛甲三段，皆與甲庚二率等。而癸壬、辛甲二段内，却重辛壬一小段。是甲己通弦内，有己癸、癸壬、辛甲三二率，而少一辛壬四率也。若以甲己通弦爲高，與一率半徑自乘之方面相乘所成之長方體，必少一四率爲高，與一率半徑自乘之方面相乘所成之扁方體。此扁方體與二率自乘再乘之正方體等。故以一率半徑自乘之三方面爲法除實，每次所得二率之數，自乘再乘，益入原積，則積漸增與三倍二率與一率半徑自乘之方面相乘所成之長方體合，而除得之數，即爲二率。既得甲庚二率，爲二十四度之通弦，半之得甲子，即甲丑弧十二度之正弦也。

清・董祐誠《割圜連比例術圖解》卷中　三分弧弦起算圖

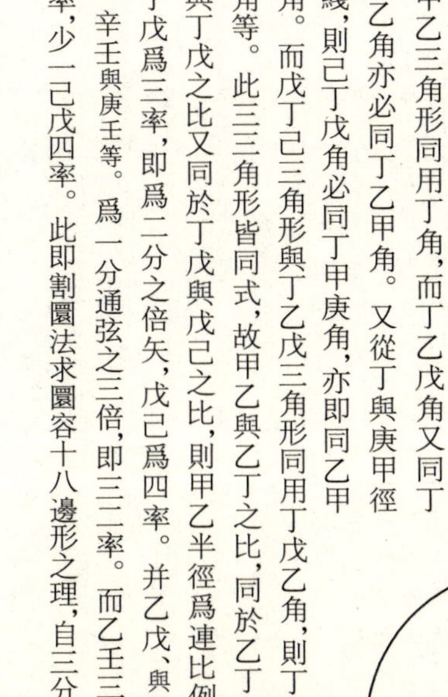

如圖，甲乙爲半徑，甲丁、甲庚、甲壬並同。乙丁弧爲一分，丁庚、庚壬弧並同。乙庚弧爲二分，乙壬弧爲三分，乙丁爲一分通弦，丁庚、庚壬同。乙壬爲三分通弦。丁癸爲二分矢，丁戊爲二分倍矢。丁甲乙角對乙丁弧，爲兩等邊形。等邊必等角，甲丁與甲乙等，則乙丁甲角與丁乙甲角等。丁乙戊角爲界角，與丁甲乙角等。凡界角，皆得心角之倍度。丁乙戊三角形與丁甲乙三角形同用丁角，而丁乙戊角又同丁甲乙角，則丁戊乙角亦必同丁乙甲角。又從丁與庚甲徑綫平行作丁己綫，則己丁戊角必同丁甲庚角，亦即同乙甲丁角及丁乙戊角。而戊丁己三角形與丁乙戊三角形同用丁戊乙角，則丁己戊角亦必與乙丁戊角等。此三三角形皆同式，故甲乙與乙丁之比，同於乙丁與丁戊之比。而乙丁與丁戊之比又同於丁戊與戊己之比，則甲乙半徑爲連比例一率，乙丁爲二率。丁戊爲三率，即爲二分之倍矢，戊己爲四率。并乙戊、與乙丁等。己辛、與丁庚等。辛壬與庚壬等。爲一分通弦之三倍，即三二率。而乙壬三分之通弦，即爲三倍二率，少一己戊四率。此即割圜法求圜容十八邊形之理，自三分以下比例皆出乎此。

清・明安圖《割圜密率捷法》卷三　圖解上

弧矢弦相求圖解

凡解，有因法而得者，有不因法而得者。因法而得者，法如是解如是，止也。不因法而得者，法如是解不止于如是也。不因法而得，何以有是解乎？蓋其初非爲法解也，亦欲自立一法與前法並行。及深思而得之，乃與作者脗合，遂以爲是法之解。故法如是，而解之曲暢旁通，不止于如是也。

先生初聞杜泰西圜徑求周，弧背求弦、求矢之法，知其義深藏而不可不求甚解，欲自立一法以觀其同異。因思古法有二分弧法，西法又有三分弧法，則遞分之，亦必有法也。由是思之，遂得五分弧及七分弧，次列三分弧、五分弧、七分弧三數觀之，見其數可依次加減而得，遂加減至九十九分弧。然其分數皆奇數也。又思之，遂得二分弧。依前法遞推至四分弧、六分弧，加減至百分弧，則偶數亦

備矣。然猶分而不能合也。又思之，奇偶可合矣。然逐層求之，數多則繁，若累至千萬分猶未易也。又思之，其數可超位而得，則以二分弧、五分弧求得十分弧，以十分弧求得百分弧，以十分弧、百分弧求得千分弧，以十分弧、千分弧求得萬分弧。既得百分弧、千分弧、萬分弧三數，然後比例相較，而弧矢弦相求之密率捷法于是乎成。及其成也，與杜泰西之法無異，遂以是爲解焉，豈非不因法而得者乎。計其次第相求，以至成書，約三十餘年。今觀其解，初若與本法絶不相侔。及循序而進而其法之必由乎此，又有確然無可疑者。至于設一術取一數，反覆求之，諸法皆立而其用未盡。誠所謂法如是，解不止于如是也。

際新親承指授，且不敢違遺命。今輯其解並述其意云。

清・項名達《象數一原》卷一 整分起度弦矢率論

弦矢爲割圓要事，而求之實難。古用勾股分四邊、六邊起算，以及西人之六宗、三要等，要皆析圓分以遞求，而限於一隅，度難任設。其取途尚局，施算較繁。數則得矣，而通方徹圓之率，終未能抉其原也。積思累年乃始知，剖圓周、界方綫，自有天然之象數應乎其間。

象者何？兩等邊三角形是。此形爲逐分之通弦、半徑相割而成，一縱一横邊角交錯，而其式常等。若析分愈細則角愈小，初分底密切於弧，逐分腰皆通於弦矢。此天然之象所爲，底應圓、腰應方也。數者何？遞加數是。此數生於一遞加一，得諸根，而一即根差。遞加根得平積，而根即平積差。遞加平積得立積，而平積即立積差。如是以至無盡，諸差亦無盡。方與圓較，皆差也，此數早揭以相示。若析分愈細則差愈多。次層根密合於弧，逐層積皆通於弦矢。此天然之數所爲，根應圓積應方也。象數兩相成而其原得，於是弦矢可逕求。逐分弦矢可互求，弦矢與弧可相求而途之局者通矣。止用一、二術，不煩多術。止用乘除加減，無事開方，而算術之繁者簡矣。是知，失其原則紆迴難入，得其原則徑捷易從。方圓象數所由來，誠不可不表章而推衍之也。

又 卷二 半分起度弦矢率論

數未有奇而不偶者，而弦率則有奇分無偶分，心竊疑之。因研玩遞加圖，見其奇行間偶行而列對根層適當其半，默有會於用半之理，怳然曰：半者零五也。弦率之得奇不得偶，由於用全不用半，知整不知零也。於是以半分起根遞加全分，如整分法本根求積，別衍成遞加一圖。復以半分起度遞加全分，亦如整分法按度出綫，別聯成各種兩等邊三角。三角形既得，迺用率法乘除，求得逐形腰底。而偶分弦率各帶半分之矢率，均出其閒，考其數則與半分起根遞加數等。然則，非遞加一圖，且不知弧度之可起半分奚。自而按其形，覈其數哉。今故先論遞加數，以發其所藏，後詳弦矢率，以證其所合。

又 卷三 零分起度弦矢率論一

數有零乃不窮於用，前因整分遞加推及半分而弦率始備，於是倍分諸率皆確然有數可稽矣。顧於弦分得整、於矢分則得零，是補整分之欠者此半分，而開零分之先者亦此半分也。半分爲二之一，二爲分母。既得其一分矢率，即任設一數爲分母，亦可得其一分矢率。矢率然，弦率何不然？於是，析分諸率，又確然有數可稽矣。且一分率，特起度之分子耳。分子起於一而遞加之則成多數，亦可不起於一而遞加之益成多數。準是推之，倍分、析分外，其率正自無量，亦莫不確然有數可稽矣。而要非零分遞加，固不足以極其變而盡其致。《易》曰：窮則變，變則通。數本不窮，而似有窮時者，局於一耳。即此一而善用之，則窮者通，此零分之所以變而愈合也。

又 卷四 零分起度弦矢率論二

上論兩等邊三角及遞加數，衍至五分而止，象數之兩相符合已見一班。五分下可以例知，不煩再衍矣。惟其閒列分、求率、衍數諸法，頗似委曲繁重，而覈其條理，要自井然。今更申論，大凡俾得了明於心目，五分以下設欲任求者，亦可循之推衍云。

又 卷五 諸術通詮

上四卷發明整分、半分、零分起度弦矢率，而會歸於遞加數。末雖斟定各數算術，係爲術推原，非就術詮解也。且弦矢率與遞加數相應者乃其用數，而諸率自有其本數，求弦、矢須遞增本數之乘除而術始備。新立此弧弦矢求他弧弦矢二術，其義藴實包攬無遺，一切術皆自此而生而各據其一得。今按術詮解，二術顯，一切術自明。故半徑求弦、矢二術及董氏、杜氏諸術，雖彼此互異，幾莫知意指之所存，及以二術通之則違者順、奧者彰，無不宛轉相從而約歸一致。河濟江淮皆水也，瓶盤釵釧皆金也。蓋象與數既得其通，而術之各據一得者，亦有通詮無異詮矣。

又 卷六 諸術明變

象百變即數亦百變，全體達用，故無一非變。全用在體，故無變非一，非體

一而用變也。前所論象爲弦矢，正不惟弦矢而已。一度中八綫皆是象，豈遂不與數會者。又不惟八綫而已，盈兩間耳聞目見，身觸意知者皆是象，豈遂不與數會者。今將舊所定弦矢求八綫術、開諸乘方捷術、算律管新術，列於卷中，是皆從遞加數轉變而得。末乃列橢圓徑求周術，因其淵奧難知，別立三術引其緒，妙在用倍外矢。後二術遞次乘除，其比例不離乎零分遞加。求橢弦和術又別含一種比例，默具於整分遞加圖中而昭然相示者。於是融兩種比例爲一比例，以立本術。至加減之差，亦出於數之不得不然。以其限於分，故若分極於無分，即差入於無差，而徑求周之術始定。向思闡明之，而病軀不能從事，姑發其意以俟知者。此皆變之一隅也，不知變無以顯從體起用之神，知變而不知一無以全攝用歸體之妙。余故曰，會一原者，始可與論百變矣。

清・徐有壬《割圜八綫綴術》卷二　凡綴術之始，莫不先得各求式，一名率數。以爲依據，後乃鎔之而爲術。求式者，連綴而下，連比例各率之式是也，唯有此式。故以半徑爲一率，所有數爲二率或三率。求其以下各率，列之式中。乘法乘之，除法除之，爲第一。以下各數又依式中正負，同加異減，消得各數爲所求，或爲所求數所生之三率，此條分縷析之本法也。又合數次乘除爲一次乘除，即前數以得後數。其不可徑得者，乃求加減之差以加減之，此同條共貫之簡法也。列爲術者，皆簡法也，而皆以求式爲之幹焉。然其式何自而生？其生於弦求矢乎？弦求矢者，開方所馭也。今不馭以開方，而馭以屢乘屢除之法，所得與開方而得者不殊。此綴術立法之巧，爲能於算術中自成一隊者也。

割圓八綫互求分部

綜論

清・董祐誠《割圜連比例術圖解》卷中

弦矢遞加成連比例圖

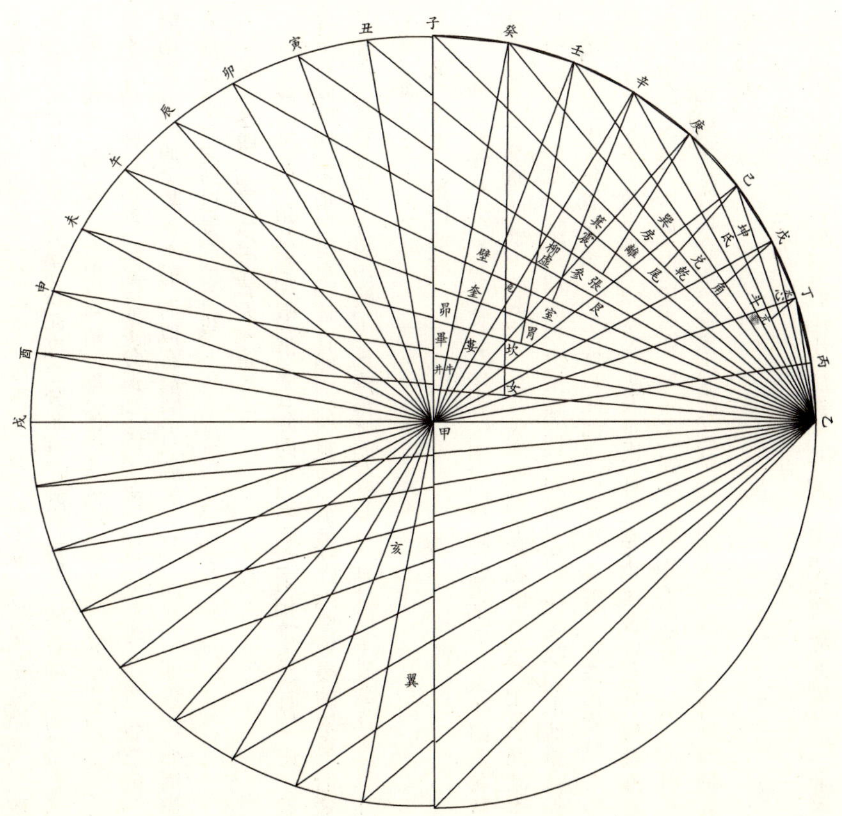

如圖，舉十七分以上爲例。甲乙爲半徑，乙丙弧爲一分，其弦丙乙。乙丁弧爲二分，其矢丙土，其倍矢丙火。乙戊弧爲三分，其弦戊乙。乙己弧爲四分，其矢丁心，其倍矢丁金。乙庚弧爲五分，其弦庚乙。乙辛弧爲六分，其矢戊氐，其倍矢戊乾。乙壬弧爲七分，其弦壬乙。乙癸弧爲八分，其矢己房，其倍矢己艮。乙子弧爲九分，其弦子乙。乙丑弧爲十分，其矢庚震，其倍矢庚坎。乙寅弧爲十一分，其弦寅乙。乙卯弧爲十二分，其矢辛虛，其倍矢辛甲。乙辰弧爲十三分，其弦辰乙。乙午弧爲十四分，其矢壬奎，其倍矢壬亥。乙未弧爲十五分，其弦未乙。乙申弧爲十六分，其矢癸畢，其倍矢癸翼。乙酉弧爲十七分，其弦酉乙。

如以甲乙半徑爲連比例第一率，則丙乙爲二率，爲一分之弦。丙乙二率自乘，甲乙一率除之，得丙火三率，爲二分之倍矢。解同前圖。半之，得丙土三率二之一，爲二分之矢。丙乙火角爲兩等邊形，乙土爲其中垂綫，故丙土得丙火之半。丙乙二率乘丙火三率，甲乙一率除之，得火木四率。解同前圖。以減水木二率，水木同丁丙，即同丙乙。得水火二率一少四率一。以加倍乙火二率，乙火同丙乙，亦同戊水，倍乙火即同乙火并戊水。得戊乙二率三少四率一，爲三分之弦。減戊水二率，得水乙二率二少四率一。丙乙二率乘之，甲乙一率除之，水乙斗三角形與乙甲丙三角形同式。得水斗三率二少五率一。凡二率自乘，一率除之，爲三率。二率、三率相乘，一率除之，爲四率。二率、四率相乘，一率除之，爲五率。位遞降而數不變。二下可遞推。半之，得水心三率一少五率二之一。水乙斗三角爲兩等邊三角形，乙心爲其中垂綫，故水心得水斗之半，與上丙乙火三角形及下坤乙兑、巽乙離、箕乙參、柳乙危、壁乙婁、昴乙牛諸三角形並同。加丁水三率一，丁水同丙火。得丁心三率二少五率二之一，爲四分之矢。

若置丁水三率一倍之，得三率二。金斗同丁水，倍丁水即如丁水并金斗。加水斗三率二少五率一，得丁金三率四少五率一，爲四分之倍矢。減金斗三率一，得丁斗三率三少五率一。丙乙二率乘之，甲乙一率除之，丁亢與戊坤平行，則斗丁亢角同戊甲丁角，亦即同丙甲乙角，爲同式三角形，與上火丙木三角形及下兑戊角、離己尾、參庚張、危辛室、婁壬胃、牛癸女諸三角形並同。得斗亢四率三少六率一。以減坤亢二率，坤亢同戊丁，即同丙乙，與上水木綫及下巽角、箕尾、柳張、壁室、昴胃、井女諸綫並同。得坤斗二率一少四率三多六率一。凡相減無對，則多少互變。加倍乙斗二率四少四率二，乙斗同乙水，亦同庚坤，倍乙斗即如乙斗并庚坤。得庚乙二率五少四率五多六率一，爲五分之弦。減庚坤二率二少四率一，得乙坤二率三少四率四多六率一。丙乙二率乘之，甲乙一率除之，得坤兑三率三少五率四多七率一。半之，得坤氐三率一又二之一少五率二多七率二之一。加戊坤三率三少五率一，戊坤同丁斗。得戊氐三率四又二之一少五率三多七率二之一，爲六分之矢。

如置戊坤三率三少五率一，倍之，得三率六少五率二。乾兑同戊坤，倍戊坤即如戊坤并乾兑。加坤兑三率三少五率四多七率一，得戊乾三率九少五率六多七率一，爲六分之倍矢。減乾兑三率三少五率一，得戊兑三率六少五率五多七率一。丙乙二率乘之，甲乙一率除之，得兑角四率六少六率五多八率一。以減巽角二率，得巽兑二率一少四率六多六率五少八率一。加倍乙兑二率六少四率八多六率二，乙兑同乙坤，即同壬巽，倍乙兑即如乙兑并壬巽。得壬乙二率七少四率十四多六率七少八率一，爲七分之弦。

依次相求，得己房三率八少五率十多七率四少九率二之一，爲八分之矢。子乙二率九少四率三十多六率二十七少八率九多十率一，爲九分之弦。庚震三率十二又二之一少五率二十五多七率十七又二之一少九率五多十一率二之一，爲十分之矢。庚坎三率二十五少五率五十多七率三十五少九率十多十一率一，爲十分之倍矢。寅乙二率十一少四率五十五多六率七十七少八率四十四多十率十一少十二率一，爲十一分之弦。辛虛三率十八少五率五十二又二之一多七率五十六少九率二十七多十一率六少十三率二之一，爲十二分之矢。辛甲三率三十六少五率一百有五多七率一百十二少九率五十四多十一率十二少十三率一，爲十二分之倍矢。辰乙二率十三少四率九十一多六率一百八十二少八率一百五十六多十率六十五少十二率十三多十四率一，爲十三分之弦。壬奎三率二十四又二之一少五率九十八多七率一百四十七少九率一百有五多十一率三十八又二之一少十三率七多十五率二之一，爲十四分之矢。壬亥三率四十九少五率一百九十六多七率二百九十四少九率二百一十多十一率七十七少十三率十四多十五率一，爲十四分之倍矢。未乙二率十五少四率一百四十多六率三百七十八少八率四百五十多十率二百七十五少十二率九十多十四率十五少十六率一，爲十五分之弦。癸畢三率三十二少五率一百六十八多七率三百三十六少九率三百三十多十一率一百七十六少十三率五十二多十五率八少十七率二之一，爲十六分之矢。癸翼三率六十四少五率三百三十六多七率六百七十二少九率六百六十多十一率三百五十二少十三率一百有四多十五率十六少十七率一，爲十六分之倍矢。酉乙二率十七少四率二百有四多六率七百十四少八率一千一百二十二多十率九百三十五少十二率四百四十二多十四率一百十九少十六率十七多十八率一，爲十七分之弦。

如是至億萬分，則弦與弧合，而求弧如求弦，亦用弧如用弦，一弧之數即衆弦之合數矣。在弧則弦常得奇數，一分、三分、五分至億萬分。矢常得耦數，二分、四分、六分至億萬分。在連比例諸率則弦常得耦數，二率、四率、六率至億萬率。矢常得奇數，三率、五率、七率至億萬率。故弧弦相求，皆用耦率。弧矢相求皆用奇率也。

弦之二率常與弧分等，一分則弦爲二率一，三分則弦爲二率三。故弧求弦以弧爲二率，弦求弧以弦爲二率。弧求矢以弧爲二率而求三率爲矢，矢求弧以三率求二率而爲弧也。首率常爲多，以下皆多少相間。弦則二率幾，少四率幾，多六率幾，少八率幾。矢則三率幾，少五率幾，多七率幾，少九率幾。以下，多少號常相間。故弧求弦、矢所得數，奇數常加，第一、第三、第五諸數相并恒加。耦數常減，第二、第四、第六諸數相并恒減。亦以次相間。至弦、矢求弧，則弦、矢必少於弧，故四率、五率在彼爲減者，在此爲加。諸率相乘，一率除之，率皆遞降。多少號之數既常相間，則首位恒多而次位恒少，當求次位以相加。然乘除降位後，則以次位爲首位，固變爲多而次位復爲少。如是遞降，少數恒大，多數恒小，故有加而無減也。在弦則爲幾二率，少幾四率，又少幾六率，又少幾八率，以次遞降。在矢則爲幾三率，少幾五率，又少幾七率，又少幾九率，亦以次遞降。數見下。遞加諸率，在弧求弦、矢，則以弧分加一得最末率。三分加一爲四，則弦末位爲四率。四分加一爲五，則矢末位爲五率。在弦、矢求弧，則三分以下已無盡數。然析圜至億萬分，設數雖大，而數十率以後已不成分秒。故自單位以下，直棄其餘不復入算。

既得諸率，以堆垜術御之，則序次秩然。而弦則有二率本數，即可求二率以下諸率之兼數。有二率與諸率之兼數，亦可求二率本數。矢則有二率以求三率，即可求三率以下諸率之兼數。有三率以下諸率之兼數，亦可求三率以得二率本數。二率既常與弧分等，則有弧可求弦矢，有弦矢亦可求弧。故弦則自一分至億萬分，矢則自二分至億萬分。數雖不同皆起於二率之一遞加遞積以成諸率，則以堆垜術馭之無不同者，割圜連比例之法所由立也。

如圖，舉六率以上爲例。第一列皆爲一，遞加數之根數也。一、二、三、四、五，遞加數，皆遞加一。第二列一、二、三、四諸數，遞加數也。第三列一、三、六、十諸數，遞加數相并之數也。一仍爲一，一又加二爲三，三又加三爲六，六又加四爲十。第四列一、四、十、二十諸數，遞加數二次相并之數也。一仍爲一，一又加三爲四，四又加六爲十，十又加十爲二十。第五列一、五、十五、三十五諸數，遞加數三次相并之數也。一仍爲一，一又加四爲五，五又加十爲十五，十五又加二十，爲三十五。第六列一、六、二十一、五十六諸數，遞加數四次相并之數也。一仍爲一，一又加五爲六，六又加十五爲二十一，二十一又加三十五爲五十六。以此遞加，至數十百次相并，皆起於一而以次漸增。

弦矢連比例諸率成遞加數圖

一率 二率加	一 半徑一率 水火二率	一 半徑一率 坤斗二率	一 半徑一率 巽兌二率	一 半徑一率 箕離二率	一 半徑一率 柳參二率	一 半徑一率 壁危二率	一 半徑一率 昴婁二率	一 半徑一率 井牛二率	遞加根	半徑 弦中一分
二率倍 三率加	一 火乙二率 丙火三率	二 斗乙二率 水斗三率	三 兌乙二率 坤兌三率	四 離乙二率 巽離三率	五 參乙二率 箕參三率	六 危乙二率 柳危三率	七 婁乙二率 壁婁三率	八 牛乙二率 昴牛三率	遞加數	弦右端同左端 倍矢中一分
三率倍 四率加		一 丁水三率 水火四率	三 戊坤三率 坤斗四率	六 己巽三率 巽兌四率	一〇 庚箕三率 箕離四率	一五 辛卯三率 柳參四率	二一 壬壁三率 壁危四率	二八 癸昴三率 昴婁四率	遞加數相并	倍矢上端同下端 弦中一分
四率倍 五率加			一 斗乙四率 水斗五率	四 兌乙四率 坤兌五率	一〇 離乙四率 巽離五率	二〇 參乙四率 箕參五率	三五 危乙四率 柳危五率	五六 婁乙四率 壁婁五率	遞加數二次相并	弦右端同左端 倍矢中一分
五率倍 六率加				一 戊坤五率 坤斗六率	五 己巽五率 巽兌六率	一五 庚箕五率 箕離六率	三五 辛柳五率 柳參六率	七〇 壬壁五率 壁危六率	遞加數三次相并	倍矢上端同下端 弦中一分
六率倍 七率加					一 兌乙六率 坤兌七率	六 離乙六率 巽離七率	二一 參乙六率 箕參七率	五六 危乙六率 柳危七率	遞加數四次相并	弦右端同左端 倍矢中一分

如前圖，弧分起一，乙丙。則二率亦起一。丙乙。自二率一遞求諸綫，弧分增一分則連比例增一率，一分之弦有二率，二分之矢有三率，三分之弦有四率，四分之矢有五率。率數亦以一遞加遞積。凡弦皆以中一分加左右兩端得弦，矢皆以中一分加上下兩端得倍矢。三分則倍火乙，即如右端火乙加左端戊水，再加中一分火水，得戊乙，爲三分之弦。四分則倍丁水，即如上端丁水，加下端斗金，再加中一分水斗，得丁金，爲四分之倍矢。而倍矢之中一分出於弦右端，丙火出於火乙，水斗出於斗乙。弦之中一分出於矢上端，水火出於丙火，坤斗出於丁斗。故數常蟬聯。半徑一率常爲一，弦中一分之二率亦常爲一，如遞加根數。水火、坤斗、巽兌、箕離二率皆爲一。左右一端之

二率爲一、二、三、四，如遞加數，火乙二率一，斗乙二率二，兑乙二率三，離乙二率四。倍矢中一分之三率同。丙火三率一，水斗三率二，坤兑三率三，巽離三率四。倍矢上下一端之三率爲一、三、六、十，如遞加相并數，丁水三率一，戊坤三率三，己巽三率六，庚箕三率十。弦左右一端之四率同。火木四率一，斗亢四率三，兑角四率六，離尾四率十。率數遞降而遞加相并數亦遞增，而二率起一分，三率起二分，四率起三分，五率起四分，皆遞差一位。弦矢中一分與兩端之一既並如遞加相并數，則即以遞加相并數按層斜列之，倍下一列數加上一列數，即可按次而得弦矢諸率。夫遞加相并諸數，即三角堆諸數也。故又以三角堆之術變之。

弦矢連比例諸率成三角堆圖

率	數	説
一率	一一一一一一一一一一一一一一一	三角堆根遞加差
二率	一一一一一 四三二一〇九八七六五四三二一〇 〵八八八八八八八八八八八八八丿 廿廿廿廿十十十十十九七五三一 七五三一九七五三一 分分分分分分分分分分分分分分	三角堆根即平三角堆每層數
三率	一 〇九七六五四三二二一一 五一八六五五六八一五〇六三一〇 〵八八八八八八八八八八八八八丿 廿廿廿廿二十十十十十八六四二 八六四二十八六四二 分分分分分分分分分分分分分分	平三角堆積即立三角堆每層數
四率	五四三二二一一 六五六八二六二八五三二一 〇五四六〇五〇四六五〇〇四一〇 〵八八八八八八八八八八八八八丿 廿廿廿廿廿十十十十十九七五三 九七五三一九七五三一 分分分分分分分分分分分分分分	立三角堆積即三乘三角堆每層數
五率	二一一一 三八三〇七四三二一 八二六〇一九三一二七三一 〇〇五一五五〇〇六〇五五五一〇 〵八八八八八八八八八八八八八丿 三廿廿廿廿二十十十十十八六四 十八六四二十八六四二 分分分分分分分分分分分分分分	三乘二角堆積即四乘三角堆每層數
六率	八六四三二一 五一三〇〇二七四二一 六八六〇〇八九六五二五三 八八八三二七二二二六六一六一〇 〵八八八八八八八八八八八八八丿 卅廿廿廿廿廿十十十十十九七五 一九七五三一九七五三一 分分分分分分分分分分分分分分	四乘三角堆積即五乘三角堆每層數
七率	二一一 七八二八五三一 一五三〇〇〇七九四二 三六七〇〇〇一二六一八二 二四六八五三六四二〇四八七一〇 〵八八八八八八八八八八八八八 卅三廿廿廿廿二十十十十八六 二十八六四二十八六四二 分分分分分分分分分分分分分分	五乘三角堆積即六乘三角堆每層數
八率	七五三一一 七〇一九一六三一 五三八四四四四七七三一 二八二四四三三一九三二三 〇八四八〇五二六二〇〇六八一〇 〵八八八八八八八八八八八八八丿 卅卅廿廿廿廿廿十十十十十九七 三一九七五三一九七五三一 分分分分分分分分分分分分分分	六乘三角堆積即七乘三角堆每層數

如圖，舉八率以上爲例，分爲八列。第一列常爲一，三角堆根數之差也。一加一爲二，又加一爲三，又加一爲四。第二列爲一、二、三、四、五、六，上圖遞加之數即三角堆每層遞加之根數，三角堆一層則根爲一，二層則根爲二，諸形悉同。亦即平三角堆每層之數也。平三角堆第一層爲一，第二層爲二，第三層爲三。第三列爲一、三、六、十、十五、二十一，上圖遞加一次相并之數，即平三角堆之積，平三角堆根一者爲積一，根二者并一層一、二層二爲積三，根三者并一層一、二層二、三層三爲積六。亦即立三角堆每層之數也。立三角堆第一層爲一，第二層爲三，第三層爲六。第四列爲一、四、十、二十、三十五，上圖遞加二次相并之數，即立三角堆之積，立三角堆根一者爲積一，根二者并一層一、二層三爲積四，根三者并一層一、二層三、三層六爲積十。亦即三乘三角堆每層之數也。三乘三角堆第一層爲一，第二層爲四，第三層爲十。第五列爲一、五、十五、三十五、七十，上圖遞加三次相并之數即三乘三角堆之積，三乘三角堆根一者爲積一，根二者并一層一、二層四爲積五，根三者并一層一、二層四、三層十爲積十

五。亦即四乘三角堆每層之數也。四乘三角堆第一層爲一，第二層爲五，第三層爲十五。以此遞推至數十百乘三角堆積，皆以次漸增而其根常相等。如根爲二，則平三角堆積三，立三角堆積四，三乘三角堆積五，四乘三角堆積六，五乘三角堆積七，六乘三角堆積八。根爲三，則平三角堆積六，立三角堆積十，三乘三角堆積十五，四乘三角堆積二十一，五乘三角堆積二十八，六乘三角堆積三十六。

如前圖，以倍遞加數加一數爲弦之二率。在此，則爲倍第二列平三角堆每層數加第一列三角堆根遞加差數。而三角堆根遞加差數即平三角堆每層數之差，是依次兩平三角堆每層數相加即得二率。一前空位，無加仍得一，爲一分弧之二率。一、二相加得三，爲三分弧之二率。二、三相加得五，爲五分弧之二率。上圖以倍遞加一次相并數，加遞加數爲矢之三率。在此，則爲倍第三列平三角堆積，加第二列平三角堆每層數。而平三角堆每層數即平三角堆積之差，是依次兩平三角堆積，相加即得三率。一前空位，無加仍得一，爲二分弧之三率。一、三相加得四，爲四分弧之三率。三、六相加得九，爲六分弧之三率。以此遞推，則依次兩立三角堆積相加，即得四率。一前空位，無加仍得一，爲三分弧之四率。一、四相加得五，爲五分弧之四率。四、十相加得十四，爲七分弧之四率。依次兩三乘三角堆積相加即得五率。一前空位，無加仍得一，爲四分弧之五率。一、五相加得六，爲六分弧之五率。五、十五相加得二十，爲八分弧之五率。依次兩四乘三角堆積相加即得六率。一前空位，無加仍得一，爲五分弧之六率。一、六相加得七，爲七分弧之六率。六、二十一相加得二十七，爲九分弧之六率。依次兩五乘三角堆積相加即得七率。一前空位，無加仍得一，爲六分弧之七率。一、七相加得八，爲八分弧之七率。七、二十八相加得三十五，爲十分弧之七率。依次兩六乘三角堆積相加即得八率。一前空位，無加仍得一，爲七分弧之八率。一、八相加得九，爲九分弧之八率。八、三十六相加得四十四，爲十一分弧之八率。凡率數進一，則三角堆乘方數亦進一，而求弦、矢各率者，皆可以三角堆求積術御之矣。

凡求三角堆積，皆以根數根數即層數。與根數加一相乘爲帶縱平方積，二除之，得平三角堆積。以根數與根數加一相乘、加二再乘爲帶縱立方積，二除之、三除之，得立三角堆積。以根數與根數加一相乘、加二再乘、加三三乘爲帶縱三乘方積，二除之、三除之、四除之，得三乘三角堆積。以根數與根數加一相乘、加二再乘、加三三乘、加四四乘爲帶縱四乘方積，二除之、三除之、四除之、五除之，得四乘三角堆積。乘方數進一位則乘數皆增一，除數亦增一，此堆垜術之定法也。舊法至求立三角堆而止，三乘方以下，見汪萊《衡齋算學》。

據此術以求弦、矢諸率，當置弧分折半，三率一起於二分，如平三角堆根數之爲一者，則四分根爲二，六分根爲三。凡三角堆根數，皆遞加以一，而弧分皆遞加以二。矢起於弧之二分，而平三角堆根亦起於弧之二分，故當折半。爲平三角堆之根。以根與根加一相乘，得數又以根減一與根相乘。得數兩數相并，兩三角積除數相同，故以實相并而并除。爲兩帶縱平方積。二除之，爲兩平三角堆積，迺得三率。置弧分，減一折半，四率一起於三分，如立三角堆根數之爲一者，則五分根爲二，七分根爲三。凡三角堆根數，皆遞加以一，而弧分皆遞加以二。弦起於弧之一分，而立三角堆根則起於弧之三分，故當減一折半。爲立三角堆之根。以根與根加一相乘，與根加二再乘。得數又以根減一與根相乘，與根加一再乘。得數兩數相并，爲兩帶縱立方積。二除之、三除之爲兩立三角堆積，迺得四率。置弧分，減二折半，五率一起於四分，如三乘三角堆根數之爲一者，則六分根爲二，八分根爲三。矢起於弧之二分，而三乘三角堆根則起於弧之四分，故當減二折半。爲三乘三角堆之根。以根與根加一相乘，與根加二再乘，與根加三三乘。得數又以根減一與根相乘，與根加一再乘，與根加二三乘。得數兩數相并，爲兩帶縱三乘方積。二除之、三除之、四除之爲兩三乘三角堆積，迺得五率。置弧分，減三折半，六率一起於五分，如四乘三角堆根數之爲一者，則七分根爲二、九分根爲三。弦起於弧之一分，而四乘三角堆根則起於弧之五分，故當減三折半。爲四乘三角堆之根。以根與根加一相乘，與根加二再乘，與根加三三乘，與根加四四乘。得數又以根減一與根相乘，與根加一再乘，與根加二三乘，與根加三四乘。得數兩數相并，爲兩帶縱四乘方積。二除之、三除之、四除之、五除之，爲兩四乘三角堆積，迺得六率。

以此遞推，皆置弧分，以一、二、三、四諸數遞減折半爲根。以根與根減一如諸乘方三角堆以根求積遞乘遞除術，求得兩三角堆積並得諸率。然取數過繁，故復以方錐積變之，別立爲簡法也。

弦矢連比例諸率成方錐堆圖

三率	四率	五率	六率	七率	八率
一二分	一三分	一四分	一五分	一六分	一七分
四四分	五五分	六六分	七七分	八八分	九九分
九六分	一四七分	二〇八分	二七九分	三五十分	四四十一分

續表

三率	四率	五率	六率	七率	八率
一六八分	三〇九分	五〇十分	七七十一分	一一二十二分	一五六十三分
二五十分	五五十一分	一〇五十二分	一八二十三分	二九四十四分	四五〇十五分
三六十二分	九一十三分	一九六十四分	三七八十五分	六七二十六分	一一二二十七分
四九十四分	一四〇十五分	三三六十六分	七一四十七分	一三八六十八分	二五〇八十九分
六四十六分	二〇四十七分	五四〇十八分	一二五四十九分	二六四〇二十分	五一四八二十一分
八一十八分	二八五十九分	八二五二十分	二〇七九二十一分	四七一九二十二分	九八六七二十三分
一〇〇二十分	三八五二十一分	一二一〇二十二分	三三八九二十三分	八〇〇八二十四分	一七八七五二十五分
一二一二十二分	五〇六二十三分	一七一六二十四分	五〇〇五二十五分	一三〇一三二十六分	三〇八八八二十七分
一四四二十四分	六五〇二十五分	二三六六二十六分	七三七一二十七分	二〇三八四二十八分	五一二七二二十九分
一六九二十六分	八一九二十七分	三一八五二十八分	一〇五五六二十九分	三〇九四〇三十分	八二二一二三十一分
一九六二十八分	一〇一五二十九分	四二〇〇三十分	一四七五六三十一分	四五六九六三十二分	一二七九〇八三十三分
平方錐堆積即立方錐堆每層數	立方錐堆積即三乘方錐堆每層數	三乘方錐堆積即四乘方錐堆每層數	四乘方錐堆積即五乘方錐堆每層數	五乘方錐堆積即六乘方錐堆每層數	六乘方錐堆積即七乘方錐堆每層數

如圖，舉八率以上爲例，分爲六列。第一列一、四、九、十六，上圖兩平三角堆相并之數即平方錐堆積，平方錐堆如斜置平方形，第一層爲一、第二層爲三、第三層爲五，故根一者爲積一，根二者并一層一、二層三爲四，根三者并一層一、二層三、三層五爲九。亦即立方錐堆每層之數也。立方錐堆第一層爲一、第二層爲四、第三層爲九。第二列一、五、十四、三十，上圖兩立三角堆相并之數即立方錐堆積，立方錐堆根一者爲積一，根二者并一層一、二層四爲五，根三者并一層一、二層四、三層九爲十四。亦即三乘方錐堆每層之數也。五率以下，並同一例至成數十百乘方錐堆積。在前圖爲兩三角堆形相并之積，在此則爲方錐堆之積。其根數與上所求三角形之根相同，其積數即弦、矢諸率之率數。

凡求方錐堆積，皆以倍根數乘根數爲帶縱平方積，二除之得平方錐堆積。以根數與根數加一相乘，倍根數加一再乘，爲帶縱立方積。二除之、三除之得立方錐堆積。以根數與根數加一相乘，根數加二再乘，倍根數加二三乘，爲帶縱三乘方積。二除之、三除之、四除之得三乘方錐堆積。以根數與根數加一相乘，根數加二再乘，根數加三三乘，倍根數加三四乘爲帶縱四乘方積。二除之，三除之，四除之，五除之得四乘方錐堆積。乘除數皆遞進一，與三角堆同，惟倍根數亦遞加一爲異，此亦堆垛術之定法也。舊法惟有立方錐堆求積術，其術以根數加半相乘，故惟用三除。此用倍根加一，則倍於根數加半，故又增一二除。諸乘方理數悉同，可以類推。

凡求弦、求矢，皆由二率以求諸率，而倍根遞加數又恒與弧分等，即恒與二率等。如三率，則以倍根數相乘，而根數即由弧分折半而得，是弧分即倍根。四率本以倍根數加一相乘，而根數即由弧分減一折半所得，是弧分即倍根加一。以此遞推，則弧分與倍根遞加數常相等。則設有二率以求諸率者，弧分二率折半爲根，以乘弧分二率，即倍根。得帶縱平方積。二除之，得平方錐堆積，即爲三率。復以弧分減一折半爲根，以根與根加一相乘，以乘弧分二率，即倍根加一。爲帶縱立方積。二除之，三除之，得立方錐堆積，即爲四率。復以弧分減二折半爲根，以根與根加二相乘，以乘三率，爲帶縱立方積。三除之，四除之，得三乘方錐堆積，即爲五率。凡二率與四率、三率與五率，根皆遞降以一。本當以根與根加一相乘，根加二再乘，倍根加二三乘，爲帶縱三乘方積。二除之，三除之，四除之，得三乘方錐堆積。而所得之三率，本爲根乘倍根，二除之之數。則在三率爲根者，在五率爲根加一。在三率爲倍根者，在五率爲倍根加二。以三率求五率，是已有根加一、倍根加二諸乘數，又有二爲除數。故惟以五率之根與根加二相乘，又以三率乘之，變爲帶縱立方積，而除數亦少一二除也。以弧分減三折半爲根，以根與根加三相乘以乘四率，爲帶縱立方積。四除之，五除之，得四乘方錐堆積，即爲六率。本當以根與根加一相乘，根加二再乘，根加三三乘，倍根加三四乘，爲帶縱四乘方積。二除之，三除之，四除之，五除之，得四乘方錐堆積。而所得之四率，本爲根與根加一相乘，倍根加一再乘，二除之，三除之之數。則在四率爲根者，在六率爲根加一。在四率爲倍根加一者，在六率爲倍根加三。以四率求六率，是已有根加一、根加二、倍根加三諸乘數，又有二除、三除數。故惟以六率之根與根加三相乘，又

以四率乘之，變爲帶縱立方積，而除數亦少一二除，又少一三除。七率以下，省算理同，可以類推。以弧分減四折半爲根，以根與根加四相乘以乘五率，爲帶縱立方積。五除之，六除之，得五乘方錐堆積，即爲七率。以弧分減五折半爲根，以根與根加五相乘以乘六率，爲帶縱立方積。六除之，七除之，得六乘方錐堆積，即爲八率。以弧分減六折半爲根，以根與根加六相乘以乘七率，爲帶縱立方積。七除之，八除之，得七乘方錐堆積，即爲九率。以弧分減七折半爲根，以根與根加七相乘以乘八率，爲帶縱立方積。八除之，九除之，得八乘方錐堆積，即爲十率。以此遞推而億萬率法皆一貫。諸率之根既以弧分減一、二、三、四諸數折半爲根，其所減之數又常與乘數内根所加之數等，四率減一而乘數亦爲根加一，五率減二而乘數亦爲根加二，以下並同。則四率以下弧分常爲帶縱立方積面冪之長廣和。四率本以弧分減一折半爲根，其立方面冪爲根乘根加一之冪，則根爲廣，根加一爲長。其長廣和爲倍根加一，與弧分等。五率本以弧分減二折半爲根，其立方面冪爲根乘根加二之冪，則根爲廣，根加二爲長。其長廣和爲倍根加二，亦與弧分等。以下並同。凡以長廣和爲正方，減去較方冪，恒爲原方冪之四倍。又兩立方體同高者，其面冪之比例即如體積之比例，此又通弧求弦、矢各加一四除之理所從出也。

凡求三率所得之帶縱平方積，以根數爲廣，倍根數爲長。如以諸率相連之理例之，則亦可以一率爲高成立方積。蓋一率常爲一，故立積亦如平積也。與弧分自乘平方積，如一與二。故置弧分自乘爲平方積，二除之得帶縱平方積，又二除之得平方錐堆積，即爲三率。然諸數皆用倍矢，此求矢本數當更以二除之，方爲三率。故於弧分，自乘、二除之數易爲四除也。倍矢與矢本數在三率增一二除，則五率以降皆當增一二除。然求五率時所用之三率即矢本數，已有二除在内，故不復易四除爲八除。七率以下並同。

如圖，甲乙爲弧分，甲乙丙丁爲弧分自乘正方形。甲戊爲甲乙之半，即根數，本以弧分減半爲根，故甲戊得甲乙之半。甲丙爲倍根數。以甲戊爲廣，甲丙爲長，成甲戊丙辛帶縱平方形，本以根與倍根相乘，爲帶縱平方積。甲乙既爲弧分，甲戊既爲弧分之半，則必爲弧分自乘甲乙丙丁平方積二之一矣。

凡求四率所得之帶縱立方積，以根數爲廣，根數加一爲長，二率爲高。與弧分自乘減一爲面冪，二率爲高之磬折立方積，爲一與四。故置弧分，自乘、減一爲磬折面冪。以二率乘之爲磬折立方積，四除之得帶縱立方積。又二除之，三除之，得立方錐堆積，即爲四率。

如圖，甲丙爲弧分，甲乙丙丁爲弧分自乘正方形。丑子丙申小方隅積一，其邊丑丙亦爲一。庚丑爲甲丑之半，即根數，本以弧分減一折半爲根數，故甲丙減丑丙折半於庚，爲庚丑。庚壬爲根加一。以庚丑爲廣，庚壬爲長，二率爲高，成帶縱立方積。本以根與根加一相乘，倍根加一即二率再乘，爲帶縱立方積。其面冪爲庚壬丑癸帶縱平方形，爲甲乙丑子申丁磬折形面冪四之一。甲乙丙丁方積内，減去丑子丙申隅積一，即成甲乙丑子申丁磬折形。移子癸申己形，補戊乙壬形即與庚壬丑癸形等，而甲戊庚壬形、己壬丁辛形，皆與庚壬丑癸形相等，故爲四之一。若同以甲寅二率爲高，成寅甲乙丁未午申子丑卯磬折立方形，則兩立積相較亦爲四之一矣。

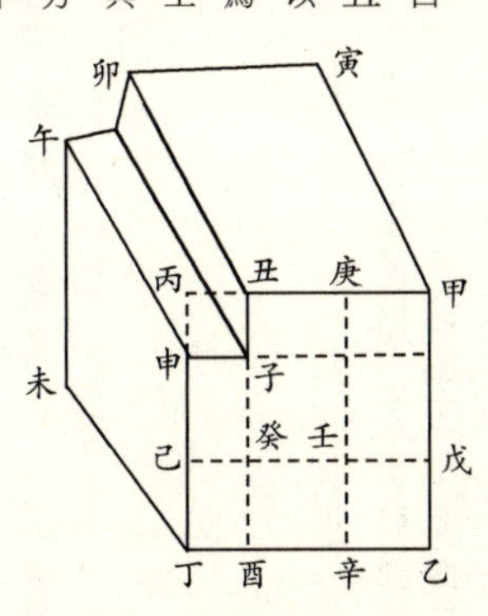

凡求五率所得之帶縱立方積，以根數爲廣，根數加二爲長，三率爲高。與弧分自乘減四爲面冪，三率爲高之磬折立方積，爲一與四。故置弧分，自乘、減四，爲磬折面冪。以三率乘之爲磬折立方積，四除之爲帶縱立方積。又三除之，四除之，得三乘方錐堆積，即爲五率。

如圖，甲丙爲弧分，甲乙丙丁爲弧分自乘正方形。丑子丙申小方隅積四，其邊丑丙二。庚丑爲甲丑之半，即根數，本以弧分減二折半爲根數，故甲丙減丑丙折半於庚爲庚丑。庚壬爲根加二。以庚丑爲廣，庚壬爲長，三率爲高，成帶縱立方積。本以根與根加二相乘，以三率再乘，爲帶縱立方積。其面冪爲庚壬丑癸帶縱平方形，爲甲乙丑子申丁磬折形面冪四之一。移積之理並與前同。若同以甲寅三率爲高，則成寅甲乙丁未午申子丑卯磬折立方形，兩立積相較亦爲四之一矣。

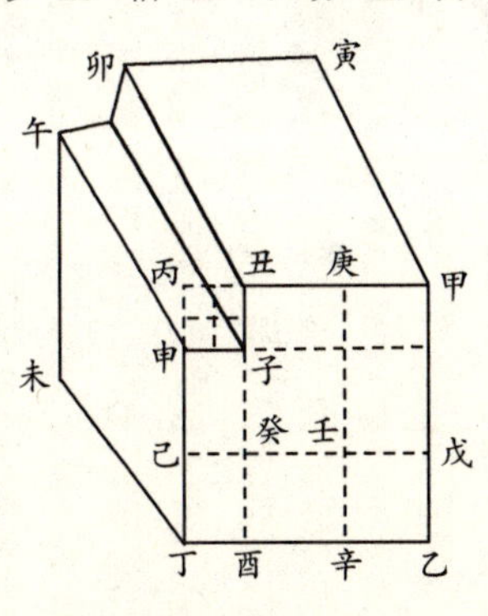

凡求六率所得之帶縱立方積，以根數爲廣，根數加三爲長，四率爲高。與弧分自乘減九爲面冪，四率爲高之磬折立方積，爲一與四。故置弧分，自乘、減九，

爲磬折面冪。以四率乘之爲磬折立方積，四除之得帶縱立方積。又四除之，五除之，得四乘方錐堆積，即爲六率。

如圖，甲丙爲弧分，甲乙丙丁爲弧分自乘正方形。丑子丙申小方隅積九，其邊丑丙爲三。庚丑爲甲丙之半，即根數，本以弧分減三折半爲根數，故甲丙減丑丙折半於庚爲庚丑。庚壬爲根加三，以庚丑爲廣，庚壬爲長，四率爲高，成帶縱立方積。本以根與根加三相乘，以四率再乘，爲帶縱立方積。其面冪爲庚壬丑癸帶縱平方形，爲甲乙丑子申丁磬折形面冪四之一。若同以甲寅四率爲高，則成寅甲乙丁未午申子丑卯磬折立方形，兩立積相較亦爲四之一矣。

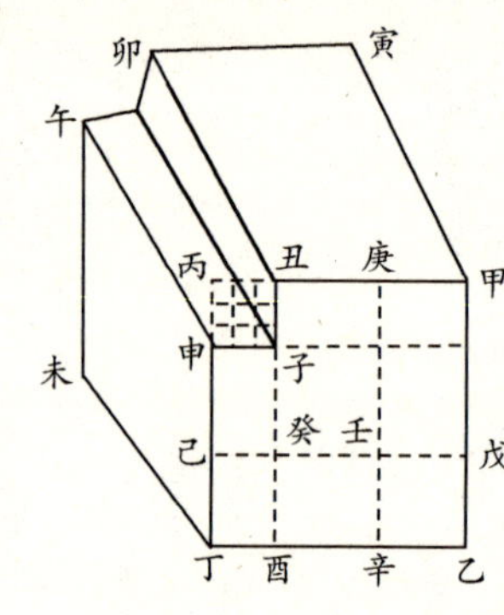

七率以下數遞進，而按位乘除則無異，可以類推，不復圖解。則凡有通弧，以求弦、矢諸率，即以通弧作弧分爲二率。其求弦率者，弧分自乘，減一，二率乘之，四除之。又二除之，三除之，爲四率。弧分自乘，減九，四率乘之，四除之。又四除之，五除之，爲六率。弧分自乘，減二十五，六率乘之，四除之。又六除之，七除之，爲八率。弧分自乘，減四十九，八率乘之，四除之。又八除之，九除之，爲十率。以次遞求，其減數，皆奇數按位自乘數。其求矢率者，弧分自乘，四除之，又二除之，爲三率。弧分自乘，減四，三率乘之，四除之。又三除之，四除之，爲五率。弧分自乘，減十六，五率乘之，四除之。又五除之，六除之，爲七率。弧分自乘，減三十六，七率乘之，四除之。又七除之，八除之，爲九率。亦以次遞求，其減數皆耦數按位自乘數。然所得諸數，皆諸率之約分。若求真數，當遞以一率除之，而其位遞降。因一率常爲一，故諸率位降，而數不改。又通弧求弦、矢，即以通弧數作弧分數，則自乘後減數至微，即一、四、九十六諸數。可不入算。故直以通弧爲二率，二率自乘爲三率，即如弧分自乘。下求諸率，並以三率乘之，不復遞減也。弦矢互求諸術，則必以減數立算，方爲密合。又弧求弦，弧分當用奇數。然其差亦微，故奇耦通用。至弦求弦，則仍當用奇數也。

既得諸率，按間位多少之數加減之，即爲通弦之全數。弧背求正弦、正矢，則弦、矢之比例悉同，通弦與弧背既同用一矢，而正弦得通弦之半，半與半如全與全，故比例皆等。而弧背自乘積與通弧自乘積常爲四之一。邊加一倍則積加四倍。以求諸率，當加一四乘。今不復加，而諸率內並省一四除。則與四乘無異矣。古法名通弧爲弧背，通弦爲弦。弧背爲半弧背，正弦爲半弧弦，今並仍杜氏原文，無所更易。至弦、矢求弧則即弧求弦、矢之還原，如堆垛術變積求之，則成一例也。

清・項名達《象數一原》卷一　整分起度弦矢率論

圓分，貴乎勻析分之，整所不待言。今別而出之首標整分者，因更有零分率在，而此整分實爲其先導也。零分不易知，整分可知，其三角形不待尋求。但逐分作半徑，而於奇分作通弦，各形已了然可見矣。遞加數亦不造作，但本一而遞次加之，諸數已燦然畢呈。蓋象數之用雖極於變不勝窮，而其常焉者，則又明示其端而未嘗隱也。

如下圖，半平圓析爲十八分。自心至周，各作半徑綫。自界至一、三、五等奇分，各作通弦綫。諸綫相交，成兩等邊三角形，凡十有七，雖大小不同而皆同式。何則？心界甲形、心乙丙形挨次鱗列，漸小至心午未形。其心角皆對一分弧，必相等。界甲乙形、界丙丁形挨次鱗列，漸大至界辰午形。其界角皆對二分弧，必相等。界角對弧既得心角之倍，則心角界角亦必相等。凡對弧同者界，角恒得心角之半。今界角對倍弧，故與心角等。心界甲形、界甲乙形，心角、界角既等，甲角又屬同用角，則乙角亦必與心界甲角等。凡平三角形三角併之必一百八十度，故此形兩角既等，彼形餘一角自不得不等。界甲乙形、心乙丙形，心角、界角既等，乙角又屬錯交角，角既錯交，自無不等。則丙角亦必與甲角等。其餘衆形既挨次而列，或同用一角，或錯交一角。準是推之，其三角無不相等。角等者式必等。又心界甲形兩腰心界及心甲，皆半徑。其腰等則對腰之甲角、界角必自相等。即衆形之兩腰及對腰角亦各自相等，故皆兩等邊三角形而同式。既同式，其腰、底可以遞相比例。

以心界甲爲第一形，其腰即半徑，底即一分通弦。以界甲乙爲第二形，其腰即一分通弦，底即一分倍矢。設自界作垂綫至申，垂綫即正弦，申甲即正矢。而申點必居底之半，以兩腰等故也。申甲既爲正矢，乙甲必爲倍矢。此兩形相比例，爲心界腰比

界甲底，若界甲腰與甲乙底。是界甲者既爲此底，復爲彼腰遂成連比例三率。故以半徑心界爲一率，一分通弦界甲爲二率，一分倍矢甲乙爲三率。三率既全，迺可求衆形之腰、底各率。

求第三心乙丙形。以第二形底甲乙減第一形腰心甲，心甲即心界。得第三形腰心乙，爲一率一正、三率一負。心甲即一率，數大爲原數。甲乙即三率，數小爲減數。應於原數内，減去減數，故一率正、三率負。說詳加減。以二率界甲底乘之，一率心界腰除之，得底乙丙，爲二率一正、四率一負。乘除後原數不動者，以乘法、除法皆祇一位又祇一數也。遞降一率者，以乘法較除法降一率也。說詳乘除。

次求第四界丙丁形。以第三形底乙丙加第二形腰界乙，界乙即界甲。得第四形腰界丙，爲二率二正、四率一負。加法，同名相加。今兩二率皆正，故相加得二。以二率乘之，一率除之，得底丙丁，爲三率二正、五率一負。

以第四形底丙丁減第三形腰心丙，得第五形腰心丁，爲一率一正、三率三負、五率一正。減法，異名相加。無對者，原數仍其名，減數易其名。今心丙爲原數，丙丁爲減數，故一率仍爲正。三率異名相加，得三，從原數爲負。五率屬減數，易負爲正。以二率乘之，一率除之，得底丁戊爲二率一正、四率三負、六率一正。以次，遞求衆形。

約法曰：以現得界角形底減先得心角形腰，得次後心角形腰，乘除而得底。以現得心角形底加先得界角形腰得次後界角形腰，乘除而得底。凡應減者恒異名，應加者恒同名，故皆用加法乘除恒遞降一率，如法列式於左。煦按：註云說詳乘除，說詳加減，而説未有。顧其義，已散見書中，兹不復補。

遞求整分起度各形腰、底率

第一形腰心界半徑	|
第一形底、第二形腰界甲通弦	〇|
第二形底甲乙倍矢	〇〇|
第一形腰、第二形底相減，得第三形腰心乙	|〇乂
第三形腰二率乘一率除之，得底乙丙	〇|〇乂
第二形腰、第三形底相加，得第四形腰界丙	〇‖〇乂
第四形腰二率乘一率除之，得底丙丁	〇〇‖〇乂
第三形腰、第四形底相減，得第五形腰心丁	|〇丰〇|
第五形腰二率乘一率除之，得底丁戊	〇|〇丰〇|
第四形腰、第五形底相加，得第六形腰界戊	〇|||〇丰〇|
第六形腰二率乘一率除之，得底戊己	〇〇|||〇丰〇|
第五形腰、第六形底相減，得第七形腰心己	|〇ㄒ〇||||〇乂
第七形腰二率乘一率除之，得底己庚	〇|〇ㄒ〇||||〇乂
第六形腰、第七形底相加，得第八形腰界庚	〇||||〇t〇〇⊤〇乂
第八形腰二率乘一率除之，得底庚辛	〇〇||||〇t〇〇⊤〇乂
第七形腰、第八形底相減，得第九形腰心辛	|〇t〇〇一||||〇卅〇|
第九形腰二率乘一率除之，得底辛壬	〇|〇t〇〇一||||〇卅〇|
第八形腰、第九形底相加，得第十形腰界壬	〇||||〇ŧ〇〇二|〇卅〇|
第十形腰二率乘一率除之，得底壬癸	〇〇||||〇ŧ〇〇二|〇卅〇|
第九形腰、第十形底相減，得十一形腰心癸	|〇一丰〇三||||〇二卅〇卌〇乂
十一形腰二率乘一率除之，得底癸子	〇|〇一丰〇三||||〇二卅〇卌〇乂
第十形腰、十一形底相加，得十二形腰界子	〇⊤〇三丰〇≣⊤〇三ㄒ〇一〇〇乂

十二形腰二率乘，一率除之，得底子丑

十一形腰、十二形底相減，得十三形腰心丑

十三形腰二率乘，一率除之，得底丑寅

十二形腰、十三形底相加，得十四形腰界寅

十四形腰二率乘，一率除之，得底寅卯

十三形腰、十四形底相減，得十五形腰心卯

十五形腰二率乘，一率除之，得底卯辰

十四形腰、十五形底相加，得十六形腰界辰

十六形腰二率乘，一率除之，得底辰午

十五形腰、十六形底相減，得十七形腰心午

十七形腰二率乘，一率除之，得底午未

十六形腰、十七形底相加，得十八形腰界未

既得衆形腰、底率，迺求逐分弦、矢率。求三分通弦以第二形腰界乙倍之，加第三形底乙丙，即界坎三分通弦。丙坎即界乙，亦即界甲。推之，戊震即界丁，亦即界丙。庚離即界巳，亦即界戊。均爲各界角形腰。亦可以第二形腰界乙二率一正，與第四形腰界丙二率二正、四率一負相加，得界坎二率三正、四率一負，爲三分通弦。界丙與坎乙等。求二分倍矢，以第三形腰與半徑較得丙乾，倍之，加第四形底丙丁，得酉乾之倍，即二分倍矢。設自界作垂綫至酉，則酉乾即正矢。酉點居丁丙底之半，酉丙加丙乾爲正矢，則丁丙加丙乾之倍必爲倍矢，下可類推。又丙乾即乙甲，推之，戊坎即丁乾，庚艮即巳坎，均爲各心角形腰與半徑之較。亦可以第三形腰較，即腰與半徑之較也。省曰腰較。丙乾三率一正，與第五形腰較丁乾三率三正、五率一負第五形腰本爲一率一正、三率三負、五率一正，今與半徑一率相減，半徑爲原數一率，同名相減，適盡。餘率無對，皆屬減數，故易其正負。相加，得酉乾之倍三率四正、五率一負，爲二分倍矢。以次，遞求逐分。

約法曰：以界角相連兩形之腰，遞相加，得逐分通弦。以心角相連兩形之腰較，遞相加，得逐分倍矢。求腰較，取前所得各心角形腰率，減去一率。餘率易其正負，如法列式於左。

逐分通弦率

第二形腰界甲一分通弦

第二形腰、第四形腰相加，得界坎三分通弦

第四形腰、第六形腰相加，得界震五分通弦

第六形腰、第八形腰相加，得界離七分通弦

第八形腰、第十形腰相加，得界兌九分通弦

第十形腰、第十二形腰相加，得界青十一分通弦

十二形腰、十四形腰相加，得界赤十三分通弦

十四形腰、十六形腰相加，得界白十五分通弦

十六八形腰相加，得界黑十七分通弦

逐分倍矢率

第三形腰較申申之倍一分倍矢

第三五形腰較相加，得酉乾之倍二分倍矢

第五七形腰較相加，得亥坎之倍三分倍矢

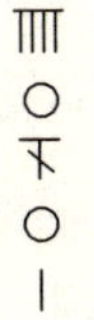

第七九形腰較相加，得水艮之倍四分倍矢

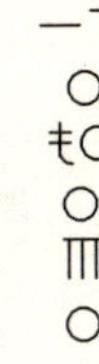

第九十一形腰較相加，得火震之倍五分倍矢

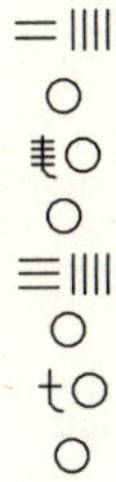

十一十三形腰較相加，得木巽之倍六分倍矢

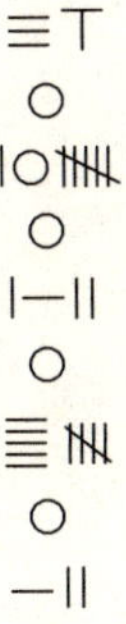

十三十五形腰較相加，得金離之倍七分倍矢

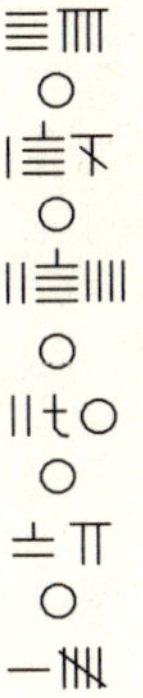

十五十七形腰較相加，得土坤之倍八分倍矢

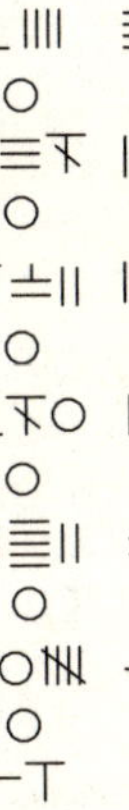

煦案：是書原本係先生算草未經點定者，故算式尚循俗閒所用，今悉改從元人細草一竪十横之例。

按：此弦矢諸率，雖多寡錯出，要之一遞加數耳。弦率由界角形兩腰相加而得，矢率由心角形兩腰較相加而得。腰底率雖備用乘除加減，而乘除祇降一率原數不動。應減者皆屬異名相加，約其所用無非加法，且腰底每遞相生。取第一形底加第三形底，得第四形腰。又加第五形底，得第六形腰。又加第七形底，得第八形腰。是界角形腰，生於心角形底。取第二形底、加第四形底，得第五形腰較。又加第六形底，得第七形腰較。又加第八形底，得第九形腰較。是心角形腰，又生於界角形底。而其加底得腰也，迺重叠相加，實與遞加數等。今就遞加數以明腰底之遞生，諸率隨之而衍，絶不待安排造作而自然羅列燦陳。

腰底諸率明，弦矢率不煩言而解矣。

此遞加圖，每降一層則增一位，逐層之位開列。層遞加位亦遞加，即其數因之遞加。計逐層總數自上而下，遞加一倍。併次層一、一，得二，爲首層一之倍。并三層一、二、一，得四，爲次層二之倍。下可類推。計逐層各數，左一右一常不動。中間諸位，併上層兩數爲下層一數。如第三層中位數二，爲次層一、一併數。第四層中位數左右各三，爲第三層一、二及二、一併數。第五層中位數左右各四爲第四層一、三及三、一併數。最中一位六爲第四層三、三併數。以下可推。亦可兩其上層各數，差一位疊而併之，成下層各數。如第三層一、二、一爲原數，復以一、二、一爲加數，相差一位併之，首位原數一無加數，仍爲一。次位原數二，加數一，併得三。第三位原數一，加數二，併得三。末位加數一，無原數，仍爲一，是即第四層各數。以下可推。

遞加圖

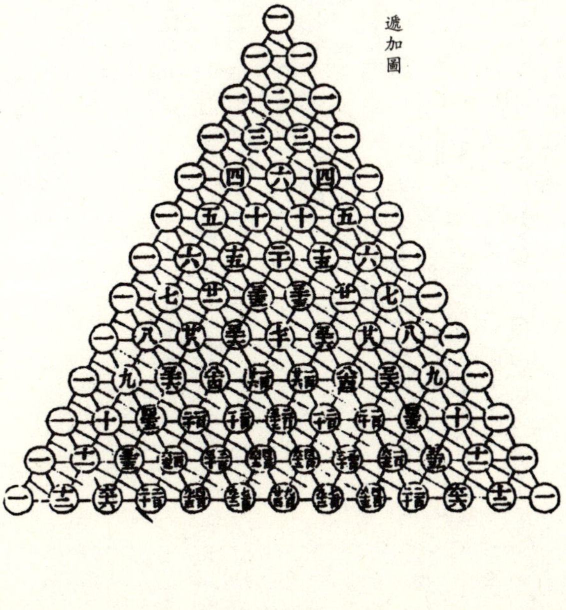

此皆按層而計也。顧是圖之式，本如三角形，逐層皆是底，作底綫聯之。自右上而左下斜列諸行，皆右腰，作綫聯爲右綫。自左上而右下斜列諸行，皆左腰，作綫聯爲左綫。左綫第一行起一，本是一而衍之，則有多一，命曰根差。第二行亦起一，遞加首行根差之一，成二、三、四、五等數，命曰根。第三行亦起一，遞加第二行之二、三、四、五成三、六、十、十五等數，命曰平積。第四行亦起一，遞加第三行之三、六、十、十五，成四、十、二十、三十五等數，命曰立積。推之，三乘積乃至多乘積，均依是遞加，可至無盡。左右諸數，復兩兩相當而等。由是左綫所聯者，根歸根積歸積。右綫所聯者，則爲同根之各積。此遞加本法也。

是圖衹一遞加法，極整齊平易，而包蘊正自無窮。且畧言之，如八卦原於一畫。首層爲太極，衹一。次層爲兩儀，陽一、陰一。第三層爲四象，太陽一，太陰一，少陽、少陰共二。第四層爲八卦，乾一坤一，震坎艮一陽二陰卦三，巽離兑一陰二陽卦三。第五層爲四畫卦，純陽一，純陰一，一陽三陰卦四，一陰三陽卦四，二陽二陰卦六。以下多畫卦，本此可推。

又如萬象不外乎點、綫、面、體。左綫第二行一、二、三、四等數爲點數，一點爲點，二點成綫，三點成面，四點成體，四以下爲多乘體點數。第三行一、三、六、十等爲綫數，一綫爲綫，三綫成面，六綫成體，六以下爲多乘體綫數。第四行一、四、十、二十等爲面數，一面爲面，四面成體，四以下爲多乘體面數。推之，第五行爲體數，下至多乘體數，可以意知。多乘體無其形，而數則未嘗不具。然此數即古之廉率也，廉率分層如卦畫，首層一方隅未分。次層下左一爲方，右一爲隅，其中則逐層遞加。第三層爲平方廉，方隅相乘者二。第四層爲立方廉，方自乘乘隅者三，隅自乘乘方者三。第五層爲三乘方廉，方再乘乘隅者四，方自乘乘隅自乘者六，隅再乘乘方者四。四乘以下及多乘方，本此可推。

又，此數即古之三角堆也，三角堆分行如點、綫等。右綫第一行根一，則各堆積皆一。第二行根二，則平堆積三，立堆積四，三乘堆積五。第三行根三，則平堆積六，立堆積十，三乘堆積十五。第四行根四，則平堆積十，立堆積二十，三乘堆積三十五。第五行根五及四乘堆積以下，本此可推，是皆準底及左右腰三綫分層、分行而計。

今按此三綫在在聯諸數，成等邊三角形。若自各形右角作綫，與左綫相交成直角，歷剖三角形爲兩勾股。此剖綫之聯諸數也，閒空一位，而間增一行。於是前圖心角、界角形各腰率遂聯爲一綫，奇、偶行亦因此而分。第一行爲第一形腰，一率一正，即半徑。第二行爲第二形腰，二率一正，即一分通弦。第三行爲第三形腰，一率一正，三率一負，即半徑減一分倍矢。第四行爲第四形腰，二率二正，四率一負。第五行爲第五形腰，一率一正，三率三負，五率一正。以下可推。是遞加數，又與圜內兩等邊三角形腰率相應也。

腰率應遞加數，何也？曰：如一率即第一形腰。以下衆心角形腰，其一率亦皆一乘，除得底，降爲二率。即其底內二率亦皆一，如根差之數皆爲一也。

二率起於第一形底。如上論，心角形各底內二率既皆爲一，若取第一形以下各底，遞加成界角形腰，則二率必隨之遞加。一加一得二，二加一得三，三加一得四，是爲界角第二形。下各腰內二率，乘、除得底，降爲三率。即其底內三率亦爲一、二、三、四等，如根之一、二、三、四等數，由遞加根差而得也。

三率起於第二形底。如上論，界角形各底內三率既爲一、二、三、四等數，若取各底，遞加成心角形各腰，則三率必轉而相加。一加二得三，三加三得六，六加四得十，是爲心角第三形。下各腰內三率，乘、除得底，降爲四率。即其底內四率亦爲一、三、六、十，如平積之一、三、六、十等數，由遞加根而得也。

四率起於第三形底。如上論，心角形各底內四率既爲一、三、六、十等數，若取各底，遞加爲界角形各腰，則四率必隨之遞加。一加三得四，四加六得十，十加十得二十，是爲界角第四形。下各腰內四率，乘、除得底，降爲五率。即其底內五率亦爲一、四、十、二十，如立積之一、四、十、二十等數，由遞加平積而得也。

五率以下可推，此腰底率所以即遞加數也。惟前圖根積，斜列諸率綫錯交其閒，視難明晰。今以根綫、積綫平列爲層，諸率綫直列爲行，廉積綫斜右、堆積綫斜左爲斜行，覺層別行分，諸率亦備。又，倍矢率不用心角形腰而用腰較，則一率根差可省。另圖於左。

遞加圖

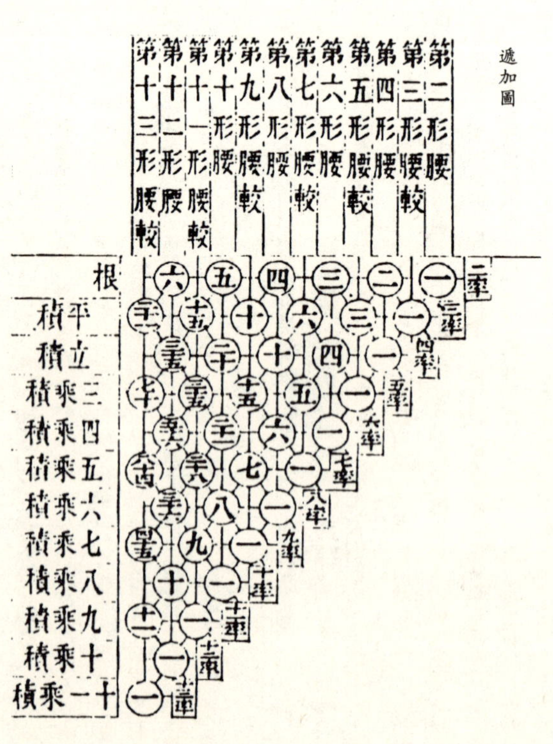

此圖根一層平列於上，每行直下積即腰率及腰較率。腰起二率以下，率皆偶。腰較起三率以下，率皆奇。遞併相並兩行之偶率，即倍分弦率。遞併相並兩行之奇率，即倍分矢率。欲求率數，須明遞加數以根求積法，有斜行積、有直行積、有兩直行併積，宜分別求之。

論遞加數以根求積法

遞加數各積，由諸根遞加而得，故求積之乘除法，皆用根一層數。遞以根層相連兩數相乘，二除之，得平積。一層數遞以相連三數相乘，二除、三除之，得立積。一層數遞以相連四數相乘，二除、三除、四除之，得三乘積。一層數如是依次遞乘、遞除，得多乘各積數。每增一數乘，即增一數除，所得者即增一乘之積。然求積必先定根，此相連幾數，有根在右，遞取左位數爲乘法而得各積者，其積爲自根斜左一行綫所聯。有根在左，遞取右位數爲乘法而得各積者，其積爲自根斜右一行綫所聯。有根在中，遞取左右兩位數相乘爲乘法而閒層得積者，其積爲自根直下一行綫所聯。

根在右，如三角堆求積。是法以根加一乘根，二除之，得平三角堆。根加二乘平堆，三除之，得立三角堆。根加三乘立堆，四除之，得三乘三角堆。本宜以根加一乘根，根加二再乘，二除、三除之，得立堆。而根加一乘根，二除之，與求平堆同。既得平堆，可對去不用，故逕以根加二乘平堆也。凡乘除法同者，可先乘後除，亦可先除後乘。立堆下仿此。依次遞求，可得多乘三角堆，皆在斜左一綫上。

根在左，如諸乘方求廉。是法以根爲第一廉，視所乘方屬幾乘，加一數命爲根。根減一乘第一廉，二除之，得第二廉。根減二乘第二廉，三除之，得第三廉。根減三乘第三廉，四除之，得第四廉。依次遞求，可得多乘方各廉，皆在斜右一綫上。

根在中，應分兩種。有根當中一數者，如界角形求腰率。是法以中一數爲根，視形數爲第幾，折半即根數。即爲二率。根加一、減一得兩數，相乘以乘二率，二除之，三除之，得四率。此求直行積也，係閒層越求，故須兩乘、兩除。乘法用根加一，得數必移而左。又用根減一，得數復移而右。左右兩抵，故得直行積。根加二、減二得兩數，相乘以乘四率，四除之，五除之得六率。根加三、減三得兩數，相乘以乘六率，六除之，七除之，得八率。依次遞求，可得各腰率。

有根當中二數間者，如心角形求腰較率。是法以中二數相併爲倍根。根居兩數閒，宜併兩數，折半爲根。折半則零，故不折而用倍，倍根數與形數等。倍根加一、減一得兩數，相乘，四除之，二除之，得三率。倍根加三、減三得兩數，相乘以乘三率，四除之，三除之，四除之，得五率。倍根加五、減五得兩數，相乘以乘五率，四除之，五除之，六除之得七率。根數零，加減數亦必零。本宜以根加減半數，得左右並位兩數。加減一數半，得隔二位兩數。加減二數半，得隔四位兩數。今根用倍，加減數亦宜倍，故倍其半爲一，倍其一數半爲三，倍其二數半爲五。以之加減倍根，必得各兩數之倍，相乘後增爲四倍。乘法既增四倍，除法亦宜增四除也。依次遞求，可得各腰較率，而皆在直下一綫上。遞加數以根求積，大要不越此數種。今再爲兩等邊三角求率，更定其法。

界角形求腰率法曰：形數折半爲根，即爲二率。根自乘，減一，以乘二率。二除之，三除之，得四率。根自乘，減四，以乘四率。四除之，五除之，得六率。根自乘，減九，以乘六率。六除之，七除之，得八率。二率爲正，四率爲負，以下皆正負相間。凡乘法，恒以一、二、三、四等數自乘之，與根自乘相減。若相減適盡，則已得末率，不必再求。根之左右，隔一位、隔三位、隔五位各兩數相乘，本爲遞次乘法。而各兩數之和，常與倍根等，是根其半和也。若其較，則隔一位兩數相減得二，而一爲半較。隔三位兩數相減得四，而二爲半較。隔五位兩數相減得六，而三爲半較。凡半和自乘內，減半較自乘，與大小兩數相乘等。故以半和根自乘內，減半較自乘一、四、九等數，與遞取左右兩數相乘等也。

心角形求腰較率法曰：形數爲倍根。倍根自乘，減一。四除之，二除之，爲三率。倍根自乘，減九，以乘三率。四除之，三除之，四除之，得五率。倍根自乘，減二十五，以乘五率。四除之，五除之，六除之，得七率。三率爲正，五率爲負，以下皆正負相間。凡乘法，恒以一、三、五、七等數自乘之，與倍根自乘相減，若相減適盡，則已得末率，不必再求。根居兩數間，其左右並位或隔二位、隔四位各兩數相乘，本爲遞次乘法。而各兩數相併，常與倍根等，是倍根其和也。若其較，則左右並位者，其較一。隔二位者，其較三。隔四位者，其較五。和自乘內，減較自乘，四除之，與大小兩數相乘等。故即以和之倍根自乘內，減較自乘一、九、二十五等數，而增一四除，與遞取左右兩數相乘等也。

以上所論，雖根積有異，要皆遞求一位積也。若求兩位併積，宜就本法變通之。遞取根層相連兩位數，併之，爲併根。遞取相連三位數，以左右兩位數相併，中位一數乘之，二除之，爲併平積。如前法，宜以中位數乘右位數，二除之，得右位平積。中位數乘左位數，二除之，得左位平積。乃併之，爲併平積。既同以中位數爲乘法，又同二除，則先併後乘除，與先乘除而後併一也。遞取相連四位數，以最左右位兩數相

併，中閒並位兩數相乘以乘之，二除之，三除之，爲併立積。如前法，宜以中閒並位兩數相乘，以乘右位數。二、三遞除之，得右位立積。中閒並位兩數相乘，以乘左位數。二、三遞除之，得左位立積。乃併之，爲併立積。既同以並位兩數相乘爲乘法，又同用二、三除，則先併後乘除，與先乘除而後併一也。下仿此。遞取相連五位數，以最左右位兩數相併，中位一數乘之。隔一位兩數相乘，再乘之。二除之，三除之，四除之，爲併三乘積。遞取相連六位數，以最左右位兩數相併，中閒並位兩數相乘以乘之。隔二位兩數相乘，再乘之。二除之，三除之，四除之，五除之爲併四乘積。下至多乘併積可以類推。

然今所求者爲兩直行併積，宜定根求之。併積雖似無根而實有根在，根居兩行閒，須辨行之奇偶。偶率兩行爲偶行，奇率兩行爲奇行。兩偶行根層有數，兩行閒之奇行反無數。故即併偶行兩根數，爲倍根，亦即爲併根。

求併立積，宜取四數。併左右位兩數爲實，中閒並位兩數相乘以乘之，二、三遞除之。而左右數併仍與倍根等，並位兩數又即倍根加一，減一折半之數。並位兩數，其較一，其和即倍根。和較相加、減，各折半，即得兩數。故以倍根加一、減一相乘以乘併根，即倍根。四除之，二除之，三除之，爲併立積。倍根加一、減一爲兩數之倍，相乘後增爲四倍，故宜增四除。求併四乘積宜取六數。併左右位兩數爲實，中閒並位兩數相乘，隔二位兩數相乘遞乘之，二、三、四、五遞除之。而左右數併仍與倍根等。並位兩數相乘乘併根，二、三遞除，與求併立積同。既得併立積，可對去不用。隔二位兩數又即倍根加三、減三折半之數，故以倍根加三、減三相乘以乘併立積，四除之，四除之，五除之，爲併四乘積。以此遞推，無論左右隔幾位，兩數併之皆與倍根等。是倍根爲和，其較則以一、三、五、七等數遞加而多。和較相加、減，常得各兩數之倍。故相乘以乘前積，每次宜增四除也。兩奇行根層無數，兩行閒之偶行反有數，故即用偶行根數爲根。

求併平積，宜取三數併。左右位兩數爲實，中位一數乘之，二除之。而中數即根，左右數併又與倍根等，故逕以根自乘爲併平積。根自乘與根乘倍根二除之等。求併三乘積，宜取五數。併左右位兩數爲實，中位一數乘之，隔一位兩數相乘再乘之，二、三、四遞除之，而左右數併仍與倍根等，中數乘倍根，二除之，與求併平積同。既得併平積，可對去不用。隔一位兩數又即根加一、減一之數，隔一位兩數，半較爲一，半和即根。故以根加一、減一相乘以乘併平積，三除之，四除之，爲併三乘積。求併五乘積，宜取七數。併左右位兩數爲實，中位一數乘之，隔一位兩數相乘，隔三位兩數相乘遞乘之，二、三、四、五、六遞除之。而左右數併仍與倍根等，中數及隔一位兩數遞乘倍根，二、三、四遞除，與求併三乘積同。既得併三乘積，可對去不用。隔三位兩數，又即根加二、減二之數。故以根加二、減二相乘，以乘併三乘積，五除之，六除之，爲併五乘積。以此遞推，無論左右隔幾位，兩數併而折半皆與根等。是根爲半和，其半較則以一、二、三、四等數遞加而多。半和、半較相加、減，即得各兩數。故相乘以乘前積，每次不增四除也。依是乘除，併積可得，即倍分弦、矢率無不可得。通弦弧分與倍根相當，倍矢弧分與根相當。通弦率即兩偶行併根、併積，倍矢率即兩奇行併積。今再爲弦矢求率，更定其法。

求倍分通弦率法曰：以弧分爲二率，弧分自乘減一，乘二率，四除之，二、三遞除之，爲四率。弧分自乘減九，乘四率，四除之，四、五遞除之，爲六率。弧分自乘減二十五，乘六率，四除之，六、七遞除之，爲八率。依次遞求，凡乘法以一、三、五、七、九等數自乘，與弧分自乘相減。至相減適盡，已得末率，不必再求。二率正，四率負，以下皆正負相閒。求併積法，本宜以並位、隔二位、隔四位各兩數相乘，爲乘法。今弧分常爲兩數和，一、三、五、七等數遞爲兩數較。和方減較方，四除之，與兩數相乘等，故用爲乘法也。

求倍分倍矢率法曰：以弧分自乘爲三率，弧分自乘減一，乘三率，三除之，四除之，爲五率。弧分自乘減四，乘五率，五除之，六除之，爲七率。弧分自乘減九，乘七率，七除之，八除之，爲九率。依次遞求，凡乘法以一、二、三、四、五等數自乘，與弧分自乘相減。至相減適盡，已得末率，不必再求。三率正，五率負，以下皆正負相閒。本宜以隔一位、隔三位、隔五位各兩數相乘，爲乘法。今弧分常爲兩數之半和，一、二、三、四等數遞爲兩數之半數，半和方減半較方，與兩數相乘等。故用爲乘法也。

此二法所求諸率迺諸率用數，尚非諸率本數，本數由本度而生。本度者，今所知度也。半徑爲一率，本度通弦爲二率，本度倍矢爲三率。按連比例，可得諸率。故每次求率，必先三率乘，一率除，得諸率本數。復依是法乘除之，得諸率用數。而後正、負相加、減，即得倍度弦矢。然本是立術，弦矢率祇有倍分，無析分。倍分中，弦率亦祇有奇分，無偶分。此第屬圜中整分起度弦矢率，其理猶有

遺，其數亦未備，故其術局而不能賅。今必備詳其乘除併減者，亦以整分實零分之根。整分之術明，零分術乃從此可衍也。

又　卷二　半分起度弦矢率論

數之有零整也，非整無以立其常，非零無以通其變。半者，零之始。遞加圖揭整數以示人，而其半數之中藏者，特人不覺耳。夫弦、矢率爲直行綫所聯，聯偶率之綫抵根層得整數，聯奇率之綫抵根層在兩數閒而當其半，折半用零之理已微露其端矣。故根起一數，遞加一，得二、三、四、五等。是謂整根，顯列之數也。根起半數，遞加一，得一數半、二數半等，是謂零根隱含之數也。

有零根必有零積。在根則閒增一位，既以零而補整。在積則閒空一位，實以整而待零。但如求整積法，求得零積。整積以偶率對整根，奇率對零根。零積必以偶率對零根，奇率對整根。偶率弦也，奇率矢也。整根一綫上，偶率整，奇率零。整偶率可爲弦，零奇率何不可爲矢。零根一綫上，奇率整，偶率零。整奇率可爲矢，零偶率何不可爲弦。且弦、矢之偶寄於積，弦、矢之分定於根。併兩整根其分奇，一與二併爲三，二與三併爲五，皆奇數。而半之得零分。三折半爲一分半，五折半爲二分半，即零根，在弧爲零分。併兩零根其分偶，一分半、二分半併得四，二分半、三分半併得六，皆偶數。而半之得整分，四折半爲二，六折半爲三，皆整根，在弧爲整分。弦分得併根之全，矢分得併根之半，故整偶率併爲弦。其弧分與併整根等，而得一、三、五等奇分，則零偶率併亦爲弦。其弧分與併零根等，必得二、四、六等偶分矣。整奇率併爲矢其弧分與併零根之半等，而得一、二、三等整分，則零奇率併亦爲矢。其弧分與併整根之半等，必得一分半、二分半等零分矣。

設取整而遺零，不惟弦分不全，并不識矢之有零分抑知一整一零、一奇一偶。或合整得奇而合零得耦，或半耦得整而半奇得零，實備於遞加一圖而留其位以相示，玩圖者觀其會通可也。

作半分起根遞加圖，與整分異者，大端有三。一曰數別正負。整分根積皆正，半分則以反減不盡之故，兼有負根、負積，乘除加減宜如法以定其名。二曰位分內外。整分逐行之位至各首積而止，半分因有負積，故溢首積外。首積之上爲內位，積皆正。下爲外位，負正相閒，以至無盡。三曰分列母子。整分所列皆實數，半分則宜列分子而寄分母。位愈降，所寄之分亦愈多。今準是作圖，以明其法於後。

半分起根遞加圖右半

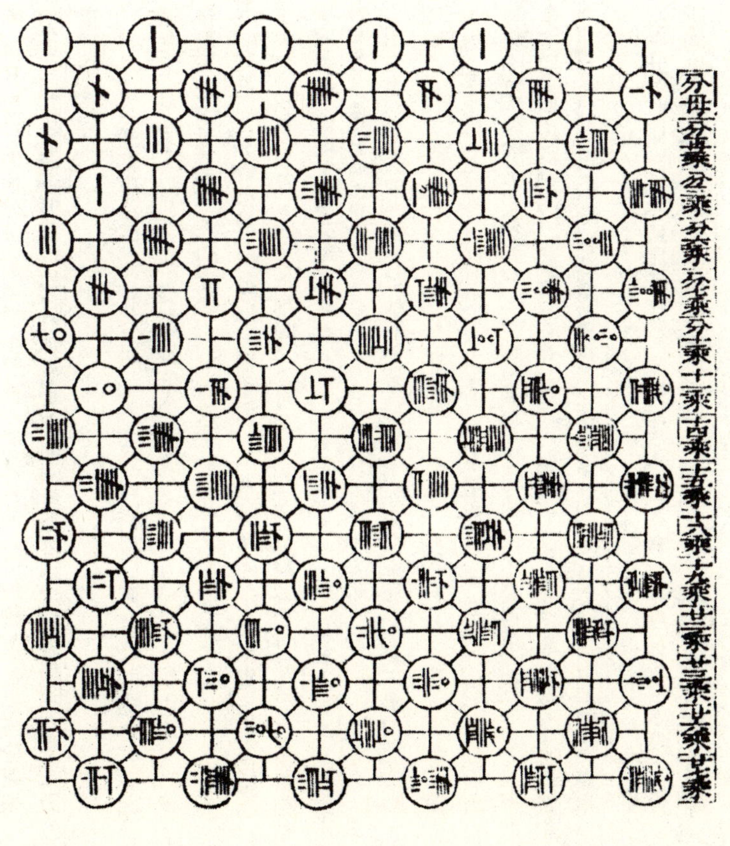

煦案：是圖原合爲一，但有算式，不加外圈，與前整分圖互異，應加外圈，以歸一例。既加外圈，則幅狹行多，不得不分圖爲二。今以居中第一行，領諸正行爲左半。又重列居中行，領諸負行爲右半。其分母仍寄右半之右，若將兩第一行合併爲一，即成總圖。又書中算式，今悉從一豎十橫之例。凡自一至九作𝍠、𝍡、𝍢、𝍣、𝍤、𝍥、𝍦、𝍧、𝍨，百與萬與百萬，同此式。自一十至九十作一、二、三、亖、𝍭、𝍮、𝍯、𝍰、𝍱，千與十萬與千萬，同此式。凡爲負數，則尾位加斜畫以別之。

半分起根遞加圖左半

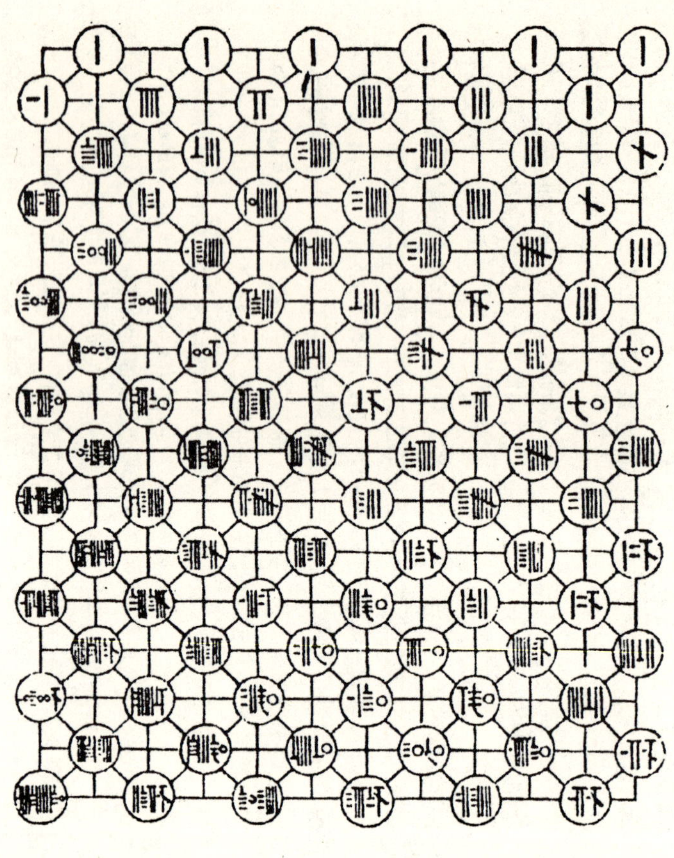

如圖，第一層根差皆一，第二層爲根。取二之一爲首根，寄其分母，用其分子。首根即爲一，書寄分母於右方。以分母乘根差得二，首根一爲分子，根差一乃實數，故以分母通之。自首根向左順加，得三、五、七、九等諸正根。又自首根向右逆減，則反減而得負根一。由是恒與根差異名，應以加爲減，亦得三、五、七、九等諸負根。次求各首積，依整分法，宜以次根乘首根，二除，得首平積。三根乘首平積，三除，得首立積。四根乘首立積，四除，得首三乘積。

今諸根皆分子，每乘後應遞以分母除之，而分母恒除實不盡。又，除法中二、四、六、八等偶數皆内含分母，亦恒除實不盡。故所求積愈降，寄分亦愈增而多。如次根三，乘首根一，仍得三。二除之，分母除之，均不受除。即以三爲首平積，書寄分母再乘於右方。首根本寄分母，今不受二除、分母除，故轉以遞乘寄分，得分母再乘。以三根五，乘平積三，得十五。三除之得五，分母除之不受除，即以五爲首立積，書寄分母三乘於右方。平積本寄分母再乘，今又不受分母除，故增爲三乘。以四根七，乘立積五，得三十五。四除之，分母除之均不受除，即以三十五爲首三乘積，書寄分母六乘於右方。立積本寄分母三乘，今又不受四除及分母除，故轉以乘寄分增爲六乘。以五根九，乘三乘積三十五，得三百十五。五除之得六十三，分母除之不受除，即以六十三爲首四乘積，書寄分母七乘於右方。增寄一乘，法亦同上。以六根十一，乘四乘積六十三，得六百九十三，六除之，分母除之均不受除，六中有三，迺三除之，得積二百三十一。應增寄分母及二除，總爲寄分九乘。又視前三乘積較平積寄分增四乘，今五乘積較三乘積祇增三乘，故更增寄分使齊其等。轉以分母乘積得四百六十二，爲首五乘積，書寄分母十乘於右方。凡平積、三乘積、五乘積均屬奇行，立積、四乘積、六乘積均屬偶行，每行上下位寄分宜使齊其等差。以下各首積，可準此遞求。

次求逐位積。平積寄分較根多一四除，迺四乘次根三以加首平積，得十五，爲次位平積。復四乘三根五以加之，得三十五，爲三位平積。如是順加而左，得逐位平積，皆正。又四乘首根一，以減首位平積，餘一。減數大，易正爲負，爲首位外平積。復四乘負根一，以減之，餘三。減數大，易負爲正，爲次位外平積。復四乘負根三以減之，異名以加爲減，得十五，從本數爲正，爲三位外平積。如是逆減而右，得逐位外平積。立積寄分較平積多一二除，迺二乘次位平積以加首立積，得三十五，爲次位立積。復二乘三位平積以加之，得一百零五，爲三位立積。如是順加而左，得逐位立積，皆正。又二乘首位平積以減首位立積，餘一。減數大，易正爲負，爲首位外立積。復二乘首位外平積，以減之，餘一。減數大，易負爲正，爲次位外立積。復二乘次位外平積，以減之，餘五。減數大，易正爲負，爲三位外立積。如是逆減而右，得逐位外立積。三乘積以下，準此遞求。

大約求各首積，每增一乘，除即得增一乘之積，而分母亦增寄一乘。遇二、四、六、八、十等數爲除法，皆不受除，宜按數更增其寄分。遇六則三除之，寄其二除。遇十則五除之，寄其二除。遇十二則三除之，寄其四除。每奇乘積下位較上位分母增寄四乘，偶乘積亦然。至求逐位積，順而左則相加，逆而右則相減。以本層爲本數，以上層爲加減數，減法，同名則減，異名以加爲減。加則名從本數，減則本數大名從本數，減數大名從減數。正負兩根閒，居中直下爲第一行。自此而左，首正根一行爲第二，挨次爲第三、第四等。諸正行自此而右，首負根一行爲第二，挨次爲第三、第四等諸負行。

根積數左右方兩兩相等，惟正負不等，而亦有定率。左方，自首根、首積之上位積皆正，其下位直下皆一負一正相間。右方，根一層常負，以下逐層一正一負相間。平列向左，遇各首積則斜折而下，其斜行亦一負一正相間。凡根積之負者，作斜畫記之。今左右方各求至十一行止，每行各求至八位止，已足知其大概，是爲半分起根遞加圖。

是圖既非廉率，亦不成三角堆。所與相應者，惟弦矢率數，蓋弦矢率祇是遞加法。整分遞加既與整弧起度之弦矢率應，半分遞加亦必與半弧起度之弦矢率應。故根差當一率，根當二率，平積當三率，立積當四率。奇行積即各心角形腰率也，矢率本之。偶行積即各界角形腰率也，弦率本之。一切皆與整分同。遞加數雖與弦矢率相應，而正負實不同。整分者，遞加數常正，弦矢率常一正一負相間。例有一定，故正負無煩細辨。若半分者，遞加根積及弦矢率各有正負，多寡、異同又復不等。不定其例，則易於混淆，今約定之。求弦以偶行根當二率，求矢以奇行平積當三率，皆常正。餘則偶行以積之乘數折半，奇行以乘數減一折半。視得數，偶者仍其正負，奇者易其正負。至界角形腰，正負與弦率同。心角形腰，正負與矢率反。蓋矢率，乃心角形腰減半徑之數，故也。心角形腰率正負以奇行積之乘數加一折半，偶則仍之，奇則易之。

有是數必有是形，既得此半分遞加圖，而兩等邊三角之形，即可按數而定。蓋根起半分則弧分亦宜折半，就折半處作半徑綫，剖全弧爲二。一端抵圜心以分心角，一端抵圜界以起界角，此半徑即第一形中垂綫。半徑既爲中垂綫，必以半弧正割爲第一形腰，正切爲其半底，亦即第二形腰矣。第一、二形腰既得，迺求各形。按首根半分、次根一分半、三根二分半，各自心角作半徑界之，是爲倍矢弧分。首根、次根併得二分，次根、三根併得四分，三根、四根併得六分，各自界角作通弦界之，是爲通弦弧分。於是，諸綫相交成各三角形，弦矢率遂自此出焉。繪圖於左。

如圖，午未爲本弧，心午、心未皆半徑。午未爲通弦，成心午未兩等邊三角。今應半分起度，將全弧折半於界，則午界、未界皆半弧。作心界半徑，復自界點作綫，與午未通弦平行。引心午、心未兩半徑，出圜外相遇於甲、於子，成心甲子兩等邊三角，即第一形。心界半徑爲中垂綫，心甲、心子皆半弧，正割即第一形腰。界甲、界子皆正切，爲其半底，亦即第二形腰。半分之弧既定，依遞加法，進求逐分。自午界半分起，遞加金午、木金、火木等全分，成金界一分半、木界二分半、火界三分半等弧。各自心作半徑界之，皆屬倍矢弧分。又以午界半分、乾午即金界。一分半，併得乾界二分。金界一分半、坎金即木界。二分半，併得坎界四分。木界二分半、艮木即火界。三分半，併得艮界六分等弧。各自界作通弦界之，皆屬通弦弧分。諸綫交錯，遂成各兩等邊三角。

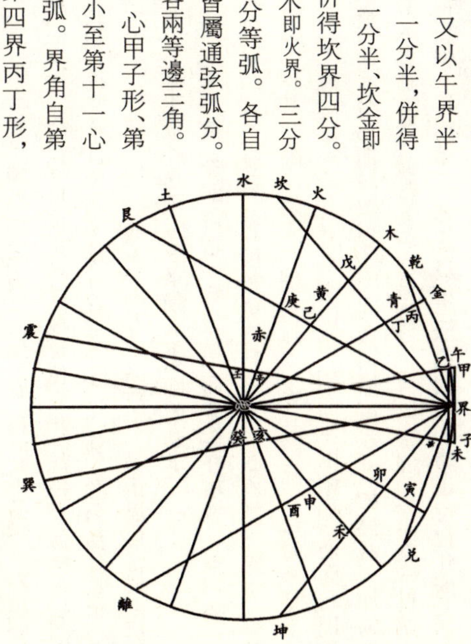

心角自第一心甲子形、第三心乙丙形，漸小至第十一心癸亥形，皆對本弧。界角自第二界甲乙形、第四界丙丁形，漸大至第十界壬癸形，皆對倍弧。界角對弧既得心角之倍，則心角、界角必各相等。夫兩等邊三角，一角等，餘角無不等。故各形皆與心午未形同式，其腰底可以一率半徑、二率本弧通弦相比例。但以通弦，用法先求得第一形腰心甲，以二率午未乘之，一率心午除之，得甲子底。折半得甲界，爲第二形腰。二率乘之，一率除之，得甲乙底。以減第一形腰心甲，餘心乙，爲第三形腰。二率乘之，一率除之，得乙丙底。以加第二形腰界乙，得界丙，爲第四形腰。二率乘之，一率除之，得丙丁底。以減第三形腰心丙，得心丁爲第五形腰。二率乘之，一率除之，得丁戊底。以加第四形腰界丁，得界戊，爲第六形腰。如是遞相加、減，得各形腰、底。迺以第二形腰界乙、第四形腰乾乙、即界丙。相併，得界乾爲二分弧通弦。以第四形腰界丁第六形腰坎丁即界戊相併，得界坎，爲四分弧通弦。以第一形腰較甲午、第三形腰較乙午相減，不用併而用減者，以第一形腰大於半徑，其腰較乃半徑反減而得，與各腰較正負異名。同名者宜加，異名者必宜減也。得白午之倍，爲半分弧倍矢。白乙、白甲皆半底，白甲半底內減甲午腰較，即白午正矢。而乙午腰較兼有白乙半底，白午正矢若減甲午腰較，必得白午正矢之倍也。以第三形腰較丙金、第五形腰較丁金相併，得青金之倍，爲一分半弧倍矢。如是遞併，得各偶分通弦，及各帶半分之倍矢。是比例加減，與整分法悉同也。惟第一形腰非半徑，而用半弧正割。第二形腰非通弦，而用半弧正切。今以一率半徑、二率通弦求之，必用諸率乘

除、加減、開方之法，始可得其率數，算術列後。

先以通弦求餘弦。

本弧通弦求半弧餘弦，應用勾股開方法。半徑爲一率，自乘之得一率一正。通弦爲二率，折半爲半弧正弦，自乘之得二率四之一正。以減半徑自乘，得一率一正、二率四之一負爲實，平方開之得餘弦率。

開方式

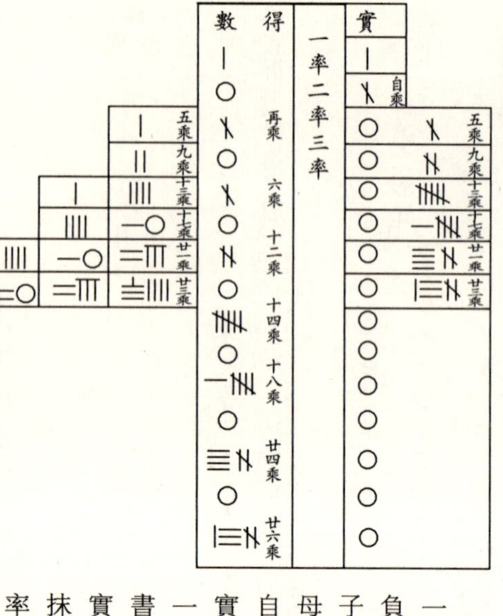

作左右兩綫，列實一率一正、二率四之一負於右綫右，二率書分子，應寄四除。四乃分母二自乘之數，故旁記自乘。開方法：先以實一率一正開方，仍得一率一正，爲初得數，書左綫右一率之位。實之一率已開過，作綫抹去。迺用初得數一率一正爲除法，除實二率又折半，得三率八之一負。八乃分母再乘數。故旁記再乘，書得數三率之位。實之二率已除過，作綫抹去。復以得數三率自乘之，得三率一正，分寄五乘爲乘數，書左綫左。以減右實，無對易爲負，書右綫右。得數一率除之又折半，得五率一負，分寄六乘，書得數五率之位。減過之乘數，除過之負實，均作綫抹去。復以得數五率、三率相乘，倍之，得四率二正，分寄九乘爲乘數，書左綫左，以減右實，無對易爲負，書右綫右。得數一率除之又折半，得七率二負，分寄十乘，書得數七率之位。減過乘數，除過負實，均抹去。復以得數七率、三率相乘，倍之，得五率四正。又得數五率自乘，得五率一正。皆分寄十三乘，並書左綫左。併以減右實，無對易爲負，書右綫右。得數一率除之又折半，得九率五負，分寄十四乘，書得數九率之位。如是按上下之位，挨次遞乘，併以減實。一率除之，折半，可得各率。此數開方不盡，約開至十五率止，所得之數即餘弦率。

朐案：率有綫與面之分，式中惟得數一行各率爲綫，其餘各率皆面也。如云一率、二率、三率，即諸率自乘數，乃一率、二率、三率之面。而一率乘三率，與二率自乘數同，故一率除二率之面而得三率。一率乘五率，與三率自乘數同，故一率除三率之面而得五率。一率乘七率及三率乘五率，與四率自乘數同，故一率除三率乘五率即如除四率之面而得七率。一率乘九率及三率乘七率，與五率自乘數同，故三率乘七率可與五率自乘數相併，一率除之而得九率。餘可類推，除法式倣此。

次以餘弦求正割。

凡以餘弦比半徑，恒若半徑與正割。故以半徑自乘得一率一正爲實，以前所得餘弦率爲法除之，得正割率即第一形腰率。

除法式

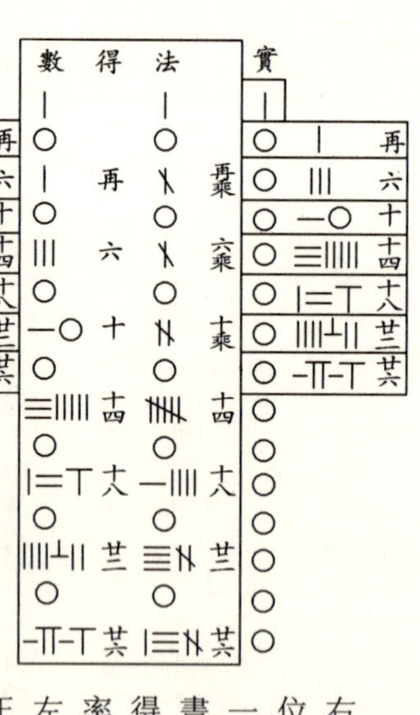

作左右兩綫，列實於右綫右，列法於右綫左，對位書之。先以法一率除實一率，得數仍爲一率一正，書左綫右一率之位。次以得數一率乘法三率，得二率一負，分寄再乘，書左綫左。以減右實，無對易爲正，書右綫右。法一率除之，得數爲三率一正，分寄再乘。書得數三率之位。次以得數一率乘法五率，得三率一負，分寄六乘。以得數三率乘法三率，得三率一負，分寄五乘。較前少寄一乘，迺齊其分。以分母二乘分子一，增爲三率二負，亦寄六乘，均書左綫左。併以減右實，無對易爲正，書右綫右。法一率除之，得

數爲五率三正，分寄六乘，書得數五率之位。次以得數一率乘法七率，得四率二負，分寄十乘。以得數三率乘法五率，應齊其分，又以二乘之，得四率二負，以得數五率乘法三率，亦應齊其分，以二乘之得四率六負。俱分寄十乘，書左綫左。併以減右實，無對易爲正，書右綫右。法一率除之，得數爲七率正，分寄十乘，書得數七率之位。如是按位遞乘、減實，以法一率除得各率，所得數即第一形腰率。

既得第一形腰率，考其數，即前遞加圖居中第一行積。二率乘之，一率除之得底，折半爲第二形腰率，即前遞加圖第二行積。由是挨次乘、除、加、減，得各形腰率，即前遞加圖逐行積。今如法遞求腰、底各率，列式於左。

遞求半分起度各形腰底率

第一形腰心子　再 六 十 十四 十八 廿二 廿六

二率乘之，一率除之，得第一形底甲子　再 六 十 十四 十八 廿二 廿六

一形底折半，得第二形腰甲界　分 三 七 十一 十五 十九 廿三 廿七

二率乘之，一率除之，得第二形底甲乙　分 三 七 十一 十五 十九 廿三

一形腰二形底減，得第三形腰心乙　再 六 十 十四 十八 廿二 廿六

二率乘之，一率除之，得第三形底乙丙　再 六 十 十四 十八 廿二 廿六

二形腰三形底加，得第四形腰丙界　分 三 七 十一 十五 十九 廿三 廿七

二率乘之，一率除之，得第四形底丙丁　分 三 七 十一 十五 十九 廿三

三形腰四形底減，得第五形腰心丁　再 六 十 十四 十八 廿二 廿六

二率乘之，一率除之，得第五形底丁戊　再 六 十 十四 十八 廿二 廿六

四形腰五形底加，得第六形腰戊界　分 三 七 十一 十五 十九 廿三 廿七

二率乘之，一率除之，得第六形底戊己　分 三 七 十一 十五 十九 廿三

五形腰六形底減，得第七形腰心己　再 六 十 十四 十八 廿二 廿六

二率乘之，一率除之，得第七形底己庚　再 六 十 十四 十八 廿二 廿六

六形腰七形底加，得第八形腰界庚　分 三 七 十一 十五 十九 廿三 廿七

二率乘一率除之，得第八形底庚辛　分　三　七　十一　十五　十九　廿三

七形腰八形底減，得第九形腰心辛　再　六　十　十四　十八　廿二　廿六

二率乘一率除之，得第九形底辛壬　再　六　十　十四　十八　廿二　廿六

八形腰九形底加，得第十形腰界壬　分　三　七　十一　十五　十九　廿三　廿七

二率乘一率除之，得第十形底壬癸　分　三　七　十一　十五　十九　廿三

九形腰十形底減，得十一形腰心癸　再　六　十　十四　十八　廿二　廿六

二率乘一率除之，得十一形底癸亥　再　六　十　十四　十八　廿二　廿六

十形腰十一形底減，得十二形腰界亥　分　三　七　十一　十五　十九　廿三　廿七

以上各形腰、底率正負，加減皆與前遞加數異，而得數則同者，何也？蓋加減本於正負。就腰、底率正負論，自第一形一率、第二形二率、第三形三率，按形以次遞降。其上一正一負相間，其下正則皆正，負則皆負。就遞加數正負論，此按形遞降諸率，均聯於首根、首積之一綫，其上數皆正，其下正負閒行而列。就應加、應減論，腰、底率宜一加一減而得後形，遞加數向左順求則用加而不用減。就實加實減論，此遞降之一綫，其上用加，其下用減。因在上之腰、底率，應加者必同名，應減者必異名。而遞加數則皆同名，故彼此皆加也。在下之腰、底率，應加者必異名，應減者必同名。而遞加數則皆異名，故彼此皆減也。由是觀之，其正負不同，應加、應減亦不同，而實加實減則同，故得數遂無不同。兩不相謀而自然相合，亦可知圜内諸形率在，在一遞加數。整分起度者如是，半分起度者亦無不如是矣。

第九形腰心辛小於第十形底壬癸，故用反減所得第十一形腰、底率正負宜互易，以其過半周也。自過半周後，求界角形本宜用加，易爲減。求心角形本宜用減，易爲和。界角形率正負如前，心角形率正負與前相反。

又　卷三　零分起度弦矢率論一

整分率先明三角，而後釋以遞加，以數之自象生也。半分率先論遞加，而後驗以三角，以象之由數悟也。今零分率象數既彰，即可按弧分子、母繪圖出綫，以顯三角比例而歸本於數之遞加，故仍先象而後數。又零分三角第一、二形腰溢在圜外，既非半徑、通弦，復非切、割，欲求其率并乘、除、開方亦不能御，須用借率、易率法求之始得。若零分遞加，其求積與整分、半分者一例，簡易不煩。宜先以煩且難者證知率數之不誣，後乃約從簡易，而諸術遂自此立焉。

分母者，所知弧也。分子者，所求弧也。整分、半分本有分子、母存其間，特分母爲一與二，可約其定數以立術，無庸分别子母。今零分任求幾分之幾，則全恃子母以爲用。子母既明，并整分、半分者，胥歸一術。蓋整與半以導乎其始，而零分乃匯乎其全也。

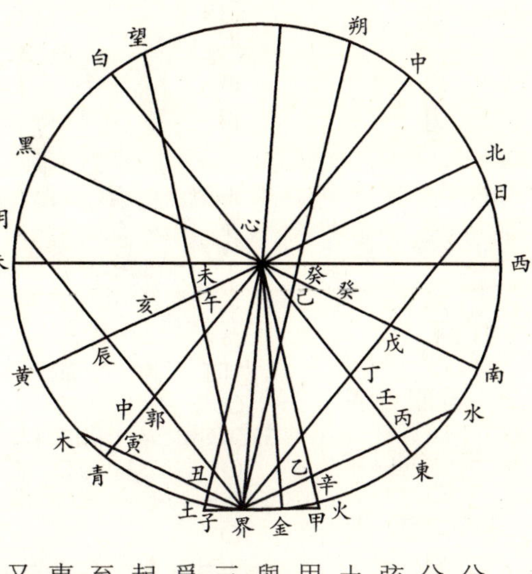

如圖，火土爲本弧，平分爲火金、金界、界土三分。自其中一分金界作通弦引出圜外，亦引心火、心土兩半徑出圜外，相遇於甲、於子，成心甲子三角，與本弧通弦及兩半徑所作三角形同式，可相比例，是爲第一形。取三分弧之二起度，自心作心東、心南乃至心中諸半徑，使東火、南東、中北等皆如火土本弧。又自界作界水、界日、界朔諸通弦，使水金、日水、朔日等皆得火土本弧之倍。或取三分弧之一起度，自心作心青、心黃乃至心白諸半徑，使青土、黃青、白黑等皆如火土本弧。又自界作界木、界月、界望諸通弦，使木金、月木、望月等皆得火土本弧之倍。諸綫相交，成各兩等邊三角而皆同式，可以比例。

先用法求得第一形腰心子，二率乘，一率除，得底甲子。若以界甲乙爲第二形，則界子丑爲負形。又求得負形腰界子，以減第一形底甲子，餘甲界爲第二形腰。二率乘，一率除，得底甲乙。以減第一形腰心甲，餘心乙爲第三形腰。二率乘，一率除，得底乙丙。以加第二形腰界乙，得界丙，爲第四形腰。二率乘，一率除，得底丙丁。如是遞爲加、減、乘、除至第七心己庚形，可得各腰、底。廼以負形腰界子即金甲。與第二形腰界甲相減，餘界金，即三分弧之一通弦。第二形腰界乙與第四形腰界丙即乙水。相加，得界水，即三分弧之七通弦。依是遞加得界日，即三分弧之十三通弦，界朔即三分弧之十九通弦。又以第一形腰較甲火與第三形腰較乙火相減，餘辛火之倍，即三分弧之二倍矢。第三形腰較丙東與第五形腰較丁東相加，得壬東之倍，即三分弧之五倍矢。依是遞加得倍癸南，即三分弧之八倍矢。若以界子丑爲第二形，則界甲乙爲負形。以負形腰界甲減第一形底甲子，餘界子爲第二形腰。二率乘，一率除，得底子丑。以減第一形腰心子，餘心丑，爲第三形腰。二率乘，一率除，得底丑寅。以加第二形腰界丑，得界寅爲第四形腰。二率乘，一率除，得底寅卯。如是遞爲加、減、乘、除至第七心午未形，可得各腰、底。廼以第二形腰界丑與第四形腰界寅即丑木。相加，得界木，即三分弧之五通弦。第四形腰界卯與第六形腰界辰即卯月。相加，得界月，即三分弧之十一通弦。依是遞加得界望，即三分弧之十七通弦。又以第一形腰較子土與第三形腰較丑土相減，餘酉土之倍，即三分弧之一倍矢。第三形腰較寅青與第五形腰較卯青相加，得申青之倍，即三分弧之四倍矢。依是遞加得倍亥黃，即三分弧之七倍矢。一切比例、加減，悉與整分、半分同。惟弧分子小於分母者，通弦、倍矢皆相減而得。但零分之第一、二形腰溢在圜外，與本弧通弦率不相通。今欲求其腰率，必借他弧通弦爲二率以求之，因有借率法。求得腰率後，廼以借弧之率易爲本弧之率，因有易率法。備論如左。

借率法

分母奇者，借一分弧通弦爲二率。分母偶者，借二分弧通弦爲二率。求第一形腰，視分母數奇或偶而折半，則奇即以奇數爲形數，用前整分諸腰率。折半仍偶，則以偶數加一爲形數，用前半分諸腰率爲除法。以兩分子相減，其數奇或偶而折半，則奇即以奇數爲形數，用前整分諸腰率。折半仍偶，則以偶數加一爲形數，用前半分諸腰率爲乘法。置半徑，乘法乘之，除法除之，得第一形腰率。求第二形腰即以求第一形之除法爲除法，視分母數，奇分子倍之爲形數，用整分腰率數。偶分子加一爲形數，用半分腰率爲乘法。置半徑，乘法乘之，除法除之，得第二形腰率。

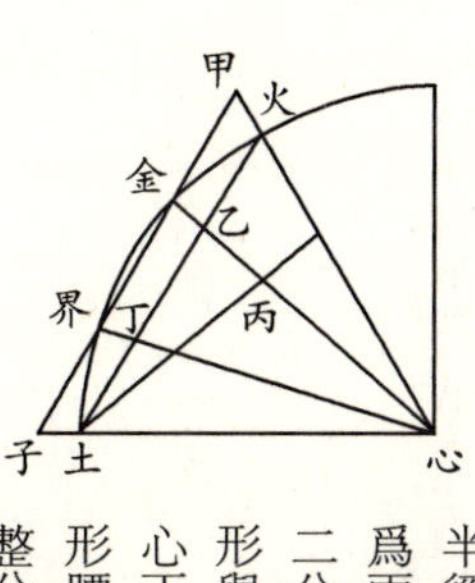

今分母爲三，分子爲一與二，圖以明之。如火土本弧，即分母。平分火金、金界、界土三分，界土爲一分之分子，界火爲二分之分子。心火土爲本弧通弦、半徑所成三角形，心甲子即今所求第一形，心甲、心子爲兩腰，此二形同式。界子爲一分弧第二形腰，界甲爲二分弧第二形腰。心丁土形與心界子形同式，心丁火形與心界甲形同式，於是比例之。求第一形腰，術爲以心丁比心界，若心土與心子。而心丁者，即前整分第三形腰。心界者，即前整分第一形腰。緣分母數奇，故與整分諸形相當。奇數三，故用第三形腰爲除法，兩分子

相減得一，故用第一形腰爲乘法。乘、除半徑心土而得所求第一形腰心子也。求第二形腰，術爲以心丁比丁土，若心界與界子，以心丁比丁火若心界與界甲，皆以心丁爲除法，與求第一形同。而丁土者，即前整分第二形腰。緣分子一，倍得二，故用第二形腰爲乘法。丁火者，與土乙、土丙皆等。即前整分第四形腰。緣分子二，倍得四，故用第四形腰爲乘法。各乘、除半徑心界而得所求第二形腰界子及界甲也。

比例既明，須求率法。乘除所用諸形腰，皆屬整分。整分自一分起，故宜借一分通弦爲二率，則諸形腰率自得。以整分之第一形腰一率一正乘半徑一率一正爲實，第三形腰一率一正、三率一負爲法除之，所得諸率即今所求第一形腰。以整分之第二形腰二率一正，或以第四形腰二率二正、四率一負各乘半徑一率一正爲實，各以第三形腰一率一正、三率一負爲法除之，所得諸率即今所求一分弧第二形腰及二分弧第二形腰。

丨丨丨丨丨丨丨

心界、心土兩相乘爲實　丨○○○○○○○○○○○○○○

心丁爲法　丨○丨̸

得心子第一形腰　丨○丨○丨○丨○丨○丨○丨○丨

丨̸丨̸丨̸丨̸丨̸丨̸丨̸

法一率除實一率，仍得一率一正。爲得數一率。轉乘法三率得二率一負，減實無對，易爲正。法一率除之，得三率一正，爲得數三率。轉乘法三率得三率一負，減實無對，易爲正。法一率除之，得五率一正，爲得數五率。如是遞乘、遞減、遞除，約除至十五率止，每率皆爲一正，得第一形腰率。

丨丨丨丨丨丨丨

心界、丁土兩相乘爲實　○丨○○○○○○○○○○○○○○

心丁爲法　○丨○丨̸

得界子第二形腰　○丨○丨○丨○丨○丨○丨○丨○丨

丨̸丨̸丨̸丨̸丨̸丨̸丨̸

此式法、實之數與首式同，故得數亦等，惟下一率耳。心界一率與丁土二率相乘，所得實本居一、二率之閒，法首位一率除之，則得數首位爲二率。然一、二率閒作圖不便，今將心界借降一率，以乘丁土可得二率。法亦借降一率，其得數必同，故法實之首均作圈位。下準此。

丨丨丨丨丨丨丨

心界、丁火兩相乘爲實　○‖丨̸○○○○○○○○○○○○○

心丁爲法　○丨○丨̸

得界甲第二形腰　○‖○丨○丨○丨○丨○丨○丨○丨

‖̸丨̸丨̸丨̸丨̸丨̸丨̸

法二率除實二率，仍得二率二正，爲得數二率。轉乘（法）四率，得三率二負，以減實，餘三率一。減數大，易爲正。法二率除之，得四率一正，爲得數四率。轉乘（法）四率，得四率一負，以減實，無對易爲正。二率除之，得六率一正，爲得數六率。如是遞除，至十六率止。

以上所得第一、二形腰率，皆借一分通弦爲二率，非本弧三分通弦爲二率也。須用易率法易借率爲本率，而後乘、除、加、減可以施。

易率法

左右作二直綫，向上作一横綫。列於横綫上者曰本率，以本弧通弦爲二率者也。列於横綫下者曰借率，以借弧通弦爲二率者也。本二率一當借率若干，曰相當率，上下對列於右綫左。取相當之借二率數爲分母除相當率，得本二率一，旁寄分母。借二率除得一，其下各率皆寄分，分宜齊其等差。如四率，則旁寄分母。六率轉以分母乘之，旁寄分自乘。八率轉以分母自乘乘之，旁寄分再乘。爲用二率，各自乘之。半徑一率除之，得本三率一，旁寄分自乘。借三率仍爲一，其下各率增多，寄分亦按率增多。爲用三率，用二率、用三率同指本率言，借率亦從之。下雖尚有各率，而其首位用二率則自二率起，用三率則自三率起。亦即乘法，上下對列於相當率左。復以借率所求得之率列於左綫右，視求得率爲耦，取用二率。爲奇，取用三率，列於右綫右，本率列上。遞以本三率乘法乘之，一率除之，得各本率，次列其右。而其下相當之借率，亦遞以借三率乘法乘之，一率除之，得各借率，按率相當而列。其下概曰用率，用以遞求之率也。迺準求得諸率，逐次取用借率，對率相覈，增其歉而損其盈乘除之，使與求得率等，次列於左綫左。而其上相當之本率，亦隨之遞爲乘除，而次列於上，命曰定率，即易借率爲本率所斟定之率也。

煦案：此云借二率寄分宜齊其等差，亦有數從簡易無取增乘之過繁而不齊其等者，如後五分弧之幾易率法是也。

準整分率，三分通弦二率一與一分通弦二率三正、四率一負相當，用爲相當率，列右綫左。以借二率三爲分母除之，得本二率三之一正。借二率一正、四率三之一負，皆書分子。寄分母，爲用二率。各自乘，半徑除之，得本三率一，寄分母自乘。借三率一正、五率二負寄分母，七率一正，寄分自乘，爲用三率，亦即乘法，依次列相當率左。復以求得第一形腰率列左綫右，腰率皆奇。取用三率，列右綫右本率列上。遞以本三率乘之，一率除之，得各本率。分子皆一，寄分則遞增而多，借率列下。亦以用率之借三率乘之，一率除之，得五率一正、七率四負，寄分母，九率六正，寄分自乘。十一率四負，寄分再乘，十三率一正，寄分三乘，爲用五率。依是遞爲乘、除得各用率之借率。每乘則率驟增多，約至十五率止，下可勿計。上與本率相當，以次而列，概曰用率，廼求定率。

視求得一率爲一，以一率一正上下對列於左綫左，爲定一率，求得三率，亦爲一。以用三率之本率、借率上下對列於定一率左，爲定三率，求得五率，亦爲一。而借三率內之五率反負三之二，因通求得率一爲三，以加之得三之五。遂取用五率之本率、借率，各以分子五乘之，分母三除之，除則增其寄分。上下對列於定三率左，爲定五率，求得七率，亦爲一。而借三率內之七率正九之一，借五率內之七率負九之二十相減，仍負九之十九。通求得率一爲九，以加之得九之二十八。遂取用七率之本率、借率，各以分子二十八乘之，分母九除之。上下對列於定五率左，爲定七率。依是覈定分子、母而乘，除之，得各定率，其上方横列者，即三分弧之一第一形腰率也。

用率								
二率	相當率	三率	五率	七率	九率	十一率	十三率	十五率
丨分	丨	丨自	丨三	丨五	丨七	丨九	丨十一	丨十三
〇	〇							
丨	〣	丨						
〇	〇	〇						
〤分	〤	〦分	丨					
		〇	〇					
		丨自	〣〤分	丨				
		〇	〇	〇				
		〇	丅自	丅分	丨			
		〇	〇	〇	〇			
		〇	〣〤再	一𝍣自	Ⅲ分	丨		
		〇	〇	〇	〇	〇		
		〇	丨三	乇〇再	二Ⅲ自	十〇分	丨	
		〇	〇	〇	〇	〇	〇	
		〇	〇	一𝍣三	≣丅再	≡𝍣自	一〦分	丨

定率									
十五率	十三率	十一率	九率	七率	五率	三率	一率	第一形腰	三率
〣≐Π⊥〇 十九	⊥丨≐Ⅲ 十六	一〇〇丨 十三	丨⊥𝍣 十	二Ⅲ 七	𝍣 四	丨自	丨		丨自
							丨	丨	〇
							〇	〇	〇
						丨	〇	丨	丨
						〇	〇	〇	〇
					𝍣分	〦分	〇	丨	〦分
					〇	〇	〇	〇	〇
				二Ⅲ自	乇〇自	丨自	〇	丨	丨自
				〇	〇	〇	〇	〇	
			丨⊥𝍣再	丨⊥Ⅲ再	≡〇再	〇	〇	丨	
			〇	〇	〇	〇	〇	〇	
		一〇〇丨三	一〢乇〇三	𝍣二〇三	乇〇三	〇	〇	丨	
		〇	〇	〇	〇	〇	〇	〇	
	⊥丨≐Ⅲ四	丨〇〇七〇四	≡丅二〇四	𝍣⊥〇四	𝍣四	〇	〇	丨	
	〇	〇	〇	〇	〇	〇	〇	〇	
〣≐Π⊥〇五	Π≡〢≡丅五	〣≡𝍣≡五	≐〢乇〇五	𝍣二〇五	〇	〇	〇	丨	

前圖第一形腰率皆奇，故取奇率爲用率。今圖第二形腰率皆耦，故取耦率爲用率。第二形有兩，祇須求得其一。今求三分弧之一第二形腰，以之減第一

形底，即三分弧之二第二形腰也。至乘除易率之法，均與前同，不煩多贅。惟求用率之借率，逐位遞乘而多，易於淆混。今爲約定其乘法：乘有兩數，列左右兩行，間空一位，空位作圈以存其率。左右兩首位相乘爲得數首位，左首位乘右三位，右首位乘左三位，兩數相併，爲得數次位。左首位乘右五位，右首位乘左五位，左右兩三位相乘，三數相併，爲得數三位。左首位乘右七位，右首位乘左七位，左三位乘右五位，右三位乘左五位，四數相併，爲得數四位。如是遞乘，至兩行末位止。

二率	相當率	用率 二率	四率	六率	八率	十率	十二率	十四率	十六率
𝍠分	𝍠	𝍠分	𝍠再	𝍠四	𝍠六	𝍠八	𝍠十	𝍠十二	𝍠十四
𝍠	𝍢	𝍠							
〇	〇	〇							
𝍠̸分	𝍠̸	𝍠̸分	𝍠						
		〇	〇						
		〇	𝍢̸分	𝍠					
		〇	〇	〇					
		〇	𝍢自	𝍣̸分	𝍠				
		〇	〇	〇	〇				
		〇	𝍠̸再	𝍩〇自	𝍦̸分	𝍠			
		〇	〇	〇	〇	〇			
		〇	〇	𝍮̸〇再	𝍪𝍠自	𝍧̸分	𝍠		
		〇	〇	〇	〇	〇	〇		
		〇	〇	𝍣三	𝍫𝍣̸再	𝍫𝍥自	𝍩𝍠̸分	𝍠	
		〇	〇	〇	〇	〇	〇	〇	
		〇	〇	𝍠̸四	𝍫𝍣三	𝍯𝍣̸再	𝍭𝍣自	𝍩𝍣̸分	𝍠

凡正負同名相乘所得爲正，異名相乘所得爲負。併法同名相併名從原數，異名相減名從大數。兩數一寄分，一不寄分，乘後仍寄原分。兩數皆寄分者，乘後以兩分相乘爲寄分。今借三率遞乘用率，各率皆正負相間。乘數同位者恒同名，故概用併得數，亦皆正負相間。寄分先須齊其等差，乘後同位者亦恒同分。得數首位不寄分，次位寄分母，三位寄分自乘。以次遞增，得數之位相連，故率亦相連。若以一率除之，則仍間空一位，而奇率歸奇率，耦率歸耦率也。

既得第一、二形腰率，可以比例加減，求各形腰底。今將三分之二起度者列於前，三分之一起度者列於後。

定率 十六率	十四率	十二率	十率	八率	六率	四率	二率	第二形腰	三率
𝍩𝍦〇𝍭𝍣𝍫六	𝍡𝍯𝍠𝍫𝍡十八	𝍫𝍢𝍮𝍧十五	𝍦𝍩𝍣十二	𝍠𝍪〇九	𝍪𝍠六	𝍣三	𝍠分		𝍠自
							𝍠	𝍠	〇
							〇	〇	𝍠
						𝍣分	𝍠̸分	𝍠	〇
						〇	〇	〇	𝍢̸分
					𝍪𝍠自	𝍩𝍢̸自	〇	𝍠	〇
					〇	〇	〇	〇	𝍠自
				𝍠𝍪〇再	𝍠〇𝍣̸再	𝍩𝍡再	〇	𝍠	
				〇	〇	〇	〇	〇	
			𝍦𝍩𝍣三	𝍧𝍫̸〇三	𝍡𝍩〇三	𝍣̸三	〇	𝍠	
			〇	〇	〇	〇	〇	〇	
		𝍫𝍢𝍮𝍧四	𝍮𝍢𝍫𝍣̸四	𝍪𝍣𝍪〇四	𝍡𝍮̸〇四	〇	〇	𝍠	
		〇	〇	〇	〇	〇	〇	〇	
	𝍡𝍯𝍠𝍫𝍡五	𝍣𝍯〇𝍫𝍦̸五	𝍪𝍣𝍯𝍢〇五	𝍫𝍦̸〇〇五	𝍠〇𝍣五	〇	〇	𝍠	
	〇	〇	〇	〇	〇	〇	〇	〇	
𝍩𝍦〇𝍭𝍣𝍫六	𝍫𝍣𝍪𝍦𝍩𝍮̸六	𝍪𝍢〇𝍡𝍫〇六	𝍥〇〇𝍮̸〇六	𝍫𝍡〇〇六	𝍪𝍠̸六	〇	〇	𝍠	

求三分之二起度各形腰底率

分 三 六 九 十二 十五 十八 廿一

負第一形腰界子

第一形腰心子

自 四 七 十 十三 十六 十九

一形腰二一率乘除之，得底甲子

自 四 七 十 十三 十六 十九

負一形腰一形底減，得第二形腰界甲

分 三 六 九 十二 十五 十八 廿一

二形腰二一率乘除之，得底甲乙

分 三 六 九 十二 十五 十八

一形腰二形底減，得第三形腰心乙

自 四 七 十 十三 十六 十九

三形腰二一率乘除之，得底乙丙

自 四 七 十 十三 十六 十九

二形腰三形底加，得第四形腰界丙

分 三 六 九 十二 十五 十八 廿一

四形腰二一率乘除之，得底丙丁

分 三 六 九 十二 十五 十八

三形腰四形底減，得第五形腰心丁

自 四 七 十 十三 十六 十九

五形腰二一率乘除之，得底丁戊

自 四 七 十 十三 十六 十九

四形腰五形底加，得第六形腰界戊

分 三 六 九 十二 十五 十八 廿一

六形腰二一率乘除之，得底戊己

分 三 六 九 十二 十五 十八

五形腰六形底減，得第七形腰心巳

自 四 七 十 十三 十六 十九

七形腰二率乘，一率除之，得底己庚

六形腰七形底加，得第八形腰庚界

分 三 六 九 十二 十五 十八 廿一

自 四 七 十 十三 十六 十九

求三分之一起度各形腰底率

負第二形腰甲界

第一形腰甲心

一形腰二率乘，一率除之，得底甲子

負一形腰一形底減，得第二形腰子界

二形腰二率乘，一率除之，得底子丑

一形腰二形底減，得第三形腰丑心

三形腰二率乘，一率除之，得底丑寅

二形腰三形底加，得第四形腰寅界

四形腰二率乘，一率除之，得底寅卯

三形腰四形底減，得第五形腰卯心

五形腰二率乘，一率除之，得底卯辰

四形腰五形底加，得第六形腰辰界

六形腰二率乘一率除之，得底辰午

分 三 六 九 十二 十五 十八

五形腰、六形底減，得第七形腰心午

自 四 七 十 十三 十六 十九

七形腰二率乘一率除之，得底未午

自 四 七 十 十三 十六 十九

六形腰、七形底加，得第八形腰未界

分 三 六 九 十二 十五 十八 廿一

此腰、底各率，與三分之二、三分之一起根遞加數相合。

前推半分起根遞加數，先求首根、首積，後乃順加逆減，得正負各根、積。零分亦可一例推衍，惟首根、首積在斜行綫上，腰、底則聯於直行。求斜行不如求直行爲便。今推三分之二起根各數，首層根差皆一，次層爲根，以分子二爲首根。分母乘根差得三，自首根順加得五、八、十一等根，皆正。逆減，得一、四、七、十等根，皆負。負根衹列其一，餘可約知，寄分母於右方。正負兩首根一、二相乘，得二，二除之得一。負分母除之不受除，即爲第一行平積，寄分增爲自乘。次正根五乘平積得五，負三除之，分母除之均不受除，即爲第二行立積，增寄分爲三乘。次負根四乘立積得二十，四除之，仍得五。分母除之不受除，即爲第一行三乘積，增寄分爲四乘。第三正根八乘三乘積得四十，五除之得八。正分母不受除，應增寄一乘。

三分之二起根遞加數

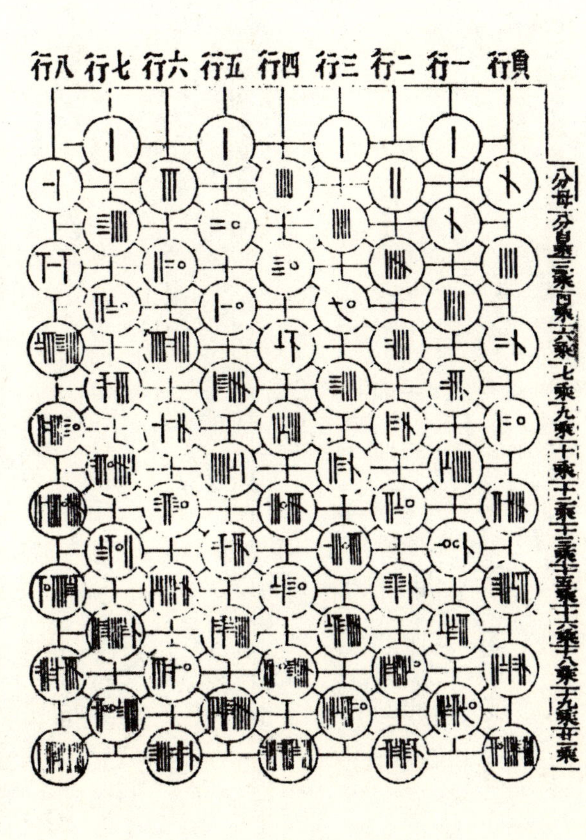

又視立積，較根增寄三乘。今求四乘積，較立積衹增二乘，應齊其等。轉以分母乘之，得二十四正，爲第二行四乘積，增寄分爲六乘。如是，遞以正負根乘之，遞加數除之。同名相乘得積爲正，異名相乘得積爲負。奇積列第一行，耦積列第二行。得兩行積，迺求逐行積。視平積，較根寄分增一乘。因以分母三，乘次行根，得六正。以加首行平積一負，異名，以減爲加得五。減數大，易爲正，爲第三行平積。分母乘第四行根得十五正，以加三行平積五正得二十正，爲五行平積。分母乘第六行根得二十四正，以加五行平積二十正得四十四正，爲第七行平積。

視立積，較平積寄分增兩乘。因以分母自乘九，乘第三行平積，得四十五正。以加次行立積五負，異名，以減爲加得四十。減數大，易爲正，爲第四行立積。九乘第五行平積，得一百八十正。以加四行立積四十正，得二百二十正，爲第六行立積。九乘第七行平積，得三百九十六正。以加六行立積二百二十正，得六百十六正，爲第八行立積。又逆減，以九乘首行平積得九負，以減次行立積五負得四。減數大，易爲正，爲負行立積。

三分之二起根遞加數

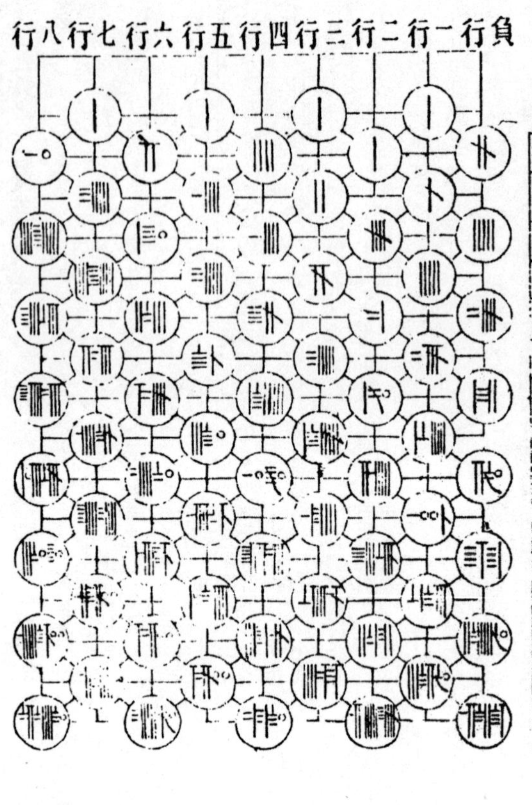

依是逐層齊分順加逆減，如正負法命之得逐行積，是爲三分之二起根遞加數。其三分之一起根者，準是類推，觀圖自悉。然此兩圖左右互爲正負，第一行兩圖所同，第二行及負行左右正負互易之亦無弗同。既得前圖逐行積，即可如法加減而互易之得後圖逐行積也。

煦案：此四乘積，用分母增乘，以齊其等。亦有數取簡易，不齊其等者，如後五分之幾遞加數是也。

觀以上推衍三角形，以三分之二起度者，遞加數即以三分之二起根。三角形以三分之一起度者，遞加數即以三分之一起根。其負形腰率即負行數，第一形腰率即第一行數，第二形腰率即第二行數。推之逐形逐行皆兩兩相應，雖正負不盡同，而其不同自有定率。但如半分遞加數所定易正負法易之，自無弗同矣。故以遞加數兩耦行相併，亦猶界角形兩腰相併，可得逐度通弦。以遞加數兩奇行去根差相併，亦猶心角形兩腰減半徑相併，可得逐度倍矢。如法求得各弦、矢率，列後。

三分弧之二起度各通弦率

分	三分之一通弦	三分之七通弦	三分之十三通弦	三分之十九通弦
三	[illegible]	[illegible]	[illegible]	[illegible]
六	[illegible]	[illegible]	[illegible]	[illegible]
九	[illegible]	[illegible]	[illegible]	[illegible]
十二	[illegible]	[illegible]	[illegible]	[illegible]
十五	[illegible]	[illegible]	[illegible]	[illegible]
十八	[illegible]	[illegible]	[illegible]	[illegible]
廿一	[illegible]	[illegible]	[illegible]	[illegible]

三分弧之二起度各倍矢率

自	三分之二倍矢	三分之五倍矢	三分之八倍矢
四	[illegible]	[illegible]	[illegible]
七	[illegible]	[illegible]	[illegible]
十	[illegible]	[illegible]	[illegible]
十三	[illegible]	[illegible]	[illegible]
十六	[illegible]	[illegible]	[illegible]
十九	[illegible]	[illegible]	[illegible]

三分弧之一起度各通弦率

分 三 六 九 十二 十五 十八 廿一

三分之五通弦 [illegible]

三分之十一通弦 [illegible]

三分之十七通弦 [illegible]

三分弧之一起度各倍矢率

自 四 七 十 十三 十六 十九

三分之一倍矢 [illegible]

三分之四倍矢 [illegible]

三分之七倍矢 [illegible]

分母既爲三，則除去三、六、九、十二等數，凡一、二、四、五、七、八等數皆可爲分子。今以三之二、三之一起度，矢之分子可得其全，而弦之分子祇一、五、七等奇分。其耦分必析分母爲六，以六之五、六之一起度，方得三之二、三之四等耦分弦率。可知求奇分弦用原分，求耦分弦用倍分。不獨整分然，零分亦然也。

又 **卷四** 零令起度弦矢率論二

凡分母，必大於分子。今母大子小者，惟首分爲然，餘皆母小而子大。蓋分母爲分子所從生，先生首分子，而後遞加分母，以生諸分子。能生者爲分母，所生者爲分子，固不以大小論母子也。

分子、母可約者，宜約從小分。故分母偶，分子不得復偶，偶則可約。分母由兩數相乘而得者，此兩數不得爲分子。由諸數遞乘而得者，此諸數亦不得爲分子，爲分子皆可約也。

分母一而分子有兩，一爲正、一爲負。兩分子之和即分母，其較即起度通弦弧分。此指正大於負者言，若負大於正，則爲負度通弦弧分。

整分第一形居圓內，其形最小。半分第一形溢圓外，其形最大。零分第一形其底自圓內出圓外，最小者必微大於整分，最大者必微小於半分。

整分第二形祇一無兩，其形最大。半分第二形有兩而等，其形適中。零分第二形兩不相等，一大於半分、一小於半分，互爲正負而皆較整分爲小。

求第一、二形腰率分母，本弧無綫可比，不得不用借弧。蓋一分母含有諸分子，借分子小弧之綫以爲比例也。本可不論奇偶，概借用一分弧之通弦。惟因易率時，須寄其分，而借半分起度諸率者，其率又先有寄分。若寄分大，取數必繁，不便於乘除加減。今於奇分母，借一分通弦。偶分母，別借二分通弦。用爲二率。則可折半以取分，而分較小，數乃不至於過繁。

一弧任析爲幾分，逐分作半徑。弧分奇者自界角起，作一、三、五、七等分通弦。諸綫聯成心角、界角形，其式常與整分起度者相合。弧分偶者須分二種，一自界角起作四、八、十二、十六等分通弦。諸綫聯成心角、界角形，其式不與整分合而與半分合。蓋半分以全分通弦爲二率，所作各通弦皆偶分。今借二分通弦爲二率，所作各通弦皆偶分之倍，故折半仍偶，而其式相當也。一自界角起，作二、六、十、十四等分通弦。諸綫聯成心角、界角形，其式又不與半分合而與整分合。蓋整分以一分通弦爲二率，所作各通弦皆奇分。今借二分通弦爲二率，所作各通弦皆奇分之倍，故折半得奇，而其式相當也。審是，則取用率法者，宜辨弧分奇偶。凡分母弧及兩分子相減餘弧，其分奇，應用整分率。分偶而折半得奇者，仍用整分率。折半仍偶者，始用半分率。

此上，就分母弧及兩分子相減弧論用率也，若分子之弧則常與界角形相應。整分起度之界角形起一分，遞加一分，成各形。而奇分母之分子亦起一分，遞加一分爲諸分子，故用整分率。半分起度之界角形起半分，遞加全分成各形。而

偶分母之分子則起一分，遞加二分爲諸分子。二與一猶之全與半，故用半分率。

求第一形之比例。法以分母弧居中心角形腰奇分取一分爲居中分，偶分合兩分爲居中分。比兩分子相減弧居中心角形腰，若半徑與第一形腰。此比例取同式相當。以分母弧居中心角形腰比分子弧相應界角形腰，分子弧作兩半徑綫界之，界角形腰兩端抵半徑綫上，而與之相應。若半徑與第二形腰。此比例生於轉比，詳見前三分、四分、五分諸圖說。即折至多分，其比例之法常等，不復另圖。

居中心角之形數以三、五、七、九等奇數遞加。弧分奇或偶而折半，則奇其分數亦爲三、五、七、九等，故分數即形數。偶而折半仍偶，其分數則爲二、四、六、八等，故分數加一得形數。分母弧如是，兩分子相減弧亦如是，求第一形腰準是以取形數。

相應界角之形數，以二、四、六、八等偶數遞加。分母奇，其分子爲一、二、三、四等，故分子倍之得形數。分母偶，其分子爲一、三、五、七等，故分子加一得形數。求第二形腰準是以取形數。

求第一、二形腰，分母奇，求得之率無寄分。分母偶，求得之率有寄分。何則？母奇者，兩子相減亦必奇。分子亦逐分遞加，與整分界角形相應。故乘、除法皆用整分率，無寄分，即求得之率亦無寄分。母偶而折半或奇，兩子相減折半則必偶。母偶而折半或偶，兩子相減折半則必奇。常一奇一偶，分子亦逐分遞加，與半分界角形相應。故乘、除法兼用半分率，有寄分，即求得之率亦有寄分。

易率法先定相當率。相當率者，借弧通弦爲二率，其正負若干率適與本弧二率通弦相當也。既有當本弧二率之借率，則遞乘、遞除，即可得當本弧逐率之借率。借率遂與本率通，而其率可用，是爲用率。夫求第一、二形腰所得之率，借率也。以此當本弧逐率之借率乘、除之，使與求得率合。隨以乘、除借率者，乘、除本弧之逐率，自無不與求得率合。於是借率可易爲本率，而求第一、二形腰應用之本率始定矣。是爲定率。此理固易明悉，而衍算則繁。尤易紛淆者，在乎寄分。蓋借弧若干倍分適與本弧相當，其分即分母，亦即借二率數。以之除相當借率，借二率除爲一，其下逐率不盡受除，故須寄分，本二率亦隨之寄分。此須就相當率覈定其等差，庶加、減、乘、除不至或紊，今分條論之。

分母奇，母耦而折半則奇者，亦同一例。借弧用整分通弦率，率皆實數，其位有盡。法視分母爲他數自乘而得，或再乘而得者，則用他數爲小分。煦案：母偶而折半則奇者，不可用小分。以除借四率，若他數再乘得者，以他數自乘除之，皆可除得整數。仍寄小分於右。六率仍其原數，若他數再乘得者，以他數除之。寄小分自乘於右。八率轉以小分乘之，若他數再乘得者，仍其原數。寄小分再乘於右。下仿此。若分母爲兩數相乘而得，或諸數連乘而得者，其小分雜糅，用之不便。四率仍其原數，寄分母於右。六率轉以分母乘之，寄分母自乘於右。八率更以分母自乘乘之，寄分母再乘於右。下仿此。此皆每降二率，寄分增一乘，其等已齊。求用率時不須通分。也若分母非他數自乘或相乘而得者，則四率以下末率以上，諸率數分母皆可除盡。惟末率不可除，則寄其分母。求用率遞乘時，凡實數乘實數者，併而置左。實數乘寄分者，併而置右。分母乘左與右相併，爲得率，寄分母於右。實數乘寄分者，併而置左。實數乘寄分自乘者及寄分乘寄分者，併而置右。分母乘左與右相併，爲得率，寄分母自乘於左。下仿此。此雖須通分，而率數則較少也。

煦按：先生絕筆於此，以後今補。

弧分耦，謂折半仍耦者。借弧用半分通弦率。其四率以下常寄二爲分母，而位無盡。其用爲分母之二率，常得弧分之半。法視分母爲二之累乘數，則用二爲小分，自四率以下按乘數增寄其分但惟分母爲二之自乘數，則增寄之後，其等自齊。若較自乘數增幾乘，則當以所增乘數自六率以下逐率增乘之，並增寄其分，其等方齊。如分母爲再乘數，則以二乘六率，增寄一乘。以四乘八率，增寄二乘。餘可類推。若分母非二之累乘數，則用借弧率二之分母與半分之分母兩相雜糅，當合兩分母用弧分爲分母。法視四率以下半分分母乘數減一，以借弧分母如乘數以乘之，分母遂變爲弧分。其四率以下，復以弧分自乘乘之，以齊其等。半分通弦率，自六率以下分母均遞增四乘，惟四率僅弦寄自乘較少二乘。今雖變用弧分爲分母，而寄分乘數與原率同，故以分母自乘通乘之，其等乃齊。

弧分不論奇耦，其乘法借三率均用整分。倍矢率率皆實數，其位亦有盡而即爲借弧通弦自乘、一率除之之數，其寄分須視通弦以爲準。弧分奇而通弦分母用小分者，視小分爲分母自乘數，則借三率之三率必爲小分三乘數。三率既除爲一，復以小分再乘、除其五率，仍寄小分於右。以小分自乘除其七率，仍寄小分自乘於右。以小分除其九率，仍寄小分再乘於右。十一率仍其原數，寄小分三乘於右。十三率轉以小分乘之，寄小分四乘於右。下仿此。若小分爲分母再乘數，則借三率之三率必爲分母五乘數，亦如上逐率減一乘、除之，寄分則逐率增一乘。餘可類推。若通弦分母用借二率數者，則借三率之三率爲分母。自乘三率既除爲一，復以分母除其五率，仍寄分母於右。七率仍其原數，寄分母自乘

於右。九率轉以分母乘之，寄母再乘於右。下仿此。以上所用乘法，其等已齊，求用率時不須通分。若通弦分母逐率皆可除盡，惟末率寄分母者，則借三率之末率以上平分爲二。其上半各率分母自乘皆可除盡，下半各率分母皆可除盡。但寄分母於右，惟末率寄分母自乘於右，求用率時當通分也。求用率時，通分法已見前。

弧分耦，其通弦分母用二爲小分者，視通弦二率爲小分自乘，則借三率之三率必爲小分三乘數。三率既除爲一，五率仍其原數，寄小分三乘於右。七率轉以小分三乘乘之，寄小分七乘於右。以下每率增四乘乘之，小分亦增寄四乘。如借二率爲小分再乘數，則借三率之三率必爲小分五乘數。三率既除爲一，以小分除其五率，寄小分四乘於右。七率轉以小分三乘乘之，寄小分九乘於右。以下每率增五乘乘之，小分亦增寄五乘。餘可類推。通弦分母變用弧分者，則借三率之三率爲半弧分自乘數。三率既除爲一，自五率以下先以四通乘之。然後以弧分自乘乘其五率，寄分母三乘於右。以弧分五乘乘其七率，寄分母七乘於右。以下每率增四乘乘之，分母亦增四乘。凡此其等已齊，求用率時，亦不須通分也。

凡相當之本二率及乘法之本三率，視弧分奇而通弦二率同弧分者，本二率亦用弧分爲分母而率數常爲一，本三率用弧分自乘爲分母而率數亦爲一。弧分耦，則通弦之二率常爲半分弧，倍矢之三率常爲半弧分自乘。其本二率當以二乘之，寄弧分爲分母。本三率以四乘之，寄弧分自乘爲分母。故本二率數常爲二，而三率數常爲四。若弧分奇而通弦分母用小分，視用爲分母之二率係小分幾乘，即爲本二率分母。弧分耦而通弦用二爲小分者，視弧分爲小分幾乘，減一乘爲本二率分母。均以本二率乘數倍之加一爲本三率分母，而率數亦皆爲一。

用率者，以借弧各率求相當之本弧各率，爲易率之用也。前求相當率及乘法，僅有借弧二、三率與本弧二、三率相當之數。而奇率不止三，如五、七、九等率皆奇率也，易第一形腰率用之。耦率不止二，如四、六、八等率皆耦率也，易第二形腰率用之。求奇率者，以相當之本三率、借三率，兩兩對列。然後，以借三率乘借三率，一率除之，得借五率。即以本三率乘本三率，一率除之，得本五率，與之相當。以借三率乘借五率，一率除之，得借七率。即以本三率乘本五率，一率除之，得本七率，與之相當。以借三率乘借七率，一率除之，得借九率。即以本三率乘本七率，一率除之得本九率，與之相當。如是遞乘、遞除，得各奇率，均兩兩對列。求耦率者，以相當之借二率、本二率，兩兩對列。然後，以借三率乘借二率，一率除之，得借四率。即以本三率乘本二率，一率除之，得本四率，與之相當。以借三率乘借四率，一率除之，得借六率。即以本三率乘本四率，一率除之，得本六率，與之相當。如是遞乘、遞除得各耦率，亦兩兩對列。是爲用率。

凡借率乘法，法首位乘實首位，常爲單一。仍置首位，法首位乘實三位，法三位乘實首位，兩數相併。置次位，法首位乘實五位，法三位乘實三位，法五位乘實首位，併三數。置三位，如是遞乘、遞併。分置各位，其分母則兩數相乘。一不寄分、一寄分者仍寄原分，兩數均有寄分者則以兩寄分乘數相併、加一，爲寄分乘數。寄分母者爲無乘數，寄分自乘者爲一乘。如分母之等已齊者則同位自然同母，若其等未齊須通分相併，其法以分母乘數最多爲準，其無寄分者以最多乘數乘之，其有寄分而較最多乘數差幾乘者則以所差乘數增乘之然後相併，仍寄最多乘數爲母。

凡率數相乘，三率乘三率，即一率乘五率。在面積爲三率。三率乘五率，即一率乘七率。在面積爲四率。三率乘七率、五率乘五率，即一率乘九率。在面積爲五率。三率乘九率、五率乘七率，即一率乘十一率。在面積爲六率。乘得數後，前如按位遞併，分置各位。其一率乘五率者命爲五率，一率乘七率者命爲七率，一率乘九率者命爲九率，即一率除得數耦率乘法。凡三率乘二率，即一率乘四率。面積在二、三率之間，不可以率數名。三率乘四率、五率乘二率，即一率乘六率。面積在三、四率之間。三率乘六率、五率乘四率、七率乘二率，即一率乘八率。面積在四、五率之間。乘得數後，亦按位遞併。分置各位，其一率乘幾率者命爲幾率，亦即一率除得數。凡乘得數皆位位相連，一率除後，則每率間一空位。

凡分母耦，而折半則奇者，其分母僅得弧分之半。求得各用率之借率後，當變用弧分爲分母。何也？蓋耦而折半則奇，其通弦倍矢率雖可借整分，而求第一、二形腰率必參用半分腰率。其求得率，必仍用二爲分母。夫求得率用二爲分母，而用率用半弧分爲分母，則分母雜糅，不便乘、除，故須變用弧分爲分母也。其法視借率，寄分母者以二乘之，寄分自乘者以二自乘乘之，寄分再乘者以二再乘乘之。餘仿此。分母遂變爲弧分，而寄分乘數，仍照原寄分。

凡用率之借率，首位必令爲單一而無寄分，其本率不必盡爲一。故惟分母奇或分母耦而用小分者，其本率數均爲一。若分母耦而不用小分，則其本二率數常爲二，三率數常爲四。故遞求四、六、八各耦率，常得八與三十二與一百二十八等數，遞求五、七、九各奇率，常得十六與六十四與二百五十六等數。

求用率之本率寄分，以本三率寄分乘數加一爲寄分乘差。置本二率寄分乘數，以寄分乘差遞加之，得各耦率寄分乘數。置本三率寄分乘數，以寄分乘差遞

加之，得各奇率寄分乘數。

定率者，易借率爲本率也。前求第一、二形腰率，皆借弧通弦爲二率，而非本弧通弦爲二率今借弧各率均有相當之本弧各率，則可變借率爲本率，而率於是乎定，所謂定率也。其法求各奇率，除一率爲本弧借弧通用，無庸變易外，視求得率之三率若干，以乘用三率之本率借率。以乘得之借三率減求得率之三率却盡，即與乘得之本三率上下對列，爲定三率。復以借三率之五率減求得率之五率，以其減餘乘用五率之本率借率。乃以乘得之借五率減五率，減餘卻盡，即與乘得之本五率上下對列，爲定五率。復以借三率之七率與借五率之七率相併、減求得率之七率，以其減餘乘用七率之本率借率。乃以乘得之借七率減七率，減餘卻盡，即與乘得之本七率上下對列，爲定七率。如是遞乘、遞併、遞減，至求得各率減盡而止。而連定率之諸本率，即所求腰率也。求耦率，其法並同。

弧分奇，求得率無寄分，與借率相減時須通分。視借率分母，或用小分或用弧分而其等已齊者，其借率同位自然同母，相併不必通分。惟須以借率分母，通求得率，然後相減。若借率分母之等不齊者，須視寄分，乘數最多爲準。其較最多乘數差幾乘者，如乘數增乘之，然後相併，復以最多乘數，通求得率，然後相減。

弧分耦，求得率寄二爲分母。視借率，用二爲小分者則分母相同，須照小分每率增寄若干乘。以增乘求得率，則減併時無須通分。若借率分母不用小分而變用弧分爲分母者，則求得率亦須變用弧分爲分母。法視求得率，寄分母者，以半弧分乘之。寄分自乘者，以半弧分自乘乘之。餘倣此，仍照原寄乘數，分母遂變用弧分，其借率減併時亦不須通分也。

借率與求得率互有正負，須認明。借率與借率係相併，借率與求得率係相減，而求得率爲本數。其正負加減術：凡相併，同名則相併，異名則相減，而名從多數。凡相減，異名則相併，而名從本數。同名則相減，本數多，名從本數，本數少，名異本數。

凡以求得率或求得率減餘乘用率之本率，其有寄分者，即於本率分母增寄其分。蓋求得率與本率，其所寄分母，固已齊同也。

凡衍遞加數，以本位向上斜左綫所聯根層之左一位乘本位，本層遞加數除之，本層遞加數如平積用二除，立積用三除，三乘積用四除之類是也。得左下一位積。以向上斜右綫所聯根層之右一位乘本位，本層遞加數除之，得右下一位積。此通法也，而零分遞加數逐層皆有寄分，須兼用通分法。其根層恒寄分母，故以斜左綫所聯根層之左位乘本位，遞加數除之，又以分母除之而始得左下位積。以斜右綫所聯根層之右位乘本位，遞加數除之，又以分母除之而始得右下位積。又以左上一位根積加本位得左位積，以右上一位減本位得右位積，亦通法也。而在零分，則逐層分母不同，亦須通分。故視本層較上層增寄幾乘，則以幾乘通左上位，加本位得左位積。以幾乘通右上位，減本位得右位積。其求法或一以左綫所聯之左位乘本位，一以右綫所聯之右位乘本位，而先得奇耦二行直下積，或概以左綫所聯之左位乘本位而先得各首積，然後順加逆減以求各層積，均無不可。

凡求逐位積，皆須用分母除，故每層寄分必增寄一乘，此寄分之有定者。而每層遞加數之除法，如與分母相涉，則亦不受除。何謂相涉？但凡除法與分母同，則不受除，或分母爲他數之累乘數，則他數及他數之累乘數必均不受除。又分母爲兩數相乘或諸數疊乘數，則此諸數及諸數之累乘數亦均不受除，故凡除法遇此諸數皆須增寄。

逐分用分母除之寄分，參以遞加數不受除之寄分，則其等不齊。欲齊其等，當分別奇、耦。視奇層至奇層增寄幾乘者，皆令增寄幾乘，耦層至耦層增寄幾乘者，亦

皆令增寄幾乘。而相連之一奇層一耦層，與相連之一耦層一奇層，其等不必齊。

零分遞加數，以有反減，亦如半分之有正、負。而正、負，有一定之位，亦與半分同。其自首正根向下斜左綫所聯，各首正積以上之左角，則根積皆正。自首負根向下斜右綫所聯各首負積以上之右角，則奇層正、偶層負。其各首正積向下斜右綫所聯各積，則恒一負一正相間。其各首負積向下斜左綫所聯各積，則首積負者俱負、正者俱正。其自各首積直下綫所聯各積，則首積正者恒一負一正相間，首積負者恒一正一負相間，覩下圖自悉。

零分遞加數奇行亦即心角形腰率，其正負之不同，與整分異而與半分無異。蓋在遞加數，則第一行首位、第二行次位、第三行三位，按行以次遞降。其上皆正，其下皆負正相間。在各形腰率，則第一形一率、第二形二率、第三形三率，按形以次遞降。其上皆正負相間，其下正則皆正，負則皆負。是正負之不同，無異於半分也。然深究其不同之故，不特無異於半分，亦仍無異於整分。何也？整分遞加數逐層逐位皆正，而整分腰率恒一正一負相間。兩相比較，上位正負同者，下位必異；上者正負異者，下位必同；常一異一同，相次而列。今零分遞加數各首積以上皆正者，在腰率，則正負相間。遞加數各首積以下正負相間者，在腰率，正則俱正，負則俱負。兩相比較，亦屬一異一同，相次而列。是其正負雖與整分異，而正負不同之致，仍與整分無異也。

腰較者，以心角形腰，減一率半徑也。半徑爲本數，而各形腰爲減數。凡減法，無對者易其正負，故心角形腰與腰較，其正負恒相反。然自第三形腰以下小於半徑，故以腰率減半徑，當易其正負。如半分及零分之第一形腰大於半徑，是宜以半徑減腰率，而三率以下仍其正負矣。但雖仍其正負，而求倍矢率時，用減不用加。異於求諸倍矢率者，仍是以腰率減半徑，而所餘爲負算。故以減爲加，與第三形以下一例也。

遞加數去根差，其兩奇行并積即倍矢率。其并平積與三率同數，其并三乘積與五率同數。此下五、七、九等乘并積，莫不與七、九、十一等率同數。其兩耦行并積即通弦率，其并根與二率同數，并立積與四率同數。此下四、六、八等乘并積，莫不與六、八、十等率同數。然數雖同，而正負不同。其不同之致，前既詳言之矣。欲變遞加數而爲弦、矢率，大率不論奇、耦行，首位仍其正負，次位易其正負。三、五、七、九等位與首位同，二、四、六、八等位與次位同。此一定之法，整分如是，半分及零分亦莫不如是。

弧分奇，則奇、耦皆可爲分子，但惟矢率分子得奇耦之全。而弦率，僅有奇分子，而無耦分子。必待折弧分爲分母之倍，而後補其不足。弧分耦，則分子有奇而無耦，但矢率得奇分子。而弦率，僅有耦分子而無奇分子。夫弦率，母子俱耦則皆可折，自可合分母爲弧分之半。其耦而折半則奇者，分母折而奇，分子必折而仍耦，適以補奇分弧弦率之耦分子。其耦而折半仍耦者，分母折而耦，分子必折而爲奇，是即耦分弧弦率之奇分子。故耦分弧常於弧分之倍而得其弦率。所以然者，弦率爲通弧之弦，而矢率爲弧背之正矢，而非通弧之矢也。若概以通弧弦矢論，則整分起度所得爲一分通弧弦，二分通弧倍矢，三分通弧弦，四分通弧倍矢。弦常得奇分，而矢常得耦分。半分起度所得爲一分通弧倍矢，二分通弧弦，三分通弧倍矢，四分通弧弦。矢常得奇分，而弦常得耦分。是合整、半分兩相對待也。即零分，亦以奇分弧與耦而折半則奇者兩相對待，而弦、矢率分子以全。惟耦分弧，則以耦而折半仍耦弧分起度，弦、矢率母子各折半，而得其分子之全。此以通弦論弦矢率(則)。然若概以正弦、正矢論，則整分起度爲二分弧之一倍正弦，一分弧倍正矢，二分弧之三倍正弦，二分弧倍正矢。矢率得整分之全，而弦率轉得半分之全。半分起度爲二分弧之一倍正矢，一分弧倍正弦，二分弧之三倍正矢，二分弧倍正弦。矢率得半分之全，而弦率轉得整分之全。是整、半分兩相交互也。即零分，亦以奇分弧與耦而折半則奇者兩相交互，而弦、矢率分子以全。惟耦而折半仍耦者，則不待交互，而自得弦矢率分子之全。此以正弦正矢論弦矢率則。然若今所云弦率乃通弧之通弦，而矢率乃弧背之正矢，故其子母全、半之不同有如此。

求自根斜左一行積

分子遞加分母爲諸根分子。置根分子，以分母除之爲根數。根分子加分母以乘根，分母除之，二除之，爲平積。根分子加倍分母以乘平積，分母除之，三除之，爲立積。根分子加三分母以乘立積，分母除之，四除之，爲三乘積。根分子加四分母以乘三乘積，分母除之，五除之，得四乘積。如是遞求，得各乘積，皆正。若用負根，則以分子遞減分母，爲諸負根分子。其遞次乘法，亦用根分子遞減分母。減數大，根分子小，減得正乘法。減數小，根分子大，減得負乘法。視乘法正負，與根積同名者得積爲正，異名者得積爲負。

求自根斜右一行積

分子遞加分母爲諸根分子。置根分子，以分母除之爲根數。根分子減分母以乘根，分母除之，二除之，爲平積。根分子減倍分母以乘平積，分母除之，三除

之，爲立積。根分子減三分母以乘立積，分母除之，四除之，爲三乘積。根分子減四分母以乘三乘積，分母除之，五除之，爲四乘積。如是遞求，得各乘積。凡乘法，減數小，根分子大，減得正乘法。減數大，根分子小，減得負乘法。視乘法正負，與所乘根積同名者，得積爲正，異名得積爲負。若用負根，則遞次乘法用根分子遞加分母，而皆爲負乘法。定積正負法，與上同。

零分諸術，大率與半分同。半分用倍根者，即以二爲分母之根分子也。故在零分，爲根分子。其加、減二、四、六等數者，乃分母二乘一、二、三之數也。故在零分，爲加、減一分母及二分母、三分母。其求積通加二除者，二即半分分母也。故在零分，則通加分母除。

求耦行直下積即界角形腰率。

置本行根分子，在界角形，爲形數折半乘分母內減分母子相減數。分母除之，爲根數。即二率。根分子一加分母、一減分母，相乘分子自乘減分母自乘，其數亦同。以乘根。分母自乘除之，二、三遞除之，爲立積。即四率。根分子一加倍分母、一減倍分母，相乘分子自乘減分母自乘之四倍，其數亦同。以乘立積。分母自乘除之，四、五遞除之，爲四乘積。即六率。根分子一加三分母、一減三分母，相乘分子自乘減分母自乘之九倍，其數亦同。以乘四乘積。分母自乘除之，六、七遞除之，爲六乘積。即八率。如是遞求，得各乘積。凡乘法，根分子大，加、減數小，則兩數同名，乘得正乘法。根分子小，加、減數大，則兩數異名，乘得負乘法。若求腰率，則正負互易，與半分同。視乘法正負，與所乘根積同名者得積爲正，異名者得積爲負。

求奇行直下積即心角形腰較率。

併左右兩耦行根分子，爲本行倍根分子。在心角形，爲形數乘分母內減分母子相減之倍數。倍根分子一加分母、一減分母，相乘倍分子自乘減分母自乘，其數亦同。分母自乘除之，四除之，二除之，爲平積。即三率。倍根分子一加三分母、一減三分母，相乘倍分子自乘減分母自乘之九倍，其數亦同。以乘平積。分母自乘除之，四除之，三、四遞除之，爲三乘積。即五率。倍根分子一加五分母、一減五分母，相乘倍分子自乘減分母自乘之二十五倍，其數亦同。以乘三乘積。分母自乘除之，四除之，五、六遞除之，爲五乘積。即七率。倍根分子一加七分母、一減七分母，相乘倍分子自乘減分母自乘之四十九倍，其數亦同。以乘五乘積。分母自乘除之，四除之，七、八遞除之，爲七乘積。即九率。如是遞求，得各乘積。凡定乘法正負及各積正負，與耦行同。若求腰較率，則乘法正負互易，亦與前同。

求耦行積，半分用倍根及加、減二、四、六等數，並通加四除。零分用根分子及加、減一分母、二分母、三分母，並通加分母自乘除，與求斜行積同義。求奇行積，半分用倍根加減一、三、五等數者，乃是以根分子加減半分母、一半分母、二半分母之數也。但半分之分母可半，而零分分母或可半或不可半，故用倍數。既用倍數，則相乘後必爲四倍數，故較半分者加一四除。至半分者，亦有四除，乃分母二自乘數，即如零分分母自乘之除也。

求兩耦行併積即通弦率。

併兩耦行根分子，爲倍根分子。即弧分分子。分母除之，爲倍根，即爲併根。即二率。倍根分子一加分母、一減分母，相乘即弧分分子自乘減分母自乘。以乘併根。分母自乘除之，四除之，二、三遞除之，爲併立積。即四率。倍根分子一加三分母、一減三分母，相乘即弧分分子自乘減分母自乘之九倍。以乘併立積。分母自乘除之，四除之，四、五遞除之，爲併四乘積。即六率。倍根分子一加五分母、一減五分母，相乘即弧分分子自乘減分母自乘之二十五倍。以乘併四乘積。四除之，五、六遞除之，爲併六乘積。即八率。如是遞求，得各乘併積。凡乘法，倍根分子大，加、減數小，則兩數同名，乘得正乘法。倍根分子小，加、減數大，則兩數異名，乘得負乘法。若求通弦，則乘法正負與併積相反。視乘法正負，與所乘根積同名者得積爲正，異名者得積爲負。

求兩奇行併積即倍矢率。

兩奇行閒耦行根分子爲根分子，即半併根分子。即弧分分子。自乘之，分母自乘除之，爲併平積。即三率。根分子一加分母、一減分母，相乘即弧分分子自乘減分母自乘。以乘併平積。分母自乘除之，三、四遞除之，爲併三乘積。即五率。根分子一加倍分母、一減倍分母，相乘即弧分分子自乘減分母自乘之四倍。以乘併三乘積。分母自乘除之，五、六遞除之，爲併五乘積。即七率。根分子一加三分母、一減三分母，相乘即弧分分子自乘減分母自乘之九倍。以乘併五乘積。分母自乘除之，七、八遞除之，爲併七乘積。即九率。如是遞求，得各併積。凡乘法正負及各積正負與併耦行同。若求倍矢，則乘法負亦與併積相反。

求耦行併積與求奇行直下積同，求奇行併積與求耦行直下積同。惟二、三、四等遞加數之除法則遞差一位，故所得積亦遞差一乘。半分如是，零分亦如是。至遞加數乘法正負與弦矢率乘法正負所以不同之故，緣求遞加數係以若干分母加減分子，而分子爲本數。故其相加恒爲正，而相減則分子數大爲正，分母數大

爲負。求弦矢率係以分子加減若干分母，而分母爲本數。故其相加亦爲正，而相減則分子數大爲負，分母數大爲正。由是兩數相乘，在遞加數爲同名相乘之正乘法，在弦矢率必爲異名相乘之負乘法。在遞加數爲異名相乘之負乘法，在弦矢率必爲同名相乘之正乘法。乘法之正負相反。故乘得數之正、負，常一異一同，相次而列也。

算法

清·明安圖《割圜密率捷法》卷三

分弧通弦率數，求全弧通弦率數。

按：分弧通弦求全弧通弦，即弧背求通弦所由起也。若以數求之，不勝其繁。今用借根方法，專取其率數。率數定，則數可得而求矣。

設有圜周一弧二分之，命圜半徑爲連比例第一率，一分弧通弦爲連比例第二率，求全弧通弦率數幾何。

此題用勾股法求之甚易，然不能與諸法相通，故設此問。觀者依次求之，則知其不可易矣。

如圖，甲爲圜心，甲乙類爲半徑，乙丙丁爲圜周之一弧。乙丙弧、丙丁弧俱爲二分弧之一，爲一分弧。乙丁爲全弧通弦，乙丙、丙丁俱爲一分弧通弦。今命甲乙類爲連比例第一率，乙丙類爲連比例第二率，求乙丁當連比例之率數。是三線本非一連比例，欲設法以取之也。

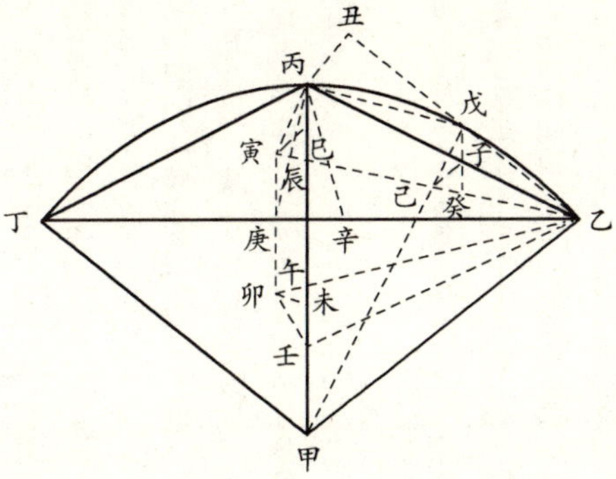

試任平分一分弧乙丙于戊，作甲戊半徑，乙戊、丙戊半分弧通弦。又與乙戊相等，作乙己線成甲乙戊、乙戊己連比例三角形，見《數理精蘊》。次自乙、丁二點，取乙丙、丙丁之分，截乙丁線于庚、于辛，作丙庚、丙辛二線成乙丙庚、丙庚辛丁丙辛、丙辛庚亦同。連比例三角形，與甲乙戊、乙戊己連比例三角形爲同式形。凡心角、邊角對弧等，則心角比邊角大一倍。對乙丙、丙丁一分弧之甲心角，倍大于乙丁二邊角，則對乙戊半分弧之甲心角，必與對乙丙、丙丁一分弧之乙丁二邊角等。兩等邊三角形一角等餘二角必等，故爲同式形。如以甲乙與乙戊之比，同于乙戊與戊己之比。又以甲乙與戊己之比，同于乙丙或丙丁與庚辛之比。兩邊比例同式，則此形一三率相比，必同于彼形一三率相比。既得庚辛，則以乙丙或丙丁一分弧通弦倍之，得乙丁多一庚辛。減去庚辛即得乙丁，爲全弧通弦。若依此求之固易易也。然題無乙戊半分弧通弦，又甲乙戊形與乙丙庚形非一連比例。今又設法，先以乙戊半分弧通弦爲二率，求得乙丙所生三率之數。然後以乙丙所生三率之數轉求，得戊己之數爲三率，則二形可合爲一連比例矣。

試自乙點取乙丙之分，作乙壬線，成甲乙丙、乙丙壬連比例三角形。乙丙爲二率，丙壬爲三率。又自戊點取戊己之分，作戊癸線。自己點取己癸之分，作己子線，成乙戊己、戊己癸、己癸子連比例三角形。乙戊爲二率，戊己爲三率，己癸爲四率，癸子爲五率。次將乙戊、乙己引而倍之，成乙丑寅同式形，以乙寅爲軸，展爲乙寅卯形，則乙丙與乙庚合。丙乙寅角、庚乙寅角爲平分角。又將乙卯庚形，以乙卯爲軸，展爲乙壬卯形，則乙庚與乙壬合。庚乙卯角、壬乙卯角亦爲平分角。又自寅點取寅辰之分，作寅巳線，則丙寅辰、寅辰巳連比例形與戊己癸、己癸子連比例形相等。二形爲戊丙、乙寅二平行線内兩三角形，其角必等，各邊又相平行，故爲相等。

如以甲乙爲連比例第一率，倍乙戊得乙丑，與乙戊、戊丙併等，爲又二率。求得又三率，爲丑寅、寅卯併，甲乙戊丙四邊形與乙丑寅卯四邊形，爲同式形。與丙寅、寅卯、卯壬併等。乙丑丙寅庚卯壬五句股形之乙角俱等，又兩兩同用一邊，故五形俱相等。爲戊己之四倍，比丙壬三率多一辰巳十六分又五率之一。丙寅或壬卯與丙辰或壬午等，寅卯與辰未或巳午等。是丙寅、寅卯、卯壬併之三率，比丙壬三率多一辰巳或午未。丙寅與戊己等，辰巳與癸子等，丙寅、寅卯、卯壬併之三率爲戊己之四倍。求得五率，必爲癸子之十六倍，故與癸子等之辰巳爲十六分五率之一也。乃以一又三率少十六分又五率之一爲丙壬三率之數，轉求得丙寅、寅卯、卯壬併之數。四歸之，得丙寅與戊己等。是戊己之數，不生于乙戊而生于乙丙。丙壬原生于乙丙。甲乙戊、乙丙庚二形雖非一連比例，而其數已合爲一連比例矣。然後以甲乙與戊己之比同于乙丙與庚辛之比，而得庚辛爲二倍一分弧通弦與全弧通弦之較也。

法借一根爲半徑，甲乙。爲連比例第一率。又借一根，借根方法任借數根俱可，故古法有立天元一、地元一、人元一者。《四元玉鑑》又有所謂四元者，皆此類也。爲一分弧通弦，乙丙。爲連比例第二率。二率自乘，一率除之，得一根，爲連比例第三率。丙壬。其式先列率數于上，隨所用列之。次如乘法列之，以下條乘上條。乘一率無數，下書○。二率一，乘一率○，下書○。乘二率一，得一，書三率下，降位代一率除。建功案：一率

第一率一　甲乙

第二率一　乙丙

第一率　○○
第二率　一一
————
○　○　一（第三率）　丙壬

○，二率一，左右平列。副置上下二位，以下位由右而左偏乘上位。故二率之下位一，乘二率之上位一，仍得一，即爲三率也。下凡乘法悉仿此。又另借一根，爲倍半分弧通弦，乙丑。爲連比例又二率。又二率自乘，一率除之，式同上。得一根，爲又三率。丑寅、寅卯併，亦即丙寅、寅卯、卯壬併。四歸之，書分母四于三率上，以代四歸。得四分又三率之一。丙寅。又以四分又三率之一丙寅與戊巳等。自乘，一率除之，降位代一率除，後倣此。得十六分分母四自乘得十六，分母書于率上代除，後仿此。又五率之一。辰巳與癸子等。置又三率，減去十六分又五率之一，得一又三率少十六分又五率之一，與一第三率丙壬。之數等。其式爲二○。建功案：又三率一，又五率十六分之一，左右平列，相減，得又三率一少十六分又五率之一。各書于各率之下，層列于右與左第三率一爲相等。凡相等之數，借根方例悉于兩式之中以雙線別之。

又二率一　乙丑
第一率　○○
又二率　一一
————
○　○　一（四又三率）　丙寅

第一率　○○
四又三率　一一
————
○　○　一（十六又五率）　辰巳

又三率　一減一
十六又五率　○一
————
一　一少

第一率　○○○
第三率　一一
————
○　○　一
＝
第五率

第一率　○○○
又三率　一一一
十六又五率　一少　一少
十六又七率
十六又九率
————
○　○　十六
○　一少　二少
○　十六　二少　一多
＝
第一率　○○
第三率　一一
第五率
————
○　○　一

十六又五率一
十六十六又七率二少
十六十六十六又九率一多
＝
十六第五率一

次求連比例各率相等數。橫列又一率、又三率、又五率等各率數于右，第一率、第三率、第五率等各率數于左。以後隨所用續書之，至十五率止。右書一三率少十六分五率之一自乘。一率無數，書○于下。以下三率一，乘上一率○，仍書○于三率下。下仿此。乘上三率一，得一，爲五率全數。全數乘全數仍得全數。五率分母爲十六，即書十六于五率下。分母即全數。乘上少十六分五率之一，得少十六分七率之一。書分母十六于七率上，書一于七率下，旁記少號。下仿此。次以下少十六分五率之一，乘上一三率，得少十六分七率之一。又乘上少十六分五率之一，得多二次十六分九率之一。五率分母十六分自乘，故爲二次十六分，即書兩十六分于九率上。三、四、五次者，並仿此。乘訖併之，得十六分五率之十六，少十六分七率之二，多二次十六分九率之一。左書一三率，自乘得一五率二，得數爲相等。以右五率分子十六爲法，除右得數，取十六分之一之數，後同。不足法，于七率上加一分母十六，書原數二于下。九率亦如之，得十六分五率之一，少二次十六分七率之二，多三次十六分九率之一。除左得數，得十六分五率之一，二得數爲同母相等。

次另書五率同母相等數于上，三率相等數于下，各相乘。以右下三率一偏乘上數，得二次十六分七率之十六，即十六分七率之一，故下以十六除之，爲二次十六分七率之一。餘仿此。少三次十六分九率之三十二，多三次十六分十一率之一。以下少十六分五率之一偏乘上數，得少三次十六分九率之十六，多三次十六分十一率之二，少四次十六分十三率之一。併之，得二次十六分七率之十六，少三次十六分九率之四十八，多三次十六分十一率之三，少四次十六分十三率之一。以左下三率一，乘上十六分五率之一，得十六

第一率　○○○
又三率　○一○
十六又五率　一一少○
十六十六又七率　二少　十六　○
十六十六十六又九率　一多　一六少　三二少
十六十六十六又十一率　二多　一多
十六十六十六十六又十三率　一少
————
○　○　○　一六　四八少　三多　一少
＝
十六十六又七率一
十六十六十六又九率三少
十六十六十六十六又十一率三多
十六十六十六十六十六又十三率一少

第一率　○○
第三率　○一
十六第五率一
十六第七率
————
○　○　○　一
＝
十六十六第七率一

分七率之一。二得數相等。以右七率分子十六爲法，除右得數七率十六，得一。九率四十八，得三。十一率、十三率皆不足法，于各率上加一分母十六，書原數于下。得二次十六分七率之一，少三次十六分九率之三，多四次十六分十一率之三，少五次十六分十三率之一。除左得數，得二次十六分七率之一。二得數，爲同母相等。

第一率	又三率	一六 又五率	一六 一六 又七率	一六 一六 一六 又九率	一六 一六 一六 一六 又十一率	一六 一六 一六 一六 一六 又十三率	一六 一六 一六 一六 一六 又十五率
○	○	○	一	三少	三多	一少	
○	一	一少					
○	○	○	○	一六	四八少	四八多	一少
		○	○	○	一六少	四八多	三少
○	○	○	○	一六	六四少	九六多	四少

═

第一率	第三率	第五率	一六 一六 第七率	一六 一六 第九率
○	○			
○	一			
○				
			一	
○	○	○	○	一

一六 一六 一六 又九率	一六 一六 一六 一六 又十一率	一六 一六 一六 一六 一六 又十三率	一六 一六 一六 一六 一六 一六 又十五率
一	四少	六多	四少

═

一六 一六 一六 第九率
一

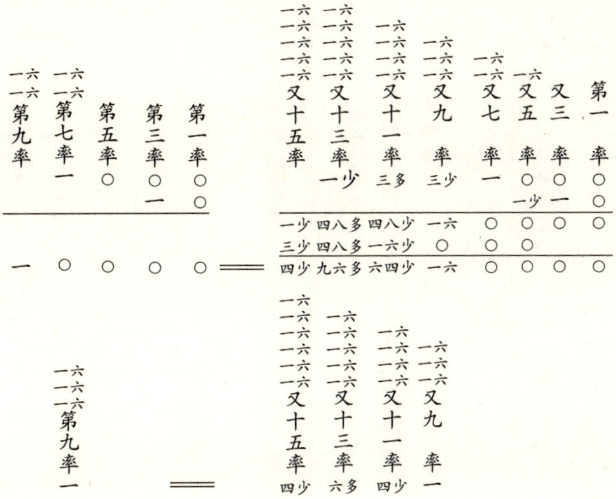

次另書七率同母相等數于上，三率相等數于下，各相乘。以右三率一偏乘上數，得三次十六分九率之十六，少四次十六分十一率之四十八，多五次十六分十三率之四十八，少五次十六分十五率之一。以少十六分五率之一偏乘上數，得少四次十六分十一率之十六，多五次十六分十三率之四十八，少五次十六分十五率之三。十五率後截去不用，故求至十五率止。蓋連比例，至十五率爲數已密。至弧背、弦矢相求法，則又可依次而定，不待盡求也。併之，得三次十六分九率之十六，少四次十六分十一率之六十四，多五次十六分十三率之九十六，少五次十六分十五率之四。以左三率一乘上二次十六分七率之一，得二次十六分九率之一。二得數相等。以右九率分子十六爲法，除右得數九率十六，得一。十一率六十四，得四。十三率九十六，得六。十五率四不足法，于上加一分母十六，書原數于下。得三次十六分九率之一，少四次十六分十一率之四，多五次十六分十三率之六，少六次十六分十五率之四。除左得數，得三次十六分九率之一。二得數，爲同母相等。下俱仿此。

次另書九率同母相等數于上，三率相等數于下。依前法乘除，得四次十六分十一率之一，少五次十六分十三率之五，多六次十六分十五率之十。與四次十六分十一率之一，二得數，爲同母相等。

次另書十一率同母相等數于上，三率相等數于下。乘除，得五次十六分十三率之一，少六次十六分十五率之六。與五次十六分十三率之一，二得數，爲同母相等。

次另書十三率同母相等數于上，三率相等數于下。乘除，得六次十六分十五率之一，同數右不用後率數故同。相等。

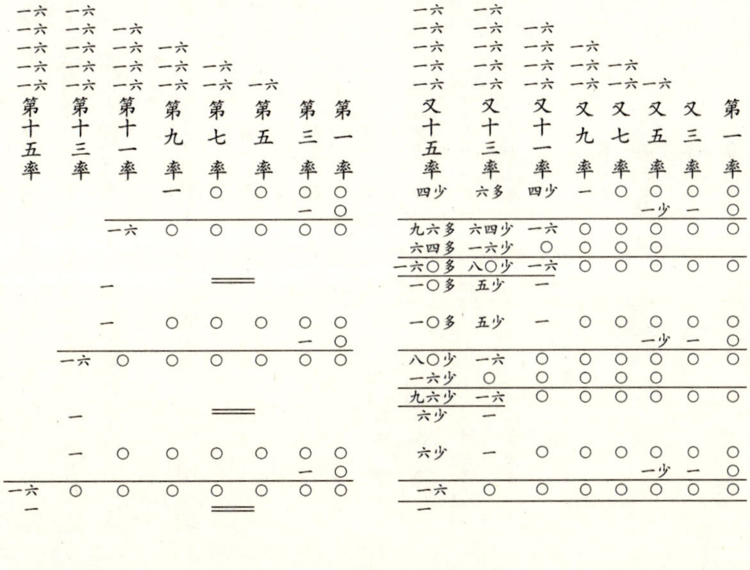

第一率	又三率	一六 又五率	一六 一六 又七率	一六 一六 一六 又九率	一六 一六 一六 一六 又十一率	一六 一六 一六 一六 一六 又十三率	一六 一六 一六 一六 一六 一六 又十五率
○	○	○	○	一	四少	六多	四少
○	一	一少					
○	○	○	○	○	一六	六四少	九六多
		○	○	○	○	一六少	六四多
○	○	○	○	○	一六	八〇少	一六〇多
					一	五少	一〇多
○	○	○	○	○	一	五少	一〇多
○	一	一少					
○	○	○	○	○	○	一六	八〇少
		○	○	○	○	○	一六少
○	○	○	○	○	○	一六	九六少
						一	六少
○	○	○	○	○	○	一	六少
○	一	一少					
○	○	○	○	○	○	○	一六
							一

第一率	第三率	一六 第五率	一六 一六 第七率	一六 一六 一六 第九率	一六 一六 一六 一六 第十一率	一六 一六 一六 一六 一六 第十三率	一六 一六 一六 一六 一六 一六 第十五率
○	○	○	○	一			
○	一						
○	○	○	○	○	一六		
═					一		
○	○	○	○	○	一		
○	一						
○	○	○	○	○	○	一六	
═						一	
○	○	○	○	○	○	一	
○	一						
○	○	○	○	○	○	○	一六
							一
═							

既得各率相等數，乃置三率相等數于上，依右所少數，取左右相等數累加之。多少異號者，以減爲加。多數大，從多號。少數大，從少號。加五率一分相等數，得右一三率少七率二分，分母俱如前。多九率一分，與左一三率多五率一分等。次加七率二分相等數，得右一三率少九率五分，多十一率六分，少十三率二分，與左一三率多五率一分、七率二分等。次加九率五分相等數，得右一三率少十一率十四分，多十三率二十八分，少十五率二十分，與左一三率多五率一分、七率二分、九率五分等。次加十一率十四分相等數，得右一三率少十三率四十二分，多十五率一百二十分，與左一三率多五率一分、七率二分、九率五分、十一率十四分等。次加十三率四十二分相等數，得右一三率少十五率一百三十二分，與左一

三率多五率一分、七率二分、九率五分、十一率十四分、十三率四十二分等。次加十五率一百三十二分相等數，得右一三率，與左一三率多五率一分、七率二分、九率五分、十一率十四分、十三率四十二分、十五率一百三十二分等。

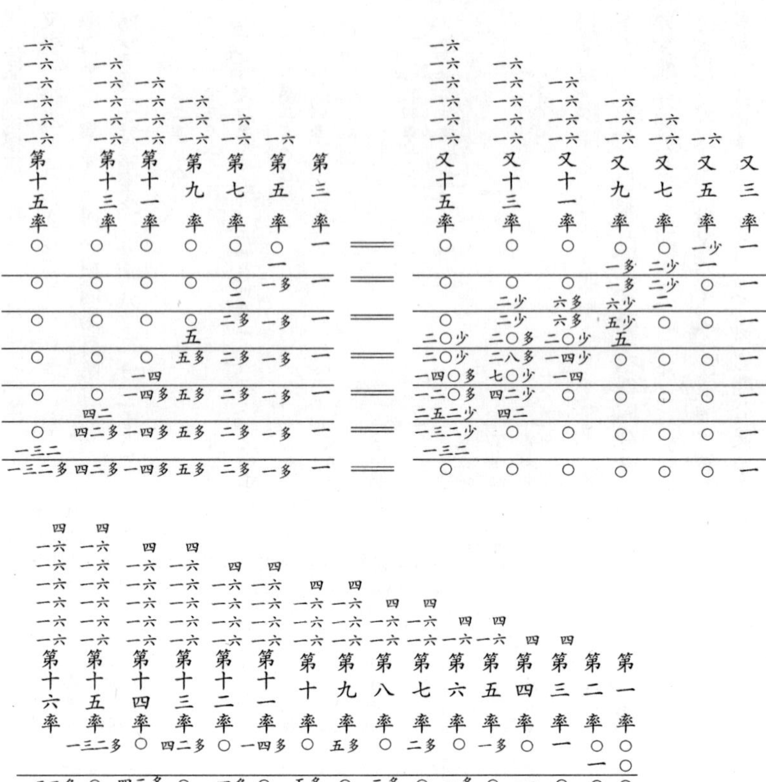

左得數即第三率丙壬。求又三率丙寅、寅卯、卯壬併。之共率數也。四歸之，於各率上加一分母四代之。得四分三率及各率分數之一，丙寅。又爲三率戊己。以二率乙丙。乘之，一率甲乙。降之，降一位代除。得四分四率之一及六、八等各率分數，分母、分子皆同，惟各降率數一位。爲倍一分弧通弦乙丙、丁丙併。與全弧通弦乙丁。之較。庚辛。乃置一分弧通弦一二率，二因之，得二二率乙庚、丁辛併。減去四分四率之一及各率分數，庚辛，本位無數，遇下數則以加爲減，多變爲少。得二二率少四分四率之一、四分又十六分六率之一、四分又二次十六分八率之二、四分又三次十六分十率之五、四分又四次十六分十二率之十四、四分又五次十六分十四率之四十二、四分又六次十六分十六率之一百三十二即，一分弧通弦求二分全弧通弦之率數也。

率	分母	本位	所減	得數
第二率		二	減	二
第四率	四	○	一	一少
第六率	四 一六	○	一多	一少
第八率	四 一六 一六	○	二多	二少
第十率	四 一六 一六 一六	○	五多	五少
第十二率	四 一六 一六 一六 一六	○	一四多	一四少
第十四率	四 一六 一六 一六 一六 一六	○	四二多	四二少
第十六率	四 一六 一六 一六 一六 一六 一六	○	一三二多	一三二少

如有圜半徑及一分弧通弦之數，求二分全弧通弦之數。

以圜半徑爲連比例第一率，一分弧通弦爲連比例第二率，求得連比例第四率及第六、第八等各率數。次按分數取而併之，與倍一分弧通弦相減，即二分全弧通弦之「率」數也。

又法，按前圖于乙丙壬形内，自丙點至乙壬線與丙壬相等，作丙申線，其所截壬申爲連比例第四率。又自丙點與乙壬線取直角作丙酉線，壬酉與申酉等，兩腰等，兩分底必等。爲二分四率之一。又自戌點與壬酉平行作戌亥線，爲四分四率之一。丙戌爲丙壬二分之一，戌亥必爲壬酉二分之一，爲壬申四分之一。先用乙丙庚、丙庚辛連比例形。取戌亥所當庚辛之數，試自辛點與戌亥平行作辛乾線，與辛戌及庚戌俱等。戌丙乾角與丙乙戌角等，亦即與庚丙辛角等。辛丙戌爲辛角，則庚丙戌、辛丙乾俱爲辛角。三直角三角形，一鋭角俱等，又兩兩同用一邊，則餘邊角自無不等。又自辛與戌亥取直角作辛坎線與亥乾等，則坎亥與辛乾等。又戌艮與戌辛等，壬乙戌角與丙丁戌角等，丙丁與乙壬必平行，戌艮與乙壬平行，即與丙丁平行，戌辛艮形爲丁丙辛形内所截之同式兩等邊三角形，故戌艮與戌辛等。戌辛艮與丙庚辛、乙丙庚爲連比例三角形。乃命丙庚爲連比例又三率二分之一，與乙丙二率求得庚辛，乙丙比丙庚同于丙庚比庚辛。與

戌辛、辛乾併等，爲四分又四率之一。折半，得戌辛二分又四分又四率之一，即八分之一。與乙丙二率求得坎艮，丁丙比戌辛同于戌辛比坎艮。爲四分又十六分又六率之一。于戌辛、辛乾併四分又四率之一內，減去坎艮又四分又十六分又六率之一，得四分又四率之一，少四分又十六分又六率之一，爲戌亥所當庚辛之數。然後以此數轉求得庚辛之數，爲庚辛所當戌亥之數，即所用之四率數也。

法借一根爲半徑，甲乙。爲連比例第一率。又借一根爲一分弧通弦，乙丙。爲第二率。二率自乘，一率除之，得一根丙壬爲第三率。二歸之，得二分三率之一。丙戌。二分三率之一

甲乙　第一率 一
第一率 ○ ○ ○
第二率 一 二 ○
第三率 一

乙丙　第二率 一
第二率 ○ ○ ○
二 第三率 一 二 ○
四 第四率 一

第二率 ○ ○ ○
二 又三率 一 一 ○
四 又四率 一

二 四 又四率 一

第二率 ○ ○ ○
二 四 又四率 一 一 ○
四 一六 又六率 一

四 又四率 一 ○ 一
四 一六 又六率 ○ 一 一少
＝ 四 第四率 一

第二率 ○ ○ ○ ○ ○
四 又四率 一 一 ○ ○
四 一六 又六率 一少 一少 四 ○ 四
一六 一六 又八率 一少 一少 二少
一六 一六 一六 又十率 一多 一多
＝ 第二率 ○ ○ ○
四 第四率 一 一 ○
一六 第六率 一

四 一六 又六率 一
四 一六 一六 又八率 二少
四 一六 一六 一六 又十率 一多
＝ 四 一六 第六率 一

自乘，二率除之，得四分四率之一。戌亥。又另借二分根之一，爲二分又三率之一，丙庚。自乘，以二率除之，得四分又四率之一。庚辛。二歸之，得二分又四分即八分。又四率之一戌辛。二分又四分又四率之一自乘，二率除之，得四分又十六分又六率之一。坎艮。置四分又四率之一，庚辛與戌辛、辛乾併等，亦即與戌艮、亥坎併等。減去四分又十六分又六率之一，坎艮。得四分又四率之一，少四分又十六分又六率之一，戌辛。與四分第四率之一戌辛。爲四率相等數。

次求各率相等數。右書四分又四率之一少四分又十六分又六率之一，自乘，二率除之，降一位代之。得四分又十六分六率之一，少二次十六分八率之二，多三次十六分十率之一。左書四分四率之一，自乘，二率除之，得十六分六率之一，二得數相等。以右六率分子四爲法，除右得數，得四分又十六分六率之一，少四分又二次十六分八率之二，多四分又三次十六分十率之一。除左得數，得四分又十六分六率之一，二得數爲同母相等。右乘、除俱與前同。惟先加分母四，故數少異耳。下不復詳。

第二率 ○ ○ ○ ○
四 又四率 ○ 一 ○ ○
四 一六 又六率 一 一少 ○ ○ ○
四 一六 一六 又八率 二少 四 ○ 四
四 一六 一六 一六 又十率 一多 八少 四少 一二少
一六 一六 一六 一六 又十二率 一多 二多 三多
一六 一六 一六 一六 一六 又十四率 一少 一少
＝ 第二率 ○ ○ ○
四 第四率 ○ 一 ○
四 一六 第六率 一 ○
一六 一六 第八率 一

四 一六 又八率 一
四 一六 一六 又十率 三少
四 一六 一六 一六 又十二率 三多
四 一六 一六 一六 一六 又十四率 一少
＝ 四 一六 一六 第八率 一

次另書六率相等數于上，四率相等數于下。乘除，得四分又二次十六分八率之一，少四分又三次十六分十率之三，多四分又四次十六分十二率之三，少四分又五次十六分十四率之一，與四分又二次十六分八率之一等。

第二率 ○ ○ ○ ○
四 又四率 ○ 一 ○ ○
四 一六 又六率 ○ 一少 ○ ○ ○
四 一六 一六 又八率 一 ○ ○
四 一六 一六 一六 又十率 三少 四 ○ 四
四 一六 一六 一六 一六 又十二率 三多 四少 一二少 一六少
四 一六 一六 一六 一六 一六 又十四率 一少 一二多 一二多 二四多
一六 一六 一六 一六 一六 一六 又十六率 一少 三少 四少
＝ 第二率 ○ ○ ○
四 第四率 ○ 一 ○
四 一六 第六率 ○ ○
四 一六 一六 第八率 一 ○
一六 一六 一六 第十率 一

四 一六 一六 一六 又十率 一
四 一六 一六 一六 一六 又十二率 四少
四 一六 一六 一六 一六 一六 又十四率 六多
四 一六 一六 一六 一六 一六 一六 又十六率 四少
＝ 四 一六 一六 一六 第十率 一

次另書八率相等數于上，四率相等數于下。乘除，得四分又三

次十六分十率之一，少四分又四次十六分十二率之四，多四分又五次十六分十四率之六，少四分又六次十六分十六率之四，與四分又三次十六分十率之一等。

次另書十率相等數于上，四率相等數于下。乘除，得十二率一分，分母如前。少十四率五分，多十六率十分，與十二率一分等。

次另書十二率相等數于上，四率相等數于下。乘除，得十四率一分，少十六率六分，與十四率一分等。

次另書十四率相等數于上，四率相等數于下。乘除，得十六率一分與十六率一分等。

既得各率相等數，乃置四率相等數于上，依右所少數，取左右相等數累加之，俱如前法。得右四率一分，與左四率一分多六率一分、八率二分、十率五分、十二率十四分、十四率四十二分、十六率一百三十二分等。左得數即四分第四率之一。戌亥。求四分又四四率之一，庚辛即戌辛、辛乾併。之共率數也，倍二率，減去式見上。四分四率之一及各率分數，庚辛。得二二率少四分四率之一、四分又十六分六率之一、四分又二次十六分八率之二、四分又三次十六分十率之五、四分又四次十六分十二率之十四、四分又五次十六分十四率之四十二、四分又六次十六分十六率之一百三十二，爲二分全弧通弦率數。與前數悉合也。

四 一六 一六 一六 一六 一六 一六 第十六率	四 一六 一六 一六 一六 一六 第十四率	四 一六 一六 一六 一六 第十二率	四 一六 一六 一六 第十率	四 一六 一六 第八率	四 一六 第六率	四 第四率	第二率	
			一	○	○	○	○	
						一	○	
		四	○	○	○	○	○	
		一						＝
		一	○	○	○	○	○	
						一	○	
	四	○	○	○	○	○	○	
	一							＝
	一	○	○	○	○	○	○	
						一	○	
四	○	○	○	○	○	○	○	
一								＝

四 一六 一六 一六 一六 一六 一六 又十六率	四 一六 一六 一六 一六 一六 又十四率	四 一六 一六 一六 一六 又十二率	四 一六 一六 一六 又十率	四 一六 一六 又八率	四 一六 又六率	四 又四率	第二率
四少	六多	四少	一	○	○	○	○
					一少	一	○
二四多	一六少	四	○	○	○	○	○
一六多	四少	○	○	○	○		
四○多	二○少	四	○	○	○	○	○
一○多	五少	一					
一○多	五少	一	○	○	○	○	○
					一少	一	○
二○少	四	○	○	○	○	○	○
四少	○	○	○	○	○		
二四少	四	○	○	○	○	○	○
六少	一						
六少	一	○	○	○	○	○	○
					一少	一	○
四	○	○	○	○	○	○	○
一							

四 一六 一六 一六 一六 一六 一六 第十六率	四 一六 一六 一六 一六 一六 第十四率	四 一六 一六 一六 一六 第十二率	四 一六 一六 一六 第十率	四 一六 一六 第八率	四 一六 第六率	四 第四率		四 一六 一六 一六 一六 一六 一六 又十六率	四 一六 一六 一六 一六 一六 又十四率	四 一六 一六 一六 一六 又十二率	四 一六 一六 一六 又十率	四 一六 一六 又八率	四 一六 又六率	四 又四率
○	○	○	○	○	○	一	＝	○	○	○	○	○	一少	一
					一						一多	二少	一	
○	○	○	○	○	一多	一	＝	○	○	○	一多	二少	○	一
				二					二少	六多	六少	二		
○	○	○	○	二多	一多	一	＝	○	二少	六多	五少	○	○	一
			五					二○少	三○多	二○少	五			
○	○	○	五多	二多	一多	一	＝	二○少	二八多	一四少	○	○	○	一
		一四						一四○多	七○少	一四				
○	○	一四多	五多	二多	一多	一	＝	一二○多	四二少	○	○	○	○	一
	四二							二五二少	四二					
○	四二多	一四多	五多	二多	一多	一	＝	一三二少	○	○	○	○	○	一
一三二								一三二						
一三二多	四二多	一四多	五多	二多	一多	一	＝	○	○	○	○	○	○	一

三法，按前圖將乙丙線引長至震，爲乙丙之倍。自丁點與丙壬作平行相等線，其末交于震。丁角爲直角，成乙丁震勾股形。乙震倍二率爲弦，丁震三率爲勾，乙丁二分全弧通弦爲股。將乙丁線，依乙震之分引長至巽，作震巽線，成乙震巽兩等邊三角形。丁巽爲股弦較求得丁巽股弦較之率與乙震倍二率相減即得乙丁股之率數。求丁巽股弦較率數法如又圖。建功案：此圖即前圖乙震弦自乘冪。乙震離坤爲弦方積，圖取明顯，不拘原度。兌角亢坤爲股方積，乙兌角亢離震磬折積，與股弦和較相等之長方積等，即勾方積。若以股弦和乙震、兌角併。除勾方積，即得股弦較乙兌類。矣。然股之數尚未知也。惟弦爲倍連比例第二率，勾爲連比例第三率，可以相比而取股弦較之率數。爰以勾二三率自乘爲實，倍弦得四二率爲法，除之，得乙氐類四分四率之一，比股弦較乙兌。小一氐兌。夫四倍二率爲乙震、震離之和，以除乙角離震磬折積，而得乙氐類。是乙角離震磬折積，與乙震房氐心震離尾長方積併等，亦即與乙箕離震磬折積、震箕平方積併等。而震箕平方積，必與氐角尾箕磬折積等。乙箕離震磬折積加震箕平方積，與乙角離震磬折積等。同減一乙箕離震磬折積，則所餘之氐角尾箕磬折積、震箕平方積，必爲相等。

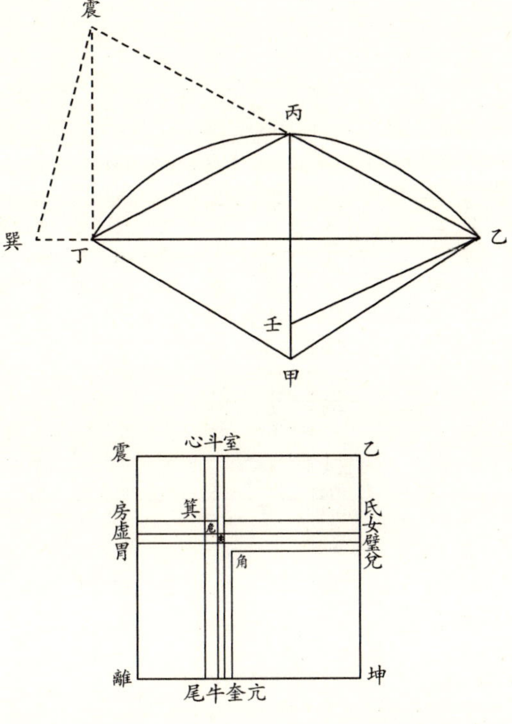

次求氐兌之差，以四分四率之一自乘，得震箕方積，與氐角尾箕磬折積等。若以氐箕、兌角二邊扣除之，即得氐兌類相差之數矣。然兌角之數亦未知也。惟震箕四率之方積與二率可以爲比，乃以震箕方積爲實，仍以四二率爲法，除之，得氐女類四分又十六分六率之一，比股弦較乙兌。尚小一女兌。夫四二率爲氐房心尾之和，以除氐角尾箕磬折積，而得氐女類。是氐角尾箕磬折積與氐虛斗尾二長方積併等，亦即與女箕尾危、心危虛箕二磬折積併等，則心危虛箕磬折積必與女角牛危磬折積等。氐危尾箕磬折積加心危虛箕磬折積，與氐角尾箕磬折積等。同減一氐危尾箕磬折積，則所餘之心危虛箕、女角牛危磬折積，必爲相等。而心危虛箕磬折面之廉長即四分四率之一，隅即六率數。乃倍四率數爲廉法，以六率數爲隅法，相加得廉隅共法。以隅法乘之，得心危虛箕磬折積，與女角牛危磬折積等。以四二率除之，得女壁類四分又二次十六分八率之二，多四分又三次十六分十率之一，比股弦較乙兌尚小一壁兌。依前理推之，則壁角奎婁磬折積，必與斗婁胃危磬折積等。依前法，求得廉隅共積，以四二率除之，得女壁外之十率數，必仍小于壁兌。而室婁胃震方外附之磬折積，又可以求壁兌之差焉。是股弦較方所得之四率數，猶初商也。六率、八率猶次商、三商也。用連比例率數推之。故先求得初商，而後用初商平方積以求次商，得次商而後用次商廉隅積以求三商。準此而遞推之，則股弦較之率數密矣。今詳著算式于後以與圖互發焉。

法置二率一根乙丙倍之，得二二率，爲弦。乙震。以三率一根丁震。爲勾，勾自乘，倍弦得四二率，除之，得四分四率之一，四二率爲除法，書四倍于二率上，三率自乘降位代二率除，率上書分母四，代四除。餘同前。爲股弦較初商。心箕。

二率一 乙丙
二 乙震
三率一 丁震

次以初商四分四率之一自乘，四二率除之得四分又十六分六率之一，四分之一自乘，得十六分之一，又四除之，故得四分又十六分之一。爲股弦較次商。斗心。

次倍初商，得四分四率之二爲廉法，以四分又十六分六率之一爲隅法，相加，得四分四率之二，多四分又十六分六率之一，爲廉隅共法。以隅法四分又十六分六率之一乘之，得斗危虛箕磬折積。以四倍二率除之，得四分又二次十六分八率之二，四分與四分又十六分相等，得二次十六分，又四除之，故得四分又二次十六分。多四分又三次十六分十率之一，四分又十六分自乘，得三次十六分，又四除之，故得四分又三次十六分。下仿此。爲三商數。斗室。

初商	四倍二率	三率	四分四率
	○	一	
	○		一
初商	○	○	一

次商	四倍二率	四分四率	四一六六率
	○	一	
	○		一
次商	○	○	一

三商	四倍二率	四四率	四一六六率	四一六一六八率	四一六一六一六十率
次商廉隅	○	二	一多		
	○	○	一		
三商	○	○	○	二	一多

四商	四倍二率	四四率	四一六六率	四一六一六八率	四一六一六一六十率	四一六一六一六一六十二率	四一六一六一六一六一六十四率	四一六一六一六一六一六一六十六率
三商廉隅	○	二	二多	二多	一多			
	○	○	○	二	一多			
	○	○	○	○	四	四多	四多	二多
					○	二	二多	二多
四商	○	○	○	○	四	六多	六多	四多

次倍初商次商共數爲廉法，三商數爲隅法，相併。以隅法乘之，四倍二率除之，得四分又三次十六分十率之四，多四分又四次十六分十二率之六、四分又五次十六分十四率之六、四分又六次十六分十六率之四，爲四商數。

次倍前三商共數爲廉法，四商數爲隅法，相併。此條廉隅共法至八率已足用，書至十六率，以備其數。下同。以隅法乘之，四倍二率除之，得十二率八分，分母俱同前。多十四率二十分十六率四十分，爲五商數。

次倍前四商共數爲廉法，五商數爲隅法，相併。以隅法乘之，四倍二率除之，得十四率十六分，多十六率五十六分，爲六商數。

次倍前五商共數爲廉法，以六商數爲隅法，相併。以隅法乘之，四倍二率除之，得十六率三十二分爲，七商數。

併諸商數，得四率一分，多六率一分、八率二分、十率五分十二率十四分、十四率四十二分、十六率一百三十二分，爲股弦較率數。置弦數二二率，減去股弦較率數，得股率數爲二分全弧通弦之率數。亦與前同也。

設有本弧之通弦率數，求二倍弧之通弦率數。

法同前，本弧之通弦加一分弧之通弦，二倍弧之通弦如二分全弧之通弦。後仿此。

設圜周一弧三分之，命圜半徑爲連比例第一率，一分弧通弦爲連比例第二率。二分弧通弦率數如前題所得，求全弧通弦率數幾何。

如圖甲爲圜心，甲乙類爲半徑。乙丙丁戊爲圜周一弧，乙戊爲全弧通弦乙丙類弧爲三分弧之一，乙丙類直線爲三分弧之一之通弦，乙丙丁或丙丁戊二弧爲三分弧之二，乙丁或丙戊爲三分弧之二之通弦，己庚或辛壬爲二倍三分弧之一之通弦乙丙、丙丁類。與三分弧之二之通弦乙丁類。之較。

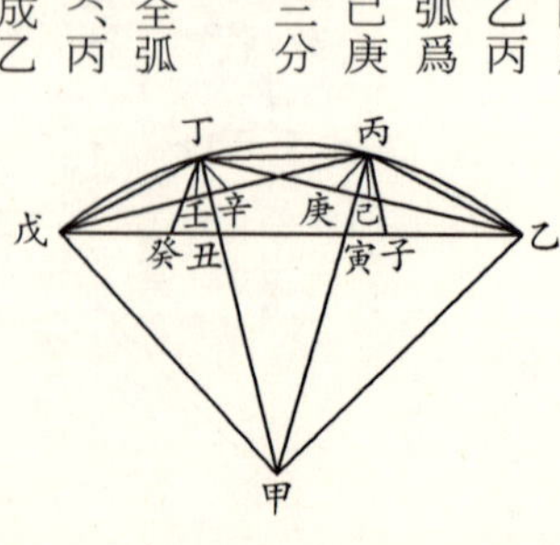

試自乙、戊二點，取乙丁或戊丙之分，截乙戊全弧通弦于癸、子。自丙、丁二點至癸、子二點，作丁癸、丙子二線。又與丁癸、丙子相等，作丁丑、丙寅二線，成乙丁癸、丁癸丑、戊丙子、丙子寅二相等連比例三角形，與乙丙庚、丙庚己類丁丙己、丙丁壬、戊丁辛三形皆與之等。之連比例三角形，爲同式形。二乙角所對之丙丁、丁戊二弧，二戊角所對之乙丙、丙丁二弧，皆爲三分弧之一，則角必等，故爲同式。餘已見前。

甲乙類半徑爲連比例第一率，乙丙類三分弧之一之通弦爲連比例第二率，則丙庚類爲第三率，己庚類爲第四率。以乙丙與己庚之比，同于乙丁或戊丙與癸丑或子寅併之比，而得癸丑、子寅併。然後倍乙丁或丙戊得乙戊，多一癸子。減去癸丑、子寅併，尚多一寅丑，與丙丁等。丙丁癸寅、丙丁丑子二形之四邊俱兩兩平行，故必等。再減一丙丁，得乙戊，即全弧通弦求率數。

法借一根爲三分弧之一之通弦，乙丙類。爲第二率。倍之，得二二率。減去三分弧之二之通弦乙丁類。率數，前題所得四率一分，分母數俱同前。多六率一分、八率二分、十率五分、十二率十四分、十四率四十二分、十六率一百三十二分，爲倍一分弧通弦率數與二分全弧通弦率數之較。庚己類。乃以所得率數較與二分全弧通弦率數相等，以二率除之，以下條逐位數乘上條，乘訖併之，多少異號者相減，少數大從少號。餘同前。得四率二分，少六率二分、八率四分、十率十分、十二率二十八分、十四率八十四分、十六率二百六十四分，爲應減四率數。倍二分弧通弦率數，減去所得四率率數，再減去一分弧通弦一二率，得三二率，少四分四率之四，即三二率少一四率，爲全弧通弦率數也。

又法借一根爲半徑爲連比例第一率。又借一根，爲一分弧通弦，爲第二率。二率自乘，一率除之，得第三率。二三率相乘，一率除之，得第四率。然後三因第二率，減一第四率，得三二率，少一四率，即全弧通弦率數。

如圖甲爲圜心，甲乙類爲半徑，乙丙丁戊爲全弧，乙戊爲全弧通弦，乙丙類弧爲一分弧，乙丙類直線爲一分弧通弦。

試自丙、丁二點，與丁辛、丙壬相等，作丁己、丙庚二線成甲乙丙、乙丙壬、丙壬庚與甲戊丁、戊丁辛、丁辛己相等兩連比例三角形。甲乙類爲一率，乙丙類爲二率，丙壬類爲三率，庚壬類爲四率。乙丙與乙壬等，戊丁與戊辛等，丙丁與己壬或庚辛亦等。庚丙壬、己丁辛二角與丙甲丁角等則丙庚與丁辛丁己與丙壬爲平行，而丙丁與己壬或庚辛又爲平行，故必相等。故三因乙丙類，得乙戊，爲三多一已辛或庚壬。減去一己辛或庚壬，得乙戊，爲三二率，少一四率，即全弧通弦率數也。

此法甚易，然與前法不能相通，故置爲又法。若依本法逐分求之，即可推至無窮。但逐層乘除未免數繁。今設隔一分加減法於後。

設有圜周一弧四分之，命圜半徑爲連比例第一率，一分弧通弦爲連比例第二率。二分弧通弦率數如前題所得，求全弧通弦率數幾何。

如圖，甲爲圜心，甲乙類爲半徑。乙丙丁戊己爲圜周一弧，乙己爲全弧通弦。乙丙類弧爲四分弧之一，乙丙類直線爲四分弧之一之通弦。乙丙丁或丁戊己爲二分弧，乙丁或丁己爲二分弧通弦。

試自乙點，與乙丙相等，作乙庚線，則甲乙丙、乙丙庚爲連比例三角形。自

乙、己二角，取乙丁、丁己之分，截乙己線于辛、于壬，作丁辛、丁壬二線，則乙丁辛或己丁壬與丁辛壬亦爲連比例三角形，與甲乙丙、丁丙庚連比例三角形，爲同式形。解見前第一題。

以甲乙半徑與丙庚之比，同于乙丁或丁己與辛壬之比，而得辛壬。然後倍乙丁或丁己，得乙己多一辛壬。減去一辛壬，即乙己全弧通弦。今按乙丁通弦率數，即前二分全弧通弦率數，甲乙與丙庚爲第一率與第三率相比，則乙丁或己丁率數降二位，二率降爲四率，四率降爲六率，即如三率乘、一率除。下仿此。即可得辛壬率數。乃將二分全弧通弦率數見前。降二位，得四率八分，少六率十六分、八率十六分、十率三十二分、十二率八十分、十四率二百二十四分、十六率六百七十二分，爲應減四率分數。次置二分全弧率數，二因之，得四二率少四率二分、六率二分、八率四分、十率十分、十二率二十八分、十四率八十四分、十六率二百六十四分。減去前所得四率分數，少減少得數仍爲少；下數大，反減得數變爲多；多減少則相加，得數仍爲少。得四二率，少四率十分，多六率十四分、八率十二分、十率二十二分、十二率五十二分、十四率一百四十分、十六率四百零八分，爲四分全弧通弦率數。

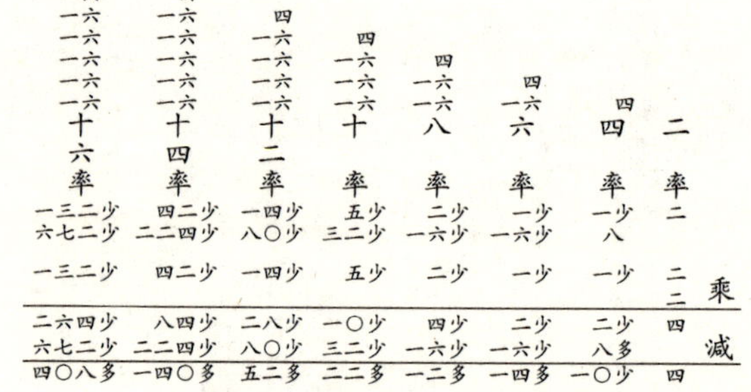

設有圜周一弧五分之。命圜半徑爲連比例第一率，一分弧通弦爲連比例第二率。三分弧通弦率數如前題所得，求全弧。

如圖，甲爲圜心，甲乙類爲半徑。乙丙丁戊己庚爲圜周一弧，乙庚爲全弧通弦。乙丙類弧爲五分弧之一，乙丙類直線爲五分弧之一之通弦。乙丙戊或丁戊庚爲三分弧，乙戊丁庚爲三分弧通弦。

試自乙、庚二點取乙戊或丁庚之分，截乙庚線于辛、于壬，作戊辛、丁壬二線，與甲丁、甲戊二半徑各爲平行，依前解，乙戊辛與甲丁戊形同式，辛角必與甲丁戊角等，丁戊辛子四邊形丁、辛二角形丁戊、子辛二線平行，則戊、子二角必等，戊辛、丁子二線必平行。丁戊癸壬形同。成乙戊辛、戊辛癸與庚丁壬、丁壬子相等兩連比例三角形，與甲丁戊、丁戊丑或戊丁寅連比例三角形，爲同式形。解見前。以甲丁類半徑與戊丑或丁寅之比，同于乙戊或丁庚與辛癸或壬子之比，既得辛癸或壬子，則倍乙戊或丁庚，得乙庚多一辛壬。減去辛癸或壬子，尚多一辛子或壬癸，與丁戊等。解見前。再減一戊丁，即得乙庚，爲全弧通弦率數。

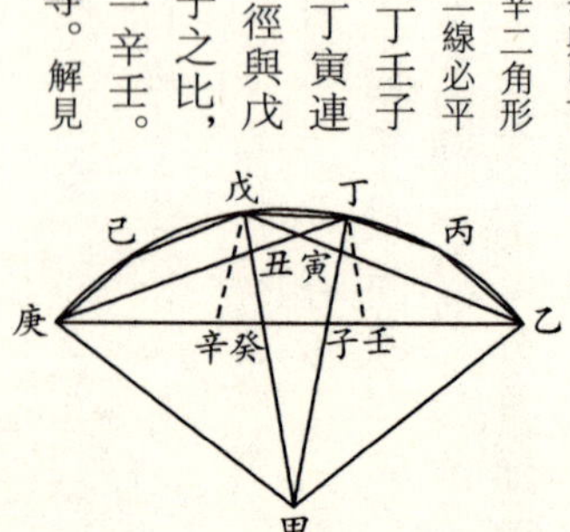

法置三分弧通弦率數，見前。降二位，得三四率，少一六率。

次置三分弧通弦率數，二因之，得六二率，少二四率。減去前所得四率數，得六二率，少五四率，多一六率。再減去一分弧通弦率數一二率，上取隔三位者，減之，如六分弧，則減二分弧者；七分弧，則減三分弧者。得五二率，少五四率，多一六率，爲五分全弧通弦率數。

二率　四率　六率
三　一少
三　一少

三　一少
二　乘
六　二少
三一少　減
六　五少　一多
一　減
五　五少　一多

按：此隔一分加減之法，較逐位遞求者，固爲易矣。然析至千萬分，亦不勝其繁。故又設以兩分數弧通弦率數，求兩分數乘得一分數弧通弦率數之法于後。

設圜半徑爲連比例第一率，一分弧通弦爲連比例第二率，二分全弧通弦率數、五分全弧通弦率數俱如前題所得。求十分二五相乘之全弧通弦率數幾何。

如圖，甲爲圜心，甲乙類爲半徑。乙丙丁爲十分全弧，乙丁爲全弧通。弦乙丙爲一分弧，其直線爲一分弧通弦。乙丙戊爲二分弧，爲全弧五分之一，乙戊爲二分弧通弦。

法以甲乙半徑爲連比例第一率，乙戊爲二分弧通弦率數爲連比例第二率，求得連比例第四率、第六率各率數。因五分弧率數至第六率止。次以五分弧各率數乘上所得各率數，逐條加減之，即得全弧通弦率數。若以五分弧通弦率數爲二率，求得四率至十六率各率數。次以二分弧通弦各率數乘上所得各率數，加減之，亦得。蓋以

二分弧爲一分弧、十分全弧爲五分全弧立算也。

布算之式，先置二分全弧通弦率數自乘。一率除之，得四三率，少四分五率之四，即四三率少一五率，爲三率率數。次以三率率數與二率率數相乘，一率除之，得四率三十二分，少六率一百九十二分，多八率一百九十二分、十率一百二十八分、十二率一百九十二分、十四率三百八十四分、十六率八百九十六分，爲四率率數。又以三率率數與四率率數相乘，一率除之，得六率二千零四十八分，

率										和	
一率	○	○	○							○	
二率	二	二	○							○	
三率	○	○	四	○						四	三率四
四 四率	一少	一少	○	○						○	
四 五率	○	○	二少	二少	○					四少	五率一少
四 一六 六率	一少	一少	○	○	○					○	
四 一六 七率	○	○	二少	四多	二少	○				○	
四 一六 一六 八率	二少	二少	○	○	○	○				○	
四 一六 一六 九率	○	○	四少	四多	四多	四少	○			○	
四 一六 一六 一六 十率	五少	五少	○	○	○	○	○			○	
四 一六 一六 一六 十一率	○	○	一〇少	八多	四多	八多	一〇少	○		○	
四 一六 一六 一六 一六 十二率	一四少	一四少	○	○	○	○	○	○		○	
四 一六 一六 一六 一六 十三率	○	○	二八少	二〇多	八多	八多	二〇多	二八少	○	○	
四 一六 一六 一六 一六 一六 十四率	四二少	四二少	○	○	○	○	○	○	○	○	
四 一六 一六 一六 一六 一六 十五率	○	○	八四少	五六多	二〇多	一六多	二〇多	五六多	八四少	○	
四 一六 一六 一六 一六 一六 一六 十六率	一三二少	一三二少	○	○	○	○	○	○	○	○	

率					和					和
一率	○	○				○	○	○		
二率	二	○	○			○	○	○		
三率	○	四	○		率四	○	四	○		
四 四率	一	○	三二		三二	三二	○	○	○	率六
五率	○	一少	○	○	○	○	一少	○	○	
四 一六 六率	一少		六四少	一二八少	一九二少	一九二少		二〇四八	○	二〇四八
七率	○		○	○	○	○		○	○	○
四 一六 一六 八率	二少		六四少	二五六多	一九二多	一九二多		一二二八八少	八一九二少	二〇四八〇少
九率	○		○	○	○	○		○	○	○
四 一六 一六 一六 十率	五少		一二八少	二五六多	一二八多	一二八多		一二二八八多	四九一五二多	六一四四〇多
十一率	○		○	○	○	○		○	○	○
四 一六 一六 一六 一六 十二率	一四少		三二〇少	五一二多	一九二多	一九二多		八一九二多	四九一五二少	四〇九六〇少
十三率	○		○	○	○	○		○	○	○
四 一六 一六 一六 一六 一六 十四率	四二少		八九六少	一二八〇多	三八四多	三八四多		一二二八八多	三二七六八少	二〇四八〇少
十五率	○		○	○	○	○		○	○	○
四 一六 一六 一六 一六 一六 一六 十六率	一三二少		二六八八少	三五八四多	八九六多	八九六多		二四五七六多	四九一五二少	二四五七六少

少八率二萬零四百八十分，多十率六萬一千四百四十分，少十二率四萬零九百六十分、十四率二萬零四百八十分、十六率二萬四千五百七十六分，爲六率率數。既得四率、六率率數，乃以五分全弧通弦之二率數五，偏乘二率率數，即二分全弧通弦率數。得十倍二率，少四率五分、六率五分、八率十分、十率二十五分、十二率七十分、十四率二百一十分、十六率六百六十分，爲共二率數，爲第一條。又以五分全弧通弦應減之四率率數五，偏乘四率率數，得四率一百六十分，少六率九百六十分，多八率九百六十分、十率六百四十分、十二率九百六十分、十(二)[四]率一千九百二十分、十六率四千四百八十分，爲應減之共四率數。建功案：四率率數即前所求得之三十二四率，少六率一百九十二分，多八率一百九十二分，多十率一百二十八分，多十二率一百九十二分，多十四率三百八十四分，多十六率八百九十六分。以五分全弧通弦應減之四率率數五，偏乘之，即得應減之共四率數。與第一條相減，得十倍二率，少四率一百六十五分，多六率九百五十五分，少八率九百七十分，少十率六百六十五分，少十二率一千零三十分，少十四率二千一百三十分，少十六率五千一百四十分，爲第二條。又以五分全弧通弦應加之六率率數一，偏乘六率率數，仍得前數。與第二條相加，得十倍二率，少四率一百六十五分，多六率三千零三分，少八率二萬一千四百五十分，多十率六萬零七百七十五分，少十二率四萬一千九百九十分，少十四率二萬二千六百一十分，少十六率二萬九千七百一十六分，爲第三條。即十分全弧通弦率數也。

	二率	四 四率	四 一六 六率	四 一六 一六 八率	四 一六 一六 一六 十率	四 一六 一六 一六 一六 十二率	四 一六 一六 一六 一六 一六 十四率	四 一六 一六 一六 一六 一六 一六 十六率
	二	一少	一少	二少	五少	一四少	四二少	一三二少
乘	五							
第一條	一〇	五少	五少	一〇少	二五少	七〇少	二一〇少	六六〇少
減		一六〇	九六〇少	九六〇多	六四〇多	九六〇多	一九二〇多	四四八〇多
第二條	一〇	一六五少	九五五多	九七〇少	六六五少	一〇三〇多	二一三〇少	五一四〇少
加			二〇四八	二〇四八〇少	六一四四〇多	四〇九六〇少	二〇四八〇少	二四五七六少
第三條	一〇	一六五少	三〇〇三多	二一四五〇少	六〇七七五多	四一九九〇少	二二六一〇少	二九七一六少

設圜半徑爲連比例第一率，一分弧通弦爲連比例第二率，十分全弧通弦率數如前題所得。求百分十分自乘之數。全弧通弦率數幾何。

如圖，甲爲圜心，甲乙類爲半徑。乙丙丁爲百分全弧，乙丁爲全弧通弦。乙丙爲一分弧，其直線爲一分弧通弦。乙丙戊爲十分弧，又爲全弧十分之一，乙戊爲十分弧通弦。

法以甲乙半徑爲連比例第一率，乙戊十分弧通弦之率數爲連比例第二率，求得第四率、第六率至第十六率各率數。次以十分弧通弦各率共數，徧乘所得各率諸數，逐條加減之，即得全弧通弦率數。蓋以十分弧爲一分弧，以百分全弧爲十分全弧立算也。

先置十分全弧通弦自乘，一率除之，得一〇〇，此後位數漸多，專書九數以便觀覽。三率少五率三三〇〇分，多七率一六八九六〇分，少九率四三九二九六〇分，多十一率六五六〇一五三六分，少十三率五九六三七七六〇〇分，多十五率三三五五四四三二〇〇分，爲三率率數。次以二率率數與三率率數相乘，一率除之，得一〇〇〇四率，少六率四九五〇〇分，多八率四一六七九〇〇分，少十率一九七二二七八〇〇分，多十二率五八七四一三三九八〇分，少十四率一一七三三二二二二二八〇分，多十六率一六三三七一一四四九四三二分，爲四率率數。以十倍二率爲一二率，故求得百倍三率爲一三率千倍四率爲一四率。餘仿此。次依前各率原分母數列之，四率子數書原數，餘率子數以四因之。四率

二率	四 四率	四 一六 六率	四 一六 一六 八率
一〇 一〇	一六五〇少 一六五〇少	三〇〇三多 三〇〇三多	二一四五〇少 二一四五〇少
一〇〇	一六五〇〇少 一六五〇〇少	三〇〇三〇多 一〇八九〇〇多 三〇〇三〇多	二一四五〇〇少 一九八一九八〇少 一九八一九八〇少 二一四五〇〇少
三率 一〇〇	五率 三三〇〇少	七率 一六八九六〇多	九率 四三九二九六〇少

四 一六 一六 一六 十率	四 一六 一六 一六 一六 十二率	四 一六 一六 一六 一六 一六 十四率
六〇七七五多 六〇七七五多	四一九九〇少 四一九九〇少	二二六一〇少 二二六一〇少
六〇七七五〇多 一四一五七〇〇〇多 三六〇七二〇三六多 一四一五七〇〇〇多 六〇七七五〇多	四一九九〇〇少 四〇一一一五〇〇少 二五七六五七四〇〇少 二五七六五七四〇〇少 四〇一一一五〇〇少 四一九九〇〇少	二二六一〇〇少 二七七一三四〇〇多 七三〇〇二九三〇〇多 一八四〇四一〇〇〇〇多 七三〇〇二九三〇〇多 二七七一三四〇〇多 二二六一〇〇少
十一率 六五六〇一五三六多	十三率 五九六三七七六〇〇少	十五率 三三五五四四三二〇〇多

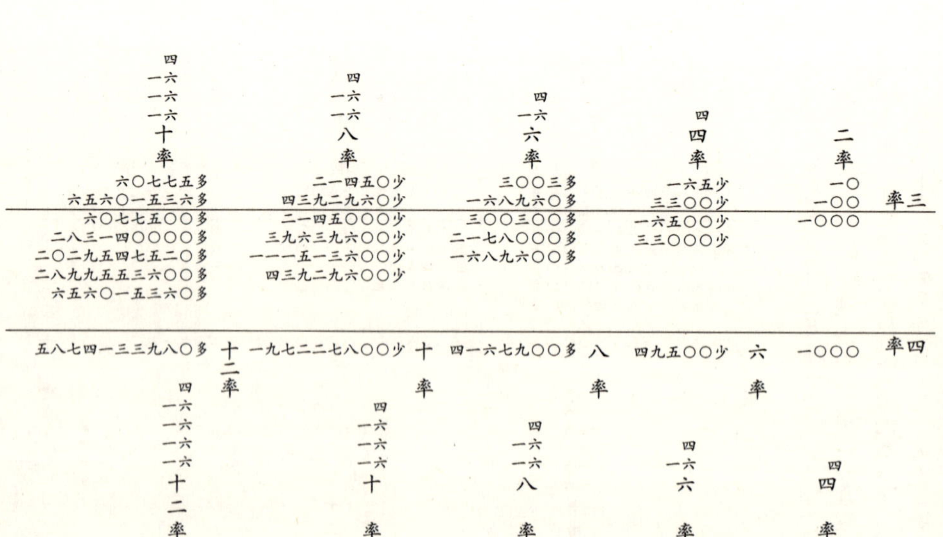

	二率	四 四率	四 一六 六率	四 一六 一六 八率	四 一六 一六 一六 十率
三率	一〇 一〇〇	一六五少 三三〇〇少	三〇〇三多 一六八九六〇多	二一四五〇少 四三九二九六〇少	六〇七七五多 六五六〇一五三六多
	一〇〇〇	一六五〇〇少 三三〇〇〇少	三〇〇三〇〇多 二一七八〇〇〇多 一六八九六〇〇多	二一四五〇〇〇少 三九六三九六〇〇少 一一一五一三六〇〇少 四三九二九六〇〇少	六〇七七五〇〇多 二八三一四〇〇〇〇多 二〇二九五四七五二〇多 二八九九五五三六〇〇多 六五六〇一五三六〇多
四率	一〇〇〇	六率 四九五〇〇少	八率 四一六七九〇〇多	十率 一九七二二七八〇〇少	十二率 五八七四一三三九八〇多

四 四率	四 一六 六率	四 一六 一六 八率	四 一六 一六 一六 十率	四 一六 一六 一六 一六 十二率
一〇〇〇	一九八〇〇〇少	一六六七一六〇〇多	七八八九一一二〇〇少	二三四九六五三五九二〇多

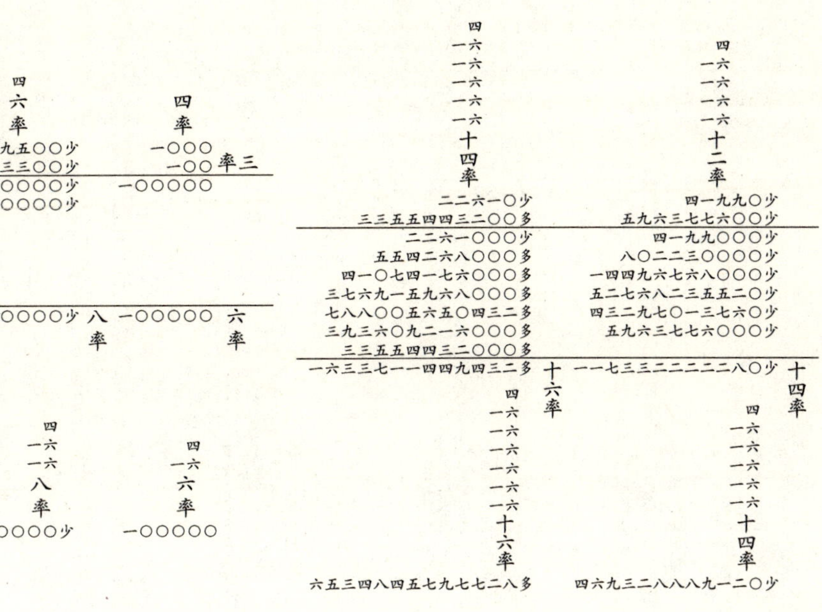

加分母四，餘率加分母十六。十六爲四之四倍，故子數以四因之。餘仿此。得四率一○○○分，少六率一九八○○○分，多八率一六六七一六○○分，少十率七八八九一一二○○分，多十二率二三四九六五三五九二○分，少十四率四六九三二八八八九一二○分，多十六率六五三四八四五七九七二八分，爲四分四率之一之率數，以備後四分四率之共率數相乘之用。六、八等率同此。又以三率率數與四率率數相乘，一率除之，得一○○○○○六率，少八率八二五○○○○分，多十率一二三九一五○○○○分少十二率一一二五八六一○○○○○分，多十四率六九四三○六一五一○○○○分，少十六率三○九三八九三八○七八○○○○分，爲六率率數。依各率原分母列之，得四分又十六分六率之一之率數。此條六率加分母四一次，十六一次，餘率加分母十六二次，其一次同爲十六者不計，餘一次六率爲加分母四，餘率爲加分母十六。故六率子數書原數，餘率子數四因之。又以三率率數與六率率數相乘，一率除之，得一千萬八率，少十率一一五五百萬分，多十二率二四九七一一百萬分，少十四率三三六三○三六六百萬分，多十六率三一六九四三七六四○六十萬分，爲八率率數。依各率原分母列之，得四分又二次十六分八率之一之率數。法同前。又以三率率數與八率率數相乘，一率除之，

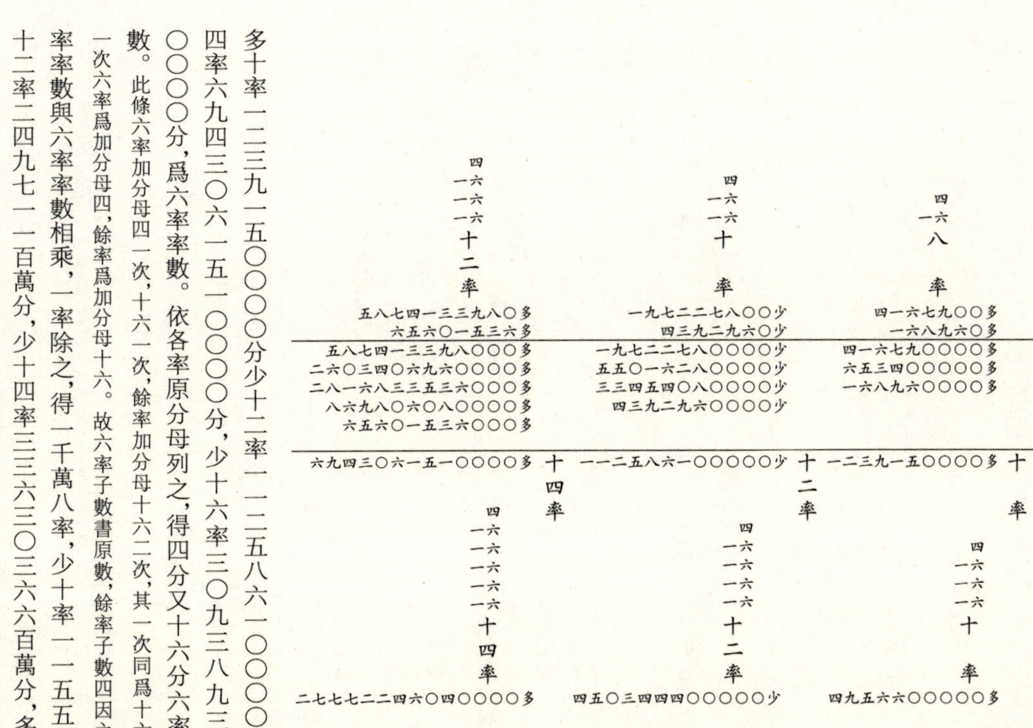

四
一六
一六
一六
一六
十四
率

一一七三三二二二二二八〇少
五九六三七七六〇〇少

一一七三三二二二二二八〇〇〇少
七七五三八五六八五五三六〇〇〇少
一三三二九八四四三六三五二〇〇〇少
七三二三七六七一九三六〇〇〇少
一二九八九一〇四一二八〇〇〇少
五九六三七七六〇〇〇〇〇少

三〇九三八九三八〇七八〇〇〇〇少 十六率

四
一六
一六
一六
一六
一六
十六
率

一二三七五五七五二三一二〇〇〇〇少

六
率

一〇〇〇〇〇
一〇〇 率三

一〇〇〇〇〇〇〇

一〇〇〇〇〇〇〇 八率

四
一六
一六
八
率

一〇〇〇〇〇〇〇

四
八
率

八二五〇〇〇〇少
三三〇〇少

八二五〇〇〇〇〇〇少
三三〇〇〇〇〇〇〇少

一一五五〇〇〇〇〇〇少 十率

四
一六
一六
十
率

四六二〇〇〇〇〇〇〇少

得一十億十率，少十二率一四八五億分，多十四率四一九〇六七億分，少十六率七四八三七四六六億分，爲十率率數。依各率原分母列之，得四分又三次十六分十率之一之率數。又以三率率數與十率率數相乘，一率除之，得一千億十二率，少十四率一八一五百億分，多十六率六三一九八三百億分，爲十二率率數。依各率原分母列之，得四分又四次十六分十二率之一之率數。又以三率率數與十二率率數相乘，一率除之，得一十兆十四率，少十六率二一四五兆分，爲十四率率數。依各率原分母列之，得四分又五次十六分十四率之一之率數。又以三率率數與十四率率數相乘，一率除之，得一十兆十六率，爲十六率率數。依原分母列之，得四分又六次十六分十六率之一之率數。此以十分弧通弦率數爲二率

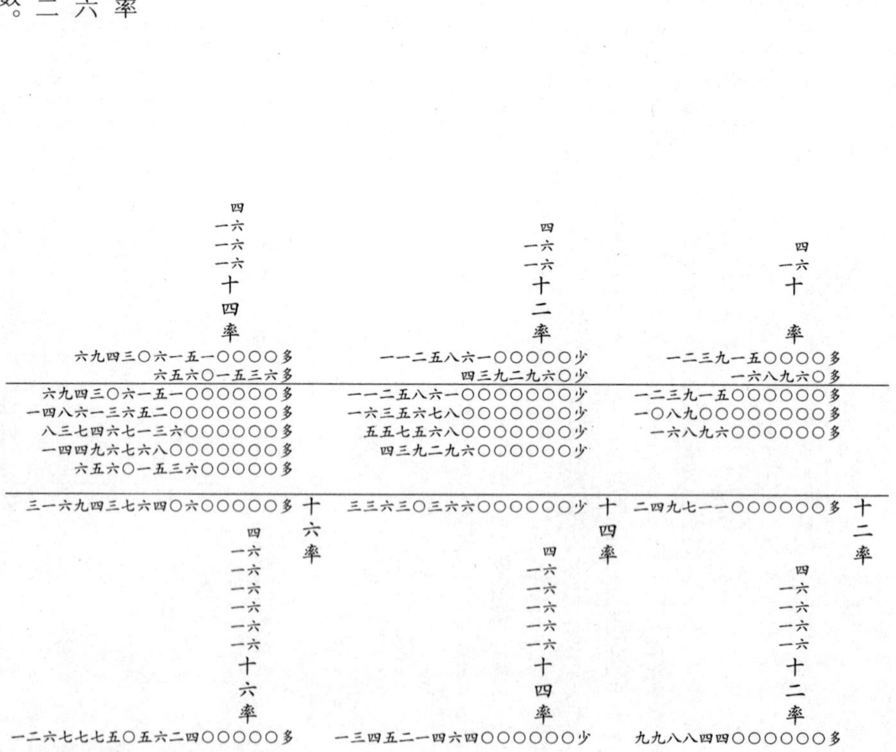
四
一六
十
率

一二三九一五〇〇〇〇多
一六八九六〇多

一二三九一五〇〇〇〇〇〇多
一〇八九〇〇〇〇〇〇〇〇多
一六八九六〇〇〇〇〇〇多

二四九七一一〇〇〇〇〇〇多 十二率

四
一六
一六
一六
一六
十二
率

九九八八四四〇〇〇〇〇〇多

四
一六
一六
十二
率

一一二五八六一〇〇〇〇〇少
四三九二九六〇少

一一二五八六一〇〇〇〇〇〇〇少
一六三五六七八〇〇〇〇〇〇〇少
五五七五六八〇〇〇〇〇〇〇少
四三九二九六〇〇〇〇〇〇〇少

三三六三〇三六六〇〇〇〇〇〇少 十四率

四
一六
一六
一六
一六
一六
十四
率

一三四五二一四六四〇〇〇〇〇〇少

四
一六
一六
一六
十四
率

六九四三〇六一五一〇〇〇〇多
六五六〇一五三六多

六九四三〇六一五一〇〇〇〇〇〇多
一四八六一三六五二〇〇〇〇〇〇多
八三七四六七一三六〇〇〇〇〇〇多
一四四九六七八〇〇〇〇〇〇〇多
六五六〇一五三六〇〇〇〇〇〇多

三一六九四三七六四〇六〇〇〇〇〇〇多 十六率

四
一六
一六
一六
一六
一六
一六
十六
率

一二六七七七五〇五六二四〇〇〇〇〇〇多

率數，求得各率率數。又依各原率原分母數，取其一分之率數也。乃以十分弧通弦率數之二率共數一〇偏乘二率率數，即十分弧通弦率數。得一〇〇二率，少四率一六五〇分，多六率三〇〇三〇分，少八率二一四五〇〇分，多十率六〇七七五〇分，少十二率四一九九〇〇分，少十四率二二六一〇〇分，少十六率二九七一六〇分，爲共二率率數，爲第一條。又以十分弧通弦率數應減之四率共分

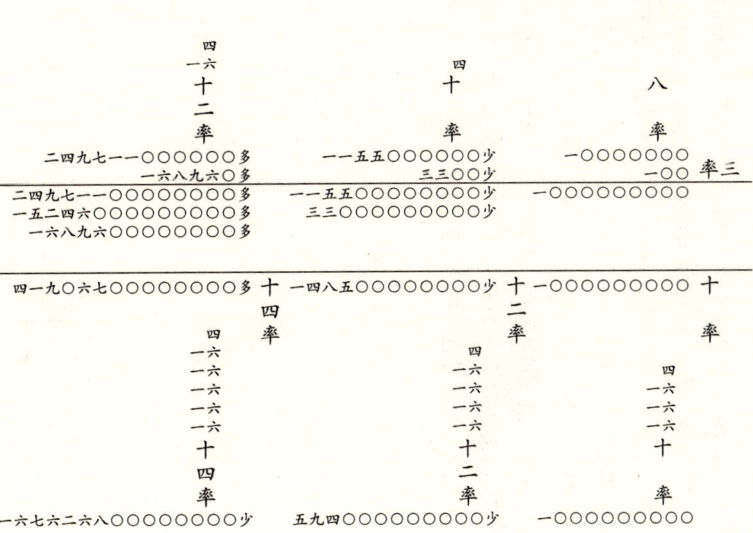

數，偏乘四率一分率數，得四率一六五〇〇〇分，少六率三二六七〇〇〇〇〇分，多八率二七五〇八一四〇〇〇分，少十率一三〇一七〇三四八〇〇〇分，多十二率三八七六九二八四二六八〇〇分，少十四率七七四三九二六六七〇四八〇〇分，多十六率一〇七八二四九五五六六二五一二〇分，爲共四率率數。建功案：置前所求得之第三條十分弧通弦率數，十倍二率少四率一六五分，多六率三〇〇三分，少八率二一四五〇分，多十率六〇七七五分，少十二率四一九九〇分，少十四率二二六一〇分，少十六率二九七一六分，各超一位，爲百分弧通弦率數。横列第一條，副以十分弧通弦率數之四率共分數一六五，偏乘前所求得之四率一分率數，少六率一九八〇〇分，多八率一六六七一六〇〇分，少十率七八八九一一二〇〇分，多十二率一二三四九六五三五九二〇分，

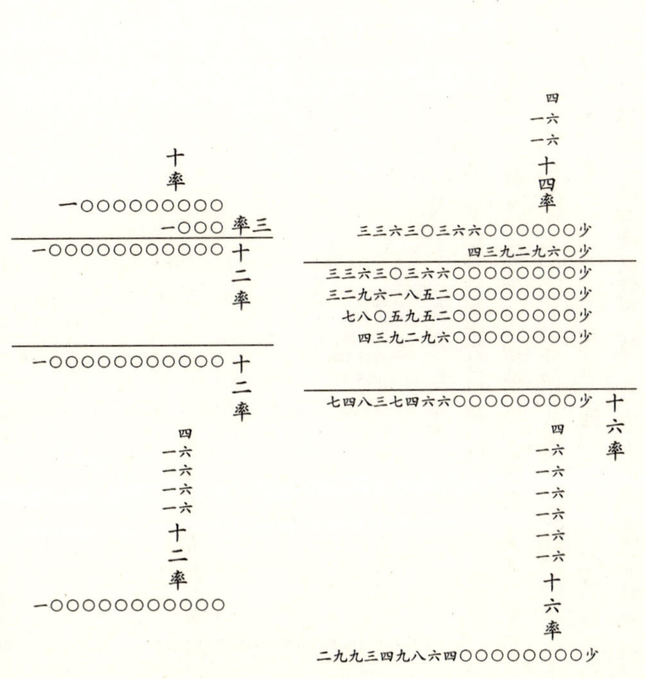

少十四率四六九三二八八九一二〇分，多十六率六五三四八四五七九七二八分，即得此數，列于第一條下。以下求千分弧、萬分弧通弦仿此。以減第一條，得一〇〇二率，少四率一六六六五〇分，多六率三三二七〇〇〇三〇分，少八率二七五一〇二八五〇〇分，多十率一三〇一七〇九五五七五〇分，少十二率三八七六九二八八四六七〇〇分，多十四率七七四三九二六六四七八七〇〇分，少十六率一〇七八二四九五五六九二二二八〇分，爲第二條。又以十分弧通弦率數應加之六率共分數三〇〇三，偏乘六率一分率數，得共六率率數。以加第二條，得一〇〇二率，少四率一六六六五〇分，多六率三三三〇〇〇三〇分，少八率一〇一八五〇〇二八五〇〇分，多十率一五〇一四八四〇七五五七五〇分，少十二率一三五六二六一一六二〇四六七〇〇分，多十四率八三四七七四九四一二四五九八七〇〇分，少十六率三七一七四六三四九一四八六二八二二八〇分，爲第三條。依次累求。建功案：以六率共分數三〇〇三，偏乘前所求得之六率一分率數，少八率三三〇〇〇〇〇〇分，多十率四九五六〇〇〇〇〇分，少十二率四五〇三四四〇〇〇〇

分，多十四率二七七七二二四六〇四〇〇〇〇分，少十六率一二三七五五七五二三一二〇〇〇〇分，即得第二條下之加數。用加第二條，得第三條數。又以八率共分數二一四五〇，徧乘前所求得之八率一分率數，少十率四六二〇〇〇〇〇〇〇分，多十二率九九八八四四〇〇〇〇〇〇分，少十四率一三四五二二四六四〇〇〇〇〇〇〇分，多十六率一二六七七七五〇五六二四〇〇〇〇〇分，即得第三條下之減數。以減第三條，得第四條數。依次累求，悉如此法。以下求千分弧、萬分弧通弦仿此。至第八條，各率數加減號不同，而算皆用加。惟第六條求第七條則用減。蓋此條率數多少同號，故也。得一〇〇二率，少四率一六六六五〇分，多六率三三三〇〇〇三〇分，少八率三一六三五〇〇二八五〇〇分，多十率一七四八八八四〇七五五七五〇分，少十二率六三〇八〇八一四九六二〇四六七〇〇分，多十四率一五九七八八五五六六六九二四五九八七〇〇分，少十六率二九九二一五四八五八三一四九六六二八二二八〇分，即百分全弧通弦率數也。

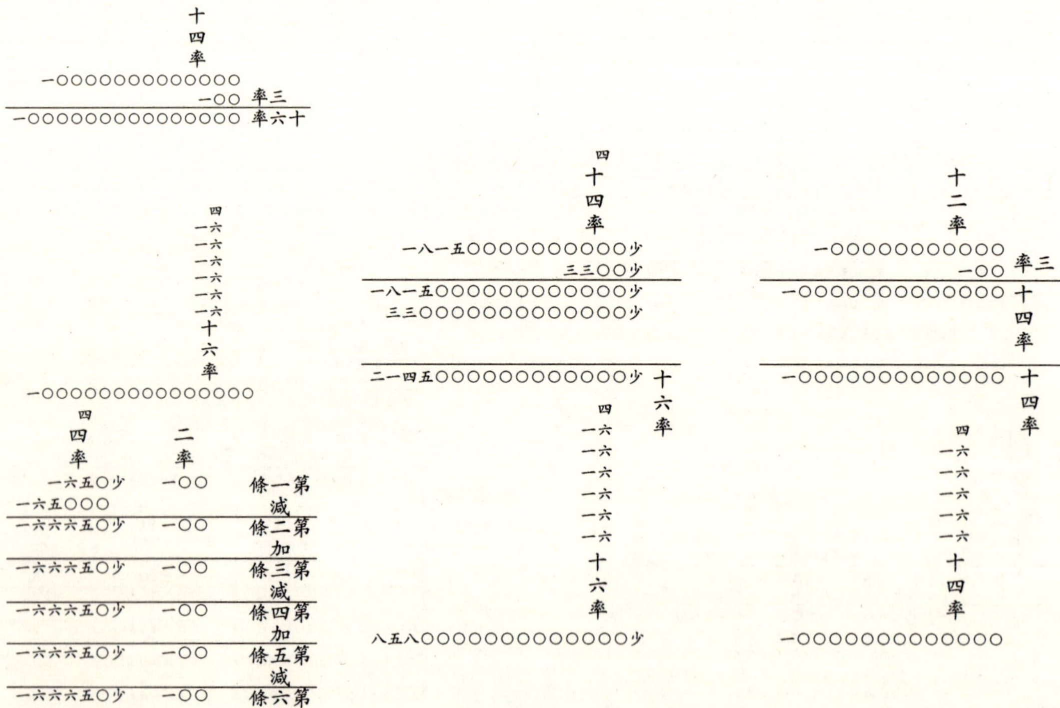

四 一六 六率

三〇〇三〇多
三二六七〇〇〇〇少

三二七〇〇〇三〇多
三〇〇三〇〇〇〇〇

三三三〇〇〇〇三〇多

三三三〇〇〇〇三〇多

三三三〇〇〇〇三〇多

三三三〇〇〇〇三〇多

三三三〇〇〇〇三〇多

三三三〇〇〇〇三〇多

四 一六 一六 八率

二一四五〇〇少
二七五〇八一四〇〇〇多

二七五一〇二八五〇〇少
九九〇九九〇〇〇〇〇〇少

一〇一八五〇〇二八五〇〇少
二一四五〇〇〇〇〇〇〇〇

三一六三五〇〇二八五〇〇少

三一六三五〇〇二八五〇〇少

三一六三五〇〇二八五〇〇少

三一六三五〇〇二八五〇〇少

四 一六 一六 一六 十率

六〇七七五〇多
一三〇一七〇三四八〇〇〇少

一三〇一七〇九五五七五〇多
一四八八四六六九八〇〇〇〇〇多

一五〇一四八四〇七五五七五〇多
九九〇九九〇〇〇〇〇〇〇〇〇〇少

一一四一一三八四〇七五五七五〇多
六〇七七五〇〇〇〇〇〇〇〇〇〇

一七四八八八八四〇七五五七五〇多

一七四八八八八四〇七五五七五〇多

一七四八八八八四〇七五五七五〇多

一七四八八八八四〇七五五七五〇多

四 一六 一六 一六 一六 十二率

四一九九〇〇少
三八七六九二八四二六八〇〇多

三八七六九二八八四六七〇〇少
一三五二三八四二三三二〇〇〇〇〇少

一三五六二六一一六二〇四六七〇〇少
二一四二五二〇三八〇〇〇〇〇〇〇〇〇多

二二七八一四六四九六二〇四六七〇〇少
三六一〇〇三五〇〇〇〇〇〇〇〇〇〇〇少

五八八八一八一四九六二〇四六七〇〇少
四一九九〇〇〇〇〇〇〇〇〇〇〇〇

六三〇八〇八一四九六二〇四六七〇〇少

六三〇八〇八一四九六二〇四六七〇〇少

六三〇八〇八一四九六二〇四六七〇〇少

四 一六 一六 一六 一六 十四率

二二六一〇〇少
七七四三九二六六七〇四八〇〇少

七七四三九二六六四七八七〇〇多
八三四〇〇〇五四八五八一二〇〇〇〇多

八三四七七四九四一二四五九八七〇〇多
二八八五四八五四〇二八〇〇〇〇〇〇〇〇〇少

二九六八九六二八九六九二四五九八七〇〇多
一〇一八七五一八七七〇〇〇〇〇〇〇〇〇〇〇多

一三一五六四八一六六六九二四五九八七〇〇多
三〇四八四七四〇〇〇〇〇〇〇〇〇〇〇〇〇〇少

一六二〇四九五五六六六九二四五九八七〇〇多
二二六一〇〇〇〇〇〇〇〇〇〇〇〇〇〇〇

一五九七八八五五六六六九二四五九八七〇〇多

一五九七八八五五六六六九二四五九八七〇〇多

設圜半徑爲連比例第一率，一分弧通弦爲連比例第二率，有十分全弧通弦率數、百分全弧通弦率數。皆見前題所得。求千分十分百分相乘之數。全弧通弦率數幾何。

法以圜半徑爲連比例第一率，十分弧通弦率數爲連比例第二率，求得第四率、第六率至第十六率各率率數。見前。次以百分全弧通弦各率共數，徧乘十分全弧通弦各率諸數，同上。逐條加減之，即得全弧通弦率數。蓋以十分全弧爲一分弧，以千分全弧爲百分全弧立算也。若以百分全弧爲一分弧，千分全弧爲十分弧，其理亦同。其圖解步法俱與前同。茲不復詳，惟載逐條加減之數于後，以備參考。

建功案：前求百分弧用第三條，十分弧通弦率數各超一位，爲百分弧通弦率數。今求千分弧則仍用十分弧通弦率數，各超二位，爲千分弧通弦率數。橫列第一條，乃以前所求得第八條百分弧通弦率數之四率共分數一六六六五〇，徧乘四率一分率數，爲第一條下之減數。以六率共分數三三三〇〇〇三〇，徧乘六率一分率數，爲第二條下之加數。悉如前求百分弧，依次累求。

六率	四率 二率	二率	
三〇〇三〇〇多	一六五〇〇少	一〇〇〇	第一條減
三二九九六七〇〇〇〇〇多	一六六六五〇〇〇〇		
三二九九七〇〇〇三〇〇多	一六六六六六五〇〇少	一〇〇〇	第二條加
三三三〇〇〇〇三〇〇〇〇〇〇〇			
三三三三三〇〇〇〇〇〇〇三〇〇多	一六六六六六六五〇〇少	一〇〇〇	第三條減
三三三三三〇〇〇〇〇〇〇三〇〇多	一六六六六六六五〇〇少	一〇〇〇	第四條加
三三三三三〇〇〇〇〇〇〇三〇〇多	一六六六六六六五〇〇少	一〇〇〇	第五條減
三三三三三〇〇〇〇〇〇〇三〇〇多	一六六六六六六五〇〇少	一〇〇〇	第六條加
三三三三三〇〇〇〇〇〇〇三〇〇多	一六六六六六六五〇〇少	一〇〇〇	第七條減
三三三三三〇〇〇〇〇〇〇三〇〇多	一六六六六六六五〇〇少	一〇〇〇	第八條

四 一六 一六 八率

二一四五〇〇〇少
二七七八三二二一四〇〇〇〇多

二七七八三二四二八五〇〇〇少
一〇九八九〇〇〇九九〇〇〇〇〇〇〇少

一〇九九一七七九三一四二八五〇〇〇少
三一六三五〇〇二八五〇〇〇〇〇〇〇〇〇

三一七四四九二〇六四三一四二八五〇〇〇少

三一七四四九二〇六四三一四二八五〇〇〇少

三一七四四九二〇六四三一四二八五〇〇〇少

三一七四四九二〇六四三一四二八五〇〇〇少

四 一六 一六 一六 十率

六〇七七五〇〇多
一三一四七二〇五一四八〇〇〇〇少

一三一四七二〇五七五五七五〇〇多
一六五〇五四七九四八六九八〇〇〇〇〇〇〇多

一六五〇六七九四二〇七五五五五七五〇〇多
一四六一五三七一三一六七〇〇〇〇〇〇〇〇〇〇〇少

一四六三一八七八一一〇九〇七五五五五七五〇〇多
一七四八八八八四〇七五五七五〇〇〇〇〇〇〇〇〇〇〇多

一七六三五二〇二八五六六八四〇七五五五五七五〇〇多

一七六二五二〇二八五六六八四〇七五五五五七五〇〇多

一七六三五二〇二八五六六八四〇七五五五五七五〇〇多

一七六三五二〇二八五六六八四〇七五五五五七五〇〇多

四 一六 一六 一六 一六 十二率

四一九九〇〇〇少
三九一五六九七七一一〇六八〇〇〇多

三九一五六九七七一一五二六七〇〇〇少
一四九九六四六九八七一〇三三二〇〇〇〇〇〇多

一四九九六八六一一四〇〇八〇四七二六七〇〇〇少
三一五九八四三二七八六七〇五四〇〇〇〇〇〇〇〇〇多

三一六一三四二九六四八一四六二〇四七二六七〇〇〇少
一〇三八八三九七一四〇八九一五五〇〇〇〇〇〇〇〇〇〇〇少

一〇四二〇〇一〇五七〇五三九六九六二〇四七二六七〇〇〇少
六三〇八〇八一四九六二〇四六七〇〇〇〇〇〇〇〇〇〇〇〇〇

六四一二二八一六〇一九一〇〇六六九六二〇四七二六七〇〇〇少

六四一二二八一六〇一九一〇〇六六九六二〇四七二六七〇〇〇少

六四一二二八一六〇一九一〇〇六六九六二〇四七二六七〇〇〇少

四 一六 一六 一六 一六 一六 一六 十六率

二九七一六〇少
一〇七八二四九五五六六二五一二〇多

一〇七八二四九五五六九二二二八〇少
三七一六三八五二四一九二九三六〇〇〇〇少

三七一七四六三四九一四八六二八二二八〇少
二七一九三七七四九五六三四八〇〇〇〇〇〇〇多

二七五六五五二一三〇五四九六六二八二二二八〇少
一八一九二九八七九八四六〇〇〇〇〇〇〇〇〇〇〇少

二〇九四九五四〇一一五一四九六六二八二二二八〇少
一〇六一四七八六四六八〇〇〇〇〇〇〇〇〇〇〇〇少

三一五一五二五八三一四九六六二八二二二八〇少
一九三九九三八〇〇〇〇〇〇〇〇〇〇〇〇〇〇少

二九六二四三八八五八三一四九六六二八二二二八〇少
二九七一六〇〇〇〇〇〇〇〇〇〇〇〇〇〇〇〇

二九九二一五四八五八三一四九六六二八二二二八〇少

四 一六一六一六一六一六 十四率	四 一六一六一六一六一六一六 十六率
二二六一〇〇〇少 七八二一三六五九三七一八四八〇〇〇少	二九七一六〇〇少 一〇八九〇三二〇五二一九一三七一二〇〇多
七八二一三六五九三六九五八七〇〇〇多 九二四八一五八七六四四八七三八一二〇〇〇〇〇多	一〇八九〇三二〇五二一九四三四二八〇〇少 四一二一〇六六九二三二五六八五六九三六〇〇〇〇〇少
九二四八二三六九七八一四六七五〇七八七〇〇〇多 四二五五五八六八九七〇二六一七二四〇〇〇〇〇〇〇〇〇少	四一二一〇七七八一三五七七三七八八七九四二八〇〇少 四〇一〇六〇六七五一七三一一三一〇二八四〇〇〇〇〇〇〇〇多
四二五六五一一七二〇七二三九八七〇七五〇七八七〇〇〇多 二九三一六〇五六七三一五九五九五四一〇〇〇〇〇〇〇〇〇〇〇多	四〇一一〇一八八五九五一二四八八七六六二八七九四二八〇〇少 五二三五二九五〇六九五三五一四一九七一八〇〇〇〇〇〇〇〇〇〇〇少
二九三五八六二一八四八八〇三一九三九七〇七五〇七八七〇〇〇多 四五七九六六七一六六二四四五九〇四二〇〇〇〇〇〇〇〇〇〇〇〇〇少	五二三九三〇六〇八八三九四六五四四六〇五六六二八七九四二八〇〇少 一五九四六四〇一〇七二八六三六六三八四二四四〇〇〇〇〇〇〇〇〇〇〇〇多
四六〇九〇二五七八八〇九三三九三六一三九七〇七五〇七八七〇〇〇少 一五九七八八五五六六六九二四五九八七〇〇〇〇〇〇〇〇〇〇〇〇〇〇〇	一五九九八七九四一三三七四七六一〇三八七〇四五六六二八七九四二八〇〇少 一三七〇九八五八一六二二二一三〇五六八四六〇〇〇〇〇〇〇〇〇〇〇〇〇〇〇少
一六四三九七五八二四五七三三九三八〇六一三九七〇七五〇七八七〇〇〇多	一三八六九八四六一〇三五五八七八一七八八四七〇四五六六二八七九四二八〇〇少 二九九二一五四八五八三一四九六六二八二二八〇〇〇〇〇〇〇〇〇〇〇〇〇〇〇〇
一六四三九七五八二四五七三三九三八〇六一三九七〇七五〇七八七〇〇〇多	三一三〇八五三三一九三五〇五五四一〇〇一六四七〇四五六六二八七九四二八〇〇少

右第八條所得，即千分全弧通弦之率數也。

設圜半徑爲連比例第一率，一分弧通弦爲連比例第二率，有十分全弧通弦率數、千分全弧通弦率數。並見前題所得。求萬分十分千分相乘之數。全弧通弦率數幾何。

法以十分弧爲一分弧，以萬分全弧爲千分全弧立算。列式如左。建功案：以十分弧通弦率數各超三位，爲萬分弧通弦率數。橫列第一條，乃以前所求得第八條千分弧通弦率數之四率共分數一六六六六六五〇〇，徧乘四率一分率數，爲第一條下之減數。餘悉如前。

	二率	四 四率	四 一六 六率	四 一六一六 八率
第一條減	一〇〇〇〇	一六五〇〇〇少 一六六六六六五〇〇〇〇〇	三〇〇三〇〇〇多 三二九九九九六七〇〇〇〇〇〇少	二一四五〇〇〇〇少 二七七八五九七二二一四〇〇〇〇〇多
第二條加	一〇〇〇〇	一六六六六六六六五〇〇〇少	三二九九九九七〇〇〇三〇〇〇多 三三三三三〇〇〇〇〇〇三〇〇〇〇〇〇〇	二七七八五九七二四二八五〇〇〇〇少 一〇九九九八九〇〇〇〇〇九九〇〇〇〇〇〇〇〇少
第三條減	一〇〇〇〇	一六六六六六六六五〇〇〇少	三三三三三三三〇〇〇〇〇〇〇〇〇三〇〇〇多	一〇九九九九一七七八六〇七一四二八五〇〇〇〇少 三一七四四九二〇六四三一四二八五〇〇〇〇〇〇〇〇〇〇
第四條加	一〇〇〇〇	一六六六六六六六五〇〇〇少	三三三三三三三〇〇〇〇〇〇〇〇〇三〇〇〇多	三一七四六〇二〇六三四九二一四五七一四二八五〇〇〇〇少
第五條減	一〇〇〇〇	一六六六六六六六五〇〇〇少	三三三三三三三〇〇〇〇〇〇〇〇〇三〇〇〇多	三一七四六〇二〇六三四九二一四五七一四二八五〇〇〇〇少
第六條加	一〇〇〇〇	一六六六六六六六五〇〇〇少	三三三三三三三〇〇〇〇〇〇〇〇〇三〇〇〇多	三一七四六〇二〇六三四九二一四五七一四二八五〇〇〇〇少
第七條減	一〇〇〇〇	一六六六六六六六五〇〇〇少	三三三三三三三〇〇〇〇〇〇〇〇〇三〇〇〇多	三一七四六〇二〇六三四九二一四五七一四二八五〇〇〇〇少
第八條	一〇〇〇〇	一六六六六六六六五〇〇〇少	三三三三三三三〇〇〇〇〇〇〇〇〇三〇〇〇多	三一七四六〇二〇六三四九二一四五七一四二八五〇〇〇〇少

四
一六
一六
一六
十
率

六○七七五○○○多
一三一四八五○六八五一四八○○○○○少
一三一四八五○六八五七五五七五○○○多
一六五二一八三四七八○一四八六九八○○○○○○○多
一六五二一八四七九二八六五五五五五五五七五○○○多
一四六六六一五三三三七一三一九九六七○○○○○○○○○○○少
一四六六六三一八五五五六一一二八三二五五五五五五七五○○○多
一七六三五二○二八五六六八四○七五五五五七五○○○○○○○○○○○
一七六三六六六九四八八五三九六三六六八四○七五五五五五五七五○○○多
一七六三六六六九四八八五三九六三六六八四○七五五五五五五七五○○○多
一七六三六六六九四八八五三九六三六六八四○七五五五五五五七五○○○多
一七六三六六六九四八八五三九六三六六八四○七五五五五五五七五○○○多

四
一六
一六
一六
一六
十
二
率

四一九九○○○○少
三九一六○八五四○三九一○六八○○○○多
三九一六○八四五○三九五二六七○○○○少
一五○一一三二九八八五三三五一○三三二○○○○○○○少
一五○一一三三三八○一四二○五○七二七二六七○○○○少
三一七○八二二三五一四八七九三七六六六五四○○○○○○○○○○多
三一七○八三七三六二八二一七三九一○七○四七二七二六七○○○○少
一○四七五三一○四九六八七○三四○八八○一一五五○○○○○○○○○○○○少
一○四七五六二七五八○六○六六二三○五四○二六二○四七二七二六七○○○○少
六四一二二八一六○一九一○○六六九六二○四七二六七○○○○○○○○○○○○○○
六四一三三二九一六四六六八一二七六二四三五二六六九六二○四七二七二六七○○○○少
六四一三三二九一六四六六八一二七六二四三五二六六九六二○四七二七二六七○○○○少
六四一三三二九一六四六六八一二七六二四三五二六六九六二○四七二七二六七○○○○少

四
一六
一六
一六
一六
十
四
率

二二六一○○○○少
七八二二一四○三二九八五一八四八○○○○少
七八二二一四○三二九八四九五八七○○○○多
九二五七三二二七七二五九六五一六七三八一二○○○○○○多
九二五七三二三五五四八一○五四九七二三○七八七○○○○多
四二七○三七三一九九四七九三九七七四三一三二四○○○○○○○○○○少
四二七○三八二四五六八○二九五二五五三六八二一二三○七八七○○○○多
二九五六一三二六二二二一六八一○一九六三六八五九四一○○○○○○○○○○○○少
二九五六一七五三二六○四一三七八二二五八九四一三○九二一二三○七八七○○○○多
四六五五三一六四四二九八六七○八六一四四四六三一五八四二○○○○○○○○○○○○○○少
四六五五六一二○六○五一九三一二七五二二六八九○五二五五○九二一二三○七八七○○○○多
一六四三九七五八二四五七三三九三八○六一三九七○七五○七八七○○○○○○○○○○○○○○○○
一六四四四四一三八五七七九四四五七三七四一四九三四三九八三九五五○九二一二三○七八七○○○○多
一六四四四四一三八五七七九四四五七三七四一四九三四三九八三九五五○九二一二三○七八七○○○○多

四
一六
一六
一六
一六
一六
一六
十六率

二九七一六〇〇〇少
一〇八九一三九八七七一四七〇三三七一二〇〇〇多

一〇八九一三九八七七一四七〇六三四二八〇〇〇少
四一二五一五〇四九一八五三〇二二七二五六九三六〇〇〇〇〇〇少

四一二五一五〇六〇〇七六七〇一〇四四〇三九九九四二八〇〇〇少
四〇二四五四一八五五三六九四七六三六二九一〇三八八四〇〇〇〇〇〇〇〇〇〇多

四〇二四五四五九八〇五五〇〇七七一二九九二〇八二八七九九九四二八〇〇〇少
五二七九〇九五五七六七六〇七八九五〇八五七九四八六九一八〇〇〇〇〇〇〇〇〇〇〇〇〇〇〇少

五二七九一三五八二二二二〇五九四七〇九三五〇七八六一二六二八七九九九四二八〇〇〇少
一六二〇九八一一八五四四七九七一九三九五五〇二〇七一七六一八四四〇〇〇〇〇〇〇〇〇〇〇〇〇〇〇少

一六二一〇三三九七六八〇六一九四一四五四九七三〇〇六八四〇四五六六二八七九九九四二八〇〇〇少
一四一〇五三一二五七四八三九七一八八五六六七八六九〇四一七五二四六〇〇〇〇〇〇〇〇〇〇〇〇〇〇〇〇〇〇少

一四一〇六九三三六〇八八一六五二五〇五〇八二四一八七七一八二〇八六四五六六二八七九九九四二八〇〇〇少
三一三〇八五三三一九三五〇五五四一〇〇一六四七〇四五六六二八七九四二八〇〇〇〇〇〇〇〇〇〇〇〇〇〇〇〇〇〇〇〇

三一三二二六四〇一二七一一四三五七五二六六九七八六九八五〇五九七六三六六四五六六二八七九九九四二八〇〇〇少

右第八條所得，即萬分全弧通弦之率數也。

又董祐誠《割圜連比例術圖解》卷上附

以弦求弦、以矢求矢術

有通弦，求通弧加倍幾分之通弦。凡弦之倍分，皆取奇數。

術曰：　置弧分，自乘，減一爲第一乘數。復置自乘數，減九爲第二乘數。復置自乘數，減二十五爲第三乘數。依次列之。迺置弧分乘通弦本數，爲第一數，寄左。次以半徑爲連比例第一率。通弦本數爲第二率。二率自乘，一率除之，得第三率。以第一數乘之，一率除之，得第四率。第一乘數乘之，四除之又二除之、三除之，爲第二數，寄右。次置第二數，以三率乘之，一率除之，得第六率。第二乘數乘之，四除之又四除之、五除之，爲第三數，寄左。次置第三數，以三率乘之，一率除之，得第八率。第三乘數乘之，四除之又六除之、七除之，爲第四數，寄右。第一數與第三數相并，第二數與第四數相并，左右相減即所求通弦。單位以下棄之，未至單位者依次求之。雖未至單位，如減數適足弧分自乘數而無乘數者，即以前所得數并減之，不復遞求。如三倍弧則無第三數，五倍弧則無第五數。

有矢求通弧加倍幾分之矢。凡矢之倍分，奇耦通用。

術曰：　置弧分，自乘，四倍之，減四，爲第一乘數。復置四倍自乘數，減十六，爲第二乘數。復置四倍自乘數，減三十六，爲第三乘數。依次列之。迺置弧分，自乘數乘矢本數，爲第一數，寄左。次以半徑爲連比例第一率，矢本數二乘之，爲第三率。以第一數乘之，一率除之，得第五率。第一乘數乘之，四除之又三除之、四除之，爲第二數，寄右。次置第二數，以三率乘之，一率除之，得第七率。第二乘數乘之，四除之又五除之、六除之，爲第三數，寄左。次置第三數，以三率乘之，一率除之，得第九率。第三乘數乘之，四除之又七除之、八除之，爲第四數，寄右。第一數與第三數相并，第二數與第四數相并，左右相減，即所求矢。單位以下棄之，未至單位者依次求之。雖未至單位，如減數適足四倍弧分自乘數而無乘數者，即以前所得數并減之，不復遞求。如二倍弧則無第三數，三倍弧則無第四數。

有通弦求幾分通弧之一通弦。此亦取奇數。

術曰：　置弧分，自乘，減一爲第一乘數。復置自乘數，九乘之，減一爲第二乘數。復置自乘數，二十五乘之，減一，爲第三乘數。依次列之。迺置通弦本數，以弧分除之，爲第一數。次以半徑爲連比例第一率。弧分除通弦爲第二率。二率自乘，一率除之，得第三率。二率乘之，一率除之，得第四率。第一乘數乘之，四除之又二除之、三除之，爲第二數。次置第二數，以三率乘之，一率除之，得第六率。第二乘數乘之，四除之又四除之、五除之，爲第三數。次置第三數，以三率乘之，一率除之，得第八率。第三乘數乘之，四除之又六除之、七除之，爲第四數。以諸數相并，即所求通弦。單位以下棄之，未至單位者依次求之。

有矢求幾分通弧之一矢。此亦奇耦通用。

術曰： 置弧分，自乘，四倍之，減四，爲第一乘數。復置四倍自乘數，四乘之，減四，爲第二乘數。復置四倍自乘數，九乘之，減四，爲第三乘數。依次列之。迺置弧分，自乘數除矢本數，爲第一數。次以半徑爲連比例第一率。弧分自乘數除矢本數又二乘之，爲第三率。以第一數乘之，一率除之，得第五率。第一乘數乘之，四除之又三除之、四除之，爲第二數。次置第二數，以三率乘之，一率除之得第七率。第二乘數乘之，四除之又五除之、六除之，爲第三數。次置第三數，以三率乘之，一率除之，得第九率。第三乘數乘之，四除之又七除之、八除之，爲第四數。以諸數相并，即所求矢。單位以下棄之，未至單位者依次求之。

右四術爲立法之原，杜氏九術由此推衍而歸於簡易。蓋弧與弦、矢相求，皆弧與一分之弦合。故即以弧數與弧之分數，則一分之數極微，減差亦極微，可以不計。而其所用之三率，已藏一自乘數，故不更求乘數。今所立弦、矢相求術，則弧不與弦合，析分愈少則弧弦差愈多。必當如減差以求乘數，而三率內不復更藏自乘數，方爲密合。

又，以正弦求正弦，則如通弦術，而每數内各省一四除。正矢求正矢，則矢數弧分並同，故不復省四除。法雖小異而理實相同也。遞求之次愈多，則得數愈密，故單位下仍宜加小餘數位。蓋畸零紊積，尾數易差耳。舊法求弦、矢，以立八線表，取數紆迴。五分之弦則用中比例，後更增求三分之一通弦術，用益實歸除。汪氏萊更補求五分之一通弦術，商除進退皆難遽定。

今立此術，任求幾分之弦、矢，法皆一貫。惟通弦在半徑以上、矢及正弦在半徑二之一以上者，當求得半弧之弦、矢，求之數大者又半之。故以六十度之弦、矢順次遞求一象限内之弦、矢，悉得其乘除之數並有定程，無煩詳審。句股割圜之術，蓋愈精而愈簡矣。

清·項名達《象數一原》卷五　新立求弦矢四術

知本度通弦，求他度通弦。

法以所知度爲分母，所求度爲分子。分子、母可約者約之，從簡。

論曰： 所知度即本度，所求度即他度。他度由本度而生，故本度爲分母，他度爲分子。通弦度在等邊三角形，本度即心角、界角度，亦即逐次遞加度，他度即界角相連兩形腰所當和度或較度。在遞加數，本度即遞加之分母，他度即兩根分子和數或較數。故通弦分母常與兩等邊三角及遞加數之分母等，而分子則爲其兩分子之和與較度。約度從簡者，但知他度爲本度幾分之幾便可入算，不必定以度數爲分子母。其不能約者，分子母悉從度數也。

分母自乘，與分子自乘，相減爲第一乘法。分母自乘，九乘之，與分子自乘相減，爲第二乘法。分母自乘，二十五乘之，與分子自乘相減，爲第三乘法。分母自乘，四十九乘之，與分子自乘相減，爲第四乘法。凡分母自乘内，減分子自乘者，爲正乘法。分子自乘内，減分母自乘者，爲負乘法。相減適盡者，下更無數，不須求，故亦無乘法。

論曰： 此定通弦乘法也，通弦乘法即遞加數中根層各兩數相乘四倍之數。蓋根層兩數或竝位或隔二位、隔四位，其和、較數常與分子及一分母、三分母、五分母等，故子母各自乘相減，適得兩數相乘之四倍。遞加數用以求偶層併積，併積既即弦率，今亦用以求通弦。又分子不動，分母以三、五、七等遞次加大，自乘後增爲九倍、二十五倍、四十九倍，故分母自乘必逐次增乘也。凡本度大於他度者，他度爲正負兩根相減數，本宜併，因正負異名，故以減爲併。則分子爲較、分母爲和。分母愈加而大，不能小於分子，其和、較不易。本度小於他度者，他度爲兩正根相併數，則分子爲和、分母爲較，分母漸加而大，至大於分子而和較互易。總之，母和子較者，求併積之兩數常一正一負，以其異名，乘法爲負，而求率則易爲正乘法。母較子和者，求併積之兩數皆正。以其同名，乘法爲正，而求率則易爲負乘法。與遞加法適相反也。相減適盡者，其分母爲一分，分子爲三、五、七等奇分。諸率與整數遞加相應，乘法常負。分母自三、五、七等遞加至與分子等，減必適盡。若分子爲偶分，不能減盡也。

迺置本度通弦，以分子乘之，分母除之，爲第一數。

論曰： 此求二率實數也。實數中兼有兩種數，一爲本數，一爲用數。其與遞加併積等者，乃其用數。若本數，則半徑爲一率，通弦爲二率，倍矢爲三率，用連比例遞求之。諸率本數根於本度弦、矢用數以求他度弦、矢，必先定本數後入用數，始得他度弦、矢率。今置本度通弦者，定二率本數也。分子乘分母除者，於二率本數中融入用數也。本數、用數全，是爲二率實數。

次以半徑爲連比例第一率。分母除通弦爲第二率。二率自乘，一率除之得，第三率。

論曰： 此定諸率本數之乘除法也。求率法，每求一數，遞降兩率。故必以三率爲乘法，一率爲除法。通弦既即二率本數，便宜自乘之，一率除之，以求三率。今不逕用通弦，而以分母除通弦，是二率爲分母除過之數，求得三率必爲分

母自乘除過之數。所以然者，因每次求率除法中應有一分母自乘，三率既爲除過數以乘前率而求後率，便可省去分母自乘除也。

置第一數，以三率乘之，一率除之，得第四率。第一乘法乘之，四除之又二除之，三除之，爲第二數。次置第二數，以三率乘之，一率除之，得第六率。第二乘法乘之，四除之又四除之、五除之，爲第三數。次置第三數，三率乘之，一率除之，得第八率。第三乘法乘之，四除之又六除之、七除之，爲第四數。依是遞次乘、除得各數，漸小至單位止。

論曰：此求諸率實數也。每次置前一數，以三率乘之，一率除之。是已於前率實數中，易其本數爲後率本數，而其用數尚屬前率。復依遞加數乘法乘之，除法除之，始易前率用數爲後率用數而得後率實數。術列至第四數止。如須再求，其三率一率乘除及四除每次盡同，惟遞加數乘、除法漸增而多。約言之，乘法中乘分母自乘者，挨次以各奇數自乘，除法挨次以一偶數、一奇數遞除也。單位視半徑爲升降，半徑一千萬，單位居第八位。半徑增多，則單位愈降。

第一數常爲正。第二數下，爲正乘法所得者。前一數正者正之，負者負之。爲負乘法所得者，前一數正者負之，負者正之。但有正數，併正數，即所求通弦。兼有負數，併正數與併負數相減，即所求通弦。

論曰：弦、矢率之正負與遞加併積有同有異，究其故，由乘法而別，故宜以乘法之正負定諸率之正負。乘法正，以乘正數，爲同名，得數爲正。以乘負數，爲異名，得數爲負。故前數正者正之，負者負之。乘法負，以乘正數，爲異名，得數爲負。以乘負數，爲同名，得數爲正。故前數正者負之，負者正之。

知本度矢，求他度矢。

法以所知度爲分母，所求度爲分子。

論曰：此求正矢也。凡弧矢術，所用爲通弦、正矢，故不求倍矢而以正矢相求。正矢度即倍矢度，非若正弦度得通弦度之半。度既同，求法亦同。但就倍矢以明乘、除，正矢自悉，惟數宜折半耳。矢之本度即兩等邊形角度，亦即遞加數分母，與通弦同。而求他度，則爲界角形腰所當度及遞加數諸根分子，故度分子母常與遞加數分子母等也。

分母自乘，與分子自乘相減，爲第一乘法。分母自乘四乘之，與分子自乘相減，爲第二乘法。分母自乘九乘之，與分子自乘相減，爲第三乘法。分母自乘十六乘之，與分子自乘相減，爲第四乘法。凡分母自乘內，減分子自乘者，爲正乘法。分子自乘內，減分母自乘者，爲負乘法。相減適盡者，下更無數，不須求，故亦無乘法。

論曰：此定倍矢乘法也，用分子母各自乘相減及定乘法正負，皆與通弦同法。惟分子母不爲根層兩數之和、較，而爲其半和、半較。蓋其根層遞取之兩數，常隔一、三、五、七等奇位，故必加減折半始與分子及一分母、二分母、三分母等。分母既以二、三、四、五遞加，自乘後，亦必以四、九、十六、二十五遞乘也。

置本度矢，以分子自乘乘之，分母自乘除之，爲第一數。

論曰：本度矢正矢也，爲三率本數之半。三率用數爲分子自乘，寄分母自乘。以之乘除本數，入用數，而得三率實數之半。

次以半徑爲連比例第一率，分母自乘除矢又二乘之，爲第三率。

論曰：三率爲本數，乘法乃倍矢也。正矢得其半，必二乘之方可爲遞次乘法。分母自乘除矢者，亦以省後遞次之除也。

置第一數，以三率乘之，一率除之，得第五率。第一乘法乘之，三除之、四除之，爲第二數。次置第二數，以三率乘之，一率除之，得第七率。第二乘法乘之，五除之、六除之，爲第三數。次置第三數，以三率乘之，一率除之，得第九率。第三乘法乘之，七除之、八除之，爲第四數。依是遞次乘、除得各數，漸小至單位止。

論曰：遞次先得本數，次入用數，俱等通弦。惟三率既爲實數之半，遞次乘除所得亦爲諸率實數之半。又分子母既爲根層兩數之半和半較，則乘法不加四倍，除法亦省四除，乘法中乘分母自乘者，挨次以奇偶數自乘。除法起於三除，亦挨次以一奇數一偶數遞除也。

第一數常爲正。第二數下，爲正乘法所得者，前一數正者正之，負者負之。爲負乘法所得者，前一數正者負之，負者正之。但有正數，併正數，即所求矢。兼有負數，併正數與併負數相減，即所求矢。

論曰：以乘法正負定各數正負，俱等通弦。惟遞次所得既爲各實數之半，正負併減後所得者，必爲他度倍矢之半，而得他度正矢也。

總論曰：圜中諸線，其率互通。理數精微，實難思議。酌定此二術，凡勾股割圜、六宗三要二簡法與夫杜氏九術、董氏四術，均於此得其會通焉。術中本數之乘、除，根於連比例諸率，用數之乘、除根於零、整分遞加。所以能比例者，

以同式兩等邊三角，相連次列也。所以與遞加數合者，以弧分遞加，諸率亦隨之遞加也。不拘拘倍分、析分任立一分子、母而即有三角以著其形，有遞加以範其數。奇偶錯立、和較互呈，以及正負加減之所由然，無不曲會冥符。弦與矢遂條然而各就其緒，理數之妙，固如是哉。此二術乃其本術下二術特本此變通之，以備製表之用耳。

以半徑，求逐度正弦。

法以三十度爲分母，所求度爲分子。所求度有零分者，以一千八百分爲分母，化所求度爲分，納入零分爲分子。所求度有零秒者，以十萬零八千秒爲分母，化所求度、分爲秒，納入零秒爲分子。分子、母可約者約之從簡。分母自乘，與分子自乘相減，爲第一乘法。分母自乘九乘之，與分子自乘相減，爲第二乘法。分母自乘二十五乘之，與分子自乘相減，爲第三乘法。分母自乘四十九乘之，與分子自乘相減，爲第四乘法。凡分母自乘内，減分子自乘者，爲正乘法。分子自乘内，減分母自乘者，爲負乘法。相減適盡者，下更無數，不須求，故亦無乘法。

乃置半徑，以分子乘之，分母除之，二除之，爲第一數。次置第一數，以第一乘法乘之。分母自乘除之，四除之、二除之、三除之爲第二數。次置第二數，以第二乘法乘之。分母自乘除之，四除之、四除之、五除之爲第三數。次置第三數，以第三乘法乘之。分母自乘除之，四除之、六除之、七除之，爲第四數。第一數爲正。第二數下，爲正乘法所得者，前一數正者正之，負者負之。爲負乘法所得者，前一數正者負之，負者正之。但有正數，併正數，即所求正弦。兼有負數，併正數與併負數相減，即所求正弦。

以半徑，求逐度正矢。

法以六十度爲分母，所求度爲分子。所求度有零分者，以三千六百分爲分母，化所求度分爲秒，納入零分爲分子。所求度有零秒者，以二十一萬六千秒爲分母，化所求度分爲秒，納入零秒爲分子。分子、母可約者約之從簡。分母自乘與分子自乘相減，爲第一乘法。分母自乘四乘之，與分子自乘相減，爲第二乘法。分母自乘九乘之，與分子自乘相減，爲第三乘法。分母自乘十六乘之，與分子自乘相減，爲第四乘法。分子自乘内減分母自乘者，爲正乘法。分子自乘内減分母自乘者，爲負乘法。凡相減適盡者，下更無數，不須求，故亦無乘法。

乃置半徑，以分子自乘乘之，分母自乘除之，二除之，爲第一數。次置第一數，以第一乘法乘之，分母自乘除之，三除之、四除之，爲第二數。次置第二數，以第二乘法乘之，分母自乘除之，五除之、六除之爲第三數。次置第三數，以第三乘法乘之，分母自乘除之，七除之、八除之，爲第四數。第一數常爲正。第二數下，爲正乘法所得者，前一數正者正之，負者負之。爲負乘法所得者，前一數正者負之，負者正之。但有正數，併正數即所求正矣。兼有負數，併正數與併負數相減，即所求正矢。

論曰：　弦矢術每求一數有兩種乘除，其除法常不易，乘法則隨本度、他度而定。依本度得三率而定本數乘法，以本度校他度得分子母而定用數乘法，二者固不能省也。顧念六十度通弦、正矢即半徑，若用爲本度則一率半徑與二率通弦、三率倍矢皆等，可以省本數乘除。但校定分子母，依遞加數乘除之，祇一半徑，而一象限逐度分杪之弦、矢，無不得矣。圜中諸線之交通固由於通弦、倍矢而正弦、矢實爲八線之宗，其用最廣。因立術求之，術中乘除加減，與前二術大略相同。所異者，正弦術半其本度爲分母。第一數中，弦矢皆增二除。求各數，省去本數乘除外，各增分母自乘之除耳。半本度爲分母者，正矢、倍矢同在一度，而正弦度則得通弦度之半。今定六十爲本度，欲求他度，必須求倍他度通弦，折半而後得。不倍他度，而半本度分子母，比例亦同。故求正矢即以六十度爲分母。求正弦則以三十度爲分母也。增二除者，半徑乃本度通弦倍矢，求諸數減併後折半，方得他度正弦矢。今第一數先以二除，一數半則諸數皆半，後不煩折也。增分母自乘除者，遞加數本法。每降一率，必分母除之，降兩率必分母自乘除之。前二術無此除者，因所用三率業經除過。今既不用三率，則不能省此除也。

又　卷六　弦矢求八綫術

正弦求正切。

法以正弦爲第一數。次以半徑爲一率，正弦爲二率。二率自乘，一率除之，得三率。置第一數，以三率乘之，一率除之，得四率。二除之，爲第二數。次置第二數，以三率乘之，一率除之，得六率。三乘之，四除之，爲第三數。次置第三數，以三率乘之，一率除之，得八率。五乘之，六除之，爲第四數。次置第四數，以三率乘之，一率除之，得十率。七乘之，八除之，爲第五數。如是遞乘遞除，求至單位下止，併諸數即正切。

正弦求正割。

法以半徑爲第一數。次以半徑爲一率，正弦爲二率。二率自乘一率除之得

三率二除之爲第二數置第二數以三率乘之，一率除之，得五率。三乘之，四除之，爲第三數。次置第三數，以三率乘之，一率除之，得七率。五乘之，六除之，爲第四數。次置第四數，以三率乘之，一率除之，得九率。七乘之，八除之，爲第五數。如是遞乘遞除，求至單位下止，并諸數即正割。

正弦求正矢、餘弦。

法以半徑爲一率，正弦爲二率。二率自乘，一率除之，得三率。二除之，爲第一數。置第一數，以三率乘之，一率除之，得五率。四除之，爲第二數。次置第二數，以三率乘之，一率除之，得(第)七率。三乘之，六除之，爲第三數。次置第三數，以三率乘之，一率除之，得九率。五乘之，八除之，爲第四數。次置第四數，以三率乘之，一率除之，得十一率。七乘之，十除之，爲第五數。如是遞乘遞除，求至單位下止。并諸數即正矢，正矢減半徑即餘弦。

正弦求餘割、餘切。

法以半徑自乘，正弦除之，得餘割。又以正弦二除之，爲第一數。次以半徑爲一率，正弦爲二率。二率自乘，一率除之，得三率。置第一數，以三率乘之，一率除之，得四率。四除之，爲第二數。次置第二數，以三率乘之，一率除之，得六率。三乘之，六除之，爲第三數。次置第三數，以三率乘之，一率除之，得八率。五乘之，八除之，爲第四數。次置第四數，以三率乘之，一率除之，得十率。七乘之，十除之，爲第五數。如是遞乘遞除，求至單位下止。并諸數以減餘割即餘切。

上以正弦求者，四術可得六綫。其餘矢一綫，正弦減半徑即得，不須求也。

正矢求餘切。

法以正矢減半徑爲第一數。次以半徑爲一率，正矢減半徑爲二率。二率自乘，一率除之，得三率。置第一數，以三率乘之，一率除之，得四率。二除之，爲第二數。次置第二數，以三率乘之，一率除之，得六率。三乘之，四除之，爲第三數。次置第三數，以三率乘之，一率除之，得八率。五乘之，六除之，爲第四數。次置第四數，以三率乘之，一率除之，得十率。七乘之，八除之，爲第五數。如是遞乘遞除，求至單位下止，并諸數即餘切。

正矢求餘割。

法以半徑爲第一數。次以半徑爲一率，正矢減半徑爲二率。二率自乘，一率除之，得三率。二除之，爲第二數。置第二數，以三率乘之，一率除之，得五率。三乘之，四除之，爲第三數。次置第三數，以三率乘之，一率除之，得七率。五乘之，六除之，爲第四數。次置第四數，以三率乘之一率除之，得九率。七乘之，八除之，爲第五數。如是遞乘遞除，求至單位下止，并諸數即餘割。

正矢求正弦、餘矢。

法以半徑爲一率，正矢減半徑爲二率。二率自乘，一率除之，得三率。二除之，爲第一數。置第一數，以三率乘之，一率除之，得五率。四除之，爲第二數。次置第二數，以三率乘之，一率除之，得七率。三乘之，六除之，爲第三數。次置第三數，以三率乘之，一率除之，得九率。五乘之，八除之，爲第四數。次置第四數，以三率乘之，一率除之，得十一率。七乘之，十除之，爲第五數。如是遞乘遞除，求至單位下止，并諸數即餘矢。餘矢減半徑即正弦。

正矢求正割、正切。

法以半徑自乘，正矢減半徑除之，得正割。又以正矢減半徑，二除之，爲第一數。次以半徑爲一率，正矢減半徑爲二率。二率自乘，一率除之，得三率。置第一數，以三率乘之，一率除之，得四率。四除之，爲第二數。次置第二數，以三率乘之，一率除之，得六率。三乘之，六除之，爲第三數。次置第三數，以三率乘之，一率除之，得八率。五乘之，八除之，爲第四數。次置第四數，以三率乘之，一率除之，得十率。七乘之，十除之，爲第五數。如是遞乘遞除，求至單位下止，并諸數以減正割即正切。

上以正矢求者，四術亦得六綫。其餘弦一綫，即正矢減半徑數，用爲二率者也。

正矢減半徑既即餘弦，以求諸綫自與正弦等。惟互爲正餘八術，實祇四術也。正弦之求正割較正切升一率，求餘切較餘弦升一率，而其術則等。正矢之求餘割、正切亦然。四術實祇二術也。今備列之，亦便於取用耳。

清・徐有壬《割圜八綫綴術》卷二 術曰：正弦自乘，全徑除之，爲第一數。第一數自之，全徑除之，爲第二數。倍第一數加第二數，以第二數乘之全徑除之，爲第三數。倍第一、第二數加第三數，以第三數乘之，全徑除之，爲第四數。順是以下倣此，推求至若干數，并之爲所求正矢也。圖解如下。

先作甲癸長方形。取壬庚如壬癸，作庚寅綫。作甲癸對角斜綫，切庚寅於辛。過辛點，作乙子平行綫。

此表正弦冪，以全徑除之，得第一數也。

圖中甲壬爲全徑，壬癸爲正矢。取壬庚等於壬癸，則壬庚亦爲正矢，甲寅方爲兩矢相乘方。蓋庚寅亦與壬癸正矢等也。凡兩矢相乘方，與正弦冪等。潛案：正矢減全徑爲大矢，正弦爲其中率，故兩矢相乘與弦冪等。故甲寅方亦即正弦方，而甲寅方又即甲子方。蓋兩形中，除甲辛方相同不計外，乙寅爲甲卯癸句股形所容之長方，庚子爲甲壬癸句股形所容之長方。兩方角交於辛點，則兩積未有不等者。是甲子亦即正弦自乘方，故以甲壬除之，得壬子。甲壬者，全徑也。故壬子爲第一數也。

次取庚丁如庚辛，即壬子。作丁工綫，交乙子綫於戊。次作甲寅對角綫，此綫必過戊點。次作乙癸斜綫，此綫必過己點。

此表第一數自乘方，全徑除之，爲第二數也。圖中，庚辛即第一數，取庚丁如庚辛，則庚丁亦爲第一數，而庚戊方爲其自乘方也。此方即戊卯方，亦以庚戊方爲甲庚寅句股所容正方，戊卯方爲甲卯寅句股所容長方，兩方角交於戊點故。而戊卯方又即乙丑方。兩形中除乙己方相同不計外，丙工爲乙卯癸句股所容長方，戊丑爲乙子癸句股所容長方，兩方角交於己點故。故以甲壬全徑即乙子。除之，得子丑爲第二數也。

次取己未等於戊己，即子丑第二數。作未辰綫。

次取辛元等於未辰，作元兑綫。

此表倍第一數加第二數，以第二數乘之，全徑除之，爲第三數也。圖中，戊己爲第二數，取己未等於戊己，亦爲第二數。而丁未方爲第二數戊己加第一數丁戊以第二數己未乘之之積，即子兑積。子辛等於丁工，取辛元等於未辰，即己工，故元子亦必等於丁己。而辛己方爲第二數戊己。乘第一數丁戊。之積，并前子兑積，爲倍第一數加第二數以第二數乘之之積。在戊丑方少一辛兑方，又戊丑方即己卯方，戊丑爲乙子癸句股所容長方，己卯爲乙卯癸句股所容長方，兩方角交於己點故。即較

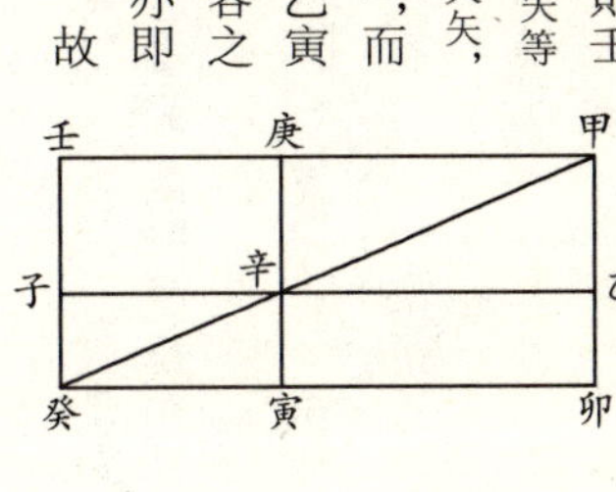

己卯方少一辛兑。而辛兑即己辰方，己未與元兑同爲第二數，未辰又與辛元等。即較己卯方少一己辰方，實即未卯方也。未卯方又即丙酉方，兩形除丙午相同外，午卯爲丙卯癸句股所容長方，午丑爲丙丑癸句股所容長方，兩方角交於午點故。故以丙丑即甲壬。除之，得丑酉爲第三數也。

觀前圖既知立法之巧矣。而以爲各求式所從生者，何也？蓋前術可列爲比例式也。式如下。

全徑　全徑　　全徑

正弦　第一數　第二數　第三數

正弦　第一數　倍第一數加第二數　倍第一數加第二數加第三數

第一數　第二數　第三數　第四數

既有此式，乃如法求之：

命全徑爲倍連比例第一率，正弦爲連比例第二率。如前比例式入之，得弦求矢式。

弧矢弦相求分部

綜論

清・明安圖《割圜密率捷法》卷三

弧背求通弦率數法解

弧，圜綫也；弦，直綫也。二者不同類也。不同類，雖析之至于無窮，不可以一之也。然則終不可相求乎？非也。弧與弦雖不可以一之，苟析之至于無窮，則所以不可一之故見矣。得其不可一之故，即可因理以立法，是又未嘗不可以一之也。何爲而不可相求乎？今取百分、千分、萬分弧通弦率數比例相較，而得弧背求通弦之率數。其法既確然無疑，而其數，視求各分弧通弦率數，轉爲簡易。于此，見數理自然之變化，誠非人之智力所能測也。其法詳著

于後。

法以百分、千分、萬分弧共二率數爲二率，百分弧以一百爲一率，千分、萬分弧以一千、一萬各爲二率。以求各率分數。求四率分數，以百分弧二率共數一百自乘，得一萬爲三率數。連比例二率自乘，一率除之，得三率。今二率爲一百，一率仍爲一，一除實，得原數，故二率自乘，即得三率數也。四率仿此。再乘，得一百萬爲四率數，爲實。置百分弧四率分數，四分四率之一六六六五〇。四歸之，得四一六六二小餘五。爲應減四率數，爲法。法除實，得二十四。〇〇二四不盡。是全四率爲應減四率之二十四倍有餘，應減四率爲全四率二十四分之一不足也。

次以千分弧二率共數一千自乘，得一百萬爲三率數。再乘，得十億，爲四率數爲實。置千分弧四率分數，四分四率之一六六六六六五〇〇。四歸之，得四一六六六六二五〇〇。爲應減四率數，爲法。法除實，得二十四分。〇〇〇〇二四不盡。是全四率亦爲應減四率之二十四倍有餘，應減四率亦爲全四率二十四分之一不足。但有餘、不足之差，較百分弧則微耳。

次以萬分弧二率共數一萬自乘，得一億爲三率。再乘，得一兆，爲四率數，爲實。置萬分弧四率分數，一六六六六六六六五〇〇〇。四歸之，得四一六六六六六六二五〇爲應減四率分數，爲法。法除實，得二十四分。〇〇〇〇〇〇二四不盡。是全四率仍爲應減四率之二十四倍有餘，應減四率仍爲全四率二十四分之一不足，但差數較千分弧愈微耳。

夫二十四分之數不改，惟奇零之差，逼弧愈近則愈微。若徑以弧背爲二

二率一

率，則奇零必盡而爲二十四分整數矣，爰定弧背求通弦應減之四

二四 四率一減

率爲二十四分之一焉。蓋累求而奇零不盡者，此弧綫直綫之所以不可一也。去奇零而用整分者，因其不可一而得其所以可一也。

次求六率分數。以百分弧四率數，前四歸四率分數所得四一六六二，小餘五。與三率一萬相乘，得六率數，四一六六二五〇〇〇。爲實。置百分弧六率共分數，三三三〇〇〇〇三〇。以第一分母四歸之，又以第二分母十六除之，得數五二〇三一二五，小餘不用。爲應加六率數，爲法。法除實，得八十分。〇七不盡。

又捷法：置原四率共分數，一六六六五〇。以三率一萬乘之，得六率分數，一六六六五〇〇〇〇〇。爲實。置六率共分數，以第二分母十六除之，得數二〇八一二五〇一，小餘不用。爲應加六率分數，與四率同母。爲法。法除實，得數同前。第一分母數四，兩率所同，故法實各省一除，而得數無異。後俱用此法，若分母同二、三次或四、五次者，皆仿此。

是以應減四率分數求得六率分數，爲應加六率分數之八十倍有餘，而應加六率分數爲應減四率分數求得六率分數八十分之一不足也。後同。

次置千分弧四率共分數，一六六六六六五〇〇。以三率百萬乘之，得六率分數，一六六六六六五空八位。爲實。置六率共分數，三三三三三三〇〇〇〇〇三〇〇。以第二分母十六除之，得數二〇八三三二二五〇〇〇一八。爲應加六率分數，與前率同母。後仿此。爲法。法除實，得八十分。〇〇〇七不盡。

次置萬分弧四率共分數，一六六六六六六六五〇〇〇。以三率一億乘之，得六率分數，一六六六六六六六五空十一位。爲實。置六率共分數，三三三三三三三三〇〇〇〇〇〇〇〇三〇〇〇。以第二分母十六除之，得數二〇八三三三三三一二五〇〇〇〇〇一八七。爲應加六率分數，爲法。法除實，得八十分。〇〇〇〇〇七不盡。是八十分之數不改，而奇零之差愈推愈微，爰定弧背求通弦應加之六率爲二十四分之一又八十分一分之一焉。四率分數求得六率分數已爲二十四分之一，六率分數取應加分數又爲八十分之一，故應加六率爲全六率二十四分之一又八十分一分之一焉。

四〇

二八〇 六率一加

求八率分數。置百分弧六率共分數，見前。以三率一萬乘之，得八率分數，三三三三〇〇〇〇三〇，截去末四位，便算。爲實。置八率共分數，三一六三五〇二，截去末四位。以第三分母第一、第二分母兩率俱同。十六除之，得數一九七七一八八。爲應減八率分數，爲法。法除實，得一百六十八分。四二不盡。

次置千分弧六率共分數，以三率百萬乘之，得八率分數，三三三三三〇〇〇〇〇三〇〇，截去末六位。爲實。置八率共分數，三一七四四九二〇六四三一四，截去末六位。以第三分母十六除之，得數一九八四〇五七五四〇一九。爲應減八率分數，爲法。法除實，得一百六十八分。〇〇四二不盡。

次置萬分弧六率共分數，以三率一億乘之，得八率分數，三三三三三三三〇〇〇〇〇〇〇〇，截去末十二位。爲實。置八率共分數，三一七四六〇二〇六三四九二一，截去末十二位。以第三分母十六除之，得數一九八四一二六二八九六八二。爲應減八率分數，爲法。法除實，得一百六十八分，〇〇〇〇四二，不盡。是一百六十八分之數不改，而奇零之差愈推愈微，爰定弧背求通

弦應減之八率爲二十四分之一又八十分一分之一又一百六十八分一分之一焉。六率分數求得八率分數爲二十四分之一又八十分一分之一，八率分數取應減分數又爲一百六十八分之一，故應減八率分數爲全八率二十四分之一又八十分一分之一又一百六十八分一分之一。後仿此。

八率 二四 八〇 一六八 一減

求十率分數。置百分弧八率共分數，以三率一萬乘之，得十率分數，三一六三五〇〇二八五〇〇，截去末四位。爲實。置十率共分數，一七四八八八四〇七五，截去末四位。以第四分母數十六除之，得數一〇九三〇五五二五四。爲應加十率分數，爲法。法除實，得二百八十九分。四一不盡，自十率後所得分數奇零之差，百分弧尚差至單位，千分弧則皆在單位下矣。

次置千分弧八率共分數，以三率一百萬乘之，得十率分數，三一七四四九二〇六四三一，截去末十三位。爲實。置十率共分數，一七六三五二〇二八五六，截去末十三位。以第四分母十六除之，得數一一〇二二〇〇一七八。爲應加十率分數，爲法。法除實，得二百八十八分。〇一四，不盡。次置萬分弧八率共分數，以三率一億乘之，得十率分數，三一七四六〇二〇六三四九二一，截去末二十位。爲實。置十率共分數，一七六三六六六九四八八五三，截去末二十位。以第四分母十六除之，得數一一〇二二九一八四三〇三。爲應加十率分數，爲法。法除實，得二百八十八分，〇〇〇一四，不盡。是二百八十八分之數不改，而奇零之差愈推愈微，爰定弧背求通弦應加之十率爲二十四分之一又八十分之一分之一又一百六十八分一分之一又二百八十八分一分之一焉。

十率 二四 八〇 一六八 二八八 一加

求十二率分數。置百分弧十率共分數，以三率一萬乘之，得十二率分數，一七四八八八四〇七五，截去末八位。爲實。置十二率共分數，六三〇八〇八一四九，截去末八位。以第五分母數十六除之，得數三九四二五五〇九。爲應減十二率分數，爲法。法除實，得四百四十三分。五九不盡。

次置千分弧十率共分數，以三率一百萬乘之，得十二率分數，一七六三五二〇二八五六六八四，截去末十六位。爲實。置十二率共分數，六四一二二八一六〇一九一，截去末十六位。以第五分母數十六除之，得數四〇〇七六〇〇一一。爲應減十二率分數，爲法。法除實，得四百四十分〇三五，不盡。

次置萬分弧十率共分數，以三率一億乘之，得數一七六三六六六九四八八五三九六三，截去末二十五位。爲實。置十二率共分數，六四一三三二九一六四六六八一，截去末二十五位。以第五分母十六除之，得數四〇〇八三三〇七二九一七，爲應減十二率分數，爲法。法除實，得四百四十分。〇〇〇三五，不盡。是四百四十分之數不改，而奇零之差愈推愈微，爰定弧背求通弦應減之十二率爲二十四分之一又八十分一分之一又一百六十八分一分之一又二百八十八分一分之一又四百四十分一分之一焉。

十二率 二四 八〇 一六八 二八八 四四〇 一減

求十四率分數。置百分弧十二率共分數，以三率一萬乘之，得十四率分數，六三〇八〇八一四九六二〇四，截去末八位。爲實。置十四率共分數，一五九七八八五五六六九，截去末八位。以第六分母十六除之，得數九九八六七八四七九一。爲應加十四率分數，爲法。法除實，得六百三十一分六四，不盡。

次置千分弧十二率共數，以三率一百萬乘之，得十四率分數，六四一二二八一六〇一九一〇〇，截去末二十位。爲實。置十四率共分數，一六四三九七五八二四五七，截去末二十位。以第六分母十六除之，得數一〇二七四八四八九〇三五。爲應加十四率分數，爲法。法除實，得六百二十四分。〇七五，不盡。

次置萬分弧十二率共分數，以三率一億乘之，得數六四一三三二九一六四六六八一二七六，截去末三十位。爲實。置十四率共分數，一六四四四四一三八五七七九四四五，截去末三十位。以第六分母十六除之，得數一〇二七七五八六六一二一五。爲應加十四率分數，爲法。法除實，得六百二十四分。〇〇〇七五，不盡。是六百二十四分之數不改，而奇零之差愈推愈微，爰定弧背求通弦應加之十四率爲二十四分之一又八十分一分之一又一百六十八分一分之一又二百八十八分一分之一又四百四十分一分之一又六百二十四分一分之一焉。

十四率 二四 八〇 一六八 二八八 四四〇 六二四 一加

求十六率分數。置百分弧十四率共分數，以三率一萬乘之，得十六率分數，一五九七八八五五六六九二四，截去末十位。爲實。置十六率共分數，二九九二一五四八五八三一，截去末十位。以第七分母十六除之，得數一八七〇〇九六七八六四。爲應減十六率分數，爲法。法除實，得八百五十四分四四，不盡。

次置千分弧十四率共數，以三率一百萬乘之，得十六率分數，一六四三九七五八二四五七三三，截去末二十五位。爲實。置十六率共分數，三一三〇八五三三一九三

五，截去末二十五位。以第七次分母十六除之，得數一九五六七八三三二四五。爲應減十六率分數，爲法。法除實，得八百四十分。一四，不盡。

次置萬分弧十四率共分數，以三率一億乘之，得十六率分數，一六四四四一三八五七七九四四五，截去末三十八位。爲實。置十六率共分數，三二三二六四〇一

二四 八〇 一六八 二八八 四四〇 六二四 八四〇 十六率 一減

二七一二四，截去末三十八位。以第七次分母十六除之，得數一九七六六五〇〇七九四四。爲應減十六率分數，爲法。法除實，得八百四十分。〇〇一四，不盡。是八百四十分之數不改，而奇零之差愈推愈微，爰定弧背求通弦應減之十六率爲二十四分之一又八十分一分之一又一百六十八分一分之一又二百八十八分一分之一又四百四十分一分之一又六百二十四分一分之一又八百四十分一分之一焉。

各率分數既定，則有圜半徑及弧背之數，求通弦之數易易矣。然先求得各率全數，次按分母數除之，六率而後分母遞加，則不勝其繁。今按各率分數，即各率全數用分母除得之數，若用以求後率，則只用遞加之一分母除之，即可得後率分數，布算甚爲省便。乃定有圜半徑及弧背求通弦之法。

以半徑爲連比例第一率，弧背爲連比例第二率，求得四率。取其二十四分之一，爲應減分數。又以應減之四率分數求得六率分數，取其八十分之一爲應加分數。又以應加之六率分數求得八率分數，取其一百六十八分之一爲應減分數。又以應減之八率分數求得十率分數，取其二百八十八分之一爲應加分數。又以應加之十率分數求得十二率分數，取其四百四十分之一爲應減分數。又以應減之十二率分數求得十四率分數，取其六百二十四分之一爲應加分數。又以應加之十四率分數求得十六率分數，取其八百四十分之一爲應減分數。按：圜半徑一千萬，弧背求通弦至八率已足用，惟通弦求弧背須至十六率。而通弦求弧背，即弧背求通弦之數而轉用之，故弧背求通弦亦取至十六率。然後，以各應加之數與弧背相併，各應減之數相併，兩總數相減，即得通弦之數。

又各分母數遞加則漸大。今復析爲小數，且使其順序，以便取用。試將分母均以四歸之，則二十四得六，八十得二十，一百六十八得四十二，二百八十八得七十二，四百四十得一百一十，六百二十四得一百五十六，八百四十得二百一十。而六爲二、三相乘之數，二十爲四、五相乘之數，四十二爲六、七相乘之數，七十二爲八、九相乘之數，一百一十爲十、十一相乘之數，一百五十六爲十二、十三相乘之數，二百一十爲十四、十五相乘之數。是四歸爲各率之所同，四率則加二歸、三歸。三數除三次，與三數連乘、除一次者同。六率則加四歸、五歸，八率則加六歸、七歸，十率則加八歸、九歸，十二率則加十除、十一除，十四率則加十二除、十三除，十六率則加十四除、十五除。依次遞加一數以爲法，易知而便於記憶，莫有過於此者。且由此而推之，則十八率之加十六除、十七除，二十率之加十八除、十九除，以至於無窮，皆可得而定矣。

弧背正弦相求法解

三角形八綫用正弦，而不用通弦。今按弧背通弦相求之法，省一四歸，即弧背正弦相求之法。圖解如左。

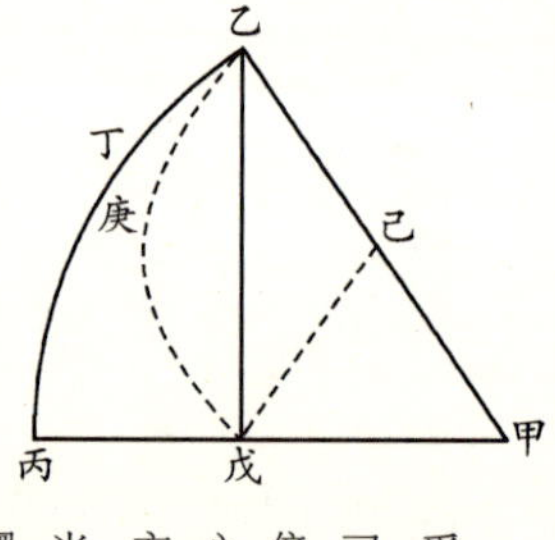

如圖，甲爲圜心，甲乙、甲丙皆爲半徑。乙丁丙爲弧背，乙戊爲正弦。試將甲乙半徑平分于己，自己至戊作己戊綫，與甲己、乙己等。甲乙戊爲勾股形，倍之爲直角長方形。直角長方形内兩對角斜綫必交于中心，自中心至四角必皆相等。己戊與甲己、乙己皆爲直角長方形内中心至四角綫，故皆相等。乃以己爲心，己乙爲半徑，作乙庚戊弧與乙丁丙弧等。己乙小圜半徑爲大圜半徑之半，若小圜角與大圜角等，則小圜角所當弧背必爲大圜角所當弧背之半。今甲己戊三角形，己甲、己戊二邊等，甲戊二角亦等，併甲戊二内角與己一外角等。是小圜之乙己戊爲大圜甲角之倍，則小圜己角所當乙庚戊弧必與大圜甲角所當乙丙弧相等，無疑矣。則乙丁丙弧之正弦乙戊，即爲乙庚戊弧之通弦矣。故以乙丁丙弧之數爲乙庚戊弧之數，求得乙庚戊弧之通弦乙戊即，乙丁丙弧之正弦。以乙丁丙弧之正弦乙戊爲乙庚戊弧之通弦，求得乙庚戊弧之數，即乙丁丙弧之數也。然用小圜，乙庚戊弧乙戊通弦亦當用小圜乙己半徑。今仍用大圜甲乙半徑，是用倍半徑爲首率矣，求得三率必爲二歸之數。再以一率與三率爲比，必爲兩次二歸之數。是逐次比例之中已默寓一四歸矣。故弧背、通弦相求之法，省一四歸，即爲弧背正弦相求之法也。

通弦求弧背法解

弧背求通弦率數既定，用其率數反求之，即可得通弦求弧背率數。

法以圜半徑爲連比例第一率，弧背求通弦共率數爲連比例第二率，求得第

四、第六等各率數，按弧背求通弦共率數內所少率數遞加之，詳見後。至得一整二率而止。又另借一根爲通弦，爲連比例第二率。與前對求得各率遞加之，至十六率而止。其所得之共率數，即通弦求弧背之率數也。蓋通弦率數由弧背而得，而弧背率數又即因通弦率數而定，其環轉相生之妙，亦猶求二分弧通弦率數。前二法之義也。其求各率及遞加之法，俱與前同。茲具算式於後。至其中數，有與前不同者，則詳言之，以備參考。

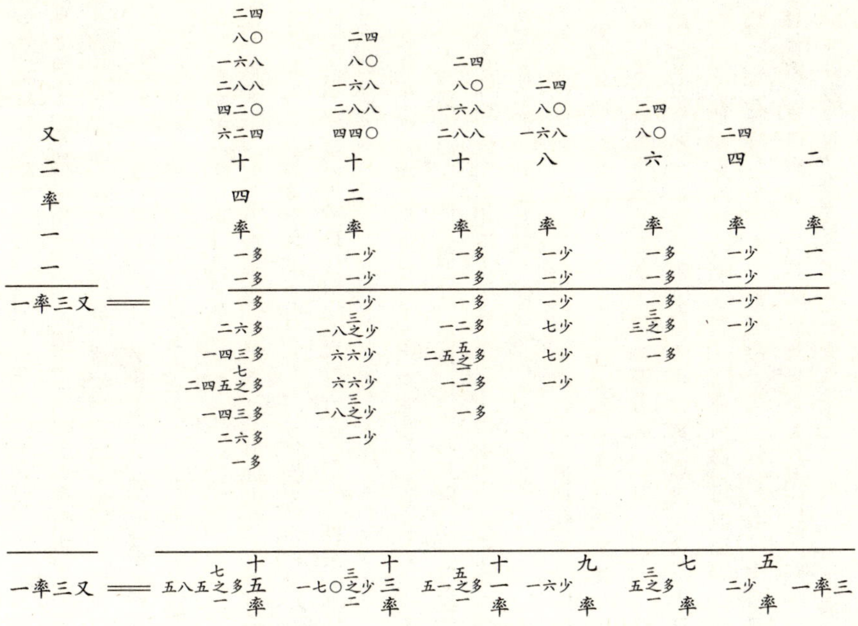

率	分母	乘數	得數
二率		一；一	一
四率	二四	一少；一少	一少、一少
六率	二四、八〇	一多；一多	一多、三三之一多、一多
八率	二四、八〇、一六八	一少；一少	一少、七少、七少、一少
十率	二四、八〇、一六八、二八八	一多；一多	一多、一二多、二五五之二多、一二多、一多
十二率	二四、八〇、一六八、二八八、四四〇	一少；一少	一少、一八三之一少、六六少、六六少、一八三之一少、一少
十四率	二四、八〇、一六八、二八八、四二〇、六二四	一多；一多	一多、二六多、一四三多、二四五七之一多、一四三多、二六多、一多

又二率一一

一率三又 ＝＝

一率三又 ＝＝

一率三	五率	七率	九率	十一率	十三率	十五率
	二少	五三之一多	一六少	五一五之一多	一七〇三之二少	五八五七之一多

此二率求三率式也。各率全數或分數相乘，得所求各率相當之分數，其理同前。但前分母數俱同，今各母數多寡迥殊，則得數多奇零不盡者，茲畧舉數端以明之。如二十四分四率之一自乘，一率除之，應得二十四分又二十四分七率之一。今七率之上，原分母爲二十四分又八十分。其第一次分母二十四分同者不論，以第二次分母二十四分與八十分比之，則爲一與三又三分之一，故得七率分數爲三分又三分之一也。

又如二十四分又八十分六率之一自乘，一率除之，應得二十四分又八十分

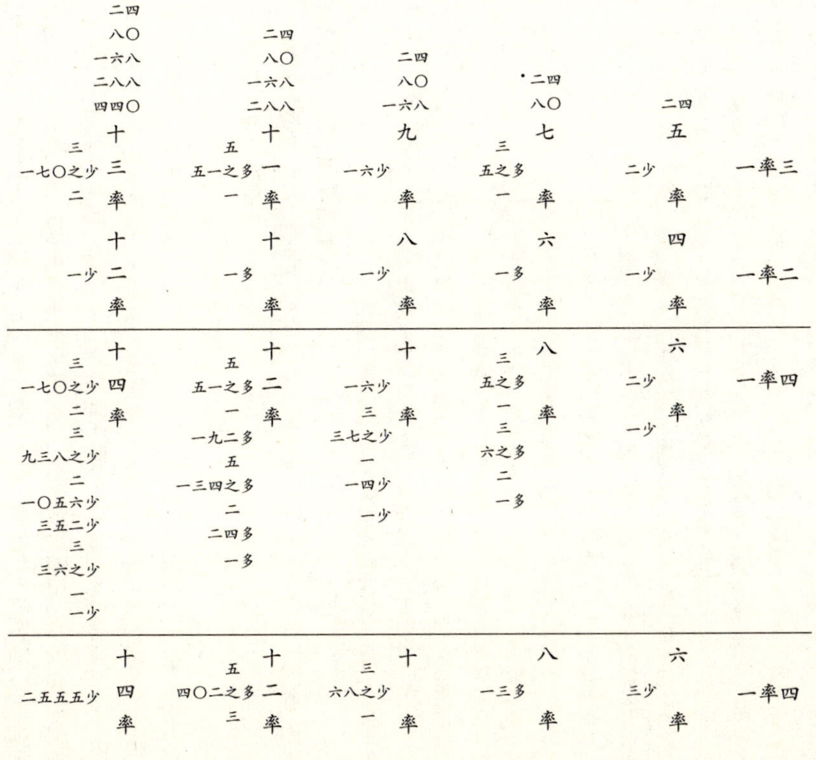

	五率	七率	九率	十一率	十三率
分母	二四	二四、八〇	二四、八〇、一六八	二四、八〇、一六八、二八八	二四、八〇、一六八、二八八、四四〇
一率三	二少	五三之一多	一六少	五一五之一多	一七〇三之二少

	四率	六率	八率	十率	十二率
一率二	一少	一多	一少	一多	一少

	六率	八率	十率	十二率	十四率
一率四	二少、一少	五三之一多、六三之二多、一多	一六少、三七三之一少、一四少、一少	五一五之一多、一九二多、一三四五之二多、二四多、一多	一七〇三之二少、九三八三之二少、一〇五六少、三五二少、三六三之一少、一少

	六率	八率	十率	十二率	十四率
一率四	三少	一三多	六八三之一少	四〇二五之三多	二五五五少

又二十四分又八十分十一率之一。今十一率之上，原分母第一次、第二次俱同。第三次則爲一百六十八分，第四次則爲二百八十八分。以二十四分又八十分與一百六十八分又二百八十八分比之，以二十四、八十相乘爲一率，一百六十八、二百八十八相乘爲二率，一分爲三率，乘、除求四率。則爲一與二十五又五分之一，故得十一率分數爲二十五分又五分之一也。

又如二十四分又八十分又一百六十八分八率之一與二十四分又八十分六率之一相乘，一率除之，應得二十四分又八十分又一百六十八分又二十四分又八十分十三率之一。今十三率之上，原分母數第一、第二、第三次同。第四次則爲二百八十八分，第五次則爲四百四十分以二十四分又八十分與二百八十八分又四百四十分比之，同上。則爲一與六十六，故得十三率分數爲六十六也。

二四八〇一六八二八八四四〇六二四十五率 多五八五之一/七
十四率 多一
一率三又
一率二又
一率四又 ═══ 十六率 多五八五之一/七 多四四三七之一/三 多七三二一之三/五 多三九二二之二/七 多七六二之二/三 多五二 多一
一率四又 ═══ 十六率 多一七〇八二五之一/三十

又如八率之一分自乘，一率除之，應得二十四分又八十分又一百六十八分又二十四分又八十分又一百六十八分十五率之一。今十五率之上，原分母前三次俱同。第四次則爲二百八十八分，第五次則爲四百四十分，第六次則爲六百二十四分。以二十四分又八十分又一百六十八分與二百八十八分又四百四十分又六百二十四分比之，二十四、八十、一百六十八三數連乘爲一率，二百八十八、四百四十、六百二十四三數連乘爲二率，一分爲三率，乘、除求四率。則爲一與二百四十五又七分之一，故得十五率分數爲二百四十五分又七分之一也。餘皆仿此推之。

建功案：二率自乘，一率除之，得三率。法以二率，副置上下二位，使各率全數横列七行。自左而右，上下相當。挨次偏乘上位，其乘得數與乘得之率數亦挨次遞降。乘訖，各併各率所乘諸數，即爲求得之三率各率數也。其法與前

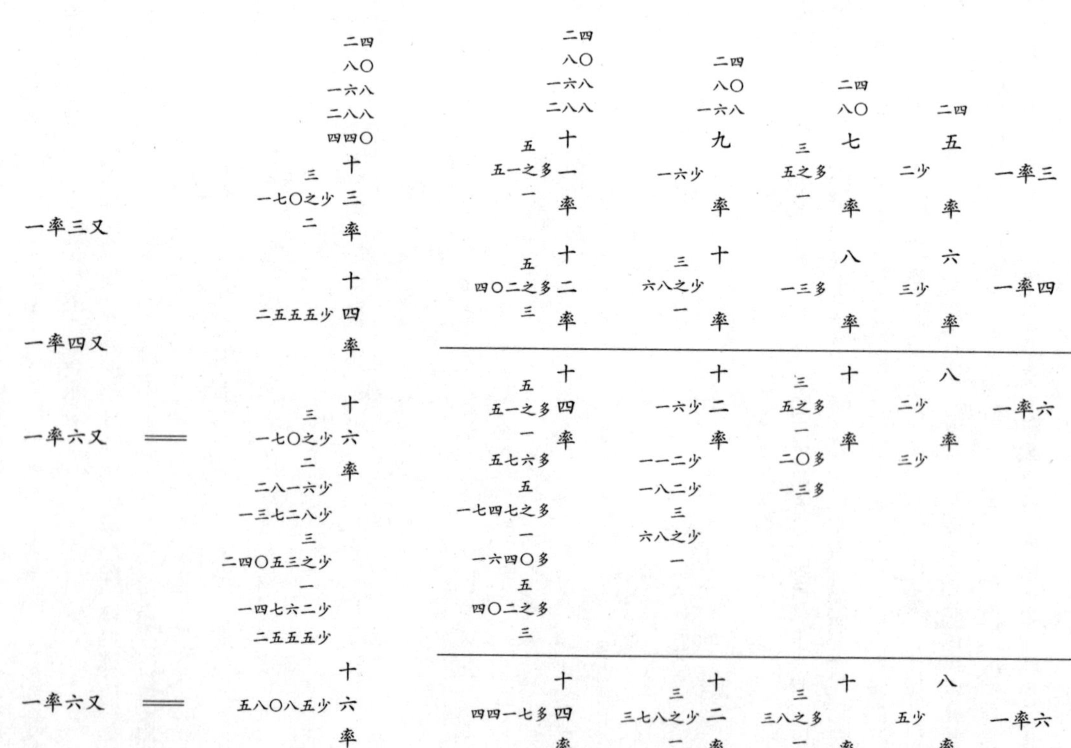

並同，惟此有分母，各率之母數多寡迥異。試以各行所寄之母數詳言之，俾各率求法，悉通爲一律。

據本法，以二十四分爲第二行除法。其自第二行起者，因第一行恒爲一，無分母也。以八十分、一百六十八分、二百八十八分、四百四十分爲第二行乘各率之總母。以二十四分、八十分相乘，爲第三行除法。以一百六十八分、二百八十八分相乘，爲第三行自乘總母。以二百八十八分、四百四十分相乘，爲第三、第四兩行相乘總母。以四百四十分、六百二十四分相乘，爲第三、第五兩行相乘總母。以二十四分、八十分、一百六十八分相乘，爲第四行除法。以二百八十八分、四百四十分、六百二十四分相乘爲第四行自乘總母。蓋以下位第二行乘上

一率三	二四 五率 二少	二四 八〇 七率 三 五之多 一	二四 八〇 一六八 九率 一六少	二四 八〇 一六八 二八八 十一率 五 五一之多 一	一率三又
一率六	八率 五少	十率 三 三八之多 一	十二率 三 三七八之少 一	十四率 四四一七多	一率六又
一率八	十率 二少 五少	十二率 三 五之多 一 三 三三之多 一 三 三八之多 一	十四率 一六少 三 一八六之少 二 三 五三六之少 二 三 三七八之少 一	十六率 五 五一之多 一 九六〇多 五一五二多 九〇八〇多 四四一七多	══ 一率八又
一率八	十率 七少	十二率 七七多	十四率 三 一一一七之少 二	十六率 五 一九六六〇之多 一	══ 一率八又

位第二行，以次各行不過多一乘一除。以下位第三行乘上位第三行，以次各行則多兩次乘除。以下位第四行乘上位第四行，則多三次乘除。又第四行自乘，即得第七行數。至七行而止，故不須再求。

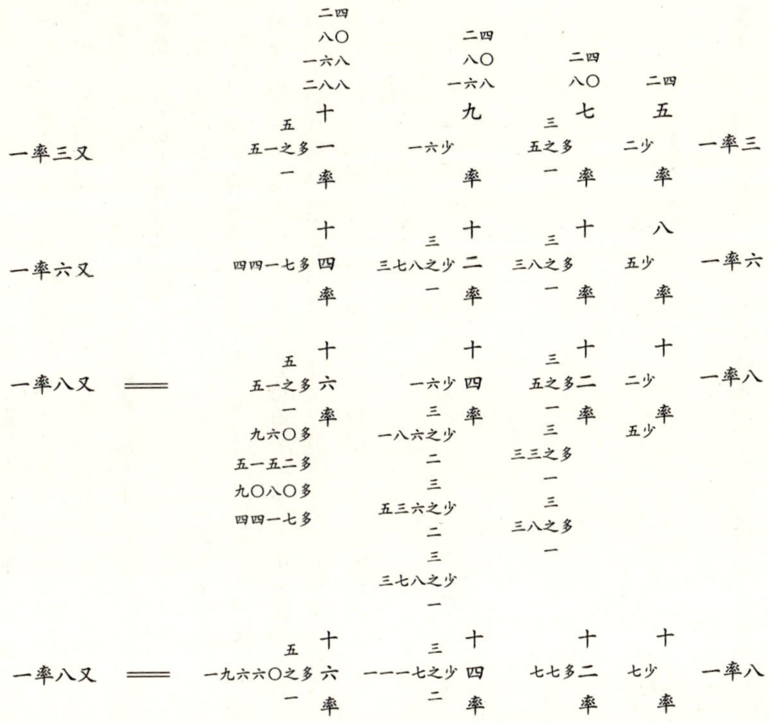

然乘除愈多，則其法愈煩。今變通約分數，用總乘總除，改爲捷法。如第二行自乘，得第三行。除本數自乘外，再用十乘、三除。以二行乘三行得第四行，

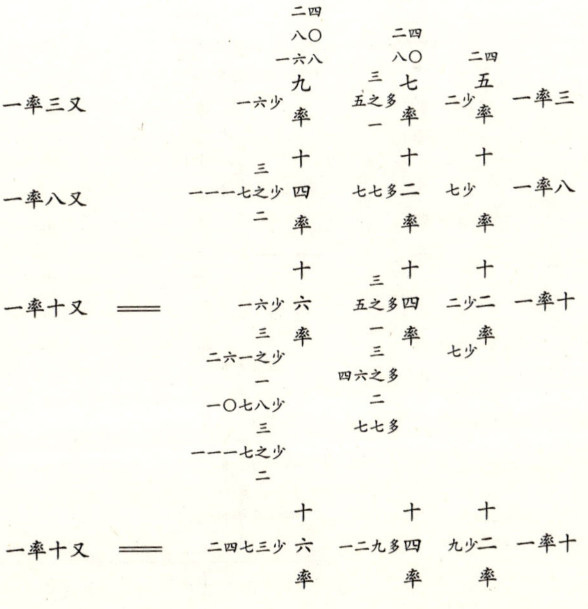

一率三	二四 五率 二少	二四 八〇 七率 三 五之多 一	二四 八〇 一六八 九率 一六少	一率三又
一率八	十率 七少	十二率 七七多	十四率 三 一一一七之少 二	一率八又
一率十	十二率 二少 七少	十四率 三 五之多 一 三 四六之多 二 七七多	十六率 一六少 三 二六一之少 一 一〇七八少 三 一一一七之少 二	══ 一率十又
一率十	十二率 九少	十四率 一二九多	十六率 二四七三少	══ 一率十又

亦除本數相乘外，再用七乘。以二行乘四行得第五行，則再用十二乘。以二行乘五行得第六行，則再用五十五乘、三除。以二行乘六行得第七行，則再用二十六乘。如第三行自乘，得第五行，則一百二十六乘、五除。以三行乘四行得第六行，則六十六乘。以三行乘五行得第七行，則一百四十三乘。如第四行自乘，得第七行，則一千七百一十六乘、七除。皆先以本數乘訖，然後再以此數乘除之，或止乘不除，即得今所求之二率各率數。其本數上下均爲一，故二行自乘即以三除十，得三又三之一爲第三行。又二行乘三行，即以七爲第四行是也。餘悉仿此。

至二率、三率相乘得四率，各行所加之乘除各母并同。先置三率于上，二率

三率一　二四分五率少二　二四八〇分七率多三之五一　又三率一

十二率一　十二率少九　十四率多一二九　又一率一

十二率一　十四率少二、九少　十六率多五之三一、多六〇、多一二九　＝　又十二率一

十二率一　十四率少一一　十六率多一九四之三一　＝　又十二率一

于下。如第二行，上位五率少二，與下位四率少一。雖五率與四率率數不同，而其同爲第二行也。則一即以爲第二行自乘也可。其少二與少一，爲兩本數相乘，仍得二。再用十乘、三除，得第三行，多六又三之二是也。其三率、四率相乘得六率，則置三率于上，四率于下。如第二行，上位五率少二，與下位六率少三。以少二與少三，兩本數相乘，得六。再用十乘、三除，得第三行，多二十是也。求

三率一　二四分五率少二　又三率一

十二率一　十四率少一一　又十二率一

十四率一　十六率少二、少一一　＝　又十四率一

十四率一　十六率少一三　＝　又十四率一

三率一　又三率一

十四率一　又十四率一

十六率一　＝　又十六率一

	二率	四率	六率	八率	十率	十二率	十四率
分母		二四	二四 八〇	二四 八〇 一六八	二四 八〇 一六八 二八八	二四 八〇 一六八 二八八 四四〇	二四 八〇 一六八 二八八 四四〇 六二四
第一條	一	一少	一多	一少	一多	一少	一多
加		一	一〇少	九一多	八二〇少	七三八一多	六六四三〇少
第二條	一	〇	九少	九〇多	八一一九少	七三八〇多	六六四二九少

	四率	六率	八率	十率	十二率	十四率
分母	二四	二四 二四	二四 二四 八〇	二四 二四 八〇 一六八	二四 二四 八〇 一六八 二八八	二四 二四 八〇 一六八 二八八 四四〇
	一	三少	一三多	六八之三一少	四〇二之五三多	二五五五少

	四率	六率	八率	十率	十二率	十四率
分母	二四	二四 八〇	二四 八〇 一六八	二四 八〇 一六八 二八八	二四 八〇 一六八 二八八 四四〇	二四 八〇 一六八 二八八 四四〇 六二四
	一	一〇少	九一多	八二〇少	七三八一多	六六四三〇少

各行諸數，及求八率、十率、十二率、十四率、十六率諸數，悉依捷法。各行用各行乘除，諸分母可以類推。

法以弧背求通弦共率數即二率數。及又二率數，各爲第一條，左右置於上。次取前所得四率共率數並各率分母數。及又四率數，另書於下。於各率上，俱加

二四 八〇 一六八 二八八 四四〇 六二四 八四〇分十六率一少 五九七八七一多　＝　又二率一

五九七八七〇多　＝　一　二四分又四〇一多

二四 二四 八〇 一六八 二八八 四四〇 六二四分十六率 一七〇八二五之三七多　＝　二四分又四率一

二四 八〇 一六八 二八八 四四〇 六二四 八四〇分十六率 五九七八七一多　＝　二四分又四率一

一二十四分母數，即如二十四除之。取四率二十四分之一。又將原分母數書於右各率之下，通之，使其同母。如六率，三通爲十。八率，十三通爲九十一之類。按右第一條，四率少一分數，左右各加之，得第二條。

率	分母	第二條	加	第三條
二率		一		一
四率		〇		〇
六率	二四 八〇	九少	九	〇
八率	二四 八〇 一六八	九〇多	三一五少	二二五少
十率	二四 八〇 一六八 二八八	八一九少	八六九四多	七八七五多
十二率	二四 八〇 一六八 二八八 四四〇	七三八〇多	二二四七三〇少	二一七三五〇少
十四率	二四 八〇 一六八 二八八 四四〇 六二四	六六四二九少	五六八四六七九多	五六一八二五〇多

率	分母	數	分母	數	加
六率	二四 八〇	一	二四 八〇	一九	九
八率	二四 八〇 二四	五少	二四 八〇 一六八	三五少	三一五少
十率	二四 八〇 二四 八〇	三八三之一多	二四 八〇 一二八 二八八	九六六多	八六九四多
十二率	二四 八〇 二四 八〇 一六八	三七八三之一少	二四 八〇 一六八 二八八 四四〇	二四九七〇少	二二四七三〇少
十四率	二四 八〇 二四 八〇 一六八 二八八	四四一七多	二四 八〇 一六八 二八八 四四〇 六二四	六三一六三一多	五六八四六七九多

建功案：置第一條於上。視第一條四率少一，因取四率一分少六率三多八率十三少十率六十八又三之一多十二率四百二又五之三少十四率二千五百五十五多十六率一萬七千八十二又三十五之一爲加條，用加第一條爲第二條。其齊同之法，與前求各率並同。在四率，初不過一乘一除，無分煩簡。然自八率以次，則連乘連除，未免較煩。今改用捷法，六率用十乘、三除，八率用七乘，十率用十二乘，十二率用五十五乘、三除，十四率用二十六乘，十六率用三十五乘。故六率少三，以十乘、三除，得十。其八率多十三，以七乘之，得九十一。其十率少六十八又三之一，通分内子，得二〇五。以十二乘之，又以分母三除之，得八百二十。其十二率、十四率、十六率，悉仿此。

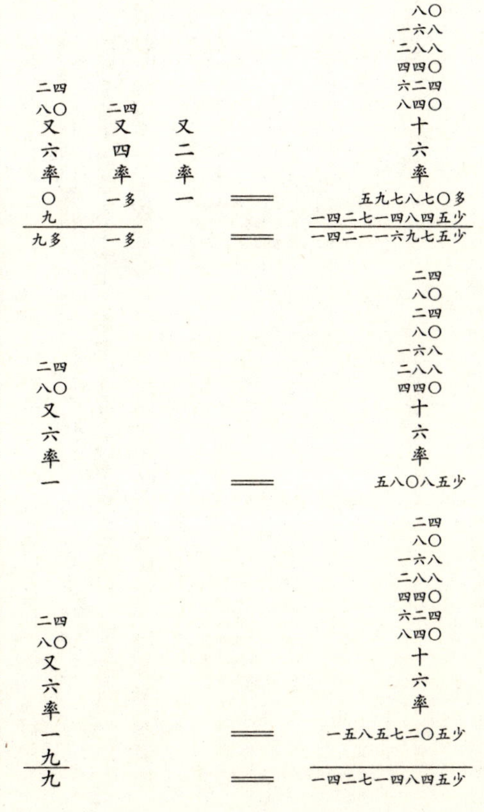

次取前所得六率共率數及又六率數，另書之於各率上，俱加二十四及八十兩分母數，即如二十四除之又八十除之。又將原分母數書於右各率之一，通之，使其同母。如八率，五通爲三五之類。按右第二條，六率少九分數，左右各九因加之，得第三條。餘仿此。

建功案：置第二條于上。視第二條六率少九，因取六率一分少八率五多十率三十八又三之一少十二率三百七十八又三之一多十四率四千四百一十七少十六率五萬八千八十五爲加條，用加九倍於第二條内爲第三條。

其齊同捷法：八率用七乘，十率用一百二十六乘，五除，十二率用六十六乘，十四率用一百四十三乘，十六率用二百七十三乘。故八率少五，以七乘之，得三十五。又九倍，得三百一十五。其十率多三十八又三之一，通分内子，得一一五。以一百二十六乘之，五除之，又以分母三除之，得九百六十六。又九倍，得八千六百九十四。其十二率、十四率、十六率並同。又第三條應加八率二百二十五倍，爲第四條。

捷法：十率用十二乘，十二率用六十六乘，十四率用一千七百一十六乘、七除，十六率用七百一十五乘。又第四條應加十率一萬一千二十五倍，爲第五條。

	二率	四率	六率	八率（二四 八〇 一六八）	十率（二四 八〇 一六八 二八八）	十二率（二四 八〇 一六八 二八八 四四〇）	十四率（二四 八〇 一六八 二八八 四四〇 六二四）	十六率（二四 八〇 一六八 二八八 四四〇 六二四 八四〇）		又二率	又四率（二四）	又六率（二四 八〇）	又八率（二四 八〇 一六八）
第二條	一	〇	〇	二二五少	七八七五多	二一七三五〇少	五六一八二五〇多	一四二一一六九七五少	＝	一	一多	九多	〇
加				二二五	一八九〇〇少	一一四三四五〇多	六一六四七三〇〇少	三一六二八三四六七五多					二二五
第三條	一	〇	〇	〇	一一〇二五少	九二六一〇〇多	五六〇二九〇五〇少	三〇二〇七一七七〇〇多	＝		一多	九多	二二五多

八率（二四 八〇 一六八）	十率（二四 八〇 一六八 二四）	十二率（二四 八〇 一六八 二四 八〇）	十四率（二四 八〇 一六八 二四 八〇 一六八）	十六率（二四 八〇 一六八 二四 八〇 一六八 二八八）		又八率（二四 八〇 一六八）
一	七少	七七多	一一一七（三之二）少	一九六六〇（五之一）多	＝	一

八率（二四 八〇 一六八）	十率（二四 八〇 一六八 一八八）	十二率（二四 八〇 一六八 二八八 四四〇）	十四率（二四 八〇 一六八 二八八 四四〇 六二四）	十六率（二四 八〇 一六八 二八八 四四〇 六二四 八四〇）		又八率（二四 八〇 一六八）
一	八四少	五〇八二多	二七三九八八少	一四〇五七〇四三多		一
二二五						二二五
二二五	一八九〇〇少	一一四三四五〇多	六一六四七三〇〇少	三一六二八三四六七五多	＝	二二五

	二率	四率	六率	八率	十率（二四 八〇 一六八 二八八）	十二率（二四 八〇 一六八 二八八 四四〇）	十四率（二四 八〇 一六八 二八八 四四〇 六二四）
第四條	一	〇	〇	〇	一一〇二五少	九二六一〇〇多	五六〇二九〇五〇少
加					一一〇二五	一八一九一二五少	二〇三三七八一七五多
第五條	一	〇	〇	〇	〇	八九三〇二五少	一四七三四九一二五多
加						八九三〇二五	二五五四〇五一五〇少
第六條	一	〇	〇	〇	〇	〇	一〇八〇五六〇二五少

十率（二四 八〇 一六八 二八八）	十二率（二四 八〇 一六八 二八八 二四）	十四率（二四 八〇 一六八 二八八 二四 八〇）	十六率（二四 八〇 一六八 二八八 二四 八〇 一六八）		又十率（二四 八〇 一六八 二八八）
一	九少	一二九多	二四七三少	＝	一

十率（二四 八〇 一六八 二八八）	十二率（二四 八〇 一六八 二八八 四四〇）	十四率（二四 八〇 一六八 二八八 四四〇 六二四）	十六率（二四 八〇 一六八 二八八 四四〇 六二四 八四〇）		又十率（二四 八〇 一六八 二八八）
一	一六五少	一八四四七多	一七六八一九五少	＝	一
一一〇二五					一一〇二五
一一〇二五	一八一九一二五少	二〇三三七八一七五多	一九四九四三四九八七五少	＝	一一〇二五

捷法：十二率用五十五乘，三除，十四率用一百四十三乘，十六率用七百一十五乘。又第五條應加十二率八十九萬三千二十五倍，爲第六條。

捷法：十四率用二十六乘，十六率用二百七十三乘。又第六條應加十四率一億八百五萬六千二十五倍，爲第七條。

捷法：十六率用三十五乘，又第七條應加十六率一百八十二億六千一百四

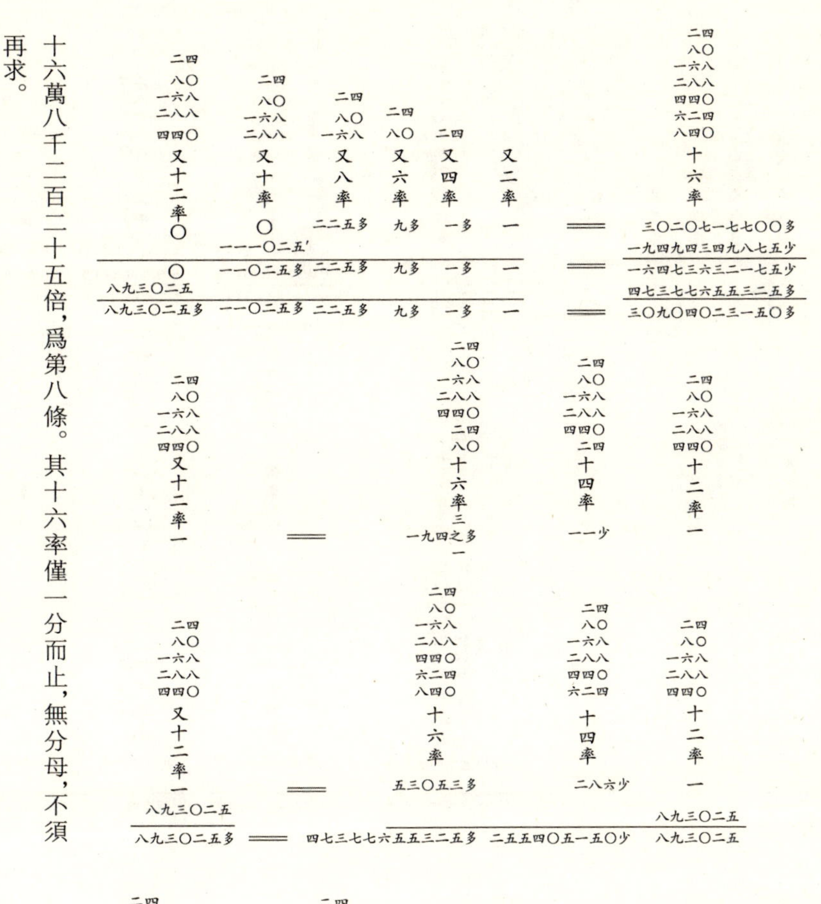

十六萬八千二百二十五倍，爲第八條。其十六率僅一分而止，無分母，不須再求。

依次加至第八條，右得一整二率，爲弧背。左得二二率，多四率一分、六率九分、八率二二五分、十率一一〇二五分、十二率八九三〇二五分、十四率一〇八〇五六〇二五分、十六率一八二六一四六八二二五分，即通弦求弧背之率數也。

又各率分數漸增，與弧背求通弦皆爲一分者不同，至六率須用乘法，九乘。至八率須兼用乘除。二二五乘、九除。向後分數愈多，布算較繁。今逐次以前率分數除後率分數。建功案：此除法也，以二率一分加四率一分、六率九分、八率二二五分、十率一一〇二五分、十二率八九三〇二五分、十四率一〇八〇五六〇二五分，遞降二位，使二率爲四率，四率爲六率，橫列于上，爲前率分數。副以四率一分、六率九分、八率二二五分、十率一一〇二五分、十二率八九三〇二五分、十四率一〇八〇五六〇二五分、十六率一八二六一四六八二二五，橫列于下，使各率逐行上下相當。上位爲法，下位爲實，以法除實。如第二行，上位法一，下位實九。以法約實，足九倍。乃以九通法一，得九，書于實下。與實相減適盡，即定除得數爲九，書于法上。又如第三行，上位法九，下位實二百二十五。以法約實，足二十倍。乃以二十通法九，得一百八十，書于實下。與實相減，餘實四十五，即定初次除得數爲二十，書于法上。副以法九，約餘實，足五倍。乃以五通法九，得四十五，書于餘實之下。與餘實相減適盡，即定第二次除得數爲五，書于初次除數二十之次，爲除得數二十五。餘悉仿此。則四率得一分，六率得九分，八率得二十五分，十率得四十九分，十二

	二率	四率	六率	八率	十率	十二率	二四八〇一六八二八八四四〇六二四 十四率	二四八〇一六八二八八四四〇六二四八四〇 十六率	
第六條加	一	〇	〇	〇	〇	〇	一〇八〇五六〇二五少 一〇八〇五六〇二五	三〇九〇四〇二二一五〇多 四九一六五四九一三七五少	═══
第七條加	一	〇	〇	〇	〇	〇	〇	一八二六一四六八二二五少 一八二六一四六八二二五	═══
第八條	一	〇	〇	〇	〇	〇	〇	〇	═══

二四八〇一六八二八八四四〇六二四 十四率一　二四八〇一六八二八八四四〇六二四二四 十六率 一三少 ═══ 二四八〇一六八二八八四四〇六二四 又十四率一

二四八〇一六八二八八四四〇六二四 十四率一 一〇八〇五六〇二五　二四八〇一六八二八八四四〇六二四八四〇 十六率 四五五少 四九一六五四九一三七五少 ═══ 二四八〇一六八二八八四四〇六二四 又十四率一 一〇八〇五六〇二五 ═══ 一〇八〇五六〇二五

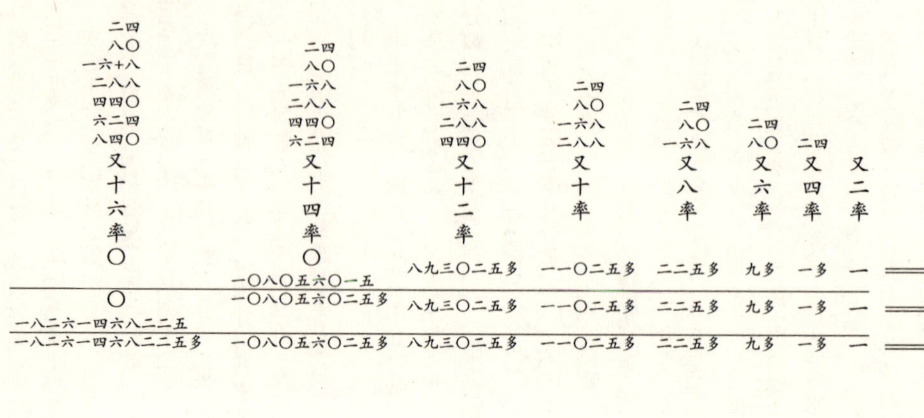

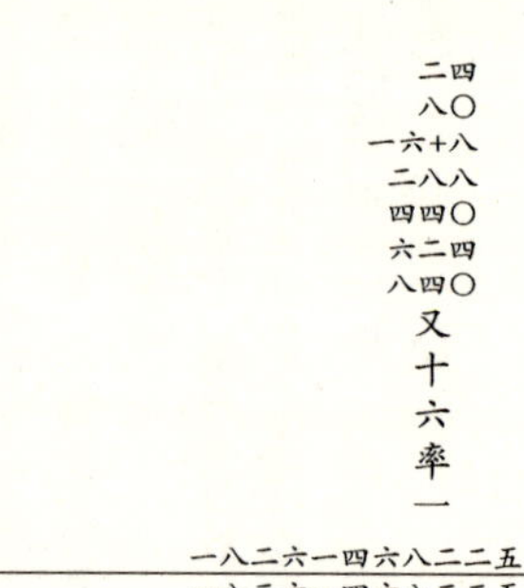

率得八十一分，十四率得一百二十一分，十六率得一百六十九分。而一爲一自乘，九爲三自乘，二十五爲五自乘，四十九爲七自乘，八十一爲九自乘，一百二十一爲十一自乘，一百六十九爲十三自乘。其根皆遞加二數，是其比例乘除，俱與弧背求通弦法同。惟四率而後，當先取遞加二數自乘之數，以乘前率分數耳。如求六率分數，先以一加二得三，自乘得九，以乘四率分數。然後比例得六率分數，

	二率	四率	六率	八率	十率	十二率	十四率	十六率
法		二四	二四 八〇	二四 八〇 一六八	二四 八〇 一六八 二八八	二四 八〇 一六八 二八八 四四〇	二四 八〇 一六八 二八八 四四〇 六二四	二四 八〇 一六八 二八八 四四〇 六二四 八四〇
分數	一	一加	九加	二二五加	一一〇二五加	八九三〇二五加	一〇八〇五六〇二五加	一八二六一四六八二二五加
乘數		一	九	二五	四九	八一	一二一	一六九
算		一 一 一 〇	一 九 九 〇	九 二二五 一八 〇四五 四五 〇〇	二二五 一一〇二五 九〇〇 〇二〇二五 二〇二五 〇〇〇〇	一一〇二五 八九三〇二五 八八二〇〇 〇一一〇二五 一一〇二五 〇〇〇〇〇	八九三〇二五 一〇八〇五六〇二五 八九三〇二五 〇一八六五三五二五 一七八六〇五〇 〇〇八九三〇二五 八九三〇二五 〇〇〇〇〇〇	一〇八〇五六〇二五 一八二六一四六八二二五 一〇八〇五六〇二五 〇七四五五八六五七二五 六四八三三六一五 〇九七二五〇四二二五 九七二五〇四二二五 〇〇〇〇〇〇〇〇〇
自乘		一 一 一	三 三 九	五 五 二五	七 七 四九	九 九 八一	一一 一一 一一 一一 一二一	一三 一三 三九 一三 一六九

四歸之又四歸之又五歸之，爲六率分數。求八率分數，先以三加二得五，自乘得二十五，以乘六率分數。然後比例得八率分數，四歸之又六歸之又七歸之，爲八率分數。後仿此。然其數既依次而推，且各差有加無減，皆屬簡便。但得數降位較遲，須多求數次，始爲密焉。

又 卷四

弧背求正矢率數法解

弧背求正矢率數亦取百分、千分、萬分弧，正矢率數依次比例相較而得，與

弧背求通弦率數法同。比例算數如左。

法以百分、千分、萬分弧三率共分數爲三率二分之一，倍之，去分母二即如倍之。爲三率，百分弧以一萬分爲三率，千分弧以一百萬分爲三率，萬分弧以一億分爲三率。以求各率分數。

求五率分數。置百分弧三率共分數，二分之一萬。以三率一萬。乘之，得五率分數二分之一億。爲實。置百分弧五率共分數，一六六六五〇〇〇。二歸之，得數八三三三二五〇〇。爲法。法除實，得十二分。〇〇一二，不盡。解見前。

次置千分弧三率共分數，二分之一百萬。以三率一百萬。乘之，得五率分數二分之一兆。爲實。置千分弧五率共分數，一六六六六六五空五位。二歸之，得數八三三三三二五空四位爲法。法除實，得十二分。〇〇〇〇一二，不盡。

次置萬分弧三率共分數，二分之一億。以三率一億。乘之，得五率分數二分之一京爲實。八算截去末六位。置萬分弧五率共分數，一六六六六六六六六五〇，截去末六位。二歸之，得數八三三三三三三三二五。爲法。法除實，得十二分。〇〇〇〇〇〇一二，不盡。爰定弧背求正矢應減之五率爲二分之一又十二分一分之一焉。

二三率一

求七率分數。置百分弧五率共分數，一六六六五〇〇〇。以三率乘之，得七率分數一六六六五，空七位。爲實。置百分弧七率共分數一一一〇五五五六〇〇〇。二歸之，得數五五五二七七八〇〇〇爲法。法除實，得三十分。〇一二，不盡。

二二一五率少一

次置千分弧五率共分數，一六六六六六五，空五位。以三率乘之，得七率分數一六六六六六五〇〇〇〇，截去後七位。爲實。置千分弧七率共分數一一一一一〇五五五五，截去後七位。二歸之，得數五五五五五二七七八。爲法。法除實，得三十分。〇〇〇一二，不盡。

次置萬分弧五率共分數，一六六六六六六六六五，空七位。以三率乘之，得七率分數一六六六六六六六六五〇〇，截去後十三位。爲實。置萬分弧七率共分數，一一一一一〇五五，截去後十三位。二歸之，得數五五五五五五二七。爲法。法除實，得三十分。〇〇〇〇〇一二，不盡。爰定弧背求正矢應加之七率爲二分之一又十二分一分之一又三十分一分之一焉。

二二一〇三七率多一

求九率分數。置百分弧七率共分數，一一一〇五五五六〇〇〇。以三率乘之，得九率分數一一一〇五五五六〇〇〇，截去後四位。爲實。置百分弧九率共分數，三九六二七〇〇三五，截去後四位。二歸之，得數一九八一三五〇一七。爲法。法除實，得五十六分〇五，不盡。

次置千分弧七率共分數，一一一一一〇五五五五，截去後六位。以三率乘之，得九率分數一一一一一〇五五五五，截去後十二位。爲實。置千分弧九率共分數，三九六八一九八四一，截去後十二位。二歸之，得數一九八四〇九九二〇。爲法。法除實，得五十六分。〇〇〇五，不盡。

二二一〇三六五九率少一

次置萬分弧七率共分數，一一一一一一一一〇五五五，截去後十二位。以三率乘之，得九率分數一一一一一一一一〇五五五，截去後二十位。爲實。置萬分弧九率共分數，三九六八二五三四一，截去後二十位。二歸之，得數一九八四一二六七〇。爲法。法除實，得五十六分。〇〇〇〇〇，五不盡。爰定弧背求正矢應減之九率爲二分之一又十二分一分之一又三十分一分之一又五十六分一分之一焉。

求十一率分數。置百分弧九率共分數，三九六二七〇〇三五七〇，截去後二位。以三率乘之，得十一率分數三九六二七〇〇三五七〇，截去後六位。爲實。置百分弧十一率共分數，八七九一九一一九，截去後六位。二歸之，得數四三九五九五五九爲法。法除實，得九十分。一四。不盡。

次置千分弧九率共分數，三九六八一九八四一二八，截去後十位。以三率乘之，得十一率分數三九六八一九八四一二八，截去後十六位。爲實。置千分弧十一率共分數，八八一八〇七七六〇，截去後十六位。二歸之，得數四四〇九〇三八八〇爲法。法除實，得九十分。〇〇一四，不盡。

次置萬分弧九率共分數，三九六八二五三四一二六，截去後十八位。以三率乘之，得十一率分數三九六八二五三四一二六，截去後二十六位。爲實。置萬分弧十一率共分數，八八一八三三九五〇，截去後二十六位。二歸之，得數四四〇九一六九七五。爲法。法除實，得九十分。〇〇〇〇一四，不盡。爰定弧背求正矢應加之十一率爲二分之一又十二分一分之一又三十分一分之一又五十六分一分之一又九十分一分之一焉。

二二一〇三六五九〇十一率多一

求十三率分數。置百分弧十一率共分數，八九七一九一一一九二，截去五位。以三率乘之，得十三率分數八七九一九一一一九二，截去後九位。爲實。置百分弧十三率共分數，一三二八七七七四八，截去後九位。二歸之，得數六六四三八八七四。爲法。法除實，得一百三十二分。三三二，不盡。

次置千分弧十一率共分數，八八一八〇七七六〇三，截去後十五位。以三率乘

之，得十三率分數八八一八〇七七六〇三，截去後二十一位。爲實。置千分弧十三率共分數，一三三六〇三八九六，截去後二十一位。二歸之，得數六六八〇一九四八。爲法。法除實，得一百三十二分。〇〇三三，不盡。

次置萬分弧十一率共分數，八八一八三三九五〇五五，截去後二十四位。以三率乘之，得十三率分數八八一八三三九五〇五五，截去後三十二位。爲實。置萬分弧十三率共分數，一三三六一一一七一二，截去後三十二位。二歸之，得數六六八〇五五八五六。爲法。法除實，得一百三十二分。〇〇〇〇三三，不盡。爰定弧背求正矢應減之十三率爲二分之一又十二分一分之一又三十分一分之一又五十六分一分之一又九十分一分之一又一百三十二分一分之一焉。

二 一二 三〇 五六 九〇 一三二 十三率 一少

求十五率分數。置百分弧十三率共分數，一三二八七七四八六九，截去後七位。以三率乘之，得十五率分數一三二八七七四八六九，截去後十一位。爲實。置百分弧十五率共分數，一四五四九三八三三，截去後十一位。二歸之，得數七二七四六九一六。爲法。法除實，得一百八十二分。六五，不盡。

次置千分弧十三率共分數，一三三六〇三八九六二四〇，截去後十八位。以三率乘之，得十五率分數一三三六〇三八九六二四〇，截去後二十四位。爲實。置千分弧十五率共分數，一四六八一二一八二九，截去後二十四位。二歸之，得數七三四〇六〇九一四。爲法。法除實，得一百八十二分〇〇六五，不盡。

次置萬分弧十三率共分數，一三三六一一一七一二三六一八，截去後二十八位。以三率乘之，得十五率分數一三三六一一一七一二三六一八，截去後三十六位。爲實。置萬分弧十五率共分數，一四六八二五四一〇〇三九，截去後三十六位。二歸之，得數七三四一二七〇五〇一九。爲法。法除實，得一百八十二分。〇〇〇〇六五，不盡。爰定弧背求正矢應加之十五率爲二分之一又十二分一分之一又三十分一分之一又五十六分一分之一又九十分一分之一又一百三十二分一分之一又一百八十二分一分之一焉。

二 一二 三〇 五六 九〇 一三二 一八二 十五率 一多

求十七率分數。置百分弧十五率共分數，一四五四九三八三三八四九，截去後八位。以三率乘之，得十七率分數一四五四九三八三三八四九，截去後十二位。爲實。置百分弧十七率共分數，一二〇六五〇七六一七，截去後十二位。二歸之，得數六〇三二五三八〇八。爲法。法除實，得二百四十一分。一，不盡。

次置千分弧十五率共分數，一四六八一二一八二九六七，截去後二十二位。以三率乘之，得十七率分數一四六八一二一八二九六七，截去後二十八位。爲實。置千分弧十七率共分數，一二二三三七四九〇九，截去後二十八位。二歸之，得數六一一六八七四五四爲法。法除實，得二百四十分。〇一一，不盡。

次置萬分弧十五率共分數，一四六八二五四一〇〇三九，截去後三十六位。以三率乘之，得十七率分數一四六八二五四一〇〇三九，截去後四十四位。爲實。置萬分弧十七率共分數，一二二三五四四八四，截去後四十四位。二歸之，得數六一一七七二二四二。爲法。法除實，得二百四十分。〇〇〇一一，不盡。爰定弧背求正矢應減之十七率爲二分之一又十二分一分之一又三十分一分之一又五十六分一分之一又九十分一分之一又一百三十二分一分之一又一百八十二分一分之一又二百四十分一分之一焉。

二 一二 三〇 五六 九〇 一三二 一八二 二四〇 十七率 一少

既得各率分數，依前弧背求通弦法定之，以半徑爲連比例第一率，弧背爲連比例第二率，求得三率，取其二分之一爲正矢初數。又以初數求得五率分數，取其十二分之一爲應減分數。又以應減之五率分數求得七率分數，取其三十分之一爲應加分數。又以應加之七率分數求得九率分數，取其五十六分之一爲應減分數。又以應減之九率分數求得十一率分數，取其九十分之一爲應加分數。又以應加之十一率分數求得十三率分數，取其一百三十二分之一爲應減分數。又以應減之十三率分數求得十五率分數，取其一百八十二分之一爲應加分數。又以應加之十五率分數求得十七率分數，取其二百四十分之一爲應減分數。然後，以各應加之數與初數相併，各應減之數相併兩總數相減，即得正矢之數。

又分母二爲一、二相乘之數，十二爲三、四相乘之數，三十爲五、六相乘之數，五十六爲七、八相乘之數，九十爲九、十相乘之數，一百三十二爲十一、十二相乘之數，一百八十二爲十三、十四相乘之數，二百四十爲十五、十六相乘之數。是三率爲一歸，二歸，五率爲三歸、四歸，七率爲五歸、六歸，九率爲七歸、八歸，十一率爲九歸、十歸，十三率爲十一除、十二除，十五率爲十三除、十四除，十七率爲十五除、十六除。依次遞加一數以爲法，準此而可推之於無窮，悉與弧背求通弦法同。

正矢求弧背法解

法以圜半徑爲連比例第一率，弧背求正矢共率數倍之，各率上偏減一，同用之分母二即如倍。爲連比例第三率率數，求得第五、第七等各率數。按第三率共

率數内所少率數，遞加之，至得一整三率而止，爲弧背，爲二率之三率。

又另借一根爲倍正矢，爲連比例第三率。與前對求得各率，遞加之，至十七率而止。其所得之共率數，即正矢求弧背，爲二率之三率之共率數。既得第三率，則與第一率相乘，開平方得第二率，即爲弧背。其理俱與通弦求弧背同，但多一開平方耳。至求各率數及通分法，俱詳于前。兹惟列算之式如左。

此倍正矢爲三率式也，各率上減去分母二，即同以二乘各率子數也。

正矢

二 三率 一

二 一二 五率 一少

二 一二 三〇 七率 一多

二 一二 三〇 五六 九率 一少

二 一二 三〇 五六 九〇 十一率 一多

二 一二 三〇 五六 九〇 一三二 十三率 一少

二 一二 三〇 五六 九〇 一三二 一八二 十五率 一多

二 一二 三〇 五六 九〇 一三二 一八二 二四〇 十七率 一少

三率

三率 一

一二 五率 一少

一二 三〇 七率 一多

一二 三〇 五六 九率 一少

一二 三四 五六 九〇 十一率 一多

一二 三〇 五六 九〇 一三二 十三率 一少

一二 三〇 五六 九〇 一三二 一八二 十五率 一多

一二 三〇 五六 九〇 一三二 一八二 二四〇 十七率 一少

又三率一 ＝

一三率·一九率 / 一十一率 ＝ 一少九率/一二三〇五六 一多七率/一二三〇 一少五率/一二 一三率 / 三十五率 一〇六之二 一九多十三率 四少十一率 一九率 / 一少 三 一八之少 二 三 八八之少 二 三 一〇六之少 二 一多 一〇多 一九多 一少 四少 一

一十一率 ＝ 二一五少十七率 三〇多十五率 五少十三率 一十一率 / 一三率·一七率 …… 一多七率 一少五率 一三率 / 三〇多十五率 五少十三率 一十一率

一十三率 ＝ 一多 二 一二之多 一 三〇多 / 一少 五少 / 一

一十三率 ＝ 二 四三之多 一 十七率 六少十五率 一十三率 / 一三率·一十三率 …… 一少五率 一三率 / 六少十五率 一十三率

一十五率 ＝ 一少 六少 / 一

一十五率 ＝ 七少十七率 一十五率 / 一三率·一十五率·一十七率 ＝ 一三率 一十五率 一十七率

右以三率率數，求五、七、九等率率數，俱與通弦求弧背同。

建功案：三率自乘，一率除之，得五率。法與前二率自乘得三率同。惟分母與前不同，其本法亦甚煩。改用捷法。如第二行自乘，用五乘、二除。以二行乘三行，用十四乘、三除。以二行乘四行用十五乘、二除。以二行乘五行，用十一乘。以二行乘六行，用九十一乘、六除。如第三行自乘，用十四乘。以三行乘四行，用三十三乘。以三行乘五行，用一千一乘、五除。如第四行自乘，用四百二十九乘、四除。餘悉與前通弦求弧背遞求各率法同。

	三率	五率	七率	九率	十一率	十三率	十五率	十七率
分母		一二	一二 三〇	一二 三〇 五六	一二 三〇 五六 九〇	一二 三〇 五六 九〇 一三二	一二 三〇 五六 九〇 一三二 一八二	一二 三〇 五六 九〇 一三二 一八二 二四〇
第一加條	一	一少 一	一多 五少	一少 二一少	一多 八五少	一少 三四一多	一多 一三六五少	一少 五四六一多
第二條	一	〇	四少	二〇少	八四少	三四〇多	一三六四少	五四六〇多

三率一 / 一二五率 一 ＝ 一加一

	五率	七率	九率	十一率	十三率	十五率	十七率
分母	一二	一二 一二	一二 三〇 一二	一二 三〇 五六 一二	一二 三〇 五六 九〇 一二	一二 三〇 五六 九〇 一三二 一二	一二 三〇 五六 九〇 一三二 一八二 一二
一二五率一 ＝	一	二少	四之二多 一	一一之三少 一	三一多	九〇少	二七三十二之一多

	五率	七率	九率	十一率	十三率	十五率	十七率
分母	一二	一二 三〇	一二 三〇 五六	一二 三〇 五六 九〇	一二 三〇 五六 九〇 一三二	一二 三〇 五六 九〇 一三二 一八二	一二 三〇 五六 九〇 一三二 一八二 二四〇
一二五率一 ＝	一	五少	二一多	八五少	三四一多	一三六五少	五四六一多

三率 五率（一二） 七率（一二 三〇）		十七率（一二 三〇 五六 九〇 三二 一八二 二四〇）	十五率（一二 三〇 五六 九〇 一三二 一八二）	十三率（一二 三〇 五六 九〇 一三二）	十一率（一二 三〇 五六 九〇）	九率（一二 三〇 五六）	七率（一二 三〇）	五率（一二）	三率	
一加一	＝	五四六〇多	一三六四少	三四〇多	八四少	二〇多	四少	〇	一	第二條
四		四七三九二八少	五二〇五二多	五六三二少	五八八多	五六少	四			加
四加一加一	＝	四六八四六八少	五〇六八八多	五二九二少	五〇四多	三六少	〇	〇	一	第三條

七率（一二 三〇）		十七率（一二 三〇 五六 九〇 一三二 一二 三〇）	十五率（一二 三〇 五六 九〇 一二 三〇）	十三率（一二 三〇 五六 一二 三〇）	十一率（一二 三〇 一二 三〇）	九率（一二 一二 三〇）	七率（一二 三〇）
一	＝	九七六二之一少	一九五多	四二三之二少	一〇二之一多	三少	一

七率（一二 三〇）		十七率（一二 三〇 五六 九〇 一三二 一八二 二四〇）	十五率（一二 三〇 五六 九〇 一三二 一八二）	十三率（一二 三〇 五六 九〇 一三二）	十一率（一二 三〇 五六 九〇）	九率（一二 三〇 五六）	七率（一二 三〇）	
一	＝	一一八四八二少	一三〇一三多	一四〇八少	一四七多	一四少	一	
四							四	乘
四	＝	四七三九二八少	五二〇五二多	五六三二少	五八八多	五六少	四	

三率 五率（一二） 七率（一二 三〇） 九率（一二 三〇 五六）		十七率（一二 三〇 五六 九〇 一三二 一八二 二四〇）	十五率（一二 三〇 五六 九〇 一三二 一八二）	十三率（一二 三〇 五六 九〇 一三二）	十一率（一二 三〇 五六 九〇）	九率（一二 三〇 五六）	七率	五率	三率	
四加一加一	＝	四六八四六八少	五〇六八八多	五二九二少	五〇四多	三六少	〇	〇	一	第三條
三六		七〇五七九〇八多	四一一八四〇多	二二五七二少	一〇八〇少	三六				加
三六加四加一加一	＝	六五八九四四〇多	三六一一五二少	一七二八〇多	五七六少	〇	〇	〇	一	第四條

九率（一二 三〇 五六）		十七率（一二 三〇 五六 九〇 一二 三〇 五六）	十五率（一二 三〇 五六 一二 三〇 五六）	十三率（一二 三〇 一二 三〇 五六）	十一率（一二 一三 三〇 五六）	九率（一二 三〇 五六）
一	＝	六八五二之一多	一〇六三之二少	一九多	四少	一

九率（一二 三〇 五六）		十七率（一二 三〇 五六 九〇 一三二 一八二 二四〇）	十五率（一二 三〇 五六 九〇 一三二 一八二）	十三率（一二 三〇 五六 九〇 一三二）	十一率（一二 三〇 五六 九〇）	九率（一二 三〇 五六）	
一	＝	一九六〇五三多	一一四四〇少	六二七多	三〇少	一	
三六						三六	乘
三六	＝	七〇五七九〇八多	四一一八四〇少	二二五七二多	一〇八〇少	三六	

	三率	五率	七率	九率	十一率 一二 三〇 五六 九〇	十三率 一二 三〇 五六 九〇 三二	十五率 一二 三二 五六 九〇 一三二 一八二
第四條加	一	〇	〇	〇	五七六 五七六	一七二八〇多 三一六八〇少	三六一一五二少 一一五三一五二多
第五條加	一	〇	〇	〇	〇	一四四〇〇少 一四四〇〇	七九二〇〇〇多 一三一〇四〇〇少
第六條	一	〇	〇	〇	〇	〇	五一八四〇〇少

一二 三〇 五六 九〇 十一率 一　一二 一二 三〇 五六 九〇 十三率 五少　一二 三〇 一二 三〇 五六 九〇 十五率 三〇多　一二 三〇 五六 一二 三〇 五六 九〇 十七率 二一五少　＝　一二 三〇 五六 九〇 十一率 一

乘　一二 三〇 五六 九〇 十一率 一 五七六／五七六　一二 三〇 五六 九〇 一三二 十三率 五五少 三一六八〇少　一二 三〇 五六 九〇 一三二 一八二 十五率 二〇〇二多 一一五三一五二多　一二 三〇 五六 九〇 一三二 一八二 二四〇 十七率 六一四九〇少 三五四一八二四〇少　＝　一二 三〇 五六 九〇 十一率 一 五七六／＝五七六

一二 三〇 五六 九〇 一三二 二四〇 十七率 六五八九四四〇多 三五四一八二四〇少 二八八二八八〇〇少 七六〇〇三二〇〇多 四七一七四四〇〇多　＝　三率 一 一 一　一二 五率 一加 一加 一加　一二 三〇 七率 四加 四加 四加　一二 三〇 五六 九率 三六加 三六加 三六加　一二 三〇 五六 九〇 十一率 五七六 五七六加 五七六加　一二 三〇 五六 九〇 一三二 十三率 一四四〇〇 一四四〇〇加

一二 三〇 五六 九〇 一三二 十三率 一　一二 一二 三〇 五六 九〇 一三二 十五率 六少　一二 三〇 一二 三〇 五六 九〇 一三二 十七率 四三二之一多　＝　一二 三〇 五六 九〇 一三二 十三率 一

乘　一二 三〇 五六 九〇 一三二 十三率 一 一四四〇〇／一四四〇〇　一二 三〇 五六 九〇 一三二 一八二 十五率 九一少 一三一〇四〇〇少　一二 三〇 五六 九〇 一三二 一八二 二四〇 十七率 五二七八多 七六〇〇三二〇〇多　＝　一二 三〇 五六 九〇 一三二 十三率 一 一四四〇〇／＝一四四〇〇

	三率	五率	七率	九率	十一率	十三率	十五率（一二 三〇 五六 九〇 一三二 一八二）	十七率（一二 三〇 五六 九〇 一三二 一八二 二四〇）	
第六條加	一	〇	〇	〇	〇	〇	五一八四〇〇少 五一八四〇〇	四七一七四四〇〇多 七二五七六〇〇〇少	＝
第七條加	一	〇	〇	〇	〇	〇	〇	二五四〇一六〇〇少 二五四〇一六〇〇	＝
第八條	一	〇	〇	〇	〇	〇	〇	〇	＝

十五率一（一二 三〇 五六 九〇 一三二 一八二） 十七率七少（一二 一二 三〇 五六 九〇 一三二 一八二） ＝ 十五率一（一二 三〇 五六 九〇 一三二 一八二）

十五率一（一二 三〇 五六 九〇 一三二 一八二） 十七率一四〇少（一二 三〇 五六 九〇 一三二 一八二 二四〇） ＝ 十五率一（一二 三〇 五六 九〇 一三二 一八二）

乘 五一八四〇〇
七二五七六〇〇〇少 五一八四〇〇 ＝ 五一八四〇〇
五一八四〇〇

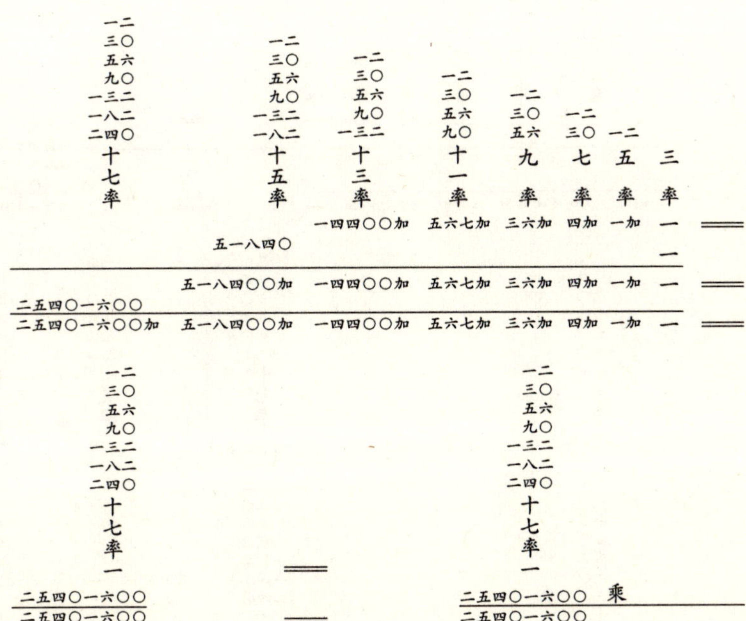

依次加至第八條，右得一整三率，爲以弧背爲二率之三率。左得一三率，加五率一分、七率四分、九率三六分、十一率五七六分、十三率一四四〇〇分、十五率五一八四〇〇分、十七率二五四〇一六〇〇分，即倍正矢爲三率，求以弧背爲二率之三率之共率數也。

建功案：此與通弦求弧背法同，惟分母各別。如第一條，應加五率，爲第二條。其七率用五乘、二除，九率用十四乘、三除，十一率用十五乘、二除，十三率用十一乘，十五率用九十一乘、六除，十七率用二十乘。又第二條，應加七率，爲第三條。其九率用十四(率)[乘]、三除，十一率用十四乘，十三率用十三乘，十五率用一千一乘、十五除，十七率用三百六十四乘、三除。又第三條，應加九率，爲第四條。其十一率用十五乘、二除，十三率用三十三乘，十五率用四百二十九乘、四除，十七率用二百八十六乘。又第四條，應加十一率，爲第五條。其十三率用十一乘，十五率用一千一乘、十五除，十七率用二百八十六乘。又第五條，應加十三率，爲第六條。其十五率用九十一乘、六除，十七率用三百六十四乘、三除。又第六條，應加十五率，爲第七條。其十七率用二十乘。又第七條，應加十七率，爲第八條。其十七率僅一分而止。無分母亦不須再求。

一二 三〇 五六 九〇 一三二 一八二 二四〇	一二 三〇 五六 九〇 一三二 一八二	一二 三〇 五六 九〇 一三二	一二 三〇 五六 九〇	一二 三〇 五六	一二 三〇	一二	
十七率	十五率	十三率	十一率	九率	七率	五率	五率
二五四〇一六〇〇加	五一八四〇〇加	一四四〇〇加	五七六加	三六加	四加	一加	一

四九	三六	二五	一六	九	四	一
五一八四〇〇	一四四〇〇	五七六	三六	四	一	
二五四〇一六〇〇	五一八四〇〇	一四四〇〇	五七六	三六	四	一
二〇七三六〇〇	四三二〇〇	一一五二	三六	三六	四	一
〇四六六五六〇〇	〇八六四〇〇	〇二八八〇	二一六	〇〇	〇	〇
四六六五六〇〇	八六四〇〇	二八八〇	二一六			
〇〇〇〇〇〇〇	〇〇〇〇〇	〇〇〇〇	〇〇〇			

七 七 四九	六 六 三六	五 五 二五	四 四 一六	三 三 九	二 二 四	一 二

又逐次以前率分數，除後率分數。建功案：此除法也，與前通弦求弧背，置前率分數於上，後率分數於下，上法下實，以法除實同。五率得一分，七率得四分，九率得九分，十一率得十六分，十三率得二十五分，十五率得三十六分，十七率得四十九分。而一爲一自乘，四爲二自乘，九爲三自乘，十六爲四自乘，二十五爲五自乘，三十六爲六自乘，四十九爲七自乘。是五率以後，當取遞加一數自乘之數，以乘前率分數也。其比例、乘除遞加之法，俱與通弦求弧背同。

弧背矢相求法解

古法用矢，矢與通弦成直角，而在弧弦之中三角形。八線用正矢而不用矢，然其法不可不備也。今按弧背、正矢相求之法，加一四歸，即弧背、矢相求之法。圖解如左。

如圖，甲爲圜心，甲乙類爲半徑。乙丙丁爲弧背，乙丁爲通弦，丙戊爲矢。若以乙丙或丙丁半弧，按弧背求正矢法，求得正矢丙戊，即乙丙丁弧之矢。如以丙戊矢，按正矢求弧背法，求得乙丙或丙丁弧，倍之即乙丙丁弧。今不用半弧，即以全弧爲二率，是倍二率矣。比例得三率，是四倍三率矣。三率爲比例常用之數，是每次加四倍也，故每次加四歸焉。如以丙戊矢求乙丙丁弧，倍之加四因爲連比例第三率率數，而每次比例取分數則皆加四歸。弧背、通弦相求之法省一四歸，即弧背正弦相求之法，弧背正矢相求之法加一四歸，即弧背矢相求之法。其義正互相發也。

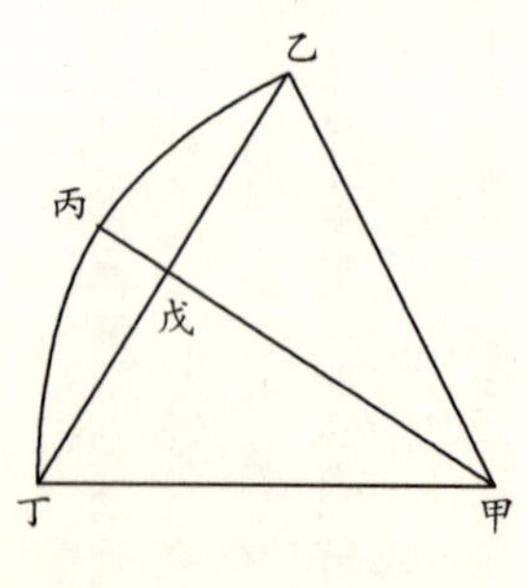

清・董祐誠《割圜連比例術圖解》卷下　凡弦求弧，如前通弧求弦四率、六率相求術，以六率四乘之、五乘之即成帶縱立方積。以四率爲高，弧分減三折半爲廣，又加三爲長。解詳前圖。若以弦求弧之六率，四乘之，五乘之，亦成帶縱立方積。亦以四率爲高，而廣則如弧分三乘減一折半，長則如弧分三乘減一折半又加一。弧求弦之帶縱立方積，其高爲四率，以除帶縱立方積，即得長廣相乘之冪。五分廣爲一，長爲四，其冪四。七分廣爲二，長爲五，其冪十。其廣起五分爲一，五分以下，弧分皆遞增二，廣、長數皆遞增一。故以弧分減三折半爲廣，加三爲長。弦求弧之帶縱立方積，其高亦爲四率。而六率既不同，則體積變，而面冪亦變。若亦以四率爲高，除帶縱立方積，則三分冪爲二十，廣如四，長如五。五分冪爲五十六，廣如七，長如八。七分冪爲一百十，廣如十，長如十一。其廣起三分爲四，三分以下，弧分皆遞增二，廣數皆遞增三。其長皆較廣多一，則亦遞增三。故以弧分三乘減一折半，則得廣，廣恒加一得長。則以此長廣相乘爲帶縱平方冪，四率乘之，爲帶縱立方積。四除之，五除之，可得六率。而所有之帶縱立方

積，爲弧分自乘又九乘減一，四率乘之所成磬折立方積四之一。故置弧分自乘又九乘之，減一爲磬折冪，四率乘之得磬折立方積。四除之，爲帶縱立方積。又四除之，五除之，即得六率。

如圖，甲丙爲弧分，甲乙丙丁爲弧分自乘正方形。甲戊爲三倍弧分，甲卯戊己爲三倍弧分自乘正方形，即甲乙丙丁方形之九倍。丑子戊寅小方隅積一，其邊丑戊亦一。以甲戊減戊丑，折半於庚，庚丑爲三倍弧分減一折半之數，庚辛爲三倍弧分減一折半又加一之數。庚辛同庚戊。庚辛丑辰帶縱平方冪爲甲卯丑子寅己磬折冪四之一，若同以四率爲高則立積亦爲四之一矣。移積之理同前，不復詳釋。

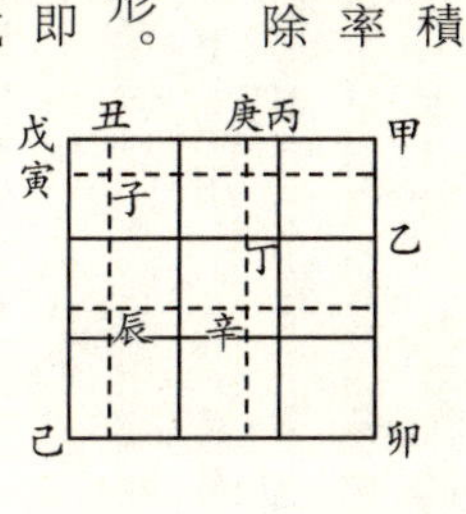

如前六率、八率相求術，以八率六乘之，七乘之，即成帶縱立方積。以六率爲高，弧分減五折半爲廣，又加五爲長。若以弦求弧之八率六乘之，七乘之，亦成帶縱立方積。亦以六率爲高，而廣則如弧分五乘減一折半，長則如弧分五乘減一折半又加一。弧求弦之帶縱立方積，其高爲弧求弦之六率，以除帶縱立方積，則得長廣相乘之冪。七分廣一，長六，其冪六。九分廣二，長七，其冪十四。其廣起七分爲一，七分以下，弧分皆遞增二，廣長數皆遞增一。故以弧分減五折半爲廣，加五爲長。弦求弧之帶縱立方積，以弦求弧之六率爲高。以除帶縱立方積，則三分冪爲五十六，廣如七，長如八。五分冪爲一百五十六，廣如十二，長如十三。七分冪爲三百有六，廣如十七，長如十八。其廣起三分爲七，三分以下，弧分皆遞增二，廣數皆遞增五，其長較廣亦多一，則亦遞增五。故以弧分五乘減一折半爲廣，廣恒加一爲長，以此類推，則十率以弧分七乘減一折半爲廣，加一爲長。十二率以弧分九乘減一折半爲廣，加一爲長，法皆一貫。則以此長廣相乘爲帶縱平方冪，六率乘之，爲帶縱立方積。六除之，七除之，可得八率。而所有之帶縱立方積，爲弧分自乘又二十五乘減一，六率乘之所成磬折立方積四之一。故置弧分自乘又二十五乘之，減一爲磬折冪。六率乘之，爲磬折立方積。四除之，得帶縱立方積。又六除之，七除之，即得八率。

如圖，甲丙爲弧分，甲乙丙丁爲弧分自乘正方形。甲戊爲五倍弧分，甲卯戊己爲五倍弧分自乘正方形，即甲乙丙丁方形之二十五倍。丑子戊寅小方隅積一，其邊丑戊亦一。以甲戊減戊丑，折半於庚，庚丑爲五倍弧分減一折半之數，庚辛爲五倍弧分減一折半又加一之數。庚辛同庚戊。庚辛丑辰帶縱平方冪爲甲卯丑子寅己磬折冪四之一，若同以六率爲高，則立積亦爲四之一矣。

十率以下，數遞進，而按位乘除則無異。則十率以七倍弧分減一折半爲廣、加一爲長之面冪與四十九倍弧分自乘方又減一之磬折冪，十二率以九倍弧分減一折半爲廣、加一爲長之面冪與八十一倍弧分自乘方又減一之磬折冪，皆爲四之一。至億萬率無不相同，故以通弦數作弧分，爲二率。弧分自乘減一，二率乘之，四除之又二除之，三除之，爲四率。弧分自乘九乘之，減一，四率乘之，四除之又四除之，五除之，爲六率。弧分自乘二十五乘之，減一，六率乘之，四除之又六除之，七除之，爲八率。以此遞求，其乘數，皆奇數按位自乘數。其減數皆一，而除數則與弧求弦同。其一率遞除、降位，及直以弧分自乘之，三率乘之，不復減一，其理亦同。

既得諸率，以之相加，即得二率全數。而二率全數即弧分全數，故即爲通弧之數。正弦求弧背則比例固同。而以正弦作弧分，其自乘積與通弦作弧分自乘之積，亦爲一與四。通弦加正弦一倍。以求諸率當加一四乘，今不復加，亦以少一四除代之。

至圜徑求周，圜內六分之一通弦，常與半徑等。則以半徑爲通弦，如通弦法，求得通弧六倍之，即圜周。故先以三乘全徑，即如六乘半徑，以求通弧。則徑大六倍，弧亦大六倍，即如六倍通弧之數。蓋連比例二率與一率同，則諸率皆同。今通弦二率既如半徑一率，則凡二率自乘，一率除及三率乘，一率除者，皆可不用乘除矣。

凡矢求弧，如前通弧求矢五率、七率相求術，以七率五乘之，六乘之，即成帶縱立方積。以五率爲高，弧分減四折半爲廣，又加四爲長。若以矢求弧之七率五乘之，六乘之，亦成帶縱立方積。亦以五率爲高，而廣則如弧分二乘減二折半，長則如弧分二乘減二折半又加二。弧求矢之帶縱立方積，其高爲五率。以除帶縱立方積，則得長廣相乘之冪。六分廣爲一，長爲五，其冪五。八分廣爲二，長爲六，其冪十二。其廣起六分爲一，六分以下，弧分皆遞增二，廣、長數皆遞增一。故以弧分減四折半爲廣，加四爲長。矢求弧之帶縱立方積，其高亦爲五率，而七率既不同。則體積變而面冪亦變。若以五率爲高，除帶縱立方積，則四分冪爲十五，廣如三，長如五。六分冪爲三十五，廣如五，長如七，八分冪爲六十三，廣如七，長如九。其廣起四分爲三，四分以下，弧分皆遞增二。廣數亦

遞增二，其長皆較廣多二，則亦遞增二。故以弧分二乘減二折半，得廣，廣恒加二，得長也。則以此長廣相乘爲帶縱平方冪，五率乘之，爲帶縱立方積。五除之，六除之，可得七率。而所有之帶縱立方積，爲弧分自乘又四乘減四，五率乘之所成磬折立方積四之一。故置弧分自乘又四乘之，減四，爲磬折冪。五率乘之，爲磬折立方積。四除之，爲帶縱立方積。又五除之，六除之，即得七率。

如圖，甲丙爲弧分，甲乙丙丁爲弧分自乘正方形。甲己爲二倍弧分，甲戊己庚爲二倍弧分自乘正方形，即甲乙丙丁方形之四倍。辛子己癸小方隅積四，其邊辛己爲二。以甲己減辛己，折半於丑，丑辛爲二倍弧分減二折半之數，丑寅爲二倍弧分減二折半又加二之數。丑寅同丑己。丑寅辛壬帶縱平方冪爲甲戊辛子癸庚磬折冪四之一，若同以五率爲高則立積亦爲四之一矣。

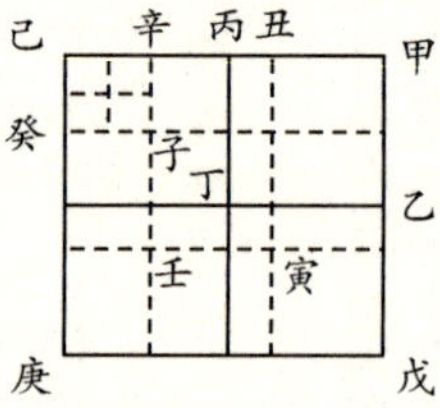

如前七率、九率相求術，以九率七乘之，八乘之，即成帶縱立方積。以七率爲高，弧分減六折半爲廣，又加六爲長。若以矢求弦之九率七乘之，八乘之，亦成帶縱立方積。亦以七率爲高，而廣則如弧分三乘減二折半，長則如弧分三乘減二折半又加二。弧求矢之帶縱立方積，其高爲弧求矢之七率，以除帶縱立方積，則得長、廣相乘之冪。八分廣一，長七，其冪七。十分廣二，長八，其冪十六。其廣起八分爲一，八分以下，弧分皆遞增二，廣、長數皆遞增一。故以弧分減六折半爲廣，加六爲長，矢求弧之帶縱平方積，其高爲矢求弧之七率。以除帶縱立方積，則四分冪爲三十五，廣如五，長如七。六分冪爲八十。廣如八，長如十。八分冪爲一百四十三，廣如十一，長如十三。其廣起四分爲五，四分以下，弧分皆遞增二，廣數皆遞增三，其長較廣亦多二，則亦遞增三。故以弧分三乘減二折半得廣，廣恒加二爲長。以此類推，則十一率以弧分四乘減二折半爲廣，加二爲長。十三率以弧分五乘減二爲廣，加二爲長。法亦一貫。則以此長、廣相乘爲帶縱平方冪，七率乘之，爲帶縱立方積。七除之，八除之，可得九率。而所有之帶縱立方積，爲弧分自乘又九乘減四，七率乘之，所成磬折立方積四之一。故置弧分自乘又九乘之，減四，爲磬折冪七率乘之，爲磬折立方積四除之，爲帶縱立方積。又七除之，八除之，即得九率。

如圖，甲丙爲弧分，甲乙丙丁爲弧分自乘正方形。甲己爲三倍弧分，甲戊己庚爲三倍弧分自乘正方形，即甲乙丙丁方形之九倍。辛子己癸小方隅積四，其邊辛己爲二。以甲己減辛己，折半於丑，爲三倍弧分減二折半之數，丑寅爲三倍弧分減二折半又加二之數。丑寅同丑己。丑寅辛壬帶縱平方冪爲甲戊辛子癸庚磬折冪四之一，若同以七率爲高，則立積亦爲四之一矣。

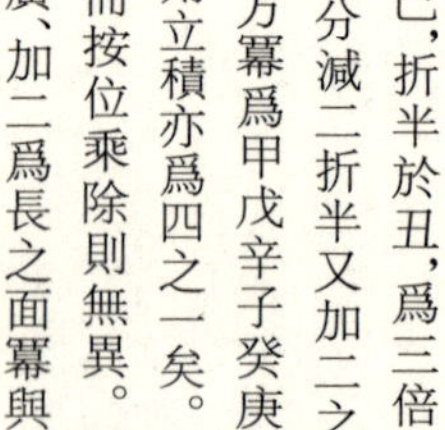

十一率以下，數遞進，而按位乘除則無異。則十一率以四倍弧分減二折半爲廣、加二爲長之面冪與十六倍弧分自乘方又減四之磬折冪，十三率以五倍弧分減二折半爲廣、加二爲長之面冪與二十五倍弧分自乘方又減四之磬折冪，皆爲四之一。至億萬率無不相同，故以八乘矢爲三率，即爲弧分自乘數。弦求弧，通弦之二率本與弧分同。故即以通弦自乘爲弧分自乘，以求諸率。矢求弧，則本無弧分數。而弧求矢術，本以弧分自乘，四除，二除即八除，爲矢三率，則即用八乘矢爲弧分自乘數，以求諸率也。

置弧分自乘數，減四。三率乘之，四除之又三除之，四除之，爲五率。置弧分自乘數，四乘之，減四，五率乘之，四除之又五除之，六除之，爲七率。置弧分自乘數，九乘之，減四，七率乘之，四除之又七除之，八除之，爲九率。以此遞求，其乘數皆遞加自乘數，其減數皆爲四，而除數則與弧求矢同。其一率遞除、降位及直以三率乘之，不復減四，其理亦同。

既得諸率，以之相加，即得三率全數。弧分既同二率，則以一率乘三率，開方而得二率，即爲通弧之數。正矢求弧背，則比例固同。而所用二乘矢數，迺弧背作弧分自乘數，與通弧作弧分自乘數，亦爲一與四。弧背求矢本以弧背自乘二除爲矢三率，則二乘矢即如弧背自乘數，通弧加弧背一倍則積亦四倍。以求諸率當加一四乘，今不復加，而亦各以少一四除代之也。

如以前乘除降位之理釋之，則弦求弧所用之弦即弧求弦所得諸率，爲二率幾、少四率幾、多六率幾，舉以見例，故不及八率以下諸率。即爲第二率，亦即爲第一數。如求六率，當以第一數內之二率自乘，爲第三率內之三率。第一數內之二率乘第一數內之四率，二乘之，爲第三率內所少之五率。本以第一數二率幾少四率幾自乘，則二率乘二率爲三率，即如二率自乘。二率乘四率、四率乘二率，兩數相并爲五率，即如二率乘四率二乘之，互乘之理可以類推。又以第一數乘之，則二率自乘，再乘，爲第四率內之四率。二率自乘，乘第一數內四率，三乘之，此用同乘法，故以三乘併之。爲第四率內所少之六率。各以第一數內之四率乘之，第一數內之二率自乘、再乘除之，則第一數內所少之四率，即第二數內所有之四率。第一數內四率

自乘三乘之，二率除之，爲第二數内所少之六率。當以第一數内所多之六率減之，方爲弦求弧應加之六率。而第一數内諸率皆出於二率，如以二率齊之，則置二率自乘減一，二率乘之又以二率自乘減一乘之又三乘之，四除之，二除之，三除之又四除之，二除之，三除之。本以第一數内之四率，自乘，三乘之，二率除之，爲第二數内所少之六率。而求第一數内之四率，本以二率自乘減一又以二率乘之，四除之，二除之，三除之，得四率。今即以二率爲用，如求四率法，乘除之，又本當以二率除。今於二率自乘減一下，省一二率乘以代之。餘可類推。即第二數内所少之六率，復以二率自乘減一，二率乘之又以二率自乘減九乘之，四除之，二除之，三除之又四除之又四除之，五除之。此即弧求弦六率之法。即第一數内六率。法當相減。

今以兩數俱爲立方積，則一以二率爲廣，二率自乘數少一爲高，三倍二率自乘數少三爲長。一以二率爲廣，二率自乘數少一爲高，二率自乘數少九爲長。兩形高廣既同，則以長數相減爲長，以原高廣爲立方形，必與兩體積相減等。然兩積之中除數各異，當更變其長，使除數相同，而後可通爲一以先減而後除。故置前形之長三倍二率自乘數少三，以除數相異之四與五迭乘之，二與三迭除之，得十倍二率。自乘數少十爲長，以後形之長二率自乘數少九減之，得九倍二率。自乘數少一爲長，仍以二率爲廣，二率自乘數少一爲高。以此立方積四除之，二除之，三除之又四除之又四除之，五除之，即爲弦求弧應加之六率。而二率爲廣，二率自乘數少一爲高相乘之高廣冪，四除之，二除之，三除之，即第二數内之四率，則用四率之數，即如用高廣相乘四除之，二除之，三除之之數。故惟以二率自乘、九乘、減一，四率乘之，四除之又四除之，五除之，而得應加之六率也。

矢求弧所用之矢，即弧求矢所得諸率，爲三率幾，少五率幾，多七率幾，即爲第三率，亦即爲第一數。如求七率，當以第一數内之三率自乘，爲第五率内之五率。第一數内之三率乘第一數内之五率，二乘之，爲第五率内所少之七率。各以第一數内之五率乘之，三率自乘除之，則第一數内所少之五率即第二數内所有之五率。第一數内五率自乘，二乘之，三率除之，爲第二數内所少之七率。當以第一數内所多之七率減之，方爲矢求弧應加之七率。而第一數内諸率皆出於三率，而三率又爲二率自乘八除之數。如亦以二率齊之，則置二率自乘，以二率自乘減四乘之，又以二率自乘減四乘之，又二乘之，四除之，二除之又四除之，三除之，四除之又四除之，三除之，四除之，即第二數内所少之七率。復以二率自乘，以二率自乘減四乘之，又以二率自乘減十六乘之，四除之，二除之又四除之，三除之，四除之又四除之，五除之，六除之，即第一數内七率。亦當相減。

今以兩數亦爲立方積，則一以二率自乘數爲廣，二率自乘數少四爲高，二倍二率自乘數少八爲長。一以二率自乘數爲廣，二率自乘數少四爲高，二率自乘數少十六爲長。其高廣既同，而除數亦異，亦變其長，使除數相同。故置前形之長二倍二率自乘數少八，以除數相異之五與六迭乘之，三與四迭除之，得五倍二率。自乘數少二十爲長，以後形之長二率自乘數少十六減之，得四倍二率。自乘數少四爲長，仍以二率自乘數爲廣，二率自乘數少四爲高。以此立方積，四除之，二除之又四除之，三除之，四除之又四除之，五除之，六除之，即爲矢求弦應加之七率。而二率自乘數爲廣、二率自乘數少四爲高相乘之高廣冪四除之，二除之又四除之，三除之，四除之，即第二數内之五率，則用五率之數即如用高廣相乘四除之，二除之又四除之，三除之，四除之之數。故惟以二率自乘、四乘、減四，五率乘之，四除之，五除之，六除之，而得應加之七率也。諸數雖異，其理與弦悉同。

其弦自八率以降，矢自九率以降，取數雖繁，而以省乘省除通之，以同乘同除合之，以異乘同除齊其除數，以同乘異除齊其乘數，則弦自九倍、二十五倍、四十九倍至億萬倍，矢自四倍、九倍、十六倍至億萬倍，弦之減數皆爲一，矢之減數皆爲四。以次遞求，無不密合。蓋於至繁之中，得至簡之用，爲弧求弦矢之還原，皆天地自然之數，無所勉强，割圜之能事畢矣。

清・項名達《象數一原》卷五 論杜氏九術

通弧求通弦

論曰：設有弧，析分至極多，所析之分必極細。此極細一弧通弦幾與弧合，以極多分乘之，即原設通弧。今以通弧求通弦，是以所析極細一分弧通弦而求原設多分弧通弦，則一分爲分母，多分爲分子，乃倍分求弦術也。

以通弧爲第一數，寄左。

論曰：第一數本宜置通弦，以分子乘之，分母除之。今極細弧通弦乘分子即原設通弧，分母又爲一，不須除，故即以通弧爲第一數。

次以半徑爲連比例第一率，通弧爲第二率。二率自乘，一率除之，得第三率。

論曰：求三率本宜以極細弧通弦爲二率自乘之，一率除之，得三率。

今用原設通弧代爲二率，是二率爲分子乘過數，求得三率，必爲分子自乘乘過數。

次置第一數，以三率乘之，一率除之，得第四率。四除之又二除之，三除之，爲第二數，應減，寄右。次置第二數，以三率乘之，一率除之，得第六率。四除之又四除之，五除之，爲第三數，應加，寄左。次置第三數，以三率乘之，一率除之，得第八率。四除之又六除之，七除之，爲第四數，應減，寄右。

論曰：遞次乘法本應取分子、母各自乘相減數，今分子極多，自乘後則愈多。分母又爲一，不煩乘，祇須減一、九、二十五等數。是減數甚微，可不必減。其實，弦求弦乘法有減數，弧求弦乘法無減數。非不必減，本不應減也。蓋減數生於分母之一，雖分母極細、分子極多而終有分在，弦究微歉於弧。若渾與弧合，則必無分可析，無子母可名。分子即通弧，分母并無其一，無其一是無減數矣。故，但以分子自乘爲乘法，又遞求各數。本宜置前數，以三率乘之，一率除之，得後率本數。又以用數乘除法乘除之，始爲後數。而今所用三率，已爲分子自乘乘過數。分子自乘者，用數乘法也。三率者，本數乘法也。是今之三率實兼有兩種乘法，以乘前數，業合兩次乘爲一次乘矣。故以兩種除法遞除之，即得後數也。

第一數、第三數相并，第二數、第四數相并，左右相減，所餘即通弦。

論曰：三率中所藏分子自乘，乃負乘法也。乘正數爲異名，所得者負數；乘負數爲同名，所得者正數。故數常正負相間，正寄左、負寄右，各併之而左右相減，是於正數中減去負數，始得通弦也。

通弧求矢

論曰：矢居通弧之半，又以半弧爲本弧，而通弧得其倍。今以通弧求矢是析通弧至極多分，使一分通弦與弧合，極多之總分乘之即通弧。因以一分弧通弦求總分之半弧矢，一分爲分母，總分之半爲分子。

以半徑爲連比例第一率，通弧爲第二率，二率自乘，一率除之，得第三率。

論曰：如倍分術，宜取一分通弦爲二率。今以通弧代之，是二率爲總分乘過數，亦即爲倍分子乘過數。求得三率，必爲四倍分子自乘乘過數。

四除之，又二除之，爲第一數，寄左。

論曰：如倍分術，宜以分子自乘，乘倍矢，爲第一數。今所得三率即倍矢，惟爲分子自乘乘過數，而又多四倍，故宜四除。又所求乃正矢，得數後宜折半，先半之，故復二除也。

次置第一數，以三率乘之，一率除之，得第五率。四除之又三除之，四除之爲第二數，應減，寄右。次置第二數，以三率乘之，一率除之，得第七率。四除之又五除之，六除之，爲第三數，應加，寄左。次置第三數，以三率乘之，一率除之，得第九率。四除之又七除之，八除之，爲第四數，應減，寄右。第一數、第三數相并，第二數、第四數相并，左右相減，所餘即矢。

論曰：遞次求數矢術本無四除，今有此除者，以所用三率乃四倍分子自乘乘三率數。三率爲本數乘法分子，自乘爲用數乘法。是兼有兩種乘法而又多四倍，宜除去之也。餘與通弦術同。

弧背求正弦

論曰：通弦折半爲正弦，是正弦乃半通弦也，應以通弧爲本弧，而弧背得其半。今以弧背求正弦是析弧背至極多分，使一分通弦與弧合，極多之總分乘之即弧背。因以一分弧通弦求總分之倍弧半通弦，一分爲分母，總分之倍爲分子，亦倍分求弦術也。

以弧背爲第一數，寄左。

論曰：如倍分術，宜以分子乘一分通弦，爲第一數。若求正弦，宜折半。今弧背本即半分子乘一分通弦，故即爲第一數。

次以半徑爲連比例第一率，弧背爲第二率，二率自乘，一率除之，得第三率。

論曰：本宜取一分通弦爲二率，以求三率。今用弧背代之，是二率爲總分乘過數，亦即爲半分子乘過數。求得三率，必爲分子自乘四之一乘過數。

次置第一數，以三率乘之，一率除之，得第四率。二除之，三除之，爲第二數，應減，寄右。次置第二數，以三率乘之，一率除之，得第六率。四除之，五除之，爲第三數，應加，寄左。次置第三數，以三率乘之，一率除之，得第八率。六除之，七除之，爲第四數，應減，寄右。第一數、第三數相併，第二數、第四數相并，左右相減，所餘即正弦。

論曰：遞次求數弦術本有四除，今無此除者，以所用三率爲分子自乘四之一乘過數。是兼有兩種乘法，而四已除過，不煩再除也。餘與通弧求通弦術同。

弧背求正矢

論曰：正矢與弧背相當，弧背即其本弧。今以弧背求正矢是析弧背至極多分，使一分通弦與弧合，極多之總分乘之即弧背。因以一分弧通弦求總分弧

正矢，一分爲分母，總分爲分子，亦倍分求矢術也。

以半徑爲連比例第一率，弧背爲第二率，二率自乘，一率除之，爲第三率。

論曰：如倍分術，宜取一分通弦爲二率，以求三率。今用弧背代之，是二率爲總分乘過數，亦即爲分子乘過數。求得三率，必爲分子自乘乘過數。

二除之，爲第一數，寄左。

論曰：本宜以分子自乘，乘倍矢，爲第一數。今所用三率即倍矢，已爲分子自乘乘過，所求迺正矢，故須二除。

次置第一數，以三率乘之，一率除之，得第五率。三除之，四除之，爲第二數，應減，寄右。次置第二數，以三率乘之，一率除之，得第七率。五除之，六除之，爲第三數，應加，寄左。次置第三數，以三率乘之，一率除之，得第九率。七除之，八除之，爲第四數，應減，寄右。第一數、第三數相并，第二數、第四數相并，左右相減，所餘即正矢。

論曰：遞次求數，無四除，迺求矢本法，以正矢之本弧即弧背也。餘與通弧求矢術同。

通弦求通弧

論曰：通弧即通弦之本弧，以通弦求通弧是析通弧至極多分，使一分通弦與弧合，則通弧爲極多之總分。取其通弦以求一分弧通弦，總分乘之得通弧。一分爲分子，總分爲分母，乃析分求弦術也。

以通弦爲第一數。

論曰：析分術第一數本宜置通弦，以分母除之。但所求乃通弧，得諸數後，尚需乘以分母。今先於第一數不除，以代其乘。明諸數，皆爲分母乘過數，併之即通弧矣。故即以通弦爲第一數。

次以半徑爲連比例第一率，通弦爲第二率，二率自乘，一率除之，得第三率。

論曰：本宜分母除通弦爲二率，以求三率。今不除，是二率爲分母乘過數。求得三率，必爲分母自乘乘過數。

次置第一數，以三率乘之，一率除之，得第四率。四除之又二除之，三除之，爲第二數。次置第二數，以三率乘之，一率除之，得第六率。九乘之，四除之又四除之，五除之，爲第三數。次置第三數，以三率乘之，一率除之，得第八率。二十五乘之，四除之又六除之，七除之，爲第四數。次置第四數，以三率乘之，一率除之，得第十率。四十九乘之，四除之又八除之，九除之，爲第五數。

論曰：析分術乘法宜置分母自乘，一乘減一求第二數，九乘減一求第三數，二十五乘減一求第四數。今分母自乘已極其多，增乘後則愈多，所減祇一，可不必減。實則析分至渾與弧合，并無分子之一，本不應減。又，今所用三率已爲分母自乘乘過數，但少九乘、二十五乘、四十九乘等，故遞次增此一乘也。

以諸數相并，即通弧。

論曰：分母自乘爲正乘法。乘法正，得數皆正。故，逕併諸數爲通弧。

矢求通弧

論曰：半通弧爲矢之本弧。今以矢求通弧，是析通弧至極多分，使一分通弦與弧合。乃以極多總分半之，取其弧正矢，以求一分弧倍矢爲三率。復求二率通弦，總分乘之，得通弧。則一分爲分子，總分之半爲分母，迺析分求矢術也。

以矢八乘之，爲第一數。

論曰：所欲求者通弧，而假以求者乃一分倍矢，又必爲四倍分母自乘乘過數。而後半徑乘之，開方，即通弧。求一分倍矢，本宜以分母自乘，除本弧倍矢爲第一數。今不除以代乘，即爲分母自乘乘過數，而尚少四倍，應四乘之。又所用乃正矢，應二乘之。二、四相乘得八，故八乘始爲第一數。

次以半徑爲連比例第一率，八乘矢爲第三率。

論曰：本宜以分母自乘，除倍矢爲三率。若不除而但倍其矢，則三率中藏分母自乘已兼有兩種乘法，遞次求數可無四除。今因術中通弧與弦、矢相求，概有四除，故三率先增四倍也。

次置第一數，以三率乘之，一率除之，得第五率。四除之又三除之，四除之，爲第二數。次置第二數，以三率乘之，一率除之，得第七率。四乘之，四除之又五除之，六除之，爲第三數。次置第三數，以三率乘之，一率除之，得第九率。九乘之，四除之又七除之，八除之，爲第四數。次置第四數，以三率乘之，一率除之，得第十一率。十六乘之，四除之又九除之，十除之，爲第五數。

論曰：如前論乘法，不應減一，逕用分母自乘。今所用三率已兼有之，但少四乘、九乘、十六乘等，故遞次增乘也。

以諸數相併又爲連比例第三率，與第一率半徑相乘，開平方，得第二率，即

通弧。

論曰：第一數爲四倍分母自乘乘過數，遞得諸數莫不皆然，併之即爲一分倍矢乘分母自乘之四倍。半徑乘之，得一分通弦自乘乘分母自乘之四倍。開方，得一分通弦乘分母之二倍，即通弧也。

正弦求弧背

論曰：倍弧背爲通弦本弧，亦即爲正弦本弧。今以正弦求弧背，是析弧背至極多分，使一分通弦與弧合。迺以極多之總分倍之，取其弧通弦求一分弧通弦，極多分乘之得弧背。則一分爲分子，總分之倍爲分母，亦析分求弦術也。

以正弦爲第一數。

論曰：如析分第一數，本宜分母除通弦。而半分母除正弦，得數亦同。今不除，即以正弦爲第一數，是爲半分母乘過數。

次以半徑爲連比例第一率，正弦爲第二率，二率自乘，一率除之，得第三率。

論曰：第二率本宜分母除通弦，亦可以半分母除正弦。今即用正弦，是二率爲分母之半乘過數。求得三率，必爲分母自乘四之一乘過數。

次置第一數，以三率乘之，一率除之，得第四率。二除之，三除之，爲第二數。次置第二數，以三率乘之，一率除之，得第六率。九乘之，四除之，五除之，爲第三數。次置第三數，以三率乘之，一率除之，得第八率。二十五乘之，六除之，七除之，爲第四數。次置第四數，以三率乘之，一率除之，得第十率。四十九乘之，八除之，九除之，爲第五數。以諸率相并，即弧背。

論曰：所用三率既爲分母自乘四之一乘過數，是兼有兩種乘法而少四倍，故乘後不煩四除也。餘均與通弦求通弧術同。

正矢求弧背

論曰：弧背既矢之本弧，以正矢求弧背是析弧背至極多分，使一分通弦與弧合，則弧背爲極多之總分。取其正矢以求一分弧倍矢，一率乘之，開方，得一分弧通弦，總分乘之得弧背。一分爲分子，總分爲分母，亦析分求矢術也。

以正矢倍之爲第一數。

論曰：第一數本宜分母自乘除倍矢，今不除，而但倍其矢，是爲分母自乘乘過數。

次以半徑爲連比例第一率，倍正矢爲第二率。

論曰：三率與第一數等，亦爲分母自乘乘過數。

次置第一數，以三率乘之，一率除之，得第五率。三除之，四除之，爲第二數。次置第二數，以三率乘之，一率除之，得第七率。四乘之，五除之，六除之，爲第三數。次置第三數，以三率乘之，一率除之，得第九率。九乘之，七除之，八除之，爲第四數。次置第四數，以三率乘之，一率除之，得第十一率。十六乘之，九除之，十除之，爲第五數。

論曰：遞次求數無四除，迺求矢本法以弧背爲矢本弧，故也。餘與矢求通弧術同。

以諸數相并，又爲連比例第三率，與一率半徑相乘，開平方，得第二率，即弧背。

論曰：并諸數，得一分倍矢乘分母自乘數。半徑乘之，得一分通弦自乘乘分母自乘數。開方，得一分通弦乘分母數，即弧背也。

圜徑求周

論曰：六十度通弦即半徑，其通弧爲圜周六之一。今以圜徑求，則是半其徑爲六十度通弦，求得通弧六乘之而得周也。即通弦求通弧術，亦即析分求弦術。

以徑三乘之，爲第一數。

論曰：如通弦求通弧爲第一數，即用半徑。但今所知爲全徑，應以二除。所求爲全周，應先六乘。二除六乘與三乘等，故三乘徑爲第一數。

次置第一數，四除之又二除之，三除之，爲第二數。次置第二數，九乘之，四除之又四除之，五除之，爲第三數。次置第三數，二十五乘之，四除之又六除之，七除之，爲第四數。次置第四數，四十九乘之，四除之又八除之，九除之，爲第五數。次置第五數，八十一乘之，四除之又十除之，十一除之，爲第六數。

論曰：通弦既即半徑，則諸率齊同。連比例本數之乘除遞次可以省去，即用數乘法中分母自乘亦隨省去。故，僅以增乘之一、九、二十五等爲乘法，而以用數除法除之也。

若以千萬爲圜徑，則求至第十一數。并之，得三千一百四十一萬五千九百二十六，即圜周。

論曰：第一數已乘爲六倍，即遞得之諸數皆然，并之，必得六十度通弧之六倍，即圜周也。得數遞次漸降。今約圜徑千萬爲例，計共八位，求至第十一數已抵單位，不煩再求。若增求之位愈多，數亦愈密。

總論曰：弧與弦矢不相通通，之以極細分。極細分通弦即弧，倍矢即弧爲二率之三率。但本弧與極細弧其弦矢可互求，即弧與弦矢亦可互求，此董氏倍分、析分四術實爲此九術之原。今更以分子母覈之，而其理益顯。蓋弦矢方邊也，弧圜線也，方有盡圜無盡。分之設也，可有盡，而亦可無盡。假其有盡者，察數之變而還其無盡者，得理之通，弧與弦、矢乃無可復遁此。割圜之能事至九術而極，而非有分子母，亦無以啓其秘而發其扃也。

算法

清・明安圖《割圜密率捷法》卷一　步法

圜徑求周

法置通徑，三因之，爲第一條。次置第一條，四除之，又二除之又三除之，或三數連乘得二十四爲法除之亦可。後仿此。得數爲第二條。次置第二條，九因之，四除之又四除之又五除之，得數爲第三條。次置第三條，二十五乘之，四除之又六除之又七除之，得數爲第四條。次置第四條，四十九乘之，四除之又八除之又九除之，得數爲第五條。次置第五條，八十一乘之，四除之又十除之又十一除之，得數爲第六條。次置第六條，一百二十一乘之，四除之又十二除之又十三除之，得數爲第七條。次置第七條，一百六十九乘之，四除之又十四除之又十五除之，得數爲第八條。次置第八條，二百二十五乘之，四除之又十六除之又十七除之，得數爲第九條。次置第九條，二百八十九乘之，四除之又十八除之又十九除之，得數爲第十條。次置第十條，以三百六十一乘之，四除之又二十除之又二十一除之，得數爲第十一條。併十一條之數，得總數即圜周。

按：此即後通弦求弧背法也。三因通徑即圜內容六等邊之周數也。圜內容六等邊，每邊與半徑等，故省比例乘除之數。其四除，各次所通用也。初次加二除、三除，二次加四除、五除，皆依次遞加一數以爲法也。初次用九乘，二次用二十五乘，皆依次遞加二數自乘以爲法也。三自乘爲九，三加二得五，五自乘爲二十五。下仿此。此以通徑數至億者爲例，故遞求至十一條。遇通徑數小者，次數可省。若依各數遞加爲法，求至無窮，皆能得其密數也。

弧背求正弦

法以弧背本數爲第一條。次以半徑爲連比例第一率，弧背爲連比例第二率，求得連比例第三率。次置第一條，以三率乘之，一率除之，得第四率數。二除之，又三除之，得數爲第二條。應減，另書之。次置第二條，以三率乘之，一率除之，得第六率數。四除之，又五除之，得數爲第三條。應加，書於第一條之下。次置第三條，以三率乘之，一率除之，得第八率數。六除之，又七除之，得數爲第四條。應減，書于第二條之下。第一條、第三條相併，第二條、第四條相併，兩總數相減，得數即正弦。

按：此以連比例遞求四、六、八率，以加、減二率也。四率用二除、三除，六率用四除、五除，皆依次遞加一數以爲法也。四率爲減，六率爲加，八率又爲減，相間以爲消息也。數小者尚可省，數大者依次求之。建功案：此加、減乃西法通例也。若援古開方例以正負別加減，于二、四、六、八等應減之條爲負數用斜畫作誌，似較另書之例甚便且無混淆之慮。

弧背求正矢

法以半徑爲連比例第一率，弧背爲連比例第二率，求得連比例第三率。二除之，得數爲第一條。次置第一條，以三率乘之，一率除之，得第五率數。三除之，又四除之，得數爲第二條。應減，另書之。次置第二條，以三率乘之，一率除之，得第七率數。五除之，又六除之，得數爲第三條。應加，書于第一條之下。次置第三條，以三率乘之，一率除之，得第九率數。七除之，又八除之，得數爲第四條。應減，書于第二條之下。第一條、第三條相併，第二條、第四條相併，兩總數相減，得數即正矢。

按：此以連比例遞求五、七、九率，以加、減三率也。三率用二除，五率用三除、四除，亦依次遞加一數以爲法也。加、減亦相間，爲消息也。其法大概與求正弦同。

弧背求通弦

法以弧背本數爲第一條。次以半徑爲連比例第一率，弧背爲連比例第二率，求得連比例第三率。次置第一條，以三率乘之，一率除之，得第四率數。四除之，又二除之，又三除之，得數爲第二條。應減，另書之。次置第二條，以三率

乘之，一率除之，得第六率數。四除之，又四除之，又五除之，得數爲第三條。應加，書于第一條之下。次置第三條，以三率乘之，一率除之，得第八率數。四除之，又六除之，又七除之，得數爲第四條。應減，書于第二條之下。第一條、第三條相併，第二條、第四條相併，兩總數相減，得數即通弦。

按：此法與求正弦法同，但通加一四除耳。若四除第三率爲常用之數，則每次之四除可省。通弦求弧背同此。

弧背求矢

法以半徑爲連比例第一率，弧背爲連比例第二率，求得連比例第三率。四除之，又二除之，得數爲第一條。次置第一條，以三率乘之，一率除之，得第五率數。四除之，又三除之，又四除之，得數爲第二條。應減，另書之。次置第二條，以三率乘之，一率除之，得第七率數。四除之，又五除之，又六除之，得數爲第三條。應加，書于第一條之下。次置第三條，以三率乘之，一率除之，得第九率數。四除之，又七除之，又八除之，得第四條。應減，書于第二條之下。第一條、第三條相併，第二條、第四條相併，兩總數相減，得數即矢。

按：此法與弧背求正矢同，但通加一四除耳。若四除第三率爲常用之數，則每次之四除可省。矢求弧背亦同。

通弦求弧背

法以通弦本數爲第一條。次以半徑爲連比例第一率，通弦爲連比例第二率，求得連比例第三率。次置第一條，以三率乘之，一率除之，得第四率數。四除之，又二除之，又三除之，得數爲第二條。次置第二條，九乘之，又以三率乘之，一率除之，得第六率數。四除之，又四除之，又五除之，得數爲第三條。次置第三條，二十五乘之，又以三率乘之，一率除之，得第八率數。四除之，又六除之，又七除之，得數爲第四條。次置第四條，四十九乘之，又以三率乘之，一率除之，得第十率數。四除之，又八除之，又九除之，得數爲第五條。次置第五條，八十一乘之，又以三率乘之，一率除之，得第十二率數。四除之，又十除之，又十一除之，得數爲第六條。次置第六條，一百二十一乘之，又以三率乘之，一率除之，得第十四率數。四除之，又十二除之，又十三除之，得數爲第七條。次置第七條，一百六十九乘之，又以三率乘之，一率除之，得第十六率數。四除之，又十四除之，又十五除之，得數爲第八條。併諸條得總數，即弧背。

按：此即前圜徑求周所用之法也。若二率與一率等，則比例可省。諸法不論求弧線、求直線，但視第幾條得數，首位已在單位下便可住。若首位尚在單位前者，須依次再推方密。

正弦求弧背

法以正弦本數爲第一條。次以半徑爲連比例第一率，正弦爲連比例第二率，求得連比例第三率。次置第一條，以三率乘之，一率除之，得第四率數。二除之又三除之，得數爲第二條。次置第二條，九因之又以三率乘之，一率除之，得第六率數。四除之又五除之，得數爲第三條。次置第三條，二十五乘之又以三率乘之，一率除之，得第八率數。六除之又七除之，得數爲第四條。次置第四條，四十九乘之又以三率乘之，一率除之，得第十率數。八除之又九除之，得數爲第五條。次置第五條，八十一乘之又以三率乘之，一率除之，得第十二率數。十除之又十一除之，得數爲第六條。次置第六條，一百二十一乘之又以三率乘之，一率除之，得第十四率數。十二除之又十三除之，得數爲第七條。次置第七條，一百六十九乘之又以三率乘之，一率除之，得第十六率數。十四除之又十五除之，得數爲第八條。併諸條，得總數即弧背。

按：此法與通弦求弧背法同，但通省一四除耳。

正矢求弧背

法倍正矢爲第一條。次以半徑爲連比例第一率，倍正矢爲連比例第二率。三率自乘，一率除之，得第五率數。三除之又四除之，得數爲第二條。次置第二條，四因之又以三率乘之，一率除之，得第七率數。五除之又六除之，得數爲第三條。次置第三條，九因之又以三率乘之，一率除之，得第九率數。七除之又八除之，得數爲第四條。次置第四條，十六乘之又以三率乘之，一率除之，得第十一率數。九除之又十除之，得數爲第五條。次置第五條，二十五乘之又以三率乘之，一率除之，得第十三率數。十一除之又十二除之，得數爲第六條。次置第六條，三十六乘之又以三率乘之，一率除之，得第十五率數。十三除之又十四除之，得數爲第七條。次置第七條，四十九乘之又以三率乘之，一率除之，得第十七率數。十五除之又十六除之，得數爲第八條。併諸條得總數，又爲連比例第三率，與連比例第一率半徑相乘，開平方，得連比例第二率。即弧背。

按：此法與通弦、正弦求弧背之理同，惟多一開平方耳。除法始于三、四，

乘法遞加一數以自乘，用數小異焉。

矢求弧背

法置矢八乘之，即四乘又二乘。得數爲第一條。次以半徑爲連比例第一率，第一條爲連比例第三率。三率自乘，一率除之，得第五率數。四除之又三除之又四除之，得數爲第二條。次置第二條，四乘之又以三率乘之，一率除之，得第七率數。四除之又五除之又六除之，得數爲第三條。次置第三條，九乘之又以三率乘之，一率除之，得第九率數。四除之又七除之又八除之，得數爲第四條。次置第四條，十六乘之又以三率乘之，一率除之，得第十一率數。四除之又九除之又十除之，得數爲第五條。次置第五條，二十五乘之又以三率乘之，一率除之，得第十三率數。四除之又十一除之又十二除之，得數爲第六條。次置第六條，三十六乘之又以三率乘之，一率除之，得第十五率數。四除之又十三除之又十四除之，得數爲第七條。次置第七條，四十九乘之又以三率乘之，一率除之，得第十七率數。四除之又十五除之又十六除之，得數爲第八條。併諸條，得總數又爲連比例第三率，與連比例第一率半徑相乘，開平方得連比例第二率，即弧背。

按：此法與正矢求弧背同，但第一條加一四因，餘加一四除耳。

以上九法皆至精至密，任有圜線求直線，有直線求圜線，雖推至無窮，靡不合也。

清・董祐誠《割圜連比例術圖解》卷下

弦求弧連比例諸率遞降圖

	通弦即第一數	第二數	第三數	第四數
八率		多三之一	少一又九之六 除上實少一又三之一	一又三之一
六率		少一	一	
四率	少一	一		
二率	三			

如圖，舉三分通弦八率以上爲例，爲通弦求弧諸率之所自出。

三分通弦爲二率三、少四率一，今求二率三之全數。弧分數恒同於二率數，析分愈密則二率即弧分矣。則以通弦爲第一數，數内少一四率，應加一四率。迺即以通弦二率三、少四率一爲二率。二率自乘，一率除之，爲三率九、少五率六、多七率一，即爲三率。通弦二率三、少四率一爲二率乘之，一率除之，爲四率二十七、少六率二十七、多八率九、少十率一。圖止八率以上。首位四率二十七，與應加之四率一，爲二十七與一。即以一乘之，二十七除之，約爲四率一、少六率一、多八率三之一、少十率二十七之一，爲第二數。以之相加，則前少之四率已加足，而次位尚少六率一。迺復置第二數，以三率九、少五率六、多七率一，爲三率乘之，一率除之，爲六率九、少八率十五多十率十、少十二率三又三之一、多十四率九之五。十四率以下不具列。首位之六率九，與應加之六率一，爲九與一。即以一乘之，九除之，約爲六率一、少八率一又九之六、多十率一又九之一、少十二率二十七之十、多十四率八十一之五，爲第三數。復以相加，則前少之六率一已加足，尚少八率一又九之六。除前第二數内所多八率三之一，實少八率一又三之一，當更加八率一又三之一。

如是屢求，至於無盡。是以三分通弦爲二率，以求諸率，應即通弦本數加四率一，又加六率一，又加八率一又三之一，十率以下其數無盡，今不具列。而得二率三之全數與弧分等也。五分以下皆依法遞求，亦以遞加之差齊之，而比例生矣。

弦求弧連比例諸率圖

弧分	二率	四率加	六率加	八率加
一	一			
三	三	一	一	一三之一
五	五	五	一四	五二
七	七	一四	七七	五六一
九	九	三〇	二七三	三二八九
一一	一一	五五	七四八	一三四六四

如圖，舉八率以上爲例，爲通弦求弧之相連比例率數。

矢求弧連比例諸率遞降圖

	倍矢即第一數	第二數	第三數	第四數
九率		多十六之一	少八之三　除上實少十六之五	十六之五
七率		少二之一	二之一	
五率	少一	一		
三率	四			

如圖，舉四分之矢九率以上爲例，爲矢求通弧諸率之所自出。矢首位三率雖同，而實數則少，當遞求諸率以相加，而得三率之全數。四分之倍矢爲三率四、少五率一，即用爲三率如法以求諸率。法與前所列三分通弦同，惟用數互異。不復贅列。是以四分之倍矢爲三率，以求諸率，應即倍矢本數加五率一，又加七率二之一，又加九率十六之五，十一率以下數亦無盡。而得以半弧分爲二率所求之三率也。六分以下亦依次遞求，並以遞加之差齊之，而比例生矣。

矢求弧連比例諸率圖

弧分	三率	五率加	七率加	九率加
二	一			
四	四	一	二之一	一六之五
六	九	六	七	一〇
八	一六	二〇	四二	一〇七又四之一
一〇	二五	五〇	一六五	六六〇

如圖，舉九率以上爲例，爲矢求通弧之諸率。如上，既得諸率，當求其遞增之差，立爲通術。圖中弦之二率、四率，矢之三率、五率，皆與弧求弦矢數等。故術亦同。六率以降率數驟增，而弦自三分、矢自四分以下，諸率即無盡數。仍以弧求弦、矢術變之，得其差數，始可立爲通術也。

清・戴煦《外切密率》卷一　本弧求切線

術曰：　先求各率分子，爲遞次乘法。以二爲數根，即爲第一乘法。置前數根，加二得四，爲數根。置前乘法，四、五遞乘之，一、二遞除之，得二十，爲初減數。數根減初減，得十六，爲第二乘法。

置前數根，加二得六，爲數根。置前初減，六、七遞乘之，三、四遞除之，得七十，爲初減數。置前乘法，六、七遞乘之，一、二遞除之，得三百三十六，爲次減數。數根減初減，得六十四。再減次減，得二百七十二，爲第三乘法。

置前數根，加二得八，爲數根。置前初減，八、九遞乘之，五、六遞除之，得一百六十八，爲初減數。置前次減，八、九遞乘之，三、四遞除之，得二千〇十六，爲次減數。置前乘法，八、九遞乘之，一、二遞除之，得九千七百九十二，爲三減數，數根減初減，得一百六十。再減次減，得一千八百五十六。再減三減，得七千九百三十六，爲第四乘法。

凡數根均起各耦數。其求各減數，則用耦奇二數乘，而逐次乘法遞加。如第二乘法用四、五乘，第三乘法六、七乘。再用奇耦二數除，而挨次減數遞降。如第三乘法，初減用三、四除，次減一、二除。乘法降一位，則多一減。如是遞求，得各率分子，即爲遞次乘法。

乃以本弧弧分爲第一數。次以半徑爲連比例一率，弧分爲二率。二率自乘，一率除之，得三率。置第一數，以三率乘之，一率除之，得四率。二、三遞除之，爲六率用數。以第一乘法乘之，爲第二數。次置六率用數，以三率乘之，一率除之，得六率。四、五遞除之，爲八率用數。以第二乘法乘之，爲第三數。次置八率用數，以三率乘之，一率除之，得八率。六、七遞除之，爲十率用數。以第三乘法乘之，爲第四數。次置十率用數，以三率乘之，一率除之，得十率。八、九遞除之，爲十二率用數。以第四乘法乘之，爲第五數。如是遞求，至單位下。以諸數相并，得切線。

解曰：　凡以餘弦爲小股正弦爲小句半徑爲大股則正切線爲其大句故以一率半徑乘弧背求正弦各率分數以弧背求餘弦各率分數除之即得弧背求切線各率分數。

如圖，甲乙爲本弧，甲丙爲象限，乙丙爲餘弧。丁甲爲所求本弧切線，乙戊爲正弦，己戊爲餘弦，己甲爲半徑。以己戊小股比乙戊小句，若己甲大股與丁甲大句。

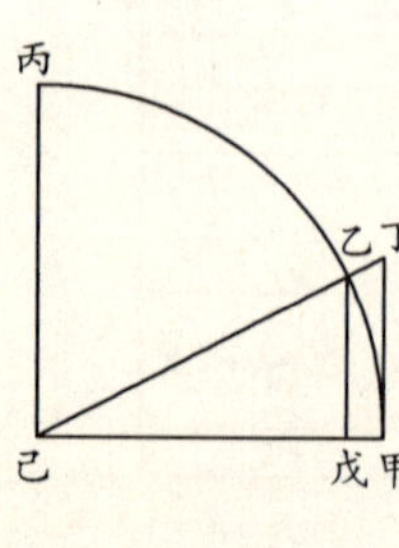

一率　小股　弧背求餘弦各率分數
二率　小句　弧背求正弦各率分數
三率　大股　一率半徑
四率　大句　本弧求切線各率分數

依泰西杜氏演得弧背求正弦各率分數爲二率一，少四率一分又二分又三分之一，一分又二分又三分之一，即六分之一，蓋一、二、三疊乘即六也。茲求切線率分，其分母不可合并，故不曰六分之一，而曰一分又二分又三分之一。多六率一分又二分又三分又四分又五分之一，即一百二十分之一，以一、二、三、四、五疊乘，即一百二十也。少八率一分又二分又三分又四分又五分又六分又七分之一，即五千〇四十分之一。多十率一分又二分又三分又四分又五分又六分又七分又八分又九分之一，即三十六萬二千八百八十分之一，原求各線率分數本無盡。茲截五位以見例。演得弧背求正矢各率分數，爲三率一、二分之一，即一分又二分之一。茲從省文。少五率一、二、三、四分之一。即一分又二分又三分又四分之一。茲從省文。多七率自一至六分之一，即一分又二分又三分又四分又五分又六分之一。茲從省文。以下均倣此。少九率自一至八分之一，以弧背求正矢各率分數，減一率半徑，得弧背求餘弦各率分數，爲一率一，少三率一、二分之一，多五率一、二、三、四分之一，少七率自一至六分之一，多九率自一至八分之一也。

如圖，先置弧背求正弦各率分數。以一率半徑乘之，所得如首層，爲一率乘二率一，少一率乘四率一、二、三分之一，多一率乘六率自一至五分之一，少一率乘八率自一至七分之一，多一率乘十率自一至九分之一，爲乘得數，便爲初商實。乃以餘弦各率分數除之。

置初商實，首位一率乘二率一。以除法首位一率一約之，得二率一，即爲初商。乃以二率一乘除法，所得如二層，一率乘二率一，少一率乘四率一、二分之一。本屬二率乘三率，而二、三率相乘，即一、四率相乘。多一率乘六率一、二、三、四分之一，本屬二率乘五率，即一率乘六率。以下同此例。少一率乘八率自一至六分之一，多一率乘十率自一至八分之一，爲初商乘法式，應減初商實。其首位一率乘二率一，相減却盡。其一率乘四率，則原實分母係一、二、三，而初商乘法式分母係一、二，應加三乘，以同其母。其一率乘六率，原實分母係一、二、三、四、五，乘法式分母係一、二、三、四，應加五乘。其一率乘八率原實分母，與乘法式相較，應加七乘。其一率乘十率相較，應加九乘。通計乘得如第三層，少一率乘四率一、二、三分之三，多一率乘六率自一至五分之五，少一率乘八率自一至七分之七，多一率乘十率自一至九分之九，爲初商同母式。既與初商實同母，乃可相減矣。其減餘數，如第四層，爲一率乘四率一、二、三分之二，少一率乘六率自一至五分之四，多一率乘八率自一至七分之六，少一率乘十率自一至九分之八，爲次商實。分母同初商實，故不重列，但列分子。

推演本弧求正切線總圖

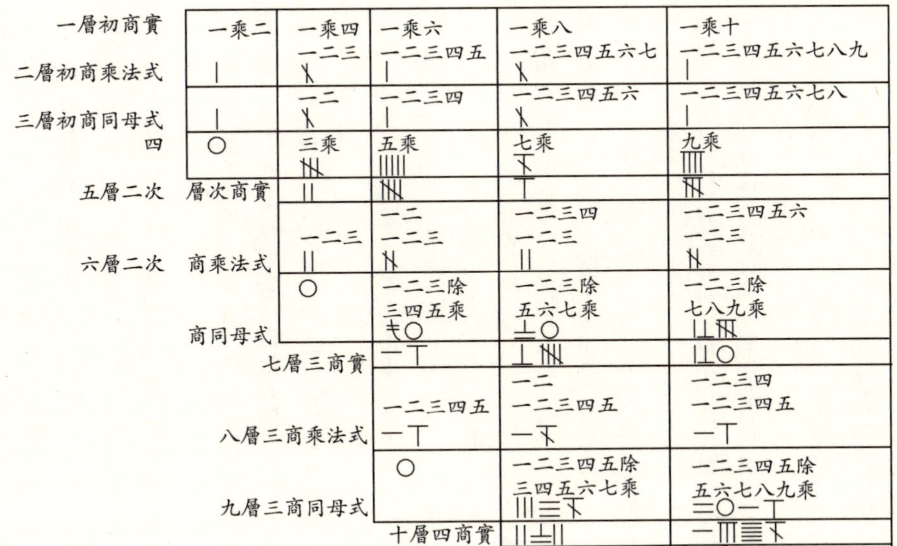

一層初商實	一乘二 𝍠	一乘四 一二三 𝍠̸	一乘六 一二三四五 𝍠	一乘八 一二三四五六七 𝍠̸	一乘十 一二三四五六七八九 𝍠
二層初商乘法式 三層初商同母式	𝍠	一二 𝍠̸	一二三四 𝍠	一二三四五六 𝍠̸	一二三四五六七八 𝍠
四	〇	三乘 𝍢̸	五乘 𝍤	七乘 𝍦̸	九乘 𝍨
五層二次層次商實		𝍡	𝍣̸	𝍥	𝍧̸
六層二次商乘法式		一二三 𝍡	一二 一二三 𝍣̸	一二三四 一二三 𝍡	一二三四五六 一二三 𝍣̸
商同母式		〇	一二三除 三四五乘 𝍬̸〇	一二三除 五六七乘 𝍯〇	一二三除 七八九乘 𝍢𝍫𝍥̸
七層三商實			𝍩𝍥	𝍮𝍣̸	𝍢𝍮〇
八層三商乘法式			一二三四五 𝍩𝍥	一二 一二三四五 𝍩𝍥̸	一二三四 一二三四五 𝍩𝍥
九層三商同母式			〇	一二三四五除 三四五六七乘 𝍢𝍫𝍥̸	一二三四五除 五六七八九乘 𝍪〇𝍩𝍥
十層四商實				𝍡𝍮𝍡	𝍩𝍧𝍫𝍥̸
十一層四商乘法式				一二三四五六七 𝍡𝍮𝍡	一二 一二三四五六七 𝍡𝍬𝍣̸
十二層四商同母式				〇	一二三四五六七除 三四五六七八九乘 𝍯𝍦𝍬𝍣̸
十三五商實					𝍮𝍧𝍫𝍥
					一二三四五六七八九 𝍮𝍧𝍫𝍥
十四層五商乘法式					〇

	一乘二率	一乘四率	一乘六率	一乘八率	一乘十率
首層	𝍠	一二三 𝍠̸	一二三四五 𝍠	一二三四五六七 𝍠̸	一二三四五六七八九 𝍠
次層	𝍠	一二 𝍠̸	一二三四 𝍠	一二三四五六 𝍠̸	一二三四五六七八 𝍠
三層	〇	三乘 𝍢̸	五乘 𝍤	七乘 𝍦̸	九乘 𝍨
四層		𝍡	𝍣̸	𝍥	𝍧̸

	一乘四率	一乘六率	一乘八率	一乘十率
四層	一二三 𝍡	一二三四五 𝍣̸	一二三四五六七 𝍥	一二三四五六七八九 𝍧̸
五層	一二三 𝍡	一二 一二三 𝍠𝍠̸	一二三四 一二三 𝍡	一二三四五六 一二三 𝍡̸
六層	〇	一二三除 三五四乘 乇〇	一二三除 五六七乘 𝍯〇	一二三除 七八九乘 𝍠𝍮𝍧̸
七層		𝍩𝍥	𝍮𝍣̸	𝍠𝍮〇

置次商實，首位一率乘四率一、二、三分之二。以除法首位一率一約之，得四率一、二、三分之二，即爲次商。以乘除法，所得如第五層，一率乘四率一、二、三分之二，少一率乘六率一、二分又一、二、三分之二。一、二分乃除法三率分母，一、二、三分乃次商分母，不可合并。故别言之。多一率乘八率一、二、三、四分又一、二、三分之二，少一率乘十率自一至六分又一、二、三分之二，爲次商乘法式，尚有四率乘九率一位，以即一率乘十二率，而原實至十率而止，故截去。後倣此。應減次商實。其首位一率乘四率一、二、三分之二，相減却盡。其一率乘六率，則原實分母係一、二、三、四、五，乘法式分母係一、二分又一、二、三分。應以一、二、三除之，三、四、五乘之，以同其母，方可相減。其一率乘八率，原實分母係一、二、三、四、五、六、七，乘法式係一、二、三、四分又一、二、三分。應一、二、三除之，五、六、七乘之，其一率乘十率，原實分母係一、二、三、四、五、六、七、八、九，乘法式係一、二、三、四、五、六分又一、二、三分。應以一、二、三除之，七、八、九乘之。通計乘除得如第六層，少一率乘六率自一至五分之二十，多一率乘八率自一至七分之七十，少一率乘十率自一至九分之一百六十八，爲次商同母式。以減次商實，其減餘數，如第七層，一率乘六率自一至五分之十六，少一率乘八率自一至七分之六十四，多一率乘十率自一至九分之一百六十，爲三商實。

置三商實，首位一率乘六率自一至五分之十六。以除法首位一率一約之，得六率自一至五分之十六，即爲三商。以乘除法，得第八層，一率乘六率自一至五分之十六，少一率乘八率一、二分又自一至五分之十六，多一率乘十率一、二、三、四分又自一至五分之十六，爲三商乘法式，應減三商實。其首位一率乘六率自一至五分之十六，減盡。其一率乘八率原實分母係一、二、三、四、五、六、七，乘法式，分母係一、二分又一、二、三、四、五分。應以一、二、三、四、五除之，三、四、五、六、七乘之，以同其母。其一率乘十率原實分母係一、二、三、四、五、六、

	一乘六率	一乘八率	一乘十率
七層	一二三四五 𝍩𝍥	一二三四五六七 𝍮𝍣̸	一二三四五六七八九 𝍠𝍮〇𝍠
八層	一二三四五 𝍩𝍥	一二 一二三四五 𝍩𝍥̸	一二三四 一二三四五 𝍩𝍥
九層	〇	一二三四五除 三四五六七乘 𝍢𝍪𝍥̸	一二三四五除 五六七八九乘 𝍪〇𝍩𝍥
十層		𝍡𝍯𝍡	𝍩𝍢𝍬𝍥̸

	一乘八率	一乘十率
十層	一二三四五六七 𝍡𝍯𝍡	一二三四五六七八九 𝍩𝍢𝍬𝍥̸
十一層	一二三四五六七 𝍡𝍯𝍡	一 一二三四五六七 𝍡𝍯𝍡
十二層	〇	一二三四五六七除 三四五六七八九乘 𝍰𝍦𝍰𝍡̸
十三層		𝍯𝍣𝍫𝍥

七、八、九，乘法式係一、二、三、四分又一、二、三、四、五分。應以一、二、三、四、五除之，五、六、七、八、九乘之。通計乘除得如第九層，少一率乘八率自一至七分之二百二十六，多一率乘十率自一至九分之二千〇十六。以減三商實，其減餘數，如第十層，爲一率乘八率自一至七分之二百七十二，少一率乘十率自一至九分之一千八百五十六，爲四商。

置四商實，首位一率乘八率自一至七分之二百七十二，以除法首位一率一約之，得八率自一至七分之二百七十二，即爲四商。以乘除法，得第十一層，一率乘八率自一至七分之二百七十二，少一率乘十率一二分又自一至七分之二百七十二，爲四商乘法式，應減四商實。其首位一率乘八率自一至七分之二百七十二，減盡。其一率乘十率原實分母係一、二、三、四、五、六、七、八、九，乘法式分母係一、二分又一、二、三、四、五、六、七分。應以一、二、三、四、五、六、七除之，三、四、五、六、七、八、九乘之，以同其母。計乘除得如第十二層，少一率乘十率自一至九分之九千七百九十二。以減四商實，其減餘數，如第十三層，爲一率乘十率自一至九分之七千九百三十六，爲五商實。

置五商實，一率乘十率自一至九分之七千九百三十六。以除法首位一率一約之，得十率自一至九分之七千九百三十六，即爲五商。以乘除法，得第十四層，一率乘十率自一至九分之七千九百三十六，爲五商乘法式。以減五商實，却盡。通計求得本弧求切線各率分數，爲二率一又四率一、二、三分之二，又六率自一至五分之十六，又八率自一至七分之二百七十二，又十率自一至九分之七千九百三十六也。

細審切線率分，其分母與正弦率分同。是其遞求各率之除法，亦必與求正弦同，而起二除三除，繼以四除五除，而遞加矣。惟其各率分子，則由逐次遞減而成。當分別其遞減之所由來，而後求分子之法可見。乃由前圖，去繁就簡，爲第二圖。

其初商實分子，均爲單一。其初商同母式分子，爲三、五、七、九各奇數。是逐率數根之所起，均以各奇數減一矣。而一、三相減，得二，即爲第一分子。

其初減數，即次商同母式分子。則皆生於第一分子之二。六率初減爲一、二、三除，三、四、五乘，而三乘三除可相抵。是一、二除，四、五乘也。八率初減亦一、二、三除，而用五、六、七乘。以較六率初減之乘除，則除法均爲一、二、三。惟乘法則多六、七乘，少三、四乘。是以六率初減，三、四除之，六、七乘之，即八率初減矣。其十率初減亦一、二、三除，而用七、八、九乘，以較八率初減，除法亦同。惟多八、九乘，少五、六乘。是以八率初減，五、六除之，八、九乘之，即十率初減矣。而第一減餘十六，即爲第二分子。

其次減數，即三商同母式分子。則皆生於第二分子之十六。八率次減用一、二、三、四、五除，三、四、五、六、七乘，而三、四、五乘除可相抵。是一、二除，六、

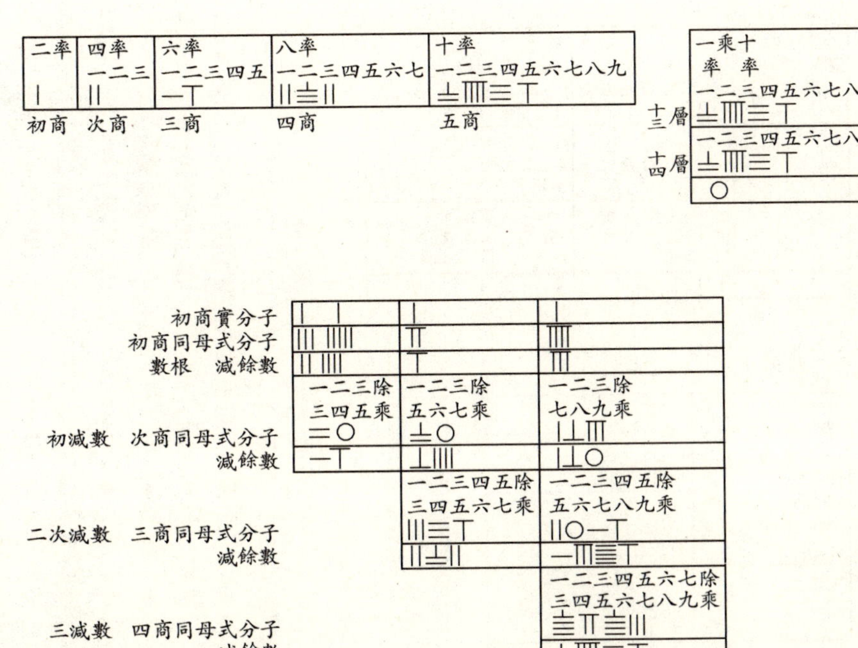

七乘也。十率次減，亦爲一、二、三、四、五除，而用五、六、七、八、九乘。以較八率次減，其除法相同。惟乘法則多八、九乘，少三、四乘，是以八率次減，三、四除之，八、九乘之，即十率次減也。而第一減餘二百七十二，即第三分子。

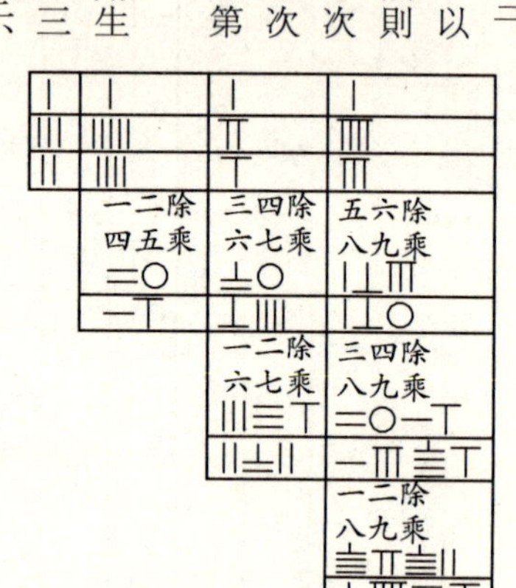

其三減數，即四商同母式分子。則生於第三分子之二百七十二。十率三減，用一、二、三、四、五、六、七除，三、四、五、六、七、八、九乘，而三、四、五、六、七乘除可相抵。是一、二除，八、九乘也。而減餘即爲第四分子。

復由前圖變爲第三圖。第一層爲初商實，分子均爲單一。第二層爲三、五、七、九各率，分子均起奇數減一。第三層爲減餘，即數根。其首位二爲四率分子，即第一乘法。第四層爲初減數，以第一乘法爲實，一、二除，四、五乘，爲第一初減。再加三、四除，六、七乘，爲第二初減。再加五、六除，八、九乘，爲第三初減。通計其除法，自一、二而遞加，其乘法則自四、五而遞加。第五層爲減餘，其首位六率分子，即第二乘法。第六層爲次減數，以六率分子爲實，一、二除，六、七乘，爲第一次減。再加三、四除，八、九乘，爲第二次減。通計其除法，亦自一、二而遞加，其乘法則自六、七而遞加。第七層爲減餘，其首位八率分子，即第三乘法。第八層三減數，以八率分子爲實，一、二除，八、九乘，爲第一三減。計其除法，亦起一、二，其乘法則起八、九。雖圖止十率，而遞加之例，已可類推也。而第九層減餘，即第四乘法。

細按初減、二減、三減迭次乘除之例，橫豎視之，皆秩然而不紊。則自二率至十率既然，而自十率至千百率亦莫不皆然。惟各率自爲分子，非如弦矢求弧背之分子，可以累次加乘而得。故必先按分母逐率遞除，爲各率用數，而後以各分子爲乘法乘之。此本弧求切線立法之所由來也。

弧背求切線算式

凡連比例術之所慮者，位不降也。位不降，則雖有其術而不適於用。弧背求弦矢術，分母逐率加大，而分子均爲單一。故其降位甚易。若弧背求切線，則分母逐率加大，而分子亦逐率加大，故其降位較難。苟專恃一術，必不能徧求各切線。惟本弧求切線、餘弧求切線兩術並用，而後一象限內之切綫，可以徧求。然兩術之中，又有降位難易之不同。餘弧求切線，有間位奇數分母，故分母大於本弧求切線，而分子轉小於本弧求切線。是以餘弧求切線，其降位較易於本弧求切線。茲將九十度內分爲兩限其自十秒至三十度，則用本弧求切線法求之。自三十度至八十九度五十九分五十秒，則用餘弧求切線法求之。庶極多不過十數，而降位無難矣。

弧線表

設全徑二百億　半徑一百億

一秒	四八四八一	三六八二〇九五三五九九三六
二秒	九六九六二	七三六二二一九〇七一九八七二
三秒	一四五四四四	一〇四三三二八六〇七九八
四秒	一九三九二五	四七二四四三八一四三九七
五秒	二四二四〇六	八四〇五五四七六七九九七
六秒	二九〇八八八	二〇八六六五七二一五九六
七秒	三三九三六九	五七六七七六七五一九六
八秒	三八七八五〇	九四四八八七六二八七九五
九秒	四三六三三二	三一二九九八五八二三九四
一十秒	四八四八一三	六八一一〇九五三五九九四
二十秒	九六九六二七	三六二二一九〇七一九八七
三十秒	一四五四四四一	〇四三三二八六〇八〇
四十秒	一九三九二五四	七二四四三八一四四〇
五十秒	二四二四〇六八	四〇五五四七六八〇〇
一分	二九〇八八八二	〇八六六五七二一六〇
二分	五八一七七六四	一七三三一四四三一九
三分	八七二六六四六	二五九九七一六四七九
四分	一一六三五五二八	三四六六二八八六

續表

五分	一四五四四一〇	四三三二八六〇八
六分	一七四五三二九二	五一九九四三三
七分	二〇三六二一七四	六〇六六〇〇五一
八分	二三二七一〇五六	六九三二五七七三
九分	二六一七九九三八	七七九九一四九四
一十分	二九〇八八八二〇	八六六五七二一一六
二十分	五八一七七六四二	七三三一四四三二
三十分	八七二六六四六二	五九九七一六四八
四十分	一一六三五五二八三	四六六二八九
五十分	一四五四四一〇四	三三二八六一
一度	一七四五三二九二五	一九九四三三
二度	三四九〇六五八五〇	三九八八六六
三度	五二三五九八七七五	五九八二九九
四度	六九八一三一七〇〇	七九七七三二
五度	八七二六六四六二五	九九七一六五
六度	一〇四七一九七五五一	一九六六
七度	一二二一七三〇四七六	三九六〇
八度	一三九六二六三四〇一	五九五五
九度	一五七〇七九六三二六	七九四九
一十度	一七四五三二九二五一	九九四三
二十度	三四九〇六五八五〇三	九八八六
三十度	五二三五九八七七五五	九八二九
四十度	六九八一三一七〇〇七	九七七三
五十度	八七二六六四六二五九	九七一六

續表

六十度	一〇四七一九七五五二	九七
七十度	一二二一七三〇四七六三	九六
八十度	一三九六二六三四〇一五	九五
象限	一五七〇七九六三二六七	九四八九六六一九二三一三二二
半周	三一四一五九二六五三五	八九七九三二三八四六二六四三
全周	六二八三一八五三〇七一	七九五八六四七六九二五二八六

凡弧背求切、割二線，其用小餘，與弧背求弦、矢不同。蓋弦、矢二線必小于弧背，故小餘位數不必多。若切、割二線必大于弧背，故小餘位數宜多。且非特此也。如遇餘弧求切、割二線，則弧分愈小，而所求之線必愈大。非多用小餘位數，則無以求極大之線矣。然小餘位數亦自有定。如半徑一百億，係十一位，自乘得二十一位一秒之弧背，係五位。于半徑冪内減五位，得十六位。加小餘二位，得十八位。可知一秒之切線割線，連小餘均係十八位。一秒之弧背，既止五位，自當用小餘十四位。自此弧背大一位，則減小餘二位。挨次遞減，自然敷用，不至尾數不準。又半徑用一百億者，據八線對數表也。若八線表則半徑僅八位，一秒之切、割二線，連小餘止十五位。一秒之弧背止二位。應用小餘，亦十三四位，入算時截位用之可也。

本弧求切線各率乘法表

四率	第一乘法	二
六率	第二乘法	一六
八率	第三乘法	二七二
十率	第四乘法	七九三六
十二率	第五乘法	三五三七九二
十四率	第六乘法	二二三六八二五六
十六率	第七乘法	一九〇三八〇〇〇〇〇
十八率	第八乘法	二〇九九〇〇〇〇〇〇〇〇
二十率	第九乘法	二九一〇〇〇〇〇〇〇〇〇〇〇

餘弧求切線各率乘法表

三率	第一乘法	二
五率	第二乘法	八
七率	第三乘法	三三
九率	第四乘法	二五二
十一率	第五乘法	一二八○○
十三率	第六乘法	一四一五一六八
十五率	第七乘法	三○一○五六○○
十七率	第八乘法	七四六六九○○○○○○
十九率	第九乘法	二五八八○○○○○○○○

凡求遞次乘法，本無窮盡。而求至第九而止者，緣本弧求切線，止求至三十度以內，餘弧求切線，止求至三十度以外，則有第九乘法，而已敷用，不必多求也。然此但指半徑八位而言，若八線對數表，半徑用十一位，則乘法亦須增求。又本弧求切線第七乘法，係一九○三七五七三一一。第八乘法，係二○九八六五三四二九七六。第九乘法，係二九○八八八五一一一八三二。餘弧求切線第八乘法，係七四六六八七六九二八。第九乘法，係二五八七五五六七五六一六。以入算時，不過截用數位，其尾數無所用之。故不列入存數，但以○存其位數，以資入算時，定位之用而已。

凡設度自十秒至三十度，則用本弧求切線法求之。而降位最難，取數最多者，莫如求三十度之切線。今將設弧背三十度，以本弧求切線。算式列於後。

法檢弧線表，得三十度弧分五二三五九八七七六，(凡小餘旁註)爲第一數。

次以半徑一○○○○○○○○爲一率，弧分爲二率。二率自乘，一率除之，得三率二七四一五五六七八。置第一數，以三率乘之，一率除之，得四率。二除之，三除之，得二三九二四五九六二，爲六率用數。以第一乘法，二乘之，得四七八四九一九二，爲第二數。

次置六率用數，以三率乘之，一率除之，得六率。四除之，五除之，得三二七九五三一九，爲八率用數。以第二乘法，一六乘之，得五二四七二五一，爲第三數。

次置八率用數，以三率乘之，一率除之，得八率。六除之，七除之，得二一四○七二○，爲十率用數。以第三乘法，二七二乘之，得五八二二七六，爲第四數。

次置十率用數，以三率乘之，一率除之，得十率。八除之，九除之，得○八一五一二六，凡小餘離單位尚有空位，則以○存其位數。爲十二率用數。以第四乘法，七九三六乘之得六四六八八，爲第五數。

次置十二率用數以三率乘之，一率除之，得十二率。十除之，十一除之，得○○○二○三一五，爲十四率用數。以第五乘法三五三七九二乘之，得七一八七，爲第六數。

次置十四率用數，以三率乘之，一率除之，得十四率。十二除之，十三除之，得○○○○○三五七○，爲十六率用數。第六乘法二二三六八二五六乘之，得七九九，爲第七數。

次置十六率用數，以三率乘之，一率除之，得十六率。十四除之，十五除之，得○○○○○○○四六六，爲十八率用數。第七乘法一九○三八○○○○○乘之，得八九，爲第八數。

次置十八率用數，以三率乘之，一率除之，得十八率。十六除之，十七除之，得○○○○○○○○○四七，爲二十率用數。以第八乘法二○九九○○○○○○○乘之，得一○，爲第九數。

次置二十率用數，以三率乘之，一率除之，得二十率。十八除之，十九除之，得○○○○○○○○○○○三八。以第九乘法二九一○○○○○○○○○○乘之，得○一，爲第十數。

以諸數相併，得五七七三五○二六九。小餘滿五進一算，得五七七三五○三，爲所求三十度切線。

一率	一○○○○○○○○	○○
二率	五二三五九八七	七六
三率	二七四一五五六	七八

六率用數	二三九二四五	九六二
八	三二七九	五三一九
十	二一	四〇七二〇
十二		〇八一五一二六
十四		〇〇〇二〇三一五
十六		〇〇〇〇〇〇三五七〇
十八		〇〇〇〇〇〇〇〇〇四六六
二十		〇〇〇〇〇〇〇〇〇〇〇〇四七
		〇〇〇〇〇〇〇〇〇〇〇〇〇〇〇三八

第一數	五二三五九八七	七六
二	四七八四九一	九二
三	五二四七二	五一
四	五八二二	七六
五	六四六	八八
六	七一	八七
七	七	九九
八		八九
九		一〇
十		一
并諸數	五七七三五〇二	六九

凡設度，自三十度至八十九度五十九分五十秒，則用餘弧求切線法求之。而降位最難，取數最多者，亦莫如求三十度之切線。今將設弧背三十度，以餘弧求切線。算式列於後。

法以半徑一〇〇〇〇〇〇〇爲二率，以三十度減象限，得六十度爲餘弧。檢弧線表，得餘弧弧分一〇四七一九七五五一爲三率。二率自乘，三率除之，得一率九五四九二九六五九，爲第一數正。

次置三率弧分，二除之，三除之，得一七四五三二九二五爲五率用數。第一乘法二乘之，得三四九〇六五八五〇，爲第二數負。

次置三率自乘，二率除之，得一〇九六六二二七一一爲四率。於是三除五率用數，四率乘之，二率除之，得五率。四除之，五除之，得三一八九九四六一六，爲七率用數。第二乘法八乘之，得二五五一九五六九，爲第三數負。

次置七率用數，四率乘之，二率除之，得七率。六除之，七除之，得八三三八九七〇一，爲九率用數。第三乘法三二乘之，得二六六五二七〇，爲第四數負。五除九率用數，四率乘之，二率除之，得九率。八除之，九除之，得二五三七一四九，爲十一率用數。第四乘法一一五二乘之，得二九二二八〇，爲第五數負。

次置十一率用數，以四率乘之，二率除之，得十一率。十除之，十一除之，得〇二五二九三六，爲十三率用數。第五乘法一二八〇〇乘之，得三二三七六，爲第六數負。七除十三率用數，四率乘之，二率除之，得十三率。十二除之，十三除之，得〇〇〇二五四〇一，爲十五率用數。第六乘法一四一五一六八乘之，得三五九五，爲第七數負。

次置十五率用數，四率乘之，二率除之，得十五率。十四除之，十五除之，得〇〇〇〇〇一三二六，爲十七率用數。第七乘法三〇一〇五六〇〇乘之，得三九九，爲第八數負。九除十七率用數，四率乘之，二率除之，得十七率。十六除之，十七除之，得〇〇〇〇〇〇〇〇〇五九四，爲十九率用數。第八乘法七四六六九〇〇〇〇〇乘之，得四四，爲第九數負。

次置十九率用數，四率乘之，二率除之，得十九率。十八除之十九除之，得〇〇〇〇〇〇〇〇〇〇〇一九。第九乘法二五八八〇〇〇〇〇〇〇〇乘之，得〇五，爲第十數負。

以第二數以下，負數相併，得三七七五七九三八八。以減第一正數，得五七七三五〇二七一。小餘滿五進一算，得五七七三五〇三，爲所求三十度切線也。

一率	九五四九二九六	五九
二率	一〇〇〇〇〇〇〇	〇〇
三率	一〇四七一九七五	五一
四率	一〇九六六二二七	一一

五率用數	一七四五三二九	二五
七	三一八九九	四六一六
九	八三三	八九七〇一
十一	二	五三七一四九
十三		〇二五二九三六
十五		〇〇〇二五四〇一
十七		〇〇〇〇〇一三二六
十九		〇〇〇〇〇〇〇〇〇五九四
		〇〇〇〇〇〇〇〇〇〇〇一九

第一數	九五四九二九六	五九
二	三四九〇六五八	五〇
三	二五五一九五	六九
四	二六六五二	七〇
五	二九二二	八〇
六	三二三	七六
七	三五	九五
八	三	九九
九		四四
一十一		〇五
并諸負數	三七七五七九三	八八
減正數	五七七三五〇二	七一

本弧所求小餘六九，餘弧所求小餘七一，此尾數奇零累積之微差。又連比例遞加數，凡逐數皆正者，得數必稍不足。第一數正，而以下皆負者，得數必稍盈。其正負相間者，末數遇正數，數必稍盈。如遇負數，數必稍不足。此通例也。

凡本弧求切線，自三十度以下，降位漸易。至求十秒之切線，乃無第二數。餘弧求切線，自三十度以上，亦降位漸易。至求八十九度五十九分五十秒之切線，乃無第三數。

又　卷二　本弧求割綫

術曰：　先求各率分子，爲遞次乘法，通以單一爲數根。置單一，以三、四遞乘之，一、二遞除之，得六，爲初減數。數根減初減，得五，爲第一乘法。

置前初減，五、六遞乘之，三、四遞除之，得十五，爲初減數。置前乘法，五、六遞乘之，一、二遞除之，得七十五，爲次減數。數根減初減，得十四。再減次減，得六十一，爲第二乘法。

置前初減，七、八遞乘之，五、六遞除之，得二十八，爲初減數。置前次減，七、八遞乘之，三、四遞除之，得三百五十，爲次減數。置前乘法，七、八遞乘之，一、二遞除之，得一千七百〇八，爲三減數。數根減初減，得二十七。再減次減，得三百二十三。再減三減，得一千三百五十八，爲第三乘法。

置前初減，九、十遞乘之，七、八遞除之，得四十五，爲初減數。置前次減，九、十遞乘之，五、六遞除之，得一千〇五十，爲次減數。置前三減，九、十遞乘之，三、四遞除之，得一萬二千八百一十，爲三減數。置前乘法，九、十遞乘之，一、二遞除之，得六萬二千三百二十五，爲四減數。數根減初減，得四十四。再減次減，得一千〇〇六。再減三減，得一萬一千八百〇四。再減四減，得五萬〇五百二十一，爲第四乘法。

凡逐次乘，用奇耦二數而遞加。如第二乘法，五、六乘。第三乘法，七、八乘。其逐次除，亦用奇耦二數而遞降。如第二乘法，初減三、四除，次減一、二除。乘法降一位，則多一減。如是遞求，得各率分子，即爲遞次乘法。

乃以半徑爲連比例一率，本弧弧分爲二率。二率自乘，一率除之，得三率。二除之，爲第一數。

次置第一數，以三率乘之，一率除之，得五率。三、四遞除之，爲七率用數。以第一乘法乘之，爲第二數。

次置七率用數，以三率乘之，一率除之，得七率。五、六遞除之，爲九率用數。以第二乘法乘之，爲第三數。

次置九率用數，以三率乘之，一率除之，得九率。七、八遞除之，爲十一率用數。以第三乘法乘之，爲第四數。

次置十一率用數，以三率乘之，一率除之，得十一率。九、十遞除之，爲十三率用數。以第四乘法乘之，爲第五數。

如是遞求至單位下，以諸數相并，得割綫半徑差，加半徑，即割綫。

解曰：　凡餘弦爲大句、半徑爲大弦、正矢爲小句，則割線減半徑，名割線半徑差，爲其小弦。故以半徑乘弧背，求正矢各率分數，以弧背求餘弦各率分數除之，所得爲本弧求割綫半徑差各率分數。

如圖，甲乙爲本弧，甲丙爲象限，乙丙爲餘弧，己丁爲所求割綫。乙丁爲割線半徑差。己戊爲餘弦，戊甲即乙庚爲正矢。己乙類爲半徑。以己戊大句比己乙大弦，若乙庚小句與乙丁小弦。

一率　大句　弧背求餘弦各率分數

二率　大弦　半徑

三率　小句　弧背求正矢各率分數

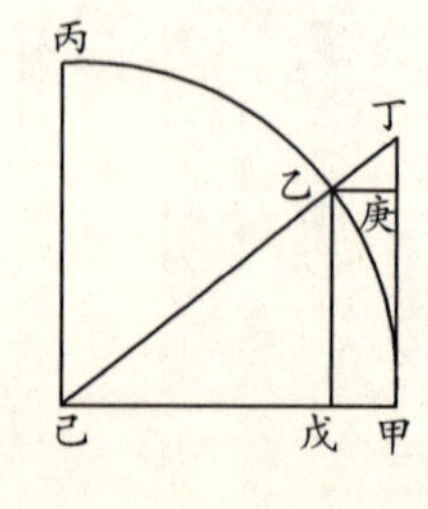

四率　小弦　本弧求割線半徑差各率分數

推演本弧求割線總圖

一層初商實	一乘三 一二 𝍠	一乘四 一二三四 𝍠̸	一乘七 一二三四五六 𝍠	一乘九 一二三四五六七八 𝍠̸	一乘十一 一二三四五六七八九十 𝍠
二層初商乘法式	一二 𝍠	一二 一二 𝍠̸	一二三四 一二 𝍠	一二三四五六 一二 𝍠̸	一二三四五六七八 一二 𝍠
三層初商同母式	〇	一二除 三四乘 𝍥̸	一二除 五六乘 𝍩𝍤	一二除 七八乘 𝍪𝍧̸	一二除 九十乘 𝍬𝍤
五層次商實		𝍤	𝍩𝍣̸	𝍪𝍦	𝍬𝍣̸
五層次商乘法式		一二三四 𝍤	一二 一二三四 𝍤̸	一二三四 一二三四 𝍤	一二三四五六 一二三四 𝍤̸
六層次商同母式		〇	一二三四除 三四五六乘 𝍯𝍤̸	一二三四除 五六七八乘 𝍢𝍭〇	一二三四除 七八九十乘 𝍩〇𝍭̸〇
七層三商實			𝍮𝍠	𝍢𝍪𝍦̸	𝍩〇〇𝍥
八層三商乘法式			一二三四五六 𝍮𝍠	一二 一二三四五六 𝍮𝍠̸	一二三四 一二三四五六 𝍮𝍠
九層三商同母式			〇	一二三四五六除 三四五六七八乘 𝍩𝍦〇𝍧̸	一二三四五六除 五六七八九十乘 𝍠𝍪𝍧𝍩〇
十層四商實				𝍩𝍢𝍯𝍣	𝍠𝍩𝍦〇𝍣̸
十一層四商乘法式				一二三四五六七八 𝍩𝍢𝍯𝍣	一二 一二三四五六七八 𝍩𝍢𝍯𝍣̸
十二層四商同母式				〇	一二三四五六七八除 三四五六七八九十乘 𝍥𝍪𝍢𝍪𝍣̸
十三層五商實					𝍤〇𝍣𝍪𝍠
十四層五商乘法式					一二三四五六七八九十 𝍤〇𝍣𝍪𝍠
					〇

如圖，先置弧背求正矢各率分數，以一率半徑乘之，所得如首層，爲一率乘三率一、二分之一，少一率乘五率一、二、三、四分之一，多一率乘七率自一至六分之一，少一率乘九率自一至八分之一，多一率乘十一率自一至十分之一，爲初商實。乃以弧背求餘弦各率分數除之。

先置初商實，首位一率乘三率一、二分之一。以除法首位一率一約之，得三率一、二分之一，即爲初商。以乘除法，所得如次層，一率乘三率一、二分之一，少一率乘五率一、二分又一、二分之一，多一率乘七率一、二、三、四分又一、二分之一，少一率乘九率自一至六分又一、二分之一多一率乘十一率自一至八分又一、二分之一，爲初商乘法式。應減初商實，其一率乘三率一、二分之一，相減却盡。其一率乘五率，則原實分母係一、二、三、四分，乘法式係一、二分又一、二分。應以一、二除之，三、四乘之，以同其母。其一率乘七率，原實分母係自一至六分，乘法式係一、二、三、四分又一、二分。應以一、二除之，五、六乘之。其一率乘九率，原實分母係自一至八分，乘法式係自一至六分又一、二分。應以一、二除之，七、八乘之。其一率乘十一率，原實分母係自一至十分，乘法式係自一至八分又一、二分。應以一、二除之，九、十乘之。通計乘除得如第三層，少一率乘五率一、二、三、四分之六，多一率乘七率自一至六分之十五，少一率乘九率自一至八分之二十八，多一率乘十一率自一至十分之四十五，爲初商同母式。以減初商實，其減餘如第四層，一率乘五率一、二、三、四分之五，少一率乘七率自一至六分之十四，多一率乘九率自一至八分之二十七，少一率乘十一率自一至十分之四十四，爲次商實。

置次商實，首位一率乘五率一、二、三、四分之五。以除法首位一率一約之，得五率一、二、三、四分之五，即爲次商。以乘除法，所得如第五層，一率乘五率一、二、三、四分之五，少一率乘七率一、二分又一、二、三、四分之五，多一率乘九率一、二、三、四分又一、二、三、四分之五，少一率乘十一率自一至六分又一、二、三、四分之五，爲次商乘法式。應減次商實，其首位一率乘五率一、二、三、四分之五，減盡。其一率乘七率，則原實分母係自一至六分，乘法式係一、二分又一、二、三、四分。應以一、二、三、四除之，三、四、五、六乘之，以同其母。其一率乘九率，原實分母係自一至八分，乘法式係一、二、三、四分又一、二、三、四分。應以一、二、三、四除之，五、六、七、八乘之。其一率乘十一率，原實分母係自一至十分，乘法式係自一至六分又一、二、三、四分。應以一、二、三、四除之，七、八、九、十乘之。通計乘除得如第六層，少一率乘七率自一至六分之七十五，多一率乘九率自一至八分之三百五十，少一率乘十一率自一至十分之一千〇五十，爲

	一乘三	一乘五	一乘七	一乘九	一乘十一
一層	一二	一二三四 𝍠	一二三四五六 𝍠	一二三四五六七八 𝍠	一二三四五六七八九十 𝍠
二層	一 一二 𝍠	一二 一二 𝍠	一二三四 一二 𝍠	一二三四五六 一二 𝍠	一二三四五六七八 一二 𝍠
三層	○	一二除 三四乘 𝍥	一二除 五六乘 𝍩𝍤	一二除 七八乘 𝍪𝍧	一二除 九十乘 𝍬𝍤
四層		𝍤	𝍩𝍣	𝍪𝍦	𝍬𝍣

	一乘五 率　率	一乘七 率　率	一乘九 率　率	一乘十一 率　率
四層	一二三四 𝍤	一二三四五六 𝍩𝍣	一二三四五六七八 𝍪𝍦	一二三四五六七八九十 𝍬𝍣
五層	一二三四 𝍤	一二 一二三四 𝍣	一二三四 一二三四 𝍣	一二三四五六 一二三四 𝍣
六層	二	一二三四除 三四五六乘 𝍰𝍣	一二三四除 五六七八乘 𝍢𝍬○	一二三四除 七八九十乘 𝍩○𝍱○
七層		𝍮𝍠	𝍢𝍪𝍢	𝍩○○𝍥

次商同母式。以減次商實,其減餘如第七層,一率乘七率自一至六分之六十一,少一率乘九率自一至八分之三百二十三,多一率乘十一率自一至十分之一千〇〇六,爲三商實。

置三商實,首位一率乘七率自一至六分之六十一。以除法首位一率一除之,得七率自一至六分之六十一,即爲三商。以乘除法,所得如第八層,一率乘七率自一至六分之六十一,少一率乘九率一、二分又自一至六分之六十一,多一率乘十一率一、二、三、四分又自一至六分之六十一,爲三商乘法式。應減三商實,其首位一率乘七率自一至六分之六十一,減盡。其一率乘九率原實分母係自一至八分,乘法式係一、二分又自一至六分。應以自一至六除之,自三至八乘之,以同其母。其一率乘十一率,原實分母係自一至十分,乘法式係一、二、三、四分又自一至六分。應以自一至六除之,自五至十乘之。通計乘除得如第九層,少一率乘九率自一至八分之一千七百〇八,多一率乘十一率自一至十分之一萬二千八百一十,爲三商同母式。以減三商實,其減餘如第十層,一率乘九率自一至八分之一千三百八十五,少一率乘十一率自一至十分之一萬一千八百〇四,爲四商實。

	一乘七 率　率	一乘九 率　率	一乘十一 率　率
七層	一二三四五六 𝍮𝍠	一二三四五六七八 𝍢𝍪𝍢	一二三四五六七八九十 𝍩○○𝍥
八層	一二三四五六 𝍮𝍠	一二 一二三四五六 𝍮𝍠	一二三四 一二三四五六 𝍮𝍠
九層	○	一二三四五六除 三四五六七八乘 𝍩𝍦○𝍧	一二三四五六 五六七八九十 𝍠𝍪𝍧𝍩○
十層		𝍩𝍢𝍰𝍤	𝍠𝍩𝍧○𝍣

	一乘九 率　率	一乘十一 率　率
十層	一二三四五六七八 𝍩𝍢𝍫𝍤	一二三四五六七八九十 𝍠𝍩𝍧○𝍣
十一層	一二三四五六七八 𝍩𝍢𝍰𝍤	一二 一二三四五六七八 𝍩𝍢𝍰𝍣
十二層		一二三四五六七八除 三四五六七八九十乘 𝍥𝍪𝍢𝍪𝍤
十三層		𝍤○𝍤𝍪𝍠

	一乘十一 率　率
十三層	一二三四五六七八九十 𝍤○𝍤𝍪𝍠
十四層	一二三四五六七八九十 𝍤○𝍤𝍪𝍠
	○

置四商實,首位一率乘九率自一至八分之一千三百八十五。以除法首位一率一約之,得九率自一至八分之一千三百八十五,即爲四商。以乘除法,所得如第十一層,一率乘九率自一至八分之一千三百八十五,少一率乘十一率一、二分又自一至八分之一千三百八十五,爲四商乘法式。應減四商實,其首位一率乘九率自一至八分之一千三百八十五,減盡。其一率乘十一率,原實分母係自一至十分,乘法式係一、二分又自一至八分。應以自一至八除之,自三至十乘之。計乘除得如第十二層,少一率乘十一率自一至十分之六萬二千三百二十五,爲四商同母式。以減四商實,其減餘如第十三層,一率乘十一率自一至十分之五

萬〇五百二十一，爲五商實。

置五商實，以除法首位一率一約之，得十一率自一至十分之五萬〇五百二十一，即爲五商。以乘除法，所得如第十四層，一率乘十一率自一至十分之五萬〇五百二十一，爲五商乘法式。以減原實，却盡。通計求得本弧求割線半徑差各率分數，爲三率一、二分之一，又五率一、二、三、四分之五，又七率自一至六分之六十一，又九率自一至八分之一千三百八十五，又十一率自一至十分之五萬〇五百二十一也。

細審割線半徑差率分，其分母與正矢率分同。是其各率除法，必與求正矢同，而起二除，繼以三除、四除而遞加矣。惟當審其各率分子遞減之由來，乃由前圖，去繁就簡，爲第二圖。

其初商實，分子均爲單一，即數根。其初減數，則起三、四乘單一，以一、二除之，七率初減，亦一、二除，而用五、六乘。是以前初減，三、四除，五、六乘，即七率初減也。九率初減，亦一、二除，而用七、八乘。是以七率初減，五、六除，七、八乘，即九率初減也。十一率初減，亦一、二除，而用九、十乘。是以九率初減，七、八除，九、十乘，即十一率初減也。而第一減餘五，即爲五率分子。

其次減數，皆根于五率分子。七率次減，爲一、二、三、四除，三、四、五、六乘，而三、四乘，除可相抵。是一、二除，五、六乘也。九率次減，亦一、二、三、四除，而用五、六、七、八乘。以較七率次減，其除法相同。惟乘法多七、八乘，少三、四乘。是以七率次減，七、八乘之，三、四除之，即九率次減也。其十一率次減，亦一、二、三、四除，而用七、八、九、十乘，以較九率次減，其除法相同。惟乘法多九、十乘，少五、六乘。是以九率次減，五、六除之，九、十乘之，即十一率次減也。而第一減餘六十一，即七率分子。

其三減數，皆根於七率分子。九率三減，爲一、二、三、四、五、六除，三、四、五、六、七、八乘，而三、四、五、六乘除可相抵。是一、二除，七、八乘也。其十一率三減，亦一、二、三、四、五、六除，而用五、六、七、八、九、十乘。以較九率三減，其除法相同。惟乘法則多九、十乘，少三、四乘。是以九率三減，三、四除之，九、十乘之，即十一率三減也。而第一減餘一千三百八十五，即九率分子。

其四減數，皆根於九率分子。十一率四減，用自一至八除，自三至十乘，而三、四、五、六、七、八乘除可相抵。是一、二除，九、十乘也。而減除五萬〇五百二十一，即十一率分子。

三率 一二 𝍠	五率 一二三四 𝍤	七率 一二三四五六 𝍮𝍠	九率 一二三四五六七八 𝍩𝍢𝍱𝍤	十一率 一二三四五六七八九十 𝍤〇𝍤𝍪𝍠
初商	次商	三商	四商	五商

數根	初商實分子	𝍠	𝍠	𝍠	𝍠
初減數	初商同母式分子	一二除 三四乘 𝍥	一二除 五六乘 𝍩𝍤	一二除 七八乘 𝍪𝍧	一二除 九十乘 𝍬𝍤
	減餘數	𝍤	𝍩𝍣	𝍪𝍦	𝍬𝍣
次減數	次商同母式分子		一二三四除 三四五六乘 𝍯𝍤	一二三四除 五六七八乘 𝍢𝍭〇	一二三四除 七八九十乘 𝍩〇𝍭〇
	減餘數		𝍮𝍠	𝍢𝍪𝍢	𝍩〇〇𝍥
三減數	三商同母式分子			一二三四五六除 三四五六七八乘 𝍩𝍦〇𝍧	一二三四五六除 五六七八九十乘 𝍠𝍪𝍧𝍩〇
	減餘數			𝍩𝍢𝍱𝍤	𝍠𝍩𝍧〇𝍣
四減數	四商同母式分子				一二三四五六七八除 三四五六七八九十乘 𝍥𝍪𝍢𝍪𝍤
	減餘數				𝍤〇𝍤𝍪𝍠

復由前圖，變爲第三圖。第一層初商實分子，即數根均爲單一。第二層初減數，以單一爲實。一、二除，三、四乘，爲第一初減。再加三、四除，五、六乘，爲第二初減。再加五、六除，七、八乘，爲第三初減。再加七、八除，九、十乘，爲第四初減。通計其除法，自一、二而遞加，其乘法則自三、四而遞加。第三層爲減餘，其首位五率分子，即第一乘法。

第四層次減數，以五率分子爲實。一、二除，五、六乘，爲第一次減。再加三、四除，七、八乘，爲第二次減。再加五、六除，九、十乘，爲第三次減。通計其除法，亦自一、二而遞加，其乘法則自五、六而遞加。第五層爲減餘，其首位七率分子，即第二乘法。

第六層三減數，以七率分子爲實。一、二除，七、八乘，爲第一三減。再加三、四除，九、十乘，爲第二三減。通計其除法，亦自一、二而遞加，其乘法則自七、八而遞加。第七層爲減餘，其首位九率分子，即第三乘法。

第八層四減數，以九率分子爲實。一、二除，九、十乘，爲第一四減。計其除法，亦起一、二，其乘法則起九、十。雖圖止十一率，而遞加之例，已可類推也。第九層減餘十一率分子，即第四乘法。

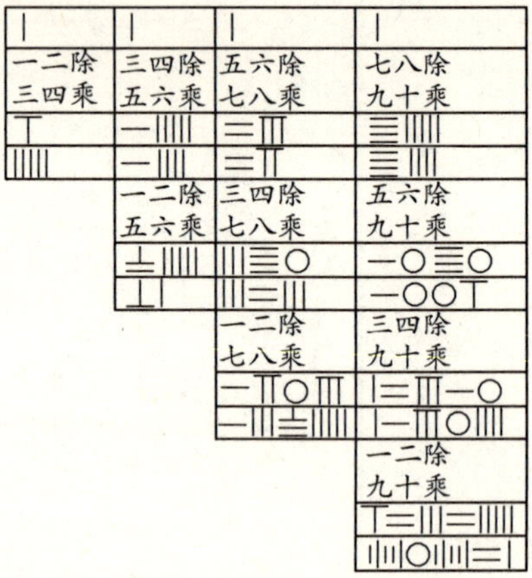

丨	丨	丨	丨
七八除 九十乘	五六除 七八乘	三四除 五六乘	一二除 三四乘
𝍬𝍣	𝍪𝍧	𝍩𝍣	𝍥
𝍬𝍢	𝍪𝍦	𝍩𝍢	𝍣
五六除 九十乘	三四除 七八乘	一二除 五六乘	
𝍩〇𝍫〇	𝍢𝍫〇	𝍯𝍣	
𝍩〇〇𝍥	𝍢𝍪𝍢	𝍮𝍠	
三四除 九十乘	一二除 七八乘		
𝍠𝍪𝍧𝍩〇	𝍩𝍦〇𝍧		
𝍠𝍩𝍧〇𝍣	𝍩𝍢𝍰𝍣		
一二除 九十乘			
𝍥𝍪𝍡𝍪𝍣			
𝍠𝍡〇𝍡𝍪𝍠			

細按初減、二減、三減、四減，迭次乘除之例，橫豎視之，皆秩然而不紊。則自三率至十一率，即可推至多率，惟各率亦各自爲分子。故亦先求用數，求得數後加半徑，便爲割線。此本弧求割線立術之由也。

弧背求割綫算式

本弧求割綫，降位較難。餘弧求割綫，降位較易。大畧與弧背求切綫同。茲亦將象限九十度分爲兩限，其自十秒至三十度，則用本弧求割綫法求之。自三十度至八十九度五十九分五十秒，則用餘弧求割綫法求之。庶極多亦不過十數，而降位無難矣。

本弧求割綫各率乘法表

五率	第一乘法	五
七率	第二乘法	六一
九率	第三乘法	一三八五
十一率	第四乘法	五〇五二一
十三率	第五乘法	二七〇二七六五
十五率	第六乘法	一九九三六一〇〇〇
十七率	第七乘法	一九三九一五〇〇〇〇〇
十九率	第八乘法	二四〇四九〇〇〇〇〇〇〇〇

餘弧求割綫各率乘法表

五率	第一乘法	七
七率	第二乘法	三一
九率	第三乘法	二四三
十一率	第四乘法	一二七五
十三率	第五乘法	一四一四四七七
十五率	第六乘法	三〇一〇一九〇〇
十七率	第七乘法	七四六六六〇〇〇〇〇
十九率	第八乘法	二五八七四〇〇〇〇〇〇〇

本弧求割綫，第六乘法係一九九三六〇九八一。第七乘法係一九三九一五一二一四五，第八乘法係二四〇四八七九六七五四四一。餘弧求割線，第六乘法係三〇一〇一九二五，第七乘法係七四六六六四九〇五七，第八乘法係二五八七三六一二〇〇六五。以尾數無用，故但以〇存其位數。

凡設度，自十秒至三十度，則用本弧求割綫法求之。今將設弧三十度，以本弧求割綫。算式列于後。

法檢弧綫表，得三十度弧分五二三五九八七七六，命爲二率。以半徑爲一率，二率自乘，一率除之，得三率二七四一五五六七八。二除之，得一三七〇七七八三九，爲第一數。

次置第一數，以三率乘之，一率除之，得五率。三除之，四除之，得三一三一七二二三二，爲七率用數。第一乘法五乘之，得一五六五八六一一二爲第二數。

次置七率用數，以三率乘之，一率除之，得七率。五除之，六除之得二八六一九三一五，爲九率用數。第二乘法六一乘之，得一七四五七七八，爲第三數。

次置九率用數，以三率乘之，一率除之，得九率。七除之，八除之，得一四〇一〇九八〇，爲十一率用數。第三乘法一三八五乘之，得一九四〇五二一，爲第四數。

次置十一率用數，以三率乘之，一率除之，得十一率。九除之，十除之，得〇〇四二六七九九，爲十三率用數。第四乘法五〇五二一乘之，得二一五六二，爲第五數。

次置十三率用數，以三率乘之，一率除之，得十三率。十一除之，十二除之，得〇〇〇〇〇八八六四四，爲十五率用數。第五乘法二七〇二七六五乘之，得二三九六，爲第六數。

次置十五率用數，以三率乘之，一率除之，得十五率。十三除之，十四除之，得〇〇〇〇〇〇〇一三三五，爲十七率用數。第六乘法一九九三六一〇〇〇乘之，得二六六，爲第七數。

次置十七率用數，以三率乘之，一率除之，得十七率。十五除之，十六除之，得〇〇〇〇〇〇〇〇〇〇一五二五，爲十九率用數。第七乘法一九三九一五〇〇〇〇〇乘之，得三〇，爲第八數。

次置十九率用數。以三率乘之，一率除之，得十九率。十七除之，十八除之，得〇〇〇〇〇〇〇〇〇〇〇〇〇一四。第八乘法二四〇四九〇〇〇〇〇〇〇〇乘之得〇三，爲第九數。

以諸數相併，得一五四七〇〇五三八，爲割綫半徑差，加半徑，小餘棄之，得一一五四七〇〇五，爲所求三十度割綫。

一率	一〇〇〇〇〇〇〇	〇〇
二率	五二三五九八七	七六
三率	二七四一五五六	七八

七率用數	三二三二七	一二三三
九	二八六	一九三一五
十一	一	四〇一〇九八〇
十三		〇〇四二六七九九
十五		〇〇〇〇〇八八六四四
十七		〇〇〇〇〇〇〇〇一三三五
十九		〇〇〇〇〇〇〇〇〇〇〇一五二五
		〇〇〇〇〇〇〇〇〇〇〇〇〇〇一四

第一數	一三七〇七七八	三九
二	一五六五八六	一二
三	一七四五七	七八

續表

四	一九四〇	五二
五	一二五	六二
六	二三	九六
七	二	六六
八		三〇
九		三
并指數	一五四七〇〇五	三八

凡設度，自三十度至八十九度五十九分五十秒，則用餘弧求割綫法求之。

今將設弧三十度，以餘弧求割綫。算式列于後。

法以半徑爲一率，以三十度減象限，得六十度，爲餘弧。檢弧綫表，得餘弧弧分一〇四七一九七五五一，爲三率。二率自乘，三率除之，得一率九五四九二九六五九爲第一數。

次置三率弧分，二除之，三除之，得一七四五三二九二五，爲第二數。次以三率自乘，二率除之，得四率一〇九六六二二七一一。於是，三除第二數，以四率乘之，二率除之，得五率。四除之，五除之，得三一八九九四六一六，爲七率用數。第一乘法七乘之，得二二三三九六二三，爲第三數。

次置七率用數，以四率乘之，二率除之，得七率。六除之，七除之，得八三三八九七〇一，爲九率用數。第二乘法三一乘之，得二五八一九八一，爲第四數。五除九率用數，以四率乘之，二率除之，得九率。八除之，九除之，得二五三七一四九，爲十一率用數。第三乘法一一四三乘之，得二八九九九六，爲第五數。

次置十一率用數，以四率乘之，二率除之，得十一率。十除之，十一除之，得〇二五二九三六，爲十三率用數。第四乘法二二七七五乘之，得三三三一三，爲第六數。七除十三率用數，以四率乘之，二率除之，得十三率。十二除之，十三除之，得〇〇〇〇二五四〇一，爲十五率用數。第五乘法一四一四四七七乘之，得三五九三，爲第七數。

次置十五率用數，以四率乘之，二率除之，得十五率。十四除之，十五除之，得〇〇〇〇〇〇一三二六，爲十七率用數。第六乘法三〇一〇一九〇〇乘之，得三九九，爲第八數。九除十七率用數，以四率乘之，二率除之，得十七率。十

六除之，十七除之，得〇〇〇〇〇〇〇〇〇〇〇〇〇〇五九四爲十九率用數。第七乘法七四六六〇〇〇〇〇乘之，得四四，爲第九數。

次置十九率用數，以四率乘之，二率除之，得十九率。十八除之，十九除之，得〇〇〇〇〇〇〇〇〇〇〇〇一九。第八乘法二五八七四〇〇〇〇〇〇〇〇乘之，得〇五，爲第十數。

以諸數相併，得一一五四七〇〇五三八，小餘未滿五，棄之，即三十度割綫。

一率	九五四九二九六	五九
二率	一〇〇〇〇〇〇〇	〇〇
三率	一〇四七一九七五	五一
四率	一〇九六六二〇七	一一

七率用數	三一八九九	四六一六
九	八三二	八九七〇一
十一	二	五三七一四九
十三		〇二五二九三六
十五		〇〇〇二五四〇一
十七		〇〇〇〇〇一三二六
十九		〇〇〇〇〇〇〇〇〇〇五九四
		〇〇〇〇〇〇〇〇〇〇〇一九

第一數	九五四九二九六	五九
二	七四五三二九	二五
三	二二三二九六	二三
四	二五八一九	八一
五	二八九九	九六
六	三二三	一三
七	三五	九三
八	三	九九
九		四四
十		五
并諸數	一一五四七〇〇五	三八

又 卷三 切綫求本弧

術曰：分子均爲單一，無乘法。以切線爲第一數正，次以半徑爲一率，切綫爲二率。二率自乘，一率除之，得三率。乃以三率乘第一數，一率除之，得四率。三除之，爲第二數負。置四率，以三率乘之，一率除之，得六率。五除之，爲第三數正。置六率，以三率乘之，一率除之，得八率。七除之，爲第四數負。置八率，以三率乘之，一率除之，得十率九。除之，爲第五數正。如是遞求，至單位下，乃并諸正數又并諸負數，減之，得本弧。

解曰：凡連比例率分，可以還原。有本弧求切綫率分，即可得切綫求本弧率分。其法以本弧求切綫率分，即命爲切綫二率，累次第除，遞求各率。復加、減本弧求切綫率分，使僅留首位弧背二率。然後，視其所加、減者何若，即得切綫求本弧率分。此還原法也。

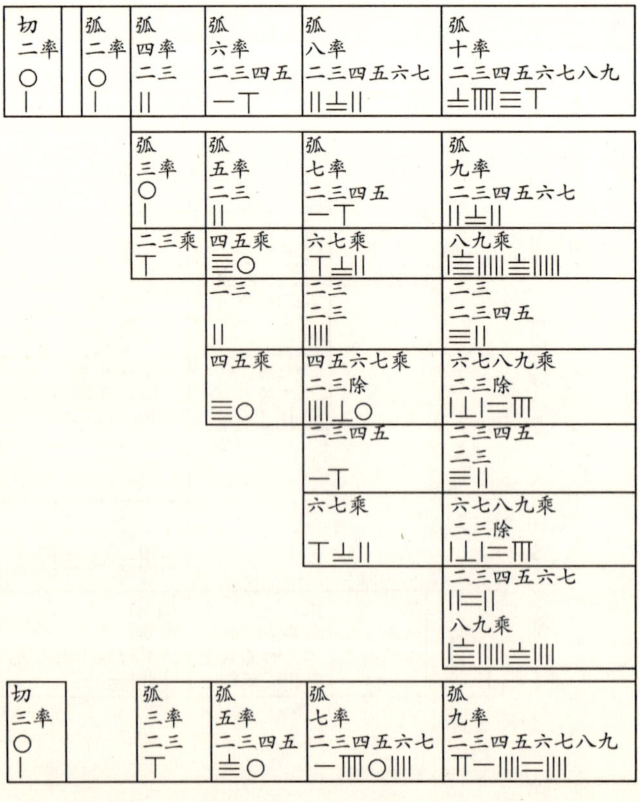

切 二率 〇𝍠		弧 二率 〇𝍠	弧 四率 二三 𝍡	弧 六率 二三四五 𝍩𝍥	弧 八率 二三四五六七 𝍡𝍮𝍡	弧 十率 二三四五六七八九 𝍮𝍧𝍫𝍥
			弧 三率 〇𝍠	弧 五率 二三 𝍡	弧 七率 二三四五 𝍩𝍥	弧 九率 二三四五六七 𝍡𝍮𝍡
			二三乘 𝍥	四五乘 𝍬〇	六七乘 𝍥𝍮𝍡	八九乘 𝍠𝍰𝍣𝍰𝍣
				二三 𝍡	二三 二三 𝍣	二三 二三四五 𝍫𝍡
				四五乘 𝍬〇	四五六七乘 二三除 𝍣𝍮〇	六七八九乘 二三除 𝍠𝍮𝍠𝍪𝍧
					二三四五 𝍩𝍥	二三四五 二三 𝍫𝍡
					六七乘 𝍥𝍮𝍡	六七八九乘 二三除 𝍠𝍮𝍠𝍪𝍧
						二三四五六七 𝍡𝍪𝍡 八九乘 𝍠𝍰𝍣𝍰𝍣
切 三率 〇𝍠			弧 三率 二三 𝍥	弧 五率 二三四五 𝍯〇	弧 七率 二三四五六七 𝍩𝍧〇𝍣	弧 九率 二三四五六七八九 𝍦𝍩𝍣𝍪𝍣

置本弧求切線率分，弧背二率一，又弧背四率二、三分之二，又弧背六率二、三、四、五分之十六，又弧背八率自二至七分之二百七十二，又弧背十率自二至九分之七千九百三十六，命爲切線，便爲二率。自乘，半徑爲一率除之，使從四率以下分母，得弧背三率二、三分之六，又弧背五率二、三、四、五分之八十，又弧背七率自二至七分之一千九百〇四，又弧背九率自二至九分之七萬一千四百二十四，爲切線三率。以乘切線二率，即本弧求切線率分。半徑一率除之，得弧背四率二、三分之六，又弧背六率二、三、四、五分之一百二十，又弧背八率自二至七分之三千六百九十六，又弧背十率自二至九分之十六萬八千九百六十，爲切線四率。又以切線三率乘之，半徑一率除之，使從六率以下分母，得弧背六率二、三、四、五分之一百二十，又弧背八率自二至七分之八千四百，又弧背十率自二至九分之六十四萬五千一百二十，爲切線六率。又以切線三率乘之，半徑一率除之，使從八率以下分母，得弧背八率自二至七分之五千〇四十，又弧背十率自二至九分之八十四萬六千七百二十，爲切線八率。又以切線三率乘之，半徑一率除之，使從十率分母，得弧背十率自二至九分之三十六萬二千八百八十，爲切線十率。

	弧 四率 二三 𝍥	弧 六率 二三四五 𝍰〇	弧 八率 二三四五六七 𝍩𝍨〇𝍣	弧 十率 二三四五六七八九 𝍦𝍩𝍣𝍪𝍣
		二三 二三 𝍩𝍡 四五乘 二三除 𝍬〇	二三 二三四五 𝍠𝍮〇 六七乘 二三除 𝍩𝍠𝍪〇	二三 二三四五六七 𝍫𝍧〇𝍧 八九乘 二三除 𝍣𝍭𝍥𝍱𝍥
			二三四五 二三 𝍱𝍥 六七乘 二三除 𝍥𝍯𝍡	二三四五 二三四五 𝍩𝍡𝍰〇 六七八九乘 二三四五除 𝍢𝍪𝍡𝍭𝍥
				二三四五六七 二三 𝍩𝍥𝍫𝍡
				八九乘 二三除 𝍠𝍱𝍤𝍰𝍣
切 四率 〇 𝍠	弧 四率 二三 𝍥	弧 六率 二三四五 𝍠𝍪〇	弧 八率 二三四五六七 𝍫𝍥𝍱𝍥	弧 十率 二三四五六七八九 𝍩𝍥𝍰𝍨𝍮〇

	弧 六率 二三 二三 𝍫𝍥	弧 八率 二三 二三四五 𝍦𝍪〇	弧 十率 二三 二三四五六七 𝍡𝍪𝍠𝍯𝍥
	四五乘 二三除 𝍠𝍪〇	六七乘 二三除 𝍭〇𝍬〇	八九乘 二三除 𝍪𝍥𝍮𝍠𝍩𝍡
		二三四五 二三 𝍣𝍰〇	二三四五 二三四五 𝍱𝍥〇〇
		六七乘 二三除 𝍫𝍢𝍮〇	六七八九乘 二三四五除 𝍪𝍣𝍩𝍨𝍪〇
			二三四五六七 二三 𝍠𝍩𝍣𝍪𝍣
			八九乘 二三除 𝍩𝍢𝍯〇𝍰𝍧
切 六率 〇 𝍠	弧 六率 二三四五 𝍠𝍪〇	弧 八率 二三四五六七 𝍰𝍣〇〇	弧 十率 二三四五六七八九 𝍮𝍣𝍭𝍠𝍪〇

乃以切線二率内之弧背四率分子二，約切線四率内之弧背四率分子六，得三。即以三除切線四率，得弧背四率二、三分之二，又弧背六率二、三、四、五分之四十，又弧背八率自二至七分之一千二百三十二，又弧背十率自二至九分之五萬六千三百二十，爲切線四率三分之一。以減切線二率，得弧背二率一，少弧背六率二、三、四、五分之二十四，

	弧 八率 二三 二三四五 𝍦𝍪〇	弧 十率 二三 二三四五六七 𝍤〇𝍣〇〇
	六七乘 二三除 𝍭〇𝍬〇	八九乘 二三除 𝍮〇𝍬𝍧〇〇
		二三四五 二三四五 𝍱𝍥〇〇
		六七八九乘 二三四五除 𝍪𝍣𝍩𝍨𝍪〇
切 八率 〇 𝍠	弧 八率 二三四五六七 𝍭〇𝍬〇	弧 十率 二三四五六七八九 𝍰𝍣𝍮𝍦𝍪〇

少弧背八率自二至七分之九百六十，少弧背十率自二至九分之四萬八千三百八十四，爲減得數。此減得數，與切線二率一、少切線四率三分之一相等。乃取減得數内之弧背六率分子二十四，以約切線六率内之弧背六率分子一百二十，得五。即以五除切線六率，得弧背六率二、三、四、五分之二十四，又弧背八率自二至七分之一千六百八十，又弧背十率自二至九分之十二萬九千〇二十四。

切	弧
	弧 十率 二三四五六七 二三 𝍢〇𝍡𝍬〇
	八九乘 二三除 𝍫𝍠𝍫𝍧𝍰〇
切 十率 〇 𝍠	弧 十率 二三四五六七八九 𝍫𝍠𝍫𝍧𝍰〇

以加前減得數，得弧背二率一，又弧背八率自二至七分之七百二十，又弧背十率自二至九分之八萬〇六百四十，爲加得數。此加得數，與切線二率一、少切線四率三分之一、多切線六率五分之一相等。乃取加得數内之弧背八率分子七百二十，以約切線八率内之弧背八率分子五千〇四十，得七。即以七除切線八率，得弧背八率自二至七分之七百二十，又弧背十率自二至九分之十二萬〇九百六十，爲切線八率七分之一。以減加得數，得弧背二率一、少弧背十率以二至九分之四萬〇三百二十，爲第二減得數。此減得數，與切線二率一、少切線四率三分之一、多切線六率五分之一、少切線八率七分之一相等。乃取減得數内之弧背十率分子四萬〇三百二十，以約切線十率内之弧背十率分子三十六萬二千八百八十，得九。即以九除十率，得弧背十率自二至九分之四萬〇三百二十，爲切線十率九分之一。以加第二減得數。于是，本弧求切線率分，自四率以下加、減，却盡。惟餘弧背二率一，與切線二率一、少切線四率三分之一、多切線六率五分之一、少切線八率七分之一、多切線十率九分之一相等。是即切線求本弧各率分數也。

細審切線求本弧各率分子，均爲單一。故不必求遞次乘法。而其分母爲一、三、五、七、九各奇數，則可悟十率以後之分母，亦必爲各奇數挨次遞加。惟逐率各自爲分母，非可由遞除而得，故先求各率全數，而各以本率分母除之。此切線求本弧立法之由也。

切線求弧背筭式

弦矢求弧背分子，大于弧背求弦矢。其弦矢與半徑相近者，必參用借線求弧之法，所以濟連比例術之窮也。切線求弧背，雖分本弧、餘弧二術，而四十五度前後各切線，究與半徑相近，而降位甚難。故復有切線求距弧一術，正借線求弧之意也。茲將九十度分爲四限，其自十秒至二十二度三十分，則用切線求本弧法求之。其自二十二度三十分至四十五度，則用切線求本距弧法求之。其自四十五度至六十七度三十分，則用切線求餘距弧法求之。其自六十七度三十分

切 二率 〇 𝍠	切 四率 〇 〇	切 六率 〇 〇	切 八率 〇 〇	切 十率 〇 〇		弧 二率 〇 𝍠	弧 四率 二三 𝍡	弧 六率 二三四五 𝍩𝍥	弧 八率 二三四五六七 𝍡𝍮𝍡	弧 十率 二三四五六七八九 𝍮𝍧𝍫𝍥
					三分四率減		𝍡	𝍬〇	𝍩𝍡𝍫𝍡	𝍣𝍮𝍢𝍪〇
〇 𝍠	三 乂	〇 〇	〇 〇	〇 〇		𝍠	〇	𝍪𝍤	𝍧𝍯〇	𝍣𝍰𝍡𝍰𝍤
					五分六率加			𝍪𝍣	𝍩𝍥𝍰〇	𝍩𝍡𝍱〇𝍪𝍣
𝍠	三 乂	五 𝍠	〇 〇	〇 〇		𝍠	〇	〇	𝍦𝍪〇	𝍧〇𝍥𝍬〇
					七分八率減				𝍦𝍪〇	𝍩𝍡〇𝍧𝍮〇
〇 𝍠	三 乂	五 𝍠	七 乀	〇 〇		𝍠	〇	〇	〇	𝍣〇𝍢𝍪〇
					九分十率加					𝍣〇𝍢𝍪〇
〇 𝍠	三 乂	五 𝍠	七 乀	九 𝍠		𝍠	〇	〇	〇	〇

至八十九度五十九分五十秒，則用切線求餘弧法求之。庶降位均無難矣。

切線求餘弧各率乘法表

三率	第一乘法	二
五率	第二乘法	三二
七率	第三乘法	七〇四
九率	第四乘法	一六四三五二
十一率	第五乘法	一三〇五〇八八〇
十三率	第六乘法	一〇九七六五九五六〇〇
十五率	第七乘法	一八五三九八九〇〇〇〇〇〇
十七率	第八乘法	四八一二四八〇〇〇〇〇〇〇〇〇〇

切線求本弧，分子均爲單一，無乘法表。切線求餘弧，第六以後諸乘法尾數無用，不全列。

凡設切線，自十秒至二十二度三十分，則用切線求本弧法求之。今將設切線四一四二一三五六二，求其本弧。算式列於後。

法以切線四一四二一三五六二，爲第一數正。次以半徑爲一率，切線爲二率。二率自乘，一率除之，得一七一五七二八七五，爲三率。于是置二率，以三率乘之，一率除之，得四率七一〇六七八一二。三除之，得二三六八九二七一，爲第二數負。置四率，以三率乘之，一率除之，得六率一二一九三三〇九。五除之，得二四三八六六二，爲第三數正。置六率，以三率乘之，一率除之，得八率二〇九二〇四一。七除之，得二九八八六三，爲第四數負。置八率，以三率乘之，一率除之，得十率三五八九三八。九除之，得三九八八二，爲第五數正。置十率，以三率乘之，一率除之，得十二率六一五八四。十一除之，得五五九八，爲第六數負。置十二率，以三率乘之，一率除之，得十四率一〇五六六。十三除之，得八一三，爲第七數正。置十四率，以三率乘之，一率除之，得十六率一八一三。十五除之，得一二一，爲第八數負。置十六率，以三率乘之，一率除之，得十八率三一一。十七除之，得一八，爲第九數正。置十八率，以三率乘之，一率除之，得二十率五三。十九除之，得〇二，爲第十數負。

乃并諸正數，得四一六六九二九三七。以并諸負數，得二三九九三八五五。減之，得三九二六九九〇八二，爲弧背。檢弧線表，爲二十二度三十分也。

第一數	四一四二一三五	六二
二	二三六八九二	七一
三	二四三八六	六二
四	二九八八	六三
五	三九八	八二
六	五五	九八
七	八	一三
八	一	二一
九		一八
十		二
并正數	四一六六九二九	三七
并負數	二三九九三八	五五
減得數	三九二六九九〇	八二

一率	〇〇〇〇〇〇〇	〇〇
二率	四一四二一三五	六二
三率	一七一五七二八	七五

四率	七一〇六七八	一二
六率	一二一九三三	〇九
八率	二〇九二〇	四一
十率	三五八九	三八
十二率	六一五	八四
十四率	一〇五	六六
十六率	一八	一三
十八率	三	一一
二十率		五三

凡設切線，自六十七度三十分至八十九度五十九分五十秒，則用切線求餘弧法求之。今將設切線二四一四二一三五六，求其餘弧。算式列於後。

法以切線二四一四二一三五六二，爲第一數正。次以切線爲一率，半徑爲二率。二率自乘，一率除之，得四一四二一三五六二，爲三率。二除之，三除之，得六九〇三五五九三七，爲五率用數。第一乘法二乘之，得一三八〇七一一九，爲第二數正。次以三率自乘，二率除之，得一七一五七二八七五，爲四率。于是，三除五率用數，以四率乘之，二率除之，得五率。四除之，五除之，得一九七四一〇五八九爲七率用數。第二乘法三二乘之，得六三一七一四爲第三數負。置七率用數，以四率乘之，二率除之，得七率。六除之，七除之，得八〇六四三五八爲九率用數。第三乘法七〇四乘之得，五六七七三爲第四數正。五除九率用數，以四率乘之，二率除之，得九率。八除之，九除之，得〇〇三八四三四，爲十一率用數。第四乘法一六四三五二乘之，得六三一七，爲第五數負。置十一率用數，以四率乘之，二率除之，得十一率。十除之，十一除之，得〇〇〇〇五九九四七，爲十三率用數。第五乘法一三〇五〇八八〇乘之，得七八二，爲第六數正。七除十三率用數，以四率乘之，二率除之，得十三率。十二除之，十三除之，得〇

〇〇〇〇〇〇〇〇〇九四一九，爲十五率用數。第六乘法一〇九七六五九五六〇〇乘之，得一〇三，爲第七數負。置十五率用數，以四率乘之，二率除之，得十五率。十四除之，十五除之，得〇〇〇〇〇〇〇〇〇〇〇七六九五，爲十七率用數。第七乘法一八五三九八九〇〇〇〇〇〇乘之，得一四，爲第八數正。九除十七率用數，以四率乘之，二率除之，得十七率。十六除之，十七除之，得〇〇〇〇〇〇〇〇〇〇〇〇〇〇五三九。以第八乘法四八一二四八〇〇〇〇〇〇〇〇〇〇乘之，得二，爲第九數負。

乃并諸正數，得二五五二八六〇四四。以并諸負數六三八一三六減之，得二五四六四七九〇八，爲以半徑爲二率，弧背爲三率之第一率。以半徑自乘，求得數除之，得三九二六九九〇八三，即餘弧弧分。檢弧線表，爲二十二度三十分。以減象限，得六十七度三十分，爲本弧。

一率	一四一四二一三五	六
二率	一〇〇〇〇〇〇〇	〇〇
三率	四一四二一三五	六二
四率	一七一五七二八	七五

五率用數	六九〇三五五	九三七
七	一九七四	一〇五八九
九	八	〇六四三五八
十一		〇〇三八四三四
十三		〇〇〇〇〇五九九四七
十五		〇〇〇〇〇〇〇〇〇九四一九
十七		〇〇〇〇〇〇〇〇〇〇〇七六九五
		〇〇〇〇〇〇〇〇〇〇〇〇〇〇五三九

第一數	二四一四二一三五	六
二	一三八〇七一一	九
三	六三一七一	四
四	五六七七	三
五	六三一	七
六	七八	二
七	一〇	三
八	一	四
九		二

并正數	二五五二八六〇四	四	
并負數	六三八一三	六	
減得數	二五四六四七九〇	八	一率
	〇〇〇〇〇〇〇	〇〇	二率
	〇三九二六九九〇	八三	三率

是術末數爲負，故得數稍不足。以除半徑冪，則所得弧分稍盈。又所用三率，即餘弧切線。若命爲二率，以切線求本弧法求之，即得餘弧。但是術爲餘弧求切線還原之法，固不可不備也。

凡設切線，自二十二度三十分至四十五度，則用切線求本距弧法求之。茲將設切線四一四二一三五六二，求其本距弧。算式列於後。

法以切線與半徑相加，得一四一四二一三五六二，爲一率。以切線與半徑相減，得五八五七八六四三八，爲二率。半徑一〇〇〇〇〇〇〇〇〇，爲三率。二、三率相乘，一率除之，仍得四一四二一三五六二，爲四率，即本距弧切線。命爲連比例第二率，以半徑爲一率，如切線求本弧術入之。依前得本距弧二十二度三十分，以減四十五度，仍得二十二度三十分爲本弧。

凡切線，自四十五度至六十七度三十分，則用切線求餘距弧法求之。茲將設切線二四一四二一三五六，求其餘距弧。算式列于後。

法以切線與半徑相加，得三四一四二一三五六，爲一率。以切線與半徑相減，得一四一四二一三五六，爲二率。半徑一〇〇〇〇〇〇〇〇〇，爲三率。二、三率相乘，一率除之，得四一四二一三五六二，爲四率，即餘距弧切線。命爲連比例第二率，以半徑爲一率，如切線求本弧術入之。依前得餘距弧二十二度三十分，以加四十五度，得六十七度三十分，爲本弧。

又　卷四　割綫求本弧

術曰：先求各率分子，爲遞次乘法。置單一，兩次一乘，得一，爲數根。復置單一，三、四遞乘之，折半，又一除一乘，得六，爲初減數。數根減初減，得五，爲第一乘法。

置前數根，兩次二乘，得四，爲數根。復置前數根，五、六遞乘之，折半，又一

除二乘，得三十，爲初減數。置前初減，五、六遞乘之，折半，又二除二乘，得九十，爲次減數。數根減初減，得二十六。再減次減，得六十四，爲第二乘法。

置前數根，兩次三乘，得三十六，爲數根。復置前數根，七、八遞乘之，折半，又一除三乘，得三百三十六，爲初減數。置前初減，七、八遞乘之，折半，又二除三乘，得一千二百六十，爲次減數。置前次減，七、八遞乘之，折半，又三除三乘，得二千五百二十，爲三減數。數根減初減，得三百，再減次減，得九百六十，再減三減，得一千五百六十，爲第三乘法。

置前數根，兩次四乘，得五百七十六，爲數根。復置前數根，九、十遞乘之，折半，又一除四乘，得六千四百八十，爲初減數。置前初減，九、十遞乘之，折半，又二除四乘，得三萬零二百四十，爲次減數。置前次減，九、十遞乘之，折半，又三除四乘，得七萬五千六百，爲三減數。置前三減，九、十遞乘之，折半，又四除四乘，得十一萬三千四百，爲四減數。數根減初減，得五千九百零四，再減次減，得二萬四千三百三十六，再減三減，得五萬一千二百六十四，再減四減，得六萬二千一百三十六，爲第四乘法。

凡求數根，以一、二、三等數，兩次乘之，其求各減數，先用奇耦二數乘之而折半，如第一乘法，三、四乘之，折半。第二乘法，五、六乘之，折半。再用一、二、三等數，挨減數遞加除之。如第四乘法，初減又一除，次減又二除，三減又三除。又一、二、三等數，挨乘法遞加乘之。如第三乘法通三乘，第四乘法通四乘。其各減則生於前各減，而降一等。如第二乘法，初減生於前數根，次減生於前初減。乘法降一位，則多一減。如是遞求，得各率分子，即爲遞次乘法。術中乘除，多有可省。算者，以明遞求之例，故不省。

乃以割線内減半徑，爲割線半徑差。倍之爲倍差，爲第一數正。

次以半徑爲連比例一率，倍差爲三率。置第一數，以三率乘之，一率除之，得五率。三、四遞除之，爲七率用數。第一乘法乘之，爲第二數負。

置七率用數，以三率乘之，一率除之，得七率。五、六遞除之，爲九率用數。第二乘法乘之，爲第三數正。

置九率用數，以三率乘之，一率除之，得九率。七、八遞除之，爲十一率用數。第三乘法乘之，爲第四數負。

置十一率用數，以三率乘之，一率除之，得十一率。九、十遞除之，爲十三率用數。第四乘法乘之，爲第五數正。

凡奇數爲正，耦數爲負。如是遞求，至單位下。乃併諸正數，以併諸負數減之，所得爲以半徑爲一率、本弧爲二率之三率。與半徑相乘，平方開之，得本弧。

解曰：割線求本弧，依還原之法，當取本弧求割線半徑差率分倍之，命爲連比例三率，以半徑爲一率，依法求得五、七、九等率。復取本弧求割線半徑差率分加、減之，即可得割線半徑差求本弧率分。惟分子之所由來，究不可見。是以取割線半徑差，倍之爲倍差，命爲三率，半徑爲一率，先求倍矢。然後置倍差，求倍矢率分，命爲三率，半徑爲一率，依法遞求五、七、九各率。再取倍矢求弧背各率分數，以倍差求倍矢率分變易之，即得倍差求本弧各率分數。而分子之所由來，乃顯然而可見矣。

如圖，乙丙爲本弧，甲丁爲本弧割線。乙丁爲割線半徑差，庚丁爲倍差。戊丙爲本弧正矢，辛丙爲倍矢，庚壬同。甲丙爲半徑。

法以甲丁割線大弦比甲丙半徑大股，若庚丁倍差小弦與辛丙即庚壬倍矢小股。

一率	大弦	割線一率一又三率二分之一
二率	大股	一率半徑
三率	小弦	三率倍差
四率	小股	倍差求倍矢率分

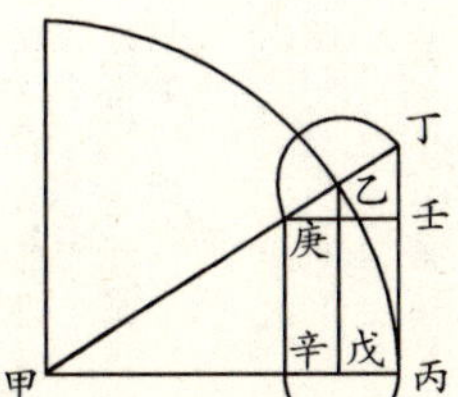

丁 乙 壬 庚 辛 戊 丙 甲

如圖，先以倍差三率乘半徑一率，得第一層，一率乘三率一，爲初商實。其割線命爲一率一，又三率二分之一，爲除法。以其首位約初商實，得三率一，即爲初商。以乘除法，得二層一率乘三率一，又一率乘五率二分之一。以減原實，得三層，少一率乘五率二分之一，

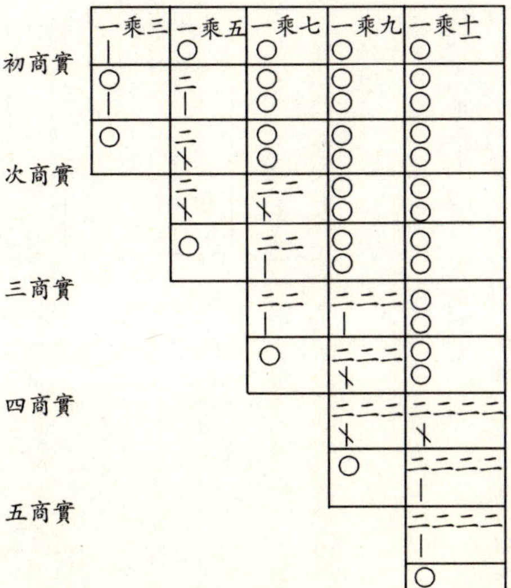

	一乘三	一乘五	一乘七	一乘九	一乘十一
	丨	〇	〇	〇	〇
初商實	〇丨	二丨	〇〇	〇〇	〇〇
	〇	二〆	〇〇	〇〇	〇〇
次商實		二〆	二二〆	〇〇	〇〇
		〇	二二丨	〇〇	〇〇
三商實			二二丨	二二二丨	〇〇
			〇	二二二〆	〇〇
四商實				二二二〆	二二二二〆
				〇	二二二二丨
五商實					二二二二丨
					〇

爲次商實。以除法首位約之，得少五率二分之一，即爲次商。以乘除法，得四層，少一率乘五率二分之一，少一率乘七率兩次二分。即二分又二分。之一。以減原實，得五層，一率乘七率兩次二分之一，爲三商實。以除法首位約之，得七率兩次二分之一，即爲三商。以乘除法，得六層，一率乘七率兩次二分之一，又一率乘九率三次二分之一。以減原實，得七層，少一率乘九率三次二分之一，爲四商實。以除法首位約之，得少九率三次二分之一，即爲四商。以乘除法，得八層，少一率乘九率三次二分之一，少一率乘十一率四次二分之一。以減原實，得九層，一率乘十一率四次二分之一，以爲五商實。以除法首位約之，得十一率四次二分之一，即爲五商。以乘除法，得十層，一率乘十一率四次二分之一。以減原實，卻盡。通計得倍差求倍矢率分三率一，少五率二分之一，多七率兩次二分之一，少九率三次二分之一，多十一率四次二分之一也。

倍矢三率　倍差三率　倍差五率　倍差七率　倍差九率　倍差十一率

於是取倍差求倍矢率分，即命爲倍矢。三率自乘，半徑一率除之，得倍差五率一，少倍差七率二分之二，多倍差九率兩次二分之三，少倍差十一率三次二分之四，爲倍矢五率。以乘倍矢三率半徑，一率除之，得倍差七率一，少倍差九率二分之三，多倍差十一率兩次二分之六，爲倍矢七率。又以倍矢三率乘之，一率除之，得倍差九率一，少倍差十一率二分之四，爲倍矢九率。又以倍矢三率乘之，一率除之，得倍差十一率一，爲倍矢十一率也。

倍矢五率　倍差五率　倍差七率　倍差九率　倍差十一率

倍矢七率　倍差七率　倍差九率　倍差十一率

細審倍差求倍矢各率，其分母皆遞加二分，其分子適合乎遞加數。三率分子均爲一，爲遞加數根。五率分子爲一、二、三、四等數，即遞加數。七率分子爲一、三、六等數，即二次遞加數。九率分子爲一、四等數，爲三次遞加數。則十一率之一，亦必爲四次遞加數之第一數。凡第四次遞加數之遞求各數，係用中間三數之兩數，一除一乘。如取第一數之一，以一除五乘，得第二數之五。再加二除六乘，得第三數之十五。圖止十一率，故遞加之率未顯。其三次遞加數之遞求各數，則用中間二數之兩數，一除一乘。中間二數，如一與四，二與五。其二次遞加數之遞求各數，則用中間一數之兩數，一除一乘，其遞加數，則用相連兩數，一除一乘。其遞加數根，則就一數一除一乘。雖一數乘、除本可省算，而其理則然也。

倍差九率　倍差十三率

如圖，取倍差求倍矢三率各分子斜列之，爲第一列。其三率分子起單一，以一除一乘，仍得一，爲五率分子。二除二乘，仍得一，爲七率分子。三除三乘，仍得一，爲九率分子。四除四乘，仍得一爲十一率分子。此所謂就一數，一除一乘。

倍差十一率　倍矢九率　倍矢十一率

復取倍矢五率，斜列之，爲第二列。其五率起單一，一除二乘，得二，爲七率分子。二除三乘，得三，爲九率分子。三除四乘，得四，爲十一率分子。此所謂相連兩數，一除一乘。

又取倍矢七率，斜列之，爲第三列。其七率分子起單一，一除三乘，得三，爲九率分子。二除四乘，得六，爲十一率分子。此所謂中間一數之兩數，一除一乘。

又取倍矢九率，斜列之，爲第四列。其九率分子起單一，一除四乘，得四，爲十一率分子。此所謂中間二數之兩數，一除一乘。

又取倍矢十一率，補列之，爲第五列。其十一率亦起單一。

	第五列	第四列	第三列	第二列	
第五列	一	一	一	一	一
第四列	一除四乘	一除三乘	一除二乘	一除一乘	
第三列	二除四乘	二除三乘	二除二乘		
第二列	三除四乘	三除三乘			
第一列	四除四乘				

其全圖，逐率乘、除之例，均秩然而不紊。然後，取倍矢求弧背率分，變易之。茲依泰西杜氏演得倍矢求弧背各率分數，爲三率一，又五率三四分之一，一自乘，乘單一。又七率三、四、五、六分之四，

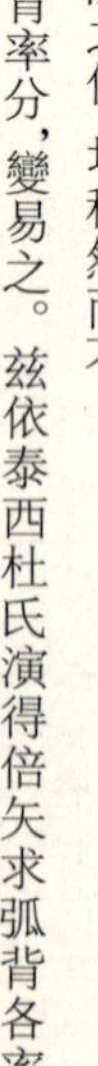

一與一、一、二、二迭乘。又九率自三至八分之三十六，一與一、一、二、二、三、三迭乘。

又十一率自三至十分之五百七十六，一與一、一、二、二、三、三、四、四迭乘。

如圖，先以倍矢求弧背分母列於上，爲定母。次視倍矢求弧背率分之三率爲單一，乃取倍差求倍矢三率率分，爲三率一，少五率二分之一，多七率兩次二分之一，少九率三次二分之一，多十一率四次二分之一。即命爲倍矢求弧背之三率，斜列之，爲第一列。次視其各率分母，使從定母。五率之定母係三、四分，而第一列之五率分母係二分。應以三、四乘之，二除之，使從定母。七率定母係三、四、五、六分，而第一列之七率係兩次二分。應以三、四、五、六乘之，兩次二除之。九率定母係自三至八分，第一列之九率係三次二分。應以自三至八乘之，三次二除之。十一率定母係自三至十分，第一列之十一率係四次二分。應以自三至十乘之，四次二除之。通計乘、除，得倍差三率一，少五率三、四分之六，多七率三、四、五、六分之九十，少九率自三至八分之二千五百二十，多十一率自三至十分之十一萬三千四百，爲變母一列。

推演割線求本弧總圖

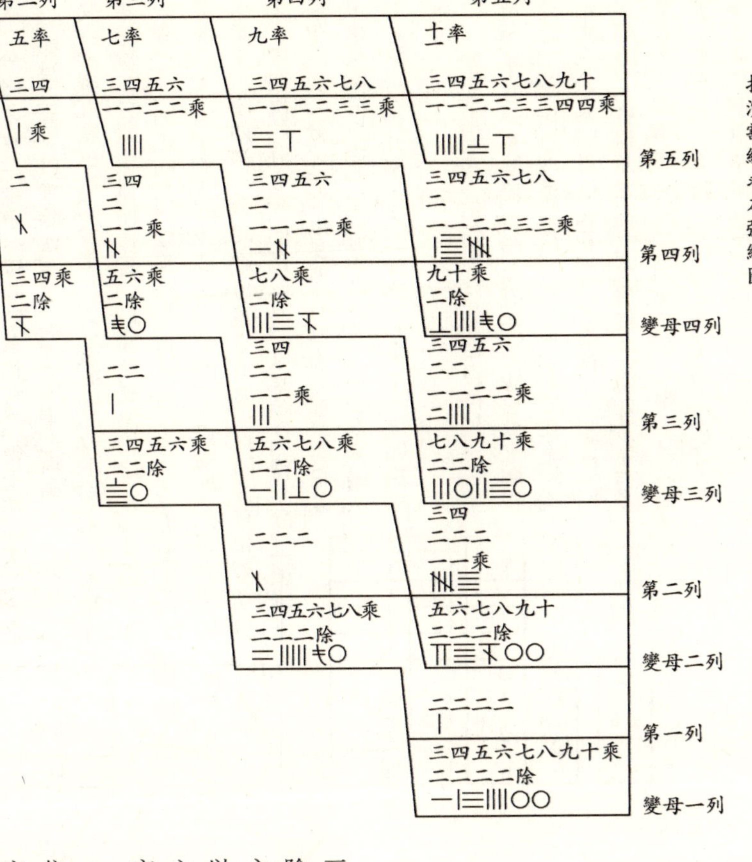

次視倍矢求弧背之五率，其分母爲三、四，其分子爲一自乘、乘單一。乃取倍差求倍矢五率率分，五率一，少七率二分之二，多九率兩次二分之三，少十一率三次二分之四。以倍矢求弧背五率三、四分之一乘之，得倍差五率三、四分之一，少七率三、四分又二分之二，多九率三、四分又兩次二分之三，少十一率三、四分又三次二分之四。即命爲倍矢求弧背五率，斜列之，爲第二列。應使從定母。其五列之分母，與定母同。

第一列

三率	五率	七率	九率	十一率
○	三四	三四五六	三四五六七八	三四五六七八九十

三四乘 二除
三四五六乘 二二除
三四五六七八乘 二二二除
三四五六七八九十乘 二二二二除

其七率定母係三、四、五、六分，第二列之七率分母係三、四分又二分。應以五、六乘之，二除之。其九率定母係自三至八分，第二列之九率分母係三、四分又兩次二分。應以五、六、七、八乘之，又兩次二除之。其十一率定母係自三至十分，第二列之十一率分母係三、四分又三次二分。應以自五至十乘之，又三次二除之。通計乘、除，得倍差五率三、四分之一，少七率三、四、五、六分之三十，多九率自三至八分之一千二百六十，少十一率自三至十分之七萬五千六百，爲變母二列。

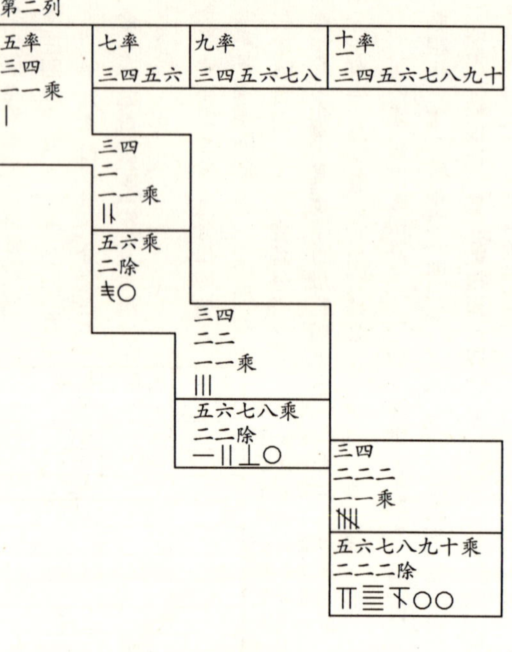

次視倍矢求弧背之七率，其分母爲三、四、五、六分，其分子爲一與一、一、二、二迭乘。乃取倍差求倍矢七率率分，七率一少九率二分之三，多十一率兩次二分之六。以倍矢求弧背之七率三、四、五、六分之四乘之，得倍差七率三、四、五、六分之四，少九率三、四、五、六分又二分之十二，多十一率三、四、五、六分又兩次二分之二十四。命爲倍矢求弧背七率，斜列之，爲第三列。應使從定母。其七率之分母，與定母同。其九率定母係自三至八分，第三列之九率分母係三、四、五、六分又二分。應以七、八乘之，二除之。其十一率定母係自三至十分，第三列之十一率分母係三、四、五、六分又兩次二分。應以七、八、九、十乘之，又兩次二除之。通計乘、除，得倍差七率三、四、五、六分之四，少九率自三至八分之三百三十六，多十一率自三至十分之三萬零二百四十，爲變母三列。

次視倍矢求弧背之九率，其分母爲自三至八分，其分子爲一與一、一、二、二、三、三迭乘。乃取倍差求倍矢九率率分，九率一，少十一率二分之四，以倍矢求弧背之九率自三至八分之三十六乘之，得倍差九率自三至八分之三十六，少十一率自三至八分又二分之一百四十四。命爲倍矢求弧背九率，斜列之，爲第四列。應使從定母。其九率之分母，與定母同。其十一率定母係自三至十分，其第四列之十一率分母係自三至八分又二分。應以九、十乘之，二除之。通計乘、除，得倍差九率自三至八分之三十六，少十一率自三至八分之六千四百八十，爲變母四列。

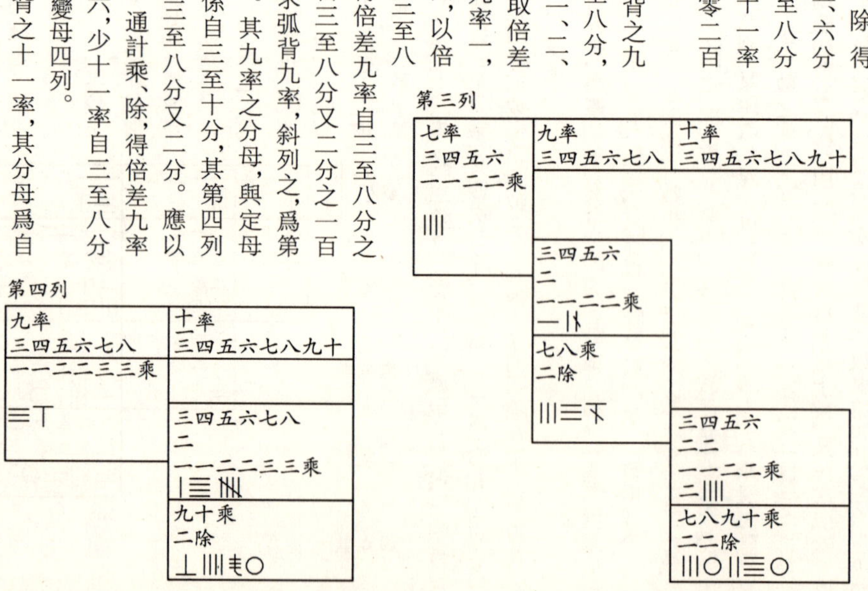

次視倍矢求弧背之十一率，其分母爲自三至十分，其分子爲一與一、一、二、二、三、三、四、四迭乘。乃取倍差求倍矢十一率率分，十一率一，以倍矢求弧背十一率自三至十分之五百七十六乘之，得倍差十一率自三至十分之五百七十六，命爲倍矢求弧背十一率。其分母與定母同。無須變母。

于是，各率分子相併。其第一層分子三率一，又五率一，又七率四，又九率三十六，又十一率五百七十六，均爲正數。其第二層分子五率六，七率三十，九率三百三十六，十一率六千四百八十，均爲負數。正負異名，應以減爲并。計減

得分子三率一，少五率五，少七率二十六，少九率三百，少十一率五千九百零四，爲第一并數。

其自五率以下，均屬負數。其第三層七率九十、九率一千二百六十、十一率三萬零二百四十，均爲正數，仍當以減爲并。計減得分子三率一，少五率五，多七率六十四，多九率九百六十，多十一率二萬四千三百三十六，爲第二并數。

其自七率以下，均爲正數。其第四層分子九率二千五百二十、十一率七萬五千六百，均爲負數，仍當用減。計減得分子三率一，少五率五，多七率六十四，少九率一千五百六十，少十一率五萬一千二百六十四，爲第三并數。

其自九率以下，均爲負數。其第五層十一率分子十一萬三千四百，爲正數，仍當用減。計減得三率一，少五率五，多七率六十四，少九率一千五百六十，多十一率六萬二千一百三十六，爲第四并數。

通計求得倍差求本弧各率分數，爲三率一，少五率三四分之五，多七率三、四、五、六分之六十四，少九率自三至八分之一千五百六十，多十一率自三至十分之六萬二千一百三十六也。

細審倍差求本弧率分，其分母與倍矢求弧背同。是其逐率除法，自三、四而五、六，亦與倍矢求弧背同。于是，審其分子之由來，由前圖變爲又圖。其逐率首層爲數根，而三率分子單一，爲諸數之所起。其第一數根爲一與一、一乘，第二數根爲一、一、二、二迭乘。是取第一數，以二、二乘之，即第二數根也。第三數根爲一與一、一、二、二、三、三迭乘，是以第二數根三、三乘之，即第三數根也。第四數根爲一與一、一、二、二、三、三、四、四迭乘，是以第三數根四，四乘之，即第四數根也。

	三率	五率	七率	九率	十一率
第一層分子	𝍠	𝍠	𝍣	𝍫𝍥	𝍤𝍯𝍥
第二層分子		𝍥̸	𝍫̸〇	𝍢𝍫𝍥̸	𝍮𝍣𝍰̸〇
第一并數	𝍠	𝍤̸	𝍪𝍥̸	𝍢̸〇〇	𝍭𝍨〇𝍣̸
第三層分子			𝍱〇	𝍩𝍡𝍮〇	𝍢〇𝍡𝍬〇
第二并數	𝍠	𝍤̸	𝍮𝍣	𝍨𝍮〇	𝍡𝍬𝍢𝍫𝍥
第四層分子				𝍪𝍤𝍪̸〇	𝍦𝍭𝍥̸〇〇
第三并數	𝍠	𝍤̸	𝍮𝍣	𝍩𝍤𝍮̸〇	𝍤𝍩𝍡𝍮𝍣̸
第五層分子					𝍩𝍠𝍫𝍣〇〇
第四并數	𝍠	𝍤̸	𝍮𝍣	𝍩𝍤𝍮̸〇	𝍥𝍪𝍠𝍫𝍥
	〇 𝍠	三四 𝍤̸	三四五六 𝍮𝍣	三四五六七八 𝍩𝍤𝍮̸〇	三四五六七八九十 𝍥𝍪𝍠𝍫𝍥

第五列

十一率
三四五六七八九十
一一二二三三四四乘
𝍤𝍯𝍥

復斜視其第一各減數，爲遞加數之根，而首位即三率分子之一。第一初減，爲遞加數根之第二位。其乘爲三、四乘，除爲二除。是取三率分子之單一，即遞加數根首位。用遞加數根第一數求第二數之法，一除一乘，然後三、四乘之，二除之，即第一初減也。第一次減，爲遞加數根之第三位，爲三、四、五、六乘，又兩次二除，以較第一初減，多五、六乘及二除。是取第一初減，用遞加數根第二數求第三數之法，二除二乘。然後五、六乘之，二除之，即第一次減也。第一三減，爲遞加數根之第四位，爲自三至八乘，又三次二除，以較第一次減，多七、八乘及二除。是取第一次減，用遞加數根第三數求第四數之法，三除三乘，然後七、八乘之，二除之，即第一三減也。其第一四減，爲遞加數根之第五位，爲自三至十乘，又四次二除，以較第一三減，多九、十乘又二除。是取第一三減，先用遞加數根第四數求第五數之法，四除四乘。然後九、十乘之，二除之，即第一四減也。

數根	〇 𝍠	一一乘 𝍠	一一二二乘 𝍣	一一二二三三乘 𝍫𝍥	一一二二三三四四乘 𝍤𝍯𝍥
初減數		三四乘 二除 𝍥	一一乘 五六乘 二除 𝍫〇	一一二二乘 七八乘 二除 𝍢𝍫𝍥	一一二二三三乘 九十乘 二除 𝍮𝍣𝍰〇
次減數			三四五六乘 二二除 𝍱〇	一一乘 五六七八乘 二二除 𝍩𝍡𝍮〇	一一二二乘 七八九十乘 二二除 𝍢〇𝍡𝍬〇
三減數				三四五六七八乘 二二二除 𝍪𝍤𝍪〇	一一乘 五六七八九十乘 二二二除 𝍦𝍭𝍥〇〇
四減數					三四五六七八九十乘 二二二二除 𝍩𝍠𝍫𝍣〇〇

復斜視其第二各減數，爲遞加數，而首位即第一數根。第二初減，爲遞加數之第二位。其乘爲一、一乘，又五、六乘，其除爲二除。以較第一數根，其一、一乘同，惟多五、六乘及二除。是取第一數根，用遞加數第一數求第二數之法，一除二乘，又五、六乘之，二除之，即第二初減也。其第二次減爲遞加數第三位，用一、一乘又五、六、七、八乘，又兩次二除。以較第二初減，多七、八乘又二除。是第二初減，用遞加數求第三數之法，二除三乘。然後七、八乘之，二除之，即第二次減。其第二三減爲遞加數第四位，用一、一乘又自五至十乘，又三次二除。以較第二次減，多九、十乘及二除。是取第二次減用遞加數求第四數之法，三除四

乘。然後九、十乘之，又二除之，即第二三減。

復斜視其第三各減數，爲二次遞加數，而首位即第二數根。第三初減，爲二次遞加數之第二位，用一、一、二、二迭乘，又七、八乘，又二除。較第二數根其迭乘數同，惟多七、八乘又二除。是以第二數根，用二次遞加數求第二數之法，一除三乘。然後七、八乘之，又二除之，即第三初減也。其第三次減，爲二次遞加數之第三位，亦一、一、二、二迭乘，又七、八、九、十乘，又兩次二除。以較第三初減，多九、十乘又二除。是以第三初減，用二次遞加數求第三數之法，二除四乘。然後九、十乘之，又二除之，即第三次減也。其第四初減，爲三次遞加數之第二位，而首位即第三數根。第四初減，用一、一、二、二、三、三迭乘，又九、十乘，二除。以較第三數根，其迭乘數亦同，惟多九、十乘及二除，是取第三數根，用三次遞加數求第二數之法，一除四乘。然後九、十乘之，又二除之，即第四初減也。

復由諸圖，變爲後圖。第一層數根，起單一，爲三率分子。加一、一乘，爲第一數根。再加二、二乘，爲第二數根。再加三、三乘，爲第三數根。再加四、四乘，爲第四數根。通計皆用一、二、三、四等數，自乘爲乘法。

1	一一乘 1	二二乘 4	三三乘 36	四四乘 576
	一除一乘 三四乘 二除 6	一除二乘 五六乘 二除 30	一除三乘 七八乘 二除 336	十除四乘 九十乘 二除 6480
	5	26	300	5904
		二除二乘 五六乘 二除 90	二除三乘 七八乘 二除 1260	二除四乘 九十乘 二除 30240
		64	960	24336
			三除三乘 七八乘 二除 2520	三除四乘 九十乘 二除 30240
			1560	41264
				四除四乘 九十乘 二除 103400
				62136

第二層初減數。

復置單一，以一除一乘，又三、四乘二除，爲第一初減。置第一數根，一除二乘，又五、六乘二除，爲第二初減。置第二數根，一除三乘，又七、八乘二除，爲第三初減。置第三數根，一除四乘，又九、十乘二除，爲第四初減。

通計其乘、除，則先用一除，而乘亦自一而遞加。次用三、四乘而遞加，又通加二除。第三層減餘，首位五爲五率分子，即第一乘法。

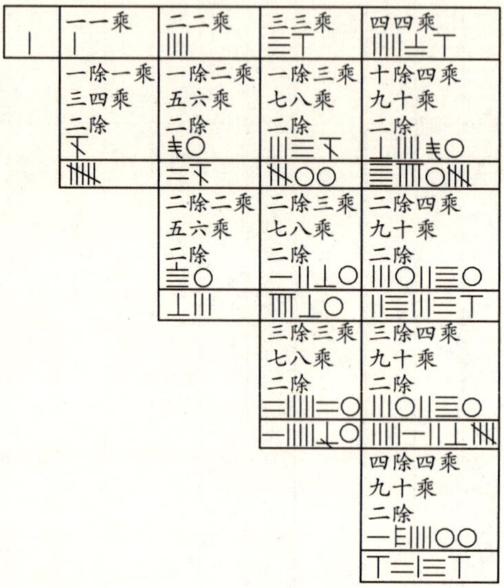

第四層次減數。置第一初減，二除二乘，又五、六乘二除，爲第一次減。置第二初減，二除三乘，又七、八乘二除，爲第二次減。置第三初減，二除四乘，又九、十乘二除，爲第三次減。通計其乘、除，則先用二除，而乘亦起二而遞加。次用五、六乘而遞加，而亦通加二除。第五層減，餘首位六十四爲七率分子，即第二乘法。

第六層三減數。置第一次減，三除三乘，又七、八乘二除，爲第一三減。置第二次減，三除四乘，又九、十乘二除，爲第二三減。通計其乘、除，則用三除，而乘亦起三而遞加。次用七、八乘而遞加，而通加二除。第七層減餘，首位一千五百六十爲九率分子，即第三乘法。

第八層四減數。置第一三減，四除四乘，又九、十乘二除，即第一四減。計其乘、除，則先用四除，而乘亦起四。次起九、十乘，而亦加二除。雖圖止十一率，而其例可遞推也。而第九層減餘，首位六萬二千一百三十六爲十一率分子，即第四乘法。

細按數根及各減數，其乘、除之例秩然不紊，則自十一率以下，莫不皆然。此割線用倍差求本弧立術之由也。

割線求弧背算式

割線求弧背，雖分本弧、餘弧二術，而降位仍屬不易，與切線求弧背同。故復有求半弧、求倍弧術，亦借線求弧之意也。茲將九十度分爲五限，其自十秒至十五度，則用割線求本弧之法求之。其自十五度至三十度，則用割綫求半弧法求之。其自三十度至四十五度，則用割綫求倍本弧法求之。其自四十五度至六十度，則用割綫求倍餘弧法求之。其自六十度至八十九度五十九分五十秒，則用割線求餘弧法求之。庶降位均無難矣。

割線求本弧各率乘法表

五率	第一乘法	五
七率	第二乘法	六四
九率	第三乘法	一五六〇
十一率	第四乘法	六二一三六
十三率	第五乘法	三六八〇二八〇
十五率	第六乘法	三〇四〇〇〇〇〇〇

割綫求餘弧各率乘法表

五率	第一乘法	一七
七率	第二乘法	三六七
九率	第三乘法	八三五七七
十一率	第四乘法	六四七九〇一五
十三率	第五乘法	五三二九二四二八〇〇
十五率	第六乘法	八八一九六〇〇〇〇〇〇〇
十七率	第七乘法	一七五八〇八〇〇〇〇〇〇〇〇〇
十九率	第八乘法	五〇六九〇〇〇〇〇〇〇〇〇〇〇〇〇〇

割線求半弧各率乘法表

五率	第一乘法	八
七率	第二乘法	一八四
九率	第三乘法	八四四八
十一率	第四乘法	六四八五七六
十三率	第五乘法	七四九七二一六〇
十五率	第六乘法	一二一七四六六〇〇〇〇
十七率	第七乘法	二六四三八五六六〇〇〇〇〇

乘法表中，尾數不全列。

凡設割綫自十秒至十五度，則用割線求本弧法求之。今將設割線一〇三五二七六一八〇四，求其本弧。算式列於後。

法以割線内減半徑，得三五二七六一八〇四爲割線半徑差。倍之，得七〇五五二三六〇八爲第一數正。

次以半徑爲一率，倍差爲三率。置第一數，以三率乘之，一率除之，得五率。三除之，四除之，得四一四八〇二九六八爲七率用數。第一乘法五乘之，得二〇七四〇一四八，爲第二數負。

置七率用數，以三率乘之，一率除之，得七率。五除之，六除之，得九七五五一〇九六，爲九率用數。第二乘法六、四乘之，得六二四三二一七，爲第三數正。

置九率用數，以三率乘之，一率除之，得九率。七除之，八除之，得〇一二二九〇一，爲十一率用數。第三乘法一五六〇乘之，得一九一七三，爲第四數負。

置十一率用數，以三率乘之，一率除之，得十一率。九除之，十除之，得〇〇〇〇〇九六三四四，爲十三率用數。第四乘法六二一三六乘之，得五九九，爲第五數正。

置十三率用數，以三率乘之，一率除之，得十三率。十一除之，十二除之，得〇〇〇〇〇〇〇五一四五，爲十五率用數。第五乘法三六八〇二八〇乘之，得〇一九。爲第六數負。

置十五率用數，以三率乘之，一率除之，得十五率。十三除之，十四除之，得〇〇〇〇〇〇〇〇〇〇一九九。以第六乘法三〇四〇〇〇〇〇〇乘之，得〇〇一，爲第七數正。

乃并諸正數，得七〇六一四八五三五。以并諸負數二〇七五九三四〇減之，得六八五三八九一九五，爲以半徑爲一率、本弧爲二率之第三率。與半徑相乘，平方開之，得二六一七九九三八八，爲本弧弧分。檢弧綫表，得十五度也。

一率	一〇〇〇〇〇〇〇	〇〇〇
三率	七〇五五二三	六〇八

七率用數	四一四八	〇二九六八
八	九	七五五一〇九六
十一		〇一二二九〇一
十三		〇〇〇〇〇九六三四四
十五		〇〇〇〇〇〇〇五一四五
		〇〇〇〇〇〇〇〇〇〇一九九

第一數	七〇五五二三	六〇八
二	二〇七四〇	一四八
	六二四	三二七
四	一九	一七三
五		五九九
六		一九
七		一

續表

并正數	七〇六一四八	五三五	
并負數	二〇七五九	三四〇	
減得數	六八五三八九	一九五	三率
	二六一七九九三	八八	二率
	一〇〇〇〇〇〇〇	〇〇	一率

凡設割綫，自六十度至八十九度五十九分五十秒，則用割線求餘弧法求之。今將設割綫二〇〇〇〇〇〇〇〇，求其餘弧。算式列於後。

法以割綫二〇〇〇〇〇〇〇〇爲第一數正。

次以割綫爲一率，半徑爲二率。二率自乘，一率除之，得五〇〇〇〇〇〇〇〇，爲三率。二除之，三除之，得八三三三三三三，爲第二數負。

又以三率自乘，二率除之，得二五〇〇〇〇〇〇，爲四率。於是，三除第二數，以四率乘之，二率除之，得五率。四除之，五除之，得三四七二二二二二二二，爲七率用數。第一乘法一七乘之，得五九〇二七八，爲第三數負。

置七率用數，以四率乘之，二率除之，得七率。六除之，七除之，得二〇六六七九八九，爲九率用數。第二乘法三六七乘之，得七五八五二，爲第四數負。

五除九率用數，以四率乘之，二率除之，得九率。八除之，九除之，得〇一四三五二七七，爲十一率用數。第三乘法八三五七七乘之，得一一九九六，爲第五數負。

置十一率用數，以四率乘之，二率除之，得十一率。十除之，十一除之，得〇〇〇〇三二六一九九，爲十三率用數。第四乘法六四七九〇一五乘之，得二一一三，爲第六數負。

七除十三率用數，以四率乘之，二率除之，得十三率。十二除之，十三除之，得〇〇〇〇〇〇七四六七九，爲十五率用數。第五乘法五三二九二四二八〇〇乘之，得三九八，爲第七數負。

置十五率用數，以四率乘之，二率除之，得十五率。十四除之，十五除之，得〇〇〇〇〇〇〇〇〇〇八八九，爲十七率用數。第六乘法八八一九六〇〇〇〇〇〇〇乘之，得七八，爲第八數負。

九除十七率用數，以四率乘之，二率除之，得十七率。十六除之，十七除之，得〇〇〇〇〇〇〇〇〇〇〇〇〇九一，爲十九率用數。第七乘法一七五八〇八〇〇〇〇〇〇〇〇〇〇乘之，得一七爲第九數負。

置十九率用數，以四率乘之，二率除之，得十九率。十八除之，十九除之，得〇〇〇〇〇〇〇〇〇〇〇〇〇〇〇〇〇〇〇六六。以第八乘法五〇六九〇〇〇〇〇〇〇〇〇〇〇〇〇〇〇〇〇乘之，得三，爲第十數負。

乃并諸負數，得九〇一四〇六八。以減第一正數，得一九〇九八五九三一，爲以半徑爲二率、餘弧爲三率之第一率。以半徑自乘，求得數除之，得五二三五九八七七六，爲餘弧弧分。檢弧線表，爲三十度。以減象限，得六十度，即本弧。

一率	二〇〇〇〇〇〇〇	〇
二率	一〇〇〇〇〇〇〇	〇
三率	五〇〇〇〇〇〇	〇
四率	二五〇〇〇〇〇	〇

七率用數	三四七二	二二二二二
九	二〇	六六七九八九
十一		〇一四三五二七七
十三		〇〇〇〇三二六一九九
十五		〇〇〇〇〇〇〇〇〇四六七九
十七		〇〇〇〇〇〇〇〇〇〇〇八八九
十九		〇〇〇〇〇〇〇〇〇〇〇〇〇〇〇九一
		〇〇〇〇〇〇〇〇〇〇〇〇〇〇〇〇〇〇〇六六

第一數	二〇〇〇〇〇〇〇	〇
二	八三三三三三	三
三	五九〇二七	八
四	七五八五	二
五	一一九九	六
六	二一一	三
七	三九	八
八	七	八
九	一	七
十		三

續表

并負數	九〇一四〇六	八	
減得數	一九〇九八五九三	二	一率
	一〇〇〇〇〇〇〇	〇	二率
	五二三五九八七	七六	三率

凡設割綫自十五度至三十度，則用割綫求半弧法求之。今將設割綫一一五四七〇〇五三八，求其半弧。算式列於後。

法以割線加半徑，得二一五四七〇〇五三八，爲割線半徑和，爲一率。又減半徑，得一五四七〇〇五三八，爲二率。半徑爲三率。求得四率七一七九六七六九六，爲半弧切線三率，爲第一數正。

次以半徑爲連比例一率，半弧切線三率爲三率。置第一數，以三率乘之，一率除之，得五率。三除之，四除之，得四二九五六四六七七爲七率用數。第一乘法八乘之，得三四三六五一七四爲第二數負。

置七率用數，以三率乘之，一率除之，得七率。五除之，六除之，得一〇二八〇四五二，爲九率用數。第二乘法一八四乘之，得一八九一六〇三，爲第三數正。

置九率用數，以三率乘之，一率除之，得九率。七除之，八除之，得〇一三一八〇四一，爲十一率用數。第三乘法八四四八乘之，得一一一三四八，爲第四數負。

置十一率用數，以三率乘之，一率除之，得十一率。九除之，十除之，得〇〇〇〇一〇五一四六，爲十三率用數。第四乘法六四八五七六乘之，得六八一九，爲第五數正。

置十三率用數，以三率乘之，一率除之，得十三率。十一除之，十二除之，得〇〇〇〇〇〇〇〇五七一九，爲十五率用數。第五乘法七四九七二一六〇乘之，得四二八，爲第六數負。

置十五率用數，以三率乘之，一率除之，得十五率。十三除之，十四除之，得〇〇〇〇〇〇〇〇〇〇〇二二五六，爲十七率用數。第六乘法一二一七四六六〇〇〇〇乘之，得〇二七，爲第七數正。

置十七率用數，以三率乘之，一率除之，得十七率。十五除之，十六除之，得〇〇〇〇〇〇〇〇〇〇〇〇〇〇〇六七五，第七乘法二六四三八五六六〇〇〇〇〇乘之，得〇〇一，爲第八數負。

乃并諸正數，得七一九八六六一四五。以并諸負數三四四七六九五一減之，得六八五三八九一九四，爲以半徑爲一率、半弧爲二率之三率。與半徑相乘，平方開之，得二六一七九九三八八，爲半弧弧分。檢弧線表，得十五度。倍之，得三十度，即本弧。

一率	一〇〇〇〇〇〇	〇〇〇
三率	七一七九六七	六九六

七率用數	四二九五	六四六七七
九	一〇	二八〇四五二
十一		〇一三一八〇四一
十三		〇〇〇〇一〇五一四六
十五		〇〇〇〇〇〇〇〇五七一九
十七		〇〇〇〇〇〇〇〇〇〇〇二二五六
		〇〇〇〇〇〇〇〇〇〇〇〇〇〇〇六七五

第一數	七一七九六七	六九六	
二	三四三六五	一七四	
三	一八九一	六〇三	
四	一一一	三四八	
五	六	八一九	
六		四二八	
七		二七	
八		一	
并正數	七一九八六六	一四五	
并負數	三四四七六	九五一	
減得數	六八五三八九	一九四	三率
	二六一七九九三	八八	二率
	一〇〇〇〇〇〇〇	〇〇	一率

凡設割線，自三十度至四十五度，則用割線求倍本弧法求之。今將設割線一一五四七〇〇五三八，求其倍本弧。算式列於後。

法以割線自乘，得一三三三三三三三三三〇〇〇〇〇〇〇，截用十位準數，下惟以〇存其位數。爲割線冪。以半徑自乘，倍之，相減，得六六六六六六六六七〇〇〇〇〇〇〇〇〇，爲一率。割綫冪爲二率。半徑爲三率。求得四率二〇〇〇〇〇〇〇〇〇〇〇，爲倍本弧割線。命爲連比例第一率，半徑爲二率，如割線求餘弧術入之。依前得倍本弧之餘弧三十度，以減象限，得倍本弧六十度。半之，得三十度，即本弧。

凡設割線自四十五度至六十度，則用割綫求倍餘弧法求之。今將設割綫二〇〇〇〇〇〇〇，求其倍餘弧。算式列於後。

法以割綫自乘，得四〇〇〇〇〇〇〇〇〇〇〇〇〇〇〇，爲割線冪。以半徑自乘，倍之，相減，得二〇〇〇〇〇〇〇〇〇〇〇〇〇〇〇，爲一率。割綫冪爲二率。半徑爲三率。求得四率二〇〇〇〇〇〇，爲倍餘弧割綫。命爲連比例第一率，半徑爲二率，如割線求餘弧術入之，依前求得倍餘弧之餘弧三十度，以加象限，得倍本弧一百二十度。半之，得六十度，即本弧。

對數函數與指數函數展開法部

題解

清・李善蘭《對數探源》卷一　正數以乘除爲比例，對數以加減爲比例。正數連比例之率，以前率與後率遞減之，則所餘者仍爲連比例之率，且仍如原率之比例。對數連比例之率，以前率與後率遞減之，則所餘者必爲齊同之數。是故有對數萬，求其逐一相對之正數，則爲連比例萬率，其理夫人而知之也。有正數萬，求其逐一相對之對數，則雖歐羅巴造表之人，僅能得其數，未能知其理也。間嘗深思得之，歎其精微玄妙，且用以造表較西人簡易萬倍。然後知言數者之不可不先得夫理也。

清・戴煦《對數簡法》卷下　前術以開方表徑求諸對數，法已簡矣。但除法畸零，易致譌舛，故必先求七十二數之對數。七十二數者，自一至九，自一一至一九，自一〇一至一〇九，自一〇〇一至一〇〇九，自一〇〇〇一至一〇〇〇九，自一〇〇〇〇一至一〇〇〇〇九，自一〇〇〇〇〇一至一〇〇〇〇〇九，自一〇〇〇〇〇〇一至一〇〇〇〇〇〇九之七十二數也。

有七十二對數，則諸對數皆從此而生。然求七十二數之法，若用前術，以開方數遞除，法猶藉二十一次之開方表以資其用。若假設一數爲一〇〇〇〇〇〇一之對數，挨次遞求，即可得諸數之假設對數。因而轉求十之假設對數，以與十之定準對數爲比例之率，亦可得七十二數之定準對數。既得七十二對數，則諸對數皆在是矣。如此則不但無須逐數用屢次開方法，即開方表亦可省求。此誠求對數至簡之法也。

對數函數的展開分部

綜論

清・李善蘭《對數探源》卷一　明理

對數之積，諸乘尖錐之合積也，與方、圓之較同。說詳《方圓闡幽》。但方圓之較，自立尖錐起，此則自一長方起。方圓之較次四乘尖錐、次六乘尖錐、次八、次十，皆用其偶去其奇。此則次平尖錐、次立尖錐、次三乘、次四乘、次五、次六，奇偶皆用。方圓之較諸尖錐之底皆以漸而減，此則諸尖錐之底皆爲齊同之數，三者其異也。

如圖，甲爲長方形，乙爲平尖錐，丙爲立尖錐，丁爲三乘尖錐，戊爲四乘尖錐，己爲五乘尖錐。由是，自六乘以上至於無窮，可以類推，不能盡圖也。諸尖錐之底，則盡如子丑無增減也。

此尖錐合積，中截爲二，便與二分之正數對。若均截爲三，便與三分之正數對。均截爲四，便與四分之正數對。由是，或五、或六以至於千百，均截之，即與或五、或六以至於千百分之正數對也。

如圖，子寅正數三百，分爲子丑、丑寅各一百五十，則合積上之甲丙線亦均分爲甲乙、乙丙二線。而自乙橫截之，分其積爲二。甲乙戊己一段與子丑對，乙丙丁戊一段與丑寅對也。若子寅分爲子卯卯辰辰寅各一百，則甲丙線亦均分爲甲庚、庚辛、辛丙三線。而自庚、自辛橫截之，分其積爲三。甲庚壬己一段與子卯對，庚辛癸壬一段與卯辰對，辛丙丁癸一段與辰寅對也。四分以上，倣此。

正數無論多少，但分作幾分，所對之對數皆同。

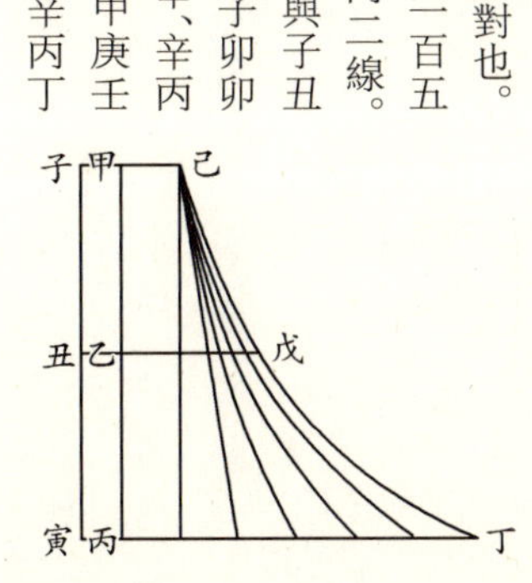

如前圖，子寅正數三百，分爲二分，各一百五十，則所對者爲甲乙戊己等二段截積。分爲三分，各一百，則所對者爲甲庚壬己等三段截積。若命子寅正數爲一千二百，分爲二分，各六百，所對者仍爲甲乙戊己等二段截積。分爲三分，各四百，所對者仍爲甲庚壬己等三段截積也。又或命子寅正數爲六，分爲二分各三分，爲三分各二，所對者仍爲甲乙戊己等二段截積及甲庚壬己等三段截積也。

此尖錐合積，無論截爲幾段，自最下第二段以上，其積皆同。

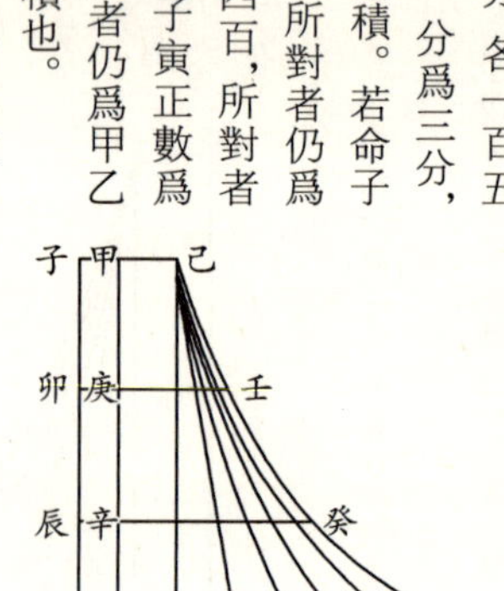

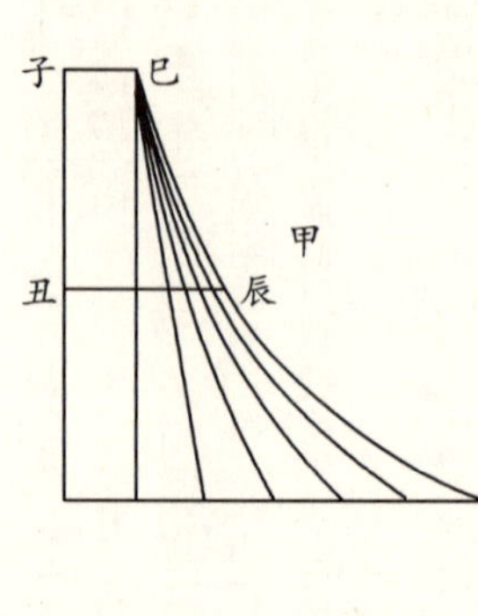

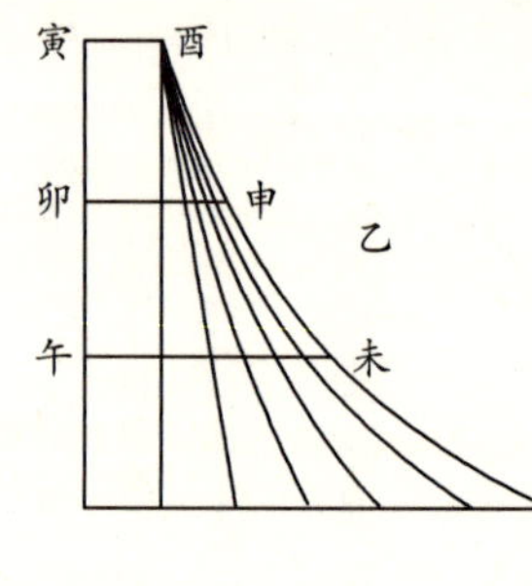

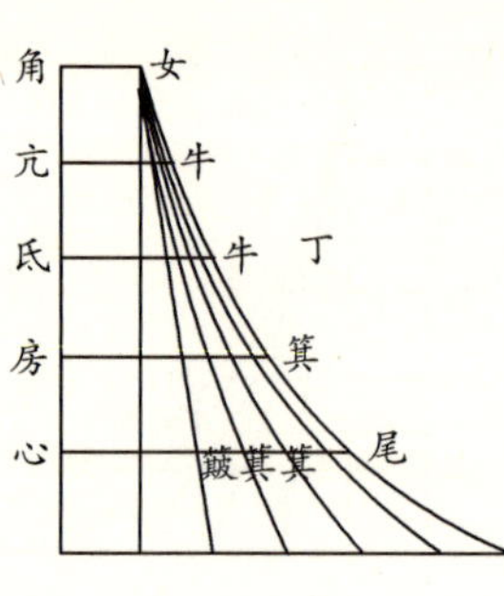

如圖，甲截爲二段，乙截爲三段，丙截爲四段，丁截爲五段。甲上之第二段子丑辰巳積，必與乙上第二段卯午未申積同，亦與丙上第二段戊己庚辛積同，亦與丁上第二段房心尾箕積同也。乙上之第三段寅卯申酉積，必與丙上第三段亥戊辛壬積同，亦與丁上第三段氐房箕斗積同也。丙上之第四段戊亥壬癸積，必與丁上第四段亢氐斗牛積同也。五段以上，理可類推。

此尖錐合積，無論全積、殘積，但同截爲幾段，則自上而下至最下第二段，其逐段之積皆同。

如圖，甲爲全積，乙爲殘積。凡殘積，皆截去上一段。試同截爲二段，則全積上第二段子寅午辰積，必與殘積上第二段丙戊壬庚積同也。或同截爲四段，則全積上第四段子丑巳辰積必與殘積上第四段丙丁辛庚積同。全積上第三段丑寅午巳積，必與殘積上第三段丁戊壬辛積同。全積上第二段寅卯未午積，必與殘積上第二段戊己癸壬積同也。

此尖錐合積，無論全積、殘積，且無論截爲幾段，自第二段以上其積皆同。

如圖，甲全積截爲四段，乙殘積截爲三段。全積上第二段戊己癸壬積，必與殘積上第二段丑寅巳辰積同。全積上第三段丁戊壬庚積，必與殘積上第三段子丑辰卯積同也。

此尖錐合積於其直線上作比例四率線，各如其線截其積，則一率截積與二率截積之較必與三率截積與四率截積之較同，一率截積與三率截積之較必與二率截積與四率截積之較同。

如圖，甲乙爲一率線，甲乙癸壬爲一率截積。丙乙爲二率線，丙乙癸辛爲二率截積。丁乙爲三率線，丁乙癸庚爲三率截積。戊乙爲四率線，戊乙癸己爲四率截積。丙甲壬辛爲一率二率兩截積之較，戊丁庚己爲三率四率兩截積之較，此二較之積必同。丁甲壬庚爲一率三率兩截積之較，戊丙辛己爲二率四率兩截積之較，此二較之積亦必同也。

若於其直線上作連比例諸率線，各如其線截之，則逐層前率截積與後率截積之較，其積皆同也。

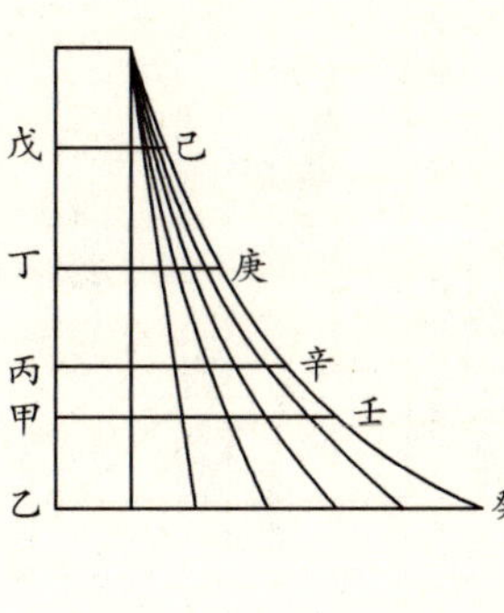

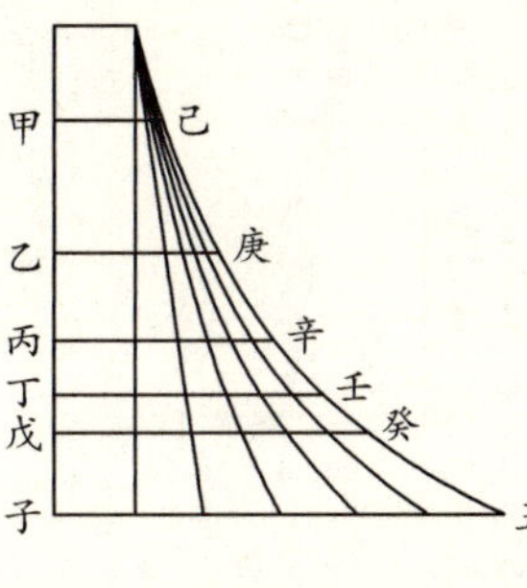

如圖，作連比例五率，戊子爲首率，戊子丑癸爲首率截積。丁子爲二率，丁子丑壬爲二率截積。丙子爲三率，丙子丑辛爲三率截積。乙子爲四率，乙子丑庚爲四率截積。甲子爲五率，甲子丑己爲五率截積。丁戊癸壬爲首率二率兩截積之較，丙丁壬辛爲二率三率兩截積之較，乙丙辛庚爲三率四率兩截積之較，甲乙庚己爲四率五率兩截積之較。此四較之積必同也。

此合尖錐之底爲無窮連比例，此合尖錐上任於何處作截線其截線，亦爲無窮連比例。

如圖，甲乙、乙丙、丙丁、丁戊、戊己、己庚一長方，五尖錐之底皆爲一。此外，無窮尖錐之底亦必皆爲一。是爲一與一之比例，連之無窮也。

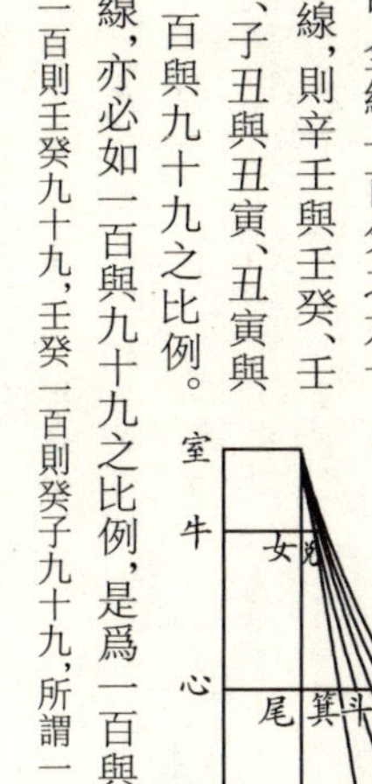

若取室辛線爲室甲全線一百分之九十九，於辛點上作辛亥截線，則辛壬與壬癸、壬癸與癸子、癸子與子丑、子丑與丑寅、丑寅與寅亥，此六截線皆如一百與九十九之比例。此外，無窮尖錐上之截線，亦必如一百與九十九之比例，是爲一百與九十九之比例連之無窮也。如辛壬一百則壬癸九十九，壬癸一百則癸子九十九，所謂一百與九十九之比例也。後俱同。

若取室卯線爲全線八分之七，於卯點作截線，則卯辰與辰巳、辰巳與巳未、巳未與未申、未申與申酉、申酉與酉戌皆如八與七之比例。此外，無窮尖錐之截線，亦必如八與七之比例，是爲八與七之比例連之無窮也。又或取室角線爲全線四分之三，於角點作線截之，則角亢與亢氐、亢氐與氐房皆如四與三之比例，是爲四與三之比例連之無窮也。又或取室心線爲全線二分之一，於心點作線截之，則心尾與尾箕、尾箕與箕斗皆如二與一之比例，是爲二與一之比例連之無窮也。又或取室牛線爲全線二十分之三，則牛女與女危即如二十與三之比例，是二十與三之比例連之無窮也。凡連比例，後率與前率之比，即如所取線與全線之比也。

凡截線，皆有盡界。其界皆可求而底無盡界。

如前圖，壬癸爲辛壬一百分之九十九，則辛壬必爲全截線一百分之一。設辛壬爲一百，則全截線之盡界必爲一萬也。又如亢氐爲角亢四分之三，則角亢必爲全截線四分之一。設角亢爲一百，則全截線之盡界必爲四百也。故以首率二率較，與首率之比，即同於首率與全截線之比也。何則？試任作一線如尾角，取其四分之一爲角亢，餘亢尾。再取其四分之一爲亢氐，餘氐尾。再取其四分之一爲氐房，餘房尾。如此累取之，可以無窮。而角亢與亢氐、亢氐與氐房，必皆如四分之三，是即四與三之無窮連比例也。而亢尾爲角尾四分之三，亢氐爲角亢四分之三，角亢、亢氐之較爲角氐，角尾、亢尾之較爲角亢。故以角氐爲一率，角亢爲二率，仍以角亢爲三率，四率必爲角尾也。曰：亢氐與角亢何以知其爲四分之三也？曰：角亢者角尾四分之一也，亢氐者亢尾四分之一也。其母既如四與三之比例，故其子亦如四與三之比例也。凡截線上之連比例皆漸小，故必有一盡界。任爾無窮比例，總不能越此界。底上之連比例皆如首率，而其比例又無盡，則烏得有盡界也。

凡兩截積同者，此截積之高與彼截積之高、彼截線與此截線可相爲比例。

如圖，子午尖錐合積之高，平分於丑，作丑辰截線。又以丑午之高，平分於寅，作寅巳截線。令子丑辰卯一段截積，與丑寅巳辰一段截積等。準前第五條之理，子丑辰卯爲全積上第二段截積，丑寅巳辰爲殘積上第二段截積，故相等也。則子丑截積之高

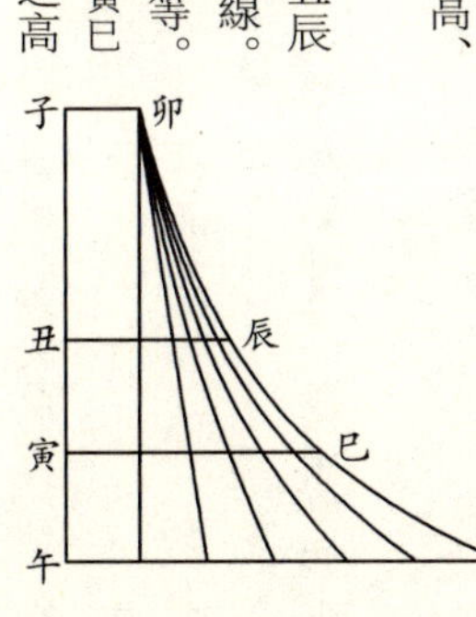

與丑寅截積之高之比，必同於寅巳截線丑寅之下截線。與丑辰截線子丑之下截線之比，亦必同於丑辰截線丑寅之上截線。與子卯截線子丑之上截線。之比也。

凡兩殘積，此殘積之高與彼殘積之高，彼截線與此截線，可相爲比例。

如圖，任作子卯、丑辰兩截線，成子寅巳卯及丑寅巳辰兩殘積，則子寅殘積之高與丑寅殘積之高之比，必同于丑辰截線與子卯截線之比也。

此尖錐合積，無論截爲幾段，逐段之積皆可求。而最下一段，其積不可求。故其總積亦不可求。

如圖，截爲三段，則甲、乙二段，其積可求。而丙段之積，不可求。或截爲四段，則子、丑、寅三段，其積可求。而卯段之積，不可求。蓋諸段皆以截線爲界，截線有盡界，故其積可求。丙卯二段以底爲界，底無盡界，故其積不可求。總積必連最下一段，故亦不可求也。

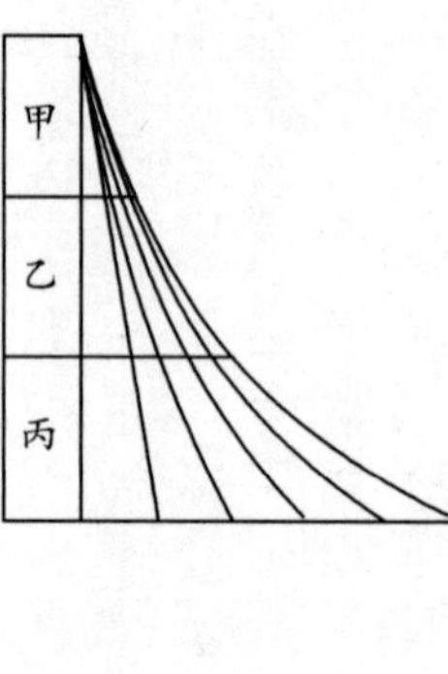

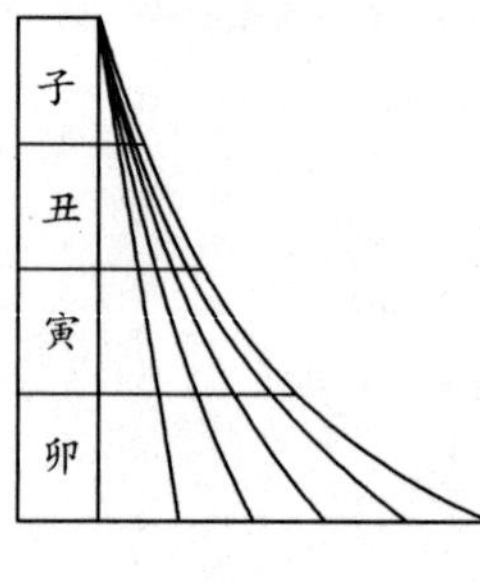

又 卷二 詳法

先求二十尖錐汎積。尖錐本無盡，然用以造表，二十己足矣。

法借一萬萬爲長方積，即爲諸尖錐之根，于上。二除得五千萬，爲平尖錐積。三除得三千三百三十三萬三千三百三十三，爲立尖錐積。四除得二千五百萬，爲三乘尖錐積。五除得二千萬，爲四乘尖錐積。六除得一千六百六十六萬六千六百六十六，爲五乘尖錐積。七除得一千四百二十八萬五千七百一十四，爲六乘尖錐積。八除得一千二百五十萬，爲七乘尖錐積。九除得一千一百一十一萬一千一百一十一，爲八乘尖錐積。十除得一千萬，爲九乘尖錐積。十一除得九百○九萬○九百○九，爲十乘尖錐積。十二除得八百三十三萬三千三百三十三，爲十一乘尖錐積。十三除得七百六十九萬二千三百○七，爲十二乘尖錐積。十四除得七百一十四萬二千八百五十七，爲十三乘尖錐積。十五除得六百六十六萬六千六百六十六，爲十四乘尖錐積。十六除得六百二十五萬，爲十五乘尖錐積。十七除得五百八十八萬二千三百五十三，爲十六乘尖錐積。十八除得五百五十五萬五千五百五十五，爲十七乘尖錐積。十九除得五百二十六萬三千一百五十七，爲十八乘尖錐積。二十除得五百萬，爲十九乘尖錐積。

二十尖錐汎積表

長方	一○○○○○○○○
平	○五○○○○○○○
立	○三三三三三三三三
三乘	○二五○○○○○○
四乘	○二○○○○○○○
五乘	○一六六六六六六六
六乘	○一四二八五七一四
七乘	○一二五○○○○○
八乘	○一一一一一一一一
九乘	○一○○○○○○○
十乘	○○九○九○九○九
十一乘	○○八三三三三三三
十二乘	○○七六九二三○七
十三乘	○○七一四二八五七
十四乘	○○六六六六六六六
十五乘	○○六二五○○○○
十六乘	○○五八八二三五三
十七乘	○○五五五五五五五
十八乘	○○五二六三一五七
十九乘	○○五○○○○○○

乃分此汎積爲十段，求其第二段至第十段之共積。

法置汎積表最下一層，以二除之，得二百五十萬。加入第二層，得七百七十六萬三千一百五十七。又以二除之，得三百八十八萬一千五百七十八。加入第三層，得九百四十三萬七千一百三十四。又以二除之，得四百七十一萬八千五百六十七。加入第四層，得一千○六十萬○九百二十○。又以二除之，得五百三十萬○四百六十○。加入第五層，得一千一百五十五萬○四百六十○。又以二除之，得五百七十七萬五千二百三十。加入第六層，得一千二百四十四萬一千八百九十六。又以二除之，得六百二十二萬○九百四十八。加入第七層，得一千三百三十六萬三千八

百〇五。又以二除之，得六百六十八萬一千九百〇二。加入第八層，得一千四百三十七萬四千二百〇九。又以二除之，得七百一十八萬七千一百〇四。加入第九層，得一千五百五十二萬〇四百三十七。又以二除之，得七百七十六萬〇二百一十八。加入第十層，得一千六百八十五萬一千一百二十七。又以二除之，得八百四十二萬五千五百六十三。加入第十一層，得一千八百四十二萬五千五百六十三。又以二除之，得九百二十一萬二千七百八十一。加入第十二層，得二千〇三十二萬三千八百九十二。又以二除之，得一千〇一十六萬一千九百四十六。加入第十三層，得二千二百六十六萬一千九百四十六。又以二除之，得一千一百三十三萬〇九百七十三。加入第十四層，得二千五百六十一萬六千六百八十七。又以二除之，得一千二百八十萬〇八千三百四十三。加入第十五層，得二千九百四十七萬五千〇〇九。又以二除之，得一千四百七十三萬七千五百〇四。加入第十六層，得三千四百七十三萬七千五百〇四。又以二除之，得一千七百三十六萬八千七百五十二。加入第十七層，得四千二百三十六萬八千七百五十二。又以二除之，得二千一百一十八萬四千三百七十六。加入第十八層，得五千四百五十一萬七千七百〇九。又以二除之，得二千七百二十五萬八千八百五十四。加入第十九層，得七千七百二十五萬八千八百五十四。又以二除之，得三千八百六十二萬九千四百二十七。加入最上一層，得一萬三千八百六十二萬九千四百二十七。又以二除之，得六千九百三十一萬四千七百一十三，爲第二段積。

另置汎積表第十二層，以五除之，得二百二十二萬二千二百二十二。加入第十三層，得一千四百七十二萬二千二百二十二。又以五除之，得二百九十四萬四千四百四十四。加入第十四層，得一千七百二十三萬〇一百五十八。又以五除之，得三百四十四萬六千〇三十一。加入第十五層，得二千〇一十一萬二千六百九十七。又以五除之，得四百〇二萬二千五百三十九。加入第十六層，得二千四百〇二萬二千五百三十九。又以五除之，得四百八十萬〇四千五百〇七。加入第十七層，得二千九百八十萬〇四千五百〇七。又以五除之，得五百九十六萬〇九百〇一。加入第十八層，得三千九百二十九萬四千二百三十四。又以五除之，得七百八十五萬八千八百四十六。加入第十九層，得五千七百八十五萬八千八百四十六。又以五除之，得一千一百五十七萬一千七百六十九。加入最上一層，得一萬一千一百五十七萬一千七百六十九。又以五除之，得二千二百三十一萬四千三百五十三，爲第五段積。加入三个第二段積，〇按：準上卷第四條，分尖錐爲二段，則第二段積即第六至第十凡五段之共積。若分五段，則第二段積即第三、第四兩段之共積。故三个第二段積即八段共積也。得二萬三千〇二十五萬八千四百九十二，即第二段至第十段共積也。

求第五段止用九个尖錐者，九乘尖錐用五連除十次已不足一數，故九乘以下俱不用也。

次求二十尖錐定積。

法以二段至十段共積二三〇二五八四九二爲一率，長方積一〇〇〇〇〇〇〇〇爲二率，二段至十段定共積一〇〇〇〇〇〇〇〇爲三率。求得四率〇四三四二九四五一，爲定長方積，即爲諸尖錐定積之根，于上。如前求汎積法，二而一，得〇二一七一四七二五，爲平尖錐定積。三而一，得〇一四四七六四八三，爲立尖錐定積。四而一，得〇一〇八五七三六二，爲三乘尖錐定積。五而一，得〇〇八六八五八九〇，爲四乘尖錐定積。六而一，得〇〇七二三八二四一，爲五乘尖錐定積。七而一，得〇〇六二〇四二〇七，爲六乘尖錐定積。八而一，得〇〇五四二八六八一，爲七乘尖錐定積。九而一，得〇〇四八二五四九四，爲八乘尖錐定積。十而一，得〇〇四三四二九四五，爲九乘尖錐定積。十一而一，得〇〇三九四八一三一，爲十乘尖錐定積。十二而一，得〇〇三六一九一二〇，爲十一乘尖錐定積。十三而一，得〇〇三三四〇七二七，爲十二乘尖錐定積。十四而一，得〇〇三一〇二一〇三，爲十三乘尖錐定積。十五而一，得〇〇二八九五二九六，爲十四乘尖錐定積。十六而一，得〇〇二七一四三四〇，爲十五乘尖錐定積。十七而一，得〇〇二五五四六七三，爲十六乘尖錐定積。十八而一，得〇〇二四一二七四七，爲十七乘尖錐定積。十九而一，得〇〇二二八五七六〇，爲十八乘尖錐定積。二十而一，得〇〇二一七一四七二，爲十九乘尖錐定積。

既得二十尖錐定積，便可依此造表。今取正數自一至十，逐一求其對數以爲例。餘可類推也。

一之對數不可求，故借〇爲對數。

二十尖錐定積表

長方	〇四三四二九四五一	二十
平	〇二一七一四七二五	十九
立	〇一四四七六四八三	十八
三乘	〇一〇八五七三六二	十七
四乘	〇〇八六八五八九〇	十六
五乘	〇〇七二三八二四一	十五
六乘	〇〇六二〇四二〇七	十四
七乘	〇〇五四二八六八一	十三
八乘	〇〇四八二五四九四	十二
九乘	〇〇四三四二九四五	十一
十乘	〇〇三九四八一三一	十
十一乘	〇〇三六一九一二〇	九
十二乘	〇〇三三四〇七二七	八
十三乘	〇〇三一〇二一〇三	七
十四乘	〇〇二八九五二九六	六
十五乘	〇〇二七一四三四〇	五
十六乘	〇〇二五五四六七三	四
十七乘	〇〇二四一二七四七	三
十八乘	〇〇二二八五七六〇	二
十九乘	〇〇二一七一四七二	一

正數一	對數〇〇〇〇〇〇〇〇〇〇

解曰：一之對數，即尖錐合積中之最下一段，其數無盡不可求，故命爲〇也。

求二之對數。

法置尖錐定積表最下一層〇〇二一七一四七二，以二除之，得〇〇一〇八五七三六。加入第二層，得〇〇三三七一四九六。又以二除之，得〇〇一六八五七四八。加入第三層，得〇〇四〇九八四九五。又以二除之，得〇〇二〇四九二四七。加入第四層，得〇〇四六〇三九二〇。又以二除之，得〇〇二三〇一九六〇。加入第五層，得〇〇五〇一六三〇〇。又以二除之，得〇〇二五〇八一五〇。加入第六層，得〇〇五四〇三四四六。又以二除之，得〇〇二七〇一七二三。加入第七層，得〇〇五八〇三八二六。又以二除之，得〇〇二九〇一九一三。加入第八層，得〇〇六二四二六四〇。又以二除之，得〇〇三一二一三二〇。加入第九層，得〇〇六七四〇四四〇。又以二除之，得〇〇三三七〇二二〇。加入第十層，得〇〇七三一八三五一。又以二除之，得〇〇三六五九一七五。加入第十一層，得〇〇八〇〇二一二〇。又以二除之，得〇〇四〇〇一〇六〇。加入第十二層，得〇〇八八二六五五四。又以二除之，得〇〇四四一三二七七。加入第十三層，得〇〇九八四一九五八。又以二除之，得〇〇四九二〇九七九。加入第十四層，得〇一一二五一八六。又以二除之，得〇〇五五六二五九三。加入第十五層，得〇一二八〇〇八三四。又以二除之，得〇〇六四〇〇四一七。加入第十六層，得〇一五〇八六三〇七。又以二除之，得〇〇七五四三一五三。加入第十七層，得〇一八四〇〇五一五。又以二除之，得〇〇九二〇〇二五七。加入第十八層，得〇二三六七六七四〇。又以二除之，得〇一一八三八三七〇。加入第十九層，得〇三三五五三〇九五。又以二除之，得〇一六七七六五四七。加入第二十層，得〇六〇二〇五九九八。又以二除之，得〇三〇一〇二九九九。末三位收爲整數，得〇三〇一〇三〇〇〇，爲一與二兩對數之較。一無對數，故一與二兩對數之較，即二之對數也。

正數二	對數〇三〇一〇三〇〇〇

解曰：以正數爲法，除尖錐表最下一層，加入上一層，再以法除之，加入再上一層，再以法除之。如此遞加、遞除，至最上一層而止，得兩對數之較。加入前對數，得本對數。凡依次求對數者，皆用此法。

求三之對數。

法以三連次自乘至十三次，得〇〇四七八二九六九，大於表中十三乘尖錐積。便以十三乘尖錐〇〇三一〇二一〇三爲最下一層，以三除之，得〇〇一〇三四〇三四。加入第八層，得〇〇四三七四七六一。又以三除之，得〇〇一四五八二五三。加入第九層，得〇〇五〇七七三七三。又以三除之，得〇〇一六九二四五七。加入第十層，得〇〇五六四〇五八八。又以三除之，得〇〇一八八〇一九六。加入第十一層，得〇〇六二二三一四一。又以三除之，得〇〇二〇七四三八〇。加入第十二層，得〇〇六八九九八七四。又以三除之，得〇〇二二九九九五八。加入第十三層，得〇〇七七二八六三九。又以三除之，得〇〇二五七六二一三。加入第十四層，得〇〇八七八〇四二〇。又以三除之，得〇〇二九二六八〇六。加入第十五層，得〇一〇一六五〇四七。又以三除之，得〇〇三三八八三四九。加入第十六層，得〇一二〇七四二三九。又以三除之，得〇〇四〇二四七四六。加入第十七層，得〇一四八八二一〇八。又以三

除之，得〇〇四九六〇七〇二。加入第十八層，得〇一九四三七一八五。又以三除之，得〇〇六四七九〇六一。加入第十九層，得〇二八一九三七八六。又以三除之，得〇〇九三九七九二八。加入最上一層，得〇五二八二七三七九。又以三除之，得〇一七六〇九一二六，爲二與三兩對數之較。加入二之對數〇三〇一〇三〇〇〇，得〇四七七一二一二六，即三之對數也。

正數三	對數〇四七七一二一二六

解曰：以正數自乘十三次，大於十三乘尖錐積，則十三乘尖錐積以正數除十四次，已不滿法。十四乘以下諸尖錐，必愈不滿法矣。故竟命十三乘尖錐爲最下一層，十四乘以下俱去不用也。後俱仿此。

求四之對數。

法置二之對數〇三〇一〇三〇〇〇，倍之，得〇六〇二〇六〇〇〇，即四之對數也。

正數二	對數〇三〇一〇三〇〇〇
正數四	對數〇六〇二〇六〇〇〇

解曰：正數可以乘、除得者，對數即可以加、減得。正數以二自乘得四，故以二之對數，倍之，即成四之對數。

求五之對數。

法置十之對數一〇〇〇〇〇〇〇〇，以二之對數〇三〇一〇三〇〇〇，減之，得〇六九八九七〇〇〇，即五之對數也。

正數二	對數〇三〇一〇三〇〇〇
正數五	對數〇六九八九七〇〇〇

解曰：前所設二段至十段，定共積一萬萬，即一與十兩對數之較。一無對數，故知十之對數爲一萬萬也。餘見第四條下。

求六之對數。

法置二之對數〇三〇一〇三〇〇〇。以三之對數〇四七七一二一二六，加之，得〇七七八一五一二六，即六之對數也。

正數二	對數〇三〇一〇三〇〇〇
正數三	對數〇四七七一二一二六
正數六	對數〇七七八一五一二六

解見第四條下。

求七之對數。

法以七連次自乘至七次，得〇〇五七六四八〇一，大于表中七乘尖錐積。便以七乘尖錐〇〇五四二八六八一爲最下一層，以七除之，得〇〇〇七七五五二五。加入第十四層，得〇〇六九七九七三二。又以七除之，得〇〇〇九九七一〇四。加入第十五層，得〇〇八二三五三四五。又以七除之，得〇〇一一七六四七七。加入第十六層，得〇〇九八六二三六七。又以七除之，得〇〇一四〇八九〇九。加入第十七層，得〇一二二六六二七一。又以七除之，得〇〇一七五二三二四。加入第十八層，得〇一六二二八八〇七。又以七除之，得〇〇二三一八四〇一。加入第十九層，得〇二四〇三三一二六。又以七除之，得〇〇三四三三三〇三。加入最上一層，得〇四六八六二七五四。又以七除之，得〇〇六六九四六七九，爲六與七兩對數之較。以加六之對數〇七七八一五一二六，得〇八四五〇九八〇五，即七之對數也。

正數七	對數〇八四五〇九八〇五

解見第二及第三條下。

求八之對數。

法置四之對數〇六〇二〇六〇〇〇，以二之對數〇三〇一〇三〇〇〇，加之，得〇九〇三〇九〇〇〇，即八之對數也。

正數二	對數〇三〇一〇三〇〇〇
正數四	對數〇六〇二〇六〇〇〇
正數八	對數〇九〇三〇九〇〇〇

解見第四條下。

求九之對數。

法置三之對數〇四七七一二一二，六倍之，得〇九五四二四二五二，即九之對數也。

正數三	對數〇四七七一二一二六
正數六	對數〇七七八一五一二六
正數九	對數〇九五四二四二五二

解見第四條下。

求十之對數。

法置前求尖錐定積時所設之二段至十段定共積一〇〇〇〇〇〇〇〇〇〇，即十之對數也。

正數一〇	對數一〇〇〇〇〇〇〇〇〇

解見第五條下。

右第四、第五、第六、第八、第九五條，其對數皆以加、減得，與舊術同。第二、第三、第七三條，其對數皆用諸尖錐遞加、遞除得。而二之對數，用二十个尖錐。三之對數，止用十四个尖錐。七之對數，止用八个尖錐。正數愈多，則所用之尖錐愈少。至正數五千以上，可止用一長方，除一次，即得兩對數之較。以視舊術之正數屢次相乘、開平方，對數屢次相加，折半，至開方數十次而得者，其簡易何啻倍蓰也。

算法

清・戴煦《對數簡法》卷下

假如定十之對數爲一〇〇〇〇〇〇〇〇〇〇〇〇，求七十二對數。

法假設單一爲一〇〇〇〇〇〇〇一之對數，下加七空位，得一〇〇〇〇〇〇〇〇，爲一〇〇〇〇〇〇〇一之假設對數。

次求一〇〇〇〇〇〇〇二之假設對數。

法以一〇〇〇〇〇〇〇一之假設對數一〇〇〇〇〇〇〇〇爲首數。置一〇〇〇〇〇〇〇二，以一〇〇〇〇〇〇〇一除之，得一〇〇〇〇〇〇〇〇九九九九九九九。以其七空位後零數九九九九九九九九爲末數。并首末二數，得一九九九九九九九九，爲一〇〇〇〇〇〇〇二之假設對數。

次求一〇〇〇〇〇〇〇三之假設對數。

法以一〇〇〇〇〇〇〇二之假設對數一九九九九九九九九爲首數。置一〇〇〇〇〇〇〇三，以一〇〇〇〇〇〇〇二除之，除得七空位後之零數九九九九九九九八爲末數。并二數，得二九九九九九九九七爲一〇〇〇〇〇〇〇三之假設對數。如是遞求，至一〇〇〇〇〇〇〇九，以及一〇〇〇〇〇〇一，並同此法。

其自一〇〇〇〇〇〇二以下，則用二次除法。如求一〇〇〇〇〇〇二之假設對數。

法以一〇〇〇〇〇〇一之假設，對數九九九九九九九五五爲首數。置一〇〇〇〇〇〇二，以一〇〇〇〇〇〇一除之，得一〇〇〇〇〇〇九九九九九九〇〇。視前八位，係六空位零九即以一〇〇〇〇〇〇九之假設對數八九九九九九九六四爲第二數。置除得數，以一〇〇〇〇〇〇九除之，除得七空位後零數九九九九九九八九一爲末數。并三數，得一九九九九九九八一〇爲一〇〇〇〇〇〇二之假設對數。如是遞求，至一〇〇〇〇〇九以及一〇〇〇〇一，並同此法。

其自一〇〇〇〇〇二以下，則用三次除法。如求一〇〇〇〇〇二之假設對數。

法以一〇〇〇〇一之假設對數九九九九九五〇五〇爲首數。置一〇〇〇〇二，以一〇〇〇〇一除之，得一〇〇〇〇〇九九九九九〇〇〇〇，爲第一除得數。視前七位，係五空位零九，即以一〇〇〇〇〇九之假設對數八九九九九五九九五爲第二數。置第一除得數，以一〇〇〇〇〇九除之，得一〇〇〇〇〇〇九九九九八九一〇〇爲第二除得數。視前八位，係六空位零九，即以一〇〇〇〇〇〇九之假設對數八九九九九九六四爲第三數。置第二除得數，以一〇〇〇〇〇〇九除之，除得七空位後零數九九八九〇九一爲末數。并四數，得一九九九九八〇一〇〇爲一〇〇〇〇〇二之假設對數。如是遞求，至一〇〇〇〇九以及一〇〇〇一，並同此法。

其自一〇〇〇二以下，則用四次除法。如求一〇〇〇二之假設對數。

法以一〇〇〇一之假設對數九九九九五〇〇五三三爲首數。置一〇〇〇二，以一〇〇〇一除之，得一〇〇〇〇九九九九〇〇〇一〇〇爲第一除得數。

視前六位，係四空位零九，即以一〇〇〇〇九之假設對數八九九九五九五四七四爲第二數。置第一除得數，以一〇〇〇〇九除之，得一〇〇〇〇〇九九八九一〇一九八爲第二除得數。視前七位，係五空位零九，即以一〇〇〇〇〇九之假設對數八九九九九五九九五爲第三數。置第二除得數，以一〇〇〇〇〇九除之，得一〇〇〇〇〇〇九八九〇九三〇八爲第三除得數。視前八位，係六空位零九，即以一〇〇〇〇〇〇九之假設對數八九九九九九六四爲第四數。置第三除得數，以一〇〇〇〇〇〇九除之，除得七空位後零數八九〇九三〇〇爲末數。并五數，得一九九九八〇〇一二六六爲一〇〇〇二之假設對數。如是遞求，至一〇〇〇九以及一〇〇〇一，並同此法。

其自一〇〇二以下，則用五次除法。如求一〇〇二之假設對數。法以一〇〇一之假設對數九九九五〇〇三八三〇二爲首數。置一〇〇二，以一〇〇一除之，得一〇〇〇九九九〇〇〇九九九〇〇爲第一除得數。視前五位，係三空位零九，即以一〇〇〇九之假設對數八九九五九五二八七七八爲第二數。置第一除得數，以一〇〇〇九除之，得一〇〇〇〇九八九一一九七八二二爲第二除得數。視前六位，係四空位零九，即以一〇〇〇〇九之假設對數八九九九五九五四七四爲第三數。置第二除得數，以一〇〇〇〇九除之，得一〇〇〇〇〇八九一一七六二一爲第三除得數。視前七位，係五空位零八，即以一〇〇〇〇〇八之假設對數七九九九九六八四〇爲第四數。置第三除得數，以一〇〇〇〇〇八除之，得一〇〇〇〇〇〇九二一一六八九三爲第四除得數。視前八位，係六空位零九，即以一〇〇〇〇〇〇九之假設對數八九九九九九六四爲第五數。置第四除得數，以一〇〇〇〇〇〇九除之，除得七空位後零數一一一六八九二爲末數。并六數，得一九九八〇〇二七六二五〇爲一〇〇二之假設對數。如是遞求，至一〇〇九以及一〇一，並同此法。

其自一〇二至一〇九以及一一之假設對數，則用六次除法。其自一二至一九以及二之假設對數，則用七次除法。均依前術求之，既得二以上諸假設對數。乃以二之假設對數六九三一四七二一五一七九六八，倍之，得一三八六二九四四三〇三五九三六爲四之假設對數。加一八之假設對數五八七七八六六九四二五九九八，得一九七四〇八一一二四六一九三四，爲七二之假設對數。加再一四之假設對數三三六四七二二五三四二七三六，得二三一〇五五三三七八〇四六七〇，爲十〇〇八之假設對數。內減一〇〇八之假設對數七九六八一七〇〇四七二七，得二三〇二五八五二〇七九九九四三，爲十之假設對數也。

按：以二之假設對數四因之，得十六之假設對數。內減一六之假設對數，亦得十之假設對數。又或以二之假設對數三因之，得八之假設對數。加一三之假設對數，得十〇四之假設對數。內減一〇四之假設對數，亦得十之假設對數。此二假設對數，前十二位與前所得相同，而尾位較小。以爲除法，見後。則得數太贏，故置不用。

既得十之假設對數以爲除法，用除逐數之假設對數，即得逐數之定準對數也。

如以二三〇二五八五二〇七九九九四三爲除法，除四之假設對數一三八六二九四四三〇三五九三六，得〇六〇二〇五九九九一三二八，爲四之定準對數。以除法除二之假設對數〇六九三一四七二一五一七九六八，得〇三〇一〇二九九九五六六四，爲二之定準對數。以除法除一九之假設對數〇六四一八五三九一八二三〇四八，得〇二七八七五三六〇〇九五三，爲一九之定準對數。如是遞除至一〇〇〇〇〇〇一之假設對數，可盡，得二以上六十四定準對數并四之定準對數，爲定準對數六十有五。其七十二對數內，除一之對數恆爲〇不須求外，祇須補求三、五、六、七、八、九共六數之定準對數耳。

于是，以一二之定準對數首位加一，得一〇七九一八一二四六〇四八，爲十二之定準對數。內減四之定準對數，得〇四七七一二一二五四七二〇，爲三之定準對數。以三之定準對數，內加二之定準對數，得〇七七八一五一二五〇三八四，爲六之定準對數。以十之定準對數數一〇〇〇〇〇〇〇〇〇〇〇〇〇〇，內減二之定準對數，得〇六九八九七〇〇〇四三三六，爲五之定準對數。對一四之定準對數首位加一，得一一四六一二八〇三五六七九，爲十四之定準對數。內減二之定準對數，得〇八四五〇九八〇四〇〇一五，爲七之定準對數。以二之定準對數與四之定準對數相加，得〇九〇三〇八九九八六九九二，爲八之定準對數。以一八之定準對數首位加一，得一二五五二七二五〇五一〇三，爲十八之定準對數。內減二之定準對數，得〇九五四二四二五〇九四三九，爲九之定準對數。而七十二數之對數全矣。

按：凡求對數者，惟一之對數爲〇不可動，其餘對數皆定于十之對數。如今定十之對數爲一，故一百之對數爲二，一千之對數爲三，而二之對數爲〇三〇一〇二九九九五六六四，三之對數爲〇四七七一二一二五四七二〇。若定十之

對數爲二，則一百之對數爲四，而一千之對數必爲六。其二之對數必爲○六○二○五九九九一三二八，三之對數必爲○九五四二四二五○九四三九。用以加減代乘除，亦無不可通。而其諸對數，與今用對數之比例，恒若一與二。若以二逐數除之，即得今用對數。又若定十之對數爲三，則一百之對數必爲六，一千之對數必爲九，而二之對數必爲○九○三○八九九八六九九二，三之對數必爲一四三一三六三七六四一六○。其諸對數，與今用對數之比例，恒若一與三。若以三逐數除之，亦得今用對數。今不知一○○○○○○一之對數，而假設爲單一，未知其大于定準對數若千倍也。及以次遞求至十之假設對數，爲二三○二五八五二○七九九九四三，而十之對數曾定準爲一而可知。則知十之假設對數大于十之定準對數二千三百○二萬五千八百五十二倍有餘，即可知諸假設對數皆大于諸定準對數二千三百○二萬五千八百五十二倍有餘，故以二三○二五八五二小餘○七九九九四三。逐數除之，而得逐數今用之定準對數也。

又按：尾位遇五、分强、弱者，以備截位之用。五强則進一算，五弱則棄之。又如欲增求位數，則借一算爲單一下七空位零一或八空位、九空位以及多空位零一之假設對數，依前挨次求之，則所得之位數愈加而愈密矣。

又戴煦《續對數簡法》

假如有借數求二十三之對數。

法置二十三，以五乘之，得一百十五。又以九乘之，得一千零三十五。降三位，得一○三五，爲二十三之用數。減去首位單一，得○○三五，爲遞次乘法。乃以乘法乘對數根，得○○一五二○○三○六八六六六一三八一三四，爲第一數正。乘法乘第一數，一乘之，二除之，得二六六○○五三七○一六五七四一七，爲第二數負。乘法乘第二數，二乘之，三除之，得六二○六七九一九七○五三四○，爲第三數正。乘法乘第三數，三乘之，四除之，得一六二九二八二八九二二六五，爲第四數負。如是遞求，得四五六一九九二○九八三，爲第五數正。一二二一三三○五八一○二九爲第六數負。三九九一七四三一爲第七數正。一二二二四七一爲第八數負。三八○三二爲第九數正。一一九八爲第十數負。三八爲第十一數正。一爲第十二數負。乃并諸正數，得○○一五二○六五一八二二四五七一九九五八。又并諸負數，得○○○二六六一六八四三一六三五四三八一。以負減正，得○○一四九四○三四九七九二九三六五五七七，爲一千零三十五之對數。以係五與九疊乘所得，乃以五與九兩對數相并，得一六五三二一二五一三七七五三四三六七九三減之，得一三六一七二七八三六○一七五九二八七八四，即二十三之對數也。

按：求十萬對數，前法爲便，以真數無畸零也。若求八線對數，則真數本屬畸零，當依求對數根之法爲便矣。大要求對數之法，難於起始，以後徧求各數，審擇用之可耳。又今所求之對數係十八位小餘二位。故須遞求多數。若求十一二位更不必遞求多數也。

清・徐有壬《造各表簡法》 第五術　造對數全表

術曰：先求對數根。設長三，闊一之長方積，取十分之一爲第一小長方。長折半，闊十之二。其長闊和，一除之，爲第一數。十分小長方之一爲第二小長方。長又折半，闊又十之二。其長闊和，二除之，爲第二數。十分第二小長方之一，爲第三小長方。長又折半，闊又十之二。其長闊和，三除之，爲第三數。十分第三小長方之一爲第四小長方。長又折半，闊又十之二。其長闊和，四除之，爲第四數。順是以下，皆如是遞求，至若干位乃相併爲除法，以除單一得對數根。

省算法以二除三，加二于末位，一除之，爲第一數。以四除三，加四于末位，二除之，爲第二數。以八除三，加八于末位，三除之，爲第三數。以十六除三，加一六于末位，四除之，爲第四數。求至若干位，相併爲除法，與對數根爲連比例三率。

首率二三○二五八五○九二九九四○四五七七

中率一

末率○四三四二九四四八一九○三二五一八一一

求全表術曰：任借一對數之真數，與所設真數相加爲和，相減爲較。倍較，乘對數根，以和除之，爲第一數。以較除和，得數又自乘，爲通用除法。以除第一數，爲第二數。除第二數，爲第三數。除第三數，爲第四數。分行依次列之。再以一除第一數，三除第二數，五除第三數，七除第四數。求至若干位，相併爲對數較。加、減所借之對數，得所設真數之對數。借小求大加，借大求小減。

又法先求表根，與前四術一例，附載於後。

堆垛術曰：倍對數根，爲第一數。三除第一數，爲第二數。五除第一數，爲第三數。七除第一數，爲第四數。順是以下皆如是，依次列之，爲表根。

招差術曰：借數與真數相加爲和、相減爲較，以較除和，得數爲除法。乃置表根，一次除第一數，三次除第二數，五次除第三數，七次除第四數。遞求至

若干位，相併爲對數較。與前所得同。

和十較一者，表根第一數降一位，第二數降三位，第三數降五位，第四數降七位。併得對數較如九與十一，和二十，較二。十八與二十二，和四十，較四。四十五與五十五，和百，較十。八十一與九十九，和百八十，較十八。九十九與百二十一，和二百二十，較二十二。以至九萬與十一萬。和二十萬，較二萬。凡比例等者，其對數較皆同。

和百較一者，表根第一數降二位，第二數降六位，第三數降十位，第四數降十四位。併得九九與一〇一之對數較，和二百，較二。其餘，如一九八與二〇二。和四百，較四。凡比例等者，對數較皆同。

和二較一者，二除表根第一數，八除第二數，三十二除第三數，百二十八除第四數。併得一與三之對數較，和四，較二。其餘，如二與六，和八，較四。三與九。和十，二較六凡真數之比例等者，對數較皆同。

和三較一者，三除表根第一數，二十七除第二數，二百四十三除第三數，二千一百八十七除第四數。併得四與二和六，較二。之對數較，亦即二與一之對數較，實即二之對數。一之對數爲〇，對數較即對數。其餘，如十與五，和十五，較五。十與二十。和二十，較十。凡比例等者，對數較皆同。

凡借一求對數者對數較即所求之對數。

指數函數的展開分部

綜論

清・戴煦《續對數簡法》 坿對數還原

論借用本數

對數爲真數之率數，而恒以一〇爲本數第一率。既有本數第一率，又有率數，則依以本數爲根求倍大各率之法求之可矣。然其中有窒碍，而一〇不可用爲本數，何也？

整率之第一數可截，本數依本率乘數累乘而得。若零率之第一數則累乘中無其數，對數之爲率數，皆零率也。故其第一數不可知，不可知即不可求矣。但不可知之中，自有可知者在。凡整率之首位單一者，則任倍大若干率，而累乘所得之第一數必仍爲單一而不變。整率遇單一而不變，則零率遇單一，其第一數必仍爲單一而不變無疑矣。故凡零率而第一數可用單一者，則可知，而亦可遞求也。第一數既必須用單一，則以一〇爲第一率，内減單一，其減餘數大，而不能遞求矣。此借用本數之所由來也，而借用之本數莫善於一〇〇〇〇〇一，何以言之。

蓋用第二術，則其首位之單一爲通用除法，既可省除。而減去單一，得〇〇〇〇〇〇一爲通用乘法，只須降六位亦可省乘。而降位又易，故以一〇〇〇〇〇一爲便也。惟諸對數係以一〇爲第一率之率數，今用一〇〇〇〇〇一爲第一率，則率數不合矣。

法先求得一〇〇〇〇〇一之對數，用爲除法。凡諸對數，以除法除之，其所得數，即以一〇〇〇〇〇一爲本數第一率之率數也。

假如以一〇〇〇〇〇一爲借用本數，求其對數，爲除法。

法以對數根降六位，得〇〇〇〇〇〇〇四三四二九四四八一九〇三三，爲第一數正。以第一數降六位，一乘之，二除之，得二一七一四七二，爲第二數負。以第二數降六位，二乘之，三除之，得一，爲第三數正。乃以第一、第三兩數相并，内減第二數，得〇〇〇〇〇〇〇四三四二九四二六四七五六二，爲借用本數之對數，即求率數之除法也。

本數	一〇〇〇〇〇一	
乘法	〇〇〇〇〇〇一	
第一數	〇〇〇〇〇〇〇四三四二九四四八一九〇三三	乘法乘之一乘二除
二	二一七一四七二	同　二　三
三	一	
并得數	〇〇〇〇〇〇〇四三四二九四四八一九〇三四	
減得	〇〇〇〇〇〇〇四三四二九四二六四七五六二	一〇〇〇〇〇一之對數

論借用率數

前言，以一〇〇〇〇〇一之對數，除所設對數，爲率數。而一〇〇〇〇〇一

之對數，單位下有七空位，諸對數至小者止一空位。今以借用本數之對數除之，其率數必甚大。率數既大，則每次通用乘法雖降六位，而每次用率數之乘法且不止升六位，則位仍不降，而不可求矣。故須參用舊法，先求得自二至九，自一一至一九，自一〇一至一〇九，自一〇〇一至一〇〇九，自一〇〇〇一至一〇〇〇九，自一〇〇〇〇一至一〇〇〇〇九，自一〇〇〇〇〇一至一〇〇〇〇〇九各對數，列爲表。視所設對數有首位者先去首位，其餘足減何數之對數，遞次減之，減至六六七空位。然後以借用本數之對數除之，爲借用率數，則率數小而可求矣。求得數後，再以遞減對數之真數累乘之。復視首位所減何數，依數升若干位，即得所求之真數也。

求備減表

自二至九各對數依前所求列之，自一一至一九各對數內，其一二與一四與一五與一六與一八均可加減而得。惟一一與一三與一七與一九，須仍前求得用數，然後遞求。若一〇一至一〇九，則原數即可遞求不必再求用數。至一〇〇一至一〇〇九，則遞求各數與一〇一至一〇九相同，止須逐數遞降一位并減之即得。若一〇〇〇一至一〇〇〇九，則再降一位并減之。以後各數，並同此法。

算法

清・戴煦《續對數簡法》 㭊對數還原

假如有對數一三六一七二七八三六〇一七五九二八七八四，求借用率數。

法置所設對數，去首位一，得〇三六一七二七八三六〇一七五九二八七八四。檢備減表，足減二之對數。乃以二之對數減之，得〇〇六〇六九七八四〇三五三六一一六八三五。又檢表，足減一一之對數，減得〇〇一九三〇五一五一九五三八六六四一八。又足減一〇四之對數，減得〇〇〇二二七一八一五八九六六〇六二八七五。又足減一〇〇五之對數，減得〇〇〇〇一〇五七五四一四〇〇九八六一一三。又足減一〇〇〇二之對數，減得〇〇〇〇〇一八九〇三九二八四四九六五四一。又足減一〇〇〇〇四之對數，減得〇〇〇〇〇一五三二四九六五九九八四四九。又足減一〇〇〇〇〇三之對數，減得〇〇〇〇〇〇〇二二九六一五一〇八四五六四。前已得七空位，乃以借用本數之對數四三四二九四二六四七五六二除之，得〇五二八七〇八五九〇二二二〇，爲借用率數也。

首位減一得	一三六一七二七八三六〇一七五九二八七八四
內減二之對數	〇三六一七二七八三六〇一七五九二八七八四
減得	〇三〇一〇二九九九五六六三九八一一九四九
內減一一之對數	〇〇六〇六九七八四〇三五三六一一六八三五
減得	〇〇四一三九二六八五一五八二二五〇四一七
內減一〇四之對數	〇〇一九三〇五一五一九五三八六六四一八
減得	〇〇一七〇三三三三九二九八七八〇三五四三
內減一〇〇五之對數	〇〇〇二二七一八一五八九六六〇六二八七五
減得	〇〇〇二一六八〇六一七五六五〇七六七六二
內減一〇〇〇二之對數	〇〇〇〇一〇五七五四一四〇〇九八六一一三
減得	〇〇〇〇〇八六八五〇二一一六四八九五七二
內減一〇〇〇〇四之對數	〇〇〇〇〇一八九〇三九二八四四九六五四一
減得	〇〇〇〇〇〇一七三七一四三一八四九八〇九二
內減一〇〇〇〇〇三之對數	〇〇〇〇〇〇一五三二四九六五九九八四四九
減得	〇〇〇〇〇〇一三〇二八八一四九一三八八五
以借用本數之對數	〇〇〇〇〇〇〇二二九六一五一〇八四五六四
除之得	〇〇〇〇〇〇〇四三四二九四二六四七五六二
借用率數	〇五二八七〇八五九〇二二二〇

假如有對數一三六一七二七八三六〇一七五九二八七八四，求其真數。

法依前求得借用率數〇五二八七〇八五九〇二二二〇，乃以借用本數首位單一下加十九空位，得一〇〇〇〇〇〇〇〇〇〇〇〇〇〇〇〇〇〇〇，爲第一數正。次以借用本數減去單一，得〇〇〇〇〇〇〇一爲乘法。以乘法乘第一數，又以率數乘之，得五二八七〇八五九〇二二二〇，爲第二數正。乘法乘第二數，又以率數反減一，得〇四七一二九一四一截用九位。乘之，二除之，得一二四五九二九，爲第三數負。乘法乘第三數，又以率數反減二，得一四七截用三位。乘

之，三除之，得一，爲第四數正。

乃并諸正數，得一〇〇〇〇〇〇五二八七〇八五九〇二一二一，內減第三負數，得一〇〇〇〇〇〇五二八七〇八四六五六一九二。乃以前求借用率數時遞減各對數之真數，一〇〇〇〇〇三與一〇〇〇〇四與一〇〇〇二與一〇〇五與一〇四與一一與二累乘之，得二二九九九九九九九九九九九九九九九八五八。棄零進一，得二三。又以前求率數時曾減首位之一，應升一位，得二十三，即所求之真數也。

本數	一〇〇〇〇〇一	
乘法	〇〇〇〇〇〇一	
第一數	一〇〇〇〇〇〇〇〇〇〇〇〇〇〇〇〇〇〇〇	降六位率數乘之得
二	五二八七〇八五九〇二一二〇	降六位率數減一乘之二除之得
三	一二四五九二九	降六位率數減二乘之三除之得
四	一	
并正數	一〇〇〇〇〇〇五二八七〇八五九〇二一二一	
減得	一〇〇〇〇〇〇五二八七〇八四六五六一九二	以一〇〇〇〇〇三乘之得
	一〇〇〇〇〇三五二八七一〇〇五一七四四六	以一〇〇〇〇四乘之得
	一〇〇〇〇四三五二八八五一二〇〇一四六七	以一〇〇〇二乘之得
	一〇〇〇二四三五三七五五六九七〇三八六七	以一〇〇五乘之得
	一〇〇五二四四七五五二四四七五五二四四八	以一〇四乘之得
	一〇四五四五四五四五四五四五四五四五四四八一	以一一乘之得
	一一四九九九九九九九九九九九九九	以二乘之得
	二二四九九九九九九九九九九九九九八五八	乘零進一升一位
	二三	

按：此即用求倍大各率第二術也。其第三數變爲負者，凡整率必大於單一，其減一減二皆爲正，減至率數減盡而止，而無所爲反減，故逐數皆正。今所用之率數小於單一，其減一減二皆爲反減，反減則爲負以爲乘法，故能變逐數皆正者爲正負相間也。又，凡對數遞減，得三空位已可遞求。惟逐數用率數之乘法多位畸零，不免繁重，故須減至七空位。然亦爲求十八位對數之真數而設耳。若求十一二位，則一〇〇一即可借爲本數。而對數遞減至四空位，即可求借用率數矣。

今有真數，求對數訥白爾對數。之級數。問對數求真數之級數若何。

真數求對數之級數：

$$\frac{\text{真數}}{(\text{真數}丅一)}\perp\frac{二\text{真數}^{二}}{(\text{真數}丅一)^{二}}\perp\frac{三\text{真數}^{三}}{(\text{真數}丅一)^{三}}\perp\cdots$$

命真數爲天，對數爲地，列等數爲原式：

$$地=\frac{天}{天丅一}\perp\frac{二天^{二}}{(天丅一)^{二}}\perp\frac{三天^{三}}{(天丅一)^{三}}\perp\frac{四天^{四}}{(天丅一)^{四}}\perp\cdots \quad \text{(原式)}$$

攷此級數之各母，若無二、三等係數，則其限即無第級之總數。爲天丅一

乃以原式左右各自乘，得左式。

$$地=\frac{天^{二}}{(天丅一)^{二}}\perp\frac{二天^{三}}{(天丅一)^{三}}\perp\frac{三天^{四}}{(天丅一)^{四}}\perp\cdots\perp\frac{二天^{三}}{(天丅一)^{三}}\perp\frac{四天^{四}}{(天丅一)^{四}}\perp\cdots\frac{三天^{四}}{(天丅一)^{四}}\perp\cdots$$

右邊通分，併之如下：

$$地^{二}=\frac{天^{二}}{(天丅一)^{二}}\perp\frac{二天^{三}}{二(天丅一)^{三}}\perp\frac{一二天^{四}}{一一(天丅一)^{四}}\perp\cdots$$

再以原式，左右各乘之。得下式

$$地^{三}=\frac{天^{三}}{(天丅一)^{三}}\perp\frac{二天^{四}}{二(天丅一)^{四}}\perp\frac{二天^{四}}{(天丅一)^{四}}\perp\cdots$$

右邊併之，式如下：

$$地^{三}=\frac{天^{三}}{(天丅一)^{三}}⊥\frac{二天^{四}}{三(天丅一)^{四}}⊥\cdots$$

再以原式，左右各乘之，得如下：

$$地^{四}=\frac{天^{四}}{(天丅一)^{四}}⊥\cdots$$

乃取第一次乘式，二約之，得下[式]。

$$\frac{二}{地^{二}}=\frac{二天^{二}}{(天丅一)^{二}}⊥\frac{二天^{三}}{(天丅一)^{三}}⊥\frac{二四天^{四}}{一一(天丅一)^{四}}⊥\cdots$$

與原式通分，相并，此題欲消去各毋之係數，故以相并爲相消。得下式。

$$地⊥\frac{二}{地^{二}}=\frac{天}{天丅一}⊥\frac{天^{二}}{(天丅一)^{二}}⊥\frac{六天^{三}}{五(天丅一)^{三}}⊥\frac{二四天^{四}}{一七(天丅一)^{四}}⊥\cdots ㊁$$

爲二式。又取第二次乘式，六約之，得下式。

$$\frac{六}{地^{三}}=\frac{六天^{三}}{(天丅一)^{三}}⊥\frac{一二天^{四}}{三(天丅一)^{四}}⊥\cdots$$

與二式通分，相并，得如左。

$$地⊥\frac{二}{地^{二}}⊥\frac{六}{地^{三}}=\frac{天}{天丅一}⊥\frac{天^{二}}{(天丅一)^{二}}⊥\frac{天^{三}}{(天丅一)^{三}}⊥\frac{二四天^{四}}{二三(天丅一)^{四}}⊥\cdots ㊂$$

爲三式。又取第三次乘式，四二約之，$\frac{二四}{地^{四}}=\frac{二四天^{四}}{(天丅一)^{四}}⊥\cdots$

與三式相併，得式如下：

$$地⊥\frac{二}{地^{二}}⊥\frac{六}{地^{三}}⊥\frac{二四}{地^{四}}=\frac{天}{天丅一}⊥\frac{天^{二}}{(天丅一)^{二}}⊥\frac{天^{三}}{(天丅一)^{三}}⊥\frac{天^{四}}{(天丅一)^{四}}⊥\cdots ㊃$$

爲四式。攷四式左邊三級之毋，數爲二、三相乘。四級之毋，數爲二、三、四連乘。然則五級必爲二、三、四、五連乘，六級必爲二、三、四、五、六連乘。其理已顯，無庸再求。右邊各毋之係數消盡，其總數必與 天丅一 等。乃左右各加一，即得對數求真數之級數。列如左。

$$天=一⊥地⊥\frac{二}{地^{二}}⊥\frac{二\times三}{地^{三}}⊥\frac{二\times三\times四}{地^{四}}⊥\cdots$$

部分函數展開法部

有理二項式分部

綜論

清·项名達《象数一原》卷六　諸術明辨

總論曰：遞乘遞除術以開方、平方，向嘗爲八綫互求之用。戴君鄂士《對數簡法》亦用之。而未能推及諸乘方者，以乘多則比例難尋，廉式又繁而不可御也。由今思之，遞乘遞除，其數生於比例而成於遞加。以比例論，平方以借根爲一率，減積之根爲二率，求得三率，因以一率三率爲逐數比例，蓋遞間一率也。而立方則間二率，三乘方則間三率。每多一乘，則多間一率。約計其數無論一率四率相比，一率五率相比，要皆與本乘之積比積等。故概用借積或本積除其減積，爲遞次乘法。以遞加論，平方廉率二乘法，起于第三數之一與三。由是以三、五、七、九等奇數乘得各數。除法，起於第二數之二。由是以四、六、八、十等偶數除得各數。蓋遞加以二也。而立方則遞加三，三乘方則遞加四。推之諸乘，廉雖多種，而本乘數加一實爲諸廉總率。故概取廉率二因三因爲除法，後加減其一爲乘法。此兩種乘除相須爲用，有連比例以引其緒，復有遞加數以就其閑。平方如是，諸乘方即莫不如是也。苟明乎其故，以御他術，當亦無不可通。而開方乃算學初階，廉雜商難，得此已無復慮。好學深思者，本是術而引伸觸類焉，其爲用可勝窮哉。

先生專刻《開諸乘方捷術》、《補術》論曰：初得前二術，未經校驗。晤鄂士戴君，語及開方。余謂：諸乘方之根積連比例也，其廉率遞加數也。若以遞乘遞除開之，諸乘方可通爲一例，鄂士以爲然。翼日，治定前稿，將以質鄂士。而鄂士已有見於此，簡示兩術。一借大積，與前第一術相合。一借小積，其得數則正負相間。余既喜第一術之得所印證，又思此正負相間者，較前第二術雖降位稍遲，而在數中其術實所應備。何則？第一術借大積，則本積爲小積，故以借積以減積。第二術借小積，則本積爲大積，故以本積比減積。是比例皆用大積也，夫大積可比例，豈小積獨不可比例？今此正負相閒術借小積，即以小積比減積。以是推之，當更有借大積，仍以小積比減積而與爲對待者。因續衍一術，復以質鄂士，而鄂士復有見於此。出其稿，若合符節焉。蓋鄂士推闡四元於方廉、正負之理，深入三昧，故觸而即通。如此爰取鄂士稿，補列於後，命曰：補第一術、補第二術。得此而術乃大備，兼以誌兩人心得之同云爾。按：此四術者，煦皆與有力，然皆先生之發其緘也。

開諸乘方捷術

第一術

以本乘方積，檢開方表。其積較本積稍大者，用爲借積。本積共若干位，從尾位起，依廉率數截而爲段，以首段積對表檢取。其根爲借根。截積爲幾段即知本根有幾位，因於借根下亦作圈位補足之，若欲增求零數幾位再補幾圈。借積内減本積，餘爲減積。以借積除減積，得數爲遞次乘法。乘法由除而得，皆在單位下，其數不盡。視借根連圈共幾位，即截幾位爲乘法。又以本乘方乘數加一爲廉率，廼置借根，爲第一數。次置第一數，乘法乘之，視乘法乘位下於單一共幾位，亦於乘得數自乘位起截去幾位，以暗藏單一之除，故也。今乘借根有圈位，視圈有幾，則少截幾位。廉率除之，爲第二數。除出數亦不盡，除至實末位止。其下一位，除後滿五進爲一，不滿五棄其零。次置第二數，乘法乘之，廉率減一乘之，二因廉率除之，爲第三數。次置第三數，乘法乘之，二因廉率減一乘之，三因廉率除之，爲第四數。次置第四數，乘法乘之，三因廉率減一乘之，四因廉率除之，爲第五數。如是挨次乘除，得數漸降，至單位不止。前增求零數，加增二位，至單下二位止。增三位或四位，至單下三位、四位止。併第二數以下諸數，與第一數相減，得本乘方根。單下一位零數滿五進爲一，而根微弱。不滿五棄其零，而根微强。若零數共二位上一位空，共三位或四位上二位空及上三位空者，則棄其末位之零而根得整數。

第二術

以本乘方積，檢開方表。其積較本積稍小者，用爲借積，其根爲借根。本積内減借積，餘爲減積。以本積除減積，得數爲遞次乘法。又以本乘方乘數加一、爲廉率，廼置借根，爲第一數。次置第一數，乘法乘之，廉率除之，爲第二數。次置第二數，乘法乘之，廉率加一乘之，二因廉率除之，爲第三數。次置第三數，乘

法乘之，二因廉率加一乘之，三因廉率除之，爲第四數。次置第四數，乘法乘之，三因廉率加一乘之，四因廉率除之，爲第五數。如是挨次乘除，得數至單位下止。併第二數以下諸數，與第一數相加，得本乘方根。術中檢表、定位、收零、棄零等法，均與第一術同。至諸數加併後，亦視單下一位零數，滿五進爲一，而根微弱。不滿五棄其零，而根微强。惟零數共二位上一位滿九，共三位或四位上二位滿九及上三位滿九者，則增其末位之零進爲一，而根得整數。

按：是二術互相爲用，如術推算，乘除一例而不煩。惟患減積大，降位稍難，須求多數耳。減積之大，由本積稍遠於借積，然本積居表中大小二積之閒。去小積遠，去大積必近，則用第一術。去大積遠，去小積必近，則用第二術。兩者相資其術始備，且一盈一歉，一減一加，不易中自有交易者在。此亦陰陽對待之理寓乎數中，而不容有所偏局也。

補第一術

以本乘方積，檢開方表。其積較本積稍小者，用爲借積，其根爲借根。本積内減借積，餘爲減積。以借積除減積，得數爲遞次乘法。又以本乘方乘數加一爲廉率，迺置借根，爲第一數正。次置第一數，乘法乘之，廉率除之，爲第二數正。次置第二數，乘法乘之，廉率減一乘之，二因廉率除之，爲第三數負。次置第三數，乘法乘之，二因廉率減一乘之，三因廉率除之，爲第四數正。次置第四數，乘法乘之，三因廉率減一乘之，四因廉率除之，爲第五數負。如是挨次乘除，得數至單位下止。併正數與併負數相減，得本乘方根。

是術與前第一術同法，惟前術第二數下皆負，是術第二數下，奇數負、偶數正。

補第二術

以本乘方積，檢開方表。其積較本積稍大者，用爲借積，其根爲借根。借積内減本積，餘爲減積。以本積除減積，得數爲遞次乘法。又以本乘方乘數加一，爲廉率迺置借根爲第一數正。次置第一數，乘法乘之，廉率除之，爲第二數負。次置第二數，乘法乘之，廉率加一乘之，二因廉率除之，爲第三數正。次置第三數，乘法乘之，二因廉率加一乘之，三因廉率除之爲第四數負。次置第四數，乘法乘之，三因廉率加一乘之，四因廉率除之，爲第五數正。如是挨次，乘除得數至單位下止。併正數與併負數相減，得本乘方根。

是術與前第二術同法，惟前術第二數下皆正，是術第二數下奇數正、偶數負。

清·李善蘭《方圓闡幽》

第一，當知西人所謂點、線、面，皆不能無體。

天地間，有色者不能無形，有形者不能無體。蓋色由形著，形由體呈。今試以墨作一點于紙上，細如微塵，此形之至小者也。然非憑虛而，有乃墨所成。既爲墨所成，則其墨，非體乎？是故點者體之小而微者也，線者體之長而細者也，面者體之闊而薄者也。

第二，當知體可變爲面，面可變爲線。

如圖，甲變爲乙，則體而面矣。乙變爲丁，則面而線矣。圖只明其大意，推之爲面便可如紙之薄，爲線便可如絲之細。故盈尺之書由疊紙而得，盈丈之絹由積絲而成也。

甲

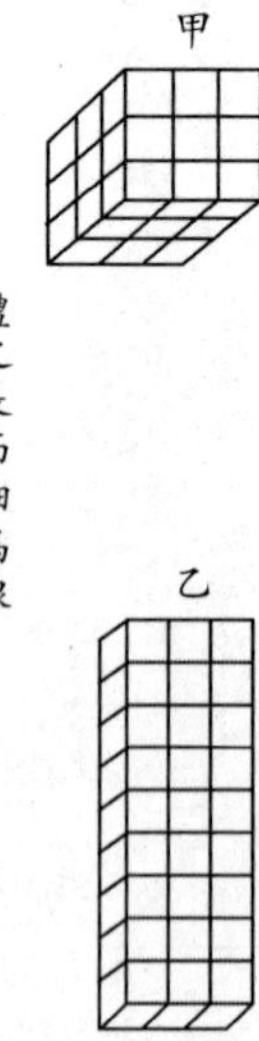

體之闊而薄爲面

丁

體之長而細爲線

第三，當知諸乘方有線、面、體循環之理。

一乘方爲面，即平方。二乘方爲體，即立方。三乘方爲線。線即中法立天元之元，西法借根方之根也。四乘方復爲面，五乘方復爲體，六乘方復爲線。推之至於無窮，其爲線、面、體三者，循環無已。

三乘方何以爲線也。甲爲二因之元，乙爲二因之三乘方，形相似也。四乘方何以復爲面也。丙爲二因之平方，丁爲二因之四乘方，形相似也。五乘方何以復爲體也。戊爲二因之立方，已爲二因之五乘方，形相似也。

方而因之則長，長而因之則匾，匾而因之則復方。此理之自然也。

第四，當知諸乘方皆可變爲面，并皆可變爲線。

觀第二條其理自明。

第五，當知平、立尖錐之形。

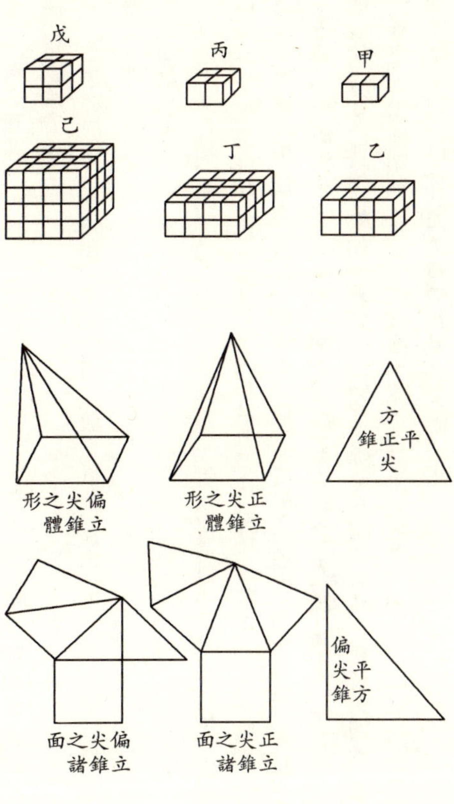

正尖錐者，尖在中央。偏尖錐者，尖在一邊。正立尖錐底方上四面形如正平尖錐，大小皆同。偏立尖錐底方上四面兩兩相等，而皆如偏平尖錐。正平尖錐中分之，成偏平尖錐。正立尖錐四分之，成偏立尖錐。

第六，當知諸乘方皆有尖錐。

三乘以上尖錐之底皆方，惟上四面不作平體而成凹形，乘愈多則凹愈甚。今圖三乘尖錐，以槩其餘。

三乘正尖錐之體

三乘正尖錐之諸面

三乘偏尖錐之體

三乘偏尖錐之諸面

三乘尖錐形與立尖錐同，而凹其面。正則四面皆凹，偏則凹其兩面。若以諸面繪於平面，則正之四面曲。其兩邊偏之四面，曲其一邊。

第七，當知諸尖錐有積疊之理。

元數即立天元之元。起于絲髮，而遞增之，而疊之，則成平尖錐。一定之元數疊之，則成平方。上少下多之元數疊之，則成平尖錐。第一層一，第二層二，第三層三。

平方數起於絲髮，而漸增之，而疊之，則成立尖錐。一定之平方疊之，則成立方。上少下多之平方疊之，則成立尖錐。第一層一，第二層四，第三層九。

立方數起於絲髮，而漸增之，變爲面。體可變面，說見前。而疊之，則成三乘尖錐。第一層一，第二層八，第三層二十七。

三乘方數起於絲髮，而漸增之，變爲面。而疊之，則成四乘尖錐。第一層一，第二層十六，第三層八十一。

從此遞推，可至無窮。然則多一乘之尖錐，皆少一乘方漸增漸疊而成也。

第八，當知諸尖錐之算法。

以高乘底爲實，本乘方數加一爲法除之，得尖錐積。

設如立尖堆，高九尺，底方三尺。底面當得九尺，以高乘底，得八十一尺，爲實。乘數加一得三，爲法除之，得尖錐積二十七尺。

第九，當知二乘以上尖錐，其所疊之面皆可變爲線。

面變爲線，則諸尖錐皆成平體而曲其邊。正則曲二邊，偏則曲一邊，乘益多則曲益甚。

第十，當知諸尖錐既爲平面，則可併爲一尖錐。

諸尖錐既爲平面，則無稜角，故可併。弟心梅按：立尖錐亦可併。

法先立一尖錐，如甲、如乙。次以一尖錐凸其一面如先立尖錐之曲線，如丙、如丁。則兩尖錐便可合而爲一矣。諸尖錐皆以此法併之。

正

偏

丁與甲皆偏尖錐，合而爲一則成子形。

乙與丙皆正尖錐，合而爲一則成丑形。

丁

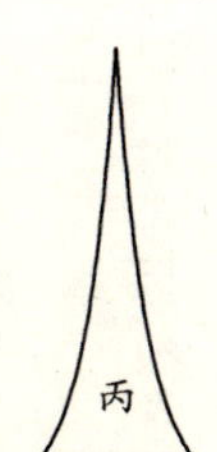

曰：如是則丙與丁形既變矣，其積得無有增減乎？曰：無有也。請以算平三角法明之。

如圖，乙爲一直角，二銳角形。二銳角之對邊一爲一尺，一爲三尺。法當以一尺乘三尺，半之，得一尺半，爲平三角積。

今改此形爲一鈍二鋭三角形。法以夾鈍角之一邊引長之，如寅卯邊引長至丑。復自對邊之角如子角。作垂線，與引長線成直角。然後，量其垂線得三尺。再量其引長之線亦得三尺。合原邊一尺爲四尺。以乘垂線，半之，得六尺。以原邊一尺乘之，以總數四尺除之，得一尺半，與前積同。安得謂形變而積有增減乎。心梅按：其高同、其底同、其乘數同，則雖斜正、偏倚不同，其積無不同也。

已上十條之理既明，然後可明方圓之理。方内函圓，方圓之較即諸乘方之合尖錐也。起再乘，次四乘，次六、次八、次十，至於無窮。其數有偶而無奇，一陰一陽之道也。再乘尖錐之底，二分半徑之一也。以其餘四分之，爲四乘尖錐之底。又以其餘六分之，爲六乘尖錐之底。其尖錐若干乘則底亦若干分之一焉。如是至於無盡，生生不窮之道也。

如圖，甲爲立尖錐，乙爲四乘尖錐，丙爲六乘尖錐，丁爲八乘尖錐。其餘未分者，則十乘已上諸尖錐也。乘數益多，則尖錐之體益狹。半徑子丑。半之，得丑卯，爲甲之底。其餘子卯。四分之，得卯辰，爲乙之底。又以其餘辰子。六分之，得辰巳，爲丙之底。又以其餘巳子。八分之，得巳午，爲丁之底。十乘以上，倣此可推。

既得諸尖錐之底，依前第八條法以求其積。既得諸積，四因之，以減外大方積，便見大圓真積也。

心梅案：伯兄此書言理而不及數，恐學者不能無惑，今請以數明之。準八線法，半徑冪内減餘弦冪，餘以平方開之，爲正弦。用減半徑，爲餘矢。餘矢者，諸尖錐元數之合也。然近底之元數難分，近尖之元數易分。今試以半徑冪爲億，以餘弦冪爲一，則所得之餘矢必近尖，而諸元數可分矣。

半徑冪一〇〇〇〇〇〇〇〇，

餘弦冪〇〇〇〇〇〇〇〇一，

減餘〇九九九九九九九九，

開得正弦〇九九九九九九九九四九九九九九九九八七四九九九九九九三七四九九九九六〇九三七四九九七二六五六二四九，

餘矢〇〇〇〇〇〇〇〇〇五〇〇〇〇〇〇〇一二五〇〇〇〇〇〇六二五〇〇〇〇〇三九〇六二五〇〇二七三四三七五〇。

〇五者，立尖錐之底也。二分半徑之一。今降四位，餘弦萬分半徑之一，是降四位。故其底法降八位也。每降一位，則其底降二位。〇一二五者，四乘尖錐之底也。四分再乘底之一。今降四位，故其底法降十六位也。每降一位，則其底降四位。〇〇六二五

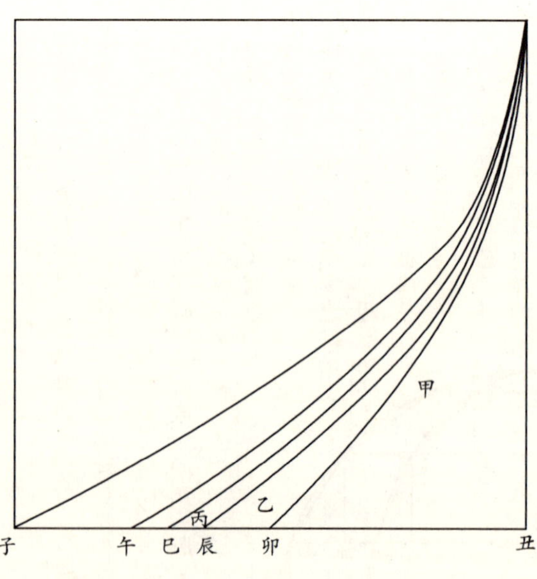

幅隘，用全圓四分之一，諸尖錐十乘已上亦不具列。

者，六乘尖錐之底也。六分四乘底之三今降四位，故其底法降二十四位也。每降一位，則其底降六位。○○三九○六二五者，八乘尖錐之底也。八分六乘底之五。今降四位，故其底法降三十二位也。每降一位，則其底降八位。○○二七三四三七五者，十乘尖錐之底也。十分八乘底之七。今降四位，故其底法降四十位也。每降一位，則其底降十位。伯兄之説可謂信而有徵矣。猶未也，更以二之餘弦驗之。

半徑羃一○○○○○○○○，

餘弦羃○○○○○○○○四，

減餘○九九九九九九六，

開得正弦○九九九九九九九七九九九九九九七九九九九九九九九五九九九九九九八九九九九九九七一九九九九九一五九，

餘矢○○○○○○○二○○○○○○○二○○○○○○○四○○○○○○一○○○○○○○二八○○○○○八四○○○。

立尖錐倍其高，則當四其底。今果五變爲二○，四乘尖錐倍其高，則當十六其底。今果一二五變爲二○○○，六乘尖錐倍其高，則當六十四，其底今果六二五變爲四○○○○，八乘尖錐倍其高，則當二百五十六其底。今果三九○六二五變爲一○○○○○○，十乘尖錐倍其高，則當一千二十四其底。今果二七三四三七五變爲二八○○○○○○○○也。八四者，十二乘尖錐倍高之底。

然則方圓之較，其爲諸尖錐之合，可無疑矣。

橢圓分部

綜論

清・戴煦《象數一原》卷七　橢圓求周圖解

凡橢圓，與小徑平行橫截之，其各線皆與內容平圓之通弦相應，又與大徑平行直截之，其各線皆與外切平圓之通弦相應。其橫截線引長至外切圓界，爲外圓若干度通弦，則此橫截橢圓線必爲內圓若干度通弦。又其直截線過內容圓界，爲內圓若干度通弦，則此直截橢圓線必爲外圓若干度通弦。

如圖，甲己丙戊爲橢圓，甲丙爲大徑，己戊爲小徑。甲乙丙丁爲外切平圓，其圓徑甲丙，即大徑。庚己辛戊爲內容平圓，其圓徑己戊，即小徑。從圓心作心午、心壬、心癸三線，則外圓午甲壬弧必與內圓辰庚卯弧同度，內圓卯己未弧必與外圓壬乙癸弧同度。試作午壬外圓通弦，截橢圓界於寅、於子，而寅子必同辰卯，即內圓與午甲壬弧同度之通弦。又試作卯未內圓通弦，復引長之，截橢圓界於子、於丑，則子丑必同壬癸，即外圓與卯己未弧同度之通弦。故午壬與寅子即卯辰。之比，同於丁乙與戊己之比以大小同度兩通弦比，大小兩圓徑。卯未與子丑即壬癸。之比，同於庚辛與甲丙之比。亦兩通弦比兩圓徑。而全與全原同於半與半，則酉壬比酉子必同於心乙比心己，而申未比申丑亦同於心辛比心丙矣。

凡橢圓外切平圓，平分一象限爲若干分弧，每弧作通弦。於通弦下端各作橫截線，截橢圓界爲若干分弧，亦每弧作通弦。其外平圓逐分弧相等，通弦亦相等。橢圓逐分弧不等，通弦亦不等。復從平、橢兩通弦上端，各作直線與橫截線取直角，遂成各種勾股形。其兩相應之通弦所成勾股，必同用一股，而勾則平大而橢小。其逐分大小兩勾之比例，皆同於大小半徑之比例。

如圖，甲癸爲橢圓象限，甲乙爲平圓象限。甲心、心乙皆大半徑，心癸爲小半徑。平分甲乙爲甲丙、丙丁、丁戊、戊乙相等之四分弧，作甲丙、丙丁、丁戊、戊乙相等之四通弦。於是從丙至子，從丁至戊，從戊至亥，各作橫截線，截橢圓象限爲甲己，己庚、庚壬、壬癸四弧，亦作甲己，己庚、庚壬、壬癸四通弦。復從各通弦上端，作己丑及丙申、庚寅及丁酉、壬卯及戊未各直線成各種

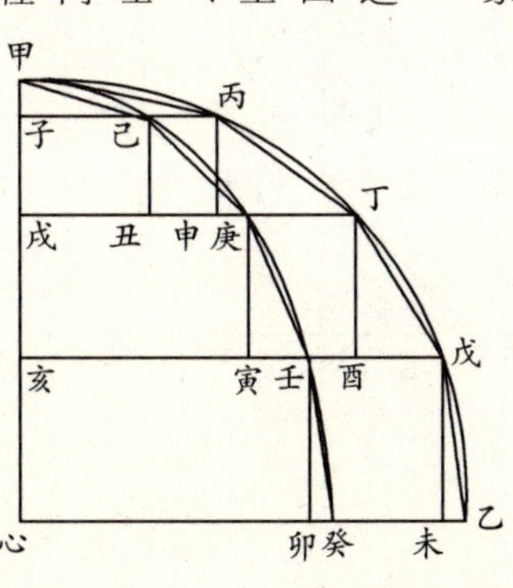

勾股形。而己丑與丙申同，庚寅與丁酉同，壬卯與戊未同，故第一甲子己與甲子丙，第二己丑庚與丙申丁，第三庚寅壬與丁酉戊，第四壬卯癸與戊未乙，均爲同用一股之兩勾股形。其兩形之勾，必橢弦所成者小，而平弦所成者大。其子丙大勾與子己小勾之比，本同於大小半徑。義見前圖。而申丁及酉戊及未乙三大勾，與丑庚及寅壬及卯癸三小勾之比，無不同於大小半徑。何也？

凡兩種四率比例其一、二率同者，以兩原三率之較爲三率，則四率必爲兩原四率之較。今若以大小半徑爲一、二率，則子丙爲三率者，子己爲四率。戊丁爲三率者，戊庚爲四率。亥戊爲三率者，亥壬爲四率。而申丁爲子丙、戊丁兩三率之較，丑庚爲子己、戊庚兩四率較，故比例同大小半徑。酉戊爲戊丁、亥戊兩三率較，寅壬爲戊庚、亥壬兩四率較，故比例亦同大小半徑。又，凡四率比例仍其原一、二率，而以原一率與三率之較爲三率，則四率必爲原二率與四率之較。今未乙爲三率亥戊與一率大半徑心乙之較，卯癸爲四率亥壬與二率小半徑心癸之較，故比例亦同大小半徑也。

凡橢圓内容平圓，平分一象限爲若干分弧，每弧作通弦。於通弦上端作直截線引長之，截橢圓界爲若干分弧，亦每弧作通弦。其内平圓逐分弧與弦俱相等，橢圓逐分弧與弦俱不等。復從平、橢兩通弦下端作横線，與直截線取直角，成各種勾股形。其平、橢兩相應之通弦所成勾股必同用一勾，而股則平小而橢大。其逐分大小兩股之比例，皆同於大小半徑之比例。

如圖，巳乙爲橢圓象限，甲乙爲内容平圓象限。甲心、心乙均小半徑，巳心爲大半徑。如前，平分甲乙象限爲四分弧，作四通弦。於是從申至庚，從未至辛，從午至壬各作直截線，亦截橢圓爲四分弧，仍作四通弦。復從通弦下端，作丑壬及寅戊等横線，成各種勾股形。其第一戊午乙與壬午乙，第二丁寅戊與辛丑壬，第三丙卯丁與庚子辛，第四甲辰丙與巳癸庚，均爲同用一勾之兩勾股形。其兩形之股，必橢弦所成者大，而平弦所成者小。其壬午大股與戊午小股之比，本同大小半徑之比。而辛丑與丁寅、庚子與丙卯、巳癸與甲辰皆同於大小半徑之比。蓋大小半徑爲一、二率，則壬午或辛未或庚申爲三率者，必戊午或丁未或丙申爲四率。而辛丑與庚子均爲三率之較，丁寅與丙卯均爲四率之較，巳癸爲三率與一率之較，甲辰爲四率與二率之較，故其比例皆同大小半徑也。理詳前圖。

以上二圖，皆析弧爲四分以起例。雖悉至多分，其比例之相同，莫不皆然。

橢圓求周，生於開平方捷法。前卷捷法兼及諸乘，而諸乘之廉率各不同，即所用率數亦不同。故難名以第幾率，而逐數乘除亦但以加倍廉率及加減一隱括其數。今既專論平方，且欲令通於橢圓，當明其所用何率及逐數乘除之實數矣。

凡借大積而即以大積除減積爲遞次乘法者，係用大積借根爲一率，大積内減本積爲二率自乘數一率借根除之爲三率求法以一率爲第一數正。置三率，二除之，二即平方廉率。爲第二數負。置第二數，以三率乘之，一率除之，得五率。一乘之，即廉率減一。四除之，即二因廉率。下可類推。爲第三數負。置第三數，以三率乘之，一率除之，得七率。三乘之，六除之，爲第四數負。置第四數，以三率乘之，一率除之，得九率。五乘之，八除之，爲第五數負。如是遞求，乃併諸負數，減正數而得方根。

其借小積而以小積除減積爲乘法者，係以小積借根爲一率，本積内減小積爲二率自乘數。一率借根除之，爲三率。求法以一率爲第一數正。置三率，二除之，爲第二數正。置第二數，以三率乘之，一率除之，得五率。一乘之，四除之，爲第三數負。置第三數，以三率乘之。一率除之，得七率。三乘之，六除之，爲第四數正。置第四數，以三率乘之，一率除之，得九率。五乘之，八除之，爲第五數負。如是遞求，乃併諸正數，又併諸負數減之，而得方根。此開平方所用率數及逐數所用乘、除之實數也。此捷法第一術及補第一術也。其餘二術，橢圓術中無所用之。故不及。

假如有同股之兩勾股形，有大弦求小弦，則可用借大積開方捷法。如前圖，甲丁爲大弦、甲丙爲小弦，甲乙爲同用之股，乙丙爲小勾、乙丁爲大勾。今有甲丁求甲丙，則當以甲丁大弦爲一率，甲丁、甲丙兩弦冪較爲二率自乘數，一率除之，爲三率。抑或不知甲丙冪，而知乙丙、乙丁大小勾，則即用大、小勾冪之較爲二率自乘數。何也？

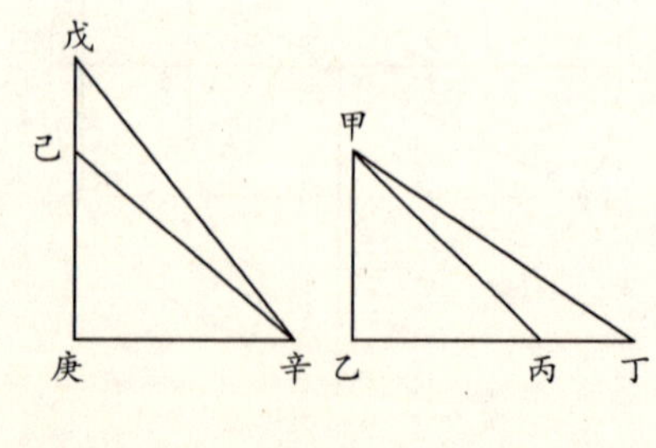

凡弦冪爲勾、股冪之共，今甲丁弦冪内含甲乙股冪及乙丁句冪，甲丙弦冪内亦含甲乙股冪、乙丙勾冪。以兩弦冪相較，則甲乙股冪可對消，而所餘爲兩弦冪之較者正兩勾冪之較，故亦即二率自乘數也。

又如有同勾之兩勾股形，有小弦求大弦，則可用借小積開方捷法。如後圖，戊辛爲大弦，己辛爲小弦，庚辛爲同用之勾，戊庚爲大股，己庚爲小股。今有己辛求戊辛，則當以己辛小弦爲一率，戊庚、己庚兩股冪之較爲二率自乘數，一率除之，爲三率。理與前同，特求法不同。前用借大積法，故第一數正，而第二數以下皆負。後用借小積法，故第一數正，而第二數以下耦數正，奇數負也。

凡不論求大、小弦，其用爲一率之弦，爲本一率。求大弦則小弦爲本一率，求小弦則大弦爲本一率。本一率除二率自乘數，爲本三率。如不用本率，則可借用比例相同之他率。

如圖，甲丁爲大弦，甲丙爲小弦。設有甲丁求甲丙，則甲丁爲本一率。有甲丙求甲丁，則甲丙爲本一率。而皆以本一率除乙丙與乙丁兩冪之較，爲本三率。今有戊己庚辛形與甲乙丙丁形，線線平行，爲同式形。則戊辛與戊辛除己庚、己辛兩冪較之比，必同於甲丁大弦本一率與本三率之比。戊庚與戊庚除己庚、己辛兩冪較之比，必同甲丙小弦本一率與本三率之比。夫此兩數之比例同於彼兩數之比例，則用此兩數一乘一除與用彼兩數一乘一除，得數必同。故大弦求小弦，可用戊辛爲借一率，戊辛除兩冪較爲三率。小弦求大弦，可用戊庚爲借一率，戊庚除兩冪較爲借三率。蓋借三率乘，又借一率除，即如以本三率乘，又本一率除也。惟第二數，則在用本率者，徑用本三率。在用借率者，當以借三率乘本一率，借一率除之，而後得本三率。此其不同也。

凡橢圓外切平圓，自小徑所指起於若干度作半徑，復作本度餘弦橫截橢圓界。又從心作線至橫截處，名橢圓抵周線，遂成同股之兩勾股形。以大半徑爲大弦，抵周線爲小弦，若以大半徑求抵周線，可用借大積開方法。

如圖，乙己爲橢圓象限，甲己爲平圓象限。心甲、心己皆大半徑，心乙爲小半徑。甲爲小徑所指，甲丙爲所設弧度。心丙亦大半徑，丙戊爲本弧餘弦，即庚丙倍弧外通弦丙辛二分之一。戊丁爲橫截橢圓線，心丁爲橢圓抵周線，成心戊、丁丙同股之兩勾股形。心丙爲大弦、心丁爲小弦。如有心丙求心丁，當以心丙爲連比例一率，以戊丁橫截線與戊丙二分倍弧外通弦之一之兩冪較爲二率自乘數，一率心丙除之，爲三率。而心甲自乘冪與心甲、心乙兩冪較之比，同於戊丙自乘冪與戊丙、戊丁兩冪較之比。凡四率比例，其原一、二率各自乘之比，必同於原三、四率各自乘之比。其一率與一、二率較之比，又必同於三率與三、四率較之比。今心甲與心乙，其比例原同戊丙與戊丁，則心甲冪與心乙冪，其比例必同於戊丙冪與戊丁冪。而心甲冪與心甲、心乙兩冪較，其比例亦必同於戊丙冪與戊丙、戊丁兩冪較矣。故求二率自乘數者，以心甲大半徑自乘冪比心甲大半徑、心乙小半徑兩冪較，後編大半徑爲弦、小半徑爲股，求得勾爲兩心差，此徑冪較即兩心差冪。若戊丙二分倍弧外通弦之一自乘冪，與戊丙、戊丁兩冪較，即二率自乘數也。

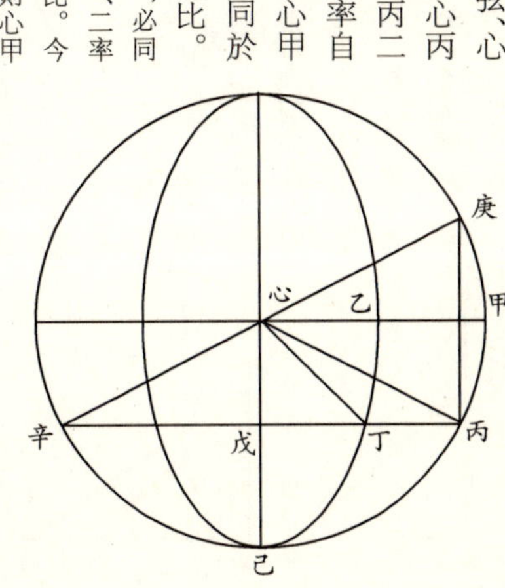

一率　大半徑冪

二率　大小半徑兩冪較

三率　四分倍弧外通弦冪之一二分之一自乘爲四分冪之一。

四率　二率自乘數

既得二率自乘數，於是以大半徑除之，得連比例三率。

若不求二率自乘數，而先以大半徑除所列四率之前三率，則求得四率，亦必爲大半徑除過之二率自乘數，而即所求連比例三率矣。故以大半徑除一率大半徑冪，仍得大半徑，爲一率。又除二率，得大半徑除徑冪較爲二率。即小半徑自乘，大半徑除之，轉減大半徑之數，術中所謂泛三率也。又除三率，得四分倍弧倍外矢之一。半徑與通弦與倍矢爲三率連比例，故以半徑除四分通弦冪之一，得四分倍矢之一。所得四率，即求抵周線之連比例三率也。

一率　大半徑

二率　小半徑自乘大半徑除之轉減大半徑

三率　四分倍弧倍外矢之一

四率　求抵周線三率

此用四分倍外矢之一，故求得四率，即求抵周線之三率。若徑用倍外矢爲三率，則所得必爲求抵周線三率之四倍，即術中所謂定三率，故每數增四除也。

凡橢圓内容平圓，自大徑所指起於若干度作半徑，又作本度餘弦，復引長直截橢圓界。從圓心至直截處，作橢圓抵周線，成同勾之兩句股形。小半徑爲小弦，抵周線爲大弦。若以小半徑求抵周線，可用借小積開方法。

如圖，乙甲爲橢圓象限，丙甲爲平圓象限。心丙、心甲皆小半徑，心乙爲大半徑。丙爲大徑所指，丙庚爲所設弧度。心庚亦小半徑，己庚爲所設弧餘弦，即辛庚倍弧外通弦庚丁二分之一。己戊爲直截橢圓線，心戊爲橢圓抵周線，成心己、庚戊同句之兩句股形。心庚爲小弦、心戊爲大弦。如以心庚求心戊，則當以心庚爲連比例一率。其求連比例三率，當以小半徑冪爲一率，大小半徑冪較爲二率，四分倍弧外通弦冪之一爲三率。求得四率，爲二率自乘數。小半徑除之，爲連比例三率。

若依前徑求連比例三率，則當以小半徑爲一率，小半徑除徑冪較爲二率，即大半徑自乘，小半徑除之，轉減小半徑。四分倍外矢之一爲三率。求得四率，即爲求抵周線之連比例三率。又若徑用倍外矢爲三率，則所得之四率，亦爲求抵周線三率之四倍也。

凡橢圓外切平圓平分一象限爲若干分弧，逐分作平、橢兩通弦，各成同股之兩句股形。又從小徑所指，自半分起遞加一分，各作大半徑及抵周線，亦成同股之兩句股形。其半分抵周線所成，與大徑端第一分通弦所成同式，一分半抵周線所成與第二分通弦所成同式。自此抵周線漸遞加一分，與通弦漸近小徑一分所成勾股莫不同式。

如圖，甲戊丙艮爲橢圓，甲乙丙丁爲外切平圓。平分甲乙象限爲三分，各作通弦。又作橢圓相應之通弦。復移橢圓辛戌於己壬，移戌戊於庚癸，遂成甲酉辛己與己亥壬庚與庚乾癸乙三同股之兩勾股形。又引己亥線至申點，庚乾線至未點，亦分乙丙象限爲三分。從乙子半分、乙丑一分半、乙寅二分半，各作大半徑。從徑端各作餘弦，橫截橢圓界。從心至橫截處，各作抵周線，又成心坤午子與心坎辰丑與心離卯寅三同股之兩勾股形。此三形與通弦所成者同式。何也？

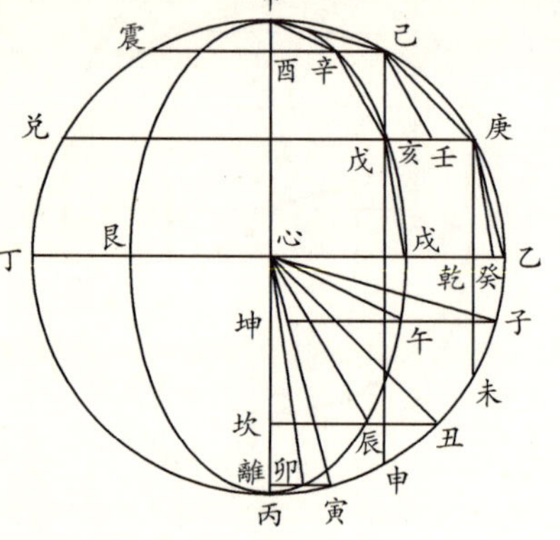

甲己酉界角對甲震一分弧，則己角必得半分弧度。酉甲己界角對丙己五分弧，則甲角必得二分半弧度。凡界角對弧爲本角倍度。今心子坤角與乙心子角在兩平行線内，其角必等。而乙心子角對乙子半分弧，則子角亦必得半分弧度。子心坤角對子丙弧，亦爲二分半弧度。是甲酉己形與心坤子形，角度相同，必同式也。己庚亥界角對己兑三分弧，亥己庚界角對庚申三分弧，則庚角、己角皆得分半弧度。心丑坎角與乙心丑角等，得分半弧度，丑心坎角亦得分半弧度，是己亥庚形與心坎丑形同式也。

至庚乾乙形與甲酉己形，一橫一竪本屬相同，心寅離形與心坤子形亦屬相等，是庚乾乙形與心寅離形又同式也。而酉己與酉辛、亥庚與亥壬、乾乙與乾癸，其比例皆同大小半徑。坤子與坤午、坎丑與坎辰、離寅與離卯，其比例亦同大小半徑。其甲酉己等平圓通弦所成勾股形既與心坤子等大半徑所成勾股形同式，則甲酉辛等橢圓通弦所成勾股形，亦必與心坤午等抵周線所成勾股形同式矣。

前條大弦求小弦，不用本率者，可用借率。是有甲己平通弦求甲辛橢通弦者，可用心子大半徑爲借一率。以小半徑自乘，大半徑除之，轉減大半徑，名泛三率。以乘一分弧，乙子之倍。倍外矢大半徑除之，得借三率之四倍，爲定三率。有己庚求己壬者，可用心丑大半徑爲借一率。泛三率乘三分弧，乙丑之倍。倍外矢大半徑除之，爲定三率。有庚乙求庚癸者，可用心寅大半徑爲借一率。泛三率乘五分弧，乙寅之倍。倍外矢大半徑除之，爲定三率矣。

凡橢圓内容平圓平分一象限爲若干分弧，逐分作平、橢兩通弦所成同句之兩勾股形，與從大徑所指自半分起遞加一分，各作小半徑及抵周線所成同勾之勾股形，兩兩同式。

如圖，甲乙丙丁爲橢圓，戊乙己丁爲内容平圓。平分戊乙象限爲三分，各作通弦，又作橢圓相應之通弦。復移庚辛至辰癸，移戊庚至子壬，遂成癸辛卯乙與壬辰寅癸與甲子丑壬三同勾之兩勾股形。又自庚作橫線至申，自辛作橫線至

西，亦分戊丁象限爲三分。從戊坎半分、戊艮一分半、戊坤二分半，各作小半徑，於徑端作餘弦，復引長直截橢圓界，各作抵周線，亦成戌坎離心與亥艮巽心與乾坤震心三同勾之兩勾股形。此三小半徑所成句股形與三平圓通弦所成勾股形同式。義與前圖同。而癸卯與辛卯、壬寅與辰寅、甲丑與子丑，以及戌離與坎離、亥巽與艮巽、乾震與坤震，其比例皆與大小半徑同。

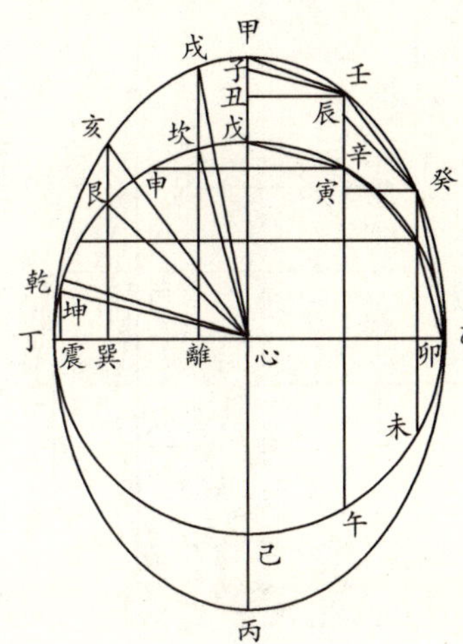

平圓通弦所成勾股，與小半徑所成勾股既同式，則橢圓通弦所成勾股與抵周線所成勾股亦莫不同式矣。依前條，小弦求大弦不用本率，而用借率，則求癸乙者，可用坎心小半徑爲一率。大半徑自乘，小半徑除之，轉減小半徑爲泛三率。以乘一分弧，戊坎之倍。倍外矢小半徑除之，得借三率之四倍，爲定三率。求壬癸者，可用艮心小半徑爲借一率。以泛三率乘三分弧，戊艮之倍。倍外矢小半徑除之，爲定三率。求甲壬者，可用坤心小半徑爲一率。以泛三率乘五分，弧戊坤之倍。倍外矢小半徑除之，爲定三率矣。

以上二圖止析爲三分以起例，雖析至多分，其用亦同。

求一分通弦用定三率，而逐分橢弦不齊，即所用定三率亦不齊。若以平圓通弦和求橢圓通弦和，則定三率極繁，不便於用。當分析之，以究其不齊之故，然後可齊不齊以致其齊。蓋定三率者，固即泛三率乘奇分倍外矢，半徑除之之數也。是定三率乘之，即如以泛三率乘之又倍外矢乘之，半徑除之矣。若不用定三率而用泛三率，則必加一倍外矢之乘、半徑之除。今試就求一分通弦，並求通弦和，本數歸本數。不論正負，分別推演如下。

求一分通弦者，通弦爲第一數。泛三率乘通弦，半徑除之，二除之。又半外矢乘之，用倍外矢則多一四除，今用半外矢者，省四除也。半徑除之，爲第二數。泛三率自乘乘通弦，半徑冪除之，二除之，一乘之，四除之。又半外矢冪乘之，半徑冪除之，爲第三數。泛三率再乘乘通弦，半徑立冪除之，二除之，一乘之，四除之，三乘之，六除之。又半外矢立冪乘之，半徑立冪除之，爲第四數。此求一分通弦，各歸本數法也。

若求逐分通弦和，則當以通弦和爲第一數。泛三率乘通弦和，半徑除之，二除之。又一象限弧分分數除，逐分所用半外矢之和乘之，半徑除之，爲第二數。泛三率自乘乘通弦和，半徑冪除之，二除之，一乘之，四除之。又弧分除，各半外矢冪和乘之，半徑冪除之，爲第三數。泛三率再乘乘通弦和，半徑立冪除之，二除之，一乘之，四除之，三乘之，六除之。又弧分除，各半外矢立冪和乘之，半徑立冪除之，爲第四數。如是各歸本數，此求通弦和法也。

但求一分通弦，後一數可就前一數加乘、加除而得。而求通弦和，則不能就前一數加乘、加除而得。何也？

逐分半外矢和，與逐分半外矢平冪和及立冪和等數不相通，非可加乘而得。當細核其弧分除各半外矢和與半徑之比例若何，及弧分除各半外矢冪和與半徑冪之比例若何，並弧分除各半外矢立冪和及諸乘冪和與半徑立冪及諸乘冪之比例若何。若得其比例數，則即用比例數一乘一除可代末後半外矢及半徑之乘除矣。茲分條細核如後。

凡第二數，用半外矢。今就象限爲一分弧而論，析圓周爲四分，則象限爲一分弧。則所用爲九十度正矢。即半徑半之，得半外矢爲二分半徑之一。

析象限爲二分，則中前一分近大徑端者爲中前，近小徑端者爲中後。用一百三十五度大矢，即半徑多一四十五度正弦今以正弦如真數，半徑如天元，仿天元算式演之，得式如下〡〡，中後一分用四十五度正矢，即半徑少一四十五度正弦〡̸〡，相併得二半徑〇〢。正弦正負相抵適盡。弧分二除之，又半之，仍得二分半徑之一。

析象限爲三分，則居中一分用九十度正矢，即半徑〇〡，中前一分用一百五十度大矢，即半徑多一六十度正弦〡〡，中後一分用三十度正矢，即半徑少一六十度正弦〡̸〡，併中前後一分矢〇〢，又併中一分矢，得三半徑〇〣。弧分三除之，又半之，仍得二分之一。

析象限爲四分，則中前一分用一百十二度半大矢，即半徑多一二十二度半正弦甲〡〡四分弦用兩種正弦，故以甲、乙別之。中後一分用六十七度半正矢，即半徑少一二十二度半正弦〡̸甲〡，中前二分用一百五十七度半大矢，即半徑多一六

十七度半正弦乙〡〡中後二分用二十二度半正矢，即半徑少一六十七度半正弦乙〤〡併中前、後一分矢〇〢又併中前、後二分矢〇〢兩數相併，得四半徑〇〣弧分四除之又半之，仍得二分之一。

大率弧分不論奇耦，其中前、後同分之用矢相併，常得二半徑，而奇分弧之中一分用矢常得一半徑。故弧分若干分，則併用矢亦得若干半徑。以弧分除之又半之，必得二分半徑之一。是第二數以一乘之，二除之，可代弧分除半外矢之乘、半徑之除也。

第三數用半外矢冪。試析象限爲二分，則中前一分用矢爲半徑多四十五度正弦〡〡自乘得〡〢〡一段正弦冪，多二段半徑乘正弦，多一段半徑冪。下可類推。中後一分爲半徑少四十五度正弦〤〡自乘，得〡〥〡相併，得兩段四十五度正弦冪，兩段半徑冪〢〇〢而兩段正弦冪，即一段半徑冪，半徑爲方斜，四十五度正弦爲方邊。是三段半徑冪也。弧分二除之，又全、半平方比例四除之，半矢冪得全矢冪四分之一。得八分半徑冪之三。

析象限爲三分，則中一分用矢即半徑〇〡自乘得〇〇〡中前一分用矢爲半徑多六十度正弦〡〡中後一分用矢爲半徑少六十度正弦〤〡各自乘，相併，[得]〢〇〢又併中一分矢冪，得兩段六十度正弦冪，多三段半徑冪〢〇〣而兩段正弦冪，即一段五分半徑冪，六十度正弦自乘，半徑冪除之，得七五，倍之得一五，故知兩段正弦冪即一段五分半徑冪。是四段五分半徑冪也。弧分三除之又全半比例四除之，得十二分之四·五。以一五約之，仍得八分之三。

析象限爲四分，則中前一分用矢爲半徑多二十二度半正弦甲〡〡中後一分爲半徑少二十二度半正弦甲〤〡各自乘，相併，得甲〢〇〢中前二分用矢爲半徑多六十七度半正弦乙〡〡中後二分爲半徑少六十七度半正弦甲〤〡各自乘，相併，得乙〢〇〢兩數相併，得兩段二十二度半正弦冪，兩段六十七度半正弦冪多四段半徑冪甲〢乙〢〇〣而四段正弦冪相併，即兩段半徑冪，六十七度半正弦，即二十二度半餘弦。是共得六段半徑冪也。弧分四除之又全半比例四除之，得十六分之六。以二約之，仍得八分之三。

析象限爲五分，則中一分用矢即半徑〇〡自乘得〇〇〡中前一分用矢爲半徑多三十六度正弦甲〡〡中後一分爲半徑少三十六度正弦甲〤〡各自乘，相併，得甲〢〇〢中前二分用矢爲半徑多七十二度正弦乙〡〡中後二分爲半徑少七十二度正弦乙〤〡各自乘，相併，得乙〢〇〢併各矢冪，得兩段三十六度正弦冪，兩段七十二度正弦冪多五段半徑冪甲〢乙〢〇〢〢而四段正弦相併，即二段五分半徑冪，以七十二度正弦自乘，半徑冪除之，又三十六度正弦自乘，半徑冪除之，相併，得一二五，倍之，得二五，故知爲二段五分半徑冪。是共得七段五分半徑冪也。弧分五除之又全半比例四除之，得二十分之七·五以二·五約之仍得八分之三。

大率遞加一分弧，則遞加一段五分半徑冪，其分母則遞加四。而四分之一·五即八分之三，故逐分遞加，常得八分半徑冪之三。就本數而論，則三乘八除，可代倍矢冪及半徑冪之乘、除。若就前一數加乘、加除求本數，則前數已含一乘二除，是加三乘四除，一與三遞乘，二與四遞除，即三乘八除。可代本數弧分除倍外矢冪之乘、半徑冪之除也。惟就象限爲一分弧，則用矢冪爲八分半徑冪之二，尚有加減差，另條詳論於後。

第四數用半外矢立冪。析象限爲二分，則中前一分用矢爲半徑多四十五度正弦〡〡再乘，得〡〣〣〡一段正弦立冪，多三段正弦平冪乘半徑：三段正弦乘半徑平冪、一段半徑立冪。下可類推。中後一分爲半徑少四十五度正弦〤〡再乘，得〤〣〥〡相併，得六段正弦平冪乘半徑、兩段半徑立冪〇丅〇〢而六段正弦平冪乘半徑即三段半徑立冪，以正弦冪即半徑冪之半也。是共得五段半徑立冪也。弧分二除之，又全半立冪比例八除之，半矢立冪得全矢立冪八分之一。得十六分半徑立冪之五。

析象限爲三分，則中一分用矢即半徑〇〡再乘，得〇〇〇〡中前一分用矢爲半徑多六十度正弦〡〡中後一分爲半徑少六十度正弦〤〡各再乘，

相併，得〇丅〇〢又併中一分矢立冪，得六段正弦平冪乘半徑，多三段半徑立冪〇丅〇〣而六段正弦平冪乘半徑，即四段五分半徑立冪，六十度正弦冪即七分五釐半徑冪以六乘之，得四·五，故知爲四段五分半徑立冪。是共得七段五分半徑立冪也。弧分三除之，又全半比例八除之，得二十四分之七·五以一·五約之，仍得十六分之五。

析象限爲四分，則中前一分用矢爲半徑多二十二度半正弦〡甲〡中後一分爲半徑少二十二度半正弦〤甲〡各再乘，相併，得〇丅甲〇〢中前二分用矢爲半徑多六十七度半正弦〡乙〡中後二分爲半徑少六十七度半正弦〤乙〡各再乘，相併，得〇丅乙〇〢併各矢立冪，得六段二十二度半正弦冪乘半徑、六段六十七度半正弦冪乘半徑，多四段半徑立冪〇丅乙丅甲〇||||而合兩六段正弦平冪乘半徑，即六段半徑立冪，以兩正弦冪相併，即半徑冪也。是共得十段半徑立冪也。弧分四除之，又全半比例八除之，得三十二分之十，以二約之，仍得十六分之五。

析象限爲五分，則中一分用矢即半徑〇〡再乘，得〇〇〇〡中前一分用矢爲半徑多三十六度正弦〡甲〡中後一分爲半徑少三十六度正弦〤甲〡各再乘，相併，得〇丅甲〇〢中前二分用矢爲半徑多七十二度正弦〡乙〡中後二分爲半徑少七十二度正弦〤乙〡各再乘，相併，得〇丅乙〇〢併各矢立冪，得六段三十六度正弦平冪乘半徑、六段七十二度正弦平冪乘半徑，多五段半徑立冪〇丅乙丅甲〇||||而兩六段正弦平冪乘半徑，即七段五分半徑立冪，兩正弦冪併率爲一二五，以六乘之，得七段五分。是共得十二段五分半徑立冪也。弧分五除之，又全半比例八除之，得四十分之十二·五以二·五約之仍得十六分之五。

大率遞加一分弧，則遞加二段五分半徑立冪，其分母則遞加八。而八分之二·五即十六分之五，故逐分遞加，常得十六分半徑立冪之五。是就本數而論，則五乘、十六除，可代用矢立冪及半徑立冪之乘、除。就前一數加乘、加除求本數，則前數已含三乘、八除，是五乘十六除，三與五遞乘，六與八遞除，即五乘十六除。可代弧分除半外矢立冪之乘、半徑立冪之除也。惟一分弧用矢立冪爲十六分之二，當有加減差。

第五數用倍外矢三乘冪。析弧分爲三分，則中一分用矢即半徑〇〡三自乘，得〇〇〇〇〡中前一分用矢爲半徑多六十度正弦〡〡三自乘，得〡||||丅|||〡中後一分即半徑少六十度正弦〤〡三自乘，得〡〤丅〤〡併中前、後一分矢冪〢〇〢〇〢又併中一分矢三乘冪，得二段六十度正弦三乘冪，多十二段正弦平冪乘半徑平冪，多三段半徑三乘冪〢〇〢〇〣而十二段正弦冪乘半徑冪，即九段半徑三乘冪。置七分五釐，以十二乘之，得九。故知九段半徑三乘冪。二段正弦三乘冪，即一段一分二釐五毫半徑三乘冪。七分五釐自乘，得五分六釐二毫五絲。倍之，得一段一分二釐五毫。是共得十三段一分二釐五毫半徑三乘冪也。弧分三除之，全半三乘比例十六除之，半矢三乘冪得全矢三乘冪十六分之一。得四十八分之十三·一二五。以八通之，三約之，得一百二十八分半徑三乘冪之三十五。

析象限爲四分，則中前一分用矢爲半徑多二十二度半正弦〡甲〡中後一分爲半徑少二十二度半正弦〤甲〡各三自乘，相併，得〢甲〇〢甲〇〢中前二分用矢爲半徑多六十七度半正弦〡乙〡中後二分爲半徑少六十七度半正弦〤乙〡各三自乘，相併，得〢乙〇〢乙〇〢併各矢三乘冪，得二段二十二度半正弦三乘冪、二段六十七度半正弦三乘冪，多十二段二十二度半正弦平冪乘半徑平冪、十二

段六十七度半正弦平冪乘半徑平冪，多四段半徑三乘冪 ||乙||甲 〇 一||乙一||甲 〇 |||| 而十二段半徑冪乘兩種正弦冪之共，即十二段半徑三乘冪。兩種正弦冪相併，即半徑冪。二段兩種正弦三乘冪之共，即一段五分半徑三乘冪。二十二度半正弦三自乘，六十七度半正弦三自乘，相併，以半徑三乘冪除之，得·七五。倍之，得一·五。故知爲一段五分半徑三乘冪。是共得十七段五分半徑三乘冪也。弧分四除之，又全半比例十六除之，得六十四分之十七·五。以二通之，仍得一百二十八分之三十五。

析象限爲五分，則中一分用矢即半徑〇一三自乘，得〇〇〇〇〇一。中前一分用矢爲半徑多三十六度正弦〡甲一中後一分爲半徑少三十六度正弦乂甲一各三自乘，相併，得 ||甲 〇 一||甲 〇 ||。中前二分用矢爲半徑多七十二度正弦〡乙一中後二分爲半徑少七十二度正弦乂乙一各三自乘，相併，得 ||乙 〇 一||乙 〇 ||。併各矢三乘冪，得二段三十六度正弦三乘冪、二段七十二度正弦三乘冪，多十二段三十六度正弦平冪乘半徑平冪、十二段七十二度正弦平冪乘半徑平冪、五段半徑三乘冪 ||乙||甲 〇 一||乙一||甲 〇 |||| 而十二段半徑冪乘兩種正弦冪之共，即十五段半徑三乘冪。兩正弦冪相併，爲一段二分五釐半徑冪，以十二乘之，得十五。故知十五段半徑三乘冪。二段兩種正弦三乘冪，爲一段八分七釐五毫半徑三乘冪。三十六度正弦與七十二度正弦各三自乘，相併，半徑三乘冪除之，得·九三七五。倍之，得一·八七五。故知爲一段八分七釐五毫半徑三乘冪。是共得二十一段八分七釐五毫半徑三乘冪也。弧分五除之，又全半比例十六除之，得八十分之二十一·八七五。以一·六通之，仍得一百二十八分之三十五。

析象限爲六分，則中前一分用矢爲半徑多十五度正弦〡甲一中後一分爲半徑少十五度正弦乂甲一各三自乘，相併，得 ||甲 〇 一||甲 〇 ||。中前二分用矢爲半徑多四十五度正弦〡乙一中後二分爲半徑少四十五度正弦乂乙一各三自乘，相併，得 ||乙 〇 一||乙 〇 ||。中前三分用矢爲半徑多七十五度正弦〡丙一中後三分爲半徑少七十五度正弦乂丙一各三自乘，相併，得 ||丙 〇 一||丙 〇 ||。併各矢三乘冪，得二段十五度正弦三乘冪、二段四十五度正弦三乘冪、二段七十五度正弦三乘冪，多十二段十五度正弦平冪乘半徑平冪、十二段四十五度正弦平冪乘半徑平冪、十二段七十五度正弦平冪乘半徑平冪，多六段半徑三乘冪 ||丙||乙||甲 〇 一||丙一||乙一||甲 〇 ⊤ 而十二段四十五度正弦冪乘半徑冪，即六段半徑三乘冪。四十五度正弦冪得半徑冪之半。其十二段十五度與七十五度兩種正弦冪乘半徑冪之共，即十二段半徑三乘冪。七十五度正弦即十五度餘弦，合正、餘弦冪即半徑冪。其二段四十五度正弦三乘冪，即五分半徑三乘冪。平冪得半徑平冪之半，則三乘冪必得半徑三乘冪四分之一。倍之，得二分之一，即五分。其二段十五度與七十五度兩種正弦三乘冪之共，即一段七分五釐半徑三乘冪。十五度正弦與七十五度正弦各三自乘，相併，半徑三乘冪除之，得·八七五。倍之，得一·七五。故知爲一段七分五釐半徑三乘冪。是共得二十六段二分五釐半徑三乘冪也。弧分六除之，又全半比例十六除之，得九十六分之二十六·二五。以四通之，三約之，仍得一百二十八分之三十五。

大率遞加一分弧，則遞加四段三分七釐五毫半徑三乘冪。而分母則遞加十六、十六分之四·三七五，即一百二十八分之三十五。故逐分遞加，常得

一百二十八分半徑三乘冪之三十五。是就本數而論，則三十五乘、一百二十八除，可代用矢三乘冪與半徑三乘冪之乘、除。就前一數加乘、加除求本數，則前數已含五乘、十六除，是加七乘、八除，五與七疊乘又十六與八疊除，即三十五乘、一百二十八除。可代弧分除半外矢三乘冪之乘、半徑三乘冪之除也。惟一分弧用矢三乘冪爲一百二十八分之八二，分弧爲一百二十八分之三十四，當有加減差。

由是依法推演，則第六數自二分弧以上，其弧分除各半外矢四乘冪之和，常得二百五十六分半徑四乘冪之六十三。就前數求本數，則前數已含三十五乘、一百二十八除，其求本數祇須加九乘、十除。三十五與九疊乘，一百二十八與十疊除，即六十三乘、二百五十六除。

第七數自三分弧以上，其弧分除各半外矢五乘冪之和，常得一千〇二十四分半徑五乘冪之二百三十一。就前一數求本數，則前數已含六十三乘、二百五十六除。故求本數祇須用十一乘、十二除，六十三與十一疊乘，二百五十六與十二疊除，即二百三十一乘、一千〇二十四除。

總而計之，就第一數一乘、二除，爲第二數。再加三乘、四除，爲第三數。再加五乘、六除，爲第四數。再加七乘、八除，爲第五數。再加九乘、十除，爲第六數。再加十一乘、十二除，爲第七數。皆以相連之奇耦二數，一乘、一除，蟬聯而下，秩然不紊。則自第八數以下，其遞推之例，已顯於前，亦必用奇耦二數，一乘一除無疑矣。然此所求者，但可爲本數也。此云本數所以別於加減差，即術中先求者，與前此之所云本數有別。蓋一分弧，則第三數以下，分數不合。二分弧，則第五數以下不合。三分弧，則第七數以下不合。又當求其加減差之由來矣。

欲知加減差之所由來，當于半外矢與半徑之比例，先求本數之逐數母子。然後以一分、二分、三[分]、四分等弧，就本數分母各求其逐數分子與本數分子，兩相比較。於比較而同者，知各差之起於何數。於比較而異者，知求各差之數不外乎整分遞加數。又以逐分弧分子與本數分子之同異，互相比較而益知，用遞加數自有一定之例而不紊。推演如下。

求本數母子者，起第二數二分之一。三乘四除，得八分之三，乘法乘子，除法以乘其母爲除。爲第三數母子。五乘六除，可用三約，得十六分之五，爲第四數母子。七乘八除，得一百二十八分之三十五，爲第五數母子。九乘十除，可用五約，得二百五十六分之六十三，爲第六數母子。十一乘十二除，可用三約，得一千〇二十四分之二百三十一，爲第七數母子。如是遞求，得逐數母子，可約者約之使小。大要分子爲奇數疊乘，分母爲耦數疊乘。但耦數必含奇數，母子同含奇數，故可約。惟二、四、八、十六等數，其所含之奇數爲單一，故不可約。

既得本數母子，乃以本數分母爲定母，先求一分弧分子。一分弧所用外矢即半徑，則第二數分子爲一。半之，得二分之一。分母與定母同，即以一爲第二數定分子。

次以半徑自乘，得平冪一，則第三數分子爲一。以分母全、半平方比例，四約第三數定母八，得二。以通分子一，得二，爲第三數定分子。

次以半徑再乘，得立冪一，則第四數分子亦爲一。以分母全、半立方比例八，約第四數定母十六，得二。以通分子一，得二，爲第四數定分子。

次以半徑三乘，得三乘冪一，則第五數分子亦爲一。以分母全、半三乘比例，約定母一百二十八，得八。以通分子一，得八，爲第五數定分子。

如是遞求，得一分弧逐數定分子。

如圖，列本數定分母爲第一層，本數定分子爲第二層，一分弧定分子爲第三層。以分子兩相比較，惟第二數分子同爲一，無加減差。第三數本數分子三，一分弧分子二，應減分子一。而應減數與本數分子之比例，若一與三。第四數本數分子五，一分弧分子二，應減分子三。而應減數與本數分子之比例，若三與五。因檢遞加數第三行，其倍首位一得二，與三位六之比例，亦若一與三。其倍次位三得六，與四位十之比例，亦若三與五。

試以遞加數第三行，自倍首位數起，取第三數以下本數分子，按位挨次乘之。又自三位數起，挨次除之，爲第一差。其第三數乘、除，得一。以減本數分子三，得二與定分子合。第四數乘、除，得三。以減本數分子五得二，亦與定分子合。第五數乘、除，得二十八。以減本數分子，得一。差減數七，以較定分子八，尚應加一。是第五數以下，當有第二差也。而應加數與第一差之比例，若一與二十八。第六數乘、除，得六十。以減本數分子，得一。差減數三，以較定分子八，尚應加五。而應加數與第一差之比例，若五與六十。因檢遞加數第七行，其首位與三位，亦爲一與二十八。次位七與四位八十四之比例，亦若五與六十。

	一	二	三	四	五	六	七	八	九	十	十一
本數定分母	〇	𝍡	𝍧	𝍩𝍥	𝍠𝍪𝍧	𝍡𝍭𝍥	𝍩〇𝍪𝍣	𝍪〇𝍬𝍧	𝍢𝍪𝍦𝍮𝍧	𝍥𝍭𝍣𝍫𝍥	𝍪𝍥𝍪𝍠𝍬𝍣
本數定分子	〇	𝍠	𝍡	𝍣	𝍫𝍣	𝍮𝍡	𝍡𝍫𝍠	𝍣𝍪𝍧	𝍮𝍣𝍫𝍤	𝍠𝍪𝍠𝍭𝍣	𝍣𝍮𝍠𝍱𝍧
一分弧定分子	〇	𝍠	𝍡	𝍡	𝍧	𝍧	𝍩𝍥	𝍩𝍥	𝍠𝍪𝍧	𝍠𝍪𝍧	𝍡𝍭𝍥
乘法			𝍡	𝍥	𝍩𝍡	𝍪〇	𝍫〇	𝍬𝍡	𝍬𝍥	𝍯𝍡	𝍱〇
除法			𝍥	𝍩〇	𝍩𝍣	𝍪𝍠	𝍪𝍧	𝍫𝍥	𝍭𝍤	𝍭𝍣	𝍮𝍥
第一差			𝍠	𝍢	𝍪𝍧	𝍭 𝍮〇	𝍭 𝍡𝍬𝍦	𝍤〇〇	𝍱〇〇𝍧	𝍠𝍭𝍧𝍩𝍡	𝍥𝍪𝍧𝍱𝍣
一差減數			𝍡	𝍡	𝍦	負 𝍢	負 𝍩𝍥	𝍯𝍠	𝍩𝍣𝍯𝍧̸	𝍪𝍦𝍭𝍦̸	𝍠𝍮𝍦𝍱𝍥̸
乘法					𝍠	𝍦	𝍪𝍧	𝍱𝍣	𝍡𝍩〇	𝍣𝍮𝍡	𝍧𝍪𝍣
除法					𝍪𝍧	𝍱𝍢	𝍡𝍩〇	𝍣𝍥𝍡	𝍧𝍪𝍣	𝍩𝍦𝍩𝍥	𝍫〇〇𝍢
第二差					𝍠	𝍣	𝍫𝍢	𝍱𝍠	𝍩𝍧𝍪〇	𝍬𝍡𝍱𝍣	𝍠𝍱𝍢𝍯〇
二差加數					𝍧	𝍭 𝍧	𝍭 𝍩𝍥	𝍩𝍧	𝍡𝍬𝍦	𝍣𝍪𝍥	𝍪𝍣𝍱𝍣
乘法							𝍠	𝍩𝍠	𝍮𝍥	𝍡𝍱𝍥	𝍩〇〇𝍠
除法							𝍮𝍥	𝍪𝍱𝍥	𝍩〇〇𝍠	𝍫〇〇𝍢	𝍱〇〇𝍧
第三差						𝍭	𝍭	𝍢	𝍠𝍪〇	𝍭 𝍣〇𝍧	𝍪𝍢𝍪𝍡
三差減數							𝍩𝍥	𝍩𝍥	𝍠𝍪𝍦	𝍭 𝍠𝍩𝍨	𝍠𝍮𝍠
乘法									𝍠	𝍩𝍣	𝍠𝍪〇
除法									𝍠𝍪〇	𝍥𝍱〇	𝍫〇𝍮〇
第四差									𝍠	𝍨	𝍱𝍤
四差加數									𝍠𝍪𝍧	𝍭 𝍠𝍪𝍧	𝍡𝍭𝍥
乘法											𝍠
除法											𝍠𝍱〇
第五差										𝍭	
五差減數											𝍡𝍭𝍥

試以遞加數第七行自首位起，取第五數第一差以下，按位挨次乘之。又自三位起，挨次除之，爲第二差。第五數乘、除，得一。加一差減數七，得八，與定分子合。第六數乘、除，得五。以加一差減數三得八，亦與定分子合。第七數乘、除，得三十三。以加一差減數十六·五負，得二差加數十六·五正。以較定分子，尚應減·五。是第七數以下，當有第三差也。而應減數與第二差之比例，若·五與三十三。第八數乘、除，得九十一。以加一差減數七十一·五負得二差加數十九·五正。以較定分子十六，尚應減三·五。而應減數與第二差之比例，若三·五與九十一。因檢遞加數第十一行，其首位一與三位六十六之比例，亦若·五與三十三。次位十一與四位二百八十六之比例，亦若三·五與九十一。

試以遞加數第十一行自首位起，取第七數以下第二差，按位挨次乘之。又自三位起挨次除之，爲第三差。第七數乘、除，得·五。以減二差加數十六·五，得十六，與定分子合。第八數乘、除，得三·五。以減二差加數十九·五，得十六，亦與定分子合。第九數乘、除，得一百二十。以減二差加數二百四十七，得三差減數一百二十七。以較定分子一百二十八，尚應加一。是第九數以下，當有第四差也。而應加數與第三差之比例，若一與一百二十。第十數乘、除，得四百〇八。以減二差加數五百二十七，得三差減數一百十九。以較定分子一百二十八，尚應加九。而應加數與第三差之比例，若九與四百〇八。因檢遞加數第十五行，其首位與三位，亦爲一與一百二十。次位十五與四位六百八十之比例，亦若九與四百〇八。

試以遞加數第十五行自首位起，取第九數以下第三差，按位挨次乘之。又自三位起挨次除之，爲第四差。其第九數乘、除，得一。以加三差減數一百二十七，得一百二十八，與定分子合。第十數乘、除，得九。以加三差減數一百十九得一百二十八，亦與定分子合。第十一數乘、除，得九十五。以加三差減數一百六十一·五，得四差加數二百五十六·五。以較定分子二百五十六尚應減·五。是第十一數以下，當有第五差也。而應減數與第四差之比例，若·五與九十五。因檢遞加數第十九行，其首位一與三位一百九十之比例，亦若·五與九十五。

試以遞加數十九行首位，與三位乘、除第十一數第四差，爲第五差，得·五。以減四差加數，得二百五十六，與定分子合。

統而計之，第一差起第三數，第二差起第五數，第三差起第七數，第四差起

第九數，第五差起第十一數。夫各差皆起各奇數者，乃二因弧分加一、四因弧分加一、六因弧分加一、八因弧分加一、十因弧分加一之數也。如是遞以耦數乘弧分加一，得各差之所起，則第六差起十二因弧分加一之第十三數，第七差起十四因弧分加一之第十五數。可類推矣。第一差遞加行數用第三，而各差除法位數皆起第三者，乃倍弧分加一之數也。第二差遞加行數用第七、三差用第十一、四差用第十五、五差用第十九者，乃三因倍分加一、五因倍分加一、七因倍分加一、九因倍分加一之數也。如是遞以各奇數乘倍分加一，得各差所用遞加行數，則第六差用十一因倍分加一之第二十三行，第七差用十三因倍分加一之第二十七行，又可類推矣。

細審一分弧遞求加減差之例，秩然不紊，特未知與逐分弧悉合否也。試更驗之二分弧。

求二分弧定分子者，二分弧用矢一爲半徑多四十五度正弦，一爲半徑少四十五度正弦。當先求正弦諸乘方與半徑諸乘方比例之率法。以四十五度正弦自乘，半徑冪除之，得·五，爲平方率。正弦三自乘，半徑三乘冪除之，得·二五，爲三乘率。正弦五自乘，半徑五乘冪除之，得·一二五，爲五乘率。正弦七自乘，半徑七乘冪除之，得·○六二五，爲七乘率。如是遞求，得九乘率·○三一二五，十一乘率·○一五六二五，十三乘率·○○七八一二五，十五乘率·○○三九○六二五。

於是，以兩用矢相併，得○‖，即以二爲第二數分子。以弧分二乘全、半根數比例二，得四，爲分母。以第二數定母二約之，得二。以除分子二，得一，爲定分子。

兩用矢冪相併，得‖○‖以平方率·五乘其首層，得一。併二層二，得三，爲第三數分子。以弧分二乘全、半平方比例四，得八，與定母同，即以三爲定分子。

兩用矢立冪相併，得○丅○‖以平方率乘其二層，得三。併四層二，得五，爲第四數分子。以弧分二乘全半立方比例八，得十六，與定母同，即以五爲定分子。

兩用矢三乘冪相併，得‖○一‖○‖以平方率乘其三層，得六。以三乘率·二五乘其首層，得·五。相併，又併五層，得八·五，爲第五數分子。以弧分二乘全、半三乘比例十六，得三十二。以約定母一百二十八，得四。以通分子八·五，得三十四，爲定分子。

兩用矢四乘冪相併，得○一○○二○○‖以平方率乘其四層，得十。以三乘率乘其二層，得二·五。相併，又併六層，得十四·五，爲第六數分子。以弧分二乘全、半四乘比例三十二，得六十四。以約定母二百五十六，得四。以通分子十四·五得五十八，爲定分子。

兩用矢五乘冪相併，得‖○三○○三○○‖以平方率乘其五層，得十五。三乘率乘其三層，得七·五。五乘率·一二五乘其首層，得·二五相併，又併七層，得二十四·七五，爲第七數分子。以弧分二乘全、半五乘比例六十四，得一百二十八。以約定母一千○二十四，得八。以通分子二十四·七五得一百九十八爲定分子。

如是遞求，得二分弧逐數定分子。

如圖，列本數定分母爲第一層，本數定分子爲第二層，二分弧定分子爲第三層。兩相比較，其第二、第三、第四數兩定分子相同，無加減差。第五數二分弧分子三十四，本數分子三十五，應減一。是二分弧第一差起第五數也。而應減數與本數分子之比例，若一與三十五。第六數定分子五十八，本數分子六十三，應減五。而應減數與本數分子之比例，若五與六十三。因檢遞加數第五行，其倍首位一得二，與五位七十之比例，亦若一與三十五。倍次位五得十，與六位一百二十六之比例，亦若五與六十三。

試以遞加數第五行，自倍首位起，取第五數以下本數分子，按位挨次乘之。又自五位起，挨次除之，爲第一差。第五數乘、除，得一，以減本數分子三十五，得三十四。第六數乘、除得五，以減本數分子六十三，得五十八。第七數乘、除得三十三，以減本數分子二百三十一，得一百九十八。第八數乘、除得九十一，以減本數分子四百二十九，得三百三十八。均與各數定分子合。第九數乘、除得一千八百二十，以減本數分子六千四百三十五，得一差減數四千六百十五。以較定分子，應加一，是二分弧第二差起第九數也。而應加數與第一差之比例，若一與一千八百二十。第十數乘、除得四千二百八十四，以減本數分子一萬二千一百五十五，得一差減數七千八百七十一。以較定分子，應加九，而應加數與第一差之比例，若九與四千二百八十四。因檢遞加數第十三行，其首位與五位，亦爲一與一千八百二十。其次位十三與六位六千一百八十八之比例，亦若九與四千二百八十四。

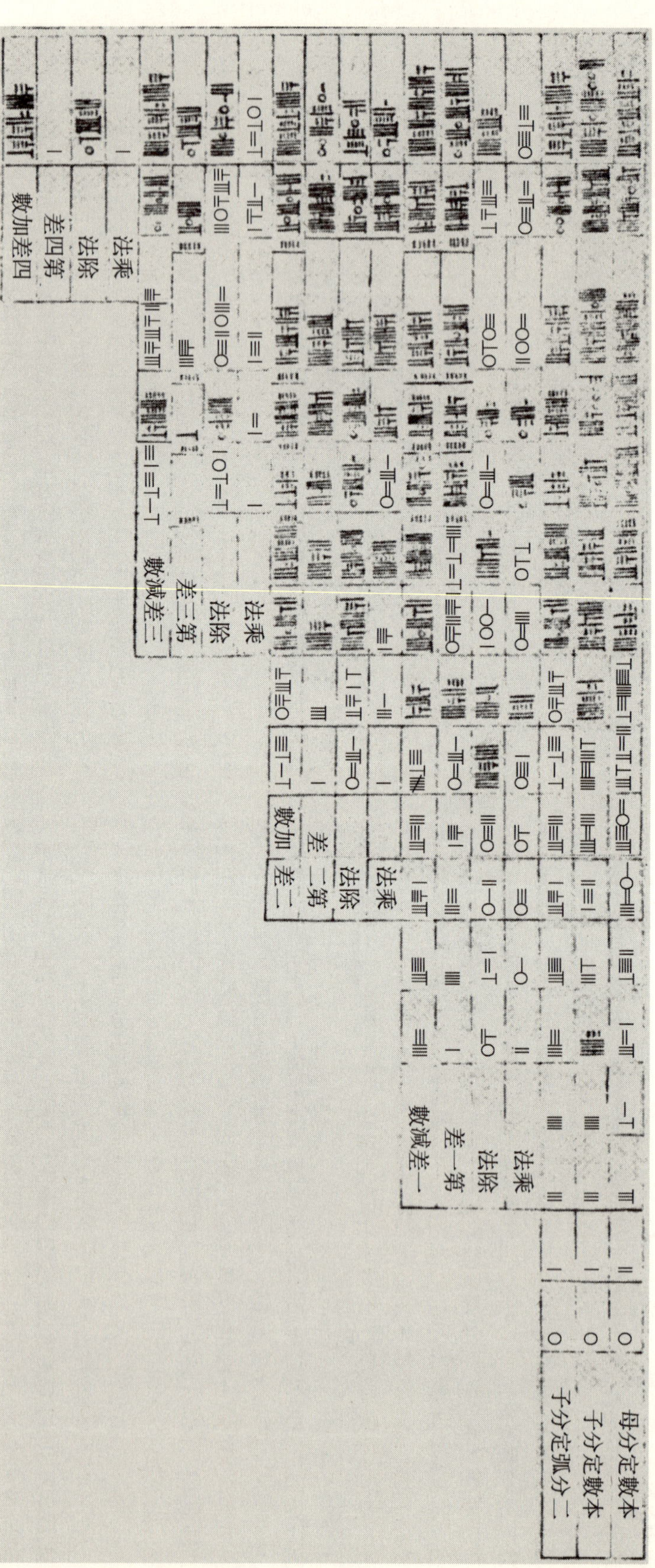

試以第十三行自首位起，取第九數以下第一差，按位挨次乘之。又自五位起，挨次除之，爲第二差。第九數乘、除得一，以加一差減餘數四千六百十五，得四千六百十六。第十數乘、除得九，以加一差減數七千八百七十一，得七千八百八十。十一數乘、除得九十五，加一差減數二萬六千八百〇九，得二萬六千九百〇四。十二數乘、除得三百八十五，加一差減數四萬五千五百四十三，得四萬五千九百二十八。均與各數定分子合。十三數乘、除得五千三百十三，加一差減數得二差加數三十一萬三千六百十六·五以較定分子，尚應減·五，是二分弧第三差起第十三數也。而應減數與第二差之比例，若·五與五千三百十三。十四數乘、除得一萬六千四百四十五，加一差減數得二差加數五十三萬五千三百八十二·五。以較定分子，尚應減六·五，而應減數與第二差之比例，若六·五與一萬六千四百四十五。因檢遞加數第二十一行，其首位一與五位一萬〇六百二十六之比例，亦若·五與五千三百十三。次位二十一與六位五萬三千一百三十之比例，亦若六·五與一萬六千四百四十五。

試以二十一行自首位起，取第十三數以下第二差，按位挨次乘之。又五位起挨次除之，爲第三差。第十三數乘、除得·五，以減二差加數，得三十一萬三千六百十六。第十四數乘、除得六·五，以減二差加數，得五十三萬五千三百七十六。第十五數乘、除得九十四·五，減二差加數，得一百八十二萬七千八百八十八。第十六數乘、除得五百〇七·五，減二差加數，得三百十二萬〇四百。均與各數定分子合。十七數乘、除得三萬五千九百六十，減二差加數，得三差減數八千五百二十二萬九千六百九十五。以較定分子，應加一，是二分弧第四差起第

十七數也。而應加數與第三差之比例，若一與三萬五千九百六十。因檢遞加數第二十九行，首位與五位亦爲一與三萬五千九百六十。

試以二十九行首位與五位乘、除第十七數第三差，爲第四差，得一。以加三差減數，得八千五百二十二萬九千六百九十六，與定分子合。

統計，第一差起第五數，二差起第九數，三差起第十三數，四差起第十七數。亦以二因弧分加一起一差，四因弧分加一起二差，六因弧分加一起三差，八因弧分加一起四差，與一分弧同。第一差用遞加數第五行，各行除法皆起第五位，亦以倍弧分加一爲行數及除法位數。第二差用十三行，第三差用二十一行，第四差用二十九行，亦以三因倍分加一、五因倍分加一、七因倍分加一爲行數，均與一分弧同。是二分弧遞求加減差之例，一一與一分弧脗合矣。試更驗之三分弧及四分弧。

求三分弧定分子者，三分弧用矢，一爲半徑、一爲半徑多六十度正弦、一爲半徑少六十度正弦，先求正弦諸乘方與半徑諸乘方比例之率法。以六十度正弦自乘，半徑冪除之，得·七五，爲平方率。正弦三自乘，半徑三乘冪除之，得·五六二五，爲三乘率。正弦五自乘，半徑五乘冪除之，得·四二一八七五，爲五乘率。如是遞求，得七乘率·三一六四〇六二五、九乘率·二三七三〇四六八七五、十一乘率·一七七九七八五一五六二五、十三乘率·一三三四八三八八六七一八七五、十五乘率·一〇〇一一二九一五〇三九〇六二五、十七乘率·〇七五〇八四六八六二七九二九六八七五。

於是，以三用矢相併，得〇〣，爲三半徑。即以弧分三除半徑三，得一，爲第二數分子。奇分弧弧分除定母，多不受除，故以除分子。求法與耦分弧有別。下同。

三用矢冪相併，得〢〇〣以平方冪·七五乘其首層，得一·五。併三層，得四·五。弧分除之，得一·五，爲第三數分子。以全、半平方比例四，約定母八，得二。以通分子一·五，得三，爲定分子。

三用矢立冪相併，得〇〦〇〣以平方率乘其次層，得四·五。併四層，得七·五。弧分除之，得二·五，爲分子。以全半立方比例，約定母十六，得二。以通分子二·五，得五，爲定分子。

三用矢三乘冪相併，得〢〇一〢〇〣以平方率乘其三層，得九。以三乘率·五六二五乘其首層，得一·一二五。相併，又併五層，得十三·一二五。弧分除之，得四·三七五，爲分子。以全、半三乘比例十六，約定母一百二十八，得八。以通分子四·三七五，得三十五，爲定分子。

三用矢四乘冪相併，得〇一〇〓〇〣以平方率乘其四層，得十五。以三乘率乘其次層，得五·六二五。相併，又併六層，得二十二·六二五。弧分除之，得七·八七五爲分子。以全、半四乘比例三十二，約定母二百五十六，得八。以通分子七·八七五，得六十三，爲定分子。

三用矢五乘冪相併，得〢〇〓〇〇〓〇〇〣以平方率乘其五層，得二十二·五。以三乘率乘其三層，得十六·八七五。以五乘率·四二一八七五乘其首層，得·八四三七五。相併，又併七層，得四十三·二一八七五。弧分除之，得十四·四〇六二五，爲分子。以全、半五乘比例六十四，約定母一千〇二十四，得十六。以通分子十四·四〇六二五，得二百三十〇·五，爲定分子。

如是遞求，得三分弧逐數定分子。

如圖，列本數定分母爲首層，本數定分子爲次層，三分弧定分子爲三層。兩相比較，其第六數以上定分子均與本數同，無加減差。依前一分弧、二分弧遞推之例，第一差應起倍弧分加一之第七數，而遞加數亦當用第七行，除法亦起第七位。今第七數本數分子應減·五，方合定分子。而應減數與本數分子之比例，若·五與二百三十一，正與第七行倍首位一得二與七位九百二十四之比例相合。

乃以第七行，自倍首位起，取第七數以下本數分子，按位挨次乘之。又自七位起，挨次除之，爲第一差。第七數乘除得·五，以減本數分子得二百三十〇·五。第八數乘除得三·五，減本數分子，得四百二十五·五。第九數乘除得一百二十，減本數分子，得六千三百十五。第十數乘除得四百〇八，減本數分子，得一萬一千七百四十七。第十一數乘除得二千四百二十二·五，減本數分子，得四萬三千七百六十六·五。第十二數乘除得六千五百八十三·五，減本數分子，得八萬一千五百九十五·五。以上均與各數定分子合。

依前遞推之例，第二差應起四因弧分加一之第十三數，遞加數應用三因倍分加一之第十九行，而除法仍起第七位。今第十三數之一差減數六十萬八千七

百四十一，以較定分子，應加·五。而應加數與第一差之比例，若·五與六萬七千二百九十八，正與遞加數十九行首位一與七位十三萬四千五百九十六之比例相合。

乃以十九行自首位起，取十三數以下第一差，按位挨次乘之。又自七位起，挨次除之，爲第二差。第十三數乘除得·五，加一差減數，得六十萬〇八千七百四十一·五。第十四數乘除得六·五，加一差減數，得一百十三萬五千六百三十一·五。十五數乘除得九十四·五，加一差減數，得四百二十三萬七千六百四十三·二五。十六數乘除得五百〇七·五，加一差減數，得七百九十萬〇六千九百五十八·七五。十七數乘除得三萬五千九百六十，加一差減數，得二億三千六百〇六萬三千九百十五。十八數乘除得十三萬九千一百二十八，加一差減數，得四億四千〇四十九萬一千八百〇三。以上均與各數定分子合。

本數定分母	[illegible]
本數定分子	[illegible]
三分弧定分子	[illegible]
乘法	[illegible]
除法	[illegible]
第一差	[illegible]
一差減數	[illegible]
乘法	[illegible]
除法	[illegible]
第二差	[illegible]
二差減數	[illegible]
乘法	[illegible]
除法	[illegible]
第三差	[illegible]
三差減數	[illegible]

依遞求之例，第三差應起六因弧分加一之第十九數，遞加數當用五因倍分加一之三十一行，除法仍起第七位。今第十九數之二差加數爲十六億四千三百九十一萬八千八百七十一，以較定分子，應減·五而應減數與第二差之比例，若·五與九十七萬三千八百九十六，正與遞加數三十一行首位一與七位一百九十四萬七千七百九十二之比例相合。

乃以三十一行首位與七位乘除十九數第二差，爲第三差，得·五。以減二差加數，得十六億四千三百九十一萬八千八百七十〇·五，與定分子合。

通計求三分弧加減差，其起差數及遞加數所用行數，皆與一分弧、二分弧一例。

求四分弧定分子者，四分弧用矢，一爲半徑多六十七度半正弦、一爲半徑少六十七度半正弦、一爲半徑多二十二度半正弦、一爲半徑少二十二度半正弦。當先求兩正弦諸乘冪併數，與半徑諸乘冪比例之率。法以兩正弦自乘，相併，半徑冪除之，得一，爲平方併率。兩正弦三自乘，相併，半徑三乘冪除之，得·七五，爲三乘併率。兩正弦五自乘，相併，半徑五乘冪除之，得·六二五，爲五乘併率。如是遞求，得七乘併率·五三一二五、九乘併率·四五三一二五、十一乘併率·三八六七一八七五、十三乘併率·三三〇〇七八一二五、十五乘併率·二八一七三八二八一二五。

於是，以四用矢相併，得〇||||，爲四半徑，即以四爲第二數分子。以弧分四乘全、半根數比例二，得八，爲分母。以定母二約之，得四。以除分子得一，爲定分子。

四用矢冪相併，得〢甲〢乙〇〤以平方併率一乘其首層之一邊二，仍得二。併三層，得六，爲第三數分子。以弧分乘全、半平方比例四，得十六。以定母八約之，得二。以除分子得三，爲定分子。

四用矢立冪相併，得〦甲〦乙〇〤以平方併率乘其次層之一邊六，仍得六。併四層，得十，爲第四數分子。以弧分乘全、半立方比例八，得三十二。以定母十六約之，得二。以除分子，得五，爲定分子。

四用矢三乘冪相併，得〢甲〢乙〇一〢甲一〢乙〇〤以平方併率乘其三層之一邊十二，仍得十二。以三乘併率·七五乘其首層之一邊二，得一·五。相併，又併五層，得十七·五，爲第五數分子。以弧分乘全、半三乘比例十六，得六十四。以約定母一百二十八，得二。以通分子，得三十五，爲定分子。

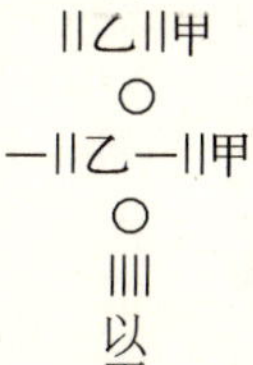

四用矢四乘冪相併，得〇甲一〇乙一〇〇甲═〇乙═〇〤以平方併率乘其四層之一邊，得二十。以三乘併率乘其次層之一邊，得七·五。相併，又併六層，得三十一·五，爲第六數分子。以弧分乘全、半四乘比例三十二，得一百二十八。以約定母二百五十六，得二。以通分子，得六十三，爲定分子。

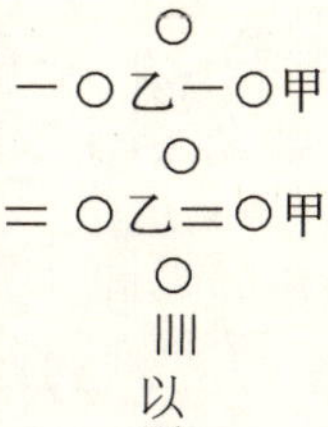

四用矢五乘冪相併，得〢甲〢乙〇≡〇甲≡〇乙〇≡〇甲≡〇乙〇〤以平方併率乘其五層之一邊，得三十。以三乘併率乘其三層之一邊，得二十二·五。以五乘併率·六二五乘其首層之一邊，得一·二五。相併，又併七層，得五十七·七五，爲第七數分子。以弧分乘全、半五乘比例六十四，得二百五十六。以約定母一千〇二十四，得四。以通分子，得二百三十一，爲定分子。

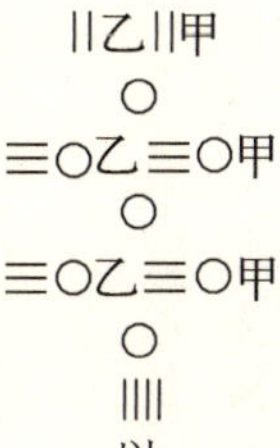

如是遞求，得四分弧逐數定分子。

如圖，列本數定分母爲首層，本數定分子爲次層，四分弧定分子爲三層。兩相比較，其第八數以上，定分子相同，無加減差。依遞推之例，第一差應起倍分加一之第九數，而遞加數亦當用第九行，除法亦起第九位。今第九數本數分子應減一，方合定分子。而應減數與本數分子之比例，若一與六千四百三十五，正與遞加數第九行倍首位一得二與第九位一萬二千八百七十之比例相合。

乃以第九行，自倍首位起，取第九數以下本數分子，按位挨次乘之。又自九位起，挨次除之，爲第一差。第九數乘除得一，以減本數分子，得六千四百三十四。第十數乘除得九，以減本數分子，得一萬二千一百四十六。十一數乘除得九十五，減本數分子，得四萬六千〇九十四。十二數乘除得三百八十五，以減本數分子，得八萬七千七百九十四。十三數乘除得五千三百十三，以減本數分子，得六十七萬〇七百二十六。十四數乘除得一萬六千四百四十五，減本數分子，得一百二十八萬三千六百三十。十五數乘除得九萬四千一百八十五，以減本數分子，得四百九十二萬〇三百九十。十六數乘除得二十五萬四千四百七十五，以減本數分子，得九百四十四萬〇三百七十。以上均與各數定分子合。

依遞推之例，第二差應起四因弧分加一之第十七數，遞加數應用三因倍分加一之二十五行，而除法仍起第九位。今十七數一差減數二億九千〇〇二萬一千八百九十五，以較定分子，應加一。而應加數與第一差之比例，若一與一千〇五十一萬八千三百，正與三十五行首位一與九位一千〇五十一萬八千三百之數同。

乃以二十五行首位與九位乘除十七數第一差，爲第二差，得一。以加一差減數，得二億九千〇〇二萬一千八百九十六與定分子合。

通計求四分弧加減差，其起差數及遞加數所用行數，亦與一分弧、二分弧、三分弧一例。夫自一分至四分，而求加減差之例，一一相同。則求至千百分，當亦莫不相同，而可無疑矣。此求通弦和用加減差之法所由立也。

定正負、加減之名，則本數爲正者，第一差用減爲負數，名減差。第二差用加爲正數，名加差。以下常一負一正相間。本數爲負者，第一差以減爲加，反爲

正數，名加差。第二差以加爲減，反爲負數，名減差。以下常一正一負相間。總之，不論本數正、負，第一差常與本數異名，第二差常與本數同名。以下各差，皆與本數一異名，一同名，相次而列。

準是推之，求通弦和，皆以倍弧分加一起差數。是析象限爲千分、萬分，必於二千〇〇一數、二萬〇〇〇一數起第一差，而其差亦愈後而愈微矣。然猶有差數之可言也。若不用通弦和，而徑用平圓弧線爲第一數，則既無分數之可言，即亦無所爲差數，而所得之本數，即橢圓弧線矣。此又橢圓求周之術所由立也。

原術用借大積開平方法，專從外切平圓立義。茲兼明借大積及借小積開方法率數，而外切平圓亦與內容平圓兩義並舉者，緣求橢圓周可用大徑平圓周爲第一數，以大徑爲一率，求其減數減大平圓周而成橢圓周。亦可用小徑平圓周爲第一數，以小徑爲一率，求其加數加小平圓周而成橢圓周。求減數，則與借大積開方法相通。求加數，則與借小積開方法相通。蓋二術兩相對待，必得用小徑之術，庶用大徑之術有所印證，而益知其取數之確。

項	數
本數定分母	[illegible]
本數定分子	[illegible]
四分弧定分子	[illegible]
第一差減數	[illegible]
第一差除法	[illegible]
乘法	[illegible]
第二差加數	[illegible]
第二差除法	[illegible]
乘法	[illegible]

算法

清·戴煦《假數測圓》卷上

以本弧弧分徑求四十五度以内正割對數。

術曰：先求各率分子爲遞次乘法。以二爲數根，即爲第一乘法。置前數根，加二得四，爲數根。置前乘法，四、五遞乘之，一、二遞除之，得二十，爲初減數。以數根減初減，得十六，爲第二乘法。置前數根，加二得六，爲數根。置前初減，六、七遞乘之，三、四遞除之，得七十，爲初減數。置前乘法，六、七遞乘之，一、二遞除之，得三百三十六，爲次減數。以數根減初減，得六十四，再減次減，得二百七十二，爲第三乘法。置前數根，加二得八，爲數根。置前初減，八、九遞乘之，五、六遞除之，得一百六十八，爲初減數。置前次減，八、九遞乘之，三、四遞除之，得二千〇十六，爲次減數。置前乘法，八、九遞乘之，一、二遞除之，得九千七百九十二，爲三減數。以數根減初減，得一百六十，再減次減，得一千八百五十六，再減三減，得七千九百三十六，爲第四乘法。

凡數根，均起各耦數。其求各減數，則用耦奇二數乘，而逐次乘法遞加。如第二乘法，用四、五乘。第三乘法，用六、七乘。再用奇耦二數除，而挨次減數遞降。如第三乘法，初減用三、四除，次減用一、二除。乘法降一位，則多一減。如是遞求，得各率分子，即爲遞次乘法。

乃以二爲全徑，單一爲半徑，求其逐度弧分，爲弧線表。以所設若干度，檢弧線表，得弧分爲二率。以半徑單一爲一率。二率自乘得三率。本當以一

率除之，得三率。而一率係單一，可省除。下倣此。以乘對數根，二除之，爲第一數正。

置第一數，以三率乘之，得五率。三、四遞除之，爲七率用數。第一乘法乘之，爲第二數正。置七率用數，以三率乘之，得七率。五、六遞除之，爲九率用數。第二乘法乘之，爲第三數正。置九率用數，以三率乘之，得九率。七、八遞除之，爲十一率用數。第三乘法乘之，爲第四數正。置十一率用數，以三率乘之，得十一率。九、十遞除之，爲十三率用數。第四乘法乘之，爲第五數正。如是遞求，至應求位數下，乃并諸正數。視所設半徑，較單一應升若干位，如半徑一百億係十一位，較單一應升十位，則於首位加一〇，即得所設度正割對數。

解曰：求對數用以本數求折小各率第一、第二術，其用數必爲單一下帶零數，則降位易而可求。如《續對數簡法》，求對數根，以及求借數之對數是也。而四十五度以内各正割線，與其用數相似。何也？用數爲單一下帶零數，而割線爲半徑外帶割線半徑差。若命半徑爲單一，則亦爲單一下帶零數。四十五度以外，則割綫半徑差漸大，不類帶零數矣。故有割線求其對數者，不必更求用數，但降半徑爲單一，即可爲用數。其求法用第二術，當以降位割線半徑差爲乘法，半徑單一爲除法，復挨次以一、二、三、四等數乘、除之，求得各數。又一正一負加減之，然後以對數根乘之，即得半徑單一之割綫對數。今雖未知割線半徑差真數而弧背求割線半徑差各率分數，則推演而可知。見《外切密率》。則即命割線半徑差各率分數爲乘法，以半徑一率爲除法，如求折小各率第二術演之，而本弧求正割對數之各率分數，即在是矣。蓋本弧求割綫半徑差率分起三率，若自乘爲一率乘五率。以半徑除之，必起五率率數，逐次遞降，則推演率分，亦無所窒碍也。

今依《外切密率》，演得本弧求割線半徑差率分，三率一、二分之一，又五率一、二、三、四分之五，又七率自一至六分之六十一，又九率自一至八分之一千三百八十五，又十一率自一至十分之五萬〇五百二十一，爲本弧求正割線對數之乘法也。

如圖，置本弧求割線半徑差率分爲實，仍以本弧求割綫半徑差爲乘法乘之。

先置原實五率以下分母爲定母，以原實首位三率一、二分之一偏乘乘法，得首層一率乘五率一、二分又一、二分之一，又一率乘七率一、二、三、四分又一、二分之五，又一率乘九率自一至六分又一、二分之六十一，又一率乘十一率自一至八分又一、二分之一千三百八十五，爲第一乘法式。

五率 一二三四	七率 一二三四五六	九率 一二三四五六七八	十一率 一二三四五六七八九十
一二 一二 𝍠	一二三四 一二 𝍤	一二三四五六 一二 𝍮𝍠	一二三四五六七八 一二 𝍩𝍢𝍯𝍤
一二除 三四乘 十	一二除 五六乘 𝍯𝍤	一二除 七八乘 𝍩𝍦〇𝍧	一二除 九十乘 𝍥𝍪𝍢𝍪𝍤
	一二 一二三四 𝍤	一二三四 一二三四 𝍪𝍤	一二三四五六 一二三四 𝍢〇𝍤
	一二三四除 三四五六乘 𝍯𝍤	一二三四除 五六七八乘 𝍩𝍦𝍬〇	一二三四除 七八九十乘 𝍥𝍬〇𝍬〇
		一二 一二三四五六 𝍮𝍠	一二三四 一二三四五六 𝍢〇𝍤
		一二三四五六除 三四五六七八乘 𝍩𝍦〇𝍧	一二三四五六除 五六七八九十乘 𝍥𝍬〇𝍬〇
			一二 一二三四五六七八 𝍩𝍢𝍯𝍤
			一二三四五六七八除 三四五六七八九十乘 𝍥𝍪𝍢𝍪𝍤
𝍥	𝍠𝍫〇	𝍬𝍠𝍮𝍥	𝍪𝍤𝍪𝍦𝍬〇

其五率定母係一、二、三、四分，乘法式分母係一、二分又一、二分。應以一、二除之，三、四乘之，使從定母。其七率定母係自一至六分，乘法式係一、二、三、四分又一、二分，應以一、二除之，五、六乘之。其九率定母係自一至八分，乘法式係自一至六分又一、二分。應以一、二除之，七、八乘之。其十一率定母係自一至十分，乘法式係自一至八分又一、二分。應以一、二除之，九、十乘之。通計乘除，得如次層一率乘五率一、二、三、四分之六，又一率乘七率自一至六分之七十五，又一率乘九率自一至八分之一千七百〇八，又一率乘十一率自一至十分之六萬二千三百二十五，爲第一同母式。

次以原實次位五率一、二、三、四分之五偏乘乘法，得三層一率乘七率一、二

分又一、二、三、四分之五，又一率乘九率一、二、三、四分又一、二、三、四分之二十五，又一率乘十一率自一至六分又一、二、三、四分之三百〇五，爲第二乘法式。復依法乘除之，使從定母，得四層一率乘七率自一至六分之七十五，又一率乘九率自一至八分之一千七百五十，又一率乘十一率自一至十分之六萬四千〇五十，爲第二同母式。

次以原實三位七率自一至六分之六十一偏乘乘法，得五層一率乘九率一、二分又自一至六分之六十一，又一率乘十一率一、二、三、四分又自一至六分之三百〇五，爲第三乘法式。復依法乘除之，使從定母，得六層一率乘九率自一至八分之一千七百〇八，又一率乘十一率自一至十分之六萬四千〇五十，爲第三同母式。

次以原實四位九率自一至八分之一千三百八十五乘乘法，得七層一率乘十一率一、二分又自一至八分之一千三百八十五，爲第四乘法式。復依法乘除之，使從定母，得一率乘十一率自一至十分之六萬二千三百二十五，爲第四同母式。

七率 一二三四五六	九率 一二三四五六七八	十一率 一二三四五六七八九十
一二 一二三四 𝍥	一二三四 一二三四 𝍫〇	一二三四五六 一二三四 𝍢𝍮𝍥
一二三四除 三四五六乘 𝍱〇	一二三四除 五六七八乘 𝍪𝍠〇〇	一二三四除 七八九十乘 𝍦𝍮𝍧𝍮〇
	一二 一二三四五六 𝍠𝍭〇	一二三四 一二三四五六 𝍦𝍭〇
	一二三四五六除 三四五六七八乘 𝍰𝍡〇〇	一二三四五六除 五六七八九十乘 𝍩𝍤𝍯𝍤〇〇
		一二 一二三四五六七八 𝍭𝍠𝍮𝍥 一二三四五六七八除 三四五六七八九十乘 𝍪𝍢𝍪𝍣𝍯〇
𝍱〇	𝍮𝍢〇〇	𝍬𝍥𝍮𝍧𝍫〇

以四同母式相并，一率除之，一率乘三率者命爲三率，一率乘五率者，命爲五率，即爲一率除之。得五率一、二、三、四分之六，又七率自一至六分之一百五十，又九率自一至八分之五千一百六十六，又十一率自一至十分之二十五萬二千七百五十，爲第二數全率。

次以第二數全率爲實，以乘法乘之。

先置原實七率以下分母爲定母。以原實首位五率一、二、三、四分之六偏乘乘法，得首層一率乘七率一、二分又一、二、三、四分之六，又一率乘九率一、二、三、四分又一、二、三、四分之三十，又一率乘十一率自一至六分又一、二、三、四分之三百六十六，爲第一乘法式。依法乘除之，使從定母，得次層一率乘七率自一至六分之九十，又一率乘九率自一至八分之二千一百，又一率乘十一率自一至十分之七萬六千八百六十，爲第一同母式。

次以原實次位七率自一至六分之一百五十偏乘乘法，得三層一率乘九率一、二分又自一至六分之一百五十，又一率乘十一率一、二、三、四分又自一至六分之七百五十，爲第二乘法式。復依法乘除之，使從定母，得四層一率乘九率自一至八分之四千二百，又一率乘十一率自一至十分之十五萬七千五百，爲第二同母式。

次以原實三位九率自一至八分之五千一百六十六乘乘法，得五層一率乘十一率一、二分又自一至八分之五千一百六十六，爲第三乘法式。復依法乘除之，使從定母，得六層一率乘十一率自一至十分之二十三萬二千四百七十，爲第三同母式。

以三同母式相并，一率除之，得七率自一至六分之九十，又九率自一至八分之六千三百，又十一率自一至十分之四十六萬六千八百三十，爲第三數全率。

次以第三數全率爲實，以乘法乘之。

先置原實九率以下分母爲定母。以原實首位七率自一至

九率 一二三四五六七八	十一率 一二三四五六七八九十
一二 一二三四五六 𝍱〇	一二三四 一二三四五六 𝍣𝍬〇
一二三四五六除 三四五六七八乘 𝍪𝍤𝍪〇	一二三四五六除 五六七八九十乘 𝍧𝍫𝍤〇〇
	一二 一二三四五六七八 𝍮𝍢〇〇
	一二三四五六七八除 三四五六七八九十乘 𝍪𝍧𝍫𝍤〇〇
𝍩𝍤𝍪〇	𝍫𝍦𝍯〇〇〇

六分之九十偏乘乘法，得首層一率乘九率一、二分又自一至六分之九十，又一率乘十一率一、二、三、四分又自一至六分之四百五十，爲第一乘法式。依法乘除之，使從定母，得次層一率乘九率自一至八分之二千五百二十，又一率乘十一率自一至十分之九萬四千五百，爲第一同母式。

次置原實次位九率自一至八分之六千三百乘乘法，得三層一率乘十一率一、二分又自一至八分之六千三百，爲第二乘法式。復依法乘除之，使從定母得四層一率乘十一率自一至十分之二十八萬三千五百，爲第二同母式。

以二同母式相并，一率除之，得九率自一至八分之二千五百二十，又十一率自一至十分之三十七萬八千，爲第四數全率。

次以第四數全率爲實，以乘法乘之。

先置原實十一率分母爲定母。以原實首位九率自一至八分之二千五百二十乘乘法，得首層一率乘十一率一、二分又自一至八分之二千五百二十，爲乘法式。依法乘除之，使從定母，得次層一率乘十一率自一至十分之十一萬三千四百爲同母式。以一率除之，得十一率自一至十分之十一萬三千四百，爲第五數全率。

十一率 一二三四五六七八九十
一二 一二三四五六七八 𝍪𝍣𝍪〇
一二三四五六七八除 三四五六七八九 𝍩𝍠𝍫𝍣〇〇

乃置本弧求割線半徑差率分，爲第一數。次置第二數全率，二除之，得五率一、二、三、四分之三，又七率自一至六分之七十五，又九率自一至八分之二千五百八十三，又十一率自一至十分之十二萬六千三百七十五，爲第二數。係負算，應減第一數。計減得三率一、二分之一，又五率一、二、三、四分之二，少七率自一至六分之十四，少九率自一至八分之一千一百九十八，少十一率自一至十分之七萬五千八百五十四，爲第一減得數。

十一率 一二三四五六七八九十
𝍣〇𝍤𝍪𝍠
𝍩𝍡𝍮𝍢𝍯𝍤
𝍦𝍭𝍧𝍭𝍣̸
𝍩𝍤𝍭𝍥𝍩〇
𝍦𝍱𝍦𝍭𝍥
𝍨𝍭𝍤〇〇
𝍠𝍬𝍦𝍬𝍣̸
𝍡𝍪𝍥𝍰〇
𝍯𝍨𝍫𝍥

次置第三數全率，三除之，求對數之第三數，係二乘、三除。彼因第三數生於第二數，原屬二分第三數全率之一。故二乘之得全率，再三除。此既用第三數全率，則三除之已得第三數。不必再用二乘也。下倣此。得七率自一至六分之三十，又九率自一至八分之二千一百，又十一率自一至十分之十五萬五千六百一十，爲第三數。係正算，應加，而第一減。得數七率以下均屬負數，正負異名，仍當以減爲加。計減得三率一、二分之一，又五率一、二、三、四分之二，又七率自一至六分之十六又九率自一至八分之九百〇二，又十一率自一至十分之七萬九千七百五十六，爲第二加得數。

次置第四數全率，四除之，得九率自一至八分之六百三十，又十一率自一至十分之九萬四千五百爲第四數。係負算，應減。計減得三率一、二分之一，又五率一、二、三、四分之二，又七率自一至六分之十六，又九率自一至八分之二百七十二，少十一率自一至十分之一萬四千七百四十四，爲第三減得數。

次置第五數全率，五除之，得十一率自一至十分之二萬二千六百八十，爲第五數。係正算，應加。因第三減得數之十一率係負數，仍當以減爲加。計減得三率一、二分之一，又五率一二三四分之二，又七率自一至六分之十六，又九率自一至八分之二百七十二，又十一率自一至十分之七千九百三十六，爲本弧求正割線對數各率分數也。

三率 一二	五率 一二三四	七率 一二三四五六	九率 一二三四五六七八
𝍠	𝍣	𝍮𝍠	𝍩𝍢𝍯𝍣
	𝍢	𝍯𝍣	𝍪𝍣𝍯𝍢
𝍠	𝍡	𝍩𝍣̸	𝍩𝍠𝍱𝍧̸
		𝍫〇	𝍪𝍠〇〇
𝍠	𝍡	𝍩𝍥	𝍨〇𝍡
			𝍥𝍫〇
𝍠	𝍡	𝍩𝍥	𝍡𝍯𝍡
𝍠	𝍡	𝍩𝍥	𝍡𝍯𝍡

細審本弧求割線對數率分，其分母與本弧求割線半徑差同。是其逐率除法，必自一、二而三、四而五、六矣。惟其分子，則由迭次乘除、迭次加減而得，莫能知其所由來。乃取本弧求切線分子，與之相較，本弧求切線分子，見《外切密率》。則一一相符。如求切線二率分子爲一，而求割線對數三率分子，亦爲一。求切線四率分子爲二，而求割線對數五率分子，亦爲二。求切線六率、八率、十率分子爲十六、爲二百七十二、爲七千九百三十六。而求割線對數七率、九率、十一率分子，亦爲十六、爲二百七十二、爲七千九百三十六。夫第五分子以前，既一一相符，則第五分子以後亦必一一相符。蓋迭次乘除加減，層層抵算，適與脗合也。故借本弧求切線術中求各率分子之法，以求遞次乘法，而數適合。更不待他求也。又求得數後，當以對數根乘之，爲正割對數。又先以乘第一數，其得數亦同也。

又術：用以本數求折小各率第一術，如《續對數簡法》求對數根之法求之，

則當以本弧求割線半徑差率分爲乘法。以本弧求割線半徑差率分首位，加一率一，得本弧求割線率分爲除法。乃置一率一，以乘法乘之，除法除之，爲第一數。次置第一數，又乘法乘之，除法除之，爲第二數全率。次置第二數全率，以乘法乘之，除法除之，爲第三數全率。如是遞求，得各數全率。然後置第二數全率，二除之，爲第二數。置第三數全率，三除之，爲第三數。如是遞求，得各數。乃以各數相并，亦得本弧求正割線對數率分。但所求得率分之分母、分子，與前術相同。而是術以本弧求割線率分爲除法，衍算較煩重，故不復贅。

又　卷下

以餘弧弧分徑求四十五度以外正弦對數。

術曰：依前求正割對數術，求得各率分子，爲遞次乘法。

乃以本弧減象限，得餘弧弧分爲二率，以半徑單一爲一率。二率自乘得三率。半徑單一，故省除。下同。以乘對數根，二除之，爲第一數負。置第一數，以三率乘之，得五率。三、四遞除之，爲七率用數。第一乘法乘之，爲第二數負。次置七率用數，以三率乘之，得七率。五、六遞除之，爲九率用數。第二乘法乘之，爲第三數負。次置九率用數，以三率乘之，得九率。七、八遞除之，爲十一率用數。第三乘法乘之，爲第四數負。次置十一率用數，以三率乘之，得十一率。九、十遞除之，爲十三率用數。第四乘法乘之，爲第五數負。如是遞求，至應求位數下，乃并諸負數。視所設半徑，較單一應升若干位，如半徑一百億係十一位，較單一應升十位。即以求得數與一〇相減，即得所設度正弦對數。

解曰：用以本數求折小各率第三、第四術，其用數必微小于單一，則降位易而可求。如前求負算對數二術，求〇九八之對數是也。而四十五度以内各餘弦似之。何也？求負算對數之用數，微小于單一，而四十五度以内之餘弦，亦微小于半徑。四十五度以外，則餘弦漸短，非微小于半徑矣。故有餘弦求其對數者，不必更求用數，但降半徑爲單一，則降位餘弦即用數。其求法，若用求負算對數第一術，當以降位餘弦減半徑單一，得正矢爲乘法，半徑單一爲除法。挨次以一、二、三、四乘除之，求得各數，命爲負算，相并。然後以對數根乘之，即得半徑單一之餘弦對數。今雖未知正矢，而本弧求正矢率分，則推衍而可知。見杜氏九術。則即命本弧求正矢各率分數爲乘法，以半徑一率爲除法，如求折小各率第三術衍之，而本弧求餘弦對數即餘弧求正弦對數。各率分數，即在是矣。

今依杜氏演得本弧求正矢率分，爲三率一、二分之一，少五率一、二、三、四分之一，多七率自一至六分之一，少九率自一至八分之一，多十一率自一至十分之一，爲本弧求餘弦對數之乘法也。

如圖，置本弧求正矢率分爲實，仍以本弧求正矢率分爲乘法乘之。先置原實五率以下分母爲定母。以原實首位三率一、二分之一偏乘乘法，得首層一率乘五率一、二分又一、二分之一，少一率乘七率一、二、三、四分又一、二分之一，多一率乘九率自一至六分又一、二分之一，少一率乘十一率自一至八分又一、二分之一，爲第一乘法式。

<table>
<tr><td>十一率
一二三四五六七八九十</td><td>九率
一二三四五六七八</td><td>七率
一二三四五六</td><td>五率
一二三四</td></tr>
<tr><td>一二三四五六七八
一二
丨̸</td><td>一二三四五六
一二
丨</td><td>一二三四
一二
丨̸</td><td>一二
一二
丨</td></tr>
<tr><td>一二除
九十乘
≡||||</td><td>一二除
七八乘
＝Ⅲ</td><td>一二除
五六乘
||||̸</td><td>一二除
三四乘
⊤</td></tr>
<tr><td>一二三四五六
一二三四
丨̸</td><td>一二三四
一二三四
丨</td><td>一二
一二三四
丨̸</td><td></td></tr>
<tr><td>一二三四除
七八九十乘
||七〇</td><td>一二三四除
五六七八乘
╧〇</td><td>一二三四除
三四五六乘
||||̸</td><td></td></tr>
<tr><td>一二三四
一二三四五六
丨̸</td><td>一二
一二三四五六
丨</td><td></td><td></td></tr>
<tr><td>一二三四五六除
五六七八九十乘
||七〇</td><td>一二三四五六除
三四五六七八乘
＝Ⅲ</td><td></td><td></td></tr>
<tr><td>一二三四五六七八
丨̸</td><td></td><td></td><td></td></tr>
<tr><td>一二三四五六七八除
三四五六七八九十乘
≡||||̸</td><td></td><td></td><td></td></tr>
<tr><td>||||七〇</td><td>丨＝⊤</td><td>丰〇</td><td>⊤</td></tr>
</table>

其五率定母係一、二、三、四分，乘法式分母係一、二分又一、二分，應以一、二除之，三、四乘之，使從定母。其七率定母係自一至六分乘法式，係一、二、三、四分又一、二分，應以一、二除之，五、六乘之。其九率定母係自一至八分，乘法

式係自一至六分又一、二分，應以一、二除之，七八乘之。其十一率定母係自一至十分，乘法式係自一至八分又一、二分，應以一、二除之，九、十乘之。通計乘除，得二層一率乘五率一、二、三、四分之六，少一率乘七率自一至六分之十五，多一率乘九率自一至八分之二十八，少一率乘十一率自一至十分之四十五，爲第一同母式。

次以原實次位少五率一、二、三、四分之一偏乘乘法，得三層少一率乘七率一、二分又一、二、三、四分之一，多一率乘九率一、二、三、四分又一、二、三、四分之一，少一率乘十一率自一至六分又一、二、三、四分之一，爲第二乘法式。依法乘除之，使從定母，得四層少一率乘七率自一至六分之十五，多一率乘九率自一至八分之七十，少一率乘十一率自一至十分之二百一十，爲第二同母式。

次以原實三位七率自一至六分之一偏乘乘法，得五層一率乘九率一、二分又自一至六分之一，少一率乘十一率一、二、三、四分又自一至六分之一，爲第三乘法式。復依法乘除之，使從定母，得六層一率乘九率自一至八分之二十八，少一率乘十一率自一至十分之二百一十，爲第三同母式。

次以原實四位少九率自一至八分之一乘乘法，得七層少一率乘十一率一、二分又自一至八分之一，爲第四乘法式。復依法乘除之，使從定母，得八層少一率乘十一率自一至十分之四十五，爲第四同母式。

乃以四同母式相并，一率除之，得五率一、二、三、四分之六，少七率自一至六分之三十，多九率自一至八分之一百二十六，少十一率自一至十分之五百一十，爲第二數全率。

次置第二數全率爲實，以乘法乘之。先置原實七率以下分母爲定母。以原實首位五率一、二、三、四分之六偏乘乘法，得首層一率乘七率一、二分又一、二、三、四分之六，少一率乘九率一、二、三、四分又一、二、三、四分之六，多一率乘十一率自一至六分又一、二、三、四分之六，爲第一乘法式。依法乘除之，使從定母，得次層一率乘七率自一至六分之九十，少一率乘九率自一至八分之四百二十，多一率乘十一率自一至十分之一千二百六十，爲第一同母式。

次以原實次位少七率自一至六分之三十偏乘乘法，得三層少一率乘九率一、二分又自一至六分之三十，多一率乘十一率一、二、三、四分又自一至六分之三十，爲第二乘法式。復依法乘除之，使從定母，得四層少一率乘九率自一至八分之八百四十，多一率乘十一率自一至十分之六千三百，爲第二同母式。

七率 一二三四五六	九率 一二三四五六七八	十一率 一二三四五六七八九十
一二 一二三四 丅	一二三四 一二三四 下	一二三四五六 一二三四 丅
一二三四除 三四五六乘 𝍱〇	一二三四除 五六七八乘 丨丨丨丨𝍭〇	一二三四除 七八九十乘 一丨丨⊥〇
	一二 一二三四五六 𝍭〇	一二三四 一二三四五六 ≡〇
	一二三四五六除 三四五六七八乘 𝍧𝍭〇	一二三四五六除 五六七八九十乘 ⊥丨丨丨〇〇
		一二 一二三四五六七八 丨=丅
		一二三四五六七八除 三四五六七八九十乘 ≣丅⊥〇
𝍱〇	一丨丨下〇	丨≡丨丨≡〇

次以原實三位九率自一至八分之一百二十六乘乘法，得五層一率乘十一率一、二分又自一至八分之一百二十六，爲第三乘法式。復依法乘除之，使從定母，得六層一率乘十一率自一至十分之五千六百七十，爲第三同母式。

乃并三同母式，以一率除之，得七率自一至六分之九十，少九率自一至八分之一千二百六十，多十一率自一至十分之一萬三千二百三十，爲第三數全率。

次置第三數全率爲實，以乘法乘之。先置原實九率以下分母爲定母。以原實首位七率自一至六分之九十偏乘乘法，得首層一率乘九率一、二分又

九率 一二三四五六七八	十一率 一二三四五六七八九十
一二 一二三四五六 𝍱〇	一二三四 一二三四五六 𝍭〇
一二三四五六除 三四五六七八乘 =丨丨丨丨=〇	一二三四五六除 五六七八九十乘 丨𝍱𝍧一〇〇
	一二 一二三四五六七八 一丨丨丅一〇
	一二三四五六七八除 三四五六七八九十乘 丨丨丨丨⊥𝍦〇〇
=丨丨丨丨=〇	𝍦≣下〇〇

自一至六分之九十，少一率乘十一率一、二、三、四分又自一至六分之九十，爲第一乘法式。依法乘除之，使從定母，得次層一率乘九率自一至八分之二千五百二十，少一率乘十一率自一至十分之一萬八千九百，爲第一同母式。

次以原實次位少九率自一至八分之一千二百六十乘乘法，得三層少一率乘十一率一、二分又自一至八分之一千二百六十，爲第二乘法式。復依法乘除之，使從定母，得四層少一率乘十一率自一至十分之五萬六千七百，爲第二同母式。

乃并二同母式，以一率除之，得九率自一至八分之二千五百二十，少十一率自一至十分之七萬五千六百，爲第四數全率。

次置第四數全率爲實，以乘法乘之，先置原實十一率分母爲定母。以原實首位九率自一至八分之二千五百二十乘乘法，得首層一率乘十一率一、二分又自一至八分之二千五百二十，爲乘法式。依法乘除之，使從定母，得次層一率乘十一率自一至十分之十一萬三千四百爲同母式以一率除之得十一率自一至十分之十一萬三千四百，爲第五數全率。

乃置本弧求正矢率分，正者負之，負者正之，爲第一數。次置第二數全率，二除之，正負互易，得少五率一、二、三、四分之三，多七率自一至六分之十五，少九率自一至八分之六十三，多十一率自一至十分之二百五十五，爲第二數。應加第一數，正負異名，當以減爲加。計減得少三率一、二分之一，少五率一、二、三、四分之二，多七率自一至六分之十四，少九率自一至八分之六十二，多十一率自一至十分之二百五十四，爲第一加得數。

十一率 一二三四五六七八九十
一二 一二三四五六七八 𝍪𝍣𝍪〇
一二三四五六七八除 三四五六七八九十乘 𝍩𝍠𝍫𝍣〇〇

次置第三數全率，三除之，正負互易，得少七率自一至六分之三十，多九率自一至八分之四百二十，少十一率自一至十分之四千四百一十，爲第三數。應加第一加得數，正負均異名，仍當以減爲加。計減得少三率一、二分之一，少五率一、二、三、四分之二，少七率自一至六分之十六，多九率自一至八分之三百五十八，少十一率自一至十分之四千一百五十六，爲第二加得數。

次置第四數全率，四除之，正負互易，得少九率自一至八分之六百三十，多十一率自一至十分之一萬八千九百，爲第四數。應加第二加得數，正負仍異名，復以減爲加。計減得少三率一、二分之一，少五率一、二、三、四分之二，少七率自一至六分之十六，少九率自一至八分之二百七十二，多十一率自一至十分之一萬四千七百四十四，爲第三加得數。

次置第五數全率，五除之，正負互易，得少十一率自一至十分之二萬二千六百八十，應加第三加得數，正負仍異名，復以減爲加。計減得少三率一、二分之一，少五率一、二、三、四分之二，少七率自一至六分之十六，少九率自一至八分之二百七十二，少十一率自一至十分之七千九百三十六，爲本弧求餘弦對數率分，亦即餘弧求正弦對數率分也。

細審餘弧求正弦對數各率分數，其分母、分子，均與求割線對數同。特正負不同，故其求遞次乘法，亦借本弧求切線術，而以對數根乘第一數，亦與求割線對數同意也。

三率 一二	五率 一二三四	七率 一二三四五六	九率 一二三四五六七八	十一率 一二三四五六七八九十
𝍠̸	𝍠	𝍠̸	𝍠	𝍠̸
	𝍢̸	𝍩𝍤	𝍮𝍢̸	𝍡𝍭𝍤
𝍠̸	𝍡̸	𝍩𝍣	𝍮𝍡̸	𝍡𝍭𝍣
		𝍫̸〇	𝍣〇〇	𝍬𝍣𝍩̸〇
𝍠̸	𝍡̸	𝍩𝍥̸	𝍢𝍭𝍧	𝍬𝍠𝍭𝍥̸
			𝍥𝍫̸〇	𝍠𝍰𝍨〇〇
𝍠̸	𝍡̸	𝍩𝍥̸	𝍡𝍯𝍡̸	𝍠𝍬𝍦𝍬𝍣
				𝍡𝍪𝍥𝍫̸〇
𝍠̸	𝍡̸	𝍩𝍥̸	𝍡𝍯𝍡̸	𝍯𝍨𝍫𝍥̸

又法，用以本數求折小各率第四術，如求負算對數第二術之法求之，則當以本弧求正矢率分爲乘法，以本弧求正矢率分轉減一率半徑，得本弧求餘弦率分用爲除法。乃置一率一，以乘法乘之，除法除之，正負互易，爲第一數。次置第一數，乘法乘之，除法除之，爲第二數全率。次置第二數全率，乘法乘之，除法除之，爲第三數全率。如是遞求，得各數全率。然後置第二數全率，二除之爲第二數，應加。置第三數全率，三除之，爲第三數，應減。遞次加減，亦得餘弧求正弦對數率分。而所得之分母、分子，亦與前術同。故不復贅。

又戴煦《象數一原》卷七

橢圓内容平圓匀析弧分爲幾，取遞加奇分弧幾通弦，求平圓自半分起遞加全分弧相應之橢圓逐分抵周線。

法以小半徑爲第一數正。取各奇分通弦，各自乘。小半徑除之，各減四小半徑，爲各倍外矢。通弦自乘，半徑除之，爲倍正矢。四半徑即二全徑，故減倍正矢得倍外矢。寄左。又以小半徑爲一率，大半徑自乘，小半徑除之，轉減小半徑，爲泛三率。與左相乘，一率除之，爲定三率。二除之又四除之，爲第二數正。次置第二數，各以三率乘之，一率除之，得五率。一乘之，四除之又四除之，爲第三數負。次置第三數，各以三率乘之，一率除之，得七率。三乘之，六除之又四除之，爲第四數正。次置第四數，各以三率乘之，一率除之，得九率。五乘之，八除之又四除之，爲第五數負。依次遞乘遞除，至單位下止。第一數正，第二數以下，耦數正、奇數負，正負相減，得自半分起遞加全分之橢圓各抵周綫。

橢圓內容平圓，一象限勻析弧分爲幾，取遞加奇分弧幾通弦，求與平圓相應之逐分橢圓通弦。

法以一分內容平圓通弦爲第一數正。取各奇分通弦，各自乘。小半徑除之，各減四小半徑，爲各倍外矢，寄左。又以小半徑爲一率，大半徑自乘，小半徑除之，轉減小半徑，爲泛三率。與左相乘，一率除之，爲定三率。置第一數，各以三率乘之，一率除之，得三率。二除之又四除之，爲第二數正。次置第二數，以三率乘之，一率除之，得五率。一乘之，四除之又四除之，爲第三數負。次置第三數，以三率乘之，一率除之，得七率。三乘之，六除之又四除之，爲第四數正。次置第四數，以三率乘之，一率除之，得九率。五乘之，八除之又四除之，爲第五數負。依次遞乘遞除，至單位下止。第一數正，第二數以下，耦數正、奇數負，正負相減，即逐分橢圓通弦。

橢圓小徑作平圓，取一象限勻析爲幾分，以平圓逐分通弦和求相應之橢圓逐分通弦和。

先求本數。法置小徑平圓逐分通弦和爲第一數正。次以小半徑爲第一率。大半徑自乘，小半徑除之，轉減小半徑，爲第三率。迺置第一數，以三率乘之，一率除之，二自乘除之，爲第二數正。次置第二數，以三率乘之，一率除之，一乘之，三乘之，四自乘除之，爲第三數負。次置第三數，以三率乘之，一率除之，三乘之，五乘之六自乘除之爲第四數正次置第四數以三率乘之，一率除之，五乘之，七乘之，八自乘除之，爲第五數負。依次遞乘遞除，至單位下止。第一數正，第二數以下，耦數正奇數負。

次定加減差所起之第幾數。亦遞以耦數乘弧分加一爲逐次加減差所起之數，與原術同。原術本數皆負，故第一次名加差，第二次名減差。今術本數正負相間，各差皆有加有減，故概名爲加減差。

次求逐次加減差，其乘除法均與原術同。其第一次加減差，本數正者負之，負者正之。第二次加減差，本數正者正之，負者負之。以下奇次差正負均與本數異，耦次差均與本數同。用表求加減差乘除法，亦與原術同。

末求橢圓逐分通弦和。法以正數相併，負數亦相併，正負相減，即橢圓逐分通弦和。

橢圓求周術。

法以小徑爲徑，求得平圓周，爲第一數正。次以橢圓小半徑爲第一率。大半徑自乘，小半徑除之，轉減小半徑，爲第三率。迺置第一數，以三率乘之，一率除之，二自乘除之，爲第二數正。次置第二數，以三率乘之，一率除之，一乘之，三乘之，四自乘除之，爲第三數負。次置第三數，以三率乘之，一率除之，三乘之，五乘之，六自乘除之，爲第四數正。次置第四數，以三率乘之，一率除之，五乘之，七乘之，八自乘除之，爲第五數負。依次遞乘遞除，至單位下止。第一數正，第二數以下，耦數正奇數負，正負相減，即橢圓周。

部分二次三次曲綫分部

算法

清・夏鸞翔《萬象一原》卷四

橢圓求大徑端餘弦上截橢弧本《代微積拾級》第十八卷，即小徑端弧背也。

先求乘法。

法以大半徑冪乘第一數，第一數見後。二除之，於上，另置正弦即戊己。冪，減大半徑冪，平方開之，爲橢餘弦。即己丙，亦名公餘弦。以借正弦乘之，二除之，以減上位，爲第一乘法。三倍大半徑冪乘第一乘法，四除之。於上，另置橢餘弦，以借正弦立方乘之，四除之，以減上位，爲第二乘法。五倍大半徑冪乘第二乘

法，六除之。於上，另置橢餘弦，以借正弦四乘方乘之，六除之，以減上位，爲第三乘法。下皆如是，依次列之爲逐數乘法。

借正弦之平圓弧背，爲第一數正。置半心差冪，以大半徑立方除之，二除之，第一乘法乘之，爲第二數負。次置第二數，以半心差冪乘之，大半徑三乘方除之，一乘之，四除之，第一乘法除之，第二乘法乘之，爲第三數負。次置第三數，以半心差冪乘之，大半徑三乘方除之，三乘之，六除之，第二乘法除之，第三乘法乘之，爲第四數負。次置第四數，以半心差冪乘之，大半徑三乘方除之，五乘之，八除之，第三乘法除之，第四乘法乘之，爲第五數負。順是以下皆如是，求至單位下止。乃正負并減，爲大徑餘弦上截橢弧。

甲丙　小半徑，丁丙大半徑，庚丙同。乙(巳)[已]橢正弦，戊已借正弦，已丙橢餘弦，戊丁第一數，乙丁求得數。

依上圖，是借戊庚以求乙甲也，是借大求小也。積分内未去㓨數，故得餘弧乙甲。

橢圓求小徑端餘弦上截橢弧新術，○即大徑端弧背也。

先求乘法。

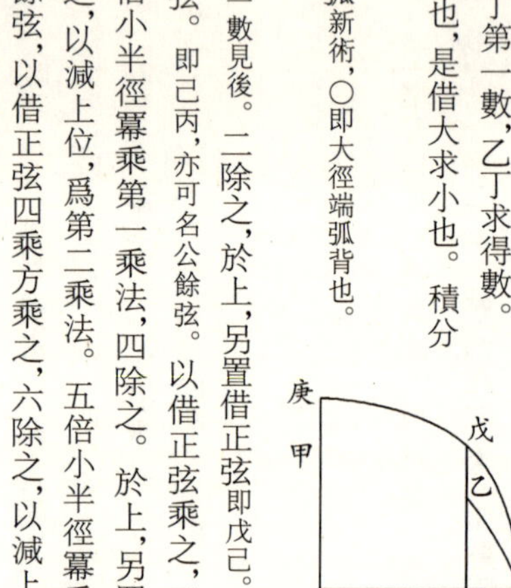

法以小半徑冪乘第一數，第一數見後。二除之，於上，另置借正弦即戊已。冪，減小半徑冪，平方開之，爲橢餘弦。即已丙，亦可名公餘弦。以借正弦乘之，二除之，以減上位，爲第一乘法。三倍小半徑冪乘第一乘法，四除之。於上，另置橢餘弦，以借正弦立方乘之，四除之，以減上位，爲第二乘法。五倍小半徑冪乘第二乘法，六除之。於上，另置橢餘弦，以借正弦四乘方乘之，六除之，以減上位，爲第三乘法。下皆如是，依次列之，爲逐數乘法。

借正弦之平圓弧背爲第一數正。置半心差冪，以小半徑立方除之，二除之，第一乘法乘之，爲第二數正。次置第二數，以半心差冪乘之，小半徑三乘方除之，一乘之，四除之，第一乘法除之，第二乘法乘之，爲第三數負。次置第三數，以半心差冪乘之，小半徑三乘方除之，三乘之，六除之，第二乘法除之，第三乘法乘之，爲第四數正。次置第四數，以半心差冪乘之，小半徑三乘方除之，五乘之，八除之，第三乘法除之，第四乘法乘之，爲第五數負。順是以下皆如是，求至單位下止。乃正負并減，爲小徑餘弦上截橢弧。

甲丙大半徑，丁丙小半徑，庚丙同。乙已橢正弦，戊已借正弦，已丙橢餘弦，戊丁第一數，乙丁求得數。

依上圖，是借戊庚以求乙甲也，是借小求大也。積分内去㓨數，故得餘弧乙甲。

橢圓求全面積新術。

大小徑相乘，爲第一數正。次置第一數，二除之又三除之，爲第二數負。次置第二數，一乘之，三乘之，二除之又二除之，五除之，爲第三數負。次置第三數，三乘之，五乘之，二除之又三除之，七除之，爲第四數負。次置第四數，五乘之，七乘之，二除之又四除之，九除之，爲第五數負。順是以下皆如是，求至單位下止。乃正負并減，爲橢圓面積。

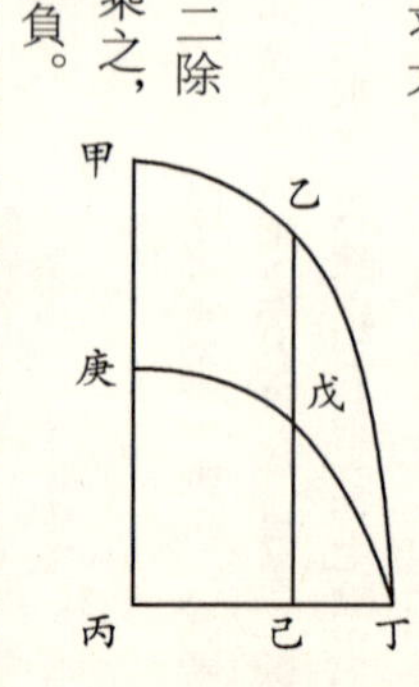

橢圓求全曲面積本《代微積拾級》第十八卷本術。

大小二半徑相乘，平圓周率乘之，四之，爲第一數正。次置第一數，以半心差冪乘之，大半徑冪除之，二除之又三除之，爲第二數負。次置第二數，以半心差冪乘之，大半徑冪除之，一乘之，四除之又三乘之，五除之，爲第三數負。次置第三數，以半心差冪乘之，大半徑冪除之，三乘之，六除之又五乘之，七除之，爲第四數負。順是以下皆如是，求至單位下止。乃正負并減，爲橢圓全曲面積。

橢圓求大徑端截蓋殼積新術，已見《致曲術》，此是蜑體橢圓之蓋殼。

橢正弦此橢正弦與大半徑平行。乘小半徑，平圓周率乘之，倍之，爲第一數正。次置第一數，以半心差冪乘之，橢正弦冪乘之，大半徑三乘方除之，二除之又三除之，爲第二數負。次置第二數，以半心差冪乘之，橢正弦冪乘之，大半徑三乘方除之，一乘之，四除之又三乘之，五除之，爲第三數負。次置第三數，以半心差冪乘之，橢正弦冪乘之，大半徑三乘方除之，三乘之，六除之又五乘之，七除之，爲第四數負。順是以下皆如是，求至單位下止。乃正負并減，以減橢圓半曲面，得大徑端蓋殼積。

橢圓求小徑端截蓋殼積新術，已見《致曲術》，此是榼體橢圓之蓋殼。

橢正弦此橢正弦與小半徑平行。乘大半徑，平圓周率乘之，倍之，爲第一數正。次置第一數，以半心差冪乘之，橢正弦冪乘之，小半徑三乘方除之，二除之又三除之，爲第二數正。次置第二數，以半心差冪乘之，橢正弦冪乘之，小半徑三乘方除之，一乘之，四除之又三乘之，五除之，爲第三數負。次置第三數，以半心差冪乘之，橢正弦冪乘之，小半徑三乘方除之，三乘之，六除之又五乘之，七除之，爲第四數正。順是以下皆如是，求至單位下止。乃正負并減，以減榼體橢圓

半曲面，得小徑端蓋殼積。

橢圓求大徑端截蓋體積新術，已見《致曲術》，此是蛋體橢圓之蓋積。

小通徑大徑除小徑冪之數。乘矢，爲初底。矢乘之，二除之，爲平錐正。正弦冪與初底相減，爲次底。矢乘之，三除之，爲立錐負。兩錐相減，四除之，三乘之，爲第一數。四分第一數之一，二除之，三除之，爲第二數。四分第二數之一，九乘之，四除之，五除之，爲第三數。四分第三數之一，二十五乘之，六除之，七除之，爲第四數。順是以下皆如是，求至單位下止。乃相并而四之，爲橢圓大徑端截蓋體積。

橢圓求小徑端截蓋體積新術，已見《致曲術》，此是榼體橢圓之蓋積。

大通徑小徑除大徑冪之數。乘矢，爲初底。矢乘之，二除之，爲平錐正。正弦冪與初底相減，爲次底。矢乘之，三除之，爲立錐負。兩錐相減，四除之，三乘之，爲第一數。四分第一數之一，二除之，三除之，爲第二數。四分第二數之一，九乘之，四除之，五除之，爲第三數。四分第三數之一，二十五乘之，六除之，七除之，爲第四數。順是以下皆如是，求至單位下止。乃相并而四之，爲橢圓小徑端截蓋體積。

又 卷五

正雙綫求常曲綫

先以**日**二五之方根爲常數。二之方根加一，求其訥氏對數，爲一率。常數乘之，爲第一數正。二除二之方根，以一率二之一減之，爲二率。常數除之，二除之，爲第二數正。四除二之方根，以二率四之三減之，爲三率。常數立方除之，一乘之，二除之，四除之，爲第三數負。六除二之方根，以三率六之五減之，爲四率。常數四乘方除之，一乘之，三乘之，二除之，四除之，六除之，爲第四數正。以下一負一正相間。求已正負并減，以半徑乘之，得通徑上曲綫。是弧背非通弧。此是比例。法先求一爲半徑之常曲綫，用爲定率。乃以今用半徑乘得之也。

正雙綫求弧背

用斜雙綫求弧二改定術，將其用大半徑或小半徑者盡改爲半徑，半徑冪加**回**二五爲常數，開數改爲餘弦。正弦亦無所謂橫直。

置全徑，以正弦、正矢和乘之，正弦、餘弦、半徑和除之，爲第一數。置第一數，以正弦、正矢和之，冪乘之，正弦、餘弦、半徑和之，冪除之，一乘之，三除之，爲第二數。置第二數，以正弦、正矢和之，冪乘之，正弦、餘弦、半徑和之，冪除之，三乘之，五除之，爲第三數。求已并之，得弧背。

凡正雙綫以正弦求弧，必用訥氏對數，又必以單一爲半徑，乃可求。此術融入求訥氏對數級數，而單一之對數爲借對數，乃第一數。第一數爲無數，故不用第一數，徑以第二數爲第一數。求畢，須半徑乘又二乘，故首用全徑。

求常曲綫亦可用右術。任正弦甚大，俱可用右術，不過降位較難耳。

正雙綫求常面積即通徑上半弧矢積。

半徑冪爲第一數正。次置第一數，二除之又三除之，爲第二數正。次置第二數，一乘之，三乘之，二除之又二除之，五除之，爲第三數負。次置第三數，三乘之，五乘之，二除之又三除之，七除之，爲第四數正。次置第四數，五乘之，七乘之，二除之又四除之，九除之，爲第五數負。次置第五數，七乘之，九乘之，二除之又五除之，十一除之，爲第六數正。順是以下皆如是，求至單位下止。乃正負并減，爲刀形積。此數四之，即正雙綫之全面積。以減正、餘弦相乘數，得正雙綫常面積。

又新術。置半徑，二除之，三除之，爲第一數正。次置第一數，一乘之，四除之，三乘之，五除之，爲第二數負。次置第二數，三乘之，六除之，五乘之，七除之，爲第三數正。順是以下皆如是，求至單位下止。乃正負并減，減半徑，乘心距頂之數，得正雙綫常面積。

又新術。心距頂乘半徑，二乘之，三除之，爲第一數正。次置第一數，以二之方根，去一乘，二次五除之，爲第二數負。次置第二數，以二之方根，去一乘，二次一乘之，七除之，爲第三數負。次置第三數，以二之方根，去一乘，二次三乘之，九除之，爲第四數負。次置第四數，以二之方根，去一乘，二次五乘之，十一乘之，爲第五數負。順是以下皆如是，求至單位下止。乃正負并減，爲正雙曲綫常面積。

正雙綫求半弧矢積新術。

置半徑冪，以正弦冪乘之，半徑冪除之，二除之，三除之，爲第一數正。次置第一數，以正弦冪乘之，半徑冪除之，一乘之，四除之，三乘之，五除之，爲第二數負。次置第二數，以正弦冪乘之，半徑冪除之，三乘之，六除之，五乘之，七除之，爲第三數正。順是以下皆如是，求至單位下止。乃正負并減，減正弦、正矢相乘

之冪，爲正雙綫半弧矢積。

右術惟半弧矢小於常面積者可求，大於常面積者不可求。

又新術：此與徐氏平圓求弧田反對。倍矢乘正弦，三除之爲第一數正。矢冪乘第一數，正弦冪除之，五除之，爲第二數負。矢冪乘第二數，正弦冪除之，一乘之，七除之，爲第三數負。矢冪乘第三數，正弦冪除之，三乘之，九除之，爲第四數負。矢冪乘第四數，正弦冪除之，五乘之，十一除之，爲第五數負。順是以下皆如是，求至單位下止。乃正負并減，爲正雙綫半弧矢積。

右術無論半弧矢小於常面積或大於常面積，俱可求。

正雙綫求常曲面積新術。

半徑冪之半以減半心差冪，平方開之，二除之，半心差乘之。於上，另置半徑冪之半，以減半心差冪，平方開之。加半心差，求其訥氏對數。以半徑乘之，二之方根乘之，四除之。以減上位，爲變數。

半徑冪之半平方開之二除之半徑乘之於上另置半徑冪之半，平方開之，加半徑，求其訥氏對數。以半徑乘之，二之方根乘之，四除之，以減上位，爲常數。

常數減變數，以二之方根乘之，三乘之，爲第一數。四分第一數之一，二除之，三除之，爲第二數。四分第二數之一，九乘之，四除之，五除之，爲第三數。四分第三數之一，二十五乘之，六除之，七除之，爲第四數。順是以下皆如是，求至單位下止。乃相并，爲正雙綫常曲面積。

正雙綫求截蓋殼積新術。

半徑冪之半，以減餘弦冪，平方開之，二除之，餘弦乘之。於上，另置半徑冪之半，以減餘弦冪，平方開之，加餘弦，求其訥氏對數。以半徑乘之，二之方根乘之，四除之，以減上位，爲變數。半徑冪之半，平方開之，二除之，半徑乘之。於上，另置半徑冪之半，平方開之，加半徑，求其訥氏對數。以半徑乘之，二之方根乘之，四除之，以減上位，爲常數。常數減變數，以二之方根乘之，三乘之，爲第一數。四分第一數之一，二除之，三除之，爲第二數。四分第二數之一，九乘之，四除之，五除之，爲第三數。四分第三數之一，二十五乘之，六除之，七除之，爲第四數。順是以下皆如是，求至單位下止。乃相并，爲正雙綫截蓋殼積。

右正雙綫求截蓋殼，任小於常曲面或大於常曲面，俱可求。

正雙綫求常體積新術，已見《致曲術》。

徑乘心距頂爲初底。心距頂乘之，二除之，爲平錐。半徑冪與初底相減，爲次底。心距頂乘之，三除之，爲立錐。兩錐相加，四除之，三乘之，爲第一數。四分第一數之一，二除之，三除之，爲第二數。四分第二數之一，九乘之，四除之，五除之，爲第三數。四分第三數之一，二十五乘之，六除之，七除之，爲第四數。順是以下皆如是，求至單位下止。乃相并而四之，爲正雙綫常體積。

正雙綫求截蓋體積新術，已見《致曲術》。

徑乘矢爲初底。矢乘之，二除之，爲平錐。半徑冪與初底相減，爲次底。矢乘之，三除之，爲立錐。兩徑相加，四除之，三乘之，爲第一數。四分第一數之一，二除之，三除之，爲第二數。四分第二數之一，九乘之，四除之，五除之，爲第三數。四分第三數之一，二十五乘之，六除之，七除之，爲第四數。順是以下皆如是，求至單位下止。乃相并而四之，爲正雙綫截蓋體積。

右所求之截蓋體，任小於常體積或大於常體積，俱可求。

又 卷六

斜雙綫求大徑端弧背

先用小半徑冪除大半徑冪，四而一。加入小半徑冪，平方開之，爲常數。乃置小半徑冪加正弦冪，此正弦與小徑平行。平方開之，名曰開數。開數加正弦之訥氏對數，以半徑之訥氏對數減之，爲一率。常數乘之，爲第一數正。正弦二之一乘開數，以一率乘小半徑冪二之一減之，爲二率。常數除之，二除之，爲第二數正。正弦立方四之一乘開數，以二率乘小半徑冪四之三減之，爲三率。常數立方除之，一乘之，二除之，四除之，爲第三數負。正弦四乘方六之一乘開數，以三率乘小半徑冪六之五減之，爲四率。常數四乘方除之，一乘之，三乘之，二除之，四除之，六除之，爲第四數正。以下一負一正相間。順是以下皆如是，求至單位下止。用正負并減，爲大徑端弧背。

又新術。先求乘法。正弦冪加大半徑冪，平方開之，加正弦，求其訥氏對數。以大半徑之訥氏對數減之，爲第一乘法。此所用正弦與小徑平行。正弦冪加大半徑冪，平方開之，正弦乘之，二而一，以大半徑冪乘第一乘法二之一減之，爲第二乘法。正弦冪加大半徑冪，平方開之，正弦立方乘之，四而一，以大半徑冪乘第二乘法四之三減之，爲第三乘法。正弦冪加大半徑冪，平方開之，正弦四乘方乘之，六而一，以大半徑冪乘第三乘法六之五減之，爲第四乘法。下皆如是，依次列之，爲逐數乘法。

置大半徑上同正矢之正雙綫弧，亦名借弧。爲第一數正。次置第一數，以半

心差冪乘之，大半徑三乘方除之，此乃大半徑冪除二次，其一次係戊内之二呷爲除法也。二除之，第一乘法除之，第二乘法乘之，爲第二數負。次置第二數，以半心差冪乘之，大半徑三乘方除之，一乘之，四除之，第二乘法除之，第三乘法乘之，爲第三數正。次置第三數，以半心差冪乘之，大半徑三乘方除之，三乘之，六除之，第三乘法除之，第四乘法乘之，爲第四數負。順是以下皆如是，求至單位下止。乃正負并減，爲斜雙綫大徑端弧背。術内半心差爲大徑上半心差。

斜雙綫求小徑端弧背新術。

置小半徑上同正矢之正雙綫弧，亦名借弧。爲第一數。次置第一數，以半心差冪乘之，小半徑三乘方除之，二除之，第一乘法除之，第二乘法乘之，爲第二數正。次置第二數，以半心差冪乘之，小半徑三乘方除之，一乘之，四除之，第二乘法除之，第三乘法乘之，爲第三數負。次置第三數，以半心差冪乘之，小半徑三乘方除之，三乘之，六除之，第三乘法除之，第四乘法乘之，爲第四數正。順是以下皆如是，求至單位下止。乃正負并減，爲雙斜綫小徑端弧背。術内半心差爲小徑上半心差。

右術已去哂，故所得非餘弧而逕得正弧。

又新術。將斜雙綫求大徑端弧背第一術之小半徑盡改爲大半徑，第一術之大半徑盡改爲小半徑。注亦照改。如第一術演而録，即是。

斜雙綫求大徑端曲面

先用小半徑冪除大半徑冪，四而一，加入小半徑冪，平方開之，爲常數。乃置小半徑冪，加正弦冪，此正弦與小徑平行。平方開之，名曰開數。以小半徑減之，爲一率。徑二之圓周乘之，常數乘之，爲第一數正。正弦冪三之一乘開數，以一率乘小半徑冪三之二減之，徑二之圓周乘之，常數除之，二除之，爲第二數正。正弦三乘方五之一乘開數，以二率乘小半徑冪五之四減之，徑二之圓周乘之，常數立方除之，一乘之，二除之，四除之，爲第三數負。正弦五乘方七之一乘開數，以三率小半徑七之六減之，徑二之圓周乘之，常數四乘方除之，一乘之，三乘之，二除之，四除之，六除之，爲第四數正。以下一負一正相間。順是以下皆如是，求至單位下止。乃正負并減，爲大徑端曲面。

斜雙綫求大徑端截蓋殼積新術。

先求乘法。正弦此正弦與小徑平行。冪加大半徑冪，平方開之，以大半徑減之，爲第一乘法。正弦冪加大半徑冪，平方開之，正弦平方乘之，三而一，以大半徑冪乘第一乘法，三之二減之，爲第二乘法。正弦冪加大半徑冪，平方開之，正弦三乘方乘之，五而一，以大半徑冪乘第二乘法，五之四減之，爲第三乘法。正弦冪加大半徑冪，平方開之，正弦五乘方乘之，七而一，以大半徑冪乘第三乘法，七之六減之，爲第四乘法。下皆如是，依次列之，爲逐數乘法。

置大半徑，以倍圓周率乘之，第一乘法乘之，爲第一數正。次置第一數，以半心差此半心差在大徑上。冪乘之，大半徑三乘方除之，二除之，第一乘法除之，第二乘法乘之，爲第二數正。次置第二數，以半心差冪乘之，大半徑三乘方除之，一乘之，四除之，第二乘法除之，第三乘法乘之，爲第三數負。次置第三數，以半心差冪乘之，大半徑三乘方除之，三乘之，六除之，第三乘法除之，第四乘法乘之，爲第四數正。順是以下皆如是，求至單位下止。乃正負并減，爲斜雙綫大徑端截蓋殼積。

斜雙綫求小徑端截蓋殼積新術。

先求乘法。正弦此正弦與大徑平行。冪加小半徑冪，平方開之，以小半徑減之，爲第一乘法。正弦冪加小半徑冪，平方開之，正弦平方乘之，三而一，以小半徑冪乘第一乘法，三之二減之，爲第二乘法。正弦冪加小半徑冪，平方開之，正弦三乘方乘之，五而一，以小半徑冪乘第二乘法，五之四減之，爲第三乘法。正弦冪加小半徑冪，平方開之，正弦五乘方乘之，七而一，以小半徑冪乘第三乘法，七之六減之，爲第四乘法。下皆如是，依次列之，爲逐數乘法。

置小半徑以倍圓周率乘之，第一乘法乘之，爲第一數正。次置第一數，以半心差此半心差在小徑上。冪乘之，小半徑三乘方除之，二除之，第一乘法除之，第二乘法乘之，爲第二數正。次置第二數，以半心差冪乘之，小半徑三乘方除之，一乘之，四除之，第二乘法除之，第三乘法乘之，爲第三數負。次置第三數，以半心差冪乘之，小半徑三乘方除之，三乘之，六除之，第三乘法除之，第四乘法乘之，爲第四數正。順是以下皆如是，求至單位下止。乃正負并減，爲斜雙綫小徑端截蓋殼積。

斜雙綫求大徑端截蓋體積新術。

小通徑大徑除小徑冪之數。乘矢，爲初底。矢乘之，二除之，爲平錐。正弦冪與初底相減，爲次底。矢乘之，三除之，爲立錐。兩錐相加，四除之，三乘之，爲第一數。四分第一數之一，二除之，三除之，爲第二數。四分第二數之一，九乘之，四除之，五除之，爲第三數。四分第三數之一，二十五乘之，六除之，七除之，

為第四數。順是以下皆如是，求至單位下止。乃相并而四之，爲斜雙綫大徑端截蓋體積。

斜雙綫求小徑端截蓋體積

大通徑小徑除大徑冪之數。乘矢，爲初底。矢乘之，二除之，爲平錐。正弦冪與初底相減，爲次底。矢乘之，三除之，爲立錐。兩錐相加，四除之，三乘之，爲第一數。四分第一數之一，二除之，三除之，爲第二數。四分第二數之一，九乘之，四除之，五除之，爲第三數。四分第三數之一，二十五乘之，六除之，七除之，爲第四數。順是以下皆如是，求至單位下止。乃相并而四之，爲斜雙綫小徑端截蓋體積。

又 卷七

抛物綫求弧背新術，已見《致曲術》。

正弦爲第一數正。次置第一數，以正弦冪乘之，半通徑冪除之，二除之，三除之，爲第二數正。次置第二數，以正弦冪乘之，半通徑冪除之，一乘之，三乘之，四除之，五除之，爲第三數負。次置第三數，以正弦冪乘之，半通徑冪除之，三乘之，五乘之，六除之，七除之，爲第四數正。順是以下皆如是，求至單位下止。乃正負并減，爲抛物綫弧背。

正弦小於半通徑者，用右術。

又新術。正矢爲第一數正。匹通徑四之一乘正弦之訥氏對數，爲第二數正。按：匹佤之禾有二式。一式是α、一式是對元。此第二數當從α，是爲無數，可去第二數。又按：此式不可算，蓋常、變式互易，戴氏術不能詳也。通徑四之一以半通徑冪乘之，正弦冪除之，一乘之，四除之又二除之，爲第三數正。次置第三數，以半通徑冪乘之，正弦冪除之，三乘之，六除之又二乘之，四除之，爲第四數負。次置第四數，以半通經冪乘之，正弦冪除之，五乘之，八除之又四乘之，六除之，爲第五數正。以下一負一正相間。順是以下皆如是，求至單位下止。乃正負并減，爲抛物綫弧背。

正弦大於半通徑者用右術。

又新術。正弦之三乘方以半通徑除之，三除之，加入正弦冪，爲弧背冪，平方開之，得弧背。

右術係取微分式自乘求積分。所得最爲簡捷。

抛物綫求截蓋殼積已見《致曲術》、《代微積拾級》第十八卷本法。

半通徑立方減法綫立方，以半通徑除之，倍之，三除三乘對去不用。爲第一數。四分第一數之一，二除之，三除之，爲第二數。四分第二數之一，九乘之，四除之，五除之，爲第三數。四分第三數之一，二十五乘之，六除之，七除之，爲第四數。順是以下皆如是，求至單位下止。乃相并，爲抛物綫截蓋殼積。

又 卷八

二乘圓求全面積新術。

徑自乘，爲第一數正。次置第一數，三除之又四除之，爲第二數負。次置第二數，二乘之，三除之又二除之又四乘之又七除之，爲第三數負。次置第三數，四乘之，三除之又三除之又七乘之，十除之，爲第四數負。次置第四數，八乘之，三除之又四除之又十乘之，十三除之，爲第五數負。順是以下皆如是，求至單位下止。乃正負并減，爲二乘圓全面積。

三乘圓求全面積

徑自乘，爲第一數正。次置第一數，四除之，五除之，爲第二數負。次置第二數，三乘之，四除之又二除之又五乘之，九除之，爲第三數負。次置第三數，七乘之，四除之又三除之又九乘之，十三除之，爲第四數負。次置第四數，十一乘之，四除之又四除之又十三乘之，十七除之，爲第五數負。順是以下皆如是，求至單位下止。乃正負并減，爲三乘圓全面積。

二乘圓求半弧矢積新術。

餘弦乘半徑，爲第一數正。次置第一數，以餘弦立方乘之，半徑立方除之，三除之又四除之，爲第二數負。次置第二數，以餘弦立方乘之，半徑立方除之，二乘之，三除之又二除之又四乘之，七除之，爲第三數負。次置第三數，以餘弦立方乘之，半徑立方除之，五乘之，三除之又三除之又七乘之，十除之，爲第四數負。次置第四數，以餘弦立方乘之，半徑立方除之，八乘之，三除之又四除之又十乘之，十三除之，爲第五數負。順是以下皆如是，求至單位下止。乃正負并減，爲二乘圓餘弧上直積。以減象限積，得半弧矢積。

二乘圓求全周

置半徑立方半之，立方開之，此爲半象限弧之正弦。自之，六十四乘之，所求弧爲全周八之一，故其平方爲全周六十四之一也。爲第一數。半第一數，五除之，爲第二數。半第二數，四乘之，五乘之，三除之，八除之，爲第三數。以後堆垛乘除法，同前一術。求已并之，爲全周冪。平方開之，得全周。

右術係推廣前一術所得，然前一術若改作半徑求象限弧，則降位。甚難。故改求其半象限，則每數有二除而可降位矣。

半立方抛物綫求弧背新術。

正弦爲第一數正。九其第一數，以正弦乘之，四倍通徑冪除之，一除之又二而一，爲第二數正。九其第二數，以正弦乘之，四倍通徑冪除之，一乘之，四除之又三而二，爲第三數負。九其第三數，以正弦乘之，四倍通徑冪除之，三乘之，六除之又四而三，爲第四數正。九其第四數，以正弦冪乘之，四倍通徑冪除之，五乘之，八除之又五而四，爲第五數負。順是以下皆如是，求至單位下止。乃正負并減，爲半立方抛物綫之弧背。

通徑冪大於正弦者用右術。

又新術。正弦立方，以平方開之，通徑除之，此所得即正矢。爲第一數正。一分第一數之三又九而一，四倍通徑冪乘之，正弦除之，二除之，爲第二數負。置第二數，九而一，四倍通徑冪乘之，正弦除之，一乘之，四除之，爲第三數正。三分第三數之一，九而一，四倍通徑冪乘之，正弦除之，三乘之，六除之，爲第四數正。五分第四數之三，九而一，四倍通徑冪乘之，正弦除之，五乘之，八除之，爲第五數正。七分第五數之五，九而一，四倍通徑冪乘之，正弦除之，七乘之，十除之，爲第六數正。順是以下皆如是，求至單位下止。正負并減，爲半立方抛物綫之弧背。

正弦大於通徑冪者用右術。第三數以下皆正。

半立方抛物綫求截蓋殼積新術。

正弦冪之半，以倍圓周率乘之，爲第一數正。九其第一數，以正弦乘之，四倍通徑冪除之，二除之又三而二，爲第二數正。九其第二數，以正弦乘之，四倍通徑冪除之，一乘之，四除之又四而三，爲第三數負。九其第三數，以正弦乘之，四倍通徑冪除之，三乘之，六除之，又五而四，爲第四數正。九其第四數，以正弦乘之，四倍通徑冪除之，五乘之，八除之又六而五，爲第五數負。順是以下皆如是，求至單位下止。乃正負并減，爲半立方抛物綫之截蓋殼積。

通徑冪大於正弦者用右術。

又新術。正弦四乘方以平方開之，通徑除之，五而三，倍圓周率乘之，爲第一數正。三分第一數之五又九而一，四倍通徑冪乘之，正弦除之，二除之，爲第二數負。一分第二數之三又九而一，四倍通徑冪乘之，正弦除之，一乘之，四除之，爲第三數負。置第三數九而一，四倍通徑冪乘之，正弦除之，三乘之，六除之，爲第四數正。三分第四數之一，九而一，四倍通徑冪乘之，正弦除之，五乘之，八除之，爲第五數正。五分第五數之三，九而一，四倍通徑冪乘之，正弦除之，七乘之，十除之，爲第六數正。順是以下皆如是，求至單位下止。乃正負并減，爲半立方抛物綫之截蓋殼積。

正弦大於通徑冪者用右術。第四數以下皆正。

立方抛物綫求弧背新術。

正弦爲第一數正。九其第一數，以正弦冪乘之，通徑冪除之，二除之又三而一，爲第二數正。九其第二數，以正弦冪乘之，通徑冪除之，一乘之，四除之又五而三，爲第三數負。九其第三數，以正弦冪乘之，通徑冪除之，三乘之，六除之又七而五，爲第四數正。九其第四數，以正弦冪乘之，通徑冪除之，五乘之，八除之又九而七，爲第五數負。順是以下皆如是，求至單位下止。乃正負并減，爲立方抛物綫之弧背。

通徑冪大於正弦冪者用右術。

又新術。正弦冪之三倍，以倍通徑除之，爲第一數正。一分第一數之二又九而一，通徑冪乘之，正弦之訥氏對數乘之，正弦冪除之，二除之，爲第二數負。二分第二數之一又九而一，通徑冪乘之，正弦之訥氏對數除之，一乘之，四除之，爲第三數正。四分第三數之二又九而一，通徑冪乘之，正弦冪除之，三乘之，六除之，爲第四數正。六分第四數之四又九而一，通徑冪乘之，正弦冪除之，五乘之，八除之，爲第五數正。八分第五數之六又九而一，通徑冪乘之，正弦冪除之，七乘之，十除之，爲第六數正。順是以下皆如是，求至單位下止。乃正負并減，爲立方抛物綫之弧背。

正弦冪大於通徑冪者用右術第三數。以下皆正。

立方抛物綫求截蓋殼積新術。

正弦冪之半，以倍圓周率乘之，爲第一數正。九其第一數，以正弦冪乘之，通徑冪除之，二除之又四而二，爲第二數正。九其第二數，以正弦冪乘之，通徑冪除之，一乘之，四除之又六而四，爲第三數負。九其第三數，以正弦冪乘之，通徑冪除之，三乘之，六除之又八而六，爲第四數正。九其第四數，以正弦冪乘之，通徑冪除之，五乘之，八除之又十而八，爲第五數負。順是以下皆如是，求至單位下止。乃正負并減，爲立方抛物綫之截蓋殼積。

通徑冪大於正弦者用右術。

又新術。正弦立方，以通徑除之，倍圓周率乘之，爲第一數正。一分第一數之三又九而一，通徑冪乘之，正弦冪除之，二除之，爲第二數負。置第二數九而一，通徑冪乘之，正弦冪除之，一乘之，四除之，爲第三數正。三分第三數之一又九而一，通徑冪乘之，正弦冪除之，三乘之，六除之，爲第四數正。五分第四數之三又九而一，通徑冪乘之，正弦冪除之，五乘之，八除之，爲第五數正。七分第五數之五又九而一，通徑冪乘之，正弦冪除之，七乘之，十除之，爲第六數正。順是以下皆如是，求至單位下止。乃正負并減，爲立方抛物綫之截蓋殼積。

正弦大於通徑冪者用右術。第三數以下皆正。

又　卷九

擺綫求弧背《代微積拾級》第十八卷，以底邊爲軸，弧點與輾初點之距，爲弧背。

置母輪徑倍之，爲第一數正。次置第一數，以正弦即弧點抵地平軸直綫。乘之，母輪半徑除之，二除之，爲第二數負。次置第二數，以正弦乘之，母輪半徑除之，一乘之，四除之，爲第三數負。次置第三數，以正弦乘之，母輪半徑除之，三乘之，六除之，爲第四數負。順是以下皆如是，求至單位下止。乃正負并減，爲擺綫弧背。

擺綫求截蓋殼積《代微積拾級》第十八卷，以底邊爲軸。

四倍母輪徑，乘母輪徑。於上，另置倍正弦，乘母輪徑。以加上位，爲第一數。四分第一數之一，二除之，三除之，爲第二數。四分第二數之一，九乘之，四除之，五除之，爲第三數。四分第三數之一，二十五乘之，六除之，七除之，爲第四數。順是以下皆如是，求至單位下止。乃相并，爲擺綫截蓋殼積。

求對數曲綫新術。

先求常數。單一爲第一數正。次置第一數，根對數根。冪乘之，二除之，爲第二數負。次置第二數，根冪乘之，一乘之，三除之，四除之，爲第三數正。次置第三數，根冪乘之，九乘之，五除之，六除之，爲第四數負。次置第四數，根冪乘之，二十五乘之，七除之，八除之，爲第五數正。順是以下皆如是，求至單位下止。乃正負并減，爲常數。

復求變數。直綫爲第一數正。次置第一數，根冪乘之，直綫冪除之，二除之，爲第二數負。次置第二數，根冪乘之，直綫冪除之，一乘之，三除之，四除之，爲第三數正。次置第三數，根冪乘之，直綫冪除之，九乘之，五除之，六除之，爲第四數負。次置第四數，根冪乘之，直綫冪除之，二十五乘之，七除之，八除之，爲第五數正。順是以下皆如是，求至單位下止乃。乃正負并減，爲變數。

變數内減常數，得所求對數曲綫。

對數曲綫求曲面新術。

先求常數。置單一，二除之，倍圓周率乘之，爲第一數正。次置第一數，根之三乘方乘之，一乘之，二除之，四除之，爲第二數正。次置第二數，根冪乘之，二乘之，三乘之，四除之，六除之，爲第三數負。次置第三數，根冪乘之，四乘之，五乘之，六除之，八除之，爲第四數正。次置第四數，根冪乘之，六乘之，七乘之，八除之，十除之，爲第五數負。順是以下皆如是，求至單位下止。乃正負并減，爲常數。

次求變數。置直綫，二除之，倍圓周率乘之，爲第一數正。直綫之訥氏對數，以根冪乘之，二除之，倍圓周率乘之，爲第二數正。直綫之訥氏對數除第二數，以根冪乘之，直綫冪除之，一乘之，二除之，四除之，爲第三數正。次置第三數，以根冪乘之，直綫冪除之，二乘之，三乘之，四除之，六除之，爲第四數負。次置第四數，以根冪乘之，直綫冪除之，四乘之，五乘之，六除之，八除之，爲第五數正。次置第五數，以根冪乘之，直綫冪除之，六乘之，七乘之，八除之，十除之，爲第六數負。順是以下皆如是，求至單位下止。乃正負并減，爲變數。

變數内減常數，得對數曲綫之曲面。

求亞幾默德螺綫新術。

匝數爲幾者，以幾爲平圓半徑，求得平圓面積，爲第一數正。圓周率自之，四倍之，以除單一，平方開之，爲乘率。借半徑之訥氏對數，以圓周率乘之，乘率冪乘之，爲第二數正。若求一匝螺綫，則借半徑爲一，而對數爲〇。故以常數乘之，亦爲〇，即無第二數。徑以第三數爲第二數，三數以下，正負不變。而第三數升爲第二數負。第四數升爲第三數正。其餘類推。乘率冪乘圓周率，以乘率冪乘之，借半徑冪除之，一乘之，四除之又二除之，爲第三數正。次置第三數，以乘率冪乘之，借半徑冪除之，三乘之，六除之又二乘之，四除之，爲第四數負。次置第四數，以乘率冪乘之，借半徑冪除之，五乘之，八除之又四乘之，六除之，爲第五數正。順是以下皆如是，求至單位下止。乃正負并減，以一匝末帶徑乘之，得繞極任幾匝螺綫。

按：此爲比例法先求得者，乃以單一爲一匝末帶徑者也。故須以今有一匝末帶徑乘之，乃得今曲綫也。蓋本式係以單一爲未，不可移易耳。

此乃單一爲初設帶徑之式也。

求雙綫螺綫新術。

初設帶徑爲借半徑，其圓周爲借周。帶徑爲第一數正。次置第一數，以借周冪乘之，帶徑冪除之，二除之，爲第二數負。次置第二數，以借周冪乘之，帶徑冪除之，一乘之，三除之，四除之，爲第三數正。次置第三數，以借周冪乘之，帶徑冪除之，九乘之，五除之，六除之，爲第四數負。次置第四數，以借周冪乘之，帶徑冪除之，二十五乘之，七除之，八除之，爲第五數正。順是以下皆如是，求至單位下止。乃正負并減爲雙綫螺綫。

帶徑大於借周者用右術。

又新術。初設帶徑除帶徑，求其訥氏對數，以借周乘之，爲第一數正。初設帶徑除帶徑，求其訥氏對數，以除第一數。復以真數乘之又以帶徑冪乘之，借周冪除之，四除之，爲第二數正。次置第二數，以帶徑冪乘之，借周冪除之，一乘之，二乘之，十六除之，爲第三數負。次置第三數，以帶徑冪乘之，借周冪除之，三乘之，四乘之，三十六除之，爲第四數正。次置第四數，以帶徑冪乘之，借周冪除之，五乘之，六乘之，六十四除之，爲第五數負。順是以下皆如是，求至單位下止。乃正負并減，以初設帶徑乘之，爲雙綫螺綫。若帶徑即初設帶徑，則螺綫爲〇。

帶徑小於借周者用右術。

圓錐曲綫總部

主編 徐君

題解

清・何壽章《圓錐曲線論心》總論

如圖，辰卯丑爲過圓錐軸之三角面，辰子爲圓錐軸，正交圓錐軸，如甲乙、己庚、辛丙，皆爲平圓全徑。斜交圓錐軸，與丑卯底線成角，小於辰卯腰線與底所成之角，如甲丙，爲橢圓長徑。斜交圓錐軸，與底成角等於腰線與底所成之角，如甲丁，爲拋物線截徑。離圓錐軸，與底成角，大於腰線與底所成之角，如甲戊，爲雙曲線之截徑。

各曲線面均與三角面正交成垂面，自甲乙向甲丙，至離辰卯線而止，皆成橢圓。自甲丁離軸向甲丑，不至甲丑而止，皆成雙曲線，惟拋物線則必與一腰平行。圖於三曲各畫一線，以概其餘。

試以甲丙線兩平分於壬，以壬心爲度，定壬點，移心點作圓界線，交甲丙線於午、於吘，即橢圓之兩心。又以心丁線兩平分於癸，以癸心爲度，定癸點，移心點作圓界線，交甲丁線於未，即拋物線心。又取心酉，如辰甲爲度，定酉點，移心點作圓界線，交甲戊線於申，即雙曲線心。此各心皆甲乙平圓之心也，故曰三曲線以平圓之心爲心。

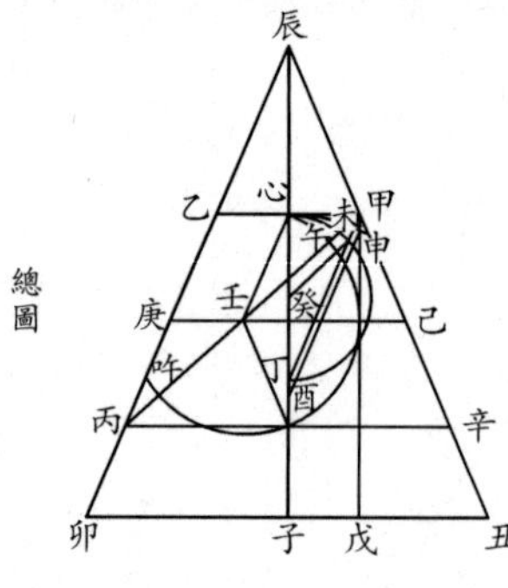

總圖

論橢圓心

如圖，辰卯丑爲過圓錐軸之三角面，甲乙爲切橢圓最高點平圓徑，辛丙爲切橢圓最卑點平圓徑，甲丙爲橢圓長徑，交己庚線於壬，爲中點。試依圓錐軸平分己庚於未，以未己爲度，作己甲戊圓界線，又自壬作己庚之垂線，交圓界線於戊，依曲線公理，戊壬必爲橢圓之半短徑，蓋壬點爲橢圓之中點，而己庚即己甲戊圓界線之全徑，則壬庚乘壬己必等於戊壬方。試自壬點與卯辰平行至圓錐軸，作壬心線，又自壬點與辰丑平行至圓錐軸，亦作壬心線，此兩心點，即上下兩平圓之心也。以壬心爲度，作圓界線，交橢圓長徑於午、於吘，即橢圓之兩心，而心、午、心、吘四點同在一圓界線內，則橢圓之兩心實移上下兩平圓之心，以爲心也。以代數證之，令庚未即戊未爲甲，心未爲乙，壬未爲丙，依三角理，則 $\sqrt{\text{甲}^2+\text{乙}^2}=\text{心庚}=\text{壬丙}$ 即半長徑 $\sqrt{\text{甲}^2-\text{丙}^2}=\text{壬戊}$ 即半短徑，依橢圓公理，$\sqrt{\text{半長徑}^2-\text{半短徑}^2}=\text{兩心差}$ 即 $\sqrt{\text{心庚}^2-\text{壬戊}^2}=\text{壬心}$ 即 $\sqrt{\text{甲}^2+\text{乙}^2-(\text{甲}^2-\text{丙}^2)}=\text{壬心}$ 化之得 $\sqrt{\text{乙}^2+\text{丙}^2}=\text{壬心}=\text{壬午}=\text{壬吘}$ 即兩心差。

更以圓柱體證之，如圖，甲丙乙丁長方形爲圓柱直剖面，依甲乙斜割之，亦成橢圓，甲乙爲長徑，甲丙及乙丁皆爲短徑，子心與丑心爲兩心差，而子與丑即上下兩平圓之心。試觀甲丙乙丁橢圓形，甲乙長徑與圓柱剖面甲乙斜線等，丙丁短徑與圓柱剖面甲丙、丁乙兩平圓徑並等，而橢圓形內丙心丑、丙心子兩句股形，與圓柱剖面之甲子心、乙丑心兩句股形亦等，則知甲丙乙丁橢圓形之子、丑兩心實即甲丙乙丁圓柱體上下平圓之兩心也。

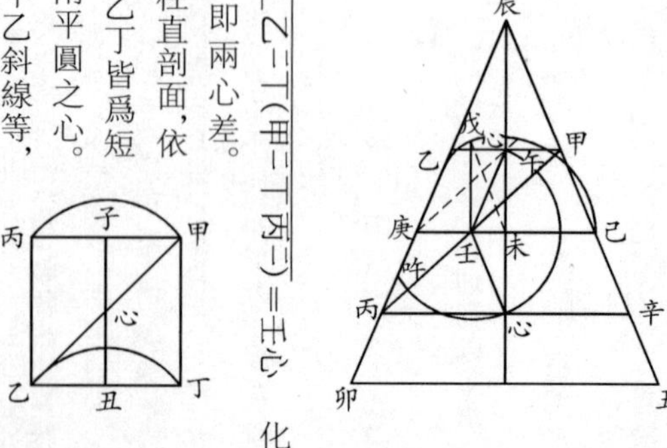

論拋物線心

如圖，辰卯丑爲過圓錐軸三角面，甲乙爲切拋物線頂點平圓徑，甲丁爲拋物線中徑。試平分心丁於壬，以壬心壬丁同。爲度，定壬點，移心點作圓界線，交甲丁中徑於未，即拋物線心。夫心點與丁點上下兩平圓之心也，而心丁未三點同在一圓界線上，則拋物線之心實合上下兩平圓之心，以爲心也。又作己庚徑之半圓線，自未點作己庚之垂線，交半圓線於申，依曲線公理，未申即拋物線之半通徑。試以未甲爲度，定未點，移甲點作圓界線，交未申於亥，即以未亥爲度，定亥點，移未點作圓界線，適交申點，則未申爲甲未之倍，與公理合。以代數證之，

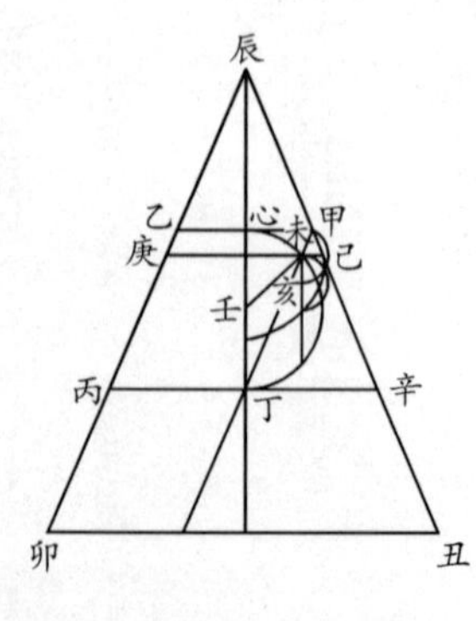

設心甲爲甲，心丁爲乙，依三角理，則 $\sqrt{甲^{二}丄乙^{二}}=甲丁$ 即拋物線中徑，又 $\frac{甲丁}{心甲^{二}}=甲未$ 即 $\frac{\sqrt{甲^{二}丄乙^{二}}}{甲^{二}}=甲未$ 爲拋物線心頂距。又依上圖，$甲丁:甲乙::甲未:未己$ 即 $\sqrt{甲^{二}丄乙^{二}}:二甲::\frac{\sqrt{甲^{二}丄乙^{二}}}{甲^{二}}:\frac{甲^{二}丄乙^{二}}{二甲^{三}}=未己$ 叵 $\sqrt{甲乙未己}=未申$ 即 $\sqrt{二甲心未己}=未申$ 即 $\sqrt{\frac{甲^{二}丄乙^{二}}{四甲^{四}}}=未申$ 即 $\frac{\sqrt{甲^{二}丄乙^{二}}}{二甲^{二}}=未申$ 爲半通徑。試以未申與甲未兩式列爲比例 $甲未:未申::\frac{\sqrt{甲^{二}丄乙^{二}}}{甲^{二}}:\frac{\sqrt{甲^{二}丄乙^{二}}}{二甲^{二}}$ 化之，即 $\frac{\sqrt{甲^{二}丄乙^{二}}}{甲^{二}}未申=\frac{\sqrt{甲^{二}丄乙^{二}}}{二甲^{二}}甲未$ 去其公倍，得 $未申=二甲未$ 即半通徑倍於心頂距。

論雙曲線心

如圖，辰卯丑、辰寅亥爲過兩圓錐軸之三角面，甲乙爲切雙曲線頂點平圓徑，辰心爲半長徑，心甲爲半短徑，甲戊爲截徑。試以辰甲爲度，截圓錐軸於心己，定己點，移心點，作圓界線，交甲戊截徑於申，即雙曲線心。夫心點原爲甲乙平圓之心，而申、心兩點又同在一圓界線上，則雙曲線心實移上平圓心，以爲心也。依曲線公理，作辰甲之垂線甲丁，交圓錐軸於丁，得心丁，即半通徑。又依申點作庚未線，正交圓錐軸，即以庚未爲徑，作圓界線，交甲戊於丙，得丙申，即申點之正弦，亦即半通徑。試作申心與丙丁兩聯線，此兩線爲平行線，則申丙必等於心丁。以代數證之，設辰心爲甲，心甲爲乙，依曲線理，$半長徑:半短徑::半短徑:半通徑$，即 $辰心:心甲::心甲:心丁$ 即 $甲:乙::乙:心丁$ 故 $\frac{甲}{乙^{二}}=心丁=申丙$ 即半通徑，又 $\sqrt{半長徑^{二}丄半短徑^{二}}=兩心差$ 即 $\sqrt{甲^{二}丄乙^{二}}=辰子=辰甲$ 又依上圖，$辰心:辰甲::心甲:子庚$ 即 $甲:\sqrt{甲^{二}丄乙^{二}}::乙:\frac{甲}{乙\sqrt{甲^{二}丄乙^{二}}}=子庚$ 又 $辰甲丅辰心=\sqrt{甲^{二}丄乙^{二}}丅甲=心子=申甲$ 又 $辰心:心甲::心子:申庚$ 即 $甲:乙::\sqrt{甲^{二}丄乙^{二}}丅甲:\frac{甲}{乙(\sqrt{甲^{二}丄乙^{二}}丅甲)}=申庚$ 叵 $\sqrt[二]{(心甲丄子庚)申庚}=申丙$ 即 $\sqrt[二]{\left(\frac{甲}{甲乙丄乙\sqrt{甲^{二}丄乙^{二}}}\right)\left(\frac{甲}{乙\sqrt{甲^{二}丄乙^{二}}丅甲乙}\right)}=申丙$ 即 $\sqrt[二]{\frac{甲^{二}}{乙^{二}(甲^{二}丄乙^{二})丅甲^{二}乙^{二}}}=申丙$ 即 $\sqrt[二]{\frac{甲^{二}}{乙^{四}}}=\frac{甲}{乙^{二}}=申丙$ 亦得半通徑。又如雙曲線公式 $地^{二}=\frac{甲^{二}}{乙^{二}}(天^{二}丅甲^{二})$ 爲求縱線之式，求心點之縱線，則天等於兩心差，故以辰子方之同數 $甲^{二}丄乙^{二}$ 代公式中之天^{二}，得 $地^{二}=\frac{甲^{二}}{乙^{二}}(甲^{二}丄乙^{二}丅甲^{二})$ 化之兩邊，開平方，亦得 $地=\frac{甲}{乙^{二}}$ 與前式合。

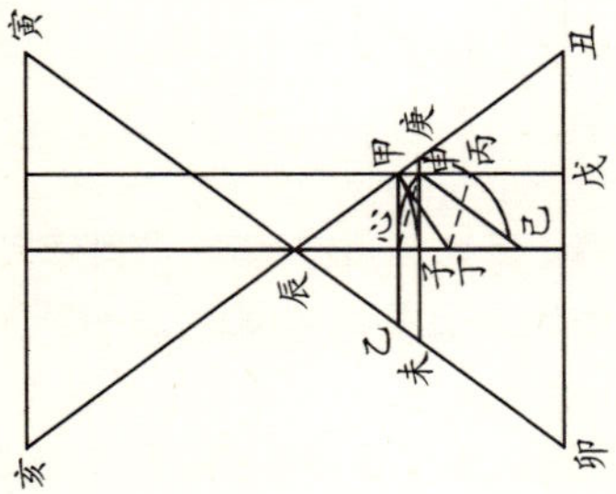

凡拋物線於心點依通徑作平圓，若已知切線與橫軸之交角，則各正弦等於平圓餘角之正切。

準前理，凡拋物線於心點依通徑作平圓，則自心至拋物線作帶徑，與橫軸成交角，其各角之正弦在通徑以上者，皆等於平圓半角之正切，在通徑以下者，皆等於平圓半外角之正切。其角與橫軸相交，無論通徑上下，皆小於九十度，惟其方向之正負不同，故一爲本角，一爲外角。

如今圓角爲角，拋角爲角$'$，其代數之公式爲 $弦角'=正切\frac{二}{角}$㊀ 此爲正弦在通徑以上者，$正弦角'=正切\frac{二}{周丅角}$㊁ 此爲正弦在通徑以下者。

以上二式若其角爲〇，則角$'$亦爲〇，令一式之角爲〇，則 $正切\frac{二}{周}$ 亦等於〇，故一式〇度之正弦，等於〇，令二式之角$'$爲〇，則 $正切\frac{二}{周丅角}$ 等於

正切$\frac{周}{二}$ 等於 正切九○° 等於∞，故二式○度之正弦等於∞，其數無窮大，故拋物之一端無盡界。二式周字依八線例，實平圓之半周非全周也。

清・顧觀光《九數外録》 圓錐三曲線記

凡圓錐體，横剖之成平圓，斜剖之成橢圓，平圓祇有一心，其周線之距心恒等，橢圓則有二心，自二心出線抵圓周二線之和，必與長徑等也。命橢圓之長徑爲横軸，短徑爲縱軸，則任於圓周作縱線爲股，所截長半徑之横線爲句，股冪乘長半徑冪與句冪乘短半徑冪之和，恒與兩半徑冪相乘之數等，其過心之倍股即長軸之通徑，以長徑爲連比例之首率，短徑爲中率，則通徑爲末率也。股冪與所分長徑二分相乘之冪若短徑冪與長徑冪，於長徑上作平圓，則同句之平圓股與橢圓股若長徑與短徑矣。任於圓周出二斜線抵横軸之兩端，爲正餘二通弦，則二通弦對角正切相乘之冪，即長徑冪約短徑冪之數。自圓周作二斜線與二通弦平行，則橢圓切線也，引横軸與切線相交成句股形，切線爲弦，縱線爲股，則其句爲次切線，法以横線冪與長半徑冪相減爲實，横線爲法，實如法而一，即次切線也。自切點作線抵横軸，與切線成直角，是名法線，法線爲弦，縱線爲股，則其句爲次法線，法以短半徑冪乘横線爲實，長半徑冪爲法，實如法而一，即次法線也。橢圓法線平分切點距二心線之交角，故切線與距二心線之交角亦相等矣，二切線既與二通弦平行，則自二屬點過中點之斜徑亦與二通弦平行，命之曰相切徑。任於圓周作縱線，與一半徑平行，截其又一半徑爲横線，與横軸上之句股比例並同，故相屬徑之二冪和與長短徑之二冪和恒相等也。徑端距二心線相乘之冪，與半徑冪等，相屬徑四端之四切線成平行四邊形，亦與長短二徑相乘之冪等，若以二徑之平圓面積爲首末率，而求其中率，即橢圓面積也。

凡圓錐體，依一邊之勢自封邊斜剖之，至底，成單曲線形，以此形横置之，作過心横軸線，引長至頂點外，如頂點距心度，乃作垂線與軸線成直角，即準線也。任於曲線上作横線直交於準線，必與距心線等。任於曲線上作縱線爲股，截軸之横線爲句，以句爲連比例之首率，股爲中率，則通徑爲末率。通徑者，過心之倍股也，折取其半，即心距準線之度矣，自縱線上端作斜線爲曲線之切線，引横軸與之相交，亦與次切線成句股形，又作法線直交於切線，亦與次法線成句股形，單曲線之次切線倍於横線，而次法線恒爲通徑之半，以縱線約次法線，或以次切線約縱線，皆切線與軸交角之正切也。切點距心線交法線之角恒等於法線交軸之角，故法線之兩端其距心亦相等。切點距心線交切線之角恒等於切線交軸之角，故切線之兩端其距心亦相等。自心作斜線直交於切線，即切點頂點兩距心線之中率矣。任作通弦與切線平行，又自切點作横徑與軸線平行，必分通弦爲兩，平分半通弦爲縱線，截横徑爲横線，與横軸上之句股比例並同，若句股相乘取三之二，即所截單曲線之面積也。

凡圓錐體，依立垂線之勢，自一邊直剖之至底，成雙曲線形，以此相等之二形横置之，其二頂點之相距即爲横徑，任於曲線上出線抵二心二線之較，必與横徑等也。自横徑之中作線，直交於横徑，即爲縱徑，中點距心線爲弦，其距頂線爲句，求得股爲半縱徑。自横徑之上下截之，復作相等之二曲線形，爲相屬雙曲線，引縱横二徑爲二軸，皆過曲線之二心，以横徑爲連比例之首率，縱徑爲中率，則通徑爲末率，即横軸上過心之倍股也。任於曲線上作縱線爲股，截横徑之，引長線爲句，股冪乘半横徑冪，與句冪乘半縱徑冪之較，恒與兩半徑冪相乘之數等，股冪與句加横徑乘句之冪若縱徑冪與横徑冪矣。自縱線上端作切、法二線，亦與次切、次法二線成句股形，其求切線交軸之角，與單曲線同，雙曲線之切線，平分切點距二心線之交角，故其法線亦平分切點距二心線之外角。任於曲線上出二斜線抵横徑之兩端爲正餘二通弦，二通弦對角正切相乘之冪，即横徑冪約縱徑冪之數。自横徑之中，又作二斜線與二通弦平行，四端皆抵曲線，命之曰相屬徑。以此二徑引而長之，任於曲線上作縱線，與一半徑平行，截其又一半徑之，引長線爲横線，與横軸上之句股比例並同，故相屬徑之二冪較，與縱横徑之二冪較恒相等也。相屬徑四端之四切線，成平行四邊形，與縱横二徑相乘之冪等，縱横徑四端之四切線，成長方形，作對角二斜線，引而長之，與四曲線漸近而永不相合，命之曰漸近線。以横徑約縱徑，即漸近線與横徑交角之正切矣。任於曲線上作縱線，與一漸近線平行，截其又一漸近線爲横線，縱横二線相乘之冪恒爲中點距心冪四之一，引長縱線以四曲線爲界，補成平行四邊形，恒爲縱横二徑相乘冪二之一。任於曲線上作切線，以二漸近線爲界，必平分於切點，故切點上之相屬徑亦與切線相等，若以股乘半横徑與句乘半縱徑二冪之和，乘訥氏對數二七一八二八二，以減句股相乘之冪，即所截雙曲線之面積也。

此三曲線皆圓錐之分形，其離切線之率當以合吻圓度之，任於曲線上作諸圓形，與曲線同切於一點，則圓周之離切線，半徑小者較速，半徑大者較遲，而諸

圓形中必有一圓周與曲線吻合無間，即合吻圓也。命圓半徑爲曲率半徑，則各點曲率半徑之比同於法線立方之比，法線立方爲實，半通徑之平方爲法，實如法而一，即曲率半徑也。 橢圓二心相距之線半之爲兩心差，以長半徑約之則爲橢率，置圓周率三一四一五九二六五，以長徑乘之爲實，橢率自之爲屢乘數，遞取其四之一，十六之三，三十六之十五，以減實，即橢圓周也。 置圓周率，以長短二徑相乘之羃乘之爲實，橢率自之爲屢乘數，遞取其六之一，二十之三，四十二之十五，以減實，即橢圓體之曲面積也。 法線乘縱線，而以通徑約之，於上法線加縱線而半之，以乘訥氏對數，加入上位，即單曲線之長也。 以通徑約圓周率，四因三除，以乘法線次法線兩立方之較，即單曲線體之曲面積也。 橢圓體積等於外切圓柱三之二，單曲線體積等於外切圓柱二之一，單曲線面所容最大長方其横徑恒爲軸線三之二，圓錐所容最大單曲線面其軸線恒爲斜距四之三。 引而伸之，觸類而長之，曲線之能事畢矣。

清・曹汝英《算學襍識》卷七《圓錐曲線》 釋名

凡直角三角形，以直角旁之任一邊爲軸，旋轉一周，則成圓錐。

凡圓錐，從頂點甲，下剖至乙，或至乙'，皆成三角形。

從丙丁横剖，剖面與底面平行，則成平圓。

從庚辛斜剖，剖面與錐腰平行，則成拋物線。

從戊己斜剖，剖面與底面之倚度，小於拋物線剖面與底面之倚度，則成橢圓。

從壬癸斜剖，剖面與底面之倚度，大於拋物線剖面與底面之倚度，則成雙曲線。

若原尖錐頂上，再倒立一等勢圓錐，令兩軸相接，成直線，則雙曲線之剖面，必過此倒錐，《幾何》一卷界説三十六。 惟橢圓及拋物線之面則否，此雙曲線之所以得名也。

直角形，以直角旁之任一邊爲軸，旋轉一周，既成一錐矣，若以餘一邊爲軸，旋轉一周，又可再成一錐，先成之錐，可名之爲正錐，後成之錐，可名之爲餘錐。

正錐頂點之上，倒立一等勢正錐，令兩軸成直線，又以兩餘錐嵌於兩正錐之間，令四頂尖合在一點，必能合，因正餘兩錐之直剖三角形其頂角和，爲一百八十度也，如甲圖。 則四錐之軸線，必同在一面，若依此面剖之，必成四箇三角形，如兩兩相對之錐等積則成一直角四邊形，而以各錐之腰爲對角線，觀乙圖自明。 若不依軸線之面下剖，另取一面，其面與軸線面平行，或其面與軸線面之倚度，不及正錐母三角形之頂角者，依面剖之，必兼過四錐，而成兩雙曲線矣，如丙圖。 從正錐所出者，可名之曰正雙曲線，從餘錐出者，爲餘雙曲線。

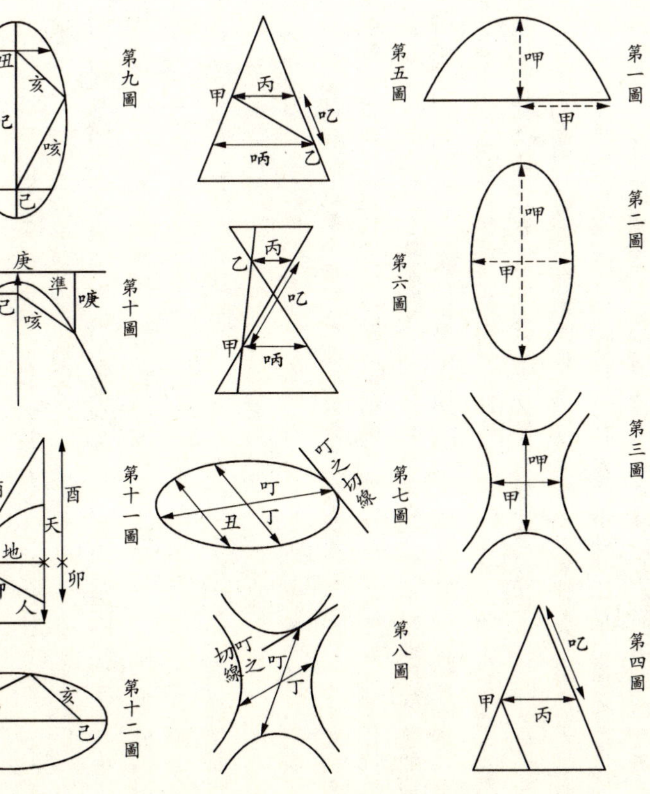

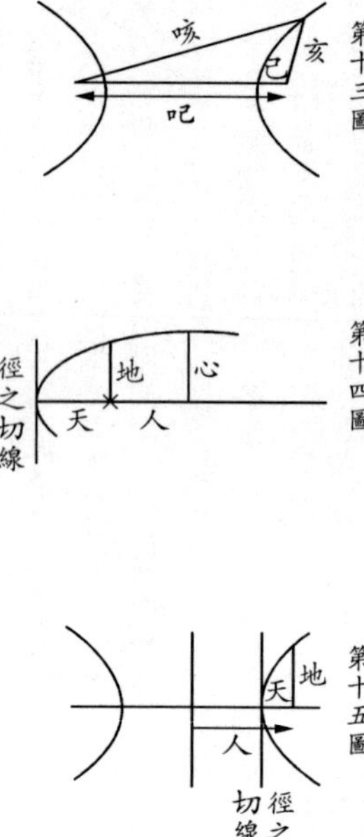

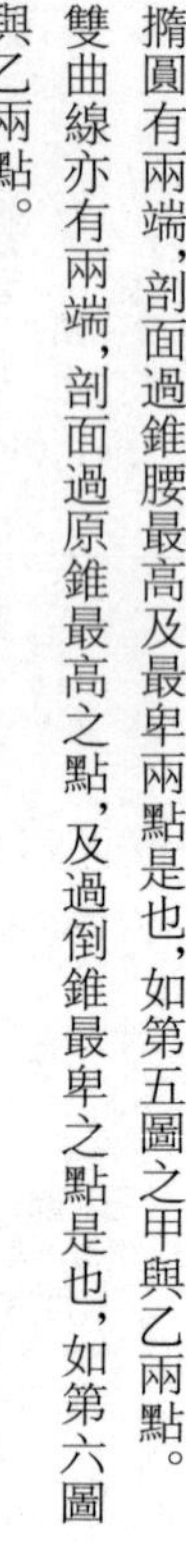

橢圓有兩端，剖面過錐腰最高及最卑兩點是也，如第五圖之甲與乙兩點。

雙曲線亦有兩端，剖面過原錐最高之點，及過倒錐最卑之點是也，如第六圖之甲與乙兩點。

拋物線衹有一端，剖面過錐腰最高之點是也，如第四圖甲點。(呷)，凡過曲線兩端之線，曰長徑，算式恒以呷字代之。

橢圓長徑，在曲線界内雙曲線長徑，在曲線界外，拋物線衹有一端，其長徑無盡界，惟立式列算，呷恒以代其高，觀一二三圖自明，平分長徑之點，曰中點。

(甲) 從中點作線，與長徑成直角，而線之兩端，又抵曲線界，曰短徑，恒以甲字代之。

雙曲線之短徑，以餘雙曲線爲界，拋物線長徑無盡界，其中點不能定，惟立式列算，甲恒以代半底徑，觀一二三圖自明。

(⿰口丙)(丙) 從端點作平面，與底面平行，則此面之徑，曰錐徑，恒以⿰口丙及丙代之，觀四五六圖自明。

(⿰口乙) 兩錐徑斜距之線，曰斜高，恒以⿰口乙字代之。

拋物線衹有一端，其斜高，須從錐尖算至錐徑，觀四五六圖自明。

(⿰口己) 兩心相距，曰倍兩心差，恒以⿰口己字代之，觀九及十二圖自明。

(己) 心與近端之距，曰心距，恒以己字代之，觀九及十二圖自明。

(叮) 過中點兩端至曲線界之線，曰曲線徑，省言之曰徑，恒以叮字代之，觀七八圖自明。

拋物線長徑無盡界，中點故無定，一切曲線徑，衹可令與長徑平行，均無盡界。

(唒) 切曲線界，而不入曲線之直線，曰切線，恒以唒字代之，自切點，至切線與長徑軸相交之點，爲切線之長，觀十一圖自明。

(酉) 從切點作線與切線成直角，則此線必交長徑於一點，自此點，至切線與長徑軸相交之點，名曰次切線，又曰割線，恒以酉字代之，觀十一圖自明。

(丁) 與切線平行之徑，曰屬徑，恒以丁字代之，觀七八圖自明。

(丑) 徑爲首率，屬徑爲中率，得末率，曰通徑，恒以丑字代之，見七圖，如以式列之，則爲 $丑=\frac{丁^{2}}{叮}$ 或 叮:丁::丁:丑 。

(吜) 過心之通弦，曰正屬徑，恒以吜字代之，見九圖，以長徑爲首率，短徑爲中率，則正屬徑爲末率，即云，$吜=\frac{甲^{2}}{呷}$ 或 呷:甲::甲:吜

(⿰口卯) 從切點作線，與切線成直角，則此線必交長徑於一點，自此點，至切點之線，曰立線，恒以⿰口卯字代之，觀十一圖自明。

(卯) 從切點作線，與長徑成直角，交長徑於一點，自此點，至立線之端，曰次立線，恒以卯字代之，觀十一圖自明。

(咳)(亥) 自曲線心作線，至曲線之任一點，曰帶徑，若有兩心之曲線，則有二帶徑，其長者以咳代之，短者以亥代之，觀十二十三圖自明。

(吻) 帶徑與長徑之交角，曰步角，恒以吻字代之，觀十二圖自明。

曲線界外有一線，名曰準線，其線與長徑軸正交，而距曲線界有一定之比例，見十圖，其比例見下文(⿰口寅)字一條。

(庚) 自準線與長徑軸相交之點，至曲線之端，曰頂準距，恒以庚字代之，觀十圖自明。

(⿰口寅) 自帶徑之端，下垂線至準線，曰準距，恒以⿰口寅字代之，觀十圖自明。準線之離曲線界，須合下比例率方可： 己:庚::咳:⿰口寅

(地) 從徑之任一點，作線至曲線界上，而與徑端切線平行，曰正弦，恒以地字代之，觀十四十五圖自明。

(天) 徑爲正弦所截，從截點至曲線端，曰正矢，又曰截徑，恒以天字代之，觀十四十五圖自明。

(人) 徑爲正弦所截，從截點至中點，曰中距，恒以人字代之，觀十四十五圖自明。

(味) 曲線界上，每點皆有曲率，曲率之半徑，恒以味字代之。

綜論

清・夏鸞翔《致曲圖解》

論諸曲線始于一點終于一點第一

諸曲線之形，始于一點，變點而成線，線漸闊而成大小徑，漸等諸撱圓，至大小徑等而成平圓，又變而爲大小徑漸不等撱圓，至大小徑不等之極，而成拋物線，即一乘拋物線，又漸而成雙曲線。以至無數。雙曲線愈截至邊，則形愈狹，狹之至而復成一點，故點也，線也，平圓也，撱圓也，拋物線也，雙曲線也。形不同，而得形之原無不同也。原者，何一點也？數於何生，生於圓錐。

凡圓錐上諸曲線式，若同在此一點上截下，則其通徑皆同。如圖，甲點上所截無數曲線式，俱以甲丁橫線爲通徑。

解曰：試作丑卯辛午圓錐體圖，此圓錐之底徑卯午，與丑卯丑午等，以各種截法截之，皆自甲點截起，第一截法，自甲截至金，甲金線在圓錐體外，爲無線可截，所截者，仍只一甲點，此謂始於一點也。金點漸移而至左，至丑點上，自甲截至丑，爲無面可截，所截者，仍祇一甲丑線，此謂變點而成線也。又自甲截至天，則有截面，此截面必爲撱圓面，另解在後。其大小徑甚不等。又自甲截至人，所截面亦必爲撱圓面，其大小徑漸相等，又自甲平截至丁，此截面必爲正圓面，其大小徑皆等。又自甲斜截至乙，此截面又爲撱圓面，其大小徑又復不等。又自甲斜截至子，此截面亦爲撱圓面，其大小徑愈不等。又自甲截至丙，令甲丙與丑午平行，此式大小徑懸絕之極，無大小徑可言，則所截面必爲拋物線面。又自甲截至火，爲雙曲線面。又自甲截至木，亦爲雙曲線面，其餘甲未、甲申、甲亥爲無數雙曲線面，惟甲山爲直線，與甲丁爲正交。甲山上截面名兩徑較最小雙曲線面。下面愈截而向右，則面式漸狹，至於自甲截至卯，則狹之至，而還爲甲卯一線。若自甲截至土，則甲土線又在圓錐體外，亦無線可截，而所截者還爲一甲點矣。故一點者，諸曲線面之原也，而撱圓與雙曲線，俱以拋物線爲樞。

第一圖

拋物線之面，何以必爲撱圓之極也？

解曰：如第二圖，甲辛庚圓錐體若於圓錐上斜截之，如自丁截至子，令丁子與甲庚平行，則丁子軸上所成平面，必爲拋物線面。蓋圓錐之甲辛、甲庚二斜線，可引長至無盡，丁子亦與爲無盡，倘丁子稍不與甲庚平行，而爲丁庚，則丁庚徑上所成之面，不能成拋物線面，而成撱圓面。若子庚爲甚微數，則丁庚線上之撱圓面，與丁子線上之拋物線面，幾欲相合，試以兩種截面繪於平面，如第三圖危婁虛胃，即前圖丁庚徑上撱圓面，張畢危室星即前圖丁子軸上拋物線面。令虛危爲極大撱大徑，此撱圓式與拋物線式，雖不相合，而室危畢與婁危胃則幾欲相合矣。倘所函之撱圓愈長，則撱弧與曲線之合處愈多，猶之丁庚愈近於丁子，而合處愈多也，至丁庚漸移而與丁子合一，則此撱圓式有放無斂，而必成拋物線式，然則拋物線式者，非撱圓之極式而何。

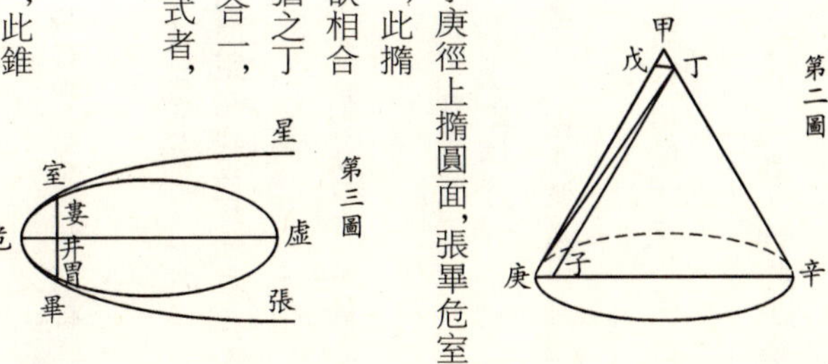

第二圖

第三圖

圓錐上斜截之面，何以必爲撱圓面也？

解曰：如第四圖丁亥丑圓錐體，自石至地斜截之，此錐面上石地曲線，必爲撱圓半周線。所以然者，半周線上諸斜線，如丁石、丁甘、丁物之類，皆是斜倚，皆爲句股形之弦，其股皆在圓錐中心直線上，諸股皆爲直立，而諸句股形之比例皆同，比例既同，則斜倚諸弦，與中線上諸股，亦比例皆同。若改斜倚諸弦爲直立，亦無不可，諸股之頂，既皆相平，諸股皆在中心直線上，皆自丁點起，故諸股之頂皆相平。則易丁石爲午石，易丁甘爲午甘，易丁物爲午物，諸斜線俱以次易爲直線，諸午點亦必相平，而諸午點必攢成一撱圓周。後另有解。是此石地線上所斜，截之撱圓，無異於撱圓柱上之所斜截也。夫以常理論之，斜截圓柱爲撱圓面，斜截撱圓柱仍爲撱圓面，今圓錐上所斜截之面，既等於撱圓柱上所斜截之面，則此截面必爲撱圓面無疑矣。

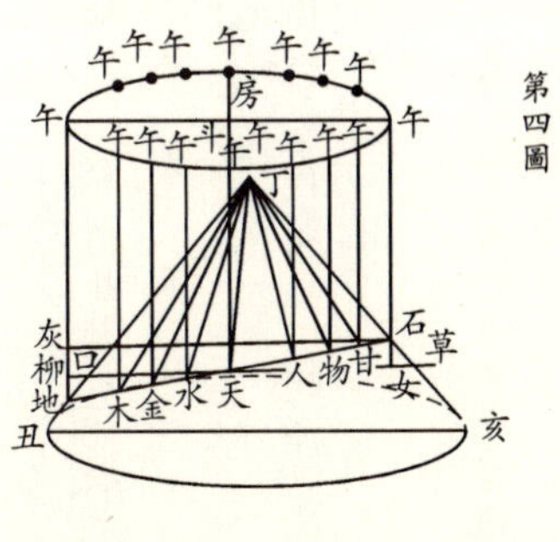

第四圖

諸午點何以必攢成橢圓周也？

試平分石地於天，於天點上作草，山柳橫線，與亥丑平行，復自石作石灰線亦與亥丑平行，石天與天地既等，石地與草柳又爲斜交線，則石天草角與地天山角必等，兩角既等，石天與天地又等，則女天與天柳亦不能不等。譬如同比例之兩勾股形，兩弦既等，兩股自不得不等。而石女草形，亦必等於地柳山形，其草女亦必等於山柳，而草山與石灰亦不能不等。今諸午點所攢成圓周形，其午牛、斗午徑同於石灰，即同於草山，自天點穿出錐後面，即如午房、午徑。而天山小於草天，則令草山爲正圓徑，草山上所截面爲正圓面，天山必爲正矢，草天必爲大矢，其通弦即午房午，然則午牛斗午如圓徑，午房午如通弦矣。通弦必小於圓徑，故午房午必小於午牛斗午，而兩徑爲不同矣。夫兩徑不同之謂橢圓，故諸午點必攢成橢圓周也。

圓錐上與斜線平行之截面，何以必爲拋物面也？

解曰：如前第一圖，令稍旋轉，則第一圖上丑午，易爲本圖上丑午，圓錐右轉，故丑午亦右移也。丑午右移，則甲井丙拋物面之半，乃可得見。蓋甲井曲線，正視之爲一直線，旁視之，乃爲曲線，然依此則諸例難明，故令丑午仍復本位，作後圖。如圖，丑卯午圓錐，丑卯、丑午、卯午皆等，自甲截至丙，令截面與丑午平行，則甲井丙形爲拋物面之半，金木、水火、丙井皆拋物面縱線，甲金、甲水、甲丙皆拋物面橫線，甲爲頂點，甲子即其通徑，金寅、水辰、丙午皆等。通徑諸例，見後第四論。準拋物線例以通徑乘橫線必等於縱線平方。詳後第四論。又平圓上正矢乘大矢，必等於正弦平方，今卯午爲底徑，卯井午即底徑上半周，丙午爲正矢，卯丙爲大矢，丙井爲正弦，以丙午乘卯丙，必爲丙井平方，此丙井爲卯井午半周之正弦，又爲甲井丙拋物面之縱線，是丙井爲公用線也。今丑午既等於卯午，則甲丙亦必等於卯丙，是此丙午正矢乘卯丙大矢，得丙井正弦平方者，猶之乎以丙午通徑，甲子爲通徑，丙午等之，則丙午亦爲通徑。乘甲丙橫線，而得丙井縱線平方也。以此推之，則以水辰正矢乘戌水大矢，得水火正弦平方者，以戌辰爲圓徑，戌火辰爲半周，故水辰爲正矢，戌水爲大矢，水火爲正弦。亦猶之乎以水辰通徑乘甲水橫線，甲水與戌水等。而得水火縱線平方也。以金寅正矢乘申金大矢，得金木正弦平方者，以申寅爲圓徑，申木寅爲半周，故金寅爲正矢，申金爲大矢，金木爲正弦。亦猶之乎以金寅通徑乘甲金橫線，甲金與申金等。而得金木縱線平方也。

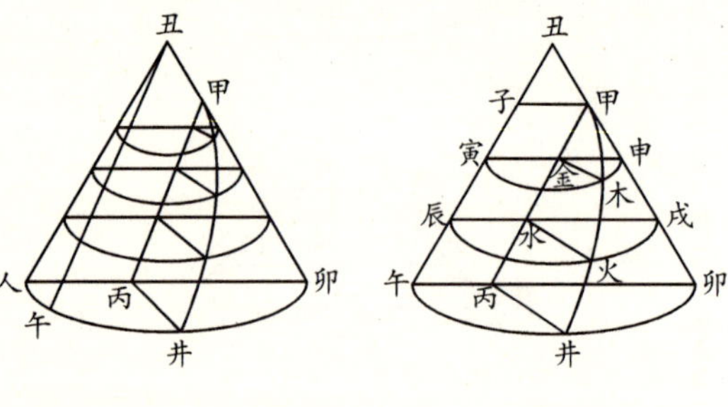

然則以甲井丙面之通徑與縱橫線考之，無不與拋物線之算例合，而此截面之必爲拋物面也，又何疑乎？

截而右爲雙曲線面之理，觀後條正交雙曲線解自明。若不用等三邊之圓錐體而用直角圓錐體如前法自任一點截成各面，則所截各面之式，較之前條式，又小變其式，亦有平圓、橢圓、拋物線、雙曲線，所成拋物線式雖異，仍爲拋物線，又自任一點直截之，必爲兩徑相等之雙曲線，名曰正交雙曲線，亦始於一點，終於一點。

解曰：試作甲丙丁圓錐體，甲角爲直角，以各種截法截之，皆自乙點截起，乙己上截面爲平圓，乙戊乙庚上截面爲橢圓，乙壬乙丑上截面爲雙曲線，與甲丁平行之乙辛上截面仍爲拋物線，惟乙子直線上所截面爲正交雙曲線，與前式異。

直角圓錐上與斜線平行截面，其橫線與諸徑上大矢俱不等，何以仍爲拋物面也？

如圖，丑丙水直角圓錐體，截子火與丑水平行，子木火爲拋物面之半，此式子土橫線小於井土大矢，子午橫線小於女午大矢，子火橫線小於丙火大矢，俱不可等，前法亦不可施，幾疑此式非拋物線矣，試截丁土如子土，自子過丁作子金線，則子午與卯午，子火與金火皆等，又以子土除乙土冪，得子亥爲通徑，即土申、午戌、火戊皆爲通徑，自亥點與子火平行作亥戊線，又引長亥戊及子金，令相遇於甲點，以金戊爲底徑，則丙丑水木正圓錐，化而爲金甲戊木偏圓錐，若以丁申爲圓徑，則丁土、土申、乙土仍如圓徑上之大矢、正矢、正弦，因乙土自乘，以子土除之爲子亥，亦爲子土，而子土本等於乙土，則此乙土正弦冪，亦丁土大矢土申正矢相乘所得，故仍合圓徑弦矢之數。推之卯戌金戊圓徑上之弦矢皆然，則截面上諸橫線，無不與平圓之諸大矢等，而前例仍可施，故子木火半面仍爲拋物面。

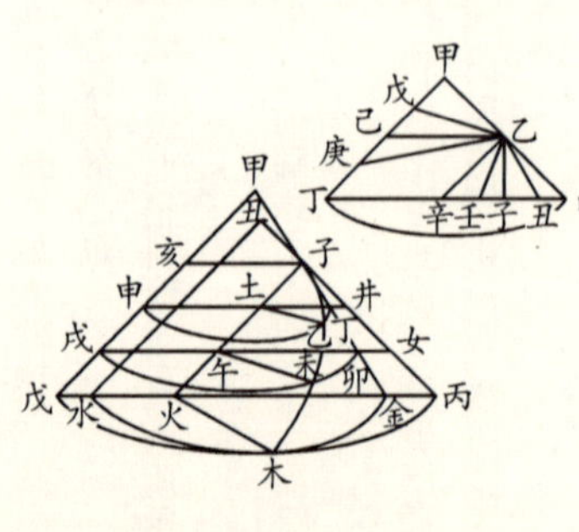

准此知，任何圓錐但使截面與斜線平行，無不成拋物面，即偏頂圓錐上如法截之，亦必成拋物面。

直角圓錐上任一點所直截面，必爲正交雙曲線面，何也？

如上圖甲乙丙直角圓錐，自丁點直截丁金，則丁金木面爲正交雙曲線面之半，案：自丁點直截丁金，自對面正視，其丁巳曲線，原應與丁金直線合爲一線，今欲顯丁金木面，故所繪丁巳曲線，不能不曲而向左，以使諸線畢露。凡正交雙曲線之例，正矢乘大矢，得正弦冪，與平圓法同，而正矢累長若干，大矢亦同長若干，見後第十三論。上圖，卯人正矢，乘人丑大矢，爲人火正弦冪，而卯人本等於正交雙線之正矢丁人，人丑本等於正交雙線之大矢，準正交雙線例，以下圖申戌爲徑，即如上圖丁子，故丁子爲正交雙線之徑。又例，以正矢加徑得正交雙線之大矢，今丁人正矢，既等於卯人亦必等於離丑，故以離丑正矢加人離徑，得人丑大矢也，二例俱詳第十三論內。是即正交雙線例中求人火縱線之法也。以此推之，壬水爲壬土寅半周上正矢，水寅爲其大矢，亦即正交雙線水點上之正矢大矢，準正交雙線例，以等壬水之危寅正矢，加水危徑，得水寅大矢。乙金爲乙己丙半周上正矢，金丙爲其大矢，亦即正交雙線金點上之正矢大矢，準正交雙線例，以等乙金之亢丙正矢，加金亢徑，得金丙大矢。其求縱線之例，自無不與正交雙線之算例合，而此截面之必爲正交雙張面也，又何疑乎。

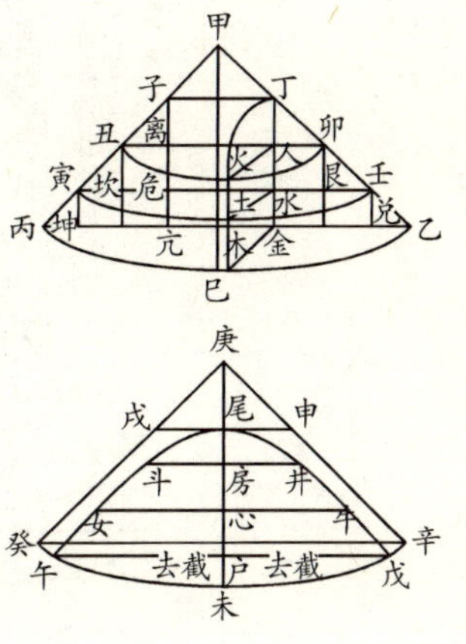

試更以上圖之圓錐旋轉之，爲下圖，則上圖甲巳，易爲下圖庚癸，上圖甲乙，易爲下圖庚未，上圖截積一段盡去之，則正視所見之戊尾午面，爲正交雙線面，庚尾爲直半徑，申尾或尾戌爲橫半徑，橫直二半徑等，則橫直二徑亦必等，庚辛及庚癸爲二漸近線，曲線之戊、午二點，引長之，愈長則愈近於庚辛、庚癸二線，而永不能遇，故名之曰漸近線也。此式之二漸近線，爲十字正交，故名曰正交雙曲線，而此式爲平圓反式。

准此則知，前條圓錐圖上所直截面例與此同，惟斜線上小句股形，皆股大於句，直者股，橫者句。此因頂角不爲直角，而爲鋭角，故二漸近線交角，亦爲鋭角，不得謂之正角，倘所截雙線面稍斜而左右，則頂角愈鋭，直徑愈大於橫徑，其兩徑之較愈大，故前條圓錐圖上所直截面，其大小徑之較爲最小也。

准此則知，本圖上惟直線乃爲正交雙線，若所截雙線面稍斜而左右，則頂角即鋭，其截之大小徑面，即不能等也。

准此則知，正交雙線面，惟直角圓錐上有此形，其他圓錐上不能有也，而雙線之於正交雙線，猶之撱圓之於平圓矣。

由是而知，圓錐上有七式：曰點、點之撱者曰線、曰平圓、平圓之撱者曰撱圓、曰正交雙曲線、正交雙曲線之撱圓者曰雙曲線、曰拋物線，止一式，無所謂正撱，而七式備具於直角圓錐。

是故横截之圓面，其平與撱，係於錐之底面，底面平，則亦平，底面撱，則亦撱，直截之雙線面，其正交與斜交，係於錐之頂角，頂角正交，則亦正交，頂角斜交，即亦斜交。

論諸曲線式之心第二

凡點爲一心，線爲二心，平圓象點，故一心，撱圓象線，故二心，各種拋物線，象無窮長線，故但得一心，而不能得又一心，雙曲線之本面，亦祗一心，井對面一心爲二心。

解曰：平圓者，一點之拓而大者也，故其心仍在中，平圓既與點同類，則引長平圓爲撱圓，必與線同類，線以兩端爲兩心，故撱圓亦有兩心，惟點之位置，恒在兩棱相輳尖鋒之處，線之兩端爲尖鋒，故點在兩端，撱圓兩端無尖鋒，故兩心在圓内，而不能在大徑兩端也。至如各種拋物線，其長無竟，亦如無竟長之線，祗有一端，而不得其又一端，故亦祗有一心也，若拋物線乘數多至無量，必至變成一線，而其心爲線端一點。

撱圓之有兩心，猶人以兩目注視遠物，其近物必歧而爲二物，二物仍一物也，撱圓弧上任一點距兩心之和，必如大徑，此兩線仍爲一線，猶之乎歧視之二物，仍爲一物也，然則撱圓之兩心，亦猶平圓之一心矣。

論諸曲線式皆有準線第三

凡曲線式之準線，皆在曲線式之外，平圓準線爲倍徑之周，仍以圓心爲心，撱圓準線爲倍大徑之平圓周，以任一心爲心，拋物線準線爲一直線，凡曲線上任一點抵心與抵準線之二線必相等。

平圓準線何以爲倍徑之周，而仍以圓心爲心也？

解曰：先作子辰土寅平圓，復取寅卯，如寅心、以心爲心，卯爲界，作外圓周，此外圓周即爲準線，於内圓周子點上作線至心，又自子點作線至丑，子心必與子丑等，餘可類推，故倍徑圓周爲本平圓準線也。

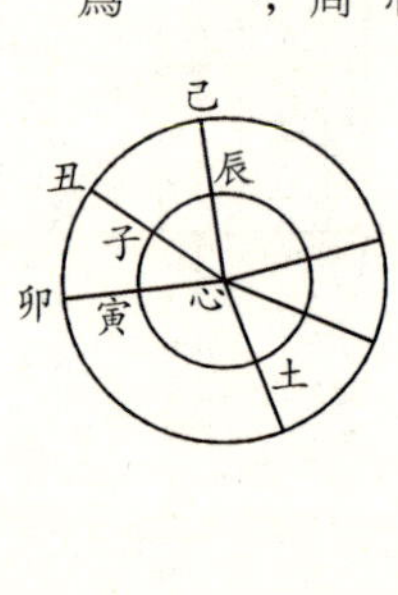

橢圓準線何以爲倍大徑之平圓周，而以任一心爲心也？

解曰：如圖，甲金水火橢圓，二偏心在左右，今取火木如左火，以右心爲心，木爲界，作一平圓於外，此平圓即爲準線，於橢周甲點上作線至左心，復自右心過甲點直抵準線上辛點，此甲左必與甲辛等，又於橢周丙點上作線至左心，復自右心過丙點直抵準線上庚點，此丙左必與丙庚等，以此例推之，上下四周，無不皆然，其所以能相等者，因右木半徑等於金火橢大徑，即右辛右庚等半徑，無不等於橢大徑，而橢周上任一點距二心之和，又必等於橢大徑，是橢圓内甲右加甲左，亦等於右辛，若各去一甲右，則甲左不得不等於甲辛矣，橢圓内丙右加丙左，亦等於右庚，若各去一丙右，則丙左不得不等於丙庚矣，餘類推故倍大徑之平圓周，爲橢圓準線也。

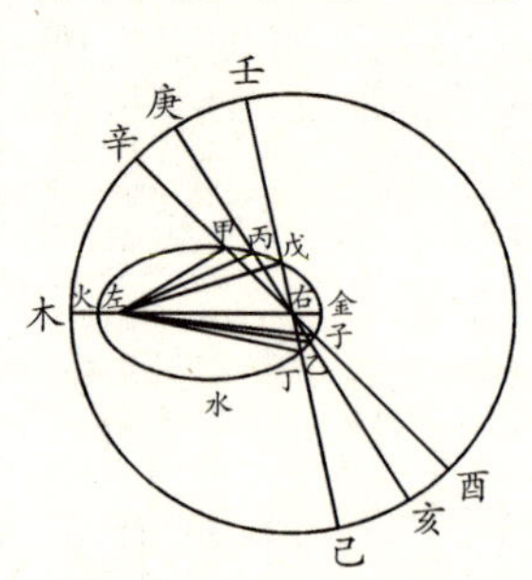

拋物線之準線，何以爲一直線也？

解曰：如圖，斗亢牛拋物線，心在井，今取亢昴如井亢，於昴點上作張昴軫直線，即爲準線，可取前圖橢圓以明之，前圖戊左等戊壬，丙左等丙庚，則此圖虛井，亦必等虛壁，危井亦必等危奎，室井亦必等室胃，餘皆然，其所以然者因前圖辛右庚右諸半徑，皆集於右心，今此圖拋物線，既爲橢圓之極式，則只有左心，即井點其右心遠在不可窮極之外，則室胃危奎虛壁諸線，勢不能到右心，右心既不能到，則此諸線不能爲半徑，而不得不爲與軸平行之横線矣。又依前圖之例，以右心爲心，作一式外平圓，而拋線右心，遠在不可窮極之外，則平圓半徑之大爲無量大，而前圖壬木弧線，亦爲無量大，夫一段弧線，若大至無量，必至變弧線爲直線，此拋物線之準線，所以不爲弧線而爲直線也。然則拋物準線之理，固同於橢圓準線之理，亦同於平圓準線之理也。

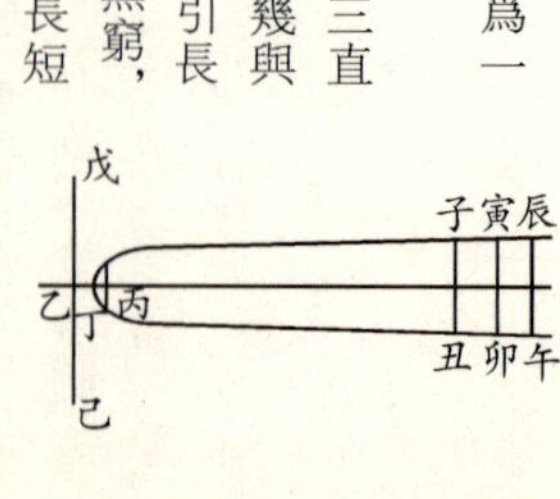

若二乘拋物之準線，則不爲直線，而仍爲曲線，其曲處向右，此曲準線名遲率曲線，引而愈長，則曲愈殺，長之至，則有似乎直線矣。

解曰：遲率曲線者，謂曲線内直線之長率愈大，横線之長率愈小也，與拋物線正相似，故各種拋物線，亦可名之以遲率曲線，惟此則易横爲直耳。如圖，壬卯亥二乘拋物線式，午甲爲横軸，乙爲心，癸甲爲準線，卯甲如乙卯，其戊乙必與戊己等，丁乙必與丁丙等，庚乙必與庚辛等，設引長午卯軸至未，於己點上作己子直線，於丙點上作丙丑直線，於辛點上作辛寅直線，甲子甲丑甲寅三横線，長數愈小，己子丙丑辛寅三直線，長數愈大，若横線甚長，則直線之長數尤速，故長之至而有似乎直線也，若三乘以上拋物之準線，俱爲遲率曲線，而其曲益殺。

解曰：如圖，爲多乘拋物線式，丙爲心，此丙點幾近丁點，取丁乙如丙丁，則丁乙亦爲甚微，其戊己準線，仍曲向右，而其曲甚微，幾成直線，故拋物線之乘數愈多，而準線愈有似乎直線也。

若拋物線之乘數多至無量，則曲線漸直，且漸合爲一線，而其準線亦縮爲一點矣。

解曰：如前圖，多乘拋物線式，試作子丑寅卯辰午三直線，則寅卯必大於子丑，辰午必大於寅卯，惟上下曲線，幾與丙丁横軸平行，直線之長數甚難，然長數雖難，而曲線引長無已，其直線終能大至無窮，直線無窮，則準線亦與爲無窮，所以前圖拋物線之乘數雖多，而乙戊準線斷不能測其長短也，今所言拋物線式，既上下曲線相合爲一横線，則其心必在横線左端，而横線無廣狹可言，即準線亦無長可言，而一横線之準線，亦必爲横線左端之一點矣。

若雙曲線之準線仍爲平圓弧線，而弧之曲乃向左與橢圓準線之曲向右者，正相反，故雙曲線橢圓之反式也。

解曰：如圖，戊午庚雙線式，此式與相等之辛申壬式相需爲用，故名雙線式，右左爲兩心，乙木爲通徑，寅卯同。午申爲雙線徑，子丑爲直徑，今取午未如右午，以左心爲心，未爲界，作一平圓周，此酉未亥平圓周線，即戊午庚式之準線。試任於曲線上丙點作線至右心，又自丙作線至左心，則丙右必等於丙水，又試於丁點上作幾至右心，又自丁作線至左心，則丁右必等於丁火，故曲線上任一點距兩心線之較恒爲酉未亥平圓之半徑也。蓋橢圓準線上諸橫線，如第二圖戊壬丙庚諸線。恒自左而趨於右心，雙線上諸橫線，如本圖丙水丁火諸線。恒自右而趨於左心，橢圓及雙線兩式，皆以拋物線爲權衡，而雙線之有兩心，亦猶橢圓之有兩心，不過反用其率，遂覺形勢不同，究之平橢單雙線拋物線一名單曲線，亦名單線。之四種準線，雖形有萬殊，而實根於一理。

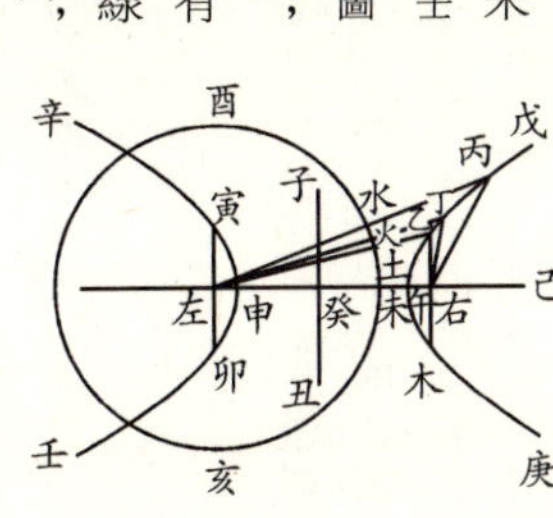

依雙線準線論之，則正交雙線之準線，亦爲倍圓徑之周。

論諸曲線式皆有規線第四

凡諸曲線式之横直線，皆以規線爲權衡，平圓橢圓之規線，長短不齊，而有定限，各種拋物線之規線，只有一數，凡起首規線曰通徑，平圓、橢圓、拋物線，雙曲線四式，俱以規線乘横線爲直線，自乘方二乘拋物線式，以規線自乘方乘横線爲直線，再乘方三乘拋物線式，以規線再乘方乘横線爲直線，三乘方以後拋物線之乘數遞增，則乘法與直線之數乘方亦遞增之，各種拋物線之規線，皆與通徑等。

平圓規線。

解曰：如圖，甲乙丙丁平圓，甲丙、乙丁爲十字圓徑，丑爲圓心。試以甲丙爲首率，乙丁爲中率，求得未率戊丁爲通徑，即爲最大規線，此戊丁必等於圓徑。乃自乙至戊，作乙戊斜線，則庚寅、辛卯等皆爲遞短之規線，用法，以首率寅丁矢乘未率庚寅規線，開平方得中率己寅正弦，又以首率卯丁矢乘未率辛卯規線，開平方得中率午卯正弦，餘可類推。

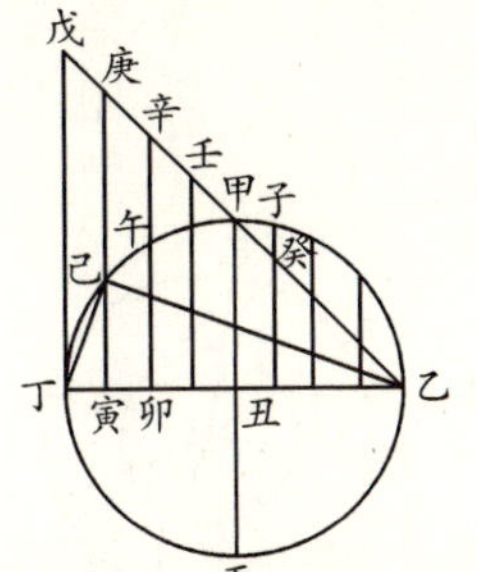

然則正矢正弦規線，何以必爲連比例三率也？

試以寅丁、己寅庚寅三率之理解之，如前圖己寅正弦，截圓周於己，自己點向乙作己乙線，向丁作己丁線，此乙己丁角必爲直角，而成句股形，其己寅正弦爲乙己丁句股形之垂線，以寅丁比己寅，若己寅與乙寅，是丁寅己寅乙寅三線，原爲連比例三率也。今戊丁既同於乙丁，則庚寅亦同於乙寅，而丁寅、己寅、庚寅三線，亦必爲連比例三率矣，餘可類推。

橢圓規線。

解曰：如圖，寅卯辰丑橢圓，卯丑爲大徑，寅辰爲小徑，試以卯丑爲首率，寅辰爲中率求得未率子丑爲通徑，即爲最大規線，此子丑必等於於過酉心之申戊直線，乃自卯至子作卯子斜線，則午酉未亥等皆爲遞短之規線，用法，以首率酉丑矢乘未率午酉規線，開平方，得中率申酉正弦，又以首率亥丑矢乘未率未亥規線，開平方，得中率士亥正弦，餘亦可類推。

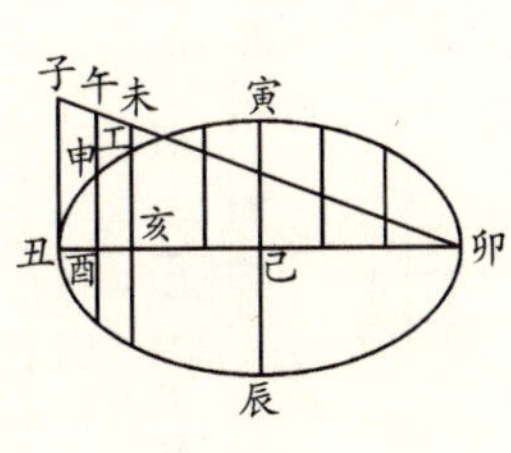

然則橢圓之正矢正弦規線，何以仍爲連比例三率也？

如圖，大徑乙丙，小徑壬寅，規線之最大乙戊，此三線，既爲連比例，則三率各取其半，半首率得甲乙，半中率得甲壬，半末率得甲子，此三線亦必爲連比例，而甲乙乘甲子，必等於甲壬冪矣。夫以四率比例論之，丁辛冪爲一率，乙丁乘丁丙爲二率，甲壬冪爲三率，乙甲乘甲丙爲四率，後另有解。此四率比例既同，而以丁丙比丁丑，本若甲丙與甲子，則易以乙丁乘丁丙爲一率，乙丁乘丁丑爲二率，乙甲乘甲丙爲三率，乙甲乘甲子爲四率，此四率比例亦必相同，此四率内第一率，以丁辛冪代之，第三率以甲壬冪代之，其式成丁辛冪爲一率，乙丁乘丁丑爲二率，甲壬冪爲三率，乙甲乘甲子爲四率，此四率比例亦必相同矣。今第四率乙甲乘甲子，既等於三率甲壬冪，則第二率乙丁乘丁丑，自不得不等於一率丁辛冪矣。

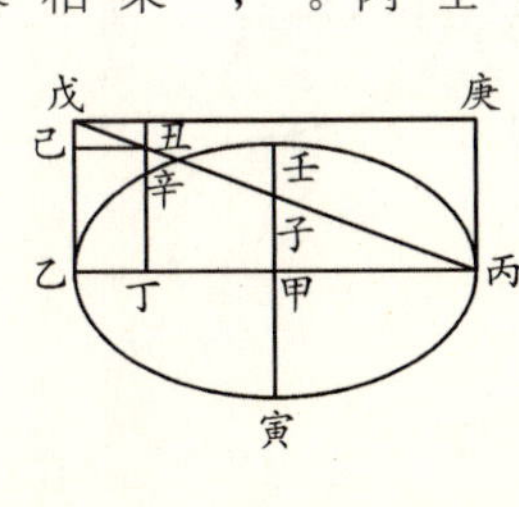

然則丁辛冪爲一率，乙丁乘丁丙爲二率，甲壬冪爲三率，乙甲乘甲丙爲四率，此四率何以能爲比例也？

解曰：如圖，壬丙寅乙橢圓，以大徑爲平圓徑，於橢圓外作一平圓，任於土點作土丁正弦，與艮坎圓徑平行。準本論第一解，乙丁乘丁丙，必等於丁土冪，則乙甲乘甲丙，亦必等於甲艮冪。今所言四率比例式，其第二率若以相等之丁土冪代之，其第四率若以相等之甲艮冪代之，其式爲以丁辛冪比丁土冪，若甲壬冪與甲艮冪，夫丁辛與丁土之比例，原若甲壬與甲艮之比例，此四線既可比例，則四線之四冪，亦必可以比例，是此式之四率比例，猶之乎以丁辛冪比丁土冪，若甲壬冪與甲艮冪也。此則橢圓内諸直線，與平圓内諸直線，比例皆同之故也。

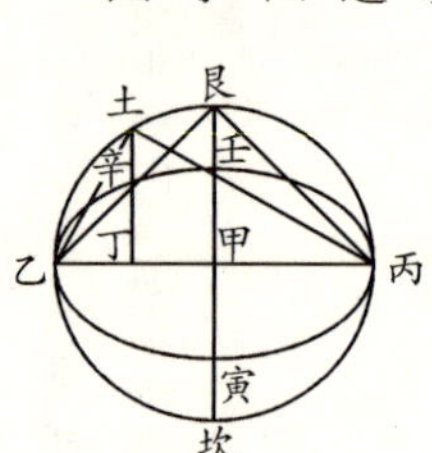

抛物線規線。

解曰：準橢圓論之，以大徑爲首率，小徑爲中率，求得末率爲規線。今抛物線式，既爲橢圓之極式，其長無竟，無首率大徑可言，無中率小徑可言，何從而施連比例術乎。然首率、中率雖不可知，而以首率除中率冪，所得之末率，則可知。其法任用曲線上一點之橫直線，考其爲何等比例，假如考得直線冪，爲橫線之四倍，則小半徑冪，亦必爲大半徑之四倍，即小徑冪，亦必爲大徑之四倍，雖大小徑爲無窮數，而以無窮小徑自之，無窮大徑除之，必得末率四爲通徑，是抛物線之通徑，不可知而仍可知也。蓋大小徑之比例，與橫直線相同，若擴充橢圓令成抛物線，則大小徑之長無竟，有軸左端癸點而無軸右端，無軸右端者，軸右端遠極而不可測也，而辛亥乃不能到軸右端，而必與軸爲平行矣。圖中丑卯爲通徑，等於辛癸，丑卯上辰點爲針心，辛亥與軸平行，其比例同於橢圓，以癸辰爲首率，戌辰爲末率，首末率相乘，開平方得中率丑辰，此理正與橢圓同，惟辛亥與軸平行，故任何點之連比例三率，其末率皆等於辛癸，即皆等於通徑丑卯。

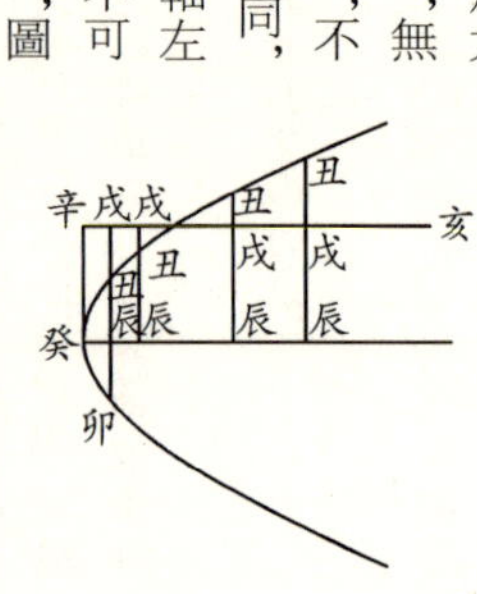

二乘抛物線規線。

解曰：準一乘抛物線論之，只有一心，不可得又一心，諸乘抛物線皆然，故二乘抛物曲線上任何點距準線，其距線亦皆與橫軸平行。凡式以橫爲首率，直線爲中率，求得末率爲規線。今抛物線式，既增一乘，即三率亦各宜增一乘，而此二乘抛物線之橫線，與直線立方爲比例，是此式橫線已增一乘矣。乃以爲首率直線爲中率，中率自之，再之，此所謂增一乘。以首率除之，得數開平方，爲規線，首率除得之末率，亦增一乘，故爲規線冪。而二乘抛物線之規線，無不與通徑等，如一乘抛物線式。故以通徑冪乘任何橫線，必等於直線之再乘方也。

三乘以上之連比例三率，各按乘數遞增一乘，理本同源，無煩贅説。

若雙曲線之規線，則長短不齊，右長左短，與橢圓規線之左長右短者正相反，故雙曲線者，橢圓之反式也。

解曰：如圖，水木火雙線式，未爲右心，乙土爲通徑，辛爲左心，木爲右頂點，庚爲左頂點，若於木點上作亥木直線，令與乙土等，又自庚點向亥作庚亢無界斜線，則未木橫線乙未直線戌未規線，必爲連比例三率，餘如午木丁午酉午等，無不爲連比例三率，所以然者，因雙線本爲橢圓之反式，橢圓準線上諸線，皆趨右心，則雙線準線上諸線，自皆趨左心，橢圓規線頂上一線趨右頂點，雙線規線頂上一線亦應趨左頂點矣。

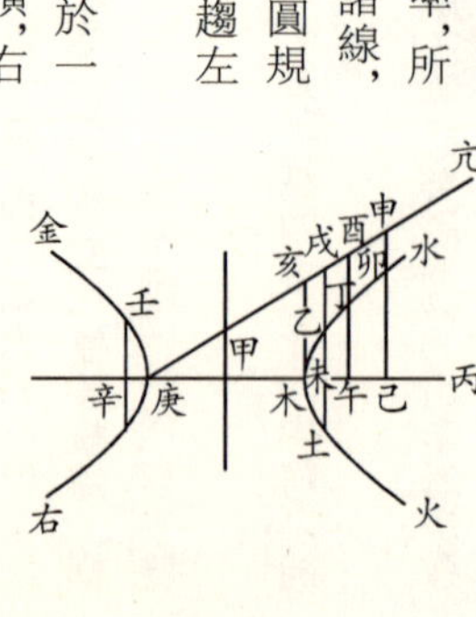

凡諸曲線式，諸規線頂上線，與曲線相交於一點，此一點上之橫直線爲相等，左之則直大於橫，右之則橫大於直。

解曰：如後第一圖，平圓交點在甲，則甲乙與乙丙等，第二圖，橢圓交點在天，則天地與地人等，如第三圖，抛物線交點在子，則子丑與丑寅等，如第四圖，雙曲線交點在金，則金木與木水等，蓋末率規線，既等於中率直線，則中率直線，自不得不等於首率橫線也。

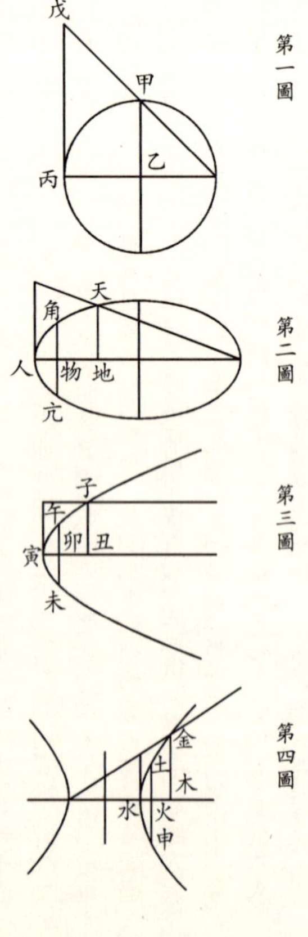

第一圖

第二圖

第三圖

第四圖

凡心距頂點，與通徑之比例，平圓若一與二，橢圓若一與贏於二朒於四，拋物線若一與四二乘，拋物線若一與八三乘，拋物線若一與十六，每增一乘，則通徑增一倍，雙曲線若一與贏於四至無窮數。

解曰：如前第一圖，心距頂乙丙，通徑内戊，若一與二。第二圖，心距頂物人，通徑角亢，若一與贏於二朒於四。第三圖，心距頂卯寅，通徑午未，若一與四。第四圖，心距頂火水，通徑土申，若一與贏於四至無窮數，内平圓拋物線二種爲有定式，故比例亦有定數，橢圓雙線二種爲無定式，故比例亦無定數。準第一論，圓錐上所截面有無量式，自右漸截至左，其通徑率亦以次遞長也，至於一乘拋物線爲平方，故通徑率亦爲二之平方，二乘拋物線爲立方，故通徑徑率亦爲二之立方，其理尤爲一貫。

若正交雙曲線，心距頂與通徑之比例，若方斜半較之與方邊。

論諸曲線式之橫直二徑第五

凡二次曲線式，平圓、橢圓、雙曲線皆有二徑，惟拋物線不可得徑，平圓有相等二徑，橢圓雙線，皆有大小二徑，若橢圓大徑大至無窮，兩心差遠至無窮，則成拋物線式，雙線大徑大至無窮，兩心差遠至無窮，亦成拋物線式，橢圓二徑俱正，雙線二徑一正一負。

雙線爲無窮曲線，何以亦有大小二徑也？

解曰：雙線者，橢圓之反式，橢圓與雙線形雖迥異，理則相輔相成，猶之同一數而異其正負也。橢圓二徑在形内，雙線二徑在形外，橢圓二徑與通徑，爲連比例三率，雙線二徑與通徑，亦爲連比例三率。如圖，先知有右木心距頂，庚辛通徑。乃以右木爲首率，庚右爲中率，求得末率爲規線，規線内減通徑，餘爲一率，右木爲二率，規線爲三率，求得四率爲右火，後另有解。内減右木，餘爲木火，以庚辛乘木火，開平方得水土，此即首末率相乘，開方得中率。一一識其數，按數繪之，木火即爲大徑，水土即爲小徑，其庚辛水土木火之所以能爲連比例三率者，何也？試作斗牛女井兩切線，令俱如水土，又作斗女、牛井二橫線，聯爲斗牛女井橫方形，又自中心乙向橫方四角各作斜線，引長之，作子丑寅卯二斜線，此二線名漸近線，如乙子爲木亥曲線之界，木亥漸引而長，乙子亦漸引而長，木亥曲線愈長，愈與乙子線相近，而終不能到乙子線上，又上下補作兩雙線形，則辰水午與戌土房，俱不能到漸近線上。未火申亦然。設上下左右四曲線，俱大至無量數，則弧端八點，如亥、酉、未、申、辰、午、戌、房八點。幾欲與漸近線遇，而辰、亥、酉、戌、午、未、申、房每二點，幾欲合成一點，是八點漸變爲四點也。此四點上作二橫線，二直線聯成橫方形，爲無量大橫方形，其橫直線亦爲無量大橫直線，此無量大橫線即雙線式大徑，無量大直線，即雙線式小徑。準二次曲線例，通徑必爲大小二徑之中率，今無量大橫直線之數，雖不可知，而無量大橫線與無量大直線之比例，必等於木火與水土之比例，則可知也。比例既等，則通徑可爲無量大二徑之中率，亦可爲木火水土之中率矣。故木火爲雙曲線大徑，水土爲雙曲線小徑，蓋舍其不可知之大小二徑，而還用其可知之大小二徑也。若按此大小二徑作一橢圓，求得橢圓通徑，必與雙線上通徑等。

依此論之，橢圓有兩徑，雙線亦有兩徑，橢圓有兩心，雙線亦有兩心，橢圓兩頂點即橢大徑左右端二點。相背，雙線兩頂點相對，橢圓兩徑在面積内，雙線兩徑在面積外，橢圓兩心距小於大徑，雙線兩心距大於大徑，而其較俱爲心距頂之倍，一正減，一反減，所謂異其正負也。橢圓規線上橫線，自左趨右頂，雙線規線上橫線，自右趨左頂，橢圓兩帶徑和恒等，雙線兩帶徑較恒等，無不兩兩相反，信乎雙線爲橢圓之反式也。

通徑減規線爲一率，右木爲二率，規線爲三率，右火爲四率，此四率何以能爲比例也？

解曰：如圖，甲乙丙雙線式，準第四論，令庚乙等於癸子通徑，自辛過庚作辛丑無界線，則丁乙癸丁戊丁必爲連比例三率，戊丁爲規線，以等通徑之庚乙減之，餘爲戊己，己庚等於丁乙，則以戊己比己庚，必若戊丁與丁辛矣。

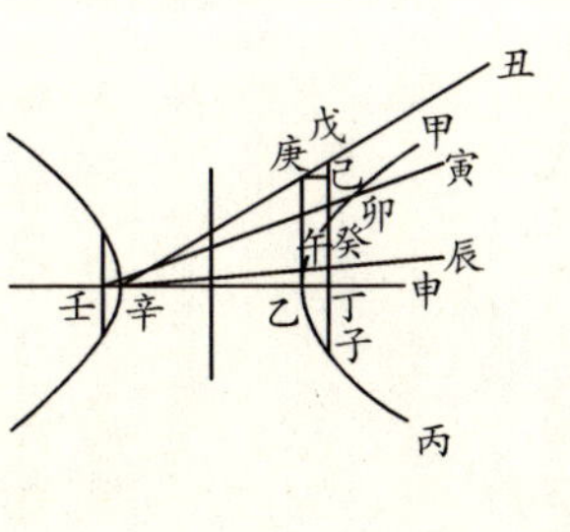

橢圓與雙線兩心距，遠至無窮，俱成拋物線者，何也？

解曰：先以雙線論之，如前圖，自左心壬向右式，作壬寅、壬辰諸線，在式内者爲寅卯、辰午諸線，設丁壬距遠至無窮，則寅卯辰午必至與申乙軸平行，而如拋線之例矣。又以橢圓論之，如後圖，自右心向左作右子、右丑諸線，在左半圓内者爲甲子、乙丑諸線。設右左距遠至無窮，則甲子乙丑必至與午未軸平行，而

如抛物線之例矣。總而論之，猶之第一論圓錐上所截諸面，抛物線面只一式，截而左爲橢圓面，截而右爲雙線面，橢圓面雙線面之兩心距愈遠，則截面愈近於抛物線，遠至無窮，而截面必與抛物線面合一矣。

雙線二徑必一正一負者，何也？

解曰：雙線式既爲橢圓之反式，則橢圓爲正式，雙線爲負式，猶之一以上對數爲正對數，一以下對數爲負對數也。雙線式爲負者，由於雙線通徑爲負，而雙線通徑與二徑爲連比例三率，設中率小徑爲正，以末率負通徑除之，必得首率負大徑，蓋異名相除，則爲負也。設中率小徑爲負，以末率負通徑除之，必得首率正大徑，蓋同名相除仍爲正也，故雙線二徑，必一正一負。

若正交雙線式，則橫直二徑同數，與平圓徑同。

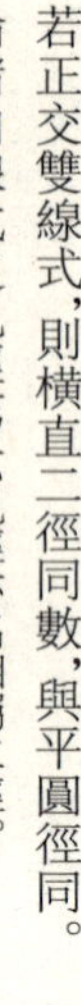

論諸曲線式之兌徑第六兌徑亦名相屬二徑。

凡諸曲線式，有正徑，有兌徑，正徑有二，兌徑亦有二，平圓兌徑仍如正徑，橢圓任一點有大小兩兌徑，兩兌徑和之最大者，爲相等二兌徑和，最小者，爲兩正徑和，雙曲線任一點，有大小兩兌徑，兩兌徑和之最大者，爲無窮數，最小者，爲兩正徑和，抛物線不可得兩正經，亦不可得兩兌徑，只可得大兌徑一端，及與小兌徑平行諸線，諸式內與小兌徑平行諸線，必平分於大兌徑上，與大兌徑平行諸線，必平分於小兌徑上。

平圓兌徑。

解曰：如圖，甲乙丙丁平圓，甲丙、乙丁爲二正徑，任於子點上作子丑、寅卯二兌徑，必仍與正徑等，與寅卯平行之亢角、斗井諸線，平分於牛、於女，皆爲子丑兌徑所平分也。

橢圓兌徑。

解曰：如圖，戊己庚辛橢圓，己辛爲大正徑，戊庚爲小正經，任於午點上作過心線午未爲大兌徑，又任作申酉線，與午未平行，平分於天，過天及心作戌亥線，爲小兌徑，與戌亥平行之張房虛危諸線，平分於室於柳，皆爲午未兌徑所平分也。

雙線兌徑。

解曰：如圖，昴星尾雙線，土婁爲大正徑，壁水爲小正徑，任於星點上作過心線星火，爲大兌徑，又任作胃觜線，與星火平行，平分於參，過參及心作一線，則木奎爲小兌徑，與木奎平行之箕鬼翌氐諸線，平分於畢於軫，皆爲引長星火兌徑所平分也。

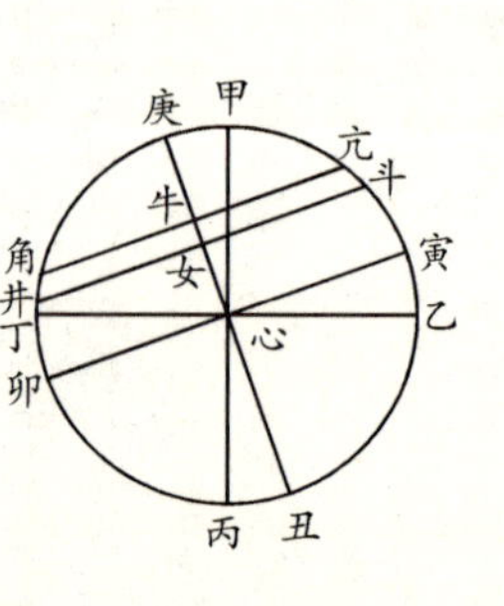

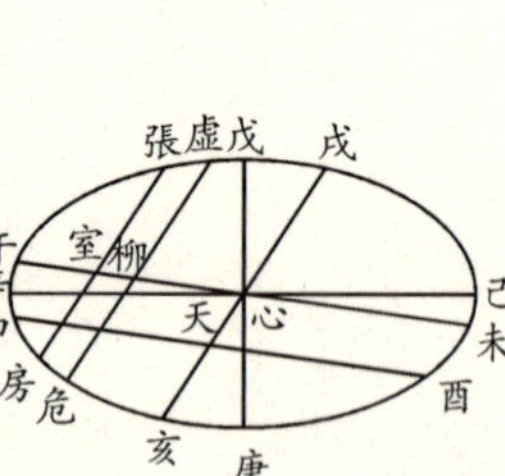

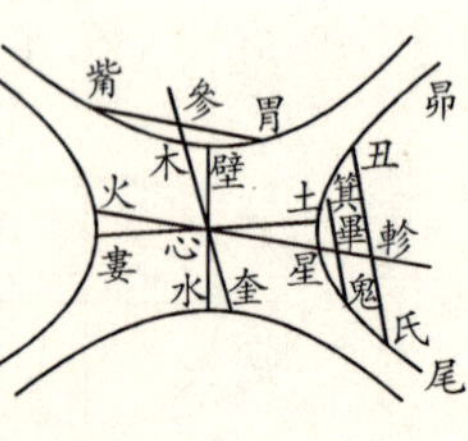

抛物線兌徑。

解曰：如圖，甲乙丙抛物線，乙己爲大正徑一段，任於卯點上作卯午橫線，中心遠甚不能過，故爲橫線。與乙己平行爲大兌徑一段，又作卯點切線戊庚，與戊庚平行之辛壬未癸諸線，平分於子於丑皆爲卯午一段兌徑所平分也。

橢圓任何二兌徑二平方之和，恒等於二正徑二平方之和，雙曲線任何二兌徑二平方之較，恒等於二正徑二平方之較。

橢圓二兌徑冪和，恒等於二正徑冪和，其理須作四次解之。

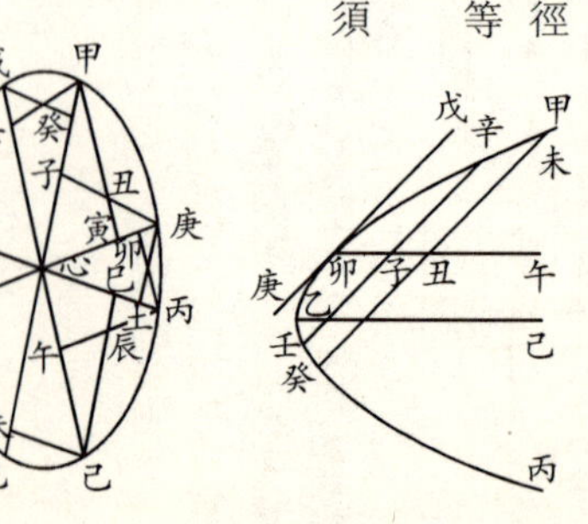

第一解曰：凡橢圓任作大小二兌徑，又作大小二兌徑，其不相屬二兌徑之間，兩三角形恒等，其相連諸三角形，無不皆等，其故何也？如前圖，甲丙乙丁橢圓，甲壬心三角形，與戊癸心三角形，此兩形同在甲乙、戊己不相屬二兌徑之間，兩三角形必相等，即所有甲寅心、庚子心、庚土心、丙卯心、丙午心、己巳心、己未心，無不相等。欲知其故，試詳論之，另作後圖，申奎昴胃橢圓，申昴爲大兌徑，奎胃爲小兌徑，試作申胃斜線與申奎斜線，則申亢奎弧矢與申房胃弧矢二積必同，若平分申奎於斗，自心過斗作柳亢徑，平分

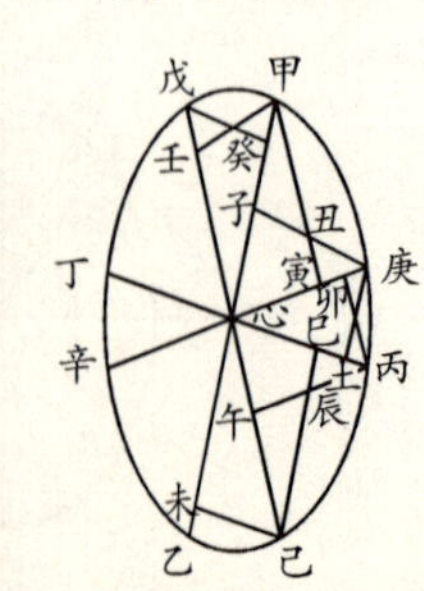

申胃於危，自心過危作翌房徑，又作申亢線與申房線，則申亥亢弧矢與申酉房弧矢亦必等積。又與申亢平行作酉壁線，與申房平行作亥觜線，則酉亥壁與亥酉觜二弧矢，亦必相同，即亥酉井半弧矢積，與酉亥虛半弧矢積，亦必相同，於亥酉心面積內去一亥酉井爲亥井心形，去一酉亥虛，爲酉虛心形，此亥井心酉虛心二三角形，必爲相等矣。

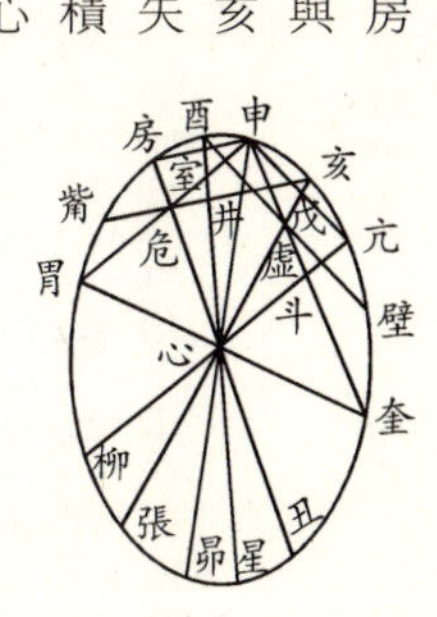

此前圖戊癸心形，與甲壬心形，所以必相等也。甲壬心與甲寅心本同，準前例，則甲寅心必等於庚子心矣，庚子心與庚土心本同，準前例，則庚土心必等於丙卯心矣，丙卯心與丙午心本同，準前例，則丙午心必等於己巳心矣，而己巳心又同於己未心，故戊癸心、甲壬心、甲寅心、庚子心、庚土心、丙卯心、丙午心、己巳心、己未心諸三角形，無不相等也。

第二解曰：凡橢圓任一點之正切乘餘切，必等於與切幾平行半徑之冪，其故何也？試作乙子丙癸橢圓圖，其辛丁乘丁壬，必等於甲戊冪，欲明其理，先自甲心至切點丁，作甲丁半徑，則甲丁與甲戊亦相屬二半兌徑也，次自丁作丁己正弦，與子癸平行，又自戊點與子癸平行作戊丑正弦，而甲己丁甲丑戊二形爲相等矣，理詳本論第一解。又自丁點與乙丙平行，作丁庚線，則甲丁己、甲丁庚亦爲相等，甲丁己原與甲丑戊等，則甲丁庚亦與甲丑戊等，又辛己與丁己，本若丁庚與壬庚，又辛己與丁庚，辛己丁形與甲丁庚形，比例爲同，辛己丁形爲半丁己乘辛己，甲丁庚形爲半丁己乘丁庚，三四率乘法相同，故可以比例。

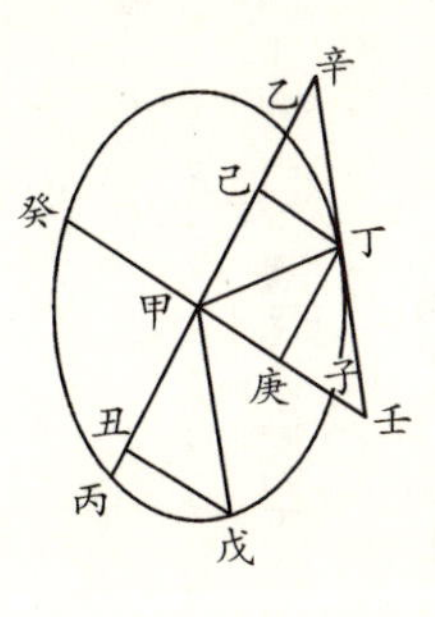

以此推之，則甲庚與壬庚，甲丁庚形與壬丁庚形，比例亦同，兩三角形，俱以丁庚爲高，其甲庚闊與壬庚闊，又如一二率，故可以相爲比例。而辛己與丁己之比例，原若丁庚與壬庚之比例，則隔而比之，以辛己丁形比甲丁庚形，必若甲丁庚形與壬丁庚形，此辛己丁、甲丁庚、壬丁庚三形爲連比例三率，而甲丁庚形，原等於甲丑戊形，則辛己丁、甲丑戊、壬丁庚三形，亦必爲連比例三率，此三形本爲相等三形，則三形上三弦，如辛丁、甲戊、丁壬亦必爲連比例三率矣，故辛丁乘丁壬，必等於甲戊冪也。

第三解曰：以乙甲大半徑爲平圓徑，作乙卯弧，自兌徑辛末作卯午弦，又以甲己小半徑爲平圓徑，作己丑弧，又自兌徑丁末作丁辰線，則卯午與丁辰必等辛午與丑辰必等，其故何也？試先作丁寅弦，次作丁點切線，與引長之大小正徑，相遇於子於癸，又自丑向心作丑甲，自卯向心作卯甲，今丙寅與子寅，甲寅與乙寅，既爲四率比例，後另有解。則丙寅乙寅長方，與甲寅子寅長方，必相等矣，又子寅丁、甲午辛、丁辰癸爲同式三角三形，則以子丁比子寅，必若甲辛與甲午，

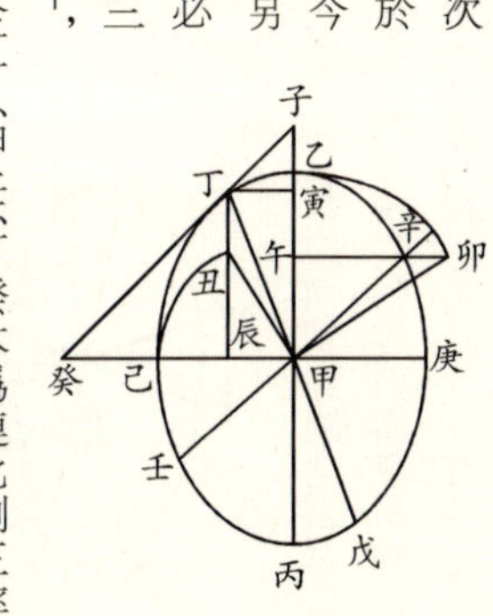

又甲辛與甲午，亦若丁癸與等丁辰之甲寅，夫子丁、甲壬、丁癸本爲連比例三率，理詳本論第三解。而甲壬等於甲辛，則子丁、甲辛、丁癸亦爲連比例三率，即子寅、甲午、甲寅，甲寅等丁辰。亦爲連比例三率，而子寅甲寅長方，與甲午正方爲等，又子寅甲寅長方，與甲午正方爲等，而子寅甲寅長方，原等於丙寅乙寅長方，後另有解。則丙寅乙寅長方，與甲午正方亦等矣，又丙寅乙寅長方，加甲寅正方之總，等於甲乙正方，後另有解。甲午甲寅二線二正方，與甲乙正方亦等矣，上文丙寅乙寅長方，與甲午正方等，故甲午正方，可代丙寅乙寅長方也。夫等甲乙之甲卯，其正方原等於甲午卯午二正方，甲乙正方又等甲午甲寅二正方，此兩句股形之甲卯甲乙兩弦既等，兩甲午句又等，則午卯與甲寅兩股，自不得不等，而甲寅原等於丁辰，則卯午與丁辰亦不能不等矣，又準橢圓之例，作上下兩圖，上圖於橢圓外切一大徑平圓，下圖於橢圓內容一小徑平圓，若取下圖火石等於上圖金木，則下圖土石亦必等於上圖水木，故前圖卯午等於丁辰，即辛午亦必等於丑辰也。

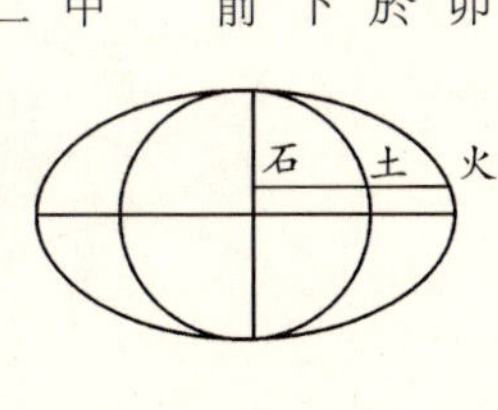

第四解曰：準前解，前圖卯甲半大徑甲乙等。正方，爲甲午卯午二正方之總，甲丑小徑甲己等。正方，爲甲辰、丑辰二正方之總，是此大小二正徑二正方之和，爲甲午、卯午、甲辰、丑辰四正方之總也。又甲丁大兌徑正方爲甲辰、丁辰二正方之總，甲辛小兌徑正方爲甲午、午辛二正方之總，是此大小二兌徑二正方之和，爲甲辰、丁辰、甲午、午辛四正方之總也。而丁辰正方等於卯午正方，午辛正方等於丑辰正方，是半兌徑上四正方總，同於半正徑上四正方總也。而大小半兌徑之二正方和，自等於大小半正徑之二正方和矣，即大小全兌徑之二正方和，亦等於大小全正徑之二正方和矣。

子寅甲寅長方，等於丙寅乙寅長方，因爲四率比例，何也？

如圖，撱圓外切一平圓，引長寅丁至平圓周上土點，於土點作一切線，與引長兩徑遇於子於木，寅土爲平圓上正弦，準第三論第一解，乙寅正矢乘丙寅大矢，等於寅土正弦冪，又子甲爲正割線，甲寅爲餘弦，土火等。子寅爲正割餘弦較，甲土子形爲直角形，寅土爲垂線，以甲寅比寅土，若寅土與子寅，故子寅乘甲寅，亦爲寅土正弦冪，故子寅乘甲寅，必等於乙寅乘丙寅，即一四率相乘，等於二三率相乘也。

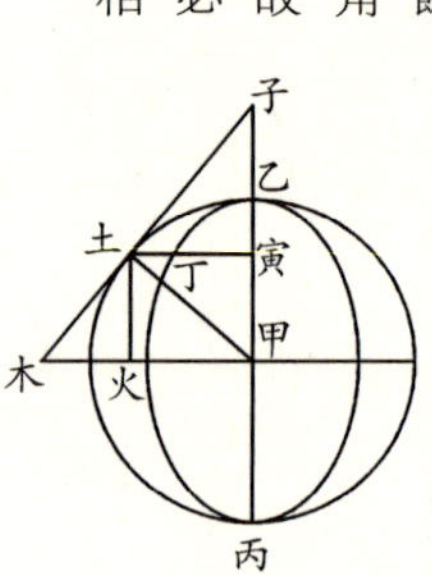

準前支解，丙寅乘乙寅，既等於寅土冪，則以丙寅乘乙寅加甲寅冪，爲甲乙冪，猶之以寅土股方加甲寅句方，爲甲土弦方，而甲土本等於甲乙，故丙寅乘乙寅加甲寅冪，爲甲乙正方也。

雙曲線二兑徑冪較，恒等於二正徑冪較，何也？

解曰：雙線爲撱圓反式，諸例皆同，惟二正徑有正負之分耳，撱圓兩正徑皆正，即兩正徑冪皆正，雙線兩正徑一正一負，即兩正徑冪亦一正一負，即任兩兑徑與任兩兑徑之二冪，無不爲一正一負，故撱圓以加爲加，而兩兑徑冪之和無不等，雙線以減爲加，而兩兑徑冪之較無不等也。

撱圓有相等二兑徑，雙線無之，所以無者，因雙線之相等二兑徑，即漸近線也。

解曰：雙線兩兑徑和愈大，則較愈小，然終不能相等，至成十字式，二漸近線，然後能相等於無窮也。

雙線作兑徑另法曰：如圖，雙曲線形，以十字相交之漸近線限之，以漸近線爲界，作乙丙甲丁平行兩切線，又作乙甲丙丁平行兩切線，俱過心，則寅卯二切點聯線爲大兑徑，子、丑二切點聯線爲小兑徑，與子丑平行之午未申酉諸線，皆爲午未兑徑所平分也。

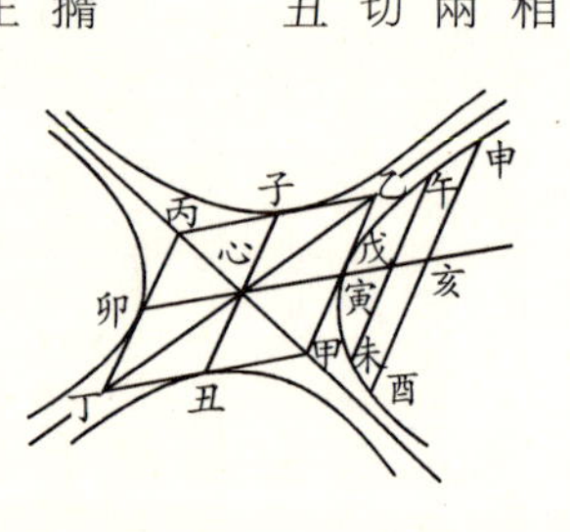

論諸曲線式之兩心差第七

平圓兩心差爲無數，抛物線兩心差爲無窮數，撱圓以兩正徑冪相減，開平方爲兩心差，雙曲線以兩正徑冪相加，開平方爲兩心差，正交雙曲線兩心差，等於二徑上正方之斜線。

撱圓兩心差解曰：先作甲庚乙辛撱圓，又作一外切平圓，自甲點上作丙戊切線，與大徑平行，交平圓周於丙、戊二點，又自乙點作丁己切線，亦與大徑平行，交平圓周於丁、己二點，末作丙丁直線，截大徑於右，作戊己直線，截大徑於左，則左右即兩心差。夫中戊原等於大半徑，左戊原等於小半徑，今以中戊大半徑爲弦，左戊小半徑爲勾，中左半心差爲股，故以勾冪減弦冪，餘開平方爲股，若倍其勾股弦則大徑爲勾，兩心差爲股，比例亦同。

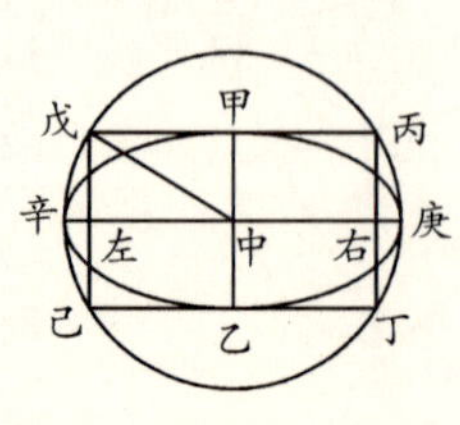

雙曲線兩心差解曰：雙線之兩徑，既一正一負，則大徑冪小徑冪亦一正一負，正負不同，以加爲減，故兩徑冪相加，開平方得兩心差也。

雙線兩心差解曰：先作雙線四弧，又作丙庚丁戊辛己兩弧，爲庚辛徑之正交雙線，自甲點上作丙戊切線，與大徑平行，交圓周於丙、戊二點，又自乙點作丁己切線，亦與大徑平行，交平圓周於丁、己二點，末作丙丁直線，截引長大徑於右，作戊己直線，截引長大徑於左，則左右即兩心差。夫左戊與左土之比例，本同於大小徑之比例，而左戊爲小半徑，是以大半徑比小半徑，若小半徑左戊與半通徑左土也，而大半徑與小半徑與半通徑，原爲連比例三率，故有此圖算式。

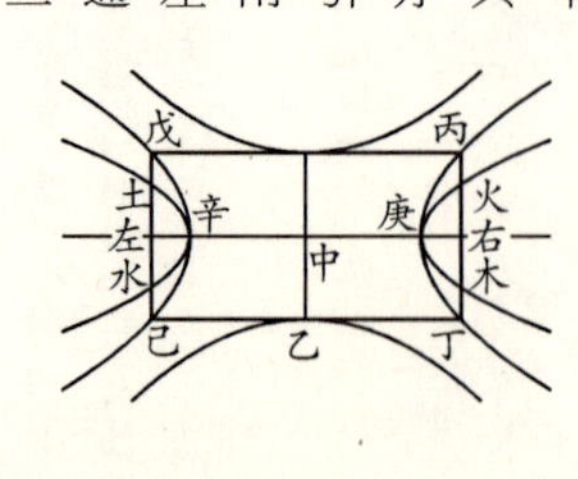

論諸曲線式之法線、切線第八

凡自切點作線與切線正交爲法線，平圓法線即半徑，撱圓、抛物線、雙曲線之法線，俱平分切點距二心線之交角。

先解抛物線式，如圖，任於曲線外作酉己戌切線，切點在己，自切點作己卯法線，令與酉己戌爲正交，乃自針心午點向切點己，作己午帶徑，又自切點己令與横軸平行，作己亥線，本應自己點作線抵右心，今右心遠至無量，故己亥與横軸平行。則己卯法線，必平分午己亥角爲二，午己卯角與亥己卯角必等，其故何也？

據第三論言之，其己午恒等於己丁，今酉己卯既

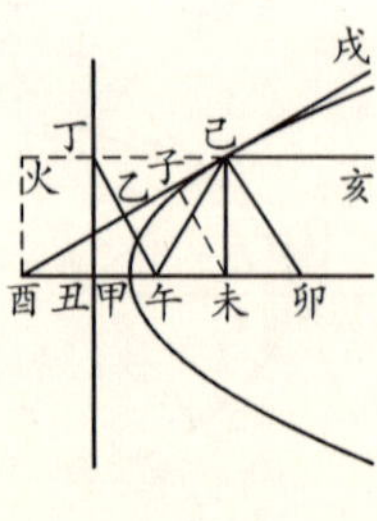

爲句股形酉未己亦爲同比例句股形，設於酉未己形内作一未子垂線，則此線必與己卯法線平行，子點左右之未子己及未子酉兩角，必皆爲直角，今移此垂線。令不從未起而從針心午起，復令與己卯法線平行，作午乙線，其乙點左右之午乙己及午乙酉兩角，亦必皆爲直角矣。夫己午原等於己丁，己午乙形之乙角既爲直角，則己丁乙形之乙角，亦必爲直角，引長午乙必至於丁，因午乙必等於乙丁，即己乙爲均分午己丁角之垂線，即午丁爲其底也。夫午乙原與己卯法線平行，則午丁亦與己卯法線平行矣，己丁與卯午本爲平行，午丁與己卯又復平行，則午丁與己卯必等，而己丁與卯午自不得不等矣。夫乙己丁角，既等於乙己午角，則乙己午角，必等於乙酉午角，譬如己未火酉横方形，己酉爲對角斜線，酉己火角本等於己酉未角，今乙己丁角既等於乙己午角，故乙己午角不能不等於乙酉午角也。夫戌己亥角，本等於己酉未角，即等於乙酉午角，今於酉己卯直角内減去乙己午角，得午己卯角，必等於戌己卯直角内減去戌己亥角所餘之亥己卯角也。故己午法線，必平分午己亥角爲二也。

準前解論之，撱圓之亥點，俯而趨右心，戌點亦從之而俯，卯點亦從之而左移，故撱圓法線，亦必平分午己亥角也。雙線之亥點升而趨左心，戌點亦從之而升，卯點亦從之而右移，故雙線亦必平分午己亥角也。

如謂前論未確，試更作撱圓圖以明之，己午與己丁等，理詳第三論。丁午平分於乙，丁乙同乙午，午己酉角亦必等於火己酉角，因己丁己午兩弦既同，丁乙乙午兩句又同故也。而火己酉角與戌己亥角，爲戌酉火金兩斜交線所成對角，是此二角必等，火己酉角原等於酉己午角，則戌己亥角亦必等於酉己午角矣。於酉己卯直角内減去一酉己午角，於戌己卯直角内減去一戌己亥角，則所餘之午己卯、亥己卯兩角必爲相等，故撱圓法線，亦平分午己亥角也。試更作雙線圖以明之，己午與己丁等，理詳第三論。丁午平分於乙，丁乙同乙午，午己酉角亦必等於火己酉角，理如前解。而火己酉角與戌己亥角，爲戌酉火亥兩斜。交線所成對角，是此二角必等，火己酉角原等於酉己午角，則戌己亥角亦必等於酉己午角矣。於酉己卯直角内減去一酉己午角，於戌己卯直角内減去一戌己亥角，則所餘之午己卯、亥己卯兩角必爲相等，故雙線法線，亦平分午己亥角也。

凡諸曲線式之切線，亦平分切點距二心線之交角。

即前圖切線平分火己午角也。

凡切點縱線及切線二交軸點之距線爲次切線，拋物線之次切線，必平分於頂點。

解曰：準拋物線法線圖，乙己午角既等於乙酉午角，則己午與午酉，亦不能不等，己午原等於未丑，則未丑與午酉亦必等。夫午甲與甲丑本相等，則於未丑内去甲丑，得未甲，於午酉内去午甲，得甲酉，此二線亦必等，惟未甲與甲酉等，故未酉次切線，恒平分於頂點甲。

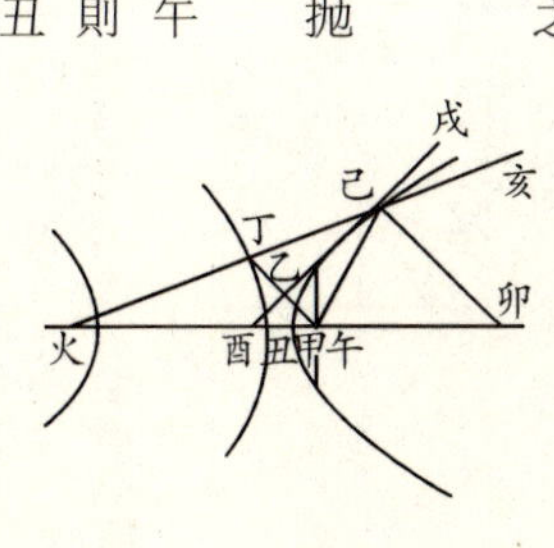

凡切點上縱線底與法線底之距爲次法線，拋物線之次法線，恒等於半通徑。

解曰：準拋物線法線圖，午丁與己卯平行，己丁既與己午等，則己午與卯午亦不能不等，即卯午與未丑，亦不能不等。夫午丑本等於半通徑，則卯午與未丑内各去一未午，所餘之卯未，必與午丑等，即卯未與半通徑等。

五曲線求四直線術。

凡平圓正雙線，以餘弦除正弦冪爲次切，餘弦爲次法，正弦爲股，次切爲勾，勾股求弦得切線，正弦爲股，次法爲勾，勾股求弦得法線。

凡撱圓斜雙線，以正弦冪乘大半徑冪爲實，餘弦乘小半徑冪爲法，除之得次切，又以餘弦乘小半徑冪爲實，大半徑冪爲法，除之得次法，如前得切線法線。

凡拋物線，以倍矢爲次切，半通徑爲次法，如前得切線法線。

以上俱以大徑爲横，小徑爲直，餘弦爲横，正弦爲直。

論諸曲線式之斜規線第九斜規線又名曲率徑。

凡正徑上有正規線，兑徑上亦有斜規線，第一斜規線曰斜通徑，其比例之式與正規線同，惟平圓斜規線，仍爲圓經。

先解撱圓，如圖，甲乙爲大兑徑，丙丁爲小兑徑，以甲乙爲首率，丙丁爲中率，求得土甲爲末率，即爲斜通徑，其甲戊壬戊庚戊必爲連比例三率，即甲己癸己辛己亦爲連比例三率，此與正通徑之比例均同，其故何也？緣大兑徑上諸横線，與本撱圓大正徑上諸横線，無不相同，即用兩兑

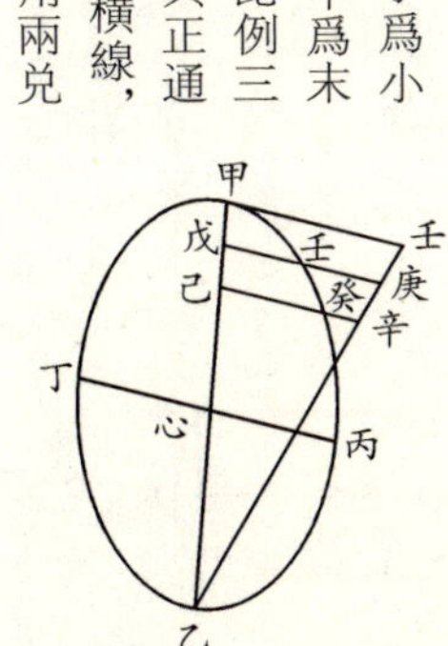

徑爲兩正徑，如法作一撱圓，所有斜通徑，即爲正通徑，式內無數連比例，亦必盡合。試任作甲乙丙丁平行兩横線，於其間作寅丙丑正三角形，又作卯子癸斜三角形，此二形同以辛壬爲高，丙丑與子癸又復相同，則相平之辰午與未申必同，即酉戌與亥土，金火與水木，無不相同，猶之大正徑上諸横線，與小正徑上諸横線，無不相同也。設作庚亢如卯石，己戊如子癸，則庚己戊亦成一正三角形，內斗女、室昴、房井三線，仍與未申、亥土、水木同，而庚山大於寅工、庚亢大於寅戸，庚天大於寅上，諸數雖較大，而比例仍同，猶之易二兑徑爲二正徑，成一撱圖式，首率直線大於原式首率，末率規線小於原式末率，而兩式之中率仍可相等也。

次解拋物線，曰拋物線者，撱圓之極式也。如圖，拋物線式，任作切線水木，切點在土，應自午作過中心線爲大兑徑，而拋物線之中心，遠在無窮爲不可得，故撱圓圖中，甲乙大兑徑，變爲此圖土天平線，又過針心申作牛酉線，與水土平行，則牛酉即斜通徑，取水土如牛酉，又自水作水張，與土天平行，則以首率土柳乘末率房柳，開平方，必得中率井柳，夫撱圓圖中土乙爲斜線，而此圖水張爲平行者，亦因拋物線式，無所謂乙點，故水張不得不與軸平行也，而牛亥等於亥酉，亥土與牛酉之比例，必仍若一與四矣。後另有解。

亥土與牛酉，仍若一與四，何也？

如前圖，牛酉房柳等。乘土柳，等於井柳冪，即牛酉乘亥土，亦等於牛亥冪，夫以本數乘另數，所得爲半本數之冪，必本數四倍於另數而後可，猶之以四乘一而得二之冪也，然則拋物線任何斜通徑，但使斜通徑穿過針心，必爲所易心距頂之四倍矣。

次解雙線，如圖，子丑爲大兑徑，寅卯爲小兑徑以子丑爲首率，寅卯爲中率，求得丙子爲末率，即爲斜通徑，其子午巳午未午必爲連比例三率，即申子戌申酉申亦爲連比例三率，此與正通徑之比例均同，蓋雙線爲撱圓反式，故撱圓諸斜規線頂上一線，起於大兑徑右端，雙線諸斜規線頂上一線，起於大兑徑左端，無不兩兩相反也。

論諸曲線之縱横線式第十

諸曲線所以能成式者，以縱線與横線有比例之理也。若以中點爲原點，曲線任一點抵横軸爲縱線，中點抵縱線底點爲横線，則平圓以縱線平方與横線平方相加，等於半徑平方，正交雙曲線以縱線平方與横線平方相減，等於半徑平方，撱圓以縱線平方乘大半徑平方得數，横線平方乘小半徑平方得數，兩數相加，等於大半徑平方乘小半徑平方，雙曲線以縱線平方乘大半徑平方得數，横線平方乘小半徑平方得數，兩數相減，等於大半徑平方乘小半徑平方，惟拋物線無其式。

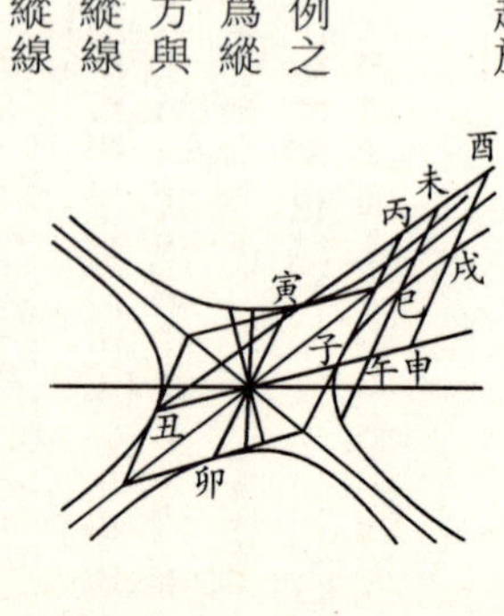

平圓縱横線式。

解曰：平圓縱線爲正弦，横線爲餘弦，以正弦冪加餘弦冪，必得半徑冪，即句股求弦也。

正交雙曲線縱横線式。

解曰：此式爲平圓反式，其横直二徑，爲一正一負，縱線與直徑爲類，横線與横徑爲類，故縱横線亦一正一負，即縱横線之冪亦一正一負，兩冪之正負異，故以減爲加而得半徑冪也。

撱圓縱横線式。

解曰：如圖，甲中爲大半徑，乙中爲小半徑，己爲曲線上任一點，己未爲縱線，未中爲横線，以己未乘甲中加未中，乘乙中，必等於甲中乘乙中，其故何也？試切撱圓作一大徑上平圓，引長己未至平圓周上丁點，成丁未線，爲平圓正弦，則撱大徑等丁中。爲弦，丁未爲股，横線未中爲句，若此句股弦三事，各以乙中乘之，則乙中乘未中爲句，乙中乘丁未爲股，乙中乘丁中爲弦，句股弦之比例仍同，今題中大半徑冪乘小半徑冪，原爲大徑乘小徑又自乘之數，即乙中乘丁中甲中等。爲弦之弦冪也。題中横線平方乘小半徑平方，原爲横線乘小半徑又自乘之數，即乙中乘未中爲句之句冪也，題中縱線平方乘大半徑平方，原爲縱線乘大半徑又自乘之數，即己未乘甲中又自乘之數，而己未乘甲中，本同於丁未乘乙中，準第

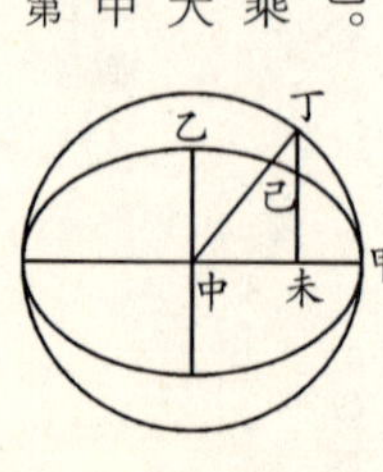

四論，以乙中比甲中，若己未與丁未，故二三率相乘數，與一四率相乘數等也。是即乙中乘丁未爲股之股冪也。故横線平方乘小半徑平方爲句冪，縱線平方乘大半徑平方爲股冪，大半徑平方乘小半徑平方爲弦冪，句冪加股冪，必與弦冪等，故橢圓有此縱横線式也。

雙曲線縱横線式。

解曰：雙線爲橢圓反式，橢圓例中應加者，雙線例，中應減，其理易明。

按：此式較之橢圓式乃易股爲弦也，橢圓式以勾冪股冪相加得弦冪，此式以勾冪弦冪相減得股冪。

抛物線無中心可言，故無此種横線，即無其式。

若以大徑一端爲原點，縱線如前另易，縱線底點距大徑一端爲横線，則橢圓以大徑乘横線與横線平方相減，又小半徑平方乘之，大半徑平方除之，等於縱線平方，雙線以大徑乘横線與横線平方相加，又小半徑平方乘之，大半徑平方除之，等於縱線平方，抛物線以通徑乘横線，等於縱線平方。

橢圓縱横線式。

解曰：如圖，壬丙癸甲橢圓，甲爲原點，己爲曲線上任一點，己未爲縱線，未甲爲横線，作庚甲如未甲，辛丙庚甲方爲大徑乘横線數，戊未庚甲爲横線平方，以横線平方減辛丙庚甲方，餘爲辛丙戊未方，以大半徑平方比小半徑平方，若辛丙戊未方，與己未縱線平方，其故何也？試切橢圓作大徑上平圓，引長己未至平圓周上丁點，則丁未爲平圓正弦。準第四論，以大半徑平方比小半徑平方，若丁未平方與己未平方，又準第三論，丙未乘未甲，等於丁未平方，今戊未與未甲等，則丙未乘戊未，亦等於丁未平方矣。丙戊乘戊未爲辛丙戊未方，以此方代前四率比例之第三率，則以大半徑平方比小半徑平方，亦若辛丙戊未方與己未平方矣。故辛丙戊未方爲三率，以二率小半徑平方乘之，一率大半徑平方除之，而得四率縱線平方也。

雙曲線縱横線式。

解曰：雙線爲橢圓反式，橢圓例中應減者，雙線例中應加，其理易明。按：此式兩方相加數，即雙線上正矢乘大矢之數也，此四率比例，即後論第七條四率比例也。

抛物線縱横線式。第三論中已有解，兹不贅。

以上諸例，不獨正徑上縱横線爲然，即兑徑上縱横線，無不皆然。

論諸曲線式互爲比例第十一

凡無數橢圓，可以平圓爲比例，無數雙曲線，可以正交雙曲線爲比例，抛物線式，可以兩心差極大之橢圓爲比例，亦可以兩心差極大之雙曲線爲比例。

義俱見前。

以小徑平圓爲連比例首率，大徑平圓爲末率，則兼此大小徑之橢圓爲中率。

解曰：試任設大小兩數，以小數自乘爲首率，大數自乘爲末率，其中率必爲大小兩數相乘之數，故小徑平方爲首率，大徑平方爲末率，其中率必爲大小徑相乘之長方也。夫平圓與橢圓之比例，本同於正方與長方之比例，則小徑平圓，兼大小徑橢圓，大徑平圓，亦必爲連比例三率矣。

以小徑上正交雙線，面爲連比例首率，大徑上正交雙線面爲末率，則兼此大小徑之雙線面爲中率。

解曰：如上圖，爲大徑上正交雙線，甲乙與甲丁等，戊庚己爲一段面積，中圖爲兼大小徑雙線，辛子爲大徑，與上圖甲乙或甲丁等，辛壬爲小徑，與下圖酉亥或酉金等，丑卯午爲一段面積，未午與上圖申巳等，下圖爲小徑上正交雙線，酉亥與酉金等，酉亥與井土之比例，令如甲丁與申巳之比例，火水土爲一段面積，若以下圖火水土面積爲首率，上圖戊庚己面積爲末率，則中圖丑卯午面積，必爲中率，所以然者，甲乙丁丙方與戊庚己面之比例，本同於酉亥金石方與火水土面之比例，亦同於辛壬子癸横方與丑卯午面之比例，俱與平圓橢圓之例相同，故此三面積，亦必爲連比例三率也。

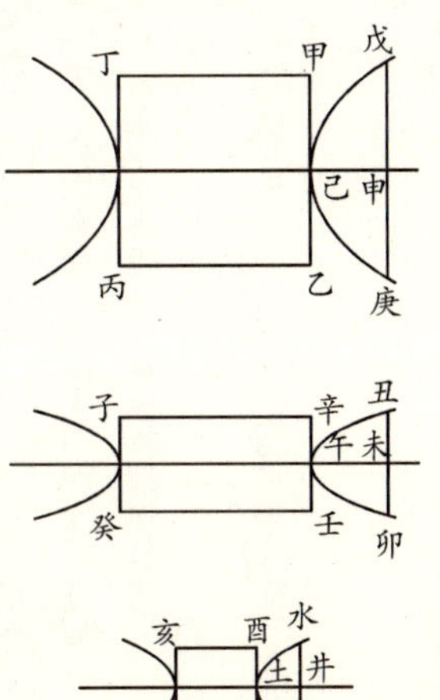

於橢圓長徑上作一平圓，則同横線平圓之縱線與橢圓之縱線比，若長徑與短徑比。

理詳第四論。

於雙線長徑上作一正交雙線，則同橫線正交雙線之縱線與雙線之縱線比，若長徑與短徑比。

解曰：正交雙線爲雙線之樞，猶之平圓爲撱圓之樞也，故其例亦同。論中所設雙線式，俱以大徑爲橫徑，小徑爲直徑，以便記憶也，餘盡同。

凡撱圓縱線之正方，與所分長徑二分之矩形比，若短徑之正方與長徑之正方比。

理詳第四論。

凡雙線縱線之正方，與其交橫軸點距橫徑兩端二線之矩形比，若短徑之正方與橫徑之正方比。

解曰：撱圓所用長徑二分，爲自縱線交橫軸點距二頂點之二線，即正矢大矢二線，此雙線所用二線亦正矢大矢二線，惟兩頂點相對，故二線相疊耳，其線所由來之故同，故其例亦同。

撱圓本兑徑與相屬兑徑之二正方比，若縱線所分本徑二分之矩形與縱線之正方比。

解曰：如圖，丁甲爲本兑徑，乙戊爲相屬兑徑，以丁甲平方比乙戊平方，若丁辛乘辛甲方與辛庚平方，其故何也？準第九論，撱圓二兑徑及斜縱橫線，俱可按其數易作大小二正徑式，大兑徑用爲大正徑，小兑徑用爲小正徑，斜縱橫線用爲正縱橫線，既與算法無乖，則此條之例，亦可準本論第六條之例矣。

雙線本兑徑與相屬兑徑之二正方比，若縱線交橫軸點距本徑二界之矩形與縱線之正方比。

解曰：如圖，丁己爲本兑徑，戊甲爲相屬兑徑，以丁己平方比戊甲平方，若辛丁乘辛己方與乙辛平方，準二次曲線理，撱圓二兑徑式，可易爲二正徑式，雙線二兑徑式，亦必可易爲二正徑式，大兑徑用爲大正徑，小兑徑用爲小正徑，斜縱横線易爲正縱橫線，既與算法無乖，則此條之例，亦可準本論第七條之例矣。

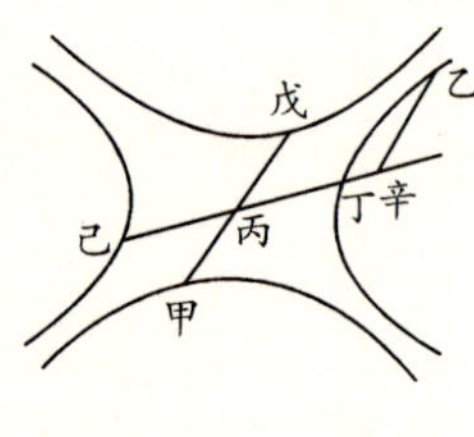

論八線第十二

平圓與正交雙線，既爲正負二式，則體例俱宜相同，故平圓有八線，正交雙線亦有八線，更增正餘二法線。

正交雙線何以亦有八線也？

如圖，正交雙線式，壬亥爲本弧，卯巳、亥酉二徑相等，亥中爲半徑，壬子爲正弦，子中爲餘弦，壬癸爲正法線，丑寅爲餘法線，子亥爲正矢，巳木爲餘矢，子酉爲大矢，壬庚爲正切，丑午爲餘切，正餘二切爲十字正交。癸庚爲正割，寅午爲餘割，凡乘除比例之法，俱與平圓同，惟平圓用加者，此用減，平圓用減者，此用加，又平圓比例用半徑者，此式皆用正餘二法線，因平圓之正法線餘法線，皆爲半徑之故。兩者爲異耳。按：子中餘弦，必與丑木等，故丑木即餘弦。

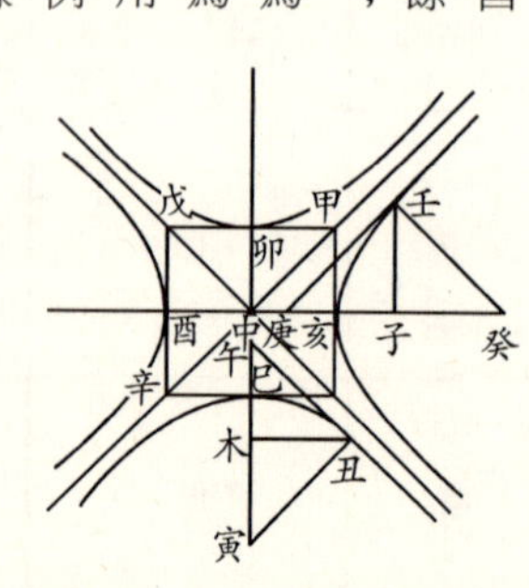

准此，則正交雙線任二兑徑，必皆爲十字正交，亦皆爲相等，惟兑徑與正徑長短不同，有異於平圓耳，其比例之例如左。

一正矢加半徑爲餘弦。與平圓加減異號。

一正矢大矢相乘，開平方得正弦。與平圓同。

一以正法線平方加正切線平方，開平方得正割線。以正法線當半徑。

一以餘法線平方加餘切線平方，開平方得餘割線。以餘法線當半徑。

一以正切線比正法線，若餘法線與餘切線。以正餘二法線當半徑。

一以餘弦比正弦，若正法線與正切線。以正法線當半徑。

一以正弦比餘弦，若餘法線與餘切線。以餘法線當半徑。

一以正弦平方與餘弦平方相減，開平方得半徑。與平圓加減異號。

一正矢與大矢之較，無不等於徑。與平圓加減異號故易和爲較。

一正矢加全徑爲大矢。與平圓加減異號。

一餘矢加半徑爲正弦。與平圓加減異號。

一餘矢餘大矢相乘，開平方得餘弦。與平圓同。

一以正法線比正弦，若正割與正切。以正法線當半徑。

一以餘法線比餘弦，若餘割與餘切。以餘法線當半徑。

圖表

清・曹汝英《算學課識》卷七《圓錐曲線》 公式表

西人用積分理，推得曲線諸公式。摩士媧斯將此諸式合成一表，載於其所輯《機器袖珍》中，頗便於查閱。今照録如後。

所求諸線	代諸線之字	拋物線爲	橢圓爲	雙曲線爲
長徑	呷	$\frac{丙^{二}}{甲^{二}𠮙}$	$\sqrt{𠮙^{二}⊥㖸丙}$	$\sqrt{𠮙^{二}丅㖸丙}$
短徑	甲	$\sqrt{\frac{𠮙}{丙^{二}呷}}$	$\sqrt{㖸丙}$	$\sqrt{㖸丙}$
斜高	𠮙	$\frac{甲^{二}}{丙^{二}呷}$	$\sqrt{二呷丅甲^{二}}$	$\sqrt{呷^{二}⊥甲^{二}}$
錐徑	㖸	○	$\frac{丙}{甲^{二}}$	$\frac{丙}{甲^{二}}$
	丙	$\sqrt{\frac{呷}{甲^{二}𠮙}}$	$\frac{㖸}{甲^{二}}$	$\frac{㖸}{甲^{二}}$
曲線徑	叮	○	$\sqrt{呷^{二}⊥甲^{二}丅丁^{二}}$	$\sqrt{呷^{二}丅甲^{二}⊥丁}$
屬徑	丁	○	$\sqrt{呷^{二}⊥甲^{二}丅叮^{二}}$	$\sqrt{呷^{二}丅甲^{二}⊥叮^{二}}$
倍公差	⿰口己	○	𠮙	𠮙
心距	己	$\frac{四天}{地^{二}}$	$\frac{二}{呷丅⿰口己}$	$\frac{二}{⿰口己丅呷}$
準頂距	庚	己	$\frac{\frac{二呷}{甲^{二}}丅己}{己^{二}}$	$\frac{\frac{二呷}{甲^{二}}丅己}{己^{二}}$
準距	⿰口庚	咳	$\frac{己}{庚咳}$	$\frac{己}{庚咳}$

所求諸線	代諸線之字	拋物線爲	橢圓爲	雙曲線爲
正屬徑	呾	四己	$\frac{呷}{甲^{二}}$	$\frac{呷}{甲^{二}}$
通徑	丑	○	$\frac{叮}{丁^{二}}$	○
次立線	卯	$\frac{酉}{地^{二}}$	$\frac{酉}{地^{二}}$	$\frac{酉}{地^{二}}$
立線	啣	$\sqrt{地^{二}丄卯^{二}}$	$\sqrt{地^{二}丄卯^{二}}$	$\sqrt{地^{二}丄卯^{二}}$
次切線	酉	二天	$\frac{四人}{呷^{二}}丅人$	$人丅\frac{四人}{呷^{二}}$
切線	哂	$\sqrt{地^{二}丄酉^{二}}$	$\sqrt{地^{二}丄酉^{二}}$	$\sqrt{地^{二}丄酉^{二}}$
帶徑	咳 亥	天丄己	$\sqrt{(天丅己)^{二}丄地^{二}}$	$\sqrt{(天丅己)^{二}丄地^{二}}$
曲率半徑	咊	○	$\frac{呷甲}{四\sqrt{(咳亥)^{三}}}$	$\frac{呷甲}{四\sqrt{(咳亥)^{三}}}$
步角	正弦吻	$\frac{咳}{地}$	$\frac{咳}{地}$	$\frac{咳}{地}$
正矢	天	$\frac{甲^{二}}{呷地^{二}}$	$\frac{二甲}{呷(甲\frac{丄}{丅}\sqrt{甲^{二}丅四地^{二}})}$	$\frac{二甲}{呷(甲\frac{丄}{丅}\sqrt{甲^{二}丄四地^{二}})}$
正弦	地	$甲\left(\sqrt{\frac{呷}{天}}\right)$	$\frac{呷}{甲}(\sqrt{呷天丅天^{二}})$	$\frac{呷}{甲}(\sqrt{天(呷丄天)})$
中距	人	○	$\frac{二}{呷}丅天$	$\frac{二}{呷}丄天$

橢圓有大小徑求周法

甲＝徑半大、乙＝徑半小、天＝周橢圓　則　$天＝\frac{二}{周率}＝(\sqrt{二(甲^{二}丄乙^{二})}丄甲丄乙)丄二〇七八(甲丅乙)$

橢圓部

題解

清・馮桂芬《西算新法直解》卷三　代數五橢圓

橢圓亦圓錐曲線之一，有兩心點，平分兩心距，以其中爲中點，過中點抵圓周之十字線，長者爲長徑，短者爲短徑，過心點之倍縱線爲長徑之通徑，圓周距心線爲帶徑，圓周一點必有兩帶徑，其兩帶徑之和皆等。

如一圖，辰及戌爲兩心點，午爲中點，巳亥爲長徑，丑未爲短徑，寅申爲長徑之通徑，子辰及子戌皆爲帶徑。又如二圖，從圓周子點作子辰及子戌兩帶徑，又從圓周卯點，作卯辰及卯戌兩帶徑，其子辰子戌之和必與卯辰卯戌之和相等。由此推之，即徧圓周之點其帶徑和莫不相等。

作橢圓法。以短半徑爲股，長半徑爲弦，求得句，以句減弦，得句弦較，取其度。自一圖之巳，向午截至辰，自亥向午截至戌，定兩心點。然後用一線，其長如倍弦，即長徑。兩端著於兩心，用鉛筆鉤線至巳點，令線端摺疊於巳辰界，再鉤線向前，旋行至亥界，即成半橢圓。

又作畫橢圓器。如三圖，用銅片爲底，中作十字槽。又如四圖，用三足規，其寅足分兩截，令可長短，以取三足齊平，用螺釘釘之。量長半徑定子寅，量短半徑定辰寅，先以子足立於十字中心午，以寅足立於長徑端巳，然後漸移寅足向未，則辰足自退行向午，子足自折旋向丑，至寅足到未，則辰足正到中心午，再漸移寅足向亥，則辰足仍退行向亥，子足轉進行向午，至寅足到亥，則子足又到中心午，循是一周，即成橢圓。

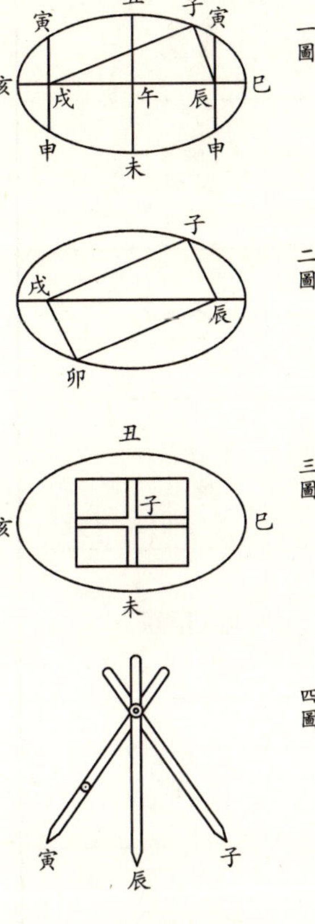

一圖　二圖　三圖　四圖

清・黄宗憲《容圓七術》　第二作橢圓法本《代微積拾級》。

橢圓爲圓錐剖面曲線之一，亦二次式曲線之一種也。設二定點爲橢圓之二心，任於橢圓弧線上指一點，其距二定點之和恒等。凡二定點之距，曰倍心差，其倍心差及心距大徑端之點爲曲率，有曲率則橢圓可如法而作矣。

如圖，丙、丁二點爲橢圓之二心，丙丁距線爲倍心差，甲乙距線即橢圓之大徑，用絲線一根長與大徑等，其兩端著於丙、丁二點，以鉛筆逼絲線，令直，繞丙、丁二點一周，則日點必行成橢圓。蓋日點任至何處必得　日丁丄日丙＝甲乙　即日點距二心之二線和恒與橢圓之大徑等也。

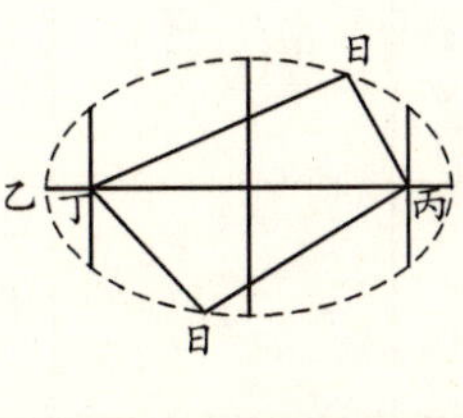

又另有用規尺或十字槽畫橢圓之法，詳見別書。

綜論

清・董祐誠《橢圜求周術》　橢圜求周舊無其術，秀水朱先生鴻爲言，圓柱斜剖則成橢圜，是可以句股形求之。秋涼無事，即先生之説稍爲發明，系以圖釋大氐半圜，如平方橢圜、如縱方橢圜，有大徑、有小徑，有周、有積，必知其二，然後可求其餘，猶縱方之句股形也。如以兩徑與周之和較及面積隱雜求之，則其術亦有不可盡者矣。

如圖，甲乙丙丁爲圜柱形，甲丙與戊己皆平圜徑，從庚斜剖至辛，成庚子辛癸橢圜形，庚辛爲橢圜大徑，子癸爲小徑，即圜柱平圜徑與壬辛直徑等。庚子辛弧爲橢圜半周，壬辛弧爲圜柱平圜半周，以圜柱中徑言，則庚辛大徑爲弦，壬辛小徑爲句，以圜柱外周言，則庚子辛弧橢圜半周爲弦，壬辛弧圜柱平圜半周爲句，而同用庚壬爲股。

有橢圜大小徑求周

術曰：以大徑自乘，小徑自乘，兩冪相減，以一百一十三二次乘之，又四乘之得數，又置小徑自乘冪，以三百五十五二次乘之得數，與上數相加平方開之得數，以一百一十三除之，得橢圜周。

釋曰：兩冪相減者，弦冪減句冪爲股冪也。小徑冪以三百五十五二次乘之者，用祖沖之徑一百一十三周三百五十五之率變徑冪爲周冪也。股冪以一百一十三二次乘之者，變徑冪爲周冪當以一百一十三自乘除之，今不除故以通股冪也。又四乘之者，本以平圜半周爲句，則橢圜半周爲弦，今用平圜全周之冪爲句冪，則其弦爲橢圜全周，故股亦加一倍而冪當四乘也。兩數相加者，句冪股冪併得弦冪也。開方後，以一百一十三除之者，本以一百一十三自乘爲分母，《九章・少廣》所謂開其母報除也。圜弧得成句股者，《九章・句股》葛生纏木術之意也。

清・項名達《橢圓求周術》 法以大徑爲徑，求得平圜周爲第一數。次以橢圜大半徑爲第一率，小半徑自乘，大半徑除之，轉減大半徑爲第三率，迺置第一數，以三率乘之，一率除之，二自乘除之爲第二數。次置第二數，以三率乘之，一率除之，三乘之，四自乘除之，爲第三數。次置第三數，以三率乘之，一率除之，三乘之，五乘之，六自乘除之，爲第四數。次置第四數，以三率乘之，一率除之，五乘之，七乘之，八自乘除之爲第五數。次置第五數，以三率乘之，一率除之，七乘之，九乘之，十自乘除之，爲第六數。依次遞乘遞除，得數漸小至單位下止，第一數正，第二數下皆負，正負相減，即橢圜周。

橢圜大徑作平圜，取一象限勻析爲幾分，以平圜逐分通弦和求相應之橢圜逐分通弦和。如平圜象限析爲二分，則作四十五度正弦，亦截分橢圜象限爲二分。如平圓象限析爲三分，則作三十度、六十度兩正弦，亦截分橢圓象限爲三分。平圓逐分弧等，通弦亦等，橢圓逐分弧不等，通弦亦不等，雖一等一不等而逐分相應。

先求本數，各數内尚有加減差，故先求者命爲本數。法置平圓逐分通弦和爲第一數。次以橢圓大半徑爲第一率，小半徑自乘，大半徑除之，轉減大半徑爲第三率，迺置第一數，以三率乘之，一率除之，二自乘除之，爲第二數。次置第二數，以三率乘之，一率除之，三乘之，四自乘除之，爲第三數。次置第三數，以三率乘之，一率除之，三乘之，五乘之，六自乘除之，爲第四數。次置第四數，以三率乘之，一率除之，五乘之，七乘之，八自乘除之，爲第五數。次置第五數，以三率乘之，一率除之，七乘之，九乘之，十自乘除之，爲第六數。依次遞乘遞除，得數漸小至單位下止，第一數正，第二數下皆負。

次定應加應減之各數，法置弧分二乘之，加一，視爲幾，則第幾數起，以下各數中各有加差。加差爲正弧分四乘之，加一，視爲幾，則第幾數起，以下各加差中又各有減差。減差爲負弧分六乘之，加一，視爲幾，則第幾數起，以下各減差中又各有加差。弧分八乘之，加一，視爲幾，則第幾數起，以下各加差中又各有減差。

如是遞以偶數乘弧分加，一定應另應減之各數。

次求第一次加差，先定乘除法，以二爲應加第一數乘法。倍分加一乘第一數乘法，爲第二數乘法。倍分加二乘第二數乘法，此所言第一數、第二數專指應加數言，非本數之第一數、第二數也。二除之，爲第三數乘法。倍分加三乘第三數乘法，三除之，爲第四數乘法。如是遞加一乘除之，得各乘法，又視倍分爲幾，則後幾數之乘法折半，即爲其前幾數之除法，如弧分二，則倍分爲四，應加之第五數，乘法折半，即第一數除法，應加之第六數乘法折半，即第二數除法。迺置應加各數，各以乘法乘之，除法除之，得第一次各加差，皆正。

次求第二次減差，亦先定乘除法，以一爲應減第一數乘法。三因倍分加一，爲第二數乘法。三因倍分加二乘第二數乘法，二除之，爲第三數乘法。三因倍分加三乘第三數乘法，三除之，爲第四數乘法。又視倍分爲幾，則後幾數之乘法，即爲其前幾數之除法，迺置第一次加差中應減各差，各以乘法乘之，除法除之，得第二次各減差，皆負。

以下求加減各差，皆以一爲第一數乘法。第三次加差，五因倍分加一，第四次減差，七因倍分加一，第五次加差，九因倍分加一，爲第二數乘法。下皆遞加一乘除之，得各乘法，其除法皆視倍分爲幾，則後幾數乘法，即爲前幾數除法，乘除減差，得各加差，皆正，乘除加差，得各減差，皆負。

末求橢圓逐分通弦和，法以正數相併，負數亦相併，正負相減，即橢圓逐分通弦和。

用表求加減差乘除法

求第一加差，以倍弧分加一，視爲幾，取表中第幾行，自首位起，按位而下，倍其數爲逐數乘法，又視倍分加一爲幾，自第幾位起，按位而下，即其數爲逐數除法。第二減差三因倍分加一，視爲幾，取表中第幾行，自首位起，按位而下，即其數爲逐數乘法，又視倍分加一爲幾，自第幾位起，按位而下，即其數爲逐數除法。以下皆同，逐次遞以奇數乘倍分，加一，取行數，乘法皆自首位起，除法皆自

倍分加一之位起。

案：橢圓弧線無可驗，驗之以逐分通弦和，今求本數與求橢周同術，所異者，有加減差耳，一象限析分愈多，則橢弦漸與弧合，加減差愈後，而其差亦愈微，析至無量分，則橢弦和即橢圜象限，亦無加減差可言矣。

補求加減差表

三行	五行	七行	九行	十一行	十三行
一	一	一	一	一	一
三	五	七	九	一一	一三
六	一五	二八	四五	六六	九一
一〇	三五	八四	一六五	二八六	四五五
一五	七〇	二一〇	四九五	一〇〇一	一八二〇
二一	一二六	四六二	一二八七	三〇〇三	六一八八
二八	二一〇	九二四	三〇〇三	八〇〇八	一八五六四
三六	三三〇	一七一六	六四三五	一九四四八	五〇三八八
四五	四九五	三〇〇三	一二八七〇	四三七五八	一二五九七〇
五五	七一五	五〇〇五	二四三一〇	九二三七八	二九三九三〇
六六	一〇〇一	八〇〇八	四三七五八	一八四七五六	六四六六四六
七八	一三六五	一二三七六	七五五八二	三五二七一六	一三五二〇七八
九一	一八二〇	一八五六四	一二五九七〇	六四六六四六	二七〇四一五六
一〇五	二三八〇	二七一三二	二〇三四九〇	一一四四〇六六	五二〇〇三〇〇
一二〇	三〇六〇	三八七六〇	三一九七七〇	一九六一二五六	九六五七七〇〇
一三六	三八七六	五四二六四	四九〇三一四	三二六八七六〇	一七三八三八六〇

續表

十五行	十七行	十九行	廿一行	廿三行
一	一	一	一	一
一五	一七	一九	二一	二三
一二〇	一五三	一九〇	二三一	二七六
六八〇	九六九	一三三〇	一七七一	二三〇〇
三〇六〇	四八四五	七三一五	一〇六二六	一四九五〇
一一六二八	二〇三四九	三三六四九	五三一三〇	八〇七三〇
三八七六〇	七四六一三	一三四五九六	二三〇二三〇	三七六七四〇
一一六二八〇	二四五一五七	四八〇七〇〇	八八八〇三〇	一五六〇七八〇
三一九七七〇	七三五四七一	一五六二二七五	三一〇八一〇五	五八五二九二五
八一七一九〇	二〇四二九七五	四六八六八二五	一〇〇一五〇〇五	二〇一六〇〇七五
一九六一二五六	五三一一七三五	一三一二三一一〇	三〇〇四五〇一五	六四五一二二四〇
四四五七四〇〇	一三〇三七八九五	三四五九七二九〇	八四六七二三一五	一九三五三六七二〇
九六五七七〇〇	三〇四二一七五五	八六四九三二二五	二二五七九二八四〇	五四八三五四〇四〇
二〇〇五八三〇〇	六七八六三九一五	二〇六二五三〇七五	五七三一六六四四〇	一四七六三三七八〇〇
四〇一一六六〇〇	一四五四二二六七五	四七一四三五六〇〇	一三九一九七五六四〇	三七九六二九七二〇〇
七七五五八七六〇	三〇〇五四〇一九五	一〇三七一五八三二〇	三二四七九四三一六〇	九三六四一九九七六〇

續表

廿五行	廿七行	廿九行	三十一行
一	一	一	一
二五	二七	二九	三一
三二五	三七八	四三五	四九六
二九二五	三六五四	四四九五	五四五六
二〇四七五	二七四〇五	三五九六〇	四六三七六
一一八七五五	一六九九一一	二三七三三六	三二四六三二
五九三七七五	九〇六一九二	一三四四九〇四	一九四七七九二
二六二九五七五	四二七二〇四八	六七二四五二〇	一〇二九五四七二
一〇五一八三〇〇	一八一五六二〇四	三〇二六〇三四〇	四八九〇三四九二
三八五六七一〇〇	七〇六〇七四六〇	一二四四〇三六二〇	二一一九一五一三二
一三一一二八一四〇	二五四一八六八五六	四七二七三三七五六	八四七六六〇五二八
四一七二二五九〇〇	八五四九九二一五二	一六七六〇五六〇四四	三一五九四六一九六八
一二五一六七七〇〇	二七〇七四七五一四八	五五八六八五三四八〇	一一〇五八一一六八八八
三五六二四六七三〇〇	八一二二四二五四四四	一七六二〇〇七六三六〇	三六五七六八四八一六八
九六六九五五四一〇〇	二三二〇六九二九八四〇	五二八六〇二二九〇八〇	一一四九五五八〇八五二八
二五一四〇八四〇六六〇	六三四三二二七四八九六	一五一五三二六五六六九六	三四四八六七四二五五八四

三十三行
一
三三
五六一
六五四五
五八九〇五
四三五八九七
二七六〇六八一
一五三八〇九三七
七六九〇四六八五
三五〇三四三五六五
一四七一四四二九七三
五七五二〇〇四三四九
二一〇九〇六八二六一三
七三〇〇六二〇九〇四五
二三九八七七五四四〇〇五
七五一六一六三〇四五四九

續表

煦按：右求加減差表，即整分遞加數第一圖，左線所聯各行，乃諸乘三角堆積也，求加減差皆用奇數行，故不列偶行。求法以一爲第一位數，行數乘之，一除之，爲二位數，又行數加一乘之，二除之，爲三位數，又行數加二乘之，三除之，爲四位數，又行數加三乘之，四除之，爲五位數。如是遞以行數加一二三四等數爲乘法，又一二三四等數爲除法，得逐位數。捷法，併前行一二位數，加本行首位數，得二位數，併前行一二三位數，加本行二位數，得三位數，併前行自一至四位數，加本行三位數，得四位數，如是遞併遞加，得逐位數。又法，倍本位數，內減上一位數，加前行下一位數，得本行下一位數，今求至十六行，行十六位，以起例，不敷用者，依法求之。

平圜一象限匀析弧分爲幾，取遞加奇分弧幾通弦，如析平象限爲二分，則取一分四十五度，三分百三十五度，兩通弦。析平象限爲三分，則取一分三十度，三分九十度，五分百五十度之三通弦。求與平弧相應之逐分橢圜通弦。

法以一分平圓通弦爲第一數，取各奇分通弦各自乘，半徑除之，各減四半徑爲各倍外矢，寄左。又以大半徑爲一率，小半徑自乘，大半徑除之，轉減大半徑，爲泛三率，與左相乘，一率除之，爲定三率。若先四除爲三率，以下逐數可省四除，今不省者，欲爲倍外矢明其用也。置第一數，各以定三率乘之，一率除之，得三率，四除之，二除之，爲第二數。次置第二數，各以定三率乘之，一率除之，得五率，四除之，四除之，爲第三數。次置第三數，各以定三率乘之，一率除之，得七率，三乘之，四除之，六除之，爲第四數。次置第四數，各以定三率乘之，一率除之，得九率，五乘之，四除之，八除之，爲第五數。次置第五數，各以定三率乘之，一率除之，得十一率，七乘之，四除之，十除之，爲第六數。依次遞乘遞除，得數漸小，至

單位下止，第一數正，第二數起下皆負，正負相減，即逐分橢圜通弦。用一分倍外矢求得第一分橢弦，用三分倍外矢求得第二分橢弦，用五分倍外矢求得第三分橢弦，總以倍外矢弧分加一折半數，即爲所求橢弦之第幾分。

按：求逐分橢弦第一數同用一分平弦，以下各數亦同一乘除法，惟所用三率則各不同，以各有所用倍外矢故也。三率内各藏一倍外矢，五率内各藏一倍外矢自乘數，七率内各藏一倍外矢再乘數，遞降兩率，即遞增一乘，故各率之差，悉由於各奇分倍外矢，必究明倍外矢不齊之致，而後可立法齊之也。

平圓一象限匀析弧分爲幾，取遞加奇分弧幾通弦，求與平圓自半分起，遞加全分弧，相應之橢圓逐分抵周線。如一象限析爲二分，取一分、三分兩通弦，求與半分二十二度三十分及二分半六十七度三十分相應之橢圓兩抵周線。析爲三分，取一分、三分、五分三通弦，求與半分十五度一分半四十五度二分半七十五度相應之橢圓三抵周線。

法以大半徑爲第一數，取各奇分通弦各自乘，半徑除之，各減四半徑，爲各倍外矢，又以大半徑爲一率，小半徑自乘，大半徑除之，轉減大半徑爲泛三率，以乘各奇分倍外矢，一率除之，爲定三率，四除之，二除之，爲第二數。次置第二數，各以三率乘之，一率除之，得五率，四除之，四除之，爲第三數。次置第三數，各以三率乘之，一率除之，得七率，三乘之，四除之，六除之，爲第四數。次置第四數，各以三率乘之，一率除之，得九率，五乘之，四除之，八除之，爲第五數。次置第五數，各以三率乘之，一率除之，得十一率，七乘之，四除之，十除之，爲第六數。依次遞乘遞除，得數漸小，至單位下止，第一數正，第二數起下皆負，正負相減，即得自半分起遞加全分之橢圓各抵周線。

按：此術與求逐分橢弦術同，惟第一數不用平圓一分通弦，而用半徑，以是知橢圓自小徑端半分起，遞加全分之各抵周線，比其自大徑端起之逐分橢弦若半徑與平圓一分通弦也。

總論曰：以上四術，求橢圓周爲本術，後三術爲求橢周所由來，故備載之，有抵周線術，而各橢弦可求，有橢弦術，而各橢弦和可求，橢弦和既可求橢圜周，即無不可求，其用全在逐分倍外矢，各三率不齊，須以倍外矢齊之，倍外矢不齊，又須以半徑齊之，所以能齊，其不齊者，則恃有遞加數一圖與之婉轉而符會，觀後圖解，便可洞然。夫求平圓弧線，非遞加數而其率不通，今求橢圓弧線亦復如是，然則圓理無窮，一遞加數有以括之矣，誠妙矣哉。

煦按：總論云，觀後圖解便可洞然，而圖解實未有，頗疑非完本。迨觀本卷首云，向思纂明之而病軀不能從事姑發其意，以俟知者，始知先生素有此志，以疾作不果，非闕也，惟術意淵奥非累牘不能明了，茲爲補纂圖解。

清・徐有壬《截球解義》卷一 附録橢圜求周術

橢圜求周無法可馭，借平圜周求之，則有三術。以袤爲徑求大圜周及周較相減，此項梅侶氏之術也。以廣爲徑求小圜周及周較相加，此戴鄂士氏之術也。余亦悟得一術，以橢周爲圜周求其徑以求周，即爲橢圜之周術，更直捷兼可貫三術爲一術，如後方。

堆垛術曰，一爲第一數。一乘三乘第一數，四除之，爲第二數。三乘五乘第二數，九除之，爲第三數。五乘七乘第三數，十六除之，爲第四數。七乘九乘第四數，二十五除之，爲第五數。九乘十一乘第五數，三十六除之，爲第六數。依次列之爲初表。

招差術曰，廣袤各自乘，相減，四而一，爲乘法，一次乘初表。第一數，二次乘，第二數，三次乘，第三數，四次乘，第四數，五次乘，第五數，六次乘，第六數，仍依次列之爲表根。

招差又術曰，以表爲除法，一次除表根第一數，三次除第二數，五次除第三數，七次除第四數，九次除第五數，十一次除第六數，相併爲表徑較，以減表爲借圜徑。

堆垛又術曰，三因借圜徑爲第一數。四分第一數之一，二分去一，三分去二，爲第二數。四分第二數之一，四分去一，五分去二，爲第三數。四分第三數之一，六分去一，七分去二，爲第四數。四分第四數之一，八分去一，九分去二，爲第五數。四分第五數之一，十分去一，十一分去二，爲第六數。遞求至若干位相併爲橢圜周。

右術分四層，即用項氏術變通得之，其圖説之詳已，見項氏書中，茲不復贅。若用戴氏術通之，前後三層均如舊，惟第三層不同如下：

招差又術曰，以廣爲除法，一次除表根第一數，正。三次除第二數，負。五次除第三數，正。七次除第四數，負。九次除第五數，正。十一次除第六數，負。遞求至若干位，正數相併内減負數，餘爲廣徑較，以加廣亦爲借圜徑。

此即戴氏術變通得之，餘三層皆同前。

若移第四層爲第一層，先以表求大圜周，或以廣求小圜周，後依初表表根及招差又術各得周較，加減所得並同，即項戴二君術也。

清・夏鸞翔《致曲術》

橢圓求全周術一 本錢塘項氏。

以大徑爲平圓徑，求得平圓周，爲第一數，正。次置第一數，以半心差冪乘之，大半徑冪除之，四除之，爲第二數，負。次置第二數，以半心差冪乘之，大半徑冪除之，一乘之，三乘之，十六除之，爲第三數，負。次置第三數，以半心差冪乘之，大半徑冪除之，三乘之，五乘之，三十六除之，爲第四數，負。順是以下，皆如是，求至單位下止，乃正負並減爲橢圓全周。

橢圓求全周術二 本錢塘戴氏。

以小徑爲平圓徑，求得平圓周爲第一數，正。次置第一數，以半心差冪乘之，小半徑冪除之，四除之，爲第二數，正。次置第二數，以半心差冪乘之，小半徑冪除之，一乘之，三乘之，十六除之，爲第三數，負。次置第三數，以半心差冪乘之，小半徑冪除之，三乘之，五乘之，三十六除之，爲第四數，正。順是以下，皆如是，求至單位下止，乃正負並減爲橢圓全周。

橢正弦求橢弧背術 新定。

橢正弦爲第一數。次置第一數，以橢正弦冪乘之，橢半徑冪除之，視橢正弦與大半徑平行，則用大半徑冪，若與小半徑平行，則用小半徑冪。一乘之，又一乘之，二除之，三除之，爲第二數。次置第二數，以橢正弦冪乘之，橢半徑冪除之，三乘之，又三乘之，四除之，五除之，爲第三數。次置第三數，以橢正弦冪乘之，橢半徑冪除之，五乘之，又五乘之，六除七，七除之，爲第四數。順是以下，皆如是，求至單位下止，乃相併爲總第一數。凡用大半徑冪者，總第一數正，以下均負，用小半徑冪者，總第二數正，以下負正相間。

置半心差自乘方，以橢正弦立方乘之，橢半徑三乘方除之，二而一，三除之，爲第一數。次置第一數，以橢正弦冪乘之，橢半徑冪除之，一乘之，三乘之，二除之，五除之，爲第二數。次置第二數，以橢正弦冪乘之，橢半徑冪除之，三乘之，五乘之，四除之，七除之，爲第三數。次置第三數，以橢正弦冪乘之，橢半徑冪除之，五乘之，七乘之，六除之，九除之，爲第四數。順是以下，皆如是，求至單位下止，乃相併爲總第二數。

置半心差三乘方，以橢正弦四乘方乘之，橢半徑七乘方除之，二而一，又四而一，五除之，爲第一數。次置第一數，以橢正弦冪乘之，橢半徑冪除之，一乘之，五乘之，二除之，七除之，爲第二數。次置第二數，以橢正弦冪乘之，橢半徑冪除之，三乘之，七乘之，四除之，九除之，爲第三數。次置第三數，以橢正弦冪乘之，橢半徑冪除之，五乘之，九乘之，六除之，十一除之，爲第四數。順是以下，皆如是，求至單位下止，乃相併爲總第三數。

置半心差五乘方，以橢正弦六乘方乘之，橢半徑十一乘方除之，二而一，又四而一，又六而一，七除之，爲第一數。次置第一數，以橢正弦冪乘之，橢半徑冪除之，一乘之，七乘之，二除之，九除之，爲第二數。次置第二數，以橢正弦冪乘之，橢半徑冪除之，三乘之，九乘之，四除之，十一除之，爲第三數。次置第三數，以橢正弦冪乘之，橢半徑冪除之，五乘之，十一乘之，六除之，十三除之，爲第四數。順是以下，皆如是，求至單位下止，乃相併爲總第四數。

如是疊次求之，求得總數，降至單位下止，乃以諸總數正負並減爲橢圓弧背。

卵體橢圓 高爲大徑，腰圍爲小徑，平圓。求全殼積術 本《代微積拾級》。

大小二半徑相乘，平圓周率 即徑一之平圓周。乘之，四之，爲第一數，正。次置第一數，以半心差冪乘之，大半徑冪除之，二除之，三除之，爲第二數，負。次置第二數，以半心差冪乘之，大半徑冪除之，一乘之，三乘之，四除之，五除之，爲第三數，負。次置第三數，以半心差冪乘之，大半徑冪除之，三乘之，五乘之，六除之，七除之，爲第四數，負。順是以下，皆如是，求至單位下止，乃正負並減爲卵體橢圓之全殼積。

榼體橢圓 高爲小徑，腰圍爲大徑，平圓。求全殼積術 新定。

大小二半徑相乘，平圓周率乘之，四之，爲第一數，正。次置第一數，以半心差冪乘之，小半徑冪除之，二除之，三除之，爲第二數，正。次置第二數，以半心差冪乘之，小半徑冪除之，一乘之，三乘之，四除之，五除之，爲第三數，負。次置第三數，以半心差冪乘之，小半徑冪除之，三乘之，五乘之，六除之，七除之，爲第四數，正。順是以下，皆如是，求至單位下止，乃正負並減爲榼體橢圓之全殼積。

卵體橢圓求截蓋殼積術 新定。

橢餘弦 即半大徑內去蓋高之餘。乘小半徑平圓，周率乘之，倍之，爲第一數，正。次置第一數，以半心差冪乘之，橢餘弦冪乘之，大半徑三乘方除之，二除之，三除之，爲第二數，負。次置第二數，以半心差冪乘之，橢餘弦冪乘之，大半徑三乘方除之，一乘之，三乘之，四除之，五除之，爲第三數，負。次置第三數，以半心差冪乘之，橢餘弦冪乘之，大半徑三乘方除之，三乘之，五乘之，六除之，七除之，爲第四數，負。順是以下，皆如是，求至單位下止，乃正負並減爲餘弦上圍殼積，以減半全殼積爲卵體橢圓之截蓋殼積。

榼體橢圓求截蓋殼積術新定。

橢餘弦即半小徑内去蓋高之餘乘大半徑平圓，周率乘之，倍之，爲第一數，正。次置第一數，以半心差冪乘之，橢餘弦冪乘之，大半徑三乘方除之，二除之，三除之，爲第二數，正。次置第二數，以半心差冪乘之，橢餘弦冪乘之，大半徑三乘方除之，一乘之，三乘之，四除之，五除之，爲第三數，負。次置第三數，以半心差冪乘之，橢餘弦冪乘之，大半徑三乘方除之，三乘之，五乘之，六除之，七除之，爲第四數，正。順是以下，皆如是，求至單位下止，乃正負並減爲餘弦上圜殼積，以減半全殼積爲榼體橢圓之截蓋殼積。

橢圓求全面積術一本爲程徐氏。

橢圓廣袤相乘，三之四而一，爲第一數。四分第一數之一，二除之，三除之，爲第二數。四分第二數之一，九乘之，四除之，五除之，爲第三數。四分第三數之一，二十五乘之，六除之，七除之，爲第四數。順是以下，皆如是，求至單位下止，乃相併爲橢圓全面積。

橢圓求全面積術二新定。

大小徑相乘，爲第一數，正。次置第一數，二除之，三除之，爲第二數，負。次置第二數，一乘之，三乘之，四除之，五除之，爲第三數，負。次置第三數，三乘之，五乘之，六除之，七除之，爲第四數，負。順是以下，皆如是，求至單位下止，乃正負並減爲橢圓全面積。

橢圓求半弧矢積術新定。

橢正弦與橢正矢相乘，爲第一數，正。次置第一數，以橢正弦冪乘之，橢半徑冪弦與大徑平行，則用大半徑冪，與小徑平行，則用小半徑冪。除之，二除之，三除之，爲第二數，負。次置第二數，以橢正弦冪乘之，橢半徑冪除之，一乘之，三乘之，四除之，五除之，爲第三數，負。次置第三數，以橢正弦冪乘之，橢半徑冪除之，三乘之，五乘之，六除之，七除之，爲第四數，負。順是以下，皆如是，求至單位下止，乃正負並減爲橢圓半弧矢積。

卵體橢圓求全體積術新定。

小通徑小徑除小徑冪之數。乘大半徑爲初底，大半徑乘之，二除之，爲平錐，正。小半徑冪與初底相減爲次底，大半徑乘之，三除之爲立錐，負。兩錐相減，四除之，三乘之，爲第一數。四分第一數之一，二除之，三除之，爲第二數。四分第二數之一，九乘之，四除之，五除之，爲第三數。四分第三數之一，二十五乘之，六除之，七除之，爲第四數。順是以下，皆如是，求至單位下止，乃並而八之，爲卵體橢圓全體積。

榼體橢圓求全體積術新定。

大通徑小徑除大徑冪之數。乘小半徑爲初底，小半徑乘之，二除之，爲平錐，正。大半徑冪與初底相減爲次底，小半徑乘之，三除之，爲立錐，負。兩錐相減，四除之，三乘之，爲第一數。四分第一數之一，二除之，三除之，爲第二數。四分第二數之一，九乘之，四除之，五除之，爲第三數。四分第三數之一，二十五乘之，六除之，七除之，爲第四數。順是以下，皆如是，求至單位下止，乃相併而八之，爲榼體橢圓全體積。

凡橢圓體積爲等高圓柱積三之二，初無俟遞加數求也，惟用圓柱，則須先求腰圍，殊失逕求之義矣，故用右二術，術異理同。

卵體橢圓求截蓋體積術新定。

小通徑乘矢爲初底，矢乘之，二除之，爲平錐，正。正弦冪與初底相減爲次底，矢乘之，三除之，爲立錐，負。兩錐相減，四除之，三乘之，爲第一數。四分第一數之一，二除之，三除之，爲第二數。四分第二數之一，九乘之，四除之，五除之，爲第三數。四分第三數之一，二十五乘之，六除之，七除之，爲第四數。順是以下，皆如是，求至單位下止，乃並而四之，爲卵體橢圓截蓋體積。

榼體橢圓求截蓋體積術新定。

大通徑乘矢爲初底，矢乘之，二除之，爲平錐，正。正弦冪與初底相減爲次底，矢乘之，三除之，爲立錐，負。兩錐相減，四除之，三乘之，爲第一數。四分第一數之一，二除之，三除之，爲第二數。四分第二數之一，九乘之，四除之，五除之，爲第三數。四分第三數之一，二十五乘之，六除之，七除之，爲第四數。順是以下，皆如是，求至單位下止，乃並而四之，爲榼體橢圓截蓋體積。

算法

清·馮桂芬《西算新法直解》卷三　代數五橢圓

今有橢圓，原點在兩心點之中，任從曲線上一點作縱橫線，已知長短兩半徑及橫線，求縱線。

如一圖，辰與戌爲橢圓兩心點，午爲中點即原點，卯午爲縱軸，酉午爲横軸。子爲曲線上任一點，子寅爲縱線，命爲地，寅午爲横線，命爲天，子辰爲帶徑，命爲人，子戌亦爲帶徑，命爲物，巳亥爲長徑，命其半徑巳午或亥午爲甲，丑未爲短徑，命其半徑丑午或未午爲乙，辰戌爲二心距線，命其半線辰午或戌午爲丙。寅辰線爲 天丅丙 寅戌線爲 天丄丙 法以寅辰冪加子寅冪，等於子辰冪，如一式，以寅戌冪加子寅冪，等於子戌冪，如二式，以一式加二式，如三式，以一式減二式，如四式，左畔人冪減物冪，變爲人物較乘人物和，如五式，甲爲長徑之半，亦即帶徑和之半，故人物和等於甲二，如六式，以甲二代五式中之物丄人 如七式，移左畔甲二於右畔，變乘爲除，法實皆半之，如八式，以六式加八式半之，如九式，以六式減八式半之，如十式，九、十兩式各自之，如十一式、十二式，以十一式加十二式，如十三式，十三式與三式同數。乃以三式之右畔代十三式之左畔半之，如十四式，丙^{二}與 $\frac{甲^{二}}{丙^{二}丨天^{二}}$ 左右互易，變加爲減，如十五式，以甲冪乘之消其除號，如十六式，丙冪減甲冪餘爲乙冪。乃以乙^{二}代式中之 甲^{二}丅丙^{二} 如十七式，移 乙^{二}丨天^{二} 於右，變加爲減，如十八式，復多甲^{二}於右，變乘爲除，如十九式，右畔開方除之，得縱線，如二十式。

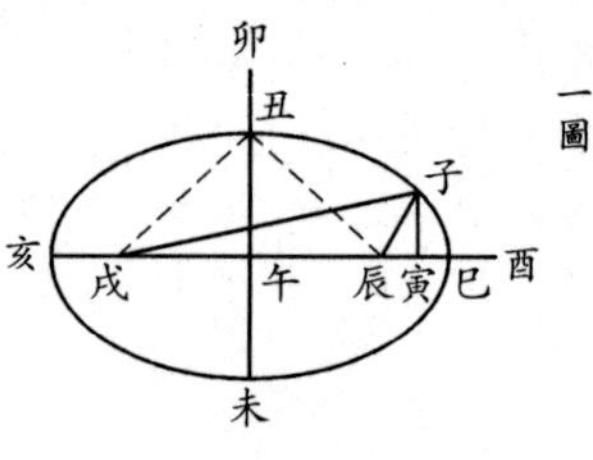

一圖

式　一

$$人^{二}=地^{二}丄(天^{二}丅二丙丨天丄丙^{二})$$

式　二

$$物^{二}=地^{二}丄(天^{二}丄二丙丨天丄丙^{二})$$

式　三

$$物^{二}丄人^{二}=二(地^{二}丄天^{二}丄丙^{二})$$

式　四

$$物^{二}丅人^{二}=四丙丨天$$

式　五

$$(物丄人)丨(物丅人)=四丙丨天$$

式　六

$$物丄人=二甲$$

式　七

$$二甲丨(物丅人)=四丙丨天$$

式　八

$$物丅人=\frac{甲}{二丙丨天}$$

式　九

$$物=甲丄\frac{甲}{丙丨天}$$

式　十

$$人=甲丁\frac{甲}{丙丨天}$$

式一十

$$物^{二}=甲^{二}丄\frac{甲^{二}}{二(甲丨丙)丨(甲丨天)}丄\frac{甲^{二}}{丙^{二}丨天^{二}}$$

式二十

$$人^{二}=甲^{二}丅\frac{甲^{二}}{二(甲丨丙)丨(甲丨天)}丄\frac{甲^{二}}{丙^{二}丨天^{二}}$$

式三十

$$物^{二}丄人^{二}=二甲^{二}丄\frac{甲^{二}}{二(丙^{二}丨天^{二})}$$

式四十

$$地^{二}丄天^{二}丄丙^{二}=甲^{二}丄\frac{甲^{二}}{丙^{二}丨天^{二}}$$

式五十

$$地^{二}丄天^{二}丅\frac{甲^{二}}{丙^{二}丨天^{二}}=甲^{二}丅丙^{二}$$

式六十

$$(甲^{二}丨地^{二})丄[(甲^{二}丅丙^{二})丨天^{二}]=甲^{二}丨(甲^{二}丅丙^{二})$$

式七十

$$(甲^{二}丨地^{二})丄(乙^{二}丨天^{二})=甲^{二}丨乙^{二}$$

式八十

$$甲^{二}丨地^{二}=乙^{二}丨(甲^{二}丅天^{二})$$

式九十

$$地^{二}=\frac{甲^{二}}{乙^{二}}丨(甲^{二}丅天^{二})$$

式十二

$$地=\sqrt{\frac{甲^{二}}{乙^{二}}(甲^{二}丅天^{二})}$$

又術，以甲除丙得橢率，命爲戊，夫以甲除丙既得戊，則以甲冪除丙冪必得戊冪，以甲冪除甲冪，必得一，以戊冪減一餘必與甲冪除乙冪之得數相等。乃以 一丅戊^{二} 代二十式中之 $\frac{甲^{二}}{乙^{二}}$ 所得亦同，如次一式。

若求子戌帶徑，則用九式或以戊代式中之 $\frac{\text{甲}}{\text{丙}}$ 所得亦同，如次二式。

若求子辰帶徑，則用十式或以戊代式中之 $\frac{\text{甲}}{\text{丙}}$ 所得亦同，如次三式。

若先知縱線求橫線，則移十七式中之 $\text{甲}^{\text{二}}\mid\text{地}^{\text{二}}$ 於右，變加爲減，如次四式，復移乙^{二}於右，變乘爲除，如次五式，右畔開方除之，得橫線，如次六式。

若所設曲線上之一點，適與心點上下相值，如二圖，則天等於丙如辰午，十九式中之 $\text{甲}^{\text{二}}\perp\text{天}^{\text{二}}$ 遂變爲 $\text{甲}^{\text{二}}\top\text{丙}^{\text{二}}$ 丙冪減甲冪餘爲乙冪 $\text{甲}^{\text{二}}\top\text{丙}^{\text{二}}$ 又變爲乙^{二}，如次七式，變此式爲連比例，不用冪數而以根數相求，如次八式，此式以甲爲首率，乙爲中率，地爲末率，倍地即長徑之通徑也，如子申，故知長徑之通徑爲長短二徑之末率。

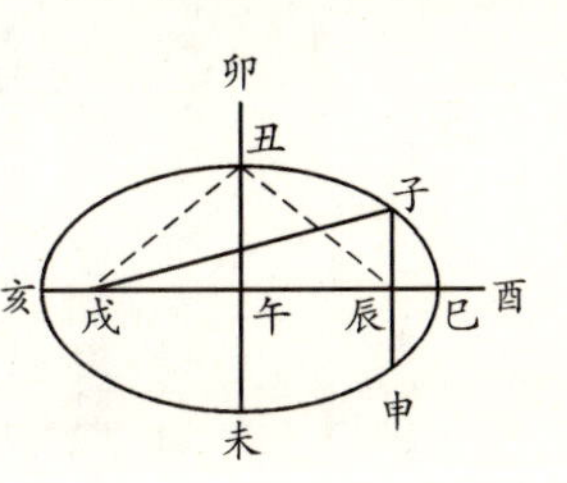

二圖

式一次

$$\text{地}=\sqrt{\text{一}\top\text{戊}^{\text{二}}\mid(\text{甲}^{\text{二}}\top\text{天}^{\text{二}})}$$

式二次

$$\text{物}=\text{甲}\perp(\text{戊}\mid\text{天})$$

式三次

$$\text{人}=\text{甲}\top(\text{戊}\mid\text{天})$$

式四次

$$\text{乙}^{\text{二}}\mid\text{天}^{\text{二}}=\text{甲}^{\text{二}}\mid(\text{乙}^{\text{二}}\top\text{地}^{\text{二}})$$

式五次

$$\text{天}^{\text{二}}=\frac{\text{乙}^{\text{二}}}{\text{甲}^{\text{二}}}\mid(\text{乙}^{\text{二}}\top\text{地}^{\text{二}})$$

式六次

$$\text{天}=\sqrt{\frac{\text{乙}^{\text{二}}}{\text{甲}^{\text{二}}}(\text{乙}^{\text{二}}\top\text{地}^{\text{二}})}$$

式七次

$$\text{地}^{\text{二}}=\frac{\text{甲}^{\text{二}}}{\text{乙}^{\text{二}}}\mid\text{乙}^{\text{二}}$$

式八次

$$\text{地}:\text{乙}::\text{乙}:\text{甲}$$

今有橢圓，原點在長徑之端，任從曲線上一點作縱橫線，已知長短兩半徑及橫線，求縱線。

如一圖，亥爲原點，在長徑之端，子爲曲線上任一點，與前題子點同處，其縱線子寅與前題同，橫線寅亥與前題異乃，命此題之橫線寅亥爲夫，前題之橫線寅午爲天，即 $\text{夫}\top\text{甲}$ 借前題十七式爲此題之一式， $\text{夫}\top\text{甲}$ 自之爲天冪，如二式，以二式右畔代一式之天^{二}，如三式，移所代天冪乘乙冪於右畔，變加爲減，如四式，復移甲冪於右畔，變乘爲除，如五式，右畔開方除之，得縱線，如六式。

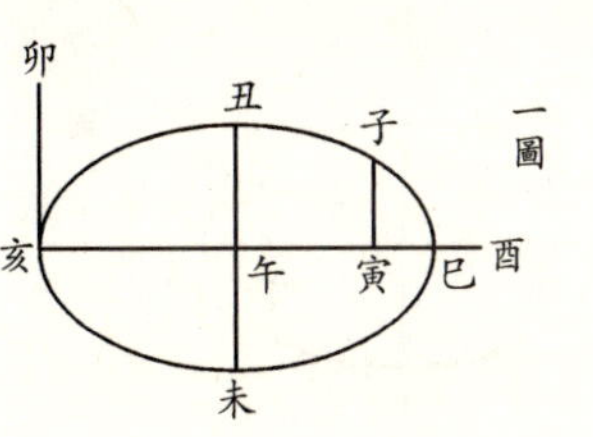

一圖

試變五式爲四率，如次一式，其三率之甲^{二}即長徑，夫即縱線所分長徑之大分亥寅 $\text{二甲}\top\text{夫}$ 即縱線所分長徑之小分巳寅，故知縱線方冪與所分長徑兩分之矩形比，同於短徑方冪與長徑方冪之比。由此推之，如二圖，於曲線上任設兩點，即有兩縱線，其兩縱線之方冪比，必若縱線所分長徑各兩分之矩形比。

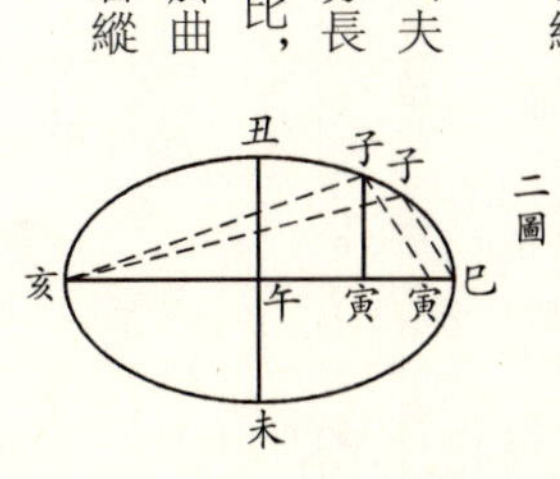

二圖

式一

$$(\text{甲}^{\text{二}}\mid\text{地}^{\text{二}})\perp(\text{乙}^{\text{二}}\mid\text{天}^{\text{二}})=\text{甲}^{\text{二}}\mid\text{乙}^{\text{二}}$$

式二

$$\text{天}^{\text{二}}=\text{甲}^{\text{二}}\top\text{二甲}\mid\text{夫}\perp\text{夫}^{\text{二}}$$

式三

$$(\text{甲}^{\text{二}}\mid\text{地}^{\text{二}})\perp[\text{乙}^{\text{二}}\mid(\text{甲}^{\text{二}}\top\text{二甲}\mid\text{夫}\perp\text{夫}^{\text{二}})]=\text{甲}^{\text{二}}\mid\text{乙}^{\text{二}}$$

式四

$$\text{甲}^{\text{二}}\mid\text{地}^{\text{二}}=\text{乙}^{\text{二}}\mid(\text{二甲}\mid\text{夫}\top\text{夫}^{\text{二}})$$

即

$$\text{甲}^{\text{二}}\mid\text{地}^{\text{二}}=\text{乙}^{\text{二}}\mid(\text{二甲}\top\text{夫})\mid\text{夫}$$

式五

$$\text{地}^{\text{二}}=\frac{\text{甲}^{\text{二}}}{\text{乙}^{\text{二}}}(\text{二甲}\top\text{夫})\mid\text{夫}$$

式六

$$\text{地}=\sqrt{\frac{\text{甲}^{\text{二}}}{\text{乙}^{\text{二}}}\mid(\text{二甲}\top\text{夫})\mid\text{夫}}$$

式一次

$$\text{地}^{\text{二}}:(\text{二甲}\top\text{夫})\mid\text{夫}::\text{乙}^{\text{二}}:\text{甲}^{\text{二}}$$

今有橢圓，外切平圓，以橢圓長徑爲平圓徑，原點在橢圓兩心點之中。即平圓心。任從平圓周上一點作縱橫線，已知橢圓長短徑及平圓縱橫線，求橢圓縱線。

如一圖，午爲原點，巳亥爲橢圓長徑，與戌辰同，即平圓徑，命其半徑巳午或亥午爲甲，丑未爲橢圓短徑，命其半徑丑午或未午爲乙，子爲平圓周上任一點，命平圓縱線子寅爲壬，命橢圓縱線申寅

一圖

爲地，其横線同爲寅午，命爲天。乃用橢圓一題求縱線冪術，如一式，又用平圓一題求縱線冪術，如二式，以二式左畔代一式之 $甲^{二}丅天^{二}$ 如三式，右畔開方除之，得橢圓縱線，如四式。

變三式爲四率，不用冪數而以根數相求，如五式，又知外切平圓縱線與橢圓縱線之比，同於長徑與短徑之比。

若橢圓内容平圓，以橢圓短徑爲平圓徑，任從橢圓周上一點作縱横線，已知橢圓長短徑及平圓縱横線，求橢圓横線。如二圖，任從橢圓周上子點作子寅横線，令橢圓及平圓子申兩點横相值，亦若前圖子申兩點縱相值，命平圓横線氐午即申寅，爲夫，命橢圓横線亢午即子寅爲天，其縱線同爲寅午，即子亢又即申氐，命爲地，餘同前。乃用橢圓一題求横線冪術，如次一式，又用平圓一題求横線冪術，如次二式，以次二式左畔代次一式之 $乙^{二}丅地^{二}$ 如次三式，右畔開方除之得橢圓横線，如次四式。變次三式爲四率，不用冪數而以根數相求，如次五式，又知内容平圓横線與橢圓横線之比同於短徑與長徑之比。

二圖

一式

$$地^{二}=\frac{甲^{二}}{乙}|(甲^{二}丅天^{二})$$

二式

$$王^{二}=甲^{二}丅天^{二}$$

三式

$$地^{二}=\frac{甲^{二}}{乙^{二}}|王^{二}$$

四式

$$地=\sqrt{\frac{甲^{二}}{乙^{二}}|王^{二}}$$

五式

$$地:王::乙:甲::二乙:二甲$$

次一式

$$天^{二}=\frac{乙^{二}}{甲^{二}}|(乙^{二}丅地^{二})$$

次二式

$$夫^{二}=乙^{二}丅地^{二}$$

次三式

$$天^{二}=\frac{乙^{二}}{甲^{二}}|夫^{二}$$

次四式

$$天=\sqrt{\frac{乙^{二}}{甲^{二}}|夫^{二}}$$

次五式

$$天:夫::甲:乙::二甲:二乙$$

今有橢圓，原點在兩心點之中，任從曲線上一點作縱横線，又從所設點作兩斜線，交長徑之兩端成三角形，已知長短徑及縱横線，求斜線交長徑之二角。

如圖，午爲原點，巳亥爲長徑，命半徑爲甲，子爲曲線上任一點，命其縱線子寅爲地，横線寅午爲天，子巳及子亥爲二斜線，命子巳亥角爲金，子亥巳角爲木，其正切皆爲切，巳寅爲 $甲丅天$ 亥寅爲 $甲丄天$ 法以巳寅線比子寅線若半徑與巳角正切，如一式，一率除二率，得四率，如二式，檢表得巳角，又以亥寅線比子寅線若半徑與亥角正切，如三式，一率除二率，得四率，如四式，檢表得亥角。設已知巳角，求亥角，則以半徑比巳角正切若巳寅線與子寅線，如次一式，以半徑比亥角正切若亥寅線與子寅線，如次二式，又用橢圓求縱線冪術得子寅線冪，如次三式，以次一式次二式相乘，如次四式，以次四式消次三式，如次五式，移巳角正切於右，與甲冪相乘，以除乙冪即得亥角正切，如次六式。

一式

$$金切:一::地:甲丅天$$

二式

$$金切=\frac{甲丅天}{地}$$

三式

$$木切:一::地:甲丄天$$

四式

$$木切=\frac{甲丄天}{地}$$

次一式

$$地=金切|(甲丅天)$$

次二式

$$地=木切|(甲丄天)$$

次三式

$$地^{二}=\frac{甲^{二}}{乙^{二}}|(甲^{二}丅天^{二})$$

次四式

$$地^{二}=木切|金切|(甲^{二}丅天^{二})$$

次五式

$$木切|金切|=\frac{甲^{二}}{乙^{二}}$$

次六式

$$木切=\frac{金切|甲^{二}}{乙^{二}}$$

今有橢圓，原點在兩心點之中，從切點作縱橫線，已知長短徑及縱橫線，求切線。

如一圖，午爲原點，子爲切點，子寅爲縱線，命爲地，寅午爲橫線，命爲天，子亢爲切線，命爲人，亢寅爲次切線，命爲物，命長半徑爲甲，短半徑爲乙，並同前法，先求次切線，次切線不論縱線只論橫線，故同長徑而不同短徑之橢圓，苟切點之橫線相同，其切線雖不同，其次切線則無不同也，即短徑漸長等於長徑，橢圓變成平圓，其次切線仍同。

一圖

子 午 寅 亢

如二圖，氐亢爲平圓切線，子亢爲橢圓切線，兩圓同以寅午爲橫線，亢寅爲次切線，午氐爲平圓半徑，與橢圓長半徑午巳相等，午寅氐與午氐亢爲同類三角形，以午寅比午氐若午氐與午亢，如一式，中率自乘，首率除之，得末率，如二式，移天於右，變加爲減，如三式，得次切線，更以次切線與縱線各自乘，相加開方除之，如四式，即得切線。

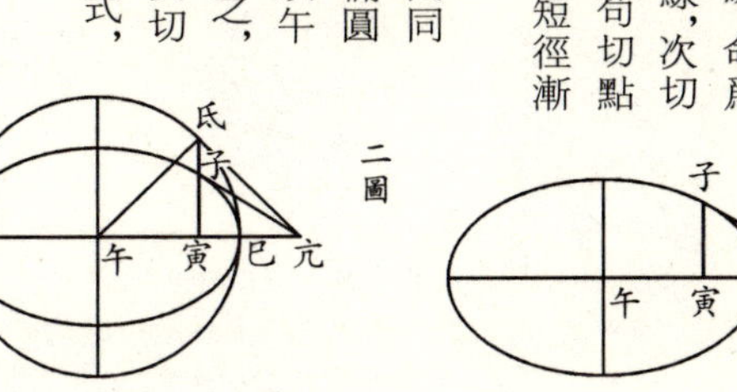

式一

物⊥天∶甲∷甲∶天

式二

$$物⊥天=\frac{天}{甲^{二}}$$

式三

$$物=\frac{天}{甲^{二}}⊤天$$

即

$$物=\frac{天}{甲^{二}⊤天^{二}}$$

式四

$$人=\sqrt{物^{二}⊥地^{二}}$$

又術，先求亢角，如三圖，亢房爲亢角正割，房心爲亢角正切，仍命爲割爲切。乃以長半徑自乘，又以縱線乘之爲法，短半徑自乘，又以橫線乘之爲實，以法除實，得亢角正切房心，如五式，詳見下。檢表得亢角，更以亢角正切房心比亢角正割亢房若縱線子寅與切線子亢，如六式。

若求切點之縱線，則用一題求縱線術。

試增線以課之。如四圖，任從切線尾點作尾箕縱線，命爲王，箕午橫線，命爲夫，又與切線平行作斗牛線，截橢圓周

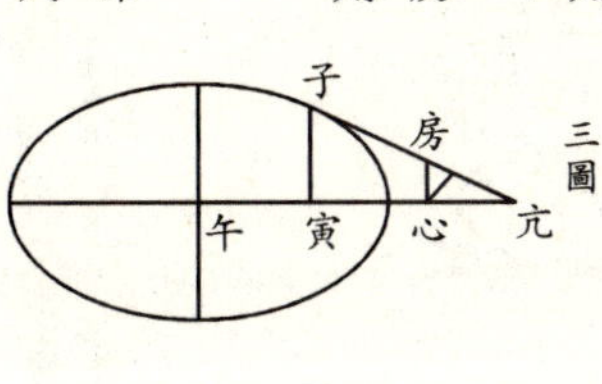

於女虛二點，命女點之縱線女危爲主，橫線危午爲大，命虛點之縱線虛室爲至，橫線室午爲元。用直線求縱線較術，得王地之較，如次一式，用橢圓求縱線術，得虛點縱線冪乘長半徑冪之積，如次二式，又得女點縱線冪乘長半徑之積，如次三式。以次二式消次三式，如次四式，兩畔之以冪積相減者，俱變爲和較相乘，如次五式。錯綜求之，以 $甲^{二}|(至⊥主)$ 除 $乙^{二}|(大⊥元)$ 必與 $\frac{大⊤元}{至⊤主}$ 兩數相等，如次六式。左畔與次一式之 $\frac{大⊤元}{至⊤主}$ 同類，故以右畔代次一式之 $\frac{大⊤元}{至⊤主}$ 如次七式。若斗牛線漸移合於切線，則女虛二點變爲切點，至主二縱線變爲地，大元二橫線變爲天，而次七式中之 $\frac{大⊤元}{至⊤主}$ 所得爲斗角正切，次一式中之 $\frac{甲^{二}|(至⊥主)}{乙^{二}|(大⊥元)}$ 遂變爲 $\frac{甲^{二}|地}{乙^{二}|天}$ 如次八式。所得爲亢角正切，因斗牛線與橢圓切線平行，故斗角與亢角同類，斗角正切即亢角正切也，前求橢圓切線術用 $\frac{甲^{二}|地}{乙^{二}|天}$ 求亢角本此。以 $甲^{二}|地$ 乘之，消其除號，如次九式，$甲^{二}|地^{二}$ 與 $乙^{二}|天|夫$ 左右互易，變減爲加，如次十式。準橢圓求縱線術，以 $甲^{二}|乙^{二}$ 代其右畔，如次十一式，移 $乙^{二}|天|夫$ 於右，變加爲減，如次十二式，又移 $甲^{二}|王$ 於右，變乘爲除，如次十三式，得縱線。

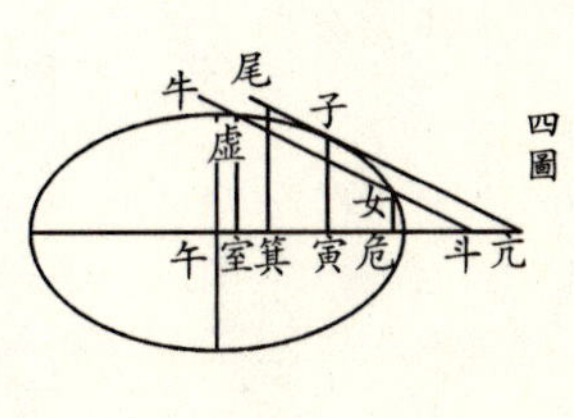

式五

$$切=\frac{甲^{二}|地}{乙^{二}|天}$$

式六

$$人=\frac{切}{割}|地$$

式一次

$$地⊤王=\frac{大⊤元}{至⊤主}|(天⊤夫)$$

式二次

$$甲^{二}|至^{二}=(甲^{二}|乙^{二})⊤(乙^{二}|元^{二})$$

式三次

$$甲^{二}|主^{二}=(甲^{二}|乙^{二})⊤(乙^{二}|大^{二})$$

式四次

$$甲^{二}|(至^{二}⊤主^{二})=⊤乙^{二}|(大^{二}⊤元^{二})$$

式五次

$$甲^{二}|(至⊥主)|(至⊤主)=⊤乙^{二}|(大⊥元)|(大⊤元)$$

式六次

$$\frac{\text{大}\top\text{元}}{\text{至}\top\text{主}}=\top\frac{\text{甲}^{二}|(\text{至}\perp\text{主})}{\text{乙}^{二}|(\text{大}\perp\text{元})}$$

式七次

$$\text{地}\top\text{王}=\top\frac{\text{甲}^{二}|(\text{至}\perp\text{至})}{\text{乙}^{二}|(\text{大}\perp\text{元})}|(\text{天}\top\text{夫})$$

式八次

$$\text{地}\top\text{王}=\top\frac{\text{甲}^{二}|\text{地}}{\text{乙}^{二}|\text{天}}|(\text{天}\top\text{夫})$$

式九次

$$\text{甲}^{二}|\text{地}|\text{王}\top\text{甲}^{二}|\text{地}^{二}=\text{乙}^{二}|\text{天}|\text{夫}\top\text{乙}^{二}|\text{天}^{二}$$

式十次

$$\text{甲}^{二}|\text{地}|\text{王}\perp\text{乙}^{二}|\text{天}|\text{夫}=\text{甲}^{二}|\text{地}^{二}\perp\text{乙}^{二}|\text{天}^{二}$$

式一十次

$$\text{甲}^{二}|\text{地}|\text{王}\perp\text{乙}^{二}|\text{天}|\text{夫}=\text{甲}^{二}|\text{乙}^{二}$$

式二十次

$$\text{甲}^{二}|\text{地}|\text{王}=(\text{甲}^{二}|\text{乙}^{二})\top(\text{乙}^{二}|\text{天}|\text{夫})$$

式三十次

$$\text{地}=\frac{\text{甲}^{二}|\text{王}}{(\text{甲}^{二}|\text{乙}^{二})\top(\text{乙}^{二}|\text{天}|\text{夫})}$$

五圖

作橢圓切線法，如五圖，子爲切點，子辰及子戌爲二帶徑，引長子戌至申，令子申等於子辰，次作申辰聯線，又從子點作正交申辰之線子亢，即橢圓之切線。

今有橢圓，原點在兩心點之中，從切點作縱橫線，已知長短徑及縱橫線，求法線。

如一圖，午爲原點，子爲切點，命子寅縱線爲地，寅午橫線爲天，長半徑巳午爲甲，短半徑丑午爲乙，心點距中點線辰午爲丙，並同前，子亢爲切線，子奎爲法線，與切線相交成直角，命爲人，奎寅爲次法線，命爲物，又命亢角餘切爲刀即奎角正切，餘割爲害即奎角正割。 法先求次法線，識別得弦冪分爲句股二冪，與中垂線分弦線爲大小二分同理，假令弦冪二十五，句冪九，股冪十六，倍之，則弦冪五十，句冪十八，股冪三十二，令之弦線五十，句線三十，股線四十，以中垂線二十四分弦線爲二，其小分十八與前設句冪等，其大分三十二與前設股冪等，故線與面可互爲比例。 如二圖，量心點距中點線度，作午申線，量短半徑度，作巳申線，成午申巳直角形，又從寅點與巳申平行作寅婁線，截午申線於婁，成午婁寅直角形，兩直角形爲同類，又從法線奎點作奎婁線，分橫線爲二，其一奎午即法線距中點線，其一奎寅即次法線。 乃以長半徑冪比短半徑冪若橫線與次法線，如一式，或以長半徑冪比心點距中點線冪若橫線與法線距中點線，如二式，以右畔減橫線亦得次法線，如三式，若準一題，以戊代 $\frac{\text{甲}^{二}}{\text{丙}^{二}}$ 所得亦同，如四式，即得次法線，則以次法線與縱線各自乘，相加開方除之，得法線，如五式。

又術，先求奎角，準前求切線術，以 $\text{甲}^{二}|\text{地}$ 除 $\text{乙}^{二}|\text{天}$ 既得亢角正切，轉以 $\text{乙}^{二}|\text{天}$ 除 $\text{甲}^{二}|\text{地}$ 必得亢角餘切，故 $\frac{\text{乙}^{二}|\text{天}}{\text{甲}|\text{地}}$ 與刀相等，如六式，更以亢角餘切比亢角餘割若縱線與法線，如七式。

若求法線距心點線奎戌，則以 $\text{甲}|\text{戊}$ 代丙，以 $\text{戊}^{二}|\text{天}$ 代 $\text{天}\top\text{物}$ 兩數相加即得，如次一式。

又術，如三圖，以帶徑和甲二爲一率，兩心距線丙二即 $\text{二甲}|\text{戊}$ 爲二率，子戌帶徑 $\text{甲}\perp\text{戊}|\text{天}$ 爲三率，法線距心點線奎戌爲四率，如次二式，一率除二率，所得乘三率，即得四率，如次三式與次一式同。

一圖

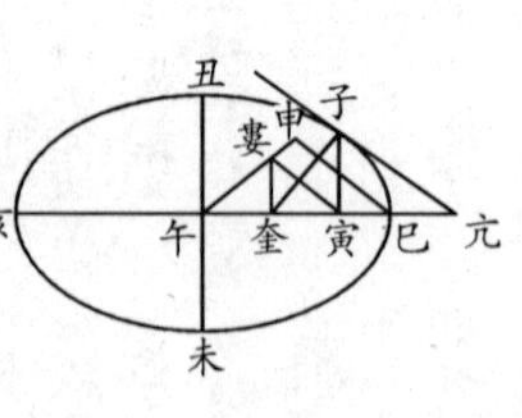

二圖

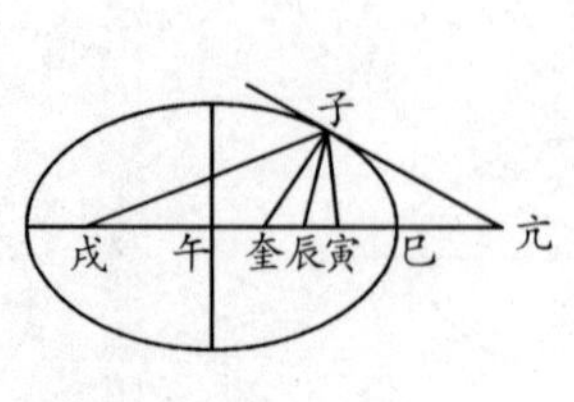

三圖

式一

$$\text{物}=\frac{\text{甲}^{二}}{\text{乙}^{二}|\text{天}}$$

式二

$$\text{天}\top\text{物}=\frac{\text{甲}^{二}}{\text{丙}^{二}|\text{天}}$$

式三

$$\text{物}=\text{天}\sqrt{\frac{\text{甲}^{二}}{\text{丙}^{二}|\text{天}}}$$

式四

$$\text{物}=\text{天}\top(\text{戊}^{二}|\text{天})$$

式五

$$\text{人}=\sqrt{\text{物}^{二}\perp\text{地}^{二}}$$

式六

$$\text{刀}=\frac{\text{乙}^{二}|\text{天}}{\text{甲}|\text{地}}$$

式七

$$人=\frac{刀}{害|地}$$

式一次

$$奎戊=甲|戊\perp戊^{二}|天$$

即

$$奎戊=戊|(甲\perp戊|天)$$

式二次

$$奎戊：甲\perp戊|天 :: 二甲|戊：二甲$$

式三次

$$奎戊=\frac{二甲}{二甲|戊}|甲\perp戊|天$$

即

$$奎戊=戊|(甲\perp戊|天)$$

今有橢圓，原點在兩心點之中，從切點作縱橫線，已知縱橫線及切線交橫軸角，求帶徑交切點角。

如前三圖，午爲原點，子爲切點，命子寅縱線爲地，寅午橫線爲天，午戊心距中點線爲丙，同前，子亢寅角爲切線交橫軸角，辰子戊角爲帶徑交切點角，寅子戊角爲縱線交帶徑角，命爲金。識別得法線子奎平分辰子戊角爲二，一奎子辰角，一奎子戊角，兩角度相等。乃以縱線爲一率，橫線加心距中點線爲二率，半徑爲三率，求得四率，即寅子戊角之正切，如上式，檢表得角度，以亢角減之，亢角即寅子奎用餘倍之，即得辰子戊角。

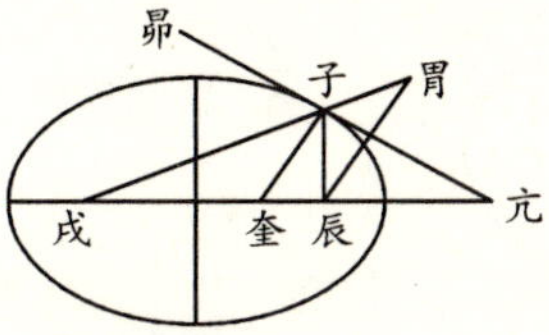

式一

$$金切：一 :: 天\perp丙：地$$

式二

$$金切=\frac{地}{天\perp丙}$$

何以知法線平分辰子戊角也？如圖，設切點子與心點辰上下相值。準前求切線術，引長子戊帶徑至胃，令子胃之長同於子辰帶徑，次作胃辰聯線與切線亢昴相交成十字，則亢子胃角既等於亢子辰角，又等於戊子昴角，由是推之，亢子辰與戊子昴兩角既相等，法線子奎所分之奎子辰與奎子戊兩角自必相等。

今有橢圓，原點在兩心點之中，從切點作縱橫線，已知縱橫線及切線、次切線，求切徑。即切點距中點線。

如圖，午爲原點，子爲切點，命其子寅縱線爲地，寅午橫線爲天，同前，子亢爲切線，命爲丁，亢寅爲次切線，命爲巳，子午爲切徑，命爲人，又命午角爲金，亢角爲木。乃以橫線除縱線，得午角正切，如一式，又以次切線除縱線，得亢角正切，如二式，檢表得角度及兩正弦，更以午角正弦比亢角正弦若切線與切徑如三式。

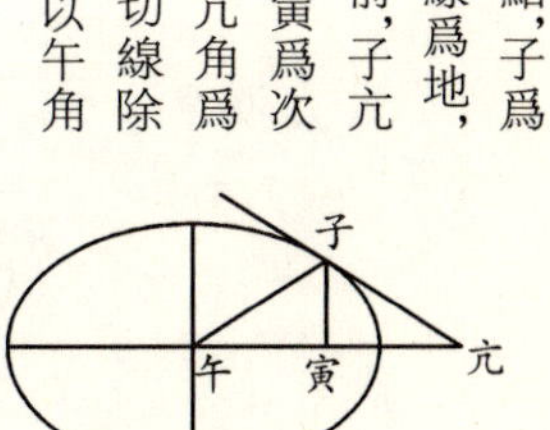

式一

$$金切=\frac{天}{地}$$

式二

$$木切=\frac{巳}{地}$$

式三

$$人=\frac{金弦}{木弦|丁}$$

今有橢圓，原點在兩心點之中，從切點作縱橫線，已知長短徑及切線切徑，求通弦。

如圖，午爲原點，子爲切點，命子寅縱線爲地，寅午橫線爲天，巳午長半徑爲甲，丑午短半徑爲乙，亢子切線爲丁，亢寅次切線爲巳，並同前，又命子午切徑爲庚，巳申爲通弦，命爲人，申亥爲餘通弦，命爲物。識別得通弦與切線平行，餘通弦與切徑平行，亥申巳與午子亢爲同類三角形，可互爲比例，故以午亢線即 天⊥巳 比切線若長徑與通弦，如一式。若求餘通弦，則以午亢線比切徑若長徑與餘通弦，如二式。

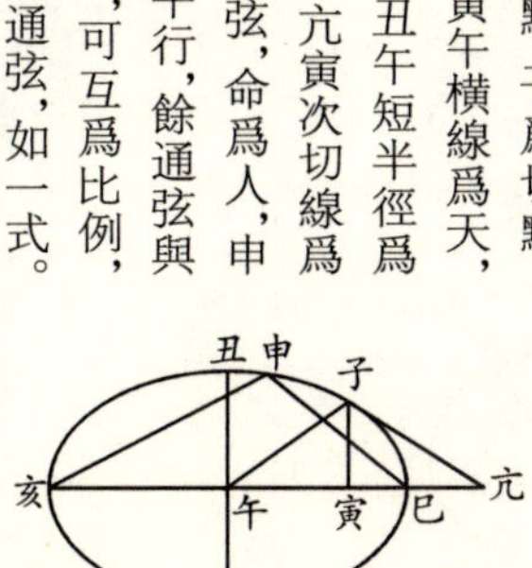

式一

$$人=\frac{天\perp巳}{二甲|丁}$$

式二

$$物=\frac{天\perp巳}{二甲|庚}$$

試以橫線爲法，縱線爲實，法除實，得午角正切，如次一式，又以長半徑冪乘縱線爲法，短半徑冪乘縱線爲實，法除實，得亢角正切，如次二式，以次一式乘次二式，得亢午兩正切相乘冪，如次三式，與前四題求斜線交長徑角術之次五式同類，故知巳角即亢角，亥角即午角，而切線必與通弦平行，切徑必與餘通弦平行。

式一次

$$金切=\frac{天}{地}$$

式二次

$$木切=\frac{甲^{二}|地}{乙^{二}|天}$$

式三次

$$金切|木切=\frac{甲^{二}}{乙^{二}}$$

今有橢圓，原點在兩心點之中，以切徑爲斜橫軸，切徑之相屬徑爲斜縱軸。從通弦與餘通弦交點作斜縱橫線，已知長短徑及斜軸交長徑之二角，求切徑及

切徑之相屬徑。即斜縱横軸。

一式

$$甲^{二}|地\perp乙^{二}|天=甲^{二}|乙^{二}$$

二式

$$亥午=夫|木弓$$

三式

$$巳申=王|金弓$$

如圖，午爲原點，子爲兩通弦交點，酉午爲原横軸，即長半徑，命爲甲，戌午爲新斜横軸，即切徑，命爲人，卯午爲原縱軸，即短半徑，命爲乙，辰午爲新斜縱軸，即相屬徑，命爲物，戌亢爲切線，辰尾爲餘切線，切徑與餘通弦平行，亦與餘切線平行，相屬徑與通弦平行，亦與切線平行，子寅爲原縱線，命爲地，子申爲新斜縱線即半通弦，命爲王，寅午爲原横線，命爲天，申午爲新斜横線即半餘通弦，命爲夫，辰午酉角爲新縱軸與長徑交角，命爲金，其外角即亢角。戌午酉角爲新横軸與長徑交角，命爲木，又從申點與午酉平行作巳申線，與午卯平行作亥申線。先用橢圓一題求縱線術，求得天冪乘短半徑冪與地冪乘長半徑冪之和，如一式。次用直線九題易正交二軸爲斜交二軸易其向不易原點之術，以半徑比申午若木角餘弦與亥午，如二式。以半徑比申子若金角餘弦與巳申，如三式。三式減二式，得原横線，如四式。以半徑比申子若金角正弦與子巳，如五式。以半徑比申午若木角正弦與申亥，如六式。六式加五式，得原縱線，如七式。四式自之，爲天冪，如八式。七式自之，爲地冪，如九式。以八式右畔代一式之天冪，九式右畔代一式之地冪，如十式。去其重複，易其前後，如十一式。又準橢圓四題，求金木二角正切相乘冪，如十二式。移甲冪於左，變除爲乘，如十三式。準三角術，餘弦乘正切，得正弦，故以金木二角餘弦相乘，以乘十三式，如十四式。倍之，以消十一式之中，如十五式。設子點漸移而右合於戌點，則王爲無數，而夫與斜横軸同數，如十六式。移 $甲^{二}|木弦^{二}\perp乙^{二}|木弓^{二}$ 於右，變乘爲除，得切徑冪，如十七式。開方除之，得切徑，設子點漸移而左合於辰點，則夫爲無數而王與斜縱軸同數，如十八式。移 $甲^{二}|金弦^{二}\perp乙^{二}|金弓^{二}$ 於右，變乘爲除，得相屬徑冪，如十九式。開方除之，得相屬徑。

四式

$$天=(夫|木弓)\top(王|金弓)$$

五式

$$子巳=王|金弦$$

六式

$$申亥=夫|木弦$$

七式

$$地=(夫|木弦)\perp(王|金弦)$$

八式

$$天^{二}=(夫^{二}|木弓^{二})\top二(夫|王|木弓|金弓)\perp(王^{二}|金弓^{二})$$

九式

$$地^{二}=(夫^{二}|木弦^{二})\perp二(夫|王|木弦|金弦)\perp(王^{二}|金弦^{二})$$

十式

$$甲^{二}|[(夫^{二}|木弦^{二})\perp二(夫|王|木弦|金弦)\perp(王^{二}|金弦^{二})]\perp乙^{二}|[(夫^{二}|木^{二}弓)\top二(夫|王|木弓|金弓)\perp(王^{二}|金^{二}弓)]=甲^{二}|乙^{二}$$

十一式

$$夫^{二}|(甲^{二}|木弦^{二}\perp乙^{二}|木弓^{二})\perp(二甲^{二}|木弦|金弦)\top(二乙^{二}|木弓|金弓)\perp王^{二}|(甲^{二}|金弦^{二}\perp乙^{二}|金弓^{二})=甲^{二}|乙^{二}$$

十二式

$$木切|金切=\frac{甲^{二}}{乙^{二}}$$

十三式

$$甲^{二}|木切|金切\top乙^{二}=〇$$

十四式

$$甲^{二}|木弦|金弦\top乙^{二}|木弓|金弓=〇$$

十五式

$$夫^{二}|(甲^{二}|木弦^{二}\perp乙^{二}|木弓^{二})\perp王^{二}|(甲^{二}|金弦^{二}\perp乙^{二}|金弓^{二})=甲^{二}|乙^{二}$$

十六式

$$人^{二}|(甲^{二}|木弦^{二}\perp乙^{二}|木弓^{二})=甲^{二}|乙^{二}$$

十七式

$$人^{二}=\frac{甲^{二}|木弦^{二}\perp乙^{二}|木弓^{二}}{甲^{二}|乙^{二}}$$

十八式

$$物^{二}|(甲^{二}|金弦^{二}\perp乙^{二}|金弓^{二})=甲^{二}|乙^{二}$$

十九式

$$物^{二}=\frac{甲^{二}|金弦\perp乙^{二}|金弓^{二}}{甲^{二}|乙^{二}}$$

今有橢圓，原點在兩心點之中，以切徑爲斜横軸，切徑之相屬徑爲斜縱軸。任從曲線上一點作斜縱横線，已知斜縱横軸及斜横線，求斜縱線。

如圖，午爲原點，子爲曲線任一點，辰午爲切徑，即斜横軸，命爲庚，戌午爲相屬徑，即斜縱軸，命爲辛，子寅爲斜縱線，命爲壬，寅午爲斜横線，命爲夫。識别得斜交二軸與正交二軸同理，用橢圓一題求縱線術，得庚冪乘辛冪之積，如一式，移 $辛^{二}|夫^{二}$ 於右，變加爲減，如二式，又移 $庚^{二}$ 於右，變乘爲除，即得斜縱線冪，如三式。

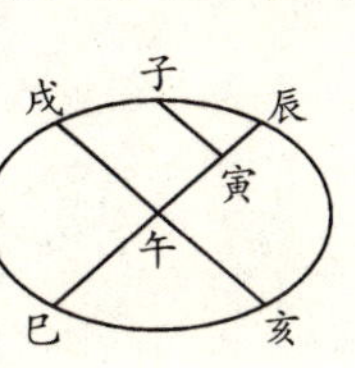

試變三式爲四率，如次一式，三率之兩冪相減者，變爲和較相乘，如次二式，所謂 $庚\perp夫$ 者，即圖中之寅巳線，$庚\top夫$ 者，即圖中之寅辰線，以是知切徑與相屬徑之二正方比若縱線所分切徑兩分之矩形與縱線之正方比。

式一

$$庚^{二}|王^{二}\perp辛^{二}|夫^{二}=庚^{二}|辛^{二}$$

式二

$$庚^{二}|王^{二}=辛^{二}|(庚^{二}\top夫^{二})$$

式三

$$王^{二}=\frac{庚^{二}}{辛^{二}}|(庚^{二}\top夫^{二})$$

式一次

$$王^{二}:庚^{二}\top夫::辛^{二}:庚^{二}$$

式二次

$$王^{二}:(庚\perp夫)|(庚\top夫)::二辛^{二}:二庚^{二}$$

今有橢圓，原點在兩心點之中，以長短半徑爲縱横軸，從切點及餘切點即相屬徑之端。各作縱横線，已知長短徑及切徑，求相屬徑。

如圖，午爲原點，子爲切點，丑爲餘切點，子午爲切徑，命爲庚，丑午爲相屬徑，命爲辛，酉午及巳午皆爲長半徑，命爲甲，卯午爲短半徑，命爲乙，子寅爲縱線，命爲地，丑申亦爲縱線，命爲壬，寅午爲横線，命爲天，申午亦爲横線，命爲夫，子午酉角，命爲金，丑午巳角，命爲木。乃以天除地，得金角正切，如一式，以夫除王，得木角正切，如二式，以甲冪除乙冪，得金木兩正切相乘冪，如三式，以一式乘二式，亦得金木兩正切相乘冪，如四式，以四式右畔代三式左畔，如五式，自之，如六式，左上互乘右下，右上互乘左下，如七式。又用橢圓一題求縱線術，得甲冪乘地冪之積及甲冪乘王冪之積，如八式、九式，八、九兩式相乘，如十式，以七式消十式，如十一式，以 $甲^{二}|乙^{四}$ 約之，如十二式，移 $天^{二}\top夫^{二}$ 於右，變減爲加，如十三式，同例得乙冪之同數，如十四式，以十三、四兩式相加，如十五式。準句股術，以天冪加地冪，得庚冪，如十六式，以夫冪加王冪，得辛冪，如十七式，以十六、七兩式相加，如十八式，以十五式左畔代十八式右畔，如十九式，移庚冪於右，變加爲減，得相屬徑冪，如二十式，以是知切徑及相屬徑之二正方和等於長短徑之二正方和。

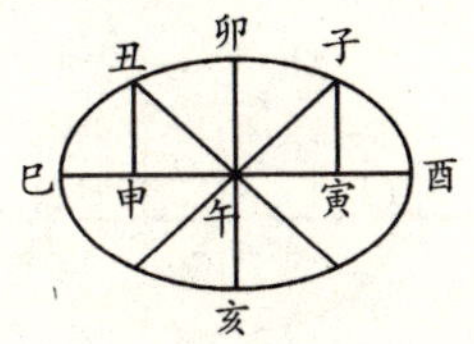

若求兩縱線，則用橢圓一題求縱線術，得王冪，如次一式，以本題十三式左畔之$甲^{二}$與右畔之$天^{二}$互易，變加爲減，如次二式，以次二式左畔之$天^{二}$代次一式右畔之 $甲^{二}\top夫^{二}$，如次三式，即得丑點縱線，做此得子點縱線，如次四式，反之得兩横線，如次五式及次六式。

式一

$$金切=\frac{天}{地}$$

式二

$$木切=\frac{夫}{王}$$

式三

$$木切|金切=\frac{甲^{二}}{乙^{二}}$$

式四

$$木切|金切=\frac{天|夫}{地|王}$$

式五

$$\frac{天|夫}{地|王}=\frac{甲^{二}}{乙^{二}}$$

式六

$$\frac{天^{二}|夫^{二}}{地^{二}|王^{二}}=\frac{甲^{四}}{乙^{四}}$$

式七

$$甲^{四}|地^{二}|王^{二}=乙^{四}|天^{二}|夫^{二}$$

式八

$$甲^{二}|地^{二}=甲^{二}|乙^{二}\top乙^{二}|天^{二}$$

式九

$$甲^{二}|王^{二}=甲^{二}|乙^{二}\top乙^{二}|夫^{二}$$

式十

$$甲^{四}|地^{二}|王^{二}=甲^{四}|乙^{四}\top甲^{二}|乙^{四}|夫^{二}\top甲^{二}|乙^{四}|夫^{二}\perp乙^{四}|天^{二}|夫^{二}$$

式一十

$$甲^{四}|乙^{四}\top甲^{二}|乙^{四}|天^{二}\top甲^{二}|乙^{四}|夫^{二}=〇$$

式二十

$$甲^{二}\top天^{二}\top夫^{二}=〇$$

式三十

$$甲^{二}=天^{二}\perp夫^{二}$$

式四十

$$乙^{二}=地^{二}\perp王^{二}$$

十五式

$甲^{二}丄乙^{二}=天^{二}丄地^{二}丄夫^{二}丄王^{二}$

十六式

$庚^{二}=天^{二}丄地^{二}$

十七式

$辛^{二}=夫^{二}丅王^{二}$

十八式

$庚^{二}丄辛^{二}=天^{二}丄地^{二}丄夫^{二}丄王^{二}$

十九式

$庚^{二}丄辛^{二}=甲^{二}丄乙^{二}$

二十式

$辛^{二}=甲^{二}丄乙^{二}丅庚^{二}$

次一式

$王^{二}=\frac{甲^{二}}{乙^{二}}|(甲^{二}丅夫^{二})$

次二式

$天^{二}=甲^{二}丅夫^{二}$

次三式

$王^{二}=\frac{甲^{二}}{乙^{二}}|天^{二}$

次四式

$地^{二}=\frac{甲^{二}}{乙^{二}}|夫^{二}$

次五式

$天^{二}=\frac{乙^{二}}{甲^{二}}|王^{二}$

次六式

$夫^{二}=\frac{乙^{二}}{甲^{二}}|地^{二}$

今有橢圓，原點在兩心點之中，從切點作縱横線，已知切點距心點之兩帶徑，求切徑之相屬徑。

如圖，午爲原點，子爲切點，辰戌皆爲心點，子寅爲縱線，命爲地，寅午爲横線，命爲天，酉午爲長半徑，命爲甲，卯午爲短半徑，命爲乙，子午爲切徑，命爲人，丑午爲相屬徑，命爲物，子辰爲此帶徑，命爲壬，子戌爲彼帶徑，命爲癸。乃依句股術，以縱線加横線冪得切徑冪，如一式，又用橢圓求縱線術，得地冪，如二式，以甲^{二}除 $甲^{二}|乙^{二}$ 得乙^{二}，以甲^{二}除 $乙^{二}|天^{二}$ 得 $乙^{四}|天^{二}$ 以二式右畔代一式之地^{二} 如三式。識別得甲^{二}爲乙^{二}與 $甲^{二}丅乙^{二}$ 兩數所合而成，以甲^{二}除乙^{二}乘天^{二}而減乙^{二}既得地^{二}，則以甲^{二}除 $甲^{二}丅乙^{二}$ 乘天^{二}而加乙^{二}，必得天地之和，如四式，以戊代 $\frac{甲^{二}}{甲^{二}丅乙^{二}}$ 如五式。詳一題。準前論，人冪物冪之和等於甲冪乙冪之和，今以 $戊^{二}|天^{二}$ 加乙^{二}既得人^{二}，則以 $戊^{二}|天^{二}$ 減甲^{二}必得物^{二}，如六式。

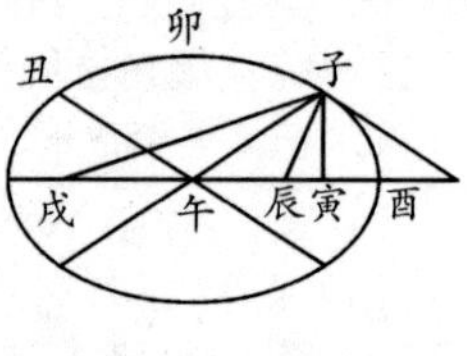

又用橢圓一題求帶徑術，得壬癸二線，如七式、八式。詳一題次二式、次三式。七、八兩式相乘，如九式，以九式左畔代六式右畔得相屬徑冪，如十式，以是知兩帶徑相乘之矩形等於相屬徑自乘之正方。

一式

$人^{二}=天^{二}丄地^{二}$

二式

$地^{二}=乙^{二}丅\frac{甲^{二}}{乙^{二}}|天^{二}$

三式

$人=天^{二}丄乙^{二}丅\frac{甲^{二}}{乙^{二}}|天^{二}$

四式

$人^{二}=乙^{二}丄\frac{甲^{二}}{甲^{二}丅乙^{二}}|天^{二}$

五式

$人^{二}=乙^{二}丄(戊^{二}|天^{二})$

六式

$物^{二}=甲^{二}丅(戊^{二}|天^{二})$

七式

$壬=甲丅(戊|天)$

八式

$癸=甲丄(戊|天)$

九式

$壬|癸=甲^{二}丅(戊^{二}|天^{二})$

十式

$物^{二}=壬|癸$

今有橢圓，原點在兩心點之中，將切徑及相屬徑引長之抵橢圓周，從其四端各作切線成外切橢圓之四邊形，已知長短徑，求四邊形積。

如圖，午爲原點，子丑未申爲四切點，子未爲倍切徑，命爲二庚，丑申爲倍相屬徑，命爲二辛，酉辰爲長徑，命爲二甲，卯戌爲短徑，命爲二乙，亢角房氐爲四切線所成之四邊形，午子角丑爲四邊形四分之一，命爲二物，乃用正交二軸，命子點之縱線子寅爲地，横線寅午爲天，丑點之縱線丑巳爲王，横線巳午爲夫。識別得子丑午三角形積，倍之即外切四邊形四分之一。等於子寅巳丑四邊形内少子寅午及丑巳午兩三角形之餘積，故以天加夫，乘地加王，減天地相乘冪，又減夫王相乘冪，得倍子丑午三角形積，如一式，或以

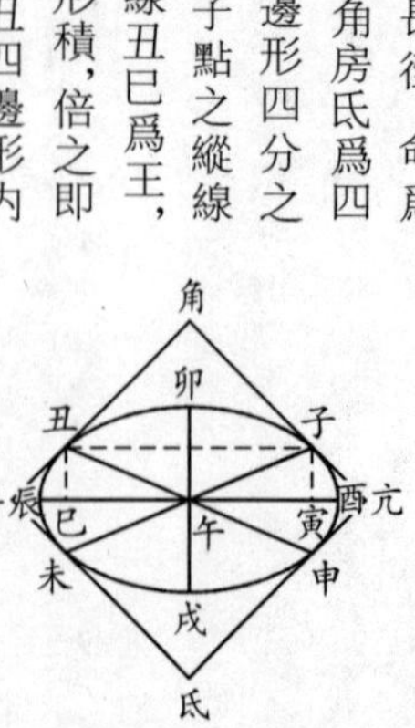

天王相乘冪，加地夫相乘冪，亦得倍子丑午三角形積，如二式。用前十二題兩縱橫線互求術，詳十二題次三式、次六式。得丑點縱橫線，如三式、四式，以三式右畔代二式之夫，四式右畔代二式之王，如五式，右畔左乙互乘右 天|$\frac{甲}{乙|天}$ 得 $\frac{甲|乙}{乙^{二}|天^{二}}$ 右甲互乘左 地|$\frac{乙}{甲|地}$ 得 $\frac{甲⊥乙}{甲|地^{二}}$ 乘訖併之，如六式。準前論，$甲^{二}|地^{二}$ 加 $乙^{二}|天^{二}$ 等於 $甲^{二}|乙^{二}$ 夫以 甲|乙 除 $甲^{二}|乙^{二}$ 所得必仍爲 甲|乙 故以 甲|乙 代六式右畔，即得外切四邊形四分之一，如七式，以是知外切四邊形積等於長短徑相乘積。

今有橢圓，以右心點爲原點，如辰。任從曲線上一點作縱橫線，已知通徑長短徑及帶徑交原點角，求帶徑。

一式

二物＝(天⊥夫)|(地⊥王)丅天|地|夫|王

二式

二物＝地|夫⊥天|王

三式

夫＝$\frac{乙}{甲|地}$

四式

王＝$\frac{甲}{乙|天}$

五式

二物＝地|$\frac{乙}{甲|地}$⊥天|$\frac{甲}{乙|天}$

六式

二物＝$\frac{甲|乙}{甲^{二}|地^{二}⊥乙^{二}|天^{二}}$

七式

二物＝甲|乙

如圖，午爲中點，即舊原點，辰戌皆爲心點，辰爲新原點，子爲曲線上任一點，子寅爲新舊公縱線，命爲地，寅午爲舊橫線，命爲天，寅辰爲新橫線，命爲夫，卯午爲舊縱軸，即短半徑，命爲乙，丑辰爲新縱軸，即半通徑，命爲丁，酉午爲新舊公橫軸，即長半徑，命爲甲，辰午爲心點距中點線，戌午同。命爲丙，以甲除丙，所得爲橢率，命爲戊，子辰寅角爲帶徑交原點角，命其正弦爲弦，餘弦爲弓，子辰爲此帶徑，命爲人，子戌爲彼帶徑，命爲物。先用一題求帶徑術得子辰帶徑，如一式，又用求橫線術得舊橫線，如二式，以 甲|戊 代丙，詳一題。如三式，以半徑比子辰帶徑若辰角餘弦與新橫線，如四式，以此式右畔代三式之夫，如五代，以此右畔代一式之天，如六式，去其括弧，易加爲減，易減爲加，如七式，移 戊|人|弓 於左，易減爲加，如八式。識別得甲乘$戊^{二}$，以減甲等於$戊^{二}$減一，以乘甲，故以 甲|(一⊥戊) 代其右畔，人乘 戊|弓 以加人，乘於 戊|弓 加一，以乘人，故以 人|[一⊥(戊|弓)] 代其左畔，如九式，又用一題求通徑術，得半通徑，如十式。準前論，一丅戊 餘與甲冪除乙冪所得相等，再以甲乘之必與甲除乙冪所得相等，乃以 甲|(一丅戊) 代十式右畔，如十一式，以此式左畔代九式右畔，如十二式，移 一⊥(戊|弓) 於右，變乘爲除，即得子辰帶徑，如十三式。

一式

人＝甲丅(戊|天)

二式

天＝夫⊥丙

三式

天＝夫⊥(甲|戊)

四式

夫＝人|弓

五式

天＝(人|弓)＝(甲|戊)

六式

人＝甲丅[戊|(人|弓)⊥(甲|戊)]

七式

人＝甲丅戊|人|弓丅甲|$戊^{二}$

八式

人⊥戊|人|弓＝甲丅甲|$戊^{二}$

九式

人|[一⊥(戊|弓)]＝甲|(一丅$戊^{二}$)

十式

丁＝$\frac{甲}{乙^{二}}$

十一式

丁＝甲|(一丅戊)

十二式

人|[一⊥(戊|弓)]＝丁

十三式

人＝$\frac{一⊥(戊|弓)}{丁}$

今有橢圓，原點在長徑之端，已知長短徑，求橢圓面積。

如圖，午爲原點，午酉爲長徑，命其半徑爲甲，辰亥爲短徑，命其半徑爲乙，乃以長徑爲平圓徑，作外切平圓，從平圓周內作相等諸邊，如子丑及丑戌及戌午，次從子丑諸點各作縱線，令子點縱線交橢圓周於

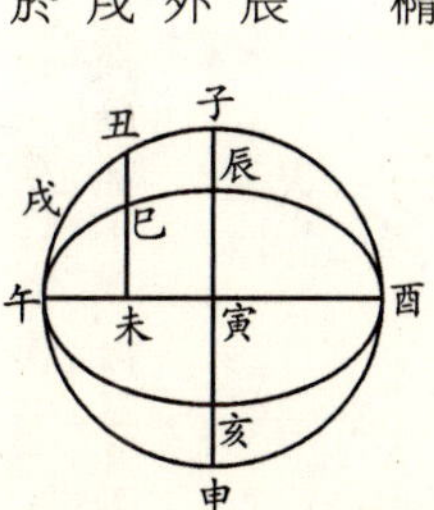

辰，丑點縱線交橢圓周於巳，命子寅縱線爲至，丑未縱線爲主，辰寅縱線爲王，巳未縱線爲地，寅午橫線爲夫，未午橫線爲天，子丑未寅冪爲丙，辰巳未寅冪爲丁子午申酉平圓面積爲戊辰午亥酉橢圓面積爲人。先用平圓徑求積術得平圓面積，乃以至線加主線，半之，乘天線減夫線，得子丑未寅冪，如一式，以王線加地線，半之，乘天線減夫線，得辰巳未寅冪，如二式，右畔法實皆以二乘之，消去其除號，如三式、四式，以三式除四式，如五式。又用三題平圓橢圓兩縱線互求術詳三題三式。得橢圓兩縱線，如六式、七式，移右畔之至主於左，變乘爲除，如八式、九式，兩式相加，如十式，以右畔代五式之右畔，如十一式。夫以平圓分積除橢圓分積，既等於長徑除短徑，則以平圓全積除橢圓全積，亦必等於長徑除短徑，故以 $\frac{戊}{人}$ 代十一式之 $\frac{丙}{丁}$ 如十二式移戊於右，變除爲乘，如十三式，即得橢圓面積。

一式

$$丙=\frac{二}{至丄主}|(夫丅天)$$

二式

$$丁=\frac{二}{王丄地}|(夫丅天)$$

三式

$$丙=(至丄主)|二(夫丅天)$$

四式

$$丁=(王丄地)|二(夫丅天)$$

五式

$$\frac{丙}{丁}=\frac{至丄主}{王丄地}$$

六式

$$王=\frac{甲}{乙}|至$$

七式

$$地=\frac{甲}{乙}|主$$

八式

$$\frac{甲}{乙}=\frac{至}{王}$$

九式

$$\frac{甲}{乙}=\frac{主}{地}$$

十式

$$\frac{至丄主}{王丄地}=\frac{二甲}{二乙}$$

十一式

$$\frac{丙}{丁}=\frac{二甲}{二乙}$$

十二式

$$\frac{戊}{人}=\frac{二甲}{二乙}$$

十三式

$$人=\frac{二甲}{二乙}|戊$$

清·黃宗憲《容圓七術》

第二術之一

設如橢圓面有長短兩半徑，求內容正方形之方邊。

術曰：長短兩半徑相乘，又自之爲實。長短兩半徑各自之，相併爲法。除之，得數正平方開之，得元數，又倍之，即方邊。

草曰：如圖，甲乙丙丁橢圓面內容子丑寅卯正方形，準微分術例，凡橢圓之式爲 $呷^{二}地^{二}丄叱^{二}天^{二}=呷^{二}叱^{二}$ [坤]，則長半徑中乙爲呷，短半徑丙中爲叱，橫線中太爲天，從線丑太爲地。準本題理，令 $天=地$ 所以得則坤式變爲 $(呷^{二}丄叱^{二})天^{二}=呷^{二}叱^{二}$ 所以得

$$\frac{呷^{二}丄叱^{二}}{呷^{二}叱^{二}}=天^{二}$$

爲開方式。

第二術之二凡前後二術。

設如半橢圓面，有長短兩半徑，求內容正方形之方邊。

前術曰：長短兩半徑相乘，又自之爲實。以四除長半徑冪短半徑冪加之爲法。實如法而一，得數正平方法開之，得元數即方邊。

後術曰：長短兩半徑相乘，又自之爲實。以四乘長半徑冪短半徑冪加之爲法。實如法而一，得數正(方平)[平方]法開之，得元數又倍之，即方邊。

草曰：如圖，甲乙丙半橢圓面內容子丑寅卯正方形。凡橢圓例長半徑爲呷，短半徑爲叱，橫線爲天，從線爲地。準本題之理，令 $\frac{二}{天}=地$ 自之得 $\frac{四}{天^{二}}=地^{二}$ 以左邊代前坤式中之地^{二}，得

$$\left[呷^{二}\frac{四}{天^{二}}丄叱^{二}天^{二}=呷^{二}叱^{二}\right]$$

通分得 $\left[\frac{呷^{二}丄四叱^{二}}{四呷^{二}叱^{二}}=天^{二}\right]$ 爲開方式。前術。

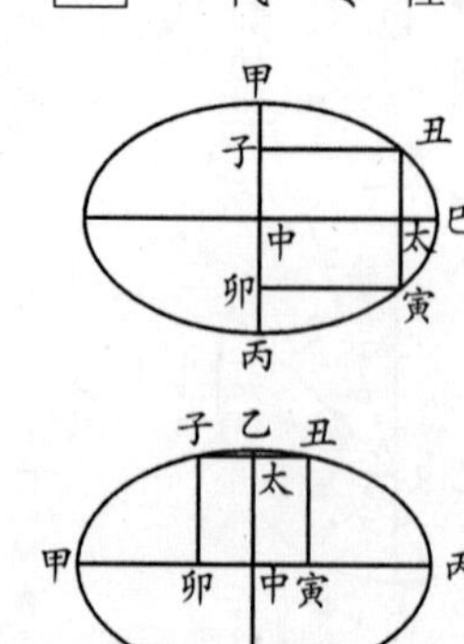

按：右草依短徑直截之爲本題之前術，如上圖。若依長徑橫截之爲本題之後術，如下圖，則令 二天＝地 自之得 四天^{二}＝地^{二} 如法求之，得 $\frac{四呷^{二}丄叱^{二}}{呷^{二}叱^{二}}=天^{二}$ 爲開方式。後術商得元數，倍之即方邊。

第二術之三凡前後二術通用。

設如強半橢圓面，有長短兩半徑及截徑，求內容正方形之方邊。

前、後術曰：長、短半徑與截徑相較，又自之爲正數，短、長半徑自乘，又四乘之爲負數，正負相消，又以長、短半徑冪乘之爲負實。又置長、短半徑與截徑

相較之數，以二倍長、短半徑冪乘之爲正方。四因短、長半徑冪，又以長、短半徑冪加之爲正隅，平方開之得元數，又以截徑加之，長、短半徑減之，即所容方邊。

草曰：如上圖，丁乙戊巳强半橢圓面内容子丑寅卯正方形。準本題理，令乙巳截徑爲丙，如法加減之，得　丙丅呷＝巳中　又　丙丅呷丄天＝巳太　半之，得 (丙丅呷丄天)/二＝丑太＝地　自之，得 (丙丅呷丄天)二/四＝地二　以左邊式代前坤式中之地二，則得 (丙丅呷丄天)二呷二/四 丄吆二天二＝呷二吆二　通分詳呷二[(丙丅呷)二丅四吆二]丄二呷二(丙丅呷)天丄(呷二丄四吆二)天二　爲開方式，平方開之，得元數，截徑加之得下之，長半徑減之，即所容方邊。

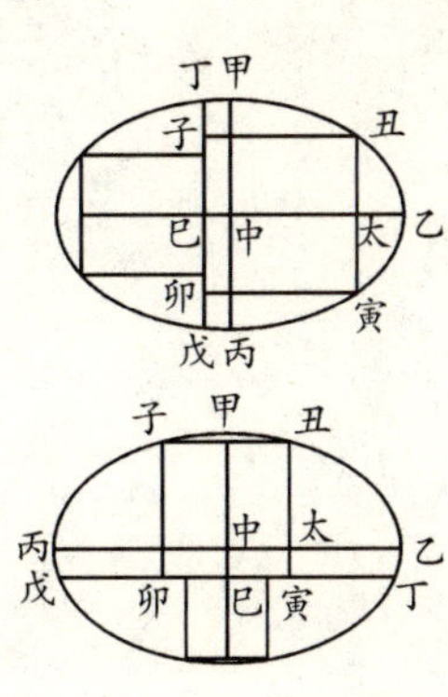

按：右草以丁戊線與短徑平行直截之，成丁乙戊巳面，如上圖，爲本題之前術。若以丁戊線與長徑平行横截之，成丁甲戊巳面，如下圖，爲本題之後術。以甲巳截徑爲丙，如法加減之，得　丙丅吆丄地＝丑寅　半之，自之，得 (丙丅吆丄地)二/四＝天二　以左邊式代前坤式中　吆二[(丙丅吆)二丅四呷二]丄二吆二(丙丅吆)地丄(吆二丄四呷二)地二　爲開方式，與前術之開方式無少差，不之天二，則得過長短兩半徑互易爲異耳。

第二術之四凡前後二術通用。

設如弱半橢圓面，有長短兩半徑及截徑，求内容正方形之方邊。

前、後術曰：長短半徑與截徑相較，又自之爲上數，短、長半徑自之，又四之，與上數相消，又長、短半徑冪乘之，爲負實。又置長短半徑，以截徑減之，復以長、短半徑冪乘之，又倍之，爲負方。又以短、長半徑自之，四之，以長、短半徑冪加之，爲正隅，平方開之，得元數，以截徑加之，以長、短半徑減之，即所求之方邊。

按：此題之開方式與前題之開方式並同，惟正負略異，蓋此題前、後術丙小於呷、吆，而前題前、後術呷、吆小於丙故也。

系凡橢圓面内以長短兩徑線爲準，任距長短徑線若干，並與之平行，從横截之，所分之面皆可容方，總以坤式爲立算之本，倣右法類推之。

清・焦循《釋橢》　橢圜之法，起於兩心差，引兩心差而倍之，謂之倍心差，以倍心差爲底，以兩半徑爲要，得中垂線，爲小半徑，亦曰小徑，或以兩心差爲句，半徑爲弦，求得股亦小徑。倍小徑與全徑交，規而圜之，是爲橢圜。

卯未辰巳，平圜也，子丑爲兩心差，寅子丑爲倍心差，自子至巳、至未、至卯、至辰皆半徑，以寅丑爲底，以兩半徑爲兩要，成寅午丑三角形，午之所當，爲子，子午短於子巳，故爲小徑，子午即寅午丑三角之中垂線，故求得中垂線，即子午線，倍子午爲申午，又倍子辰爲卯辰，即全徑。交於子，緣卯申辰午而規之，即橢圜形矣。

兩心差本無此闊，爲寅丑以便於閲。

橢圜以地心爲心，分其度爲三百六十，抵最卑則短，抵最高則長，每度不均於弧而均於積。

丑爲地心，自丑分三百六十度，近辰之度線必短，弧必長，近卯之度線必長，弧必短，其面積則皆同，弧三角法，其弧度皆等，故以諸輪馭其所不等，此分以積，而弧本不等，故省諸輪之用也。

故橢圜之積，橢圜之度也，橢圜之角，平圜之弧也。

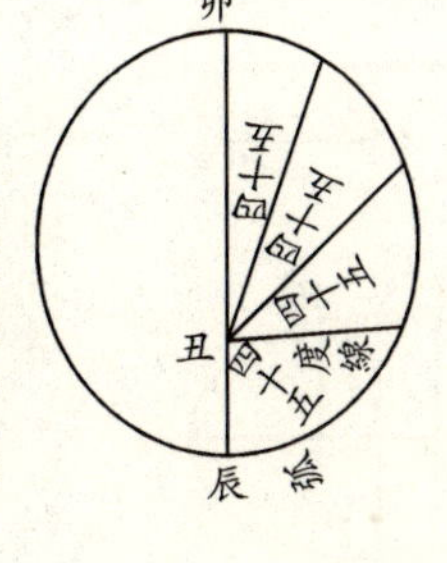

細分之筆畫難於均稱，分之爲四，其義已明。

橢圜以積數爲角度，求得積數，以一度之積除之，即爲橢圜之弧度，若以角言之，子心不以亥辰爲角，仍以大圜甲辰爲角，地心丑不以辰乙爲角，必以酉戌爲角。凡言平圜心角皆甲辰，如後房辰角辰。凡言地心角皆酉戌，橢圜可以弧言，不可以角言，故求得丑辰乙後作丑辰斗。面積，即得辰乙弧度，更求酉戌，乃丑角也。

平圜之度，其弧皆等，切其弧之度爲平行，詳見《釋弧》《釋輪》。以大半徑即半徑。小半徑乘而開方之，爲中半徑，謂之中率，以中率規而圜之爲平圜，其度與橢圜等，得其面積，以三百六十分之，得橢圜一

度之積，是爲實行。

子己爲大半徑，子午爲小半徑，午己爲兩徑之較，自午己折而爲戊午，合小徑爲戊子，成中半徑，以中半徑規而圜之，成戊庚丁辛平圜，子辛短於子辰，子戊長於子午，短長相覆，故其積與橢圜之積等。

以兩要線，憑橢弧而施之，同其底，則兩要之度較異而和同。

以寅丑爲底，寅午、丑午爲兩要，成三角形，若移寅午爲寅壬、寅癸、寅巳，移丑午爲丑壬、丑癸、丑巳，則成寅壬丑、寅癸丑、寅巳丑三三角形，既同此寅丑底，同此辰午卯橢圜弧，則分兩要雖有較，丑壬必短於寅壬，丑癸必短於寅癸，丑巳必短於寅巳。合兩要而和之，此短則彼長，絶長補短，其爲二千萬之數同也。半徑之率一千萬，兩半徑故二千萬。

自平圜心截平圜以爲度，其正弦之端，交於平圜，必不交於橢圜，若正弦交於橢圜，則必不交於平圜，又自平圜心作線，與正弦交於橢圜，其形必有差，若自平圜心作線，與正弦交於平圜，其形亦必有差，是差也，謂之橢圜差角。在平圜爲正弦，在橢圓爲矢，今槩稱正弦以便於覽。

自子作線，截平圜於角，則角辰爲子角弧度，角亢爲正弦，與子角線遇於平圜交橢弧處，則爲亢尾，與角不相遇矣。若別作氐心正弦，遇於心，則氐房與子角亦不相遇，此自然之勢也。

若以角亢正弦，自橢弧截爲亢尾，則自子作子尾線遇之，若氐心正弦，伸至平圜爲氐房，則自子作子房線遇之，亦自然之勢也。自弦言之，子角尾爲子尾亢差角，子房心爲子心氐差角，自弧言之，子心箕爲子心辰差角，子房角爲子角辰差角。

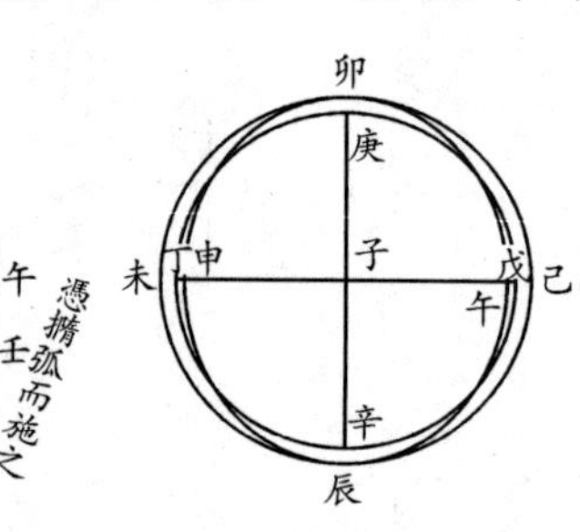

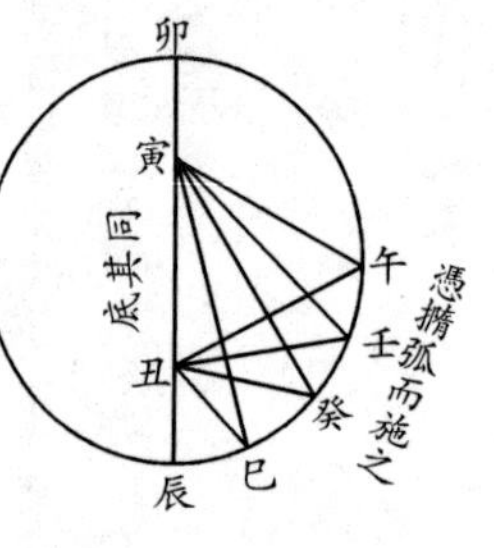

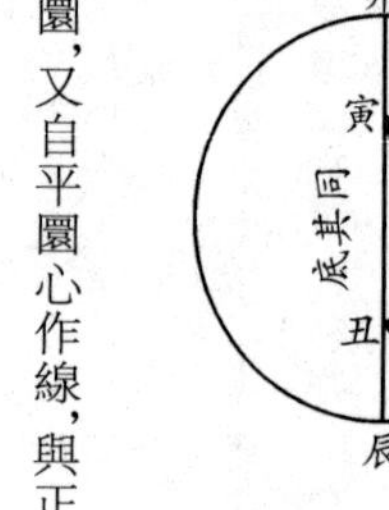

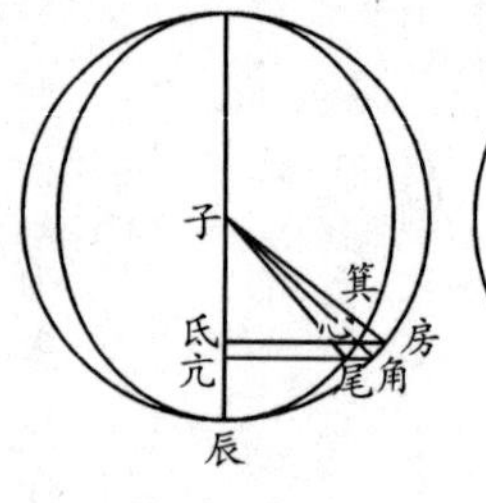

自倍差點設徑線即半徑所移線。與平圜度線平行，有角度即有此線。謂之設角。

寅爲倍差點，丑爲地心，寅斗線與子房線平行，其角度皆等，故有子角，即有寅角也。

自地心設線，與倍差心線之端，遇於橢圜，在象限無差角之較，內於限，則大一差角，外於限，則小一差角，大則加之，小則減之。

丑寅兩半徑線會於斗，成寅斗丑三角形，即成丑斗辰橢圜三角形，午辰適滿象限，寅斗平行，丑斗會之，丑斗辰與子午辰積同，以斗午女，補子丑女，雖微有差，大畧相等。凡寅斗之平行，丑斗之交會，皆自此生也。

箕辰過象限，則子箕辰較丑斗辰，小一斗牛箕。

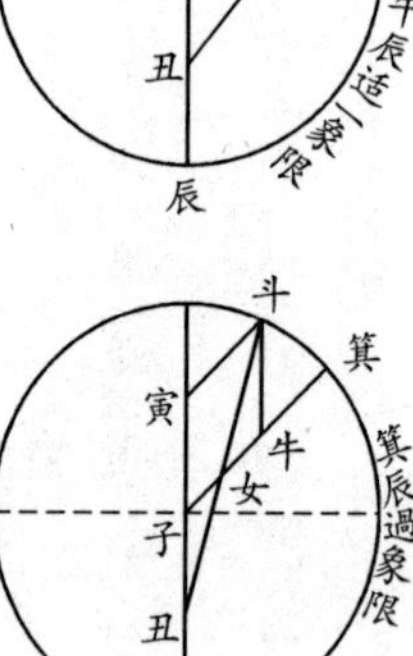

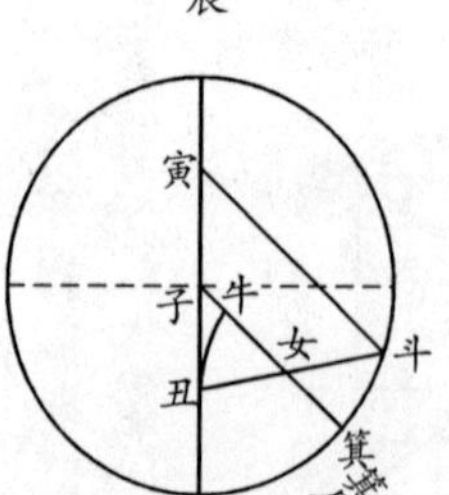

箕辰不滿象限，則子箕辰較丑斗辰，大一子丑牛，故求得丑斗辰積，必加子牛丑積，乃合子箕辰積，子牛丑與斗牛箕，其積與差角同，故與差角爲加減也。

加子牛丑即橢圜差角，何也？今以丑午徑線，依象限與子午斜交，成子丑午句股形，以句子午。自乘，爲子午室虛正方，以弦自乘，丑午與子己等。爲子己危辰正方，二方相減，餘午己危辰虛室曲尺形，與股子丑。自乘之子丑奎壁積數等，子丑奎與室危虛辰等，子壁奎與午己室危等。

算差角之法，以底危昴胃。乘高半徑即其高，亦即外垂線。折半即得，底乘高爲己婁危胃方形，折半爲己危午昴長方形，視己午危室，止少一室昴危，凡正方形分

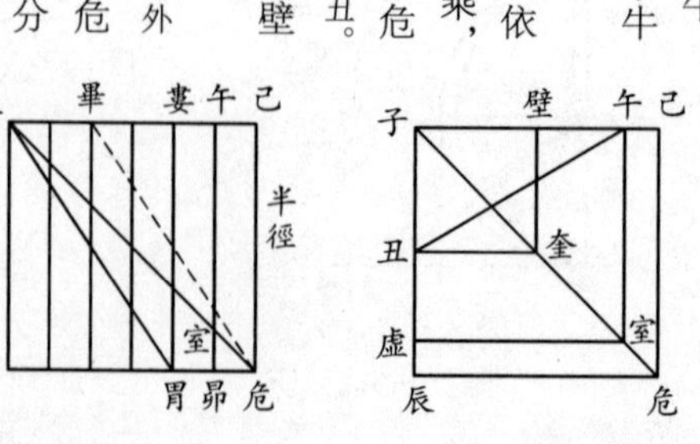

爲三，己婁一、婁畢二，畢子三。作子胃與畢危兩斜線，則畢危子胃斜方，與己危畢等，亦與子胃辰等。畢危子胃爲正方中三分之一，己婁危胃亦正方中三分之一，今子胃危爲畢危子胃之半，知即己婁危胃之半己危午昴也。

子丑奎壁，既與午己危辰距等，改切線爲弦線，己危辰大圜之切，線午室虛小徑平圜之切線，婁角亢大圜之弦線，觜心氐小徑平圜之切線。亦以股自乘之方爲切，壁奎丑。而規其內爲圜，壁參鬼。復於其內作弦線，井參鬼。則井參子鬼，亦與觜婁角亢氐心曲尺形等。

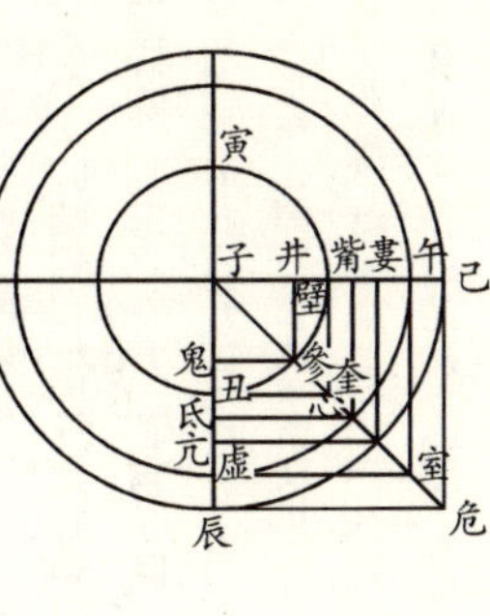

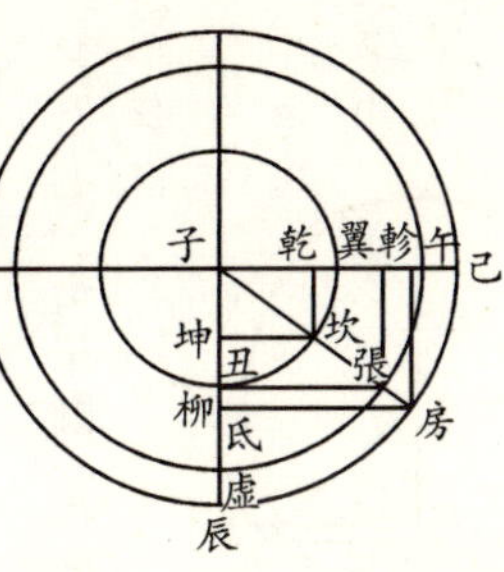

差角之線子房，以此分界，則圜內弦線，爲軫房氐柳張翼曲尺形，亦與圜內子坤乾坎縱方形積等，氐房長於房軫，而軫翼廣於柳氐，多少相覆，其數亦等，故子乾坎三角形，與軫房張翼等，子坤坎三角形，與張房柳氐等。

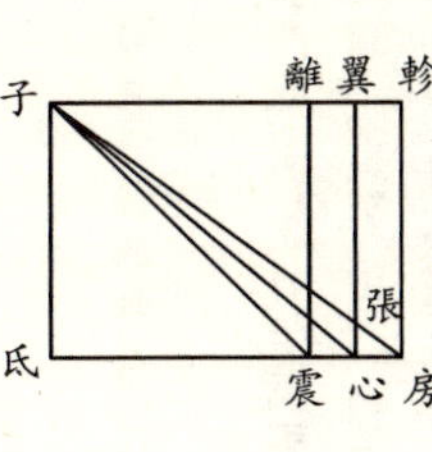

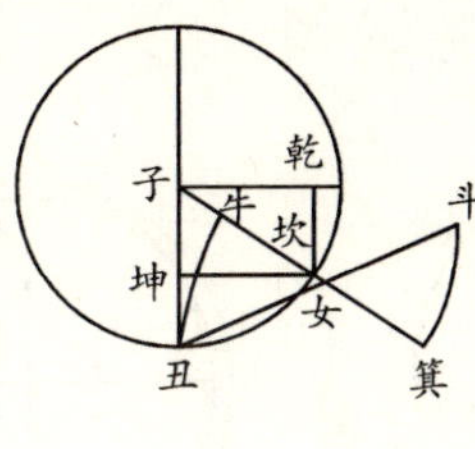

房震爲倍差底，與子氐相乘，成離震軫房形，折半，爲軫房翼心，是子房震倍差角，子心亢爲差角，半於子房震。即軫房翼心縱方形也，猶子胃危與己婁胃危縱方。軫房翼張與子坤坎等，子坤坎同子坎乾。則子房震倍差角形，即子坤坎句股形也，子心房爲子房震之半，子丑牛亦子坤坎之半，故子丑牛之積，與差角同也，惟差角與軫房翼心等，股自乘，與軫房翼張等，較之差一張心房三角形，而子丑牛，視子坤坎之半微大，兩相消息以意會之可爲比例也。

子巽屯倍差角，巽屯底，與箕斗弧交於兑，則兑斗巽與兑屯箕等，故巽子屯與子斗箕等，自斗作斗艮線，則斗艮箕與子丑牛等。

大徑小徑者，比例之根也。

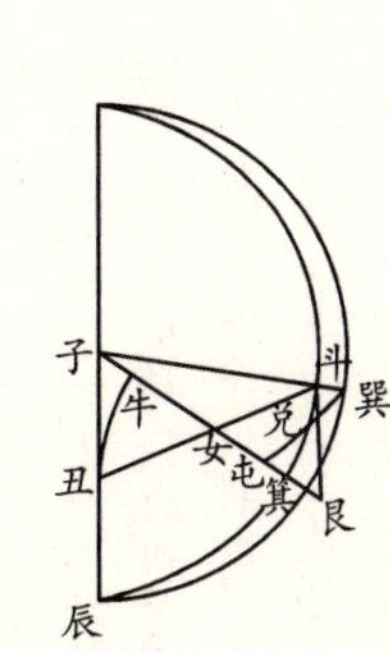

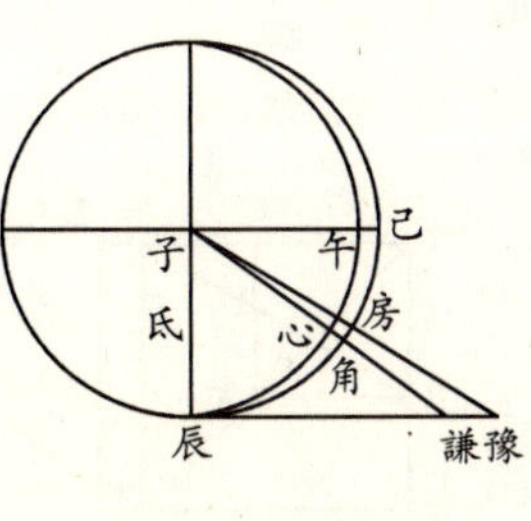

子己爲大徑，子午爲小徑，子己與子午，如房氐與心氐，亦如豫辰與謙辰，又如子房辰與子心辰，求角度必比例得正弦，若自辰角求辰房，必以大小徑比例正切而得之。

大小徑比例之法，至精至妙，試化圜爲方，以顯其蘊。大徑八，小徑六，大弦四，房氐。小弦三，心氐。以四乘六，得二十四，以八除之，得三，大徑一率，小徑二率，大弦三率，小弦四率。以八乘三，得二十四，以三除之得四，小徑一率，大徑二率，小弦三率，大弦四率。大積子房辰十一，以氐房乘子辰，折半。小積子心辰九，以氐心乘子辰折半，或以心氐乘子氐得九，以房氐乘子氐得十二。以十二乘六，得七十二，以八除之得九，大徑一率，小徑二率，大積三率，小積四率。以八乘九，得七十二，以六除之，得十二，小徑一率，大徑二率，小積三率，大積四率。互相比例，無不皆合，推此而子豫辰與子謙辰積數，子房氐與子心氐積數，皆可例之，其子房辰不可與子角辰例，子箕辰不可與子房辰例，均於是了然矣。

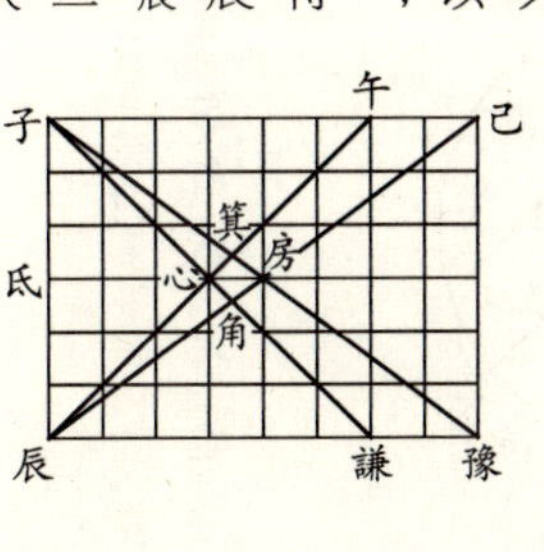

率數者，角度之準也。

圜周求徑之法，每三一四一五九二，得全徑一，今全徑二，故三一四一五九二爲半周也，以此比例，得中率平圜面積三一四一一四三九八二八二三三七，以三百六十除之，每度面積八七二五三九九九五二二九，即爲一度之積數，橢圜積數，必自大圜積數，以相比例，求大圜積數，先以角度化爲率數，以一百八十度化爲六十四萬八千秒爲一率，半周率數爲二率，見在角度化秒爲三率。乘半徑，折半即得。

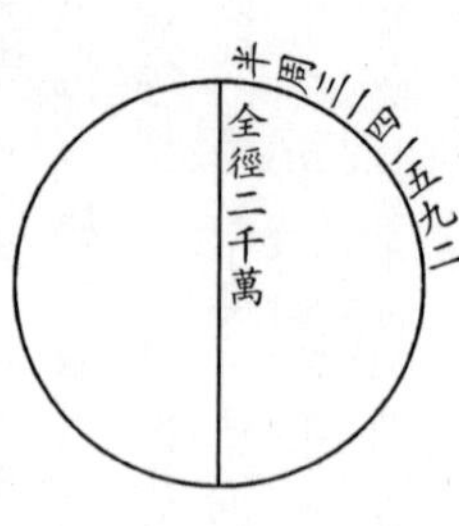

角度乘半徑折半得積數，亦試以方形明之，辰房己猶之辰危己，以己危乘子辰，得子己危辰正方積，猶以己房乘子辰，得子己房辰一限積也，若以己辰乘子辰，則不異己危辰乘子辰，故必折半乃得也，求子辰房弧三角積，以辰房乘子辰，必折半而得，求子辰危句股積，以辰危乘子辰，亦必折半可知矣。推之子胃辰之與子角辰，子履辰之與子比辰，無不皆然，蓋胃辰乘子辰爲子婁胃辰縱方，履辰乘子辰，爲子畢履辰縱方，皆必折半，乃句股積也。

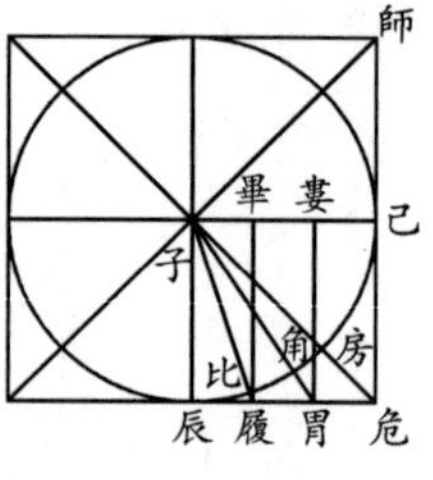

兩要之和，求角之要也。

寅斗、丑斗，合二千萬，分之不知其數，乃以寅斗與丑斗聯爲一線，作丑斗泰長線，斗秦即寅斗。爲之底，以寅丑兩心差爲小要，成寅丑泰三角形，此形有丑泰弧，有寅丑弧，有丑外角，必先知丑角酉戌。求得泰角，又求得寅泰弧，中寅泰而半之，成觀泰斗句股形，此形有泰角，有觀泰弧，用正弧三角法，求得泰斗，即得寅斗也。求法詳見《釋弧》。

若以丑斗連於寅斗，前圖以寅斗連丑斗。作寅復丑三角形，此形有寅角，與角度線平行。有寅丑弧，有寅復弧，可求復角，及復丑弧，有復丑弧，有復角，可得復斗弧矣。復斗即丑斗。若以復角並丑角，即斗外角，斗寅丑之斗角。以此斗角並寅角，即丑外角，丑斗辰之丑角。爲橢圜丑角度也，丑角度酉戌詳見前。用泰角並法亦同。並角得外角之義詳見《釋輪》。

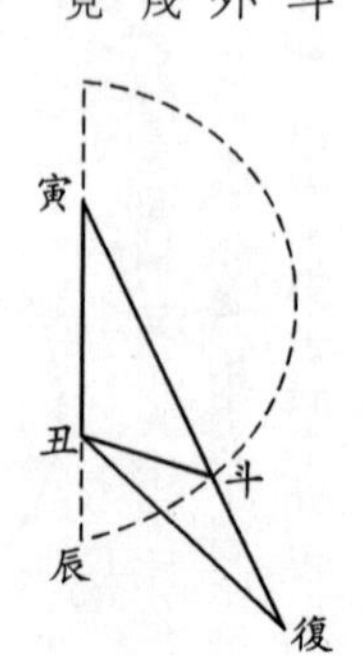

內垂、外垂，兩要之用也。

用兩要和，所以求丑斗也，不用兩要和，則又有內垂外垂之法，如有丑角酉戌，求丑斗，則以寅丑倍心差數爲弧，丑角爲角，求得豐丑句、寅豐股外垂線，乃以豐丑加丑斗寅斗兩半徑，二千萬。爲股弦和，寅斗爲弦，豐丑斗爲股。寅亥爲句，用句與股弦和求股之法，其法以句自乘，以股弦和除之，得股弦較，以較與和相加，折半，得弦數，餘爲股數。得豐丑斗數，減豐丑，知丑斗數矣。

有子角度辰房，求丑斗，作寅斗平行線，寅角即子角，有寅角，有寅丑兩心差數，用正弧三角法，求得丑節中垂線，亦求得寅未弧，於是於二千萬中，減寅節，餘節斗丑斗爲股弦和，以丑節爲句，用句與股弦和求弦法即求得丑斗。

角在地心，則垂於內。

丑角，酉戌。

角在心差，則垂於外。

子角，辰房。

內垂之角，例以平行，外垂之角，通以對角。

立卯辰直線，以二線平行交之，寅角必等於子角。

立卯辰直線，以一線交之，丑對角必等於丑角。

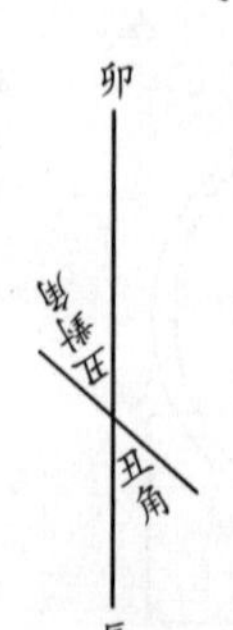

外垂以加，內垂以減。

加於二千萬，如豐丑，減於二千萬，如節丑。

句通於餘弦，股通於正弦，弦通於半徑。

以寅丑半徑爲弦，則丑節正弦爲句，寅節餘弦爲股，以寅咸半徑爲弦，則益咸正弦爲句，寅節餘弦爲股，句股與八線，本相比例，詳見《釋弧》。而互相爲用，尤見精巧，至橢圜子辰半徑，此寅丑得爲半徑者，半徑長短視乎圜，而率爲一千萬，則不易也。中半徑因大徑，小徑而成且用實率，故不依一千萬之數。

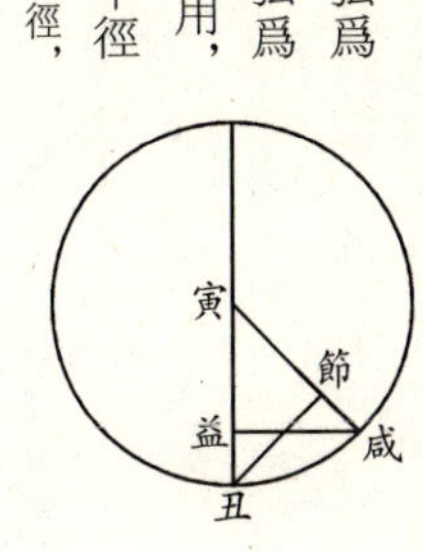

有垂線以得句股，有句股和以得兩要，有兩要以得弦矢。

有寅角，則以寅斗爲半徑，求得斗鼎句，有丑角，則以丑斗爲半徑，求得斗鼎句，有斗鼎句，即橢圜辰斗之矢，用大小徑，求得鼎恒，即大圜辰恒弧度之正弦，故由寅角丑角，求恒辰弧度，由恒辰弧度，求寅角丑角，俱以斗鼎爲之樞紐也。

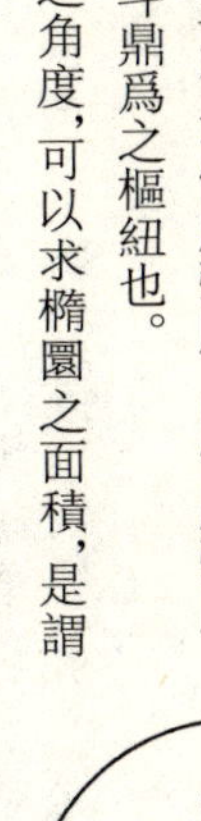

於是有地心之角度，可以求橢圜之面積，是謂以角求積。

有丑角酉戌，求丑斗辰面積，先檢表，即八線表，余載於《釋弧》後。得正弦頤戌，以半徑與頤戌，例丑斗與斗鼎，而得斗鼎，又用大小徑比例，得恒鼎，爲辰恒正弦，以頤戌與酉戌，例恒鼎與辰恒而得辰恒弧線，即用乘半徑，折半，得子恒辰面積，又用大小徑比例，求得子斗辰，較丑斗辰，多一子丑斗，乃子丑有數，即心差。丑斗弧有數，用外垂線求得。丑外角有數，子斗丑之丑角爲丑角酉戌之外角。求得積，與子斗辰相減，即丑斗辰橢圜面積，此丑斗線在最卑後，若在最高後，則子斗辰，較丑斗辰少一子丑斗，亦用弧三角法，求得積，與子斗辰相加，即丑斗辰橢圜面積。

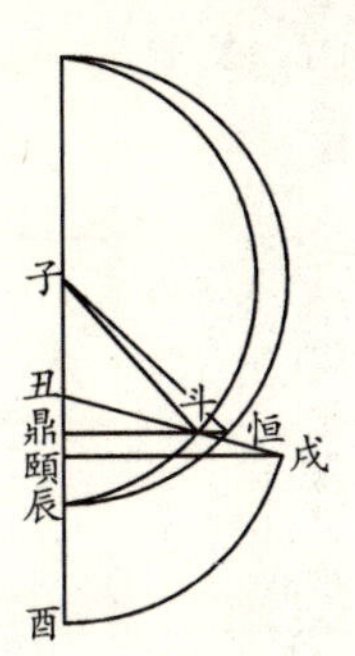

地心丑去最卑近，去最高遠，子在最高與地心丑之閒，最卑後子在丑前，則丑斗辰，縕於子斗辰之內，故小於子斗辰，最高後丑在子前，則丑斗辰，周於子斗辰之外，故大於子斗辰。

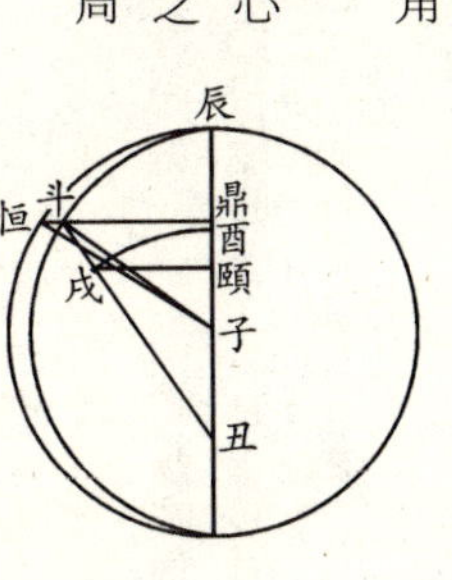

有橢圜之面積，可以求地心之角度，是謂以積求角。

有丑斗辰橢圜一度面積，求丑角度酉戌，以丑辰小徑，自乘爲丑隨姤辰小方，又以中率徑丑酉，即子庚。自乘爲丑酉渙遯大方，以小方比丑斗辰，以大方比丑戌酉，小方一率，大方二率，丑辰斗三率，丑戌酉四率。得數，以一度定積求之，一度定積即中率面積，所分者詳見前。得酉戌，爲丑角，若由一度更求二度，則先求丑斗線，地心角用外垂法。以丑斗自乘，與中率自乘爲比例，蓋每度之線，有長短之不一，則所比例之積，有多寡之不一也。

丑斗巽於丑辰，則丑斗巽震，亦巽於丑辰隨姤，而所求得之丑角酉戌，自巽於丑辰之所求矣。

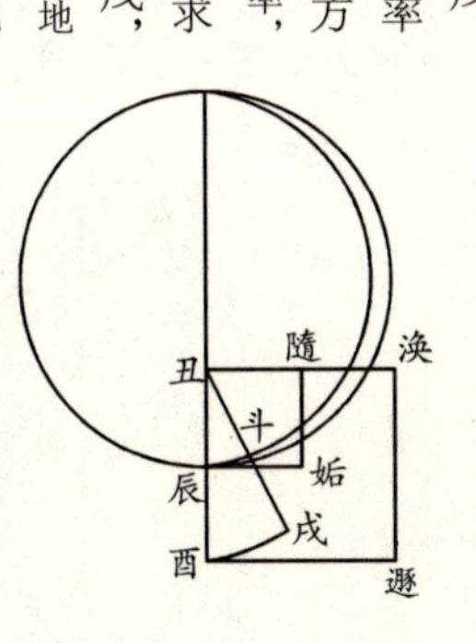

一度無斗辰之濶取其便於閲視

有心差之角度可以得橢圜之面積，是謂借積求積。

有子角辰度，求丑斗辰面積，先以角辰度爲寅角，二線平行詳見前。用內垂線求得丑斗，以丑斗爲半徑，求得斗鼎，用大小徑比例，求得鼎恒，以爲正弦，檢表，得恒辰弧度。

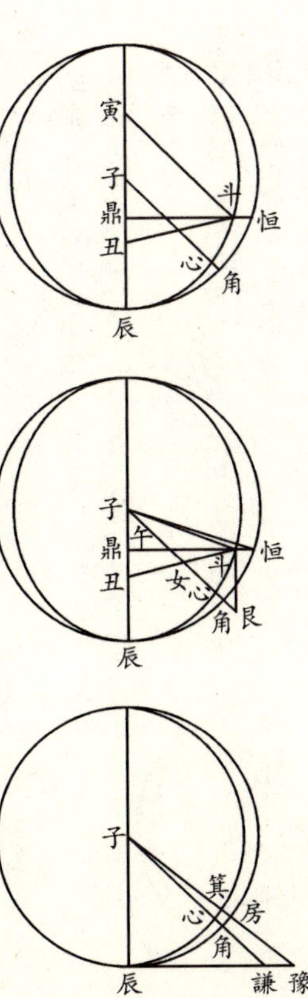

得恒辰弧度，用率數乘子辰半徑，折半，得子恒辰面積，又用大小徑比例，得子斗辰面積，大徑一率，小徑二率，子恒辰三率，子斗辰四率。存之。用大小徑比例切線，得辰房，辰謙一率，辰角二率，辰豫三率，辰房四率。用率數乘子辰半徑，折半，得

子房辰面積，用大小徑比例，求得子心辰，辰豫一率，辰房子二率，辰謙三率，子心辰四率。乃以子心辰，減所存之子斗辰餘子斗心積數，存之。用心差子丑乘斗鼎，折半，得子斗艮，本以斗艮乘斗鼎，斗艮無數，以其數與子丑等，故用子丑。減子斗心，所以必先求子斗心面積。餘斗心艮一鈍二鋭形，此形與子丑牛同，知此，即知子丑牛面積矣。

既得子丑牛面積，即得丑斗賁積數，用以積求角法，求得斗賁度，加斗辰，得辰賁實行度，此丑斗線，在一限內，若在限外，則求得斗心艮面積，用以積求角法，求得斗賁度，減斗辰，不用加。得辰賁實行度。

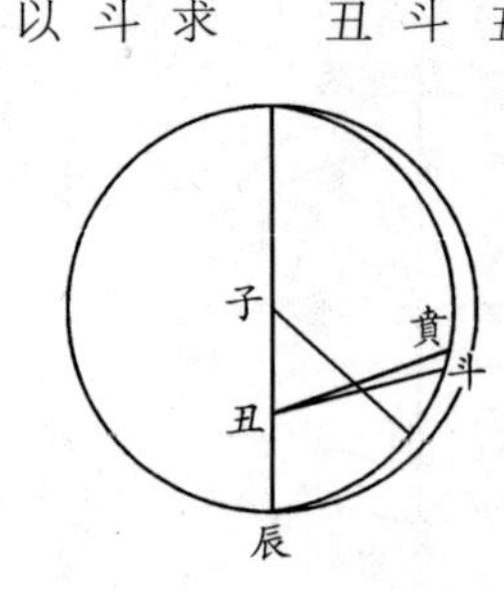

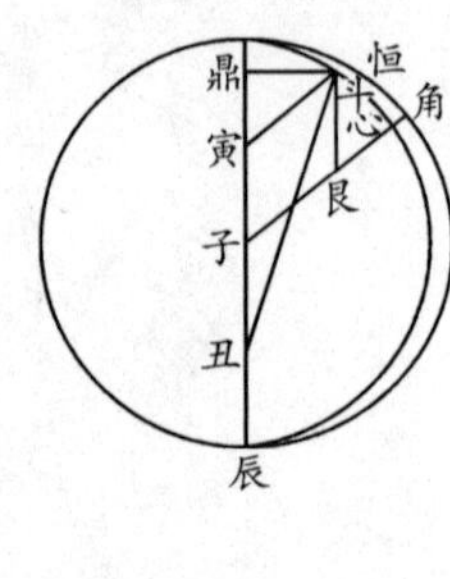

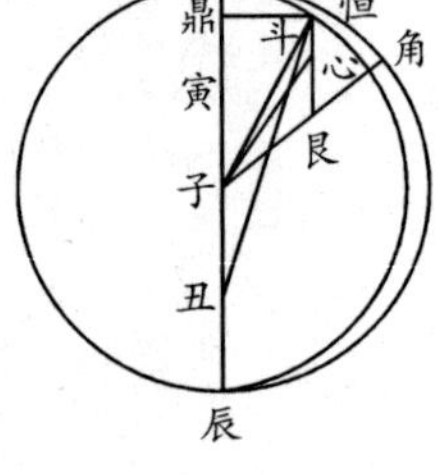

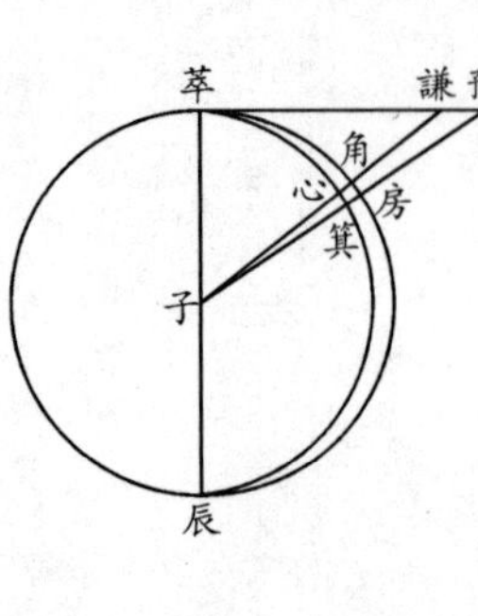

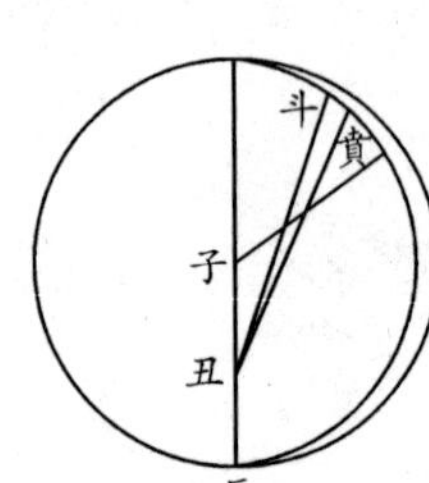

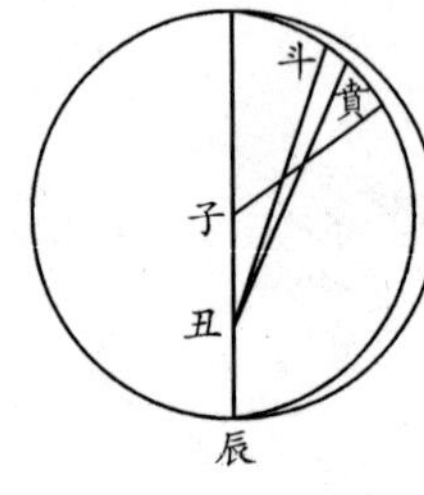

過象限，例用餘弦餘切，詳見畢底。故用鼎恒鼎斗餘弦，猶限內用鼎恒鼎斗正弦，用萃謙萃豫餘切，猶限內戌辰謙辰豫正切。

有心差之角度，可以求地心之角度，是謂借角求角。

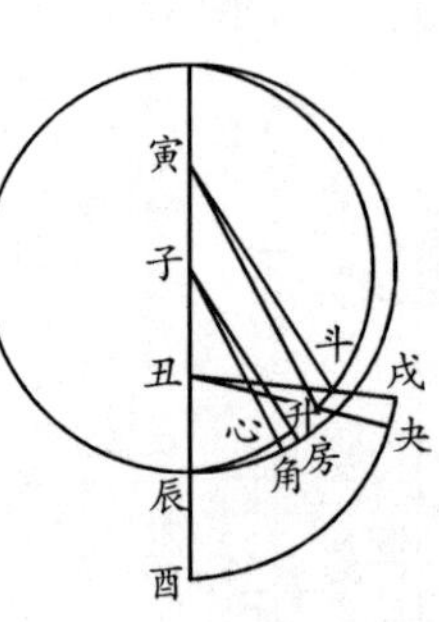

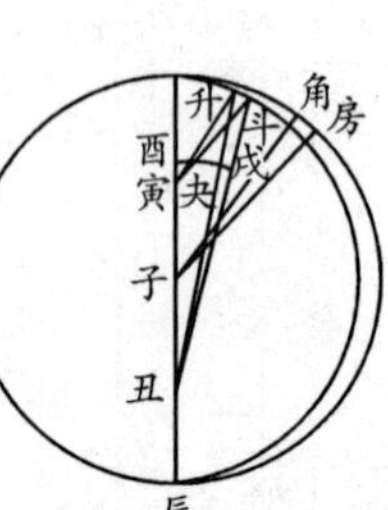

有子角角辰，求丑角酉戌，先用大小徑比例，自角得房辰，小徑一率，大徑二率，小切三率，大切四率，以角辰知小切，以大切知房辰。然後用房辰爲寅角度，即爲設解。用內垂線，求得斗角，以斗角與寅角相加，得丑外角，即地心丑角酉戌。蓋酉夬與辰升應，酉戌與辰斗應，丑斗辰較子心，辰在限內少一差角，在限外多一差角，丑升斗爲差角。即丑戌酉較子心辰，在限內少一差角，在限外多一差角也，丑夬戌爲差角。在限內必加一差角，而丑斗辰，乃同於子心辰，在限外必減一差角，而丑斗辰乃同於子心辰，詳見子心丑牛及斗心艮。亦乃爲角辰度所求之也角酉戌也，必先求辰房爲寅角者，俟得酉夬後始求夬戌，則必有丑升弧，有丑斗弧，更有丑升斗之斗角戌升角，乃可用弧三角法，求得夬戌，以加酉夬爲酉戌。今丑升弧可求，餘不可得，不如先得辰房之爲便也，先得辰房，則已於子心辰，增損一差角，而所求得之丑斗辰，不必復事增損，其丑升辰之面積，即朱經增損之丑斗辰，既豫爲增損，則以原爲丑斗辰者改斗爲升，以與之別。

以角求積，加減辨於高卑，借積求積，加減判以象限，蓋兩線相遇，線之後者包於外，兩線相交，線之長者處其贏，前後之位，以高卑而互易，短長之度，以象限而遞更，以此就彼，則加減在此，以彼就此，則加減在彼，加猶減也，減猶加也。

最卑後，丑斗在子斗之後，必至最高後，丑斗乃移在子斗之前，蓋子丑相遇於斗，過象限而長短雖移，前後不移也，子心與丑斗交於女，在限內，子心線長，則子丑女多一子丑牛，在限外，丑斗線長，則斗心女多一斗心艮，然最高後一象限，雖多在斗心艮，其用加實同於最卑後一象限，最卑前一象限，雖多在子丑牛，其用減實同於最高前一象限，亦以前後分內外也，以角求積，是化子斗辰以就丑斗辰，以積求積，是化丑斗辰以就子斗辰，故在彼爲減，則此加，在此爲減，則彼

加也。

借角求角之用加減，同於借積求積，但不加減於求得之後，而加減於未得之先，無加減之跡，實收加減之用，其理不殊，法爲尤妙，明乎此者，日月之行，坐而致矣。

四法中莫捷於借角求角，故日躔求均數用此法。

清・李善蘭《橢圓新術》

第一術　以角求積

設有實引角若干度，求橢圓面積爲平引。

求平圓面積角：

一率　小半徑

二率　大半徑

三率　實引正切

四率　平圓面積角正切

求較角：

一率　半徑

二率　兩心差

三率　平圓面積角正弦

四率　較角正弦

以較角加減面積角，最高後加，最卑後減。得借積度。

求積差：

一率　半徑

二率　兩心差

三率　借積度正弦

四率　積差

以積差化度加減借積度，最高後加，最卑後減。得橢圓面積度。

釋術：如圖，甲丙乙丁爲橢圓，甲子乙丑爲長徑上之平圓，甲己戊爲實引角。甲戊己面積與

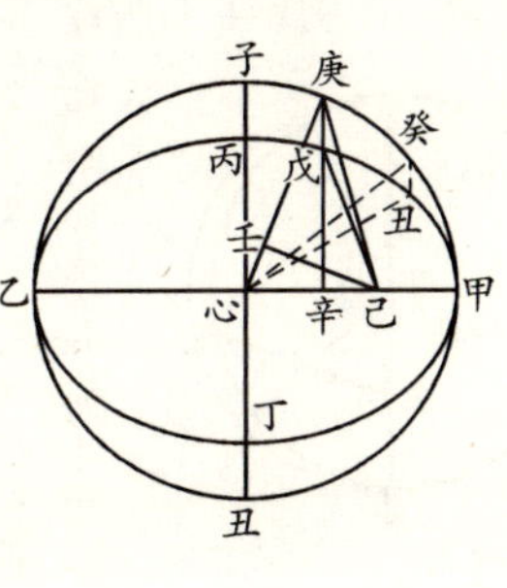

橢圓全積比若甲庚己面積與平圓全積比，己辛與半徑比若戊辛與戊己辛角實引角上圖外角，下圖本角。正切比，亦若庚辛借積度正弦。與庚己辛角平圓面積角上圖外角，下圖本角。正切比，丙心小半徑。與子心即大半徑。比若戊辛與庚辛比，則亦若戊己辛角正切與庚己辛角正切比，故以丙心小半徑。爲一率，子心大半徑。爲二率，戊己辛角正切實引正切。爲三率，得四率庚己辛角正切平圓面角正切。也。

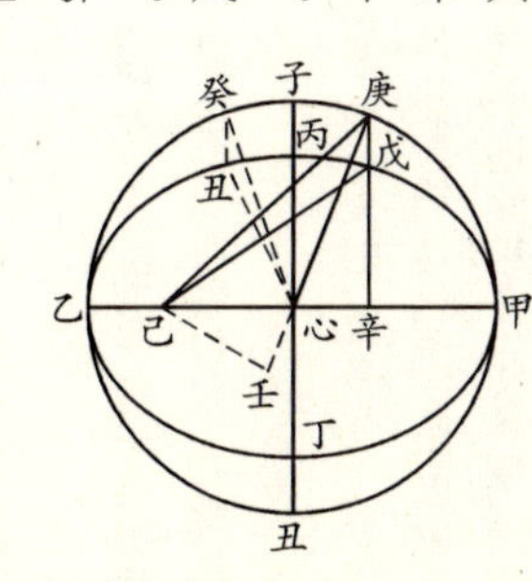

庚己心三角形有庚心邊，半徑。有所對己角，平圓面積角。有己心邊，兩心差。求所對庚角。較角。法以庚心邊爲一率，己心邊爲二率，己角正弦爲三率，得四率庚角正弦，上圖以庚角減庚己甲角，下圖以庚角加庚己甲角，各得庚心甲角爲借積度，庚辛爲借積度正弦。庚辛心、己壬心爲同式句股形，故庚心大弦半徑。爲一率，己心小弦兩心差。爲二率，庚辛大股借積度正弦。爲三率，得四率己壬小股，己壬乘庚心半徑，得數半之，與庚心己三角面積等，故己壬爲積差，取庚癸弧線，令與己壬等，以加減借積度甲庚，上圖減，下圖加。得甲癸爲平引度，其面積心甲癸以短徑乘之，長徑除之，得心甲丑面積，與己甲戊面積等，故甲癸爲面積度。

第二術　以積求角

設有平引面積若干度，求實引角度。

求借積度：

命借積度爲天，平引度爲子，半徑爲甲，兩心差爲乙，以級數術入之。

$$\text{天}=\text{子}\,\text{丅}\left(\frac{\text{甲}}{\text{乙}}\,\text{丅}\,\frac{\text{甲}^{\text{二}}}{\text{乙}}\,\text{⊥}\,\frac{\text{甲}^{\text{三}}}{\text{乙}^{\text{三}}}\,\text{丅}\,\frac{\text{甲}^{\text{四}}}{\text{乙}^{\text{四}}}\,\text{⊥}\cdots\right)\text{子}\,\text{⊥}\left(\frac{\text{甲}^{\text{三}}}{\text{乙}}\,\text{丅}\,\frac{\text{甲}^{\text{四}}}{\text{四乙}^{\text{二}}}\,\text{⊥}\,\frac{\text{甲}^{\text{五}}}{\text{一〇乙}^{\text{三}}}\,\text{丅}\,\frac{\text{甲}^{\text{六}}}{\text{二〇乙}^{\text{四}}}\,\text{⊥}\cdots\right)\frac{\text{二}\times\text{三}}{\text{子}^{\text{三}}}\,\text{丅}\left(\frac{\text{甲}^{\text{五}}}{\text{乙}}\,\text{丅}\,\frac{\text{甲}^{\text{六}}}{\text{一六乙}^{\text{二}}}\,\text{⊥}\,\frac{\text{甲}^{\text{七}}}{\text{九一乙}^{\text{三}}}\,\text{丅}\,\frac{\text{甲}^{\text{八}}}{\text{三三六乙}^{\text{四}}}\,\text{⊥}\cdots\right)\frac{\text{二}\times\text{三}\times\text{四}\times\text{五}}{\text{子}^{\text{五}}}\,\text{⊥}\left(\frac{\text{甲}^{\text{七}}}{\text{乙}}\,\text{丅}\,\frac{\text{甲}^{\text{八}}}{\text{六四乙}^{\text{二}}}\,\text{⊥}\,\frac{\text{甲}^{\text{九}}}{\text{八二〇乙}^{\text{三}}}\,\text{丅}\,\frac{\text{甲}^{\text{一〇}}}{\text{五四四〇乙}^{\text{四}}}\,\text{⊥}\cdots\right)\frac{\text{二}\times\text{三}\times\text{四}\times\text{五}\times\text{六}\times\text{七}}{\text{子}^{\text{七}}}$$

最高後用此級數。

$$天=子\perp\left(\frac{甲}{乙}\perp\frac{甲^{二}}{乙^{二}}\perp\frac{甲^{三}}{乙^{三}}\perp\frac{甲^{四}}{乙^{四}}\perp\cdots\right)子\top\left(\frac{甲^{三}}{乙}\perp\frac{甲^{四}}{四乙^{二}}\perp\frac{甲^{五}}{一〇乙^{三}}\perp\frac{甲^{六}}{二〇乙^{四}}\perp\cdots\right)\frac{二\times三}{子^{三}}\perp\left(\frac{甲^{五}}{乙}\perp\frac{甲^{六}}{一六乙^{二}}\perp\frac{甲^{七}}{九一乙^{三}}\perp\frac{甲^{八}}{三三六乙^{四}}\perp\cdots\right)\frac{二\times三\times四\times五}{子^{五}}\top\left(\frac{甲^{七}}{乙}\perp\frac{甲^{八}}{六四乙^{二}}\perp\frac{甲^{九}}{八二〇乙^{三}}\perp\frac{甲^{一〇}}{五四四〇乙^{四}}\perp\cdots\right)\frac{二\times三\times四\times五\times六\times七}{子^{七}}$$

最卑後用此級數。

平引度化弧背真數，依右式，求得正負各級，並諸正級減諸負級，化爲度，即借積度。

求橢圜正弦：

一率　大半徑

二率　小半徑

三率　借積度正弦

四率　橢圜正弦

求橢圜餘弦：

兩心差加借積度矢，最卑後借積不滿象限用小矢，過象限用大矢。最高後借積不滿象限用大矢，過象限用小矢。與半徑相減，得橢圜餘弦。

求實引：

一率　橢圜餘弦

二率　橢圜正弦

三率　半徑

四率　實引正切

釋術：如圖，甲癸爲平引面積度，依級數求得甲庚借積度，其正弦庚辛戊辛爲橢圜正弦，己辛爲橢圜餘弦。子心與丙心比若庚辛與戊辛比，故以子心大半徑。爲一率，丙心小半徑。爲二率，庚辛借積度正弦。爲三率，得四率橢圜正弦戊辛也。上圖爲最卑後借積度甲庚不滿象限，其小矢甲辛加兩心差己心，較半徑甲心多一己辛，故以兩心差與小矢相加，以半徑減之，得橢圜餘弦己辛，若借積度過象限爲甲卯，則當用大矢甲辰不用辰乙小矢也。下圖爲最高後借積度甲庚不滿象限，其大矢乙辛加兩心差己心，較半徑多一己辛，故以兩心差與大矢相加，以半徑減之，得橢圜餘弦己辛，若借積度過象限爲甲卯，則當用小矢乙辰不用甲辰大矢也。若兩心差加借積度矢恰得半徑，則實引角爲九十度，若小于半徑，則反減之，理亦同。戊己辛爲實引角，若己辛爲半徑，則戊辛爲實引正切，故以己辛橢圜餘弦。爲一率，戊辛橢圜正弦。爲二率，半徑爲三率，得四率實引正切也。

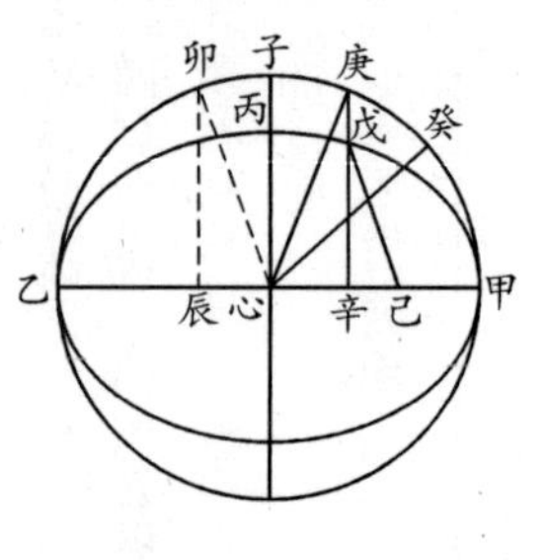

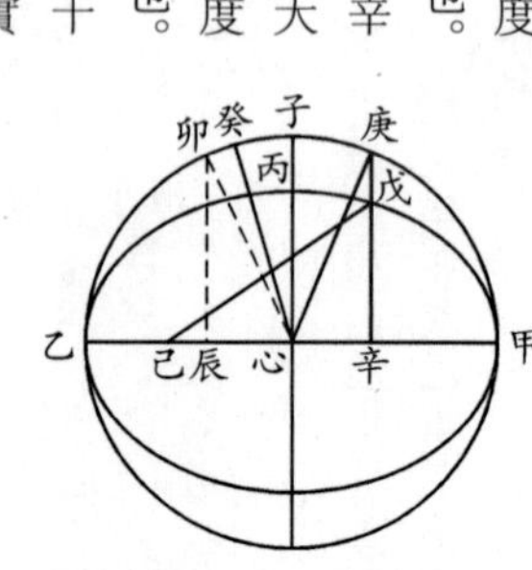

釋數：求借積度之級數式，其係數中遞增之數頗不易明，今爲釋之。

甲	乙	丙	丁
一	一	一	一
四	一 六	六 四	二 五 六
一九	一八 〇一	七 九二 一九	六 八五 二六 〇一
一 四六	二 八五 〇六	一四 三〇 四九 四六	二六 一五 七五 六三 〇六
二 一九五	三六 三〇二 五六五	一 八五 九三六 六七二 六九五	二三 二一九 四六〇 九〇六 七三二 〇六五
一三 四六六	一 二八二 二三九 四三六	三四 九四六 四〇六 〇四五 八八六	一一 三二六 六九七 〇一九 四二六 四六一 八四六

法以諸平方數逐層列之，爲甲之第一行，降二層復列之，爲甲之第二行，又降二層復列之，爲甲之第三行，四行以下仿此。次以甲之第一行諸層各自乘，爲乙之第一行，各再乘，爲丙之第一行，各三乘，爲丁之第一行，戊己諸第一行仿此。次以甲之一二行各層併之，以二行各層乘之，爲乙之第二行，以乙之一二行併之，以甲之二行乘之，爲丙之第二行，以丙之一二行併之，以甲之二行乘之，爲丁之第二行，戊己諸第二行，仿此。次併甲之一二三行，以甲之三行乘之，爲乙

之第三行，併乙之一二三行，以甲之三行乘之，爲丙之第三行，併丙之一二三行，以甲之三行乘之，爲丁之第三行，戊己諸第三行仿此。四行以下皆如此法，乃以甲之各行逐層併之，爲子[三]係數中之遞增數，以乙之各行逐層併之，爲子[五]係數中之遞增數，以丙之各行逐層併之，爲子[七]係數中之遞增數，餘可類推。

一法可先得一二行併數，三行以下仍用前法求之，似較便捷。列如左。

地	天	甲	乙	丙	丁
一	一	二	四	八	一六
一	一	二	四	八	一六
一	一	四	一六	六四	二五六
一	一	二	七	二〇	六一
四	一	五	一三	四一	一二一
四	一	一〇	九一	八二〇	七三八一
一	一	二	一二	四〇	一七六
九	一	一〇	二八	一三六	四九六
九	一	二〇	三三六	五四四〇	八七二九六

法列天地二行，上下各二數，天之二數及地之上數恒爲一，地之下數遞用諸平方積，乃以天之下數乘地之上數，加天之上數，爲甲之上數，以天之上數乘地之下數，加天之下數，爲甲之下數。次以甲二數代天二數，如法求得乙二數，復以乙二數代天二數，如法求得丙二數，順是以下，皆如是，求畢，乃以逐行各二數上下相乘，即得前法一二兩行相併各數，其天行各層俱爲一，即子係數中之數也。

右諸層無第三行，無須更求，若有第三第四諸行，必更求之。

地	天	甲	乙	丙	丁
一	一	二	一九	六八	四二二
一六	一	一七	四九	三五三	一四四一
	一	三四一	九三一三五	二四〇〇四九六六	六〇六六六一二四九七〇
一	一	二	二八	一〇四	八八〇
二五	一	二六	七六	七七六	三三七六
	一	五二四	二一二八二二四	八〇七〇四九四〇八	二九七〇八八〇三六〇四四八

右二層有第三行，上下二數相乘後，復用前法求之，如三四加一得三五，九三一加三五得九六六，又如五二加四得五六，再以四乘之得二二四，二一二八加二二四得二三五二，再以四乘之，得九四〇八，餘仿此，有第四行以下可類推。

又李善蘭《橢圓正術解》卷一

第一術　以角求積

設有實引角若干度，求橢圜面積爲平引。

求借角：

所有率　半徑加兩心差　半徑減兩心差

所求率　半徑減兩心差　半徑加兩心差

今有數　盈秝半實引正切　縮秝半實引正切

求得數　半借角正切　半借角正切

半借角度與半實引角度相減，得半較角。

如圖，心丁爲半徑，心甲心乙俱爲兩心差，丁甲爲半徑加兩心差，與戊甲等，丁乙爲半徑減兩心差，與子乙等，戊己與子己等，戊子丁俱爲直角，戊丙、子丙、丁丙俱相等，子乙丁爲盈秝實引角，丙乙丁爲半角，戊甲丁爲借角，丙甲丁爲半角，若以甲丁當作半徑，則丙丁即半借角正切，而引長乙丁至寅，令與甲丁等，則丑寅即半實引正切，乙寅丑、乙丁丙爲等勢句股形，比例相似。

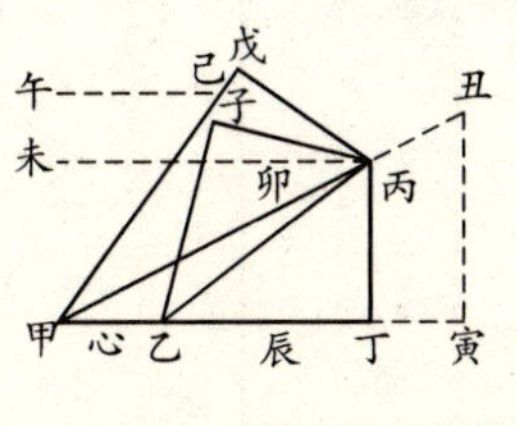

一率　乙寅大股半徑加兩心差。

二率　乙丁小股半徑減兩心差。

三率　丑寅大句半實引正切。

四率　丙丁小句半借角正切。

設戊甲丁爲縮秝實引角，丙甲丁爲半角，則己乙丁爲借角，丙乙丁爲半角，乃以乙丁當作半徑，丙丁爲半借角正切，而截甲丁于辰，令甲辰與乙丁等，則卯辰爲半實引正切，甲丁丙甲辰卯爲等勢句股形，比例相似。

一率　甲辰小股半徑減兩心差。

二率　甲丁大股半徑加兩心差。

三率　卯辰小句半實引正切。

四率　丙丁大句半借角正切。

乃作己午線與丁甲平行，則午己甲角與己甲丁角等，午己乙角與己乙丁角等，甲己乙爲較角，又作丙未線，亦與丁甲平行，則未丙甲角與丙甲丁角等，未丙乙角與丙乙丁角等，甲丙乙爲半較角，倍其度必與甲己乙角等。

求借積：

所有率　兩心差

所求率　小半徑

今有數　半較角正切

求得數　借積度正弦盈初縮末内弧縮初盈末外弧。

先論借積之理，凡橢圜長徑與平圜徑等，則橢圜全積甲丑乙亥。與平圜全積甲戊乙辛。比若小半徑丑心。與大半徑戊心。比。又橢圜内與小半徑平行諸正弦，子未、壬午等線。與平圜内諸正弦丁未、丙午等線。比亦若小半徑與大半徑比，又橢圜内諸角積辰心乙、卯心乙諸角積。與平圜内諸角積庚心乙、己心乙諸角積。比亦若小半徑與大半徑比，而橢圜内以小半徑爲邊之角積其度必盈，如丑心卯角積其度本與戊心己角等，乃盈一己心卯角以大半徑爲邊之角積其度必縮，如辰心乙角積其度本與庚心乙角等，乃少一庚心辰角。故必用比例借得平圜内角積，乃見真度也。

次論比例之理，如圖，丁卯午辰橢圜其大半徑心卯、心辰，小半徑心丁，心午，戊爲地心，戊心爲兩心差，戊丙爲倍兩心差。設太陽在丁，則太陽距地心線丁戊，距橢圜餘一心線丁丙，俱與大半徑等，其借積度正弦心丑，即平圜半徑也，丙未爲半較角正切，丁心丙丁丙未爲同式句股形，比例相似。

一率　心丙即心戊兩心差。

二率　心丁小半徑。

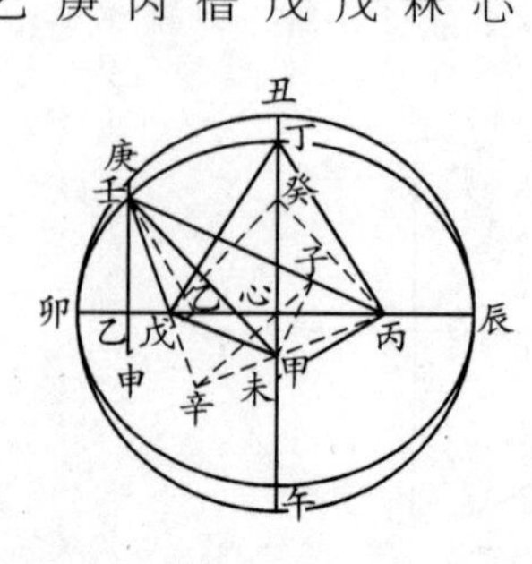

三率　丙未半較角正切。

四率　丙丁即心丑借積度正弦。

今設太陽在壬，其距地心線壬戊，距餘一心線壬丙，二距線相加，折半，亦與大半徑等，盈秝則壬戊卯爲實引角，壬丙卯爲借角，縮秝則壬戊辰爲實引角，壬丙辰爲借角。設以丙爲地心，戊爲餘一心，則盈秝壬丙辰爲實引角，壬戊丙爲借角，縮秝壬丙卯爲實引角，壬戊卯爲借角，皆以丙壬戊爲較角，乃作己壬橢圜正弦，引長之，成己庚平圜正弦，次作壬乙線，與丁丙平行，復補成壬乙申句股形，必與丁心丙形相似，故丙心兩心差。與心丁小半徑。比若申乙與乙壬比。夫乙壬即己庚借積度正弦也，何以知之？曰：丙丁即心丑，故知乙壬即己庚，而申乙即半較角正切也，何以知之？曰：丙丁與丙心比若申壬與申乙比，故申壬丙心相乘積，與丙丁申乙相乘積等，乃取心癸與己壬等，取心甲與己申等，次作癸丙、癸戊、甲丙、甲戊、壬甲五線，則癸丙甲戊積，即申壬、丙心相乘積也，改任壬丙甲戊積，次作甲子線正交壬丙，截甲子丙積，移作甲辛戊積，成壬子甲辛形，即壬子、子甲相乘積，壬子等于丙丁，故子甲必等于申乙，子壬辛爲較角，子壬甲爲半較角，壬子等于平圜半徑，故子甲即爲半較角正切，則申乙亦即半較角正切也。

一率　丙丁　丙心兩心差。

二率　丙心　心丁小半徑。

三率　申壬　申乙半較角正切。

四率　申乙　乙壬借積度正弦。

何以知甲戊辛角之等于子丙甲角也？曰：試作子辛線，子甲辛與丙甲戊二角等，則子辛甲、甲子辛、丙戊甲、甲丙戊四角俱等，子辛甲與壬辛子合成直角，則子辛甲又與辛壬甲等，子辛、壬甲正交故也是子辛甲、甲子辛、丙戊甲、甲丙戊、子壬甲、辛壬甲六角俱等，故丙戊甲、甲丙戊二角和，即戊壬丙角也。夫丙戊辛爲壬戊丙外角，即戊壬丙、戊丙壬二角和是即丙戊甲、甲丙戊、戊丙壬三角和也，故甲戊辛等于子丙甲也。

求積差：

所有率　半徑

所求率　借積度正弦

今有數　盈縮大差度兩心差乘半周天度以圜周率除之得盈縮大差度。

求得數　積差度

積差度加減借積度，盈減縮加。得橢圜面積度。

如圖，戊爲地心，戊心爲兩心差，設太陽在丁，盈秝則橢圜面積爲卯丁戊，改作平圜面積爲卯丑戊，借積爲卯丑心較平圜面積，乃多一丑心戊三角面積。縮秝則橢圜面積爲辰丁戊，改作平圜面積爲辰丑戊，借積爲辰丑心較平圜面積，少一丑心戊三角面積，故必以丑心戊面積化爲度，即盈縮大差度，以加減借積度，乃得真積度也。設太陽在壬，盈秝則橢圜面積爲卯壬戊，改作平圜面積爲卯庚戊，借積爲卯庚心較平圜積，多一庚心戊三角面積。縮秝則橢圜面積爲辰壬戊，改作平圜面積爲辰庚戊，借積爲辰庚心較平圜面積，少一庚心戊三角面積，故必以庚心戊面積化爲度，以加減借積度，乃得真積度也。丑心戊、庚心戊二三角面同以心戊爲底，故其高與積比例相似：

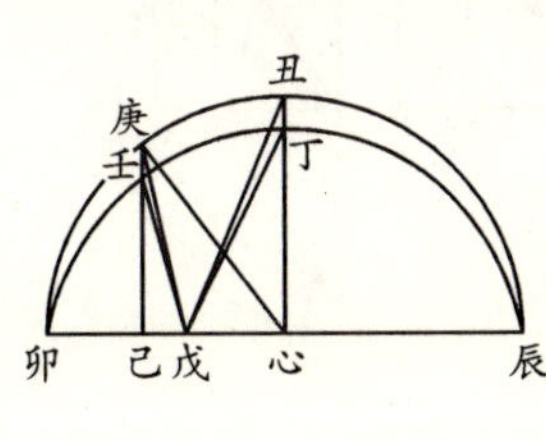

一率　大三角高丑心半徑。

二率　小三角高庚己借積度正弦。

三率　大三角積丑心戊　大三角積化度盈縮大差度。

四率　小三角積庚心戊　小三角積化度積差度。

第二術　以積求角

設有平引面積若干度，求實引角度。

求借角：

所有率　半徑減兩心差　半徑加兩心差

所求率　半徑加兩心差　半徑減兩心差

今有數　盈秝半平引正切　縮秝半平引正切

求得數　半借角正切　半借角正切

半借角度與半平引度相減，得半較角，倍之，爲較角。

如圖，丙丑寅午爲橢圜，丙辰寅卯爲平圜，心甲心乙俱爲兩心差，丙心丁爲平引面積度，若爲盈秝，則與心丁平行作乙戊線，戊乙甲角與丁心丙角等，求得丙甲戊角爲實引借角，蓋丙心丁角度其橢圜面積爲丙子心與丙戊甲面積略相等也。若爲縮秝，則與心丁平行作甲己線，己甲丙角與丁心丙角等，求得己乙丙角爲實引借角，蓋丙己乙面積與丙子心面積亦略相等也，餘理同第一術。

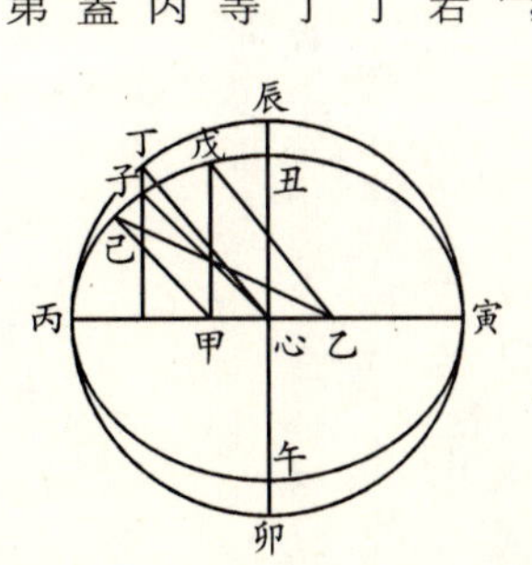
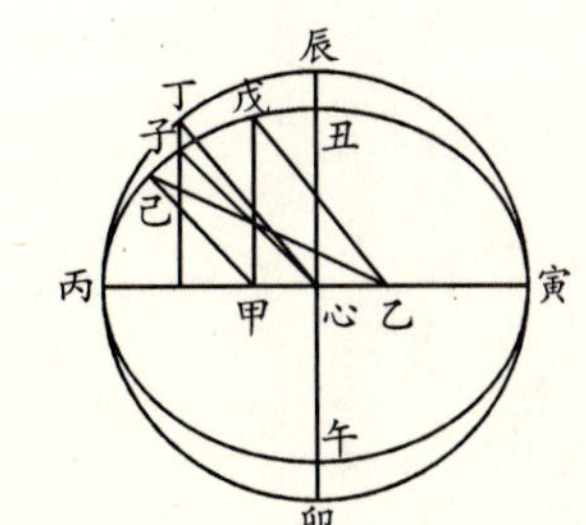

求借積：

所有率　兩心差

所求率　小半徑

今有數　半較角正切

求得數　借積度正弦盈初縮末內弧縮初盈末外弧

理與第一術同。

求積差：

所有率　半徑

所求率　借積度正弦

今有數　盈縮大差度

求得數　借積差度

借積度加減借積差度，盈減縮加。與平引相減得積較。平引大則正，小則負。

比例之理與第一術同，借積差度者，實引借角所有平引面積度與借積度之較也，以此加減借積度，得實引借角之平引面積度，與真平引度相減得積較。

如圖，丙心丁爲真平引度，丙心庚爲借角平引度，小於真度，其積較丁心庚角爲正，若丙心辛爲借角平引度，大於真度，其積較丁心辛角爲負。

辛
丁
庚
丙
心
寅

求借邊：

所有率　較角正弦

所求率　平引正弦

今有數　倍兩心差

求得數　借邊

此平三角法也。如圖，丙心丁爲平引度，盈秝則甲戊乙爲較角，戊乙甲即丙心丁。爲平引角，倍兩心差，甲乙爲對較角之邊，借邊借角之邊也。甲戊爲對平引角之邊，二角之正弦與二角比例相似。縮秝則甲己乙爲較角，己甲乙之外角丙甲己即丙心丁。爲平引角，兩心差甲乙爲對較角之邊，借邊乙己爲對平引角外角之邊，二角之正弦與二邊比例亦相似。

一率　戊角正弦　己角正弦

二率　乙角正弦　甲角正弦

三率　甲乙邊　甲乙邊

四率　甲戊邊　乙己邊

求實引角：

所有率　借邊自乘

所求率　大半徑乘小半徑

今有數　積較

求得數　角較度

角較度加減借角度，積較正則加，負則減。得實引角。

凡大小平圜內二角積，其角度同，則與大小二半徑之自乘方比例相似。如圖，子甲丑爲小圜角積，寅甲卯爲大圜角積，甲丙爲小圜半徑方，甲乙爲大圜半徑方，小方與大方比若小角積與大角積比也。前真平引與借角平引之積較，化爲真實引與借實引之積較，在盈初縮末，即小角積角較度即大角積，借邊即小圜半徑，大半徑即大圜半徑也，在縮初盈末，即大角積角較度即小角積，借邊即大圜半徑，大半徑即小圜半徑也。先明盈初縮末之理，如圖，在盈初丙甲戊爲借角實引積，戊甲辰爲借角度，丙甲辛爲真實引積，戊甲午爲真角度，戊甲辛爲積較，即小角積也，辰甲午爲角較度，即大角積也，借邊戊甲爲小圜半徑，大半徑辰甲爲大圜半徑，在縮末，寅甲戊爲借角實引積，寅甲辛爲真實引積，未甲辰爲借角度，未甲午爲真角度，亦以戊甲辛爲積較，辰甲午爲角較度，惟正負不同。先化平行積較爲實引積較：

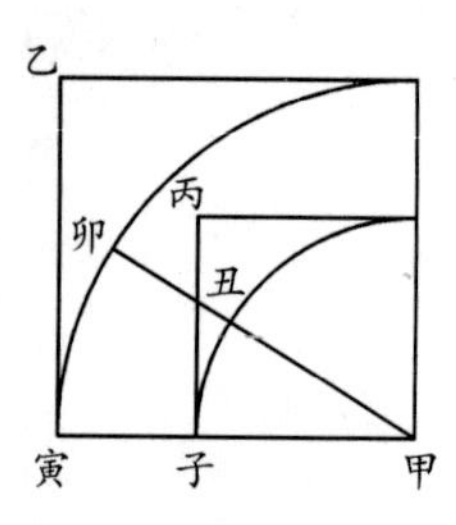

一率　大半徑

二率　小半徑

三率　平引積較

四率　實引積較

次求角較度：

一率　借邊自乘小圜半徑方。

二率　大半徑自乘大圜半徑方。

三率　實引積較小圜角積。

四率　角較度大圜角積。

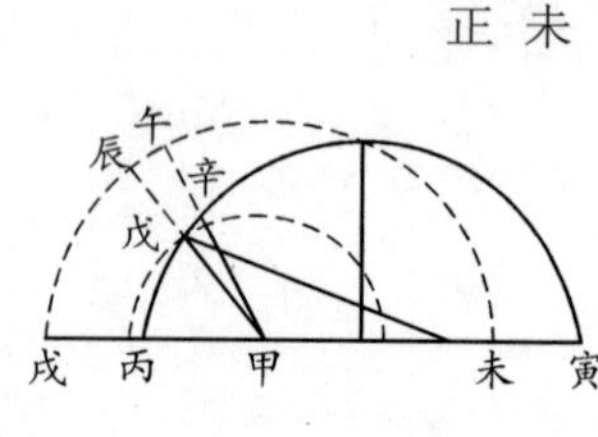

併兩次比例爲一次比例：

一率　借邊自乘

二率　大半徑乘小半徑

三率　平引積較

四率　角較度

真實引積大，則積較爲正，角較度亦爲正，蓋借角度較真角度尚少此若干度分，必以此加之，始得真實引度也，真實引積小，則積較爲負，角較度亦爲負，蓋借角度較真角度尚多此若干度分，必以此減之，始得真實引度也。

再論縮初盈末之理，如圖，在縮初，丙乙己爲借角實引積，丙乙庚爲真實引積，亥乙申爲借角度，亥乙未爲真角度，在盈末，寅乙己爲借角實引積，寅乙庚爲真實引積，子

乙申爲借角度，子乙未爲真角度，皆以己乙庚爲積較，即大角積也，申乙未爲角較度，即小角積也，借邊己乙爲大圜半徑，大半徑申乙爲小圜半徑，二半徑方與二角積比例相似。

一率　借邊自乘大圜半徑方。

二率　大半徑自乘小圜半徑方。

三率　實引積較大圜角積。

四率　角較度小圜角積。

餘與盈初縮末同。

或問大小圜角積皆當以半徑爲二邊，今借邊與真實引積之邊不能相等，何以能密合？曰：積較本甚小，故兩邊之差極微，可勿論焉。

又問，平引積較與實引積較，何以異？曰：平引積較實引積較二者之不同，與平圜橢圜二面積比例相似，今試以圖明之，丙甲丁爲借角平引積，借積度減借積差度得此積。丙甲己爲真平引積，丁甲己爲平引積較，丙甲戊爲借實引積，丙甲辛爲真實引積，戊甲辛爲實引積較，凡平引實引二積與平圜橢圜二面積比例相似，故平引實引二積較，亦與平圜橢圜二面積比例相似也。

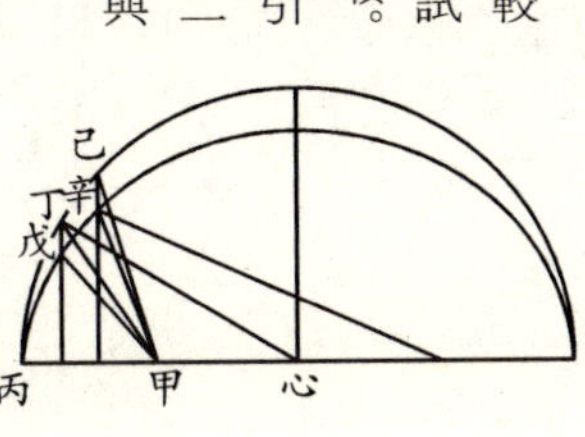

總論曰：太陽距橢圜二心壬甲壬乙。及倍兩心差甲乙。成三角形，太陽距地心壬甲爲夾實引角盈秝外角，縮秝内角。之一邊，太陽距餘一心壬乙。爲對實引角之邊，借積度正弦者，丙庚。實引積卯壬甲或辰壬甲。化爲平引積卯庚甲或辰庚甲。之高也，有實引求平引，必先求得借積度正弦，兩心差與小半徑比，若甲壬乙半角正切與庚丙比。蓋借積度庚心卯、或庚心辰。舉平引積卯庚甲或辰庚甲。俱以此正弦爲高，故借積度加減積差度積庚甲心。即得平引積也。有平引求實引，則借平引角己心卯。爲對太陽距地心邊壬甲。之角，壬乙甲。求得實引角，卯甲壬角或辰甲壬角。又求得實引積，卯壬甲積或辰壬甲積。化爲平引積，卯庚甲積或辰庚甲積。與平引角積相較，爲平引積較，化爲實引積較，求得角較度，加減實引角，得真實引角也。

又　卷二　物擺致用

遲疾秝補法

求月孛差：

所有率　最大兩心差

所求率　最小兩心差

今有數　月孛距日正切

求得數　半較角正切

月孛距日減半較角，得月孛差。

月孛差加減月引，得平引。

此平三角切線分外角法也。如圖，甲乙爲大小兩心差半和，甲丙爲大小兩心差半較，乙甲丙爲月孛距日倍度之外角，求甲乙丙角爲月孛差。

一率　甲乙甲丙兩邊和最大兩心差。

二率　甲乙甲丙兩邊較最小兩心差。

三率　乙甲丙半外角月孛距日度。正切

四率　半較角正切

半外角減半較角，得甲乙丙角。

月過月孛若干日，時當行若干，面積爲平引，月孛有進退，故必以差加減之，乃得真平引也。

求兩心差：

所有率　月孛差正弦

所求率　月孛距日倍度正弦

今有數　大小兩心差半較

求得數　兩心差

此平三角知相對之邊角及又一角，求又一邊法也。如圖，甲乙丙爲月孛差角所對之邊，甲丙爲大小兩心差半較，乙甲丙爲月孛距日倍度之外角，求乙丙邊爲兩心差。

一率　乙角月孛差正弦

二率　甲角月孛距日倍度外角。正弦

三率　甲丙邊大小兩心差半較。

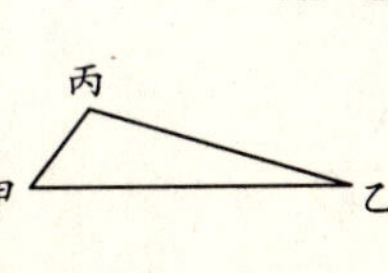

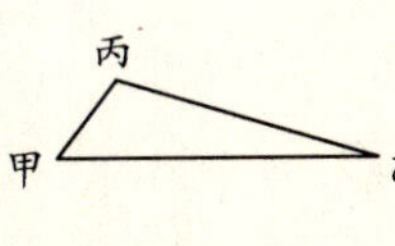

四率　乙丙邊兩心差。

月道兩心差時時不同，月孛與日同度，及距日一百八十度時兩心差最大，距日九十度時最小，餘時則以大小兩心差半和爲一邊，半較爲一邊，月孛距日倍度外角爲所夾之角，其對邊爲兩心差。

以兩心差爲餘弦，求其正弦爲小半徑，乃依前法求之，兩心差變則小半徑亦變，兩心差與小半徑恒爲句股，平圜半徑即大半徑。恒爲弦也。

日躔用對數法

以兩心差爲餘弦，檢表得度，取其正弦對數即小半徑對數。與餘弦對數即兩心差對數。相減，爲第一對數較。

此求借積之一率，除二率也。

又半其度，取正切餘切兩對數相減，爲第二對數較。

此正餘兩切與半徑減兩心差半徑加兩心差比例相似，如圖，甲乙爲大半徑，甲心爲小半徑，心乙爲兩心差，甲乙丁爲甲乙心之半角，甲丁爲半角正切，丁己同。甲戊爲餘切，戊庚同。即半外角之正切，以切線分外角法入之。

一率　甲乙乙心和半徑加兩心差。

二率　甲乙乙心較半徑減兩心差。

三率　甲戊正切甲乙心半角餘切。

四率　甲丁正切甲乙心半角正切。

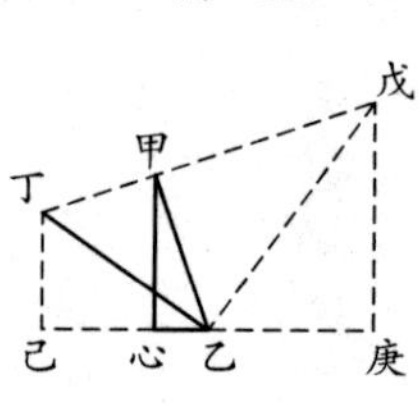

故以二切代求半借角之一二率，相減，即相除也。

半徑對數，減兩心差對數，又減真數四之對數，爲第三對數較。

此以兩心差除半徑，又以四除之也。

圜周率對數，減半象限十六萬二千秒。對數，加第三對數較，爲第四對數較。

此以求積差之三率除一率也，求積差之一率爲半徑，三率爲盈縮大差度，乃兩心差乘半周天度，以圜周率除之所得也，以此除一率，乃以圜周率乘半徑，以兩心差除之，又以半周天度除之也。今第三對數較之真數，乃兩心差除半徑，又以四除之也，更以圜周率乘之，半象限除之，亦爲圜周率乘半徑，以兩心差除之，又以半周天度四個半象限，即半周天度。除之也。

第一對數較，加第三對數較，爲第五對數較。

此以小半徑乘大半徑，以倍兩心差自乘方除之也。

以角求積：

半實引度正切對數加減第二對數較，盈減縮加。檢正切對數表，得度，與半實引度相減，得半較角。

第二對數較之真數，乃即半徑減兩心差，除半徑加兩心差也，若爲負較，則其真數即半徑加兩心差，除半徑減兩心差也，縮秝用正較相加，即真數之相乘，以一率除二率數，乘三率也，盈秝用負較相減，亦即真數之相乘，以一率除二率數，乘三率也，負數以減爲加也。

此第一術第一次比例，求借角也。

半較角正切對數，加第一對數較，檢正弦對數表，得借積度。盈初縮末內弧，縮初盈末外弧。

此第一術第二次比例也。

借積度正弦對數，減第四對數較，檢對數表，得積差，加減借積度，盈減縮加。得平引積度。

此第一術第三次比例也。

第四對數較之真數，即三率除一率之較，以此數除二率，得四率，本當以三率乘二率，今以除一率者，蓋除母一如乘子也。

以積求角：

半平引度正切對數，加減第二對數較，縮減盈加檢正切對數表，得半借角，倍之爲借角。

此第二術第一次比例也。

盈秝用正較，縮秝用負較，半借角與半平行度相減，得半較角，倍之爲較角。

半較角正切對數，加第一對數較，檢正弦對數表，得借積度。盈初縮末內弧，縮初盈末外弧。

此第二術第二次比例也。

借積度正弦對數，減第四對數較，檢對數表，得借積差。

此第二術第三次比例也。

借積差加減借積度縮加盈減與平引相減，得積較。平引大，則正，小則負。

平引度正弦對數，減較角正弦對數，餘倍之，又減積較對數，餘以轉減第五對數較，檢對數表，得角較秒。

此合第二術第四五次比例也。

以真數言之，乃以四次比例一率除二率，得數自乘，以五次比例三率除之，於上，另以四次比例三率自乘方，除五次比例二率，又以上除之，得五次比例四率也，以代數術明之，原法以四次比例二三率相乘，一率除之，得 $\frac{四一}{四三四二}$ 自乘，得 $\frac{四一二}{四三二四二二}$ 即五次比例一率也，以五次比例二三率相乘，得 五三五二 以一率除之，得 $\frac{四三二四二二}{五三五二四一二}$ 爲四率。

今法以四次比例一率除二率，得 $\frac{四一}{四二}$ 自乘，得 $\frac{四一二}{四二二}$ 以五次比例三率除之，得 $\frac{五三四一二}{四二二}$ 於上，另以四次比例三率自乘方，除五次比例二率，得 $\frac{四三二}{五二}$ 又以上除之，得 $\frac{四三二四二二}{五三五二四一二}$ 與原法四率相同也。

角較秒加減借角，積較正則加，負則減。得實引角。

半實引角正切對數加減第二對數較，盈減縮加。檢正切對數表，得度，倍之，爲借角，與實引角相減，爲較角。

此與第一術第一次比例同。

兩心差對數加真數二之對數，又加借角正弦對數，內減較角正弦對數，得日距地心數。

此與第二術第四次比例同。實引之借角，即平引之本角也。

月離用對數法

此求月孛差之二率除一率也。

最大兩心差對數，內減最小兩心差對數，爲第一對數較。

圜周率對數，加半徑對數，內減半周天對數，爲第二對數較。

此以半徑乘圜周率，以半周天度除之也。

半徑對數，內減真數四之對數，爲第三對數較。

此以四除半徑也。

月孛距日正切對數，內減第一對數較，得半較角正切對數。

此遲疾秝補法第一比例也。

第一對數較之真數，爲二率除一率所得，蓋除毋一如乘子也。

月孛距日減半較角，得月孛差。

月孛差加減月引，孛距日過象限則加，否則減。得平引，半之，爲半平引度。

倍月孛距日正弦對數，加兩心差半較對數，內減月孛差正弦對數，得兩心差對數。

此遲疾秝補法第二比例也。

以兩心差對數檢餘弦對數表，得度半之爲半弧。

又檢其正弦對數，內減兩心差對數，爲第四對數較。

此即日躔第一對數較也。

半弧之正弦餘弦兩對數相減，倍之，爲第五對數較。

此即日躔第二對數較也。

以兩心差對數減第二對數較，爲第六對數較。

此即日躔第四對數較也。

第三對數較加第四對數較，減兩心差對數，爲第七對數較。

此即日躔第五對數較也。

半平引度正切對數加減第五對數較，疾加遲減檢正切對數表，得半借角度，倍之，爲借角。

以下皆與日躔以積求角法同。

半借角與半平引度相減，得半較角，倍之，爲較角。

半較角正切對數加第四對數較，檢正弦對數表，得借積度。疾初遲末內弧，遲初疾末外弧。

借積度正弦對數減第六對數較，檢對數表，得借積差秒。

借積差秒加減借積度，疾減，遲加。與平引相減，得積較。平引大則正，小則負。

平引度正弦對數減較角正弦對數，餘倍之，又減積較對數，餘以轉減第七對數較，檢對數表，得角較秒。

角較秒加減借角，積較正則加，負則減。得實引角，半之，爲半實引角。

半實引角正切對數加減第五對數較，疾減，遲加。檢正切對數表，得度，倍之，爲借角，與實引角相減，爲較角。

兩心差對數，加真數二之對數，又加借角正弦對數，內減較角正弦對數，得月距地心對數。

依後編法求諸角數於後：

圜周率對數一〇四九七一四九八七二七

半周天六十四萬八千秒
對數〇五八一一五七五〇〇五九
四對數〇〇六〇二〇五九九九一三
半象限十六萬二千秒
對數〇五二〇九五一五〇一四五
日躔
八十九度一分五十四秒
正弦對數〇九九九九三七九七三〇即小半徑
餘弦對數〇八二二七八八一一四五三即兩心差
半弧四十四度三十分五十七秒
正切對數〇九九九二六五九八一一一
餘切對數一〇〇〇七三四〇一八八九
第一對數較〇一七七二〇五六八二七七
第二對數較〇〇〇一四六八〇三七七八
第三對數較〇一一七〇〇五八八六三四
第四對數較〇六四五七六九三七二一六
第五對數較〇二九四二一一五六九一一
月離
最大兩心差對數〇八八二四六五八二六七四
最小兩心差對數〇八六三六六七九二五一四
兩心差半較對數〇八〇六九三五三五四四五
第一對數較〇〇一八七九七九〇一六〇
第二對數較一四六八五五七四八六六八
第三對數較〇九三九七九四〇〇〇八七

《橢圜正術解》既卒業，吾友華君若汀讀之，謂求借積度正弦之圖微嫌太繁，因復作圖稍簡於前解之，如左。如圖，戊壬丙爲較角，作戊甲、丙甲二線，令心戊甲、心丙甲俱等於半較角，作甲子線正交壬丙，移甲子丙積爲甲辛戊積，詳前圖説。作壬甲線，則壬辛甲、壬子甲二句股形相等，皆以半徑爲股，以半較角正切爲句，乃移壬子甲句股形爲丙丁午，復作心丁未句股形與丙丁午、丙心甲二句股俱等式，復各補成長方形亦俱等式，半數角正切乘半徑爲丁申長方積，即壬辛甲子積，亦即壬戊甲丙積，戊丙甲積即心戊長方積，壬戊甲丙積内減戊丙甲積，即丁申長方積内減心戊長方積，餘壬戊丙積，即丁酉長方積，弦冪内減句冪，餘股冪，則句長方減弦之同式長方，必餘股之同式長方也。壬戊丙積爲兩心差，心丙或心戊。乘壬己之積，此積以大半徑乘之，小半徑除之，則得兩心差，乘借積度正弦庚己。積，即半較角正切丁午。乘小半徑丁心積，蓋庚己與壬己，丁午與丁未，其比例皆若大半徑丑心或丁丙。與小半徑丁心。也。

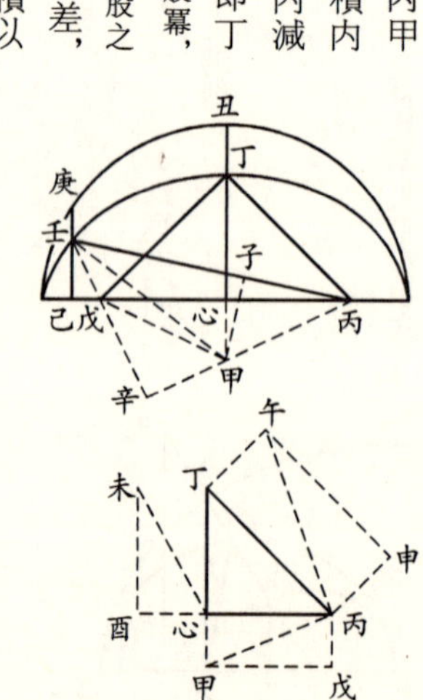

正弧三角任取一角，以其正弦爲兩心差，餘弦爲小半徑，對角之邊爲半較角，則夾角之小邊，即借積度。若有鈍角，則大邊即借積度。

清・楊兆鋆《須曼精廬算學》卷一《橢曲同詮》　凡橢圓餘弦與割線之比，同於正矢方與割徑較方之比，試言其理。

解曰：乙丙餘弦，丙子割線，乙己正矢，己子割徑較，試以長徑爲徑，作平圓，引長甲乙至戊，作丙戊半徑，自戊點作切線，必交於子點，戊丙子，戊丙乙爲同式句股，則戊丙小弦方，與丙子大弦方比，若乙己小句弦較方與己子大句弦較方比，而戊丙方與丙子乙丙相乘，等戊丙丙子二方，各以丙子除之，得乙丙與丙子，故乙丙與丙子比，若乙己方與己子方比。

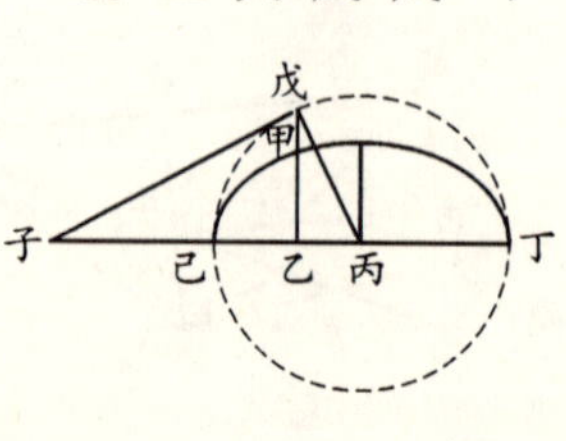

橢圓於長徑兩端作二垂線，並引長半短徑，俱至切線，與正弦成四率比例，試言其理。

如圖，甲乙長徑，於二端作甲丙、乙丁二垂線，又引長半短徑，成戊己，遇辛點切線於丙己丁三點，庚辛爲正弦，依八線理，凡餘弦與半徑比若正矢與割徑較比，故　庚戊：甲戊 :: 甲庚：甲壬　又因甲戊爲庚戊壬戊之中率，故　甲庚：甲壬 :: 甲戊：壬戊　而　甲庚：壬庚 ::

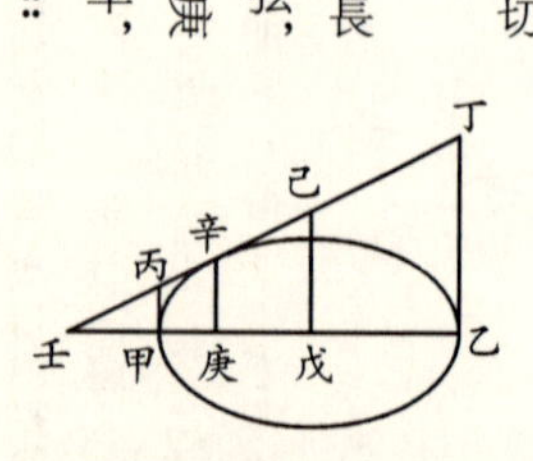

甲庚∶壬乙　則　甲壬∶壬庚∷壬戊∶壬乙　而丁乙壬等爲同式句股，則甲壬等皆爲其股，甲丙等皆爲其句，故準上式，得　甲丙∶庚辛∷戊己∶乙丁爲四率比例也。

橢圓長徑方與短徑方之比，同於二截徑相乘積與正弦方之比，試解其理。

解曰：甲乙長徑，丙丁短徑，戊己正弦，甲己乙己二截徑，試以長徑爲徑，作平圓，引長戊己至庚，作庚辛半徑，成庚辛己句股形，則甲己爲其句弦較，乙己爲其句弦和，又以短徑爲徑，作平圓，截庚辛於壬，與丙辛正交，作壬癸線，成壬癸辛句股，與庚辛己同式，癸辛等戊己，爲其股，甲己乙己相乘，與庚己方等，故大句股二弦方，與小句股二弦方比，若大句股股方與小句股股方比，即長徑方與短徑方比同於二截徑相乘積與正弦方比。

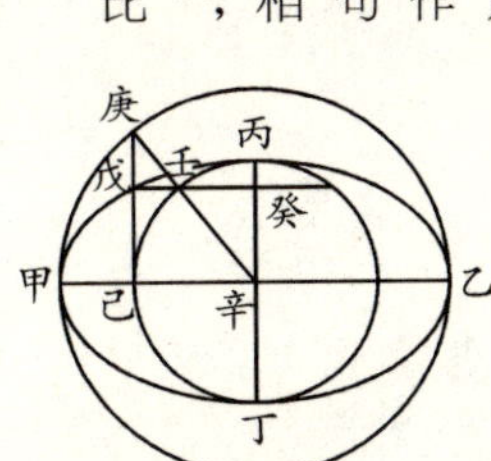

橢圓第五款一系，辛戊己戊二線之較，與倍丙癸等，試言其理。

如圖，己辛爲二心，自二心作己戊、辛戊二線，交於橢圓周戊，準本款二線之和與甲乙等，試作甲庚切線與丙子平行，亦與丙子等，次作丙庚交丁戊於壬，取癸點，令成比例如下：　丙甲∶丙己∷丙丁∶丙癸　甲乙＝二丙甲＝二線和　辛丁丄己丁＝己辛　辛丁丅己丁＝二丙丁　二線和∶己辛∷二丙丁∶二線較　故　$\frac{甲乙}{二己辛丙丁}$＝二線較

即　二線較＝$\frac{二丙甲}{四丙己丙丁}$＝$\frac{丙甲}{二丙己丙丁}$＝倍丙癸

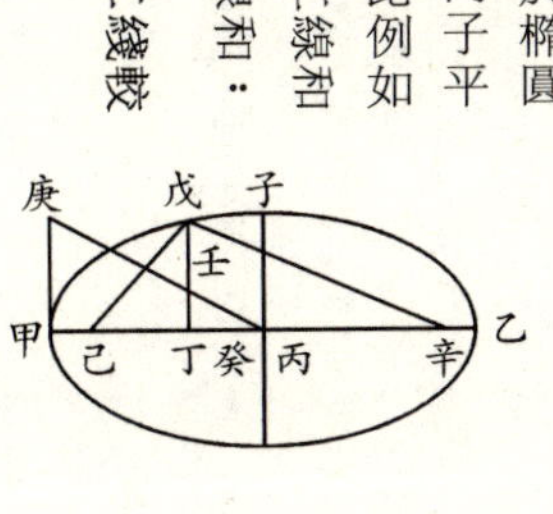

橢圓有一心，有周三點，求餘一心，其法若何？

甲乙丙爲周上三點，法作心甲、心乙、心丙三距心線，次取心壬與甲心等，作甲壬線，又引長心丙於癸，令與心乙等，又作甲丙線，自癸作線與甲壬平行，遇甲丙，引長線於庚，作庚乙聯

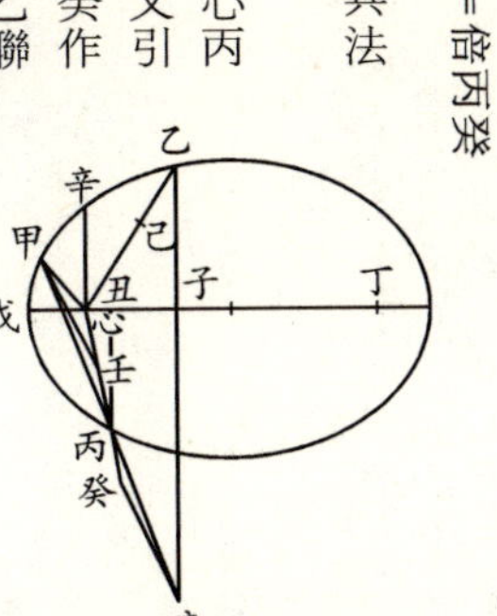

線，必正交長徑，引長線，故自心作庚乙垂線心子，即長徑引長線也，次自丙點與庚乙平行，作丙丑線，有比例：　乙己∶心子∷丙癸∶丑子　辛心正弦＝心乙丅乙己＝心己　心戊∶心辛∷丑子∶丙癸丄丑子　即得近心點，距心線，又有比例：　心丁∶倍戊∷丙癸∶丑子丅丙癸　心丁加戊心，得戊丁，丁即餘一心。

橢圓有一心，有三切線，俱不知切點，求餘一心，其法若何？

如圖，甲乙、丙丁、戊己爲三切線，法作心庚線正交甲乙於辛，令辛庚等於辛心，作心癸線正交丙丁於壬，令壬癸等於壬心，作心子線正交戊己於丑，令丑子等於丑心，又作庚癸癸子二聯線，各取中點，如寅、如卯，作各垂線，遇於辰點，即餘一心，乃作庚辰癸辰子辰三線，各交切線於午、未、申三點，即三切點。

於橢圓周任取一點，作線，至長徑上，令等於小半徑，引長之至短徑上，必等於大半徑，試作圖解。

解曰：試於長短二徑上各作平圓，又於橢圓周上任一點甲，作橢圓正弦甲己，餘弦甲戊，丙己爲大平圓正弦，庚戊爲小平圓餘弦，戊心與甲己等，己心與甲戊等，甲己與丙己比若庚戊與甲戊比，則丙己心、庚戊心爲同式勾股，以丙心、庚心大小二半徑爲弦，甲乙既等小半徑庚心，則必與庚心平行，蓋同以甲戊己心二平行線爲界故也，引長之至丁必等於大半徑丙心。

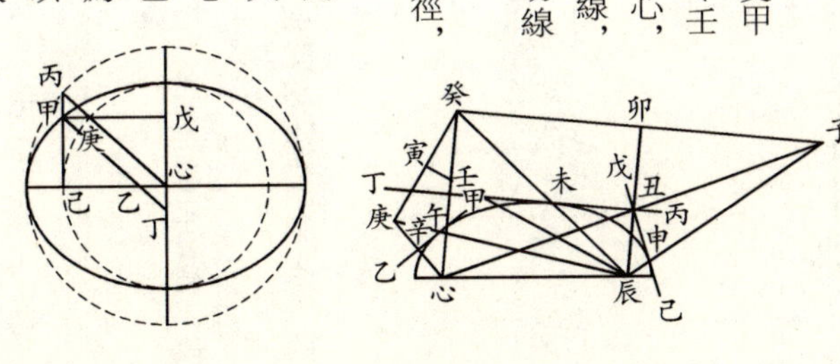

橢圓有實引度，求距心線，其法若何？

如圖，己丁甲爲最卑後實引度，己丁爲半徑，則己壬爲實引矢，戊丁、丁壬和。乙丁爲高徑，己丁爲卑徑，丙丁爲倍兩心差。

法：

高徑　　全徑　　較率矢率減卑徑

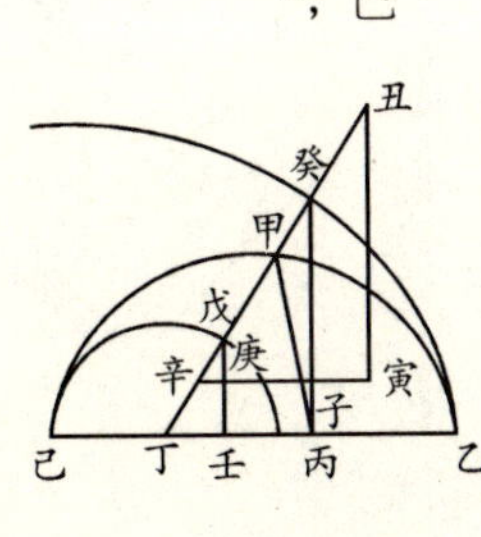

倍兩心差　實引矢　卑徑
卑徑　徑率　又
徑率倍戊辛　矢率戊辛、辛庚和　距心線甲丁

又乙丁癸爲最高後實引度，乙丁爲半徑則乙子爲實引矢。癸丁、丁子較。

法：

卑徑　全徑　和率丑丁
倍兩心差　實引矢　高徑
高徑　徑率　又
徑率倍丑辛　矢率丑辛、辛寅較　距心線

橢圓有最高點，有周上任一點，求餘一心，其法若何？

如圖，子爲一心，甲爲周上任一點，庚爲高點，庚子爲高徑，甲子爲距心線，以距心線減高徑，庚子。爲高徑較，法自高點庚，加庚乙高徑較，作甲乙線，平分於辛，乃自辛作甲乙之垂線，辛丑交高徑於丑，丑即爲又一心。

解曰：丑爲又一心，作甲子、子丑、丑甲三線，成甲子丑三角形，作三分角線，復作三邊之垂線，丁丙、丁戊、丁癸，依橢圓理，甲子甲丑和等長徑庚己，則甲癸與丑庚，甲戊與子己，必兩兩相等，庚子内少甲子爲高徑較，必與丙丑等，丙丑既等高徑較，即等乙庚，又等丑癸，則乙丑必等甲丑，故平分甲乙作垂線，必交丑點爲又一心也。

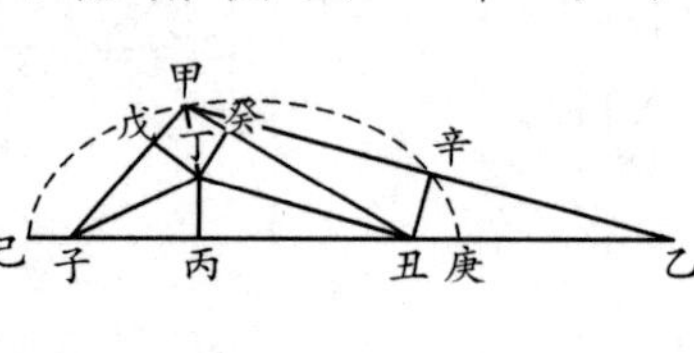

橢圓有最卑點，有周上任一點，求餘一心，其法若何？

如圖，子爲一心，己爲最卑點，甲爲周上任一點，子己爲卑徑，甲子爲距心線，以卑徑減距心線，爲卑徑較，法自卑點己減卑徑較己乙，作甲乙線平分於辛，作甲乙之垂線辛丑交卑徑，引長線於丑，丑爲又一心。

解曰：丑爲又一心，作甲子、子丑、丑甲三線，成甲子丑三角形，作三分角線，復作三邊之垂線丁丙、丁戊、丁癸，依橢圓理，甲子甲丑和等於長徑庚己，則甲癸與丑庚，甲戊與子己，必兩兩相等，甲子内少己子爲卑徑較，必與子丙等，子丙既等卑徑較，即等乙己，又等戊子，則乙丙等甲癸，而甲丑必等乙丑，故平分甲乙作垂線，必交於丑點爲又一心也。

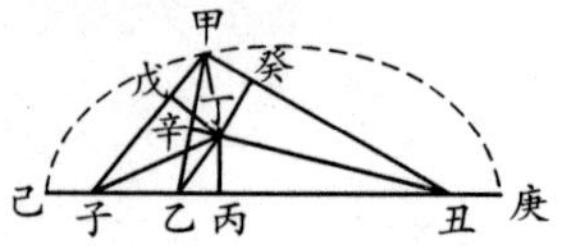

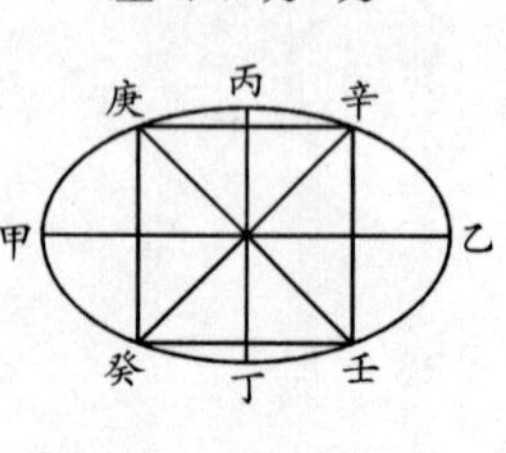

橢圓最卑後卑徑爲首率，矢率爲第二率，推得連比例，爲無窮率，其和即距心線，其故何也？

卑徑一、二率較　卑徑較　易之，卑徑
準橢圓理，有比例：卑徑三、四率較　得　卑徑　卑徑較
較率　矢率　矢率

以矢率減卑徑較爲甲率，復以卑徑乘之，距心線除之，得第三率，以第三率減甲率爲丁率，復以卑徑乘之，距心線除之，得第四率，如此推之，不盡各率之和斷不能大於距心線，故無窮率數之和必與距心線等也。

如圖，子丑爲距心線，丑卯爲卑徑，取丑乙等丑卯，作乙卯聯線，復作卯子聯線，乃與丑卯平行作甲乙，與卯乙平行作甲丁，則乙丁即矢率，蓋子丑卯、子甲乙爲等勢形，故子丑與丑卯必若子乙與甲乙，子丑爲距心線，卯丑爲卑徑，子乙爲卑徑較，則甲乙必爲矢率，乙卯丑、丁甲乙爲等式形，乙丑等丑卯，丁乙必等甲乙，故丁乙亦爲矢率，次與甲乙平行，作丙丁，與甲丁平行作巳丙，與丙丁平行作巳戊，與丙巳平行作戊午，如此作線不已，成丑乙乙丁丁巳巳午等無窮連比率，其和必等子丑距心線也。

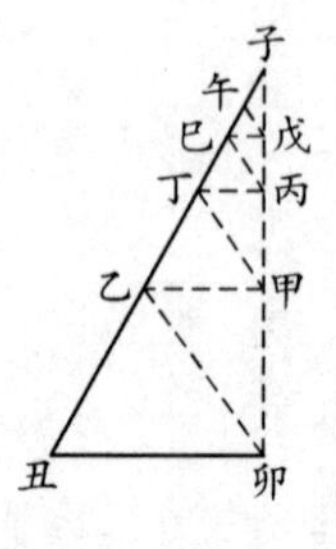

橢圓有長徑，有兩心差，求中容正方邊，其法若何？

依橢圓理，本屬二徑之正方和，恒與長短二徑之正方和等，今庚壬癸辛本屬二徑相等，即容方之對角線。其二方和必等於甲乙丙丁長短二徑方和，故長徑方短徑方和，四歸，開方，得方邊，蓋據橢圓第三款，半長徑方少兩心差方，爲半短徑方也。

抛物綫部

題解

清·馮桂芬《西算新法直解》卷三　代數四抛物線

抛物線爲圓錐曲線之一，設準線於線外，設定點於線內，任作何點於抛物線上，距定點及準線皆等。

如一圖，子午亥抛物線，午爲頂點，丑爲定點，即抛物線之心，辰戌爲準線，午丑與午未相等，其餘諸線，如子丑與子角，亥丑與亥亢，女丑與女氐，牛丑與牛房，莫不兩兩相等，子丑、亥丑、女丑、牛丑皆曲線距心線，謂之帶徑，卯酉爲通弦，丑未爲倍心頂距線，即半通弦，巳午爲軸線，又謂之過心線，子亥爲底線。

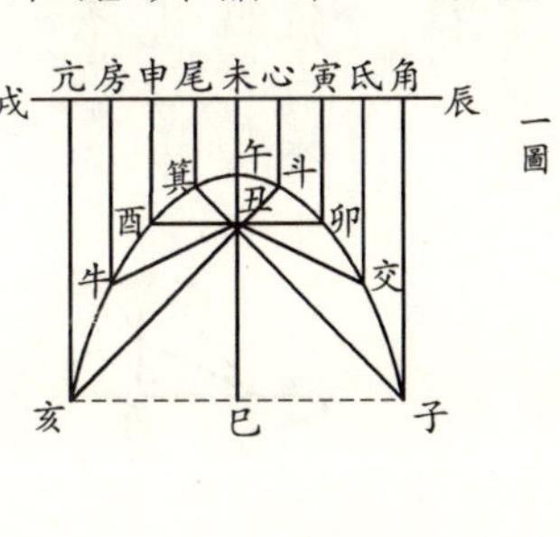

一圖

二圖

作抛物線法。以底線之半巳子爲句，以底線距準線巳未爲弦，求得巳丑股，以截軸線巳午於丑定抛物線心，然後用一線，其長如軸線連心頂距，線一端著於定點，一端著於矩尺之末，矩尺如二圖之巳申卯酉，長與線等，著線處如酉，又置界尺於準線之位，如辰戌，矩尺之卯酉邊貼軸線，巳卯邊貼界尺，以鉛筆如子。逼線合直，其屈處適當抛物線之頂，漸移矩尺向辰，線亦漸弛而長，鉛筆所行至丑酉成直線而止，成抛物線之右半，再移矩尺向戌，如前爲之復成抛物線之左半。

清·華蘅芳《抛物線說》　重物之性，動之則常動，靜之則常靜。物爲能力所動，則常有動勢，經久不息，非以他力止之不能靜也。不動之物常有靜性，非以他力動之不肯動也。所以重學家謂之，一動永動，一靜永靜。

抛物之力只有一霎時。物受抛力而靜體變爲動體，則以永動之性直向所抛之方向前去，人不能再加力於物之上，所以抛物之力謂之暫加力。

地心常有攝力，無時不令物下墜。此力宛如以繩繫物，時時挽使向下，其力爲常加非如抛物之力，僅用於一霎時也，此力謂之常加力。

物受暫加之力直向前行，其行率必爲平速。

如一秒中行一百尺，則二秒中共行二百尺，三秒中共行三百尺是也。

物受常加之力直向下墜，其行率必爲加速，恒與時之平方有比例。

如一秒中墜下十六尺，則二秒中共墜下六十四尺，三秒中共墜下一百四十四尺是也。

此二力若非同時並加於物，則其物必行直線。

如在高處將物放手，任其自落，則物未受抛力，但受攝力，其落下之路必爲直線。

惟物之受抛力者無不兼受攝力。

能使物但受攝力不受抛力，不能使物但受抛力不受攝力，所以凡受抛力之物無有不受攝力者也。

其所受之二力方向若相同或相反，則其物亦行直線。

如抛力與攝力皆向下，則二力相併能使物下墜更速，其所行之路必爲直線。若抛力向上，則與向下之攝力相敵，初時抛力大於攝力，物能自下而上，後來攝力勝於抛力，則物必自上向下而落於原處，是物之上下亦均在一條直線也。

其所受之二力方向若不相同，亦非相反，則物行之路不能爲直線而成曲線。

如抛力斜向若干高度，則其物既不能不依抛力斜向高遠，又不能不兼受攝力時時墜下，不知不覺不由自主而行成一種曲線矣。

其所以能行成此種曲線之故，因攝力能減物之高不能減物之遠。

物受斜抛之力若干秒中，應行至若干遠，若干高，攝力能減其高數，故必於應高之數中減去應墜之數，方爲物之真高，其應遠之數，則不能因攝力而變也。

此種曲線名曰抛物線。

欲知抛物線之形，可將一直竿，任分其一段，爲若干等分，每分之處各繫以線而使下垂，其下垂之線長短次第悉依平方之比例。如

第一分之線長一分，
第二分之線長四分，
第三分之線長九分，
第四分之線長一寸六分，
第五分之線長二寸五分。

則將此竿任斜若干度，置之其竿之斜度，即拋力之角度，竿之各分，即物應行之平速，各分之垂線，即物應墜之數，各線之下端，即物所行過之各點，若將此各點聯之，即爲拋物線。

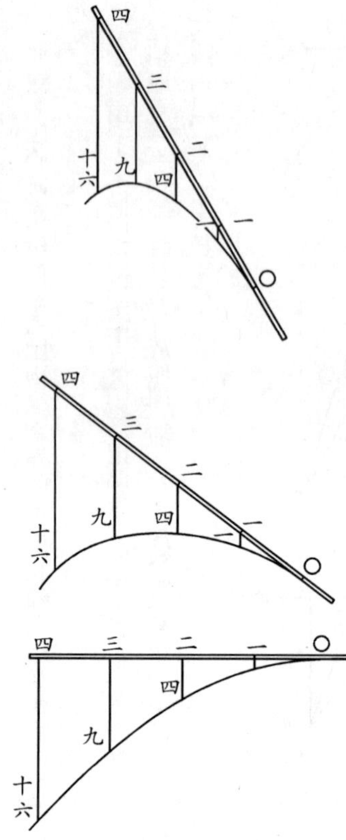

清・翟蓮舫《拋物淺釋》

釋拋物線之理

拋物線者，亦曲線也，線胡以曲地心力吸之故也，每秒計十六尺。以秒數平方乘之，故例以平圓，則不合，例以橢圓，則不合，名曰拋物線，如物之拋於空中，而所行之線，另有求法。

釋拋物線之式

拋物之式有如勾股，其遠界與地平恒爲勾線物之拋也，若弦而曲下垂至地，故可以最遠界自乘，倍之，開方，以地心吸力除之，得拋物線式。

清・黃宗憲《容圓七術》卷下 第一作拋物線法本《代微積拾級》。

拋物線爲圓錐剖面曲線之一，即二次式曲線之一種也。設一定點，一直線，任於拋物線上指一點，其距定點與距直線恒等，定點即拋物線之心，直線曰準線，其心距頂點之線爲曲率，倍曲率即得準線正交橫軸之點，則拋物線可如法而作矣。其理解詳《圓錐曲線説》及《代微積拾級》等，書後橢圓雙曲線同。

如圖，甲乙爲軸線，長短不拘。壬點爲拋物線之心，即定點。辛爲拋物線頂點，壬辛距線爲曲率，取辛癸等於辛壬，則癸點爲準線正交軸線之點，作丙丁準線，長短不拘。乃用一界尺，令與丙丁線合，不可移動。又用句股形板一塊，如戊己庚。又用絲線一根，與己庚股等長，一端著於拋物線心之壬點，一端著於句股板之庚點，戊己句恒緊貼界尺，不可偏斜。初令己庚股與軸線合，日爲鉛筆恒靠己庚股，逼絲線令直，則日點必與辛點合，乃漸將句股板向丙點移，則日點必行成拋物線之一邊，蓋句股板之戊己句貼界尺，即貼準線。而移任至何處，必得 日庚丄日己＝日庚丄日壬 所以日己＝日壬 故日點距心與距準線恒等，軸線下面一段可反置句股板，如法作之。

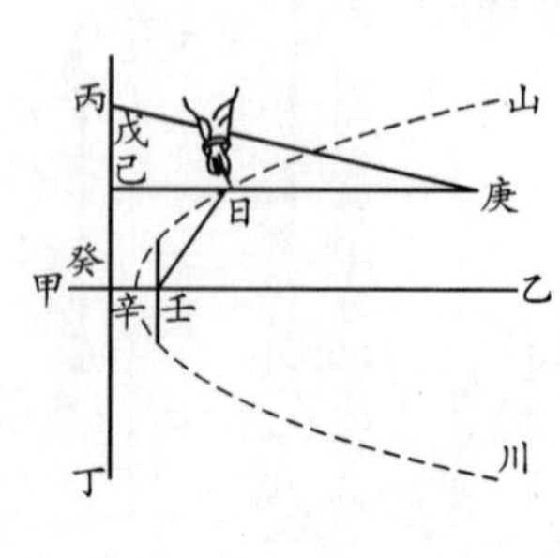

綜論

清・華蘅芳《拋物線説》 拋物線之長無盡界

拋出之物往而不返，則其所成之軌迹非如平圓、橢圓之周而復始也，所以其長無窮。

拋物線有頂、有心，從頂點作過心之直線，謂之直徑。此線平分拋物線之面爲左右二分，猶橢圓之長徑也。

如圖，甲丁戊拋物線，其心點在乙，頂點在丁，從丁過乙作丁丙直線，即直徑也，此線分拋物線之面爲甲丁丙與戊丁丙，左右兩等分。

過心點作橫線與直徑正交謂之通徑。

此猶橢圓之短徑也，惟橢圓之短徑不能過心，此則過心因橢圓有兩箇心點，故不能過心，拋物線只有一箇心點，故能過心也。

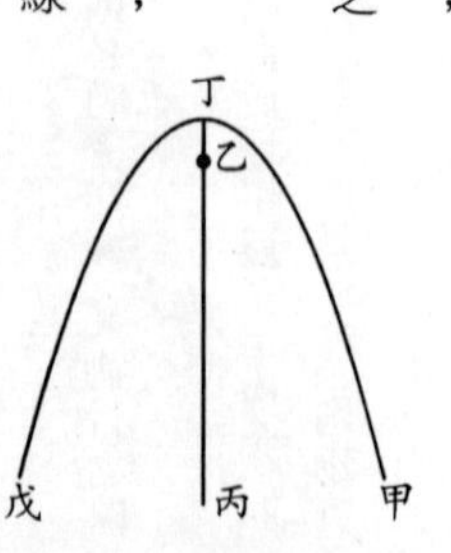

如圖，甲丁乙拋物線，丙爲心點，丁爲頂點，與丁丙正交，作戊己過心線，至拋物線之界戊點己點而止，則戊己横線，即爲甲丁乙拋物線之通徑。

引長直徑過頂點，出於拋物線之外，其長如心頂相距之數，於此線之端作横線，與通徑平行謂之準線。

如圖，甲丁乙爲拋物線，丙爲心點，丁爲頂點，丁丙爲心頂相距，戊己爲通徑。今引長丙丁線出拋物線之外，令辛丁之長等於丁丙，又於辛點作庚壬横線，與戊己通徑平行，則庚壬爲準線。

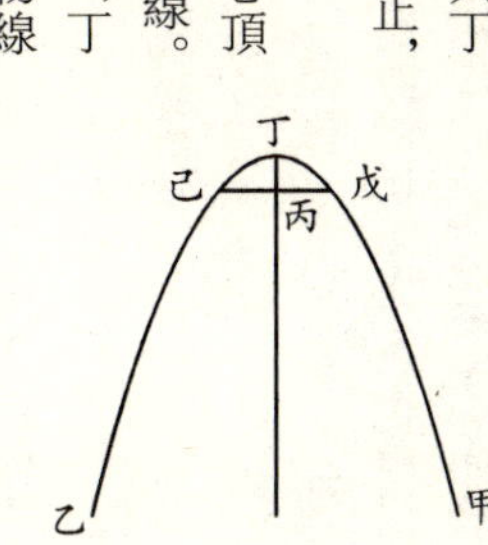

從心點至拋物線之任何處，作直線，謂之帶徑。

如圖，甲辛庚戊丁己壬癸乙爲拋物線，丙爲心點，從心點任作直線至拋物線上任何處，如丙甲、丙辛、丙庚、丙壬、丙癸皆爲帶徑，其半通徑丙戊、丙己及心頂之距丙丁，亦可謂之帶徑。

準線上任於何處，作垂線至拋物線之界而止，則此線之長必與所遇之帶徑相等。

如圖，甲丁乙爲拋物線，庚壬爲準線，則準線上所作之垂線，與心點所出之帶徑相遇者無不相等，故丑卯等於卯丙，而子癸等於癸丙，其午戊未己等於半通徑丙戊丙己，其辛丁等於丁丙。

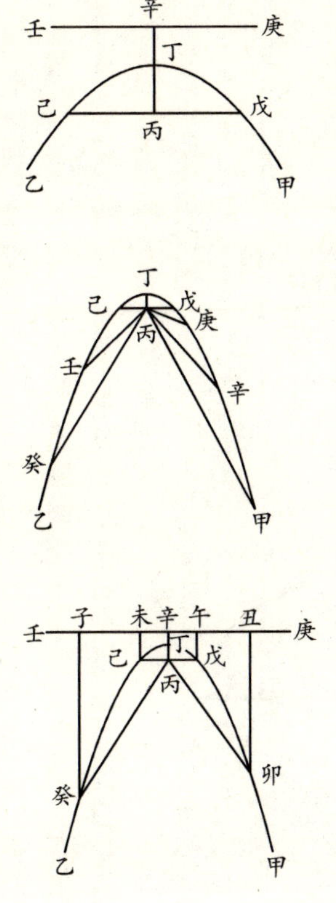

準線上所作之垂線，與所遇之帶徑成交角，將此角平分爲二，則其分角之線即爲切線。

此即拋力之角度線也。

如圖，甲乙爲拋物線，庚壬爲準線，丙爲心點，丙子爲帶，徑丑子爲準線上所作之垂線，子爲切點，戊己爲丑子丙角之分角線，則子戊與子己皆爲拋力之方向。

由是知拋力之角度，其高低於地平線之數同，則必同一切線，其物行之路必同在一拋物線，惟左右分馳，各行其線一段耳。

如圖，子戊方向高於地平爲戊午壬角，子己方向低於地平爲子午庚角，此二角之大小同，所以拋力之方向爲子戊，則物行子乙線，若方向爲子己，則物行子甲線。

切線上均分若干分，從各分點作線與直徑平行至遇拋物線之界而止，則此各線之長爲平方之比例。

此即前所言，竿上繫線下垂之意也。

如圖，辛甲辛爲拋物線，甲爲切點，甲乙爲切線，丙戊庚爲均分之各點，其丙丁戊己庚辛爲與長徑平行之線，各線之長合於物受攝力下墜之數。

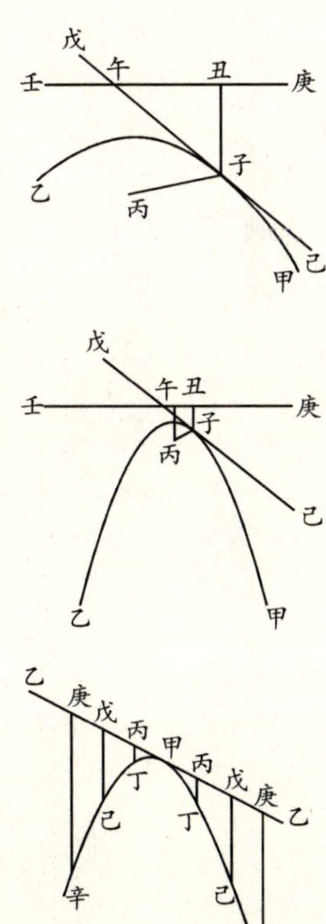

從切線上作線與長徑平行至拋物線之界，又從此點作截線至切點，則成一箇平三角形，而函一段拋物線在内，其拋物線内之面積與拋物線外之面積爲一與二之比。

如圖，甲己乙爲拋物線，丙爲切點，丙丁爲切線，丁戊爲切線上所作與直徑平行之線，遇拋物線於戊，從戊點至丙，作戊丙線則截丙己戊一段拋物線，在丙丁戊三角形内，其丙己戊面積爲一，則丙丁戊己面積爲二。

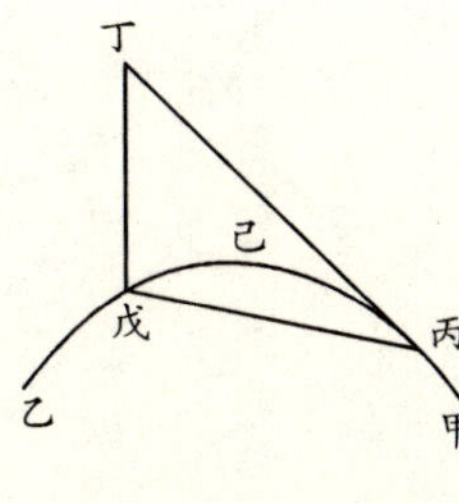

解曰：平三角形之面積爲底，與高相乘，以二除

之之數。今丙丁戊三角形，可以丁戊爲底，是以平方數爲底也，高乘平方，以二除之，塹堵積也，其丙丁戊己面爲無數，平方數合成之陽馬積也，塹堵内減去陽馬，其所餘之丙己戊一段拋物線之面積鼈臑積也，陽馬居塹堵三分之二，鼈臑居塹堵三分之一，所以拋物線内之面積與拋物線外之面積爲一與二之比。

從帶徑至拋物線界之點，作横線至直徑，則與帶徑及直徑之一段合成一句股形，此句股形若在心點之上，恒以倍心頂距爲句弦和，若在心點之下，恒以倍心頂距爲句弦較。

如圖，甲丁乙爲拋物線，丙爲心點，戊己爲準線，戊丑及子癸皆爲與直徑平行之線，丑庚與壬癸皆爲所作之横線，丙癸丙丑皆爲帶徑，其丙癸壬句股形在心點之上，以辛丙爲句弦和，其丙丑庚句股形在心點之下，以辛丙爲句弦較。

陳静莽《算學大成》内取句股弦整數法即是此理。

拋物線内任作一横，線與直徑正交，又從此線上任作直線與直徑平行，則直線與所遇之帶徑其和恒等於横線距準線之數。

如圖，甲乙爲拋物線，戊己爲任作之横線，庚辛、壬癸、子丑皆爲任作之直線，庚丙、壬丙、子丙皆爲帶徑，則丙庚、庚辛之和等於丙壬、壬癸之和，亦等於丙子、子丑之和，其和數爲戊己横線距準線之數。

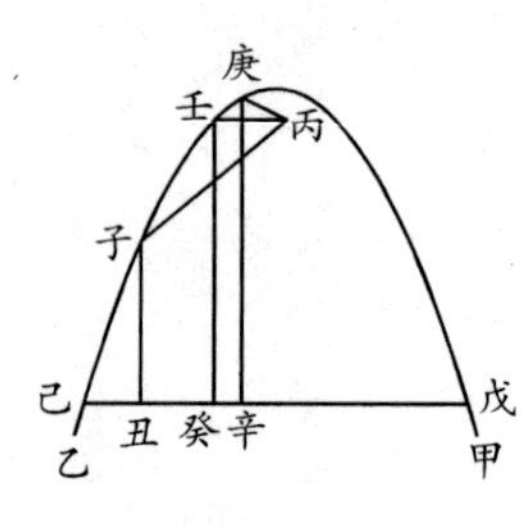

由此理可得一畫拋物線之法。

以線一條一端定於矩尺外旁之曲處，一端定於心點，以鉛筆在線内指定頂點移矩引急其線，又移横尺就其矩尺之下旁置定，然後將矩尺依横尺向右漸移，鉛筆依定矩尺隨線而移，則可畫成頂甲半面拋物線，其頂乙半面須將矩尺翻轉向左作之。

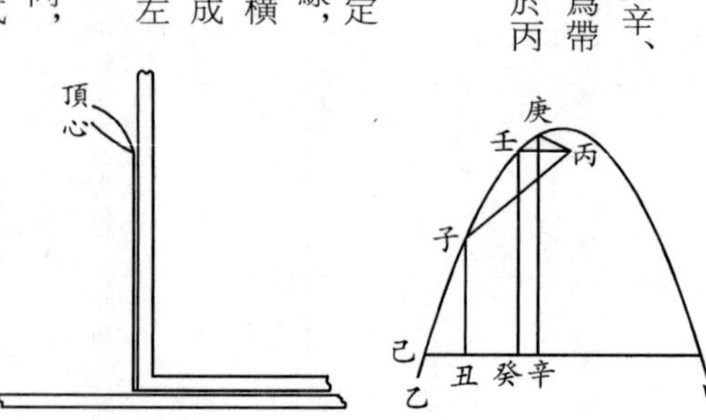

拋力之角度不同，則所成之拋物線大小不同，所以同一拋點可成無數拋物線，其大小均爲同式之形。

無數拋物線雖大小各異，而心頂之距恒爲通徑四分之一，所以俱爲同式之形。

今從十度拋角起，至八十度止，每間十度作一拋物線以明之，又作一四十五度拋角之線，以明平地最遠之界，則以後所論之各事，即可於此圖中觀之。

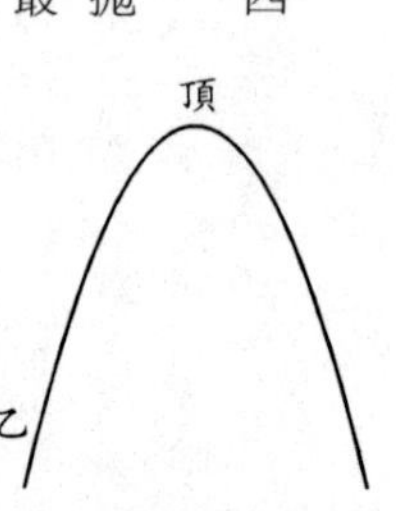

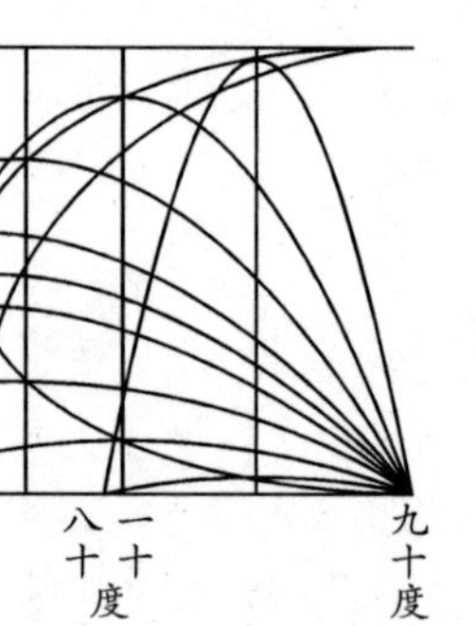

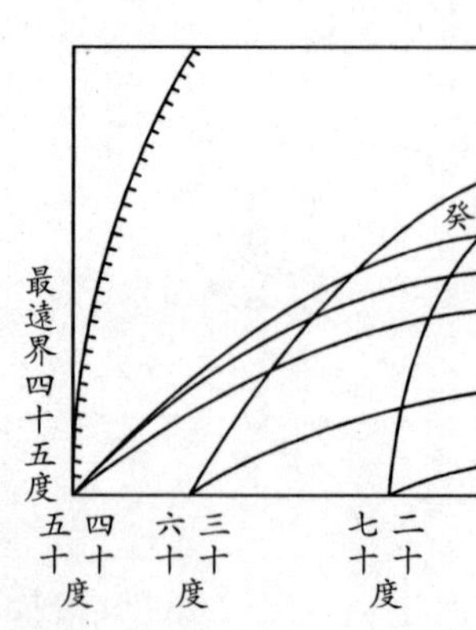

無數拋物線皆以拋點爲切點而非同一切線。

惟因切線各不相同，所以雖同一切點能成無數拋物線，若切點同切線亦同，則只有一條拋物線矣。

無數拋物線必同一準線。

心頂之距有大小，則頂距準線有遠近，所以無數拋物線能同一準線。

無數拋物線之心必在一箇平圓之周，所以心距拋點之數恒相等。

其平圓以拋點爲心，拋點距準線之數爲半徑。

無數拋物線之頂必在一箇橢圓之周。

其橢圓以拋點距準線之數爲小徑，兩倍其小徑之數爲大徑，大徑與準線平行，其小徑一端在拋點，一端在準線。

若以拋點爲心，拋點距準線之數爲心頂距，作一大拋物線，則無數拋物線不能出乎其外，亦無一線不與之相切，惟〇度之拋物線與此終古平行。

此猶平圓橢圓内容外切之意也。

最小之拋物線心點與頂點合，亦與準線合，最大之拋物線頂點與切點合。

拋物線之大小，因切線與地平線所成之角而異，此角今以拋角名之。

抛角愈大，則抛物線愈小，抛角愈小，則抛物線愈大，所以○度之抛角抛物線最大，九十度抛角抛物線最小。小極則上下均在一處而成直線矣。

若以平地而論，則四十五度之抛角物之落處最遠，名此抛落之距爲平地最遠界。

四十五度爲平地最遠之抛角。

地面山坡有向上斜向下斜者，則其最遠之界及抛角均與平地不同，恒以坡之斜度加減斜上用減斜下用加。九十度而半之，復以此數轉減九十度，爲斜面最遠之抛角。

如斜上十度，則以五十度爲最遠之抛角，斜下十度，則以四十度爲最遠之抛角。

凡抛角大小於最遠之抛角，其度同，則物之落處亦同。

即以平地而論，其最遠之抛角爲四十五度，若抛角爲五十度或四十度，物之落處必同，惟必比最遠之界較近耳。

清・翟蓮舫《抛物淺釋》

釋求抛物線之法

求抛物線法不必遠求也，勾股而已，勾股可以御平圓，抛物雖非平圓，而所成之角恒藉八線之理明之，與平圓無異，故可以比例入之，求其各線，即知其角度幾何，而抛物線之遠界、高界均可推矣。

釋求抛物線之用

抛物線之形不同，恒以四十五度爲最遠界，何也？倍角正弦大，遠界亦大，正弦最大爲九十度，故方向角四十五度爲最遠界，若所行之線過四十五度，與不及四十五度，同逐度皆然，敵至遠界內近一度，則昂一度，其用不爽也，平擊如是，至仰擊俯擊各有遠界，平距昂度亦可推測而知其用焉。

清・夏鸞翔《致曲術》

抛物線求弧背術一本《代微積拾級》。　抛物線

正弦乘法線，通徑除之於上，另置正弦法線相加，半通徑除之，求其訥氏對數，以通徑四之一乘之，以加上位，即抛物線弧背。

按：右術任正弦極大，皆可求，若正弦甚小於半通徑，則爲負對數，而加減之例淆矣，兹復立遞加數術求之，正弦愈小，降位愈易，正以濟右術之窮也。術如左。

抛物線求弧背術二新定。

正弦爲第一數，正。次置第一數，以正弦冪乘之，半通徑冪除之，二除之，三除之，爲第二數，正。次置第二數，以正弦冪乘之，半通徑冪除之，一乘之，三乘之，四除之，五除之，爲第三數，負。次置第三數，以正弦冪乘之，半通徑冪除之，三乘之，五乘之，六除之，七除之，爲第四數，正。順是以下，皆如是，求至單位下止，乃正負並減爲抛物線弧背。凡正弦大於半通徑，則此術不能求。

抛物線求截蓋殼積術一本《代微積拾級》。

半通徑立方減法線立方，以半通徑除之，倍之，爲第一數。四分第一數之一，二除之，三除之，爲第二數。四分第二數之一，九乘之，四除之，五除之，爲第三數。四分第三數之一，二十五乘之，六除之，七除之，爲第四數。順是以下，皆如是，求至單位下止，乃相併爲抛物線截蓋殼積。

按：右術必法線大於半通徑乃可，若正弦小於半通徑，則法線亦小於半通徑，而不可求矣，兹復立一術，正弦愈小，降位愈易，亦以濟右術之窮也。術如左。

抛物線求截蓋殼積術二新定。

正弦自乘，以平圓周率乘之，爲第一數，正。次置第一數，以正弦冪乘之，半通徑冪除之，二除之，四除之，爲第二數，正。次置第二數，以正弦冪乘之，半通徑冪除之，一乘之，六除之，爲第三數，負。次置第三數，以正弦冪乘之，半通徑冪除之，三乘之，八除之，爲第四數，正。次置第四數，以正弦冪乘之，半通徑冪除之，五乘之，十除之，爲第五數，負。順是以下，皆如是，求至單位下止，乃正負並減爲抛物線截蓋殼積。凡正弦大於半通徑，則此術不能求。

抛物線求半弧矢積術本《代微積拾級》。

正弦正矢相乘，二乘之，三除之，爲第一數。下更無數，即以第一數爲抛物線半弧矢積。

抛物線求蓋體積術新定。

通徑乘矢又矢乘之，二除之，此即撱圓求體之平錐也。因抛物線有平錐，無立錐，故逕置平錐四而三，爲第一數。又四除之，三乘之，爲第一數。四分第一數之一，二除之，三除之，爲第二數。四分第二數之一，九乘之，四除之，五除之，爲第三數。四分第三數之一，二十五乘之，六除之，七除之，爲第四數。順是以下，皆如是，求至單位下止，乃相併爲抛物線蓋體積。

算法

清・馮桂芬《西算新法直解》卷二　代數拋物線

今有拋物線，原點在頂，任從曲線上一點作縱橫線，已知通弦及橫線，求縱線。

如圖，丑爲定點，午爲原點，午卯爲縱軸，午酉爲橫軸，丑未爲半通弦，即丑巳，命爲丙，從子點作子寅縱線，命爲地，寅午橫線，命爲天，子丑帶徑，即天丄三丙　寅丑，即　天丅三丙　子丑自之，如一式，寅丑自之，如二式，以二式減一式，餘與子寅冪等，如三式，右畔開方，除之，得縱線，如四式。

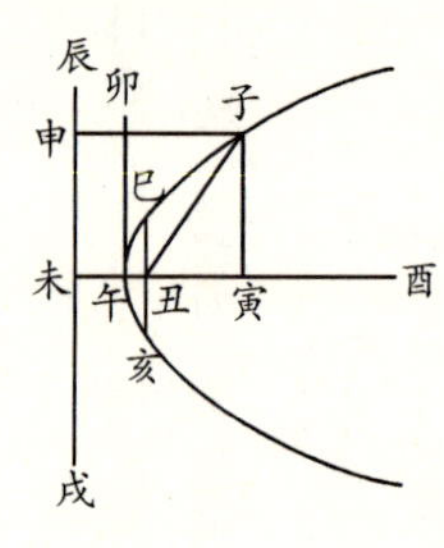

若先知縱線，求橫線，則移三式天地之位，變乘爲除，即得橫線，如次一式。

若所求曲線點在橫軸下，則式同而正負異，如次二式。

式一

$$子^{二}丑=天^{二}\perp(丙|天)\perp(三丙)^{二}$$

式二

$$寅^{二}丑=天^{二}\top(丙|天)\perp(三丙)^{二}$$

式三

$$地^{二}=二丙|天$$

式四

$$地=\sqrt{二丙|天}$$

式一次

$$天=\frac{二丙}{地^{二}}$$

式二次

$$地=\top\sqrt{二丙|天}$$

又術，用連比例，以通弦　二丙　比縱線地若縱線地與橫線天，首末二率相乘等於中率，自乘，與三式同。

今有拋物線，原點在頂，從切點作縱橫線，已知通弦及橫線，求切線。

如圖，午爲原點，丑爲定點，子爲切點，命其縱線子寅爲地，橫線寅午爲天，半通弦丑未爲丙，並同前，子申爲切線，命爲人，寅申爲次切線，即　二天　。法用前題求縱線術，得縱線冪，如一式，加次切線冪　$(二天)^{二}$　開方除之，得切線，如二式。

試加一線課之，如二圖，任從切線上巳點作縱線巳亥，命爲王，橫線亥午，命爲天，用直線三題求縱線較術，得次一式，識別得縱線，除半通弦，得申角正切，乃以　$\frac{地^{二}}{丙}$　代次一式之切，得次二式，以縱線乘之，消其除號，得次三式，又用前題求縱線術，得次四式，以次四式消次三式，得次五式，移王於右，變乘爲除，得次六式，即得縱線既知縱線，仍用前二式求得切線。

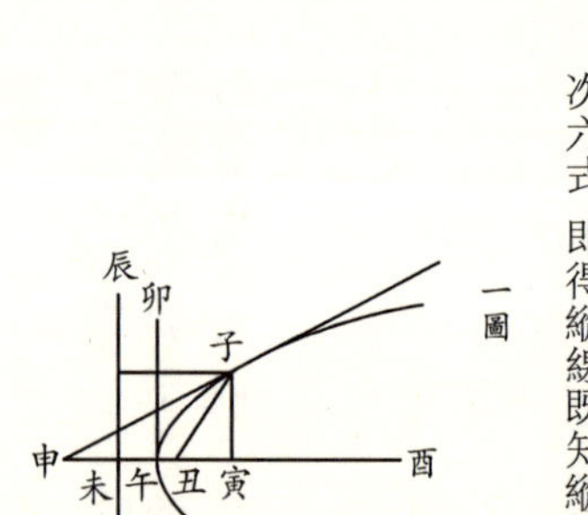

一圖

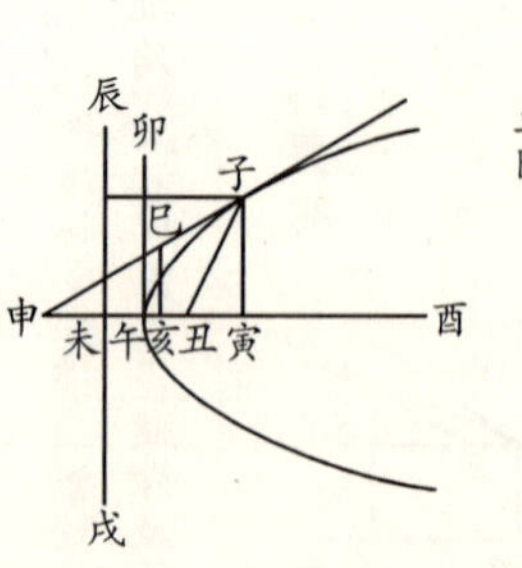

二圖

式一

$$地^{二}=二天|丙$$

式二

$$人=\sqrt{二天|(二天|丙)}$$

式一次

$$地\top王=切|(天\top夫)$$

式二次

$$地\top王=\frac{地}{丙}|(天\top夫)$$

式三次

$$地^{二}\top(地|王)=丙|(天\top夫)$$

式四次

$$地^{二}=二丙|天$$

式五次

$$地|王=丙|(天\perp夫)$$

式六次

$$地=\frac{王}{丙|(天\perp夫)}$$

試再加一線課之，如三圖，與切線平行作角亢線，截曲線於氐於房，從氐點作縱橫線，命爲主大，從房點作縱橫線，命爲至亢，用直線求縱線術，得次七式，式中之　$\frac{亢\top大}{至\top王}$　皆未知數，故必求同數代之。以前題求縱線術，求氐點之縱線冪，得次八式，求房點之縱線冪，得次九式，兩式相消，得次十式，其左畔兩縱線冪，相減之餘　$至^{二}\top主^{二}$　即縱線

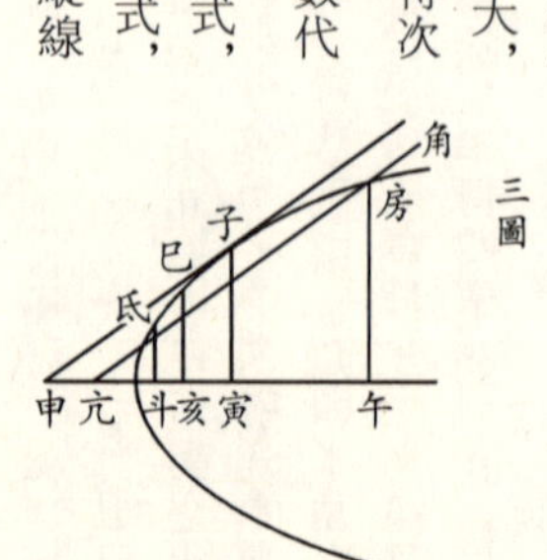

三圖

和乘縱線較，所得之數變易之，得次十一式，左右易位，變乘爲除，得次十二式，用此式之右代七式之 $\frac{元丅大}{至丅主}$ 得次十三式，角亢線漸移與切線合，則氐、房二點變爲子點，式中 $\frac{至丄主}{二丙}$ 變爲 $\frac{地}{丙}$ 與次二式合。

次七式

$$地丅王＝\frac{元丅大}{至丅主}丨(天丅天)$$

次八式

$$主^{二}＝二丙丨天$$

次九式

$$至^{二}＝二丙丨元$$

次十式

$$至^{二}丅主^{二}＝二丙丨(元丅大)$$

次十一式

$$(至丅主)丨(至丄主)＝二丙丨(元丅大)$$

次十二式

$$\frac{元丅大}{至丅主}＝\frac{至丄主}{二丙}$$

次十三式

$$地丅王＝\frac{至丄主}{二丙}丨(天丅夫)$$

今有拋物線，原點在頂，從切點作縱橫線，已知通弦及橫線，求法線。

如圖，午爲原點，丑爲定點，子爲切點，子申爲切線，子巳爲法線，命爲人，與切線正交成直角，巳寅爲次法線，命爲丙，與半通弦等，命切點之縱線爲地，橫線爲天。並同前法，用一題求縱線術，得縱線冪，如一式，加次法線冪丙^{二}，開方除之，得法線，如二式。

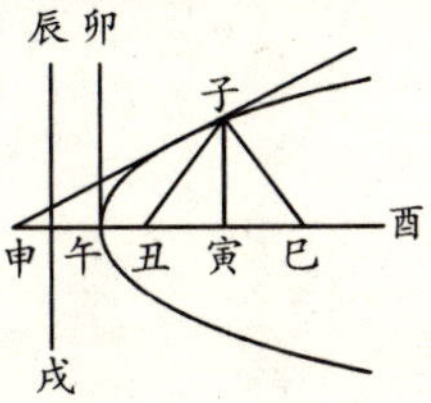

一式

$$地^{二}＝二丙丨天$$

二式

$$人＝\sqrt{丙^{二}丄(二丙丨天)}$$

即

$$人＝\sqrt{丙丨(二天丄丙)}$$

今有拋物線，原點在頂，從切點作縱橫線，已知通弦及縱橫線，求帶徑與切徑交角。

如圖，子爲切點，子申爲切線，子亥爲切徑，子丑爲帶徑，丑子亥角爲帶徑與切徑交角，命爲金，丑巳子角爲法線與橫軸交角，命其巳角爲木，子角爲火，命子點縱橫線爲地天，半通弦爲丙。俱仍前識別，得丑巳線爲天，即寅午線。加丙，即巳寅線。減 $\frac{二}{丙}$ 即丑午線。與子丑線等，如一式，子丑、丑巳兩線既等，則子丑所對之木角與丑巳所對之火角亦必相等。又識別得金角爲法線，所分木角即巳子亥角。火角各得其半，則金角即木角之倍弧也。乃以巳寅爲一率，子寅爲二率，半徑爲三率，木角正切爲四率，即申角餘切。如二式，首率除二率得四率。如三式，檢表，得木角，倍之，即金角。

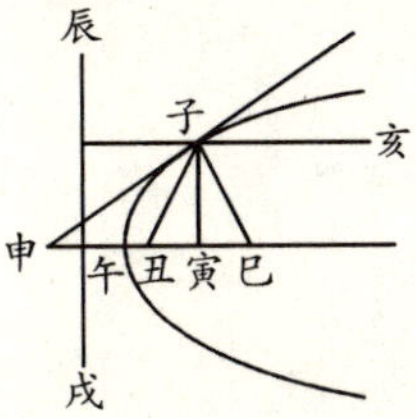

一式

$$子丑＝丑巳＝天丄\frac{二}{丙}$$

二式

$$木切：一∷地：丙$$

三式

$$木切＝\frac{丙}{地}$$

今有拋物線，原點在頂，從定點即心。作切線之垂線，已知通弦及切線，求垂線。

如圖，丑爲定點，丑巳爲垂線，命爲人，子爲切點，子申爲切線，命爲乙，丑午爲四分通弦之一，命爲 $\frac{二}{丙}$ 識別得申巳丑角與巳午丑角爲相似三角形，以午丑比丑巳若丑巳與巳申，如一式，首末二率相乘，開方除之，得中率，即垂線，如二式。

一式

$$乙：人∷人\frac{二}{丙}$$

二式

$$人＝\sqrt{乙丨\frac{二}{丙}}$$

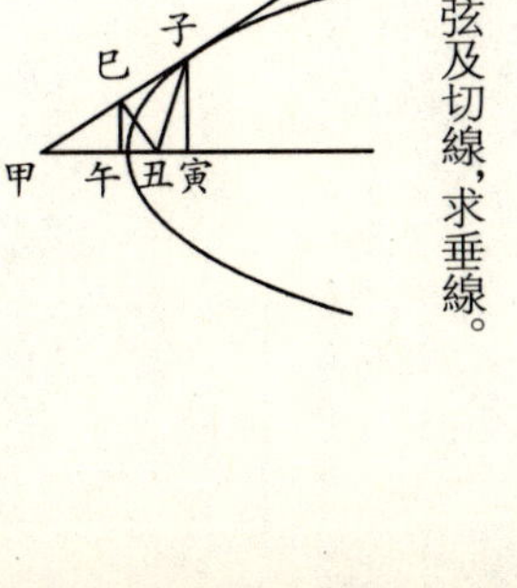

今有拋物線，以切點爲新原點，以切線與切徑爲斜交縱橫二新軸。任從曲線上一點作新舊兩縱橫線，已知切線交橫軸角，又知切點之正縱線及任一點之新斜縱線，求任一點之舊正縱橫線。

如圖，午爲舊原點，午卯、午酉爲舊縱橫二軸，子爲切點，即新原點，子巳爲切線，即新縱軸，子亥爲切徑，即新橫軸，未爲曲線上任一點，未辰爲新縱線，命爲王，未戌爲舊縱線，命爲地，辰子爲新橫線，命爲夫，戌午爲舊橫線，命爲天，子寅爲切點之縱線，命爲乙，寅午爲切點之橫線，命爲甲，子申寅角爲切線交橫軸

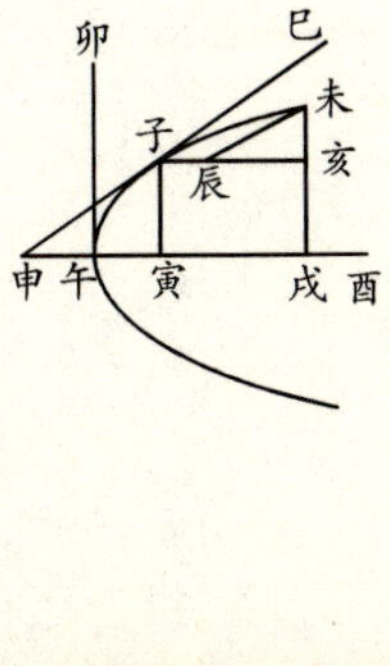

一式

$$未亥＝王丨弦$$

二式

$$地＝乙丄(王丨弦)$$

三式

$$地^{二}＝乙^{二}丄二乙^{一}丨(王丨弦)丄(王^{二}丨弦^{二})$$

角,命其正、餘弦爲弦,弓,又命半通弦爲丙。識別得新斜縱線與切線平行,則子申寅及未辰亥兩角相似。乃用直線末題易縱横軸並易原點術,以半徑比未辰若辰角即申角。正弦與未亥,如一式,加切點縱線,即得任一點之舊縱線,如二式,自之爲地冪,如三式,又用一題求横線術,如四式,以三式右畔代四式之地,如五式,即得任一點之舊横線。

若新縱横線皆已知之,求舊縱横線,則以半徑比未辰若辰角餘弦與亥辰,如次一式,加新横線及切點横線,得舊横線,如次二式,又以通弦除切點縱線冪,得切點横線,如次三式,以切點縱線除半通弦,得申角正切,以申角餘弦,除正弦亦得申角正切,如次四式,故以半通弦比切點縱線若申角正弦與餘弦,如次五式,以次三式右畔代次二式之甲,以次五式右畔代次二式之弓,如次六式,以通弦乘舊横線,得舊縱線冪,如次七式,以次六式右畔代次七式之天,如次八式,開方除之,得舊縱線,如次九式。

若只知新正横線,求新斜縱線,則先求未亥線冪之同數,觀三式與次八式皆地冪,兩式相較而知 $二丙|夫$ 與 $王^{二}|弦^{二}$ 兩數相等,如次十式,即未亥線冪。移弦於右,變乘爲除,如次十一式,右畔開方除之,得新斜縱線,如次十二式。

四式

$$天=\frac{二丙}{地^{二}}$$

五式

$$天=\frac{二丙}{乙^{二}\perp二乙|(王|弦)\perp(王^{二}|弦^{二})}$$

次一式

$$亥辰=王|弓$$

次二式

$$天=甲\perp天\perp(王|弓)$$

次三式

$$甲=\frac{二丙}{乙^{二}}$$

次四式

$$\frac{乙}{丙}=切=\frac{弓}{弦}$$

次五式

$$弓=\frac{丙}{乙|弦}$$

次六式

$$天=\frac{二丙}{乙^{二}}\perp夫\perp\frac{丙}{乙|王|弦}$$

次七式

$$地^{二}=二丙|天$$

次八式

$$地^{二}=乙^{二}\perp二丙|夫\perp二乙|王|弦$$

次九式

$$地=\sqrt{乙^{二}\perp二丙|夫\perp二乙|王|弦}$$

次十式

$$王^{二}|弦^{二}=二丙|夫$$

次十一式

$$王^{二}=\frac{弦^{二}}{二丙|夫}$$

次十二式

$$王=\sqrt{\frac{弦^{二}}{二丙|夫}}$$

今有抛物線,原點在心,任從曲線上一點作縱横線,已知帶徑交軸角及通弦,求帶徑。

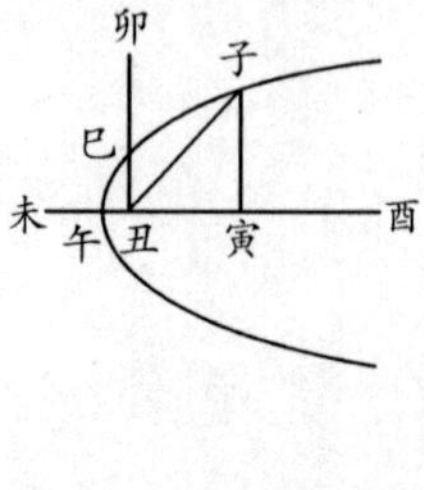

一式

$$人:一::丙:一丅弓$$

二式

$$人=\frac{一丅弓}{丙}$$

如圖,丑爲心點,即原點,任從曲線子點作縱横線,命爲天、地,子丑爲帶徑,命爲人,未丑即巳丑,爲半通弦,命爲丙,子丑寅角爲帶徑交軸角心點爲極丑角,又名極角,命其正、餘弦爲弦、弓。識別得帶徑子丑等於寅未,即 $天\perp丙$ 帶徑爲弦,天爲句,丙爲句弦較。乃以極角餘弦減半徑爲一率,丙爲二率,半徑爲三率,求得四率,即帶徑,如上式。

今有抛物線,原點在頂,任從曲線上一點作縱横線,已知縱横線,求截積。

一式

$$人:天|地::二:三$$

二式

$$人=\frac{三}{二}|(天|地)$$

如一圖,午爲原點,子爲曲線上任一點,命其縱線子寅爲地,横線寅午爲天,子卯午寅爲縱横線相乘之矩形,子巳午寅爲抛物線一段面積,命爲人,識別得抛物線面積爲矩形三分之二,乃以三爲

一圖

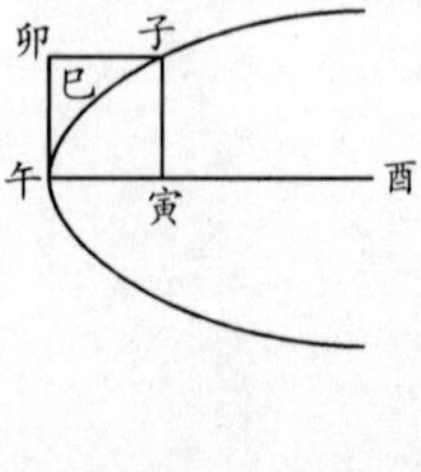

一率，二爲二率，天地相乘爲三率，求得四率，即拋物線之截積，如上式。

何以知面積爲矩形三分之二也？如二圖，試於曲線上辰、巳、未諸點各作縱橫線，皆與子寅及寅午平行，成拋物線內辰寅與巳亢諸矩形，又成拋物線外辰卯與巳氐諸矩形，命線內諸矩形爲甲、乙、丙、丁，線外諸矩形爲巳、庚、辛、壬，諸縱線爲地、王、主、至，諸橫線爲天、夫、大、元。乃以辰點縱線辰亢，乘子辰兩橫線較亢寅，得辰寅矩形即甲，如次一式，又以辰點橫線辰氐，乘子辰兩縱線較卯氐，得辰卯矩形即巳，如次二式，以次二式除次一式，如次三式，子辰諸點皆在曲線上，其求縱橫線術並同前一題，求得子辰兩橫線較之同數，如次四式，又求得辰點橫線之同數，如次五式。以次四、五式之右畔，代次三式中之夫，$天丅夫$ 如次六式，其右畔法實中皆有 $二丙$ 可消去不計，如次七式，右實 $地^{二}丅王^{二}$ 之餘數，即 $地丅王$ 乘 $地丄王$ 之得數，法實中皆有 $地丅王$ 亦消去不計，如次八式，以王約之，如次九式，法實同爲王，其得數必爲一，以一加 $\frac{王}{地}$ 代次九式之右畔，如次十式，求得線外矩形巳與線內矩形甲之比同於一與 $一丄\frac{王}{地}$ 之比，如次十一式，若辰點漸移合於子點，則王變爲地，法實同爲地，其得數亦必爲一，次十一式之 $一丄\frac{王}{地}$ 遂變爲二，故知拋物截積子辰亢寅得三分之二，而線外餘積子辰氐卯得三分之一也，兩線所成之截積其比例如是類推，衆線合成之面積其比例亦莫不如是。

二圖

次一式

$$甲＝王|(天丅夫)$$

次二式

$$巳＝夫|(地丅王)$$

次三式

$$\frac{巳}{甲}＝\frac{夫|(地丅王)}{王|(天丅夫)}$$

次四式

$$天|夫＝\frac{二丙}{地^{二}丅王^{二}}$$

次五式

$$夫＝\frac{二丙}{王^{二}}$$

次六式

$$\frac{巳}{甲}＝\frac{\frac{丙二}{王^{二}}|(地丅王)}{王|\frac{丙乙}{(地^{二}丅王^{二})}}$$

次七式

$$\frac{巳}{甲}＝\frac{王^{二}|(地丅王)}{王|(地^{二}丅王^{二})}$$

次八式

$$\frac{巳}{甲}＝\frac{王^{二}}{王|(地丄王)}$$

次九式

$$\frac{巳}{甲}＝\frac{王}{地丄王}$$

次十式

$$\frac{巳}{甲}＝一丄\frac{王}{地}$$

次十一式

$$一丄\frac{王}{地}：一：：甲：巳$$

此平方拋物線也，此外又有立方拋物線，三乘方拋物線，半立方拋物線，半三乘方拋物線，其算式，則平方爲 $地^{二}＝二丙|天$ 立方爲 $地^{三}＝二丙|天$ 三乘方爲 $地^{四}＝二丙|天$ 半立方爲 $地^{\frac{三}{二}}＝二丙|天$ 半三乘方爲 $地^{\frac{四}{二}}＝二丙|天$ 茲不備載。

清·華蘅芳《拋物線說》 拋物線之用

測一秒中物之墜數。

以物不用拋力從高處放手，任其自落，測得歷若干秒落至地面，乃以高之尺寸爲實，秒數之平方爲法，除之，即得一秒中地心攝力使物下墜之數。

測一秒中物之平速。

以物向空中若干度拋出，及物落至地面，量得其距拋處若干處。乃以半徑爲一率，拋角正切爲二率，拋落距爲三率，求得四率，以一秒中墜數除之，開平方，得秒數。又以半徑爲一率，拋角正割爲二率，拋落距爲三率，求得四率，以秒數除之，即得物受拋力一秒中行平速之數。

求墜率及平速率簡法

一率半徑	一率半徑
二率拋角正切	二率拋角正割
三率平地拋落距	三率平地拋落距
四率墜率	四率速率

此法所求墜率速率不拘定一秒，故其數與前不同，然用以入算則無異，以其比例同也。

設角求距術

拋物線之用處不外乎二大類，一曰設角求距，一曰設距求角。

高抛求平距：

一率半徑，二率抛角正弦，三率平速率，求得四率，以墜率除之，寄左。

一率半徑，二率抛角餘弦，三率平速率，求得四率，以寄左數乘之，得平地抛落距。

高抛求高斜距：

一率抛角正割，二率抛斜兩正切較，三率平速，求得四率，以墜率除之，寄左。

一率抛角正割，二率斜度正割，三率平速率，求得四率，以寄左數乘之，即得斜上之抛落距。

高抛求低斜距：

一率抛角正割，二率抛斜兩正切和，三率平速，求得四率，以墜率除之，寄左。

一率抛角正割，二率斜度正割，三率平速率，求得四率，以寄左數乘之，即得斜下之抛落距。

平抛求低斜距：

一率半徑，二率斜度正切，三率平速率，求得四率，以墜率除之，寄左。

一率半徑，二率斜度正割，三率平速率，求得四率，以寄左數乘之，即得斜下之抛落距。

低抛求低斜距：

一率抛角正割，二率抛斜兩正切較，三率平速，求得四率，以墜率除之，寄左。

一率抛角正割，二率斜度正割，三率平速率，求得四率，以寄左數乘之，即得斜下之抛落距。

求最大抛落距：

地面有斜度者，以斜度加減上斜用加，下斜用減。九十度，半之，爲最大之抛角。無斜度者，以九十度半之，爲最大之抛角，各加其本術入之，即得最大之抛落距。

設距求角術

平距求抛角：

一率倍抛點距心數，即平地最大之抛落距，二率平距數，三率半徑，求得四率，檢餘弦表，得度，以加減九十度，而半之，轉減九十度，得大小兩抛角。

低斜距求抛角：

一率半徑，二率斜度正弦，三率斜距，求得四率爲加數。

以斜距爲平三角形之底，抛點距心數爲小要，以加數與抛點距心數相加爲大要，用三邊求角法求得對大邊之角爲用角。

置斜度與九十度之和，以用角加減之，半之，與九十度相減得大小兩抛角。

若所得之角爲九十度減餘，則爲低抛角。相減適盡者，其抛角爲○度。

高斜距求抛角：

一率半徑，二率斜度正弦，三率斜距，求得四率爲減數。

以斜距爲平三角形之底，抛點距心數爲大要，以減數減之，爲小要，用三邊求角法求得對小要之角爲用角。

置斜度與九十度之較，以用角加減之，半之，以減九十度得大小兩抛角。

清·翟蓮舫《抛物淺釋》

第一平擊式内分三支。

一支

有槍礮初成，求平擊最遠界，立法如左。

凡槍礮必先求平擊最遠界，以爲推算之根。

法令槍礮軸線對準儀器四十五度，高弧演放，試得彈子落於何處量得若干丈，是爲最遠界。

又法

因彈子落地太遠，不便丈量，則令槍礮軸線所對弧度大於四十五度，小於四十五度，則鉛子落地尚能横行，不便於入算。量得彈子落地丈尺以爲勾，檢表得對角正切，有比例如左。

一率　半徑一甲子。

二率　對角正切子丁。

三率　落地丈尺甲乙。

四率　丙乙線

既得，四率，便以爲股，有連比例如左。

首率　丙乙線

中率　落地丈尺甲乙。

末率　乙丑線

既得末率，加四率，丙乙線半之，即平擊最遠界。

圖附後。

如圖，丙甲乙角爲槍礮軸所對之角，甲乙爲彈子落地丈尺，甲子爲對角半徑，丁子爲對角正切線，先令甲子與丁子比若甲乙與丙乙比，又以丙乙與甲乙比若甲乙與乙丑比，以乙丑與丙乙相加得丙丑，半之，是爲最遠界。

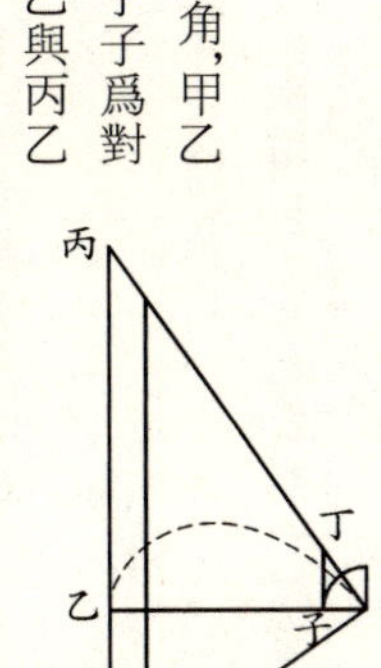

又捷法

檢表得丙甲乙餘角倍度之正弦，有比例如左。

一率　餘角倍度正弦

二率　半徑一

三率　落地丈尺

四率　平最遠界

二支

設有槍礮平擊最遠界，若逐度求遠界，立法如左。

法先檢表得今所對之角正切線，有比例如左。

一率　最遠界正切

二率　最遠界

三率　今對角正切

四率　今遠界

求得四率，即今遠界。

三支

設有槍礮平擊最遠界若干里，今欲平擊至若干里，其槍礮軸應昂若干度，立法如左。

法以最遠界每里一千八百尺。乘之，得若干尺，爲弦自之，得若干尺，爲弦冪，於上。又以今遠界通里法，得若干尺，爲勾自之，得若干尺，爲勾冪，減上，餘若干尺，開平方，得數爲股，減弦，得數爲股弦較，有比例如左。

一率　今遠界戊己。

二率　股弦較丙己。

三率　半徑一

四率　應昂度之正切線

求得四率，檢表得槍礮應昂度。

圖附後。

如圖，甲丙爲最遠界對角所向，甲乙爲最遠界，戊乙、丙乙等。戊己爲今遠界，命戊乙爲弦，戊己爲勾，求得股，己乙減丙乙餘丙己爲股弦較，又爲丙戊己角之股，故以戊己與丙己比若半徑與丙戊己角之正切比，即勾與股弦較比。

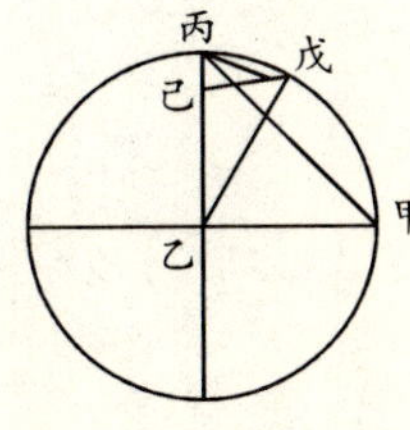

第二仰擊式內分五支。

一支

設有槍礮平擊最遠界，今仰擊山上，山坡高於平地若干度，求斜上最遠界若干里，立法如左。

法先檢表得山坡高度之正弦，以半徑一加之，有比例如左。

一率　半徑加山高度正弦丙乙。

二率　半徑一戊丁即丙丁。

三率　平擊最遠界甲乙即丙乙。

四率　斜上最遠界戊丁。

求得四率，即斜上最遠界。

圖附後。

如圖，甲乙爲平擊最遠界，丙乙等甲丙爲平擊對角所向，丙丁戊丁俱半徑丁乙爲山坡高度正弦，以半徑加正弦與半徑比若丙乙與丙丁比，丙丁即戊丁，爲山坡高於平地之斜上最遠，戊丁爲弦，丁乙爲股，丙乙爲股弦

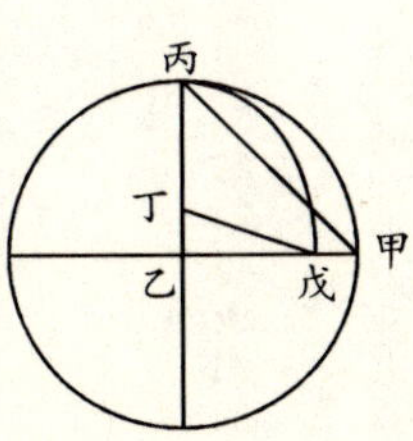

和，故半徑加高度正弦與半徑比若平最遠與斜上最遠比，即股弦和與弦比。

二支

設有槍礮仰擊斜上最遠界，求底線若干里，立法如左。

法先檢表得山坡高度正割若干數，又高度正切若干數，兩數相減餘若干數，有比例如左。

一率　半徑一同於甲乙。

二率　高坡度正割減正切同於甲丁減丁戊。

三率　平擊最遠界甲乙。

四率　斜上最遠之底線甲戊即甲己。

求得四率，即斜上最遠界底線。

圖附後。

如圖，甲乙爲平擊最遠界，乙甲丙爲平擊對角，甲丁爲出坡，丁甲乙角爲山坡高度，令甲乙爲半徑，甲丁爲其正割，丁乙爲其正切。丁乙即丁戊，以減甲丁，餘甲戊作弧線，令等於甲己爲底線，甲丁爲弦，丁乙爲股，甲乙爲勾，甲戊爲股弦較，故半徑與正割減正切比若平擊最遠界與斜上最遠界之底線比，即勾與股弦較比。

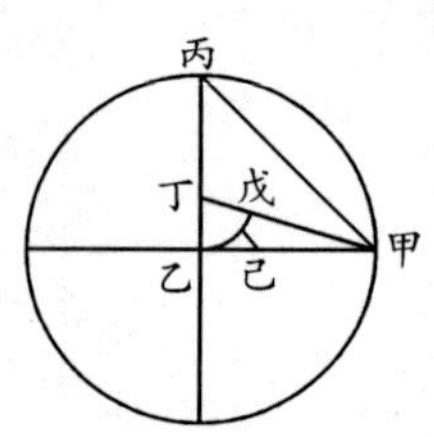

三支

設有槍礮斜上最遠界之底線，今仰擊山上最遠界，槍礮軸應昂若干度，立法如左。

法用山坡高度正切線，有比例如左。

一率　斜上底線甲己。

二率　平擊最遠界甲乙。

三率　半徑一

四率　丁甲乙角之正切線丁乙。

求得四率，檢表得槍礮軸應昂之度。

附捷法

法以山坡高度之正切，減正割，以除半徑一，得數爲正切線，檢表得斜上最遠界度。按：平擊最遠界恒爲四十五度，求斜上最遠界，則以山之斜向上度加象限二而一，得數爲山之斜向上最遠界度，此仰擊法也。

四支

設有槍礮仰擊最遠界及應昂之度，若逐度求遠界，立法如左。

法倍斜上最遠界之高度，與所求之高度相減，餘度之正切，與所求高度之正切相加，檢表得山坡高度正割線，有比例如左。

一率　兩正切和

二率　山坡高度正割

三率　倍平擊最遠

四率　所求度遠界

求得四率，即今度遠界。

五支

設有槍礮仰擊最遠界若干里，今欲仰擊至若干里，其槍礮軸應昂若干度，立法如左。

法與平擊第三支同。

第三俯擊法内分五支。

一支

設有槍礮平擊最遠界，今俯擊山下，山坡高於平地若干度，求斜下最遠界若干里，立法如左。

法先檢表得山坡高度正弦，以半徑減之，有比例如左。

一率　半徑減山高度正弦甲戊即甲乙。

二率　半徑一丙丁即甲丁。

三率　平擊最遠界甲乙。

四率　斜下最遠界甲丁。

求得四率，即斜下最遠界。

圖附後。

如圖，甲乙爲平擊最遠界，甲丙爲對角所向，甲丁爲山坡低度之斜下最遠界，丙丁等。爲弦，戊丁乙丁等爲股，丙丁減乙丁餘丙乙，甲乙等。作弧線，令等於甲戊，爲股弦較，故以丙丁半徑，減丁乙正弦，與丙丁半徑

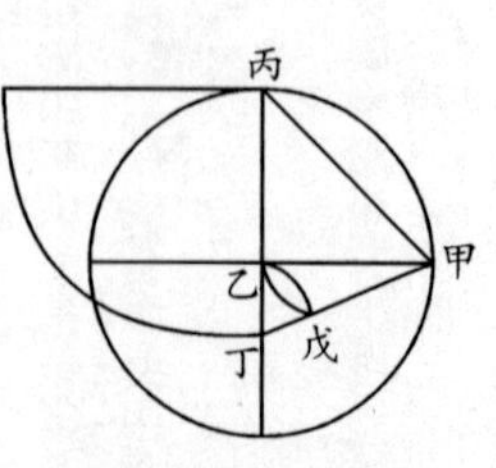

比若甲乙平擊最遠界，與甲丁斜下最遠界比，即股弦較與弦比。

二支

設有槍礮俯擊斜下最遠界，求底線若干里，立法如左。

法先檢表得山坡高度正割若干數，又高度正切若干數，兩數相加共若干數，有比例如左。

一率　半徑一

二率　正割正切和

三率　平擊最遠界戊丙。

四率　斜下最遠底線甲丙。

求得四率，即斜下最遠界底線。

圖附後。

如圖，甲乙爲斜下最遠界，以戊丙爲半徑，戊丁爲正割，令同於甲丁，丁丙爲正切，甲丁加丁丙得甲丙，爲底線，戊丙爲股，戊丁爲弦，甲丁等。丙丁爲勾，甲丙爲勾弦和，故半徑與正割加正切比若平最遠界與斜下最遠界之底線比，即股與勾弦和比。

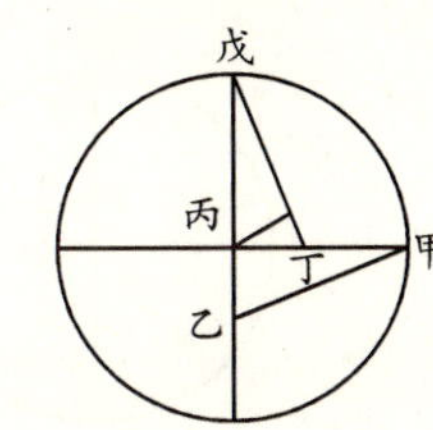

三支

設有槍礮斜下最遠界之底線，今俯擊山下最遠界槍礮軸應昂若干度，立法如左。

法用山坡高度正切線，有比例如左。

一率　斜下底線甲丙。

二率　平擊最遠界

三率　半徑一戊丁。

四率　丁戊丙角之正切線丁丙。

求得四率，檢表得槍礮軸應昂之度。

附捷法

法以山坡高度之正割加正切，以除半徑一，得數爲正切線，檢表得斜下最遠界度。按：平擊最遠界恒爲四十五度，求斜下最遠界，則以山之斜向下度減象限二而一，得數爲山之斜向下最遠界度，此俯擊法也。

四支

設有槍礮俯擊最遠界及應昂之度，若逐度求遠界，立法如左。

法與仰擊四支同。惟仰擊倍向上高度過一象限，俯擊倍向下高度不及一象限也。

五支

設有槍礮俯擊最遠若干里，今欲俯擊至若干里，其槍礮軸應昂若干度，立法如左。

法與平擊第三支同。

第四術凡二術。

設如拋物線面有從横線，求内容正方形之方邊。

術曰：從線倍之，自之，爲正實。以横線除實爲負方。

一爲負隅，平方開之，得元數即方邊。

又術曰：横線自之爲正實。倍從線，自之，以横線除之，復以倍從線加之，爲負方。一爲正隅，平方開之得元數，以減横線，即方邊。

草曰：如圖，寅子己丑拋物線面内容卯辰申未正方形，令子丑横線爲甲，寅丑從線爲乙，方邊爲天，準《代微積拾級》卷五拋物線第一款之四系，得比例

$卯午^{二} : 寅丑^{二} :: 子午 : 子丑$　即　$\frac{四}{天^{二}} : 乙^{二} :: 甲丅天 : 甲$　故得

$甲乙^{二}丅乙^{二}天 = \frac{四}{甲天^{二}}$　通分移之，得　$四甲乙^{二}丅四乙^{二}天丅甲天^{二} = 〇$

爲開方式。

又草曰：令方邊横線較爲天，即　$子午 = 天$　而卯午冪爲　$\frac{四}{(甲丅天)^{二}}$　則

前比例更爲　$\frac{四}{(甲丅天)^{二}} : 乙^{二} :: 天 : 甲$　所以得　$甲^{三}丅(二甲^{二}丄四乙^{二})天^{二}丄甲天$　爲又術開方式。

清・楊兆鋆《須曼精廬算學》卷二　物擺致用

拋線自切點作徑必平方與切線，平行之通弦，試言其理。

如圖，乙爲切點，乙子爲切線，丙戊爲通弦，與切線平行，乙寅爲切點上之

徑，交丙戊於午，試作戊庚、乙丁、丙壬三正弦，又作午未等於乙丁，又作戊己正交諸正弦，又引長丙壬至辛，準同式句股例：　乙丁：子丁∷丙己：戊己　乙丁：二甲丁∷丙己：戊己　因　通徑：二正弦和∷二正弦較：二截徑較　∴通徑：己辛∷丙己：戊己　通之，　通徑：己辛∷乙丁：二甲丁　又　通徑：正弦∷正弦：截徑　∴通徑：二乙丁∷乙丁：二甲丁　∴己辛＝二乙丁　己辛＝戊庚丄丙壬＝二乙丁＝二午未　戊庚丄己壬＝二丑未　∴丙己＝二丑午　準同式句股例：丙戊：丙己∷午戊：丑午　則　丙戊＝二午戊　∴午丙＝午戊

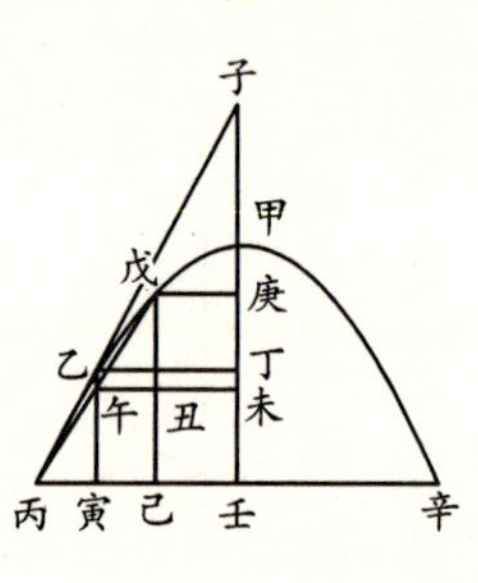

抛線二截徑較與二正弦較比同於二正弦和與通徑比，試言其理。

如圖，丁壬爲甲丁、甲壬二截徑之較，己辛爲丁戊、壬辛二正弦之較，己庚爲二正弦和，有比例　通徑：壬辛∷壬辛：甲壬　通徑：丁戊∷丁戊：甲丁　通徑甲壬＝壬辛^{2}　通徑甲丁＝丁戊^{2}　通徑丁壬＝壬辛^{2}丅丁戊^{2}　即　通徑丁壬＝己辛己庚　∴通徑：己庚∷己辛：丁壬

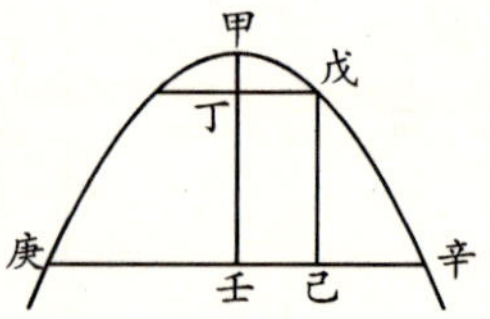

抛線切線内任取諸點作諸線正交通弦，諸線在曲線外一分之比若切線諸截分方之比，亦若通弦諸截分方之比。

如圖，切線内任取壬子丑寅諸點，作壬庚、子丁、丑未、寅癸諸線，皆正交通弦，題言壬戊、子甲、丑午、寅癸諸分比若丙壬、丙子、丙丑、丙寅諸分方比，亦丙庚、丙丁、丙未、丙癸諸分方比：　庚癸：丙庚∷戊庚：壬戊　丙庚庚癸：丙庚^{2}∷戊庚：壬戊　丙丁丁癸：丙丁^{2}∷甲丁：子甲　因　丙庚庚癸＝戊庚通徑　丙丁丁癸＝甲丁通徑　得　丙丁丁癸：丙庚庚癸∷甲丁：戊庚　∴丙丁^{2}：丙庚^{2}∷子甲：壬戊　準同式句股例　丙子^{2}：丙壬^{2}∷丙丁^{2}：丙庚^{2}　∴丙子^{2}：丙壬^{2}∷子甲：壬戊　餘類推。

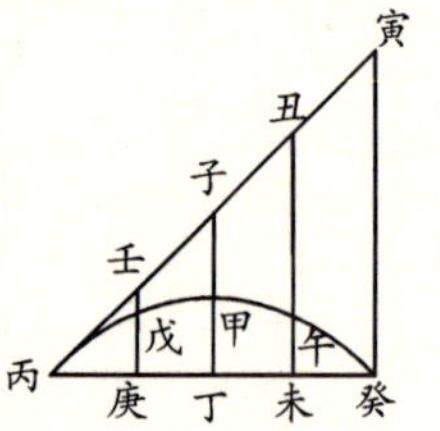

抛線之帶徑，恒等於心點截徑與所截割弧截徑之和，試言其理。

如圖，乙爲抛線心，乙丙爲帶徑，甲丙爲所割之弧，甲丁爲甲丙之截徑，甲乙爲心點之截徑。準抛線理，通徑等於甲乙之四倍，取乙丙丁句股形，有比例　乙丙^{2}＝乙丁^{2}丄丙丁^{2}　乙丁＝甲丁丅甲乙　因　正弦^{2}＝截徑通徑丙丁^{2}＝四甲乙甲丁　則　乙丙^{2}＝(甲丁丅甲乙)^{2}丄四甲乙甲丁＝甲丁^{2}丅二甲乙甲丁丄甲乙^{2}丄四甲乙甲丁＝甲丁^{2}丄二甲乙甲丁丄甲乙^{2}　故　乙丙＝甲丁丄甲乙

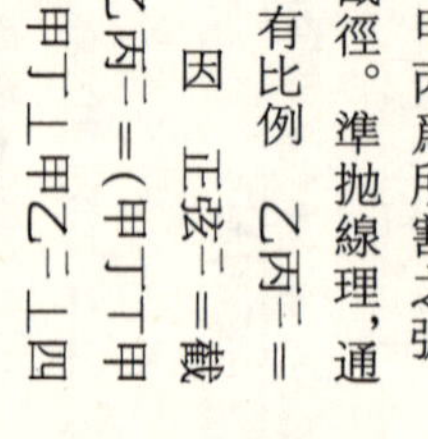

已知抛線之心及線上任兩點，求作全線。

如圖，甲爲抛物線心，乙丙爲線上任二點，作乙甲、丙甲二線，復作戊乙、己丙，令與地平正交且等於乙甲、丙甲二線，於戊、己兩點作子丑線，平於地平，子丑即爲準線。乃取壬庚丁矩尺作庚丁線等於矩尺之股，一頭繫甲心，一頭擊丁點，壬庚矩尺不離準線，用筆綰線在辛點，將矩尺向丑漸移，即成辛乙寅半線。乃移矩尺至左，亦如之而成卯辛寅全線也。

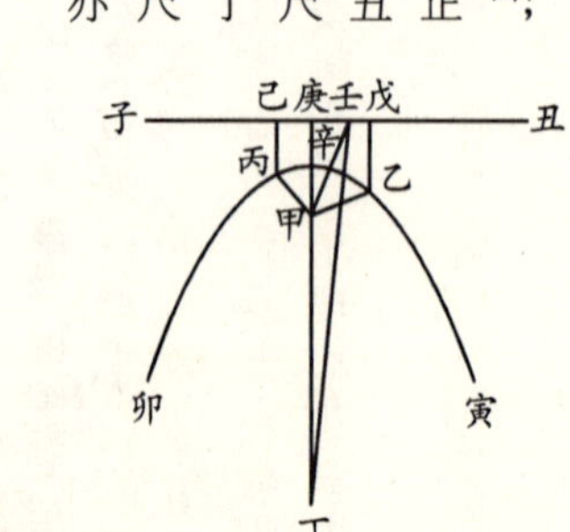

西人言抛物線有準線而不及他曲線，近來天算家言橢圓、雙曲線皆有準線，但不爲直線而爲圓線。試詳言之。

如圖，甲、乙爲二心，以甲爲心引長徑，令丁丙等乙丙，以丁甲爲半徑，作戊丁己圓，任於曲線上取庚點，作甲庚引長至辛，則辛庚等乙庚，蓋辛甲等長徑乙庚，加甲庚亦等長徑，故戊丁己圓爲橢圓之準線。

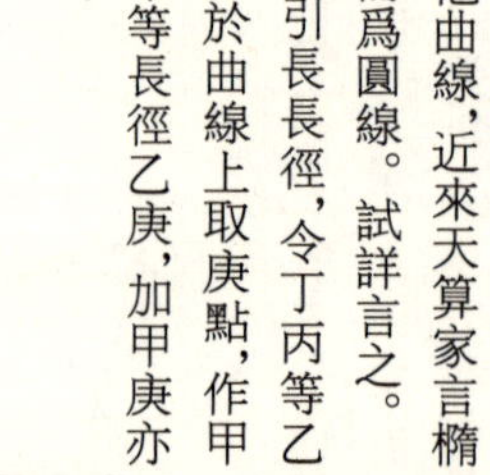

再言雙曲線。

如圖，甲、乙爲二心，取丁丙等乙丁，以甲爲心，甲丙爲半徑，作戊丙己圓，任於曲線上取庚點，作庚甲，則庚辛等庚乙，盡辛甲等長徑，庚甲減庚辛或庚乙亦等長徑，故戊丙己圓爲雙曲線之準線。

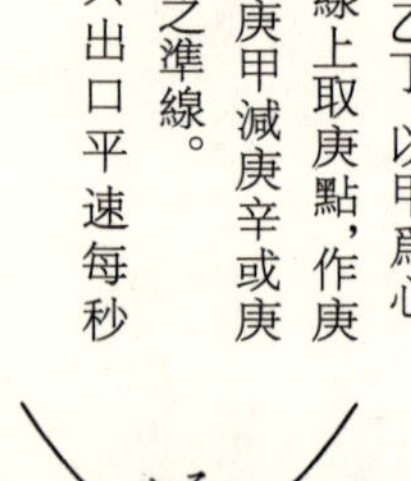

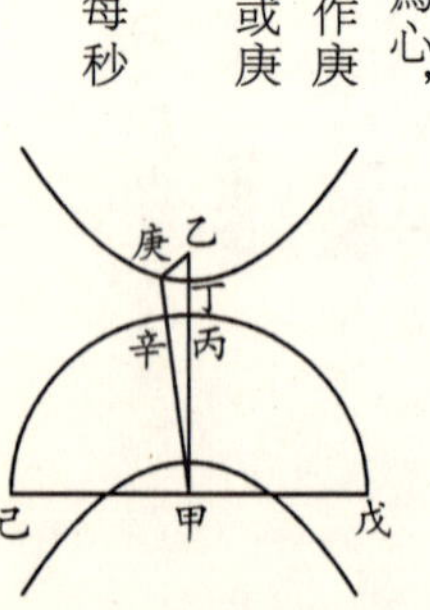

假令礮子最遠界五十里，其出口平速每秒若干。

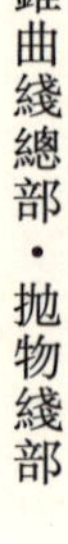

答曰：一千五百七十五尺九寸奇。

如圖，甲丙最遠界五十里，即九萬尺。甲爲礮子出口處，甲乙方向線交地平成角四十五度，乙丙爲地力攝引下行之路，亦九萬尺。甲乙爲平速路，求之有等式

甲乙路 $=\sqrt{甲丙\perp乙丙}=\sqrt{一六二〇〇〇〇〇〇〇〇}$ $=一二七二七八$　甲乙時 $=\sqrt{\frac{二甲丙}{力}}=\sqrt{\frac{一八〇〇〇〇}{二七六}}$ $=\sqrt{六五二一}=八〇七$　平速 $=\frac{路}{時}=\frac{一二七二七八〇}{八〇七}=一五七五九$

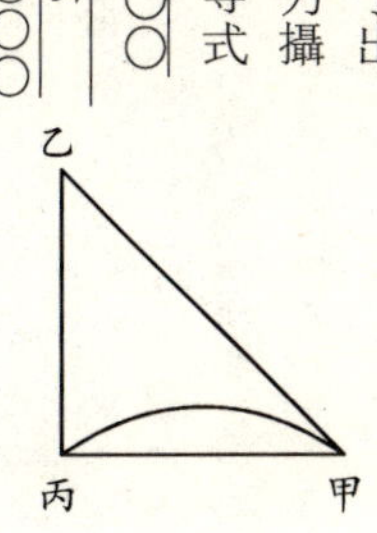

物行拋物線，自拋點至頂點，其方向速率處處不同，任取一點，求其方向及速率。

如圖，子丑爲準線，寅爲曲線心，甲爲拋點，甲丙乙爲拋物線，丙爲頂點，物自甲至丙方向速率處處不同。設於甲丙線上任取戊點，求其方向，則準曲線例切線與距準線所成角等於切線與帶徑所成角，故切戊點與丑甲平行，作癸戊距準線，又自寅至戊作寅戊帶徑，成寅戊癸角，作戊壬線平分之，則戊壬爲戊點切線，即爲其方向線。依第一款法求之，式如下：

甲乙 $=\frac{速^{二}}{力}(二甲)$正弦　甲己 $=$ 速時　己戊 $=$ 半力時　甲丁 $=$ 甲己 $\perp$ 甲角餘弦　甲乙 $\top$ 二甲丁 $=$ 辛戊　$\frac{乙丁己戊}{甲丁}=$ 戊丁　戊丁 $=$ 卯庚　丙庚 $\top$ 卯庚 $=$ 丙卯　四丙卯 $=$ 壬辛　$\sqrt{壬辛^{二}\perp辛戊^{二}}=$ 壬戊

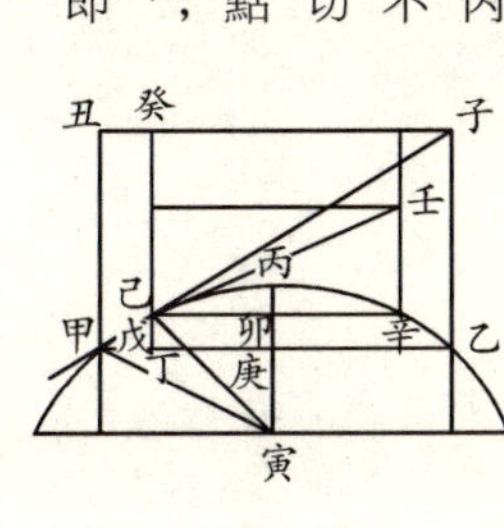

有礮子初行方向與地平交角四十五度，墮地處距發處二千步，試推其平速若干。

答曰：五百二十五尺奇，即一秒所行平速路。

如圖，礮在丙，礮子墮於乙，丙乙爲拋線界二千步，甲丙乙角爲方向，與地平交角四十五度，甲乙爲地方攝引下行之路，亦二千步，甲丙爲平速路。以代數推之，有等式五尺爲一步。

甲丙時 $=\sqrt{\frac{二路}{力}}=\sqrt{\frac{二〇〇〇〇〇}{二七六}}=二六九九$　甲丙路 $=\sqrt{甲乙^{二}\perp乙丙^{二}}=$ $一四一四二〇$　$\frac{路}{時}=\frac{一四一四二〇}{二六九九}=五二五奇$

有礮子已知最遠界五十里，今距敵營二十七里，當用何方向攻之。

答曰：方向有二：一，交地平角十六度；一，七十四度。

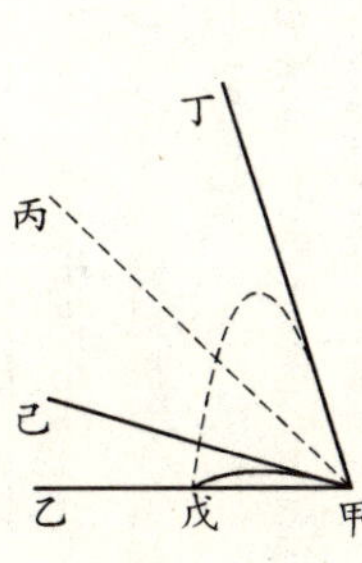

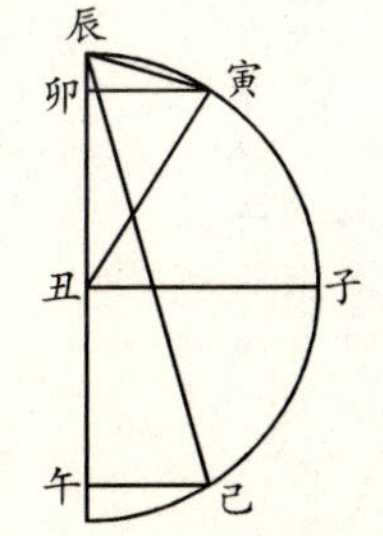

如圖，甲乙最遠界，丙甲乙爲軸線交地平所成半直角，敵營在戊，以礮攻之，有甲己、甲丁二方向，己甲乙小於半直角，丁甲乙大於半直角，其較角丙甲己、丁甲丙恒等。法以最遠界爲子丑半徑，因其半直角，故寅丑辰丑同。礮距營爲寅卯正弦，己午同。正弦分半周爲二弧，二弧之通弦辰寅、辰己，即礮軸二方向線，先取寅卯丑句股形，求得卯丑餘弦股。爲四十二里強，以減半徑得辰卯正矢八里弱，取辰卯寅句股形，求得辰寅通弦。爲二十八里強，即方向線，又辰寅爲一率，寅卯爲二率，全數爲三率，求得四率，辰寅卯餘弦九六，檢表得辰寅卯角一十六度，即上圖之己甲乙角，與象限相減得丁甲乙角，爲七十四度。

有高山二十里上有敵營，距我營平地十五里，用昨日之礮攻之，礮軸當用何方向。

答曰：方向有二，一，交地平角七十七度十五分，一，六十六度二十五分。

如圖，乙丙爲山高二十里，甲丙爲距平地十五里，先求得甲乙拋界二十五里，命乙甲丙角爲房，丁甲丙角爲尾，較角之外角爲癸，房角求得五十三度。有等式

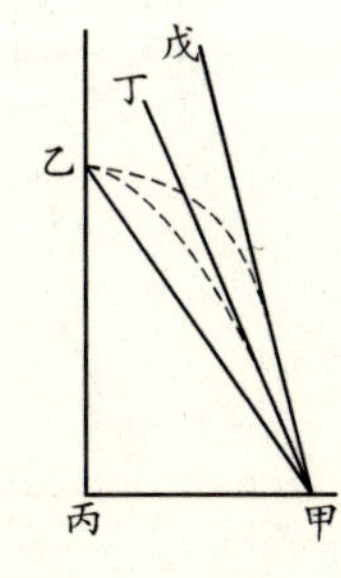

甲乙 $=\frac{二拋高(半周\top癸)正弦\top房正弦}{房餘弦^{二}}$　半周 $\top$ 癸 $=$ 二尾 $\top$ 房

$\frac{甲乙房餘弦^{二}}{二拋高}\perp$ 房正弦 $=(半周\top癸)$正弦 $=$ 癸正弦

$\frac{五〇}{八七〇二五}$丄房正弦＝一七四〇五丄八〇七六四　九八一六九＝七九度一〇分

$\frac{二}{一}$(直角丄房)$\pm\frac{二}{一}$(直角丅癸)＝大小二方向　$\frac{二}{一四三度}$＝七一度五〇分

$\frac{二}{一〇五〇}$＝五二度五分　兩相加，得大方向，減得小方向　七七度一五分＝大交角戊甲丙　六六度二五分＝小交角丁甲丙

我既破敵移營山頂，敵復於山後平地結營，其距亦十五里，我以前礮再攻之，當用何方向。

答曰：大方向交地平角一百六十五度，小方向角五十二度。

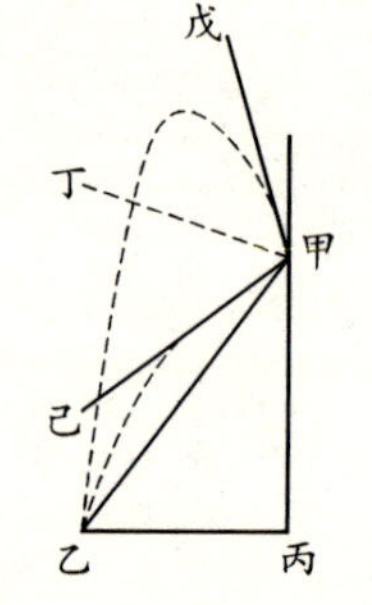

如圖，甲丙山高二十里，乙丙平地距十五里，甲乙斜面二十五里，求得丙甲丁最遠角，半周加房角度三十七度，折半。丁甲己角，半周減癸角度六十七度，折半。兩相加得大方向交角，丙甲戊爲一百六十五度，相減得小方向交角丙甲己爲五十二度。

丙甲乙＝房　較角外角＝癸　甲乙＝$\frac{房餘弦^{二}}{二拋界(半周丅癸)正弦丅房正弦}$

$\frac{二拋界}{甲乙房餘弦^{二}}$丄房正弦＝(半周丅癸)正弦＝癸正弦　$\frac{五〇}{一六〇〇}$丄六〇＝三二丄六〇＝九二＝六七度　$\frac{二}{半周丄房}\pm\frac{二}{半周丅癸}$＝大小二方向角

一〇八度三〇分$\pm$五六[度]三〇[分]$\begin{cases}＝一六五度＝大方向角\\＝五二度＝小方向角\end{cases}$

有敵營距我營三十里，我以遠界五十里之礮攻之，連發二鉛子，欲其同時至敵營，其法若何。

答曰：鉛子行大方向線歷一百〇八秒三十三分，行小方向線歷三十六秒十四分，行大方向者，須先放至七十二秒十九分時，乃放行小方向者，方能同時擊敵。

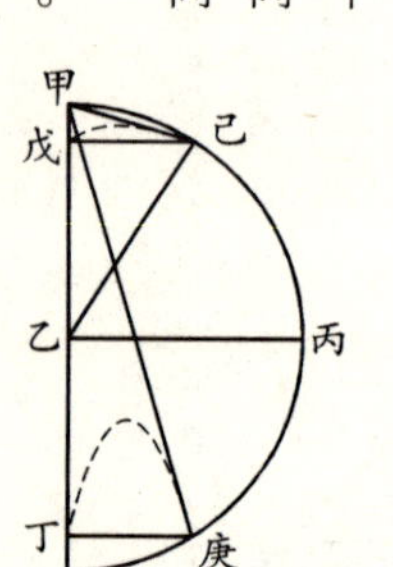

如圖，乙丙爲遠界五十里，乙己、甲乙並同。己戊爲兩營距三十里，庚丁同。甲己戊爲小方向角，甲庚丁爲大方向角，有等數：

己乙：己戊∷半甲：乙正弦　乙角＝三六五〇　$\frac{二}{乙角}$＝甲己戊＝一八二五

象限丅甲己戊＝甲庚丁＝七一三五　乙戊＝$\sqrt{己乙^{二}丅己戊^{二}}$＝四〇　甲戊＝甲乙丅乙戊＝一〇　甲丁＝九〇　小方向時＝$\sqrt{\frac{半方}{甲戊}}$＝三六一四

大方向時＝$\sqrt{\frac{半方}{甲丁}}$＝一〇八三三　大方向先行時＝七二一九

假如距我營二里有山，敵於山頂立大旗，距平地一里，敵營在山後，距我營八里，我欲以礮攻敵營並擊去大旗，當用最遠之界若干之礮軸線，依何方向。

答曰：最遠界八里，又一百十九丈三尺五寸有奇，即二百三十八步。方向角三十三度四十一分十秒强。

如圖，己丁爲山高一里，旗頂距地。甲丁爲我營距山二里，甲丙爲兩營距八里，甲己丙爲礮子所行曲線，甲乙爲方向，乙甲丙爲方向地平交角，得等式　时＝天

乙丙＝$\frac{二}{力天^{二}}$　戊丁＝$\frac{四}{乙丙}$＝$\frac{八}{力天^{二}}$　戊己时＝$\frac{四}{天}$

戊己＝$\frac{四}{戊丁}$＝$\frac{三二}{力天^{二}}$　戊丁＝$\frac{三二}{力天^{二}}$丄一＝$\frac{八}{力天^{二}}$　力天^{二}丄三二＝四力天^{二}　三二＝三力天^{二}　$\frac{三力}{三二}$＝天^{二}　時^{二}＝六九五八七　乙丙＝$\frac{二}{力時^{二}}$＝九六〇〇〇寸　甲乙＝$\sqrt{乙丙^{二}丄甲丙^{二}}$＝$\sqrt{二九九五二〇〇〇〇〇〇}$＝一七三〇六四寸　甲餘弦角＝$\frac{甲乙}{半徑甲丙}$＝三三四一一三　速＝$\frac{時^{二}}{甲乙^{二}}$＝四三〇三九一一四寸　最遠界＝$\frac{力}{速^{二}}$＝一五五九三五寸奇＝八里一一九丈三五寸＝八里二三八步三五寸

有全凸力球平速一秒六十尺，方向交地平四十五度，相距二十尺有高墻，球擊之，求擊點及反行路。

答曰：擊點距地十六尺九寸五分，反行路一百十尺四寸三分有奇。

如圖，丙爲抛球處，丙甲爲抛物方向，與地平丙乙成甲丙乙半直角，丁戊爲高墻，丙戊爲相距二十尺，己爲擊點，己戊爲擊點距地，丙乙爲抛線界丙己乙爲曲線，己庚爲反行曲線，等於己乙，戊庚爲反行路，等於戊乙，有

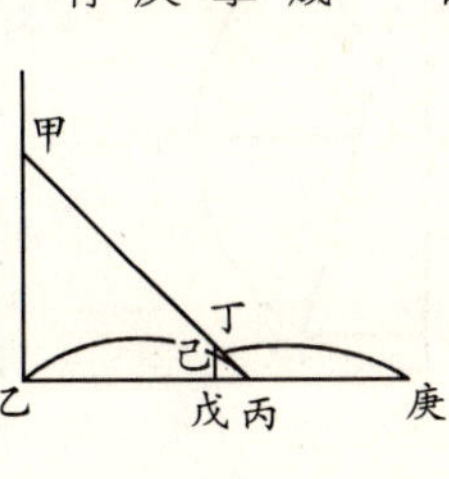

丙乙抛線界 $=\frac{力}{速}=\frac{二七六}{三六〇〇〇〇〇}=$ 一三〇四寸三奇

丁戊 = 戊丙 = 二〇〇寸〇　丁丙路 $=\sqrt{二丁戊^{二}}=\sqrt{八〇〇〇〇}=$ 二八二寸

丁丙時 $=\frac{速}{路}=\frac{六〇}{二八二}=$ 〇秒四七　丁己路 = 半力時 = 一三八(二二〇九) = 三〇四八　丁戊丁己戊 = 己戊 = 二〇〇〇丁三〇五 = 一六九寸五　丙乙丁戊丙 = 戊寅 = 一三〇四三丁二〇〇〇 = 一一〇四三奇

雙曲綫部

題解

清・馮桂芬《西算新法直解》卷四 代數六雙曲線

雙曲線又名雙線，亦圓錐曲線之一也，其線有二，各有心點，平分兩心距，以其中爲中點，過中點抵兩曲線界之横線爲横徑，過中點抵相屬兩曲線界之縱線爲直徑，過心點之縱線爲通徑，曲線距心線爲帶徑，曲線一點必有兩帶徑，其兩帶徑之較皆等。帶徑較即横徑。

如一圖，辰、戌爲兩心點，午爲中點，未丑爲横徑，卯申爲直徑，巳寅爲通徑。又如二圖，從曲線子點作子戌及子辰兩帶徑，又從亥點作亥戌及亥辰兩帶徑，亥辰減亥戌之餘，必與子辰減子戌之餘兩數相等，任移一點莫不皆然。

作雙曲線法。半雙曲線底如申酉。爲股，股端距二心點之斜線一如申戌，一如申辰。爲兩弦，各求其句，以兩句之較爲二心距，定心點之所在，乃用一線，一界尺，線之長等於弦之短者，界尺之長等於弦之長者，如三圖之寅子戌，界尺之長等於弦之長者，如三圖之寅子辰，釘界尺一端於左心點上，令可移動，如戌，繫線之一端於界尺之又一端，如寅，而釘線之又一端於右心點上，如辰。先安界尺當横徑之位，以鉛筆貼尺下，從右心點逼線令直，其屈處適當右曲線之頂，如未，移尺右端斜行而上，鉛筆亦貼尺而移，即成右曲線之上半，更以鉛筆貼尺上移，尺右端斜行而下，復成右曲線之下半，再釘界尺之一端於右心點，釘線之一端於左心點，倣此爲之成左曲線。

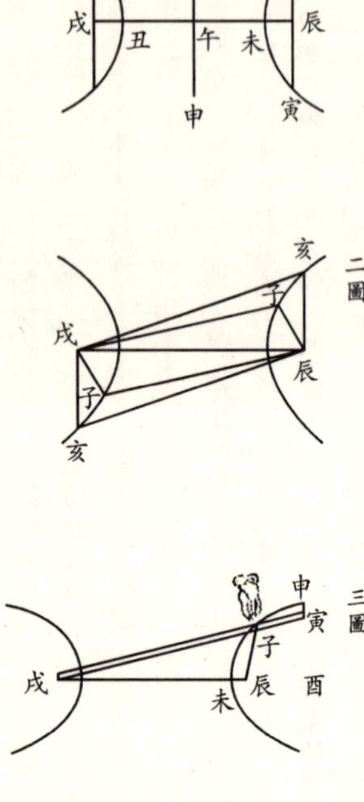

一圖
二圖
三圖

清・黃宗憲《容圓七術》 第三作雙曲線法本《代微積拾級》。

雙曲線爲圓錐剖面曲線之一，亦二次式曲線之一種也。設二定點爲雙曲線之二心，任於雙曲線上指一點，距二定點之兩線其較恒等，凡二定點之距，曰倍心差，其倍心差及心距雙曲線頂點爲曲率，有曲率，則雙曲線可如法而作矣。

如圖，戊己爲軸線，丙、丁二點爲雙曲線之二心，甲、乙二點爲雙曲線之兩頂點，其甲乙距線爲横徑，丙丁距線爲倍心差，甲丙距線爲心距頂點。乃用界尺一條，如丁庚。一端之角銷定於丁點，令活動可旋轉，又用絲線一根長短不拘。一端著於丙點，一端著於界尺又端之庚點。初令界尺丁庚與軸線合，以鉛筆即日點。置於甲點，令絲線自丙至甲，又回至庚。將庚點絲線略加力帶緊釘定，不可移動。鉛筆恒坿界尺丁庚，乃旋轉界尺，則日點必行成雙曲線之一邊，蓋界尺任在何方向必得 日丁丅日丙＝甲乙 即日點距二心之二線較恒等於雙曲線之横徑也。軸線下面一段可反用尺線，如法作之。

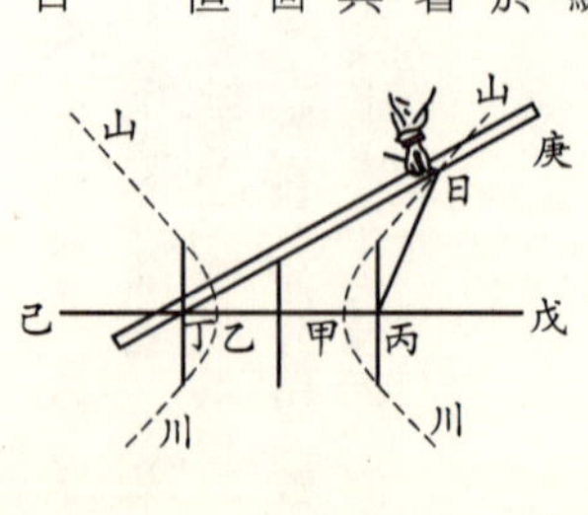

綜論

清・夏鸞翔《致曲術》 雙曲線

雙曲線正弦求弧背術新定。

本正弦爲第一數，負。次置第一數，以本正弦冪乘之，本半徑冪除之，視本形以大徑爲軸，則用大半徑冪，若以小徑爲軸，則用小半徑冪。一乘之，又一乘之，二除之，三除之，爲第二數，負。次置第二數，以本正弦冪乘之，本半徑冪除之，三乘之，又三乘之，四除之，五除之，爲第三數，正。次置第三數，以本正弦冪乘之，本半徑冪除之，五乘之，又五乘之，六除之，七除之，爲第四數，負。順是以下，皆如是，求至單位下止，乃正負並減爲總第一數。或大徑爲軸或小徑爲軸，其總數之級數，一爲負・負・正・負・正・負，一爲負・正・正・正・正・正。

置半心差雙曲線之半心差有二，俱以軸上半心差入算。自乘方，以本正弦立方乘

之，本半徑三乘方除之，二而一，三除之，爲第一數，負。次置第一數，以本正弦冪乘之，本半徑冪除之，一乘之，三乘之，二除之，五除之，爲第二數，負。次置第二數，以本正弦冪乘之，本半徑冪除之，三乘之，五乘之，四除之，七除之，爲第三數，正。次置第三數，以本正弦冪乘之，本半徑冪除之，五乘之，七乘之，六除之，九除之，爲第四數，負。順是以下，皆如是，求至單位下止，乃正負並減爲總第二數。置半心差三乘方，以本正弦四乘方乘之，本半徑七乘方除之，二而一，又四而一，五除之，爲第一數，正。次置第一數，以本正弦冪乘之，本半徑冪除之，一乘之，五乘之，二除之，七除之，爲第二數，正。次置第二數，以本正弦冪乘之，本半徑冪除之，三乘之，七乘之，四除之，九除之，爲第三數，負。次置第三數，以本正弦冪乘之，本半徑冪除之，五乘之，九乘之，六除之，十一除之，爲第四數，正。順是以下，皆如是，求至單位下止，乃正負並減爲總第三數。

置半心差五乘方，以本正弦六乘方乘之，本半徑十一乘方除之，二而一，又四而一，又六而一，七除之，爲第一數，負。次置第一數，以本正弦冪乘之，本半徑冪除之，一乘之，七乘之，二除之，九除之，爲第二數，負。次置第二數，以本正弦冪乘之，本半徑冪除之，三乘之，九乘之，四除之，十一除之，爲第三數，正。次置第三數，以本正弦冪乘之，本半徑冪除之，五乘之，十一乘之，六除之，十三除之，爲第四數，負。順是以下，皆如是，求至單位下止，乃正負並減爲總第四數。

如是疊次求之，求得總數，降至單位下止，乃以諸總數正負並減爲雙曲線弧背，負。若本正弦大於本半徑，則此術不能求。若等邊雙曲線，即以總第一數爲弧背，負。

笠體雙曲線以小徑爲軸。求截蓋殼積術未定。

鐘體雙曲線以大徑爲軸。求截蓋殼積術未定。

右二術，刻意求之，殊不可得，因雙曲線求殼，立法必繁，不能不分級數，而求級之招差，須以半心差冪乘，半徑冪除，又餘弦冪乘，半徑冪除，以降其位。今雙曲線之半心差，與餘弦俱大於半徑，若用爲乘除法，則位數不惟不降，而反升矣，且以撱圓例之，凡求殼必先求餘弦上殼，用減半球殼爲蓋殼，而雙線之正餘兩弧，無理可通，何能易餘爲正乎，若用正弦正矢，以逕求蓋殼，則乘除之例，尤多轇轕，因闕此二題，以俟明算君子之補綴焉。

雙曲線求全面積術新定。

以上弧爲界，作橫線至左右二弧止，又以下弧爲界，作橫線至左右二弧止，中間所截一段口形，爲雙曲線全面積，或以左右二直線截得口形，形異而積必同。

大小徑相乘爲第一數，負。次置第一數，二除之，三除之，爲第二數，負。次置第二數，一乘之，三乘之，四除之，五除之，爲第三數，正。次置第三數，三乘之，五乘之，六除之，七除之，爲第四數，負。順是以下，皆如是，求至單位下止，乃正負並減爲雙曲線全面積，負。

雙曲線求半弧矢積術新定。

本正弦與本正矢相乘，爲第一數，負。次置第一數，以本正弦冪乘之，本半徑冪弦與大徑平行，則用大半徑冪，與小徑平行，則用小半徑冪。除之，二除之，三除之，爲第二數，正。次置第二數，以本正弦冪乘之，本半徑冪除之，一乘之，三乘之，四除之，五除之，爲第三數，負。次置第三數，以本正弦冪乘之，本半徑冪除之，三乘之，五乘之，六除之，七除之，爲第四數，正。順是以下，皆如是，求至單位下止，乃正負並減爲雙曲線半弧矢積，負。

鐘體雙曲線求全體積術新定。

此形係左右相合爲一體也，試截得蓋體令蓋之底面上平圓徑同於小徑，左右二弧體。

小通徑大徑除小徑冪之數。乘大半徑上心距頂爲初底，心距頂乘之，二除之，爲平錐，負。小半徑冪與初底相減爲次底心距頂乘之，三除之爲立錐，負。兩錐相加，四除之，三乘之，爲第一數，負。四分第一數之一，二除之，三除之，爲第二數，負。四分第二數之一，九乘之，四除之，五除之，爲第三數，負。四分第三數之一，二十五乘之，六除之，七除之，爲第四數，負。順是以下，皆如是，求至單位下止，乃並而八之，爲鐘體雙曲線全體積，負。

笠體雙曲線求全體積術新定。

截法如前，惟截面上平圓徑，同於大徑。

大通徑小徑除大徑冪之數。乘小半徑上心距頂爲初底，心距頂乘之，二除之，爲平錐，負。大半徑冪與初底相減爲次底，心距頂乘之，三除之，爲立錐，負。兩錐相加，四除之，三乘之，爲第一數，負。四分第一數之一，二除之，三除之，爲第二數，負。四分第二數之一，九乘之，四除之，五除之，爲第三數，負。四分第三數之一，二十五乘之，六除之，七除之，爲第四數，負。順是以下，皆如是，求至單位下止，乃並而八之，爲笠體雙曲線全體積，負。

按：雙曲線諸術與撱圓諸術，立術俱同，不過正負有異耳，惟撱圓求體，用通徑乘半徑，此則通徑乘心距頂，似稍不同矣，而仍可云同。試置半徑二而一，又四而三，又六而五，又八而七，如是無窮級數併之，必仍爲半徑，若改諸級數爲正負相間，則得數必爲心距頂矣，是心距頂之與半徑，亦異正負而同數者也。

鐘體雙曲線求截蓋體積術新定。

小通徑乘矢爲初底，矢乘之，二除之，爲平錐，負。正弦冪與初底相減爲次底，矢乘之，三除之，爲立錐，負。兩錐相加，四除之，三乘之，爲第一數，負。四分第一數之一，二除之，三除之，爲第二數，負。四分第二數之一，九乘之四除之，五除之，爲第三數，負。四分第三數之一，二十五乘之，六除之，七除之，爲第四數，負。順是以下，皆如是，求至單位下止，乃併而四之，爲鐘體雙曲線截蓋體積，負。

笠體雙曲線求截蓋體積術新定。

大通徑乘矢爲初底，矢乘之，二除之，爲平錐，負。正弦冪與初底相減，爲次底，矢乘之，三除之，爲立錐，負。兩錐相加，四除之，三乘之，爲第一數，負。四分第一數之一，二除之，三除之，爲第二數，負。四分第二數之一，九乘之，四除之，五除之，爲第三數，負。四分第三數之一，二十五乘之，六除之，七除之，爲第四數，負。順是以下，皆如是，求至單位下止，乃併而四之，爲笠體雙曲線截蓋體積，負。

算法

清・馮桂芬《西算新法直解》卷四　代數六雙曲線

今有雙曲線，原點在橫徑之中，任從曲線上一點作縱橫線，已知兩心距及橫徑與橫線，求縱線。

如一圖，午爲中點即原點，卯午爲縱軸，酉午爲橫軸，子爲曲線上任一點，子寅爲縱線，命爲地，寅午爲橫線，命爲天，辰及戌爲二心點，子辰爲此帶徑，命爲人，子戌爲彼帶徑，命爲物，辰戌爲兩心距，命其半爲丙，未丑爲橫徑，命其半爲甲，以甲爲句，丙爲弦，求得股，即直徑之半如亢午，命爲乙。

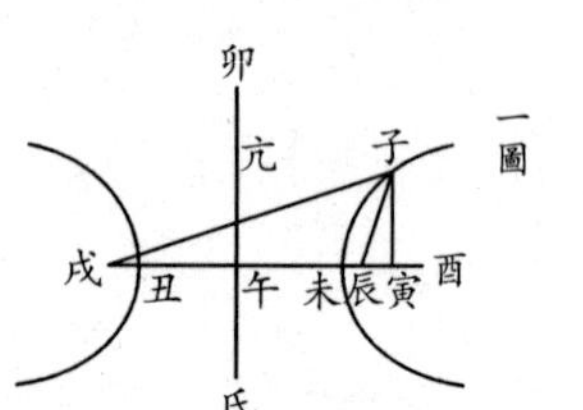

一圖

法以寅辰冪加子寅冪，得子辰冪，如一式，以寅戌冪加子寅冪，得子戌冪，如二式，詳之，去其括弧，如三式、四式，三、四兩式相加，如五式，三、四兩式相減，如六式，六式左畔兩冪相減者，變爲和較相乘，如七式，識別得人減物等於二甲，如八式，以 二甲 代七式之 $物\top人$ ，如九式，移 二甲 於右，變乘爲除，法實各半之，如十式，以八式加十式，半之，如十一式，以八式減十式，半之，如十二式，十一、十二兩式各自乘，如十三式、十四式，十三、[十]四兩式相加，如十五式，以其右畔代五式之左畔，半之，如十六式，$丙^{二}$與 $\frac{甲^{二}}{天^{二}|丙^{二}}$ 左右互易，變加爲減，如十七式，以甲冪乘之，消去除號，如十八式，以$乙^{二}$代 $丙^{二}\top甲^{二}$ 如十九式， $甲^{二}\top地^{二}$ 與 $甲^{二}一乙^{二}$ 左右互易，如二十式，再移左甲於右，變乘爲除，即得縱線冪，如二十一式。

一式

$$人^{二}=地^{二}\perp(天\top丙^{二})$$

二式

$$物^{二}=地^{二}\perp(天\perp丙^{二})$$

三式

$$人^{二}=地^{二}\perp(天^{二}\top二天|丙\perp丙^{二})$$

四式

$$物^{二}=地^{二}\perp(天^{二}\perp二天|丙\perp丙^{二})$$

五式

$$物^{二}\perp人^{二}=二(地^{二}\perp天^{二}\perp丙^{二})$$

六式

$$物^{二}\top人^{二}=四天|丙$$

七式

$$(物\perp人)|(物\top人)=四天|丙$$

八式

$$物\top人=二甲$$

九式

$$二甲|(物\perp人)=四天|丙$$

十式

$$物\perp人=\frac{甲}{二天|丙}$$

十一式

$$物=\frac{甲}{天|丙}\perp甲$$

十二式

$$人=\frac{甲}{天|丙}\top甲$$

十三式

$$物^{二}=\frac{甲^{二}}{天^{二}|丙^{二}}\perp二甲|\frac{甲}{天|丙^{二}}\perp甲^{二}$$

十四式

$$人^{二}=\frac{甲^{二}}{天^{二}|丙^{二}}\top二甲|\frac{甲}{天|丙}\perp甲^{二}$$

十五式

$$物\perp人^{二}=二\frac{甲^{二}}{天^{二}|丙^{二}}\perp二甲^{二}$$

十六式

$$\frac{甲^{二}}{天^{二}|丙^{二}}\perp甲^{二}=地^{二}\perp天^{二}\perp丙^{二}$$

十七式

$$丙^{二}丅甲^{二}=\frac{甲^{二}}{天^{二}|丙^{二}}丅地^{二}丅天^{二}$$

十八式

$$甲^{二}(丙^{二}丅甲^{二})=(丙^{二}丅甲^{二})|天^{二}丅甲^{二}|地^{二}$$

十九式

$$甲^{二}|乙^{二}=乙^{二}|天^{二}丅甲^{二}|地^{二}$$

二十式

$$甲^{二}|地^{二}=乙^{二}|(天^{二}丅甲^{二})$$

二十一式

$$地^{二}=\frac{甲^{二}}{乙^{二}}|(天^{二}丅甲^{二})$$

又術，以半橫徑甲爲法，中點距心線丙爲實，法除實得雙線兩心差率，命爲戊，$\frac{甲^{二}}{丙^{二}|甲^{二}}$ 爲 $戊^{二}丅一$ 以 $戊^{二}丅一$ 代二十一式中之 $\frac{甲^{二}}{乙^{二}}$ 如次一式，所得亦同。

若求子辰帶徑，則用十二式，或以戊代 $\frac{甲}{丙}$ 如次二式，亦得子辰帶徑。

若求子戌帶徑，則用十二式或以戊代 $\frac{甲}{丙}$ 如次三式，亦得子戌帶徑。

若先知縱線求橫線，則令十九式之 $乙^{二}|天^{二}$ 與 $甲^{二}|乙^{二}$ 左右互易，變減爲加，如次四式，再移$乙^{二}$於右，變乘爲除，如次五式，即得橫線冪。

若所設曲線上之一點適與心點上下相值，則天等於丙，地等於半通徑，求縱線即求半通徑，法以丙代二十一式之天，如次六式，$丙^{二}丅甲^{二}$ 即乙冪也，又以$乙^{二}$代次六式之 $丙^{二}丅甲^{二}$，如次七式，故知半橫徑爲連比例之首率，半直徑爲連比例之中率，半通徑爲連比例之末率。

若如二圖於直線上作斗牛及尾箕雙曲線，令四曲線相對，則此雙線之甲爲彼雙線之乙，此雙線之乙爲彼雙線之甲。

若甲與乙相等，則十九式右畔之$甲^{二}乙^{二}$省去不用，左畔之$甲^{二}乙^{二}$任存其一，如次八式，此名等邊雙線。

二圖

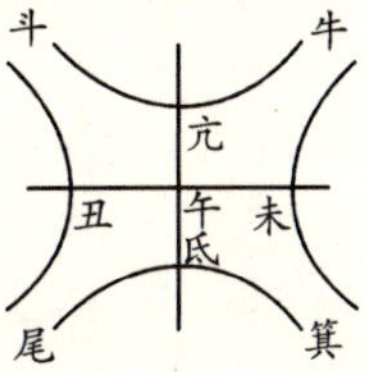

次一式

$$地^{二}=(戊^{二}丅一)|(天^{二}丅甲^{二})$$

次二式

$$人=戊|天丅甲$$

次三式

$$物=戊|天\perp甲$$

次四式

$$乙^{二}|天^{二}=甲^{二}|(地^{二}\perp乙^{二})$$

次五式

$$天^{二}=\frac{乙^{二}}{甲^{二}}(地^{二}\perp乙^{二})$$

次六式

$$地^{二}=\frac{甲^{二}}{乙^{二}}|(丙^{二}丅甲^{二})$$

次七式

$$地^{二}=\frac{甲^{二}}{乙^{二}}|乙^{二}$$

次八式

$$甲^{二}=天^{二}丅地^{二}$$

今有雙曲線，原點在橫徑之右端，即雙曲線頂。任從曲線上一點作縱橫線，已知橫直徑及橫線，求縱線。

如圖，未爲原點，子爲設點，子寅爲縱線，命爲地，寅未爲橫線，命爲夫，餘同前，前題以午爲原點，此題以未爲原點，則橫線改而縱線不改，乃以前題十九式爲此題一式，以甲加夫，自之，等於前題之橫線冪，如二式，以右畔代一式之$天^{二}$，兩邊各消去 $甲^{二}|乙^{二}$ 如三式，移 $甲^{二}|地^{二}$ 於左，如四式，再移$甲^{二}$於右，變乘爲除，得縱線冪，如五式，以是知原點在未，則半橫徑冪與半直徑冪比同於橫線冪加橫線乘橫徑之和與縱線冪比，如六式，原點在午，則半橫徑冪與半直徑冪比同於橫線冪內減橫徑冪之較與縱線冪比，如七式。

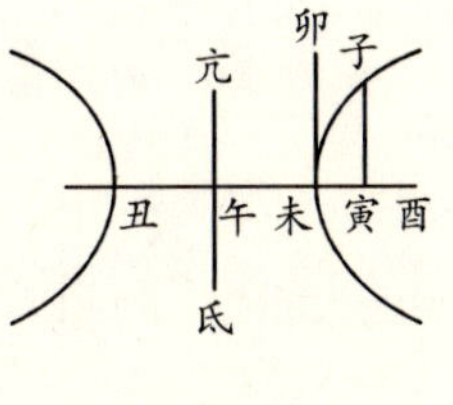

一式

$$甲^{二}|乙^{二}=乙^{二}|天^{二}丅甲^{二}|地^{二}$$

二式

$$天^{二}=夫^{二}\perp二甲|夫\perp甲^{二}$$

三式

$$〇=乙^{二}|夫^{二}\perp二乙^{二}|甲|夫丅甲^{二}|地^{二}$$

四式

$$甲^{二}|地^{二}=乙^{二}|(夫^{二}\perp二甲|夫)$$

五式

$$地^{二}=\frac{甲^{二}}{乙^{二}}|(夫^{二}\perp二甲|夫)$$

六式

$$地^{二}:(夫\perp二甲)|夫::乙^{二}:甲^{二}$$

七式

$$地^{二}:天^{二}丅甲^{二}::乙^{二}:甲^{二}$$

今有雙曲線，原點在橫徑之中，任從曲線上一點作縱橫線，又從設點作二斜線交橫徑之兩端成二角，已知橫直徑及此角，求彼角。橫徑之兩端，即雙曲線之二頂。

如圖，午爲原點，子爲設點，子寅縱線，命爲地，寅午橫線命爲天，同前，子未及子丑爲交橫徑端之二斜線，命子未寅角爲金，子丑寅角爲木，寅未線爲 $天丅甲$ 寅丑線爲 $天丄甲$ 乃以半徑比金角正切若寅未線與縱線，如一式，以半徑比木角正切若寅丑線與縱線，如二式，一二兩式相乘，如三式，又用一題求縱線術得縱線冪，如四式，以三式消四式，如五式，移金角正切於右，令與甲冪相乘，以除乙冪，即得木角正切，如六式。若等邊雙曲線，則金角正切與木角正切相乘等於半徑一。

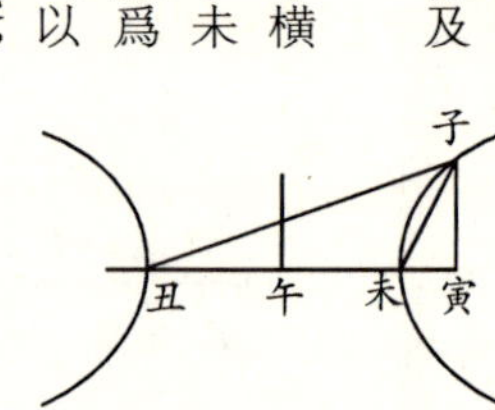

式一

$$地=金切|(天丅甲)$$

式二

$$地=木切|(天丄甲)$$

式三

$$地^{二}=木切|金切|(天^{二}丅甲^{二})$$

式四

$$地^{二}=\frac{甲^{二}}{乙^{二}}|(天^{二}丅甲^{二})$$

式五

$$\frac{甲^{二}}{乙^{二}}丅木切|金切=〇$$

即

$$木切|金切=\frac{甲^{二}}{乙^{二}}$$

式六

$$木切=\frac{金切|甲^{二}}{乙^{二}}$$

今有雙曲線，原點在橫徑之中，從切點作縱橫線，已知橫直徑及縱橫線，求切線。

如一圖，午爲原點，子爲切點，命子寅縱線爲地，寅午橫線爲天，半橫徑爲甲，半直徑爲乙，同前，又命子申切線爲人。法先求子申寅角，如二圖，與切線平行作尾箕線，截曲線於亢氐二點，從亢點作縱橫線，命亢房縱線爲主，房午橫線爲元，又從氐點作縱橫線，命氐心縱線爲至，心午橫線爲大，氐亢斗角與子申寅角爲同類三角形，以亢斗線除氐斗線，得申角正切，如一式，又用一題求縱線術，得亢點及氐點兩甲冪乘乙冪之同數，

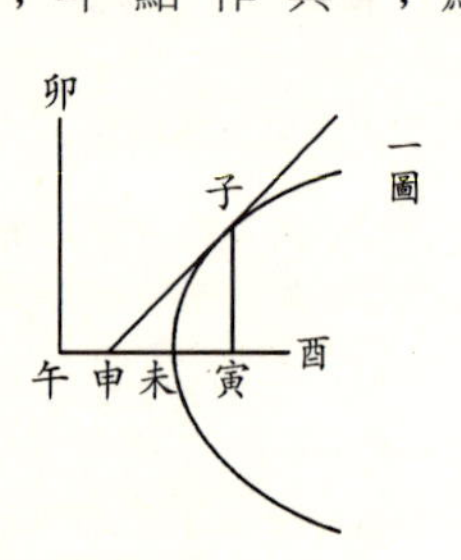

一圖

如二式、三式，以三式消二式，如四式，移 $乙^{二}(大^{二}丅元^{二})$ 於右，兩畔之冪積相減者，俱變爲和較相乘，如五式，以左 $甲^{二}(至丄主)$ 互除右 $乙^{二}|(大丄元)$ 又以右 $大丅元$ 互除左 $至丅主$ 如六式，以右畔代一式之右畔，如七式，設尾箕線漸移而上合於子申切線，則亢氐皆成子點， $至丄主$ 遂變爲地， $大丄元$ 遂變爲天，如八式，由是得申角正切，乃檢表，得角度及正割，以申角正切比正割若子寅縱線與子申切線，如九式。

二圖

試增一線課之，如二圖，從切線上之丑點作縱橫線，命丑戌縱線爲王，戌午橫線爲夫，以亢斗比氐斗若子辰與丑辰，如次一式，再如前求得亢氐橫線較，除縱線較之同數，如次二式，以右畔代次一式之 $\frac{大丅元}{至丅主}$ 如次三式，以 $甲^{二}|地^{二}$ 乘之，消其除號，如次四式， $甲^{二}|地^{二}$ 與 $乙^{二}|天|夫$ 左右互易，如次五式， $乙^{二}|天^{二}丅甲^{二}|地^{二}$ 與 $甲^{二}|乙^{二}$ 同數，乃以 $甲^{二}|乙^{二}$ 代次五式之右畔，如次六式，若求丑戌縱線，則移 $乙^{二}|天|夫$ 於右，如次七式，又移 $甲^{二}|地$ 於右，變乘爲除，如次八式，即得丑戌縱線冪，求橫線倣此，既得丑點之縱橫線，乃以子丑之橫線較，除縱線較，必與 $甲^{二}|地$ 除 $乙^{二}|天$ 所得同數。

式一

$$申切=\frac{大丅元}{至丅主}$$

式二

$$乙^{二}|大^{二}丅甲^{二}|至^{二}=甲^{二}|乙^{二}$$

式三

$$乙^{二}|元^{二}丅甲^{二}|主^{二}=甲^{二}|乙^{二}$$

式四

$$乙^{二}|(大^{二}丅元^{二})丅甲^{二}|(至^{二}丅主^{二})=〇$$

式五

$$甲^{二}|(至丄主)|(至丅主)=乙^{二}|(大丄元)|(大丅元)$$

式六

$$\frac{大丅元}{至丅主}=\frac{甲^{二}|(至丄主)}{乙^{二}|(大丄元)}$$

式七

$$申切=\frac{甲^{二}|(至丄主)}{乙^{二}|(六丄元)}$$

式八

$$申切=\frac{甲^{二}|地}{乙^{二}|天}$$

式九

$$人=\frac{切}{割|地}$$

式一次

$$地丅王=\frac{大丅元}{至丅主}|天丅夫$$

式二次

$$\frac{大丅元}{至丅主}=\frac{甲^{二}|地}{乙^{二}|天}$$

式三次

$$地丅王=\frac{甲^{二}|地}{乙^{二}|天}|天丅夫$$

式四次

$$甲^{二}|地^{二}丅甲^{二}|地|王=乙^{二}|天^{二}丅乙^{二}|天|夫$$

式五次

$$乙^{二}|天|夫丅甲^{二}|地|王=乙^{二}|天^{二}丅甲^{二}|地^{二}$$

式六次

$$乙^{二}|天|夫丅甲^{二}|地|王=甲^{二}|乙^{二}$$

式七次

$$甲^{二}|地|王=(天|夫丅甲^{二})|乙^{二}$$

式八次

$$王=\frac{甲^{二}|地}{(天|夫丅甲^{二})乙^{二}}$$

作雙曲線切線法。如三圖，任設子點求作子申切線，先作子辰、子戌兩帶徑，次截子戌線於丑，令子丑之長與子辰等，作丑辰線聯之，乃作垂線與丑辰正交成十字角，如子申，即子點之切線也，蓋切線平分帶徑交角爲二法線，亦平分帶徑交角之外角爲二。如四圖，試引長子戌帶徑至寅，其寅子辰角即戌子辰角之外角，而子巳法線適當其中，故辰子巳角與巳子寅角等，寅子未角與辰子申角等且與申子戌角亦等。

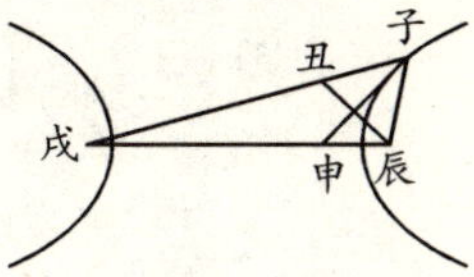

三圖

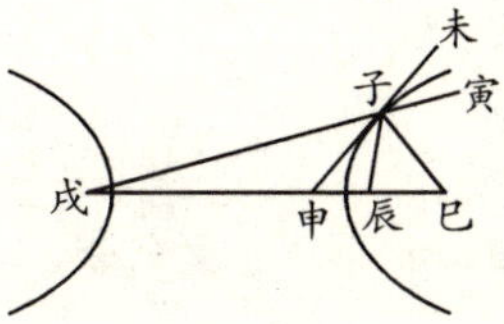

四圖

今有雙曲線，原點在橫徑之中，從切點作縱橫線，已知橫徑及橫線，求次切線。

如圖，午爲原點，子爲切點，子申爲切線，申寅爲次切線，命爲物，又命縱線爲地，橫線爲天，半橫徑爲甲，並同前，識別得，以寅午比未午若未午與申午成連比例，如一式，以申午減寅午餘即次切線申寅，如二式。

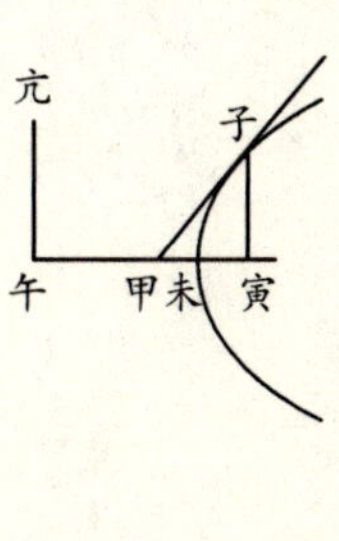

式一

$$天丅物=\frac{天}{甲^{二}}$$

式二

$$物=\frac{天}{天^{二}丅甲^{二}}$$

今有雙曲線，原點在橫徑之中，從切點作縱橫線，已知橫直徑及縱橫線，求法線。

如圖，午爲原點，子爲切點，子申爲切線，子巳爲法線，命爲人，又命半橫徑爲甲，半直徑爲乙，縱線爲地，橫線爲天。同前，識別得申子巳角爲直角，準前論，以 $甲^{二}|地$ 除 $乙^{二}|天$ 既得申角正切，則以 $乙^{二}|天$ 除 $甲^{二}|地$ 必得申角餘切，如一式，申角之餘切即巳角之正切也，乃以申角餘切比餘割若縱線與法線，如二式。

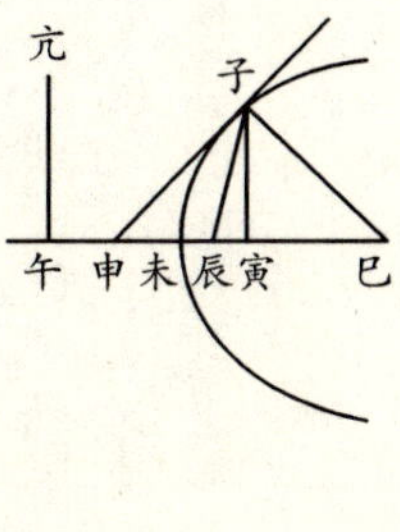

式一

$$申刀=\frac{乙^{二}丄天}{甲^{二}|地}$$

式二

$$人=\frac{刀}{害|地}$$

今有雙曲線，原點在橫徑之中，從切點作縱橫線，已知橫直徑及縱橫線，求次法線。

如前圖，巳寅爲次法線，命爲物，餘同前，所命甲乙天地亦如之，識別得，以未午冪比辰午冪若寅午線與巳午線，如一式，以寅午線減巳午線即得巳寅次法線，如二式。

式一

$$天丄物=\frac{甲^{二}}{甲丄乙^{二}}|天$$

式二

$$物=(\frac{甲^{二}}{甲^{二}丄乙^{二}}|天)丅天$$

即

$$物=\frac{甲^{二}}{乙^{二}|天}$$

今有雙曲線，原點在橫徑之中，從切點作縱橫線，已知橫直徑及縱橫線，求心法距線。

如圖，巳辰及巳戌爲二心法距線，命巳寅次法線爲庚，巳辰心法距線爲人，

巳戌心法距線爲物，餘同前，法以戊代前一式之 $\frac{甲^{二}}{甲^{二}⊥乙^{二}}$ 詳一題。如一式，又以 甲丨戊 代丙加之，即巳戌心法距線，如二式，減之即巳辰心法距線，如三式。

試以四率明之，以子戌比子辰若巳戌與巳辰，如次一式，更以子辰減子戌比辰戌若子戌與巳戌，如次二式，識別得，子辰減子戌與 二甲 等，如次三式，辰戌即 二丙 與 二甲丨戊 等，如次四式，子戌與 戊丨天⊥甲 等，詳二題。如次五式，用諸同數代次二式，如次六式，二三率相乘，一率除之，得四率，如次七式，與前二式同。

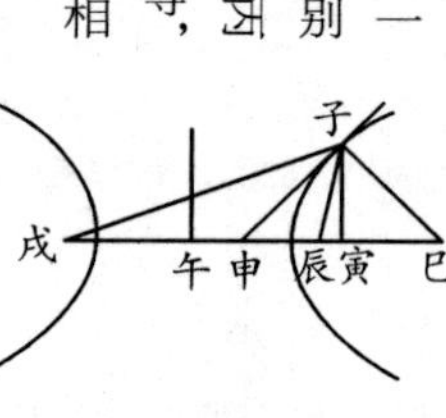

式一

天⊥庚＝戊²丨天

式二

物＝戊²丨天⊥甲丨戊

即

物＝戊丨(戊丨天⊥甲)

式三

人＝戊²丨天丅甲丨戊

即

人＝戊丨(戊丨天丅甲)

式一次

巳辰∶巳戌∷子辰∶子戌

式二次

巳戌∶子戌∷辰戌∶子戌丅子辰

式三次

子戌丅子辰＝二甲

式四次

辰戌＝二丙＝二甲丨戊

式五次

子戌＝戊丨天⊥甲

式六次

物∶戊丨天⊥甲∷二甲丨戊∶二甲

式七次

物＝戊丨(戊丨天⊥甲)

今有雙曲線，原點在橫徑之中，從切點作縱橫線，又從橫徑一端即雙曲線頂。與切線平行，作通弦，已知橫直徑及切線交橫軸角，求通弦。

如圖，午爲原點，子爲切點，子申爲切線，亥未爲通弦，與切線平行，又從切點作子午斜徑，交中點於午，從丑點作丑亥餘通弦，令與斜徑平行。命通弦爲人，餘通弦爲物，子午寅角爲斜徑，交橫軸角命爲木，與亥丑酉角同類，子申寅角爲切線，交橫軸角，命爲金，與亥未酉角同類，又命丑亥未角爲火。乃以橫線除縱線，得木角正切，如一式，以甲冪乘地，除乙冪，乘天，得金角正切，如二式，一式、二式相乘，如三式，移金切於右，令乘甲冪以除乙冪，即得斜徑交橫軸角之正切，如四式，檢表得角度，以木角度減金角度，得火角度，更以火角正弦爲一率，橫徑爲二率，木角正弦爲三率，求得四率，即通弦，如五式。

若求餘通弦，則以金角正弦爲三率，求得四率，即餘通弦，如次一式。

式一

$$木切＝\frac{大}{地}$$

式二

$$金切＝\frac{甲^{二}丨地}{乙^{二}丨天}$$

式三

$$金切丨木切＝\frac{甲^{二}}{乙^{二}}$$

式四

$$木切＝\frac{金切丨甲^{二}}{乙^{二}}$$

式五

$$人＝\frac{火弦}{二甲丨木弦}$$

式一次

$$物＝\frac{火弦}{二甲丨金弦}$$

今有雙曲線，原點在橫徑之中，以相屬兩斜徑爲縱橫軸，從兩通弦交點作斜縱橫線，已知兩斜徑交橫軸之角及橫直徑，求相屬之兩斜徑。

如一圖，午爲原點，子爲兩通弦交點，子未爲通弦，子丑爲餘通弦，尾亢爲女點之切線，尾心爲斗點之切線，女氐爲斜徑斗牛爲相屬之斜徑，女氐與子丑平行，亦與尾心平行，斗牛與尾亢平行，亦與子未平行。又如二圖，卯午爲原正縱軸，斗午爲新斜縱軸，命爲辛，酉午爲原正橫軸，女午爲新斜橫軸，命爲庚，子寅爲原縱線，命爲地，子申爲新縱線，命爲壬，寅午爲原橫線，命爲天，申午爲新橫線，命爲夫，斗午寅角爲新

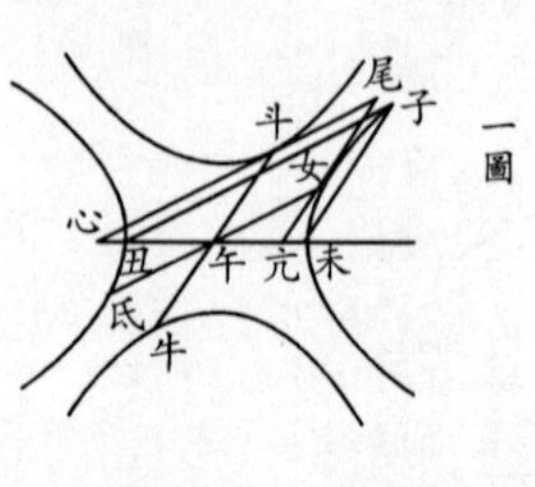

一圖

縱軸交橫徑角，命爲金，女午寅角爲新橫軸交橫徑角，命爲木。又從申點與寅午平行作申亥線，與子寅平行作申巳線。乃用直線九題易正交二軸爲斜交二軸易向不易原點之術，以半徑比新縱線若金角餘弦與巳午，如一式，以半徑比新橫線若木角餘弦與申亥，如二式，二式加一式得原橫線，如三式，以半徑比新橫線若木角正弦與申巳，如四式，以半徑比新縱線若金角正弦與子亥，如五式，五式加四式得原縱線，如六式，又用雙曲線一題求縱線術得半橫直徑冪，相乘之積，如七式，三、六兩式各自之，如八式、九式，以八式右畔代七式之天^{二}，以九式右畔代七式之地^{二}，如十式，易其前後，如十一式，又用前題求金、木二正切相乘冪之術，如十二式，移甲^{二}於左，變除爲乘，如十三式，以金、木二餘弦相乘冪乘之，如十四式，餘弦乘正切，得正弦故也。以左畔減右畔，兩數適盡，如十五式，倍夫、王相乘冪乘之，以消十一式，如十六式，設子點漸移合於女點，則王無數而夫變爲庚，如十七式，移乙^{二}丨木弓^{二}丅甲^{二}丨木弦於右，變乘爲除，即得斜徑冪，如十八式，設子點漸移合於斗點，則夫無數而王^{二}變爲辛，如十九式，移乙^{二}丨金弓^{二}丅甲^{二}丨金弦於右，變乘爲除，即得相屬斜徑冪，如二十式。

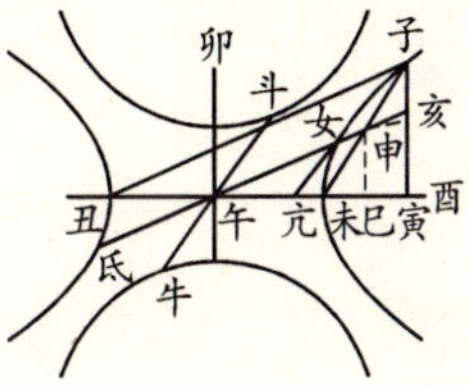

一式

巳午＝夫丨木弓

二式

申亥＝王丨金弓

三式

天＝夫丨木弓丄王丨金弓

四式

申巳＝夫丨木弦

五式

子亥＝王丨金弦

六式

地＝夫丨木弦丄王丨金弦

七式

乙^{二}丨天^{二}丅甲^{二}丨地^{二}＝甲^{二}丨乙^{二}

八式

天^{二}＝(夫^{二}丨木弓^{二})丄(夫丨王丨木弓丨金弓)丄(王^{二}丨金弓^{二})

九式

地＝(夫^{二}丨木弦^{二})丄(夫丨王丨木弦丨金弦)丄(王^{二}丨金弦^{二})

十式

乙^{二}丨[(夫^{二}丨木弓^{二})丄(夫丨王丨木弓丨金弓)丄(王^{二}丨金弓^{二})]丅甲^{二}丨[(夫^{二}丨木弦^{二})丄(夫丨木弦丨金弦)丄(王^{二}丨金弦^{二})]＝甲^{二}丨乙^{二}

十一式

夫^{二}丨(乙^{二}丨木弓^{二}丅甲^{二}丨木弦^{二})丄夫丨王丨(二乙^{二}丨木弓丨金弓丨二甲^{二}丨木弦丨金弦)丄王^{二}丨(乙^{二}丨金弓^{二}丅甲^{二}丨金弦^{二})＝甲^{二}丨乙^{二}

十二式

$$\text{木切丨金切}=\frac{\text{甲}^{二}}{\text{乙}^{二}}$$

十三式

甲^{二}丨木切丨金切＝乙^{二}

十四式

甲^{二}丨木弦丨金弦＝乙^{二}丨木弓丨金弓

十五式

乙^{二}丨木弓丨金弓丅甲^{二}丨木弦丨金弦＝〇

十六式

夫^{二}丨(乙^{二}丨木弓^{二}丅甲^{二}丨木弦^{二})丄王^{二}丨(乙^{二}丨金弓^{二}丅甲^{二}丨金弦^{二})＝甲^{二}丨乙^{二}

十七式

庚^{二}丨(乙^{二}丨木弓^{二}丅甲^{二}丨木弦^{二})＝甲^{二}丨乙^{二}

十八式

庚^{二}＝乙^{二}丨木弓^{二}丅甲^{二}丨木弦^{二}

十九式

辛^{二}丨(乙^{二}丨金弓^{二}丅甲^{二}丨金弦^{二})＝甲^{二}丨乙^{二}

二十式

$$\text{辛}^{二}=\frac{\text{乙}^{二}\text{丨金弓}^{二}\text{丅甲}^{二}\text{丨金弦}^{二}}{\text{甲}^{二}\text{丨乙}^{二}}$$

今有雙曲線，原點在橫徑之中，以相屬兩斜徑爲縱橫軸，任從曲線上一點作斜縱橫線，已知斜縱橫軸及斜橫線，求斜縱線。

如圖，午爲原點，子爲設點，女氐爲斜徑，斗牛爲相屬之斜徑，女午爲斜橫軸，

命爲庚，斗午爲斜縱軸，命爲辛，子申爲縱線，命爲壬，申午爲横線，命爲夫。準前論，斜交二軸與正交二軸同理，用一題求縱線術得庚辛二冪相乘積，如一式，以 $庚^{二}|辛^{二}$ 減 $辛^{二}|夫^{二}$ 餘與 $庚^{二}|壬^{二}$ 等，如二式，移$庚^{二}$於右，變乘爲除，即得斜縱線冪，如三式。

試變三式爲四率，如次一式，三率兩冪相減者，變爲和較相乘，如次二式，所謂夫減庚者，即圖中申女線，夫加庚者，即圖中申氐線，以是知斜徑冪與相屬斜徑冪之比同於縱線距斜徑兩端之矩形與縱線冪之比。

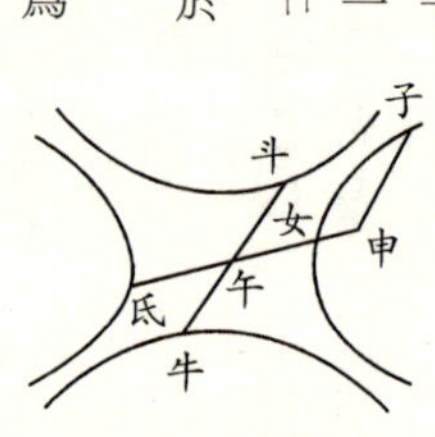

一式

$$辛^{二}|夫^{二}丅庚^{二}|壬^{二}=庚^{二}|辛^{二}$$

二式

$$庚^{二}|壬^{二}=辛^{二}|(夫^{二}丅庚^{二})$$

三式

$$壬^{二}=\frac{庚^{二}}{辛^{二}丅(夫^{二}丅庚^{二})}$$

次一式

$$壬^{二}:夫^{二}丅庚^{二}::辛^{二}:庚^{二}$$

次二式

$$壬^{二}:(夫丄庚)|(夫丅庚)::辛^{二}:庚^{二}$$

今有雙曲線，原點在横徑之中，以横直徑爲縱横軸，從相屬兩斜徑各作縱横線，已知横直徑及斜徑，求相屬之斜徑。

如圖，午爲原點，女午爲斜徑，命爲庚，斗午爲相屬斜徑，命爲辛，未午爲半横徑，即横軸，命爲甲，卯午爲半直徑，即縱軸，命爲乙，女寅爲女點縱線，命爲地，寅午爲其横線，命爲天，斗申爲斗點縱線，命爲壬，申午爲其横線，命爲夫，斗午申角命爲金，女午寅角命爲木。乃以天除地得木角正切，如一式，以夫除壬，得金角正切，如二式，兩式相乘，得金木二正切相乘冪，如三式。準前論，甲冪除乙冪亦得金、木二正切相乘冪，如四式，以四式右畔代三式左畔，如五式，左上互乘右下，右上互乘左下，如六式，女點在曲線上，故用一題求縱線術，得其半横徑冪乘縱線冪之積，如七式，斗點在相屬曲線上，故亦可用一題求縱線術，得其半横徑冪乘縱線冪之積，如八式，七、八兩式相乘，如九式，自六式以消九式，如十式，以 $甲^{二}|乙^{四}$ 約之，如十一式，同例得乙冪，如十二式，十一、十二兩式相減，如十三式，準句股術，以天冪加地冪，得庚冪，如十四式，以夫冪加壬冪得辛冪，如十五式，十四、十五兩式相減，如十六式，以十六式右畔代十三式左畔，如十七式，移$庚^{二}$於右，變減爲加即得相屬斜徑冪，如十八式。若先知相屬斜徑，求斜徑，則移$辛^{二}$於右，減仍爲減，即得斜徑冪，如十九式，以是知相屬兩斜徑之二正方較，等於半横直徑之二正方較。

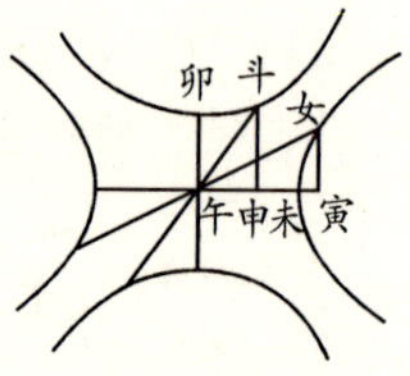

若求斗點縱線，則以半横徑冪比半直徑冪若女點横線冪與斗點縱線冪，如次一式。

若求斗點横線，則以半直徑冪比半横線冪若女點縱線冪與斗點横線冪，如次二式。

一式

$$木切=\frac{天}{地}$$

二式

$$金切=\frac{夫}{壬}$$

三式

$$木切|金切=\frac{天|夫}{地|壬}$$

四式

$$木切|金切=\frac{甲^{二}}{乙^{二}}$$

五式

$$\frac{甲^{二}}{乙^{二}}=\frac{天|夫}{地|壬}$$

六式

$$甲^{二}|地|壬=乙^{二}|天|夫$$

七式

$$甲^{二}|地^{二}=乙^{二}|天^{二}丅甲^{二}|乙^{二}$$

八式

$$甲^{二}|壬^{二}=乙^{二}|夫^{二}丅甲^{二}|乙^{二}$$

九式

$$甲^{四}|地^{二}|壬^{二}=甲^{二}|乙^{四}|天^{二}丅甲^{二}|乙^{四}|夫^{二}丄乙^{四}|天^{二}|夫^{二}丅甲^{四}|乙^{四}$$

十式

$$○=甲|乙^{四}|天^{二}丅甲^{二}|乙^{四}|夫^{二}丅甲^{四}|乙^{四}$$

十一式

$$甲^{二}=天^{二}|夫^{二}$$

十二式

$$乙^{二}=地^{二}丅壬^{二}$$

十三式

$$夫^{二}丄壬^{二}丅天^{二}丄地^{二}=乙^{二}丅甲^{二}$$

十四式

$$天^{二}丄地^{二}=庚^{二}$$

式五十

夫^{二}⊥王^{二}＝辛^{二}

式六十

夫^{二}⊥王^{二}丅天^{二}|地^{二}＝辛丅庚

式七十

辛^{二}丅庚^{二}＝乙^{二}丅甲^{二}

式八十

辛^{二}＝庚^{二}⊥乙^{二}丅甲^{二}

式九十

庚^{二}＝辛^{二}丅乙^{二}丅甲^{二}

式一次

$$\text{王}^{二}=\frac{\text{甲}^{三}}{\text{乙}^{三}}|\text{天}^{二}$$

式二次

$$\text{夫}^{二}=\frac{\text{乙}^{二}}{\text{甲}^{三}}|\text{地}^{二}$$

今有雙曲線，原點在橫徑之中，從相屬兩斜徑之四端各作切線，成外切四邊形，已知橫直徑，求四邊形積。

如圖，午爲原點，女氐爲斜徑，命爲 庚^{二} 斗牛爲相屬之斜徑，命爲 辛^{二} 女、斗氐、牛爲四切點，心角房亢爲四切線，所成之四邊形，女角斗牛爲四邊形四分之一，命爲 二物 未丑爲橫徑，命爲 甲^{二} 辰戌爲直徑，命爲 乙^{二} 又命女點之縱線女寅爲地，橫線寅午爲天，斗點之縱線斗申爲王，橫線申午爲夫，識別得，斗女寅申四邊形，如斗申午三角形減女寅午三角形，餘與斗女午三角形等積。故以夫減天，乘王加地，又加夫王相乘冪，減天地相乘冪，餘與倍斗女午三角形積相等，如一式，或以夫地相乘冪，減天王相乘冪，餘亦與倍斗女午三角形積相等，如二式，用前題兩縱橫線互求術，得斗點之縱線，如三式，又得斗點之橫線，如四式，以三式右畔代二式之王，四式右畔代二式之夫，如五式，右畔右乙互乘左 $\text{天}|\frac{\text{甲}}{\text{乙}|\text{天}}$ 得 $\frac{\text{甲}|\text{乙}}{\text{乙}^{三}|\text{天}^{二}}$ 左甲互乘右 $\text{地}|\frac{\text{乙}}{\text{甲}|\text{地}}$ 得 $\frac{\text{甲}|\text{乙}}{\text{甲}^{三}|\text{地}^{三}}$ 乘訖併之，如六式，準前論， 甲^{三}|地^{三} 減 乙^{三}|天^{三} 等於 甲^{三}|乙^{三} 夫以 甲|乙 除 甲^{三}|乙^{三} 必仍得 甲|乙 故以 甲|乙 代六式右畔，即得四邊形四分之一，如七式，以是知外切四邊形積等於橫直徑相乘之積。

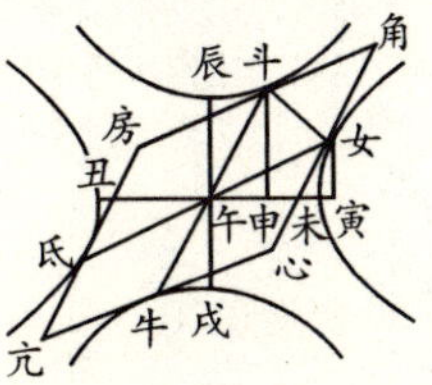

式　一

二物＝(天丅夫)|(地⊥王)⊥夫|王丅天|地

式　二

二物＝王|天丅夫|地

式　三

$$\text{王}=\frac{\text{甲}}{\text{乙}|\text{天}}$$

式　四

$$\text{夫}=\frac{\text{乙}}{\text{甲}|\text{地}}$$

式　五

$$\text{二物}=\text{天}|\frac{\text{甲}}{\text{乙}|\text{天}}\text{丅地}|\frac{\text{乙}}{\text{甲}|\text{地}}$$

式　六

$$\text{二物}=\frac{\text{甲}|\text{乙}}{\text{乙}^{二}|\text{天}^{二}\text{丅甲}^{二}|\text{地}^{二}}$$

式　七

二物＝甲|乙

今有雙曲線，以心點爲原點，任從曲線上一點作縱橫線，已知通徑橫徑及帶徑交橫軸角，求帶徑。

如圖，午爲中點，即舊原點，辰戌皆爲心點，辰爲新原點，子爲設點，子寅爲縱線，命爲地，寅午爲舊橫線，命爲天，寅辰爲新橫線，命爲夫，未午爲半橫徑，命爲甲，亢午爲半直徑，命爲乙，亥辰爲半通徑，命爲巳，辰午爲心點距中點線，命爲丙，以甲除丙得兩心差率，命爲戊，子辰爲此帶徑，命爲人，子戌爲彼帶徑，命爲物，子辰寅角爲帶徑交原點角，命其正餘弦爲弦爲弓。先用一題求帶徑術得子辰帶徑，如一式，又求得舊橫線，如二式，以 甲|戊 代丙，如三式，又以半徑比子辰帶徑若辰角餘弦與新橫線，如四式，以四式右畔代三式之夫，如五式，以五式右畔代一式之天，如六式，移 戊|人|弓 以減左，如七式，六式之 人|弓 及 甲|戊 皆以戊乘，此移 戊|人|弓 於左，故右戊作戊^{二}。識別得甲乘戊冪，又以甲減之，等於一減戊冪餘，以乘甲，故以 甲|戊丅一 代七式之右畔人，乘 戊|弓 以減人，等於 戊|弓 減一餘以乘人，故以 人|一丅戊|弓 代七式之左畔，如八式，又用一題求通徑術得半通徑，如九式，準前論，一爲甲冪除甲冪之得數，戊^{二}爲甲冪除丙冪之得數，以一減戊^{二}，餘即甲冪除乙冪之得數，再以甲乘之，必與甲除乙冪之得數相等，故以九式左畔之巳代八式右畔之 甲|戊^{二}丅一，如十式，移 一丅戊|弓 於右，變乘爲除，得子辰帶徑，如十一式。

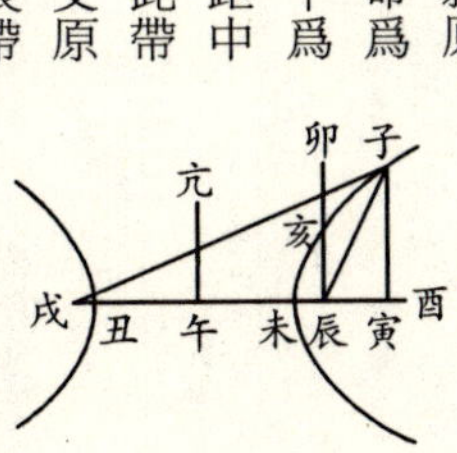

式一

$$人=戊\mid天\top甲$$

式二

$$天=夫\perp丙$$

式三

$$天=夫\perp甲\mid戊$$

式四

$$夫=人\mid弓$$

式五

$$天=人\mid弓\perp甲\mid戊$$

式六

$$人=戊\mid(人\mid弓\perp甲\mid戊)\top甲$$

式七

$$人\top戊\mid人\mid弓=甲\mid戊^{二}\top甲$$

式八

$$人\mid(一\top戊\mid弓)=甲\top戊^{二}\top一$$

式九

$$巳=\frac{甲}{乙^{二}}$$

式十

$$人\mid(一\top戊\mid弓)=巳$$

式一十

$$人=\frac{一\top戊\mid弓}{巳}$$

一圖

奎 子 昴 卯 寅 丑 午 巳 未 申 婁 胃

今有雙曲線，原點在横徑之中，從中點作二漸近線，以漸近線爲斜縱横軸，又任從曲線上一點作斜縱横線，已知横直徑及斜横線，求斜縱線。

如一圖，午爲原點，未午爲半横徑，即舊横軸，命爲甲，卯午爲半直徑，即舊縱軸，命爲乙，昴婁及奎胃爲二漸近線，昴午爲新横軸，奎午爲新縱軸，子爲設點，子巳爲舊縱線，命爲地，巳午爲舊横線，命爲天，子寅爲新縱線，命爲王，寅午爲新横線，命爲夫，昴午未角爲新横軸交舊横軸角，命爲金，奎午未角爲新縱軸交舊横軸角，命爲木，識别得，金角即木角之外角，木角既爲鈍角，則兩角之八線皆同。乃用一題正交二軸求縱線術，得甲、乙兩冪相乘之積，如一式，又用直線九題易正交二軸爲斜交二軸易向不易原點之術，得舊縱横線，如二式，三式因兩角之八線同數，於是變二式爲四式，變三式爲五式，以四式右畔自之，代一式之天^{二}，五式右畔自之，代一式之地^{二}，如六式，又以甲冪除乙冪，得金角正切冪，如七式，以金角餘弦冪除其正弦冪，亦得金角正切冪，如八式，以八式右畔代七式左畔，如九式，以正弦冪減一，餘與餘弦冪等，乃以 $一\top弦^{二}$ 代九式之弓^{二}，如十式，兩畔各以實加法，得正弦冪，如十一式，同例得餘弦冪，如十二式，以十一式右畔代六式之弦，十二式右畔代六式之弓，如十三式，$夫^{二}\top王^{二}$ 減 $夫^{二}\perp王^{二}$ 餘與四夫王相乘積等，故以 $四夫\mid王$ 代 $(夫\perp王^{二})\top(夫\top王^{二})$ 如十四式，移 $\frac{甲^{二}\perp乙^{二}}{甲^{二}\mid乙^{二}}$ 於右，消去 $甲^{二}\mid乙^{二}$ 如十五式，又移 四夫 於右，變乘爲除，即得子點斜縱線，如十六式。

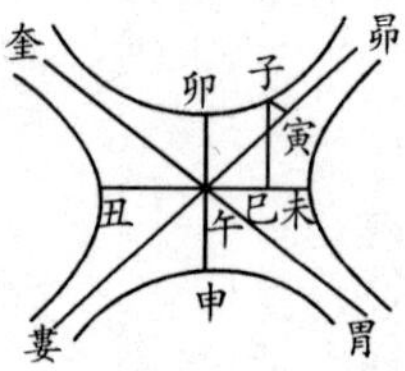

式一

$$甲^{二}\mid地^{二}\top乙^{二}\mid天^{二}=甲^{二}\mid乙^{二}$$

式二

$$天=夫\mid木弓\top王\mid金弓$$

式三

$$地=夫\mid木弦\perp王\mid金弦$$

式四

$$天=(夫\top王)\mid弓$$

式五

$$地=(夫\perp王)\mid弦$$

式六

$$甲^{二}\mid(夫\perp王^{二})\mid弦^{二}\top乙^{二}\mid(夫\top王^{二})\mid弓^{二}=甲^{二}\mid乙^{二}$$

式七

$$切^{二}=\frac{甲^{二}}{乙^{二}}$$

式八

$$切^{二}=\frac{弓^{二}}{弦^{二}}$$

式九

$$\frac{弓^{二}}{弦^{二}}=\frac{甲^{二}}{乙^{二}}$$

式十

$$\frac{一\top弦^{二}}{弦^{二}}=\frac{甲^{二}}{乙^{二}}$$

式一十

$$弦^{二}=\frac{甲^{二}\perp乙^{二}}{乙^{二}}$$

式二十

$$弓^{二}=\frac{甲^{二}\perp乙^{二}}{甲^{二}}$$

式三十

$$\frac{甲^{二}\perp乙^{二}}{甲\mid乙^{二}}(夫\perp王^{二})\top\frac{甲^{二}\perp乙^{二}}{甲^{二}\mid乙^{二}}\mid(夫\top王^{二})=甲^{二}\mid乙^{二}$$

式四十

$$\frac{甲^{二}\perp乙^{二}}{甲^{二}\mid乙^{二}}\mid四夫\mid王=甲^{二}\mid乙^{二}$$

式五十

$$四夫\mid王=甲^{二}\perp乙^{二}$$

式六十

$$王=\frac{四夫}{甲^{二}\perp乙^{二}}$$

作漸近線法，如二圖，先以四曲線之頂點爲切點，作四切線，如亢心、心氐、氐房、房亢成正方四邊形，如亢心氐房，次從四角作二斜線，引長之出雙曲線之間，如昴婁及奎胃，即兩漸近線，此線愈長愈與雙曲線相近，而永不相遇，故名漸近。

若求斜縱橫線相乘之矩積，則移十五式之四於右，變乘爲除，即得，如次一式，以是知斜縱橫線相乘之矩積等於甲冪加乙冪之積四分之一。按：此必昴午奎角爲正方角方可用，等邊雙線則昴午奎爲正方角。若非正方角，則須以午角正弦乘 $\frac{四}{甲^{二}丄乙^{二}}$ 得數始準。

次一式

$$夫丨王=\frac{四}{甲^{二}丄乙^{二}}$$

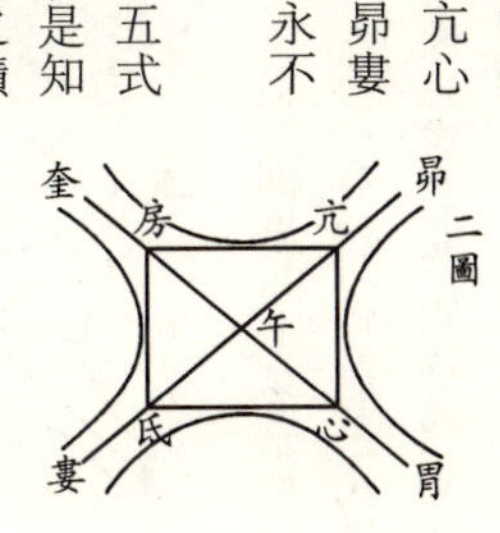

二圖

以圖明之，如三圖，子爲設點，子亢午寅方爲斜縱橫線相乘矩積，與卯巳午亥方同數，亢未午卯方爲甲、乙相乘冪，$甲^{二}丄乙^{二}$ 爲卯未線自乘冪，$\frac{四}{甲^{二}丄乙^{二}}$ 爲卯巳線自乘冪。假令昴午奎爲正方角，則卯巳自乘冪，即卯巳午亥方，非正方角則，兩數不同，故更以半徑爲一率，卯巳自乘冪 $\frac{四}{甲^{二}丄乙^{二}}$ 爲二率，午角正弦爲三率，求得四率，即卯巳午亥方，卯巳午亥方等於卯未午三角形積爲甲、乙相乘冪之半，蓋兩漸近線之交角爲正方，則斜縱橫線相乘之矩積等於甲冪加乙冪之積四分之一，與甲乙相乘冪二分之一同數。兩漸近線之交角非正方，則斜縱橫線相乘之矩積等於甲乙相乘冪二分之一。與甲冪加乙冪積四分之一不同數。

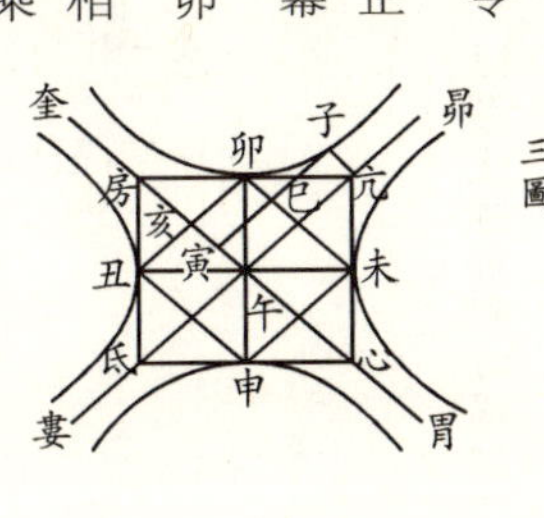

三圖

今有雙曲線，原點在橫徑之中，以漸近線爲斜縱橫軸，從切點作斜縱橫線，又引長切線抵斜橫軸界，已知橫直徑及斜徑，求切線抵斜橫軸之長。

如圖，午爲原點，子爲切點，午胃爲斜橫軸，午昴爲斜縱軸，子申爲引長切線抵斜橫軸之長，命爲人，子寅爲斜縱線，命爲地，寅午爲斜橫線，命爲天，又命未午半橫徑爲甲，亢午半直徑爲乙，子午半斜徑爲庚，昴午胃角命爲火，其半角命爲金。識別得，斜縱線所截斜橫軸界，如寅適得切線距中點線之半，其兩畔寅申與寅午必等，任以曲線上一點爲切點，其斜縱線必平分切線距中點線之半。子寅午角與子寅申角一鈍一鋭，其兩線相同，而子申線與子午線不同。乃準三角術倍寅午，以乘子寅爲法，寅午冪加子寅冪，減子午冪爲實，以法除實，得子寅午角餘弦，即火角因寅係鈍角，故以餘弦爲負。如一式，又倍寅申，以乘子寅爲法，寅申冪加子寅冪減子申冪爲實，以法除實，得子寅申角餘弦，亦即火角。如二式，各移於左，變除爲乘，如三式、四式，三式之$庚^{二}$與左畔互易，如五式，四式之$人^{二}$與左畔互易，知六式，五、六兩式相消，如七式，火角爲金角之倍角，故以金角正弦冪減金角餘弦冪，得火角餘弦，如八式，準前論，甲冪加乙冪爲法，乙冪爲實，法除實，得金角正弦冪，如九式，甲冪加乙冪爲法，甲冪爲實，法除實，得金角餘弦冪，如十式，以九式減十式，如十一式，移 $甲^{二}丄乙^{二}$ 於左，變除爲乘，如十二式，又準前論，四天地相乘冪等於甲冪加乙冪，如十三式，以八式左畔火弓，代十二式之 $金弓^{二}丅金弦^{二}$ 又以十三式左畔 四天丨地 ，代十二式之 $甲^{二}丄乙^{二}$ 如十四式，又以七式之左畔，代十四式之左畔，如十五式，移$庚^{二}$於右，變減爲加即得切線抵斜橫軸之長之冪，如十六式。前十二題斜徑冪與相屬斜徑冪之較等於 $甲^{二}丅乙^{二}$ 詳十二題十七式。此題斜徑冪與切線冪之較亦等於 $甲^{二}丅乙^{二}$ 以是知切線抵斜橫軸之長等於相屬之斜徑。

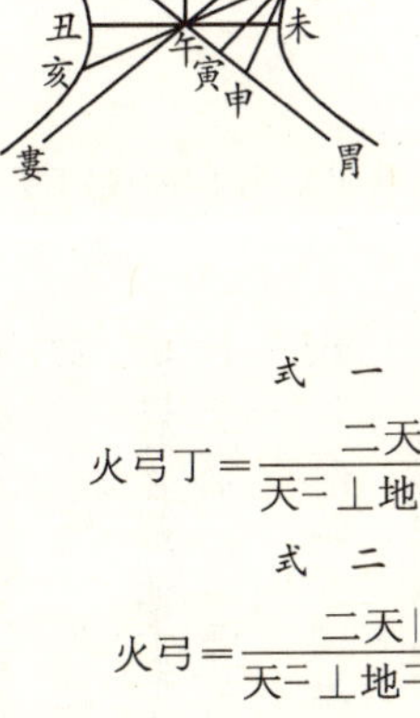

式一

$$火弓丁=\frac{二天丨地}{天^{二}丄地^{二}丅庚^{二}}$$

式二

$$火弓=\frac{二天丨地}{天^{二}丄地^{二}丅人^{二}}$$

式三

$$二天丨地丨火弓丁=天^{二}丄地^{二}丅庚^{二}$$

式四

$$二天丨地丨火弓=天^{二}丄地^{二}丅人^{二}$$

式五

$$庚^{二}=天^{二}丄地^{二}丄二天丨地丨火弓$$

式六

$$人^{二}=天^{二}丄地^{二}丅二天丨地丨火弓$$

式七

$$庚^{二}丅人^{二}=四天丨地丨火弓$$

式八

$$火弓=金弓^{二}丅金弦^{二}$$

九式

$$金弦^{二}=\frac{甲^{二}丄乙^{二}}{乙^{二}}$$

十式

$$金弓^{二}=\frac{甲^{二}丄乙^{二}}{甲^{二}}$$

十一式

$$金弓^{二}丅金弦^{二}=\frac{甲^{二}丄乙^{二}}{甲丅乙^{二}}$$

十二式

$$甲^{二}丄乙^{二}|金弓^{二}丅金弦^{二}=甲^{二}丅乙^{二}$$

十三式

$$四夫|地=甲^{二}丄乙^{二}$$

十四式

$$四天|地|火弓=甲^{二}丅乙^{二}$$

十五式

$$庚^{二}丅人^{二}=甲^{二}丅乙^{二}$$

十六式

$$人^{二}=甲^{二}丅乙^{二}丄庚^{二}$$

清·黃宗憲《曲面容方》

第一術之一

設如弧矢面有通弦與矢，求內容正方形之方邊。

術曰：以通弦正矢求得本圓半徑，倍矢乘之，復以矢冪減之，又四之爲負實。捷法，即以通弦冪爲負實。八因矢徑差爲正方。五爲正隅，平方開之，得元數即方邊。

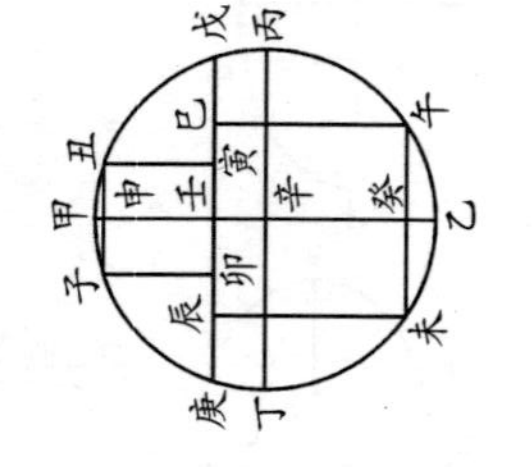

草曰：如圖，甲戊庚弧矢面內容子丑寅卯正方形，先用舊法。以通弦折半，自之，以矢除之，得大矢，以矢加之，半之，得本圓半徑，命爲味，準 $呆^{二}=天^{二}丄地^{二}$ 乾，乃命微分術例凡平圓之式，爲所求之方邊爲夫，則 味丅矢丄夫=申辛 左邊自之，得

$(味丅矢)^{二}丄二(味丅矢)夫丄夫^{二}$ ㊀ 又

$\frac{二}{夫}$=子申 左邊自之，得 $\frac{四}{夫^{二}}$ ㊁ 以一式代乾式中之天^{二}，二式代其地^{二}，則得

$$(味丅矢)^{二}丄二(味丅矢)夫丄夫^{二}丄\frac{四}{夫^{二}}=味^{二}$$ 即

$$矢^{二}丅二味矢丄二(味丅矢)夫丄\frac{四}{五夫^{二}}=〇$$ 爲開方式。

第一術之二

設如殘圓面有通弦大矢，求內容正方形之方邊。

術曰：以通弦大矢求得本圓全徑，大矢乘之，復以大矢冪減之，又四方爲負實。捷法，即以通弦冪爲負實。大矢與半徑相較，又八之爲負方。五爲正隅商得元數即方邊。凡殘圓面之正餘弦相等者，內容正方同於全圓面所容之方，若餘弦大於正弦者，無庸求。

草曰：如前圖，乙戊庚殘圓面內容辰巳午未正方形，亦用舊法求得。本圓半徑命爲味，亦命所求之方邊爲夫，則得 夫丅大矢丄味=辛癸 自之，得

$(大矢丅味)^{二}丄二(味丅大矢)夫丄矢^{二}=(辛癸)^{二}$ ㊀ 又 $\frac{二}{夫}$=癸午 自之，得

$\frac{四}{夫^{二}}=(癸年)^{二}$ ㊁ 併一二兩式，以代前乾式中之 $天^{二}丄地^{二}$ 得

$$(味丅大矢)^{二}丄二(味丅大矢)夫丄夫^{二}丄\frac{四}{矢^{二}}=味^{二}$$ 詳之，同者去之，通內之，得

$$(大矢)^{二}丅二大矢味丄二(味丅大矢)夫丄\frac{四}{五矢^{二}}=〇$$ 爲開方式。

系凡弧矢面殘圓面，依矢線截之，分爲平分兩半面，或與矢線平行，任距矢線若干截之，分爲强弱兩半面，皆可容方，總以乾式爲立算之本，倣右法類推之。

第二術之一

設如橢圓面，有長短兩半徑，求內容正方形之方邊。

術曰：長短兩半徑相乘，又自之爲實。長短兩半徑各自之，相併爲法，除之得數正平方，開之得元數，又倍之，即方邊。

草曰：如圖，甲乙丙丁橢圓面，內容子丑寅卯正方形，準微分術例，凡橢圓之式爲 $呷^{二}地^{二}丄叱^{二}天^{二}=呷^{二}叱^{二}$ 坤 則長半徑中乙爲呷，短半徑丙中爲叱，橫線中太爲天，從線丑太爲地，準本題理，令 天=地 則坤式變爲 $(呷^{二}丄叱^{二})天^{二}=呷^{二}叱^{二}$ 所以得

$$\frac{呷^{二}丄叱^{二}}{呷^{二}叱^{二}}=天^{二}$$ 爲開方式。

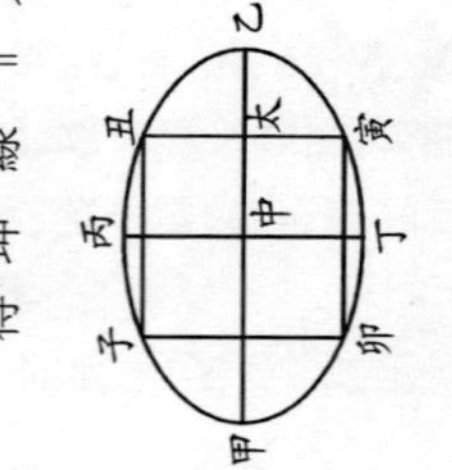

第二術之二凡前後二術。

設如半橢圓面，有長短兩半徑，求內容正方形之方邊。

前術曰：長短兩半徑相乘，又自之爲實。以四除長半徑冪，短半徑冪加之，

爲法，實如法而一，得數正平方法開之，得元數即方邊。

後術曰：長短兩半徑相乘，又自之，爲實。以四乘長半徑冪，短半徑冪加之，爲法，實如法而一，得數正方平法開之，得元數，又倍之，即方邊。

草曰：如圖，甲乙丙半橢圓面，内容子丑寅卯正方形，凡橢圓例長半徑爲呷，短半徑爲叱，横線爲天，從線爲地，準本題之理，令 $\frac{二}{天}$＝地 自之，得 $\frac{四}{天^{二}}$＝地^{二} 以左邊代前坤式中之地^{二}，得 呷$^{二}\frac{四}{天^{二}}$丄叱^{二}天^{二}＝呷^{二}叱^{二} 通分，得 $\frac{呷^{二}丄四叱^{二}}{四呷^{二}叱^{二}}$＝天^{二} 爲開方式。前術。

按：右草依短徑直截之爲本題之前術，如左圖，若依長徑横截之爲本題之後術。如右圖，則令 二天＝地 自之，得 四天^{二}＝地^{二} 如法求之，得 $\frac{四呷^{二}丄叱^{二}}{呷^{二}叱^{二}}$＝天^{二} 爲開方式。後術商得元數倍之，即方邊。

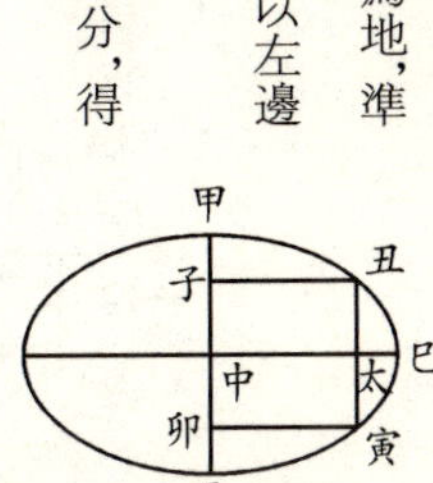

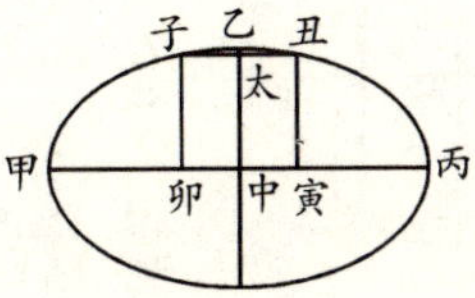

第二術之三凡前後二術通用。

設如强半橢圓面，有長短兩半徑及截徑，求内容正方形之方邊。

前、後術曰長短半徑與截徑相較，又自之，爲正數，短、長半徑自乘，又四乘之，爲負數，正負相消，又以長、短半徑冪乘之，爲負實。又置長、短半徑與截徑相較之數，以二倍長、短半徑冪乘之，爲正方。四因短、長半徑冪，又以長、短半徑冪加之，爲正隅，平方開之，得元數，又以截徑加之，長、短半徑減之，即所容方邊。

草曰：如上圖，丁乙戊巳强半橢圓面，内容子丑寅卯正方形，準本題理，令 丙丁乙巳截徑爲丙，如法加減之，得 丙丁呷＝巳中 又 丙丁呷丄天＝巳太 半

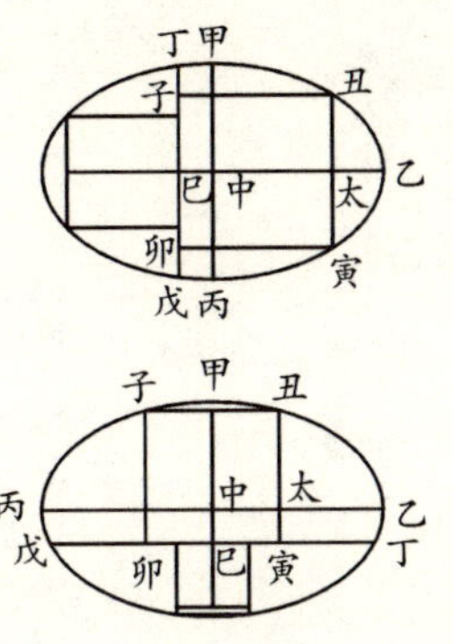

之，得 $\frac{二}{丙丁呷丄天}$＝丑太＝地 自之，得 $\frac{四}{(丙丁呷丄天)^{二}}$＝地^{二} 以左邊式代前坤式中之地^{二}，則得 $\frac{四}{(丙丁呷丄天)^{二}}$呷^{二}丄叱^{二}天^{二}＝呷^{二}叱^{二} 通分詳之，得下 呷^{二}[(丙丁呷)^{二}丅四叱^{二}]丄二呷^{二}(丙丁呷)天丄(呷^{二}丄四叱^{二})天^{二} 爲開方式，平方開之，得元數，截徑加之，長半徑減之，即所容方邊。

按：右草以丁戊線與短徑平行直截之，成丁乙戊巳面，如上圖，爲本題之前術，若以丁戊線與長徑平行横截之，成丁甲戊巳面，如下圖，爲本題之後術，以甲巳截徑爲丙，如法加減之，得 丙丁叱丄地＝丑寅，半之，自之，得 $\frac{四}{(丙丁叱丄地)^{二}}$＝天^{二} 以左邊式代前坤式中之天^{二}，則得 叱^{二}[(丙丁叱)^{二}丅四呷^{二}]丄二叱^{二}(丙丁叱)地丄(叱^{二}丄四呷^{二})地^{二} 爲開方式，與前術之開方式無少差，不過長短兩半徑互易爲異耳。

第二術之四凡前後二術通用。

設如弱半橢圓面，有長短兩半徑及截徑，求内容正方形之方邊。

前、後術曰長、短半徑與截徑相較，又自之，爲上數，短、長半徑自之，又四之，與上數相消，又長、短半徑冪乘之，爲負實。又置長、短半徑，以截徑減之，復以長、短半徑冪乘之，又倍之，爲負方。又以短、長半徑自之，四之，以長、短半徑冪加之，爲正隅，平方開之，得元數，以截徑加之，以長、短半徑減之，即所求之方邊。

按：此題之開方式，與前題之開方式並同，惟正負略異，蓋此題前、後術，丙小於呷、叱，而前題前、後術，呷、叱小於丙故也。

系凡橢圓面内，以長短兩徑線爲準，任距長短徑線若干，並與之平行，從横截之，所分之面皆可容方，總以坤式爲立算之本，倣右法類推之。

第三術

設如雙曲線面，有横屬兩半徑及所截之從横線，求内容正方形之方邊。

術曰：截徑與横徑相和，復以截徑乘之，爲上數，以四倍從線冪，乘上數爲正實。倍截徑，加横徑，亦以四倍從線冪，乘之爲負方。乃置四倍從線冪，以上數減之，爲正隅，平方開之，得元數即方邊。

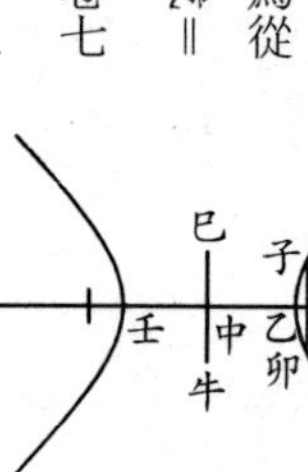

草曰：如圖，甲乙丙丁雙曲線面，內容子丑寅卯正方形，則 $中乙＝呷$ 爲横半徑， $中巳＝叱$ 爲屬半徑， $乙丁＝呥$ 爲横線，亦曰截徑， $甲丁＝叮$ 爲從線。令 $戊丁＝天$ 則 $乙戊＝呥丅天$ 又 $壬戊＝呥丅天丄二呷$ ，又 $子戊＝\frac{二}{天}$ 準《代微積拾級》卷七第三款比例 $子^{二}戊：乙戊×壬戊：：叱^{二}：呷^{二}$ 又 $甲^{二}丁：乙丁×壬丁：：叱^{二}：呷^{二}$ 又準本款系，得 $乙丁壬丁：乙戊壬戊：：甲^{二}丁：子^{二}戊$ 即 $呥(呥丄二呷)：(呥丅天)(呥丅天丄二呷)：：叮^{二}：\frac{四}{天^{二}}$

即 $叮^{二}(呥丅天)(呥丅天丄二呷)＝呥(呥丄二呷)\frac{四}{天^{二}}$ 通分詳之，移之，得 $四叮^{二}(呥^{二}丄二呷呥)丅四叮^{二}(二呷丄二呥)天丄(四叮^{二}丅呥^{二}丅二呷呥)天^{二}$ 爲開方式。

第四術凡二術。

設如拋物線面，有從横線，求內容正方形之方邊。

術曰：從線倍之，自之，爲正實。以横線除實爲負方。

一，爲負隅，平方開之，得元數即方邊。

又術曰：横線自之，爲正實。倍從線自之，以横線除之，復以倍從線加之，爲負方。一，爲正隅，平方開之，得元數，以減横線即方邊。

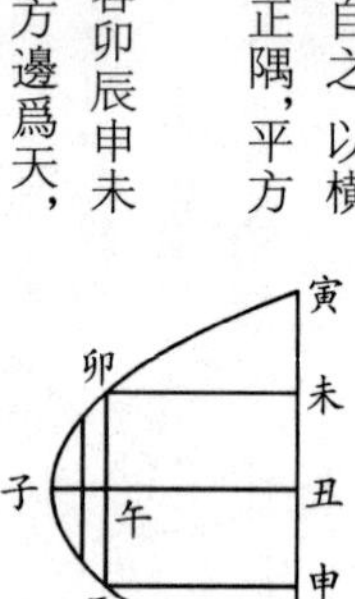

草曰：如圖，寅子己丑拋物線面，內容卯辰申未正方形，令子丑横線爲甲，寅丑從線爲乙，方邊爲天，準《代微積拾級》卷五拋物線第一款之四系，得比例 $卯^{二}午：寅^{二}丑：：子午：子丑$ 即 $\frac{四}{天^{二}}：乙^{二}：：甲丅天：甲$ 故得 $甲乙^{二}丅乙^{二}天＝\frac{四}{甲天^{二}}$ 通分移之，得 $四甲乙^{二}丅四乙^{二}天丅四天^{二}＝〇$ 爲開方式。

又草曰：令方邊横線較爲天，即 $子午＝天$ 而卯午冪爲 $\frac{四}{(甲丅天)^{二}}$

則前比例更爲 $\frac{四}{(甲丅天)^{二}}：乙^{二}：：天：甲$ 所以得 $甲^{二}丅(二甲^{二}丄四乙^{二})天^{二}丄甲天^{二}$ 爲又術開方式。

系凡雙曲線面，拋物線面，已知內容正方形之方邊，則上下所截餘之三角面，內皆可容方，準本曲線之理，比例類推之，即令遞容法皆一律。

右四術，於圓錐截曲面容正方形之理，已具□略，苟盡通其術，設欲更容長短有定率之長方形，皆能用本題之草變通推之，不患其無法也，然則曲面容方之術，不論正方長方，其法無所不賅神而明之，存乎其人矣。

清・楊兆鋆《須曼廬算學》卷一《橢曲同詮》 雙曲線第五款一系，丙甲己戊和，與丙癸等，試以比例明之。

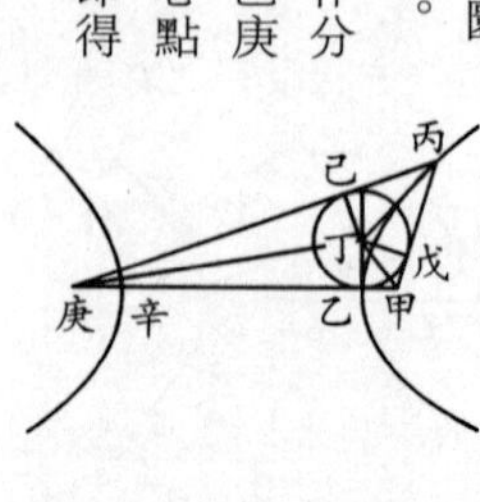

如圖，己辛爲二心，己戊辛戊二線交於曲線界戊，準本款言二線之較，與長徑甲乙等，又取癸點，令丙甲與丙己比若丙丁與丙癸比。

$二丙甲＝辛戊丅己戊＝二線較$ $丙甲＝\frac{二}{辛戊丅己戊}$

$丙甲丄己戊＝\frac{二}{辛戊丅己戊}丄己戊＝\frac{二}{辛戊丄己戊}$ 又

$辛丁丅己丁＝二丙己＝己辛$ $辛丁丄己丁＝二丙丁$

$\frac{二丙甲}{四丙己丙丁}＝\frac{丙甲}{二丙己丙丁}＝二綫和$ $＝己戊丄甲戊＝二丙癸$

$丙癸＝\frac{二}{己戊丄辛戊}$ 故 $丙癸＝丙甲丄己戊$

雙線有一心，有最近心點，有曲線上一點，求餘一心，其法若何。

甲爲心，乙爲最近心點，法於曲線上取丙點，作甲丙線，取甲戊等甲乙，各作垂線戊丁、乙丁交於丁，以丁爲心，戊丁或乙丁爲界，作乙戊己圜，自丙至圜界作丙己線引長之，遇甲乙引長線於庚，爲餘一心。

設於甲、丙、庚三點，作三線成甲丙庚三角形，各作分角線及垂線，甲丙庚，丙較原等乙辛長徑，又等甲戊、己庚較，又等甲乙，乙庚較，甲庚兩心差內減二心之距，近心點原等於長徑，則甲乙庚辛等於二小分底，依三角作之，即得庚又一心也。

雙線有一心，有曲線上二點，其一點並知切線，求餘一心，其法若何。

甲爲心，乙、丙爲曲線上二點，乙丁爲切線，法作乙戊線，令丁乙戊角與甲乙丁角等，又取甲丙、甲乙之較，如乙己，作己丙線平分於子，自子作己丙垂線，交乙戊於庚，爲又一心。

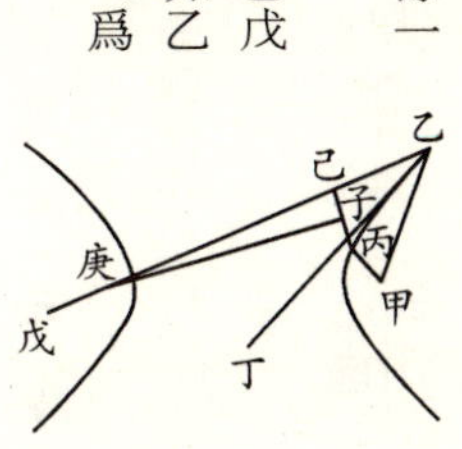

雙線有本面心，有三切線，俱不知切點，求對面心，其法若何。

如圖，甲乙、丙丁、戊己爲三切線，法自本面心作各垂線，令辛庚、壬癸、丑子等於心辛、心壬、心丑，作庚癸、癸子二聯線平分於寅、於卯，作庚癸、癸子之垂線，遇於辰即對面心。

雙線有對面心，有本面三切線，不知切點，求本面心，其法若何？

如圖，甲乙、丙丁、戊己爲三切線，法自對面心作各垂線，令辛庚、壬癸、丑子等於心辛、心壬、心丑，作庚癸、癸子二聯線平分於寅、於卯，作庚癸、癸子之垂線，遇於辰即本面心。

雙線有最高點，有本心，有本周上一點，求外心，其法若何。

如圖，甲爲高點，子爲本心，戊爲本周上一點，甲子爲高徑，戊子爲距心線，以距心線加高徑，甲子爲高徑和，法自高點甲加甲癸高徑和，作戊癸線平分於庚，作戊癸之垂線庚丑，交甲癸於丑爲外一心。

解曰：丑爲外一心，於戊、子、丑三點作三聯線，成戊子丑三角形，作三分角線，復作三邊之垂線，則巳丑與乙丑，戊巳與戊丙，子乙與子丙，必兩兩相等。依雙線理，戊子戊丑較等長徑甲乙，甲丑等乙子，又等子丙。巳丑必等乙丑，則巳丑加戊子爲高徑和，與甲癸等於高徑和，內各減去相等之丙子甲丑，則戊丑必等丑癸，故平分戊癸，作垂線必遇丑點。

雙線有最卑點，有本心，有本周上一點，求外心，其法若何。

如圖，乙爲最卑點，子爲本心，戊爲本周上一點，乙子爲卑徑，戊子爲距心線，以距心線減卑徑，乙子爲卑徑較，法自卑點乙加卑徑較乙癸，作戊癸線平分於庚，作戊癸之垂線庚丑，交甲癸於丑，丑爲外一心。

解曰：丑爲外心，於戊、丑、子三點作三聯線，成戊子丑三角形，又作三分角線，復作三邊之垂線，則巳丑與乙丑，戊巳與戊丙，子乙與子丙，均兩兩相等。依雙線理，戊子戊丑較等甲乙長徑，甲丑等乙子，又等子丙，巳丑既等乙丑，則巳丑減戊子即爲卑徑較，必與乙癸等，於卑徑較內再減去乙子，餘子癸，而戊丙等戊巳，則戊丑必等丑癸，故平分戊癸，作垂線必遇丑點。

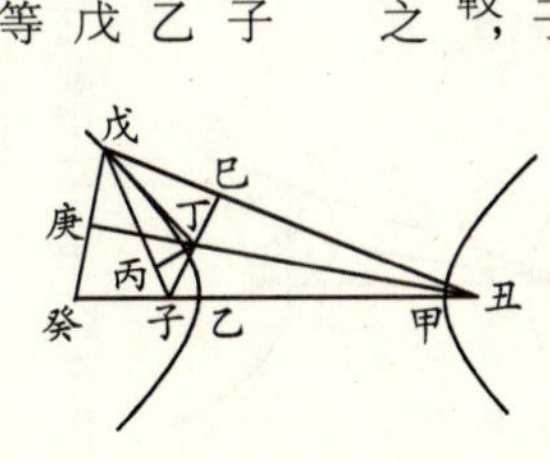

雙曲線有正弧之餘弦，別有餘弧之正弦，試言其故。

雙曲線之異於橢圓者，橢圓求正弧之餘弦，即爲餘弧之正弦，雙曲線則不然。如圖，甲乙長徑，子丑短徑，取丁戊爲正弦，則戊卯爲餘弦，己卯爲餘弧之正弦，二者不同，而其比例亦各異也。

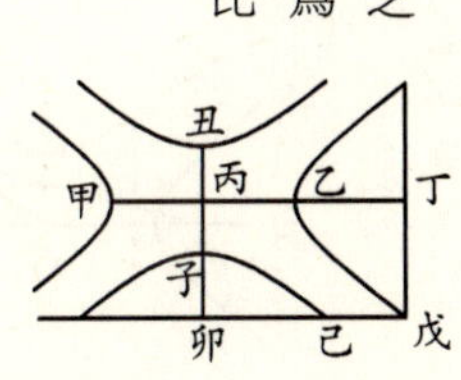

微積分總部

主編　郭金海

紀事

清・李善蘭《代微積拾級・序》 中法之四元即西法之代數也。諸元諸乘方諸互乘積四元別以位次，代數別以記號，法雖殊，理無異也。我朝康熙時，西國來本之、奈端二家，又創立微分、積分二術，其法亦借徑於代數，其理實發千古未有之奇秘。

［英］偉烈亞力《代微積拾級・序》【略】微分學非一時一國一人所作，其源流遠矣。數學有數求數，代數無數求數，然所推皆常數。微分能推一切變數。創法者不一家，理同而術異。來本之者日爾曼人也。立界説曰：以小至無窮之點，積至無窮多，推其幾何，名爲推無窮小點法。難者曰：無窮小之點，雖積之至無窮，不能成幾何。解之曰：但易無窮小爲任何小，即有積可推矣，故其説雖若難解，而其理未始不合也。而英國奈端造首末比例法，不用無窮小之長數，乃用有窮最小長數之比例，而推其漸損之限，其幾何變大，則爲末限，變小，則爲首限。此法便于幾何而不便于代數，後造流數術棄不用，而謂萬物皆自變，其變皆有速率，凡幾何俱可用直線顯之，故速率之增損，可用直線之界顯之。此説學者皆宗之。嘉慶末，法蘭西特浪勃造限法，自云不過用奈端首末比例耳。而蘭頓別創新法，凡微分一憑代數，不云任近限而云已得限，名曰朘理。拉格浪亦造法，多依附戴老之理，大略與蘭頓同。總論之，微分不過求變幾何最小變率之較耳。家數雖多，理實一焉。奈端、來本之，同時各精思造法，未嘗相謀，相師也。奈端于元上加點以顯流數。如甲̇爲甲之流數，是也。用以推算，覺不便，故用來氏之彳號以顯之。積分者，合無數微分之積也。亦用來氏之禾號以顯之。微分、積分，爲中土算書所未有。然觀當代天算家，如董方立氏、項梅侶氏、徐君青氏、戴鄂士氏、顧尚之氏，暨李君秋紉所著各書，其理有甚近微分者，因不用代數式，故或言之甚繁，推之甚難。

清・華蘅芳《微積溯源・序》《微積溯源》八卷，前四卷爲微分術，後四卷爲積分術，乃算學中最深之事也。余既與西士傅蘭雅譯畢《代數術》二十五卷，更思求其進境，故又與傅君譯此書焉。先是咸豐年間，曾有海甯李壬叔，與西士偉烈亞力譯出《代微積拾級》一書，流播海内。余素與王叔相友，得讀其書，粗明微積二術之梗概，所以又譯此書者，蓋欲補其所略也。

清・陳志堅《微積闡詳》卷一 微積爲算學中最深之事，固已然。竊謂其立術雖深，要不外理與法與數三者。理即法，而具法因數而存，則欲究其法，宜先演數。李海甯譯《拾級》一書，由代而微而積，等級井然，且每類設題，時時舉數以證之。

清・謝洪賚《最新微積學教科書》 微積源流考略 微分積分之學，創於十七世紀。然其問題，則自古論幾何學者無不及之，祇未得其解法耳。蓋上古講幾何學者，試以曲線形與直線形比較，其法不勝繁重。歐几里得考得圓面相比，如其徑方相比，所藉之理，即此圓之面如大或小於彼圓面，則此徑方不能比彼徑方也。證法乃設若干外切内容多邊形，以證苟多邊形之邊數遞增，則外切内容之邊，漸近圓周，是法曰割圓術。

亞奇默德亦用仿此之法，以推更難之問題。如球與外切圓柱相比、拋物線平方、螺線之性質等。

亞氏之後一千八百年，此學未嘗進步。迨一千六百三十五年，以大里人賈法利利著書論一新法，稱曰不可分之法。此學始復振。賈氏之説，謂線爲無數小點所成，面爲無數極細平行線所成，體爲無數極薄平行面所成。是則線面體之度相比，即其中所有細點之數相比也。此法有一缺憾，即難於分析原點，而以其數相比也。五年後，有顧理奴者，駁賈氏説之不確。然既可用歐氏割圓法證此法之真，且用以定曲線面曲線體之比例，亦頗便捷，則此説不可非。

同時，法人羅伯法考得新法，可解曲線形之問題，與賈氏之法無大差别。

一千六百三十七年，法人代嘉德著書言作各種代數曲線切線之捷法，且用代數術表明變數相關之理，俱大有係於算學之改良，實開後日新法之門。

一千六百五十五年，華里士著一書，曰《無窮數學》，始用代數術解割圓，即本於賈氏不可分之法。華氏以之證明凡曲線之縱線與橫線之任一方有比例，則可求得曲線弧，故曲線之縱橫線有公用數者，其弧皆可求，而不必用分指數或負指數。

約於一千六百六十六年，英儒奈端始創流數術，不第可作曲線之切線，且可推曲線弧，改直曲線諸題。奈氏以爲凡數由恒動而成，如線爲點移動所成，面爲常線或變線移動所成，體爲常平面或變平面移動所成。其餘諸數，均可仿此類推。動之速率，所憑之變數，時時增加，名曰流率。按：此增速所成之數，即所

謂流數也。

一千六百六十九年，英國江橋大學教授白洛報告英京王立公會曰，奈端以算稿示彼，內論割圓改直曲線推解方程之通法。此稿始用流數術。白氏佈告英歐諸算學家，然其書迨一千七百十一年始得刊行，即成稿後四十年也。

一千六百八十七年，奈端印行《萬理推原》一書，始及己所創之流數術，實今之微分積分也。然未詳解誌號用法，故未通行。微積誌號始見於一千六百九十三年華里士所著書。一千七百零四年，奈端自刊小帙，略解新法割圓之術。

同時，德國哲學家來本之創微積術，與奈端之反正流數術無二致。一千六百七十三年，來氏往倫敦晤王立公會員，告以較數新理。或語之曰：此理已經法人莫敦闡明之矣。故來氏棄之，研究無窮級數之法。一千六百七十四年，來氏告友人倭盾伯，新得一級數，可用切線而求得弧之同數，且得其公法。倭氏答之曰：奈端已得求曲線弧之通術矣。

一千六百七十六年六月，奈端作書致倭氏，使之轉示來氏。書中言己所發明之二項例，無窮級數，割圓等事，但未言及流數術。同年十月，又作書與來氏，言己發明二項例之原因，始略提流數術，然故意祕而不宣，用拉丁文書其術，錯亂其先後次序，使閱者不能驟悟。後人詳考，始明其義。觀此一札可知，在一千六百七十六年，奈端已得微積之法，所用名目誌號，亦與來氏所立不同。

一千六百七十七年六月，來氏寄書與倭氏，乞其轉致奈端，言己已創新術，能推奈端流數術可馭之題，名之曰微分法。此書不第解微積之理，即所用名目誌號，亦與今所通行者同。

一千六百八十四年，來氏印行六頁小冊，解此新術。

來氏之意，以爲凡數乃無窮小分所積成。此小分之大小，有無數等級。凡無窮小分，與定數比較，則爲一次微分。無窮小分與一次微分比較，則爲二次微分。餘類推。是則凡面爲若干平行方形積成，一邊有限，一邊無限小。凡體爲若干平行立方體積成，底爲有限，高爲無限小。餘可類推。以此諸數相比之法，即求無窮小平行方形、平行立方體等和，用微分法推之可也。或曰此法近而非恰合，不當視爲真確之解，以其棄去微數而不計也。奈端求免此病，故用流數而不用變數之增數，其意若曰流數二字之意，即謂此流數之比例與增數之限比例同，故棄去微數，非因其無妨，實因必去之而後可密合也。所謂流數者無他，即變數所行之速率耳。

是後猶有駁微分之不合理者。來氏取以與亞氏之法相比，表其理歸一致，因所謂微分者，實非無限小，衹可謂小於能設之數而已。用微分時，所以設之爲如是小者，乃使因棄去諸數而生之差，可小於任一能設之數故也。要之，奈端流數術，即來氏之微積術也。特名目誌號解法不同耳。

綜觀上文，知奈端首創流數術，雖寄書於來氏，並未言其理法，故來氏另爲創此法之一人，且於一千六百八十四年首先刊書問世。

自此以後至一千六百九十九年，來氏獨享創微分術之盛名，時有算家杜以榴著書論曲線，兼及奈端首創微積術，意中似暗指來氏勦襲奈端成法。來氏見而力辨，謂己與奈氏同時並立新術，各不相襲，己且先著書刊行。

一千七百零四年，奈端著書《論割圓術》。德國雷伯齊革城報章評之，言其流數術實勦來氏之微積術。英國算學家見而不平，有賈愛珥者於一千七百零八年著書，倡言因奈端致來氏書已及流數術，故來氏能造微分術，其所改者，名目解法而已。來氏見而大恚，訴於英京王立公會，斥賈氏之誣。會中特派委員詳查奈來二氏往返書札。其所報告，未嘗明下斷語，然玩其詞句，不免仍祖奈而抑來。因此來氏之黨，又羣起而攻奈端，謂流數術實後於微分，乃竊來氏之術而成。二黨爭辨，數載不已。今則此爭久息，算家俱知奈氏首創此術，來氏亦自創此術，且先刊行問世，所用名目誌號，較奈氏爲妥，故至今沿用。

一千六百八十七年，來氏欲算學家知微積新術之用，故設問題曰：今有重墜體，同時所經之路，求其曲線。倩當時算家之推演，海亘史、裴奴利雅各俱能解之。一千六百九十年，裴氏出題曰：今有各節等重之鍊，懸其二端，求其所成之曲線。此題爲海氏、來氏、裴氏所解。一千六百九十七年，裴奴利約翰，設題曰：今有某體於最小之時，自一點行至不正在其下之他點，求其所成之線。此題來氏、奈氏、裴氏兄弟、提呵比德俱推得之。一千七百十六年，來氏又設題曰：今有曲線一副，按已知之例繪成，求正交而割前曲線之曲線。奈氏、裴約翰推得之。一千七百十八年，賈氏設題曰：今有礮彈行於某氣之中，氣之阻力變如速率之平方變，求彈所行之路。請裴約翰推之。裴氏解之，且更推得氣阻力之變如速率之任一方變也。裴氏反請賈氏示其解題之法，賈氏不能，故無以答。

微積術最先之著作，印於一千六百九十六年，乃提呵比德所著。自此以後，新法之行日廣，然非人人歙服。英法德之算學士多有以無限小之數爲不合理而

攻之者。監督勃克力斥之尤力，言新法所得止偶合耳，且嘲弄之曰：比例限者，死數之魂也。此等謬説，當時即經算家尤令等駁斥無餘。

奈氏、來氏二裴氏等相繼下世。算學名家，先後崛起者，仍不乏人。尤拉、提倫倍德、拉克令、拉伯來思、高思、阿伯、高思頤、賈國培諸人，其著者也，繼長增高，俱爲算學進步之功臣。

尤拉殫精算學五十餘年，成書三十種，專攷七百種。後人彙刻爲四十巨帙，猶未盡其稿。凡算學各術，以及致用之方，無不兼收並蓄，推闡盡致。蓋自來算界博洽士，舉無足望其項背者矣。其所著述多用微積新術，以推題問。專論微分之書，印於一千七百五十五年。專論積分之書三卷，成於一千七百六十八年至七十年。

提倫倍德長於天文、重學，多創新法，有裨微積之學。彼因考琴弦顫成之各形，得偏微分之法，又證明求限之理，可解流數術，不必如奈端之以移動解之也。歲差及地軸章動之度，亦提氏所推定。

拉克令之偉業，在於《重學算術》一書，初刊於一千七百八十八年，增訂再板於一千八百十一年。是書以拉氏自創之變數微積法爲本，其法之理世早知之。待拉氏出，始盡其用。

一千七百七十二年，拉氏發明展函數爲級數之術，即賅微分之真理，而不必復計無窮小之數。拉氏推闡此理，成書二種，實以尋常代數學中所考定戴勞之理爲本。

拉伯來思著《天重學》一書，馳名算學界中，其書彙述天學一切要理，無問自己心得他人成蹟，一概不遺，誠天文質學之寶笈也。其探賾馭難之才，勝於尤拉，而研究之廣，亦與相埒。别著《決疑數理》一書，發前人所未發，或以爲其書之價值，當出《天重學》之上。

高司之精力，在《天曜動理》一書，詳推天重學之要題，必常法不能馭之題，始以微積術馭之。高氏又解明最小方之理。

阿伯年二十七，即歸道山。然其所造，已足令人驚異，如得假以年月，必更有可觀。阿氏證明四次以上之方程，無公法可解，所著《圓錐曲線説》名重於世。

高思頤於算學各術無不精通，尤以幻數微積學負重名，著專考五百種，詳論高等算學，而評論他人之著作，尚未在内，《推解術》《微分解形學法》《微分術》三書，尤爲精要。

賈國培精圓錐曲線之學，其他著述亦富。

夫來氏初印《論微積學》之書，祇六頁。二百年來，其理日深，今竟可充巨帙。

微分部

題解

清・李善蘭《代微積拾級》卷一〇 微分一

例

微分之數有二，一曰常數，一曰變數。變數以天、地、人、物等字代之，常數以甲、乙、子、丑等字代之。

凡式中常數之同數俱不變。如直線之式爲 地＝甲天丄乙 則線之甲與乙俱僅有一同數，任在何點永不變。而天與地之同數，則每點皆變也。

凡此變數中函彼變數，則此爲彼之函數。如直線之式爲 地＝甲天丄乙 則地爲天之函數。又平圜之式爲 地＝$\sqrt{味^{二}丅天^{二}}$ 味爲半徑，天爲正弦，地爲餘弦。 橢圜之式爲 地＝$\frac{吃}{呷}\sqrt{二甲天丅天^{二}}$ 皆地爲天之函數也。

設不明顯天之函數，但指地爲天之因變數，則如下式： 天＝函(地)、地＝函(天) 此天爲地之函數，亦地爲天之函數。

凡函數中有兩變數，則天地外作括弧，亦如上記函字于左。如 戌＝甲地丄乙天 作 戌＝函(天地) 此式戌爲天地之函數，而但指戌爲天地之因變數。

凡變數與常數，成一定同數之函數，謂之陽函數。如 地＝甲天^{二}丄乙之類是也。

凡變數與常數，成雜糅未明之函數，謂之陰函數。如 地^{三}丅三甲地天丄天^{三}＝〇 此地爲天之函數，須相消而得。

有增函數，變數增函數亦增，變數損函數亦損。如直線式 地＝甲天丄乙 此式天增地亦增，天損地亦損。

有損函數，變數增函數反損，變數損函數反增。如平圜式 地＝$\sqrt{味^{二}丅天^{二}}$ 此式天愈小地愈大，天愈大地愈小。

二者皆天爲自變數，地爲因變數，蓋天一如有一定之同數，地因之而得同數也。

凡變數有限，限者，其數爲變數所漸近，而永不能到，或必不能過，故謂之限。如圜內作一多等邊形，于此形外倍其邊再作一多邊形。如此遞倍遞作，則其積漸近平圜積，然兩積之較可至甚微而終不能等於〇，則圜積爲多邊形積之限。又如平圜之式爲 天^{二}丄地^{二}＝味^{二} 準圖吧漸離呷而近吃，則地漸大，至吃而與半徑等，吧漸離吃而近呐，則地漸小至呐而等于〇，故半徑爲地之限，必不能過，又爲天之限，亦不能過也。又如以 $\frac{一}{九}$ 變爲小數，得 ·一一一一…… 即 $\frac{一}{一〇}$丄$\frac{一}{一〇〇}$丄$\frac{一}{一〇〇〇}$丄$\frac{一}{一〇〇〇〇}$丄…… 順是以下至無窮漸近 $\frac{一}{九}$ 而永不能到，則 $\frac{一}{九}$ 爲諸分數和之限。又如 一丄$\frac{一}{二}$丄$\frac{一}{四}$丄$\frac{一}{八}$丄$\frac{一}{一六}$…… 順是以下至無窮，漸近二，而永不能到，則二爲諸分數之限。

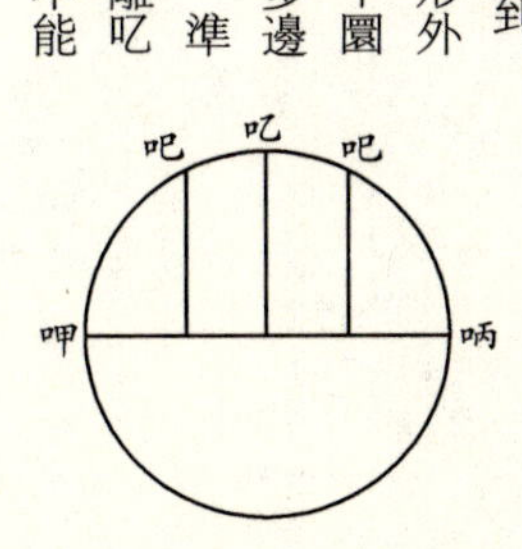

凡兩數相與漸小，則或向相等之限，或向別比例之限。如圖，吧點向定點呷行，則呷吧弧與呷吧通弦同時漸小，迨吧點至呷，則所得弧與通弦必俱小于最小可名之數，通弦與弧恒向相等之限。然吧未至呷，兩數任漸小，必不相等也。 又如 一、$\frac{一}{三}$、$\frac{一}{六}$、$\frac{一}{一〇}$、$\frac{一}{一五}$、$\frac{一}{二一}$、$\frac{一}{二八}$…… 一、$\frac{一}{四}$、$\frac{一}{九}$、$\frac{一}{一六}$、$\frac{一}{二五}$、$\frac{一}{三六}$、$\frac{一}{四九}$…… 此二級數之比例如下式： $\frac{四}{三}$、$\frac{九}{六}$、$\frac{一六}{一〇}$、$\frac{二五}{一五}$、$\frac{三六}{二一}$、$\frac{四九}{二八}$…… 此比例逐級增大，然不能至於二，故上二級數所向比例之限爲二。

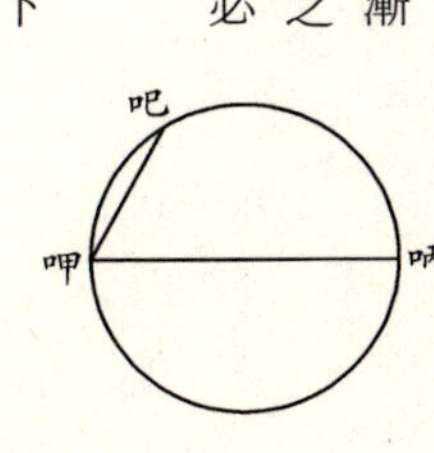

此變數以平變漸大，他變數因此變數及常數而變，或爲平變，或爲增損變。如直線之式爲 地＝二天丄三 假令 天＝一、天＝二、天＝三 則 地＝五、地＝七、地＝九 此式天平變漸大，地亦平變漸大。又如拋物線式 地＝$\sqrt{四天}$ 設 天＝一、天＝二、天＝三、天＝四 則 地＝二・〇〇〇、地＝二・八二八、地＝三・四六四、地＝四・〇〇〇 此式天平變漸大，地損

變漸大。又如平方之邊平變漸大，其積增變漸大。以圖明之，呷叱爲正方邊，用叱甲、甲乙、乙丙諸等分漸變大，于每分界作正方，則呷甲、呷叱之二正方較，爲倍呷叱叱甲之矩形加叱甲之正方，而呷乙之正方，又增前之二矩形、三個叱甲之正方、呷丙之正方，又增前之二矩形、五個叱甲之正方，故云平方邊平變大，其面積增變大也。以數明之，如平方邊一尺，每刻變大一寸，則邊自十寸至十一寸，面自一百寸至一百二十一寸，增多二十一寸，邊自十一寸至十二寸，面自一百二十一至一百四十四寸，增多二十三寸，邊自十二至十三寸，面自一百四十四至一百六十九寸，增多二十五寸，餘仿此。所以邊十一寸時，面漸大之比例，速于邊十寸時面漸大之比例也。餘皆然。

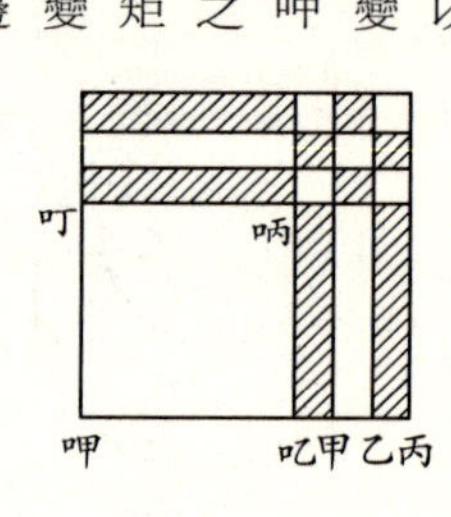

本數之增，與增之比例不同。增之比例，以最小時分中所增若干爲率。如平方之邊自十一增至十二，其面積自一百二十一增至一百四十四，其增積爲二十三，然自邊十一至邊十二之中間，其面之增率必以漸而大，故其比例，若恒同於十一時，則所得必小於二十三。若恒同於十二時，則所得必大於二十三。蓋其比例必漸大漸變，方恰得此二十三焉。所以平方之邊爲平變大，其面爲增變大也。

又 卷一一 微分二

疊微分

凡變數若干乘方函數之微分，中包變數之少一乘方，故可以其微係數爲次函數，更求微分，而得二次微係數。又以爲函數，求得三次微係數。餘仿此。

如 $戊=甲天^{三}$ 則 $\frac{彳天}{彳戊}=三甲天^{二}$ $三甲天^{二}$ 中包天，又以爲函數而求微分，則得 $彳\left(\frac{彳天}{彳戊}\right)=六甲天彳天$ 設彳天爲常數，則得 $彳\left(\frac{彳天}{彳戊}\right)=\frac{彳天}{彳(彳戊)}=\frac{彳天}{彳彳戊}$ 彳彳戊爲戊二次微分之記號。所以 $\frac{彳天}{彳彳戊}=六甲天彳天$ 以彳天約之，得 $\frac{彳天^{二}}{彳彳戊}=六甲天$ $彳天^{二}$爲彳天之平方，非$天^{二}$之微分。 六甲天 爲一次微係數之微係數，故名二次微係數，而 六甲天 中包天，又以爲函數而求微分，得 $\frac{彳天^{二}}{彳彳戊}=六甲彳天$ 以彳天約之，得 $\frac{彳天^{二}}{彳彳戊}=六甲$ 六甲 爲二次微係數之微係數，故名三次微係數，乃天微分之立方約戊三次微分之同數。此 六甲 不包天，不能再求微分，故 $戊=甲天^{三}$ 可得三次微係數。凡函數求疊微分，俱準此。彳彳戊爲戊微分之微分，$彳戊^{二}$爲戊微分之平方，當明辨之，切勿混視也。

諸自變數之函數

設戊爲天地兩自變數之函數，夫曰自變，則此元非因彼元而變，彼元亦非因此元而變，故當詳辨二微係，此因天變，彼因地變。因天變者，視地一若常數。因地變者，視天一若常數，則其微係數爲 $\frac{彳天}{彳戊}$ 視天一若常數，則其微係數爲 $\frac{彳地}{彳戊}$ 此二微係數名曰偏微係，一爲天之偏微係，一爲地之偏微係。以兩偏微係與彳天彳地依類各相乘，得兩偏微分式如下：$\frac{彳天}{彳戊}彳天$、$\frac{彳地}{彳戊}彳地$ 上爲天之偏微分，下爲地之偏微分。兩偏微分之和，爲函數之全微分，如下式：

$$彳戊=\frac{彳天}{彳戊}彳天上\frac{彳地}{彳戊}彳地$$

設有天、地、人三變數之函數，則有三偏微分，其和爲函數之全微分，如式：

$$彳戊=\frac{彳天}{彳戊}彳天上\frac{彳地}{彳戊}彳地上\frac{彳人}{彳戊}彳人$$

依各變數求函數之微分，視餘變數一若常數，如此盡求得諸變數之微分并之，即函數之全微分。

又 卷一三 微分四

越函數

凡變數與函數相聯屬之理，可用代數常法顯之者，謂之代數函數，如前數卷諸款是也。若變數與函數相聯屬之理，非代數常法所能顯者，謂之越函數。如 戊＝天弦、戊＝天切、戊＝天割 等式，爲圜函數。戊＝天對、$戊=甲^{天}$ 等式，爲對函數、指函數是也。

又 卷一四 微分五

曲線義

凡求線式之微分所得式，顯縱橫線微分相屬之理，名曰線微分式。如直線之式 地＝甲天上乙㊀ 求微分得 $\frac{彳天}{彳地}=甲$㊁ 此式無論乙爲何數俱同。二

式再求微分得 $\frac{彳天^{二}}{彳^{二}地}$=〇㊂ 此式甲乙之同數俱不論。凡直線在縱橫軸之平面内者皆如是，名一次線微分式。又如平圜之式 天^{二}⊥地^{二}=味^{二}㊀ 求微分得 二天彳天⊥二地彳地=〇 即 $\frac{彳天}{彳地}$=丅$\frac{地}{天}$㊁ 此式味之同數不論，故凡同縱橫軸之平圜皆如是。又如拋物線之式 地^{二}=二巳天㊀ 求微分得 二地彳地=二巳彳天 即 $\frac{彳天}{彳地}=\frac{地}{巳}$㊁ 準一式 巳=$\frac{二天}{地^{二}}$ 則二式可變爲 $\frac{彳天}{彳地}=\frac{二天}{地}$ 此式 二巳 之同數不論，故凡同縱橫軸之拋物線皆如是。

試取二次線之公式 地^{二}=寅天⊥卯天^{二}㊀八卷二款附論末條。求微分得 二地彳地=寅彳天⊥二卯天彳天㊁ 以彳天爲常數，再求微分，得 二彳地^{二}⊥二地彳^{二}地=二卯彳天^{二} 以二約之，得 彳地^{二}⊥地彳^{二}地=卯彳天^{二}㊂ 合一、二、三式以消去寅卯二元，得 地^{二}彳天^{二}⊥天^{二}彳地^{二}⊥地天^{二}彳^{二}地丅二天地彳天彳地=〇 爲二次線之公微分式。准此，則凡式可遞求微分以消去常元常數之元爲常元。視常元有若干，則遞求若干次，必令求得諸式，加入原式之數，較常元數多一數，則相消後所得式，常元必去盡，而式之線與原式線同類。

又 卷一五 微分六

曲率半徑

曲率者，曲線離切線之率也。如二曲線離切線遲速不同，其速者，曲率較大也。

如圖，呷呐、呷叮二曲線，俱以呷吃爲切線。呷叮離切線速于呷呐，則其曲率大于呷呐也。

凡圜周之曲率，各點俱同。二圜周半徑同，則其曲率亦同，因離切線之速同也。二圜周半徑不同，則半徑小者，曲率較大。

如圖，呷叮吧圜周，其離切線，速于呷呐戓圜周，故半徑愈小，則曲率愈大。半徑愈大，則曲率愈小。

凡不同徑之圜周，以等長之弧線爲準，于其端各作二半徑成角，其二角度，即曲率之比例率。

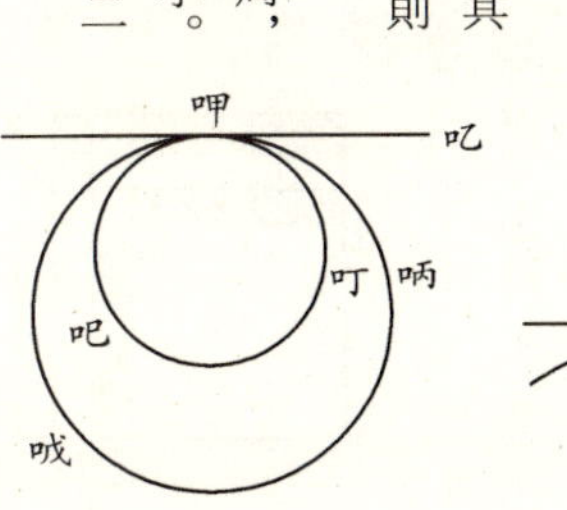

凡線附于曲體成曲線，漸漸展開，其端必行成螺線。其原曲線名曰漸伸線。

如圖，呷呐呐′呐″爲曲體無論何曲體理俱同。有線一端着呐″點之下，而附于曲體成母曲線，乃拉緊呷端，漸漸展開，自呷展至呐″，其端必行成呷吧吧′吧″子曲線。在一個平面内，子線爲何類，視母線類而異。子線爲母線漸伸所成，恒爲螺線。

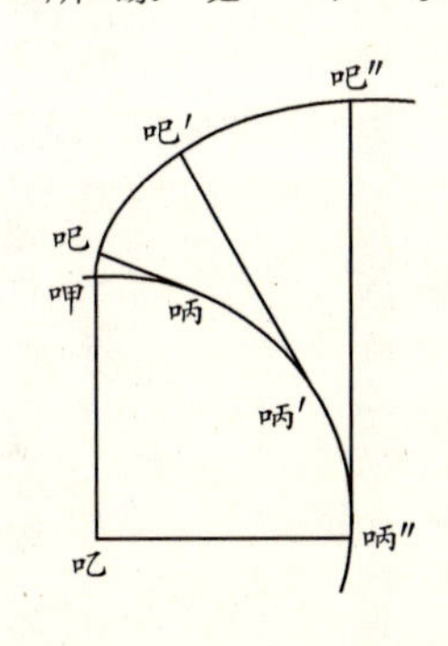

漸伸線諸例

一、已離曲體吧呐一段，爲呐點之切線，餘仿此。

二、母線呐點之切線，爲子線吧點之垂線，方展至呐時，呐點可當作圜心，呐吧切線爲半徑，故呐、呐′、呐″三點，爲吧、吧′、吧″三點曲率之心。吧呐、吧′呐′、吧″呐″三線，爲吧、吧′、吧″三點之曲率半徑。

三、吧點之曲率半徑吧呐，等于母線之一段呷呐。設于子曲線呷吧吧′吧″諸點各作合吻圜，則其諸心必在母曲線呷呐呐′呐″諸點上，故母曲線之式，即子曲線無數合吻圜相聯屬之式。

平圜之公式爲 (天丅甲)^{二}⊥(地丅乙)^{二}=味^{二}㊀四卷三款。甲與乙爲圜心之縱橫線，欲求漸伸線之式，當先求一式中甲乙相連屬之率。蓋甲乙爲曲率圜心之縱橫線，即母曲線之縱橫線也。已攷得曲率平圜之式爲 地丅乙=丅$\frac{彳^{二}地}{彳天^{二}⊥彳地^{二}}$㊁ 天丅甲=丅$\frac{彳天}{彳地}$(地丅乙)㊂本卷二款。用此二同數，可令螺線式中天地二元消盡。法以各螺線式二次求微分，得彳地及彳^{二}地之二同數，具有甲、乙、天、地四元，用于二、三兩式中，則天、地二元可消盡。所得式僅有甲、乙二元，及諸常數，即爲漸伸線之式。

曲線向横軸之邊，或本爲凹，變爲凸，或本爲凸，變爲凹，恰當凹凸交界之點，名彎點。

若干曲線相交于一點，其交點名倍點。

凡若干曲線有公切線之點，名歧點，曲線在切線之一邊曰一邊歧點，在兩邊

曰兩邊歧點。

有點與曲線之諸點不相連，而其縱橫線與曲線之式合名特點。

清・華蘅芳《微積溯源》卷一　論變數與函數之變比例

第一款　用代數以解任何曲線，其中每有幾種數，其大小恒有定率者，如橢圓之長短徑、抛物線之通徑、雙曲線之屬徑之類是也。

又每有變種數可有任若干相配之同數，其大小恒不能有定率者，如曲線任一點之縱橫線是也。

數既有此兩種分別，則每種須有一總名以賅之。故名其有定之數，曰常數；無定之數，曰變數。

凡常數之同數不能增，亦不能損。

凡變數之同數能變爲大，亦能變爲小，故其從此同數變至彼同數之時，必歷彼此二數間最小最微之各分數。

如平圓之半徑爲常數，而其任一段之弧或弧之弦、矢、切、割各線及各線與弧所成之面，皆謂之變數。

橢圓之長徑、短徑皆爲常數，而其曲線之任一段或曲線上任一點之縱橫線並其形内形外所能作之任何線或面或角，皆謂之變數。

抛物線之通徑爲常數，而其曲線之任一段或任一點之縱橫線或弧與縱橫線所成之面，皆謂之變數。他種曲線亦然。

凡常數恒以甲、乙、丙、丁等字代之。凡變數恒以天、地、人等字代之。

第二款　若有彼此二數，皆爲變數。此數變而彼數因此數之變而亦變者，則彼數爲此數之函數。

如平圓之八線皆爲弧之函數。若反求之，亦可以弧爲八線之函數。

又如重學中，令物體前行之力與其物所行之路皆爲時刻之函數。

如有式　$地=\frac{甲丅天}{甲⊥天}$　此式中甲爲常數，天爲自主之變數，地爲天之函數，故地之同數能以天與甲明之。

如有式　$天=\frac{地⊥一}{甲(地丅一)}$　此式中甲與一皆爲常數，地爲自主之變數，天爲地之函數，故天之同數可以地與甲及一明之。

如有式　$戊=甲⊥乙天⊥丙天^{二}$　或　$戊=\sqrt{(甲^{二}⊥乙天⊥天^{二})}$　或　$戊=\frac{丙⊥天^{二}}{甲⊥\sqrt{乙天}}$　其甲、乙、丙爲常數，天爲自變之數，而戊皆爲天之函數。

凡函數之中可以有數箇自主之變數。

如有式　$戊=甲天^{二}⊥乙天地⊥丙地^{二}$　則天與地皆爲自主之變數。戊爲天、地兩變數之函數。

凡變數之函數，其形雖有多種，然每可化之，使不外乎以下數類：　$天^{卯}$、$甲^{天}$、對天、正弦天、餘弦天　等類是也。

凡函數爲　$天^{甲}$　之類，其指數爲常數，則可從天之卯方用代數之常法化之，而以有窮之項明其函數之同數，故謂之代數函數，亦謂之常函數。

如有式　$戊=甲天^{二}⊥\frac{\sqrt{甲^{二}⊥天^{二}}}{乙天^{二}丅丙^{二}天}$　此種函數其戊之同數可用加、減、乘除開方等法而得之。

凡函數爲　$甲^{天}$、對天　之類，則其函數之同數不能以有窮之項明之，故謂之越函數。越者，超越於尋常之意也。

凡函數爲　正弦天、餘弦天　及　正切天、正割天　之類，則其函數之同數皆可以平圓之各線明之，故謂之圓函數，亦謂之角函數。

以上三種函數，常函數、越函數、圓函數也。若已知天之同數，則其函數之同數即可求得，故名此三種函數爲陽函數。因其顯而易明，故謂之陽函數。

更有他種函數必先解其方程式。令函數中之各變數分開，然後能求其同數者。

如有式　$戊天=\frac{戊丅天}{戊⊥天}$　其戊爲天之函數，如欲求其戊與天相配之同數，必先解其二次方程式始能通。

此種之式名曰天之陰函數。因其雜糅未明，故謂之陰函數。反之，亦可云天爲戊之陰函數。

如解其方程式爲　$戊=\frac{一}{二}\left[天⊥\frac{天}{二}⊥\frac{天}{\sqrt{天^{四}⊥六天^{二}⊥一}}\right]$　則戊變爲天之陰函數。

昔代數之家凡遇須用開平方之處，每于其式之左旁作一根字以記之，如根天　爲天之平方根。後又變通其法而以根號記之，如　$\sqrt{天}$　爲天之平方根。此代數之例也。

茲可仿照此例，凡遇某變數之函數，亦用一號以記之。所以凡有任何變數之函數，皆可書一函字于其變數之旁，以爲識別。

如天之函數，則作 $函天$ 或作 $函(天)$ 皆言天之函數也。所以凡見變數之左旁有一函字者，其函字並非代天之倍數，其意謂是某變數之函數也。

用此法則可將 $戌=天^{卯}$、$戌=甲^{天}$、$戌=對天$、$戌=正弦天$、$戌=餘弦天$ 各種之式以一語賅之，謂之 $戌=函天$ 或 $戌=函(天)$

若函數從兩箇變數而成，其天與地皆爲自主之變數。其式如 $戌=甲天^{二}丄乙天地丄丙地^{二}$ 者，則可以 $戌=函(天地)$ 別之。函數爲多箇變數所成者仿此推之。

惟函數只指其變數言之，若其甲、乙、丙、丁各常數雖多不論。

又　卷二　求雙變數微分

第五十二款　凡從所設之代數式而用微分之法求得之他式，名之曰流數，亦謂之微分式。其生此微分式之代數式，名曰原式。其能求得 $\frac{彳天}{彳地}$ 之同數者，名曰第一次微分式。其能求得 $\frac{彳天^{二}}{彳^{二}地}$ 之同數者，名曰第二次微分式。其餘仿此類推。

如原式爲 $地^{二}丅二寅天地丄天^{二}丅甲^{二}=〇$ 則其 $\frac{彳天}{彳地}丅\frac{地丅寅天}{寅地丅天}=〇$ 爲第一次微分式。其能得 $\frac{彳天^{二}}{彳地}丄(一丅寅^{二})\frac{(地丅寅天)^{三}}{地^{二}丅二寅天地丅天^{二}}=〇$ 者，爲第二次微分式，即 $\frac{彳天^{二}}{彳^{二}地}丅\frac{(地丅寅天)^{二}}{(一丅寅^{二})天}\times\frac{彳天}{彳地}丄\frac{(地丅寅天)^{二}}{(一丅寅^{二})地}=〇$ 是也。

清・馮桂芬　陳暘《西算新法直解》卷五　微分一 求微分。

微分者，求面體邊積消長之率，以爲比例也。其目有常數，有變數，有函數，有因變數，有微係數。常數無微分，以甲、乙諸字代之。變數有微分，以天、地諸字代之。如平圓、橢圓之周徑，設數已定，不復移易，是謂常數。至於縱橫線則逐點而移，亦逐點而變，是謂變數。算式右畔有變數必有天、地諸字。其左畔之同數雖無天、地諸字，而函天、地諸數於其中，是謂函數。函數之明顯者，不必作記其雜糅未明者，旁作函字記之。變數以消長而變。他數亦因之而變。長則有，消則無，是謂因變數。變數之狀或此變，而彼不變。或彼此皆變，同大同小。或彼此皆變，一大一小。如命橢圓縱線爲地，橫線爲天。橢圓漸長等於外切之平圓，天之大小如常，地則由小而大。是此變而彼不變也。命平方之袤爲地，廣爲天，平方長，則天、地漸大。平方消，則天、地漸小。是彼此皆變，同大同小也。命平圓之正弦爲地，餘弦爲天。由〇度向九十度行，則地漸大，天漸小。由九十度向〇度行，則地漸小，天漸大，是彼此皆變一大一小也。變數之大略如此，其求微分之故，則因邊與積數不齊不可相爲比例，必別求一率以爲比例。其率則取諸變積初長至微之數，較真積常少。故曰微分。微分所係之數又稱微係數。

〔英〕傅蘭雅《微積須知》　微分總例

變數　凡數因他數而改其大小，謂之變數。恒以天、地、人物等字代之。

常數　凡數與他數相連，無論他數如何變更，仍不改其大小，謂之常數。恒以甲、乙、丙、丁、子、丑等字代之。如直線式 $地=甲天丄乙$ 甲、乙爲常數，任於線之何點，其同數不變。天、地爲變數，其同數必依線之各點而變。

函數　凡此變數中函彼變數，則彼爲此之函數。如直線式 $地=甲天丄乙$ 平圓式 $地=\sqrt{二味^{二}丅天^{二}}$ 橢圓式 $地=\frac{呷}{叱}\sqrt{二甲天丅天^{二}}$ 皆係地爲天之函數。

陽函數　凡變數與常數，其中之函數有明顯之定同數，謂陽函數。如 $地=甲天^{三}丄乙$ 其各變數之同數可一直求得，故謂陽函數。

陰函數　凡變數與常數內之函數成雜糅未明之同數，謂之陰函數。如 $地^{三}丅三甲地天丄天^{三}=〇$ 此式地與天之函數不能一直求出，須相消而得，故謂之陰函數。

增函數　凡式中變數增，函數亦增。變數損，函數亦損。此之謂增函數。如直線式 $地=甲天丄乙$ 即天增地亦增，天損地亦損。

損函數　凡式中變數增，函數反損。變數損，函數反增。此之謂損函數。如平圓式 $地=\sqrt{味^{二}丅天^{二}}$ 天愈大，地反愈小。天愈小，地反愈大。

自變數　凡變數不因他變數而得同數，若有一定之同數者，謂之自變數。

如上二式之天是也。

因變數　凡變數必因他變數而得同數者，謂之因變數。如上二式之地是也。

變數限　有某數，他變數止能與之漸近，而永不能與之合一，或恰同或必不能過，即謂之限。如一平圜内作切圜多邊形，明顯此二積不等也。若倍此形之邊而更成一形，則漸近圜積。如此遞倍，其邊遞作諸形，則其積與平圜積能差至極微，而終不能等於平圜於以知平圜積，乃多邊形積之限。

平變及增損變　此變數以平變漸大，他變數亦因此變數及常數而變，或爲平變或爲增損變，必依式而定，不能獨定其爲何等變數。如直線式　地＝二天丄三　若　天＝一、地＝五　天＝二、地＝七　天＝三、地＝九　天以平變漸大，地亦以平變漸大。又如抛物線式　地＝$\sqrt{四天}$　若　天＝一、地＝二　天＝二、地＝二・八二八　天＝三、地＝三四六四　天＝四、地＝四　此式天以平變漸大，地以損變漸大。

增比例　本數之增與增之比例不同，因增之比例以最小時分中所增爲率。如平方邊自十一寸增至十二寸，其面積自一百二十一。增至一百四十四，面積增至二十三，邊自十一增至十二，其間面之增率必以漸而大。故邊之比例若恒同於十一，則面之增多數必不及二十三。若恒同於十二，則面之增多數必過於二十三。故其比例必漸變漸大，始能恰得二十三焉。從可知平方之邊爲平變大，其面爲增變大也。

清・黄啟明《微積通詮》卷一

微分明綱

微分之術從代數變通而得，故其加、減、乘、除、開方與及各種記號均與代數常例同，而立法則異。如代數立法，不過將已知之數與未知之數比例齊等，而所求之數以出。微分立法，則無論點線面體皆設爲不定之數，其數既爲不定，則能變爲大，亦能變爲小。其變大者，必漸變漸大，變小者亦必漸變漸小，乃合其漸次所變之積，而所求之數以出。是代數立法只能推一切常數，而不能推變數。而微分立法，專能推一切變數也。又代數代法，恒以甲、乙、丙、丁、子、丑等元代已知之數，以天、地、人、物等元代未知之數。而微分代法，則以甲、乙、丙、丁、子、丑等元代常數，以天、地、人、物等元代變數。是代數之意，專分別其已知、未知，而微分之意，則不計論其已知、未知，而專分別其常數與變數也。

所謂常數與變數者何也？如平圜之半徑，設數已定，不復移易，是謂常數。若其任一段之弧或弧之弦、矢、切、割各線及各線與弧所成之面，皆能隨弧背上逐點而移，即能逐點而變，不能預定爲何數，是謂變數。

橢圓之長徑、短徑皆爲設數已定，不復移易，是謂常數。若其曲線之任一段或曲線上任一點之縱横線并其形内形外所能作之任何線或面或角，皆能隨曲線上逐點而移，即能逐點而變，不能預定爲何數，是謂變數。

抛物線之通徑設數已定，不復移易，是謂常數。若其曲線之任一段或任一點之縱横線，或弧與縱横線所成之面，皆能隨曲線上逐點而移，即能逐點而變，不能預定爲何數，是謂變數。其他仿此例推。

常數既爲設定之數，則不能變大，亦不能變小，又不能爲〇，恒以甲、乙、丙、丁、子、丑、寅、卯等字代之。

變數既不能預定爲何數，則可以變大，亦可以變小，又可爲〇，恒以天、地、人、物等字代之。

變數之中分爲二類：一曰自變數，一曰函數。自變數常在算式之右邊，然亦間有在算式之左邊者。函數常在算式之左邊。然亦間有在算式之右邊者。右邊之自變數，任設若干項或若干元，而左邊之函數，恒爲一。蓋以左邊之一數，包函右邊諸變數于其中也。故左邊函數不能自變，必待右邊之自變數變，然後隨之而變。

如以平圜之八線爲函數，則其所配之弧爲自變數。其八線不能自變，必待其弧之變，然後隨之而變。若反推之，亦可以弧爲函數，其所配之八線爲自變數。其弧不能自變，必待八線之變，然後隨之而變。

又如重學中，令物體前行之力與其物所行之路，皆爲函數，則其所配之時刻，爲自變數。其物之行不能自變，必待時刻之變，然後隨之而變。假如一刻中，其物行一里。若時不變，則物不行。若時變至二刻，則物亦必隨之行至二里矣。

又如　戊＝甲丄乙天丄丙天^{二}　㊀　戊＝寅天丄卯地丄人　㊁　其甲式之甲、乙、丙皆爲常數，不變。天爲自變數，而戊爲天之函數。其乙式之寅、卯皆爲常數，不變。天、地、人皆爲自變數，而戊爲天、地、人三變數之函數。其右邊諸變數無論若干元，左邊之戊均包函于其中。故戊不能自變，必待右邊之天或地或人之變，然後隨之而變，其他悉仿此例推。

函數之中分爲三類：一曰常函數，一曰圓函數，一曰越函數。而越函數又分爲二類：一曰指函數，一曰對函數。

常函數者，如 $戊=天^{卯}$、$戊=\frac{天(一丁天)}{甲丄\sqrt{甲天丄乙天^{二}}}$ 之類是也。此種函數式爲代數之式。其戊之同數可用加、減、乘、除、開方等法而得之，故謂之常函數，亦謂之代函數，又稱代數函數。

圓函數者，如 戊＝正弦天、戊＝正切天、戊＝$正割^{卯}$天 之類是也。此種函數式爲平圓八線之式，其戊之同數，皆可以平圓之各線明之，故謂之圓函數，亦謂之角函數。

越函數者，如 $戊=甲^{天}$、戊＝對天 之類是也。此種函數式超越于尋常各曲線之式。其戊之同數不能以有窮之項明之，故謂之越函數。其上式又稱指函數，對數求真數之式。下式又稱對函數。真數求對數之式。

以上三種函數，可以一語賅之。作 戊＝函天 或 戊＝函(天) 其函字非謂天之倍數，亦曰變數天之函數耳。

由此推之，凡函數之式有兩元自變數所成，如 $戊=甲天丄地天^{二}$ 者，可以一函字包之。作 戊＝函(天地) 其天地間之一點，以有常數與變數相和較或相乘約在其中也。

蓋函數者，只指其變數言之耳。若甲、乙、丙、丁、子、丑、寅、卯各常數雖多，不論。

微分明理

算學之理皆幾何之理也。無論四元、代數、微分、合數等法，雖變化各有不同，而其立算之始，非幾何不能爲功也。蓋幾何所持者條段，故條段明而題理亦明。四元、代數所持者題理，故題理明，而條段亦明。至于代數中助變虚代之法，可謂窮極奇巧矣。然助變虚代之法，是代數中又用代數之意也。雖不可以條段明，亦堪以算理論也。今微分之術，論其理似不可以條段明，然細攷之，亦幾何之理也。論其法，似不可以題理顯然，細按之亦代數之法也。但其變化之故，則超出乎代數之外耳。今舉線、面、體變大變小之形，以喻微分之理。

華氏《筆談》云：幾何之所以能使人易信者，因其所論之事，分爲點、線、面、體四部也。天元之所以能使人無疑者，因其未知之元與已知之數，其條段有相當之理也。然天元中所立之元有爲線者，有爲面者，亦有爲體者，是其元能兼線、面、體三者之用也。惟不能爲點耳。至于微分，則可以兼點、線、面、體四者之用，故以點、線、面、體釋之，而微分之式自明。

設有兩線于此，一稍長，一稍短。惟長短之所差者甚微，幾不能以數計，則此所差之數，即爲微分。設有兩面于此，一略大，一略小。其大小之所差者甚微，幾不能以數計，則此所差之數，亦爲微分。設有兩體于此，一較肥，一較瘦。其肥瘦之所差者甚微，幾不能以數計，則此所差數亦爲微分。

何也其兩線之所差者，雖甚微而不能以數計，究不能謂其兩線相等也。若將此兩線齊其彼端，而揣其此端，必有一點不齊也。所以可云：點者線之微分也。其兩面之所差者，雖甚微，而不能以數計，究不能謂其兩面相等也。若將兩正方之面齊其一角兩邊，而揣其又兩邊，則必溢出兩線也。所以可云：線者面之微分也。由是推之，可知所差甚微也。兩立方體彼此相較，必有三面溢出。所以可云：面者體之微分也。從此更推之，可知每少一乘方之體，必爲多一乘方之體之微分。如是言之，則算學中所謂微分者，並非空虚無據之物，乃實有迹象可徵者也。

呷　　吃　呧

如圖，呷吃爲所設之直線，此線能漸變漸長。假如一秒中變長至呧，比原線變長一點，如吃呧。此點極微，幾不能辨。圖中不過著明其理。此吃呧間之一點，則呷吃線變大之微分也。

呷　呧　吃　吃　戌　嚏　叮

如呷吃線爲平方邊，其面積爲呷吃戌吧。設其面積能漸變漸大，然面積之變大者，必由方邊之變大而成。假如呷吃邊一秒中變長至呧，則其面積亦必隨之變爲呷呧叮嚏，比原面積變大呧叮、嚏(嚏)[叮]二線。此二線則呷吃戌吧面積變大之微分也。是面之微分必變爲線也。餘例推。

又如圖，呷吧爲任所設之一段曲線，呷吃爲橫軸，吧爲曲線上所設之任一點。吧咋爲吧點之縱線，與呷吃成直角。呷咋爲吧點之橫線，與吧咋成直角。設此曲線能漸變漸長。假如一秒中變長至巳，則曲線呷吧既變爲呷巳，其縱線亦必隨之變爲巳午，橫線亦必隨之變爲呷午。試自吧至叮作吧叮線，與呷吃軸線平行，則吧巳間之一點，此點極微，幾不能辨。圖中不過著明其理。即呷吧曲線變大之微分也。咋午間之一點，此點亦極微，與吧叮等。即呷咋橫線變大之微分也。巳叮間之一點，此點亦極微。

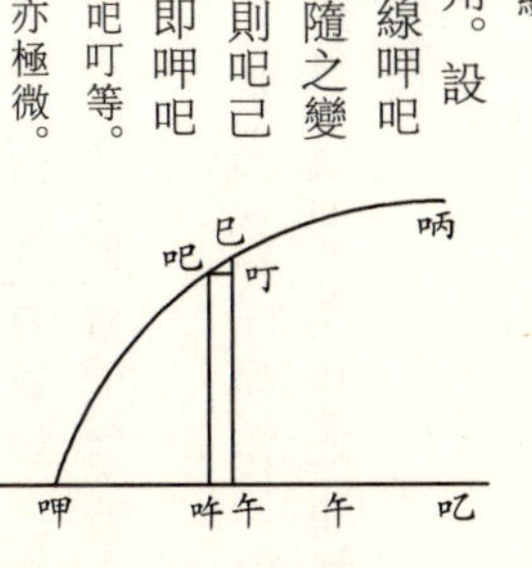

即吔咋縱線變大之微分也。

以上不過略舉有形象可求者，以明微分之大旨耳。須知其中變化之故，實可以意理會，而不可以條段明也。

微分本義

微分之代數，變通之代數也。微分之幾何，變通之幾何也。是以入理之深，得數之巧，迥非幾何、代數所能及，非謂有微分而幾何、代數均可廢也。蓋一切淺近易明之數，仍藉幾何、代數而明。至于各種深奧難明之理，幾何、代數所不易明者，以微分術推之，則無不破其機，而洩其蘊，非神乎技者，孰能與于斯。今將微分術中所應有之義，詳列于左，以明其故焉。

一明線面體之根原

線面體之根原，皆起于一點。何則凡數之變大，必由漸積而成數之變小，必由漸損而極。凡物皆然，則如地球初成必由一點起，漸積至今乃有如是。如直線初成，必由點起，是點爲直線變大之微分也。蓋非先有一點，則不能變成一直線。面積初成無論方面、圓面。必由直線起，是直線爲面積變大之微分也。蓋非先有一直線，則不能變成一面積。體積初成無論方體、圓體。必由平面起，方體初成，必由方面起，球體初成，必由圓面起。是平面爲體積變大之微分也。蓋非先有一平面，則不能變成一體積。由是體起于面，面起于線，線起于點，究其原皆成于一點也。今以極微之分而攷求各種函數之積，蓋亦求其漸次所變之積，合而成之而得一總積之法也。

二明變率

微分之術專言變數。變者變易無常之謂也。其數既變易無常，則其比例而成之各率，亦必變易無常。

設天爲變數，與甲相和，得 天丄甲 若天漸變小，則 天丄甲 必漸與甲相近。若天小至無窮，則 天丄甲 無異于甲，所以與甲相和之天，可棄之不論。若天漸變大，則 天丄甲 亦必隨之而變大。若天大至無窮，則 天丄甲 亦必大至無窮。其天既大至無窮，則加甲與不加甲，無以異，所以與天相和之甲，又可棄之不論。何則試令 $\frac{甲}{一}$丄$\frac{天}{一}$＝㖅㊀ 將此式兩邊各以 甲天 乘之，得 天丄甲＝甲天㖅㊁ 設天大至無窮，則 $\frac{天}{一}$ 必小至無窮，而無異于○，則一式必變爲 㖅＝$\frac{甲}{一}$ 即 㖅甲＝一 將此同數代入二式中，則變爲 天丄甲＝天 可見天爲無窮大，則 天丄甲 與天無異，所以天若爲無窮大，則可視甲爲無窮小。

再設天爲變數，與甲相比得 $\frac{天}{甲}$ 若天漸變小，則 $\frac{天}{甲}$ 必隨之而變大。若天小至無窮，則 $\frac{天}{甲}$ 亦必大至無窮，而無異于 $\frac{○}{甲}$ 所以 $\frac{天}{甲}$ 可棄之不論。若天漸變大，則 $\frac{天}{甲}$ 必隨之而變小。若天大至無窮，則 $\frac{天}{甲}$ 亦必小至無窮，而無異于○，所以 $\frac{天}{甲}$ 又可棄之不論。

今微分立法既以極微之數爲率，則其比例而成之各數必有數種，分別第一種爲第一率極微之數，第二種爲第二率極微之數，第三種爲第三率極微之數。以下例推。第二種比第一種爲甚小，第三種比第二種爲更小，其第一種已爲甚小，故第二種以下均可棄之不用。

則如平圓之徑與通弦之比，等于通弦與正矢之比。若通弦比圓徑爲甚小，則爲第一率極微之數，正矢比圓徑爲第二率極微之數，而正矢比通弦，則爲第三率極微之數。其第二率比第一率已小至無可比，故正矢比圓徑及比通弦均可棄之不論。

設以一爲首率，天爲中率，作相連比例式，如一、天、$天^{二}$、$天^{三}$… 若天爲甚小之數，則其第一級一爲有窮之數，第二級天爲第一率極微之數，第三級 $天^{二}$ 爲第二率極微之數，第四級 $天^{三}$ 爲第三率極微之數。以下例推。其第二率 $天^{二}$ 比第一率天已小至無可比，故第二率以下之 $天^{二}$、$天^{三}$、$天^{四}$、天… 均可棄之不用，而取一、天兩率爲可用之數。

依同理，設以一爲首率，天與地亘爲二、三率，作相連比例式，如一、天、地、天地、$天^{二}地$、$天地^{二}$、$天^{二}地^{二}$… 若天與地皆爲甚小之數，則第一級一爲有窮之數，第二、三兩級天、地皆爲第一率極微之數，第四級 天地 爲第二率極微之數，第五、六兩級 $天^{二}地$、$天地^{二}$ 皆爲第三率極微之數。以下例推。其第二率 天地 比第一率天與地已小至無可比，故第二率以下之 天地、$天^{二}地$、$天地^{二}$… 均可棄之不用，而取一天地三率爲可用之數。

總之，若天、地、人三數皆爲第一率極微之數，則其連乘而得之 天地人 則爲第二率極微之數，互相比例而得之 $天^{二}地人$、$天地^{二}人$、$天地人^{二}$ 皆爲

第三率極微之數。其第二率　天地人　比第一各率天、地、人已小至無可比，故第二率以下之　天地人、天二地人…　均可棄之不用。而以天、地、人原三數爲可用之數。其他悉仿此例推之。已上所言，皆微分術中至要之理。

三辨常變

凡求微分之時，只論變數。若算式中有常數者，雖多，不論。蓋微分之法，專言變數，以其能變大，亦能變小，亦能爲〇故也。若常數，則不能變大，亦不能變小，故不論。

四記號

凡將函數之式求得其微分之後，則作一號，以記之。或將求微分之時，先作一號，以記之。其號如彳，即微字之偏旁也。如天之微分則作彳天，人之微分則作彳人，戌之微分則作彳戌是也。又如有式　甲丄天　欲求其微分，則先作　彳(甲丄天)　亦同。

清・謝洪賚《最新微積學教科書》卷上　微分

第一章

一　數之分類　微分所用之數有二，一曰常數，一曰變數。常數者，推算時不變之數也。恒以甲、乙、丙、丁等字代之，或以數之名代之，如圓式：　$地^2 = 2未天 - 天^2$　未爲圓半徑，而推算此式之時，未永不變，是爲常數。

二　變數　[者]推算之時，可任變爲限內之數也。恒以天、地、人等字代之。如　$地^2 = 2未天 - 天^2$　式內天與地之同數，雖爲有限，而于限内可有同數纂多。如天可任有同數，自0至2未，地可于十未與一未之限內，任有何同數。

三　獨變數或多變數之函數　函常數與變數之式，謂之此變數之函數。如　$甲^2天 + 乙天 + 丙$　或　$\sqrt{2未天 - 天^2}$　或　$(甲 + 乙天)^{卯}$…　俱爲天之函數。

四　陽函數　因其顯而易明，故謂之陽函數。凡變數與常數成一定同數之函數，謂之陽函數。如地　$\sqrt{2未天 - 天^2}$　式内地爲天之陽函數。

五　陰函數　因其雜糅未明，故謂之陰函數。凡變數與常數成雜糅未明之函數，謂之陰函數。如　$天^2 - 3天地 + 地^2 = 16$　式內，地爲天之陰函數，天爲地之陰函數，須相消而得。倘以此式推得一變數，或二變數之同數，則陰函數變爲陽函數。

六　微分諸號　設欲顯地爲天之陽函數，而無須指明函數之定式，則所用之號，如下：　$地 = 函(天)$、$天 = 函(地)$　等等。

此宜讀爲地爲天之函數，天爲地之函數。

設欲顯天與地，互爲函數。或天爲地之陰函數，或地爲天之陰函數，則可寫爲　$函(天、地) = 0$

此宜讀爲天與地之函數等於0　此等式乃顯二變數之式，而各項盡聚于上端者也。

七　變數分爲自變數與因變數　自變數者，可任設其爲何數，而與他數無涉者也。因變數者，同數隨他自變數而變者也。如抛物線式　$地^2 = 4甲天$　式內任設天爲何同數，而可推得地之相當同數。是則天爲自變數，地爲因變數，如是分別，祇爲便用起見，究竟則變數中可任定其何者爲自變數。

八　函數分代函數、越函數二類　代函數或稱常函數。函數與其變數相關之理，能以項數有窮之代數式顯之，如加、減、乘、除、乘方、開方等法。是謂代函數。如　$地 = 甲天^4 + 乙天^2$　之式內，地爲天之代函數。

函數不能以項數有窮之代數式顯之者，是謂越函數。如無窮級數之連分數，及凡不能變爲項數有窮之代數式者，皆是。越函數分三種，曰指函數、對函數、八線函數。

函數中正變數爲指數者，是謂指函數，如　$地 = 甲^{天}$、$地 = 人^{天}$　等是也。

函數中有其變數之對數者，是謂對函數，如　$地 = 天對$、$地 = (甲天 + 乙)對$　等是也。

函數含八線學之理者，是謂八線函數，或曰角函數、圓函數。如　$地 = 正弦天$、$地 = 正切天$　等是也。

九　函數有增與損之別　函數隨其變數增而增者，曰增函數。如　$地 = (甲 + 天)^3$、$地 = 甲天^3$　等，式内地爲天之增函數。

函數隨其變數之增，而反損者，是曰損函數。如　$地 = \frac{甲}{天}$、$地 = (甲 - 天)^3$　等式內，地爲天之損函數。

天之函數或隨天之此同數而增，或隨天之彼同數而反損。

一〇　數之限　凡變數有限。限者，其數爲變數所漸近而永不能至，或必不能過，故曰限。如圓內作內容多邊形，于此形外倍其邊又作一多邊形，其邊數漸增，其角漸大，如此遞倍遞作，則其積漸近圓積，然二積之較可至甚微，而終不

能爲無，則圓積爲多邊形積之限。其各角漸多漸大，而二直角爲其限。

又如圖呷呐爲圓徑，自圓周之吧點作吧嗩爲呷呐之垂線。吧點漸離呷而近吃，則吧嗩增至吃而等於吃啐，即半徑也。吧漸離吃而近呐，則吧嗩漸損至呐而變爲無，是則半徑爲垂線吧嗩所不能過之限。

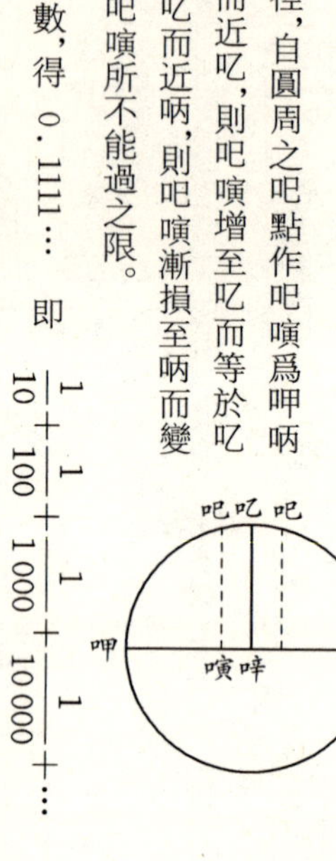

又如 $\frac{1}{9}$ 變爲小數，得 0.1111… 即 $\frac{1}{10}+\frac{1}{100}+\frac{1}{1000}+\frac{1}{10000}+\cdots$ 此連分數之和漸近 $\frac{1}{9}$ 但其項數有窮之時，永不能至 $\frac{1}{9}$ 是此級總數之限爲 $\frac{1}{9}$

又如 $1+\frac{1}{2}+\frac{1}{4}+\frac{1}{8}+\frac{1}{16}+\cdots$ 順之以下，項數益多，則諸級總數益近於2。然項數爲有窮，則永不能至2。是則此級總數之限爲2。

一一 比例限之同數 凡二幾何同時漸損，則漸近等比例，或漸近所設之他比例。

第一端 二幾何可漸近相等比例。如圖，吧點在圓周上，向定點呷而移，則呷吧弧隨呷吧弦而同損。如令吧點任近呷，則所得弧與弦，必均小于最小可名之數，是則其弧與弦，即漸近相等之限。此理後以代數證明之。見四十三款。兹姑取弧若干截而推其比例同數，俾初學者曉然。如自60°弧起以下30°、10°、5°、1°、1′、1″等各推得其弧及弦之長。又推得其弧弦二數之比例，即得表中各數。

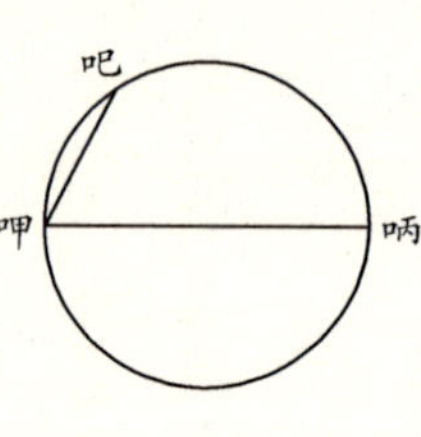

	弦	弧	比例
60度	1.000 000 0	1.047 197 6	1.047 197 6
30度	0.517 638 0	0.523 598 8	1.011 515 1
10度	0.174 311 4	0.174 532 9	1.001 270 2
5度	0.087 238 8	0.087 266 5	1.000 317 8
1度	0.017 453 0	0.017 453 3	1.000 012 7
1分	0.000 290 9	0.000 290 9	1.000 000 0

視表即知1′之弧與弦，其同數在七位小數之内相同，而1″之弧與弦同數，在十五位小數内無異。是則弧與弦恒漸近相等之比例。令弧漸小至無窮弧與弦漸近之比例，曰比例限。

一二 第二端 二無窮小之幾何可有之定比例，與1不同。意即大於1或小於1。

如圖呷吃呐爲句股形，呷吃等于吃呐，則有 呷吃：呷呐∷1：$\sqrt{2}$

設有直線，自吃呐而移向呷，恒爲呷吃之垂線，則有 呷叮：呷戉∷1：$\sqrt{2}$ 而叮戉線任近呷點，則呷叮與呷戉之比例仍爲相等。雖呷叮戉三角形之邊設爲無窮小，而其比例仍同。仿此推得弦與相當之半弧，其比例之限爲2：1 準此二幾何，所有相等之比例，未必因二幾何爲無窮小而然。

一三 第三端 二幾何之比例可增爲無窮大，或損爲無窮小。

如圖呷吃呐爲半圓，内容三角形。呷叮爲吃呐之垂線，是則準《形學備旨》四卷二十三題，有 吃呐：呷呐∷呷呐：叮呐 呷漸近呐，至呷呐弦爲無窮小，則叮呐亦必爲無窮小。惟前比例仍不變，而吃呐與呷呐之比例變爲無窮大，則呷呐與叮呐之比例亦變爲無窮大。是則二幾何雖無窮小，而其比例則無窮大焉。故二變數同損至無窮時，其比例限可有任何同數。

一四 長數與其比例限 令代數式内之變數增，所增者曰長數，既加長數，則全式之同數亦變。

如有式甲天，令天有長數辛，則甲天變爲 甲(天＋辛) 而式之長數爲 甲(天＋辛)－甲天＝甲辛 即令天若增辛，則函數甲天所增者，爲辛之甲倍。

自變數之長數，恒命爲辛。下數問内，以長天指天之長數，長地指地之長數。

一五 求比例限之法 觀前數問，即知求變數與其函數之比例限。法令其變數得微長數，因之得函數之長數。令變數之長數屢變漸小，而視二長數之比例漸近之限，則知變數之長數必爲0方至限。

論及此事，勿誤會比例限祇爲漸近之意。因於言語之間，雖云辛漸近0，乃使人易知其理耳。但求比例限之同數，則真令辛爲0矣。故比例限之同數幾爲

適合。

一六　號　推論二同時長數之比例限，則以號顯之爲便。十四款之第四問，已推得 $\frac{長地}{長天}$ 之限之同數，爲 $2甲天+3$ 而其原式爲 $地=甲天^2+3天$ 如命長天爲彳天，則亦必命長地爲彳地方爲合式，是則有 $\frac{彳地}{彳天}=2甲天+3$ 以地之同數代得 $\frac{彳(甲天^2+3天)}{彳天}=2甲天+3$ $\frac{彳地}{彳天}$ 乃顯 $\frac{長地}{長天}$ 之限，即天長數漸近0時，其地長數與天長數之比例限也。彳天謂之天之微分，彳地謂之地之微分，而 $\frac{彳地}{彳天}$ 之分數，爲地準天之微係數。求 $\frac{彳地}{彳天}$ 之法，名曰微分學。以彳書于代數函數式之前，意欲求其式之微分。故彳字非爲幾何，衹算學之一號耳。

第二章

三五　凡函數與其變數相聯屬之理，不能以代數有限之項數式顯之者，則爲越函數。如 甲^天 爲指函數，甲(天對)爲對函數，正弦天、正切天等爲八線函數。皆越函數也。

第三章

五四　二次微係數　凡變數之任何函數，求得其微係數爲常數，或其變數之新函數，同例求新函數之微分，則其所得之微係數，爲原函數之二次微係數。

設有函數　$戊=甲天^4$　其一次微係數爲 $\frac{彳戊}{彳天}=4甲天^3$ 此微係數爲天之新函數，與原函數不同，求此式之微分，得 $彳\left(\frac{彳戊}{彳天}\right)=12甲天^2彳天$ 既設彳天爲常數，則有 $彳\left(\frac{彳戊}{彳天}\right)=\frac{彳彳戊}{彳天}$ 可寫作 $\frac{彳^2戊}{彳天}$

彳²戊乃顯戊微分之微分，當讀爲戊之二次微分。既有 $\frac{彳^2戊}{彳天}=12甲天^2彳天$ 以彳天除其兩端，得 $\frac{彳^2戊}{彳天^2}=12甲天^2$ 式内之彳天²，爲彳天之平方，亦可寫作 $(彳天)^2$

$12甲天^2$ 爲一次微係數之微係數，故名曰二次微係數。

二次微係數，既爲天之函數，可再求其微分。得 $\frac{彳^3戊}{彳天^2}=24甲天彳天$ 以彳天除其二端，得 $\frac{彳^3戊}{彳天^3}=24甲天$ 爲二次微係數之微係數，故名曰三次微係數。

其三次微係數 $\frac{彳^3戊}{彳天^3}$ 當讀爲天微分之立方除戊之三次微分。

仿此可以三次微係數，求得四次微係數，餘皆準此。

彳²戊與彳戊²及 彳(戊²) 各不相同，須明辨之，切勿誤視。因彳戊²爲彳戊之平方，彳(戊²) 爲戊方之微分也。

第四章

七九　極大極小之義　設戊爲天之某函數，令天之同數漸變，戊亦變，惟有時增，亦有時減，是則必有一時，天有某同數，而戊自增而始減，或自減而始增。天適有某同數時，若戊之同數更大於天有前後同數之時，則戊爲極大。反之，戊於此時之同數較小於天有前後同數之時，則戊爲極小，要之獨變數之函數，大於前後同數，此爲函數極大。反之小於前後同數，此爲函數極小。

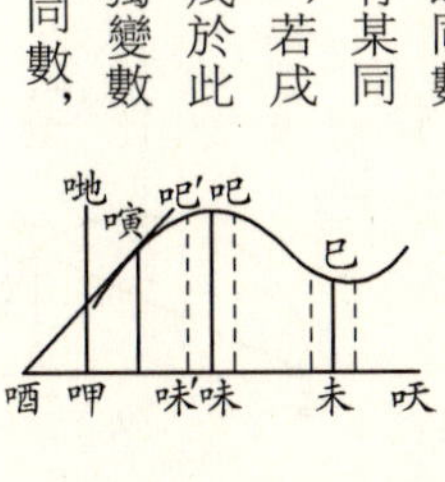

哋　[illegible]吧′吧　巳
哂　呷　味′味　未　呋

如圖，有函數戊，作曲線之變縱線吧′味′以明之，設縱線於呷呋上，自呷而移，則其長漸增，過吧味，而後漸損，則知正當吧味時，縱線爲極大。若縱線於呷呋線上漸移，其長漸損，過巳未，而後漸增，則知當巳未之時，縱線爲極小。

綜論

清・李善蘭《代微積拾級》卷一〇　微分一

論函數微分

微分之理，乃詳明函數及自變數，兩變比例相與之比例。

第一款　平方邊變比例與面變比例之比例，若一與倍邊之比例。

試以天爲平方邊，則 天² 爲平方面，以辛加邊，得 天+辛 則其面爲

（天丄辛）^{二} 詳之得 天^{二}丄二天辛丄辛^{二} 其邊所長爲辛，其面所長爲 二天辛丄辛^{二} 設以辛爲邊變之比例，則 二天辛丄辛^{二} 爲面變之比例，而得 二天辛丄辛^{二}∶辛∷面變率∶邊變率 即 二天丄辛∶一∷面變率∶邊變率 平方面變比例，必以漸而大，故其所長數 二天丄辛 必大于天爲邊時面變比例之長數。辛愈小，則 二天丄辛 愈近于天爲邊時之長數。若辛等于〇，則其比例即爲一與 二天 故邊爲天，則邊變比例與面變比例之比，若一與倍邊之比也。

以數明之，如平方邊爲十，面爲一百，邊長至十一，面爲一百二十一，長二十一，則邊之長數與面之長數比，若一與二十一比。設邊爲 一〇・一 面爲 一〇二〇・一 長 二・〇一 則邊面二長數比，若 〇・一 與 二・〇一 比，即若一與 二〇・一 比。設邊爲 一〇・〇〇一 則邊面二長數比，若一與 二〇・〇〇一 比。觀此，即明邊之長數愈小，愈近于一與 二〇 之比。所以一與 二〇 之比，乃邊爲 一〇 時二長數之比例，即一與倍邊之比例也。

第二款 立方邊變比例與體變比例之比例，若一與三個邊平方之比例。

試以天爲立方邊，以戊爲立方體積，則 戊＝天^{三} 以辛加邊得 天丄辛 變體積爲戊′，則得 戊′＝（天丄辛）^{三} 詳之得 天^{三}丄三天^{二}辛丄三天辛^{二}丄辛^{三} 體之長數爲 戊＝三天^{二}辛丄三天辛^{二}丄辛^{三} 其邊平長，若體亦平長，則有比例 三天^{二}辛丄三天辛^{二}丄辛^{三}∶辛∷體變比例∶邊變比例 即 三天^{二}丄三天辛丄辛^{二}∶一∷體變比例∶邊變比例 體積之增，恒以漸而速，故其長數 三天^{二}丄三天辛丄辛^{二} 必大于天爲邊時體變比例之長數。設辛愈小，則 三天^{二}丄三天辛丄辛^{二} 愈近于天爲邊時之長數。若辛爲〇，則其比例若一與 三天^{二} 故以天爲邊，得比例爲一與 三天^{二} 與款合。

以數明之。設立方之邊十，其積一千，邊變爲十一，積變爲一千三百三十一。其長數三百三十一，則邊與體二長數之比例，爲一與三百三十一。若邊爲 一〇・一 積爲 一〇三〇・三〇一 其長數 三〇・三〇一 邊體二長數之比例爲 〇・一 與 三〇・三〇一 即一與 三〇三・〇一 若邊爲 一〇・〇一 積爲 一〇〇三・〇〇三〇〇一 二長數之比例爲一與 三〇〇・三〇〇一 邊爲 一〇・〇〇一 二長數之比例爲一與 三〇〇・〇三〇〇〇一 觀此，即明邊之長數愈小，二長數之比例，愈近于一與 三〇〇 故邊爲十，其比例必得一與 三〇〇 即一與三個邊之平方也。

函數與變數之變比例，俱謂之微分，用彳號記之。

如 戊＝天^{三} 則得比例 彳天∶彳戊∷一∶三天^{二} 彳天、彳戊爲天與戊之微分。後皆仿此。用表天與戊之變比例，以一四兩率相乘，二三兩率相乘，則得 彳戊＝三天^{二}彳天 此顯函數戊之變比例，等于 三天^{二} 乘變數天之變比例，以彳天約之得 $\frac{彳天}{彳戊}$＝三天^{二} 此顯變數之變比例約函數之變比例，等于函數之微係數也。如戊爲天之函數，三天^{二} 爲戊之微係數。此舉立方以槩其餘。

觀上二款，而知求函數之變比例，法以自變數加微長數，因之得函數之長數，乃以變數之長數屢變。觀其變比例漸近之限，則知長數爲〇，方至限，是限者，乃自變數爲天時兩變比例之比例率也。求微分之係數，雖以辛爲〇，然不得云彳天、彳戊皆等于〇。蓋彳戊爲函數戊之變比例，彳天爲變數天之變比例，而既得兩變數比例之比例，其同數無論，所以彳天可任小任大也。

第三款 設 戊＝天^{四} 則其微係數爲 四天^{三}

無論長數若干，命爲辛，加于天，所變之函數，命爲戊′，則得 戊′＝（天丄辛）^{四} 詳之得 戊′＝天^{四}丄四天^{三}辛丄六天^{二}辛^{二}丄四天辛^{三}丄辛^{四} 以原式 戊＝天^{四} 減之，得 戊′丅戊＝四天^{三}辛丄六天^{二}辛^{二}丄四天辛^{三}丄辛^{四} 以辛約之，得 $\frac{辛}{戊'丅戊}$＝四天^{三}丄六天^{二}辛丄四天辛^{二}丄辛^{三} 此爲函數戊與變數天兩長數之比例率。第一項 四天^{三} 無辛，故辛任爲若干。第一項總不變，後諸項俱爲辛之因變數。辛漸小，則右邊數漸近于 四天 辛爲〇，則至 四天^{三} 矣。故自變數爲天之時，則自變數與函數兩變比例之比例爲 四天^{三} 所以 $\frac{彳天}{彳戊}$＝四天^{三}

准此，一切獨變數函數之微係數可類推。法任以長數若干加于自變數，求得函數之同數，以原式減之，又以辛約之，乃令辛爲〇而求比例之限，所得即微係數。

第四款 求變數諸乘方之微分，取其指數減一，以原指數乘之，又以元之微分乘之，即得。

設　戊＝$天^{卯}$　天變爲　天丄辛　則得　戊′＝$(天丄辛)^{卯}$　詳之，得式
戊＝$天^{卯}丄卯天^{卯丅一}辛丄\frac{二}{卯(卯丅一)}天^{卯丅二}辛^{二}丄…$　以原式減之，得
戊′丅戊＝$卯天^{卯丅一}辛丄\frac{二}{卯(卯丅一)}天^{卯丅二}辛^{二}丄…$　以辛約之，得　$\frac{辛}{戊'丅戊}＝卯天^{卯丅一}丄\frac{二}{卯(卯丅一)}天^{卯丅二}辛^{二}丄…$　此爲函數變數二長數之比例。若令辛等於〇，則右邊第二項以下，皆變爲無。蓋皆因辛而得。辛既無，則亦無也。所以　$\frac{彳天}{彳戊}＝卯天^{卯丅一}$　而　彳戊＝$卯天^{卯丅一}$彳天　與款合。

第五款　變數常數相乘積之微分，等於變數微分乘常數。

設　戊＝$甲天^{四}$　天變爲　天丄辛　則得　戊′＝$甲天^{四}丄四甲天^{三}辛丄六甲天^{二}辛^{二}丄…$　以原式減之，得　戊′丅戊＝$四甲天^{三}辛丄六甲天^{二}辛^{二}丄…$　以辛約之，得　$\frac{辛}{戊'丅戊}＝四甲天^{三}丄六甲天^{二}辛丄…$　若辛爲〇，則右數只賸首項，餘項俱無，而得　$\frac{彳天}{彳戊}＝四甲天^{三}$　以彳天乘之，得　彳戊＝$四甲天^{三}$彳天
即　$甲天^{四}$　之微分，與　$天^{四}$　之微分乘甲等。

第六款　常數無微分，故常數變數相加減之數，求得微分，其常數不見。

設　戊＝$乙丄天^{四}$　天變爲　天丄辛　得　戊′＝$乙丄天^{四}丄四天^{三}辛丄六天^{二}辛^{二}丄…$　以原式減之，得　戊′丅戊＝$四天^{三}辛丄六天^{二}辛^{二}丄…$　以辛約之，得　$\frac{辛}{戊'丅戊}＝四天^{三}丄六天^{二}辛丄…$　辛等於〇，則得　$\frac{彳天}{彳戊}＝四天^{三}$
以彳天乘之，得　彳戊＝$四天^{三}$彳天　是微分中常數乙不見也。

第七款　以戊爲天之函數，天變爲　天丄辛　則所得函數必爲三者所合：一，原函數戊；二，原函數之微係數乘辛；三，天辛二元之函數乘辛平方。

準前款本卷四款。戊爲天之函數。若天變爲　天丄辛　則變函數之同數爲級數。依辛之諸乘方詳之，得　戊′＝$呷丄叱辛丄呐辛^{二}丄叮辛^{三}丄…$　若辛爲〇，則同數變爲呷，而左數爲戊，故　呷＝戊　相代得式　戊′＝$戊丄叱辛丄呐辛^{二}丄叮辛^{三}丄…$　化之得　戊′＝$戊丄叱辛丄辛^{二}(呐丄叮辛丄…)$　以呐′爲天與辛之函數代　呐丄叮辛丄…　得　戊′＝$戊丄叱辛丄呐'辛^{二}$　移戊而以辛約之，得　$\frac{辛}{戊'丅戊}＝叱丄呐'辛$　若辛等於〇，則得　$\frac{彳天}{彳戊}＝叱$　是叱爲函數之微係數也。故變函數戊′之同數，爲原函數戊，及函數之微係數乘辛，及天辛二元之函數乘$辛^{二}$，三數之和。

後凡論變函數之同數式，如下：　戊′＝$戊丄呷辛丄叱辛^{二}$

第八款　同變數若干函數和較數之微分，等于各函數微分之和較。

設戊爲諸函數之和較數，如式：　戊＝地丄人丅亥　地人亥皆天之函數，天變爲　天丄辛　則得式：　戊′丅戊＝(地′丅地)丄(人′丅人)丅(亥′丅亥)
準前　地′丅地　可變爲　$呷辛丄叱辛^{二}$　本卷七款後例。又　人′丅人　可變爲　$呷'辛丄叱'辛^{二}$　亥′丅亥　可變爲　$呷''辛丄叱''辛^{二}$　用此三變數，得下式：　戊′丅戊＝$(呷辛丄叱辛^{二})丄(呷'辛丄叱'辛^{二})丅(呷''辛丄叱''辛^{二})$　以辛約之得　$\frac{辛}{戊'丅戊}＝(呷丄叱辛)丄(呷'丄叱'辛)丅(呷''丄叱''辛)$
辛同于〇，則得　$\frac{彳天}{彳戊}＝呷丄呷'丅呷''$　以彳天乘之，得下式　彳戊＝呷彳天丄呷′彳天丅呷″彳天　呷彳天　爲地之微分，呷′彳天　爲人之微分，呷″彳天　爲亥之微分，故得式　彳戊′＝彳地′丄彳人丅彳亥　與款合。

第九款　同變數兩函數相乘積之微分，等于兩函數互乘兩微分之和。

試以戊、亥爲天之二函數，天變爲　天丄辛　則得　戊′＝$戊丄呷辛丄叱辛^{二}$　亥′＝$亥丄呷'辛丄叱'辛^{二}$　以此二式之兩邊各相乘，得下式：　戊′亥′＝$戊亥丄呷亥辛丄叱亥辛^{二}丄呷'戊辛丄呷呷'辛丄…$　$叱'戊辛^{二}丄…$　其餘項依此遞推，可得　$辛^{三}$　以上之諸辛項。此式移項而以辛約之得　$\frac{辛}{戊'亥'丅戊亥}＝呷亥丄呷'戊丄…$　除　呷亥、呷′戊　二項外，餘皆爲辛之項。若辛同于〇，則辛項俱無，而得　$\frac{彳天}{彳(戊亥)}＝呷亥丄呷'戊$　以彳天乘之，得　彳(戊亥)＝(呷亥丄呷′戊)彳天　即　彳(戊亥)＝呷亥彳天丄呷戊彳天　呷彳天　與彳戊等，呷′彳天　與彳亥等，故　彳(戊亥)＝亥彳戊丄戊彳亥　與款合。

系本款式以　戊亥　約之，得　$\frac{戊亥}{彳(戊亥)}＝\frac{戊}{彳戊}丄\frac{亥}{彳亥}$　故兩函數相乘積之微分，以積約之，等于兩函數各約其微分之和。

第十款　同變數若干函數連乘積之微分，等于各函數之微分互乘餘函數連乘積之和。

試以戊、亥、人爲天之三函數，而以地代　亥人　則得式　戊亥人＝戊地　彳(戊亥人)＝彳(戊地)　準前款　彳(戊地)＝地彳戊丄戊彳地 本卷九款。地等于　亥人　則依例得式　彳地＝人彳亥丄亥彳人　以此同數代彳地，以　亥人　代地，則上式變爲　彳(戊亥人)＝亥人彳戊丄戊人彳亥丄戊亥彳人　與款合。無論若干函數，皆同。

系本款式以　戊亥人　約之，得　$\frac{戊亥人}{彳(戊亥人)}=\frac{戊}{彳戊}丄\frac{亥}{彳亥}丄\frac{人}{彳人}$　與前款理同。

第十一款　求分數之微分，法以分母乘分子之微分，而以分子乘分母之微分減之，爲微分之子，以分母之平方爲微分之母。

設分數爲　$\frac{亥}{戊}$　令　$\frac{亥}{戊}=地$　則　戊＝亥地　準前得　彳戊＝地彳亥丄亥彳地 本卷九款。所以　亥彳地＝彳戊丅地彳亥　以地之同數代地，則得　$亥彳地=彳戊丅\frac{亥}{戊彳亥}$　以亥約之，得　$彳地=\frac{亥^{二}}{亥彳戊丅戊彳亥}$　即　$彳\left(\frac{亥}{戊}\right)=\frac{亥^{二}}{亥彳戊丅戊彳亥}$　與款合。

系若戊爲常數丙，其微分爲〇，則得式　$彳\left(\frac{亥}{丙}\right)=\frac{亥^{二}}{丅丙彳亥}$

第十二款　求變數諸乘方之微分，置乘方數，將其指數減一，以原指數乘之，又以變數之微分乘之，即得。

設有　天^{卯}　求其微分。卯無論爲正，爲負，爲整數，爲分數，統歸一例。

一、設卯爲正整數，則　天^{卯}　爲天卯次連乘一所得之數。準前得式　$\frac{天^{卯}}{彳(天^{卯})}=\frac{天天天天\cdots}{彳(天天天天\cdots)}=\frac{天}{彳天}丄\frac{天}{彳天}丄\cdots$ 本卷十款系。左數之母子各有卯個天，則右數亦必有卯項，故得式　$\frac{天^{卯}}{彳(天^{卯})}=\frac{天}{卯彳天}$　變作　彳(天^{卯})＝卯天^{卯丅一}彳天

二、設卯爲正分數，如　$\frac{申}{未}$　則　戊＝天$^{\frac{申}{未}}$　各自乘申次，得　戊^{申}＝天^{未}　未申俱爲整數，故有式　申戊^{申丅一}彳戊＝未天^{未丅一}彳天　即　$彳戊=\frac{申戊^{申丅一}}{未天^{未丅一}}彳天=\frac{申天^{\frac{申}{未}(申丅一)}}{未天^{未丅一}}彳天$　變作　$彳戊=\frac{申}{未}天^{\frac{申}{未}丅一}彳天$　以卯代　$\frac{申}{未}$　得　彳戊＝卯天^{卯丅一}彳天

三、設卯爲負，不論整分，如　戊＝天^{丅卯}　可變作　$戊=\frac{天^{卯}}{一}$　依前求微分，得　$彳戊=\frac{天^{二卯}}{丅彳(天^{卯})}$　本卷十一款系。依本款第一條，得　$彳戊=\frac{天^{二卯}}{丅卯天^{卯丅一}彳天}$　以母之指數　二卯　減子之指數　卯丅一　得　彳戊＝丅卯天^{丅卯丅一}彳天　以卯代　丅卯　得　彳戊＝卯天^{卯丅一}彳天

故本款可該一切乘方之理。

第十三款　變數平方根之微分，等于變數之微分以倍根約之。

如　$\sqrt{天}$　即　天$^{\frac{二}{一}}$　準前本卷十二款。得式　$彳(天^{\frac{二}{一}})=\frac{二}{一}天^{\frac{二}{一}丅一}彳天=\frac{二}{一}天^{丅\frac{二}{一}}彳天$　即　$\frac{二\sqrt{天}}{彳天}$　與款合。

第十四款　凡多項數之若干乘方，求微分，法置多項數之乘方，將其指數減一，即以原指數爲係數，又以多項數之微分乘之，即得。

如函數爲　戊＝(甲天丄天^{二})^{卯}　以地代　甲天丄天^{二}　則得　戊＝地^{卯}　準前得　彳戊＝卯地^{卯丅一}彳地　本卷十二款。易以地之同數，得　彳戊＝卯(甲天丄天^{二})^{卯丅一}彳(甲天丄天^{二})　式中　彳(甲天丄天^{二})　詳之，則式變爲　彳戊＝卯(甲天丄天^{二})^{卯丅一}(甲丄二天)彳天　與款合。

又卷二　微分二

馬氏捷術

馬格老臨詳獨變數爲級數，如下款。

第一款　戊爲天之函數，詳之爲天之諸正方數。其式爲　$戊=(戊)丄\left(\frac{彳天}{彳戊}\right)天丄\left(\frac{彳天^{二}}{彳^{二}戊}\right)\frac{二}{天^{二}}丄\left(\frac{彳天^{三}}{彳^{三}戊}\right)\frac{三\times一}{天^{三}}丄\cdots$　若天爲〇，則諸括弧內數爲諸函數。任以戊爲天之何函數，設等于　(甲丄天)^{卯}　詳之得天之諸乘方，與不包天之諸係數。諸係數以呷、叱、呐、叮等元代之，得　戊＝呷丄叱天丄呐天^{二}丄

叮天三丄唛天四丄…　求微分，以仸約得　$\frac{仸}{伐}$=叱丄二呐天丄三叮天二丄四唛天三丄…　疊次求微分，以仸約之，則呷、叱、呐、叮等元遞消去，如下

$\frac{仸^{二}}{彳戊}$=二呐丄二×三叮天丄三×四唛天二丄…　又　$\frac{仸^{三}}{彳戊}$=二×三叮丄二×三×四唛天丄…　餘仿此。若　天=〇　則戊爲(戊)，$\frac{仸}{伐}$爲$\left(\frac{仸}{伐}\right)$，$\frac{仸^{二}}{彳戊}$爲$\left(\frac{仸^{二}}{彳戊}\right)$　餘類推。用上諸式之同數，得　(戊)=呷、$\left(\frac{仸}{伐}\right)$=叱、$\left(\frac{仸^{二}}{彳戊}\right)$=二呐、$\left(\frac{仸^{三}}{彳戊}\right)$=二×三叮　即得呷、叱、呐、叮諸係數之同數　呷=(戊)、叱=$\left(\frac{仸}{伐}\right)$、呐=$\frac{一}{二}\left(\frac{仸^{二}}{彳戊}\right)$、叮=$\frac{一}{二×三}\left(\frac{仸^{三}}{彳戊}\right)$　用此諸同數于原式中，得　戊=(戊)丄$\left(\frac{仸}{伐}\right)$天丄$\left(\frac{仸^{二}}{彳戊}\right)\frac{天^{二}}{二}$丄$\left(\frac{仸^{三}}{彳戊}\right)\frac{天^{三}}{一×二×三}$丄…　與款合。

戴氏新術

戴勞詳兩變數和較之函數爲級數，如下兩款。

第二款　凡天地兩變數和較之函數，或天變而地不變，或地變而天不變，其微係數同。

如　戊=(天丄地)卯　若天變而地不變，則得　$\frac{仸}{伐}$=卯(天丄地)卯丅一　若地變而天不變，則得　$\frac{彳地}{伐}$=卯(天丄地)卯丅一　兩微係數同也。

第三款　凡兩變數和之函數，詳之爲級數，其式爲　㖠(天丄地)=戊丄$\frac{仸}{伐}$地丄$\frac{仸^{二}}{彳戊}\times\frac{地^{二}}{一×二}$丄$\frac{仸^{三}}{彳戊}\times\frac{地^{三}}{一×二×三}$丄…　若　地=〇　則戊爲函數之同數。

試以戊爲　天丄地　之函數，詳地之諸乘方，得　戊′=㖠(天丄地)=呷丄叱地丄呐地二丄叮地三丄…㈠　式中呷、叱、呐、叮諸係數，非地所生之數，乃天與原函數中諸常數所生之數，乃求呷、叱、呐、叮諸元之同數。令天與地任與何數同，俱與級數合。

設以天爲變，地爲不變，求微分得　$\frac{仸}{伐}=\frac{仸}{彳呷}$丄$\frac{仸}{彳叱}$地丄$\frac{仸}{彳呐}$地二丄$\frac{仸}{彳叮}$地三丄…　設以地爲變，天爲不變，求微分得　$\frac{彳地}{伐'}$=叱丄二呐地丄三叮地二丄…　準前，$\frac{仸}{伐'}=\frac{彳地}{伐'}$ 本卷二款。故　$\frac{仸}{彳呷}$丄$\frac{仸}{彳叱}$地丄$\frac{仸}{彳呐}$地二丄…=叱丄二呐地丄三叮地二丄…　諸級數之係數，非因地而生，故地任與何數同。諸係數不變，而式中兩邊地之諸乘方相同，正負亦同，故有諸式如下：

$\frac{仸}{彳呷}$=叱㈡　$\frac{仸}{彳叱}$=二呐㈢　$\frac{仸}{彳呐}$=三叮㈣　餘仿此。若　地=〇　則第一式中　天丄地　之函數，變爲天之函數，以戊代之，則得　呷=戊　以此右數代第二式中之呷，得　叱=$\frac{仸}{伐}$　以此右數代第三式中之叱，得　二呐=$\frac{仸^{二}}{彳戊}$　即呐=$\frac{仸^{二}}{二彳戊}$　以此右數代第四式中之呐，得　三叮=$\frac{仸^{三}}{二彳戊}$　故　叮=$\frac{仸^{三}}{二×三彳戊}$　以此諸同數，代第一式中呷、叱、呐、叮諸元，則得式　戊′=㖠(天丄地)=戊丄$\frac{仸}{伐}$地丄$\frac{仸^{二}}{彳戊}\times\frac{地^{二}}{一×二}$丄$\frac{仸^{三}}{彳戊}\times\frac{地^{三}}{一×二×三}$丄…　與款合。

系若　㖠(天丅地)　求其詳數理同，其式爲　戊′=㖠(天丅地)=戊丅$\frac{仸}{伐}$地丄$\frac{仸^{二}}{彳戊}\times\frac{地^{二}}{一×二}$丅$\frac{仸^{三}}{彳戊}\times\frac{地^{三}}{一×二×三}$丄…

又　卷十二　微分三

第一次微係數解

第一款　曲線内無論何點，其切線與橫軸交角之正切，等于縱線之第一次微係數。

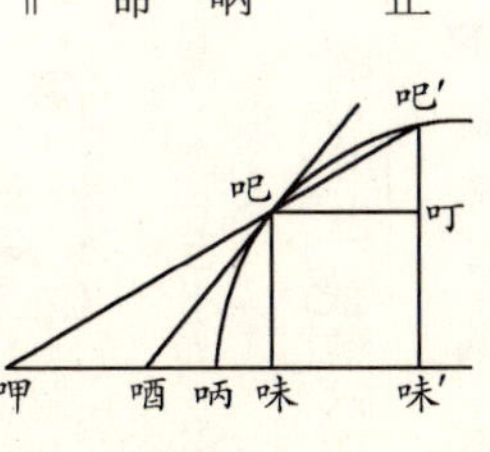

如圖，呷吧吧′爲曲線，于内任取吧點，命其縱橫線呐味、味吧爲天、地，命味味′爲辛，以加橫線呐味，得呐味′，命爲天。命其縱線吧′味′爲地，作吧吧′呻線，得　𠯗′、叮=

吧'、味'、丅吧味＝地'、丅地　吧叮吧'爲句股形，故有比例　吧叮：吧'叮：：一：呻切　即得　呻切＝$\frac{\text{吧叮}}{\text{吧'叮}}$　以吧叮與吧'叮之二同數代之，得　$\frac{\text{辛}}{\text{地'丅地}}$＝呻切

此式顯天地二長數之比例。若以地爲天之函數而求微係數，必令　辛＝〇　以求比例之限。辛漸小，則吧'點漸近吧點，而呻吧'線漸近哂吧切線。辛同于〇，則吧'合于吧，而呻吧'線合于哂吧，即得　$\frac{\text{彳天}}{\text{彳地}}$＝哂切　與款合。

設欲取曲線內一點，令切線交橫軸，成若干度角，但令縱線之第一次微係數，等于所設角度之正切，即得。如命正切爲甲，則得　$\frac{\text{彳天}}{\text{彳地}}$＝甲　無論何曲線，但取本曲線式。準此式推之，即得所求點之天地二同數。

論函數極大極小

獨變數之函數，有極大時、極小時。設變數漸大，過限而復漸小，則恰當限之時，爲極大。

吧'　吧　吧"
呷　味'　味　味"　吃

如圖，吧'味'直線，依呷吃方向漸移，恒與呷吃成直角。其線漸大，過吧味而復漸小，正當吧味時爲極大。

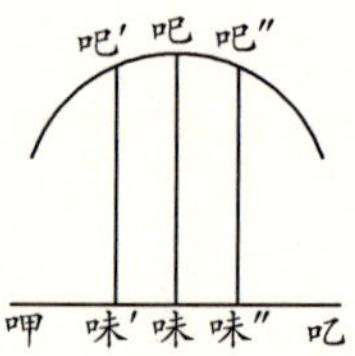

設變數漸小，過限而復漸大，則恰當限之時爲極小。

吧'　吧　吧"
呷　味'　味　味"　吃

如圖，吧'味'漸移自甲向乙，恒與呷吃成直角，其線漸小，過吧味而復漸大。正當吧味時，爲極小。

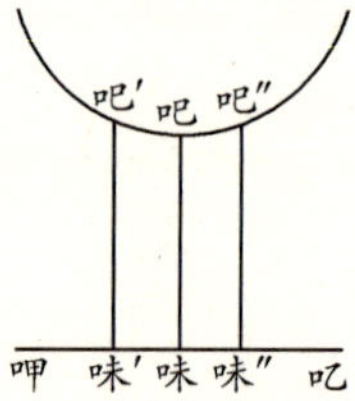

設戊爲天之函數，而天變小，其變之微，至不可譬喻。命函數爲戊'，又天變大，其變之微，至不可譬喻。命函數爲戊"，若戊大于戊'或戊"，則戊爲極大；小于戊'或戊"，則戊爲極小。故函數極大，必大于變數略前略後之函數。極小必小于略前略後之函數也。

準前命曲線之縱線爲地，橫線爲天，則切線與橫軸交角之正切等于　$\frac{\text{彳天}}{\text{彳地}}$　本卷一款。若吧味爲極大，則哂吧切線與橫軸平行，而不能成角，所以得　$\frac{\text{彳天}}{\text{彳地}}$＝〇　若吧味爲極小，則哂吧切線亦與橫軸平行，而不能成角，故亦得　$\frac{\text{彳天}}{\text{彳地}}$＝〇　故凡得　$\frac{\text{彳天}}{\text{彳地}}$＝〇　乃顯吧點之切線與橫軸平行。吧不爲曲線之極大點，必爲極小點。

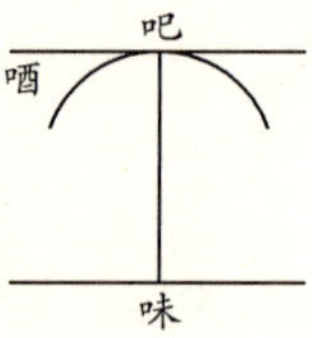

吧
哂
味

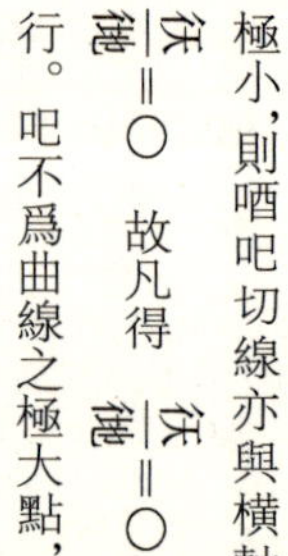

吧
哂
味

欲攷函數有極大、極小否，當求第一次微係數，而令　$\frac{\text{彳天}}{\text{彳戊}}$　等於〇，以求得天之同數爲甲，乃以　甲丄辛　及　甲丅辛　遞代原式中之天，而視其所得。若二數俱小于甲代天之數，則函數有極大。若俱大于甲代天之數，則函數有極小。

用戴氏術，得攷定函數極大極小之公法。

試置　戊＝函(天)　以辛增損天，得　戊'＝函(天丅辛)　戊"＝函(天丄辛)　依戴氏術，得　戊"丅戊＝$\frac{\text{彳天}}{\text{彳戊}}$辛丄$\frac{\text{彳天}^{二}}{\text{彳}^{二}\text{戊}}$×$\frac{\text{一×二}}{\text{辛}^{二}}$丄$\frac{\text{彳天}^{三}}{\text{彳}^{三}\text{戊}}$×$\frac{\text{一×二×三}}{\text{辛}^{三}}$丄…

戊'丅戊＝丅$\frac{\text{彳天}}{\text{彳戊}}$辛丄$\frac{\text{彳天}^{二}}{\text{彳}^{二}\text{戊}}$×$\frac{\text{一×二}}{\text{辛}^{二}}$丅$\frac{\text{彳天}^{三}}{\text{彳}^{三}\text{戊}}$×$\frac{\text{一×二×三}}{\text{辛}^{三}}$…　此式中若戊爲極大，必大于戊'及戊"，即辛爲無窮小而同數爲負。若戊爲極小，必小于戊'及戊"，即辛爲無窮小，而同數爲正。辛必爲無窮小者，蓋級數和之正負，必視首項，而此二式之首項，正負不同，故首項非等于〇。函數戊無極大、極小，必首項爲〇，即　$\frac{\text{彳天}}{\text{彳戊}}$＝〇　乃可得天之同數，而知戊或爲極大，或爲極小也。第一次微係數爲〇，則級數和之正負，視第二次微係數。若第二次微係數爲負，則函數極大。若正，則函數極小。設第二次微係數亦爲〇，而第三次微係數不爲〇，則二級數之正負不同，函數無極大極小。設第三次微係數亦爲〇，則級數和之正負，視第四次微係數，負則函數極大，正則函數極小，餘仿此。

求天之諸同數，以攷函數極大極小之數。

法先求函數之第一次微係數，令等于〇，而求得天之諸同數，以諸同數迭代第二次微係數中之天。若得負，則函數爲極大。若得正，則函數爲極小。若所得同數，或令第二次微係數等于〇，則代第三次微係數中之天。若仍等于〇，則代第四次微係數中之天。如此遞代，至遇不等于〇而止。所遇之次數若爲奇，則函數非極大、極小。若爲偶，則所得負者，函數極大。正者，函數極小。

求函數極大極小捷法

先設二例　一，天之諸同數，能令函數爲極大、極小，則亦能令常數乘約函數所得數爲極大、極小，故凡求極大、極小，常數可去之不用。二天之諸同數，能令函數爲極大、極小，則亦能令函數之諸乘方積爲極大、極小，故凡求極大、極小，開方根指數諸號，可去之不用。

凡推函數極大、極小，先詳函數之同數，次求第一次微係數而令同于〇，以求變數天之諸同數，即得函數極大、極小。

又　卷一三　微分四

指函數微分

第一款　元不變，指數變，其函數之微分，等于積數乘元之訥氏對數，再以指數之微分乘之。

如指函數　$戌=甲^{天}$　以天之長數爲辛，得　$戌'=甲^{天\perp辛}=甲^{天}甲^{辛}$　故　$戌'\top戌=甲^{天}甲^{辛}\top甲^{天}=甲^{天}(甲^{辛}\top一)$，乃用二項法詳　$甲^{辛}$　試以　$甲=一\perp乙$　則　$甲^{辛}=(一\perp乙)^{辛}=一\perp辛\frac{一}{乙}\perp辛(辛\top一)\frac{一\times二}{乙^{二}}\perp辛(辛\top一)(辛\top二)\frac{一\times二\times三}{乙^{三}}\perp\cdots$　此式之同數，爲乙之諸乘方級數，亦爲辛之諸乘方級數，故可變如下　$甲^{辛}=(一\perp乙)^{辛}=一\perp\left(\frac{一}{乙}\top\frac{二}{乙^{二}}\perp\frac{三}{乙^{三}}\top\cdots\right)$　$辛\perp\cdots$　以下皆爲辛諸乘方之項。以子代　$\frac{一}{乙}\top\frac{二}{乙^{二}}\perp\frac{三}{乙^{三}}\top\cdots$　則得　$甲^{辛}\top一=子辛\perp\cdots$　以下爲$辛^{二}辛^{三}辛^{四}$諸項。用此同數于原式中，得　$戌'\top戌=甲^{天}子辛\perp\cdots$　以下皆爲辛諸乘方之項。以辛約之，得　$\frac{辛}{戌'\top戌}=甲^{天}子\perp\cdots$　以下皆爲辛之諸項。此式顯函數長數與變數長數之比例，若長數同于〇，則得比例之限，即微係數。其式爲　$\frac{彳天}{彳戌}=\frac{彳天}{彳甲^{天}}=甲^{天}子$　子爲甲之因常數，可用馬氏術推其同數。惟　$\frac{彳天}{彳甲^{天}}=甲^{天}子$　故　$彳\left(\frac{彳天}{彳甲^{天}}\right)=彳甲^{天}子=甲^{天}子^{二}彳天$　即　$\frac{彳天^{二}}{彳^{二}甲^{天}}=甲^{天}子^{二}$　叵　$\frac{彳天^{三}}{彳^{三}甲^{天}}=甲^{天}子^{三}$　餘類推。函數及遞次微係數中，皆令天同于〇，則得　$(戌)=一$、$\left(\frac{彳天}{彳戌}\right)=子$、$\left(\frac{彳天^{二}}{彳^{二}戌}\right)=子^{二}$、$\left(\frac{彳天^{三}}{彳^{三}戌}\right)=子^{三}$　餘類推。故依馬氏術得下式　$甲^{天}=一\perp\frac{一}{子天}\perp\frac{一\times二}{子^{二}天^{二}}\perp\frac{一\times二\times三}{子^{三}天^{三}}\perp\cdots$　若令　$天=\frac{子}{一}$　則得　$甲^{\frac{子}{一}}=一\perp\frac{一}{一}\perp\frac{一\times二}{一}\perp\frac{一\times二\times三}{一}\perp\cdots$　此級數之和爲二・七一八二八一八二　即訥白爾對數之底也。以訥字代之，得　$甲^{\frac{子}{一}}=訥$ ∴ $甲=訥^{子}$　所以常數子爲甲元訥氏之對數，以　甲對′　別之，得　$\frac{彳天}{彳甲^{天}}=甲^{天}甲對'$　故　$彳甲^{天}=甲^{天}甲對'彳天$　與款合。

對函數微分

第二款　凡數之對數微分，等於本數之微分乘對數之根，以本數約之。

準上款　$彳甲^{天}=甲^{天}甲對'彳天$　設　$戌=甲^{天}$　則得　$彳天=\frac{戌甲對'}{彳戌}$　設甲爲某對數之底，則天必爲其表戌之對數，而　$\frac{甲對'}{一}$　爲其表之根，即以根命之，則得　$彳天=彳(戌對)=根\frac{戌}{彳戌}$　與款合。

系準訥氏對數表　根=一　則　$彳(戌對)=\frac{戌}{彳戌}$　故凡數之訥氏對數微分，等於本數之微分以本數約之。

圜函數微分

第三款　凡平圜上小于象限之弧，必大于正弦，小于正切。

如圖，呷吃弧小于象限，其正弦吃㖅、正切呷叮，試取呷吃′弧等於呷吃，作正弦吃′㖅，成通弦吃吃′。吃吃′爲直線，必小于吃呷吃′弧線，而吃㖅正弦爲吃吃′通弦之半，則必小于吃呷吃′弧線之半吃呷，是弧大于正弦也。又呷吃呐面積爲　$\frac{二}{一}呷呐\times呷吃弧$　呷叮呐三角形積爲　$\frac{二}{一}呷呐\times呷叮$　呷吃呐面積爲呷叮呐三角形所容，則必小于三角形積。所以　$\frac{二}{一}呷呐\times呷吃弧<\frac{二}{一}呷呐\times呷叮$　即　$呷吃弧<呷叮$　是

弧小于正切也。

一系，正弦與弧比例之限爲一，試命呷吃弧爲辛，變小至于〇，則正弦與正切之比例爲一。準三角法 $\frac{切}{弦}=\frac{味}{餘弦}$ 而〇之餘弦與半徑等，故 辛＝〇 則 $\frac{辛切}{辛弦}=一$ 弧恒在弦切之間，故至限時必得 $\frac{辛}{辛弦}=一$

二系，弧之通弦，恒小于弧而大于正弦。準前論，本款一系。至限時，正弦與正切之比例爲一，則通弦與弧之比例亦爲一。

第四款 凡正弦之微分，等于餘弦乘弧之微分以半徑約之。

如 戊＝天弦 以辛加天，則得 $戊'=(天丄辛)弦$ 而 $戊'丅戊=(天丄辛)弦丅天弦$㊀ 準八線法得下式 $呷弦丅吃弦=\frac{味}{二}\times\frac{一}{二}(呷丅吃)弦\frac{一}{二}(呷丄吃)餘弦$㊁ 令 呷＝天丄辛、吃＝天 則二式爲 $(天丄辛)弦丅天弦=\frac{味}{二}\times\frac{一}{二}辛弦(天丄\frac{一}{二}辛)餘弦$ 故一式爲 $戊'丅戊=\frac{味}{二}\times\frac{一}{二}辛弦(天丄\frac{一}{二}辛)餘弦$ 此式之兩邊各以辛約之，而右邊母子又皆以二約之，得 $\frac{辛}{戊'一戊}=\frac{\frac{一}{二}辛}{(\frac{一}{二}辛)弦}\times\frac{味}{(天丄\frac{一}{二}辛)餘弦}$ 爲函數與變數二長數之比例，求其限。令長數等于〇，十卷三款。則得 $\frac{\frac{一}{二}辛}{(\frac{一}{二}辛)弦}=一$ 本卷三款一系。故 $\frac{伏}{彶}=\frac{味}{天餘弦}$ 即 $彶=亻(天弦)=\frac{味}{天餘弦伏}$ 與款合。

第五款 凡餘弦之微分爲負，等于正弦乘弧之微分以半徑約之。弧度漸增，則餘弦漸減，故其微分爲負。

如 戊＝天餘弦 則 $彶=亻(天餘弦)=亻\sqrt{九〇度丅天弦}$ 準前 $亻\sqrt{九〇度丅天弦}=\frac{味}{(九〇度丅天)餘弦亻(九〇度丅天)}$㊀ 本卷四款。別得 $(九〇度丅天)餘弦=天弦$、$亻(九〇度丅天)=丅伏$ 用此二同數于一式中，得 $亻(天餘弦)=丅\frac{味}{天弦伏}$ 與款合。

系凡弧小于九十度，其正矢恒等于半徑少餘弦，故得式 $亻(天矢)=亻(味丅天餘弦)=\frac{味}{天弦伏}$

第六款 凡正切之微分，等于半徑之平方乘弧之微分，以餘弦之平方約之。

如 $戊=天切=\frac{天餘弦}{味天弦}$ 則 $亻(天切)=\frac{天餘弦^{二}}{味天餘弦亻(天弦丅味天弦伏餘弦)}$ 十卷十一款。即 $亻(天切)=\frac{天餘弦^{二}}{(天餘弦^{二}丄天弦^{二})伏}$ 本卷四款、五款。別得 $天餘弦^{二}丄天弦^{二}=味^{二}$ 故 $亻(天切)=\frac{天餘弦^{二}}{味^{二}伏}$ 與款合。

第七款 凡餘切之微分爲負，等于半徑之平方乘弧之微分，以正弦之平方約之。

如 $戊=天餘切$、$彶=亻(天餘切)=亻\sqrt{九〇度丅天弦}$ 準前得 $亻\sqrt{九〇度丅天切}=\frac{(九〇度丅天)餘弦^{二}}{味^{二}亻(九〇度丅天)}$㊀ 本卷六款。別得 $亻(九〇度丅天)=丅伏$、$(九〇度丅天)餘弦^{二}=天弦^{二}$ 故一式爲 $亻(天餘切)=丅\frac{天弦^{二}}{味^{二}伏}$ 與款合。

第八款 凡正弦對數之微分，等于對數根乘本弧之微分，以正切約之。

準第二款得 $亻(天弦對)=\frac{天弦}{根亻(天弦)}$ 準第四款，右數變爲 $\frac{味天弦}{根天餘弦伏}$ 依八線理 $天切=\frac{天餘弦}{味天弦}$ 故 $亻(天弦對)=\frac{天切}{根伏}$ 與款合。

第九款 凡餘弦對數之微分爲負，等于對數根乘正切，又以弧之微分乘之，半徑之平方約之。

準第二款得 $亻(天餘弦對)=\frac{天餘弦}{根亻(天餘弦)}$ 準第五款右數變爲 $丅\frac{味天餘弦}{根天弦伏}$ 依八線理 $\frac{天餘弦}{天弦}=\frac{味}{天切}$ 故 $亻(天餘弦對)=丅\frac{味^{二}}{根天切伏}$

與款合。

第十款　凡正切對數及餘切對數之微分，各等于對數根乘半徑，又以弧之微分乘之，以正餘弦相乘數約之。

準第二款得　$彳(天切對)=\frac{根彳(天切)}{天切}$　準第六款右數變爲　$\frac{根味^2伓}{天餘弦^2天切}$　又依八線理　天餘弦天切=味天弦　故　$彳(天切對)=\frac{根味伓}{天弦天餘弦}$　依八線

$彳(天餘切對)=\frac{根彳(天餘切)}{天餘切}$　準第七款右變爲　$丅\frac{根味^2伓}{天弦^2天餘切}$

理　天弦天餘切=味天餘弦　故　$彳(天餘切對)=丅\frac{根味伓}{天弦天餘弦}$　與款俱合。

是以正切餘切二對數之微分同，所異者正負耳。

案：正切對數之微分，等于正餘弦二對數微分之和。合觀諸款，理自顯。

弦切諸微分，既爲弧微分之屬數，則亦可以弧爲函數，以弦切諸線爲自變數，而求微分。

命弧爲人，設　地=人弦　則得　$彳地=\frac{人餘弦彳人}{味}$　本卷四款。故　$彳人=\frac{味彳地}{人餘弦}$ ㊀

惟　人餘弦²丄人弦²=味²　所以　$人餘弦=\sqrt{味^2丅人弦^2}=\sqrt{味^2丅地^2}$

用此同數于一式中，得　$彳人=\frac{味彳地}{\sqrt{味^2丅地^2}}$　即弧爲函數，正弦爲自變數。

又設　地′=人餘弦　則得　$彳地'=丅\frac{人弦彳人}{味}$　本卷五款。故　$彳人=\frac{味彳地'}{人弦}$

惟　$人弦=\sqrt{味^2丅人餘弦^2}=\sqrt{味^2丅地'^2}$　所以　$彳人=丅\frac{味彳地'}{\sqrt{味^2丅地'^2}}$

即弧爲函數，餘弦爲自變數。

又設　天=人矢　則得　$伓=\frac{人弦彳人}{味}$　本卷五款系。故　$彳人=\frac{味伓}{人弦}$　惟

$人弦=\sqrt{二味天丅天^2}$　所以　$彳人=\frac{味伓}{\sqrt{二味天丅天^2}}$　即弧爲函數，正矢爲自變數。

又設　酉=人切　則得　$徆=\frac{味^2彳人}{人餘弦^2}$　本卷六款。故　$彳人=\frac{人餘弦^2徆}{味^2}$

依八線理　$\frac{人餘弦}{味}=\frac{味}{人割}$　即　$\frac{人餘弦^2}{味^2}=\frac{味^2}{人割^2}=\frac{味^2}{味^2丄人切^2}=\frac{味^2}{味^2丄酉^2}$

所以　$彳人=\frac{味徆}{味^2丄酉^2}$　即弧爲函數，正切爲自變數。

令　味=一　則上諸式變爲　$彳人=\frac{彳地}{\sqrt{一丅地^2}}$　地爲正弦　$彳人=\frac{丅彳地'}{\sqrt{一丅地'^2}}$

地爲餘弦　$彳人=\frac{伓}{\sqrt{二天丅天^2}}$　天爲正矢　$彳人=\frac{徆}{一丄酉^2}$　酉爲正切。

又　卷一四　微分五

曲線義

【略】前已識別得，凡曲線之切線與横軸交角之正切，等于縱線第一次微係數。十二卷一款。準此，可得切線、次切線、法線、次法線四線之公式。

第一款　凡曲線以正交縱横二線爲準，則無論何點之次切線，等于縱線乘横線微係數。

如吧味酉句股形，依三角術有比例　一∶酉味∶∶酉切∶吧味　即　一∶酉味∶∶$\frac{彳地}{伓}$∶地　故　$酉味=地\frac{伓}{彳地}$　與款合。

第二款　凡曲線以正交縱横線爲準，則切線恒等于縱線次切線二冪和之平方根。

如吧味酉句股形　吧酉²=吧味²丄酉味²　即

$吧酉^2=地^2丄地^2\frac{伓^2}{彳地^2}$　所以切線之式爲　$吧酉=\sqrt{地^2丄地^2\frac{伓^2}{彳地^2}}=地\sqrt{一丄\frac{伓^2}{彳地^2}}$　與款合。

第三款　凡曲線之次法線，恒等于縱線之微係數乘縱線。

如吧味卯句股形，依三角術有比例　一∶吧味∶∶味吧卯切∶味卯　味吧卯與吧酉味二角等，故得　一∶吧味∶∶味酉吧切∶味卯　即　一∶地∶∶$\frac{彳地}{伓}$∶味卯　所以次法線之式爲　$味卯=地\frac{彳地}{伓}$　與款合。

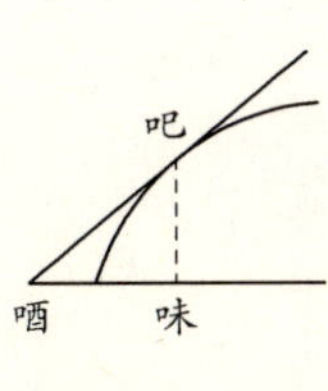

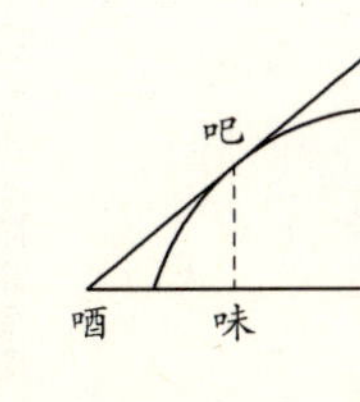

第四款　凡曲線之法線，恒等于縱線次法線二冪和之平方根。

如吧味㗅句股形　$吧㗅^{二}=吧味^{二}丄味㗅^{二}$　即

$吧㗅^{二}=地^{二}丄\frac{伏^{二}}{地^{二}彵^{二}}$　所以法線之式爲　$吧㗅=\sqrt{地^{二}丄\frac{伏^{二}}{地^{二}彵^{二}}}=地\sqrt{一丄\frac{伏^{二}}{彵^{二}}}$　與款合。

用微分推曲線之四線法

無論何曲線，欲求上四款諸線，當先求本曲線之微分，而以 $\frac{彵}{伏}$ 或 $\frac{伏}{彵}$ 之同數，用于四款之式中。又以縱橫線代天地二元，則無論在曲線何點，得數俱一一密合。

如二次線之公式爲　$地^{二}=寅天丄卯天^{二}$　求微分，得 $\frac{伏}{彵}=\frac{二地}{寅丄二卯天}=\frac{二\sqrt{寅天丄卯天^{二}}}{寅丄二卯天}$　用此同數于前四式中，得　$次切=地\frac{彵}{伏}=\frac{寅丄二卯天}{二(寅天丄卯天^{二})}$

$切=\sqrt{地^{二}丄\frac{彵^{二}}{地^{二}伏^{二}}}=\sqrt{寅天丄卯天^{二}丄四\left(\frac{寅丄二卯天}{寅天丄卯天^{二}}\right)}$　$次法=地\frac{伏}{彵}=\frac{二}{寅丄二卯天}$

$法=\sqrt{地丄\frac{伏^{二}}{地^{二}彵^{二}}}=\sqrt{寅天丄卯天^{二}丄\frac{四}{一}(寅丄二卯天')^{二}}$

前四式可用以推圜錐諸曲線之四線。試令二次線四式中　$卯=〇$　則式變如下，即爲拋物線四線之式。　$次切=二天$　此與五卷二款一系合。　$切=\sqrt{寅天丄四天^{二}}$　$次法=\frac{二}{寅}$　此與五卷三款系合。　$法=\sqrt{寅天丄\frac{四}{寅^{二}}}$

又橢圜若以心爲縱橫軸之原點，則更得四簡式。

如橢圜原式爲　$呷^{二}地^{二}丄叱^{二}天^{二}=呷^{二}叱^{二}$ ㊀　求微分得　$呷^{二}地彵丄叱^{二}天伏=〇$　即　$\frac{彵}{伏}=丅\frac{叱^{二}天}{呷^{二}地}$　準前本卷一款。得　$次切=丅\frac{叱^{二}天}{呷^{二}地^{二}}$ ㊁

惟準一式得　$\frac{叱^{二}}{呷^{二}地^{二}}=呷^{二}丅天^{二}$　故二式之右數變爲　$丅\frac{天}{呷^{二}丅天^{二}}$　與六卷七款二系合。又準前本卷三款。得　$次法=地\frac{伏}{彵}=丅\frac{呷^{二}}{叱^{二}天}$　與前合。六卷八款一系。

又平圜呷與叱等，故準上橢圜兩式及前本卷二款四款。得　$次切=丅\frac{天}{地^{二}}$

$切=\sqrt{地^{二}丄\frac{天^{二}}{地^{四}}}=\sqrt{\frac{天^{二}}{味^{二}地^{二}}}=\frac{天}{味地}$　$次法=丅天$　$法=\sqrt{地^{二}丄天^{二}}=味$　俱與幾何理合。

求對數曲線之次切線。

如　$天=地對$　九卷對數曲線條。求微分得　$伏=\frac{地}{根彵}$　十三卷二款。即 $地\frac{彵}{伏}=根$　別得　$地\frac{彵}{伏}$　即次切線之式。本卷一款。所以對數曲線之次切線爲常數，恒等于本對數之根。

訥氏之對數　$根=一$　則次切線呷味等于呷叱。

過所設點之直線式爲　$地丅地'=甲(天丅天')$　三卷三款。此式甲爲直線與橫軸交角之正切，已別得曲線之切線與橫軸交角之正切，等于第一次微係數　$\frac{伏}{彵}$　十二卷一款。所以縱橫線天'地'之切線式爲　$地丅地'=\frac{伏'}{彵'}(天丅天')$ ㊀　法線爲切線之垂線，則其式必爲　$地丅地'=丅\frac{彵'}{伏'}(天丅天')$ ㊁　三卷六款附論末條。

凡求曲線之切線式，法求本曲線之微分，得 $\frac{伏'}{彵'}$ 之同數，用于一式中，即得。

論極曲線之次切線、切線

凡極曲線之次切線，正交帶徑于極點，以帶徑界點之切線爲界。

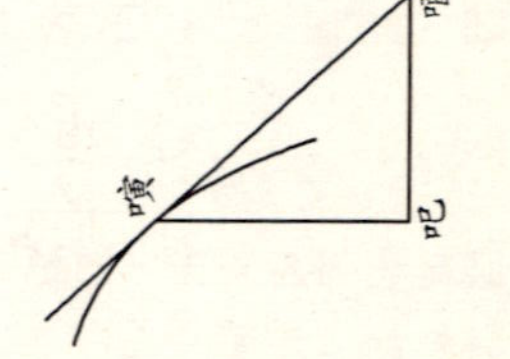

如圖，吧爲極點，吧嗔爲帶徑，嗔哂爲嗔點之切線，吧嗔之垂線吧哂，即次切線。

第五款　極曲線之次切等于帶徑之平方乘弧之微係數。

如圖，吧嗔爲帶徑，命爲未，命乙甲弧爲酉，圜半徑吧甲等于一。設酉弧有長數甲甲′，命爲辛，過甲′作帶徑吧嗔′。又以吧嗔爲半徑，作嗔唧弧及嗔唧通弦，又作吧哂，與嗔唧平行。甲甲′爲酉之長數，唧嗔′爲未之長數。以酉爲自變數而求未之微係數。法當求二長數之比例而令 $辛=〇$ 以求比例之限。十卷三款。準幾何理，有比例

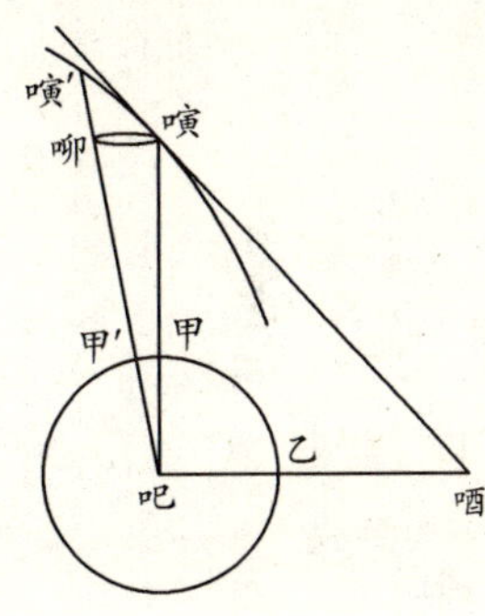

一：甲甲′∷吧嗔：嗔唧弧　故　$甲甲′=\frac{嗔唧弧}{吧嗔}$ ㈠　嗔′唧嗔與嗔′吧哂爲相似三角形，則又有比例　嗔′唧：嗔唧通弦∷嗔′吧：吧哂　故　$嗔′唧=\frac{嗔唧通弦\times嗔′吧}{吧哂}$ ㈡　以二式約一式，得　$\frac{甲甲′}{嗔′唧}=\frac{嗔唧弦}{嗔唧通弦}\times\frac{吧哂}{吧嗔\times吧嗔′}$　即未酉二長數之比例。令　$辛=〇$　求比例之限，則嗔唧弧與嗔唧通弦之比例必爲一，十三卷三款二系。而吧嗔′等于吧嗔，命爲未。吧哂爲次切，故得式　$\frac{徝}{徠}=\frac{吧哂}{未^2}$　故　$吧哂=\frac{未^2徝}{徠}$　與款合。

系　吧嗔哂角之正切等于　$\frac{吧哂}{吧嗔}$　故式之右變爲　$\frac{未徝}{徠}$　即切線與帶徑交角之正切。

第六款　極曲線之切線，等于次切帶徑二平方和之平方根。

準前圖，切線嗔哂等于　$\sqrt{吧嗔^2丄吧哂^2}$　即等于　$未\sqrt{一丄\frac{徝^2}{徠^2}}$　理易明。

凡一切螺線，俱依上二款推之。

如亞奇氏螺線之式爲　$未=\frac{酉}{二周}$　九卷二款。求微分，得　$\frac{徝}{徠}=二周$　用此二同數于次切公式中本卷五款。得　$次切=\frac{酉^2}{二周}$　若切線在一匝弧線之端，則　$酉=二周$　即得　$次切=二周$　則次切等于帶徑爲半徑之圜周。若切線在寅匝弧線之端，則　$酉=二寅周$　即得　$次切=寅二寅周$　則次切等于寅倍切點上帶徑爲半徑之平圜周。如雙線螺線之式爲　$未=\frac{甲}{酉}$　九卷三款。求微分得　$\frac{徝}{徠}=丅\frac{酉^2}{甲}$　用此二同數于次切線公式中本卷五款。得　$次切=丅\frac{未^2酉^2}{甲}=丅甲$　故雙線螺線之次切爲常數。

如對數螺線之式爲　$酉=未對$　九卷四款。求微分得　$徝=\frac{根徠}{未}$　即　$\frac{未徝}{徠}=根$　故切線與帶徑交角之正切本卷五款系。爲常數，即本對數之根。

論曲線及曲線之面積、曲面體積諸微分

第七款　凡曲線之通弦與曲線比例之限，爲一。

如圖，呷叮叱爲曲線之一段，呷叱爲通弦，命爲丙，于曲線之二端作呷呐、呐叱二切線，命爲乙與甲。呷叮叱曲線分，大于通弦丙，小于二切線甲乙之和。準三角例得　$\frac{甲}{丙}=\frac{呷弦}{呐弦}$　$\frac{乙}{丙}=\frac{叱弦}{呐弦}$　故　$\frac{甲丄乙}{丙}=\frac{呷弦丄叱弦}{呐弦}=\frac{呷弦丄叱弦}{(呷丄叱)弦}$　又得

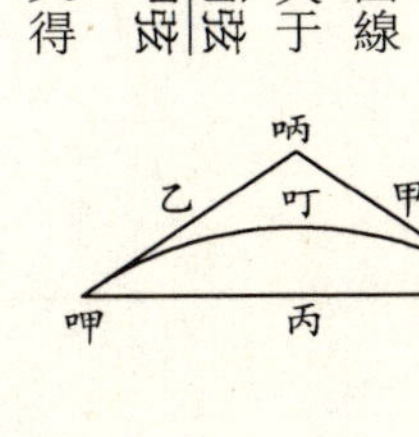

$\frac{呷弦丄叱弦}{(呷丄叱)弦}=\frac{\frac{一}{二}(呷丅叱)餘弦}{\frac{一}{二}(呷丄叱)餘弦}$　故　$\frac{甲丄乙}{丙}=\frac{\frac{一}{二}(甲丅叱)餘弦}{\frac{一}{二}(呷丄叱)餘弦}$　設呷、叱二點漸相近，則呷叮叱曲線漸損，而呷、叱二角亦漸損，損至最微不可思議時，則呷丅叱、呷丄叱　皆漸近于〇，而　$\frac{一}{二}(呷丅叱)餘弦$、$\frac{一}{二}(呷丄叱)餘弦$　皆漸近于公限一，所以　甲丄乙　與丙比例之限爲相等，而呷叮叱曲線，既不能大于甲乙和，亦不能小于丙，則曲線與通弦比例之限，更爲相等矣。

第八款　凡曲線之微分，恒等于直角縱横線二微分平方和之平方根。

準前曲線與通弦比例之限爲一，本卷七款。試以呷味爲曲線之横線，命爲天，以吧味爲曲線之縱線，命爲地。命長數味味′爲辛，加于天，則地之同數必變

爲吧′味′，命爲地′，乃與呷味平行作吧叮，則得　吧′吧通弦＝$\sqrt{吧叮^{二}丄吧'叮^{二}}=\sqrt{辛^{二}丄吧'叮^{二}}$　別得　吧叮＝地′丄地＝$\frac{彳天}{彳地}$辛丄$\frac{一彳天^{二}}{二彳地辛^{二}}$丄…　十一卷三款。用此同數于通弦式中，則得　吧′吧＝$\sqrt{辛^{二}丄\frac{彳天^{二}}{彳地^{二}}辛^{二}丄\cdots}$＝辛$\sqrt{一丄\frac{彳天^{二}}{彳地^{二}}丄\cdots}$　故　$\frac{辛}{吧'吧}=\sqrt{一丄\frac{彳天^{二}}{彳地^{二}}丄\cdots}$

即函數與變數二長數之比例。求此比例之限，令長數同于〇，十卷三款。則通弦等于曲線，命爲人，而右邊辛之諸項消盡，故得　$\frac{彳天}{彳人}=\sqrt{一丄\frac{彳天^{二}}{彳地^{二}}}$　以彳天乘之，得　彳人＝$\sqrt{彳天^{二}丄彳地^{二}}$　與款合。

第九款　凡曲線面以正交縱橫線爲界，其面積之微分，等于縱線乘橫線之微分。

如呷吧味爲曲線面，以呷味、吧味二直線爲界，求其面積之微分。命橫線呷味爲天，縱線吧味爲地，命長數味味′爲辛，加于天，則地之同數變爲吧′味′，命爲地′。凡通弦與曲線比例之限爲一，則吧味、味味′、味′吧′三直線及吧吧′曲線爲界之面積，與此三直線及吧吧′通弦爲界之面積，其比例之限亦必爲一，故有式　吧味味′吧′面＝味味′$\frac{二}{一}$(吧味丄吧′味′)＝$\frac{二}{一}$辛(地丄地′)　即

$\frac{辛}{吧味味'吧'面}=\frac{二}{一}$(地丄地′)　惟　地′＝地丄$\frac{彳天}{彳地}$辛丄$\frac{彳天'}{彳地辛}$丄…　十一卷三款。故　$\frac{二}{一}$(地′丄地)＝地丄$\frac{彳天^{二}}{彳地辛}$丄…　即　$\frac{辛}{吧味味'吧'面}$＝地丄$\frac{彳天^{二}}{彳地辛}$丄…　爲函數與變數二長數之比例，求其限。當令長數同于〇，十卷三款。則右邊辛之諸項消盡。命曲線面積爲申，則得　$\frac{彳天}{彳申}$＝地　即　彳申＝地彳天　與款合。

第十款　凡曲線體之曲面一名皮積。微分，等于底面之圜周乘母曲線之微分。

如曲線呷吧′繞軸線呷味旋轉一匝必行成曲面，求其微分。命　呷味＝天、吧味＝地　又命　味味′＝辛　爲長數，加于天，則地之同數變爲吧′味′，命爲地′。當呷吧′曲線旋轉時，吧、吧′二點必行成二圜周，而吧吧′通弦必成圜錐截積之曲面。通弦與曲線比例之限既爲一。吧吧′通弦所成曲面與吧吧′曲線所成曲面其比例之限，亦必爲一。準幾何理，吧吧′通弦所行成之曲面，等于　$\frac{二}{一}$吧吧′(吧味圜周丄吧′味′圜周)　即等于下式　$\frac{二}{一}$吧吧′(二周地丄二周地′)　即　吧吧′×周(地丄地′)　故　$\frac{吧吧'}{圜錐截積曲面}$＝周(地丄地′)

惟　地′＝地丄$\frac{彳天}{彳地}$辛丄$\frac{彳天^{二}}{二彳地}\frac{二}{辛^{二}}$丄…　則　地′丄地＝二地丄$\frac{彳天}{彳地}$辛丄…　所以

$\frac{吧吧'}{圜錐截積曲面}$＝周(二地丄$\frac{彳天}{彳地}$辛丄…)　爲函數與變數二長數之比例。求其限。令長數同于〇，十卷三款。則右邊辛之諸項消盡。命呷吧曲線爲人，其行成之曲面爲申，則得　$\frac{彳人}{彳申}$＝二周地　即　彳申＝二周地彳人　以彳人之同數本卷八款。代之，得　彳申＝二周地(彳天^{二}丄彳地^{二})$^{\frac{二}{一}}$　式中之　二周地　即吧點所成之圜周。與款合。

第十一款　曲線體積之微分，等于底面乘母曲線橫線之微分。

如呷吧味曲線面繞軸線呷味旋轉一匝，必行成曲線體。求其微分。命　呷味＝天，吧味＝地　命長數味味′＝辛　加于天，則　地＝吧′味′　命爲地′。當呷吧′味面旋轉之時，吧味味′吧′四邊形必行成圜錐截體。此體與吧味、味味′、味′吧′三直線及吧吧′曲線界內面所轉成之體，其比例之限爲一。準幾何例，吧味味′吧′四邊形所轉成之圜錐截體，必等于下之式：　$\frac{三}{一}$周味味′(吧味^{二}丄吧′味′^{二}丄吧味×吧′味′)

即　$\frac{三}{一}$周辛(地^{二}丄地′^{二}丄地地′)　故　$\frac{辛}{圜錐截體}=\frac{三}{一}$周(地^{二}丄地′^{二}丄地地′)　惟

$地'=地丄\frac{伕}{徙}辛丄\frac{伕^{二}}{仁地辛^{二}}丄一$ 十一卷三款。則 $地'^{二}=地^{二}丄\frac{伕}{徙}辛地丄\cdots$ 而 $地地'=地^{二}丄\frac{伕}{徙}辛地丄\cdots$ 所以得下式 $地^{二}丄地'丄地地'=三地^{二}丄\frac{伕}{徙}辛地丄\cdots$ 即 $\frac{辛}{圜錐截體}=\frac{三}{二}周(三地^{二}丄\frac{伕}{二徙}辛地丄\cdots)$ 爲函數與變數二長數之比例,求其限。當令長數同于〇,十卷三款。則右邊辛之諸項消盡,命曲線體爲筱,則得 $\frac{伕}{筱}=周地^{二}$ 即 $筱=周地^{二}伕$ 此 $周地^{二}$ 即吧味爲半徑之圜面積。與款合。

論極曲線及其面積之微分

第十二款　極曲線之微分,等于帶徑微分及帶徑乘弧之微分二平方和之平方根。

如吧嗊、吧嗊′爲極曲線之二帶徑,自嗊作吧嗊′之垂線嗊呐,成嗊呐嗊′句股形,則有式 $嗊'嗊通弦=\sqrt{嗊'呐^{二}丄呐嗊^{二}}$ 又 $\frac{呐嗊'}{呐嗊}=呐嗊'嗊切$ 故 $\frac{呐嗊'}{嗊'嗊通弦}=\sqrt{一丄呐^{二}嗊'嗊切}$ 令帶徑之長數同于〇,則嗊嗊′通弦與嗊嗊′曲線得比例之限爲一。本卷七款。又嗊呐漸近于嗊卯′,則帶徑之長數與嗊呐股其比例之限亦爲一,而呐嗊嗊′角變爲吧嗊哂角,其正切等于 $\frac{伕}{未循}$ 本卷五款系。命曲線爲人,則得 $\frac{伕}{认}=\sqrt{一丄\frac{伕^{二}}{未循^{二}}}$ 即 $认=\sqrt{伕^{二}丄未循^{二}}$ 與款合。

第十三款　極曲線面積之微分,等于帶徑平方乘弧線微分之半。

如吧嗊叮爲極曲線內之一段面積,設帶徑所過之弧,加長數甲甲′,則曲線面之長數爲吧嗊嗊′。準幾何理,嗊卯弧線內吧嗊卯一段面積,等于 $嗊卯\times\frac{二}{吧嗊}$ 故有比例 甲甲′∶嗊卯∷一∶吧嗊 則 $甲甲'=\frac{吧嗊}{嗊卯}$ 所以 $\frac{甲甲'}{吧嗊卯積}=\frac{二}{吧嗊^{二}}$ 夫吧嗊與吧嗊′比例之限爲一,則吧嗊嗊′與吧嗊卯二面比例之限亦必爲一,故令長數爲〇,而命曲線面積爲申,帶徑所過之弧爲酉,則得 $\frac{酉}{伸}=\frac{二}{未^{二}}$ 即 $伸=\frac{二}{未^{二}酉}$ 與款合。

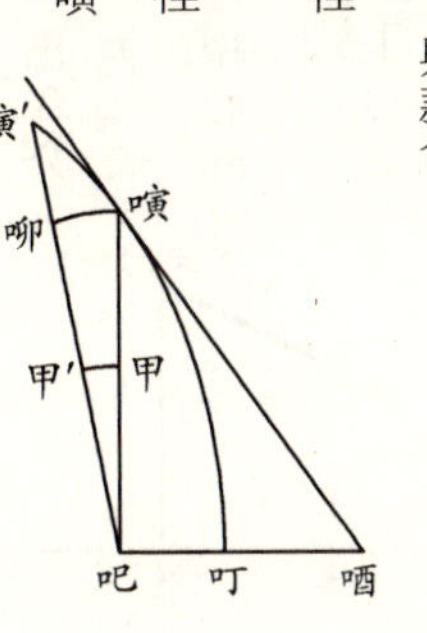

論曲線之漸近線

曲線之漸近線,恒與曲線漸相近,而永不相遇,距原點無窮遠時,一若即曲線之切線,而永不能至切點。凡曲線之横線愈長,其切線交縱横軸之點,距原點亦愈遠。若横線之長爲無窮,二點之距原點亦無窮,則其切線非漸近線。若横線之長爲無窮,而二點之距原點非無窮,則其切線即漸近線。

如圖,呷爲原點,哂爲切線交軸點,哂吧爲切線,其縱横線 呷味＝天、吧味＝地 次切線爲 $哂味=地\frac{徙}{伕}$ 以横線呷味減之,得 $呷哂=地\frac{徙}{伕}丅天㊀$ 爲呷哂之公式,即吠線内二點相距之式。又吃爲切線交縱軸之點,而 $吧呐=吃呐\times呐吃吧切=\frac{伕}{徙}天$ 故得 $呷吃=吧味丅吧呐=地丅\frac{伕}{徙}天㊁$ 爲呷吃之公式,即咃線内二點相距之式。凡天地爲無窮,而一式與二式亦俱無窮,則曲線無漸近線。兩式非無窮,則曲線有漸近線。若俱非無窮,則漸近線必斜交縱横二軸。若一有窮,一無窮,則必與一軸平行。若皆爲〇,則必過原點。

又　卷一五　微分六

曲率半徑

第一款　凡二不同徑之平圜,其曲率與半徑有反比例。

設命二半徑爲味味′,二弧線之等長爲呷,第一弧端二半徑所成角爲角,第二弧端二半徑所成角爲角′。準幾何理,有比例 二周味∶呷∷三六〇∶角 故

$角=\frac{二周味}{三六〇呷}$ 又 $二周味:呷::三六〇:角'$ 故 $角'=\frac{二周味'}{三六〇呷}$ 則又有比例 $角:角'::\frac{二周味}{三六〇呷}:\frac{二周味'}{三六〇呷}$ 即 $角:角'::\frac{味}{一}:\frac{味'}{一}$ 與款合。

無論何曲線，必有合吻圜。

如圖，叮吃哎爲曲線，呷吃吶爲吃點之切線，吃嗔爲吃點之法線。凡平圜心在吃嗔線內，而周經過吃點者，必俱以呷吃吶爲切線，故叮吃哎曲線，與無數圜周同切于吃點。其曲率大于曲線者，必在曲線內。小于曲線者，必在曲線切線之間。而無數圜周中，必有一圜周，其曲率與曲線恰相合，即合吻圜也。一名曲率圜。圜之半徑，即名曲率半徑。

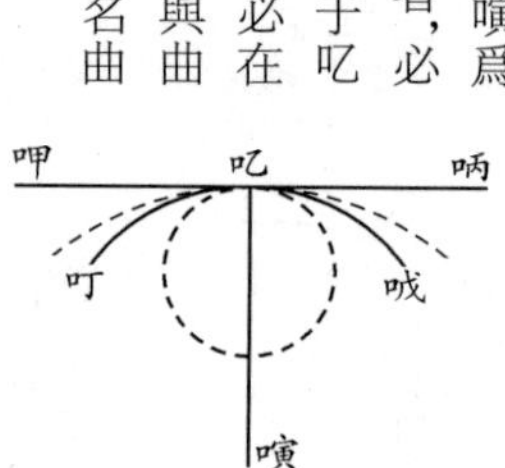

合吻圜與曲線相合甚密。

如圖，彼此二曲線，相交于吧點。命此曲線之縱橫線爲天地，彼曲線之縱橫線爲天′地′。命長數爲辛，加于天，爲 $天丄辛$ 則得 $吧'味'=地丄\frac{伕}{彳地}辛丄\frac{伕^{二}二}{彳^{二}地辛^{二}}丄\frac{伕^{三}二×三}{彳^{三}地辛^{三}}丄\cdots$ ㊀ $吧''味'=地'丄\frac{伕'}{彳地'}辛丄\frac{伕'^{二}二}{彳^{二}地'辛^{二}}丄\frac{伕'^{三}二×三}{彳^{三}地辛^{三}}丄\cdots$ ㊁ 惟吧爲二曲線之公點，故地等于地′。又第一微係數爲切線交橫軸角之正切，十二卷一款。故若吧點有公切線，則得 $\frac{伕}{彳地}辛=\frac{伕'}{彳地'}辛$ 所以一、二兩式右邊諸微分項，數或相同，則二曲線相切。其相同之數愈多，則相切愈密。平圜之式爲二次式，止有二微係數，故平圜與曲線，若第一與第二微係數各相同，則其相切爲最密。

合吻圜與曲線相合甚密，故曲率可以合吻圜度之。

如圖，取曲線吧吧′二點，求此二點合吻圜之二半徑吧未、吧′未′，有比例 $吧曲率:吧'曲率::\frac{未}{一}:\frac{未'}{一}$ 故曲線諸點之曲率，與合吻圜半徑有反比例。

第二款　凡曲線任一點之曲率半徑，等于 $\frac{伕彳^{二}地}{亻人^{三}}$ 天地爲本點之縱橫線，人爲曲線之一段。

平圜之公式爲 $(天丅甲)^{二}丄(地丅乙)^{二}=味^{二}$ 甲乙爲圜心之縱橫線，天地爲圜周點之縱橫線，味爲半徑。四卷三款。求微分，以二約之，得 $(天丅甲)伕丄(地丅乙)彳地=〇$ 以伕爲常數，再求微分，得 $伕^{二}丄彳地^{二}丄(地丅乙)彳^{二}地=〇$ 故 $地丅乙=丅\frac{彳^{二}地}{伕^{二}丄彳地^{二}}$ ㊀ $天丅甲=\frac{伕}{彳地}\left(\frac{彳^{二}地}{伕^{二}丄彳地^{二}}\right)$ ㊁ 用此二同數于平圜公式中，得 $味^{二}=\frac{伕^{二}}{彳地^{二}}\left(\frac{彳^{二}地}{伕丄彳地^{二}}\right)^{二}丄\left(\frac{彳^{二}地}{伕^{二}丄彳地^{二}}\right)^{二}$ 即 $味^{二}=\frac{(伕彳^{二}地)^{二}}{(伕^{二}丄彳地^{二})^{三}}$ 所以 $味=\frac{伕彳^{二}地}{(伕^{二}丄彳地^{二})^{\frac{二}{三}}}$ 曲線之一段爲人，則得 $亻人^{二}=伕^{二}丄彳地^{二}$ 十四卷八款。故上式變爲 $味=\frac{伕彳^{二}地}{亻人^{三}}$ ㊂ 與款合。

凡求曲線之曲率半徑，以本曲線之式二次求微分，得伕彳地彳二地之諸同數，用于本款味式中。欲知曲線某點之曲率半徑，以本點之縱橫線代天地，即得。

第三款　凡圜錐曲線各點之曲率半徑，等于各點法線之立方，以半通徑之平方約之。

圜錐諸曲線之公式爲 $地^{二}=寅天丄卯天^{二}$ 八卷二款附論末條。故 $彳地=\frac{二地}{(寅丄二卯天)伕}$ $伕^{二}丄彳地^{二}=\frac{四地^{二}}{[四地^{二}丄(寅丄二卯天)^{二}]伕^{二}}$ 又 $彳^{二}地=\frac{二地^{二}}{二卯地伕^{二}丅(寅丄二卯天)伕彳地}$ 即 $彳^{二}地=\frac{四地^{三}}{[四卯地^{二}丅(寅丄二卯天)^{三}]伕^{二}}$ 亦即 $彳^{二}地=\frac{四地^{三}}{丅寅^{二}伕^{二}}$ 用此二同數于前款味式 $味=\frac{伕彳^{二}地}{(伕^{二}丄彳地^{二})^{\frac{二}{三}}}$ 中，則得下式 $味=\frac{二寅^{二}}{[四(寅天丄卯天^{二})丄(寅丄二卯天)^{二}]^{\frac{二}{三}}}$ 母子俱以八約之，得 $味^{二}=\frac{\frac{四}{一}寅^{二}}{\left[\sqrt{寅天丄卯天^{二}丄\frac{四}{一}(寅丄二卯天)^{二}}\right]^{三}}$ 此式之子數，爲法線之

立方，十四卷四款後用微分推曲線條。其母數，爲半通徑之平方。八卷二款後附論末條。與款合。

一系，凡圜錐曲線各點曲率半徑之比，若各點法線立方之比。

二系，若天同于〇，則得　$\text{味}=\frac{\text{二}}{\text{寅}}=\text{半通徑}$　故凡圜錐曲線遇長徑點之曲率半徑，等于本通徑之半。

三系，求橢圜遇短徑點之曲率半徑，別得　$\text{寅}=\frac{\text{呷}}{\text{二乙}^{二}}$，$\text{卯}=\text{丅}\frac{\text{呷}^{二}}{\text{乙}^{二}}$，$\text{天}=\text{呷}$　用此諸同數于本款式中，則化爲　$\text{味}=\frac{\text{乙}}{\text{呷}^{二}}$　故其曲率半徑，亦等于本通徑之半。

四系，拋物線　$\text{卯}=〇$　則本款之式化爲　$\text{味}=\frac{\text{二寅}^{二}}{(\text{寅}^{二}\text{丄四寅天})^{\frac{三}{二}}}$　若$\text{天}=〇$　則得　$\text{味}=\frac{\text{二}}{\text{寅}}$　爲拋物線頂點之曲率半徑。

擺線理

擺線之式爲　$\text{天}=\text{弧丅}\sqrt{\text{二未地丅地}^{二}}$　地爲弧之正矢。九卷一款。以此越線式求得兩邊之微分，用以求擺線之體用，法爲最便，備陳如左。

準前　$\text{彳弧}=\frac{\sqrt{\text{二未地丅地}^{二}}}{\text{未彳地}}$　十三卷十款後論。　$\text{彳}(\text{丅}\sqrt{\text{二未地丅地}})=\text{丅}\frac{\sqrt{\text{二未地丅地}^{二}}}{\text{未彳地丅地彳地}}$　十卷十四款。故　$\text{彳天}=\frac{\sqrt{\text{二未地丄地}^{二}}}{\text{未彳地}}\text{丅}\frac{\sqrt{\text{二未地丅地}^{二}}}{\text{未彳地丅地彳地}}$

即　$\text{彳天}=\frac{\sqrt{\text{二未地丅地}^{二}}}{\text{地彳地}}$　爲擺線之微分式。

前切法諸線之式中十四卷一款至四款。用此彳天之同數，即得擺線切法諸線之同數如下：次切線式　$\text{味哂}=\text{地}\frac{\text{彳地}}{\text{彳天}}=\frac{\sqrt{\text{二未地丅地}^{二}}}{\text{地}^{二}}$　切線式　$\text{吧哂}=\text{地}\sqrt{\text{一丄}\frac{\text{彳地}^{二}}{\text{彳天}^{二}}}=\frac{\sqrt{\text{二未地丅地}^{二}}}{\text{地}\sqrt{\text{二未地}}}$　次法線式　$\text{味啣}=\text{地}\frac{\text{彳天}}{\text{彳地}}=\sqrt{\text{二未地丅地}^{二}}$

法線式　$\text{吧啣}=\text{地}\sqrt{\text{一丄}\frac{\text{彳天}^{二}}{\text{彳地}^{二}}}=\sqrt{\text{二未地}}$　次法線味啣等於母輪中之正弦吧咩，皆等于　$\sqrt{\text{二味地丅地}^{二}}$　故也。故法線吧啣與輪徑哦啣，交擺線底必在一點。

第四款　擺線各點之曲率半徑，恒等于倍法線。

置擺線之微分式　$\text{彳天}=\frac{\sqrt{\text{二未地丅地}^{二}}}{\text{地彳地}}$　以彳天爲常數，再求微分，得下式

$〇=(\text{地彳}^{二}\text{地丄彳地}^{二})\sqrt{\text{二未地丅地}^{二}}\text{丅}\frac{\sqrt{\text{二未地丄地}^{二}}}{\text{地彳地}(\text{未彳地丅地彳地})}$　去其分數而以地偏約之，得　$〇=(\text{二未地丄地}^{二})\text{彳地丅未彳地}^{二}$　故　$\text{彳}^{二}\text{地}=\text{丅}\frac{\text{二未地丅地}^{二}}{\text{未彳地}^{二}}=$

$\text{丅}\frac{\text{地}^{二}}{\text{未彳天}^{二}}$、$\text{彳地}^{二}=\frac{\text{地}^{二}}{(\text{二未地丅地}^{二})\text{彳天}^{二}}$　用此二同數于曲率半徑公式

$\text{味}=\frac{\text{彳天彳}^{二}\text{地}}{(\text{彳天}^{二}\text{丄彳地}^{二})^{\frac{三}{二}}}$　中，本卷二款。則化得　$\text{味}=\frac{\frac{\text{地}^{二}}{\text{未彳天}^{三}}}{\left(\frac{\text{地}}{\text{二未彳天}}\right)^{\frac{三}{二}}}=\text{二}^{\frac{三}{二}}\text{未}^{\frac{一}{二}}\text{地}^{\frac{一}{二}}$

$=\text{二}\sqrt{\text{二未地}}$　別得　$\sqrt{\text{二未地}}$　即擺線之法線。上條。與款合。

第五款　擺線之漸伸線，等于本擺線。

準前求漸伸線之式，當以本曲線式求彳地彳地之二同數求法詳上款。用于前二、三兩式中，本卷漸伸線總論。如法求得　$\text{地丅乙}=\text{丅}\frac{\text{彳}^{二}\text{地}}{\text{彳天}^{二}\text{丄彳地}^{二}}=$

$\frac{\frac{\text{地}^{二}}{\text{未彳天}^{二}}}{\text{彳天}^{二}\text{丄}\frac{\text{地}^{二}}{(\text{二未地丅地}^{二})\text{彳天}^{二}}}=\frac{\text{未}}{\text{地}^{二}\text{丄二未地丄地}^{二}}=\text{二地}$　所以　$\text{地}=\text{丅乙}$

又　$\text{天丅甲}=\text{丅}\frac{\text{彳天}}{\text{彳地}}(\text{地丅乙})=\text{丅}\frac{\text{地}}{\sqrt{\text{二未地丅地}^{二}}}\times\text{二地}=\text{丅二}\sqrt{\text{二未地丅地}^{二}}$

所以　$\text{天}=\text{甲丅二}\sqrt{\text{二未地丅地}^{二}}$　用此天地二同數于擺線之式　$\text{天}=\text{弧丅}\sqrt{\text{二未地丅地}^{二}}$　地爲弧之正矢，十三卷十款後論。中，則得下式

$\text{甲丅二}\sqrt{\text{丅二未乙丅乙}^{二}}=\text{弧丅}\sqrt{\text{丅二未乙丅乙}^{二}}$　丅乙　爲弧之正矢。即

$\text{甲}=\text{弧丄}\sqrt{\text{丅二未乙丅乙}^{二}}$　此爲以本擺線式中原點、原軸爲準之漸伸線式。即弧不變，故可以　丅乙　代擺線式中之地，九卷一款。即知此式之線亦爲擺線，

其母輪與本擺線同，而頂點切本擺線底線之端，母輪在底線之下。與款合。

如圖，擺線之漸伸線呷呷′，爲相等擺線，吃呷、呷呷′二曲線等，但頂點自吃移至呷′。

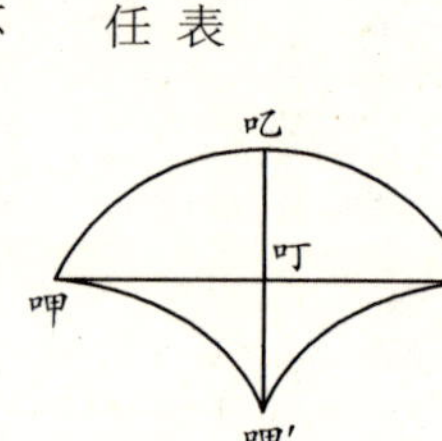

又 卷一六　微分七

論一切曲線中諸理

凡曲線無論若干次，若可用代數、幾何術中諸式表之，即俱可推。法以自變之元，用若干正負同數，即可任定曲線內之若干點。

用微分攷諸式，不獨甚易，且曲線式之次數甚多，不能以此變數而得彼變數之公式，而微分獨能推之。攷察曲線之理，最先當求曲線內諸獨異點，如切線與橫軸平行之點、切線與橫軸正交之點。凡此之類，俱名獨異點。獨異者，言與相近諸點不相同也。

第一款　凡曲線內切線與橫軸平行之點，其式之第一次微係數等于○。

第一次微係數等于切線與橫軸交角之正切。十二卷一款。今切線與橫軸平行，則交角爲○，故正切亦爲○。

第二款　凡曲線內切線與橫軸正交之點，其式之第一次微係數等于無窮。

第一次微係數等于切線與橫軸交角之正切，今交角爲九十度，故正切爲無窮。

第三款　凡曲線以凸邊向橫軸，則縱線與第二次微係數必同號。

如圖，吧吧′吧″曲線以凸邊向橫軸，命吧點之縱橫線爲天地。任取長數味味′，命爲辛，加于天。又取味′味″等于辛，作吧′味′、吧″味″二縱線。作吧吧′線，引長之至吃，亦作吧′吧″線。又作吧叮、吧′叮′。各與呷味平行，則得

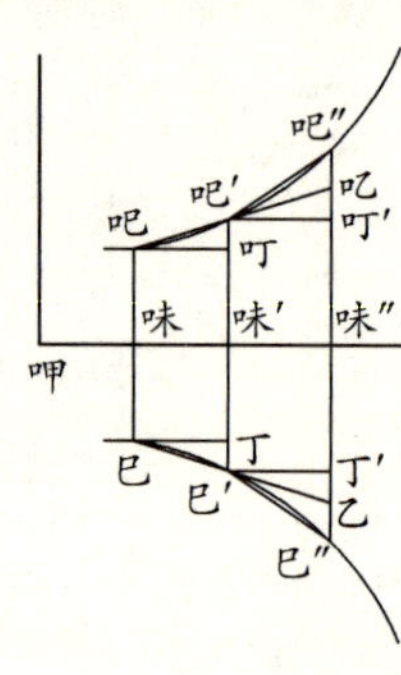

吧味=地　吧′味′=地丄$\frac{伏}{彳地}$辛丄$\frac{伏二二}{行地辛二}$丄…㊀　吧″味″=地丄$\frac{伏}{彳地}$二辛丄$\frac{伏二二}{行地四辛二}$丄…㊁　故　吧′叮=吧′味′丅吧味=$\frac{伏}{彳地}$辛丄$\frac{伏二二}{行地辛二}$丄…㊂

以一式減二式，得　吧″叮′=吧″味″丅吧′味′=$\frac{伏}{彳地}$辛丄$\frac{伏二二}{行地三辛二}$丄…㊃　惟吃′叮等于吧′叮，故以三式減四式，得　吧″吃=吧″叮′丅吧′叮=$\frac{伏二}{行地}$辛二丄…

㊄　辛無論大小，五式右邊之號，必以左邊之號爲準。其左邊爲正，則右邊亦必爲正，即第二次微係數爲正，而縱線在橫軸之上，亦必爲正。若曲線在橫軸之下，則得　丅巳″乙=巳″丁′丅巳′丁=$\frac{伏二}{行地}$辛二丄…　此式左邊爲負，則右邊亦必爲負，即第二次微係數爲負，而縱線在橫軸之下，亦必爲負，俱與款合。

第四款　凡曲線以凹邊向橫軸，則縱線與第二次微係數必異號。

如圖，吧吧′吧″曲線，以凹邊向橫軸，命吧點之縱橫線爲天地。任取長數味味′，命爲辛，加于天。又取味′味″等于辛。作吧′味′、吧″味″二縱線。作吧吧′引長之至吃，亦作吧′吧″。又作吧叮、吧′叮′，俱與呷味平行，則　得左式。

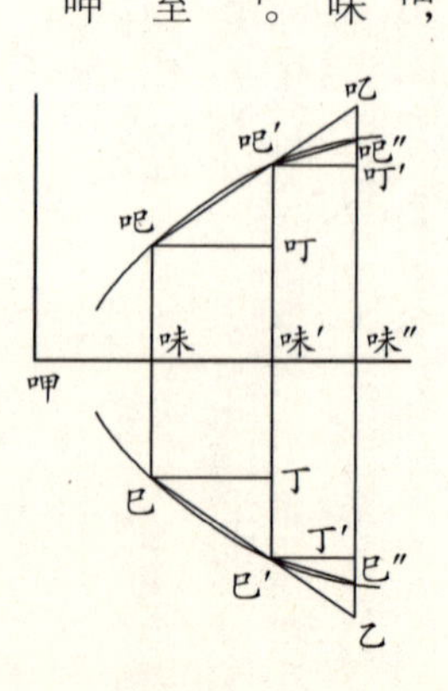

吧味=地　吧′味′=地丄$\frac{伏}{彳地}$辛丄$\frac{伏二二}{行地辛二}$丄…㊀　吧″味″=地丄$\frac{伏}{彳地}$二辛丄$\frac{伏二二}{行地四辛二}$丄…㊁　故　吧′叮=吧′味′丅吧味=$\frac{伏}{彳地}$辛丄$\frac{伏二二}{行地辛二}$丄…㊂　以一式減二式，得　吧″叮′=吧″味″丅吧′味′=$\frac{伏}{彳地}$辛丄$\frac{伏二二}{行地三辛二}$丄…㊃　惟吃′叮等于吧′叮，故以三式減四式，得　丅吧″吃=吧″叮′丅吧′叮=$\frac{伏二}{行地}$辛二丄…

五式之左邊既爲負，則右邊亦必爲負，即第二次微係數爲負，而縱線在橫軸之上爲正。若曲線在橫軸之下，則得　丄巳″乙=巳″丁′丅巳′丁=$\frac{伏二}{行地}$辛二丄…

此式二次微係數爲正，而縱線爲負。俱與款合。

第五款　凡彎點式之二次微係數，或爲○，或爲無窮。

凡曲線向橫軸之邊爲凸，則縱線與二次微係數同號。爲凹，則異號。彎點當凹凸之交界，則二次微係數至此必易號，故式之正負諸同數中間，必有一同數

或爲〇或爲無窮，所以視式之減數爲 $\frac{彳天^{二}}{彳^{二}地}=〇$ 或 $\frac{彳天^{二}}{彳^{二}地}=\infty$ 即得彎點之横線。

已求得曲線内一點之二次微係數，或等于〇或等于無窮，乃以稍長數辛，增損此點之横線，而視其二次微係數，若兩新同數異號，則必有彎點。

第六款　凡倍點之一次微係數，必有幾個同數。一次微係數等于切線交横軸角之正切。十二卷一款。

若干曲線相交，必有若干切線，故微係數有若干同數。

凡倍點之一次微係數大率爲 $\frac{〇}{〇}$ 顯未定之數也。

縱横軸可任意作之，故下二款設歧點之切線爲横軸之垂線。若切線與横軸平行，則横線與縱線互易。

第七款　令曲線歧點之切線，爲横軸之垂線。若其兩邊相近之縱線，或俱大于本點之縱線，或俱小于本點之縱線，則爲兩邊歧點。

如圖，吧爲曲線之歧點，其切線吧味，爲横軸呷呹之垂線，吧′味′、吧″味″二縱線甚近于吧味，各大于吧味，則吧必爲公切線與二曲線相切點。若吧′味′、吧″味″各小于吧味，吧亦必爲公切線與二曲線相切點。若此者，吧皆爲兩邊歧點。觀前後二圖自明。

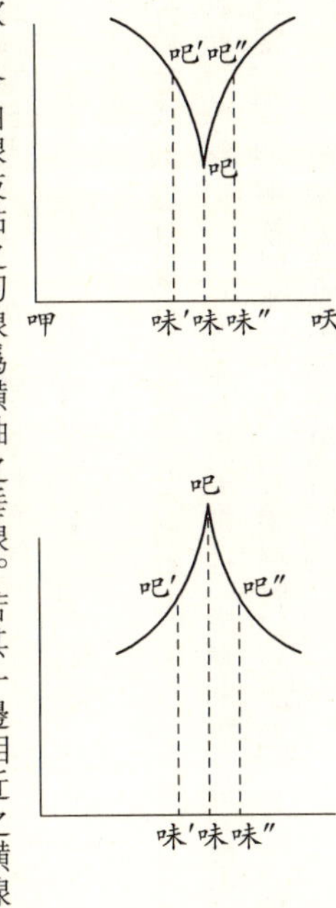

第八款　令曲線歧點之切線爲横軸之垂線。若其一邊相近之横線有二同數，或俱大于本點之横線，或俱小于本點之横線，則爲一邊歧點。

如圖，吧爲曲線之歧點，其切線吧哂爲横軸呷呹之垂線，其横線吧味。設相近之横線有二同數吧′味′、吧″味″，俱大于吧味，則吧必爲公切線與二曲線相切之點。若吧′味′、吧″味″俱小于吧味，吧亦必爲公切線與二曲線相切之點。若此者，吧皆爲一邊歧點。觀圖自明。

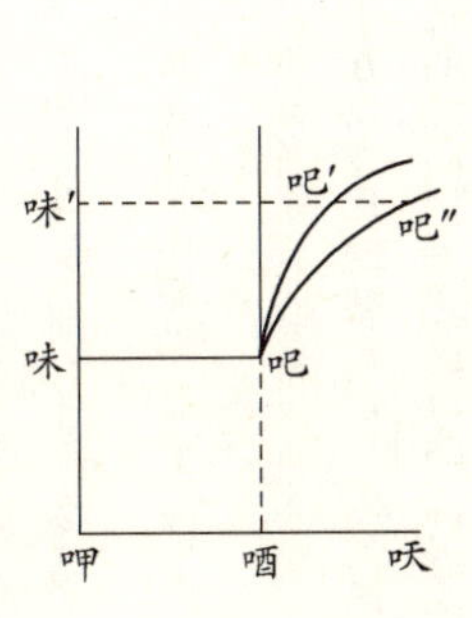

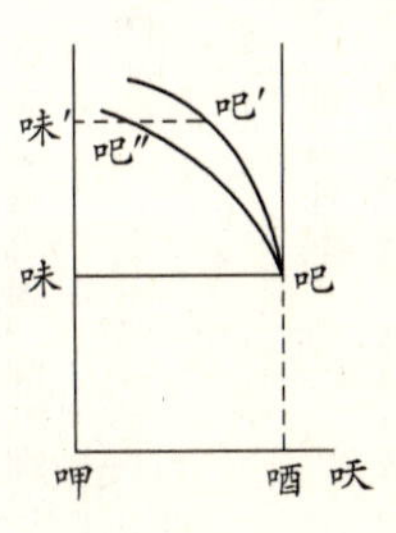

第九款　特點之一次微係數，恒等于虚常數。

特點與曲線之諸點不相連，則本點不能有切線，故一次微係數必爲虚數。

觀上諸款則知，依式作曲線圖，當先求諸獨異點。

法令天與地等于〇、等于無窮，又令一次二次微係數等于〇、等于無窮，即得諸獨異點。諸點中若有可疑者，則略增損本縱横線之一，驗其所得餘一線若何，即可定矣。諸獨異點既定，點之相近曲線狀亦既定，即可任置天地之同數，曲線之餘點俱可得，而作曲線易易矣。

清・華蘅芳《微積溯源》卷一

論變數與函數之變比例

第三款　凡觀此書者，必先明變數與函數變比例之限。如《幾何原本》中證明平圓之面積，必比其外切多等邊形之面積微小。若其外切多等邊形之邊愈多，則其面積愈近于平圓之面積。所以可設平圓之面積爲任何小，而切其圓外爲多等邊形，可使多等邊形之面積與平圓之面積較其數甚小于所設之圓面積。再設其多等邊形之面積爲級數，而其邊之變率可每變多若干倍，則其多等邊形之面積，必漸與平圓之面積相近，而以平圓爲其限。雖切于圓外之多等邊形，其邊任變至若何多，其面積總不能等于平圓之面積。然其級數之總數，可比平圓之面積所差甚微，其較數之小可小至莫可名言。

若用此法于圓内容多等邊形，則其多等邊形之面積亦以平圓之面積爲限。

總言之，凡平圓之周爲其内容外切多等邊形之限。如《代數術》第二百六十六款言，如令甲代平圓之任何弧，則 $\frac{正弦甲}{甲}$ 恒大于半徑，而 $\frac{正切甲}{甲}$ 恒小于半徑。然令其弧爲任何小，則其式之同數，必甚近于半徑，而其所差之數可

小至不能以言語形容。所以此兩數中間之數爲一，即半徑也。故其公限亦爲一。

由此可見，凡弧與弦切三者之中，任取其二，以相較，其比例之限必相等。

如《代數術》中，亦曾證甲弧爲 卯正切$\frac{卯}{甲}$ 與 卯正弦$\frac{卯}{甲}$ 兩式之限。惟其卯必爲任何大。

依《代數術》第五十六款之例， $一丄天丄天^{二}丄天^{三}丄…丄天^{卯丅一}$ 即 $\frac{一丅天}{一丅天^{卯}}$ 若天變至小于一，而卯大至無窮，則 $天^{卯}＝〇$ 而式變爲 $\frac{一丅天}{一}$ 所以任取其級數若干項之和必小于 $\frac{一丅天}{一}$ 惟其項愈多，則與 $\frac{一丅天}{一}$ 愈相近。而其所差之數可小至莫可名言，則可見 $\frac{一丅天}{一}$ 必爲其諸級總數之限。

若依二項例之式 $(一丄\frac{卯}{天})^{卯}＝一丄\frac{一}{天}丄\frac{一・二}{天^{二}}(一丅\frac{卯}{二})丄\frac{一・二・三}{天^{三}}(一丅\frac{卯}{二})(一丅\frac{卯}{三})丄…$ 其卯之同數無論如何必合于理。惟卯若爲大數，則其各項之乘數 $一丅\frac{卯}{二}$、$一丅\frac{卯}{三}$ 之類與一相較之差甚小。若卯愈大，則其差愈微。若令卯爲任何大，則各乘數可略等于一。所以得

$(一丄\frac{卯}{天})^{卯}＝一丄\frac{一}{天}丄\frac{一・二}{天}丄\frac{一・二・三}{天}丄…$㊙甲

曾在《代數術》第一百七十七款中證甲式之右邊爲由函數 $戊^{天}$ 而成，其戊之同數爲 二・七一八二八一八 即訥白爾對數之根也。所以卯若愈大，則 $(一丄\frac{卯}{天})^{卯}$ 必愈與 $戊^{天}$ 相近，而其限爲 $戊^{天}$

如令 天＝一 則 $(一丄\frac{卯}{一})^{卯}$ 之限爲戊，即 $(一丄\frac{卯}{一})^{卯}$ 一戊＝二・七一八二八一八 故其函數爲常數。

第四款 惟因函數之同數本從變數而生，故變數之同數變，則函數之同數，亦必因之而變。

設天爲自變之數，戊爲函數，而 $戊＝天^{二}$ 若令天之變大之數爲辛，則天變至 天丄辛 之時，其函數戊亦必因此變大。若以戊′代其函數之新同數，則 $戊'＝(天丄辛)^{二}＝天^{二}丄二天辛丄辛^{二}$ 即 $戊'＝戊丄二天辛丄辛^{二}$ 而 $戊'丅戊＝二天辛丄辛^{二}$ 故可見天之長數。若爲辛，則戊之長數必爲 戊′丅戊 即 $二天辛丄辛^{二}$ 若以天之長數與函數之長數比，則爲 $\frac{辛}{戊'丅戊}＝二天丄辛$

設函數之式爲 $戊＝天^{三}$ 令天之長數爲辛，而以函數之新同數爲戊′，則

$戊'＝(天丄辛)^{三}\begin{cases}＝天^{三}丄三天^{二}辛丄三天辛^{二}丄辛^{三}\\＝戊丄三天^{二}辛丄三天辛^{二}丄辛^{三}\end{cases}$ 而 $\frac{辛}{戊'丅戊}＝三天^{二}丄三天辛丄辛^{二}$

可見天變爲 天丄辛 之時，其函數戊必變爲 $戊丄三天^{二}辛丄三天辛^{二}丄辛^{三}$ 其所長之數爲 $三天^{二}辛丄三天辛^{二}丄辛^{三}$ 此式中之各項皆爲辛之整方與他數相乘所成。又可見變數與函數之變比例，其式爲 $三天^{二}丄三天辛丄辛^{二}$ 其初項 $三天^{二}$ 與天之長數辛無相關。

設函數之式爲 $戊＝天^{四}$ 令天之長數爲辛，而以戊爲函數之新同數，則 $戊'＝戊丄四天^{三}辛丄六天^{二}辛^{二}丄四天辛^{三}丄辛^{四}$ 而 $\frac{辛}{戊'丅戊}＝四天^{三}丄六天^{二}辛丄四天辛^{二}丄辛^{三}$

由此可見，天若變爲 天丄辛 則其各函數之新同數如左。

如 $戊＝天^{二}$ 則 $戊'＝戊丄二天辛丄辛^{二}$ 如 $戊＝天^{三}$ 則 $戊'＝戊丄三天^{二}辛丄三天辛^{二}丄辛^{三}$ 如 戊＝天 則 $戊'＝戊丄四天^{三}辛丄六天^{二}辛^{二}丄四天辛^{三}丄辛^{四}$ 其餘類推。

總言之，若以卯爲天之任何整指數，而令天之長數爲辛，又以巳、午、未、申等字挨次而代辛之各方之倍數，則函數 $戊＝天^{卯}$ 之新同數必爲 $戊'＝戊丄巳辛丄午辛^{二}丄未辛^{三}丄申辛^{四}丄…$ 由是知，函數之新同數必爲級數。其初項戊爲函數之原同數。其餘各項爲天之長數。辛之各整方以巳、午、未、申之類爲各倍數。其各倍數皆爲天之別種函數。其式亦從本函數而生。

由以上各式又可見，函數爲 $戊＝天^{二}$、$戊＝天^{三}$、$戊＝天^{四}$ 之類，則其變數與函數之變比例必爲

$\frac{辛}{戊'丅戊}＝二天丄辛$、$\frac{辛}{戊'丅戊}＝三天^{二}丄三天辛丄辛^{二}$、$\frac{辛}{戊'丅戊}＝四天^{三}丄六天^{二}辛丄四天辛^{二}丄辛^{三}$ 之類。總之若以卯爲天之整

指數，則 $戊=天^{卯}$ 之變比例必為 $\frac{辛}{戊'丁戊}=巳丄午辛丄未辛^{二}丄申辛^{三}丄\cdots$

由此可見，變數天之長數與函數$天^{卯}$之長數，其變比例 $\frac{辛}{戊'丁戊}$ 之同數 $巳丄午辛丄未辛^{二}丄申辛^{三}丄\cdots$ 可分之為兩式。其一式為巳。此式與天之長數辛無相關。又一式為 $午辛丄未辛^{二}丄申辛^{三}丄\cdots$ 即 $辛(午丄未辛丄申辛^{二}丄\cdots)$ 此式因以辛為乘數，故辛若變小，其數亦必隨辛而變小。如令辛為任何小，則此式之數可小至甚近于〇。故此數可以不計，而以巳為變比例之限。

設有繁函數之式 $戊=甲丄乙天丄丙天^{二}$ 令天之長數為辛，則天變為 天丄辛 之時其函數之同數必變為 $戊'\begin{cases}=甲丄乙(天丄辛)丄丙(天丄辛)^{二}\\=甲丄乙天丄丙天^{二}丄(乙丄二丙天)辛丄丙辛^{二}\end{cases}$

故 $戊'丁戊=(乙丄二丙天)辛丄丙辛^{二}$ 而 $\frac{辛}{戊'丁戊}=乙丄二丙天丄丙辛$

其 〇丄二丙天 為本函數變比例之限。

以此法徧試各種特設之函數，見其皆有相類之性情，所以設例如左：

例曰：命任何自主之變數為天，而令天之任何函數等于戊，則天變為 天丄辛 之時，函數之新同數為 $戊'=戊丄巳辛丄午辛^{二}丄未辛^{三}丄\cdots$ 其變數與函數之變比例為 $\frac{辛}{戊'丁戊}=巳丄午辛丄未辛^{二}丄申辛^{三}丄\cdots$ 此式中之初項巳為變比例之限。無論何種函數，其限皆可依此例求之。

由以上所論，變數之長數與函數之長數相關之理，可于算學中開出兩種極廣大、極精微之法。

其第一種為有任何變數之任何函數，而求其變數與函數變比例之限。

其第二種為有任何變數與函數變比例之限，而求其函數之原式。

此兩種法若細攷其根源，即奈端所謂正流數、反流數也。亦即來本之所謂微分算術、積分算術也。又即拉果闌諸所謂函數變例也。

論各種函數求微分之公法

第五款　若函數之式為 $戊=天^{二}$ 令天變為 天丄辛 則函數之新同數必為 $戊'=戊丄二天辛丄辛^{二}$ 其與原同數之較為 戊′丁戊 即 $二天辛丄辛^{二}$ 此式之初項 二天辛 名之曰溢率。

依同理推之，若函數之式為 $戊=天^{三}$ 令天變為 天丄辛 則函數之新同數為 $戊'=戊丄三天^{二}辛丄三天辛^{二}丄辛^{三}$ 其與原同數之較為 戊′丁戊 即 $三天^{二}辛丄三天辛^{二}丄辛^{三}$ 其初項 $三天^{二}辛$ 為溢率。

若函數之式為 $戊=天^{四}$ 而天變為 天丄辛 則函數之新同數與原同數之較為 $四天^{三}辛丄六天^{二}辛^{二}丄四天辛^{三}丄辛^{四}$ 而其溢率為 $四天^{三}辛$

總言之，凡天之函數，無論為某方，恒可以 天丄辛 代其天，而變其函數之同數為 $戊丄巳辛丄午辛^{二}丄未辛^{三}丄\cdots$ 乃以原同數戊減之得 $巳辛丄午辛^{二}丄未辛^{三}丄\cdots$ 而取其初項 巳辛 為溢率。

準此推之，則知天之溢率即為其長數辛。惟因函數之溢率每藉天之長數而生，故微分術中恒以彳天代天之溢率，其彳號者非天之倍數，不過謂是天之溢率耳。溢率之名，本為流數術中所用，而彳號者即微字之偏旁，故微分之術用之。

如有式 $戊=天^{二}$ 則 彳戊＝二天彳天 此式之意謂戊之微分等於 二天 乘天之微分。猶言函數戊之溢率等于以 二天 乘其天之溢率也。

如有式 $戊=天^{三}$ 則 $彳戊=三天^{二}彳天$ 此式之意謂戊之微分等於 $三天^{二}$ 乘天之微分。猶言函數戊之溢率等于以 $三天^{二}$ 乘其天之溢率也。

又　第八款　凡變數與函數變比例之限，無論以何數為主，其形必同。

如戊為天之函數，若天變為 天丄辛 則戊變為 $戊丄巳辛丄午辛^{二}丄未辛^{三}丄\cdots$ 其巳、午、未各數俱為天之他函數從本函數所生。如令其 $巳辛丄午辛^{二}丄未辛^{三}丄\cdots=子$ 則天與戊同時變大之數為辛與子。如依《代數術》第一百六十三款之法反求其級數，則得 $辛=\frac{巳}{一}子丁\frac{巳^{三}}{午}子^{二}丄\cdots$ 故 $\frac{子}{辛}=\frac{巳}{一}丁\frac{巳^{二}}{午}子丄\cdots$ 故 $\frac{子}{辛}$ 之限為 $\frac{巳}{一}$ 而 $\frac{辛}{子}$ 之限為 巳 此即 $\frac{一}{巳}$ 也。

第九款　由此易知，凡有相等之函數，則其微係數亦必相等。

如戊與亥為兩函數，而 戊＝亥 其天變為 天丄辛 之時，戊變為戊′，亥變為亥′，則 戊＝亥′ 而 戊′丁戊＝亥′丁亥′ 故 $\frac{辛}{戊'丁戊}=\frac{辛}{亥'丁亥}$ 如以巳與午各為其變比例之限，則 巳＝午 故 巳彳天＝午彳天 而 彳戊＝彳亥

由此可見，凡函數之式無論如何改形，若其同數無異者，則其微係數必同。

如函數之原式為 $天^{三}丄甲^{三}$ 若改其形為 $(天丄甲)(天^{二}丁甲天丄$

$甲^{二}$）　則此式之微係數與原式之微係數必無異。

惟此理若反言之而謂相等之微係數必從相等之函數而生，則不盡然。

如函數之式爲　$戊＝甲丄乙天$　令天變爲　$天丄辛$　而戊變爲戊'，則　戊$＝甲丄乙天丄乙辛＝戊丄乙辛$　故得　$\frac{辛}{戊'丅戊}＝乙$　觀此可知，其常數之項甲不能入變比例之限內，故其微係數必與　$戊＝乙天$　之微係數無異。惟微係數乙既能屬于本函數　$甲丄乙天$　又能屬于他函數　乙天　所以有下例。

例曰：凡變數與常數相加減之函數，其微係數中不見其加減之常數。惟變數與常數相乘除者，則其微係數中有常數爲倍數。

又　卷二　求雙變數微分

第五十三款　無論何次之微係數，必從其原式而生，所以無論用何法，合其數次之微係數，而成一式，必與原式之理相合。又其函數地，無論有若干同數，如前式有兩同數。其微係數中凡有地在內者，其同數亦必合理。

依第十五款之例，凡函數之中，有常數爲加減之項者，求微分之時，其常數必變爲〇。今特申明此例，言各次之微分式亦然。

如原式爲　$地^{二}＝甲天丄乙$　其甲乙爲常數，則其微分之式爲　$二地彳地＝甲彳天$　故原式中之乙不見，而甲所能有之同數仍與原式無異。

如欲令原式所生之各式中乙所能有之同數，其理亦然。可變原式之形爲　$\frac{天}{地^{二}}＝甲丄\frac{天}{乙}$　而求其微分，則可使甲不見，而乙仍在其微分式中，如　$\frac{天^{二}}{二天地彳地丅地^{二}彳天}＝\frac{天^{三}}{丅乙彳天}$　故　$二天地彳地丅(地^{二}丅乙)彳天＝〇$　而　$\frac{彳天}{彳地}＝\frac{二天地}{地^{二}丅乙}$　則此式能明乙與天地　$\frac{彳天}{彳地}$　各數如何相關，而與常數甲無涉。

如將　$地^{二}＝甲天丄乙$　與　$二地彳地＝甲彳天$　用代數之常法消去，其甲亦能得　$\frac{彳天}{彳地}＝\frac{二天地}{地^{二}丅乙}$　若其原式之常數非在一次微分中消去者，可將其同數代入原式而化之，其所得之式各項中必有一項之乘數大於　$\frac{彳天}{彳地}$　之一次之方。

如所設之原式爲　$地^{二}丅二甲地丄天^{二}＝甲^{二}$　則其微分之式爲　$地彳地丅甲彳地丄天彳天＝〇$　故　$甲＝\frac{彳地}{地彳地丄天彳天}$　如將甲之同數代入原式而化之爲　$(天^{二}丅二地^{二})\frac{彳天^{二}}{彳地^{二}}丅四天地\frac{彳天}{彳地}丅天^{二}＝〇$　則此式能明天地與　$\frac{彳天}{彳地}$　相關之理，而與甲之同數無涉。

若于原式中以甲爲主而化之爲　$甲＝丅地\pm\sqrt{二地^{二}丄天^{二}}$　則其甲獨爲一項，故求微分而甲不見，即得　$彳地\pm\frac{\sqrt{二地^{二}丄天^{二}}}{二地彳地丄天彳天}＝〇$　將此式化去其平方根之號，則與前得之式無異。

第五十四款　凡原式中無論有若干常數，若每次求微分能消去一常數者，則疊求微分能將常數逐一消去。

如原式爲　$地^{二}＝寅(甲^{二}丅天^{二})$　則第一次求微分得　$地\frac{彳天}{彳地}＝丅寅天$　再求其微分得　$地\frac{彳天^{二}}{行地}丄\frac{彳天^{二}}{彳地^{二}}＝丅寅$　將此式中　丅寅　之同數代入前式，即變爲　$地\frac{彳天}{彳地}丅天\frac{彳天^{二}}{彳地^{二}}丅天地\frac{彳天^{二}}{行地}＝〇$　則與甲、寅二常數無涉。

又　卷三

求函數極大極小之數

第六十款　函數既能因變數而變，則其同數能爲正亦能爲負，自〇起以至無窮。

凡欲明此理者，可設想其變數以各平分由漸而大或由漸而小，則函數必因之而變。惟函數之變非恒隨變數之大小而增減，故其各同數可比變數先增而後減，亦可比變數先減而後增，或其大小可迭更數次。

所以可依作曲線之法，命變數天爲橫線，變數地爲縱線，以作各函數之曲線，則知其曲線各有性情。有漸與軸線相離而不復相近者，如拋物線、雙曲線。有先與軸線漸相離而其後復漸與軸線相近者，如平圓線、橢圓線。有與軸線遠而復近近而復遠者，如擺線、浪線。

若函數之各同數先增而後減，則其各數中必有一數大于前後兩數，故名此數爲極大。

若函數之各同數先減而後增，則其各數中必有一數小于前後兩數，故名此數爲極小。

凡變其函數之同數，能有若干極大極小之數，必依界説之理。

界説曰：函數極大之數，必比其前一數大，亦必比其後一數大。函數極小之數，必比其前一數小，亦必比其後一數小。所以函數之各同數自大而小、自小而大，共有若干次，則必有若干極大、極小之數。

第六十一款　兹將前款之理證明之，以便于用。

凡有級數之形，如 巳辛丄午辛^{二}丄未辛^{三}丄申辛^{四}丄… 若其辛爲未定之數，則與巳、午、未各數無相關，故可令辛爲某數，任約其何項而能大于以後諸項之和數。

如將 巳辛丄午辛^{二}丄未辛^{三}丄申辛^{四}丄… 變爲 辛(巳丄午辛丄未辛^{二}丄申辛^{三}丄…) 令辛爲甚小，則 午辛^{二}丄未辛^{三}丄申辛^{四}丄… 可小于任何能名之數，所以 午辛丄未辛^{二}丄申辛^{三}丄… 必可小于巳，而 午辛^{二}丄未辛^{三}丄申辛^{四}丄… 必可小于 巳辛 其所小之率可至任何比例。又以同理可令 未辛丄申辛^{二}丄… 小于午，故其 未辛^{三}丄申辛^{四}丄… 可小于 午辛^{二} 其餘各項仿此類推，所以 巳辛丄午辛^{二}丄未辛^{三}丄申辛^{四}丄… 級數之内可有一辛之同數，能令某項以後之諸項與本項爲同號。

第六十二款　令天之任何函數爲地，若天爲某數之時能令地爲極大或極小者，則以 天丅辛 與 天丄辛 各代其函數之天，其所得之二同數，必俱小于地之大同數或俱大于地之小同數。

如命以 天丅辛 代天所得之同數爲$\underline{地}$，又命以 天丄辛 代天所得之同數爲$\underline{地}$，則依戴氏之術，其級數爲 $\underline{地}=地丅\frac{彳地}{彳天}辛丄\frac{彳^{二}地}{彳天^{二}}\times\frac{辛^{二}}{一·二}丅\frac{彳^{三}地}{彳天^{三}}\times\frac{辛^{三}}{一·二·三}丄…$ $\underline{地}=地丄\frac{彳地}{彳天}辛丄\frac{彳^{二}地}{彳天^{二}}\times\frac{辛^{二}}{一·二}丄\frac{彳^{三}地}{彳天^{三}}\times\frac{辛^{三}}{一·二·三}丄…$

此兩式其 $\frac{彳地}{彳天}$ 若不爲○，則$\underline{地}$與$\underline{地}$不能同時俱大、小于地。蓋 $\frac{彳地}{彳天}$ 若不爲○，則必有一辛之同數，能令 $\frac{彳地}{彳天}辛$ 與以後諸項之較大于任所定之比例，而其以 $\frac{丄彳地}{丅彳天}辛$ 爲初項之兩箇級數，一爲正，一爲負。所以其地之同數不能在$\underline{地}$、$\underline{地}$二數之間爲極大、極小。

若函數之同數果可爲極大、極小，則 $\frac{彳地}{彳天}$ 必能等于○。

所以，凡欲令函數之同數爲極大、極小者，必令 $\frac{彳地}{彳天}=○$ 則其級數變爲 $\underline{地}=地丄\frac{彳^{二}地}{彳天^{二}}\times\frac{辛^{二}}{一·二}丅\frac{彳^{三}地}{彳天^{三}}\times\frac{辛^{三}}{一·二·三}丄…$ $\underline{地}=地丄\frac{彳^{二}地}{彳天^{二}}\times\frac{辛^{二}}{一·二}丄\frac{彳^{三}地}{彳天^{三}}\times\frac{辛^{三}}{一·二·三}丄…$ 如此則可令辛爲某數，而得$\underline{地}$、$\underline{地}$之數。如其兩數俱小于地，則地之同數爲極大。如其兩數俱大于地，則地之同數爲極小。

惟有時令 $\frac{彳地}{彳天}=○$ 其天之同數亦能令 $\frac{彳^{二}地}{彳天^{二}}=○$ 則其級數之式變爲 $\underline{地}=地丅\frac{彳^{三}地}{彳天^{三}}\times\frac{辛^{三}}{一·二·三}丄\frac{彳^{四}地}{彳天^{四}}\times\frac{辛^{四}}{一·二·三·四}丅…$ $\underline{地}=地丄\frac{彳^{三}地}{彳天^{三}}\times\frac{辛^{三}}{一·二·三}丄\frac{彳^{四}地}{彳天^{四}}\times\frac{辛^{四}}{一·二·三·四}丄…$ 如于此兩式中，令 $\frac{彳^{三}地}{彳天^{三}}=○$ 而其天有一箇同數，能令 $\frac{彳^{四}地}{彳天^{四}}$ 爲有窮之數者，則函數之同數亦能有極大、極小，否則函數之同數不能有極大、極小。

又　論曲線之漸近線

第六十八款　有數種曲線，其縱橫線愈長，則切線與橫軸相交之處距原點愈遠，故其切線不能爲漸近線。

有數種曲線，其切線與橫軸相交之點距原點爲有窮之數，則其切線能爲曲線之漸近線。

如從六十六款第三題，次切線爲 $吘哂=\frac{彳天}{彳地}地$ 以橫線 呷吘＝天 減之，得 $\frac{彳天}{彳地}地丅天$ 爲呷哂之公式。若天爲無窮之時，其呷哂爲有窮，則其曲線能有漸近線。若天爲無窮之時，呷哂亦爲無窮，則其曲線不能有漸近線。

吧 吘 呷 哂

如雙曲線之次切線爲 $\frac{彳天}{彳地}地=天丅\frac{甲^{二}}{天^{二}}$ 所以 $\frac{彳天}{彳地}地丅天=丅\frac{甲^{二}}{天^{二}}$ 若

天爲無窮，則 $丅\frac{天^{二}}{甲^{二}}=〇$ 所以知雙曲線之漸近線必過原點。

如抛物線之次切線爲 $\frac{彳地}{彳天}地=\frac{甲}{二地^{二}}$ 所以 $\frac{彳地}{彳天}地丅天=\frac{甲}{二地^{二}}丅天=二天丅天=天$ 若天爲無窮，則其式亦爲無窮。所以知抛物線不能有漸近之線。

凡攷曲線之切線式爲曲線理中最要之事。從此法又可求縱横線最大、最小之數，並可攷明諸曲線數理中各異之性情。

又　論漸伸之曲線

第七十六款　以漸伸之法作曲線，創自晦正士。西人名。惟其時尚未有微分算術，故晦氏所著之書，專藉幾何之例以明之。

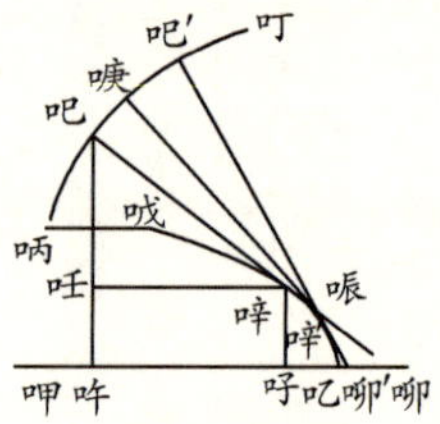

設叱啐戌爲曲面側視之形，叱啐戌丙爲絲線線之一端，定于曲面之叱點，其又一端恒有力牽之，使線與凸面相合之處仍爲曲線，而其相離之處爲直線，則此線之直處爲曲線之切線。若其牽力漸自丙移向叮，則切點自戌移向叱，而其線之一端行成丙吧叮曲線。

此即漸伸線之作法也。凡本曲線之曲面，若非無窮大及無窮小者，皆可依此法以作他曲線。

第七十七款　凡作丙吧叮曲線之時，所用之曲面戌啐叱謂之母曲線，其所成之丙吧叮曲線謂之子曲線，其作此子曲線所用之線謂之漸伸線。

詳觀子曲線由漸伸線而成，有五件要例。

一，其漸伸線離戌啐弧之一段直線啐吧，爲母曲線啐點之切線。

二，其吧啐必與丙吧叮子曲線吧點之切線爲垂線。其同時中所成子曲線之極小分，略等于以啐爲心、以吧啐爲半徑所作平圓弧之極小分。

三，其子曲線吧丙間之曲率，必比以吧啐爲半徑之平圓弧更曲。而子曲線吧叮間之曲率，必比以吧啐爲半徑之平圓弧更直。其所以如此之故，因其線端若自吧向丙而行，則其直線吧啐漸短。若自吧向叮而行，則其直線吧啐漸長。

四，惟因子曲線自吧漸向丙，則其曲率彎于吧啐，爲半徑之平圓。若自吧漸向叮，則其曲率直于吧啐，爲半徑之平圓，則惟有子曲線吧點之曲率適等于吧啐，爲半徑之平圓。所以可令其母曲線之啐點爲子曲線在吧點時之平圓心，故名其吧啐直線爲吧點之曲率半徑。以此半徑所成之平圓，謂之合吻圓。因其平圓之曲率能與子曲線吧處之曲率相合甚密故也。惟應知凡曲線之合吻圓不能有公截面，因其相合于吧之處不過一點。除此一點以外，兩線仍爲相離。又可知合吻圓之相切比本曲線與他平圓之相切更爲親密。

五，凡漸伸線所成之子曲線，爲以其母曲線之各點爲心所成之界。【略】

又　卷四

論曲線相切

第八十二款　昔時，幾何之家曾經極費周折攷知切線與不多幾種曲線相切之例。如亞不羅尼斯論平圓與圓錐各曲線相切之理是也。其論中所謂從曲線内任已知之點所能作與本曲線相切最密之線。此理至創立微分算學之後，始能得其大略。

第八十三款　諸曲線之中惟有平圓之曲率能處處相同，所以可用平圓之曲率比較任何曲線之各點曲率。惟任何曲線之各點曲率不但能與平圓相切最密，亦能以同法攷抛物線與任何曲線相切之理，或可求任類之曲線與所設之曲線相切。

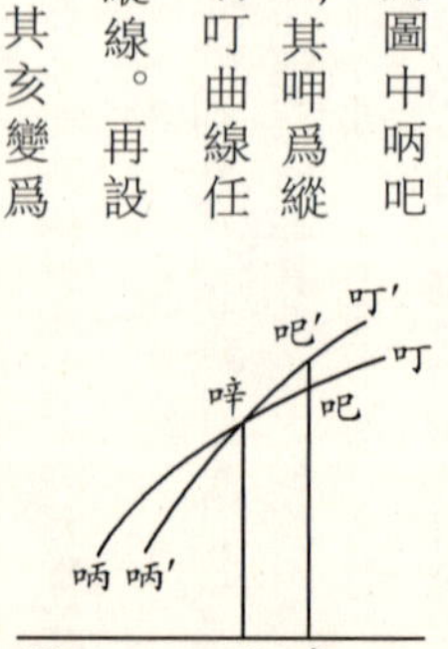

設　地＝函(天)、亥＝凾(天)　爲圖中丙吧叮、丙′吧′叮′兩曲線之式。其公軸爲呷乙，其呷爲縱横線之公原點。令天爲公横線，地爲丙叮曲線任點吧之縱線，亥爲丙′叮′曲線任點吧′之縱線。再設天變爲　天丄辛　之時，其地變爲地′，其亥變爲亥′，則依戴氏之術詳其地′、亥′得　$地'=地\left[\frac{彳天}{彳地}辛丄\frac{彳天^{二}}{彳彳地}\times\frac{一\cdot二}{辛^{二}}\right]\cdots$　$亥'=亥\left[\frac{彳天}{彳亥}辛丄\frac{彳天^{二}}{彳彳亥}\times\frac{一\cdot二}{辛^{二}}\right]\cdots$　因其兩曲線有公點啐，而在此啐點處　地＝亥　如其式能得　$\frac{彳天}{彳地}=\frac{彳天}{彳亥}$　則兩曲線在吧點相切，而不能再有他曲線亦切吧點。而過其兩曲線之間，若云能之，則必其曲線能有相同之性情者方可。

令　啐吁＝地＝亥、吁吽＝辛、吧吽＝地′、吧′吽＝亥　又令　戌＝啐吁　爲過啐點之第三條曲線之縱線，而以戌爲其與　呷吽＝天丄辛　相配之同

數，則　戌＝戌丄$\frac{彳天}{彳戌}$辛丄$\frac{彳天}{彳戌}$×$\frac{一·二}{辛二}$丄…　兹欲證明除　$\frac{彳天}{彳戌}=\frac{彳天}{彳地}=\frac{彳天}{彳亥}$　之外，不能有第三條曲線于離開啐點之時，過其啐吧啐吧′之間。假如能之，則總因吧′吧＝地′丅亥′＝地丅亥丄$\left(\frac{彳天}{彳地}丅\frac{彳天}{彳亥}\right)$辛丄$\left(\frac{彳二天}{彳地二}丅\frac{彳二天}{彳亥}\right)\frac{二}{辛二}$丄…　又因在啐點有　地＝亥　之形，亦因所設之曲線式内　$\frac{彳天}{彳地}=\frac{彳天}{彳亥}$　則其　地′丅亥′＝$\left(\frac{彳二天}{彳地二}丅\frac{彳二天}{彳亥}\right)\frac{二}{辛二}$丄$\left(\frac{彳二天}{彳地二}丅\frac{彳二天}{彳亥}\right)\frac{六}{辛}$丄…　此爲呐叮曲線與呐′叮′曲線兩縱線之相較數吧吧′之公式。此式無論　吁吽＝辛　之大小如何必合于理。

依此法推之，其第一條曲線之縱線地′與第三條曲線之縱線戌′，其相較之數可以公式　地′丅戌＝地丅戌丄$\left(\frac{彳天}{彳地}丅\frac{彳天}{彳戌}\right)$辛丄$\left(\frac{彳天}{彳地}丅\frac{彳天}{彳戌二}\right)\frac{二}{辛二}$丄…　明之。若令　戌＝地　則式變爲　地′丅戌′＝$\left(\frac{彳天}{彳地}丅\frac{彳天}{彳戌}\right)$辛丄$\left(\frac{彳二天}{彳地二}丅\frac{彳二天}{彳戌二}\right)\frac{二}{辛二}$丄…　惟其第三條曲線若干離開公點啐之後能過其第一條曲線與第二條曲線之間，其在啐點之時，必略有　地′丅亥′　大于　地丅戌′　之意，則將其　地丅亥′　之級數與　地′丅戌′　之級數俱以辛約之，即得　$\left(\frac{彳二天}{彳地二}丅\frac{彳二天}{彳亥}\right)\frac{二}{辛二}$丄$\left(\frac{彳三天}{彳地三}丅\frac{彳三天}{彳亥三}\right)\frac{六}{辛二}$丄…　大于　$\frac{彳天}{彳地}丅\frac{彳天}{彳戌}$丄$\left(\frac{彳二天}{彳地二}丅\frac{彳二天}{彳戌二}\right)\frac{二}{辛}$丄…　此兩式中其吁吽＝辛　之同數無論如何必合于理，則辛可爲任何小，而　地′丅亥′　級數之各項可以小于能名之數，故其　地′丅戌′　級數之限可以甚近于　$\frac{彳天}{彳地}丅\frac{彳天}{彳戌}$

由是知，其限若非等于〇，則其兩箇級數不能相等，所以其　$\frac{彳天}{彳地}$　若不與　$\frac{彳天}{彳戌}$　相等，則必不能有第三條曲線過其兩曲線之間之吧點。

若其　$\frac{彳天}{彳地}=\frac{彳天}{彳戌}$　則可有第三條曲線能過其兩曲線之間，然其　$\frac{彳二天}{彳地二}丅\frac{彳二天}{彳亥二}$　若大于　$\frac{彳二天}{彳地二}丅\frac{彳二天}{彳戌二}$　即　$\frac{彳二天}{彳戌二}$　大于　$\frac{彳二天}{彳亥二}$　則亦不能也。

第八十四款　又如有任兩種曲線，其式爲　地＝函(天)、亥＝函(天)　而其兩縱線　地＝亥　者，則其　$\frac{彳天}{彳地}=\frac{彳天}{彳亥}$、$\frac{彳二天}{彳地二}=\frac{彳二天}{彳亥二}$　即不能有第三條曲線。其式如　戌＝函(天)　而與前兩種曲線亦有公共之縱線，所以知除　$\frac{彳天}{彳地}=\frac{彳天}{彳戌}$、$\frac{彳二天}{彳地二}=\frac{彳二天}{彳戌二}$　之外，不能更有他曲線過其兩線之間。此款所證之例與前款以戴氏之術證法相同。

以上所特設之例亦屬于曲線相切之公理中。今述其公理如下。

凡有兩條曲線在某點有公縱横線，而縱線之第一次微係數相等者，則不能更有過其切點之他曲線在此兩曲線之間。除非與公横線相配之微係數等于其二縱線之微係數者方可。

若有兩條曲線，非但其第一次微係數相等，而其第二次微係數亦相等者，則亦不能更有過其切點之他曲線在其兩曲線之間。除非其曲線之縱線一二兩次微係數亦能等于兩曲線之一二兩次微係數者方可。

如是推之，以至各次微係數莫不皆然。蓋兩曲線只能于縱線相等之點相切耳。然則其微係數之相等者不過顯出不能有微係數不相等之他曲線過其兩曲線之間而已。

從以上諸説可見，任有何數種曲線，其相切之法皆可分之爲數類。

凡兩曲線之縱線相等，而縱線之第一次微係數亦相等者，則其所切之曲線可謂之有第一類相切之曲線。若兩曲線之縱線相等，縱線之第一次微係數相等，而其縱線之第二次微係數亦相等者，則其所切之曲線可謂之有第二類相切之曲線。其餘各類仿此推之。

第八十五款　以下各款欲攷明各種曲線相切之理。

今兹款先從曲線與直線相切論起。

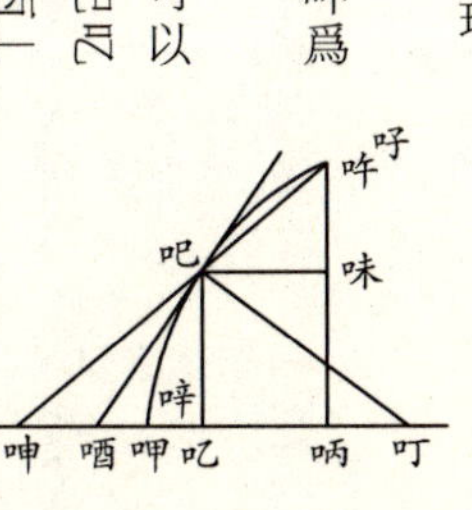

設啐吧吁爲任何曲線與吧哂直線相切于吧，其呷爲曲直兩線之公原點。

令　呷叱＝天　吧叱＝地　則其曲線之式可以　地＝函(天)　明之。令　哂呷＝丙　呷叱＝天　吧叱＝亥　吧哂叱角＝角　則其直線之式可以　亥＝(丙丄

天）明之。

因其曲直兩線有公原點，故　地＝亥　因知丙與角爲常數，故從直線之式得　$\frac{彳天}{彳亥}$＝正切角　惟依前款之公理，$\frac{彳天}{彳地}=\frac{彳天}{彳亥}$　故得　$\frac{彳天}{彳亥}$＝正切角　此式與前在第六十五款所得之式同，由此得次切線之式爲　叱哂＝$\frac{正切角}{地}=\frac{彳地}{彳天}$地

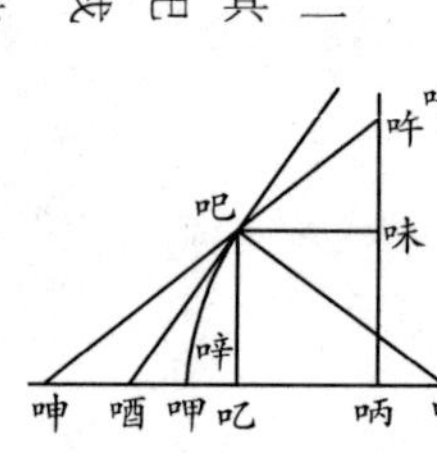

直線吧哂與曲線相切之間不能更有他直線過其二線之間而亦切于吧點。如云能之，則試作吧呻直線過其吧點，而遇軸線于呻。令　呷呻＝丙′　呷叱＝天　吧叱＝戊　吧呻叱角＝角′　則其吧呻直線之式必爲　戊＝(丙′丄天)正切角′　所以　$\frac{彳天}{彳戊}$＝正切角′　若欲令其吧呻線能過吧哂直線與啐吧曲線之間，則依第八十三款之例，必令　$\frac{彳天}{彳戊}=\frac{彳天}{彳亥}=\frac{彳天}{彳地}$　所以必得　正切角′＝正切角　而　角′＝角　可見其吧呻必變而與吧哂相合。所以依求限之法，惟有吧哂直線能爲曲線吧點之切線。

第八十六款　今欲論平圓與任何曲線相切。

設吶吧叮爲任何曲線，吶′吧叮′爲平圓，俱以呷呼爲公軸線。吧爲兩曲線之公原點，啐爲平圓之心，自啐作啐吧爲平圓之半徑，引長之遇軸線于唧。又作啐吒與啐呼爲吧吘及呷吘之垂線。

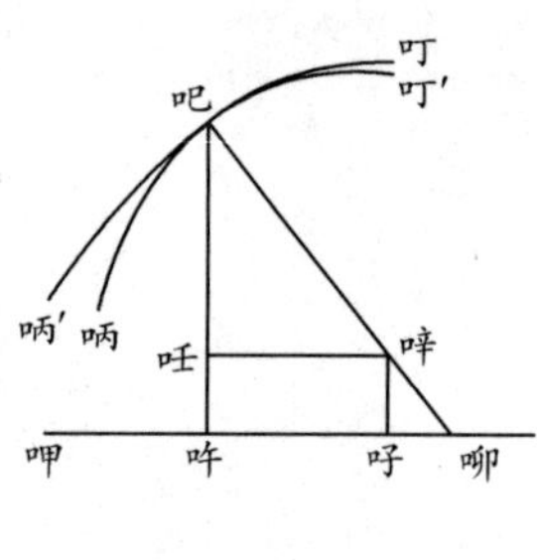

令　呷吘＝天、吧吘＝地　爲吶吧叮曲線上任點吧之縱橫線。令　呷吘＝天、吧吘＝亥　爲吶′吧叮′平圓周上任點吧之縱橫線。又令平圓心之縱橫線　呷呼＝角、啐呼＝亢　平圓之半徑　吧啐＝未　則其吶吧叮曲線之公式可作　地＝函(天)　又因　吒啐＝角丅天、吧吒＝亥丅亢、吧啐＝未　則其平圓之式必爲　(角丅天)^{二}丄(亥丅亢)^{二}＝未^{二}　㊀　欲求其第一類相切，必得　$\frac{彳天}{彳地}=\frac{彳天}{彳亥}$　因知其角、亢、未三者俱爲常數，故其　$\frac{彳天}{彳亥}=\frac{亥丅亢}{角丅天}$　令　地＝亥

即得　$\frac{彳天}{彳地}=\frac{地丅亢}{角丅天}$　㊁　此式之右邊能明啐吧吒角之切線，所以依第六十五款之例，其吧唧線爲曲線吧點之法線。如欲知平圓與曲線能在吧點有公切線否，可求其第二次微係數得　$\frac{彳天^{二}}{彳^{二}亥}$＝丅$\frac{亥丅亢丅\frac{(亥丅亢)^{二}}{角丅天}×\frac{彳天}{彳亥}}{一}$＝丅$\frac{(亥丅亢)^{三}}{(角丅天)^{二}丅(亥丅亢)^{二}}$　如平圓與曲線能有第二類之相切，則必得　$\frac{彳天^{二}}{彳^{二}亥}=\frac{彳天^{二}}{彳^{二}地}$　所以可令其　亥＝地　則　(角丅天)^{二}丄(亥丅亢)^{二}＝未^{二}　而其　$\frac{彳天^{二}}{彳^{二}地}=\frac{(地丅亢)^{二}}{丅未^{二}}$　㊂　由以上一、二、三式能定平圓之半徑未並其心之縱橫線。角亢從一、二兩式得　角丅天＝$\frac{(彳天^{二}丄彳^{二}地)^{三}}{未彳地}$、地丅亢＝$\frac{(彳天^{二}丄彳^{二}地)^{三}}{未彳天}$、亢＝地丄$\frac{彳^{二}地}{彳天^{二}丄彳^{二}地}$

以此兩式從三式得　未＝丅$\frac{彳天彳^{二}地}{(彳天^{二}丄彳^{二}地)^{三}}$、角＝天丅$\frac{彳天}{彳地}×\frac{彳^{二}地}{彳天^{二}丄彳^{二}地}$

從以上角、亢、未三式能定其切于曲線內平圓之方位並其大小，則易見其平圓之半徑及圓心之縱橫線與前卷第七十八、七十九兩款所攷者同。所以知凡以漸伸之理所定各曲線之曲率半徑之合吻圓，即爲平圓與曲線相切之式。此爲第二類相切。

蓋因曲線之每點只能有一箇平圓與之相切極密，而不能更有他平圓過其切點而在其本平圓與曲線之間，所以依漸伸之理所攷得之合吻圓必爲與曲線相切最密之平圓。

第八十七款　從以上兩款所論直線與曲線相切爲第一類相切，平圓與曲線相切爲第二類相切，可知其相切之類數必從其切于各曲線之本曲線式中所有之常數之項數而定之。

如直線之式有兩箇常數，則僅能爲第一類相切。平圓之式有三箇常數，則可有第二類相切，則易知任兩種曲線式所能作至幾次微係數。每次皆相等者，其次數及類數必比其所切之曲線式中常數之項數少一數。

如拋物線之式爲　地＝角丄亢天丄氐天^{二}　從此式及其各次微係數能定

其與他曲線有幾類相切。因此式有角、亢、氐三箇常數，只能求至第二次微係數，所以知拋物線與他曲線相切，至多只能有第一、第二兩類，而不能有多于第二類之相切。

惟立方拋物線，其式爲 地=角丄亢天丄氐天^{二}丄房天^{三} 此式因有四箇常數，故能有三類相切。他式仿此類推。【略】

又 論無窮小數之理　案：以上各款之法乃爲流數之法。此節所論者乃真爲微分之法。因舊譯《代微積拾級》既以流數爲微分，則不便更改以淆讀者之耳目。所以不得不以微分爲無窮小數，讀是書者會通其意，勿泥其名可也。

第九十五款　凡心中所能設想其數爲無窮者，其意可以界說明之。界說：曰凡數如能增之者，則其數不可謂之無窮。

即如 天丄甲 之式，如令其天爲無窮，則不可以加其甲。如加之，則天既爲無窮又能加一甲數，是與界說之理不合矣。茲欲證其界說之理，令 $\frac{甲}{一}$丄$\frac{天}{二}$=㖶㊀ 將此式以 甲天 乘之，則變爲 天丄甲=㖶甲天㊁ 設其天大至無窮，則 $\frac{天}{一}$ 能小至無窮，而無異于〇。所以一式必變爲 㖶=$\frac{甲}{一}$ 即 㖶甲=一 將此同數代入二式，則變爲 天丄甲=天 可見天爲無窮大，則 天丄甲 與天無異，所以天若爲無窮大，則可視印爲無窮小。

惟此不過論其數之相比之理如此耳。若天能有有窮之同數，而甲之比天爲無窮小者，則前所證之理亦未嘗不合。

如將乙與 $\frac{人}{乙}$ 相比，若令人恒增大，則 $\frac{人}{乙}$ 必恒變小。如是則其 $\frac{人}{乙}$ 可小于所能名之數。人若大至無窮，則 $\frac{人}{乙}$ 變爲〇。所以其與乙相比者可棄之不論。

凡數之相比與其所用之率數大小無相關，所以凡各數之半或任何等分與其全有相同之比例。

凡代數之式所用之各元，原非以代一定之大小也。但以代其各數彼此之倍數而已其倍數都以一爲主，所以用代數之各式能代其各數之比例，而其用以相比之各數本爲大、本爲小不論。

即如以各變數之微分爲各變數長大之比例，亦爲恒相近之比例，而其所長之數可以任爲大、任爲小，所以來本之創立一說，以長數之小至無窮者爲微分。

有人本其說而設一理名曰：無窮小數之理。已有人從此理究明幾何與格致諸學中最深最奧之真理。

第九十六款　各種算學中，如果許用甚小之數入算，則其甚小之數自然必分爲數類。

即如平圓之徑與通弦之比等于通弦與正矢之比。所以其通弦若比圓徑爲甚小，則爲第一類甚小之數。然其正矢比通弦亦爲甚小，所以正矢與圓徑之比爲第二類甚小之數。

又如連比例級數　一　天　天^{二}　天^{三}…　若天爲甚小，則其第一級 一 爲有窮之數，其第二級 天 爲第一類甚小之數，其第三級 天^{二} 爲第二類甚小之數，其第四級 天^{三} 爲第三類甚小之數，其他仿此類推。

依同理推之，設甲乙二數皆爲第一類甚小之數，則其二數相乘之積 甲乙 爲第二類甚小之數。因可設想一與甲之比若乙與其 甲乙 之比，則 甲乙 爲一與甲與乙之第四率，而其第一率一爲有窮之數，所以 甲乙 爲第二類任小之數。

由是推之，設以三箇第一類甚小之數連乘或以一箇第一類任小之數與一箇第二類甚小之數相乘，其乘得之積皆爲第三類甚小之數。

第九十七款　如以甚小之長數爲微分，則求微分之各法最易顯明。

如有式 戊=天地 設于其戊、天、地各數中，各增一甚小之數爲彳戊、彳天、彳地，則得 戊丄彳戊=(天丄彳天)(地丄彳地)=天地丄天彳地丄地彳天丄彳天彳地 去其與原式相同之戊及 天地 則 彳戊=天彳地丄地彳天丄彳天彳地 惟因其彳戊與 天彳地 及 地彳天 皆爲第一類甚小之數，而其 彳天彳地 則爲第二類甚小之數，其第三類甚小之數已小至無可比故可棄之不用而作 彳戊=天彳地丄地彳天 即與第十款所得之式合。

第九十八款　此理中可設想，任何曲線爲多等邊形之無數甚小之多等邊所成。其每邊爲本曲線之微分，所以弧之微分爲甚小句股形之弦，而其縱橫線之微分爲句與股。如以天代橫線，地代縱線，人代其弧，即得 彳人^{二}=彳天^{二}丄彳地^{二}

又以同法令申代曲線之面積，則申之長數爲 彳申=地彳天丄$\frac{二}{一}$彳天彳地 此式內之第二項 $\frac{二}{一}$彳天彳地 爲第二類甚小之數，已與 地彳天 第一類甚小之數其小無比，所以可棄之而作 彳申=地彳天 即與第六十九款所得之式同。

平圓之正弦、餘弦及弧，其甚小之長數所成之句股形與正弦、餘弦及半徑所成之句股形恒爲同式，所以如令天代其弧，而以一爲半徑，則得 一∶餘弦天∷彳天∶彳(正弦天) 一∶正弦天∷彳天∶丅彳(餘弦天) 所以 彳(正弦天)＝彳天餘弦天 彳(餘弦天)＝丅正弦天彳天 即與第二十一款所得之式合。

又如依甚小數之理亦易求次切線之式。因以橫線之微分爲第一率，縱線之微分爲第二率，縱線爲第三率，則次切線爲第四率，所以可用比例式以求得次切線之式爲 次切$=\frac{彳天}{\pm彳地}$地 其橫線與縱線若同時漸增，則其彳地用正號。若非同時漸增，則用負號。

攷甚小數之理，能在極深之幾何題中令微分之法更便于用。又在一切格致之學亦大有裨益。總之，算學家總要從最捷之徑得其所求之事，而徑之最捷者莫過于此。

清·馮桂芬 陳暘《西算新法直解》卷五 微分二求極大極小之函數。

變數之數必有所限。如正弦極大等於半徑而止，過半徑則轉變爲小，是半徑爲正弦之限也。割圜之法，由四等邊求八等邊，由八等邊求十六等邊，屢求不已，以至極多等邊，而究不出圓周之外，是圓周爲多邊形之限也。準此以推他形，莫不各有其限，故變數有極大、極小之數。變而大不能過極大之數，變而小亦不能過極小之數也。

如一圖丑未直線，自子向午漸移而漸大。至卯酉爲極大，過卯酉則轉小。又如二圖丑未直線，自子向午漸移而漸小。至卯酉爲極小，過卯酉則轉大。故卯酉在一圖爲變大之限，在二圖爲變小之限。

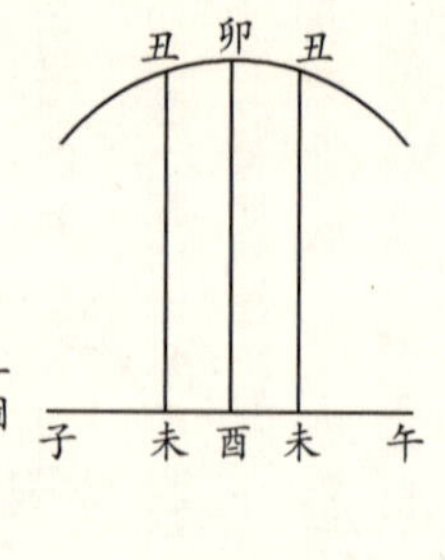

一圖

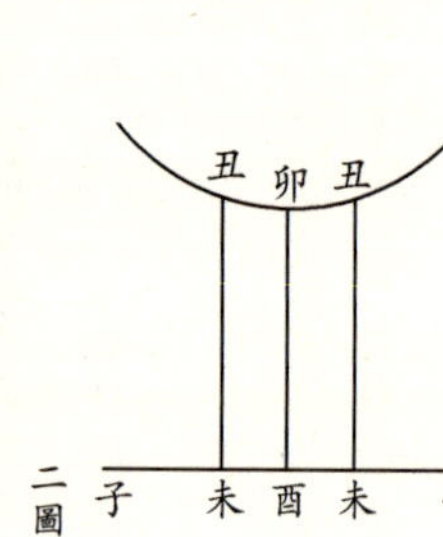

二圖

凡縱線之一次微係數必等於切線與橫軸交角之正切。詳見後微分四。若如三圖卯酉線極大或極小，則寅申切線與橫軸平行，不能成角。其一次微係數必等於○。故欲求極大、極小之數者，先令一次微係數等於○，而求得天之同數，命之爲甲。次以一加甲，又以一減甲，遞代原式中之天，而課其所得。若兩數俱小於甲代天之數，則求得極大之數。若兩數俱大於甲代天之數，則求得極小之數。倘令一次微係數等於○，而天有兩同數，不能定其極大、極小，則求二次微係數，課其正負。若負，則函數極大。若正，則函數極小。

三圖

清·傅蘭雅《微積須知》 函數微分

微分之理乃詳明函數與自變數兩變比例相與之比例，平方邊與面之比例。平方邊之變比例與面之變比例相比，若一與邊之二倍比。

設天爲平方邊，則 天^{二} 爲平方面，以辛加邊得邊爲 天丄辛 面爲 (天丄辛)^{二} 詳之得 天^{二}丄二天辛丄辛^{二} 二辛天丄辛^{二} 即所長之面。若辛爲邊變之比例，則 二天辛丄辛^{二} 爲面之變比例，得 二天辛丄辛^{二}∶辛∷面變∶邊變 即 二天丄辛∷面變∶邊變 面之變比例，必以漸而大。故長數 二天丄辛 必大於天爲邊時面之變比例。辛愈小愈近於天爲邊時面之變比例。若辛等於○，則其比例爲一與二天之比。從可知，邊爲天，則邊之變比例與面之變比例相比，若一與邊之二倍相比。

立方邊與體之變比例。立方邊之變比例與體之變比例相比，若一與平方其邊之三倍相比。

設天爲立方邊，戊爲立方積，則 戊＝天^{三} 以辛加邊得 天丄辛 體積爲戊′，則得 戊′＝(天丄辛)^{三} 詳之得 天^{三}丄三天^{二}辛丄三天辛^{二}丄辛^{三} 體之長數爲 戊′丅戊＝三天^{二}辛丄三天辛^{二}丄辛^{三} 邊平變大，若體亦平變大，則有比例 三天^{二}辛丄三天辛^{二}丄辛^{三}∶辛∷邊變∶面變 以辛約之，得 三天^{二}丄三天辛丄辛^{二}∶一∷面變∶邊變 但體積之增恒以漸而速，故其長數必大於天爲邊時體積變大之比例。辛愈小愈近於天爲邊時體變之比例，若辛爲○，則其比例若一與 三天^{二} 之比。

微分號　無論函數變數，其變比例俱謂微分。以彳號之。如 $戊=天^{三}$ 變函二數之變比例爲 $彳天:彳戊::一:三天^{二}$ 彳天、彳戊即天與戊之微分，用以表天與戊之變比例，即 $彳戊=三天^{二}彳天$ 以彳天約之得 $\frac{彳天}{彳戊}=三天^{二}$ 此顯變數之變比例約函數之變比例，等於函數之微係數也。

求函數之變比例法　細閱上法，則知求函數變比例之法，乃以自變數加微長數，得函數之長數。又令函數屢變而觀其漸近之限而知，長數爲〇方至限。此限即自變數爲天時之變比例也。

求微分之係數雖以辛爲〇，却不得謂彳天、彳戊俱等於〇。因彳天、彳戊即變數天與函數戊之變比例，既得微係數，其同數勿論，因彳天可任大任小也。

變數諸乘方之微分　求此等微分，即將元字之指數減一，以原指數乘之，又以元字之微分乘之即得。如 $戊=天^{卯}$ 求微分，即 $彳戊=卯天^{卯丅一}彳天$ 復以彳天約之，得微係數 $\frac{彳天}{彳戊}=卯天^{卯丅一}$

變數、常數相乘積之微分　求此等微分之法，即置變數之微分乘常數即得。如 $戊=甲天^{四}$ 求微分得 $彳戊=四甲天^{三}彳天$ 求微係數即 $\frac{彳天}{彳戊}=四甲天^{三}$

變數帶常數之微分　常數無微分，故變數與常數相加減之數求得微分，其常數不見。如 $戊=乙丄天^{四}$ 求微分得 $彳戊=四天^{三}彳天$ 常數不見。復求微係數即 $\frac{彳天}{彳戊}=四天^{三}$

同變數若干函數和較之微分　求此等數之微分，即置各函數之微分，以原和較號連之即得。如 $戊=天丄地丄人$ 求微分得 $彳戊=彳天丄彳地丄彳人$

同變數兩函數相乘積之微分　求此等微分之法，即先求兩函數之微分，以兩函數互乘相加即得。如以 戊亥 爲天之二函數，求微分即 $彳(戊亥)=亥彳戊丄戊彳亥$

同變數若干函數連乘積之微分　求此等微分之法，即以各函數之微分互乘，連乘積之餘函數相加即得。如 戊亥人 爲天之三函數，按法求微分爲 $亥人彳戊丄戊人彳亥丄戊亥彳人$

分數求微分　分數求微分之法，即先將分子、分母各求微分，以分母乘分子之微分，而以分子乘分母之微分減之爲微分之分子。以分母之平方爲微分之分母。如 $\frac{亥}{戊}$ 求其微分爲 $\frac{亥^{二}}{亥彳戊丅戊彳亥}$

清・黃啓明《微積通論》卷一　微分立法

微分之術，專言變數。故入算之始，專以極微之數爲比例，但比例所成之式有爲第一率極微者，有爲第二率以下極微者。然求微分時，只取其第一率極微之數，第二率以下均棄之不用。是以全部微分皆變數之理，則皆求變率之理不明，求變率之原未有能明微分者也。理之要領，則無論點、線、面體皆設爲由小漸變大，取其一頃刻中所變之積，名曰微分。謂所變極微，其數無幾，故曰微分。究其求變率之法，乃以所設之函數式將兩邊之變數加一極微之數，如變數爲天，則加彳天變數爲戊，則加彳戊之類。以代入原式中之變數，而詳之爲自變數與函數同時變大之數也。減去與原式相同之各項，則所餘之各項即自變數與函數同時變長之數也。此數將變之初，必由第一率極微之數起，然第二率以下之數仍亘雜于其中，故必擇其第二率以下極微之數而去之，則所存者皆爲第一率極微之數，而所求之微分出矣。今并悉其根原，具詳算式如左。

如 $戊=天^{二}$ 其天爲自變數，而戊爲天之函數，假如天能漸變漸長，命其一杪中所變之數爲彳天，則天既變其同數爲 $天丄彳天$ 而戊自不得不隨之變爲 $戊丄彳戊$ 得 $戊丄彳戊=(天丄彳天)^{二}$ 詳之如下式：$戊丄彳戊=天^{二}丄二天彳天丄彳天^{二}$ 即天與戊同時變大之數也。減去與原式相同之各項，則所餘者爲 $彳戊=二天彳天丄彳天^{二}$ 明理篇既以變長之數爲微分，則必減去與原式相同之數，將所餘之數以求微分。後仿此。即天與戊同時變長之數也。凡數將變之，初必由第一率極微之數起，今觀本式所得之彳戊及第一項 $二天彳天$ 皆爲第一率極微之數，其第二項之 $彳天^{二}$ 則爲第二率極微之數，其第二率極微之數 $彳天^{二}$ 比第一率極微之數 $二天彳天$ 已小至無可比，故可棄其 $彳天^{二}$ 不用，而得 $彳戊=二天彳天$ 即微分式也。而 $\frac{彳天}{彳戊}=二天$ 爲微係數也。其二天即流數法所謂變大比例之限也。

又如 $戊=天^{三}$ 其天爲自變數，而戊爲天之函數。假如天能漸變漸大，命其一杪中所變之數爲彳天，則天既變其同數，爲 $天丄彳天$ 而戊自不得不隨之變爲 $戊丄彳戊$ 得 $戊丄彳戊=(天丄彳天)^{三}$ 即 $戊丄彳戊=天^{三}丄三天^{二}彳天丄三天彳天^{二}丄彳天^{三}$ 即天與戊同時變大之數也。減去原式，餘爲 $彳戊=三天^{二}彳天$

$丄三天彳天^{二}丄彳天^{三}$ 即天與戊同時變長之數也。惟因彳戊及首項之 $三天^{二}彳天$ 爲第一率極微之數，第二項之 $三天彳天^{二}$ 爲第二率極微之數，第三項之 $彳天^{三}$ 爲第三率極微之數，其第二率比第一率已小至無可比，故 $三天彳天^{二}$、$彳天^{三}$ 均可棄之不用，而得 $彳戊=三天^{二}彳天$ 即微分式也。而 $\frac{彳天}{彳戊}=三天^{二}$ 即微係數也。其 $三天^{二}$ 即流數法所謂變大比例之限也。其他悉仿此例推。

明理篇言平方面之微分變爲直線，又本義篇言平方初成，必由直線起。今求得 $天^{二}$ 之微分爲 $二天彳天$ 其 二天 即二直線也。又明理篇言體積之微分變爲面，又本義篇言體積初成，必由平面起。今求得 $天^{三}$ 之微分爲 $三天^{二}彳天$ 其 $三天^{二}$ 即三面也。准此推之，他形莫不皆然。讀此而仍不知微分爲何物者，蓋未之有也。

若所設之式中有常數與變數相和較者，求其微分之後，常數之項皆化爲〇，而不見，惟常數與變數相乘，約求其微分之後，常數之項仍在乘約之中。

如 $戊=乙丄甲天^{二}$ 甲、乙爲常數。天爲自變數，而戊爲天之函數。設天變爲 $天丄彳天$ 而戊隨之變爲 $戊丄彳戊$ 得 $戊丄彳戊=乙丄甲(天丄彳天)^{二}$ 甲乙爲一定之常數，不變，故不論。即 $戊丄彳戊=乙丄甲天^{二}丄二甲天彳天丄甲彳天^{二}$ 減去原式得下式： $彳戊=二甲天彳天丄甲彳天^{二}$ 惟因彳戊及 $二甲天彳天$ 爲第一率極微之數，其 $甲彳天^{二}$ 爲第二率極微之數，而第二率之 $甲彳天^{二}$ 比第一率之 $二甲天彳天$ 已小至無可比，故 $甲彳天^{二}$ 可棄之不用，而得 $彳戊=二甲天彳天$ 即微分式也。而 $\frac{彳天}{彳戊}=二甲天$ 即微係數也。可見相和之項乙不能入微分之式內，因減原式時去之也。而相乘之項甲，仍在倍數之中。

又如 $戊=\frac{寅}{天^{二}丅卯}$ 設天變爲 $天丄彳天$ 而戊隨之變爲 $戊丄彳戊$ 得 $戊丄彳戊=\frac{寅}{(天丄彳天)^{二}丅卯}$ 即 $戊丄彳戊=\frac{寅}{天^{二}丄二天彳天丄彳天^{二}丅卯}$ 減去原式，餘爲 $彳戊=\frac{寅}{二天彳天丄彳天^{二}}$ 惟因彳戊及 $二天彳天$ 爲第一率極微之數，其 $彳天^{二}$ 爲第二率極微之數，故去其彳天而得 $彳戊=\frac{寅}{二天彳天}$ 爲微分式也。而 $\frac{彳天}{彳戊}=\frac{寅}{二天}$ 爲微係數也。可見相較之項卯不能入微分之式內，因減原式時去之也。而相約之項寅仍在分母之中，其他悉仿此例推。

又 卷二 常函數求微分法

常函數者幾何所成之代數式也。凡代數之式，無論若干項變數相乘、相除或相和，其求微分之法，均可依前卷立法篇之例，令各變數皆變大極微，乃以所變之數加入變數而詳之，而去其第二率以下極微之數，則爲所求之微分矣。今分類演之如左。

如函數爲變數諸乘方，其指數無論爲正、爲負、爲整、爲分。其求微分之定法不過將指數減一，爲求得之指數，以原指數乘之，又將變數求其微分以乘之，爲所求之微分。

如前卷立法篇求得 $天^{二}$ 之微分爲 $二天彳天$ 其倍數二，即原指數也。其指數一，即原指數減一之數也。其彳天即天之微分也。又求得 $天^{三}$ 之微分爲 $三天^{二}彳天$ 其倍數三即原指數也。其指數二即原指數減一之數也。其彳天即天之微分也。可知指數爲卯，其微分式必如 $卯天^{卯丅一}彳天$ 其卯無論正負整分，均合。

設 $地^{卯}$ 依法得 $彳(地^{卯})=卯地^{卯丅一}彳地$ ㊉泰 爲第一個公微分式。

如指數爲負，如 $\frac{地^{卯}}{一}=地^{丅卯}$ 則以 丅卯 代泰式之卯，得 $彳\left(\frac{地^{卯}}{一}\right)=丅卯地^{丅卯丅一}彳地=丅\frac{地^{卯丄一}}{卯彳地}$ (否) 爲第二個公微分式。

如指數爲分數，如 $地^{\frac{卯}{寅}}$ 則以 $\frac{卯}{寅}$ 代泰之卯，得 $彳(地^{\frac{卯}{寅}})=\frac{卯}{寅}地^{\frac{卯}{寅}丅一}彳地$ (晉) 爲第三個公微分式。

又如 $地^{丅\frac{卯}{寅}}$ 則以 $丅\frac{卯}{寅}$ 代泰之卯，得 $彳\left(\frac{地^{\frac{卯}{寅}}}{一}\right)=丅\frac{卯}{寅}地^{丅\frac{卯}{寅}丅一}彳地=丅\frac{卯地^{\frac{卯}{寅}丄一}}{寅彳地}$ (臨) 爲第四個公微分式。

如函數爲兩變數相乘，其求微分之定法，不過將此變數求其微分，與彼變數

相乘，又將彼變數求其微分，與此變數相乘，而以乘得之兩式相加，即爲所求之微分。

如 戌=未申 其未與申皆爲自變數，而戌爲未申兩變數相乘積之函數。設未與申皆能漸變漸大，命其一杪中所變之數爲彳未、彳申，則未與申既變其同數爲 未丄彳未 申丄彳申 而戌自不得不隨之變爲 戌丄彳戌 得 戌丄彳戌=(未丄彳未)(申丄彳申) 即 戌丄彳戌=未申丄未彳申丄申彳未丄彳未彳申 減去原式餘爲 彳戌=未彳申丄申彳未丄彳未彳申 惟因彳未及 未彳申、申彳未 皆爲第一率極微之數，而其 彳未彳申 則爲第二率極微之數，其第二率極微之數已小至無可比，故可棄其 彳未彳申 不用，而得 彳戌=未彳申丄申彳未(乾) 爲公微分式。

如函數爲多變數連乘，其求微分之定法，不過將各變數各求其微分，各與餘變數連乘，如是變數有若干元，則分求若干次，而以乘得之各式連加之，即爲所求之微分。

如 戌=未申酉 其未、申、酉皆爲自變數，而戌爲未、申、酉三變數連乘之函數。設未、申、酉各變爲 未丄彳未、申丄彳申、酉丄彳酉 而戌自不得不隨之變爲 戌丄彳戌 得 戌丄彳戌=(未丄彳未)(申丄彳申)(酉丄彳酉) 即 戌丄彳戌=未申酉丄未申彳酉丄未酉彳申丄酉申彳未丄未彳申彳酉丄申彳未彳酉丄酉彳未彳申丄彳未彳申彳酉 減去原式，餘爲 彳戌=未申彳酉丄未酉彳申丄酉申彳未丄未彳申彳酉丄申彳未彳酉丄酉彳未彳申丄彳未彳申彳酉 惟因彳戌及 未申彳酉、未酉彳申、酉申彳未 皆爲第一率極微之數，而 未彳申彳酉、申彳未彳酉、酉彳未彳申 爲第二率極微之數，其 彳未彳申彳酉 則爲第三率極微之數，其第二率比第一率已小至無比，故可棄其 未彳申彳酉、申彳未彳酉、酉彳未彳申、彳未彳申彳酉 不用，而得 彳戌=未申彳酉丄未酉彳申丄申酉彳未(坎) 爲第一個公微分式。

若以 未申酉 約坎式，得 $\frac{未申酉}{彳戌}=\frac{未申酉}{未申彳酉丄未酉彳申丄申酉彳未}$ 即 $\frac{未申酉}{彳戌}=\frac{未}{彳未}丄\frac{申}{彳申}丄\frac{酉}{彳酉}$ 變其項得 $彳(未申酉)=未申酉\left[\frac{未}{彳未}丄\frac{申}{彳申}丄\frac{酉}{彳酉}\right]$(艮) 爲第二個公微分式。

若有四變數連乘，如 未申酉亥 可從艮式推之，得 $彳(未申酉亥)=未申酉亥\left[\frac{未}{彳未}丄\frac{申}{彳申}丄\frac{酉}{彳酉}丄\frac{亥}{彳亥}\right]$(震) 爲第三個公微分式。

如函數爲分數，其求微分之定法，不過將分子求其微分，以分母乘之爲實，又將分母求其微分，以分子乘之爲法，減之爲求得之分子，以原分母自乘爲求得之分母，以約之爲所求之微分。

如 $戌=\frac{申}{未}$ 可變之爲 申戌=未 如前法求微分，得 戌彳申丄申彳戌=彳未 變項得 $彳戌=\frac{申}{彳未丅戌彳申}$ 惟因 $戌=\frac{申}{未}$ 故以 $\frac{申}{未}$ 代其戌而得 $彳戌=\frac{申}{彳未丅\frac{申}{未}彳申}$ 故得 $彳戌=\frac{申^{二}}{申彳未丅未彳申}$(巽) 爲第一個公微分式。

如分母、分子有兩變數，如 $戌=\frac{亥地}{未申}$ 可先變其式爲 亥地戌=未申 如前法求微分，得 亥地彳戌丄地戌彳亥丄亥戌彳地=未彳申丄申彳未 變項得 $彳戌=\frac{亥地}{未彳申丄申彳未丅地戌彳亥丅亥戌彳地}$ 惟因 $戌=\frac{亥地}{未申}$ 故得 $彳戌=\frac{亥地}{未彳申丄申彳未丅地\frac{亥地}{未申}彳亥丅亥\frac{亥地}{未申}彳地}$ 化之得 $彳戌=\frac{亥^{二}地^{二}}{亥地未彳申丄亥地申彳未丅地未申彳亥丅亥未申彳地}$(離) 爲第二個公微分式。

若以 $\frac{亥地}{未申}$ 約離式，得 $\frac{\frac{亥地}{未申}}{彳戌}=\frac{申}{彳申}丄\frac{未}{彳未}丅\frac{亥}{彳亥}丅\frac{地}{彳地}$ 即 $彳\left(\frac{亥地}{未申}\right)=\frac{亥地}{未申}\left[\frac{申}{彳申}丄\frac{未}{彳未}丅\frac{亥}{彳亥}丅\frac{地}{彳地}\right]$(坤) 爲第三個公微分式。

試將 $\frac{戌}{彳戌}=\frac{申}{彳申}丄\frac{未}{彳未}丅\frac{亥}{彳亥}丅\frac{地}{彳地}$ 變之得 $\frac{戌}{彳戌}=\frac{未申}{彳(未申)}丅\frac{亥地}{彳(亥地)}$ 可知分子兩項正，分母兩項負，如變數有多項，如 $\frac{亥地人}{未申酉}$ 從坤式推之得 $彳\left(\frac{亥地人}{未申酉}\right)=\frac{亥地人}{未申酉}\left[\frac{未}{彳未}丄\frac{申}{彳申}丄\frac{酉}{彳酉}丅\frac{亥}{彳亥}丅\frac{地}{彳地}丅\frac{人}{彳人}\right]$(兌) 爲第四個公微分式。

如函數爲多項變數相和，其求微分之定法，不過將每項各求其微分，仍其正負連加之，即爲所求之微分。

如 戌=亥丄地丅人丅酉 依前法每項各求之得 彳(亥丄地丅人丅酉)=

彳丄徙丅彳丅徝㊂　爲公微分式。

以上已求得各種公微分式矣。

圓函數求微分法

圓函數求微分者，求平圓八線與弧背之微分也。其法分爲二類：一類以八線爲函數，八線之弧爲自變數，求其微分，名曰八線微分。一類以弧背爲函數，弧背之八線爲自變數，求其微分，名曰弧背微分。其求法則以弧背初變極微之一點爲弦，其數既爲極微，則曲線可改作直線算。同時中正弦與餘弦所變大之一點爲勾，與股與原有之勾股形爲同式形，以相當比例入之如左。

正弦之微分等于餘弦乘其弧之微分，餘弦之微分等于正弦反號乘其弧之微分，故餘弦之微分爲負。本當皆以半徑約之，因半徑爲一從省也。

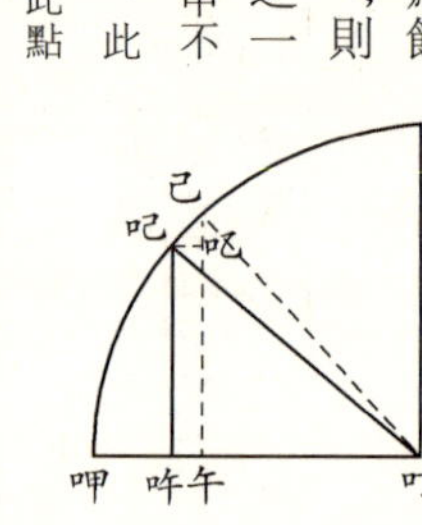

如圖，呷吧爲任一段之弧，吧咔爲正弦，叮午爲餘弦。假如呷吧弧能漸變漸長，命其一杪中變長至己，則同時中正弦變爲己午，餘弦變爲叮午，其吧己間之一點，即呷吧弧變長之微分也。此點極微，幾不能辨。圖中不過顯明其理。己㞢間之一點，即正弦變長之微分也。此點亦極微。吧㞢間之一點，即餘弦變長之微分也。此點亦極微。其己吧㞢變大之勾股形，與吧咔叮原有之勾股形爲同式形，以相當比例入之。

乃依代法，令　叮吧＝一、呷吧弧＝天　則　吧咔＝正弦天、叮咔＝餘弦天　而　吧己＝彳天、己㞢＝彳(正弦天)、吧㞢＝丅彳(餘弦天)　則依己吧㞢與吧咔叮同式勾股形之理，得　叮吧：叮咔∷己吧：己㞢　即　一：餘弦天∷彳天：彳(正弦天)　首末兩率相乘等于中兩率相乘，得　彳(正弦天)＝餘弦天彳天　即正弦之微分也。

又依同理得　叮吧：吧咔∷己吧：吧㞢　即　一：正弦天∷彳天：丅彳(餘弦天)　故得　彳(餘弦天)＝丅正弦天彳天　即餘弦之微分也。弧度變長，則餘弦反變爲短，故微分爲負，觀圖自明。

正切之微分等于半徑方加正切方，與弧微分相乘。餘切之微分等于半徑方加餘切方，與弧之負微分相乘，故餘切之微分爲負。

如圖，呷吧爲任一段之弧，呷咦爲正切，叮咦爲正割。假如呷吧弧能漸變漸長，命其一杪中變長至己，則弧背呷吧既變爲呷己，而正切呷咦自不得不隨之變爲呷庚，其己吧間之一點，即弧背變長之微分也。此兩點極微，庚咦間之一點，即正切變長之微分也。幾不能辨，圖中不過顯明其理，後仿此。乃自咦至啐作一咦啐線，與己吧平行，亦與己吧相等，則依幾何之理，其庚咦啐變大之勾股形與咦呷叮原有之勾股形有相關之比例。

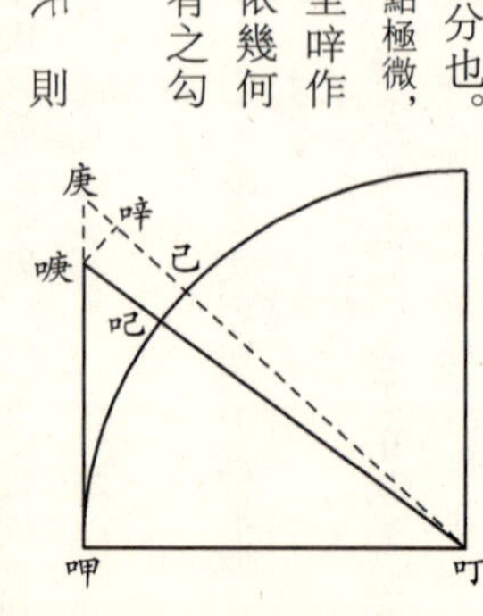

乃依代法，命　叮呷＝一、呷吧弧＝天　則　呷咦＝正切天、叮咦＝正割天　而　己吧＝彳天、咦庚＝彳(正切天)　則依庚咦啐與咦呷叮同式勾股形，面與面之比同于線與線之比，得　叮呷：叮咦∷咦啐：咦庚　即　一：正割^{二}天∷彳天：彳(正切天)　故得　彳(正切天)＝正割^{二}天彳天　惟因　正割^{二}天＝一丄正切^{二}天　故得　彳(正切天)＝(一丄正切^{二}天)彳天　即正切之微分也。

又法因　正切天＝$\frac{餘弦天}{正弦天}$　乃令　申＝餘弦天、未＝正弦天　求微分得　䄬＝丅正弦天彳天、𥘶＝餘弦天彳天　將此各同數代人巽式中，得

$彳\left(\frac{餘弦天}{正弦天}\right)＝彳\left(\frac{申}{未}\right)＝\frac{𥘶申丅䄬未}{申^{二}}＝\frac{餘弦天(餘弦天彳天)丅正弦天(丅正弦天彳天)}{餘弦^{二}天}＝\frac{(餘弦^{二}天丄正弦^{二}天)彳天}{餘弦^{四}天}$　惟因　餘弦^{二}天丄正弦^{二}天＝一　故得　彳(正切天)＝$\frac{餘弦^{二}天}{彳天}$＝$\frac{餘弦^{二}天}{一}$彳天。依八線相求例，其　$\frac{餘弦^{二}天}{一}$＝正割^{二}天＝一丄正切^{二}天　故得　彳(正切天)＝正割^{二}天彳天＝(一丄正切^{二}天)彳天　與前同。

欲求　餘切天　之微分，可依同理，得　一：餘割^{二}天∷彳天：丅彳(餘切天)　故得　彳(餘切天)＝丅餘割^{二}天彳天＝丅(一丄餘切^{二}天)彳天　爲餘切之微分。弧度變長，則餘切反變爲短，故微分爲負。

又法因　餘切天＝$\frac{正弦天}{餘弦天}$　乃令　申＝正弦天、未＝餘弦天　求微分得　䄬＝餘弦天彳天、𥘶＝丅正弦天彳天　將此各同數代入巽式中，得

$彳\left(\frac{正弦天}{餘弦天}\right)＝彳\left(\frac{申}{未}\right)＝\frac{𥘶申丅䄬未}{申^{二}}＝\frac{正弦天(丅正弦天彳天)丅餘弦天(餘弦天彳天)}{正弦^{二}天}$＝

惟因 正弦^{二}天丄餘弦^{二}天＝一 故得 $\frac{正弦^{二}天}{丅(正弦^{二}天丄餘弦^{二}天)彳}$

$彳(餘切天)＝丅\frac{正弦^{二}天}{彳}＝丅餘割^{二}天彳＝丅(一丄餘切^{二}天)彳$ 與前法所求得者同。

正割之微分等于正切乘正割，與弧微分相乘。餘割之微分等于餘切乘餘割，與弧之負微分相乘。

如圖，呷叱爲任一段之弧，叮咦爲正割，呷咦爲正切，庚咦爲弧背變長之微分，與己叱等。啐庚爲正割變長之微分。則依幾何之理，其變大之啐庚咦勾股形，與原有之咦呷叮勾股形，爲同式形，有相關之比例。

乃依代法，命 呷叱弧＝天，叮咦＝正割天，呷咦＝正切天 則 庚咦＝己叱＝彳天，啐咦＝彳(正切天)，啐庚＝彳(正割天) 則依啐庚咦變大之勾股形與咦呷叮原有之勾股形同式相比之理，得 咦呷：咦叮∷啐庚：啐咦 即 正切天：正割天∷彳(正割天)：彳(正切天) 所以 $彳(正割天)＝\frac{正割天}{正切天×彳(正切天)}$ 惟因 $彳(正切天)＝正割^{二}天彳$ 故得 $彳(正割天)＝\frac{正割天}{正切天正割^{二}天彳}＝$ 正切天正割天彳 爲正割之微分。

又法因 $正割天＝\frac{餘弦天}{一}$ 即 $正割天＝餘弦^{丅一}天$ 乃令 卯＝一、地＝餘弦天 求微分得 彳地＝丅正弦天彳 將此各同數代入師式中，得 $彳(\frac{地^{卯}}{一})＝丅卯地^{丅卯丅一}彳地＝丅\frac{地^{卯丄一}}{卯彳地}＝\frac{餘弦^{二}天}{正弦天彳}＝\frac{餘弦天}{正弦天}×\frac{餘弦天}{一}彳$

惟因 $\frac{餘弦天}{正弦天}＝正切天$、$\frac{餘弦天}{一}＝正割天$ 故得 彳(正割天)＝正切天正割天彳 與前法所求得者同。

欲求 餘割天 之微分，可依同理，得 餘切天：餘割天∷丅彳(餘割天)：丅彳(餘切天) 故得 $彳(餘割天)＝\frac{餘割天}{彳(餘切天)餘切天}＝丅\frac{餘割天}{餘切天餘割^{二}天彳}＝$丅餘割天餘切天彳 爲餘割之微分。

又法因 $餘割天＝\frac{正弦天}{一}＝正弦^{丅一}天$ 乃令 卯＝一、地＝正弦天 求微分得 彳地＝餘弦天彳 將此各同數代入師式中，得 $彳(\frac{地^{卯}}{一})＝丅卯^{丅卯丅一}地彳地＝丅\frac{地^{卯丄一}}{卯彳地}＝丅\frac{正弦^{二}天}{餘弦天彳}＝丅\frac{正弦天}{餘弦天}×\frac{正弦天}{一}彳$ 亦即 彳(餘割天)＝丅餘切天餘割天彳 與前同。弧度變長，則餘割反變爲短，故微分爲負。

正矢之微分等于正弦乘弧之微分，餘矢之微分等于餘弦乘弧之負微分。

如圖，呷叱爲任一段之弧，呷咋爲正矢，叱咋爲正弦，己叱爲弧背之微分，午咋爲正矢之微分。試作一叱啐線與咋午平行，即成己叱啐勾股形與叱咋叮勾股形爲同式形，以相當比例入之如左。

乃依代法，命 叱叮＝一、呷叱弧＝天、呷咋＝正矢天 而 己叱＝彳天、咋午＝彳(正矢天) 則依勾股形同式相比之理，得 叱叮：叱咋∷叱己：叱啐 即 一：正弦天∷彳：彳(正矢天) 故得 彳(正矢天)＝正弦天彳 爲正矢之微分。

欲求 餘矢天 之微分，可依同理，得 一：餘弦天∷彳：丅彳(餘矢天) 故得 彳(餘矢天)＝丅餘弦天彳 爲餘矢之微分。弧度變長，則餘矢反變爲短，故微分爲負。

以上既求得弦背與八線相配之八線微分。今則推其理，以求八線與弧背相配之弧背微分，其求法亦與求八線微分同，而理亦無異。但前法以八線爲函數八線之弧，爲自變數，故以天代其弧，以彳代其弧之微分。今則以弧爲函數弧之八線，爲自變數，故以天代其八線，以彳代其八線之微分，仍將圖說詳演如左。

凡記八線所配之弧，其式如 弧(八線^{丅一}天) 觀此式可知，天爲某線，其弧爲某線之弧。

正弦之弧微分，等于餘弦約正弦之微分。餘弦之弧微分，等于正弦約餘弦之負微分。

如圖，呷吧爲任一段之弧，吧咋爲正弧，叮咋爲餘弦。假如正弦能漸變漸長，命其一秒中變長至己，則正弦啐午既變爲己午，而弧背呷吧自不得不隨之變爲呷己，其己啐間之一點，則正弦變大之微分也。己吧間之一點，則弧背變長之微分也。

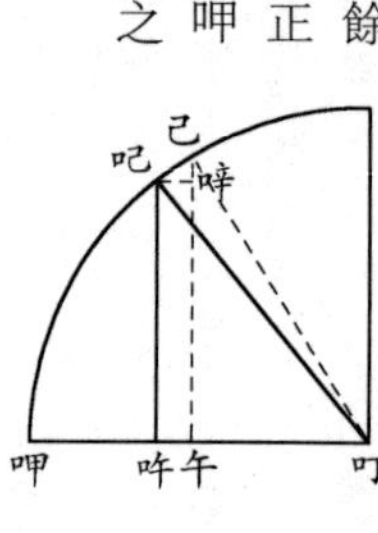

乃依代法，命　叮吧＝一、吧咋＝天、呷吧弧＝弧(正弦丅一天)　則其　己啐＝仸、己吧＝彳弧(正弦丅一天)　依己吧啐與吧叮咋同式勾股形之理，得　吧叮：咋叮∷己吧：己啐　即　一：餘弦∷彳弧(正弦丅一天)：仸　而　$彳弧(正弦^{丅一}天)=\frac{餘弦}{仸}$　惟因　$餘弦=\sqrt{一丅天^{二}}$　故得

$$彳弧(正弦^{丅一}天)=\frac{\sqrt{一丅天^{二}}}{仸}$$ 爲正弦之弧微分。

欲求餘弦之弧微分，則以天代叮啐，即餘弦。以仸代啐吧，依同理，得　吧叮：吧咋∷吧己：丅吧啐　即　一：正弦∷彳弧(餘弦丅一天)：丅仸　而　$彳弧(餘弦^{丅一}天)=丅\frac{正弦}{仸}$　惟因　$正弦=\sqrt{一丅天^{二}}$　故得　$彳弧(餘弦^{丅一}天)=丅\frac{\sqrt{一丅天^{二}}}{仸}$　爲餘弦之弧微分。

正切之弧微分，等于半徑方加正切方，約正切之微分。餘切之弧微分，等于半徑方加餘切方，約餘切之負微分。

如圖，呷哦爲任一段之弧，呷吃爲正切，叮吧爲正割。假如正切能漸變漸長，命其一秒中變長至呐，則正切呷吃既變爲呷呐，而弧背呷哦自不得不隨之變爲呷啐，其呐吃即正切變長之微分也。其吧吃，即啐哦。即弧背變長之微分也。

命　呷叮＝一、呷吃＝天、呷哦弧＝弧(正切丅一天)　而　呐吃＝仸、吧吃＝彳弧(正切丅一天)　依同式三角形，面與面比同于線與線比之例，得　叮呷二：叮吃二∷吧吃：吃呐　即　一：正割二∷彳弧(正切丅一天)：仸　而　$彳弧(正切^{丅一}天)=\frac{正割^{二}}{仸}$　惟因　$正割^{二}=一丄正切^{二}$

故得　$彳弧(正切^{丅一}天)=\frac{一丄天^{二}}{仸}$　爲正切之弧微分。

其　彳弧(餘切丅一天)　可依同理，得　一：餘割二∷彳弧(餘切丅一天)：丅仸　而　$彳弧(餘切^{丅一}天)=丅\frac{餘割^{二}}{仸}$　惟因　$餘割^{二}=一丄餘切^{二}$　故得

$$彳弧(餘切^{丅一}天)=丅\frac{一丄天^{二}}{仸}$$ 爲餘切之弧微分。

正割之弧微分等于正切乘正割，約正割之微分。餘割之弧微分等于餘切乘餘割，約餘割之負微分。

如圖，呷吧爲任一段之弧，叮咋爲正割，呷咋爲正切，哦啐爲正割變長之微分，吃吧爲弧背變長之微分。試自咋至啐作一咋啐，約與吃吧平行，則成咋啐哦勾股形與咋呷叮勾股形，爲同式形。

命　呷叮＝一、咋叮＝天、呷吧弧＝弧(正割丅一天)　則其　哦啐＝仸、吧吃＝彳弧(正割丅一天)　依同式勾股形，面與面比同于線與線比之例，得　呷叮：咋呷咋叮∷咋啐：哦啐　即　一：正切正割∷彳弧(正割丅一天)：仸　而　$彳弧(正割^{丅一}天)=\frac{正切正割}{仸}$

惟因　$正切=\sqrt{天^{二}丅一}$　得　$彳弧(正割^{丅一}天)=\frac{天\sqrt{天^{二}丅一}}{仸}$　爲正割之弧微分。

欲求餘割之弧微分，可令餘割等于天，餘割微分等于仸，則依同理，得　一：餘切餘割∷彳弧(餘割丅一天)：丅仸　則　$彳弧(餘割^{丅一}天)=丅\frac{餘切餘割}{仸}$

惟因　$餘切=\sqrt{天^{二}丅一}$　故得　$彳弧(餘割^{丅一}天)=丅\frac{天\sqrt{天^{二}丅一}}{仸}$　爲餘割之弧微分。

正矢之弧微分等于正弦約正矢之微分。餘矢之弧微分等于餘弦約餘矢之負微分。

如圖，呷吧爲任一段之弧，呷咋爲正矢，吧咋爲正弦，咋午爲正矢變長之微分，己吧爲弧背變長之微分。試自吧至啐作一吧啐線，與咋午平行，則成己吧啐變大之勾股形，與吧咋叮原有之勾股形爲同式形，以相當比例入之。

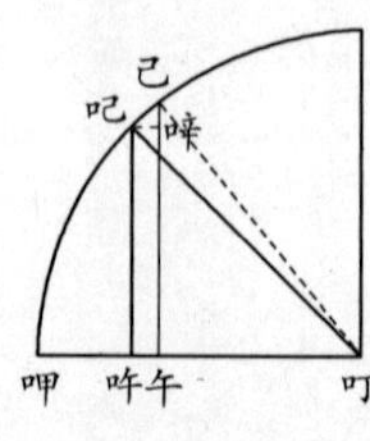

命 呷吘＝天、叩弧＝弧(正矢丅天) 叵 吘午＝伓、叩己＝弧(正矢丅天) 依叩己吘與叩吘叮同式勾股形之理，得 叩叮：叩吘∷叩己：叩吘 即 一：正弦∷弧(正矢丅天)：伓 叵 弧(正矢丅天)＝$\frac{正弦}{伓}$ 惟因 正弦＝$\sqrt{二天丅天^{二}}$ 故得 弧(正矢丅天)＝$\frac{\sqrt{二天丅天^{二}}}{伓}$ 爲正矢之弧微分。

其 弧(餘矢丅天) 依同理，得 一：餘弦∷弧(餘矢丅天)：丅伓 叵 弧(餘矢丅天)＝丅$\frac{餘弦}{伓}$ 惟因 餘弦＝$\sqrt{二天丅天^{二}}$ 故得 弧(餘矢丅天)＝丅$\frac{\sqrt{二天丅天^{二}}}{伓}$ 爲餘矢之弧微分。

越函數求微分法

越函數之式，共有二類：一類以常數爲底，即對數底。自變數爲指數，即對數。變數所配之真數爲函數，即常數變方之式也，名曰指函數。一類以常數爲底，即對數底。對數爲指數，即函數。對數所配之真數爲自變數，即甲底對數之式也，名曰對函數。指函數者，指數漸變，其所配之真數亦必因之而變，是以對數求真數之微分也。對函數者，真數漸變，其所配之對數亦必因之而變，是以真數求對數之微分也。至于求之之法，亦與立法篇之理相同，而布算稍異。何則其變長之數，不在倍數之中，而在指數之上，故必設法化爲級數，使其指數變爲倍數。然後其微分可得而求也。分類演之如左。

如函數爲變指數，其求微分之定法，將常數底求其訥對與本數相乘，又以變指之微分乘之，即得所求之微分。

指函數之形，其式如 戍＝$甲^{天}$ 此式中甲爲常數，即對數底。指數天爲自變數，即對數。而戍爲指數天之函數，即真數，乃甲自乘至天方與戍相等也。假如天能漸變漸大，命其一杪中所變之數爲伓，則天既變，其同數爲 天丄伓 而戍自不得不隨之變爲 戍丄彸 得下式：戍丄彸＝$甲^{天丄伓}$ 準同元相乘，指數相加之理，變爲 戍丄彸＝$甲^{天}甲^{伓}$ 減去原式，餘爲子式 彸＝$甲^{天}甲^{伓}$丅$甲^{天}$＝$甲^{天}(甲^{伓}丅一)$ 此式將變之初，必由第一率極微之數起，今欲攷出其各率之數，必將 $甲^{伓}$ 依甲之伓方詳爲級數。令伓變爲倍數，然後其率可得而知也。然而 $甲^{伓}$ 又不可詳，因甲無論自乘至何方，其形俱不改也。惟有用助變之法，乃可詳爲級數也。

法令 甲＝一丄丙 則 $甲^{伓}＝(一丄丙)^{伓}$ 依二項乘方例，得 $甲^{伓}＝(一丄丙)^{伓}＝一丄\frac{一}{伓}丙丄\frac{一·二}{伓(伓丅一)}丙^{二}丄\frac{一·二·三}{伓(伓丅一)(伓丅二)}丙^{三}丄…$ 兩邊各減一并以乘法詳之，如 $甲^{伓}丅一＝伓丙丄\frac{一·二}{伓^{二}丙^{二}}丅\frac{一·二}{伓丙^{二}}丄\frac{一·二·三}{伓^{三}丙^{三}}丅\frac{一·二·三}{三伓^{二}丙^{三}}丄\frac{一·二·三}{二伓丙^{三}}丄\frac{一·二·三·四}{伓^{四}丙^{四}}丄…$ 惟因 伓丙、丅$\frac{一·二}{伓丙^{二}}$、丄$\frac{一·二·三}{二伓丙^{三}}$ 皆爲第一率極微之數，而 丄$\frac{一·二·三}{伓^{三}丙^{三}}$、丅$\frac{一·二·三}{三伓^{二}丙^{三}}$ 則爲第二率極微之數，其 丄$\frac{一·二·三}{伓^{三}丙^{三}}$ 則爲第三率極微之數，其第二各率比第一各率，已小至無比，故可將 丄$\frac{一·二}{伓^{二}丙^{二}}$、丅$\frac{一·二·三}{三伓^{二}丙^{三}}$、丄$\frac{一·二·三}{伓^{三}丙^{三}}$、丄$\frac{一·二·三·四}{伓^{四}丙^{四}}$…棄之不用，而得 $甲^{伓}丅一＝伓丙丅\frac{一·二}{伓丙^{二}}丄\frac{一·二·三}{二伓丙^{三}}丅…$

惟因 一丅丙＝甲 則 丙＝甲丅一 依代法，得 $甲^{伓}丅一＝\left[(甲丅一)丅\frac{二}{(甲丅一)^{二}}丄\frac{三}{(甲丅一)^{三}}丅…\right]伓$ 準《代數術》第一百七十三款并丁氏《對數詳解》之小畜式。及此書以後所證，此級數能明甲之訥對，如 $甲^{伓}丅一＝(訥甲)伓$ 代入子式，得 彸＝$(訥甲)甲^{天}伓$ 爲所求常數變方之微分。

如函數爲甲底之對數，其求微分之定法，將本數求其微分爲實，以本數乘甲底之訥對爲法，約之即得所求之微分。如求訥對之微分，則以本數求其微分爲實，以本數爲法，約之即得。常對數以訥甲除一爲根，訥對數即以一爲根故也。詳見後。

對函數之形，其式如 $甲^{戍}$＝天 此式中甲爲對數底，常數。天爲真數，變數。指數戍爲真數天所配之對數。即天之函數。設天變爲 天丄伓 而戍變爲 戍丄彸 得 天丄伓＝$甲^{戍丄彸}$＝$甲^{戍}甲^{彸}$ 減去原式，餘爲 伓＝$甲^{戍}甲^{彸}丅甲^{戍}＝甲^{戍}(甲^{彸}丅一)$ 其 $甲^{彸}丅一$ 依前級數法，得 $甲^{彸}丅一＝(訥甲)彸$ 故得 伓＝$甲^{戍}$(訥甲)彸、伓＝天即(訥甲)彸 則 彸＝$\frac{天(訥甲)}{伓}＝\frac{訥甲}{一}×\frac{天}{伓}$ 爲所求對數之微分。如求訥對之微分，則令 $\frac{訥甲}{一}＝一$ 則得 彸＝$\frac{天}{伓}$ 爲訥對數之微分。可知訥對求微分之定法，不過將本數

求其微分爲實，以本數爲法，約之即得。

設題《微積溯源》有稱繁函數求微分法，對函數、圓函數在繁函數中求微分法。今以其理可相通，法可相用，故統爲一類。

設有函數式　$戊＝天^{地}$　欲求其微分。

此式天自乘至地方，乃變數變方之函數也。準對數以加倍代自乘例，其天自乘至地方者，可將天之訥對，以地乘之，爲戊之訥對，如　訥戊＝地（訥天）乃令　亥＝訥戊、人＝訥天　則變爲　亥＝地人　求微分得　彳亥＝地彳人丄人彳地㊥　又將　亥＝訥戊、人＝訥天　求微分，得　彳亥＝彳（訥戊）＝$\frac{戊}{彳戊}$、彳人＝彳（訥天）＝$\frac{天}{彳天}$　將本數求微分爲實以本數爲法，約之。乃將　人＝訥天、彳亥＝$\frac{戊}{彳戊}$、彳人＝$\frac{天}{彳天}$　此三同數代入甲式中，得　$\frac{戊}{彳戊}＝\frac{天^{地}}{彳天^{地}}＝地\frac{天}{彳天}$丄訥天彳地　即彳戊＝$\frac{天}{天^{地}地彳天}$丄$天^{地}$（訥天）彳地　變之得　彳戊＝$天^{地丅一}$地彳天丄$天^{地}$（訥天）彳地爲所求之微分。

又法依兩變數相乘求微分法，先以天爲變數，地爲常數，求微分得　地$天^{地丅一}$彳天　次以地爲變數，天爲常數。依指函數法，求微分得　$天^{地}$（訥天）彳地　兩式相加必與前式無異。此偏微分法也。見後第三卷中附演于此以存通法。

曲線求微分法

曲線求微分者，求各種曲線任一段弧之公微分式也。其類有二：有從頂點起之曲線，有從極點起之曲線。名曰極曲線。從頂點起之曲線者，其縱橫線亦從頂點起，故求微分之時，有縱橫二線之變數，則弧之微分能以縱橫二線之微分明之。從極點起之曲線者，其縱橫線亦從極點起，此曲線因有帶徑繞極點而行所成，故求微分之時，有帶徑及帶徑與直線相交之變角，則弧之微分能以帶徑之微分及變角之微分明之。至于求法，則以變長極微之一點曲線爲弦，變長極微之一點縱橫線爲句，與股依句股求弦之法，便得各種曲線之公微分式矣。圖說詳著于左。

如圖，呷𠮙爲任何曲線之橫軸，命呷爲原點，則曲線從此點起，其縱橫線亦從此點起。何也？假如曲線于呷點未起時，則橫線與橫軸合縱線爲〇。若曲線從呷點行成至𠯀，則縱線隨之行成𠯀吘。橫線隨之行成呷吘。是曲線與縱橫線均隨呷點起也。如欲求呷𠯀任一段曲線之微分，則令其漸變漸長。假如一杪中變長至己，則曲線呷𠯀既變爲呷己，而橫線呷吘自不得不隨之變爲呷午，縱線𠯀吘自不得不隨之變爲己午，其己𠯀間之一點，即曲線變長之微分也。己味間之一點，即縱線變長之微分也。𠯀味間之一點，即橫線變長之微分也。此三點俱極微，幾不能辨。圖中不過顯明其理。

命　呷吘＝天、𠯀吘＝地、呷𠯀弧＝人　則　己𠯀＝彳人、己味＝彳地、𠯀味＝彳天　則依己𠯀味勾股形之理，得　$己𠯀^{二}＝𠯀味^{二}丄己味^{二}$　即　$彳人^{二}＝彳天^{二}丄彳地^{二}$　故得　$彳人＝\sqrt{彳天^{二}丄彳地^{二}}$　㊍　爲所求各種曲線任一段弧之公微分式也。準此得有定之法如左。

其法曰：無論何種曲線之弧，其求微分之法，不過將縱橫二線之微分，各自乘，相加開平方，即得。

如曲線爲有極之曲線，欲求其弧之公微分式，與前法又稍有不同。何也？前法之弧微分，能以縱橫二線之微分明之。若極曲線，則無縱橫二線，只有帶徑與變角。然依平三角形邊角相求之理，其縱橫二線之微分，亦能變爲帶徑與變角之微分，故能與前法通爲一律。

如圖，呷𠮙爲已知方向之直線，呷爲極點，即原點。呷𠯀爲帶徑，初與呷𠮙線相合後，從𠮙點繞呷極而行至𠯀點，則𠮙𠯀爲行成之一段曲線，呷吘爲𠯀點之橫線，𠯀吘爲𠯀點之縱線。所謂曲線與縱橫線，均從呷點起者，何也？假如呷𠯀帶徑于𠮙點未繞時，則曲線未生，故其帶徑與橫線俱與呷𠮙軸線合，縱線爲〇。若呷𠯀繞行至呼，則曲線行成𠮙呼，縱線隨之成呼吜，橫線隨之成呷吜。若呷𠯀繞行至𠰭，則曲線行成𠮙𠰭，縱線隨之成𠰭唇，橫線隨之成呷唇，是曲線與縱橫線均從呷點起，而呷角則爲變角也。

命　𠯀𠮙弧＝人、呷𠯀＝末、呷吘＝天、𠯀吘＝地、𠯀呷吘角＝亥　則依𠯀呷吘平三角形之理，得　半徑：餘弦呷：：𠯀呷：呷吘　即　一：餘弦亥：：末：天　又　半徑：正弦呷：：呷𠯀：𠯀吘　即　一：正弦亥：：末：地　故得天＝末餘弦亥、地＝末正弦亥　依常函數篇，兩變數相乘求微分法乾式之例，求其微分得　彳天＝丅末正弦亥彳亥丄餘弦亥彳末、彳地＝末餘弦亥彳亥丄正弦亥彳末　惟因

未餘弦亥＝天、餘弦亥＝$\frac{未}{天}$、未正弦亥＝地、正弦亥＝$\frac{未}{地}$　依代法得　彳天＝丅地彳亥丄$\frac{未}{天}$彳未、彳地＝天彳亥丄$\frac{未}{地}$彳未　將此兩式各自之，得　彳天²＝地²彳亥²丄$\frac{未^二}{天^二}$彳未²丅$\frac{未}{二天地}$彳亥彳未、彳地²＝天²彳亥²丄$\frac{未^二}{地^二}$彳未²丄$\frac{未}{二天地}$彳亥彳未　相加　彳天²丄彳地²＝地²彳亥²丄天²彳亥²丄$\frac{未^二}{天^二}$彳未²丄$\frac{未^二}{地^二}$彳未²　化爲兩乘數，如　彳天²丄彳地²＝(天²丄地²)(彳亥²丄$\frac{未^二}{彳未^二}$)　惟因呷吧吘句股形　天²丄地²＝未²　又　彳弧²＝彳天²丄彳地²　故得　彳弧²＝未²(彳亥²丄$\frac{未^二}{彳未^二}$)＝未²彳亥²丄彳未²　即　彳弧＝$\sqrt{未^二彳亥^二丄彳未^二}$　(坤)　爲所求各種極曲線任一段弧之公微分式也。準此得有定之法，如左。

其法曰：無論何種極曲線之弧，其求微分之定法，不過將帶徑之微分與帶徑乘變角之微分，各自乘，相加開平方即得。

曲面積求微分法

曲面積求微分者，求各種曲線界内任一段面積之公微分式也。其類有二：有從頂點起之曲面，有從極點起之曲面。從頂點起之曲面者，其面積亦從頂點起，故求微分之時，以横線爲自變數，則其曲線之任一段弧或弧與其縱横線界内之面積及曲線所能有之他變數，皆可爲横線之函數。從極點起之曲面者，其面積亦從極點起，故求微分之時，以帶徑與其有定方向之線所成之角爲自變數，則其曲線之縱横線并曲線與帶徑及定方向線界内之面積及他變數，皆可爲本角之函數。求法詳演如左。

如圖，呷吃爲任何曲線之横軸，呷爲原點，呷吧吘爲任一段曲面積，呷吘爲横線，吧吘爲縱線。假如此段面積能漸變漸大，命其一杪中變大至啐吇，則吧吘吇啐爲變大極微之一段面積。此段極微，幾不能辨，圖中不過顯明其理。吧哎爲横線之微分，啐哎爲縱線之微分。

命　呷吧吘面＝申、呷吘＝天、吧吘＝地　則

吧啐吇吘面＝彳申、吧哎＝彳天、啐哎＝彳地　則依幾何之理，其變大之面積，爲吧啐吇吘＝吧哎吇吘丄吧啐哎　惟因　吧哎吇吘＝地彳天、吧啐哎＝$\frac{一}{二}$彳天彳地　故得　彳申＝地彳天丄$\frac{一}{二}$彳天彳地　又因　$\frac{一}{二}$彳天彳地　爲第二率極微之數，故可棄之不用，而得　彳申＝地彳天　(乾)　爲所求各種曲線任一段面積之公微分式也。準此得有定之法如左。

其法曰：無論何種曲線界内之面積，其求微分之法，不過將縱線以横線之微分乘之，即得。

前法所得之式，其縱線必與横軸正交。若縱線與横軸爲斜交者，則令甲＝交角　而得　彳申＝地正弦甲彳天

如曲線爲有極之曲線，欲求其面積之微分，其法亦與前同而多一句股形積之微分。蓋前法之面積，從頂點起，只有縱線所截之一段面積，而極曲線之面積，從極點起，兼有帶徑所截之勾股形積，必須求得全積之微分，然後可依平三角形邊角相求之法，變其縱横二線之微分爲帶徑與變角之微分，即得極曲面之微分。

如圖，呷吃爲已知方向之直線，呷爲原點，其面積與縱横線均從此點起，呷吧爲帶徑，初與呷吃線合後，自吃點繞呷極而行，至吧點成呷吧吃一段面積，其吧吘爲吧點之縱線，呷吘爲吧點之横線。

命　呷吧吃面＝申、呷吧帶徑＝未、呷吘＝天、吧吘＝地、吧呷吃角＝亥　則依圖中之理，其呷吧吃面積等于吃吧吘面積加呷吧吘面積，故其微分亦必等于吃吧吘之微分加呷吧吘之微分，如　彳申＝彳(吃吧吘面)丄彳(呷吧吘面)　其彳(吃吧吘面)　可依前法求之，得　彳(吃吧吘面)＝丅地彳天　前法之面積與原點同方向，故微分爲正。今吃吧吘面積與呷點異方向，故微分爲負。又呷吧吘爲勾股形，所以　呷吧吘面＝$\frac{一}{二}$天地　求微分　彳(呷吧吘面)＝$\frac{一}{二}$地彳天丄$\frac{一}{二}$天彳地　故得　彳申＝丅地彳天丄$\frac{一}{二}$地彳天丄$\frac{一}{二}$天彳地＝$\frac{一}{二}$天彳地丅$\frac{一}{二}$地彳天　變之得　彳申＝$\frac{一}{二}$天²彳($\frac{天}{地}$)　依呷吧吘三角形之理，其　天＝未餘弦亥　叵　天²＝未²餘弦²亥　又　$\frac{天}{地}$＝正切亥　求微分　彳($\frac{天}{地}$)＝$\frac{餘弦^二亥}{彳亥}$　依代法得　彳申＝$\frac{二}{未^二餘弦^二亥}$

×$\frac{餘弦^{二}亥}{彶}$ 即 伸＝$\frac{一}{二}$未^{二}彶㊉ 爲所求各種極曲線任一段面積之公微分式也。準此得有定之法如左。

其法曰：無論何種極曲線之面積，其求微分之法，不過將帶徑自乘，以極角之微分乘之，二而一，即得。

曲體皮求微分法

曲體皮求微分者，求各種曲線體任一段皮積之微分也。其法可依求曲線微分之法而得。法先將曲線求其微分，乃令其曲線并變長之微分繞其本軸而旋轉一周，便得曲體皮變長之微分矣。詳著于左。

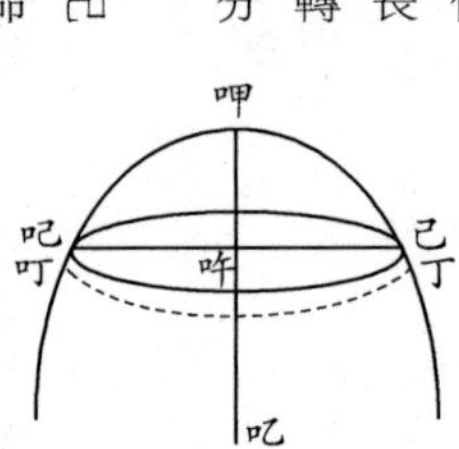

如圖，呷吃爲任何曲線之横軸，呷爲原點，呷叱爲任一段曲線，呷咋爲横線，叱咋爲縱線，叱叮爲呷叱弧變長之微分。乃令呷叱曲線并叱叮弧微分繞呷吃軸而旋轉一周，即成呷叱己一段曲體皮積，并叱叮己丁一段微分圈積。此微分圈積必與叱己圓周乘叱叮弧微分相等。

命 呷叱己曲面＝亥、呷咋＝天、叱咋＝地、呷叱弧＝人 則 叱叮己丁圈面＝亥、叱叮＝从 又命 周率＝周 則依圖中之理，其叱己爲截球一段圓面之周。叱咋爲圓半徑，則依周徑比例，得 叱己周＝二周地 將此圓周與叱叮弧微分相乘，則爲叱叮己丁一段微分圈積，如 彶＝二周地从 依前法求其呷叱弧之微分，爲 从＝$\sqrt{伕^{二}丄彵^{二}}$ 故得 彶＝二周地$\sqrt{伕^{二}丄彵^{二}}$㊗ 即所求各種曲體任一段皮積之公微分式也。其 二周地 爲叱己剖面形之周，故得有定之法如左。

其法曰：無論何種曲體皮，其求微分之法，不過將平面形之周以本曲線之弧微分乘之，即得。

曲體積求微分法

曲體積求微分者，求各種曲體任一段體積之微分也。其法可依求曲面積微分之法而得。法先將曲面求其微分，後令其曲面積并變大之微分繞其本軸而旋轉一周，便得曲體積變大之一段微分矣。詳著于左。

如圖，呷吃爲任何曲線之横軸，呷爲原點，呷叱咋爲一段曲面積，叱己咋午爲曲面變大之微分。其寔叱己及咋午相去極微，幾不能辨，圖中不過顯明其理。呷咋爲横線，叱咋爲縱線，咋午爲横線之微分，己吁爲縱線之微分。乃令呷己午曲面繞呷吃軸而旋轉一周，即成呷叱叮一段曲體積，并叱己叮丁一段微分積，其叱咋叮爲截球剖面之平圓，叱咋爲圓半徑，成叱吁子叮內圓柱積，己午丁爲變大剖面之平圓，己午爲圓半徑，成旺己丁壬外圓柱積兩圓柱之公高爲咋午。

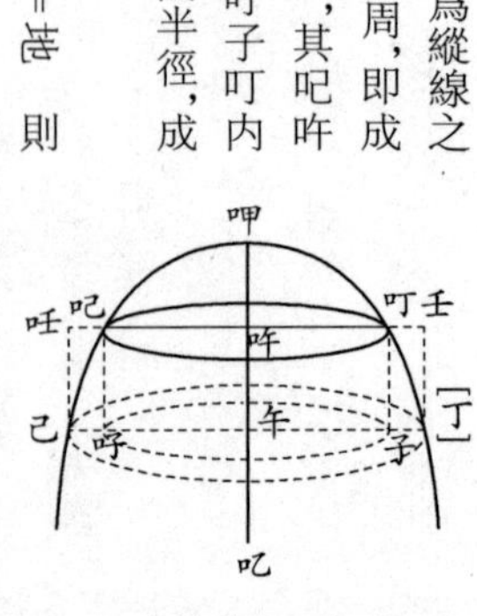

命 呷叱叮體＝申、呷咋＝天、叱咋＝地 則 叱己叮丁段＝伸、咋午＝伕、己吁＝彵 又命 周率＝周 則依幾何之理，得內圓柱積＝周地^{二}伕、外圓柱積＝周(地丄彵)^{二}伕 乃將內圓柱積減外圓柱積，半之爲叱己吁勾股圈積，與內圓柱積相加，則得叱己叮丁一段微分積，如 伸＝$\frac{一}{二}$周(地丄彵)^{二}伕丅$\frac{一}{二}$周地^{二}伕丄周地^{二}伕＝$\frac{一}{二}$周地^{二}伕丄周地彵伕丄$\frac{一}{二}$周彵^{二}伕丅$\frac{一}{二}$周地^{二}伕丄周地^{二}伕＝周地^{二}伕丄周地彵伕丄$\frac{一}{二}$周彵^{二}伕 惟因 周地彵伕、$\frac{一}{二}$周彵^{二}伕 爲第二率極微之數，而 $\frac{一}{二}$周彵^{二}伕 則爲第三率極微之數，故可將 周地彵伕、$\frac{一}{二}$周彵^{二}伕 棄之不用，而得 伸＝周地^{二}伕㊗ 爲所求各種曲體任一段體積之公微分式也。其 周地^{二} 爲所剖平圓面積，故得有定之法如左。

其法曰：無論何種曲體積，其求微分之法，不過將平圓面積以横線之微分乘之，即得。

清・陳志堅《微積闡詳》卷一 微分一

論函數微分

微分之理乃詳明函數及自變數兩變比例相與之比例。

第一款 平方邊變比例與面變比例之比例，若一與倍邊之比例。

試以天爲平方邊，則 天^{二} 爲平方面，以辛加邊得 天丄辛 其面爲(天丄辛)^{二} 詳之得 天^{二}丄二天辛丄辛^{二} 其邊所長爲辛，其面所長爲二天辛丄辛^{二} 設以辛爲邊變之比例，則 二天辛丄辛^{二} 爲面變之比例，而得 二天辛丄辛^{二}∶辛∷面變率∶邊變率 即 二天丄辛∶一∷面變率∶邊變率

平方面變比例必以漸而大，故其所長數 二天丄辛 必大於天爲邊時面變比例之長數。辛愈小，則 二天丄辛 愈近於天爲邊時之長數。如邊爲 一〇 面

爲 一〇〇 邊長至 一〇・一 面爲 一〇二・〇一 則二長數比若 一與二〇・一 邊爲 一〇・〇〇一 面爲 一〇〇・〇二〇〇〇 則二長數比若 一與二〇・〇〇一 可見邊之長數愈小，愈近於一與倍邊之比。故極其變比例之限若辛等於〇，則其比例即爲 一與二天 故邊變比例與面變比例之比若一與倍邊之比。函數與變數之變比例俱謂之微分。用彳號記之，如本款 戊＝天^{二} 則得 彳天：彳戊∷一：二天 即 $\frac{彳天}{彳戊}$＝二天 如下款 戊＝天^{三} 則得 彳天：彳戊∷一：三天^{二} 即 $\frac{彳天}{彳戊}$＝三天^{二} 此顯變數之變比例約函數之變比例，等於函數之微係數也。此舉平方、立方以見例。按：本款及下款以變數之長數屢變，觀其變比例漸近之限，則知長數爲〇，方至限。《拾級》以變比例之限言，故辛方以下可爲〇。《溯源》就用法言，故云取其初有辛之項，二者自並行不悖。又《溯源》第九、十、六、七等款論第一類甚小之數、第二類甚小之數，其長數既爲第一類甚小之數，則長數乘得之數即爲第二類甚小之數，其數已小至無可比。故第二類小數以下可棄之不用，其說甚明。

第二款 立方邊變比例與體變比例之比例，若一與三個邊平方之比例。

試以天爲邊，戊爲體積，則 戊＝天^{三} 以辛加邊得 天丄辛 變體積爲戊′，則得 戊′＝(天丄辛)^{三} 即 天^{三}丄三天^{二}辛丄三天辛^{二}丄辛^{三} 體之長數爲 戊′丅戊＝三天^{二}辛丄三天辛^{二}丄辛^{三} 其邊平長若體亦平長，則有比例 三天^{二}辛丄三天辛^{二}丄辛^{三}：辛∷體變率：邊變率 即 三天^{二}丄三天辛丄辛^{二}：一∷體變率：邊變率 體積之增必以漸而速，故其長數必大於天爲邊時體變比例之長數。設辛愈小，則 三天丄三天辛丄辛^{二} 愈近於天爲邊時之長數。如邊爲 一〇 體爲 一〇〇〇 邊長至 一〇・一 體爲 一〇三〇・三〇一 則二長數比若 一與三〇三・〇一 若邊爲 一〇・〇〇一 體爲 一〇〇〇・三〇〇〇三〇〇〇一 則二長數比若 一與三〇〇・〇三〇〇〇一 可見邊之長數愈小，二長數之比愈近於 一與三〇〇 故極其限若辛爲〇，則其比例即爲一 與 三天^{二} 故邊變比例與體變比例之比，若一與三個邊平方之比。

第三款 求變數諸乘方之微分，取其指數減一，以原指數乘之，又以元之微分乘之。

設 戊＝天^{卯} 天變爲 天丄辛 則得 戊′＝(天丄辛)^{卯} 詳之得 戊′＝天^{卯}丄卯天^{卯丅一}天辛丄… 以原式減之，復以辛約之，得 $\frac{辛}{戊′丅戊}$＝卯天^{卯丅一}丄… 依上二款，即右邊二項以下等於〇，即 $\frac{彳天}{彳戊}$＝卯天^{卯丅一} 叵 彳戊＝卯天^{卯丅一}彳天 與款合。

第四款 變數、常數相乘積之微分，等於變數微分乘常數。

設 戊＝甲天^{四} 天變爲 天丄辛 即 戊′＝甲^{四}天丄四甲天^{三}辛丄… 以原式減之，復以辛約之，得 $\frac{辛}{戊′丅戊}$＝四甲天^{三}丄… 準前例右邊二項以下爲〇，即得 $\frac{彳天}{彳戊}$＝四甲天^{三}、彳戊＝四甲天^{三}彳天 即 甲天^{四} 之微分與 天^{四} 之微分乘甲等。

第五款 常數無微分，故常數變數相加減之數，求得微分，其常數不見。

設 戊＝乙丄天^{卯} 天變爲 天丄辛 得 戊′＝乙丄天^{卯}丄卯天^{卯丅一}辛丄… 以原式減之，以辛約之，得 $\frac{辛}{戊′丅戊}$＝卯天^{卯丅一}丄… 準前例，即 $\frac{彳天}{彳戊}$＝卯天^{卯丅一} 即 彳戊＝卯天^{卯丅一}彳天 是微分中常數乙不見也。

第六款 同變數若干函數和較之微分，等於各函數微分之和較。

設戊爲諸函數之和較數，如 戊＝地丄人丅亥 地、人、亥皆天之函數。天變爲 天丄辛 則得 戊′丅戊＝(地′丅地)丄(人′丅人)丅(亥′丅亥) 即 彳戊＝彳地丄彳人丅彳亥 與款合。

第七款 同變數兩函數相乘積之微分，等於兩函數互乘兩微分之和。

試以戊、亥爲天之二函數，如 戊＝甲天^{寅}、亥＝乙天^{卯} 天變爲 天丄辛 即 戊′＝甲(天丄辛)^{寅}、亥′＝乙(天丄辛)^{卯} 詳之 戊′＝甲天^{寅}丄甲寅天^{寅丅一}辛丄…㊀ 亥′＝乙天^{卯}丄乙卯天^{卯丅一}辛丄…㊁ 兩邊各相乘，戊′亥′＝甲天^{寅}乙天^{卯}丄乙天^{卯}甲寅天^{寅丅一}辛丄…丄甲天^{寅}乙卯天^{卯丅一}辛丄… 惟 甲天^{寅}＝戊、乙天^{卯}＝亥 各以代入移項，$\frac{辛}{戊′亥′丅戊亥}$＝戊乙卯天^{卯丅一}丄…丄亥甲寅天^{寅丅一}丄… 依前例，二項外有辛之項爲〇，即 $\frac{彳天}{彳(戊亥)}$＝戊乙卯天^{卯丅一}丄亥甲寅天^{寅丅一} 即 彳(戊亥)＝戊乙卯天^{卯丅一}

彳天丄亥甲寅天^{寅丅一}彳天　惟　乙卯天^{卯丅一}彳天＝彳亥、甲寅天^{寅丅一}彳天＝彳戌　故　彳(戌亥)＝戌彳亥丄亥彳戌　與款合。

第八款　同變數若干函數連乘積之微分，等於各函數之微分互乘餘函數連乘積之和。

試以戌、亥、人爲天之三函數，而以地代　亥人　則得　戌亥人＝戌地　準七款　彳(戌地)＝地彳戌丄戌彳地　惟　地＝亥人　則依例　彳地＝人彳亥丄亥彳人　以此同數代彳地，　亥人　代地，即　彳(戌亥人)＝亥人彳戌丄戌人彳亥丄戌亥彳人　與款合。無論若干函數皆同。

第九款　求分數微分法：以分母乘分子之微分，而以分子乘分母之微分減之，爲微分之子。以分母之平方，爲微分之母。

設分數爲　$\frac{亥}{戌}$　令　$\frac{亥}{戌}$＝地　即　戌＝亥地　準七款　彳戌＝地彳亥丄亥彳地

所以　亥彳地＝彳戌丅地彳亥　即　亥彳$\left(\frac{亥}{戌}\right)$＝彳戌丅$\frac{亥}{戌}$彳亥　即　彳$\left(\frac{亥}{戌}\right)$

＝$\frac{亥^{二}}{亥彳戌丅戌彳亥}$　與款合。

第十款　求變數諸乘方之微分。置乘方數，將其指數減一，以原指數乘之，又以變數之微分乘之。理與第三款同，惟下設例並及正負整分爲異。

設有　天^{卯}　求其微分。卯無論正負整分，統歸一例。一設卯爲正整數，則　天^{卯}　乃天卯次連乘一之所得。如　天^{卯}＝天·天·天…　左數天之指數爲卯，則右數天必有卯个。依八款，連乘積，求微分。令　卯＝二　即　彳(天·天)＝天彳天丄天彳天　即　彳(天^{二})＝二天彳天　令　卯＝三　即　彳(天·天·天)＝天·天·彳天丄天·天·彳天丄天·天·彳天　即　彳(天^{三})＝三天^{二}彳天　卯等於四。以下由此類推，故卯無論若干，必得　彳(天^{卯})＝卯天^{卯丅一}彳天　此條之證竊爲改擬。二設卯爲正分數，如　$\frac{申}{未}$　則　戌＝天$^{\frac{申}{未}}$　各自乘申次，即　戌^{申}＝天^{未}　未申俱爲整數，故得　申戌彳戌^{申丅一}＝未天^{未丅一}彳天　即

彳戌＝$\frac{申戌^{申丅一}}{未天^{未丅一}彳天}$＝$\frac{申天^{\frac{申}{未}(申丅一)}}{未天^{未丅一}彳天}$　變作　彳戌＝$\frac{申}{未}$天$^{\frac{申}{未}丅一}$彳天　按：變式以母指數減子指數而得。以卯代　$\frac{申}{未}$　得　彳戌＝卯天^{卯丅一}彳天　三設卯爲負，不論整分，如

戌＝天^{丅卯}　可作　戌＝$\frac{天^{卯}}{一}$　依前九款，分數求微分，得　彳戌＝$\frac{天^{二卯}}{丅彳(天卯)}$

依本款　彳戌＝$\frac{天^{二卯}}{丅卯天^{卯丅一}彳天}$　以母之指數　二卯　減子之指數　卯丅一　得　彳戌＝丅卯天丅卯丅一彳天　以卯代　丅卯　得　彳戌＝卯天卯丅一彳天　故本款可該一切乘方之理。

第十一款　變數平方根之微分，等於變數之微分以倍根約之。

如　$\sqrt{天}$＝天$^{\frac{一}{二}}$　準上款　卯＝$\frac{一}{二}$、卯丅一＝丅$\frac{一}{二}$　即　彳戌＝$\frac{一}{二}$天$^{丅\frac{一}{二}}$彳天

＝$\frac{二\sqrt{天}}{彳天}$　與款合。

第十二款　多項數之若干乘方求微分法。置多項數之乘方，將其指數減一，即以原指數爲係數，又以多項數之微分乘之。

如　戌＝(甲天丄天^{二})^{卯}　以地代　甲天丄天^{二}　則得　戌＝地^{卯}　準本卷十款，得　彳戌＝卯地^{卯丅一}彳地　易以地之同數，得　卯(甲天丄天^{二})^{卯丅一}彳(甲天丄天^{二})　惟　彳(甲天)＝甲彳天、彳(天^{二})＝二天彳天　即　彳戌＝卯(甲天丄天^{二})^{卯丅一}(甲丄二天)彳天　與款合。

第十三款　凡變數若干乘方函數之微分中包變數之少一乘方，故可以其微係數爲次函數，更求微分而得二次微係數。二次以下層疊求之爲疊微分。

如　戌＝甲天^{三}　則　$\frac{彳天}{彳戌}$＝三甲天^{二}　三甲天^{二}　中包天又以爲函數求微分，得　彳$\left(\frac{彳天}{彳戌}\right)$＝六甲天彳天　設彳天爲常數，則　彳$\left(\frac{彳天}{彳戌}\right)$＝$\frac{彳天}{彳彳戌}$＝$\frac{彳天}{彳^{二}戌}$　彳^{二}戌爲戌二次微分之記號。所以　$\frac{彳天}{彳^{二}戌}$＝六甲天彳天　以彳天約之，得　$\frac{彳天^{二}}{彳^{二}戌}$＝六甲天　彳天^{二}爲彳天之平方，非天之微分。　六甲天　爲一次微係數之微係數，故名二次微係數。而　六甲天　中包天又以爲函數求微分，得　$\frac{彳天^{二}}{彳^{二}戌}$＝六甲彳天　以彳天約之，得　$\frac{彳天^{三}}{彳^{三}戌}$＝六甲　爲二次微係數之微係數，故名三次微係數。　六甲　不包天，即無微分。凡變數乘方求疊微分俱準此。

第十四款　依馬格老臨詳獨變數爲級數。戌爲天之函數，詳之爲天之諸正

方數，其式為　戊＝（戊）⊥$\left(\frac{彳天}{彳戊}\right)$天⊥$\left(\frac{彳天^{二}}{彳^{二}戊}\right)\frac{二}{天^{二}}$⊥$\left(\frac{彳天^{三}}{彳^{三}戊}\right)\frac{二・三}{天^{三}}$⊥…　若天為〇，則諸括弧內數為諸函數。任以戊為天之何函數，設等於　（甲⊥天）^{卯}　詳之得天之諸乘方與不包天之諸係數，諸係數以呷、叱、呩、叮等元代之，得　戊＝呷⊥叱天⊥呩天^{二}⊥叮天^{三}⊥…　求微分以彳天約之，得　$\frac{彳天}{彳戊}$＝叱⊥二呩天⊥三叮天^{二}⊥…　疊求微分以彳天約，則呷、叱、呩、叮等元遞消去，如　$\frac{彳天^{二}}{彳^{二}戊}$＝二呩⊥二・三叮天⊥…　又　$\frac{彳天^{三}}{彳^{三}戊}$＝二・三叮⊥…　餘仿此。若　天＝〇　則戊為（戊）　$\frac{彳天}{彳戊}$為$\left(\frac{彳天}{彳戊}\right)$　$\frac{彳天^{二}}{彳^{二}戊}$為$\left(\frac{彳天^{二}}{彳^{二}戊}\right)$　餘類推。用上諸式之同數得　（戊）＝呷、$\left(\frac{彳天}{彳戊}\right)$＝叱、$\left(\frac{彳天^{二}}{彳^{二}戊}\right)$＝二呩、$\frac{彳天^{三}}{彳^{三}戊}$＝二・三叮　即得呷、叱、呩、叮諸係數之同數：　呷＝（戊）、叱＝$\left(\frac{彳天}{彳戊}\right)$、呩＝$\frac{二}{一}\left(\frac{彳天^{二}}{彳^{二}戊}\right)$、叮＝$\frac{二×三}{一}\left(\frac{彳天^{三}}{彳^{三}戊}\right)$　用此諸同數於原式中，即得　戊＝（戊）⊥$\left(\frac{彳天}{彳戊}\right)$天⊥$\left(\frac{彳天^{二}}{彳^{二}戊}\right)\frac{二}{天^{二}}$⊥$\left(\frac{彳天^{三}}{彳^{三}戊}\right)\frac{二・三}{天^{三}}$⊥…　與款合。

第十五款　依戴氏術詳兩變數和較之函數為級數。凡天、地兩變數和較之函數，或天變而地不變，或地變而天不變，其微係數同。

如　戊＝（天⊥地）^{卯}　若天變而地不變，則得　$\frac{彳天}{彳戊}$＝卯（天⊥地）^{卯丅一}　地變而天不變，則得　$\frac{彳地}{彳戊}$＝卯（天⊥地）^{卯丅一}　兩微係數同。兩變數和之函數詳之為級數。其式為　亟（天⊥地）＝戊⊥$\frac{彳天}{彳戊}$地⊥$\frac{彳天^{二}}{彳^{二}戊}$×$\frac{一・二}{地^{二}}$⊥$\frac{彳天^{三}}{彳^{三}戊}$×$\frac{一・二・三}{地^{三}}$⊥…

（甲）若　地＝〇　則　亟（天⊥地）＝戊　試以戊為　天⊥地　之函數，詳地之諸乘方：　戊′＝亟（天⊥地）＝呷⊥叱地⊥呩地^{二}⊥叮地^{三}⊥…㊀　式中，呷、叱、呩、叮諸係數非地所生之數，乃天與原函數中諸常數所生之數，乃求呷、叱、呩、叮諸元之同數。令天與地任與何數同，俱與級數合，設以天為變，地為不變，求微分，得　$\frac{彳天}{彳戊}$＝$\frac{彳天}{彳呷}$⊥$\frac{彳天}{彳叱}$地⊥$\frac{彳天}{彳呩}$地^{二}⊥$\frac{彳天}{彳叮}$地^{三}⊥…　設以地為變，天為不變，求微分，即　$\frac{彳地}{彳戊}$＝叱⊥二呩地⊥三叮地^{二}⊥…　準本款　$\frac{彳天}{彳戊}$＝$\frac{彳地}{彳戊}$　故　$\frac{彳天}{彳呷}$⊥$\frac{彳天}{彳叱}$地⊥$\frac{彳天}{彳呩}$地^{二}⊥$\frac{彳天}{彳叮}$地^{三}⊥…＝叱⊥二呩地⊥三叮地^{二}⊥…　諸級之係數非因地而生，故地任與何數同，諸係數不變，而式中兩邊地之諸乘方相同，正負亦同，故得　$\frac{彳天}{彳呷}$＝叱㊁、$\frac{彳天}{彳叱}$＝二呩㊂、$\frac{彳天}{彳呩}$＝三叮㊃　餘仿此。若　地＝〇　則第一式中天⊥地　之函數變為天之函數，以戊代之，則得　呷＝戊　以此右數代第二式中之呷，得　叱＝$\frac{彳天}{彳戊}$　以此右數代第三式中之叱，得　二呩＝$\frac{彳天^{二}}{彳^{二}戊}$　即呩＝$\frac{二彳天^{二}}{彳^{二}戊}$　以此右數代第四式中之呩，得　三叮＝$\frac{二彳天^{三}}{彳^{三}戊}$　故　叮＝$\frac{二・三彳天^{三}}{彳^{三}戊}$　以此諸同數代第一式中呷、叱、呩、叮諸元，則得式　戊′＝亟（天⊥地）＝戊⊥$\frac{彳天}{彳戊}$地⊥$\frac{彳天^{二}}{彳^{二}戊地^{二}}$⊥$\frac{彳天^{三}一・二・三}{彳^{三}戊地^{三}}$⊥…　與款合。系若　亟（天⊥地）　求其詳數，理同。其式為　戊＝亟（天丅地）＝戊丅$\frac{彳天}{彳戊}$地⊥$\frac{彳天^{二}一・二}{彳^{二}戊地^{二}}$丅$\frac{彳天^{三}一・二・三}{彳^{三}戊地^{三}}$⊥…

第十六款　諸自變數之函數。設戊為天、地兩自變數之函數，二微係每因天地而變。因天變者，視地一。若常數因地變者，視天一。若常數視地若常數，則其微係數為　彳天｜戊　視天若常數，則其微係數為　彳地｜彳戊　此二微係數名曰偏微係。一為天之偏微係，一為地之偏微係。以兩偏微係與彳天、彳地依類各相乘，得　$\frac{彳天}{彳戊}$彳天、$\frac{彳地}{彳戊}$彳地　上為天之偏微分，下為地之偏微分，兩偏微分之和為函數之全微分。如　彳戊＝$\frac{彳天}{彳戊}$彳天⊥$\frac{彳地}{彳戊}$彳地　以同理得天、地、人三偏微分之和，為彳戊＝$\frac{彳天}{彳戊}$彳天⊥$\frac{彳地}{彳戊}$彳地⊥$\frac{彳人}{彳戊}$彳人

第十七款　攷函數有極大、極小之數。變數由小而大，過限而復變小，則恰當限時為極大；或變數由大而小，過限而復變大，則恰當限時為極小。用戴氏術攷函數極大、極小之公法，如第一次微係數為〇，則級數和之正負視第二次微係數。若第二次微係數為負，則函數極大；若為正，則函數極小。

第十八款　求函數極大極小捷法。先設二例。

一，凡天之諸同數能令函數爲極大、極小，則亦能令常數乘約函數所得數爲極大、極小。故凡求極大、極小，常數可去之不用。二，天之諸同數能令函數爲極大、極小，則亦能令函數之諸乘方積爲極大、極小。故凡求極大、極小，開方根指數諸號可去之不用。

又凡推函數之極大、極小，先詳函數之同數，次求第一次微係數。令同於〇，以求變數天之諸同數，即得函數極大、極小。按：此類之題大有趣味，故特爲增設多題。

又　卷二　微分二

第一款　求繁函數微分。

第二款　指函數微分元不變，指數變。其函數之微分等於積數乘元之訥氏對數，再以指數之微分乘之。

如有指函數式　$戌=甲^{天}$　求微分。依上款　$訥戌=天(訥甲)$　即

$彳(訥戌)=(訥甲)彳天$　惟　$彳(訥戌)=\frac{彳戌}{戌}$　即　$\frac{彳戌}{戌}=(訥甲)彳天$　而　$彳戌=$

$戌(訥甲)彳天$　即　$彳戌=甲^{天}(訥甲)彳天$　與款合。

第三款　對函數微分。凡對函數微分等於本數之微分乘對數之根，以本數約之。

準上款，$彳甲^{天}=甲^{天}甲對'彳天$　設　$戌=甲^{天}$　則　$彳天=\frac{戌甲對'}{彳戌}$　設甲爲某對數之底，則天必爲其表戌之對數，而　$\frac{甲對'}{一}$　爲其表之根，即以根命之，則得　$彳天=彳(戌對')=\frac{戌}{根彳戌}$　與款合。系準訥氏對數，則　根＝一　故

$彳(戌訥)=\frac{戌}{彳戌}$　故凡數之訥對微分等於本數之微分，以本數約之。

圓函數微分

第四款　凡正弦之微分等於餘弦乘弧之微分，以半徑約之。正弦求微分式

$戌=正弦天$　天變爲　$天丄辛$　戌變爲戌′，則　$戌'=正弦(天丄辛)$、$戌'丅$

$戌=正弦(天丄辛)丅正弦天$　依八綫理　$=\frac{味}{二}餘弦\left(天丄\frac{二}{辛}\right)正弦\frac{二}{辛}$　故

$\frac{辛}{戌'丅戌}=\frac{味}{二}餘弦\left(天丄\frac{二}{辛}\right)\frac{\frac{二}{一}辛}{正弦\frac{二}{一}辛}$　令辛爲甚小，則　$餘弦(天丄\frac{二}{一}辛)$

之限爲　餘弦天　而　$\frac{\frac{二}{一}辛}{正弦\frac{二}{一}辛}$　之限爲一，故得　$\frac{彳天}{彳戌}=\frac{味}{餘弦天}$　而

$彳戌=\frac{味}{餘弦天彳天}$　與款合。按《溯源》設例，命半徑爲一，故半徑乘除概不入算。然用對數求，必入算，法始完備，故仍用味字代之。

第五款　凡餘弦之微分爲正弦變號乘弧微分，以半徑約之。餘弦求微分式

$戌=餘弦天$　則　$戌'=餘弦(天丄辛)$　而　$戌'丅戌=餘弦(天丄辛)丅餘弦天$

即　$戌'丅戌=丅\frac{味}{二}正弦\left(天丄\frac{二}{辛}\right)正弦\frac{二}{辛}$　即　$\frac{辛}{戌'丅戌}=$

$丅\frac{味}{二}正弦\left(天丄\frac{二}{辛}\right)\frac{\frac{二}{一}辛}{正弦\frac{二}{一}辛}$　依前令辛爲甚小，即　$\frac{彳天}{彳戌}=丅\frac{味}{正弦天}$　而

$彳戌=丅\frac{味}{正弦天彳天}$　與款合。

第六款　凡正切之微分等於正割之平方乘弧之微分，以半徑之平方約之。

正切求微分式　$戌=正切天=\frac{餘弦天}{味正弦天}$　依分數微分例

$彳戌=\frac{餘弦^{二}天}{味餘弦天彳(正弦天)丅味正弦天彳(餘弦天)}$　即　$彳戌=\frac{餘弦^{二}天}{(餘弦^{二}天丄正弦^{二}天)彳天}$

惟　$餘弦^{二}天丄正弦^{二}天=味^{二}$　故　$彳戌=\frac{餘弦^{二}天}{味^{二}彳天}$　惟　$\frac{餘弦^{二}天}{味^{四}}=正割^{二}天$

故　$彳戌=\frac{味^{二}}{正割^{二}天彳天}$

第七款　餘切之微分等於餘割之平方乘弧微分變號，以半徑之平方約之。

餘切求微分式　$戌=餘切天$、$彳戌=彳(餘切天)=彳[正切(九〇°丅天)]$

準上款例，$彳[正切(九〇°丅天)]=\frac{味^{二}}{彳(九〇°丅天)正割^{二}(九〇°丅天)}$　別

得　$彳(九〇°丅天)=丅彳天$、$正割^{二}(九〇°丅天)=餘割^{二}天$　故

$彳戌=\frac{味^{二}}{丅餘割^{二}天彳天}$　與款合。

第八款　凡正割之微分等於弧微分與正切、正割連乘，以半徑之平方約之。

正割求微分式　戌＝正割天　前理　$正割天=\frac{餘弦天}{味^{二}}$　依分數微分 $彳戌=\frac{餘弦^{二}天}{丁彳(餘弦天)味^{二}}=\frac{餘弦^{二}天}{正弦天味彳天}=\frac{餘弦天}{正切天彳天}=\frac{味^{二}}{正切天正割天彳天}$　與款合。

第九款　凡餘割之微分等於弧微分變號與餘切、餘割連乘，以半徑之平方約之。

餘割求微分式　戌＝餘割天　即　彳戌＝彳(餘割天)＝征割(九〇°丁天)　準上款例，$征割(九〇°丁天)=\frac{味^{二}}{正切(九〇°丁天)正割(九〇°丁天)彳(九〇°丁天)}$　別得　正割(九〇°丁天)＝餘割天、正切(九〇°丁天)＝餘切天、彳(九〇°丁天)＝彳彳天　即　$彳戌=\frac{味^{二}}{丁餘切天餘割天彳天}$

第十款　凡正弦對數之微分等於對數根乘本弧之微分，以正切約之。

正弦對求微分式　戌＝正弦天對　依對數求微分例，得 $彳(正弦天對)=\frac{正弦天}{根彳(正弦天)}$　準前例　$彳戌=\frac{味正弦天}{根餘弦天彳天}$　又八綫理，$\frac{正弦天}{餘弦天}=\frac{正切天}{味}$　以之代入，即　$彳戌=\frac{正切天}{根彳天}$　與款合。

第十一款　凡餘弦對數之微分等於對數根乘本弧之微分變號，以餘切約之。

餘弦對求微分式　戌＝餘弦天對　即　彳戌＝彳(餘弦天對)＝征弦(九〇°丁天)對　準上款例　$征弦(九〇°丁天)對=\frac{正切(九〇°丁天)}{根彳(九〇°丁天)}$　別得　正切(九〇°丁天)＝餘切天、彳(九〇°丁天)＝丁彳天　即　$彳戌=\frac{餘切天}{丁根彳天}$

第十二款　凡正切對數之微分等於弧微分乘對數根，復以半徑乘之，以正餘弦相乘約之。

正切對求微分式　戌＝正切天對　依前例　$彳(正切天對)=\frac{正切天}{根彳(正切天)}$　準本卷六款　$彳(正切天)=\frac{味}{彳天正割^{二}天}$　又　$正割^{二}天=\frac{餘弦^{二}天}{味^{四}}$　即 $彳戌=\frac{餘弦^{二}天正切天}{根彳天味^{二}}$　惟　正切天餘弦天＝正弦天味　故　$彳戌=\frac{正弦天餘弦天}{彳天根味}$　與款合。

第十三款　凡餘切對數之微分等於弧微分變號乘對數根，復以半徑乘之，以正餘弦相乘約之。

餘切對求微分式　戌＝餘切天對　即　彳戌＝彳(餘切天對)　即　彳戌＝征切(九〇°丁天)對　準上款例　$征切(九〇°丁天)對=\frac{正弦(九〇°丁天)餘弦(九〇°丁天)}{根味彳(九〇°丁天)}$　別得　正弦(九〇°丁天)＝餘弦天、餘弦(九〇°丁天)＝正弦天、彳(九〇°丁天)＝丁彳天　即　$彳戌=\frac{正弦天餘弦天}{丁根味彳天}$　與款合。

第十四款　凡正割對數之微分等於弧微分乘對數根，又以正切乘之，以半徑之平方約之。

正割對求微分式　戌＝正割天對　依前例　$彳(正割天對)=\frac{正割天}{根彳(正割天)}$　準本卷八款　$彳(正割天)=\frac{味^{二}}{彳天正切天正割天}$　即　$彳戌=\frac{味^{二}}{根彳天正切天}$　與款合。

第十五款　凡餘割對數之微分等於弧微分變號乘對數根，又以餘切乘之，以半徑之平方約之。

餘割對求微分式　戌＝餘割天對　即　彳戌＝彳(餘割天對)　即　彳戌＝征割(九〇°丁天)對　準上款例　$征割(九〇°丁天)對=\frac{味}{根彳(九〇°丁天)正切(九〇°丁天)}$　別得　正切(九〇°丁天)＝餘切天、彳(九〇°丁天)＝丁彳天　即　$彳戌=\frac{味^{二}}{丁根彳天餘切天}$

第十六款　凡正弦之弧微分等於半徑乘正弦之微分，以餘弦約之。

正弦求弧微分式　戌＝弧(正弦二天)＝正弦^{丁一}天　則　天＝正弦戌　而 $彳天=\frac{味}{彳戌餘弦戌}$㊀　即　$彳戌=\frac{餘弦戌}{彳天味}$　與款合。

按：求弧微分法衹將圜函數各式中戌與天、伩與伕互易，一變換之即得如此款一式，即有弧微分求正弦微分式，一易之即成有正弦微分求弧微分式。餘依此類推。

第十七款 凡餘弦之弧微分等於半徑乘餘弦之微分變號，以正弦約之。

餘弦求弧微分式 戌＝弧(餘弦二天)＝餘弦^{二丅一}天 則 天＝餘弦戌 而 伕＝$\frac{咮}{丅伩正弦戌}$㊀ 即 丅伩＝$\frac{正弦戌}{伕咮}$ 即 伩＝$\frac{正弦戌}{丅伕咮}$ 與款合。

第十八款 凡正切之弧微分等於正切之微分乘半徑平方，以正割平方約之。

正切求弧微分式 戌＝弧(正切二天)＝正切^{二一}天 則 天＝正切戌 而 伕＝$\frac{咮^{二}}{伩正割^{二}戌}$㊀ 即 伩＝$\frac{正割^{二}戌}{伕咮^{二}}$ 與款合。

第十九款 凡餘切之弧微分等於餘切微分變號乘半徑平方，以餘割平方約之。

餘切求弧微分式 戌＝弧(餘弦二天)＝餘弦^{二一}天 則 天＝餘弦戌 而 伕＝$\frac{咮^{二}}{丅伩餘割^{二}戌}$㊀ 即 伩＝丅$\frac{餘割^{二}戌}{伕咮^{二}}$ 與款合。

第二十款 凡正割之弧微分等於正割之微分乘半徑冪，以正割、正切相乘約之。

正割求弧微分式 戌＝弧(正割二天)＝正割^{二一}天 則 天＝正割戌 而 伕＝$\frac{咮^{二}}{伩正割戌正切戌}$㊀ 即 伩＝$\frac{正割戌正切戌}{伕咮^{二}}$ 與款合。

第二十一款 凡餘割之弧微分等於餘割之微分變號乘半徑冪，以餘割、餘切相乘，約之。

餘割求弧微分式 戌＝弧(餘割二天)＝餘割^{丅一}天 依同法得 伩＝$\frac{餘切天餘割天}{丅伕咮^{二}}$ 與款合。

第二十二款 凡正弦對數之弧微分等於正弦對微分與正切相乘，復以對數根約之。

正弦對求弧微分式 戌＝弧(正弦對二天) 即 天＝^{二}正弦戌對 由第十款式反之，則 伕＝$\frac{正切戌}{根伩}$ 即 伩＝$\frac{根}{正切戌伕}$ 與款合。

第二十三款 凡餘弦對數之弧微分爲其餘弦對微分變號與餘切相乘，復以對數根約之。

餘弦對求弧微分式 戌＝弧(餘弦對二天) 即 天＝餘弦戌對 由十一款式反之 伕＝丅$\frac{餘切戌}{根伩}$ 即 伩＝丅$\frac{根}{伕餘切戌}$ 與款合。

第二十四款 凡正切對數之弧微分等於正切對微分與正弦、餘弦連乘，以半徑與對數根相乘約之。

正切對求弧微分式 戌＝弧(正切對二天) 即 天＝正切戌對 由十二款式反之 伕＝$\frac{正弦戌餘弦戌}{伩根咮}$ 即 伩＝$\frac{根咮}{正弦戌餘弦戌}$ 與款合。

第二十五款 凡餘切對數之弧微分等於餘切對微分變號與正弦、餘弦連乘，以半徑與對數根相乘約之。

餘切對求弧微分式 戌＝弧(餘切對二天) 即 天＝餘切戌對 由十三款式反之 伕＝丅$\frac{正弦戌餘弦戌}{伩根咮}$ 即 伩＝丅$\frac{根咮}{伕正切戌餘切戌}$ 與款合。

第二十六款 凡正割對數之弧微分等於半徑冪乘正割對微分，以對數根乘正切約之。

正割對求弧微分式 戌＝弧(正割對二天) 即 天＝正割戌對 由十四款式反之 伕＝$\frac{咮^{二}}{伩根正切戌}$ 即 伩＝$\frac{正切戌根}{伕咮^{二}}$ 與款合。

第二十七款 凡餘割對數之弧微分等於半徑冪乘餘割對微分變號，以對數根乘餘切約之。

餘割對求弧微分式 戌＝弧(餘割對二天) 即 天＝餘割戌對 由十五款式反之 伕＝$\frac{咮^{二}}{丅伩根餘切戌}$ 即 伩＝丅$\frac{餘切戌根}{咮^{二}伕}$ 與款合。

第二十八款 準馬氏術，天之正餘弦諸綫可詳爲天之諸級數。

今有 正弦天 試詳其級數式 戌＝正弦天 準本卷四款 $\frac{伕}{伩}$＝餘弦天 再求餘弦微分 $\frac{伕^{二}}{伩}$＝丅正弦天 再求負正弦微分 $\frac{伕^{三}}{彳^{三}戌}$＝丅餘弦天 再求負餘弦微分 $\frac{伕^{四}}{彳^{四}戌}$＝正弦天… 令 天＝〇 謂弧度初點。則 戌＝〇、

$\left(\frac{伕}{彳戍}\right)=一$、$\left(\frac{伕^{二}}{彳^{二}戍}\right)=〇$、$\left(\frac{伕^{三}}{彳^{三}戍}\right)=丅一$、$\left(\frac{伕^{四}}{彳^{四}戍}\right)=〇$ 代入一卷十四款馬氏式中則得 正弦天 級〔數〕式 正弦天$=天丅\frac{二·三}{天^{三}}\perp\frac{二·三·四·五}{天^{五}}丅\frac{二·三·四·五·六·七}{天^{七}}\perp\cdots$(甲) 又設 餘弦天 級數式 戍＝餘弦天 準本卷五款 $\frac{伕}{彳戍}=丅正弦天$ 再求微分，得 $\frac{伕^{二}}{彳^{二}戍}=丅餘弦天$ 再求微分，得 $\frac{伕^{三}}{彳^{三}戍}=正弦天$ 再求微分，得 $\frac{伕^{四}}{彳^{四}戍}=餘弦天\cdots$ 令 天＝〇 則 戍＝一、$\left(\frac{伕}{彳戍}\right)=〇$、$\left(\frac{伕^{二}}{彳^{二}戍}\right)=丅一$、$\left(\frac{伕^{三}}{彳^{三}戍}\right)=〇$、$\left(\frac{伕^{四}}{彳^{四}戍}\right)=一$ 準前例 餘弦天$=一丅\frac{二}{天^{二}}\perp\frac{二·三·四}{天^{四}}丅\frac{二·三·四·五·六}{天^{六}}\perp\cdots$(乙) 甲式爲弧背求正弦級數。乙式爲弧背求餘弦級數。此兩式天之同數愈小，則級數之斂愈速，用以造正餘弦諸表爲最便。

第二十九款 依馬氏術既可藉正餘弦疊求微分，得弧背求各綫級數式。亦可藉弧綫疊求微分，得各綫求弧背級數式。

今有 戍$=正弦^{丅一}天$ 式中天爲正弦，戍爲弧背。準本卷十六款 $彳戍=\frac{\sqrt{一丅天^{二}}}{伕}$ 即 $\frac{伕}{彳戍}=(一丅天^{二})^{丅\frac{二}{一}}$ 再求 $(一丅天^{二})^{丅\frac{二}{一}}$ 之微分，得 $\frac{伕^{二}}{彳^{二}戍}=丅\frac{二}{一}(丅天^{二})^{丅\frac{二}{三}}\times丅二天伕$、$伕=天(一丅天^{二})^{丅\frac{二}{三}}$ 再求 $天(一丅天^{二})^{丅\frac{二}{三}}$ 之微分，得 $(一丅天^{二})^{丅\frac{二}{三}}伕\perp天彳(一丅天^{二})^{丅\frac{二}{三}}$ 而 $彳(一丅天^{二})^{丅\frac{二}{三}}=丅\frac{二}{三}(一丅天^{二})^{丅\frac{二}{五}}\times丅二天伕$㊀ 即 $=三天(一丅天^{二})^{丅\frac{二}{五}}伕$ 故 $\frac{伕^{三}}{彳^{三}戍}=(一丅天^{二})^{丅\frac{二}{三}}\perp三天^{二}(一丅天^{二})^{丅\frac{二}{五}}$ 再求微分，得 $彳(一丅天^{二})^{丅\frac{二}{三}}=三天(一丅天^{二})^{丅\frac{二}{五}}伕$、$彳〔三天^{二}(一丅天^{二})^{丅\frac{二}{五}}〕=三·五天^{三}(一丅天^{二})^{丅\frac{二}{七}}$ 併得 $\frac{伕^{四}}{彳^{四}戍}=三·三天(一丅天^{二})^{丅\frac{二}{五}}\perp三·五天^{三}(一丅天^{二})^{丅\frac{二}{七}}\cdots$ 更迭求得 $\frac{伕}{彳戍}=(一丅天^{二})^{丅\frac{二}{一}}$、$\frac{伕^{二}}{彳^{二}戍}=天(一丅天^{二})^{丅\frac{二}{三}}$、$\frac{伕^{三}}{彳^{三}戍}=(一丅天^{二})^{丅\frac{二}{三}}\perp三天^{二}(一丅天^{二})^{丅\frac{二}{五}}$、$\frac{伕^{四}}{彳^{四}戍}=三·三天(一丅二天)^{丅\frac{二}{五}}\perp三·五天^{三}(一丅二天)^{丅\frac{二}{七}}\cdots$ 令 天＝〇 則 (戍)＝〇、$\left(\frac{伕}{彳戍}\right)=一$、$\left(\frac{伕^{二}}{彳^{二}戍}\right)=〇$、$\left(\frac{伕^{三}}{彳^{三}戍}\right)=一$、$\left(\frac{伕^{四}}{彳^{四}戍}\right)=〇$、$\left(\frac{伕^{五}}{彳^{五}戍}\right)=三·三$ 代入馬氏式中即 $戍=天\perp\frac{一·二·三}{天^{三}}\perp\frac{一·二·三·四·五}{三·三天^{五}}\perp\frac{一·二·三·四·五·六·七}{三^{二}五^{二}天^{七}}\perp\cdots$

(丙) 即正弦求弧背級數式。

今有 戍$=餘弦^{丅一}天$ 式中天爲餘弦，戍爲弧背。準本卷十七款 $彳戍=\frac{\sqrt{一丅天^{二}}}{丅伕}$ 即 $\frac{伕}{彳戍}=丅(一丅天^{二})^{丅\frac{二}{一}}$ 依前更迭，求得 $\frac{伕}{彳戍}=丅(一丅天^{二})^{丅\frac{二}{一}}$、$\frac{伕^{二}}{彳^{二}戍}=丅天(一丅天^{二})^{丅\frac{二}{三}}$、$\frac{伕^{三}}{彳^{三}戍}=丅(一丅天^{二})^{丅\frac{二}{三}}\perp三天^{二}(一丅天^{二})^{丅\frac{二}{五}}$、$\frac{伕^{四}}{彳^{四}戍}=三·三天(一丅天^{二})^{丅\frac{二}{五}}\perp三·五天^{二}(一丅天^{二})^{丅\frac{二}{七}}\cdots$ 令 天＝〇 則 戍$=\frac{二}{周}$、$\left(\frac{伕}{彳戍}\right)=丅一$、$\left(\frac{伕^{二}}{彳^{二}戍}\right)=〇$、$\left(\frac{伕^{三}}{彳^{三}戍}\right)=丅一$、$\left(\frac{伕^{四}}{彳^{四}戍}\right)=〇$、$\left(\frac{伕^{五}}{彳^{五}戍}\right)=丅三·三\cdots$ 代入馬氏式中即得 $戍=\frac{二}{周}丅天丅\frac{一·二·三}{天^{三}}丅\frac{一·二·三·四·五}{三·三天^{五}}丅\frac{一·二·三·四·五·六·七}{三^{二}·五^{二}天^{七}}丅\frac{一·二·三·四·五·六·七·八·九}{三^{二}·五^{二}·七^{二}天^{九}}丅\cdots$(丁) 即餘弦求弧背級數式。

又 卷三 微分三

前已識別得：凡曲綫之切綫與橫軸交角之正切等於縱綫第一次微係數。準此可得切綫、次切綫、法綫、次法綫四綫之公式。

第一款 凡曲綫以正交縱橫二綫爲準，則無論何點之次切綫等於縱綫乘橫綫微係數。

如叱哂味直角形，依三角術有比例 一：哂味：：正切哂：叱味 即 一：哂味：：$\frac{伕}{彳地}$：地 故 地＝哂味×$\frac{伕}{彳地}$ 即 哂味次切綫$=\frac{彳地}{伕}地$ 爲次切綫公式。

第二款　凡曲綫以正交縱橫綫爲準，則切綫恒等於縱綫次切綫二冪和之平方根。

如上款吧哂味形　$吧哂^{二}=吧味^{二}丄哂味^{二}$　即　$吧哂^{二}=地^{二}丄地^{二}\frac{彳地^{二}}{彳天^{二}}$

即　$吧哂切綫=\sqrt{地^{二}丄地^{二}\frac{彳地^{二}}{彳天^{二}}}$　爲切綫之公式。

第三款　凡曲綫之次法綫，恒等於縱綫之微係數乘縱綫。

如一款吧味叩形，依前例　$一:吧味::正切味吧叩:味叩$　惟　$味吧叩=吧哂味$　即　$一:地::\frac{彳天}{彳地}:味叩$　即　$味叩次法綫=地\frac{彳天}{彳地}$　爲次法綫公式。

第四款　凡曲綫之法綫，恒等於縱綫次法綫二冪和平方根。

如一款吧味叩形　$吧叩^{二}=吧味^{二}丄味叩^{二}$　即　$吧叩^{二}=地^{二}丄地^{二}\frac{彳天^{二}}{彳地^{二}}$

即　$吧叩法綫=\sqrt{地^{二}丄地^{二}\frac{彳天^{二}}{彳地^{二}}}$　爲法綫之公式。

第五款　用微分推曲綫之四綫法。無論何曲綫，欲求上四款諸綫，當先求本曲綫之微分，而以 $\frac{彳地}{彳天}$ 或 $\frac{彳天}{彳地}$ 之同數用於四款之式中。又以縱橫綫代天、地二元，則無論在曲綫何點得數俱一一密合。

如二次綫之公式爲　$地^{二}=寅天丄卯天^{二}$　求微分得　$\frac{彳天}{彳地}=\frac{二地}{寅丄二卯天}=\frac{二\sqrt{寅天丄卯天^{二}}}{寅丄二卯天}$　用此同數於前四式中得　$次切=地\frac{彳地}{彳天}=\frac{寅丄二卯天}{二(寅天丄卯天^{二})}$、

$切綫=\sqrt{地^{二}丄\frac{彳地^{二}}{地彳天^{二}}}=\sqrt{寅天丄卯天^{二}丄四\left(\frac{寅丄二卯天}{寅天丄卯天^{二}}\right)^{二}}$、$次法=地\frac{彳天}{彳地}=\frac{二}{寅丄二卯天}$、

$法綫=\sqrt{地^{二}丄\frac{彳天^{二}}{地^{二}彳地^{二}}}=\sqrt{寅天丄卯天^{二}丄\frac{二}{四}(寅丄二卯天)^{二}}$　設式中　$卯=〇$　則爲拋物綫式：　$次切=二天$、$切綫=\sqrt{寅天丄四天^{二}}$、$次法=\frac{二}{二}寅$、$法綫=\sqrt{寅天丄\frac{四}{寅}}$

按：式中寅爲通徑。

第六款　雙曲綫在大徑端，求四綫式。

依本曲綫式　$地=\frac{甲}{乙}\sqrt{天^{二}丅甲^{二}}$　即　$彳地=\frac{甲\sqrt{天^{二}丅甲^{二}}}{乙天彳天}$　即

$\frac{彳天}{彳地}=\frac{甲\sqrt{天^{二}丅甲^{二}}}{乙天}$　而　$\frac{彳地}{彳天}=\frac{乙天}{甲\sqrt{天^{二}丅甲^{二}}}$　各代入四綫式，本卷首四款。即　$次切=地\frac{彳地}{彳天}=\frac{甲}{乙\sqrt{天^{二}丅甲^{二}}}\times\frac{乙天}{甲\sqrt{天^{二}丅甲^{二}}}=\frac{天}{天^{二}丅甲^{二}}$ ㊀

$切綫=\sqrt{地^{二}丄\frac{彳地^{二}}{地^{二}彳天^{二}}}=\sqrt{\frac{甲^{二}}{乙}(天^{二}丅甲^{二})丄\left(\frac{天}{天^{二}丅甲^{二}}\right)^{二}}$ ㊁　$次法=地\frac{彳天}{彳地}=\frac{甲}{乙}\sqrt{天^{二}丅甲^{二}}\times\frac{甲\sqrt{天^{二}丅甲^{二}}}{乙天}=\frac{甲^{二}}{乙^{二}}天$ ㊂　$法綫=\sqrt{地^{二}丄\frac{彳天^{二}}{地^{二}彳地^{二}}}=\sqrt{\frac{甲^{二}}{乙^{二}}(天^{二}丅甲^{二})丄\left(\frac{甲^{二}}{乙^{二}}天\right)^{二}}$ ㊃

第七款　橢圜以中點爲原點，求四綫式。

依本曲綫式　$地=\frac{甲}{乙}\sqrt{甲^{二}丅天^{二}}$　即　$彳地=\frac{甲\sqrt{甲^{二}丅天^{二}}}{丅乙天彳天}$　即

$\frac{彳天}{彳地}=丅\frac{甲\sqrt{甲^{二}丅天^{二}}}{乙天}$、$\frac{彳地}{彳天}=丅\frac{乙天}{甲\sqrt{甲^{二}丅天^{二}}}$　各代入四綫公式，即

$次切=\frac{甲}{乙}\sqrt{甲^{二}丅天^{二}}\times丅\frac{乙天}{甲\sqrt{甲^{二}丅天^{二}}}=丅\frac{天}{甲^{二}丅天^{二}}$ ㊀　$切=\sqrt{\frac{甲^{二}}{乙^{二}}(甲^{二}丅天^{二})丄\left(\frac{天}{甲^{二}丅天^{二}}\right)^{二}}$ ㊁　$次法=\frac{甲}{乙}\sqrt{甲^{二}丅天^{二}}\times丅\frac{甲\sqrt{甲^{二}丅天^{二}}}{乙天}=丅\frac{甲^{二}}{乙^{二}}天$ ㊂　$法=\sqrt{\frac{甲^{二}}{乙^{二}}(甲^{二}丅天^{二})丄\left(\frac{甲^{二}}{乙^{二}}天\right)^{二}}$ ㊃

第八款　平圜求四綫式。

平圜甲與乙等，命半徑爲甲，即　$甲^{二}丅天^{二}=地^{二}$　故準上款，得　$次切=丅\frac{天}{地^{二}}$、$切=\sqrt{地^{二}丄\frac{天^{二}}{地^{四}}}=\frac{天}{甲地}$、$次法=丅天$、$法=\sqrt{地^{二}丄天^{二}}=甲$

第九款　擺綫面求四綫式。

依擺綫底呷點爲原點，則本曲綫式爲　$呷味=天=弧丅\sqrt{二未地丅地^{二}}$　地爲弧之正矢，如呯叮，亦如吧味。準《拾級》十三卷十款後論，

$彳弧=\frac{\sqrt{二未地丅地^{二}}}{未彳地}$　又　$彳(丅\sqrt{二未地丅地^{二}})=丅\frac{\sqrt{二未地丅地^{二}}}{未彳地丅地彳地}$　故

$彳天=\frac{\sqrt{二未地丅地^{二}}}{未彳地}丅\frac{\sqrt{二未地丅地^{二}}}{未彳地丅地彳地}$　即　$彳天=\frac{\sqrt{二未地丅地^{二}}}{地彳地}$ ㊀爲擺

綫微分式，即　$\frac{彵}{伕}=\frac{\sqrt{二未地丅地^{二}}}{地}$、$\frac{伕}{彵}=\frac{地}{\sqrt{二未地丅地^{二}}}$

各代入四綫式即　次切$=\frac{\sqrt{二未地丅地^{二}}}{地^{二}}$㊀

切$=\frac{\sqrt{二未地丅地^{二}}}{地\sqrt{二未地}}$㊁　次法$=\sqrt{二未地丅地^{二}}$㊂

法$=\sqrt{二未地}$㊃

以下論曲綫及曲綫面積、曲綫體之曲面積及體積諸微分。

第十款　凡曲綫之微分，恒等於直角縱横綫二微分平方之和之平方根。

凖曲綫與通弦比例之限爲一。令呷味爲曲綫之横綫，命爲天。味叱爲縱綫，命爲地。命長數味味′爲辛，加於天，則地之同數變爲叱′味′，命爲地′，乃與呷味平行，作叱叮，則得　叱叱′通弦$=\sqrt{叱叮^{二}丄叱'叮^{二}}=\sqrt{辛^{二}丄叱'叮^{二}}$㊀　别得地′丅地$=叱'叮=\frac{伕}{彵}辛丄\frac{二伕^{二}}{彳彵}辛^{二}丄\frac{二·三伕^{三}}{彳彵}辛^{三}丄\cdots$　一卷十五款甲式。用於一式：　叱′叱$=\sqrt{辛^{二}丄\frac{伕^{二}}{彵^{二}}辛^{二}丄\cdots}=辛\sqrt{一丄\frac{伕^{二}}{彵^{二}}}丄\cdots$　即函數與變數二長數之比例。求此比例之限，令長數同於〇，則通弦等於曲綫。命爲人而右邊辛之諸項消盡，故得　$\frac{伕}{彳人}=\sqrt{一丄\frac{伕^{二}}{彵^{二}}}$　即　$彳人=\sqrt{伕^{二}丄彵^{二}}$

此爲無論何種曲綫求微分之公式。

第十一款　凡曲綫面以正交縱横綫爲界，其面積之微分等於縱綫乘横綫之微分。

如叱呷味爲曲綫面，以呷味、叱味二直綫爲界，求其面積之微分。命横綫呷味爲天，縱綫叱味爲地，命長數味味′爲辛，加於天，則地之同數變爲叱′味′，命爲地′。凡通弦與曲綫比例之限爲一，則叱味、味味′、味′叱′三直綫及叱叱′曲綫爲界之面積，與此三直綫及叱叱′通弦爲界之面積，其比例之限亦爲一。故有式：　叱味味′叱′$=味味'\frac{一}{二}(叱味丄叱'味')=\frac{一}{二}辛(地丄地')$、$\frac{辛}{叱味味'叱'}=\frac{一}{二}(地丄地')$　惟　$地'=地丄\frac{伕}{彵}辛丄\frac{二伕^{二}}{彳彵}辛^{二}丄\cdots$　一卷十五款甲式。故　$\frac{一}{二}(地'丄地)=地丄\frac{二伕}{彵}辛丄\cdots$　爲函數與變數二長數之比例。求其限，當令長數同於〇，則右邊辛之諸項消盡。命曲綫面積爲申，則得　$\frac{伕}{彳申}=地$　即　$彳申=地伕$　此爲無論何種曲綫求面微分之公式。

第十二款　凡曲綫體之曲面微分，等於底面之圓周乘母曲綫之微分。

如曲綫呷叱繞軸綫呷味旋轉一匝必行成曲面，求其微分。命　呷味＝天、叱味＝地　又命　味味′＝辛爲長數加於天，則地之同數變爲叱′味′。當呷叱曲綫旋轉時，叱、叱′二點必行成二圓周。而叱叱′通弦必成圓錐。截積之曲面通弦與曲綫比例之限，既爲一。叱叱′通弦所成曲面與叱叱′曲綫所成曲面，其比例之限亦必爲一。凖幾何理，叱叱′通弦所行成之曲面，等於　$\frac{一}{二}叱叱'(叱味圜周丄叱'味'圜周)=\frac{一}{二}叱叱'(二周地丄二周地')$　即　$=叱叱'\times周(地丄地')$。故　$\frac{叱叱'}{截積曲面}=周(地丄地')$　惟　$地'=地丄\frac{伕}{彵}辛丄\frac{伕^{二}二}{彳彵辛}丄\cdots$　則　$地'丄地=二地丄\frac{伕}{彵}辛丄\cdots$　所以　$\frac{叱叱'}{截積曲面}=周(二地丄\frac{伕}{彵}辛丄\cdots)$　爲函數與變數二長數之比例。求其限，令長數同於〇，則右邊辛之諸項消盡。命呷叱曲綫爲人，其行成之曲面爲申，則得　$\frac{彳人}{彳申}=二周地$　即　$彳申=二周地彳人$　以彳人之同數代入，本卷十款。即　$彳申=二周地\sqrt{伕丅彵^{二}}$　此爲凡曲綫體求其曲面微分之公式。式中之二周地　等於叱點所成圓周。

第十三款　曲綫體之微分，等於底面乘母曲綫横綫之微分。

如呷叱味曲綫面繞軸綫呷味旋轉一匝，必行成曲綫體，求其微分。命

呷味＝天、叱味＝地　命長數　味味'＝辛　加於天，則　地＝叱'味'　命爲地，當呷叱味面旋轉之時，叱味、味叱四邊形必行成圓錐截體，與叱味、味味'、味'叱'三直綫及叱叱'曲綫界内轉成之體，其比例之限爲一。準幾何理，叱味味'叱'四邊形所轉成之圓錐截體

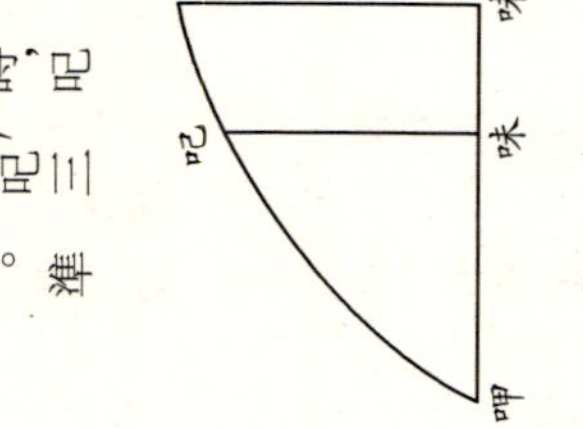

$=\frac{三}{一}周味味'(叱味^{二}\perp 叱'味'^{二}\perp 叱味\times 叱'味')$　即

$=\frac{三}{一}周辛(地^{二}\perp 地'^{二}\perp 地地')$　故　$\frac{辛}{圓錐截體}=\frac{三}{一}周(地^{二}\perp 地^{二}\perp 地地')$

惟　$地'=地\perp\frac{彳地}{彳天}辛\perp\frac{彳地^{二}二}{彳二地辛^{二}}\perp\cdots$　故　$地'^{二}=地^{二}\perp\frac{彳地}{彳天}辛地\perp\cdots$　而

$地地'=地^{二}\perp\frac{彳地}{彳天}辛地\perp\cdots$　所以　$地^{二}\perp地'^{二}\perp地地'=三地^{二}\perp二\frac{彳地}{彳天}辛地\perp\cdots$

即　$\frac{辛}{圓錐截體}=\frac{三}{周}\left(三地^{二}\perp二\frac{彳地}{彳天}辛地\perp\cdots\right)$　爲函數與變數二長數之比例。準前例，右邊辛項消盡，命曲綫體爲亥，則得　$\frac{彳地}{彳亥}=周地^{二}$　即　$彳亥=周地^{二}彳天$

此爲凡曲綫體求體微分之公式。此　周地²　即叱味爲半徑之圓面積，即底面。彳天爲母曲綫横綫之微分。

論曲率半徑

曲率者曲綫離切綫之率也。如二曲綫離切綫遲速不同，其速者曲率較大。又無論何曲綫，必有合吻圓。其合吻圓之曲率與本曲綫恰相合，故謂之合吻圓，亦名曲率圓。其圓之半徑即名曲率半徑。

第十四款　凡曲綫任一點之曲率半徑，等於　$\frac{彳人彳二地}{彳人^{三}}$　天、地爲本點之縱横綫，人爲曲綫之一段。

平圓之公式爲　$(天丅甲)^{二}\perp(地丅乙)^{二}=味^{二}$　甲乙爲圓心之縱横綫，天地爲圓周點之縱横綫，味爲半徑，求微分。以二約之，得下式：　$(天丅甲)彳天\perp(地丅乙)彳地=〇$　以彳天爲常數，再求微分，得　$彳天^{二}\perp彳地^{二}\perp(地丅乙)彳二地=〇$　故　$地丅乙=丅\frac{彳天^{二}\perp彳地^{二}}{彳二地}$㊀　$天丅甲=\frac{彳地}{彳天}\left(\frac{彳天^{二}\perp彳地^{二}}{彳二地}\right)$㊁

用此二同數於平圓公式中得　$味^{二}=\frac{彳地^{二}}{彳天^{二}}\left(\frac{彳天^{二}\perp彳地^{二}}{彳二地}\right)^{二}\perp\left(\frac{彳天^{二}\perp彳地^{二}}{彳二地}\right)^{二}$

即　$味^{二}=\frac{(彳天^{二}\perp地^{二})^{三}}{(彳天彳二地)^{二}}$　故　$味=\frac{(彳天^{二}\perp彳地^{二})^{\frac{三}{二}}}{彳天彳二地}$　曲綫之一段爲人，得，$彳人^{二}=彳天^{二}\perp彳地^{二}$　本卷十款。故上式變爲　$味=\frac{彳人^{三}}{彳天彳二地}$㊂　與款合。故任何曲綫求曲率半徑，以本曲綫之式二次求微分，得彳天、彳地、彳二地諸同數用於本款味式中。欲知曲綫某點之曲率半徑，以本點之縱横綫代天地即得。平圓公式圖解附後。

如圖，呷戌＝天、戌叱＝地　呷乙＝甲、乙丙＝乙　即　天丅甲　如乙戌，亦如丙叮。地丅乙如叱叮。惟　$丙叮^{二}\perp叱叮^{二}=丙^{二}叱$　即　$(天丅甲)^{二}\perp(地丅乙)^{二}=味^{二}$

第十五款　凡圓錐曲綫各點之曲率半徑，等於各點法綫之立方，以半通徑之平方約之。

圓錐諸曲綫之公式爲　$地^{二}=寅天\perp卯天^{二}$　《拾級》八卷二款附論。故

$彳地=\frac{(寅\perp二卯天)彳天}{二地}$　又　$彳天^{二}\perp彳地^{二}=\frac{[四地^{二}\perp(寅\perp二卯天)^{二}]彳天^{二}}{四地^{二}}$

$彳二地=\frac{二卯地彳天^{二}丅(寅\perp二卯天)彳天彳地}{二地^{二}}$　法實各以二地及二地之同數　$(寅\perp二卯天)\frac{彳天}{彳地}$

乘之，即　$彳二地=\frac{[四卯地^{二}丅(寅\perp二卯天)^{二}]彳天^{二}}{四地^{三}}$　用此二同數於前款味式

$味=\frac{(彳天^{二}\perp彳地^{二})^{\frac{三}{二}}}{彳天彳二地}$　中，則得　$味=\frac{[四(寅天\perp卯天^{二})\perp(寅\perp二卯天)^{二}]^{\frac{三}{二}}}{二寅^{二}}$

母子俱以八約之，得　$味=\frac{\left[\sqrt{寅天\perp卯天^{二}\perp\frac{四}{一}(寅\perp二卯天)^{二}}\right]^{三}}{\frac{四}{一}寅^{二}}$　此式

之子數爲法綫之立方，本卷五款。其母數爲半通徑之平方。與款合。此爲圓錐曲綫曲率半徑公式。

第十六款　擺綫各點之曲率半徑，恒等於倍法綫。

依本卷十款五題。　$伕=\frac{\sqrt{二未地丅地^{二}}}{地徯}$ ㊀　以伕爲常數，依分數、根數兩術再求微分得　$〇=\frac{二未地丅地^{二}}{(地彳^{二}地丄徯^{二})\sqrt{二未地丅地^{二}}丅\frac{\sqrt{二未地丅地^{二}}}{地(未丅地)徯^{二}}}$

即　$〇=(地彳^{二}地丄徯^{二})(二未地丅地^{二})丅地(未丅地)徯^{二}$　以地徧約化之，$〇=彳^{二}地(二未地丅地^{二})丄未徯^{二}$　即　$彳^{二}地=\frac{二未地丅地^{二}}{丅未徯^{二}}$ ㊁　一、二式相乘即　$伕彳^{二}地=\frac{(二未地丅地^{二})^{\frac{三}{二}}}{丅地未徯^{三}}$ ㊤　又　$伕^{二}=\frac{二未地丅地^{二}}{地^{二}徯^{二}}$　即　$伕^{二}丄徯^{二}=\frac{二未地丅地^{二}}{(二未地)徯^{二}}$　即　$(伕^{二}丄徯^{二})^{\frac{三}{二}}=\frac{(二未地丅地)^{\frac{三}{二}}}{(二未地)^{\frac{三}{二}}徯^{三}}$ ㊦　以上約下得　$\frac{伕彳^{二}地}{(伕^{二}丄徯^{二})^{\frac{三}{二}}}=\frac{未地}{二未地\sqrt{二未地}}=二\sqrt{二未地}$　惟　$法綫=\sqrt{二未地}$

即擺綫各點之曲率半徑等於倍法綫，與款合。

清・林傳甲《微積集證》卷三　訂訛

《微積溯源》論無窮小數之理，華氏案：以上各款之法乃流數之法。此節所論乃真微分之法。因舊譯《代微積拾級》既以流數爲微分，則不便更改，以淆讀者之耳目，所以不得不以微分爲無窮小數。讀是書者，會通其意，不泥其名可也。

甲案：微分較流數加精，猶代數較借根加精，有深淺，無異同，乃《拾級》既弗言，《溯源》亦未盡。後譯《格物測算》、《決疑數學》算式恒出乎所譯之外，則二書只作《幾何》前六卷讀也。

又　卷四　辨疑

《微積溯源》取初有辛之項，以伕代之即得。

甲案：辛爲虛設之式，以立算伕爲天之微分，辛無同數，伕有同數。初學最易混而一之。此微分第一重關頭，不能辨之，即無由入微積之門矣。

《微積溯源》十九款云：有指數之式　$戊=甲^{天}$　二十款云：設有式　$天=甲^{戊}$

甲案：兩設式不同。前以戊爲真數，後以戊爲指數。或疑其歧出。不知指函數以真數爲對數之函數；對函數以對數爲真數之函數。前以指數自主，後以真數自主也。天爲自主，戊爲函數，則微分之定例矣。

《代數術》一百七十一款式　$對(卯丄人)=對卯丄\frac{甲}{二}\left(\frac{二卯丄人}{二人}丄\frac{三(二卯丄人)^{三}}{二人^{三}}丄\frac{五(二卯丄人)^{五}}{二人^{五}}丄\cdots\right)$　《微積溯源》四十二款　$對(卯丄天)=對卯丄\frac{甲}{二}\left(\frac{卯}{天}丅\frac{二卯^{二}}{天^{二}}丄\frac{三卯^{三}}{天^{三}}丅\cdots\right)$

甲案：二項括弧内諸級數，即鄒特夫乘方捷術所謂對數較也。《萬象一原》求訥對之誤，鄒氏已正之。至於代數、微分所得各異，尚無人言之。然此甚易解微分所得真數求對數之式，與《代數術》第一百九十六款同。《代數術》因其式爲發級數，故於一百七十一款斂之，而後求對數較。《微積溯源》則得式後未變斂級數，而逕求對數較也。然微分所得之式，若卯甚大，天甚小，亦爲斂級，用之造表，亦良便焉。

《微積溯源》第四十八款求雙變數微分，第八十八款求兩變數之疊微分。

甲案：雙變數與兩箇變數，初學視之，似無甚區別。然《溯源》既異，其名又一列於卷二，一列於卷四，畢竟不同。余因昆明王次刪之問，告之曰：雙變數者，兩數交變，必有一數爲又一數之函數也。兩箇變數者，兩數皆自主，另有一數爲之函數也。次刪曰：何以不言三變數？余曰：函數不能自主耳。

清・謝洪賚《最新微積學教科書》卷上　微分

第一章

一七　微分學之用，乃設法以求微分，及微係數，既得微分與微係數，可推得純雜算學之各種題問。純算學祇言算理。雜算學乃算學之用顯于格致學者。如天文、重學等皆是。

非但 $\frac{伕}{徯}$ 顯有要理，即伕與徯二號，亦有深意。蓋此二號意即函數與其相倚變數之同時增率。論變數之增率，非謂其增數之和，乃祇謂其若平增，則當得增率若干也。試以重物下墜之事喻之。自高樓頂墜石下地，苟無空氣之阻力，其始動時速率爲0。惟此速率，按杪遞增，所言某杪之速率云者，意即倘此

杪之速率，能于一杪內不變，則其石所過之路，即此杪之速率也。

又如　地$=$甲天$^2+3$天　式內，令天平增，則地之同數不平增，但于每時其增率乃隨天之同數而變，故彳地與彳天可以爲即地與天之同時增率。其增率乃隨天之同數而變。是則彳地與彳天之真同數，本爲未定，可爲有窮，亦可爲無窮小。惟其比例，必等于地與天同時長數之限也。【略】

一九　變數常數相乘積之微分，等於常數乘變數之微分。

設有函數　地$=$甲天^4　則　長地$=$甲(天$^4+$辛)$-$甲天$^4=4$甲天^{3}辛$+6$甲天^{2}辛$^2+4$甲天辛$^3+$甲辛^4

∴ $\dfrac{長地}{辛}=4$甲天$^3+6$甲天^{2}辛$+4$甲天辛$^2+$甲辛^3　∴ $\dfrac{長地}{長天}$之限$=4$甲天^3　即　$\dfrac{彳地}{彳天}=4$甲天^3　而　彳地$=4$甲天^{3}彳天

即甲天^{4}之微分等于天^{4}之微分乘甲。如地爲天之任何函數之甲倍，則其法與得式亦同此例。

二〇　常數之微分爲0，故有常數以加減號連于天之函數，求得微分後，其常數消去不見。

設有函數　地$=$天$^4+$乙　長地$=$(天$^4+$辛)$+$乙$-$(天$^4+$乙)$=4$天^{3}辛$+6$天^{2}辛$^2+4$天辛$^3+$辛^4　∴ $\dfrac{長地}{辛}=4$天$^3+6$天^{2}辛$+4$天辛$^2+$辛^3　∴ $\dfrac{長地}{長天}$之限數$=4$天^3　即　$\dfrac{彳地}{彳天}=4$天^3　是則求微分時其常數項乙已消去矣。【略】

二二　同變數若干函數和較數之微分，等於各函數微分之和較。

設地與人爲天之二函數，戊爲其和，天變爲天$+$辛，其函數有新同數，命爲地′、人′、戊′。

是則　戊$=$地$+$人　而　戊′$=$地′$+$人′　故　戊′$-$戊$=$地′$-$地$+$人′$-$人　即　長戊$=$長地$+$長人　以辛除之得　$\dfrac{長戊}{辛}=\dfrac{長地}{辛}+\dfrac{長人}{辛}$

設辛爲任何數，此式皆真，故辛漸近0時亦真。是則以微分代長數，取其比例限，即得　$\dfrac{彳戊}{彳天}=\dfrac{彳地}{彳天}+\dfrac{彳人}{彳天}$　即　彳戊$=$彳地$+$彳人

又如　戊$=$地$-$人　是則　彳戊$=$彳地$-$彳人

二三　以戊爲天之任何函數，天變爲　天$+$辛　則其函數之新同數分爲三截。

一、　原函數戊。

二、　原函數之微係數乘辛。

三、　天與辛之函數乘長數辛之平方。

觀前諸問，即知戊爲天之函數，若天變爲　天$+$辛　則變函數之同數爲級數。依辛之次數而列之，其級數如左：　戊′$=$戊$+$呷辛$+$吃辛$^2+$呥辛$^3+\cdots$

即　戊′$=$戊$+$呷辛$+$辛^2(吃$+$呥辛$+\cdots$)　令吃′同爲天與辛之函數，代　吃$+$呥辛$+\cdots$　得　戊′$=$戊$+$呷辛$+$吃′辛^2 ①

遷其項以辛約之，得　$\dfrac{戊′-戊}{辛}=$呷$+$吃′辛　即　$\dfrac{長戊}{長天}=$呷$+$吃′辛

∴ $\dfrac{長戊}{長天}$之限等于呷，即　$\dfrac{彳戊}{彳天}=$呷　是呷爲其函數之微係數也。

觀1式，即知其函數變戊′之同數，等於爲原函數戊、及函數之微係數乘辛、及天與辛之函數乘辛^2，三者之和。

後凡論變函數之同數，式爲　戊′$=$戊$+$呷辛$+$吃辛^2 ②

論此式之意，即設　天$+$辛　之函數，可推爲級數。依辛之次數列之，如有　天$+$辛　之函數戊，不能推爲級數。如左式：　戊′$=$戊$+$呷辛$+$吃辛$^2+$呥辛$^3+\cdots$

順之以下皆爲辛之諸乘方，則本款之理於如此之函數，尚未證明。

二四　同變數之二函數相乘積之微分，等於二函數互，乘二微分之和。

設戊與亥爲天之二函數，天變爲　天$+$辛　則其新函數爲　戊′$=$戊$+$呷辛$+$吃辛^2、亥′$=$亥$+$呷′辛$+$吃′辛^2　見二十三款。

以此二式相乘，即得　戊′亥′$=$戊亥$+$呷亥辛$+$吃亥辛$^2+$呷′戊辛$+$呷呷′辛$^2+\cdots+$吃′戊辛$^2+\cdots$

其餘項爲含辛^{2}以上之諸乘方項。此式遷項，以辛約之，得　$\dfrac{戊′亥′-戊亥}{辛}=$呷亥$+$呷′戊$+$有辛　之諸項。

如令　辛$=0$　則有辛之各項俱無，而得　$\dfrac{彳(戊亥)}{彳天}=$呷亥$+$呷′戊

以伕乘之，得 彳(戌亥)=亥呷伕+戌呷′伕

但呷伕即等於彳戌。又呷′伕即等於彳亥。

故 彳(戌亥)=亥彳戌+戌彳亥① 合題。

二五 於二十四款内之1式，以戌亥除其二端，得 $\frac{彳(戌亥)}{戌亥}=\frac{彳戌}{戌}+\frac{彳亥}{亥}$

即知二函數相乘積之微分，以積除之，等於二函數各除其微分之和。

二六 同變數之若干函數連乘積之微分，等於各函數之微分，互乘餘函數連乘積數之和。

命戌亥人爲天之三函數，以地代亥人，有 戌亥人=戌地 而 彳(戌亥人)=彳(戌地) 但準二十四款， 彳(戌地)=地彳戌+戌彳地① 既 地=亥人

則準同款，得 彳地=人彳亥+亥彳人 用地與彳地之同數於1式内，即變爲 彳(戌亥人)=亥人彳戌+戌人彳亥+戌亥彳人② 式有四函數，及任若干函數皆同。

二七 二十六款内之2式，以戌亥人除其二端，得 $\frac{彳(戌亥人)}{戌亥人}=\frac{彳戌}{戌}+\frac{彳亥}{亥}+\frac{彳人}{人}$

即推擴二十五款之理也。【略】

三四 凡獨自變數之代函數無論爲陰函數，或陽函數，或任何繁函數，由前諸款之法，皆可推得其微分，因前諸款於代數式諸變化，俱已證明。【略】

第二章

四二 弧與正弦相比。

如圖呷吃爲弧，呷呐爲其圓半徑，取呷吃′弧，等於呷吃。作線連吃吃′，又作叮叮′切弧於呷點。是則吃㖪爲呷吃弧之正弦，而叮呷爲其正切。

吃吃′弦既爲直線，自必短於吃呷吃′弧，而正弦吃㖪爲吃吃′之半，則小於吃呷吃′弧之半吃呷，是正弦小於其弧也。

又呷吃呐圓心角形面積，乃以 $\frac{1}{2}$呷呐×呷吃 弧度之呷呐叮三角形面積，乃以 $\frac{1}{2}$呷呐×呷叮 度之呷吃呐圓心角形，爲呷叮呐三角形所容，必小於三角形。是以 $\frac{1}{2}$呷呐×呷吃弧<$\frac{1}{2}$呷呐×呷叮 故 呷吃弧<呷叮

即弧小于正切，由此可知圓弧於一象限内，必大於其正弦，而小於其正切。

命呷吃弧爲辛，則有 正弦辛<辛<正切辛

四三 弧與其正弦之比例限。

準《八線備旨》十八款 $\frac{正弦辛}{正切辛}=\frac{餘弦辛}{味}$ 惟〇。之餘弦即爲半徑，故 $\frac{正弦辛}{正切辛}$ 之限爲一。

夫弧恒在正弦正切之間，則 $\frac{正弦辛}{辛}$ 之限亦爲一。

由此可知，弧與正弦之比例限爲一。弧與其正切及通弦之比例限亦爲一也。【略】

第四章

七六 以圖象顯函數 凡獨變數之函數，可以曲線之縱線顯之，其變數以相當之横線顯之。如有變數天之陽函數，以地=函(天)之式明之，任設天有何同數，求得地之相當同數。設天與地爲點準二軸之縱横線，則天之每同數，地必有一同數或多同數與之相當。如此同數爲實數，即可得其各點之方位，此各點方位乃在曲線内，而曲線内任一點縱横線相連屬之理，同於函數與變數相連屬之理。

七七 一次微係數 如圖，呐吧吧′爲曲線，其式爲 地=函(天) 吧爲曲線内一點，命其縱横線爲天地，横線呐味即天，有長數味味′命之曰辛。其相當之縱線吧′味′命之曰地′。作呻吧吧′割線及吧哂切線。作吧叮與呐呋平行。是則 吧′叮=吧′味′−吧味=地′−地=呷辛+吃辛² 見二十三款。

惟於吧叮吧′三角形内，有 吧叮∶吧′叮∷1∶正切吧′吧叮=$\frac{吧′叮}{吧叮}$

以吧′叮及吧叮之同數代入之，得正切 吧′吧叮=正切吧呻味=$\frac{呷辛+吃辛^2}{辛}$=呷+吃辛

此式顯地與天二長數之比例。如欲準天以求地之微係數，則必令常數爲0，以推得此比例之限。見十八款。

辛漸損時，吧點漸近吧點，而割線吧呻漸近切線吧哂。夫既割線之限爲切線，則令 $辛=0$ 乃至限，而得正切吧 $哂呋=呷=\frac{彳地}{彳天}$ 故凡曲線内任何點，其切線與橫軸交角之正切，等於其縱線之一次微係數。

七八　已設一次微係數之某同數　設求某曲線内何點之切線與呋軸交成若干度角，則已知此點之一次微係數，必等於所設角之正切。如命此正切爲甲，即有 $\frac{彳地}{彳天}=甲$ 以此式與曲線式合推，即得所求點之天地二同數。

如其切線與呋軸平行，則與呋軸交角爲0，正切亦爲0，故其切點之式爲

$$\frac{彳地}{彳天}=0$$

如切線爲天軸垂線，則 $\frac{彳地}{彳天}=\infty$ 因正切 $90°=\infty$ 故也。

故曲線内凡切線與橫軸平行之點，其一次微係數，必爲0。凡切線與橫軸正交之點，其一次微係數爲∞。【略】

八〇　函數極大可有數次　所謂極大極小，非謂函數之同數。以此爲極大或極小也，因一函數，可有數次極大極小之同數。且極小之數，時或可大於極大之同數。

如圖，吧味及嗔唧二線爲變縱線之二極大同數，巳未及寅卯爲其二極小同數。覽圖易知其極小巳未，較大於極大嗔唧。

八一　除八十款所云之理外，更有一端，如圖，吧味爲極大之縱線，因大於其前後之縱線故也。巳未爲極小之縱線，因小於前後縱線故也。

八二　考函數極大極小同數法　視七十九款之圖，即知天漸增而地將近極大數吧味時，曲線之切線交呋軸成鋭角，即自左漸近吧時，則 $\frac{彳地}{彳天}$ 爲正。在吧點，其切線與呋軸平行，即 $\frac{彳地}{彳天}$ 變爲0過吧點後，其曲線之切線交呋軸成鈍角，即 $\frac{彳地}{彳天}$ 爲負。又自左漸近極小數巳未，則 $\frac{彳地}{彳天}$ 爲負。當吧點，$\frac{彳地}{彳天}$ 爲0過之，$\frac{彳地}{彳天}$ 爲正。

觀八十一款圖，可知天漸增而地近極大吧味之時，切線交呋軸成鋭角，即 $\frac{彳地}{彳天}$ 爲正。於吧點，切線爲呋軸之垂線，即 $\frac{彳地}{彳天}$ 爲∞。過吧點後，$\frac{彳地}{彳天}$ 爲負。

又近巳未極小數，則 $\frac{彳地}{彳天}$ 爲負。至巳點，$\frac{彳地}{彳天}$ 爲∞。過巳點，$\frac{彳地}{彳天}$ 爲正。

由此可知，論及變數之增數，其函數爲極大時，則一次微係數之號，＋改作－，函數爲極小時，一次微係數之號，－改作＋。

但函數必至0或爲∞，方能改其正負，故論函數之極大極小，其一次微係數，必爲0或∞。

是以如求函數之一次微係數，令之爲∞或0，則可由所得式内得各根數，顯天有若干同數，能令其函數極大極小。

所得變數之諸同數，未必皆能令其函數爲極大極小。因變數亦可令函數爲0或∞，而不改號，故其變數之各同數，能令其一次微係數爲0或∞者，必逐一推其合否。

八三　覈驗所得之根數　如有式 $\frac{彳地}{彳天}=0$ 或∞ ，式中之一根爲甲，以 $甲+辛$ 及 $甲-辛$ 遞代函數中之天，辛爲無窮小之幾何，視其所得二數，俱小於以甲代天之數，則函數有極大，俱大於以甲代天之數，則函數有極小。如所得之二數，其一大於甲代天之數，一小於甲代天之數，則此根數極大極小皆無。

又法以甲＋辛，與甲－辛，遞代入一次微係數。第一得數爲正，第二得數爲負，則其根數能使函數爲極大。如第一得數爲負，第二得數爲正，則根數必令函數爲極小。如所得二數同號，則根數不能令函數爲極大極小。

求極大極小之同數，則於函數中以相當之根數代入，即得。

算法

清・李善蘭《代微積拾級》卷一一　微分二

馬氏捷術

今有　$(甲丄天)^{卯}$　試詳其級數。

答曰：令　天＝〇　則函數消爲　$甲^{卯}$　故　$(戌)=甲^{卯}$　疊求函數之微分，得　$\frac{彳天}{彳戌}=卯(甲丄天)^{卯丅一}$　若　天＝〇　則得　$卯甲^{卯丅一}$　故
$(\frac{彳天}{彳戌})=卯甲^{卯丅一}$　又　$\frac{彳天^{二}}{彳^{二}戌}=卯(卯丅一)(甲丄天)^{卯丅二}$　若　天＝〇　則
得　$卯(卯丅一)甲^{卯丅二}$　又　$\frac{彳天^{三}}{彳^{三}戌}=卯(卯丅一)(卯丅二)(甲丄天)^{卯丅三}$　若
天＝〇　則得　$卯(卯丅一)(卯丅二)甲^{卯丅三}$　用此諸同數于馬氏式中得
$(甲丄天)^{卯}=甲^{卯}丄卯甲^{卯丅一}天丄\frac{二}{卯(卯丅一)}甲^{卯丅二}天^{二}丄\cdots$　即級數也。

今有　$戌=\frac{甲丄天}{一}$　試詳其級數。

答曰：疊求函數之微分，得　$\frac{彳天}{彳戌}=丅\frac{(甲丄天)^{二}}{一}$、$\frac{彳天^{二}}{彳^{二}戌}=\frac{(甲丄天)^{三}}{二}$、
$\frac{彳天^{三}}{彳^{三}戌}=丅\frac{(甲丄天)^{四}}{二\times三}$　設　天＝〇　則得下諸式　$(戌)=\frac{甲}{一}$、$(\frac{彳天}{彳戌})=丅\frac{甲^{二}}{一}$、
$(\frac{彳天^{二}}{彳^{二}戌})=\frac{甲^{三}}{二}$、$(\frac{彳天^{三}}{彳^{三}戌})=丅\frac{甲^{四}}{二\times三}$　用此諸同數于馬氏式中，得
$\frac{甲丄天}{一}=\frac{甲}{一}丅\frac{甲^{二}}{天}丄\frac{甲^{三}}{天^{二}}丅\frac{甲^{四}}{天^{三}}丄\cdots$　即級數也。

今有　$(甲丄天)^{丅三}$　試詳其級數。答式　$甲^{丅三}丅三甲^{丅四}天丄六甲^{丅五}天^{二}丅一〇甲^{丅六}天^{三}丄\cdots$

設　天＝〇　所得函數戌之微係數爲無窮數，則馬氏術不能詳。

如　戌＝天對、戌＝天餘切、$戌=\frac{天}{二}$　等，天＝〇　則皆爲無窮數。又如
$戌=甲天^{\frac{二}{三}}$　第一次微係數之式爲　$\frac{彳天}{彳戌}=\frac{二天^{\frac{二}{三}}}{甲}$　若　天＝〇　則亦爲無窮數。以上諸式，馬氏術皆不能詳。

戴氏新術

今有　$戌=(天丄地)^{卯}$　試詳其級數。

答曰：設　地＝〇　則得　$戌=天^{卯}$　疊求微分，得　$\frac{彳天}{彳戌}=卯天^{卯丅一}$、
$\frac{彳天^{二}}{彳^{二}戌}=卯(卯丅一)天^{卯丅二}$、$\frac{彳天^{三}}{彳^{三}戌}=卯(卯丅一)(卯丅二)天^{卯丅三}$　餘類推。
用此諸同數于戴氏式中，得　$戌'=天^{卯}丄卯天^{卯丅一}地丄\frac{一\times二}{卯(卯丅一)}天^{卯丅二}地^{二}$
$丄\frac{一\times二\times三}{卯(卯丅一)(卯丅二)}天^{卯丅三}地^{三}丄\cdots$　即級數也。

天丄地　諸函數之級數，依戴氏術雖大率可詳，然或係數爲無窮，則戴氏術亦不能推也。

如　$戌'=甲丄(乙丅天丄地)^{\frac{二}{三}}$　則　$戌=甲丄(乙丅天)^{\frac{二}{三}}$、
$\frac{彳天}{彳戌}=丅\frac{二(乙丅天)^{\frac{二}{三}}}{一}$、$\frac{彳天^{二}}{彳^{二}戌}=丅\frac{四(乙丅天)^{\frac{二}{三}}}{一}$　餘類推。此式若　天＝乙
則諸微係數爲無窮。又如　$戌'=甲丄(乙丅天丄地)^{\frac{卯}{二}}$　此式若卯爲整數，而
天＝乙　則諸微係數爲無窮。凡此類，皆非戴氏術所能詳。

按：　天＝乙　則　$戌'=甲丄地^{\frac{卯}{二}}$　$戌'=甲$，戌與戌之同數不能同率，

諸自變數之函數

大凡因變數之同數異，而函數變其率，則戴氏術不能詳。

今有句股形，每秒中句變大一寸，股變大二寸。當句八寸、股十二寸時，面積之變比例若干。

答曰：十四寸。蓋　$戌=\frac{一}{二}天地$、$彳戌=\frac{一}{二}地彳天丄\frac{一}{二}天彳地=一四$

今有句股形，每秒中句變大二寸，股變小三寸。當句十寸、股八寸時，面積之變比例若何。

答曰：變小七寸。蓋　$戌=\frac{一}{二}天地$、$彳戌=\frac{一}{二}地彳天丄\frac{一}{二}天彳地=八丅一五=丅七$

今有橢圜面，每秒中長徑變大二寸，短徑變大三寸。當長徑二十寸、短徑十二寸時，面積變比例若干。

答曰：二一周　蓋　戊＝天地周$\frac{四}{一}$、彳戊＝$\frac{四}{一}$地周彳天丄$\frac{四}{一}$天周彳地＝六周丄一五周＝二一周

今有圜錐體，每秒中其高變小三寸，底徑變大一寸。當高十八寸、底徑十寸時，體積之變比例若何。

答曰：變大五周。蓋　戊＝$\frac{一二}{周}$天^{二}地、彳戊＝$\frac{六}{周}$天地彳天丄$\frac{一二}{周}$天^{二}彳地＝三〇周丅二五周＝五周

又　卷一二　微分三

第一次微係數解

今有拋物線，欲取線內一點，令其切線與曲線徑之交角爲四十五度。其法若何。

答曰：拋物線之式爲　地^{二}＝二巳天　求微分，得　二地彳地＝二巳彳天　地之微係數爲　$\frac{彳天}{彳地}$＝$\frac{地}{巳}$　四十五度之正切即半徑，故得　$\frac{地}{巳}$＝一　即　地＝巳　而原式爲　地^{二}＝二巳天　則　天＝$\frac{二}{巳}$　故所求點之縱線，必過曲線心。

論函數極大極小

今有　戊＝一〇天丅天^{二}　求函數戊有極大否。

答曰：求第一次微係數，得　$\frac{彳天}{彳戊}$＝一〇丅二天　令此式等于〇，則得　一〇丅二天＝〇　故　天＝五　五即甲也，乃以五及　五丅一、五丄一　遞代原式中之天，得如下：四代天　戊′＝四〇丅一六＝二四　五代天　戊＝五〇丅二五＝二五　六代天　戊″＝六〇丅三六＝二四　五丅一、五丄一　代天所得二數，俱小于五代天所得數，故天等于五時，戊爲極大。

今有　戊＝天^{二}丅一六天丄七〇　求函數戊有極小否。

答曰：求第一次微係數，得　$\frac{彳天}{彳戊}$＝二天丅一六　令等于〇，則得　二天丅一六＝〇　故　天＝八　八即甲也。以八及　八丄一、八丅一　遞代原式中之天，得數如下：七代天　戊′＝四九丅一一二丄七〇＝七　八代天　戊＝六四丅一二八丄七〇＝六　九代天　戊″＝八一丅一四四丄七〇＝七　八丅一、八丄一　代天所得二數，俱大于八代天所得數，故天等于八時，戊爲極小。

用戴氏術，得攷定函數極大極小之公法。

試置　戊＝函(天)　以辛增損天，得　戊′＝函(天丅辛)、戊″＝函(天丄辛)　依戴氏術，得　戊″丅戊＝$\frac{彳天}{彳戊}$辛丄$\frac{彳天^{二}}{彳^{二}戊}$×$\frac{一×二}{辛^{二}}$丄$\frac{彳天^{三}}{彳^{三}戊}$×$\frac{一×二×三}{辛^{三}}$丄…

戊′丅戊＝丅$\frac{彳天}{彳戊}$辛丄$\frac{彳天^{二}}{彳^{二}戊}$×$\frac{一×二}{辛^{二}}$丅$\frac{彳天^{三}}{彳^{三}戊}$×$\frac{一×二×三}{辛^{三}}$丄…　此式中，若戊爲極大，必大于戊′及戊″，即辛爲無窮小，而同數爲負；若戊爲極小，必小于戊′及戊″，即辛爲無窮小，而同數爲正，辛必爲無窮小者，蓋級數和之正負，必視首項，而此二式之首項正負不同，故首項非等于〇。函數戊無極大極小，必首項爲〇，即　$\frac{彳天}{彳戊}$＝〇　乃可得天之同數，而知戊或爲極大，或爲極小也。第一次微係數爲〇，則級數和之正負，視第二次微係數。若第二次微係數爲負，則函數極大；若正，則函數極小。設第二次微係數亦爲〇，而第三次微係數不爲〇，則二級數之正負不同，函數無極大極小。設第三次微係數亦爲〇，則級數和之正負，視第四次微係數，負則函數極大，正則函數極小，餘仿此。

求天之諸同數，以攷函數極大極小之數。

法先求函數之第一次微係數，令等于〇，而求得天之諸同數，以諸同數迭代第二次微係數中之天，若得負，則函數爲極大；若得正，則函數爲極小；若所得同數，或令第二次微係數等于〇，則代第三次微係數中之天。若仍等于〇，則代第四次微係數中之天。如此遞代，至遇不等于〇而止。所遇之次數若爲奇，則函數非極大極小。若爲偶，則所得負者，函數極大；正者，函數極小。

今有　戊＝天^{三}丅三天^{二}丅二四天丄八五　求天之同數，攷函數極大極小。

答曰：求微係數得　$\frac{彳天}{彳戊}$＝三天^{二}丅六天丅二四　令等于〇，得　三天^{二}丅六天丅二四＝〇　即　天^{二}丅二天丅八＝〇　天之二同數，一爲　丄四　一爲　丅二　第二次微係數如下：$\frac{彳天^{二}}{彳^{二}戊}$＝六天丅六　此式中以四代天，得　丄一八　爲正，則函數爲極小。以　丅二　代天，得　丅一八　爲負，則函數爲極大。故　天＝丅二　函數爲極大，天＝四　函數爲極小。

以天之諸同數迭用于本式中，以攷戊之諸同數，題理自顯，列表如左。

戌=六九	戌=一〇三	戌=一一三極大	戌=一〇五	戌=八五	戌=五九
天=丅四	天=丅三	天=丅二	天=丅一	天=〇	天=丄一
戌=三三	戌=一三	戌=五極小	戌=一五	戌=四九	
天=丄二	天=丄三	天=丄四	天=丄五	天=丄六	

觀表，天變大，自 丅四 至 丅二 函數亦變大。自 丅二 至 丄四 函數反變小。自 丄四 後，函數又變大。從此至天等于無窮，不復變小也。

如圖，諸橫線爲天之諸同數，依戌之諸同數作諸縱線，而聯諸縱線之端，即成所設之曲線，其橫線爲 丅二 縱線最大。橫線爲四，縱線爲最小也。

今有 戌=天^{四}丅六天^{三}丄八八天^{二}丅九二天丄五〇 求天之同數，攷戌極大極小。

答曰：天=四 戌爲極大。天=二、天=六 戌爲極小。

以此題天之諸同數，求所當戌之諸同數，列表于左。

戌=三二	戌=六極小	戌=一五	戌=二極大	戌=一五	戌=六極小
天=一	天=二	天=三	天=四	天=五	天=六
戌=三二	戌=一五〇				
天=七	天=八				

如圖，諸縱線有二極小，爲橫線二與六所當者。有一極大，爲橫線四所當者。

求函數極大極小捷法

今有三角形，求所容最大矩形。

如呷吃呐三角形，命其底呷吃爲乙，其高呐叮爲辛，所容矩形之高哽叮爲天。準相似三角形術，有比例 呐叮：呐哽∷呷吃：哦吧 即辛：辛丅天∷乙：哦吧 故 哦吧$=\frac{辛}{乙}$(辛丅天) 矩形之面積爲哦吧乘哽叮，故等于 $\frac{辛}{乙}$(辛天丅天^{二}) 惟 $\frac{辛}{乙}$ 爲常數，是以 $\frac{辛}{乙}$(辛天丅天^{二}) 爲極大，則 辛天丅天^{二} 亦爲極大，即得式 $\frac{佽}{彶}$=辛丅二天=〇 則 天=$\frac{一}{二}$辛 故得矩形之高，半三角形之高，其積爲極大。

今有圜錐體，求所容最大圜柱積。

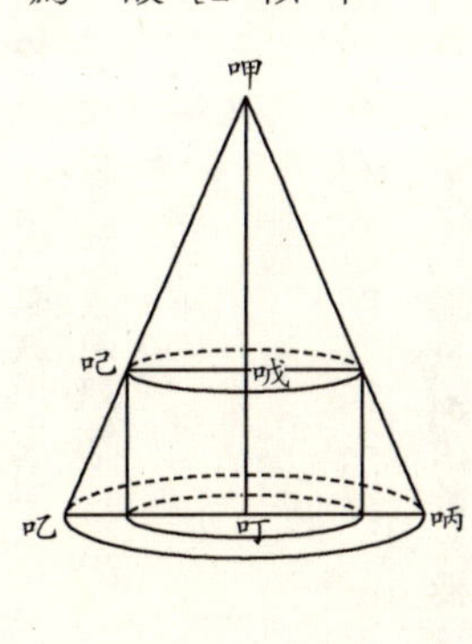

如吃呷呐圜錐體，命其高呷叮爲甲，底半徑吃叮爲乙，所容圜柱之高哦叮爲天。準相似三角形術，有比例 呷叮：吃叮∷呷哦：吧哦 即 甲：乙∷甲丅天：吧哦 故 哦吧$=\frac{甲}{乙}$(甲丅天) 凡圜半徑爲味，圜積爲周味^{二} 故以哦吧爲圜半徑，其圜積必爲 $\frac{甲^{二}}{周乙^{二}}$(甲丅天)^{二} 以柱高哦叮乘之，得 $\frac{甲^{二}}{周乙^{二}}$天(甲丅天)^{二} 即圜柱積。此式若爲極大，則去其常數 $\frac{甲^{二}}{周乙^{二}}$ 得 天(甲丅天)^{二} 亦爲極大。求微係數，得 $\frac{佽}{彶}$=甲^{二}丅四甲天丄三天^{二}=〇 此式天或等于甲，或等于 $\frac{一}{三}$甲 乃求第二次微係數，得 $\frac{佽^{二}}{彳戌}$=丅四甲丄六天 此式若天等于甲，則爲正，而得極小。若天等于 $\frac{一}{三}$甲 則爲負，而得極大，故所容極大圜柱之高，爲錐高三分之一。

今有拋物線面，求所容最大矩形之高。

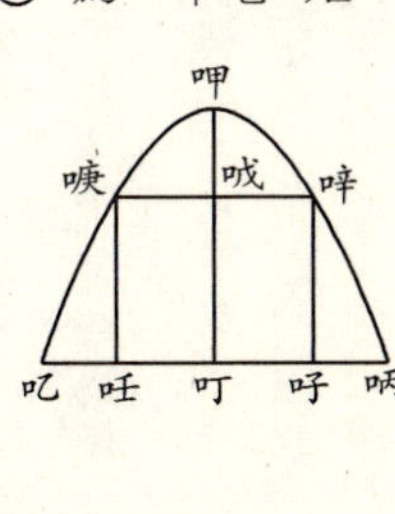

如吃哽呷啐呐叮爲拋物線面，命其高呷叮爲甲，與矩形高之較呷哦爲天。準拋物線式 地^{二}=二巳天 五卷一款。即 哽哦^{二}=二巳天 故 哽哦=$\sqrt{二巳天}$ 而 哽啐=二$\sqrt{二巳天}$ 所以哽啐吽呼面積爲二$\sqrt{二巳天}$(甲丅天) 若此爲極大，則 $\sqrt{天}$(甲丅天) 亦爲極大，故 戌=甲天$^{\frac{一}{二}}$丅天$^{\frac{三}{二}}$ 求微係數，得下式 $\frac{佽}{彶}=\frac{一}{二}$甲天$^{丅\frac{一}{二}}$丅$\frac{三}{二}$天$^{\frac{一}{二}}$=〇 故 $\frac{天^{\frac{一}{二}}}{甲}$=三天$^{\frac{一}{二}}$ 即 甲=三天 而 天=$\frac{三}{二}$甲 所以最大矩形之高，爲拋物面中徑三分之二。

今有拋物線面，其橫線九，倍縱線十六。求所容最大矩形之高、廣各若干。

答曰：高六，廣九又一千分之二百三十六。

今有圜錐體，求其最大拋物線之中徑。

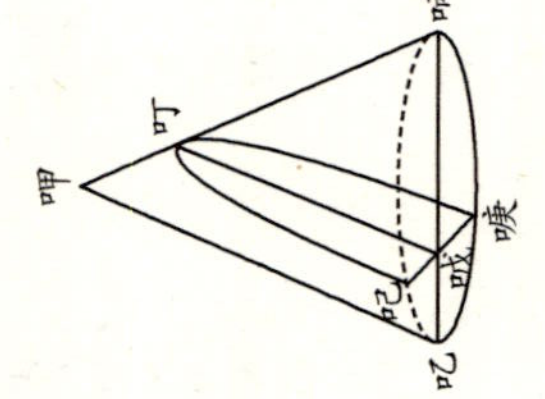

如⿰口乙呷⿰口丙爲圜錐體，命其底徑⿰口乙⿰口丙爲甲，斜距呷⿰口乙爲乙，底徑截分⿰口丙⿰口戊爲天，則 ⿰口乙⿰口戊＝甲丅天 而 ⿰口戊⿰口己＝$\sqrt{甲天丅天^{二}}$ ⿰口己⿰口庚＝二$\sqrt{甲天丅天^{二}}$ 準相似三角形理，有比例 甲：乙::天：叮⿰口戊 則 叮⿰口戊＝$\frac{甲}{乙天}$ 故拋物線面積爲 $\frac{三}{二}$×$\frac{甲}{乙天}$＝$\sqrt{甲天丅天^{二}}$ 若此爲極大，則 天$\sqrt{甲天丅天^{二}}$ 亦爲極大，自乘以去開方根，得 天^{二}(甲天丅天^{二}) 即 甲天^{三}丅天^{四} 仍爲極大。求微係數，得 $\frac{⿰亻天}{⿰亻戊}$＝三甲天^{二}丅四天^{三}＝〇 故 天＝$\frac{四}{三甲}$ 而 叮⿰口戊＝$\frac{甲}{乙天}$＝$\frac{四}{三}$乙 故最大拋物線之中徑，爲圜錐體斜距四分之三。

按：拋物面積爲縱橫線矩積三分之二，故 二$\sqrt{甲天丅天^{二}}$ 爲縱線，$\frac{甲}{乙天}$ 爲橫線。

今有酒若干升，欲盛以圜柱形器，令器之內曲面底面和最小，高與底徑之比例當若何。

答曰：命酒爲丙，底之半徑爲天，則底爲 周天^{二} 器之高爲 $\frac{周天^{二}}{丙}$ 圜柱之內曲面積爲 $\frac{周天^{二}}{丙}$×二周天＝$\frac{天}{二丙}$ 加底面積，得 $\frac{天}{二丙}$丄周天^{二} 如法求得 天＝三$\sqrt{\frac{周}{丙}}$ 以此同數代高式中之天，得 三$\sqrt{\frac{周}{丙}}$ 故極小面之高，與底半徑相等。

今有立圜體，于內作圜錐。欲令曲面最大，其高與球徑之比例若何。

如呷⿰口乙⿰口丙爲立圜體，命球徑呷⿰口丙爲 二甲 命圜錐高呷叮爲天，則有比例 天：⿰口乙叮::⿰口乙叮：二甲丅天 故 ⿰口乙叮＝$\sqrt{二甲天丅天^{二}}$ 又 天：呷⿰口乙::呷⿰口乙：二甲 故 呷⿰口乙＝$\sqrt{二甲天}$ 圜錐曲面爲 周$\sqrt{二甲天丅天^{二}}$$\sqrt{二甲天}$＝周$\sqrt{四甲^{二}天^{二}丅二甲天^{三}}$ 若爲極大，如法求得 天＝$\frac{三}{四甲}$ 故曲面最大之圜錐，其高爲球半徑三分之四。

今有直線，欲爲弦求作最大句股形，其比例若何。

如呷⿰口乙⿰口丙句股形，命弦呷⿰口乙爲甲，句⿰口丙⿰口乙爲天，則股必爲 $\sqrt{甲^{二}丅天^{二}}$ 其面積必爲 $\frac{二}{天}$$\sqrt{甲^{二}丅天^{二}}$ 如法求得 天^{二}＝甲^{二} 故句股積最大，句與股相等。

今有象限形，欲引長其二半徑與切線成句股形。求其最小面積句股之比例若何。

如呷⿰口乙⿰口丙爲所求句股形，作對角垂線呷叮，則面積爲 $\frac{二}{一}$呷叮×⿰口乙⿰口丙 若⿰口乙⿰口丙爲極小，則面積亦爲極小，因呷叮爲常數故也。乃命呷叮爲味，⿰口乙叮爲天，則有比例 ⿰口乙叮：呷叮::呷叮：⿰口丙叮 故 叮⿰口丙＝$\frac{⿰口乙叮}{呷叮^{二}}$＝$\frac{天}{味^{二}}$ 而 ⿰口乙⿰口丙＝天丄$\frac{天}{味^{二}}$ 如法求得 天＝味 叮⿰口丙＝味 故句股相等，面積最小。

又 卷一三 微分四

對函數微分

今有真數四千八百二十五，求今表對數之微分若干。

以真數之微分爲一，準前，本卷二款。以四千八百二十五約本表之根，即得本數對數之微分。若用對數以相減代約，亦可。法如左。

今中國對數表根爲 ·四三四二九四 其對數爲 九·六三七七八四 四千八百二十五之對數爲 三·六八三四九七 相減得 五·九五四二八七 查得真數爲 ·〇〇〇〇九〇 是爲四千八百二十五，與四千八百二十六，兩對數之較，即所求微分也。

今有 戊＝地^{天} 地與天皆爲變數，試求其微分，且詳其理。

答曰：此式兩邊之對數爲 戊對＝天地對 故 $\frac{戊}{⿰亻戊}$＝地對⿰亻天丄天$\frac{地}{⿰亻地}$ 而

𢓊$=$戊地對伕丄戊天$\frac{地}{彵}$ 以戊之同數 地^{天} 代戊，則得 𢓊$=$彵^{天二}地^{天}地對伕丄天地^{天丅一}彵 此爲二微分之和，先以天爲變數，地爲常數，求得天之微分；次以地爲變數，天爲常數，求得地之微分，并之得此式。

圜函數微分

今有弧，每秒長一分。當三十度時，其正弦之微分若干。

答曰：弧之微分爲一分。依半徑取其數，得 ・〇〇〇二九〇九 其對數爲 六・四六三七二六 三十度之餘弦對數爲 九・九三七五三一 二對數相加，以半徑對數減之得 六・四〇一二五七 檢表得真數 〇・〇〇〇二五二爲三十度與三十度一分二正弦之較，即所求微分也。

今有弧每秒中長一秒，當十分三十秒時，求其正弦對數之微分若干。

答曰：弧之微分爲一秒，依半徑取其數得 〇・〇〇〇〇〇四八五 其對數爲 四・六八五五七五 對數根之對數爲 九・六三七七八四 兩對數相加，則得 一四・三二三三五九 以十分三十秒正切之對數 七・四八四九一七減之，得 六・八三八四四二 檢表得真數 〇・〇〇〇六八九 爲十分三十秒與十分三十一秒二正弦對數之較，即所求微分也。

準馬氏術，天之正、餘弦諸線，可詳爲天之諸級數。

今有 天弦 試詳其級數。

答曰：設 戊$=$天弦 準前本卷四款、五款。得 $\frac{伕}{𢓊}=$天餘弦、$\frac{伕^{二}}{彳^{二}戊}=$丅天弦、$\frac{伕^{三}}{彳^{三}戊}=$丅天餘弦、$\frac{伕^{四}}{彳^{四}戊}=$天弦 以下類推。令 天$=$〇 則得（戊）$=$〇、$\left(\frac{伕}{𢓊}\right)=$一、$\left(\frac{伕^{二}}{彳^{二}戊}\right)=$〇、$\left(\frac{伕^{三}}{彳^{三}戊}\right)=$丅一、$\left(\frac{伕^{四}}{彳^{四}戊}\right)=$〇 以下類推。故準馬氏術十一卷一款。得 天弦$=$天丅$\frac{一\times二\times三}{天^{三}}$丄$\frac{一\times二\times三\times四\times五}{天^{五}}$丅・… 即級數也。

今有 天餘弦 試詳其級數。

答曰：設 戊$=$天餘弦 準前本卷五款、四款。得 $\frac{伕}{𢓊}=$丅天弦、$\frac{伕^{二}}{彳^{二}戊}=$丅天餘弦、$\frac{伕^{三}}{彳^{三}戊}=$天弦、$\frac{伕^{四}}{彳^{四}戊}=$天餘弦 以下類推。令 天$=$〇 則得（戊）$=$一、$\left(\frac{伕}{𢓊}\right)=$〇、$\left(\frac{伕^{二}}{彳^{二}戊}\right)=$丅一、$\left(\frac{伕^{三}}{彳^{三}戊}\right)=$〇、$\left(\frac{伕^{四}}{彳^{四}戊}\right)=$一 以下類推。故依馬氏術十一卷一款。得 天餘弦$=$一丅$\frac{二}{天^{二}}$丄$\frac{二\times三\times四}{天^{四}}$丅… 即級數也。

天之同數愈小，則級數之斂愈速，用以造正、餘弦諸表爲最便。

又 卷一四 微分五 曲線義

今有平圜任一點，求其切線式。

平圜之式爲 天$'^{二}$丄地$'^{二}=$味^{二} 求微分得 $\frac{伕'}{彵'}=$丅$\frac{地'}{天'}$ 用此同數于一式中，得 地丅地$'=$丅$\frac{地'}{天'}$（天丅天$'$） 即平圜切線式，變之得 地地$'$丄天天$'=$天$'^{二}$丄地$'^{二}=$味^{二} 與前合。四卷四款。

今有拋物線，求任一點之切線式。

拋物線之式爲 地$'^{二}=$二巳天 求微分得 $\frac{伕'}{彵'}=\frac{地}{巳}$ 用此同數于一式中得 地丅地$'=\frac{地'}{巳}$（天丅天$'$） 即拋物線切線式，變之得 地地$'$丅地$'^{二}=$巳（天丅天$'$） 惟 地$'^{二}=$二巳天$'$ 故得 地地$'=$巳（天丄天$'$） 與前合。五卷二款。

論曲線及曲線之面積、曲面體積諸微分

今有平圜弧線，試求其微分。

平圜之式爲 天^{二}丄地$^{二}=$味^{二} 求微分得 天伕丄地彵$=$〇 即彵$=$丅$\frac{地}{天伕}$ 則 仏$=\sqrt{伕^{二}丄\frac{地^{二}}{天^{二}伕^{二}}}=\frac{地}{伕}\sqrt{天^{二}丄地^{二}}$ 惟$\sqrt{天^{二}丄地^{二}}=$味 而 地$=\sqrt{味^{二}丅天^{二}}$ 所以 仏$=\frac{\sqrt{味^{二}丅天^{二}}}{味伕}$ 與前合。十三卷十款後論。

今有平圜分面積，試求其微分。

平圜之式爲 地$^{二}=$味^{二}丅天^{二} 則 地$=\sqrt{味^{二}丅天^{二}}$ 故伸$=$地伕$=$伕$\sqrt{味^{二}丅天^{二}}$ 即面積之微分。又設縱橫線之原點在圜周，則其式爲 地$=\sqrt{二未天丅天^{二}}$ 面積之微分式改爲 伕$\sqrt{二未天丅天^{二}}$

論曲線之漸近線

試求雙線有漸近線否。

縱橫線之原點，在雙線之中點，則其式爲 $地^{二}=\frac{呷^{二}}{叱^{二}}(天丅呷^{二})$ 七卷一款。

案：求微分得 $\frac{彳地}{彳天}地=\frac{叱^{二}天}{呷^{二}地^{二}}=\frac{天}{天丅呷^{二}}$ 故 $\frac{呷}{哂}=地\frac{彳地}{彳天}丅天=丅\frac{天}{呷^{二}}$

此 $丅\frac{天}{呷^{二}}$ 爲切線交橫軸點距原點之式。若天爲無窮，此式必爲〇，則雙線有過中點之漸近線。

試求拋物線有漸近線否。

拋物線之式爲 $地^{二}=二巳天$ 求微分得 $地\frac{彳地}{彳天}=\frac{巳}{地^{二}}=二天$ 故 $呷哂=天=地\frac{彳地}{彳天}丅天$ 若天爲無窮，此式亦必爲無窮，故拋物線無漸近線。

試求對數曲線有漸近線否。

對數曲線之式爲 天＝地對 即 $地=甲^{天}$ 若天爲無窮而負，則 $地=\frac{一}{甲^{\infty}}=〇$ 故對數曲線之橫軸即漸近線。觀九卷對數曲線圖，理自明。

又 卷一五 微分六 漸伸線

今有拋物線，求其漸伸線之式。

本螺線式爲 $地^{二}=二巳天$ 求微分，得 $\frac{彳天}{彳地}=\frac{地}{巳}$ 故 $彳地^{二}=\frac{地^{二}}{巳^{二}彳天^{二}}$

求二次微分，得 $彳^{二}地=丅\frac{地}{彳地^{二}}$ 以 $彳地^{二}$ 之同數代之，得 $彳^{二}地=丅\frac{地^{三}}{巳^{二}彳天^{二}}$ 用此二同數于二三兩式中，化得 $地丅乙=\frac{巳}{地^{三}}丄地$ 故 $乙^{二}=\frac{巳^{四}}{地^{六}}$ 又 $天丅甲=丅\frac{巳}{地^{二}}丅巳$ 各以 $地^{二}$ 之同數 二巳天 代之，得 $乙^{二}=\frac{巳}{八天^{三}}$、$天丅甲=丅二天丅巳$ 準末式得 $天=\frac{三}{甲丅巳}$ 用此同數于上式中，得 $乙^{二}=\frac{二七}{八}\frac{巳}{(甲丅巳)^{三}}$ 即漸伸線式，別得爲半立方拋物線。八卷末條。若令 乙＝〇 則得 甲＝巳 故漸伸線與橫軸交點距原點呷哂，必等于通徑之半。若移原點從呷至哂，則上式變爲 $乙^{二}=\frac{二七巳}{八}甲^{三}$ 甲各同數中之乙，各有二同數相等，而正負不同，蓋以橫軸爲準，拋物線有二母線，一哂嗔，成螺線呷叱，一哂嗔′，成螺線呷叱′也。

又 卷一六 微分七 論一切曲線中諸理

試求平圜周，何點之切線與橫軸平行，何點之切線正交橫軸。

平圜之式爲 $天^{二}丄地^{二}=味^{二}$ 求微分得 $\frac{彳天}{彳地}=丅\frac{地}{天}$ 此數等于〇，則天等于〇。惟 天＝〇 則 地＝±味 故切線與橫軸平行，必在圜周交縱軸之二點。若 $\frac{彳天}{彳地}=丅\frac{地}{天}=\infty$ 即 $丅\frac{天}{地}=〇$ 則地等于〇。惟 地＝〇 則 天＝±味 故切線正交橫軸，必在圜周交橫軸二點。

試求擺線何點之切線與底平行，何點之切線與底正交。

答曰：切線與底平行，必在頂點。切線與底正交，必在擺線遇底之二點。

試求平圜周線向橫軸之邊，爲凹爲凸。

平圜之式爲 $天^{二}丄地^{二}=味^{二}$ 求微分得 $\frac{彳天}{彳地}=丅\frac{地}{天}$ 又 $\frac{彳天^{二}}{彳^{二}地}=丅\frac{地^{三}}{天^{二}丄地^{二}}=丅\frac{地^{三}}{味^{二}}$ 若地爲正，此式爲負。若地爲負，此式爲正。故圜周向橫軸之邊爲凹。

今有 $地=甲丄(天丅乙)^{三}$ 試求其式有彎點否。

此式求微分，得 $\frac{彳地}{彳天}=三(天丅乙)^{二}$ 再求微分，得 $\frac{彳^{二}地}{彳天^{二}}=六(天丅乙)$ 若 天＝乙 則二次微係數爲〇，而切線在 天＝乙、地＝甲 之點上，與橫軸平行。若 天<乙 則二次微係數爲負。若 天>乙 則二次微係數爲正。故曲線內 天＝乙 之點，二次微係數至此必易號，而此點必爲彎點。

如圖，哂哂′爲切線，吧點之左，曲線在切線下，吧點之右，曲線在切線上，吧即彎點。

今有 $地＝甲丅(天丅乙)^{三}$ 試求其式有彎點否。

答曰：曲線向横軸之邊初爲凸，後爲凹，故 天＝乙 之點爲彎點。

今有 $地＝三天丄一八天^{二}丅二天^{三}$ 試求其式有彎點否。

此式求微分，得 $\frac{伔}{佹地}＝三丄三六天丅六天^{二}$ 再求微分，得 $\frac{伔^{二}}{彳地}＝三六丅一二天$ 令等于〇，則得 天＝三 故取 呷吃＝三 作縱線吃呐，則呐爲彎點。若天在〇與三之間，則 三六丅一二天 爲正，故曲線呷呐一段向呷吃爲凸。若 天>三 則 三六丅一二天 爲負，故曲線呐點之右，向吃叮爲凹。

今有 $地^{二}＝甲^{二}天^{二}丅天^{四}$ 試求其式有倍點否。

此式之左右各開方，得 $地＝±天(甲^{二}丅天^{二})^{\frac{二}{一}}$ ㊀ 求微分，得 $\frac{伔}{佹地}＝±\frac{(甲^{二}丅天^{二})^{\frac{二}{一}}}{甲^{二}丅二天^{二}}$ ㊁ 式之一次微係數有正負二同數，即知有二曲線相交，向横軸之勢相似。若一式中 天＝±甲 則 地＝〇 故曲線交横軸于吃呐二點，距原點一爲 丄甲 一爲 丅甲 又若 天＝〇 則 地＝〇 故曲線交點在原點呷。呷即爲倍點。若二式中 天＝〇 則式變爲 $\frac{伔}{佹地}＝±甲$ 故呷點有二切線，一與横軸交角之正切爲 丄甲 一與横軸交角之正切爲 丅甲

今有 $地＝甲丄二(天丅乙)^{\frac{三}{二}}$ 求式之曲線有兩邊歧點否。

此式求微分，得 $\frac{伔}{佹地}＝\frac{三(天丅乙)^{\frac{三}{一}}}{四}$ 若 天＝乙 此微係數爲無窮，即切線與横軸交角之正切爲無窮，十二卷一款。故切線必爲 天＝乙、地＝甲 之點上横軸垂線，乃用 乙丄辛 及 乙丅辛 各代本式中之天，俱得 $地＝甲丄二辛^{\frac{三}{二}}$ 則 天＝乙 時地之同數爲最小。此外無論天大于乙、天小于乙，地之同數恒大于此同數，是 天＝乙、地＝甲 之點，必爲兩邊歧點。

今有 $地＝甲丅二(天丅乙)^{\frac{三}{二}}$ 求式之曲線有兩邊歧點否。

本式中若用 乙丄辛 及 乙丅辛 以次代天，俱得 $地＝甲丅二辛^{\frac{三}{二}}$ 所以 天＝乙 地之同數爲最大。此外無論天大于乙、天小于乙，地之同數皆小于此同數，是 天＝乙 地＝甲 之點，爲兩邊歧點。

今有 $天^{二}＝地^{三}$ 求式之曲線有兩邊歧點否。

答曰：天＝〇、地＝〇 之點爲兩邊歧點。此式歧點在原點。

今有 $天＝地^{二}┼地^{\frac{二}{五}}$ 求式之曲線有一邊歧點否。

此式天有二同數，則有二曲線，求微分，得 $\frac{伔}{佹地}＝\frac{二地┼\frac{五}{二}地^{\frac{二}{三}}}{一}$ 若 地＝〇 則 天＝〇 而一次微係數爲無窮，故二曲線俱過原點。縱軸即公切線。若地爲負，則天爲虛，所以曲線不至横軸之下。若 地＝丄辛 則 $天＝辛^{二}┼辛^{\frac{二}{五}}$ 設辛小于一，則 $辛^{\frac{二}{五}}$ 小于 $辛^{二}$ 而天有二正同數，一吧味，一吧′味，故呷爲一邊歧點。

設公切線爲二軸之斜線，同法攷之，歧點亦可定。

今有 $地^{二}＝天(甲丄天)^{二}$ 求式之曲線有特點否。

此式開平方，得 $地＝±(甲丄天)\sqrt{天}$ 故天若爲負，則地爲虛。又若 天＝〇 則 地＝〇 故曲線過原點呷。又天若爲正，地必有二實同數，故有二曲線，一在横軸上，一在横軸下，自原點起，俱向右邊行。又若 天＝丅甲 則 地＝〇 故吧點之横線爲 丅甲 此點與曲線之他點不相連而式亦合，即特點也。

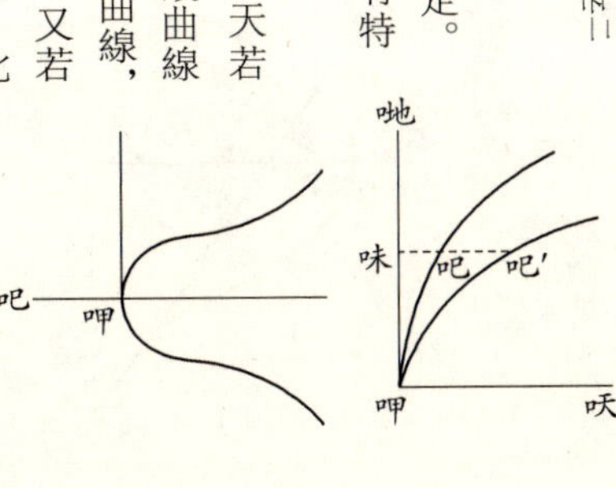

論變數與函數之變比例

第六款　惟因每遇　$戊=天^{二}$　則　$彳戊=二天彳天$　所以可寫之如　$\frac{彳天}{彳戊}=二天$　此爲天微分之倍數，亦謂之微係數。

又依前法推之，如函數之式爲　$戊=天^{三}$　則　$彳戊=三天^{二}彳天$　而　$\frac{彳天}{彳戊}=三天^{二}$　其　$三天^{二}$　爲原函數　$戊=天^{三}$　之微係數。

總言之，無論何種函數之微係數，皆可以　$\frac{彳天}{彳戊}$　代之。而函數之新同數爲　$戊丄巳辛丄午辛^{二}丄\cdots$　所以　$\frac{彳天}{彳戊}=巳$　其巳爲天之他函數。其形每隨函數之式而變。如知戊之同數爲何式，則其巳之同數即易求得。

凡函數之欲求微分者，先于其式之左旁作一彳號以記之。如有　$[(甲丄天)(乙^{二}丅天^{二})]$　式，欲求其微分，則可先作　$彳[(甲丄天)(乙^{二}丅天^{二})]$

凡函數之欲求微係數者，于其式之左旁作彳號，又以彳天爲其分母。如有　$[(甲丄天)(乙^{二}丅天^{二})]$　式，欲求其微係數，則作　$\frac{彳天}{彳[(甲丄天)(乙^{二}丅天^{二})]}$

從以上各款諸説易知求微分之公法。

法曰：無論天之任何函數欲求微分，則以　天丄辛　代其原式中之天，而詳之，依辛之整方數自小而大序之，取其初有辛之項，而以彳天代其辛，即得。

如有式　$戊=甲天丄乙天^{二}$　欲求其微係數，則以　天丄辛　代其天，而令函數之新同數爲戊′，則得　$戊'=甲(天丄辛)丄乙(天丄辛)^{二}=甲天丄乙天^{二}丄(甲丄二乙天)辛丄乙辛^{二}=戊丄(甲丄二乙天)辛丄乙辛^{二}$　取其初有辛之項　(甲丄二乙天)辛　以彳天代其辛，即得　$彳戊=(甲丄二乙天)彳天$　故其　$\frac{彳天}{彳戊}=甲丄二乙天$

第七款　上款之法必令天變爲　天丄辛　而詳其函數之同數爲級數。此乃論其立法之理，當如是也。惟求得級數之後所用者僅爲其辛一方之項，則但能求得此項已足用矣。前于第四款中言此項之倍數爲變數與函數變比限之限。又于第六款中言此項之倍數謂之微係數。然則求函數之微係數與求變數與函數變比例之限，其法本無異也。

如有式　$戊=\frac{天}{甲^{二}}$　則　$戊'=\frac{天丄辛}{甲^{二}}$　而　$戊'丅戊=\frac{天丄辛}{甲^{二}}丅\frac{天}{甲^{二}}$　即　$戊'丅戊=\frac{天(天丄辛)}{丅甲^{二}辛}$　故其變比例之式爲　$\frac{辛}{戊'丅戊}=\frac{天(天丄辛)}{丅甲^{二}}$　惟此式可不待詳爲級數，而始得其變比例之限。因可見辛愈小，則其式愈近于　$丅\frac{天^{二}}{甲^{二}}$　故此式必即爲　$\frac{彳天}{彳戊}$　之同數，所以得　$彳戊=丅\frac{天^{二}}{甲^{二}彳天}$

若以戊爲任何函數之原同數，而以　天丄辛　代其天，則其函數之新同數爲　$戊'=戊丄巳辛丄午辛^{二}丄未辛^{三}丄\cdots$　即得　$\frac{辛}{戊'丅戊}=巳丄午辛丄未辛^{二}丄\cdots$　惟因　$\frac{辛}{戊'丅戊}$　之限爲巳，故得　$\frac{彳天}{彳戊}=巳$　而　$彳戊=巳彳天$

由此得一解曰：凡微分之術，其意專爲求任何變數與函數同時變大之限耳。

凡求任何函數之微分，不過將一尋常之代數式另用他法以變化之。因其變化之法與代數中常用之法異，則不得不另有一名以別之，故謂之微分術。【略】

又　求兩函數相乘積之微分

第十款　凡變數之函數，無論其形如何，皆可以第六款之公法**又**　求其微分。然不如每種異形之函數各設一專法以求之，則更簡捷。

如有式　$戊=未申$　其未與申各爲天之函數。今欲得一法，專能求未申相乘積之微分。若令天變爲　天丄辛　則未申二函數必變爲　$未'=未丄巳辛丄午辛^{二}丄\cdots$　$申'=申丄巳'辛丄午'辛^{二}丄\cdots$　其巳午爲由未函數所得之天之他函數。其巳′午′爲由申函數所得之天之他函數。

再令　$戊'=未'申'$　則依法得　$戊'=未'申'=未申丄(未巳'丄申巳)辛丄(未午'丄巳巳'丄申午)辛^{二}丄\cdots$　以戊代其　未申　移項而以辛約之，則得　$\frac{辛}{戊'丅戊}=未巳'丄申巳丄(未午'丄巳巳'丄申午)辛丄\cdots$　此式中之　未巳′　與　申巳　兩項乃天之他函數，而與辛無涉者。其餘各項俱有辛之各方爲乘數。設辛爲甚微，則其所乘之衆項亦甚微，故其變比例之限爲　$\frac{辛}{戊'丅戊}=未巳'丄申巳$　惟因　$巳=\frac{辛}{未'丅未}$，$巳'=\frac{辛}{申'丅申}$　故可依第六款

之法，以 $\frac{彳戌}{彳辛}$ 代其 $\frac{戌'丅戌}{辛}$ 以 $\frac{彳未}{彳辛}$ 代其 $\frac{未'丅未}{辛}$ 以 $\frac{彳申}{彳辛}$ 代其 $\frac{申'丅申}{辛}$ 則得 $\frac{彳戌}{彳辛}=未\frac{彳申}{彳辛}丄申\frac{彳未}{彳辛}$ 叵 $彳戌=未彳申丄申彳未$ 故得專法如左。

凡求同變彼此兩函數相乘積之微分，法將此函數乘彼函數之微分，又將彼函數乘此函數之微分，而以乘得之兩式相加即得。

求多函數連乘積之微分

第十一款 前款論函數之式爲 $戌=未申$ 則 $彳戌=申彳未丄未彳申$ 所以 $\frac{彳戌}{戌}=\frac{彳未}{未}丄\frac{彳申}{申}$ 由此推之，如戌爲三箇同變數之函數連乘，如 $未酉亥$ 可令其 $申=酉亥$ 則亦能爲 $戌=未申$ 叵 $\frac{彳戌}{戌}=\frac{彳未}{未}丄\frac{彳申}{申}$ 惟因 $申=酉亥$ 可依同例得 $\frac{彳申}{申}=\frac{彳酉}{酉}丄\frac{彳亥}{亥}$ 所以 $\frac{彳戌}{戌}=\frac{彳未}{未}丄\frac{彳酉}{酉}丄\frac{彳亥}{亥}$ 若仍將 $未申$ 代還其戌，叵以常法化之，則爲 $彳戌=酉亥彳未丄未亥彳酉丄未酉彳亥$ 故得專法如左。

凡求同變數之若干函數連乘積之微分，法以各本函數之微分與其餘之各他函數連乘，而以各乘得之式相加即得。

此法易用一總式以明之。無論其同變數之函數有若干數連乘，皆可以一例推之。

如多函數連乘之式爲 $未申酉亥$ 則其微分之式爲 $彳(未申酉亥)=未申酉亥\left[\frac{彳未}{未}丄\frac{彳申}{申}丄\frac{彳酉}{酉}丄\frac{彳亥}{亥}\right]$

求變數之分函數微分

第十二款 若有分數之式，其母子爲同變數之各函數，則欲得其求微分之專法，可令 $戌=\frac{未}{申}$ 則 $未=戌申$ 叵 $彳未=戌彳申丄申彳戌$ 乃以其戌之同數 $\frac{未}{申}$ 代其戌，則 $彳未=\frac{未彳申}{申}丄申彳戌$ 叵 $彳戌=\frac{申彳未丅未彳申}{申^{二}}$ 故得專法如左。

凡同變數之函數若爲分數，則求微分之法可將分母乘其分子之微分乃以分子乘分母之微分減之，而以分母之平方約之。

此法亦可用一總式以明之。

惟因 $戌=\frac{未}{申}$ 之微分爲 $\frac{彳戌}{戌}=\frac{彳未}{未}丅\frac{彳申}{申}$ 所以 $戌=\frac{未申酉}{亥地}$ 之微分爲 $\frac{彳戌}{戌}=\frac{彳未}{未}丄\frac{彳申}{申}丄\frac{彳酉}{酉}丅\frac{彳亥}{亥}丅\frac{彳地}{地}$ 由此推之，則 $戌=\frac{未申酉}{亥地}$ 之微分當爲 $\frac{彳戌}{戌}=\frac{彳(未申酉)}{未申酉}丅\frac{彳(亥地)}{亥地}$ 又依第十一款之例，其 $\frac{彳(未申酉)}{未申酉}=\frac{彳未}{未}丄\frac{彳申}{申}丄\frac{彳酉}{酉}$ 叵 $\frac{彳(亥地)}{亥地}=\frac{彳亥}{亥}丄\frac{彳地}{地}$ 故得 $\frac{彳戌}{戌}=\frac{彳未}{未}丄\frac{彳申}{申}丄\frac{彳酉}{酉}丅\frac{彳亥}{亥}丅\frac{彳地}{地}$ 由是知，若有分數之函數，其分母、分子爲任若干同變數之函數連乘之積。如 $\frac{未申酉}{亥地}$ 者，可以 $彳\left(\frac{未申酉}{亥地}\right)=\frac{未申酉}{亥地}\left(\frac{彳未}{未}丄\frac{彳申}{申}丄\frac{彳酉}{酉}丅\frac{彳亥}{亥}丅\frac{彳地}{地}\right)$ 之式明之。

求變數諸乘方之微分

第十三款 玆欲攷任何函數地之任何乘方求微分之專法。其地或爲自變之數，或爲他變數之函數皆可。

先設 $戌=地^{卯}$ 其卯爲任何整數，則其函數之詳式必有卯箇地連乘，如 $戌=地・地・地・地\cdots$ 則依第十一款之例，$\frac{彳戌}{戌}=\frac{彳地}{地}丄\frac{彳地}{地}丄\frac{彳地}{地}丄\cdots$ 其項必有卯數，故即 $\frac{彳戌}{戌}=\frac{卯彳地}{地}$ 叵得 $彳戌=\frac{卯彳地}{地}戌=卯地^{卯丅一}彳地$

設函數爲分指數，如 $戌=地^{\frac{寅}{卯}}$ 則 $戌^{卯}=地^{寅}$ 若依第九款之例，則得 $卯戌^{卯丅一}彳戌=寅地^{卯丅一}彳地$ 叵 $彳戌=\frac{寅}{卯}\times\frac{地^{寅丅一}}{戌^{卯丅一}}彳地$ 惟因 $戌=地^{\frac{寅}{卯}}$、$戌^{卯丅一}=地^{寅丅\frac{寅}{卯}}$ 所以 $\frac{地^{寅丅一}}{戌^{卯丅一}}=地^{\frac{寅}{卯}丅一}$ 叵 $彳戌=\frac{寅}{卯}地^{\frac{寅}{卯}丅一}彳地$

再設卯爲負指數，無論爲整數、爲分數，則 $戌=地^{丅卯}$ 即 $戌=\frac{一}{地^{卯}}$ 若依第十二款之例，因其分子爲常數，故其分子之微分當爲〇，而得 $彳戌=丅\frac{卯地^{卯丅一}彳地}{地^{二卯}}$ 即 $彳戌=丅卯地^{丅卯丅一}彳地$

合觀本款之各式可見，地之指數卯無論爲正、爲負、爲整、爲分，其微分之式必爲 $彳(地^{卯})=卯地^{卯丅一}彳地$ 故得專法如左。

凡求函數任何乘方之微分，法將其原指數以一減之爲新指數，而以原指數

爲其倍數，又以變數之微分乘之即得。惟其原函數若本有常數爲倍數者，則其原倍數必仍在乘數之中。

如函數之式爲　$戊＝甲天^{卯}$　則其微分之式爲　$彳(甲天^{卯})＝卯甲天^{卯丅一}彳天$

求函數諸乘方之微分更有簡便之法，可藉《代數術》第一百六十款與一百六十一款之二項例而得。所以于此不論者，因二項之例亦可由微分而得。余欲用微分之術證明二項之例以便于用，故俟後詳論之。

求變數平方根之微分

用前法已能求各負方之微分。惟因　$\sqrt{地}＝地^{\frac{二}{一}}$　爲微分術中常見之式，所以必更設一最易之專法，以便于用。

依本款求諸乘方微分之法　$彳(地^{\frac{二}{一}})＝\frac{二}{一}地^{\frac{二}{一}丅一}彳地$　即　$彳(地^{\frac{二}{一}})＝\frac{二}{一}地^{丅\frac{二}{一}}彳地$　即　$彳(\sqrt{地})＝\frac{二\sqrt{地}}{彳地}$　所以得專法如左。

凡求函數平方根之微分，法以函數之微分爲實，而二倍其原函數之平方根，以約之，即得。

求重函數之微分

第十四款　設有地爲天之函數，而戊爲地之函數，欲求其戊與天相配之微分。

令天變其同數爲　天丄辛　則地變爲　$地′＝地丄巳辛丄午辛^{二}丄未辛^{三}丄\cdots$　乃令　$巳辛丄午辛^{二}丄未辛^{三}丄\cdots＝子$　則地變爲　地丄子　惟因戊爲地之函數，若地變爲　地丄子　則戊變爲　$戊′＝戊丄巳′子丄午′子^{二}丄未′子^{三}丄\cdots$　其巳′、午′、未′各數爲地之他函數，與子及辛皆無相關。所以于此級數中以子之同數　$巳辛丄午辛^{二}丄\cdots$　代之，則天變爲　天丄辛　之時，其戊之同數必變爲　$戊′＝戊丄巳′巳辛丄(巳′午丄午′巳^{二})辛^{二}丄\cdots$　所以得　$\frac{辛}{戊′丅戊}＝巳′巳丄(巳′午丄午′巳^{二})辛丄\cdots$　如令辛爲甚小，則其限必爲　$\frac{辛}{戊′丅戊}＝巳′巳$　惟因地爲天之函數，故　$巳＝\frac{彳天}{彳地}$　又因戊爲地之函數，故　$巳＝\frac{彳地}{彳戊}$　如知戊亦可爲天之函數，則　$\frac{彳天}{彳戊}＝\frac{辛}{戊′丅戊}＝巳′巳$　由此可見，$\frac{彳天}{彳戊}＝\frac{彳地}{彳戊}\times\frac{彳天}{彳地}$　而　$彳戊＝\left(\frac{彳地}{彳戊}\times\frac{彳天}{彳地}\right)彳天$　故得專法如左：

凡有地爲天之函數，戊爲地之函數，而欲求其微分者，法先以戊專爲地之函數，而求其微係數；又以地專爲天之函數，而求其微係數，乃將兩微係數相乘，又以天之微分乘之，即爲戊之微分。

已知　$\frac{彳地}{彳戊}\times\frac{彳天}{彳地}＝\frac{彳天}{彳戊}$　如令　戊＝天　則變其式爲　$\frac{彳地}{彳天}\times\frac{彳天}{彳地}＝\frac{彳天}{彳天}＝一$

所以可作　$\frac{彳地}{彳天}＝\frac{一}{\frac{彳天}{彳地}}$

由是知，凡以天爲地之函數，與以地爲天之函數，其兩微係數必可互爲倒數（以法爲實，以實爲法，謂之倒數）。此例可由第八款得之。

求多項函數之微分

第十五款　如有同變數之若干函數合成一多項之式，則求此多項式之微分，亦可設一專法。

設亥、地、人爲變數天之任何函數，欲求　戊＝甲丄乙亥丄丙地丅戊人　之微分。若天變爲　天丄辛　而其同時中亥變爲　$亥丄巳辛丄午辛^{二}丄\cdots$　地變爲　$地丄巳′辛丄午′辛^{二}丄\cdots$　人變爲　$人丄巳″辛丄午″辛^{二}丄\cdots$　戊變爲戊′，故得　$戊′＝甲丄乙亥丄丙地丅戊人丄(乙巳丄丙巳′丅戊巳″)辛丄(乙午丄丙午′丅戊午″)辛^{二}丄\cdots$　如以戊代其右邊之上層，移其項而以辛約之，則得　$\frac{辛}{戊′丅戊}＝乙巳丄丙巳′丅戊巳″丄(乙午丄丙午′丄戊午″)辛丄\cdots$

觀其各限可見，$\frac{辛}{戊′丅戊}$　爲戊之微係數，而巳與巳′及巳″　爲亥與地及人之微係數，所以其　$\frac{彳天}{彳戊}＝\frac{彳天}{乙彳亥}丄\frac{彳天}{丙彳地}丅\frac{彳天}{戊彳人}$　而　彳戊＝乙彳亥丄丙彳地丅戊彳人　故得專法如左。

凡有同變數之各函數和較而成之多項式，則其總函數之微分必等于各函數微分之和較，而其常數之項恒變爲〇。

代函數求微分各題

第十六款　以上各專法已足爲任何代數之函數求微分之用。兹設數題以

明之。

一題　設有　$戍=甲天^{五}$　欲求其微分之式。

此式與公式　$戍=甲天^{卯}$　爲一類，所以可用第十三款之法求其微分，得　$彳戍=五甲天^{四}彳天$

二題　設有　$戍=\frac{天^{五}}{甲}$　欲求其微分之式。

惟因　$戍=\frac{天^{五}}{甲}$　即　$戍=甲天^{丅五}$　故如法求得　$彳戍=丅五甲天^{丅六}彳天$　即　$彳戍=\frac{天^{六}}{丅五甲彳天}$

三題　設有　$戍=\sqrt{天^{三}}$　欲求其微分之式。

惟因　$戍=\sqrt{天^{三}}$　即　$戍=天^{\frac{二}{三}}$　故如法求得　$彳戍=\frac{二}{三}天^{\frac{二}{一}}彳天$　即　$彳戍=\frac{二}{三}彳天\sqrt{天}$

四題　設有　$戍=甲天^{三}丄乙天^{二}丄丙天丄戊$　欲求其微分之式。

此爲多項之函數，故如法求得　$彳戍=三甲天^{二}彳天丄二乙天彳天丄丙彳天$　即　$彳戍=(三甲天^{二}丄二乙天丄丙)彳天$　其常數之項戊于求微分之時變爲〇而不見。

五題　設有　$戍=(甲丄乙天^{卯})^{巳}$　欲求其微分之式。

此可令　$地=甲丄乙天^{卯}$　則　$戍=地^{巳}$　而　$彳戍=巳地^{巳丅一}彳地$　惟因　$地^{巳丅一}=(甲丄乙天^{卯})^{巳丅一}$　而　$彳地=乙卯天^{卯丅一}彳天$　所以得　$彳戍=乙卯巳(甲丄乙天^{卯})^{巳丅一}天^{卯丅一}彳天$

此題之式若不用地代其括弧内之數，而以　$甲丄乙天^{卯}$　爲一箇簡函數，其戍爲簡函數之某方，而依第十三款之法求之亦通。

六題　設有　$戍=天^{三}(甲丄天)^{二}$　此題爲表明第十款之法。　欲求其微分之式。

令　$巳=天^{三}$　$午=(甲丄天)^{二}$　則　$戍=巳午$　故得　$彳戍=午彳巳丄巳彳午$　惟因　$彳巳=三天^{二}彳天$　$彳午=二(甲丄天)彳天$　所以　$彳戍=三天^{二}(甲丄天)^{二}彳天丄二天^{三}(甲丄天)彳天$　即　$彳戍=天^{二}(甲丄天)(三甲丄五天)彳天$

若平常習算之時，可不必用巳、午二數相代，而即以原式如法求之亦同。

七題　設有　$戍=天(一丄天)(一丄天^{二})$　其戍爲同變數之三箇函數連乘之積。欲求其微分之式。

依第十一款之法得　$彳戍=(一丄天)(一丄天^{二})彳天丄天(一丄天^{二})彳天丄二天^{二}(一丄天)彳天$　又以常法化之得　$彳戍=(一丄二天丄三天^{二}四天^{三})彳天$

又法可從本公式　$彳(未申酉)=未申酉\left[\frac{未}{彳未}丄\frac{申}{彳申}丄\frac{酉}{彳酉}\right]$　得　$彳戍=天(一丄天)(一丄天^{二})\left[\frac{天}{彳天}丄\frac{一丄天}{彳天}丄\frac{一丄天^{二}}{二天彳天}\right]$　此式易化爲　$彳戍=(一丄二天丄三天^{二}丄四天^{二})彳天$

八題　設有　$戍=\frac{一丄天^{二}}{天}$　此爲分數之函數。欲求其微分之式。

依第十三款之法，得　$彳戍=\frac{(一丄天^{二})^{二}}{(一丄天^{二})彳天丅二天^{二}彳天}$　即　$彳戍=\frac{(一丄天^{二})^{二}}{(一丅天^{二})彳天}$

九題　設有　$戍=\frac{天^{四}丅天^{二}丄一}{天^{三}丄天}=\frac{天^{四}丅天^{二}丄一}{天(天^{二}丄一)}$　欲求其微分之式。

將所設之式與本公式　$彳\left[\frac{酉}{申未}\right]=\frac{酉}{申未}\left[\frac{未}{彳未}丄\frac{申}{彳申}丅\frac{酉}{彳酉}\right]$　相比，則　$天=未$、$天^{二}丄一=申$、$天^{四}丅天^{二}丄一=酉$　所以得　$彳戍=\frac{天^{四}丅天丄一}{天^{二}丄天}\left[\frac{天}{彳天}丄\frac{一丄天^{二}}{二天彳天}丅\frac{天^{四}丅天^{二}丄一}{(四天^{三}丅二天)彳天}\right]$　化之得　$彳戍=\frac{(天^{四}丅天^{二}丄一)^{二}}{丅(天^{六}丄四天^{四}丅四天^{二}丅一)彳天}$

十題　設有　$戍=三地^{二}$、$地=天^{二}丄甲天$　此題爲表明第十四款之法。欲求其微分之式。

如法求之，則　$\frac{彳地}{彳戍}=六地$、$\frac{彳天}{彳地}=三天^{二}丄甲$　所以　$\frac{彳地}{彳戍}\times\frac{彳天}{彳地}=六地(三天^{二}丄甲)$　即　$\frac{彳地}{彳戍}\times\frac{彳天}{彳地}=一八天^{二}地丄六甲地$　惟因　$彳戍=\frac{彳地}{彳戍}\times\frac{彳天}{彳地}彳天$　故得　$彳戍=一八天^{二}地彳天丄六甲地彳天$　此式亦可由他法而得，蓋因其　$戍=三地^{二}$　則　$彳戍=六地彳地$　又因　$地=天^{三}丄甲天$　則　$彳地=三天^{二}彳天丄甲彳天$　故可將彳地之同數代入彳戍之同數中，其所得之式亦爲　$彳戍=一八天^{二}地彳天丄六甲地彳天$

求二項例之證

第十七款　以下各款之法必用二項例推之，故茲款特用微分之法證明其例以便于用。

設有二項之式　$(一丄天)^{卯}＝一丄呷天丄叱天^{二}丄呐天^{三}丄叮天^{四}丄\cdots$　其指數卯可任爲或正或負或整或分之數，則從此式易知其各項之倍數呷、叱、呐、叮等類皆從指數卯所生而與天之同數無涉。又因式之左右既爲相等之數，則其微分之式左右同，故可依第九款之法各求其微分，得　$卯(一丄天)^{卯丅一}彳天＝呷彳天丄二叱天彳天丄三呐天^{二}彳天丄四叮天^{三}彳天丄\cdots$　若兩邊各以彳天偏約之，又以　一丄天　偏通之，則得　$(一丄天)^{卯}＝呷丄(呷丄二叱)天丄(二叱丄三呐)天^{二}丄(三呐丄四叮)天^{三}丄\cdots$㊁　又由原式得　$(一丄天)^{卯}＝卯丄卯呷天丄卯叱天^{二}丄卯呐天^{三}丄\cdots$㊂　則㊁㊂兩式右邊之多項，其形雖不相同，其數必無異，因其式皆能等于　$卯(一丄天)^{卯}$　故也。所以　呷＝卯，呷丄二叱＝卯呷，二叱丄三呐＝卯叱，三呐丄四叮＝卯呐　…則　呷＝卯，$叱＝\frac{卯丅一}{二}呷$，$呐＝\frac{卯丅二}{三}叱$，$叮＝\frac{卯丅三}{四}呐\cdots$　故可用代法得

$$(一丄天)^{卯}＝一丄\frac{卯}{一}天丄\frac{卯(卯丅一)}{一・二}天^{二}丄\frac{卯(卯丅一)(卯丅二)}{一・二・三}天^{三}丄\cdots$$

第十八款　上款攷證二項例之法爲微分積分中常用之式，本款亦然。

凡遇相等之式，如　$甲丄乙天丄丙天^{二}丄丁天^{三}丄\cdots＝呷丄叱天丄呐天^{二}丄叮天^{三}丄\cdots$㊀　者，若其各項中之倍數皆爲常數，而天爲同變之數，則左右各項中之各倍數必挨次相同，故可合之爲一公共之式。

以　$\frac{天}{甲}$　代其天兩邊俱以　$甲^{卯}$　通之，則得　$(甲丄天)^{卯}＝甲^{卯}丄\frac{卯}{一}甲^{卯丅一}天丄\frac{卯(卯丅一)}{一・二}甲^{卯丅二}天^{二}丄\frac{卯(卯丅一)(卯丅二)}{一・二・三}甲^{卯丅三}天^{三}丄\cdots$

此因其天爲變數，故可設想其天變至極小，而無異于〇，則得　甲＝呷　如將㊀式中兩邊相等之甲，呷截去，而以天約其所餘之各項，則得　$乙丄丙天丄丁天^{二}丄\cdots＝叱丄呐天丄叮天^{二}丄\cdots$　此式中，若令天無異于〇，則乙必無異于叱，如是累推之，則得　甲＝呷，乙＝叱，丙＝呐，丁＝叮，戊＝呋…

越函數微分

第十九款　越函數爲指函數與對函數之總名。茲款先論指函數求微分之專法。

設有指函數之式　$戌＝甲^{天}$　其指數天爲變數，而甲爲常數。令天之長數爲辛，則天變爲　天丄辛　戌變爲戌′，故得　$戌′＝甲^{天丄辛}$　即　$戌′丅戌＝甲^{天}甲^{辛}丅甲^{天}$　即　$戌′丅戌＝甲^{天}(甲^{辛}丅一)$　而　$\frac{戌′丅戌}{辛}＝甲^{天}\frac{甲^{辛}丅一}{辛}$　欲求其變比例之限，則必攷辛變至甚小之時，$\frac{甲^{辛}丅一}{辛}$　所向之限。

如令　甲＝一丄丙　則依第十七款之例，得　$甲^{辛}＝(一丄丙)^{辛}＝一丄辛丙丄\frac{辛(辛丅一)}{一・二}丙^{二}丄\frac{辛(辛丅一)(辛丅二)}{一・二・三}丙^{三}丄\cdots$　所以　$\frac{甲^{辛}丅一}{辛}＝丙丄\frac{辛丅一}{二}丙^{二}丄\frac{(辛丅一)(辛丅二)}{二・三}丙^{三}丄\cdots$　惟因辛可爲甚小，故式之右邊可甚近于　$丙丅\frac{一}{二}丙^{二}丄\frac{丅一×丅二}{二×三}丙^{三}丄\frac{丅一×丅二×丅三}{二×三×四}丙^{四}丄\cdots$　即甚近　$丙丅\frac{一}{二}丙^{二}丄\frac{一}{三}丙^{三}丅\frac{一}{四}丙^{四}丄\cdots＝(甲丅一)丅\frac{一}{二}(甲丅一)^{二}丄\frac{一}{三}(甲丅一)^{三}丅\frac{一}{四}(甲丅一)^{四}丄\cdots$　準《代數術》第一百七十三款及此書中以後所證，知此級數能明甲之訥對，所以　$\frac{甲^{辛}丅一}{辛}$　之限爲　訥甲　而　$\frac{彳戌}{彳天}＝甲^{天}(訥甲)$　即　$彳戌＝(訥甲)甲^{天}彳天$　故得專法如左。

凡求常數變方之微分，法將常數之訥對與變指數之微分乘之，即得此爲求指函數微分之法。

第二十款　凡甲底之對數，若以戌爲甲對之越函數，則欲得其求微分之專法，可依《代數術》第一百六十五款之法得之。

設有式　$天＝甲^{戌}$　若天變爲　天丄辛　而戌變爲戌′，則　$天丄辛＝甲^{戌′}$　所以得　$辛＝甲^{戌′}丅甲^{戌}$　即　$辛＝甲^{戌}(甲^{戌′丅戌}丅一)$　即　$辛＝天(甲^{戌′丅戌}丅一)$　如令　子＝戌′丅戌　則　$\frac{辛}{戌′丅戌}＝\frac{天(甲^{子}丅一)}{子}$　而　$\frac{戌′丅戌}{辛}＝\frac{一}{天}×\frac{子}{甲^{子}丅一}$　觀此式之左右兩邊欲求其變比例之限，則依上款之

法，令其天變至甚小，則 $\frac{甲^{子}丅一}{子}=\frac{訥甲}{一}$ 所以得 $\frac{彳天}{彳戊}=\frac{訥甲}{一}\times\frac{天}{一}$ 令嗩爲常乘數，即對數底訥對之倒數。若依《代數術》第一百七十二款，則爲對數之根。 即得

彳戊$=\frac{天}{嗩彳天}$ 故得專法如左。

凡求任何數之對數微分，法將本數之微分以本對數之根乘之，而以本數約之，即得。

若求訥對之微分，必令 嗩$=$一 此例須謹記之。

圓函數微分

第二十一款 茲款欲明圓函數 正弦天 與 餘弦天 求微分之專法。

設有式 戊$=$正弦天 若天變爲 天丄辛 而戊變爲戊′，則 戊′$=$正弦(天丄辛) 依《代數術》第二百四十款之法，戊′丅戊$=$正弦(天丄辛)丅正弦天

即 戊′丅戊$=$二餘弦(天丄$\frac{二}{一}$辛)正弦$\frac{二}{一}$辛 故得 $\frac{辛}{戊′丅戊}=$

餘弦(天丄$\frac{二}{一}$辛)$\frac{\frac{二}{一}辛}{正弦\frac{二}{一}辛}$ 若令辛爲甚小，則其 餘弦(天丄$\frac{二}{一}$辛) 之限

爲 餘弦天 而 $\frac{\frac{二}{一}辛}{正弦\frac{二}{一}辛}$ 之限依《代數術》第二百六十六之例應等于一。

即半徑也。故得 $\frac{彳天}{彳戊}=\frac{辛}{戊′丅戊}=$餘弦天 而 彳戊$=$彳天餘弦天

設有式 戊$=$餘弦天 如前求之，則 戊′$=$餘弦(天丄辛) 而 戊′丅戊$=$餘弦(天丄辛)丅餘弦天 即 戊′丅戊$=$丅二正弦(天丄$\frac{二}{一}$辛)正弦$\frac{二}{一}$辛

故 $\frac{辛}{戊′丅戊}=$丅正弦(天丄$\frac{二}{一}$辛)$\frac{\frac{二}{一}辛}{正弦\frac{二}{一}辛}$ 令辛爲甚小，而求其限得

$\frac{彳天}{彳戊}=\frac{辛}{戊′丅戊}=$丅正弦天 而 彳戊$=$丅彳天正弦天 由以上二式得專法如左。

凡正弦之微分爲其弧微分與餘弦相乘之數。凡餘弦之微分爲正弦變號與弧微分相乘之數。案：本當皆以半徑約之。因半徑之數恒爲一，故可省也。 故餘弦之微分爲負。其負號之故，因負則其弧每能增大。正則其弧每能減小。所以必用負號。此須記之。

餘弦之微分又有他術可求之。其所得之式與前無異，故可爲本法之證。

如令亥爲正弦，地爲餘弦，則 地$^{二}=$一丅亥^{二} 如求其微分得 地彳地$=$丅亥彳亥 惟因天爲其弧 彳亥$=$地彳天 所以 地彳地$=$丅亥地彳天 而 彳地$=$丅亥彳天

第二十二款 凡切線、割線之函數皆從正弦、餘弦之函數而成，故其求微分之法可依類得之。

一式 設有 戊$=$正切天$=\frac{餘弦天}{正弦天}$ 則依第十二款、第二十一款之例，可

得 彳戊$=\frac{餘弦^{二}天}{彳(正弦天)餘弦天丅彳(餘弦天)正弦天}=\frac{餘弦^{二}天}{(餘弦^{二}天丄正弦^{二}天)彳天}$

$=\frac{餘弦^{二}天}{彳天}$ 所以得 彳戊$=$彳天正割^{二}天 即 彳戊$=$彳天(一丄正切^{二}天)

二式 設有 戊′$=$餘切天 則依同法得 彳戊$=\frac{正弦天^{二}}{丅彳天}=$丅彳天餘割^{二}天

即 彳戊$=$丅彳天(一丄餘切^{二}天)

三式 設有 戊$=$正割天$=\frac{餘弦天}{一}$ 則依同法求之得 彳戊$=\frac{餘弦^{二}天}{彳天正弦天}$

$=$彳天正切天正割天

四式 設有 戊$=$餘割天$=\frac{正弦天}{一}$ 則依同法求之得 彳戊$=$丅$\frac{正弦^{二}天}{彳天餘弦天}$

$=$丅彳天餘切天餘割天

第二十三款 茲款論求弧微分之法。

既有 戊$=$正弦天、戊$=$餘弦天 等類之正函數，則必有與此相配之反函數。其反函數爲 戊$=$弧(正弦$=$天)、戊$=$弧(餘弦$=$天) 曾有英國算學士以 戊$=$正弦^{丅一}天 明 正弦$=$天 之弧，以 戊$=$餘弦^{丅一}天 明 餘弦$=$天 之弧，故弧之微分可求。

一式 設有 戊$=$弧(正弦$=$天)$=$正弦^{丅一}天 則 天$=$正弦戊 而

彳天$=$彳戊餘弦戊$=$彳戊$\sqrt{一丅天^{二}}$ 所以得 彳戊$=\frac{\sqrt{一丅天^{二}}}{彳天}$

二式 設有 戊$=$弧(餘弦$=$天)$=$餘弦^{丅一}天 則 天$=$餘弦戊 而

彳天$=$丅彳戊正弦戊$=$丅彳戊$\sqrt{一丅天^{二}}$　所以得　彳戊$=\frac{\sqrt{一丅天^{二}}}{丅彳天}$

三式　設有　戊$=$弧(正切$=$天)$=$正切^{丅一}天　則　天$=$正切戊　而　彳天$=$彳戊$(一丄天^{二})$　所以得　彳戊$=\frac{一丄天^{二}}{彳天}$

四式　設有　戊$=$弧(餘切$=$天)$=$餘切^{丅一}天　則　天$=$餘切戊　而　彳天$=$丅彳戊$(一丄天^{二})$　所以得　彳戊$=\frac{一丄天^{二}}{丅彳天}$

五式　設有　戊$=$弧(正割$=$天)$=$正割^{丅一}天　則　天$=$正割戊　而　彳天$=$彳戊正割戊正切戊$=$彳戊天$\sqrt{天^{二}丅一}$　所以得　彳戊$=\frac{天\sqrt{天^{二}丅一}}{彳天}$

六式　設有　戊$=$弧(餘割$=$天)$=$餘割^{丅一}天　則依同法求得　彳戊$=\frac{天\sqrt{天^{二}丅一}}{丅彳天}$

繁函數求微分諸題

第二十四款　以上各款已明越函數、圜函數求微分之專法，故兹款用其各法以求繁函數之微分。

一題　設函數之式爲　戊$=$天^{地}　欲求其微分之式。

此式爲有變數天自乘至地方，即爲變數變方之函數也，故可依對數之例，令訥戊$=$地訥天　而　亥$=$訥戊、人$=$訥天　則　亥$=$地人　依第十款之例，可得　彳亥$=$地彳人$\perp$人彳地　故又可依第二十款之例，令　彳亥$=$彳(訥戊)$=\frac{戊}{彳戊}$、彳人$=$彳(訥天)$=\frac{天}{彳天}$　則其　$\frac{戊}{彳戊}=\frac{天}{地彳天}\perp$訥天彳地　故求得　彳戊$=$戊$\left[\frac{天}{地}彳天\perp訥天彳地\right]=天^{地}\left[\frac{天}{地}彳天\perp訥天彳地\right]=天^{地丅一}地彳天\perp天^{地}訥天彳地$

二題　設函數之式爲　戊$=$天^{天}　欲求其微分之式，則可依前法求之，得其微分之式爲　彳戊$=$天$^{天}(一\perp訥天)$彳天

三題　設函數之式爲　戊$=$甲$^{乙^{天}}$　欲求其微分之式，則可令　乙$^{天}=$地　則　戊$=$甲^{地}　故又可依第十九款之例，得　彳戊$=$訥甲甲^{地}彳地、彳地$=$訥乙乙^{天}彳天　所以得其微分之式爲　彳戊$=$訥甲訥乙甲$^{乙^{天}}$乙^{天}彳天

四題　設函數之式爲　戊$=$訥$\left(\frac{\sqrt{甲^{二}\perp天^{二}}}{天}\right)$　欲求其微分之式。

可令　$\frac{\sqrt{甲^{二}\perp天^{二}}}{天}=$人　則　彳戊$=\frac{人}{彳人}$　惟因　彳人$=\frac{甲^{二}\perp天^{二}}{彳天\sqrt{甲^{二}\perp天^{二}}丅\frac{\sqrt{甲^{二}\perp天^{二}}}{天^{二}彳天}}=\frac{(甲^{二}\perp天^{二})^{\frac{三}{二}}}{甲^{二}彳天}$　故求得　彳戊$=\frac{天(甲^{二}\perp天^{二})}{甲^{二}彳天}$

五題　設函數之式爲　戊$=$訥$\left[\frac{\sqrt{一\perp天}丅\sqrt{一丅天}}{\sqrt{一\perp天}\perp\sqrt{一丅天}}\right]$　欲求其微分之式。

可　令　地$=\sqrt{一\perp天}\perp\sqrt{一丅天}$、人$=\sqrt{一\perp天}丅\sqrt{一丅天}$　則　戊$=$訥$\left[\frac{人}{地}\right]=$訥(地)丅訥(人)　而　彳戊$=\frac{地}{彳地}丅\frac{人}{彳人}$　惟因　彳地$=\frac{二\sqrt{一\perp天}}{彳天}丅\frac{二\sqrt{一丅天}}{彳天}=\frac{二\sqrt{一丅天^{二}}}{丅彳天}(\sqrt{一\perp天}丅\sqrt{一丅天})$

即　彳地$=\frac{二\sqrt{一丅天^{二}}}{丅人彳天}$

又　其　彳人$=\frac{二\sqrt{一\perp天}}{彳天}\perp\frac{二\sqrt{一丅天}}{彳天}=\frac{二\sqrt{一丅天^{二}}}{彳天}(\sqrt{一\perp天}\perp\sqrt{一丅天})=\frac{二\sqrt{一丅天^{二}}}{地彳天}$　所以　$\frac{地}{彳地}丅\frac{人}{彳人}=\frac{二地\sqrt{一丅天^{二}}}{丅人彳天}丅\frac{二人\sqrt{一丅天^{二}}}{地彳天}=\frac{二地人\sqrt{一丅天^{二}}}{丅(地^{二}\perp人^{二})彳天}$　又因　地$^{二}\perp$人$^{二}=$四、地人$=$二天　所以求得　彳戊$=\frac{天\sqrt{一丅天^{二}}}{丅彳天}$

六題　設函數之式爲　戊$=$訥$(天\perp\sqrt{一\perp天^{二}})$　欲求其微分之式。

如法求之得其微分之式爲　彳戊$=\frac{\sqrt{一\perp天^{二}}}{彳天}$

七題　設函數之式爲　戊$=$訥$\left[\frac{\sqrt{一\perp天^{二}}丅天}{\sqrt{一\perp天^{二}}\perp天}\right]^{\frac{三}{二}}$　欲求其微分之式。

如法求之，得其微分之式爲　彳戊$=\frac{\sqrt{一\perp天^{二}}}{彳天}$

第二十五款　此爲對函數、圜函數在繁函數中之各題。

一題　設函數之式爲　戊$=$訥(正弦天)　欲求其微分之式。

則如法求之，得其微分之式爲　$\text{彳戊}=\frac{\text{正弦天}}{\text{彳天餘弦天}}=\text{彳天餘切天}$

二題　設函數之式爲　戊＝訥(正切天)　欲求其微分之式。

則如法求之，得其微分之式爲　$\text{彳戊}=\frac{\text{正切天}}{\text{彳天正割}^{二}\text{天}}=\frac{\text{正弦天餘弦天}}{\text{彳天}}=\frac{\text{正弦二天}}{\text{二彳天}}$

第二十六款　此款爲繁式角函數之題。

一題　設函數之式爲　戊＝正切^{丅一}天　欲求其微分之式。

此式之意其天爲切線，而戊爲其有此切線之弧，故可令　人＝餘弦卯戊餘弦^{卯}戊　而求其 $\frac{\text{彳天}}{\text{彳人}}$　則　$\text{彳戊}=\frac{\text{正割}^{三}\text{戊}}{\text{彳天}}=\text{彳天餘弦}^{二}\text{戊}$　而　彳人＝丅卯彳戊(正弦卯戊餘弦^{卯}戊丄餘弦卯戊正弦戊餘弦^{卯丅一}戊)＝丅卯彳戊餘弦^{卯丅一}戊(正弦卯戊餘弦戊丄餘弦卯戊正弦戊)＝丅卯彳戊餘弦^{卯丅一}戊正弦(卯丄一)戊　故

$\frac{\text{彳天}}{\text{彳人}}$＝丅卯正弦(卯丄一)戊餘弦^{卯丄一}戊

二題　設函數之式爲　戊＝餘切^{丅一}天　欲求其微分之式，則可令　人＝正弦卯戊餘弦^{卯}戊　而求其 $\frac{\text{彳天}}{\text{彳人}}$　則　彳人＝卯彳戊(餘弦卯戊餘弦^{卯}戊丅正弦卯戊餘弦^{卯丅一}戊正弦戊)＝卯彳戊餘弦^{卯丅一}戊(餘弦卯戊餘弦戊丅正弦卯戊正弦戊)＝卯彳戊餘弦^{卯丅一}戊餘弦(卯丄一)戊　故求得其微分之式爲

$\frac{\text{彳天}}{\text{彳人}}$＝卯餘弦(卯丄一)戊餘弦^{卯丄一}戊

又　卷二

疊求微係數

第二十七款　凡將變數之任何函數，求其微分，則其所得之微係數必爲一新函數。此新函數亦可求其微分，則其所得之微係數必又爲第二新函數。此第二新函數又可求其微分，則其所得之微係數必又爲第三新函數。如是累求至微係數爲〇而止。其每次所得之新函數均與原函數之形相類。

如從原函數　戊＝天^{卯}　可得 $\frac{\text{彳天}}{\text{彳戊}}$＝卯天^{卯丅一}　若令　巳＝卯天^{卯丅一}　又可得 $\frac{\text{彳天}}{\text{彳巳}}$＝卯(卯丅一)天^{卯丅二}　再令　午＝卯(卯丅一)天^{卯丅二}　又可得 $\frac{\text{彳天}}{\text{彳午}}$＝卯(卯丅一)(卯丅二)天^{卯丅三}　如是遞求之至其微係數爲常數則止。惟亦有任求至多次而不止者。

凡累次所得之新函數巳、午、未等類與原函數戊如何相關，可用一記號以顯之。

假如　巳＝$\frac{\text{彳天}}{\text{彳戊}}$、午＝$\frac{\text{彳天}}{\text{彳巳}}$　則　午＝$\frac{\text{彳天}}{\text{彳}\left(\frac{\text{彳天}}{\text{彳戊}}\right)}$　此式中之　彳$\left(\frac{\text{彳天}}{\text{彳戊}}\right)$　可作 $\frac{\text{彳天}}{\text{彳}^{二}\text{戊}}$ 是也。如此則　巳＝$\frac{\text{彳天}}{\text{彳戊}}$　午＝$\frac{\text{彳天}}{\text{彳巳}}$＝$\frac{\text{彳天}^{二}}{\text{彳戊}}$　所以凡用　午＝$\frac{\text{彳天}^{二}}{\text{彳}^{二}\text{戊}}$　之式，其意謂函數戊已求微係數兩次，而午爲其第二新函數也。

凡疊求微係數之時，必視其彳天，如常數，則可由新函數午而得 未＝$\frac{\text{彳天}}{\text{彳午}}$＝$\frac{\text{彳天}^{三}}{\text{彳}^{三}\text{戊}}$　如是類推之，累求至多次，無不一例。

惟其彳^{卯}戊與彳天^{卯}必用心別之，切不可混視。如彳^{三}戊之意謂函數戊已求微分三次，而彳天^{三}之意乃言彳天之三方也。彳天^{三}、彳^{三}戊者言其新函數爲第三次微係數也。因其每次求微分時皆視前次之彳天如常數，故以彳天之各方約之也。

一式　設函數爲　戊＝甲天^{卯}　若其指數卯爲正整之數，如　戊＝甲天^{五}　則疊求其微係數得 $\frac{\text{彳天}}{\text{彳戊}}$＝五甲天^{四}、$\frac{\text{彳天}^{二}}{\text{彳}^{二}\text{戊}}$＝四・五甲天^{三}、$\frac{\text{彳天}^{三}}{\text{彳}^{三}\text{戊}}$＝三・四・五甲天^{二}、$\frac{\text{彳天}^{四}}{\text{彳}^{四}\text{戊}}$＝二・三・四・五甲天、$\frac{\text{彳天}^{五}}{\text{彳}^{五}\text{戊}}$＝二・三・四・五甲　已求至微係爲常數，故其級數必至此而盡。惟卯若爲負數或分數者，則其級數不能盡。

凡每次之微係數各以其求微分之次數名之。

如 $\frac{\text{彳天}}{\text{彳戊}}$ 爲第一次微係數，$\frac{\text{彳天}^{二}}{\text{彳}^{二}\text{戊}}$ 爲第二次微係數，$\frac{\text{彳天}^{三}}{\text{彳}^{三}\text{戊}}$ 爲第三次微係數，其餘仿此類推。

如函數爲　戊＝天^{五}　則名其　彳戊＝五天^{四}彳天　爲函數之第一次微分。彳^{二}戊＝二〇天^{三}彳天^{二}　爲第二次微分。彳^{三}戊＝六〇天^{二}彳天^{三}　爲第三次微分，其餘亦仿此類推。

茲又設各種函數之式以明疊求微係數之法。

二式　設函數爲　戊＝甲^{天}　欲求其各次微係數。

則如法疊求之得　$\frac{伕}{彳戊}$＝訥甲甲^{天}、$\frac{伕^{二}}{彳^{二}戊}$＝(訥甲)^{二}甲^{天}、$\frac{伕^{三}}{彳^{三}戊}$＝(訥甲)^{三}甲^{天}、$\frac{伕^{四}}{彳^{四}戊}$＝(訥甲)^{四}甲^{天}…

三式　設函數爲　戊＝對天　欲求其各次微係數。

則如法疊求之得　$\frac{伕}{彳戊}$＝$\frac{天}{嗊}$、$\frac{伕^{二}}{彳^{二}戊}$＝丅$\frac{天^{二}}{嗊}$、$\frac{伕^{三}}{彳^{三}戊}$＝丄$\frac{天^{三}}{一・二嗊}$、$\frac{伕^{四}}{彳^{四}戊}$＝丅$\frac{天^{四}}{一・二・三嗊}$…

四式　設函數爲　戊＝正弦天　欲求其各次微係數。

則如法疊求之得　$\frac{伕}{彳戊}$＝餘弦天、$\frac{伕^{二}}{彳^{二}戊}$＝丅正弦天、$\frac{伕^{三}}{彳^{三}戊}$＝丅餘弦天、$\frac{伕^{四}}{彳^{四}戊}$＝正弦天…

五式　設函數爲　戊＝餘弦天　欲求其各次微係數。

則如法疊求之得　$\frac{伕}{彳戊}$＝丅正弦天、$\frac{伕^{二}}{彳^{二}戊}$＝丅餘弦天、$\frac{伕^{三}}{彳^{三}戊}$＝正弦天、$\frac{伕^{四}}{彳^{四}戊}$＝餘弦天…

六式　設函數爲　戊＝$\frac{甲^{二}丄天^{二}}{甲^{二}}$　欲求其各次微係數。

則如法疊求之得　$\frac{伕}{彳戊}$＝$\frac{(甲^{二}丄天^{二})^{二}}{丅二甲^{二}天}$、$\frac{伕^{二}}{彳^{二}戊}$＝$\frac{(甲^{二}丄天^{二})^{三}}{丅二甲^{四}丄六甲^{二}天^{二}}$、$\frac{伕^{三}}{彳^{三}戊}$＝$\frac{(甲^{二}丄天^{二})^{四}}{二四甲^{四}天丅二四甲^{二}天^{三}}$…

論戴勞所設之例

第二十八款　戴氏之術其源亦從尤拉之紀函數法而生。故茲款先論尤拉之法。

如令　函(天)　爲變數天之任何函數，以　天丄辛　代其天而令其新函數爲　函(天丄辛)　則此式可詳之爲級數　函(天)丄巳辛丄午辛^{二}丄未辛^{三}丄…其巳、午、未各數爲天之他新函數，由原函數而生，皆與辛無涉。

第二十九款　上款之例爲尤拉所設。後有拉果闌諸著書論函數曾證此例不誤。茲節録其證法如下。

凡詳　天丄辛　所成之新函數爲級數，因其天爲不定之數，故諸項中辛之各方不能有分數之指數。

因辛之根指數必從原函數之根指數而出，故易知以　天丄辛　代天之時仍爲不定之數，則與不加辛無異，故其形不能與原式不類。若反言之，則可云依各次方程式之例，其式之根有若干同數必等于原式根指數之數。由此可見，凡虛函數内有若干不同之根，其數必等于所有之各根和數。

所以若將　函(天丄辛)　詳之爲級數，而初項中有　戊辛$^{\frac{卯}{寅}}$　之形者，其函(天)　必爲虛式，且必有若干箇不同之根。若他項中之辛有分指數者亦然。

若詳得之級數，其形如　函(天)丄巳辛丄午辛^{二}丄未辛^{三}丄…丄卯辛$^{\frac{卯}{寅}}$者，則其　函(天)　之各同數可與根式　卯$\sqrt{天^{寅}}$　所有之卯箇各同數相合，所以　函(天丄辛)　之級數，其同數不能比此更多。

依此證法則知，凡以天與辛爲不定之數，則此例絶無誤處。若其天有任何一定之同數者，則此例有時不可通，因其中之定同數每能滅去　函(天)　内之數箇同數，而其　函(天丄辛)　中之同數不能與之同滅，所以不可通。

第三十款　前款已證明凡詳變數天之任何新函數爲級數者，其各項中之辛不能有分指數，故可知各項中辛之方數亦不能爲負數。

若級數之各項中有一項爲　$\frac{辛^{寅}}{未}$　其寅爲正整之數者，則令　辛＝〇　之時，此項必變爲無窮大而其　函(天丄辛)　與　函(天)　亦必變爲無窮大。惟依天爲變數之意，其天既可大可小，無一定之同數。何以此項能恒爲無窮，所以知級數各項中之辛必不能有負數及分數爲其指數。

第三十一款　以上已證明　函(天丄辛)　之級數，其公式必爲　函(天丄辛)＝函(天)丄巳辛丄午辛^{二}丄未辛^{三}丄…　今本款欲攷明原函數　函(天)與他函數巳、午、未各數相關之理。

西歷紀歲一千七百〇五年間，有英國算學之士名戴勞者，始攷明此理，立一求級數之公法。其立術之源，詳見戴氏所著之書中。茲述其法如下。

法以天之任何函數爲　函(天)＝戊　令天變爲　天丄辛　則得　函(天丄

辛)=戊丄巳辛丄午辛^{二}丄未辛^{三}丄申辛^{四}丄…㊀　設以天′代其　天丄辛　再變爲　天′丄子　則子、辛二數皆與天無相關。所以　天丄辛　變爲　天丄辛丄子　叵　函(天丄辛)　變爲　函(天丄辛丄子)　若欲求其　(天丄辛)=戊丄巳辛丄午辛^{二}丄未辛^{三}丄…㊀　之變之新式，則有兩法。

一可令　辛丄子　代一式中之辛，叵詳其各項爲級數，則得　函(天丄辛丄子)=戊丄巳辛丄午辛^{二}丄未辛^{三}丄申辛^{四}丄…丄巳子丄二午辛子丄三未辛^{二}子丄四申辛^{三}子丄…丄午子^{二}丄三未辛子^{二}丄六申辛^{二}子^{二}丄…丄未子^{三}丄四申辛子^{三}丄…丄申子^{四}丄…

又一法可令　天丄子　代其天而詳其一式之巳、午、未各函數爲級數。其詳法如左。

惟因　函(天)=戊　若天變爲　天丄子　則戊變爲　戊丄巳子丄午子^{二}丄未子^{三}丄申子^{四}丄…　此式中之子宛如一式　函(天丄辛)=戊丄巳辛丄午辛^{二}丄未辛^{三}丄…　中之辛。設　函(天丄辛)　式中之天變爲　天丄子　則其各項中之乘數必變爲　巳=巳丄巳′子丄巳″子^{二}丄巳‴子^{三}丄…　午=午丄午′子丄午″子^{二}丄午‴子^{三}丄…　未=未丄未′子丄未″子^{二}丄未‴子^{三}丄…　申=申丄申′子丄申″子^{二}丄申‴子^{三}丄…　其巳′、午′、未′、巳″、午″、未″　各數爲天從巳、午、未所生之函數，故得　函(天丄辛丄子)=戊丄巳子丄午子^{二}丄未子^{三}丄申子^{四}丄…丄巳辛丄巳′辛子丄巳″辛子^{二}丄巳‴辛子^{三}丄…丄午辛^{二}丄午′辛^{二}子丄午″辛^{二}子^{二}丄…丄未辛^{三}丄未′辛^{三}子丄…丄申辛^{四}丄…丄…

乃將兩法所求得之　函(天丄辛丄子)　二級數齊其各項。令辛與子相似之各方及其乘數倍數皆彼此相等。案：此即用第十八款之法也。則必得　二午=巳′、三未=午′、四申=未′…　所以　午=$\frac{巳'}{二}$、未=$\frac{午'}{三}$、申=$\frac{未'}{四}$…　惟依微分之理，其巳爲　戊丄巳辛^{一}丄巳辛^{二}丄…　級數中辛之倍數，所以巳=$\frac{彳戊}{彳天}$　又其午′爲午求微分時所得之微係數　午丄午′子丄午″子^{二}丄…　級數中子之倍數，所以得　午′=$\frac{彳午}{彳天}$　又以同理得　未′=$\frac{彳未}{彳天}$、申′=$\frac{彳申}{彳天}$　其他仿此類推。

所以共得　巳=$\frac{彳戊}{彳天}$、午=$\frac{巳'}{二}$=$\frac{彳巳}{二彳天}$=$\frac{一}{一\cdot二}\times\frac{彳^{二}戊}{彳天^{二}}$、未=$\frac{午'}{三}$=$\frac{彳午}{三彳天}$=$\frac{一}{一\cdot二\cdot三}\times\frac{彳^{三}戊}{彳天^{三}}$、申=$\frac{未'}{四}$=$\frac{彳未}{四彳天}$=$\frac{一}{一\cdot二\cdot三\cdot四}\times\frac{彳^{四}戊}{彳天^{四}}$…　乃以此各同數代入　戊丄巳辛丄午辛^{二}丄未辛^{三}丄申辛^{四}丄…　之各項中，則一式變爲　函(天丄辛)=戊丄$\frac{彳戊}{彳天}$辛丄$\frac{彳^{二}戊}{彳天^{二}}\times\frac{辛^{二}}{一\cdot二}$丄$\frac{彳^{三}戊}{彳天^{三}}\times\frac{辛^{三}}{一\cdot二\cdot三}$丄$\frac{彳^{四}戊}{彳天^{四}}\times\frac{辛^{四}}{一\cdot二\cdot三\cdot四}$丄…　叵其戊爲　函(天)　此乃戴勞所設之例也。

第三十二款　茲用他法以求戴勞之級數，比前法更捷。

法以戊爲　亥丄人　之任何函數，則　戊=函(亥丄人)　此式中之亥與人無論以何者爲變數，何者爲常數，其微係數必同。試設數式以明之。

設有式　戊=(亥丄人)^{卯}　如令亥爲變數，人爲常數，則　$\frac{彳戊}{彳亥}$=卯(亥丄人)^{卯丅一}　如令人爲變數，亥爲常數，則　$\frac{彳戊}{彳人}$=卯(亥丄人)^{卯丅一}　可見其微係數之形無異。

設有式　戊=甲^{亥丄人}=甲^{亥}甲^{人}　則其　$\frac{彳戊}{彳亥}$　與　$\frac{彳戊}{彳人}$　皆爲　(訥甲)甲^{亥}甲^{人}　即　(訥甲)甲^{亥丄人}

更有一證大約必能自明。

設有　亥丄人=天　叵　函(亥丄人)=函(天)　則無論令亥變爲　亥丄辛　叵人不變，或令人變爲　人丄辛　叵亥不變，俱得　函(亥丄人丄辛)=函(天丄辛)　其級數之公式　函(天)丄巳辛丄午辛^{二}丄未辛^{三}丄…　無論亥與人彼此迭爲常變，其各項中之倍數巳、午、未各數恒必有一定之同數。

惟依第七款之例，既有　巳=$\frac{彳[函(天)]}{彳天}$=$\frac{彳[函(亥丄人)]}{彳(亥丄人)}$　又知亥爲變數，人爲常數，則　巳=$\frac{彳[函(亥丄人)]}{彳亥}$　人爲變數，亥爲常數，則　巳=$\frac{彳[函(亥丄人)]}{彳人}$　所以　$\frac{彳[函(亥丄人)]}{彳亥}$=$\frac{彳[函(亥丄人)]}{彳人}$　此式之左右兩邊爲　函(亥丄人)　式中亥與人彼此互相爲常變二數所求得之偏微係數。惟因其數恒相同，故　$\frac{彳[函(亥丄人)]}{彳亥}$　與　$\frac{彳[函(亥丄人)]}{彳人}$　均爲　亥丄人　之新函數，所以可用　函′(亥丄人)　以紀之。

依此理又可從 $\frac{彳亥}{彳[函(亥丄人)]}=\frac{彳人}{彳[函(亥丄人)]}$ 而得

$\frac{彳亥^{二}}{彳^{二}[函(亥丄人)]}=\frac{彳人^{二}}{彳^{二}[函(亥丄人)]}$ 如此則可見 函(亥丄人) 之第二次微係數，亦無論亥爲變數，人爲常數，或人爲變數，亥爲常數，其所得之數必同。由是推之可知，各次之微係數莫不如是。

第三十三款 再設 函天＝戊 爲天之任何函數，若天變爲 天丄辛 則戊變爲 函(天丄辛)＝戊′ 此式已于第二十九款及三十款證明 戊＝戊丄巳辛丄午辛^{二}丄未辛^{三}丄… 其巳、午、未各數俱爲天之他函數，而與辛絕不相關。惟因戊′既與右邊之諸項相等，則其微係數亦必相等，故無論辛、天兩項彼此孰爲常變，亦必如是。設先以天爲變數，辛爲常數，求得 $\frac{彳天}{彳戊'}=\frac{彳天}{彳戊}丄\frac{彳天}{彳巳}辛丄$ $\frac{彳天}{彳午}辛^{二}丄\frac{彳天}{彳未}辛^{三}丄\frac{彳天}{彳申}辛^{四}丄$…㊀ 另以辛爲變數，天爲常數，求得 $\frac{彳辛}{彳戊'}=$巳丄二午辛丄三未辛^{二}丄四申辛^{三}丄…㊁ 又依上款之證知 $\frac{彳天}{彳戊'}=\frac{彳辛}{彳戊'}$ 所以知一二兩式右邊之級數必彼此相等，則其各項亦必挨次相等。因兩式之各項中辛之各方既相等，則凡與辛無涉之項以及辛同方之倍數，亦必各挨次相等。故知 巳＝$\frac{彳天}{彳戊}$、二午＝$\frac{彳天}{彳巳}$、三未＝$\frac{彳天}{彳午}$、四申＝$\frac{彳天}{彳未}$… 因此知 巳＝$\frac{彳天}{彳戊}$ 則午＝$\frac{一}{二}\times\frac{彳天}{彳巳}=\frac{一}{二}\times\frac{彳天^{二}}{彳^{二}戊}$、未＝$\frac{一}{三}\times\frac{彳天}{彳午}=\frac{一}{二\cdot三}\times\frac{彳天^{三}}{彳^{三}戊}$、申＝$\frac{一}{四}\times\frac{彳天}{彳未}=$ $\frac{一}{二\cdot三\cdot四}\times\frac{彳天^{四}}{彳^{四}戊}$ 以下各級數可依此類推。

所以得總式 函(天丄辛)＝戊′＝戊丄$\frac{彳天}{彳戊}$辛丄$\frac{彳天^{二}}{彳^{二}戊}\times\frac{辛^{二}}{二}$丄$\frac{彳天^{三}}{彳^{三}戊}\times\frac{辛^{三}}{二\cdot三}$丄… 由此可見，天之任何長數爲辛，則天之任何函數戊之長數必爲戊′丅戊＝$\frac{彳天}{彳戊}\times\frac{辛}{一}丄\frac{彳天^{二}}{彳^{二}戊}\times\frac{辛^{二}}{一\cdot二}丄\frac{彳天^{三}}{彳^{三}戊}\times\frac{辛^{三}}{一\cdot二\cdot三}$丄… 此式與戴之式無異。成此級數之法遞求函數之各次微係數，而以辛之各次整方乘之，又以一、一·二、一·二·三 各數挨次約之，即得。

第三十四款 玆將戴勞之法詳各函數爲級數。

設 函(天) 爲 戊＝天^{卯} 欲以戴氏之術詳之爲級數。

則令 函(天丄辛)＝(天丄辛)^{卯} 依第十三款及第二十七款之例，疊求其各次微係數得 $\frac{彳天}{彳戊}$＝卯天^{卯丅一}、$\frac{彳天^{二}}{彳^{二}戊}$＝卯(卯丅一)天^{卯丅二}、$\frac{彳天^{三}}{彳^{三}戊}$＝卯(卯丅一)(卯丅二)天^{卯丅三}、$\frac{彳天^{四}}{彳^{四}戊}$＝卯(卯丅一)(卯丅二)(卯丅三)天^{卯丅四}… 以此各同數代入戴氏之公式中，即得 (天丄辛)^{卯}＝天^{卯}丄卯天^{卯丅一}辛丄 $\frac{一\cdot二}{卯(卯丅一)}$天^{卯丅二}辛^{二}丄$\frac{一\cdot二\cdot三}{卯(卯丅一)(卯丅二)}$天^{卯丅三}辛^{三}丄… 此爲二項例之式與《代數術》第一百六十款中所詳之式合。

第三十五款 設 函(天) 爲 戊＝甲^{天} 此式爲常數之變方。欲詳之爲級數。

則令 呷＝(甲丅一)丅$\frac{一}{二}$(甲丅一)^{二}丄$\frac{一}{三}$(甲丅一)^{三}丅$\frac{一}{四}$(甲丅一)^{四}丄…

此爲甲之訥對級數。乃依第十九款之法疊求其各微係數，得 $\frac{彳天}{彳戊}$＝呷甲^{天}、$\frac{彳天^{二}}{彳^{二}戊}$＝呷^{二}甲^{天}、$\frac{彳天^{三}}{彳^{三}戊}$＝呷^{三}甲^{天}、$\frac{彳天^{四}}{彳^{四}戊}$＝呷^{四}甲^{天}… 又因 函(天丄辛)＝甲^{天丄辛}＝甲^{天}甲^{辛} 所以得 甲^{天}甲^{辛}＝甲^{天}(一丄呷辛丄$\frac{一\cdot二}{呷^{二}辛^{二}}$丄$\frac{一\cdot二\cdot三}{呷^{三}辛^{三}}$丄$\frac{一\cdot二\cdot三\cdot四}{呷^{四}辛^{四}}$丄… 若將此式之兩邊俱以 甲^{天} 約之，而以天代其辛，則得 甲^{天}＝一丄呷天丄$\frac{一\cdot二}{呷^{二}天^{二}}$丄$\frac{一\cdot二\cdot三}{呷^{三}天^{三}}$丄$\frac{一\cdot二\cdot三\cdot四}{呷^{四}天^{四}}$丄… 如令 天＝一 則得 甲＝一丄呷丄$\frac{一\cdot二}{呷^{二}}$丄$\frac{一\cdot二\cdot三}{呷^{三}}$丄$\frac{一\cdot二\cdot三\cdot四}{呷^{四}}$丄… 如令 天＝$\frac{呷}{一}$ 則得 甲$^{\frac{呷}{一}}$＝一丄一丄$\frac{一\cdot二}{一}$丄$\frac{一\cdot二\cdot三}{一}$丄$\frac{一\cdot二\cdot三\cdot四}{一}$丄… 由此可見 甲$^{\frac{呷}{一}}$ 之同數爲常數。如將其各項合爲一數，則得 甲$^{\frac{呷}{一}}$＝二·七一八二八一八二八四五九 此數即爲訥對之底，因其爲以後所常用之數，故以戊字代之，爲 甲$^{\frac{呷}{一}}$＝戊 則甲＝戊^{呷} 而 戊^{呷天}＝甲^{天}＝一丄呷天丄$\frac{一\cdot二}{呷^{二}天^{二}}$丄$\frac{一\cdot二\cdot三}{呷^{三}天^{三}}$丄

$\frac{一·二·三·四}{呷^{四}天^{四}}$丄… 如令 地=呷天 則 $戊^{地}=一丄地丄\frac{一·二}{地^{二}}丄\frac{一·二·三}{地^{三}}丄\frac{一·二·三·四}{地^{四}}丄\cdots$ 從此式可見戊之性情甚奇。

第三十六款 設 凾(天) 爲 戊=對天 此爲甲底之對數。 欲詳之爲級數。

則可依第二十款之例，疊求其微係數得 $\frac{徔}{彳戊}=\frac{呷天}{一}$、$\frac{徔^{二}}{彳^{二}戊}=\frac{呷天^{二}}{丅一}$、$\frac{徔^{三}}{彳^{三}戊}=\frac{呷天^{二}}{一·二}$、$\frac{徔^{四}}{彳^{四}戊}=丅\frac{呷天^{四}}{一·二·三}$、$\frac{徔^{五}}{彳^{五}戊}=\frac{呷天^{五}}{一·二·三·四·五}$… 以此各同數代入戴氏之公式中，則得 凾(天丄辛)=對(天丄辛)=

對天丄$\frac{呷}{一}\left[\frac{天}{辛}丅\frac{二天^{二}}{辛^{二}}丄\frac{三天^{三}}{辛^{三}}丅\frac{四天^{四}}{辛^{四}}丄\cdots\right]$ 如令 天=一、對一=〇

又以天代其辛，則得 對(一丄天)=$\frac{呷}{一}\left[天丅\frac{二}{一}天^{二}丄\frac{三}{一}天^{三}丅\frac{四}{一}天^{四}丄\cdots\right]$ 此爲 一丄天 之甲底對數。

又因前款中曾言 甲=$戊^{呷}$ 而其 呷=(甲丅一)丅$\frac{二}{一}$(甲丅一)^{二}丄$\frac{三}{一}$(甲丅一)^{三}丅$\frac{四}{一}$(甲丅一)^{四}丄… 依《代數術》第十八卷之理，則呷爲戊底之甲對，所以 對甲=(甲丅一)丅$\frac{二}{一}$(甲丅一)^{二}丄$\frac{三}{一}$(甲丅一)^{三}丅$\frac{四}{一}$(甲丅一)^{四}丄… 此式中如以 一丄天 代其甲，又以天代其 甲丅一 則得 對(一丄天)=天丅$\frac{二}{一}$天^{二}丄$\frac{三}{一}$天^{三}丅$\frac{四}{一}$天^{四}丄$\frac{五}{一}$天^{五}丅$\frac{六}{一}$天^{六}丄…

此式爲 一丄天 之戊底對數。

合觀以上所得戊底、甲底兩種對數之式可見，戊底之對數式中，其常數呷必爲 呷=(戊丅一)丅$\frac{二}{一}$(戊丅一)^{二}丄$\frac{三}{一}$(戊丅一)^{三}丅$\frac{四}{一}$(戊丅一)^{四}丄… 此即訥對之根也。

凡言戊底之對數者，皆爲訥白爾對數。其戊之同數恒爲二·七一八二八一八二八四五九有奇。昔人因其能明雙曲線之面積，故謂之雙曲線對數。此名今已不用。近時之人即名之曰訥對。凡遇訥對之式，皆以訥字別之，所以戊底之對數恒作 訥(一丄天)=天丅$\frac{二}{一}$天^{二}丄$\frac{三}{一}$天^{三}丅$\frac{四}{一}$天^{四}丄$\frac{五}{一}$天^{五}丅… 又因前款曾證 呷=訥甲 所以凡甲底之對數恒作 對(一丄天)=$\frac{訥甲}{一}\left[天丅\frac{二}{一}天^{二}丄\frac{三}{一}天^{三}丅\frac{四}{一}天^{四}丄\cdots\right]$ 其常乘數 $\frac{訥甲}{一}$ 名曰對數之根。

布里格斯即巴理知也。所設之對數表，其 甲=一〇 故謂之十進對數，其訥(一〇)=二·三〇二五八五〇九二九九四 而 $\frac{訥(一〇)}{一}$=·四三四二九四四八一九〇三三 此爲常對數之根。

第三十七款 設有 凾(天)=戊=正弦天 欲詳之爲級數，則如法疊求其各次之微係數，得 $\frac{徔}{彳戊}$=丄餘弦天、$\frac{徔^{二}}{彳^{二}戊}$=丅正弦天、$\frac{徔^{三}}{彳^{三}戊}$=丅餘弦天、$\frac{徔^{四}}{彳^{四}戊}$=丄正弦天、$\frac{徔^{五}}{彳^{五}戊}$=丄餘弦天… 以此各同數代入戴氏之公式得

凾(天丄辛)=正弦(天丄辛)=正弦天丄餘弦天辛^{二}丅正弦天$\frac{一·二}{辛}$丅餘弦天$\frac{一·二·三}{辛^{三}}$丄正弦天$\frac{一·二·三·四}{辛^{四}}$丄…=正弦天$\left[一丅\frac{二}{辛^{二}}丄\frac{二·三·四}{辛^{四}}丅\frac{二·三·四·五·六}{辛^{六}}丄\cdots\right]$丄餘弦天$\left[辛丅\frac{二·三}{辛^{三}}丄\frac{二·三·四·五}{辛^{五}}丅\frac{二·三·四·五·六·七}{辛^{七}}丄\cdots\right]$

設有 凾(天)=戊=餘弦天 欲詳之爲級數，則如法疊求其各次之微係數，得 $\frac{徔}{彳戊}$=丅正弦天、$\frac{徔^{二}}{彳^{二}戊}$=丅餘弦天、$\frac{徔^{三}}{彳^{三}戊}$=正弦天、$\frac{徔^{四}}{彳^{四}戊}$=餘弦天、$\frac{徔^{五}}{彳^{五}戊}$=丅正弦天… 以此各同數代入戴氏之公式，得 凾(天丄辛)=餘弦(天丄辛)=餘弦天丅正弦天$\frac{一}{辛}$丅餘弦天$\frac{二}{辛}$丄正弦天$\frac{一·三}{辛^{三}}$丄餘弦天$\frac{二·三·四}{辛^{四}}$丅…=餘弦天$\left[一丅\frac{二}{辛^{二}}丄\frac{二·三·四}{辛^{四}}丅\frac{二·三·四·五·六}{辛^{六}}丄\cdots\right]$丅正弦天$\left[辛丅\frac{二·三}{辛^{三}}丄\frac{二·三·四·五}{辛^{五}}丅\frac{二·三·四·五·六·七}{辛^{七}}丄\cdots\right]$

如令　$吧=一丅\frac{二}{辛^{二}}丄\frac{二·三·四}{辛^{四}}丅\frac{二·三·四·五·六}{辛^{六}}丄\cdots$　$吽=辛丅\frac{二·三}{辛^{三}}丄\frac{二三四五}{辛^{五}}丅\frac{二·三·四·五·六·七}{辛^{七}}丄\cdots$　以代入所得之兩級數中，則得　正弦(天丄辛)＝吧正弦天丄吽餘弦天、餘弦(天丄辛)＝吧餘弦天丄吽正弦天

若將其吽、吧更迭消去，則得　正弦(天丄辛)正弦天丄餘弦(天丄辛)餘弦天＝吧、正弦(天丄辛)餘弦天丄餘弦(天丄辛)正弦天＝吽　又依《代數術》第二百三十九款，令　餘弦辛＝吧、正弦辛＝吽　又以天代其辛，則得　$餘弦天=一丅\frac{二}{天^{二}}丄\frac{二·三·四}{天^{四}}丅\frac{二·三·四·五·六}{天^{六}}丄\cdots$　$正弦天=天丅\frac{二·三}{天^{三}}丄\frac{二·三·四·五}{天^{五}}丅\frac{二·三·四·五·六·七}{天^{七}}丄\cdots$　案：此兩式若于　正弦(天丄辛)、餘弦(天丄辛)　之級數中，令　天＝〇　即可得之，其曲折比此更省。

第三十八款　設以切線爲天而求其弧函數之級數。

則令　戌＝正切^{丅一}天　從第二十三款得　$\frac{彳天}{彳戌}=\frac{一丄天^{二}}{彳天}$＝彳天餘弦戌、$\frac{彳天}{彳戌}$＝餘弦戌餘弦戌　欲疊求其各次之微係數，可依第二十六款所設之第一、第二兩式求繁式角函數微分之法疊求之，則得其各次之微係數如左。

如依一式得　$\frac{彳天^{二}}{彳^{二}戌}$＝丅正弦二戌餘弦^{二}戌　依二式得　$\frac{彳天^{三}}{彳^{三}戌}$＝丅二餘弦三戌餘弦^{三}戌　又依一式得　$\frac{彳天^{四}}{彳^{四}戌}$＝二·三正弦四戌餘弦^{四}戌　又依二式得　$\frac{彳天^{五}}{彳^{五}戌}$＝二·三·四餘弦五戌餘弦^{五}戌　又依一式、二式得　$\frac{彳天^{六}}{彳^{六}戌}$＝丅二·三·四·五正弦^{六}戌餘弦^{六}戌、$\frac{彳天^{七}}{彳^{七}戌}$＝丅二·三·四·五·六餘弦^{七}戌餘弦^{七}戌…　以此各次微係數之同數代入戴氏之公式中，又令　正切戌＝天、正切戌′＝天丄辛　則得　$戌'=戌丄餘弦戌餘弦戌\frac{一}{辛}丅正弦二戌餘弦^{二}戌\frac{二}{辛^{二}}丅餘弦三戌餘弦^{三}戌\frac{三}{辛^{三}}丄正弦四戌餘弦^{四}戌\frac{四}{辛^{四}}丄餘弦五戌餘弦^{五}戌\frac{五}{辛^{五}}丅正弦六戌餘弦^{六}戌\frac{六}{辛^{六}}丅\cdots$　此爲弧背最密之率。如令戌弧爲〇，則　正弦戌、正弦二戌…　各等于〇，而　餘弦戌　之各方皆等于一，故其式變爲　$戌=正切戌丅\frac{三}{一}正切^{三}戌丄\frac{五}{一}正切^{五}戌丅\frac{七}{一}正切^{七}戌丄\cdots$　此即古累固里所設之級數也。

案：《代數術》第二百七十款中亦有求此級數之法，與此款之法絶不相同，而所得之式無異。若令平圓之半徑爲一，而以其半周爲周率，則周率爲三·一四一五九二六五三五八九有奇。

論馬格老臨之例

第三十九款　馬格老臨之級數公式見于其所著之流數術中。其立術之理與戴氏之術相通。

前已攷知，如令　函㊅＝戌　爲任何變數天之任何函數，則其詳得之式爲　$函(天丄辛)=戌丄\frac{彳天}{彳戌}辛丄\frac{彳天^{二}}{彳^{二}戌}\times\frac{二}{辛^{二}}丄\frac{彳天^{三}}{彳^{三}戌}\times\frac{二·三}{辛^{三}}丄\frac{彳天^{四}}{彳^{四}戌}\times\frac{二·三·四}{辛^{四}}丄\cdots$

如令　天＝〇　而　函(天)＝戌　變爲　㖃　其　$\frac{彳天}{彳戌}$　變爲哎，其　$\frac{彳天^{二}}{彳^{二}戌}$　變爲哎″，其　$\frac{彳天^{三}}{彳^{三}戌}$　變爲哎‴，以下類推。則戴氏式變爲　$函(辛)=㖃丄哎'辛丄哎''\frac{一·二}{辛^{二}}丄哎'''\frac{一·二·三}{辛^{三}}丄\cdots$　以天代其辛，則得　$函(天)=㖃丄哎'天丄哎''\frac{一·二}{天^{二}}丄哎'''\frac{一·二三}{天^{三}}丄\cdots$　由此可見，天之函數戌若詳之爲級數而有　戌＝呷丄叱天丄呐天^{二}丄叮天^{三}丄…　之形者，則其呷、叱、呐、叮各倍數俱爲常數。此因　天＝〇　之時，其哎必同于戌，而其哎′、哎″、哎‴各數必同于各次之微係數　$\frac{彳天}{彳戌}$、$\frac{彳天^{二}}{彳^{二}戌}$、$\frac{彳天^{三}}{彳^{三}戌}$　故知　呷＝㖃、叱＝㖃′、呐＝㖃″、叮＝㖃‴　所以得　$戌=哎丄哎'天丄哎''\frac{二}{天^{二}}丄哎'''\frac{二·三}{天^{三}}丄\cdots$　此爲馬格老臨所設之式。

第四十款　茲設數題以明馬氏術之用。

設有函數　戌＝(甲丄天)^{卯}　欲詳之爲級數。則疊求各次之微係數，得　$\frac{彳天}{彳戌}$＝卯(甲丄天)^{卯丅一}、$\frac{彳天^{二}}{彳^{二}戌}$＝卯(卯丅一)(甲丄天)^{卯丅二}、$\frac{彳天^{三}}{彳^{三}戌}$＝卯(卯丅一)

$(卯丅二)(甲丄天)^{卯丅三}$… 令 天=〇 則 $戌=甲^{卯}=吪$、$\frac{彳天}{彳戌}=卯甲^{卯丅一}$ $=吪′$、$\frac{彳天^{二}}{彳^{二}戌}=卯(卯丅一)甲^{卯丅二}=吪″$、$\frac{彳天^{三}}{彳^{三}戌}=卯(卯丅一)(卯丅二)甲^{卯丅三}=吪‴$…代入馬氏式即得 $(甲丄天)^{卯}=甲^{卯}丄卯甲^{卯丅一}天丄\frac{一・二}{卯(卯丅一)}甲^{卯丅二}天^{二}$ $丄\frac{一・二・三}{卯(卯丅二)(卯丅二)}甲^{卯丅三}天^{三}丄$…

第四十一款 設有 $戌=甲^{天}$ 亦可用馬氏式詳之爲級數。

依第十九款之法,令 呷=訥甲 則 $\frac{彳天}{彳戌}=呷甲^{天}$、$\frac{彳天^{二}}{彳^{二}戌}=呷^{二}甲^{天}$、$\frac{彳天^{三}}{彳^{三}戌}=呷^{三}甲^{天}$… 又令 天=〇 則 戌=一、$\frac{彳天}{彳戌}=呷$、$\frac{彳天^{二}}{彳^{二}戌}=呷^{二}$、$\frac{彳天^{三}}{彳^{三}戌}=呷^{三}$… 從馬氏式得 $甲^{天}=一丄呷天丄\frac{一・二}{呷^{二}天^{二}}丄\frac{一・二・三}{呷^{三}天^{三}}丄$…則與用戴氏之法第三十五款所得之式同。

第四十二款 設有 戌=對天 則用馬氏之術不能詳之爲級數。

此因其 $\frac{彳天}{彳戌}=\frac{呷天}{一}$ 如令 天=〇 則戌及 $\frac{彳天}{彳戌}$ 與以下各次之微係數俱變爲無窮,所以其級數不能以馬氏之術求之。

如有 戌=對(卯丄天) 則可用馬氏之術詳之爲級數。

依第二十款之法疊求微係數,得 $\frac{彳天}{彳戌}=\frac{呷(卯′丄天)}{一}$、$\frac{彳天^{二}}{彳^{二}戌}=\frac{呷(卯丄天)^{二}}{丅一}$、$\frac{彳天^{三}}{彳^{三}戌}=\frac{呷(卯丄天)^{三}}{一・二}$… 令 天=〇 則 戌=對卯=吪、$\frac{彳天}{彳戌}=\frac{呷卯}{一}=吪′$、$\frac{彳天^{二}}{彳^{二}戌}=丅\frac{呷卯^{二}}{一}=吪″$、$\frac{彳天^{三}}{彳^{三}戌}=\frac{呷卯^{三}}{一・二}=吪‴$… 用此代入馬氏之式中,得 $對(卯丄天)=對卯丄\frac{呷}{一}\left[\frac{卯}{天}丅\frac{二卯^{二}}{天^{二}}丄\frac{三卯^{三}}{天^{三}}丅\cdots\right]$ 如于此式中令 卯=一 則 對卯=〇 而得 對(一丄天) 之級數與第三十六款所得之式同。

第四十三款 用馬氏之術亦可詳 戌=正弦天 及 戌=餘弦天 之級數,絕不費力。

如將 戌=正弦天 依法求之,則 吪=〇、吪′=一、吪″=〇、吪‴=丅一… 故得 $正弦天=天丅\frac{一・二・三}{天^{三}}丄\frac{一・二・三・四・五}{天^{五}}丅$…

如將 戌=餘弦天 依法求之,則 吪=一、吪′=〇、吪″=丅一、吪‴=〇… 故得 $餘弦天=一丅\frac{一・二}{天^{二}}丄\frac{一・二・三・四}{天^{四}}丅\frac{一・二・三・四・五・六}{天^{六}}丄$…

第四十四款 設有 $戌=正弦^{丅一}天$ 此式中之天爲正弦,戌爲其弧背。亦可用馬氏術詳其級數。依第二十三款之法疊求其各次之微係數,則可得 $\frac{彳天}{彳戌}=(一丅天^{二})^{丅\frac{二}{一}}$、$\frac{彳天^{二}}{彳^{二}戌}=天(丅天^{二})^{丅\frac{二}{三}}$、$\frac{彳天^{三}}{彳^{三}戌}=(一丅天^{二})^{丅\frac{二}{三}}丄三天^{二}(一丅天^{二})^{丅\frac{二}{五}}$、$\frac{彳天^{四}}{彳^{四}戌}=三・三天(一丅天^{二})^{丅\frac{二}{五}}丄三・五天^{三}(一丅天^{二})^{丅\frac{二}{七}}$… 令 天=〇 則 吪=〇、吪′=一、吪″=〇、吪‴=一、吪⁗=〇、吪′′′′′=三・三… 用此各同數于馬氏之式中,即得 $戌=天丄\frac{一・二・三}{天^{三}}丄\frac{一・二・三・四・五}{三・三天^{五}}丄\frac{一・二・三・四・五・六・七}{三^{二}・五^{二}天^{七}}丄$…

論戴氏之術所不能馭之題

第四十五款 戴式之術能詳 戌=函(天) 爲 $函(天丄辛)=戌丄\frac{彳天}{彳戌}\times\frac{一}{辛}丄\frac{彳天^{二}}{彳^{二}戌}\times\frac{一・二}{辛^{二}}丄\frac{彳天^{三}}{彳^{三}戌}\times\frac{一・二・三}{辛^{三}}丄$… 前各款中已證其必合于理矣。惟戴氏設此級數之例,恒以天爲不定之數,所以凡所設之函數,其天之同數若本有一定者,則與戴氏立術之例不合,故有時不能用戴氏之術求之。

設有 $戌=乙丄(天丅甲)^{\frac{二}{三}}$ 則其 $\frac{彳天}{彳戌}=\frac{二(天丅甲)^{\frac{二}{一}}}{一}$、$\frac{彳天^{二}}{彳^{二}戌}=丅\frac{四(天丅甲)^{\frac{二}{一}}}{一}$… 若依戴氏之術,則其 $函(天丄辛)=乙丄(天丅甲丄辛)^{\frac{二}{三}}$ 即爲 $函(天丄辛)=乙丄(天丅甲)^{\frac{二}{三}}丄\frac{二(天丅甲)^{\frac{二}{一}}}{一}辛丅\frac{(天丅甲)^{\frac{二}{一}}}{一}辛^{二}丄$… 此式中天之同數若大于甲,則合于理,故能得其 $乙丄(天丅甲丄辛)^{\frac{二}{三}}$ 之真

同數。若天之同數等于甲，則 天⊥甲=〇 而其級數變爲 $乙⊥〇⊥\frac{二(〇)^{三}}{辛}丅\frac{八(〇)^{三}}{辛^{二}}⊥\cdots$ 則爲無用之式。因其凡有分母爲〇之項皆大至無窮故也。

如于 $乙⊥(天丅甲⊥辛)^{三}$ 之式中，令 天=甲 而變其式爲 $乙⊥辛^{三}$ 則此式可有兩箇相同之式。一爲 $乙⊥\sqrt{辛}$ 一爲 $乙丅\sqrt{辛}$ 所以若但用戴氏之術詳之，因其級數爲辛之各整方，所成則只能有一箇同數，而不能得兩箇同數也，故不能合。

由是知，凡遇特設之函數，其天之同數若有一定之數，如 天=甲 者，則此種函數不能用戴氏之術解之。其所以不能解之故，非其理有誤也，乃因其立術之例本非謂天有一定之同數也。

第四十六款　設有 $戊=\frac{(天丅甲)^{二}}{乙}$ 依法疊求其各次之微係數，得 $\frac{彳天}{彳戊}=丅\frac{(天丅甲)^{三}}{二乙}$、$\frac{彳天^{二}}{彳^{二}戊}=\frac{(天丅甲)^{四}}{六乙}\cdots$ 則以各同數代入戴氏之式中，得 $函(天⊥辛)=\frac{(天丅甲⊥辛)^{二}}{乙}=\frac{(天丅甲)^{二}}{乙}丅\frac{(天丅甲)}{二乙}辛⊥\frac{(天丅甲)^{四}}{三乙}辛^{二}丅\cdots$

此式中若令其天之同數或大于甲，或小于甲，則級數皆合于理。若令 天=甲 則其級數變爲 $\frac{(〇)^{二}}{乙}丅\frac{(〇)^{三}}{二乙}辛⊥\frac{(〇)^{四}}{三乙}辛^{二}丅\cdots$ 即不合于理矣。因辛之各方，其倍數皆爲無窮，故不能求。

如于 $\frac{(天丅甲⊥辛)^{二}}{乙}$ 之式中，令 天=甲 則式變爲 $\frac{辛^{二}}{乙}=乙辛^{丅二}$ 欲依戴氏之術詳之，因其辛之指數爲負，則其數非辛之正整各方之級數所能賅，所以戴氏之術難馭此種之題。

第四十七款　往時算學家以爲，凡創立一術而名之曰公式，則不當有不可通之題。至拉果闌諸始明戴氏術所不能通之例。其説曰：凡特設之函數中，其天若有定同數者，則其新函數中必有 $卯辛^{丅甲}$ 或 $卯辛^{\frac{卯}{寅}}$ 之形在其各項内，故依戴氏之術求之，其公級數中各項之倍數至卯項之後必變爲無窮。反言之則可云，天若有一定之同數者，必能令公級數之倍數爲無窮，則其變得之級數中必有辛之分數、負數之各方，所以戴氏之術不能馭此種之題也。

凡戴氏之術所不能馭之題，微分術中亦有他法可解之，即用尋常之代數法亦可解之。

求雙變數微分

第四十八款　以上各款所論之求微分法，其函數之變數皆分開。如 $地=甲⊥乙天⊥丙天^{二}$ 其地爲天之陽函數。然用代數所得之式，每有兩箇自主之變數交互雜糅。如 $地^{二}丅二寅天地⊥天^{二}丅甲^{二}=〇$ 者，假使可解開其式而得地之同數，如 $地=寅天\pm\sqrt{甲^{二}⊥(寅^{二}丅一)天^{二}}$ 則右邊之各項中但有天爲變數，即亦可依以上各款之法求其微分。惟每有所遇之式，其變數不能如此分開者，所以必立一專術以馭之。

第四十九款　無論用何法將兩箇彼此不相關之變數合成一相等之式，即方程式。其公式必爲 函(地天)=〇 其天、地間之一點，以代與字也。此式中之變數地必能以天明之，所以其地之同數無論何法求之，皆可作 地=呒 其呒者謂天與各常數所成之式也。如將地之此同數代入公式，即得 函(天呒)=〇 則此式中但有變數天在其内，且其天之同數無論如何必能合于本式之理。

設其式爲 函(天·呒)=函(天·地) 以戊代之，又令天變爲 天⊥辛 則依戴氏之術，其新同數必爲 $戊'=戊⊥\frac{彳天}{彳戊}辛⊥\frac{彳天^{二}}{彳^{二}戊}辛^{二}⊥\frac{彳天^{三}}{彳^{三}戊}辛^{三}⊥\frac{彳天^{四}}{彳^{四}戊}辛^{四}⊥\cdots$ 若令 函(天·地)=戊=〇 則 戊′=〇 是以知戊之同數中辛之各方之倍數，亦必各等于〇。此依第十八款之例也。所以從 戊=函(天·地)=〇 可得級數中辛之各方之倍數 $\frac{彳天}{彳戊}=〇$、$\frac{彳天^{二}}{彳^{二}戊}=〇$、$\frac{彳天^{三}}{彳^{三}戊}=〇\cdots$ 如原式之理無誤，則此各式亦必合理。

第五十款　設有 $地^{二}⊥天^{二}=甲^{二}$ 即 $地^{二}⊥天^{二}丅甲^{二}=〇$㊀ 其甲爲常數，天與地爲變數。令 $戊=地^{二}⊥天^{二}丅甲^{二}$ 依法求其微係數 $\frac{彳天}{彳戊}=二地\frac{彳天}{彳地}⊥二天=〇$、$\frac{彳天}{彳地}=丅\frac{地}{天}$㊁ 如欲求第二次微係數，可令 $\frac{彳天}{彳地}=巳$ 則 $\frac{彳天}{彳戊}=二地巳⊥二天=〇$ 又因已爲天與地之函數，而地又爲天之函數，故可以已爲天之函數，而求得 $\frac{彳天^{二}}{彳^{二}戊}=二\left[地\frac{彳天}{彳巳}⊥巳\frac{彳天}{彳地}⊥一\right]=〇$ 惟因 $巳=\frac{彳天}{彳地}$ 則 $\frac{彳天}{彳巳}=\frac{彳天^{二}}{彳^{二}地}$ 故 $\frac{彳天^{二}}{彳^{二}戊}=二\left[地\frac{彳天^{二}}{彳^{二}地}⊥\frac{彳天^{二}}{彳地^{二}}⊥一\right]=〇$㊂ 又因

$\frac{彳^{二}天}{彳地^{二}}=丅\frac{地}{二}\left(\frac{彳天^{二}}{彳地^{二}}丄一\right)$ 叵 $\frac{彳天}{彳地}=丅\frac{地}{天}$ 故 $\frac{彳^{二}天}{彳地^{二}}=丅\frac{地^{三}}{天^{三}}丅\frac{地}{二}$ ㊃ 如欲求第三次微係數，可令 $\frac{彳^{二}天}{彳地^{二}}=\frac{彳天}{彳巳}=午$ 又令巳代三式中之 $\frac{彳天}{彳地}$ 則其 $\frac{彳^{二}天}{彳戊}=二(地午丄巳^{三}丄一)=〇$ 又因巳、午皆爲天與地之函數，而地爲天之函數，故又可以巳、午爲天之函數。其微係數之式中，除了天與地之外，其各項必有 $\frac{彳天}{彳午}$、$\frac{彳天}{彳巳}=\frac{彳^{二}天}{彳地^{二}}$、$午=\frac{彳^{二}天}{彳地^{二}}$、$巳=\frac{彳天}{彳地}$ 在其內，故求得 $\frac{彳天}{彳午}=\frac{彳^{三}天}{彳地^{三}}$ 可用四、二兩式中之 $\frac{彳^{二}天}{彳地^{二}}$、$\frac{彳天}{彳地}$ 之同數以天與地明之。

第五十一款　從以上兩款所攷之理得一專法可求天函數中地之微係數。其天與地相關之理，可以相等之式明之。

法將原式之各項聚于一邊，而求其微分。令地爲天之函數，而以彳天約之，則所得之式中可有 $\frac{彳天}{彳地}$ 之同數。再將此式之各項求其微分，而令地與 $\frac{彳天}{彳地}$ 爲天之函數，則所得之式中可有 $\frac{彳^{二}天}{彳地^{二}}$ 與 $\frac{彳天}{彳地}$ 在其內。將此式與前式相合，即能得 $\frac{彳^{二}天}{彳地^{二}}$ 之同數。再將此式之各項求其微分，而令地與 $\frac{彳天}{彳地}$、$\frac{彳^{二}天}{彳地^{二}}$ 爲天之函數，則所得之式中可有 $\frac{彳^{三}天}{彳地^{三}}$、$\frac{彳^{二}天}{彳地^{二}}$、$\frac{彳天}{彳地}$ 在其內。將此式與前兩式相合，即能得 $\frac{彳^{三}天}{彳地^{三}}$ 之同數。如是累求之可至任何次。

設地爲天之函數，能令 $地^{二}丅二寅天地丄天^{二}丅甲^{二}=〇$ ㊀ 欲求其各次微係數。則如法求第一次微分，得 $(地丅寅天)彳地丅(寅地丅天)彳天=〇$ 故 $\frac{彳天}{彳地}=\frac{地丅寅天}{寅地丅天}$ ㊁ 再如法求得 $\frac{彳^{二}天}{彳地^{二}}=\frac{(地丅寅天)^{二}}{(一丅寅^{二})天}\times\frac{彳天}{彳地}丅\frac{(地丅寅天)^{二}}{(一丅寅^{二})地}$ ㊂ 以一式中 $\frac{彳天}{彳地}$ 之同數代入此式，得 $\frac{彳^{二}天}{彳地^{二}}=丅(一丅寅^{二})\frac{(地丅寅天)^{三}}{地^{二}丅二寅天地丄天^{二}}=\frac{(地丅寅天)^{三}}{丅(一丅寅^{二})甲^{二}}$ ㊃ 如將三式中之 $\frac{彳天}{彳地}$ 與 $\frac{彳^{二}天}{彳地^{二}}$ 爲天之函數，再求微係數，得 $\frac{彳^{三}天}{彳地^{三}}=叱\frac{彳^{二}天}{彳地^{二}}丄吽\frac{彳天}{彳地}丄味$ ㊄ 其叱、吽、味爲地與天相合而成之式。若以四、二兩式之同數代其 $\frac{彳^{二}天}{彳地^{二}}$、$\frac{彳天}{彳地}$ 即可得 $\frac{彳^{三}天}{彳地^{三}}$ 之同數。其各項中但有天地兩元。

又　求隱分之數

第五十五款　若有分數之函數，其變數至一定之同數，而分母分子能同時俱變爲〇者，則謂之隱分數。

如有分數之式 $\frac{天丅甲}{天^{二}丅甲^{二}}$ 此爲能隱之分數，因 天＝甲 則分母、分子皆爲〇，而其式變爲 $\frac{〇}{〇}$ 故也。觀此形宛如其分數之定同數無法可求，然而不難知也。

惟因 $\frac{天丅甲}{天^{二}丅甲^{二}}=\frac{天丅甲}{(天丄甲)(天丅甲)}=天丄甲$ 故 天＝甲 則其原式之真同數必爲 甲丄甲＝二甲 由是知，原式于 天＝甲 之時，必變爲 $\frac{〇}{〇}$ 者。因其分母子有 天丅甲 爲公約數，所以天等于甲之時，母子能皆變爲〇。

設分數之式爲 $\frac{甲天丅甲^{二}}{天^{三}丅天^{二}甲丅天甲^{二}丄甲^{三}}$ 若 天＝甲 則式變爲 $\frac{〇}{〇}$ 欲求其同數，則可將原式之母子各以公約數 天丅甲 約之，則其式變爲 $\frac{甲}{天^{二}丅甲^{二}}$ 若于此式中再令 天＝甲 則其式變爲 $\frac{甲}{〇}$ 即知其分數之同數等于〇。

設分數之式爲 $\frac{天^{二}丅二甲天丄甲^{二}}{甲天丅甲^{二}}$ 若 天＝甲 則式變爲 $\frac{〇}{〇}$ 欲求其同數，則可依前法以公約數 天丅甲 約其原式之母子得 $\frac{天丅甲}{甲}$ 如于此式中再令 天＝甲 則式變爲 $\frac{〇}{甲}$ 即知原式之同數爲無窮。

以上所設之數式，其母子之公約數皆爲易知，惟亦有其公約數不易知者。

如有式 $\frac{正弦天丄餘弦天丅一}{一丅正弦天丄餘弦天}$ 其天爲一象限之時，即弧等于二分周率之時也。則其式變爲 $\frac{○}{○}$ 求其同數之法見第五十七款四式。

第五十六款　凡隱分數之母子俱爲代數之函數者，原可用《代數術》第二十款之法，求其最大公約數以約之。惟微分術中又有公解法比代數之術更簡。

如以吧、吽各代其子母之天函數，則其分函數之式爲 $\frac{吽}{吧}$ 若 天＝甲 則母子皆爲○，其甲爲已知之數。乃令天變爲 天丄辛 依戴氏之術詳其分函數爲級數，得 $\frac{吽丄\frac{彳天}{彳吽}辛丄\frac{彳天^{二}}{彳吽}\times\frac{一\cdot二}{辛^{二}}丄\frac{彳天^{三}}{彳吽}\times\frac{一\cdot二\cdot三}{辛^{三}}丄\cdots}{吧丄\frac{彳天}{彳吧}辛丄\frac{彳天^{二}}{彳吧}\times\frac{一\cdot二}{辛^{二}}丄\frac{彳天^{三}}{彳吧}\times\frac{一\cdot二\cdot三}{辛^{三}}丄\cdots}$ ㊀ 因所設之例如天等于甲，則吧、吽皆爲○，故可于一式中截去此兩項而以吧′、吧″、吧‴代其分子項中吧之各次微係數，以吽′、吽″、吽‴代其分母項中吽之各次微係數，乃以辛偏約其母子，則得 $\frac{吽'丄\frac{二}{一}吽''辛丄\frac{六}{一}吽'''辛^{二}丄\cdots}{吧'丄\frac{二}{一}吧''辛丄\frac{六}{一}吧'''辛^{二}丄\cdots}$ ㊁ 如于二式中令 辛＝○ 則變爲 $\frac{吽'}{吧'}$ ㊂ 以甲代此式中之天，即得 $\frac{吽}{吧}$ 之真同數。此因先令天變爲 天丄辛 而後令 天＝甲 再令 辛＝○ 則與徑令 天＝甲 者，其事無異，故得數必同也。

若甲代三式中之天，而吧′或吽′有一變爲○者，其 $\frac{吽}{吧}$ 之同數非等于○，即等于無窮，視○爲子母而異。

若甲代三式中之天，而吧′吽′同時皆變爲○者，則可將二式中之吧′吽′截去而化其式爲 $\frac{吽''丄\frac{三}{一}吽'''辛丄\cdots}{吧''丄\frac{三}{一}吧'''辛丄\cdots}$ 乃于此式中令 辛＝○ 則式變爲 $\frac{吽''}{吧''}$ 以甲代此式中之天，即可得 $\frac{吽}{吧}$ 之真同數。以下可仿此類推。

第五十七款　由以上之理得一專法可求隱分之定同數。

其法曰：令所設之分數等于 $\frac{吽}{吧}$ 若天等于甲之時，而其吧與吽皆變爲○者，則求其分數之同數，可將分子之微係數以分母之微係數約之，而令所得之式爲 $\frac{吽}{吧}$ 乃以甲代其天，若其式不變爲 $\frac{○}{○}$ 者，則其所得之式，即爲所求之同數。若以甲代其天，而其式能變爲 $\frac{○}{○}$ 者，則將其 $\frac{吽'}{吧'}$ 如法再求微分而得新分數 $\frac{吽''}{吧''}$ 復以甲代其天，若其式不變爲 $\frac{○}{○}$ 者，則此所得之式必爲所求之同數。如以甲代天，而其式仍變爲 $\frac{○}{○}$ 者，仿此類推。

茲設數式于後以明此法之用。

一式　設有　一丄天丄天^{二}丄天^{三}丄…丄天^{卯丅一}　此式共有卯項，故總數爲 $\frac{天丅一}{天^{卯}丅一}$ 若 天＝一 則總數變爲 $\frac{○}{○}$ 欲求其同數。

可令 吧＝天^{卯}丅一、吽＝天丅一 求得 $\frac{彳天}{彳吧}$＝卯天^{卯丅一}＝吧′、$\frac{彳天}{彳吽}$＝一＝吽′ 故 $\frac{吽'}{吧'}$＝卯天^{卯丅一} 令 天＝一 則 $\frac{吽'}{吧'}$＝卯 故知原式之定同數爲卯。

二式　設有 $\frac{乙天^{二}丅二乙丙天丄乙丙^{二}}{甲天^{二}丄甲丙^{二}丅二甲丙天}=\frac{吽}{吧}$ 若 天＝丙 則其式變爲 $\frac{○}{○}$ 欲求其原式之定同數，則如法求之 $\frac{彳天}{彳吧}$＝二甲天丅二甲丙＝吧′、$\frac{彳天}{彳吽}$＝二乙天丅二乙丙＝吽′ 故 $\frac{吽'}{吧'}=\frac{二乙天丅二乙丙}{二甲天丅二甲丙}=\frac{乙天丅乙丙}{甲天丅甲丙}$ 令 天＝丙 其分數仍變爲 $\frac{○}{○}$ 則如法再求一次，得 $\frac{彳天^{二}}{彳吧}$＝二甲＝吧″、$\frac{彳天^{二}}{彳吽}$＝二乙＝吽″ 故 $\frac{吽''}{吧''}=\frac{乙}{甲}$ 復令 天＝丙 則式仍爲 $\frac{乙}{甲}$ 故知原式

之定同數，即爲 $\frac{乙}{甲}$

三式 設有 $\frac{天}{甲^{天}丅乙^{天}}$ 若 天=〇 則變爲 $\frac{〇}{〇}$ 欲求其定同數。

如法得 $\frac{伭}{祀}$=訥(甲)$甲^{天}$丅訥(乙)$乙^{天}$=吧′、$\frac{伭}{祚}$=一=吽′ 令 天=〇 則 $\frac{吽′}{吧′}$ 之同數變爲 訥(甲)丅訥(乙)=訥$\frac{乙}{甲}$ 即所求之同數也。

四式 設有 $\frac{正弦天丄餘弦天丅一}{一丅正弦天丄餘弦天}$ 若 天=$\frac{一}{二}$周 則式變爲 $\frac{〇}{〇}$ 欲求其同數。

如法求之 $\frac{伭}{祀}$=丅餘弦天丅正弦天=吧′、$\frac{伭}{祚}$=餘弦天丅正弦天=吽′ 故 $\frac{吽′}{吧′}=\frac{餘弦天丅正弦天}{丅餘弦天丅正弦天}$ 令 天=$\frac{一}{二}$周 則 餘弦天=〇、正弦天=一 所以知原式之定同數爲 $\frac{丅一}{丅一}$ 即等于一。

五式 設有 $\frac{甲丅天}{甲^{甲丅卯}丅天^{天丅卯}}$ 若 天=甲 則式變爲 $\frac{〇}{〇}$ 欲求其同數。

其 吧=$甲^{甲丅卯}丅天^{天丅卯}$、吽=甲丅天 依法得 吧′=$\frac{伭}{祀}$=丅$天^{天丅卯}$[訥天丄$\frac{天}{天丅卯}$]、吽′=$\frac{伭}{祚}$=丅一 故 $\frac{吽′}{吧′}$=$天^{天丅卯}$[訥天丄$\frac{天}{天丅卯}$] 令 天=甲 則其式變爲 $甲^{甲丅卯}$[訥甲丄$\frac{甲}{甲丅卯}$] 即所求之同數也。

第五十八款 上款之法若遇 $\frac{吽}{吧}$ 不能用戴氏之術詳其級數者，則不能馭。

凡天等于甲之時，其分數變爲 $\frac{〇}{〇}$ 而不能用前款之法求其同數者，可于 $\frac{吽}{吧}$ 式中以 甲丄辛 代其天。又詳其式爲漸增之級數，依辛之方數序之，如 $\frac{呷′辛^{角′}丄叱′辛^{亢′}丄…}{呷辛^{角}丄叱辛^{亢}丄…}$ 令 辛=〇 即可得其 $\frac{吽}{吧}$ 之同數。

惟此式之形共有三種。一爲角大于角′，一爲角等于角′，一爲角小于角′。

其角大于角′及角等于角′者，可作 $\frac{呷′丄叱′辛^{亢′丅角′}丄…}{呷辛^{角丅角′}丄叱辛^{亢丅角′}丄…}$ 此式若爲角大于角′，則令 辛=〇 之時，其分數必等于〇。若角等于角′，則令 辛=〇 之時，其分數必變爲 $\frac{呷′}{呷}$

其角小于角′者，可作 $\frac{呷′辛^{角′丅角}丄叱′辛^{亢′丅角}丄…}{呷丄叱辛^{亢丅角}丄…}$ 此式中，若令 辛=〇 則其分數必爲無窮。

總之，此法專藉其級數之初項以得分數之真同數。

第五十九款 茲款之法可以馭凡能變形爲 $\frac{〇}{〇}$ 之各種分數。

法曰：以 甲丄辛 代其原式中之天，而將其分母子詳爲級數，又化爲最簡之形。令其辛等于〇，即得。

設有式 $\frac{(天丅甲)^{\frac{三}{二}}}{(天^{二}丅甲^{二})^{\frac{三}{二}}}$ 若 天=甲 則變爲 $\frac{〇}{〇}$ 欲求其同數。此式不能以微分之術得其同數。

依本款之法，可將 甲丄辛 代其天而變其式爲 $\frac{辛^{\frac{三}{二}}}{(二甲辛丄辛^{二})^{\frac{三}{二}}}$ = $(二甲丄辛)^{\frac{三}{二}}$ 乃令辛等于〇，即得 $(二甲)^{\frac{三}{二}}$ 爲所求之真同數。

用此法以求隱分之同數，凡微分所不能馭者，此法能馭之，即微分所能馭者。用此法或能更捷于微分。

如有式 $\frac{天^{三}丅二甲天丅甲^{三}丄二甲\sqrt{二甲天丅天^{二}}}{天^{三}丅四甲天^{二}丄七甲^{二}天丅二甲^{三}丅二甲^{二}\sqrt{二甲天丅甲^{二}}}$ 若 天=甲 則變爲 $\frac{〇}{〇}$ 如用微分，必求四次始得。若用本款之法，以 甲丄辛 代其天，即變爲 $\frac{丅二甲^{三}丄辛^{三}丄二甲\sqrt{甲^{二}丅辛^{二}}}{二甲^{三}丄二甲^{二}辛丅甲辛^{二}丄辛^{三}丅二甲^{二}\sqrt{甲^{二}丄二甲辛}}$ 將其根號內之數詳爲級數，則 $\sqrt{甲^{二}丄二甲辛}$=甲丄辛丅$\frac{辛^{二}}{二甲}$丄$\frac{辛^{三}}{二甲^{二}}$丅$\frac{五辛^{四}}{八甲^{三}}$丄…

$\sqrt{甲^{二}丅辛^{二}}=甲丅\frac{二甲}{辛^{二}}丅\frac{八甲^{三}}{辛^{四}}丅\cdots$ 以此代入前式中而令 辛=○ 即得 丅五甲 爲所求之同數。

又 卷三

求函數極大極小之數

第六十三款 凡地爲天之函數而欲求其極大極小之數，其公法如下。

法曰：令函數之 $\frac{彳天}{彳地}$ 爲○，而求其天之各同數以代其 $\frac{彳天^{二}}{彳^{二}地}$ 式中之天。若所得者爲負數，則函數爲極大。若所得者爲正數，則函數爲極小。若所得者爲○，則令 $\frac{彳天^{三}}{彳^{三}地}$ 爲○。而求其天之各同數代其 $\frac{彳天^{四}}{彳^{四}地}$ 式中之天，如前別其正負以定函數之極大、極小。其餘仿此類推。

第六十四款 凡攷函數之極大、極小，惟以馬格老臨初設之法爲準。玆設數題以明其法之用。

案：微分術中此類之題大有趣味者甚多。惜限于卷帙不能多録，故僅附十題而已。

一題 設有 戊=二甲天丅天^{二} 求其有極大、極小之數否。

如法求其第一次微係數，得 $\frac{彳天}{彳戊}$=二(甲丅天) 如令 二(甲丅天)=○ 則 天=甲 以代入第二次微係數，得 $\frac{彳天^{二}}{彳^{二}戊}$=丅二 因其數爲負，依第六十三款之例知 天=甲 之時，其函數之同數爲極大，故以甲代原式中之天得 戊=甲^{二} 爲極大之同數。

二題 設有 戊=天^{二}丄三天丄二 求其有極大、極小之數否。

如法求之，則 $\frac{彳天}{彳戊}$=二天丄三 令 二天丄三=○ 則得 天=丅$\frac{二}{三}$ 惟因 $\frac{彳天^{二}}{彳^{二}戊}$=二 其數爲正。所以知 天=丅$\frac{二}{三}$ 之時，函數之同數爲極小，故以天之同數代入原式得 戊=丅$\frac{四}{一}$

三題 設有 戊=天^{三}丅一五天^{二}丄五六天丅六○ 求其有極大、極小之數否。

如法求之，其 $\frac{彳天}{彳戊}$=三天^{二}丅三○天丄五六、$\frac{彳天^{二}}{彳^{二}戊}$=六天丅三○ 如令 三天^{二}丅三○天丄五六=○ 則 天=$\frac{三}{一五\pm\sqrt{五七}}$ 以天之同數代入 $\frac{彳天^{二}}{彳^{二}戊}$=六天丅三○ 之同數中，則得 $\frac{彳天^{二}}{彳^{二}戊}$=六天丅三○=$\pm$二$\sqrt{五七}$

觀此式可知函數之同數有一數爲極大，亦有一數爲極小，故得 天=$\frac{三}{一五丄\sqrt{五七}}$ 則 戊=丅三○丅$\frac{九}{三八}\sqrt{五七}$ 爲極小，天=$\frac{三}{一五丅\sqrt{五七}}$ 則 戊=丅三○丄$\frac{九}{三八}\sqrt{五七}$ 爲極大。

四題 設有 戊=天^{五}丅五天^{四}丄五天^{三}丄一 求其有極大、極小之數否。

如法求之，其 $\frac{彳天}{彳戊}$=五天^{四}丅二○天^{三}丄一五天^{二}=五天^{二}(天^{二}丅四天丄三)、$\frac{彳天^{二}}{彳^{二}戊}$=二○天^{三}丅六○天^{二}丄三○天=一○天(二天^{二}丅六天丄三) 令 $\frac{彳天}{彳戊}$=五天^{二}(天^{二}丅四天丄三)=○ 則天有四箇同數，爲 天=三、天=一、天=○、天=○ 以此四同數各代入 $\frac{彳天^{二}}{彳^{二}戊}$ 之式中，即知其 天=三 則 戊=丅二六 爲極小，天=一 則 戊=二 爲極大，天=○ 則 $\frac{彳天^{二}}{彳^{二}戊}$=○ 故知函數之同數只能有一箇極大之數，一箇極小之數。

五題 設有 地=天^{天} 求其有極大、極小之數否。

依第二十四款二式，得 $\frac{彳天}{彳地}$=天^{天}(一丄訥天) 所以 $\frac{彳天^{二}}{彳^{二}地}$=天^{天}[$\frac{天}{一}$丄(一丄訥天)] 惟因 天^{天} 不能爲○，所以必令 一丄訥天=○ 則 訥天=丅一 而 天=戊^{丅一}=$\frac{戊}{一}$ 故以 $\frac{戊}{一}$ 代其第二次微係數中之天，得 $\frac{彳天^{二}}{彳^{二}地}=\left(\frac{戊}{一}\right)^{\frac{戊}{一}}$×戊 因此數爲正，所以知 天=$\frac{戊}{一}$ 之時，則 天$^{天}=\left(\frac{戊}{一}\right)^{\frac{戊}{一}}$

爲函數極小之數。

六題　設有四直線長短各不相等，欲作四不等邊形，令其面積最大。

先令其四直線甲、乙、戊、己爲圖中四不等形之各邊。

則　呷𠮙=甲、𠮙㖀=乙、㖀叮=戊、叮呷=己

又以天代𠮙角，亥代叮角，地代呷𠮙㖀叮四不等形之面積，又從呷向㖀作呷㖀對角線。

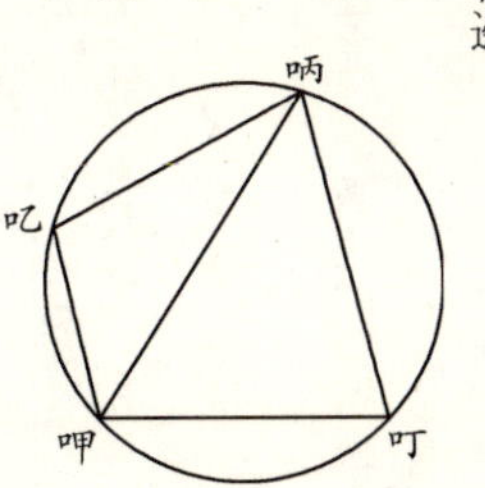

依平三角之理，甲^{二}丄乙^{二}丅二甲乙餘弦天=呷㖀^{二}、戊^{二}丄己^{二}丅二戊己餘弦亥=呷㖀^{二}　所以得　二甲乙餘弦天丅二戊己餘弦亥=甲^{二}丄乙^{二}丅戊^{二}丅己^{二}㊀　又因呷𠮙㖀三角形　面積=$\frac{一}{二}$甲乙正弦天　呷叮㖀三角形　面積=$\frac{一}{二}$戊己正弦亥　所以　地=$\frac{一}{二}$甲乙正弦天丄$\frac{一}{二}$戊己正弦㊁　將此式求其微係數，令等于〇，則得　$\frac{彳天}{彳地}$=$\frac{一}{二}$甲乙餘弦天丄$\frac{一}{二}$戊己$\frac{彳天}{彳亥}$餘弦亥=〇㊂

亦求㊀式之微係數，令等于〇，則得　甲乙彳天正弦天丅戊己彳亥正弦亥=〇　所以　戊己$\frac{彳天}{彳亥}$=甲乙$\frac{正弦亥}{正弦天}$　以此數從㊂式得　甲乙$\left[餘弦天丄\frac{正弦亥}{正弦天餘弦亥}\right]$=〇　所以　正弦亥餘弦天丄餘弦亥正弦天=〇　依《代數術》第二百三十九款，則正弦(天丄亥)=〇、天丄亥=周

由此可見，𠮙、叮二角之和必等于二直角。所以知四不等邊形，若容于平圓之內，則其面積爲最大。

惟因　餘弦天=丅餘弦亥、正弦天=正弦亥　故從㊀、㊁兩式得　二(甲乙丄戊己)餘弦天=甲^{二}丄乙^{二}丅戊^{二}丅己^{二}、二(甲乙丄戊己)正弦天=四地　以此二式左右各自乘而後相加，又令　餘弦^{二}天丄正弦^{二}天=一　得　四(甲乙丄戊己)^{二}=(甲^{二}丄乙^{二}丅戊^{二}丅己^{二})^{二}丄一六地^{二}　則　一六地^{二}=四(甲乙丄戊己)^{二}丅(甲^{二}丄乙^{二}丅戊^{二}丅己^{二})^{二}　此兩式之右邊能化爲兩箇乘數，如二甲乙丄二戊己丄甲^{二}丄乙^{二}丅戊^{二}丅己^{二}=(甲丄乙)^{二}丅(戊丅己)^{二}、二甲乙丄二戊己丅甲^{二}丅乙^{二}丄戊^{二}丄己^{二}=(戊丄己)^{二}丅(甲丅乙)^{二}　從此又能化得(甲丄乙丄戊丅己)(甲丄乙丅戊丄己)、(戊丄己丄甲丅乙)(戊丄己丅甲丄乙)

令　申=$\frac{一}{二}$(甲丄乙丄戊丄己)　則　甲丄乙丄戊丅己=二(申丅己)、甲丄乙丅戊丄己=二(申丅戊)、戊丄己丄甲丅乙=二(申丅乙)、戊丄己丅甲丄乙=二(申丅甲)　所以得　一六地^{二}=一六(申丅甲)(申丅乙)(申丅戊)(申丅己)　即　地=$\sqrt{(申丅甲)(申丅乙)(申丅戊)(申丅己)}$　則是用微分及《代數術》而得一絕妙之幾何理也。

七題　欲作一平底直邊圓形之量酒器，令其內沾酒之面最少，求器徑與高之比例。

令　天=呷𠮙　爲器之徑，亥=㖀呷　爲器之深，以三·一四一六爲周率。又令器內之容積爲丙，則依幾何之理，其底之面積爲　$\frac{四}{一}$周天^{二}　器之圍爲　周天　而其內曲面積爲　亥周天　故器之內容積爲　丙=$\frac{四}{周天^{二}亥}$　所以　亥=$\frac{周天^{二}}{四丙}$　而器之內曲面爲　$\frac{天}{四丙}$　如令器內沾酒之全面積爲地，則其　地=$\frac{四}{周天^{二}}$丄$\frac{天}{四丙}$　所以令其　$\frac{彳天}{彳地}$=$\frac{二}{周天}$丅$\frac{天^{二}}{四丙}$=〇　則　$\frac{彳天^{二}}{彳^{二}地}$=$\frac{二}{周}$丄$\frac{天^{三}}{八丙}$　故　周天^{三}=八丙=二周天^{二}亥　即　天=二亥　故知器之底徑倍于其高，則沾酒之面最少。因其$\frac{彳天}{彳地}$爲正，故爲極小之數。

八題　設于燈下視一細物，已知物距燈底之數，求燈火高若干度，則光最明。

如圖，呷點爲一細物，呷𠮙爲物距燈底之遠，㖀爲燈火發光之點，㖀𠮙爲燈高，𠮙爲燈底點。

觀此圖則易知，呷點受光之大小與㖀呷之長短及光線遇物面所成之角皆有相關。設其物受光之面爲平置之面，則依光學之理，如其光線之斜度不變而遠近變，則物面受光之大小與其遠近線之平方有反比例。如其遠近不變，而斜度變，則物面受光之大小與其光線遇物面所成角之正弦有正比例，所以欲知物面受光最多之度，可以下式明之：$\frac{呷㖀^{二}}{一}$正弦呷=$\frac{呷^{二}㖀^{二}}{𠮙㖀}$

若令　甲=呷𠮙　天=呷　又令物面在呷所受之光率爲地，則　地=$\frac{呷㖀}{𠮙㖀}$×$\frac{呷㖀^{二}}{呷𠮙^{二}}$×$\frac{呷𠮙^{二}}{二}$=$\frac{甲^{二}}{正弦天餘弦^{二}天}$　而其　$\frac{彳天}{彳地}$=(餘弦^{三}天丅

$二正弦^{二}天餘弦天)\frac{甲^{二}}{一}＝〇$　惟因　$二正弦^{二}天餘弦天＝餘弦^{三}天$、$\frac{餘弦^{二}天}{正弦^{二}天}＝\frac{一⊥餘弦二天}{一丅餘弦二天}＝\frac{二}{一}$、$餘弦二天＝\frac{三}{一}$　故檢八線表，其　二天　當爲七十度三十二分，天當爲三十五度十六分，則得　$叱哂＝呷叱×・七二$　所以火之高當爲十分呷叱之七。

九題　求水星之光最大之時，星與日地所成之交角各若干度。

依天文重學之理，凡水星之光最大之時，非星之正望之時。因水星正望之時離日已遠，且能與日同見，所以其光不能極大。若水星上下弦之時，其有光之面正向日，故從地面視之所見之光面窄，其光亦不能極大，所以水星之光最大之時，必在其弦望之間。

如圖呻爲日，哦爲地球，呷叮叱哂爲水星。其呷叮叱爲向日有光之半面，哂叱叮爲向地之半面。如將呻亥引長至叱，則從地球上所見之光必爲叮亥與叱亥間之面。此面必與哦亥呻爲垂面，則易知地上所見之水星光面必爲新月形。其明處之寬等于叮亥叱角之正矢，而叮亥叱角等于哦亥叱角。因此二角若以叱亥哦角加之，皆成正角，故也惟因新月形之面積恒與其寬窄之數有比例，所以若令全圓之面爲一，則所見之光面必爲哦亥叱角之大矢，即　$一⊥餘弦哦亥呻$　又因星光之濃淡與星距日之平方有反比例，所以星光之大小必從星與日相距之方位並星距地之遠近以推之，則必與　$\frac{哦^{二}亥}{一⊥餘弦哦亥呻}$　有比例。

令地日相距爲　$甲＝哦呻$　星日相距爲　$乙＝亥呻$　星地相距爲　$天＝亥哦$　則　$餘弦哦亥呻＝\frac{二乙天}{天^{二}⊥乙^{二}丅甲^{二}}$　而　$一⊥餘弦哦亥呻＝\frac{二乙天}{天^{二}⊥二乙天⊥乙^{二}丅甲^{二}}＝\frac{二乙天}{(天⊥乙⊥甲)(天⊥乙丅甲)}$　若以人爲水星之光率，則　$人＝\frac{二乙天^{三}}{(天⊥乙⊥甲)(天⊥乙丅甲)}$　以此式求其微係數，令等于〇，得　$\frac{彳天}{彳人}＝\frac{二乙天^{三}}{(天⊥乙⊥甲)(天⊥乙丅甲)}\left[\frac{天⊥乙⊥甲}{一}⊥\frac{天⊥乙丅甲}{一}丅\frac{天}{三}\right]＝〇$　所以　$三(甲^{二}丅乙^{二})丅四乙天丅天^{二}＝〇$　而　$天^{二}⊥四乙天＝三(甲^{二}丅乙^{二})$　故得　$天＝⊥丅\sqrt{三甲^{二}⊥乙^{二}}丅二乙$　惟天之負同數不合于用，所以得　$天＝\sqrt{三甲^{二}⊥乙^{二}}丅二乙$　惟因　$甲＝一〇〇〇〇$、$乙＝七二三三$　故　$天＝四三〇四$　則求得亥哦呻角爲三十九度四十三分三十秒，哦亥呻角爲一百十七度五十五分二十秒，亥呻哦角爲二十二度二十一分十秒。

十題　設欲以四箇平面相合爲三脊形之屋背。每面之斜樑長短輕重兩兩相等。其屋之闊屋頂之高于簷，皆爲已定之數。其近頂之樑與出簷之樑長短，亦已有定比例。求四樑各以本重相定之式。

如圖，呷叱叮叱′呷′爲屋背之形，呷叱、叱叮、叮叱′、叱′呷′爲四條斜樑。其長短輕重之數，呷叱與呷′叱′等，叱叮與叱′叮等，呷呷′爲屋之闊，叮哂爲頂高于簷，皆爲已定之數。若設想各樑交接之處，呷、叱、叮、叱′各點皆爲活節，則將此屋面翻轉向下而自呷、呷′二點倒懸之，依静重學之理，其懸而能相定之公重心必甚低。設乘其懸而相定之時，復翻轉而正置之，而不改其各樑之交角則各面必仍能相定，而其公重心在高處矣。故于圖作叱叱′線與呷呷′平行，又作垂線叱哦、叱′哦′，又作呷叮線，則叱呷哂角等于叱′呷′哂角，可以天代之。叮叱吧角等于叮叱′吧角，可以亥代之。又令呷叱與叱叮之比爲寅與卯，則可將寅、卯代樑之長短輕重率，而求叮哂線上公重心之高。

依三角形之理，$叱哦＝寅正弦天$、$叮吧＝卯正弦亥$　故　$叮哂＝寅正弦天⊥卯正弦亥$　依静重學之理，呷叱、呷′叱′兩樑之重心高于呷呷′，爲　$\frac{一}{二}叱哦＝\frac{一}{二}寅正弦天$　叱叮、叱′叮兩樑之重心在　$\frac{一}{二}(叱哦⊥叮哂)＝寅正弦天⊥\frac{一}{二}卯正弦亥$　凡求公重心之法，必將各重心距某點之數各與其本重相乘并之，乃以各得之和約之，即得公重心距某點之數。所以依此法求得四樑之公重心離呷呷′線之高爲　$\frac{二(寅⊥卯)}{寅^{二}正弦天⊥卯(二寅正弦天⊥卯正弦亥)}$

此數若以地代之，又化去其常分母　$二(寅⊥卯)$　即得　$地＝(寅^{二}⊥二寅卯)$

正弦天丄卯^{二}正弦亥　爲極大之式。因已知呷呐爲呷呷′之半，所以　寅餘弦天丄卯餘弦亥＝呷呐　爲常數。從極大之式得 $\frac{彳天}{彳地}$＝(寅^{三}丄二寅卯)餘弦天丄卯^{二}餘弦亥$\frac{彳天}{彳亥}$＝〇　以此從其常數之式得　彳天正弦天丄卯正弦亥$\frac{彳天}{彳亥}$＝〇

所以得　$\frac{彳天}{彳亥}$＝丅$\frac{卯正弦亥}{寅正弦天}$　如將　$\frac{彳天}{彳亥}$　之同數代入　$\frac{彳天}{彳地}$　之同數中，則得

(寅^{二}丄寅卯)餘弦天丅$\frac{正弦亥}{寅卯餘弦亥正弦天}$＝〇　從此式得　$\frac{正切亥}{正切天}$＝$\frac{卯}{寅}$丄二㊀

凡用四斜面所成之屋背，其斜樑兩兩相等者俱可以此式明其各面相定之公重心。

若作呷叮線，而命叮呷呐角爲氐，則　$\frac{呷呐}{叮呐}$＝正切氐　故叮呷呐角亦爲已知之角，則𠮙呷叮角必等于　天丅氐　而𠮙叮呷角必等于　氐丅亥　惟因呷𠮙叮三角形，其呷角之正弦與叮角之正弦比，若叮𠮙邊與𠮙呷邊之比，所以其　天丅氐　之正弦與　氐丅亥　之正弦比，必若卯與寅之比，所以又得

$\frac{正弦(氐丅亥)}{正弦(天丅氐)}$＝$\frac{寅}{卯}$㊁　若呷𠮙、𠮙叮兩樑之比，已有定率，即可從一二兩式而得天、亥兩角，則其餘各數亦可求得。

求亥、天兩角之法，若用平常之消法，須解四次方程方通，故惟檢八線表爲便。

設其樑呷𠮙與𠮙叮等長，則　寅＝卯　而其一、二兩式必變爲

$\frac{正切亥}{正切天}$＝三　正弦(天丅氐)＝正弦(氐丅亥)　其　天丄亥＝二氐　則從

$\frac{正切亥}{正切天}$＝$\frac{餘弦天正弦亥}{正弦天餘弦亥}$＝三　式得　$\frac{正弦天餘弦亥丄餘弦天正弦亥}{正弦天餘弦亥丅餘弦天正弦亥}$＝

$\frac{正弦(天丄亥)}{正弦(天丅亥)}$＝$\frac{三丄一}{三丅一}$　所以　正弦(天丅亥)＝$\frac{三丅一}{三丄一}$正弦(天丄亥)＝$\frac{三丅一}{三丄一}$正弦二氐

如將亥之同數　二氐丅天　代其本數得　正弦二(天丅氐)＝$\frac{三丅一}{三丄一}$正弦二氐　如此則可得天角之數，而其　亥＝二氐丅天

觀以上之解法可知，重學中相定之理能用微分術推之者最多、最廣。此書中因各事不過略舉一二，所以不能多設此種之題。

求曲線之切線式

第六十五款　無論何種曲線，其切線必有公式。

設呷吧吁爲任何曲線，呻叮爲其軸線，呷爲其原點，吧爲曲線上任一點。呷𠮙爲吧點之横線，以天代之。吧𠮙爲吧點之縱線，以地代之。作吧哂線與曲線相切于吧，而遇軸線于哂，又過吧點任作呻吧吘線，再遇曲線于吘，亦遇軸線于呻，從吘點作吘呐線與軸線爲垂線，又從吧點作吧味線與吘呐爲垂線，則吧味等于𠮙呐，以辛代之，又以地′代吘呐，即爲與　天丄辛　横線相配之縱線。

依同式三角形之理　吘味：吧味∷吧𠮙：呻𠮙　即　地′丅地：辛∷地：呻𠮙　惟依第三十一款戴氏之例，地′丅地＝$\frac{彳地}{彳天}$辛丄$\frac{彳^{二}地}{彳天^{二}}$$\frac{辛^{二}}{二}$丄⋯　故以辛約其比例之前兩率，則得　$\frac{彳地}{彳天}$丄$\frac{彳^{二}地}{彳天^{二}}$$\frac{辛}{二}$丄⋯：一∷地：呻𠮙　此式無論辛之長數爲大、爲小，必合于理。若令辛漸變小，則吘點漸與吧點相近，而吘吧呻線必漸與吧哂線相近，故其呻點必漸近哂點。若辛小至不見，則吘點必與吧點合。而呻必爲哂，則𠮙呻必變爲𠮙哂，故其比例之式必變爲　$\frac{彳地}{彳天}$：一∷地：𠮙哂　其𠮙哂名曰：次切線。

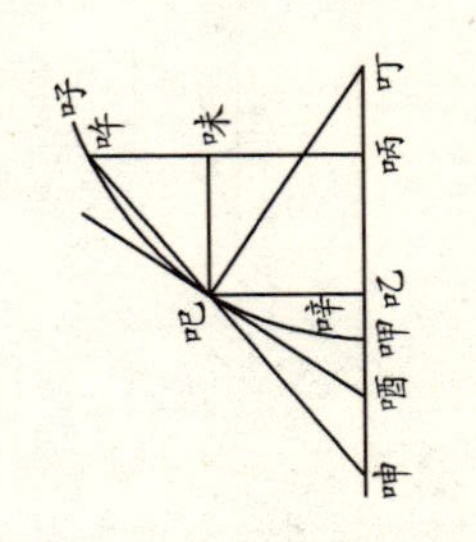

從此例可知，無論何種曲線，若令其任點吧之横線爲天，縱線爲地，則其次切線之公式必爲

𠮙哂＝地：$\frac{彳地}{彳天}$＝地$\frac{彳天}{彳地}$㊀　由是知，凡曲線之次切線恒等于縱線之微係數，約其縱線之數亦即爲横線之微係數與縱線相乘之數。

次切線之式已知，則切線之式亦易知。

從吧點作切線之垂線與軸線遇于叮，其吧叮線名曰：法線。

從叮點至縱線遇軸之點𠮙，其𠮙叮線名曰：次法線。

因哂𠮙吧三角形與吧𠮙叮三角形爲同式，故有比例式　哂𠮙：𠮙吧∷

吃吧：吃叮　即　伓：徲::地：吃叮　由此得

吃叮＝地$\frac{伓}{徲}$㈡　爲次法線之公式。

惟因吧哂吃角之正切等于$\frac{哂吃}{吧吃}$　又吧叮吃角之正切等于$\frac{吃叮}{吧吃}$　所以得　正切哂＝$\frac{伓}{徲}$正切叮＝$\frac{徲}{伓}$㈢

又因哂吃吧與吧吃叮兩箇三角形　吧哂²＝吧吃²⊥吃哂²，吧叮²＝吧吃²⊥吃叮²　所以得切線之公式爲

吧哂＝地$\sqrt{一⊥\frac{徲^2}{伓^2}}$㈣　法線之公式爲　吧叮＝地$\sqrt{一⊥\frac{伓^2}{徲^2}}$㈤

第六十六款　茲將以上所得之各公式以推數種曲線之題，明其用法如下。

一題　設有曲線爲拋物線，欲求其次切線、次法線之式。

則仍用前圖以呻叮爲軸線，呻爲頂點。如以甲代其通徑，則本曲線之式爲

地²＝甲天　所以　二地徲＝甲伓　叵　$\frac{徲}{伓}$＝$\frac{甲}{二地}$　故得其次切線之式爲

吃哂＝$\frac{徲}{伓}$地＝$\frac{甲}{二地^2}$＝$\frac{甲}{二甲天}$＝二天　所以知拋物線之次切線爲橫線呻吃之倍。

又求其次法線之式得　吃叮＝$\frac{伓}{徲}$地＝$\frac{二伓}{甲伓}$＝$\frac{二}{甲}$　所以知拋物線之次法線恒等于半通徑，其數爲常數。

二題　設有曲線爲橢圓形，欲求其次切線之式。

如圖，唇呷爲半長徑，唇吃爲半短徑，唇爲縱橫線之原點。令唇呷爲甲，唇吃爲乙，唇咋爲天，吧咋爲地，則依本曲線之理有比例式　甲²：乙²::(甲⊥天)(甲丅天)：地²

所以　地²＝$\frac{甲^2}{乙^2}$(甲²丅天²)　叵　地徲＝丅$\frac{甲^2}{乙^2天伓}$

故得其次切線之式爲　咋哂＝$\frac{徲}{伓}$地＝丅$\frac{乙^2天}{甲地^2}$＝丅$\frac{天}{甲^2丅天^2}$＝丅($\frac{天}{甲^2}$丅天)　案：前款攷次切線之公式，其所用之橫線乃是與次切線同在一邊者，故其次切線之號爲正。茲因本圖之次切線不與橫線在一邊，所以其號爲負。

如不論次切線與橫線彼此之方向如何，而但令其　咋哂＝$\frac{天}{甲^2}$丅天　則得　唇哂＝$\frac{天}{甲^2}$　所以有比例之式　唇咋：唇呷::唇呷：唇哂　由此可見，橢圓之長短二徑若變爲相等，則橢圓變爲平圓。其次切線因與長短二徑之比例無相關，所以橢圓變至平圓，其次切線之式仍不變。

三題　設曲線爲雙曲線，欲求其切線之式。

則命其半橫徑唇呷爲甲，半屬徑爲乙，唇爲原點，唇咋橫線爲天，吧咋縱線爲地。依圓錐曲線之理，地²＝$\frac{甲^2}{乙^2}$(天²丅甲²)　故其　地徲＝$\frac{甲^2}{乙^2}$天伓　所以得次切線之式爲　咋哂＝$\frac{徲}{伓}$地＝$\frac{乙^2天}{甲地^2}$＝$\frac{天}{天丅甲^2}$＝天丅$\frac{天}{甲^2}$　叵　唇哂＝唇咋丅咋哂＝$\frac{天}{甲^2}$　由此可見，其天若爲有窮之數，則其切線遇軸之點恒在心頂二點之間。惟天爲無窮之時，則唇哂爲〇，而其切線變爲漸近線。

四題　求擺線之切線式。

此題必先以代數、幾何之法攷明其條叚之理，而後方可用公式求之。

設有平圓形輥行于直線之上，如車輪之行于軌中者，然從其圓周之任一點初切于直線之時起輥至此點，復與直線相切爲止，則其點所過之迹必成擺線，其底線之長等于平圓之周。

如圖，呷呐叮平圓形爲母輪。吃乙直線爲擺線之底，吃呷乙爲擺線。此線爲母輪之呷點。初從切于吃點之時，其輪向右輥行至此點切于底線之乙點而止，則其呷點所行之迹即成擺線。

其呷叮呐母輪行至一半之時，呷點在擺線之頂點，唇爲母輪之心，呷呐爲母輪之徑，此亦名擺線之軸。

試任取呷叮爲母輪之任一弧，從其弧端作唇叮半徑，設使母輪從呐向吃而行，其所行之路至等于呷叮弧之時，

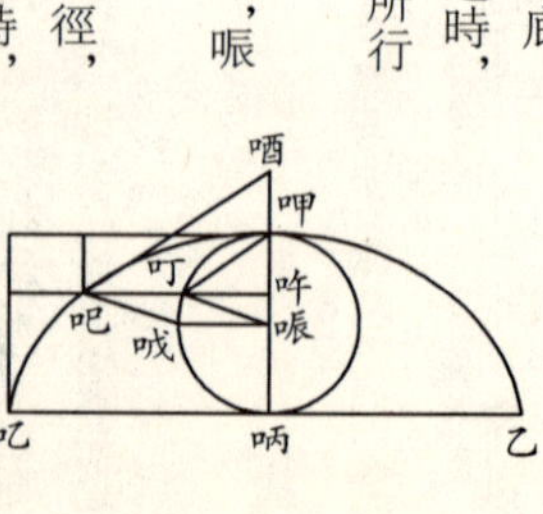

則其呷㖘半徑必爲吧㖂，且必與㖘叮平行。此因呷㖘半徑繞其母輪之行，心而旋，則其旋動之角恒與母輪行過之路有比例，即與呷叮弧有比例，所以㖘叮與㖂吧平行而相等。若自吧點作直線過叮點而遇呷呐于咋，則此線必與㖂㖘平行，亦必與呷呐成直角。又因吧叮等于㖂㖘，亦等于呷叮弧，故若以呷呐爲横軸，吧爲曲線之任一點，則其縱線吧咋必等于母輪之呷叮弧與其本弧正弦之和。此即擺線之幾何例也。

如命母輪之半徑爲甲，而以呷㖘叮角爲亥，則其呷叮弧等于吧叮，而 吧叮＝甲亥、叮咋＝甲正弦亥 所以若令 呷咋＝天、吧咋＝地 則本曲線之式爲 天＝甲(一丅餘弦亥)、地＝甲(亥丄正弦亥) 由此二式可攷擺線之各種性情。

如欲求其切線之式，可依微分之法得 徐＝甲後正弦亥、徙＝甲後(一丄餘弦亥) 則其 $\frac{徙}{徐}=\frac{一丄餘弦亥}{正弦亥}$ 故其次切線之式爲 咋哂＝地$\frac{徙}{徐}$＝

$\frac{一丄餘弦亥}{(亥丄正弦亥)正弦亥}=\frac{呐咋}{吧咋\times咋叮}$ 所以 呐咋：叮咋：：吧咋：咋哂 惟依平圓形之理，呐咋：叮咋：：叮咋：呷咋 所以 吧咋：咋哂：：叮咋：呷咋 故吧咋哂與叮咋呷兩箇三角形爲同式，而切線吧哂恒與叮呷通弦平行。

五題 設有對數曲線式 地＝甲^{天} 求其次切線之式。

則求得 徙＝甲^{天}訥甲徐＝地訥甲徐 所以 $\frac{徙}{徐}$地＝$\frac{訥甲}{一}$＝次切 可見對數曲線之次切線恒爲已知之常數。

論極曲線之切線、法線公式

第六十七款 設哻吧呼爲曲線，其成此曲線之法有帶徑呷吧繞呷極而旋。其呷極爲已知之點，呷呐方向線上已知之點，則吧點行成曲線。

若從呷點向哂′作呷吧之垂線，又以吧呼爲切線作曲線之切線，與前所作之垂線遇于哂′，則切線吧哂′與軸交于哂。又自吧點作吧咋爲軸線之垂線，再自吧點作吧哂′之垂線，吧叮遇哂′呷引長之線于叮，則吧叮爲法線，吧哂′爲切線，呷哂′爲次切線，呷叮爲次法線。令横線呷咋爲天，縱線吧咋爲地，帶徑呷吧爲未，其變角吧呷呐爲亥，切軸交角吧哂呷爲酉，則其天、地、未皆可爲亥角之函數。

因哂′吧呷角爲吧哂呷與吧呷哂和角之餘角，即 亥丄酉 之餘角，故依《代數術》第二百二十六與二百四十一兩款之例，得 正切哂′吧呷＝[正切(亥丄酉)

$=\frac{正切亥正切酉丅一}{正切亥丄正切酉}$ 惟因 正切亥＝$\frac{天}{地}$ 正切酉＝$\frac{哂咋}{吧咋}$＝丅$\frac{徐}{徙}$ 所以

正切哂′吧呷＝$\frac{丅\frac{天徐}{地徙}丅一}{\frac{天}{地}丅\frac{徐}{徙}}=\frac{天徐丄地徙}{天徙丅地徐}$ 而 $\frac{天^{二}}{徙丅地徐}$＝彳$\left(\frac{天}{地}\right)$＝

彳(正切亥)＝$\frac{餘弦^{二}亥}{後}$ 所以其 天徙丅地徐＝後$\frac{餘弦^{二}亥}{天^{二}}$＝未^{二}後天徐丄

地徙＝$\frac{一}{二}$彳(天^{二}丄地^{二})＝$\frac{一}{二}$彳(未^{二})＝未徕 所以 正切哂′吧呷＝$\frac{未徕}{未後}$

＝$\frac{徕}{未後}$ 惟依三角形之理， 哂′呷＝呷吧正切哂′吧呷 故其次切線之式爲

哂′呷＝$\frac{徕}{後}$未^{二} 又因 哂′呷：呷吧：：呷吧：呷叮 故其次法線之式爲

呷叮＝$\frac{後}{徕}$

題 設曲線爲亞幾默德螺線，其式爲 二周未＝甲亥 其周字以代兩箇正角之和，甲爲已知之線，求其次切線。

則令 亥＝二周 爲未之同數，求得其次切線之式爲 $\frac{徕}{後}$未^{二}＝$\frac{甲}{二周未^{二}}$

又 求曲線界内之面積微分並曲線之微分

第六十九款 凡欲明曲線變化之理，可令天爲自主之變數，以代其曲線任一點之横線，則其曲線之任一段弧或弧與其縱横線界内之面積以及曲線所能有之他變數，皆可爲變數之函數。

若曲線爲有極之曲線，而欲攷其曲線界内之面積，則可令帶徑與其有定方向之線所成之角爲自主之變數。而其曲線之縱横線並曲線與帶徑及定方向線

界內之面積及他變數，皆爲本角之函數。

凡求曲線界內之面積，設呐吧爲任何曲線，呷吃爲橫軸，呷爲軸線上已知之點，呐爲曲線上已知之點，吧吘、哰吁爲曲線上任兩點之縱線，呐叮爲呐點之縱線，又從吧哰兩點作吧哦及哰吧二線與哰吁、吧吘爲垂線。

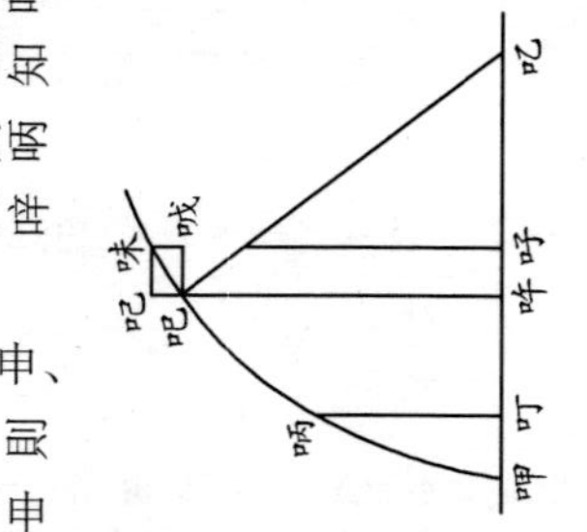

令　呷吘＝天、吧吘＝地、吧吘呐叮面積＝申、呷吁＝天′、哰吁＝地′、哰吁叮呐面積＝申′　則吘吁＝天′丅天　而　吧哰吁吘面積＝申′丅申

惟因哰吁縱線爲從吧吘縱線變大而成，所以吧哰吁吘面積必大于吧吘吁哦面積，而小于吧哰吁吘面積，故其　申′丅申　必大于　(天′丅天)地　而小于　(天′丅天)地′，其　$\frac{天'丅天}{申'丅申}$　必大于地，而小于地′。所以哰吁若愈近于吧吘，則地漸等于地′，故　$\frac{彳天}{彳申}=\frac{天'丅天}{申'丅申}=地$　而　彳申＝地彳天㈠　故得專法如左。

凡求曲線與縱橫線界內面積之微分，法以縱線與橫線之微分相乘即得。

以上所得之式，其縱線必與軸線爲正交。若其縱線與軸線爲斜交者，則以斜若干度爲角，故　申′丅申　大于　(天′丅天)地正弦角　而小于　(天′丅天)地′正弦角　如前法求之得　彳申＝正弦角地彳天㈡

第七十款　如欲求極曲線面積之微分，則令吃爲極點。其吧吃帶徑以未代之，其吧吃吘變角以亥代之。又令吧呐叮吃面積爲申，吃吘橫線爲天，吧吘縱線爲地，則可用前款之法，以求其極曲線面積吧呐叮吃之微分。

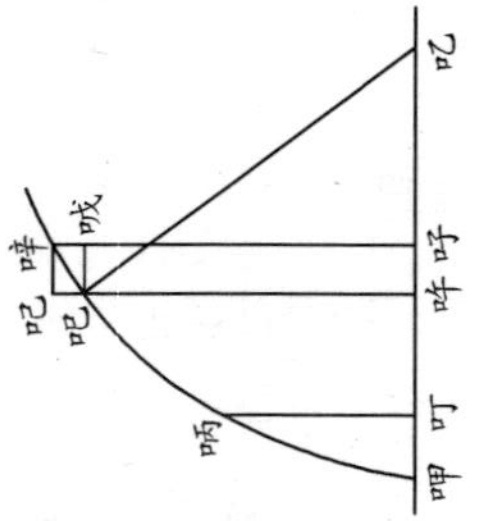

如　彳申＝彳(呐叮吧吘面積)丄彳(吧吘吃面積)　惟因　彳(呐叮吧吘面積)＝丅地彳天、彳(吧吘吃面積)＝彳$\left(\frac{二}{一}天地\right)$＝$\frac{二}{一}$地彳天丄$\frac{二}{一}$天彳地　所以　彳申＝丅地彳天丄$\frac{二}{一}$地彳天丄$\frac{二}{一}$天彳地＝$\frac{二}{一}$(天彳地丅地彳天)＝$\frac{二}{一}$天^{二}彳$\left(\frac{天}{地}\right)$　此依第十二款之法所得也。

惟吧吃吘正三角形內　吃吘＝天＝未餘弦亥　而　$\frac{天}{地}$＝正切亥　則　彳$\left(\frac{天}{地}\right)$＝$\frac{餘弦^{二}亥}{彳亥}$　此依第二十二款之例所得也。而　彳申＝$\frac{二}{一}$天^{二}彳亥㈢　故得專法如左。

凡極曲線面積之微分等于帶徑之平方乘極角之微分，而以二約之。

第七十一款　前于第二十一款中已攷明平圓之弧微分。茲欲推廣此例以攷明任何曲線微分之公式，故必先設一幾何之題，證明其理以便于用。

題曰：設有任何種曲線之一段呐吧嗔叮。其曲線在吧、嗔二點之間，恒與其軸線呷吃漸相離或漸相近。其吧吘及嗔唧爲吧、嗔二點之縱線，其吧吁及嗔哰爲吧、嗔二點之切線。被引長之縱線所截于吁、于哰，則吧嗔一段曲線之長恒在吧吁與嗔哰之間。試以下法證之。

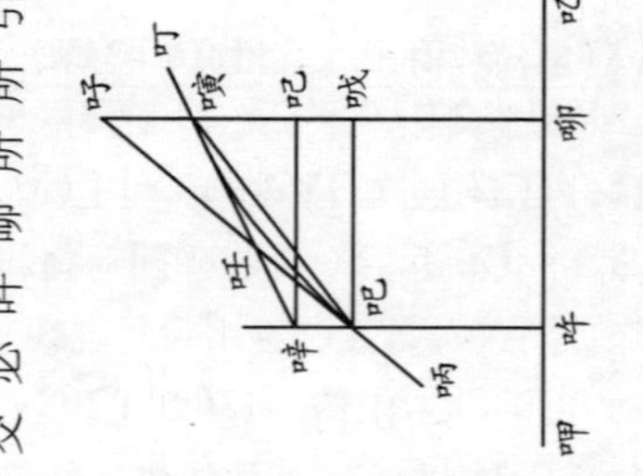

作吧嗔通弦，則易見吧吁線與唧嗔縱線引長所成之吁角，必銳于通弦吧嗔與唧嗔縱線所成之吧嗔唧角。而嗔哰線與吧吘縱線引長所成之嗔哰吘角，必鈍于吧嗔唧角，所以吧嗔唧角之正弦，必大于吁角之正弦，而小于嗔哰吘角之正弦。惟因弧必大于通弦，所以知嗔哰必小于吧嗔弧。又因吒爲吧吁與嗔哰兩線之交點，其吧吒哰與嗔吒吁兩箇三角形，已知其吧吒、吒吁長于哰吒、吒嗔，所以吧吁必長于吧吒與吒嗔之和。惟依幾何之公理，吧嗔弧必小于吧吒、吒嗔之和，所以知吧嗔弧必小于吧吁。

第七十二款　令呷吃爲軸線，呷爲原點，呐吧嗔叮爲任何曲線，呐爲曲線上已知之點。從吧點作吧哦線，從哰作哰吧線，綿與呷吃軸線平行。

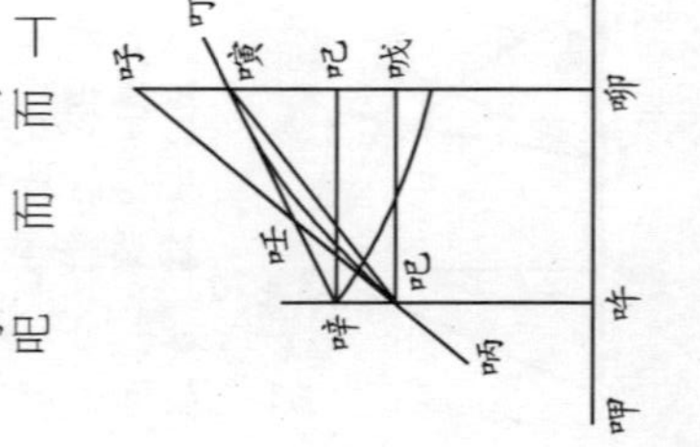

令　呷吘＝天、呷唧＝天′、吧吘＝地、呐吧＝人、呐嗔＝人′　則其　吧哦＝天′丅天、吧嗔弧＝人′丅人　因吧嗔小于吧吁，而　$\frac{天'丅天}{人'丅人}$　小于　$\frac{吧哦}{吧吁}$　而大于　$\frac{哰吧}{哰嗔}$　惟　$\frac{吧哦}{吧吁}$　與　$\frac{哰吧}{哰嗔}$　爲吁吧

哦角、嗔哶吧角之割線，所以 $\frac{天'丅天}{人'丅人}$ 之比例可以大、小于此二角割線之數明之。

設 天'丅天 與 人'丅人 其比例恒變小，則哶、吧二角必漸近相等。至此二角相等之時，其比例之限 $\frac{彳天}{彳人}$ 必等于呼吧哦角之正割。

前已于第六十五款證明：凡有直線與任何曲線相切，則此直線與軸線相交或與平行子軸線之他線相交。其所成之角等于 $\frac{彳天}{彳地}$ 所以知呼吧哦角之正割必等于 $\sqrt{一丄\frac{彳天^{二}}{彳地^{二}}}$ 所以其 $\frac{彳天}{彳人}=\sqrt{一丄\frac{彳天^{二}}{彳地^{二}}}$ 而 $彳人=\sqrt{彳天^{二}丄彳地^{二}}$ ㈠ 故得專法如左。

凡曲線微分之平方恒等于縱横兩線之微分平方相加之式。

第七十三款 若欲求極曲線之微分，可令甲代其帶徑，亥代其變角，而如法推之。

如圖，呷吃爲已知方向之線，呷爲極點，吶吧叮爲極曲線，吧爲曲線上之任一點，吧呷爲帶徑，吧呷吃爲變角，呷吽爲吧點之横線，吧吽爲吧點之縱線。

令 呷吽＝天、吧吽＝地 則 天＝未餘弦亥、地＝未正弦亥 而

$彳天＝丅未正弦亥彳亥丄餘弦亥彳未＝丅地彳亥丄\frac{未}{天}彳未$、$彳地＝未餘弦亥彳亥丄正弦亥彳未＝$、$天彳亥丄\frac{未}{地}彳未$、$彳天^{二}＝地^{二}彳亥^{二}丄\frac{未^{二}}{天^{二}}彳未^{二}丅\frac{未}{二天地}彳亥彳未$、$彳地^{二}＝天^{二}彳亥^{二}丄\frac{未^{二}}{地^{二}}彳未^{二}丄\frac{未}{二天地}彳亥彳未$ 所以 $彳天^{二}丄彳地^{二}＝(天^{二}丄地^{二})\left(彳亥^{二}丄\frac{未^{二}}{彳未^{二}}\right)$ 惟因 $彳天^{二}丄彳地^{二}＝彳人^{二}$、$天^{二}丄地^{二}＝未^{二}$ 所以得 $彳天^{二}＝未^{二}彳亥^{二}丄彳未^{二}$ 而 $彳人＝\sqrt{未^{二}彳亥^{二}丄彳未^{二}}$ ㈡

由是知，極曲線之微分可用變角之微分與帶徑之微分以明之。

第七十四款 兹設一法即從極曲線所有之代數式而得，其極曲線之微分爲最簡明之式。

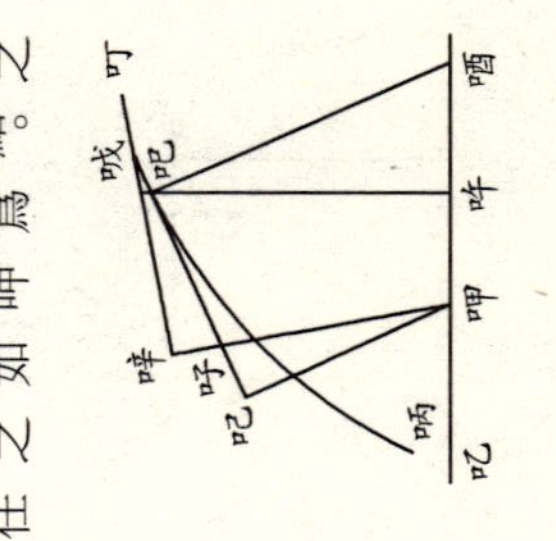

令吶吧叮爲任何極曲線之弧，呷吃爲已知方向之直線，呷爲直線内已知之極點，吧爲曲線上之任一點。若以吧點爲切點而作切線吧叱，又自呷點作呷叱線爲切線之垂線，如知呷吧之長與呷叱及呷吃所成之叱呷吃變角有相關之理，即可查得此變角與呷吧之長短如何相配。如此則其切線之方向亦易知之，而用微分之法可得其吧叱切線之公式，故可用此法以求極曲線任何點之切線。

第七十五款 仍用前圖明之。

設叮爲曲線上之他點，令叮哶爲切線，呷哶爲其垂線，又以代法令 叱呷吃角＝戊、哶呷吃角＝戊'、呷叱＝巳、呷哶＝巳'、吧叱＝酉、叮哶＝酉'、吶吧弧＝人、吶叮弧＝人' 則可從圖中各線之方位知 哶叮丄叱吧＝哶哦丄哦叮(叱呼丄呼哦丅哦吧)＝哦吧丄哦叮丅叱呼丅(呼哦丅哶哦) 依三角之法，叱呼＝呷叱正切叱呷呼＝巳正切(戊'丅戊) 又因呷叱呼三角形與哦哶呼三角形爲同式，則呼呷叱角與哶哦呼角相等，所以 哶哦＝呼哦餘弦(戊'丅戊) 故可作 酉'丅酉＝吧哦丄哦叮丅巳正切(戊'丅戊)丅[一丅餘弦(戊'丅戊)]呼哦 此式如以 戊'丅戊 約之，則得 $\frac{戊'丅戊}{酉'丅酉}＝\frac{戊'丅戊}{吧哦丄哦叮}丅巳\frac{戊'丅戊}{正切(戊'丅戊)}丅\frac{戊'戊}{一丅餘弦(戊'丅戊)}呼哦$ 設其叮、吧二點漸相近以至相合，則得其變比例之限爲 $\frac{戊'丅戊}{酉'丅酉}＝\frac{彳戊}{彳酉}$、$\frac{戊'丅戊}{吧哦丄哦叮}＝\frac{彳戊}{彳人}$、$\frac{戊'丅戊}{正切(戊'丅戊)}＝一$、$\frac{戊'丅戊}{一丅餘弦(戊'丅戊)}＝\frac{戊'丅戊}{\frac{二正弦^{二}\frac{一}{二}(戊'丅戊)}{}}＝〇$ 總之得 $\frac{彳戊}{彳酉}＝\frac{彳戊}{彳人}丅巳$ 所以其 $彳人＝彳酉丄巳彳戊$ 而 $彳(人丅酉)＝巳彳戊$

以上之式因其圖中之弧與切線爲同方向，故其酉爲負。若弧與切線有對面之方向者，則其酉必爲正，而其微分之式必爲 $彳(人丄酉)＝巳彳戊$ 所以其公式爲 $彳(人\mp酉)＝巳彳戊$ ㈢

極曲線之弧微分亦可不必以酉明之，因其 呷哶丅呷叱＝呼哶丄呷呼丅

呷吧　式中之　吁哰＝哰戌正切哰戌吁　即　吁哰＝哰戌正切(戌′丅戌)　叵　呷吧＝呷吁餘弦(戌′丅戌)　故以　戌′丅戌　約之，即可得　$\frac{戌'丅戌}{巳'丅巳}$＝哰戌$\frac{戌'丅戌}{正切(戌'丅戌)}$⊥$\frac{戌'丅戌}{一丅餘弦(戌'丅戌)}$呷吁

推其變比例之限　哰戌＝酉　則　$\frac{戌'丅戌}{正切(戌'丅戌)}$＝一、$\frac{戌'丅戌}{一丅餘弦(戌'丅戌)}$＝〇即得　$\frac{彳戊}{彳卮}$＝酉　若弧與切線吧吧爲同方向，則酉爲正。若異方向，則酉必爲負。又因　酉＝$\frac{⊥}{丅}$$\frac{彳戊}{彳卮二}$　所以得極曲線之微分式爲

认＝巳彳戊⊥$\frac{彳戊二}{彳卮二}$彳戊＝(巳丅$\frac{彳戊二}{彳卮二}$)彳戊㊃　此即依前款之理所求得之式也。

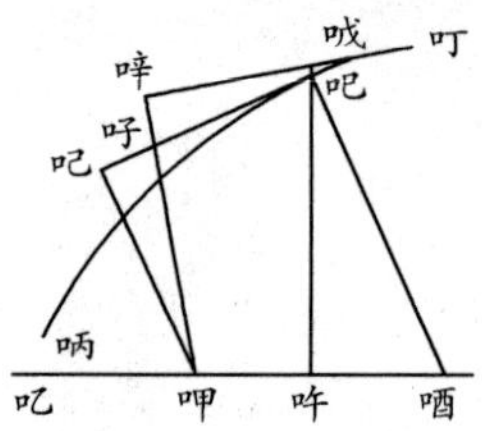

又　論漸伸之曲線

第七十八款　茲欲求得曲率半徑之公式，並任何曲線以漸伸之法所成之子曲線公式，則可由此以知各曲線之性情。

命呷吃爲母子兩曲線之公軸，呷爲原點，哰爲吧點合吻圓之心，吧哰爲曲率半徑。又令哰′爲吧′點合吻圓之心，而以吧′哰′爲其曲率半徑，又將兩曲率半徑引長之至與軸線遇于㖆、㖆′二點，㖘爲其引長線相交之點。

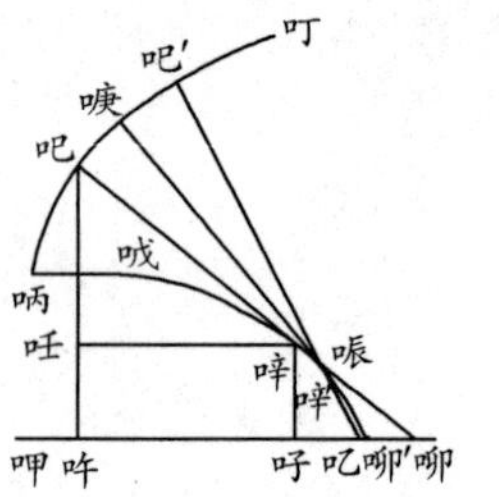

乃以代法令　呷吘＝天、吧吘＝地、㕱吧＝人、㕱吧′＝人′、吧㖆呷＝亥、吧′㖆′呷＝亥′、吧哰＝未　則依三角形之理　吧㖗＝㖘㖗正弦吧㖘㖗、吧′㖗＝㖘㖗正弦吧′㖘㖗　所以　㖘㖗＝$\frac{正弦吧㖘㖗⊥正弦吧'㖘㖗}{吧㖗⊥吧'㖗}$　設其吧、吧′二點漸相近而至于合，則易知㖘㖗之限爲吧哰，即吧點之曲率半徑。而其　吧㖗⊥吧′㖗　之限必爲吧吧′＝人′丅人　其吧㖘㖗、吧′㖘㖗兩角正弦之限，必爲其角之弧度。而其兩正弦之和之限，必爲吧㖘吧′角之弧度。惟因　吧㖘吧′＝㖆㖘㖆′＝亥′丅亥

所以可見　未＝$\frac{亥'丅亥}{人'丅人}$　爲其曲率半徑之限，故得　未＝$\frac{彳亥}{认}$㊀　此爲曲率半徑之第一箇公式。

如令　$\frac{彳天}{彳地}$＝巳、$\frac{彳天二}{彳仁地}$＝$\frac{彳天}{彳卮}$＝午　則依第七十二款之例，认＝$\sqrt{彳天二⊥彳地二}$＝彳天$\sqrt{一⊥\frac{彳天二}{彳地二}}$＝彳天$\sqrt{一⊥巳二}$　曾于第六十五款中論曲線之切線微分，已攷得　正切亥＝$\frac{彳地}{彳天}$　則　正切亥＝$\frac{巳}{一}$　叵　正割亥＝$\frac{巳}{\sqrt{一⊥巳二}}$、彳(正切亥)＝彳亥正割二亥＝丅$\frac{巳二}{彳卮}$　所以　$\frac{巳二}{一⊥巳二}$彳亥＝丅$\frac{巳二}{午彳天}$、彳亥＝丅$\frac{一⊥巳二}{午彳天}$　如將此彳亥與认之同數代入一式中，則得　未＝丅$\frac{午}{一}$(一⊥巳二)$^{三/二}$＝丅$\frac{彳天彳仁地}{(彳天二⊥彳仁地)^{三/二}}$

㊁　此爲曲率半徑之第二箇公式。

若命子曲線之法線吧㖆爲申，則于吧吘㖆直角形內依三角之理得　正弦㖆＝$\frac{吧㖆}{吧吘}$　則其　正弦亥＝$\frac{申}{地}$　惟因　正切亥＝$\frac{彳地}{彳天}$＝$\frac{巳}{一}$　所以　$\frac{申}{地}$＝正弦亥＝$\frac{\sqrt{一⊥巳二}}{一}$　又　$\sqrt{一⊥巳二}$＝$\frac{地}{申}$、(一⊥巳二)$^{三/二}$＝$\frac{地三}{申三}$　若以此各同數代入二式，則　未＝丅$\frac{午地三}{申三}$＝丅$\frac{地三}{申三}$×$\frac{彳仁地}{彳天二}$㊂　此爲曲率半徑之第三箇公式。

再依第七十四款之例，從軸線上呷點作與吧點切線成直角之呷吧線（此用七十四款之圖）。以巳代之，又以亥代其吃呷吧角，（此角即等于法線吧㖆與軸線呷吃所成之角。）則因　认＝(巳⊥$\frac{彳亥二}{彳卮二}$)彳亥　故可由一式而得　未＝巳⊥$\frac{彳亥二}{彳卮二}$㊃　此爲曲率半徑之第四箇公式。

第七十九款　如欲知漸伸線之母曲線戌哰吃之性情如何，則可自任一點哰作哰吁線與呷吃爲垂線，又作哰吒線與吧吘爲垂線。又令母曲線之原點呷，亦爲子曲線之原點。令　呷吁＝角、哰吁＝亢　則吧哰吒直角形之內，其　哰吒＝吧哰餘弦哰＝

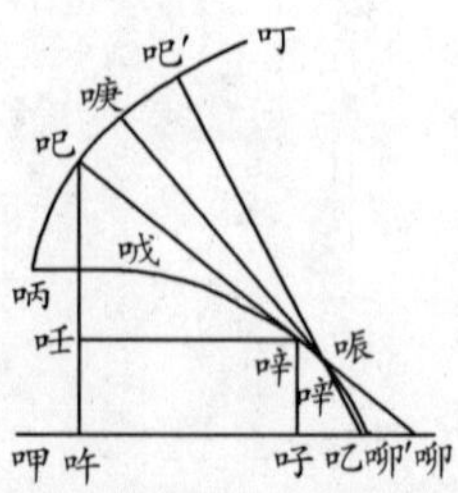

未餘弦亥、吧吘=未正弦亥　所以　角=天丄未餘弦亥、亢=地丅未正弦亥

惟因　正切亥$=\frac{巳}{一}$　所以　餘弦亥$=\frac{\sqrt{一丄巳^{二}}}{巳}$、正弦亥$=\frac{\sqrt{一丄巳^{二}}}{一}$

由此得　角$=天丅\frac{午}{巳}(一丄巳^{二})$、亢$=地丄\frac{午}{一}(一丄巳^{二})$　如將巳與午之原同數代還之，即得　角$=天丅\frac{彳天}{彳地}\times\frac{彳^{二}地}{彳天^{二}丄彳地^{二}}$、亢$=地丄\frac{彳^{二}地}{彳天^{二}丄彳地^{二}}$　此式與曲率半徑之二、三兩式內，其天皆爲自主之變數，而地爲天之函數。

第八十款　以漸伸之法審各種曲線之形，其中有一理可令若干種曲線能改爲等長之直線。因曲率半徑之長如前圖之吧啐。等于已伸之直線如呐吱與未伸之曲線吱啐弧。相和故也。惟所設之曲線能作曲率半徑者，其數無窮，故別無他法可求之。惟有以代數式之各項明其能作本曲線之曲率半徑之母曲線，則其曲率半徑必能與母曲線之長爲真相等。

第八十一款　兹設數題以攷明各種曲線之形。

一題　設曲線爲拋物線，欲攷其爲何種曲線漸伸所成。

如呷吧爲拋物線，呷呐爲其軸，以丙代其通徑。令　呷吘=天、吧吘=地　爲曲線上任一點之縱橫線。其呐啐爲母曲線，啐爲母曲線上之任一點。令此點之縱橫線　呷吁=角、吁啐=亢　則呷吧爲子曲線，吧啐爲其曲率半徑。

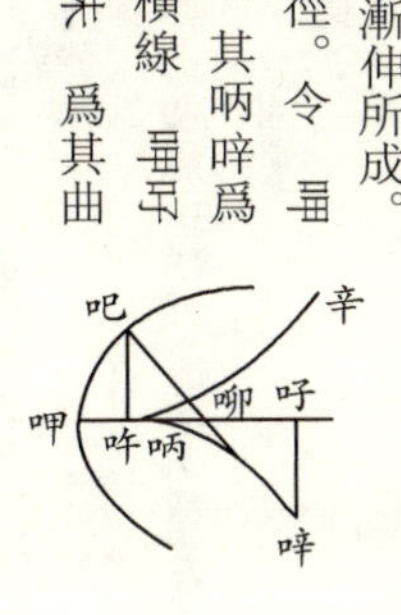

依拋物線之本式　地^{二}=丙天　所以　$\frac{彳天}{彳地}=巳=\frac{二地}{丙}$　則　$一丄巳^{二}=\frac{四地^{二}}{丙^{二}丄四地^{二}}=\frac{四天}{丙丄四天}$　其　$\frac{彳天^{二}}{彳^{二}地}=\frac{彳天}{彳巳}=午=丅\frac{二彳天}{丙彳地}\times\frac{地^{二}}{一}=丅\frac{四地^{三}}{丙^{二}}$

故　未$=丅\frac{午}{(一丄巳^{二})^{\frac{三}{二}}}=\frac{二丙^{二}}{(丙^{二}丄四地^{二})^{\frac{三}{二}}}=\frac{二丙^{二}}{(丙^{二}丄四丙天)^{\frac{三}{二}}}$

$=\frac{二}{一}\sqrt{\frac{丙}{(丙丄四天)^{三}}}$　此爲用二式所求得之曲率半徑也。

如令其法線　吧唧=申　則依第七十八款之三式得　未$=丅\frac{午地^{三}}{申^{三}}=\frac{丙^{二}}{四申^{三}}=\frac{(\frac{一}{二}丙)^{二}}{申^{三}}$　即爲半通徑法線。再查其母曲線，有　角$=天丅\frac{午}{巳}(一丄巳^{二})=天丄\frac{二}{四天丄丙}=三天丄\frac{一}{二}丙$、亢$=地丄\frac{午}{一丄巳^{二}}$

$=地丅\frac{丙^{二}}{丙^{二}丄四地^{二}}地=丅\frac{丙^{二}}{四地^{三}}$　故　天$=\frac{一}{三}(角丅\frac{一}{二}丙)$、地$=丅(\frac{四}{丙^{二}亢})^{\frac{一}{三}}$

因依拋物線之式　丙天=地^{二}　所以其母曲線之式爲　亢$^{二}=\frac{二七丙}{一六}(角丅\frac{一}{二}丙)^{三}$

如令　呷呐$=\frac{一}{二}$丙　則呐爲已知之點，而　呐吁$=角丅\frac{一}{二}丙$　若令　呐吁=天′、吁啐=亢=丅地′　則母曲線之式爲　地′$^{二}=\frac{二七丙}{一六}$天′^{三}　由此知，以漸伸之法所成之曲線若爲拋物線，則其母曲線必爲半立方拋物線。此乃用微分算學所攷明之一種曲線也。

二題　設曲線爲橢圓線，欲攷其爲何種曲線漸伸所成。

如呷吃爲橢圓線，唇呷爲半長徑，唇吃爲半短徑。令　唇呷=甲、唇吃=乙、戊$=\sqrt{甲^{二}丅乙^{二}}$　爲其中距，乃以唇爲原點。又令　唇吘=天、吧吘=地、啐吧=未　則其　啐吧=未　爲吧點之曲率半徑。

因橢圓線之本式爲　$\frac{甲^{二}}{天^{二}}丄\frac{乙^{二}}{地^{二}}=一$　即

$乙^{二}天^{二}丄甲^{二}地^{二}=甲^{二}乙^{二}$　所以　$\frac{彳天}{彳地}=巳=丅\frac{甲^{二}地}{乙^{二}天}$　則其

$一丄巳^{二}=\frac{甲^{二}}{乙^{二}}\times\frac{甲^{二}地^{二}}{甲^{四}丅(甲^{二}丅乙^{二})天^{二}}=\frac{甲^{二}}{乙^{二}}\times\frac{甲^{二}地^{二}}{甲^{四}丅戊^{二}天^{二}}=\frac{甲^{二}地^{二}}{乙^{四}丄(甲^{二}丅乙^{二})地^{二}}$

$=\frac{甲^{二}地^{二}}{乙^{四}丄戊^{二}地^{二}}$　其　$\frac{彳天^{二}}{彳^{二}地}=\frac{彳天}{彳巳}=午=丅\frac{甲^{二}}{乙^{二}}丄\frac{甲^{二}地}{乙^{二}天}\times\frac{彳天}{彳地}=丅\frac{甲^{二}地^{三}}{乙^{四}}$

故其　$\frac{午}{(一丄巳^{二})^{\frac{三}{二}}}=\frac{甲^{四}乙}{丅一}(甲^{四}丅戊^{二}天^{二})^{\frac{三}{二}}=\frac{甲乙^{四}}{丅一}(乙^{四}丄戊^{二}地^{二})^{\frac{三}{二}}$

所以其曲率半徑之式必爲　未$=\frac{甲^{四}乙}{一}(甲^{四}丅戊^{二}天^{二})^{\frac{三}{二}}=\frac{甲乙^{四}}{一}(乙^{四}丄戊^{二}地^{二})^{\frac{三}{二}}=\frac{甲^{四}乙^{四}}{一}(甲^{四}地^{二}丄乙^{四}天^{二})^{\frac{三}{二}}$㊀　又從　未$=丅\frac{地^{三}午}{申^{三}}$

式，其申等于法線吧唧。得未之別箇同數爲　未$=\frac{乙^{四}}{甲^{二}}申^{三}$　惟因　$\frac{甲}{乙^{二}}$　爲橫

軸之半通徑，所以又得 $未=\frac{半通徑^{二}}{法線^{三}}$ ㈡ 案：此一、二兩式皆爲曲率半徑之式。

如欲求其漸伸之母曲線，則令啐爲母曲線之任一點，以嗁呼橫線爲角，以啐呼縱線爲亢，乃將 巳、$一丄巳^{二}$、午 三者之同數各代入第七十九款之式中，則可得其 $角=天丅\frac{甲^{二}地}{乙^{二}天}\times\frac{乙^{四}}{甲^{二}地^{三}}\times\frac{甲^{二}}{乙^{二}}\times\frac{甲^{二}地^{二}}{甲^{四}丅戊天^{二}}=\frac{甲^{四}}{戊^{二}天^{三}}$、

$亢=地丅\frac{乙^{四}}{甲^{二}地^{二}}\times\frac{甲^{二}地^{二}}{乙^{四}丅戊^{二}地^{二}}=\frac{乙^{四}}{戊^{二}地^{三}}$ 再將其角、亢代天′、地′，則得

$\frac{甲^{二}}{天^{二}}=\left(\frac{戊^{二}}{甲天'}\right)^{\frac{二}{三}}$、$\frac{乙^{二}}{地}=\left(\frac{戊^{二}}{乙地'}\right)^{\frac{二}{三}}$ 以此代入橢圓之本式 $\frac{甲^{二}}{天^{二}}丄\frac{乙^{二}}{地^{二}}=一$

則得 $\left(\frac{戊^{二}}{甲天'}\right)^{\frac{二}{三}}丄\left(\frac{戊^{二}}{乙地'}\right)^{\frac{二}{三}}=一$ 即 $(甲天')^{\frac{二}{三}}丄(乙'地')^{\frac{二}{三}}=(甲^{二}丅乙^{二})^{\frac{二}{三}}$

此母曲線之形甚奇，爲其與橢圓之形甚相近故也。

三題 設已知漸伸所成之子曲線爲擺線，求其母曲線之式。

如呷吃呷′爲擺線，呷哂呷′爲擺線之底，吃哂爲其軸，吃叮哂爲母輪，吧爲擺線上之任一點。試自吧點作吧哦直線與底平行而遇母輪于叮，又自吧點作吧咋直線與底爲垂線，令吧啐爲擺線之曲率半徑。

凡擺線之式，若令母輪之半徑爲一，又令 哂咋＝吧哦＝天、吧咋＝哦哂＝地、吃叮弧＝亥 則依六十六款第四題之例，天＝亥丄正弦亥、地＝一丅餘弦亥

所以 彳天＝彳亥(一丄餘弦亥)、彳地＝彳亥正弦亥 而 $\frac{彳天}{彳地}=巳=\frac{一丄餘弦亥}{正弦亥}$、

$一丄巳^{二}=\frac{一丄餘弦亥}{二}$、$彳巳=\frac{一丄餘弦亥}{彳亥}$、$\frac{彳天^{二}}{彳彳地}=\frac{彳天}{彳巳}=午=\frac{(一丄餘弦亥)^{二}}{一}$

所以得 $未=丅\frac{午}{(一丅巳^{二})^{\frac{三}{二}}}=\sqrt{八(一丄餘弦亥)}$ 如于母輪內作哂叮通弦，而依《代數術》第二百四十九款之例，則可知，$一丄餘弦亥=二餘弦^{二}\frac{一}{二}亥$

$=二正弦^{二}\frac{一}{二}哂叮弧=\frac{一}{二}哂叮通弦^{二}$ 所以得 吧啐＝未＝二哂叮通弦 惟依第六十六款之證，其吧點之切線必與哂叮之外弧通弦吃叮平行。今因吧啐爲吧點切線之垂線，所以吧辛必與哂叮通弦平行，是以知擺線任何點之曲率半徑，其方位與大小皆非無法之形。

如欲求其母曲線之式，亦可用第七十九款之公式求之或從其曲率半徑吧啐求之，其法如下：

如呷啐吧爲母曲線，作呷哂之垂線呷吜。其長短與吃哂相等，乃以此爲徑，而作呷嗊吜半平圓形。又自啐點作呷吜之垂線啐味，與半平圓之弧線相交于嗊，又令吧啐線遇呷哂于卿。

則因 呷哂＝吃叮哂半周 又 哂卿＝叮吧＝吃叮弧 所以 卿呷＝哂叮弧 惟因 吧啐＝二哂叮＝二吧卿 故 吧卿＝卿啐 則吧哦與啐味二平行線之距哂呷爲相等。所以 哂哦′＝味呷 而 哂叮弧＝呷嗊弧 所以其 哂叮通弦＝呷嗊通弦、哂呷嗊角＝叮哂呷角 惟因 哂叮＝吧卿＝卿啐 所以 呷嗊＝卿啐 其呷嗊與卿啐之所以相等者，因 嗊啐＝呷卿＝哂叮弧＝呷嗊弧 又因 啐味＝呷嗊弧丄正弦嗊味 由此可見，啐爲有等底之半段擺線呷啐吧曲線上之任一點。惟因吜呷吧真爲哂吃呷′半段擺線之面積移至呷啐吧之方位，其吃點移至呷，其呷′點移至吧，其哂點移至吜而成。如將其又半面呷′哂吃移至吧呷′吜′之方位，則在吧呷′之曲線爲呷吧吃之他支，而吧呷爲吃呷′之他支。惟其方位則相反。

由以上所攷得之各理可見，如將吧吜呷與吧吜′呷′兩箇半擺面置于一箇垂面內垂面者直向地心之面也，則其吧點在上而其吜吧吜′與地平線平行。若自吧點用一繩長，如吧吧一端繫定于吧點，其又一端垂以重物，令其重物以推引之力往來擺動于垂面之內，則其物所行之迹亦爲擺線。此爲擺線理中最奇怪之性情。

晦正士攷得此理之時亦云：物行于擺線之上，無論其動速率大小如何，

其一往一返所歷之時刻必各次相等。此乃動重學中之一種妙理也。

又 卷四 求兩箇變數之疊微分。

第八十八款　令戊爲有天與地兩箇自主之變數之函數。如　戊＝甲天^{二}丄乙天地丄丙地^{二}　其公式爲　戊＝函(天地)　令天變其同數爲　天丄辛　令地變其同數爲　地丄子　而原函數戊變爲新同數戊′，則　戊′＝函(天丄辛地丄子)　兹欲將戊′詳之爲級數，其各項以辛與子之整方明之。

如其式爲特設之式，則其法易于自明。惟其式若爲公式，則可依戴氏之術，求之如下。

凡有兩箇自變數之函數或先令　天丄辛　代其天而詳其函數爲級數，依辛之各方序之，再于其式中以　地丄子　代地而後依子之荅方序之以成各項。或反之先令　地丄子　代其地而詳其函數爲級數，依子之各方序之，再于其式中以　天丄辛　代天而後依辛之各方序之以成各項。兩法之所得者其數必同。

設有函數之式爲　戊＝函(天地)　如令其天變爲　天丄辛　則依戴氏之例得　$函(天丄辛地)=戊丄\frac{伏}{彳戌}辛丄\frac{伏^{二}}{彳^{二}戌}\times\frac{一·二}{辛^{二}}丄\frac{伏^{三}}{彳^{三}戌}\times\frac{一·二·三}{辛^{三}}丄\cdots$　因其求微分之時，以天爲變數，地爲常數，所以此式中之地只在函數戊並其各次微係數　$\frac{伏}{彳戌}$、$\frac{伏^{二}}{彳^{二}戌}$　各他函數之内。

再設地之同數變爲　地丄子　則級數中首項之函數戊必變爲

$戊丄\frac{徙}{彳戌}子丄\frac{徙^{二}}{彳^{二}戌}\times\frac{一·二}{子^{二}}丄\frac{徙^{三}}{彳^{三}戌}\times\frac{一·二·三}{子^{三}}丄\cdots$　而其　$\frac{伏}{彳戌}$　變爲

$\frac{伏}{彳戌}丄\frac{徙}{彳\frac{伏}{彳戌}}子丄\frac{徙^{二}}{彳^{二}\frac{伏}{彳戌}}\times\frac{一·二}{子^{二}}丄\frac{徙^{三}}{彳^{三}\frac{伏}{彳戌}}\times\frac{一·二·三}{子^{三}}丄\cdots$　其　$\frac{伏^{二}}{彳^{二}戌}$　變爲

$\frac{伏^{二}}{彳^{二}戌}丄\frac{徙}{彳\frac{伏^{二}}{彳^{二}戌}}子丄\frac{徙^{二}}{彳^{二}\frac{伏}{彳戌}}\times\frac{一·二}{子^{二}}丄\frac{徙^{三}}{彳^{三}\frac{伏^{二}}{彳^{二}戌}}\times\frac{一·二·三}{子^{三}}丄\cdots$　其　$\frac{伏^{三}}{彳^{三}戌}$

變爲　$\frac{伏^{三}}{彳^{三}戌}丄\frac{徙}{彳\frac{伏^{三}}{彳^{三}戌}}子丄\frac{徙^{二}}{彳^{二}\frac{伏^{三}}{彳^{三}戌}}\times\frac{一·二}{子^{二}}丄\frac{徙^{三}}{彳^{三}\frac{伏^{三}}{彳^{三}戌}}\times\frac{一·二·三}{子^{三}}丄\cdots$

因其函數　戊、$\frac{伏}{彳戌}$、$\frac{伏^{二}}{彳^{二}戌}$…　求微分之時，以地爲變數，天爲常數，故將其應代之處如法代之，即能得　函(天丄辛，地丄子)　之級數爲

$戊丄\frac{徙}{彳戌}子丄\frac{徙^{二}}{彳^{二}戌}\times\frac{一·二}{子^{二}}丄\cdots丄\frac{伏}{彳戌}辛丄\frac{徙}{彳\frac{伏}{彳戌}}辛子丄\cdots丄\frac{伏^{二}}{彳^{二}戌}\times\frac{一·二}{辛^{二}}丄\cdots$

如不先以　天丄辛　代天，而先以　地丄子　代地，則可得　函(地丄子，天丄辛)　之級數爲　$戊丄\frac{伏}{彳戌}辛丄\frac{伏^{二}}{彳^{二}戌}\times\frac{一·二}{辛^{二}}丄\cdots丄\frac{徙}{彳戌}子丄\frac{伏}{彳\frac{徙}{彳戌}}辛子丄\cdots丄$

$\frac{徙^{二}}{彳^{二}戌}\times\frac{一·二}{子^{二}}丄\cdots$　惟因其　函(天丄辛、地丄子)　與　函(地丄子、天丄辛)　兩式之級數必相等，則兩式之各級中凡有辛子同方之項亦必相等，故去其相同之項得　$\frac{徙}{彳\frac{伏}{彳戌}}=\frac{伏}{彳\frac{徙}{彳戌}}$

第八十九款　由前款之末式能證微分算學中一種最要之理。

凡函數戊爲天與地兩箇自主之變數所成者，其微分可分爲兩次以求之，或先令天爲變數，地爲常數，後令地爲變數，天爲常數。或先令地爲變數，天爲常數，後令天爲變數，地爲常數。所得之數必同。

惟因　$\frac{徙}{彳\frac{伏}{彳戌}}$　爲將天、地兩變數之函數，戊先以天爲變數，地爲常數，後以地爲變數，天爲常數，兩次各求微分所得之式。所以此式可變之爲　$\frac{伏徙}{彳戌}$　以便于用。

如此書之，則前款用多語所證之例，可作　$\frac{伏徙}{彳戌}=\frac{徙伏}{彳戌}$　設式中之伏徙或獨多一次者，則可仿照此例作　$\frac{伏徙伏}{彳戌}=\frac{伏^{二}徙}{彳戌}=\frac{徙伏^{二}}{彳戌}$　或　$\frac{伏徙^{二}}{彳戌}=\frac{徙^{二}伏}{彳戌}$　等類之式以記之。

設有式　戊＝天^{三}地^{五}　欲詳之爲級數。

則如法求之其　$\frac{伏}{彳戌}$＝三天^{二}地^{五}、$\frac{徙}{彳戌}$＝五天^{三}地^{四}、$\frac{伏徙}{彳戌}$＝一五天^{二}地^{四}、

$\frac{彳地彳天}{彳二戊}=一五天^{二}地^{四}$、$\frac{彳天^{二}彳地}{彳二戊}=三〇天地^{四}$、$\frac{彳地彳天^{二}}{彳二戊}=三〇天地^{四}$　再用前之簡寫法，令　戊＝函（天地）　則得　函（天⊥辛地⊥子）　等于　$戊⊥\frac{彳天}{彳戊}辛⊥\frac{彳天^{二}}{彳二戊}\times\frac{二}{辛^{二}}⊥\frac{彳天^{三}}{彳二戊}\times\frac{二·三}{辛^{三}}⊥\cdots⊥\frac{彳地}{彳戊}子⊥\frac{彳地^{二}彳天}{彳二戊}辛子⊥\frac{彳地彳天^{二}}{彳二戊}\times\frac{二}{辛^{二}子}⊥\cdots⊥\frac{彳地^{二}}{彳二戊}\times\frac{二}{子^{二}}⊥\frac{彳地^{二}彳天}{彳二戊}\times\frac{二}{辛子}⊥\cdots⊥\frac{彳地}{彳二戊}\times\frac{二·三}{子^{二}}⊥\cdots$　此即爲函數之全級數。

第九十款　凡戊爲天之任何函數而天變爲　天⊥辛　則戊變爲　戊⊥巳辛⊥午辛⊥…　可令伕代其辛，而變爲　$戊⊥巳伕⊥午伕^{二}⊥\cdots$　此以戊之微分爲　巳伕　即以其項內辛之最簡之方爲伕，而其微係數已可以　$\frac{彳天}{彳戊}$　明之。茲欲推廣其例，將兩箇變數之函數如　函(天地)　變其辛爲伕，變其子爲彳地，則其所變得之新函數可作　函(天地)＝彳戊＝$\frac{彳天}{彳戊}彳天⊥\frac{彳地}{彳戊}彳地$　由此可見，凡兩箇變數之函數，其全微分可分之爲兩箇偏微分。其獨令天爲變數所得之微分式　$\frac{彳天}{彳戊}彳天$　爲天之偏微分。其獨令地爲變數所得之數分式　$\frac{彳地}{彳戊}彳地$　爲地之偏微分。故得專法如左：

凡有兩箇變數之函數，欲求其微分，可依第十至二十三款求一箇變數之函數微分法，任將一箇變數先求其函數之偏微分，後將又一箇變數亦求其函數之偏微分，其兩箇偏微分之和即爲函數之全微分。

依此法求之，則得　彳(天⊥地)＝彳天⊥彳地、彳(天地)＝地彳天⊥天彳地、$彳\left(\frac{地}{天}\right)=\frac{地}{彳天}\top\frac{地^{二}}{天彳地}=\frac{地}{地彳天\top天彳地}$　乃令　$戊=天^{寅}地^{卯}$　即得　$\frac{彳天}{彳戊}彳天=寅天^{寅\top一}地^{卯}彳天$、$\frac{彳地}{彳戊}彳地=卯天^{寅}地^{卯\top一}彳地$　所以得　$彳戊=\frac{彳天}{彳戊}彳天⊥\frac{彳地}{彳戊}彳地=天^{寅\top一}地^{卯\top一}(寅地彳天⊥卯天彳地)$

第九十一款　凡求函數之偏微分，寫其算式之時，有數件要事必留意辨別之。

即如　$\frac{彳天}{彳戊}彳天$　不可誤作彳戊。蓋戊若爲一箇變數之函數，則其微分之式可作彳戊。若戊爲兩箇變數之函數，則其微分之式不可作彳戊。此因其　$\frac{彳天}{彳戊}$　在此例中有特意指出以天爲偏變之數與只有天爲變數之兩微係數相較之級數中，以伕約其初項所得之數故也。其　$\frac{彳地}{彳戊}彳地$　之于地亦然。

其　$\frac{彳天}{彳戊}$　與　$\frac{彳地}{彳戊}$　恒爲函數戊之第一次偏微係數。總言之，$\frac{彳天^{寅}彳地^{卯}}{彳^{寅⊥卯}戊}$　爲　寅⊥卯　次之偏微係數。此即以天偏爲變數求微分至寅次，以地偏爲變數求微分至卯次所得之式也。凡獨變之函數，其每次之微係數均只一式。惟兩變之函數，其第一次微係數有兩式，第二次微係數有三式。以下每多一次，則多一式。其各次微係數從疊求偏微分之法得之。即如將　$彳戊=\frac{彳天}{彳戊}彳天⊥\frac{彳地}{彳戊}彳地$　再求其　$\frac{彳天}{彳戊}$　即　$\frac{彳地}{彳戊}$　之微分而代入其本式中，即得　$彳\frac{彳天}{彳戊}=\frac{彳天^{二}}{彳戊}彳天⊥\frac{彳地彳天}{彳二戊}彳地$、$彳\frac{彳地}{彳戊}=\frac{彳天彳地}{彳二戊}彳天⊥\frac{彳地^{二}}{彳二戊}彳地$　因其第二次微分不過爲第一次微分之微分，所以爲　$彳戊=\frac{彳天^{二}}{彳二戊}彳天^{二}⊥二\frac{彳天彳地}{彳二戊}彳天彳地⊥\frac{彳地^{二}}{彳二戊}彳地^{二}$　其伕與彳地可視之如常數，而其但有伕或彳地爲分母之倍數者，可以作爲相等。如是再求之，即可得函數戊之第三次微分。其多次之微分皆可仿此推之。

第九十二款　以上所論之理亦可通之于任若干變數之函數。

如令　戊＝函(酉天地人)　則其微分之式爲　$戊=\frac{彳酉}{彳戊}彳酉⊥\frac{彳天}{彳戊}彳天⊥\frac{彳地}{彳戊}彳地⊥\frac{彳人}{彳戊}彳人$　其　$\frac{彳酉}{彳戊}$、$\frac{彳天}{彳戊}$、$\frac{彳地}{彳戊}$、$\frac{彳人}{彳戊}$　各式爲設其酉、天、地、人各偏爲變數所求得函數戊之偏微係數。

以上所論偏微分之算式乃算學士文氏那所設之法也。其偏微係數　$\frac{彳天}{彳戊}$　尤拉恐不知者，誤認作戊之全微分。彳戊與天之微分式伕相比，則可誤作　$\frac{彳天}{\frac{彳酉}{彳戊}彳酉⊥\frac{彳天}{彳戊}彳天⊥\frac{彳地}{彳戊}彳地⊥\frac{彳人}{彳戊}彳人}$　故尤拉將此比例式以　$\frac{彳天}{彳戊}$　明之，而其以天偏爲變數所求得之偏微係數，則于其外加括弧而作　$\left(\frac{彳天}{彳戊}\right)$　以別之。如此分別則兩式恒不得相混矣。然余以爲，即使不如此分別觀其所設之題及其所有之式，

亦易知其爲兩者之中之何式。

改其自主之變數

第九十三款　凡地爲天之任何函數，則地之同數必因天而變，而其天爲自變之數。此例前已言之，惟有時必反其所設之例，而令天爲地之函數始便于算。茲欲攷得數箇公法，令其從天函數所得之地微分能改至天爲地之函數。

設　地＝函(天)　令天變爲　天丄辛　地變爲　地丄子　依戴氏之例，得

子＝$\frac{彳地}{彳天}$辛丄$\frac{彳^{二}地}{彳天^{二}}$×$\frac{辛^{二}}{二}$丄$\frac{彳^{三}地}{彳天^{三}}$×$\frac{辛^{三}}{二·三}$丄…㈠　如反之，令天爲地之函數，如

天＝函(地)　以同法得　辛＝$\frac{彳天}{彳地}$子丄$\frac{彳^{二}天}{彳地^{二}}$×$\frac{子^{二}}{二}$丄$\frac{彳^{三}天}{彳地^{三}}$×$\frac{子^{三}}{二·三}$丄…㈡　將一式子之同數代入二式，又因欲省其繁式令　$\frac{彳地}{彳天}$＝地′、$\frac{彳^{二}地}{彳天^{二}}$＝地″…

$\frac{彳天}{彳地}$＝天′、$\frac{彳^{二}天}{彳地^{二}}$＝天″…　則得　辛＝天′(地′辛丄地″$\frac{辛^{二}}{二}$丄地‴$\frac{辛^{三}}{二·三}$丄…)丄$\frac{天″}{二}$(地′辛丄地″$\frac{辛^{二}}{二}$丄地‴$\frac{辛^{三}}{二·三}$丄…)^{二}丄…　如將此式中各括弧內之數自乘得第二、三、四各本次之方，而將辛之同方聚爲一項，則得

○＝(天′地′丅一)辛丄(天′地″丄天″地′^{二})$\frac{辛^{二}}{二}$丄(天′地‴丄三天″地′地″丄天‴地′^{三})$\frac{辛^{三}}{二·三}$丄…

如欲令此式中辛之各方之倍數必等于○，則必令　天′地′丅一＝○、天′地″丄天″地′^{二}＝○、天′地‴丄三天″地′地″丄天‴地′^{三}＝○…　由此各式得　地′＝$\frac{一}{天′}$、地″＝丅$\frac{天″}{天′^{三}}$、地‴＝$\frac{三天″^{二}}{天′^{五}}$丅$\frac{天‴}{天′^{四}}$　地⁗＝$\frac{一五天″^{三}}{天′^{七}}$丄$\frac{一〇天″天‴}{天′^{六}}$丅$\frac{天⁗}{天′^{五}}$…　反之得　天′＝$\frac{一}{地′}$、天″＝丅$\frac{地″}{地′^{三}}$、天‴＝$\frac{三地″^{二}}{地′^{五}}$丅$\frac{地‴}{地′^{四}}$、天⁗＝$\frac{一五地″^{三}}{地′^{七}}$丄$\frac{一〇地″地‴}{地′^{六}}$丅$\frac{地⁗}{地′^{五}}$…

茲欲顯明以上各式之用法，故將第七十八款所有之曲率半徑第二式試改之。其式本以地爲天之函數，今欲改作天爲地之函數。如將前所設之各種記號之法用入其本式中得　未＝丅$\frac{(一丄地′^{二})^{\frac{三}{二}}}{地″}$　則　地′＝$\frac{一}{天′}$、地″＝丅$\frac{天″}{天′^{三}}$　又以此代入上式中，則得　未＝$\frac{(天′^{二}丄一)^{\frac{三}{二}}}{天″}$＝$\frac{(彳天^{二}丄彳地^{二})^{\frac{三}{二}}}{彳地彳^{二}天}$　即改得之式也。

第九十四款　有時不令天、地二變數彼此互爲函數，而令其天地、二變數爲第三箇變數之函數爲最便。

即如幾何學中以天與地爲曲線之縱横線，固可令其縱横線彼此互爲函數，亦可令其縱横線爲切線與軸線所成之角之角函數，而其角即爲自主之變數。

或如重學中，令天與地，爲拋物于空中所行曲線任點之縱横線，則可令天、地爲酉之函數，其酉爲物行之速。設酉變爲　酉丄壬　之時，則天變爲　天丄辛　而地變爲　地丄子　因算式欲從簡省，故令　天′、天″…　代其　$\frac{彳天}{彳酉}$、$\frac{彳^{二}天}{彳酉^{二}}$…　令　地′、地″…　代其　$\frac{彳地}{彳酉}$、$\frac{彳^{二}地}{彳酉^{二}}$…　令　(地′)、(地″)…　代其　$\frac{彳地}{彳天}$、$\frac{彳^{二}地}{彳天^{二}}$…　則依戴氏之例，可從　地＝函(天)　而得　子＝(地′)辛丄(地″)$\frac{辛^{二}}{二}$丄…㈠　從　地＝函(酉)　而得　子＝地′壬丄地″$\frac{壬^{二}}{二}$丄…㈡　從　天＝函(酉)　而得　辛＝天′壬丄天″$\frac{壬^{二}}{二}$丄…㈢　其子、辛、壬三箇長數同時而生。所以在任何同時中各式必合于理。如將三式中辛之同數代入一式，再令子之兩箇同數合爲一式，則得　(地′)[天′壬丄天″$\frac{壬^{二}}{二}$丄…]丄$\frac{(地″)}{二}$[天′壬丄天″$\frac{壬^{二}}{二}$丄…]^{二}丄…＝地′壬丄地″$\frac{壬^{二}}{二}$丄…　所以可用自乘之法並令其壬之同方各倍數爲○，則依常法得　天′(地′)＝地′、天″(地′)丄天′^{二}(地″)＝地″…　所以得　(地′)＝$\frac{地′}{天′}$、(地″)＝$\frac{地″丅天″(地′)}{天′^{二}}$…

茲試將第七十八款所有之曲率半徑第二式依本款之法作

未＝丅$\frac{(一丄(地′)^{二})^{\frac{三}{二}}}{(地″)}$　以　(地′)、(地″)　之同數代入此式，則變爲

未＝丅$\frac{(天′^{二}丄地′^{二})^{\frac{三}{二}}}{天′地″丅地′天″}$　如于此式中以　$\frac{彳天}{彳酉}$　代其　天′　以　$\frac{彳地}{彳酉}$　代其　地′　以　$\frac{彳^{二}天}{彳酉^{二}}$　代其　天″　以　$\frac{彳^{二}地}{彳酉^{二}}$　代其　地″　則式變爲

$$未=\frac{彵伕^{二}丅伕彵^{二}}{(伕^{二}⊥彵^{二})^{\frac{三}{二}}}$$

此式内雖不見其自主之變數酉，惟用此式之時，必勿忘其自主之變數爲酉，則不誤矣。

清·馮桂芬　陳暘《西算新法直解》卷五

微分一 求微分。

今有平方漸變而大。已知原邊及增邊，求增積之比例率。

式一

$戊=天^{二}$

式二

$已=(天⊥辛)^{二}$

式三

$已=天^{二}⊥二天|辛⊥辛^{二}$

式四

$已丅戊=二天|辛⊥辛^{二}$

式五

$\frac{辛}{已丅戊}=二天⊥辛$

式六

$\frac{伕}{彼}=二天$

式七

$彼=二天|伕$

法命原邊爲天，原積爲戊，長後之增邊爲辛，共積爲已，以天自之，與戊相等，如一式。$天⊥辛$ 自之，與已相等，如二式詳之，如三式。以一式消三式，如四式以辛約之。如五式設辛初長至微，等於無數，則右畔惟存 $二天$ 左畔之辛變爲天之微分。$已丅戊$ 變爲戊之微分。如六式移伕於右，變除爲乘，即得增積之比例率即戊之微分。如七式。以數明之。設原邊六原積三十六，增邊二增積二十八，伕之數二，與辛同。彼之數二十四，與戊減已異。既得增積之比例率，即用其率與真數相爲比例，故以二伕比彼，若原邊與原積以彼比二伕，若原積與原邊。

今有立方漸變而大，已知原邊及增邊，求增積之比例率。

式一

$戊=天^{三}$

式二

$已=(天⊥辛)^{三}$

式三

$已=天^{三}⊥三天^{二}|辛⊥三天|辛^{二}⊥辛^{三}$

式四

$已丅戊=三天^{二}|辛⊥三天|辛^{二}⊥辛^{三}$

式五

$\frac{辛}{已丅戊}=三天^{二}⊥三天|辛⊥辛^{二}$

式六

$\frac{伕}{彼}=三天^{二}$

式七

$彼=三天^{二}|伕$

法命原邊爲天，原積爲戊，長後之增邊爲辛，共積爲已，俱同前。以天再乘，與戊相等。如一式 $天⊥辛$ 再乘，與已相等。如二式詳之。如三式以一式消三式。如四式以辛約之。如五式設辛至微，等於無數。右畔之 $三天|辛⊥辛^{二}$ 皆爲辛之因變數。辛既無數，則諸數皆無，只存 $三天^{二}$ 如六式移伕於右，變除爲乘，即得增積之比例率，如七式。以數明之。設原邊六原積二百一十六，增邊二，增積二百九十六，伕之數二，彼之數二百一十六。既得增積之比例率，乃用以比例以三伕比彼，若原邊與原積以彼比三伕，若原積與原邊。

今有三乘方漸變而大。已知原邊及增邊，求增積之比例率。

式一

$戊=天^{四}$

式二

$已=(天⊥辛)^{四}$

式三

$已=天^{四}⊥四天^{三}|辛⊥六天^{二}|辛^{二}⊥四天|辛^{三}⊥辛^{四}$

式四

$已丅戊=四天^{三}|辛⊥六天^{二}|辛^{二}⊥四天|辛^{三}⊥辛^{四}$

式五

$\frac{辛}{已丅戊}=四天^{三}⊥六天^{二}|辛⊥四天|辛^{二}⊥辛^{三}$

式六

$\frac{伕}{彼}=四天^{三}$

式七

$彼=四天^{三}|伕$

法命原邊爲天，原積爲戊，長後之增邊爲辛，共積爲已，俱同前。以天三自乘，與戊相等。如一式 $天⊥辛$ 三自乘，與已相等。如二式詳之。如三式以一式消三式。如四式以辛約之。如五式設辛至微，等於無數，則右畔爲辛之因變數者皆無。如六式移伕於右，變除爲乘，即得增積之比例率，如七式。以數明之。設原邊六原積一千二百九十六，增邊二，增積二千八百，伕之數二，彼之數一千七百二十八。既得增積之比例率，乃用以比例，以四伕比彼。若原邊與原積以彼比四伕，若原積與原邊。四乘方以上倣此。

又術：無論幾乘方，取其指數減一爲天自乘之次數。又以指數乘之。又以天之微分乘之，即得戊之微分。如立方一式，右畔 $天^{三}$ 取其指數三減一餘二。二爲平方之號，乃以天自乘。又以指數三乘之。又以伕乘之得 $三天^{二}|伕$

式一次

$彼=五天^{四}|伕$

式二次

$彼=六天^{五}|伕$

與立方七式同。又如三乘方一式，右畔 天^{四} 取其指數四減一餘三。三爲立方之號，乃以天再自乘。又以指數乘之。又以彳天乘之得 四天^{三}丨彳天 與三乘方七式同。準此求四乘方之微分，則如次一式。求五乘方之微分，則如次二式。按：諸乘方之彳戊即其第一廉。

今有直線乘平方之積，直線不變，平方漸變而大。已知原邊及增邊，求增積之比例率。

式一

戊＝甲丨天^{二}

式二

己＝甲丨天^{二}丨二甲丨天丨辛

⊥甲丨辛^{二}

式三

己丅戊＝二甲丨天丨辛

⊥甲丨辛^{二}

式四

$\frac{辛}{己丅戊}$＝二甲丨天⊥甲丨辛

式五

$\frac{彳天}{彳戊}$＝二甲丨天

式六

彳戊＝二甲丨天丨彳天

式一次

彳戊＝二天丨彳天

式二次

彳戊＝二甲丨天丨彳天

法命直線爲甲，平方之原邊爲天，甲乘平方之原積爲戊，平方長後之增邊爲辛，其積爲己。乃以天自乘，又以甲乘之，與戊相等，如一式。以 天⊥辛 自乘，又以甲乘之，與己相等，如二式。以一式消二式，如三式。以辛約之，如四式。設辛等於〇，則右畔只存 二甲丨天 如五式移彳天於右，變除爲乘，如六式，即求得增積之比例率。若先置甲不問，只用一題求 天^{二} 微分。術如次一式得微分後，始以甲乘之。如次二式與六式同，蓋常數無微分，故常數變數相乘積之微分，即變數微分乘常數也。然因係常數、變數相乘之積，故求微分後，甲乙諸字仍見於算式中。若係常數、變數相加減之積，則求微分後，甲、乙諸字直不復見於算式中矣。如後題。

今有直線加平方之積，直線不變，平方漸變而大。已知原邊及增邊，求增積之比例率。

式一

戊＝甲⊥天^{二}

式二

己＝甲⊥天^{二}

⊥二天丨辛

⊥辛^{二}

式三

己丅戊＝二天丨辛

⊥辛^{二}

式四

$\frac{辛}{己丅戊}$＝二天⊥辛

式五

$\frac{彳天}{彳戊}$＝二天

式六

彳戊＝二天丨彳天

法命直線爲甲，平方之原邊爲天，甲加平方之原積爲戊，平方長後之增邊爲辛，共積爲己。乃以天自乘，以甲加之，與戊相等，如一式。以 天⊥辛 自乘，以甲加之，與己相等，如二式。以一式消二式，如三式。以辛約之，如四式。設辛等於〇，則右畔只存 二天 如五式。移彳天於右，變除爲乘，如六式，即求得增積之比例率。此式與一題平方求微分式無異。蓋常數無微分，故平方加甲之微分即未曾加甲之平方微分也。平方與直線相減倣此。

今有句股形漸變而大，同一秒中而句與股變大之數不同。已知句股原線及增線，求增積之比例率。

式一

戊＝$\frac{二}{一}$天丨地

式二

彳戊＝$\frac{二}{一}$地丨彳天

⊥$\frac{二}{一}$天丨彳地

法命句爲天，股爲地，原積爲戊，天、地相乘，二而一得戊，如一式。地乘天之微分，天乘地之微分，各二而一，相加得戊之微分，如二式。

今有句股形，句漸變而大，股漸變而小，同一秒中而所變之數不同。已知句股原線及增減線，求變積或增或減。之比例率。

式一

戊＝$\frac{二}{一}$天丨地

式二

彳戊＝$\frac{二}{一}$地丨彳天

丅$\frac{二}{一}$天丨彳地

法命句爲天，股爲地，原積爲戊，天、地相乘，二而一得戊，如一式。地乘天之微分，天乘地之微分，各二而一，相減得戊之微分，如二式。

今有句冪乘股冪之積。句股皆漸變而大。已知句股原線及增線，求增積之比例率。

式一

庚＝天^{二}

式二

壬＝地^{二}

式三

戊＝天^{二}丨地^{二}

式四

彳庚＝二天丨彳天

式五

彳壬＝二地丨彳地

式六

彳戊＝二地^{二}丨天丨彳天

⊥二天^{二}丨地丨彳地

式一次

彳戊＝天^{二}丨彳地

⊥二天丨地丨彳天

式二次

彳戊＝二天丨地^{二}丨人^{二}丨彳天

⊥二天^{二}丨地丨人^{二}丨彳地

⊥二天^{二}丨地^{二}丨人丨彳人

法命句爲天，股爲地，句冪爲庚，股冪爲壬，句冪乘股冪之積爲戊。句自乘得庚，如一式。股自乘得壬，如二式。句冪乘股冪得戊，如三式。乃用一題求平方微分術，得句冪之微分，如四式。又得股冪之微分，如五式。以股冪互乘四

式，句冪互乘五式，相加即得戊之微分，如六式。

若句冪乘股之積，求其微分，則只求句冪之微分，而以股乘之得 二天|地|伕 又以句冪乘股之微分得 天二|彵 兩得數相加，即戊之微分，如次一式。

若句、股、弦三冪維乘之積，求其微分，則命弦爲人，各求三冪之微分，而以其餘二冪互乘之所得相加，即戊之微分，如次二式。

今有句冪除股冪之積，句股皆漸變而大。已知句股原線及增線，求增積之比例率。

法命句爲天，股爲地，句冪爲庚，股冪爲壬，句冪除股冪之積爲戊，句自乘得庚，即分母，如一式。股自乘得壬，即分子，如二式。分母句冪除分子股冪得戊，如三式。用一題求平方微分術，得句冪微分，即分母之微分，如四式。又得股冪微分，即分子之微分，如五式。乃以分母乘分子之微分，而以分子乘分母之微分減之，爲戊微分之子。以分母自乘方爲戊微分之母，即得戊之微分，如六式。以天約之，如七式。

式一

$$庚=天^{二}$$

式二

$$壬=地^{二}$$

式三

$$戊=\frac{天^{二}}{地^{二}}$$

式四

$$𢔅=二天|伕$$

式五

$$𢓊=二地|彵$$

式六

$$𢓜=\frac{天^{四}}{二天^{二}|地|彵丅二天|地^{二}|伕}$$

式七

$$𢓜=\frac{天^{三}}{二天|地|彵丅二地^{二}|伕}$$

今有平方漸變而大。已知原積及增積，求平方根之比例率。

法命平方爲天，平方之微分爲伕，平方之根爲 $\sqrt{天}$ 即 $天^{\frac{二}{一}}$ 乃用三題求平方微分又術，以指數 $\frac{二}{一}$ 減一得 $丅\frac{二}{一}$ 爲天之指數。即平方根約一。又以指數 $\frac{二}{一}$ 乘之，又以伕乘之得 $天^{\frac{二}{一}}$ 之微分，如一式。所得與 $\frac{二}{\sqrt{天}}$ 除伕無異，如二式。蓋此題之伕，即一題之𢓜。此題之 $二\sqrt{天}$ 即一題之 二天 故以倍原邊原邊即平方根。除積之微分而得邊之微分也。

式一

$$亻(天^{\frac{二}{一}})=\frac{二}{一}天^{丅\frac{二}{一}}|伕$$

式二

$$亻\sqrt{天}=\frac{二\sqrt{天}}{伕}$$

若常數乘平方之積，求所得平方根之比例率，設股冪除句冪之率爲常數。今有股冪爲平方。已知股冪之增邊，求所得句冪之增邊。則命常數爲甲，平方爲 天二 所得平方根爲戊，以甲乘 天二 平方開之得戊，如次一式。乃用一題求平方微分術得 天二 之微分 二天|伕 以甲乘之得 二甲|天|伕 爲實。倍戊得 $二\sqrt{甲|天^{二}}$ 爲法。法除實，即得戊之微分，即句冪增邊。如次二式。

式一次

$$戊=\sqrt{甲|天^{二}}$$

式二次

$$𢓜=\frac{二\sqrt{甲|天^{二}}}{二甲|天|伕}$$

今有等邊三角形，其邊漸變而大。已知原邊及增邊，求中垂增線之比例率。

法命原邊爲天，中垂線爲戊。設邊線冪率四，中垂線冪率三，以四除三，所得命爲甲。乃以四爲一率，三爲二率，天冪爲三率，求得四率，即中垂線冪。平方開之，得中垂線，如一式，即二式。次如前題，以甲乘邊冪之微分得 二甲|天|伕 爲實。倍中垂線得 $二\sqrt{甲|天^{二}}$ 爲法。法除實得戊之微分，即中垂線之增線，如三式，即四式。

式一

$$戊=\sqrt{\frac{四}{三|天^{二}}}$$

式(三)[二]

$$戊=\sqrt{甲|天^{二}}$$

式三

$$𢓜=\frac{二\sqrt{甲|天^{二}}}{二甲|天|伕}$$

式四

$$𢓜=甲^{\frac{二}{一}}|伕$$

今有等邊三角形，其邊漸變而大。已知原邊及增邊，求增積之比例率。

法命原邊之半爲天，原中垂線爲地，原積爲戊，增邊之半爲天之微分，增中垂線爲地之微分，天地相乘得戊，如一式。乃用六題求句股微分術，以天乘地之微分，地乘天之微分，相加即得戊之微分，如二式。

式一

$$戊=天|地$$

式二

$$𢓜=地|伕丄天|彵$$

今有平圓漸變而大。已知原徑及增徑求增積之比例率。

法命原徑爲天，原積爲戊。設徑率一，周率三一四，命周率爲用增徑爲天之微分，乃以四除周率，得積率。以天冪乘之得戊，如一式。次用三題求平方微分又術，以指數

式一

$$戊=\frac{四}{用}|天^{二}$$

式二

$$𢓜=二\frac{四}{用}|天|伕$$

式三

$$𢓜=\frac{二}{用}|天|伕$$

二減一得 $\frac{四}{用}|天$ 以指數二乘之，又以天之微分乘之，即得戊之微分，如二式，即三式。

今有平圓漸變而大。已知原積及增積之比例率，求增徑之比例率。

式一

$$戊=\sqrt{\frac{用}{四}天}$$

式二

$$戊=\sqrt{甲|天}$$

式三

$$彵=\frac{二\sqrt{甲|天}}{甲|伕}$$

法：命原積爲天，原徑爲戊，周率除四所得爲甲增積之比例率，即天之微分。乃以周率除四所得乘原積，平方開之得戊，如一式，即二式。次用十題求平方根微分術，以甲乘天之微分，爲實。倍原徑，爲法。法除實，即得戊之微分，如三式。

今有圓錐底徑漸變而大。其高爲常數，不變。已知原徑及增徑，求增積之比例率。

式一

$$戊=\frac{四}{用}|天^{二}|\frac{三}{甲}$$

式二

$$彵=\frac{四}{用}天|\frac{三}{甲}|伕$$

式三

$$彵=\frac{六}{用甲}天|伕$$

法：命原徑爲天，高爲甲，原積爲戊。乃以四除周率之所得乘原徑冪。又以三除高之所得乘之，得戊，如一式。次用三題求平方微分又術，以指數二減一得 $\frac{四}{用}|天|\frac{三}{甲}$ 以指數二乘之，又以天之微分乘之，即得戊之微分，如二式，即三式。

今有圓球漸變而大。已知原徑及增徑，求增積之比例率。

式一

$$戊=\frac{三}{二}|\frac{四}{用}|天^{三}$$

式二

$$戊=\frac{六}{用}|天^{三}$$

式三

$$戊=甲|天^{三}$$

式四

$$彵=三甲|天^{二}|伕$$

法：命原徑爲天，原積爲戊，乃以四除周率之所得乘三除二之所得爲積率。省之則爲六除周率。命積率爲甲，原徑再自乘。又以積率乘之得戊，如一式，即二式，又即三式。次用三題求立方微分又術，以指數三減一得 $甲|天^{二}$ 以指數三乘之，又以天之微分乘之，即得戊之微分，如四式。

今有橢圓漸變而大。已知長、短兩原徑及兩增徑，求增積之比例率。

式一

$$戊=天|地|用|\frac{四}{一}$$

式二

$$彵=\frac{四}{一}地|用|伕\perp\frac{四}{一}天|用|他$$

法：命原長徑爲天，原短徑爲地，原積爲戊，乃以四除周率所得乘之得戊，如一式。次用六題求句股微分術，以天乘地之微分，地乘天之微分，各以四除周率所得乘之相加，即得戊之微分，如二式。

疊次微係數。以下求疊微分。

今有三乘方漸變而大。已知原邊及增邊，求其疊次微係數。

式一

$$戊'=天^{四}$$

式二

$$\frac{伕}{彵}=四天^{三}$$

式三

$$\frac{伕^{二}}{彳^{二}戊}=一二天^{二}$$

式四

$$\frac{伕^{三}}{彳^{三}戊}=二四天$$

式五

$$\frac{伕^{四}}{彳^{四}戊}=二四$$

式一次

$$(天\perp伕)^{四}=天^{四}\perp四天^{三}|伕\perp一二天^{二}|\frac{二}{伕^{二}}\perp二四天|\frac{二|三}{伕^{三}}\perp二四\frac{二|三|四}{伕^{四}}$$

法：命原邊爲天，原積爲戊，天三次自乘得戊，如一式。乃以指數四減一得 $天^{三}$ 以原指數四乘之得一次微係數，如二式。又以右畔 $四天^{三}$ 爲函數，如法求得二次微係數，如三式。又以右畔 $一二天^{二}$ 爲函數，如法求得三次微係數，如四式。又以右畔 $二四天$ 爲函數，如法求得四次微係數，如五式。其右畔 $二四$ 不函天，不能再求微分。共求得四次微係數。$彳^{二}戊$ 爲戊二次微分之號，$彵^{二}$ 爲彵之平方，$伕^{二}$ 爲伕之平方，非 $天^{二}$ 之微分。疊次微係數又謂之級數。

若併諸級數，則得原積增積之全數，如次一式。

案：疊次微分即諸乘方廉隅之數也。平方有一廉一隅，故可求二次微係數。立方有二廉一隅，故可求三次微係數。三乘方有三廉一隅，故可求四次微係數。四乘方以上倣此。

今有直線乘四乘方之積。四乘方漸變而大，直線爲常數，不變。已知四乘方之原邊與增邊及直線，求其疊次微係數。

式一

$$戊=甲|天^{五}$$

式二

$$\frac{彳天}{彳戊}=五甲|天^{四}$$

式三

$$\frac{彳天^{二}}{彳^{二}戊}=二〇甲|天^{三}$$

式四

$$\frac{彳天^{三}}{彳^{三}戊}=六〇甲|天^{二}$$

式五

$$\frac{彳天^{四}}{彳^{四}戊}=一二〇甲|天$$

式六

$$\frac{彳天^{五}}{彳^{五}戊}=一二〇甲$$

式一次

$$甲|(天丄彳天)^{五}=甲|天^{五}丄五甲|天^{四}|彳天$$
$$丄二〇甲|天^{三}|\frac{二}{彳天^{二}}$$
$$丄六〇甲|天^{二}|\frac{二|三}{彳天^{三}}$$
$$丄一二〇甲|天|\frac{二|三|四}{彳天^{四}}$$
$$丄一二〇甲|\frac{二|三|四|五}{彳天^{五}}$$

法：命四乘方原邊爲天，直線爲甲，原積爲戊，天四自乘，又以甲乘之得戊，如一式。乃以指數五減一得 $甲|天^{四}$ 以原指數五乘之得一次微係數，如二式。又以右畔 $五甲|天^{四}$ 爲函數，如法求得二次微係數，如三式。又以右畔 $二〇甲|天^{三}$ 爲函數，如法求得三次微係數，如四式。又以右畔 $六〇甲|天^{二}$ 爲函數，如法求得四次微係數，如五式。又以右畔 $一二〇甲|天$ 爲函數，如法求得五次微係數，如六式。其右畔 $一二〇甲$ 不函天，不能再求微分。共求得五次微係數。

併五次微係數及原積，得原積增積之全數如次式。

微分二求極大、極小之函數。

今有十方根，内減一平方之餘積。方冪、方根皆爲變數，求變數之極大數。

式一

$$戊=一〇天丅天^{二}$$

式二

$$\frac{彳天}{彳戊}=一〇丅二天$$

式三

$$一〇丅二天=〇$$

式四

$$天=五$$

式五

$$\text{四代天}戊=四〇丅一六$$
$$=二四$$

式六

$$\text{五代天}戊=五〇丅二五$$
$$=二五$$

式七

$$\text{六代天}戊=六〇丅三六$$
$$=二四$$

法命方根爲天，原積爲戊，天自乘以減十天得戊，如一式。如前求得第一次微係數，如二式。令此式等於無數，如三式。十内減二天既爲無數，則天必爲五。如四式乃以一加五得六。又以一減五，得四。以四、五、六遞代原式中之天，如五式、六式、七式。四、六代天所得之數俱小於五代天所得之數，以是知方根長至五，其函數極大。

今有一平方内減十六方根，加七十真數之積。方冪、方根皆爲變數，求變數之極小數。

式一

$$戊=天^{二}丅一六天丄七〇$$

式二

$$\frac{彳天}{彳戊}=二天丅一六$$

式三

$$二天丅一六=〇$$

式四

$$天=八$$

式五

$$\text{七代天}戊=四九丅一一二丄七〇$$
$$=七$$

式六

$$\text{八代天}戊=六四丅一二八丄七〇$$
$$=六$$

式七

$$\text{九代天}戊=八一丅一四四丄七〇$$
$$=七$$

法：命方根爲天，原積爲戊，天自乘内減十六天，又加七十真數得戊，如一式。如前求得第一次微係數，如二式。令此式等於無數，如三式。十六減二天既爲無數，則天必爲八，如四式。乃以一加八得九，又以一減八得七。七、八、九遞代原式之天，如五式、六式、七式。七、九代天所得之數俱大於八代天所得之數，以是知變數消至八，其函數極小。

今有三角形已知底邊及中垂線，求所容極大矩積。

式一

$$地:乙::辛丅天:辛$$

式二

$$地=\frac{辛}{乙}(辛丅天)$$

式三

$$地|天=\frac{辛}{乙}|(辛|天丅天^{二})$$

式四

$$\frac{彳天}{彳戊}=辛丅二天$$

式五

$$辛丅二天=〇$$

式六

$$天=\frac{二}{辛}$$

如圖子丑寅三角形,命其底子丑爲乙,中垂線寅卯爲辛,所容矩形之高巳卯爲天,其廣午辰爲地。乃以寅卯即辛。比寅巳,即天減辛。若子丑即乙。與午辰,即地。如一式。一率除三率所得乘二率,即與四率相等,如二式。以天乘之爲所容矩積,如三式。$\frac{辛}{乙}$ 爲常數,無微分。辛丨天丅天^{二} 爲變數,求其一次微係數,如四式。令此式等於無數,如五式。二天減辛既爲無數,則二除辛必爲天之極大數,如六式。以是知矩形之高半於三角形之高,其積極大。

今有圓錐體,已知底徑及高,求所容極大圓柱積。

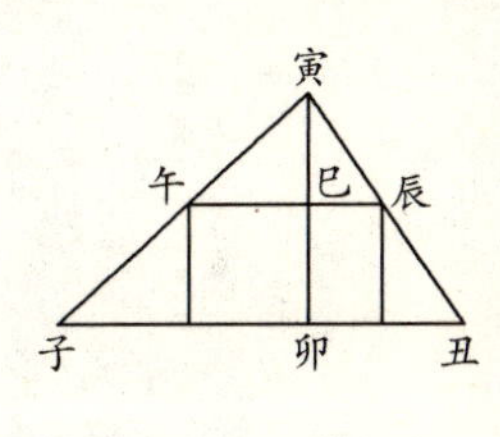

式一

$$地:甲丅天::乙:甲$$

式二

$$地=\frac{甲}{乙}丨(甲丅天)$$

式三

$$地丨用=\frac{甲^{二}}{用丨乙^{二}}丨(甲丅天)^{二}$$

式四

$$地丨天丨用=\frac{甲^{二}}{用丨乙^{二}}丨天丨(甲丅天)^{二}$$

即

$$地丨天丨用=\frac{甲^{二}}{用丨乙^{二}}丨甲丨天丅二甲丨天^{二}丄天^{三}$$

式五

$$\frac{伕}{彳戊}=甲^{二}丅四甲丨天丄三天^{二}$$

式六

$$甲^{二}丅四甲丨天丄三天^{二}=〇$$

式七

$$\frac{伕^{二}}{彳戊}=丅四甲丄六天$$

如圖子丑寅圓錐體,命其高寅巳爲甲,底半徑子巳爲乙,所容圓柱之高辰巳爲天,半徑卯辰爲地。乃以寅巳,即甲。比子巳,即乙。若寅辰即天減甲。與卯辰,即地。如一式。一率除二率,所得乘三率,即與四率相等,如二式。地爲圓柱之半徑,半徑自乘,又以周率乘之得圓柱面積,如三式。以柱高乘之得圓柱體積,如四式。去其常數 $\frac{甲^{二}}{用丨乙^{二}}$ 只用變數 天(甲丅天)^{二} 求一次微係數,如五式。令此式等於無數,如六式。此式天或等於甲,或等於 $\frac{甲}{三}$ 不能定極大、極小之數,乃求二次微係數,如七式。此式若天等於甲,則爲正,而得極小數。若天等於 $\frac{甲}{三}$ 則爲負,而得極大數。以是知所容圓柱之高當錐高三分之一,其積極大。

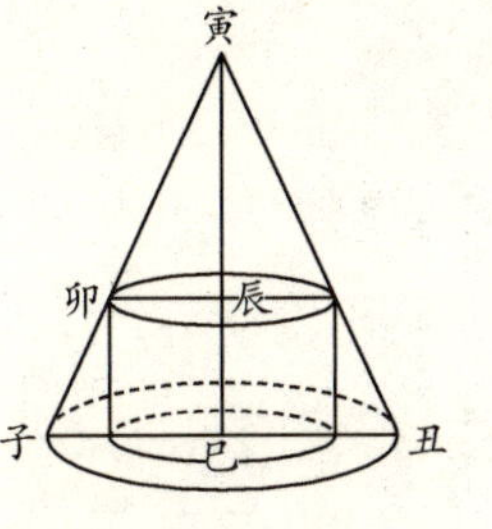

今有圓錐體已知底徑及斜距,求所容極大拋物線之中徑。

式一

$$辰巳=\sqrt{甲丨天丅天^{二}}$$

式二

$$辰寅=二\sqrt{甲丨天丅天^{二}}$$

式三

$$午巳:天::乙:甲$$

式四

$$午巳=\frac{甲}{乙丨天}$$

式五

$$戊=\frac{三}{二}丨\frac{甲}{乙丨天}丨二\sqrt{甲丨天丅天^{二}}$$

式六

$$天丨\sqrt{甲丨天丅天^{二}}$$

式七

$$天^{二}丨(甲丨天丅天^{二})^{二}$$

即

$$甲丨天^{三}丅天^{四}$$

式八

$$\frac{伕}{彳戊}=三甲丨天^{二}丅四天^{三}$$

式九

$$三甲丅四天=〇$$

式十

$$天=\frac{四}{三甲}$$

即

$$午巳=\frac{甲}{乙丨天}$$
$$=\frac{四}{三}丨乙$$

如圖子丑寅卯圓錐體,命其底徑丑卯爲甲,斜距子丑爲乙,底徑截分卯巳爲天,所容拋物面積辰午寅巳爲戊。乃以甲天相乘,又以天自乘減之,餘開平方得拋物線底之半,如一式。倍之得拋物線底,如二式。又以甲比乙若天與拋物中徑,如三式。

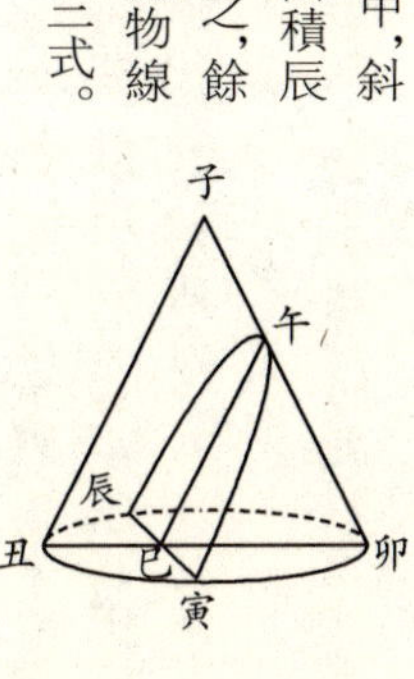

二、三率相乘，一率除之得四率，如四式。四式乘二式，又以抛物定率 $\frac{三}{二}$ 乘之得抛物面積，如五式。四式爲縱線，二式爲橫線，抛物面積爲縱橫線矩積三分之二。故以三除二爲抛物定率。去其常數，存其變數，如六式。自乘以消開方之號，如七式。求一次微係數，如八式。以天冪消之，令等於無數，如九式。四天減三甲既爲無數，則四除 三甲 必與天等，如十式。以是知抛物中徑當圓錐斜距四分之三，其徑極大。

今有抛物線面，已知其高、廣，求所容極大矩形之高。

式一

$$地^{二}=二丙\mid天$$

式二

$$地=\sqrt{二丙\mid天}$$

式三

$$二地=二\sqrt{二丙\mid天}$$

式四

$$戊=二\sqrt{二丙\mid天}\mid(甲丅天)$$

式五

$$\sqrt{天}\mid(甲丅天)$$

即

$$甲\mid天^{\frac{二}{一}}丅天^{\frac{二}{三}}$$

式六

$$\frac{彳天}{彳戊}=\frac{二}{一}甲\mid天^{丅\frac{二}{一}}丅\frac{二}{三}天^{\frac{二}{一}}$$

式七

$$\frac{二}{一}甲\mid天^{丅\frac{二}{一}}丅\frac{二}{三}天^{\frac{二}{一}}=〇$$

式八

$$\frac{天^{\frac{二}{一}}}{甲}=三天^{\frac{二}{一}}$$

即

$$甲=三天$$

如圖寅子丑卯抛物線面，命其高子卯爲甲，甲與矩形高之較子巳爲天，矩形之半廣午巳爲地，矩形之面積申午辰未爲戊，乃用抛物線求地冪術，如一式。開方除之得矩形半廣，如二式。倍之爲矩形之廣，如三式。以天減甲，餘爲矩形之高。以乘三式得矩形面積，如四式。去其常數，存其變數，如五式。求一次微係數，如六式。令此式等於無數，如七式。求得三天與甲相等，如八式。以是知所容矩形之高當抛物面中徑三分之二，其積極大。

今有圓球體，已知其徑，求所容極大圓錐積。

式一

$$二甲丅天:地::地:天$$

式二

$$地=\sqrt{二甲\mid天丅天}$$

式三

$$二甲:\frac{子}{丑}::\frac{子}{丑}:天$$

式四

$$子丑=\sqrt{二甲\mid天}$$

式五

$$戊=用\mid\sqrt{二甲\mid天丅天^{二}}\mid\sqrt{二甲\mid天}$$

即

$$戊=用\mid\sqrt{四甲^{二}\mid天^{二}丅二甲\mid天^{三}}$$

式六

$$四甲^{二}\mid天^{二}丅二甲\mid天^{三}$$

式七

$$\frac{彳天}{彳戊}=八甲^{二}\mid天丅六甲\mid天^{二}$$

式八

$$八甲\mid天丅六\mid天^{二}=〇$$

式九

$$八甲丅六天=〇$$

式十

$$四甲丅三天=〇$$

式一十

$$天=\frac{三}{四甲}$$

如圖子丑寅卯圓球體，命其徑子寅爲 二甲 圓錐高子辰爲天，底半徑丑辰爲地，圓錐積爲戊，乃以天比地若地與 二甲丅天 如一式。首率、末率相乘，開方除之得中率，爲錐半底，如二式。又以天比子丑線若子丑線與 二甲 如三式。首率、末率相乘，開方除之得中率，爲錐斜面，如四式。二式、四式相乘，又以周率乘之，爲圓錐積，如五式。去其常數，存其變數，自乘以消開方之號，如六式。求一次微係數，如七式。令此式等於〇，以甲約之，如八式。又以天約之，如九式。半之，如十式。以右畔之三除左畔之 四甲 得天，如十一式。以是知所容圓錐之高當球半

徑三分之四，其積極大。

今有直線，欲令爲弦，作句股形。已知直線，求極大之句股積。

式一

$$戊＝三天丨\sqrt{甲^{二}丅天^{二}}$$

式二

$$二戊＝天丨\sqrt{甲^{二}丅天^{二}}$$

式三

$$(二戊)^{二}＝天^{二}丨甲^{二}丅天^{四}$$

式四

$$\frac{仸}{彳戊}＝二天丨甲^{二}丅四天^{三}$$

式五

$$天丨甲^{二}丅二天^{三}＝〇$$

式六

$$甲^{二}丅二天^{二}＝〇$$

式七

$$甲^{二}＝二天^{二}$$

如圖子丑寅句股形，丑寅弦即直線，爲常數，不變。子寅句，子丑股皆爲變數。乃命丑寅爲甲，子寅爲天，句股積爲戊，甲與天各自乘，相減平方開之得股，以半句乘之，得句股積，如一式。倍之爲直積，如二式。自乘以去開方號，如三式。求一次微係數，如四式。令此式等於〇，半之，如五式。以天約之，如六式。求得二天冪與甲冪等，如七式。以是知句股相等，其積極大。

今有象限形，欲引長其兩半徑，令與切線成句股形。已知半徑，求極小之句股積。

式一

地：甲：：甲：天

式二

$$地＝\frac{天}{甲^{二}}$$

式三

$$戊＝天丄\frac{天}{甲^{二}}$$

式四

$$戊^{二}＝天^{二}丄二甲^{二}$$

$$丄\frac{天^{二}}{甲^{四}}$$

式五

$$天^{二}丄\frac{天^{二}}{甲^{四}}$$

式六

$$\frac{仸}{彳戊}＝二天丄\frac{天^{四}}{丅二天四^{四}}$$

式七

$$\frac{天^{四}}{甲^{四}}＝〇$$

如圖辰卯巳丑爲所有象限形，子丑寅爲所求句股形。卯丑垂線即半徑，爲常數，不變。子寅切線，即弦，與句、股皆爲變數。此題切線小，則句股積亦小。切線大，則句股積亦大。以卯丑線爲常數故也。乃命卯丑爲甲，寅卯爲天，子卯爲地，子寅爲戊。以天比甲若甲與地，如一式。中率自乘，首率除之，得末率，如二式。以天加之得切線，如三式。自之爲切線冪，如四式。去其常數，存其變數，如五式。求一次微係數，如六式。令此式等於〇，以二天約之，如七式。天之三乘方除甲之三乘方而適盡，則甲必與天等。甲既與天等，甲自與地等，以是知句股相等，其積極小。

今有直線欲分爲二分。令小分乘大分之平方積得數極大。已知直線，求大、小分。

式一

$$戊＝甲丨天^{二}丅天^{三}$$

式二

$$\frac{仸}{彳戊}＝二甲丨天丅三天^{二}$$

式三

$$二甲丅三天＝〇$$

式四

$$天＝\frac{三}{二甲}$$

法：命直線爲甲，大分爲天，天減甲爲小分，以天平方積乘之得戊，如一式。求一次微係數，如二式。令此式等於〇，以天約之，如三式。以右畔三除左畔二甲得天，如四式。以是知大分得直線三分之二，其積極大。

今有直線欲分爲二分。令小分乘大分之立方積得數極大。已知直線，求大、小分。

式一

$$戊＝甲丨天^{三}丅天^{四}$$

式二

$$\frac{仸}{彳戊}＝三甲丨天^{二}丅四天^{三}$$

式三

$$三甲丅四天＝〇$$

式四

$$天＝\frac{四}{三甲}$$

法：命直線爲甲，大分爲天，天減甲爲小分，以天立方積乘之得戊，如一式。求一次微係數，如二式。令此式等於〇，以天冪約之，如三式。以右畔四除左畔三甲得天，如四式。以是知大分得直線四分之三，其積極大。

又　卷六

微分三求諸函數之微分。

前卷所載爲求微分之正法，此則旁推諸數，以盡微分之變。

今有真數，已知其對數，求對數之微分。已下求對數微分。

法以真數之微分乘對數之根爲實，真數爲法，以法除實，即得對數之微分。若用對數以減代除亦可。試命真數爲地，真數之微分爲彳地，對數之微分爲彳天，對數根爲艮。艮彳地相乘，以地除之，得彳天，如一式。

式一

$$彳天=\frac{地}{彳地丨艮}$$

假如真數四千八百二十五，真數之微分一。中國對數表根．四三四二九四　其對數爲　九．六三七七八四　以四千八百二十五之對數　三．六八三四九七　減之得　五．九五四二八七　查得真數　．〇〇〇〇九〇　是爲四千八百二十五與四千八百二十六兩對數之較，即所求微分也。

今有變數加常數爲實，變數減常數爲法，法除實所得之數爲真數。已知其對數，求對數之微分。

法：命常數爲甲，變數爲天，得數之真數爲地，對數爲寸，對數根爲艮。以天減甲爲法，即分母。天加甲爲實，即分子。法除實得地，如一式。乃先求真數之微分。用帶分微分術，詳微分之九題。求分母　甲丅天　之微分，得　甲丅　求分子　甲丄天　之微分，得　丄甲　以分子之微分　丄甲　乘分母　甲丅天　得　甲二丅甲丨天　以分母之微分　甲丅　乘分子　甲丄天　得　丅甲二丅甲丨天　兩得數相減餘二甲二　以天之微分彳天乘之得　二甲二丨彳天　爲所求分子。以原分母　甲丅天　自乘得（甲丅天二）爲所求分母。分母除分子得地之微分，如二式。次求對數之微分，用對數微分術詳前題，以真數微分乘對數根爲實，真數爲法，法除實得對數之微分，如三式。

式一

$$地=\frac{甲丅天}{甲丄天}$$

式二

$$彳地=\frac{(甲丅天)^{二}}{二甲^{二}丨彳天}$$

式三

$$彳(地寸)=\frac{地}{彳地丨艮}$$

今有弧度漸長而大。已知弧度及餘弦與弧度之微分，求正弦之微分。已下求八線微分。

式一

$$戊=天弦$$

式二

$$巳=(天丄辛)弦$$

式三

$$巳丅戊=(天丄辛)弦丅天弦$$

式四

$$(天丄辛)弦丅天弦=$$

$$\frac{丁}{二丨}\left[\left(\frac{二}{辛}\right)弦丨\left(天丄\frac{二}{辛}\right)弓\right]$$

即

$$巳丅戊=$$

$$\frac{丁}{二丨}\left[\left(\frac{二}{辛}\right)弦丨\left(天丄\frac{二}{辛}\right)弓\right]$$

式五

$$\frac{辛}{巳丅戊}=\frac{\frac{二}{辛}}{\left(\frac{二}{辛}\right)弦}丨\frac{丁}{\left(天丄\frac{二}{辛}\right)弓}$$

式六

$$\frac{\frac{二}{辛}}{\left(\frac{二}{辛}\right)弦}=一$$

式七

$$\frac{彳天}{彳戊}=\frac{丁}{天弓}$$

式八

$$彳戊=\frac{丁}{天弓丨彳天}$$

法：以餘弦乘弧度之微分爲實，半徑爲法，法除實即得正弦之微分。凡正弦之微分皆爲正。試命弧度爲天，弧之增數爲辛，半徑爲丁，正弦爲戊，長後之正弦爲巳。乃以天之正弦爲一式，天加辛之正弦爲二式。以一式減二式得三式。準八線術，以半徑比天加半辛之餘弦若半辛之通弦與天及天加辛之兩正弦較，如四式，即三式之同數。此式之兩畔各以辛約之，而右畔之母子又各以二約之，如五式，爲函數與變數兩長數之比例。若辛等於〇，則 $\frac{二}{辛}$ 除 $\left(\frac{二}{辛}\right)$弦 必等於一，如六式。而五式遂變爲七式。凡弧度必大於正弦，小於正切。若弧度等于〇，則正切、正弦弧度三者皆等。故以弧度除正弦而得一也。移彳天於右，

變除爲乘，即得正弦之微分，如八式。

假令弧度三十度，其微分一分。準周徑相求術，半徑爲一弧之一分，爲 .〇〇〇二九〇九 其對數爲 六·四六三七二六 三十度之餘弦對數爲 九·九三七五三一 兩對數相加，以半徑對數 一〇·〇〇〇〇〇〇 減之得 六·四〇一二五七 檢表得真數 〇·〇〇〇二五二 爲三十度與三十度一分兩正弦之較，即所求微分也。

今有弧度漸長而大。已知弧度及正弦與弧度之微分，求餘弦之微分。

式一

$$\text{戊}=\text{天弓}$$

式二

$$\text{彳戊}=\text{彳}(\text{天弓})$$
$$=\text{彳}(\text{九〇度丅天弦})$$

式三

$$\text{彳}(\text{九〇度丅天弦})=\frac{\text{丁}}{(\text{九〇度丅天})\text{弓}|\text{彳}(\text{九〇度丅天})}$$

式四

$$(\text{九〇度丅天})\text{弓}=\text{天弦}$$

式五

$$\text{彳}(\text{九〇度丅天})=\text{彳天丅}$$

式六

$$\text{彳戊}=\text{彳}(\text{天弓})$$
$$=\text{丅}\frac{\text{丁}}{\text{天弦}|\text{彳天}}$$

法：以正弦乘弧度之微分爲實，半徑爲法，法除實，即得餘弦之微分。凡餘弦之微分皆爲負。弧度漸增，則餘弦漸減，故其微分爲負。試命弧度爲天，餘弦爲戊，半徑爲丁，乃以天之餘弦爲一式，求其微分。識別得天餘弦之微分，即九十度内減天之正弦微分，如二式。準前題，以九十度内減天之餘弦乘九十度内減天度之微分爲實，半徑爲法，法除實得九十度内減天之正弦微分，如三式。又識別得九十度内減天之餘弦，即天之正弦，如四式。九十度内減天度之微分，即天之負微分，如五式。用四式、五式之右畔代三式之同數，即得餘弦之微分，如六式。

假令弧度六十五度十分，其微分一分，以一分對數與正弦對數相加，半徑對數減之，檢表得真數 〇·〇〇〇二六四 即餘弦微分也。

式一次

$$\text{彳}(\text{天矢})=\text{彳}(\text{丁丅天弓})$$
$$=\frac{\text{丁}}{\text{天弦}|\text{彳天}}$$

式二次

$$\text{戊}=\text{天弦}$$
$$\frac{\text{彳天}}{\text{彳戊}}=\text{天弓}$$
$$\frac{\text{彳天}^{二}}{\text{彳}^{二}\text{戊}}=\frac{\text{天弦}}{\text{丅}}$$
$$\frac{\text{彳天}^{三}}{\text{彳}^{三}\text{戊}}=\frac{\text{天弓}}{\text{丅}}$$
$$\frac{\text{彳天}^{四}}{\text{彳}^{四}\text{戊}}=\text{天弦}$$

推類下以

式三次

$$\text{戊}=\text{〇}$$
$$\frac{\text{彳天}}{\text{彳戊}}=\text{一}$$
$$\frac{\text{彳天}^{二}}{\text{彳}^{二}\text{戊}}=\text{〇}$$
$$\frac{\text{彳天}^{三}}{\text{彳}^{三}\text{戊}}=\text{丅一}$$
$$\frac{\text{彳天}^{四}}{\text{彳}^{四}\text{戊}}=\text{〇}$$

推類下以

式四次

$$\text{天弦}=\text{天丅}\frac{\text{二}|\text{三}}{\text{天}^{三}}\perp\frac{\text{二}|\text{三}|\text{四}|\text{五}}{\text{天}^{五}}\text{丅}\cdots$$

式五次

$$\text{戊}=\text{天弓}$$
$$\frac{\text{彳天}}{\text{彳戊}}=\frac{\text{天弦}}{\text{丅}}$$
$$\frac{\text{彳天}^{二}}{\text{彳}^{二}\text{戊}^{二}}=\frac{\text{天弓}}{\text{丅}}$$
$$\frac{\text{彳天}^{三}}{\text{彳}^{三}\text{戊}}=\text{天弦}$$
$$\frac{\text{彳天}^{四}}{\text{彳}^{四}\text{戊}}=\text{天弓}$$

推類下以

式六次

$$\text{戊}=\text{一}$$
$$\frac{\text{彳天}}{\text{彳戊}}=\text{〇}$$
$$\frac{\text{彳天}^{二}}{\text{彳}^{二}\text{戊}}=\text{丅一}$$
$$\frac{\text{彳天}^{三}}{\text{彳}^{三}\text{戊}}=\text{〇}$$
$$\frac{\text{彳天}^{四}}{\text{彳}^{四}\text{戊}}=\text{一}$$

推類下以

式七次

$$\text{天弓}=\text{一丅}\frac{\text{二}}{\text{天}^{二}}\perp\frac{\text{二}|\text{三}|\text{四}}{\text{天}^{四}}\text{丅}\cdots$$

若求正矢微分，則如次一式。蓋正矢恒等於半徑内減餘弦故也。

若用求疊次微分術，則可藉弧度以得正、餘弦，於作表最便。設有弧度求正弦，用前求正弦微分術，以正天餘弦爲一次微系數，前式以半徑除天餘弦，半徑恒爲一。一除不消，故此式省之。負天正弦爲二次微系數。負天餘弦爲三次微系數。正天正弦爲四次微系數。如此屢求不已，成諸級數，如次二式。令天等於〇，則餘弦爲一，而正弦無數，如次三式。去無數者不用，只以三次、五次、七次諸微系數遞加、遞減，即得正弦，如次四式。此式後應以二、三、四、五、六、七維乘爲法，天六自乘爲實，法除實所得以減之。如此屢加屢減始得正弦密數。算式限於篇幅，故省作…者無盡之號也。

設有弧度求餘弦，用前求餘弦微分術，以負天正弦爲一次微系數。負天餘弦爲二次微系數。正天正弦爲三次微系數。正天餘弦爲四次微系數。如此屢求不已，成諸級數，如次五式。令天等於〇，則餘弦爲一，而正弦無數，如次六式。去無數者不用，只以二次、四次、六次諸微系數遞加、遞減即得餘弦，如次七式。

今有弧度漸長而大。已知弧度及餘弦與弧度之微分，求正切之微分。

式一

$$戊＝天切$$

$$＝\frac{天弓}{丁丨天弦}$$

式二

$$彳戊＝\frac{天弓^{二}}{丁丨天弓丨彳(天弦)丅丁丨天弦丨彳(天弓)}$$

式三

$$彳(天弦)＝\frac{丁}{天弓丨彳天}$$

式四

$$彳(天弓)＝\frac{丁}{丅天弦丨彳天}$$

式五

$$彳戊＝\frac{天弓^{二}}{(天弓^{二}丄天弦^{二})丨彳天}$$

式六

$$天弓^{二}丄天弦^{二}＝丁^{二}$$

式七

$$彳戊＝\frac{天弓^{二}}{丁^{二}丨彳天}$$

法：以半徑冪乘弧度之微分爲實，餘弦冪爲法，法除實即得正切之微分。凡正切之微分皆爲正。試命弧度爲天，半徑爲丁，正切爲戊，以天餘弦比天正弦若半徑丁與天正切。二、三率相乘，一率除之，得四率戊，如一式。用帶分微分術，詳微分一之九題。以分母 天弓 乘分子之微分 丁丨彳(天弦) 得 丁丨天弓丨彳(天弦) 又以分子 丁丨天弦 乘分母之微分 彳(天弓) 得 丁丨天弦丨彳(天弓) 兩得數相減，餘爲所求正切之分子。原分母自乘爲所求正切之分母，即得正切之微分，如二式。準三題，正弦之微分等於餘弦乘天微分，而以半徑約之，如三式。以 丁丨天弓 乘之得 天弓^{二}丨彳天 又準四題，餘弦之微分等於負正弦乘天微分，而以半徑約之，如四式。以 丁丨天弦 乘之得 丅天弦^{二}丨彳天 兩數相加異名相加。得 (天弓^{二}丨天弦^{二})丨彳天 以之代二式之分子，如五式。識別得正弦冪加餘弦冪等於半徑冪，如六式。以半徑冪代五式之同數，如七式。

假令弧度四十五度微分一分，依法求得正切之微分爲 〇．〇〇〇

五八

今有弧度漸長而大。已知弧度及正弦與弧度之微分，求餘切之微分。

式一

$$戊＝天刀$$

式二

$$彳戊＝彳(天刀)$$

$$＝彳(九〇度丅天切)$$

式三

$$彳(九〇度丅天切)$$

$$＝\frac{(九〇度丅天)弓^{二}}{丁丨彳(九〇度丅天)}$$

式四

$$彳(九〇度丨天)＝\frac{彳天}{丅}$$

式五

$$(九〇度丅天)弓^{二}＝天弦^{二}$$

式六

$$彳戊＝丅\frac{天弦^{二}}{丁丨彳天}$$

法：以半徑冪乘弧度之微分爲實，正弦冪爲法，法除實即得餘切之微分。凡餘切之微分皆爲負。試命弧度爲天，半徑爲丁，餘切爲戊，乃以天餘切爲一式。識別得天減九十度之正切微分，即天餘切之微分，如二式。準前題求正切微分術，得天減九十度之正切微分，如三式。又識別得天減九十度之微分，即天微分之負數，如四式。天減九十度之餘弦冪，即天之正弦冪，如五式。以四、五兩式之右畔代三式中之同數，如六式。

式一次

$$彳(天弦)＝\frac{丁}{天弓丨彳天}$$

式二次

$$彳天：彳(天弦)∷丁：天弓$$

式三次

$$彳天＝\frac{天弓}{丁丨彳(天弦)}$$

式四次

$$天弓＝\sqrt{丁^{二}丅天弦^{二}}$$

式五次

$$彳天＝\frac{\sqrt{丁^{二}丅天弦^{二}}}{丁丨彳(天弦)}$$

式六次

$$彳天＝\frac{\sqrt{一丅天弦^{二}}}{彳(天弦)}$$

式七次

$$彳(天弓)＝丅\frac{丁}{天弦丨彳天}$$

式八次

$$彳天：彳(天弓)∷丁：天弦$$

式九次

$$彳天＝丅\frac{天弦}{丁丨彳(天弓)}$$

式十次

$$天弦＝\sqrt{丁^{二}丅天弓^{二}}$$

式一十次

$$彳天＝丅\frac{\sqrt{丁^{二}丅天弓^{二}}}{丁丨彳(天弓)}$$

式二十次

$$彳天＝丅\frac{\sqrt{一丁天弓^{二}}}{彳(天弓)}$$

式三十次

$$彳(天矢)＝\frac{丁}{天弦丨彳天}$$

式四十次

$$彳天：彳(天矢)∷丁：天弦$$

式五十次

$$彳天＝\frac{天弦}{丁丨彳(天矢)}$$

式六十次

$$天弦＝\sqrt{(二丅\ 丅天矢)丨天矢}$$

式七十次

$$彳天＝\frac{\sqrt{(二丁丅天矢)丨天矢}}{丁丨彳(天矢)}$$

次十八式

$$彳天=\frac{\sqrt{二天矢丅天矢^{二}}}{彳(天矢)}$$

次十九式

$$彳(天切)=\frac{天弓^{二}}{丁^{二}|彳天}$$

次二十式

$$彳天∶彳(天切)∷天弓^{二}∶丁^{二}$$

次廿一式

$$彳天=\frac{丁^{二}}{天弓|彳(天切)}$$

次廿二式

$$\frac{丁^{二}}{天弓^{二}}=\frac{天割^{二}}{丁^{二}}$$

即

$$\frac{丁^{二}}{天弓^{二}}=\frac{丁^{二}丄天切^{二}}{丁^{二}}$$

次廿三式

$$彳天=\frac{丁^{二}丄天切^{二}}{丁^{二}|彳(天切)}$$

次廿四式

$$彳天=\frac{一丄天切^{二}}{彳(天切)}$$

假令弧度爲三十五度六分微分一分，依法求得餘切之微分爲○．○○○八八丅 已上四題既可由弧度以得弦切之微分。錯綜求之，亦可由弦切以得弧度之微分。若以正弦求弧度微分，則以三題之八式爲次一式，化爲四率，如次二式。二、三率相乘，一率除之，得四率，如次三式。準八線術，正弦冪加餘弦冪等於半徑冪，乃以正弦冪減半徑冪，餘開平方得餘弦，如次四式。以次四式右畔代次三式之餘弦，如次五式，即得弧度微分。半徑爲一，則次五式變爲次六式。

若以餘弦求弧度微分，則以四題之六式爲次七式，化爲四率，如次八式二、三率相乘，一率除之，得四率，如次九式。又準八線術得正弦之同數，如次十式。以次十式之右畔代次九式之正弦，如次十一式，即得弧度微分，半徑爲一，則次十一式變爲次十二式。

若以正矢求弧度微分，則以四題之次一式爲次十三式，化爲四率，如次十四式。二、三率相乘，一率除之，得四率，如次十五式。準八線術，正矢減全徑，以正矢乘之，得正弦冪，開平方得正弦，如次十六式。以次十六式之右畔代次十四式之正弦，如次十七式，即得弧度微分。半徑爲一，則次十七式變爲次十八式。

若以正切求弧度微分，則以五題之七式爲次十九式，化爲四率，如次二十式。二、三率相乘，一率除之，得四率，如次二十一式準八線術，正割除半徑等於半徑除餘弦，如次二十二式。以次二十二式之右畔代次二十一式之 $\frac{丁^{二}}{天弓^{二}}$ 如次二十三式，即得弧度微分。半徑爲一，則次二十三式變爲次二十四式。

今有弧度漸長而大。已知弧度及正切與弧度之微分，求正弦對數之微分。

已下求八線對數微分。

式一

$$彳(天弦寸)=\frac{天弦}{艮|彳(天弦)}$$

式二

$$彳(天弦)=\frac{丁}{天弓|彳天}$$

式三

$$彳(天弦寸)=\frac{丁|天弦}{艮|天弓|彳天}$$

式四

$$\frac{天切}{一}=\frac{丁|天弦}{天弓}$$

式五

$$彳(天弦寸)=\frac{天切}{艮|彳天}$$

法：以對數根乘弧度之微分爲實，正切爲法，法除實即得正弦對數之微分。所得亦爲正。試命丁、天諸字同前。準一題求對數微分術，以正弦微分乘對數之根，而以正弦除之，得對數微分，如一式。又準三題求正弦微分術，得正弦微分，如二式。以二式右畔代一式之 彳(天弦) 如三式。又準八線術，餘弦除半徑乘正弦等於正切。若以半徑乘正弦，除餘弦，則等於正切除一，如四式。以四式之 $\frac{天切}{一}$ 代三式之 $\frac{丁|天弦}{天弓}$ 如五式，即得正弦對數之微分。

假令弧度十分三十秒，其微分一秒，準周徑相求術，半徑爲 一．○○○○○○○○ 弧之一秒，爲 ．○○○○○四八五 其對數爲 四．六八五五七五 對數根之對數爲 九．六三七七八四 兩對數相加得 一四．三二三三五九 以十分三十秒正切之對數 七．四八四九一七 減之得 六．八三八四四二 檢表得真數 ○．○○○六八九 爲十分三十秒與十分三十一秒兩正弦對數之較，即所求微分也。

今有弧度漸長而大。已知弧度及正切與弧度之微分，求餘弦對數之微分。

式一

$$彳(天弓寸)=\frac{天弓}{艮|彳(天弓)}$$

式二

$$彳(天弓)=丅\frac{丁}{天弦|彳天}$$

式三

$$彳(天弓寸)=丅\frac{丁|天弓}{艮|天弦|彳天}$$

式四

$$\frac{天弓}{天弦}=\frac{丁}{天切}$$

式五

$$彳(天弓寸)=丅\frac{丁^{二}}{艮|天切|彳天}$$

法：以對數根乘正切，又以弧度之微分乘之爲實，半徑羃爲法，法除實即得餘弦對數之微分。所得亦爲負。試命丁、天諸字同前。準一題求對數微分術，以餘弦微分乘對數之根，而以餘弦除之，得對數微分，如一式。又準四題求餘弦微分術，得餘弦微分，如二式。以二式右畔代一式之 $彳(天弓)$ 如三式。又準八線術，以半徑除正切等於餘弦除正弦，如四式。以四式之 $\frac{丁}{天切}$ 代三式之 $\frac{天弓}{天弦}$ 如五式，即得餘弦對數之微分。

假令弧度八十九度三十分三十秒微分一秒，如法求得餘弦對數之微分 丅〇.〇〇〇二四五

今有弧度漸長而大。已知弧度及正餘弦與弧度之微分，求正切及餘切對數之微分。

式一

$$彳(天切寸)=\frac{天切}{艮|彳(天切)}$$

式二

$$彳(天切)=\frac{天弓^{二}}{丁^{二}|彳天}$$

式三

$$彳(天切寸)=\frac{天弓^{二}|天切}{艮丁^{二}彳天}$$

式四

$$天弓|天切=丁|天弦$$

式五

$$天弓^{二}|天切=天弦|天弓$$

式六

$$彳(天切寸)=\frac{天弦|天弓}{艮|丁|彳天}$$

式七

$$彳(天刀寸)=\frac{天刀}{艮|彳(天刀)}$$

式八

$$彳(天刀)=丅\frac{天弦}{丁^{二}|彳天}$$

式九

$$彳(天刀寸)=丅\frac{天弦^{二}|天刀}{艮|丁^{二}|彳天}$$

式十

$$天弦|天刀=丁|天弓$$

式一十

$$天弦^{二}|天刀=天弦|天弓$$

式二十

$$彳(天刀寸)=丅\frac{天弦|天弓}{艮|丁|彳天}$$

法：各以對數根乘半徑，又以弧度之微分乘之爲實，正、餘弦相乘爲法，法除實各得其對數微分，正切爲正，餘切爲負。正切、餘切兩對數，微分同數。所異者正負耳。試命丁、天諸字同前。準一題求對數微分術，以對數根乘正切微分，而以正切除之，得對數微分，如一式。又準五題求正切微分術，得正切微分，如二式，以二式右畔代一式之 $彳(天切)$ 如三式。又準八線術，半徑乘正弦等於餘弦乘正切，如四式。餘弦乘正切既等於正弦，半徑爲一，不計。則餘弦羃乘正切必等於正弦乘餘弦，如五式。以五式右畔代三式之 $天弓^{二}|天切$ 如六式，即得正切對數之微分。又準一題求對數微分術，以餘切微分乘對數之根，而以餘切除之，得對數微分，如七式。又準六題求餘切微分術，得餘切微分，如八式。以八式右畔代七式之 $彳(天刀)$ 如九式。又準八線術，半徑乘餘弦等於正弦乘餘切，如十式。正弦乘餘切既等於餘弦，則正弦羃乘餘切必等於正弦乘餘弦，如十一式。以十一式右畔代九式之 $天弦^{二}|天刀$ 如十二式，即得餘切對數之微分。

假令弧度八十九度四分三十秒微分一秒，如法求得正切對數之微分爲〇.〇〇〇一三〇

又術：以正弦、餘弦兩對數微分相加，即得正、餘切之對數微分。

今有平圓截弧漸長而大。已知縱橫線及其微分，求弧線之微分。已下求面積、體積之微分。

式一

$$彳人=\sqrt{彳天^{二}⊥彳地^{二}}$$

式一次

$$\frac{丙}{甲}=\frac{申弦}{寅弦}$$

式二次

$$\frac{丙}{乙}=\frac{申弦}{子弦}$$

式三次

$$\frac{丙}{甲⊥乙}=\frac{申弦}{寅弦⊥子弦}$$

即

$$\frac{丙}{甲⊥乙}=\frac{(寅⊥子)弦}{寅弦⊥子弦}$$

式四次

$$\frac{(寅⊥子)弦}{寅弦⊥子弦}=\frac{\frac{一}{二}(寅⊥子)弓}{\frac{一}{二}(寅丅子)弓}$$

式五次

$$\frac{丙}{甲⊥乙}=\frac{\frac{一}{二}(寅⊥子)弓}{\frac{一}{二}(寅丅子)弓}$$

如一圖午爲心點，丑爲原點，午丑爲半徑。命爲丁子丑爲弧線。命爲人子辰爲縱線。命爲地丑辰爲橫線。命爲天弧線之子點漸長至寅，則子寅爲弧線之微分。寅巳爲縱線之微分。子巳爲橫線之微分。乃以縱橫線兩微分各自乘、相加，平方開之，即得弧線之微分，如一式。所得弧線之微分，即其通弦。蓋弧線

與通弦比例之限相等。如二圖子未寅爲弧線，子寅爲其通弦，作申子及申寅二切線，命爲甲與乙。命通弦爲丙，子未寅弧線大於通弦丙，而小於兩切線甲、乙之和。準三角術，以申角正弦除寅角正弦必與丙除甲相等，如次一式。以申角正弦除子角正弦必與丙除乙相等，如次二式。兩式相加，如次三式。又準三角術，得次三式之同數，如次四式。以次四式右畔代次三式右畔，如次五式。設寅子二點漸相近，則子未寅弧線漸損，而寅子二角亦漸損，損至最微不可思議時，則 寅⊥子、寅丅子 皆漸近於〇，而 $\frac{二}{一}$(寅⊥子)弓、$\frac{二}{一}$(寅丅子)弓 皆漸近於一。所以二切線甲、乙和與通弦丙比例之限相等，而子未寅弧線在弦切二線之間，其比例之限亦必與通弦相等矣。

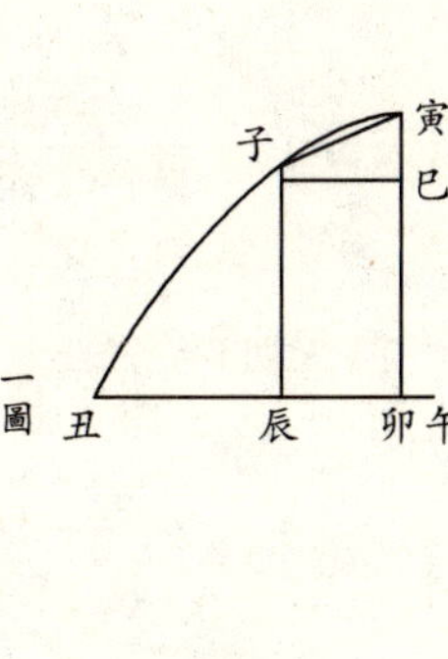

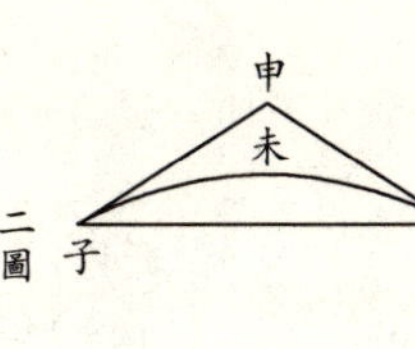

若以心點爲原點，午辰橫線即餘弦，子辰縱線即正弦，用前正弦及餘弦求弧度微分術，所得亦同。詳本卷六題附後。

今有平圓截弧漸長而大。已知縱橫線及其微分，求面積之微分。

式一

$$子辰卯寅面＝\frac{二}{一}辛丨(地⊥主)$$

式二

$$\frac{辛}{子辰卯寅面}＝\frac{二}{一}(地⊥主)$$

式三

$$\frac{袄}{仏}＝地$$

式四

$$仏＝地袄$$

式一次

$$地＝\sqrt{二丁天丅天^{二}}$$

式二次

$$仏＝袄丨\sqrt{二丁天丅天^{二}}$$

如圖，午爲心點，丑爲原點，午丑爲半徑，命爲丁。丑子辰爲截弧面，命爲人。子辰爲縱線，命爲地。丑辰爲橫線，命爲天。弧線之子點漸長至寅，則橫線之辰點亦長至卯。天既變爲丑卯，地自不得不變爲寅卯。命天之因變數寅卯爲主。準前題，弧線與通弦比例之限相等。故子辰、辰卯、卯寅三直線及子寅弧線界內之面積，與三直線及子寅通弦界內之面積，其比例之限亦相等。乃以子辰加寅卯，半之，辰卯乘之，得子辰卯寅面積，如一式。以辛約之，如二式。令辛等於〇，則因變數之主亦爲無數。右畔惟地僅存，如三式。移袄於右，變除爲乘，即得丑子辰面積之微分，如四式。所得面積微分等於橫線微分乘縱線。

若只知橫線，不知縱線，則求縱線之同數乃倍半徑，以橫線減之，又以橫線乘之，所得平方開之，即得縱線，如次一式。以次一式右畔代四式之地，如次二式。

今有圓球截積漸長而大。已知縱橫線及弧線微分，求曲面穹積之微分。

式一

$$\frac{圓錐截}{積斜面}＝三壬(二周丨地⊥二周丨主)$$

$$\frac{圓錐截}{積斜面}＝壬丨[周(地⊥主)]$$

式二

$$\frac{壬}{圓錐截積斜面}＝周丨(地⊥主)$$

式三

$$\frac{仏}{物}＝周丨二地$$

式四

$$物＝周丨＝地丨仏$$

式一次

$$仏＝\sqrt{袄^{二}⊥㐌^{二}}$$

即

$$仏＝(袄^{二}⊥㐌^{二})^{\frac{二}{一}}$$

式二次

$$物＝周丨二地丨(袄^{二}⊥㐌^{二})^{\frac{二}{一}}$$

如圖，午爲心點，丑爲原點。命橫線丑辰爲天，縱線子辰爲地，弧線子丑爲人，並同前弧線子點漸長至寅，則子辰變爲寅卯。命人之長數子寅爲壬。因變數寅卯爲主。子丑未爲截球之曲面，命爲物。設丑子寅弧線繞午丑軸旋轉一周，即行成曲面。子及寅二點必成二圓周，而子寅通弦必成圓錐截積之斜面。

通弦與弧線比例之限，既等通弦所成之斜面與弧線所成之曲面，其比例之限亦必相等。乃以子未圓周加寅申圓周，而半之。以子寅線乘之，得圓錐截積斜面，如一式。以壬約之，如二式。令壬等於〇，則因變數之主亦爲無數。右畔惟存周率乘二地，即子點所成之圓周。如三式。移仸於右，變除爲乘，即得子丑未曲面之微分，如四式。所得曲面微分等於弧線微分乘底之圓周。

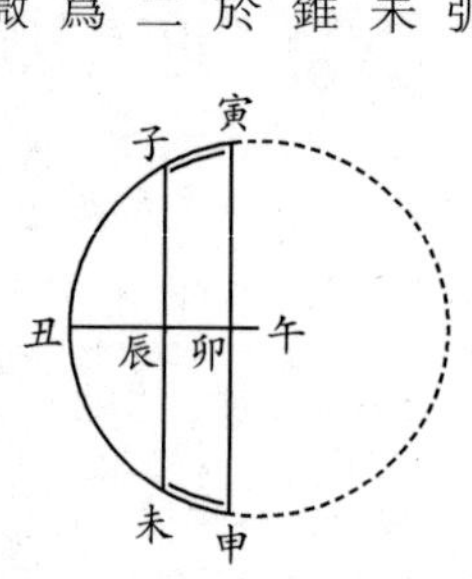

若只知縱横線之微分，不知弧線之微分，則求弧線微分之同數，如次一式即十題一式。以次一式右畔代四式之仸，如次二式。

今有圓球截積漸長而大。已知縱横線及其微分，求體積之微分。

式一

$$\text{圓錐截積}=\frac{三}{一}|辛|周|(二地^{二}\perp二主^{二}\perp二地|二主)$$

式二

$$\frac{辛}{\text{圓錐截積}}=\frac{三}{一}|周|(二地^{二}\perp二主^{二}\perp二地|二主)$$

式三

$$\frac{仸}{彳物}=周|二地^{二}$$

式四

$$彳物=周|二地^{二}|仸$$

如圖，午爲心點，丑爲原點。命横線丑辰爲天，縱線子辰爲地，弧線子丑爲人。弧線子點漸長至寅，則横線亦長至卯，而縱線變爲寅卯。命天之長數辰卯爲辛。因變數寅卯爲主，並同前。子丑未辰子爲截球之體積，命爲物。設丑子寅曲面繞午丑軸旋轉一周，即行成圓球截體，而子辰卯寅四邊形必行成圓錐截體。此體與子辰、辰卯、卯寅三直線及子寅弧線所成之截體，其比例之限相等。乃以子未冪加寅申冪，又加子未乘寅申之冪，而以辰卯乘之。又以周率乘之，所得三而一，即得圓錐截積，如

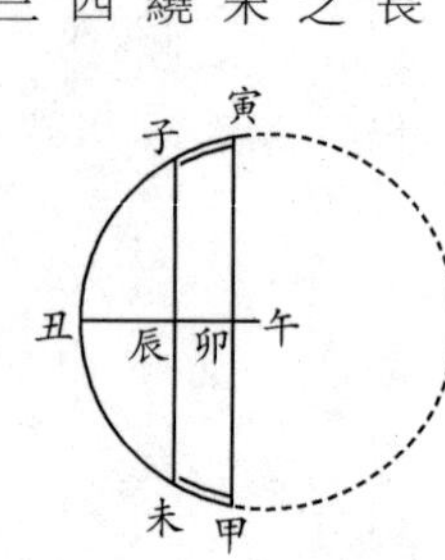

一式。以辛約之，如二式。令辛等於〇，則因變數之主，亦爲無數。右畔惟存周率乘 二主 自乘冪即子辰半徑之圓面積，如三式。移仸於右，變除爲乘，即得體積之微分，如四式。所得體積微分等於横線微分乘底之面積。

又 卷七

微分四以微分求諸曲線。

今有拋物線原點在頂，從切點作縱横線。用縱横線之微分求切線交横軸角。

式一

$$申切:一::彵:仸$$

式二

$$申切=\frac{仸}{彵}$$

式三

$$地^{二}=二丙|天$$

式四

$$丙=\frac{二天}{地^{二}}$$

式五

$$二地|彵=二丙仸$$

式六

$$\frac{仸}{彵}=\frac{二地}{二丙}$$

式七

$$\frac{仸}{彵}=\frac{地}{丙}$$

式八

$$\frac{仸}{彵}=\frac{二天|地}{地^{二}}$$

式九

$$\frac{仸}{彵}=\frac{二天}{地}$$

式十

$$申切=\frac{二天}{地}$$

式一次

$$申刀=\frac{彵}{仸}$$

式二次

$$\frac{彵}{仸}=\frac{地}{二天}$$

式三次

$$申刀=\frac{地}{二天}$$

式四次

$$申切=\frac{仸}{彵}=\frac{地}{丙}=\frac{二天}{地}=一$$

式五次

$$地=丙$$

式六次

$$天=\frac{二}{丙}$$

如圖戌午辰拋物線，午爲原點，子爲切點，子申爲切線，寅申子角爲切線交横軸角。子寅爲縱線，寅午爲横線。設子點循切線行至丑點，則子寅縱線變爲丑未縱線，寅午横線變爲未午横線。丑巳爲縱線之微分，巳午即未寅。爲横線之微分。命半通弦爲丙，縱線爲地，其微分爲彵。横線爲天，其微分爲仸。乃以巳子比丑巳若半徑與申角正切，如一式。一率除二率得四率，如二式。次用拋物線求縱線冪術，如三式。丙與地互易，變乘爲除，如四式。又用求微分術，得 二地|彵 爲三式左畔 地二 之微係數。又得 二丙|仸 爲三式右畔 二丙|天 之微係數。左右原數相等，其微係數自必相等，如五式。仸乘 二丙 既等於彵乘 二地 則以右仸除左彵，亦必等於左 二地 除右 二丙 如六式。右畔以二約之，如七式。以四式右畔代七式之丙，如八式。右

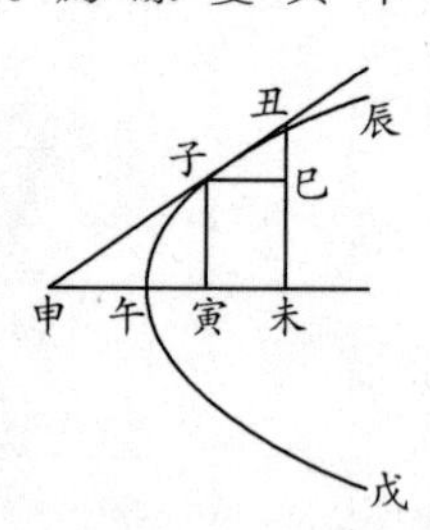

畔以地約之，如九式。以九式右畔代二式之 $\frac{伕}{彵}$ 如十式，即得切線交横軸角之正切。$\frac{伕}{彵}$ 即縱線第一次微係數。

若欲求申角餘切，則反此求之，以彵比伕若半徑與申角餘切，如次一式。地除二天等於彵除伕，如次二式。以次二式之右畔代次一式之右畔，如次三式，即得切線交横軸角之餘切。$\frac{彵}{伕}$ 即横線第一次微係數。

若先知切線交横軸角度而求切點之所在，則以角度正切爲縱線第一次微係數，轉求縱横線，即得切點。假如拋物線之切線交横軸角爲四十五度，問切點應在何處。識別得四十五度之正切即半徑，伕除彵，地除丙，二天除地所得皆一，如次四式。地除丙既得一，則地與丙兩數必同，而天必適得丙之半，如次五式、次六式。以是知其切點與心點上下相直。

此舉拋物線以見例。不論何曲線，其切線交横軸角之正切，皆等於縱線第一切微係數。

今有橢圓原點在中，從切點作縱横線，用縱横線之微分求次切線。

式一

$$次切：地：：申刀：一$$

式二

$$次切：地：：\frac{彵}{伕}：一$$

式三

$$次切＝地|\frac{彵}{伕}$$

式四

$$甲^{二}|地^{二}⊥乙^{二}|天^{二}＝甲^{二}|乙^{二}$$

式五

$$甲^{二}|地^{二}＝(甲^{二}丅天^{二})|乙^{二}$$

式六

$$\frac{乙^{二}}{甲^{二}|地^{二}}＝甲^{二}丅天^{二}$$

式七

$$甲^{二}|二地|彵_{⊥}⊥乙^{二}|二天|伕_{丅}＝〇$$

式八

$$甲^{二}|二地|彵_{⊥}＝乙^{二}|二天|伕_{丅}$$

式九

$$\frac{彵}{伕_{⊥}}＝\frac{乙^{二}|二天}{甲^{二}|二地_{丅}}$$

式十

$$\frac{彵}{伕_{⊥}}＝\frac{乙^{二}|天}{甲^{二}丅地_{丅}}$$

式一十

$$地|\frac{彵}{伕_{⊥}}＝\frac{乙^{二}|天}{甲^{二}|地^{二}_{丅}}$$

式二十

$$次切_{⊥}＝\frac{乙^{二}|天}{甲^{二}|地^{二}_{丅}}$$

式三十

$$次切＝\frac{天}{甲^{二}丅天^{二}}$$

式一次

$$切^{二}＝地^{二}⊥\left(地^{二}|\frac{彵^{二}}{伕^{二}}\right)$$

式二次

$$切＝\sqrt{地^{二}⊥\left(地^{二}|\frac{彵^{二}}{伕^{二}}\right)}$$

即

$$切＝地|\sqrt{一⊥\frac{彵^{二}}{伕^{二}}}$$

如圖，午爲原點，子爲切點，子申爲切線，申寅爲次切線，子寅爲縱線，寅午爲横線。設子點循切線行至丑點，則子寅縱線變爲丑未縱線，寅午横線變爲未午横線。丑巳爲縱線之正微分，子巳爲横線之負微分。命長半徑爲甲，短半徑爲乙。縱線爲地，其微分爲彵。横線爲天，其微分爲伕。乃以半徑比申角餘切若縱線與次切線，如一式。準前論，地微分除天微分即申角餘切。遂以 $\frac{彵}{伕}$ 代 申刀 如二式。二率乘三率得四率，如三式。次用橢圓求長短半徑冪相乘之同數術，如四式。移左畔之 $乙^{二}|天^{二}$ 於右畔，變加爲減，如五式。以 $乙^{二}$ 約之，如六式。又用求微分術，求得四式右畔 $甲^{二}|地^{二}$ 之微係數，爲 $甲^{二}|二地|彵$ 正。又得 $乙^{二}|天^{二}$ 之微係數，爲 $乙^{二}|二天|伕$ 負。其右畔 $甲^{二}|乙^{二}$ 係常數，無微分，遂空其位，如七式。兩微係數正負相加而適盡，則兩數必相等，如八式。以左彵互除右伕等於右 $乙^{二}|二天$ 互除左 $甲^{二}|二地$ 如九式。右畔以二約之，如十式。以地乘之，如十一式。以三式左畔代十一式左畔，如十二式。以六式右畔之 $甲^{二}丅天^{二}$ 代十二式右畔之 $\frac{乙^{二}}{甲^{二}|地^{二}}$ 如十三式，即得次切線。

若求切線，則準句股術，以縱線自乘，得 $地^{二}$ 次切線自乘，得 $地^{二}|\frac{彵^{二}}{伕^{二}}$ 兩數相加等於切線冪，如次一式。平方開之，如次二式，即得切線。

此舉橢圓以見例。不論何曲線，其次切線皆等於縱線乘横線微係數。

今有雙曲線，原點在中，從切點作縱横線，用縱横線之微分求次法線。

式一

$$次法：地：：申切：一$$

式二

$$次法：地：：\frac{伕}{彵}：一$$

式三

$$次法＝地\frac{伕}{彵}$$

式四

$$乙^{二}|天^{二}丅甲^{二}|地^{二}＝甲^{二}|乙^{二}$$

式五

$$乙^{二}|二天|伕丅甲^{二}|二地|彵＝〇$$

式六

$$乙^{二}|二天|伕＝甲^{二}|二地|彵$$

式七

$$\frac{伕}{彵}＝\frac{甲^{二}|二地}{乙^{二}|二天}$$

式八

$$\frac{\text{彳天}}{\text{彳地}}=\frac{\text{甲}^{二}\mid\text{地}}{\text{乙}^{二}\mid\text{天}}$$

式九

$$\text{地}\mid\frac{\text{彳天}}{\text{彳地}}=\frac{\text{甲}^{二}}{\text{乙}^{二}\mid\text{天}}$$

式十

$$\text{次法}=\frac{\text{甲}}{\text{乙}^{二}\mid\text{天}}$$

式一次

$$\text{法}^{二}=\text{地}^{二}\perp\frac{\text{彳天}^{二}}{\text{地}^{二}\mid\text{彳地}^{二}}$$

式二次

$$\text{法}=\sqrt{\text{地}^{二}\perp\frac{\text{彳天}^{二}}{\text{地}^{二}\mid\text{彳地}^{二}}}$$

即

$$\text{法}=\text{地}\mid\sqrt{\text{一}\perp\frac{\text{彳天}^{二}}{\text{彳地}^{二}}}$$

如圖,午爲原點,子爲切點,子申爲切線,子卯爲法線,卯寅爲次法線,子寅爲縱線,寅午爲橫線。設子點循切線行至丑點,則子寅縱線變爲丑未縱線,寅午橫線變爲未午橫線,丑巳爲縱線之微分,巳子爲橫線之微分。命橫半徑爲甲,直半徑爲乙。縱線爲地,其微分爲彳地。橫線爲天,其微分爲彳天。乃以半徑比申角正切。即寅子卯角正切。若縱線與次法線,如一式。準前論,天微分除地微分,即申角正切。遂以 $\frac{\text{彳天}}{\text{彳地}}$ 代 申切 如二式。一率乘三率得四率,如三式。次用雙曲線求橫直半徑冪相乘之同數術,如四式。又用求微分術,求得四式左畔 $\text{乙}^{二}\mid\text{天}^{二}$ 之微係數爲 $\text{乙}^{二}\mid\text{二天}\mid\text{彳天}$ 又得 $\text{甲}^{二}\mid\text{地}^{二}$ 之微係數爲 $\text{甲}^{二}\mid\text{二地}\mid\text{彳地}$ 其右畔 $\text{甲}^{二}\mid\text{乙}^{二}$ 係常數,無微分,遂空其位,如五式。兩微係數相減適盡,則數必等,如六式。以左彳天互除右彳地等於右 $\text{甲}^{二}\mid\text{二地}$ 互除左 $\text{乙}^{二}\mid\text{二天}$ 如七式。右畔以二線之,如八式。以地乘之,如九式。以三式左畔代九式左畔,如十式,即得次法線。

若求法線,則準句股術,以縱線自乘,得 $\text{地}^{二}$ 次法線自乘,得 $\text{地}^{二}\frac{\text{彳天}^{二}}{\text{彳地}^{二}}$ 兩數相加,即法線冪,如次一式。平方開之,如次二式,即得法線。

此舉雙曲線以見例。不論何曲線,其次法線皆等於縱線乘縱線微係數。

今有平圓,原點在心,從切點作縱橫線,用縱橫線之微分求次切線。

式一

$$\text{地}^{二}\perp\text{天}^{二}=\text{甲}$$

式二

$$\text{二地}\perp\underset{丄}{\text{彳地}}\perp\text{二天}\mid\underset{丅}{\text{彳天}}=〇$$

式三

$$\text{二地}\mid\underset{丄}{\text{彳地}}=\text{二天}\mid\underset{丅}{\text{彳天}}$$

式四

$$\frac{\text{彳地}}{\underset{丄}{\text{彳天}}}=\frac{\text{天}}{\underset{丅}{\text{地}}}$$

式五

$$\text{次切}=\frac{\text{天}}{\text{地}^{二}}$$

式一次

$$\text{切}=\sqrt{\text{地}^{二}\perp\frac{\text{天}^{二}}{\text{地}^{四}}}$$

式二次

$$\text{切}=\sqrt{\frac{\text{天}^{二}}{\text{甲}^{二}\mid\text{地}^{二}}}$$

即

$$\text{切}=\frac{\text{天}}{\text{甲}\mid\text{地}}$$

如圖,午爲原點,子爲切點,子申爲切線,申寅爲次切線。設子點循切線行至丑點,則子寅縱線變爲丑未縱線,寅午橫線變爲未午橫線。丑巳爲縱線之正微分,子巳爲橫線之負微分。命半徑爲甲,縱線爲地,微分爲彳地。橫線爲天,微分爲彳天。乃用平圓求半徑冪術,如一式。左畔 $\text{天}^{二}$ $\text{地}^{二}$ 各求其微係數,相加適盡,右畔無微分,空其位,如二式。分列左右,如三式。以左彳地互除右彳天等於右天互除左地,與 二天 除 二地 所得數同。如四式。以地乘之即得次切線,如五式。

若求切線,則以次切線縱線各自乘,相加,平方開之,即得切線,如次一式。亦可以半經冪乘縱線冪爲實,橫線冪爲法,法除實所得又平方開之,亦得切線,如次二式。蓋甲冪乃天冪、地冪所合而成。以甲冪中之地冪乘地冪,所得即次一式之 $\text{地}^{四}$ 以甲冪中之天冪乘地冪,復以天冪除之,所得即次一式之 $\text{地}^{二}$ 也。

平圓無法線。法線即半徑,次法線即橫線。

今有對數曲線,原點在橫軸之中,從切點作縱橫線,用縱橫線之微分求次切線。

式一

$$\text{彳天}=\frac{\text{地}}{\text{彳地}\mid\text{艮}}$$

式二

$$\text{地}\mid\text{彳天}=\text{彳地}\mid\text{艮}$$

式三

$$\text{地}\mid\frac{\text{彳地}}{\text{彳天}}=\text{艮}$$

式四

$$\text{次切}=\text{艮}$$

如圖,午爲原點,子爲切點,子申爲切線,申寅爲次切線,子寅爲縱線,即真數,命爲地。寅午爲橫線,即假數,命爲天。設子點循切線行至丑點,則

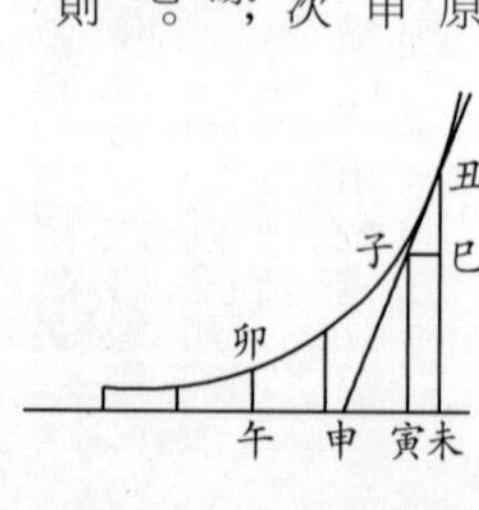

丑巳爲縱線微分，命爲彵。巳子爲橫線微分，命爲𢓊。卯午爲對數之根，午申及申寅並同，命爲艮。準前論，橫線微分等於根數乘縱線微分，而以縱線約之，詳六卷一題。如一式。移地於左，變除爲乘，如二式。復移彵於左，變乘爲除，如三式。其左畔 $地\frac{彵}{𢓊}$ 爲曲線次切之公式。以是知對數曲線之次切即對數之根，如四式。

求切線同前。

今有亞奇默德螺線，原點在心，切點在頂，縱線即帶徑，無橫線。用截弧及帶徑之微分求次切線。

式一 彵：𢓊：：地：次切

式二 $次切＝地\frac{彵}{𢓊}$

式三 $次切＝地^{二}$

如一圖，午爲原點，子爲切點，子申爲切線，申午爲次切線，子午爲帶徑，酉卯爲截弧。設卯點循圓周行至辰點，則卯辰爲截弧之微分。更以子午爲半徑，作子丑弧，則子巳爲其正切。丑戌爲帶徑之微分，與未巳同。乃命帶徑爲地，帶徑微分爲彵，子丑弧之正切爲𢓊。以彵比𢓊若地與次切線，如一式。一率除二率，以乘三率，得四率，如二式。識別得彵除𢓊爲午子申角之正切，與帶徑相等，遂以地代二式之 $\frac{彵}{𢓊}$ 如三式，即得次切線。

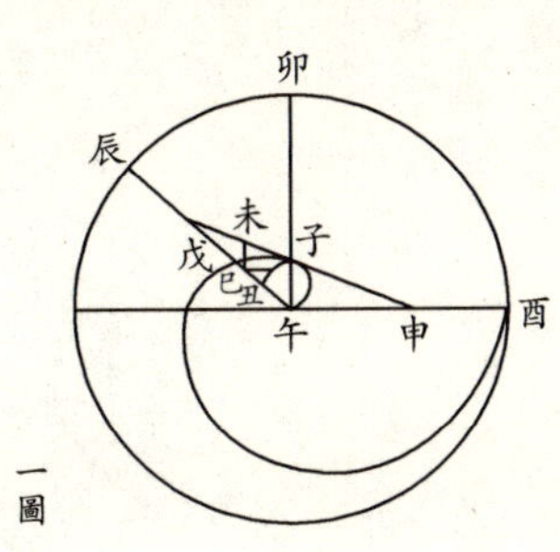

一圖

何以知彵除𢓊之即帶徑也。設截弧長至全圓八分之一，如四十五度。其子丑弧之正切與帶徑等，而帶徑微分爲一。以一除帶徑固得帶徑矣。若截弧長至全圓十六分之一，其子丑弧之正切當帶徑之半，而帶徑微分爲〇五。以〇五除帶徑之半，亦必仍得帶徑也。原書以帶徑自乘，又以帶徑微分除截弧微分之得數乘之，爲次切線數，失之多。試作平行線，以課之。

如二圖從戌點至辰點作戌辰線，與切線平行。又從巳點至辰點作巳辰線，與橫軸平行。辰點、戌點皆當象限之中。其縱橫線必等辰點之帶徑，爲一。縱線爲〇七〇七一。戌點之帶徑爲三。縱線爲二一二一三。巳辰線爲二八二八四。戌巳辰與子午申爲同式句股形。戌巳線與巳辰線之比若二與四，則子午帶徑與午申次切線之比亦必若二與四。以是知帶徑自乘，即次切線，不誤。而原書以弧線直線錯雜相求，宜其不能吻合也。

二圖

今有雙曲螺線，原點在心，切點在頂，縱線即帶徑，無橫線。用截弧及帶徑之微分求次切線。

式一 彵：𢓊：：地：次切

式二 $次切＝地\frac{彵}{𢓊}$

式三 次切＝甲

如圖，午爲原點，子爲切點，子申爲次切線，酉午爲平圓半徑，卯午、申午並同，子午爲帶徑，酉卯爲截弧。設卯點循圓周行至辰點，則卯辰爲截弧之負微分。更以子午爲半徑，作子丑弧，則子巳爲其正切，未巳爲帶徑之正微分。乃命平圓半徑爲甲，帶徑爲地，帶徑微分爲彵。子丑弧之正切爲𢓊。以彵比𢓊若地與次切線，如一式。一率除二率，以乘三率，得四率。如二式識別得彵除𢓊爲午子申角正切，與帶徑除平圓半徑相等，遂以 $\frac{地}{甲}$ 代二式之 $\frac{彵}{𢓊}$ 如三式，即得次切線。

何以知彵除𢓊之，即帶徑除平圓半徑也？試分圓周爲八分，切點若當第二分，其帶徑爲二分平圓半徑之一，而子角正切亦必爲二。切點若當第四分，其帶徑爲四分平圓半徑之一，而子角正切亦必爲四。子角正切與平圓半徑處處相應，則次切線即平圓半徑無疑矣。

今有對數螺線，原點在心，切點在頂，縱線即帶徑，無橫線。用截弧及帶徑之微分求次切線。

式一 彵：𢓊：：地：次切

式二 $次切＝地\frac{彵}{𢓊}$

式三 次切＝地|艮

如圖，午爲原點，

子爲切點，子申爲切線，申午爲次切線，子午爲帶徑，酉卯爲截弧。設卯點循圓周行至辰點，則卯辰爲截弧之微分，更以子午爲半徑，作子丑弧，則子巳爲其正切，未巳爲帶徑之微分。乃命對數之根爲艮，帶徑爲地，帶徑微分爲彵。子丑弧之正切爲⿰彳天。以彵比⿰彳天若地與次切線，如一式。一率除二率，以乘三率，得四率，如二式。識別得彵除⿰彳天爲午子申角正切，與對數之根相等，遂以艮代二式之$\frac{彵}{⿰彳天}$如三式，即得次切線。次切線與截弧相等。

何以知彵除⿰彳天之即對數之根也？試以四面頂點爲切點，各求次切線。其次式線不同，而子角正切皆同，且與對數之根相應。以是知之。

案：對數曲線以縱線爲真數，橫線爲假數。對數螺線以帶徑爲真數，截弧爲假數。形不同，故算亦異。

今有擺線，原點在直線之端，從切點作縱橫線，用縱橫線微分求次切線。

式一

$$天=弧丅\sqrt{二甲|地丅地^{二}}$$

式二

$$⿰彳瓜=\frac{\sqrt{二甲|地丅地^{二}}}{甲|彵}$$

式三

$$彳(\sqrt{二甲|地丅地^{二}})=\frac{\sqrt{二甲|地丅地^{二}}}{甲|彵丅地|彵}$$

式四

$$⿰彳天=\frac{\sqrt{二甲|地丅地^{二}}}{甲|彵}丅\frac{\sqrt{二甲|地丅地^{二}}}{甲|彵丅地|彵}$$

式五

$$⿰彳天=\frac{\sqrt{二甲|地丅地^{二}}}{地|彵}$$

式六

$$\frac{彵}{⿰彳天}=\frac{\sqrt{二甲|地丅地^{二}}}{地}$$

式七

$$次切=\frac{\sqrt{二甲|地丅地^{二}}}{地}$$

式一次

$$切=地|\sqrt{一丄\frac{彵^{二}}{⿰彳天^{二}}}=\frac{\sqrt{二甲|地丅地^{二}}}{地|\sqrt{二甲|地}}$$

如圖，午爲原點，子爲切點，子申爲切線，申寅爲次切線，丑卯爲母輪徑。命其半徑爲甲，子寅爲縱線，即子卯弧之正矢辰卯。命爲地。未巳爲其微分，命爲彵。寅午爲橫線，命爲天。巳子爲其微分，命爲⿰彳天。先用擺線求橫線術，如一式。詳代數六之一題。次求截弧之微分，借縱線之微分，即彵爲母輪餘弦之微分，子辰線即$\sqrt{二甲|地丅地^{二}}$爲母輪之正弦。乃以半徑乘餘弦之微分，而以正弦約之，得截弧之微分，如二式。詳微分三之六題附後及十題。更求$\sqrt{二甲|地丅地^{二}}$之微分，求得二甲|地之微分爲二甲|彵，又求得地二之微分爲二地|彵，相減得二甲|彵丅二地|彵爲分子。倍$\sqrt{二甲|地丅地^{二}}$得二$\sqrt{二甲|地丅地^{二}}$爲分母。子母皆半之，如三式。詳微分一之九題附後。以三式減二式得天之微分，如四式，即五式。準前論，以地微分除天微分，所得以乘地，即次切線。乃以彵除五式，如六式。以地乘之，如七式，即得次切線。

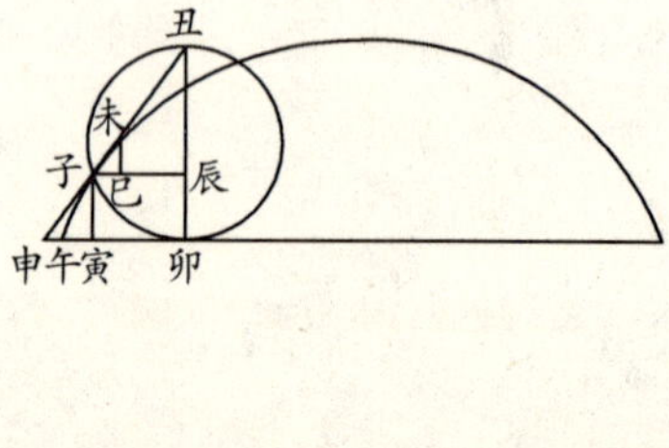

若求切線，則如前以地微分冪除天微分冪，所得加一，平方開之。又以地乘之，即得切線，如次一式。之中亦可以$\sqrt{二甲|地}$即子卯弧之通弦乘地，而以$\sqrt{二甲|地丅地^{二}}$即寅卯線約之，亦得切線，如次一式之右。

今有擺線，原點在直線之端，從切點作縱橫線，用縱橫線微分求次法線。

如圖，子卯爲法線，寅卯爲次法線，餘同前。準前題，求天之微分，如一式。以天微分除地微分，如二式。以地乘之，如三式，即得次法線。次法線即母輪正弦子辰。

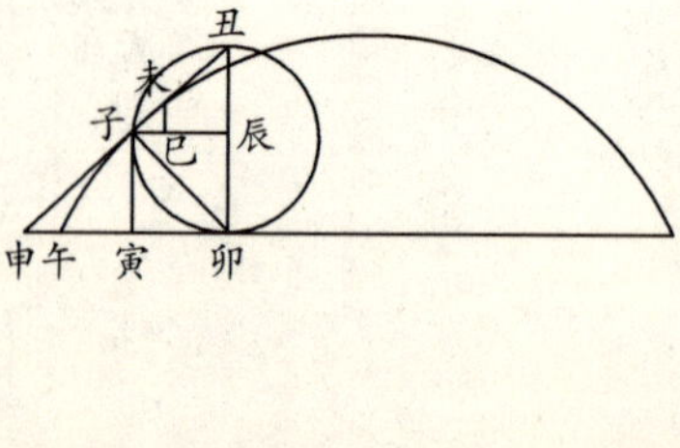

式一

$$⿰彳天=\frac{\sqrt{二甲|地丅地^{二}}}{地|彵}$$

式二

$$\frac{⿰彳天}{彵}=\frac{地}{\sqrt{二甲|地丅地^{二}}}$$

式三

$$次法=\sqrt{二甲|地丅地^{二}}$$

式一次

$$法=地|\sqrt{\frac{⿰彳天^{二}}{丄彵^{二}}}=\sqrt{二甲|地}$$

若求法線，則如前。以天微分冪除地微分冪，所得如一，平方開之。又以地乘之，即得法線，如次一式。之中亦可以縱線冪地二加次法線冪二甲|地丅地二得二甲|地平方開之，亦得法線，如次一式之右。法線即子卯弧之通弦子卯線。

清・林傅甲《微積集證》卷四

《微積溯源》第二十三款三式設有　戊＝弧(正切＝天)＝正切天^{丅一}　則　天＝正切戊　而　彳天＝彳戊(一丄天^{二})　所以得

彳戊＝$\dfrac{一丄天^{二}}{彳天}$

第二十六款一題設有函數之式爲　戊＝正切^{丅一}天　欲求其微分式。此式之意：其天爲切線，而戊爲之有此切線之弧，故令　人＝餘弦卯戊餘弦^{卯}戊　而求其　$\dfrac{彳天}{彳人}$　則　彳戊＝$\dfrac{正割^{二}戊}{彳天}$＝彳天餘弦^{二}天　而　彳人＝丁卯彳戊(正弦卯戊餘弦^{卯}戊丄餘弦卯戊正弦戊餘弦^{卯丅一}戊)＝丁卯彳戊餘弦^{卯丅一}戊(正弦卯戊餘弦戊丄餘弦卯戊正弦戊)＝丁卯彳戊餘弦^{卯丅一}戊正弦(卯丄一)戊　故　$\dfrac{彳天}{彳人}$＝丁卯正弦(卯丄一)戊餘弦^{卯丄一}戊

甲案：初學遇此兩題，心中必設一意見曰：第二十三款之三式即二十六款之一題也。前曰式後曰題，一不可解也。前求彳戊而後求　$\dfrac{彳天}{彳人}$　二不可解也。其令人字所代之式突然而來，不説來歷。三不可解也。初學胸中疑團叢起矣。余解之曰：三式所求爲微分一題，所求爲疊次微係數。觀《溯源》第三十六款，然後知微係數之用矣。如究人字之來歷，蓋求得　$\dfrac{彳天}{彳戊}$　令等於人，而求二次微係數也。求得二次　$\dfrac{彳天^{二}}{彳^{二}戊}$　亦令等於人，而求三次微係數也。至三式之　$\dfrac{一丄天^{二}}{彳天}$　其天爲正切，爲句一，爲半徑，爲股兩冪，相加，其弦爲正割，方所以爲　$\dfrac{正割^{二}天}{彳天}$　也。正割爲首率，半徑爲中率，得末率爲餘弦，所以得式爲　餘弦^{二}天　也。化自乘爲相乘，則人字之同數也。推之二次、三次，則疊求微係數也。

清・黃啓明《微積通詮》卷二

常函數求微分法

今則(本其法)擬設各題以求其微分，其所設之題，有用真數以求者，有特設代數式以求者。其用真數以求本非微分立術之本意。蓋其用不在于是也。讀以下各卷自明。今亦設真數以求者，所以明其理而顯其法，爲初學引導之耳。通者詳焉。

設有平方漸變而大，其原邊九寸，一杪中變長三寸，問面積變大之比例其率幾何。答曰：五十四寸。

法：命原邊九寸爲天，則其變長之三寸爲彳天。命面積爲戊，天自乘，與戊相等，得　戊＝天^{二}　求微分，依法將指數二減一，得一，爲求得之指數。以原指數二乘之，又以變長之彳天乘之，得　彳戊＝二天彳天　爲所求之微分。惟因　天＝九、彳天＝三　故得　彳戊＝二．九三[二]五四　如所求。

設有常數四，乘立方體積，常數不變，立方漸變而大，其原邊八寸，一杪中變長二寸，問體積變大之比例其率幾何。答曰：一千五百三十六寸。

法：命常數四爲甲，原邊八寸爲天，則其變長之二寸爲彳天。命體積爲戊，天再乘以甲，乘之與戊相等，得　戊＝甲天^{三}　依變數諸乘方法，求微分得　彳戊＝三甲天^{二}彳天　惟因　甲＝四、天＝八、彳天＝二　故得　彳戊＝三・四・(八)^{二}・二＝一五三六　如所求。

設有平方面積漸變而大，其面積八十一寸，一杪中變大五十四寸，問邊變長之比例其率幾何。答曰：三寸。

法：命面積八十一寸爲天，則其變大之五十四寸爲彳天。命方邊爲戊，其天平方開之與戊相等，得　戊＝$\sqrt{天}$＝天$^{\frac{二}{一}}$　求微分，將指數　$\dfrac{二}{一}$　減一，得　$\dfrac{二}{一}$丅一　即　丅$\dfrac{二}{一}$　爲求得之指數。以原指數　$\dfrac{二}{一}$　乘之，又以變大之彳天乘之，得　彳戊＝$\dfrac{二}{一}$天$^{丅\frac{二}{一}}$彳天＝$\dfrac{二\sqrt{天}}{彳天}$　惟因　天＝八一、彳天＝五四　故得　彳戊＝$\dfrac{一八}{五四}$　即　彳戊＝三　如所求。

設有立方體積漸變而大，其體積一千寸，一杪中變大一寸，問邊變長之比例其率幾何。答曰：三百分寸之一。

法：命體積一千寸爲天，則其變大之一寸爲彳天。命立方邊爲戊，其天立方開之與戊相等，得　戊＝$\sqrt[三]{天}$＝天$^{\frac{三}{一}}$　依變數諸乘方法，求微分得　彳戊＝$\dfrac{三}{一}$天$^{丅\frac{三}{二}}$彳天＝$\dfrac{三}{一}\times\dfrac{天^{\frac{三}{二}}}{一}$彳天＝$\dfrac{三\sqrt[三]{天^{二}}}{彳天}$　惟因　天＝一〇〇〇、彳天＝一　故得　戊＝$\dfrac{三\times一〇〇}{一}$＝$\dfrac{三〇〇}{一}$　如所求。

設有圓金球遇火變大，其徑六寸，一秒中變長一寸，問體積變大之比例其率幾何。答曰：五十六寸五四八八。

法：命球徑六寸爲天，則其變長之一寸爲彳天。命圓球體積爲戊，先用球徑求圓體積法，以天再乘周率乘之，六除之，爲圓球體積，得 $戊=\frac{周}{六}天^{三}$ 求微分，得 $彳戊=\frac{三周}{六}天^{二}彳天=\frac{周}{二}天^{二}彳天$ 惟因 $天=六$、$彳天=一$ 故得 $彳戊=\frac{周}{二}\times三六\times一=一八周$ 又因 $周=三.一四一六$ 故得 $彳戊=五六.五四八八$ 如所求。

設有一童子在六十尺高臺上，又有一童子于平地遠赴之，初距臺脚八十尺，每一秒行五尺。問兩童子漸近之比例其率幾何。答曰：四尺。

術曰：識別得臺高六十尺，即勾爲常數，不變，命爲甲。距臺脚八十尺，即股爲變數，命爲天，則其所行之五尺爲彳天。兩童子相距爲弦，命爲戊。先用勾股求弦法，天與甲各自之，相加開方得戊，如 $戊=\sqrt{天^{二}丄甲^{二}}=(天^{二}丄甲^{二})^{\frac{一}{二}}$ 求微分，將指數 $\frac{一}{二}$ 減一，得 $\frac{一}{二}丅一$ 即 $丅\frac{一}{二}$ 爲求得之指數。以原指數 $\frac{一}{二}$ 乘之，又將 $天^{二}丄甲^{二}$ 求其微分，得 $二天彳天$ 甲爲常數，微分爲〇。以乘之，得 $彳戊=\frac{一}{二}(天^{二}丄甲^{二})^{丅\frac{一}{二}}二天彳天=\frac{天彳天}{\sqrt{天^{二}丄甲^{二}}}$ 惟因 $甲=六〇$、$天=八〇$、$彳天=五$ 依代法，得 $彳戊=\frac{八〇\times五}{\sqrt{六四〇〇丄三六〇〇}}=\frac{四〇〇}{一〇〇}=四$ 如所求。

設有圓錐體積漸變而大，其高二十四寸，爲常數，不變。底徑十八寸，一秒中變長二寸。問體積變大之比例其率幾何。答曰：四百五十二寸三九〇四。

法：命錐高二十四寸，爲甲。底徑十八寸，爲天，則其變長之二寸爲彳天。命圓錐體積爲戊，天自乘，以乘周率，又以甲乘之，十二除之，爲圓錐體積，得 $戊=\frac{甲周}{一二}天^{二}$ 求微分，得 $彳戊=\frac{甲周}{六}天彳天$ 惟因 $甲=二四$、$天=一八$、$彳天=二$ 故得 $彳戊=一四四周$ 又因 $周=三.一四一六$ 故得 $彳戊=四五二.三九$ 如所求。

設有勾股形漸變而大，其勾七寸，一秒中變長二寸，股九寸，一秒中變長寸半，問面積變大之比例其率幾何。答曰：十四寸二五。

法：命勾七寸爲天，則其變長之二寸爲彳天，股九寸爲地，則其變長之一寸半爲彳地，命勾股積爲戊，天地相乘，二而一，爲勾股積，得 $戊=\frac{一}{二}天地$ 求微分，依兩變數相乘求微分法，將天求其微分，得彳天與地相乘，得 $地彳天$ 又將地求其微分，得彳地與天相乘，得 $地彳地$ 兩數相加，再以倍數 $\frac{一}{二}$ 乘之，得所求之微分，如下式：$彳戊=\frac{一}{二}天彳地丄\frac{一}{二}地彳天$ 惟因 $天=七$、$地=九$、$彳天=二$、$彳地=一.五$ 故得 $彳戊=\frac{七\times一.五}{二}丄\frac{九\times二}{二}=一四.二五$ 如所求。

設有代數式 $甲丄乙天^{五}$ 欲求其微分。其甲、乙爲常數，可從泰式 $彳(地^{卯})=卯地^{卯丅一}彳地$ 得 $彳(甲丄乙天^{五})=五乙天^{四}彳天$ 爲所求之微分。其相和之項甲于求微分時，已化爲〇，而不見矣。

設有代數式 $\sqrt[四]{天^{三}}$ 欲求其微分。則 $\sqrt[四]{天^{三}}=天^{\frac{三}{四}}$ 乃令 $地=天$、$卯=四$、$寅=三$、$彳地=彳天$ 從晉式得 $\frac{寅}{卯}地^{\frac{寅}{卯}丅一}彳地=彳\sqrt[四]{天^{三}}=\frac{三}{四}天^{\frac{三}{四}丅一}彳天=\frac{三}{四}天^{丅\frac{一}{四}}彳天=\frac{三彳天}{四\sqrt[四]{天}}$ 爲所求之微分。

設有代數式 $\sqrt[五]{天^{六}}$ 欲求其微分。因 $\sqrt[五]{天^{六}}=天^{\frac{六}{五}}$ 乃令 $地=天$、$彳地=彳天$、$卯=五$、$寅=六$ 從晉式，得 $彳\sqrt[五]{天^{六}}=\frac{六}{五}天^{\frac{一}{五}}彳天=\frac{六彳天\sqrt[五]{天}}{五}$ 如所求。

設有代數式 $(甲天^{二})^{三}$ 欲求其微分。

依法將指數減一，得二，爲求得之指數。以原指數三乘之，又將括弧內之 $甲天^{二}$ 求微分，得 $二甲天彳天$ 乘之得 $彳(甲天^{二})^{三}=六甲(甲天^{二})^{二}天彳天=六甲^{三}天^{五}彳天$ 爲所求之微分。試將 $甲天^{二}$ 自乘至三方，得 $甲^{三}天^{六}$ 如法求之必同。

設有代數式 $\sqrt[三]{甲天^{二}}$ 欲求其微分。

因 $\sqrt[三]{甲天^{二}}=(甲天^{二})^{\frac{三}{一}}$ 乃令 卯＝三、寅＝一、地＝甲天^{二} 求微分得 彳地＝二甲天彳天 從晉式得 $\frac{卯}{寅}地^{\frac{卯}{寅}丅一}彳地=彳(甲天^{二})^{\frac{三}{一}}=$ $\frac{三}{二甲}(甲天^{二})^{丅\frac{三}{二}}天彳天=\frac{三(甲天^{二})^{\frac{三}{二}}}{二甲天}彳天$ 爲所求之微分。

設有代數式 $(甲丄乙天^{二})^{三}$ 欲求其微分。

法令 卯＝三、地＝甲丄乙天^{二} 則 彳地＝乙天彳天 從泰式得 彳(甲丄乙天^{二})^{三}＝六乙(甲丄乙天^{二})^{二}天彳天 爲所求之微分。

設有代數式 $\sqrt[四]{(甲丄乙天丄天^{三})^{三}}$ 欲求其微分。

因 $\sqrt[四]{(甲丄乙天丄天^{三})^{三}}=(甲丄乙天丄天^{三})^{\frac{四}{三}}$ 乃令 卯＝四、寅＝三、地＝甲丄乙天丄天^{三} 則 彳地＝(乙丄三天^{二})彳天 從晉式得 彳(甲丄乙天丄天^{三})$^{\frac{四}{三}}$＝$\frac{四}{三}$(甲丄乙天丄天^{三})$^{丅\frac{四}{一}}$(乙丄三天^{二})彳天＝ $\frac{四(甲丄乙天丄天^{三})^{\frac{四}{一}}}{三(三天^{二}丄乙)彳天}$ 如所求。

設有代數式 $(甲丄乙天^{卯})^{寅}$ 欲求其微分。

法令 地＝甲丄乙天^{卯} 則題式變爲 $(甲丄乙天^{卯})^{寅}=地^{寅}$ 求微分得 彳(甲丄乙天^{卯})^{寅}＝寅地^{寅丅一}彳地 惟因 地＝甲丄乙天^{卯} 其 彳地＝卯乙天^{卯丅一}彳天 依代法得 彳(甲丄乙天^{卯})^{寅}＝卯乙寅(甲丄乙天^{卯})^{寅丅一}天^{卯丅一}彳天 爲所求之微分。試如法將指數寅減一得 寅丅一 爲求得之指數。以原指數寅乘之，又將括弧内之 甲丄乙天^{卯} 求微分，得 卯乙天^{卯丅一}彳天 以乘之，爲所求之微分。與前同。

設有代數式 甲天^{二}丄乙天^{三}丄丙天^{四}丄丁 欲求其微分。

依多項變數同式之例，每項各求之，得 彳戊＝(二甲天丄三乙天^{二}丄四丙天^{三})彳天 如所求。

設有代數式 天^{三}(甲丄天)^{二} 欲求其微分。

依兩變數相乘求微分之法，先將 天^{三} 求微分，得 三天^{二}彳天 與 (甲丄天)^{二} 相乘得 三(甲丄天)^{二}天^{二}彳天 又將 (甲丄天)^{二} 求微分得 二(甲丄天)彳天 與 天^{三} 相乘，得 二(甲丄天)天^{三}彳天 兩數相加得 彳戊＝三天^{二}(甲丄天)^{二}彳天丄二(甲丄工)天^{三}彳天＝天^{二}(甲丄天)(甲丄二天)彳天 爲所求之微分。

設有代數式 天(一丄天)(一丄天^{二}) 欲求其微分。

法令 末＝天、彳末＝彳天、申＝一丄天、彳申＝彳天、酉＝一丄天^{二}、彳酉＝二天彳天 從艮式得 彳(末申酉)＝末申酉$\left[\frac{末}{彳末}丄\frac{申}{彳申}丄\frac{酉}{彳酉}\right]$＝天(一丄天)(一丄天^{二})$\left[\frac{天}{彳天}丄\frac{一丄天}{彳天}丄\frac{一丄天^{二}}{二天彳天}\right]$＝(一丄二天丄三天^{二}丄四天^{三})彳天 如所求。

設有代數式 $\frac{天^{五}}{甲}$ 欲求其微分。

依分函數求微分之法，先將分子求其微分，以分母乘之，爲實。今分子甲，其微分爲〇，故即以〇爲實，將分母 天^{五} 求微分，得 五天^{四}彳天 以分子甲乘之，得 五甲天^{四}彳天 爲法，以減之，得 〇丅五甲天^{四}彳天 爲求得之分子。以分母自乘，得 天^{一〇} 爲分母，得 $彳\left(\frac{天^{五}}{甲}\right)=\frac{天^{一〇}}{〇丅五甲天^{四}彳天}=$ $丅\frac{天^{六}}{五甲彳天}$ 爲所求之微分。若將指數變爲負，如 甲天^{丅五} 依師式求之亦得。

設有代數式 $\frac{乙丅天^{二}}{甲丄天^{二}}$ 欲求其微分。

法令 申＝乙丅天^{二}、末＝甲丄天^{二} 則 彳申＝丅二天彳天、彳末＝二天彳天 從巽式得 $\frac{申^{二}}{彳末申丅彳申末}=\frac{(乙丅天^{二})^{二}}{二(乙丅天^{二})天彳天丅(甲丄天^{二})(丅二天彳天)}$ ＝$\frac{(乙丅天^{二})^{二}}{二天(乙丄甲)彳天}$ 如所求。

設有代數式 $\frac{一丄天^{二}}{天}$ 欲求其微分。

法令 申＝一丄天^{二}、末＝天 則 彳申＝二天彳天、彳末＝彳天 從巽式得 $\frac{申^{二}}{彳末申丅彳申末}=\frac{(一丄天^{二})^{二}}{(一丄天^{二})彳天丅二天^{二}彳天}=\frac{(一丄天^{二})^{二}}{(一丅天^{二})彳天}$ 如所求。

設有代數式 $\frac{天^{四}丅天^{二}丄一}{天(天^{二}丄一)}$ 欲求其微分。

法令 亥＝天^{四}丅天^{二}丄一、末＝天^{三}丄一、申＝天 求微分得 彳亥＝

(四天^{三}丅二天)彳天、彳未＝二天彳天、彳申＝彳天　將此各同數代入坤式中，得

$$\frac{亥}{未申}\left[\frac{申}{彳申}丄\frac{未}{彳未}丅\frac{亥}{彳亥}丄\right]=\frac{天^{四}丅天^{二}丄一}{天(天^{二}丄一)}\left[\frac{天}{彳天}丄\frac{天^{二}丄一}{二天彳天}丅\frac{天^{四}丅天^{二}丄一}{(四天^{三}丅二天)彳天}\right]$$

$$=\frac{(天^{四}丅天^{二}丄一)^{二}}{丅(天^{六}丄四六^{四}丅四天^{二}丅一)彳天}$$ 爲所求之微分。

圓函數求微分法

設有　正弦^{寅}天　欲求其微分。

依法將指數寅減一，得　寅丅一　爲求得之指數，以原指數寅乘之。又將正弦天　求微分，得　餘弦天彳天　以乘之，得　$彳(正弦^{寅}天)=寅正弦^{寅丅一}天餘弦天彳天$　爲所求之微分。

設有　餘弦^{寅}(卯天)　欲求其微分。

如法將指數寅減一，得　寅丅一　爲求得之指數，以原指數寅乘之。又將餘弦(卯天)　求微分，得　丅卯正弦(卯天)彳天　以乘之，得所求之微分，如下式：　$彳[餘弦^{寅}(卯天)]=丅卯寅餘弦^{寅丅一}(卯天)正弦(卯天)彳天$　如令　寅＝四、卯＝三　則得　$彳[餘弦^{四}(三天)]=丅三\cdot四餘弦^{三}(三天)正弦(三天)彳天$　爲微分式。

設有　正切^{寅}(三天)餘弦^{卯}(四天)　欲求其微分。

法令　未＝正切^{寅}(三天)、申＝餘弦^{卯}(四天)　求微分，得　彳未＝三寅正切^{寅丅一}(三天)[一丄正切^{二}(三天)]彳天、彳申＝丅四卯餘弦^{卯丅一}(四天)正弦(四天)彳天　將此各同數代入乾式中，得　$彳[正切^{寅}(三天)餘弦^{卯}(四天)]=未彳申丄申彳未=三寅餘弦^{卯}(四天)正切^{寅丅一}(三天)[一丄正切^{二}(三天)]彳天丅四卯正切^{寅}(三天)餘弦^{卯丅一}(四天)正弦(四天)彳天$　爲所求之微分。

設有　$\frac{正切^{寅}天}{正割^{卯}天}$　欲求其微分。

法令　申＝正切^{寅}天、未＝正割^{卯}天　求微分，得　彳申＝寅正切^{寅丅一}天正割^{二}天彳天、彳未＝卯正割^{卯}天正切天彳天　將此各同數代入巽式中，得

$$彳\left(\frac{正切^{寅}天}{正割^{卯}天}\right)=\frac{申^{二}}{彳未申丅彳申未}=\frac{正切^{二寅}天}{(正切^{寅丄一}天卯正割^{卯}天丅正割^{卯丄二}天寅正切^{寅丅一}天)彳天}$$

$$=\frac{正切^{寅丄一}天}{(正切^{二}天卯正割^{卯}天丅正割^{卯丄二}天寅)彳天}=\frac{正切^{寅丄一}天}{正割^{卯}天(卯正切^{二}天丅寅正割^{二}天)彳天}$$ 爲所

求之微分。

越函數求微分法

設有代數式　天^{天}　欲求其微分。

法：先以天爲變數，指數天爲常數，求微分得　天天^{天丅一}彳天　次以指數天爲變數，天爲常數，依常數變方之法，求微分得　天^{天}(訥天)彳天　兩式相加，得　$彳(天^{天})=天^{天丅一}天彳天丄天^{天}(訥天)彳天=天^{天}彳天丄天^{天}(訥天)彳天=天^{天}(一丄訥天)彳天$　爲所求之微分。

設有代數式　甲$^{乙^{天}}$　欲求其微分。

法令　地＝乙^{天}　則　甲$^{乙^{天}}$＝甲^{地}　求微分得　$彳(甲^{乙^{天}})=甲^{地}(訥甲)彳地$ ㊀　又將　地＝乙^{天}　求微分，得　彳地＝乙^{天}(訥乙)彳天　乃將地、彳地二同數代入子式中，得　$彳(甲^{乙^{天}})=(訥甲)(訥乙)甲^{乙^{天}}乙^{天}彳天$　爲所求之微分。

設有式　訥(甲丄天)　欲求其微分。

依訥對求微分之定法，將本數　甲丄天　求微分，得彳天爲實，以本數爲法，約之得　$彳訥(甲丄天)=\frac{彳天}{甲丄天}$　爲所求之微分。若以對數根　$\frac{訥甲}{一}$　乘之，得　$彳對(甲丄天)=\frac{訥甲}{一}\times\frac{甲丄天}{彳天}$　則爲常對數之微分。

設有式　訥$\sqrt{甲^{二}丄天^{二}}$　欲求其微分。

法將本數　$\sqrt{甲^{二}丄天^{二}}$　求微分得　$\frac{\sqrt{甲^{二}丄天^{二}}}{天彳天}$　爲實，以本數爲法，約之則得　$彳訥\sqrt{甲^{二}丄天^{二}}=\frac{\sqrt{甲^{二}丄天^{二}}\sqrt{甲^{二}丄天^{二}}}{天彳天}=\frac{甲^{二}丄天^{二}}{天彳天}$　爲所求訥對之微分。

設有式　$\left[訥\frac{\sqrt{甲^{二}丄天^{二}}}{天}\right]$　欲求其微分。

法將本數求微分，得　$\frac{甲^{二}丄天^{二}}{彳天\sqrt{甲^{二}丄天^{二}}丅\frac{\sqrt{甲^{二}丄天^{二}}}{天^{二}彳天}}$　即　$\frac{(甲^{二}丄天^{二})\sqrt{甲^{二}丄天^{二}}}{甲^{二}彳天}$　爲實，以本數爲法，約之得　$彳訥\left[\frac{\sqrt{申^{二}丄天^{二}}}{天}\right]=\frac{天(甲^{二}丄天^{二})}{甲^{二}彳天}$　爲所求訥對之微分。

設有式　訥(天丄$\sqrt{一丄天^{二}}$)　欲求其微分。

如法求之，得　$\frac{\sqrt{一丄天^{二}}}{彳天}$

設有式　訥$\left[\frac{\sqrt{一丄天}丅\sqrt{一丅天}}{\sqrt{一丄天}丄\sqrt{一丅天}}\right]$　欲求其微分。

法令　人$=\sqrt{一丄天}丅\sqrt{一丅天}$、地$=\sqrt{一丄天}丄\sqrt{一丅天}$　則題式變爲　戌$=$訥$\left[\frac{人}{地}\right]=$訥地丅訥人　求微分得　彳戌$=\frac{地}{彳地}丅\frac{人}{彳人}$　又將人、地二式求微分，得　彳人$=\frac{二\sqrt{一丄天}}{彳天}丄\frac{二\sqrt{一丅天}}{彳天}=\frac{二\sqrt{一丅天^{二}}}{彳天}(\sqrt{一丄天}丄\sqrt{一丅天})=\frac{二\sqrt{一丅天^{二}}}{地彳天}$、彳地$=\frac{二\sqrt{一丄天}}{彳天}丅\frac{二\sqrt{一丅天}}{彳天}=\frac{二\sqrt{一丅天^{二}}}{丅彳天}(\sqrt{一丄天}丅\sqrt{一丅天})=\frac{二\sqrt{一丅天^{二}}}{丅人彳天}$　將此人、彳人、地、彳地四同數代入彳戌之式中，得　彳戌$=\frac{地}{彳地}丅\frac{人}{彳人}=\frac{二地\sqrt{一丅天^{二}}}{丅人彳天}丅\frac{二人\sqrt{一丅天^{二}}}{地彳天}=\frac{二地人\sqrt{一丅天^{二}}}{丅(地^{二}丄人^{二})彳天}=\frac{天\sqrt{一丅天^{二}}}{丅彳天}$　如所求。

設有式　訥$\left[\frac{\sqrt{一丄天^{二}}丅天}{\sqrt{一丄天^{二}}丄天}\right]^{三}$　欲求其微分。如法求之得　$\frac{\sqrt{一丄五^{二}}}{彳天}$

設有式　訥(正弦天)　欲求其微分。

法：將本數　正弦天　求微分得　餘弦天彳天　爲實，以本數爲法，約之得所求訥對之微分，即　彳訥(正弦天)$=\frac{正弦天}{餘弦天彳天}=$餘切天彳天

設　彳訥(餘弦天)　如法求之，得　丅$\frac{餘弦天}{天弦天}$彳天　即　丅正切天彳天

設有式　訥(正切天)　欲求其微分。

如法求之，得　彳訥(正切天)$=\frac{正切天}{正割^{二}天}$彳天$=\frac{正切天}{正割天}$正割天彳天$=$餘割天正割天彳天$=\frac{正弦天餘弦天}{彳天}=\frac{\frac{一}{二}正弦(二天)}{彳天}=\frac{正弦(二天)}{二彳天}$

設　彳訥(餘切天)　如法求之，得　丅$\frac{正弦(二天)}{二彳天}$

設　彳訥(正割天)　如法求之，得　$\frac{正割天}{正切天正割天彳天}$　即　正切天彳天

設　彳訥(餘割天)　如法求之得　丅餘切天彳天

清・周藩《代微積拾級詳草》卷一　微分一

今有天平變大，逐秒增二寸。若天爲六寸，求　二天^{二}　變大之比例若干。

法：命　戌$=$二天^{二}、戌′$=$二(天丄辛)^{二}　詳之得　戌′$=$二(天^{二}丄二天辛丄辛^{二})　以原式　戌$=$二天^{二}　減之，得　戌′丅戌$=$四天辛丄二辛^{二}　以辛約之，得　$\frac{辛}{戌′丅戌}=$四天丄辛　乃令右邊之辛爲〇，而以彳天代左邊之分母辛。以彳戌代其分子　戌′丅戌　則得　$\frac{彳天}{彳戌}=$四天、彳戌$=$四天彳天　準題，得　天$=$六、彳天$=$二、彳戌$=$四八　即變大之比例爲　四八

今有天平變大，逐秒增三寸。若天爲十寸，求　四天^{三}　變大之比例若干。

法：命　戌$=$四天^{三}、戌′$=$四(天丄辛)^{三}　詳之得　戌′$=$四(天^{三}丄三天^{二}辛丄三天辛^{二}丄辛^{三})　以原式　戌$=$四天^{三}　減之，得　戌′丅戌$=$四(三天^{二}辛丄三天辛^{二}丄辛^{三})　以辛約之，得　$\frac{辛}{戌′丅戌}=$四(三天^{二}丄三天辛丄辛^{二})　乃令右邊之辛爲〇，而以彳天代左邊之分母辛，以彳戌代其分子　戌′丅戌　則得　$\frac{彳天}{彳戌}=$一二天^{二}、彳戌$=$一二天^{二}彳天　準題，得　天$=$一〇、彳天$=$三、彳戌$=$三六〇〇　即變大之比例爲　三六〇〇

今有天平變大，逐秒增五寸。若天爲四寸，求　二天^{四}　變大之比例若干。

法：命　戌$=$二天^{四}、戌′$=$二(天丄辛)^{四}　詳之得　戌′$=$二(天^{四}丄四天^{三}辛丄六天^{二}辛^{二}丄四天辛^{三}丄辛^{四})　以原式　戌$=$二天^{四}　減之，得　戌′丅戌$=$二(四天^{三}辛丄六天^{二}辛^{二}丄四天辛^{三}丄辛^{四})　以辛約之，得　$\frac{辛}{戌′丅戌}=$二(四天^{三}丄六天^{二}辛丄四天辛^{二}丄辛^{三})　乃令右邊之辛爲〇，而以彳天代左邊之分母辛，以彳戌代其分子　戌′丅戌　則得　$\frac{彳天}{彳戌}=$八天^{三}、彳戌$=$八天^{三}彳天　準題，得　天$=$四、彳天$=$五、彳戌$=$二五六〇　即變大之比例爲

二五六〇

按：以上三題原書答數俱誤。

今有　五甲$天^{三}$　試求其微分。

法：命　戊＝五甲$天^{三}$、戊′＝五甲$(天丄辛)^{三}$　詳之得　戊′＝五甲($天^{三}$丄三$天^{二}$辛丄三天$辛^{二}$丄$辛^{三}$)　以原式　戊＝五甲$天^{三}$　減之，得　戊′丅戊＝五甲(三$天^{二}$辛丄三天$辛^{二}$丄$辛^{三}$)　以辛約之，得　$\frac{辛}{戊'丅戊}$＝五甲(三$天^{二}$丄三天辛丄$辛^{二}$)　乃令右邊之辛爲〇，而左邊之母子爲　$\frac{伕}{⿰彳戊}$　則得　$\frac{伕}{⿰彳戊}$＝一五甲$天^{二}$、⿰彳戊＝一五甲$天^{二}$伕

今有　$\frac{四}{三}$$天^{二}$丄乙　試求其微分。

法：命　戊＝$\frac{四}{三}$$天^{二}$丄乙、戊′＝$\frac{四}{三}$$(天丄辛)^{二}$丄乙　詳之得　戊′＝$\frac{四}{三}$($天^{二}$丄二天辛丄$辛^{二}$)丄乙　以原式　戊＝$\frac{四}{三}$$天^{二}$丄乙　減之，得　戊′丅戊＝$\frac{四}{三}$(二天辛丄$辛^{二}$)　以辛約之，得　$\frac{辛}{戊'丅戊}$＝$\frac{四}{三}$(二天丄辛)　乃令右邊之辛爲〇，而左邊之母子爲　$\frac{伕}{⿰彳戊}$　則得　$\frac{伕}{⿰彳戊}$＝$\frac{四}{六天}$、⿰彳戊＝$\frac{二}{三}$天伕

今有　三$天^{五}$　試求其微分。

法：命　戊＝三$天^{五}$、戊＝三$(天丄辛)^{五}$　詳之得　戊＝三($天^{五}$丄五$天^{四}$辛丄一〇$天^{三}$$辛^{二}$丄…)　以原式　戊＝三$天^{五}$　減之，得　戊′丅戊＝三(五$天^{四}$辛丄一〇$天^{三}$$辛^{二}$丄…)　以辛約之，得　$\frac{辛}{戊'丅戊}$＝三(五$天^{四}$丄一〇$天^{三}$辛丄…)　乃令右邊之辛爲〇，而左邊之母子爲　$\frac{伕}{⿰彳戊}$　則得　$\frac{伕}{⿰彳戊}$＝一五$天^{四}$、⿰彳戊＝一五$天^{四}$伕

今有　七$甲^{二}$$天^{六}$丄$乙^{三}$　試求其微分。

法：命　戊＝七$甲^{二}$$天^{六}$丄$乙^{三}$、戊′＝七$甲^{二}$$(天丄辛)^{六}$丄$乙^{三}$　詳之得　戊′＝七甲($天^{六}$丄六$天^{五}$辛丄一五$天^{四}$$辛^{二}$丄…)丄$乙^{三}$　以原式　戊＝七$甲^{二}$$天^{六}$丄$乙^{三}$　減之，得　戊′丅戊＝七$甲^{二}$(六$天^{五}$辛丄一五$天^{四}$$辛^{二}$丄…)　以辛約之，得　$\frac{辛}{戊'丅戊}$＝七$甲^{二}$(六$天^{五}$丄一五$天^{四}$辛丄…)　乃令右邊之辛爲〇，而左邊之母子爲　$\frac{伕}{⿰彳戊}$　則得　$\frac{伕}{⿰彳戊}$＝四二$甲^{二}$$天^{五}$、⿰彳戊＝四二$甲^{二}$$天^{五}$伕

今有　四甲$乙^{二}$$天^{八}$丅丙　試求其微分。

法：命　戊＝四甲$乙^{二}$$天^{八}$丅丙、戊′＝四甲$乙^{二}$$(天丄辛)^{八}$丅丙　詳之得　戊′＝四甲$乙^{二}$($天^{八}$丄八$天^{七}$辛丄二八$天^{六}$辛丄…)丅丙　以原式　戊＝四甲$乙^{二}$$天^{八}$丅丙　減之，得　戊′丅戊＝四甲$乙^{二}$(八$天^{七}$辛丄二八$天^{六}$$辛^{二}$丄…)　以辛約之，得　$\frac{辛}{戊'丅戊}$＝四甲$乙^{二}$(八$天^{七}$丄二八$天^{六}$$辛^{二}$丄…)　乃令右邊之辛爲〇，而左邊之母子爲　$\frac{伕}{⿰彳戊}$　則得　$\frac{伕}{⿰彳戊}$＝三二甲$乙^{二}$$天^{七}$、⿰彳戊＝三二甲$乙^{二}$$天^{七}$伕

今有　三$甲^{三}$丙$天^{九}$丅丁　試求其微分。

法：命　戊＝三$甲^{三}$丙$天^{九}$丅丁、戊′＝三$甲^{三}$丙$(天丄辛)^{九}$丅丁　詳之得　戊′＝三$甲^{三}$丙($天^{九}$丄九$天^{八}$辛丄三六$天^{七}$$辛^{二}$丄…)丅丁　以原式　戊＝三$甲^{三}$丙$天^{九}$丅丁　減之，得　戊′丅戊＝三$甲^{三}$丙(九$天^{八}$辛丄三六$天^{七}$$辛^{二}$丄…)　以辛約之，得　$\frac{辛}{戊'丅戊}$＝三$甲^{三}$丙(九$天^{八}$丄三六$天^{七}$辛丄…)　乃令右邊之辛爲〇，而左邊之母子爲　$\frac{伕}{⿰彳戊}$　則得　$\frac{伕}{⿰彳戊}$＝二七$甲^{三}$丙$天^{八}$、⿰彳戊＝二七$甲^{三}$丙$天^{八}$伕

今有　六$天^{四}$丅五$天^{三}$丅二天　試求其微分。

法：命　戊＝六$天^{四}$丅五$天^{三}$丅二天、地＝六$天^{四}$、人＝五$天^{三}$、亥＝二天　則　戊＝地丅人丅亥、戊′＝地′丅人′丅亥′、戊′丅戊＝(地′丅地)丅(人′丅人)丅(亥′丅亥)　準前，　地′＝地丄呷辛丄吤$辛^{二}$丄…　地′丅地＝呷辛丄吤$辛^{二}$丄…　人′＝人丄呷′辛丄吤′$辛^{二}$丄…　人′丅人＝呷′辛丄吤′$辛^{二}$丄…　亥′＝亥丄呷″辛丄吤″$辛^{二}$丄…　亥′丅亥＝呷″辛丄吤″$辛^{二}$丄…　即　戊′一戊＝(呷丅呷′丅呷″)辛丄(吤丅吤′丅吤″)$辛^{二}$丄…　以辛約之，

而右邊之辛爲〇，左邊之母子爲 $\frac{伕}{⿰彳戊}$ 則得 $\frac{伕}{⿰彳戊}$=呷丅呷′丅呷″、⿰彳戊=呷伕丅呷′伕丅呷″伕、呷伕=⿰彳地、⿰彳地=二四天^{三}伕、呷′伕=仈、仈=一五天^{二}伕、呷″伕=後、後=二伕 卽 ⿰彳戊=(二四天^{三}丅一五天^{二}丅二)伕

今有 甲^{二}天^{二}丅丙天 試求其微分。

法：命 戊=甲^{二}天^{二}丅丙天、地=甲^{二}天^{二}、人=丙天 則 戊=地丅人、戊′=地′丅人′、戊′一戊=(地′丅地)丅(人′丅人) 準前，地′=地丄呷辛丄吃辛^{二}丄… 地′丅地=呷辛丄吃辛^{二}丄… 人′=人丄呷′辛丄吃′辛^{二}丄… 人′丅人=呷′辛丄吃′辛^{二}丄… 卽 戊′一戊=(呷丅呷′)辛丄(吃丅吃′)辛^{二}丄… 以辛約之，而右邊之辛爲〇，左邊之母子爲 $\frac{伕}{⿰彳戊}$ 則得 $\frac{伕}{⿰彳戊}$=呷丅呷′、⿰彳戊=呷伕丅呷′伕、呷伕=⿰彳地、⿰彳地=九甲天^{二}伕、呷′伕=仈、仈=四乙天^{三}伕 卽 ⿰彳戊=(九甲天丅四乙天^{三})伕

今有 五天^{三}丅三天^{二}丄六天丄二 試求其微分。

法：命 戊=五天^{三}丅三天^{二}丄六天丄二、地=五天^{三}、人=三天^{二}、亥=六天丄二 則 戊=地丅人丄亥、戊′=地′丅人′丄亥′、戊′一戊=(地′丅地)丅(人′丅人)丄(亥′丅亥) 準前，地′=地丄呷辛丄吃辛^{二}丄… 地′丅地=呷辛丄吃辛^{二}丄… 人′=人丄呷′辛丄吃′辛^{二}丄… 人′丅人=呷′辛丄吃′辛^{二}丄… 亥′=亥丄呷″辛丄吃″辛^{二}丄… 亥′丅亥=呷″辛丄吃″辛^{二}丄… 卽 ⿰彳戊=(呷丄呷′丄呷″)辛丄(吃丅吃′丄吃″)辛^{二}丄… 以辛約之，而右邊之辛爲〇，左邊之母子爲 $\frac{伕}{⿰彳戊}$ 則得 $\frac{伕}{⿰彳戊}$=呷丅呷′丄呷″、⿰彳戊=呷伕丅呷′伕丄呷″伕、呷伕=⿰彳地、⿰彳地=一五天^{二}伕、呷′伕=仈、仈=六天伕、呷″伕=後、後=六伕 卽 ⿰彳戊=(一五天^{二}丅六天丄六)伕

今有 天地^{二} 試求其微分。

法：命 戊=天地^{二}、戊′=天′地′^{二} 準前 天′=天丄呷辛、地′^{二}=地^{二}丄呷′辛丄辛^{二} 卽 戊′=(天丄呷辛)(地^{二}丄呷′辛丄辛^{二}) 詳之得 戊′=天地^{二}丄地^{二}呷辛丄天呷′辛丄呷呷′辛^{二}丄… 卽 戊′一戊=地^{二}呷辛丄天呷′辛丄呷呷′辛^{二}丄… 以辛約之，而右邊之辛爲〇，則得 $\frac{辛}{戊′一戊}$=呷地^{二}丄呷天 卽 ⿰彳戊=呷辛地^{二}丄呷′辛天、呷辛=伕、呷′辛=二地⿰彳地 卽 ⿰彳戊=地^{二}伕丄二天地⿰彳地 以 戊=天地^{二} 約之，得 $\frac{戊}{⿰彳戊}=\frac{天}{伕}丄\frac{地^{二}}{二地⿰彳地}=\frac{天}{伕}丄\frac{地}{二⿰彳地}$

今有 天^{二}地^{二} 試求其微分。

法：命 戊=天^{二}地^{二}、戊′=天′^{二}地′^{二} 準前 天′^{二}=天^{二}丄呷辛丄吃辛^{二}、地′^{二}=地^{二}丄呷′辛丄吃′辛^{二} 卽 戊′=(天^{二}丄呷辛丄吃辛^{二})(地^{二}丄呷′辛丄吃′辛^{二}) 詳之得 戊′=天^{二}地^{二}丄地^{二}呷辛丄天^{二}呷′辛丄呷呷′辛^{二}丄… 卽 戊′一戊=地^{二}呷辛丄天^{二}呷′辛丄呷呷′辛丄… 以辛約之，而右邊之辛爲〇，則得 $\frac{辛}{戊′一戊}$=呷地^{二}丄呷′天^{二} 卽 ⿰彳戊=呷辛地^{二}丄呷′辛天^{二} 呷辛=二天伕、呷′辛=二地⿰彳地 卽 ⿰彳戊=二天地^{二}伕丄二天^{二}地⿰彳地 以 戊=天^{二}地^{二} 約之，得 $\frac{戊}{⿰彳戊}=\frac{天^{二}}{二天伕}丄\frac{地^{二}}{二地⿰彳地}$ $=\frac{天}{二伕}丄\frac{地}{二⿰彳地}$

今有 甲天^{二}地^{三} 試求其微分。

法：命 戊=甲天^{二}地^{三}、戊′=甲天′^{二}地′^{三} 準前 天′^{二}=天^{二}丄呷辛丄吃辛^{二}、地′^{三}=地^{三}丄呷′辛丄吃′辛^{二}丄… 卽 戊′=甲(天^{二}丄呷辛丄吃辛^{二})(地^{三}丄呷辛丄吃′辛^{二}丄…) 詳之得 戊′=甲(天^{二}地^{三}丄地^{三}呷辛丄天^{二}呷′辛丄呷呷′辛^{二}丄…) 卽 戊′一戊=甲(地^{三}呷辛丄天^{二}呷′辛丄呷呷′辛^{二}丄…) 以辛約之，而右邊之辛爲〇，則得 $\frac{辛}{戊′丅戊}$=甲(呷地^{三}丄呷′天^{二}) 卽 ⿰彳戊=甲(呷辛地^{三}丄呷′辛天^{二})、呷辛=二天伕、呷′辛=三地^{二}⿰彳地 卽 ⿰彳戊=二甲地^{三}天伕丄三甲天^{二}地^{二}⿰彳地 以 戊=甲天^{二}地^{三} 約之，得 $\frac{戊}{⿰彳戊}=\frac{天^{二}}{二天伕}丄\frac{地^{三}}{三地^{二}⿰彳地}=\frac{天}{二伕}丄\frac{地}{三⿰彳地}$

今有 甲天^{三}(天^{二}丄二乙) 試求其微分。

法：命 戊=甲天^{三}(天^{二}丄二乙)、亥=甲天^{三}、人=天^{二}丄二乙 則 戊=亥人、戊′=亥′人′ 準前 亥′=甲(天^{三}丄呷辛丄吃辛^{二}丄…)、人′

=天^{二}⊥二乙⊥呷′辛⊥叱′辛^{二}　即　戌′=甲(天^{三}⊥呷辛⊥叱辛^{二}⊥…)(天^{二}⊥二乙⊥呷′辛⊥叱′辛^{二})，詳之得　戌′=甲天^{三}(天^{二}⊥二乙)⊥甲呷辛(天^{二}⊥二乙)⊥呷′辛(甲天^{三})⊥甲呷呷′辛^{二}⊥…　戌′一戌=甲呷辛(天^{二}⊥二乙)⊥呷′辛(甲天^{三})⊥甲呷呷′辛^{二}⊥…　以辛約之，而右邊之辛爲○，則得

$$\frac{辛}{戌'一戌}=甲呷(天^{二}⊥二乙)⊥呷'(甲天^{三})$$

即　彳戌=甲呷辛(天^{二}⊥二乙)⊥呷′辛(甲天^{三})、呷辛=三天^{二}彳天、呷′辛=二天彳天　即　彳戌=[三甲天^{二}(天^{二}⊥二乙)⊥二天(甲天^{三})]彳天　亦即　彳戌=(五甲天^{四}⊥六甲乙天^{二})彳天。以　戌=甲天^{三}(天^{二}⊥二乙)=甲天^{五}⊥二甲乙天^{三}　約之，得

$$\frac{戌}{彳戌}=\frac{甲天^{五}⊥二甲乙'天^{三}}{(五甲天^{四}⊥六甲乙天^{二})彳天}=\frac{天}{三彳天}⊥\frac{天^{二}⊥二乙}{二天彳天}$$

今有　(天^{二}⊥甲)(二天⊥乙)　試求其微分。

法：命　戌=(天^{二}⊥甲)(二天⊥乙)、亥=天^{二}⊥甲、人=二天⊥乙　則　戌=亥人、戌′=亥′人′　準前　亥′=天^{二}⊥甲⊥呷辛⊥叱辛^{二}、人′=二(天⊥呷′辛)乙　即　戌′=(天^{二}⊥甲⊥呷辛⊥叱辛^{二})(二天⊥乙⊥二呷′辛)　詳之得　戌′=(天^{二}⊥甲)(二天⊥乙)⊥呷辛(二天⊥乙)⊥二呷′辛(天^{二}⊥甲)⊥二呷呷′辛^{二}⊥…　戌′丅戌=呷辛(二天⊥乙)⊥二呷′辛(天^{二}⊥甲)⊥二呷呷′辛^{二}⊥…　以辛約之，而右邊之辛爲○，則得

$$\frac{辛}{戌'丅戌}=呷(二天⊥乙)⊥二呷'(天^{二}⊥甲)$$

即　彳戌=呷辛(二天⊥乙)⊥二呷′辛(天^{二}⊥甲)、呷辛=二天彳天、呷′辛=彳天　即　彳戌=[二天(二天⊥乙)⊥二(天^{二}⊥甲)]彳天　亦即　彳戌=(六天^{二}⊥二乙天⊥二甲)彳天　以　戌=(天^{二}⊥甲)(二天⊥乙)　約之，得

$$\frac{戌}{彳戌}=\frac{(天^{二}⊥甲)(二天⊥乙)}{[二天(二天⊥乙)⊥二(天^{二}⊥甲)]彳天}=\frac{天^{二}⊥甲}{二天彳天}⊥\frac{二天⊥乙}{二彳天}$$

今有　(天^{三}⊥甲)(三天⊥乙)　試求其微分。

法：命　戌=(天^{三}⊥甲)(三天^{二}⊥乙)、亥=天^{三}⊥甲、人=三天⊥乙　則　戌=亥人、戌′=亥′人′　準前　亥′=天^{三}⊥甲⊥呷辛⊥叱辛^{二}⊥…　人′=三(天^{二}⊥呷辛⊥叱辛^{二})⊥乙　即　戌′=(天^{三}⊥甲⊥呷辛⊥叱辛^{二}⊥…)(三天^{二}⊥乙⊥三呷′辛⊥三叱′辛^{二})　詳之得　戌′=(天^{三}⊥甲)(三天^{二}⊥乙)⊥呷辛(三天^{二}⊥乙)⊥三呷′辛(天^{三}⊥甲)⊥三呷呷′辛^{二}⊥…　戌′丅戌=呷辛(三天^{二}⊥乙)⊥三呷′辛(天^{三}⊥甲)⊥三呷呷′辛^{二}⊥…　以辛約之，而右邊之辛爲○，則得

$$\frac{辛}{戌'丅戌}=呷(三天^{二}⊥乙)⊥三呷(天^{三}⊥甲)$$

即　彳戌=呷辛(三天^{二}⊥乙)⊥三呷′辛(天^{三}⊥甲)、呷辛=三天^{二}彳天、呷′辛=二天彳天　即　彳戌=[三天^{二}(三天^{二}⊥乙)⊥六天(天^{三}⊥甲)]彳天　亦即　彳戌=(一五天^{四}⊥三乙天^{二}⊥六甲天)彳天　以　戌=(天^{三}⊥甲)(三天^{二}⊥乙)　約之，得

$$\frac{戌}{彳戌}=\frac{(天^{三}⊥甲)(三天^{二}⊥乙)}{[三天^{二}(三天^{二}⊥乙)⊥六天(天^{三}⊥甲)]彳天}=\frac{天^{三}⊥甲}{三天^{二}彳天}⊥\frac{三天^{二}⊥乙}{六天彳天}$$

今有　天^{二}地^{二}人^{三}　試求其微分。

法：命　戌=天^{二}地^{二}人^{三}、亥=天地　則　戌=亥^{二}人^{三}　準前款，彳戌=二亥人^{三}彳亥⊥三人^{二}亥^{二}彳人、亥=天地　依例得　彳亥=地彳天⊥天彳地　即　彳戌=二天地人^{三}(地彳天⊥天彳地)⊥三天^{二}地^{二}人^{二}彳人　亦即　彳戌=二天地^{二}人^{三}彳天⊥二天^{二}地人^{三}彳地⊥三天^{二}地^{二}人^{二}彳人　以　戌=天^{二}地^{二}人^{三}　約之，得

$$\frac{戌}{彳戌}=\frac{天}{二彳天}⊥\frac{地}{二彳地}⊥\frac{人}{三彳人}$$

今有　甲天地^{三}人^{三}　試求其微分。

法：命　戌=甲天地^{三}人^{三}、亥=地人　則　戌=甲天亥^{三}　準前款，彳戌=甲亥^{三}彳天⊥三甲天亥^{二}彳亥、亥=地人　依例得　彳亥=人彳地⊥地彳人　即　彳戌=甲地^{三}人^{三}彳天⊥三甲天地^{二}人^{二}(人彳地⊥地彳人)　亦即　彳戌=甲地^{三}人^{三}彳天⊥三甲天地^{二}人^{三}彳地⊥三甲天地^{三}人^{二}彳人　以　戌=甲天地^{三}人^{三}　約之，得

$$\frac{戌}{彳戌}=\frac{天}{彳天}⊥\frac{地}{三彳地}⊥\frac{人}{三彳人}$$

今有　天(天^{二}⊥甲)(天⊥二乙)　試求其微分。

法：命　戌=天(天^{二}⊥甲)(天⊥二乙)、地=(天^{二}⊥甲)(天⊥二乙)　則　戌=天地　準前款，彳戌=地彳天⊥天彳地、地=(天^{二}⊥甲)(天⊥二乙)　依例得　彳地=(天⊥二乙)彳(天^{二}⊥甲)⊥(天^{二}⊥甲)彳(天⊥二乙)、彳(天^{二}⊥甲)=二天彳天、彳(天⊥二乙)=彳天　即　彳地=(天⊥二乙)二天彳天⊥(天^{二}⊥甲)彳天　即　彳戌=(天^{二}⊥甲)(天⊥二乙)彳天⊥二天^{二}(天⊥二乙)彳天⊥天(天^{二}⊥甲)彳天　亦即

彳戌=[(天^{二}⊥甲)(天⊥二乙)⊥二天^{二}(天⊥二乙)⊥天(天^{二}⊥甲)]彳天　以　戌=天(天^{二}⊥甲)(天⊥二乙)　約之得　$\frac{戌}{彳戌}=\frac{天}{彳天}⊥\frac{天^{二}⊥甲}{二天彳天}⊥\frac{天⊥二乙}{彳天}$

今有　天地^{二}人　試求其微分。

法∵命　戌=天地^{二}人、亥=天人　則　戌=地^{二}亥　準前款，彳戌=二亥地彳地⊥地^{二}彳亥、亥=天人　依例得　彳亥=人彳天⊥天彳人　即　彳戌=二天地人彳地⊥地^{二}(人彳天⊥天彳人)=二天地人彳地⊥地^{二}人彳天⊥天地^{二}彳人　以　戌=天地^{二}人　約之，得　$\frac{戌}{彳戌}=\frac{天}{彳天}⊥\frac{地}{二彳地}⊥\frac{人}{彳人}$

今有　甲天^{二}(天^{三}⊥甲)(天⊥三乙)　試求其微分。

法∵命　戌=甲天^{二}(天^{三}⊥甲)(天⊥三乙)、地=(天^{三}⊥甲)(天⊥三乙)　則　戌=甲天^{二}地　準前款　彳戌=二甲天地彳天⊥甲天^{二}彳地、地=(天^{三}⊥甲)(天⊥三乙)　依例得　彳地=(天⊥三乙)彳(天^{三}⊥甲)⊥(天^{三}⊥甲)彳(天⊥三乙)、彳(天^{三}⊥甲)=三天^{二}彳天、彳(天⊥三乙)=彳天　即　彳地=三天^{二}(天⊥三乙)彳天⊥(天^{三}⊥甲)彳天　即　彳戌=二甲天(天^{三}⊥甲)(天⊥三乙)彳天⊥三甲天^{四}(天⊥三乙)彳天⊥甲天^{二}(天^{三}⊥甲)彳天　亦即　彳戌=甲天[(五天^{三}⊥二甲)(天⊥三乙)⊥天(天^{三}⊥甲)]彳天　以　戌=甲天^{三}(天^{三}⊥甲)(天⊥三乙)　約之，得

$\frac{戌}{彳戌}=\frac{天}{二彳天}⊥\frac{天^{三}⊥甲}{三天彳天}⊥\frac{天⊥三乙}{彳天}$

今有　$\frac{地^{三}}{天^{二}}$　試求其微分。

法∵命　戌=$\frac{地^{三}}{天^{二}}$　則　天^{二}=戌地^{三}　準前得　彳(天^{二})=地^{三}彳戌⊥戌彳(地^{三})　即　二天彳天=地^{三}彳戌⊥三地^{二}戌彳地、地^{三}彳戌=二天彳天丅三地^{二}戌彳地、戌=$\frac{地^{三}}{天^{二}}$　即　地^{三}彳戌=二天彳天丅三地$^{二}\frac{地^{三}}{天^{二}彳地}$　以　地^{三}　除之，得

彳戌=$\frac{地^{三}}{二天彳天}丅\frac{地^{六}}{三地^{二}天^{二}彳地}$　即　彳戌=$\frac{地^{六}}{二天地^{三}彳天丅三天^{二}地^{二}彳地}$　約得

彳戌=$\frac{地^{四}}{二天地彳天丅三天^{二}彳地}$

今有　$\frac{天^{卯}}{甲}$　試求其微分。

法∵命　戌=$\frac{天^{卯}}{甲}$　則　戌天^{卯}=甲　甲爲常數，其微分爲〇。準前得　天^{卯}彳戌⊥戌彳(天^{卯})=〇　即　天^{卯}彳戌=丅卯戌天^{卯丅一}彳天　戌=$\frac{天^{卯}}{甲}$　即　天^{卯}彳戌=丅$\frac{天^{卯}}{卯甲天^{卯丅一}彳天}$　以　天^{卯}　除之，得　彳戌=丅$\frac{天^{二卯}}{卯甲天^{卯丅一}彳天}$　約得　彳戌=丅$\frac{天^{卯⊥一}}{卯甲彳天}$

今有　$\frac{甲天^{三}}{丙}$　試求其微分。

法∵命　戌=$\frac{甲天^{三}}{丙}$　則　甲戌天^{三}=丙　丙爲常數，其微分爲〇。準前得　甲天^{三}彳戌⊥戌彳(甲天^{三})=〇　即　甲天^{三}彳戌=丅三甲戌天^{二}彳天、戌=$\frac{甲天^{三}}{丙}$　即　甲天^{三}彳戌=丅三甲天$^{二}\frac{甲天^{三}}{丙}$彳天　以　甲天^{三}　除之，得　彳戌=丅$\frac{甲^{二}天^{六}}{三甲丙天^{二}彳天}$　約得　彳戌=丅$\frac{甲天^{四}}{三丙彳天}$

今有　$\frac{一丅天}{天}$　試求其微分。

法∵命　戌=$\frac{一丅天}{天}$　則　天=(一丅天)戌　準前得　彳天=戌彳(一丅天)⊥(一丅天)彳戌　即　彳天=(一丅天)彳戌丅戌彳天、(一丅天)彳戌=彳天⊥戌彳天、戌=$\frac{一丅天}{天}$　即　(一丅天)彳戌=彳天⊥$\frac{一丅天}{天彳天}$　以　一丅天　除之，得　彳戌=$\frac{一丅天}{彳天}⊥\frac{(一丅天)^{二}}{天彳天}$　即　彳戌=$\frac{一丅二天⊥天^{二}}{(一丅天)彳天⊥天彳天}$　亦即　彳戌=$\frac{一丅二天⊥天^{二}}{彳天}$

今有　$\frac{乙^{二}丅天^{二}}{甲^{二}⊥天^{二}}$　試求其微分。

法∵命　戌=$\frac{乙^{二}丅天^{二}}{甲^{二}⊥天^{二}}$　則　甲^{二}⊥天^{二}=(乙^{二}丅天^{二})戌　準前得　彳(甲^{二}⊥天^{二})=戌彳(乙^{二}丅天^{二})⊥(乙^{二}丅天^{二})彳戌　即　二天彳天=(乙^{二}丅

天^{二})彳戌丅二戌天彳天、(乙^{二}丅天^{二})彳戌＝二天彳天丄二戌天彳天、戌＝$\frac{乙^{二}丅天^{二}}{甲^{二}丄天^{二}}$

即 (乙^{二}丅天^{二})彳戌＝二天彳天丄二天$\left(\frac{乙^{二}丅天^{二}}{甲^{二}丄天^{二}}\right)$彳天 以 乙^{二}丅天^{二} 除

之，得 彳戌＝$\frac{乙^{二}丅天^{二}}{二天彳天}$丄$\frac{(乙^{二}丅天^{二})^{二}}{二天(甲^{二}丄天^{二})彳天}$ 即 彳戌＝$\frac{乙^{四}丅二乙^{二}天^{二}丄天^{四}}{二天(乙^{二}丅天^{二})彳天 丄二天(甲^{二}丄天^{二})彳天}$

亦即 彳戌＝$\frac{乙^{四}丅二乙^{二}天^{二}丄天^{四}}{二(甲^{二}丄乙^{二})天彳天}$ 【略】

今有 天^{二}地$^{\frac{三}{二}}$人^{三} 求微分。

法：命 戌＝天^{二}地$^{\frac{三}{二}}$人^{三} 準前得 彳戌＝地$^{\frac{三}{二}}$人^{三}彳(天^{二})丄天^{二}人^{三}彳(地$^{\frac{三}{二}}$)丄天^{二}地$^{\frac{三}{二}}$彳(人^{三}) 依本款得 彳(天^{二})＝二天彳天、彳(地$^{\frac{三}{二}}$)＝$\frac{三}{二}$地$^{丅\frac{三}{一}}$彳地、彳(人^{三})＝三人^{二}彳人 則得 彳戌＝二天地$^{\frac{三}{二}}$人^{三}彳天丄$\frac{三}{二}$天^{二}人^{三}地$^{丅\frac{三}{一}}$彳地丄三天^{二}地$^{\frac{三}{二}}$人^{二}彳人 以 戌＝天^{二}地$^{\frac{三}{二}}$人^{三} 除之，得

$\frac{戌}{彳戌}＝\frac{天}{二彳天}丄\frac{二地}{彳地}丄\frac{人}{三彳人}$

今有正方面，平變大一秒中增十分方寸之一。當面爲一百方寸時，邊之變大比例若干。

法：命 戌＝天^{二} 則 彳戌＝二天彳天、彳天＝$\frac{二天}{彳戌}$ 依題得 天^{二}＝一〇〇 則 天＝一〇、彳戌＝$\frac{一〇}{一}$ 即 彳天＝$\frac{一〇}{一}\times\frac{二〇}{一}＝\frac{二〇〇}{一}$ 即邊變大之比例爲 $\frac{二〇〇}{一}$

今有正方體，平變大一秒中增體積一寸。當體之積爲一尺時，邊之變大比例若干。

法：命 戌＝天^{三} 則 彳戌＝三天^{二}彳天、彳天＝$\frac{三天^{二}}{彳戌}$ 依題得 天＝一〇寸、彳戌＝一寸 即 彳天＝$\frac{三\times一〇〇}{一}＝\frac{三〇〇}{一}$ 即邊變大之比例爲 $\frac{三〇〇}{一}$

今有 $\sqrt{甲天^{三}}$ 試求其微分。

法：命 戌＝$\sqrt{甲天^{三}}$ 即 戌＝(甲天^{三})$^{\frac{二}{一}}$ 準前得 彳戌＝$\frac{二}{一}$(甲天^{三})$^{\frac{二}{一}丅一}$彳(甲天^{三}) 即 彳戌＝$\frac{二}{三}$(甲天^{三})$^{丅\frac{二}{一}}$甲天^{二}彳天＝$\frac{二\sqrt{甲天^{三}}}{三甲天^{二}彳天}$

約得 彳戌＝$\frac{二}{三}$甲$^{\frac{二}{一}}$天$^{\frac{二}{一}}$彳天

今有 $\sqrt{甲乙天^{七}}$ 試求其微分。

法：命 戌＝$\sqrt{甲乙天^{七}}$ 則 戌＝(甲乙天^{七})$^{\frac{二}{一}}$ 準前得

彳戌＝$\frac{二}{一}$(甲乙天^{七})$^{\frac{二}{一}丅一}$彳(甲乙天^{七}) 即 彳戌＝$\frac{二}{七}$(甲乙天^{七})$^{丅\frac{二}{一}}$彳甲乙天^{六}彳天

＝$\frac{二\sqrt{甲乙天^{七}}}{七甲乙天^{六}彳天}$ 約得 彳戌＝$\frac{二}{七}$甲$^{\frac{二}{一}}$乙$^{\frac{二}{一}}$天$^{\frac{二}{五}}$彳天

今有 $\sqrt{甲天^{五}}$ 試求其微分。

法：命 戌＝$\sqrt{甲天^{五}}$ 則 戌＝(甲天^{五})$^{\frac{二}{一}}$ 準前得

彳戌＝$\frac{二}{一}$(甲天^{五})$^{\frac{二}{一}丅一}$彳(甲天^{五}) 即 彳戌＝$\frac{二}{五}$(甲天^{五})$^{丅\frac{二}{一}}$甲天^{四}彳天＝

$\frac{二\sqrt{甲天^{五}}}{五甲天^{四}彳天}$ 約得 彳戌＝$\frac{二}{五}$甲$^{\frac{二}{一}}$天$^{\frac{二}{三}}$彳天

今有 甲$\sqrt{天}$丅$\frac{三}{天}$ 試求其微分。

法：命 戌＝甲$\sqrt{天}$丅$\frac{三}{天}$、地＝甲$\sqrt{天}$ 則 戌＝地丅$\frac{三}{天}$ 準前得

彳戌＝彳地丅$\frac{三}{彳天}$、彳地＝$\frac{二}{一}$甲天$^{丅\frac{二}{一}}$彳天 即 彳地＝$\frac{二\sqrt{天}}{甲彳天}$ 即 彳戌＝$\frac{二\sqrt{天}}{甲彳天}$丅$\frac{三}{彳天}$

＝$\frac{六\sqrt{天}}{(三甲丅二\sqrt{天})彳天}$

今有 $\sqrt{甲天}$丄$\sqrt{丙^{二}天^{三}}$ 試求其微分。

法：命 戌＝$\sqrt{甲天}$丄$\sqrt{丙^{二}天^{三}}$、地＝$\sqrt{甲天}$、人＝$\sqrt{丙^{二}天^{三}}$ 則

戌＝地丄人 準前得 彳戌＝彳地丄彳人、彳地＝$\frac{二}{一}$(甲天)$^{丅\frac{二}{一}}$彳(甲天)＝

$\frac{二}{甲}$(甲天)$^{丅\frac{二}{一}}$彳天 即 彳地＝$\frac{二\sqrt{甲天}}{甲彳天}$、彳人＝$\frac{二}{一}$(丙^{二}天^{三})$^{丅\frac{二}{一}}$彳(丙^{二}天^{三})＝

$\frac{一}{三}(丙^{二}天^{三})^{丅\frac{二}{三}}丙^{二}天^{二}彳天$　即　$彳人=\frac{二\sqrt{丙^{二}天^{三}}}{三丙^{二}天^{二}彳天}$　則　$彳戊=\frac{二\sqrt{甲天}}{甲彳天}$
$丄\frac{二\sqrt{丙^{二}天^{三}}}{三丙^{二}天^{二}彳天}$　約得　$彳戊=\frac{二\sqrt{天}}{\sqrt{甲}彳天}丄\frac{二}{三}\sqrt{丙^{二}天}彳天=\frac{二\sqrt{天}}{(\sqrt{甲}丄三丙天)彳天}$

今有　$\sqrt{甲丄乙天^{二}}$　試求其微分。

法：命　$戊=\sqrt{甲丄乙天^{二}}$、$地=甲丄乙天^{二}$　則　$戊=地^{\frac{一}{二}}$　準前得
$彳戊=\frac{一}{二}地^{丅\frac{一}{二}}彳地$、$地=甲丄乙天^{二}$、$彳地=二乙天彳天$　則
$彳戊=\frac{一}{二}(甲丄乙天^{二})^{丅\frac{一}{二}}二乙天彳天$　即　$彳戊=\frac{二\sqrt{甲丄乙天^{二}}}{二乙天彳天}=\frac{\sqrt{甲丄乙天^{二}}}{乙天彳天}$

今有　$(甲天^{二}丄天^{三})^{三}$　試求其微分。

法：命　$戊=(甲天^{二}丄天^{三})^{三}$、$地=甲天^{二}丄天^{三}$　則　$戊=地^{三}$　準前得　$彳戊=三地^{二}彳地$、$地=甲天^{二}丄天^{三}$、$彳地=二甲天彳天丄三天^{二}彳天$　則　$彳戊=三(甲天^{二}丄天^{三})^{二}(二甲天丄三天^{二})彳天$　即　$彳戊=三天^{五}(甲丄天)^{二}(二甲丄三天)彳天$

今有　$\sqrt{甲天丄乙天^{二}丄丙天^{三}}$　試求其微分。

法：命　$戊=\sqrt{甲天丄乙天^{二}丄丙天^{三}}$、$地=甲天丄乙天^{二}丄丙天^{三}$　則　$戊=地^{\frac{一}{二}}$　準前得　$彳戊=\frac{一}{二}地^{丅\frac{一}{二}}彳地$、$地=甲天丄乙天^{二}丄丙天^{三}$、$地=甲彳天丄二乙天彳天丄三丙天^{二}彳天$　則　$彳戊=\frac{一}{二}(甲天丄乙天^{二}丄丙天^{三})^{丅\frac{一}{二}}(甲彳天丄二乙天彳天丄三丙天^{二}彳天)$　即　$彳戊=\frac{二\sqrt{甲天丄乙天^{二}丄丙天^{三}}}{(甲丄二乙天丄三丙天^{二})彳天}$

今有　$(甲天丅天^{二})^{五}$　試求其微分。

法：命　$戊=(甲天丅天^{二})^{五}$、$地=甲天丅天^{二}$　則　$戊=地^{五}$　準前得　$彳戊=五地^{四}彳地$、$地=甲天丅天^{二}$、$彳地=甲彳天丅二天彳天$　則　$彳戊=五(甲天丅天^{二})^{四}(甲丅二天)彳天$　即　$彳戊=五天^{四}(甲丅天)^{四}(甲丅二天)彳天$

今有　$(甲丄乙天^{二})^{\frac{四}{五}}$　試求其微分。

法：命　$戊=(甲丄乙天^{二})^{\frac{四}{五}}$、$地=甲丄乙天^{二}$　則　$戊=地^{\frac{四}{五}}$　準前得
$彳戊=\frac{四}{五}地^{丅\frac{一}{五}}彳地$、$地=甲丄乙天^{二}$、$彳地=二乙天彳天$　則
$彳戊=\frac{四}{五}(甲丄乙天^{二})^{丅\frac{一}{五}}二乙天彳天$　即　$彳戊=\frac{二}{五乙天}(甲丄乙天^{二})彳天$

今有　$(甲丄天^{二})^{\frac{卯}{二}}$　試求其微分。

法：命　$戊=(甲丄天^{二})^{\frac{卯}{二}}$、$地=甲丄天^{二}$　則　$戊=地^{\frac{卯}{二}}$　準前得
$彳戊=\frac{卯}{二}地^{\frac{卯}{二}丅一}彳地$、$地=甲丄天^{二}$、$彳地=二天彳天$　則
$彳戊=\frac{卯}{二}(甲丄天^{二})^{\frac{卯}{二}丅一}二天彳天$　即　$彳戊=\frac{卯}{二天}(甲丄天^{二})^{\frac{卯}{二}丅一}彳天$

今有天平變大，一秒中增一百分寸之一。當天爲九寸時，$(一丄天)^{三}$之變比例若干。

法：命　$戊=(一丄天)^{三}$、$地=一丄天$　則　$戊=地^{三}$　準前得　$彳戊=三地^{二}彳地$、$地=一丄天$、$彳地=彳天$　則　$彳戊=三(一丄天)^{二}彳天$　依題得　天＝九、$彳天=\frac{一○○}{一}$　即　$彳戊=三(一○)^{二}\frac{一○○}{一}=三寸$　即變大之比例爲三。

今有　$\frac{甲丄天^{二}}{甲丄天}$　試求其微分。

法：命　$戊=\frac{甲丄天^{二}}{甲丄天}$　則　$(甲丄天^{二})戊=甲丄天$　準十一款，得　$二天戊彳天丄(甲丄天^{二})彳戊=彳天$、$(甲丄天^{二})彳戊=彳天丅二天戊彳天$　即　$(甲丄天^{二})彳戊=彳天丅二天\frac{甲丄天^{二}}{甲丄天}彳天$　即　$彳戊=\frac{甲丄天^{二}}{彳天}丅\frac{(甲丄天^{二})^{二}}{二天(甲丄天)彳天}$　即
$彳戊=\frac{(甲丄天^{二})^{二}}{(甲丄天^{二})彳天丅二天(甲丄天)彳天}=\frac{(甲丄天^{二})^{二}}{(甲丅二甲天丅天^{二})彳天}$

今有　$\sqrt{天^{二}丄甲\sqrt{天}}$　試求其微分。

法：命　$戊=\sqrt{天^{二}丄甲\sqrt{天}}$、$地=天^{二}丄甲\sqrt{天}$　則　$戊=地^{\frac{一}{二}}$　準十三款得　$彳戊=\frac{一}{二}地^{丅\frac{一}{二}}彳地$、$地=天^{二}丄甲\sqrt{天}$、$彳地=二天彳天丄\frac{二}{甲}天^{丅\frac{一}{二}}彳天$　則　$彳戊=\frac{一}{二}(天^{二}丄甲\sqrt{天})^{丅\frac{一}{二}}(二天丄\frac{二}{甲}天^{丅\frac{一}{二}})彳天$　即
$$彳戊=\frac{二\sqrt{天^{二}丄甲\sqrt{天}}}{\left(二天丄甲\frac{二\sqrt{天}}{一}\right)彳天}$$

今有　$\frac{天}{(乙丄天)^{二}}$　試求其微分。

法∴命 $成=\frac{天}{(乙⊥天)^{二}}$ 即 $天成=(乙⊥天)^{二}$ 準十一款，得 $成彳天⊥天彳成=二(乙⊥天)彳天$、$天彳成=二(乙⊥天)彳天丅成彳天$ 即 $天彳成=二(乙⊥天)彳天丅\frac{天}{(乙⊥天)^{二}}彳天$ 即 $彳成=\frac{天}{二(乙⊥天)}彳天丅\frac{天^{二}}{(乙⊥天)^{二}}彳天$ 即 $彳成=\frac{天^{二}}{二(乙天⊥天^{二})彳天丅(乙⊥天)^{二}彳天}=\frac{天^{二}}{(天^{二}丅乙^{二})彳天}$

今有 $\frac{(甲⊥天^{三})^{二}}{天^{二}}$ 試求其微分。

法∴命 $成=\frac{(甲⊥天^{三})^{二}}{天^{二}}$、$地=甲⊥天^{三}$ 即 $成=\frac{地^{二}}{天^{二}}$、$地^{二}成=天^{二}$ 準十一、十四款，得 $二地成彳地⊥地^{二}彳成=二天彳天$、$地^{二}彳成=二天彳天丅二地成彳地$ 即 $地^{二}彳成=二天彳天丅二地\frac{地^{二}}{天^{二}}彳地$ 即 $彳成=\frac{地^{四}}{二天地^{二}彳天丅二天^{二}地彳地}$ 即 $彳成=\frac{(甲⊥天^{三})^{四}}{二天(甲⊥天^{三})^{二}彳天丅二天^{二}(甲⊥天^{三})三天^{二}彳天}=\frac{(甲⊥天^{三})^{三}}{二天[(甲⊥天^{三})丅三天^{三}]彳天}$

今有 $\frac{(甲⊥天)^{卯}}{一}$ 試求其微分。

法∴命 $成=\frac{(甲⊥天^{二})^{卯}}{一}$、$地=甲⊥天^{二}$ 即 $成=\frac{地^{卯}}{一}$ $地^{卯}成=一$ 準十一、十四款，得 $卯成地^{卯丅一}彳地⊥地^{卯}彳成=〇$、$地^{卯}彳成=丅卯成地^{卯丅一}彳地$ 即 $地^{卯}彳成=丅卯\frac{地^{卯}}{一}地^{卯丅一}彳地$ 即 $彳成=丅\frac{地^{二卯}}{卯地^{卯丅一}彳地}$ 即 $彳成=丅\frac{(甲⊥天^{二})^{二卯}}{卯(甲⊥天^{二})^{卯丅一}二天彳天}=丅\frac{(甲⊥天^{二})^{卯⊥一}}{二卯天彳天}$ 【略】

清·陳志堅《微積闡詳》卷一 微分一

論函數微分

第一款 設題一 今有天平變大，逐秒增百分寸之一。若天爲一〇寸，求二天^{二}變大之比例若干。答曰：一秒中十分寸之四。

如 $成=二天^{二}$ 加長數辛，即 $成'=二(天⊥辛)^{二}=二天^{二}⊥四天辛⊥二辛^{二}$ 即 $\frac{辛}{成'丅成}=四天⊥二辛$ 依本款 二辛＝〇 即 $\frac{彳天}{彳成}=四天$ 惟 $天=一〇$、$彳天=\frac{一〇〇}{一}=.〇一$ 即 $四天彳天=.四$ 與款合。

設題二 今有天平變大，逐秒增二寸。若天爲六寸，求 二天^{二} 變大之比例若干。答曰：一秒中四十八寸。原答有誤。

如 $成=二天^{二}$ 如前遞求得 $\frac{彳天}{彳成}=四天$ 惟因 $天=六$、$彳天=二$ 即 $四天彳天=四八$ 與款合。

設題三平圓坍。 今有圓金版變大，每秒中其面增五十分寸之一。當面積爲一方寸時，徑之變比例若干。答式：$\frac{五〇\sqrt{周}}{一}$

依圓理命面爲天，則 $\frac{周}{四天}=徑^{二}$ 即 $\sqrt{\frac{周}{四天}}=徑$ 令 $\frac{周}{四}=甲$ 即 $成=\sqrt{甲天}$ 依本卷十一款。求微分得 $彳成=\frac{二\sqrt{甲天}}{甲彳天}$ 仍以 $\frac{周}{四}$ 代還甲。

又因 $天=一$、$彳天=\frac{五〇}{一}$ 即 $彳成=\frac{一〇〇\sqrt{\frac{周}{四}}}{\frac{周}{四}}=\frac{五〇周}{\sqrt{周}}=\frac{五〇\sqrt{周}}{一}$ 即答式。

第二款 設題一 今有天平變大，逐秒增百分寸之二。若天爲十寸，求三天^{三} 變大之比例若干。答曰：一秒中一十八寸。

如 $成=三天^{三}$ 加長數辛，即 $成'=三(天⊥辛)^{三}=三天^{三}⊥九天^{二}辛⊥九天辛^{二}⊥三辛^{三}$、$成'丅成=九天^{二}辛⊥九天辛^{二}⊥三辛^{三}$ 即 $\frac{辛}{成'丅成}=九天^{二}⊥九天辛⊥三辛^{二}$ 即 $\frac{彳天}{彳成}=九天^{二}⊥九天辛⊥三辛^{二}$ 依本款 $九天辛⊥三辛^{二}=〇$ 即 $\frac{彳天}{彳成}=九天^{二}$ 惟因 $天=一〇$、$天^{二}=一〇〇$、$彳天=.〇二$ 故 $九天^{二}彳天$ 等於 一八 即答式。

設題二 今有天平變大，逐秒增百分寸之三。若天爲 一二 寸，求 四天^{三} 變大之比例若干。答曰：五十一寸又百分寸之八十四。

如 $成=四天^{三}$ 加長數辛，即 $成=四(天⊥辛)^{三}$ 如前遞求得

$\frac{彳天}{彳戌}$＝一二$天^{二}$　惟因　天＝一二　即　$天^{二}$＝一四四、彳天＝.〇三　即　一二$天^{二}$彳天＝五.一八四　即答式。

設題三　立圓對。　今有肥皂泡，一秒中其體積增二立寸，當徑爲二寸時，徑之變變比例若干。答式：$\frac{周}{一}$

依圓球理，命徑爲天，則　**體積**＝$\frac{六}{周}天^{三}$　準本款　彳戌＝$\frac{二}{周}天^{二}$彳天　惟彳戌＝二　即　$\frac{\frac{二}{周天^{二}}}{二}$＝彳天　又　$天^{二}$＝四　即　$\frac{二周}{二}$＝$\frac{周}{一}$＝彳天

設題四　今有金球變大，其徑每秒增十分寸之一。當體積之變比例一秒中五立寸時，其徑長若干。答式：$\frac{\sqrt{周}}{一〇寸}$

蓋　戌＝$\frac{六}{周}天^{三}$　求微分　彳戌＝$\frac{二}{周}天^{二}$彳天　即　$\frac{周彳天}{二彳戌}$＝$天^{二}$　即　$\frac{\frac{一〇}{二}周}{一〇}$＝$天^{二}$　即　$\frac{周}{一〇〇}$＝$天^{二}$　即　$\frac{\sqrt{周}}{一〇}$＝天　爲答式。

第三款　設題一　今有天平變大，逐秒增百分寸之一。若天爲一〇寸，求$天^{五}$　變大之比例若干。答曰：一秒中五百寸。

準本款　卯＝五、戌＝$天^{五}$　即　彳戌＝五$天^{四}$彳天　惟　彳天＝.〇一、天＝一〇　故　五$天^{四}$彳天＝五〇〇〇〇×.〇　即　彳戌＝五〇〇　爲答式。

設題二　今有天平變大，逐秒增五寸。若天爲四寸，求　二$天^{四}$　變大之比例若干。答曰：一秒中二千五百六十寸。

準本款　卯＝四、戌＝二$天^{四}$　即　彳戌＝八$天^{三}$彳天　惟　彳天＝五、天＝四　即　八$天^{三}$彳天＝二五六〇　爲答式。【略】

第五款　設題一　今有　$\frac{四}{三}天^{二}$丄乙　求微分。答式：　$\frac{二}{三}$天彳天

依本款，天變爲　天丄辛　得　戌′＝$\frac{四}{三}(天丄辛)^{二}$丄乙　詳之　戌′＝乙丄$\frac{四}{三}天^{二}$丄$\frac{二}{三}$天辛丄$\frac{四}{三}辛^{二}$　以原式減之，以辛約之，得　$\frac{辛}{戌′丅戌}$＝$\frac{二}{三}$天丄$\frac{四}{三}$辛

準前例　$\frac{四}{三}$辛＝〇　即　$\frac{彳天}{彳戌}$＝$\frac{二}{三}$天　而　彳戌＝$\frac{二}{三}$天彳天　其常數乙不見。

設題二　今有　七$甲^{二}天^{六}$丄$乙^{三}$　求微分。答式：　四二$甲^{二}天^{五}$彳天

依本款，天變爲　天丄辛　得　戌′＝七$甲^{二}(天丄辛)^{六}$丄$乙^{三}$　詳之得戌′＝$乙^{三}$丄七$甲^{二}天^{六}$丄四二$甲^{二}天^{五}$辛丄…　以原式減之，辛約之，得　$\frac{辛}{戌′丅戌}$＝四二$甲^{二}天^{五}$丄…　準前例　$\frac{彳天}{彳戌}$＝四二$甲^{二}天^{五}$　即　彳戌＝四二$甲^{二}天^{五}$彳天　原式中常數　$乙^{三}$　不見。

第六款　設題一　今有天平變大，逐秒增百分寸之一。若天爲十寸，求六$天^{四}$丅五$天^{三}$丅(五)[二]天　變大之比例若干。答曰：一秒中二百二十四寸又百分寸之九十八。

如　戌＝六$天^{四}$丅五$天^{三}$丅二天　天變爲　天丄辛　即　戌′＝六$(天丄辛)^{四}$丅五$(天丄辛)^{三}$丅二(天丄辛)　詳之　戌′＝六$天^{四}$丄二四$天^{三}$辛丄…丅五$天^{三}$丅一五$天^{二}$辛丅…丅二天丅二辛　以原式減之，辛約之，得　$\frac{辛}{戌′丅戌}$＝二四$天^{三}$丅一五$天^{二}$丅二$\frac{丄}{丅}$…　即　彳戌＝(二四$天^{三}$丅一五$天^{二}$丅二)彳天　惟　天＝一〇、彳天＝.〇一　即　(二四〇〇〇丅一五〇〇丅二).〇一＝二二四.九八　即答數。

設題二　今有天平變大，逐秒增百分寸之二。若天爲十二寸，求　五$天^{三}$丅三$天^{二}$丄六天丄二　變大之比例若干。答曰：一秒中四十一寸又百分寸之八十八。

如　戌＝五$天^{三}$丅三$天^{二}$丄六天丄二　天變爲　天丄辛　即　戌′＝五$(天丄辛)^{三}$丅三$(天丄辛)^{二}$丄六(天丄辛)丄二　詳之　戌′＝五$天^{三}$丄一五$天^{二}$辛丄…丅三$天^{二}$丅六天辛丅…丄六天丄六辛丄二　以原式減之，辛約之，$\frac{辛}{戌′丅戌}$＝五$天^{二}$丅六天丄六$\frac{丄}{丅}$…　即　彳戌＝(一五$天^{二}$丅六天丄六)彳天　惟天＝一二、彳天＝.〇二　各以代入，即　(二一六〇丅七二丄六).〇二＝四一.八八　即答數。

第七款　設題一　今有　甲$天^{二}地^{三}$　求微分。答式：　二甲天$地^{三}$彳天丄三甲$天^{二}地^{二}$彳地

任令　戍＝甲天^{二}、亥＝地^{三}　又令　⿰彳天＝辛、⿰彳地＝辛′　即　戍′＝甲(天丄辛)^{二}、亥′＝(地丄辛′)^{三}　詳之　戍′＝甲天^{二}丄二甲天辛丄…、亥′＝地^{三}丄三地^{二}辛′丄…　兩邊各相乘，　戍′亥′＝甲天^{二}地^{三}丄地^{三}二甲天辛…丄甲天^{二}三地^{二}辛′丄…　以同數代入移項，任以辛約之以辛′約之，理同。得　$\frac{辛}{戍'亥'丅戍亥}$＝地^{三}二甲天…丄三甲天^{二}地^{二}$\frac{辛}{辛'}$丄…　依前例，即　$\frac{⿰彳天}{彳(戍亥)}$＝地^{三}二甲天丄三甲天^{二}地^{二}$\frac{⿰彳天}{⿰彳地}$　即　彳(戍亥)＝二甲天地^{三}⿰彳天丄三甲天^{二}地^{二}⿰彳地　或令　戍＝甲天^{二}、亥＝地^{三}　求微分，得　⿰彳戍＝二甲天⿰彳天、⿰彳亥＝三地^{二}⿰彳地　各代入　彳(戍亥)＝戍⿰彳亥丄亥⿰彳戍　式中，即　彳(戍亥)＝二甲天地^{三}⿰彳天丄三甲天^{二}地^{二}⿰彳地　理亦同。

設題二　今有　甲天^{三}(天^{二}丄二乙)　求微分。答式：　五甲天^{四}⿰彳天丄六甲乙天^{二}⿰彳天

任令　戍＝甲天^{三}、亥＝天^{二}丄二乙　天變爲　天丄辛　即　戍′＝甲(天丄辛)^{三}、亥′＝(天丄辛)^{二}丄二乙　詳之得　戍′＝甲天^{三}丄三甲天^{二}辛丄…、亥′＝天^{二}丄二乙丄二天辛丄…　兩邊各相乘，　戍′亥′＝甲天^{三}(天^{二}丄二乙)丄(天^{二}丄二乙)三甲天^{二}辛丄…丄甲天^{三}(二天辛)丄…　以同數代入移項，以辛約之，即　$\frac{辛}{戍'亥'丅戍亥}$＝(天^{二}丄二乙)三甲天^{二}丄…丄甲天^{三}(二天)丄…　即　＝五甲天^{四}丄六甲乙天^{二}丄…　依前例，即　彳(戍亥)＝五甲天^{四}⿰彳天丄六甲乙天^{二}⿰彳天　爲答式。或徑求　戍＝甲天^{三}、亥＝天^{二}丄二乙　之微分，即　⿰彳戍＝三甲天^{二}⿰彳天、⿰彳亥＝二天⿰彳天　各代入　彳(戍亥)＝戍⿰彳亥丄亥⿰彳戍　式中，即　三甲天^{二}⿰彳天×(天^{二}丄二乙)＝三甲天^{四}⿰彳天丄六甲乙天^{二}⿰彳天　二天⿰彳天×甲天^{三}＝二甲天^{四}⿰彳天　即　彳(戍亥)＝五甲天^{四}⿰彳天丄六甲乙天^{二}⿰彳天

第八款　設題一　今有天平變大，逐秒增百分寸之一。地平變大，逐秒增百分寸之二。人平變大，逐秒增百分寸之三。若天爲十寸，地爲八寸，人爲六寸，求　天^{二}地^{二}人^{三}　變大之比例若干。答曰：一秒中三萬〇四百十二寸小餘八。令　戍＝天^{二}、亥＝地^{二}、酉＝人^{三}　各求微分。依前例，　⿰彳戍＝二天⿰彳天、⿰彳亥＝二地⿰彳地、⿰彳酉＝三人^{二}⿰彳人　各代入本款式，即　彳(戍亥酉)＝地^{二}人^{三}二天⿰彳天丄天^{二}人^{三}二地⿰彳地丄天^{二}地^{二}三人^{二}⿰彳人　各以真數代入，即　彳(戍亥酉)＝二七六四．八丄六九一二丄二〇七三六＝三〇四一二．八　爲答數。

設題二　今有　天(天^{二}丄甲)(天丄二乙)　試求其微分。答式：　(天^{二}丄甲)(天丄二乙)⿰彳天丄二天^{二}(天丄二乙)⿰彳天丄天(天^{二}丄甲)⿰彳天　即　⿰彳天[(天^{二}丄甲)(天丄二乙)丄二天^{二}(天丄二乙)丄天(天^{二}丄甲)]

令　戍＝天、亥＝(天^{二}丄甲)、人＝(天丄二乙)　即　⿰彳戍＝⿰彳天、⿰彳亥＝二天⿰彳天、⿰彳人＝⿰彳天　代入本款式，即　彳(戍亥人)＝⿰彳天[(天^{二}丄甲)(天丄二乙)丄二天^{二}(天丄二乙)丄天(天^{二}丄甲)]　即答式。

第九款　設題一　今有　$\frac{地^{三}}{天^{二}}$　試求其微分。答式：

$\frac{地^{六}}{二天地^{三}⿰彳天丅三天^{二}地^{二}⿰彳地}$　即　$\frac{地^{四}}{二天地⿰彳天丅三天^{二}⿰彳地}$

令　亥＝地^{三}、戍＝天^{二}　各求微分，即　⿰彳亥＝三地^{二}⿰彳地、⿰彳戍＝二天⿰彳天　依本款式，即　彳$\left(\frac{亥}{戍}\right)$＝$\frac{地^{六}}{二天地^{三}⿰彳天丅三天^{二}地^{二}⿰彳地}$　以　地^{二}　約其法實，即得答式。

設題二　今有　$\frac{甲天^{三}}{丙}$　試求其微分。答式：　$\frac{甲^{二}天^{六}}{丅三甲丙天^{二}⿰彳天}$　即　$\frac{甲天^{四}}{丅三丙⿰彳天}$

令　亥＝甲天^{三}、戍＝丙　求微分，即　⿰彳亥＝三甲天^{二}⿰彳天、⿰彳戍＝〇　常數無微分，見五款。依本款式　彳$\left(\frac{亥}{戍}\right)$＝$\frac{甲^{二}天^{六}}{丅三甲丙天^{二}⿰彳天}$　即　＝$\frac{甲天^{四}}{丅三丙⿰彳天}$　即答式。

第十款　設題一　今有正方體，平變大一秒中增體積一寸。當體之積爲一尺時，邊之變大比例若干。答曰：三百分寸之一。

如　戍＝天$^{\frac{三}{一}}$　即　卯＝$\frac{三}{一}$、卯丅一＝$\frac{三}{一}$丅＝丅$\frac{三}{一}$　即　⿰彳戍＝$\frac{三}{一}$天$^{丅\frac{三}{一}}$⿰彳天＝$\frac{三天^{\frac{三}{一}}}{一}$⿰彳天＝$\frac{三天^{\frac{三}{一}}}{⿰彳天}$㊀　惟　天＝一〇〇〇、天$^{\frac{三}{一}}$＝一〇〇、⿰彳天＝一　各代入一式，即　⿰彳戍＝$\frac{三〇〇}{一}$　即答數。

設題二　今有天平變大，一秒中增十分寸之一。當天爲十寸時，$天^{\frac{一}{三}}$ 之變大比例若干。答曰：以二十約三乘　一〇　之平方根寸。

如　戌=$天^{\frac{一}{三}}$　即　卯=$\frac{一}{三}$、卯丅一=丅$\frac{二}{三}$　依本款，即　彳戌=$\frac{一}{三}天^{丅\frac{二}{三}}$彳天㊀

惟　$天^{\frac{二}{三}}=\sqrt{一〇}$、彳天=．一　各代入一式，即　彳戌=$\frac{二〇}{三\sqrt{一〇}}$　即答數。

設題三　今有天平變大，一秒中增十分寸之一。當天爲十寸時，$二天^{丅三}$ 之變小比例若干。答曰：十萬分寸之六。

如　戌=$二天^{丅三}$　即　卯=丅三、卯丅一=丅四　依本款即

彳戌=丅六$天^{丅四}$彳天=$\frac{天^{四}}{丅六彳天}$㊀　惟　$天^{四}$=一〇〇〇〇、丅六彳天=．六　各升位代入　彳戌=$\frac{一〇〇〇〇〇}{丅六}$　即答數。

第十一款　設題一　今有天平變大，一秒中增十分方寸之一。當天爲十方寸時，$(三六天^{七})^{\frac{一}{三}}$ 變大比例若干。答曰：六百六十四寸又千分寸之七十八。

如　戌=$\sqrt{三六天^{七}}$　依本款例得　彳戌=$\frac{二\sqrt{三六天^{七}}}{二五二天^{六}彳天}$　各以真數代入，開方約之，彳戌=$\frac{三七九四七.三二}{三五二〇〇〇〇〇}$　六六四.〇七八　即答數。

設題二　今有天平變大，一秒中增十分方寸之一。當天爲十方寸時，$\sqrt{二.五天}$丄$\sqrt{四天^{二}}$　之變大比例若干。答曰：一秒中四十分寸之九。

如　戌=$\sqrt{二.五天}$丄$\sqrt{四天^{二}}$　依本款例，得　彳戌=$\frac{二\sqrt{二.五天}}{二.五彳天}$丄$\frac{二\sqrt{四天^{二}}}{八天彳天}$㊀　惟　天=一〇、彳天=．一、$\sqrt{二.五天}$=五、$\sqrt{四天^{二}}$=二〇　各代入一式　彳戌=$\frac{一〇}{二五}$丄$\frac{四〇}{八}$　即　=$\frac{四〇}{九}$　即答數。

第十二款　設題一　今有天平變大，一秒中增百分寸之一。當天爲九寸時，$(一丄天)^{三}$　之變大比例若干。答曰：三寸。

如　戌=$(一丄天)^{三}$　準前例　彳戌=三$(一丄天)^{二}$彳(一丄天)　惟　彳(一丄天)=彳天　即　彳戌=三$(一丄天)^{二}$彳天　又　天=九、彳天=．〇一　即　彳戌=三×．〇〇×．〇一=三　即答數。

設題二　今有天平變大，每秒增百分寸之一。當天爲四寸時，$(二天^{二}丄天^{三})^{二}$　之變大比例若干。答曰：一百二十二寸又百分寸之八十八。

如　戌=$(二天^{二}丄天^{三})^{二}$　即　彳戌=二$(二天^{二}丄天^{三})$彳$(二天^{二}丄天^{三})$　準前例，彳$(二天^{二})$=四天彳天、彳$(天^{三})$=三$天^{二}$彳天　即　彳$(二天^{二}丄天^{三})$=$(四天丄三天^{二})$彳天　即　彳戌=二$(二天^{二}丄天^{三})(四天丄三天^{二})$彳天

惟　天=四、彳天=．〇一　即　彳戌=二×九六×六四×．〇一=一二二．八八　即答數。

一次微係數之微係數，故名二次微係數。而　六甲天　中包天又以爲函數求微分，得　$\frac{彳天^{二}}{彳^{二}戌}$=六甲彳天　以彳天約之，得　$\frac{彳天^{三}}{彳^{三}戌}$=六甲　爲二次微係數之微係數，故名三次微係數。　六甲　不包天，即無微分，凡變數乘方求疊微分俱準此。

第十三款　設題一　今有　$甲天^{四}$　求各次微係數。答曰：一次　四甲$天^{三}$　二次　一二甲$天^{二}$　三次　二四甲天　四次　二四甲

如　戌=甲$天^{四}$　即　彳戌=四甲$天^{三}$彳天　而　$\frac{彳天}{彳戌}$=四甲$天^{三}$　又

彳$\left(\frac{彳天}{彳戌}\right)$=一二甲$天^{二}$彳天　即　$\frac{彳天^{二}}{彳^{二}戌}$=一二甲$天^{二}$　又　彳$\left(\frac{彳天^{二}}{彳^{二}戌}\right)$=二四甲天彳天　即

$\frac{彳天^{三}}{彳^{三}戌}$=二四甲天　又　彳$\left(\frac{彳天^{三}}{彳^{三}戌}\right)$=二四甲彳天　即　$\frac{彳天^{四}}{彳^{四}戌}$=二四甲　即答式。

設題二　今有　$(甲丄天^{二})^{三}$　求各次微係數。原答似有未洽，兹爲更定如後。答曰：一次　六$天^{五}$丄一二甲$天^{三}$丄六$甲^{二}$天　二次　三〇$天^{四}$丄三六甲$天^{二}$丄六$甲^{二}$　三次　一二〇$天^{三}$丄七二甲天　四次　三六〇$天^{二}$丄七二甲　五次　七二〇天　六次　七二〇

如　戌=$(甲丄天^{二})^{三}$　詳之　戌=$甲^{三}$丄三$甲^{二}天^{二}$丄三甲$天^{四}$丄$天^{六}$　層遞各求微分。　彳戌=六$甲^{二}$天彳天丄一二甲$天^{三}$彳天丄六$天^{五}$彳天　即

$\frac{彳天}{彳戌}$=六$甲^{二}$天丄一二甲$天^{三}$丄六$天^{五}$　即　$\frac{彳天^{二}}{彳^{二}戌}$=三〇$天^{四}$丄三六甲$天^{二}$丄六$甲^{二}$

即　$\frac{彳天^{三}}{彳^{三}戌}$=一二〇$天^{三}$丄七二甲天　即　$\frac{彳天^{四}}{彳^{四}戌}$=三六〇$天^{二}$丄七二甲　即

$\frac{彳天^{五}}{彳^{五}戌}$=七二〇天　即　$\frac{彳天^{六}}{彳^{六}戌}$=七二〇　即答式。

第十四款　設題一　今有　戌=$(甲丄天)^{卯}$　試詳其級數。

令　天=〇　則函數消爲　$甲^{卯}$　故　(戌)=$甲^{卯}$　疊求函數之微分，得

$\frac{彳天}{彳成}=卯(甲\perp天)^{卯\top一}$ 若 $天=〇$ 則得 $卯甲^{卯\top一}$ 故 $\left(\frac{彳天}{彳成}\right)=卯甲^{卯\top一}$

又 $\frac{彳天^{二}}{彳^{二}成}=卯(卯\top一)(甲\perp天)^{卯\top二}$ 若 $天=〇$ 則得 $卯(卯\top一)甲^{卯\top二}$ 故 $\left(\frac{彳天^{二}}{彳^{二}成}\right)=卯(卯\top一)甲^{卯\top二}$ 順是以求，即 $\left(\frac{彳天^{三}}{彳^{三}成}\right)=卯(卯\top一)(卯\top二)甲^{卯\top三}$、$\left(\frac{彳成^{四}}{彳^{四}成}\right)=卯(卯\top一)(卯\top二)(卯\top三)甲^{卯\top四}\cdots$

用此諸同數於馬氏式中得 $(甲\perp天)^{卯}=甲^{卯}\perp卯甲^{卯\top一}天\perp\frac{二}{卯(卯\top一)}甲^{卯\top二}天^{二}\perp\cdots$ 即級數也。

設題二 今有 $成=\frac{甲\perp天}{一}$ 試詳其級數。

依前，疊求函數之微分，得 $\frac{彳天}{彳成}=\top\frac{(甲\perp天)^{二}}{一}$、$\frac{彳天^{二}}{彳^{二}成}=\frac{(甲\perp天)^{三}}{二}$、$\frac{彳天^{三}}{彳^{三}成}=\top\frac{(甲\perp天)^{四}}{二\cdot三}\cdots$ 設 $天=〇$ 即得 $(成)=\frac{甲}{一}$、$\left(\frac{彳天}{彳成}\right)=\top\frac{甲^{二}}{一}$、$\left(\frac{彳天^{二}}{彳^{二}成}\right)=\frac{甲^{三}}{二}$、$\left(\frac{彳天^{三}}{彳^{三}成}\right)=\top\frac{甲^{四}}{二\cdot三}$ 用此同數於馬氏式中，得 $\frac{甲\perp天}{一}=\frac{甲}{一}\top\frac{甲^{二}}{天}\perp\frac{甲^{三}}{天^{二}}\top\frac{甲^{四}}{天^{三}}\perp\cdots$ 即級式也。

設題三 今有 $成=\sqrt{甲\perp天}$ 試詳其級數。

依前，疊求函數之微分，得 $\frac{彳天}{彳成}=\frac{二}{一}(甲\perp天)^{\top\frac{二}{一}}$、$\frac{彳天^{二}}{彳^{二}成}=\top\frac{二\cdot二}{一}(甲\perp天)^{\top\frac{二}{三}}$、$\frac{彳天^{三}}{彳^{三}成}=\perp\frac{二\cdot二\cdot二}{三}(甲\perp天)^{\top\frac{二}{五}}\cdots$ 設 $天=〇$ 即 $(成)=甲^{\frac{二}{一}}$、$\left(\frac{彳天}{彳成}\right)=\frac{二}{一}甲^{\top\frac{二}{一}}$、$\left(\frac{彳天^{二}}{彳^{二}成}\right)=\top\frac{二\cdot二}{一}甲^{\top\frac{二}{三}}$、$\left(\frac{彳天^{三}}{彳^{三}成}\right)=\frac{二\cdot二\cdot二}{三}甲^{\top\frac{二}{五}}$ 用此同數於馬氏式中，得 $\sqrt{甲\perp天}=甲^{\frac{二}{一}}\perp\frac{二}{一}甲^{\top\frac{二}{一}}天\top\frac{二\cdot四}{一}甲^{\top\frac{二}{三}}天^{二}\perp\frac{二\cdot四\cdot六}{一\cdot三}甲^{\top\frac{二}{五}}天^{三}\top\cdots$ 即級數也。

第十五款 設題一 今有 $成'=(天\perp地)^{卯}$ 試詳其級數。

令 $地=〇$ 則得 $成=天^{卯}$ 疊求微分，得 $\frac{彳天}{彳成}=卯天^{卯\top一}$、$\frac{彳天^{二}}{彳^{二}成}=卯(卯\top一)天^{卯\top二}$、$\frac{彳天^{三}}{彳^{三}成}=卯(卯\top一)(卯\top二)天^{卯\top三}\cdots$ 用此同數於戴氏式中，得 $成'=天^{卯}\perp卯天^{卯\top一}地\perp\frac{一\cdot二}{卯(卯\top一)天^{卯\top二}}地^{二}\perp\frac{一\cdot二\cdot三}{卯(卯\top一)(卯\top二)}天^{卯\top三}地^{三}$ 即級式也。

設題二 今有 $成'=\sqrt{天\perp地}$ 試詳其級數。

令 $地=〇$ 則 $成=天^{\frac{二}{一}}$ 疊求微分，得 $\frac{彳天}{彳成}=\frac{二}{一}天^{\top\frac{二}{一}}$、$\frac{彳天^{二}}{彳^{二}成}=\top\frac{二\cdot二}{一}天^{\top\frac{二}{三}}$、$\frac{彳天^{三}}{彳^{三}成}=\frac{二\cdot二\cdot二}{三}天^{\top\frac{二}{五}}\cdots$ 用此同數於戴氏式中即得 $成=天^{\frac{二}{一}}\perp\frac{二}{一}天^{\top\frac{二}{一}}地\top\frac{二\cdot四}{一}天^{\top\frac{二}{三}}地^{二}\perp\frac{二\cdot四\cdot六}{一\cdot三}天^{\top\frac{二}{五}}地^{三}\top\cdots$ 即級式也。

設題三 今有 $成'=\sqrt[三]{天\perp地}$ 試詳其級數。

令 $地=〇$ 則 $成=天^{\frac{三}{一}}$ 疊求微分，得 $\frac{彳天}{彳成}=\frac{三}{一}天^{\top\frac{三}{二}}$、$\frac{彳天^{二}}{彳^{二}成}=\top\frac{三\cdot三}{二}天^{\top\frac{三}{五}}$、$\frac{彳天^{三}}{彳^{三}成}=\frac{三\cdot三\cdot三}{二\cdot五}天^{\top\frac{三}{八}}\cdots$ 用此同數於戴氏式中，即得 $成'=天^{\frac{三}{一}}\perp\frac{三}{一}天^{\top\frac{三}{二}}地\top\frac{三\cdot六}{二}天^{\top\frac{三}{五}}地^{二}\perp\frac{三\cdot六\cdot九}{二\cdot五}天^{\top\frac{三}{八}}地^{三}\top\cdots$ 即級式也。

第十六款 設題一 今有句股形，每秒中句變大二寸，股變小三寸。當句十寸，股八寸時，面積之變比例若何。答曰：變小七寸。

令 句=天、股=地 即 $成=\frac{二}{一}天地$ 準七款例 $彳成=\frac{二}{一}地彳天\perp\frac{二}{一}天彳地$

按：右邊第一項視地若常數，故 $\frac{二}{一}地彳天$ 即 $\frac{二}{一}地天$ 之微分。第二項視天若常數，故 $\frac{二}{一}天彳地$ 即 $\frac{二}{一}天地$ 之微分，故右邊爲二偏微分之和，左邊即函數全微分。與本款合。以真數代入 $彳成=四\times二\perp五\times\top三=八\top一五=\top七$ 即答數。

設題二 今有橢圓面，每秒中長徑變大二寸，短徑變大三寸。當長徑二十寸，短徑十二寸時，面積之變比例若干。答曰：二十一周寸。

蓋 橢面積$=\frac{四}{一}$天地周 即 戊$=\frac{四}{一}$天地周 依前例 彳戊$=\frac{四}{周}$地彳天⊥$\frac{四}{周}$天彳地

令 長徑=天、短徑=地 即 $\frac{四}{一}$天=五、$\frac{四}{一}$地=三、彳天=二、彳地=三 即

彳戊=三×二周⊥五×三周=二一周 即答數。

設題三 今有橢圓柱立體，每秒中長徑變大一寸，短徑變大二寸，柱高變小三寸。當長徑十寸，短徑六寸，高十五寸時，體積之變比例若何。答曰：$\left(五二⊥\frac{二}{一}\right)$周 寸。

蓋 橢圓柱=戊$=\frac{四}{一}$天地人周 依前例 彳戊$=\frac{四}{周}$地人彳天⊥$\frac{四}{周}$天人彳地⊥$\frac{四}{周}$天地彳人 令 長徑=天=一〇、短徑=地=六、高=人=一五、彳天=一、彳地=二、彳人=丅三 即 彳戊$=\frac{四}{周}$×九〇⊥$\frac{四}{周}$×三〇〇丅$\frac{四}{周}$×一八〇$\left(五二⊥\frac{二}{一}\right)$周 即答數。

第十七款 設題一 今有 戊=天^{三}丅一八天^{二}⊥九六天丅二五 求天之同數，攷戊極大、極小。

依法求第一次微係數，得 $\frac{彳天}{彳戊}$=三天^{二}丅三六天⊥九六 令 $\frac{彳天}{彳戊}$=〇 即 天^{二}丅一二天⊥三二=〇 依法開方，得 天=六⊥二=八、天=六丅二=四 求第二次微係數 $\frac{彳天^{二}}{彳^{二}戊}$=二天丅一二 以八代天，得 $\frac{彳天^{二}}{彳^{二}戊}$=⊥四 則函數爲極小。以四代天，得 $\frac{彳天^{二}}{彳^{二}戊}$=丅四 則函數爲極大。故 天=八 函數爲極小； 天=四 函數爲極大。

同數表及界綫圖列後。

天	戊	
三	一三三	
四	一四〇	極大
五	一三五	
六	一二四	
七	一一三	
八	一〇八	極小
九	一一五	
一〇	一四〇	

從此至天等於無窮不復變小也。

如圖，諸橫綫爲天之諸同數。依戊之諸同數作諸縱綫，而聯諸縱綫之端，即成所設曲綫，橫綫四，縱綫最大；橫綫八，縱綫最小。

三四五六七八九一〇

界綫圖

設題二 今有 戊=天^{四}丅二四天^{三}⊥一五四天^{二}丅二四〇天⊥一二〇 求天之同數，攷戊極大、極小。

依法求第一次微係數，四約之，得 戊=天^{三}丅一八天^{二}⊥七七天丅六〇 令 天^{三}丅一八天^{二}⊥七七天丅六〇=〇㊀ 設此爲兩數相乘而得 (天^{二}丅甲天⊥乙)(天丅丙)㊁ 即 天^{三}丅(甲⊥丙)天^{二}⊥(丙甲⊥乙)天丅乙丙 與一式相比，即 甲⊥丙=一八、甲丙⊥乙=七七、乙丙=六〇 令 甲=六、丙=一二 即 乙=五 代入二式，即 (天^{二}丅六天⊥五)(天丅一二) 令 天丅一二=〇 即 天=一二 令 天^{二}丅六天⊥五=〇 即 天=三±二=五或=一 求第二次微係數 $\frac{彳天^{二}}{彳^{二}戊}$=三天^{二}丅三六天⊥七七 各以天之同數代入， 天=一二 即 $\frac{彳天^{二}}{彳^{二}戊}$=⊥七七 則函數爲極小。 天=五 即 $\frac{彳天^{二}}{彳^{二}戊}$=丅二八 則函數爲極大。 天=一 即 $\frac{彳天^{二}}{彳^{二}戊}$=⊥四四 則函數爲極小。

同數表及界綫圖列後。

天	戊	
〇	一二〇	
一	一一	極小
二	八〇	
三	二一九	
四	三四四	
五	三九五	極大
六	三三六	
七	一五五	
八	丅一三六	
九	丅五〇一	
一〇	丅八八〇	
一一	丅一一八九	
一二	丅一三二〇	極小
一三	丅一一四一	

從此至天等於無窮，不復變小也。

如圖，橫綫爲一與十二，縱綫最小。橫綫爲五，縱綫爲最大。按：小於略前略後之數，爲極小。大於略前略後之數，爲極大。

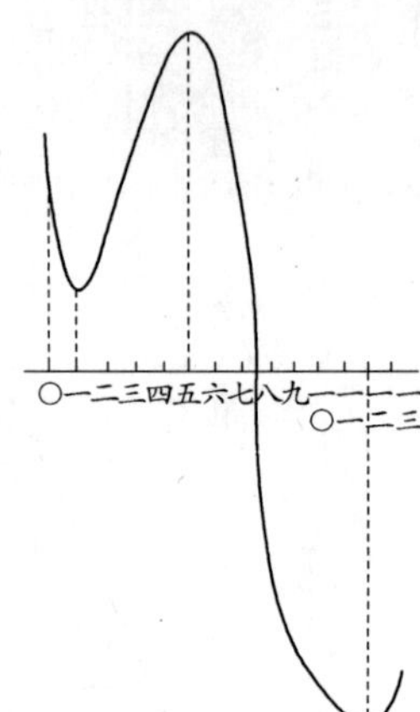

設題三　今有　戊＝$天^{五}$丅二五$天^{四}$丄$\frac{三}{七〇〇}$$天^{三}$丅一〇〇〇$天^{二}$丄一九二〇天丅一一〇〇　求天之同數，攷戊極大、極小。

依法求一次微係數，五約之，令等於〇，即 $\frac{彳天}{彳戊}$＝$天^{四}$丅二〇$天^{三}$丄一四〇$天^{二}$丅四〇〇天丄三八四＝〇(甲)　設此爲兩數相乘而得，如（$天^{二}$丄呷天丄叱）（$天^{二}$丄呐天丄叮）㊀　詳之，得　〇＝$天^{四}$丄（呷丄呐）$天^{三}$丄（呷呐丄叱丄叮）$天^{二}$丄（叱呐丄呷叮）天丄叱叮(乙)　與甲式相比，即　呷丄呐＝丅二〇、（呷呐丄叱丄叮）＝一四〇、（叱呐丄呷叮）＝丅四〇〇、叱叮＝三八四　設叱叮＝三二×一二　即　叱丄叮＝四四，呷呐＝九六　即　呷丄呐＝丅八丅一二　即　呷＝丅一二，叱＝三二，呐＝丅八，叮＝一二　代入一式　（$天^{二}$丅一二天丄三二）（$天^{二}$丅八天丄一二）㊁　將二式之二乘數各配方開之。依　$天^{二}$丅一二天丄三二＝〇　即　天＝六±二＝八或＝四　依　$天^{二}$丅八天丄一二＝〇　即　天＝四±二＝六或＝二　求二次微係數　$\frac{彳天^{二}}{彳^{二}戊}$＝四$天^{三}$丅六〇$天^{二}$丄二八〇天丅四〇〇(乙)　各以天之同數代入，則　天＝八，$\frac{彳天^{二}}{彳^{二}戊}$＝丄四八、天＝四，$\frac{彳天^{二}}{彳^{二}戊}$＝丄一六、天＝六，$\frac{彳天^{二}}{彳^{二}戊}$＝丅一六、天＝二，$\frac{彳天^{二}}{彳^{二}戊}$＝丅四八　準本款例，$\frac{彳天^{二}}{彳^{二}戊}$＝丅卯　則戊爲極大。$\frac{彳天^{二}}{彳^{二}戊}$＝丄卯　則戊爲極小。故　天＝二、天＝六　戊爲極大；　天＝四、天＝八　戊爲極小。

同數表及界綫圖列後。

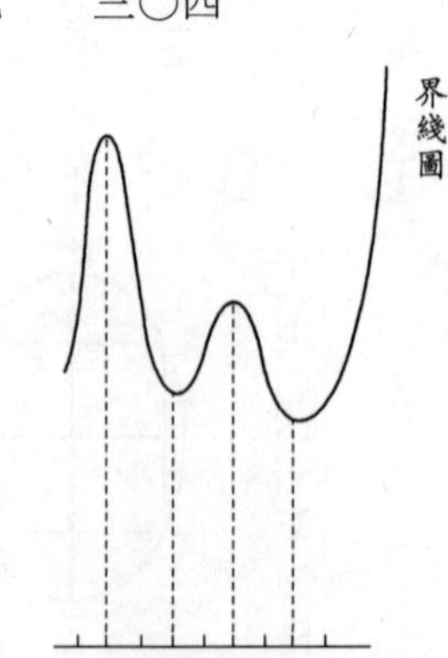

天	戊	
一	二九丄$\frac{三}{一}$	
二	二三八丄$\frac{三}{二}$	極大
三	一七八	
四	一三七丄$\frac{三}{一}$	極小
五	一六六丄$\frac{三}{二}$	
六	一九六	極大
七	一五五丄$\frac{三}{一}$	
八	九四丄$\frac{三}{二}$	極小
九	三〇四	

第十八款　設題一　今有三角形，求所容最大矩形之高。

如呷叱呐三角形，命其底呷叱爲乙，其高呐叮爲甲，所容矩形之高爲天，即有比例：　呐叮：呐唛：：呷叱：戓吧　即　甲：甲丅天：：乙：戓吧　即　戓吧＝$\frac{甲}{乙}$(甲丅天)　矩形之面積等於　唛叮×戓吧　即　$\frac{甲}{乙}$（甲天丅$天^{二}$）　惟　$\frac{甲}{乙}$　爲常數。依前例，如　$\frac{甲}{乙}$（甲天丅$天^{二}$）　爲極大，則去其常數，餘　甲天丅$天^{二}$　亦爲極大。求第一次微係數，得　$\frac{彳天}{彳戊}$＝甲丅二天　令　$\frac{彳天}{彳戊}$＝〇　即　天＝$\frac{二}{甲}$　故得矩形之高，半三角形之高，其積爲極大。

設題二　今有等腰三角形，命其底寅卯爲乙，子未高爲甲，所容橢圓長徑丑未爲天。依橢圓理，即有比例，惟　子丙：丑丙：：丑丙：丁丙　即　甲丅$\frac{二}{天}$：$\frac{二}{天}$：：$\frac{二}{天}$：丁丙　即　丁丙＝$\frac{二(二甲丅天)}{天^{二}}$　又　子未：未寅：：子丁：丁戊　惟　子丁＝子丙丅丁丙＝甲丅$\frac{二}{天}$丅$\frac{二(二甲丅天)}{天^{二}}$　即

$甲:\frac{二}{乙}::\frac{二(二甲丁天)\cdot(二甲丁天)}{(二甲丁天)^{二}丁天^{二}\cdot乙(甲丁天)}$　又曲綫說一三款。例，

$丁未\times丁丑:丁戊^{二}::丑丙^{二}:己丙^{二}$　即　$\frac{四}{天^{二}}丁\frac{四(二甲丁天)^{二}}{天^{四}}$：

$\frac{(二甲丁天)^{二}}{乙^{二}(甲丁天)^{二}}::\frac{四}{天^{二}}:丙己^{二}$　即　$丙己^{二}=\frac{四甲天^{二}(甲丁天)}{乙^{二}天^{二}(甲丁天)^{二}}=$

$\frac{四甲}{乙^{二}(甲丁天)}$　故　$丙己=\frac{二甲^{\frac{二}{一}}}{乙(甲丁天)^{\frac{二}{一}}}$　即　$丙己\times丙丑=\frac{四甲^{\frac{二}{三}}}{乙(甲天^{二}丁天^{三})^{\frac{二}{一}}}$

依曲綫理三款二系。　$橢圓積=\frac{四甲^{\frac{二}{三}}}{乙周}(甲天^{二}丁天^{三})^{\frac{二}{一}}$　依款例，此爲極大，

則去其常數　$\frac{四甲^{\frac{二}{三}}}{乙周}$　並根指數　$\frac{二}{一}$　餘　$甲天^{二}丁天^{三}$　仍爲極大。求第一

次微係數，得　$\frac{彳天}{彳戊}=二甲天丁三天^{二}=〇$　即　$二甲=三天$　即　$\frac{三}{二甲}=天$

又求第二次微係數　$\frac{彳天^{二}}{彳戊^{二}}=二甲丁六天$　用天之同數　$\frac{三}{二甲}$　代入，得

$\frac{彳天^{二}}{彳戊^{二}}=丁二甲$　準上款理，第二次微係數爲負，則函數極大，故得橢圓長徑爲三角形中綫三分之二，其積爲極大。

設題三　今有等腰三角形，求内容最大抛物綫面之高。

如子寅卯三角形，亦命子未爲甲，寅未爲乙，内容抛物綫面之高甲未爲天，準曲綫說三五款，子丁等於二子甲，則即以腰綫子寅爲戊點切綫，有比例

$子未:寅未::子丁:戊丁$　即　$甲:乙::二(甲丁天):戊丁$　即　$戊丁=\frac{甲}{二乙(甲丁天)}$　又準曲綫說三二款例，　$甲丁同甲子:丁戊^{二}::甲未:午未^{二}$　即

$甲丁天:\frac{甲^{二}}{四乙^{二}(甲丁天)^{二}}::天:午未^{二}$　即　$午未^{二}=\frac{甲^{二}}{四乙^{二}}(甲天丁天^{二})$、

$午未=\frac{甲}{二乙}(甲天丁天^{二})^{\frac{二}{一}}$　又曲綫三十六款，　$\frac{三}{二}午申\times甲未=抛綫面$

而　$午申=二午未$　即　$\frac{三甲}{八乙}(甲天^{三}丁天^{四})^{\frac{二}{一}}=抛綫面$　若此爲極大，則去其常數並根指數得　$甲天^{三}丁天^{四}$　仍爲極大。求一次微係數，得

$\frac{彳天}{彳戊}=三甲天^{二}丁四天^{三}=〇$　即　$三甲=四天$　而　$\frac{四}{三甲}=天$　求二次微係數，得　$\frac{彳天^{二}}{彳戊^{二}}=六甲天丁一二天^{二}$　以　$\frac{四}{三甲}$　代天，即　$\frac{彳天^{二}}{彳戊^{二}}=丁\frac{四}{九甲^{二}}$

準上款理得函數極大，故得抛物綫面之中徑爲三角形高四之三，則其積爲極大。

設題四　今有抛物綫面，求所容最大矩形之高。

如甲乙丙抛物綫面，命其高甲丁爲甲，底邊丙乙爲乙，矩高斗丁爲天。準抛物綫理，《曲綫說》三一款。有比例　$甲丁:丙丁^{二}::甲斗:角斗^{二}$　即

$甲:\frac{四}{乙^{二}}::(甲丁天):角斗^{二}$　即

$\frac{四甲}{乙^{二}}(甲丁天)=角斗^{二}$　即　$\frac{二甲^{\frac{二}{一}}}{乙}(甲丁天)^{\frac{二}{一}}=角斗$　以高乘之，倍之，得

$\frac{甲^{\frac{二}{一}}}{乙}(甲天^{二}丁天^{三})^{\frac{二}{一}}=矩積$　準前例，此爲極大，即　$甲天^{二}丁天^{三}$　亦爲極大。其一次微係數　$\frac{彳天}{彳戊}=二甲天丁三天^{二}=〇$　即　$\frac{三}{二甲}=天$　其二次微係數　$\frac{彳天^{二}}{彳戊^{二}}=二甲丁六天$　以　$\frac{三}{二甲}$　代天，即　$\frac{彳天^{二}}{彳戊^{二}}=丁二甲$　準上款理，得矩形之高爲抛物綫面中徑三分之二，則其積爲極大。

設題五　今有橢圓面，求所容最大矩形之高。

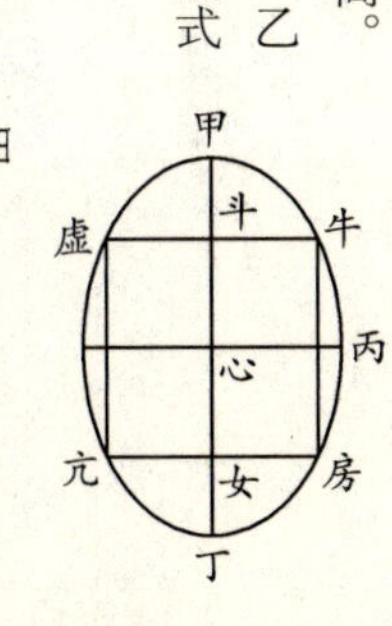

如甲乙丙丁橢圓，命甲丁長徑爲　二甲　乙丙短徑爲　二乙　矩形之高爲　二天　依本綫式以心爲原點，《拾級》六卷。則　$地^{二}=\frac{甲^{二}}{乙^{二}}(甲^{二}丁天^{二})$　即　$斗牛^{二}=\frac{甲^{二}}{乙^{二}}(甲^{二}丁天^{二})$　即　$斗牛=\frac{甲}{乙}(甲^{二}丁天^{二})^{\frac{二}{一}}$、$牛虛=\frac{甲}{二乙}(甲^{二}丁天^{二})^{\frac{二}{一}}$　以　二天　乘之，得　$矩積=\frac{甲}{四乙}(甲^{二}天^{二}丁天^{四})^{\frac{二}{一}}$

若此爲極大，即 $甲^{二}天^{二}丅天^{四}$ 亦爲極大。如前令 $\frac{伕}{彳戌}=二甲^{二}天丅四天^{三}=〇$ 即 $\sqrt{二}甲=二天$ 即 $\frac{\sqrt{二}}{二甲}=二天$ 其 $\frac{伕^{二}}{彳^{二}戌}=二甲^{二}丅二天^{二}$ 以 $\frac{四}{二甲^{二}}$ 代其天，即 $\frac{伕^{二}}{彳^{二}戌}=丅四甲^{二}$ 故得矩形之高爲二之方根，約長徑，則其積爲極大。

設題六　今有橢圓面，求所容最大三角形之高。

如甲乙丁丙橢圓面，命長徑甲丁爲 二甲 短徑乙丙爲 二乙 三角形高甲己爲天，即己丁等於 二甲丅天 準本曲綫式，$己戌^{二}=\frac{甲^{二}}{乙^{二}}(二甲天丅天^{二})$ 以甲爲原點故，即 $己戌=\frac{甲}{乙}(二甲天丅天^{二})^{\frac{一}{二}}$ 以天乘之，得 三角積$=\frac{甲}{乙}(二甲天^{三}丅天^{四})^{\frac{一}{二}}$ 此爲極大，則 $二甲天^{三}丅天^{四}$ 亦爲極大。其 $\frac{伕}{彳戌}=六甲天^{二}丅四天^{三}=〇$ 即 $\frac{二}{三甲}=天$ 又 $\frac{伕^{二}}{彳^{二}戌}=一二甲天丅一二天^{二}$ 以 $\frac{二}{三甲}$ 代天，$\frac{四}{九甲^{二}}$ 代 $天^{二}$ 得 $\frac{伕^{二}}{彳^{二}戌}=丅九甲^{二}$ 故得三角形高爲長徑四分之三，則其積爲極大。

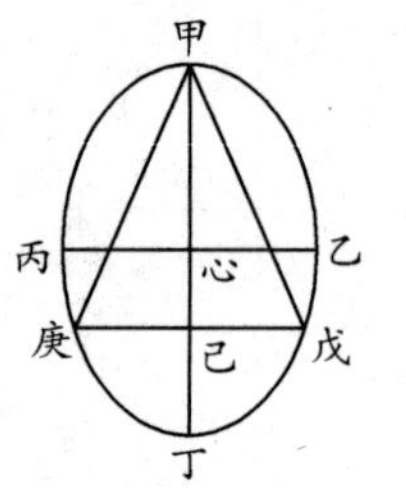

設題七　今有圓錐體，求所容最大圓柱體之高。

如呷吃呐圓錐體，命其高呷叮爲甲，底半徑吃叮爲乙，吧旺圓柱半徑爲未，所容圓柱高旺叮爲天，即 呷叮∶吃叮∷呷旺∶吧旺 即 甲∶乙∷(甲丅天)∶$\frac{甲}{乙}$(甲丅天) 即 吧旺$=未=\frac{甲}{乙}(甲丅天)$ 惟 圓面積$=周未^{二}=\frac{甲^{二}}{周乙^{二}}(甲丅天)^{二}$ 以高乘之，得 圓柱積$=\frac{甲^{二}}{周乙^{二}}天(甲丅天)^{二}$ 若此爲極大，則 $天(甲丅天)^{二}$ 亦爲極大，即 $\frac{伕}{彳戌}=三天^{二}丅四甲天丄甲^{二}=〇$ 如法化之， $天=甲$、$天=\frac{三}{甲}$ 又 $\frac{伕^{二}}{彳^{二}戌}=六天丅四甲$ 以甲代天，則 $\frac{伕^{二}}{彳^{二}戌}=丄二甲$ 而得極小，以 $\frac{三}{甲}$ 代天，則 $\frac{伕^{二}}{彳^{二}戌}=丅二甲$ 而得極大，故得圓柱之高爲錐高三分之一，則其積爲極大。

設題八　今有圓錐體，求所容圓柱體其曲面最大之高。

如前題，求得 $未=\frac{甲}{乙}(甲丅天)$ 惟 圓周$=二未周=\frac{甲}{二周乙}(甲丅天)$ 以高乘之，得 曲面積$=\frac{甲}{二周乙}(甲天丅天^{二})$ 若此爲極大，則 $甲天丅天^{二}$ 亦爲極大。令 $\frac{伕}{彳戌}=甲丅二天=〇$ 即 $\frac{二}{甲}=天$ 故得圓柱之高爲錐高二之一，曲面積極大。

設題九　今有圓錐體，求所容最大抛物綫體之高。

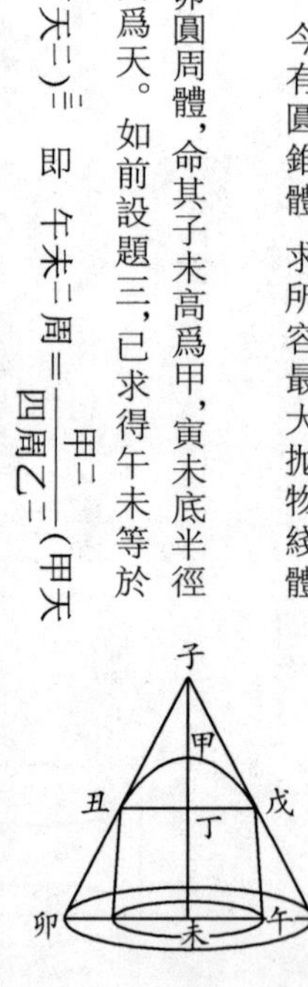

如子寅卯圓周體，命其子未高爲甲，寅未底半徑爲乙，甲未高爲天。如前設題三，已求得午未等於 $\frac{甲}{二乙}(甲天丅天^{二})^{\frac{一}{二}}$ 即 $午未^{二}周=\frac{甲^{二}}{四周乙^{二}}(甲天丅天^{二})$=底面積　按：抛物綫體積等於同底同高圓柱體之半，故抛綫體$=\frac{甲^{二}}{二周乙^{二}}(甲天^{二}丅天^{三})$ 若此爲極大，即 $(甲天^{二}丅天^{三})$ 亦爲極大。其 $\frac{伕}{彳戌}=二甲天丅三天^{二}=〇$ 即 $\frac{三}{二甲}=天$、$\frac{伕^{二}}{彳^{二}戌}=二甲丅六天$ 以 $\frac{三}{二甲}$ 代天，即 $\frac{伕^{二}}{彳^{二}戌}=丅二甲$ 故得抛物綫體之高爲錐體高三之二，則其積爲極大。

設題十　今有橢圓體，求所容最大圓柱體之高。

如甲乙丙丁橢圓體，命甲丁長徑爲 二甲 乙丙短徑爲 二乙 圓柱體之高斗女爲 二天 準設題五，已求得 $斗牛^{二}=\frac{甲^{二}}{乙^{二}}(甲^{二}丅天^{二})$

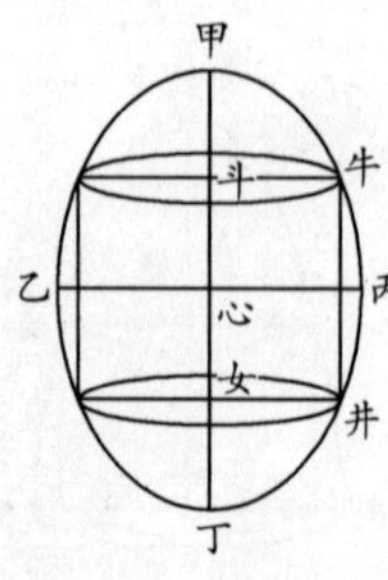

即 $未^{二}周=斗牛^{二}周=\frac{甲^{二}}{周乙^{二}}(甲^{二}丅天^{二})$ 以高乘之得 柱體積=$\frac{甲^{二}}{二周乙^{二}}(甲^{二}天丅天^{三})$ 若此爲極大，則 $甲^{二}天丅天^{三}$ 亦爲極大。其 $\frac{伱}{彶}=甲^{二}丅三天^{二}=〇$ 即 $\frac{\sqrt{三}}{甲}=天$、$\frac{\sqrt{三}}{三甲}=二天$ 故得圓柱體之高爲三之方根，約長徑軸，則其積爲極大。

設題十一　今有橢圓體，求所容圓柱體其曲面積最大之高。

如前題，既得 $斗牛=\frac{甲}{乙}(甲^{二}丅天^{二})^{\frac{一}{二}}$ 惟 圓周=二周×斗牛=$\frac{甲}{二周乙}(甲^{二}丅天^{二})^{\frac{一}{二}}$ 以高乘之，得 曲面積=$\frac{甲}{四周乙}(甲^{二}天^{二}丅天^{四})^{\frac{一}{二}}$ 此爲極大，則 $甲^{二}天^{二}丅天^{四}$ 亦爲極大。其 $\frac{伱}{彶}=二甲^{二}天丅四天^{三}=〇$ 即 $\frac{二}{甲^{二}}=天^{二}$、$\frac{\sqrt{二}}{甲}=天$ 即 $\frac{\sqrt{二}}{二甲}=二天$ 又 $\frac{伱^{二}}{行成}=二甲^{二}丅一二天^{二}$ 以 $\frac{二}{甲^{二}}$ 代式中之 $天^{二}$ 即 $\frac{伱^{二}}{行成}=丅四甲^{二}$ 故得圓柱體之高爲二之方根，約長徑，則其曲面積最大。

設題十二　今有橢圓體，求所容最大圓錐體之高。

如甲乙丁丙橢圓體，命甲丁長徑軸爲 二甲　短徑乙丙爲 二乙　準設題六，既求得 $己戊^{二}$ 等於 $\frac{甲^{二}}{乙^{二}}(二甲天丅天^{二})$ 惟 $己戊^{二}×周=$錐底面 又以高乘之，三而一，得 圓錐積=$\frac{三甲^{二}}{周乙^{二}}(二甲天^{二}丅天^{三})$ 此爲極大，則 $二甲天^{二}丅天^{三}$ 亦爲極大。其 $\frac{伱}{彶}=四甲天丅三天^{二}=〇$ 即 $\frac{三}{四甲}=天$ 又 $\frac{伱^{二}}{行成}=四甲丅六天$ 以 $\frac{三}{四甲}$ 代天，即 $\frac{伱^{二}}{行成}=丅四甲$ 故錐高爲三分半長徑軸之四，即長徑軸之二，則其積爲極大。

設題十三　今有抛物綫體，求所容最大矩體之高。

如甲乙丙抛物綫錐體，命中徑甲丁爲甲，乙丙底徑爲乙，準設題四，$\frac{四甲}{乙^{二}}(甲丅天)=角斗^{二}$ 倍之 $\frac{二甲}{乙^{二}}(甲丅天)=角女^{二}$ 以高乘之，即 矩體積=$\frac{二甲}{乙^{二}}(甲天丅天^{二})$ 此爲極大，則 $甲天丅天^{二}$ 亦爲極大。其 $\frac{伱}{彶}=甲丅二天=〇$ 即 $\frac{一}{二}甲=天$ 故得矩體之高半抛物綫錐體之高，則其積爲極大。

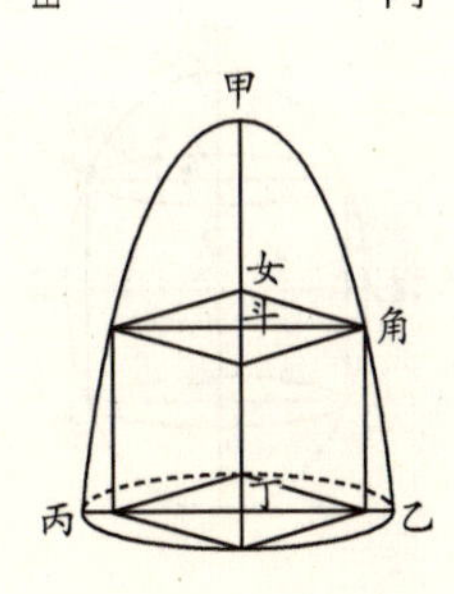

設題十四　欲作平底直邊圓形之量酒器，令其内沾酒之面最少，求器半徑與高之比例。

如呷叱叮哂爲盛酒器，命器之底半徑叱心爲天，器之内容積爲丙，則底面積爲 $周天^{二}$ 器之高爲 $\frac{周天^{二}}{丙}$ 器之圍爲 二周天 故器之内曲面爲 $\frac{周天^{二}}{丙}×二周天=\frac{天}{二丙}$ 加底面積，得 $\frac{天}{二丙}丄周天^{二}=$沾酒面 如法得 $\frac{伱}{彶}=丅\frac{天^{二}}{二丙}丄二周天=〇$ 即 $二丙=二周天^{三}$ 即 $\sqrt[三]{\frac{周}{丙}}=天$ 以代高式中之天，即 $\frac{周\left(\frac{周}{丙}\right)^{\frac{二}{三}}}{丙}=高$ 即 $\sqrt[三]{\frac{周}{丙}}=高$ 又 $\frac{伱^{二}}{行成}=\frac{天^{三}}{四丙}丄二周$ 以 $\frac{周}{丙}$ 代 $天^{三}$ 即 $\frac{伱^{二}}{行成}=丄六周$ 以其爲正號，故知器之底半徑等於高，則沾酒面爲最少。

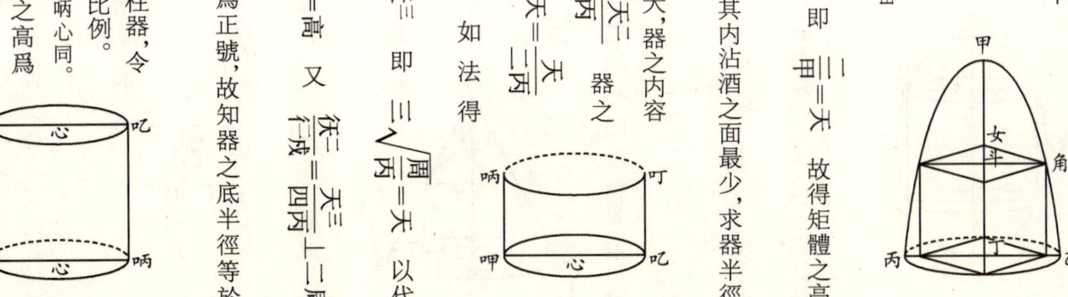

設題十五　今有米，其積一立尺，欲盛以圓柱器，令器之内底蓋與曲面和積最小，求其器半徑與高之比例。

如呷叱哂叮圓柱器，命器之底蓋半徑叱心心哂心同。爲天。内容積爲一，底蓋面積爲 $周天^{二}$ 器之高爲 $\frac{周天^{二}}{一}$ 器之内曲面爲 $\frac{周天^{二}}{二周天}=\frac{天}{二}$ 加底蓋面積，

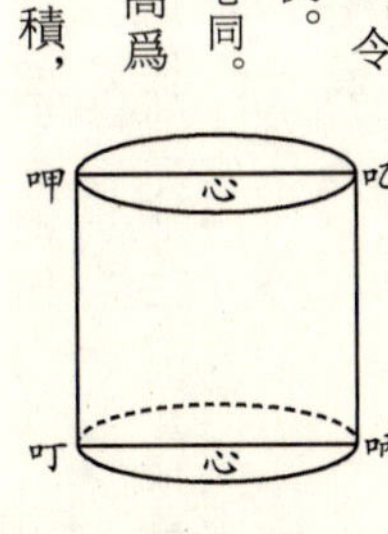

得 $二周天^{二}丄\frac{天}{三}$＝底蓋曲面和 求得 $\frac{彳天}{彳戌}=四周天丅\frac{天^{二}}{三}=〇$ 即

$\frac{二周}{一}=天^{三}$ 即 $\sqrt[三]{\frac{二周}{一}}=\frac{\sqrt[三]{二周}}{一}=天$ 以之代入高式，即

$\frac{周\sqrt[三]{\frac{四周^{二}}{一}}}{一}=\sqrt[三]{\frac{周}{四}}=\sqrt[三]{\frac{二周}{八}}=\frac{\sqrt[三]{二周}}{二}$ 又 $\frac{彳天^{二}}{彳^{二}戌}=\frac{天^{三}}{四}丄四周$ 以

$\frac{二周}{一}$ 代 $天^{三}$ 即 $\frac{彳天^{二}}{彳^{二}戌}=丄一二周$ 以其爲正號，故知器之底蓋半徑半其高，即徑等其高，則内面和最小。

設題十六 設於燈下視一細物，已知物距燈底之數，求燈火高若干度，則光最明。

如圖，呷點爲物，呷叱爲物距燈底遠，呐爲火發光之點，呐叱爲燈高，叱爲燈底點。設物受光之面爲平置之面，則依光學理，如光綫斜度不變而遠近變，則物面受光之大小與遠近綫之平方有反比例。如遠近不變而斜度變，則物面受光之大小與光綫遇物面所成角正弦有正比例。所以欲求物面受光最多之度，可以下式明之。

惟 一：正弦呷：：呷呐：叱呐 即 正弦呷＝$\frac{呷呐}{叱呐}$ 即

$\frac{呷呐^{二}}{一}$正弦呷＝$\frac{呷呐^{三}}{叱呐}$ 若令 甲＝呷叱 天＝呷 又令呷點所受之光率爲地，則 地：正弦呷：：一：$呷呐^{二}$ 即 地＝$\frac{呷呐^{二}}{一}$正弦呷 即

地＝$\frac{呷呐^{三}}{叱呐}=\frac{呷呐}{叱呐}\times\frac{呷呐^{二}}{呷叱^{二}}\times\frac{呷叱^{二}}{一}$ 惟 $\frac{呷呐}{叱呐}$＝正弦天、$\frac{呷呐^{二}}{呷叱^{二}}$＝餘弦^{二}天、

$\frac{呷叱^{二}}{一}=\frac{甲^{二}}{一}$故得 地＝$\frac{甲^{二}}{正弦天餘弦天}$ 此爲最大，則去其 $\frac{甲^{二}}{一}$ 餘 正弦天餘弦^{二}天 亦爲最大。惟 正弦天餘弦^{二}天＝正弦天餘弦天餘弦天 又彳(正弦天)＝餘弦天彳天、彳(餘弦天)＝丅正弦天彳天 即 彳地＝彳(餘弦天)二(餘弦天正弦天)丄彳(正弦天)餘弦^{二}天 即 彳地＝(餘弦^{三}天丅二正弦^{二}天餘弦天)彳天 即 $\frac{彳天}{彳地}$＝餘弦^{三}天丅二正弦^{二}天餘弦天＝〇

即 餘弦^{三}天＝二正弦^{二}天餘弦天 即 $\frac{二}{一}$餘弦^{二}天＝正弦^{二}天 即

$\frac{餘弦^{二}天}{正弦^{二}天}$＝正切^{二}天＝$\frac{二}{一}=\frac{四}{二}$ 即 正切天＝$\frac{二}{\sqrt{二}}$＝.七〇七一〇六八 檢表得 天＝三五°一六′弱 惟 呷叱：呐叱：：一：正切天 即 叱呐＝叱呷×.七〇七一〇六八 即火之高當爲呷叱十分之七强，則光最多。

設題十七此下二題采無錫薛氏仲華《甫怡怡軒算稿》。 假如 戌＝天^{二}丄天正弦天丄四餘弦天 求其最小同數。

如法得 $\frac{彳天}{彳戌}$＝二天丄天餘弦天丅三正弦天＝〇 即 天＝〇 即 戌＝四 再疊求微係，得 $\frac{彳天^{二}}{彳^{二}戌}$＝二丅天正弦天丅二餘弦天＝〇、

$\frac{彳天^{三}}{彳^{三}戌}$＝丅天餘弦天丄正弦天＝〇、$\frac{彳天^{四}}{彳^{四}戌}$＝天正弦天＝〇、$\frac{彳天^{五}}{彳^{五}戌}$＝天餘弦天丄正弦天＝〇、$\frac{彳天^{六}}{彳^{六}戌}$＝丅天正弦天丄二餘弦天＝二 審第六次微係數，其號爲正，故知 戌＝四 爲本題最小同數。說具《拾級》十二卷一款。

設題十八 求三角形各角餘弦之連乘積之極大同數。

令三角形之各角爲呷、叱、呐，又令其各角餘弦之連乘積爲戌，則 戌＝餘弦呷餘弦叱餘弦呐 如法得 彳戌＝戌$\left[丅\frac{餘弦呷}{正弦呷彳呷}丅\frac{餘弦叱}{正弦叱彳叱}丅\frac{餘弦呐}{正弦呐彳呐}\right]$

即 彳戌＝戌(丅正切呷彳呷丅正切叱彳叱丅正弦呐彳呐)。又從 呷丄叱丄呐＝周 得 彳呷丄彳叱丄彳呐＝〇 由是消得 正切呷＝正切叱＝正切呐 即 呷＝叱＝呐 即 呷＝叱＝呐＝$\frac{三}{周}$ 代入原式，得 戌＝餘弦$\frac{三}{周}$餘弦$\frac{三}{周}$餘弦$\frac{三}{周}$ 即

戌＝餘弦$^{三}\frac{三}{周}$ 即 戌＝$\frac{八}{一}$ 爲所求之最大同數。

又 卷二 微分二

第一款 設題一 設函數式爲 戌＝天^{地} 欲求其微分。

依對數例， 訥戌＝地(訥天) 令 亥＝訥戌、人＝訥天 則 亥＝地人

準一卷七款，彳亥＝地彳人丄人彳地 又 彳亥＝彳(訥戌)＝$\frac{戌}{彳戌}$、彳人＝彳(訥天)＝$\frac{天}{彳天}$

本卷三款系。 即 $\frac{戊}{彳戊}=地\frac{天}{彳天}丄(訥天)彳地$ 故得 $彳戊=戊\left(\frac{天}{地}彳天丄(訥天)彳地\right)=$ $天^{地}\left(\frac{天}{地}彳天丄(訥天)彳地\right)=天^{地丅一}地彳天丄天^{地}(訥天)彳地$ 爲所求。

設題二 設函數式爲 $戊=天^{天}$ 欲求其微分。

依前例 訥戊＝天(訥天) 令 亥＝訥戊、人＝訥天 則 亥＝天人 即 $彳亥=天彳人丄人彳天$ 又依例 $彳亥=亻(訥戊)=\frac{戊}{彳戊}$、$彳人=亻(訥天)=\frac{天}{彳天}$ 則 $\frac{戊}{彳戊}=\frac{天}{天彳天}丄(訥天)彳天$ 即 $\frac{戊}{彳戊}=(一丄訥天)彳天$ 即 $彳戊=天^{天}(一丄訥天)彳天$ 爲所求。

設題三 設函數式爲 $戊=甲^{地^{天}}$ 欲求其微分。

令 $地^{天}=亥$ 則 $戊=甲^{亥}$ 即 $彳戊=(訥甲)甲^{亥}彳亥$ 又 訥亥＝天(訥地) 又令 訥亥＝酉、訥地＝申 則 酉＝天申 即 $彳酉=天彳申丄申彳天$ 故 $彳酉=亻(訥亥)=\frac{亥}{彳亥}$、$彳申=亻(訥地)=\frac{地}{彳地}$ 即 $\frac{亥}{彳亥}=\frac{地}{天彳地}丄(訥地)彳天$ 故 $彳亥=亥\left[\frac{地}{天彳地}丄(訥地)彳天\right]$ 即 $彳亥=地^{天}\left[\frac{地}{天彳地}丄(訥地)彳天\right]=地^{天丅一}天彳地丄地^{天}(訥地)彳天$ 即 $彳戊=(訥甲)甲^{地^{天}}[地^{天丅一}天彳地丄地^{天}(訥地)彳天]$ 爲所求。

設題四 設函數式爲 $戊=訥\left(\frac{\sqrt{甲^{二}丄天^{二}}}{天}\right)$ 欲求其微分。

令 $\frac{\sqrt{甲^{二}丄天^{二}}}{天}=人$ 即 $彳戊=\frac{人}{彳人}$ 惟因 $彳人=\frac{甲^{二}丄天^{二}}{彳天\sqrt{甲^{二}丄天^{二}}}丅\frac{\sqrt{甲^{二}丄天^{二}}}{天^{二}彳天}$ $=\frac{(甲^{二}丄天^{二})\sqrt{甲^{二}丄天^{二}}}{甲^{二}彳天}=\frac{(甲^{二}丄天^{二})^{\frac{二}{三}}}{甲^{二}彳天}$ 故得 $彳戊=\frac{天(甲^{二}丄天^{二})}{甲^{二}彳天}$ 爲所求。

設題五 設函數式爲 $戊=訥\left(\frac{\sqrt{一丄天}丅\sqrt{一丅天}}{\sqrt{一丄天}丄\sqrt{一丅天}}\right)$ 欲求其微分。

試先用括弧内法數乘其法實，變原式爲 $戊=訥\left(\frac{一丅\sqrt{一丅天^{二}}}{天}\right)$ ㊀

令 $一丅\sqrt{一丅天^{二}}=地$ 即 $戊=訥\left(\frac{地}{天}\right)$ 而 $彳戊=\frac{天}{彳天}丅\frac{地}{彳地}$ 惟因 $彳地=\frac{\sqrt{一丅天^{二}}}{天彳天}$ 即 $彳戊=\frac{天}{彳天}丅\frac{(一丅\sqrt{一丅天^{二}})\sqrt{一丅天^{二}}}{天彳天}$ $彳戊=\frac{天(一丅\sqrt{一丅天^{二}})\sqrt{一丅天^{二}}}{[(一丅\sqrt{一丅天^{二}})\sqrt{一丅天^{二}}丅天^{二}]彳天}=\frac{天(一丅\sqrt{一丅天^{二}})\sqrt{一丅天^{二}}}{(\sqrt{一丅天^{二}}丅一)彳天}$ $=\frac{天\sqrt{一丅天^{二}}}{丅彳天}$ 爲所求。

設題六 設函數式爲 $戊=訥(天丄\sqrt{一丄天^{二}})$ 欲求其微分。

令 $地=天丄\sqrt{一丄天^{二}}$ 即 戊＝訥地 惟 $彳戊=亻(訥地)=\frac{地}{彳地}$ 惟 $彳地=\left[一丄\frac{\sqrt{一丄天^{二}}}{天}\right]彳天=\frac{\sqrt{一丄天^{二}}}{(天丄\sqrt{一丄天^{二}})彳天}$ 即 $\frac{地}{彳地}=彳戊=\frac{\sqrt{一丄天^{二}}}{彳天}$ 爲所求。

設題七 設函數式爲戊等於 $訥\left(\frac{\sqrt{一丄天^{二}}丄天}{\sqrt{一丄天^{二}}丄天}\right)^{\frac{二}{一}}$ 欲求其微分。

依法令 $地=\sqrt{一丄天^{二}}丄天$、$人=\sqrt{一丄天^{二}}丅天$ 則 $戊=訥\left(\frac{人}{地}\right)^{\frac{二}{一}}=訥\sqrt{地}丅訥\sqrt{人}$ 惟 $亻\sqrt{地}=\frac{二\sqrt{地}}{彳地}$、$亻\sqrt{人}=\frac{二\sqrt{人}}{彳人}$ 故 $彳戊=亻(訥\sqrt{地}丅訥\sqrt{人})=\frac{二地}{彳地}丅\frac{二人}{彳人}$ 又因 $彳地=\frac{\sqrt{一丄天^{二}}}{天彳天}丄彳天$ $=\frac{\sqrt{一丄天^{二}}}{(天丄\sqrt{一丄天^{二}})彳天}$ $彳人=\frac{\sqrt{一丄天^{二}}}{天彳天}丅彳天=\frac{\sqrt{一丄天^{二}}}{丅(\sqrt{一丄天^{二}}丅天)彳天}$ 故 $\frac{二地}{彳地}=\frac{二\sqrt{一丄天^{二}}}{彳天}$、$丅\frac{二人}{彳人}=\frac{二\sqrt{一丄天^{二}}}{彳天}$ 而 $彳戊=\frac{\sqrt{一丄天^{二}}}{彳天}$ 爲所求。又法用括弧内實數乘其法實，則式變爲 $戊=訥(\sqrt{一丄天^{二}}丄天)$ 令 $地=\sqrt{一丄天^{二}}丄天$ 即 戊＝訥地 故 $彳戊=亻(訥地)=\frac{地}{彳地}$ 又因 $彳地=\frac{\sqrt{一丄天^{二}}}{天丄\sqrt{一丄天^{二}}}彳天$ 即 $\frac{地}{彳地}=\frac{\sqrt{一丄天^{二}}}{彳天}$ 即 $彳戊=\frac{\sqrt{一丄天^{二}}}{彳天}$

上卷各款可用代數常法顯，謂之代函數。本卷各款如繁函數、指函數、對函數、圓函數，非代數常法所可顯，謂之越函數。

如有指函數式 $戊＝甲^{天}$ 求微分。依上款 訥戊＝天(訥甲) 即 彳(訥戊)＝(訥甲)彳天 惟 彳(訥戊)＝$\frac{戊}{彳戊}$ 即 $\frac{戊}{彳戊}$＝(訥甲)彳天 而 彳戊＝戊(訥甲)彳天 即 彳戊＝$甲^{天}$(訥甲)彳天 與款合。

第二款 設題一 設有式 戊＝$(甲^{天}丄一)^{二}$ 試求其微分。

令 戊＝$(甲^{天}丄一)(甲^{天}丄一)$ 準一卷第七款，彳戊＝$(甲^{天}丄一)(彳甲^{天}丄一)丄(甲^{天}丄一)(彳甲^{天}丄一)$、彳戊＝二彳$(甲^{天}丄一)(甲^{天}丄一)$ 惟 彳$(甲^{天}丄一)$＝彳$甲^{天}$ 而 彳$甲^{天}$＝$甲^{天}$(訥甲)彳天 即 彳戊＝二$(甲^{天}丄一)甲^{天}$(訥甲)彳天 爲所求。

設題二 今有式戊等於 $\frac{甲^{天}丄一}{甲^{天}丅一}$ 求微分。

依分數微分例，彳戊＝$\frac{(甲^{天}丄一)^{二}}{彳甲^{天}[(甲^{天}丄一)丅(甲^{天}丅一)]}$＝$\frac{(甲^{天}丄一)^{二}}{二彳(甲^{天})}$

又本款 彳$甲^{天}$＝$甲^{天}$(甲訥)彳天 即 彳戊＝$\frac{(甲^{天}丄一)^{二}}{二甲^{天}(甲訥)彳天}$ 如求彳戊變大比例，

令 甲＝一〇、天＝二、彳天＝一 即 彳戊＝$\frac{一〇二〇一}{二〇〇×二三〇二}$ 即．〇四五一三 即變大比例也。

第三款 設題一 設有真數 五〇〇三六 之對數，求 五〇〇三九 之對數。

則依 彳戊＝$\frac{戊}{根彳戊}$ 又常對根 $\frac{二三〇二五八五}{一}$ 即．四三四二九四四

惟 戊＝五〇〇三六、彳戊＝三 即 彳天＝$\frac{五〇〇三六}{三×．四三四二九四四}$＝．〇〇〇〇二六〇三八八 即真數微分大於戊之對數較，與本對 四六九九二八二五八三八 相加，得 四六九九三〇八六二二六 爲真數 五〇〇三九 之對數。

設題二 設有真數 四〇〇〇〇 之對數，求 四〇〇〇一 之對數。

準前例 戊＝四〇〇〇〇、彳戊＝一 即 彳天＝$\frac{四〇〇〇〇}{一×根}$ 即等於 $\frac{四〇〇〇〇}{．四三四二九四四}$＝．〇〇〇〇一〇八五七三 即真數微分大於戊之對數較，與本對 四六〇二〇五九九九一三 相加，得 四六〇二〇七〇八四八六 即真數 四〇〇〇一 之對數。

設題三 設有真數 五六二〇 之對數，求 五六二一 之對數。

依前例 彳天＝$\frac{五六二〇}{一×根}$＝．〇〇〇〇七七二七六五 即對數較，與 五六二〇 之對數 三七四九七三六三一五六 相加，得 三七四九八一三五九二一 即 五六二一 之對數。

設題四 設有式 戊＝$\left(\frac{甲丅天}{甲丄天}\right)$對 令 $\frac{甲丅天}{甲丄天}$＝亥 即 戊＝亥對

依本款例，彳戊＝彳(亥對)＝$\frac{亥}{彳亥根}$＝$\frac{\left(\frac{甲丅天}{甲丄天}\right)}{彳\left(\frac{甲丅天}{甲丄天}\right)根}$ 依一卷九款例，彳$\left(\frac{甲丅天}{甲丄天}\right)$＝$\frac{(甲丅天)^{二}}{(甲丅天)丄(甲丄天)}$彳天＝$\frac{(甲丅天)^{二}}{二甲彳天}$ 即 彳戊＝$\frac{甲^{二}丅天^{二}}{二甲彳天根}$

令 甲＝一〇〇〇、天＝一、彳天＝一 即 $\frac{九九九九九九}{二〇〇〇×根}$ 得．〇〇〇八六八五八九六 即 彳戊＝$\left(\frac{甲丅二天}{甲丄二天}\right)$對丅$\left(\frac{甲丅天}{甲丄天}\right)$對 即 (一〇〇二對丅九九八對)丅(一〇〇一對丅九九九對)＝．〇〇〇八六八五八九六 即原同數與新同數兩對數較之對數較也。

設題五 設有式 戊＝$\frac{\sqrt{甲^{二}丄天^{二}}}{天}$對 令 $\frac{\sqrt{甲^{二}丄天^{二}}}{天}$＝亥 即 戊＝亥對 依本款例，彳戊＝彳(亥對)＝$\frac{亥}{彳亥根}$ 又依一卷九款例，

彳亥＝$\frac{甲^{二}丄天^{二}}{彳天\sqrt{甲^{二}丄天^{二}}丅天彳\sqrt{甲^{二}丄天^{二}}}$ 又依一卷十一款例，彳$\sqrt{甲^{二}丄天^{二}}$＝$\frac{\sqrt{甲^{二}丄天^{二}}}{天彳天}$ 即 彳亥＝$\frac{甲^{二}丄天^{二}}{\sqrt{甲^{二}丄天^{二}}丅\frac{\sqrt{甲^{二}丄天^{二}}}{天^{二}}}$彳天＝$\frac{甲^{二}丄天^{二}}{\frac{\sqrt{甲^{二}丄天^{二}}}{一}甲^{二}彳天}$

即 彵$=\frac{(甲^{二}丄天^{二})天}{甲^{二}彽根}$ 令 天＝四、甲＝三 即 $\frac{\sqrt{甲^{二}丄天^{二}}}{天}$＝亥＝.八、亥對＝丁.〇九六九一〇〇一三 又令 彳亥＝.〇〇〇一 即

彽＝彳亥(甲二丄天二)$\frac{甲^{二}}{\sqrt{甲^{二}丄天^{二}}}$＝.〇〇一三八八八 叵 彵＝彳(亥對)

$=\frac{.八}{.〇〇〇一\times根}$＝.〇〇〇〇五四二八六八 即 .八 與 .八〇〇一 之對數較，亦即 八〇〇〇 與 八〇〇一 之對數較。按：對數微分所增愈微，得數愈密。此所得彵之同數末二位略大。若令彳亥爲十萬分之一，則與表密合矣。

圓函數微分

第四款 設題一 設有 三〇°正弦 欲求 三〇°〇〇′二〇″ 之正弦。

即 正弦天＝〇五、餘弦天＝.八六六〇二五四、彽＝二〇″弧＝.〇〇〇〇九六九.六 即 彵＝.〇〇〇〇八四〇 與 正弦三〇。＝.五 相加，得 五〇〇〇八四〇 即 正弦三〇°〇〇′二〇″

設題二用對數求。 設有 正弦六〇°四六′ 求增一分之正弦。微分，則 彳弧＝.〇〇〇二九〇九 其對數爲 六.四六三七二六 其六〇°四六′ 之餘弦對 九.六八八七四六 二對數相加，以半徑對減之，得 六.一五二四七二 檢表得.〇〇〇一四二〇 與 六〇°四六′ 之正弦＝.八七二六三八一 相加，得 八七二七八〇一 即 六〇°四七′ 之正弦也。

第五款 設題一 設有 三〇°餘弦 求 三〇°〇〇′二〇″ 之餘弦。

惟 丁彽正弦天＝丁.〇〇〇〇四八五 與 餘弦三〇°＝.八六六〇二五四 相加，得.八六五九七六九 以負加正得減。即 三〇°〇〇′二〇″ 之餘弦。

設題二用對數求。 設有 餘弦六五°一〇′ 求增一分之餘弦。微分，則 彽＝.〇〇〇二九〇九 其對數 六四六三七二六 與 六五°一〇′ 之正弦對.九九五七八六二 相加，以半徑對減之，得 六.四二一五八八 檢表得.〇〇〇二六四〇 與 六五°一〇′ 之 餘弦＝.四一九九八〇一 相減，得.四一九七一六一 即 六五°一一′ 之餘弦。

第六款 設題一 設有 正切四五°。 求增 三〇 秒之 彳(正切)

則 正切天＝一、正割二天＝二、彽＝.〇〇〇一四五四五 即 彵＝.〇〇〇二九〇九 與 正切四五°。 相加，得 一〇〇〇二九〇九 即 正切四五°〇〇′三〇″

設題二用對數求。 設有 正切六四°一四′ 求增一分之 彳(正切)

則 彽對＝六.四六三七二六 與 六四°一四′ 正割冪對 二〇.七二三六〇六 相加，減半徑冪對 二〇 得 七.一八七三三二 檢表得.〇〇一五三九三與 六四°一四′正切＝二.〇七一六七四三 相加，得 二.〇七三二一三六 即 六四°一五′ 之正切。

第七款 設題一 設有 餘切三〇°。 求增 一〇 秒之 彳(餘切)

則 餘切天＝一.七三二〇五〇八、餘割二天＝四 叵 丁彽＝丁.〇〇〇〇四八四八 即 彵＝丁.〇〇〇一九三九 以加 一.七三二〇五〇八 得 一.七三一八五六九 即 餘切三〇°〇〇′一〇″

設題二用對數求。 設有 餘切三五°〇六′ 求增一分之 彳(餘切)

則 彽對＝六.四六三七二六 與餘割冪對 二〇.四八〇六五六 相加，減 味二 對 二〇. 得 六.九四四三八二 檢表得.〇〇〇八七九八 與 餘切三五°〇六′ [即]一.四二二八五六一 相減，得 一.四二一九七六三 即 三五°〇七′ 之餘切。

第八款 設題一 設有 正割六〇°。 求增 三〇 秒之 彳(正割)

則 正割天＝二、彽＝.〇〇〇一四五四五、正切天＝一.七三二〇五〇八 即 彵＝.〇〇〇五〇三九 與 正割六〇°。＝二 相加，得 二.〇〇〇五〇三九 即 正割六〇°〇〇′三〇″

設題二用對數求。 設有 正割二〇°一〇′ 求增一分之 彳(正割)

則 彽對＝六.四六三七二六 與 二〇°一〇′ 正割對 二〇°一〇′，正切對 相加，減 味二 對，得 六.〇五六一八五 檢表得 彵＝.〇〇〇一一三八 與 正割二〇°一〇′ [即]一.〇六五三一〇一 相加，得 一.〇六五四二三九 即 二〇°一一′ 之正割。

第九款 設題一 設有 餘割三〇°。 求增 一〇″ 之 彳(餘割)

則 餘割天＝二、彽＝.〇〇〇〇四八四八、餘切天＝一.七三二〇五〇八 即 彵＝丁.〇〇〇一六七九 以加 餘割三〇°。 得 一.九九九八三

二一 即 三〇°〇〇′一〇″ 之餘割。

設題二用對數求。 設有 餘割六四°一〇′ 求增一分之 彳(餘割)

則 𢓍對＝六.四六三七二六 與 六四°一〇′餘切對、六四°一〇′餘割對 相加，味二 對減之，得 六.一九四四一九 檢表得 彵＝.〇〇〇一五六四 以減加負即減正。 六四°一〇′ 之餘割 一.一一一〇三〇四 得 一.一一〇八七四〇 即 六四°一一′ 之餘割。

第十款 設題一 設有 正弦對四五° 求增 一〇 秒之 彳(正弦對)

則 𢓍＝.〇〇〇〇四八四八、根＝.四三四二九四四、正切四五°＝一 即 彵＝.〇〇〇〇〇二一〇五 即 四五° 與 四五°〇〇′一〇″ 二正弦對之較，以加 四五°正弦對，[即].九八四九四八五〇〇 得.九八四九五〇六〇五 即 四五°〇〇′一〇″ 之正弦對。

設題二用對數求。 設有 一〇′三〇″正弦對 求增一秒之 彳(正弦對)

則 𢓍＝.〇〇〇〇〇四八四八 其 𢓍對＝四.六八五五六二、根對＝九.六三七七八四 兩對相加，一四.三二三三四六 以 一〇′三〇″正切對＝七.四八四九一四 減之，得 六.八三八四三二 其真數.〇〇〇〇六八九三 乃 一〇′三〇″ 與 一〇′三一″ 二正弦對之較，以加 一〇′三〇″正弦對.七四八四九一七四 得.七四八五六〇四〇 即 正弦對一〇′三一″

第十一款 設題一 設有 餘弦六〇°對 求增 一〇 秒之 彳(餘弦對)

則 𢓍＝.〇〇〇〇四八四八 即 彵＝$\frac{\text{五七七三五〇三}}{\text{丅四三四二九四四×𢓍}}$＝丅.〇〇〇〇〇三六四九 即 六〇° 與 六〇°〇〇′一〇″ 二餘弦對之較，以加加負即減正。 六〇°餘弦對.九六九八九七〇〇 得 .九六九八九三三五一 即 六〇°〇〇′一〇″ 之餘弦對。

設題二用對數求。 設有 六七°三〇′餘弦對 求增 一〇 秒之 彳(餘弦對)

則 𢓍＝.〇〇〇〇四八四八 其 𢓍對＝五.六八五五六二、根對＝九.六三七七八四、餘切對＝九.六一七二二四三 兩對相加，以餘切對減之，得 五.七〇六一二一 其真數.〇〇〇〇〇五〇八三 乃 六七°三〇′ 與 六七°三〇′一〇″ 兩餘弦對之較，以減 六七°三〇′餘弦對.九五八二八三九六 得.九五八二七八八八 即 六七°三〇′一〇″ 之餘弦對。

第十二款 設題一 設有 四五°正切對 求增 一〇 秒之 彳(正切對)

則 𢓍＝.〇〇〇〇四八四八、根＝.四三四二九四四、正弦＝餘弦＝.七〇七一〇六八 如法乘約 彵＝.〇〇〇〇〇四二一 即 四五°正切對、四五°〇〇′一〇″正切對 之較，以加 四五正切對一.〇〇〇〇〇〇〇〇〇 得 一.〇〇〇〇〇四二一 即 四五°〇〇′一〇″之正切對。

設題二用對數求。 設有 五三°一〇′正切對 求增 一〇 秒之 彳(正切對)

其 𢓍對五.六八五五六二、根對九.六三七七八四、正弦對九.九〇三二九七七、餘弦對九.七七七七八一四 如法加減，得 五.六四二二六七 其真數.〇〇〇〇〇四三八八 乃 五三°一〇′ 與 五三°一〇′一〇″ 兩正切對之較，用加 五三°一〇′正切對一.〇一二五五一六二四 得 一.〇一二五五六〇一二 即 五三°一〇′一〇″ 之正切對。

第十三款 設題一 設有 三〇°餘切對 求增 一〇 秒之 彳(餘切對)

則 𢓍＝.〇〇〇〇四八四八、根＝.四三四二九四四、正弦三〇°＝.五、餘弦三〇°＝.八六六〇二五四 如法乘約 彵＝丅.〇〇〇〇〇四八六 即 三〇°餘切對、三〇°〇〇′一〇″餘切對 之較。

設題二用對數求。 設有 六四°一〇′餘切對 求增 一〇 秒之 彳(餘切對) 則 𢓍對五.六八五五六二、根對九.六三七七八四、正弦對九.九五四二七四〇、餘弦對九.六三九二四二一 如法加減，得 五.七二九八三一 其真數.〇〇〇〇〇五三六八 即 六四°一〇′餘切對、六四°一〇′一〇″餘切對 之較。

第十四款 設題一 設有 三〇°正割對 求增 一〇 秒之 彳(正

割對）

則　夻·〇〇〇〇四八四八、根·四三四二九四四、正切天·五七七三五〇三　如法乘約　彧＝.〇〇〇〇〇一二一五　即　三〇°天切對、三〇°〇〇′一〇″正切對　之較。

設題二用對數求。　設有　二五°三〇′正割對　求增　一〇　秒之　彳(正割對)

則　夻對五·六八五五六二、根對九·六三七七八四、正切天對九·六七八四九六　如法加減，得　五·〇〇一八四二　其真數·〇〇〇〇〇一〇〇四乃　二五°三〇′、二五°三〇′一〇″　兩正割對之較。

第十五款　設題一　設有　八四°一五′餘割對　求增　一〇　秒之　彳(餘割對)

則　夻＝丅·〇〇〇〇四八四八、餘切天＝.一〇〇六九四七、根＝.四三四二九四四　即　彧＝.〇〇〇〇〇〇二一二　即　八四°一五′餘割對、八四°一五′一〇″餘割對　之較。

設題二用對數求。　設有　五五°三〇′餘割對　求增　一〇　秒之　彳(餘割對)

則　夻對五·六八五五六二、根對九·六三七七八四、餘切天對九·八三七一三四　如法加減得　五·一六〇四八〇　其真數·〇〇〇〇〇一四四七即　五五°三〇′、五五°三〇′一〇″　兩餘割對之較。

既有　戉＝正弦天、戉＝餘弦天　等類之正函數，必有與此相配之反函數爲　戉＝弦(正弦＝天)、戉＝弦(餘弦＝天)…　曾有英算學士，以　戉＝正弦^{丅一}天　明　正弦＝天　之弧，　戉＝餘弦^{丅一}天　明　餘弦＝天　之弧，故弧之微分可求。

又　第十七款　設題一　設有　(天)弧＝二五°弧、正弦二五°＝.四二二六一八三　餘弦二五°二九〇六三〇七八　設其所減之　彳(餘弦)　爲.〇〇〇〇四一〇　即　彧＝$\frac{\text{.四二二六一八三}}{\text{.〇〇〇〇四一〇}}$＝.〇〇〇〇九七　即所增二〇″　弧。餘弦減，弧綫增。

設題二用對數求。　設有　(天)弦＝四〇°弧、餘弦四〇°＝.七六六〇四四四　設其所減　彳(餘弦)　爲.〇〇〇〇六二三　其對數　五·七九四四八八　味對一〇〇〇〇〇〇〇〇、正弦對九·八〇八〇六七　如法加減，得　彧對五·九八六四二　檢表得.〇〇〇〇九·六九　即所增　二〇″　弧。

第十八款　設題一　設有　(天)弧＝四五°弧、正切四五°＝一　設其所增　彳(正切)　爲.〇〇〇〇九七〇　又　正割^{二}四五°＝二　即　彧＝$\frac{\text{二}}{\text{.〇〇〇〇九七〇}}$＝.〇〇〇〇四八五　檢表得　一〇″　即所增弧。

設題二用對數求。　設有　(天)弧＝三二°一〇′弧、正切＝.六二八九二一五　設其所增　彳(正切)　爲.〇〇〇〇六七七　其對數　五·八三〇五八八　味^{二}對二〇〇〇〇〇〇〇〇、正割^{二}對二〇一四四七四二　如法加減，得　彧對五·六八五八四五八　檢表得.〇〇〇〇四五八　即　一〇″　即所增弧。

第十九款　設題一　設有　(天)弧＝五〇°弧、餘切＝.八三九〇九九六　設其所減　彳(餘切)　爲.〇〇〇〇八二六、餘割^{二}＝(一三〇五四〇七三)^{二}　即　彧＝$\frac{\text{一七〇四〇八六}}{\text{.〇〇〇〇八二六}}$＝.〇〇〇〇四八四八　即所增　一〇″　弧分。餘切減，弧綫增。

設題二用對數求。　設有　(天)弧＝五〇°一〇′、　餘切＝.八三四一五四七　設其所減　彳(餘切)　爲　.〇〇〇〇八二二　其對數　五·九一四八七一八　餘割^{二}對二〇·二二九三七八二、味^{二}對＝二〇·〇〇〇〇〇　如法加減，得　彧對五·六八五四九三六　檢表得.〇〇〇〇四八四八　即所增　一〇″　弧。

第二十款　設題一　設有　(天)弧＝四五°弧、正割＝.一四一四二一三六　設其所增　彳(正割)　爲.〇〇〇〇六八六　即　彧＝$\frac{\text{一四一四二一三六}}{\text{.〇〇〇〇六八六}}$＝.〇〇〇〇四八五　即所增　一〇″　弧真數。

設題二用對數求。　設有　(天)弧＝一五°一〇′弧、正割＝一〇三六八八一　設其所增　彳(正割)　爲.〇〇〇〇一三六　其對數　五·一三三五三九　正割對＝一〇·〇一五三九六七、正切對＝九·四三三〇八〇四　如法加減，得　彧對＝五·六八五〇六九　檢表得.〇〇〇〇四八四　即　一〇″　爲所增弧。

第二十一款　設題一　設有　(天)弧＝三〇°弧、餘割＝二　設其所減　彳(餘割)　爲.〇〇〇一六七九、餘切＝一七三二〇五〇八　即　袱＝$\frac{\text{三四六四一〇一六}}{\text{.〇〇〇一六七九}}$＝.〇〇〇〇四八四七　即所增　一〇″　弧真數。

設題二用對數求。　設有　(天)弧＝三二°二〇′弧、餘割＝一八六九七〇四〇　設其所減　彳(餘割)　爲.〇〇〇一四三二　其對數　六.一五五九四三、餘割對一〇二七七七二、餘切對一〇一九八六〇四　如法加減，得　袱對五.六八五五六七　檢得.〇〇〇〇四八四八　即所增　一〇″　弧真數。

又既有　戍＝正弦天對、戍＝餘弦天對　依前例亦可令　戍＝弦(正弦對＝天)、戍＝弧(餘弦對＝天)　據此，可由弦切各綫之對數微分以反求弧微分。

第二十二款　設題一　設有　(天)弦＝四五°弧　令其所增　彳(正弦對)　爲.〇〇〇〇二一〇五　即　袱＝$\frac{\text{.四三四二九四四}}{\text{.〇〇〇〇二一〇五}}$＝.〇〇〇〇四八四七　即　一〇″　爲所增弧。

設題二用對數求。　設有　(天)弧＝二一°三〇′弧　令所增　彳(正弦對)　爲.〇〇〇〇五三九一　其對數　五.七三一六六九　根對九.六三七七八四、正切對九.五九一六八一　如法加減，得　袱對五.六八五五六六　檢得.〇〇〇〇四八四八　即　一〇″　爲所增弧。

第二十三款　設題一　設有　(天)弧＝五〇°一〇′弧　令其所減　彳(餘弦對)　爲.〇〇〇〇二五二、餘切八.三四一五四七　即　袱＝$\frac{\text{.四三四二九四四}}{\text{.〇〇〇〇二一〇二}}$＝.〇〇〇〇四八四　即所增　一〇″　弧真數。

設題二用對數求。　設有　(天)弧＝六八°四一′弧　令其所減　彳(餘弦對)　爲.〇〇〇一〇七九　其對數　六.〇三三〇二一　餘切對九.五九一三〇八、根對九.六三七七八四　如法加減，得　袱對五.九八六五四五　得.〇〇〇〇九六九六　即　二〇″　爲所增弧。

第二十四款　設題一　設有　(天)弧＝三〇°弧　令所增　彳(正切對)　爲.〇〇〇〇九七二　正弦＝.五、餘弦＝.八六六〇二五、根＝.四三四二九四四　即　袱＝$\frac{\text{.四三四二九四四}}{\text{.〇〇〇〇四二〇九}}$＝.〇〇〇〇九六九　即　二〇″　弧真數。

設題二用對數求。　設有　(天)弧＝二七°二〇′　令其所增　彳(正切對)　爲.〇〇〇〇五一六　征對五.七一二六四九、正弦對九.六六一九七〇、餘弦對九.九四八五八四、根對九.六三七七八四　如法得　袱對五.六八五四一九　檢得.〇〇〇〇四八四八　即　一〇″　弧。

第二十五款　設題一　設有　(天)弧＝四五°弧　令其所減　彳(餘切對)　爲.〇〇〇一二六四　正弦＝.七〇七一〇六八　餘弦同　即　袱＝丅$\frac{\text{.四三四二九四四}}{\text{.五×〇〇〇一二六四}}$＝丅.〇〇〇一四五五　即所增　三〇″　弧分。

設題二用對數求。　設有　(天)弧＝三〇°一五′弧　令其所減　彳(餘切對)　爲.〇〇〇〇四八四　征对五.六八四八四五三、正弦對九.七〇二二三五、餘弦對九.九三六四三一、根對九.六三七七八四　如法得　袱對五.六八五七二七　檢得.〇〇〇〇四八五　即　一〇″　弧。

第二十六款　設題一　設有　(天)弧＝四五°弧　今所增　彳(正割對)　爲.〇〇〇〇二一〇六，正切＝一　即　袱＝$\frac{\text{.四三四二九四四}}{\text{.〇〇〇〇二一〇六}}$＝.〇〇〇〇四八四九　即　一〇″　弧真數。

設題二用對數求。　設有　(天)弧＝三〇°一五′弧　今所增　彳(正割對)　爲.〇〇〇〇一二三　即　征對五.〇八九九〇五、正切對九.七六五八〇四、根對九.六三七七八四　如法得　袱對五.六八六三一七　檢得.〇〇〇〇四八五　即　一〇″　弧。

第二十七款　設題一　設有　(天)弧＝三〇°弧　今所減　彳(餘割對)　爲.〇〇〇〇三六四七　即　袱＝丅$\frac{\text{.七五二二一九四}}{\text{.〇〇〇〇三六四七}}$＝.〇〇〇〇四八四八　即　一〇″.弧真數。

設題二用對數求。　設有　(天)弧＝五九°一〇′弧　今所減　彳(餘割對)　爲.〇〇〇〇一二五六　即　征对五.〇九八九八九、餘切對九.七七五九〇七、根對九.六三七七八四　如法得　袱對五六八五二九八　檢得.〇〇〇〇四八四五　即　一〇″　弧。

第二十八款　設題一　設有　(天)弧＝.二　以弧分表試之，知　天＝

一一。二七′三三″弧　求正弦用甲式，即　一級＝．二、二級＝丅．〇〇一三三三三三三、三級＝丄．〇〇〇〇〇二六　截用八位，則三級已足，併正負級得　．一九八六六九三　即　一一。二七′三三″正弦

設題二　設有　(天)弧＝．二　弧分同前。求餘弦用乙式　一級＝一、二級＝丅．〇二、三級＝丄．〇〇〇〇六六六六、四級＝丅．〇〇〇〇〇〇八八併之，得．九八〇〇六五八　即　一一。二七′三三″餘弦

第二十九款　設題一　設有　正弦＝天＝．三　求弧綫用丙式，即　一級＝．三、二級＝丄．〇〇四五、三級＝丄．〇〇〇一八二二五、四級＝丄．〇〇〇〇〇九七六　併之得．三〇四六九二〇　檢得　一七。二七′二七″　爲　正弦＝．三　所當弧度。

設題二　設有　餘弦＝天＝．三　求弧綫，則用丁式，即　一級＝一五七〇七九六、二級＝丅．三、三級＝丅．〇〇四五、四級＝丅．〇〇〇一八二二五、五級＝丅．〇〇〇〇〇九七六　併負減正得　一二六六一〇四　檢得　七二。三二′三三″　爲　餘弦＝．三　所當弧度。

又　卷三　微分三

第五款　設題一　今有抛物綫之通徑四寸，横綫九寸，求縱綫、次切綫若干。

答曰：縱綫六寸，次切綫十八寸。

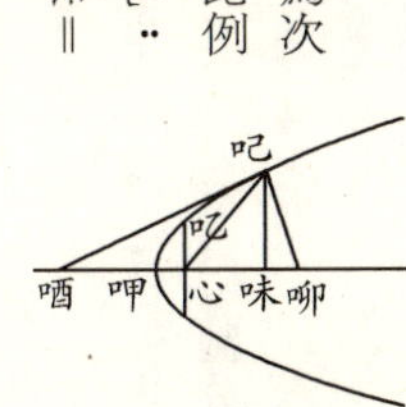

如圖，叱卯爲法綫，卯味爲次法，叱哂爲切綫，哂味爲次切。準本曲綫理　叱心＝二　即　呷心＝二　又本綫比例理　呷心：叱心：：呷味：叱味^{二}　即　一：四：：九：三六　惟　叱味＝地＝六、呷味＝天＝九　即　哂味＝次切＝一八

按：《拾級》五卷界説，次切平分於頂點，故哂味得呷味之倍。

設題二　今有通徑四寸，横綫九寸，求切綫及帶徑各若干。

答曰：切綫三百六十之平方根，帶徑十寸。

如前圖叱心爲帶徑，叱哂爲切綫。已知呷味爲九寸，即哂味爲一八寸。惟　叱哂＝$\sqrt{(二天)^{二}丄地^{二}}$＝$\sqrt{三六〇}$　又　心叱＝$\sqrt{心味^{二}丄味叱^{二}}$帶徑　惟　心味＝呷味丄呷心＝九丅一　故　心味^{二}＝六四　即　心叱＝$\sqrt{一〇〇}$＝一〇

設題三　今有通徑四寸，縱綫六寸，求法綫、次法綫各若干。

答曰：法綫四十之平方根寸，次法綫二寸。

依本款例，　味卯＝次法＝$\frac{三}{一}$寅　即＝二　又　叱卯＝法綫＝$\sqrt{叱味^{二}丄味卯^{二}}$＝$\sqrt{三六丄四}$＝$\sqrt{四〇}$

第六款　設題一　今有雙曲綫之截面一段，已知半長徑十一寸，半短徑八寸，横綫二十一寸，求切綫、次切綫各幾何。

答曰：次切十五寸又二十一分寸之五，切綫四百〇一又　五三三三六一　分之　二四三一九　兩數和之平方根寸。

如題，　呷呐＝甲＝一一、叱呐＝乙＝八　依本款一式即　哂味＝次切＝$\frac{二一}{三二〇}$＝一五丄$\frac{二一}{五}$　依本款二式，叱哂＝切＝$\sqrt{\frac{一二一}{二〇四八〇}丄\frac{二一}{三二〇}}$＝$\left(\frac{一二一}{二〇四八〇}丄\frac{四四一}{一〇二四〇〇}\right)^{\frac{二}{一}}$　通分　＝$\left(四〇一丄\frac{五三三六一}{二四三一九}\right)^{\frac{二}{一}}$

設題二　今有雙曲綫面，已知長半徑、短半徑、横綫如前，求法綫、次法綫各幾何。

答曰：次法十一寸又一百二十一分寸之十三，法綫　二九二　加　一四六四一　分之　九二四四　兩數和之平方根寸。

依本款三式　次法＝味卯＝$\frac{甲^{二}}{乙^{二}}$天＝$\frac{一二一}{一三四四}$＝一一丄$\frac{一二一}{一三}$　依本款四式，　法＝叱卯＝$\sqrt{\frac{甲^{二}}{乙^{二}}(天^{二}丅甲^{二})丄\left(\frac{甲^{二}}{乙^{二}}天\right)}$＝$\left[\frac{一二一}{二〇四八〇}丄\left(\frac{一二一}{一三四四}\right)^{二}\right]^{\frac{二}{一}}$　通分併之，　＝$\left(二九二丄\frac{一四六四一}{九二四四}\right)^{\frac{二}{一}}$

第七款　設題一　今有橢圓之半長徑十五寸半，短徑八寸，以中點爲原點，横綫十寸，求其次切綫、切綫各幾何。

答曰：次切十二寸半，切綫以六約　六九〇五　之平方根寸。

如題，　呷呐＝甲＝一五、叱呐＝乙＝八、呐味＝天＝一〇　依本款一式，次切＝$\frac{一〇}{二二五丅一〇〇}$＝一二.五　依本款二式，

$切=\sqrt{\frac{二二五}{八〇〇〇}丄一五.六二五}=\sqrt{\frac{二二五}{四三一五.六二五}}=\frac{三}{(一七二六.二五)^{\frac{一}{二}}}=\frac{六}{(六九〇五)^{\frac{一}{二}}}$

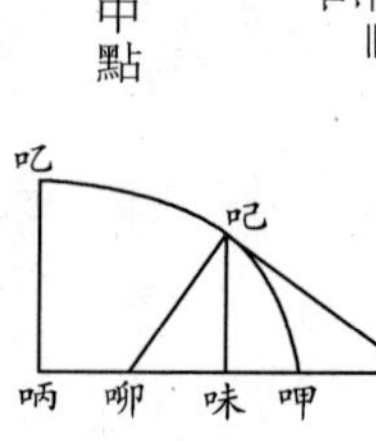

設題二　今有橢圓之半長徑三寸半，短徑二寸，以中點爲原點，橫綫二寸，求其次法綫、法綫各幾何。

答曰：次法九分之八寸，法綫以九約　二四四　之平方根寸。

如題，唒味＝次切、唒叱＝切、呷呥＝甲＝三、叱呥＝乙＝二、味呥＝天＝二　依本款三式，　次法$=\frac{九}{四\times二}=\frac{九}{八}$　依本款四式，

法$=\sqrt{\frac{九}{二〇}丄\left(\frac{九}{八}\right)^{二}}=\frac{九}{(二四四)^{\frac{一}{二}}}$

第八款　設題一　今有平圓徑十尺，以中心爲原點，橫綫三尺，求其切綫及次切綫各幾何。

答曰：切綫六尺又三分尺之二，次切五尺又三分尺之一。

準題，　甲＝五、天＝三、地$=\sqrt{甲^{二}丅天^{二}}=四$　依本款，

切$=\frac{三}{二〇}=六丄\frac{三}{二}$　又　次切$=\frac{三}{一六}=五丄\frac{三}{一}$

第九款　設題一　今有擺綫面，其母輪徑十二寸，縱綫九寸，求次切綫、切綫幾何。

答曰：次切九乘三之平方根寸，切綫十八寸。

準題，　地＝叱味＝九、二未＝⿰口戌⿰口卯＝一二　依本款一式，

次切$=\frac{\sqrt{二七}}{八一}=\frac{三\sqrt{三}}{八一}=\frac{九}{八一\sqrt{三}}=九\sqrt{三}$　依本款二式，　切$=\frac{三\sqrt{三}}{五四\sqrt{三}}=一八$

設題二　今有擺綫面，其母輪徑、縱綫如前，求次法綫、法綫各幾何。

答曰：次法三乘三之平方根寸，法六乘三之平方根寸。

準題，　地＝九、二未＝一二　依本款三式，　次法$=三\sqrt{三}$　依本款四式，　法$=六\sqrt{三}$

按：此題叱叮爲一百二十度，故⿰口卯點與叮點合，餘度則否。

第十款　設題一　今有抛物綫一段，其橫綫平變大每秒一寸，通徑四寸。當橫綫九寸時，弧綫之變大比例幾何。

答曰：三約十之平方根寸。

依本曲綫，命軸綫之通徑爲　二己　則　二己天＝地^{二}　《拾級》五卷一款。求微分　$仸=\frac{己}{地⿰彳地}$　即　$仸^{二}=\frac{己^{二}}{地^{二}⿰彳地^{二}}$　即　$⿰彳地^{二}=\frac{地^{二}}{己^{二}仸^{二}}=\frac{二天}{己仸^{二}}$

以從公式　$⿰亻人=仸\sqrt{一丄\frac{二天}{己}}=仸\sqrt{\frac{二天}{二天丄己}}$　準題，　二己＝四、天＝九、仸＝一　各以代入，即　$⿰亻人=\sqrt{\frac{一八}{二〇}}=\sqrt{\frac{九}{一〇}}=\frac{三}{\sqrt{一〇}}$

設題二　今有大徑端雙曲綫一段，其橫綫平變大每秒十分寸之一半，長徑十一寸，半短徑十寸。當橫綫二十一寸時，弧綫之變大比例幾何。

答曰：以　三八七二〇〇　之平方根約　八二八二　之平方根寸。

依本曲綫式，　地$=\frac{甲}{乙}\sqrt{天^{二}丅甲^{二}}$　即　$⿰彳地=\frac{甲\sqrt{天^{二}丅甲^{二}}}{乙天仸}$、

$⿰彳地^{二}=\frac{甲^{二}(天^{二}丅甲^{二})}{乙^{二}天^{二}仸^{二}}$　以從公式　$⿰亻人=仸\sqrt{一丄\frac{甲^{二}(天^{二}丅甲^{二})}{乙^{二}天^{二}}}=仸\sqrt{\frac{甲^{二}(天^{二}丅甲^{二})}{甲^{二}(天^{二}丅甲^{二})丄乙^{二}天^{二}}}$　準題，　甲＝一一、乙＝一〇、天＝二一、$仸=\frac{二〇}{一}$　各以代入　$⿰亻人=\frac{一〇\sqrt{三八七二〇}}{一\sqrt{八二八二〇}}=\sqrt{\frac{三八七二〇〇}{八二八二}}$

設題三　今有橢圓弧綫一段，其橫綫平變大每秒十分寸之一，半長徑五寸，半短徑四寸。當橫綫二寸時，弧綫之變大比例幾何。

答曰：一秒中百分寸之　.〇一三六　平方根寸。

依本曲綫原點在圜周之大徑端起，則　地$=\frac{甲}{乙}\sqrt{二甲天丅天^{二}}$　即

$⿰彳地=\frac{甲\sqrt{二甲天丅天^{二}}}{乙(甲丅天)仸}$、$⿰彳地^{二}=\frac{甲^{二}(二甲天丅天^{二})}{乙^{二}(甲丅天)^{二}仸^{二}}$　以從公式，

$⿰亻人=仸\sqrt{一丄\frac{甲^{二}(二甲天丅天^{二})}{乙^{二}(甲丅天)^{二}}}$、$⿰亻人=仸\sqrt{\frac{甲^{二}(二甲天丅天^{二})}{(甲^{二}丅乙^{二})(二甲天丅天^{二})丄乙^{二}甲^{二}}}$

準題，　甲＝五、乙＝四、$仸=\frac{一〇}{一}$　各以代入，即　$⿰亻人=\frac{一〇}{一}\sqrt{\frac{四〇〇}{五四四}}=$

$\sqrt{.〇一三六}$

設題四　今有平圓弧綫一段，其橫綫平變大每秒一寸，圓徑二十寸。當橫綫六寸時，弧綫之變大比例幾何。

答曰：一秒中 $\frac{\sqrt{八四}}{一〇}$ 寸。

依本曲綫原點在圓周，則 $地=\sqrt{二未天丅天^{二}}$ 即 $彳地=\frac{\sqrt{二未天丅天^{二}}}{(未丅天)彳天}$、

$彳地^{二}=\frac{二未天丅天^{二}}{(未丅天)^{二}彳天^{二}}$ 代入公式，$彳人=彳天\sqrt{一丄\frac{二未天丅天^{二}}{(未丅天)^{二}}}=$

$彳天\frac{\sqrt{二未天丅天^{二}}}{未}$ 準題，未＝一〇、天＝六、彳天＝一　各代入得

$彳人=\frac{\sqrt{八四}}{一〇}$

設題五　今有擺綫一段，其橫綫平變大每秒一寸，母輪徑十寸。當橫綫等於母輪一百二十度弧負正弦時，弧綫之變大比例幾何。

答曰：以三之平方根約二寸。

依本曲　$彳天=\frac{\sqrt{二未地丅地^{二}}}{地彳地}$　即　$彳地=\frac{地}{彳天\sqrt{二未地丅地^{二}}}$、

$彳地^{二}=\frac{地^{二}}{彳天^{二}(二未地丅地^{二})}$ 以從公式，$彳人=彳天\sqrt{一丄\frac{地^{二}}{(二未地丅地^{二})}}=$

$彳天\sqrt{\frac{地}{二未}}$ 準題，地＝七.五、未＝五、彳天＝一　即 $彳人=\sqrt{\frac{三}{四}}=\frac{\sqrt{三}}{二}$

第十一款　設題一　今有拋物綫面，其橫綫平變大每秒十分寸之一，通徑四寸。當橫綫九寸時，面積之變大比例幾何。

答曰：十分寸之六。

依本曲綫式，本卷十款。　$二已天=地^{二}$　即　$\sqrt{二已天}=地$　以從公式，

$彳申=彳天\sqrt{二已天}$　準題，二已＝四、天＝九、$彳天=\frac{一〇}{一}$　代入，即　$彳申=\frac{一〇}{六}$

設題二　今有雙曲綫面，其橫綫平變大每秒十分寸之一，半長徑十一寸半，短徑十寸。當橫綫二十一寸時，面積之變大比例幾何。

答曰：以十一約三百二十之平方根寸。

依本曲綫式，$地=\frac{甲}{乙}\sqrt{天^{二}丅甲^{二}}$　以從公式，$彳申=\frac{甲}{乙}彳天\sqrt{天^{二}丅甲^{二}}$

準題，甲＝一一、乙＝一〇、天＝二一　各代入，即

$彳申=\frac{一一}{一〇}\times\frac{一〇}{一}\sqrt{三二〇}=\frac{一一}{一}\sqrt{三二〇}$

設題三　今有橢圓面，其橫綫平變大每秒十分寸之一，半長徑八寸半，短徑六寸。當橫綫三寸時，面積之變大比例幾何。

答曰：以八十約一千四百〇四之平方根寸。

依本曲綫式，原點在大徑端。　$地=\frac{甲}{乙}\sqrt{二甲天丅天^{二}}$　以從公式，

$彳申=\frac{甲}{乙}彳天\sqrt{二甲天丅天^{二}}$　準題，天＝三、甲＝八、乙＝六、$彳天=\frac{一〇}{一}$　即

$彳申=\frac{八}{六}\times\frac{一〇}{一}\sqrt{三九}=\frac{八〇}{一}\sqrt{一四〇四}$

設題四　今有平圓面橫綫平變大每秒十分寸之一，圓徑二十寸。當橫綫四寸時，面積變大之比例幾何。

答曰：十分寸之八。

依本曲綫，原點在圓周。　$地=\sqrt{二未天丅天^{二}}$　以從公式，

$彳申=彳天\sqrt{二未天丅天^{二}}$　準題，未＝一〇、天＝四、$彳天=\frac{一〇}{一}$　各代入，即

$彳申=\frac{一〇}{八}$

設題五　今有擺綫面，其橫綫平變大每秒一寸，母輪徑十寸。當橫綫等於母輪一百二十度負正弦即呷味度時，面積之變大比例幾何。

答曰：七寸又二分寸之一。

依本曲綫式，$彳天=\frac{\sqrt{二未地丅地^{二}}}{地彳地}$　本卷九款一式。以從公式，

$彳申=\frac{\sqrt{二未地丅地^{二}}}{地^{二}彳地}$　準題，地＝七.五、二未＝一〇、彳天＝一、

$彳地=\frac{七.五}{\sqrt{一.八七五}}$　即　彳申＝地＝七.五

第十二款　設題一　有拋物綫體，求其曲面微分。

準本卷十款一題，$彳乂=彳天\sqrt{\frac{二天}{二天丄己}}$ 即 $彳申=二周彳天地\sqrt{\frac{二天}{二天丄己}}$

又 $地=\sqrt{二己天}$ 即 $彳申=二周彳天\sqrt{二己天丄己^{二}}$

設題二 有雙曲綫體，求其曲面微分。

準本卷十款二題，$彳乂=彳天\sqrt{\frac{甲^{二}(天^{二}丅甲^{二})}{甲^{二}(天^{二}丅甲^{二})丄乙^{二}天^{二}}}$ 以從公式，

$彳申=二周地彳天\sqrt{\frac{甲^{二}(天^{二}丅甲^{二})}{甲^{二}(天^{二}丅甲^{二})丄乙^{二}天^{二}}}$ 又 $地=\frac{甲}{乙}\sqrt{天^{二}丅甲^{二}}$

即 $彳申=二周\frac{甲}{乙}彳天\sqrt{\frac{甲^{二}}{甲^{二}(天^{二}丅甲^{二})丄乙^{二}天^{二}}}$

設題三 有橢圓體，求其曲面微分。

準本卷十款三題，$彳乂=彳天\sqrt{\frac{甲^{二}(二甲天丅天^{二})}{(甲^{二}丅乙^{二})(二甲天丅天^{二})丄乙^{二}甲^{二}}}$

以從公式，$彳申=二周地彳天\sqrt{\frac{甲^{二}(二甲天丅天^{二})}{(甲^{二}丅乙^{二})(二甲天丅天^{二})丄乙^{二}甲^{二}}}$ 又

$地=\frac{甲}{乙}\sqrt{二甲天丅天^{二}}$ 即 $彳申=二周\frac{甲}{乙}彳天\sqrt{\frac{甲^{二}}{(甲^{二}丅乙^{二})(二甲天丅天^{二})丄乙^{二}甲^{二}}}$

設題四 有平圓綫求曲面微分。

準本卷十款四題，$彳乂=彳天\sqrt{\frac{二未天丅天^{二}}{未}}$ 以從公式，

$彳申=二周地彳天\frac{\sqrt{二未天丅天^{二}}}{未}$ 又 $地=\sqrt{二未天丅天^{二}}$ 即 $彳申=$ $二周彳天未$

設題五 有擺綫體，求曲面微分。

準本卷十款五題，$彳乂=彳天\sqrt{\frac{地}{二未}}$ 以從公式，$彳申=二周彳天\sqrt{二未地}$

第十三款 設題一 有拋物綫體，求其體積微分。

準本卷十款一題，$地^{二}=二己天$ 以從公式，$彳亥=二周己天彳天$

設題二 有雙曲綫體，求其體積微分。

準本卷十款二題，$地^{二}=\frac{甲^{二}}{乙^{二}}(天^{二}丅甲^{二})$ 以從公式，$彳亥=周\frac{甲^{二}}{乙^{二}}(天^{二}丅甲^{二})彳天$

設題三 有橢圓體，求其體積微分。

準本卷十款三題，$地^{二}=\frac{甲^{二}}{乙^{二}}(二甲天丅天^{二})$ 以從公式，

$彳亥=周\frac{甲^{二}}{乙^{二}}(二甲天丅天^{二})彳天$

設題四 有圓球體，求其體積微分。

準本卷十款四題，$地^{二}=二未天丅天^{三}$ 以從公式 $彳亥=周(二未天丅天^{二})彳天$

設題五 有擺綫體，求其體積微分。

準本卷十款五題，$彳天=\frac{\sqrt{二未地丅地^{二}}}{地彳地}$ 以從公式，$彳亥=\frac{\sqrt{二未地丅地^{二}}}{周地^{三}彳地}$

第十五款 設題一 今有拋物綫內一點，其橫綫九寸，縱綫六寸，求曲率半徑幾何。

答曰：以二十乘十之平方根寸。原答以通徑爲八寸，疑誤。

按：拋物綫 $卯=〇$ 本卷五款。故本款之式化爲 $味=\frac{二寅^{二}}{(寅^{二}丄四寅天)^{\frac{三}{二}}}$

又 $寅天=地^{二}$ 本卷十款一題。即 $寅=\frac{天}{地^{二}}$

準題，天＝九、地＝六 即 $寅=\frac{九}{三六}=四$ 代入味式 $味=\frac{三二}{(一六〇)^{\frac{三}{二}}}$

即 $二\sqrt{四〇〇〇}=二〇\sqrt{一〇}$

設題二 今有拋物綫通徑四寸，求頂點之曲率半徑幾何。

答曰：二寸。

拋物綫之頂點 $天=〇$ 則味式變爲 $味=\frac{二}{寅}$ 既知 $寅=四$ 即 $味=二$

設題三 今有雙曲綫內一點，即縱綫端。其橫綫五寸半，長徑四寸半，短徑二寸，求其曲率半徑幾何。

答曰：七寸又百萬分寸之四四四一一七。

依本曲綫式，$地=\frac{甲}{乙}\sqrt{天^{二}丅甲^{二}}$ 求微分 $彳地=\frac{甲\sqrt{天^{二}丅甲^{二}}}{乙天彳天}$ ㊀

以彳天爲常數，再求微分，即

$彳^{二}地=\frac{甲^{二}(天^{二}丅甲^{二})}{甲乙彳天^{二}\sqrt{天^{二}丅甲^{二}}丅\frac{\sqrt{天^{二}丅甲^{二}}}{甲乙天^{二}彳天^{二}}}$ 即

$=\frac{甲^{二}(天^{二}丅甲^{二})\sqrt{天^{二}丅甲^{二}}}{[(天^{二}丅甲^{二})甲乙丅甲乙天^{二}]彳天^{二}}=\frac{(天^{二}丅甲^{二})\sqrt{天^{二}丅甲^{二}}}{甲乙彳天^{二}}$ 即

$彳天彳^{二}地=\frac{(天^{二}丅甲^{二})\sqrt{天^{二}丅甲^{二}}}{甲乙彳天^{三}}$ 惟 $(天^{二}丅甲^{二})\sqrt{天^{二}丅甲^{二}}=\frac{乙^{三}}{甲^{三}}地^{三}$ 即

$彳天彳^{二}地=\frac{甲^{二}地^{三}}{乙^{四}彳天^{三}}$ ㊤ 再以一式自乘得 $彳地^{二}=\frac{甲^{二}(天^{二}丅甲^{二})}{乙^{二}天^{二}彳天^{二}}$ 即

$彳地^{二}丄彳天^{二}=\frac{甲^{二}(天^{二}丅甲^{二})}{乙^{二}天^{二}彳天^{二}}丄彳天^{二}=\frac{甲^{二}(天^{二}丅甲^{二})}{[乙^{二}天^{二}丄甲^{二}(天^{二}丅甲^{二})]彳天^{二}}$ 惟

$甲^{二}(天^{二}丅甲^{二})=\frac{乙^{二}}{甲^{四}}地^{二}$ 即 $(彳天^{二}丄彳地^{二})^{\frac{三}{二}}=\frac{甲^{六}地^{三}}{(乙^{四}天^{二}丄甲^{四}地^{二})^{\frac{三}{二}}彳天^{三}}$ ㊦ 以上

下二式右邊代入 $味=\frac{彳天彳^{二}地}{(彳天^{二}丄彳地^{二})^{\frac{三}{二}}}$ 上款。式中，即 $味=\frac{甲^{四}乙^{四}}{(乙^{四}天^{二}丄甲^{四}地^{二})^{\frac{三}{二}}}$

㊥ 此爲雙曲綫求曲率半徑公式。準題，$甲=四$、$天=五$、$乙=二$ 即 $地=一.五$ 代入甲式，即 $味=\frac{四〇九六}{(九七六)^{\frac{三}{二}}}$ 如法得 $味=七.四四四四一一七$

又法依本款 $味=\frac{(\frac{一}{二}通徑)^{二}}{法綫^{三}}$ 準本卷六款，$法=\sqrt{\frac{甲^{二}}{乙^{二}}(天^{二}丅甲^{二})丄\left(\frac{甲^{二}}{乙^{二}天}\right)^{二}}$、

$通徑橫綫=\frac{甲}{二乙^{二}}$ 按：本曲綫理，通徑爲本徑、屬徑連比例三率之末率，故長徑之通徑等於 $\frac{甲}{二乙^{二}}$ 故半通徑爲 $\frac{甲}{乙^{二}}$ 代入味式，即 $味=\frac{乙^{四}}{甲^{三}}\left[\frac{甲^{二}}{乙^{二}}(天^{二}丅甲^{二})丄\left(\frac{甲^{二}}{乙^{二}天}\right)^{二}\right]^{\frac{三}{二}}$ ㊁ 此亦爲雙曲綫求曲率半徑之公式。以題中各數代入，求得數與前同。

設題四 今有雙曲綫長短徑同前，求半長徑端之曲率半徑幾何。

答曰：一寸。

準曲綫理，雙綫之頂點 $天=甲$、$地=〇$ 代入甲式，即

$味=\frac{甲^{四}乙^{四}}{(乙^{四}甲^{二})^{\frac{三}{二}}}=\frac{甲^{四}乙^{四}}{甲^{三}乙^{六}}=\frac{甲}{乙^{二}}$ 代入乙式，理同。以題中真數代入，即

$\frac{四}{四}=一$ 惟 $\frac{甲}{乙^{二}}$ 即 $\frac{一}{二}通徑$ 故知頂點之曲率半徑即半通徑。

設題五 今有橢圓綫之長半徑三寸，短半徑二寸，橫綫二寸，求縱綫端一點之曲率半徑幾何。

答曰：一百六十二約六十一乘六十一之平方根寸。

依本曲綫式，$地=\frac{甲}{乙}\sqrt{甲^{二}丅天^{二}}$ 即 $彳地=\frac{甲\sqrt{甲^{二}丅天^{二}}}{丅乙天彳天}$ ㊀ 再

求微分 $彳^{二}地=\frac{甲^{二}(甲^{二}丅天^{二})}{\left[丅\sqrt{甲^{二}丅天^{二}}甲乙丅\frac{\sqrt{甲^{二}丅天^{二}}}{乙甲天^{二}}\right]彳天^{二}}$ 即

$彳^{二}地=\frac{甲^{二}(甲^{二}丅天^{二})\sqrt{甲^{二}丅天^{二}}}{[丅(甲^{二}丅天^{二})甲乙丅甲乙天^{二}]彳天^{二}}=\frac{(甲^{二}丅天^{二})\sqrt{甲^{二}丅天^{二}}}{丅甲乙彳天^{二}}$

即 $彳天彳^{二}地=\frac{(甲^{二}丅天^{二})\sqrt{甲^{二}丅天^{二}}}{丅甲乙彳天^{三}}$ 惟 $(甲^{二}丅天^{二})\sqrt{甲^{二}丅天^{二}}$

$=\frac{乙^{三}}{甲^{三}}地^{三}$ 即 $彳天彳^{二}地=\frac{甲^{二}地^{三}}{乙^{四}彳天^{三}}$ ㊤ 再以一式自乘得 $彳地^{二}=\frac{甲^{二}(甲^{二}丅天^{二})}{乙^{二}天^{二}彳天^{二}}$ 即 $彳地^{二}丄彳天^{二}=\frac{甲^{二}(甲^{二}丅天^{二})}{[乙^{二}天^{二}丄甲^{二}(甲^{二}丅天^{二})]彳天^{二}}$

惟 $甲^{二}(甲^{二}丅天^{二})=\frac{乙^{二}}{甲^{四}}地^{二}$ 即 $(彳天^{二}丄彳地^{二})^{\frac{三}{二}}=\frac{甲^{六}地^{三}}{(乙^{四}天^{二}丄甲^{四}地^{二})^{\frac{三}{二}}彳天^{三}}$ ㊦

以上、下二式同數代入 $味=\frac{彳天彳^{二}地}{(彳天^{二}丄彳地^{二})^{\frac{三}{二}}}$ 式中，即 $味=\frac{甲^{四}乙^{四}}{(乙^{四}天^{二}丄甲^{四}地^{二})^{\frac{三}{二}}}$

㊥ 此爲橢圓綫求曲率半徑之公式。按：式與雙綫公式同。惟式中天、地之同數則異。準題，$甲=三$、$乙=二$、$天=二$ 即 $地=\frac{三}{\sqrt{二〇}}$ 代入㊥式，八約，得

$味=\frac{一六二}{六一\sqrt{六一}}$ 又法依本款，$味=\frac{(\frac{一}{二}通徑)^{二}}{法綫^{三}}$ 其通徑法綫理均與雙綫

同，故得 $味=\frac{乙^{四}}{甲^{三}}\left[\frac{甲^{二}}{乙^{三}}(甲^{二}\top天^{二})\bot\left(\frac{甲}{乙^{三}天}\right)^{二}\right]^{\frac{三}{二}}$ ㊆ 此亦爲橢圓綫求曲率半徑之公式。以真數代入，得數亦與前同。

設題六 今有橢圓之長半徑十寸，短半徑六寸，試求長徑端之曲率半徑幾何。

答曰：三寸又十分寸之六。

依曲綫理，橢圓以中點爲原點，則頂點之 天＝甲、地＝〇 代入呷式，𠮙式理同。即 $味=\frac{甲^{四}乙^{四}}{甲^{三}乙^{六}}=\frac{甲}{乙^{二}}$ 即半通徑。以同數代入 $味=\frac{一〇}{三六}=三.六$ 即頂點之曲率半徑等於半通徑。

設題七 今有橢圓之長短徑同前，試求短徑端之曲率半徑幾何。

答曰：十六寸又三分寸之二。

依前理，橢圓以中點爲原點，則腰點之 地＝乙 即 天＝〇 代入𠮙式，呷式理同。$味=\frac{乙^{四}}{甲^{二}乙^{三}}=\frac{乙}{甲^{二}}$ 以題中數代入，即 $味=\frac{六}{一〇〇}=一六\bot\frac{二}{三}$

按：短徑上通徑爲 $寅=\frac{乙}{二甲^{二}}$ 故短徑上之曲率半徑亦等於本通徑之半。

第十六款 設題一 今有擺綫之母輪徑十二寸，母輪交擺綫之點距底一百二十度，其曲率半徑幾何。

答曰：以十二乘三之平方根寸。

準題，二未＝一二、地＝九 即 $味=二\sqrt{一〇八}=四\sqrt{二七}=一二\sqrt{三}$

設題二 今有擺綫之母輪徑二十寸，其交擺綫之點母輪正弦六寸，求曲率半徑幾何。

答曰：以十二乘十之平方根寸。

準題，二未＝二〇、地＝一八 即 $味=二\sqrt{三六〇}=一二\sqrt{一〇}$

清・謝洪賚《最新微積學教科書》卷上

第一章

一八 求微分之公法 視以上諸問諸説，易得求獨變數任何函數微分之公法。

法曰：變數加微長數，因之得函數之長數，以原式減之，以辛除其餘數，乃令長數爲0，而求其比例之限，所得即微係數。微係數乘變數之微分，即函數之微分也。

又 二一 求變數諸乘方之微係數，取其指數減一爲新指數，原指數乘原函數即得。

欲證此題，則設有函數 $地=天^{卯}$ $長地=(天+辛)^{卯}-天^{卯}$ 準二項例，此式 $=卯天^{卯-1}辛+\frac{卯(卯-1)}{2}天^{卯-2}辛^{2}+\cdots$ $\therefore$ $\frac{長地}{辛}=卯天^{卯-1}+\frac{卯(卯-1)}{2}天^{卯-2}辛+\cdots$ $\therefore$ $\frac{長地}{長天}$ 之限 $=卯天^{卯-1}$ 即 $\frac{彳地}{彳天}=卯天^{卯-1}$

又 二八 求分數之微分，法以分母乘分子之微分，而以分子乘分母之微分減之，爲微分之分子，以分母之方爲微分之分母。

設分數爲 $\frac{戊}{亥}$ 而令 $\frac{戊}{亥}=地$ ① 則 戊＝亥地 準二十四款，有 $彳戊=地彳亥+亥彳地$ 由此得 $亥彳地=彳戊-地彳亥$ ② 用1式内地之同數於2式之下端内，得 $亥彳地=彳戊-\frac{戊}{亥}彳亥$ 以亥除之，得 $彳地=\frac{亥彳戊-戊彳亥}{亥^{2}}$ 即 $彳\left(\frac{戊}{亥}\right)=\frac{亥彳戊-戊彳亥}{亥^{2}}$ 合題。

二九 如分數之分子爲常數，則其微分爲0。二十款。而有 $彳\left(\frac{丙}{亥}\right)=-\frac{丙彳亥}{亥^{2}}$

故求分子爲常數之分數微分，法以分子改號，乘分母之微分，以分母之平方除之。

三〇 求變數之諸乘方之微分，法置乘方數，將其指數減一爲新指數，原指數爲其係數，又以變數之微分乘之。

本款與二十一款同，而本款所證者乃爲公理。蓋無問其指數爲正爲負，爲整爲分，統歸一例。此理亦可由二十七款之理而推得之。

設欲求 $天^{卯}$ 之微分，其卯任爲正負整分之數，皆歸一例。

第一端 卯爲正整數，$天^{卯}$ 爲天之卯次連乘之合數，故準二十七款得 $\frac{彳(天^{卯})}{天^{卯}}=\frac{彳(天天天天\cdots)}{天天天天\cdots}=\frac{彳天}{天}+\frac{彳天}{天}+\frac{彳天}{天}+\frac{彳天}{天}+\cdots$ 此式之上端，既有卯

次生數，則下端內亦當有卯項，故得 $\frac{彳(天^{卯})}{天^{卯}}=\frac{卯彳天}{天}$ 即 $彳(天^{卯})=卯天^{卯-1}彳天$

第二端 卯爲正分數。設其分數爲 $\frac{未}{申}$ 令 $戊=天^{\frac{未}{申}}$ 二端各自乘申次，得 $戊^{申}=天^{未}$ 未、申均爲整數，故準第一端，得式 $申戊^{申-1}彳戊=未天^{未-1}彳天$

夫既 $戊=天^{\frac{未}{申}}$ 則有 $戊^{申-1}=天^{\frac{未申-未}{申}}$ 以此代入前式，得 $申天^{\frac{未申-未}{申}}彳戊=未天^{未-1}彳天$ 由之得 $彳戊=\frac{未}{申}天^{\frac{未-申}{申}}彳天-\frac{未}{申}天^{\frac{未}{申}-1}彳天$ 以 $\frac{未}{申}$ 代卯，則此式與 $卯天^{卯-1}彳天$ 同形。

第三端 設卯爲負，不論整分，如 $戊=天^{-卯}$ 可變爲 $戊=\frac{1}{天^{卯}}$ 準二十九款求微分，得 $彳戊=\frac{-彳(天^{卯})}{天^{2卯}}$

準第一端求分子之微分，如卯爲分數，則準第二端，求其微分，即得 $彳戊=-\frac{卯天^{卯-1}彳天}{天^{2卯}}$ 約盡，得 $彳戊=-卯天^{-卯-1}彳天$ 以 $-卯$ 代 $+卯$ 此式與 $卯天^{卯-1}彳天$ 同狀。

故知天之指數任爲何數，而本題之理無所不賅。

三一 變數平方根之微分，等于變數之微分，以倍根除之。

如有 $\sqrt{天}$ 即 $天^{\frac{1}{2}}$ 求其微分。

準前款 $彳(天^{\frac{1}{2}})=\frac{1}{2}天^{\frac{1}{2}-1}彳天=\frac{1}{2}天^{-\frac{1}{2}}彳天=\frac{彳天}{2\sqrt{天}}$

本款祇爲三十款內之一端。惟求平方根之微分，爲微分學所常見者，故特立專法如此。

三二 多項式之若干乘方 三十款之理，可以天指數任爲何數皆合。設其函數爲多項式，如 $戊=(甲天+天^{2})^{卯}$ 求其微分，以地代 $甲天+天^{2}$ 則得 $戊=地^{卯}$

準三十款，得 $彳戊=卯地^{卯-1}彳地$

易以地之同數，得 $彳戊=卯(甲天+天^{2})^{卯-1}彳(甲天+天^{2})$

從此可知求多項式若干乘方之微分法，置多項數之乘方，將其指數減一，爲新指數，以原指數爲係數，又以多項式之微分乘之，即得。

前式內，$甲天+天^{2}$ 之微分，祇略指其意，如詳之即得 $彳戊=卯(甲天+天^{2})^{卯-1}(甲+2天)彳天$

三三 求重函數之微分 設戊爲地之函數，而地爲天之函數，則 $戊=函(地)$ ① 而 $地=函(天)$ ② 以戊爲天之函數，今求其戊與天相配之微係數。

於 $地=函天$ 式內，令天得長數辛，是則地即得長數 $地'-地$ 命之爲癸，於2式內以 $天+辛$ 代天見二十三款。即得 $地'=地+呷辛+叱辛^{2}+\cdots$ 即 $\frac{地'-地}{辛}=呷+叱辛+\cdots$ ③ 此式內 $呷=\frac{彳地}{彳天}$ 又于1式內，以 $地+癸$ 代地，則有，$戊'=戊+嗔癸+唧癸^{2}+\cdots$ 即 $\frac{戊'-戊}{癸}=嗔+唧癸+\cdots$ ④ 此式內 $嗔=\frac{彳戊}{彳地}$

以3、4二式相乘，則得 $\frac{戊'-戊}{癸}\times\frac{地'-地}{辛}=呷嗔+呷唧癸+叱嗔辛+\cdots$

但既設 $地'-地=癸$ 則有 $\frac{戊'-戊}{辛}$ 即 $\frac{長戊}{長天}=呷嗔+呷唧癸+叱嗔辛+\cdots$

辛爲0，則癸亦爲0。因癸爲地隨天得長數辛而得之長數也。故其比例限爲 $\frac{彳戊}{彳天}=呷嗔$ 惟 $呷=\frac{彳地}{彳天}$ $嗔=\frac{彳戊}{彳地}$ 故 $\frac{彳戊}{彳天}=\frac{彳戊}{彳地}\times\frac{彳地}{彳天}$

是即凡有戊爲地之函數，而地爲天之函數，而求戊爲天之函數之微係數，則先以戊專爲地之函數，而求其微係數。又以地專爲天之函數，而求其微係數，將二微係數相乘即得。

第二章

三六 求對函數之微分 如欲求 $地=天對$ 之微分。

代數學中已證明 $(1+寅)對=嗔\left(寅-\frac{寅^{2}}{2}+\frac{寅^{3}}{3}-\cdots\right)$ 式內之嗔爲對數根而寅爲任何數，以 $\frac{辛}{天}$ 代寅，得 $\left(\frac{天+辛}{天}\right)對=嗔\left(\frac{辛}{天}-\frac{辛^{2}}{2天^{2}}+\frac{辛^{3}}{3天^{3}}-\cdots\right)$ 得數之對數，既等於實數之對數，減去法數之對數，則有 $(天+辛)對-天對=嗔\left(\frac{辛}{天}-\frac{辛^{2}}{2天^{2}}+\frac{辛^{3}}{3天^{3}}-\cdots\right)$ 以辛除之，得 $\frac{(天+辛)對-天對}{辛}=嗔\left(\frac{1}{天}-\frac{辛}{2天^{2}}+\frac{辛^{2}}{3天^{3}}-\cdots\right)$

此即函數變數二長數比例公式，即 $\frac{長地}{長天}=嗊\left(\frac{1}{天}-\frac{辛}{2天^{2}}+\frac{辛^{2}}{3天^{3}}-\cdots\right)$

故其 $\frac{長地}{長天}$之限$=\frac{嗊}{天}$ 即 $\frac{彵}{伕}=\frac{彳(天對)}{伕}=\frac{嗊}{天}$ 亦即 $彳(天對)=\frac{嗊伕}{天}$

即知凡數之對數微分，等於對數根乘本數之微分，而以本數除之。

三七 本書常用訥氏對數，如偶用他種對數，亦必隨時言明。訥氏對數之根爲1，故有 $彳(天對)=\frac{伕}{天}$ 即凡數之訥氏對微數分，等于本數之微分，以本數約之。

三八 函數爲變數諸乘方相除或相乘而成者，則求微分之法，以先求式二端之對數，而後求其微分爲便。

三九 取對數表内之數推以爲例 函數之微係數，即爲函數與其變數二長數之比例限。取天之長數爲甚微，則微係數幾真爲二長數之比例。可觀常對數表，而明其理。表内所列差數，乃與真數增1相配對數之長數也。故幾爲其對數之微分。兹設數問於左，以顯此理。

（一）問 4825之常對數爲3.683497，如其差數乃對數之微係數，則4826之對數爲若干。

設天爲某數，地爲其對數，則 地＝天對 故 $彵=\frac{嗊伕}{天}$

嗊即常對數之根，爲0.434294，故 $彵=\frac{0.434294}{4825}$，伕＝0.000090伕

是則真數得長數1，其相配對數之長數爲0.000090，故4826之對數爲3.683587。與表内之數合。

四〇 求指函數微分。

設甲爲常數，又令 地＝$甲^{天}$ 取二數之對數，有 地對＝天甲對

求二端之微分，得 $\frac{彵}{地}=伕甲對$ 見三十七款。故 $彵=地甲對伕=甲^{天}甲對伕$

是故常數變數方之微分，等於指函數乘常數之訥對，再以指數之微分乘之。

四一 求變數變方之微分。

設 $戊=地^{天}$ 取其二端之對數，爲 戊對＝天(地對)

求二端微分，得 $\frac{彳戊}{戊}=地對伕+\frac{天彵}{地}$ 見二十四款、三十七款。即

$彳戊=戊地對伕+\frac{戊天彵}{地}$ 以戊之同數代入，則有 $彳(地^{天})=地^{天}地對伕+$

$地^{天}天\frac{彵}{地}=地^{天}地對伕+天地^{天-1}彵$

故求變數變方之微分法，先以其元獨爲變數，求得微分，次以指數獨爲變數，求得微分，末以二數相加。

又 四四 求正弦天之微分。

設 戊＝正弦天 以辛爲天之長數，則 戊′＝正弦(天＋辛) 而 戊′－戊＝正弦(天＋辛)－正弦天①

準《八線備旨》六十八款，得 $正弦甲-正弦乙=\frac{2}{味}正弦\frac{1}{2}(甲-乙)餘弦\frac{1}{2}(甲+乙)$② 令 甲＝天＋辛及乙＝天 則2式變爲

$正弦(天+辛)-正弦天=\frac{2}{味}正弦\frac{1}{2}辛餘弦\left(天+\frac{1}{2}辛\right)$ 故1式爲

$戊'-戊=\frac{2}{味}正弦\frac{1}{2}辛餘弦\left(天+\frac{1}{2}辛\right)$

以辛約其二端，且以2約分數之母子，得 $\frac{戊'-戊}{辛}=\frac{正弦\frac{1}{2}辛}{\frac{1}{2}辛}\times\frac{餘弦\left(天+\frac{1}{2}辛\right)}{味}$ 即 $\frac{長戊}{長天}=\frac{正弦\frac{1}{2}辛}{\frac{1}{2}辛}\times\frac{餘弦\left(天+\frac{1}{2}辛\right)}{味}$ 但 $\frac{正弦\frac{1}{2}辛}{\frac{1}{2}辛}$之限爲一。見四十三款。故 $\frac{彳戊}{伕}=\frac{餘弦天}{味}$ 即 $彳戊=彳(正弦天)=\frac{餘弦天伕}{味}$

半徑恒設爲一，則得 彳(正弦天)＝餘弦天伕

四五 求餘弦天之微分。

設 戊＝餘弦天 則 彳戊＝彳(餘弦天)＝彳正弦(90°－天)①

準四十四款，$\text{彳正弦}(90^\circ-\text{天})=\frac{\text{餘弦}(90^\circ-\text{天})\text{彳}(90^\circ-\text{天})}{\text{味}}$　但 $\text{餘弦}(90^\circ-\text{天})=\text{正弦天}$　而　$\text{彳}(90^\circ-\text{天})=-\text{伕}$　用此二同數，代於1式中變爲　$\text{彳}(\text{餘弦天})=-\frac{\text{正弦天伕}}{\text{味}}$　又小於90°之弦，其正矢恒等於半徑減餘弦，故有　$\text{彳}(\text{正矢天})=\text{彳}(\text{味}-\text{餘弦天})=\frac{\text{正弦天伕}}{\text{味}}$

四六　求正切天之微分。

設　戌＝正切天　是則　$\text{正切天}=\frac{\text{味正弦天}}{\text{餘弦天}}$　見《八線備旨》十八款。即有

$$\text{彳}(\text{正切天})=\frac{\text{味餘弦天彳}(\text{正弦天})-\text{味正弦天彳}(\text{餘弦天})}{\text{餘弦}^2\text{天}}=\frac{(\text{餘弦}^2\text{天}+\text{正弦}^2\text{天})\text{伕}}{\text{餘弦}^2\text{天}}$$

惟　$\text{餘弦}^2\text{天}+\text{正弦}^2\text{天}=\text{味}^2$　故　$\text{彳}(\text{正切天})=\frac{\text{味伕}^2}{\text{餘弦}^2\text{天}}=\frac{\text{正割}^2\text{天伕}}{\text{味}^2}$

四七　求餘切天之微分。

設　戌＝餘切天　則　$\text{彳戌}=\text{彳}(\text{餘切天})=\text{彳正切}(90^\circ-\text{天})$

準四十六款，$\text{彳正切}(90^\circ-\text{天})=\frac{\text{味}^2\ \text{彳}(90^\circ-\text{天})}{\text{餘}^2\ \text{弦}(90^\circ-\text{天})}$　又　$\text{彳}(90^\circ-\text{天})=-\text{伕}$　而　$\text{餘弦}^2(90^\circ-\text{天})=\text{正弦}^2\text{天}$　用此同數代入1式內，變爲

$$\text{彳餘切天}=-\frac{\text{味}^2\text{伕}}{\text{正弦}^2\text{天}}=-\frac{\text{餘割}^2\text{天伕}}{\text{味}^2}$$

四八　求正割天之微分。

設　戌＝正割天　是[則]　$\text{正割天}=\frac{\text{味}^2}{\text{餘弦天}}$　則有　彳正割天＝

$$\frac{\text{味}^2\ \text{彳}(\text{餘弦天})}{\text{餘弦}^2\text{天}}=\frac{\text{味正弦天伕}}{\text{餘弦}^2\text{天}}=\frac{\text{正切天正割天伕}}{\text{味}^2}$$

四九　求餘割天之微分。

設　戌＝餘割天　則　$\text{彳戌}=\text{彳}(\text{餘割天})=\text{彳正割}(90^\circ-\text{天})$　但

$\text{彳正割}(90^\circ-\text{天})=\frac{\text{餘切天餘割天彳}(90^\circ-\text{天})}{\text{味}^2}$　故　$\text{彳}(\text{餘割天})=-\frac{\text{餘切天餘割天伕}}{\text{味}^2}$

五〇　以圖象明前理。自四十四款至四十九款，已得正弦天及餘弦天等諸微分，其例亦可於形學淺理中得之。

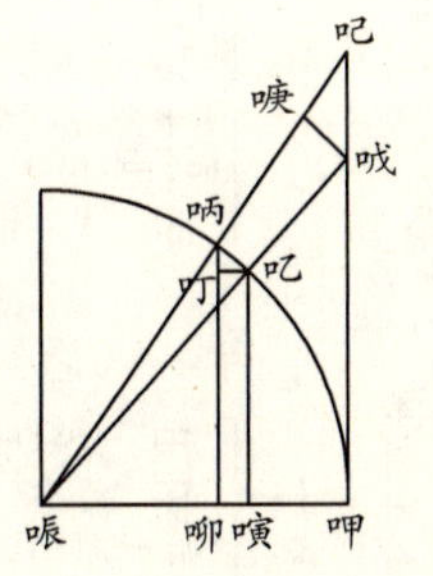

如圖，呷𠮙爲圓弧，其心在㖘，設𠮙𠻤爲其弧之正弦，㖘𠻤爲其餘弦，呷𠯖爲其正切，㖘𠯖爲其正割，半徑㖘呷爲一，命呷𠮙弧爲天，天有微長數𠮙㖠，作𠮙叮爲㖠𠯬之垂線，以㖘𠯖爲半徑，作小弧𠯖𠹭，則㖠叮爲正弦天之長數，𠮙叮爲負，乃餘弦天之長數，𠯖𠯌爲正切天之長數，𠹭𠯌爲正割天之長數。作𠮙㖠、𠯖𠹭二通弦，成𠮙叮㖠、𠯖𠯌𠹭二等邊三角形。㖘𠮙㖠角之限，既爲90°，則𠮙㖠弧在無窮小之時，其㖘𠮙㖠與𠻤𠮙叮之比例限爲一，即叮𠮙㖠與𠻤𠮙㖘之比例限爲一。又𠮙㖠叮與𠮙㖘𠻤之比例限亦爲一。是則，𠮙㖠叮三角形之限，乃與𠮙㖘𠻤即𠯖㖘呷三角形相似。仿此證𠯖𠹭𠯌三角形之限，與㖘𠻤𠮙即㖘呷𠯖三角形相似。故有二式如左。

$\frac{\text{㖠叮}}{\text{㖠𠮙}}$　即　$\frac{\text{彳正弦天}}{\text{伕}}$　之限爲　$\frac{\text{㖘𠻤}}{\text{㖘𠮙}}$　即餘弦天。　$\frac{\text{𠮙叮}}{\text{㖠𠮙}}$　即　$\frac{\text{彳餘弦天}}{\text{伕}}$　之限爲　$\frac{\text{𠮙𠻤}}{\text{㖘𠮙}}$　即正弦天。

又準相似三角形理，$\frac{\text{𠯖𠹭}}{\text{𠮙㖠}}=\frac{\text{𠯖㖘}}{\text{𠮙㖘}}=\frac{\text{𠯖㖘}}{\text{呷㖘}}=\text{正割天}$　故　$\frac{\text{𠯖𠯌}}{\text{𠯖𠹭}}$　之限爲　$\frac{\text{𠯖㖘}}{\text{呷㖘}}$　即正割天。如此　$\frac{\text{𠯖𠯌}}{\text{𠮙㖠}}$　即　$\frac{\text{𠯖𠯌}}{\text{𠯖𠹭}}\times\frac{\text{𠯖𠹭}}{\text{𠮙㖠}}$　即　$\frac{\text{彳正切天}}{\text{伕}}$　之限爲　正割²天　又　$\frac{\text{𠯌𠹭}}{\text{𠯖𠹭}}$　之限爲　$\frac{\text{呷𠯖}}{\text{呷㖘}}$　即正切天，故　$\frac{\text{𠯌𠹭}}{\text{𠮙㖠}}$　即　$\frac{\text{𠯌𠹭}}{\text{𠯖𠹭}}\times\frac{\text{𠯖𠹭}}{\text{𠮙㖠}}$

即　$\frac{\text{彳正割天}}{\text{伕}}$　之限爲正切天正割天。

五一　弦切諸線對數之微分。以四十四款至四十九款所得各數合以三十六款之法，可得八線對函數之微分。

準三十六款以半徑爲一，即有①　$\text{彳}(\text{對正弦天})=\frac{\text{𠻤彳正弦天}}{\text{正弦天}}=\frac{\text{𠻤餘弦天伕}}{\text{正弦天}}$

$=噴餘切天伕$② $彳(對餘弦天)=\frac{噴彳餘弦天}{餘弦天}=-\frac{噴正弦天伕}{餘弦天}=$

$-噴正切天伕$③ $彳(對正切天)=\frac{噴彳正切天}{正切天}=\frac{噴伕}{餘弦^{2}天正切天}=$

$\frac{噴伕}{正弦天餘弦天}=\frac{2噴伕}{正弦^{2}天}$④ $彳(對餘切天)=\frac{噴彳餘切天}{餘切天}=$

$-\frac{噴伕}{正弦^{2}天餘切天}=-\frac{噴伕}{正弦天餘弦天}=-\frac{2噴伕}{正弦2天}$

由此可知，正切、餘切二對數之微分，惟正負不同；亦可知正切對數之微分，等於同弧正弦、餘弦二對數微分之和。

又 五三 求八線反函數之微分。用四十四款至四十九款内之各式，可求得八線反函數微分各式。

（一）求 $地=正弦^{-1}天$ 之微分。

此式之正函數，則爲 $正弦地=天$ 故 $彳(正弦地)=伕$ 即 $餘弦地彵=伕$ 即 $彵=\frac{伕}{餘弦地}$ 惟 $正弦地=天$、$餘弦地=\sqrt{1-天^{2}}$ 則 $彵=\sqrt{\frac{伕}{1-天^{2}}}$ 以半徑爲一。

（二）求 $地=餘弦^{-1}天$ 之微分。

此式同 $餘弦地=天$ 故 $-正弦地彵=伕$ 即 $彵=\frac{-伕}{正弦地}=\frac{-伕}{\sqrt{1-天^{2}}}$

（三）求 $地=正矢^{-1}天$ 之微分。

此式同 $正矢地=天$ 故 $正弦地彵=伕$ 但 $正弦地=\sqrt{1-餘弦^{2}地}=\sqrt{1-(1-正矢地)^{2}}=\sqrt{1-(1-天)^{2}}=\sqrt{2天-天^{2}}$ 是以 $彵=\frac{伕}{\sqrt{2天-天^{2}}}$

（四）求 $地=正切^{-1}天$ 之微分。

此式同 $正切地=天$ 故 $正割^{2}地彵=伕$ 即 $彵=\frac{伕}{正割^{2}地}=\frac{伕}{1+天^{2}}$

（五）求 $地=餘切^{-1}天$ 之微分。

此式同 $餘切地=天$ 故 $-餘割^{2}地彵=伕$ 而 $彵=\frac{-伕}{餘割^{2}地}=\frac{-伕}{1+天^{2}}$

（六）求 $地=正割^{-1}天$ 之微分。

此式同 $正割地=天$ 故 $正切地正割地彵=伕$ 而 $彵=\frac{伕}{正切地正割地}=\frac{伕}{天\sqrt{天^{2}-1}}$

（七）求 $地=餘割^{-1}天$ 微分。

此式同 $餘割地=天$ 故 $-餘切地餘割地彵=伕$ 而 $彵=\frac{-伕}{餘切地餘割地}=\frac{-伕}{天\sqrt{天^{2}-1}}$

第四章

八四 級數之第一項大於其餘項之和。

求天爲何同數，能令某函數爲極大、極小，有捷法如下。

法曰：天得長數辛，而詳 $天+辛$ 之函數爲級數。依辛之方次列之，則含辛之幾何可令之爲極小，而級數中任取一項，可大於其以後各項之和。

如 $戌'=戌+巳辛+癸辛^{2}+未辛^{3}+\cdots$① 此式内巳、癸、未等爲天之函數，與辛無涉。

1式可書作 $戌'=戌+辛(巳+癸辛+未辛^{2}+\cdots)$，又設 $味=癸+未辛+\cdots$ 則得 $戌'=戌+辛(巳+味辛)$ 倘令辛無窮小，則味辛即小於巳，而巳與辛無涉，即巳大於味辛，故巳辛大於 $味辛^{2}$ 而 $味辛^{2}$ 爲其級數以下各項之和。

仿此可證，能令辛變小，設 $癸辛^{2}$ 大於以後諸項之和，此與戴氏術不能馭之處，其理無涉。蓋戴氏術所不能馭之題，乃因其微係數變爲無窮。見六十五款。

八五 考二次微係數之號。

如所有函數能以戴氏術詳爲級數，則以下法求其極大、極小爲最捷。

如有 $戌=函(天)$ 令變數天得長數辛，初以辛加，後以辛減，并令 $戌''=函(天+辛)$ 及 $戌'=函(天-辛)$

準戴氏術，有 $戌''-戌=\frac{彳戌}{伕}辛+\frac{彳^{2}戌}{伕^{2}}\times\frac{辛^{2}}{1\cdot2}+\frac{彳戌}{伕^{3}}\times\frac{辛^{3}}{1\cdot2\cdot3}+\cdots$①

$戌'-戌=\frac{彳^{2}戌}{伕^{2}}\times\frac{辛^{2}}{1\cdot2}+\frac{彳戌}{伕^{3}}\times\frac{辛^{3}}{1\cdot2\cdot3}+\cdots$②

如戌爲極大，則無論辛爲若干小，必大於 $戌''$ 與 $戌''$ 準八十四款可

知，令辛爲極小，致 $\frac{彳戊}{彳天}$ 辛大於以後各項之和，故如 $\frac{彳戊}{彳天}$ 正負不同，則戊″與戊′兩幾何，一大於戊，一小於戊，而不能令戊有極大、極小，故知戊爲極大或極小時，必有 $\frac{彳戊}{彳天}=0$

倘一次微係數消去，則有 $戊'-戊=\frac{彳^2戊}{彳天^2}\times\frac{辛^2}{1\cdot2}+\frac{彳^3戊}{彳天^3}\times\frac{辛^3}{1\cdot2\cdot3}+\cdots$③ 既可任意定辛之同數，致

$戊''-戊=\frac{彳^2戊}{彳天^2}\times\frac{辛^2}{1\cdot2}+\frac{彳^3戊}{彳天^3}\times\frac{辛^3}{1\cdot2\cdot3}+\cdots$④

$\frac{彳^2戊}{彳天^2}\times\frac{辛^2}{1\cdot2}$ 必大於其後各項之和數，且既辛^{2}爲正，則各項和之正負號與二次微係數同。是即由 $\frac{彳戊}{彳天}=0$ 所得天之同數，令其二次微係爲負，則戊爲極大爲正，則戊爲極小。

如二次微係數消去爲0，則3、4式之正負不同，不能有極大、極小。然若三次微係數亦爲0，則可有極大、極小，而其各項和之正負，視四次微係數，負則有極大，正則有極小。

如其一次微係數不爲0，而爲∞，此即戴氏術不能駁之理也。

八六　極大、極小公法。

求天爲何同數，能令函數極大、極小。

法：先求函數之一次微係數，令等於0，而求得其諸根數，以各根數迭代入二次微係數，凡得數爲負，則其原根數代入函數內，即爲極大，而得數爲正之根數，代入函數內，爲極小。諸根數如令二次微係數爲0，則以之遞代入三次、四次微係數，直至不變爲0而止。如不變爲0之微係數爲奇次，則此根不能令函數有極大、極小。如爲偶次，則得負者之根，能令函數極大正者，能令函數極小。

（一）問　今有　$戊=天^3-3天^2-24天+85$　求天之何同數，能令戊爲極大、極小。

求微分，得 $\frac{彳戊}{彳天}=3天^2-6天-24$　設此爲0，即得　$3天^2-6天-24=0$　即　$天^2-2天-8=0$　而其根爲＋4與－2。

其二次微係數爲 $\frac{彳^2戊}{彳天^2}=6天-6$

以4代天，得＋18爲正，即有極小，以－2代天，得－18爲負，即有極大，故所設之函數內，天＝－2　時，函數爲極大，　天＝4　函數極小。

以天之諸同數，迭用於本式內，以考戊之諸同數，題理自顯，列表如左。

天＝－4　則　戊＝69、天＝－3　則　戊＝103

天＝－2　則　戊＝113　爲極大。

天＝－1　則　戊＝105、天＝0　則　戊＝85

天＝＋1　則　戊＝59、天＝＋2　則　戊＝33

天＝＋3　則　戊＝13、天＝＋4　則　戊＝5　爲極小。

天＝＋5　則　戊＝15、天＝＋6　則　戊＝49

視表天變大，自－4至－2，函數亦變大。自－2至＋4，函數反變小。自＋4後，函數又變大。自此至　天＝∞　不復變小，可以圖顯之。

如圖，諸橫線爲天之諸同數，依戊之諸同數作諸縱線，而連諸縱線之端，即成所設之曲線，其橫線爲－2，則縱線最大，橫線爲4，縱線爲最小，視圖即知作圖所用之準箇，橫線與縱線不同。

八七　求極大、極小簡法。

求函數極大、極小之法，有時可準下數條理，以省前法之繁。

（一）如所設之函數，有常正生數，而求其變數之同數相當之極大、極小，此生數可去之。

設　戊＝甲地　地爲天之函數，甲爲任何常正數。

求微分，得 $\frac{彳戊}{彳天}=\frac{甲彳地}{彳天}$　又 $\frac{彳^2戊}{彳天^2}=\frac{甲彳^2地}{彳天^2}$

視此式，即知天有何同數能令 $\frac{彳地}{彳天}=0$　亦可令 $\frac{彳天}{彳戊}=0$　反之亦然。且天之任一同數，能令 $\frac{彳^2地}{彳天^2}$ 爲負，亦能令 $\frac{彳^2戊}{彳天^2}$ 爲負。又如有同數能令 $\frac{彳^2地}{彳天^2}$ 爲正，亦能令 $\frac{彳^2戊}{彳天^2}$ 爲正。故凡天之同數，能令地爲極大、極小，亦能令甲地爲極大、極小。

（二）凡天之同數，能令地爲極大、極小，亦能令 $地^{卯}$ 爲極大、極小，其卯爲正整數。

設 $戊=地^{卯}$ 地爲天之任一函數，則 $\frac{彳戊}{彳天}=\frac{卯地^{卯-1}彳地}{彳天}$ 而

$$\frac{彳^2戊}{彳天^2}=卯地^{卯-1}\frac{彳^2地}{彳天^2}+卯^{卯-1}地^{卯-2}\frac{彳地^2}{彳天^2}$$

夫天之諸同數，能令 $\frac{彳地}{彳天}=0$ 亦能令 $\frac{彳天}{彳戊}=0$ 又使 $\frac{彳地^2}{彳天^2}=0$ 則如某同數，令 $卯地^{卯-1}$ 爲正，亦能令 $\frac{彳^2戊}{彳天^2}$ 與 $\frac{彳^2地}{彳天^2}$ 爲同號。如令地爲極大、極小，亦能令戊爲極大、極小。如令 $卯地^{卯-1}$ 地爲負，亦能令 $\frac{彳^2戊}{彳天^2}$ 與 $\frac{彳^2地}{彳天^2}$ 之號不同，是則令地爲極大，則戊爲極小，反之亦然。但 $地^{卯}$ 之諸極大、極小之同數，未必皆屬於地，因 $\frac{彳戊}{彳天}=卯地^{卯-1}\frac{彳地}{彳天}=0$ 之式內，如令 $地^{卯-1}=0$ 或 $\frac{彳地}{彳天}=0$ 皆能充之。凡天之同數，能充其一式，而不充其二式，則祇能令 $地^{卯}$ 爲極大、極小，而不能令地爲極大、極小。

是以根式欲去其根號，必按次方之，則求根號下函數之極大、極小，可去其根號不用，然宜留意，不用祇屬次數之同數。

(三) 仿此可證，凡變數之同數，能令戊爲極大、極小，亦能令戊對及 $甲^{戊}$ 爲極大、極小。且凡天之同數，能令戊爲極大，亦能令 $\frac{1}{戊}$ 及 $甲^{-戊}$ 爲極小，反之亦然。

積分部

題解

清・李善蘭《代微積拾級》卷一七 積分

總論

積分爲微分之還原，其法之要在識別微分所由生之函數。如已得天^{二}之微分爲 二天彳天 則有 二天彳天 即知所由生之函數爲天^{二}，而天^{二}即爲積分。已得微分所由生之函數爲積分，而積分或有常數附之，或無常數附之，既不能定，故式中恒附以常數，命爲丙。丙或有同數，或爲〇，須攷題乃知。

來本之視微分若函數諸小較之一。諸小較並之，即成函數，故微分之左係一禾字，指欲取諸微分之積分也，如下式 禾二天彳天＝天^{二}丄丙 來氏說：今西國天算家大率不用，而惟用此禾字，取其一覽了然也。

微係數顯函數與自變數二變之比例，故有微分求積分，爲已有平變數。又有與他數同變之比例，乃準平變數及另設數求他數之同數。

如有 彳戊＝三天^{二}彳天 求積分。已有平變數天，又有與他數戊同變之比例，求戊之同數，別得 禾三天^{二}彳天＝天^{三} 故 戊＝天^{三}丄丙 乃準天及另設數丙，即可得戊之同數也。

清・華蘅芳《微積溯源》卷五 論反流數一

第九十九款 反流數者即積分算學也。此法專以任何函數之微分，求其原函數之式。

論流數之學者名其所求之函數爲反流數。微分之家名其原函數爲微分式之積，故名之曰積分術。

清・馮桂芬 陳暘《西算新法直解》卷八 積分

積分爲微分之還原。其算式則加禾字於微分之旁，以作記。蓋微分生於原積原邊，而原積原邊之數有已知者、有未知者，得微分而復還原，則原積原邊無不知之數矣。如平方之微分爲 二天一彳天 其原積爲天^{二}，而天^{二}即積分。然微分特爲原積原邊設耳，還原可也，不還原亦可也。故由微分而求積分，固必還原而後知原積原邊。若由微分而求切法四線，雖不還原而亦知原積原邊。名其不還原者爲微分。名其還原者爲積分。是積分仍即微分，實未嘗有兩術也。

清・徐昇《沿沂亭算稿》卷四 積分難題

凡微分式求積分之法，以雙變數之理爲最深。故其法亦最難，且往往有不可求之式。

清・黄啟明《微積通詮》卷九 積分總論

算學之道，無有不可還原，如減法爲加之還原，除法爲乘之還原，開方爲自乘之還原，故微分之式亦必有法以還其原。此積分之術所由作也。然而微分特從原函數求之耳。其原函數已知，亦必設法以還其原也。何哉？蓋因微分之式有徑從原函數求得者，有非從原函數求而特設者，有從他法繞道以求得者。如所設之微分式，能叠求其微分者，則合各次之微分而得一積分，則亦可不還原，而徑能得原函數之積。如常函數級數、圓函數級數、越函數級數之類是也。如所設之微分式不能叠求其微分者，則必設法以還其原方能得原函數之積。如曲線之微分等于直角縱横線二微分平方和之平方根。曲面之微分等于縱線乘横線之微分。曲體皮之微分等于剖面形之周乘本曲線之弧微分之類是也。是以曲線欲求長曲面，欲求積曲體，欲求皮曲體，欲求積等，法皆須藉微分還原之理，以求之。若無此術，則雖有其微分式，亦無所用之其線面皮體，縱有他法可求，惟不如是易得耳。不獨此也有數種特設之面及各種深奥難明之理，不易得之數，以積分術臨之一若迎刃而解，勢如破竹，由是知微積二術實有互相爲用之勢。有積分而微分之用益神。無積分而微分之用不廣也。舉其要理如左。

前屢言體之微分變爲面，面之微分變爲線，線之微分變爲點。今以微分之式而還其原，是從點求線，從線求面，從面求體也，則與求積之意相合，故名之曰積分術。

求積分所得之數，即微分所由生之函數也。獨是各種函數，均有一定之法，以求微分。而各種微分式，則無一定之法，以求積分。不過，算家以深思巧妙之理，設法以求之耳。

清・陳志堅《微積闡詳》卷四 積分一

積分術總論

積分亦名反流數。此法專以任何函數之微分求其原函數之式。微分家名其原函數爲微分式之積，故名曰積分術。微分之左係一禾字，指欲取微分之積分也。如 禾二天彳天＝天^{二}丄丙 有微分，求積分爲已有平變數，又有與他數成同變之比例，求戊之同數。別得 禾三天^{二}彳天＝天^{三} 故 戊＝天^{三}丄丙

凡微分求積分之式，設有常數可列於積號之外，如有式 禾甲乙天^{二}彳天 可作 甲乙禾天^{二}彳天 又若干微分之和或較，其積分等於諸微分積分之和或較。如 禾(二甲^{二}天彳天丅六甲天^{二}彳天) 爲 甲^{二}天^{二}丅二甲天^{三} 凡微分求積分得式後恆加一常數。如 禾彳戊＝戊丄丙 按：丙爲未定之常數。初名改正數，其數或爲正或爲負或爲〇。不能預定須從所設題定之。說見卷首設例。

清·謝洪賚《最新微積學教科書》卷下 積分

第一章

一五〇 積分學之義 【略】積分者，微分之還原也，事適相反。法在識別微分所由生之函數，如已得天^{卯}之微分爲 卯天$^{卯-1}$彳天 故自 卯天$^{卯-1}$彳天 即知其所由生之函數爲天^{卯}，或天^{卯}加常數項。

【略】微分之用，乃欲求自變數與函數之變比例。故積分乃爲已有一函數與一自變數之變比例，求其函數。

一五一 積分之義 微函數之積分者，即此式求微分，可得所設之微分者也。故求積分即由微分，而求其積函數。

第三章

一八二 二項微分之義 微分式有未知數之二項生數者，曰二項微分。若爲有法式，可準一百七十三款之法，求積分。

綜論

清·李善蘭《代微積拾級》卷一七 積分一

論各微分之積分

變數乘常數，其微分等于常數乘變數微分。十卷五款。則凡微分乘常數，其積分等于常數乘微分之積分。如 甲天 之微分爲 甲彳天 則 禾甲彳天＝甲禾彳天 故有款。

第一款 凡微分求積分之式，設有常數，可列于積號之外。如式： 禾甲乙天^{二}彳天＝甲乙禾天^{二}彳天

多項函數之微分，等于諸項微分之和或較。十卷八款。則多項微分式之積分，等于諸微分積分之和或較。如 甲^{二}天^{二}丅二甲天^{三}丅天 之微分爲 二甲^{二}天彳天丅六甲天^{二}彳天丅彳天 則 禾(二甲^{二}天彳天丅六甲天^{二}彳天丅彳天) 爲 甲^{二}天^{二}丅二甲天^{三}丅天 故有款。

第二款 凡有若干微分之和或較，其積分等于各微分積分之和或較。常數之項雜于變數項之間，無論正負，求微分時不用。十卷六款。如 戊丄丙 之微分，與戊之微分無異也，則若有諸積分式，變數俱同，惟常數不同，其在微分必無異，故有款。

第三款 凡微分求積分，得式後恆加一常數。如式： 禾彳戊＝戊丄丙

凡 天^{寅丄一} 之微分爲 (寅丄一)天^{寅}彳天 十卷十二款。則 天^{寅}彳天＝$\frac{寅丄一}{彳天^{寅丄一}}$＝彳($\frac{寅丄一}{天^{寅丄一}}$) 所以微分爲 天^{寅}彳天 其積分爲 $\frac{寅丄一}{天^{寅丄一}}$ 即 禾天^{寅}彳天＝$\frac{寅丄一}{天^{寅丄一}}$丄丙 故有款。

第四款 凡一項微分如 天^{寅}彳天 之類，求積分，法置原式，以一加其指數，爲實，以新指數乘變數之微分，爲法，法約實，即得。

第五款 凡分子爲常數乘分母之微分，則其積分爲常數乘分母之訥氏對數。

第六款 凡多項式如 (甲丄乙天丄丙天^{二}丄一)^{卯}彳天 之類，設卯爲正整數，求其積分。以括弧中之數自乘 卯丅一 次，所得各項以彳天乘之，各求其積分，並之即得。

觀本卷二款，其理自明。

凡多項式之任何方數求微分，法取其指數損一，而以原指數爲係數，又以式之微分乘之。十卷十四款。如 (甲天丄天^{二})^{三} 求微分得 三(甲天丄天^{二})^{二}(甲彳天丄二天彳天) 故有款。

第七款 凡多項式任若干方乘本微分，求積分，法置原式，以一增其括弧之指數，爲實，以新指數乘式之微分，爲法，法約實，即得。

凡合名之微分式，如 彳戊＝(甲丄乙天^{卯})^{寅}天^{卯丅一}彳天 之類，其括弧外變數之指數，較括弧內變數之指數少一，則可推廣上款例求其積分。如 地＝甲丄乙天^{卯} 則 彳地＝乙卯天^{卯丅一}彳天 即 $\frac{乙卯}{彳地}$＝天^{卯丅一}彳天 故 彳戊＝地^{寅}$\frac{乙卯}{彳地}$ 即 戊＝$\frac{(寅丄一)乙卯}{地^{寅丄一}}$丄丙 即 戊＝$\frac{(寅丄一)乙卯}{(甲丄乙天^{卯})^{寅丄一}}$丄丙 故有款。

第八款 凡有合名微分，若括弧外變數之指數，較括弧內變數之指數少一，求積分，取合名數，以一加其指數，爲實，以新指數乘括弧內變數之指數，復以係

數乘之，爲法，法約實，即得。

凡求積分，必加一常數昞。若未知昞爲若干，則式中之積數不能明，爲未定之式，故欲以積分式推題之確數，當依題所設，令變數同于〇，即可得昞之同數。若變數與積數同時生，則 $天＝〇$ 時，積數亦同于〇，故 $昞＝〇$ 是本無常數，故昞可消去也。又或 $天＝甲$ 時，積數初生，則昞亦可攷定。如是，則昞之同數，或爲若干，或爲〇，俱可知。已知常數之同數，則變數可任置一同數，俱可知積數之同數，而其式爲已定之式。

論弧線微分之積分

凡命弧爲人，正弦爲地，若半徑爲一，則得 $彳人＝\frac{\sqrt{一丅地^{二}}}{彳地}$ 十三卷十款。若從初度起，弧等于〇，則正弦亦爲〇，後論。所以 $禾\frac{\sqrt{一丅地^{二}}}{彳地}＝人丄昞$ 故 $昞＝〇$ 而全積分 $禾\frac{\sqrt{一丅地^{二}}}{彳地}$ 等于正弦地之弧。

凡式如 $彳人＝\frac{\sqrt{甲^{二}丅地^{二}}}{彳地}$ ㈠ 其積分可用助變數推之。法置 $亥＝\frac{甲}{地}$ 即 $地＝甲亥$ 則 $彳地＝甲彳亥$ 叵 $\sqrt{甲^{二}丅地^{二}}＝甲\sqrt{一丅亥^{二}}$ 用此二同數于一式中，則得 $彳人＝\frac{\sqrt{一丅亥^{二}}}{彳亥}$ 故人等于正弦亥之弧，即人等于正弦 $\frac{甲}{地}$ 之弧。

論合名微分之積分

第九款　凡合名微分可化如下式： $天^{寅丅一}(甲丄乙天^{卯})^{\frac{午}{巳}}彳天$ 其指數寅、卯皆恆爲整數，而卯恆爲正。

一，設寅、卯爲分數，可以他變數代天，而以所設指數諸母之最小公倍數爲指數，則所化合名數，其式中變數之指數皆爲整數，如 $天^{\frac{一}{三}}(甲丄乙天^{\frac{一}{二}})^{\frac{午}{巳}}彳天$ 法令 $天＝人^{六}$ 則式化爲 $人^{二}(甲丄乙人^{三})^{\frac{午}{巳}}彳人$ 其變數人之諸指數，皆爲整數。

二，設卯爲負數，如 $天^{寅丅一}(甲丄乙天^{丅卯})^{\frac{午}{巳}}彳天$ 法令 $天＝\frac{人}{一}$ 則式化爲 $人^{丅寅丄一}(甲丄乙人^{卯})^{\frac{午}{巳}}彳人$ 其括弧中變數之指數爲整數。

三，設式之二項俱有變數天，如 $天^{寅丅一}(甲天^{未}丄乙天^{卯})^{\frac{午}{巳}}彳天$ 法取括弧內之二項，俱以 $天^{未}$ 約之。其外之乘數以 $天^{\frac{午}{巳}未}$ 乘之，得 $天^{寅丄\frac{午}{巳}未丅一}(甲丄乙天^{卯丅未})^{\frac{午}{巳}}彳天$ 則括弧內只一項有變數天。

第十款　凡合名微分，其括弧外之指數爲整正數，求積分。法以括弧內數，依此指數自乘若干次，得各項。以括弧外之乘數乘之，每項各求其積分，即得。觀第二款即明此款之理。

第十一款　凡合名微分，若括弧外變數之指數加一，可以括弧內變數之指數約之，則可以他變元代括弧內之數，而以括弧外指數之母爲指數，變式以求其積數。

如 $天^{寅丅一}(甲丄乙天^{卯})^{\frac{午}{巳}}彳天$ 寅可以卯約之，試令 $甲丄乙天^{卯}＝人^{午}$ 則 $(甲丄乙天^{卯})^{\frac{午}{巳}}＝人^{巳}$ ㈠ 又 $天^{卯}＝\frac{乙}{人^{午}丅甲}$ 叵 $天^{寅}＝\left(\frac{乙}{人^{午}丅甲}\right)^{\frac{卯}{寅}}$ 求微分得 $寅天^{寅丅一}彳天＝\frac{卯乙}{寅午}人^{午丅一}\left(\frac{乙}{人^{午}丅甲}\right)^{\frac{卯}{寅}丅一}彳人$ ㈡ 以一、二兩式相乘，以寅約之，得 $天^{寅丅二}(甲丄乙天^{卯})^{\frac{午}{巳}}彳天＝\frac{卯乙}{午}人^{巳丄午丅一}\left(\frac{乙}{人^{午}丅甲}\right)^{\frac{卯}{寅}丅一}彳人$ 若 $\frac{卯}{寅}$ 爲整正數，則依第十款即可求得積分。若 $\frac{卯}{寅}$ 爲負數，則依後叮術，本卷末條。增其指數，至于爲正，即亦可求。

第十二款　凡合名微分，若括弧外變數之指數加一，以括弧內變數之指數約之，用加括弧外之指數而得整數，則積分可求。

設有式如下： $天^{寅丅一}(甲丄乙天^{卯})^{\frac{午}{巳}}彳天$ 可作 $天^{寅丅一}\left[\left(\frac{天^{卯}}{甲}丄乙\right)天^{卯}\right]^{\frac{午}{巳}}彳天$ 即 $天^{寅丅一}(甲天^{丅卯}丄乙)^{\frac{午}{巳}}天^{\frac{卯午}{巳}}彳天$ 亦即 $天^{寅丄\frac{卯午}{巳}丅一}(甲天^{丅卯}丄乙)^{\frac{午}{巳}}彳天$ 若 $\frac{卯}{寅丄\frac{午}{卯巳}}$ 爲整數，則可用前法本卷十一款。求其積分，叵 $\frac{卯}{寅丄\frac{午}{卯巳}}$ 即 $\frac{卯}{寅}丄\frac{午}{巳}$ 故原式中 $\frac{卯}{寅}丄\frac{午}{巳}$ 爲整數，則積分可求也。

第十三款　凡微分式如 $天^{寅}(甲丄乙天^{卯})^{巳}彳天$ 其積分可藉相似微分式之積分而得。本式括弧外變數之指數，以括弧內之指數減之，爲相似式。

置 $亥＝(甲丄乙天^{卯})^{申}$ 指數申可任用何數，求微分得 $彳亥＝乙卯申$

$天^{卯丅一}(甲⊥乙天^{卯})^{申丅一}彳天$ 若 $戊彳亥=天^{寅}(甲⊥乙天^{卯})^{巳}彳天$ 本款前論。則 $戊=\frac{乙卯申}{天^{寅丅卯⊥一}(甲⊥乙天^{卯})^{巳丅申⊥一}}$ 求微分，得 $彳戊=$

$\frac{乙卯申}{(寅丅卯⊥一)天^{寅丅卯}}彳天⊥\frac{申}{(巳丅申⊥一)天^{卯}(甲⊥乙天^{卯})^{巳丅申}}彳天$ 惟 $(甲⊥$

$(甲⊥乙天^{卯})^{巳⊥申⊥一}$

$乙天^{卯})^{巳丅申⊥一}=(甲⊥乙天^{卯})(甲⊥乙天^{卯})^{巳丅申}=甲(甲⊥乙天^{卯})^{巳丅申}⊥乙天^{卯}(甲⊥乙天^{卯})^{巳丅申}$ 故 $彳戊=\left(\frac{乙卯申}{甲(寅丅卯⊥一)天^{寅丅卯}}⊥\frac{卯申}{(寅^{⊥一}⊥卯巳丅卯申)天^{寅}}\right)(甲⊥乙天^{卯})^{巳丅申}彳天$ 取申之同數令 $寅⊥一⊥卯巳丅卯申=〇$ 即 $申=\frac{卯}{寅⊥一}⊥巳$ 則 $彳戊=\frac{乙(卯巳⊥寅⊥一)}{申(寅丅卯⊥一)天^{寅丅卯}(甲⊥乙天^{卯})^{巳丅申}}彳天$ 用此戊、亥、彳戊、彳亥諸同數于前一式本款前論中之式。中，則得呷術之式 $禾天^{寅}(甲⊥乙天^{卯})^{巳}彳天=\frac{乙(卯巳⊥寅⊥一)}{天^{寅丅卯⊥一}(甲⊥乙天^{卯})^{巳⊥一}丅甲(寅丅卯⊥一)禾天^{寅丅卯}(甲⊥乙天^{卯})^{巳}}彳天$ 故可令所設微分之積分，藉 $天^{寅丅卯}(甲⊥乙天^{卯})^{巳}彳天$ 二之積分而得，二式即原式括弧外天^{寅}之指數以括弧內天^{卯}之指數減之，所謂相似式也。依例 $禾天^{寅丅卯}(甲⊥乙天^{卯})^{巳}彳天$ 又可藉 $禾天^{寅丅二卯}(甲⊥乙天^{卯})^{巳}彳天$ 而得。如此遞推，可令括弧外乘數之指數遞損，至小于卯。

若合名式爲 $口天_{寅}=\frac{\sqrt{甲^{二}丅天^{二}}}{天^{寅}彳天}$ 欲求其積分，可依本款呷術之例推之。以甲^{二}代甲，以 $丅一$ 代乙，以二代卯，以 $丅\frac{一}{二}$ 代巳，則得

$口天_{寅}=\frac{禾\sqrt{甲^{二}丅天^{二}}}{天^{寅}彳天}=\frac{寅}{(寅丅一)甲^{二}}禾\frac{\sqrt{甲^{二}丅天^{三}}}{天^{寅丅二}彳天}丅\frac{寅}{天^{寅丅一}}\sqrt{甲^{二}丅天^{二}}$

名爲甲術之式。

第十四款　凡微分式如 $天^{寅}(甲⊥乙天^{卯})^{巳}彳天$ 其積分可藉相似別式求之，其別式括弧外之指數必損一。

試置 $亥=天^{申}$ 指數申任用同數俱可，求微分得 $彳亥=申天^{申丅一}彳天$ 設令 $戊彳亥=天^{寅}(甲⊥乙天^{卯})^{巳}彳天$ 本卷十二款。後論。則得

$戊=\frac{申}{天^{寅丅申⊥二}}(甲⊥乙天^{卯})^{巳}$ 求微分得 $彳戊=\frac{申}{寅丅申⊥一}天^{寅丅申}(甲⊥乙天^{卯})^{巳}彳天⊥\frac{申}{乙卯巳}天^{寅丅申⊥卯}(甲⊥乙天^{卯})^{巳丅一}彳天$ 惟 $(甲⊥乙天^{卯})^{巳}=(甲⊥乙天^{卯})(甲⊥乙天^{卯})^{巳丅一}$ 故 $彳戊=\frac{申}{甲(寅丅申⊥一)⊥乙(寅丅申⊥一⊥卯巳)天^{卯}}天^{寅丅申}(甲⊥乙天^{卯})^{巳丅一}彳天$ 取申之同數，令 $寅丅申⊥一⊥卯巳=〇$ 即 $申=寅⊥一⊥卯巳$ 則得 $彳戊=\frac{卯巳⊥寅⊥一}{甲卯巳天^{寅丅申}(甲⊥乙天^{卯})^{巳丅一}彳天}$ 用此戊、亥、彳戊、彳亥諸同數于前一式中，本卷十三款。前論。則得口丙術之式 $禾天^{寅}(甲⊥乙天^{卯})^{巳}彳天=\frac{卯巳⊥寅⊥一}{天^{寅⊥一}(甲⊥乙天^{卯})^{巳}⊥甲卯巳禾天^{寅}(甲⊥乙天^{卯})^{巳丅一}}彳天$ 故可令所求之積分，藉他積分而得，而他積分括弧外之指數必損一也。依例他積分可又藉一他積分而得，而括弧外之指數又損一。如是遞推，可令括弧外之指數，至小于一。

用積分術令曲線改直線之理

曲線改直線者，謂求得直線式，與曲線等也。蓋凡曲線之長，可以代數諸項顯之，則一如直線焉。

已別得凡曲線準正交縱橫線，其微分式爲 $彳人=\sqrt{彳天^{二}⊥彳地^{二}}$ 十四卷八款。故 $人=禾\sqrt{彳天^{二}⊥彳地^{二}}$ ㊀ 是謂曲線未定長短，用正交縱橫線推之之公式。凡改曲線式爲直線式，必求本曲線式之微分。用所得彳天或彳地之同數于一式中，則開方根所括，化爲一個變數之微分，乃求其積分，即得曲線之長。

清・華蘅芳《微積溯源》卷五

論反流數

第一百款　凡有任何函數之積恆能依公法求其微分。但無一公法能還原而徑得其積。惟有循其求微分之原路步步退回始可得之。

若其求微分之法每步之迹俱爲明顯，則從其原路退回固是甚易。然往往有其原路之迹已滅，面不易見或其所設之式非從求微分之法而徑得者，則無迹可循。非各設專法不能求之。

第一百〇一款　凡微分式之欲求積分者，可先用一號以記之，其所用之號

爲禾。即積字之簡式也。

假如有 呧彳 欲求其積分，則可先作 禾呧彳 以記之。

第一百〇二款 前于第九款中已證明，凡變數與常數相加減之函數，其微係數中不見其常數之項。

即如 呧丄丁昞 式之微分，則其常數昞不見，故凡以微分之式反求其積者，必加減常數昞，方爲全積。其 丄丁昞 爲未定之常數，初創此式之人名之曰改正數。近時之人名之曰定常數。其數及號之正負不能預定，必從所設之題而定之。

論獨變之函數

第一百〇三款 函數之第一種：其微分之公式爲 呧彳 其呧爲獨變數天之任何函數，其形可有數種。

實函數之形，有如 呷天^{寅}丄叱天^{卯}丄昞天^{巳}丄…＝呅 者，則爲整級數；有如 $\frac{呷'天^{寅'}丄叱'天^{卯'}丄昞'天^{巳'}丄\dots}{呷天^{寅}丄叱天^{卯}丄昞天^{巳}丄\dots}=\frac{咳}{呅}$ 者，則爲級數之分數。

虛函數之形，如 呅咳$^{\frac{卯}{寅}}$ 越函數之形，如 函(呅訥呅) 及 函(呅正弦亥)… 【略】

求實函數微分式之積分

第一百〇四款 實函數之最簡者，其形如 甲天^{卯} 其微分之式爲 卯甲天^{卯丅一}彳 所以可令 寅＝卯丅一 即 卯＝寅丄一 以求之。

設有微分式 彵＝甲天^{寅}彳 則 地＝禾甲天^{寅}彳＝$\frac{寅丄一}{甲}$天^{寅丄一}丄昞

所以凡有獨項微分，如 甲天^{卯}彳 者，欲求其積分，可將其變數之指數增一爲新指數，乃以新指數與彳相乘之數約之。

其未定之常數昞可令其形爲 丅$\frac{卯丄一}{甲乙^{卯丄一}}$ 即得

禾甲天^{卯}彳＝$\frac{卯丄一}{甲(天^{卯丄一}丅乙^{卯丄一})}$ 若 天＝乙 之時，其積能不見者必有此形。

第一百〇五款 有一種特設之式不能用上款之法，求其積分。

如于 甲天^{卯}彳 之式中，令 卯＝丁一 則式變爲 禾$\frac{天}{甲彳}$＝禾甲天^{丅一}彳

＝$\frac{○}{甲(天^{○}丅乙^{○})}$＝$\frac{○}{甲(一丅一)}$＝$\frac{○}{○}$ 從此式不能求得何數，故謂之絕積分。

然所謂絕者乃其外貌耳，非真不可求也。如令 卯丄一＝寅 依第三十五款之理得 天^{寅}＝一丄(訥天)寅丄(訥天)$^{二}\frac{一·二}{寅^{二}}$丄… 乙^{寅}＝一丄(訥乙)寅丄(訥乙)$^{二}\frac{一·二}{寅^{二}}$丄…天^{寅}丅乙^{寅}＝(訥天丅訥乙)寅丄[(訥天)^{二}丅(訥乙)^{二}]$\frac{一·二}{寅^{二}}$丄… 則因 $\frac{寅}{天^{寅}丅乙^{寅}}$＝訥天丅訥乙丄[(訥天)^{二}丅(訥乙)^{二}]$\frac{二}{寅}$丄…

卯丄一＝寅＝○ 卯＝丁一 㠯 禾$\frac{天}{甲彳}$＝甲[訥天丅訥乙]＝甲訥天丄昞 此款所用之式與第二十款求對數微分之式同。

第一百〇六款 設有微分式 彵＝甲天^{寅}彳丄乙天^{卯}彳丄丙天^{巳}彳 則從第一百〇四款之法易知 地＝$\frac{寅丄一}{甲天^{寅丄一}}$丄$\frac{卯丄一}{乙天^{卯丄一}}$丄$\frac{巳丄一}{丙天^{巳丄一}}$丄昞 無論所設之式其項如何多，此例必爲真。其式中之末項昞以代諸項積分數中各常數之和。

總之，多項微分式無論其各項之正負如何，依第十五款之例 彳(戊丄亥丅人)＝彵丄彶丅彸 故 戊丄亥丅人＝禾彵丄禾彶丅禾彸 若以吧、咋、味代天之任何函數，則 禾(吧彳丄咋彳丅味彳)＝禾吧彳丄禾咋彳丅禾味彳

第一百〇七款 若令戊與亥爲變數之任何函數，則可從 彳(戊亥)＝戊彶丄亥彵 故知 禾戊彶＝戊亥丅禾亥彵 亦可從分數之微分式故知 禾戊$\frac{亥^{二}}{彶}$＝丅$\frac{亥}{戊}$丄禾$\frac{亥}{彵}$ 又可從 彳(甲戊)＝甲彵 故知 禾甲呧彳＝甲禾呧彳

第一百〇九款 茲欲論分函數之微分式求積分之法。先從式之最簡者論起。

凡分數之微分式，其形如 彵＝$\frac{(甲天丄乙)^{卯}}{呷天^{寅}彳}$㊀ 者，可令 人＝甲天丄乙 則其 天＝$\frac{甲}{人丅乙}$ 彳＝$\frac{甲}{彸}$ 所以 彵＝$\frac{甲^{寅丄一}人^{卯}}{呷(人丅乙)^{寅}彸}$㊁ 若化其(人丅乙)^{寅}爲級數而各項以彸乘之，以人^{卯}約之，則其變得之多項微分式各項俱

有 $丙人^{巳}彳人$ 之形。故可將其各項依第一百〇四款之法一一求其積分而合之。【略】

第一百十款 凡微分式若爲實分數，必能化之爲 $\frac{天^{卯}⊥呷′天^{卯⊤一}⊥叱′天^{卯⊤二}⊥…⊥哂′}{(呷天^{卯⊤一}⊥叱天^{卯⊤二}⊥呥天^{卯⊤三}⊥…⊥哂)彳天}$ 之形。

凡求實分數微分式之積分，其公法必將實分數微分式化爲多項微分式。令其各項中之分母更簡而不同，謂之散分數。

凡欲化所設之實分數爲散分數，必使其分母等于〇。則 $天^{卯}⊥呷′天^{卯⊤一}⊥叱′天^{卯⊤二}⊥…⊥哂′＝〇$ 令此式之各根爲 $天＝⊤甲$、$天＝⊤甲′$、$天＝⊤甲″$、$天＝⊤甲‴$… 俱爲不相同之數，則依《代數術》第九十九款之法，其式之左邊爲有卯箇乘數 $天⊥甲$、$天⊥甲′$、$天⊥甲″$、$天⊥甲‴$… 連乘所成之積，故可令所設之實分數等于 $\frac{天⊥甲}{卯彳天}$、$\frac{天⊥甲′}{卯′彳天}$、$\frac{天⊥甲″}{卯″彳天}$… 散分數之和。而散分數之分母即爲實分母之各乘數。其各分子內之卯、卯′、卯″… 爲未定之常數，即泛倍數。乃將其散分數齊同通分，令其總分母與所設之實分母相同。如此則可將左右兩邊分子內天之同方之倍數作爲相等，于是可化得數箇方程式。從此數箇方程式可求得卯、卯′、卯″、卯‴… 之各同數。茲設一式以爲則

設有微分式 $\frac{天^{三}⊥呷′天^{二}⊥叱′天⊥呥′}{(呷天^{二}⊥叱天⊥呥)彳天}$ 欲求其積分。

則可令其分母等于各乘數。如 $天^{三}⊥呷′天^{二}⊥叱′天⊥呥′＝(天⊥甲)(天⊥甲′)(天⊥甲″)$ 若不計所設式中之彳天，可令其實分數等于 $\frac{天⊥甲}{卯}⊥\frac{天⊥甲′}{卯′}⊥\frac{天⊥甲″}{卯″}$ 將此式齊同通分得 $\frac{(天⊥甲)(天⊥甲′)(天⊥甲″)}{卯(天⊥甲′)(天⊥甲″)⊥卯′(天⊥甲)(天⊥甲″)⊥卯″(天⊥甲)(天⊥甲′)}$ 若將其分子內各乘數相乘得積，則爲 $(卯⊥卯′⊥卯″)天^{二}⊥[卯(甲′⊥甲″)⊥卯′(甲⊥甲″)⊥卯″(甲⊥甲′)]天⊥卯甲′甲″⊥卯′甲甲″⊥卯″甲甲′$ 此式無論其天之同數如何，必與所設實分數之分子相等。故依《代數術》第十八卷之例，其天之同方之各倍數，亦必爲相等。所以可得三箇相等式 $卯⊥卯′⊥卯″＝呷$，$卯(甲′⊥甲″)⊥卯′(甲⊥甲″)⊥卯″(甲⊥甲′)＝叱$，$卯甲′甲″⊥卯′甲甲″⊥卯″甲甲′＝呥$ 此三式各就其本式叵論皆不過一次，故可從此三式求得卯、卯′、卯″各同數，則其散分數之式爲 $\frac{天^{三}⊥呷′天^{二}⊥叱′天⊥呥′}{(呷天^{二}⊥叱天⊥呥)彳天}＝\frac{天⊥甲}{卯彳天}⊥\frac{天⊥甲′}{卯′彳天}⊥\frac{天⊥甲″}{卯″彳天}$ 如令 $天⊥甲＝人$ 則 $彳天＝彳人$ 故 $\frac{天⊥甲}{卯彳天}＝\frac{人}{卯彳人}$ 此式之積分爲 $卯訥人＝卯訥(天⊥甲)$ 又以同法推得 $禾\frac{天⊥甲′}{卯′彳天}＝卯′訥(天⊥甲′)$、$禾\frac{天⊥甲″}{卯″彳天}＝卯″訥(天⊥甲″)$ 所以得 $禾\frac{天^{三}⊥呷′天^{二}⊥叱′天⊥呥′}{(呷天^{二}⊥叱天⊥呥)彳天}＝卯訥(天⊥甲)⊥卯′訥(天⊥甲′)⊥卯″訥(天⊥甲″)⊥常數＝訥[(天⊥甲)^{卯}(天⊥甲′)^{卯′}(天⊥甲″)^{卯″}]⊥常數$

此法若充極其量可推凡有分母能化爲一次不相等各乘數之各實分數，且此法中除化其分母爲乘數之外，則無難爲之事。

第一百十一款 若所設之微分式其分母之根有數箇相等者，則必依式而改其法。

假如其分母 $天^{卯}⊥呷′天^{卯⊤一}⊥…⊥哂′$ 內有一乘數爲 $(天⊥甲)^{巳}$ 之形，則必另設一箇分數 $\frac{(天⊥甲)^{巳}}{(叱天^{巳⊤一}⊥咔天^{巳⊤二}⊥…⊥咄)彳天}$ 將此式又化爲散分數與他乘數之散分數齊同通分，乃令其分子之諸項等于所設實分數內分子之諸項。如前法求其同方之倍數，則可化爲多項之式以求積分。

第一百十二款 觀前款所論可見，凡合于相等乘數之散分數，其形如 $\frac{(天⊥甲)^{巳}}{卯彳天}⊥\frac{(天⊥甲)^{巳⊤一}}{卯′彳天}⊥…⊥\frac{天⊥甲}{卯‴彳天}$ 所以可用此式代其相等之分數。而將其 $\frac{(天⊥甲)^{巳}}{卯彳天}$ 等類之各項一一求其積分。

如令 $天⊥甲＝人$ 則其 $彳天＝彳人$ 即可得 $禾\frac{(天⊥甲)^{巳}}{卯彳天}＝禾\frac{人^{巳}}{卯彳人}＝\frac{一⊤巳}{卯人^{⊤巳⊥一}}＝\frac{(一⊤巳)(天⊥甲)^{巳⊤一}}{卯}$ 故各項之積分俱可以對數明之。除末式 $禾\frac{天⊥甲}{卯彳天}$ 之外，必有對數在其式內。

第一百十三款　設分母之乘數爲虛式，則必有兩兩之形如 $天丄角丄亢\sqrt{丅一}$、$天丄角丅亢\sqrt{丅一}$　其相乘之積必爲 $天^{二}丄二角天丄角^{二}丄亢^{二}$　如遇此種之式莫妙于將所設之式化其分母爲一次、二次之實乘數。

此事依相等式之理恆能爲之。

惟分母之虛乘數若有數雙俱相等者，則所設之微分式其分母內必有一乘數之方其形如 $(天^{二}丄二角天丄角^{二}丄亢^{二})^{午}$　而其單乘數 $天^{二}丄二角天丄角^{二}丄亢^{二}$　必爲第一次乘數。如欲化其數雙相等之乘數爲散分數，必設 $\frac{天^{二}丄二角天丄角^{二}丄亢^{二}}{(呼天丄丑)彳}$　及 $\frac{(天^{二}丄二角天丄角^{二}丄亢^{二})^{午}}{(哰天^{二午丅一}丄味天^{二午丅二}丄\cdots丄哋')彳}$　或不用上式，則用分數之級 $\frac{(天^{二}丄二角天丄角^{二}丄亢^{二})^{午}}{(呼天丄丑)彳}丄\frac{(天^{二}丄二角天丄角^{二}丄亢^{三})^{午丅一}}{(呼'天丄丑')彳}丄\cdots丄\frac{天^{二}丄二角天丄角^{二}丄亢^{二}}{(呼''天丄丑'')彳}$　其各倍數仍依前數款之法定之。

第一百十四款　如欲求其 $\frac{天^{二}丄二角天丄角^{二}丄亢^{二}}{(呼天丄丑)彳}$ 式之積分，可見其分母 $天^{二}丄二角天丄角^{二}丄亢^{二}=(天丄角)^{二}丄亢^{二}$　故可令 $天丄角=人$　則 $\frac{(天丄角)^{二}丄亢^{二}}{(呼天丄丑)彳}=\frac{人^{二}丄亢^{二}}{(呼人丄丑丅呼角)彳}=\frac{人^{二}丄亢^{二}}{呼人彳}丄\frac{人丄亢^{二}}{丑'彳}$　其丑'者以代常數　丑丅呼角　也。其第一項散分數可以對數明其積分。因令 $人^{二}丄亢^{二}=戌$　則 $人彳=\frac{一}{二}彳戌$　從此可得 $禾\frac{人^{二}丄亢^{二}}{呼人彳}=\frac{一}{二}呼禾\frac{戌}{彳戌}=呼\frac{一}{二}訥戌=呼訥\sqrt{人^{二}丄亢^{二}}$ ㊀　其第二項散分數可令 $人=亢亥$　則 $\frac{人^{二}丄亢^{二}}{丑'彳}=\frac{亢}{丑'}\times\frac{亥^{二}丄一}{彳亥}$　已于第二十三款證明 $\frac{亥^{二}丄一}{彳亥}$ 爲有切線，爲亥之弧微分式，故可以 $正切^{丅一}亥$ 明其積分。其亥爲切線之弧。則得 $禾\frac{亢}{丑'}\times\frac{亥^{二}丄一}{彳亥}=\frac{亢}{丑'}正切^{丅一}亥丄常數=\frac{亢}{丑'}正切^{丅一}\frac{亢}{人}丄常數$ ㊁　將㊀、㊁兩式相加得 $禾\frac{人^{二}丄亢^{二}}{(呼人丄丑')彳}=呼\frac{一}{二}訥\sqrt{人^{二}丄亢^{二}}丄\frac{亢}{丑'}正切^{丅一}\frac{亢}{人}丄常數$　以人與丑之同數代還之，即得 $禾\frac{天^{二}丄二角天丄角^{二}丄亢^{二}}{(呼'天丄丑)彳}=呼訥\sqrt{天^{二}丄二角天丄角^{二}丄亢^{二}}丄\frac{亢}{丑丅呼角}正切^{丅一}\frac{亢}{天丄角}丄常數$

第一百十五款　如欲求其 $\frac{(天^{二}丄二角天丄角^{二}丄亢^{二})^{午}}{(呼天丄丑)彳}$ 式之積分，則可令　$天丄角=人$　又　$丑丅呼角=丑'$，化之爲散分數。如 $\frac{(人^{二}丄亢^{二})^{午}}{(呼人丄丑')彳}=\frac{(人^{二}丄亢^{二})^{午}}{呼人彳}丄\frac{(人^{二}丄亢^{二})^{午}}{丑'彳}$　求其第一項之積分，可令 $人^{二}丄亢^{二}=戌$　則 $人彳=\frac{一}{二}彳戌$　故得 $禾\frac{(人^{二}丄亢^{二})^{午}}{呼人彳}=\frac{一}{二}呼禾\frac{戌^{午}}{彳戌}=\frac{一}{二}呼\times\frac{一丅午}{戌^{丅午丄一}}$　求其第二項之積分，必識別得 $禾\frac{(人^{二}丄亢^{二})^{午}}{彳}=\frac{(人^{二}丄亢^{二})^{午丅一}}{嘆人}丄哰禾\frac{(人^{二}丄亢^{二})^{午丅一}}{彳}$　此式之右邊第一項可以代數明之。其第二項爲比左邊之分母次一方之積分式。若欲將此式之各項化爲微分式，只須將右邊之第一項求其微分，其餘兩項除去其積分之號即爲化得之微分式。又因其各項中公乘數可棄之不用，故可得相等式　$一=嘆(人^{二}丄亢^{二})丅二(午丅一)嘆人^{二}丄哰(人^{二}丄亢^{二})$、$[(三丅二午)嘆丄哰]人^{二}丄(嘆丄哰)亢^{二}丅一=〇$　惟因人爲未定之數，必得　$(嘆丄哰)亢^{二}丅一=〇$、$(三丅二午)嘆丄哰=〇$　從此兩式得　$嘆=\frac{(二午丅二)亢^{二}}{一}$、$哰=\frac{(二午丅二)亢^{二}}{二午丅三}$　將此嘆、哰二同數代入所設之式內，即得 $禾\frac{(人^{二}丄亢^{二})^{午}}{彳}=\frac{(二午丅二)亢^{二}}{一}\times\frac{(人^{二}丄亢^{二})^{午丅一}}{人}丄\frac{(二午丅二)亢^{二}}{二午丅三}禾\frac{(人^{二}丄亢^{二})^{午丅一}}{彳}$　以　午丅一　代午得 $禾\frac{(人^{二}丄亢^{二})^{午丅一}}{彳}=\frac{(二午丅四)亢^{二}}{一}\times\frac{(人^{二}丄亢^{二})^{午丅二}}{人}丄\frac{(二午丅四)亢^{二}}{二午丅五}禾\frac{(人^{二}丄亢^{二})^{午丅二}}{彳}$　以　午丅二　代午得 $禾\frac{(人^{二}丄亢^{二})^{午丅二}}{彳}=\frac{(二午丅六)亢^{二}}{一}\times\frac{(人^{二}丄亢^{二})^{午丅三}}{人}丄\frac{(二午丅六)亢^{二}}{二午丅七}禾\frac{(人^{二}丄亢^{二})^{午丅三}}{彳}$　依此法遞推之，則知 $禾\frac{(人^{二}丄亢^{二})^{午}}{彳}$ 可藉代數及他積分式 $禾\frac{(人^{二}丄亢^{二})^{午丅一}}{彳}$ 明之。而其他積分式又可藉他

代數式及積分式　$禾\frac{(人^{二}⊥亢^{二})^{午丅二}}{彳人}$　明之。如是屢推之，以至其他積分式爲　$禾\frac{人^{二}⊥亢^{二}}{彳人}$　則此式能以平圓之弧明之，可爲已知之數，故用前法推至此處必止。因再變一次，其積分必爲　$禾\frac{(人^{二}⊥亢)^{〇}}{彳人}$　之形，則其倍數爲無窮，不能用以攷知所求之事也。

從此可見，本款之求積分法爲最佳最盛之法，以其能遞生多式也。

觀以上各款所論之事可見，凡有實分數之微分式皆能用代數與對數及平圓弧各法明其積分。祇須化其所設之式爲散分數耳。其散分數之分母或爲二項之式或爲三項之式。

又　第一百十七款　以上各款謂從第一百十款至第一百十五各款也。以泛倍數之法化實分數爲散分數。其立法之理比他法爲淺。惟其周折太多，最費工夫，故不便于用。茲更設簡便之法如下。

如咳|咸爲最簡之實分數，而其分母中有一次式不相等之乘數。一爲　天⊥甲　一爲吘。則其兩乘數相乘之積必爲　咳＝(天⊥甲)吘　可令其　$\frac{咳}{咸}=\frac{天⊥甲}{呷}⊥\frac{吘}{吧}$　此式中之呷爲與天不相關之常數。其吧與吘爲天之函數，而其天爲變數。如將前式化爲同母之分數，而勿忘其　咳＝(天⊥甲)吘　即得相等式　咸＝呷吘⊥吧(天⊥甲)　此式內若依分數之例，其咸與吘不能以　天⊥甲　約之。若令　天⊥甲＝〇　即　天＝丅甲　因此可令戌與午代咸與吘之同數，則式變爲　戌＝呷午　所以　$呷=\frac{午}{戌}$　即爲散分數內分子之同數。依此法又能求得各散分數中分子之同數。

假如有欲化之分數　$\frac{咳}{咸}=\frac{(天⊥甲)(天丅乙)}{寅天⊥卯}=\frac{天⊥甲}{呷}⊥\frac{天丅乙}{𠮙}$　則

$\frac{天丅乙}{寅天⊥卯}=呷⊥\frac{天丅乙}{𠮙}(天⊥甲)$　㊀　$\frac{天⊥甲}{寅天⊥卯}=𠮙⊥\frac{天⊥甲}{呷}(天丅乙)$　㊁

令　天＝丅甲　從一式得　$呷=\frac{丅甲丅乙}{丅寅甲⊥卯}=\frac{甲⊥乙}{寅甲丅卯}$　令　天＝⊥乙　從二式得　$𠮙=\frac{甲⊥乙}{寅乙⊥卯}$　所以得　$\frac{(天⊥甲)(天丅乙)}{寅天⊥卯}=\frac{甲⊥乙}{一}\left[\frac{天⊥甲}{寅甲丅卯}⊥\frac{天丅乙}{寅乙⊥卯}\right]$

第一百十八款　散分數中呷、𠮙各同數亦可用微分術求之。

如用前款之　咳＝(天⊥甲)吘　式，求其微係數得　$\frac{彳天}{彳亥}=吘⊥\frac{彳天}{彳吘}(天⊥甲)$　又設　天＝丅甲　之時，其彳天|彳亥變爲亥。若吘之同數爲午，則　亥′＝午　又因其　$呷=\frac{午}{戌}$　所以知　$呷=\frac{亥'}{戌}$

如用前款之　咳＝(天⊥甲)(天丅乙)　式求其微係數得　$\frac{彳天}{彳亥}=二天⊥甲丅乙$　令　天＝丅甲　則得　$\frac{彳天}{彳亥}=丅甲丅乙=亥'$　令　天＝⊥乙　則得　$\frac{彳天}{彳亥}=甲⊥乙=亥'$　則從　亥′＝午　之式可得呷𠮙各同數與前款所得者無異。

第一百十九款　設分數咳|咸，其分母爲　咳＝$(天⊥甲)^{卯}$吘　即爲有卯箇相等之乘數與其他數吘相乘之積。故可令所設之式爲　$\frac{咳}{咸}=\frac{吘(天⊥甲)^{卯}}{咸}=\frac{(天⊥甲)^{卯}}{呷}⊥\frac{(天⊥甲)^{卯丅一}}{𠮙}⊥\frac{(天⊥甲)^{卯丅二}}{哂}⊥\cdots⊥\frac{天⊥甲}{咸}⊥\frac{吘}{吧}$　其呷、𠮙、哂…咸各爲未知之常數，其吧、吘爲天之函數。若以　$(天⊥甲)^{卯}$　乘其各項，即變爲　$\frac{吘}{咸}=呷⊥𠮙(天⊥甲)⊥哂(天⊥甲)^{二}⊥\cdots⊥咸(天⊥甲)^{卯丅一}⊥\frac{吘}{吧}(天⊥甲)^{卯}$　令　天＝丅甲　則咸與吘必能有一定之同數。仍令戌、午代其同數，則所有以　天⊥甲　乘之之項俱不見。而其　$呷=\frac{午}{戌}$　則呷之同數亦爲已知之數矣。惟因　$\frac{吘}{咸丅呷吘}=𠮙(天⊥甲)⊥哂(天⊥甲)^{二}⊥\cdots$　此式之左邊其分子　咸丅呷吘　必能以　天⊥甲　度之，可命之爲　$咸_{一}$(天⊥甲)　所以得　$\frac{吘}{咸_{一}}=𠮙⊥哂(天⊥甲)⊥\cdots⊥咸(天⊥甲)^{卯丅二}⊥\frac{吘}{吧}(天⊥甲)^{卯丅一}$　此式中之　$咸_{一}$　因不能以　天⊥甲　度之，故令　天＝丅甲　則其　$咸_{一}$　必

能有一定之同數。若以 戌一 代其同數，則其咋之同數與前所得者同。而其以 (天丄甲) 乘之之項必不見，故得 吃＝$\frac{午}{戌一}$ 其自呐至吷各同數亦依此法求之。

又 第一百二十款 前款之分數，其分子中呷、吃、呐之各同數亦可用微分術求之。

依第四十二款之法得 吷＝咋[呷丄吃(天丄甲)丄呐$(天丄甲)^{二}$丄…丄吷$(天丄甲)^{卯丅一}$丄吧$(天丄甲)^{卯}$]㊀ 若將此式疊求其微係數至 (卯丅一) 次，再令其 天丄甲＝〇 則一式及其所求得之各次微係數必爲 吷＝呷咋、$\frac{伭}{彳吷}$＝呷$\frac{伭}{彳咋}$丄吃咋、$\frac{伭^{二}}{彳^{二}吷}$＝呷$\frac{伭^{二}}{彳^{二}咋}$丄二吃$\frac{伭}{彳咋}$丄二呐咋、$\frac{伭^{三}}{彳^{三}吷}$＝呷$\frac{伭^{三}}{彳^{三}咋}$丄三吃$\frac{伭^{二}}{彳^{二}咋}$丄六呐$\frac{伭}{彳咋}$丄六叮咋 從此各式能定其呷、吃、呐等各同數。惟勿忘每次求微分之後，必令 丅甲 代其微係數中之天。此式中求咋之同數，其法最便，只須以 $(天丅甲)^{卯}$ 約其咳即可得之。若依第一百十八款之法求之亦通。

第一百二十一款 若其欲化之分數$\frac{咳}{吷}$，其分母中有相等乘數之二次式在內，如 $天^{二}$丄二角天丄$角^{二}$丄$亢^{二}$ 而不能化爲兩箇整乘數者，則其式中之 咳＝($天^{二}$丄二角天丄$角^{二}$丄$亢^{二}$)咋 可令 $\frac{咳}{吷}＝\frac{天^{二}丄二角天丄角^{二}丄亢^{二}}{呷天丄吃}丄\frac{咋}{吧}$ 則 吷＝(呷天丄吃)咋丄吧($天^{二}$丄二角天丄$角^{二}$丄$亢^{二}$) 此式中之天如將 $天^{二}$丄二角天丄$角^{二}$丄$亢^{二}$＝〇 之任一虛根代之，則其有吧之項必不見，而變得兩種式：一爲實，一爲虛。必令其實者與虛者相等，則可得兩箇方程式。從此兩式可求得呷、吃之同數。

又 第一百二十二款 設其分數爲 $\frac{咳}{吷}＝\frac{(天^{二}丄二角天丄角^{二}丄亢^{二})^{卯}}{呷天丄吃}丄\frac{(天^{二}丄二角天丄角^{二}丄亢^{二})^{卯丅一}}{呐天丄叮}丄…丄\frac{咋}{吧}$ 則其 咳＝$(天^{二}丄二角天丄角^{二}丄亢^{二})^{卯}$咋 所以 $\frac{咋}{吷}$＝(呷天丄吃)丄(呐天丄叮)($天^{二}$丄二角天丄$角^{二}$丄$亢^{二}$)丄…丄$\frac{咋}{吧}(天^{二}丄二角天丄角^{二}丄亢^{二})^{卯}$咳 此式爲前兩款之式相並而成，故必依同法解之將 $天^{二}$丄二角天丄$角^{二}$丄$亢^{二}$＝〇 之任一虛根代其天，則凡有 ($天^{二}$丄二角天丄$角^{二}$丄$亢^{二}$) 之各方乘之之項，俱不見，而變爲 $\frac{咋}{咳}$＝呷天丄吃 此式內咳與咋合于前式內天之同數，故亦有 未丄申$\sqrt{丅一}$＝未′丄申′$\sqrt{丅一}$ 之形。其未與申爲未定之常數呷與吃所成，故呷、吃之同數可從 未＝未′、申＝申′ 兩式求得之。

茲將前式求其微係數又于所得之式中去其所有，以 $天^{二}$丄二角天丄$角^{二}$丄$亢^{二}$ 爲倍數之各項得 $\frac{伭}{彳(\frac{咋}{咳})}$＝呷丄(二天丄二角)(呐天丄叮) 此式中之天，若將 $天^{二}$丄二角天丄$角^{二}$丄$亢^{二}$＝〇 之虛根代之，而令其所得之虛實兩式爲相等，則得兩箇方程式。從此能求其呐、叮之同數。

案：微分式中往往有一種實分數，其分母爲 $天^{二卯}$丄二$天^{卯}$餘弦角丄一 或 $天^{卯}$丄一 之形者，已在《代數術》第二百七十四款至二百七十八款詳論。此種函數能化爲一次、二次之簡乘數，既化之後即可依本卷各法求其積分。

又 卷六

求虛函數微分式之積分

第一百二十三款 凡微分式內之虛函數，若能變之爲實函數者，則可依前卷之各法求其積分。

如有微分式 $\frac{一丄\sqrt[三]{天}}{(一丄\sqrt{天}丅\sqrt[三]{天^{二}})伭}$ 觀此式易知，若令 天＝$人^{六}$ 則所有根號內之數易開其方。因 伭＝六$人^{五}$彳人 故可變所設之微分式爲 $\frac{一丄人^{二}}{六人^{五}彳人(一丄人^{三}丅人^{四})}$ 此式若以分母約分子可得 丅六($人^{七}$丅$人^{六}$丅$人^{五}$丅$人^{四}$丅$人^{三}$丄一)彳人丅$\frac{一丄人^{二}}{六彳人}$ 其積分爲 丅六$\Big[\frac{八}{人^{八}}丅\frac{七}{人^{七}}丅\frac{六}{人^{六}}丄\frac{五}{人^{五}}丅\frac{三}{人^{三}}丄人丅正切^{丅一}人\Big]$丄常數 再將人之同數 $天^{\frac{六}{一}}$ 代還之，即能以有天之各項明其積分。

第一百二十四款 茲專論微分式內之有虛函數，其形如 $\sqrt{甲丄乙天丄丙天^{二}}$ 者。此種虛函數不外乎下兩式：一爲 吧伭$\sqrt{甲丄乙天丄丙天^{二}}$ 一爲

$\frac{\sqrt{甲⊥乙天⊥丙天^{二}}}{巳彳天}$ 其巳爲天之任何實函數。

惟此兩式亦可以一總式包括之。如將其第一式依其根之次數自乘而以未乘之虛函數爲其分母，則可變之爲 $\frac{\sqrt{甲⊥乙天⊥丙天^{二}}}{巳(甲⊥乙天⊥丙天^{二})彳天}$ 而與第二式爲同類。

其簡式 $\frac{\sqrt{甲⊥乙天⊥丙天^{二}}}{彳天}$ 之形有兩種：一，其分母内之丙爲正；一，其分母内之丙爲負。

第一百二十五款　茲先論其第一種丙爲正者。

設有微分式 $\frac{\sqrt{甲⊥乙天⊥丙天^{二}}}{彳天}$ 欲求其積分。

可令 $\sqrt{甲⊥乙天⊥丙天^{二}}=巳地⊥\frac{地}{午}$ ㊀ 其巳、午爲未定之常數，乃將其左右兩邊之數各自乘而變爲無根號之式，如 $甲⊥乙天⊥丙天^{二}=巳^{二}地^{二}⊥二巳午⊥\frac{地^{二}}{午^{二}}$ 若欲令此式之左邊變爲正乘方之式，必將其第一項移至右邊，而兩邊俱以丙乘之。又各以 $\frac{四}{乙^{二}}$ 加之，則變爲 $\frac{四}{乙^{二}}⊥乙丙天⊥丙^{二}天^{二}=丙\left[巳^{二}地^{二}⊥二巳午丅甲⊥\frac{四丙}{乙^{二}}⊥\frac{地^{二}}{午^{二}}\right]$ 再令其右邊之 $二巳午丅甲⊥\frac{四丙}{乙^{二}}=丅二巳午$ 即 $四巳午=\frac{四丙}{四甲丙丅乙^{二}}$ 如此則恆可變爲正乘方式 $\frac{四}{乙^{二}}⊥乙丙天⊥丙^{二}天^{二}=丙\left[巳^{二}地^{二}丅二巳午⊥\frac{地^{二}}{午^{二}}\right]$ 乃將其左右兩邊各開平方得 $\frac{二}{乙}⊥丙天=\sqrt{丙}\left[巳地丅\frac{地}{午}\right]$ ㊁ 將此式求微分得 $\sqrt{丙}彳天=\frac{地}{彳地}\left[巳地⊥\frac{地}{午}\right]=\frac{地}{彳地}\sqrt{甲⊥乙天⊥丙天^{二}}$ 從此式又可得 $\frac{\sqrt{甲⊥乙天⊥丙天^{二}}}{彳天}=\frac{\sqrt{丙}}{一}\times\frac{地}{彳地}$ ㊂ 乃將 $\sqrt{丙}$ 約二式，以與一式相加得 $\frac{二\sqrt{丙}}{乙}⊥天\sqrt{丙}⊥\sqrt{甲⊥乙天⊥丙天^{二}}=二巳地$ 配其對數即得 $訥\left[\frac{二\sqrt{丙}}{乙}⊥天\sqrt{丙}⊥\sqrt{甲⊥乙天⊥丙天^{二}}\right]=訥(地)⊥訥(二巳)$ ㊃ 惟因 $訥(地)=禾\frac{地}{彳地}⊥呙$ 其呙爲任何常數，故可令之爲 $呙=呙'丅訥(二巳)$ 其呙'又爲他常數，所以 $訥(地)⊥訥(二巳)=禾\frac{地}{彳地}⊥呙'$ 將此式與三、四兩式相比得 $禾\frac{\sqrt{甲⊥乙天⊥丙天^{二}}}{彳天}=\frac{\sqrt{丙}}{一}訥\left[\frac{二\sqrt{丙}}{乙}⊥天\sqrt{丙}⊥\sqrt{甲⊥乙天⊥丙天^{二}}\right]⊥呙=\frac{\sqrt{丙}}{一}訥\left[乙⊥二丙天⊥二\sqrt{丙}\sqrt{甲⊥乙天⊥丙天^{二}}\right]⊥呙$ 此式中各項對數之函數所不同者，惟在常數 $訥(二\sqrt{丙})$ 而已。

第一百二十六款　茲論其第二種丙爲負者。

如有微分式 $\frac{\sqrt{甲⊥乙天丅丙天^{二}}}{彳天}$ 欲求其積分。

則可令其式中之分母 $\sqrt{甲⊥乙天丅丙天^{二}}=巳正弦斗$ ㊀ 其(中)巳爲未定之常數，斗爲變角，則 $甲⊥乙天丅丙天^{二}=巳^{二}正弦^{二}斗=巳^{二}丅巳^{二}餘^{二}弦斗$ 依前款之法變之得 $\frac{四}{乙^{二}}丅乙丙天⊥丙^{二}天^{二}=丙巳^{二}餘弦^{二}斗⊥\frac{四}{乙^{二}}丅甲丙丅巳^{二}丙$ 此式之左邊已爲正乘方。若欲變其右邊亦爲正乘方，可令 $丙巳^{二}=\frac{四}{乙^{二}}⊥甲丙$ 即 $巳\sqrt{丙}=\frac{二}{\sqrt{乙^{二}⊥四甲丙}}$ ㊁ 由此得 $\frac{四}{乙^{二}}丅乙丙天⊥丙^{二}天^{二}=丙巳^{二}餘弦^{二}斗$ 兩邊各開平方得 $\frac{二}{乙}丅丙天=\sqrt{丙}巳餘弦斗$ ㊂ 求其微分而以丙約之，得 $彳天=\frac{\sqrt{丙}}{彳斗}巳正弦斗=\frac{\sqrt{丙}}{彳斗}\sqrt{甲⊥乙天丅丙天^{二}}$ 所以 $\frac{\sqrt{甲⊥乙天丅丙天^{二}}}{彳天}=\frac{\sqrt{丙}}{一}彳斗$ 求其積分得 $禾\frac{\sqrt{甲⊥乙天丅丙天^{二}}}{彳天}=\frac{\sqrt{丙}}{一}斗⊥常數$ 如欲求其斗，則從二、三兩式得 $餘弦斗=\frac{二\sqrt{丙巳}}{乙丅二丙天}=\frac{\sqrt{乙^{二}⊥四甲丙}}{乙丅二丙天}$ 所以其積分之式或爲 $禾\frac{\sqrt{甲⊥乙天丅丙天^{二}}}{彳天}=\frac{\sqrt{丙}}{一}餘弦^{丅一}\frac{\sqrt{乙^{二}⊥四甲丙}}{乙丅二丙天}⊥呙$ 或爲

$禾\frac{\sqrt{甲丄乙天丅丙天^{二}}}{彳天}=\frac{\sqrt{丙}}{一}正弦^{丅一}\frac{\sqrt{乙^{二}丄四甲丙}}{二丙天丅乙}丄呐$　此兩式因其餘弦之角亥與正弦之角 $丁亥$ 其較恆爲正角，所以其較角爲常數，而兩角之積分不出乎此兩式之外。

又　第一百二十八款　若令卯爲負數，則其式可變爲他形。法以 $丁卯$ 代其卯，而將所得之各項，從新排列之，則其式爲

$$禾\frac{天^{卯}\sqrt{甲丄乙天丄丙天^{二}}}{彳天}=\frac{(卯丅一)甲}{丅一}\times\frac{天^{卯丅一}}{\sqrt{甲丄乙天丄丙天^{二}}}丅\frac{二卯丅二}{二卯丅三}\times\frac{甲}{乙}禾\frac{天^{卯丅一}\sqrt{甲丄乙天丄丙天^{二}}}{彳天}丅\frac{卯丅一}{卯丅二}\times\frac{甲}{丙}禾\frac{天^{卯丅二}\sqrt{甲丄乙天丄丙天^{二}}}{彳天}$$

而此式中之卯可以正數代之。

第一百二十九款　惟 $卯=一$ 者，則不能用前款之變式。因分母內凡有 $卯丅一$ 者，其項俱變爲無窮，故 $\frac{天\sqrt{甲丄乙天丄丙天^{二}}}{彳天}$ 之積分必分求之。令 $天=\frac{地}{一}$ 則 $\frac{天}{彳天}=\frac{地}{丅彳地}$ 所以其 $\frac{天\sqrt{甲丄乙天丄丙天^{二}}}{彳天}=\frac{\sqrt{丙丄乙地丄甲地^{二}}}{丅彳地}$ 惟此變式之微分，其積分之形有兩種，視甲之正負而異。

如甲爲正數，則依第一百二十五款之法，得積分之式爲 $丅\frac{\sqrt{甲}}{一}訥(乙丄二甲地丄二\sqrt{甲}\sqrt{丙丄乙地丄甲地^{二}})丄呐$ 其 $\sqrt{甲}$ 可任爲正負之數。如令之爲負，則積分之式變爲 $\frac{\sqrt{甲}}{一}訥(乙丄二甲地丅二\sqrt{甲}\sqrt{丙丄乙地丄甲地^{二}})丄呐$ 以地之同數 $\frac{天}{一}$ 代還之，則得 $禾\frac{天\sqrt{甲丄乙天丄丙天^{二}}}{彳天}=\frac{\sqrt{甲}}{一}訥\frac{天}{二甲丄乙天丅二\sqrt{甲}\sqrt{甲丄乙天丄丙天^{二}}}丄呐$　惟須勿忘其 $\sqrt{甲}$ 或可爲正或可爲負。

如甲爲負數，則 $禾\frac{天\sqrt{丅甲丄乙天丄丙天^{二}}}{彳天}=\frac{\sqrt{丙丄乙地丅甲地^{二}}}{丅彳地}$ 依第一百二十六款得其積分式 $禾\frac{\sqrt{丙丄乙地丅甲地^{二}}}{丅彳地}=丅\frac{\sqrt{甲}}{一}正弦^{丅一}\frac{\sqrt{乙^{二}丄四甲丙}}{二甲地丅乙}丄呐=\frac{\sqrt{甲}}{一}餘弦^{丅一}\frac{\sqrt{乙^{二}丄四甲丙}}{二甲地丅乙}丄呐$　以 $\frac{天}{一}$ 代其地，即得 $禾\frac{天\sqrt{丅甲丄乙天丄丙天^{二}}}{彳天}=\frac{\sqrt{甲}}{一}餘弦^{丅一}\frac{天\sqrt{乙^{二}丄四甲丙}}{二甲丅乙天}丄呐$

第一百三十款　以上各款之法謂從第一百二十五款至一百二十九款也。已足爲多種微分式求積分之用。

即如從第一百二十五款之法，可得 $禾\frac{\sqrt{甲丄天^{二}}}{彳天}=訥(天丄\sqrt{甲丄天^{二}})丄呐$ 及 $禾\frac{\sqrt{乙天丄天^{二}}}{彳天}=訥(\frac{一}{二}乙丄天丄\sqrt{乙天丄天^{二}})丄呐$

從一百二十九款之法可得 $禾\frac{天\sqrt{甲^{二}丄丙天^{二}}}{甲彳天}=訥\frac{天}{二甲^{二}丅二甲\sqrt{甲^{二}丄丙天^{二}}}丄呐$　若以 $訥(二甲)$ 約之，令 $\frac{訥(二甲)}{呐}$ 爲呐　則 $禾\frac{天\sqrt{甲^{二}丄丙天^{二}}}{甲彳天}=訥\frac{天}{甲丅\sqrt{甲^{二}丄丙天^{二}}}丄呐$　此式又可用法變之。因其 $禾\frac{天\sqrt{甲^{二}丄丙天^{二}}}{二甲彳天}=訥\frac{丅丙天^{二}}{(甲丅\sqrt{甲^{二}丄丙天^{二}})}丄呐$ 而 $丅丙禾^{二}=(甲丄\sqrt{甲^{二}丄丙天^{二}})(甲丅\sqrt{甲^{二}丄丙天^{二}})$ 所以代而化之可得 $禾\frac{天\sqrt{甲^{二}丄丙天^{二}}}{甲彳天}=\frac{二}{一}訥\frac{甲丄\sqrt{甲^{二}丄丙天^{二}}}{甲丅\sqrt{甲^{二}丄丙天^{二}}}丄呐$　由此可見，凡積分之式每能隨其所用之常數而有多種變形。

第一百三十一款　凡對函數之積分，每類中各有其相配之一幅積分數，可以角度或平圓之弧明之。

即如依第一百二十六款之法可得 $禾\frac{\sqrt{甲^{二}丅天^{二}}}{彳天}=正弦^{丅一}\frac{甲}{天}丄呐$ 及 $禾\frac{\sqrt{甲天丅天^{二}}}{彳天}=餘弦^{丅一}(一丅二\frac{甲}{天})丄呐$

又如依第一百二十九款第二法可得 $禾\frac{天\sqrt{天^{二}丅甲^{二}}}{甲彳天}=正割^{丅一}\frac{甲}{天}丄呐=餘弦^{丅一}\frac{天}{甲}丄呐$

又 第一百三十三款 此種微分式可用公式 $天^{寅丅一}彳天(甲丄乙天^{卯})^{\frac{午}{巳}}$ 明之。兹欲查出用何式能變其微分式爲實函數。

如令 $甲丄乙天^{卯}=人^{午}$ 則 $(甲丄乙天^{卯})^{\frac{午}{巳}}=人^{巳}$ 而 $天^{卯}=\frac{乙}{人^{巳}丅甲}$

所以 $天^{寅}=\left(\frac{乙}{人^{巳}丅甲}\right)^{\frac{卯}{寅}}$ 而 $天^{寅丅一}彳天=\frac{卯乙}{午}人^{午丅一}\left(\frac{乙}{人^{午}丅甲}\right)^{\frac{卯}{寅}丅一}彳人$

則所設之微分式變爲 $\frac{卯乙}{午}人^{巳丄午丅一}彳人\left(\frac{乙}{人^{午}丅甲}\right)^{\frac{卯}{寅}丅一}$ 此式遇 $\frac{卯}{寅}$ 能爲整數者，必爲實函數。

設其微分式爲 $天^{八}彳天(甲丄乙天^{三})^{\frac{午}{巳}}$ 則此式合于前例。因其 $寅=九$、$卯=三$、$\frac{卯}{寅}=三$ 故能變其形爲 $\frac{三乙}{午}人^{巳丄午丅一}彳人\left(\frac{乙}{人^{午}丅甲}\right)^{二}$

設其微分式爲 $天^{寅丅一}彳天(甲丄乙天^{卯})^{\frac{午}{巳}}$ 則可變之使其括弧中天之指數爲負。

法將括弧內之數變爲 $日丄乙天^{卯}$ 約$\overset{卯}{天}$即得 $天^{寅丅一}彳天(甲丄乙天^{卯})^{\frac{午}{巳}}=天^{寅丅一}彳天[(甲天^{丅卯}丄乙)天^{卯}]^{\frac{午}{巳}}=天^{寅丄\frac{午}{卯巳}丅一}彳天(甲天^{丅卯}丄乙)^{\frac{午}{巳}}$

又依前法變之，至其末式中之 $\frac{卯}{寅丄\frac{午}{卯巳}}$ 每遇能爲整數之時，則微分式可爲實函數。或可云每遇 $\frac{卯}{寅}丄\frac{午}{巳}$ 能爲整數，則其微分式可變爲實函數。

設有微分式 $天^{四}彳天(甲丄乙天^{三})^{\frac{三}{二}}$ 此式亦與以上所言者爲一類。因其 $\frac{卯}{寅}=\frac{三}{五}$ $\frac{午}{巳}=\frac{三}{一}$ $\frac{卯}{寅}丄\frac{午}{巳}=\frac{三}{六}=二$ 故可用此諸數于 $天^{寅丄\frac{午}{卯巳}丅一}彳天(甲天^{丅卯}丄乙)^{\frac{午}{巳}}$ 之式中，得 $甲天^{丅卯}丄乙=人^{午}$ 從此式化得 $甲丄乙天^{卯}=天^{卯}人^{午}$ 若徑將其 $天^{寅丅一}彳天(甲丄乙天^{卯})^{\frac{午}{巳}}$ 如法變之，則易知所得之式必與用 $天^{寅丄\frac{午}{卯巳}丅一}彳天(甲天^{丅卯}丄乙)^{\frac{午}{巳}}$ 之式所得者相同。

第一百三十四款 有時其微分之式 $天^{寅丅一}彳天(甲丄乙天^{卯})^{\frac{午}{巳}}$ 不能徑求積分，則必變爲簡式以求之。其法與第一百十三款之理相同。惟因 $禾戌彳亥=戌亥丅禾亥彳戌$ 所以凡遇微分式若能化其式爲兩箇乘數，其一箇乘數能求其積分，而以亥明之，其又一箇乘數以戌明之，則其全微分式之積分必可從求 $亥彳戌$ 之積分而得。

用此法變得之微分，有時可比所設之式更簡，故其積分更易求。此爲最妙之法，其用甚廣，名曰分求積分之法。

兹因欲從簡易，故令巳代其午$\overline{巳}$。惟推算之時，須勿忘巳之所代者常爲分數，則所設之微分式變爲 $天^{寅丅一}彳天(甲丄乙天^{卯})^{巳}$ 化此式爲兩箇乘數，共有數法。兹言其最便之法。如左。

變其式爲 $天^{寅丅卯}天^{卯丅一}彳天(甲丄乙天^{卯})^{巳}$ 其一箇乘數 $天^{卯丅一}彳天(甲丄乙天^{卯})^{巳}$ 爲能求積分者，依第一百〇八款之法，無論巳所代之分數如何，必能得其積分。所以可用彼代之，則 $亥=\frac{卯乙(巳丄一)}{(甲丄乙天^{卯})^{巳丄一}}$、$戌=天^{寅丅卯}$ 由此得 $禾天^{寅丅一}彳天(甲丄乙天^{卯})^{巳}=\frac{卯乙(巳丄一)}{天^{寅丅卯}(甲丄乙天^{卯})^{巳丄一}}丅\frac{卯乙(巳丄一)}{寅丅卯}禾天^{寅丅卯丅一}彳天(甲丄乙天^{卯})^{巳丄一}$ 惟因 $禾天^{寅丅卯丅一}彳天(甲丄乙天^{卯})^{巳丄一}=禾天^{寅丅卯丅一}彳天(甲丄乙天^{卯})^{巳}(甲丄乙天^{卯})=甲禾天^{寅丅卯丅一}彳天(甲丄乙天)^{巳}丄乙禾天^{寅丅一}彳天(甲丄乙天^{卯})^{巳}$ 以此代入前式中，而將其 $禾天^{寅丅一}彳天(甲丄乙天^{卯})^{巳}$ 之同數各項聚而化之，即得呷式。如左。

呷式 $禾天^{寅丅一}彳天(甲丄乙天^{卯})^{巳}=\frac{乙(巳卯丄寅)}{天^{寅丅卯}(甲丄乙天^{卯})^{巳丄一}}丅\frac{乙(巳卯丄寅)}{甲(寅丅卯)}\times禾天^{寅丅卯丅一}彳天(甲丄乙天^{卯})^{巳}$ 觀此易知，凡求 $天^{寅丅一}彳天(甲丄乙天^{卯})^{巳}$ 之積分者，可變之爲求 $天^{寅丅卯丅一}彳天(甲丄乙天^{卯})^{巳}$ 式之積分。所以此式又可變爲求 $天^{寅丅二卯丅一}彳天(甲丄乙天^{卯})^{巳}$ 之積分。

法將 $寅丅卯$ 代呷式中之寅，再將其 $寅丅卯$ 變爲 $寅丅二卯$ 則能用 $禾天^{寅丅三卯丅一}彳天(甲丄乙天^{卯})^{巳}$ 而求 $禾天^{寅丅二卯丅一}彳天(甲丄乙天^{卯})^{巳}$ 順是以下，仿此類推。

總言之，若以未代其變化之次數，則至末得 $禾天^{寅丅未卯丅一}彳天(甲丄乙天^{卯})^{巳}$ 而其末式必爲 $禾天^{寅丅(未丅一)卯丅一}彳天(甲丄乙天^{卯})^{巳}=$

$\frac{乙[巳卯⊥寅丅(未丅一)卯]}{天^{寅丅未卯}(甲⊥乙天^{卯})^{巳⊥一}}丅\frac{乙[巳卯⊥寅丅(未丅一)卯]}{甲(寅丅未卯)}禾天^{寅丅未卯丅一}彳天(甲⊥乙天^{卯})^{巳}$ 從此可知，寅若爲卯所可度，則能用代數之式明其 $禾天^{寅丅一}彳天(甲⊥乙天^{卯})^{巳}$ 之積分。因遞次變化之至末次之積分式，必以 $寅丅未卯=〇$ 爲天之方數故也。

用茲款之法所求得之積分與用第一百三十三款之法所得者無異。

第一百三十五款　又有一種變化之法，可將其括弧外之指數遞損其一數。

用此法惟須知其 $禾天^{寅丅一}彳天(甲⊥乙天^{卯})^{巳}=禾天^{寅丅一}彳天(甲⊥乙天^{卯})^{巳丅一}(甲⊥乙天^{卯})=甲禾天^{寅丅一}彳天(甲⊥乙天^{卯})^{巳丅一}⊥乙禾天^{寅⊥卯丅一}彳天(甲⊥乙天^{卯})^{巳丅一}$ 如將甲式中之寅變爲 寅⊥卯 又將其巳變爲 巳丅一 則其式變爲 $禾天^{寅⊥卯丅一}彳天(甲⊥乙天^{卯})^{巳丅一}=$

$\frac{乙(巳卯⊥寅)}{天^{寅}(甲⊥乙天^{卯})^{巳}丅甲寅禾天^{寅丅一}彳天(甲⊥乙天^{卯})^{巳丅一}}$ 以此代入前式即得乙式。如左。

乙式　$禾天^{寅丅一}彳天(甲⊥乙天^{卯})^{巳}=\frac{巳卯⊥寅}{天^{寅}(甲⊥乙天^{卯})^{巳}}⊥$

$\frac{巳卯⊥寅}{巳卯甲}禾天^{寅丅一}彳天(甲⊥乙天^{卯})^{巳丅一}$ 依此式可令其巳遞減一數。若與甲式並用之，可令 $禾天^{寅丅一}彳天(甲⊥乙天^{卯})^{巳}$ 藉 $禾天^{寅丅未卯丅一}彳天(甲⊥乙天^{卯})^{巳丅申}$ 而得其 未卯 爲 寅丅一 內所能有卯之最大之倍數。其申爲巳所能有之最大整數。

如有式 $禾天^{七}彳天(甲⊥乙天^{三})^{\frac{三}{五}}$ 可依甲式遞次消化之，爲 $禾天^{四}彳天(甲⊥乙天^{三})^{\frac{三}{五}}$、$禾天彳天(甲⊥乙天^{三})^{\frac{三}{五}}$ 又依乙式消化其 $禾天彳天(甲⊥乙天^{三})^{\frac{三}{五}}$ 爲 $禾天彳天(甲⊥乙天^{三})^{\frac{三}{二}}$、$禾天彳天(甲⊥乙天^{三})^{\frac{三}{一}}$

第一百三十六款　從以上兩款之式易知，其寅與卯若爲負數，則不能依甲乙兩式而求其積分。因其指數必反增故也。然若反其術而用之，亦未嘗不可通。

即如從甲式得 $禾天^{寅丅卯丅一}彳天(甲⊥乙天^{卯})^{巳}=\frac{甲(寅丅卯)}{天^{寅丅卯}(甲⊥乙天^{卯})^{巳⊥一}}丅\frac{甲(寅丅卯)}{乙(寅⊥卯巳)}禾天^{寅丅一}彳天(甲⊥乙天^{卯})^{巳}$ 以 寅⊥卯 代其寅，則得丙式。如左。

丙式　$禾天^{寅丅一}彳天(甲⊥乙天^{卯})^{巳}=\frac{甲寅}{天^{寅}(甲⊥乙天^{卯})^{巳⊥一}}丅$

$\frac{甲寅}{乙(寅⊥卯⊥卯巳)}禾天^{寅⊥卯丅一}彳天(甲⊥乙天^{卯})^{巳}$ 依此式則能減其括弧外變數之指數。因如令 丅寅 代其 寅⊥卯丅一 中之寅，則爲 丅寅⊥卯丅一 故也。

若欲反其乙式，可令 $禾天^{寅丅一}彳天(甲⊥乙天^{卯})^{巳丅一}=丅\frac{巳卯甲}{天^{寅}(甲⊥乙天^{卯})^{巳}}⊥$

$\frac{巳卯甲}{寅⊥卯巳}禾天^{寅丅一}彳天(甲⊥乙天^{卯})^{巳}$ 以 巳⊥一 代其巳，則得丁式。如左。

丁式　$禾天^{寅丅一}彳天(甲⊥乙天^{卯})^{巳}=丅\frac{卯甲(巳⊥一)}{天^{寅}(甲⊥乙天^{卯})^{巳⊥一}}⊥$

$\frac{卯甲(巳⊥一)}{寅⊥卯⊥卯巳}禾天^{寅丅一}彳天(甲⊥乙天^{卯})^{巳⊥一}$ 依此式則能減其括弧之指數。因巳若爲負數，則其 巳⊥一 能變爲 丅巳⊥一 故也。

第一百三十七款　如有式 $禾\frac{\sqrt{一丅天^{二}}}{天^{寅丅一}彳天}$ 其寅爲正整之數。令 $甲=一、乙=丅一、卯=二、巳=丅\frac{二}{一}$ 即可得 $禾\frac{\sqrt{一丅天^{二}}}{天^{寅丅一}彳天}=丅$

$\frac{寅丅一}{天^{寅丅二}\sqrt{一丅天^{二}}}⊥\frac{寅丅一}{寅丅二}禾\frac{\sqrt{一丅天^{二}}}{天^{寅丅三}彳天}$ 若以寅代其 寅丅一 則得

$禾\frac{\sqrt{一丅天^{二}}}{天^{寅}彳天}=丅\frac{寅}{天^{寅丅一}\sqrt{一丅天^{二}}}⊥\frac{寅}{寅丅一}禾\frac{\sqrt{一丅天^{二}}}{天^{寅丅二}彳天}$ 如令寅之各同數爲遞加之奇數，則 $禾\frac{\sqrt{一丅天^{二}}}{天彳天}=丅\sqrt{一丅天^{二}}⊥常數$、$禾\frac{\sqrt{一丅天^{二}}}{天^{三}彳天}=$

$丅\frac{三}{一}天^{二}\sqrt{一丅天^{二}}⊥\frac{三}{二}禾\frac{\sqrt{一丅天^{二}}}{天彳天}$、$禾\frac{\sqrt{一丅天^{二}}}{天^{五}彳天}=丅\frac{五}{一}天^{四}\sqrt{一丅天^{二}}$

$⊥\frac{五}{四}禾\frac{\sqrt{一丅天^{二}}}{天^{三}彳天}$、$禾\frac{\sqrt{一丅天^{二}}}{天^{七}彳天}=丅\frac{七}{一}天^{六}\sqrt{一丅天^{二}}⊥\frac{七}{六}禾\frac{\sqrt{一丅天^{二}}}{天^{五}彳天}$

∴從此得 $禾\frac{\sqrt{一丅天^{二}}}{天^{三}彳天}=丅\left(\frac{三}{一}天^{二}⊥\frac{二·三}{一·二}\right)\sqrt{一丅天^{二}}$　$禾\frac{\sqrt{一丅天^{二}}}{天^{五}彳天}$

$=丅\left(\frac{五}{一}天^{四}丄\frac{三·五}{一·四}天^{二}丄\frac{一·三·五}{一·二·四}\right)\sqrt{一丅天^{二}}$、$禾\frac{\sqrt{一丅天^{二}}}{天^{七}彳天}=丅\left(\frac{七}{一}天^{六}丄\frac{五·七}{一·六}天^{四}丄\frac{三·五·七}{一·四·六}天^{二}丄\frac{一·三·五·七}{一·二·四·六}\right)\sqrt{一丅天^{二}}$ … 則其求各積分之法自明。又每式必加一常數，若寅之各同數爲偶，則 $禾\frac{\sqrt{一丅天^{二}}}{天^{二}彳天}$

$=丅\frac{二}{一}天\sqrt{一丅天^{二}}丄\frac{二}{一}禾\frac{\sqrt{一丅天^{二}}}{彳天}$、$禾\frac{\sqrt{一丅天^{二}}}{天^{四}彳天}=丅\frac{四}{一}天^{二}\sqrt{一丅天^{二}}丄\frac{四}{三}禾\frac{\sqrt{一丅天^{二}}}{天^{二}彳天}$、$禾\frac{\sqrt{一丅天^{二}}}{天^{六}彳天}=丅\frac{六}{一}天^{五}\sqrt{一丅天^{二}}丄\frac{六}{五}禾\frac{\sqrt{一丅天^{二}}}{天^{四}彳天}$ …

依第二十三款之理，以此各式從 $禾\frac{\sqrt{一丅天^{二}}}{彳天}=正弦^{丅一}天丄常數$ 之例，令所有天爲正弦之弧爲呷，即得 $禾\frac{\sqrt{一丅天^{二}}}{彳天}=呷丄常數$、$禾\frac{\sqrt{一丅天^{二}}}{天^{二}彳天}=$

$丅\frac{二}{一}天\sqrt{一丅天^{二}}丄\frac{二}{一}呷丄常數$、$禾\frac{\sqrt{一丅天^{二}}}{天^{四}彳天}=$

$丅\left(\frac{四}{一}天^{三}丄\frac{二·四}{一·三}天\right)\sqrt{一丅天^{二}}丄\frac{二·四}{一·三}呷丄常數$、$禾\frac{\sqrt{一丅天^{二}}}{天^{六}彳天}=$

$丅\left(\frac{六}{一}天^{五}丄\frac{四·六}{一·五}天^{三}丄\frac{二·四·六}{一·三·五}天\right)\sqrt{一丅天^{二}}丄\frac{二·四·六}{一·三·五}呷丄常數$ …

第一百三十八款　前款之式其寅俱爲正數。兹款乃論寅爲負數之式。

從丙式得 $禾\frac{\sqrt{一丅天^{二}}}{天^{丅寅丅一}彳天}=丅\frac{寅}{天^{丅寅}\sqrt{一丅天^{二}}}丄\frac{寅}{寅丅一}禾\frac{\sqrt{一丅天^{二}}}{天^{丅寅丄一}彳天}$

以 丅寅 代其 丅寅丅一 則變爲 $禾\frac{天^{寅}\sqrt{一丅天^{二}}}{彳天}=\frac{(寅丅一)天^{寅丅一}}{丅\sqrt{一丅天^{二}}}$

$丄\frac{寅丅一}{寅丅二}禾\frac{天^{寅丅二}\sqrt{一丅天^{二}}}{彳天}$ 惟此式中之寅不能等于一。因 寅＝一 則其分母爲〇。而其倍數必爲無窮之故也。

寅等于一之式可從第一百三十款之例得 $禾\frac{天\sqrt{一丅天^{二}}}{彳天}=$

$丄訥\frac{天}{一丅\sqrt{一丅天^{二}}}丄常數$ 再令 寅＝三、寅＝五… 即得 $禾\frac{天^{三}\sqrt{一丅天^{二}}}{彳天}$

$=丅\frac{二天^{二}}{\sqrt{一丅天^{二}}}丄\frac{二}{一}禾\frac{天\sqrt{一丅天^{二}}}{彳天}$、$禾\frac{天^{五}\sqrt{一丅天^{二}}}{彳天}=丅\frac{四天^{四}}{\sqrt{一丅天^{二}}}丄\frac{四}{三}禾\frac{天^{三}\sqrt{一丅天^{二}}}{彳天}$、$禾\frac{天^{七}\sqrt{一丅天^{二}}}{彳天}=丅\frac{六天^{六}}{\sqrt{一丅天^{二}}}丄\frac{六}{五}禾\frac{天^{五}\sqrt{一丅天^{二}}}{彳天}$ …

再令 寅＝二、寅＝四、寅＝六… 即得 $禾\frac{天^{二}\sqrt{一丅天^{二}}}{彳天}=丅\frac{天}{\sqrt{一丅天^{二}}}丄常數$、$禾\frac{天^{四}\sqrt{一丅天^{二}}}{彳天}=丅\frac{三天^{三}}{\sqrt{一丅天^{二}}}丄\frac{三}{一}禾\frac{天^{二}\sqrt{一丅天^{二}}}{彳天}$、$禾\frac{天^{六}\sqrt{一丅天^{二}}}{彳天}=丅\frac{五天^{五}}{\sqrt{一丅天^{二}}}丄\frac{五}{四}禾\frac{天^{四}\sqrt{一丅天^{二}}}{彳天}$ …

此款所論之各式皆可如前款之法得其級數之式。以對數及代數明其積分。

第一百四十款　凡用級數以求積分，其意謂積分之真同數不能得，則可用此法以求其略近之數也。所以必用各法求得數種級數，而擇其最易密合者用之。

凡發級數，其天之指數爲正，則其方數恆增。除其天本爲甚微之數以外，皆不合于用。如前款二題所得者是也。惟其天之指數若爲負者，即爲斂級數。除天爲大數以外，亦不合于用。

又 第一百四十一款　用級數之法以求積分，不過欲查得一式能分爲多項而各求其積分耳。雖所分之各項，其形與 $\frac{呷天^{寅}}{彳天}$ 爲一類者，亦可用之。蓋無論其各項之形如何，祇須其化得之級數能以代數、對數或平圓之弧明之者皆可用之。總以其函數之同數最易知，而得數易密者爲佳。因其所用之若干項和數與其全積分數所差極微，故可用也。

凡必用級數以求積分者，因其全積分式之性情不能以有窮之項明之，故不得已而借代數、對數或平圓弧各式，以無窮級數明之。然則級數求積分之法，必爲他法所不能得者，方可用此法也。

如能將各種函數與變數相配，以其各同數列爲表，則用以求積分最便。惟因造此表之工夫極大，卷帙必多，而用此表之時甚少，所以無人爲之。凡立成之表能省人推算之工者，除八線表之外，惟有對數表而已。

求對函數微分式之積分

又 第一百四十三款 卯若爲負整數，則用 $禾戌彳亥=戌亥丅禾亥彳戌$ 其對數之方必增大。如 $\frac{(訥天)^{卯}}{吧彳天}=\frac{丅卯丄一}{吧天}(丅卯丄一)(訥天)^{丅卯}\frac{天}{彳天}$ 若令 $吧天=戌$、$(訥天)^{丅卯}\frac{天}{彳天}=彳亥$ 則 $\frac{丅卯丄一}{(訥天)^{丅卯丄一}}=亥$ 而其 $\frac{禾(訥天)^{卯}}{吧彳天}$ $=\frac{丅卯丄一}{吧天}(訥天)^{丅卯丄一}丄\frac{卯丅一}{一}禾(訥天)^{丅卯丄一}彳(吧天)$ 設 $吧=天^{寅}$ 則上式又可變爲 $禾\frac{(訥天)^{卯}}{天^{寅}彳天}=\frac{(卯丅一)(訥天)^{卯丅一}}{丅天^{寅丄一}}丄\frac{卯丅一}{寅丄一}禾\frac{(訥天)^{卯丅一}}{天^{寅}彳天}$ 如是屢變之至末，必可藉 $禾\frac{訥天}{天^{寅}彳天}$ 而得其積分。再令 $天^{寅丄一}=人$ 則 $訥天=\frac{寅丄一}{訥人}$、$天^{寅}彳天=\frac{寅丄一}{彳人}$ 所以 $\frac{訥天}{天^{寅}彳天}=\frac{訥人}{彳人}$ 此爲最奇之越函數。其積分除用無窮級數之外，無他法能明之。

求指函數微分式之積分

又 第一百四十四款 從第十九款已知 $彳(甲^{天})=訥(甲)甲^{天}彳天$ 所以 $禾甲^{天}彳天=\frac{訥甲}{甲^{天}}丄丙$ 惟因 $彳天=\frac{甲^{天}訥甲}{彳(甲^{天})}$ 所以亥若爲$甲^{天}$之任何對函數，則令 $甲^{天}=戌$ 即得 $亥彳天=\frac{戌訥甲}{亥彳戌}$ 若就戌而論之，此式有代數之形。如令 $亥=\frac{\sqrt{一丄甲^{卯天}}}{甲^{天}}$ 即可得 $禾\frac{\sqrt{一丄甲^{卯天}}}{甲^{天}彳天}=禾\frac{訥甲\sqrt{一丄戌^{卯}}}{彳戌}$ 此式之級數可依以上各款之法求之。

設人爲天之任何函數。令戌爲其 訥=一 之數，則 $彳(人戌^{天})=戌^{天}彳人$ $丄戌^{天}人彳天$ 所以其 $禾戌^{天}彳天\left(人丄\frac{彳天}{彳人}\right)=人戌^{天}丄丙$ 若令 $人=天^{三}丅一$ 則 $\frac{彳天}{彳人}=三天^{二}$ 而 $禾戌^{天}彳天(三天^{二}丄天^{三}丅一)=戌^{天}(天^{三}丅一)丄丙$

又 第一百四十六款 若卯爲負指數，則可依同法以天之指數增之，故可從 $禾戌彳亥=戌亥丅禾亥彳戌$ 式之例，令 $戌=甲^{天}$、$彳亥=\frac{天^{卯}}{彳天}$ 即可得 $禾\frac{天^{卯}}{甲^{天}彳天}=\frac{(卯丅一)天^{卯丅一}}{丅甲^{天}}丄\frac{卯丅一}{訥甲}禾\frac{天^{卯丅一}}{甲^{天}彳天}$ 如是屢變至末，則 $禾\frac{天^{卯}}{甲^{天}彳天}$ 可藉 $禾\frac{天}{甲^{天}彳天}$ 而得。若令 $甲^{天}=人$ 則 $天訥甲=訥人$、$天=\frac{訥甲}{訥人}$、$彳天=\frac{訥甲}{一}\times\frac{人}{彳人}$ 所以 $\frac{天}{甲^{天}彳天}=\frac{訥甲}{一}\times\frac{訥人}{彳人}$、$禾\frac{天}{甲^{天}彳天}=\frac{訥甲}{一}禾\frac{訥人}{彳人}$ 求此二積分之同數，其難大略相同。算學家曾經極費心思求其解法。大約除用無窮級數之外，無他法可得其同數。

第一百四十七款 卯若爲分指數，則可用以上各法將其天之指數變之得一分數。在〇與 丄一、丅一 之間，乃用無窮之級數求其積分。

凡求 $天^{卯}甲^{天}彳天$ 之積分，無論用何法皆可用 $吧甲^{天}彳天$ 代之。惟其吧必爲天之任何函數。

又 第一百五十二款 其寅與卯若爲負指數，則必改其公式，法將角式之卯變爲 丅卯 即得 $禾\frac{餘弦^{卯}天}{彳天正弦^{寅}天}=丅\frac{(寅丅卯)餘弦^{卯丅一}天}{正弦^{寅丅一}天}丄$ $\frac{寅丅卯}{寅丅一}禾\frac{餘弦^{卯}天}{彳天正弦^{寅丅二}天}$ 爲氐式。依此式遞變之，則所求之積分可藉 $\frac{餘弦^{卯}天}{彳天正弦天}$㊀ 或 $\frac{餘弦^{卯}天}{彳天}$㊁ 之積分而得，視寅之奇偶而異。

如令 餘弦天=人 則一式變爲 $丅\frac{人^{卯}}{彳人}$ 而其積分易得。欲求其二式之積分，在下款明之。

若將公式亢令其指數卯變爲負，又令其右邊之數爲此邊獨有之項，變其卯爲 卯丅二 謂令其右邊之指數獨變，而左邊不變也。則得房式。如左。

如 $禾\frac{餘弦^{卯}天}{彳天正弦^{寅}天}=\frac{(卯丅一)餘弦^{卯丅一}天}{正弦^{寅丄一}天}丅\frac{卯丅一}{寅丅卯丄二}禾\frac{餘弦^{卯丅二}天}{彳天正弦^{寅}天}$ 爲房式。

依此式遞變之，則所求之積分可藉 $彳天正弦^{寅}天$㊀ 或 $\frac{餘弦天}{彳天正弦^{寅}天}$㊁ 而得，視卯之奇偶而異。其一式可依角式求其積分。其二式求積分之法俟後詳解之。

第一百五十三款 若寅或卯等于〇，即得 $禾彳天正弦^{寅}天=$

$\frac{丁餘弦天正弦^{寅丁一}天}{寅}丄\frac{寅丁一}{寅}禾彳天正弦^{寅丁二}天$、$禾彳天餘弦^{卯}天=\frac{正弦天餘弦^{卯丁一}天}{卯}丄\frac{卯丁一}{卯}禾彳天餘弦^{卯丁二}天$、$禾\frac{彳天}{正弦^{寅}天}=\frac{丁餘弦天}{(寅丁一)正弦^{寅丁一}天}丄\frac{寅丁二}{寅丁一}禾\frac{彳天}{正弦^{寅丁二}天}$、$禾\frac{彳天}{餘弦^{卯}天}=\frac{正弦天}{(卯丁一)餘弦^{卯丁一}天}丄\frac{卯丁二}{卯丁一}禾\frac{彳天}{餘弦^{卯丁二}天}$

第一百五十四款　若其正弦、餘弦之指數皆爲負，可將其分子以 $餘弦^{二}天丄正弦^{二}天=一$ 乘之，則得 $禾\frac{彳天}{正弦^{寅}天餘弦^{卯}天}=禾\frac{彳天}{正弦^{寅丁二}天餘弦^{卯}天}丄禾\frac{彳天}{正弦^{寅}天餘弦^{卯丁二}天}$　此各積分有 正弦天 或 餘弦天 在其分母內。因 寅＝卯 叵 $正弦天餘弦天=\frac{一}{二}正弦二天$　故可令 二天＝人 而變其積分之式爲前款中第三式之形。

又　卷七

求曲線之面積

第一百五十七款　因平面上任何曲線之面積能以 禾地彳天 明之，其縱線地爲橫線天之函數，所以反其說則任何積分數亦能用幾何之法以曲線之面積明之。觀其積分之幾何式易知異于尋常代數之函數。

積分式之所以異于代數之函數者，因代數之函數如 $甲丄乙天^{卯}$、甲天、正弦天…　其各式有一定之同數，與天之已知之同數相配，而與其前後之各數不相關。惟積分之式則不然，其 禾地彳天 所當之面積在變數天漸變其大小之間。

如呷叮咋吧面積即可當 禾地彳天　若其曲線爲拋物線，則可用 $\frac{二}{三}天地丄哂$ 明之，故非求得其哂之同數與消去其哂，則呷叮咋吧面積不能知也。

無論曲線之性情如何，其呷叮咋吧面積必等于 禾地彳天　其變數天若從任一同數呷叮增大至爲他同數呷咋，而其呷叮呷咋之大小已知，又其天與地相比之式亦已知，則必能推得其呷叮咋吧之面積。故其面積之式可用公式 $呷叮咋吧面=禾_{乙}^{甲}地彳天$ 以賅之。其甲與乙以代呷叮與呷咋。

觀以上所論可知，任何積分式尚爲未定之數，而其所以得此式者，因其變數之同數能改變之故也。若欲求其一定之同數，必查其先後之兩同數方可知之。

第一百五十八款　如前款之說，則積分式與曲線之面積甚相似，而稍有不同。可見必有一公法求其面積之數使甚近于真。

即如令地爲天之任何函數，而欲求 天＝甲、天＝乙 間之 禾地彳天 是也。

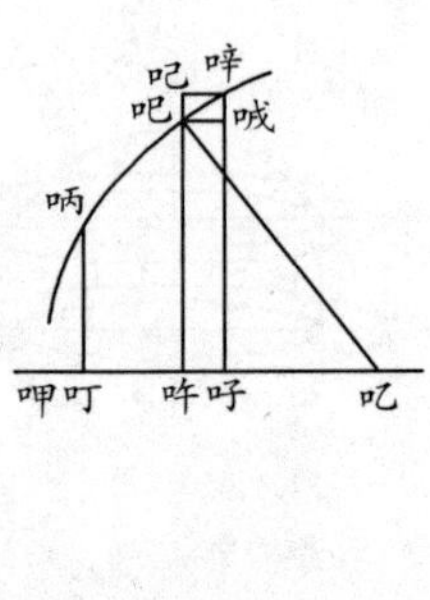

如呷吧叮爲任何曲線，呷叱爲其軸，縱線爲地，橫線爲天。其呷咋爲天之小同數，以甲代之。呷咋‴爲天之大同數，以乙代之。而作縱線吧咋、吧‴咋‴，則吧咋吧‴咋‴面積爲所設之積分幾何式。無論何種曲線，皆可依此法以求其積分而得面積之數。

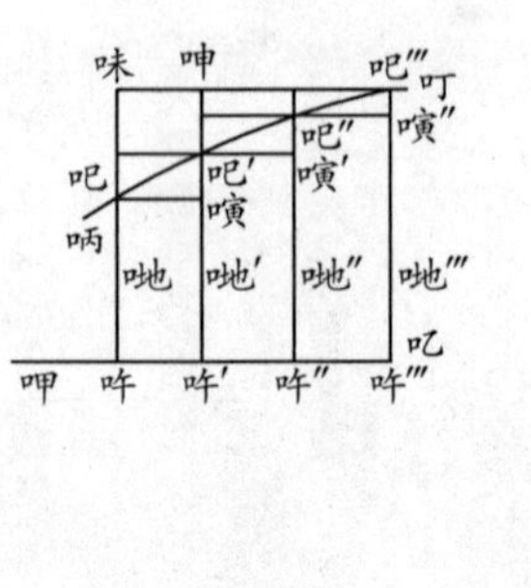

若將咋咋‴分爲任多等分，在咋′、咋″各點作吧′咋′、吧″咋″各縱線，則能分全形爲吧吧′咋′咋及吧′吧″咋″咋′各段，乃作級式之各矩形，如吧咋′、吧′咋″、吧″咋‴，則諸矩形俱在曲線之內，故其諸矩形之和必小于曲線之面積。再作級式之各矩形，如吧咋′、吧″咋″、吧‴咋‴，則此諸矩形之和必大于曲線之面積。惟此各矩形之廣恆爲已知之數。又從曲線之理，則各矩形之高亦爲已知之數。故各矩形之面積可以從此推得。惟因切于曲線內之各矩形，其和必小于曲線面積，其切而微露于曲線外之各矩形，其和必大于曲線面積。故以兩種矩形相減即爲吧嗊呻咊。設其底吧嗊即咋咋′爲甚小之數，則其吧嗊呻咊面積可小于能名之面，如此則可得積分之略近數能令其差于曲線之真面積極微。再作吧吧′、吧′吧″、吧″吧‴各通弦，則得一級形之四不等邊形。而此各形之和與曲線之真面積相較，其差更小于兩種矩形之較。如此則能得積分之略數甚近于真。【略】

第一百五十九款　設其吧咋、吧′咋′各縱線漸增多，則其內矩形之和積漸增而外矩形之和積漸損。

惟因各矩形之廣爲天之各同數呷咋、呷咋′…之較，故可以咋咋′爲各縱線之公相距，而易求　禾地秖　在　天＝呷咋＝甲、天＝呷咋″乙　兩限之間面積之略數。

法將　咋咋″＝乙丁甲　分爲卯等分，而代以辛，乃求其虵虵′虵″至　唬$^{(卯)}$　之各同數，即爲虵之定同數，與　天＝甲、天＝甲丄辛、天＝甲丄二辛　至　天＝甲丄卯辛＝乙　相配之數。再設其縱線恆增大，則　$禾_{乙}^{甲}$地秖　大于　辛[唬′丄唬″丄…丄唬$^{(卯)}$]㈠　而小于　辛[唬′丄唬″丄唬‴丄…丄唬$^{(卯)}$]㈡　此兩式之相較爲　辛(唬$^{(卯)}$丁唬)　如令辛爲甚小之數，則其較可甚微。

若有正弦在斂級數中者，其理亦同。若各縱線先增而後損，則其　乙丁甲　可分爲兩分。其一分爲地之漸增者，一分爲地之漸損者。各依前法求之。其與地相等之天函數無論如何若從　天＝甲　至　天＝乙　恆爲有窮之數，則令虵′虵″至　唬$^{(卯)}$　代其地可得　$禾_{乙}^{甲}$地秖＝唬辛丄唬′辛丄唬″辛丄…丄唬$^{(卯丁一)}$辛　來本之名其　禾地秖　爲無窮小數　唬辛、唬′辛…　之和，故積分之名自此而起。因辛爲小至無窮之數，而能以天之微分代之，故　地秖　爲其積之微分。

又　求曲線之長

第一百六十一款　茲將法固納尼所攷得橢圓形之奇理論之。

近時代數學家所查出算理中最巧妙之事，多以法固納尼之理爲本。

如呷吃甲爲橢圓形，叮爲曲線上之任一點，叮哦爲其切線。從中點呐作呐哦線爲切線之垂線。又從呐點與切線平行作呐啐線，則此線爲自呐至叮之縱徑線。又自啐點作啐呼線，與軸成正角。

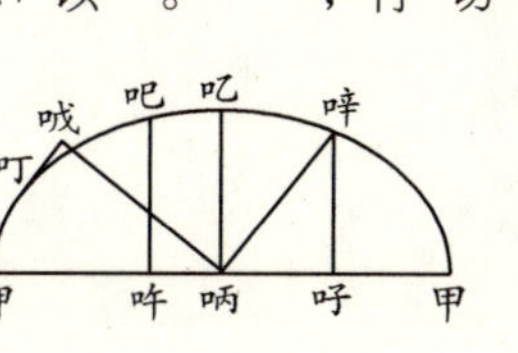

令呐呷爲一，呐吃爲乙，　$\sqrt{一丁乙^{二}}$＝戊　爲兩心距。垂線呐哦爲巳，切線叮哦爲酉，其呷呐哦角等于呐啐呼角，以斗代之，而以呷叮弧爲人。則依橢圓之理，　呐呷^{二}×啐呼^{二}＝呐吃^{二}(呐呷^{二}丁呐呼^{二})　因　啐呼＝呐啐餘弦斗、呐呼＝呐啐正弦斗　而呐啐^{二}餘弦^{二}斗＝乙^{二}(一丁呐啐^{二}正弦^{二}斗)　從此得　乙^{二}＝呐啐^{二}(餘弦^{二}斗丄乙^{二}正弦^{二}斗)　所以　乙^{二}＝呐啐^{二}(一丁戊^{二}正弦^{二}斗)　而呐啐＝$\frac{\sqrt{一丁戊^{二}正弦^{二}斗}}{乙}$　惟又依橢圓之理，　呐啐＝$\frac{呐哦}{呐呷×呐吃}$＝$\frac{巳}{乙}$　所以巳$\sqrt{一丁戊^{二}正弦^{二}斗}$　因已于第七十五款中證明　彳(人丄酉)＝巳斜　則其　人丄酉＝禾巳斜　所以知　人′丄酉＝禾斜$\sqrt{一丁戊^{二}正弦^{二}斗}$

如于半長徑呐呷內，令　呐咋＝呐呷正弦哦呐呷＝正弦斗　作縱線咋吧，令　人＝吃吧弧　則依前條之　彳人＝斜$\sqrt{一丁戊^{二}正弦^{二}斗}$　其人＝禾斜$\sqrt{一丁戊^{二}正弦^{二}斗}$　從此可見，　人′丄酉　與人之函數，其積分之式必無異理，其所以不同者在其常數耳，即　人′丄酉＝人丄呐　是也。惟若　人＝〇　則其　斗＝〇、人′＝〇、酉＝〇　所以其變數人、人′與酉爲同時而生，故其　呐＝〇　而無常數，則　人′丄酉＝人、人丁人′＝酉　所以攷得橢圓形最奇之性情爲在曲線上任一點叮作切線叮哦，從中點呐作呐哦爲其垂線，在呐呷內作呐咋等于　呐呷正弦哦呐呷　又作吧咋縱線，則橢圓弧吃吧與呷叮之較必等于切線叮哦。此即法固納尼所攷得之奇理也。

由此知，橢圓之形無論如何，若其任一段之弧已知，又能依幾何之法求其他弧，則其兩弧之較數可以直線明之。

已于第七十五款攷得凡曲線內之　𥹀＝$\frac{斜}{丁祀}$　故橢圓形內之巳＝$\sqrt{一丁戊^{二}正弦^{二}斗}$　而其　$\frac{斜}{祀}$＝$\frac{\sqrt{一丁戊^{二}正弦^{二}斗}}{丁戊^{二}正弦斗餘弦斗}$　所以無論切線之長若干，必得　人丁人′＝$\frac{\sqrt{一丁戊^{二}正弦^{二}斗}}{戊^{二}正弦斗餘弦斗}$

案：雙曲線亦有與此相類之性。此書中不及詳言。

求曲線所成之體積

第一百六十二款　如呷吃爲任何曲線平面積吧′呷巳′之軸。吧咋及吧′咋′爲與軸成垂線之縱線。作吧′呼爲吧咋之垂線，乃令呷吧咋平面繞呷吃軸而旋轉一周，則能成

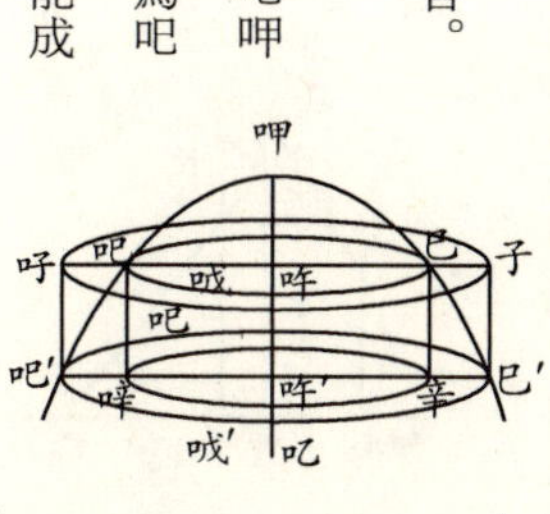

一實體呷吧哎巳。其吧咋咋′與吧′咋′咋′吁兩箇距形必各成圓柱形，其底爲吧哎巳與吧′哎′巳′兩箇平圓，而其公高爲咋咋′。其呷咋以天代之，其呷咋′以天′代之，其吧咋以地代之，其吧′咋′以地′代之。又以申代其呷吧咋面所成之體積，以申′代其呷吧′咋′面所成之體積，以周字代周率三·一四一六，則吧哎巳圓柱之積爲 周(天′丁天)地′^{二} 吧′哎′巳′圓柱積爲 周(天′丁天)地^{二} 其曲線之面積吧咋咋′吧′所成之體積，因大于內圓柱而小于外圓柱，則 申′丁申 大于 周(天′丁天)彳地^{二} 而小于 周(天′丁天)地′^{二} 所以 $\frac{天′丁天}{申′丁申}$ 大于 周地^{二} 而小于 周地′^{二} 再設其吧′哎′巳′平圓漸等于吧哎巳平圓，則其 周地′^{二} 爲 $\frac{天′丁天}{申′丁申}$ 之限。所以 $\frac{彳天}{彳申}$=周地^{二} 而 彳申=周地^{二}彳天 則 申=周禾地^{二}彳天 依此式能求得任何曲線之平面積旋轉一周所成之體積。

又 求曲體之皮積

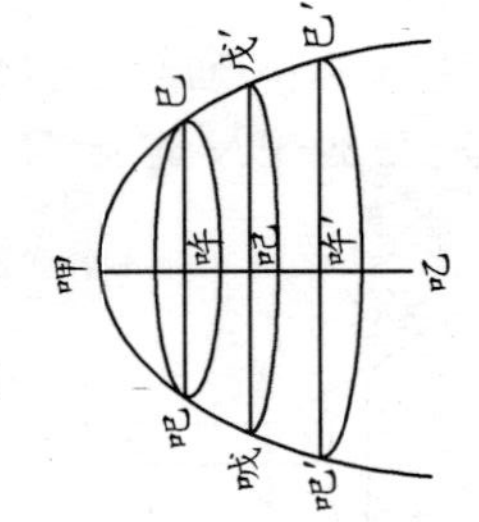

第一百六十四款 設呷吧吧′爲任何曲線之平面積，呷叱爲其軸線，吧咋、吧′咋′爲曲線之縱線。作吧哎、吧′哎爲在曲線吧、吧′兩點之切線，而相遇于哎。作哎吧″爲呷叱之垂線，又作通弦吧吧′，乃令其曲線繞呷叱軸而旋轉一周，則呷吧吧′弧成一曲面積，即皮積。而易見吧吧′弧所成之曲面必小于切線吧哎、吧′哎所成之圓錐圈面，亦必大于通弦吧吧′所成之圓錐圈面。令呷咋爲天，呷咋′爲天′，吧咋爲地，吧′咋′爲地′，哎吧″爲地″，呷吧弧爲人，呷吧′弧爲人′，呷吧弧所行成之曲面爲亥，呷吧′弧所行成之曲面爲亥′，則依幾何之理，其切線吧哎、吧′哎所成之面積爲 周(吧咋丄哎吧″)吧哎=周(地丄地″)吧哎、周(吧′咋′丄哎吧″)吧′哎=周(地′丄地″)吧′哎 通弦吧吧′所成之面積爲 周(吧咋丄吧′咋′)吧吧′=周(地丄地′)吧吧′ 所以 亥′丁亥 必小于 周[(地丄地″)吧哎丄(地′丄地″)吧′哎] 而大于 周(地丄地′)吧吧′弦 其 $\frac{人′丁人}{亥′丁亥}$ 必小于 周$\frac{吧吧′弧}{(地丄地″)吧哎丄(地′丄地″)吧′哎}$ 而大于 周(地丄地′)$\frac{吧吧′弧}{吧吧′弦}$ 設其吧、吧′二點漸相近，則其大、小于 $\frac{人′丁人}{亥′丁亥}$ 之兩數至末必變爲相等。此因地、地′、地″三線變爲相等，則 (地丄地″)吧哎丄(地′丄地″)吧′哎 變爲 (地′丄地)[吧哎丄吧′哎] 其 $\frac{吧吧′弧}{吧哎丄吧′哎}$ 與 $\frac{吧吧′弧}{吧吧′弦}$ 至末俱等于一。所以其限爲 $\frac{人′丁人}{亥′丁亥}$=二周地 故 $\frac{彳人}{彳亥}$=二周地 而 彳亥=二周地彳人=二周地$\sqrt{彳天^{二}丄彳地^{二}}$ 惟因 二周地 又爲吧巳剖面之周，所以可云曲面之微分等于本曲線之弧微分與平面相乘。

求曲體之皮積

第一百六十五款

一題 設有圓球，其半徑爲甲，欲求其皮積。

則仍用前圖，令呷咋爲天，吧咋爲地，呷吧弧爲人，吧巳平剖面爲亥。因本曲線之式爲 地=$\sqrt{二甲天丁天^{二}}$ 故其 彳地=$\frac{\sqrt{二甲天丁天^{二}}}{甲彳天丁天彳天}$、

彳人=$\sqrt{彳天^{二}丄彳地^{二}}$=$\frac{\sqrt{二甲天丁天^{二}}}{甲彳天}$=$\frac{地}{甲彳天}$ 彳亥=二周地彳人=二甲周彳天 而

亥=二甲周天 因 天=〇 之時，亥=〇 故不用常數。

因 二甲周 爲以甲爲半徑之平圓周，則其截皮積必等于以圓周爲直線與截高所成之矩形。故可知圓球之全皮積必比其最大之平剖面爲四倍。此乃亞幾默德所攷之理也。

二題 求抛物體之皮積。

仍用前圖，令呷咋爲天，吧咋爲地，呷吧弧爲人，呷吧弧所成之曲面爲亥，以二甲 代其通徑，則巳在第一百六十款得 彳人=$\frac{甲}{彳地}\sqrt{甲^{二}丄地^{二}}$ 所以 彳人=二周彳地彳人=$\frac{甲}{二周}$地彳地$\sqrt{甲丄地^{二}}$ 求積分得 亥=$\frac{甲}{二周}$禾地彳地$\sqrt{甲^{二}丄地^{二}}$ =$\frac{三甲}{二周}$(甲^{二}丄地^{二})$^{\frac{二}{三}}$丄呐㊀ 令 亥=〇 則 地=〇 故皮積在頂點起

時 $○＝\frac{三甲}{二周甲^{三}}丄呐$ 則 $呐＝丅\frac{三甲}{二周甲^{三}}$ 以此代一式中之呐，得 $亥＝\frac{三甲}{二周}[(甲^{二}丄地^{二})^{\frac{三}{二}}丅甲^{三}]$ 即 $亥＝\frac{三}{二周}[\sqrt{甲(一天丄甲)^{三}}丅甲^{三}]$

求與拗捩線等長之直線（曲線不在一箇平面上者，謂之拗捩形曲線。）

第一百六十六款 如呐吧叮爲拗捩形之曲線，從正角縱横相交作三箇平面。一爲哋呷呋，一爲叺呷呋，一爲叺呷哋，則從本曲線之各點作垂線吧吧′至哋呷呋平面上，其諸垂線必合成一不平之側面。而其遇下面處成呐′吧′叮′線，此即本曲線之影也。

乃從吧′點作吧′吘、吧′味兩線與呷呋、呷哋成正角，則呷吘等于吧′味，可以天代之。呷味等于吧′吘，可以地代之。又以人代吧吧′，以亥代呐吧曲線，以亥′代其曲線之影呐′吧′，則 $彳亥′＝\sqrt{彳天^{二}丄彳地^{二}}$ 此依第七十二款之例。再設其不平之側面能展之，使平則呐吧叮曲線能變爲尋常平面之曲線。而其影呐′吧′叮′變爲等長之直線，乃可令人與亥′爲其曲線亥之縱横線，則 $彳亥＝\sqrt{彳亥′^{二}丄彳人^{二}}$ 所以其 $彳亥′^{二}$ 若將同數 $彳天^{二}丄彳地^{二}$ 代之，則得 $彳亥＝\sqrt{彳天^{二}丄彳地^{二}丄彳人^{二}}$ 此爲求拗捩形曲線等長之直線之公式。

無論何種兩彎拗捩形之曲線，必能用以下兩式明之： 函(天·地)＝○ ㊀ 函′(天·人)＝○㊁ 從此可知， 彳地＝吧彳天 與 彳人＝吘彳天 兩式中，其吧與吘皆爲天之函數。如此則可得 $彳亥＝彳天\sqrt{一丄吧^{二}丄吘^{二}}＝彳天味$ 其味專爲變數天之函數，故其積分式 亥＝禾味彳天 能以常法求之。

又 卷八

求雙變數微分之積分

第一百六十七款 凡第一類之微分，即一次微分式。其式中但有彳天與彳地之單方數者，其形如 嗔彳天丄唧彳地＝○ 從此式可知，變數天、函數地與微係數 $\frac{彳天}{彳地}$ 三者相關之理。

雙變數微分求積分者，爲將 函(天·地)＝○ 之微分式求其積分，令與原式無異也。

第一百六十八款 論微分積分之算學家初創一法，能將雙變之數分開，如 呋彳天丄哋彳地＝○ 之形。令其呋專爲天之函數，令其哋專爲地之函數，則 呋彳天、哋彳地 之積可各求之而得 禾呋彳天丄禾哋彳地＝呐 其呐爲定常數。

設其微分式如 寅地彳天丄卯天彳地＝○ 則可用 天地 約之，得 $\frac{天}{寅彳天}丄\frac{地}{卯彳地}＝○$ 如此則兩箇變數已分開，可求得 $禾\frac{天}{寅彳天}丄禾\frac{地}{卯彳地}＝寅訥天丄卯訥地＝呐$ 即 $訥(天^{寅})丄訥(地^{卯})＝呐$ 即 $訥(天^{寅}地^{卯})＝呐$ 若 呐＝訥丙 則 $天^{寅}地^{卯}＝丙$ 爲其原方程式。

設其微分式如 呋彳地丄哋彳天＝○ 而呋爲天之函數，哋爲地之函數者，則可用 呋哋 約之，其變數亦能分開，如 $\frac{呋}{彳天}丄\frac{哋}{彳地}＝○$

第一百六十九款 其雙變之數所以能分開而爲同類之式者，因能令天與地在各項中，其指數之和相等故也。

即如 $甲天^{寅}地^{卯}彳天丄乙天^{寅丅一}地^{卯丄一}彳地$ 其兩項皆能爲同類之式，因其天與地兩指數之和皆爲 寅丄卯 之故也。

設 嗔彳天丄唧彳地＝○ 兩項皆爲同類之式。令 地＝天人 則其嗔必得 $叺天^{寅}$ 之形。而其唧必得 $叺_{一}天^{寅}$ 之形。其叺與 $叺_{一}$ 專爲人之函數。惟因 彳地＝人彳天丄天彳人 若以$天^{寅}$約之，即得 $叺彳天丄叺_{一}(天彳人丄人彳天)＝○$ 則可變爲 $\frac{天}{彳天}丄\frac{叺丄人叺_{一}}{叺_{一}彳人}＝○$ 從此式可得 $禾\frac{天}{彳天}丄禾\frac{叺丄人叺_{一}}{叺_{一}彳人}＝呐$

第一百七十一款 分開雙變之數在微分式 彳地丄吧地彳天＝吘彳天 中易爲之。因吧吘爲天之任何函數，故可令 呋人 與 人彳呋丄呋彳人 代其地與彳地，則變爲 人彳呋丄呋彳人丄吧呋人彳天＝吘彳天 其呋爲天之未定函數，故能使其函數爲便于分開其變數之形。如令 呋彳人丄吧呋人彳天＝○㊀ 則 人彳呋＝吘彳天㊁

若以呋約一式，則變爲 彳人丄吧人彳天＝○ 從此式可得 $\frac{人}{彳人}丄吧彳天＝○$

又 訥人丄禾吧彳天＝○ 從對數改爲真數，得 $人＝戊^{丅禾吧彳天}$ 其戊爲訥對之底。再從二式得彳呋之同數，而代入一式中，即得 $彳呋＝戊^{禾吧彳天}吘彳天$ 所以得 $呋＝禾戊^{禾吧彳天}吘彳天丄呐$、$地＝戊^{丅禾吧彳天}(禾戊^{禾吧天}吘彳天丄呐)$

又 第一百七十二款 昔時，算學家將各微分式依其項數而定類次。如其式只有兩項，如 $亢戊^{庚}人^{辛}彸＝角戊^{戊}人^{己}彼$ 者，則徑能求其分開之變數。因從其所設之式能得其變式 $亢人^{辛丁己}彸＝角戊^{戊丁庚}彼$ 故也。

惟三項之式，則不能如此求之。設 $氐戊^{壬}人^{子}彸⊥亢戊^{庚}人^{辛}彸＝角戊^{戊}人^{己}彼$ 此式能變作更簡之形。法以 $氐戊^{壬}人^{巳}$ 約其各項爲 $人^{子丁己}彸⊥\frac{氐}{亢}戊^{庚丁壬}人^{辛丁己}彼＝\frac{氐}{角}戊^{戊丁壬}彼$ 令 $人^{子丁己}彸＝\frac{子丁己⊥一}{彵}$、$戊^{庚丁壬}彼＝\frac{庚丁壬⊥一}{彸}$ 則 $人^{子丁己⊥一}＝地$、$戊^{庚丁壬⊥一}＝天$、$彵⊥\frac{(庚丁壬⊥一)氐}{(子丁己⊥一)亢}地^{\frac{子丁己⊥一}{辛丁己}}彸＝\frac{(庚丁壬⊥一)氐}{(子丁己⊥一)角}天^{\frac{庚丁壬⊥一}{戊丁庚}}彸$ ㊀ 如欲得更簡之式，可令 $乙＝\frac{(庚丁壬⊥一)氐}{(子丁己⊥一)亢}$、$甲＝\frac{(庚丁壬⊥一)氐}{(子丁己⊥一)角}$、$卯＝\frac{子丁己⊥一}{辛丁己}$、$寅＝\frac{庚丁壬⊥一}{戊丁庚}$ 則㊀式變爲 $彵⊥乙地^{卯}彸＝甲天^{寅}彸$ 此爲意大里耶國幾何家里迦提所攷得之法，故名之曰里迦提之式。如令 $寅＝〇$ 則能分開其變數而得 $彸＝\frac{甲丁乙地^{二}}{彵}$ 自有此法以後，微積算學家能得一法。如其寅之形，如 $\frac{二壬⊥一}{丁四壬}$ 而壬爲任何整數者，則其變數必能分開。

案：里迦提之式初見于卜奴里之書中。惟其公法至今未有人解之。

第一百七十三款 若所設之微分式爲任何已知之函數求微分而徑得者，則令其函數等于常數呐，即爲所求之積分數。

即如微分式 $天彵⊥地彸＝〇$ 是屬于此類，而爲兩變數相乘式 天地 之微分，所以其原函數之式爲 $天地＝呐$

惟所設之微分式未必皆爲天、地兩變數之函數徑求微分所成，或有從函數之微分式內消去其常數所成者，亦有以公乘數約其微分式所成者。

即如原式爲 $地＝丙天$ 即 $地丁丙天＝〇$ 其微分式爲 $彵丁丙彸＝〇$ 若依尋常之代數法消去其丙，則得 $天彵丁地彸＝〇$ 此式非爲求微分而徑得之式。

又如原式 $天＝丙地$ 變爲 $\frac{地}{天}＝丙$ 則與前式之弊略同。因求其微分得 $\frac{地^{二}}{地彸丁天彵}＝〇$ 去其乘數 $\frac{地^{二}}{一}$ 得 $地彸丁天彵＝〇$ 則此式非真爲 $\frac{地}{天}$ 之微分式，必還其乘數 $\frac{地^{二}}{一}$ 始爲 $\frac{地}{天}$ 之真微分。

第一百七十四款 總之，原式爲 $戌＝函(天・地)$ 則其微分式爲 $彶＝嚏彸⊥嚀彵$ 其嚏以代彸|彶，即以天爲變數，地爲常數所得之微係數也。其嚀以代彵|彶，即地爲變數，天爲常數所得之微係數也。

惟于第八十九款中已證明 $\frac{彸彵}{彳戌}＝\frac{彵彸}{彳戌}$ 所以 $嚏彸⊥嚀彵$ 既爲 $戌＝函(天・地)$ 之微分式，則 $\frac{彵}{嚏}＝\frac{彸}{嚀}$ ㊀ 由此知 $嚏彸⊥嚀彵$ 若爲真微分式，則必合于一式之例。

推之嚏與嚀若爲吠與吡之函數而能令 $\frac{彵吠}{嚏}＝\frac{彸吡}{嚀}$ 者，其 $嚏彸⊥嚀彵$ 亦必爲真微分式。其積分恆能求之。此爲求積分時必用之例。

既明此例之後，則可令 嚏彸 之嚏函數中以天爲變數，地爲常數。又令其原式之全函數爲 $吧⊥吡$ 其吡爲地之任何函數，以代全函數中未定之常數。其吧爲天與地已知之函數，又爲但以天爲變數而從 禾嚏彸 所得之數，故 $嚏＝\frac{彸}{祀}$

依第九十一款之理，$吧⊥吡$ 之全微分式爲 $\frac{彸}{祀}彸⊥\frac{彵}{祀}彵⊥\frac{吡}{彵}彵$ 即 $嚏彸⊥\frac{彵}{祀}彵⊥\frac{吡}{彵}彵$ 將此式與 $嚏彸⊥嚀彵$ 相比，則其吡之同數可求，因能得 $嚀彵＝\frac{彵}{祀}彵⊥\frac{吡}{彵}彵$ 即能得 $\frac{吡}{彵}＝(嚀丁\frac{彵}{祀})彵$ ㊁ 則 $嚏彸⊥嚀彵$ 之積分必爲 $吧⊥吡$ 如依地而求 $嚏＝\frac{彸}{祀}$ 之微分，則得 $\frac{彵}{嚏}＝\frac{彵彸}{彳祀}$ 惟依所設之例，$\frac{彵}{嚏}＝\frac{彸}{嚀}$、$\frac{彵彸}{彳祀}＝\frac{彸彵}{彳祀}$ 此依第八十九款之例。所以必得 $\frac{彸}{嚀}＝\frac{彸彵}{彳祀}$、$\frac{彸}{嚀}丁\frac{彸彵}{彳祀}＝〇$ 即 $彳(嚀丁\frac{彵}{祀})＝〇$ 此微分式若但以天爲變數，則其

唧丅$\frac{祀}{徸}$ 不過爲天與常數地之函數耳。

已證明 $呭=禾(唧丅\frac{祀}{徸})徸$ 爲可求，又其 嗔伒丄唧徸 可以 吧丄禾$(唧丅\frac{祀}{徸})徸$ 明之，則求 吧=禾嗔伒 之積分數可以地爲常數。

又可令天爲常數，而求 唧徸 之積分。其法與上相類。總之，無論用何項能最省工夫而求得積分者，則從其最易之項求起。【略】

第一百七十五款 若其微分式 嗔伒丄唧徸=〇 不合于 $\frac{嗔}{徸}=\frac{唧}{伒}$ 而有不能求積分之狀，則必攷其天地之函數能否有乘數。令 嗔伒丄唧徸 變爲真微分式，法將其式變爲 $\frac{徸}{伒}$丄吁=〇 之形。其 吁=$\frac{嗔}{唧}$ 則此式爲在原式 函(天·地·丙)=〇 及其徑求得之微分式兩者之間。常數丙已消去之式或其丙可一徑消去，而將原式變爲 函(天·地)=丙 則所得者必相同。此依第五十三款之例。

如令 戊=函(天·地) 以 吧伒 代其依天而求得之戊微分。又令 吽徸 爲其依地而求得之戊微分，則 彵=吧伒丄吽徸、$\frac{彵}{伒}$=吧丄吽$\frac{徸}{伒}$=〇 所以 吧丄吽$\frac{徸}{伒}$=〇 惟因此式中無丙，則應與 $\frac{徸}{伒}$丄吁=〇 相等。所以 $\frac{徸}{伒}丄吁=\frac{徸}{伒}丄\frac{吧}{吽}=\frac{吧伒丄吽徸}{吽伒}$ 即 $\frac{徸}{伒}丄吁=\frac{彵}{吽伒}$ 故 吽(徸丄吁伒)=彵 則此式爲真微分式。由此可見，必有一常乘數吽，若將 徸丄吁伒=〇 以此常乘數乘之，則所得者必爲真微分式。故可將此式之兩邊以戊之任何函數 戓乘之，而變爲 戓吽(徸丄吁伒)=戓彵 則其 戓彵 仍爲真微分式。

惟因乘數 戓吽 能有無窮之多，言其乘數之式甚多也。故可見任何微分式可任求得一箇乘數乘之，則所得者必爲全微分式。

凡遇 嗔伒丄唧徸=〇 不合于能求積分之狀，其故因求微分之後將其定常數消去，則必有一箇公乘數與之同時隱去，故不能求其積分。如能求得其隱去之乘數而還之，則其式必真爲全微分式。

求此隱去之乘數爲微積學中最要之事。然微積之算學家至今尚未能得一公法，以求任何微分式中隱去之乘數。

若嗔與唧爲同類之函數，則其乘數必能求得，恆可依前法求其積分。

若其變數能分開者，亦恆能求得其乘數。然凡遇變數能分開者，亦不必用乘數。

又如微分式有 徸丄吧地伒=吽伒 之形者，亦能求其乘數。然此式可用他法得其積分甚易。

求乘數之事，尤拉已攷至甚深。其所著之書中曾有各題設其積分爲已知而反求其任何微分式。辨別其函數爲何種性情，則能求積分。然其所攷之各式往往無法求其積分者甚多。其能求積分者俱非甚要之式。而所賅者不廣，所以未有良法。

第一百七十六款 設嗔爲天地之任何函數。令 戊=禾嗔伒 則此式爲以天爲變數地爲常數。所求得之積分，有時欲求其微係數徸|伐，即欲依地而求 禾嗔伒 之微分。而未曾依天而求其式之積分，則因 戊=禾嗔伒 所以 $\frac{伐}{彵}$=嗔、$\frac{亍戊}{伒彵}=\frac{嗔}{彵}$ 惟依第八十九款之例，$\frac{亍戊}{伒彵}=\frac{亍戊}{彵伒}$ 所以，$\frac{亍戊}{彵伒}=\frac{嗔}{彵}$、$\frac{亍戊}{彵}=\frac{嗔}{彵}$伒 再依天而求其積分得 $\frac{伐}{彵}=禾\frac{嗔}{彵}$伒

設有式 $戊=禾\frac{地伒}{\sqrt{地^二丅天^二}}$ 則 $嗔=\frac{地}{\sqrt{地^二丅天^二}}$、$\frac{嗔}{彵}=\frac{丅天^二}{(地^二丅天^二)^{\frac{一}{二}}}$、$\frac{伐}{彵}=禾\frac{丅天^二伒}{(地^二丅天^二)^{\frac{一}{二}}}$ 此款所論之例爲來本之所攷得者也。

當時算學家以此爲微積中最要之理。

第一百七十七款 真微分式消去常數或能賸其二次或多次之微分。在其所設之式中，依第五十三款之例。此種式必先解一開方式，始能得其伏|徸之同數。

即如 徸^{二}丅甲^{二}伒^二=〇 則 $\frac{徸^二}{伒^二}$=甲^二 即得 $\frac{徸}{伒}$=丄丅甲、徸丄甲伒=〇、徸丅甲伒=〇 所以得 地丄甲天丄丙=〇、地丅甲天丄丙′=〇 將此兩式各求其微分而相乘，即合于所設之式。若以兩式相乘之積 (地丄甲天丄丙)(地丄甲天丄丙′)=〇 亦可求得其微分式。

第一百七十八款 若所設之式中，但賸一箇變數天，則可依天而得

$\frac{彳天}{彳地}$＝吠、地＝禾吠彳天　此法比用微係數　$\frac{彳天}{彳地}$＝巳　者更易。

又如有　天＝吅　其吅爲巳之函數。從此得　彳天＝㣣　則因　彳地＝巳彳天　所以其　彳地＝巳㣣、地＝巳吅丅禾吅㠯　欲明其天地相關之故，可用　天＝吅、地＝吅巳丅禾吅㠯　消去其巳而得之。茲設一式以明其理。

設有微分式　天彳天丄甲彳地＝乙$\sqrt{彳天^{二}丄彳地^{二}}$　若以巳代其　$\frac{彳天}{彳地}$，則變爲　天丄甲巳＝乙$\sqrt{一丄巳^{二}}$　從此式可徑求得　天＝丅甲巳丄乙$\sqrt{一丄巳^{二}}$　所以得　地＝乙巳$\sqrt{一丄巳^{二}}$丅$\frac{一}{二}$甲巳^{二}丅乙禾㠯$\sqrt{一丄巳^{二}}$

第一百七十九款　若所設之微分式不能用已知之法而求其積分者，則必用無窮級數之法求其略近之數。此乃必不已而用之也。

設其微分式爲　彳地丄地彳天＝寅天^{卯}彳天　已知其每遇　天＝甲　則　地＝乙　即可令　天＝甲丄酉、地＝乙丄戌　變其式爲　彳戌丄(乙丄戌)彳酉＝寅(甲丄酉)^{卯}彳酉　再設　戌＝呷酉^{角}丄叱酉^{角丄一}丄呐酉^{角丄二}丄…　所以若將戌與彳戌之同數代之而盡移其項于一邊，則爲　角呷酉^{角丅一}丄(角丄一)叱酉^{角}丄(角丄二)呐酉^{角丄一}丄…丄乙丄呷酉^{角}丄叱酉^{角丄一}…丅寅甲^{卯}丅寅$\frac{二}{卯}$甲^{卯丅一}酉丅寅$\frac{一·二}{卯(卯丅一)}$甲^{卯丅二}酉^{二}丅…　此式中必令其　角丅一＝○　即得　呷＝寅甲^{卯丅一}丅乙、叱＝$\frac{一·二}{寅卯甲^{卯丅一}丅寅甲^{卯}丄乙}$、

呐＝$\frac{一·二·三}{寅卯(卯丅一)甲^{卯丅二}丅寅卯甲^{卯丅一}丄寅甲^{卯丅乙}}$　將此各同數代入級數之內，則其酉與戌皆以已知之數明之。故可用　天丅甲　代其酉，用　地丅乙　代其戌，而求其天與地相關之式。

前式中爲戌之同數所設之級數。其酉之指數爲數學級數，其公較數爲一。惟亦有其公較數能爲分數者。

設其微分式爲　(彳天丄彳地)地＝彳天　此式可令　地＝呷天^{甲}丄叱天^{乙}丄呐天^{丙}丄…　仍如前法求之而變爲　呷^{二}甲天^{二甲丅一}丄呷叱甲天^{甲丄乙丅一}丄呷呐甲天^{甲丄丙丅一}丄…丄呷叱乙天^{甲丄乙丅一}丄叱^{二}乙天^{二乙丅一}丄…丅一丄呷天^{甲}丄叱天^{乙}丄…＝○　故令其　二甲丅一＝○、甲丄乙丅一＝甲、甲丄丙丅一＝乙…　則　甲＝$\frac{一}{二}$、乙＝一、丙＝$\frac{三}{二}$…呷^{二}甲＝一、呷叱(甲丄乙)丄呷＝○、呷＝$\sqrt{二}$、叱＝丅$\frac{一}{三}$、呐＝$\frac{一}{一八}\sqrt{二}$…故得　地＝天$^{\frac{一}{二}}\sqrt{二}$丅$\frac{一}{三}$天丄$\frac{一}{一八}$天$^{\frac{三}{二}}\sqrt{二}$丅…

用級數求積分之法，惟尤拉與拉固羅華所著之書中論其理最詳。

求第二類以上微分之積分

第一百八十款　微係數之次數愈多，則其積分愈難求，且其能求者愈少。

即如　函(天地·丙·丙′)＝○㈠　爲任何原式中變數天、地及常數丙、丙′與任何他常數所成之式，則依第四十八至第五十四各款之理求微分之後，其第一類微分式內必有其微係數　$\frac{彳天}{彳地}$　此式可以巳代之，而令午＝$\frac{彳天}{彳地}$＝$\frac{彳天^{二}}{彳^{二}地}$　則第一類之微分式內必兼有天、地、巳、丙、丙′各數。可令之爲　函′(天·地·巳·丙·丙′)＝○㈡　將此式求微分，則其式中有　$\frac{彳天^{二}}{彳^{二}地}$＝午　可令之爲　函″(天·地·巳·丙·丙′)＝○㈢　惟因此三式俱合于理，故可將常數丙、丙′消去，而所得者爲　函(天·地·巳·午)＝○㈣　則丙、丙′二常數在此式中不見。而此式爲從一式所得之第二類微分式與常數丙、丙′無相關。

其四式又有他法能得之，即如變一式之形爲　涵(天·地·丙)＝丙′、搵(天·地·丙′)＝丙　將此兩式求微分，而所得之兩式中，一無丙在內。一無丙在內者，則可再將兩式變爲　涵′(天·地·巳)＝丙、搵′(天·地·巳)＝丙′　再求其微分，即所得之兩式俱與四式相同。

茲設一式如法求之，以明其理。

設有原式，如　天^{二}丅二甲天丄二乙地＝○　其甲、乙即爲常數丙、丙′。用前法求微分得　天丅甲丄乙$\frac{彳天}{彳地}$＝○、一丄乙$\frac{彳天^{二}}{彳^{二}地}$＝○　從此兩式及原式消

去其甲與乙即得　二地丅二天$\frac{彳天}{彳地}$丄天$^{二}\frac{彳^{二}天}{彳地^{二}}$=〇　再可將原式與此式以他法變之爲　$\frac{天}{天^{二}丄二乙地}$=二甲、$\frac{地}{天^{二}丅二甲天}$=丅二乙　再求此兩式之微分而化之。令其常數獨在一邊，又以巳代其$\frac{彳天}{彳地}$得　$\frac{地丅天巳}{天^{二}}$=二乙、$\frac{地丅天巳}{二天地丅天^{二}巳}$=二甲　此兩式任將其一求微分，則常數不見，而所得之式必俱爲　二地丅二天$\frac{彳天}{彳地}$丄天$^{二}\frac{彳^{二}天}{彳地^{二}}$=〇

第一百八十一款　因原式中之兩箇常數不能在第二類微分式中見之，所以若從第二類之微分式反求之，欲變回其原式非求得其消去之兩箇常數，還之不能爲真原式。

又因第二類之微分式能從兩箇分開之第一類微分式而出，即可知凡第二類微分式中有兩箇分開之第一類微分式，各自有其本常數。而此兩箇第一類微分式必有一相同之真原式。

第三類及以上各類之微分式，其性情亦然。

第一百八十二款　第二類最簡之微分式爲　$\frac{彳^{二}天}{彳地^{二}}$=呋　其呋爲天之函數。

則　$\frac{彳天}{彳地}$=禾呋彳天　設以吧爲　禾呋彳天　中能變之一分，而令其不變之常數爲丙，則得　$\frac{彳天}{彳地}$=吧丄丙　而　彳地=吧彳天丄丙彳天　求其積分得　地=禾吧彳天丄丙天丄丙′　惟因　禾吧彳天=吧天丅禾天彳吧=天禾呋彳天丅禾天呋彳天　所以得地=天禾呋彳天丅禾天呋彳天丄丙天丄丙′

設有微分式　彳地丅呋彳天^{三}=〇　可用此法求其原式。

先變其形爲　$\frac{彳^{二}天}{彳地^{二}}$=呋彳天　求其積分得　$\frac{彳^{二}天}{彳地^{二}}$=禾呋彳天=吧丄丙　所以$\frac{彳天}{彳地^{二}}$=吧彳天丄丙彳天　又求其積分得　$\frac{彳天}{彳地}$=禾吧彳天丄丙天丄呐′=吧′丄丙天丄丙′其　吧′=禾吧彳天　所以　彳地=吧′彳天丄丙天彳天丄丙′彳天　再求其積分得地=禾吧′彳天丄$\frac{一}{二}$丙天^{二}丄丙′天丄丙″　則知其原式中有三箇定常數。第四類微分式必有四箇定常數。四類以上仿此類推。

第一百八十三款　若第二類微分式有　$\frac{彳天}{彳地}$、$\frac{彳^{二}天}{彳地^{二}}$　及常數在內者，則可令$\frac{彳天}{彳地}$=巳　又令彳天爲常數，而　$\frac{彳^{二}天}{彳地^{二}}$=$\frac{彳天}{彳巳}$　則其式中必有巳彳巳彳天及常數在其內。若依巳與天論之，必屬于第一類，故可從此求得　彳天=吧彳巳　其彳巳爲巳之函數。又從　彳地=巳彳天=吧巳彳巳　得　天=禾吧彳巳、地=禾吧巳彳巳　求其積分。各加一常數，則消去其巳之後，即得一式能明其天地相關之理。【略】

第一百八十四款　可見，天=呐丄禾$\frac{吧}{彳巳}$　與　彳地=呐′丄禾$\frac{吧}{巳彳巳}$　俱合于解　$\frac{彳天}{彳巳}$=吧　式之用。又可見，求其右邊之積分數，不過爲第一類之式與第一百八十一款所論之法同，即爲有兩箇第一類之微分式可合于解第二類微分式之用也。

第一百八十五款　茲論有形如　$\frac{彳^{二}天}{彳地^{二}}$=哋　之微分式。其哋爲地之函數。

如令　彳地=巳彳天　則可從　彳天=$\frac{巳}{彳地}$、$\frac{彳^{二}天}{彳地^{二}}$=$\frac{彳天}{彳巳}$=$\frac{彳地}{巳彳巳}$　將此代入所設之式中，即得　巳彳巳=哋彳地　求其積分得　巳^{二}=二禾哋彳地　與呐。所以得巳=$\frac{彳天}{彳地}$=$\sqrt{呐丄二禾哋彳地}$、天=禾$\frac{\sqrt{呐丄二禾哋彳地}}{彳地}$丄呐′　此兩式若將彳地乘其上一式，則　$\frac{彳天}{彳地}\times\frac{彳天}{彳地^{二}}$=哋彳地　又因　$\frac{彳天}{彳地^{二}}$=彳$\frac{彳天}{彳地}$　故得　$\frac{一}{二}\times\frac{彳天^{二}}{彳地^{二}}$=禾哋彳地丄呐即　$\frac{彳天}{彳地}$=$\sqrt{二呐丄禾二哋彳地}$

第一百八十六款　前已于第九十三款中論微分式。除第一類之外，必以天與地或天與地之函數彼此各爲自主之變數而求之。此與令彳天或彳地及此二數之任一函數爲常數者，其理相同。所以凡欲求第一類以上之積分，必先求其所設之式從何法而得。

前所設之各式，乃以地爲天之函數所成。所以可令彳天爲常數。惟所設之式，若非依此法而得者，亦易辨其從何法而來。

如將彳地彳天之任何函數以吽代之，則易知凡能有形如　$\frac{彳地^{二}}{彳^{二}天}$=吽　者，俱可

令其彳地爲常數。而依第一百八十三款之法以求之。即如令 $\frac{彳地}{彳天}=午$、$\frac{彳地^{二}}{彳二天}=\frac{彳地}{彳午}$ 是也。

又有法可徑化得 $\frac{彳天^{二}}{彳二地}=吧$ 之形，則不必從九十三款之式。而設彳天爲常數，但令 $\frac{彳地^{三}}{丅彳天彳二地}$ 代其 $\frac{彳地}{彳二天}$ 即易成之。惟所設之式，其變化之法若以 $\sqrt{彳天^{二}⊥彳地^{二}}$ 爲常數，而但有 彳天彳地彳地 在其式內，或但有 彳地彳天彳天^{二} 在其式內者，仍可依第一百八十三款之法求之。惟必先變之爲有彳天爲常數之式耳。

第一百八十七款 如其式內有 $\frac{彳天^{二}}{彳二地}$ 與彳天、彳地及變數天在內者，則可如前法以 巳彳天 代其彳地，以 彳巳彳天 代其 彳二地 而變之爲第一類之式。如能查其微分式之原式有巳之同數，其項中有天在內者，則易從 地=禾巳彳天 之式而得地之同數。或如有天之同數，其項中有巳在內者，則可從 禾巳彳天=巳天丅禾天彳巳 之式而得 地=巳天丅禾天彳巳

設有 $丅\frac{彳天彳二地}{(彳天^{二}⊥彳地^{二})^{\frac{三}{二}}}=吠$ 或 $丅\frac{彳巳}{(一⊥巳^{二})^{\frac{三}{二}}彳天}$ 其吠爲巳知之天函數。

可化作 $\frac{吠}{彳天}=\frac{(一⊥巳^{二})^{\frac{三}{二}}}{丅彳巳}$ 而得 $禾\frac{吠}{彳天}⊥呬=\frac{\sqrt{一⊥巳^{二}}}{丅巳}$ 如令咳代其 $禾\frac{吠}{彳天}⊥呬$ 則 $巳=\frac{\sqrt{一丅咳^{二}}}{咳}$ 而 $地=禾巳彳天⊥呬'=禾\frac{\sqrt{一丅咳^{二}}}{咳彳天}⊥呬'$ 則地之同數俱以天之各項明之。此爲有已知之天函數而求其曲率半徑爲橫徑之曲線幾何解法也。

如令 $吠=\frac{二天}{甲^{二}}$ 則 $\frac{\sqrt{一⊥巳^{二}}}{丅巳}=禾\frac{甲^{二}}{二天彳天}=\frac{甲}{天^{二}}⊥呬$ 而 $巳^{二}=\frac{彳天^{二}}{彳地^{二}}=\frac{甲^{四}丅(天^{二}⊥丙^{二})^{二}}{天^{二}⊥丙}$ 故得 $地=禾\frac{\sqrt{甲^{四}丅(天^{二}⊥丙)^{二}}}{(天^{二}⊥丙)彳天}$ 其丙可公代巳、地兩式中未定之常數。此爲有凹凸力之曲線式。

第一百八十八款 若所設之式內有 $\frac{彳天^{二}}{彳二地}$ 與 $\frac{彳天}{彳地}$ 及地在內者，則可如前法令 $巳=\frac{彳天}{彳地}$ 而從此得 $\frac{彳天^{二}}{彳二地}=\frac{彳天}{彳巳}=\frac{彳地}{巳彳巳}$ 則其式中但有彳巳、彳地、巳與地在內，若能查得其原式而從此可知巳之同數以地明之者，則可用 $天=禾\frac{巳}{彳地}$ 而求其天。惟若遇地之同數以巳明之者，則可用 $天=\frac{巳}{地}⊥禾\frac{巳^{二}}{地彳巳}$ 以求其天。

第一百八十九款 凡第二類之微分式有 $\frac{彳天^{二}}{彳二地}⊥吧\frac{彳天}{彳地}⊥咋地=味$ 之形，而其吧、咋、味爲天之任何函數者，謂之線微分式，亦謂之近于第一類之式。因其式中之地不過一次之方故也。惟此種之微分式欲求其原式，則比第一類者更難。除數箇特設之式以外，不知更有何法能將其求積分之式變爲單變數之微分。如曲線面積之相等之式否。

若 味=〇 而其式爲 $\frac{彳天^{二}}{彳二地}⊥吧\frac{彳天}{彳地}⊥咋地=〇$ 者，則可稍變之而爲第一類微分式。令戊爲訥對之底，又令 $地=戊^{禾戌彳天}$ 而彳天爲常數，則 $彳地=戌彳天戊^{禾戌彳天}$、$彳二地=戊^{禾戌彳天}(彳戌彳天⊥戌^{二}彳天^{二})$ 以此兩式之同數代入前式中，而去其公乘數，則可變爲 $彳戌⊥(戌^{二}⊥吧戌⊥咋)彳天=〇$ 若其吧、咋爲常數而能以呷、叱二數明之者，則式變爲 $彳戌⊥(戌^{二}⊥呷戌⊥叱)彳天=〇$ 若能變爲 $\frac{戌^{二}⊥呷戌⊥叱}{彳戌}⊥彳天=〇$ 則其變數分開。蓋此式不過可令 戌=寅 其寅爲任何常數，則 彳戌=〇 而 $寅^{二}⊥呷寅⊥叱=〇$ 從此可得寅之兩箇同數。用甲、乙代之，即得 禾戌彳天 之兩箇同數爲 甲天⊥丙 與 乙天⊥丙' 由此可得地之兩箇同數爲 $地=戊^{甲天⊥丙}$、$地=戊^{乙天⊥丙'}$ 如于此兩式中，令呬代其$戊^{丙}$，令呬'代其$戊^{丙'}$，則 $地=呬戊^{甲天}$、$地=呬'戊^{乙天}$ 惟此各數但爲地之函數特設之同數。因各式中僅有一箇定常數在其內，必兩式相加爲 $地=呬戊^{甲天}⊥呬'戊^{乙天}$ 方爲全原式。

如欲證之，可求其微分得 $\frac{彳天}{彳地}=甲呬戊^{甲天}⊥乙呬'戊^{乙天}$、$\frac{彳天^{二}}{彳二地}=甲^{二}呬戊^{甲天}⊥乙^{二}呬'戊^{乙天}$ 從此兩式及原式消去其呬、呬'，則得 $\frac{彳天^{二}}{彳二地}⊥(甲⊥乙)\frac{彳天}{彳地}丅甲乙地=〇$ 若甲、乙能有同數，令 甲⊥乙=吧、甲乙=丅咋 則合于所設之式。

惟其甲、乙若能虛數，則其地之同數中甲與乙之爲指數者，必可化爲 甲＝角⊥亢$\sqrt{\top一}$、乙＝角⊤亢$\sqrt{\top一}$ 之形。所以其地之同數必能變爲 地＝⿰口丙$戊^{角天⊥亢天\sqrt{\top一}}$⊥⿰口丙′$戊^{角天\top亢天\sqrt{\top一}}$ 即 地＝$戊^{角天}$(⿰口丙$戊^{亢天\sqrt{\top一}}$⊥⿰口丙′$戊^{\top亢天\sqrt{\top一}}$) 如將其指數中之虛式以正弦、餘弦之法消去之，則可得實數。所以可依《代數術》第二百六十九款之法得 $戊^{亢天\sqrt{\top一}}$＝餘弦亢天⊥$\sqrt{\top一}$正弦亢天，$戊^{\top亢天\sqrt{\top一}}$＝餘弦亢天⊤$\sqrt{\top一}$正弦亢天 故得 地＝$戊^{角天}$[(⿰口丙⊥⿰口丙′)餘弦亢天⊥(⿰口丙⊤⿰口丙′)$\sqrt{\top一}$正弦亢天] 再令 ⿰口丙⊥⿰口丙′＝丙、(⿰口丙⊤⿰口丙′)⊤$\sqrt{\top一}$＝丙′ 則 地＝$戊^{角天}$(丙餘弦亢天⊥丙′正弦亢天) 或令其 丙＝巳正弦午、丙′＝巳餘弦午 則 地＝巳$戊^{角天}$正弦(亢天⊥午)

若其甲、乙兩根相等，㠯地之同數化得 ⿰口丙$戊^{角天}$⊥⿰口丙′$戊^{角天}$＝(⿰口丙⊥⿰口丙′)$戊^{角天}$ 之形，則變爲不全之式。此可依第五十八款之法，令甲、乙之較爲最小之數以求之。

即如令 乙＝甲⊥子 從此得 地＝⿰口丙$戊^{甲天}$⊥⿰口丙′$戊^{甲天⊥子天}$ 即 地＝$戊^{甲天}$(⿰口丙⊥⿰口丙′$戊^{子天}$) 又依天之各方將 $戊^{子天}$ 詳爲級數，則得 地＝$戊^{甲天}$(⿰口丙⊥⿰口丙′⊥⿰口丙′子天⊥⿰口丙′$\frac{二}{子二天二}$⊥…) 又令 ⿰口丙⊥⿰口丙′＝丙、⿰口丙子＝丙′ 則 地＝$戊^{甲天}$(丙⊥丙′天⊥丙′子$\frac{二}{天二}$⊥…) 此式無論子之同數如何，必合于所設之式。如 子＝〇 㠯 甲＝乙 則 地＝$戊^{甲天}$(丙⊥丙′天)

第一百九十款　若吧與咋爲天函數之兩箇變數，㠯其地之兩箇同數亥與亥′合于 $\frac{彳天二}{彳二地}$⊥吧$\frac{彳天}{彳地}$⊥咋地＝〇 之式者，則可令 地＝丙亥⊥丙′亥′ 爲其全原式。

因 彳地＝丙彳亥⊥丙′彳亥′、彳二地＝丙彳二亥⊥丙′彳二亥′ 㠯其式變爲 丙[$\frac{彳天二}{彳二亥}$⊥吧$\frac{彳天}{彳亥}$⊥咋亥]⊥丙′[$\frac{彳天二}{彳二亥′}$⊥吧$\frac{彳天}{彳亥′}$⊥咋亥′]＝〇 惟依所設之例，$\frac{彳天二}{彳二亥}$⊥吧$\frac{彳天}{彳亥}$⊥咋亥＝〇、$\frac{彳天二}{彳二亥′}$⊥吧$\frac{彳天}{彳亥′}$⊥咋亥′＝〇 所以其式必兩邊相同，㠯地之同數可查得真確。

第一百九十一款　**【略】**

求輭胥線之性情

設有鐵索或繩各處鉅細均勻，而無不肯彎之性，亦無自伸自縮之力。兩端在一箇垂面內，定于呷、⿰口乙二點，則因地心有攝力必成彎下之形。此線名曰輭胥線。

如呷⿰口丙吧⿰口乙爲輭胥線。其線必在一箇垂面內。如有橫線⿰口丙叮與曲線在最低之處相切于⿰口丙，則易知若以⿰口丙爲定點而截⿰口乙⿰口丙一段曲線不因此而改形。

所以在⿰口乙、⿰口丙二點所顯之力，無論其線本無不肯彎之性，即如鐵絲之繩能有不肯彎之性者，其力之數與力之方向必同。所以有三處之力定有叮點∵一爲地心攝力，二爲⿰口丙、叮二點之牽力。其⿰口乙點牽力之方向爲曲線⿰口乙點之切線，其⿰口丙點牽力之方向爲⿰口丙點之切線。

又以同法在吧與其最低之點⿰口丙取曲線之任一段。⿰口丙吧以⿰口丙吧二點爲定點。其線之各點仍相定。因亦有三力定之∵一爲⿰口丙吧一段所受之地攝力，二爲⿰口丙點之牽力，三爲吧點之牽力，惟⿰口丙點之牽力爲常數，吧點之牽力，爲變數，則依重學中相定之理，其各力之相比必與依各力之方向所作平三角形之三邊有比例。故作橫線⿰口辰呋爲軸線，又作垂線⿰口丙⿰口辰，以⿰口辰爲縱橫線之原點。任取吧點作垂線吧咋。又作吧⿰口酉爲吧點之切線，而遇軸線于⿰口酉，則依以上所論之理，其⿰口丙點之牽力與吧⿰口丙一段之重物之重也相比，若⿰口酉咋與吧咋之比，亦如半徑與任何橫線所成之角之切線吧⿰口酉之比。

令 ⿰口辰咋＝天、吧咋＝地、⿰口丙吧＝人、吧⿰口丙咋角＝斗、⿰口丙點牽力＝甲 則 甲：人∷一：正切斗 所以 正切斗＝$\frac{甲}{人}$㈠ 此式爲本曲線之分別性從此又能得其他種性情。

以一式求微分得 $\frac{餘弦斗}{彳斗}$＝$\frac{甲}{彳人}$ 因曲線之微分爲 彳人＝$\frac{餘弦斗}{彳天}$＝$\frac{正弦斗}{彳地}$

所以得 彳天＝甲$\frac{餘弦斗}{彳斗}$、彳地＝甲$\frac{餘弦二斗}{彳斗正弦斗}$ 以此兩式依第一百五十五款之法求其積分得 天＝甲訥正切(四五〇⊥$\frac{二}{斗}$)⊥常數、地＝$\frac{餘弦斗}{甲}$⊥常數

如令⿰口辰⿰口丙能度其⿰口丙點之牽力，則此數爲常數。

因 斗＝〇 則 天＝〇、地＝甲 故其天、地、斗三數相關之理可以下式明之。 天＝甲訥正切$\left(四五^{〇}⊥\frac{二}{一}斗\right)$、地＝$\frac{餘弦斗}{甲}$＝甲正割斗㊀ 此式中之常數甲謂之曲線之恆徑，亦謂之曲線之根。

從一式中之上式，令 井＝四五〇⊥$\frac{二}{一}$斗 即得 正切井＝$戊^{\frac{甲}{天}}$、餘切井＝$戊^{\frac{甲}{丅天}}$、正切井⊥餘切井＝$戊^{\frac{甲}{天}}⊥戊^{\frac{甲}{丅天}}$ 惟 正切井⊥餘切井＝$\frac{餘弦井}{正弦井}⊥\frac{正弦井}{餘弦井}＝\frac{正弦二井}{二}＝\frac{餘弦斗}{二}＝\frac{甲}{二地}$ 所以 地＝$\frac{二}{甲}[戊^{\frac{甲}{天}}⊥戊^{\frac{甲}{丅天}}]$㊁ 則此式能以訥對之底明其天地相關之理。

又可從一式之 地＝甲正割斗 得 正割^{二}斗＝$\frac{四}{一}[戊^{\frac{甲}{二天}}⊥戊^{\frac{甲}{丅二天}}⊥二]$、正割^{二}斗丅一＝$\frac{四}{一}[戊^{\frac{甲}{二天}}⊥戊^{\frac{甲}{丅二天}}丅二]$、正切斗＝$\sqrt{正割^{二}斗丅一}＝\frac{二}{一}[戊^{\frac{甲}{天}}丅戊^{\frac{甲}{丅天}}]$

因已知 人＝甲正切斗 故 人＝$\frac{二}{甲}[戊^{\frac{甲}{天}}丅戊^{\frac{甲}{丅天}}]$㊂ 從三、四兩式得 地⊥人＝甲$戊^{\frac{甲}{天}}$、地丅人＝甲$戊^{\frac{甲}{丅天}}$㊄ 所以得 地^{二}丅人^{二}＝甲^{二}㊅ 地＝$\sqrt{甲^{二}⊥人^{二}}$、人＝$\sqrt{地^{二}丅甲^{二}}$㊆ 又從五式得 $\frac{甲}{天}$＝訥$\frac{甲}{地⊥人}$＝訥$\frac{地丅人}{甲}$㊇ 所以又可得 $\frac{甲}{天}$＝訥$\frac{甲}{地⊥\sqrt{地^{二}丅甲^{二}}}$＝訥$\frac{甲}{人⊥\sqrt{人^{二}⊥甲^{二}}}$㊈

其吧呥曲線與呥哌（哌）咋（咋）吧所成之面積，以申代之，則因 伕＝$\frac{餘弦斗}{甲科}$、地＝$\frac{餘弦斗}{甲}$ 所以 伸＝地伕＝$\frac{餘弦^{二}斗}{甲^{二}科}$＝甲仈 而 申＝甲人㊉

由此可見，其吧呥曲線之長恆與呥吧咋哌面積有比例。又可知，若將其曲線倒置之，謂將凸處向上也。即成一相定之穹形。如牆中留一孔，合于其形。自最高之點至牆頂合于呥、哌，而牆頂爲橫線，則其牆必能相定，而牆上可作平路。此乃作橋梁之理也。

清・黄啟明《微積通詮》卷九 積分總論

求積分無一定之法者，何也？其他繞道以求得之微分。如曲線之微分等于天、地二微分平方和之平方根，曲面之微分等于地乘天之微分之類，皆繞道以求得者也。固無論矣，則如常函數求微分法，以天加伕代原函數之天，而詳之爲級數，取其第一率極微之數爲微分，而首項及第二率以下均棄之不用。然則欲從此率反求其各率，固屬不能，則欲從此率反求其首項亦無法可施也。

又如流數法，以天加辛代原函數之天，而詳之爲級數。其第一項即原函數之同數，其第二項以下皆辛各方自小而大之倍數，乃求微分時，不取首項，又不取以下各項，只取初有辛之項，然則欲從此項反求其級數，固屬不能，則欲從此項反求其首項，亦無法可施也。

算家反覆推求，迄無成法。惟有將各種微分式，依其求微分之原路，反其法以求之，以作求積分之定法耳。獨是所設之微分式，能反其法以求者甚少，不能反其法以求者甚多。其能反其法，以求之題，又往往有一題之式，而兼合于數種函數者，學者所當知也。

何也？其能反其法以求之題，必其式與公微分式相合，則其求微分之原路尚顯，故能循其退回之路，以求之。其不能反其法以求之題，必其式從他法繞道以求得之式，或是特設之式與各種公微分式無一相合，則其求微分之原路，已泯而不可見，故不能循其退回之路，以求之。其能反其法以求之題，而兼合于數種函數者，如常函數之微分合于圜函數之微分者，則其積分可以圜函數明之，或合于越函數之微分者，則其積分又可以越函數明之之類。

然則不能反其法以求之題，其積分又將何法以求之乎？曰：化之也。華氏筆談云：苟能將不合于公微分式之題，用法化之，使與公微分式相合，則其積分亦易求。所以論積分者，必先明題之各種化法。

又云：求積分之題，略可分爲三類：一爲不必化者，一爲可以化者，一爲不可不化者。必明此三者，然後于積分之術，乃有頭緒。

大抵求積分之法，無不從公微分式而生，所以必取夫化法者爲其題，不與公微分式相合，而欲化之使合也。故題之本與公微分式相合者，可不用化法矣，故曰不必化也。

惟亦有其題，雖與公微分式相合，本可不用化法，然亦可用法化之，使其形更合于他種公微分式，則其積分比不化者愈明，故曰可以化也。

若其題本與公微分式不相合，苟非用法化之，不能使其形變爲相合，則不得不用化法矣，故曰不可不化也。

獨是化之之法則甚難，華氏筆談云：惟題之形狀萬變不窮，故其化之之法，

亦非一端所能盡。有可以乘法化之者、有可以除法化之者、有可以通分之法化之者、有可以開方之法化之者、有可以二項例化之者、有可以借代法化之者、有可以虛代法化之者、有可以微分法化之者。種種化法各有妙用，要當視題爲何種形狀，則用何法以化之，或可只用一法或必兼用數法，又有此法所能化而用彼法以化之，亦未嘗不通者，則可擇其便者，而用之固不能執一以論也。

求積分之用處，當先知其大略。具列如左。

如曲線之微分等于直角縱橫線二微分平方和之平方根，求其積分則可得曲線之長。

如曲面之微分等于縱線乘橫線之微分，求其積分則可得曲線之面積。

如曲體皮之微分等于剖面形之周乘其本曲線之弧微分，求其積分則可得曲線體之皮積。

如曲體積之微分等于剖面形乘本曲線之橫線微分，求其積分則可得曲線之體積。

如極曲線之微分等于帶徑微分及帶徑乘弧之微分二平方和之平方根，求其積分則可得極曲線之長。

如極曲面之微分等于帶徑平方乘弧微分之半，求其積分則可得極曲線之面積。

求積分有四例須知，具列如左。

一例　無論何種函數之微分，欲求其積分，可先作一號，以記之，其號如禾，即積字之簡寫法也。如彳天及 $\frac{甲上天}{彳天}$ 欲求其積分，可先作 禾彳天 禾$\frac{甲上天}{彳天}$ 是也。

二例　無論何種函數之微分，若有常數爲公乘數者，其常數可列于積號之外。此因 甲天 之微分爲 甲彳天 猶之以甲乘天之微分也，所以凡求 甲彳天 之積分者，其式本當作 禾(甲彳天) 今可改作 甲禾(彳天) 則可將彳天求得其積分之後，然後以甲乘之也。

三例　無論若干項微分相和較，則其積分亦必爲若干項相和較。此因 戊上亥丅人 之微分爲 彳戊上彳亥丅彳人 所以 彳戊上彳亥丅彳人 之積分必爲 禾彳戊上禾彳亥丅禾彳人 是也。

四例　無論何種函數之微分，求得其積分之後，必加一未定之常數。如呐，其呐之同數或爲正或爲負或爲〇，不能預定，必攷其本題之理乃能定之。此因 天上甲 及 天丅甲 之微分亦爲彳天，所以將彳天求得其積分之後，必作 天上呐 其呐之同數或爲 上甲 或爲 丅甲 或爲〇，不能預定，必攷其本題之理，乃能定之。

函數之積分與圓函數之微分相類，則設法以求圓函數之積分。與越函數之微分相類，則設法以求越函數之積分。種種設法究無定形，神而明之，存乎其人耳。

總論常函數微分求積分法

常函數微分，約分四類：一曰實函數微分，二曰實分數微分，三曰虛函數微分，四曰二項微分。

實函數類者，形如 天^{卯}彳天、呷天^{巳}彳天上叱天^{午}彳天 實分數類者，形如 $\frac{甲上\sqrt{天}}{呷上\sqrt{叱上哂天}}$彳天、$\frac{甲上乙天^{二}}{天彳天}$、$\frac{甲上乙天上丙天^{二}}{呷天上吧天^{三}上天^{三}}$彳天 虛函數類者，形如 $\frac{\sqrt{甲上乙天上丙天^{二}}}{吧彳天}$ 二項類者，形如 天^{寅}彳天(甲上乙天^{卯})^{巳}、天^{寅丅一}彳天(甲天^{卯}上乙)$^{\frac{午}{巳}}$

以上四種微分，惟第一種實函數與公微分式相合，可不用變化之法，徑能依微分還原之理，得其積分。其餘三種均不與公微分式相合，必用法以變化之，使與公微分式相合，方能依微分還原之理，得其積分。

惟化其微分式之後，則與本式大不相同，有一題之中而兼合于數種函數者，如第一項合于常函數，第二項合于圓函數，而第三項又合于越函數，又有若干項合于此函數，其餘若干項又合于彼函數者。

其合于常函數之項，則依常函數法，配其積分；合于圓函數之項，則依圓函數法，配其積分；合于越函數之項，則又依越函數法，配其積分。總之，積分求法枝枝節節，究無定形，神而明之，存乎其人耳。

凡化得之微分式，無論第幾項及若干項，若與訥對之公微分式相合者，則其積分，即爲訥氏之對數。如下式：此因 彳(甲訥天)＝甲$\frac{天}{彳天}$ 所以 禾甲$\frac{天}{彳天}$＝甲禾$\frac{天}{彳天}$＝甲訥天 凡微分式以本數之微分爲實，本數爲法，除之者，其積分必

爲本數之訥對。

凡化得之微分式，無論第幾項及若干項，若與平圓各線之弧微分相合者，則其積分即爲平圓各線之弧，如下幅：禾$\frac{\sqrt{一丅天^{二}}}{彳}$＝弧(正弦^{丅一}天)、禾$\frac{\sqrt{一丅天^{二}}}{丅彳}$＝弧(餘弦^{丅一}天)、禾$\frac{一丄天^{二}}{彳}$＝弧(正切^{丅一}天)、禾$\frac{一丄天^{二}}{丅彳}$＝弧(餘切^{丅一}天)、禾$\frac{天\sqrt{天^{二}丅一}}{彳}$＝弧(正割^{丅一}天)、禾$\frac{天\sqrt{天^{二}丅一}}{丅彳}$＝弧(餘割^{丅一}天)、禾$\frac{\sqrt{二天丅天^{二}}}{彳}$＝弧(正矢^{丅一}天)、禾$\frac{\sqrt{二天丅天^{二}}}{丅彳}$＝弧(餘矢^{丅一}天)

凡化得之微分式，無論第幾項及若干項，若與平圓各線之公微分式相合者，則其積分即爲平圓之各線。如下幅：禾(彳餘弦天)＝正弦天 禾(彳正弦天)＝餘弦天、禾$\frac{餘弦^{二}天}{彳}$＝禾正割^{二}天彳＝禾(一丄正切^{二}天)彳＝正切天、禾$\frac{正弦^{二}天}{彳}$＝丅禾餘割^{二}天彳＝丅禾(一丄餘切^{二}天)彳＝餘切天、禾$\frac{餘弦^{二}天}{正弦天}$彳＝禾正切天正割天彳＝正割天、禾$\left(丅\frac{正弦^{二}天}{餘弦天}彳\right)$＝丅禾餘切天餘割天彳＝餘割天

實函數微分求積分法

如所設之微分爲獨項變數者，則其指數無論爲正，爲負，爲整，爲分，均可依微分還原之法，求其積分。法將指數加一爲求得之指數，求微分時，以指數減一爲求得之指數。以求得之指數約之，求微分時，以原指數乘之。又以變數之微分約之，求微分時，以變數之微分乘之。加入未定之常數呐，求微分時，其和較之常數均消去。即得所求之積分。

又　卷一〇

實分數微分求積分法之一

實分數微分之積分求法，與前不同。蓋其式本與公微分式不相合，欲徑依前法求之，勢必不能也，故必先將其式化爲多項微分式，名曰散分數。使每項各與公微分式相合，然後能依前法求之也。其化之之法，先將其分母化爲各乘數，乃借呷、吃、呐、叮等爲各乘數之分子，即泛倍數。齊同通分，令與原式相等，則可依代數之常法，求其呷、吃、呐、叮各同數。如是則散分數可得矣。是以求積分不難，而化其式爲散分數爲難。化散分數不難，而化其分母爲乘數爲難。若能將其分母化爲各乘數，則散分數可求。散分數既可求，則積分自不難求矣。【略】

實分數微分求積分法之二

前篇用齊同通分之法，以求呷、吃、呐、叮各同數，可謂窮極奇巧矣。然泛倍數若借至五六元之外，則布算繁賾輾轉相消然後能定亦有不便，是以算家反覆思維務求捷法。知呷、吃各同數生于本分母之天之同數，如呷之同數生于呷之分母之天之同數。蓋將呷之分母令等于〇，則得天之同數。可不必用通分法求者，且前法中其分子天之方數比分母天之方數，必有界限方能求得。今則任意設題無不可通，甚爲簡便。

又　卷一一

虛函數微分求積分法

虛函數者，其分母爲諸乘方根，不能化爲整乘數是也。凡函數之式，若與公微分式相合，則可徑依微分還原之理，求其積分。若不與公微分式相合，而能化爲散分數者，亦能依微分還原之理，求其積分。今虛函數既不與公微分式相合，又不能化爲散分數，其積分實屬難求。不過，算家以深思巧妙之理，設法以求之耳。其所設之法，觀其式爲何種形狀，則立何法以求之。如其式與常函數之微分相類，則設法以求常函數之積分。與圓函數之微分相類，則設法以求圓函數之積分。與越函數之微分相類，則設法以求越函數之積分。種種設法究無定形，神而明之，存乎其人耳。

二項微分求積分

二項微分亦名合名微分。《代微積拾級》。此種微分式，其括弧之指數若爲正整之數者，則爲實函數之微分。若非正整之數者，則爲虛函數之微分。惟其虛函數之微分，有可化爲實函數者，有不可化爲實函數者，故其化法及求積分之法，各有不同。

又　卷一二

圓函數微分求積分法

圓函數微分雖有弦矢切割八線之不同，然其求積分之法可專求正餘弦各方微分之積分，不必分求各線微分之積分也。蓋八線之數，皆生于正餘弦，既得正

餘弦微分之積分，則各線微分之積分，均從此可得矣。又其式雖爲平圓八線之式，然亦可用代法變之，使化爲代數微分式，能用前各卷常函數微分求積分之法，一律求其積分。

對函數微分求積分法

對函數微分之積分，除公微分式不必設法及用叠微分而得積分之外，其餘均可用前法吁式之例，將其式化爲兩乘數：一爲微分式，能求積分者，令等于亥；一爲實函數，用求微分者，令等于戌。

指函數微分求積分法

指函數微分之積分，除已明之法，不用設法外，其餘亦可用前法吁式之例求之。

清·陳志堅《微積闡詳》卷四　積分一

第一款　凡一項微分如 $天^{寅}伓$ 之類，求積分。法：置原式以一加其指數爲實，以新指數乘變數之微分爲法，法約實即得。凡 $天^{寅上一}$ 之微分爲 $(寅上一)天^{寅}伓$ 則 $天^{寅}伓=\frac{寅上一}{彳(天^{寅上一})}=彳\left(\frac{寅上一}{天^{寅上一}}\right)$ 所以微分爲 $天^{寅}伓$ 其積分爲 $\frac{寅上一}{天^{寅上一}}$ 即 $禾\frac{寅}{天伓}=\frac{寅上一}{天^{寅上一}}上昞$

第二款　凡分子爲常數乘分母之微分，則其積分爲常數乘分母之訥對。

別得 $天^{丅一}伓$ 即 $\frac{天}{伓}$ 此式爲天之訥對微分，所以 $禾天^{丅一}伓$ 即 $禾\frac{天}{伓}=訥天上昞$ 又 $禾\frac{天}{甲伓}=甲訥天上昞$ 與款合。

第三款　凡多項式如 $(甲上乙天上丙天^{二}上丁)^{卯}伓$ 之類，設卯爲正整數，求積分。以括弧中之數自乘 $卯丅一$ 次，所得各項以伓乘之，各求積分並之即得。

第四款　凡多項式之任若干方乘本微分，求積分。法：置原式以一增其指數爲實，以新指數乘式之微分爲法，法約實即得。多項式之任何方數求微分。法：取其指數損一，而以原指數爲係數。又以式之微分乘之，如積式爲 $(甲天上天^{二})^{三}$ 求微分，得 $三(甲天上天^{二})^{三}\times(甲伓上二天伓)$ 爲微分式。今先有此式以反求積式，故即以求微分之術反用之，如本款術即得 $(甲天上天^{二})^{三}$ 即原積式也。

第五款　凡合名微分，若括弧外變數之指數較括弧內變數之指數少一，求積分。取合名數，以一加其指數爲實，以新指數乘括弧內變數之指數，復以係數乘之爲法，法約實即得。如 $彳戊=(甲上乙天^{卯})^{寅}天^{卯丅一}伓$ 求積分。法：置 $地=(甲上乙天^{卯})$ 則 $彵=卯乙天^{卯丅一}伓$ 即 $天^{卯丅一}伓=\frac{卯乙}{彵}$ 故 $彳戊=地^{寅}\frac{乙卯}{彵}$ 而 $戊=\frac{(寅上一)乙卯}{(甲上乙天^{卯})^{寅上一}}上昞$ 與款合。

第六款　求積分式有常數與否。凡求積分必加一常數昞若未知。昞爲若干，則式中積數不能明，故欲推款之確數。當依題所設令變數同於〇即可得昞之同數。若變數與積數同時生，則 $天=〇$ 時，積數亦同於〇，故 $昞=〇$ 即昞可消去。又或 $天=甲$ 時，積數初生，則昞亦可攷定。如是則 $昞=〇$ 或爲若干俱可知。既知常數之同數，則變數可任置一同數俱可知積數之同數，而其式爲已定之式。

第七款　用級數求積分法。凡 吞伓 之類，以吞爲天之函數，其求積分有時詳天之級數爲最便。蓋若係歛級數，可推得積分之密率也。法以伓偏乘各級乃如法各求其積分，既得各積分，並之即所設式之積分。

第八款　論弧微分之積分。凡弧微分之積分，命弧爲人，正弦爲地，若半徑爲一，得 $彳人=\frac{\sqrt{一上地^{二}}}{彵}$ 與上款設題四同式。所以 $禾\frac{\sqrt{一丅地^{二}}}{彵}=人上昞$ 若從初度起 $弧=〇$ 則 $正弦=〇$ 故 $昞=〇$ 而全積分爲正弦等於地之弧。按：$人=正弦^{丅一}地$、$人=餘弦^{丅一}地$… 藉以明 正弦=地、餘弦=地之弧。說見《微分》二卷十五款前論。

第九款　論助變之法。凡式如 $彳人=\frac{\sqrt{甲^{二}丅地^{二}}}{彵}$ ㊀ 其積分可用助變數推之。法置 $亥=\frac{甲}{地}$ 即 $地=甲亥$ 即 $彵=甲彳亥$ 而 $\sqrt{甲^{二}丅地^{二}}=甲\sqrt{一丅亥^{二}}$ 用此二同數於一式中，則得 $彳人=\frac{\sqrt{一丅亥^{二}}}{彳亥}$ 故 $人=正弦^{丅一}亥$ 即 $人=正弦^{丅一}\frac{甲}{地}$

第十款　圓函數微分求積分。《溯源》百五十五款。

第十一款　論合名微分之積分。凡合名微分可化如下式　$天^{寅丅一}(甲\perp乙天^{卯})^{\frac{午}{巳}}彳天$　其指數寅、卯皆恆爲整數而卯恆爲正。

一，設寅、卯爲分數可以他變數代天，而以所設指數諸母之最小公倍數爲指數，則所化合名數，其式中變數之指數皆爲整數。如　$天^{\frac{三}{二}}(甲\perp乙天^{\frac{二}{三}})^{\frac{午}{巳}}彳天$　法令　$天=人^{六}$　則式化爲　$人^{二}(甲\perp乙人^{三})^{\frac{午}{巳}}彳人$　變數人之指數即皆爲整數。

二，設卯爲負數，如　$天^{寅丅一}(甲\perp乙天^{丅卯})^{\frac{午}{巳}}彳天$　法：令　$天=\frac{一}{人}$　則式化爲　$人^{丅寅\perp一}(甲\perp乙人^{卯})^{\frac{午}{巳}}彳人$　其括弧中變數之指數爲整數。

三，設式之二項俱有變數天，如　$天^{寅丅一}(甲天^{未}\perp乙天^{卯})^{\frac{午}{巳}}彳天$　法取括弧內之二項，俱以天約之，其外之乘數以　$天^{\frac{未午}{巳}}$　乘之，得　$天^{寅\perp\frac{未午}{巳}丅一}[甲\perp乙天^{卯丅未}]^{\frac{午}{巳}}彳天$　則括弧內只一項有變數天。

第十二款　凡合名微分，其括弧外之指數爲整正數，求積分法。以括弧內數依此指數自乘若干次，得各項以括弧外之乘數乘之，每項各求其積分即得。

第十三款　凡合名微分，若括弧外變數之指數加一，可以括弧內變數之指數約之，則可以他變元代括弧內之數，而以括弧外指數之母爲指數變式，以求其積數。

第十四款　凡合名微分，若括弧外變數之指數加一，以括弧內變數之指數約之，以加括弧外之指數而得整數，則積分可求。

設有式　$天^{寅丅一}(甲\perp乙天^{卯})^{\frac{午}{巳}}彳天$　可作　$天^{寅丅一}\left[\left(\frac{天^{卯}}{甲}\perp乙\right)天^{卯}\right]^{\frac{午}{巳}}彳天$　即　$天^{寅丅一}(甲天^{丅卯}\perp乙)^{\frac{午}{巳}}天^{\frac{卯午}{巳}}彳天$　亦即　$天^{寅\perp\frac{卯午}{巳}丅一}(甲天^{丅卯}\perp乙)^{\frac{午}{巳}}彳天$

若　$\frac{卯}{寅\perp\frac{午}{卯巳}}$　爲整數，則可用前法求其積分，而　$\frac{卯}{寅\perp\frac{午}{卯巳}}$　即　$\frac{卯}{寅}\perp\frac{午}{巳}$

故原式中　$\frac{卯}{寅}\perp\frac{午}{巳}$　爲整數，則積分可求。

第十五款　凡合名微分，若其積分用上諸款皆不能求，則可令積分藉簡於本式之微分而得，其法分合名數爲二分，其一分之積分已知，不必更推也。

已別得　$彳(戌亥)=戌彳亥\perp亥彳戌$　一卷七款。求積分，得　$戌亥=禾戌彳亥\perp禾亥彳戌$　故　$禾戌彳亥=戌亥丅禾亥彳戌$㊀　此式求　$戌彳亥$　之積分變爲求　$亥彳戌$　之積分，是謂分求積分術之式。

合名微分簡法之式爲　$天^{寅}(甲\perp乙天^{卯})^{巳}彳天$　巳代分數，寅、卯俱代整數。又如上式其積分可藉相似微分式之積分而得。本式括弧外變數之指數以括弧內之指數減之，爲相似式。

置　$亥=(甲\perp乙天^{卯})^{申}$　指數申可任用何數。求微分，得　$彳亥=乙卯申天^{卯丅一}(甲\perp乙天^{卯})^{申丅一}彳天$　若　$戌彳亥=天^{寅}(甲\perp乙天^{卯})^{巳}彳天$　本款前論。

則　$戌=\frac{乙卯申}{天^{寅丅卯\perp一}(甲\perp乙天^{卯})^{巳丅申\perp一}}$　求微分得

$彳戌=\frac{乙卯申}{(寅丅卯\perp一)天^{寅丅卯}(甲\perp乙天^{卯})^{巳丅申\perp一}彳天}\perp\frac{申}{(巳丅申\perp一)天^{寅}(甲\perp乙天^{卯})^{巳丅申}彳天}$

惟　$(甲\perp乙天^{卯})^{巳丅申\perp一}=(甲\perp乙天^{卯})(甲\perp乙天^{卯})^{巳丅申}=甲(甲\perp乙天^{卯})^{巳丅申}\perp乙天^{卯}(甲\perp乙天^{卯})^{巳丅申}$　故彳戌等於　$\left[\frac{乙卯甲}{甲(寅丅卯\perp一)天^{寅丅卯}}\perp\frac{卯申}{(寅\perp一\perp卯巳丅卯申)天^{寅}}\right][甲\perp乙天^{卯}]^{巳丅申}彳天$　取申之同數，令　$寅\perp一\perp卯巳丅卯申=〇$　即　$申=\frac{卯}{寅\perp一}\perp巳$　則

$彳戌=\frac{乙(卯巳\perp寅\perp一)}{甲(寅丅卯\perp一)天^{寅丅卯}(甲\perp乙天^{卯})^{巳丅申}}彳天$　用此戌、亥、彳戌、彳亥諸同數於前一式中，得甲術之式　$禾天^{寅}(甲\perp乙天^{卯})^{巳}彳天=\frac{乙(卯巳\perp寅\perp一)}{天^{寅丅卯\perp一}(甲\perp乙天^{卯})^{巳\perp一}}$

$丅\frac{乙(卯巳\perp寅\perp一)}{甲(寅丅卯\perp一)禾天^{寅丅卯}(甲\perp乙天^{卯})^{巳}}彳天$㊁　此可令所設微分之積分藉　$天^{寅丅卯}(甲\perp乙天^{卯})^{巳}彳天$　二之積分而得二式，即原式括弧外天之指數以括弧內天之指數減之，所謂相似式也。依例則　$禾天^{寅丅卯}(甲\perp乙天^{卯})^{巳}彳天$　又可藉　$禾天^{寅丅二卯}(甲\perp乙天^{卯})^{巳}彳天$　而得。如此遞推，可令括弧外乘數之指數遞損至小於卯。若合名式爲　$彳禾寅=\frac{\sqrt{甲^{二}丅天^{二}}}{天^{寅}彳天}$　欲求積分，可依本款甲術之例推之。以甲二代甲，以　丅一　代之，以二代卯，　$丅\frac{一}{二}$　代巳，則得

呚$_{寅}$ $=禾\frac{\sqrt{甲^{二}丅天^{二}}}{天^{寅}彳}=\frac{寅}{(寅丅)甲^{二}}禾\frac{\sqrt{甲^{二}丅天^{二}}}{天^{寅丅一}彳}丅\frac{寅}{天^{寅丅一}}\sqrt{寅^{二}丅天^{二}}$

（甲）名甲術之式。

第十六款　依甲術例又得乙術。準甲術合名式 $禾\frac{\sqrt{甲^{二}丅天^{二}}}{天^{寅}彳}$ 之微分可化爲 $禾\frac{\sqrt{甲^{二}丅天^{二}}}{天^{寅丅一}彳}$ 之微分。而 $禾\frac{\sqrt{甲^{二}丅天^{二}}}{天^{寅丅一}彳}$ 之微分又可化爲 $禾\frac{\sqrt{甲^{二}丅天^{二}}}{天^{寅丅卯}彳}$ 之微分。如此遞推至二寅次。若寅爲偶數，則 $天^{寅丅寅}=一$ 其積數可藉 $禾\frac{\sqrt{甲^{二}丅天^{二}}}{彳}$ 而得。蓋 $禾\frac{\sqrt{甲^{二}丅天^{二}}}{彳}$ 乃正弦甲丨天之弧，本卷八款。故依甲術例又得乙術 呚$_{寅}$ $=禾\frac{\sqrt{甲^{二}丄天^{二}}}{天^{寅}彳}=\frac{寅}{天^{寅丅一}}\sqrt{甲^{二}丄天^{二}}丅\frac{寅}{(寅丅一)甲^{二}}禾\frac{\sqrt{甲^{二}丄天^{二}}}{天^{寅丅二}彳}$（乙）

第十七款　設有合名式，如 呚$_{寅}$ $=\frac{\sqrt{二甲天丅天^{二}}}{天^{寅}彳}$ 此本可以數代元，而用呷術求其積分。今別立術求之。如左。

法置 $亥=天^{寅丅一}\sqrt{二甲天丅天^{二}}$ 即 $亥=(二甲天^{二寅丅一}丅天^{二寅})^{\frac{二}{一}}$

求微分得 $彳亥=\frac{(二甲天^{二寅丅一}丅天^{二寅})^{\frac{二}{一}}}{甲(二寅丅一)天^{二寅丅一}彳丅寅天^{二寅丅一}彳}$ 即

$彳亥=\frac{(二甲天丅天^{二})^{\frac{二}{一}}}{甲(二寅丅一)天^{寅丅一}彳}丅\frac{(二甲天丅天^{二})^{\frac{二}{一}}}{寅天^{寅}彳}$ 第二項等於 寅彳呚$_{寅}$ 故

$彳呚_{寅}=\frac{寅(二甲天丅天^{二})^{\frac{二}{一}}}{甲(二寅丅一)天^{寅丅一}彳}丅\frac{寅}{彳亥}$ 求積分得丙術之式 $呚_{寅}=禾\frac{\sqrt{二甲天丅天^{二}}}{天^{寅}彳}$

$=\frac{寅}{甲(二寅丅一)}禾\frac{\sqrt{二甲天丅天^{二}}}{天^{寅丅一}彳}丅\frac{寅}{天^{寅丅一}}\sqrt{二甲天丅天^{二}}$（丙）式中

$\frac{\sqrt{二甲天丅天^{二}}}{天^{寅丅一}彳}$ 即原式括弧外變數指數損一之式。

第十八款　依丙術設寅爲分數，其分母同括弧外分母積分可求。

第十九款　準呷術寅爲正，則指數可損。今依呷術之例又得術，令負指數亦可損，名叱術。法：置呷術式取其母數 乙(卯巳丄寅丄一) 與禾號左之係數 甲(寅丅卯丄一) 交互相易，則得叱術之式 $禾天^{寅丅卯}(甲丄乙天^{卯})^{巳}彳=$

$\frac{甲(寅丅卯丄一)}{天^{寅丅卯丄一}(甲丄乙天^{卯})^{巳丄一}}丅\frac{甲(寅丅卯丄一)}{乙(卯巳丄寅丄一)禾天^{寅}(甲丄乙天^{卯})^{巳}彳}$（叱）

第二十款　凡微分式如 $天^{寅}(甲丄乙天^{卯})^{巳}彳$ 其積分可藉相似別式求之。其別式括弧外之指數必損一，試置 $亥=天^{申}$ 指數申任用何數俱可，求微分得 $彳亥=申天^{申丅一}彳$ 設令 戌彳亥 等於 $天^{寅}(甲丄乙天^{卯})^{巳}彳$ 本卷十五款前論。則得戌等於 $\frac{申}{天^{寅丅申丄一}}(甲丄乙天^{卯})^{巳}$ 求微分得

$彳戌=\frac{申}{寅丅申丄一}天^{寅丅申}(甲丄乙天^{卯})^{巳}彳丄\frac{申}{乙卯巳}天^{寅丅申丄卯}(甲丄乙天^{卯})^{巳丅一}彳$ 惟 $(甲丄乙天^{卯})^{巳}=(甲丄乙天^{卯})(甲丄乙天^{卯})^{巳丅一}$ 故

$彳戌=\frac{申}{甲(寅丅申丄一)丄乙(寅丅申丄一丄卯巳)天^{卯}}天^{寅丅申}[甲丄乙天^{卯}]^{巳丅一}彳$ 取申之同數，令

$寅丅申丄一丄卯巳=〇$ 即 $申=寅丄一丄卯巳$ 則得

$彳戌=\frac{卯巳丄寅丄一}{甲(寅丅申丄一)天^{寅丅申}(甲丄乙天^{卯})^{巳丅一}彳}$ 惟 $寅丅申丄一=丅卯巳$

$\therefore\ 彳戌=\frac{卯巳丄寅丄一}{丅甲卯巳天^{寅丅申}(甲丄乙天^{卯})^{巳丅一}彳}$ 用此戌、亥、彳戌、彳亥諸同數於前一式中，本卷十五款前論。則得丙術之式 $禾天^{寅}(甲丄乙天^{卯})^{巳}彳=$

$\frac{卯巳丄寅丄一}{天^{寅丄一}(甲丄乙天^{卯})^{巳}丄甲卯巳禾天^{寅}(甲丄乙天^{卯})^{巳丅一}彳}$（丙）故可令所求之積分藉他積分而得，而他積分括弧外之指數必損一也。依例他積分可又藉一他積分而得，而括弧外之指數又損一。如是遞推，可令括弧外指數至小於一。

第二十一款　準丙術惟括弧外之指數爲正，則可損。今依丙術之例又得術，令負指數亦可損，名叮術。法置丙術式，取其母數 卯巳丄寅丄一 與禾左之係數 甲卯巳 交互相易，得叮術之式。如下：$禾天^{寅}(甲丄乙天^{卯})^{巳丅一}彳=$

$丅\frac{甲卯巳}{天^{寅丄一}(甲丄乙天^{卯})^{巳}}丄\frac{甲卯巳}{(卯巳丄寅丄一)禾天^{寅}(甲丄乙天^{卯})^{巳}彳}$（叮）

又　卷五　積分二

第一款　用積分術，令曲綫改直綫之理。

曲綫改直綫者，謂求得直綫式與曲綫等也。蓋凡曲綫之長可以代數諸項顯

之，則一如直綫焉。已別得凡曲綫準正交縱橫綫，其微分式爲 $彳人=\sqrt{彳天^{二}\perp彳地^{二}}$ 三卷八款。故 $人=禾\sqrt{彳天^{二}\perp彳地^{二}}$ ㊀ 是謂曲綫未定長短用正交縱橫綫推之之公式。凡改曲綫式爲直綫式，必求本曲綫之微分。用所得彳天或彳地之同數於一式中，則開方根所括化爲一個變數之微分，乃求其積分，即得曲綫之長。

抛綫支

平方抛物綫，求其任一分之長。

依本曲綫式 $地^{二}=二己天$ 求微分 $地彳地=己彳天$ 故 $彳天^{二}=\frac{己^{二}}{地^{二}}彳地^{二}$

以此從公式 $彳人=\sqrt{彳地^{二}\perp\frac{己^{二}}{地^{二}}彳地^{二}}=\frac{己}{彳地}\sqrt{己^{二}\perp地^{二}}$ 依上卷二十款呐術設題一，求積分，得 $人=\frac{二己}{地}\sqrt{己^{二}\perp地^{二}}\perp\frac{一}{己^{二}}訥(地\perp\sqrt{己^{二}\perp地^{二}})\perp呐$ ㊀

抛物綫若從頂點起，則 $人=〇$ 亦 $地=〇$ 所以 $〇=\frac{一}{己^{二}}訥己呐$ 即 $呐=\top\frac{一}{己^{二}}訥己$ 故全積分得 $人=\frac{二己}{地}\sqrt{己^{二}\perp地^{二}}\perp\frac{一}{己^{二}}訥\left(\frac{己}{地\perp\sqrt{己^{二}\perp地^{二}}}\right)$ ㊁

半立方抛物綫，求任一分之長。

依本曲綫式 $地^{\frac{三}{二}}=甲天$ 即 $\frac{甲}{地^{\frac{三}{二}}}=天$ 求微分 $彳天=\frac{二甲}{三地^{\frac{一}{二}}彳地}$ 故 $彳天^{二}=\frac{四甲^{二}}{九地彳地^{二}}$ 以此從公式 $彳人=\sqrt{\left(\frac{四甲^{二}}{九地}\perp一\right)彳地^{二}}=彳地\sqrt{\frac{四甲^{二}}{九地\perp四甲^{二}}}$ $=彳地\frac{二甲}{(九地\perp四甲^{二})^{\frac{一}{二}}}$ 依上卷十二款例，令 $四甲^{二}\perp九地=亥^{二}$ 即 $(四甲^{二}\perp九地)^{\frac{一}{二}}=亥$ ㊀ $地=\frac{九}{亥^{二}\top四甲^{二}}$ 即 $彳地=\frac{九}{二亥彳亥}$ 即 $\frac{二甲}{彳地}=\frac{九甲}{亥彳亥}$ ㊁ 一二相乘得 $\frac{二甲}{彳地}(四甲^{二}\perp九地)^{\frac{一}{二}}=\frac{九甲}{亥^{二}彳亥}$ 求積分得 $禾\frac{二甲}{彳地}(四甲^{二}\perp九地)^{\frac{一}{二}}=\frac{二七甲}{亥^{三}}\perp呐$ 以亥之原同數代還，即

$人=\frac{二七甲}{(四甲^{二}\perp加地)^{\frac{三}{二}}}\perp呐$ ㊂ 求呐之同數，攷本式知，$人=〇$ 時，亦 $地=〇$ 故 $〇=\frac{二七}{八甲^{二}}\perp呐$ 即 $呐=\top\frac{二七}{八甲^{二}}$ 是以全積分爲

$人=\frac{二七甲}{(九地\perp四甲^{二})^{\frac{三}{二}}}\top\frac{二七}{八甲^{二}}$ ㊁

求半立方抛物綫之長又法。攷正《溯源》一百六十款二題，原脫半字。

本曲綫之式爲 $地^{二}=甲^{二}天^{二}$ 原訛作甲天^{二}。如前遞求得

$彳人=彳地\sqrt{一\perp\frac{四甲^{二}}{九地}}$ 依上卷五款例得 $人=\frac{二七}{八甲^{二}}\sqrt{\left(一\top\frac{四甲^{二}}{九地}\right)^{三}}\perp呐$

㊂ 如前變之得 $呐=\top\frac{二七}{八甲^{二}}$ 即全積分，得 $人=\frac{二七}{八甲^{二}}\sqrt{\left(一\perp\frac{四甲^{二}}{九地}\right)^{三}}$ $\top\frac{二七}{八甲^{二}}$ ㊃ 按：括弧内 四甲^{二} 等於括弧外 八甲^{三} 故丁式無異乙式。

立方抛物綫，求其任一分之長。

依本曲綫式 $地^{三}=甲天$ 求微分 $三地^{二}彳地=甲彳天$ 即 $\frac{甲^{二}}{九地^{四}彳地^{二}}=彳天^{二}$ 以此從公式得 $彳人=\sqrt{彳地^{二}\perp\frac{甲^{二}}{九地^{四}彳地^{二}}}=彳地\sqrt{一\perp\frac{甲^{二}}{九地^{四}}}$

依二項例，令 卯＝二、寅＝一、甲＝一、$天=\frac{甲^{二}}{九地^{四}}$ 代入 (甲⊥天)$^{寅/卯}$ 式中得 $\frac{彳地}{彳人}=一\perp\frac{二甲^{二}}{一\cdot九地^{四}}\top\frac{一\cdot二\cdot四\cdot甲^{四}}{一\cdot一\cdot九^{二}地^{八}}\perp\frac{二\cdot四\cdot六\cdot甲^{六}}{一\cdot三\cdot九三地^{二}}\top\frac{二\cdot四\cdot六\cdot八\cdot甲^{八}}{一\cdot三\cdot五\cdot九^{四}地^{六}}\perp\cdots$ ㊀ 各以彳地乘求積分得 $人=地\perp\frac{二\cdot五甲^{二}}{一\cdot九地^{五}}$ $\top\frac{二\cdot四\cdot九甲^{四}}{一\cdot九^{二}地^{九}}\perp\frac{二\cdot四\cdot六\cdot一三甲^{六}}{一\cdot三\cdot九^{三}地^{一三}}\top\frac{二\cdot四\cdot六\cdot八\cdot一七甲^{八}}{一\cdot三\cdot五\cdot九^{四}地^{一七}}$ $\perp\cdots\perp呐$ ㊁ 惟因 $人=〇$ 時，$地=〇$ 故 $呐=〇$ 無常數。按：立方抛物綫之弧，只有用級數求一法，且通徑甲必大於縱綫冪方，爲斂級數，而真數可求。否則不可求。

雙綫支

雙曲綫求大徑端弧之長。此條參用陽湖沈氏《曲綫臆義》。

依求曲綫之式 $地=\frac{甲}{乙}\sqrt{天^{二}丅甲^{二}}$ 求微分 $彳地=\frac{\sqrt{天^{二}丅甲^{二}}}{\frac{甲}{乙}天彳天}$

即 $彳地^{二}=\frac{天^{二}丅甲^{二}}{\frac{甲^{二}}{乙^{二}}天^{二}彳天^{二}}$ 以此從公式，即 $彳人=\sqrt{\frac{天^{二}丅甲^{二}}{\frac{甲^{二}}{乙^{二}}天^{二}彳天^{二}}丄彳天^{二}}=$

$\frac{\sqrt{天^{二}丅甲^{二}}}{彳天\sqrt{天^{二}丅甲^{二}丄\frac{甲^{二}}{乙^{二}}天^{二}}}=\sqrt{\frac{天^{二}丅甲^{二}}{彳天}}\sqrt{\left(\frac{甲^{二}}{乙^{二}}丄一\right)天^{二}丅甲^{二}}=$

$\sqrt{\frac{天^{二}丅甲^{二}}{彳天}}\sqrt{\frac{甲^{二}}{乙^{二}丄甲^{二}}天^{二}丅甲^{二}}$ 令 $\frac{甲^{二}}{乙^{二}丄甲^{二}}=己^{二}$ 即 $彳人=$

$\frac{\sqrt{天^{二}丅甲^{二}}}{彳天}\sqrt{己^{二}天^{二}丅甲^{二}}=\frac{\sqrt{天^{二}丅甲^{二}}}{己天彳天}\sqrt{一丅\frac{己^{二}天^{二}}{甲^{二}}}$ 乃以

$\sqrt{一丅\frac{己^{二}天^{二}}{甲^{二}}}$ 依二項例化爲級數得 $\sqrt{一丅\frac{己^{二}天^{二}}{甲^{二}}}$ 等於

$一丅\frac{二己^{二}天^{二}}{一\cdot甲^{二}}丅\frac{二\cdot四己^{四}天^{四}}{一\cdot一\cdot甲^{四}}丅\frac{二\cdot四\cdot六己^{六}天^{六}}{一\cdot一\cdot三甲^{六}}丅\cdots$ 即 $彳人=\frac{\sqrt{天^{二}丅甲^{二}}}{己天彳天}$

$丅\frac{二己天\sqrt{天^{二}丅甲^{二}}}{甲^{二}彳天}丅\frac{二\cdot四己^{三}天^{三}\sqrt{天^{二}丅甲^{二}}}{甲^{四}彳天}丅$

$\frac{二\cdot四\cdot六己^{五}天^{五}\sqrt{天^{二}丅甲^{二}}}{三甲^{六}彳天}$ ㊀ 依上卷十九款乙術 $禾\frac{天^{二}\sqrt{天^{二}丅甲^{二}}}{彳天}$

$=\frac{二甲^{二}天^{二}}{\sqrt{天^{二}丅甲^{二}}}丄\frac{二甲^{二}}{一}禾\frac{天\sqrt{天^{二}丅甲^{二}}}{彳天}$、$禾\frac{天^{五}\sqrt{天^{二}丅甲^{二}}}{彳天}=\frac{四甲^{二}天^{四}}{\sqrt{天^{二}丅甲^{二}}}丄$

$\frac{四甲^{二}}{三}禾\frac{天^{三}\sqrt{天^{二}丅甲^{二}}}{彳天}$、$禾\frac{天^{七}\sqrt{天^{二}丅甲^{二}}}{彳天}=\frac{六甲^{二}天^{六}}{\sqrt{天^{二}丅甲^{二}}}丄$

$\frac{六甲^{二}}{五}禾\frac{天^{五}\sqrt{天^{二}丅甲^{二}}}{彳天}$ 即 $禾\frac{天^{五}\sqrt{天^{二}丅甲^{二}}}{彳天}=\frac{四甲^{二}天^{四}}{\sqrt{天^{二}丅甲^{二}}}丄$

$\frac{四甲^{二}}{三}\left(\frac{二甲^{二}天^{二}}{\sqrt{天^{二}丅甲^{二}}}丄\frac{二甲^{二}}{一}禾\frac{天\sqrt{天^{二}丅甲^{二}}}{彳天}\right)$、$禾\frac{天^{七}\sqrt{天^{二}丅甲^{二}}}{彳天}=$

$\frac{六甲^{二}天^{六}}{\sqrt{天^{二}丅甲^{二}}}丄\frac{六甲^{二}}{五}\Big\{\frac{四甲^{二}天^{四}}{\sqrt{天^{二}丅甲^{二}}}丄\frac{四甲^{二}}{三}\Big(\frac{二甲^{二}天^{二}}{\sqrt{天^{二}丅甲^{二}}}丄$

$\frac{二甲^{二}}{一}禾\frac{天\sqrt{天^{二}丅甲^{二}}}{彳天}\Big)\Big\}$ 依上卷五款設題三例 $禾\frac{\sqrt{天^{二}丅甲^{二}}}{天彳天}=$

$\sqrt{天^{二}丅甲^{二}}$ 又依上卷九款設題六例 $禾\frac{天\sqrt{天^{二}丅甲^{二}}}{甲彳天}=正割\frac{丅一甲}{天}$ 各

代入一式即 $人=己\sqrt{天^{二}丅甲^{二}}丅\frac{二己}{甲}正割^{丅一}\frac{甲}{天}丅\frac{二\cdot四己^{三}}{甲^{三}}\Big(\frac{二甲^{二}天^{二}}{\sqrt{天^{二}丅甲^{二}}}$

$丄\frac{二甲^{二}}{一}正割^{丅一}\frac{甲}{天}\Big)丅\frac{二\cdot四\cdot六己^{五}}{三甲^{五}}\Big\{\frac{四甲^{二}天^{四}}{\sqrt{天^{二}丅甲^{二}}}丄\frac{四甲^{二}}{三}\Big(\frac{二甲^{二}天^{二}}{\sqrt{天^{二}丅甲^{二}}}$

$丄\frac{二甲^{二}}{一}正割^{丅一}\frac{甲}{天}\Big)\Big\}丅\cdots$(喃) 惟 $人=〇$ 即 $天=甲$ 即 $\sqrt{天^{二}丅甲^{二}}=〇$

而 $正割^{丅一}\frac{甲}{天}$ 亦等於〇，即全積分爲〇，故無常數丙。

雙曲綫求小徑端弧之長。即本雙綫之相屬雙綫。

依本曲綫式 $地^{二}=\frac{乙^{二}}{甲^{二}}(天^{二}丅乙^{二})$ 遞變之得 $天=\frac{甲}{乙}\sqrt{甲^{二}丄地^{二}}$ 求

微分 $彳天=\frac{\sqrt{甲^{二}丄地^{二}}}{\frac{甲}{乙}地彳地}$ 即 $彳天^{二}=\frac{甲^{二}(甲^{二}丄地^{二})}{乙^{二}地^{二}彳地^{二}}$ 以此從公式

$彳人=\sqrt{彳地^{二}丄\frac{甲^{二}(甲^{二}丄地^{二})}{乙^{二}地^{二}彳地^{二}}}=彳地\sqrt{\frac{甲^{二}(甲^{二}丄地^{二})}{甲(甲^{二}丄地^{二})丄乙^{二}地^{二}}}=$

$\frac{\sqrt{甲^{二}丄地}}{彳地\sqrt{甲^{二}丄\left(一丄\frac{甲^{二}}{乙^{二}}\right)地^{二}}}$ 令 $一丄\frac{甲^{二}}{乙^{二}}=\frac{甲^{二}}{甲^{二}丄乙^{二}}=戊^{二}$ 即

$彳人=\frac{\sqrt{甲^{二}丄地^{二}}}{彳地}\sqrt{甲^{二}丄戊^{二}地^{二}}$ 乃依二項例化 $\sqrt{甲^{二}丄戊^{二}地^{二}}$ 爲

級數，即 $(甲^{二}丄戊^{二}地^{二})^{\frac{一}{二}}=甲丄\frac{二甲^{二}}{一\cdot戊^{二}}地^{二}丅\frac{二\cdot四甲^{四}}{一\cdot一戊^{四}}地^{四}丄$

$\frac{二\cdot四\cdot六甲^{六}}{一\cdot一\cdot三戊^{六}}地^{六}丅\cdots$ 每級求積分，令 $禾\frac{\sqrt{甲^{二}丄地^{二}}}{彳地}=咄_{〇}$、

$禾\sqrt{\frac{甲^{二}丄地^{二}}{地^{二}彳地}}=咄_{二}$、$禾\frac{\sqrt{甲^{二}丄地^{二}}}{地^{四}彳地}=咄_{四}\cdots$ $人=甲咄_{〇}丄\frac{二甲^{二}}{一戊^{二}}咄_{二}丅$

$\frac{二\cdot四甲^{四}}{一\cdot一戊^{四}}咄_{四}丄\frac{二\cdot四\cdot六甲^{六}}{一\cdot一\cdot三戊^{六}}咄_{六}丅\cdots$ ㊀ 又依甲術推得

晄$_{二}$=$\frac{二}{地}\sqrt{地^{二}丄甲^{二}}$丅$\frac{二}{三}$晄$_{○}$、晄$_{四}$=$\frac{四}{地^{三}}\sqrt{甲^{二}丄地^{二}}$丅$\frac{四}{三}$晄$_{二}$、晄$_{六}$=$\frac{六}{地^{五}}\sqrt{甲^{二}丄地^{二}}$丅$\frac{六}{五}$晄$_{四}$…又依上卷二十款設題一 禾$\frac{\sqrt{甲^{二}丄天^{二}}}{彵}$=訥(地丄$\sqrt{甲^{二}丄地^{二}}$) 即 晄$_{二}$=$\frac{三}{地}\sqrt{甲^{二}丄地^{二}}$丅$\frac{二}{三}$訥(地丄$\sqrt{甲^{二}丄地^{二}}$)、晄$_{四}$=$\frac{四}{地^{三}}\sqrt{甲^{二}丄地^{二}}\left[\frac{四}{三}丄\frac{三}{地}\sqrt{甲^{二}丄地^{二}}丅\frac{二}{三}訥(地丄\sqrt{甲^{二}丄地^{二}})\right]$、晄$_{六}$=$\frac{六}{地^{五}}\sqrt{甲^{二}丄地^{二}}$丅$\frac{六}{五}\left\{\frac{四}{地^{三}}\sqrt{甲^{二}丄地^{二}}丅\frac{四}{三}\left[\frac{三}{地}\sqrt{甲^{二}丄地^{二}}丅\frac{二}{三}訥(地丄\sqrt{甲^{二}丅地^{二}})\right]\right\}$… 代入一式中而依類列之 人=訥(地丄$\sqrt{甲^{二}丄地^{二}}$)(甲丅$\frac{二甲^{二}}{戊^{二}}$丅$\frac{二^{二}四^{二}甲^{四}}{三戊^{四}}$丅$\frac{二^{三}\cdot四^{二}\cdot六^{二}甲^{六}}{三\cdot三\cdot五戊^{六}}$丅…)丄$\frac{二甲^{二}}{戊^{二}}(\frac{二}{地}\sqrt{甲^{二}丄地^{二}})$丅$\frac{二\cdot四甲^{四}}{戊^{四}}(\frac{四}{地^{三}}丅\frac{二\cdot四}{三地})\sqrt{甲^{二}丄地^{二}}$丄$\frac{三\cdot四\cdot六甲^{六}}{三戊^{六}}(\frac{六}{地^{五}}丄\frac{四\cdot六}{五地^{三}}丄\frac{二\cdot四\cdot六}{三\cdot五地})\sqrt{甲^{二}丄地^{二}}$丅…丄昞 惟依前例 人=〇 旹，地=〇 即得 〇=訥甲(甲丅$\frac{二甲^{二}}{戊^{二}}$丅$\frac{二^{二}\cdot四^{二}\cdot甲^{四}}{三戊^{四}}$丅$\frac{二^{三}\cdot四^{二}\cdot六^{二}甲^{六}}{三\cdot三\cdot五戊^{六}}$丅…) 即 昞=丅訥甲(甲丅$\frac{二甲^{二}}{戊}$丅$\frac{二^{二}四^{二}甲^{四}}{三戊^{四}}$丅$\frac{二^{二}四^{二}\cdot六^{二}甲^{六}}{三三五戊^{六}}$丅…) 故 人=訥$\left(\frac{甲}{地丄\sqrt{甲丄地^{二}}}\right)$(甲丅$\frac{二^{二}甲^{二}}{戊^{二}}$丅$\frac{二^{二}\cdot四^{二}甲^{四}}{三戊^{四}}$丅$\frac{二^{三}\cdot四^{二}\cdot六^{二}甲^{六}}{三\cdot三\cdot五戊^{六}}$丅…)丄$\frac{二甲^{二}}{戊^{二}}(\frac{二}{地}\sqrt{甲^{二}丄地^{二}})$丅$\frac{二\cdot四甲^{四}}{戊^{四}}(\frac{四^{二}}{地^{三}}丅\frac{二\cdot四}{三地})\sqrt{甲^{二}丄地^{二}}$丄$\frac{二\cdot四\cdot六甲^{六}}{三戊^{六}}(\frac{六}{地^{五}}丄\frac{四\cdot六}{五地^{三}}丄\frac{二\cdot四\cdot六}{三\cdot五地})\sqrt{甲^{二}丄地^{二}}$丅…丄…(吭)

此爲有縱橫徑有相屬雙綫之縱綫求小徑端弧背之公式。

按：前一則，若照此演，則成發級數，故舍此用彼。

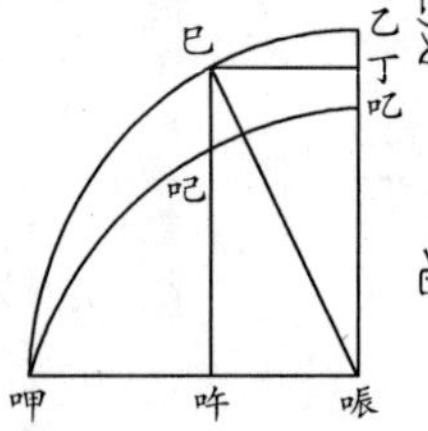

圖一

楕圓支

楕圓綫求周一術。

如一圖，叱㖀爲半短徑，命爲乙。呷㖀爲半長徑，命爲甲。設原點在楕圓心㖀，則依本曲綫式 地=$\frac{甲}{乙}\sqrt{甲^{二}丅天^{二}}$ 又命 甲=一 又令兩心距$\sqrt{一丅乙^{二}}$=戊 令其弧從短徑端起以人代叱叱弧，即 叱吘=地=乙$\sqrt{一丅天^{二}}$ 求微分 彵=$\frac{\sqrt{一丅天^{二}}}{丅乙天彽}$ 自乘 彵^{二}=$\frac{一丅天^{二}}{乙^{二}天^{二}彽^{二}}$ 代入 $\sqrt{彽^{二}丄彵^{二}}$式中，即 訒=$\sqrt{彽^{二}丄\frac{一丅天^{二}}{乙^{二}天^{二}彽^{二}}}$=$\frac{\sqrt{一丅天^{二}}}{彽\sqrt{一丅天^{二}丄乙^{二}天^{二}}}$=$\frac{\sqrt{一丅天^{二}}}{彽}\sqrt{一丅戊^{二}天^{二}}$ 按：此式亦祇能用級數求積分。依二項例，先求$\sqrt{一丅戊^{二}天^{二}}$之級數，次以$\frac{\sqrt{一丅天^{二}}}{彽}$乘之，即得 訒=$\frac{\sqrt{一丅天^{二}}}{彽}(一丅\frac{二}{戊^{二}}天^{二}丅\frac{三\cdot四}{戊^{四}}天^{四}丅\frac{二\cdot四\cdot六}{三戊^{六}}天^{六}丅…)$ 每級求積分。令 禾$\frac{\sqrt{一丅天^{二}}}{彽}$=呋$_{○}$、禾$\frac{\sqrt{一丅天^{二}}}{天^{二}彽}$=呋$_{二}$、禾$\frac{\sqrt{一丅天^{二}}}{天^{四}彽}$=呋$_{四}$ … 得 人=呋$_{○}$丅$\frac{一}{二}$戊^{二}呋$_{二}$丅$\frac{三\cdot四}{一\cdot二}$戊^{四}呋$_{四}$丅$\frac{二\cdot四\cdot六}{一\cdot一\cdot三}$戊^{六}呋$_{六}$丅…

㊀ 依上卷八款前論，式中之呋$_{○}$爲弧。如乙己借弧。一爲半徑，天爲正弦。如丁己。又依上卷十五款甲術，推得 呋$_{二}$=丅$\frac{一}{天}\sqrt{一丅天^{二}}$丄$\frac{一}{二}$呋$_{○}$、呋$_{四}$=丅$\frac{四}{天^{三}}\sqrt{一丅天^{二}}$丄$\frac{四}{三}$呋$_{二}$、呋$_{六}$=丅$\frac{六}{天^{五}}\sqrt{一丅天^{二}}$丄$\frac{六}{五}$呋$_{四}$… 即 呋$_{四}$=丅$(\frac{四}{三}天^{三}丄\frac{二\cdot四}{一\cdot三}天)\sqrt{一丅天^{二}}丄\frac{二\cdot四}{一\cdot三}$呋$_{○}$、呋$_{六}$=丅$(\frac{六}{五}天^{五}丄\frac{四\cdot六}{一\cdot五}天^{三}丄\frac{二\cdot四\cdot六}{一\cdot三\cdot五}天)\sqrt{一丅天^{二}}丄\frac{二\cdot四\cdot六}{一\cdot三\cdot五}$呋$_{○}$… 將各同數代入一式而依類列之，即 人=呋$_{○}$(一丅$\frac{二}{二}$戊^{二}丅$\frac{二^{二}\cdot四^{二}}{一\cdot一\cdot三}$戊^{四}丅$\frac{二^{二}\cdot四^{二}\cdot六^{二}}{一\cdot一\cdot三\cdot三\cdot五}$戊^{六}丅…)丄$\frac{二}{二}$戊^{二}($\frac{二}{二}天\sqrt{一丅天^{二}}$)丄

$\frac{二\cdot四}{二\cdot二}戊^{四}\left(\frac{四}{二}天^{三}丄\frac{二\cdot四}{二\cdot三}天\right)\sqrt{一丅天^{二}}丄\frac{二\cdot四\cdot六}{二\cdot二\cdot三}戊^{六}\left(\frac{六}{二}天^{五}丄\frac{四\cdot六}{二\cdot五}天^{三}丄\frac{二\cdot四\cdot六}{二\cdot三\cdot五}天\right)\sqrt{一丅天^{二}}丄\cdots$（角） 此式不用常數，因 天＝○ 時，人＝○ 故 呐＝○ 如令 天＝呷哌 即 $\sqrt{一丅天^{二}}=○$ 叵有 $\sqrt{一丅天^{二}}$ 之各項俱不見，即 呹$_{○}$＝$\overset{一}{\frac{二}{周}}$ 故得 人＝$\overset{一}{\frac{二}{周}}\left(一丅\frac{二^{二}}{戊^{二}}丅\frac{二^{二}\cdot四^{二}}{二\cdot三戊^{四}}丅\frac{二^{二}\cdot四^{二}\cdot六^{二}}{二\cdot三\cdot三\cdot五戊^{六}}丅\cdots\right)$（氐） 即橢圓周四之一。更命括弧中數爲呻，復以四乘之，即得 二周呻 爲橢圓全周。

橢圓求周二術。

如二圖，仍命半短徑爲乙，半長徑爲甲。原點在哌，則哌叮爲天，叮叱爲地。依本曲綫，$\frac{乙^{二}}{甲^{二}}(乙^{二}丅地^{二})=天^{二}$ 天地互易，$\frac{乙^{二}}{甲^{二}}(乙^{二}丅天^{二})=地^{二}$ 以縱横綫互易，故令 乙＝一 即 $\sqrt{甲^{二}丅一}=戊$ 令其弧從長徑端起以人代呷叱，即 叱叮＝地＝甲$\sqrt{一丅天^{二}}$ 求微分得 $彳地^{二}=\frac{\sqrt{一丅天^{二}}}{丅甲天彳}$、$彳地=\frac{\sqrt{一丅天^{二}}}{丅甲天彳}$ 以此從公式

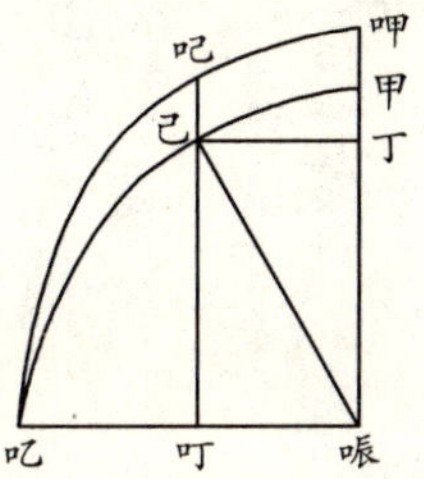

圖二

$认=\sqrt{彳^{二}丄\frac{一丅天^{二}}{甲^{二}天^{二}彳^{二}}}=彳\sqrt{\frac{丄一丅天^{二}}{丄甲^{二}天^{二}}}=\frac{\sqrt{一丅天^{二}}}{彳\sqrt{一丅天^{二}丄甲^{二}天^{二}}}=\frac{\sqrt{一丅天^{二}}}{彳\sqrt{一丄(甲^{二}丅一)天^{二}}}=\frac{\sqrt{一丅天^{二}}}{彳\sqrt{一丄戊^{二}天^{二}}}$ 依前例得級式

$认=\frac{\sqrt{一丅天^{二}}}{彳}\left(一丄\frac{一}{二}戊^{二}天^{二}丅\frac{二\cdot四}{二\cdot二}戊^{四}天^{四}丄\frac{二\cdot四\cdot六}{二\cdot二\cdot三}戊^{六}天^{六}丅\cdots\right)$

求積分各以呹$_{○}$、呹$_{二}$、呹$_{四}$…代入，依類列之，均如前，得 人＝呹$\left(一丄\frac{二^{二}}{二}戊^{二}丅\frac{二^{二}\cdot四^{二}}{二\cdot二\cdot三}戊^{四}丅\frac{二^{二}\cdot四^{二}\cdot六^{二}}{二\cdot三\cdot三\cdot五}戊^{六}丅\cdots\right)丅\frac{一}{三}戊\left(\frac{一}{三}天\sqrt{一丅天^{二}}\right)丄\frac{二\cdot四}{二\cdot戊^{四}}\left(\frac{四}{二}天^{三}丄\frac{二\cdot四}{二\cdot三}天\right)\sqrt{一丅天^{二}}丅\frac{二\cdot四\cdot六}{二\cdot三\cdot戊}\left(\frac{六}{二}天^{五}丄\frac{四\cdot六}{二\cdot五}天^{三}丄\frac{二\cdot四\cdot六}{二\cdot三\cdot五}天\right)\sqrt{一丅天^{二}}丄\cdots$（亢） 無常數，理同前。亦令 天＝一 即 $\sqrt{一丅天^{二}}=○$ 叵有 $\sqrt{一丅天^{二}}$ 之項俱爲○，得橢圓四之一，爲 人＝$\overset{一}{\frac{二}{周}}\left(一丄\frac{二}{戊^{二}}丅\frac{二^{二}\cdot四^{二}}{二\cdot二\cdot三}戊^{四}丄\frac{二^{二}\cdot四^{二}\cdot六^{二}}{二\cdot三\cdot三\cdot五}戊^{六}丅\cdots\right)$（房）

即橢圓周四之一，四乘之得 二周呻 爲橢圓全周。

橢圓求周三術。

依一術一圖求長徑端一段弧。如叱呷。即用己呷借弧，即乙己借弧之餘弧，仍以天代丁己正弦，哌叶同。即己呷弧餘弦。準二卷十七款。餘弧微分式爲 $丅\frac{\sqrt{一丅天^{二}}}{彳}$ 即 $认=丅\sqrt{彳^{二}丄\frac{一丅天^{二}}{乙天^{二}彳^{二}}}$ 亦遞變得 $认=丅\frac{\sqrt{一丅天^{二}}}{彳}\sqrt{一丅戊^{二}天^{二}}$ 得級式 $认=\frac{\sqrt{一丅天^{二}}}{丅彳}\left(一丅\frac{一}{二}戊^{二}天^{二}丅\frac{二\cdot四}{戊^{四}}天^{四}丅\frac{二\cdot四\cdot六}{三戊^{六}}天^{六}丅\cdots\right)$ 依前每級求積分，令 禾$\frac{\sqrt{一丅天^{二}}}{丅彳}=\overset{一}{\frac{二}{周}}丅呹_{○}$、禾$\frac{\sqrt{一丅天^{二}}}{丅天^{二}彳}=\overset{一}{\frac{二}{周}}丅呹_{二}$、禾$\frac{\sqrt{一丅天^{二}}}{丅天^{四}彳}=\overset{一}{\frac{二}{周}}丅呹_{四}$… 如法代入得 人＝$\overset{一}{\frac{二}{周}}丅呹_{○}丅\frac{一}{戊^{二}}\left(\overset{一}{\frac{二}{周}}丅呹_{二}\right)丅\frac{二\cdot四}{戊^{四}}\left(\overset{一}{\frac{二}{周}}丅呹_{四}\right)丅\frac{二\cdot四\cdot六}{三戊^{六}}\left(\overset{一}{\frac{二}{周}}丅呹_{六}\right)丅\cdots$㊀ 式中之 $\overset{一}{\frac{二}{周}}丅呹_{○}$ 爲呷己借弧，一爲半徑，天爲餘弦，亦依上卷十五款甲術推得 $\overset{一}{\frac{二}{周}}丅呹_{二}=\frac{一}{三}天\sqrt{一丅天^{二}}丄\frac{一}{三}\left(\overset{一}{\frac{二}{周}}丅呹_{○}\right)$、$\overset{一}{\frac{二}{周}}丅呹_{四}=\frac{四}{天^{三}}\sqrt{一丅天^{二}}丄\frac{四}{三}\left(\overset{一}{\frac{二}{周}}丅呹_{二}\right)$、$\overset{一}{\frac{二}{周}}丅呹_{六}=\frac{六}{天^{五}}\sqrt{一丅天^{二}}丄\frac{六}{五}\left(\overset{一}{\frac{二}{周}}丅呹_{四}\right)\cdots$ 即 $\overset{一}{\frac{二}{周}}丅呹_{四}=\left(\frac{四}{天^{三}}丄\frac{二\cdot四}{二\cdot三天}\right)\sqrt{一丅天^{二}}丄\frac{二\cdot四}{二\cdot三}\left(\overset{一}{\frac{二}{周}}丅呹_{○}\right)$、$\overset{一}{\frac{二}{周}}丅呹_{六}=\left(\frac{六}{天^{五}}丄\frac{四\cdot六}{二\cdot五天^{三}}丄\frac{二\cdot四\cdot六}{二\cdot三\cdot五天}\right)\sqrt{一丅天^{二}}丄\frac{二\cdot四\cdot六}{二\cdot三\cdot五}\left(\overset{一}{\frac{二}{周}}丅呹_{○}\right)\cdots$ 代入一式 人＝$\overset{一}{\frac{二}{周}}丅呹_{○}\left(一丅\frac{一^{二}}{二}戊^{二}丅\frac{二^{二}\cdot四^{二}}{二\cdot三}戊^{四}丅\frac{二^{二}\cdot四^{二}\cdot六^{二}}{二\cdot三\cdot三\cdot五}戊^{六}丅\cdots\right)$、人＝$丅\frac{一}{戊}\left(\frac{一}{三}天\sqrt{一丅天^{二}}\right)丅\frac{二\cdot四}{二\cdot戊^{四}}\left(\frac{四}{天^{三}}丄\frac{二\cdot四}{二\cdot三天}\right)\sqrt{一丅天^{二}}丅$

$\frac{二\cdot四\cdot六}{一\cdot三戊^{六}}\Big(\frac{六}{天^{五}}丄\frac{四\cdot六}{一\cdot五天^{三}}丄\frac{二\cdot四\cdot六}{一\cdot三\cdot五天}\Big)\sqrt{一丅天^{二}}丅\cdots$ (心) 依前令 天＝一 則 𠯆$_{〇}$＝〇 而 $\sqrt{一丅天^{二}}$＝〇 即有 $\sqrt{一丅天^{二}}$ 之項均爲〇，即得橢圓四之一爲 人＝$\frac{二}{周}\Big(一丅\frac{二^{二}}{一}戊^{二}丅\frac{二^{二}\cdot四^{二}}{一\cdot三}戊^{四}丅\frac{二^{二}\cdot四^{二}\cdot六^{二}}{一\cdot三\cdot三\cdot五}戊^{六}丅\cdots\Big)$ (尾) 按：尾式與角式不異，又或以角式、心式相加，得式亦同，亦四乘之，得橢周。

橢圓求周四術。

依二術二圖，求短徑端一段弧，如叱呓。即用己呓借弧，即甲己借弧之餘弧，仍以天代己丁。甲己弧正弦即呓己弧餘弦，㖿可同。準前餘弧微分式爲 $丅\frac{\sqrt{一丅天^{二}}}{⿰彳天}$ 即 ⿰彳人＝$丅\sqrt{⿰彳天^{二}丄\frac{一丅天^{二}}{甲^{二}天^{二}⿰彳天^{二}}}$ 亦遞變得

⿰彳人＝$丅\frac{\sqrt{一丅天^{二}}}{⿰彳天}\sqrt{一丄戊^{二}天^{二}}$ 得級式 ⿰彳人＝$\frac{\sqrt{一丅天^{二}}}{丅⿰彳天}\Big(一丄\frac{二}{一}戊^{二}天^{二}丅\frac{二^{二}\cdot四^{二}}{一戊^{四}}天^{四}丄\frac{二^{二}\cdot四^{二}\cdot六^{二}}{一\cdot三戊^{六}}天^{六}丅\cdots\Big)$ 依前每級求積分復遞變之得 人＝$\Big(\frac{二}{周}丅𠯆_{〇}\Big)\Big(一丄\frac{二^{二}}{戊}丅\frac{二^{二}\cdot四^{二}}{三戊^{四}}丄\frac{二^{二}\cdot四^{二}\cdot六^{二}}{三\cdot三\cdot五戊^{六}}丅\cdots\Big)丄\frac{三}{一}戊^{二}\Big(\frac{二}{天}\sqrt{一丅天}\Big)丅\frac{二\cdot四}{戊^{四}}\Big(\frac{四}{天^{三}}丄\frac{二\cdot四}{三天}\Big)\sqrt{一丅天^{二}}丄\frac{二\cdot四\cdot六}{三戊^{六}}\Big(\frac{六}{天^{五}}丄\frac{四\cdot六}{一五天^{三}}丄\frac{二\cdot四\cdot六}{一\cdot三\cdot五天}\sqrt{一丅天^{二}}丅\cdots\Big)$

(箕) 依前令 天＝一 即 𠯆$_{〇}$＝〇 而 $\sqrt{一丅天^{二}}$＝〇 即有 $\sqrt{一丅天^{二}}$ 之項均爲〇，即得橢圓四之一爲 人＝$\frac{二}{周}\Big(一丄\frac{二^{二}}{戊^{二}}丅\frac{二^{二}\cdot四^{二}}{三戊^{四}}丄\frac{二^{二}\cdot四^{二}\cdot六^{二}}{三\cdot三\cdot五戊^{六}}丅\cdots\Big)$ (斗)

按：斗式與房式不異，或以亢式、箕式相加，得式亦同，四乘得橢〔圓〕周。

平圓支

平圓弧綫求其長。

設變數爲正弦，則依上卷八款，其弧微分式爲 ⿰彳人＝$\frac{\sqrt{一丅地^{二}}}{⿰彳地}$ 即 人＝正弦^{丅一}地 地爲正弦，一爲半徑，依上卷七款設題四，級數求積分

人＝天$丄\frac{二\cdot三}{一天^{三}}丄\frac{二\cdot四\cdot五}{一\cdot三\cdot天^{五}}丄\frac{二\cdot四\cdot六\cdot七}{一\cdot三\cdot五天^{七}}丄\frac{二\cdot四\cdot六\cdot八\cdot九}{一\cdot三\cdot五\cdot七天^{九}}丄\cdots$

(弦) 此級式不加常數，因其人與地同時而起之故。

設變數爲正切，則依上卷九款設題三，其弧微分式爲 ⿰彳人＝$\frac{一丄西^{二}}{⿰彳西}$ 即 人＝正切^{丅一}西 西爲正切，一爲半徑。依上卷七款設題二，級數求積分得

人＝西$丅\frac{三}{西^{三}}丄\frac{五}{西^{五}}丅\frac{七}{西^{七}}丄\cdots$ (切) 亦不加常數。他綫爲變數理同。

擺綫支

擺綫求其長。

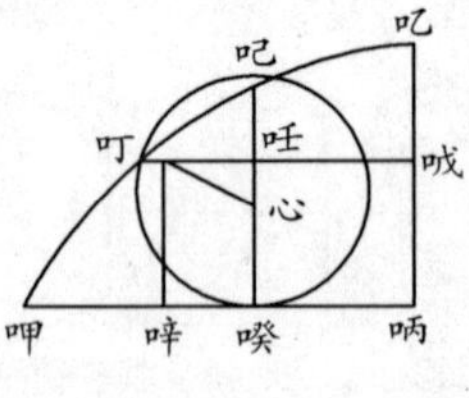

依本曲綫式 天＝弧$丅\sqrt{二未地丅地^{二}}$ 求微分，得 ⿰彳天＝$\frac{\sqrt{二未地丅地^{二}}}{地⿰彳地}$ 三卷十四款前論。即 ⿰彳天^{二}＝$\frac{二未地丅地^{二}}{地^{二}⿰彳地^{二}}$ 以此從公式得 ⿰彳人＝$\sqrt{⿰彳地^{二}丄\frac{二未地丅地^{二}}{地^{二}⿰彳地^{二}}}$ ＝⿰彳地$\sqrt{\frac{二未地丅地^{二}}{二未地}}$＝⿰彳地$\sqrt{\frac{二未丅地}{二未}}$＝(二未)$^{\frac{一}{二}}$(二未丅地)$^{丅\frac{一}{二}}$⿰彳地 依四卷九款前論，求積分，得 禾(二未丅地)$^{丅\frac{一}{二}}$⿰彳地＝丅二(二未丅地)$^{\frac{一}{二}}$丄呐 故

人＝丅(二未)$^{\frac{一}{二}}$二$\sqrt{二未丅地}$丄呐＝丅二$\sqrt{二未(二未丅地)}$丄呐 (子) 曲綫分從呷點起 人＝〇 時，地＝〇 故式變爲 〇＝丅四未丄呐 即 呐＝四未 若令 地＝二未 即 人＝〇丄呐 故積分在 地＝〇、地＝二未二限之間，人＝四未 故半擺綫呷叮呓恆等於呓呐母輪徑呓嗙同。之倍，而全擺綫等於母輪徑之四倍也。

如圖，呷哼＝天、呷嗾＝叮嗾弧、叮旺(哼嗾同)＝$\sqrt{二未地丅地^{二}}$ 故 呷哼＝叮嗾弧$丅\sqrt{二未地丅地^{二}}$ 如求呷叮一段弧，則於全積分內減叮呓一段弧，即 $\sqrt{二未(二未丅地)}$＝二叮呓通弦＝呓叮弧 人以漸而增，則負弧以漸而減至 地＝二未 即負弧消盡，而 人＝四未

按：積分從呷點起，則求呐同數亦宜從呷點起。據此，式中負號較確。

第二款　求曲綫面積。

求曲綫面積者，爲求一矩形與曲綫面積相等也。

凡曲綫準正交縱橫綫，其面積之微分公式爲　彳申＝地彳天㊀　三卷九款。申爲呷叱叱味之面積，天地爲叱點之縱橫綫，欲推何曲綫面積，法用本曲綫之式或以天求地之同數或以地彳地求彳天之同數用於公式中，乃求其積分，即本曲綫之面積也。

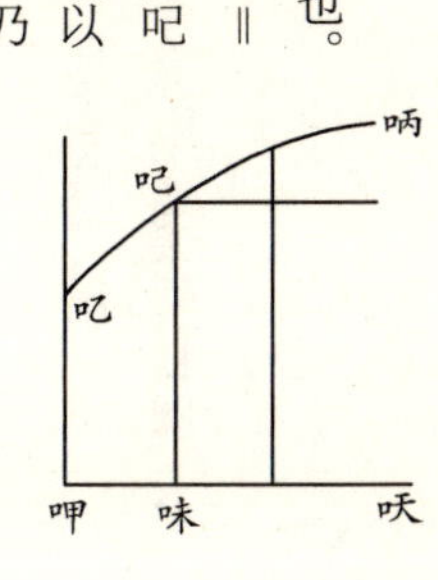

拋綫支

拋物綫求其面積。

本曲綫之式爲　$地^{二}＝二己天$　求微分，得　$彳天＝\frac{己}{地彳地}$　用此同數於公式中，即　$彳申＝\frac{己}{地^{二}彳地}$　求積分得　$申＝\frac{三己}{地^{三}}丄丙$　面積從拋物綫之頂點起，則申＝〇　時，　地＝〇　故　丙＝〇　所以全積分爲　$申＝\frac{三己}{地^{三}}＝\frac{三己}{地}地^{二}＝\frac{三己}{地}二己天＝\frac{三}{二}天地$　即拋物綫從頂點起任一段截面積爲截點縱橫綫矩形三分之二。

半立方拋物綫，求其面積。

依本曲綫之式　$地^{\frac{二}{三}}＝甲天$　即　$天＝\frac{甲}{地^{\frac{二}{三}}}$　求微分　$彳天＝\frac{二甲}{三地^{\frac{二}{一}}彳地}$　以此從公式得　$彳申＝\frac{二甲}{三地^{\frac{二}{三}}彳地}$　求積分得　$申＝\frac{五甲}{三地^{\frac{二}{五}}}丄丙$　依前例　丙＝〇

故全積分爲　$申＝\frac{五甲}{三地^{\frac{二}{五}}}＝\frac{五甲}{三地}地^{\frac{二}{三}}＝\frac{五}{三}地天$㊊　即半立方拋物綫從頂點起任一段截面積，爲截點縱橫綫矩形積五之三。

立方拋物綫，求其面積。

依本曲綫之式　$地^{三}＝甲天$　即　$天＝\frac{甲}{地^{三}}$　求微分　$彳天＝\frac{甲}{三地^{二}彳地}$　以此從公式得　$彳申＝\frac{甲}{三地^{三}彳地}$　求積分得　$申＝\frac{四甲}{三地^{四}}丄丙$　依前例　丙＝〇

故全積分爲　$申＝\frac{四甲}{三地^{四}}＝\frac{四}{三}地\frac{甲}{地^{三}}＝\frac{四}{三}地天$㊋　即立方拋物綫從頂點起任一段截面積，爲截點縱橫綫矩形積四之三。

諸乘方拋物綫，求其面積。

令方指數爲卯，則依本曲綫之公式爲　$地^{卯}＝甲天$　求微分得　$卯地^{卯丅一}彳地＝甲彳天$　以此從公式　$彳申＝地彳天＝\frac{甲}{卯地^{卯}彳地}$　求積分得　$申＝\frac{(卯丄一)甲}{卯地^{卯丄一}}丄丙$　依前例　丙＝〇　又　$天＝\frac{甲}{地^{卯}}$　即　$申＝\frac{(卯丄一)甲}{卯地^{卯}}地＝\frac{卯丄一}{卯}天地$㊌　所以凡拋物綫之面積俱等於截點縱橫綫之矩形積以　$\frac{卯丄一}{卯}$　乘之之數。如平方拋物綫，即　卯＝二　即　$\frac{三}{二}天地$　立方拋物綫　卯＝三　即　$\frac{四}{三}天地$　餘準此。

雙綫支

大徑端雙曲綫，求其面積。

依前例本曲綫之式　$地＝\frac{甲}{乙}\sqrt{天^{二}丅甲^{二}}$　以此從公式，即　$彳申＝\frac{甲}{乙彳天}\sqrt{天^{二}丅甲^{二}}$　依四卷二十款設題二，求積分得　$申＝\frac{二甲}{乙天}\sqrt{天^{二}丅甲^{二}}丅\frac{二}{甲乙}訥(天丄\sqrt{天^{二}丅甲^{二}})丄丙$　求丙之同數。令　天＝甲　即　申＝〇　即　$〇＝丅\frac{二}{甲乙}訥甲丄丙$　即　$丙＝\frac{二}{甲乙}訥甲$　即　$申＝\frac{二甲}{乙天\sqrt{天^{二}丅甲^{二}}}丅\frac{二}{甲乙}訥\left[\frac{甲}{天丄\sqrt{天^{二}丅甲^{二}}}\right]$　即呷叱叱'味曲面積倍之得呷叱叱'全面積，爲　$二申＝\frac{甲}{乙天\sqrt{天^{二}丅甲^{二}}}丅甲乙訥\left[\frac{甲}{天丄\sqrt{天^{二}丅甲^{二}}}\right]$

惟　$\sqrt{天^{二}丅甲^{二}}＝\frac{乙}{甲地}$　故式變如　$二申＝天地丅甲乙訥\left[\frac{甲乙}{甲地丄乙天}\right]$

(角)　此爲有大小二半徑及大徑上縱橫綫，求大徑端面積之公式。

小徑端雙曲綫，求其面積。

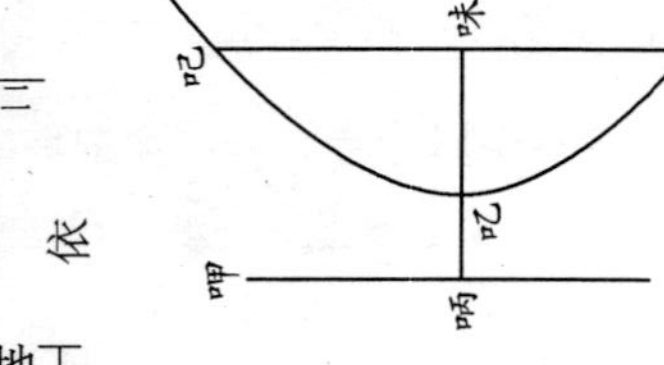

依本曲綫之式 $地=\frac{乙}{甲}\sqrt{天^{二}丅乙^{二}}$

以此從公式得 $伸=\frac{乙}{甲}彳天\sqrt{天^{二}丅乙^{二}}$ 依前遞變得叱叱′叱′全面積，爲 $二申=天地丅甲乙訥\left[\frac{甲乙}{甲天丄乙地}\right]$ ㊁亢 此爲有大小二半徑及小徑上縱橫綫，求小徑端面積之公式。

橢圓支

長徑端截橢圓面，求其積。

橢圓以中點爲原點，則本曲綫之式爲 $地=\frac{甲}{乙}\sqrt{甲^{二}丅天^{二}}$ 以此從公式，即 $伸=\frac{甲}{乙}彳天\sqrt{甲^{二}丅天^{二}}$ 別得 $彳天\sqrt{甲^{二}丅天^{二}}$ 乃以甲爲半徑之平圓面積之微分，三卷九款設題一。故大徑端截面積等於甲丨乙乘外切平圓截面積。令外切圓面積爲申′，即 $申=\frac{甲}{乙}申′$ (氐) 設橢圓面爲全周四之一，即外切平圓面積爲 $\frac{四}{周}甲^{二}$ 其橢圓面積等於 $\frac{四}{周}甲^{二}\times\frac{甲}{乙}$ 即 $\frac{四}{周}甲乙$ 故橢圓全面積爲周甲乙

又設縱橫綫之原點在橢圓周之大徑端，則本曲綫之式爲 $地=\frac{甲}{乙}\sqrt{二甲天丅天^{二}}$ 以此從公式，即 $伸=\frac{甲}{乙}彳天\sqrt{二甲天丅天^{二}}$ 又別得 $彳天\sqrt{二甲天丅天^{二}}$ 乃以甲爲半徑，原點在圓周之平圓面積微分。三卷九款設題一。設亦命此數爲申′，則 $申=\frac{甲}{乙}申′$ 遞求得橢圓全面積爲 周甲乙 均同前。

短徑端截橢圓面，求其積。

依本曲綫之式，如前天地互易 $地=\frac{乙}{甲}\sqrt{乙^{二}丅天^{二}}$ 以此從公式，即 $伸=\frac{乙}{甲}彳天\sqrt{乙^{二}丅天^{二}}$ 別得 $彳天\sqrt{乙^{二}丅天^{二}}$ 乃以乙爲半徑平圓面積之微分，三卷九款。故小徑端截面積等於乙丨甲乘內容平圓截面積。令內容圓截面積爲申″，即 $申=\frac{乙}{甲}申″$ (房) 亦設橢圓爲四之一，即內容平圓面積爲 $\frac{四}{周}乙^{二}$ 其橢面積等於 $\frac{四}{周}乙^{二}\frac{乙}{甲}$ 即 $\frac{四}{周}甲乙$ 亦得橢圓全面積爲 周甲乙

又設縱橫綫之原點在橢圓周之小徑端，則本曲綫之式爲 $地=\frac{乙}{甲}\sqrt{二乙天丅天^{二}}$ 以此從公式，即 $伸=\frac{乙}{甲}彳天\sqrt{二乙天丅天^{二}}$ 又別得 $彳天\sqrt{二乙天丅天^{二}}$ 乃以乙爲半徑，原點在圓周之平圓面積微分。見上。設亦命此數爲申″，則申等於 $\frac{乙}{甲}申″$ 遞求得橢圓全面積爲 周甲乙 均同前。

平圓支

平圓求面積。

命平圓半徑爲一，即本曲綫式爲 $地=(一丅天^{二})^{\frac{一}{二}}$ 其右邊依合名法即二項例。詳爲級數 $地=一丅\frac{二}{天^{二}}丅\frac{二・四}{天^{四}}丅\frac{二・四・六}{三天^{六}}丅\frac{二・四・六・八}{三・五天^{八}}丅\cdots=一丅\frac{二}{天^{二}}丅\frac{八}{天^{四}}丅\frac{一六}{天^{六}}丅\frac{一二八}{五天^{八}}丅\cdots$ 兩邊各以彳天乘，又每級求積分得 $申=禾彳天地=天丅\frac{六}{天^{三}}丅\frac{四〇}{天^{五}}丅\frac{一一二}{天^{七}}丅\frac{二一五三}{五天^{五}}丅\cdots$ (心) 若弧綫從頂點叮起，則 天=〇 即 申=〇 所以 丙=〇 故上級式即爲求截圓面一段之公式。若欲顯呐叮、哢哶分之面積，而叮哢弧爲三十度，則呐哶爲三十度正弦，即$\frac{二}{一}$以代心式之天，即 $呐叮哢哶=\frac{二}{一}丅\frac{四八}{一}丅\frac{一二八〇}{一}丅\frac{一四三三六}{一}丅\cdots=.四七八三〇五七三$ 別得 $天=\frac{二}{一}$ 即 $地=\frac{二}{\sqrt{三}}$ 故 $呐叮哶積=\frac{八}{\sqrt{三}}=・二一六五〇六三五$ 而 $呐叮哢哶丅呐哢哶=呐哢叮積=・二六一七九九三八=\frac{一二}{一}全周$ 故一二乘之得 平圓全面=三.一四一五九二…

設原點在圓周之呷點，亦令半徑爲一，即曲綫式爲 $地=\sqrt{二天丅天^{二}}$ 即 $伸=彳天\sqrt{二天}\sqrt{一丅\frac{二}{天}}$ 先將右邊之 $\sqrt{一丅\frac{二}{天}}$ 詳爲級數，即

一丅二/天丅二·三/天二丅二·四·四/三天三丅二·四·六·八/三·五天四丅…　各以　伩√二天　乘

之，復求積分，即　申＝三/一√二天三丅二·五/√二五天丅四·四·七/√二天七

丅二·四·八·九/√二天九丅二·四·八·一六·一一/五√二天一一丅…㊣　此級式亦爲求截

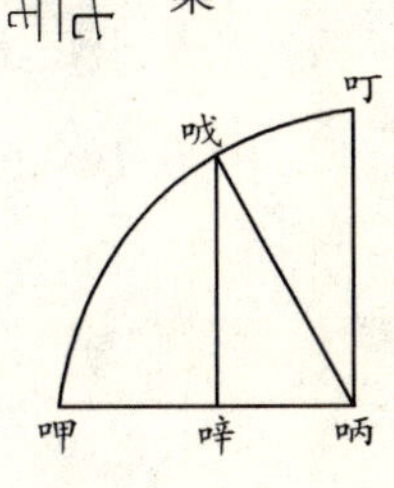

圓面一段之公式。若欲顯呷啐戌分之面積，而呷戌弧爲六十度，則呷啐爲六十度正矢，即〡〢〡　以代尾式之天，即申等於　三/一丅四〇/一丅八九六/一丅九二一六/一丅七二〇八九六/一丅…＝．三〇七〇九三＝呷叮戌啐　惟　呐叮戌啐積＝八/√三＝．二一六五〇六三五　故　呷叮戌啐積丄呐叮戌啐積＝呐叮戌呷積＝．五二三五九九三五＝六/二全周　故六乘之得　平圓全面＝三．一四一五九[二]…

擺綫支

擺綫面求其積。

準本卷一款　天＝弧丅√二末地丅地二　即　伩＝√二末地丅地二/地　代入　地伩　式中，伸＝√二末地丅地二/地二徙　準四卷十七款設題三，求積分　禾√二末地丅地二/地二徙＝二/二末(末弧√二末地丅地二)丅二/地√二末地丅地二丄呐㊀　擺綫面從呷點起，則　申＝〇　時，　地＝〇　亦　弧＝〇　故　〇＝〇丄呐　即　呐＝〇　若　地＝二末　即申等於　一/三末二弧　故積分在　地＝〇、地＝二末　二限之間，申等於　一/三末二周　倍之，　二申＝三末二周　即擺綫全面爲三個母輪

面也。

擺綫面求積又法。

準擺綫理，　叮嗾弧＝呷嗾、呷啐＝天＝呷嗾丅叮吐＝末(周丅亥)丅末正弦(周丅亥)　以斗代　周丅亥　即　天＝末(斗丅正弦斗)　求微分　伩＝末斜丅彳(正弦斗)＝末斜(一丅餘弦斗)　又　地＝吐嗾＝叮啐＝末(一丅餘弦斗)　用其同數於　伩地　式中，即　伸＝末二斜(一丄餘弦二斗丅二餘弦斗)　惟餘弦斗斜＝彳(正弦斗)　即　申＝末二(斗丅二正弦斗丄禾餘弦二斗斜)　依八綫理，　餘弦二斗＝二/一餘弦二斗丄一/二　所以　禾餘弦斗斜＝四/一正弦二斗丄一/二斗

即　申＝二/末二(三斗丅四正弦斗丄正弦二斗)丄呐　仍以　周丅亥　代還斗，又　正弦(周丅亥)＝正弦亥、正弦二(周丅亥)＝正弦二亥　所以

申＝一/末二(三(周丅亥)丅四正弦亥丄一/二正弦二亥)丄呐㊣　按：　弧＝周丅亥、√二末地丅地二＝末正弦亥、地/三＝一/二(一丅餘弦亥)、地/二√二末地丅地二＝二/末二(一丅餘弦亥)正弦亥＝二/末二正弦亥丅正弦亥餘弦亥　又正弦亥餘弦亥＝一/二正弦二亥　彼此互代，即寅式無異丑式。

第三款　求曲面積。曲面者面界旋轉所成之面也。

凡面界旋轉一匝所成面積微分爲　禪＝二周地√伩二丄徙二　三卷十款。故申等於　禾二周地√伩二丄徙二㊀　乃一切曲面之公式。以横軸爲面旋轉之軸　√伩二丄徙二　爲母曲綫微分之公式。欲求其曲面積，法以本曲綫式求微分，或以天伩求得地、徙之同數，或以地、徙求得伩之同數，用於公式中而求其積分，即得所求曲面積。

圓錐支

圓錐體，求其曲面積。

如呷吃呐句股形，以呷吃爲軸旋轉一匝，其弦呷呐必成圓錐之曲面。命呷吃爲甲，吃呐爲乙，呷爲原點，呷呐内任一點之縱横綫爲天、地，則有比例　天∶地∷甲∶乙

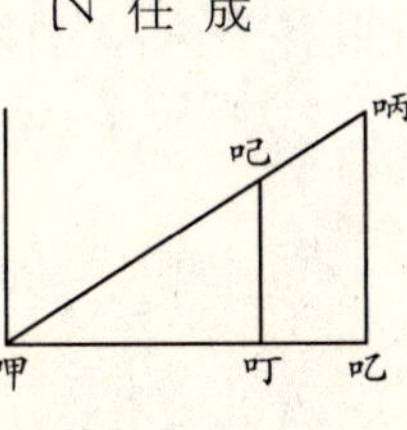

故 $地=\frac{甲}{乙}天$ 求微分 $徙=\frac{甲}{乙}伝$ 而 $徙^{二}=\frac{甲^{二}}{乙^{二}}伝^{二}$ 用此地、徙二同數於公式中得 $呻=禾二周\frac{甲}{乙}天\sqrt{伝^{二}丄\frac{甲^{二}}{乙^{二}}伝^{二}}$ 即 $呻=禾二周\frac{甲^{二}}{乙}天伝\sqrt{甲^{二}丄乙^{二}}$

即 $呻=周\frac{甲^{二}}{乙天^{二}}\sqrt{甲^{二}丄乙^{二}}丄丙$ 若曲面從頂點起 天=〇 時，亦 呻=〇 故 丙=〇 故 $呻=周\frac{甲^{二}}{乙天^{二}}\sqrt{甲^{二}丄乙^{二}}$ 若 天=呷吃=甲 則 $呻=周乙\sqrt{甲^{二}丄乙^{二}}=二周乙\overset{一}{\frac{二}{呷丙}}$ (箕) 即以甲爲高，以乙爲底半徑之圓錐曲面積，故凡圓錐曲面必等於底周乘半斜綫。

拋綫支

拋物綫體，求其曲面。

如呷吃丙爲拋物綫面，分以呷吃爲軸旋轉一匝，則呷必行成曲面拋物綫之式，爲 $地^{二}=二己天$ 求微分得 $伝=\frac{己}{地徙}$ 即 $伝^{二}=\frac{己^{二}}{地^{二}徙^{二}}$ 用此同數於公式得

$$神=二周地\sqrt{\frac{己^{二}}{地^{二}徙^{二}}丄徙^{二}}=二周地\sqrt{\frac{己^{二}}{(地^{二}丄己^{二})}徙^{二}}=$$

$\frac{己}{二周}地徙\sqrt{地^{二}丄己^{二}}$ 依前求積分四卷五款設題二。得 $呻=\frac{三己}{二周}(地^{二}丄己^{二})^{\frac{三}{二}}丄丙$ 令 地=〇 則 呻=〇 而式變如 $〇=\overset{三}{\underset{一}{二}}周己^{二}丄丙$ 即 $丙=丁\overset{三}{\underset{一}{二}}周己^{二}$ 設積分在 地=〇、地=乙 二限之間，則曲面之全積爲

$$\frac{三己}{二周}[(己^{二}丄乙^{二})^{\frac{三}{二}}丁己^{三}]\ (卯)$$

半立方拋物綫體，求其曲面。

如呷吃丙爲半立方拋物綫面，分以呷吃爲軸旋轉一匝，則呷必行成曲面。本曲綫之式爲 $地^{\frac{三}{二}}=甲天$ 即 $\frac{甲}{地^{\frac{三}{二}}}=天$ 求微分得 $伝=\frac{二甲}{三地^{\frac{三}{二}}徙}$ 即 $伝^{二}=\frac{四甲^{二}}{九地徙^{二}}$

以此從公式 $神=二周地徙\sqrt{一丄\frac{四甲}{九地}}=\frac{甲}{周}地徙\sqrt{四甲^{二}丄九地}$ 依四卷十二款。例，令 $四甲^{二}丄九地=亥^{三}$ 即 $(四甲^{二}丄九地)^{\frac{三}{二}}=亥$ (一)

$地=\frac{九}{亥^{二}丁四甲^{二}}$ (二) $\frac{甲}{周}徙=\frac{九甲}{二周}亥徑$ (三) 一、二、三三式連乘得

$\frac{甲}{周}地徙\sqrt{四甲^{二}丄九地}=\frac{八一甲}{周}(二亥^{四}徑丁八亥^{二}徑甲^{二})$ 求積分得

$禾\frac{甲}{周}地徙(四甲^{二}丄九地)^{\frac{三}{二}}\left(\frac{四〇五甲}{二亥^{五}}丁\frac{二四三甲}{八甲^{三}亥^{三}}\right)周丄丙$ 各以亥之原同數代還通分化之，得 $呻=\frac{一二一五甲}{周}六[(四甲^{二}丄九地)^{\frac{五}{二}}丁四呷^{二}(四甲^{二}丄九地)^{\frac{三}{二}}]丄丙$ 令 地=〇 即 呻=〇 即式變如

$〇=\frac{一二一五甲}{周}(一九二甲^{五}丁三二〇甲^{五})丄丙$ 即

$丙=\frac{一二一五甲}{周}(一二八甲^{五})$ 設積分在 地=〇、地=乙 二限之間，則曲面之全積爲 $呻=\frac{一二一五甲}{周}\left[六(四甲^{二}丄九地)^{\frac{三}{五}}丁四〇甲^{二}(四甲^{二}丄九地)^{\frac{三}{二}}丄一二八甲^{五}\right]$ (午)

雙綫支

求大徑端雙曲綫體之曲面。此條參用陽湖沈氏術。

依本曲綫之式 $地=\frac{甲}{乙}\sqrt{天^{二}丁甲^{二}}$ 求微分

$徙=\frac{\sqrt{天^{二}丁甲^{二}}}{\frac{甲}{乙}伝天}$ 即 $徙^{二}=\frac{天^{二}丁甲^{二}}{\frac{甲^{二}}{乙^{二}}伝^{二}天^{二}}$ 以此從

公式 $神=二周\frac{甲}{乙}\sqrt{天^{二}丁甲^{二}}\sqrt{伝^{二}丄\frac{甲^{二}丁天^{二}}{\frac{甲^{二}}{乙^{二}}天^{二}伝^{二}}}=$

$二周\frac{甲}{乙}伝\sqrt{天^{二}丁甲^{二}丄\frac{甲^{二}}{乙^{二}}天^{二}}=二周\frac{甲}{乙}伝\sqrt{\left(\frac{甲^{二}}{甲^{二}丄乙^{二}}\right)天^{二}丁甲^{二}}$

令 $\frac{甲^{二}}{甲^{二}丄乙^{二}}=己^{二}$ 即 $神=二周\frac{甲}{乙}伝\sqrt{己^{二}天^{二}丁甲^{二}}=$

$二周\frac{甲}{乙}己天彳天\sqrt{丅\frac{己^{二}天^{二}}{甲^{二}}}$　乃以　$\sqrt{一丅\frac{己^{二}天^{二}}{甲^{二}}}$　依二項例化爲級數得

$\sqrt{一丅\frac{己^{二}天^{二}}{甲^{二}}}=\Big[一丅\frac{二己^{二}天^{二}}{一甲^{二}}丅\frac{二・四己^{四}天^{四}}{一・一・甲^{四}}丅\frac{二・四・六・己^{六}天^{六}}{一・一・三甲^{六}}丅\cdots\Big]$　逐級以　己天彳天　乘之得　$彳地=己天彳天丅\frac{二己天}{甲^{二}彳天}丅\frac{二・四己^{三}天^{三}}{一・甲^{四}彳天}丅\frac{二・四・六己^{五}天^{五}}{一・一・三甲^{六}彳天}丅\cdots$　惟依二卷三款。例，

$\frac{天}{彳天}=訥天$　又　$\frac{天^{三}}{彳天}=天^{丅三}彳天=丅\frac{二}{二}天^{丅二}$、$\frac{天^{五}}{彳天}=天^{丅五}彳天=丅\frac{四}{一}天^{丅四}\cdots$

各求積分得　$禾己天彳天\sqrt{丅\frac{己^{二}天^{一}}{甲^{二}}}=\frac{二}{己天^{二}}丅\frac{二己}{甲^{二}}訥天⊥\frac{二・四己^{三}二天^{二}}{一・一・甲^{四}}⊥\frac{二・四・六己^{五}四天^{四}}{一・一・三・甲^{六}}\cdots⊥呐$　再化之　$畢=甲乙周\Big(\frac{甲^{二}}{巳天^{二}}丅\frac{巳}{一}訥天⊥\frac{二・四巳^{三}天^{二}}{一・一・甲^{二}}⊥\frac{二・四・六巳^{五}二天^{四}}{一・一・三甲^{四}}⊥\cdots⊥呐\Big)$　因積從大徑端起　天$=甲$　時，即　$畢=〇$　故式變如下，爲呐之負同數　$〇=甲乙周\Big(己丅\frac{己}{一}訥甲⊥\frac{二・四己^{三}}{一}⊥\frac{二・四・六・二己^{五}}{三}⊥\cdots⊥呐\Big)$　依類列之，即吧呷吧′體之

外弧皮積　$畢=甲乙周\Big[巳\Big(\frac{甲^{二}}{天^{二}}丅一\Big)丅\frac{二・四巳^{三}}{一}\Big(丅\frac{天^{二}}{甲^{二}}\Big)丅\frac{二・四・六・二巳^{五}}{三}\Big(丅\frac{天^{四}}{甲^{四}}\Big)丅\cdots丅\frac{巳}{一}訥\frac{甲}{天}\Big]$㊛

求小徑端雙曲綫體之曲面。

依本曲綫之式　$地=\frac{乙}{甲}\sqrt{天^{二}丅乙^{二}}$　即

$彳地=\frac{\sqrt{天^{二}丅乙^{二}}}{\frac{乙}{甲}彳天}$　即　$彳地^{二}=\frac{天^{二}丅乙^{二}}{\frac{乙^{二}}{甲^{二}}彳天^{二}天^{二}}$

以此從公式　$畢=二周\frac{乙}{甲}\sqrt{天^{二}丅乙^{二}}\sqrt{彳天^{二}⊥\frac{天^{二}丅乙^{二}}{\frac{乙^{二}}{甲^{二}}彳天^{二}天^{二}}}=$

$二周\frac{乙}{甲}彳天\sqrt{\Big(\frac{乙^{二}}{甲^{二}⊥乙^{二}}\Big)天^{二}丅乙^{二}}$　令　$\frac{乙^{二}}{甲^{二}⊥乙^{二}}=戊^{二}$　即

$畢=二周\frac{乙}{甲}彳天\sqrt{戊^{二}天^{二}丅乙^{二}}=二周\frac{乙}{甲}戊天彳天\sqrt{一丅\frac{戊^{二}天^{二}}{乙^{二}}}$　乃以

$\sqrt{一丅\frac{戊^{二}天^{二}}{乙^{二}}}$　化爲級數，逐級求積分遞變之，如前得吧叱吧′外皮積如下：　$畢=甲乙周\Big[戊\Big(\frac{乙^{二}}{天^{二}}丅一\Big)丅\frac{二・四・戊^{二}}{一}\Big(一丅\frac{天^{二}}{乙^{二}}\Big)丅\frac{二・四・六・二戊^{五}}{三}\Big(丅\frac{天^{四}}{乙^{四}}\Big)丅\cdots丅\frac{戊}{一}訥\frac{乙}{天}\Big]$㊗

橢圓支

求長橢圓體之曲面積。

依本曲綫之式　$地=\frac{甲}{乙}\sqrt{甲^{二}丅天^{二}}$　求微分　$彳地=\frac{\sqrt{甲^{二}丅天^{二}}}{丅\frac{甲}{乙}彳天天}$、

$彳地^{二}=\frac{甲^{二}丅天^{二}}{\frac{甲^{二}}{乙^{二}}天^{二}彳天^{二}}$　以地與彳地^{二}之同數從公式，即　$畢=二周\frac{甲}{乙}\sqrt{甲^{二}丅天^{二}}\sqrt{彳天^{二}⊥\frac{甲^{二}丅天^{二}}{\frac{甲^{二}}{乙^{二}}彳天^{二}天^{二}}}=二周\frac{甲}{乙}彳天\sqrt{甲^{二}丅天^{二}⊥\frac{甲^{二}}{乙}天^{二}}=$

$二周\frac{甲}{乙}彳天\sqrt{甲^{二}丅\Big(\frac{甲^{二}}{甲^{二}丅乙^{二}}\Big)天^{二}}$　令　$\frac{甲^{二}}{甲丅乙^{二}}=戊^{二}$　即

$畢=二周\frac{甲}{乙}彳天\sqrt{甲^{二}丅戊^{二}天^{二}}=二周乙彳天\sqrt{一丅\frac{甲^{二}}{戊^{二}天^{二}}}$　依二項例求

$\sqrt{一丅\frac{甲^{一}}{戊^{二}天^{二}}}$　之級數，得　$一丅\frac{二甲^{二}}{戊^{二}天^{二}}丅\frac{二・四甲^{四}}{戊^{四}天^{四}}丅\frac{二・四・六甲^{六}}{三戊^{六}天^{六}}丅\cdots$

即　$畢=二周乙彳天\Big(一丅\frac{二甲^{二}}{戊^{二}天^{二}}丅\frac{二・四甲^{四}}{戊^{四}天^{四}}丅\frac{二・四・六甲^{六}}{三戊^{六}天^{六}}丅\cdots\Big)$

乃每級各求積分，復以法整齊之，得　$畢=二周甲乙\Big(\frac{甲}{天}丅\frac{二・三甲^{三}}{戊^{二}天^{三}}丅\frac{二・四・五甲^{五}}{戊^{四}天^{五}}丅\frac{二・四・六・七甲^{七}}{三戊^{六}天^{七}}丅\cdots⊥呐\Big)$㊄　若　天$=〇$　則　畢

$=〇$ 故 昞$=〇$ 所以 天$=$甲 時，則得 呷$=二周甲乙\left(一丅\frac{二\cdot三}{戊^{二}}丅\frac{二\cdot四\cdot五}{戊^{四}}丅\frac{二\cdot四\cdot六\cdot七}{三戊^{六}}丅\cdots\right)$(危) 此爲半長橢圓體皮積之公式，倍之即全皮積。

求扁橢圓體之曲面積。

依本曲綫式天地互易。得 地$=\frac{乙}{甲}\sqrt{乙^{二}丅天^{二}}$ 求微分 彳地$=\frac{\sqrt{乙^{二}丅天^{二}}}{丅\frac{乙}{甲}天彳天}$、彳地$^{二}=\frac{乙^{二}丅天^{二}}{\frac{乙^{二}}{甲^{三}}天^{二}彳天^{二}}$ 以地與彳地^{二}之同數從公式 彳呷$=$

$$二周\frac{乙}{甲}\sqrt{乙^{二}丅天^{二}}\sqrt{彳天^{二}丄\frac{乙^{二}丅天^{二}}{\frac{乙^{二}}{甲^{二}}天^{二}彳天^{二}}}=二周\frac{乙}{甲}彳天\sqrt{乙丄\left(\frac{乙^{二}}{甲丅乙^{二}}\right)天^{二}}$$

令 $\frac{乙^{二}}{甲^{二}乙^{二}}=己^{二}$ 即 彳呷$=二周\frac{乙}{甲}彳天\sqrt{乙^{二}丄己^{二}天^{二}}=$ 二周甲彳天$\sqrt{一丄\frac{乙^{二}}{己^{二}天^{二}}}$ 依二項例求 $\sqrt{一丄\frac{乙^{二}}{己^{二}天^{二}}}$ 之級數，復遞變之，得 呷$=二周甲乙\left(\frac{乙}{天}丄\frac{二\cdot三乙^{三}}{己^{二}天^{三}}丅\frac{二\cdot四\cdot五乙^{五}}{己^{四}天^{五}}丄\frac{二\cdot四\cdot六\cdot七乙^{七}}{三己^{六}天^{七}}丅\cdots丄昞\right)$(室) 依前 天$=$乙 即 呷$=二周甲乙\left(一丄\frac{二\cdot三}{己^{二}}丅\frac{二\cdot四\cdot五}{己^{四}}丄\frac{二\cdot四\cdot六\cdot七}{三己^{六}}丅\cdots\right)$(壁) 此爲半扁橢圓體皮積之公式，倍之即全皮積。

渾圓支

圓柱體，求其曲面。

如呷吃昞叮矩形，以呷吃爲軸旋轉一匝，昞叮必行成曲面。命呷吃爲甲，呷叮爲乙，惟昞叮直綫又與呷吃平行，故地等於乙，即彳地等於〇。用此同數於公式中得 呷$=禾二周地\sqrt{彳天^{二}丄彳地^{二}}=禾二周乙彳天$ 即 呷$=二周乙天丄昞$ 惟曲面積從頂點起，則 天$=〇$ 時，呷$=〇$ 故 昞$=〇$ 若 天$=$甲 則呷等於 二周甲乙 故圓柱之曲面等於底周乘高。

立圓體，求其曲面。

母平圓以心爲原點，其式爲 $地^{二}丄天^{二}=未^{二}$ 求微分 $天彳天丄地彳地=〇$ 所以 彳地$=丅\frac{地}{天彳天}$ 而 彳地$^{二}=\frac{地^{二}}{天^{二}彳天^{二}}$ 用此同數於公式中得

呷$=禾二周地\sqrt{\left(\frac{地^{二}}{天^{二}}丄一\right)彳天^{二}}=禾二周地彳天\sqrt{\frac{地^{二}}{天^{二}}丄一}=禾二周彳天\sqrt{地^{二}丄天^{二}}$ 即 $=二周未彳天$ [爲]二周未天丄昞(奎) 依前例，昞$=〇$ 又令 天$=$未 則得半球之曲面積爲 二周未^{二} 而全球曲面爲四周未^{二} 故球之曲面積爲四個球徑之平圓。又準上噴式知，圓徑乘周，復以截球徑即截高乘之，得截體曲面。

擺綫支

擺綫體以底邊爲軸所生之全曲面積。

依本卷一款擺綫支，其微分 $彳仸=彳地\sqrt{\frac{二未地丅地^{二}}{二未地}}$

代入 二周地彳仸 式中，彳呷$=二周地彳地\sqrt{\frac{二未地丅地^{二}}{二未地}}=$ $\sqrt{\frac{二未地丅地^{二}}{二周\sqrt{二未地^{三}}彳地}}$ 依四卷十八款丙術設題一。例 禾$\frac{\sqrt{二未地丅地^{二}}}{地^{三}彳地}=$ $丅\frac{三}{八未}\sqrt{二未丅地}丅\frac{三}{二地^{三}}\sqrt{二未丅地}$ 故 二周$\sqrt{二未}$禾$\frac{\sqrt{二未地丅地^{二}}}{地^{三}彳地}$ $=二周\sqrt{二未}\left(丅\frac{三}{八未}\sqrt{二未丅地}丅\frac{三}{二彳地^{三}}\sqrt{二未丅地}丄昞\right)$(婁) 若曲面從呷點起，地$=〇$ 時，呷$=〇$ 式變爲 $〇=丅二周\sqrt{二未}\times\frac{三}{八未}\sqrt{二未}丄昞$ 即 昞$=\frac{三}{三二周}未^{二}$ 若 地$=$二未 即 呷$=〇丄昞$ 故積分在 地$=〇$、地$=$二未 二限之間，得 呷$=\frac{三}{三二周未^{二}}$ 爲半曲面。倍之，得 $\frac{三}{六四}周未^{二}$ 爲全曲面積。故以呷昞爲軸之擺綫體，其曲面等於三分母輪面之六十四，即二十一個母輪面又三分面之一也。

擺綫體以母輪徑爲軸所生之全曲面積。

如圖，甲丁＝母輪正矢＝二未丅天，丁戊＝地＝甲壬弧丄丁壬弦，甲丙＝二未，丁壬＝心角正弦＝√(二未天丅天二)，征矢＝丁伭

依本卷一款擺綫支，天地互易，即

仏＝√(二未天丅天二)／丁伭√二未天，地＝未弧丄√(二未天丅天二) 代入 二周地仏 公式中，即 二周未弧 √(二未天丅天二)／丁伭√二未天三 ＝二周未√二未弧 √(二未天丅天二)／丁伭天三 ㊀ 又

二周√二未√(二未天丅天二)・√(二未天丅天二)／丁伭天三＝二周√二未×丁伭天三 ㊁ 用

分求積分法，禾 √(二未丅天)／丁天三伭 ＝二√(二未丅天) 四卷九款前論。 禾弧＝√(二未天丅天二)／丁未伭 ＝天三√(二未丅天)／丁未伭 三卷九款。 依 禾戊伭＝戊亥丁禾亥彼 之例，即 四周未√二未禾弧 √(二未丅天)／丁天三伭 ＝弧√(二未丅天丄二未天三)

㊀ 二周√二未禾丁伭天三＝丅三/二√天三 ㊁ 即 呻＝二周√二未(丅二未弧√(二未丅天丅二未天三)丅三/二√天三丄呐)㊂ 擺綫曲面從母輪之甲點起，弧＝〇 時，√(二未丅天)＝〇 即 天＝二未 叵 呻＝〇 即式變爲 〇＝丅八未二周(三/二丅二)丄呐 即 呐＝丅三/四八未二周 若 弧＝周 即 天＝〇 故積分在 天＝〇、天＝二未 二限之間，即 呻＝八未二周周丄呐＝八未二周(周丅三/四) 爲半曲面。倍之得 一六未二周(周丅三/四) 爲全曲面積。故以甲丙爲軸之擺綫體，其曲面等於十六母輪面乘周減三之四。

又法令 未＝心丙＝心甲，甲壬弧＝未斗，壬丁＝未正弦斗，丁戊＝地＝未(斗丄正弦斗) 求微分 弛＝未斗丄未彳(正弦斗)＝未斗(一丄餘弦斗)，弛二＝未二斗二(一丄餘弦斗)二，伭二＝未正弦斗斗，伭二＝未二斗二正弦二斗

即 √(弛二丄伭二)＝未斗(二丄二餘弦斗)^(1/2)＝√二未斗(一丄餘弦斗)^(1/2) 依《三角數理》四十款，(一丄餘弦斗)^(1/2)＝√二餘弦(斗/二) 代入 二周地仏 式中，四未二周(斗丄正弦斗)餘弦(斗/二)斗 析之 四未二周斗餘弦(斗/二)斗㊀ 四未二周正弦斗餘弦(斗/二)斗㊁ 依 禾戊伭＝戊亥丁禾亥彼 之例，各求積分

禾斗餘弦(斗/二)斗＝二斗正弦(斗/二)丅二正弦(斗/二)斗＝二斗正弦(斗/二)丄四餘弦(斗/二) ㊀ 又正弦斗＝二正弦(斗/二)餘弦(斗/二) 故 禾正弦斗餘弦(斗/二)斗＝二禾正弦(斗/二)餘弦二(斗/二)斗 惟 二禾正弦(斗/二)(一丅正弦二(斗/二))＝二禾正弦(斗/二)丅正弦三(斗/二) 又 禾正弦(斗/二)斗＝丅二餘弦(斗/二)，禾正弦三(斗/二)斗＝丅二餘弦(斗/二)丄二/三餘弦三(斗/二) 故 禾(正弦(斗/二)丅正弦三(斗/二))斗＝丅二/三餘弦三(斗/二)㊁ 併甲乙得 呻＝八未二周(斗正弦(斗/二)丄二餘弦(斗/二)丅二/三餘弦三(斗/二))丄呐㊂ 擺綫曲面從母輪之甲點起，令 斗＝〇 時，呻＝〇 叵 餘弦(斗/二)＝一 式變爲 〇＝八未二周(二丅二/三)丄呐 即 呐＝丅三/四八未二周 若 斗＝周 時，正弦(斗/二)＝一、斗正弦(斗/二)＝周 叵 餘弦(斗/二)＝〇 故積分在 斗＝〇 斗＝周 二限之間，呻＝八未二周(周丅三/四)

[即] 二呻＝一六未二周(周丅三/四) 與前同。

第四款 求曲綫體積。曲綫體者謂曲綫面旋轉一匝所成之體也。

凡曲綫體積之微分爲䘮，等於 周地二伭 三卷十一款。故䘮等於 禾周地二伭㊀ 乃曲綫體積之公式。式中天地爲母曲綫之縱横綫，横軸即曲面旋轉之軸。凡欲求某曲綫之體積，必先求本曲綫之微分，或以地弛求伭之同數，或以天求地之同數，用於公式中求其積分，即得所求之體積。

圓錐支

圓錐體，求其積。

如呷乙丙句股形，呷爲原點，依前呷乙爲甲，乙丙爲乙，呷丙內任一點，如戊，其縱橫綫如戊叮、呷叮。爲地、爲天，即得 天∶地∷甲∶乙 即 $天=\frac{乙}{甲}地$ 即 $彳天=\frac{乙}{甲}彳地$

以同數代入公式，即 $禾周地^{二}彳天=禾\frac{乙}{甲}周地^{二}彳地$ 即

$\frac{三乙}{周甲地^{三}}⊥丙$（口辰） 令體從呷點起，即 $地=○$ 時，$咳=○$ 故 $丙=○$

故積分在 $地=○$、$地=乙$ 二限之間，其式爲 $\frac{三}{一}周乙^{二}甲$ 惟 $周乙^{二}甲$ 爲底面乘高，即圓柱體。故圓錐體積爲圓柱體積三分之一。

拋綫支

拋物綫體，求其積。

依本曲綫式，$地^{二}=二己天$ 以此從公式，即 $彳亥=二周己天彳天$ 故 $咳=周己天^{二}⊥丙$ 設 $天=○$ 則 $咳=○$ 故 $丙=○$ 求 $天=○$、$天=呷乙=甲'$ 二限中間之積分，得 $咳=周己甲'^{二}$ 即 $咳=周乙^{二}\frac{二}{甲'}$（口巳） 因 $天=甲'$ 即 $地=丙乙=乙$ 即 $己甲'=\frac{二}{一}乙^{二}$、$己甲'^{二}=\frac{二}{甲'}乙^{二}$ 惟 $周乙^{二}$ 爲乙丙爲半徑平圓之面積，故拋物綫體積等於同底同高圓柱體之半。

半立方拋物綫，求其積。

依本曲綫之式，$地^{\frac{二}{三}}=甲天$ 即 $\frac{甲}{地^{\frac{二}{三}}}=天$ 求微分 $\frac{二甲}{三地^{\frac{二}{一}}彳地}=彳天$ 以從公式 $彳亥=\frac{二甲}{三周}地^{\frac{二}{五}}彳地$ 即 $咳=\frac{七甲}{三周}地^{\frac{二}{七}}⊥丙=\frac{七}{三周}地^{二}\frac{甲}{地^{\frac{二}{三}}}⊥丙=\frac{七}{三周}地^{二}天⊥丙$ 依前例 $丙=○$ 又求 $天=○$、$天=甲$ 二限中間之積分。按：上甲即呷乙，與前通徑之甲迥別。如令 $天=甲'$ 即 $地=乙$ 即得 $咳=\frac{七}{三}周甲'乙^{二}$（口午） 惟 $周甲'乙^{二}$ 爲同底半徑之圓柱積，故半立方拋物體積等於同底同高圓柱體積七分之三。

諸乘方拋物綫體，各求其積。

諸乘拋綫公式 $地^{卯}=甲天$ 故 $彳天=\frac{甲}{卯地^{卯丅一}彳地}$ 以從公式 $彳亥=\frac{甲}{周}卯地^{卯⊥一}彳地$ 即 $咳=\frac{(卯⊥二)甲}{周卯地^{二}地^{卯}}⊥丙=\frac{卯⊥二}{卯}周地^{二}天⊥丙$ 依前例 $天=○$ 即 $咳=○$ 故 $丙=○$ 所以 $咳=\frac{卯⊥二}{卯}周地^{二}天$（口未）

此即任何乘方拋物綫體之積分公式也。若 $卯=二$ 即式爲 $\frac{二}{一}周地^{二}天$ 即平方拋綫體。若 $卯=一$ 即式爲 $\frac{三}{一}周地^{二}天$ 爲圓錐體。若 $卯=三$ 即式爲 $\frac{五}{三}周地^{二}天$ 即立方拋綫體。以下類推。

雙綫支

大徑端之雙綫體，求其積。

依本曲綫式，$地^{二}=\frac{甲^{二}}{乙^{二}}(天^{二}丅甲^{二})$ 以從公式，即 $彳亥=\frac{甲^{二}}{乙^{二}}周(天^{二}丅甲^{二})彳天$ 求積分得 $咳=\frac{三甲^{二}}{乙^{二}周}(天^{三}丅三甲^{二}天)⊥丙$ 體積從大徑端起 $天=甲$ 時，$咳=○$ 即式變如 $○=\frac{三甲^{二}}{乙^{二}周}(甲^{三}丅三甲^{三})⊥丙$ 即 $丙=丅\frac{三甲^{二}}{乙^{二}周}(甲^{三}丅三甲^{三})$ 即咳等於 $\frac{三甲^{二}}{乙^{二}周}[(天^{三}丅甲^{三})丅三甲^{三}(天丅甲)]$（口申） 此爲大徑端雙綫體求積分之公式。

小徑端之雙綫體，求其積。

依本曲綫式，$地^{二}=\frac{乙^{二}}{甲^{二}}(天^{二}丅乙^{二})$ 以從公式 $彳亥=\frac{乙^{二}}{甲^{二}周}(天^{二}丅乙^{二})彳天$ 求積分及丙之負同數，如前 $咳=\frac{三乙^{二}}{甲^{二}}周[(天^{三}丅乙^{三})丅三乙^{二}(天丅乙)]$（口酉） 此爲小徑端雙綫體求積分之公式。

橢圓支

長徑爲軸之橢圓體，求其積。

依本曲綫式，$地^{二}=\frac{甲^{二}}{乙^{二}}(甲^{二}丅天^{二})$ 以從公式，即 $彳亥=周\frac{甲^{二}}{乙^{二}}$

(甲²丅天²)彳 求積分 咳=周$\frac{甲^2}{乙^2}\left(甲^2天丅\frac{三}{天^3}\right)$上㕲 若積分從長徑中點之垂面起 天=〇 即 咳=〇 故 㕲=〇 即 亥=$\frac{甲^2}{周乙^2}\left(甲^2天丅\frac{三}{天^3}\right)$（甲） 若 天=甲 則得 $\frac{三}{二}$周乙²甲 爲半體積。倍之得 $\frac{三}{四}$周乙²甲 爲全體積。惟 周乙² 爲短徑上之平圓，而 四甲 爲長徑之倍，所以橢體積爲外切圓柱體三分之二。

短徑爲軸之橢圓體即扁球。求其積。

依本曲綫式天地互易。得 地²=$\frac{乙^2}{甲^2}$(乙²丅天²) 以從公式，即 彳亥=周$\frac{乙^2}{甲^2}$(乙²丅天²)彳 求積分 咳=周$\frac{乙^2}{甲^2}\left(乙^2天丅\frac{三}{天^3}\right)$上㕲 依前例， 㕲=〇 即 咳=周$\frac{乙^2}{甲^2}\left(乙^2天丅\frac{三}{天^3}\right)$（乙） 若 天=乙 即 $\frac{三}{二}$周甲²乙 爲半體積。倍之，$\frac{三}{四}$周甲²乙 爲全體積。惟 周甲² 爲長徑上之平圓，而 四乙 爲倍短徑，即扁球體積亦等於外切圓柱體三分之二。

長橢圓二面等截體，求其積。

準本款本支甲式，得 咳=周$\frac{甲^2}{乙^2}\left(甲^2天丅\frac{三}{天^3}\right)$=$\frac{三甲^2}{周乙^2}$(三甲²天丅天³)=$\frac{三}{周}\left[\frac{甲^2}{乙^2}(甲^2丅天^2)丄二乙^2\right]$天=$\frac{三}{周}$(地²丄乙²)天 倍之 $\frac{三}{周}$(地²丄二乙²)二天（呷） 爲截體積公式。惟 地=截面半徑、二乙=腰徑、二天=體長 即知置截面半徑自乘，加腰半徑自乘之倍，以三分周之一乘之，復以長乘之，得二面等截體積。

扁球二等面截體，求其積。

準本款本支乙式，得 咳=周$\frac{乙^2}{甲^2}\left(乙^2天丅\frac{三}{天^3}\right)$ 以同理得 =$\frac{三}{周}$(地²丄二甲²)天 倍之，$\frac{三}{周}$(地²丄二甲²)二天（𠮙） 爲截體積公式。惟 地=截面半徑、二甲=腰徑、二天=體高 即知扁球截體之求法，俱同長橢圓體也。

長橢圓截體，求其積。

準原點在頂點起本曲綫式爲 地²=$\frac{甲^2}{乙^2}$(二甲天丅天²) 以從公式 彳亥=周$\frac{甲^2}{乙^2}$(二甲天丅天²)彳 求積分 亥=周$\frac{甲^2}{乙^2}\left(甲天^2丅\frac{三}{天^3}\right)$上㕲 若積分從頂點起， 天=〇 即 咳=〇 故 㕲=〇 故得 咳=周$\frac{甲^2}{乙^2}\left(甲天^2丅\frac{三}{天^3}\right)$=$\frac{三}{周}\left[\frac{甲^2}{乙^2}(二甲天丅天^2)丄\frac{甲}{乙^2}天\right]$天=$\frac{三}{周}\left(地^2丄\frac{甲}{乙^2}天\right)$天（㕲） 爲截體積公式。惟 地=截面半徑、乙=腰半徑、天=體高、甲=半長徑 即知置截面半徑自乘，以長半徑約腰半徑羃乘高加之，以三分周之一乘之，復以高乘之，得截體積。

扁球截體，求其積。

準原點從頂點起本曲綫式天地互易。即 地²=$\frac{乙^2}{甲^2}$(二乙天丅天²) 以從公式 彳亥=$\frac{乙^2}{周甲^2}$(二乙天丅天²)彳 求積分 咳=周$\frac{乙^2}{甲^2}\left(乙天^2丅\frac{三}{天^3}\right)$上㕲 如前遞變得 咳=$\frac{三}{周}\left(地^2丄\frac{乙}{甲^2}天\right)$天（叮） 爲截體積公式。惟 乙=短半徑、地=截面半徑、甲=腰半徑、天=截高 即知扁球體截積之求法，與長橢圓體同也。

渾圓支

圓柱體求其積。

命圓柱底半徑叮𠮙爲未，其高呷𠮙爲甲，則得積式 咳=禾周地²彳=周未²天上㕲 積分在 天=〇、天=甲 二限之間，即 咳=周未²甲 故 圓柱積=底面×高

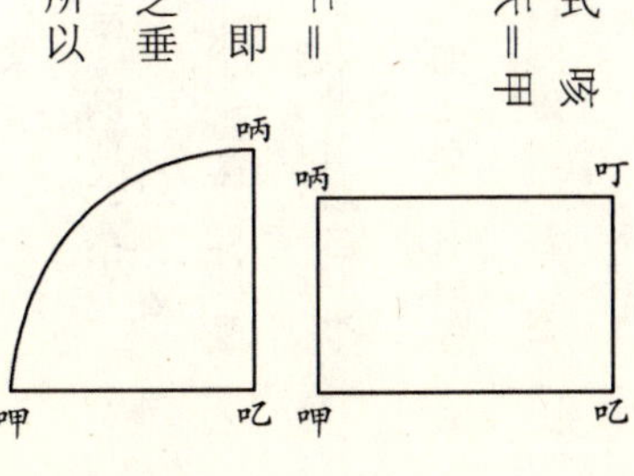

圓球體求其積。

命半圓球之高爲未，即底面半徑。準平圓綫式 地²=未²丅天² 用此從公式，即 彳亥=周(未²丅天²)彳 即 咳=周$\left(\frac{三}{三未^2天丅天^3}\right)$上㕲 若積分從底徑中點之垂面起 天=〇 時，亦 咳=〇 故 㕲=〇 所以

咳＝周$\left(\frac{三}{三未^{二}天丅天^{三}}\right)$ 若 天＝未 則得 $\frac{三}{二}$周未^{三} 爲半體積。倍之得 $\frac{三}{四}$周未^{三} 爲全體積。惟等徑圓柱體爲 二周未^{三} 故圓球體爲同底徑同高圓柱體三分之二。

圓球截體，求其積。

準原點在頂點起，則本曲綫式 地^{二}＝二未天丅天^{二} 以此從公式，即 彳咳＝周(二未天丅天^{二})彳天 即 咳＝周$\left(\frac{三}{三未天^{二}丅天^{三}}\right)$丄呐 惟原點在圓周 天＝〇 時，咳＝〇 故 呐＝〇 即 咳＝$\frac{三}{周}$(三未天^{二}丅天^{三})

＝$\frac{三}{周}$[(二未天丅天^{二})丄未天]天＝$\frac{三}{周}$(地^{二}丄未天)天(戊) 爲截體積公式。惟 地＝截面半徑、未＝球半徑、天＝截高 即知置截面半徑冪，以半徑乘高加之，復以高乘之，再以三分周之一乘之，得截體積。

圓球體任剖爲二，已知截面，徑得球徑寅分之卯。有球徑，求二截積。答式如後。

依前例原點在圓周，即 地^{二}＝二未天丅天^{二} 以從公式 彳咳＝周(二未天丅天^{二})彳天 如前遞變 咳＝$\frac{三}{周}$(三未天^{二}丅天^{三})(丁) 惟準題 天^{二}丅二未天＝丅$\frac{寅^{二}}{卯^{二}未^{二}}$ 配方開之，天＝未$\begin{smallmatrix}丄\\丅\end{smallmatrix}\frac{寅}{未\sqrt{寅^{二}丅卯^{二}}}$ 即

天＝$\frac{寅}{(寅丄\sqrt{寅^{二}丅卯^{二}})未}$ 或 天＝$\frac{寅}{(寅丅\sqrt{寅^{二}丅卯^{二}})未}$ 更以亥′代 寅丄$\sqrt{寅^{二}丅卯^{二}}$ 亥代 寅丅$\sqrt{寅^{二}丅卯^{二}}$ 各以代入丁式中，即得

咳＝$\frac{三寅^{三}}{周未^{三}}$(三寅亥^{二}丅亥^{三})(己) 咳′＝$\frac{三寅^{三}}{周未^{三}}$(三寅亥′^{三}丅亥′^{五})(庚) 此爲求二截積公式，即己式，爲小分積。庚式爲大分積。

擺綫支

擺綫體求其積。

依擺綫微分式 彳天＝$\frac{\sqrt{二未地丅地^{二}}}{地彳地}$ 以從公式，即 彳咳＝$\frac{\sqrt{二未地丅地^{二}}}{周地^{三}彳地}$

依前卷丙術設題四。求積分，得 咳＝周$\frac{三}{五未}$呋$_{二}$丅$\frac{三}{地^{二}}\sqrt{二未地丅地^{二}}$丄呐 式中 呋$_{二}$ 迭用丙術求之，得 呋$_{二}$＝$\frac{二}{三未}$呋$_{一}$丅$\frac{二}{地}\sqrt{二未地丅地^{二}}$、呋$_{一}$＝呋$_{〇}$丅$\sqrt{二未地丅地^{二}}$ 即 呋$_{一}$＝$\frac{二}{三未}$(呋$_{〇}$丅$\sqrt{二未地丅地^{二}}$)丅$\frac{二}{地}\sqrt{二未地丅地^{二}}$ 即 咳＝周$\frac{三}{五未}$ ×$\frac{二}{三未}$(呋$_{〇}$丅$\sqrt{二未地丅地^{二}}$)丅$\frac{二・三}{三地丄二地^{二}}\sqrt{二未地丅地^{二}}$丄呐(辛) 設 地＝〇 即 咳＝〇 故 呐＝〇 式中之呋$_{〇}$乃未，爲半徑，地爲正矢之弧。今求 地＝〇、地＝二未 二限中間之積分，則 地＝二未 即 呋$_{〇}$＝未周 即辛式變如下：

咳＝$\frac{二}{五周未^{二}}$×周未＝$\frac{二}{五周未^{三}}$(壬) 爲體積之半。倍之得 五周^{二}未^{三} 爲全體積。別得 周(二未)^{二} 爲外切圓柱之底面。而 二未周 爲其高，即八周^{二}未^{三} 爲其體積，故擺綫體積得外切圓柱八之五。

以母輪徑爲軸之擺綫體，求其積。

依本卷三款 地＝未(斗丄正弦斗)、地^{二}＝未^{二}(斗丄正弦斗)^{二}＝未^{二}(斗^{二}丄正弦^{二}斗丄二斗正弦斗)、彳天＝未正弦斗彳斗 以從 周地^{二}彳天 式中周未^{三}(斗^{二}正弦斗彳斗丄正弦^{三}斗彳斗丄二斗正弦斗彳斗) 各求積分 禾斗^{二}正弦斗彳斗＝丅斗^{二}餘弦斗丄二餘弦斗丄二斗正弦斗、

禾正弦^{三}斗彳斗＝丅餘弦斗丄$\frac{三}{餘弦^{三}斗}$ 依 禾戌後＝戌亥丅禾亥彳戌 之例，又二正弦^{二}斗＝一丅餘弦二斗 故 禾二斗正弦^{二}斗彳斗＝斗$\left(斗丅\frac{二}{二}正弦斗\right)$丅禾$\left(斗丅\frac{二}{二}正弦二斗\right)$彳斗 惟 禾$\left(斗丅\frac{二}{二}正弦二斗\right)$彳斗＝$\frac{二}{斗^{二}}$丄$\frac{四}{二}$餘弦二斗

即 禾二斗正弦^{二}斗彳斗＝$\frac{二}{斗^{二}}$丅$\frac{二}{斗}$正弦二斗丅$\frac{四}{二}$餘弦二斗 即

咳＝周未^{三}$\left(二斗正弦斗丄\frac{二}{斗^{二}}丅(斗^{二}丅一)餘弦斗丄\frac{三}{餘弦^{三}斗}丅\frac{二}{斗}正弦二斗丅\frac{四}{二}餘弦二斗丄呐\right)$(癸) 積分從母輪之頂點起 斗＝〇 時，

咳=〇 叵 餘弦斗=一、餘弦二斗=一、正弦斗=〇、正弦斗=〇 即式變爲 〇=周末^{三}($\frac{二}{三}$)上哂 即 丅$\frac{二}{三}$周末^{三}=哂 若 斗=周 即 正弦斗=〇、餘弦二斗=一、餘弦斗=丅一 故積分在 斗=〇、斗=周 二限之間 咳=周末^{三}($\frac{三}{三周^{二}}$丅$\frac{二}{九}$)上哂 即改正積分爲 周末^{三}($\frac{六}{九周^{二}丅一六}$) 倍之，得 周末^{三}($\frac{三}{九周^{二}丅一六}$)=三周^{三}末^{三}丅$\frac{三}{一六周末^{三}}$ 爲全體積。別得 末^{二}周^{三} 爲外切圓底， 四末 爲其高，即 四末^{三}周^{三} 爲其體積。故以母輪徑爲軸之擺綫體，爲外切矮圓柱體四之三內減，以三約 一六周末^{三} 之數。

清・謝洪賚《最新微積學教科書》卷下 積分

第一章

一五二 積分之號 積分號恆係一禾字於微分之左，指欲求此微分之積分。來本之視微分若無窮小之較數，諸小較數並之，即成函數。故微分之左係一禾字，指欲求其微分之積分也。禾字之意，乃欲求諸小數之和也。來氏之説天算家大率不用，而禾字仍用之，取其便於觀覽也。如 禾卯天$^{卯-1}$彳天=天^{卯}

一五三 時或不能推得積分 函數之狀，任爲如何，惟令變數得任何長數，推其函數當得之長數後，求其比例限之同數，即得其微分。惟求積分，則無如是之公法，如有禾(天)彳天，欲求積分，未知其果能推得與否，蓋若不用已知之函數求微分，而得此數，則即不確知何函數之微分爲禾(天)彳天也。故其法祗能以若干函數求微分，比較之而推得積分，然後各設專法，準已得之積分，而推得相關函數之積分。

一五四 常生數 變數乘常數，其合數之微分，等於常數乘變數微分，見十九款。則凡微分乘常數，其積分等於常數乘微分之積分。如呷天之微分爲呷彳天，故 禾呷彳天=呷天=呷禾彳天 故凡求積分之式內，有常數爲生數或法數，可列之於禾號之外，而其積分之同數不變。如 禾甲乙天^{3}彳天=甲乙禾天^{3}彳天

一五五 諸微分之和 諸函數之代數和之微分，等於諸函數微分之代數和。見二十二款。即 彳(甲天^{3}－2甲^{2}天^{2}－天)=3甲天^{2}彳天－4甲^{2}天彳天－彳天 故 禾(3甲天^{2}彳天－4甲^{2}天彳天－彳天)=甲天^{3}－2甲^{2}天^{2}－天=禾3甲天^{2}彳天－禾4甲^{2}天彳天－禾彳天 叵公式爲 禾(呷彳天+吔彳天+…)=禾呷彳天+禾吔彳天+… 即諸微分和較之積分，等於其各積分之和較。

一五六 積分加常數 凡函數有常數者，當求微分時必消去，見二十款。即 彳(戌+哂)=彳戌 即知任若干式，其較只在有常數之別，求得之微分無異。故求積分時，恆用哂顯未定之常數。如 禾(彳戌)=戌+哂 即凡微分求積分，得式後恆加一常數。【略】

第三章

一八三 二項微分約爲簡式。

一、如二項內有變數天，而其式爲(甲天^{未}+乙天^{卯})$^{\frac{巳}{午}}$彳天 之狀，則可以天^{未}約其括弧內之二項，(未作爲小於卯)置此生數於括弧之外，則有 天$^{\frac{巳未}{午}}$(甲+乙天$^{卯-未}$)$^{\frac{巳}{午}}$彳天 則括弓內祇有一項含變數天，而其指數爲正。

二、約盡之後，如括弧內外天之指數有一爲分數或均爲分數，則可以他變數代天，其他變數之指數，等於所設諸分母之小公倍數。是則所化成之二項式，其變數之指數爲整數。如有 天$^{\frac{1}{3}}$(甲+乙天$^{\frac{1}{2}}$)$^{\frac{巳}{午}}$彳天 式內，令 天=人^{6} 則有 天$^{\frac{1}{3}}$(甲+乙天$^{\frac{1}{2}}$)$^{\frac{巳}{午}}$彳天=6人^{7}(甲+乙人^{3})$^{\frac{巳}{午}}$彳人 式內人之諸指數皆爲整數。

是故凡二項微分皆可化爲左式 天$^{寅-1}$(甲+乙天^{卯})$^{\frac{巳}{午}}$彳天① 其寅與卯皆恆爲整數，而卯恆爲正。【略】

算法

清・李善蘭《代微積拾級》卷一七 積分一

總論

今有平變數天，其變與他數變二率之比例，若一與 甲天^{二} 之比例。令甲=九、天=一〇 求他數之同數。命所求數爲戌，則有比例 彳天：彳戌：：一：甲天^{二} 故 彳戌=甲天^{二}彳天、禾彳戌=禾甲天^{二}彳天 即 戌=$\frac{三}{甲天^{三}}$ 則所求數爲 $\frac{三}{九}$×一〇^{三}=三〇〇〇

論各微分之積分

今有正方形，其邊平變大，每秒增十分寸之一。當面積一秒中變大比例爲一方寸時，求其面積若干。

答曰：二十五方寸。

準四款例，若 寅＝丅一 則不合。蓋依例得 $禾天^{丅一}彳天=\frac{丅一上一}{天^{丅一上一}}$ 即 $\frac{○}{天^{○}}$ 即 $\frac{○}{一}$ 即 ∞ 是不合也。今別得 $天^{丅一}彳天$ 即 $\frac{天}{彳天}$ 此式爲天之對數微分，十三卷二款。所以 $禾天^{丅一}彳天$ 即 $禾\frac{天}{彳天}=天對上呐$ 又 $禾\frac{天}{甲彳天}=甲天對上呐$ 故有款。

今有 $(甲上乙天)^{二}彳天$ 求其積分若干。

法以括弧中之數自乘，所得各項俱以彳天乘之，得 $甲^{二}彳天上二甲乙天彳天上乙^{二}天^{二}彳天$ 各求其積分，得 $甲^{二}天上甲乙天^{二}上\frac{三}{乙^{二}天^{三}}上呐$ 即積分也。

今有 $彳戊=(甲上三天^{二})^{三}天彳天$ 求其積分若干。

法置 $地=甲上三天^{二}$ 則 $彳地=六天彳天$ 即 $天彳天=\frac{六}{彳地}$ 故

$彳戊=\frac{六}{地^{三}彳地}$ 而 $戊=\frac{二四}{地^{四}}=\frac{二四}{(甲上三天^{二})^{四}}上呐$

今有呷叱呐句股形，求面積有常數否。

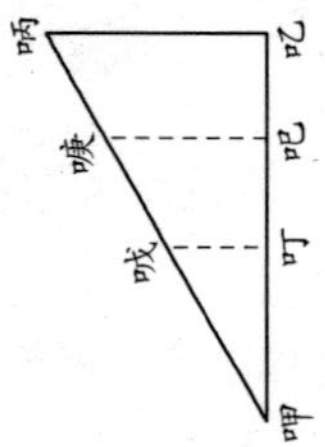

命句爲天，股爲 卯天 則面積爲 $\frac{二}{一}卯天^{二}$ 其微分爲 卯天彳天 求 卯天彳天 之積分，爲

$禾卯天彳天=\frac{二}{一}卯天^{二}上呐$ 本卷四款。即呷叱呐句股形之面積。攷圖，句天及面積同起于呷點，故 天＝○ 時，積數亦同于○，即 $\frac{二}{一}卯天^{二}上呐=○$ 所以 呐＝○ 無常數也。

今有哎叮、哽吧二垂線間之四邊形哎叮吧哽，用上圖。求其面積有常數否。法先求呷叮哎句股形之面積。設天等于呷叮，而命爲甲。命叮哎爲 卯甲 則呷叮哎之面積爲 $\frac{二}{一}卯甲^{二}上呐$ 次求呷吧哽之面積。設天等于呷吧，而命爲乙。命吧哽爲 卯乙 則呷吧哽之面積爲 $\frac{二}{一}卯乙^{二}上呐$ 以前式減後式，得哎叮吧哽四邊形之面積 $\frac{二}{一}卯乙^{二}丅\frac{二}{一}卯甲^{二}$ 無常數也。

故自變數連用二同數，求得相似大小二積數之較，則常數呐可消去。如上題，自變數先等于甲，後等于乙，以其二積數相減，取其較數是也。是謂求天＝甲、天＝乙 二數之較積法。依此法作式，另有記號爲 $禾_{甲}^{乙}$ 如

$禾_{甲}^{乙}卯天彳天=\frac{二}{一}卯乙^{二}丅\frac{二}{一}卯甲^{二}=\frac{二}{卯(乙^{二}丅甲^{二})}$

今有 $禾_{甲}^{乙}二天彳天$ 求其積分，且作式明之。

此式之積分爲 $天^{二}上呐$ 若 天＝甲 則得 $甲^{二}上呐$ 若 天＝乙 則得 $乙^{二}上呐$ 以前減後，得 $乙^{二}丅甲^{二}$ 即積分也。

今有 $禾_{甲}^{乙}三天^{二}彳天$ 求其積分，且作式明之。若 甲＝四、乙＝六 其同數若干。

此式之積分爲 $天^{三}上呐$、天＝甲 則爲 $甲^{三}上呐$、天＝乙 則爲 $乙^{三}上呐$ 相減，得 $乙^{三}丅甲^{三}$ 若 甲＝四、乙＝六 則得 二一六丅六四等于 一五二 即積分之同數也。

今有 $禾_{甲}^{乙}\frac{二}{周}天彳天$ 求其積分，且作式明之。若 甲＝二 乙＝三 其同數若干。

此式之積分爲 $\frac{四}{周}天^{二}上呐$ 若 天＝二 則得 周上呐 若 天＝三 則得 $\frac{四}{九周}上呐$ 相減，得 $\frac{四}{五周}$ 即積分之同數也。

今有 $禾_{甲}^{乙}\frac{二}{周}天^{二}彳天$ 求其積分，且作式明之。若 甲＝四、乙＝六 其同數若干。

此式之積分爲 $\frac{六}{周}天^{三}上呐$ 若 天＝四 則得 $\frac{六}{六四周}上呐$ 若 天＝六 則得 三六周上呐 相減，得 $(三六丅\frac{六}{六四})周=\frac{六}{一五二周}$ 即積分之同數也。

今有 $禾_{甲}^{乙}=(戊上天)彳天$ 若 甲＝一○、乙＝二○、戊＝四 求此式之

同數若干，並作式明之。

此式之積分爲 二戊天⊥天^{二}⊥昞 即 八天⊥天^{二}⊥昞 若 天＝一〇 則得 八〇⊥一〇〇⊥昞 即 一八〇⊥昞 若 天＝二〇 則得 一六〇⊥四〇〇⊥昞 即 五六〇⊥昞 相減，得 五六〇丁一八〇 即 三八〇 即式之同數也。

今有 禾$_{甲}^{乙}$三(戊⊥卯天^{二})二卯天彳天 若 天＝四、乙＝六、戊＝四、卯＝二 求式之同數若干，並作式明之。

此式之積分爲 $\frac{一}{三}$(戊⊥卯天^{二})^{三}⊥昞 即 $\frac{一}{三}$(四⊥六天^{二})^{三}⊥昞 若 天＝四 則得 $\frac{一}{三}$(四⊥九六)^{三}⊥昞 即 一五〇〇〇⊥昞 若 天＝六 則得 $\frac{一}{三}$(四⊥二一六)^{三}⊥昞 即 七二六〇〇⊥昞 相減，得 五七六〇〇 即式之同數也。

今有 禾$_{甲}^{乙}$$\frac{戊⊥天}{彳天}$ 若 甲＝二、乙＝三、戊＝四 求式之同數若干。

此式之積分爲 (戊⊥天)對⊥昞 即 (四⊥天)對⊥昞 若 天＝二 則得 (六)對⊥昞 若 天＝三 則得 (七)對⊥昞 相減得 (七)對丁(六)對 即 $\left(\frac{六}{七}\right)$對 即式之同數也。

用級數求積分法

凡 呋彳天 類之式，以呋爲天之函數，其求積分，有時詳天之級數爲最便。蓋若係斂級數，即可推得積分之密率也。法以彳天偏乘各級，乃如法各求其積分，既得各積分，並之，即所設式之積分，是謂用級數求積分法。

今有 $\frac{一⊥天}{彳天}$ 試求其積分。

準合名法，$\frac{一⊥天}{一}$ 即 (一⊥天)^{丁一}＝一丁天⊥天^{二}丁天^{三}⊥天^{四}丁…… 以彳天偏乘之，得 $\frac{一⊥天}{彳天}$＝彳天丁天彳天⊥天^{二}彳天丁天^{三}彳天⊥天^{四}彳天丁…… 每級各求積分，得 禾$\frac{一⊥天}{彳天}$＝天丁$\frac{二}{天^{二}}$⊥$\frac{三}{天^{三}}$丁$\frac{四}{天^{四}}$⊥$\frac{五}{天^{五}}$⊥…⊥昞 即積分也。

今有 $\frac{一⊥天^{二}}{彳天}$ 試求其積分。

準合名法，得 $\frac{一⊥天^{二}}{一}$ 即 (一⊥天^{二})^{丁一}＝一丁天^{二}⊥天^{四}丁天^{六}⊥… 故 $\frac{一⊥天}{彳天}$＝彳天丁天^{二}彳天⊥天^{四}彳天丁天^{六}彳天⊥… 叵 禾$\frac{一⊥天^{二}}{彳天}$＝天丁$\frac{三}{天^{三}}$⊥$\frac{五}{天^{五}}$丁$\frac{七}{天^{七}}$⊥…⊥昞 即積分也。

論弧線微分之積分

今有 彳人＝$\frac{\sqrt{四丁地^{二}}}{彳地}$ 求其積分若干。

答曰：人等于正弦 $\frac{一}{二}$地 之弧。

若命餘弦爲地，餘俱如前，則得 彳人＝$\frac{\sqrt{一丁地^{二}}}{丁彳地}$ 十三卷十款後論。 故 禾$\frac{\sqrt{一丁地^{二}}}{丁彳地'}$＝人⊥昞 設弧從初度吃點起，滿一象限，則餘弦爲〇，弧爲 $\frac{一}{二}$周 故 地′＝〇 則式之左邊等于 $\frac{一}{二}$周 所以 昞＝〇 而全積分 禾$\frac{\sqrt{一丁地'^{二}}}{丁彳地'}$ 等于餘弦地′之弧。

凡式如 彳人＝$\frac{\sqrt{甲^{二}丁地'^{二}}}{丁彳地'}$ 可如前用助變數求其積分上條。得人等于餘弦 $\frac{甲}{地'}$ 之弧。

凡命弧爲人，正切爲酉，則得 彳人＝$\frac{一⊥酉^{二}}{彳酉}$ 十三卷十款後論。 所以 禾$\frac{一⊥酉^{二}}{彳酉}$＝人⊥昞 若弧線從初度起 人＝〇 則 禾$\frac{一⊥酉}{彳酉}$＝〇 故 昞＝〇 而全積分 禾$\frac{一⊥酉^{二}}{彳酉}$ 等于正切酉之弧。

凡式如 彳人＝$\frac{甲^{二}⊥酉^{二}}{彳酉}$ ㊀ 求積數，可用助變數推之。法：置 亥＝$\frac{甲}{酉}$

即 酉＝甲亥 則 彳酉＝甲彳亥 用此二同數于㊀式中，得

$彳人=\frac{甲^{二}丄甲^{二}亥^{二}}{甲彳亥}$ 即 $彳人=\frac{甲}{一}\left(\frac{一丄亥^{二}}{彳亥}\right)$ 故人等于正切亥之弧以 $\frac{甲}{一}$ 乘之，即人等于正切 $\frac{甲}{酉}$ 之弧以 $\frac{甲}{一}$ 乘之。

凡命弧爲人，正矢爲天，則得 $彳人=\frac{\sqrt{二天丅天^{二}}}{彳天}$ 十三卷十款後論。所以 $禾\frac{\sqrt{二天丅天^{二}}}{彳天}=人丄呐$ 若弧線從初度起，人＝〇 則 $禾\frac{\sqrt{二天丅天^{二}}}{彳天}=〇$ 故 呐＝〇 而全積分 $禾\frac{\sqrt{二天丅天^{二}}}{彳天}$ 等于正矢天之弧。

凡式如 $彳人=\frac{\sqrt{二甲天丅天^{二}}}{彳天}$ ㊀ 其積分可用助變數推之。法：置 $亥=\frac{甲}{天}$ 即 天＝甲亥 則 彳天＝甲彳亥 用此二同數于一式中，則得

$彳人=\frac{\sqrt{二甲^{二}亥丅甲^{二}亥^{二}}}{甲彳亥}$ 即 $彳人=\frac{\sqrt{二亥丅亥^{二}}}{彳亥}$ 故人等于正矢亥之弧，即人等于正矢 $\frac{甲}{天}$ 之弧。

論合名微分之積分

今有 $彳戌=天^{二}(甲丄乙天^{三})^{二}彳天$ 求其積分。

此式詳之得 $彳戌=甲^{二}天^{二}彳天丄二甲乙天^{五}彳天丄乙^{二}天^{八}彳天$ 每項各求其積分，得 $戌=\frac{三}{甲^{二}天^{三}}丄\frac{三}{甲乙天^{六}}丄\frac{九}{乙^{二}天^{九}}丄呐$ 即所求積分也。【略】

今有 $彳戌=天^{三}(甲丄乙天^{二})^{\frac{一}{三}}彳天$ 求其積分。

令 $甲丅乙天^{二}=人^{二}$ 則 $(甲丄乙天^{二})^{\frac{一}{三}}=人^{三}$ ㊀ $天^{二}=\frac{乙}{人^{二}丅甲}$

㊁ $天彳天=\frac{乙}{人彳人}$ ㊂ 以㊀㊁㊂式相乘，得 $彳戌=天^{二}(甲丄乙天^{二})^{\frac{一}{三}}彳天=人^{四}\frac{乙^{二}}{人^{二}丅甲}彳人$ 故 $戌=\frac{七乙^{二}}{人^{七}}丅\frac{五乙^{二}}{甲人^{五}}丄呐$ 以人之原同數代之，得

$戌=\frac{七乙^{二}}{(甲丄乙天^{二})^{\frac{七}{三}}}丅\frac{五乙^{二}}{甲(甲丄乙天^{二})^{\frac{五}{三}}}丄呐$ 即積分也。

今有 $彳戌=天^{五}(甲丄乙天^{二})^{\frac{一}{二}}彳天$ 求其積分。

令 $甲丄乙天^{二}=人^{二}$ 則 $(甲丄乙天^{二})^{\frac{一}{二}}=人$ ㊀ $天^{二}=\frac{乙}{人^{二}丅甲}$

㊁ $天彳天=\frac{乙}{人彳人}$ ㊂ 故 $彳戌=\frac{乙^{三}}{人^{六}彳人丅二甲人^{四}彳人丄甲^{二}人^{二}彳人}$ 而 $戌=\frac{七乙^{三}}{人^{七}}丅\frac{五乙^{三}}{二甲人^{五}}丄\frac{三乙^{三}}{甲^{二}人^{三}}丄呐$ 以人之原同數代之，得 $戌=\frac{七乙^{二}}{(甲丄乙天^{二})^{\frac{七}{二}}}丅\frac{五乙^{三}}{二甲(甲丄乙天^{二})^{\frac{五}{二}}}丄\frac{三乙^{三}}{甲^{二}(甲丄乙天^{二})^{\frac{三}{二}}}丄呐$ 即積分也。

今有 $彳戌=天^{五}(甲丄乙天^{二})^{\frac{二}{三}}彳天$ 求其積分。

令 $甲丄乙天^{二}=人^{三}$ 則 $(甲丄乙天^{二})^{\frac{二}{三}}=人^{二}$ ㊀ $天^{二}=\frac{乙}{人^{三}丅甲}$

㊁ $天彳天=\frac{二乙}{三人^{二}彳人}$ ㊂ 故 $彳戌=\frac{二乙^{三}}{三人^{一〇}彳人丅六甲人^{七}彳人丄三甲人^{四}彳人}$ 而 $戌=\frac{二二乙^{三}}{三人^{一一}}丅\frac{八乙^{三}}{三甲人^{八}}丄\frac{一〇乙^{三}}{三甲^{二}人^{五}}丄呐$ 以人之原同數代之，得 $戌=\frac{二二乙^{三}}{三(甲丄乙天^{二})^{\frac{一一}{三}}}丅\frac{八乙^{三}}{三甲(甲丄乙天^{二})^{\frac{八}{三}}}丄\frac{一〇乙^{三}}{三甲^{二}(甲丄乙天^{二})^{\frac{五}{三}}}丄呐$ 即積分也。

今有 $彳戌=天^{三}(甲丅天^{二})^{丅\frac{一}{二}}彳天$ 求其積分。

令 $甲丅天^{二}=人$ 則得 $彳戌=丅(甲丅人^{二})彳人$ 而 $戌=丅甲人丄\frac{三}{人^{三}}丄呐$

即 $戌=丅甲(甲丅天^{二})^{\frac{一}{二}}丄\frac{三}{(甲丅天^{二})^{\frac{三}{二}}}丄呐$ 乃積分也。

今有 $彳戌=天^{五}(甲^{二}丄天^{二})^{丅一}彳天$ 求其積分。

令 $人=甲^{二}丄天^{二}$ 則得 $彳戌=\frac{\frac{一}{二}}{人彳人}丅甲^{二}彳人丄\frac{二人}{甲^{四}彳人}$ 而 $戌=\frac{四}{人^{二}}丅甲^{二}人丄\frac{\frac{一}{二}}{甲^{四}}(人)對丄呐$ 即 $戌=\left(\frac{\frac{一}{二}}{甲^{二}丄天^{二}}\right)^{二}丅甲^{二}(甲^{二}丄天^{二})丄\frac{\frac{一}{二}}{甲^{四}}(甲^{二}丄天^{二})對丄呐$ 乃積分也。

今有　$彳戊=甲(一丄天^{二})^{丅\frac{二}{三}}彳天$　求其積分。

令　$亥^{二}天^{二}=一丄天^{二}$　則　$(一丄天^{二})^{丅\frac{二}{三}}=亥^{丅三}天^{丅三}$ ㊀　又 $天^{二}=\frac{亥^{二}丅一}{一}$　故　$彳天=\frac{天(亥^{二}丅一)^{二}}{丅亥彳亥}$ ㊁　$一=天^{四}(亥^{二}丅一)^{二}$ ㊂　以一二三式連乘，得　$彳戊=甲(一丄天^{二})^{丅\frac{二}{三}}彳天=丅\frac{亥^{二}}{甲彳亥}$　所以　$戊=\frac{亥}{甲}=\frac{\sqrt{一丄天^{二}}}{甲天}丄呐$　即積分也。

今有　$彳戊=天^{丅四}(一丅天^{二})^{丅\frac{二}{三}}彳天$　求其積分。

令　$亥^{二}天^{二}=一丅天^{二}$　則　$天^{丅二}=亥^{二}丄一$　而　$天^{丅四}=(亥^{二}丄一)^{二}$ ㊀　又　$天=(亥^{二}丄一)^{丅\frac{二}{一}}$　故　$彳天=丅(亥^{二}丄一)^{丅\frac{二}{三}}亥彳亥$ ㊁　又　$(一丅天)^{丅\frac{二}{一}}=\frac{亥天}{一}=\frac{亥}{(亥^{二}丄一)^{\frac{二}{一}}}$ ㊂　以一二三式相乘，得　$彳戊=天^{丅四}(一丅天^{二})^{丅\frac{二}{三}}彳天=丅(亥^{二}丄一)彳亥$　故　$戊=丅\frac{三}{亥^{三}}丅亥=丅\frac{三}{亥(亥^{二}丄三)}丄呐$　即　$戊=丅\frac{三天^{三}}{一丄二天^{三}}=\sqrt{一丅天^{二}}丄呐$　乃積分也。

今有　$彳呋_{○}=彳天(甲^{二}丄天^{二})^{丅\frac{二}{一}}$　即　$\frac{\sqrt{甲^{二}丄天^{二}}}{彳天}$　求其積分。

令　$亥=天丄\sqrt{甲^{二}丄天^{二}}$　則　$彳亥=彳天丄\frac{\sqrt{甲^{二}丄天^{二}}}{天彳天}=\frac{\sqrt{甲^{二}丄天^{二}}}{天丄\sqrt{甲^{二}丄天^{二}}}彳天$　故　$\frac{亥}{彳亥}=\frac{\sqrt{甲^{二}丄天^{二}}}{彳天}$　所以　$呋_{○}=禾\frac{\sqrt{甲^{二}丄天^{二}}}{彳天}=禾\frac{亥}{彳亥}=亥對=(天丄\sqrt{甲^{二}丄天^{二}})對$　即積分也。

今有　$彳呋_{二}=\frac{\sqrt{甲^{二}丄天^{二}}}{天^{二}彳天}$　求其積分。

令　$亥=(甲^{二}天^{二}丄天^{四})^{\frac{二}{一}}$　則　$彳亥=\frac{(甲^{二}天^{二}丄天^{四})^{\frac{二}{一}}}{甲^{二}天彳天丄二天^{三}彳天}$　即　$彳亥=\frac{(甲^{二}丄天^{二})^{\frac{二}{一}}}{甲^{二}彳天}丄\frac{(甲^{二}丄天^{二})^{\frac{二}{一}}}{二天^{二}彳天}$　即　$彳亥=甲^{二}彳呋_{○}丄二彳呋_{二}$　此式中之呋，與前題同，所以　$彳呋_{二}=\frac{二}{三彳亥}丅\frac{二}{甲^{二}彳呋}$　而　$呋_{二}=\frac{二}{三亥}丅\frac{二}{甲^{二}呋_{○}}$　即　$呋_{二}=\frac{二}{三天}(甲^{二}丄天^{二})^{\frac{二}{一}}丅\frac{二}{甲^{三}}呋$　乃積分也。

凡合名微分，若其積分用上諸款皆不能求，則可令積分藉簡于本式之微分而得。其法分合名數爲二分，其一分之積分已知，不必更推也。

已別得　$彳(戊亥)=戊彳亥丄亥彳戊$　十卷九款。求積分得　$戊亥=禾戊彳亥丄禾亥彳戊$　故　$禾戊彳亥=戊亥丅禾亥彳戊$ ㊀　此式求　$戊彳亥$　之積分，變爲求　$亥彳戊$　之積分。是謂求分積分術之式。

合名微分簡法之式爲　$天^{寅}(甲丄乙天^{卯})^{巳}彳天$　巳代分數，寅、卯俱代整數。

今有　$彳呋_{○}=\frac{\sqrt{甲^{二}丅天^{二}}}{甲彳天}$　求其積分。

已別得　$\frac{\sqrt{味^{二}丅地^{二}}}{味彳地}$　爲弧線之微分，十三卷十款後論。味爲半徑，地爲正弦，故　$彳呋_{○}$　亦爲弧線之微分。　$呋_{○}$　爲弧線，甲爲半徑，天爲正弦。

今有　$彳呋_{二}=\frac{\sqrt{甲^{二}丅天^{二}}}{天^{二}彳天}$　求其積分。

以二代甲術式中之寅，則得　$呋_{二}=\frac{二}{甲^{二}}呋_{○}丅\frac{二}{天}\sqrt{甲^{二}丅天^{二}}$　即積分也。其呋與前題同。

今有　$彳呋_{四}=\frac{\sqrt{甲^{二}丅天^{二}}}{天^{四}彳天}$　求其積分。

以四代甲術式中之寅，則得　$呋_{四}=\frac{四}{三甲^{二}}呋_{二}丅\frac{四}{天^{三}}\sqrt{甲^{二}丅天^{二}}$　即積分也。其　$呋_{二}$　與前題同。【略】

準甲術，合名式　$禾\frac{\sqrt{甲^{二}丅天^{二}}}{天^{寅}彳天}$　之微分，可化爲　$禾\frac{\sqrt{甲^{二}丅天^{二}}}{天^{寅丅二}彳天}$　之微分，而　$禾\frac{\sqrt{甲^{二}丅天^{二}}}{天^{寅丅二}彳天}$　之微分又可化爲　$禾\frac{\sqrt{甲^{二}丅天^{二}}}{天^{寅丅四}彳天}$　之微分。如此遞推，至于　$\frac{二}{寅}$　次，若寅爲偶數，則積數可藉　$禾\frac{\sqrt{甲^{二}丅天^{二}}}{彳天}$　而得。

禾$\frac{\sqrt{甲^{二}丅天^{二}}}{彳天}$ 乃正弦 $\frac{甲}{天}$ 之弧也。本卷論弧線積分第一條。

依甲術例又得式 $呋_{寅}=禾\frac{\sqrt{甲^{二}丄天^{二}}}{天^{寅}彳天}=\frac{寅}{天^{寅丅一}}\sqrt{甲^{二}丄天^{二}}丅\frac{寅}{(寅丅一)甲^{二}}禾\frac{\sqrt{甲^{二}丄天^{二}}}{天^{寅丅一}彳天}$ 名乙術之式。

今有 $彳呋_{四}=\frac{\sqrt{甲^{二}丄天^{二}}}{天^{四}彳天}$ 求其積分。

以四代乙術式中之寅，則得 $呋_{四}=\frac{四}{天^{三}}\sqrt{甲^{二}丄天^{二}}丅\frac{四}{三甲^{二}}禾\frac{\sqrt{甲^{二}丄天^{二}}}{天^{三}彳天}$ 即積分也。其中 $\frac{\sqrt{甲^{二}丄天^{二}}}{天^{三}彳天}$ 之積分已知。本卷十二款四題。

設有合名式如 $彳呋_{寅}=\frac{\sqrt{二甲天丅天^{二}}}{天^{寅}彳天}$ 此本可以數代元而用甲術本款。求其積分。今別立術求之，如左。

法：置 $亥=天^{寅丅一}\sqrt{二甲天丅天^{二}}$ 即 $亥=(二甲天^{二寅丅一}丅天^{二寅})^{\frac{一}{二}}$ 求微分得 $彳亥=\frac{(二甲天^{二寅丅一}丅天^{二寅})^{\frac{一}{二}}}{甲(二寅丅一)天^{二寅丅一}彳天丅寅天^{二寅丅一}彳天}$

即 $彳亥=\frac{(二甲天丅天^{二})^{\frac{一}{二}}}{甲(二寅丅一)天^{寅}丅一彳天}丅\frac{(二甲天丅天^{二})^{\frac{一}{二}}}{寅天^{寅}彳天}$ 第二項等于 寅$彳呋_{寅}$

故 $彳呋_{寅}=\frac{寅(二甲天丅天^{二})^{\frac{一}{二}}}{甲(二寅丅一)天^{寅丅一}彳天}丅\frac{寅}{彳亥}$ 求積分，得式 $禾\frac{\sqrt{二甲天丅天^{二}}}{天^{寅}彳天}=\frac{寅}{甲(二寅丅一)}禾\frac{\sqrt{二甲天丅天^{二}}}{天^{寅丅一}彳天}丅\frac{寅}{天^{寅丅一}}\sqrt{二甲天丅天^{二}}$ 名丙術之式。

式中 $\frac{\sqrt{二甲天丅天^{二}}}{天^{寅丅一}彳天}$ 即原式括弧外變數指數損一之式。

今有 $彳呋_{〇}=\frac{\sqrt{二甲天丅天^{二}}}{甲彳天}$ 求其積分。

已別得 $\frac{\sqrt{二味天丅天^{二}}}{味彳天}$ 爲弧之微分，味爲半徑，天爲正矢，十三卷十款後論。故 $彳呋_{〇}$ 亦爲弧之微分。$呋_{〇}$ 爲弧，甲爲半徑，天爲正矢。

今有 $彳呋_{一}=\frac{\sqrt{二甲天丅天^{二}}}{天彳天}$ 求其積分。

以一代丙術式中之寅，則得 $呋_{一}=呋_{〇}丅\sqrt{二甲天丅天^{二}}$ 即積分也。其呋與前題同。

今有 $彳呋_{二}=\frac{\sqrt{二甲天丅天^{二}}}{天^{二}彳天}$ 求其積分。

以二代丙術式中之寅，則得 $呋_{二}=\frac{二}{三甲}呋_{一}丅\frac{二}{天}\sqrt{二甲天丅天^{二}}$ 即積分也。其 $呋_{一}$ 與前題同。

今有 $彳呋_{三}=\frac{\sqrt{二甲天丅天^{二}}}{天^{三}彳天}$ 求其積分。

以三代丙術式中之寅，則得 $呋_{三}=\frac{三}{五甲}呋_{二}丅\frac{三}{天^{二}}\sqrt{二甲天丅天^{二}}$ 即積分也。其 $呋_{二}$ 與前題同。

今有 $彳呋_{四}=\frac{\sqrt{二甲天丅天^{二}}}{天^{四}彳天}$ 求其積分。

以四代丙術式中之寅，則得 $呋_{四}=\frac{四}{七甲}呋_{三}丅\frac{四}{天^{三}}\sqrt{二甲天丅天^{二}}$ 即積分也。其 $呋_{三}$ 與前題同。

準丙術，合名式 $禾\frac{\sqrt{二甲天丅天^{二}}}{天^{寅}彳天}$ 之微分，可化爲 $禾\frac{\sqrt{二甲天丅天^{二}}}{天^{寅丅一}彳天}$ 之微分，而 $禾\frac{\sqrt{二甲天丅天^{二}}}{天^{寅丅一}彳天}$ 之微分又可化爲 $禾\frac{\sqrt{二甲天丅天^{二}}}{天^{寅丅二}彳天}$ 之微分。如此遞推，至于 寅次。若寅爲整數，則積數可藉 $禾\frac{\sqrt{二甲天丅天^{二}}}{彳天}$ 而得。$禾\frac{\sqrt{二甲天丅天^{二}}}{彳天}$ 乃正矢 $\frac{甲}{天}$ 之弧也。本卷論弧線積分第四條。

今有 $\frac{\sqrt{二甲天丅天^{二}}}{天^{\frac{三}{二}}彳天}$ 求其積分。

以 $\frac{三}{二}$ 代丙術式中之寅，則得 $禾\frac{\sqrt{二甲天丅天^{二}}}{天^{\frac{三}{二}}彳天}=\frac{三}{四甲}禾\frac{\sqrt{二甲天丅天^{二}}}{天^{\frac{一}{二}}彳天}$

$丅\frac{三}{二天^{\frac{三}{二}}}\sqrt{二甲天丅天^{二}}$ 惟 $\frac{\sqrt{二甲天丅天^{二}}}{天^{\frac{三}{二}}㐅}=\frac{\sqrt{二甲丅天}}{㐅}$ 叵

$禾\frac{\sqrt{二甲丅天}}{㐅}=丅二\sqrt{二甲丅天}$ 故 $禾\frac{\sqrt{二甲天丅天^{二}}}{天^{\frac{三}{二}}㐅}=丅\frac{三}{八甲}\sqrt{二甲丅天}$

$丅\frac{二}{二天^{\frac{三}{二}}}\sqrt{二甲天丅天^{二}}$ 即積分也。

準呷術，惟寅爲正，則指數可損。今依呷術之例又得術，令負指數亦可損，名叱術，如左。

法置呷術式，取其母數 乙(卯巳丄寅丄一) 與禾號左之係數 甲(寅丅卯丄一) 交互相易，得 $禾天^{寅丅卯}(甲丄乙天^{卯})^{巳}㐅=\frac{甲(寅丅卯丄一)}{天^{寅丅卯丄一}(甲丄乙天^{卯})^{巳丄一}丅乙(卯巳丄寅丄一)禾天^{寅}(甲丄乙天^{卯})^{巳}㐅}$ 即叱術之式也。

今有 $\frac{天^{二}(一丄天)^{\frac{三}{二}}}{㐅}$ 即 $天^{丅二}(一丄天^{三})^{丅\frac{三}{二}}㐅$ 求其積分。

令叱術式中，寅丅卯＝丅二、甲＝一、乙＝一、卯＝三、巳＝$丅\frac{三}{二}$ 則得 $禾天^{丅二}(一丄天^{三})^{丅\frac{三}{二}}㐅=丅天^{丅一}(一丄天^{三})^{\frac{三}{二}}丄禾天(一丄天^{三})^{丅\frac{三}{二}}㐅$ 即積分也。

今有 $\frac{天^{二}(二丅天^{二})^{\frac{三}{二}}}{㐅}$ 即 $天^{丅二}(二丅天^{二})^{丅\frac{三}{二}}㐅$ 求其積分。

令叱術式中 寅丅卯＝丅二 甲＝二 乙＝丅一 卯＝二 巳＝$丅\frac{三}{二}$ 則得 $禾天^{丅二}(二丅天^{二})^{丅\frac{三}{二}}㐅=丅\frac{二}{天^{丅一}(二丅天^{二})^{丅\frac{三}{二}}}丄禾(二丅天^{二})^{丅\frac{三}{二}}㐅$ 即積分也。

今有 $㐅\sqrt{甲^{二}丄天^{二}}$ 求其積分。

令呥術式中，寅＝〇、甲＝甲^{二}、乙＝一、卯＝二、巳＝$\frac{二}{一}$ 則得

$㐅\sqrt{甲^{二}丄天^{二}}=\frac{二}{天\sqrt{甲^{二}丄天^{二}}}丄\frac{二}{甲^{二}}禾\frac{\sqrt{甲^{二}丄天^{二}}}{㐅}$ 惟 $禾\frac{\sqrt{甲^{二}丄天^{二}}}{㐅}=[天丄\sqrt{甲丄天^{二}}]$對 本卷十二款三題。故 $禾㐅\sqrt{甲^{二}丄天^{二}}=\frac{二}{天\sqrt{甲^{二}丄天^{二}}}丄\frac{二}{甲^{二}}(天丄\sqrt{甲^{二}丄天^{二}})$對 即積分也。【略】

準呥術，惟括弧外之指數爲正，則可損。今依呥術之例又得術，令負指數亦可損，名叮術如左。

法置呥術式，取其母數 卯巳丄寅丄一 與禾左之係數 甲卯巳 交互相易，得 $禾天^{寅}(甲丄乙天^{卯})^{巳丅二}㐅=\frac{甲卯巳}{丅天^{寅丄一}(甲丄乙天^{卯})^{巳}丄(卯巳丄寅丄一)禾天^{寅}(甲丄乙天^{卯})^{巳}㐅}$ 即叮術之式也。

今有 $(二丅天^{二})^{丅\frac{三}{二}}㐅$ 求其積分。

令叮術式中，寅＝〇、甲＝二、乙＝丅一、卯＝二、巳丅一＝$丅\frac{三}{二}$ 則得 $禾(二丅天^{二})^{丅\frac{三}{二}}㐅=\frac{二}{天}(二丅天^{二})^{丅\frac{一}{二}}=\frac{二\sqrt{二丅天^{二}}}{天}$ 即積分也。

今有 $\frac{(一丅天^{三})^{\frac{三}{二}}}{天㐅}$ 即 $天(一丄天^{三})^{丅\frac{三}{二}}㐅$ 求其積分。

令叮術式中，寅＝一、甲＝一、乙＝一、卯＝三、巳丅一＝$丅\frac{三}{二}$ 則得 $禾天(一丄天^{三})^{丅\frac{三}{二}}㐅=丅\frac{二}{天^{二}}(一丄天^{二})^{\frac{一}{二}}丄二禾天(一丄天^{三})^{\frac{一}{二}}㐅$ 式中 $天(一丄天^{三})^{\frac{一}{二}}㐅$ 可詳爲級數，而每項求其積分，即得所求之積分。

又 卷一八 積分二

用積分術令曲線改直線之理

今有半立方拋物線式 $地^{三}＝甲^{二}天^{二}$ 求其任一分之長。

此式中天之同數爲 $\frac{甲}{地^{\frac{三}{二}}}$ 求微分得 $㐅=\frac{二甲}{三地^{\frac{一}{二}}㐌}$ 故 $㐅^{二}=\frac{四甲^{二}}{九地}㐌^{二}$

用此同數于曲線微分公式中，得 $\sqrt{㐅^{二}丄㐌^{二}}=\sqrt{\left(\frac{四甲^{二}}{九地}丄一\right)㐌^{二}}=$ $㐌\sqrt{\frac{四甲^{二}}{九地丄四甲^{二}}}=㐌\frac{二甲}{(九地丄四甲^{二})^{\frac{一}{二}}}$ 依前求積分十七卷八款。得

禾$\sqrt{彳天^{二}丄彳地^{二}}=\frac{二七甲}{(九地丄四甲^{二})^{\frac{二}{三}}}丄呐$　求呐之同數，攷本題式，知在原點　地＝〇　時，亦　人＝〇　故　〇＝$\frac{二七}{八甲^{二}}丄呐$　即　呐＝丅$\frac{二七}{八甲^{二}}$　是以全積分為　人＝$\frac{二七甲}{(九地丄四甲^{二})^{\frac{二}{三}}}丅\frac{二七}{八甲^{二}}$

今有弧線，試求其長。

已別得若弧為人，正切為酉，則　彳人＝$\frac{一丄酉^{二}}{彳酉}=彳酉\frac{一丄酉^{二}}{一}$　十三卷十款後論。惟　$\frac{一丄酉^{二}}{一}=一丅酉^{二}丄酉^{四}丅酉^{六}丄\cdots$　故　彳人＝$\frac{一丄酉^{二}}{彳酉}$＝彳酉丅酉^{二}彳酉丄酉^{四}彳酉丅酉^{六}彳酉丄…　每級各求積分，得　禾彳人＝人＝酉丅$\frac{三}{酉^{三}}丄\frac{五}{酉^{五}}丅\frac{七}{酉^{七}}丄\frac{九}{酉^{九}}丅\cdots$　即　人＝酉$\left(一丅\frac{三}{酉^{二}}丄\frac{五}{酉^{四}}丅\frac{七}{酉^{六}}丄\frac{九}{酉^{八}}丅\cdots\right)$

設人為三十度弧，其正切為　$\sqrt{\frac{三}{一}}$　即　〇.五七七三五〇　用此代級數中之酉，則得　人＝$\sqrt{\frac{三}{一}}\left(一丅\frac{三×三}{一}丄\frac{五×三^{二}}{一}丅\frac{七×三^{三}}{一}丄\frac{九×三^{四}}{一}丅\cdots\right)$　即　〇.五二三五九八七　為三十度弧之長，以六乘之，得　三一四一五九二六五　為半周之長。

今有擺線式　天＝弧丅$\sqrt{二未地丅地^{二}}$　求其任一分之長。

此式之微分為　彳天＝$\frac{\sqrt{二未地丅地^{二}}}{地彳地}$　十五卷四款前論。故　彳天^{二}＝$\frac{二未地丅地^{二}}{地^{二}彳地^{二}}$　用此同數于曲線微分公式中，得　彳人＝$\sqrt{彳地^{二}丄\frac{二未地丅地^{二}}{地^{二}彳地^{二}}}$　即　彳地$\sqrt{\frac{二未地丅地^{二}}{二未地}}$　即　彳地$\sqrt{\frac{二未丅地}{二未}}$　即　$(二未)^{\frac{二}{一}}(二未丅地)^{丅\frac{二}{一}}$彳地　依前求積分十七卷八款。得　禾$(二未丅地)^{丅\frac{二}{一}}$彳地＝丅二$(二未丅地)^{\frac{二}{一}}$丄呐　故　人＝丅$(二未)^{\frac{二}{一}}$二$\sqrt{二未丅地}$丄呐＝丅二$\sqrt{二未(二未丅地)}$丄呐　曲線分若從叱點起，則　人＝〇　時，必　地＝二未　是　〇＝〇丄呐　即　呐＝〇　故擺線無常數，所以全積分為　人＝丅二$\sqrt{二未(二未丅地)}$　即擺線分之長，乃從叱點任至一點叮之數。觀圖知　叱哦＝二未丅地　又準幾何理　叱咦^{二}＝叱呐×叱哦　則　叱咦＝$\sqrt{叱呐×叱哦}=\sqrt{二未(二未丅地)}$　故叱叮曲線分等于倍叱咦。然則擺線分若從頂點起，恆等于所對母輪通弦之倍，故半擺線叱叮呷等于全徑叱呐之倍，而全擺線呷叮叱呯等于全徑之四倍也。

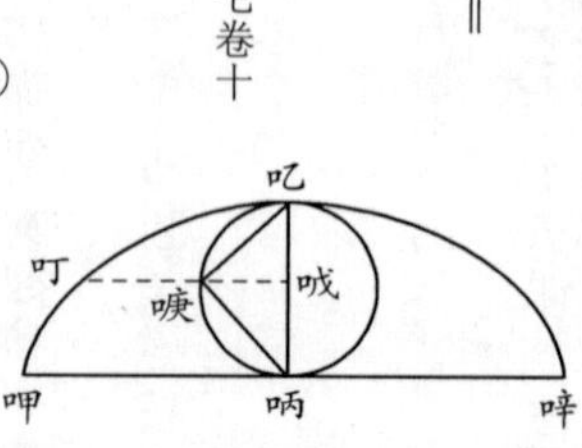

今有拋物線式　地^{二}＝二巳天　求其任一分之長。

此式求微分以二約之，得　地彳地＝巳彳天　故　彳天^{二}＝$\frac{巳^{二}}{地^{二}}$彳地^{二}　用此同數于曲線微分公式中，得　彳人＝$\sqrt{彳地^{二}丄\frac{巳^{二}}{地^{二}}彳地^{二}}=\frac{巳}{彳地}\sqrt{巳^{二}丄地^{二}}$　依前求積分十七卷十四款一題。得　人＝$\frac{二巳}{地}\sqrt{巳^{二}丄地^{二}}丄\frac{二}{巳}(地丄\sqrt{巳^{二}丄地^{二}})$對丄呐　拋物線分若從頂點起，則　人＝〇　亦　地＝〇　所以　〇＝$\frac{二}{巳}$巳對丄呐　即　呐＝丅$\frac{二}{巳}$×巳對　是以全積分為　人＝$\frac{二巳}{地}\sqrt{巳^{二}丄地^{二}}丄\frac{二}{巳}\left(\frac{巳}{地丄\sqrt{巳^{二}丄地^{二}}}\right)$對

今有對數螺線，求其任一分之長。

凡極曲線準極角距，其微分公式為　彳人＝$\sqrt{彳未^{二}丄未^{二}彳酉^{二}}$　十四卷十二款。對數螺線之式為　酉＝未對　九卷四款。求微分得　彳酉＝$\frac{未}{根彳未}$　用此同數于上式中，得　彳人＝$\sqrt{彳未^{二}丄根^{二}彳未^{二}}$＝彳未$\sqrt{一丄根^{二}}$　訥氏對數　根＝一　則　彳人＝彳未$\sqrt{二}$　故　人＝未$\sqrt{二}$丄呐　若曲線分從極點起，則　人＝〇　時，未＝〇　即　呐＝〇　故全積分為　人＝未$\sqrt{二}$　是以訥氏對數螺線從極點任至一點。其曲線分之長等于帶徑冪之對角線。

今有橢圓線式　地^{二}＝(一丅戊^{二})(呷^{二}丅天^{二})　六卷一款六系。求其任一分之長。

此式求微分，得　$\frac{彳天}{彳地}=丅\frac{地}{(一丅戊^{二})天}=丅\frac{\sqrt{呷^{二}丅天^{二}}}{天\sqrt{一丅戊^{二}}}$　自乘，得　$\frac{彳天^{二}}{彳地^{二}}$＝丄$\frac{呷^{二}丅天^{二}}{天^{二}(一丅戊^{二})}$用此同數于微分公式中，得　彳人＝彳天$\sqrt{一丄\frac{呷^{二}丅天^{二}}{天^{二}(一丅戊)}}$

＝√(呷²丅天²)/(徔√(呷²丅戊²天))＝√(呷²丅天²)/(呷徔√(一丅呷²/戊²天)) 以 √(一丅呷²/(戊²天²)) 詳爲級數，得 亿＝√(呷²丅天²)/呷徔 (一丅 二呷²/(戊²天²) 丅 二×四呷⁴/(戊⁴天⁴) 丅 二×四×六呷⁶/(三戊⁶天⁶) 丅…)

每級依前求其積分十七卷十三款甲術。得 亿＝呹○丅 二呷/戊² 呹二 丅 二×四呷三/戊⁴ 呹四 丅 二×四×六呷六/三戊⁶ 呹六㊀ 式中之呹○爲弧，呷爲半徑，天爲正弦，叵 呹二＝ 二/呷呹○ 丅 二/天 √(呷²丅天²)、呹四＝ 四/(三呷²呹二) 丅 四/天三 √(呷²丅天²)、呹六＝ 六/(五呷²呹四) 丅 六/天五 √(呷²丅天²) 餘類推。設欲求橢圜周四分之一，當推 天＝○、天＝呷 二限中間之積分。惟 天＝呷 時，√(呷²丅天²)＝○ 故 呹二、呹四、呹六 之諸同數爲 呹二＝ 二/呷天○、呹四＝ 四/三呷²呹二 ＝ 二×四/三呷三天○、呹六＝ 六/五呷²呹四 ＝ 二×四×六/三×五呷五呹○ 餘仿此。叵一式爲 亿＝呹○(一丅 二×二/戊² 丅 二×二×四×四/三戊⁴ 丅 二×二×四×四×六×六/三×三×五戊⁶ 丅…) 即橢圜周四分之一。式中呹○爲平圜周四分之一，以呷爲半徑，四倍之，得 二周呷(一丅 二×二/戊² 丅 二×二×四×四/三戊⁴ 丅 二×二×四×四×六×六/三×三×五戊⁶ 丅…) 即全橢圜周也。

求曲線面積

求曲線面積者，謂求一矩形，與曲線面積相等也。蓋凡曲線面積可用代數諸項顯之，則一如直線面積焉。

凡曲線準正交縱橫線，其面積之微分公式爲 伸＝地徔 十四卷九款。申爲呷叱吧咮之面積，天地爲吧點之縱橫線。欲推何曲線面積，法用本曲線之式，或以天求地之同數，或以地徙求徔之同數，用于公式中，乃求其積分，即本曲線之面積也。

今有拋物線，求其面積。

拋物線之式爲 地²＝二巳天 求微分，得 徔＝巳/地徙 用此同數于公式中得 伸＝地徔＝巳/地²徙 求積分得 申＝三巳/地³ 丄呬 面積若從拋物線之頂點起，則 申＝○ 時，亦 地＝○ 故 呬＝○ 所以全積分爲 申＝三巳/地³＝三巳/地 地²＝三巳/地＝巳天 即 二/三天地

故拋物線從頂點起，任一段截面積，等于截點縱橫線矩積三分之二。

今有諸乘方拋物線，求其面積之公式。

拋物線之公式爲 地^卯＝甲天 八卷末條。求微分得 卯地^{卯丅一}徙＝甲徔 即 徔＝卯地^{卯丅一}徙/甲 用此同數于公式中，得 伸＝地徔＝卯地^卯徙/甲 求積分，得 申＝卯地^{卯丄一}/((卯丄一)甲) 丄呬 十七卷四款。即 申＝卯/(卯丄一)×地^{卯丄一}/甲 以天代 地^卯/甲 則得 卯/(卯丄一)天地丄呬 若面積從拋物線之頂點起，則必 呬＝○ 故 申＝卯/(卯丄一)天地 所以凡拋物線之截面積，俱等于截點縱橫線之矩形以 卯/(卯丄一) 乘之。若 卯＝二 則爲平方拋物線，其面積等于 二/三天地 若 卯＝一 則成句股形，其面積等于 一/二天地 即句股相乘積之半也。

今有平圜，求其面積。

平圜半徑等于一，其式爲 地＝(一丅天²)^{一/二} 其右邊以合名法詳之，得 地＝一丅 一/二天² 丅 一/(二×四)天⁴ 丅 一×三/(二×四×六)天⁶ 丅 一×三×五/(二×四×六×八)天⁸ 丅… 即 地＝一丅 天²/二 丅 天⁴/八 丅 天⁶/一六 丅 五天⁸/一二八 丅… 所以 地徔＝徔丅 天²徔/二 丅 天⁴徔/八 丅 天⁶徔/一六 丅 五天⁸徔/一二八 丅… 每級各求積分，得 申＝禾地徔＝天丅 天³/六 丅 天⁵/四〇 丅

$\frac{一\,一\,二}{天^{七}}丅\frac{一\,一\,五^{二}}{五天^{九}}丅\cdots丄呐$ 求呐之同數。若弧線從頂點叮起，則 天$=〇$ 呐叮哦啐面積亦等于〇，所以 呐$=〇$ 故上級數若顯呐叮哦啐分之面積，而叮哦弧爲三十度，則呐啐爲三十度之正弦，爲 $\frac{二}{一}$ 即天，故上式爲

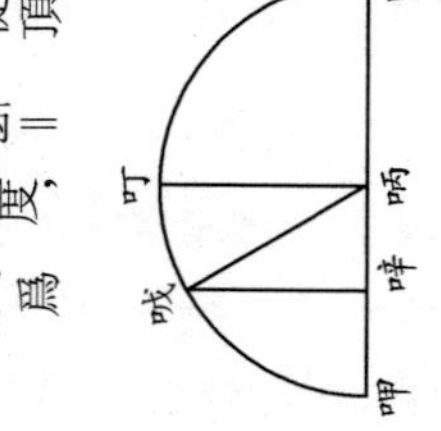

呐叮哦啐$=\frac{二}{一}丅\frac{四八}{一}丅\frac{一二八〇}{一}丅\frac{一四三三六}{一}丅\cdots=$

.四七八三〇五五 別得 天$=\frac{二}{一}$ 則 地$=\sqrt{\frac{四}{三}}$ 故句股形呐啐哦面積之式爲 $\frac{四}{一}\sqrt{\frac{四}{三}}=$.二一六五〇六三 而呐叮哦分之面積爲.二六一七九九二 以 一二 乘之，得 三.一四一五九… 即平圜之面積。

今有橢圜，求其面積。

橢圜以中點及長短二徑爲準，其式爲 地$=\frac{甲}{乙}\sqrt{呷^{二}丅天^{二}}$ 六卷一款案。用此同數于公式中，求得橢圜面積四分之一。如下式 禾地伕$=\frac{甲}{乙}$禾伕$\sqrt{呷^{二}丅天^{二}}$ 別得 伕$\sqrt{呷^{二}丅天^{二}}$ 乃以呷爲半徑平圜面積之微分，十四卷九款設題。故橢圜面積等于 $\frac{甲}{乙}$ 乘外切平圜面積。而外切平圜面積等于 周呷^{二} 故橢圜面積等于 周呷$^{二}\frac{甲}{乙}$ 即 周呷吃

今有雙曲線，求其面積。

雙線以中點及二軸爲準，其式爲 甲^{二}地$^{二}丅$乙^{二}天$^{二}=丅$呷^{二}吃^{二} 即 地$=\frac{甲}{乙}\sqrt{天^{二}丅呷^{二}}$ 故 伸$=$地伕$=\frac{甲}{乙伕}\sqrt{天^{二}丅呷^{二}}$ 依前求積分十七卷十四款設題二。得 申$=$乙天$\frac{二呷}{\sqrt{天^{二}丅呷^{二}}}丅\frac{二}{呷吃}(天丄\sqrt{天^{二}丅呷^{二}})$對丄呐 求呐之同數，令 天$=$甲 則 申$=〇$ 而得 $〇=丅\frac{二}{呷吃}$呷對丄呐 即 呐$=\frac{二}{甲吃}$呷對 故 申$=\frac{二呷}{乙天\sqrt{天^{二}丅呷^{二}}}丅\frac{二}{甲吃}\left(\frac{呷}{天丄\sqrt{天^{二}丅呷^{二}}}\right)$對

即曲線面積呷吧味一段，故全面積呷吧吧′之式爲

$\frac{甲}{乙天\sqrt{天^{二}丅呷^{二}}}丅$呷吃$\left(\frac{甲}{天丄\sqrt{天^{二}丅呷^{二}}}\right)$對

等于 天地丅呷吃$\left(\frac{甲}{天}丄\frac{乙}{地}\right)$對 即 天地丅甲吃$\left(\frac{呷吃}{甲地丄乙天}\right)$對

今有擺線，求其面積。

呷吃呐爲擺線面，求其積。簡法先求呷吃叮面積，令 吃呐$=$二未、呷唐$=$天、吧唐$=$地 則 吧哦$=$二未丅地$=$亥 故得 彳(呷叮哦吧)$=$伸$=$亥伕$=$(二未丅地)伕 惟擺線之微分式爲 伕$=\frac{\sqrt{二未地丅地^{二}}}{地他}$ 十五卷擺線理條。故 伸$=$他$\sqrt{二未地丅地^{二}}$ 而 申$=$禾他$\sqrt{二未地丅地^{二}}$丄呐 此乃未爲半徑，地爲縱線，平圜分之面積，十四卷九款設題。即呐啐呈分之面積。設呷叮哦吧面積從呷叮線起，而呐啐呈面積從呐點起，則 地$=〇$ 時，二面皆等于〇，故 呐$=〇$ 所以 呷叮哦吧$=$呐啐呈 若 地$=$二未 則 呷吃叮$=$呐啐吃$=\frac{二}{周未^{二}}$ 惟呷叮吃呐矩積等于 呷呐$\times$呷叮$=$周未$\times$二未$=$二周未^{二} 所以呷吃呐面積等于 呷叮吃呐丅呷吃叮$=\frac{二}{三}$周未^{二} 即三個呐啐吃半圜，倍之爲三個母輪面積，即擺線面全積。

求螺線面積

極曲線面積微分之公式爲 伸$=\frac{二}{未^{二}酒}$ 十四卷十三款。

今有亞奇氏螺線，求其面積。

亞奇氏螺線之式爲 未$=\frac{二周}{酉}$ 九卷二款。求微分得 徕$=\frac{二周}{酒}$ 即 酒$=$二周未 用此同數于公式中，得 伸

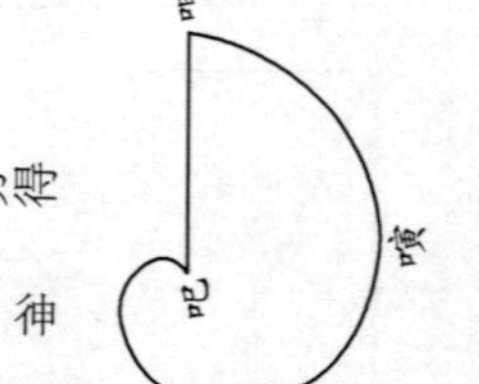

$=周末^{二}彳未$求積分，得 $申=\frac{三}{周末^{三}}=\frac{二四周}{酉^{三}}$ 若 $酉=二周$ 則 $申=\frac{三}{周}$ 乃帶徑行一匝所成吧嗔呷螺線面積，等于匝末帶徑長吧呷爲半徑平圜面積三分之一。若 $酉=二(二周)$ 則 $申=\frac{三}{八周}$ 乃帶徑行二匝所成螺線面積也。帶徑既行二匝，必重成吧嗔呷面，故于 $\frac{三}{八周}$ 内減一吧嗔呷面積，得 $\frac{三}{八周}丅\frac{三}{周}=\frac{三}{七周}$ 爲吧卯吃面積。三匝已上類推，他螺線仿此。

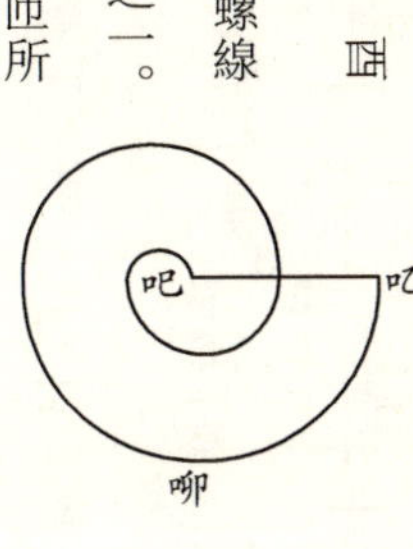

今有雙線螺線，求其面積。

雙線螺線之式爲 $未=\frac{酉}{甲}$ 九卷三款。右邊自乘，用于公式中，得 $彳申=\frac{二酉^{二}}{甲^{二}彳甲}$ 求積分得 $申=丅\frac{二酉}{甲}$

今有對數螺線，求其面積。

對數螺線之式爲 $酉=未^{對}$ 九卷四款。求微分得 $彳酉=\frac{未}{根彳未}$ 若 $根=一$ 則 $彳酉=\frac{未}{彳未}$ 用于公式中，得 $彳申=\frac{二}{未彳未}$ 求積分，得 $申=\frac{四}{未^{二}}上昞$ 若 $未=〇$ 則 $申=〇$ 故 $昞=〇$ 所以 $申=\frac{四}{未^{二}}$ 爲訥氏對數螺線之面積，等于匝末帶徑正方四分之一。

求曲面積曲面者，面界旋轉所成之面也。

凡面界旋轉一匝，所成面積微分，爲 $彳呻=二周地\sqrt{彳天^{二}上彳地^{二}}$ 十四卷十款。故 $呻=禾二周地\sqrt{彳天^{二}上彳地^{二}}$ ㊀ 乃一切曲面之公式。以橫軸爲面旋轉之軸，$\sqrt{彳天^{二}上彳地^{二}}$ 爲母曲線微分之公式。欲求某曲面積，法以本母曲線式求微分，或以天彳天求得地彳地之二同數，或以地彳地求得彳天之同數，用于公式中而求其積分，即得所求曲面積。

今有圜錐體，求其曲面積。

如呷吃昞句股形，以呷吃爲軸，旋轉一匝，其弦呷昞必成圜錐之曲面。命呷吃爲辛，吃昞爲乙，呷爲原點，呷昞内任一點之縱橫線爲天地，則有比例 天∶地∷辛∶乙 故 $地=\frac{辛}{乙天}$ 求微分，得 $彳地=\frac{辛}{乙}彳天$ 叵 $彳地^{二}=\frac{辛^{二}}{乙^{二}}彳天^{二}$ 用此地 $彳地^{二}$ 二同數于公式中，得 $呻=禾二周\frac{辛^{二}}{乙天}彳天\sqrt{辛^{二}上乙^{二}}$ 即 $呻=周\frac{辛^{二}}{乙天^{二}}\sqrt{辛^{二}上乙^{二}}上昞$ 若曲面積從頂點起，則 $天=〇$ 時，亦 $呻=〇$ 故 $昞=〇$ 所以 $呻=周\frac{辛^{二}}{乙天^{二}}\sqrt{辛^{二}上乙^{二}}$ 若 $天=呷吃=辛$ 則得 $呻=周乙\sqrt{辛^{二}上乙^{二}}=二周乙\frac{二}{呷昞}$ 即以辛爲高，以乙爲底半徑之圜錐曲面積。故凡圜錐曲面，必等于底周乘半斜線。

今有圜柱體，求其曲面。

如呷吃叮昞矩形，以呷吃爲軸，旋轉一匝，昞叮必行成曲面。命呷吃爲辛，呷昞爲乙，則昞叮直線之式爲 $地=乙$ 故 $彳地=〇$ 用此二同數于公式中，得 $禾二周地\sqrt{彳天^{二}上彳地^{二}}=禾二周乙彳天=二周乙天上昞$ 若曲面積從呷點起，則 $天=〇$ 時，亦 $呻=〇$ 故 $昞=〇$ 若 $天=呷吃=辛$ 則得 $呻=二周乙辛$ 故圜柱之曲面，等于底周乘高。

今有立圜體，求其曲面。

母平圜以心爲原點，其式爲 $天^{二}上地^{二}=味^{二}$ 求微分，得 $天彳天上地彳地=〇$ 所以 $彳地=丅\frac{地}{天彳天}$ 叵 $彳地^{二}=\frac{地^{二}}{天^{二}彳天^{二}}$ 用此同數于公式中，得 $呻=禾二周地\sqrt{\left(\frac{地^{二}}{天^{二}}上一\right)彳天^{二}}=禾二周彳天\sqrt{天^{二}上地^{二}}=禾二周味彳天=二周味天上昞$ 求昞之同數，設曲面從球之中心起，則 $天=〇$ 時，積分亦等于〇，故 $昞=〇$ 令 $天=味$ 則得半球之曲面爲 $二周味^{二}$ 而全球曲面爲 $四周味^{二}$ 故球之曲面積等于四个球徑之平圜。

今有拋物線體，求其曲面。

如呷吆㖘爲拋物面分，以呷吆爲軸，旋轉一匝，則呷㖘必行成曲面拋物線之式，爲 $地^{二}=二巳天$ 求微分，得

$彳天=\frac{巳}{地彳地}$ 而 $彳天^{二}=\frac{巳^{二}}{地^{二}彳地^{二}}$ 用此同數于公式中，

得 $彳申=二周地\sqrt{\left(\frac{巳^{二}}{地^{二}\perp巳^{二}}\right)彳地^{二}}=\frac{巳}{二周}地彳地\sqrt{地^{二}\perp巳^{二}}$

依前求積分十七卷八款。得 $申=\frac{三巳}{二周}(地^{二}\perp巳^{二})^{\frac{三}{二}}\perp㖘$

求㖘之同數，令 $地=〇$ 則 $申=〇$ 而式變爲

$〇=\frac{三}{二周巳^{二}}\perp㖘$ 故 $㖘=\top\frac{三}{二周巳^{二}}$ 設積分在 $地=$

$〇$、$地=乙$ 二限之間，則曲面之全積分爲 $\frac{三巳}{二周}\left[(乙^{二}\perp巳^{二})^{\frac{三}{二}}\top巳^{三}\right]$

今有橢圜體，以長徑爲軸，求其曲面。

別得公式 $彳申=二周地\sqrt{彳天^{二}\perp彳地^{二}}$ 即 $彳申=二周地彳人$ 十四卷十款。

惟橢圜線微分爲 $彳人=\frac{\sqrt{呷^{二}\top天^{二}}}{呷彳天}\left(一\top\frac{二呷^{二}}{戊^{二}天^{二}}\top\frac{二\times四呷^{四}}{戊^{四}天^{四}}\top\right.$

$\left.\frac{二\times四\times六呷^{六}}{三戊^{六}天^{六}}\top\cdots\right)$ 本卷曲線改直線條設題六。故 $彳申=\frac{\sqrt{呷^{二}\top天^{二}}}{二周呷地彳天}\left(一\top\right.$

$\left.\frac{二呷^{二}}{戊^{二}天^{二}}\top\frac{二\times四呷^{四}}{戊^{四}天^{四}}\top\frac{二\times四\times六呷^{六}}{三戊^{六}天^{六}}\top\cdots\right)$ 惟 $\frac{\sqrt{呷^{二}\top天^{二}}}{呷地}=吆$

故 $彳申=二周吆彳天\left(一\top\frac{二呷^{二}}{戊^{二}天^{二}}\top\frac{二\times四呷^{四}}{戊^{四}天^{四}}\top\frac{二\times四\times六呷^{六}}{三戊^{六}天^{六}}\top\cdots\right)$

每級各求積分，得 $申=二周吆天\left(一\top\frac{二\times三呷^{二}}{戊^{二}天^{二}}\top\frac{二\times四\times五呷^{四}}{戊^{四}天^{四}}\top\right.$

$\left.\frac{二\times四\times六\times七呷^{六}}{三戊^{六}天^{六}}\top一\right)\perp㖘$ 若 $天=〇$ 則 $申=〇$ 故 $㖘=〇$

所以 $天=呷$ 則得 $申=二周呷吆\left(一\top\frac{二\times三}{戊^{二}}\top\frac{二\times四\times五}{戊^{四}}\top\right.$

$\left.\frac{二\times四\times六\times七}{三戊^{六}}\top\cdots\right)$ 爲橢圜體曲面之半，倍之得 $四周呷吆\left(一\top\frac{二\times三}{戊^{二}}\right.$

$\left.\top\frac{二\times四\times五}{戊^{四}}\top\frac{二\times四\times六\times七}{三戊^{六}}\top\cdots\right)$ 爲橢圜體全曲面。

今有擺線體，以底邊爲軸，求其曲面。

曲面之微分公式爲 $彳申=二周地彳人$ 惟擺線微分爲 $彳人=彳地\frac{\sqrt{二未地\top地^{二}}}{二未地}$

本卷曲線改直線條設題三。故 $彳申=二周地彳地\sqrt{\frac{二未地\top地^{二}}{二未地}}$ 即

$彳申=\frac{\sqrt{二未地\top地^{二}}}{二周\sqrt{二未地^{\frac{三}{二}}}彳地}$ 依前求其積分，十七卷十三款丙術設題六。得

$禾\frac{\sqrt{二未地\top地^{二}}}{地^{\frac{三}{二}}彳地}=\top\frac{三}{八未}\sqrt{二未\top地}\top\frac{三}{二地}\sqrt{二未\top地}$ 故

$禾\frac{\sqrt{二未地\top地^{二}}}{二周\sqrt{二未地^{\frac{三}{二}}}彳地}=二周\sqrt{二未}\top\frac{三}{八未}\sqrt{二未\top地}\top\frac{三}{二地}\sqrt{二未\top地}\perp㖘$

若曲面從吆點上之圜周起，則 $地=二未$ 時，$申=〇$ 故 $㖘=〇$ 若積分在 $地=〇$、$地=二未$ 二限之間，則得 $\frac{三}{三二}周未^{二}$ 爲半曲面，倍之，得 $\frac{三}{六四}周未^{二}$ 爲全曲面。

故以底爲軸之擺線體，其曲面等于三分母輪面之六十四，即二十一个母輪面又三分母輪面之一也。

求曲線體積曲線體者，謂曲線面旋轉一匝所成之體也。

求曲線體積者，謂求得立方體積，與曲線體積等也。凡曲線體積之微分爲 $彳亥=周地^{二}彳天$ 十四卷十一款。故 $亥=禾周地^{二}彳天$ ㊀ 乃曲線體積之公式。式中天地爲母曲線之縱橫線，橫軸即曲面旋轉之軸。凡欲求某曲線之體積，必先求本曲線式之微分，或以地彳地求彳天之同數，或以天求 $地^{二}$ 之同數，用于一式中，求其積分，即得所求之體積。

今有圜柱體，求其積。

命圜柱底半徑呷㖘爲未，其高呷吆爲辛，則得 $亥=禾周地^{二}彳天$、$亥=禾周未^{二}彳天=周未^{二}天\perp㖘$ 若以 $天=〇$、$天=\frac{呷}{吆}=辛$ 爲二限，求其中間積分，則得 $亥=周未^{二}辛$

故圜柱之體積，等于底面乘高。

今有圜錐體，求其積。

命圜錐之高爲辛，底面之半徑爲未，準前本卷求曲面積條設題一。得 $地=\frac{辛}{未}天$、

$地^{二}=\frac{辛^{二}}{未^{二}}天^{二}$ 用 $地^{二}$ 之同數于公式中，得 $彳亥=\frac{辛^{二}}{未^{二}}周天^{二}彳天$ 故 $咳=\frac{三辛^{二}}{未^{二}周天^{三}}丄口丙$ 以 $天=〇$、$天=辛$ 爲二限，求其積分，得 $咳=\frac{三}{一}周未^{二}辛=周未^{二}\frac{三}{辛}$ 故圓錐之體積，等于底面乘高三分之一。

今有橢圓體，以長徑爲軸，求其積。

橢圓之式爲 $地^{二}=\frac{呷^{二}}{口乙^{二}}(呷^{二}丅天^{二})$ 六卷一款案。用此同數于公式中，得 $彳亥=周\frac{呷^{二}}{口乙^{二}}(呷^{二}丅天^{二})彳天$ 求積分得 $咳=周\frac{呷^{二}}{口乙^{二}}\left(呷^{二}天丅\frac{三}{天^{三}}\right)丄口丙$ 若積分從長徑中點之垂面起，則 $天=〇$ 時，亦 $咳=〇$ 所以 $口丙=〇$ 故 $咳=\frac{呷^{二}}{周口乙^{二}}\left(呷^{二}天丅\frac{三}{天^{三}}\right)$ 若 $天=呷$ 則得 $\frac{三}{二}周口乙^{二}呷$ 爲半體積，倍之，得全體積 $\frac{三}{四}周口乙^{二}呷$ 即 $\frac{三}{二}周口乙^{二}×二呷$ 惟 $周口乙^{二}$ 爲短徑上之平圓，叵 $二呷$ 爲長徑口寅口卯。所以橢圓體積，等于外切圓柱體三分之二。

系若 $呷=口乙$ 則得 $\frac{三}{四}周味^{三}=\frac{六}{一}周叮^{三}$ 爲球之體積，叮即全徑。

今有拋物線體，求其積。

拋物線之式爲 $地^{二}=二巳天$ 用此同數于公式中，得 $彳亥=二周巳天彳天$ 故 $咳=周巳天^{二}丄口丙$ 設 $天=〇$ 則 $咳=〇$ 故 $口丙=〇$ 命呷口乙爲辛，口乙口丙爲乙，求 $天=辛$、$天=〇$、二限中間之積分，得 $咳=周巳辛^{二}$ 即 $咳=周乙^{二}\frac{二}{辛}$ 惟 $周乙^{二}$ 爲口乙口丙爲半徑平圓之面積。故拋物線體積等于同底同高圓柱體積之半。

今有諸拋物線體，求各積之公式。

諸拋物線之公式爲 $地^{卯}=甲天$ 故 $彳天=\frac{甲}{卯地^{卯丅一}彳地}$ 用此同數于體積微分公式中，得 $彳亥=\frac{甲}{周卯地^{卯丄一}彳地}$ 求其積分，得 $咳=\frac{(卯丄二)甲}{周卯地^{卯丄二}}丄口丙$ 即 $咳=\frac{卯丄二}{卯}周地^{二}\frac{甲}{地^{卯}}丄口丙$ 即 $咳=\frac{卯丄二}{卯}周地^{二}天丄口丙$ 設 $天=〇$ 則 $咳=〇$ 故 $口丙=〇$ 所以 $咳=\frac{卯丄二}{卯}周地^{二}天$ 即拋物線體之積分公式也。若 $卯=二$ 則式變爲 $\frac{二}{一}周地^{二}天$ 即平方拋物線體積。本條設題四。若 $卯=一$ 則曲線變爲直線，其式爲 $\frac{三}{一}周地^{二}天$ 即圓錐體積。本條設題二。

今有擺線體，求其積。

曲線體微分之公式爲 $彳亥=周地^{二}彳天$ 擺線之微分式十五卷四款前論。爲 $彳天=\frac{\sqrt{二未地丅地^{二}}}{地彳地}$ 故 $彳亥=\frac{\sqrt{二未地丅地^{二}}}{周地^{三}彳地}$ 依前求其積分十三款丙術設題四。得 $咳=周\left(\frac{三}{五未}口天_{二}丅\frac{三}{地^{二}}\sqrt{二未地丅地^{二}}\right)丄口丙$ 式中 $口天_{二}=\frac{二}{三未}口天_{一}丅\frac{二}{地}\sqrt{二未地丅地^{二}}$、$口天_{一}=口天_{〇}丅\sqrt{二未地丅地^{二}}$ 口天。乃未爲半徑地爲矢之弧線。今求 $地=〇$、$地=二未$ 二限中間之積分，$地=〇$ 則上諸項俱變爲〇，故 $口丙=〇$ 叵 $地=二未$ 則上諸項變爲 $口天_{〇}=周未$、$口天_{一}=口天_{〇}=周未$、$口天_{二}=\frac{二}{三未}口天_{一}=\frac{二}{三周未^{二}}$ 故 $咳=\frac{二}{五周^{二}未^{三}}$ 爲體積之半，倍之，得 $五周^{二}未^{三}$ 爲全體積。別得 $周(二未)^{二}$ 爲外切圓柱之底面，$二周未$ 爲其高，$八周未^{三}$ 爲其體積。故擺線體積，爲外切圓柱體積八分之五。

清・華蘅芳《微積溯源》卷五 求實函數微分式之積分

第一百〇八款

一題 設有微分式 $彳地=(甲天丄乙)^{寅}彳天$ 欲求其積分。

此式可化爲級數依多項之法，以求其積分，亦可令 $人=甲天丄乙$ 則 $天=\frac{甲}{人丅乙}$，$彳天=\frac{甲}{彳人}$ 乃依代法得 $彳地=\frac{甲}{人^{寅}彳人}$ 求積分得 $地=\frac{甲(寅丄一)}{人^{寅丄一}}丄口丙=\frac{甲(寅丄一)}{(甲天丄乙)^{寅丄一}}丄口丙$

二題　設有微分式　$彳地=(甲天^{卯}⊥乙)^{寅}天^{卯丅一}彳天$　欲求其積分。

此式可令　$甲天^{卯}⊥乙=人$　如前法求其積分得　$地=\frac{卯甲(寅⊥一)}{(甲天^{卯}⊥乙)^{寅⊥一}}⊥呐$

第一百〇九款【略】

三題　設有微分式　$彳地=\frac{(甲天⊥乙)^{二}}{呷天^{三}彳天}$　欲求其積分。

以此式與一式相比知　寅=三、卯=二　則從二式得　$彳地=\frac{甲^{四}人^{二}}{呷(人丅乙)^{三}彳人}$

依法化之爲級數得　$彳地=\frac{甲^{四}}{呷}[人彳人丅三乙彳人⊥三乙^{二}人^{丅一}彳人丅乙^{三}人^{丅二}彳人]$

求其積分得　$地=\frac{甲^{四}}{呷}\left[\frac{二}{人^{二}}丅三乙人⊥三乙^{二}訥人⊥乙^{三}人^{丅一}\right]⊥呐$　再將人之同數代還之，則得　$地=\frac{甲^{四}}{呷}\left[\frac{二}{一}(甲天⊥乙)^{二}丅三乙(甲天⊥乙)⊥三乙^{二}訥(甲天⊥乙)⊥\frac{甲天⊥乙}{乙^{三}}\right]⊥呐$

又　第一百十六款　兹設數題如法求之，以明實分數微分式求積分之法。

一題　設有微分式　$\frac{天^{二}丅甲^{二}}{甲彳天}$　欲求其積分。

因能化其分母　$天^{二}丅甲^{二}=(天丅甲)(天⊥甲)$　所以可令　$\frac{(天丅甲)(天⊥甲)}{甲彳天}=\left[\frac{天丅甲}{呷}⊥\frac{天⊥甲}{𠮙}\right]彳天$　將此式留出其彳天，而將右邊齊同通分得　$\frac{(天丅甲)(天⊥甲)}{甲}=\frac{(天丅甲)(天⊥甲)}{(呷⊥𠮙)天⊥(呷丅𠮙)甲}$　乃令　$甲=(呷⊥𠮙)天⊥(呷丅𠮙)甲$　因其天爲未定之數，則依第十八款之理，必爲　$(呷丅𠮙)甲=甲$、$呷⊥𠮙=〇$　從此二式求得　$呷=\frac{二}{一}$、$𠮙=丅\frac{二}{一}$　以此兩同數代入前式中，則得　$\frac{天^{二}丅甲^{二}}{甲彳天}=\frac{二}{一}×\frac{天丅甲}{彳天}丅\frac{二}{一}×\frac{天⊥甲}{彳天}$　如法求其積分得

$禾\frac{天^{二}丅甲^{二}}{甲彳天}=\frac{二}{一}訥(天丅甲)丅\frac{二}{一}訥(天⊥甲)⊥呐=\frac{二}{一}訥\frac{天⊥甲}{天丅甲}⊥呐=訥\sqrt{\frac{天⊥甲}{天丅甲}}⊥呐$

二題　設有微分式　$\frac{甲^{二}天丅天^{三}}{甲^{三}⊥乙天^{二}}彳天$　欲求其積分。

因其分母之乘數爲天與　$甲^{二}丅天^{二}$　而其　$甲^{二}丅天^{二}$　能化爲　$(甲丅天)(甲⊥天)$　所以可留出其式中之彳天，而令　$\frac{天(甲丅天)(甲⊥天)}{甲^{三}⊥乙天^{二}}=\frac{天}{呷}⊥\frac{甲丅天}{𠮙}⊥\frac{甲⊥天}{呐}$　將此式之右邊齊同通分之，得

$\frac{天(甲丅天)(甲⊥天)}{呷甲^{二}⊥甲(𠮙⊥呐)天⊥(𠮙丅呷丅呐)天^{二}}$　令左右兩邊天之同方之倍數爲相等，則得　$呷甲^{二}=甲^{三}$、$甲(𠮙⊥呐)=〇$、$𠮙丅呷丅呐=乙$　此三箇簡方程式中，其未知之數呷、𠮙、呐可以依《代數術》第八卷之各法求其同數，則得　$呷=甲$、$𠮙=\frac{二}{一}(甲⊥乙)$、$呐=丅\frac{二}{一}(甲⊥乙)$　所以　$\frac{甲^{二}天丅天^{三}}{甲^{三}⊥乙天^{二}}彳天=\frac{天}{甲彳天}⊥\frac{二(甲丅天)}{甲⊥乙}彳天丅\frac{二(甲⊥天)}{甲⊥乙}彳天$　求其積分得　$禾\frac{甲^{二}天丅天^{三}}{甲^{三}⊥乙天^{二}}彳天=甲訥天丅\frac{二}{甲⊥乙}訥(甲丅天)丅\frac{二}{甲⊥乙}訥(甲⊥天)⊥呐$　惟依對數之理　$訥吧⊥訥吘=訥(吧吘)$　又　$卯訥吧=訥吧^{卯}$　故其積分又可以他式　$禾\frac{甲^{二}天丅天^{三}}{甲^{三}⊥乙天^{二}}彳天=訥\frac{(甲^{二}丅天^{二})^{\frac{三}{}(甲⊥乙)}}{天^{甲}}⊥呐$　明之。

三題　設有微分式　$\frac{天^{二}丅六天⊥八}{三天丅五}彳天$　欲求其積分。

欲化其分母爲簡乘數，可令　$天^{二}丅六天⊥八=〇$　開得其方根爲　$天=二$、$天=四$　所以　$天^{二}丅六天⊥八=(天丅二)(天丅四)$　留出題式中之彳天，而令其　$\frac{(天丅二)(天丅四)}{三天丅五}=\frac{天丅二}{呷}⊥\frac{天丅四}{𠮙}=\frac{(天丅二)(天丅四)}{(呷⊥𠮙)天丅四呷丅二𠮙}$　乃使左右分子内天之同方之倍數爲相等，則　$呷⊥𠮙=三$、$丅四呷丅二𠮙=丅五$　從此兩式得　$呷=丅\frac{二}{一}$、$𠮙=\frac{二}{七}$　所以得積分之式爲　$禾\frac{天^{二}丅六天⊥八}{(三天丅五)彳天}=丅\frac{二}{一}禾\frac{天丅二}{彳天}⊥\frac{二}{七}禾\frac{天丅四}{彳天}=\frac{二}{七}訥(天丅四)丅\frac{二}{一}訥(天丅二)⊥呐$

四題　設有微分式　$\frac{(天^{二}丅甲^{二})(天丅甲)}{天^{二}彳天}$　欲求其積分。此題之式，分

母中有相等乘數。可令題式爲 $\frac{(天^{二}丅甲^{二})(天丅甲)}{天^{二}伕}=\frac{(天丅甲)^{二}(天丄甲)}{天^{二}伕}$

則可依第一百十二款之法化之爲 $\frac{(天丅甲)^{二}(天丄甲)}{天^{二}}=\frac{(天丅甲)^{二}}{呷}丄$

$\frac{天丅甲}{叱}丄\frac{天丄甲}{哂}=\frac{(天丅甲)^{二}(天丄甲)}{呷(天丄甲)丄叱(天^{二}丅甲)^{二}丄哂(天丅甲)^{二}}$

$=\frac{(天丅甲)^{二}(天丄甲)}{呷甲丅叱甲^{二}丄哂甲^{二}丄(呷丅二甲哂)天丄(叱丄哂)天^{二}}$ 乃令其天之同方之倍數爲相等，則 呷甲丅叱甲^{二}丄哂甲^{二}＝〇、呷丅二甲哂＝〇、叱丄哂＝一 從此三式依常法求其呷、叱、哂之各同數得 呷＝$\frac{二}{一}$甲、叱＝$\frac{四}{三}$、哂＝$\frac{四}{一}$

則其變形之微分式爲 $\frac{(天丅甲)^{二}(天丄甲)}{天^{二}伕}=\frac{二}{甲}\times\frac{(天丅甲)^{二}}{伕}丄\frac{四}{三}\times\frac{天丅甲}{伕}丄\frac{四}{一}\times\frac{天丄甲}{伕}$ 故其 $禾\frac{(天丅甲)^{二}}{伕}=\frac{天丅甲}{丅一}$、$禾\frac{天丅甲}{伕}=訥(天丅甲)$、$禾\frac{天丄甲}{伕}=訥(天丄甲)$ 以散分數之原倍數還之，又依常法添入未定之常數，則得 $禾\frac{(天^{二}丅甲^{二})(天丅甲)}{天^{二}伕}=\frac{二}{甲}\times\frac{天丅甲}{一}丄\frac{四}{三}訥(天丅甲)丄\frac{四}{一}訥(天丄甲)丄$ 常數

五題　設有微分式 $\frac{天(天丄一)^{二}(天丅一)^{二}}{天^{三}丄天^{二}丄二}伕$ 欲求其積分。

其分母中有兩雙相等之乘數，故可依第一百十二款之法，令

$\frac{天(天丄一)^{二}(天丅一)^{二}}{天^{三}丄天^{二}丄二}=\frac{天}{呷}丄\frac{(天丄一)^{二}}{叱}丄\frac{(天丄一)}{哂}丄\frac{(天丅一)^{二}}{叮}丄\frac{天丅一}{哎}$ 將左邊之各項齊同通分，又令左右兩邊天之同方之倍數爲相等，而求其呷、叱、哂、叮、哎之各同數，則得 呷＝二、叱＝丅$\frac{二}{一}$、哂＝丅$\frac{四}{五}$、叮＝一、哎＝丅$\frac{四}{三}$ 如此則可化其微分式爲 $\frac{天}{二伕}丅\frac{二}{一}\times\frac{(天丄一)^{二}}{伕}丅\frac{四}{五}\times\frac{天丄一}{伕}丄\frac{(天丅一)^{二}}{伕}丅\frac{四}{三}\times\frac{天丅一}{伕}$ 故求得積分之式爲 $禾\frac{天(天丄一)^{二}(天丅一)^{二}}{天^{三}丄天^{二}丄二}伕$

$=訥天丄\frac{二}{一}\times\frac{天丄一}{一}丅\frac{四}{五}訥(天丄一)丅\frac{天丅一}{一}丅\frac{四}{三}訥(天丅一)丄$ 常數

六題　設有微分式，其分母中第二箇乘數爲第一箇乘數之函數，而不能化其函數爲整乘數者，則如所設之微分式爲 $\frac{天^{三}丅一}{甲丄乙天}伕$ 欲求其積分。

觀題式可見，其分母 天^{三}丅一＝(天丅一)(天^{二}丄天丄一) 而其 天^{二}丄天丄一 不能化爲整乘數，但可令 天^{二}丄天丄一＝〇 而解此二次式爲兩箇虛乘數。如 $天=\frac{二}{丅一\mp\sqrt{丅三}}$ 則其 天^{二}丄天丄一＝(天丄$\frac{二}{一}$丄$\frac{二}{一}\sqrt{丅三}$)(天丄$\frac{二}{一}$丅$\frac{二}{一}\sqrt{丅三}$) 若欲免此虛式，可依第一百十三款，令

$\frac{(天丅一)(天^{二}丄天丄一)}{甲丄乙天}=\frac{天丅一}{呷}丄\frac{天^{二}丄天丄一}{叱天丄哂}$ 將此式之右邊齊同通分，乃令左右兩邊天之同方之倍數爲相等，用常法求得其同數 呷＝$\frac{三}{一}$(甲丄乙)、叱＝丅$\frac{三}{一}$(甲丄乙)、哂＝丅$\frac{三}{一}$(二甲丅乙) 則可化其所設之微分式爲

$\frac{(天丅一)(天^{二}丄天丄一)}{甲丄乙天}伕=\frac{三}{甲丄乙}\times\frac{天丅一}{伕}丅\frac{三}{一}\times\frac{天^{二}丄天丄一}{(甲丄乙)天丄二甲丅乙}伕$

此式之左邊其第一項之積分可以對數明之。欲求第二項之積分，可令其分母 天^{二}丄天丄一 變爲 (天丄$\frac{二}{一}$)^{二}丄$\frac{四}{三}$ 又令其 天丄$\frac{二}{一}$＝人 則天＝人丅$\frac{二}{一}$、伕＝彳人 故其分子之式可變爲 (甲丄乙)天丄二甲丅乙＝(甲丄乙)人丄$\frac{二}{三}$(甲丅乙) 所以 $\frac{三}{一}\times\frac{天^{二}丄天丄一}{(甲丄乙)天丄二甲丅乙}伕=\frac{三}{甲丄乙}\times$

$\frac{人^{二}丄\frac{四}{三}}{人彳人}丄\frac{二}{甲丅乙}\times\frac{人^{二}丄\frac{四}{三}}{彳人}$ 此式右邊之第一項可以對數明其積分。欲化第二項使簡，可令 人^{二}＝$\frac{四}{三}$亥^{二} 則 彳人＝$\frac{二}{\sqrt{三}}$侅 所以 $\frac{人^{二}丄\frac{四}{三}}{彳人}=$

$\frac{\sqrt{三}}{二}\times\frac{一丄亥^{二}}{侅}$ 總之，以所有之各法化其所設之微分式以便于求積分者，其

式爲 $\frac{天^{三}丅一}{(甲丄乙天)}伓=\frac{三}{甲丄乙}\times\frac{天丅一}{伓}丅\frac{三}{甲丄乙}\times\frac{人^{二}丄\frac{四}{三}}{人伓}丅\frac{\sqrt{三}}{甲丅乙}\times\frac{一丄亥^{二}}{伖}$

故求得其積分之式爲 $禾\frac{天^{三}丅一}{(甲丄乙天)}伓=\frac{三}{甲丄乙}訥(天丅一)丅\frac{六}{甲丄乙}訥(人^{二}丄\frac{四}{三})丅\frac{\sqrt{三}}{甲丅乙}正切^{丅一}亥丄常數$ 如于此積分式内令人與亥以其有天之項之各同數代之，即得所求之積分式爲 $禾\frac{天^{三}丅一}{(甲丄乙天)}伓=\frac{三}{甲丄乙}訥\frac{\sqrt{天丄天丄一}}{天丅一}丅\frac{\sqrt{三}}{甲丅乙}正切^{丅一}\left(\frac{\sqrt{三}}{二天丄一}\right)丄常數$

又 第一百十九款 【略】兹特設一題以明此法之用。

題 設有 $\frac{咳}{哦}=\frac{(一丅天)^{三}(一丄天^{二})}{天^{二}}$ 欲化之爲散分數。則可令

$$\frac{(一丄天^{二})(一丅天)^{三}}{天^{二}}=\frac{(一丅天)^{三}}{呷}丄\frac{(一丅天)^{二}}{吃}丄\frac{一丅天}{呐}丄\frac{一丄天^{二}}{吧}$$

以 $(一丅天)^{三}$ 乘之爲 $\frac{一丄天^{二}}{天^{二}}=呷丄吃(一丅天)丄呐(一丅天)^{二}丄\frac{一丄天^{二}}{吧}(一丅天)^{三}$ 令 一丅天＝〇 則 天＝一 即得 $呷=\frac{二}{一}$ 而 $\frac{一丄天^{二}}{天^{二}}丅呷=丅\frac{二(一丄天^{二})}{一丄天}(一丅天)=吃(一丅天)丄呐(一丅天)^{二}丄\frac{一丄天^{二}}{吧}(一丅天)^{三}$ 其 $丅\frac{二(一丄天^{二})}{一丄天}=吃丄呐(一丅天)丄\frac{一丄天^{二}}{吧}(一丅天)^{二}$ 再令 天＝一 則得 $吃=丅\frac{二}{一}$ 而 $丅\frac{二(一丄天^{二})}{一丄天}丅吃=\frac{二(一丄天^{二})}{丅天}(一丅天)=呐(一丅天)丄\frac{一丄天^{二}}{吧}(一丅天)^{二}$ 則其 $\frac{二(一丄天^{二})}{丅天}=呐丄\frac{一丄天^{二}}{吧}(一丅天)$ 再令 天＝一 則得 $呐=丅\frac{四}{一}$

故其化得之分數爲 $\frac{(一丄天^{二})(一丅天)^{三}}{天^{二}}=\frac{二}{一}\times\frac{(一丅天)^{三}}{一}丅\frac{二}{一}\times\frac{(一丅天)^{二}}{一}丅\frac{四}{一}\times\frac{一丅天}{一}丄\frac{一丄天^{二}}{吧}$

又 第一百二十一款 【略】題 設有 $\frac{(天丅一)(天^{二}丄天丄一)}{天}=\frac{天^{二}丄天丄一}{呷天丄吃}丄\frac{吽}{吧}$ 欲求其呷、吃之同數。

則可化之爲 $天=(呷天丄吃)(天丅一)丄吧(天^{二}丄天丄一)$ ㊀ 若令 $天^{二}丄天丄一=〇$ 則 $天=丅\frac{二}{一}\pm\frac{二}{一}\sqrt{丅三}$ 故可將天之同數代入一式，而序其各，項則式變爲 $丅\frac{二}{一}\pm\frac{二}{一}\sqrt{丅三}=丅\frac{二}{三}吃\pm(\frac{二}{一}吃丅呷)\sqrt{丅三}$

由此得 $丅\frac{二}{三}吃=丅\frac{二}{一}$、$\frac{二}{一}吃丅呷=\frac{二}{一}$ 所以求得 $吃=\frac{三}{一}$、$呷=丅\frac{三}{一}$

第一百二十二款 【略】題 設有 $\frac{(天^{二}丅二天丄二)^{三}}{天^{三}丅二天^{二}丄天丅三}=\frac{(天^{二}丅二天丄二)^{三}}{呷天丄吃}丄\frac{天^{二}丅二天丄^{二}}{呐天丄叮}$ 欲求呷、吃、呐、叮各同數。

則將分數化去其母爲 $天^{三}丅二天^{二}丄天丅三=呷天丄吃丄(呐天丄叮)(天^{二}丅二天丄二)$ ㊀ 以 $天^{二}丅二天丄二=〇$ 之一根 $天=一丄\sqrt{丅一}$ 代入一式而變爲 $丅四丅\sqrt{丅一}=呷丄吃丄呷\sqrt{丅一}$ 從此式得 呷丄吃＝丅四、呷＝丅一 所以又可得 吃＝丅三 若將呷、吃兩同數代入一式而移其項爲 $天^{三}丅二天^{二}丄二天=(呐天丄叮)(天^{二}丅二天丄二)$ 再求其微分而以伓約之爲 $三天^{二}丅四天丄二=(呐天丄叮)(二天丅二)丄\cdots$ ㊁ 再以 $一丄\sqrt{丅一}$ 代其天則二式變爲 $丅二丄二\sqrt{丅一}二丅二呐丄=(呐丄叮)\sqrt{丅一}$ 從此得 呐＝一、叮＝〇 所以分數 $\frac{(天^{二}丅二天丄二)^{三}}{天^{三}丅二天^{二}丄天丅三}$ 可化爲 $丅\frac{(天^{二}丅二天丄二)^{三}}{天丄三}丄\frac{天^{二}丅二天丄二}{天}$

又 卷六

求虚函數微分式之積分

第一百二十七款 如有微分式 $\frac{\sqrt{甲丄乙天丄丙天^{二}}}{天^{卯}}伓$ 欲求其積分。

因其卯爲任何整數，故可令 $呋=\sqrt{甲丄乙天丄丙天^{二}}$ 而 $地=天^{寅}\sqrt{甲丄乙天丄丙天^{二}}=天^{寅}呋$ 則 $地^{二}=甲天^{二寅}丄乙天^{二寅丄一}丄丙天^{二寅丄二}$ 將此式求其微分得 $二地徲=[二寅甲天^{二寅丅一}丄(二寅丄一)乙$

$天^{二寅}丄(二寅丄二)丙天^{二寅丄一}]伕$ 以 $地=天^{寅}呋$ 約之，得

$$二徙=二寅甲\frac{呋}{天^{寅丅一}伕}丄(二寅丄一)乙\frac{呋}{天^{寅}伕}丄(二寅丄二)丙\frac{呋}{天^{寅丄一}伕}$$

乃令 $寅丄一=卯$ 則 $寅=卯丅一$、$寅丅一=卯丅二$、$二寅=二卯丅二$、$二寅丄一=二卯丅一$、$二寅丄二=二卯$ 由此得 $二徙=(二卯丅二)甲\frac{呋}{天^{卯丅二}伕}丄(二卯丅一)乙\frac{呋}{天^{卯丅一}伕}丄二卯丙\frac{呋}{天^{卯}伕}$ 依法序其各項得 $\frac{呋}{天^{卯}伕}=\frac{卯丙}{徙}丅\frac{二卯}{二卯丅一}\times\frac{丙}{乙}\times\frac{呋}{天^{卯丅一}伕}丅\frac{卯}{卯丅一}\times\frac{丙}{甲}\times\frac{呋}{天^{卯丅二}伕}$ 所以可將此式求其積分，而以地與呋所代之數仍還之，則可得 $禾\frac{\sqrt{甲丄乙天丄丙天^{二}}}{天^{卯}伕}=\frac{卯丙}{一}天^{卯丅一}\sqrt{甲丄乙天丄丙天^{二}}丅\frac{二卯}{二卯丅一}\times\frac{丙}{乙}禾\frac{\sqrt{甲丄乙天丄丙天^{二}}}{天^{卯丅一}伕}丅\frac{卯}{卯丅一}\times\frac{丙}{甲}禾\frac{\sqrt{甲丄乙天丄丙天^{二}}}{天^{卯丅二}伕}$ 則此式之積分，令以實函數並同類之他積分式，其天之方數降等者明之。

若欲將此式如第一百二十五六兩款之 $禾\frac{\sqrt{甲丄乙天丄丙天^{二}}}{伕}$、$禾\frac{\sqrt{甲丄乙天丅丙天^{二}}}{伕}$ 兩式之法求其同數，則因前兩款之式其卯等于〇。而此式不能如此求之。若令 $卯=〇$ 則卯入于各分數之分母內，而其項俱變爲無窮。惟可令 $卯=一$ 則式之右邊所有兩箇降等之積分式其末一箇可不見。因其倍數爲〇故也。

所以可令公式中 $卯=一$ 而從 $卯=〇$ 得 $禾\frac{\sqrt{甲丄乙天丄丙天^{二}}}{天伕}=\frac{丙}{一}\sqrt{甲丄乙天丄丙天}丅\frac{二丙}{乙}禾\frac{\sqrt{甲丄乙天丄丙天^{二}}}{伕}$ 之同數。又可令公式中 $卯=二$、$卯=三$ 而從 $卯=一$、$卯=二$ 之式得其同數。如是推之可求至卯爲任何數。惟其卯必爲正整之數。

又 第一百三十二款 茲款特設一式以明微分式內有平方根號，而欲求其積分之法。

如有微分式 $\frac{天}{伕}\sqrt{\frac{天^{二}丅乙^{二}}{甲^{二}丅天^{二}}}$ 欲求其積分。

則依已知之法變之得 $\frac{天}{伕}\sqrt{\frac{天^{二}丅乙^{二}}{甲^{二}丅天^{二}}}=\frac{天\sqrt{(甲^{二}丅天^{二})(天^{二}丅乙^{二})}}{甲^{二}伕}丅\frac{\sqrt{(甲^{二}丅天^{二})(天^{二}丅乙^{二})}}{天伕}$ 此兩項之微分，其第一項有他法可明之，爲 $丅\frac{乙}{甲}\times\frac{\sqrt{\left(\frac{甲^{二}}{一}丅\frac{天^{二}}{一}\right)\left(\frac{天^{二}}{一}丅\frac{乙^{二}}{一}\right)}}{\frac{天}{一}彳\left(\frac{天}{二}\right)}$ 所以得 $\frac{天}{伕}\sqrt{\frac{天^{二}丅乙^{二}}{甲^{二}丅天^{二}}}=\frac{\sqrt{(甲^{二}丅天^{二})(天^{二}丅乙^{二})}}{丅天伕}丅\frac{乙}{甲}\times\frac{\sqrt{\left(\frac{甲^{二}}{一}丅\frac{天^{二}}{一}\right)\left(\frac{天^{二}}{一}丅\frac{乙^{二}}{一}\right)}}{\frac{天}{一}彳\left(\frac{天}{二}\right)}$ 可見其兩項之式真爲相類。

如欲求其第一項之積分，可令其 $天^{二}=甲^{二}餘弦^{二}斗丄乙^{二}正弦^{二}斗$ 則 $天伕=(乙^{二}丅甲^{二})正弦斗餘弦斗枓$ 而其 $甲^{二}丅天^{二}=(甲^{二}丅乙^{二})正弦^{二}斗$ ㊀ $天^{二}丅乙^{二}=(甲^{二}丅乙^{二})餘弦^{二}斗$ ㊁ 所以 $\frac{\sqrt{(甲^{二}丅天^{二})(天^{二}丅乙^{二})}}{丅天伕}=\frac{(甲^{二}丅乙^{二})餘弦斗正弦斗}{(甲^{二}丅乙^{二})餘弦斗正弦斗枓}=枓$ 又依同法，令 $\frac{天^{二}}{一}=\frac{甲^{二}}{一}餘弦^{二}井丨\frac{乙^{二}}{一}正弦^{二}井$ 則得 $\frac{天}{一}彳\left(\frac{天}{二}\right)=\left(\frac{乙^{二}}{一}丅\frac{甲^{二}}{一}\right)正弦井餘弦井徘$ 而其 $\frac{甲^{二}}{一}丅\frac{天^{二}}{一}=\left(\frac{甲^{二}}{一}丅\frac{乙^{二}}{一}\right)正弦^{二}井$ ㊂ $\frac{天^{二}}{一}丅\frac{乙^{二}}{一}=\left(\frac{甲^{二}}{一}丅\frac{乙^{二}}{一}\right)餘弦^{二}井$ ㊃ 所以又得 $\frac{\sqrt{\left(\frac{甲^{二}}{一}丅\frac{天^{二}}{一}\right)\left(\frac{天^{二}}{一}丅\frac{乙^{二}}{一}\right)}}{丅\frac{天}{一}彳\left(\frac{天}{二}\right)}=\frac{\left(\frac{乙^{二}}{一}丅\frac{甲^{二}}{一}\right)正弦井餘弦井}{\left(\frac{乙^{二}}{一}丅\frac{甲^{二}}{一}\right)正弦井餘弦井徘}=徘$ 總之，其斗、井二角如能爲 $餘弦斗=\sqrt{\frac{甲^{二}丅乙^{二}}{天^{二}丅乙^{二}}}$、$餘弦井=\frac{天}{甲}餘弦斗$ 則 $禾\frac{天}{伕}\sqrt{\frac{天^{二}丅乙^{二}}{甲^{二}丅天^{二}}}=斗丄\frac{乙}{甲}井丄常數$

以級數求積分法

又 第一百三十九款 如將 函(天) 詳爲級數，則其 禾函(天)彳 易求得之。因祇須將級數之各項用第一百〇四款之法一一求其積分故也。

即如 $函(天)=呷天^{寅}丄吔天^{寅丄卯}丄呥天^{寅丄二卯}丄叮天^{寅丄三卯}丄\cdots$ 兩邊俱以彳乘之，各項求積分得 $禾函(天)彳=\frac{寅丄一}{呷天^{寅丄一}}丄\frac{寅丄卯丄一}{吔天^{寅丄卯丄一}}丄\frac{寅丄二卯丄一}{呥天^{寅丄二卯丄一}}丄\cdots丄常數$ 若其函(天)詳得之級數中有任一項之形爲 $\frac{天}{戌}$ 則此項之積分數依第二十款之例必爲 戌訥天。

茲設數題于下以明本款之法。

一題 設微分式爲 $\frac{甲丄天}{彳}$ 欲求其積分。

則依第二十款之例，已知其級數中有 甲丄天 之訥對。惟依除法，則得

$\frac{甲丄天}{一}=\frac{甲}{一}丅\frac{甲^{二}}{天}丄\frac{甲^{三}}{天^{二}}丅\frac{甲^{四}}{天^{三}}丄\frac{甲^{五}}{天^{四}}丅\cdots$ 以彳徧乘之而求其積分，則得

$禾\frac{甲丄天}{彳}=\frac{甲}{天}丅\frac{二甲^{二}}{天^{二}}丄\frac{三甲^{三}}{天^{三}}丅\frac{四甲^{四}}{天^{四}}丄\cdots丄呥$ 此級數能明其積分之公式，而不論其專式內之用法。如令其級數爲明 訥(甲丄天) 即得

$訥(甲丄天)=\frac{甲}{天}丅\frac{二甲^{二}}{天^{二}}丄\frac{三甲^{三}}{天^{三}}丅\frac{四甲^{四}}{天^{四}}丄\cdots丄呥$ 其常數呥非爲未定之數，故其天之同數無論如何必能合于此式之用。如令 天=〇 則級數中有天之各項俱不見，而得 訥甲=呥 如此則呥之同數已知，所以得

$訥(甲丄天)=訥甲丄\frac{甲}{天}丅\frac{二甲^{二}}{天^{二}}丄\frac{三甲^{三}}{天^{三}}丅\cdots$ 此式與第八十六款所得者同。

二題 設有微分式 $\frac{一丄天^{二}}{彳}$ 欲以級數明其積分。

則以約法得 $\frac{一丄天^{二}}{一}=一丅天^{二}丄天^{四}丅天^{六}丄\cdots$ 將此式之兩邊俱以彳乘之，乃如法求各項之積分，則得積分之式，爲 $禾\frac{一丄天^{二}}{彳}=天丅\frac{三}{天^{三}}丄\frac{五}{天^{五}}丅\frac{七}{天^{七}}丄\cdots丄呥$ 此式若但以代數之法攷之，不能得其呥之同數。惟從第二十二款之第三式，則知 $\frac{一丄天^{二}}{彳}$ 爲以天爲切線半徑爲一。之弧微分式，故用 正切^{丅一}天 以明其級數，則 $正切^{丅一}天=天丅\frac{三}{天^{三}}丄\frac{五}{天^{五}}丅\frac{七}{天^{七}}丄\cdots丄呥$ 求其呥之定同數之法，可令 正切^{丅一}天 及天爲任何相配之各同數而攷之。

惟因 正切^{丅一}天=〇 則 天=〇 所以知級數中有天之各項不見之時，必得 〇=〇丄呥 故知其常數呥必等于〇。

三題 欲以天之斂級數，明 $\frac{一丄天^{二}}{彳}$ 之積分。因前題之解法，其所得之級數中天之各方漸增大，而爲發級數。惟此式亦可以漸減之項明之，故更設此題。

先以約法得 $\frac{天^{二}丄一}{一}=\frac{天^{二}}{一}丅\frac{天^{四}}{一}丄\frac{天^{六}}{一}丅\frac{天^{八}}{一}丄\cdots$ 則 $禾\frac{天^{二}丄一}{彳}=丅\frac{天}{一}丄\frac{三天^{三}}{一}丅\frac{五天^{五}}{一}丄\cdots丄呥$ 即 $正切^{丅一}天=丅\frac{天}{一}丄\frac{三天^{三}}{一}丅\frac{五天^{五}}{一}丄\cdots丄呥$ 此式中若令 天=〇 則不能攷得其呥之同數。因 弧=〇 則 天=〇 而級數之各項皆爲無窮之故。惟令其弧爲象限，則 $弧=\frac{二}{周}$ 而天爲無窮，其級數之各項俱爲〇，而 $\frac{二}{周}=呥$ 所以得 $正切^{丅一}天=\frac{二}{周}丅\frac{天}{一}丄\frac{三天^{三}}{一}丅\frac{五天^{五}}{一}丄\cdots$

四題 設有正弦爲天之弧微分式 $\frac{\sqrt{一丅天^{二}}}{彳}$ 欲以級數之法求其積分。

則依二項例得 $\frac{\sqrt{一丅天^{二}}}{一}=(一丅天^{二})^{丅\frac{二}{一}}=一丄\frac{二}{一}天^{二}丄\frac{二\cdot四}{一\cdot三}天^{四}丄\frac{二\cdot四\cdot六}{一\cdot三\cdot五}天^{六}丄\frac{二\cdot四\cdot六\cdot八}{一\cdot三\cdot五\cdot七}天^{八}丄\cdots$ 所以得 $正弦^{丅一}天=禾\frac{\sqrt{一丅天^{二}}}{彳}=天丄\frac{二\cdot三}{一天^{三}}丄\frac{二\cdot四\cdot五}{一\cdot三\cdot天^{五}}丄\frac{二\cdot四\cdot六\cdot七}{一\cdot三\cdot五\cdot天^{七}}丄\cdots$ 此式中，令 弧=〇 則 正弦=〇 而其左右兩邊之項同時俱變爲〇，故不必有常數配之，自能相等。

又 第一百四十二款

如有微分式　吧彳天(訥天)^{卯}　欲求其積分。

其吧爲天之對函數，則可用　禾戊彳亥＝戊亥丅禾亥彳戊　之例。令　戊＝(訥天)^{卯}　則　彳戊＝卯(訥天)^{卯丅一}$\frac{天}{彳天}$　又令　彳亥＝吧彳天　因欲從簡易，故可令其　禾吧彳天＝唧　則　禾吧彳天(訥天)^{卯}＝卯(訥天)^{卯}丅卯禾$\frac{天}{彳天}$(訥天)^{卯丅一}唧　如將其　禾$\frac{天}{彳天}$唧　以嗊代之，則爲　禾$\frac{天}{彳天}$唧(訥天)^{卯丅一}＝嗊(訥天)^{卯丅一}丅(卯丅一)禾$\frac{天}{彳天}$(訥天)^{卯丅二}嗊　依此法屢變化之，則可令其對數之指數遞損一數，而藉同類之式得其積分。

設有　吧＝天^{寅}　即可得　禾天^{寅}彳天(訥天)^{卯}＝$\frac{寅丄一}{天^{寅丄一}}$(訥天)^{卯}丅$\frac{寅丄一}{卯}$禾(訥天)^{卯丅一}天^{寅}彳天　如是遞變之，可得　禾天^{寅}彳天(訥天)^{卯}＝

天^{寅丄一}$\left[\frac{寅丄一}{(訥天)^{卯}}丅\frac{(寅丄一)^{二}}{卯(訥天)^{卯丅一}}丄\frac{(寅丄一)^{三}}{卯(卯丅一)(訥天)^{卯丅二}}丅\cdots\right]$丄呐

觀此式易知其卯若爲整正之數，則其級數恒能有窮。

又　第一百四十五款　其餘各式可用第一百三十四款之法，分求其積分。

設有微分式　天^{卯}甲^{天}彳天　欲求其積分。

則可從　禾戊彳亥＝戊亥丅禾亥彳戊　式之例，令其　戊＝天^{卯}、彳亥＝甲^{天}彳天

即得　禾甲^{天}天^{卯}彳天＝$\frac{訥甲}{甲^{天}天^{卯}}$丅$\frac{訥甲}{卯}$禾甲^{天}天^{卯丅一}彳天　再將其　甲^{天}天^{卯丅一}彳天　以同法遞變若干次至末，則得　禾甲^{天}天^{卯}彳天＝甲^{天}$\left[\frac{訥甲}{天^{卯}}丅\frac{(訥甲)^{二}}{卯天^{卯丅一}}丄\frac{(訥甲)^{三}}{卯(卯丅一)天^{卯丅二}}丅\cdots\pm\frac{(訥甲)^{卯丄一}}{一・二・三\cdots卯}\right]$丄呐　即所求之式也。

求圓函數、角函數微分式之積分

又　第一百四十八款　凡有一箇變數之圓函數微分或角函數微分，其求積分有數法。

第一法　以天爲正弦之弧，令　正弦天＝人　則　餘弦天＝$\sqrt{一丅人^{二}}$、彳天＝$\frac{\sqrt{一丅人^{二}}}{彳人}$　而　彳天正弦^{寅}天餘弦^{卯}天＝人^{寅}(一丅人^{二})$^{\frac{二}{卯丅一}}$彳人　若其卯爲奇數，則依二項之法變化而得之式，其方根之號可不見。

若其寅爲奇數而括弧外人之指數加一與括弧內人之指數相等者，則合于第一百三十三款之第一例。而其微分式可變爲實函數。

若寅、卯俱爲偶數，則合于一百三十三款之第二例。而其積分亦可求。

題　設其微分式爲　彳天正弦^{三}天　欲求其積分。

則令　人＝正弦天　即可變其微分式爲　$\frac{\sqrt{一丅人^{二}}}{人^{三}彳人}$　乃依第一百三十七款之法，求其積分得　禾$\frac{\sqrt{一丅人^{二}}}{人^{三}彳人}$＝丅$\frac{三}{丨}$餘弦天(二丄正弦^{二}天)丄呐

第一百四十九款

第二法　其正弦之方或餘弦之方可以化爲級數。而其級數之各項以正弦之弧或餘弦之弧爲乘數者，則其各項之形必如　彳天餘弦子天　或　彳天正弦子天　惟因　禾彳天餘弦子天＝$\frac{子}{丨}$正弦子天丄呐、禾彳天正弦子天＝丅$\frac{子}{丨}$餘弦子天丄呐　故其積分易得。

一題　設其微分式爲　彳天餘弦^{五}天　欲求其積分。

則可從《代數術》第二百五十八款得　餘弦^{五}天＝$\frac{一六}{丨}$(餘弦五天丄五餘弦三天丄一〇餘弦天)　所以求得其積分式爲　禾彳天餘弦^{五}天＝$\frac{八〇}{丨}$正弦五天丄$\frac{四八}{五}$正弦三天丄$\frac{八}{五}$正弦天丄呐　此爲常用之法，因任幾倍弧之正弦、餘弦比正弦、餘弦之方，其數更易得也。

二題　設其微分式爲　彳天餘弦^{二}天正弦天　欲求其積分。

則可從《代數術》第二百六十款之式得　餘弦^{二}天正弦^{三}天＝$\frac{一六}{丨}$(丅正弦五天丄正弦三天丄二正弦天)　以彳天乘之而求其積分得

禾彳天餘弦^{二}天正弦^{三}天＝$\frac{八〇}{丨}$餘弦五天丅$\frac{四八}{丨}$餘弦三天丅$\frac{八}{丨}$餘弦天丄呐

第一百五十款

第三法已于《代數術》第二百七十款內言。戊爲訥對之底，則　餘弦天＝$\frac{二}{戊^{天\sqrt{丅一}}丄戊^{丅天\sqrt{丅一}}}$、正弦天＝$\frac{二\sqrt{丅一}}{戊^{天\sqrt{丅一}}丅戊^{丅天\sqrt{丅一}}}$　從此式能將圓

函數微分式內有正弦、餘弦爲指數者變爲有指函數與對函數之微分，則可用第一百四十款至一百四十五款之各法求其積分。

第一百五十一款

第四法　凡微分式如　$正弦^{寅}天餘弦^{卯}天彳天$　者，求其積分之法，能將其式變爲他微分式。令正弦、餘弦之指數爲更小之數。

如依　$禾戌彳亥=戌亥丅禾亥彳戌$　之例，令　$戌=正弦^{寅丅一}天$、$彳亥=彳天正弦天餘弦^{卯}天$　即得　$亥=丅\frac{卯丄一}{餘弦^{卯丄一}天}$　故其　$禾彳天正弦^{寅}天餘弦^{卯}天=丅\frac{卯丄一}{正弦^{寅丅一}}天餘弦^{卯丄一}天丄\frac{卯丄一}{寅丅一}禾彳天餘弦^{卯丄二}天正弦^{寅丅二}天$　此式中之　$餘弦^{卯丄二}天$　若以其同數　$餘弦^{卯}天(一丅正弦^{二}天)$　代之，而移其項，則得　$禾彳天正弦^{寅}天餘弦^{卯}天=丅\frac{寅丄卯}{正弦^{寅丅一}天餘弦^{卯丄一}天}丄\frac{寅丄卯}{寅丅一}禾彳天正弦^{寅丅二}天餘弦^{卯}天$　爲角式。若將所設之式化爲兩箇乘數，如$彳天餘弦天正弦^{寅}天$　與　$餘弦^{卯丅一}天$　而依前法變之，則可得

$$禾彳天正弦^{寅}天餘弦^{卯}天=\frac{寅丄卯}{正弦^{寅丄一}天餘弦^{卯丅一}天}丄\frac{寅丄卯}{卯丅一}禾彳天正弦^{寅}天餘弦^{卯丅二}天$$

爲亢式。

觀以上兩式，其角式能將正弦之指數遞變小；其亢式能將餘弦之指數遞變小。若其寅與卯爲正整之數，則將角、亢兩式迭用之，可得其積分。

如有　$禾彳天正弦^{三}天餘弦^{二}天=丅\frac{五}{一}正弦^{二}天餘弦^{三}天丄\frac{五}{二}禾彳天正弦天餘弦^{二}天$　則　$禾彳天正弦天餘弦^{二}天=\frac{三}{一}正弦^{二}天餘弦天丄\frac{三}{一}禾彳天正弦天$　惟因　$禾彳天正弦天=丅\frac{三}{一}餘弦天丄昞$　所以得

$$禾彳天正弦^{三}天餘弦^{二}天=餘弦天\left(丅\frac{五}{一}正弦^{二}天餘弦^{二}天丄\frac{一五}{二}正弦^{二}天丅\frac{四五}{二}\right)丄昞$$

又　第一百五十五款　茲款特設數種簡要之題，以畢圜函數微分中求積分之事。

一題　設有微分式如　$\frac{正弦天}{彳天}$　欲求其積分。

則因　$正弦天=二正弦\frac{二}{一}天餘弦\frac{二}{一}天$　所以　$\frac{正弦天}{彳天}=\frac{二正弦\frac{二}{一}天餘弦\frac{二}{一}天}{彳天}=\frac{二}{一}\times\frac{正切\frac{二}{一}天}{彳天正割\frac{二}{一}天}=\frac{正切\frac{二}{一}天}{彳正切\frac{二}{一}天}$　故求得　$禾\frac{正弦天}{彳天}=訥\left(正切\frac{二}{一}天\right)丄昞$

二題　設有微分式如　$\frac{餘弦天}{彳天}$　欲求其積分。

以　$\frac{二}{一}周$　代九十度之弧。令　$天=\frac{二}{一}周丅人$　則其　$彳天=丅彳人$、$餘弦天=正弦人$、$禾\frac{餘弦天}{彳天}=禾\frac{正弦人}{丅彳人}=丅訥正切\frac{二}{一}人=訥\frac{正切\frac{二}{一}人}{一}丄昞$

惟因　$\frac{正切\frac{二}{一}人}{一}=\frac{正切\left(\frac{四}{一}周丅\frac{二}{一}天\right)}{一}=正切\left(\frac{四}{一}周丄\frac{二}{一}天\right)$　所以求得

$$禾\frac{餘弦天}{彳天}=訥正切\left(\frac{四}{一}周丄\frac{二}{一}天\right)丄昞$$

以上兩題之積分，亦可以他法明之。如　$禾\frac{正弦天}{彳天}=\frac{二}{一}訥\frac{一丄餘弦天}{一丅餘弦天}丄昞$、$禾\frac{餘弦天}{彳天}=\frac{二}{一}訥\frac{一丅正弦天}{一丄正弦天}丄昞$　是也。

三題　設有微分式如　$\frac{正切天}{彳天}$　欲求其積分。

惟因　$禾\frac{正切天}{彳天}=禾\frac{正弦天}{彳餘弦天}$　所以其積分之式爲　$訥(正弦天)丄昞$

四題　設有微分式如　$彳正切天$　欲求其積分。

則因　$禾彳正切天=禾\frac{餘弦天}{彳正弦天}$　所以其積分之式爲　$訥\frac{餘弦天}{一}丄昞$

以上各款之法已足備尋常算學中求積分之用。故下卷且未暇論積分術中奥賾之理，而先將以上之理解明幾何中各種最要之題。

又　卷七

求曲線之面積

第一百五十六款　已在第六十九款證明　彳申＝地彳　所以無論何種曲線，其面積之公式必爲　申＝禾地彳

設呷、吃爲曲線之軸。呷吽爲橫線，以天代之。吧吽爲縱線，以地代之。又令巳知方位之他縱線呐叮與本縱線吧吽間所有之面積呐叮吽吧爲申。

一題　設曲線爲拋物線，巳爲通徑，欲求其面積。

則依本曲線之理，　地^{二}＝巳天　故　地＝巳$^{\frac{二}{一}}$天$^{\frac{二}{一}}$　而　地彳＝巳$^{\frac{二}{一}}$天$^{\frac{二}{一}}$彳　所以可依第一百〇四款之法求其積分，得　申＝禾地彳＝$\frac{三}{二}$巳$^{\frac{二}{一}}$天$^{\frac{二}{三}}$丄呐　即　申＝禾地彳＝$\frac{三}{二}$地天丄呐㊀　若　呷叮＝甲、呐叮＝乙　則　申＝〇、天＝甲、地＝乙　如將此各同數代入一式中，即得　〇＝$\frac{三}{二}$甲乙丄呐㊁　再將二式減一式，得　申＝$\frac{三}{二}$(天地丅甲乙)　此爲消去積分式中常數之最便之法。

若其曲線之面積從曲線之頂點而起者，則其　甲＝〇、乙＝〇　而縱橫線天、地與曲線所成之面積　$\frac{三}{二}$天地　恒爲縱橫線所成之矩形三分之二。

二題　設曲線爲平圓線，欲求其面積。

如呷巳甲爲平圓，呷甲爲圓徑。設圓心㖞爲原點，㖞乙半徑與㖞呷軸爲垂線。令㖞吽爲天，巳午爲地，呷㖞半徑爲甲，面積㖞吽巳乙爲申，則依本曲線之理　天^{二}丄地^{二}＝甲^{二}　故　地＝$\sqrt{甲^{二}丅天^{二}}$　以此代入公式中得其積分之式爲　申＝禾地彳＝禾彳$\sqrt{甲^{二}丅天^{二}}$　此式不能以有窮之代數式明之。所以必依二項例化爲級數，如

$\sqrt{甲^{二}丅天^{二}}$＝(甲^{二}丅天^{二})$^{\frac{二}{一}}$＝甲丅$\frac{二・甲}{一天^{二}}$丅$\frac{二・四甲^{三}}{一・一天^{四}}$丅$\frac{二・四・六甲^{五}}{一・一・三天^{六}}$丅…　以彳乘其各項而求積分得　申＝甲天丅$\frac{二}{一}$×$\frac{三甲}{天^{三}}$丅$\frac{二・四}{一・一}$×$\frac{五甲^{三}}{天^{五}}$丅$\frac{二・四・六}{一・一・三}$×$\frac{七甲^{五}}{天^{七}}$丅…丄呐　欲求呐之同數，可令　天＝〇　則　申＝〇　而式之兩邊必俱爲〇，所以知　呐＝〇

如令　天＝甲　則面積申爲全圓面積之四分之一。惟因甲爲半徑，故平圓之全面積爲　四甲^{二}(一丅$\frac{二}{一}$×$\frac{三}{一}$丅$\frac{二・四}{一・一}$×$\frac{五}{一}$丅$\frac{二・四・六}{一・一・三}$×$\frac{七}{一}$丅…)

此級數之斂甚遲，必用多項始能求得其略近之數。

如令天爲六十度弧之餘弦，作㖞巳線爲半徑，則㖞吽巳乙面積必爲心角之面積巳㖞乙。即全圓面積十二分之一。與㖞吽巳句股形面積即㖞吽與巳吽相乘積之二分之一。之和所成。

惟因　㖞吽巳＝$\frac{八}{\sqrt{三}}$甲^{二}　所以可令　$\frac{二}{甲}$　代其級數中之天，則其斂能較速。用其七項之和得　・四七八三〇五七甲^{二}　此數中若減去　$\frac{八}{\sqrt{三}}$甲^{二}＝・二一六五〇六三甲^{二}　則所餘者爲　・二六一七九九四甲^{二}　即全圓面積十二分之一也。故得　三・一四一五九二八甲^{二}　爲平圓全面積之略數。求此數有更簡之法，已見于《代數術》第二百七十三款中。

若令呷爲原點，以天代呷吽橫線，以地代巳吽縱線，而命呷巳吽截面積爲申，則依平圓之理，其　地＝$\sqrt{二甲天丅天^{二}}$　所以得

申＝禾彳$\sqrt{二甲天丅天^{二}}$＝禾彳$\sqrt{二甲天}$$\left(一丅\frac{二甲}{天}\right)^{\frac{二}{一}}$　欲明其積分之數，可將　$\left(一丅\frac{二甲}{天}\right)^{\frac{二}{一}}$　化爲級數，以　彳$\sqrt{二甲天}$　乘其各項而求積分即得。

三題　設曲線爲橢圓，欲求其面積。

如呷吧吽爲橢圓形，令㖞呷半長徑爲甲，令㖞吃半短徑爲乙。以呷爲原點，呷吽橫線爲天，吧吽縱線爲地，而呷吧吽面積爲申。

則依本曲線之理，　地＝$\frac{甲}{乙}$$\sqrt{二甲天丅天^{二}}$　用此同數代入公式中，即得　申＝禾地彳＝$\frac{甲}{乙}$禾彳$\sqrt{二甲天丅天^{二}}$

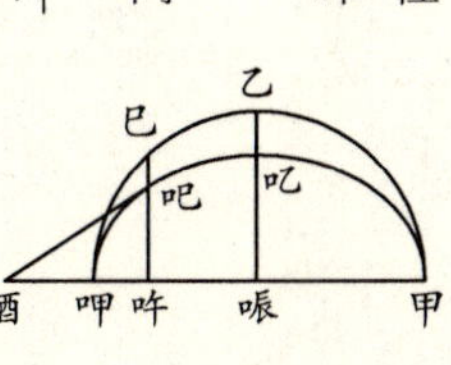

令呷巳甲爲本軸上之半平圓，其巳吧咋縱線所截之面積爲申，則依上式得 $申'=禾彳天\sqrt{二甲天丅天}$ 所以 $申=\frac{乙}{甲}申'$ 由此可見，任何橢圓形之截面呷吧咋必與其長徑上平圓形之截面呷巳咋有比例。其面積之比例恒與長短二徑之比例同。又因其天爲〇之時，面積亦爲〇，故不用常數。

四題　設有雙曲線，欲求其形外之面積。

如吧呐呷爲雙曲線之心角，呐爲曲線之心，呐呷爲半橫徑。今欲求其吧呐呷形之面積。

令其半橫徑呐呷爲甲，半縱徑爲乙，橫線呐咋爲天縱線吧咋爲地，其吧呷呐面積以申代之，因申等于呐吧咋形內減去呷吧咋形，故 $申=\frac{一}{二}天地丅禾地彳天$ 則其面積之微分爲 $彳申=\frac{一}{二}天彳地丄\frac{一}{二}地彳天丅地彳天$ 即 $彳申=\frac{一}{二}(天彳地丅地彳天)$ 惟依本曲線之理，其 $地=\frac{乙}{甲}\sqrt{天^{二}丅甲^{二}}$ 所以 $彳地=\frac{乙}{甲}\times\frac{天彳天}{\sqrt{天^{二}丅甲^{二}}}$ 而其 $彳申=\frac{乙}{二甲}\left[\frac{天^{二}彳天}{\sqrt{天^{二}丅甲^{二}}}丅彳天\sqrt{天^{二}丅甲^{二}}\right]=\frac{一}{二}甲乙\frac{彳天}{\sqrt{天^{二}丅甲^{二}}}$ 依第一百二十五款之例，得 $禾\frac{彳天}{\sqrt{天^{二}丅甲^{二}}}=訥(天丄\sqrt{天^{二}丅甲^{二}})丄呐$ 所以得 $申=\frac{甲乙}{二}訥(天丄\sqrt{天^{二}丅甲^{二}})丄呐$ ㈠ 欲求其呐之同數，因每至天=甲 則 申=〇 而一式變爲 $〇=\frac{甲乙}{二}訥甲丄呐$ ㈡ 以此與一式相較又知，兩對數之較爲其真數相約之對數，則可消去其呐而得 $申=\frac{甲乙}{二}訥\frac{天丄\sqrt{天^{二}丅甲^{二}}}{甲}$ 又因其 $\frac{\sqrt{天^{二}丅甲^{二}}}{甲}=\frac{地}{乙}$ 所以亦可謂 $申=\frac{甲乙}{二}訥\left[\frac{天}{甲}丄\frac{地}{乙}\right]$

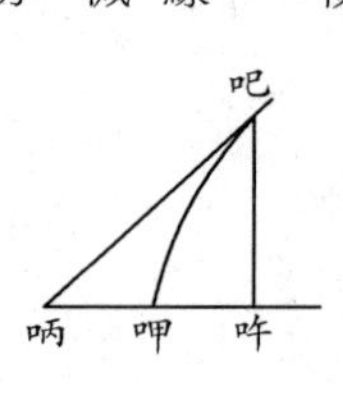

五題　設有雙曲線，欲求其形內之面積。

因呷吧咋面積爲呐吧咋三角形面積內減去形外之面積吧呷呐所餘，所以其形內之面積爲 $申=\frac{一}{二}天地丅\frac{甲乙}{二}訥\left[\frac{天}{甲}丄\frac{地}{乙}\right]$

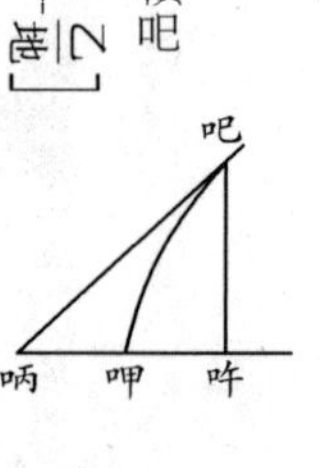

六題　設有正雙曲線，欲求其漸近線與曲線間之任一段面積。

如呷呋與呷吔皆爲漸近線，今從雙曲線之任一分呐吧作平行二直線呐吱、吧咋，而截其漸近線于吱、于咋，欲求呐吱吧咋面積。令呷吱爲甲，吱呐爲乙，呷咋爲天，吧咋爲地，則依本曲線之理，　天地＝甲乙　故　$地=\frac{甲乙}{天}$ 而 $申=禾地彳天=甲乙禾\frac{彳天}{天}$ 即 $申=甲乙訥天丄呐$ ㈠ 因 天=甲 則 申=〇 而一式變爲 $〇=甲乙訥甲丄呐$ ㈡ 故 $呐=丅甲乙訥甲$ 若將呐之同數代入一式而化其 訥天丅訥甲 爲 $訥\frac{天}{甲}$ 即得 $申=甲乙訥\frac{天}{甲}$ 從此式得 $訥\frac{天}{甲}=\frac{申}{甲乙}$ 由此可見，任何數 $\frac{天}{甲}$ 之訥對可用雙曲線之面積明之。故昔人誤名訥白兩對數爲雙曲線對數。

若以嗩代任何種對數之根，則必以 $寅訥\frac{天}{甲}$ 爲其 $\frac{天}{甲}$ 之對數，所以對數之法中，凡以嗩爲對數之根者，則有 $對\frac{天}{甲}=\frac{嗩}{甲乙}申$ 之式。由此可見，無論何種對數皆可用幾何之法以雙曲線明之。而雙曲線對數其名必不能專屬于一種對數也。

七題　設曲線爲擺線，欲求其形外之面積。

如呷呐爲擺線之軸，呷哖爲從擺線之頂點呷所作之垂線，吧咦爲從擺線之任一點所作與呷哖爲垂線之線。今欲求呷咦、咦吧兩直線與擺線之任一段呷吧所成之呷咦吧面積。

以哌爲母輪之心作吧叮咋線爲呷呐之垂線，而遇母輪于叮。從叮至母輪之心作哌叮半徑。

令呷咦爲天，吧咦爲地，呷哌爲甲，而呷哌叮角爲亥。

則依第六十六款之理，　咋吧＝甲(亥丄正弦亥)，咋呷＝甲(一丄餘弦亥)　則其　天＝甲(亥丄正弦亥)、地＝甲(一丅餘弦亥)　所以　彳天＝甲彳亥(一丄餘弦亥)　依第一百五十 而 $彳申=甲^{二}(一丅餘弦亥)(一丄餘弦亥)彳亥=甲^{二}彳亥正弦^{二}亥$

三款之法求其積分，得　申＝甲^{二}禾彶正弦^{二}亥＝$\frac{二}{甲^{二}}$(亥丅正弦亥餘弦亥)丄丙

若　亥＝〇　而欲令申亦爲〇，則必令　丙＝〇　乃以呷叮弧代其　甲亥　以

叮吘×哌吘　代其　甲正弦亥餘弦亥　得　申＝$\frac{三}{一}$呷哌×呷叮弧丅$\frac{三}{一}$叮吘×哌吘

即爲呷叮吘面積。

八題　設曲線爲拋物線，欲求其自心所截之面積。

吧爲拋物線之心，呷吧爲心頂距線，吧吧爲自心至曲線任點之帶徑，呷吧爲所截之一段拋物線。

令甲代其通徑　四呷吧　以戌代呷吧吧角，以未代吧吧，以申代其呷吧吧面積，乃作吧吘線與呷吧軸爲垂線，則依本曲線之理，

吧吧＝呷吘丄呷吧　惟因吧吧呷，其角爲鈍角，則　吧吘＝丅未餘弦亥、

呷吘＝$\frac{四}{一}$甲丅未餘弦亥、呷吧＝$\frac{四}{一}$甲　所以　未＝$\frac{二}{一}$甲丅未餘弦亥　而

未(一丄餘弦亥)＝$\frac{二}{一}$甲　惟因　一丄餘弦亥＝二餘弦$^{二}\frac{二}{一}$亥　則　未＝$\frac{四}{甲}$×

$\frac{一}{餘弦^{二}\frac{二}{一}亥}$　依第七十款之三式　伸＝$\frac{二}{一}$未^{二}彶　則　伸＝$\frac{一六}{甲^{二}}$×$\frac{\frac{二}{一}彶}{餘弦^{四}\frac{二}{一}亥}$

欲求此式之積分，可思　$\frac{\frac{二}{一}彶}{餘弦^{二}\frac{二}{一}亥}$＝正割$^{二}\frac{二}{一}$亥$\frac{二}{彶}$＝彳$\left(正切\frac{二}{一}亥\right)$　而

$\frac{一}{餘弦^{二}\frac{二}{一}亥}$＝正割$^{二}\frac{二}{一}$亥＝一丄正切$^{二}\frac{二}{一}$亥　將此兩式相乘，則　$\frac{\frac{二}{一}彶}{餘弦^{四}\frac{二}{一}亥}$

＝彳(正切^{二}二亥)丄正切$^{二}\frac{二}{一}$亥彳(正切$\frac{二}{一}$亥)　故依第一百〇四款之法求其

積分得　禾$\frac{\frac{二}{一}彶}{餘弦^{四}\frac{二}{一}亥}$＝正切$\frac{二}{一}$亥丄$\frac{三}{一}$正切$^{二}\frac{二}{一}$亥丄丙　若　亥＝〇　則

申＝〇　所以　丙＝〇　則得　申＝$\frac{一六}{甲^{二}}$(正切$\frac{二}{一}$亥丄$\frac{三}{一}$正切$^{三}\frac{二}{一}$亥)

案：此式之積分數亦可依第一百五十三款之法得之。惟不如此法之易耳。從此題所推得之各式爲天文家推算彗星軌道所必用之法。

又　第一百五十八款　【略】

題　設有　禾$\frac{〇一丄天^{二}}{一彶}$　欲求其積分之略近數。

其　禾$\frac{一丄天}{彶}$　爲有切線，爲天之弧，所以得　天＝〇　與　天＝一　間積分之同數。其弧爲半平圓四分之一，其平圓以一爲半徑。故此題中曲線之式爲

地＝$\frac{一丄天^{二}}{一}$　設分其吘吘″爲十等分，則可令　天＝〇、天＝・一、天＝・二以至　天＝一　則得十一箇等相距之縱線各爲地之同數如下：㊀一・〇〇〇〇〇、㊁・九九〇一〇、㊂・九六一五四、㊃・九一七四三、㊄・八六二〇七、㊅・八〇〇〇〇、㊆・七三五二九、㊇・六七一一四、㊈・六〇九七五、㊉・五五二四九、(十一)・五〇〇〇〇　欲依幾何之例求其各四不等邊形所成之總面積，必將縱線之和倍之，以首末兩縱線減之以二約之，以縱線之數十一乘之，則可得　禾$\frac{〇一丄天^{二}}{一彶}$　之同數，爲　・七八九八一　此即曲線内之面積。

此題若以級數明之，則其真同數爲　一丅$\frac{三}{一}$丄$\frac{五}{一}$丅$\frac{七}{一}$丄…　此級數之斂甚遲，故不能用。惟以他法能得其更近之略數，爲七八五四不盡。

求曲線之長

又　第一百六十款　已于第七十二款中論以人代曲線之任何弧而有正角相遇之縱横線天與地，則其弧微分式爲　彸＝$\sqrt{彶^{二}丄彽^{二}}$　兹用此公式以解數種曲線之題。

一題　設曲線爲拋物線，欲求其弧之長。

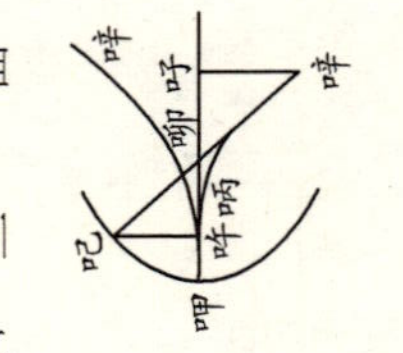

命　呷吘＝天、吧吘＝地　通徑爲　二甲　則從本曲線之式　二甲天＝地^{二}　得　甲彶＝地彽　故

彸＝$\sqrt{彶^{二}丄彽^{二}}$＝$\frac{甲}{一}$彽$\sqrt{甲^{二}丄地^{二}}$　以此與第一百三十五款之叱式相比得　寅＝一、卯＝二、巳＝$\frac{二}{一}$、乙＝二

地代天而　甲^{二}　代甲，則得　禾彽$\sqrt{甲^{二}丄地^{二}}$＝$\frac{二}{一}$地$\sqrt{甲^{二}丄地^{二}}$

$上\frac{二}{一}甲^{二}禾\frac{\sqrt{甲^{二}上地^{二}}}{徙}$ 又從第一百三十款之式知 $禾\frac{\sqrt{甲^{二}上地^{二}}}{徙}=訥(地上\sqrt{甲^{二}上地^{二}})上丙$ 所以得 $人=\frac{二甲}{地}\sqrt{甲^{二}上地^{二}}上\frac{二}{甲}訥(地上\sqrt{甲^{二}上地^{二}})上丙$ 其曲線從頂點起時 人＝○ 而 地＝○ 所以知 $丙=丅\frac{二}{甲}訥甲$ 而得 $人=\frac{二甲}{地}\sqrt{甲^{二}上地^{二}}上\frac{二}{甲}訥\frac{甲}{地上\sqrt{甲^{二}上地^{二}}}$ 爲拋物線之長。

二題　設曲線爲立方拋物線，欲求其弧之長。

本曲線之式爲 $地^{三}=甲天^{二}$ 以此從公式得 $彳=徙\sqrt{一上\frac{四甲}{九地}}$ 故得 $人=\frac{二七}{八}\sqrt{(一上\frac{四甲}{九地})^{三}}上丙$ 此曲線真能作之，即第八十一款第一題之漸伸線也。

三題　設曲線爲平圓線，欲求其弧之長。

以圓心爲原點，甲爲半徑，則本曲線之式爲 $天^{二}上地^{二}=甲^{二}$ 所以 $地=\sqrt{天^{二}丅甲^{二}}$、$徙=\frac{\sqrt{甲^{二}丅天^{二}}}{天彳}$、$彳=\frac{\sqrt{甲^{二}丅天^{二}}}{甲彳}$ 此式之積分除用無窮級數之外，無他法能明之。已于一百三十九款第四題求得其級數。惟其級數內之半徑爲一。若欲令半徑爲甲，則可將 $\frac{甲}{天}$ 代其天，而得 $人=天上\frac{二}{一}\times\frac{三甲^{二}}{天^{三}}上\frac{二·四}{一·三}\times\frac{五甲^{四}}{天^{五}}上\frac{二·四·六}{一·三·五}\times\frac{七甲^{六}}{天^{七}}上\cdots$ 此級數不必加常數。因其人與天同時而起之故。

觀此題與[第]一百五十六款之第二題及[第]一百三十九款之第二題可見，凡求等于平圓面積之平方面積及等于圓周之直線不出乎以下三式：$禾彳\sqrt{一丅天^{二}}$、$禾\frac{\sqrt{一丅天^{二}}}{彳}$、$禾\frac{一上天^{二}}{彳}$ 此三式皆須藉訥對而得其數，不能以有窮之代數式明之。所以從古至今未有人能解此種幾何之題，恐後世之人亦未必能之也。

四題　設曲線爲橢圓線，欲求其弧之長。

令半長徑哌甲爲一，半短徑哌乙爲乙，以 $\sqrt{一丅乙^{二}}=戊$ 爲兩心距，哌爲原點，哌吽爲天，吧吽爲地。令其弧從短徑之端而起，以人代其乙吧弧，則依本曲線之理，$地=乙\sqrt{一丅天^{二}}$ 所以 $徙=\frac{\sqrt{一丅天^{二}}}{丅乙天彳}$ 則其弧微分之式爲

$彳=\sqrt{彳^{二}上徙^{二}}=\frac{\sqrt{一丅天^{二}}}{彳\sqrt{一丅(一丅乙^{二})天^{二}}}=\frac{\sqrt{一丅天^{二}}}{彳\sqrt{一丅戊^{二}天^{二}}}$ 此式之積分不能以平圓之弧及對數明之，故只能依二項例化爲無窮級數 $\sqrt{一丅戊^{二}天^{二}}=一丅\frac{二}{一}戊^{二}天^{二}丅\frac{二·四}{一·一}戊^{四}天^{四}丅\frac{二·四·六}{一·一·三}戊^{六}天^{六}丅\frac{二·四·六·八}{一·一·三·五}戊^{八}天^{八}丅\cdots$ 此級數之各項必以 $\frac{\sqrt{一丅天^{二}}}{彳}$ 乘之，乃求其積分，則其諸項之和能明任一段弧之長。

其級數所以易求積分者，因將其倍數例于禾號之外，則各級皆有 $禾\frac{\sqrt{一丅天^{二}}}{天^{二卯}彳}$ 之形，所以皆可依第一百三十七款之二式求之，即如令斗爲有正弦爲天之弧，可得 $禾\frac{\sqrt{一丅天^{二}}}{彳}=禾\frac{\sqrt{一丅天^{二}}}{天^{二}彳}=丅\frac{二}{一}天\sqrt{一丅天^{二}}上\frac{二}{一}斗$、$禾\frac{\sqrt{一丅天^{二}}}{天^{四}彳}=丅(\frac{四}{一}天^{三}上\frac{二·四}{一·三}天)\sqrt{一丅天^{二}}上\frac{二·四}{一·三}斗\cdots$ 以其原相配之各倍數還之，即得橢圓之弧爲 $人=斗(一丅\frac{二·二}{一·一}戊丅\frac{二·二·四·四}{一·一·三}戊^{四}丅\frac{二·二·四·四·六·六}{一·一·三·三·五}戊^{六}丅\cdots)上\frac{二}{一}戊^{二}(\frac{二}{一}天\sqrt{一丅天^{二}})上\frac{二·四}{一·一}戊^{四}(\frac{四}{一}天^{三}上\frac{二·四}{一·三}天)\sqrt{一丅天^{二}}上\frac{二·四·六}{一·一·三}戊^{六}(\frac{六}{一}天^{五}上\frac{四·六}{一·三}天^{三}上\frac{二·四·六}{一·三·五}天)\sqrt{一丅天^{二}}上\cdots$ 此式不必用常數丙。因天等于○之時，弧亦爲○故也。如令 天＝一 則凡以 $\sqrt{一丅天^{二}}$ 所乘之各項俱不見，而 $斗=\frac{象}{限}=\frac{二}{一}周$ 即得橢圓周四分之一

為 $呷吃=\frac{一}{二}周\left(一丅\frac{一}{二\cdot二}戊^{二}丅\frac{一\cdot一\cdot三}{二\cdot二\cdot四\cdot四}戊^{四}丅\frac{一\cdot一\cdot三\cdot三\cdot五}{二\cdot二\cdot四\cdot四\cdot六\cdot六}戊^{六}丅\cdots\right)$ 如戊為小數,則此式之斂尚速。惟戊若略近于一,則其斂極遲而無用。如必欲藉級數以得橢圓之弧,則更有他種級數式可合于戊近于一之用。惟因以上各款中未及證明其 $\frac{彳天\sqrt{一丅戊^{二}天^{二}}}{\sqrt{一丅天^{二}}}$ 式求積分之公法,故此處亦略之。

如令斗代有正弦為天之弧,則亦可以 $彳斗\sqrt{一丅戊^{二}正弦^{二}斗}$ 明之。此式為算學家極費工夫所思得者也。

若欲求雙曲線之長,可從其本曲線之式 $地=乙\sqrt{\frac{天^{二}}{一}丅一}$ 如橢圓弧之法求之。

又 第一百六十三款

一題 設曲線為拋物線,欲求其體積。

則依本曲線之理, $地^{二}=甲天$ 所以 $申=周禾甲天彳天$ 即 $申=\frac{一}{二}周甲天^{二}丄丙$ 即 $申=\frac{一}{二}周天地^{二}丄丙$ 其體積在 $天=〇$ 之時,$申=〇$ 故 $丙=〇$ 惟因 $周天地^{二}$ 為有與拋物體同底同高之圓柱積,所以知凡拋物線所成之體積,必得同底同高圓柱積之半。

從此幾何之理能求兩箇平剖面內之截拋物體。法令其全積等于 $\frac{一}{二}(天丄辛)呷$ 截去之積等于 $\frac{一}{二}甲天$ 故其截餘之積為 $\frac{一}{二}(天呷丄辛呷丅天甲)$ 惟依本題之理,$\frac{天丄辛}{天}=\frac{呷}{甲}$ 所以 $天呷丅天甲=辛甲$ 而其所餘之積等于 $\frac{一}{二}(呷丄甲)辛$ 由此可見,凡拋物體之截積必等于等高之圓柱,而其圓之底必為上下兩平剖面之中數。

二題 求尖錐形之積。

如吧′戌′巳′為任何平面形,呷為尖錐形之頂,呷吃為其高,吧戌巳為與底平行之剖面。此面與呷吃線相遇于咋,其形與底為同式。

以乙代底之面積,以亥代剖面之積,以丙代其呷吃線,以天代其呷咋線,以申代其呷吧戌巳體積,則其微分式為 $彳申=亥彳天$ 惟依尖錐形之理,其同式之兩平剖面必與其相似之平方有比例。所以 $丙^{二}:天^{二}::乙:亥$ 則 $亥=\frac{乙天^{二}}{丙^{二}}$,$彳申=\frac{乙}{丙^{二}}天^{二}彳天$ 求其積分得 $申=\frac{乙天^{三}}{三丙^{二}}丄丙=\frac{亥天}{三}丄丙$ 因天與申為同時而起,故 $丙=〇$ 而 $申=\frac{亥天}{三}$ 由此可知,任何類之尖錐形必為其同底同高之柱積三分之一。

若欲求尖錐之截積,可令底之面積為呷,其與底平行之剖面為甲,所截得之高為辛,所截去之高為天,則其全尖錐形之積為 $\frac{一}{三}(辛丄天)呷$ 截去之積為 $\frac{一}{三}天甲$ 所以其截餘之積為 $\frac{一}{三}(辛呷丄天呷丅天甲)=\frac{一}{三}辛呷丄\frac{一}{三}天(呷丅甲)$

惟因 $\frac{甲}{呷}=\frac{天^{二}}{(天丄辛)^{二}}$、$\frac{\sqrt{甲}}{\sqrt{呷}}=\frac{天}{天丄辛}$ 所以 $天=\frac{\sqrt{甲}}{\sqrt{呷}丅\sqrt{甲}}辛$ 而 $天(呷丅甲)=\sqrt{甲}(\sqrt{呷}丄\sqrt{甲})辛$ 即 $天(呷丅甲)=(\sqrt{呷甲}丄\sqrt{甲})辛$ 故其截積之式為 $\frac{一}{三}(呷丄甲丄\sqrt{呷甲})辛$

三題 求橢圓形以長短二徑為軸所成之橢圓體。

如吧咋巳為橢圓體內與長徑成正角之剖面,以甲代其長徑呷吃,以乙代其短徑叮戌,以呷咋為天,以吧咋為地。

則依橢圓之理,$地^{二}=\frac{乙^{二}}{甲^{二}}(甲天丅天^{二})$ 所以 $申=\frac{周乙^{二}}{甲^{二}}禾(甲天丅天^{二})彳天$ 即 $申=\frac{周乙^{二}}{甲^{二}}\left(\frac{一}{二}甲天^{二}丅\frac{一}{三}天^{三}\right)丄丙$ 因 $天=〇$ 之時,申亦為〇,故 $丙=〇$ 如令 $天=甲$ 則全積申為 $\frac{甲乙^{二}周}{六}$ 即 $\frac{二}{三}甲$ 與剖面相乘之數也。可見橢圓形之體積為其外切圓柱形之積三分之二。此為亞幾默德攷得之理。

若其甲乙二徑相等,則為球形,故其積為 $\frac{周甲^{三}}{六}$

四題 求拋物線橫旋轉所成之體積。

此題所求謂拋物線之弧呷吧吃繞其呷丙吃線旋轉而成之體積也。可自曲線之任一點吧作吧咋線,與呷吃為垂線。又作吧味線,與拋物線之

本軸爲垂線。

以叮呐爲巳，以呷呐爲午，以呐咔。等于吧味。爲天，以吧咔。等于呐味。爲地。命叮哎吧與吧噢巳兩平剖面間之體積爲申，則依拋物線之理 吧味：呷呐：：叮味：叮呐 即天^{二}：辛^{二}：：巳丅地：巳 所以巳天^{二}＝巳午^{二}丅午^{二}地，地^{二}＝$\frac{午}{巳^{二}}$(午^{四}丅二午^{二}天^{二}丄天^{四}) 故

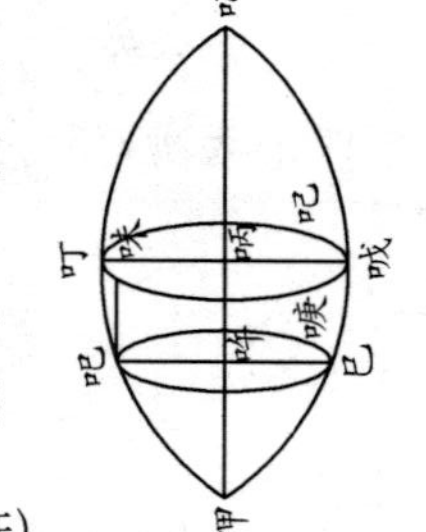

其體積之式爲 申＝$\frac{午^{四}}{巳^{二}周}$禾(午^{四}彳丅二午^{二}天^{二}彳丄天^{四}彳)

即 申＝$\frac{午^{四}}{巳^{二}周}$(午^{四}天丅$\frac{三}{二}$午^{二}天^{三}丄$\frac{五}{一}$天^{五})丄呐 其積從天＝〇之時起，故呐＝〇 如令天＝午 即得$\frac{一五}{八}$巳^{二}午周 爲呷叮吃繞行一周所成之體積。

又 卷八

求雙變數微分之積分

第一百七十款 茲設數題，如上款之法求之，以明其用。

一題 設有微分式 天彳丄地彳＝卯地彳 欲求其積分。

因 天彳丄地彳＝卯地彳 即 (天丅卯地)彳丄地彳＝〇 所以可令地＝天人 則 彳＝天彳丄人彳 而可變得 天(一丅卯人)彳丄天^{二}人彳丄天人^{二}彳＝〇 即 (一丅卯人丄人^{二})彳丄天人彳＝〇 所以得禾$\frac{天}{彳}$丄禾$\frac{一丅卯人丄人^{二}}{人彳}$＝呐 即 訥天丄禾$\frac{一丅卯人丄人^{二}}{人彳}$＝呐 此式中之積分式尚可用他法變之使更簡。令其 $\frac{一丅卯人丄人^{二}}{人彳}$＝$\frac{二}{一}$×$\frac{一丅卯人丄人^{二}}{二人彳丅卯彳}$丄$\frac{二}{一}$×$\frac{一丅卯人丄人^{二}}{卯彳}$ 則變爲 訥天丄$\frac{二}{一}$訥(一丅卯人丄人^{二})丄$\frac{二}{一}$禾$\frac{一丅卯人丄人^{二}}{卯彳}$＝呐 此式中 禾$\frac{一丅卯人丄人^{二}}{卯彳}$ 之同數，若其 $\frac{二}{一}$卯 大于一，則可藉對數明之。若 $\frac{二}{一}$卯 小于一，則可藉平圓之弧明之。若 $\frac{二}{一}$卯 等于一，則可藉代數明之。總之，無論其 $\frac{二}{一}$卯 之大小如何，俱可用實分數求積分之法求得其同數。

二題 設有微分式 天彳丅地彳＝彳$\sqrt{天^{二}丄地^{二}}$ 欲求其積分。

令 地＝天人 將各項移于一邊，而以天約之，則得 彳$\sqrt{一丄人^{二}}$丅天彳＝〇 所以得 $\frac{天}{彳}$丅$\frac{\sqrt{一丄人^{二}}}{彳}$＝〇 乃將兩項各求積分得 訥天丅訥(人丄$\sqrt{一丄人^{二}}$)＝訥呐 即 $\frac{人丄\sqrt{一丄人^{二}}}{天}$＝呐 若將其人以同數 $\frac{天}{地}$ 代之，則得 $\frac{地丄\sqrt{天^{二}丄地^{二}}}{天^{二}}$＝呐 即 丅地丄$\sqrt{天^{二}丄地^{二}}$＝呐 所以可移其地而消去根號得 天^{二}＝呐^{二}丄二呐地 爲原方程式。

惟如 (甲丄寅天丄卯地)彳丄(乙丄巳天丄午地)彳＝〇 則此式並無同類之象，然亦可變之爲同類。

如令 天＝酉丄角、地＝戌丄亢 則 彳＝酉、彳＝戌 而所設之式變爲 (甲丄寅角丄卯亢丄寅酉丄卯戌)酉丄(乙丄巳角丄午亢丄巳酉丄午戌)戌＝〇 ㊀ 欲使其常數不見，可令 甲丄寅角丄卯亢＝〇、乙丄巳角丄午亢＝〇 此即爲能定角與亢之式，則一式中所賸之 (寅酉丄卯戌)酉丄(巳酉丄午戌)戌＝〇 爲不同類之式。然就其新變數酉與戌而論，亦爲同類之式。

若所論之式中，其 寅午丅卯巳＝〇 則因角與亢而變爲無窮，故從此變法不能求得何數。

若其 午＝$\frac{寅}{卯巳}$ 則 寅(巳天丄午地)＝巳(寅天丄卯地) 可將所設之式變爲 甲彳丄乙彳丄(寅天丄卯地)$\left(彳丄\frac{寅}{巳}彳\right)$＝〇 則可令其 寅天丄卯地＝人 所以 彳＝$\frac{卯}{彳丅寅彳}$ 若依代數之法消化之，可變所設之式爲 彳丄$\frac{甲寅卯丅乙寅^{二}丄寅(卯丅巳)人}{(乙寅丄巳人)彳}$＝〇 此式之積分中必有對數。惟卯＝巳 則爲 天丄$\frac{二寅(甲卯丅乙寅)}{二乙寅人丄巳人^{二}}$＝呐

又 第一百七十一款 【略】茲設一題于下，以明上法之用。

題 設有微分式 彳丄地彳＝甲天^{三}彳 欲求其積分。

則 吧＝一、咔＝甲天^{三}、禾吧彳＝天、戊^{禾吧彳}＝戊^{天}、戊^{丅禾吧彳}＝戊^{丅天}、禾戊^{禾吧彳}咔彳＝禾甲戊^{天}天^{三}彳＝甲戊^{天}(天^{三}丅三天^{二}丄六天丅六)、地＝戊^{丅天}[甲戊^{天}(天^{三}丅三天^{二}丄六天丅六)丄呐]＝呐戊^{丅天}丄甲(天^{三}丅三天^{二}丄六天丅六)

又 第一百七十四款 【略】

一題 設有微分式 $\frac{天^{二}丄地^{二}}{地彳天丅天彳地}$ 能求積分否？如能，則求之。

此微分式能變形爲 $彳戊=\frac{天^{二}丄地^{二}}{地}彳天丅\frac{天^{二}丄地^{二}}{天}彳地$ 所以 $口寅=\frac{天^{二}丄地^{二}}{地}$、$口卯=丅\frac{天^{二}丄地^{二}}{天}$、$\frac{彳地}{彳口寅}=\frac{(天^{二}丄地^{二})^{二}}{天^{二}丅地^{二}}$、$\frac{彳天}{彳口卯}=\frac{(天^{二}丄地^{二})^{二}}{天^{二}丅地^{二}}$ 則可見此題之式能求其積分之數。因 $\frac{天^{二}丄地^{二}}{地彳天丅天彳地}$ 爲真微分式故也。

其求積分之法，因 $口巳=禾口寅彳天=禾\frac{天^{二}丄地^{二}}{地彳天}=禾\frac{一丄\frac{地^{二}}{天^{二}}}{\frac{地}{彳天}}=正切^{丅一}\frac{地}{天}$ 所以 $戊=正切^{丅一}\frac{地}{天}丄口辰$ 乃求此式之微分得 $彳戊=\frac{天^{二}丄地^{二}}{地彳天丅天彳地}丄彳口辰$ 以此與所設之式相比可知，$彳口辰=〇$ 而 $口辰=口丙$ 爲常數。

二題 設有微分式 $彳戊=(二地^{二}天丄三地^{三})彳天丄(二天地丄九天地^{二}丄八地)彳地$ 能求積分否？如能，則求之。

此微分式中 $口寅=二地^{二}天丄三地^{三}$、$口卯=二天^{二}地丄九天地^{二}丄八地^{三}$、$\frac{彳地}{彳口寅}=四地天丄九地^{二}=\frac{彳天}{彳口卯}$ 所以爲真微分式。若依天而求其積分，則 $禾口寅彳天=地^{二}天^{二}丄三地^{三}天丄口辰$、$戊=地^{二}天^{二}丄三地^{三}天丄口辰$ 又依地而求其微分得 $\frac{彳地}{彳戊}=二天^{二}地丄九天地^{二}丄\frac{彳地}{彳口辰}$ 因已知 $\frac{彳地}{彳戊}=二天^{二}地丄九天地^{二}丄八地^{三}$ 所以 $\frac{彳地}{彳口辰}=八地^{三}$、$口辰=禾八地^{三}彳地=二地^{四}丄口丙$ 而其積分之數爲 $戊=地^{二}天^{二}丄三地^{三}天丄二地^{四}丄口丙$

第一百八十三款 【略】

題 設有二次微分式 $\frac{彳天彳^{二}地}{(彳天^{二}丄彳地^{二})^{\frac{三}{二}}}=甲$ 欲求其原式。

令 巳彳天 代其彳地，令 卮彳天 代其 $彳^{二}地$ 則式變爲 $\frac{卮}{(一丄巳^{二})^{\frac{三}{二}}彳天}=甲$

從此式可得 $彳天=\frac{(一丄巳^{二})^{\frac{三}{二}}}{甲卮}$、$彳地=巳彳天=\frac{(一丄巳^{二})^{\frac{三}{二}}}{甲巳卮}$ 求其積分得 $天=丙丄\frac{\sqrt{一丄巳^{二}}}{甲巳}$、$地=丙'丅\frac{\sqrt{一丄巳^{二}}}{甲}$ 所以得 $(丙丅天)^{二}丄(地丅丙)^{二}=\frac{一}{甲^{二}}$ 由此知，所設之微分式不過將曲率半徑之公式令其等于常數甲耳。前于第七十八款已解其幾何之理，即求一種曲線，其曲率半徑爲常數，知其曲線爲平圓。

又 第一百八十五款

題 設有二次微分式 $彳^{二}地\sqrt{甲地}=彳天^{二}$ 欲求其原式。

如法求之，其 $\frac{彳天^{二}}{彳^{二}地}=\frac{\sqrt{甲地}}{一}$、$\frac{彳天}{彳地}\times\frac{彳天}{彳^{二}地}=\frac{\sqrt{甲地}}{彳地}$ 求其積分得 $\frac{二}{三}\times\frac{彳天^{二}}{彳地^{二}}=\frac{四}{三}\sqrt{甲地}丄口丙$ 將其口丙變爲 $\frac{\sqrt{甲}}{二丙}$ 則從此可得 $\frac{彳天^{二}}{彳地^{二}}=\frac{\sqrt{甲}}{四}(\sqrt{地}丄丙)$、$\frac{\sqrt[四]{甲}}{二彳天}=\frac{\sqrt{丙丄\sqrt{地}}}{彳地}$ 此式可令其 $丙丄\sqrt{地}=人$ 則爲 $\frac{\sqrt[四]{甲}}{彳天}=\frac{\sqrt{人}}{(人丅丙)}彳人=(人^{\frac{一}{二}}丅丙人^{丅\frac{一}{二}})彳人$ 如是求至末，得 $\frac{\sqrt[四]{甲}}{天}=\frac{二}{三}人^{\frac{三}{二}}丅二丙人^{\frac{一}{二}}丄丙'$ 即 $\frac{\sqrt[四]{甲}}{天}=\frac{二}{三}(\sqrt{地}丅二丙)\sqrt{丙丄\sqrt{地}}丄丙'$

又 第一百九十一款 茲設一題，以明求第一二兩類微分式之積分。

題 設有微分式 $彳^{二}地丄甲天^{卯}地彳天^{二}=〇$ 欲求其積分。

令 $地=口甲天^{角}丄口乙天^{角丄房}丄口丙天^{角丄二房}丄\cdots$ 若其指數之級數非漸增者或其方爲正者，則設其天爲甚小之數，而令地與其第一項相等。因其餘各項爲甚大之數，故與第一項不能相比也。如此則可專令 $地=口甲天^{角}$ 而 $彳^{二}地=角(角丅一)口甲天^{角丅二}彳天^{二}$ 則所設之式變爲 $角(角丅一)口甲天^{角丅二}丄甲口甲天^{角丅卯}=〇$ 此式除令 $卯=丅二$ 之外，不能使其兩指數 $角丅二$、$角丄卯$ 爲相等。惟因第二項內天之指數大于第一項內者，則不論其兩項中天之指數如何相比，可有兩法證之。即求其大畧之法。

即令 $角=〇$ 或 $角=一$ 皆能令式內最大之項 $角(角丅一)口甲天^{角丅二}$ 不見，所以其所賸之第二項中口甲爲未定之數，而有兩箇級數：一以口甲爲初項，一以 口甲天 爲初項。

若連令 $地=口甲丄口乙天^{房}丄口丙天^{二房}丄\cdots$ $地=口甲天^{一丄房}丄口乙天^{一丄二房}丄口丙$

天^{一}丄$_{三房}$丄… 以此數代其地，而其 $\frac{亻}{地}$ 亦以相配之。同數代之，則序其各項，知房必等于二。無論用何一式求各倍，數呷、㐅、呐之同數，即可得兩箇級數如下：

$$呷丅\frac{(卯丄一)(卯丄二)}{甲呷天^{卯丄二}}丄\frac{(卯丄三)(卯丄二)(二卯丄三)(二卯丄四)}{甲^{二}呷天^{二卯丄四}}$$

$$丅\frac{(卯丄一)(卯丄二)(二卯丄三)(二卯丄四)(三卯丄五)(三卯丄六)}{甲^{三}呷天^{三卯丄六}}丄\cdots㊀$$

$$呷天丅\frac{(卯丄二)(卯丄三)}{甲呷天^{卯丄三}}丄\frac{(卯丄二)(卯丄三)(二卯丄四)(二卯丄五)}{甲^{二}呷天^{二卯丄五}}$$

$$丅\frac{(卯丄二)(卯丄三)(二卯丄四)(二卯丄五)(三卯丄六)(三卯丄七)}{甲^{三}呷天^{三卯丄七}}丄\cdots$$

㊁ 此兩箇級數内只有一箇定常數呷。故尚非地之公式。若以呷代二式中之呷，而與一式相加即得地之公式。

以上各款論微積算學中各種要理大略已明。兹于此書之末附録最深之幾何題數箇並論其解法，所以廣微積之用云耳。

一題　求墨加禱地圖緯度變大之法。此亦影圖之類也。此種地圖，其經緯線皆作直線，而正角相交。無論從何緯度起，取球上之經線任一，小分即如一分可也。與圖之經線一小分之比，必如緯度之餘弦與半徑之比，即爲球之弧線與圖上經線之比。

設地球之半徑爲一。令亥爲從赤道起算之任何緯度之弧，人爲圖上經線之長。又令亥與人爲其任何小長數，則依作影圖之理 $\frac{亥'}{人'}=\frac{餘弦亥}{半徑}$ 依微分之例求其長數比例之限，$\frac{彶'}{仏}=\frac{餘弦亥}{一}$、$仏=\frac{餘弦亥}{彶}$ 乃依第一百五十五款之法求其積分，得 人＝訥$\left[正切(四五°丄\frac{一}{二}亥)\right]$ 此式中不必用改正之工夫。因其 亥＝〇 則 人＝訥(正切四五°) 即 人＝訥(一)＝〇 故也。

一千六百五十年間，有人名本德者偶攷得一法曰：此圖經線增大之數，能以半餘緯之對數之切線明之。其立法之理本易從以上之解法攷出。惟當時微積之家尚未甚明此理，所以無人不以證本德之法爲極難之事，幾于無法能證之。墨加禱懸賞云：如有人能證明本德之法其理确否，則賞銀若干。迨一千六百六十八年，始有古累固理能證之。其後巴羅之書中亦證之。但其證法甚繁，後有華里司與黑里兩人始用最簡妙之法證之。

二題　依定法作直線數條，求切此直線之曲線如何。

如圖，呷戌爲已知方位之直線，吁爲直線外已知之點。從此點作吁叮、吁叮′…，各直線遇呷戌線于叮叮′等點，乃從各點作本線之垂線叮呐、叮′呐′…，以此各垂線爲呷呐呐′曲線之切線。欲求其曲線之性情。

兹且不論此特設之式，而先解其公題之法如左。

令呷戌爲曲線之軸，呷爲縱横線之原點，呐叮爲遇軸線于叮之切線。從切點，呐作呐㐅垂線。令呷㐅爲天，㐅呐爲地，呐爲曲線上任一切點。呷㐅′爲天′，㐅′呐′爲地′，則無論其切線之方位用何法定之，其任一點之縱横線天′與地′相關之理俱可用公式 地′＝吧天′丄咋 明之。其吧咋公代常數並他數巳之某函數。其巳之變非因切線之作法而變。惟因切線之方向改，則其同數必變。故其巳可以明切線與軸線所成之角，亦可代次切線㐅叮…

兹設巳變爲 巳丄辛 而呐′叮′爲切線與 巳丄辛 相配之新方位。再令吧與咋爲巳之函數，則依第三十一款可用戴氏之例，令吧變爲 $吧丄\frac{彵}{祀}辛丄\frac{彵^{二}}{彳祀}\times\frac{辛^{二}}{二}丄\cdots$ 咋變爲 $咋丄\frac{彵}{祚}辛丄\frac{彵^{二}}{彳祚}\times\frac{辛^{二}}{二}丄\cdots$ 則天′與地′在切線新方位相比之理可用下式明之。

$$地'＝吧天'丄咋丄\left[\frac{彵}{祀}天'丄\frac{彵}{祚}\right]辛丄吁辛^{二}丄\cdots$$

其 吁辛^{二}丄… 代其級數之餘項。

因前式于各點之切線呐叮爲真相合，又其 地′＝吧天′丄咋 亦與各點之切線呐′叮′爲真相合，所以兩箇切線之交點在丙之時，其兩式必俱爲相合。而其丙點之式必能爲 $\left[\frac{彵}{祀}天'丄\frac{彵}{祚}\right]辛丄吁辛^{二}\cdots＝〇$ 如以辛約之，則爲

$\frac{𠯆}{祀}$天′丄$\frac{𠯆}{祽}$吘′丄吁辛丄……＝〇　設其兩切線漸近至相合，則㖢、㖢′二點必合爲一。于是凡有辛在内之各項俱不見，而其天地必變爲天′地′，所以求得其曲線之性情共有兩式，如　地＝吧天丄吘㊀　〇＝$\frac{𠯆}{祀}$天丄$\frac{𠯆}{祽}$㊁　以此兩式消去其巳，則能明曲線之形。

一試求本題特設之式。

如圖，呷哦爲已知方位之直線，吁爲已知之點，而吁叮㖢爲正角。作吁呷爲呷哦之垂線，以呷叱爲天，叱㖢爲地，吁呷爲甲，呷叮爲變數巳，則易知吁呷叮三角形與叮叱㖢三角形必爲同式。

所以　吁呷：呷叮：：叮叱：叱㖢　即　甲：巳：：天丅巳：地　故　甲地＝巳天丅巳二　叵　地＝$\frac{甲}{巳}$天丅$\frac{甲}{巳^{二}}$　以此式與一式相比可見　吧＝$\frac{甲}{巳}$吘＝丅$\frac{甲}{巳^{二}}$　所以　$\frac{𠯆}{祀}$＝$\frac{甲}{二}$、$\frac{𠯆}{祽}$＝丅$\frac{甲}{二巳}$　故其曲線之性情可用兩式明之：　地＝$\frac{甲}{巳}$天丅$\frac{甲}{巳}$、〇＝$\frac{甲}{二}$天丅$\frac{甲}{二巳}$　從其下一式得　巳＝$\frac{二}{天}$　所以可變其上一式爲　地＝$\frac{二甲}{天^{二}}$丅$\frac{四甲}{天^{二}}$　故得本曲線之式爲　四甲地＝天^{二}　則易知此曲線必爲拋物線。呷吁爲其軸，呷爲頂點，吁爲心點。

又設一同類之題云：如太陽之光線遇半圓凹面之鏡于叮，自叮回射有叮啐之方向，其鏡各點之光俱依此法回射，求切于回射各光線之曲線如何。

呷叮爲半徑，呷哦爲味叮之平行線，㖢爲回光線與曲線相切之點。令叮㖢遇呷哦于啐，作㖢叱與呷哦爲垂線。令呷叮爲甲，呷叱爲天，㖢叱爲地，叮呷哦變角爲巳。

則依光學之理，呷叮線必平分味叮啐角。而此角等于叮啐哦，即等于叮呷啐與呷叮啐二角之和。所以其呷叮啐角與叮呷啐角相等，其叮啐哦角等于二巳。

惟依三角之理　呷啐＝$\frac{正弦呷啐叮}{正弦呷叮啐}$×呷叮＝$\frac{正弦二巳}{正弦巳}$甲、叱啐＝$\frac{正弦㖢啐叱}{餘弦㖢啐叱}$×㖢叱＝$\frac{正弦二巳}{餘弦二巳}$地　所以　天＝呷啐丄叱啐＝$\frac{正弦二巳}{正弦巳}$甲丄$\frac{正弦二巳}{餘弦二巳}$地、地＝$\frac{餘弦二巳}{正弦二巳}$天丅$\frac{餘弦二巳}{正弦巳}$甲㊃　以角式與公式一相比，則知　吧＝$\frac{餘弦二巳}{正弦二巳}$、吘＝丅$\frac{餘弦二巳}{正弦巳}$甲　所以　$\frac{𠯆}{祀}$＝$\frac{餘弦^{二}二巳}{二}$、$\frac{𠯆}{祽}$＝丅$\frac{餘弦二巳}{餘弦巳}$甲丅$\frac{餘弦^{二}二巳}{二正弦二巳正弦巳}$甲　故可從二式得　$\frac{餘弦^{二}二巳}{二天}$＝$\left[\frac{餘弦二巳}{餘弦巳}丄\frac{餘弦^{二}二巳}{二正弦二巳正弦巳}\right]$甲㊄　從角亢兩式易得　天＝$\left(\frac{一}{二}餘弦二巳餘弦巳丄正弦二巳正弦巳\right)$甲、地＝$\left(\frac{一}{二}正弦二巳餘弦巳丅餘弦二巳正弦巳\right)$甲　惟因其　正弦二巳＝二正弦巳餘弦巳、餘弦二巳＝二餘弦^{二}巳丅一＝一丅二正弦^{二}巳　所以又得　天＝$\frac{一}{二}$餘弦巳（一丄二正弦^{二}巳）甲、地＝（正弦^{三}巳）甲　從此兩式易消去其中之餘弦巳、正弦巳，即能得所求之曲線式。此曲線名曰上擺線，亦名圓内聚光線。

觀此易知，本題之公式其用最廣。無論何式之聚光線與光差線皆可從一二兩公式攷得其曲線之式，並可推各種曲線之幾何題。然下題比此題所包之理更廣。凡此題之式所可推者，用下題之式俱能推之，且能推此題之式所不能推者。

三題　有同類之無數曲線各以一定之法作于平面上，求切此無數曲線之曲線如何。

即如拋物線爲有物從拋處起，依所得之速，用各斜度在一垂面上所成之各曲線，必更有一曲線可與其諸曲線相切是也。

如啐㖢叮爲所設之曲線，呷叱爲橫軸，以呷叱爲天′，叱㖢爲地′，令巳爲屬于其啐㖢叮本線本線無論爲曲線、爲直線，其理俱同之數。無論在本線之何點，其數恒同。惟在他線，則與在本線者不同。如曲線爲平圓，則巳爲半徑。如曲線爲拋物線，則巳爲通徑。故可名巳爲啐㖢叮之恒徑。

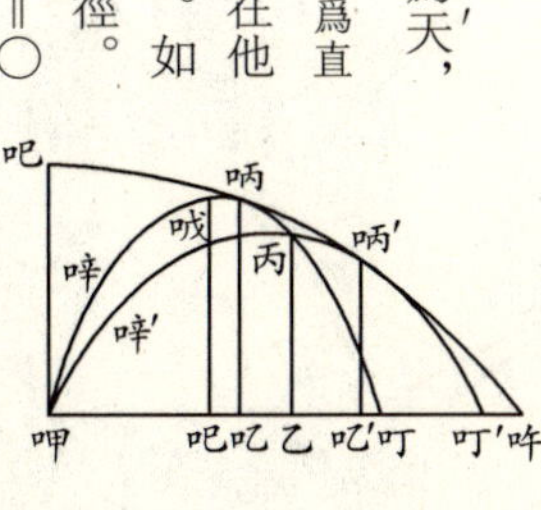

再設其本曲線之性情，可以　函（天′、地′、巳）＝〇

㊀ 明之。即可令天′、地′、巳之函數爲也。則若令巳改其同數而變爲 巳丄辛 則啐呐叮曲線亦改其形，而爲啐′呐′叮′。如令其呷吃爲天″，吃呐爲地″。即爲他曲線任一點之縱橫線。因題中所設之例，其兩條曲線可以同式明之，則必有 函(天″・地″・巳丄辛)＝〇㊁ 之形。依戴氏之例，此式可化爲級數，如

$$函(天″・地″・巳)丄\frac{彳巳}{彳[函(天″・地″・巳)]}辛丄丂辛^{二}丄\cdots$$

此式中之微分式獨以巳爲變數，其 丂辛丄… 代級數之餘項。每項中各有一辛之某方爲乘數。

設其兩曲線交于丙點，則可令呷乙爲天，丙乙爲地，而爲其公縱橫線。因在啐呐叮曲線之任何處俱合于一式，在啐′呐′叮′曲線之任何處俱合于二式，則若將公點丙之縱橫線天與地代入其一、二兩式內，必俱相合。所以有 函(天・地・巳)＝〇、$函(天・地・巳)丄\frac{彳巳}{彳[函(天・地・巳)]}辛丄丂辛^{二}丄\cdots＝〇$ 則必有 $\frac{彳巳}{彳[函(天・地・巳)]}丄丂辛丄\cdots＝〇$

設呐、呐′兩點爲所求之吧呐咋曲線與啐呐叮、啐′呐′叮′兩曲線相切之點。如令其辛漸小至末而不見，則呐、呐′兩點漸近于丙至末必合于丙，即得天與地爲啐呐叮、啐′呐′叮′兩曲線交點丙之縱橫線變爲吧呐咋曲線之縱橫線。所以易求其切諸曲線之曲線。

如令曲線之式爲 函(天・地・巳)＝〇(角) 天爲其橫線，地爲其縱線，巳爲其變通徑。獨令巳爲變數他數爲常數而求微分，則得

$$\frac{彳巳}{彳[函(天・地・巳)]}＝〇(亢)$$

從角亢兩式消去其巳，則所得之式必能明切于衆曲線之曲線。其性情如何。

設呷呐叮曲線、呷呐′叮′曲線爲從呷點用各斜度抛物所成之曲線。其物行之速率已知。又知其諸曲線俱在一箇垂面內。今欲求其與諸曲線相切之曲線吧呐呐′咋。

今哦吧爲任一曲線之軸，呷叮爲軸之垂線。命呷吧爲甲，即爲與抛速相配之高。以呷吃爲天，吃呐爲地，即爲曲線上任何點呐之縱橫線。以通徑爲巳，又令呷叮等于咋，爲巳之函數，而巳爲變數。

則依抛物線之理， 哦吧＝甲丅$\frac{巳}{四}$、呷吧^{二}＝巳×哦吧、呷吃×吃呐＝巳×吃呐 所以有兩式如下∵ 午天丅天^{二}＝巳地㊀ 午^{二}＝四甲巳丅巳^{二}㊁ 從一式得 函(天・地・巳)＝天^{二}丄巳地丅午天＝〇 令巳爲變數，天、地爲常數，午爲變數巳之函數，而求微分得 $\frac{彳巳}{彳[函(天・地・巳)]}＝地丅\frac{彳巳}{彳午}天＝〇$

所以 $\frac{天}{地}=\frac{彳巳}{彳午}$ 惟從二式而求其微分得 午彳午＝二甲彳巳丅巳彳巳 所以 $\frac{彳巳}{彳午}=\frac{午}{二甲丅巳}$ 又從一式得 $\frac{天}{地}=\frac{巳}{午丅天}$ 則 $\frac{巳}{午丅天}=\frac{午}{二甲丅巳}$ 所以 午丅午天＝二甲巳丅巳 又從二式得 午 之同數，代之得 午天＝二甲巳 故又從一式得 $巳=\frac{二甲丅地}{天^{二}}$、$午=\frac{二甲丅地}{二甲天}$ 將巳午之同數代入二式而化去其分母，則得 四甲^{二}天^{二}＝(八甲丅四甲地丅天^{二})天^{二} 所以 四甲地＝四甲^{二}丅天^{二} 即爲吧呐咋曲線之式。則知此曲線亦爲抛物線，呷爲其心，即衆抛物線之公交點也。其軸吧呷與地平成垂線，其通徑爲四甲。

以上所設之第二、第三兩題所能馭之幾何皆有代數之理明其微分之積數。此理爲題中特設之理，而不包于全原式內。

即如微分式 彳地$\sqrt{天^{二}丄地^{二}丅乙}$丅地彳地丅天彳天＝〇 其全原式爲 天^{二}丅二甲地丅甲^{二}丅乙＝〇 而甲爲定常數。惟此式之外，又有特設之原式 天^{二}丄地^{二}丅乙＝〇 此式雖不能有定常數，然亦能解其微分式。如欲證之，可將此式求其微分即知。此書中不論此一類之微分。因此類之題雖大有趣味，然非微積學中最要之事也。【略】

清・馮桂芬 陳暘《西算新法直解》卷八 積分

今有平方形之微分，以積分求原積。

一式 戊＝天^{二} 二式 彳戊＝二天彳天 三式 禾二天彳天＝天^{二}

如圖，子丑寅卯平方形，命方邊爲天，方積爲戊，寅辰、子未同。爲天之微分。巳寅冪與午子冪之和爲戊之微分。方積之原數，如一式。其微分，如二式。求積分，則加禾於二式之 二天彳天 與一式之天^{二}等，如三式，即得原積。

假令天微分一，戊微分百，則三式左畔之 二天丨彳天 爲百。以彳天一除之，仍得百，半之得天五十依右畔天自乘得平方原積二千五百，即 二天丨彳天 之積分。

若原數內有常數，求微分後而常數不見，既得積分須仍以常數加減之。始合原數。

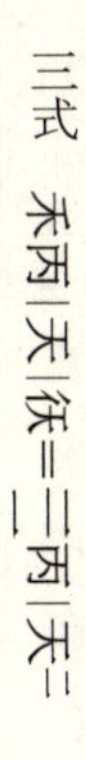

今有句股形之微分，以積分求原積。

一式 $戊=\frac{一}{二}丙丨天^{二}$ 二式 $彳戊=丙丨天丨彳天$ 三式 $禾丙丨天丨彳天=\frac{一}{二}丙丨天^{二}$

如圖，子丑寅句股形，命面積爲戊，丑子寅角之正切爲丙，子寅句爲天，寅巳爲天之微分，辰巳寅丑冪爲戊之微分，子角正切乘句得 丙丨天 爲丑寅股。以句乘股，半之得 $\frac{一}{二}丙丨天^{二}$ 與面積戊等，如一式。其微分如二式。求積分，則加禾於二式之右畔，與一式之右畔等，如三式，即得面積。

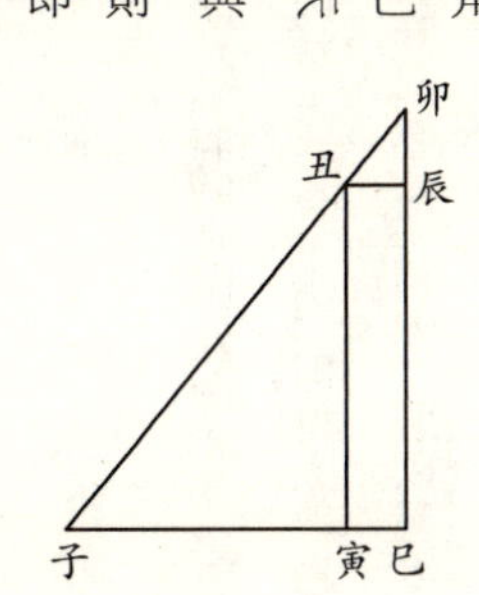

假令天微分二，戊微分八十，則三式左畔之 丙丨天丨彳天 爲八十。以彳天二除之，得 丙丨天 股四十。又以子角正切丙 一三三三三 除之，得天句三十。依右畔天句自乘，得九百，半子角正切丙乘之，得句股原積六百，即 丙丨天丨彳天 之積分。

今有平圓弧線之微分，以積分求弧線之正弦。即縱線。

一式 $地=\sqrt{丁^{二}丅天^{二}}$ 二式 $彳地=\frac{丁}{彳人}丨天$

三式 $禾\frac{丁}{彳人}丨天=\sqrt{丁^{二}丅天^{二}}$

如圖，子丑弧線命爲人。子午半徑命爲丁，子寅正弦命爲地，寅午餘弦命爲天。子卯通弦爲人之微分，卯巳線爲地之微分。以餘弦冪減半徑冪，餘開平方，得正弦，如一式。以半徑除弧線微分，而以餘弦乘之，得正弦微分，如二式。詳微分三之三題。求積分則加禾於二式之右畔，與一式之右畔等，如三式即得正弦。

假令弧線微分 二九〇九 正弦微分 二五二〇 半徑一，則三式左畔之 $\frac{丁}{彳人}丨天$ 爲 二五二〇 以半徑丁一除弧線微分彳人 二九〇九 仍得 二九〇九 以除 二五二〇 得餘弦天 八六六〇二 依右畔天自乘得 七五 減丁自乘 一〇〇 餘 二五 開平方得正弦五。

今有橢圓縱橫線之微分，以積分求縱線。

一式 $地=\sqrt{一丅丁戊^{二}}丨\sqrt{甲^{二}丅天^{二}}$ 二式 $地^{二}=(一丅丁戊^{二})丨(甲^{二}丅天^{二})$ 三式 $二地丨彳地=(一丅丁戊^{二})丨二天丨彳天$ 四式 $彳地=\frac{二地}{(一丅丁戊^{二})丨二天丨彳天}$ 五式 $彳地=\frac{地}{(一丅丁戊^{二})丨天丨彳天}$ 六式 $彳地=\frac{\sqrt{甲^{二}丅天^{二}}}{\sqrt{一丅丁戊^{二}}}丨天丨彳天$

七式 $禾\frac{\sqrt{甲^{二}丅天^{二}}}{\sqrt{一丅丁戊^{二}}}丨天丨彳天=\sqrt{一丅丁戊^{二}}丨\sqrt{甲^{二}丅天^{二}}$

如圖，子寅縱線命爲地，寅午橫線命爲天，巳卯爲天之微分，丑卯爲地之微分。又命長半徑爲甲，短半徑爲乙，橢率爲戊，用橢圓求縱線術爲原數，如一式，即橢圓一題次一式。自乘之，如二式。二式之微分，如三式。移 二地 於右，變乘爲除，如四式。右畔以二約之，如五式。以一式之右畔代五式之地，如六式。求積分，則加禾於六式之右畔，與一式之右畔等，如七式，即得縱線。

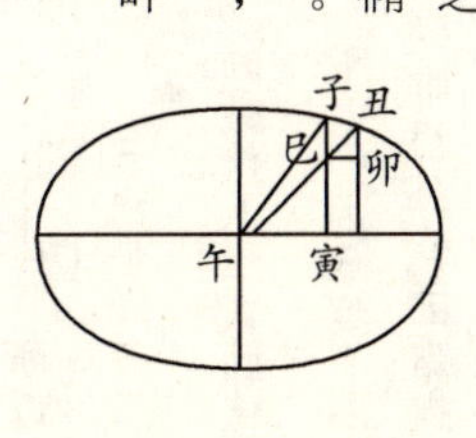

假令長半徑五十，橫線三十，橫線微分十，縱線微分六，則七式左畔之 $\frac{\sqrt{甲^{二}丅天^{二}}}{\sqrt{一丅丁戊^{二}}}丨天丨彳天$ 爲六。以彳天十除之，得 〇六 又以天三十除之，得 〇〇二 以 $\sqrt{甲^{二}丅天^{二}}$ 四十乘之，得 〇八 依右畔以 $\sqrt{甲^{二}丅天^{二}}$ 四十乘之，得縱線三十二。

今有拋物線縱橫線之微分，以積分求縱線。

一式 $地=\sqrt{二丙丨天}$ 二式 $地^{二}=二丙丨天$ 三式 $二地丨彳地=二丙丨彳天$ 四式 $地丨彳地=丙丨彳天$ 五式 $彳地=\frac{地}{丙丨彳天}$ 六式 $彳地^{二}=\frac{地^{二}}{丙^{二}丨彳天^{二}}$

七式 彳地二＝(二天/丙)|彳天二 八式 彳地＝√(二天/丙)|彳天 九式 禾√(二天/丙)|彳天＝√(二丙|天)

如圖，子寅縱線命爲地，寅午橫線命爲天。子卯爲橫線之微分，丑卯爲縱線之微分。又命半通弦爲丙。用拋物線求縱線術爲原數，如一式即拋物線一題四式。自之，如二式。二式之微分，如三式。以二約之，如四式。移地於右，變乘爲除，如五式。自之，如六式。以二式右畔 二丙|天 代六式之地二 如七式。平方開之，如八式。求積分，則加禾於八式之右畔，與一式之右畔等，如九式，即得縱線。

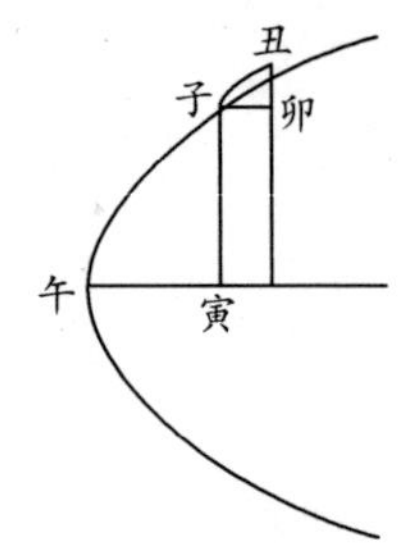

假令橫線四十，天微分五，地微分 二五 則九式左畔之 √(二天/丙)|彳天 爲 二五 以彳天五除之，得 ○五 自之得 二五 以二天八十乘之，得二十。依右畔再以二天八十乘之，得一千六百，開平方得縱線四十。

今有擺線縱橫線之微分，以積分求曲線。

一式 人＝二√(二甲|(二甲丅地)) 二式 天＝弧丅√(二甲|地丅地二) 三式 彳天＝√(二甲|地丅地二)/(地|彳地) 四式 彳天二＝(二甲|地丅地二)/(地二|彳地二) 五式 彳人＝√(彳地二丄彳天二) 六式 彳人＝√(彳地二丄(二甲|地丅地二)/(地二|彳地二)) 七式 彳人＝彳地|√(一丄(二甲|地丅地二)/地二) 八式 彳人＝彳地|√((二甲|地丅地二)/(二甲|地)) 九式 彳人＝彳地|√((二甲丅地)/二甲) 十式 禾彳地|√((二甲丅地)/二甲)＝二√(二甲|(二甲丅地))

如圖，午申酉爲擺線之全面線。午子爲所求曲線。子申爲餘曲線。丑卯爲母輪全徑。丑子爲餘截弧之通弦。子寅爲縱線。寅午爲橫線。命母輪半徑爲甲，餘曲線爲人，縱線爲地，橫線爲天，子巳爲天之微分，未巳爲地之微分，未子爲人之微分。識別得擺線全曲線得母輪全徑之四倍，則餘曲線必得餘截弧通弦之二倍。應以丑辰及子辰各自乘，相加開方而得丑子通弦。故以 二甲 乘 二甲丅地 平方開之，爲丑子通弦。二之爲子申餘曲線，如一式。次用擺線求橫線術，得橫線，如二式。詳代數七之一題。又用擺線微分術，得橫線之微分，如三式。詳微分四之九題。自之，如四式。又用弧線微分術得餘曲線之微分，如五式。詳微分三之十題。以四式右畔代五式之彳天二，如六式。此式右畔若先以彳地二約之，開方後復以彳地乘之，得數必同。遂以 彳地|√(一丄(二甲|地丅地二)/地二) 易其右畔，如七式。別得 二甲 乃一地一 二甲丅地 兩數所合而成。以地乘之，則一爲 地二 一爲 二甲一地丅地二。又以 二甲一地丅地二 除之，必與 一丄(二甲|地丅地二)/地二 相等。故以 (二甲|地丅地二)/(二甲|地) 代七式之 (二甲|地丅地二)/地二 如八式。其右畔開方式中，法實俱有，地足以相抵。因以地約之，如九式。求積分，則加禾於九式之右畔，等於一式之右畔，如十式，即得餘曲線。以餘曲線減母輪倍徑得所求曲線。

假令縱線十，地微分 ○五 人微分 ○七○七一 則十式左畔之 彳地|√((二甲丅地)/二甲) 爲 ○七○七一 以彳地 ○五 除之，得 一四一四二 自之，得二夫 二甲丅地 除 二甲 既得二，則二除 二甲 必得 二甲丅地 是地與 二甲丅地 各得 二甲 之半也。於是以十爲 二甲丅地 二十爲 二甲 依右畔以十乘二十得二百，開平方得十四一四二。倍之即餘曲線二十八二八四。

今有對數螺線帶徑截弧之微分，以積分求曲線。

一式 瓜＝地寸 二式 彳瓜＝地/(彳地|艮) 三式 彳天＝地|彳瓜 四式 彳天二＝地二一彳瓜二 五式 彳人＝√(彳地二丄彳天二) 六式 彳人＝√(彳地二丄地二一彳瓜二) 七式 彳人＝√(彳地二丄彳地二|艮二) 八式 彳人＝彳地|√(一丄艮二) 九式 彳人＝彳地|√二 十式 人＝地|√二 十一式 禾彳地|√二＝地|√二

如圖，申子爲所求曲線，子午爲帶徑，酉卯爲截弧。命對數之根爲艮，截弧爲瓜，帶徑爲地，曲線爲人，對數爲寸，卯辰爲瓜之微分，子未爲人之微分，未丑爲地之微分。借子丑弧之正切爲天之微分。用對數螺線求截弧術得截弧，如一

式。其微分，如二式。以半徑一比截弧微分弧，若帶徑地與子丑弧正切彳天，故地弧相乘，與彳天相等，如三式。帶徑真數也。截弧對數也。試分平圓爲八分。每分皆等於對數之根，而對數之根與半徑同爲一，是截弧之數，亦正切之數也。故可用截弧之微分與子丑弧之正切相爲比例。自之，如四式。天微分、地微分各自乘，相加，平方開之，得人微分，如五式。以四式右畔代五式之彳天，如六式。以二式右畔自之，得 $\frac{地^{二}}{地^{二}丄艮^{二}}$ 代六式之弧^{二}，如七式。以彵約 $彵^{二}丄彵^{二}$ 一艮^{二} 開方後，以彵乘之，得數亦同，如八式。訥氏對數之根爲一，自乘仍得一，則八式之 一丄艮^{二} 即一加一，如九式。以彵乘 $\sqrt{二}$ 而得曲線微分，則以地乘 $\sqrt{二}$ 必得曲線，如十式。求積分，則加禾於九式之右畔，等於十式之右畔，如十一式，即得曲線。曲線與帶徑之比同於斜與方之比。

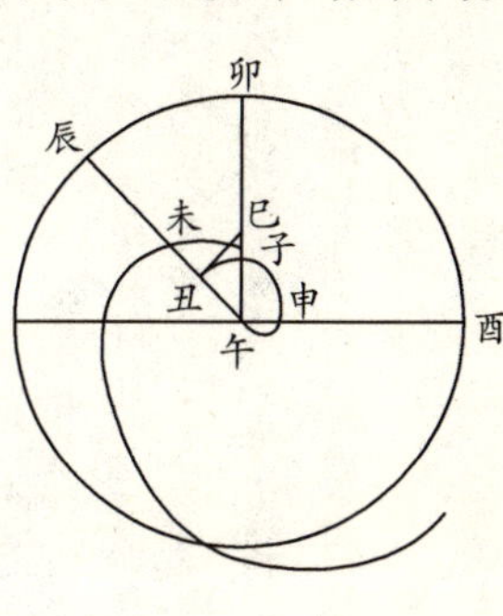

假令帶徑四，帶徑微分二，以二乘 $\sqrt{二}$ 得曲線微分 二八二八四 以四乘 $\sqrt{二}$ 得曲線 五六五六八

今有平圓縱橫線之微分，以積分求截積。

一式 地$=\sqrt{甲^{二}丅天^{二}}$ 即 地$=(甲^{二}丅天^{二})^{\frac{一}{二}}$ 二式 地$=(一丅天^{二})^{\frac{一}{二}}$ 三式 地$=一丅\frac{二}{天}丅\frac{二|三|八}{三天^{八}}丅\frac{二|三|四|六}{三|五天^{八}}丅…$ 即 地$=一丅\frac{一}{天^{二}}丅\frac{八}{天^{四}}丅\frac{一六}{天^{六}}丅\frac{一二八}{五天^{八}}丅…$

四式 地|彳天$=$彳天$丅\frac{二}{天^{二}|彳天}丅\frac{八}{天^{四}|彳天}丅\frac{一六}{天^{六}|彳天}丅\frac{一二八}{五天^{八}|彳天}丅…$ 五式 人$=天丅\frac{六}{天^{三}}丅\frac{四〇}{天^{五}}丅\frac{一一二}{天^{七}}丅\frac{一一五二}{五天^{九}}丅…$

六式 禾地|彳天$=天丅\frac{六}{天^{三}}丅\frac{四〇}{天^{五}}丅\frac{一一二}{天^{七}}丅\frac{一一五二}{五天^{九}}丅…$

次一式 人$=\frac{三}{二}丅\frac{四八}{一}丅\frac{一二八〇}{一}丅\frac{一四三三六}{一}丅…$ 即 人$=$・四七八三〇五五

如圖，午丑子寅爲所求截積，命爲人。子寅爲縱線，命爲地。寅午爲橫線，命爲天。子午爲半徑，丑午同。命爲甲。用平圓求縱線術，得縱線，如一式。若半徑爲一，則一式變爲二式，其右畔以級數詳之，如三式。詳微分三之四題附後。以彳天乘之，如四式。求截積原數以天代彳天，而以三、五、七、九諸數遍乘，其法如五式。求積分，則加禾於四式之左畔，等於五式之右畔，如六式，即得截積。

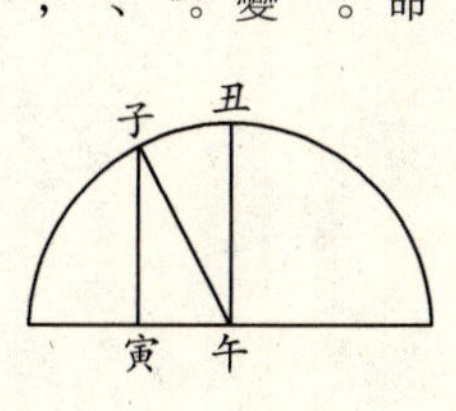

假令子丑弧三十度，則寅午天爲其正弦 $\frac{二}{一}$ 子寅地爲其餘弦 $\sqrt{\frac{四}{三}}$ 以 $\frac{二}{一}$ 代天六式，遂變爲次一式。又以 $\sqrt{\frac{四}{三}}$ 乘 $\frac{二}{一}$ 所得半之，得午子寅句股面積・二一六五〇六三 以減午丑子寅截積・四七八三〇五五 餘・二六一七九九二 爲午子丑面積，一弧線、兩直線所成之面。以十二乘之得 三・一四一五九… 爲全圓面積。

今有橢圓縱橫線之微分，以積分求截積。

一式 至$=\sqrt{甲^{二}丅天^{二}}$ 二式 彳物$=$彳天|至 三式 彳天|至$=$彳天|$\sqrt{甲^{二}丅天^{二}}$ 四式 地$=\frac{甲}{乙}|\sqrt{甲^{二}丅天^{二}}$ 五式 彳天|地$=\frac{甲}{乙}|$彳天$|\sqrt{甲^{二}丅天^{二}}$ 六式 彳天|地$=\frac{甲}{乙}|$彳物 七式 人$=\frac{甲}{乙}|$物 八式 禾彳天|地$=\frac{甲}{乙}|$物

如圖，午丑子寅爲所求橢圓截積，命爲人。子寅爲橢圓縱線，命爲地。辰寅爲平圓縱線，命爲至。寅午爲橢圓平圓共有之橫線，命爲天。巳午爲橢圓長半徑，即平圓半徑，命爲甲。丑午爲橢圓短半徑，命爲乙。先用平圓求縱線術，得平圓縱線，如一式。次用平圓求面積微分術，以縱線乘橫線微分，得平圓截積微分，如二式。詳微分三之十一題。又用橢圓求縱線術，得橢圓縱

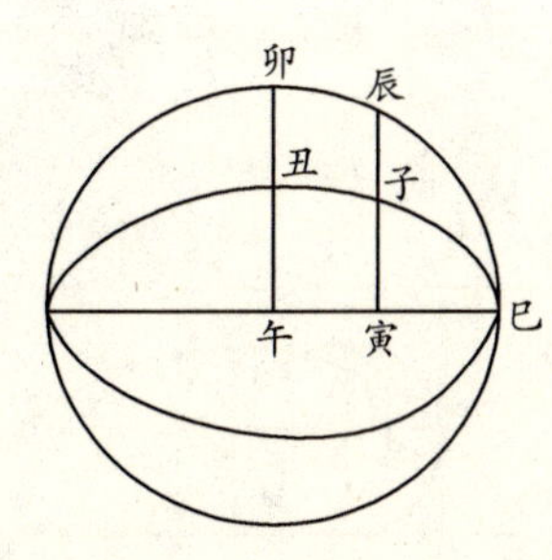

線，如四式。以横線微分乘之，得楕圓截積微分，如五式。其右畔之彳天｜$\sqrt{甲^{二}丅天^{二}}$ 與平圓截積微分相等，遂以彳物代之，如六式。夫以 $\frac{甲}{乙}$ 乘彳物而得彳人，則以 $\frac{甲}{乙}$ 乘物，必得人，如七式。求積分，則加禾於六式左畔，等於七式右畔，如八式，即得楕圓截積。

次一式 物$=\frac{一}{二}$周｜甲 次二式 人$=\frac{甲}{乙}$｜$\frac{一}{二}$周｜甲 次三式 人$=\frac{甲}{乙}$｜$\frac{周}{率}$｜甲^{二} 即 人$=\frac{周}{率}$｜甲｜乙

假令長半徑十，短半徑八，横線五，則平圓截積 四七．八三〇五五 以 $\frac{甲}{乙}$ 乘之，得 三八．二六四四四 爲楕圓截積。若求全積，則以半周、半徑相乘，得平圓全積，如次一式。以長半徑除短半徑之得數乘之，得楕圓全積，如次二式。亦可以半徑自乘，以乘周率爲平圓全積，以長半徑除短半徑之得數乘之，爲楕圓全積，如次三式。

今有抛物線縱横線之微分，以積分求截積。

一式 地^{二}＝二丙｜天 二式 二地｜彳地＝二丙｜彳天 三式 彳天$=\frac{丙}{地｜彳地}$ 四式 地｜彳天$=\frac{丙}{地^{二}｜彳地}$ 五式 禾地｜彳天$=\frac{三丙}{地^{三}}$地 六式 人$=\frac{三丙}{二丙｜天}$｜地 即 人$=\frac{二}{三}$｜天｜地

如圖，午子寅爲所求截積，命爲人。子寅縱線，命爲地。寅午横線，命爲天。半通弦，命爲丙。用抛物線求縱線術，得縱線冪，如一式。其微分，如二式。以丙除 地｜彳地 得天微分，如三式。以地乘之，得人微分，如四式。求積分，則取實地之指數二加一，得三。以乘法甲而變彳地爲地，爲其右畔。求微分時，必將指數減一爲地之指數。故求積分時，須將指數加一，以乘甲。又加禾於其左畔，如五式。以一式右畔代五式之地，如六式，即得截積。以截積比縱横線相乘冪，若二與三。

今有擺線縱横線之微分，以積分求截積。

一式 物＝二甲丅地 二式 彳人＝彳物｜彳天＝（二甲丅地）｜彳天 三式 天＝弧丅$\sqrt{二甲｜地丅地^{二}}$ 四式 彳天$=\frac{\sqrt{二甲｜地丅地^{二}}}{地｜彳地}$ 五式 彳人＝彳地｜$\sqrt{二甲｜地丅地^{二}}$ 六式 人＝禾｜彳地｜$\sqrt{二甲｜地丅地^{二}}$

如圖，午子寅爲所求截積。法先求午子卯餘積。乃命巳未縱線爲地，未午横線爲天，辰巳線爲物，午卯辰巳積爲人，子寅徑爲 二甲 以地減二甲得辰巳線，如一式。以天微分乘之，得人微分，如二式。又用擺線求横線術，得天，如三式。準前求得天之微分，如四式。以四式右畔代二式之彳天，如五式。求積分，則加禾於右畔，與人相等，如六式，即得午卯辰巳積。

觀六式右畔之 彳地｜$\sqrt{二甲｜地丅地^{二}}$ 即平圓截積之微分，詳微分三之十一題。知，午卯辰巳積與寅申丑積相等，爲母輪積四分之一。夫午卯辰巳積既居母輪積四分之一，則午子卯積自必居母輪積二分之一。以母輪全徑乘母輪半周，得母輪半積者四。即午卯子寅方。午子卯積有其一，午子寅積必有其三。而擺線全積亦必爲母輪全積之三倍。

今有亞奇氏螺線截弧之微分，以積分求截積。

一式 彳物$=\frac{二}{地^{三}}$｜彳弧 二式 木＝二周 三式 地$=\frac{二周}{瓜}$ 四式 彳地$=\frac{二周}{彳瓜}$ 五式 二周｜彳地＝彳弧 六式 彳物＝周｜地^{二}｜彳地 七式 人$=\frac{三}{周｜地^{三}}$

如一圖，午丑子爲所求截積，命爲人。子午爲帶徑，命爲地。酉卯爲截弧，命爲瓜。卯午爲平圓半徑，與子午帶徑同式，亦命爲地。酉卯戌亥爲平圓周，命爲木。而命周率爲用，復以子午帶徑爲半徑，作申子虛弧與酉卯截弧同式，亦命爲瓜。卯辰爲截弧之微分，子未爲虚弧之微分。法先求申子截積之微分。命申子截積爲物。設卯午半徑爲一，卯辰弧適當圓周八分之一，則其正切與半徑相等。而午巳卯句股積必爲半徑自乘方之半，即 $\frac{二}{地^{三}}$ 以半徑一比 $\frac{二}{地^{三}}$ 若截弧微分與截積微分。故以弧乘 $\frac{二}{地^{三}}$ 得物之微分，如一式。次用亞奇氏螺

線求帶徑術，半徑等於徑率一圓周，必等於倍周率，如二式。應以半徑乘截弧，而以圓周除之，得帶徑。故只以倍周率除截弧，即得帶徑，如三式。其微分，如四式。移 二用 於左，變除爲乘，如五式。以五式左畔代一式之弧，如六式。求積分，則取其指數二加一，得三，以除 $用\mid地^{二}\mid彳地$ 而變彳地爲地，如七式，即得所求子丑午截積。

次一式 $人=\frac{三}{周}$ 次二式 $瓜=二\mid(二周)$

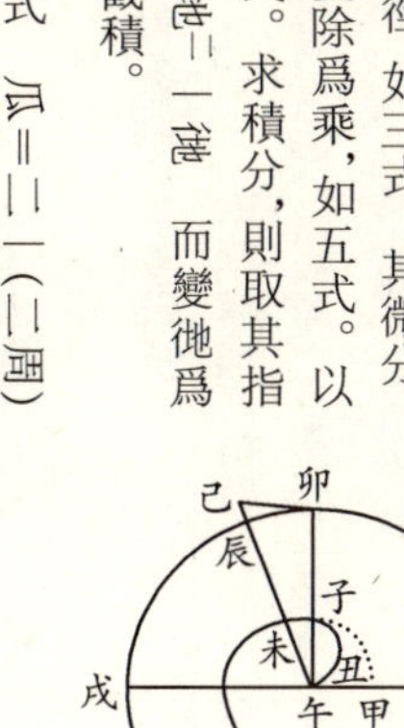

一圖

若欲知直線繞平圓心一匝所成之螺線面積，如二圖之午子亢酉。其帶徑等於平圓半徑地，再自乘仍爲一七式，遂變爲次一式。螺線面積得平圓面積三分之一。

若欲知直線繞平圓心二匝所成之螺線面積，如二圖之午酉氐房心。其帶徑等於平圓全徑，截弧等於四周率，如次二式。螺線面積必爲三除八周率。帶徑二再自乘得八，以乘周率，得八周率。又以 $\frac{三}{周}$ 減之，如次三式。

次三式 $人=\frac{三}{八周}丅\frac{三}{周}$ 即 $人=\frac{三}{七周}$

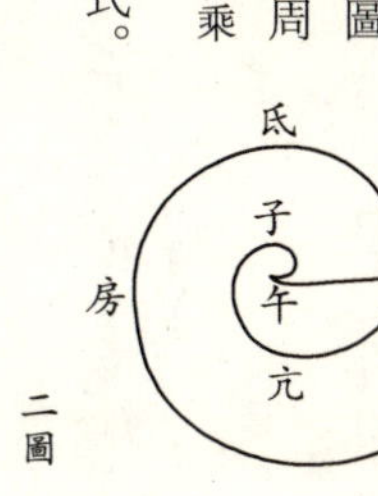

二圖

所以用 $\frac{三}{周}$ 減之之故，則因直線既行二匝，必重成一午子亢有面，須於 $\frac{三}{八周}$ 內減去午子亢酉面，始與午酉氐房心面吻合也。

今有雙曲螺線截弧之微分，以積分求截積。

一式 $地=\frac{瓜}{二周}$ 二式 $彳物=\frac{二}{地^{二}}\mid彳瓜$ 三式 $彳人=\frac{二瓜^{二}}{(二周^{二})}\mid彳瓜$ 四式 $人=\frac{二瓜}{(二周^{二})}$

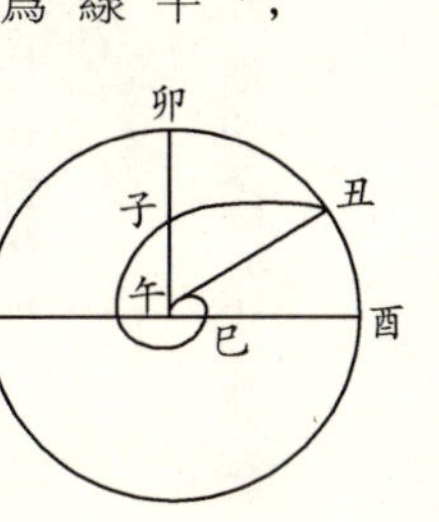

如圖，午丑子爲所求截積，命爲人。子午爲帶徑，命爲地。酉卯爲截弧，命爲瓜。午酉爲平圓半徑。午巳爲橫徑。又命平圓截積爲物，周率爲周。雙曲螺線求帶徑術，應以截弧比圓周若橫徑與帶徑。設橫徑爲一，則截弧每分皆等於倍周率。故以截弧除倍周率，即得帶徑，如一式。又準前求平圓截積微分，如二式，一式之右畔自之，以代二式之地，如三式。求積分，則變彳瓜爲瓜，如四式，即得所求午丑子截積。

今有對數螺線截弧之微分，以積分求截積。

一式 $瓜=地寸$ 二式 $彳瓜=\frac{彳地}{艮\mid彳地}$ 三式 $彳物=\frac{二}{地^{二}}\mid彳瓜$ 四式 $彳瓜=\frac{彳地}{彳地}$ 五式 $彳物=\frac{二}{地\mid彳地}$ 六式 $人=\frac{四}{地^{二}}$

如圖，午申子爲所求截積，命爲人。子午爲帶徑，命爲地。酉卯爲截弧，命爲瓜。又命平圓截積爲物，對數爲寸，對數之根爲艮。用對數螺線求截弧術，如一式。其微分，如二式。又準前求平圓截積微分，如三式。設對數之根爲一，則二式變爲四式。以四式右畔代三式之弧，如五式。求積分，則以地之指數加一爲二，以乘法二而除地。地之指數先已減。盡加一，則成平方。故以二爲所加之數。又變彳地爲地，如六式，即得所求午申子截積。

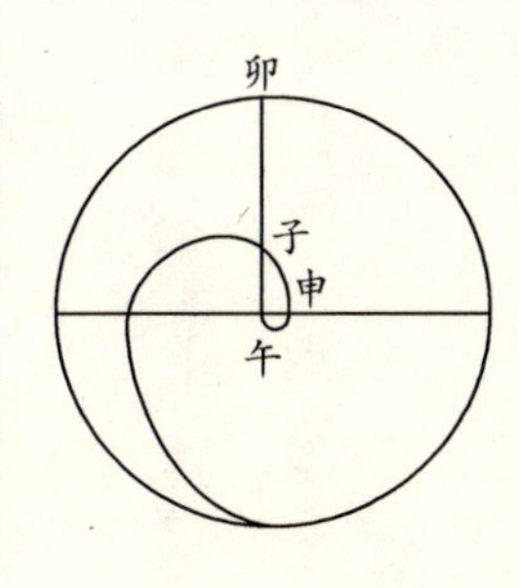

以此知對數螺線一匝之面積等於匝末帶徑自乘方四分之一。

今有圓錐體縱橫線之微分，以積分求曲面積。

一式 $彳物=二周\mid地\mid\sqrt{彳天^{二}丄彳地^{二}}$ 二式 $\sqrt{彳天^{二}丄彳地^{二}}=彳天\mid\sqrt{一丄\frac{彳天^{二}}{彳地^{二}}}$ 三式 $彳物=二周\mid地\mid彳天\mid\sqrt{一丄\frac{彳天^{二}}{彳地^{二}}}$ 四式 $地=\frac{甲}{乙\mid天}$ 五式 $彳地=\frac{甲}{乙}\mid彳天$ 六式 $彳地^{二}=\frac{甲^{二}}{乙^{二}}\mid彳天^{二}$ 七式 $\frac{彳天^{二}}{彳地}=\frac{甲^{二}}{乙^{二}}$ 八式 $彳人=二周\mid\frac{甲}{乙\mid天}\mid彳天\mid\sqrt{一丄\frac{甲^{二}}{乙^{二}}}$ 九式 $彳人=二用\mid\frac{甲^{二}}{乙\mid天}彳天\mid\sqrt{甲^{二}丄乙^{二}}$ 十式 $人=禾彳天=周\mid\frac{甲^{二}}{乙\mid天^{二}}\mid\sqrt{甲^{二}丄乙^{二}}$ 次一式 $人=周\mid乙\mid\sqrt{甲^{二}丄乙^{二}}$ 即 $人=二周\mid乙\mid\frac{二}{子午}$

如圖，子卯午句股形，以午卯爲軸，子午弦繞軸旋轉一匝，即成圓錐之曲面。

乃以午爲原點，丑爲任一點，命丑巳縱線爲地，巳午橫線爲天，卯午句爲甲，子卯股爲乙，丑午所成之曲面積爲人，丑未爲天微分，辰未爲地微分。先用圓球求曲面積之微分術，詳微分三之十二題。命圓球曲面積爲物。以天微分及地微分各自乘併而開方，所得又以倍周率乘地以乘之，得物之微分，如一式。以彳天冪除 $彳天^{二}丄彳地^{二}$ 得 $一丄\frac{彳地^{二}}{彳天^{二}}$ 開方後復以彳天乘之，等於 $\sqrt{彳天^{二}丄彳地^{二}}$ 如二式。以二式右畔代一式之 $\sqrt{彳天^{二}丄彳地^{二}}$ 如三式。次以句比股若橫線與縱線，故天乙相乘，以甲除之，得地，如四式。其微分，如五式。自之，如六式。移彳天^{二}於左，變乘爲除，如七式。以四式右畔代三式之地，以七式右畔代三式之 $\frac{彳天^{二}}{彳地^{二}}$ 如八式。以甲乘甲，以甲冪乘 $一丄\frac{甲^{二}}{乙^{二}}$ 如九式。求積分，則取指數加一得二，以除 二周 而變彳天爲天，如十式，即得曲面積。

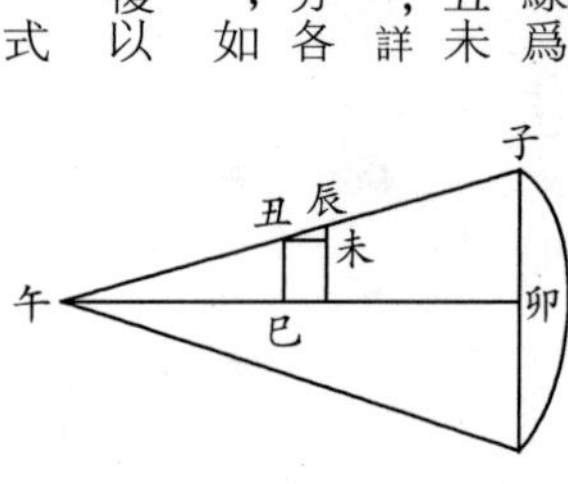

若求曲面全積，則縱線地即底半徑乙，橫線天即錐高甲。十式遂變爲次一式。以此知圓錐曲面全積等於底周乘半斜線。

今有圓柱體縱橫線之微分，以積分求曲面積。

一式 $彳物=二周|地|\sqrt{彳天^{二}丄彳地^{二}}$ 二式 $彳人=二周|乙|彳天$ 三式 $人=禾彳人=二周|乙|甲$

如圖，子卯午酉平方形，以午卯爲軸，子酉線繞軸旋轉一匝，即成圓柱之曲面。乃命午卯爲甲，子卯爲乙。若求曲面全積，則天等於甲，地等於乙，彳地等於〇。用圓球求曲面積之微分術，爲一式。以一代地而消彳地冪，如二式。求積分，則變彳天爲甲，如三式，即得曲面積。

以此知，圓柱曲面全積等於底周乘高。

今有圓球體縱橫線之微分，以積分求曲面積。

一式 $彳人=二周|地|\sqrt{彳天^{二}丄彳地^{二}}$ 二式 $天^{二}丄地^{二}=甲^{二}$ 三式 $二天\underset{丅}{|}彳天丄二地\underset{丄}{|}彳地=〇$ 四式 $天\underset{丅}{|}彳天=地\underset{丄}{|}彳地$ 五式 $\frac{地^{二}}{天^{二}丅彳天^{二}}=\underset{丄}{彳地}$ 六式 $\sqrt{彳天^{二}丄彳地^{二}}=彳天|\sqrt{一丄\frac{彳天^{二}}{彳地^{二}}}$ 七式 $\frac{地^{二}}{天^{二}}=\frac{彳天^{二}}{彳地^{二}}$ 八式

$彳人=二周|地|彳天|\sqrt{一丄\frac{彳天^{二}}{彳地^{二}}}$ 九式 $彳人=二周|地|彳天|\sqrt{一丄\frac{地^{二}}{天^{二}}}$ 十式

$彳人=二周|彳天|\sqrt{地^{二}丄天^{二}}$ 十一式 $彳人=二周|彳天|甲$ 十二式 $人=禾彳人=二周|天|甲$ 次一式 $人=二周|甲^{二}$ 次二式 $人=四周|甲^{二}$

如圖，子丑寅卯圓球中剖之，則子寅平圓爲其母。午爲平圓之心，即原點。圓球縱線即平圓縱線，命爲地。圓球橫線即平圓橫線，命爲天。又命半徑爲甲，周率爲周，圓球曲面積爲人。先用圓球求曲面積之微分術，爲一式。次用平圓求半徑冪術，爲二式。二式之微分，如三式。分列兩畔，半之，如四式。移地於左，變乘爲除，自之，如五式。以彳天冪除 $彳天^{二}丄彳地^{二}$ 開方後，復以彳天乘之，等於 $\sqrt{彳天^{二}丄彳地^{二}}$ 如六式。以彳天冪除五式，如七式。以六式右畔代一式之 $\sqrt{彳天^{二}丄彳地^{二}}$ 如八式。以七式左畔代八式之 $\frac{彳天^{二}}{彳地^{二}}$ 如九式。以地除地，以地冪乘 $一丄\frac{地^{二}}{天^{二}}$ 如十式。以二式右畔開平方得甲，代十式之 $\sqrt{地^{二}丄天^{二}}$ 如十一式。求積分，則變彳天爲天，如十二式，即得曲面積。

若求半球曲面積，則天、地皆等於甲，十二式遂變爲次一式。若求全球曲面積，則倍次一式爲次二式。以此知，圓球曲面全積等於四平圓面積。

今有拋物線體縱橫線之微分，以積分求曲面積。

一式 $彳物=二周|地|\sqrt{彳天^{二}丄彳地^{二}}$ 二式 $彳物=二周|地|彳地|\sqrt{一丄\frac{彳地^{二}}{彳天^{二}}}$ 三式 $地^{二}=二丙|天$ 四式 $地|彳地=丙|彳天$ 五式

$\frac{丙}{地}|彳地=彳天$ 六式 $\frac{丙}{地}=\frac{彳地}{彳天}$ 七式 $彳人=二周|地|彳地|\sqrt{一丄\frac{丙^{二}}{地^{二}}}$ 八式

$彳人=\frac{丙}{二周}地|彳地|\sqrt{丙^{二}丄地^{二}}$ 即 $彳人=\frac{丙}{二周}|地|彳地|(丙^{二}丄地^{二})^{\frac{一}{二}}$ 九式

$禾彳人=\frac{三丙}{二周}|(丙^{二}丄地^{二})^{\frac{三}{二}}$ 十式 $人=\frac{三丙}{二周}|\left[(丙^{二}丄地^{二})^{\frac{三}{二}}丅\frac{三}{二周|丙^{二}}\right]$

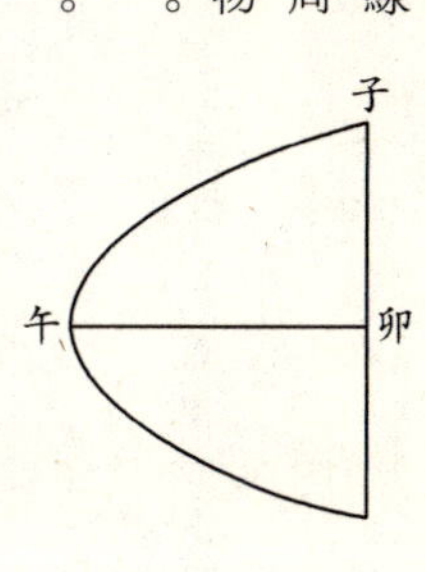

如圖，午子卯拋物平半面，以午卯爲軸，子午線繞軸旋轉一匝，即成拋物曲面。乃命半通弦爲丙，周率爲周，縱線爲地，橫線爲天，圓球曲面積爲物，拋物曲面積爲人。先用圓球求曲面積之微分術，如一式。以 $彳地|\sqrt{一丄\frac{彳地^{二}}{彳天^{二}}}$ 代 $\sqrt{彳天^{二}丄彳地^{二}}$ 如二式。次用拋物求縱線術，如三式。其微分半之，如四式。移丙於左，變乘爲除，如五式。又移彳地於右，變乘爲除，如六式。以六式左畔自之，代二式之 $\frac{彳地^{二}}{彳天^{二}}$ 如七式。以丙除 $二周$ 以丙冪乘 $一丄\frac{丙^{二}}{地^{二}}$ 如八式。求積分，則取括弧內指數加一，得三，以乘法而除實，又變彳地爲地，如九式。設曲面積初起於午點，則人與地皆無數。九式內消去與地相涉者，仍存 $\frac{三}{二周|丙^{二}}$ 故應以 $\frac{三}{二周|丙^{二}}$ 減九式，始合原數，如十式，即得曲面積。

今有擺線體縱橫線之微分，以積分求曲面積。

一式 $彳物=二周|地|\sqrt{彳天^{二}丄彳地^{二}}$ 二式 $彳勿=\sqrt{彳天^{二}丄彳地^{二}}$ 三式

$彳物=二周|地|彳勿$ 四式 $彳勿=彳地|\sqrt{\frac{二甲|地丅地^{二}}{二甲|地}}$ 五式

$彳人=二周|地|彳地|\sqrt{\frac{二甲|地丅地^{二}}{二甲|地}}$ 即 $彳人=\frac{\sqrt{二甲|地丅地^{二}}}{二周|\sqrt{二甲}|地^{\frac{一}{二}}|彳地}$ 六式

$禾\sqrt{\frac{二甲|地丅地^{二}}{地^{\frac{一}{二}}|彳地}}=丅\frac{三}{八甲}|\sqrt{二甲丅地}\;丅\frac{三}{三地}|\sqrt{二甲丅地}$ 七式

$人=二周|\sqrt{二甲}|丅\frac{三}{八甲}|\sqrt{二甲丅地}\;丅\frac{三}{三地}|\sqrt{二甲丅地}$ 次一式 $人=\frac{三}{三}周|甲^{二}$ 次二式 $人=\frac{三}{六四}周|甲^{二}$

如圖，午子酉卯擺線，以午酉底爲軸，午子酉曲線繞軸旋轉一匝，即成曲面。乃命圓球曲面積爲物，擺線曲面積爲人，曲線爲勿，母輪半徑爲甲，周率爲周，縱線爲地，橫線爲天。先用圓球求曲面積之微分術，如一式。次用平圓求曲線微分術，如二式。以二式左畔代一式之 $\sqrt{彳天^{二}丄彳地^{二}}$ 如三式。又用擺線求曲線微分術，如四式。以四式右畔代三式之彳勿，如五式。求積分，則先求 $\frac{\sqrt{二甲|地丅地^{二}}}{地^{\frac{一}{二}}|彳地}$ 之積分，如六式。再以 $二周|\sqrt{二甲}$ 乘之，如七式，即得曲面積。

若求擺線曲面半積，則地等於 $二甲$ 七式右畔遂變爲 $\frac{三}{三}周|甲^{二}$ 如次一式。若求擺線曲面全積，則倍次一式，如次二式。以此知擺線曲面全積爲二十一母輪面又三分母輪面之一。

今有圓柱體縱橫線之微分，以積分求體積。

一式 $彳物=周|地^{二}|彳天$ 二式 $彳人=周|甲^{二}|彳天$ 三式 $人=禾彳人=周|甲^{二}|天$ 次一式 $人=周|甲^{二}|乙$

如圖，酉午爲柱底半徑，命爲甲。午卯爲柱高，命爲乙。又命縱線爲地，橫線爲天，周率爲周，圓球體積爲物，圓柱體積爲人。先用圓球求體積微分術，如一式詳微分三之十三題。次以柱底半徑自乘以代一式之地^{二}，如二式。求積分，則變彳天爲天，如三式，即得體積。

若求圓柱體全積，則以柱高乙代三式之天，如次一式。以此知，圓柱體全積等於底面乘高。

今有圓錐體縱橫線之微分，以積分求體積。

一式 $彳物=周|地^{二}|彳天$ 二式 $地=\frac{乙}{甲}|天$ 三式 $地^{二}=\frac{乙^{二}}{甲^{二}}|天^{二}$

四式 $彳人=\frac{乙^{二}}{甲^{二}}|周|天^{二}|彳天$ 五式 $人=禾彳人=\frac{三乙^{二}}{甲|周|天^{三}}$

次一式 $人=\frac{三}{甲^{二}|周|乙}$ 即 $人=\frac{三}{一}周|甲^{二}|乙$

如圖，子卯爲錐底半徑，命爲甲。午卯爲錐高，命爲乙。又命縱線爲地，橫

線爲天,周率爲周,圓球體積爲物,圓錐體積爲人。先用圓球求體積微分術,如一式。次以錐高比底半徑若橫線與縱線,故天甲相乘以乙除之,得地,如二式。自之,如三式。以三式右畔代一式之地^{二},如四式。求積分,則取指數加一得三,以乘法而除實,又變彳天爲天,如五式,即得體積。

若求圓錐體全積,則天等於乙,五式遂變爲次一式。以此知,圓錐體全積等於底面乘高三分之一。

今有橢圓體縱橫線之微分,以積分求體積。

一式　彳物＝周丨地^{二}丨彳天　二式　地^{二}＝$\frac{甲^{二}}{乙^{二}}$丨(甲^{二}丅天^{二})　三式　彳人＝周丨$\frac{甲^{二}}{乙^{二}}$丨(甲^{二}丨天^{二})彳天　四式　人＝禾彳人＝周丨$\frac{甲^{二}}{乙^{二}}$丨(甲^{二}丨天丅$\frac{三}{天^{三}}$)

次一式　人＝$\frac{三}{二}$周丨乙^{二}丨甲　次二式　人＝$\frac{三}{二}$周丨乙^{二}丨二甲

如圖,子寅丑卯橢圓體,以長徑寅卯爲軸,辰巳午未爲其外切之圓柱。乃命長半徑爲甲,短半徑爲乙,周率爲周,縱線爲地,橫線爲天,圓球體積爲物,橢圓體積爲人。先用圓球求體積微分術,如一式。次用橢圓求縱線冪術,如二式。以二式右畔代一式之地^{二},如三式。求積分,則變彳天爲天,以乘括弧内之甲^{二},而以三除天^{三},如四式,即得橢圓體積。

若求半橢圓體積,則地等於乙,天等於甲,四式遂變爲次一式。若求全橢圓體積,則倍次一式,如次二式。以此知,橢圓體積等於外切圓柱體積三分之二。

今有拋物線體縱橫線之微分,以積分求體積。

一式　彳物＝周丨地^{二}丨彳天　二式　地^{二}＝二丙丨天　三式　彳人＝二周丨丙丨天丨彳天　四式　人＝禾彳人＝周丨丙丨天^{二}

次一式　人＝周丨丙丨甲^{二}

即　人＝周丨乙^{二}丨$\frac{二}{甲}$

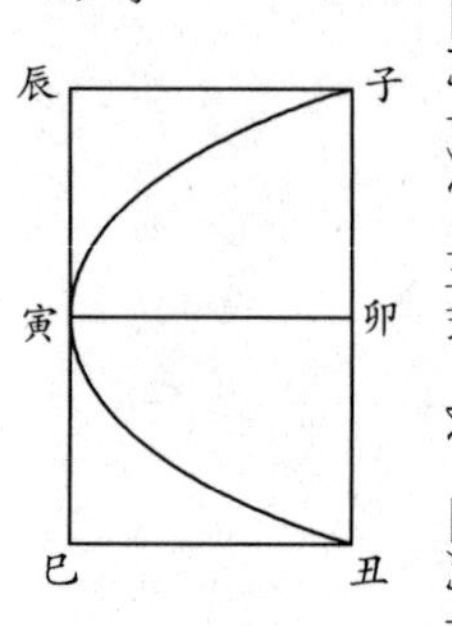

如圖,子寅丑拋物線體,以寅卯高爲軸,子丑巳辰爲同底同高之圓柱。乃命半通弦爲丙,周率爲周,縱線爲地,橫線爲天,圓球體積爲物,拋物線體積爲人。先用圓球求體積微分術,如一式。次用拋物線求縱線術,如二式。以二式右畔代一式之地^{二},如三式。求積分,則以二除　二周　而變彳天爲天,如四式,即得拋物線體積。

若求拋物線體全積,則命寅卯高爲甲,子卯底半徑爲乙,天等於甲,地等於乙。以甲代四式之天^{二},如次一式。别得　周丨乙^{二}　爲拋物底之平圓面積。周丨乙^{二}丨甲　爲外切之圓柱體積。以此知,拋物線體積等於同底同高圓柱體積之半。

清·林傳甲《微積集証》卷三

《學算筆談》論積分:凡微分式括弧之各數爲正整之數,則可用乘法。詳其所括之數,而以弧外之各數乘之,乃求其積分。

一題　有微分式　(五丄七天^{二})^{二}彳天　欲求其積分。

因題式括弧之指數爲正整之數,故可將　五丄七天^{二}　自乘,得　二五丄七〇天^{二}丄四九天^{四}　以彳天乘之,得　二五彳天丄七〇天^{二}彳天丄四九天^{四}彳天　每項求積分,得　二五天丄$\frac{三}{七〇天^{三}}$丄$\frac{四}{四九天^{五}}$丄…丄两　《拾級》十七卷六款原書有誤,今特更正。

二題　有微分式　(甲丄三天^{二})^{三}彳天　欲求其積分。

因可將　甲丄三天^{二}　再乘　甲^{三}丄九甲^{二}天^{二}丄二七甲天^{四}丄二七天^{六}　以彳天乘之　甲^{三}彳天丄九甲^{二}天^{二}彳天丄二七甲天^{四}彳天丄二七天^{六}彳天　每項求積分　甲^{三}天丄$\frac{三}{九甲^{二}天^{三}}$丄$\frac{五}{二七甲天^{五}}$丄$\frac{七}{二七天^{七}}$丄两　《拾級》十七卷六款原書有誤,今特校正。

《微積溯源》第一百五十八款題設有　禾$_{〇}^{一}$$\frac{一丄天^{二}}{彳天}$　欲求積分之略近數。

其　禾$\frac{一丄天^{二}}{彳天}$　爲有此切線,爲天之一弧。所以得　天＝〇　與　天＝一　間積分之同數。其弧爲半平圓四分之一,其平圓以一爲半徑。故此題中曲線之式爲　地＝$\frac{一丄天^{二}}{一}$　設分其呍呍爲十等分,則可令　天＝〇、天＝·一、天＝·二　以至　天＝一　則得十一箇等相距之縱線,各爲地之同數,如下:

㈠　一〇〇〇〇〇　㈡　·九九〇一〇　㈢　·九六一五四　㈣　·

九一七四三 ㊄ ・八六二〇七 ㊅ ・八〇〇〇〇 ㊆ ・七三五二九 ㊇ ・六七一二四 ㊈ ・六〇九七五 ㊉ ・五五二四九 ⑪ ・五〇〇〇〇 欲依幾何之例，求其四不等邊形所成之總面積，必將縱線之和倍之，以首末兩縱線減之，以三約之，以縱線之數十一乘之，則可得 $禾^{○}_{一}\frac{一丄天^{二}}{彳天}$ 之同數，爲 七八九八一 此即曲線内之面積。

甲案：此題依法演之，終不能合，蓋有脱誤也。案：十一幅同數係天自〇至一之十一箇同數，代入 $\frac{一丄天^{二}}{一}$ 式中，所得者依加法加之，其和數得八・五九九八一，即縱線之和也，倍之得一七・一九九六二，以首縱線一，末縱線・五相加，得 一・五 減之得一五・六九九六二，以三約之，則得七・八四九八一。比原書同數之十倍中間多一四字。若以十一乘之，數必更大，烏能合耶。且依曲線當云横線乘之。蓋校録誤作縱線也。又咋哆爲十等分，則横線當爲十分之一，不當爲十一。蓋校録誤脱分之二字也。中間無四字，亦校録落去也。改之曰以横線十分之一乘之，則可得 $禾^{○}_{一}\frac{一丄天^{二}}{彳天}$ 之同數，爲 七八四九八一 則合矣。許奎垣所校同。

清・徐昇《沿沂亭算稿》卷四 積分難題

一題 有微分式 $天彳地丄地彳天＝甲地彳地$ 欲求其積分。

從題得 $(天丅甲地)彳地丄地彳天＝〇$ 令 $天＝地人$ 則 $彳天＝地彳人丄人彳地$ 化之得 $地(人丅甲)彳地丄地^{二}彳人丄地人彳地＝〇$ 即 $地(二人丅甲)彳地丄地^{二}彳人＝〇$ 故得 $\frac{地}{彳地}丄\frac{二人丅甲}{彳人}＝〇$ 求積分得 $訥地丄\frac{二}{一}訥(二人丅甲)＝訥丙$ 即 $訥地丄訥\sqrt{二人丅甲}＝訥丙$ 從對數改爲真數得 $地\sqrt{二人丅甲}＝丙$ 將 $人＝\frac{地}{天}$ 代回得 $地\sqrt{\frac{二地}{天}丅甲}＝丙$ 自乘得 $地^{二}\left(\frac{二地}{天}丅甲\right)＝二天地丅甲地^{二}＝丙^{二}$ 即 $天地＝\frac{二}{一}(甲地^{二}丄丙^{二})$ 爲積分式。

二題 有微分式 $(地丅寅天)彳地丅(寅地丅天)彳天＝〇$ 欲求其積分。

令 $地＝天人$ 則 $彳地＝天彳人丄人彳天$ 回代變爲 $天^{二}(人丅寅)彳人丄天(人^{二}丅二寅人丄一)彳天＝〇$ 所以得 $\frac{人^{二}丅二寅人丄一}{(一丅寅)彳人}丄\frac{天}{彳天}＝〇$ 求積分得 $訥\sqrt{人^{二}丅二寅人丄一}丄訥天＝訥丙$ 即 $天\sqrt{人^{二}丅二寅人丄一}＝丙$ 即 $天^{二}(人^{二}丅二寅人丄一)＝丙^{二}$ 以 $人＝\frac{天}{地}$ 代回得 $地^{二}丅二寅天地丄天^{二}丅丙^{二}＝〇$ 爲積分式。

三題 有微分式 $甲天^{卯}彳天＝彳地丄乙天地彳天$ 欲求其積分。

令 $地＝呍人$ 則 $彳地＝呍彳人丄人彳呍$ 代入題式得 $甲天^{卯}彳天＝人彳呍丄呍彳人丄乙天呍人彳天$ 若令 $呍彳人丄乙天呍人彳天＝〇$ ㊀ 即 $人彳呍＝甲天^{卯}彳天$ ㊁ 從㊀得 $\frac{人}{彳人}丄乙天彳天＝〇$ 求積分得 $訥人丄\frac{二}{一}乙天^{二}＝〇$ 爰依對數之理得 $人＝戊^{丅\frac{二}{一}乙天^{二}}$ 又從㊁得 $彳呍＝\frac{人}{甲天^{卯}}彳天＝戊^{\frac{二}{一}乙天^{二}}甲天^{卯}彳天$ 即 $呍＝禾戊^{\frac{二}{一}乙天^{二}}甲天^{卯}彳天$ ㊂ $地＝戊^{丅\frac{二}{一}乙天^{二}}禾戊^{\frac{二}{一}乙天^{二}}甲天^{卯}彳天$ ㊃ 求 $禾戊^{\frac{二}{一}乙天^{二}}甲天^{卯}彳天$ 之同數。從 $禾戊彳亥＝戊亥丅禾亥彳戊$ ㊄ 式，令 $戊＝甲天^{卯}$、$彳亥＝戊^{\frac{二}{一}乙天^{二}}彳天$ 則 $亥＝\frac{乙天}{一}戊^{\frac{二}{一}乙天^{二}}$、$彳戊＝卯甲天^{卯丅一}彳天$ 代入㊄得 $禾戊^{\frac{二}{一}乙天^{二}}甲天^{卯}彳天＝$

$\frac{乙}{甲}戊^{\frac{二}{一}乙天^{二}}天^{卯丅一}丅\frac{乙}{甲卯}禾戊^{\frac{二}{一}乙天^{二}}天^{卯丅二}彳天$ 又 $禾戊^{\frac{二}{一}乙天^{二}}天^{卯丅二}彳天＝$

$\frac{乙}{二}戊^{\frac{二}{一}乙天^{二}}天^{卯丅三}丅\frac{乙}{卯丅二}禾戊^{\frac{二}{一}乙天^{二}}天^{卯丅四}彳天禾戊^{\frac{二}{一}乙天^{二}}天^{卯丅四}彳天＝$

$\frac{乙}{二}戊^{\frac{二}{一}乙天^{二}}天^{卯丅五}丅\frac{乙}{卯丅四}禾戊^{\frac{二}{一}乙天^{二}}天^{卯丅六}彳天$ …所以從㊂得呍。若爲奇數，其 $呍＝甲戊^{\frac{二}{一}乙天^{二}}\left\{\frac{乙}{二}天^{卯丅一}丅\frac{乙^{二}}{卯}天^{卯丅三}丄\frac{乙^{三}}{卯(卯丅二)}天^{卯丅五}丅\cdots丅\frac{乙^{\frac{二}{一}(卯丄一)}}{三・五・七\cdots卯}\right\}$ 呍若爲偶數，其 $呍＝甲戊^{\frac{二}{一}乙天^{二}}\left\{\frac{乙}{二}天^{卯丅一}丅\frac{乙^{二}}{卯}天^{卯丅三}丄\frac{乙^{三}}{卯(卯丅二)}天^{卯丅五}丅\cdots丅\frac{乙^{\frac{二}{一}卯丄二}}{二・四・六\cdots卯}天^{丅一}\right\}$ 又從四

得 $地=呁戊^{丅\frac{三}{二}乙天^{二}}丄甲\left\{\frac{乙}{二}天^{卯丅一}丅\frac{乙^{二}}{卯}天^{卯丅三}丄\frac{乙^{三}}{卯(卯丅二)}天^{卯丅三}丅\cdots丄\frac{乙^{三}(卯丄一)}{三・五・七\cdots卯}\right\}$ 或 $地=呁戊^{丅\frac{三}{二}乙天^{二}}丄甲\left\{\frac{乙}{二}天^{卯丅一}丅\frac{乙^{二}}{卯}天^{卯丅三}丄\frac{乙^{三}}{卯(卯丅二)}天^{卯丅五}丅\cdots丄\frac{乙^{\frac{卯}{二}丄二}}{二・四・六\cdots卯}天^{丅一}\right\}$

四題 有微分式 $甲天地^{六}地丄乙天^{三}地^{四}彳天丅丙天^{五}地彳天=〇$ 欲求其積分。

將題式以 甲天地 約之得 $地^{五}彳地丄\frac{甲}{乙}天^{二}地^{三}彳天丅\frac{甲}{丙}天^{四}彳天=〇$㊀

如令 $地^{五}彳地=\frac{五丄一}{佽}=\frac{六}{佽}$、$天^{二}彳天=\frac{二丄一}{伉}=\frac{三}{伉}$ 則 $地^{六}=角$、$天^{三}=亢$

從一得 $\frac{大}{佽}丄\frac{三甲}{乙}角^{\frac{三}{三}}伉=\frac{三甲}{丙}亢^{\frac{三}{三}}伉$ 即 $佽丄二\frac{甲}{乙}角^{\frac{三}{三}}伉=二\frac{甲}{丙}亢^{\frac{三}{三}}伉$

㊁ 再令 $吧=二\frac{甲}{乙}$、$吘=二\frac{甲}{丙}$、$角=吭人$㊂ 則 $佽=人彳亢丄吭彳人$ 從二得 $人彳亢丄吭彳人丄吧吭人伉=吘伉$ 因吭爲亢之未定函數，故能令 $吭伉丄吧吭人伉=〇$㊃ 則 $人彳亢=吘彳人$㊄ 從四得 $\frac{彳人}{人}丄吧伉=〇$ 即 $訥人丄禾吧伉=〇$ 爰依對數之理得 $人=戊^{丅禾吧伉}$ 從五得 $彳亢=戊^{禾吧伉}吘彳人$ 即 $吭=禾戊^{禾吧伉}吘彳人丄呁$ 又從三得 $角=戊^{丅禾吧伉}\{禾戊^{禾吧伉}吘彳人丄呁\}$ 以吧吘之同數代回得角等於 $戊^{丅禾\frac{二甲}{乙}伉}\left\{禾戊^{禾\frac{二甲}{乙}伉}二\frac{甲}{丙}彳人丄呁\right\}=戊^{丅\frac{二甲}{乙}亢}\left\{禾戊^{\frac{二甲}{乙}亢}二\frac{甲}{乙}彳人丄呁\right\}$ 所以 $地^{六}=戊^{丅\frac{二甲}{乙}天^{三}}\left\{禾戊^{\frac{二甲}{乙}天^{三}}二\frac{甲}{丙}彳人丄呁\right\}$

五題 有微分式 $\frac{(二天^{二}丄三地^{二})^{二}}{(二天^{二}丄九地^{二})天^{二}彳天丅六天^{三}地彳地}$ 欲求其積分。

變題式爲 $彳戊=\frac{(二天^{二}丄三地^{二})^{二}}{(二天^{二}丄九地^{二})天^{三}}彳天丅\frac{(二天^{二}丄三地^{二})^{二}}{六天^{三}地}彳地$ 依《溯源》第一百七十四款 $噴彳天丄卿彳地$、$\frac{彳地}{彳噴}=\frac{彳天}{彳卿}$ 兩公式理知，

$噴=\frac{(二天^{二}丄三地^{二})^{二}}{(二天^{二}丄九地^{二})^{三}}天^{二}$、$卿=丅\frac{(二天^{二}丄三地^{二})^{二}}{六天^{三}地}$ 則 $\frac{彳地}{彳噴}=\frac{(二天^{二}丄三地^{二})^{三}}{一二天^{四}地丅五四地^{三}天}=\frac{彳天}{彳卿}$ 此式爲真微分，其積分可求。爰依地而求積分得 $禾卿彳地=\frac{二天丄三地^{二}}{天^{三}}$ 即 $戊=\frac{二天^{二}丄三地^{二}}{天^{三}}丄呋$ 又依天而求微分得 $\frac{彳天}{彳戊}=\frac{(二天^{二}丄三地^{二})^{二}}{六天^{四}丄九天^{二}地^{二}}丄\frac{彳天}{彳呋}$ 因已知 $\frac{彳天}{彳戊}=\frac{(二天^{二}丄三地^{二})^{二}}{六天^{四}丄九天^{二}地^{二}}$ 則 $\frac{彳天}{彳呋}=〇$ 而 $呋=呁$ 所以 $戊=\frac{二天^{二}丄三地^{二}}{天^{三}}丄呁$ 爲積分式。

六題 有微分式 $地^{二}(二丄天)彳天丄地(天^{二}丄四天地丄地^{二})彳地$ 欲求其積分。

變題式爲 $彳戊=(二地^{二}丄天地^{二})彳天丄(四天地丄地天^{二}丄地^{三})彳地$ 則令 $噴=二地^{二}丄天地^{二}$、$卿=四天地丄地天^{二}丄地^{三}$ 即 $\frac{彳地}{彳噴}=四地丄二天地=\frac{彳天}{彳卿}$ 題式爲真微分，其積分可求。迺依天而求積分得 $禾噴彳天=二地^{二}天丄\frac{一}{二}天^{二}地^{二}$ 即 $戊=二地^{二}天丄\frac{一}{二}天^{二}地^{二}丄曍$ 迺依地而求微分得 $\frac{彳地}{彳戊}=四天地丄天^{二}地丄\frac{彳地}{彳曍}$ 已知 $\frac{彳地}{彳戊}=四天地丄地天^{二}丄地^{三}$ 故 $\frac{彳地}{彳曍}=地^{三}$ 即 $曍=禾地^{三}彳地=\frac{四}{一}地^{四}丄呁$ 所以得 $戊=地^{二}(二天丄\frac{一}{二}天^{二}丄\frac{四}{一}地^{二})丄呁$ 爲積分式。

七題 有微分式 $二天地彳地丅(地^{二}丅乙)彳天$ 欲求其積分。

設令 $噴=丅(地^{二}丅乙)$、$卿=二天地$ 則 $\frac{彳地}{彳噴}=丅二地$、$\frac{彳天}{彳卿}=二地$ 其 $\frac{彳地}{彳噴}\neq\frac{彳天}{彳卿}$ 故可將 $二天地彳地丅(地^{二}丅乙)彳天$ 變之爲 $\frac{彳天}{彳地}丅\frac{二天地}{地^{二}丅乙}=〇$ 令 $吁=丅\frac{二天地}{地^{二}丅乙}$、$戊=丅\frac{二天地}{地^{二}}$ 又令 $吧彳天=\frac{二天^{二}}{地}彳天$、$吘彳地=\frac{二天}{丅彳地}$ 則 $彳戊=吧彳天丄吘彳地$ 即 $\frac{彳天}{彳戊}=\frac{二天^{二}}{一}丅\frac{二天彳天}{一彳地}$ 因此式中無常數，應等於 $\frac{彳天}{彳地}丅\frac{二天地}{地^{二}丅乙}=〇$ 所以得 $\frac{彳天}{彳地}丄吁=\frac{彳天}{彳地}丄\frac{吘}{吧}=\frac{吘彳天}{吧彳天丄吘彳地}=\frac{吘彳天}{彳戊}$ 即

彳戊=吽(彳地丄吁彳夭)=丅$\frac{二天}{一}$(彳地丅$\frac{二天地}{地^{二}丅乙}$彳夭)=丅$\frac{二天}{彳地}$丄$\frac{四天^{二}地}{地^{二}丅乙}$彳夭=

丅$\frac{四天^{二}地}{二天地彳地}$丄$\frac{四天^{二}地}{地^{二}丅乙}$彳夭=丄$\frac{天^{二}}{地^{二}丅乙}$彳夭丅$\frac{天^{二}}{二天地}$彳地　若令　嘖=$\frac{天^{二}}{地^{二}丅乙}$、

卯=丅$\frac{天^{二}}{二天地}$　則　$\frac{彳地}{彳嘖}$=$\frac{天^{二}}{二地}$=$\frac{彳夭}{彳卯}$　其積分可求。迺依地叵求積分得

吧=禾卯彳地=丅禾$\frac{天}{二地}$彳地=丅$\frac{天}{地^{二}}$　則　戌=丅$\frac{天}{地^{二}}$丄吠　爰依天叵求微分

得　彳戊=$\frac{天^{二}}{地^{二}}$彳夭丄彳吠　以與　彳戊=丄$\frac{天^{二}}{地^{二}丅乙}$彳夭　相比知　彳吠=丅$\frac{天^{二}}{乙}$彳夭

即　吠=禾$\frac{天^{二}}{丅乙}$彳夭=$\frac{天}{乙}$丄呐　故　戌=丅$\frac{天^{二}}{地^{二}}$丄$\frac{天}{乙}$丄呐　爲積分式。

由以上諸題可見，雙變數微分式求積分法，已爲極難之事。惟綫微分式即第二類微分式。求積分法，其難易直無分軒輊，故亦設數題於左，以盡積分中難爲之事。

一題　有微分式　$\frac{彳夭^{二}}{彳^{二}地}$丄$\frac{(地丅亢)^{三}}{未^{二}}$=〇　欲求其積分。

令　吔=$\frac{(地丅亢)^{三}}{丅未^{二}}$ ㈠　則　$\frac{彳夭^{二}}{彳^{二}地}$=吔 ㈡　又令　彳地=巳彳夭　則

彳夭=$\frac{巳}{彳地}$三　$\frac{彳夭^{二}}{彳^{二}地}$=$\frac{彳夭}{彳巳}$=$\frac{彳地}{巳彳巳}$　從一二得　巳彳巳=$\frac{(地丅亢)^{三}}{丅未^{二}}$彳地　求積分得

$\frac{二}{巳^{二}}$=禾$\frac{(地丅亢)^{三}}{丅未^{二}}$彳地=$\frac{(地丅亢)^{三}}{未^{二}}$丄呐　即　巳^{二}=$\frac{(地丅亢)^{三}}{二未^{二}}$丄二呐

從三得　巳=$\frac{彳夭}{彳地}$=$\sqrt{\frac{(地丅亢)^{三}}{二未^{二}}丄二呐}$　移之得　彳夭=$\left\{\frac{(地丅亢)^{三}}{二未^{二}}丄二呐\right\}^{丅\frac{一}{二}}$彳地

即　天=禾$\frac{\sqrt{二未^{二}丄(地丅亢)^{三}二呐}}{地丅亢}$彳地　若　呐　=　〇　則

天=$\frac{\sqrt{八未}}{地^{二}丅二亢地}$丄呐′

二題　有微分式　彳^{二}地=甲^{丅三}地$^{\frac{二}{三}}$彳夭^{二}　欲求其積分。

將題式以彳夭^{二}約之得　$\frac{彳夭^{二}}{彳^{二}地}$=$\frac{甲^{三}}{地^{\frac{二}{三}}}$　以彳地乘之得　$\frac{彳夭}{彳地}$×彳$\frac{彳夭}{彳地}$=$\frac{甲^{三}}{地^{\frac{二}{三}}}$彳地　求積分得　$\frac{一}{二}$×$\frac{彳夭^{二}}{彳地^{二}}$=$\frac{五甲^{三}}{二}$地$^{\frac{一}{三}}$丄呐　因呐爲未定之常數，可令　呐=$\frac{五甲^{三}}{二丙}$

即　$\frac{彳夭^{二}}{彳地^{二}}$=$\frac{五甲^{三}}{四}$(地$^{\frac{一}{三}}$丄丙)　即　$\frac{彳夭}{彳地}$=$\frac{\sqrt{五甲^{三}}}{二}$(地$^{\frac{一}{三}}$丄丙)$^{\frac{一}{二}}$　亦即

彳夭=$\frac{二}{\sqrt{五}}$甲$^{\frac{三}{二}}$(地$^{\frac{一}{三}}$丄丙)$^{丅\frac{一}{二}}$彳地=$\frac{二\sqrt{丙}}{\sqrt{五}}$甲$^{\frac{三}{二}}$$\left(一丄\frac{丙}{二}地^{\frac{一}{三}}\right)^{丅\frac{一}{二}}$彳地　即

天=$\frac{二\sqrt{丙}}{\sqrt{五}}$甲$^{\frac{三}{二}}$禾$\left(一丄\frac{丙}{二}地^{\frac{一}{三}}\right)^{丅\frac{一}{二}}$彳地　其　禾$\left(一丄\frac{丙}{二}地^{\frac{一}{三}}\right)^{丅\frac{一}{二}}$彳地　可以級數明之。

三題　有微分式　$\frac{彳夭^{二}}{彳^{二}地}$丅卯$\frac{彳夭}{彳地}$丄寅地=〇　欲求其積分。

令戊爲訥對之底，又令　地=戊^{禾戌彳夭}　叵彳夭爲常數，以求微分得　彳地=戌彳夭戊^{禾戌彳夭}、彳^{二}地=戊^{禾戌彳夭}（彳戌彳夭丄戌^{二}彳夭^{二}）　即　$\frac{彳夭}{彳地}$=戌戊^{禾戌彳夭}、$\frac{彳夭^{二}}{彳^{二}地}$=戊^{禾戌彳夭}$\left(\frac{彳戌}{彳夭}丄戌^{二}\right)$　代入題式得　戊^{禾戌彳夭}$\left(\frac{彳戌}{彳夭}丄戌^{二}丅卯戌丄寅\right)$=〇　去其公乘數得　$\frac{彳戌}{彳夭}$丄戌^{二}丅卯戌丄寅=〇　以彳夭乘之得　彳戌丄彳夭(戌^{二}丅卯戌丄寅)=〇　以　戌^{二}丅卯戌丄寅　約之得　$\frac{彳戌}{戌^{二}丅卯戌丄寅}$丄彳夭=〇　因卯、寅爲已知之常數，其變數已分開，設嘖爲任何常數，叵令　戌=嘖　則　彳戌=〇

叵　嘖^{二}丅卯嘖丄寅=〇　即　嘖^{二}丅卯嘖丄$\frac{四}{卯^{二}}$=$\frac{四}{卯^{二}}$丅寅　所以得

嘖=$\frac{二}{卯}$丄$\frac{一}{二}$$\sqrt{卯^{二}丅四寅}$、或=$\frac{二}{卯}$丅$\frac{一}{二}$$\sqrt{卯^{二}丅四寅}$　以　嘖=戌　代回

得　禾戌彳夭=禾$\left(\frac{二}{卯}丄\frac{一}{二}\sqrt{卯^{二}丅四寅}\right)$彳夭=$\frac{二}{卯}$天丄$\frac{一}{二}$天$\sqrt{卯^{二}丅四寅}$丄丙

或=禾$\left(\frac{二}{卯}丅\frac{一}{二}\sqrt{卯^{二}丅四寅}\right)$彳夭=$\frac{二}{卯}$天丅$\frac{一}{二}$天$\sqrt{卯^{二}丅四寅}$丄丙′　代入

地=戊^{禾戌彳夭}　式中得　地=戊$^{\frac{二}{卯}天丄\frac{一}{二}天\sqrt{卯^{二}丅四寅}丄丙}$、或=戊$^{\frac{二}{卯}天丅\frac{一}{二}天\sqrt{卯^{二}丅四寅}丄丙′}$

再令　呐=戊^{丙}、呐′=戊$^{丙′}$　則　地=呐戊$^{\frac{二}{卯}天丄\frac{一}{二}天\sqrt{卯丅四寅}}$

或=呐′戊$^{\frac{二}{卯}天丅\frac{一}{二}天\sqrt{卯^{二}丅四寅}}$　惟此兩式俱爲地，特設之同數叵非其全原式，故必相加叵得　地=呐戊$^{\frac{二}{卯}天丄\frac{一}{二}天\sqrt{卯^{二}丅四寅}}$丄呐′戊$^{\frac{二}{卯}天丅\frac{一}{二}天\sqrt{卯^{二}丅四寅}}$

四題　有微分式　$\frac{彳天^{二}}{彳^{二}地}$丄卯$\frac{彳天}{彳地}$丄卯^{二}地＝〇　欲求其積分。

仍依前題之法推得　$\frac{戊丄卯戊丄卯^{二}}{彳戊}$丄彳天＝〇　如令　戊＝噴　則　彳戊＝〇　即　噴^{二}丄卯噴丄卯^{二}＝〇　即　噴^{二}丄卯噴丄$\frac{四}{卯^{二}}$＝$\frac{四}{卯^{二}}$丅卯^{二}＝丅$\frac{四}{三}$卯^{二}　所以得　噴＝丅$\frac{二}{卯}$丄$\frac{二}{卯}\sqrt{丅三}$＝$\frac{二}{卯}$(丅一丄$\sqrt{丅三}$)、或＝丅$\frac{二}{卯}$丅$\frac{二}{卯}\sqrt{丅三}$＝$\frac{二}{卯}$(丅一丅$\sqrt{丅三}$)　以　戊＝噴　代回則得

禾戊彳天＝禾$\frac{二}{卯}$(丅一丄$\sqrt{三}\cdot\sqrt{丅一}$)彳天＝$\frac{二}{卯}$(丅一丄$\sqrt{三}\cdot\sqrt{丅一}$)天丄丙、

或＝禾$\frac{二}{卯}$(丅丅$\sqrt{三}\cdot\sqrt{丅一}$)彳天＝$\frac{二}{卯}$(丅一丅$\sqrt{三}\cdot\sqrt{丅一}$)天丄丙′以此代入　地＝戊^{禾戊彳天}　式中得　地＝戊$^{\frac{二}{卯}(丅一丄\sqrt{三}\cdot\sqrt{丅一})天丄丙}$、

或＝戊$^{\frac{二}{卯}(丅一丅\sqrt{三}\cdot\sqrt{丅一})天丄丙′}$　再令　呐＝戊^{丙}、呐′＝戊$^{丙′}$　則

地＝呐戊$^{\frac{二}{卯}(丅一丄\sqrt{三}\cdot\sqrt{丅一})天}$丄呐′戊$^{\frac{二}{卯}(丅一丅\sqrt{三}\cdot\sqrt{丅一})天}$　即得

地＝戊$^{丅\frac{二}{卯}天}$(呐戊$^{\sqrt{三}\cdot天\frac{二}{卯}\sqrt{丅一}}$丄呐′戊$^{丅\sqrt{三}\cdot天\frac{二}{卯}\sqrt{丅一}}$　惟因其指數爲虛數，所以可從《代數術》第二六九款庚二式得　戊$^{\frac{二}{卯}\sqrt{三}\cdot天\sqrt{丅一}}$＝餘弦$\frac{二}{卯}\sqrt{三}\cdot$天丄$\sqrt{丅一}$正弦$\frac{二}{卯}\sqrt{三}\cdot$天、戊$^{丅\frac{二}{卯}\sqrt{三}\cdot天\sqrt{丅一}}$＝餘弦$\frac{二}{卯}\sqrt{三}\cdot$天丅$\sqrt{丅一}$正弦$\frac{二}{卯}\sqrt{三}\cdot$天　所以得　地＝戊$^{丅\frac{二}{卯}天}$\{(呐丄呐′)餘弦$\frac{二}{卯}\sqrt{三}\cdot$天丄(呐丅呐′)$\sqrt{丅一}$正弦$\frac{二}{卯}\sqrt{三}\cdot$天\}　又令　呐丄呐′＝丙、(呐丅呐′)$\sqrt{丅一}$＝丙′　則　地＝$\frac{戊^{\frac{二}{卯}天}}{一}$\{丙餘弦$\frac{二}{卯}\sqrt{三}\cdot$天丄丙′正弦$\frac{二}{卯}\sqrt{三}\cdot$天\}　或令其　呐丄呐′＝巳正弦午、(呐丅呐′)$\sqrt{丅一}$＝巳餘弦午　則　正弦$\left(\frac{二}{卯}\sqrt{三}\cdot天丄午\right)$＝正弦午餘弦$\frac{二}{卯}\sqrt{三}\cdot$天丄餘弦午正弦$\frac{二}{卯}\sqrt{三}\cdot$天　則　地＝巳$\frac{戊^{\frac{二}{卯}天}}{一}$正弦$\left(午丄\frac{二}{卯}\sqrt{三}\cdot天\right)$

清・黃啟明《微積通詮》卷九　積分

實函數微分求積分法

設有微分式　天^{卯}彳天　欲求其積分。

法將指數卯加一得　卯丄一　爲求得之指數，如　天^{卯丄一}彳天　爲實，以　卯丄一　乘彳天得　(卯丄一)彳天　爲法，約之得　$\frac{卯丄一}{天^{卯丄一}}$丄呐　爲所求之積分。其呐爲未定之常數，可令其形爲　丅$\frac{卯丄一}{乙^{卯丄一}}$　則得　禾天^{卯}彳天＝$\frac{卯丄一}{天^{卯丄一}丅乙^{卯丄一}}$

蓋天等于乙之時，則其積變爲〇，故有此形。

又其指數卯無論爲正，爲負，爲整，爲分，均合，惟不可爲　丅一　若卯＝丅一　則　天^{丅一}彳天＝$\frac{天}{彳天}$　必得　禾天^{丅一}彳天＝$\frac{〇}{天^{〇}丅乙^{〇}}$＝$\frac{〇}{一丅一}$＝$\frac{〇}{〇}$　故其積分不可求。惟依總論，其積分必爲對數，如　禾$\frac{天}{彳天}$＝訥天

設有微分式　甲天^{三}彳天　欲求其積分。

如法求之，得　甲禾天^{三}彳天＝$\frac{四}{甲}$天^{四}丄呐　爲積分式。

設有微分式　甲彳天$\sqrt[三]{天^{二}}$　欲求其積分。

因　甲彳天$\sqrt[三]{天^{二}}$＝甲天$^{\frac{三}{二}}$彳天　故得　甲禾天$^{\frac{三}{二}}$彳天＝$\frac{五}{三甲}$天$^{\frac{三}{五}}$丄呐　即甲禾彳天$\sqrt[三]{天^{二}}$＝$\frac{五}{三甲}\sqrt[三]{天^{五}}$丄呐　如所求。

設有微分式　$\frac{天^{三}}{甲彳天}$　欲求其積分。

因　$\frac{天^{三}}{甲彳天}$＝甲天^{丅三}彳天　故得　甲禾天^{丅三}彳天＝丅$\frac{二}{甲}$天^{丅二}丄呐　即甲禾$\frac{天^{三}}{彳天}$＝丅$\frac{二天^{二}}{甲}$丄呐　如所求。

設有微分式　$\frac{\sqrt[三]{天^{二}}}{甲彳天}$　欲求其積分。

因　$\frac{\sqrt[三]{天^{二}}}{甲彳天}$＝甲天$^{丅\frac{三}{二}}$彳天　故得　甲禾天$^{丅\frac{三}{二}}$彳天＝三甲天$^{\frac{三}{一}}$丄呐　即甲禾$\frac{\sqrt[三]{天^{二}}}{彳天}$＝三甲$\sqrt[三]{天}$丄呐　如所求。

設有微分式 $彳地=甲天^{寅}彳天丄乙天^{卯}彳天丄丙天^{巳}彳天$ 欲求其積分。

依前法每項各求之，得 $戊=\frac{甲天^{寅丄一}}{寅丄一}丄\frac{乙天^{卯丄一}}{卯丄一}丄\frac{丙天^{巳丄一}}{巳丄一}丄呐$

所設之微分式，無論有若干項，其求法必同。又其式中末項之呐，以代諸項積分中各常數之和。

凡二項微分式，其括弧之指數，若爲正整之數者，其積分亦能依本法求之。法將括弧内諸數以乘法詳之爲級數，然後以括弧外諸數乘之，則可依多項之法求其積分。

設有微分式 $(四丄六天^{二})^{二}彳天$ 欲求其積分。

此爲二項微分式，但其括弧之指數爲二，故可依乘法將 $四丄六天^{二}$ 自之 $一六丄四八天^{二}丄三六天^{四}$ 然後以括弧外之彳天乘之 $一六彳天丄四八天^{二}彳天丄三六天^{四}彳天$ 每項各求其積分 $禾(四丄六天^{二})^{二}彳天=一六天丄一六天^{三}丄\frac{三六}{五}天^{五}丄呐$

設有微分式 $(甲丄乙天^{三})^{三}天彳天$ 欲求其積分。

此爲二項微分式，但其括弧之指數爲三，故可依乘法詳之 $甲^{三}天彳天丄三乙甲^{二}天^{四}彳天丄三乙^{二}甲天^{七}彳天丄乙^{三}天^{一〇}彳天$ 每項各求其積分 $禾(甲丄乙天^{三})^{三}天彳天=\frac{甲^{三}天^{二}}{二}丄\frac{三甲^{二}乙天^{五}}{五}丄\frac{三甲乙^{二}天^{八}}{八}丄\frac{乙^{三}天^{一一}}{一一}丄呐=天^{二}\left(\frac{甲^{三}}{二}丄\frac{三甲^{二}乙}{五}天^{三}丄\frac{三甲乙^{二}}{八}天^{六}丄\frac{乙^{三}}{一一}天^{九}\right)丄呐$

凡二項微分式，其括弧之指數，若非正整之數或負或分。而括弧外天之指數比括弧内天之指數少一者，亦能依本法求其積分。惟必少一，則可。若相等或大一或少二，均不能。總之，將括弧内諸數求微分，其變數與括弧外之變數相等者必能依本法求之，否則不能。

設有微分式 $(甲天丄乙)^{寅}彳天$ 欲求其積分。

依法將指數加一得 $寅丄一$ 爲求得之指數，如 $(甲天丄乙)^{寅丄一}$ 彳 爲實。將括弧内之 $甲天丄乙$ 求微分 $甲彳天$ 與 $寅丄一$ 相乘 $甲(寅丄一)彳天$ 爲法，約之得 $禾(甲天丄乙)^{寅}彳天=\frac{(甲天丄乙)^{寅丄一}}{甲(寅丄一)}丄呐$ 爲所求之積分。其寅無論正負整分，均合，惟不可爲 $丅一$

又法令 $人=甲天丄乙$ 則 $天=\frac{人丅乙}{甲}$ 求微分，如 $彳天=\frac{彳人}{甲}$ 依代法，則題式可變爲 $(甲天丄乙)^{寅}彳天=\frac{人^{寅}彳人}{甲}$ 求積分 $禾\frac{人^{寅}彳人}{甲}=\frac{人^{寅丄一}}{甲(寅丄一)}丄呐$ 以本數代還之，亦得 $\frac{人^{寅丄一}}{甲(寅丄一)}丄呐=\frac{(甲天丄乙)^{寅丄一}}{甲(寅丄一)}丄呐$ 與前同。

設有微分式 $\frac{天彳天}{\sqrt[三]{(甲丄乙天^{二})^{二}}}$ 欲求其積分。

此爲二項微分式，亦爲虛函數微分式，但其分子天之指數比分母括弧内天之指數少一，故可將題式變爲 $(甲丄乙天^{二})^{丅\frac{二}{三}}天彳天$

乃依法，將指數加一，得 $丅\frac{二}{三}丄一$ 即 $\frac{一}{三}$ 如 $(甲丄乙天^{二})^{\frac{一}{三}}$ 爲實，將括弧内之 $甲丄乙天^{二}$ 求微分 $二乙天彳天$ 與 $\frac{一}{三}$ 相乘 $\frac{二乙天彳天}{三}$ 爲法，約之得 $禾\frac{天彳天}{\sqrt[三]{(甲丄乙天^{二})^{二}}}=\frac{三}{二乙}(甲丄乙天^{二})^{\frac{一}{三}}丄呐=\frac{三}{二乙}\sqrt[三]{甲丄乙天^{二}}丄呐$ 爲所求之積分。

試令 $人=甲丄乙天^{二}$ 則 $天^{二}=\frac{人丅甲}{乙}$ 求微分，如 $天彳天=\frac{彳人}{二乙}$ 將題式變爲 $(甲丄乙天^{二})^{丅\frac{二}{三}}天彳天=\frac{人^{丅\frac{二}{三}}彳人}{二乙}$ 求積分得 $\frac{一}{二乙}禾人^{丅\frac{二}{三}}彳人=\frac{三人^{\frac{一}{三}}}{二乙}丄呐$ 以本題代還之，必與前所得無異。

設有微分式 $\frac{(三天^{二}丄乙)彳天}{\sqrt[四]{甲丄乙天丄天^{三}}}$ 即 $(甲丄乙天丄天^{三})^{丅\frac{一}{四}}(三天^{二}丄乙)彳天$ 欲求其積分。

此爲二項微分式，亦爲虛函數微分式，但將括弧内之數 $甲丄乙天丄天^{三}$ 求微分，如 $(乙丄三天^{二})彳天$ 與括弧外之 $(三天^{二}丄乙)彳天$ 相等，故可如法令 $人=甲丄乙天丄天^{三}$ 則 $乙天丄天^{三}=人丅甲$ 求微分 $(乙丄三天^{二})彳天=彳人$ 故題式可變爲 $(甲丄乙天丄天^{三})^{丅\frac{一}{四}}(三天^{二}丄乙)彳天=天^{丅\frac{一}{四}}彳人$ 如前法求積分得 $禾人^{丅\frac{一}{四}}彳人=\frac{四}{三}人^{\frac{三}{四}}丄呐$ 以本數代還之，得

$禾\frac{\sqrt[四]{甲丄乙天丄天^{三}}}{(三天^{二}丄乙)彳天}=\frac{三}{四}\sqrt[四]{(甲丄乙天丄天^{三})^{三}}丄呐$　如所求。

設有微分式　$(甲丄乙天^{卯})^{寅}天^{卯丅一}彳天$　欲求其積分。

如法求之，得　$禾(甲丄乙天^{卯})^{寅}天^{卯丅一}彳天=\frac{卯乙(寅丄一)}{(甲丄乙天^{卯})^{寅丄一}}丄呐$

如括弧外天之指數比括弧内天之指數非少一者，其式如　$(甲丄乙天^{卯})^{寅}天^{巳}彳天$　試將括弧内之　$甲丄乙天^{卯}$　求微分　$卯乙天^{卯丅一}彳天$　其$天^{卯丅一}彳天$　與括弧外之　$天^{巳}彳天$　不相等，故不能依本法求之，必依下二項之法，方能求之也。

又　卷一〇

實分數微分求積分法之一

【略】分四類演之如左。

一類，凡實分數之微分，其分母之乘數各不相等者，可將其各乘數爲分母，虚借呷、𠮙、呐、叮爲其分子，用齊同通分之法，化爲散分數，然後每項各求其積分。惟必其分子再大，天之指數比分母再大。天之指數爲小，則可。若相等或大過，均不能。

設有微分式　$\frac{天^{二}丅天丅二}{天彳天}$　欲求其積分。

法令分母　$天^{二}丅天丅二=〇$　則　$天^{二}丅天=二$　解其方程式，得　$天=丅一$、$天=二$　即　$天丄一=〇$、$天丅二=〇$　故分母可化爲　$(天丄一)(天丅二)$　則題式可變爲　$\frac{(天丅二)(天丄一)}{天彳天}$（甲）　乃借呷、𠮙二數爲其分子，而虚設一散分數式，如　$\frac{天丄一}{呷}丄\frac{天丅二}{𠮙}$　令與題式相等，如下：　$\frac{(天丄一)(天丅二)}{天彳天}=\left[\frac{天丄一}{呷}丄\frac{天丅二}{𠮙}\right]彳天$（乙）　乃留出其彳天，而將右邊之數齊同通分

$\frac{(天丄一)(天丅二)}{天}=\frac{(天丄一)(天丅二)}{(天丅二)呷丄(天丄一)𠮙}$　即　$天=(呷丄𠮙)天丅二呷丄𠮙$（丙）　此式中令　$天=〇$　則變爲　$丅二呷丄𠮙=〇$　又將丙式截去　$丅二呷丄𠮙$　得　$天=(呷丄𠮙)天$　以天約之　$一=呷丄𠮙$　乃從此　$呷丄𠮙=一$、$丅二呷丄𠮙=〇$　兩式求得　$呷=\frac{三}{一}$、$𠮙=\frac{三}{二}$　將此二同數代入乙式中，則題式可化爲　$\frac{天^{二}丅天丅二}{天彳天}=\frac{三}{一}\times\frac{天丄一}{彳天}丄\frac{三}{二}\times\frac{天丅二}{彳天}$　此兩項均與訥對之公微分式相合，故可依對數求微分之公法反求其積分。得下式：

$禾\frac{天^{二}丅天丅二}{天彳天}=\frac{三}{一}訥(天丄一)丄\frac{三}{二}訥(天丅二)丄呐$　對數求微分法，以本數$天丄一$　求微分，得彳天，爲實，以本數　$天丄一$　爲法，約之，得　$\frac{天丄一}{彳天}$　爲訥對之微分，故　$\frac{天丄一}{彳天}$　之積分，即爲訥氏之對數。凡對數之倍數，即真數之指數，故得

$禾\frac{天^{二}丅天丅一}{天彳天}=訥\sqrt[三]{天丄一}丄訥\sqrt[三]{(天丅二)^{二}}丄呐$　又對數相加者，真數即相乘，故又得　$禾\frac{天^{二}丅天丅二}{天彳天}=\frac{三}{一}訥(天丄一)(天丅二)^{二}丄呐=訥\sqrt[三]{天^{三}丅三天^{二}丄四}丄呐$

設有微分式　$\frac{天^{二}丅甲^{二}}{甲彳天}$　欲求其積分。

法令　$天^{二}丅甲^{二}=〇$　則　$天^{二}=甲^{二}$　開平方得　$天=丄甲$、$天=丅甲$　即　$天丅甲=〇$、$天丄甲=〇$　將題式變爲　$\frac{(天丅甲)(天丄甲)}{甲彳天}$　而虚設呷、𠮙二數爲其分子，如　$\frac{(天丅甲)(天丄甲)}{甲彳天}=\left[\frac{天丅甲}{呷}丄\frac{天丄甲}{𠮙}\right]彳天$（甲）　乃留出其彳天齊同通分　$\frac{(天丅甲)(天丄甲)}{甲}=\frac{(天丅甲)(天丄甲)}{(呷丄𠮙)天丄(呷丅𠮙)甲}$　即　$甲=(呷丄𠮙)天丄(呷丅𠮙)甲$　此式中令天等于〇，則得　$(呷丅𠮙)甲=甲$　及　$呷丄𠮙=〇$　從此二式求得　$呷=\frac{二}{一}$、$𠮙=丅\frac{二}{一}$　將此二同數代入甲式中，則題式可化爲　$\frac{天^{二}丅甲^{二}}{甲彳天}=\frac{二}{一}\times\frac{天丅甲}{彳天}丅\frac{二}{一}\times\frac{天丄甲}{彳天}$　此兩項均與對數之公微分式相合，故可依對數求微分之公法反求其積分，得　$禾\frac{天^{二}丅甲^{二}}{甲彳天}=\frac{二}{一}訥(天丅甲)丅\frac{二}{一}訥(天丄甲)丄呐=\frac{二}{一}訥\frac{天丄甲}{天丅甲}丄呐=訥\sqrt{\frac{天丄甲}{天丅甲}}丄呐$

設有微分式　$\frac{甲^{二}天丅天^{三}}{甲^{三}丄乙天^{二}}彳天$　欲求其積分。

法將分母以天約之，乃令　$甲^{二}丅天^{二}=○$　則　$甲^{二}=天^{二}$　開平方得

甲=⊥天、甲=丅天　故分母可變爲　$\frac{天(甲丅天)(甲⊥天)}{(甲^{三}⊥乙天^{二})彳}$　乃虛設呷、叱、

哂爲其分子，如　$\frac{天(甲丅天)(甲⊥天)}{(甲^{三}⊥乙天^{二})彳}=\left[\frac{天}{呷}⊥\frac{甲丅天}{叱}⊥\frac{甲⊥天}{哂}\right]彳$ 甲⃝　乃

留出其彳齊同通分　$\frac{天(甲丅天)(甲⊥天)}{甲^{三}⊥乙天^{二}}=\frac{天(甲丅天)(甲⊥天)}{呷甲^{二}⊥甲(叱⊥哂)天⊥(叱丅呷丅哂)天^{二}}$　即

$甲^{三}⊥乙天^{二}=呷甲^{二}⊥甲(叱⊥哂)天⊥(叱丅呷丅哂)天^{二}$　令天等于○，則左右兩邊天之同方各倍數皆作爲相等，則得三箇方程式，如下：$呷甲^{二}=甲^{三}$、甲(叱⊥哂)=○、叱丅呷丅哂=乙　從此求得　呷=甲、叱=$\frac{二}{一}$(甲⊥乙)、哂=丅$\frac{二}{一}$(甲⊥乙)　將此三同數代入甲式中，則題式可化爲　$\frac{甲^{二}天丅天^{三}}{甲^{三}⊥乙天^{二}}彳$

$=\frac{天}{甲彳}⊥\frac{二(甲丅天)}{甲⊥乙}彳丅\frac{二(甲⊥天)}{甲⊥乙}彳$　此三項均與對數之公微分式相合，

故可依對數求微分之公法反求其積分，得下式：

$禾\frac{甲^{二}天丅天^{三}}{甲^{三}⊥乙天^{二}}彳=甲訥天丅\frac{二}{甲⊥乙}訥(甲丅天)丅\frac{二}{甲⊥乙}訥(甲⊥天)⊥哂$

依對數之理，又可變爲　$禾\frac{甲^{二}天丅天^{三}}{甲^{三}⊥乙天^{二}}彳=訥\frac{(甲^{二}丅天^{二})^{\frac{二}{一}(甲⊥乙)}}{天^{甲}}⊥哂$

積分之變態有如是之奇巧哉。

設有微分式　$\frac{天^{二}丅六天⊥八}{(三天丅五)彳}$　欲求其積分。

法令　$天^{二}丅六天⊥八=○$　開得其方根，爲　天=二、天=四　故分母可變爲　$\frac{(天丅二)(天丅四)}{三天丅五}彳$　乃令　$\frac{(天丅二)(天丅四)}{三天丅五}彳=\left[\frac{天丅二}{呷}⊥\frac{天丅四}{叱}\right]彳$　留出其彳齊同通分　$\frac{(天丅二)(天丅四)}{三天丅五}=\frac{(天丅二)(天丅四)}{(呷⊥叱)天丅四呷丅二叱}$

即　三天丅五=(呷⊥叱)天丅四呷丅二叱　令天等于○，則左右兩邊天之同方各倍數皆作爲相等，而得兩箇方程式，如　呷⊥叱=三、丅四呷丅二乙=丅五

從此求得　呷=丅$\frac{二}{一}$、叱=$\frac{二}{七}$　故題式可化爲　$\frac{天^{二}丅六天⊥八}{(三天丅五)彳}=丅\frac{二}{一}×\frac{天丅二}{彳}⊥\frac{二}{七}×\frac{天丅四}{彳}$　所以求得之積分爲　$禾\frac{天^{二}丅六天⊥八}{三天丅五}彳=$

$\frac{二}{七}訥(天丅四)丅\frac{二}{一}訥(天丅二)⊥哂=訥\sqrt{\frac{天丅二}{(天丅四)^{七}}}⊥哂$

若分子再大，天之指數比分母再大，天之指數非小者，其式如　$\frac{天^{二}丅甲^{二}}{天^{二}彳}$

試令　$\frac{(天丅甲)(天⊥甲)}{天^{二}}=\frac{天丅甲}{呷}⊥\frac{天⊥甲}{叱}$　則　$\frac{(天丅甲)(天⊥甲)}{天^{二}}=\frac{(天丅甲)(天⊥四)}{(呷⊥叱)天⊥(呷丅叱)甲}$　即　$天^{二}=(呷⊥叱)天⊥(呷丅叱)甲$　令　天=○　則得　(呷丅叱)甲=○　及　(呷⊥叱)=○　從此兩式不能求得呷、叱各同數，故此種微分式之積分，不能依本法求之。

二類，凡實分數微分其分母之乘數，有卯箇相等者，則其式必如　$\frac{(甲⊥天)^{卯}}{呋彳}$　其化法可將分母　$(甲⊥天)^{卯}$　之指數卯遞減一數，得下式：

$(甲⊥天)^{卯}$、$(甲⊥天)^{卯丅一}$、$(甲⊥天)^{卯丅二}$、$(甲⊥天)^{卯丅三}$…甲⊥天　爲各乘數。虛設呷、叱、哂、叮等爲其分子，齊同通分，如前法化爲散分數，然後每項各求其積分。惟必其分子再大，天之指數比分母再大，天之指數少一，則可。若相等或大過，均不能。

設有微分式　$\frac{(甲⊥天)^{三}}{天^{二}彳}$　欲求其積分。

法將分母之指數三遞減一數，得　$(甲⊥天)^{三}$、$(甲⊥天)^{二}$、甲⊥天　爲各乘數。虛借呷、叱、哂爲其分子，如　$\frac{(甲⊥天)^{三}}{天^{二}彳}=\left[\frac{(甲⊥天)^{三}}{呷}⊥\frac{(甲⊥天)^{二}}{叱}⊥\frac{甲⊥天}{哂}\right]彳$　乃留出其彳，齊同通分得　$\frac{(甲⊥天)^{三}}{天^{二}}=$

$\frac{(甲⊥天)^{三}(甲⊥天)^{二}(甲⊥天)}{呷(甲⊥天)^{三}⊥叱(甲⊥天)^{四}⊥哂(甲⊥天)^{五}}=$

$\frac{(甲⊥天)^{三}}{呷⊥甲叱⊥甲^{二}哂⊥(叱⊥二甲哂)天⊥哂天^{二}}$　即　$天^{二}=呷⊥甲叱⊥甲^{二}哂⊥(叱⊥二甲哂)天⊥哂天^{二}$　令左右兩邊天之同方各倍數皆作爲相等，得　$呷⊥甲叱⊥甲^{二}哂=○$、叱⊥二甲哂=○、哂=一　從此求得　$呷=甲^{二}$、叱=

丅二甲、呩＝一　故題式可化爲　$\frac{(甲丄天)^{三}}{天^{二}彳天}=\frac{(甲丄天)^{三}}{甲^{二}彳天}丅\frac{(甲丄天)^{二}}{二甲彳天}丄\frac{甲丄天}{彳天}$

其第一、第二兩項與常函數之公微分式相合，可依前實函數法得　$禾\frac{(甲丄天)^{三}}{彳天}=丅\frac{二(甲丄天)^{二}}{一}$、$禾\frac{(甲丄天)^{二}}{彳天}=丅\frac{甲丄天}{一}$　其末項與對數之公微分式相合，故又得　$禾\frac{甲丄天}{彳天}=訥(甲丄天)$　所以　$禾\frac{(甲丄天)^{三}}{天^{二}彳天}=丅\frac{二(甲丄天)^{二}}{甲^{二}}丄\frac{甲丄天}{二甲}丄訥(甲丄天)丄呩$　爲所求之積分。

設有微分式　$\frac{(天^{二}丅甲^{二})(天丅甲)}{天^{二}彳天}$　欲求其積分。

法將分母之　$天^{二}丅甲^{二}$　化爲　$(天丅甲)(天丄甲)$　故得　$\frac{(天丅甲)(天丄甲)(天丅甲)}{天^{二}彳天}$　即　$\frac{(天丅甲)^{二}(天丄甲)}{天^{二}彳天}$　其 $(天丅甲)^{二}$　爲相等乘數，故可作　$\frac{(天丅甲)^{二}(天丄甲)}{天^{二}}=\frac{(天丅甲)^{二}}{呷}丄\frac{天丅甲}{叱}丄\frac{天丄甲}{呩}$　齊同通分　$\frac{(天丅甲)^{二}(天丄甲)}{天^{二}}=\frac{(天丅甲)^{二}(天丄甲)}{呷(天丄甲)丄叱(天^{二}丅甲^{二})丄呩(天丅甲)}=\frac{(天丅甲)^{二}(天丄甲)}{呷甲丅叱甲^{二}丄呩甲^{二}丄(呷丅二甲呩)天丄(叱丄呩)天^{二}}$　即 $天^{二}=呷甲丅叱甲^{二}丄呩甲^{二}丄(呷丅二甲呩)天丄(叱丄呩)天^{二}$　令左右兩邊天之同方各倍數皆作爲相等，而得三箇方程式　$呷甲丅叱甲^{二}丄呩甲二=〇$、$呷丅二甲呩=〇$、$叱丄呩=一$　從此求得　$呷=\frac{二}{甲}$、$叱=\frac{四}{三}$、$呩=\frac{四}{一}$　依代法，則題式可化爲　$\frac{(天^{二}丅甲^{二})(天丅甲)}{天^{二}彳天}=\frac{二}{甲}\times\frac{(天丅甲)^{二}}{彳天}丄\frac{四}{三}\times\frac{天丅甲}{彳天}丄\frac{四}{一}\times\frac{天丄甲}{彳天}$　其 $禾\frac{(天丅甲)^{二}}{彳天}=丅\frac{天丅甲}{一}$、$禾\frac{天丅甲}{彳天}=訥(天丅甲)$、$禾\frac{天丄甲}{彳天}=訥(天丄甲)$

故得　$禾\frac{(天^{二}丅甲^{二})(天丅甲)}{天^{二}彳天}=丅\frac{二(天丅甲)}{甲}丄\frac{四}{三}訥(天丅甲)丄\frac{四}{一}訥(天丄甲)丄呩$　爲所求之積分。

設有微分式　$\frac{天(天丄一)^{二}(天丅一)^{二}}{(天^{三}丄天^{二}丄二)彳天}$　欲求其積分。其分母有兩箇相等乘數。

如法令　$\frac{天(天丄一)^{二}(天丅一)^{二}}{天^{三}丄天^{二}丄二}=\frac{天}{呷}丄\frac{(天丄一)^{二}}{叱}丄\frac{天丄一}{呩}丄\frac{(天丅一)^{二}}{叮}丄\frac{天丅一}{哦}$　通分　$\frac{天(天丄一)^{二}(天丅一)^{二}}{天^{三}丄天^{二}丄二}=\frac{天(天丄一)^{二}(天丅一)^{二}}{呷(天丄一)^{二}(天丅一)^{二}丄叱天(天丅一)^{二}丄呩天(天丄一)(天丅一)^{二}丄叮天(天丄一)^{二}丄哦天(天丄一)^{二}(天丅一)}$

即　$天^{三}丄天^{二}丄二=呷天^{四}丅二呷天^{二}丄呷丄叱天^{三}丄叱天丅二叱天^{二}丄呩天^{四}丅呩天^{三}丅呩天^{二}丄呩天丄叮天^{三}丄二叮天^{二}丄叮天丄哦天^{四}丄哦天^{三}丅哦天^{二}丅哦天$　亦即　$天^{三}丄天^{二}丄二=呷丄(叱丄呩丄叮丅哦)天丅(二呷丅二叱丅呩丄二叮丅哦)天^{二}丄(叱丅呩丄叮丄哦)天^{三}丄(呷丄呩丄哦)天^{四}$　如前法，令　$呷=二$、$叱丄呩丄叮丅哦=〇$、$丅二呷丅二叱丅呩丄二叮丅哦=一$、$叱丅呩丄叮丄哦=一$、$呷丄呩丄哦=〇$　從此求得　$呷=二$、$叱=丅\frac{二}{三}$、$呩=丅\frac{四}{五}$、$叮=一$、$哦=丅\frac{四}{三}$　依代法，則題式可化爲下式：$\frac{天(天丄一)^{二}(天丅一)^{二}}{天^{三}丄天^{二}丄二}彳天=\frac{天}{二彳天}丅\frac{二(天丄一)^{二}}{彳天}丅\frac{四(天丄一)}{五彳天}丄\frac{(天丅一)^{二}}{彳天}丅\frac{四(天丅一)}{三彳天}$　故得　$禾\frac{天(天丄一)^{二}(天丅一)^{二}}{天^{三}丄天^{二}丄二}彳天=訥天^{二}丄\frac{二(天丄一)}{一}丅\frac{四}{五}訥(天丄一)丅\frac{天丅一}{一}丅\frac{四}{三}訥(天丅一)丄呩$　爲所求之積分。

三類，凡實分數微分，其分母之乘數，若爲虛式者，則必有兩箇虛式之乘數。惟因虛式不便于用，故可將其分母變爲一次、二次式之實乘數，而依其分子之項數而化之爲散分數，如分子爲一項，則只一項；有二項，則化爲二項；有卯項，則化爲卯項也。不必用呷、叱、呩之泛倍數矣。如有實乘數在内者，仍要用泛倍數。

設有微分式　$\frac{天^{二}丄天丄甲}{彳天}$　欲求其積分。

其分母可令　$天^{二}丄天=丅甲$　配成正方　$天^{二}丄天丄\frac{四}{一}=丅甲丄\frac{四}{一}$

則　$天丄\frac{二}{一}=\pm\sqrt{丅甲丄\frac{四}{一}}$　而　$天=丅\frac{二}{一}\pm\sqrt{丅甲丄\frac{四}{一}}$　故分母可化

爲 $\left(丅\frac{一}{二}⊥\sqrt{丅甲⊥\frac{四}{三}}\right)\left(丅\frac{一}{二}丅\sqrt{丅甲⊥\frac{四}{三}}\right)$ 惟因此虛式不便于用，須設法變之。法將 $天^{二}⊥天⊥\frac{四}{三}=丅甲⊥\frac{四}{三}$ 變之，如 $\left(天⊥\frac{一}{二}\right)^{二}⊥\frac{四}{四甲丅一}$ 則題式可變爲 $\frac{\left(天⊥\frac{一}{二}\right)^{二}⊥\frac{四}{四甲丅一}}{彳天}$ 若令 $天⊥\frac{一}{二}=人$、$彳天=彳人$、$\frac{四}{四甲丅一}=乙^{二}$ 則又可變爲 $\frac{人^{二}⊥乙^{二}}{彳人}$ 欲求此式之積分，可令 人＝乙亥 則 彳人＝乙彳亥 依代法得 $\frac{人^{二}⊥乙^{二}}{彳人}=\frac{乙^{二}亥^{二}⊥乙^{二}}{乙彳亥}=\frac{乙}{二}\times\frac{亥^{二}⊥一}{彳亥}$

此式之 $\frac{亥^{二}⊥一}{彳亥}$ 與平圓正切之弧微分相合，故其積分，則爲正切之弧，如下式：$禾\frac{亥^{二}⊥一}{彳亥}=弧(正切^{丅一}亥)$ 故得 $\frac{乙}{二}禾\frac{亥^{二}⊥一}{彳亥}=\frac{乙}{二}正切^{丅一}亥⊥昞$

惟因 $亥=\frac{乙}{人}$ 又得 $禾\frac{人^{二}⊥乙^{二}}{彳人}=\frac{乙}{二}正切^{丅一}\left(\frac{乙}{人}\right)⊥昞$ 又因 $人=天⊥\frac{一}{二}$、$乙^{二}=\frac{四}{四甲丅一}$、$乙=\sqrt{\frac{四}{四甲丅一}}=\frac{一}{二}\sqrt{四甲丅一}$ 所以得 $禾\frac{天^{二}⊥天⊥甲}{彳天}=\frac{\sqrt{四甲丅一}}{二}正切^{丅一}\frac{\sqrt{四甲丅一}}{二天⊥一}⊥昞$ 爲所求之積分。

設有微分式 $\frac{天^{二}⊥二角天⊥角^{二}⊥亢^{二}}{(呼天⊥呷)彳天}$ 欲求其積分。

其分母可化爲 $(天⊥角⊥亢\sqrt{丅一})(天⊥角丅亢\sqrt{丅一})$ 惟因 $天^{二}⊥二角天⊥角^{二}$ 爲正自乘數，即 $(天⊥角)^{二}$ 故題式可變爲 $\frac{(天⊥角)^{二}⊥亢^{二}}{(呼天⊥呷)彳天}$ ㊀ 乃令 天⊥角＝人 則 天＝人丅角、彳天＝彳人 將此各同數代入甲式中，得 $\frac{(天⊥角)^{二}⊥亢^{二}}{(呼天⊥呷)彳天}=\frac{人^{二}⊥亢^{二}}{(呼人⊥呷丅呼角)彳人}$ 此式又令 呷丅呼角＝呷′ 則題式可化爲 $\frac{(天⊥角)^{二}⊥亢^{二}}{呼天⊥呷}彳天=\frac{人^{二}⊥亢^{二}}{呼人彳人}⊥$ $\frac{人^{二}⊥亢}{呷′彳人}$ 其第一項 $\frac{人^{二}⊥亢^{二}}{呼人彳人}$ 之積分可以對數明之 $禾\frac{人^{二}⊥亢^{二}}{呼人彳人}=\frac{一}{二}呼訥(人^{二}⊥亢^{二})=呼訥\sqrt{人^{二}⊥亢^{二}}$ ㊁ 欲求其第二項 $\frac{人^{二}⊥亢^{二}}{呷′彳人}$ 之積分，可令 人＝亢亥 則 彳人＝亢彳亥 則 $\frac{人^{二}⊥亢^{二}}{呷′彳人}=\frac{亢^{二}亥^{二}⊥亢^{二}}{呷′亢彳亥}=\frac{亢}{呷′}\times\frac{亥^{二}⊥一}{彳亥}$ 其 $\frac{亥^{二}⊥一}{彳亥}$ 爲正切亥之弧微分，故得 $\frac{亢}{呷′}禾\frac{亥^{二}⊥一}{彳亥}=\frac{亢}{呷′}正切^{丅一}亥$ 其亥以同數 $\frac{亢}{人}$ 代還之，得 $禾\frac{人^{二}⊥亢^{二}}{呷′彳人}=\frac{亢}{呷′}正切^{丅一}\frac{亢}{人}⊥昞$

㊂ ㊁㊂相加 $禾\frac{人^{二}⊥亢^{二}}{(呼人⊥呷′)彳人}=呼訥\sqrt{人^{二}⊥亢^{二}}⊥\frac{亢}{呷′}正切^{丅一}\frac{亢}{人}$

惟因 人＝天⊥角、呷′＝呷丅呼角 所以得 $禾\frac{天^{二}⊥二角天⊥角^{二}⊥亢^{二}}{呼天⊥呷}彳天=呼訥\sqrt{天^{二}⊥二角天⊥角^{二}⊥亢^{二}}⊥\frac{亢}{呷丅呼角}正切^{丅一}\frac{亢}{天⊥角}⊥昞$ 爲所求之積分。

設有微分式 $\frac{天^{三}丅一}{甲⊥乙天}彳天$ 欲求其積分。

法將分母化作 $(天丅一)(天^{二}⊥天⊥一)$ 其 天丅一 爲實乘數，而 天^{二}⊥天⊥一 爲虛乘數，此虛乘數可化爲兩箇乘數，則共有三箇乘數。乃虛設呷、叱、昞爲其分子，如 $\frac{(天丅一)(天^{二}⊥天⊥一)}{甲⊥乙天}=\frac{天丅一}{呷}⊥\frac{天^{二}⊥天⊥一}{叱天⊥昞}$ 乃齊同通分，如前法，令左右兩邊天之同方各倍數，皆作爲相等，而求其呷、叱、昞各同數，如 $呷=\frac{一}{三}(甲⊥乙)$、$叱=丅\frac{一}{三}(甲⊥乙)$、$昞=丅\frac{一}{三}(二甲丅乙)$ 則題式可化爲 $\frac{(天丅一)(天^{二}⊥天⊥一)}{甲⊥乙天}彳天=\frac{三}{甲⊥乙}\times\frac{天丅一}{彳天}丅\frac{一}{三}\times\frac{天^{二}⊥天⊥一}{(甲⊥乙)天⊥二甲丅乙}彳天$ 其第一項之積分可以對數明之，得 $\frac{三}{甲⊥乙}禾\frac{天丅一}{彳天}=\frac{三}{甲⊥乙}訥(天丅一)$ ㊀ 欲求第二項之積分，可將 天^{二}⊥天⊥二 如前法變爲 $\left(天⊥\frac{一}{二}\right)^{二}⊥\frac{四}{三}$ 得 $丅\frac{一}{三}\times\frac{\left(天⊥\frac{一}{二}\right)^{二}⊥\frac{四}{三}}{(甲⊥乙)天⊥二甲丅乙}$

㊁ 乃令 $天⊥\frac{一}{二}=人$ 則 $天=人丅\frac{一}{二}$、彳天＝彳人 則㊁式可變爲 $\frac{一}{三}\times\frac{天^{二}⊥天⊥一}{(甲⊥乙)天⊥二甲丅乙}彳天=\frac{三}{甲⊥乙}\times\frac{人^{二}⊥\frac{四}{三}}{人彳人}⊥\frac{二}{甲丅乙}\times\frac{人^{二}⊥\frac{四}{三}}{彳人}$ 其

$\frac{三}{甲丄乙}禾\frac{人^{二}丄\frac{四}{三}}{彳人}=\frac{六}{甲丄乙}訥\left(人^{二}丄\frac{四}{三}\right)$ 惟因 $人=天丄\frac{二}{一}$ 故得 $\frac{六}{甲丄乙}訥\left(人^{二}丄\frac{四}{三}\right)=\frac{六}{甲丄乙}訥\left[\left(天丄\frac{二}{一}\right)^{二}丄\frac{四}{三}\right]=\frac{六}{甲丄乙}訥(天^{二}丄天丄一)$(丙) 欲求其第二項 $\frac{人^{二}丄\frac{四}{三}}{彳天}$ 之積分，可令 $人^{二}=\frac{四}{三}亥^{二}$ 則 $人=\frac{二}{\sqrt{三}}亥$、$彳人=\frac{二}{\sqrt{三}}彳亥$ 可變爲 $\frac{人^{二}丄\frac{四}{三}}{彳人}=\frac{\sqrt{三}}{二}\times\frac{一丄亥^{二}}{彳亥}$ 其積分爲 $\frac{\sqrt{三}}{二}禾\frac{一丄亥^{二}}{彳亥}=\frac{\sqrt{三}}{二}正切^{丅}亥$ 惟因 $亥=\frac{\sqrt{三}}{二人}$ 所以 $\frac{\sqrt{三}}{二}正切^{丅一}亥=\frac{\sqrt{三}}{二}正切^{丅一}\frac{\sqrt{三}}{二人}$ 又因 $人=天丄\frac{二}{一}$ 并還其倍數 $\frac{二}{甲丅乙}$ 故得 $\frac{\sqrt{三}}{甲丅乙}正切^{丅一}\frac{\sqrt{三}}{二人}=\frac{\sqrt{三}}{甲丅乙}正切^{丅一}\frac{\sqrt{三}}{二天丄一}$(丁) 乃將甲丙丁三式還其正負之號而加之，得 $禾\frac{天^{三}丅一}{甲丄乙天}彳天=\frac{三}{甲丄乙}訥(天丅一)丅\frac{六}{甲丄乙}訥(天^{二}丄天丄一)丅\frac{\sqrt{三}}{甲丅乙}正切^{丅一}\frac{\sqrt{三}}{二天丄一}丄呐=\frac{三}{甲丄乙}訥\frac{\sqrt{天^{二}丄天丄一}}{天丅一}丅\frac{\sqrt{三}}{甲丅乙}正切^{丅一}\frac{\sqrt{三}}{二天丄一}丄呐$ 爲所求之積分。

四類，凡實分數微分，其分母之虛乘數若有卯箇相等者，亦可用法變之，其法如下。

設有微分式 $\frac{(天^{二}丄二角天丄角^{二}丄亢^{二})^{午}}{(吁天丄吜)彳天}$ 欲求其積分。

其分母可依前法變作 $\frac{[(天丄角)^{二}丄亢^{二}]^{午}}{(吁天丄吜)彳天}$ 乃令 $天丄角=人$ 則 $天=人丅角$、$彳天=彳人$ 而變其式爲 $\frac{[(天丄角)^{二}丄亢^{二}]^{午}}{(吁天丄吜)彳天}=\frac{(人^{二}丄亢^{二})^{午}}{(吁人丅吁角丄吜)彳人}$ 又令 $吜丅吁角=吜'$ 則題式可化爲 $\frac{(人^{二}丄亢^{二})^{午}}{(吁人丄吜)彳人}=\frac{(人^{二}丄亢^{二})^{午}}{吁人彳人}丄\frac{(人^{二}丄亢^{二})^{午}}{吜'彳人}$ 其第一項之積分可依前獨項法，得 $禾\frac{(人^{二}丄亢^{二})^{午}}{吁人彳人}=丅\frac{二(丅午丄一)}{吁(人^{二}丄亢^{二})^{午丄一}}=\frac{二(一丅午)(人^{二}丄亢^{二})^{午丅一}}{吁}$(甲) 欲求其第二項 $\frac{(人^{二}丄亢^{二})^{午}}{吜'彳人}$ 之積分，必須先識別得 $禾\frac{(人^{二}丄亢^{二})^{午}}{彳人}=\frac{(人^{二}丄亢^{二})^{午丅一}}{咦人}丄咩禾\frac{(人^{二}丄亢^{二})^{午丅一}}{彳人}$(乙) 欲將此式化爲微分式，只須將 $\frac{(人^{二}丄亢^{二})^{午丅一}}{咦人}$ 求微分 $彳\frac{(人^{二}丄亢^{二})^{午丅一}}{咦人}=\frac{(人^{二}丄亢^{二})^{午}}{咦(丅午丄一)二人^{二}彳人丄咦(人^{二}丄亢^{二})彳人}$ 所以 $\frac{(人^{二}丄亢^{二})^{午}}{彳人}=\frac{(人^{二}丄亢^{二})^{午}}{咦[(一丅午)二人^{二}丄(人^{二}丄亢^{二})]彳人}丄咩\frac{(人^{二}丄亢^{二})^{午丅一}}{彳人}$ 即 $一=咦(人^{二}丄亢^{二})丅二(午丅一)咦人^{二}丄咩(人^{二}丄亢^{二})$ 即 $(三咦丅二午咦丄咩)人^{二}丄(咦丄咩)亢^{二}丅一=〇$ 惟因人爲未定之數，故可令 $(咦丄咩)亢^{二}丅一=〇$、$(三丅二午)咦丄咩=〇$ 求得 $咦=\frac{(二午丅二)亢}{一}$、$咩=\frac{(二午丅二)亢^{二}}{二午丅三}$

代入乙式中，得 $禾\frac{(人^{二}丄亢^{二})^{午}}{彳人}=\frac{(二午丅二)亢^{二}}{一}\times\frac{(人^{二}丄亢^{二})^{午丅一}}{人}丄\frac{(二午丅二)亢^{二}}{二午丅三}禾\frac{(人^{二}丄亢^{二})^{午丅一}}{彳人}$ 以 午丅一 代午，得 $禾\frac{(人^{二}丄亢^{二})^{午丅一}}{彳人}=\frac{(二午丅四)亢^{二}}{一}\times\frac{(人^{二}丄亢^{二})^{午丅二}}{人}丄\frac{(二午丅四)亢^{二}}{二午丅五}禾\frac{(人^{二}丄亢^{二})^{午丅二}}{彳人}$ 以 午丅二 代午，得 $禾\frac{(人^{二}丄亢^{二})^{午丅二}}{彳人}=\frac{(二午丅六)亢^{二}}{一}\times\frac{(人^{二}丄亢^{二})^{午丅三}}{人}丄\frac{(二午丅六)亢^{二}}{二午丅七}禾\frac{(人^{二}丄亢^{二})^{午丅三}}{彳人}\cdots$ 依此法遞推之，則知 $禾\frac{(人^{二}丄亢^{二})^{午}}{彳人}$ 可藉代數及他積分式 $禾\frac{(人^{二}丄亢^{二})^{午丅一}}{彳人}$ 明之，而其他積分式又可藉他代數式及積分式 $禾\frac{(人^{二}丄亢^{二})^{午丅二}}{彳人}$ 明之。如是屢推之，以至他積分式變爲 $禾\frac{人^{二}丄亢^{二}}{彳人}$ 而止，而此積分式，則能以平圓之弧明之，可爲已知之數，故用前法推至此處必止。若再變一次，則得 $禾\frac{(人^{二}丄亢^{二})^{〇}}{彳人}$ 其倍數變爲無窮故也。乃與甲式相加并將原所代之數代還

之，爲所求之積分。如下： 禾$\frac{(天^{二}丄二角天丄角^{二}丄亢^{二})^{午}}{(呼天丄呧)伕}=$

$\frac{二(一丅午)(天^{二}丄二角天丄角^{二}丄亢^{二})^{午丅一}}{呼}丄\frac{(二午丅二)亢^{二}}{呧丅呼角}\times$

$\frac{(天^{二}丄二角天丄角^{二}丄亢^{二})^{午丅一}}{天丄角}丄\frac{(二午丅二)亢^{二}}{(二午丅三)(呧丅呼角)}$

禾$\frac{(天^{二}丄二角天丄角^{二}丄亢^{二})^{午丅一}}{伕}$丄呐

實分數微分求積分法之二

【略】分四類演之如左。

一類，如分母之乘數各不相等者，則呷、叱、呐、叮各同數可逐項求之，如欲求呷之同數，可將代得之式兩邊各以呷之分母乘之，然後令呷之分母等于〇，而求得天之同數以代入乘得之式中，則呷之同數可得。欲求叱之同數，亦將代得之式兩邊各以叱之分母乘之，然後令叱之分母等于〇，而求得天之同數，以代入乘得之式中，則叱之同數可得。呐、叮各同數如之。

設有微分式 $\frac{天^{二}丄(甲丅乙)天丅甲乙}{(寅天丄卯)伕}$ 欲求其積分。

其分母之末項爲 丅乙甲 乃 丄甲 與 丅乙 相乘而得，如 丄甲×丅乙 故知 (天丄甲)(天丅乙) 乃令 $\frac{(天丄甲)(天丅乙)}{寅天丄卯}=\frac{天丄甲}{呷}丄\frac{天丅乙}{叱}$

(子) 欲求呷之同數，可將子式兩邊各以呷之分母 天丄甲 ♥♥♥♥乘之，得 $\frac{天丅乙}{寅天丄卯}=呷丄\frac{天丅乙}{叱}(天丄甲)$ 令 天丄甲＝〇 則 天＝丅甲 故得 $\frac{丅甲丅乙}{丅寅甲丄卯}=呷丄\frac{丅甲丅乙}{叱}(〇)$ 即 $\frac{甲丄乙}{寅甲丅卯}=呷$ 爲呷之同數。欲求叱之同數，又將子式兩邊各以叱之分母 天丅乙 乘之，如下式：

$\frac{天丄甲}{寅天丄卯}=\frac{天丄甲}{呷}(天丅乙)丄叱$ 令 天丅乙＝〇 則 天＝乙 故得 $\frac{乙丄甲}{寅乙丄卯}=\frac{天丄甲}{呷}(〇)丄叱$ 即 $\frac{乙丄甲}{寅乙丄卯}=叱$ 爲叱之同數，則題式可化爲 $\frac{(天丄甲)(天丅乙)}{(寅天丄卯)伕}=\frac{甲丄乙}{寅甲丅卯}\times\frac{天丄甲}{伕}丄\frac{甲丄乙}{寅乙丄卯}\times\frac{天丅乙}{伕}$ 求得其積分，爲 禾$\frac{(天丄甲)(天丅乙)}{(寅天丄卯)伕}=\frac{甲丄乙}{寅甲丅卯}$訥(天丄甲)丄$\frac{甲丄乙}{寅乙丄卯}$訥(天丅乙)丄呐

設有微分式 $\frac{天^{三}丅天甲^{二}}{(天^{四}丄甲)伕}$ 欲求其積分。

法令 $\frac{天(天丄甲)(天丅甲)}{(天^{四}丄甲)}=\frac{天}{呷}丄\frac{天丄四}{叱}丄\frac{天丅甲}{呐}$ (甲) 兩邊各以天乘之，得 $\frac{(天丄甲)(天丅甲)}{天^{四}丄甲}=呷丄\frac{天丄甲}{叱}天丄\frac{天丅甲}{呐}天$ 令 天＝〇 則得 $\frac{(〇丄甲)(〇丅甲)}{〇丄甲}=呷丄\frac{天丄甲}{叱}〇丄\frac{天丅甲}{呐}〇$ 即 $丅\frac{甲}{一}=呷$ 又將甲式兩邊各以 天丄甲 乘之，如下式： $\frac{天(天丅甲)}{天^{四}丄甲}=\frac{天}{呷}(天丄甲)丄叱丄\frac{天丅甲}{呐}(天丄甲)$ 令 天丄甲＝〇 則 天＝丅甲 故得 $\frac{丅甲(丅甲丅甲)}{丅甲^{四}丄甲}=\frac{二甲}{一丅甲^{三}}=叱$ 又將甲式兩邊各以 天丅甲 乘之，得 $\frac{天(天丄甲)}{天^{四}丄甲}=\frac{天}{呷}(天丅甲)丄\frac{天丄甲}{叱}(天丅甲)丄呐$ 令 天丅甲＝〇 則 天＝甲 故得 $\frac{甲(甲丄甲)}{甲^{四}丄甲}=\frac{二甲^{二}}{甲^{四}丄甲}$ 即 $\frac{二甲}{甲^{三}丄一}=呐$ 所以題式可化爲 $\frac{天^{三}丅天甲^{二}}{天^{四}丄甲}伕=丅\frac{甲}{一}\times\frac{天}{伕}丄\frac{二甲}{一丅甲^{三}}\times\frac{天丄甲}{伕}丄\frac{二甲}{甲^{三}丄一}\times\frac{天丅甲}{伕}$ 求得之積分爲 禾$\frac{天^{三}丅天甲^{二}}{天^{四}丄甲}伕=丅\frac{甲}{一}$訥天丄$\frac{二甲}{一丅甲^{三}}$訥(天丄甲)丄$\frac{二甲}{甲^{三}丄一}$訥(天丅甲)丄呐 此題若分子不加甲，則亦不能求。

設有微分式 $\frac{七天^{二}丅六天丅二}{五天^{二}伕}$ 欲求其積分。

其分母之末項爲 丅一 乃 丄一、丅一 兩數相乘而得，故可虛設 呷天丄一 及 叱天丅一 以代其所求之兩箇乘數，乃將此兩數相乘。令與七天^{二}丅六天丅一 相等，得 呷叱天^{二}丅(呷丅叱)天丅一＝七天^{二}丅六天丅一 其天爲未定之數，故得 呷叱＝七㊀、呷丅叱＝六㊁ 既得此兩式，則可從此以求呷、叱二同數，其求法可將二式自乘 呷^{二}丅二呷叱丄叱^{二}＝三六 以四乘一式 四呷叱＝二八 加之得 呷^{二}丄二呷叱丄叱^{二}＝六四 開平方 呷丄叱＝八 乃從此 呷丄叱＝八、呷丅叱＝六 求得 呷＝七、叱＝一 故分母

可化爲 (七天丄一)(天丅一) 乃令 $\frac{(七天丄一)(天丅一)}{五天^{二}}=\frac{天丄一}{呷}丄\frac{天丅一}{叱}$

(子) 以 七天丄一 乘之，得 $\frac{天丅一}{五天^{二}}=呷丄\frac{天丅一}{叱}(七天丄一)$ 令

七天丄一＝〇 則 天＝丅$\frac{七}{一}$ 故得 $\frac{丅\frac{七}{一}丅一}{五\left(丅\frac{七}{一}\right)^{二}}=丅\frac{五六}{五}=呷$ 又將子

式以 天丅一 乘之得 $\frac{七天丄一}{五天^{二}}=\frac{七天丄一}{呷}(天丅一)丄叱$ 令 天丅一＝〇 則

天＝一 故得 $\frac{七丄一}{五}=\frac{八}{五}=叱$ 所以 $\frac{七天^{二}丅六天丅一}{五天^{二}彳天}=丅\frac{五六}{五}\times\frac{七天丄一}{彳天}丄$

$\frac{八}{五}\times\frac{天丅一}{彳天}$ 欲求第一項 $\frac{七天丄一}{彳天}$ 之積分，可令 七天丄一＝人 則

天＝$\frac{七}{人丅一}$、彳天＝$\frac{七}{彳人}$ 而 $\frac{七天丄一}{彳天}=\frac{七}{一}\times\frac{人}{彳人}$ 故 $\frac{七}{一}禾\frac{人}{彳人}=\frac{七}{一}訥人$

即 $禾\frac{七天丄一}{彳天}=\frac{七}{一}訥(七天丄一)$ 其第二項 $禾\frac{天丅一}{彳天}=訥(天丅一)$

所以得 $禾\frac{七天^{二}丅六天丅一}{五天^{二}彳天}=丅\frac{三九二}{五}訥(七天丄一)丄\frac{八}{五}訥(天丅一)丄呐$

爲積分式。

設有微分式 $\frac{天^{四}丅二天^{三}丅二天^{二}丄一四天丄二四}{(天^{四}丄二天^{三}丄三天^{二}丄四)彳天}$ 欲求其積分。

法將分母化爲 (天丄一)(天丅二)(天丄三)(天丅四) 乃令

$\frac{(天丄一)(天丅二)(天丄三)(天丅四)}{天^{四}丄二天^{三}丄三天^{二}丄四}=\frac{天丄一}{呷}丄\frac{天丅二}{叱}丄\frac{天丄三}{呐}丄\frac{天丅四}{叮}$

(甲) 兩邊各以 天丄一 乘之，如下： $\frac{(天丅二)(天丄三)(天丅四)}{天^{四}丄二天^{三}丄三天^{二}丄四}=呷丄$

$\frac{天丅二}{叱}(天丄一)丄\frac{天丄三}{呐}(天丄一)丄\frac{天丅四}{叮}(天丄一)$ 令 天丄一＝〇

則 天＝丅一 故得 $\frac{(丅三)(二)(丅五)}{丅六丄四}=丅\frac{一五}{一}=呷$ 又將甲以 天丅二

乘之，得 $\frac{(天丄一)(天丄三)(天丅四)}{天^{四}丄二天^{三}丄三天^{二}丄四}=\frac{天丄一}{呷}(天丅二)丄叱丄\frac{天丄三}{呐}(天丅二)丄$

$\frac{天丅四}{叮}(天丅二)$ 令 天丅二＝〇 則 天＝二 故得

$\frac{(三)(五)(丅二)}{一六丄一六丄一二丄四}=丅\frac{五}{八}=叱$ 又將甲以 天丄三 乘之，得

$\frac{(天丄一)(天丅二)(天丅四)}{天^{四}丄二天^{三}丄三天^{二}丄四}=\frac{天丄一}{呷}(天丄三)丄\frac{天丅二}{叱}(天丄三)丄呐丄$

$\frac{天丄四}{叮}(天丄三)$ 令 天丄三＝〇 則 天＝丅三 故得

$\frac{(丅二)(丅五)(丅七)}{八一丅五四丄二七丄四}=丅\frac{三五}{二八}=呐$ 又將甲以 天丅四 乘之，得

$\frac{(天丄一)(天丅二)(天丄三)}{天^{四}丄二天^{三}丄三天^{二}丄四}=\frac{天丄一}{呷}(天丅四)丄\frac{天丅二}{叱}(天丅四)丄$

$\frac{天丄三}{呐}(天丅四)丄叮$ 令 天丅四＝〇 則 天＝四 故得

$\frac{(五)(二)(七)}{二五六丄一二八丄四八丄四}=\frac{三五}{二一八}=叮$ 則題式可化爲

$\frac{天^{四}丅二天^{三}丅二天^{二}丄一四天丄二四}{(天^{四}丄二天^{三}丄三天^{二}丄四)彳天}=丅\frac{一五}{一}\times\frac{天丄一}{彳天}丅\frac{五}{八}\times\frac{天丅二}{彳天}丅$

$\frac{三五}{二八}\times\frac{天丄三}{彳天}丄\frac{三五}{二一八}\times\frac{天丅四}{彳天}$ 其積分爲

$禾\frac{天^{四}丅二天^{三}丅二天^{二}丄一四天丄二四}{(天^{四}丄二天^{三}丄三天^{二}丄四)彳天}=丅\frac{一五}{一}訥(天丄一)丅\frac{五}{八}訥(天$

丅二)丅$\frac{三五}{二八}訥(天丄三)丄\frac{三五}{二一八}訥(天丅四)丄呐$

二類，如分母之乘數有卯箇相等，而不能以前法求之者，其法如下。

設有微分式 $\frac{(天丄甲)^{三}}{天^{三}彳天}$ 欲求其積分。

如法令 $\frac{(天丄甲)^{三}}{天^{三}}=\frac{(天丄甲)^{三}}{呷}丄\frac{(天丄甲)^{二}}{叱}丄\frac{天丄甲}{呐}$ 兩邊各以

$(天丄甲)^{三}$ 乘之，得 $天^{三}＝呷丄叱(天丄甲)丄呐(天丄甲)^{二}$ (子) 令 天丄

甲＝〇 則 天＝丅甲 故得 $丅甲^{三}＝呷$ 欲求叱之同數，可將 $丅甲^{三}$

代子式之呷，而移其項，如下式 $天^{三}丄甲^{三}＝叱(天丄甲)丄呐(天丄甲)^{二}$ 兩

邊各以 天丄甲 約之，得 $\frac{天丄甲}{天^{三}丄甲^{三}}=叱丄呐(天丄甲)$ 即 $天^{二}丄甲^{二}$

$丅甲天＝叱丄呐(天丄甲)$ (丑) 令 天＝丅甲 故得 $甲^{二}丄甲^{二}丄甲^{二}＝$

$三甲^{二}＝叱$　欲求哂之同數，可將　$三甲^{二}$　代丑式之叱，而移其項，得　$天^{二}⊥甲^{二}丅甲天丅三甲^{二}＝哂(天⊥甲)$　兩邊各以　$天⊥甲$　約之，得　$\frac{天⊥甲}{天^{二}⊥甲^{二}丅甲天丅三甲^{二}}＝哂$　即　$天丅二甲＝哂$　令　$天＝丅甲$　故得　$丅甲丅二甲＝丅三甲＝哂$　則題式可化爲　$\frac{(天⊥甲)^{三}}{天^{三}伕}＝丅\frac{(天⊥甲)^{三}}{甲^{三}伕}⊥\frac{(天⊥甲)^{二}}{三甲^{二}伕}丅\frac{天⊥甲}{三甲伕}$　其積分爲　$禾\frac{(天⊥甲)^{三}}{天^{三}伕}＝\frac{二(天⊥甲)^{二}}{甲三}丅\frac{天⊥甲}{三甲^{二}}$　$丅三甲訥(天⊥甲)⊥哂$

設有微分式　$\frac{(一丅天)^{三}(一⊥天)}{天^{二}伕}$　欲求其積分。

法令　$\frac{(一丅天)^{三}(一⊥天)}{天^{二}}＝\frac{(一丅天)^{三}}{呷}⊥\frac{(一丅天)}{叱}⊥\frac{一丅天}{哂}⊥\frac{一⊥天}{叮}$

(子)　以　$(一丅天)^{三}$　乘之，得　$\frac{一⊥天}{天^{二}}＝呷⊥叱(一丅天)⊥哂(一丅天)^{二}⊥\frac{一⊥天}{叮}(一丅天)^{三}$(丑)　令　$一丅天＝〇$　則　$天＝一$　故得　$\frac{二}{一}＝呷$　乃將　$\frac{二}{一}$　代丑式之呷，而移其項，如下式：　$\frac{一⊥天}{天^{二}}丅\frac{二}{一}＝丅\frac{二(一⊥天)}{一⊥二天}(一丅天)＝叱(一丅天)⊥哂(一丅天)^{二}⊥\frac{一⊥天}{叮}(一丅天)^{三}$　以　$一丅天$　約之，得　$丅\frac{二(一⊥天)}{一⊥二天}＝叱⊥哂(一丅天)⊥\frac{一⊥天}{叮}(一丅天)^{二}$(寅)　再令　$天＝一$　則得　$丅\frac{四}{三}＝叱$　又將　$丅\frac{四}{三}$　代寅式之叱，而移其項，得　$丅\frac{二(一⊥天)}{一⊥二天}⊥\frac{四}{三}＝\frac{(一⊥天)}{一}(一丅天)＝哂(一丅天)⊥\frac{一⊥天}{叮}(一丅天)^{二}$　以　$一丅天$　約之　$\frac{一⊥天}{一}＝哂⊥\frac{一⊥天}{叮}(一丅天)$　再令　$天＝一$　則得　$\frac{二}{一}＝哂$　欲求叮之同數，可將子式兩邊各以　$一⊥天$　乘之，如下式：蓋叮之分母與呷、叱、哂之分母不同。呷、叱、哂之分母爲相等乘數，而叮之分母爲又一箇乘數故也。　$\frac{(一丅天)^{三}}{天^{二}}＝\frac{(一丅天)^{三}}{呷(一⊥天)}⊥\frac{(一丅天)^{二}}{叱(一⊥天)}⊥\frac{一丅天}{哂(一⊥天)}⊥叮$　令　$一⊥天＝〇$　則　$天＝丅一$　故得　$\frac{八}{一}＝叮$　則題式可化爲　$\frac{(一丅天)^{三}(一⊥天)}{天^{二}伕}＝\frac{二(一丅天)^{三}}{伕}丅\frac{四}{三}×\frac{(一丅天)^{二}}{伕}⊥\frac{二}{一}×\frac{一丅天}{伕}⊥\frac{八}{一}×\frac{一⊥天}{伕}$　所以其積分式爲　$禾\frac{(一丅天)^{三}(一⊥天)}{天^{二}伕}＝\frac{四(一丅天)^{二}}{一}丅\frac{四(一丅天)}{三}丅$　$訥\sqrt{一丅天}⊥訥\sqrt[八]{一丅天}⊥哂$

三類，如分母之乘數有虚根在内者，先將其式化去其分母之後，任以天之一根代其天而變之，則其式必有虚式在其内。乃令左右兩邊虚式之倍數爲相等。猶之以天之同方各倍數爲相等也。可得數箇方程式。從此各方程式，亦可求呷、叱各同數。

設有微分式　$\frac{(天丅一)(天^{二}⊥天⊥一)}{天伕}$　欲求其積分。

法令　$\frac{(天丅一)(天^{二}⊥天⊥一)}{天}＝\frac{天^{二}⊥天⊥一}{呷天⊥叱}⊥\frac{天丅一}{哂}$(子)　通分　$天＝(呷天⊥叱)(天丅一)⊥哂(天^{二}⊥天⊥一)$(丑)　令　$天^{二}⊥天⊥一＝〇$　則　$天＝丅\frac{二}{一}\pm\frac{二}{一}\sqrt{丅三}$　代入丑式而變其項得　$丅\frac{二}{一}\pm\frac{二}{一}\sqrt{丅三}＝丅\frac{二}{三}叱\pm\left(\frac{二}{一}叱丅呷\right)\sqrt{丅三}$　此式中令虚式　$\sqrt{丅三}$　之倍數爲相等，得　$丅\frac{二}{三}叱＝丅\frac{二}{一}$、$\frac{二}{一}叱丅呷＝\frac{二}{一}$　從此求得　$呷＝丅\frac{三}{一}$、$叱＝\frac{三}{一}$　又將子式兩邊各以　$天丅一$　乘之，如下式：　$\frac{天^{二}⊥天⊥一}{天}＝\frac{天^{二}⊥天⊥一}{呷天⊥叱}(天丅一)⊥哂$　令　$天＝一$　則得　$哂＝\frac{三}{一}$　所以　$\frac{(天丅一)(天^{二}⊥天⊥一)}{天伕}＝丅\frac{天^{二}⊥天⊥一}{\frac{三}{一}天伕⊥\frac{三}{一}伕}⊥\frac{三}{一}×\frac{天丅一}{伕}$　而其　$禾\frac{(天丅一)(天^{二}⊥天⊥一)}{天伕}＝\frac{三}{一}訥\frac{\sqrt{天^{二}⊥天⊥一}}{天丅一}丅\frac{\sqrt{三}}{一}正切\frac{丅一\sqrt{三}}{二天⊥一}⊥哂$

四類，如分母之虚乘數有卯箇相等者，則將其式化去其分母爲一式，任以天之一根代一式之天而變之，則其式必有虚式在其内。乃令虚式之倍數爲相等，

可得呷、叱二同數，乃將呷、叱二同數代入一式中，而求其微分爲二式，再以天之一根代二式之天，而變之。令虛式之倍數爲相等，則可得呐、叮二同數，又將呐、叮二同數代入二式中，求其微分，爲三式。又以天之一根代三式之天，而變之。令虛式之倍數爲相等，又可得哎、吧二同數，順是以下可至無窮。

設有微分式 $\frac{(天^{二}丅二天丄二)^{二}}{天^{三}丅二天^{二}丄天丅三}彳天$ 欲求其積分。

如法令 $\frac{(天^{二}丅二天丄二)^{二}}{天^{三}丅二天^{二}丄天丅三}=\frac{(天^{二}丅二天丄二)^{二}}{呷天丄叱}丄\frac{天^{二}丅二天丄二}{呐天丄叮}$ 通分 $天^{三}丅二天^{二}丄天丅三=呷天丄叱丄(呐天丄叮)(天^{二}丅二天丄二)$ ㈠ 乃以 $天^{二}丅二天丄二=〇$ 之一根 $天=一丄\sqrt{丅一}$ 代入一式，而變之得 $丅四丅\sqrt{丅}=呷丄叱丄呷\sqrt{丅一}$ 令 $\sqrt{丅一}$ 之倍數爲相等，則得 $呷丄叱=丅四$、$呷=丅一$ 從此求得 $呷=丅一$、$叱=丅三$ 又將此二同數代入一式，而移其項，得 $天^{三}丅二天^{二}丄二天=(呐天丄叮)(天^{二}丅二天丄二)$ 求微分，而以彳天約之，得 $三天^{二}丅四天丄二=(呐天丄叮)(二天丅二)$ 再以 $一丄\sqrt{丅一}$ 代其天，而變爲 $丅二丄二\sqrt{丅一}=丅二呐丄二(呐丄叮)\sqrt{丅一}$ 又令 $\sqrt{丅一}$ 之倍數爲相等，則得 $二=二(呐丄叮)$、$丅二=丅二呐$ 從此求得 $呐=一$、$叮=〇$ 故題式可化爲

$$\frac{(天^{二}丅二天丄二)^{二}}{天^{三}丅二天^{二}丄天丅三}彳天=丅\frac{(天^{二}丅二天丄二)^{二}}{(天丄三)彳天}丄\frac{天^{二}丅二天丄二}{天彳天}$$

欲求其積分，可將其式變之，如 $\frac{(天^{二}丅二天丄二)^{二}}{天^{三}丅二天^{二}丄天丅三}彳天=$

$$丅\frac{[(天丅一)^{二}丄一]^{二}}{(天丄三)彳天}丄\frac{(天丅一)^{二}丄一}{天彳天}$$

乃令 $天丅一=人$ 則 $天=人丄一$、$彳天=彳人$ 依代法，又變其式如下：$\frac{(天^{二}丅二天丄二)^{二}}{天^{三}丅二天^{二}丄天丅三}彳天=$

$$丅\frac{(人^{二}丄一)^{二}}{(人丄四)彳人}丄\frac{人^{二}丄一}{(人丄一)彳人}$$

即 $\frac{(天^{二}丅二天丄二)^{二}}{天^{三}丅二天^{二}丄天丅三}彳天=$

$$丅\frac{(人^{二}丄一)^{二}}{人彳人}丅\frac{(人^{二}丄一)^{二}}{四彳人}丄\frac{人^{二}丄一}{人彳人}丄\frac{人^{二}丄一}{彳人}$$

此式中，其第一項 $\frac{(人^{二}丄一)^{二}}{人彳人}$ 與實函數之公微分式相合，其第二項 $\frac{(人^{二}丄一)^{二}}{四彳人}$ 與前卷第四類之 $\frac{(人^{二}丄亢^{二})午}{彳}$ 相合，第三項 $\frac{人^{二}丄一}{人彳人}$ 與訥對之公微分式相合，第四項 $\frac{人^{二}丄一}{彳人}$ 與正切之弧微分相合，故其求法如下：

$$丅禾\frac{(人^{二}丄一)^{二}}{人彳人}=\frac{二(人^{二}丄一)}{一}、丅禾\frac{(人^{二}丄一)^{二}}{彳人}=丅\frac{二(人^{二}丄一)}{人}$$

$丅\frac{一}{三}\times禾\frac{人^{二}丄一}{彳人}$ 其 $禾\frac{人^{二}丄一}{彳人}=弧(正切^{丅一}人)$ 又 $禾\frac{人^{二}丄一}{人彳人}=\frac{一}{三}訥(人^{二}丄一)=訥\sqrt{人^{二}丄一}$ 故得 $禾\frac{(天^{二}丅二天丄二)^{二}}{天^{三}丅二天^{二}丄天丅三}彳天=$

$$\frac{二(人^{二}丄一)}{一}丅\frac{人^{二}丄一}{二人}丄\frac{一}{三}訥(人^{二}丄一)丅正切^{丅一}人丄呐$$

以原數代還之，得 $禾\frac{(天^{二}丅二天丄二)^{二}}{天^{三}丅二天^{二}丄天丅三}彳天=\frac{二(天^{二}丅二天丄二)}{一}丅\frac{天^{二}丅二天丄二}{二(天丅一)}$

$$丄\frac{一}{三}訥(天^{二}丅二天丄二)丅正切^{丅一}(天丅一)丄呐=\frac{二(天^{二}丅二天丄二)}{五丅四天}丄訥\sqrt{天^{二}丅二天丄三}丅正切^{丅一}(天丅一)丄呐$$

爲所求之積分。

又 卷二

虛函數微分求積分法

【略】今擬設三種式，一爲與越函數相類者，一爲與圓函數相類者，一爲與常函數相類者。以爲虛函數微分求積分法之公式。如左。

第一種，設有微分式 $\frac{\sqrt{甲丄乙天丄丙天^{二}}}{彳天}$ 欲求其積分。觀此式，其丙爲正數，與訥對之微分相類，故可令其分母 $\sqrt{甲丄乙天丄丙天^{二}}$ 等于 $己地丄\frac{地}{午}$ 如下 $\sqrt{甲丄乙天丄丙天^{二}}=己地丄\frac{地}{午}$ ㈠ 其己、午爲未定之常數，地爲變數，乃將此式兩邊各自乘以消去開方之號，如 $甲丄乙天丄丙天^{二}=己^{二}地^{二}丄二巳午丄\frac{地^{二}}{午^{三}}$ 令此式之左邊變爲正乘方，將第一項甲移至右邊，而兩邊俱以丙乘之，又各以 $\frac{四}{乙^{三}}$ 加之，則變爲 $\frac{四}{乙^{三}}丄乙丙天丄丙^{二}天^{二}=丙\left[己^{二}地^{二}丄二己午丅甲丄\frac{四丙}{乙^{三}}丄\frac{地^{二}}{午^{三}}\right]$ ㈢ 再令其右邊之 $二己午丄\frac{四丙}{乙^{三}}$

$=丅二己午$　即　$四己午=\frac{四丙}{四甲丙丅乙}$　如此則甲式恆可變爲正乘方

$\frac{四}{乙^{二}}丄乙丙天丄丙^{二}天^{二}=丙\left[己^{二}地^{二}丅二己午丄\frac{地}{午^{二}}\right]$　兩邊各開平方

$\frac{二}{乙}丄丙天=\sqrt{丙}\left[己地丅\frac{地}{午}\right]$㊁　求微分并以 $\sqrt{丙}$ 約之　$彳天\sqrt{丙}=$

$\frac{地}{彳地}\left[己地丄\frac{地}{午}\right]$　其　$己地丄\frac{地}{午}$　以 $\sqrt{甲丄乙天丄丙天^{二}}$　代還之，

$彳天\sqrt{丙}=\frac{地}{彳地}\sqrt{甲丄乙天丄丙天^{二}}$　變其項得　$\frac{\sqrt{甲丄乙天丄丙天^{二}}}{彳天}=\frac{\sqrt{丙}}{一}\times\frac{地}{彳地}$

㊂　乃將 $\sqrt{丙}$ 約二式，與一式相加，得　$\frac{二\sqrt{丙}}{乙}丄天\sqrt{丙}丄$

$\sqrt{甲丄乙天丄丙天^{二}}=二己地$　配其對數　$訥\left[\frac{二\sqrt{丙}}{乙}丄天\sqrt{丙}丄\right.$

$\left.\sqrt{甲丄乙天丄丙天^{二}}\right]=訥(地)丄訥(二己)$㊃　惟因　$訥(地)=禾\frac{地}{彳地}丄呐$

而其　訥(二己)　爲常數，必在所加之常數呐內，故可作　$訥(地)丄訥(二己)$

$=禾\frac{地}{彳地}丄呐$　將此式與三四兩式相比，得　$禾\frac{\sqrt{甲丄乙天丄丙天^{二}}}{彳天}=$

$\frac{\sqrt{丙}}{一}訥\left[\frac{二\sqrt{丙}}{乙}丄天\sqrt{丙}丄\sqrt{甲丄乙天丄丙天^{二}}\right]丄$

$呐=\frac{\sqrt{丙}}{一}訥\left[\frac{二\sqrt{丙}}{乙丄二丙天丄二\sqrt{丙}\sqrt{甲丄乙天丄丙天^{二}}}\right]丄呐=\frac{\sqrt{丙}}{一}$

$訥(乙丄二丙天丄二\sqrt{丙}\sqrt{甲丄乙天丄丙天^{二}})丅\frac{\sqrt{丙}}{一}訥(二\sqrt{丙})丄呐$　惟

因　$\frac{\sqrt{丙}}{一}訥(二\sqrt{丙})$　爲常數，必在所加之常數呐內，所以得

$禾\frac{\sqrt{甲丄乙天丄丙天^{二}}}{彳天}=\frac{\sqrt{丙}}{一}訥(乙丄二丙天丄二\sqrt{丙}\sqrt{甲丄乙天丄丙天^{二}})$

$丄呐$(乾)　爲此種虛函數微分求積分法之公式。

第二種，設有微分式　$\frac{\sqrt{甲丄乙天丅丙天^{二}}}{彳天}$　欲求其積分。觀此式，其丙

爲負數，與圓函數之微分相類，故可令其分母　$\sqrt{甲丄乙天丅丙天^{二}}=巳正弦斗$

㊀　其巳爲未定之常數，斗爲變角，乃將此式兩邊各自乘，以消去開方之號，并依八線理，變之得下式：　$甲丄乙天丅丙天^{二}=巳^{二}正弦^{二}斗=巳^{二}丅$

$巳^{二}餘弦^{二}斗$　乃依前法將左邊之甲移至右邊，兩邊各以丙乘之，又各以 $\frac{四}{乙^{二}}$

加之，則變爲　$\frac{四}{乙^{二}}丅乙丙天丄丙^{二}天^{二}=丙巳^{二}餘弦^{二}斗丄\frac{四}{乙^{二}}丄甲丙丅巳^{二}丙$

再令右邊之　$丙巳^{二}=\frac{四}{乙^{二}}丄甲丙$　即　$巳\sqrt{丙}=\sqrt{乙^{二}丄四甲丙}$㊁　由此

得　$\frac{四}{乙^{二}}丅乙丙天丄丙^{二}天^{二}=丙巳^{二}餘弦斗^{二}$　開平方　$\frac{二}{乙}丄丙天=$

$\sqrt{丙}巳餘弦斗$㊂　求微分而以丙約之，得　$彳天=\frac{\sqrt{丙}}{彳斗}巳正弦斗=$

$\frac{\sqrt{丙}}{彳斗}\sqrt{甲丄乙天丅丙天^{二}}$　變其項得　$\frac{\sqrt{甲丄乙天丅丙天^{二}}}{彳天}=\frac{\sqrt{丙}}{一}彳斗$　求

積分得　$禾\frac{\sqrt{甲丄乙天丅丙天^{二}}}{彳天}=\frac{\sqrt{丙}}{一}斗丄呐$　如欲求其斗，則從三二兩式

得　$餘弦斗=\frac{二巳\sqrt{丙}}{乙丅二丙天}=\frac{\sqrt{乙^{二}丄四甲丙}}{乙丅二丙天}$　故其積分或爲

$禾\frac{\sqrt{甲丄乙天丅丙天^{二}}}{彳天}=\frac{\sqrt{丙}}{一}餘弦\frac{丅一\sqrt{乙^{二}丄四甲丙}}{乙丅二丙天}丄呐$(坎)　或爲

$禾\frac{\sqrt{甲丄乙天丅丙天^{二}}}{彳天}=\frac{\sqrt{丙}}{一}正弦\frac{丅一\sqrt{乙^{二}丄四甲丙}}{二丙天丅乙}丄呐$(艮)　此兩式爲

此種虛函數微分求積分法之公式。

第三種，設有微分式　$\frac{\sqrt{甲丄乙天丄丙天^{二}}}{天^{卯}彳天}$　欲求其積分。觀此式，其卯

爲任何整數，與常函數之微分相類，故可令　$\sqrt{甲丄乙天丄丙天^{二}}=呋$　又令

$地=天^{寅}呋$　所以其　$地=天^{寅}\sqrt{甲丄乙天丄丙天^{二}}$　自之　$地^{二}=甲天^{二寅}$

$丄乙天^{二寅丄一}丄丙天^{二寅丄二}$　求微分如下式：　$二地彳地=[二寅甲天^{二寅丅一}$

$丄(二寅丄一)乙天^{二寅}丄(二寅丄二)丙天^{二寅丄一}]彳天$　以　$地=天^{寅}呋$　約

之，　$二彳地=二寅甲\frac{呋}{天^{寅丅一}彳天}丄(二寅丄一)乙\frac{呋}{天^{寅}彳天}丄(二寅丄二)丙\frac{呋}{天^{寅丄一}彳天}$

乃令　寅丄一=卯　則　寅=卯丅一、寅丅一=卯丅二、二寅=二卯丅二、二寅

$丄一＝二卯丅一、二寅丄二＝二卯$　由此得　$二彳地＝(二卯丅二)甲\frac{呋}{天^{卯丅二}彳天}丄(二卯丅一)乙\frac{呋}{天^{卯丅一}彳天}丄二卯丙\frac{呋}{天^{卯}彳天}$　變其項　$\frac{呋}{天^{卯}彳天}＝\frac{卯丙}{彳地}丅\frac{二卯}{二卯丅一}×\frac{丙}{乙}×\frac{呋}{天^{卯丅一}彳天}丅\frac{卯}{卯丅一}×\frac{丙}{甲}×\frac{呋}{天^{卯丅二}彳天}$　求積分，而以　$呋＝\sqrt{甲丄乙天丄丙天^{二}}、地＝天^{卯丅一}呋$　代還之，得　$禾\frac{\sqrt{甲丄乙天丄丙天^{二}}}{天^{卯}彳天}＝\frac{卯丙}{一}天^{卯丅一}\sqrt{甲丄乙天丄丙天^{二}}丅\frac{二卯丙}{(二卯丅一)乙}禾\frac{\sqrt{甲丄乙天丄丙天^{二}}}{天^{卯丅一}彳天}丅\frac{卯丙}{(卯丅一)甲}禾\frac{\sqrt{甲丄乙天丄丙天^{二}}}{天^{卯丅二}彳天}$（震）　爲此種虛函數微分求積分法之第一箇公式。

如從震式以　$卯丅一$　代卯，則可得　$禾\frac{\sqrt{甲丄乙天丄丙天^{二}}}{天^{卯丅一}彳天}$　之同數。以　$卯丅二$　代卯，又可得　$禾\frac{\sqrt{甲丄乙天丄丙天^{二}}}{天^{卯丅二}彳天}$　之同數。如是累推之，可將天之正整指數卯遞次變小，惟其卯可爲一，而不可爲〇。若卯等於〇，則卯入于各分數之分母內，其項俱變爲無窮，故其積分不能依此法求之，可依乾式求之也。惟卯等于一，則式之右邊所有兩箇降等之積分式，其末一箇可不見，因其倍數變爲〇故也。

故可令公式中　$卯＝一$　而從　$卯＝〇$　得　$禾\frac{\sqrt{甲丄乙天丄丙天^{二}}}{天彳天}＝\frac{丙}{一}\sqrt{甲丄乙天丄丙天^{二}}丅\frac{二丙}{乙}禾\frac{\sqrt{甲丄乙天丄丙天^{二}}}{彳天}$　其　$禾\frac{\sqrt{甲丄乙天丄丙天^{二}}}{彳天}＝\frac{\sqrt{丙}}{一}訥(乙丄二丙天丄二\sqrt{丙}\sqrt{甲丄乙天丄丙天^{二}})丄呐$　又可令公式中　$卯＝二、卯＝三$　而從　$卯＝一、卯＝二$　之式得其同數。如是累推之，可求至卯爲任何數，惟其卯必爲正整之數。

如令卯爲負，則以　$丅卯$　代卯，得　$禾\frac{天^{卯}\sqrt{甲丄乙天丄丙天^{二}}}{彳天}＝\frac{(卯丅一)甲}{丅一}×\frac{天^{卯丅一}}{\sqrt{甲丄乙天丄丙天^{二}}}丅\frac{(二卯丅二)甲}{(二卯丅三)乙}禾\frac{天^{卯丅二}\sqrt{甲丄乙天丄丙天^{二}}}{彳天}丅\frac{(卯丅一)甲}{(卯丅二)丙}禾\frac{天^{卯丅二}\sqrt{甲丄乙天丄丙天^{二}}}{彳天}$（巽）　爲此種虛函數微分求積分法之第二箇公式。

如從巽式以　$卯丅一$　代卯，則可得　$禾\frac{天^{卯丅一}\sqrt{甲丄乙天丄丙天^{二}}}{彳天}$　之同數。以　$卯丅二$　代卯，又可得　$禾\frac{天^{卯丅二}\sqrt{甲丄乙天丄丙天^{二}}}{彳天}$　之同數。如是屢推之，可將分母天之正整指數卯遞變小，惟其卯可爲〇，而不可爲一。若卯等于一，則因分母中凡有　$卯丅一$　者，其項俱變爲無窮故也。

如　$卯＝一$　之$\frac{天\sqrt{甲丄乙天丄丙天}}{彳天}$　積分，必分求之。法令　$天＝\frac{地}{一}$　求對數微分，則　$\frac{天}{彳天}＝\frac{地}{丅彳地}$　變爲　$\frac{天\sqrt{甲丄乙天丄丙天^{二}}}{彳天}＝\frac{\sqrt{丙丄乙地丄甲地^{二}}}{丅彳地}$　惟此式之積分，其形有兩種，視甲之正負而異。如甲爲正數，則依乾式得　$禾\frac{\sqrt{丙丄乙地丄甲地^{二}}}{丅彳地}＝丅\frac{\sqrt{甲}}{一}訥(乙丄二甲地丄二\sqrt{甲}\sqrt{丙丄乙地丄甲地^{二}})丄呐$　此式之　$\sqrt{甲}$　可任爲正負。如令　$\sqrt{甲}$　爲負，則積分變爲　$\frac{\sqrt{甲}}{一}訥(乙丄二甲地丅二\sqrt{甲}\sqrt{丙丄乙地丄甲地^{二}})丄呐$　以　$地＝\frac{天}{一}$　代還之，得　$禾\frac{天\sqrt{甲丄乙天丄丙天^{二}}}{彳天}＝\frac{\sqrt{甲}}{一}訥\frac{天}{二甲丄乙天丅二\sqrt{甲}\sqrt{甲丄乙天丄丙天^{二}}}丄呐$（離）　爲此種虛函數微分求積分法之第三箇公式。惟須勿忘其　$\sqrt{甲}$　可爲正，亦可爲負。

如甲爲負數，則　$\frac{天\sqrt{丅甲丄乙天丄丙天^{二}}}{彳天}＝\frac{\sqrt{丙丄乙地丅甲地^{二}}}{丅彳地}$　依坎式，得　$禾\frac{\sqrt{丙丄乙地丅甲地^{二}}}{丅彳地}＝丅\frac{\sqrt{甲}}{一}正弦\frac{丅一\sqrt{乙^{二}丄四甲丙}}{二甲地丅乙}丄呐$

$=\frac{\sqrt{甲}}{二}餘弦^{丅一}\frac{丅一\sqrt{乙^{二}丄四甲丙}}{二甲地丅乙}丄呐$ 其 $地=\frac{天}{二}$ 故

$禾\frac{天\sqrt{丅甲丄乙天丄丙天^{二}}}{彳天}=\frac{\sqrt{甲}}{二}餘弦^{丅一}\frac{丅一天\sqrt{乙^{二}丄四甲丙}}{二甲丅乙天}丄呐$ (坤) 爲

此種虛函數微分求積分法之第四箇公式。

以上所求得乾坎艮震巽離坤各公式已足爲任何虛函數微分求積分法之用。兹特設數題，以明之如左。

設有微分式 $\frac{\sqrt{甲丄天^{二}}}{彳天}$ 欲求其積分。

從乾式令 乙=〇 丙=一 則得 $禾\frac{\sqrt{甲丄天^{二}}}{彳天}=訥(二天丄二\sqrt{甲丄天^{二}})丄呐=訥(天丄\sqrt{甲丄天^{二}})丄呐$ 爲所求之積分。

設有微分式 $\frac{\sqrt{乙天丄天^{二}}}{彳天}$ 欲求其積分。

從乾式令 甲=〇、丙=一 則得 $禾\frac{\sqrt{乙天丄天^{二}}}{彳天}=訥(乙丄二天丄二\sqrt{乙天丄天^{二}})丄呐=訥\left(\frac{二}{乙}丄天丄\sqrt{乙天丄天^{二}}\right)丄呐$ 爲所求之積分。

設有微分式 $\frac{\sqrt{甲^{二}丅天^{二}}}{彳天}$ 欲求其積分。

從坎式令 甲=甲^{二}、乙=〇、丙=一 得 $禾\frac{\sqrt{甲^{二}丅天^{二}}}{彳天}=丅餘弦^{丅一}\frac{甲}{天}丄呐$ 或從艮式，得 $禾\frac{\sqrt{甲^{二}丅天^{二}}}{彳天}=正弦^{丅一}\frac{甲}{天}丄呐$ 爲所求之積分。

設有微分式 $\frac{\sqrt{甲天丅天^{二}}}{彳天}$ 如法求之得 $禾\frac{\sqrt{甲天丅天^{二}}}{彳天}=餘弦^{丅一}\left(一丅\frac{甲}{二天}\right)丄呐$

設有微分式 $\frac{\sqrt{甲丄天^{二}}}{天^{二}彳天}$ 欲求其積分。

從震式令 卯=二、乙=〇、丙=一 得 $禾\frac{\sqrt{甲丄天^{二}}}{天^{二}彳天}=\frac{二}{天}\sqrt{甲丄天^{二}}丅\frac{二}{甲}禾\frac{\sqrt{甲丄天^{二}}}{彳天}丄呐$ 其 $禾\frac{\sqrt{甲丄天^{二}}}{彳天}=訥(天丄\sqrt{甲丄天^{二}})丄呐$ 所以得 $禾\frac{\sqrt{甲丄天^{二}}}{天^{二}彳天}=\frac{二}{天}\sqrt{甲丄天^{二}}丅\frac{二}{甲}訥(天丄\sqrt{甲丄天^{二}})丄呐$ 如所求。

設有微分式 $\frac{天^{二}\sqrt{甲丄天^{二}}}{彳天}$ 欲求其積分。

從巽式令 卯=二、乙=〇、丙=一 得 $禾\frac{天^{二}\sqrt{甲丄天^{二}}}{彳天}=丅\frac{甲天}{\sqrt{甲丄天^{二}}}丄呐$ 爲所求之積分。

設有微分式 $\frac{天\sqrt{甲^{二}丄丙天^{二}}}{甲彳天}$ 欲求其積分。

從離式令 甲=甲^{二}、乙=〇 得 $禾\frac{天\sqrt{甲^{二}丄丙天^{二}}}{甲彳天}=訥\frac{天}{二甲^{二}丅二甲\sqrt{甲^{二}丄丙天^{二}}}丄呐$ 爲所求之積分。

設有微分式 $\frac{天\sqrt{天^{二}丅甲^{二}}}{甲彳天}$ 欲求其積分。

從坤式令 甲=甲^{二}、乙=〇、丙=一 得 $甲禾\frac{天\sqrt{天^{二}丅甲^{二}}}{彳天}=餘弦^{丅一}\frac{天}{甲}丄呐=正割^{丅一}\frac{甲}{天}丄呐$ 爲所求之積分。

設有微分式 $\frac{天}{彳天}\sqrt{\frac{天^{二}丅乙^{二}}{甲^{二}丅天^{二}}}$ 欲求其積分。

法將題式 $\frac{天}{彳天}\sqrt{\frac{天^{二}丅乙^{二}}{甲^{二}丅天^{二}}}=\frac{天}{彳天}\cdot\frac{\sqrt{天^{二}丅乙^{二}}}{\sqrt{甲^{二}丅天^{二}}}$ 母子各以 $\sqrt{甲^{二}丅天^{二}}$ 乘之 $\frac{天}{彳天}\sqrt{\frac{天^{二}丅乙^{二}}{甲^{二}丅天^{二}}}=\frac{天}{彳天}\cdot\frac{\sqrt{天^{二}丅乙^{二}}\cdot\sqrt{甲^{二}丅天^{二}}}{\sqrt{甲^{二}丅天^{二}}\cdot\sqrt{甲^{二}丅天^{二}}}=\frac{天}{彳天}\cdot$

$\frac{\sqrt{(甲^{二}丅天^{二})(天^{二}丅乙^{二})}}{甲^{二}丅天^{二}}$ 即 $\frac{天}{彳天}\sqrt{\frac{天^{二}丅乙^{二}}{甲^{二}丅天^{二}}}=\frac{天\sqrt{(甲^{二}丅天^{二})(天^{二}丅乙^{二})}}{甲^{二}彳天}$

$丅\frac{\sqrt{(甲^{二}丅天^{二})(天^{二}丅乙^{二})}}{天彳天}$ 其第一項可變爲他形，如 $丅\frac{乙}{甲}\times$

$\frac{\sqrt{\left(\frac{甲^{二}}{一}丅\frac{天^{二}}{一}\right)\left(\frac{天^{二}}{一}丅\frac{乙^{二}}{一}\right)}}{\frac{天}{一}彳\left(\frac{天}{一}\right)}$ 故題式可變爲 $\frac{天}{彳天}\sqrt{\frac{天^{二}丅乙^{二}}{甲^{二}丅天^{二}}}=$

$\frac{\sqrt{(甲^{二}丅天^{二})(天^{二}丅乙^{二})}}{丅天彳天}丅\frac{乙}{甲}\times\frac{\sqrt{\left(\frac{甲^{二}}{一}丅\frac{天^{二}}{一}\right)\left(\frac{天^{二}}{一}丅\frac{乙^{二}}{一}\right)}}{\frac{天}{一}彳\left(\frac{天}{一}\right)}$ 此

兩項之式眞爲同類。

如欲求其第一項之積分，其法如下。

法令 $天^{二}=甲^{二}餘弦^{二}斗丄乙^{二}正弦^{二}斗$ 求微分 $天彳天=(乙^{二}丅甲^{二})正弦斗餘弦斗彳斗$ 而其 $甲^{二}丅天^{二}=甲^{二}(一丅餘弦^{二}斗)丅乙^{二}正弦^{二}斗=(甲^{二}丅乙^{二})正弦^{二}斗$、$天^{二}丅乙^{二}=甲^{二}餘弦^{二}斗丄(正弦^{二}斗丅一)乙^{二}=(甲^{二}丅乙^{二})餘弦^{二}斗$ ㊀ 所以得 $\frac{\sqrt{(甲^{二}丅天^{二})(天^{二}丅乙^{二})}}{丅天彳天}=\frac{(甲^{二}丅乙^{二})餘弦斗正弦斗}{(甲^{二}丅乙^{二})餘弦斗正弦斗彳斗}=彳斗$ 求積分 $禾\frac{\sqrt{(甲^{二}丅天^{二})(天^{二}丅乙^{二})}}{丅天彳天}=斗丄丙$ 又依同法，令 $\frac{天^{二}}{一}=\frac{甲^{二}}{一}餘弦^{二}井丄\frac{乙^{二}}{一}正弦^{二}井$ 求微分 $\frac{天}{一}彳\left(\frac{天}{一}\right)=\left(\frac{乙^{二}}{一}丅\frac{甲^{二}}{一}\right)正弦井餘弦井彳井$ 而其 $\frac{甲^{二}}{一}丅\frac{天^{二}}{一}=\left(\frac{甲^{二}}{一}丅\frac{乙^{二}}{一}\right)正弦^{二}井$、$\frac{天^{二}}{一}丅\frac{乙^{二}}{一}=\left(\frac{甲^{二}}{一}丅\frac{乙^{二}}{一}\right)餘弦^{二}井$ ㊁ 所以又得 $\frac{\sqrt{\left(\frac{甲^{二}}{一}丅\frac{乙^{二}}{一}\right)\left(\frac{天^{二}}{一}丅\frac{乙^{二}}{一}\right)}}{丅\frac{天}{一}彳\left(\frac{天}{一}\right)}=\frac{\left(\frac{乙^{二}}{一}丅\frac{甲^{二}}{一}\right)正弦井餘弦井}{\left(\frac{乙^{二}}{一}丅\frac{甲^{二}}{一}\right)正弦井餘弦井彳井}=彳井$ 求積分 $禾\frac{\sqrt{\left(\frac{甲^{二}}{一}丅\frac{天^{二}}{一}\right)\left(\frac{天^{二}}{一}丅\frac{乙^{二}}{一}\right)}}{丅\frac{天}{一}彳\left(\frac{天}{一}\right)}=井丄丙$ 故得 $禾\frac{天}{彳天}\sqrt{\frac{天^{二}丅乙^{二}}{甲^{二}丅天^{二}}}=斗丄\frac{乙}{甲}井丄丙$ 如欲求其斗井二角，可從㊀㊁兩式得 $餘弦斗=\sqrt{\frac{甲^{二}丅乙^{二}}{天^{二}丅乙^{二}}}$、$餘弦井=\frac{天}{甲}\sqrt{\frac{甲^{二}丅乙^{二}}{天^{二}丅乙^{二}}}$ 是以得 $禾\frac{天}{彳天}\sqrt{\frac{天^{二}丅乙^{二}}{甲^{二}丅天^{二}}}=餘弦^{丅一}\sqrt{\frac{甲^{二}丅乙^{二}}{天^{二}丅乙^{二}}}丄\frac{乙}{甲}餘弦^{丅一}\frac{天}{甲}\sqrt{\frac{甲^{二}丅乙^{二}}{天^{二}丅乙^{二}}}丄丙$ 爲所求之積分。

設有微分式 $\frac{一丄\sqrt[三]{天}}{(一丄\sqrt{天}丅\sqrt[三]{天^{二}})彳天}$ 欲求其積分。

此式可令 $天=人^{六}$ 求微分 $彳天=六人^{五}彳人$ 將題式變爲

$\frac{一丄\sqrt[三]{天}}{(一丄\sqrt{天}丅\sqrt[三]{天^{二}})彳天}=\frac{一丄人^{二}}{六人^{五}彳人(一丄人^{三}丅人^{四})}$ 即 $=丅六(人^{七}丅人^{六}丅人^{五}丄人^{四}丅人^{二}丄一)彳人丅\frac{一丄人^{二}}{六彳人}$ 求其積分 $丅六\left(\frac{八}{人^{八}}丅\frac{七}{人^{七}}丅\frac{六}{人^{六}}丄\frac{五}{人^{五}}丅\frac{三}{人^{三}}丄人丅正切^{丅一}人\right)丄丙$ 以 $人=\sqrt[六]{天}$ 代還之，得 $禾\frac{一丄\sqrt[三]{天^{二}}}{(一丄\sqrt{天}丅\sqrt[三]{天^{二}})彳天}=丅六\left[\frac{八}{\sqrt[六]{天^{八}}}丅\frac{七}{\sqrt[六]{天^{七}}}丅\frac{六}{\sqrt[六]{天^{六}}}丄\frac{五}{\sqrt[六]{天^{五}}}丅\frac{三}{\sqrt[六]{天^{三}}}丄\sqrt[六]{天}\right]丅六正切^{丅一}\sqrt[六]{天}丄丙$ 爲所求之積分。

二項微分求積分

今分別明之，如左。

凡二項微分，其括弧之指數，若爲正整之數者，可將其括弧内諸數以乘法詳之，然後以括弧外諸數乘之，則可依實函數法，求其積分，詳見卷九，兹不復贅。

凡二項微分，其括弧外變數之指數，比括弧内變數之指數少一者亦能依實函數法，求其積分。法將括弧之指數加一，爲求得之指數，以新指數乘括弧内之微分，以約之，即得。詳見卷九，兹不復贅。

凡二項微分，若將括弧外變數之指數加一，以括弧内變數之指數約之，能爲整數者，則可借他變元以代其括弧内諸數，而以括弧指數之分母爲指數，亦能化

其式爲實函數。其法如左。

如 $天^{寅\top一}彳天(甲\bot乙天^{卯})^{\frac{午}{巳}}$ 欲化之爲實函數，可令 $甲\bot乙天^{卯}=人^{午}$ 則 $(甲\bot乙天^{卯})^{\frac{午}{巳}}=人^{巳}$ 而 $天^{卯}=\frac{乙}{人^{巳}\top甲}$ 故 $天^{寅}=\left(\frac{乙}{人^{巳}\top甲}\right)^{\frac{卯}{寅}}$ 求微分而以寅約之 $天^{寅\top一}彳天=\frac{卯乙}{午}人^{午\top一}\left(\frac{乙}{人^{午}\top甲}\right)^{\frac{卯}{寅}\top一}彳人$

則題式可變爲 $天^{寅\top一}彳天(甲\bot乙天^{卯})^{\frac{午}{巳}}=\frac{卯乙}{午人^{巳\bot午\top一}}\left(\frac{乙}{人^{午}\top甲}\right)^{\frac{卯}{寅}\top一}彳人$

(乾) 此式遇 $\frac{卯}{寅}$ 能爲整數者必爲實函數，否則不能

設有微分式 $天^{三}彳天(甲\bot三天^{二})^{\frac{二}{一}}$ 欲求其積分。

法將括弧外天之指數三加一，得四，乃令 $寅=四、午=二、巳=一、卯=二、乙=三$ 又令 $甲\bot三天^{二}=人^{二}$ 從乾式得 $天^{三}彳天(甲\bot三天^{二})^{\frac{二}{一}}=\frac{三}{人^{三}}\left(\frac{三}{人^{二}\top甲}\right)彳人=\frac{九}{一}(人^{四}\top甲人^{二})彳人$ 求積分 $禾\frac{九}{一}(人^{四}\top四人^{二})彳人=\frac{九}{一}\left(\frac{五}{人^{五}}\top\frac{三}{甲人^{三}}\right)\bot丙$ 以 $人=\sqrt{甲\bot三天^{二}}$ 代還之，得 $禾天^{三}彳天\sqrt{甲\bot三天^{二}}=\frac{四五}{一}\sqrt{(甲\bot三天^{二})^{五}}\top\frac{二七}{甲}\sqrt{(甲\bot三天^{二})^{三}}\bot丙$ 爲所求之積分。

凡二項微分，若將括弧外變數之指數加一，以括弧内變數之指數約之，用加括弧之指數而得整數者，亦能化爲實函數，如左。

如 $天^{寅\top一}彳天(甲\bot乙天^{卯})^{\frac{午}{巳}}$ 欲化之爲實函數，法將 $甲\bot乙天^{卯}$ 以 $天^{卯}$ 約之，則變爲 $天^{寅\top一}彳天[(甲天^{\top卯}\bot乙)天^{卯}]^{\frac{午}{巳}}$ 變之即 $天^{寅\bot\frac{午}{卯巳}\top一}(甲天^{\top卯}\bot乙)^{\frac{午}{巳}}彳天$ 乃令 $甲天^{\top卯}\bot乙=人^{午}$ 則 $(甲天^{\top卯}\bot乙)^{\frac{午}{巳}}=人^{巳}$ 而 $天^{\top卯}=\frac{甲}{人^{午}\top乙}$ 自乘至 $寅\bot\frac{午}{卯巳}$ 方 $天^{寅\bot\frac{午}{卯巳}\top卯}=\left(\frac{甲}{人^{午}\top乙}\right)^{寅\bot\frac{午}{卯巳}}$ 變之得 $天^{寅\bot\frac{午}{卯巳}}=\left(\frac{甲}{人^{午}\top乙}\right)^{\frac{卯}{寅\bot\frac{午}{卯巳}}}=\left(\frac{甲}{人^{午}\top乙}\right)^{\frac{卯}{寅\bot\frac{午}{卯巳}}}$ 求微分 $\left(寅\bot\frac{午}{卯巳}\right)天^{寅\bot\frac{午}{卯巳}\top一}彳天=\frac{卯}{寅\bot\frac{午}{卯巳}}\times\frac{[甲]}{午人^{午\top一}}\left(\frac{甲}{人^{午}\top乙}\right)^{\frac{卯}{寅\bot\frac{午}{卯巳}}\top一}彳人$ 即 $天^{寅\bot\frac{午}{卯巳}\top一}彳天=\frac{卯甲}{午人^{午\top一}}\left(\frac{甲}{人^{午}\top乙}\right)^{\frac{卯}{寅\bot\frac{午}{卯巳}}\top一}彳人$ 所以得 $天^{寅\bot\frac{午}{卯巳}\top一}彳天(甲天^{\top卯}\bot乙)^{\frac{午}{巳}}=\frac{卯甲}{午人^{巳\bot午\top一}}\left(\frac{甲}{人^{午}\top乙}\right)^{\frac{卯}{寅\bot\frac{午}{卯巳}}\top一}彳人$ (坤) 此式遇 $\frac{卯}{寅\bot\frac{午}{卯巳}}=\frac{卯}{寅}\bot\frac{午}{巳}$ 能爲整數者，必爲實函數，否則不能。

設有微分式 $天^{四}彳天(甲\bot三天^{三})^{\frac{三}{一}}$ 欲求其積分。

法令 $寅=五、卯=三、午=三、巳=一、乙=三$ 又令 $甲天^{\top三}\bot三=人^{三}$ 從坤式得 $天^{五}彳天(甲天^{\top三}\bot三)^{\frac{三}{一}}=\frac{甲}{人^{三}}\left(\frac{甲}{人^{三}\top三}\right)彳人=\frac{甲^{二}}{彳人}(人^{六}\top三人^{三})$ 求其積 $禾\frac{甲}{彳人}(人^{六}\top三人^{三})=\frac{甲^{二}}{一}\left(\frac{七}{人^{七}}\top\frac{四}{三人^{四}}\right)\bot丙$ 以 $人=\frac{天}{(甲\bot三天^{三})^{\frac{三}{一}}}$ 代還之，得 $禾天^{四}彳天(甲\bot三天^{三})^{\frac{三}{一}}=\frac{甲^{二}}{一}\left[\frac{七天^{七}}{\sqrt[三]{(甲\bot三天^{三})七}}\top\frac{四天^{四}}{\sqrt[三]{(甲\bot三天^{三})四}}\right]\bot丙$ 爲所求之積分。

凡二項微分，若用以上各法均不能合，則不能化爲實函數，可將其式分之爲二：其一爲微分式，其一爲實函數，名曰分求積分之法。此法可用一公式明之，如左。

法將 戌亥 求微分 $彳(戌亥)=亥彳戌\bot戌彳亥$ 其積分式爲 $戌亥=禾亥彳戌\bot禾戌彳亥$ 移項得 $禾戌彳亥=戌亥\top禾亥彳戌$ (子) 爲公式。從此公式之理，無論何種函數之微分，若能化爲兩箇乘數，一爲微分式，一爲實函數者，均可依此公式求其積分。如二項微分不能化爲實函數者，可將其式分之爲二，一爲微分式能求積分者，令等于彳亥；一爲實函數用求微分者，令等于戌。乃將彳亥求積分，得亥；將戌求微分，得彳戌。乃以彳亥、亥、彳戌、戌四同數代入呼式中，則凡欲

求 戌後 之積分者，可先得其第一項之數 戌亥 而其第二項之數 亥彶 再可代入 戌後 之式中，以求之。如是屢用代法，可使其所得之數愈近于所求之積分。

二項微分之公式，如 天^{寅丅一}彳天(甲丄乙天^{卯})$^{\frac{午}{巳}}$ 以巳代 $\frac{午}{巳}$ 使變簡爲 天^{寅丅一}彳天(甲丄乙天^{卯})^{巳} 欲求此式之積分，可變其式爲 天^{寅丅卯}天^{卯丅一}彳天(甲丄乙天^{卯})巳 此式可化爲兩箇乘數：一爲 天^{卯丅一}彳天(甲丄乙天^{卯})^{巳} 一爲天^{寅丅卯} 其 天^{卯丅一}彳天(甲丄乙天^{卯})^{巳} 爲微分式，能求積分者。令 後=天^{卯丅一}彳天(甲丄乙天^{卯})^{巳} ㈠ 其 天^{寅丅卯} 爲實函數，用求微分者。令 戌=天^{寅丅卯} ㈡ 乃將一求積分 亥=$\frac{卯乙(巳丄一)}{(甲丄乙天^{卯})^{巳丄一}}$ 將二求微分 彶=(寅丅卯)天^{寅丅卯丅一}彳天 以此亥、後、戌、彶四同數代入吁式中，則得

禾天^{寅丅一}彳天(卯丄乙天)=$\frac{卯乙(巳丄一)}{一}$天^{寅丅卯}(甲丄乙天^{卯})^{巳丄一}丅$\frac{卯乙(巳丄一)}{寅丅卯}$禾天^{寅丅卯丅一}彳天(甲丄乙天^{卯})^{巳丄一} 其末項之 禾天^{寅丅卯丅一}彳天(甲丄乙天^{卯})^{巳丄一}=禾天^{寅丅卯丅一}彳天(甲丄乙天^{卯})^{巳}×(甲丄乙天^{卯})=甲禾天^{寅丅卯丅一}彳天(甲丄乙天^{卯})^{巳}丄乙禾天^{寅丅一}彳天(甲丄乙天^{卯})^{巳} 所以

禾天^{寅丅一}彳天(甲丄乙天^{卯})^{巳}=$\frac{卯乙(巳丄一)}{天^{寅丅卯}(甲丄乙天^{卯})^{巳丄一}}$丅$\frac{卯乙(巳丄一)}{甲(寅丅卯)}$禾天^{寅丅卯丅一}彳天(甲丄乙天^{卯})^{巳}丅$\frac{卯乙(巳丄一)}{乙(寅丅卯)}$禾天^{寅丅一}彳天(甲丄乙^{卯}天)^{巳} 移其末項于左 禾天^{寅丅一}彳天(甲丄乙天^{卯})^{巳}丄$\frac{卯(巳丄一)}{寅丅卯}$禾天^{寅丅一}彳天(甲丄乙天^{卯})^{巳}=$\frac{卯乙(巳丄一)}{一}$天^{寅丅卯}(甲丄乙天^{卯})^{巳丄一}丅$\frac{卯乙(巳丄一)}{甲(寅丅卯)}$禾天^{寅丅卯丅一}彳天(甲丄乙天^{卯})^{巳} 即 $\left[一丄\frac{卯(巳丄一)}{寅丅卯}\right]$禾天^{寅丅一}彳天(甲丄乙天^{卯})^{巳}=$\frac{卯乙(巳丄一)}{一}$天^{寅丅卯}(甲丄乙天^{卯})^{巳丄一}丅$\frac{卯乙(巳丄一)}{甲(寅丅卯)}$禾天^{寅丅卯丅一}彳天(甲丄乙天^{卯})^{巳} 以 一丄$\frac{卯(巳丄一)}{寅丅卯}$ 約之，得 禾天^{寅丅一}彳天(甲丄乙天^{卯})^{巳}=$\frac{乙(巳卯丄寅)}{天^{寅丅卯}(甲丄乙天^{卯})^{巳丄一}}$丅$\frac{乙(巳卯丄寅)}{甲(寅丅卯)}$禾天^{寅丅卯丅一}彳天(甲丄乙天^{卯})^{巳}

㈢ 此爲二項微分求積分法之第一箇公式。

若將 禾天^{寅丅一}彳天(甲丄乙天^{卯})^{巳} 變作 禾天^{寅丅一}彳天(甲丄乙天^{卯})^{巳丅一}(甲丄乙天^{卯}) 即 禾天^{寅丅一}彳天(甲丄乙天^{卯})^{巳}=甲禾天^{寅丅一}彳天(甲丄乙天^{卯})^{巳丅一}丄乙禾天^{寅丄卯丅一}彳天(卯丄乙天^{卯})^{巳丅一} 乃從㈢式以 寅丄卯 代寅，又以 巳丅一 代巳，得 禾天^{寅丄卯丅一}彳天(甲丄乙天^{卯})^{巳丅一}=$\frac{乙(巳卯丄寅)}{天^{寅}(甲丄乙天^{卯})^{巳}}$丅$\frac{乙(巳卯丄寅)}{甲寅}$禾天^{寅丅一}彳天(甲丄乙天^{卯})^{巳丅一} 以此代入前式，得 禾天^{寅丅一}彳天(甲丄乙天^{卯})^{巳}=$\frac{巳卯丄寅}{天^{寅}(甲丄乙天^{卯})^{巳}}$丄甲禾天^{寅丅一}彳天(甲丄乙天^{卯})^{巳丅一}丅$\frac{巳卯丄寅}{甲寅}$禾天^{寅丅一}彳天(甲丄乙天^{卯})^{巳丅一}=$\frac{巳卯丄寅}{天^{寅}(甲丄乙天^{卯})^{巳}}$丄(甲丅$\frac{巳卯丄寅}{甲寅}$)禾天^{寅丅一}彳天(甲丄乙天^{卯})^{巳丅一} 變之如下式：禾天^{寅丅一}彳天(甲丄乙天^{卯})^{巳}=$\frac{巳卯丄寅}{一}$天^{寅}(甲丄乙天^{卯})^{巳}丄$\frac{巳卯丄寅}{巳卯甲}$禾天^{寅丅一}彳天(甲丄乙天^{卯})^{巳丅一} ㈣ 此爲二項微分求積分法之第二箇公式。

如將㈢式移項，而以 $\frac{乙(巳卯丄寅)}{甲(寅丅卯)}$ 約之，得 禾天^{寅丅卯丅一}彳天(甲丄乙天^{卯})^{巳}=$\frac{甲(寅丅卯)}{一}$天^{寅丅卯}(甲丄乙天^{卯})^{巳丄一}丅$\frac{甲(寅丄卯)}{乙(寅丄卯巳)}$禾天^{寅丅一}彳天(甲丄乙天^{卯})^{巳} 以 寅丄卯 代其寅，則得 禾天^{寅丅一}彳天(甲丄乙天^{卯})^{巳}=$\frac{甲寅}{一}$天^{寅}(甲丄乙天^{卯})^{巳丄一}丅$\frac{甲寅}{乙(寅丄卯丄卯巳)}$禾天^{寅丄卯丅一}彳天(甲丄乙天^{卯})^{巳} ㈤ 此爲二項微分求積分法之第三箇公式。

如將㈣式移項并以 $\frac{巳卯丄寅}{巳卯甲}$ 約之，得 禾天^{寅丅一}彳天(甲丄

乙天^{卯})^{巳丅一} = 丅$\frac{巳卯甲}{二}$天^{寅}(甲丄乙天^{卯})^{巳}丄$\frac{巳卯甲}{巳卯丄寅}$禾天^{寅丅一}彳(甲丄乙天^{卯})^{巳}　以　巳丄一　代其巳，則得　禾天^{寅丅一}彳(甲丄乙天^{卯})^{巳} =

丅$\frac{卯甲(巳丄一)}{二}$天^{寅}(甲丄乙天^{卯})^{巳丄一}丄$\frac{卯甲(巳丄一)}{寅丄卯丄巳卯}$禾天^{寅丅一}彳(甲丄乙天^{卯})^{巳丄一}　(叮)　此爲二項微分求積分法之第四箇公式。

以上所求得呷吆㖐叮四式，爲一切二項微分求積分法之公式。如寅、卯兩指數同名，欲將其寅依卯遞變損者，可從呷式求之。如括弧之指數巳，爲正分數，欲其巳以一遞變損者，可從吆式求之。若寅、卯二指數，有一爲負者，可從㖐式求之。若括弧之指數巳爲負者，可從叮式求之，皆能使其寅變至小于卯，其巳變至小于一而止。所以無論何種微分，均可從此四公式中擇其合用之式，以求積分，則此四式實爲積分法中至精絶妙之式也。

設有微分式天^{寅}彳欲求其積分。

法將題式變作　天^{寅丅一}天彳　即　天^{寅丅一}彳(〇天)　從呷式令　甲 = 〇、乙 = 一、卯 = 一、巳 = 一　則得下式　禾天^{寅}彳 = $\frac{寅丄一}{天^{寅丅一}天^{二}}$丅$\frac{寅丄一}{天^{寅丅一}天^{二}}$

$\frac{寅丄一}{〇}$禾天^{寅丅二}彳天　其　丅$\frac{寅丄一}{〇}$禾天^{寅丅二}彳天 = 〇　其

= $\frac{寅丄一}{天^{寅丄二}}$　所以得　禾天^{寅}彳 = $\frac{寅丄一}{天^{寅丄二}}$丄㖐　爲所求之積分。

設有微分式　$\frac{天}{彳}$　欲求其積分。

法令　天丅一 = 人　則　天 = 一丄人　叵　彳 = 仏　將題式變爲

$\frac{一丄人}{仏}$ = 人^{〇}仏(一丄人)^{丅一}　從㖐式令　天 = 人、彳 = 仏、寅 = 一、甲 = 一、乙 = 一、巳 = 丅一　則得　禾人^{〇}仏(一丄人)^{丅一} = 人(一丄人)^{〇}丅禾人仏(一丄人)^{丅一}　又令　寅 = 二　再從㖐式得　丅禾人仏(一丄人)^{丅一} = 丅$\frac{一}{二}$人^{二}(一丄人)^{〇}丄$\frac{一}{二}$禾人^{二}仏(一丄人)^{丅一}　又令　寅 = 三　再從㖐式得

禾人^{二}仏(一丄人)^{丅一} = $\frac{一}{三}$人^{三}(一丄人)^{〇}丅$\frac{一}{三}$禾人^{三}仏(一丄人)^{丅一}　如是屢求之，得　禾$\frac{一丄人}{仏}$ = 人丅$\frac{一}{二}$人^{二}丄$\frac{一}{三}$人^{三}丅$\frac{一}{四}$人^{四}丄…丄㖐　以　人 = 天丅一　代還之，得　禾$\frac{天}{彳}$ = 訥天 = (天丅一)丅$\frac{一}{(天丅一)^{二}}$丄$\frac{三}{(天丅一)^{三}}$丅…丄㖐

爲所求之積分。

設有微分式　$\frac{一丄天^{二}}{彳}$　欲求其積分。

法將題式變作　天^{〇}彳(一丄天^{二})^{丅一}　從呷式令　寅 = 一、卯 = 二、巳 = 丅一、甲 = 一、乙 = 一　則得下式：　禾天^{〇}彳(一丄天^{二})^{丅一} =

丅天^{丅一}(一丄天^{二})^{〇}丄禾天^{丅二}彳(一丄天^{二})^{丅一}　如是屢從呷式，得

禾天^{丅二}彳(一丄天^{二})^{丅一} = $\frac{三}{一}$天^{丅三}(一丄天^{二})^{〇}丄禾天^{丅四}(一丄天^{二})^{丅一}、

禾天^{丅四}彳(一丄天^{二})^{丅一} = 丅$\frac{五}{一}$天^{丅五}(一丄天^{二})^{〇}丅禾天^{丅六}(一丄天^{二})^{丅一} …

所以得　禾$\frac{一丄天^{二}}{彳}$一 = 丅$\frac{天}{一}$丄$\frac{三天^{三}}{一}$丅$\frac{五天^{五}}{一}$丄$\frac{七天^{七}}{一}$丅…丄㖐　爲所求之積分。

設有微分式　(五丄七天^{二})^{二}彳　欲求其積分。

法將題式變作　天^{〇}彳(五丄七天^{二})^{二}　從吆式令　寅 = 一、卯 = 二、巳 = 二、甲 = 五、乙 = 七　得下式：　禾(五丄七天^{二})^{二}彳 = $\frac{五}{天}$(五丄七天^{二})^{二}丄四禾天^{〇}彳(四丄七天^{二})^{二}　其　禾天^{〇}彳(五丄七天^{二})^{二} =

$\frac{一}{三天}$(五丄七天^{二})丄$\frac{三}{四〇}$禾天^{〇}彳(五丄七天^{二})^{〇}　其　禾天^{〇}彳(五丄七天^{二})^{〇} = 禾彳 = 天　所以得　禾(五丄七天^{二})^{二}彳 = $\frac{五}{天}$(五丄七天^{二})^{二}丄

$\frac{三}{四天}$(五丄七天^{二})丄$\frac{三}{四〇天}$ = 二五天丄$\frac{二}{七〇天^{三}}$丄$\frac{五}{四九天^{五}}$丄㖐　爲所求之積分。

設有微分式　$\frac{\sqrt{一丅天^{二}}}{天^{寅丅一}彳}$　欲求其積分。

從呷式令　甲 = 一、乙 = 丅一、卯 = 二、巳 = 丅$\frac{一}{二}$　得　禾$\frac{\sqrt{一丅天^{二}}}{天^{寅丅一}彳}$ =

$丅\frac{寅丅一}{天^{寅丅二}\sqrt{丅天^{二}}}丄\frac{寅丅一}{寅丅二}禾\frac{\sqrt{一丅天^{二}}}{天^{寅丅三}彳天}$ 以寅代 寅丅一 則得

$禾\frac{\sqrt{一丅天^{二}}}{天^{寅}彳天}=丅\frac{寅}{天^{寅丅二}\sqrt{一丅天^{二}}}丄\frac{寅}{寅丅一}禾\frac{\sqrt{一丅天^{二}}}{天^{寅丅二}彳天}$ 如令寅之各同數爲遞加之奇數一、三、五、七等，則得一幅積分式 $禾\frac{\sqrt{一丅天^{二}}}{天彳天}=$

$丅\sqrt{一丅天^{二}}丄呐$、$禾\frac{\sqrt{一丅天^{二}}}{天^{三}彳天}=丅\frac{二}{一}天^{二}\sqrt{一丅天^{二}}丄\frac{二}{一}禾\frac{\sqrt{一丅天^{二}}}{天彳天}$、

$禾\frac{\sqrt{一丅天^{二}}}{天^{五}彳天}=丅\frac{五}{一}天^{四}\sqrt{一丅天^{二}}丄\frac{五}{四}禾\frac{\sqrt{一丅天^{二}}}{天^{三}彳天}$、$禾\frac{\sqrt{一丅天^{二}}}{天^{七}彳天}=$

$丅\frac{七}{一}天^{六}\sqrt{一丅天^{二}}丄\frac{七}{六}禾\frac{\sqrt{一丅天^{二}}}{天^{五}彳天}$ …從此得 $禾\frac{\sqrt{一丅天^{二}}}{天^{三}彳天}=$

$丅\left(\frac{二}{一}天^{二}丄\frac{二}{三}\right)\sqrt{一丅天^{二}}$、$禾\frac{\sqrt{一丅天^{二}}}{天^{五}彳天}=丅\left(\frac{五}{一}天^{四}丄\frac{三·五}{四}天^{二}丄\right.$

$\left.\frac{三·五}{二·四}\right)\sqrt{一丅天^{二}}$、$禾\frac{\sqrt{一丅天^{二}}}{天^{七}彳天}=丅\left(\frac{七}{一}天^{六}丄\frac{五·七}{六}天^{四}丄\frac{三·五·七}{四·六}天^{二}丄\right.$

$\left.\frac{三·五·七}{二·四·六}\right)\sqrt{一丅天^{二}}$ …如令寅之各同數爲遞加之偶數二、四、六、八等，

則得一幅積分式 $禾\frac{\sqrt{一丅天^{二}}}{天^{二}彳天}=丅\frac{二}{一}天\sqrt{一丅天^{二}}丄\frac{二}{一}禾\frac{\sqrt{一丅天^{二}}}{彳天}$、

$禾\frac{\sqrt{一丅天^{二}}}{天^{四}彳天}=丅\frac{四}{一}天^{三}\sqrt{一丅天^{二}}丄\frac{四}{三}禾\frac{\sqrt{一丅天^{二}}}{天^{二}彳天}$、$禾\frac{\sqrt{一丅天^{二}}}{天^{六}彳天}=$

$丅\frac{六}{一}天^{三}\sqrt{一丅天^{二}}丄\frac{六}{五}禾\frac{\sqrt{一丅天^{二}}}{天^{四}彳天}$ …依圜函數之理，其 $禾\frac{\sqrt{一丅天^{二}}}{彳天}$

$=弧(正弦^{丅一}天)丄呐$ 即令 正弦^{丅一}天＝呷 從此得下幅∴ $禾\frac{\sqrt{一丅天^{二}}}{彳天}$

$=呷丄呐$、$禾\frac{\sqrt{一丅天^{二}}}{天^{二}彳天}=丅\frac{二}{一}天\sqrt{一丅天^{二}}丄\frac{二}{一}呷丄呐$、$禾\frac{\sqrt{一丅天^{二}}}{天^{四}彳天}=$

$丅\left(\frac{四}{一}天^{三}丄\frac{二·四}{一·三}天\right)\sqrt{一丅天^{二}}丄\frac{二·四}{一·三}呷丄呐$、$禾\frac{\sqrt{一丅天^{二}}}{天^{六}彳天}=$

$丅\left(\frac{六}{一}天^{五}丄\frac{四·六}{一·五}天^{三}丄\frac{二·四·六}{一·三·五}天\right)\sqrt{一丅天^{二}}丄\frac{二·四·六}{一·三·五}呷丄呐$ …

設有微分式 $\frac{\sqrt{一丅天^{二}}}{天^{丅寅丅一}彳天}$ 欲求其積分。

從呐式得 $禾\frac{\sqrt{一丅天^{二}}}{天^{丅寅丅一}彳天}=丅\frac{寅}{天^{丅寅}\sqrt{一丅天^{二}}}丄\frac{寅}{寅丅一}禾\frac{\sqrt{一丅天^{二}}}{天^{丅寅丄一}彳天}$ 以

丅寅 代 丅寅丅一 則得 $禾\frac{天^{寅}\sqrt{一丅天^{二}}}{彳天}=\frac{(寅丅一)天^{寅丅一}}{丅\sqrt{一丅天^{二}}}丄$

$\frac{寅丅一}{寅丅二}禾\frac{天^{寅丅二}\sqrt{一丅天^{二}}}{彳天}$ 此式中之寅不能等于一，因寅等于一，則分母

爲〇，而倍數皆變爲無窮故也。如令寅等于一，可依前虛函數積分離式之例，得

下式∴ $禾\frac{天\sqrt{一丅天^{二}}}{彳天}=訥\frac{天}{一丅\sqrt{一丅天^{二}}}丄呐$ 再令 寅＝三、寅＝

五、寅＝七 …則得 $禾\frac{天^{三}\sqrt{一丅天^{二}}}{彳天}=丅\frac{二天^{二}}{\sqrt{一丅天^{二}}}丄$

$\frac{二}{一}禾\frac{天\sqrt{一丅天^{二}}}{彳天}$、$禾\frac{天^{五}\sqrt{一丅天^{二}}}{彳天}=丅\frac{四天^{四}}{\sqrt{一丅天^{二}}}丄\frac{四}{三}禾\frac{天^{三}\sqrt{一丅天^{二}}}{彳天}$、

$禾\frac{天^{七}\sqrt{一丅天^{二}}}{彳天}=丅\frac{六天^{六}}{\sqrt{一丅天^{二}}}丄\frac{六}{五}禾\frac{天^{五}\sqrt{一丅天}}{彳天}$ …從此得

$禾\frac{天\sqrt{一丅天^{二}}}{彳天}=訥\frac{天}{一丅\sqrt{一丅天^{二}}}丄呐$、$禾\frac{天^{三}\sqrt{一丅天^{二}}}{彳天}=丅\frac{二天^{二}}{\sqrt{一丅天^{二}}}$

$丄\frac{二}{一}訥\frac{天}{一丅\sqrt{一丅天^{二}}}丄呐$、$禾\frac{天^{五}\sqrt{一丅天^{二}}}{彳天}=丅\frac{四天^{四}}{\sqrt{一丅天^{二}}}丅\frac{二·四天^{二}}{三\sqrt{一丅天^{二}}}$

$丄\frac{二·四}{一·三}訥\frac{天}{一丅\sqrt{一丅天^{二}}}丄呐$、$禾\frac{天^{七}\sqrt{一丅天^{二}}}{彳天}=丅\frac{六天^{六}}{\sqrt{一丅天^{二}}}丅\frac{四·六天^{四}}{五\sqrt{一丅天^{二}}}$

$丅\frac{二·四·六天^{二}}{三·五\sqrt{一丅天^{二}}}丄\frac{二·四·六}{一·三·五}訥\frac{天}{一丅\sqrt{一丅天^{二}}}丄呐$ …再令 寅＝

二、寅＝四、寅＝六 …則得 $禾\frac{天\sqrt{一丅天^{二}}}{吠}=丅\frac{天}{\sqrt{一丅天^{二}}}丄呐$、

$禾\frac{天^{四}\sqrt{一丅天^{二}}}{彳天}=丅\frac{三天^{三}}{\sqrt{一丅天^{二}}}丄\frac{三}{二}禾\frac{天^{二}\sqrt{一丅天^{二}}}{彳天}$、$禾\frac{天^{六}\sqrt{一丅天^{二}}}{彳天}=$

$丅\frac{五天^{五}}{\sqrt{一丅天^{二}}}丄\frac{五}{四}禾\frac{天^{四}\sqrt{一丅天^{二}}}{彳天}$… 從此得下式∴ $禾\frac{天^{二}\sqrt{一丅天^{二}}}{彳天}$

$=丅\frac{天}{\sqrt{一丅天^{二}}}丄呍$、$禾\frac{天^{四}\sqrt{一丅天^{二}}}{彳天}=丅\frac{三天^{二}}{\sqrt{一丅天^{二}}}丅\frac{三天}{二\sqrt{一丅天^{二}}}丄呍$、$禾\frac{天^{六}\sqrt{一丅天^{二}}}{彳天}=丅\frac{五天^{五}}{\sqrt{一丅天^{二}}}丅\frac{三·五天^{三}}{四\sqrt{一丅天^{二}}}丅\frac{三·五天}{二·四\sqrt{一丅天^{二}}}$

$丄呍\cdots$

又 卷二三 圜函數微分求積分法

兹計其法共有四種，分别演之，以爲則。

第一法，以天爲正弦之弧，可令其正弦等于人，則其餘弦等于 $\sqrt{一丅人^{二}}$ 化其微分式爲代數微分式，用前卷二項微分求積分之各法，求其積分。

如 $正弦^{寅}天餘弦^{卯}天彳天$ 可令 $正弦天=人$ 求微分 $餘弦天彳天=彳人$ 則 $彳天=\frac{彳人}{餘弦天}$ 其 $餘弦天=\sqrt{一丅人^{二}}$ 變其式爲 $正弦^{寅}天餘弦^{卯}天彳天=人^{寅}彳人(一丅人^{二})^{\frac{卯丅一}{二}}$ ㊇ 爲公式。其寅、卯二指數無論爲正爲負，爲整爲分，均合。如其卯爲正奇數，則 $\frac{卯丅一}{二}$ 必爲正整數，而其式爲實函數。如其寅爲正奇數，而括弧外人之指數加一，與括弧内人之指數相等者，則可用前卷二項微分求積分法，化實函數乾式之例化其式爲實函數。若寅、卯俱爲正偶數，則可依前卷化實函數坤式之例，亦能化其式爲實函數，均能用前各卷實函數微分求積分之各法，求其積分。如寅、卯二數或爲正分或爲負分者，則可用前卷呷、叱、呩、叮四公式求之。惟其積分有時無窮。

設有微分式 $正弦^{四}天餘弦^{三}天彳天$ 欲求其積分。

法從乾式，令 $正弦天=人$、$寅=四$、$卯=三$、$彳天=彳人$ 得 $正弦^{四}天餘弦^{三}天彳天=人^{四}(一丅人^{二})彳人[=]人^{四}彳人丅人^{六}彳人$ 求積分 $禾正弦^{四}天餘弦^{三}天彳天=\frac{五}{人^{五}}丅\frac{七}{人七}丄呍$ 即 $=\frac{五}{正弦^{五}天}丅\frac{七}{正弦^{七}天}丄呍$

設有微分式 $正弦^{三}天餘弦天彳天$ 欲求其積分。

法從乾式，令 $正弦天=人$、$寅=三$、$卯=四$、$彳天=彳人$ 得 $正弦^{三}天餘弦^{四}天彳天=人^{三}(一丅人^{二})^{\frac{三}{二}}彳人$ 其括弧外人之指數三加一，得四。以括弧内人之指數二約之，得二，爲整數，故可用前卷化實函數乾式之例。令 $寅=四$、$卯=二$、$午=二$、$巳=三$、$甲=一$、$乙=丅一$ 又令 $一丅人^{二}=地^{二}$、$彳人=彳地$ 變爲實函數 $人^{三}(一丅人^{二})^{\frac{三}{二}}彳人=地^{四}(地^{二}丅一)彳地=地^{六}彳地丅地^{四}彳地$ 求積分 $禾地^{四}(地^{二}丅一)彳地=\frac{七}{地^{七}}丅\frac{五}{地^{五}}丄呍$ 以 $地=\sqrt{一丅人^{二}}$ 還之 $禾人^{三}(一丅人^{二})^{\frac{三}{二}}彳人=\frac{七}{(一丅人^{二})^{\frac{七}{二}}}丅\frac{五}{(一丅人^{二})^{\frac{五}{二}}}丄呍$ 再以 $餘弦天=\sqrt{一丅人^{二}}$ 代還之，得 $禾正弦^{三}天餘弦^{四}天彳天=\frac{七}{一}餘弦^{七}天丅\frac{五}{一}餘弦^{五}天丄呍$ 爲所求之積分。

設有微分式 $正弦^{三}天彳天$ 欲求其積分。

法從乾式，令 $正弦天=人$、$寅=三$、$卯=〇$、$彳天=人$ 得 $正弦^{三}天彳天=\frac{\sqrt{一丅人^{二}}}{人^{三}彳人}$ 乃從前卷二項微分求積分法之呷公式，得 $禾\frac{\sqrt{一丅人^{二}}}{人^{三}彳人}=丅\left(\frac{三}{人^{二}}丄\frac{三}{二}\right)\sqrt{一丅人^{二}}丄呍$ 以 $人=正弦天$、$\sqrt{一丅人^{二}}=餘弦天$ 代還之，得 $禾正弦^{三}天彳天=丅\frac{三}{一}餘弦天(二丄正弦^{二}天)丄呍$ 爲所求之積分。

設有微分式 $\frac{正弦^{三}天}{彳天}$ 欲求其積分。

從乾式變作 $\frac{正弦^{三}天}{彳天}=\frac{人^{三}\sqrt{一丅人^{二}}}{彳人}$ 乃依前卷呍式之例，得 $禾\frac{人^{三}\sqrt{一丅人^{二}}}{彳人}=丅\frac{二人^{二}}{\sqrt{一丅人^{二}}}丄\frac{三}{二}訥\frac{人}{一丅\sqrt{一丅人^{二}}}丄呍$ 以 $人=正弦天$、$\sqrt{一丅人^{二}}=餘弦天$ 代還之，得 $禾\frac{正弦^{三}天}{彳天}=丅\frac{二正弦^{二}天}{餘弦天}丄\frac{三}{二}訥\frac{正弦天}{一丅餘弦天}丄呍$ 即 $=丅\frac{三}{二}餘切天餘割天丄訥\sqrt{正矢天餘割天}丄呍$ 爲所求之積分。

設有微分式 $\frac{正弦天}{彳天}$ 欲求其積分。

從乾式，令 $正弦天=人$、$寅=丅一$、$卯=〇$、$彳天=彳人$ 得 $\frac{正弦天}{彳天}=\frac{人\sqrt{一丅人^{二}}}{彳人}$ 依虚函數積分離式，得 $禾\frac{人\sqrt{一丅人^{二}}}{彳人}=訥\frac{人}{一丅\sqrt{一丅人^{二}}}$

丄呐 以 正弦天＝人、餘弦天＝$\sqrt{一丅天^{二}}$ 代還之，得 禾$\frac{正弦天}{彳天}$＝訥$\frac{正弦天}{一丅餘弦天}$丄呐 準八線理，其 $\frac{正弦天}{一丅餘弦天}$＝正切$\frac{二}{一}$天 又 正切$\frac{二}{一}$天＝$\frac{餘弦\frac{二}{一}天}{正弦\frac{二}{一}天}$ 而 餘弦$\frac{二}{一}$天＝$\sqrt{\frac{二}{一丄餘弦天}}$、正弦$\frac{二}{一}$天＝$\sqrt{\frac{二}{一丅餘弦天}}$

故 正切$\frac{二}{一}$天＝$\sqrt{\frac{一丄餘弦天}{一丅餘弦天}}$ 所以求得 禾$\frac{正弦天}{彳天}$＝訥$\frac{正弦天}{一丅餘弦天}$丄呐＝訥正切$\frac{二}{一}$天丄呐＝訥$\sqrt{\frac{一丄餘弦天}{一丅餘弦天}}$丄呐＝$\frac{二}{一}$訥$\frac{一丄餘弦天}{一丅餘弦天}$丄呐 爲積分式。

設有微分式 $\frac{餘弦天}{彳天}$ 欲求其積分。

以 $\frac{二}{一}$周＝九〇° 則令 天＝$\frac{二}{一}$周丅人、彳天＝丅彳人、餘弦天＝正弦人 則 $\frac{餘弦天}{彳天}$＝丅$\frac{正弦人}{彳人}$ 如前法，得 禾$\frac{餘弦天}{彳天}$＝禾$\frac{正弦人}{丅彳人}$＝丅訥正切$\frac{二}{一}$人丄呐＝訥$\frac{正切\frac{二}{一}人}{一}$丄呐＝訥餘切$\frac{二}{一}$人丄呐 以 $\frac{二}{一}$人＝$\frac{四}{一}$周丅$\frac{二}{一}$天 代還之，得 禾$\frac{餘弦天}{彳天}$＝訥$\frac{正切(\frac{四}{一}周丅\frac{二}{一}天)}{一}$丄呐＝訥正切$(\frac{四}{一}周丄\frac{二}{一}天)$丄呐＝訥餘切$(\frac{四}{一}周丅\frac{二}{一}天)$丄呐＝訥$\sqrt{\frac{一丅餘弦天}{一丄餘弦天}}$丄呐＝$\frac{二}{一}$訥$\frac{一丅餘弦天}{一丄餘弦天}$丄呐 爲所求之積分。

設有微分式 $\frac{正切天}{彳天}$ 欲求其積分。

因 $\frac{正切天}{彳天}$＝$\frac{天弦天}{餘弦天}$彳天 所以得 禾$\frac{正切天}{彳天}$＝禾$\frac{正弦天}{餘弦天彳天}$＝訥正弦天丄呐 爲所求之積分。

設有微分式 正切天彳天 欲求其積分。

因 正切天彳天＝$\frac{餘弦天}{正弦天彳天}$ 所以得 禾正切天彳天＝禾$\frac{餘弦天}{正弦天彳天}$＝訥$\frac{餘弦天}{一}$丄呐＝訥正割天丄呐 爲所求之積分。

設有微分二式，一爲 餘弦卯天彳天 一爲 正弦卯天彳天 欲求其積分。

此兩式均爲真微分式。所不同者，其天弧爲卯倍耳，然準微分之公理，微分之弧爲卯倍者，則其積分必當以卯約之，爲 禾餘弦卯天彳天＝$\frac{卯}{一}$正弦卯天丄呐、禾正弦卯天彳天＝丅$\frac{卯}{一}$餘弦卯天丄呐 因下第二法均用此法，故特申明之。

第二法，其正弦之指數及餘弦之指數，若爲正整之數者，可依八線數理之例化爲級數，每項各求其積分。

設有微分式 餘弦^{五}天彳天 欲求其積分。

準八線理，化作 餘弦^{五}天彳天＝$\frac{一六}{一}$(餘弦五天丄五餘弦三天丄一〇餘弦天)彳天 故得 禾餘弦^{五}天彳天＝$\frac{八〇}{一}$正弦三天丄$\frac{四八}{一}$正弦三天丄$\frac{八}{五}$正弦天丄呐 爲所求之積分。

設有微分式 餘弦^{二}天正弦^{三}天彳天 欲求其積分。

準八線理，變作 餘弦^{二}天正弦^{三}天彳天＝$\frac{一六}{一}$(丅正弦五天丄正弦三天丄二正弦天)彳天 故得 禾餘弦^{二}天正弦^{三}天彳天＝$\frac{八〇}{一}$餘弦五天丅$\frac{四〇}{一}$餘弦三天丅$\frac{八}{一}$餘弦天丄呐 爲所求之積分。

第三法，如圓函數之微分式，內有正弦、餘弦爲指數者，可變爲有指函數與對函數之微分，則可用後指函數、對函數微分求積分法，求其積分。

如《代數術》第二百七十款內，曾言代爲訥對數之底，已求得 餘弦天＝$\frac{二}{戊^{天\sqrt{丅一}}丄戊^{丅天\sqrt{丅一}}}$、正弦天＝$\frac{二\sqrt{丅一}}{戊^{天\sqrt{丅一}}丅戊^{丅天\sqrt{丅一}}}$ 從此兩式能將圓函數微分式內有正弦、餘弦爲指數者，可變爲有指函數與對函數之微分。

第四法，凡圓函數微分，若用以上各法均不能求其積分者，可用前卷二項積

分分求積分之法。吁式之例，將其式化爲兩箇乘數：一爲微分式能求積分者，令等于彳亥；一爲實函數用求微分者，令等于戌。乃將彳亥求積分，得亥。將戌求微分，得彳戌。以此亥、彳亥、戌、彳戌四同數代入 禾戌彳亥＝戌亥丅禾亥彳戌 (吁)式中，則凡欲求 禾戌彳亥 之積分者，可先得其第一項之數 戌亥 而其第二項之數 禾亥彳戌 再可代入 禾戌彳亥 之式中，以求之。如是屢用代法，必得其所求之積分。此法亦可造數箇公式以求之，如左。

如 禾正弦^{寅}天餘弦^{卯}天彳天 可化作 禾正弦^{寅丅一}天餘弦^{卯}天正弦天彳天 則分爲 戌＝正弦^{寅丅一}天、彳亥＝餘弦^{卯}天正弦天彳天 而 彳戌＝(寅丅一)正弦^{寅丅二}天餘弦天彳天、亥＝丅$\frac{餘弦^{卯丄一}天}{卯丄一}$ 將此亥、彳亥、戌、彳戌四同數代入吁式，得 禾正弦^{寅}天餘弦^{卯}天彳天＝丅$\frac{正弦^{寅丅一}天餘弦^{卯丄一}天}{卯丄一}$丄$\frac{寅丅一}{卯丄一}$禾餘弦^{卯丄二}天正弦^{寅丅二}天彳天 此式中之 餘弦^{卯丄二}天 以其同數 餘弦^{卯}天(一丅正弦^{二}天) 代之，并變其項，得 禾正弦^{寅}天餘弦^{卯}天彳天＝丅$\frac{一}{寅丄卯}$正弦^{寅丅一}天餘弦^{卯丄一}天丄$\frac{寅丅一}{寅丄卯}$禾正弦^{寅丅二}天餘弦^{卯}天彳天 (角) 此爲圓函數微分求積分法之第一箇公式。

如將 正弦^{寅}天餘弦^{卯}天彳天 化作 餘弦^{卯丅一}天正弦^{寅}天餘弦天彳天 分爲 戌＝餘弦^{卯丅一}天、彳亥＝正弦^{寅}天餘弦天彳天 而 彳戌＝丅(卯丅一)餘弦^{卯丅二}天正弦天彳天、亥＝$\frac{正弦^{寅丄一}天}{寅丄一}$ 代入吁式，則得 禾正弦^{寅}天餘弦^{卯}天彳天＝$\frac{一}{寅丄一}$正弦^{寅丄一}天餘弦^{卯丅一}天丄$\frac{卯丅一}{寅丄一}$禾正弦^{寅丄二}天餘弦^{卯丅二}天彳天 此式中之 正弦^{寅丄二}天 以其同數 正弦^{寅}天(一丅餘弦^{二}天) 代之，并變其項得 禾正弦^{寅}天餘弦^{卯}天彳天＝$\frac{一}{寅丄卯}$正弦^{寅丄一}天餘弦^{卯丅一}天丄$\frac{卯丅一}{寅丄卯}$禾正弦^{寅}天餘弦^{卯丅二}天彳天 (亢) 此爲圓函數微分求積分法之第二箇公式。

若將角式之卯變爲 丅卯 則得 禾$\frac{正弦^{寅}天}{餘弦^{卯}天}$彳天＝丅$\frac{正弦^{寅丅一}天}{(寅丅卯)餘弦^{卯丅一}天}$丄$\frac{寅丅一}{寅丅卯}$禾$\frac{正弦^{寅丅二}天}{餘弦^{卯}天}$彳天 (氐) 此爲圓函數微分求積分法之第三箇公式。

若將亢式之寅變爲 丅寅 則得 禾$\frac{餘弦^{卯}天}{正弦^{寅}天}$彳天＝$\frac{餘弦^{卯丅一}天}{(卯丅寅)正弦^{寅丅一}天}$丄$\frac{卯丅一}{卯丅寅}$禾$\frac{餘弦^{卯丅二}天}{正弦^{寅}天}$彳天 (房) 此爲圓函數微分求積分法之第四箇公式。

如將角式以 正弦^{二}天 乘之 禾正弦^{寅丄二}天餘弦^{卯}天彳天＝丅$\frac{一}{寅丄卯}$正弦^{寅丄一}天餘弦^{卯丄一}天丄$\frac{寅丅一}{寅丄卯}$禾正弦天餘弦^{卯}天彳天 移其項并以 $\frac{寅丅一}{寅丄卯}$ 約之，則變爲 禾正弦^{寅}天餘弦^{卯}天彳天＝$\frac{一}{寅丅一}$正弦^{寅丄一}天餘弦^{卯丄一}天丄$\frac{寅丄卯}{寅丅一}$禾正弦^{寅丄二}天餘弦^{卯}天彳天 令 寅＝丅寅 又令倍數之 寅＝寅丅二 則得 禾$\frac{餘弦^{卯}天}{正弦^{寅}天}$彳天＝丅$\frac{餘弦^{卯丄一}天}{(寅丅一)正弦^{寅丅一}天}$丅$\frac{卯丅寅丄二}{寅丅一}$禾$\frac{餘弦^{卯}天}{正弦^{寅丅二}天}$彳天

(心) 此爲圓函數微分求積分法之第五箇公式。

如將亢式以 餘弦^{二}天 乘之 禾正弦^{寅}天餘弦^{卯丄二}天彳天＝$\frac{一}{寅丄卯}$正弦^{寅丄一}天餘弦^{卯丄一}天丄$\frac{卯丅一}{寅丄卯}$禾正弦^{寅}天餘弦^{卯}天彳天 移其項并以 $\frac{卯丅一}{寅丄卯}$ 約之，則變爲 禾正弦^{寅}天餘弦^{卯}天彳天＝丅$\frac{一}{卯丅一}$正弦^{寅丄一}天餘弦^{卯丄一}天丄$\frac{寅丄卯}{卯丅一}$禾正弦^{寅}天餘弦^{卯丄二}天彳天 令 卯＝丅卯 又令倍數之 卯＝卯丅二 則得 禾$\frac{正弦^{寅}天}{餘弦^{卯}天}$彳天＝$\frac{正弦^{寅丄一}天}{(卯丅一)餘弦^{卯丅一}天}$丅$\frac{寅丅卯丄二}{卯丅一}$禾$\frac{正弦^{寅}天}{餘弦^{卯丅二}天}$彳天

(尾) 此爲圓函數微分求積分法之第六箇公式。

若寅、卯皆爲負，如 $\frac{彳天}{正弦^{寅}天餘弦^{卯}天}$ 則以 一＝正弦^{二}天丄餘弦^{二}天 乘之，得 禾$\frac{彳天}{正弦^{寅}天餘弦^{卯}天}$＝禾$\frac{彳天}{正弦^{寅丅二}天餘弦^{卯}天}$丄禾$\frac{彳天}{正弦^{寅}天餘弦^{卯丅二}天}$

箕二 再以 一＝正弦^{二}天丄餘弦^{二}天 乘之，得 禾$\frac{彳天}{正弦^{寅}天餘弦^{卯}天}$＝

$$\text{禾}\frac{\text{正弦}^{\text{寅丅四}}\text{天餘弦}^{\text{卯}}\text{天}}{\text{彳}}\text{丄二禾}\frac{\text{正弦}^{\text{寅丅二}}\text{天餘弦}^{\text{卯丅二}}\text{天}}{\text{彳}}\text{丄禾}\frac{\text{正弦}^{\text{寅}}\text{天餘弦}^{\text{卯丅四}}\text{天}}{\text{彳}}$$

箕二　此爲圜函數微分求積分法之第七箇公式。

以上所求得角亢氐房心尾箕七式，爲一切圜函數微分求積分法之公式。從角式能將正弦之指數寅遞變小。從亢式能將餘弦之指數卯遞變小。若寅、卯均爲正整之數者，可從角亢兩式迭用之，必能得其積分，若卯爲負數，可從氐式求之。寅爲負數，可從房式求之。若寅、卯二數相等，而寅或卯爲負者，可從心尾兩式求之。若寅、卯二數均爲負者，可從箕式求之。

從角式遞變至末，則可藉　$\text{餘弦}^{\text{卯}}\text{天彳}$　或　$\text{正弦天餘弦}^{\text{卯}}\text{天彳}$　得其積分。視寅之奇偶而異。如寅爲偶數，則至末之　$\text{禾餘弦}^{\text{卯}}\text{天彳}$　可依第二法求之，或依下法求之也。如寅爲奇數，則至末之　$\text{禾正弦天餘弦}^{\text{卯}}\text{天彳}$　其積分爲　$\text{丅}\frac{\text{卯丄一}}{\text{一}}\text{餘弦}^{\text{卯丄一}}\text{天}$

從亢式遞變至末，則可藉　$\text{正弦}^{\text{寅}}\text{天餘弦天彳}$　或　$\text{正弦}^{\text{寅}}\text{天彳}$　得其積分，視卯之奇偶而異。其　$\text{正弦}^{\text{寅}}\text{天餘弦天彳}$　爲正微分式，其積分易得，爲　$\frac{\text{寅丄一}}{\text{一}}\text{正弦}^{\text{寅丄一}}\text{天}$　其　$\text{正弦}^{\text{寅}}\text{天彳}$　可依第一、第二兩法求之，或依下法求之也。

從氐式遞變至末，則可藉　$\frac{\text{餘弦}^{\text{卯}}\text{天}}{\text{正弦天彳}}$㊀　或　$\frac{\text{餘弦}^{\text{卯}}\text{天}}{\text{彳}}$㊁　得其積分，視寅之奇偶而異。其一爲正微分式，積分易得爲　$\frac{(\text{卯丅一})\text{余弦}^{\text{卯丅一}}\text{天}}{\text{一}}$　欲求二式之積分，在下法明之。

房式遞變至末倣此。

從心式遞變至末，則可藉　$\frac{\text{正弦天}}{\text{餘弦}^{\text{卯}}\text{天彳}}$㊀　或　$\text{餘弦}^{\text{卯}}\text{天彳}$㊁　得其積分，視寅之奇偶而異。其一可依第一法求之，其二可依第二法或下法求之，餘類推。

設有微分式　$\text{正弦}^{\text{三}}\text{天餘弦}^{\text{二}}\text{天彳}$　欲求其積分。

從角式，令　寅＝三、卯＝二　得　$\text{禾正弦}^{\text{三}}\text{天餘弦}^{\text{二}}\text{天彳}=\text{丅}\frac{\text{五}}{\text{一}}\text{正弦}^{\text{二}}\text{天餘弦}^{\text{三}}\text{天丄}\frac{\text{五}}{\text{二}}\text{禾正弦天餘弦}^{\text{二}}\text{天彳}$　又從亢式，令　寅＝一、卯＝二　得　$\text{禾正弦天餘弦}^{\text{二}}\text{天彳}=\frac{\text{三}}{\text{一}}\text{正弦}^{\text{二}}\text{天餘弦天丄}\frac{\text{三}}{\text{一}}\text{禾正弦天彳}$　其　$\frac{\text{三}}{\text{一}}\text{禾正弦天彳}=\text{丅}\frac{\text{三}}{\text{一}}\text{餘弦天丄呐}$　所以得　$\text{禾正弦}^{\text{三}}\text{天餘弦}^{\text{二}}\text{天彳}=\text{餘弦天}\left(\text{丅}\frac{\text{五}}{\text{一}}\text{正弦}^{\text{二}}\text{天餘弦}^{\text{二}}\text{天丄}\frac{\text{一五}}{\text{二}}\text{正弦}^{\text{二}}\text{天丅}\frac{\text{四五}}{\text{二}}\right)\text{丄呐}$　爲所求之積分。

設有微分式　$\text{正弦}^{\text{寅}}\text{天彳}$　欲求其積分。

從角式，令　卯＝○　則得　$\text{禾正弦}^{\text{寅}}\text{天彳}=\text{丅}\frac{\text{寅}}{\text{一}}\text{餘弦天正弦}^{\text{寅丅一}}\text{天丄}\frac{\text{寅}}{\text{寅丅一}}\text{禾正弦}^{\text{寅丅二}}\text{天彳}$　如令　寅＝一、寅＝二、寅＝三　…則得　$\text{禾正弦天彳}=\text{丅餘弦天丄呐}$、$\text{禾正弦}^{\text{二}}\text{天彳}=\text{丅}\frac{\text{二}}{\text{一}}\text{餘弦天正弦天丄}\frac{\text{二}}{\text{一}}\text{禾彳}$、$\text{禾正弦}^{\text{三}}\text{天彳}=\text{丅}\frac{\text{三}}{\text{一}}\text{餘弦天正弦}^{\text{二}}\text{天丄}\frac{\text{三}}{\text{二}}\text{禾正弦天彳}$、　$\text{禾正弦}^{\text{四}}\text{天彳}=\text{丅}\frac{\text{四}}{\text{一}}\text{餘弦天正弦}^{\text{三}}\text{天丄}\frac{\text{四}}{\text{三}}\text{禾正弦}^{\text{二}}\text{天彳}$　…從此得　$\text{禾正弦天彳}=\text{丅餘弦天丄呐}$、$\text{禾正弦}^{\text{二}}\text{天彳}=\text{丅}\frac{\text{二}}{\text{一}}\text{餘弦天正弦天丄}\frac{\text{二}}{\text{一}}\text{天丄呐}$、$\text{禾正弦}^{\text{三}}\text{天彳}=\text{丅}\frac{\text{三}}{\text{一}}\text{餘弦天正弦}^{\text{二}}\text{天丅}\frac{\text{三}}{\text{二}}\text{餘弦天丄呐}$、$\text{禾正弦}^{\text{四}}\text{天彳}=\text{丅}\frac{[\text{四}]}{\text{一}}\text{餘弦天正弦}^{\text{三}}\text{天丅}\frac{\text{八}}{\text{三}}\text{餘弦天正弦天丄}\frac{\text{八}}{\text{三}}\text{天丄呐}$…

設有微分式，$\text{餘弦}^{\text{卯}}\text{天彳}$　欲求其積分。

從亢式，令　寅＝○　則得　$\text{禾餘弦}^{\text{卯}}\text{天彳}=\frac{\text{卯}}{\text{一}}\text{正弦天餘弦}^{\text{卯丅一}}\text{天丄}\frac{\text{卯}}{\text{卯丅一}}\text{禾餘弦}^{\text{卯丅一}}\text{天彳}$　如令　卯＝一、卯＝二、卯＝三、卯＝四　…則得　$\text{禾餘弦天彳}=\text{正弦天丄呐}$、$\text{禾餘弦}^{\text{二}}\text{天彳}=\frac{\text{二}}{\text{一}}\text{正弦天餘弦天丄}\frac{\text{二}}{\text{一}}\text{禾彳}$、$\text{禾餘弦}^{\text{三}}\text{天彳}=\frac{\text{三}}{\text{一}}\text{正弦天餘弦}^{\text{二}}\text{天丄}\frac{\text{三}}{\text{二}}\text{禾餘弦天彳}$、$\text{禾餘弦}^{\text{四}}\text{天彳}=\frac{\text{四}}{\text{一}}\text{正弦}$

天餘弦^{三}天丄$\frac{四}{三}$禾餘弦^{二}天彳天… 從此得 禾餘弦天彳天＝正弦天丄呐、禾餘弦^{二}天彳天＝$\frac{二}{一}$正弦天餘弦天丄$\frac{二}{一}$天丄呐、禾餘弦^{三}天彳天＝$\frac{三}{一}$正弦天餘弦^{二}天丄$\frac{三}{二}$正弦天丄呐、禾餘弦^{四}天彳天＝$\frac{四}{一}$正弦天餘弦^{三}天丄$\frac{八}{三}$正弦天餘弦天丄$\frac{八}{三}$天丄呐…

設有微分式 $\frac{正弦^{寅}天}{彳天}$ 欲求其積分。

從心式，令 卯＝〇 則得 禾$\frac{正弦^{寅}天}{彳天}$＝丅$\frac{(寅丅一)正弦^{寅丅一}天}{餘弦天}$丄$\frac{寅丅一}{寅丅二}$禾$\frac{正弦^{寅丅二}天}{彳天}$ 如令 寅＝一 依第一法得 禾$\frac{正弦天}{彳天}$＝訥$(正切\frac{二}{一}天)$丄呐 再令 寅＝二、寅＝三… 則得 禾$\frac{正弦天}{彳天}$＝丅$\frac{正弦天}{餘弦天}$丄呐＝丅餘切天丄呐、禾$\frac{正弦^{三}天}{彳天}$＝丅$\frac{二正弦^{二}天}{一餘弦天}$丄$\frac{二}{一}$禾$\frac{正弦天}{彳天}$、禾$\frac{正弦^{四}天}{彳天}$＝丅$\frac{三正弦^{三}天}{餘弦天}$丄$\frac{三}{二}$禾$\frac{正弦^{二}天}{彳天}$… 所以 禾$\frac{正弦^{二}天}{彳天}$＝丅$\frac{正弦天}{餘弦天}$丄呐、禾$\frac{正弦^{三}天}{彳天}$＝丅$\frac{二正弦^{二}天}{餘弦天}$丄訥$\sqrt{正切\frac{二}{一}天}$丄呐、禾$\frac{正弦^{四}天}{彳天}$＝丅$\frac{三正弦^{三}天}{餘弦天}$丅$\frac{三正弦天}{二餘弦天}$丄呐…

設有微分式 $\frac{餘弦^{卯}天}{彳天}$ 欲求其積分。

從尾式得 禾$\frac{餘弦天}{彳天}$＝$\frac{(卯丅一)餘弦^{卯丅一}天}{正弦天}$丄$\frac{卯丅一}{卯丅二}$禾$\frac{餘弦^{卯丅二}天}{彳天}$ 如 卯＝一 從第一法，得 禾$\frac{餘弦天}{彳天}$＝訥正切$(\frac{四}{一}周丄\frac{二}{一}天)$丄呐 再令 卯＝二、卯＝三 …得 禾$\frac{餘弦^{二}天}{彳天}$＝$\frac{餘弦天}{正弦天}$丄呐、禾$\frac{餘弦^{三}天}{彳天}$＝$\frac{二餘弦^{二}天}{正弦天}$丄$\frac{二}{一}$禾$\frac{餘弦天}{彳天}$、禾$\frac{餘弦^{四}天}{彳天}$＝$\frac{三餘弦^{三}天}{正弦天}$丄$\frac{三}{二}$禾$\frac{餘弦^{二}天}{彳天}$… 即 禾$\frac{餘弦^{三}天}{彳天}$＝$\frac{二餘弦^{二}天}{正弦天}$丄訥$\sqrt{正切(\frac{四}{一}周丄\frac{二}{一}天)}$丄呐、禾$\frac{餘弦^{四}天}{彳天}$＝$\frac{三餘弦^{三}天}{正弦天}$丄$\frac{三餘弦天}{二正弦天}$丄呐…

設有微分式 $\frac{餘弦天}{正弦^{二}天彳天}$ 欲求其積分。

從氐式，令 卯＝一、寅＝二 則得 禾$\frac{餘弦天}{正弦^{二}天}$彳天＝丅正弦天丄禾$\frac{餘弦天}{彳天}$ 求得 禾$\frac{餘弦天}{正弦^{二}天}$彳天＝丅正弦天丄訥正切$(\frac{四}{一}周丄\frac{二}{一}天)$丄呐

設有微分式 $\frac{正弦^{二}天餘弦^{二}天}{彳天}$ 欲求其積分。

從箕一式，令 寅＝二、卯＝二 則得 禾$\frac{正弦^{二}天餘[弦]^{二}天}{彳天}$＝禾$\frac{餘弦^{二}天}{彳天}$丄禾$\frac{正弦^{二}天}{彳天}$ 其 禾$\frac{餘弦^{二}天}{彳天}$＝$\frac{餘弦天}{正弦天}$丄呐、禾$\frac{正弦^{二}天}{彳天}$＝丅$\frac{正弦天}{餘弦天}$丄呐 所以得 禾$\frac{正弦^{二}天餘弦^{二}天}{彳天}$＝$\frac{餘弦天}{正弦天}$丅$\frac{正弦天}{餘弦天}$丄呐

對函數微分求積分法

對函數之公微分式，如 天^{寅}彳天$(訥天)^{卯}$ 其寅、卯兩指數無論正負整分均合。又其天爲天之任何對函數，則分其式爲 戌＝$(訥天)^{卯}$、彳亥＝天^{寅}彳天 則 彳戌＝卯$(訥天)^{卯丅一}\frac{天}{彳天}$、亥＝$\frac{寅丄一}{一}$天^{寅丄一} 從 禾戌彳亥＝戌亥丅禾亥彳戌 呼式，得 禾天^{寅}彳天$(訥天)^{卯}$＝$\frac{寅丄一}{天^{寅丄一}}(訥天)^{卯}$丅$\frac{寅丄一}{卯}$禾$(訥天)^{卯丅一}$天^{寅}彳天

(乾) 此爲對函數微分求積分法之第一箇公式。

如將乾式遞變之，則可得 禾天^{寅}彳天$(訥天)^{卯}$＝天$^{寅丄一}\left[\frac{寅丄一}{(訥天)^{卯}}丅\frac{(寅丄一)^{二}}{卯(訥天)^{卯丅一}}丄\frac{(寅丄一)^{三}}{卯(卯丅一)(訥天)^{卯丅二}}丅\cdots\right]$丄呐 觀此式易知，其卯若爲正整之數者，則其級數恆有盡界。若爲負數或分數者，則其級數必至無窮。

如卯爲負數，則將 天^{寅}彳天$(訥天)^{丅卯}$ 變作 天$^{寅丄一}(訥天)^{丅卯}\frac{天}{彳天}$ 分

爲 $彳亥=(訥天)^{丅卯}\frac{天}{彳天}$、$戌=天^{寅丄一}$ 則 $亥=\frac{丅卯丄一}{(訥天)丅卯丄一}$、$彳戌=(寅丄一)天^{寅}彳天$ 從吁式，得 $禾\frac{(訥天)^{卯}}{天^{寅}彳天}=丅\frac{(卯丅一)(訥天)^{卯丅一}}{天^{寅丄一}}丄\frac{卯丅一}{寅丄一}禾\frac{(訥天)^{卯丅一}}{天^{寅}彳天}$ (坤) 此爲對函數微分求積分法之第二箇公式。

坤式之卯不能等于一。因卯等于一，各項俱變爲無窮故也。

如欲求 $卯=一$ 之 $\frac{訥天}{天^{寅}彳天}$ 積分，可令 $天^{寅丄一}=人$ 則 $訥天=\frac{寅丄一}{訥人}$ 而 $天^{寅}彳天=\frac{寅丄一}{彳人}$ 變爲 $\frac{訥天}{天^{寅}彳天}=\frac{訥人}{彳人}$ 乃將此式以 $一丄訥人$ 代 訥人 依二項乘方例，化爲級數。每項依乾式之法，求其積分。

設有微分式 $(一丄天)^{三}(訥天)^{二}彳天$ 欲求其積分。

從乾式，令 $天=一丄天$、$寅=三$、$卯=二$ 得 $禾(一丄天)^{三}(訥天)^{二}彳天=\frac{四}{(一丄天)^{四}}(訥天)^{二}丅\frac{二}{一}禾(訥天)(一丄天)^{三}彳天$ 再令 $卯=一$ 從乾式得 $禾(訥天)(一丄天)^{三}彳天=\frac{四}{(一丄天)^{四}}(訥天)丅\frac{二}{一}禾(一丄天)^{三}彳天$ 其 $禾(一丄天)^{三}彳天=\frac{四}{一}(一丄天)^{四}丄呐$ 所以得 $禾(一丄天)^{三}(訥天)^{二}彳天=\frac{四}{(一丄天)^{四}}(訥天)^{二}丅\frac{八}{(一丄天)^{四}}(訥天)丄\frac{一六}{(一丄天)^{四}}丄呐=\frac{四}{(一丄天)^{四}}\left[(訥天)^{二}丅\frac{二}{訥天}丄\frac{四}{一}\right]丄呐$ 爲所求之積分。

設有微分式 $\frac{(訥天)^{三}}{天^{二}彳天}$ 欲求其積分。

從坤式，令 $卯=三$、$寅=二$ 得下式： $禾\frac{(訥天)^{三}}{天^{二}彳天}=丅\frac{二(訥天)^{二}}{天^{三}}丄\frac{二}{三}禾\frac{(訥天)^{二}}{天^{二}彳天}$ 再令 $卯=二$ 從坤式得 $禾\frac{(訥天)^{二}}{天^{二}彳天}=丅\frac{訥天}{天^{三}}丄三禾\frac{訥天}{天^{二}彳天}$ 所以得 $禾\frac{(訥天)^{三}}{天^{二}彳天}=丅\frac{二(訥天)^{二}}{天^{三}}丅\frac{二訥天}{三天^{三}}丄\frac{二}{九}禾\frac{訥天}{天^{二}彳天}$ 其末項之 $\frac{訥天}{天^{二}彳天}$ 可用前法變作 $\frac{訥人}{彳人}$ 化爲級數，每項依乾式法，求其積分。

指函數微分求積分法

指函數之公微分式，如 $天^{卯}甲^{天}彳天$ 其卯無論爲正爲負、爲整爲分均合，則分其式爲 $戌=卯$、$彳亥=甲^{天}彳天$ 則 $彳戌=卯天^{卯丅一}彳天$ 欲求其 $甲^{天}彳天$ 積分，可依指函數求微分法 $彳甲^{天}=訥甲\,甲^{天}彳天$ 所以其積分式爲 $禾甲^{天}彳天=\frac{訥甲}{甲^{天}}$ 即 $亥=\frac{訥甲}{甲^{天}}$ 將此各數從 $禾戌彳亥=戌亥丅禾亥彳戌$ (子) 得 $禾甲^{天}天^{卯}彳天=\frac{訥甲}{甲^{天}天^{卯}}丅\frac{訥甲}{卯}禾甲^{天}天^{卯丅一}彳天$ (坎) 若遞變之，得

$$禾甲^{天}天^{卯}彳天=甲^{天}\left[\frac{訥甲}{天^{卯}}丅\frac{(訥甲)^{二}}{卯天^{卯丅一}}丄\frac{(訥甲)^{二}}{卯(卯丅一)天^{卯丅二}}丅\cdots\frac{丄}{丅}\frac{(訥甲)^{卯丄一}}{二\cdot三\cdots卯}\right]丄呐$$

(甲) 此坎式爲指函數微分求積分法之第一箇公式。

又觀甲式可知，卯若爲正整之數者，則其積分必有盡界。若爲負數或分數者，則其積分必至無窮。

如卯爲負數，則 $\frac{天^{卯}}{甲^{天}彳天}$ 可分作 $戌=甲^{天}$、$彳亥=\frac{天^{卯}}{彳天}$ 則 $彳戌=訥甲\,甲^{天}彳天$、$亥=丅\frac{(卯丅一)天^{卯丅一}}{一}$ 從吁式得 $禾\frac{天^{卯}}{甲^{天}彳天}=丅\frac{(卯丅一)天^{卯丅一}}{甲^{天}}丄\frac{卯丅一}{訥甲}禾\frac{天^{卯丅一}}{甲^{天}彳天}$ (艮) 此爲指函數微分求積分法之第二箇式。惟此式之卯不能等于一。

如 $卯=一$ 之 $\frac{天}{甲^{天}彳天}$ 可令 $甲^{天}=人$ 則 $天訥甲=訥人$ 而 $天=\frac{訥甲}{訥人}$、$彳天=\frac{訥甲}{一}\times\frac{人}{彳人}$ 變爲 $\frac{天}{甲^{天}彳天}=\frac{訥甲}{一}\times\frac{訥人}{彳人}$ 乃化爲級數。每項依前篇對函數積分乾式之例，求其積分。

清·陳志堅《微積闡詳》卷四 積分一

第一款

設題一 今有自變數天，其變與他變數二率之比若一與 $\frac{乙}{甲}天^{二}$ 之比，求他數之同數式若何。答式 $\frac{三乙}{甲天^{三}}丄呐$

命所求數爲戊，有比例 $彳天∶彳戊∷一∶\frac{乙}{甲}天^{二}$ 故 $彳戊＝\frac{乙}{甲}天^{二}彳天$ 準前例即 $戊＝\frac{三乙}{甲天^{三}}丄哂$

設題二 今有式 $\frac{\sqrt{天}}{彳天}$ 即 $天^{丅\frac{一}{二}}彳天$ 求其積分若干。惟 $彳天∶彳戊∷一∶天^{丅\frac{一}{二}}$ 即 $彳戊＝天^{丅\frac{一}{二}}彳天$ 即 $戊＝二天^{\frac{一}{二}}丄哂$ 爲答式。

設題三 今有式 $\frac{天^{三}}{彳天}$ 即 $天^{丅三}彳天$ 求其積分若干。惟 $彳天∶彳戊∷一∶天^{丅三}$ 即 $彳戊＝天^{丅三}彳天$ 即 $戊＝丅\frac{二}{天^{丅二}}＝丅\frac{二天^{二}}{一}丄哂$ 爲答式。

設題四 今有式 $甲天^{二}彳天丄\frac{二\sqrt{天}}{彳天}$ 即 $甲天^{二}彳天丄\frac{二}{一}天^{丅\frac{一}{二}}彳天$ 求其積分若干。惟 $彳戊＝(甲天^{二}丄\frac{二}{一}天^{丅\frac{一}{二}})彳天$ 即 $戊＝\frac{三}{甲天^{三}}丄天^{\frac{一}{二}}丄哂$ 爲答式。

設題五 今有正方形，其邊平變大每秒增十分寸之一。當面積一秒中變大比例爲一方寸，求其面積若干。答曰：二十五方寸。

準題 $彳天＝\frac{一〇}{一}$，$彳戊＝一$ 惟其爲正方形，知微分式爲 $彳戊＝二天彳天$ 即 $禾彳戊＝禾二天彳天$ 即 $戊＝天^{二}$ 惟 $\frac{彳天}{彳戊}＝一〇＝二天$ 即 $五＝天$ 而 $二五＝天^{二}$

第二款

設題一 今有 $\frac{甲丄乙天^{二}}{二乙天彳天}$ 求其積分若干。答式 $訥(甲丄乙天^{二})丄哂$

依款 $二乙天彳天$ 乃 $一×乙天^{二}$ 之微分，故其積分爲 $一×訥(甲丄乙天^{二})$ 即得答式。

設題二 今有 $\frac{天^{三}}{甲天^{二}彳天}$ 求其積分若干。答式 $甲\frac{三}{訥天^{三}}丄哂$

依款 $甲天^{二}彳天$ 乃 $\frac{三}{甲}×彳[天^{三}]$ 故其積分爲 $甲×\frac{三}{訥天^{三}}$ 即得答式。

第三款

設題一 今有 $(甲丄乙天)^{二}彳天$ 求其積分若干。

法以括弧中之數自乘所得各項，俱以彳天乘之，得 $甲^{二}彳天丄二甲乙天彳天丄乙^{二}天^{二}彳天$ 各求其積分得 $甲^{二}天丄甲乙天^{二}丄\frac{三}{乙^{二}}天^{三}丄哂$ 即積分也。

設題二 今有 $(五丄七天^{二})^{二}彳天$ 求其積分若干。

法以括弧中數自乘得數，各以彳天乘得 $二五彳天丄七〇天^{二}彳天丄四九天^{四}彳天$ 各求積分，得 $二五天丄\frac{三}{七〇天^{三}}丄\frac{五}{四九天^{五}}丄哂$ 即積分也。原答有誤。

設題三 今有 $(甲丄三天^{二})^{三}彳天$ 求其積分若干。

準前法求之，得 $甲^{三}彳天丄九甲^{二}天^{二}彳天丄二七甲天^{四}彳天丄二七天^{六}彳天$ 即得積分 $甲^{三}天丄三甲^{二}天^{三}丄\frac{五}{二七甲天^{五}}丄\frac{七}{二七天^{七}}丄哂$ 原答有誤。

第四款

設題一 今有 $(甲丄三天^{二})^{二}六天彳天$ 求其積分若干。答式 $\frac{三}{(甲丄三天^{二})^{三}}丄哂$

依款 $六天彳天$ 乃 $三天^{二}$ 之微分，以一增括弧外之指數，即 $(甲丄三天^{二})^{三}$ 以新指數三乘 $六天彳天$ 約之即得 $\frac{三}{(甲丄三天^{二})^{三}}$ 故得答式。

設題二 今有 $(天丄甲天)^{\frac{一}{二}}(彳天丄甲彳天)$ 求其積分若干。答式 $\frac{三}{二}(天丄甲天)^{\frac{二}{三}}丄哂$

依款 $彳天丄甲彳天$ 乃 $天丄甲天$ 之微分，以一增括弧外之指數，即 $(天丄甲天)^{\frac{二}{三}}$ 以新指數 $\frac{二}{三}$ 乘 $彳天丄甲彳天$ 約之即得 $\frac{三}{二}(天丄甲天)^{\frac{二}{三}}$ 故得答式。

設題三 今有 $(甲天丄乙天^{二})^{\frac{二}{三}}(甲丄二乙天)彳天$ 求其積分若干。答式 $\frac{四}{三}(甲天丄乙天^{二})^{\frac{三}{四}}丄哂$

依款 $(甲丄二乙天)彳天$ 乃 $(甲天丄乙天^{二})$ 之微分，以一增括弧外之

指數，即　(甲天⊥乙天二)四　以新指數　三/四　乘　(甲⊥二乙天)徔　約之即得　四/三(甲天⊥乙天二)三四　故得答式。

第五款

設題一　今有　彶＝(甲⊥三天二)三天徔　求其積分若干。答式　二四/(甲⊥三天二)四⊥呙

依法置　地＝甲⊥三天二　其微分式　徙＝六天徔　即　六/徙＝天徔　即　彶＝六/地三徙　而　戊＝二四/地四＝二四/(甲⊥三天二)四⊥呙　即答式。

設題二　今有　彶＝(甲⊥乙天二)三寅天徔　求其積分若干。答式　三乙/寅(甲⊥乙天二)三⊥呙

法置　地＝(甲⊥乙天二)　其微分式　徙＝二乙天徔　即　天徔＝二乙/徙　即　彶＝二乙/寅地三徙　而　戊＝三乙/寅(甲⊥乙天二)三⊥呙　即答式。

設題三　今有　彶＝√(甲二⊥天二)/天徔　求積分。

法置　地＝(甲二⊥天二)　即　徙＝二天徔，二/徙＝天徔　即　彶＝二地三/徙　而　戊＝地三　即　戊＝(甲二⊥天二)三⊥呙　即答式。

設題四　今有天元每秒中增大一寸，其變之比率爲　√(二天⊥天二/一⊥天)　求其原式若何。答曰：原式　√(二天⊥天二)⊥呙

準題　徔：彶：：一：√(二天⊥天二)/一⊥天　即　彶＝√(二天⊥天二)/徔(一⊥天)　亦令　地＝(二天⊥天二)　即　徙＝二徔⊥二天徔＝二(一⊥天)徔　即　二/徙＝(一⊥天)徔　即　彶＝二/地丅三徙　而　戊＝地三　即　戊＝√(二天⊥天二)⊥呙

爲答式。

第六款

設題一　今有呷叱呙句股形，求面積有常數否。

命句爲天，股爲　卯天　則面積爲　一/二卯天二　其微分爲　卯天徔　求　卯天徔　之積分爲　禾卯天徔＝一/二卯天二⊥呙　即呷叱呙句股形之面積。攷圖句天及面積同起於呷點，故　天＝○　積亦等於○，即　一/二卯天二⊥呙　等於○。所以　呙＝○　無常數也。

設題二　今有戌叮、㖟吧二垂綫間之四邊形戌叮吧㖟，求其面積有常數否。法：先求呷叮戌句股形之面積，設天等於呷叮，而命爲甲；命叮戌爲卯甲，則呷叮戌之面積爲　一/二卯甲二⊥呙　次求呷吧㖟之面積。設天等於呷吧，而命爲乙；命吧㖟爲　卯乙　則呷吧㖟之面積爲　一/二卯乙二⊥呙　以前式減後式得戌叮吧㖟四邊形之面積　一/二卯(乙二丅甲二)　無常數也。

故自變數連用二同數求得相似大小二積數之較，則常數呙可消去。如上題自變數先等於甲，後等於乙，以其二積數相減，取其較數是也。是謂求　天＝甲、天＝乙　二數之較積法，依此法作式，另有記號爲　禾乙甲　如

禾乙甲卯天徔＝一/卯乙二丅卯甲二＝一/二卯(乙二丅甲二)

設題三　今有　禾乙甲三天二徔　求其積分，且作式明之。若　甲＝四、乙＝六　其同數若干。

此式之積分爲　天三⊥呙　天＝甲　則爲　甲三⊥呙　天＝乙　則爲　乙三⊥呙　相減得　乙三丅甲三　則得　二一六丅六四　等於　一五二　即積分之同數也。

設題四　今有　禾乙甲二/周天二徔　求其積分，且作式明之。若　甲＝四、乙＝六　其同數若干。

此式之積分爲 $\frac{六}{二周}天^{三}$丄呐　若　天＝四　則得 $\frac{六}{六四周}$丄呐　若　天＝六　則得　三六周丄呐　相減得 $\left(三六丅\frac{六}{六四}\right)周=\frac{六}{一五二周}$　即積分之同數也。

設題五　今有　禾$\frac{甲}{乙}$二(戊丄天)彳天　若　甲＝一〇、乙＝二〇、戊＝四　求此式之同數若干，并作式明之。

此式之積分爲　二戊天丄天^{二}丄呐　即　八天丄天^{二}丄呐　若　天＝一〇　即　一八〇丄呐　若　天＝二〇　即　五六〇丄呐　相減　五六〇丅一八〇＝三八〇　即同數也。

第七款

設題一　今有 $\frac{一丄天}{彳天}$　試求其積分。

準合名法 $\frac{一丄天}{一}$ 即 $(一丄天)^{丅一}$＝一丅天丄天^{二}丅天^{三}丄天^{四}丅…

以彳天徧乘　彳天丅天彳天丄天^{二}彳天丅天^{三}彳天丄天^{四}彳天丅　…各求積分即　禾$\frac{一丄天}{彳天}$等於　天丅$\frac{二}{天^{二}}$丄$\frac{三}{天^{三}}$丅$\frac{四}{天^{四}}$丄…丄呐　即積分也。

證法：令　天＝．六、呐＝〇　則并諸正級減諸負級得．四七〇〇三六三　惟　$\frac{一丄天}{彳天}$　爲　一丄天　之訥對微分，故設數如前，即上各級之和數等於　訥(一．六)

設題二　今有 $\frac{一丄天^{二}}{彳天}$　試求其積分。

準合名法，即　$(一丅天^{二})^{丅一}$＝一丅天^{二}丄天^{四}丅天^{六}丄　…故

$\frac{一丄天^{二}}{彳天}$＝彳天丅天^{二}彳天丄天^{四}彳天丅天^{六}彳天丄…　巨　禾$\frac{一丄天^{二}}{彳天}$＝天丅$\frac{三}{天^{三}}$丄$\frac{五}{天^{五}}$丅$\frac{七}{天^{七}}$丄…丄呐　即積分也。

證法：令　天＝．五、呐＝〇　則諸正負并減得．四六三六四六三　惟　$\frac{一丄天^{二}}{彳天}$　爲以天爲正切之弧微分式，故設數如前，即上各級之和數等於正切^{丅一}．五　即　二六°三′三五″四　之弧。

設題三　今有 $\frac{(甲丅天)^{二}}{彳天}$　試求其積分。

依法 $\frac{(甲丅天)^{二}}{一}$＝$\frac{甲^{二}}{一}$丅$\frac{二甲^{三}}{天}$丄$\frac{三甲^{四}}{天^{二}}$丅$\frac{四甲^{五}}{天^{三}}$丄…　故

$\frac{(甲丅天)^{二}}{彳天}$＝$\frac{甲^{二}}{彳天}$丅$\frac{二甲^{三}}{天彳天}$丄$\frac{三甲^{四}}{天^{二}彳天}$丅$\frac{四甲^{五}}{天^{三}彳天}$丄…　巨　禾$\frac{(甲丅天)^{二}}{彳天}$＝$\frac{甲^{二}}{天}$丅$\frac{四甲^{三}}{天^{二}}$丄$\frac{九甲^{四}}{天^{三}}$丅$\frac{一六甲^{五}}{天^{四}}$丄…丄呐　即積分也。

設題四　今有 $\frac{\sqrt{一丅天^{二}}}{彳天}$　試求其積分。

依法 $\frac{\sqrt{一丅天^{二}}}{一}$＝一丄$\frac{二}{一}$天^{二}丄$\frac{二・四}{一・三}$天^{四}丄$\frac{二・四・六}{一・三・五}$天^{六}丄…

故得　禾$\frac{\sqrt{一丅天^{二}}}{彳天}$＝天丄$\frac{二・三}{一天^{三}}$丄$\frac{二・四・五}{一・三・天^{五}}$丄$\frac{二・四・六・七}{一・三・五・天^{七}}$丄$\frac{二・四・六・八・九}{一・三・五・七天^{九}}$丄…　即積分也。

證法：令　天＝．五、呐＝〇　則諸正級得．五二三五九八八　惟　$\frac{\sqrt{一丅天^{二}}}{彳天}$　爲以天爲正弦之弧微分式，故設數如前，即上各級之和數等於正弦^{丅一}．五　即　正弦三〇°　之弧。

第八款

設題一　今有弧一段，已知正弦等於．六，求弧度若干。

如題　人＝正弦^{丅一}．六　用上款級數設題四。求積分法求之，得　人＝．六四三五〇二八　即　三六°五二′一二″　即　正弦＝．六　之弧。

第九款

設題一求正弦弧微分之積分。　今有　彳人＝$\frac{\sqrt{四丅地^{二}}}{彳地}$　求其積分若干。

答曰：　人＝正弦$^{丅一}\frac{二}{地}$

準前例，令　亥＝$\frac{二}{地}$　即　二亥＝地、二彳亥＝彳地　即　$\sqrt{四丅地^{二}}$＝

二$\sqrt{一丅亥^{二}}$ 用此二同數於題式中，則得 $彳人=\frac{\sqrt{一丅亥^{二}}}{彳亥}$ 故 人＝正弦^{丅一}亥 即 人＝正弦$^{丅一}\frac{一}{地}$

設題二求餘弦弧微分之積分。 設命餘弦爲地′，則得 $彳人=\frac{\sqrt{一丅地'^{二}}}{丅彳地'}$ 故 $禾\frac{\sqrt{一丅地'^{二}}}{丅彳地'}=人丄昞$ 設弧從初度起滿一象限，則餘弦爲〇，弧爲 $\frac{一}{二}$周 故 地′＝〇 則式之左邊等於 $\frac{一}{二}$周 所以昞等於〇，而全積分 $禾\frac{\sqrt{一丅地'^{二}}}{丅彳地'}$ 等於餘弦地′之弧。

凡式如 $彳人=\frac{\sqrt{甲^{二}丅地'^{二}}}{丅彳地'}$ 可如前用助變數求其積分，得人等於餘弦$\frac{甲}{地'}$之弧。

設題三求正切餘切弧微分之積分。 設命正切爲酉，則得 $彳人=\frac{一丄酉^{二}}{彳酉}$ 所以 $禾\frac{一丄酉^{二}}{彳酉}=人丄昞$

若弧從初度起 人＝〇 則 $禾\frac{一丄酉^{二}}{彳酉}=〇$ 故 昞＝〇 而全積分 $禾\frac{一丄酉^{二}}{彳酉}$ 等於正切酉之弧。如命餘切爲酉′，以同理得弧微分之積分式 $禾\frac{一丄酉'^{二}}{丅彳酉'}=餘切^{丅一}酉'$

設題四 今有式 $彳人=\frac{甲^{二}丄酉^{二}}{彳酉}$ 求積分可用助變數推之。

法置 $亥=\frac{甲}{酉}$ 即 酉＝甲亥 而 彳酉＝甲彳亥 即 $彳人=\frac{甲(一丄亥^{二})}{彳亥}$ 故 $人=\frac{甲}{一}正切^{丅一}亥$ 即 $人=\frac{甲}{一}正切^{丅一}\frac{甲}{酉}$

設題五求正矢大矢弧微分之積分。 設命正矢爲天，則得 $彳人=\frac{\sqrt{二天丅天^{二}}}{彳天}$ 所以 $禾\frac{\sqrt{二天丅天^{二}}}{彳天}=人丄昞$

若弧從初度起 人＝〇 即 $禾\frac{\sqrt{二天丅天^{二}}}{彳天}=〇$ 故 昞＝〇 而全積分 $禾\frac{\sqrt{二天丅天^{二}}}{彳天}$ 等於正矢天之弧。如命大矢爲天′，以同理得弧微分之積分式 $禾\frac{\sqrt{二天'丅天'^{二}}}{彳天'}=大矢^{丅一}天'$

設題六求正割餘割弧微分之積分。 若命正割爲亥，則得 $彳人=\frac{亥\sqrt{亥^{二}丅一}}{彳亥}$

如前理 $禾\frac{亥\sqrt{亥^{二}丅一}}{彳亥}=人丄昞$ 惟 人＝〇 即 亥＝一 即 $禾\frac{亥\sqrt{亥^{二}丅一}}{彳亥}=〇$ 故 昞＝〇 而全積分 $禾\frac{亥\sqrt{亥^{二}丅一}}{彳亥}=$正割^{丅一}亥 如命餘割爲亥′，即 $彳人=\frac{亥'\sqrt{亥'^{二}丅一}}{丅彳亥'}$ 即 $禾\frac{亥'\sqrt{亥'^{二}丅一}}{丅彳亥'}=人丄昞$ 依前 昞＝〇 即全積分等於 餘割^{丅一}亥′

第十款

設題一 今有式 $\frac{正弦天}{彳天}$ 欲求其積分。

惟 戌＝訥(正切天)《溯源》二十五款。其微分式爲 $\frac{正弦二天}{二彳天}$ 以 $\frac{一}{二}$天 代其天，即知 戌＝訥$\left(正切\frac{一}{二}天\right)$ 其微分式爲 $\frac{正弦天}{彳天}$ 即 $禾\frac{正弦天}{彳天}=訥\left(正切\frac{一}{二}天\right)$ 惟 正切$\frac{一}{二}$天$=\frac{一丄餘弦天}{正弦天}$ 故亦爲 $禾\frac{正弦天}{彳天}=訥\left(\frac{一丄餘弦天}{正弦天}\right)丄昞$

設題二 今有式 $\frac{餘弦天}{彳天}$ 欲求其積分。

以 $\frac{一}{二}$周 代九十度之弧，令 天＝$\frac{一}{二}$周丅人 則其 彳天＝丅彳人 又

餘弦天＝正弦人　故　$禾\frac{餘弦天}{彳天}=禾\frac{正弦人}{丅彳人}=丅訥\left(正切\frac{二}{一}人\right)=訥\left(\frac{正切\frac{二}{一}人}{一}\right)$

惟　$\frac{正切\frac{二}{一}人}{一}=餘切\frac{二}{一}人=正切\left(\frac{四}{一}周丄\frac{二}{一}天\right)$　所以得　$禾\frac{餘弦天}{彳天}=$

$訥\left[正切\left(\frac{四}{一}周丄\frac{二}{一}天\right)\right]丄呬$

設題三　今有式　$\frac{正切天}{彳天}$　欲求其積分。

惟因　$禾\frac{正切天}{彳天}=禾\frac{正弦天}{彳天餘弦天}$　而　$彳天餘弦天=彳(正弦天)$　依對數微分例，二卷三款。係　$禾\frac{彳戊}{戊}=訥戊$　故　$\frac{正弦天}{彳(正弦天)}=訥(正弦天)$　所以

$禾\frac{正切天}{彳天}=訥(正弦天)丄呬$

設題四　今有式　彳天正切天　欲求其積分。

因　$禾彳天正切天=禾\frac{餘弦天}{彳天正弦天}$　而　$彳天正弦天=丅彳(餘弦天)$　依前例

$\frac{餘弦天}{丅彳(餘弦天)}=丅訥(餘弦天)=訥\left(\frac{餘弦天}{一}\right)$　所以　$禾彳天正切天=$

$訥\left(\frac{餘弦天}{一}\right)丄呬$

又　第十二款

設題一　今有　$彳戊=天^{二}(甲丄乙天^{三})^{二}彳天$　此式詳之　$彳戊=甲^{二}天^{二}彳天$

$丄二甲乙天^{五}彳天丄乙^{二}天^{八}彳天$　每項各求積分，即　$戊=\frac{三}{甲^{二}天^{三}}丄\frac{三}{甲乙天^{六}}$

$丄\frac{九}{乙^{二}天^{九}}丄呬$　即所求積分也。

設題二　今有　$彳戊=天^{三}(甲丄乙天^{二})^{三}彳天$　詳之求積分。如前得

$戊=\frac{四}{甲^{三}天^{四}}丄\frac{六}{三甲^{二}乙天^{六}}丄\frac{八}{三甲乙^{二}天^{八}}丄\frac{一〇}{乙^{三}天^{一〇}}丄呬$　即所求積分也。

第十三款

設題一　今有　$彳戊=天^{三}(甲丄乙天^{二})^{\frac{二}{三}}彳天$　求其積分。

令　$甲丄乙天^{二}=人^{二}$　即　$(甲丄乙天^{二})^{\frac{二}{三}}=人^{三}$㊀　$天^{二}=\frac{乙}{人^{二}丅甲}$

㊁　$天彳天=\frac{乙}{人彳人}$㊂　以一、二、三三式連乘，得　$天^{三}(甲丄乙天^{二})^{\frac{二}{三}}彳天=$

$人^{四}\frac{乙}{(人^{二}丅甲)}彳人$　故　$戊=\frac{七乙^{二}}{人^{七}}丅\frac{五乙^{二}}{甲人^{五}}丄呬$　以人之原同數代之，得

$戊=\frac{七乙^{二}}{(甲丄乙天^{二})^{\frac{二}{七}}}丅\frac{五乙^{二}}{甲(甲丄乙天^{二})^{\frac{二}{五}}}丄呬$　即積分也。

設題二　今有　$彳戊=天^{五}(甲丄乙天^{二})^{\frac{二}{一}}彳天$　求其積分。

令　$甲丄乙天^{二}=人^{二}$　即　$(甲丄乙天^{二})^{\frac{二}{一}}=人$㊀　即　$天^{四}=$

$\frac{乙^{二}}{人^{四}丄甲^{二}丅二甲人^{二}}$㊁　$天彳天=\frac{乙}{人彳人}$㊂　亦三式連乘得

$彳戊=\frac{乙^{三}}{人^{六}彳人丅二甲人^{四}彳人丄甲^{二}人^{二}彳人}$　故　$戊=\frac{七乙^{三}}{人^{七}}丅\frac{五乙^{三}}{二甲人^{五}}丄$

$\frac{三乙^{三}}{甲^{二}人^{三}}丄呬$　以人之原同數代還，即　$戊=\frac{七乙^{三}}{(甲丄乙天^{二})^{\frac{二}{七}}}丅$

$\frac{五乙^{三}}{二甲(甲丄乙天^{二})^{\frac{二}{五}}}丄\frac{三乙^{三}}{甲^{二}(甲丄乙天^{二})^{\frac{二}{三}}}丄呬$　即積分也。

設題三　今有　$彳戊=天^{五}(甲^{二}丄天^{二})^{丅一}彳天$　求其積分。

令　$甲^{二}丄天^{二}=人$　即　$(甲^{二}丄天^{二})^{丅一}=\frac{人}{一}$㊀　$天^{二}=人丅甲^{二}$㊁

又　$天彳天=\frac{二}{彳人}$㊂　亦三式連乘得　$彳戊=\frac{二}{人彳人}丅甲^{二}彳人丄\frac{二人}{甲^{四}彳人}$　準前例，

$禾\frac{人}{彳人}=訥人$　故　$戊=\frac{四}{人^{二}}丅甲^{二}人丄\frac{二}{甲^{四}}訥人丄呬$　即

$戊=\left(\frac{二}{甲^{二}丄天^{二}}\right)^{二}丅甲^{二}(甲^{二}丄天^{二})丄\frac{二}{甲^{四}}訥(甲^{二}丄天^{二})丄呬$　即積分也。

第十四款

設題一　今有　$彳戊=甲(一丄天^{二})^{丅\frac{二}{三}}彳天$　求其積分。

令 $亥^{二}天^{二}=(一\perp天^{二})$ 即 $(一\perp天^{二})^{\top\frac{一}{二}}=亥^{\top三}天^{\top三}$ ㊀ 又 $天^{二}=\frac{亥^{二}\top一}{一}$ (甲) 又依分數微分法 $二天彳天=\frac{(亥^{二}\top一)^{二}}{\top二亥彳亥}$ 故 $彳天=\frac{天(亥^{二}\top二)^{二}}{\top亥彳亥}$ ㊁ 又依甲式變之，即 $一=天^{四}(亥^{二}\top一)^{二}$ ㊂ 乃以一、二、三連乘，復以甲乘得 $彳戌=甲(一\perp天^{二})^{\top\frac{三}{二}}彳天=\top\frac{亥^{二}}{甲彳亥}$ 所以 $戌=\frac{亥}{甲}$

即 $=\frac{\sqrt{一\perp天^{二}}}{甲天}\perp丙$

設題二 今有 $彳戌=天^{\top四}(一\top天^{二})^{\top\frac{三}{二}}彳天$ 求其積分。

令 $亥^{二}天^{二}=一\top天^{二}$ 即 $(亥^{二}\perp一)天=一$ 即 $\frac{天^{二}}{一}=亥^{二}\perp一$ 即 $天^{\top二}=亥^{二}\perp一$ ㊀ 又 $天=(亥^{二}\perp一)^{\top\frac{一}{二}}$ 故 $彳天=\top(亥^{二}\perp一)^{\top\frac{三}{二}}亥彳亥$ ㊁ 又 $(一\top天^{二})^{\top\frac{三}{二}}=\frac{亥天}{一}=\frac{亥}{(亥^{二}\perp一)^{\frac{一}{二}}}$ ㊂ 三式連乘得 $彳戌=天^{\top四}(一\top天^{二})^{\top\frac{三}{二}}彳天=\top(亥^{二}\perp一)彳亥$ 即 $戌=\top\frac{三}{亥^{三}}\top亥=\top\frac{二}{亥(亥^{二}\perp三)}$

惟 $亥^{二}\perp三=\frac{天^{二}}{一\perp二天^{二}}$、$\frac{三}{亥}=\frac{三天}{\sqrt{一\top天^{二}}}$ 即

$戌=\top\frac{三天^{三}}{一\perp二天^{二}}\sqrt{一\top天^{二}}\perp丙$ 即積分也。

設題三 今有 $彳呋_{〇}=彳天(甲^{二}\perp天^{二})^{\top\frac{一}{二}}$ 即 $\frac{\sqrt{甲^{二}\perp天^{二}}}{彳天}$ 求其積分。

令 $亥=天\perp\sqrt{甲^{二}\perp天^{二}}$ 即 $彳亥=彳天\perp\frac{\sqrt{甲^{二}\perp天^{三}}}{天彳天}=\frac{\sqrt{甲^{二}\perp天^{二}}}{天\perp\sqrt{甲^{二}\perp天^{二}}}彳天$

故 $\frac{亥}{彳亥}=\frac{\sqrt{甲^{二}\perp天^{二}}}{彳天}$ 所以 $呋_{〇}=禾\frac{\sqrt{甲^{二}\perp天^{二}}}{彳天}=禾\frac{亥}{彳亥}=訥亥$ 二卷三款系以亥之原同數代還，即 $呋_{〇}=訥(天\perp\sqrt{甲^{二}\perp天^{二}})$ 即積分也。

設題四 今有 $彳呋_{二}=\frac{\sqrt{甲^{二}\perp天^{二}}}{天^{二}彳天}$ 求其積分。

令 $亥=(甲^{二}天^{二}\perp天^{四})^{\frac{一}{二}}$ 即 $彳亥=\frac{(甲^{二}天^{二}\perp天^{四})^{\frac{一}{二}}}{甲^{二}天彳天\perp二天^{三}彳天}$ (乙) 惟依前題，即 $彳呋_{〇}=\frac{(甲^{二}\perp天^{二})^{\frac{一}{二}}}{彳天}$ 依本題，即 $彳呋_{二}=\frac{(甲^{二}\perp天^{二})^{\frac{一}{二}}}{天彳天}$ 各用代入亥式，即 $彳亥=甲^{二}彳呋_{〇}\perp二彳呋$ 式中之呋與前題同。所以 $彳呋_{二}=\frac{二}{彳亥}\top\frac{二}{甲^{二}彳呋_{〇}}$ 而 $呋_{二}=\frac{二}{亥}\top\frac{二}{甲^{二}呋_{〇}}$ 即 $呋_{二}=\frac{二}{天}(甲^{二}\perp天^{二})^{\frac{一}{二}}\top\frac{二}{甲}訥(天\perp\sqrt{甲^{二}\perp天^{二}})$ 即積分也。

第十五款

設題一 今有 $彳呋_{〇}=\frac{\sqrt{甲^{二}\top天^{二}}}{甲彳天}$ 求其積分。

已別得 $\frac{\sqrt{味^{二}\top地^{二}}}{味彳地}$ 爲弧綫之微分，味爲半徑，地爲正弦，故彳呋〇亦爲弧綫微分，呋〇爲弧綫，甲爲半徑，天爲正弦。

設題二 今有 $彳呋_{二}=\frac{\sqrt{甲^{二}\top天^{二}}}{天^{二}彳天}$ 求其積分。

以二代甲式中之寅，則得 $呋_{二}=\frac{二}{甲^{二}}呋_{〇}\top\frac{二}{天}\sqrt{甲^{二}\top天^{二}}$ 即積分也。其呋〇與前題同，故得 $呋_{二}=\frac{二}{甲^{二}}正弦^{\top一}天\top\frac{二}{天}\sqrt{甲^{二}\top天^{二}}$

設題三 今有 $彳呋_{四}=\frac{\sqrt{甲^{二}\top天^{二}}}{天^{四}彳天}$ 求其積分。

以四代甲式中之寅，則得 $呋_{四}=\frac{四}{三甲^{二}}呋_{二}\top\frac{四}{天^{三}}\sqrt{甲^{二}\top天^{三}}$ 即積分也。其呋二與前題同，故得 $呋_{四}=\frac{四}{三甲^{二}}\left(\frac{二}{甲^{二}}正弦^{\top一}天\top\frac{二}{天}\sqrt{甲^{二}\top天^{二}}\right)\top\frac{四}{天^{三}}\sqrt{甲^{二}\top天^{二}}$ 彳呋六、彳呋八……準此推之。

第十六款

設題一 今有 $彳呋_{四}=\frac{\sqrt{甲^{二}\perp天^{二}}}{天^{四}彳天}$ 求其積分。

以四代乙術式中之寅，得 $呋_{四}=\frac{四}{天^{三}}\sqrt{甲^{二}\perp天^{二}}\top\frac{四}{三甲^{二}}禾\frac{\sqrt{甲^{二}\perp天^{二}}}{天^{二}彳天}$ 即積分也。惟式中 $禾\frac{\sqrt{甲^{二}\perp天^{二}}}{天^{二}彳天}=\frac{二}{天}(甲^{二}\perp天^{二})^{\frac{一}{二}}\top\frac{二}{甲^{二}}訥[天\perp(甲^{二}\perp$

$天^{二})^{\frac{三}{二}}]$ 本卷十四款設題四。故得 $呋_{四}=\frac{四}{天^{三}}(甲^{二}丄天^{二})^{\frac{三}{二}}丅$

$\frac{四}{三甲^{二}}\left\{\frac{三}{天}\sqrt{甲^{二}丄天^{二}}丅\frac{二}{甲^{二}}訥(天丄\sqrt{甲^{二}丄天^{二}})\right\}$

第十七款

設題一 今有 $彳呋_{○}=\frac{\sqrt{二甲天丅天^{二}}}{甲彳天}$ 求其積分。

已別得 $\frac{\sqrt{二味天丅天^{二}}}{味彳天}$ 爲弧之微分，味爲半徑，天爲正矢，故彳呋○亦爲弧之微分，呋○爲弧，甲爲半徑，天爲正矢。按：式既爲彳呋○，當以○代丙式中之寅，寅既爲○，即右邊宜消盡而左邊變爲 $禾\frac{\sqrt{二甲天丅天^{二}}}{甲彳天}$ 即呋等於正矢天之弧，即正矢^{丅一}天

設題二 今有 $彳呋_{一}=\frac{\sqrt{二甲天丅天^{二}}}{天彳天}$ 求其積分。

以一代丙術式中之寅，則得 $呋_{一}=呋_{○}丅\sqrt{二甲天丅天^{二}}$ 即積分也。其呋○與前題同。

設題三 今有 $彳呋_{二}=\frac{\sqrt{二甲天丅天^{二}}}{天^{二}彳天}$ 求其積分。

以二代丙術式中之寅，則得 $呋_{二}=\frac{二}{三甲}呋_{一}丅\frac{二}{天}\sqrt{二甲天丅天^{二}}$ 即積分也。其呋$_{一}$與前題同，其呋$_{三}$、呋$_{四}$…可以類推。準丙術合名式 $禾\frac{\sqrt{二甲天丅天^{二}}}{天^{寅}彳天}$ 之微分可化爲 $禾\frac{\sqrt{二甲天丅天^{二}}}{天^{寅丅一}彳天}$ 之微分，而 $禾\frac{\sqrt{二甲天丅天^{二}}}{天^{寅丅一}彳天}$ 又可化爲 $禾\frac{\sqrt{二甲天丅天^{二}}}{天^{寅丅二}彳天}$ 之微分。如此遞推至於寅次，若寅爲整數，則積數可藉 $禾\frac{\sqrt{二甲天丅天^{二}}}{彳天}$ 而得，因 $禾\frac{\sqrt{二甲天丅天^{二}}}{彳天}$ 乃正矢$\frac{甲}{天}$之弧也。

第十八款

設題一 今有 $\frac{\sqrt{二甲天丅天^{二}}}{天^{\frac{三}{二}}彳天}$ 求其積分。

則以 $\frac{三}{二}$ 代式中寅得 $禾\frac{\sqrt{二甲天丅天^{二}}}{天^{\frac{三}{二}}彳天}=\frac{三}{四甲}禾\frac{\sqrt{二甲天丅天^{二}}}{天^{\frac{一}{二}}彳天}$ $丅\frac{三}{二天^{\frac{三}{二}}}\sqrt{二甲天丅天^{二}}$ 惟 $\frac{\sqrt{二甲天丅天^{二}}}{天^{\frac{一}{二}}彳天}=\frac{\sqrt{二甲丅天}}{彳天}$ 而 $禾\frac{\sqrt{二甲丅天}}{彳天}=丅二\sqrt{二甲丅天}$ 故 $禾\frac{\sqrt{二甲天丅天^{二}}}{天^{\frac{三}{二}}彳天}=$ $丅\frac{三}{八甲}\sqrt{二甲丅天}丅\frac{三}{二天^{\frac{三}{二}}}\sqrt{二甲天丅天^{二}}$ 即積分也。

設題二 今有 $\frac{\sqrt{二甲天丅天^{二}}}{天^{\frac{五}{二}}彳天}$ 求其積分。

則以 $\frac{五}{二}$ 代式中之寅，得 $禾\frac{\sqrt{二甲天丅天^{二}}}{天^{\frac{五}{二}}彳天}=\frac{五}{八甲}禾\frac{\sqrt{二甲天丅天^{二}}}{天^{\frac{三}{二}}彳天}$ $丅\frac{五}{二天^{\frac{五}{二}}}\sqrt{二甲天丅天^{二}}$ 惟 $\frac{\sqrt{二甲天丅天^{二}}}{天^{\frac{三}{二}}彳天}$ 即前題，其積分已知，故用以代入積式即本題之積分也。

第十九款

設題一 今有 $\frac{天^{二}(一丄天^{三})^{\frac{三}{五}}}{彳天}$ 即 $天^{丅二}(一丄天^{三})^{丅\frac{三}{五}}彳天$ 求其積分。

令叱術式中 寅丅卯＝丅二、甲＝一、乙＝一、卯＝三、巳＝丅$\frac{三}{一}$ 則得 $禾天^{丅二}(一丄天^{三})^{丅\frac{三}{五}}彳天$ 等於 $丅天^{丅一}(一丄天^{三})^{\frac{三}{二}}丄禾天(一丄天^{三})^{丅\frac{三}{五}}彳天$ ㉀ 即積分也。式中 $禾天(一丄天^{三})^{丅\frac{三}{五}}彳天$ 其求積分之法另見叮術。設題二。又法乙式中之 $禾天(一丄天^{三})^{丅\frac{三}{五}}彳天$ 據叱術再求積分。令叱術式中寅＝四、寅丅卯＝一、甲＝一、乙＝一、卯＝三、巳＝丅$\frac{三}{一}$ 即 $禾天(一丄天^{三})^{丅\frac{三}{五}}彳天$ 等於 $\frac{二}{天^{二}(彳天^{三})^{\frac{三}{二}}}丅\frac{二}{四}禾天^{四}(一丄天^{三})^{丅\frac{三}{五}}彳天$ 乙二，式中之 $禾天^{四}(一丄天^{三})^{丅\frac{三}{五}}彳天$ 再求積分。令叱式中 寅＝七、寅丅卯＝四、甲＝一、乙＝一、卯＝三、巳＝丅$\frac{三}{一}$ 即 $禾天^{四}(一丄天^{三})^{丅\frac{三}{五}}彳天$ 等

於 $\frac{五}{天^{五}(一丄天^{三})^{\frac{三}{五}}}丅\frac{五}{七}禾天^{七}(一丄天^{二})^{丅\frac{三}{二}}彳天$ 彳乙㊂ 以下準此遞推，乃并

$乙^{一}、乙^{二}、乙^{三}$…各式得 $禾天^{丅二}(一丄天^{二})^{丅\frac{三}{二}}彳天$ 等於 $(丅天^{丅一}丄\frac{二}{天^{三}}丅$

$\frac{二・五}{四天^{五}}丄\frac{五・八}{七天^{八}}丅\frac{八・一一}{一〇・天}丄…)(一丄天^{三})^{\frac{三}{五}}$ 即積分之級數式也。

設題二　今有 $\frac{天^{二}(二丅天^{二})^{\frac{三}{五}}}{彳天}$ 即 $天^{丅二}(二丅天^{二})^{丅\frac{三}{五}}彳天$ 求其積

分。令吃術式中 寅丅卯＝丅二、甲＝二、乙＝丅一、卯＝二、巳＝丅$\frac{二}{三}$ 則

得 $禾天^{丅二}(二丅天^{二})^{丅\frac{二}{三}}彳天＝丅\frac{一}{天^{丅一}(二丅天^{二})^{丅\frac{二}{一}}}禾(一丅天^{二})^{丅\frac{二}{三}}彳天$

[其] $禾(二丅天^{二})^{丅\frac{二}{三}}彳天$ （其）求積分之法另見叮術，設題一。即

$\frac{二}{天}(二丅天^{二})^{丅\frac{二}{一}}$ 故得 $禾天^{丅二}(二丅天^{二})^{丅\frac{二}{三}}彳天＝丅\frac{二}{天^{丅一}(二丅天^{二})^{\frac{二}{一}}}$

$丄\frac{二}{天(二丅天^{二})^{丅\frac{二}{一}}}$ 即積分也。

第二十款

設題一　今有 $彳天\sqrt{甲^{二}丄天^{二}}$ 求其積分。

令丙術中 寅＝〇、甲＝甲^{二}、乙＝一、卯＝二、巳＝$\frac{二}{一}$ 則得

$禾彳天\sqrt{甲^{二}丄天^{二}}＝\frac{二}{天\sqrt{甲^{二}丄天^{二}}}丄\frac{二}{甲^{二}}禾\frac{\sqrt{甲^{二}丄天^{二}}}{彳天}$ 惟 $禾\frac{\sqrt{甲^{二}丄天^{二}}}{彳天}＝$

訥$[天丄\sqrt{甲^{二}丄天^{二}}]$ 本卷十四款設題三。故 $禾彳天\sqrt{甲^{二}丄天^{二}}＝$

$\frac{二}{天\sqrt{甲^{二}丄天^{二}}}丄\frac{二}{甲^{二}}訥(天丄\sqrt{甲^{二}丄天^{二}})$ 即積分也。

設題二　今有 $彳天\sqrt{天^{二}丅甲^{二}}$ 求其積分。

令丙術中 寅＝〇、甲＝丅甲^{二}、乙＝一、卯＝二、巳＝$\frac{二}{一}$ 則得

$禾彳天\sqrt{天^{二}丅甲^{二}}＝\frac{二}{天\sqrt{天^{二}丅甲^{二}}}丅\frac{二}{甲^{二}}禾\frac{\sqrt{天^{二}丅甲^{二}}}{彳天}$ 惟

$禾\frac{\sqrt{天^{二}丅甲^{二}}}{彳天}＝訥(天丄\sqrt{天^{二}丅甲^{二}})$ 理與前題同，故得 $\frac{二}{天\sqrt{天^{二}丅甲^{二}}}$

$丅\frac{二}{甲^{二}}訥(天丄\sqrt{天^{二}丅甲^{二}})$ 即積分也。

第二十一款

設題一　今有 $(二丅天^{二})^{丅\frac{二}{三}}彳天$ 求其積分。

令叮術中 寅＝〇、甲＝二、乙＝丅一、卯＝二、巳丅一＝丅$\frac{二}{一}$ 則得

$禾(二丅天^{二})^{丅\frac{二}{三}}彳天＝\frac{二}{天}(二丅天^{二})^{丅\frac{二}{一}}＝\frac{二\sqrt{二丅天^{二}}}{天}$ 即積分也。

設題二　今有 $\frac{(一丄天^{三})^{\frac{三}{一}}}{天彳天}$ 即 $天(一丄天^{三})^{丅\frac{三}{一}}彳天$ 求其積分。

令叮術式中 寅＝一、甲＝一、乙＝一、卯＝三、巳丅一＝丅$\frac{三}{一}$ 則得

$禾天(一丄天^{三})^{丅\frac{三}{一}}彳天＝丅\frac{二}{天^{二}}(一丄天^{三})^{\frac{三}{二}}丄二禾天(一丄天^{三})^{\frac{三}{二}}彳天$ 其式

中 $天(一丄天^{三})^{\frac{三}{二}}彳天$ 依二項例，令 甲＝一、天＝天^{三}、卯＝三、寅＝二

詳爲級數，則 $(一丄天^{三})^{\frac{三}{二}}$ 之級數式得 $一丄\frac{三}{二}天^{三}丅\frac{二・三^{二}}{一・二}天^{六}丄$

$\frac{二・三・三^{三}}{二・五}天^{九}丅\frac{二・三・四・三^{四}}{二・五・八}天^{一二}丄…$ 各項以天彳天乘之，又每級

求　　積分得 $禾天(一丄天^{三})^{\frac{三}{一}}彳天＝\frac{二}{天^{二}}丄\frac{三・五}{二天^{五}}丅\frac{二・三^{二}・八}{一・二天^{八}}丄$

$\frac{二・三・三^{三}・一一}{一・二・五天^{一一}}丅\frac{二・三・四・三^{四}・一四}{一・二・五・八天^{一四}}丄…$ 故 $禾\frac{(一丄天^{三})^{\frac{三}{一}}}{天彳天}$

$＝丅\frac{二}{天^{二}}(一丄天^{三})^{\frac{三}{二}}丄\frac{二}{天^{二}}丄\frac{三・五}{二天^{五}}丅\frac{二・三^{二}・八}{一・二天^{八}}丄\frac{二・三・三^{三}・一一}{一・二・五天^{一一}}$

$丅\frac{二・三・四・三^{四}・一四}{一・二・五・八・天^{一四}}丄…$ 即積分也。

設題三　今有 $\frac{(一丄天^{三})^{\frac{四}{三}}}{天彳天}$ 即 $天(一丄天^{三})^{丅\frac{四}{三}}彳天$ 求其積分。

令叮術式中 寅＝一、甲＝一、乙＝一、卯＝三、巳丅一＝丅$\frac{三}{四}$ 即

$禾(一丄天^{三})^{丅\frac{四}{三}}天彳天＝丅天^{二}(一丄天^{三})^{丅\frac{三}{一}}丄三禾天(一丄天^{三})^{丅\frac{三}{一}}彳天$ 其

禾天(一丄天三)丅三/二彳 即上題設。命上題之積分爲申，則 禾天(一丄天三)丅三/二彳＝丅天二(一丄天三)丅三/二丄三申 即積分也。

又 卷五 積分二

第一款 拋綫支

設題一 今有平方拋物綫，通徑四寸，縱綫六寸，横綫九寸，求縱横綫上曲綫幾何。答曰：十一寸。小餘三〇五一一四二。

如題，己＝二、地＝六、天＝九 各代入二式中 人＝三/二√四〇丄訥{三/二(六丄√四〇)} 即 人＝九.四八八三二九八丄一.八一六七八四四＝一一.三〇五一一四二 即答數。按：此係一旁曲綫長。

設題二 今有半立方拋物綫，縱綫四寸、横綫四寸、通徑二寸，求縱横綫上之曲綫幾何。答曰：五寸又千分寸之七百五十八。

如題，甲＝二、天＝四、地＝四 則以各數代入乙式，即 人＝(三七四.九七丅六四)/五四＝五.七五八… 即答數。按：此乃一旁曲綫長。

設題三 今有立方拋物綫，通徑二十寸，縱綫四寸，横綫三寸又十分寸之二，求縱横綫上之曲綫幾何。答曰：四寸。又萬分寸之七千二百七十四。

依題，甲＝二〇、地＝四、天＝三.二 代入二式得 人＝四丄二.三〇四丅一.八四三丄.三六七五丅.一〇一一 得略數 四.七二七四 即答數。亦一旁曲綫長。

［雙綫支］設題一 今有大徑端雙綫一段，已知半長徑十二寸半，半短徑十寸，横綫十五寸又千分寸之六百二十五，求呷吧曲綫長幾何。

答曰：八寸又百分寸之三十三。

依題中各真數降率，即得 叱哂＝乙＝一、呷哂＝甲＝一.二五、哂叮＝天＝一.五六二五 依本曲綫理，即 吧叮＝地＝.七五 又 甲二/(甲二丄乙二)＝巳二＝一.六四 即 √(天二丅甲二)＝.九三七五、巳＝一.二八零、巳√(天二丅甲二)＝一.二 又 正割(甲/天)＝一.二五＝正割三六°五二′一二″

正割丅一(甲/天)＝.六四九二六二 依此各數代入喃式得 一.二丅.三一六〇三八丅.〇三八四三三丅.〇一二三七八＝.八三三略 以 一〇乘之得 吧呷弧＝八.三三

設題二 今有小徑端雙綫一段，已知半長徑十寸，半短徑八寸，縱綫七寸半，求吧叱曲綫長幾何。答曰：八寸又百分寸之五十三。

依題中各真數降率，得 呷哂＝甲＝一、叱哂＝乙＝.八、吧叮＝地＝.七五 依本曲綫理， 哂叮＝天＝一、甲二/(甲二丄乙二)＝戊二＝一.六四 √(甲二丄地二)＝一.二五、訥(甲/(地丄√(甲二丄地二)))＝訥二＝.六九三一四七 依此各數代入吭式，得 .三九四八二丄.三八四三七丄.〇七三八七＝.八五三略 以 一〇乘得 叱吧弧＝八.五三

［橢圓支］設題一 今有橢圓周四之一，已知半長徑十寸，半短徑八寸，問弧長幾何。答曰：十四寸又萬分寸之一千八百〇三。

依本款一術， 甲＝一 將題之兩半徑降率相從，即 乙＝.八 即 √(一丅乙二)＝.六 乃置氏式括弧中各負數併以減一，截用六級。求得略數 .九〇二七五 乃以 二/周＝一.五七〇八 乘之，復以 一〇 乘之，得 一四.一八〇三 即橢圓四之一弧之長。

或依本款二術， 乙＝一 以題之兩半徑降率相從，則 甲＝一.二五 即 √(甲二丅乙二)＝.七五 置房式括弧中各數正負併減，截用八級。求得略數 一.一二八四三 置上位乃以 二/周＝一.五七〇八 乘之，復以八乘之，亦得 一四.一八〇三 爲橢圓四之一弧之長。

設題二 今有短徑端之橢弧一段，已知借弧正弦等於半長徑之半，又知半長徑十寸，半短徑八寸，求弧如圖叱吧。之長。答曰：五寸又千分寸之一百五十二。

先將題中二半徑降率得 甲＝一、乙＝.八 求角式括弧中數。.九°〇

二七五 以 呒○＝六/周＝.五二三六 乘之，得畧數.四七二六七九九 置上位，乃疊 √一丅天二 之各項併之得.○四二五一九三 加之得.五一五二爲叱叱弧畧數。復以 一○ 乘之得 五.一五二，爲答數。

設題三 今有長徑端之楕弧一段，已知借弧餘弦等於半長徑之半，並知半長徑十寸半，短徑八寸，求弧如一圖叱呷。之長。答曰：九寸又百萬分寸之二萬八千四百○五。

亦將題中二半徑降率，求得角式括弧中各數之和爲.九○二七五 以二丅呒○＝三/周＝一.○四七二 乘之，得畧數.九四五五九八 置上位乃疊 √一丅天二 之各項併之得.○四二五一九三 減之得.九○二八四○五 爲叱呷弧畧數。復以 一○ 乘之得 九.○二八四○五，爲答數。

設題四 今有長徑端之楕弧一段，已知借弧正弦等於半短徑之半，並知半長徑十二寸半，半短徑十寸，求弧如二圖呷叱。之長。答曰：五寸又百分寸之三十四。

亦將題中二半徑降率，求得亢式括弧中數爲 一.一二八四三 以呒○＝六/周＝.五二三六 乘之得.五九○八四六 置上位乃併 √一丅天二 各項.○五六八四五 減之得畧數.五三四 爲呷叱弧數。以 一○ 乘之得五.三四，爲答數。

設題五 今有短徑端之楕弧一段，已知借弧餘弦等於半短徑之半，並知半長徑十二寸半，半短徑十寸，求弧如二圖叱吧。之長。答曰：十二寸又萬分寸之三千八百五十四。

亦將題中二半徑降率，求得亢式括弧中數爲 一.一二八四三 以二丅呒＝三/周＝一.○四七二 乘之得 一.一八一六九二 置上位，乃併 √一丅天二 各項.○五六八四五 加之得畧數 一.二三八五四 爲叱吧弧數。以 一○ 乘之得 一二.三八五四，爲答數。

[平圓支]設題一 設有半徑爲一之平圓，已知正弦等於半徑之半，求弧之真數幾何。答曰：○五二三五九八七。

法以.五 代弦式中之地，以各級併之得○五二三五九八七，即三十度弧之真數。

設題二 設有半徑爲一之平圓，已知正切等於三之平方根以三約之，求弧之真數幾何。答曰：○五二三五九八七。

法以 三/√三 代式中之酉，乃以各級正負併減之，得.五二三五九八七，即三○。弧真數。

[擺綫支]設題(一) 今有擺綫之母輪徑四寸，其正矢一寸又.五六二五，截頂點至正弦引長綫如叱叮。一段半，擺綫長若干。答曰：三寸。

如題，令 二未＝四，地＝叮哱＝二.四三七五 代入子式，即丅二√四×四丅二.四三七五丄四未＝丅二×二.五丄八＝丅五丄八＝三即答數。

第二款

[抛綫支]設題一 今有半立方抛物綫面，其截點之縱綫四寸，橫綫八寸，其面積幾何。答曰：十九方寸又十分方寸之二。

以題中同數代入本綫求面積之甲式，即 五/三×三二＝一九.二 爲答數。

設題二 今有立方抛物綫面，其截點之縱綫四寸，橫綫十六寸，求其面積幾何。答曰：四十八方寸。

以題中同數代入本綫求面積之乙式，即 四/三×六四＝四八 爲答數。

[雙綫支]設題一 今有大徑端雙曲綫面，已知大半徑十六寸，小半徑八寸，橫綫二十寸，縱綫六寸，問全面積幾何。答曰：三十一方寸又二七七一八。

依題中各數，如圖列之 呷呀＝甲＝一六，叱呀＝乙＝八，呀呋＝天＝二○，叱呋＝地＝六 代入角式，即 ＝一二○丅一二八×訥二＝三一.二七七一八＝叱呷叱，積

設題二 今有小徑端雙曲綫面，已知小半徑九寸，大半徑十二寸，橫綫十五寸，縱綫十六寸，問全面積幾何。答曰：一百二十一方寸又十萬分寸之三四九八八。

依題中各數，如圖列之 呷呀＝甲＝一二，叱呀＝乙＝九，呀呋＝天＝一五，叱呋＝地＝一六 代入亢式，即 二四○丅一○八×訥三＝一二一.

三四九八八＝吧叱吧′積

［橢圓支］設題一　今有長徑端截橢圓面一段，已知半長徑十寸半，短徑八寸，橫綫五寸，問面積幾何。答曰：二十四方寸又千分寸之五六八。

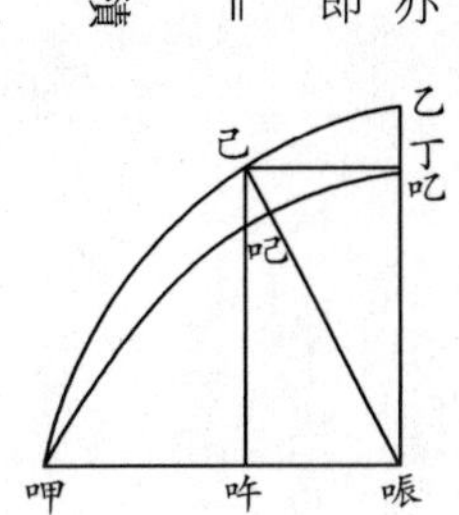

如圖，已呷吘爲截平圓面，吧呷吘爲截橢圓面，喉吘爲半長徑之半，亦即外切圓半徑之半，即呷吘亦爲外切圓半徑之半，即已吘爲六十度弧正弦，即　已呷弧＝$\frac{三}{周甲}$　依原點在喉，則　喉已吘積＝一二·五√三　喉已呷積＝$\frac{六}{一〇〇周}$　即　已吘呷積＝$\frac{六}{一〇〇周}$丅一二.五三＝三〇.七〇九三　以　$\frac{甲}{乙}$　乘之得　二四.五六七五　；即吧呷吘截面積。或依原點在呷，用級數求積分法，求得已呷吘面積，再以　$\frac{甲}{乙}$　乘之得吧呷吘面積，理亦同。

設題二　今有短徑端截橢圓面一段，已知半長徑十寸，半短徑八寸，橫綫四寸，問面積幾何。答曰：同上。

如圖，已叱叮爲截平圓面，吧叱叮爲截橢圓面，喉叮爲短半徑之半，亦即內容圓半徑之半，即叮叱亦爲內容圓半徑之半，即已叮爲六十度弧正弦，即　已叱弧＝$\frac{三}{周乙}$　依原點在喉，則　喉已叮積＝二√四八＝八√三、喉已叱積＝$\frac{六}{六四周}$　即　已叮叱積＝$\frac{六}{六四周}$丅八√三＝一九.六五四　以　$\frac{乙}{甲}$　乘之得　二四.五六七五　即吧叱叮截面積。或依原點在叱，用級數求積分法求之。理同前。

［平圓支］設題一　今有截平圓面積一段，已知半徑十寸，橫綫四寸，求面積幾何。答曰：三十八方寸又十萬分方寸之九萬〇六百十五。

將題中各數降率　叮呴　同呷呴＝甲＝一、呴哶＝天＝.四＝$\frac{五}{二}$　代入心式，得　吙哶呴叮＝$\frac{五}{二}$丅$\frac{七五〇}{八}$丅$\frac{一二五〇〇〇}{三二}$丅$\frac{八七五〇〇〇〇}{一二·八}$丅$\frac{四五〇〇〇〇〇〇〇}{五一二}$丅…＝.三八九〇六一五　以　甲²＝一〇〇　乘之得吙哶呴叮截面積，爲　三八.九〇六一五　即答數。

設題二　今有截平圓面一段，已知半徑十寸，橫綫六寸，求面積幾何。答曰：五十六方寸又萬分方寸之一千七百五十二。

將題中各數降率　叮呴＝甲＝一、呴哶＝天＝$\frac{五}{三}$　代入心式得　呴叮吙哶＝$\frac{五}{三}$丅$\frac{七五〇}{二七}$丅$\frac{一二五〇〇〇}{二四三}$丅$\frac{八七五〇〇〇〇}{二一八七}$丅$\frac{四五〇〇〇〇〇〇〇}{一九六八三}$丅…＝·五六一七五二　以　甲²＝一〇〇　乘之得呴叮吙哶截面積，爲五六.一七五二，即答數。

設題三　今有從圓頂起之截平圓面一段，已知半徑十寸，橫綫四寸，求面積幾何。答曰：二十二方寸又十萬分方寸之三萬六千五百十四。

依前將各數降率　呷哶＝天＝.四　代入尾式，化之得　呷叮吙哶＝√五（$\frac{七五}{八}$丅$\frac{一二五〇}{八}$丅$\frac{三五〇〇〇}{八}$丅$\frac{四五〇〇〇〇}{八}$丅$\frac{四四〇〇〇〇〇}{八}$丅…）＝.二二三六五一四　以　甲²＝一〇〇　乘之得呷吙哶截面積，爲二二.三六五一四，即答數。

設題四　今有從圓頂起之截平圓面一段，已知半徑十六寸，橫綫九寸又十分寸之六，求面積幾何。答曰：一百〇一方寸又四六三〇四。

將題中數十六約之，即　呷呴＝甲＝一、呷哶＝天＝.六　代入尾式，化之得　呷叮吙哶＝√三〇（$\frac{七五}{六}$丅$\frac{一二五〇}{九}$丅$\frac{七〇〇〇〇}{二七}$丅$\frac{一八〇〇〇〇〇}{八一}$丅$\frac{三五二〇〇〇〇〇}{二四三}$丅…）＝.三九六三四　以原半徑冪　二五六　乘之得呷吙哶截面積，爲　一〇一.四六三〇四，即答數。

［擺綫支］設題（一）　今有擺綫截面積，已知母輪徑四寸，截母輪弧綫得三分周之二，求截面積如前圖叮哶呷。幾何。答曰：四方寸又百萬分方寸之七七二一四五。

如題，二未＝四、地＝三，$\sqrt{二未地丅地^{二}}=\sqrt{三}$　代入丑式

四周丅$\frac{六}{二}\sqrt{三}$丅$\frac{三}{二}\sqrt{三}$＝四周丅$\frac{九}{二}\sqrt{三}$＝四周丅七.七九四二＝五＝四.七七二一四五

如代入寅式，即　亥＝六〇°、正弦亥＝$\frac{一}{二}\sqrt{三}$、申二四周丅四$\sqrt{三}$丅

$\frac{一}{二}\sqrt{三}$＝四周丅$\frac{九}{二}\sqrt{三}$　得數同前。

第三款

[拋綫支]設題一　今有拋物綫體，已知半通徑二寸，縱綫六寸，橫綫九寸，求典面積若干。答曰：二百五十六方寸又萬分方寸之五千四百四十六。

如題，　巳＝二、乙＝六　代入斗式，即　$\frac{三}{周}(四〇^{\frac{三}{二}}丅八)$＝

$\frac{三}{周}$(二四四．九八二)＝二五六．五四四六　即答數。

設題二　今有半立方拋物綫體，已知通徑二寸，縱綫四寸，橫綫四寸，求曲面積若干。答曰：八十方寸又萬分方寸之九百六十五。

如題，　甲＝二、地＝四　代入牛式化之，即　$\frac{一二一五}{周}[三(五二)^{\frac{五}{二}}丅$

$八〇(五二)^{\frac{三}{二}}丄二〇四八]$　惟　$三(五二)^{\frac{五}{二}}=一六二二四\sqrt{一三}$、

$八〇(五二)^{\frac{三}{二}}=八三二〇\sqrt{一三}$　即　$畢=\frac{一二一五}{周}[七九〇四\sqrt{一三}丄$

二〇四八]＝八〇．〇九六五　即答數。

[雙綫支]設題一　今有大徑端之雙曲綫體一段，已知大半徑軸十六寸，小半徑八寸，橫綫二十寸，求外弧皮積幾何。答曰：四十三周方寸又萬分周方寸之九千一百十二。

依題中各數　甲＝一六、乙＝八、天＝二〇、巳^{二}＝一．二五、

巳＝$\frac{一}{二}\sqrt{五}$　代入女式，即　$畢=一二八周[\frac{一}{二}\sqrt{五}(.五六二五)丅\frac{五\sqrt{五}}{一}(.三六)丅$

$\frac{二五\sqrt{五}}{一}(五九〇四)丅\cdots丅\frac{五}{三\sqrt{五}}訥一.二五]$＝四三．九一一二周　爲

答數。

設題二　今有小徑端雙曲綫截體一段，已知大半徑十二寸，小半徑九寸，橫綫十五寸，求外弧皮積幾何。答曰：二百八十四周方寸又萬分周方寸之八〇三八。

依題中各數　甲＝一二、乙＝九、天＝一五、戊^{二}＝$\frac{八一}{二二五}$、戊＝$\frac{九}{一五}$

代入虛式，即　$畢=一〇八周\left[\left(\frac{三}{五}\right)(一七七七\cdots)丅\frac{八\cdot五^{三}}{一\cdot三^{三}}(.六四)丅\right.$

$\left.\frac{三二\cdot五^{五}}{一\cdot三^{五}}(.八七〇四)丅\cdots丅\frac{五}{三}訥\left(\frac{三}{五}\right)=二八四.八〇三八周\right]$　爲

答數。

[橢圓支]設題一　今有長橢圓體，其長半徑軸八寸，短半徑六寸，求其外皮全積幾何。答曰：一百七十六周方寸又萬分周方寸之九千三百四十六。

依題中各數　甲＝八、乙＝六、戊^{二}＝．四三七五、戊^{四}＝．一九一四〇六、戊^{六}＝．〇八三七四　…代入危式　畢＝九六周[一丅·〇七二九一六六丅·〇〇四七八五一丅·〇〇〇七四七七丅·〇〇〇〇一五九丅…]＝八八．四六七三周　爲半長橢體外皮積，倍之即長橢體全皮積。

設題二　今有長橢圓之截體一段，已知長徑軸並短徑如前，並知其截徑之長四寸，求截體皮積幾何。答曰：四十一周方寸又十萬分周方寸之三萬五千六百九十七。

如題，甲＝八、乙＝六、天＝四　更以　甲丅天、甲^{三}丅天^{三}、甲^{五}丅天^{五}　…代呼式中之天、天^{三}、天^{五}…各代入呼式得　九六周×．四三〇八〇一七八＝四一．三五六九七周　爲巳甲己′截體之外弧皮積。

設題三　今有扁球體，其半短徑軸八寸，半長徑十寸，求其外皮全積幾何。答曰：三百四十七周方寸又萬分寸之六千二百八十八。

依題中各數　甲＝一〇、乙＝八、巳^{二}＝$\frac{一六}{九}$、巳^{四}＝$\frac{二五六}{八一}$、巳^{六}＝$\frac{四〇九六}{七二九}$、

巳^{八}＝$\frac{六五五三六}{六五六一}$…代入室式　一六〇周(一丄·〇九三七五丅·〇〇七九一〇一·〇〇〇五二六九丅·〇〇〇〇二八九丅…)＝一七三．八一四四周　倍

之 =三四七.六二八八周 為扁球體全皮積。

設題四 今有扁球體之截體一段，已知長徑並短徑如前，並知截徑軸之長四寸，求截體皮積幾何。答曰：九十二周方寸又一一五一。

如題， 甲=一〇、乙=八、天=四

更以 乙丅天、$乙^{三}$丅$天_{三}$、$乙_{五}$丅$天^{五}$ …

代甶式中之天、$天^{三}$、$天^{五}$…各代入甶式，得

一六〇周×.五七五七二=九二.一一五一

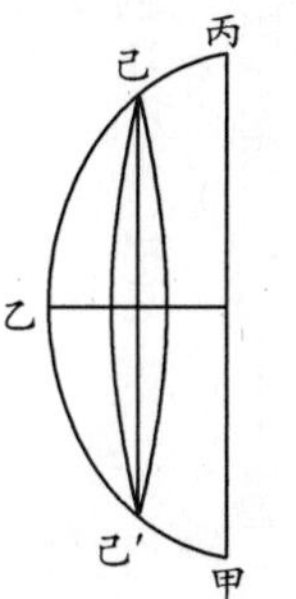

為巳乙巳截體之外弧皮積。

[擺綫支]設題一 今有擺綫截體一段，已知母輪半徑八寸，截面半徑十二寸，求其外曲面積若干。答曰：三百〇四周方寸又千分周方寸之三百八十三。

如題， 乙丁=二、未=一六、巳壬=地=一二、

√巳壬=$地^{\frac{一}{二}}$=二√三 代入卯式

丅八周[$\frac{三}{二}$(一二八丄八√三)]=丅$\frac{三}{周}$(一〇二四

丄六四√三)=丅$\frac{三}{周}$(一一三四.八五一)=

丅周三七八.二八三六六 以減半體曲面積，六八二.六六六六六六周=三〇四.三八三周 為答數。

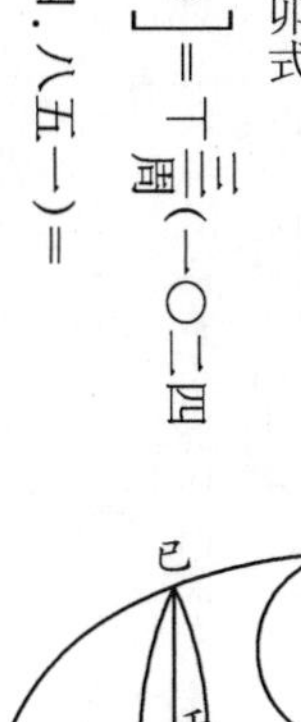

設題(一)[三] 今有母輪為軸之截擺綫體一段，已知母輪半徑八寸，截高十二寸，求其外曲面積若干。答曰：十一又十萬分之一七六六六，母輪面即七一五.三〇六三周方寸。

依題，斗=$\frac{三}{二}$周、正弦$\frac{二}{斗}$=$\frac{二}{\sqrt{三}}$、

餘弦$\frac{二}{斗}$=.五、未=八 代入唇式

八×六四周($\frac{三}{二}$周×$\frac{二}{\sqrt{三}}$丄一丅$\frac{三}{一.一二五}$丅$\frac{三}{四}$)=八×六四周($\frac{三}{\sqrt{三}周丅一.二五}$)

=六四周(一一.七六六六六)=周(七一五.三〇六三) 即答數。

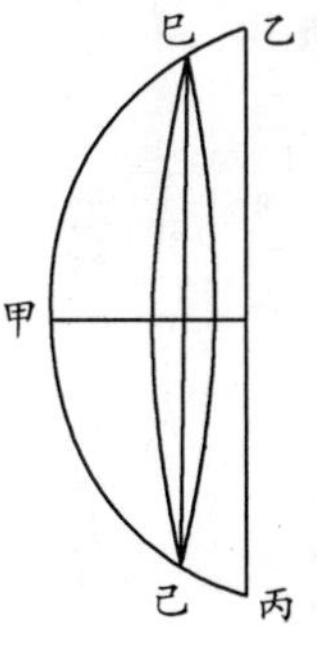

第四款

[圓錐支]設題(一) 今有截圓錐體一段，已知原體高十寸，原底面半徑五寸，今截去叮吃高一段，已知截面半徑四寸，求截餘體積幾何。答曰：一百三十四立方寸又萬分立方寸之四百十六。

如題，甲=一〇、乙=五、地=四 各代入唇式，即 $\frac{一五}{六四〇}$×三.一四一六=一三四.〇四一六 即答數。

[拋綫支]設題一 今有拋物綫體，已知底半徑十二寸，橫軸十八寸，求其體積幾何。答曰：一千二百九十六周立方寸。

如題，乙=一二、甲′=一八 代入吧式，即 一二九六周 為答數。

設題二 今有半立方拋物綫體，已知底半徑十六寸，橫軸二十八寸，求其體積幾何。答曰：三千〇七十二周立方寸。

如題，甲′=二八、乙=一六 代入吘式，即 三〇七二周 為答數。

[雙綫支]設題一 今有大徑端之雙曲綫體一段，已知大半徑十六寸，小半徑八寸，橫綫二十寸，求體積幾何。答曰：六十九周立方寸又三分周立方寸之一。

如題，甲=一六、乙=八、天=二〇 各代入呻式，得

咳=$\frac{七六八}{周六四}$(三九〇四丅三〇七二)=(六九丄$\frac{三}{一}$)周 即答數。

設題二 今有小徑端雙曲綫體，已知小半徑九寸，大半徑十二寸，橫綫十五寸，求體積幾何。答曰：七百〇四周立方寸。

如題，甲=一二、乙=九、天=一五 各代入哂式，得

咳=$\frac{二四三}{周一四四}$(二六四六丅一四五八)=七〇四周

[橢圓支]設題一 今有長橢圓截體，已知長半徑軸八寸，腰半徑六寸，截體長八寸，截面半徑 三√三 寸，求截體積幾何。答曰：二百六十四周立方寸。

如於甲圖內截戊己、庚辛兩截面，徑等，則準前呷式，

即 $\frac{三}{周}$($地^{二}$丄二$乙^{二}$)二天 依題得 地=三√三、乙=六、二天=八、甲=八 即 $\frac{三}{周}$×(二七丄七二)八

=二六四周 即答式也。

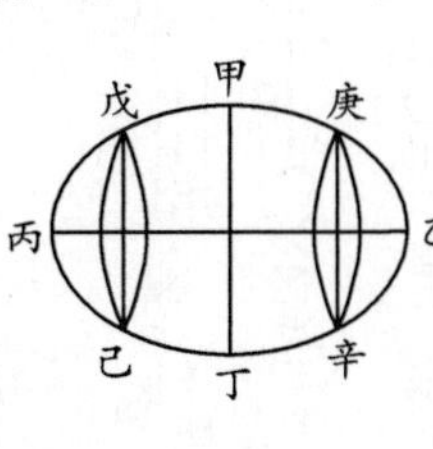

甲圖

設題二 今有扁球二面等截體，已知短半徑軸六寸，腰半徑八寸，截體高六寸，截面半徑 四√三 寸，求截

體積幾何。答曰：三百五十二周立方寸。

如於乙圖內截戊巳、庚辛兩截面，徑等，則準前叱式，即 $\frac{三}{周}$(地^{二}⊥二甲^{二})二天 依題得地＝四$\sqrt{三}$、乙＝六、甲＝八、二天＝六 即 $\frac{三}{周}$×(四八⊥一二八)六 等於 三五二周 即答式也。

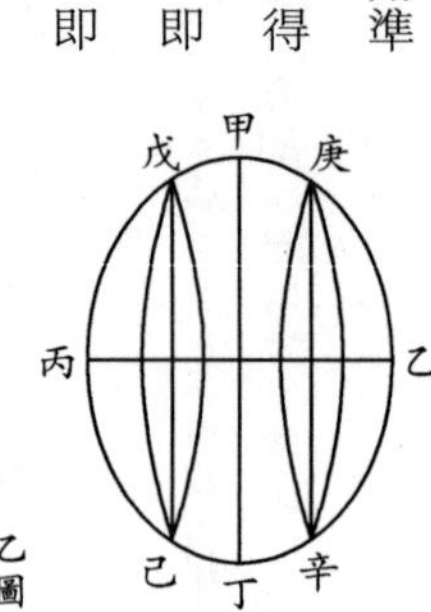

設題三 今有長橢圓截體，已知長半徑軸八寸，腰半徑六寸，截體高四寸，截面半徑 三$\sqrt{三}$ 寸，求截體積幾何。答曰：六十周立方寸。

如於丙圖內截戊甲己一段，戊己爲截面。如題甲心＝甲＝八、甲壬＝天＝四、丙心＝乙＝六、戊壬＝地＝三$\sqrt{三}$ 代入呥式 $\frac{三}{周}$(二七⊥一八)四＝六〇周 即答式也。

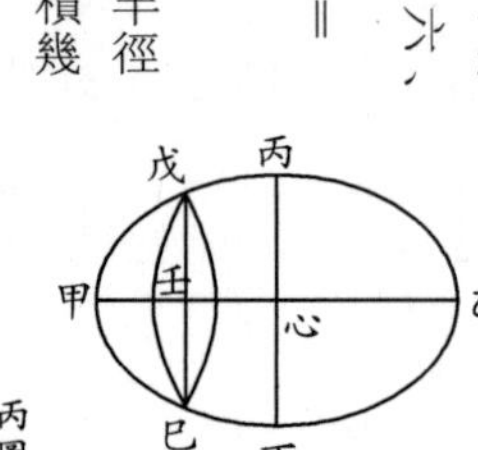

設題四 今有扁球截體，已知短半徑軸六寸，腰半徑八寸，截體高二寸，截面半徑 四$\sqrt{三}$ 寸，求截體積幾何。答曰：八十周立方寸。

如於丁圖內截戊丙己一段，戊己爲截面，如題甲＝八、乙＝六、丙壬＝天＝三、戊壬＝地＝四$\sqrt{三}$ 代入叮式 $\frac{三}{周}$(二四〇)＝八〇周 即答式也。

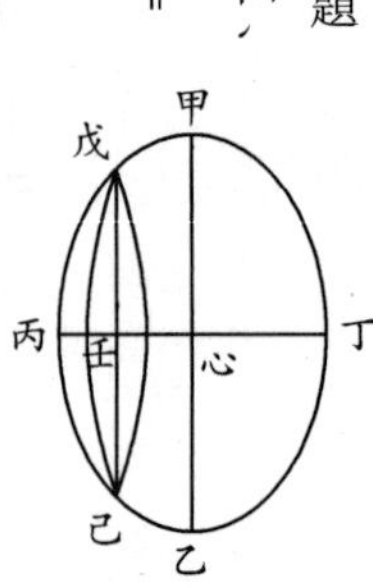

[渾圓支]設題(一) 今有截球體一段，已知球徑十二寸，截面半徑四寸又十分寸之八，體高二寸又十分寸之四，求截體積幾何。答曰：二十九周立方寸又千分周立方寸之九百五十二。

如於戊圖內截戊丙己一段，戊己爲截面，如題，丙心＝戊心＝未＝六、戊壬＝地＝四．八、丙壬＝天＝二．四 各代入哎式，得 $\frac{三}{周}$(二三．〇四⊥一四．四)二．四＝周(二三．〇四⊥一四．四)．八＝二九．九五二周 即答數也。

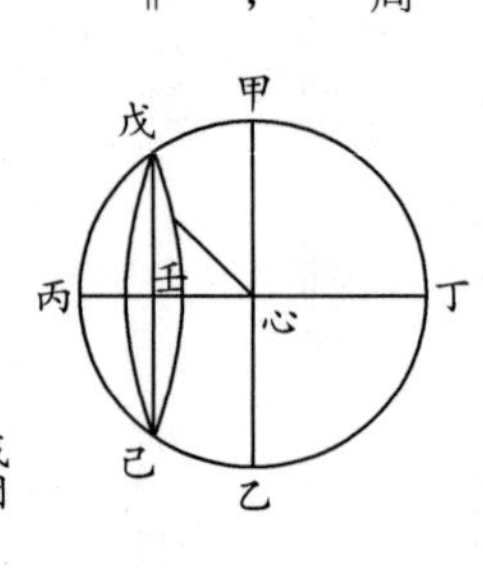

設題二 今有圓球體剖爲二段，已知球徑十二寸，截面徑得球徑五分之四，求二截積各幾何。答曰：大分積二百五十八周立方寸又百二十五分周立方寸之六，小分積二十九周立方寸又百二十五分周立方寸之一百十九。

如前戊圖剖球體爲戊丙己、戊丁己兩段。

如題，未＝六、寅＝五、卯＝四、亥′＝八、亥＝二 各代入吧、咦二式，即

$$丙戊巳＝\frac{一二五}{周七二}×五二＝\left(二九⊥\frac{一二五}{一一九}\right)周㊀小、戊丁巳＝\frac{一二五}{周七二}×四四八＝\left(二五八⊥\frac{一二五}{六}\right)周㊀大$$

即答式也。

[擺綫支]設題一 今有截擺綫體一段，已知母輪半徑四寸，截面半徑六寸，求截體積幾何。答式如後。

如於己圖截叱呷咦一段，則叱呷咦爲半垂面，叱咦爲截面半徑，即得，叱咦＝哶旺＝大矢＝地＝六、心旺＝哎心＝未＝四、哶叱＝旺咦＝$\sqrt{二未地T地^{二}}$＝$\sqrt{一二}$、叱旺弧＝吠$_{○}$＝$\frac{二}{未周}$⊥$\frac{六}{未周}$＝$\frac{三}{二未周}$ 代入哶式 咳＝$\frac{二}{五未^{二}周}$×($\frac{三}{二未周}$T$\sqrt{一二}$)T一五$\sqrt{一二}$＝(一〇六⊥$\frac{三}{一}$)周^{二}T八〇$\sqrt{三}$周T三〇$\sqrt{三}$ 爲截體積。

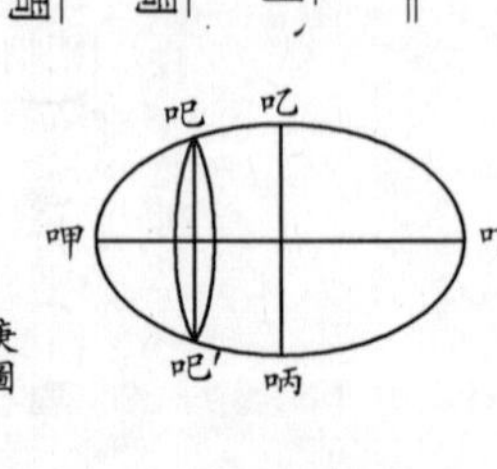

設題二 今有擺綫體任剖爲二已知截面，半徑得母輪徑四之三，又知母輪徑八寸，求二截積各幾何。答式如後。

如庚圖，剖全體爲叱呷叱′及叱叮叱′兩段，如題 地＝六、未＝四、$\sqrt{二未地T地^{二}}$＝二$\sqrt{三}$、吠$_{○}$＝$\frac{三}{二未周}$、吠′$_{○}$＝$\frac{三}{四未周}$ 各代入哶式 咳＝$\frac{二}{五未^{二}周}$×($\frac{三}{二未周}$T二$\sqrt{三}$)T三〇$\sqrt{三}$ ㊀ 咳′＝$\frac{二}{五未^{二}周}$×($\frac{三}{四未周}$

$丄二\sqrt{三})丄三〇\sqrt{三}$㊁　即　$亥=(一〇六丄\frac{三}{〢})周^{二}丅(八〇\sqrt{三}周丄三〇\sqrt{三})$(小)　$亥'=(二一三丄\frac{三}{〢})周^{二}丄(八〇\sqrt{三}周丄三〇\sqrt{三})$(大)　爲小分與大分二截積之答式。

設題三　今有擺綫體任剖爲二已知母輪，徑得截面半徑之倍，又知截面半徑四寸，求二截積各幾何。答式如後。

如前庚圖，剖全體爲二，如題　$地=四$、$未=四$、$\sqrt{二未地丅地^{二}}=四$、$呋_{〇}=\frac{二}{未周}$、$呋'_{〇}=\frac{二}{三未周}$　各代入㕭式　$亥=\frac{二}{五周未^{二}}(呋_{〇}丅四)丅\frac{三}{八八}$㊀　$亥'=\frac{二}{五周未^{二}}(呋'_{〇}丄四)丄\frac{三}{八八}$㊁　即　$亥=八〇周^{二}丅一六〇周丅(二九丄\frac{三}{〢})$(小)　$亥'=二四〇周^{二}丄一六〇周丄(二九丄\frac{三}{〢})$(大)　爲小分與大分二截積之答式。

［擺綫支］設題一　今有母輪徑爲軸之截擺綫體一段，已知母輪半徑九寸，截高十三寸半，求其體積幾何。答曰：　三二四　周之三方加　六〇七.五　周之二方減　一〇九三.五　周之一方之立方寸。

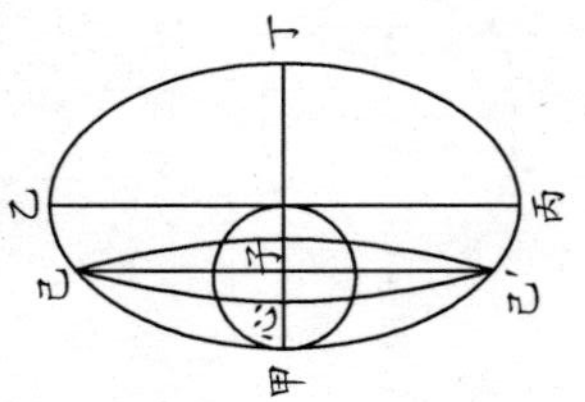

如圖，$心甲=未=九$、$甲子=斗=\frac{一}{〣}周$、$正弦斗=\frac{二}{\sqrt{三}}$、$餘弦斗=丅.五$、$餘弦二斗=丅.五$、$正弦二斗=丅\frac{二}{\sqrt{三}}$　代入㕭式

$周未^{三}\left(\frac{三}{〣}\sqrt{三}周丄\frac{六}{〣}\sqrt{三}周丄\frac{九}{四}周^{三}丅\frac{三}{〡}丄\frac{八}{〡}丅\frac{二四}{〡}丅\frac{二}{〣}\right)=$

$周未^{三}\left(\frac{九}{四}周^{二}丄\frac{六}{五}\sqrt{三}周丅\frac{二}{〣}\right)=三二四周^{三}丄六〇七五周^{二}丅一〇九三.五周$　爲答數。

設題二　今有母輪徑爲軸之截擺綫體一段，已知母軸半徑九寸，截高九寸，求其體積幾何。答曰：　九一.一二五　周之三方加　七二九　周之二方減　六〇七.五　周之一方之立方寸。

如題，$未=九$、$斗=\frac{二}{〡}周$、$正弦斗=一$、$餘弦斗=〇$、$餘弦二斗=丅一$、$正弦二斗=〇$　代入㕭式　$周未^{三}\left(周丄\frac{八}{〡}周^{三}丄\frac{四}{〡}丅\frac{二}{〣}\right)=周未^{三}\left(\frac{八}{〡}周^{二}丄周丅\frac{六}{五}\right)=\frac{八}{〡}未^{三}周^{三}丄未^{三}周^{二}丅\frac{六}{五}未^{三}周=九一.一二五周^{三}丄七二九周^{二}丅六〇七.五周$　爲答數。

清·謝洪賚《最新微積學教科書》卷下　積分

第一章

一五七　獨項微分已證得　$甲天^{寅+1}$　之微分，爲　$甲(寅+1)天^{寅}彳天$

由此得　$甲天^{寅}彳天=\frac{甲彳(天^{寅+1})}{寅+1}$　故函數爲　$\frac{甲天^{寅+1}}{寅+1}$　其微分爲甲$天^{寅}彳天$　即　$禾甲天^{寅}彳天=\frac{甲天^{寅+1}}{寅+1}+丙$　故求獨項微分之積分，法置變數之指數加一，有常生數則乘之，其合數以新指數除之，即得。

一五八　同法求多項式之積分　求多項式任何乘方之微分，置原式指數少一，以原指數乘之，再乘其多項式之微分。見三十二款。如　$(甲天+乙天^{2})^{3}$　之微分，爲　$3(甲天+乙天^{2})^{2}(甲彳天+2乙天彳天)$　故凡多項式若干方，乘其本微分，求積分，法置原式指數加一，以新指數乘式之微分，除之即得。

一五九　指數爲　-1　一百五十七款之法，若　$寅=-1$　則不合用，因依例得　$禾天^{-1}彳天=\frac{天^{-1+1}}{-1+1}=\frac{天^{0}}{0}=\frac{1}{0}=\infty$　即知其術不合。

惟天　$天^{-1}彳天$　即與　$\frac{彳天}{天}$　同，則得此式，爲分母之對數微分見三十七款。故　$禾天^{-1}彳天=禾\frac{彳天}{天}=對天+丙$　故　$禾\frac{甲彳天}{天}=甲對天+丙$　即知凡有分數，分子爲其分母之微分乘常數，則其積分爲常數乘分母之訥對。

一六〇　求多項微分式之積分　凡多項式，如　$(甲+乙天+丙天^{2}+\cdots)^{寅}天^{卯}彳天$之類，寅爲正整數，求其積分。法以括弧內之幾何，自乘至寅次，又以　$天^{寅}彳天$　乘各項後，一一求各項之微分。

一六一　二項微分式　二項微分有可用助元變爲獨項式者，後準一百五十七款求其積分。

設　$彳戊=(甲+乙天^{卯})^{寅}天^{卯-1}彳天$　括弧外之指數，比括弧內變數之指數

少一。

令 $地=甲+乙天^{卯}$ 則 $彳地=乙卯天^{卯-1}彳天$ 而 $天^{卯-1}彳天=\frac{彳地}{乙卯}$ 故

$彳戌=\frac{地^{寅}彳地}{乙卯}$ 求積分得 $戌=\frac{地^{寅+1}}{(寅+1)乙卯}+呐$ 以地之同數代還得

$戌=\frac{(甲+乙天^{卯})^{寅+1}}{(寅+1)乙卯}+呐$ 即知凡二項微分，括號外變數之指數，較號內變數之指數少一者，求積分以一增其二項式之指數爲實，以新指數乘括號內變數之指數，與係數爲法，除之即得。

一六二 二項微分式公式 凡二項微分，狀如 $彳戌=呷(甲+乙天)^{寅}天^{卯}彳天$ 寅或卯爲正整數，而括弧內天之指數爲一，則能求其積分。

若寅爲正整數，則可準一百五十八款，求其積分。

若卯爲正整數，寅爲分數或爲負數，則置 $地=甲+乙天$ 則

$天=\frac{地-甲}{乙}$、$彳天=\frac{彳地}{乙}$、$彳戌=呷\left(\frac{地-甲}{乙}\right)^{卯}地^{寅}\frac{彳地}{乙}$ 而 $戌=\frac{呷}{乙}禾\left(\frac{地-甲}{乙}\right)^{卯}地^{寅}彳地$

此可準一百五十八款，求其積分。如以積分內地之同數代還，仍可以天之同數明之。

一六三 以形學理表明之 昔年算學家於求曲線面積時，悟得微分之術，今仍用以顯前數款之理。

如圖，哏嗔吧爲拋物線，其式爲 $地^{2}=寅天$ 而求其曲線與呋軸所夾一段之面積，命之爲呷，則 $彳呷=地彳天$ 見一百二十二款。 惟準拋物線理，$彳天=\frac{2地彳地}{寅}$ 故 $彳呷=地彳天$

$=\frac{2地^{2}彳地}{寅}$ 故 $呷=\frac{2地^{3}}{3寅}+呐=\frac{2}{3寅}(寅天)^{\frac{3}{2}}+呐=\frac{2^{\frac{1}{2}}}{3}寅^{\frac{3}{2}}天+呐$ ① 此爲求面積之公式。

一六四 已定積分 凡準前諸款之法求積分，恆加常數呐，未知呐爲若干，則式爲未定之積分，時或以積分理推某題，可準題理，而得呐之同數。如按題理變數有某同數，則函數之同數可知，以此同數代入未定積分內，可得呐之同數。呐既爲常數，如準變數之某同數得其同數，則可知其準變數之諸同數所有之同數。已得常數之同數，且設其自變數，有一定同數，則其積分可知，是爲已定積分。

如求一百六十三款內呐之同數，一覽易知，如其面積從哏起，則 $天=0$ 其面積爲0，故(一)式變爲 $0=0+呐$ 即 $呐=0$ 而全積分爲

$呷=\frac{2地^{3}}{3寅}=\frac{2}{3}寅^{\frac{1}{2}}天^{\frac{3}{2}}$

自哏起算，設天有何同數，式即顯其面積。如 $天=哏味$ 則 $呷=哏吧味$ 面積，如面積自叮吧即過心吧之縱線起算，$天=\frac{寅}{4}$ 時，$呷=0$ 則有 $0=\frac{2}{3}寅^{\frac{1}{2}}\left(\frac{寅}{4}\right)^{\frac{3}{2}}+呐=\frac{寅^{2}}{12}+呐$ 故 $呐=-\frac{寅^{2}}{12}$ 而其改正之積分爲

$呷=\frac{2}{3}寅^{\frac{1}{2}}天^{\frac{3}{2}}-\frac{寅^{2}}{12}$

自心點之縱線叮吧起算，設天得何同數，此式即顯其面積。如 $天=哏味$ 則改正之積分，即表吧叮吧味之面積。

一六五 限內之積分 如有曲線面積，以嗔唧、吧味，二縱線爲界，求其面積之式，則先得哏嗔唧之面積。設其變數 $天=哏唧$ 命之爲甲，則哏嗔唧面積，以 $\frac{2}{3}寅^{\frac{1}{2}}甲^{\frac{3}{2}}+呐$ 明之。又設變數 $天=哏味$ 命之爲乙，則哏吧味面，以 $\frac{2}{3}寅^{\frac{1}{2}}乙^{\frac{3}{2}}+呐$ 明之，後式減前式，得嗔唧味吧曲線面之同數，爲 $\frac{2}{3}寅^{\frac{1}{2}}乙^{\frac{3}{2}}-\frac{2}{3}寅^{\frac{1}{2}}甲^{\frac{3}{2}}=\frac{2}{3}寅^{\frac{1}{2}}\left(乙^{\frac{3}{2}}-甲^{\frac{3}{2}}\right)$ 故自變數連用二同數，求得相似大小二積數之較，則常數呐可消去。

自變數先等於甲，後等於乙，二積相減，取其較數，是謂求 $天=甲$ 與 $天=乙$ 二限內之積分法。

依此法求積分，另有號爲 $禾_{甲}^{乙}$ 如 $禾_{甲}^{乙}寅^{\frac{1}{2}}天^{\frac{1}{2}}彳天=\frac{2}{3}寅^{\frac{1}{2}}(乙^{\frac{3}{2}}-甲^{\frac{3}{2}})$

一六六 求八線簡微分式之積分。

(一) 於四十四款，已證得設天爲圜弧一段，則 $彳(正弦天)=餘弦天彳天$ 故 $禾餘弦天彳天=正弦天+呐$

(二) 於四十五款，已證得 $彳餘弦天=-正弦天彳天$ 故 $禾正弦天彳天=-餘弦天+呐$

(三) 於四十五款已得 $彳正矢天=正弦天彳天$ 故 $禾正弦天彳天=正矢天+呐$

（四）於四十六款已得　$彳正切天=正割^2天彳天或\frac{彳天}{餘弦^2天}$　故　$禾正割^2天彳天$　即　$禾\frac{彳天}{餘弦^2天}=正切天+呐$

（五）於四十七款已得　$彳餘切天=-餘割^2天彳天即-\frac{彳天}{正弦^2天}$　故　$禾\frac{彳天}{正弦^2天}=-餘切天+呐$

（六）於四十八款已得　$彳正割天=正切天正割天彳天$　故　$禾正切天正割天彳天=正割天+呐$

（七）於四十九款已得　$彳餘割天=-餘切天餘割天彳天$　故　$禾餘切天餘割天彳天=-餘割天+呐$

一六七　求八線繁微分式之積分　時遇式不能以前款理推之，必設法變其狀，始可以前理推之。

一六八　以正弦明弧之微分　準五十三款，已得如命弧爲地，正弦爲天，半徑爲一，則　$彳地=\frac{彳天}{\sqrt{1-天^2}}$　故　$禾\frac{彳天}{\sqrt{1-天^2}}=地+呐=正弦^{-1}天+呐$

如自第一象限起度弧，則弧爲0時，正弦爲0，呐亦爲0，故其全積分爲　$禾\frac{彳天}{\sqrt{1-天^2}}=正弦$　爲天之弧

如有式　$彳地=\frac{彳天}{\sqrt{甲^2-天^2}}$①　欲求其積分，可用助變數得之。

置　$亥=\frac{天}{甲}$　即　$天=甲亥$　則　$彳天=甲彳亥$　而　$\sqrt{甲^2-天^2}=甲\sqrt{1-亥^2}$

用此同數於1式中，得　$彳地=\frac{彳亥}{\sqrt{1-亥^2}}$　故　$地=正弦$　爲亥之弧，$=正弦$　爲　$\frac{天}{甲}$　之弧，即　$禾\frac{彳天}{\sqrt{甲^2-天^2}}=正弦^{-1}\frac{天}{甲}+呐$

一六九　以餘弦明弧之微分　準五十三款，已得若命弧爲地，餘弦爲天，半徑爲一，則得　$彳地=\frac{-彳天}{\sqrt{1-天^2}}$　故　$禾\frac{-彳天}{\sqrt{1-天^2}}=地+呐=餘弦^{-1}天+呐$①

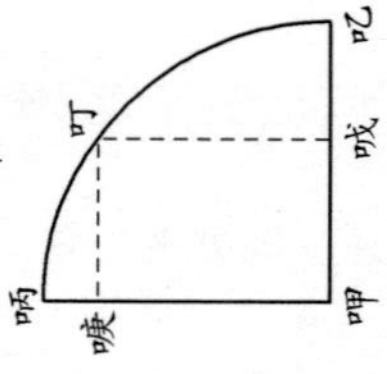

求常數之同數。設自象限之初點吃起算，滿一象限，則餘弦爲0，弧爲　$\frac{冂}{2}$　故上式變爲。　$禾\frac{-彳天}{\sqrt{1-天^2}}=\frac{冂}{2}$

1式内　$天=0$　即有　$\frac{冂}{2}=餘弦$　爲　$0+呐$　之弧2。既餘弦爲0之弧即等於　$\frac{冂}{2}$　2式變爲　$\frac{冂}{2}=\frac{冂}{2}+呐$　故呐爲0。

而其全積分爲　$禾\frac{-彳天}{\sqrt{1-天^2}}=餘弦^{-1}天$

如有式　$\frac{-彳天}{\sqrt{甲^2-天^2}}$　求積分。則必如一百六十八款，用助變數而得禾　$\frac{-彳天}{\sqrt{甲^2-天^2}}=餘弦^{-1}\frac{天}{甲}$

一七〇　以正矢明弧之微分　準五十三款，命弧爲地，正矢爲天，則　$彳地=\frac{彳天}{\sqrt{2天-天^2}}$　故　$禾\frac{彳天}{\sqrt{2天-天^2}}=正矢^{-1}天+呐$

當其弧於第一象限之初點起算，則有　$呐=0$　而全積分爲　$禾\frac{彳天}{\sqrt{2天-天^2}}=正矢$爲天之弧

如有　$彳地=\frac{彳天}{\sqrt{2甲天-天^2}}$①　欲求積分，可用助變數推之。

法置　$亥=\frac{天}{甲}$　即　$天=甲亥$　是則　$彳天=甲彳亥$

用此同數於1式中，則有　$彳地=\frac{甲彳亥}{\sqrt{2甲^2亥-甲^2亥^2}}=\frac{彳亥}{\sqrt{2亥-亥^2}}$　是則　$地=正矢$　爲亥即　$\frac{天}{甲}$　之弧，即　$禾\frac{彳天}{\sqrt{2甲天-天^2}}=正矢^{-1}\frac{天}{甲}$

一七一　準正切求弧之積分　準五十三款，命弧爲地，正切爲天，則　$彳地=\frac{彳天}{1+天^2}$　故　$禾=\frac{彳天}{1+天^2}=正切^{-1}天+呐$

如其弧自第一象限之初點起算，則 $禾\frac{彳天}{1+天^2}$ 爲0，地爲0，故呐亦爲0，而全積分爲 $禾\frac{彳天}{1+天^2}=正切爲天之弧$

如有 $彳地=\frac{彳天}{甲^2+天^2}$① 其積分可以助變數推之。

設以 $亥=\frac{天}{甲}$ 即 $天=甲亥$ 則 $彳天=甲彳亥$

以此代入1式，則有 $彳地=\frac{甲彳亥}{甲^2+甲^2亥^2}=\frac{1}{甲}\times\frac{彳亥}{1+亥^2}$ 故 地＝正切爲亥即 $\frac{天}{甲}$ 之弧 $\times\frac{1}{甲}$ 即 $禾\frac{彳天}{甲^2+天^2}=\frac{1}{甲}正切^{-1}\frac{天}{甲}$

一七二 準正割求弧之積分 準五十三款，命弧爲地，正割爲天，則 $彳地=\frac{彳天}{天\sqrt{天^2-1}}$ 故 $禾\frac{彳天}{天\sqrt{天^2-1}}=正割^{-1}天+呐$

如弧自初度起，則 呐＝0 其全積分爲 $禾=\frac{彳天}{天\sqrt{天^2-1}}=正割^{-1}天$

如有 $彳地=\frac{彳天}{天\sqrt{天^2-甲^2}}$ 可準一百六十八款，推得 $禾\frac{彳天}{天\sqrt{天^2-甲^2}}=\frac{1}{甲}正割^{-1}\frac{天}{甲}$

第三章

一八四 二項微分之能求積分者 如【略】二項式括弧之指數爲正整數，則以括弧內之幾何，自乘至方之次數，再以各項乘括弧外之生，而後求各項之積分，即得全積分。見一百六十款。

如 $\frac{巳}{午}$ 爲負整數，則有 $天^{寅-1}(甲+乙天^{卯})^{-\frac{巳}{午}}彳天=\frac{天^{寅-1}彳天}{(甲+乙^{卯}卯)^{\frac{巳}{午}}}$ 此爲有法分數，可準一百七十三款至一百七十七款諸款，求其積分。

一八五 凡二項微分【略】 $\frac{寅}{卯}$ 爲整數之時，可推得其積分。法以一新變數，其指數等於括號指數之分母，代括號內之二項。

設 $甲+乙天^{卯}=人^{午}$ 則 $(甲+乙天^{卯})^{\frac{巳}{午}}=人^{巳}$① 又 $天^{卯}=\frac{人^{午}-甲}{乙}$ 而 $天^{寅}=\left(\frac{人^{午}-甲}{乙}\right)^{\frac{寅}{卯}}$ 求積分，則有 $寅天^{寅-1}彳天=\frac{寅午}{卯乙}人^{午-1}\left(\frac{人^{午}-甲}{乙}\right)^{\frac{寅}{卯}-1}彳人$② 1、2式相乘，以寅約之。得 $天^{寅-1}(甲+乙天^{卯})^{\frac{巳}{午}}彳天=\frac{午}{卯乙}人^{巳+午-1}\left(\frac{人^{午}-甲}{乙}\right)^{\frac{寅}{卯}-1}彳人$ 如 $\frac{寅}{卯}$ 爲整，則準一百八十四款，可求積分。

一問 今有 $彳戊=天^3(甲+乙天^2)^{\frac{3}{2}}彳天$ 求積分。

設 $甲+乙天^2=人^2$ 則 $(甲+乙天^2)^{\frac{3}{2}}=人^3$① 又 $天^2=\frac{人^2-甲}{乙}$② 而 $天彳天=\frac{人彳人}{乙}$ 1、2、3相乘，則有 $彳戊=天^3(甲+乙天^2)^{\frac{3}{2}}彳天=\frac{人^6-甲人^4}{乙^2}彳人$ 故 $戊=\frac{人^7}{7乙^2}-\frac{甲人^5}{5乙^2}=\frac{5人^2-7甲}{35乙^2}\times人^5$

以人之同數代人，有 $戊=\frac{5乙天^2-2甲^{\frac{5}{2}}}{35乙^2}(甲+乙天^2)+呐$

二問 今有 $彳戊=天^5(甲+乙天^2)^{\frac{1}{2}}彳天$ 求積分。

設 $甲+乙天^2=人^2$ 則 $(甲+乙天^2)^{\frac{1}{2}}=人$① $天^2=\frac{人^2-甲}{乙}$② $天彳天=\frac{人彳人}{乙}$③ 故 $彳戊=\left(\frac{人^2-甲}{乙}\right)^2\frac{人^2彳人}{乙}=\frac{人^6-2甲人^4+甲^2人^2}{乙^3}彳人$ 故 $戊=\frac{人^7}{7乙^3}-\frac{2甲人^5}{5乙^3}+\frac{甲^2人^3}{3乙^3}=\frac{人^3}{105乙^3}(15人^4-42甲人^2+35甲^2)=\frac{(甲+乙天^2)^{\frac{3}{2}}}{105乙^3}\{15(甲^2+乙天^2)-42甲(甲+乙天^2)+35甲^2\}+呐$

一八六 凡二項微分，準一百八十三款1式之狀，如 $\frac{寅}{卯}+\frac{巳}{午}$ 爲整數，則其積分可求。 $天^{寅-1}(甲+乙天^{卯})^{\frac{巳}{午}}彳天$ 之二項，可書作爲 $天^{寅-1}\left\{\left(\frac{甲}{天^{卯}}+乙\right)天^{卯}\right\}^{\frac{巳}{午}}彳天$ 即 $天^{寅-1}(甲天^{-卯}+乙)^{\frac{巳}{午}}天^{\frac{卯巳}{午}}彳天$ 此即等於 $天^{寅+\frac{卯巳}{午}-1}(甲天^{-卯}+乙)^{\frac{巳}{午}}彳天$

如 $\dfrac{寅+\frac{卯巳}{午}}{卯}$ 或 $\dfrac{寅}{卯}+\dfrac{巳}{午}$ 爲整數，則其式可準一百八十五款，求得積分。

一問 今有 $彳戌=甲(1+天^2)^{-\frac{3}{2}}彳天$ 求其積分。

設 $天^{-2}+1=亥^2$ 即 $1+天^2=亥^2天^2$ 是則 $(1+天^2)^{-\frac{3}{2}}=亥^{-3}天^{-3}$① 亦即 $天^2=\dfrac{1}{亥^2-1}$ 由此得 $彳天=\dfrac{-亥彳亥}{天(亥^2-1)^2}$② 及 $1=天^4(亥^2-1)^2$③ 以1、2、3連乘，則有 $彳戌=甲(1+天^2)^{-\frac{3}{2}}彳天=-\dfrac{甲彳亥}{亥^2}$ 由此得 $戌=\dfrac{甲}{亥}=\dfrac{甲天}{\sqrt{1+天^2}}+呐$

二問 今有 $彳戌=天^{-4}(1+天^2)^{-\frac{1}{2}}彳天$ 求其積分。

設 $1+天^2=亥^2天^2$ 則 $天^{-2}=亥^2-1$ 而 $天^{-4}=(亥^2-1)^2$① 即 $天=(亥^2-1)^{-\frac{1}{2}}$ 由此得 $彳天=-(亥^2-1)^{-\frac{3}{2}}亥彳亥$② 又 $(1+天^2)^{-\frac{1}{2}}=\dfrac{1}{亥天}=\dfrac{(亥^2-1)^{\frac{1}{2}}}{亥}$③ 1、2、3三式連乘，則有 $彳戌=天^{-4}(1+天^2)^{-\frac{1}{2}}彳天=-(亥^2-1)彳亥$ 由此得 $戌=-\dfrac{亥^3}{3}+亥=\dfrac{(2天^2-1)(1+天^2)^{\frac{1}{2}}}{3天^3}+呐$

一八七 有微分式求積分，時或可藉別式之微分求積分，而得原式之積分。法以原式分爲二段，一段之積分已知。

如戌與亥爲天之函數，是則準二十四款，有 $彳(戌亥)=戌彳亥+亥彳戌$ 由此得 $戌亥=禾戌彳亥+禾亥彳戌$ 故 $禾戌彳亥=戌亥-禾亥彳戌$① 視此式可知，如能求亥彳戌之積分，則亦可得戌彳亥之積分。是曰分求積分法。

用此法求某式之積分，法先將微分式分爲二生，其一函變數之微分，而能求積分者。以之代1式内之彳亥，以其積分代亥，以餘一生代戌。

一問 今有 $天^3(1+天^2)^4彳天$ 即 $天^2(1+天^2)^4天彳天$ 求積分。

此式可分爲二生，即 $天^2$ 及 $(1+天^2)^4天彳天$ 而第二生爲已知函數之微分。

是則設 $彳亥=(1+天^2)^4天彳天$ 由之得 $亥=\dfrac{1}{10}(1+天^2)^5$ $戌=天^2$ 故 $彳戌=2天彳天$ 故 $禾戌彳亥=禾天^2(1+天^2)^4天彳天$ $=戌亥-禾亥彳戌=\dfrac{天^2}{10}(1+天^2)^5-禾\dfrac{1}{10}(1+天^2)^5 2天彳天=\dfrac{天^2}{10}(1+天^2)^5-\dfrac{1}{60}(1+天^2)^6=\dfrac{1}{60}(1+天^2)^5(5天^2-1)$

二問 今有 $\dfrac{天^3彳天}{(1+天^2)^{\frac{3}{2}}}$ 即 $天^2(1+天^2)^{-\frac{3}{2}}天彳天$，求積分。

此式可分爲二生，即 $天^2$ 及 $(1+天^2)^{-\frac{3}{2}}天彳天$ 而第二生可求得積分。

故設 $彳亥=(1+天^2)^{-\frac{3}{2}}天彳天$ $亥=-(1+天^2)^{-\frac{1}{2}}$ $戌=天^2$ 故 $彳戌=2天彳天$

是以 $禾戌彳亥=禾\dfrac{天^3彳天}{(1+天^2)^{\frac{3}{2}}}=戌亥-禾亥彳戌=\dfrac{-天^2}{(1+天^2)^{\frac{1}{2}}}+禾\dfrac{2天彳天}{(1+天^2)^{\frac{1}{2}}}$ $=\dfrac{-天^2}{(1+天^2)^{\frac{1}{2}}}+2^{\frac{1}{2}}(1+天^2)^{\frac{1}{2}}=\dfrac{天^2+2}{(1+天^2)^{\frac{1}{2}}}$

三問 今有天對天彳天，求積分。

設 $彳亥=天彳天$ $亥=\dfrac{天^2}{2}$ $戌=對天$ $彳戌=\dfrac{彳天}{天}$ 故 $禾天對天彳天=戌亥-禾亥彳戌=對天\dfrac{天^2}{2}-禾\dfrac{天^2}{2}\times\dfrac{彳天}{天}=\dfrac{天^2}{2}對天-\dfrac{天^2}{4}=\dfrac{天^2}{2}\left(對天-\dfrac{1}{2}\right)$

一八八 用前款術，可求得多種二項微分之積分，因求便捷，故以後將任何二項微分，俱寫爲 $天^{寅}(甲+乙天^{卯})^{巳}彳天$ 之狀，式内巳爲分數，但寅卯爲整數，且卯爲正。

一八九 是法[求積分約法]，乃藉相似微分之積分，以求原微分式之積分，而其相似式内之諸指數，較原式漸減，致能遞推，而得以前法可求積分之微分。或其積分，終不能求，則以其不能求之一段，約爲至簡之狀。

一九〇 有微分式如 $天^{寅}(甲+乙天^{卯})^{巳}彳天$ 之狀，可藉 $天^{寅-卯}(甲+乙天^{卯})^{巳+1}彳天$ 之積分而得其積分。

設 $彳亥=(甲+乙天^{卯})^{巳}天^{卯-1}彳天$ 由之得 $戌=天^{寅-卯+1}$

求其前式之積分，與後式之微分，則有 $亥=\frac{(甲+乙天^{卯})^{巳+1}}{卯乙(巳+1)}$ 及 $彳戊=(寅-卯+1)天^{寅-卯}彳天$ 以諸同數代入 $禾戊彳亥=戊亥-禾亥彳戊$ 之式內，即有 $禾天^{寅}(甲+乙天^{卯})^{巳}彳天=\frac{天^{寅-卯+1}(甲+乙天^{卯})^{巳+1}}{卯乙(巳+1)}-\frac{寅-卯+1}{卯乙(巳+1)}$
$禾天^{寅-卯}(甲+乙天^{卯})^{巳+1}彳天$ ①

1式曰[求積分]約法之公式，可用以令 $天^{寅}(甲+乙天^{卯})^{巳}$ 之積分，藉 $天^{寅-卯}(甲+乙天^{卯})^{巳+1}$ 之積分而得之。仿此次式之積分，可藉 $天^{寅-2卯}(甲+乙天^{卯})^{巳+2}$ 之積分而得之，餘類推。

如 寅＝2、卯＝2、巳＝$-\frac{3}{2}$ 則有 $禾\frac{天^{2}彳天}{(甲+乙天^{2})^{\frac{3}{2}}}=$

$$-\frac{天}{乙\sqrt{甲+乙天^{2}}}+\frac{1}{乙}禾\frac{彳天}{\sqrt{甲+乙天^{2}}}$$

其末項之積分可求，是則其首項自知。

一九一 如有微分如 $天^{寅}(甲+乙天^{卯})^{巳}彳天$ 之狀，可以 $天^{寅+卯}(甲+乙天^{卯})^{巳-1}彳天$ 之積分而求其積分。

以一百九十款1式遷項，得 $禾天^{寅-卯}(甲+乙天^{卯})^{巳+1}彳天=$

$$\frac{天^{寅-卯+1}(甲+乙天^{卯})^{巳+1}}{寅-卯+1}-\frac{卯乙(巳+1)}{寅-卯+1}禾天^{寅}(甲+乙天^{卯})^{巳}彳天$$

因求便捷，以寅代寅一卯，以巳代＋1，即得 $禾天^{寅}(甲+乙天^{卯})^{巳}彳天=$

$$\frac{天^{寅+1}(甲+乙天^{卯})^{巳}}{寅+1}-\frac{乙卯巳}{寅+1}禾天^{寅+卯}(甲+乙天^{卯})^{巳-1}彳天 ②$$

是則按2式，$天^{寅}(甲+乙天^{卯})^{巳}彳天$ 之積分，可藉 $天^{寅+卯}(甲+乙天^{卯})^{巳-1}彳天$ 之積分而求得之。仿此次式之積分，可藉 $天^{寅+2卯}(甲+乙天^{卯})^{巳-2}彳天$ 之積分而得之。如此遞推之，若其二項式之指數爲正，則可約爲小於一之分數，或正或負。

一九二 1、2式之變式[一]百九十款與[一]百九十一款之1、2二式，可約爲更便用之簡式。夫既 $(甲+乙天^{卯})^{巳+1}=(甲+乙天^{卯})^{巳}(甲+乙天^{卯})=甲(甲+乙天^{卯})^{巳}+乙天^{卯}(甲+乙天^{卯})^{巳}$ 如以 $天^{寅-卯}彳天$ 乘之，則得 $天^{寅-卯}(甲+乙天^{卯})^{巳+1}彳天=甲天^{寅-卯}(甲+乙天^{卯})^{巳}彳天+乙天^{寅}(甲+乙天^{卯})^{巳}彳天$ 以此代入一百九十款1式末項內，而以 $卯乙(巳+1)$ 乘之，將合數之末項遷於上端，所得之式，後以 $乙(卯巳+寅+1)$ 除之，即得甲術如下：（甲）$禾天^{寅}(甲+乙天^{卯})^{巳}彳天=\frac{天^{寅-卯+1}(甲+乙天^{卯})^{巳+1}-甲(寅-卯+1)禾天^{寅-卯}(甲+乙天^{卯})^{巳}彳天}{乙(卯巳+寅+1)}$

用甲式可令所設微分式之積分，藉他微分式之積分而得之。其他式即原式括弧外 $天^{寅}$ 之指數，減去括弧內 $天^{卯}$ 之指數。二次用其式，即知 $禾天^{寅-2卯}(甲+乙天^{卯})^{巳}彳天$ 乃藉 $禾天^{寅-2卯}(甲+乙天^{卯})^{巳}彳天$ 而得。如此遞推括弧外變數之指數遞損至小於卯。如寅爲正，寅＋1爲卯之整倍數，則用此術若干次，即能得其原式之全積分。

一九三 指數寅爲負 用甲術時，惟寅爲正，則寅能損，然此術可變成別術，令寅爲負，亦能損。法置甲術，去其分，遷其不函禾號之項於上端，以 $甲(寅-卯+1)$ 除之，得 $禾天^{寅-卯}(甲+乙天^{卯})^{巳}彳天=$

$$\frac{天^{寅-卯+1}(甲+乙天^{卯})^{巳+1}-乙(卯巳+寅+1)禾天^{寅}(甲+乙天^{卯})^{巳}彳天}{甲(寅-卯+1)}$$

以寅＋卯代寅爲較便，即得乙術如左：（乙）$禾天^{寅}(甲+乙天^{卯})^{巳}彳天=$

$$\frac{天^{寅+1}(甲+乙天^{卯})^{巳+1}-乙(卯巳+寅+卯+1)禾天^{寅+卯}(甲+乙天^{卯})^{巳}彳天}{甲(寅+1)}$$

當寅爲負時，用此術可令寅以卯之準箇數而遞損。如 $卯巳+寅+卯+1=0$ 即 $卯=-\frac{寅+1}{巳+1}$ 則所求積分之一段消去，而即得其全積分。

一九四 令括弧內之指數遞損 夫既 $(甲+乙天^{卯})^{巳}=$
$(甲+乙天^{卯})^{巳-1}(甲+乙天^{卯})=甲(甲+乙天^{卯})^{巳-1}+乙天^{卯}(甲+乙天^{卯})^{巳-1}$
以 $天^{寅}彳天$ 乘之，得 $天^{寅}(甲+乙天^{卯})^{巳}彳天=甲天^{寅}(甲+乙天^{卯})^{巳-1}彳天+$
$乙天^{寅+卯}(甲+乙天^{卯})^{巳-1}彳天$

求積分，得 $禾天^{寅}(甲+乙天^{卯})^{巳}彳天=甲禾天^{寅}(甲+乙天^{卯})^{巳-1}彳天+$
$乙禾天^{寅+卯}(甲+乙天^{卯})^{巳-1}彳天$

以[一]百九十一款2式，遷項得 $禾天^{寅+卯}(甲+乙天^{卯})^{巳-1}彳天=$

$$\frac{天^{寅+1}(甲+乙天^{卯})^{巳}}{乙卯巳}-\frac{寅+1}{乙卯巳}禾天^{寅}(甲+乙天^{卯})^{巳}彳天$$

以同數相代，得 $禾天^{寅}(甲+乙天^{卯})^{巳}彳天=甲禾天^{寅}(甲+乙天^{卯})^{巳-1}彳天$

$+\frac{天^{寅+1}(甲+乙天^{卯})^{巳}}{卯巳}-\frac{寅+1}{卯巳}禾天^{寅}(甲+乙天^{卯})^{巳}彳天$

合之得呐術如左：（呐） $禾天^{寅}(甲+乙天^{卯})^{巳}彳天=\frac{天^{寅+1}(甲+乙天^{卯})^{巳}+甲卯巳禾天^{寅}(甲+乙天^{卯})^{巳-1}彳天}{卯巳+寅+1}$ 用此術令所設式之積分藉新積分式而得之，其新式內二項之指數損1，再用其術，其新積分式，又藉他積分式而得，其二項之指數又損一，如先遞推，其二項之指數爲正，可變爲分數而小於一，或正或負。

一九五　指數巳爲負　準呐術，則巳必爲正，方可損，今由呐術，又得一術，巳雖爲負，亦可損之。法置呐術，去其分，遷無禾號之項於上端，以甲卯巳除之，得

$$禾天^{寅}(甲+乙天^{卯})^{巳-1}彳天=\frac{-天^{寅+1}(甲+乙天^{卯})^{巳}+(卯巳+寅+1)禾天^{寅}(甲+乙天^{卯})^{巳}彳天}{甲卯巳}$$

以巳+1代巳爲便，則得叮術如左：（叮） $禾天^{寅}(甲+乙天^{卯})^{巳}彳天=\frac{-天^{寅+1}(甲+乙天^{卯})^{巳+1}+(卯巳+卯+寅+1)禾天^{寅}(甲+乙天^{卯})^{巳+1}彳天}{甲卯(巳+1)}$

當巳爲負，用此術可令巳漸損。如 $巳=-1$ 則術之下端爲無窮，但其原式爲整分，可以[一]百七十三款至[一]百七十七款之理，求積分。如 $卯巳+卯+寅+1=0$ 即 $卯=-\frac{寅+1}{巳+1}$ 則求積分之一段消去，而得其全積分。

一九六　呷術之變式　屢有二項微分式之狀如 $\frac{天^{寅}彳天}{\sqrt{2甲天-天^2}}$ 求其積分。如移其變數天於根號之外，則此式可寫爲 $天^{寅-\frac{1}{2}}(2甲-天)^{-\frac{1}{2}}彳天$ 用呷術可求其積分。如以 $寅-\frac{1}{2}$ 代寅，2甲代甲，-1代乙，1代卯，$-\frac{1}{2}$ 代巳，則有

$$禾天^{寅-\frac{1}{2}}(2甲-天)^{-\frac{1}{2}}彳天=\frac{天^{寅-\frac{1}{2}}(2甲-天)^{\frac{1}{2}}-2甲(寅-\frac{1}{2})禾天^{寅-\frac{3}{2}}(2甲-天)^{-\frac{1}{2}}彳天}{-寅}$$

變其形，得吱術（如左）：（吱） $禾\frac{天^{寅}彳天}{\sqrt{2甲天-天^2}}=-\frac{天^{寅-1}\sqrt{2甲天-天^2}}{寅}+\frac{甲(2寅-1)}{寅}禾\frac{天^{寅-1}彳天}{\sqrt{2甲天-天^2}}$

用此術令指數遞損一，寅爲正整數，遞用此術，末至禾 $\frac{彳天}{\sqrt{2甲天-天^2}}$ 此即正矢爲 $\frac{天}{甲}$ 之弧也。見一百七十款。

一九七　用前術之法　用呷、叱、呐、叮、吱各術可求各種微分式之積分。

一問　今有 $天^3(甲+乙天^2)^{-\frac{1}{2}}彳天$ 求積分。

準呷術，以3代寅，2代卯，$-\frac{1}{2}$ 代巳，得 $禾天^3(甲+乙天^2)^{-\frac{1}{2}}彳天=\frac{天^2(甲+乙天^2)^{\frac{1}{2}}-2甲禾天(甲+乙天^2)^{-\frac{1}{2}}彳天}{3乙}$ 再用其術，求 $天^3(甲+乙天^2)^{-\frac{1}{2}}彳天$ 之積分，得 $\frac{\sqrt{甲+乙天^2}}{乙}$ 故有 $禾\frac{天^3彳天}{\sqrt{甲+乙天^2}}=\left(\frac{天^2}{3乙}-\frac{2甲}{3乙^2}\right)\sqrt{甲+乙天^2}+呐$

二問　求 $天^5(甲+乙天^2)^{-\frac{1}{2}}彳天$ 之積分。

用呷術三次，得答：$\left(\frac{天^4}{5乙}-\frac{4甲天^2}{15乙^2}+\frac{8甲^2}{15乙^3}\right)(甲+乙天^2)^{\frac{1}{2}}+呐$

三問　求 $天^{-4}(甲+乙天^2)^{-\frac{1}{2}}彳天$ 之積分。

準叱術，以-4代寅，2代卯，$-\frac{1}{2}$ 代巳，得 $禾天^{-4}(甲+乙天^2)^{-\frac{1}{2}}彳天=\frac{天^{-3}(甲+乙天^2)^{\frac{1}{2}}+2乙禾天^{-2}(甲+乙天^2)^{-\frac{1}{2}}彳天}{-3甲}$

又用其術求 $天^{-2}(甲+乙天^2)^{-\frac{1}{2}}彳天$ 之積分，得 $-\frac{\sqrt{甲+乙天^2}}{甲天}$ 故有 $禾\frac{彳天}{天^4\sqrt{甲+乙天^2}}=\left(-\frac{1}{3甲天^3}+\frac{2乙}{3甲^2天}\right)\sqrt{甲+乙天^2}+呐$

四問　求 $天^{-6}(甲+乙天^2)^{-\frac{1}{2}}彳天$ 之積分。

用叱術三次，得答：$\left(-\frac{1}{5甲天^5}+\frac{4乙}{15甲^2天^3}-\frac{8乙^2}{15甲^3天}\right)\sqrt{甲+乙天^2}+呐$

五問　求 $(甲+天^2)^{\frac{1}{2}}彳天$ 之積分。

準呐術，以0代寅，1代乙，2代卯，$\frac{1}{2}$ 代巳，得 $禾(甲+天^2)^{\frac{1}{2}}彳天=$

$\frac{天}{2}(甲+天^2)^{\frac{1}{2}}+\frac{甲}{2}禾(甲+天^2)^{-\frac{1}{2}}彳天$ 但 $禾\frac{彳天}{\sqrt{甲+天^2}}=對(天+\sqrt{甲+天^2})$

故有 $禾(甲+天^2)^{\frac{1}{2}}彳天=\frac{天(甲+天^2)^{\frac{1}{2}}}{2}+\frac{甲}{2}對\{天+(甲+天^2)^{\frac{1}{2}}\}+呐$

六問 求 $(甲+天^2)^{\frac{3}{2}}彳天$ 之積分。

準丙術 $禾(甲+天^2)^{\frac{3}{2}}彳天=\frac{天(甲+天^2)^{\frac{3}{2}}}{4}+\frac{3甲}{4}禾(甲+天^2)^{\frac{1}{2}}彳天$ 故

準五問，得 $禾(甲+天^2)^{\frac{3}{2}}彳天=\frac{天(甲+天^2)^{\frac{3}{2}}}{4}+\frac{3甲天}{8}(甲+天^2)^{\frac{1}{2}}+\frac{3甲^2}{8}對\{天+(甲+天^2)^{\frac{1}{2}}\}+呐$

第四章

一九八 如所設微分式，不能以常法求積分，可詳其式爲無窮級數，而分求其各項之積分。如其級數之斂速，則可以有限之項數并之，得其全積分之略近同數。有時亦可以此法詳函數爲級數。

一問 今有 $\frac{彳天}{1+天}$ 即 $(1+天)^{-1}彳天$ 之式，求積分。

準二項例，有 $(1+天)^{-1}=1-天+天^2-天^3+\cdots$ 以彳天乘之，得 $(1+天)^{-1}彳天=彳天-天彳天+天^2彳天-天^3彳天+\cdots$ 分求各項之積分，得 $禾(1+天)^{-1}彳天=天-\frac{天^2}{2}+\frac{天^3}{3}-\frac{天^4}{4}+\cdots+呐$ 但 $禾\frac{彳天}{1+天}=對(1+天)$

故 $對(1+天)=天-\frac{天^2}{2}+\frac{天^3}{3}-\frac{天^4}{4}+\cdots$

二問 今有 $\frac{彳天}{1+天^2}$ 試詳爲級數，而求積分，因此得 正切$^{-1}$天 之級數。

準二項例，$(1+天^2)^{-1}=1-天^2+天^4-天^6+\cdots$ 故 $(1+天^2)^{-1}彳天=彳天-天^2彳天+天^4彳天-天^6彳天+\cdots$ 是則 正$^{-1}$切天$=禾\frac{彳天}{(1+天^2)}=天-\frac{天^3}{3}+\frac{天^5}{5}-\cdots+呐$ 惟 天=0 時，正切$^{-1}$天=正切$^{-1}$0=0 故呐爲0，而 正切$^{-1}$天$=天-\frac{天^3}{3}+\frac{天^5}{5}-\frac{天^7}{7}+\frac{天^9}{9}-\cdots$

一九九 對數微分恆不能推得其恰合之積分，惟能以無窮級數得其略近之積分。今取簡對數微分考之。

一問 求 天^{寅}對天彳天 之積分。

設 戊=對天、彳亥=天^{寅}彳天 故 彳戊$=\frac{彳天}{天}$、亥$=\frac{天^{寅+1}}{寅+1}$ 按一百八十七款，得 $禾天^{寅}對天彳天=\frac{天^{寅+1}對天}{寅+1}-禾\frac{天^{寅}彳天}{寅+1}=\frac{天^{寅+1}}{寅+1}\left(對天-\frac{1}{寅+1}\right)+呐$

二〇三 指微分與對微分甚近，亦多不能得其全積分，大率可用簡式以得其積分之同數。今略舉其最簡之式論之。

一問 求 天甲^{天}彳天 之積分。

設 戊=天 及 彳亥=甲^{天}彳天 即得 彳戊=彳天、亥$=\frac{甲^{天}}{對甲}$ 見四十款。故 $禾天甲^{天}彳天=\frac{天甲^{天}}{對甲}-禾\frac{甲^{天}彳天}{對甲}=\frac{天甲^{天}}{對甲}-\frac{甲^{天}}{(對甲)^2}+呐$

二問 求 天^{寅}甲^{天}彳天 之積分。

設 戊=天^{寅}、彳亥=甲^{天}彳天、即得 彳戊=寅天$^{寅-1}$彳天 亥$=\frac{甲^{天}}{對甲}$ 故 $禾天^{寅}甲^{天}彳天=\frac{天^{寅}甲^{天}}{對甲}-\frac{寅}{對甲}禾天^{寅-1}甲^{天}彳天$

天之指數爲正，則遞用其術，指數遞損。如指數爲整，則可得其全積分。如指數爲分數，則止能以無窮級數求其積分。

二〇四 二百零三款二問內指數寅爲負，如寅爲負，則其二問之本法不能用，因用之則天之指數不漸近0，而反漸大，可易一法如下。

設 戊=甲^{天} 彳亥=天$^{-寅}$彳天 得 彳戊=甲^{天}對甲彳天 亥$=-\frac{1}{(寅-1)天^{寅-1}}$

故 $禾\frac{甲^{天}彳天}{天^{寅}}=-\frac{甲^{天}}{(寅-1)天^{寅-1}}+\frac{對甲}{寅-1}禾\frac{甲^{天}彳天}{天^{寅-1}}$

一問 求 $\frac{甲^{天}彳天}{天^3}$ 之積分。答：$-\frac{甲^{天}}{2天^2}-\frac{甲^{天}對甲}{2天}+\frac{(對甲)^2}{2}禾\frac{甲^{天}彳天}{天}$

其 $\frac{甲^{天}彳天}{天}$ 止能詳級數而求其積分，如下款所論。

二〇五 二百零四款內指數寅爲一，寅爲一之時，二百零四款之術不能用，

因其下端之分母變爲0故也。是則必以$\text{甲}^{\text{天}}$詳爲級數，而分求其各項之積分，方得全積分。準五十六款十二問，有 $\text{甲}^{\text{天}}=1+\text{天}(\text{對甲})+\frac{\text{天}^2}{2}(\text{對甲})^2+\frac{\text{天}^3}{2\times3}(\text{對甲})^3+\cdots$ 故 $\frac{\text{甲}^{\text{天}}\text{彳}}{\text{天}}=\frac{\text{彳}}{\text{天}}+(\text{對甲})\text{彳}+\frac{\text{天}}{2}(\text{對甲})^2\text{彳}+\frac{\text{天}^2}{2\times3}(\text{對甲})^3\text{彳}+\cdots$ 故 $\text{禾}\frac{\text{甲}^{\text{天}}\text{彳}}{\text{天}}=\text{對天}+\text{天對甲}+\frac{\text{天}^2}{4}(\text{對甲})^2+\frac{\text{天}^3}{18}(\text{對甲})^3+\cdots$

二百零四款內不能求積分之一項，可以此法推之，而此法又表對積分，與指積分相關之理。

二〇六 仿此可求 $\text{旲甲}^{\text{天}}\text{彳}$ 之積分。式內旲爲天之任何代函數。

設 $\text{戊}=\text{旲}$ $\text{孩}=\text{甲}^{\text{天}}\text{彳}$ 夫 $\text{彳甲}^{\text{天}}=\text{甲}^{\text{天}}\text{對甲彳}$ 即 $\text{甲}^{\text{天}}\text{彳}=\frac{\text{彳甲}^{\text{天}}}{\text{對甲}}$

而 $\text{禾甲}^{\text{天}}\text{彳}=\frac{\text{甲}^{\text{天}}}{\text{對甲}}=\text{亥}$ 故 $\text{禾旲甲}^{\text{天}}\text{彳}=\frac{\text{旲甲}^{\text{天}}}{\text{對甲}}-\frac{1}{\text{對甲}}\text{禾甲}^{\text{天}}\text{彳旲}$①

用此術則 $\text{旲甲}^{\text{天}}\text{彳}$ 之積分藉 $\text{甲}^{\text{天}}\text{彳旲}$ 之積分而得之。如旲之函數，乃一次微係數，爲常數即其次微係數爲0，則可遞用1術，求其全積分。

二〇七 二百零三款內之常數甲爲對數底，如令二百零三款內之常數甲爲訥對之底，則其前所得之各數，變爲更簡之式，因對數之底，乃一也。下數問內，以戊代訥對之底。

二〇八 八線微分，有時可以新變數代入，即得代數式，則可用仿前諸款之術，而得其全積分。

一問 求 $(\text{正弦天})^{\text{寅}}\text{彳}$ 之積分。

設 $\text{正弦天}=\text{人}$ 由此得 $\text{餘弦天}=(1-\text{人}^2)^{\frac{1}{2}}$ $\text{彳}=\frac{\text{彳人}}{\text{餘弦天}}=(1-\text{人}^2)^{-\frac{1}{2}}\text{彳人}$ 故 $\text{禾}(\text{正弦天})^{\text{寅}}\text{彳}=\text{禾人}^{\text{寅}}(1-\text{人}^2)^{-\frac{1}{2}}\text{彳人}$

此式可以一百九十二、一百九十三兩款之術，求其積分，寅爲整數，則屢用甲術或乙術，其積分可藉 $\text{禾}\frac{\text{彳人}}{(1-\text{人}^2)^{\frac{1}{2}}}$ 之積分而得之，此即等於天或藉禾$\frac{\text{人彳人}}{(1-\text{人}^2)^{\frac{1}{2}}}$ 之積分，此即等於負餘弦天。

至於特別之題，有時更有捷法，以求其積分。

二〇九 二百零八款內指數寅爲奇正整數。

試令 $\text{寅}=2\text{未}+1$ 既 $(\text{正弦天})^{\text{寅}}=(\text{正弦}^2\text{天})^{\text{未}}\text{正弦天}=(1-\text{餘弦}^2\text{天})^{\text{未}}\text{正弦天}$ 則有 $\text{禾}(\text{正弦天})^{\text{寅}}\text{彳}=\text{禾}(1-\text{餘弦}^2\text{天})^{\text{未}}\text{正弦天彳}=-\text{禾}(1-\text{餘弦}^2\text{天})^{\text{未}}\text{彳餘弦天}$

既未爲整數，則可以二項例，詳爲有限之級數，而分求其各項之積分。如寅爲奇負整數，以之相代，得餘弦天內之有法分數，而可求積分。

二一〇 二百零八款內指數寅爲偶正整數，是則可詳正弦天之方數爲級數，其各項爲天弧倍數之正弦或餘弦，而後求各項之積分。

準八線學理有 $2(\text{正弦}^2\text{天})=1-\text{餘弦}2\text{天}$ 乘方相代，得 $8(\text{正弦}^4\text{天})=3-4\text{餘弦}2\text{天}+\text{餘弦}4\text{天}$ $32(\text{正弦}^6\text{天})=10-15\text{餘弦}2\text{天}+6\text{餘弦}4\text{天}-\text{餘弦}6\text{天}$

二一一 求 $(\text{餘弦天})^{\text{卯}}\text{彳}$ 之積分。

設 $\text{餘弦天}=\text{人}$ 由此得 $\text{正弦天}=(1-\text{人}^2)^{-\frac{1}{2}}$ 故 $\text{禾}(\text{餘弦天})^{\text{卯}}\text{彳}=-\text{禾人}^{\text{卯}}(1-\text{人}^2)^{-\frac{1}{2}}\text{彳人}$

此式可按二百零八款之法，求積分。

卯爲正或負之奇整數，可按二百零九款之法推之，得 $\text{禾}(\text{餘弦天})^{\text{卯}}\text{彳}=\text{禾}(1-\text{正弦}^2\text{天})^{\text{未}}\text{彳正弦天}$ 此二項式可詳爲級數，而求其各項之積分。

二一二 求 $(\text{正弦天})^{\text{寅}}(\text{餘弦天})^{\text{卯}}\text{彳}$ 之積分。

設 $\text{正弦天}=\text{人}$ 由此得 $\text{餘弦天}=(1-\text{人}^2)^{-\frac{1}{2}}$ $\text{彳}=(1-\text{人}^2)^{-\frac{1}{2}}\text{彳人}$ 故 $\text{禾}(\text{正弦天})^{\text{寅}}(\text{餘弦天})^{\text{卯}}\text{彳}=\text{禾人}^{\text{寅}}(1-\text{人}^2)^{\frac{\text{卯}}{2}}(1-\text{人}^2)^{-\frac{1}{2}}\text{彳人}=\text{禾人}^{\text{寅}}(1-\text{人}^2)^{\frac{\text{卯}-1}{2}}\text{彳人}$

此式可準甲、乙、丙、丁各術，求其積分。

寅或卯爲奇整數，不論正負，則以二百零九款法，推之較便。如 $\text{寅}=2\text{未}+1$ 則有 $\text{禾}(\text{正弦天})^{\text{寅}}(\text{餘弦天})^{\text{卯}}\text{彳}=-\text{禾}(\text{餘弦天})^{\text{卯}}(1-\text{餘弦}^2\text{天})^{\text{未}}\text{彳餘弦天}$ 此可按二百零九款法，詳爲級數，而求積分。

如 $\text{卯}=2\text{未}+1$ 則有 $\text{禾}(\text{正弦天})^{\text{寅}}(\text{餘弦天})^{\text{卯}}\text{彳}=\text{禾}(\text{正弦天})^{\text{寅}}(1-\text{正弦}^2\text{天})^{\text{未}}\text{彳正弦天}$

如寅與卯皆爲正偶整數，則令 $2\text{正弦}^2\text{天}=1-\text{餘弦}2\text{天}$ 又 $2\text{餘弦}^2\text{天}=1+\text{餘弦}2\text{天}$ 代入詳爲級數，準二百十一款法，求積分。

二二三　求　$(正切天)^{寅}彳天$　之積分。

設正切天＝人，則　$彳天=\frac{彳人}{1+人^2}$　而　$禾(正切天)^{寅}彳天=禾\frac{人^{寅}彳人}{1+人^2}$　而此爲有法分數，可準一百七十三款，求其積分。

一問　求　$(正切天)^4彳天$　之積分。

$(正切天)^4彳天=\frac{人^4彳人}{1+人^2}=人^2彳人-彳人+\frac{彳人}{1+人^2}$　故　$禾(正切天)^4彳天=\frac{(正切天)^3}{3}-正切天+天$

二二四　求　$天^{卯}正弦天彳天$　式之積分。此式可準一百八十七款法，求積分。

設　$戊=天^{卯}$　$彳亥=正弦天彳天$　即得　$彳戊=卯天^{卯-1}彳天$、$亥=-餘弦天$　則　$禾天^{卯}正弦天彳天=-天^{卯}餘弦天+卯禾天^{卯-1}餘弦天彳天$①

求此式下端之積分，設　$戊=天^{卯-1}$　$彳亥=餘弦天彳天$　則得　$彳戊=(卯-1)天^{卯-2}彳天$、$亥=正弦天$　是則　$禾天^{卯-1}餘弦天彳天=天^{卯-1}正弦天-(卯-1)禾天^{卯-2}正弦天彳天$②

此式下端可用1術，求積分，即詳爲級數如左。

$禾天^{卯}正弦天彳天=-天^{卯}餘弦天+卯天^{卯-1}天正弦天+卯(卯-1)天^{卯-2}餘弦天-卯(卯-1)(卯-2)天^{卯-3}正弦天-\cdots$　其餘項二正二負相間。

二二五　求　$天^{卯}餘弦天彳天$　式之積分。準前款，得　$禾天^{卯}餘弦天彳天=天^{卯}正弦天+卯天^{卯-1}餘弦天-卯(卯-1)天^{卯-2}正弦天-卯(卯-1)(卯-2)天^{卯-3}餘弦天+\cdots$（二正二負相間）。

二二六　八線反微分式　凡微分式之含天、彳天及　$正弦^{-1}天$　或　$餘弦^{-1}天$　或　$正切^{-1}天$　者，時可準前諸款所言之法，而求其積分。

一問　求　$天^2正弦^{-1}天彳天$　之積分。準一百八十七款，分二段求積分。

設　$天^2彳天=彳亥$　$正弦^{-1}天=戊$　是則　$亥=禾天^2彳天=\frac{天^3}{3}$　而　$彳戊=\frac{彳天}{\sqrt{1-天^2}}$　以此代入下式∴　$禾戊彳亥=戊亥-禾亥彳戊$　則有

$禾天^2正弦^{-1}天彳天=\frac{天^3}{3}正弦^{-1}天-禾\frac{天^3彳天}{3\sqrt{1-天^2}}$　準一百九十二款甲術，求積分得　$禾\frac{天^3彳天}{\sqrt{1-天^2}}=-\left(\frac{天^2}{3}+\frac{2}{3}\right)\sqrt{1-天^2}$　故　$禾天^2正弦^{-1}天彳天=\frac{天^3}{3}正弦^{-1}天+\frac{1}{3}\left(\frac{天^2}{3}+\frac{2}{3}\right)\sqrt{1-天^2}+呐$

二問　求$天^4$　$正切^{-1}天彳天$　之積分。

置　$天^4彳天=彳亥$，$正切^{-1}天=戊$　是則　$亥=\frac{天^5}{5}$　　$彳戊=\frac{彳天}{1+天^2}$　故

$禾天^4正切^{-1}天彳天=\frac{天^5}{5}正切^{-1}天-禾\frac{天^5彳天}{5(1+天^2)}=\frac{天^5}{5}正切^{-1}天-\frac{1}{5}\left\{\frac{天^4}{4}-\frac{天^2}{2}+\frac{1}{2}對(1+天^2)\right\}+呐$

第五章

二二七　疊積分　前諸章所有之問內，皆知其一次微係數，而求所由來之原函數。惟若未知一次微係數，而但知其二次微係數，則首次求積分，得一次微係數，二次再求積分，方得原函數。但知其三次微係數者，則須三次求積分，方得原函數，餘類此。夫既每次求積分，須加一常數，故其所得之全原函數，必視求積分若干次，即有常數幾次。

欲求二次積分，以　$禾^2$　號之，求三次積分，以　$禾^3$　號之。餘仿此。

一問　求　$彳彳戊=甲天^2彳天^2$　之積分。見五十四款。

此式可書爲　$\frac{彳彳戊}{彳天}=甲天^2彳天$　是則　$禾\frac{彳彳戊}{彳天}=禾甲天^2彳天$　即　$\frac{彳戊}{彳天}=\frac{甲天^3}{3}+呐$　故　$彳戊=\frac{甲天^3}{3}彳天+呐彳天$　又求積分，得　$戊=\frac{甲天^4}{12}+呐天+呐'$

即　$戊=禾^2甲天^2彳天^2=\frac{甲天^4}{12}+呐天+呐'$

二問　求　$彳彳彳戊=甲天彳天^3$　之積分。

此式可書爲　$\frac{彳彳彳戊}{彳天^2}=彳\frac{彳彳戊}{彳天^2}=甲天彳天$　故　$\frac{彳彳戊}{彳天^2}=\frac{甲天^2}{2}+呐$　準前問得

$戊=禾^3甲天彳天^3=\frac{甲天^4}{24}+\frac{呐}{2}天^2+呐'天+呐''$

三問　求　$彳彳彳彳戊=144彳天^4$　之積分。

準前推之，得 $\frac{彳戊}{彳天^3}=144天+口丙$　$\frac{彳戊}{彳天^2}=72天^2+口丙天+口丙'$

$\frac{彳戊}{彳天}=24天^3+\frac{口丙天^2}{2}+口丙'天+口丙''$　$戊=禾^4 144彳天^4=6天^4+\frac{口丙天^3}{6}+\frac{口丙'天^2}{2}+口丙''天+口丙'''$

二二八　求二變數之微分之積分　如戊爲天與地之函數，而其天與地，各爲自變數，二不相涉，則於六十六款已得　$口彳戊=\frac{彳戊}{彳天}彳天+\frac{彳戊}{彳地}彳地$　此式內之口彳戊，即指函數之全微分，而其下端之首彳戊，即指準天之偏微分，次彳戊乃指準地之偏微分。是則設有式之形，如彳戊＝口寅彳天＋口卯彳地①式內之口寅口卯，爲天地之函數，如以彳戊爲其函數之全微分，則必有　$\frac{彳戊}{彳天}=口寅$　及　$\frac{彳戊}{彳地}=口卯$

試準地求其第一式之微分，準天求第二式之微分，則有　$\frac{彳口寅}{彳地}=\frac{彳^2戊}{彳天彳地}$　及　$\frac{彳口卯}{彳天}=\frac{彳^2戊}{彳地彳天}$　仿六十二款之法，可證：$\frac{彳^2戊}{彳天彳地}=\frac{彳^2戊}{彳地彳天}$　故　$\frac{彳口寅}{彳地}=\frac{彳口卯}{彳天}$②　即如　口寅彳天＋口卯彳地　爲全微分，則必有　$\frac{彳口寅}{彳地}=\frac{彳口卯}{彳天}$

此式可名曰積分之準則，即为積分可求之證。蓋此二數相等，其積分方可求，否則不能。

設有式狀如1式，欲求積分，先察其是否能充2式之準，苟能充之，則其積分可求。求積分法，取一偏微分(如口寅彳天)準相似之變數求積分，視他變數如常數，再加地之某函數，致能充　$\frac{彳戊}{彳地}=口卯$　之式。

如以地爲常數，求積分　戊＝禾口寅彳天＋口丙，而其所加之口丙，祇爲地之函數。

一問　求　彳戊＝地彳天＋天彳地　之積分。

於此　口寅＝地、口卯＝天、$\frac{彳口寅}{彳地}=1=\frac{彳口卯}{彳天}$

故能充準則2，　戊＝禾口寅彳天＝天地＋口丙

引用書目

引用書目

孫子筭經	佚名	晉	遼寧教育出版社一九九八年算經十書校點本
張丘建筭經	張丘建	北魏	遼寧教育出版社一九九八年算經十書校點本
勾股義	徐光啟	明	中國科學技術典籍通彙本
大測	鄧玉函	明	上海交通大學出版社二〇一五年校注本
幾何約	方中通	清	中國科學技術典籍通彙本
圜解	王錫闡	清	中國科學技術典籍通彙本
曉菴新法	王錫闡	清	道光二十四年守山閣叢書本
曆學會通	薛鳳祚	清	山東大學出版社二〇〇五年
天弧象限表	李子金	清	中國科學院自然科學史研究所藏李儼抄本
幾何易簡集	李子金	清	國家圖書館藏本
幾何論約	杜知耕	清	中國科學技術典籍通彙本
數表精詳	佚名	清	康熙內府精寫本
梅氏叢書輯要	梅文鼎	清	乾隆二十六年頤園刊本
筆算	梅文鼎	清	文淵閣四庫全書本
籌算	梅文鼎	清	文淵閣四庫全書本
平三角舉要	梅文鼎	清	中國科學技術典籍通彙本
弧三角舉要	梅文鼎	清	中國科學技術典籍通彙本
環中黍尺	梅文鼎	清	中國科學技術典籍通彙本
塹堵測量	梅文鼎	清	中國科學技術典籍通彙本
幾何補編	梅文鼎	清	中國科學技術典籍通彙本
幾何通解	梅文鼎	清	中國科學技術典籍通彙本
方圓冪積	梅文鼎	清	中國科學技術典籍通彙本
度算釋例	梅文鼎	清	梅氏叢書輯要本
度算解	陳藎謨	清	清抄本
算義探奧	陳厚耀	清	中國科學院自然科學史研究所藏抄本
八線表根	陳厚耀	清	孔繼涵舊藏精寫本
面體比例便覽	年希堯	清	文淵閣四庫全書本
曆象考成		清	中國科學技術典籍通彙本
數理精蘊		清	中國科學技術典籍通彙本
數理精蘊		清	文淵閣四庫全書本

幾何原本舉要	莊亨陽	清	中國科學技術典籍通彙本
解八線割圓之根	楊作枚	清	文淵閣四庫全書本
割圜八線互求法	佚名	清	日本內閣文庫藏抄本
赤水遺珍	梅瑴成	清	梅氏叢書輯要本
翼梅	江永	清	光緒七年羣玉山房校刊本
數學	江永	清	續修四庫全書本
句股割圜記	戴震	清	續修四庫全書本
句股割圜全義圖	戴震	清	續修四庫全書本
里堂學算記五種	焦循	清	嘉慶四年雕菰樓刻本
釋弧	焦循	清	里堂學算記五種本
釋橢	焦循	清	里堂學算記五種本
測天約術	陳昌齊	清	道光三十年粵雅堂校刊嶺南遺書本
衡齋算學	汪萊	清	咸豐四年夏燮鄱陽縣署刊衡齋算學遺書合刻本
一線表用	安清翹	清	嘉慶十六年樹人堂刻本
矩線原本	安清翹	清	嘉慶十六年樹人堂刻本
比例匯通	羅士琳	清	嘉慶二十三年羅氏家刊本
橢圓求周術	董祐誠	清	中國科學技術典籍通彙本
橢圓求周術	項名達　戴煦	清	中國科學技術典籍通彙本
割圜密率捷法	明安圖	清	道光十九年岑氏刊本
求一筭術	張敦仁	清	中國科學技術典籍通彙本
藝遊錄	駱騰鳳	清	中國科學技術典籍通彙本
斜弧三邊求角補術	董祐誠	清	中國科學技術典籍通彙本
翠薇山房算學	張作楠	清	嘉慶二十五年金華張氏翠薇山房刊本
弧角設如	張作楠	清	翠薇山房算學本
弧三角舉隅	江臨泰	清	翠薇山房算學本
算賸餘稿	顧觀光	清	光緒二十二年武陵山人遺書本
借根方法淺說	劉衡	清	咸豐五年劉良駒陝西長安縣署重刊六九軒算書本
弧三角拾遺	徐有壬	清	中國科學技術典籍通彙本
拋物線說	華蘅芳	清	中國科學院自然科學史研究所藏抄本
代微積拾級	[英]偉烈亞力口譯　清李善蘭筆述	清	咸豐九年上海墨海書館刻本

西算新法直解	馮桂芬	清	中國科學院自然科學史研究所藏抄本
致曲術	夏鸞翔	清	續修四庫全書本
致曲圖解	夏鸞翔	清	續修四庫全書本
九數外錄	顧観光	清	光緒二十二年武陵山人遺書本
萬象一原	夏鸞翔	清	同治元年刻本
白芙堂算學叢書	丁取忠	清	同治十一年長沙刊本
平三角邊角互求術	吳嘉善	清	白芙堂算學叢書本
外切密率	戴煦	清	同治二年粵雅堂叢書本
對數簡法	戴煦	清	同治二年粵雅堂叢書本
續對數簡法	戴煦	清	同治二年粵雅堂叢書本
假數測圓	戴煦	清	同治二年粵雅堂叢書本
則古昔齋算學	李善蘭	清	同治六年莫友芝金陵刻本
對數探源	李善蘭	清	同治六年則古昔齋算學本
對數尖錐變法釋	李善蘭	清	續修四庫全書本
級數回求	李善蘭	清	同治六年則古昔齋算學本
方圓闡幽	李善蘭	清	同治六年則古昔齋算學本
橢圓新術	李善蘭	清	續修四庫全書本
橢圓正術解	李善蘭	清	續修四庫全書本
數學啓蒙	[英]偉烈亞力	清	咸豐三年官版排印本
董方立遺書	董祐誠	清	道光十年京都琉璃廠文德齋刊本
割圜連比例圖解	董祐誠	清	董方立遺書本
弧矢啟秘	李善蘭	清	同治六年則古昔齋算學本
弧三角術	吳嘉善	清	白芙堂算學叢書本
考數根法	李善蘭	清	中國科學技術典籍通彙本
百雞數衍	時曰醇	清	中國科學技術典籍通彙本
求一術通解	黃宗憲	清	同治十一年荷池精舍刻本
割圜八綫綴術	徐有壬	清	同治十二年荷池精舍刊本
造各表簡法	徐有壬	清	中國科學技術典籍通彙本
古今算學叢書	劉鐸	清	光緒二十四年上海算學書局石印本
形學演	王澤沛	清	光緒二十四年古今算學叢書本

西算新法直解	馮桂芬　陳暘	清	光緒二年馮氏校邠廬刊本
行素軒算稿	華蘅芳	清	光緒八年梁谿華氏刻本
開方別術	華蘅芳	清	行素軒算稿本
學算筆談	華蘅芳	清	行素軒算稿本
數根術解	華蘅芳	清	行素軒算稿本
三角測量説	華蘅芳	清	行素軒算稿本
恒河沙館算草	華世芳	清	光緒十一年金匱華氏刊本
天代蒙泉	董毓琦	清	光緒十二年福州刊盛世參岑算稿本
中西算學入門匯通	鄧建章	清	光緒十四年自序刻本
橢圓求周術	徐有壬	清	白芙堂算學叢書本
象數一原	項名達	清	光緒十四年金匱華氏刊本
微積須知	[英]傅蘭雅	清	光緒十四年刻本
種竹書齋算草	張鼎祐	清	光緒十七年白下刊本
九數存古	顧觀光	清	光緒十八年江蘇書局刻本
中西算學集要	朱熙　周毓英	清	光緒七年會稽朱熙刊本
代數引蒙	周毓英	清	中西算學集要本
代數通藝錄	方愷	清	光緒二十二年時務報館石印本
鄒徵君遺書	鄒伯奇	清	同治十三年廣州拾芥園刊本
乘方捷術	鄒伯奇	清	鄒徵君遺書本
算勝續編	顧觀光	清	武陵山人遺書本
對數詳解	丁取忠	清	白芙堂算學叢書本
容圓七術	黃宗憲	清	中國科學院自然科學史研究所藏抄本
曲面容方	黃宗憲	清	中國科學院自然科學史研究所藏抄本
圓錐曲線論心	何壽章	清	中國科學院自然科學史研究所藏抄本
微積溯源	[英]傅蘭雅口譯　清華蘅芳筆述	清	同治十三年江南製造局本
算學報	黃慶澂	清	光緒二十三年印本
時務齋算稿叢鈔	劉光蕡	清	光緒二十三年陝西味經刊書處刊本
抛物淺釋	翟蓮舫	清	中國科學院自然科學史研究所藏抄本
須曼精盧算學	楊兆鋆	清	中國科學院自然科學史研究所藏抄本
算學襍識	曹汝英	清	中國科學院自然科學史研究所藏抄本
對數淺釋	江衡	清	光緒二十六年江氏自刊溉齋算學本

對數雜題　曹汝英　清　光緒戊戌廣州成文堂刊本
簡易庵算稿　劉彝程　清　光緒二十六年江南製造局刊本
思棗室對數旁通　蔣士棟　清　光緒二十三年家刊本
天文算學纂要　陳松　清　光緒十三年江西樹德堂刊本
古籌算考釋續編　勞乃宣　清　光緒二十四年刻本
算學雜識　曹汝英　清　光緒二十四廣州成文堂刻本
求一捷術附古歌解　龔傑　清　光緒年間元和胡氏石印漸學盧叢書本
代數術補式　解崇輝　清　光緒二十六年上海順成書局印本
絜矩齋代數勾股草　劉其偉　清　光緒二十六年文友齋刻本
微積集證　林傳甲　清　中國科學院自然科學史研究所藏刻本
沿沂亭算稿　徐異　清　光緒二十八年上海經世文社石印本
三角和較術圖解　張毓瑗　清　光緒二十八年蘇州毛上珍刊本
算表合璧　崔朝慶　楊冰　清　光緒二十八年江楚書局刻本
東溪算學　陳崧　清　宣統二年刻本
借根代數會通　陳崧　清　東溪算學本
溥通新代數　徐虎臣　清　光緒二十九年江楚書局刻本
直方大齋筭稿　曹汝英　清　光緒二十九年羊城刻本
求一得齋算學　陳志堅　清　光緒三十年松江嵇文墨齋刻本
分類演代　鄒尊顯　清　光緒三十年自序刊本
微積通詮　黃啟明　清　光緒三十一年廣州刊本
代微積拾級詳草　周藩　清　光緒三十一年金匱周氏刊本
公式演算　陳修齡　清　光緒三十一年廣州刻本
元代開方通義　鄒尊顯　清　光緒三十一年自序刻本
微積闡詳　陳志堅　清　光緒三十二年松江稽文墨齋刻本
最新微積學教科書　[美]潘慎文譯　清謝洪賚筆述　清　光緒三十年上海商務印書館印本
生數表　劉鷗華　清　光緒三十二年博羅印書館鉛印本
方子壯數學　方克猷　清　光緒三十二年家刊本
中西數學通解　劉澤楨　清　光緒三十三年樂山叢桂書屋刊本
平面三角法教科書——中學用　孫貿瞻　清　新學會社印本
平面三角法教科書——中學用　算學研究會　清　昌明公司本
須曼精廬算學　楊兆鋆　清　光緒二十一年劉氏嘉業堂刊吳興叢書本

9787570101559.
U0943745